全球水电工程“地标”—— 长江三峡坛子岭

2005 年 2 月 10 日，中共中央总书记、国家主席胡锦涛视察贵州索风营水电建设工地，与水电职工亲切合影

国务院副总理曾培炎视察三峡工程

国家发展和改革委员会副主任张国宝
在溪洛渡水电站开工典礼上致辞

三峡左岸电站全部机组投产发电仪式

三峡水轮发电机组转子吊装

三峡水电站右岸厂房施工现场

三峡水电站右岸厂房建设

溪洛渡水电站开工

溪洛渡水电站开工典礼现场

溪洛渡水电站施工现场

龙滩水电工程大坝施工面貌

拉西瓦水电站导流洞

山东泰安抽水蓄能电站

锦屏二级水电站首部拦河闸坝鸟瞰图

华新站交流场全景

华新站直流场全景

灵宝换流站设备

宜都换流站全景

500kV 双回路紧凑型直线塔

750kV 官亭变电站

迎来日出

全国2005年装机容量

万kW

地域＼项目	总装机容量	水　电	火　电	核　电	风　电
中国大陆	51718.5	11738.8	39137.6	684.6	126.0
中国台湾	3459.8	451.0	2493.9	514.4	0.5
合　　计	55178.3	12189.8	41631.5	1199.0	126.5

注：1. 总装机容量数据还包括太阳能、潮汐、柴油等其他能源发电装机容量。
　　2. 未含香港、澳门数据。

全国2005年装机容量结构图

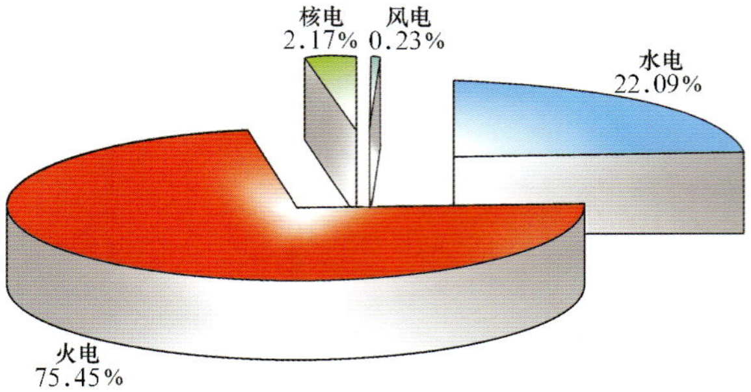

全国2005年年发电量

亿kW·h

地域＼项目	总发电量	水　电	火　电	核　电
中国大陆	24957.26	3963.96	20437.30	530.88
中国台湾	1812.46	59.69	898.77	379.39
合　　计	26769.72	4023.65	21336.07	910.27

注：1. 总发电量数据还包括风电及其他能源的发电量。
　　2. 未含香港、澳门数据。

全国2005年年发电量结构图

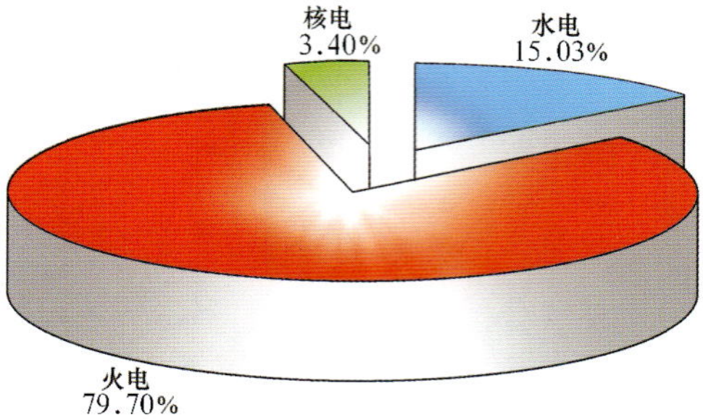

资料来源：中国大陆资料来源于中国电力企业联合会。中国台湾资料来自台湾电力公司。
注：未含香港、澳门数据。

全国历年水电装机容量增长情况表

万kW

年份	中国大陆	台湾省	全国合计	新增装机容量	年份	中国大陆	台湾省	全国合计	新增装机容量
1949	36.0	18.0	54		1978	1727.7	139.2	1867	153.9
1950	36.2	22.1	58	4.3	1979	1911.0	139.2	2050	183.3
1951	37.8	(24.0)	(62)	(3.5)	1980	2031.8	138.6	2170	120.2
1952	38.5	(27.0)	(66)	(3.7)	1981	2193.3	138.7	2332	161.6
1953	53.0	(30.0)	(83)	(17.5)	1982	2295.9	138.7	2435	102.6
1954	60.6	33.0	94	10.6	1983	2416.5	143.1	2560	125.0
1955	69.5	(34.0)	(104)	(9.9)	1984	2560.0	148.0	2708	148.4
1956	91.4	(36.0)	(127)	(23.9)	1985	2641.5	248.9	2890	182.4
1957	101.9	(38.0)	(140)	(12.5)	1986	2754.2	256.4	3011	120.2
1958	121.6	(40.0)	(162)	(21.7)	1987	3019.3	255.8	3275	264.5
1959	162.0	(42.0)	(204)	(42.4)	1988	3269.8	255.8	3526	250.5
1960	194.1	44.8	239	34.9	1989	3458.3	256.2	3715	188.9
1961	233.3	(47.0)	(280)	(41.4)	1990	3604.6	256.2	3861	146.3
1962	237.9	53.8	292	11.4	1991	3788.3	256.2	4045	183.7
1963	243.0	(56.0)	(299)	(7.3)	1992	4068.1	257.7	4326	281.3
1964	268.3	(59.0)	(327)	(28.3)	1993	4489.3	257.7	4747	421.2
1965	302.0	62.8	365	37.5	1994	4906.1	364.8	5271	523.9
1966	363.8	(65.0)	(429)	(64.0)	1995	5218.4	418.3	5637	365.8
1967	383.9	(67.0)	(451)	(22.1)	1996	5557.8	428.8	5987	349.9
1968	438.8	(70.0)	(509)	(57.9)	1997	5972.6	428.8	6401	414.8
1969	505.3	72.2	578	68.7	1998	6506.5	442.2	6949	547.3
1970	623.5	90.1	714	136.1	1999	7297.1	442.2	7739	790.6
1971	780.4	(96.0)	(876)	(162.8)	2000	7935.2	442.2	8377	638.1
1972	870.0	113.1	983	106.7	2001	8300.6	442.2	8743	365.4
1973	1029.9	113.2	1143	159.9	2002	8607.4	451.1	9059	315.7
1974	1181.7	136.5	1318	175.2	2003	9489.6	451.1	9941	882.2
1975	1342.8	136.5	1479	161.1	2004	10524.2	451.0	10975	1034.5
1976	1465.5	136.5	1602	122.7	2005	11738.8	451.0	12190	1214.6
1977	1576.5	136.5	1713	111.0					

资料来源：2004年及以前的资料来源于《中国水力发电年鉴》(第九卷)；2005年中国大陆资料来源于中国电力企业联合会；2005年台湾省资料来自台湾电力公司。

注：1.（）内数据表示缺当年资料，用上、下数据插补得出或沿用上年数据。

2.未含香港、澳门数据。

全国历年水电年发电量增长情况表

亿kW·h

年 份	中国大陆	台湾省	全国合计	年增率（%）	年 份	中国大陆	台湾省	全国合计	年增率（%）
1949	12.0	6.0	18		1978	446.3	49.7	496	－4.0
1950	13.2	9.7	23	27.2	1979	501.2	45.7	547	10.3
1951	14.9	(10.0)	(25)	(8.7)	1980	582.1	29.3	611	11.8
1952	18.3	(12.0)	(30)	(21.7)	1981	655.5	47.9	703	15.1
1953	25.5	(14.0)	(40)	(30.4)	1982	744.0	47.8	792	12.6
1954	32.0	15.6	48	20.5	1983	863.6	49.9	913	15.4
1955	34.0	(16.6)	(51)	(6.3)	1984	867.8	44.3	912	－0.2
1956	47.1	(17.0)	(64)	(26.7)	1985	923.7	69.3	993	8.9
1957	48.2	(18.0)	(66)	(3.3)	1986	944.8	74.2	1019	2.6
1958	41.1	(19.0)	(60)	(－9.2)	1987	1002.3	71.2	1073	5.3
1959	43.6	(20.0)	(64)	(5.8)	1988	1091.8	61.5	1153	7.4
1960	74.1	20.6	95	48.9	1989	1184.5	66.8	1251	8.5
1961	74.1	(21.1)	(95)	(0.5)	1990	1263.5	81.9	1345	7.5
1962	90.4	21.6	112	17.6	1991	1248.4	55.1	1303	－3.1
1963	86.9	(23.0)	(110)	(－1.9)	1992	1314.7	83.5	1398	7.3
1964	106.0	(24.0)	(130)	(18.3)	1993	1516.0	67.2	1583	13.2
1965	104.1	24.4	129	－1.2	1994	1667.9	88.9	1757	11.0
1966	126.2	(25.0)	(151)	(17.7)	1995	1867.7	88.8	1956	11.4
1967	131.4	(27.0)	(158)	(4.8)	1996	1869.2	90.4	1960	0.2
1968	115.0	(28.0)	(143)	(－9.7)	1997	1945.6	95.7	2041	4.2
1969	160.1	30.5	191	33.3	1998	2043.0	106.1	2149	5.3
1970	204.6	26.4	231	21.2	1999	2129.3	89.4	2219	3.2
1971	250.6	(30.0)	(281)	(21.5)	2000	2431.3	78.5	2510	13
1972	288.2	34.2	322	14.9	2001	2611.1	82.3	2693	7.3
1973	389.0	34.0	423	31.2	2002	2745.7	57.9	2804	4.1
1974	414.4	47.1	461	9.1	2003	2813.3	64.3	2878	2.6
1975	476.3	52.6	529	14.6	2004	3309.9	59.7	3370	17.1
1976	456.4	42.8	499	－5.6	2005	3964.0	59.7	4024	19.4
1977	476.5	40.2	517	3.5					

资料来源：2004年及以前的资料来源于《中国水力发电年鉴》(第九卷)；2005年中国大陆资料来源于中国电力企业联合会；2005年台湾省资料来自台湾电力公司。

注：1.( )内数据表示缺当年资料，用上、下数据插补得出或沿用上年数据。

2.未含香港、澳门数据。

2005

中国水力发电年鉴

李锐

第十卷

中国水力发电工程学会 主办
中国水力发电年鉴编辑部 编纂

中国电力出版社

二〇〇六年·北京

图书在版编目（CIP）数据

中国水力发电年鉴．第10卷，2005/中国水力发电工程学会主编．—北京：中国电力出版社，2007.1
ISBN 978-7-5083-4999-2

Ⅰ．中…　Ⅱ．中…　Ⅲ．水利电力工业-中国-2005-年鉴　Ⅳ．F426.61-54

中国版本图书馆CIP数据核字（2006）第142775号

中国电力出版社出版、发行
（北京三里河路6号　100044　http://www.cepp.com.cn）
北京丰源印刷厂印刷
各地新华书店经售
*
2007年1月第一版　2007年1月北京第一次印刷
787毫米×1092毫米　16开本　60印张　2010千字　20插页
印数0001—4000册　定价**258.00**元

《中国水力发电年鉴》第十卷

编纂委员会

秦在卫（中国葛洲坝集团公司）

时香丽（中国长江三峡工程开发总公司《中国三峡建设年鉴》社）

郑桂斌（中国人民武装警察部队水电指挥部）

于　翔（水利部农村水电及电气化发展局）

（以下以姓氏笔划为序）

方　珂	王　鹏	王中礼	冯国斌	田又涵
刘吉祥	刘伟涛	刘志义	刘德有	乔仁贵
曲　杰	孙金库	许传桂	许建辉	许松林
朱家鹏	陈立秋	何琴雯	李庆云	吴　兰
张玉生	张光敏	张红权	张晋秋	林　鸿
郑丽英	郝丽雅	胡耀斌	荣月敏	赵　虹
赵金华	徐家鑫	常晓林	常焕生	崔　燕
龚木金	黄　鑑	黄正道	程　平	董福平
韩　立	蒋德军	彭景铮		

《中国水力发电年鉴》第十卷
编辑出版工作人员

主　　编　邴凤山

副 主 编　毛亚杰　黄景湖　王东棣　戴会超

技术编辑　李　新　蔡明昌　常兆堂　王幼春

编　　务　王　玉　胡丹蓉

终　　审　刘广峰　丁　雁

复　　审　丁　莉　杨伟国

责任编辑　杨伟国　谭学奇　姜　萍　韩世韬　张　敏

美术设计　杨晓东

版式设计　王　群

责任校对　刘振英　罗凤贤

出版印刷　邹树群

前　　言

《中国水力发电年鉴》，至今已连续编纂出版了10卷。这10卷，忠实记载了新中国57年水电事业的光辉成就；这10卷，充分展示了“世界水电在中国，中国水电冠全球”的伟大变迁；这10卷，有力表明了中华民族优秀儿女的智慧和创造——中国人可以在中国境内的任何一条河流上修建他们认为需要修建的任何水电工程。

年鉴是历史的缩影，是信息的载体。每卷年鉴都记载、汇聚、编辑了某一年度或数年度的历史发展里程性的资料，经连续出版，就成为可资借鉴的资料性工具书和系列性史册，供人查考，助人明辨，给人启迪。编纂年鉴很有意义，正如邓小平1979年10月与中国大百科全书出版社负责人谈话所指出：“编辑出版年鉴，很有必要，这是国家的需要，四化建设的需要。”

我曾长期在原水利电力部、能源部、电力部、国家电力公司科技司工作，1998年后又到中国水力发电工程学会任职，对《中国水力发电年鉴》编纂出版工作及所取得的成绩深有体会。

1983年，原水利电力部科技司会同中国水力发电工程学会，组织全国专家、教授启动《中国水力发电年鉴》编纂工作。由于水电是可大规模开发、可商业化运作、廉价、清洁、绿色的可再生能源，在国家的能源结构中占有极为重要的地位，本年鉴编纂工作从开始就倍受各方关注和支持。

年鉴的编纂出版是信息收集、加工、显示、传递的过程。《中国水力发电年鉴》是我国水电方面的专业性年鉴，记载我国水电事业发展的历程，保存水电方面的资料，汇集水电行业所取得的成果。为了使《中国水力发电年鉴》更好地为我国水电建设服务，23年来，我们编纂出版工作努力按下列要求进行：

（1）坚持政治的严肃性。年鉴的全部内容都要完全符合党和国家路线、方针、政策的精神，坚决和中央保持一致，并注意保密要求。

（2）坚持内容的真实性、科学性。年鉴所刊载的资料和数据都要准确无误，条目内容要真实地反映客观事物的本来面目，既不溢美，又不饰非，经得起历史的检验。坚持唯物辩证法，从本质上、整体上和发展上去反映事物。

（3）坚持年鉴编纂的六项基本要求——全、新、精、特、鉴、便。年鉴的项目齐全、完备，每卷内容新，文字表达精炼，有本年鉴特色，能发挥鉴戒作用，方便读者查阅。

（4）坚持质量是生命、是基础的观念。年鉴的编辑出版力求高标准、严要求，一丝不苟，精益求精。

（5）坚持社会效益第一的观点。积极探讨建立新的编辑出版机制，妥善处理各种利益之间的关系，保证本年鉴连续出版，发挥积极作用。

23年来，我们编纂出版了10卷《中国水力发电年鉴》。众多的水电专家学者、科技人员和领导干部为此付出了辛勤劳动，中国水力发电工程学会作为主办单位为此作出很大努力。为适应我国社会经济发展的要求，本年鉴的编纂出版工作持续改进，做到不断进步，有所创新。

一是在每卷年鉴的时段上，不断缩短，使本年鉴越来越具有年度感和时效性。本年鉴第一卷（1949～1983年）为三十五年卷；第二卷（1984～1988年）为五年卷；第三卷（1989～1991年）、第四卷（1992～1994年）、第五卷（1995～1997年）、第六卷（1998～2000年）均为三年卷；第七卷（2001～2002年）为二年卷；第八卷（2003年）、第九卷（2004年）、第十卷（2005年）均为一年卷。

二是在框架设计方面，各卷既保持总体稳定，又与时俱进、适当调整，以便更好地记载、汇辑资料，有利于读者使用。如从第六卷起，全国性统计包括了台湾资料，增设了环境保护、水电农村电气化方面的篇目；第七卷设了西部大开发、西电东送方面的篇目；第八卷设了“三峡工程”、“水力资源复查”篇目；第九卷专列了“我国水电装机突破一亿千瓦”和“风电开发情况”栏目；第十卷又为特高压电网建设设置了篇目。

三是在题材内容方面，力求做到大事不漏、小事不上，注重信息的寿命，突出资料的工具性、信息流的终端性，在记载本时段水电发展的成绩和经验的同时，也录下一些工作中的失误和事故，使年鉴成为读者的“案头信息库”和“决策的专家库”。

四是针对电力体制改革之后，资料、信息来源渠道要重新建立和稿件撰写新人多的情况，加强对年鉴的宣传和知识普及，争取各方面力量的支持。年鉴条目是年鉴的基本单元，是除重要文件、专论文章外的主要表现形式，近几卷年鉴组稿时都附上较具体的撰写要求：①内容应是对本卷年度时段内一个独立主题的信息资料或知识的记述，要选择大事、要事、新事、特事立条；②标题要简练、准确，正文务必抓住重点，着重反映实质性问题，不要面面俱到，用何时、何地、何事、何人、何因、何果六要素表清事实，文字精练，开门见山，不写虚话，层次清楚；③综述条目要写清基本情况、必备数据，要对全貌作出概括分析，抓住重点，写好变化，记下历史足迹，给读者以全面深刻的了解；④单项条目是记载年度内特定的重要事件、事物、活动和成果的单一条目，对新成就、新成果、新经验、新事物条目，除了扼要介绍背景材料，还要着重讲清一个“新”字，说明提供了什么新的内容，及其对今后发展产生的影响等；⑤条目的文体采用第三人称的记叙文和说明文，语体宜用公文事务语体和科技语体，格调朴实、庄重、简练、严谨。

通过以上这些努力，使本年鉴能更好地反映客观实际，保持了年鉴“年年岁岁花相似，岁岁年年人不同”特色，发挥好年鉴的知往鉴来功能。

年鉴具有资政、鉴戒、信息、教化和存史作用，可以为领导机关了解情况提供决策依据，可以为人们总结过去、分析现状、探索未来提供借鉴，可以为读者查找资料开辟捷径，可以为对外开放提供信息，可以为精神文明建设提供生动教材，可以为盛世修史积累宝贵史料。我国水电建设正处盛世，事业方兴未艾、任重道远，需要用专业年鉴记载水电建设的历史足迹，《中国水力发电年鉴》的连续编辑出版意义重大。《中国水力发电年鉴》的继续编辑出版工作中，我们要始终以“三个代表”重要思想为指导，贯彻落实科学发展观，认真总结经验，不断改进工作，坚定精品意识，提高编纂水平，把本年鉴编成更有信息知识密集感、题材选择年度感、资料数据权威感和服务功能鉴戒感的年鉴。希望各位领导、各位专家一如既往地继续关心并支持本年鉴的编纂工作，希望水电行业各单位都大力支持本年鉴的编纂工作。让我们携起手来，共同努力，把《中国水力发电年鉴》办下去，而且越办越好。

《中国水力发电年鉴》主编

郦凤山

2006 年 9 月

编 辑 说 明

（一）本年鉴的资料时段为2005年全年，少量未及收录的2004年重要内容及数据亦予以补入，特别重要、实用的（“十一五”国家科技规划等有关文件皆系在2005年内制订完毕，而在2006年元月发布）的内容亦予收入，按序排列为第十卷。框架结构由篇目、栏目、条目三个层次组成。经多方征求意见，编委会审定，本年鉴共编列21个篇目、58个栏目、345个条目。统计资料不计栏目、条目。每个篇目均以隔页列出，栏目、条目名称分别用通栏、双栏并铺以不同的网底印出，以示醒目。

（二）本年鉴属专业性行业年鉴，主要面向全国水电行业从事规划、勘测、设计、施工、科研、咨询、建设管理、设备制造、生产运行、院校教育的工程技术人员、师生和各级有关领导与专家。

（三）本卷年鉴的编辑工作是在邓小平理论和“三个代表”重要思想指导下，树立和落实科学发展观，认真贯彻党的十六大，十六届三中、四中、五中全会和中央经济工作会议精神，按照国家大力开发水电、风电等清洁可再生能源的方针政策，力求全面、真实地反映2005年时段内我国水电行业各方面所取得的成就和技术进步，做到“大事不漏、小事不上”，更好地服务于水电全行业。

（四）本卷年鉴保持了框架结构的相对稳定。除规划、勘测、设计、施工、机电及金属结构等专题篇目按常规编列外，为了反映2005年水电行业的新特点、新面貌及新进展，总结本年鉴编辑出版十卷以来的成果，在本卷年鉴中专列了“水电建设回顾与展望”篇目；在“特载”篇目中编入了“可再生能源法”条目；在涉及工程建设的篇目中，除反映了三峡工程及我国在建的其他大中型水电站、抽水蓄能电站的建设进展情况，还突出反映了金沙江几项工程开发进展。并按300万千瓦级、100万千瓦级工程分别作了介绍；在“科学研究与技术创新”篇目中，介绍和推荐了科研新成果和工程实践中的新技术以及获奖情况；在“水电站生产运行”篇目中，新增单列了“机电设备制造”栏目，较翔实地反映了我国水电行业设备的现状、改造及运行情况，还专门编入了“机电设备国产化”内容，记述了我国机电技术水平的提高。

（五）2005年水电开发呈现一派大好形势，被广泛赞誉为水电的春天到来，社会对建坝与生态保护十分关注。为此，本卷年鉴在“特载”篇目中汇集了有关水电建设发展的政策及专家论述；在“环境保护与水库移民”篇目中，反映了水电建设的规划、勘测、设计、施工等过程中采取工程措施、进行工程生态环境评估和建设绿色电站的实践。

（六）本卷年鉴文稿实行文责自负，各条目的内容、数据、插图等均由撰稿人核对无误并由单位有关部门审定、核实。

（七）本卷年鉴编辑工作实行主编负责制。本卷主编为邴凤山，副主编为毛亚杰、黄景湖、王东棣、戴会超。主编负责总体框架结构设计、征询意见、组稿与初审等工作；各篇目的编辑负责稿件的征集、修改、编排、整理。

“水电建设回顾与展望”、“大事记”篇目由邴凤山、黄景湖编辑；“大中型水电工程”、“水工设计”、“机电及金属结构”、“水电站生产运行”篇目由黄景湖编辑；“工程勘测”、“土建施工”、“环境保护与水库移民”、“水电工程的综合效益”篇目由王东棣编辑；“特载”、“水能及风能开发”、“创新技术与科学研究”、“农村水电及电气化”篇目由蔡明昌编辑；“电网建设与特高压输电”篇目由邴凤山编辑；“技术标准与图书出版”篇目由常兆堂编辑；“水电建设管理”篇目由蔡明昌，黄景湖、王东棣编辑；“国际合作与技术交流”、“人物、机构与学术团体”、“统计资料”篇目由邴凤山、黄景湖、王东棣编辑；“附录”由邴凤山、黄景湖编辑整理。另外，英文目录由赵媛媛翻译。

（八）《中国水力发电年鉴》始终坚持政治的严肃性，历史的准确性，内容的全面性、科学性、实用性和连续性，对历史负责，对后人负责。编辑过程中力求资料翔实、语言规范、文字精练。但由于水平所限，不妥、疏漏甚至错误之处在所难免，敬请广大读者批评指正。

联系地址：北京市宣武区白广路二条一号中国水力发电工程学会《中国水力发电年鉴》编辑部，邮编：100761。

《中国水力发电年鉴》主编

邴凤山

2006.10

篇　　目

1. 特载
2. 水电建设回顾与展望
3. 水能及风能开发
4. 大中型水电工程
5. 工程勘测
6. 水工设计
7. 土建施工
8. 机电及金属结构
9. 电网建设与特高压输电
10. 创新技术与科学研究
11. 国际合作与技术交流
12. 技术标准与图书出版
13. 水电建设管理
14. 水电站生产运行
15. 环境保护与水库移民
16. 水电工程的综合效益
17. 农村水电及电气化
18. 人物、机构与学术团体
19. 统计资料
20. 大事记
21. 附录

目　录

1 特　载

2　水电建设回顾与展望

3　水能及风能开发

4 大中型水电工程

5 工程勘测

6 水工设计

7 土建施工

8 机电及金属结构

9 电网建设与特高压输电

10 创新技术与科学研究

11 国际合作与技术交流

12 技术标准与图书出版

13 水电建设管理

14 水电站生产运行

15 环境保护与水库移民

16 水电工程的综合效益

17 农村水电及电气化

18 人物、机构与学术团体

19 统计资料

20 大事记

21 附　　录

CONTENTS

Chapter 1 Specials

Chapter 2 Review & Prospect of Hydropower Construction

Chapter 3 Hydropower and Wind Power Development

Chapter 4 Large and Medium-Sized Hydropower Projects

Chapter 5 Projects Investigation

Chapter 6 Hydraulic Structure Design

Chapter 7 Civil Works & Construction

Chapter 8 Electro-Mechanical Equipment & Metal Structure

Chapter 9 Power Grid Construction & Ultra-high Voltage Power Transmission

Chapter 10 Technical Innovation & Scientific Research

Chapter 11 International Cooperation

Chapter 12 Technical Norms and Book Publication

Chapter 13 Management of Hydropower Construction

Chapter 14 Production & Operation of Hydropower Stations

Chapter 15 Environment Protection & Resettlement of Reservoir Area Residents

Chapter 16 Comprehensive Benefits of Hydropower Projects

Chapter 17 Rural Hydropower Projects & Rural Electrification

Chapter 18 Prominent Figures, Organizations & Academic Societies

彩图插页目录

特　　载

"十一五"规划

"十一五"规划纲要（草案）摘要

国务院5日将《中华人民共和国国民经济和社会发展第十一个五年规划纲要（草案）》（以下简称《纲要（草案）》提请十届全国人大四次会议审查。

《纲要（草案）》根据《中共中央关于制定国民经济和社会发展第十一个五年规划的建议》编制，主要阐明国家战略意图，明确政府工作重点，引导市场主体行为，是未来五年我国经济社会发展的宏伟蓝图，是全国各族人民共同的行动纲领，是政府履行经济调节、市场监管、社会管理和公共服务职责的重要依据。

《纲要（草案）》分十四篇四十八章。

经济社会发展的主要目标

《国民经济和社会发展第十一个五年规划纲要（草案）》提出了未来五年经济社会发展的主要目标：

——宏观经济平稳运行。国内生产总值年均增长7.5%，实现人均国内生产总值比2000年翻一番。城镇新增就业和转移农业劳动力各4500万人。城镇登记失业率控制在5%。

——产业结构优化升级。服务业增加值占国内生产总值比重和就业人员占全社会就业人员比重分别提高3个和4个百分点。研究与试验发展经费支出占国内生产总值比重增加到2%。

——资源利用效率显著提高。单位国内生产总值能源消耗降低20%左右，单位工业增加值用水量降低30%，农业灌溉用水有效利用系数提高到0.5，工业固体废物综合利用率提高到60%。

——城乡区域发展趋向协调。城镇化率提高到47%。

——基本公共服务明显加强。国民平均受教育年限增加到9年。城镇基本养老保险覆盖人数达到2.23亿人。新型农村合作医疗覆盖率提高到80%以上。

——可持续发展能力增强。全国总人口控制在136000万人。耕地保有量保持1.2亿hm^2。主要污染物排放总量减少10%。森林覆盖率达到20%。

——市场经济体制比较完善。

——人民生活水平继续提高。城镇居民人均可支配收入和农村居民人均纯收入分别年均增长5%。

——民主法制建设和精神文明建设取得新进展。

建设社会主义新农村

《纲要（草案）》提出，坚持统筹城乡经济社会发展的基本方略，在积极稳妥地推进城镇化的同时，按照生产发展、生活宽裕、乡风文明、村容整洁、管理民主的要求，扎实稳步推进新农村建设。

《纲要（草案）》提出，要坚持把发展农业生产力作为建设社会主义新农村的首要任务，稳定发展粮食生产，粮食综合生产能力达到5亿t左右。

《纲要（草案）》提出，要延长农业产业链条，使农民在农业功能拓展中获得更多收益，发展农产品加工、保鲜、储运和其他服务。

《纲要（草案）》提出，要加快实施农村饮水安全工程；基本实现全国所有乡镇通油（水泥）路；完善农村电网；基本实现村村通电话、乡乡能上网；健全农村三级卫生服务和医疗救助体系；着力普及和巩固农村九年制义务教育，对农村义务教育阶段学生免收学杂费。

《纲要（草案）》提出，坚持"多予少取放活"的方针，加快建立以工促农、以城带乡的长效机制。

推进工业结构优化升级

《纲要（草案）》提出，要把增强自主创新能力作为中心环节，调整优化产品结构、企业组织结构和产业布局，提升整体技术水平和综合竞争力，促进工业由大变强。

《纲要（草案）》要求，加快促进高技术产业从加工装配为主向自主研发制造延伸，推进自主创新成果产业化，引导形成一批具有核心竞争力的先导产业、一批集聚效应突出的产业基地、一批跨国高技术企业和一批具有自主知识产权的知名品牌。

《纲要（草案）》提出要努力突破核心技术，提高重大技术装备研发设计、核心元器件配套、加工制造和系统集成的整体水平。要构筑稳定、经济、清洁、安全的能源供应体系。

加快发展服务业

《纲要（草案）》强调，要坚持市场化、产业化、社会化方向，拓宽领域、扩大规模、优化结构、增强功能、规范市场，提高服务业的比重和水平。

《纲要（草案）》提出，建设铁路新线1.7万km，其中客运专线7000km；公路总里程达到230万km，其中高速公路6.5万km；建设长江黄金水道和长江三角洲、珠江三角洲高等级航道网；建设上海、天津、大连等国际航运中心。

促进区域协调发展

《纲要（草案）》提出，要促进区域协调发展，逐步形成主体功能定位清晰，东中西良性互动，公共服务和人民生活水平差距趋向缩小的区域协调发展格局。

《纲要（草案）》提出的实施区域发展的总体战略是：推进西部大开发，振兴东北地区等老工业基地，促进中部地区崛起，鼓励东部地区率先发展。

《纲要（草案）》提出，要根据资源环境承载能力、现有开发密度和发展潜力，统筹考虑未来我国人口分布、经济布局、国土利用和城镇化格局，将国土空间划分为优化开发、重点开发、限制开发和禁止开发四类主体功能区。

建设资源节约型、环境友好型社会

《纲要（草案）》提出，落实节约资源和保护环境基本国策，建设低投入、高产出，低消耗、少排放，能循环、可持续的国民经济体系和资源节约型、环境友好型社会。

《纲要（草案）》强调，到2010年城市污水处理率不低于70%；到2010年城市生活垃圾无害化处理率不低于60%。

《纲要（草案）》要求完善取水许可和水资源有偿使用制度，建立国家初始水权分配制度和水权转让制度。严格执行法定权限审批土地和占用耕地补偿制度。健全矿产资源有偿占用制度和矿山环境恢复补偿机制，完善重要资源储备制度。

实施科教兴国战略和人才强国战略

《纲要（草案）》提出，实施科教兴国战略和人才强国战略，把科技进步和创新作为经济社会发展的重要推动力，把发展教育和培养德才兼备的高素质人才摆在更加突出的战略位置，努力建设创新型国家和人力资本强国。

《纲要（草案）》强调加大教育投入，保证财政性教育经费的增长幅度明显高于财政经常性收入的增长幅度，逐步使财政性教育经费占国内生产总值的比例达到4%。

深化体制改革

《纲要（草案）》提出，深化制制改革，以转变政府职能和深化企业、财税、金融等改革为重点，加快完善社会主义市场经济体制，形成有利于转变经济增长方式、促进全面协调可持续发展的机制。

《纲要（草案）》强调着力推进行政管理体制改革，按照精简、统一、效能的原则和决策、执行、监督相协调的要求，建立决策科学、权责对等、分工合理、执行顺畅、监督有力的行政管理体制。要深化国有企业改革，推动国有资本向关系国家安全和国民经济命脉的重要行业和关键领域集中。要推进财政税收体制改革，明确界定各级政府的财政支出责任，合理调整政府间财政收入划分。加快金融体制改革，积极推进国有商业银行综合改革，合理确定政策性银行职能定位。加快发展直接融资，健全金融调控机制，完善金融监管体制。

实施互利共赢的开放战略

《纲要（草案）》提出，实施互利共赢的开放战略，坚持对外开放基本国策，在更大范围、更广领域、更高层次上参与国际经济技术合作和竞争，更好地促进国内发展与改革，切实维护国家经济安全。

《纲要（草案）》提出加快转变对外贸易增长方式，促进对外贸易由数量增加为主向质量提高为主转变，到2010年货物贸易、服务贸易进出口总额分别达到2.3万亿美元和4000亿美元。强调提高利用外资质量，重点通过利用外资引进国外先进技术、管理经验和高素质人才。要求积极开展国际经济合作，积极发展与周边国家及其他国家的经济技术合作，实现互利共赢。

推进社会主义和谐社会建设

《纲要（草案）》指出，按照民主法治、公平正义、诚信友爱、充满活力、安定有序、人与自然和谐相处的要求，从解决人民群众最关心、最直接、最现实的切身利益问题入手，扎实推进和谐社会建设。

《纲要（草案）》强调实行积极的就业政策，统筹城乡就业，努力控制失业规模。完善对困难地区、困难行业和困难群体的就业援助制度。扩大城镇基本养老保险覆盖范围，完善城市居民最低生活保障制度。

《纲要（草案）》强调提高人民健康水平，认真解决群众看病难看病贵问题。深化医疗卫生体制改革，加强对医疗卫生服务行为、服务质量和药品市场的监管，降低药品虚高价格，控制医疗费用过快上涨。

加强社会主义民主政治建设

《纲要（草案）》提出，要加强社会主义民主政治建设，坚持政治文明和物质文明全面发展，扩大在社会主义民主，健全社会主义法制，为现代化建设提供政治保证。

《纲要（草案）》强调，坚持和完善人民代表大会制度、中国共产党领导的多党合作和政治协商制度、民族区域自治制度，积极稳妥地继续推进政治体制改革，巩固和发展民主团结、生动活泼、安定和谐和政治局面。

加强社会主义文化建设

《纲要（草案）》提出，要牢牢把握先进文化的前进方向，坚持为人民服务、为社会主义服务的方向和百花齐放、百家争鸣的方针，繁荣社会主义文化，不断满足人民群众日益增长的精神文化需求。

《纲要（草案）》强调，加大政府对文化事业的投入，逐步形成覆盖全社会的比较完备的公共文化服务体系。要不断深化文化体制改革，建立党委领导、政府管理、行业自律、企事业单位依法运营的文化管理体制和富有活力的文化产品生产经营机制。

加强国防和军队建设

《纲要（草案）》提出，根据维护国家安全统一和发展利益的要求，加强国防和军队现代化建设，形成国防建设与经济建设协调发展的良好局面。

《纲要（草案）》要求着眼有效履行新世纪新阶段军队的历史使命，全面加强军队革命化现代化正规化建设，积极推进中国特色军事变革，努力提高部队信息化条件下整体防卫作战能力。

建立健全规划实施机制

《纲要（草案）》提出，在社会主义市场经济体制初步建立的条件下，实现本规划的目标和任务，主要依靠发挥市场配置资源的基础性作用。同时，政府要正确履行职责，调控引导社会资源，合理配置公共资源，保障规划顺利实施。

（编辑部摘编）

温家宝总理关于"十一五"规划《纲要（草案）》的说明

"十一五"规划《纲要（草案）》的编制过程和主要特点

党中央、国务院对制定"十一五"规划工作高度重视。早在2003年7月，国务院就开始部署相关准备工作。组织有关部门、地方、研究机构和各方面专家，对经济社会发展面临的若干重大问题开展专题研究，为编制《纲要（草案）》提供了基础。党的十六届五中全会后，国务院根据中央《建议》精神，深入研究和编制"十一五"规划，成立了由各领域专家组成的专家委员会进行咨询论证，在全国范围内开展多种形式的为"十一五"规划建言献策活动，人大代表、政协委员和各界人士提出了许多建议。《纲要（草案）》的编制过程，是发扬民主、集思广益、科学决策的过程。

《纲要（草案）》力求反映社会主义市场经济发展和改革开放新形势的要求，体现宏观性、战略性和政策性，并明确政府的工作重点和责任。从内容到形式都有所创新。在规划内容上，贯穿了落实科学发展观和构建社会主义和谐社会的战略思想，突出了"五个统筹"，突出了加强经济社会发展薄弱环节，突出了解决人民群众关注的切身利益问题，注意处理好市场机制与宏观调控的关系。在规划指标上，分为预期性和约束性两大类。预期性指标，是预计和期望达到的目标，主要通过引导市场主体行为来实现；约束性指标，是必须实现的目标，主要通过依法加强管理和提供服务来实现。在规划形式上，《纲要（草案）》采取正文加专栏的形式，在专栏中列举了有关发展指标和重点工程，使规划内容更加直观、清晰。

《纲要（草案）》的制定以第一次全国经济普查数据为基础。历时两年多的经济普查工作，进一步摸清了我国经济社会发展的基本情况，查实了国内生产总值总量和三次产业的比重，更加全面、准确地反映了国情国力。依据新的经济普查数据制定"十一五"规划，更符合实际情况，更具有科学性。

"十一五"时期经济社会发展的指导原则和主要目标

"十一五"时期是全面建设小康社会的关键时期。综合分析各种因素，未来五年国际环境总体上对我国发展有利，但不稳定不确定因素比较多；国内有许多有利条件，同时存在不少制约因素和困难。我们要抓住机遇，趋利避害，增强忧患意识，做好克服各种困难、应对各种风险和挑战的充分准备，奋力把改革开放和现代化事业推向前进。

《纲要（草案）》全面贯彻落实科学发展观，体现了中央《建议》提出的重要原则，这就是：必须保持经济平稳较快发展，必须加快转变经济增长方式，必须提高自主创新能力，必须促进城乡区域协调发展，必须加强和谐社会建设，必须不断深化改革开放。贯彻这些原则，就要转变发展观念、创新发展模式、提高发展质量，切实把经济社会发展转入以人为本、全面协调可持续发展的轨道。

根据中央《建议》确定的指导思想和原则，《纲要（草案）》提出了"十一五"时期经济社会发展的主要目标。这些目标既与全面建设小康社会的目标相衔接，又反映了经济社会发展的阶段性特征和客观要求。温家宝总理就其中两个方面的重要目标作了简要说明。

一是关于经济增长速度问题。《纲要（草案）》提出，今后五年国内生产总值年均增长7.5%，这是综合考虑各方面因素，根据需要和可能提出的。按照新近公布的第一次全国经济普查数据和2005年经济增长实际结果，“十五”期间国内生产总值增长速度比原来预计的高一些，“十一五”年均增长7.5%，将会超过中央《建议》提出的2010年人均国内生产总值比2000年翻一番的要求。这个目标是积极的，经过努力是可以实现的。还需要指出，这个目标是建立在优化结构、提高效益和降低消耗基础上的。在实际执行中，各地要处理好速度和结构、效益的关系，不要片面追求和盲目攀比速度。历史经验和现实情况表明，保持经济平稳较快发展至关重要。

二是关于节能和环保问题。《纲要（草案）》提出了“十一五”期间单位国内生产总值能源消耗降低20%左右、主要污染物排放总量减少10%等目标。这是针对资源环境压力日益加大的突出问题提出来的，体现了建设资源节约型、环境友好型社会的要求，是现实和长远利益的需要，具有明确的政策导向。尽管实现这一目标的难度很大，但我们有信心、有决心完成。

“十一五”时期的战略重点和主要任务

《纲要（草案）》对“十一五”时期的经济建设、社会发展、改革开放等方面，都作出了全面部署，提出了明确的任务和政策措施。

一是建设社会主义新农村。《纲要（草案）》把解决“三农”问题放在各项战略任务的首位。强调坚持统筹城乡经济社会发展，按照生产发展、生活宽裕、乡风文明、村容整洁、管理民主的要求，扎实稳步地推进社会主义新农村建设。要进一步提高农业综合生产能力，推进农业结构调整，加强农村基础设施建设，增加农民收入。着力抓好大型粮棉油生产基地、优质粮食产业、农田水利、饮水安全、公路、沼气和农村教育、文化、卫生建设等重点工程。全面推进农村综合改革，基本完成乡镇机构、农村义务教育和县乡财政管理体制等改革任务。培养造就有文化、懂技术、会经营的新型农民。各地方、各部门必须在经济工作思路和重点上有一个大的转变。建设资金要更多地向“三农”倾斜，公共服务要更大范围地覆盖农村，全社会都要大力支持农村发展。

二是加快推进经济结构调整和增长方式转变。我国当前经济发展中诸多问题的症结，在于结构不合理和增长方式粗放。必须按照走新型工业化道路的要求，从优化产业结构中求发展，从节约资源、保护环境中求发展。《纲要（草案）》提出，要推进工业结构优化升级，促进工业由大变强。这是针对我国工业规模已经不小，但总体素质不高、竞争力不强的现状，而提出的一个重大任务。《纲要（草案）》对推进信息化、发展高技术产业、振兴装备制造业、发展能源原材料工业等方面的主要任务和建设布局作了部署，规划了一批重大建设项目。提出要加快发展服务业特别是信息、金融、保险、物流、旅游和社区服务业，不断提高服务业的比重和水平。

《纲要（草案）》把建设资源节约型、环境友好型社会摆在突出位置，提出了明确任务和措施，规划了一批节能重点工程、循环经济示范试点工程、生态保护和环境治理重点工程。认真落实这些任务和措施，将会明显提高资源利用效率，基本遏制生态环境恶化的趋势。我们一定要坚持不懈地努力，为人民群众创造清洁、良好的生活和工作环境，为子孙后代留下蓝天绿地、碧水青山。

三是促进区域协调发展。《纲要（草案）》分别提出了不同区域发展的重点任务，要求健全协调互动的市场机制、合作机制、互助机制和扶持机制。《纲要（草案）》根据各个区域资源、环境承载能力和发展潜力，将国土空间划分为优化开发、重点开发、限制开发和禁止开发四类主体功能区，实施不同的区域政策。同时，强调积极稳妥地推进城镇化，发挥城市群的带动和辐射作用。

四是着力增强自主创新能力。这是《纲要（草案）》的一个特点。要按照自主创新、重点跨越、支撑发展、引领未来的方针，加快建设创新型国家，全面提高原始创新能力、集成创新能力和引进消化吸收再创新能力。《纲要（草案）》提出，适应国家战略需求，启动一批重大科技专项，涉及信息、生物等战略产业领域，能源、资源、环境和人民健康等重大紧迫问题，以及军民两用技术。实施好这些重大专项，对于整合有限的科技资源、加快攻克事关全局和长远的科技难关，带动相关领域技术水平的整体提升，具有重大的现实意义和深远的战略意义。提高自主创新能力，最根本的是加快科技教育发展和人才队伍建设，《纲要（草案）》对此也作了全面部署。

五是深化改革和扩大开放。过去二十多年，我国经济社会发展取得的一切成就，都是同坚定地推进改革开放分不开的。要完成新阶段的发展任务，也必须坚定不移地全面深化改革和扩大开放。《纲要（草案）》提出，要加快完善社会主义市场经济体制，形成有利于转变经济增长方式、促进全面协调可持续发展的体制机制。要加强对改革的总体指导和统筹协调，在推进经济体制改革的同时，继续推进政治体制改革、文化体制改革和社会管理体制改革。正确处理改革发展稳定的关系。要按照统筹国内发展和对外开放的要求，实施互利共赢的开放战略，以开放促改革促发展。在扩大开放中重视维护国家经济安全。

六是努力建设和谐社会。这是推进经济社会发展的重要目标和保障。《纲要（草案）》提出，要做好人口工作，扩大就业，健全社会保障体系，不断提高人民生活水平健康水平，加强公共安全建设，加强社会主义民主政治建设和文化建设，完善社会管理体制。经过今后五年的努力，使我们的社会更加和谐，让人民群众生活得更加美好！

（编辑部摘编）

《国民经济和社会发展第十一个五年规划纲要（草案）》根据代表委员意见进行修改

十届全国人大四次会议 3 月 14 日批准了修改后的国民经济和社会发展第十一个五年规划纲要。

此前，受国务院的委托，国家发展和改革委员会向本次会议主席团提交了关于《国民经济和社会发展第十一个五年规划纲要（草案）》修改情况的说明。

国家发展和改革委员会在说明中表示，根据出席十届全国人大四次会议代表审查和全国政协十届四次会议委员讨论《国民经济和社会发展第十一个五年规划纲要（草案）》时提出的意见和建议，我们对《纲要（草案）》进行了修改完善。

一、将提高农业综合生产能力中的“加强农田水利建设，改造大型灌区，完善中小型水利设施”修改为“加强以小型水利设施为重点的农田基本建设，改造大型灌区”。

二、将提高农业综合生产能力中的“加强物种资源保护”修改为“加强物种资源保护和合理开发利用”。

三、在加强农村基础设施建设中的“引导农民合理建设住宅”后增加了“保护有特色的农村建筑风貌”。

四、将加快发展农村义务教育中的“实行城市教师到农村支教交流制度”修改为“加大城镇教师支援农村教育的力度”。

五、将加快发展农村义务教育中的“发展农村中小学远程教育”修改为“全面实施农村中小学远程教育”。

六、在深化农村改革中的“发挥农村信用社的支农作用”后增加了“建立健全农村金融体系”。

七、在深化农村改革中增加了“稳步推进集体林权改革”。

八、在植保工程中将“建设部分生态和生物治蝗示范基地”修改为“建设一批生态和生物控灾示范基地”。

九、在壮大船舶工业实力中增加了“优化散货船、油船、集装箱船三大主力船型”。

十、在大型乙烯成套设备中的“推进百万吨级大型乙烯成套设备和对二甲苯、对苯二甲酸、聚酯成套设备的国产化”中删除了“聚酯”。

十一、将积极发展电力中的“建设金沙江、雅砻江等水电基地”修改为“建设金沙江、雅砻江、澜沧江、黄河上游等水电基地”。

十二、将调整化学工业布局中的“关停小型低效炼油装置”修改为“关停并转小型低效炼油装置”。

十三、将鼓励纺织工业增加附加值中的“推进纺织工业梯度转移，提高自主品牌比重”修改为“提高纺织工业技术含量和自主品牌比重”；在“扩大产业用纺织品”后增加了“丝绸”；将“推进纺织工业梯度转移”移至该段的最后一句。

十四、在发展水路运输中将“完善沿海港口布局”修改为“完善沿海沿江港口布局”。

十五、在铁路中增加了“青藏铁路延伸线”。

十六、将水运中的“加快内河港口建设”修改为“加快重庆、武汉、南京等内河港口建设”。

十七、将服务业发展政策中的“健全服务业国家标准”修改为“健全服务业标准体系，推进服务业标准化”。

十八、将推进西部大开发中的“加强西藏高原生态安全屏障保护和建设”修改为“加强青藏高原生态安全屏障保护和建设”。

十九、在支持革命老区、民族地区和边疆地区发展中“办好中心城市的民族初中班和高中班”后增加了“加强民族大学建设和民族地区高等教育”。

二十、将“甘南湿地生态功能区”修改为“甘南黄河重要水源补给生态功能区”。

二十一、将加强资源综合利用中的“推进废旧金属、废旧轮胎和废弃电子产品回收利用”修改为“推进废纸、废旧金属、废旧轮胎和废弃电子产品等回收利用”。

二十二、在循环经济示范试点工程中增加了“攀钢”、“江西铜业”和“青海柴达木”。

二十三、在强化促进节约的政策措施中增加了“加快循环经济立法”。

二十四、在加大知识产权保护力度中增加了“加强公民知识产权意识”。

二十五、在深化教育体制改革中增加了“规范教育收费，建立严格的教育收费公示制度”。

二十六、在完善财政体制中的“加强政府债务管理”后增加了“防范政府债务风险”。

二十七、将优化出口结构中的“加强对出口商品价格、数量的动态监测”修改为“加强对出口商品价格、质量、数量的动态监测”。

二十八、将稳定人口低生育水平中的“建立独生子女死亡伤残家庭扶助制度”修改为“建立独生子女死亡、伤残家庭扶助制度”。

二十九、在加大扶贫工作力度中的“鼓励社会各界积极参与扶贫工作”前增加了“继续开展定点帮扶工作”。

三十、在提高安全生产水平中的“抓好非煤矿山、特种设备、危险化学品、烟花爆竹、道路交通和人员密集场所消防安全等的专项整治”中增加了“建筑施工”。

三十一、在发展社会主义民主中“巩固和壮大最广泛的爱国统一战线，健全重大问题决策前协商的制度”后增加了“发挥人民政协的作用，支持人民政协履行政治协商、民主监督、参政议政的职能。坚持和完善职工代表大会和其他形式的企事业民主管理制度”。

三十二、将全面推进法制建设中的“形成遵法守法、依法办事社会风气”修改为“形成遵法守法、依法办事的社会风气”。

三十三、在加强思想道德建设中增加了“发扬艰苦奋斗的优良传统”。

三十四、将保持香港、澳门长期繁荣稳定中的“支持香港发展金融、航运、旅游、资讯等服务业”修改为“支持香港发展金融、物流、旅游、资讯等服务业”。

（编辑部摘编）

“十一五”规划呈现十大特点

国家发展和改革委员会主任马凯、副主任朱之鑫3月6日在十届人大四次会议举行的记者招待会上，就“十一五”规划纲要草案等问题回答了中外记者的提问。

在回答记者有关“十一五”规划纲要草案特点的问题时，马凯说，“十一五”规划纲要草案从内容和形式上，都呈现出一些新特点。1. 指导思想贯穿了科学发展观和构建和谐社会两大战略思想，提出了“六个立足”的政策取向；2. 在目标体系上，不但重视经济指标，更重视人文、社会、环境指标，特别是首次把发展指标分为预期性和约束性两类；3. 在战略任务方面，把建设社会主义新农村独立成篇，摆在各项任务的首位；4. 在工业领域，明确提出下一个五年工业发展的主要任务不是扩大规模，而是结构升级，促进我国工业由大变强；5. 在三次产业结构方面，首次把服务业独立成篇，放在突出位置；6. 在区域发展战略上，进一步明确了优化开发、重点开发、限制开发和禁止开发四类功能区的定位和政策导向；7. 把节约资源和保护环境这两个基本国策写入了规划纲要草案，提出了建设资源节约型社会和环境友好型社会的战略任务和具体措施；8. 提出了建设创新型国家和实施人才强国战略的一些重大任务和政策措施；9. 规划纲要草案全篇都贯穿改革的内容；10. 政治文明建设、文化建设和社会建设独立成篇，突出强调以人为本和解决关系群众切身利益的一些重大问题。

在回答“十一五”规划纲要的实施老百姓能得到哪些实惠时，马凯说，规划纲要草案提出，到2010年，人均GDP要超过2400美元，到时候综合国力更加强大了。在经济发展的基础上，老百姓的钱袋子会更鼓一些，到2010年，城镇居民人均可支配收入由去年的10493元提高到13390元，农村居民人均纯收入由3255元提高到4110元；就业岗位会更多一些，五年累计城镇新增就业和农村转移劳动力各4500万人；生活质量会更高一些，吃得更放心，行得更方便，教育公共服务的均等化将迈出更大步伐；医疗卫生体系将逐步健全，农村新型医疗卫生体系覆盖面到2010年要达到80%；人居环境会更好一些，主要污染物排放将降低10%，森林覆盖率将提高到20%，再解决1亿农民的饮水安全问题；一些特别困难和有特殊情况的群体，他们将得到政府和社会更多的关爱。

（编辑部摘编）

共和国十一个国民经济“五年计划”回放

第一个五年计划（1953～1957）

1951年春，从战争废墟中站起来的新中国为恢复和加速经济发展，开始酝酿《中华人民共和国发展国民经济的第一个五年计划》……

“一五”计划，是指我国从1953年到1957年发展国民经济的计划。它是在党中央的直接领导下，由周恩来、陈云同志主持制定的。

此时的中国一穷二白、百业待兴，要生存、更要发展，但一切都要从零开始……

根据党在过渡时期的总路线的要求，“一五”计划所确定的基本任务是：集中主要力量进行以苏联帮助我国设计的156个建设项目为中心、由694个大中型建设项目组成的工业建设，建立我国的社会主义工业化的初步基础，发展部分集体所有制的农业生产合作社，以建立对农业和手工业社会主义改造的基础，基本上把资本主义工商业分别纳入各种形式的国家资本主义的轨道，以建立对私营工商业社会主义改造的基础。

"三大改造"成了当时的新名词……

"一五"计划时期，我国对个体农业、手工业和私营工商业的社会主义改造的任务基本完成。计划所规定的各项建设任务，主要依靠我国人民的力量，加上当时苏联等国家的大力援助，到1957年底胜利完成，使我国建立起社会主义工业化的初步基础。社会主义生产关系基本确定。在整个国民收入中，国营经济、合作经济和公私合营经济所占比重由1952年的21.3%上升到92.9%；建成了一大批重要工程，5年内完成基本建设投资总额550亿元，新增固定资产460.5亿元，相当于1952年底全国拥有的固定资产总值的1.9倍。595个大中型工程建成投产，初步铺开我国工业布局的骨架；工业总产值比1952年增长128.6%，5年合计钢产量1656万t，等于旧中国从1900年到1948年49年钢的总产量760万t的218%，煤产量达到1.31亿t，比1952年增长98%；产业结构发生新的变化，在工业总产值中，工业产值所占比重由1949年的30%提高到56.5%，重工业的比重由26.4%提高到48.4%。1957年粮食产量达到3901亿斤，棉花产量达到3280万担，都超额完成计划。

万事开头难……

"一五"计划实施中存在一些问题：一是农业生产跟不上工业生产的步伐，以工业总产值占农业总产值70%和工业总产值中生产资料占60%作为实现国家工业化的重要标志之一，在某种程度上忽视了农业的发展。二是1956年出现全局性的冒进，基本建设投资总额147.35亿元，比上年增长70%，高于1953年、1954年两年的投资额，基本建设贷款占财政支出的比重由上年的30.2%猛增到48%，造成国家财政紧张。三是社会主义改造过急过快，为以后相当长时间留下后遗症 。

第二个五年计划（1958～1962）

"一五"计划中，国民经济蹒跚前行，在总结了"一五"实施的经验教训后， "二五"计划蓄势待发……

1956年9月召开的党的"八大"正式通过由周恩来主持编制的《关于发展国民经济的第二个五年计划的建议的报告》。

"大炼钢铁"、"公私联营"……这些已经生疏了的名词深深地烙上了那个年代的印记。"二五"计划集中一切力量发展重工业、推进社会主义改造……

《建议》明确规定了第二个五年计划的基本任务：（一）继续进行以重工业为中心的工业建设，推进国民经济的技术改造，建立我国社会主义工业化的巩固基础；（二）继续完成社会主义改造，巩固和扩大集体所有制和全民所有制；（三）在发展基本建设和继续完成社会主义改造的基础上，进一步发展工业、农业和手工业的生产，相应发展运输业和商业；（四）努力培养建设人才，加强科学研究工作，以适应社会主义经济文化发展的需要；（五）在工农业生产发展的基础上，增强国防力量，提高人民的物质生活和文化生活水平。

《建议》从1958年到1962年5月内的主要指标是：工业产值增长一倍左右，农业总产值增长35%，钢产量1962年达到1060万t到1200万t，基本建设投资占全部财政收入的比重由"一五"时期的35%增长到40%左右，基本建设投资总额比"一五"时期增长一倍左右，职工和农民的平均收入增长25%到30%。

由于"八大"以后冒进思想的影响，"二五"计划在制定和执行中出现了严重的冒进倾向，许多计划指标不断修正和大幅度提高……

1958年8月，北戴河中共中央政治局扩大会议讨论并批准的《关于第二个五年计划的意见》，提高了奋斗目标，提出可以在第二个五年计划期间完成我国的社会主义建设，可以为向共产主义过渡创造条件，到1962年建成强大的独立完整的工业化体系，在若干重要产品和产量方面超过英国，赶上美国。据此，《意见》提出农业总产值5年增长2.7倍以上，1962年粮食总产达到15000亿斤，棉花15000万担，钢8000万t，煤9亿t，棉纱1600万件，5年基本建设投资3850亿元，重大建设项目1000个以上。

"超英赶美"、"向共产主义过渡"，修正过的目标显然超过了国民经济的发展能力，财政出现赤字、人民生活困难，这时计划需要服从变化……

由于1958年以来的"大跃进"运动和"反右倾"运动，造成国民经济主要比例关系失调，连年出现财政赤字，人民生活遇到很大困难。我国经济建设已不能按照第二个五年计划的部署继续发展，国家决定对国民经济实行调整，1960年9月，中共中央在批转国家计委《关于1961年国民经济计划控制数字的报告》中提出了国民经济调整、充实、巩固、提高的"八字方针"，1961年1月，党的八届九中全会正式批准。

第三个五年计划（1966～1970）

历史的时针走到了60年代中叶，"五年计划"到了第三个阶段……

"三五"计划是从1964年初开始研究和编制的。其中内容比较详尽的计划方案有两个：一个是国家计委提出的经1964年5月中央工作会议讨论并原则同意的《第三个五年计划（1966～1970年）的初步设想》（汇报提纲），另一个是1965年9月国家计委拟定的并经中央讨论基本同意的《关于第三个五年计划安排情况的汇报提纲》。

这一历史时期，"计划"逐步向前推进……

《初步设想》确定的"三五"计划的基本任务是按照农轻重的顺序进行安排的：(1) 大力发展农业，按不同的标准基本上解决人民的吃穿用问题；(2) 适当加强国防建设努力突破简短技术；(3) 与支援农业和加强国防相适应，加强基础工业，继续提高产品质量，增加产品品种，增加产量，使我国国民经济建设进一步建立在自力更生的基础上，相应发展交通运输业、商业、文化、教育、科学研究事业，使国民经济有重点、按比例地发展。

依据中共中央提出的"备战、备荒、为人民"的战略方针，1965年9月初，国家计委重新草拟了《关于第三个五年计划安排情况的汇报提纲》，明确提出，"三五"计划必须立足于战争，从准备大打、早打出发，积极备战，把国防建设放在第一位，加快"三线"建设。

其中，工农业总产值超额16.2%～14.1%完成了计划，农业总产值超额2.2%，工业总产值超额21.1%。新增主要产品能力：煤炭开采6806万t，发电机组存量860.4万kW，石油开采2777万t，炼钢652.7万t，铁矿开采3590.1万t，合成氨244.4万t，化肥204.16万t，水泥1533万t，塑料18.7万t，棉纺锭322万t，化学纤维1.23万t，新建铁路交付营业里程3894km，新建公路31223km，沿海港口吞吐能力1191万t。

第四个五年计划（1971～1975）

历史的车轮把"五年计划"推入第四段旅程……

"四五"计划于1970年开始进行编制。2月15日至3月21日国务院召开全国计划工作会议，制定1970年国民经济发展计划，会上研究、讨论、制定了《第四个五年计划纲要（草案）》。同年9月，在党的九届二中全会上曾作为参考文件印发。1971年3月，中共中央在批转1971年计划时，《"四五"计划纲要（草案）》的部分指标也作为附件下发。

如果说前三个"五年"有失有得，那么，第四个"五年"则是成效初现……

第四个五年计划期间的主要经济指标：《纲要（草案）》规定，工农业总产值每年平均增长速度达到12.5%，5年合计国家预算内基本建设投资1300亿元，1975年粮食产量达到6000亿～6500亿斤，棉花6500万～7000万担，钢3500万～4000万t，原煤4亿～4.3亿t，发电量2000亿～2200亿kW·h，铁路货运量9亿～10亿t。

1973年7月，国家计委拟订了《第四个五年计划纲要（修正草案）》。《修正草案》对主要经济指标进行了调整，不少指标有所压缩，钢产量下调到3200万～3500万t，后又调到3000万吨。1972年、1973年两年国民经济形势有所好转，1973年各项主要经济指标都完成和突破了计划，并且是"一五"计划以来经济增长最快的一年。

1975年是"四五"计划的最后一年，按照《修正草案》规定的1975年指标要求来检查计划执行的结果是：工农业总产值完成计划的101.7%，其中农业完成104.5%，工业完成100.6%。主要产品产量完成的结果是：粮食103.5%，棉花96.5%，钢79.7%，原煤109.5%，原油110.1%，发电量103.1%，棉纱96.8%，铁路货运量98.7%，预算内基本建设投资完成101.6%，财政收入完成98%。

第五个五年计划（1976～1980）

经历了十年浩劫，中国迫切地谋求发展……

1975年，中共中央制定了《1976～1980年发展国民经济十年规划纲要（草案）》，安排了"五五"计划。

"五五"计划提出后3年（1978～1980），建立独立的比较完整的工业体系和国民经济体系。1978年3月，又修订了十年发展纲要，要求到1985年钢产量达到6000万t，石油达到2.5亿t，国家计划新建和续建120个大型项目，其中10个大型钢铁基地，9个有色金属基地，8个煤炭基地，10个大油气田等等。从1978年到1985年，基本建设投资相当于过去28年的总和，每年要投资700亿元，超出了实际可能，违反了经济发展的规律。因此，十一届三中全会后不久，中央就对此作了修正。

从"五五"计划执行情况来看，1977年至1978年间社会总产值、工农业总产值、国民收入连续两年大幅度增长，主要工农业产品的产量恢复或者超过了历史最好水平。1977年，工农业生产总值达到5055亿元，超过计划的4.4%，比上年增长10.4%。1978年社会总产值为6846亿元，比1977年增长13.1%；1978年国民生产总值达到3010亿元，比1977年增长12.3%，比1976年增长19.4%。财政收入和支出连续两年大幅度增加，但收入略有节余，扭转了1974年到1975年连续3年财政赤字、财政收支恶化的状况。

1978年12月的十一届三中全会，使全党工作重点转移到社会主义现代化建设上来。会议强调，必须按照客观经济规律办事，初步提出了调整、改革的任务和措施，预示着国民经济发展即将摆脱困境，进入新的不断探索发展道路的时期。1979年4月，中共中央工作会议正式提出"调整、改革、整顿、提高"的方针（新八字方针），并从这一年开始对国民经济进行调整。

第六个五年计划（1980～1985）

"五五"期间，拨乱反正是社会生活的"主旋律"，各项不切实际的发展目标也必须及时调整，经济发展不得不放慢脚步，随后，"六五"计划的编制也显得格外慎重……

"六五"计划的编制时间较长，最初是作为《1976～1985年发展国民经济十年规划纲要》草案的一部分，根据1975年《政府工作报告》中的提议着手编制的。1980年2月，国务院决定重新制定中长期计划，并召开长期计划座谈会，再次酝酿编制"六五"计划。之后，国家计委和有关部门就"六五"计划的编制进行了大量的调查研究和测算工作，并组织有关专家进行了科学论证。1982年全国计划会议着重讨论了"六五"计划草案，1982年12月全国人大五届五次会议正式批准"六五"计划，同时作出了动员全国人民为实现这个计划而奋斗的专门决议。

"六五"计划公布后，细心的人们会发现，"六五"中出现了前几个五年计划中未曾关注的方面——社会发展，计划的题目也相应改为"国民经济与社会发展计划"，这些改变似乎昭示着"六五"计划将是一个转折……

"六五"计划的具体要求是：继续贯彻执行"调整、改革、整顿、提高"的方针，进一步解决过去遗留下来的阻碍经济发展的各种问题，取得财政经济根本好转的决定性胜利，并且为"七五"时期国民经济和社会发展奠定更好的基础，创造更好的条件。

（1）工农业生产总值，计划年均增长4%，在执行中争取达到5%。（2）争取消费品供应的数量和质量同社会购买力的增长和消费结构的变化大体适应，保持市场物价的基本稳定。（3）大力降低物质消耗特别是能源消耗，使生产资料的生产同消费资料的生产大体协调。（4）有计划有重点地对现有企业进行技术改造，广泛地开展以节能为主要目标的技术革新活动，同时集中必要的资金，加强能源、交通等重点建设，作好"七五"发展的衔接。（5）组织全国的科技力量，进行科技攻关和科技成果的推广应用；努力发展教育、科学和文化事业，促进社会主义精神文明和物质文明的建设。（6）加强国防建设和国防工业建设，增强防御力量。（7）通过发展生产，提高经济效益，适当集中资金，使国家财政收入由下降转为上升，使经济建设和文化建设的开支逐步有所增加，保证财政收支和信贷收支的基本平衡。（8）大力发展经济贸易，有效利用外资，积极引进国内需要的先进技术，促进国内经济技术的发展。（9）严格控制人口增长，妥善安排城镇劳动力的就业，在生产发展和劳动生产率提高的基础上，使城乡人民的物质和文化生活继续得到改善。（10）加强环境保护，制止环境污染的进一步发展。

"六五"计划是实现从1981年到20世纪末，工农业年总产值翻两番这个宏伟目标的一个重大步骤，这五年是我国现代化建设继续推进的五年，是人民生活继续得到改善的五年……

"六五"计划取得了举世瞩目的成就。

第一，国民经济全面稳定增长。工农业总产值平均每年增长11%，国民生产总值1985年达到7780亿元，与1980年相比，扣除物价上涨因素，平均每年增长10%。第二，重要产品的产量大幅度增长。1985年与1980年相比，钢产量增长26.1%，煤炭增长37.1%，发电量增长35.8%，原油增长17.9%，粮食产量年均增长21.4%，棉花增长92.8%。第三，基本建设和技术改造取得重大成就。全民所有制单位固定资产投资总额达到5300亿元，新增固定资产3800亿元，建成投产大中型项目496个，完成更新改造项目20万个。第四，财政状况逐年好转。财政收入平均每年增加159亿元，年递增12%，实现了财政收支平衡。第五，科技、教育、文化事业繁荣兴旺。第六，对外经济贸易和技术交流打开了新局面。第七，全国居民收入大幅度增长，人民生活显著改善。

"六五"期间国民经济发展中也存在一些困难和问题，特别是"六五"后期，在经济形势好转的情况下，固定资产投资规模过大，消费基金增长过猛，货币发行过多，对经济稳定增长产生了不利影响。

第七个五年计划（1986～1990）

"六五"计划期间，国民经济高歌猛进，为"七五"计划的制定、实施打下了良好的基础，在一个新的五年计划刚刚起步的时候，国家就制订出了完整的经济和社会发展计划，这在我国社会主义计划经济史上是第一次……

1983年，国务院着手组织"七五"计划的起草工作，1985年上半年拟订了《中共中央关于制定国民经济和社会发展第七个五年计划的建议》。这个《建议》经党的十二届四中全会原则通过后，提交1985年9月的党代会审议通过。国务院根据《建议》，对计划安排又反复研究、平衡、测算，1986年

3月审定完毕，将《中华人民共和国国民经济和社会发展第七个五年计划》（1986～1990年）提交六届人大四次会议审议批准。

虽然这五年中“计划”与“市场”仍有交锋，但“七五”计划中明确地把改革放在了首位……

“七五”期间国民经济和社会发展的主要任务是：

1. 进一步为经济体制改革创造良好的经济环境和社会环境，努力保证社会总需求和总供给的基本平衡，使改革更加顺利地开展，力争在五年或更长一些时间内，基本上奠定有中国特色的新型社会主义经济体制的基础。

2. 保持经济持续稳定增长，在控制固定资产投资总额的前提下，大力加强重点建设、技术改造和智力开发，在物质技术和人才方面为九十年代经济和社会的继续发展准备必要的后续能力。

3. 在发展生产和提高经济效益的基础上，继续改善人民生活。

计划规定了如下经济发展目标：在不断提高经济效益的前提下，五年内全国工农业总产值增长38%，平均每年增长6.7%，五年国民生产总值增长44%，平均每年增长7.5%，到1990年，我国工农业主要产品的产量分别达到：粮食42500万～45000万t，棉花425万t，发电量5500亿kW·h，原煤10亿t，原油1.5亿t，钢5500万～5800万t，全社会各种货运量94亿t，全社会固定资产投资12960亿元，其中全民所有制单位的固定资产投资总额五年为8960亿元，五年新增固定资产6000亿元。逐步推行九年制义务教育，在五年内培养500万高级专门人才，比“六五”期间增长一倍。进出口贸易总额五年增长35%，并相应扩大利用外资和引进先进技术的规模。城乡居民实际消费水平，平均每年增长5%。在这五年内，继续保持国家财政、信贷、物资、外汇的基本平衡。

第八个五年计划（1991～1995）

1991年3月，“八五”计划审议通过，中国改革开放和现代化建设即将迈入新的阶段……

1991～1995年是中国第八个五年计划时期。1990年12月中国共产党第十三届中央委员会第七次会议审议并通过了《中共中央关于制定国民经济和社会发展十年规划和“八五”计划的建议》，提出了此后十年我国国民经济和社会发展的基本任务和方针政策。1991年3月第七届全国人大第四次会议审议通过国务院《关于国民经济和社会发展十年规划和第八个五年计划纲要的报告》。以1992年邓小平同志重要谈话和中共十四大为标志，“八五”时期中国改革开放和现代化建设进入新的阶段。

20世纪90年代初，城乡经济发展节奏之快，让每个经历过那个时期的人都记忆犹新，“八五”计划是建国以来执行得最好的五年计划之一，在各方面都取得了很大的成就……

1991年到1995年，中国国民经济持续快速增长。

“八五”计划期间取得的最大成就是提前五年完成了到2000年实现国民生产总值比1980年翻两番的战略目标。1995年中国的国民生产总值达到57600亿元，扣除物价因素，是1980年的4.3倍，提前完成了“翻两番”的任务。这是一个了不起的成就，在中国经济发展史上是一个重要的里程碑。

“八五”时期中国的一些主要产品的产量稳步增长。总量居世界第一位的有煤炭、水泥、棉布、电视机、粮食、棉花、肉类。居世界第二位的是钢和化学纤维。发电量居世界第三位。

在整个“八五”计划期间，中国经济年均增长速度达11%左右，比“七五”时期的年均增长高出近4个百分点，经济波动不到5个百分点。统计资料显示，在中国执行的8个五年计划中，“八五”计划是中国历次五年计划中增长最快、波动最小的一个五年计划。

第九个五年计划（1996～2000）

1996年到2000年，这跨世纪的五年是中国社会经济发展不平凡的五年，“九五”计划在着眼世纪末5年发展的同时，也勾勒着新世纪前10年的蓝图……

1996年3月，第八届全国人民代表大会第四次会议在北京召开。李鹏总理代表国务院在会上作了《关于国民经济和社会发展“九五”计划和2010年远景目标纲要的报告》。该报告提出了今后15年的奋斗目标和指导方针。1995年9月28日，中共十四届五中全会通过了《关于国民经济和社会发展“九五”计划和2010年远景目标建议》。这是中国社会主义市场经济条件下的第一个中长期计划，是一个跨世纪的发展规划。

“九五”国民经济和社会发展的主要奋斗目标确定为：全面完成现代化建设的第二步战略部署，2000年，在中国人口将比1980年增长3亿左右的情况下，实现人均国民生产总值比1980年翻两番；基本消除贫困现象，人民生活达到小康水平；加快现代企业制度建设，初步建立社会主义市场经济体制；2010年国民经济和社会发展的主要奋斗目标是：实现国民生产总值比2000年翻一番，使人民的小康生活更加宽裕，形成比较完善的社会主义市场经济体制。

第十个五年计划（2001～2005）

新世纪的第一年，也是实施"十五"计划的第一年，宏伟蓝图绘就，大政方针明确，发展基础奠定，现代化建设的壮丽前景在中国人面前展开……

"十五"期间宏观调控的主要预期目标分别是：

经济增长速度预期为年均7%左右，到2005年按2000年价格计算的国内生产总值达到12.5万亿元左右，人均国内生产总值达到9400元。五年城镇新增就业和转移农业劳动力各达到4000万人，城镇登记失业率控制在5%左右。价格总水平基本稳定。国际收支基本平衡。

经济结构调整的主要预期目标是：产业结构优化升级，国际竞争力增强。2005年第一、二、三产业增加值占国内生产总值的比重分别为13%、51%和36%，从业人员占全社会从业人员的比重分别为44%、23%和33%。国民经济和社会信息化水平显著提高。基础设施进一步完善。地区间发展差距扩大的趋势得到有效控制。城镇化水平有所提高。

科技、教育发展的主要预期目标是：2005年全社会研究与开发经费占国内生产总值的比例提高到1.5%以上，科技创新能力增强，技术进步加快。各级各类教育加快发展，基本普及九年义务教育的成果进一步巩固，初中毛入学率达到90%以上，高中阶段教育和高等教育毛入学率力争达到60%左右和15%左右。

可持续发展的主要预期目标是：人口自然增长率控制在9‰以内，2005年全国总人口控制在13.3亿人以内。生态恶化趋势得到遏制，森林覆盖率提高到18.2%，城市建成区绿化覆盖率提高到35%。城乡环境质量改善，主要污染物排放总量比2000年减少10%。资源节约和保护取得明显成效。

提高人民生活水平的主要预期目标是：居民生活质量有较大提高，基本公共服务比较完善。城镇居民人均可支配收入和农村居民人均纯收入年均增长5%左右。2005年城镇居民人均住宅建筑面积增加到22平方米，全国有线电视入户率达到40%。城市医疗卫生服务水平和农村医疗服务设施继续改善，人民健康水平进一步提高。城乡文化、体育设施增加，覆盖面扩大，文化生活更加丰富。社会风气和社会秩序好转。

"十一五"规划

"五年计划"是中国国民经济计划的一部分，主要是对全国重大建设项目、生产力分布和国民经济重要比例关系等作出规划，为国民经济发展远景规定目标和方向。

"十一五"规划是党的十六大提出全面建设小康社会目标后编制的第一个五年规划；是十六届三中全会明确提出科学发展观的第一个五年规划。

（编辑部摘编）

中共中央国务院关于实施科技规划纲要增强自主创新能力的决定

为抓住和用好本世纪头20年发展的重要战略机遇期，坚持以邓小平理论和"三个代表"重要思想为指导，贯彻党的十六大和十六届三中、四中、五中全会精神，全面落实科学发展观，组织实施《国家中长期科学和技术发展规划纲要（2006—2020年）》（以下简称《规划纲要》），增强自主创新能力，努力建设创新型国家，特作如下决定。

一、实施《规划纲要》，努力建设创新型国家

科学技术是第一生产力，是推动人类文明进步的革命力量。进入21世纪，科学技术发展日新月异，科技进步和创新愈益成为增强国家综合实力的主要途径和方式，依靠科学技术实现资源的可持续利用、促进人与自然的和谐发展愈益成为各国共同面对的战略选择，科学技术作为核心竞争力愈益成为国家间竞争的焦点。我国已进入必须更多依靠科技进步和创新推动经济社会发展的历史阶段。科学技术作为解决当前和未来发展重大问题的根本手段，作为发展先进生产力、发展先进文化和实现最广大人民群众根本利益的内在动力，其重要性和紧迫性愈益凸显。按照党的十六大要求，国务院在充分调查研究的基础上组织制定了《规划纲要》。这一纲要立足国情、面向世界，以增强自主创新能力为主线，以建设创新型国家为奋斗目标，对我国未来15年科学和技术发展作出了全面规划与部署，是新时期指导我国科学和技术发展的纲领性文件。

中央确定，全面实施《规划纲要》，经过15年努力，到2020年使我国进入创新型国家行列。建设创新型国家，核心就是把增强自主创新能力作为发展科学技术的战略基点，走出中国特色自主创新道路，推动科学技术的跨越式发展；就是把增强自主创新能力作为调整产业结构、转变增长方式的中心环节，建设资源节约型、环境友好型社会，推动国民经济又快又好发展；就是把增强自主创新能力作为国家战略，贯穿到现代化建设各个方面，激发全民族创新精神，培养高水平创新人才，形成有利于自主创新的体制机制，大力推进理论创新、制度创新、科技创新，不断

巩固和发展中国特色社会主义伟大事业。

实施《规划纲要》，建设创新型国家，是全面落实科学发展观、开创社会主义现代化建设新局面的重大战略举措。这必将有利于提升我国自主创新能力和增强国家核心竞争力，改变关键技术依赖于人、受制于人的局面；必将有利于转变发展观念、创新发展模式、提高发展质量，加快推进新型工业化的步伐；必将有利于弘扬以爱国主义为核心的民族精神和以改革创新为核心的时代精神，大大增强民族自信心和凝聚力，促进全面建设小康社会宏伟目标的实现和中华民族的伟大复兴。全党同志特别是各级领导干部务必深刻认识建设创新型国家的极端重要性和紧迫性，切实把完成这项任务作为关系全局的大事抓紧抓好。

二、坚持自主创新,全面提升国家竞争力

新时期我国科学技术发展的指导方针是：自主创新、重点跨越、支撑发展、引领未来。这一方针，是我国半个多世纪科技事业发展实践经验的概括总结，是面向未来、实现中华民族伟大复兴的重要抉择，必须贯穿于我国科技事业发展的全过程。

从现在起到 2020 年，我国科学和技术发展要以提升国家竞争力为核心，实现以下重要目标：一是掌握一批事关国家竞争力的装备制造业和信息产业核心技术，使制造业和信息产业技术水平进入世界先进行列。二是农业科技整体实力进入世界前列，促进农业综合生产能力的提高，有效保障国家食物安全。三是能源开发、节能技术和清洁能源技术取得突破，促进能源结构优化，主要工业产品单位能耗指标达到或接近世界先进水平。四是在重点行业和重点城市建立循环经济的技术发展模式，节约资源、保护环境，为建设资源节约型、环境友好型社会提供科技支持。五是重大疾病防治水平显著提高，新药创制和关键医疗器械研制取得突破，全面提升产业发展的技术能力。六是国防科技基本满足现代武器装备自主研制和信息化建设的需要，为维护国家安全提供保障。七是涌现出一批具有世界水平的科学家和研究团队，在科学发展的主流方向上取得一批具有重大影响的创新成果，信息、生物、材料和航天等领域的前沿技术达到世界先进水平。八是建成若干世界一流的科研院所和大学以及具有国际竞争力的企业研究开发机构，形成比较完善的中国特色国家创新体系。

“十一五”期间，必须把增强自主创新能力放在更加突出的位置。一要把解决经济社会发展的瓶颈制约放在优先位置，力争在能源、资源、环境、农业、信息等关键领域取得重大技术突破。二要积极发展对经济增长有重大带动作用、具有自主知识产权的核心技术和关键技术，协力攻关，形成一批市场占有率高的产品和国际知名品牌，提高重大技术装备国产化水平，推动高技术产业加快从加工装配为主向自主研发制造延伸。三要加强基础研究和前沿技术研究，在信息、生命、空间、海洋、纳米、新材料等战略领域超前部署，加大投入力度，增强科技和经济持续发展的后劲。四要加强重大科技基础设施和条件平台建设，实施若干重大科学工程，支撑科学技术创新。五要按照有所为有所不为的原则，集中优势力量，启动一批重大专项，力争取得重要突破，提高国家核心竞争力。

三、创新体制机制，走中国特色自主创新道路

实施《规划纲要》，体制机制是关键。必须深化科技体制改革和经济体制改革，进一步消除制约科技进步和创新的体制性、机制性障碍，有效整合全社会科技资源，推动经济与科技的紧密结合，形成技术创新、知识创新、国防科技创新、区域创新、科技中介服务等相互促进、充满活力的国家创新体系。要继续推进科技体制改革，充分发挥政府的主导作用，充分发挥市场在科技资源配置中的基础性作用，充分发挥企业在技术创新中的主体作用，充分发挥国家科研机构的骨干和引领作用，充分发挥大学的基础和生力军作用，在实践中走出中国特色自主创新道路。

增强自主创新能力，关键是强化企业在技术创新中的主体地位，建立以企业为主体、市场为导向、产学研相结合的技术创新体系。采取更加有力的措施，营造更加良好的环境，使企业真正成为研究开发投入的主体、技术创新活动的主体和创新成果应用的主体。鼓励国有大型企业加快研究开发机构建设和加大研究开发投入，努力形成一批集研究开发、设计、制造于一体，具有国际竞争力的大型骨干企业。

（编辑部摘编）

国家中长期科学和技术发展规划纲要

（二〇〇六—二〇二〇年）

中华人民共和国国务院

目 录

三、重点领域及其优先主题

1. 能源

(1) 工业节能

(2) 煤的清洁高效开发利用、液化及多联产

(3) 复杂地质油气资源勘探开发利用

(4) 可再生能源低成本规模化开发利用

(5) 超大规模输配电和电网安全保障

2. 水和矿产资源

(6) 水资源优化配置与综合开发利用

(7) 综合节水

(8) 海水淡化

(9) 资源勘探增储

(10) 矿产资源高效开发利用

(11) 海洋资源高效开发利用

(12) 综合资源区划

3. 环境

(13) 综合治污与废弃物循环利用

(14) 生态脆弱区域生态系统功能的恢复重建

(15) 海洋生态与环境保护

(16) 全球环境变化监测与对策

4. 农业

(17) 种质资源发掘、保存和创新与新品种定向培育

(18) 畜禽水产健康养殖与疫病防控

(19) 农产品精深加工与现代储运

(20) 农林生物质综合开发利用

(21) 农林生态安全与现代林业

(22) 环保型肥料、农药创制和生态农业

(23) 多功能农业装备与设施

(24) 农业精准作业与信息化

(25) 现代奶业

5. 制造业

(26) 基础件和通用部件

(27) 数字化和智能化设计制造

(28) 流程工业的绿色化、自动化及装备

(29) 可循环钢铁流程工艺与装备

(30) 大型海洋工程技术与装备

(31) 基础原材料

(32) 新一代信息功能材料及器件

(33) 军工配套关键材料及工程化

6. 交通运输业

(34) 交通运输基础设施建设与养护技术及装备

(35) 高速轨道交通系统

(36) 低能耗与新能源汽车

(37) 高效运输技术与装备

(38) 智能交通管理系统

(39) 交通运输安全与应急保障

7. 信息产业及现代服务业

(40) 现代服务业信息支撑技术及大型应用软件

(41) 下一代网络关键技术与服务

(42) 高效能可信计算机

(43) 传感器网络及智能信息处理

(44) 数字媒体内容平台

(45) 高清晰度大屏幕平板显示

(46) 面向核心应用的信息安全

8. 人口与健康

(47) 安全避孕节育与出生缺陷防治

(48) 心脑血管病、肿瘤等重大非传染疾病防治

(49) 城乡社区常见多发病防治

(50) 中医药传承与创新发展

(51) 先进医疗设备与生物医用材料

9. 城镇化与城市发展

(52) 城镇区域规划与动态监测

(53) 城市功能提升与空间节约利用

(54) 建筑节能与绿色建筑

(55) 城市生态居住环境质量保障

(56) 城市信息平台

10. 公共安全

(57) 国家公共安全应急信息平台

(58) 重大生产事故预警与救援

(59) 食品安全与出入境检验检疫

(60) 突发公共事件防范与快速处置

(61) 生物安全保障

(62) 重大自然灾害监测与防御

11. 国防

四、重大专项

五、前沿技术

1. 生物技术

(1) 靶标发现技术

(2) 动植物品种与药物分子设计技术

(3) 基因操作和蛋白质工程技术

(4) 基于干细胞的人体组织工程技术

(5) 新一代工业生物技术

2. 信息技术

(6) 智能感知技术

(7) 自组织网络技术

(8) 虚拟现实技术

3. 新材料技术

(9) 智能材料与结构技术

(10) 高温超导技术

(11) 高效能源材料技术

4. 先进制造技术

(12) 极端制造技术

(13) 智能服务机器人

(14) 重大产品和重大设施寿命预测技术
5. 先进能源技术
(15) 氢能及燃料电池技术
(16) 分布式供能技术
(17) 快中子堆技术
(18) 磁约束核聚变
6. 海洋技术
(19) 海洋环境立体监测技术
(20) 大洋海底多参数快速探测技术
(21) 天然气水合物开发技术
(22) 深海作业技术
7. 激光技术
8. 空天技术
六、基础研究
1. 学科发展
(1) 基础学科
(2) 交叉学科和新兴学科
2. 科学前沿问题
(1) 生命过程的定量研究和系统整合
(2) 凝聚态物质与新效应
(3) 物质深层次结构和宇宙大尺度物理学规律
(4) 核心数学及其在交叉领域的应用
(5) 地球系统过程与资源、环境和灾害效应
(6) 新物质创造与转化的化学过程
(7) 脑科学与认知科学
(8) 科学实验与观测方法、技术和设备的创新
3. 面向国家重大战略需求的基础研究
(1) 人类健康与疾病的生物学基础
(2) 农业生物遗传改良和农业可持续发展中的科学问题
(3) 人类活动对地球系统的影响机制
(4) 全球变化与区域响应
(5) 复杂系统、灾变形成及其预测控制
(6) 能源可持续发展中的关键科学问题
(7) 材料设计与制备的新原理与新方法
(8) 极端环境条件下制造的科学基础
(9) 航空航天重大力学问题
(10) 支撑信息技术发展的科学基础
4. 重大科学研究计划
(1) 蛋白质研究
(2) 量子调控研究
(3) 纳米研究
(4) 发育与生殖研究
七、科技体制改革与国家创新体系建设
1. 支持鼓励企业成为技术创新主体
2. 深化科研机构改革，建立现代科研院所制度
3. 推进科技管理体制改革
4. 全面推进中国特色国家创新体系建设
八、若干重要政策和措施
1. 实施激励企业技术创新的财税政策
2. 加强对引进技术的消化、吸收和再创新
3. 实施促进自主创新的政府采购
4. 实施知识产权战略和技术标准战略
5. 实施促进创新创业的金融政策
6. 加速高新技术产业化和先进适用技术的推广
7. 完善军民结合、寓军于民的机制
8. 扩大国际和地区科技合作与交流
9. 提高全民族科学文化素质，营造有利于科技创新的社会环境
九、科技投入与科技基础条件平台
1. 建立多元化、多渠道的科技投入体系
2. 调整和优化投入结构，提高科技经费使用效益
3. 加强科技基础条件平台建设
4. 建立科技基础条件平台的共享机制
十、人才队伍建设
1. 加快培养造就一批具有世界前沿水平的高级专家
2. 充分发挥教育在创新人才培养中的重要作用
3. 支持企业培养和吸引科技人才
4. 加大吸引留学和海外高层次人才工作力度
5. 构建有利于创新人才成长的文化环境

党的十六大从全面建设小康社会、加快推进社会主义现代化建设的全局出发，要求制定国家科学和技术长远发展规划，国务院据此制定本纲要。

(以下略)

(编辑部摘编)

我国历次科技规划的简要回顾

共和国成立以来，我国共编制了七次科技发展规划，其中《1956～1967 年科学技术发展远景规划》(简称《十二年科技规划》) 和《1986～2000 年科技发展规划》的制定动员人力最多，其实施产生的影响最为深远。为了借鉴历史，与时俱进，做好新时期中长期科学技术发展规划的研究制定工作。在此，我们对我国历次科技规划的情况做一个简要的回顾。

一、《1956～1967 年科学技术发展远景规划》

背景：随着新中国成立后经济的逐渐恢复，国家设想在第二、第三个五年计划内更大规模地开展经济建设，制定了相当宏伟的目标。经济目标的实现有赖

于科学技术的发展，从而对我国当时还很薄弱的科技工作提出了很高的要求。1955年，国务院科学研究计划工作小组提出了编制十二年科技规划的报告。随后，在周恩来总理领导下，国务院成立了科学规划委员会，调集了几百名各种门类和学科的科学家参加编制规划工作，还邀请了16名苏联各学科的著名科学家来华，帮助我们了解世界科学技术的水平和发展趋势。历经七个月完成了《规划纲要（草案）》，经反复讨论修改，1956年12月，中共中央、国务院批准后执行。

主要内容：《十二年科技规划》确定了"重点发展，迎头赶上"的指导方针。规划文件由《1956～1967年科学技术发展规划纲要》和四个附件组成，其中《规划纲要》包括序言、1956～1967年国家重要科学技术任务、任务的重点部分、基础科学的发展方向、科学研究工作的体制、科学研究机构的设置、科学技术干部的使用和培养、国际合作、结束语等九个部分；四个附件分别是《国家重要科学任务说明书和中心问题说明书》、《基础科学学科规划说明书》、《1956年紧急措施和1957年研究计划要点》、《任务和中心问题名称一览》。

《十二年科技规划》是我国新中国成立以来的第一个科技规划。规划在内容上，从13个方面提出了57项重大科学技术任务、616个中心问题，从中进一步综合提出了12个重点任务，还对全国科研工作的体制（主要是科学院、产业部门和高等院校三个方面之间的分工合作与协调原则）、现有人才的使用方针、培养干部的大体计划和分配比例、科学研究机构设置的原则等作了一般性的规定，是一个项目、人才、基地、体制统筹安排的规划；在组织上，规划工作由总理亲自领导，成立专门的规划委员会，并组织了几百个中国科学家和近百个苏联专家历时半年多讨论制定，尽了当时条件下的最大努力；在编制思路上，规划根据国民经济发展的需要和科技发展的方向确定国家的重要科学技术任务，把各个科技部门的力量汇集到统一的目标下；在实施上，将科学规划委员会保留下来，成为规划实施的高级协调机构，负责协调规划实施的重大问题，监督规划的实施，特别是监督重点任务的实施等任务，并向中央报告规划实施的检查报告，确保了规划任务的完成。

规划的制定和实施不仅对我国科学技术的发展起了重要的推动作用，而且，对我国科研机构的设置和布局，高等院校学科及专业的调整，科技队伍的培养方向和使用方式，科技管理的体系和方法，以及我国科技体制的形成起了决定性的作用。

二、《1963～1972年科学技术发展规划》

背景：中央在1960年冬提出"调整、巩固、充实、提高"八字方针，要求对各行各业的工作进行调整，经中共中央批准，决定在"十二年规划"执行的基础上，制定《1963～1972年十年科学技术规划》（简称《十年规划》）。规划由国家科委负责组织制定，先后有几百名专家参与了规划的研究制定工作。规划于1963年6月定稿，12月经中共中央、国务院批准，由国家科委下达，并会同各有关部委组织实施。

主要内容：《十年规划》确定了"自力更生，迎头赶上"科学技术发展的方针，提出了"科学技术现代化是实现农业、工业、国防和科学技术现代化的关键"的观点。规划包括六个部分：纲要，重点项目规划，事业发展规划，农业、工业、资源调查、医药卫生等方面的专业规划，技术科学规划，基础科学规划，共77卷。重点研究试验项目374项，3205个中心问题，15000个研究课题。为实现十年规划的目标和任务，还制定了12条具体措施，以及实施十年规划的管理办法。十年规划执行的头3年进展顺利，取得了一批重要成果，特别是为"两弹一星"的成功做出了重大贡献。

三、《1978～1985年全国科学技术发展规划纲要》

背景：1977年8月，在科学和教育工作座谈会上，邓小平同志指出，我们国家要赶上世界先进水平，须从科学和教育着手。科学和教育目前的状况不行，需要有一个机构，统一规划，统一协调，统一安排，统一指导协作。随后，各地方、各部门开始启动规划研究编制工作。1977年12月，在北京召开全国科学技术规划会议，动员了1000多名专家、学者参加规划的研究制定。1978年3月全国科学大会在北京隆重举行，大会审议通过了《1978～1985年全国科学技术发展规划纲要（草案）》。同年10月，中共中央正式转发《1978～1985年全国科学技术发展规划纲要》（简称《八年规划纲要》）。

主要内容：《八年规划纲要》提出了"全面安排，突出重点"的方针。《八年规划纲要》包括前言、奋斗目标、重点科学技术研究项目、科学研究队伍和机构、具体措施、关于规划的执行和检查等几个部分，确定了8个重点发展领域和108个重点研究项目。同时，还制定了《科学技术研究主要任务》、《基础科学规划》和《技术科学规划》。规划实施期间，邓小平同志提出了"科学技术是生产力"以及"四个现代化，关键是科学技术现代化"的战略思想，为发展国民经济和科学技术的基本方针和政策奠定了思想理论基础。1982年，将规划的主要内容调整为38个攻关项目，以"六五"国家科技攻关计划的形式实施，这是我国第一个国家科技计划。

四、《1986～2000 年科学技术发展规划》

背景：中共中央、国务院于 1981 年 4 月责成国家科委会同有关部门准备起草科技发展规划。1982 年底，国务院批准了国家计委、国家科委《关于编制十五年（1986～2000 年）科技发展规划的报告》，由国务院科技领导小组统一领导科技长期规划的制定、重大技术政策的研究等工作。随后成立了由国家科委、计委、经委共同领导的“科技长期规划办公室”，组织了 200 多名专家和领导干部集中工作，成立了 19 个专业规划组，开展规划的研究与编制工作。根据国务院的统一部署，国家科委、国家计委和国家经贸委联合组织了全国性的技术政策的论证工作。全国实际参与规划工作的有 3000 多人。“规划办”还邀请了西德、日本、欧共体、美国等国的知名人士和工程技术专家座谈，了解国际发展趋势和一些国家的经验教训。

主要内容：规划贯彻“科学技术必须面向经济建设，经济建设必须依靠科学技术”（简称“面向、依靠”）的基本方针，突出重点，不搞面面俱到；强调实事求是，不片面追求“赶超”，而是根据我国的实际情况，发展具有我国特色的科学技术体系。规划包括 1986～2000 年全国科学技术发展规划纲要、1986～1990 年全国科学技术发展计划纲要和 12 个领域的技术政策（1988 年又增加了 2 个领域）。规划纲要主要内容包括形势与任务、战略与方针、轮廓设想内容提要、几个重大问题等几个部分。计划纲要包括形势与现状、战略方针与基本任务、计划要点、主要措施等几个部分。技术政策概述了此项技术的国内状况，确定了今后的基本发展方向、2000 年要达到的目标以及主要的技术路线和重点工作。

此次规划一是强调了科技与经济的结合，在“面向、依靠”基本方针的指导下，进一步推动了科技体制改革；二是技术政策的颁布实施，作为指导、监督、检查我国技术发展方向的基本政策依据，促进了科技成果迅速广泛地应用于生产；三是相继出台了高技术研究发展（863）计划、推动高技术产业化的火炬计划、面向农村的星火计划、支持基础研究的国家自然科学基金等科技计划，保证了规划的实施，为国家管理科技活动、配置科技资源进行了有益的探索。

五、《1991～2000 年科学技术发展十年规划和“八五”计划纲要》

背景：随着科学技术和经济建设的发展，国家对 15 年规划的目标和内容进行了调整，于 80 年代末研究制定《国家中长期科学技术发展纲领》及《纲要》，对到 2000 年、2020 年我国科技发展前景作了宏观性、概括性的表述。根据《纲领》及《纲要》，1991 年 3 月国家科委又组织制定《1991～2000 年科学技术发展十年规划和“八五”计划纲要》，1991 年 12 月国务院审议并原则通过了《纲领》、《纲要》和《十年规划和“八五”计划纲要》，并于 1992 年向全国发布实施。

主要内容：《纲领》突出了邓小平“科学技术是第一生产力”的思想，全面总结 40 多年来我国科技事业发展的成就、经验和教训，阐明了我国中长期科技发展的战略目标、方针、政策和发展重点；《纲要》进一步选择了带有全局性、方向性、紧迫性的 27 个领域（行业），对中长期的重大科技任务进行了详细分析；“十年规划和‘八五’计划纲要”进一步明确了十年和五年的科技发展目标和任务，包括前言、发展目标和指导方针、重点任务、科技体制改革、对外开放、支撑条件和措施等几个部分，继续坚持“面向、依靠”的战略方针。在各部门强化计划手段的形势下，规划和计划相对分离。

六、《全国科技发展“九五”计划和到 2010 年远景目标纲要》

1994 年，由国家计委、国家科委共同组织，并成立部际协调领导小组，开始编制《全国科技发展“九五”计划和 2010 年长期规划纲要》，主要内容包括形势与现状、指导思想与基本原则、发展目标和任务、发展重点、科技体制改革、人才培养与科技队伍建设、支撑条件和措施等几个部分。由于种种原因，1998 年经国家科教领导小组讨论后该规划未对外正式发布。

七、《国民经济和社会发展第十个五年计划科技教育发展专项规划（科技发展规划）》

背景：根据 1998 年 10 月国家科教领导小组第二次会议的决定，科技部自 1998 年 10 月开始着手进行“十五”科技发展规划的前期研究工作。2000 年 2 月，成立由国家计委、科技部牵头，国家经贸委等 11 家单位负责同志参加的“十五”科技发展规划起草领导小组，由科技部具体组织规划的编制工作。2001 年 5 月，根据国务院领导同志指示，由国家计委和科技部联合发布“‘十一五’科技发展规划”。

主要内容：“十五”科技规划在“面向、依靠、攀高峰”的基础上，提出了“有所为、有所不为，总体跟进、重点突破、发展高科技、实现产业化，提高科技持续创新能力、实现技术跨越式发展（简称‘创新、产业化’）”的指导方针，并在“促进产业技术升级”和“提高科技持续创新能力”两个层面进行战略部署。规划的主要内容包括前言、形势与现状、指导方针与发展目标、战略部署与重点任务、关键措施与支撑条件等几个部分。规划内容相对具体，有较强的操作性。在规划制定的同时，研究提出了"3+2"的计划体系，三个国家主体科技计划即863计划、攻关计划、基础研究计划，两个环境建设即研究开发条件建设、科技产业化环境建设。目前"十五"规划所确定的内容都在年度计划中予以安排实施。

在"十五"计划实施期间，科技部加强了科技发展宏观战略研究，及时调整了科技工作思路：第一，调整科技创新战略的指导思想，更加强调原始性创新，力争实现科学技术发展的跨越；第二，调整科技创新的理念和管理体制，牢固树立"以人为本"的理念和价值观；第三，调整科技创新的工作方针，有所为、有所不为，集中力量办大事；第四，调整科技创新的模式，从注重单项创新转变到更加强调各种技术的集成，强调在集成基础上形成有竞争力的产品和产业；第五，调整科技创新的政策对象，从注重科研院所转为调动和组织全社会科技力量。为了应对加入WTO的新形势，及时提出并实施了"人才、专利、技术标准"三大战略。突出重点，集中力量，实施了12个重大科技专项。深化科技体制改革，积极推进国家创新体系建设。

（编辑部摘编）

全国水电（含抽水蓄能）和风电"十一五"发展规划

一、资源概况及发展现状

（一）水力资源和风能资源状况

1. 水力资源　根据全国水力资源复查成果，我国大陆水力资源理论蕴藏量在1万kW及以上河流上的水力资源理论蕴藏量年电量为60829亿kW·h，平均功率为69440万kW；理论蕴藏量在1万kW及以上河流上单站装机容量500kW及以上水电站的技术可开发装机容量为54164万kW，年发电量为24740亿kW·h，其中经济可开发水电站装机容量40179万kW，年发电量17534亿kW·h，分别占技术可开发装机容量和年发电量的74.2%和70.9%。

我国水力资源地域分布极其不均，西部多、东部少，西部水电在满足当地用电的情况下，需要"西电东送"。大多数河流年际径流分布不均，年内丰、枯季节流量相差悬殊，需要建设调节性能好的水库，对径流进行调节，这样才能提高水电的总体发电质量，以更好地适应电力市场的需要。水力资源较集中地分布在十三大水电基地，特别是其中的大江大河干流，便于建立水电基地实行战略性集中开发。大型水电站装机容量比重大，中小型水电站座数多，分布地域广，虽然中小型水电站总装机容量和年发电量不大，但可供缺电地区及村镇用电，特别在大电网尚未覆盖的边远地区，是解决当地能源和电力的宝贵资源。

2. 风能资源　根据国家"七五"科研课题风能资源评估初步成果，全国离地10m高度风能资源理论蕴藏量约32亿kW，可开发利用的陆地风能约2.5亿kW，海上约7.5亿kW，共计约10亿kW。推算到50m高度，可开发利用的风能约20亿kW。2003年以来，国家发展改革委组织中国气象局在全国开展了大规模的风能资源普查工作，根据普查初步成果，全国风能资源理论蕴藏量约44.2亿kW，技术可开发量约5亿kW。

我国风能资源分布随地理位置和地形变化有较大的差别，在东部沿海地区，东北、华北和西北等"三北"地区风能非常丰富。另外，内陆省份也有一些山区、峡谷口、河流和湖泊周围等地区，形成局部风能资源丰富区，海上风能资源也相当丰富。

（二）水电和风电开发现状

1. 常规水电建设现状

2004年底全国常规水电已开发装机容量10256万kW（水电总装机容量10826万kW，其中抽水蓄能电站570万kW），年发电量3280亿kW·h，占全国技术可开发装机容量的18.9%，占全国总装机容量的23.3%。其中，东北地区的辽吉、华北地区的京津冀、华东地区的闽浙皖鲁赣、中南地区的豫湘粤海等省市常规水电开发程度均超过技术可开发量的50%，最大达88.7%，水力资源富集的西南地区川滇藏开发程度分别为11.7%、7.5%和0.3%，西北地区陕甘青新开发程度分别为23.8%、36.5%、18.4%和2.7%。

根据目前电源建设进展情况，预计2005年全国常规水电将新增投产容量1170万kW，新增投产容量中包括三峡电站210万kW、公伯峡60万kW、乐滩45万kW、紫坪铺38万kW等。2005年底全国常规水电开发总装机容量将达到11652万kW。

全国目前在建（含2005年开工）大中型水电站共182座，总装机容量为9250万kW，其中大型水电站35座，总装机容量为7004万kW，包括三峡1860万kW、溪洛渡1260万kW、龙滩420万kW、小湾420万kW、拉西瓦420万kW、瀑布沟360万kW、锦屏一级360万kW、构皮滩300万kW、水布垭184万kW、彭水175万kW、公伯峡150万kW等特大型水电站。

2. 抽水蓄能电站建设现状

2004年底全国已建成投产的抽水蓄能电站10座，装机容量达到570.1万kW（其中60万kW供香港）。其中包括1968年在河北岗南常规水电站上安装的1.1万kW抽水蓄能机组，1992年建成的河北潘家口混合式抽水蓄能电站（其中抽水蓄能机组27万kW），1997年建成的北京十三陵抽水蓄能电站（80万kW）；广东电网分别于1994年和2000年建成的广州抽水蓄能电站一期、二期工程（共240万kW，其中60万kW供香港）；华东电网1998年建成的浙江溪口抽水蓄能电站（8万kW），2000年建成的装机规模180万kW的天荒坪抽水蓄能电站和安徽响洪甸抽水蓄能电站（8万kW），2002年建成的江苏沙河抽水蓄能电站（10万kW）；华中电网的湖北天堂抽水蓄能电站（7万kW）；拉萨电网于1997年建成的羊卓雍湖抽水蓄能电站（9万kW）。

2005年新增抽水蓄能电站有吉林白山30万kW、河南回龙12万kW和浙江桐柏一台30万kW，2005年底全国建成投产的抽水蓄能电站装机容量达到642.1万kW（其中60万kW供香港）。我国已经建成投产的抽水蓄能电站装机容量占全国总发电装机容量的比例约1.2%，属于较低水平。

2005年底在建抽水蓄能电站有9座，装机规模为930万kW，分别是山东泰安100万kW、河北张河湾100万kW、山西西龙池120万kW、浙江桐柏90万kW（装机容量120万kW，已投产30万kW）、安徽琅琊山60万kW、江苏宜兴100万kW、河南宝泉120万kW、湖北白莲河120万kW、湖南黑麋峰120万kW（一期60万kW）。

3. 风电建设现状

1986年，我国在山东荣成建成第一个示范风电场，到2004年底，全国已建成风电场42个，安装并网型风电机组1292台，总装机容量达到76.4万kW，年发电量约15亿kW·h。目前，国家已制定了部分风电技术标准和规范，对风电发展起到了较好的指导作用。全国已有十多个省（自治区、直辖市）组建了风电开发、投资建设和运营管理公司，积累了比较丰富的风电场开发、建设和运行管理经验。全国有十多个设计单位具备风电场工程测风与评估、规划、预可行性研究、可行性研究和施工图设计的能力，风电发展的技术和管理水平有了较大提高。另外，金风、大连重工、东方汽轮机、哈电集团、浙江运达等几家企业已经可以生产大型风力发电设备，600kW级风电机组可达到批量生产，金风1.2MW风电机组样机已经投入运行。

经过十多年风电建设的实践，我国风电设备制造、工程设计、施工安装、运行管理水平逐步提高，风电产业已形成一定规模，基本具备了加快风电发展的条件。截止到2004年底，全国风电装机容量逐年增幅变化见图1。

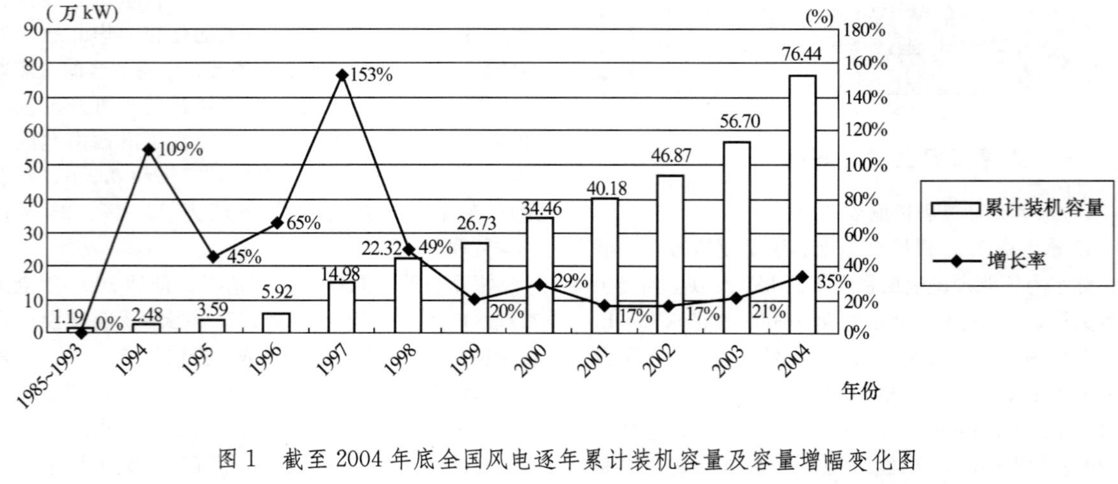

图1 截至2004年底全国风电逐年累计装机容量及容量增幅变化图

二、总体规划与主要目标

（一）电力发展方针

电力工业发展要以邓小平理论和“三个代表”重要思想为指导，认真贯彻党的十六大和十六届三中、四中全会精神，全面落实科学发展观，以市场需求为导向，发挥市场在资源配置中的基础作用，以可持续发展为主题，开发与节约并重，以结构调整为主线，在发展中调整结构，在结构调整中促进发展，以改革开放和科技进步为动力，加快技术进步，推进产业升级，搞好技术改造。立足国内资源，保障电力安全，充分利用国内国外两个市场和两种资源，适当进口国外优质能源，促进电力与经济、社会、生态环境，电力与设备制造、煤炭协调发展，不断提高电力在终端能源消费中的比重和电气化水平，为国民经济发展和人民生活水平的提高提供优质、可靠、价格合理的电力保证，为全面建设小康社会奠定坚实的基础。

电力发展的基本方针是：提高能源效率，保护生态环境，加强电网建设，大力开发水电，优化发展煤电，积极推进核电建设，适度发展天然气发电，鼓励新能源发电，带动装备工业发展，深化体制改革。

（二）电力需求预测

中国共产党十六大制定的用20年时间（2001～2020）全面建设小康社会的纲领，明确了要在21世纪的头20年，集中力量，全面建设惠及十几亿人口的更高水平的小康社会。发展经济是全面建设小康社会的基础和首要任务，在优化结构和提高效益的基础上，经济增长速度的预期目标是国内生产总值2020年力争比2000年翻两番，年均增长7.2%。

2000年我国全社会用电量13685亿kW·h，2005年预计为24500亿kW·h，"十五"期间年均增长12.35%。预测2010年我国全社会用电量将达到33000亿kW·h左右，"十一五"期间平均增长6.1%左右；2020年我国全社会用电量将达到50000亿kW·h左右，2010～2020年期间平均增长4.2%左右。2001～2020年期间我国全社会用电量平均增长6.5%左右，弹性系数在0.9左右。我国全社会用电量2010年、2015年和2020年将达到33000亿kW·h、42000亿kW·h和50000亿kW·h。全国最高负荷2010年、2015年和2020年将达到6亿kW、7.8亿kW和9.6亿kW。

（三）电力发展总体规划目标

1. 电力发展目标

根据电力需求预测和电力工业发展方针，我国装机容量2010年、2015年和2020年将达到7.5亿kW、9.5亿kW和11.5亿kW。为实现上述目标，2006～2020年我国年均新增装机容量约4200万kW。初步安排2000～2020年我国装机容量和年发电量总量及其构成如表1所示。

表1　2000～2020年我国装机容量和年发电量总量及其构成表

序　号	项　目	2000年	2005年	2010年	2015年	2020年
一	装机容量（万kW）	31932	51600	75000	95000	115000
1	水电	7935	12094	21000	30000	37000
	其中：抽水蓄能电站	553	582	1800	3200	4500
2	煤电	23712	37520	49300	55850	63800
3	天然气发电	41	1047	3100	4550	6000
4	核电	210	784	1000	2600	4200
5	其他	33	150	600	2000	4000
	其中：风电			500	1500	3000
二	年发电量	13685	14500	33000	42000	50000
1	水电	2427	3630	6100	8500	10400
	其中：抽水蓄能电站	—	—	—	—	—
2	煤电	11068	19973	24860	29100	34000
3	天然气发电	12	354	1250	2400	2400
4	核电	167	510	640	1700	2700
5	其他	10	33	150	320	500
	其中：风电			100	300	600

（四）水电和风电发展规划原则与目标

1. 常规水电规划原则与目标

规划原则：

（1）贯彻五个统筹思想，坚持可持续发展，水电开发建设与环境保护并重。从更深层次和更远水平的人类生存环境问题考虑，充分认识资源环境承载能力，做好水电开发与其他自然资源综合利用之间的协调，处理好开发与保护的关系，合理安排水电开发时序。

（2）满足经济和电力增长的需要，加快发展水电，调整电源结构，实现资源优化配置，促进电力综合平衡，保持水电在电力建设中占合理的比重。

（3）加大重点流域的开发力度，保证水电基地连续滚动开发。进一步提高重点流域连续滚动开发的能力，保持合理规模、连续开发和由近及远、梯级开发，加快开发金沙江、雅砻江、大渡河、澜沧江、红水河、黄河和怒江等资源富集并居"西电东送"战略性地位的水电基地。

（4）优先开发调节性能好的大中型水库电站，因地制宜开发中小型水电站。为了提高水电总体质量，优先建设大中型河流的"龙头"水库和控制性水库电站；对满足当地用电需要和农村电气化县建设的中小型水电站，因地制宜、鼓励开发。

（5）经济发达地区进行水电挖潜改造，深度开发当地剩余水力资源。对于水电比重小、水力资源少且开发程度高、经济发达的东北、华北、华东和广东等地，深度开发剩余水力资源，除了少部分新建项目外，对部分老电站实行改扩建。

规划发展目标：

根据上述规划原则，按照电力发展和“西电东送”需要、大型河流开发进程、大中型水电项目规划和前期工作深度以及小型水电站合理建设规模等，制定常规水电的规划发展目标：

到2010年常规水电装机容量达到19470万kW，占电力总装机容量的26.0%，开发程度达35.9%；到2015年常规水电装机容量达到27180万kW，占电力总装机容量的28.6%，开发程度达50.2%；到2020年常规水电装机容量达到32870万kW，占电力总装机容量的28.6%，开发程度达60.7%。见表2。

表2　　水电发展规划装机容量表　　万kW

项目 \ 年份	2000年	2005年	2010年	2015年	2020年
常规水电总装机容量	7382	11430	19470	27180	32870
其中：新增装机容量		4048	8040	7710	5660
大中型总装机容量	4532	7636	14470	20930	25370
其中：新增装机容量		3104	6834	6460	4410
小型总装机容量	2850	3794	5000	6250	7500
其中：新增装机容量		944	1206	1250	1250

按规模划分，大中型常规水电在2005年底装机容量7636万kW的基础上，“十一五”、“十二五”和“十三五”分别需要投产6834万kW、6460万kW和4410万kW，到2010年、2015年和2020年末，全国大中型常规水电站总规模将分别达到14470万kW、20930万kW和25370万kW；小型水电站（装机容量50MW以下电站）2005年底装机容量3794万kW，以后按每年250万kW左右投产，到2010年、2015年和2020年末，全国小型水电站总规模将分别达到5000万kW、6250万kW和7500万kW。

按区域划分，到2010年，在全国水电发展到19470万kW规模时，东部地区开发总规模达到2690万kW，占13.8%，其开发程度达90%以上；中部地区总规模为5800万kW，占29.8%，其开发程度达到78.4%；西部地区总规模为10980万kW，占56.4%，其开发程度达到24.9%，其中四川、云南、贵州的水电开发总规模分别为3190万kW、2090万kW和1530万kW，开发程度分别为26.6%、20.5%和78.6%。

到2020年，在全国水电发展到32870万kW规模时，东部地区开发总规模达到2970万kW，占0.09%，水力资源基本开发殆尽；中部地区总规模为7200万kW，占22%，其开发程度达到90%以上；西部地区总规模为22700万kW，占69%，其开发程度达到60.7%，其中四川、云南、贵州的水电开发总规模分别为7600万kW、6280万kW和1830万kW，开发程度分别为63.3%、61.6%和94%。

按十三大水电基地划分，在2010年、2015年和2020年十三大水电基地的总体开发程度分别达到35.7%、56.8%和70.6%。其中，“十一五”期间主要开发大渡河水电基地和长江上游水电基地，至2010年大渡河水电基地累计投产容量576.5万kW，开发程度达到25.6%；随着三峡水电站的陆续投产，至2010年长江上游水电基地累计投产容量2630.7万kW，开发程度达到78.7%；“十二五”期间主要开发雅砻江、金沙江中下游以及澜沧江水电基地，至2015年累计投产容量分别达到1470万kW、1700万kW和1480.5万kW，开发程度分别达到57%、29.1%和57.4%；“十三五”期间主要开发金沙江中下游水电基地，至2020年累计投产容量达到3210万kW，开发程度达到54.9%。

根据全国水电电源规划及“西电东送”规划研究成果分析，至2005年、2010年、2015年和2020年，初步安排全国水电“西电东送”总容量分别为1838.5万kW、4423.5万kW、9328万kW和11446.5万kW，扣去2004年前已有的水电“西电东送”容量约1227万kW（天生桥一、二级，云电外送，川电外送和三峡、葛洲坝等），上述各水平年全国水电“西电东送”累计增加外送容量分别为611.5万kW、3196.5万kW、8101万kW和10219.5万kW。

2. 抽水蓄能电站规划原则与目标

规划原则：

（1）适当加快抽水蓄能电站建设，解决电网调峰矛盾。在经济发达地区，电网峰谷差越来越大，主要是缺高峰电力，为经济地解决调峰问题，对抽水蓄能电站的规划发展应本着适当加快的原则。

（2）以集中与分散相结合，电网需要与抽水蓄能电站站址建设条件相结合，按照系统合理的电力潮流，安排抽水蓄能电站的规模和布局。

（3）在火电比重大和建设核电站的电网及“西电东送”受端电网，优先发展抽水蓄能电站。在华东、华北、广东、河南及东北电网，随着大容量火电机组比重的升高和核电站建设规模的扩大，应优先发展抽水蓄能电站。抽水蓄能电站可作为“西电东送”的保安电源，提高长距离输电和电网供电可靠性。

（4）在水电比重较大但调节性能差的电网，适当配置抽水蓄能电站。在华中电网，水电比重较大，但整体调节性能差，应配置适当规模的抽水蓄能电站。

规划发展目标：

根据各电网的负荷特性、电源规划、“西电东送”及联网规划和抽水蓄能规划设计成果，抽水蓄能电站项目前期工作深度等，分析测算抽水蓄能电站合理建设规模，全国在2010年、2015年、2020年三个水平年的抽水蓄能装机规模分别达到1800万kW（扣除供香港60万kW后，下同）、3500万kW、5000万kW。其中国家电网在2010年、2015年、2020年三个水平年的抽水蓄能装机规模分别达到1440万kW、2800万kW、4000万kW。中国南方电网在2010年、2015年、2020年三个水平年的抽水蓄能装机规模分别达到360万kW、700万kW、1000万kW。

到2005年底，全国已建成投产的抽水蓄能电站装机容量达到582.1万kW，在建抽水蓄能电站有9座，装机规模为930万kW。“十一五”、“十二五”和“十三五”需新增1200kW、1700万kW和1500万kW，见表3。

表3 抽水蓄能电站规划方案表 万kW

序号	电网	2005年底已建	新增			累计		
			十一五	十二五	十三五	2010年	2015年	2020年
一	国家电网	402.1	1027.5	1397.5	1235	1429.6	2827.1	4062.1
1	东北区域电网	30	60	180	110	90	270	380
2	华北区域电网	108.1	320	290	410	428.1	718.1	1128.1
3	华东区域电网	236	340	620	320	576	1196	1516
4	西北区域电网	0	0	60	160	0	60	220
5	华中区域电网	19	300	240	220	319	559	779
6	西藏电网	9	7.5	7.5	15	16.5	24	39
二	中国南方电网	180	180	290	360	360	650	1010
全国合计		582.1	1207.5	1687.5	1595	1789.6	3477.1	5072.1

2020年前全国抽水蓄能电站发展以华东最多，华北、广东次之，华中、东北又次之。预计到2010年，全国抽水蓄能电站装机容量占全国总装机容量的比重达到4%左右。预计到2020年，全国抽水蓄能电站装机容量占全国总装机容量的比重达到4%左右。

3. 风电规划原则与目标

规划原则：

（1）加快大型风电场建设，促进风电机组国产化。为了充分利用风能资源，促进风能资源大规模开发，国家通过政策支持，在风能资源丰富，场址平坦，地形简单，适合成片开发的地区，建设大型风电场，为风电设备制造业提供市场保障，从而推进风电机组国产化，降低风电场工程建设成本，促进全国风电大规模发展。

（2）因地制宜地开发中小型风电场。在东部沿海及“三北”地区两个风能丰富带的一些地区，由于受地形及电网条件的限制，难以成片开发大型风电场。在两个风能丰富带之外，一些地区由于湖泊和特殊地形的影响，形成一些风能丰富点。这些地区可以结合前期工作进展情况，因地制宜地开发建设中小型风电场。

（3）开发建设近海风电场示范项目。我国海上风能资源丰富，而且靠近负荷中心，随着近海风电技术的成熟，成本逐步下降，近海风电今后必将进入大规模开发阶段。

规划目标：

到2010年，全国并网风电装机容量至少达到500万kW，经营管理水平进一步提高。同时，建立起完备的风力发电工业体系，技术水平和装备能力达到国际水平，风电设备基本立足国内自主装备，各项风电保障政策和具体措施基本落实到位，风电投资者的积极性进一步提高，使我国基本具备大规模商业化发展风电的条件。

到2020年，全国并网风电装机容量至少达到3000万kW，在东部沿海和“三北”风能资源丰富地区，建成若干个百万kW级风电基地。在东部沿海地区，陆地风能资源得到充分利用，并建成数个近海风电项目，在“三北”地区，风电成为华北电网和东北电网的重要电源之一，风电在局部地区电力供应中达到较高比例。通过持续的规模化发展使风电的各项技术经济指标进一步提高，风电的市场竞争力明显增强。

三、“十一五”项目安排

（一）常规水电“十一五”项目安排

“十一五”期间开工项目优先安排前期工作深入，经济指标较优，正在进行施工准备的水电站。保证黄河上游、雅砻江、大渡河、澜沧江金沙江下游、乌江、红水河等水电基地的连续开发。启动怒江干流水电的开发。启动雅砻江、大渡河、金沙江中游等龙头水库电站的开发。由于中型河流和中型水电站前期工作和建设工期相对较短，所以加快这些水电站的开发。在水电开发程度较高的省份，深度开发当地的水力资源。

“十一五”期间开工的大型水电站主要有金沙江一期工程的向家坝水电站，金沙江中游的金安桥和观音岩水电站，特别是金沙江的“龙头”水库电站虎跳峡水电站；澜沧江糯扎渡、景洪、功果桥和里底水电站：雅砻江“龙头”水库电站两河口以及锦屏二级、牙根水电站；大渡河“龙头”水库电站双江口以及猴子岩、泸定、金川、巴底和黄金坪水电站：乌江思林和沙沱水电站；北盘江的马马崖和董箐水电站；红水河的岩滩二期和桥巩水电站；长江三峡地下电站。为加快开发西藏丰富的水力资源，促进西藏自治区的经济社会发展，安排了巴河的雪卡和老虎嘴、雅鲁藏布江的藏木、拉萨河的扎雪和旁多、扎曲河的果多水电站在“十一五”开工。“十一五”期间开工大中型常规水电装机容量7532万kW，其中大型水电站43座，装机容量6402万kW，中型水电站169座，装机容量1130万kW。

从布局上，“十一五”是三峡、水布垭、龙滩、小湾、景洪、金安桥、构皮滩、光照、思林、沙沱、三板溪、彭水、瀑布构、拉西瓦等特大型水电站的投产期，在建和开工建设的水电站主要分布在金沙江、澜沧江、红水河、雅砻江、大渡河、乌江和黄河上游等重要流域。按照项目规划，全国大中型水电在“十一五”期间投产容量6833万kW。投产容量中“十五”结转容量5410万kW，包括三峡结转容量840万kW、龙滩结转容量420万kW、瀑布沟结转容量360万kW、拉西瓦结转容量210万kW、水布垭结转容量184万kW、构皮滩结转容量180万kW、彭水结转容量175万kW、光照结转容量104万kW、三板溪结转容量100万kW等；“十一五”新开工项目投产容量1423万kW，包括景洪投产容量175万kW、沙沱投产容量112万kW、思林投产容量100万kW、托口投产容量81万kW、董箐投产容量72万kW、岩滩二期投产容量60万kW等。“十五”结转“十一五”未投产容量2540万kW，包括溪洛渡1260万kW、锦屏一级360万kW、小湾350万kW、官地240万kW、拉西瓦210万kW、构皮滩120万kW等。“十一五”结转“十二五”容量8398万kW，包括溪洛渡1260万kW、向家坝600万kW、虎跳峡420万kW、糯扎渡585万kW、大岗山240万kW、长河坝240万kW、猴子岩180万kW、双江口200万kW、锦屏二级480万kW、两河口270万kW、牙根140万kW等。

（二）抽水蓄能电站“十一五”项目安排

“十一五”期间在火电比重大和建设核电站的电网及“西电东送”受端电网，即在华东、华北、广东、河南及东北电网，随着大容量火电机组比重的增加、核电站建设及“西电东送”规模的扩大，优先发展抽水蓄能电站。抽水蓄能电站可作为“西电东送”的保安电源，提高长距离输电和电网供电可靠性。在水电比重较大但调节性能差的电网，如江西省，适当配置抽水蓄能电站。“十一五”全国新开工抽水蓄能电站总装机容量1610万kW。分别是黑龙江荒沟120万kW、北京丰宁180万kW、山东文登180万kW、浙江仙居150万kW、浙江乌龙山240万kW、浙江溪口二期40万kW、江苏马山70万kW、江苏溧阳240万kW、安徽响水涧100万kW、福建仙游120万kW、宁夏60万kW、河南100万kW、湖北北山20万kW、西藏羊湖二厂15万kW、广东深圳120万kW和广东阳江240万kW。

“十一五”新开工抽水蓄能电站除溪口二期和响水涧外全部结转“十二五”，另外蒲石河、响水涧、羊湖二厂分别结转“十二五”60万kW、50万kW和7.5万kW，全国抽水蓄能电站“十一五”结转“十二五”总装机容量为1627.5万kW。

“十一五”期间全国共投产新增抽水蓄能电站1208万kW，其中国家电网、中国南方电网分别新增1028万kW和180万kW。“十一五”投产项目有蒲石河60万kW、张河湾100万kW、西龙池120万kW、泰安100万kW、桐柏90万kW、溪口二期40万kW、宜兴100万kW、琅琊山60万kW、响水涧50万kW、宝泉120万kW、白莲河120万kW、黑麋峰60万kW、羊湖二厂7.5万kW和广东惠州180万kW。

2010年底全国抽水蓄能电站总装机容量达1790万kW。其中国家电网、中国南方电网分别新增1028万kW和180万kW，到2010年底抽水蓄能电站装机容量分别为1430万kW和360万kW（若加上供香港的60万kW则为420万kW）。

（三）风电“十一五”项目安排

“十一五”期间，国家将进一步完善大型风电特许权项目招标方法和风电场项目开发权授予方式，兼顾风能资源条件、电力市场条件和前期工作进展情况，大力推进10万kW级大型风电场项目的开发，重点在东部沿海和"三北"地区建成一批装机容量10万kW以上的风电场。另外，在河北张家口坝上、江苏沿海、内蒙古锡林浩特、甘肃安西、辽宁阜新等地区，选择合适的场址，抓紧开展风电基地规划及预可行性研究工作，并从中选择建设条件好，离负荷中心近的个别风电基地作为试点，先行开发建设，为其他风电基地开发积累经验。"十一五"期间拟加紧对国外近海风能开发技术的研究，着手海上风能资源测量和前期设计工作，并开发1～2个示范近海风电场，为今后大规模发展近海风电积累技术和经验。

根据各省（区、市）风能资源特点，综合考虑经济、社会和能源发展情况，全国"十一五"计划至少新增风电装机容量400万kW。

四、政策与措施

1. 加强宏观调控与市场规划，保证水电和风电建设发展

特大型水电远离市场，建设周期也比火电长，要克服过去电力建设中电力短缺时加快建设火电，电力短期富裕的时候才重视水电的现象，水电的"西电东送"要超前落实到电力规划特别是受端市场的电力规划中。制定水电和风电发展的中长期规划，加强宏观调控，实现资源优化配置和市场需求及电源规划的有机结合，指导水电和风电健康发展。在强调规划的同时，在送电与受电端的政府之间、市场之间和企业之间签订有效的中长期协议。要总结已建抽水蓄能电站在电力系统中的作用，提高对抽水蓄能电站作用的认识。在目前的电网建设及抽水蓄能发展的背景下，结合"西电东送"、西气东输、全国电网规划、核电发展规划和各电网抽水蓄能资源点选点规划，开展全国抽水蓄能电站合理布局规划研究。

2. 加强水电建设与水库淹没和环境保护的协调，解决好开发与保护的矛盾

水电开发将对生态环境带来一些不利影响，水电建设需加强生态保护力度，采取积极可行的措施以尽可能减少负面环境影响。水电建设和生态保护不存在根本对立的问题，从全局的角度考虑，水电建设有利于环境保护，并符合我国可持续发展战略的要求。

规范建设征地和移民安置工作，统一建设征地和移民安置的政策及标准。对缴纳的有关税费应返还库区用于扶持移民的生产生活。协调好水电工程建设征地及移民安置所涉及的各安置区、淹没区、受益区地方政府在水电工程项目建设期及投产后的税收分配政策及标准。继续采取"前期补偿补助、后期扶持"的开发性移民方针，保证库区移民的生产生活达到或者超过原有水平。

3. 加强水力发电和综合利用的协调，减轻水电建设的附加投资负担

在江河上开发水电站，除发电外往往有防洪、灌溉、供水、航运等综合效益，从而实现水资源的综合开发。考虑到水电站显著的综合利用效益和社会效益，遵循市场经济规律，受益的政府或部门应投资或拨款参与水电建设，或按照附加效益的大小对水电站进行适当补偿，解决投资分摊或效益补偿问题。

4. 加强水电和风电前期工作和设备制造能力，提升水电建设的技术水平

当前水电前期工作储备不足，水电前期工作周期长，特别是西部水电规模大，地质条件相对复杂，在加快开发的同时，要保证水电的前期工作合理周期。要多渠道筹集水电前期工作经费。应加强水电设计、施工和科研的重大技术研究，有效缩短水电建设周期。当前水电的大容量机组国产化制造技术不过关，总的生产能力也不能满足水电发展的需要，应加快水电机组制造技术引进，提升机组制造技术水平，提高制造能力。

抽水蓄能电站前期工作时间和建设工期较长，为确保全国抽水蓄能电站的及时建设，要抓紧开展全国各电网特别是东北、华北、华东、华中、广东电网的抽水蓄能电站选点规划工作，以优选各电网的抽水蓄能电站开发排序。在此基础上，推荐一批重点建设项目，开展预可行性研究和可行性研究工作。

风电项目前期储备不足，需要在"十一五"期间建立可再生能源基金，加大前期投入力度，大力开展前期工作，为风电的大规模发展提供充足的项目储备和翔实的基础资料。风电机组是风电场投资中最主要的部分，大力推进风电机组国产化进程，降低造价是风电大规模发展的前提。应进一步加大对风电机组的技术研究和开发投入，以大型风电场项目为依托，逐步掌握兆瓦级风电机组的核心制造技术。在国家科技发展计划中安排一定数量的资金支持大型风力发电设备的技术研究和产品开发，建立国家级风电机组试验基地和测试中心，同时完善国家风电设备技术标准体系，逐步建立风电机组制造的国家级产品检测和认证制度。

5. 完善法规政策体系，促进水电和风电健康发展

改革开放以来，水电和风电建设经过多年的积极探索实践和不断深化改革，其建设市场及其运作规则

基本形成。但还要更加规范水电和风电建设市场，统一规划，加强开发权的调控，维护建设市场秩序，保证公平竞争。尽快出台包括水电和风电在内的《可再生能源法》实施细则及其他配套政策。明确风电生产企业与电网经营企业的相互关系、责任和义务，保证风电全部上网。加强设计资质管理，保证风电场工程设计成果质量，应尽早完成合理有效、覆盖风电建设全过程的核准、建设监管体系，包括风电建设安全认证等，保证风电长期健康发展。

（编辑部摘编）

西藏电力“十一五”发展思路与目标

西藏自治区水电资源非常丰富，水电技术可开发量超过1亿kW，居全国第二位，主要集中在东南部和藏中地区。结合能源资源特点，西藏电力发展方针为：大力发展水电，积极开发利用新能源，因地制宜，多能互补；加强电网建设，适当集中和分散供电相结合，提高供电覆盖率；建设与管理并重，开发与节约并举。

预计西藏全区2010年全社会用电量为27亿kW·h，“十一五”年均增长12.4%，最高负荷69万kW。相应西藏全区2010年发电装机规模达到100万kW，用电人口达到80%。

在电源分布上，优先开发靠近负荷中心、经济指标优越、有综合利用效益的水电站，以西藏中部五地市为重点，同时又考虑昌都及阿里地区的发展。在开发支流水电资源的同时，着手开发雅鲁藏布江干流中游河段的水电资源，抓紧前期工作，按时开工，以满足藏中地区经济社会跨越式发展需要。

1.“十一五”期间拟建电源项目

“十一五”期间西藏拟建电源项目共6项，总装机容量103.2万kW。具体项目为：

(1) 林芝巴河雪卡水电站：装机容量4万kW，计划2005～2008年建设。

(2) 巴河老虎嘴水电站：装机容量11万kW，计划2006～2009年建设。

(3) 雅鲁藏布江中游藏木水电站：装机容量36万kW，计划“十一五”末开工建设。

(4) 羊湖抽水蓄能电站二厂：近期装机容量15万kW，计划2008～2010年建设。

(5) 拉萨河扎雪水电站：装机容量13.2万kW，计划2007～2010年建设。

(6) 昌都扎曲河果多水电站：装机容量24万kW，拟“十一五”末建设。

另外，开展拉萨燃气热电厂前期工作，作为“十一五”备选电源。

2.“十一五”拟建重点电网项目

“十一五”期间西藏拟建电网项目9项，包括“十一五”期间拟建电源项目的接入系统工程、地市电网110kV和35kV扩网工程以及地市电网内城网供配电系统扩容改造工程，共计新建220kV线路1165km、新增220kV变电容量24万kVA；新建110kV线路1400km，新增110kV变电容量76万kVA。具体建设项目包括：

(1) 雪卡电站接入系统工程（含林芝电网工程）：建设110kV线路94km、变电容量5万kVA，计划2007～2008年建设。

(2) 老虎嘴水电站接入系统工程（含林芝～拉萨220kV输变电工程）：建设220kV线路320km、220kV变电容量24万kVA，计划2007～2009年建设。

(3) 昌都中心变—玉龙铜矿110kV输变电工程：建设110kV线路130km，计划2005～2006年建设。

(4) 雅鲁藏布江藏木水电站接入系统工程：规划建设220kV双回线路共计600km，以及相应的220kV变电工程，计划“十一五”末建设。

(5) 新建抽水蓄能电站接入系统工程：规划建设220kV双回线路共计180km，以及相应的220kV变电工程，计划“十一五”末建设。

(6) 扎雪水电站接入系统工程：规划建设220kV线路65km，以及相应的220kV变电工程，计划“十一五”期建设。

(7) 昌都扎曲河果多水电站接入系统工程：规划建设110kV线路200km，以及相应的110kV变电工程，安排“十二五”初与电站配套建设。

（编辑部摘编）

重　要　论　述

能源问题是重大战略问题

——胡锦涛同志在政治局集体学习会上的讲话

中共中央政治局6月27日下午进行第二十三次集体学习，中共中央总书记胡锦涛主持。他强调，能源资源问题是关系我国经济社会发展全局的一个重大战略问题。我们要从推动我国经济社会持续发展和人民生活水平不断提高的全局出发，全面分析能源资源形势，深入研究能源资源问题，全面做好能源资源工作，促进形成可持续的生产方式和消费模式，建立资源节约型国民经济体系和资源节约型社会，为实现全面建设小康社会的宏伟目标和我国的长远发展提供可靠的能源资源保证。

中共中央政治局这次集体学习安排的内容是国际能源资源形势和我国能源资源战略。国土资源部地质调查局张洪涛研究员、国家发展和改革委员会宏观经济研究院周大地研究员就这个问题进行了讲解，并谈了他们的有关看法和建议。

中共中央政治局各位同志认真听取了他们的讲解，并就有关问题进行了讨论。

胡锦涛在主持学习时发表了讲话。他指出，既积极做好开源工作，又优先做好节约工作，应该成为解决我国能源资源问题的基本思路。我们要继续坚持立足国内的基本方针，加大国内资源勘探力度，加强煤炭、石油、天然气的开发利用，积极开发水能资源，加快发展核电，鼓励发展新能源和可再生能源，优化能源结构。同时，要积极开展国际能源资源合作，充分利用国际国内两个市场、两种资源。

胡锦涛强调，节约能源资源，走科技含量高、经济效益好、资源消耗低、环境污染少、人力资源优势得到充分发挥的路子，是坚持和落实科学发展观的必然要求，也是关系我国经济社会可持续发展全局的重大问题。我们必须立足当前、着眼长远，下更大的气力抓好节约能源资源的工作。一是要大力调整经济结构和转变经济增长方式，积极采用先进适用技术改造传统产业，加快发展高新技术产业，大力发展服务业，切实改变高投入、高消耗、高污染、低效率的增长方式。二是要加快建立能源资源技术支持体系，加大国家对能源资源技术开发资金的投入，加紧研究开发影响未来能源资源发展方向的重大技术，集中力量研究开发提高能源资源利用效率的技术，依靠科技进步增强节约能力。三是要注重优化消费结构，在消费领域全面推广和普及节约技术，合理引导消费方式，鼓励消费能源资源节约型产品，逐步形成节约型的消费方式。四是要推动发展循环经济，促进资源循环式利用，鼓励企业循环式生产，推动产业循环式组合，倡导社会循环式消费，大力推行清洁生产，努力实现废弃物的资源化、减量化、无害化。五是要建设促进能源资源节约的体制机制，实行能源资源效率和最低技术水平准入标准，实施高消耗落后技术、工艺和产品的强制性淘汰制度，促进建立市场化的能源资源节约体制机制，完善政府调控手段，形成有利于节约能源资源的市场环境和长效机制。六是要加强规划和政策引导，明确能源资源需求总量和能源资源效率的控制目标，研究制定有利于节约能源资源的财税、投资、价格和外贸政策，促进能源资源的节约和有效利用。七是要建立健全节约能源资源的法律法规和标准体系，认真实施有关法律，加大执法和监督检查力度，制定和实施强制性标准，推动生产、建筑、交通等方面的节约能源资源工作。八是要加强节约能源资源的宣传教育，开展形式多样的节约能源资源活动，提高人民群众特别是广大青少年的能源资源意识和节约意识，努力使节约能源资源成为全体公民的自觉行动。

胡锦涛指出，各级党委和政府要从树立和落实科学发展观、实现全面建设小康社会宏伟目标和中华民族伟大复兴的战略高度，充分认识做好能源资源工作的重要性和紧迫性，加强组织领导，加大工作力度，明确目标，制定规划，落实政策，完善制度，力求不断取得新的成效。各级党委和政府要在节约能源资源方面率先垂范、先行一步，带动全社会广泛开展节约能源资源活动。

（编辑部摘编）

胡锦涛同志在“2005北京国际可再生能源大会”上书面致辞

11月7日，“2005北京国际可再生能源大会”在人民大会堂召开。国家主席胡锦涛发来书面致辞。国务院副总理曾培炎出席会议并致辞。联合国秘书长安南的代表出席会议并致辞。这是继2004波恩国际可再生能源大会之后，国际社会共同商讨世界可再生能源发展问题的又一次国际盛会。根据会议议程，大会最后将采取友好协商的方式，通过旨在促进全球可再生能源发展的“北京宣言”。

胡锦涛主席在致辞中表示，加速可再生能源开发利用，是应对日益严重的能源和环境问题的必由之路，也是人类社会实现可持续发展的必由之路。国际社会应该在研究开发、技术转让、资金援助等方面加强合作，使可再生能源在人类经济社会发展中发挥更大作用，造福各国人民。

曾培炎副总理在致辞中表示，推进全球可再生能源发展，是增加能源供给、保护生态环境的重要措施，是21世纪世界发展的共同议题。对于加强可再生能源开发利用，他提出三点建议：第一，高度重视可再生能源开发利用；第二，帮助发展中国家加强能力建设；第三，加强可再生能源领域的经济技术合作。

会议开幕式由国家发展改革委副主任张国宝主持。他介绍，大会的主要议题是：分析和评价世界可再生能源发展状况及面临的问题；探讨鼓励企业和金融部门参与可再生能源发展的政策机制；展望可再生能源技术的发展趋势；通过技术转让支持可再生能源技术发展；加强南南合作，推动发展中国家开发利用可再生能源，进一步促进全球可再生能源的商业化发展。

来自世界各国政府、国际组织，可再生能源企业家、科学家和非政府组织的1200多名代表出席会议。其中，30多个国家和国际组织派出部长级代表。大会将持续两天。

此次会议是在我国即将正式实施《可再生能源法》、正在组织编制2020年国家可再生能源发展战略规划和“十一五”发展规划的背景下召开的。会议主办者国家发展改革委表示，这次大会不仅是学习世界各国发展可再生能源的成功经验，进一步完善我国2020年国家可再生能源发展战略规划的良好机会，同时也是展示我国可再生能源发展成果、全面阐述我国走可持续能源发展之路的平台。

（编辑部摘编）

我国大型水电设备设计制造水平迈入世界先进行列

——在三峡14台机组全部投产发电仪式上的讲话

国务院副总理 曾培炎

（2005年9月16日）

今天，三峡左岸电站最后一台机组并网运行，提前一年实现了14台机组全部投产发电。这是三峡工程建设的又一重大阶段性成果，也标志着我国大型水电设备的设计制造水平迈入了世界先进行列。这些成绩的取得，体现了党的三代领导人和新一届党中央的正确决策，是三峡工程全体建设者辛勤劳动和库区广大干部群众无私奉献的结果，也是全国各族人民大力支持和中外企业互利合作的结果。在这里，我代表党中央、国务院，表示热烈的祝贺和诚挚的问候！向关心和支持三峡工程建设的国内外各界人士表示衷心的感谢！

三峡工程规模宏大，举世瞩目。从80多年前开始设想，50多年前启动论证，12年来大规模建设，已经进入了边施工、边运行的阶段，开始发挥防洪、通航、发电的综合效益。截至今年9月中旬，三峡电站已经累计发电800多亿kW·h，有效缓解了华中、华东等地能源供应紧张的状况。三峡船闸年通过货物量已超过4000万t，客运量近200万人，使长江成为名副其实的黄金水道。去年9月，四川、重庆发生特大洪水，三峡枢纽蓄滞水量20多亿m^3，初步发挥了防洪作用。2004年，三峡库区退耕还林、天然林保护共造林200多万亩，并对3000多万亩森林进行了有效管护。水库周边绿化带建设工程开始实施，“美化新三峡，保护母亲河”活动蓬勃开展。库区地质灾害防治、水污染治理等工程也取得了积极进展。高峡出平湖，大江展新颜，亿万人民群众开始享受到三峡工程的防洪之利、舟楫之便、用电之惠，一个经济效益显著、社会效益良好、人与自然和谐相处的新三峡即将完整地呈献在世人面前。

随着工程的深入推进，三峡电站技术装备的国产化水平不断提高。在左岸电站14台机组的建设过程中，中外双方密切合作，技贸结合，联合设计生产，转让和消化先进技术，使我国大型水力发电和高压直流输变电设备的建设水平上了一个新台阶。已投产的机组运行稳定，主要参数达到了国际先进水平。14号机组、9号机组的国产化率分别达到71%和85%。

通过三峡工程建设，我国已经能够自主设计、自主制造、自主安装、自主运行70万kW特大型水轮发电机组。下一步，三峡右岸电站12台机组中有8台将由国内企业自主完成。

三峡工程重大装备国产化是成功的。总结经验，主要有以下几点。第一，坚持集中力量办大事。全国人民倾力支持，有关地区对口支援，设计、制造、建设、运营部门分工协作，体现了社会主义制度的优越性。第二，坚持不断扩大对外开放。把开放市场与引进消化吸收先进技术以及自主创新结合起来，逐步掌握核心技术，实现国内外合作双方的互利共赢。第三，坚持重大装备自主化建设。依托国家重大项目推进国产化，充分利用现有基础，把行业龙头企业做大做强，发挥好牵头和带动作用，建设我国有竞争力的装备工业体系。第四，坚持正确履行政府职能。在充分发挥部门和地方作用的基础上，广泛听取专家学者意见，建立起有效的科学民主决策机制。搞好统筹协调，更好地为工程建设服务。这些经验，对继续推进大型水电项目建设具有现实的指导作用，也对装备制造业自主发展具有重要的借鉴意义。我们要认真总结，结合实际加以推广。

当前，三峡工程正处于三期建设的关键时期。各方面都在为明年水库大坝全线达到185m设计高程、汛后水位提高到156m而努力。自古道，“行百里者半九十”。越是在工程进展顺利的情况下，越是要保持清醒的头脑，越是要看到摆在我门面前的任务还十分艰巨。这里我提出几点要求：

一是把工作质量和安全放在首位。一切工作都要服从质量、服从安全。要严格执行质量管理责任制，确保三期工程质量达到一流水平。切实加强安全管理，坚决消灭各种隐患，确保工程建设安全、电站运行安全和水库枢纽安全。

二是加快三期工程移民搬迁安置和地质灾害防治。要完善政策，周密安排，认真做好库区移民各项工作。巩固地质灾害治理成果，抓紧启动三期治理项目，确保工程质量和进度。

三是高度重视库区经济社会发展。要加快发展特色优势产业，加强劳动者技能培训，千方百计扩大就业和再就业，加大社会事业建设力度，不断改善库区生产生活条件，解决好移民的长远生计问题。各级政府要深入细致地做好群众工作，确保库区社会稳定。

四是加强水库综合管理。要搞好防洪、发电、航运的管理调度，让三峡工程在建设期发挥更好的经济和社会效益。同时，要做好污水处理、水面漂浮物清理等工作，实施好各项生态环境保护和建设工程。

三峡工程是中华民族的千秋大业，也是人类工程史上的一大壮举。作为三峡工程的建设者，使命光荣，责任重大。让我们按照以人为本、全面协调可持续发展的要求，本着对人民负责、对未来负责、对历史负责的精神，高质量、高标准、高效率地把三峡工程建设好、管理好、运营好，为全面建设小康社会做出更大的贡献！

（编辑部摘编）

在“2005北京国际可再生能源大会部长论坛”上的讲话（摘要）

国家发展和改革委员会张国宝副主任

去年6月，我参加了在德国波恩举行的国际可再生能源大会，会议给我留下了深刻的印象，一是参加会议的国家达到154个，参会代表总计超过3000名，盛况空前；二是大会通过了一个政治宣言，进一步强调了可再生能源在增加能源供应、保护环境、减排温室气体和扩大就业等方面的作用；三是参会国家和国际组织向大会提交了197个行动计划，充分表明了国际社会对可再生能源的重视。

在波恩大会上，中国政府提交了两项行动计划，一是制定可再生能源法，二是编制可再生能源发展规划。今天，我非常高兴地告诉大家，中国在波恩大会上提交的两项行动计划已取得重大进展。2005年2月，中国全国人大已审议通过了《可再生能源法》，明确了政府、企业和用户在可再生能源开发利用中的责任和义务，提出了包括总量目标制度、发电并网制度、价格管理制度、费用分摊制度、专项资金制度、税收优惠制度等一系列政策和措施。《可再生能源法》于2006年1月1日实施后，将会有力地促进中国可再生能源的发展。

另外，中国国家发展和改革委员会已组织起草了《可再生能源中长期发展规划》，提出了到2020年中国可再生能源的发展目标、战略布局、建设重点和保障措施。该规划经国务院审批同意后，将作为指导中国可再生能源发展的基本依据。

能源是人类生存和发展的重要物质条件。煤炭、石油、天然气等化石能源支撑了19世纪和20世纪近200年来人类文明进步和经济社会发展，但煤炭、石油、天然气等不可再生能源持续增长的大量消耗，不仅使人类面临资源枯竭的压力，同时更感到了环境问题的严重威胁。面对能源和环境问题，国际社会采取了积极的应对措施，特别是1992年召开的联合国环境与发展大会和2002年召开的可持续发展世界首脑会议，使可持续发展思想逐渐成为国际社会的共识。目前，提高能源利用效率、开发利用可再生能源、保护生态环境、实现可持续发展已成为国际社会的共同行动。

随着经济全球化的进一步发展，世界各国的联系日益密切，经济和社会发展相互依存，世界已没有一个国家能够离开其他国家而孤立地发展，特别是温室气体排放引起的全球气候变化问题影响着全球每一个国家，因此，应对全球能源资源和环境问题是世界各国的共同责任。但是，由于世界各国的发展阶段不同，所具备的能力和承担的责任也应不同。发达国家已经完成了工业化进程，技术、人才及经济实力都很强，而且全球能源资源大部分是由发达国家消耗的，因此，发达国家在开发利用能源、保护环境方面应该承担更大的责任。

受技术、人才、资金、管理等诸多方面的制约，发展中国家的能源利用效率低，开发利用可再生能源的能力弱，环保技术落后，如果发展中国家单纯依靠自己的力量，不可避免地还要走传统的发展道路，将会造成能源资源浪费和环境破坏。为了推进全球可持续发展，保护人类共同的地球、发达国家应该在技术、人才、资金等方面对发展中国家提供支持，特别是要通过技术转让和提供技术服务等措施，帮助发展中国家建立可再生能源产业体系，不断提高可再生能源开发利用技术水平；反过来，发展中国家的不断发展也会给具有技术和资金优势的发达国家提供巨大的市场，因此，在促进世界可再生能源的发展中，发达国家和发展中国家承担共同而有区别的责任，加强合作、取长补短、协调行动、互惠互利，是促进世界可再生能源发展的必由之路。

中国是世界上人口最多的发展中国家，资源和环境对中国发展的制约尤为突出，我们更急迫地需要转变发展模式。中国政府已明确将“以人为本，全面协调可持续的科学发展观”作为发展的指导思想，将转变经济增长方式，推动循环经济发展，加快建设资源节约型社会和环境友好型社会。

中国政府将继续坚持“开发与节约并举，把节约放在首位”的能源发展方针，把提高能源利用效率、节约能源资源放在能源发展最优先的位置，不断降低单位产值能源消耗水平。“十一五”期间，中国单位GDP能耗将要比“十五”期末降低20%左右。

长期以来，中国对可再生能源开发利用十分重视，并已取得很大的成绩。目前，中国的水电、太阳能热水器、沼气等可再生能源利用已经达到了相当规模，同时也在积极推动风电、太阳能发电和生物质能优质化利用等新兴可再生能源的发展。到2004年底，中国的水电装机容量已达到1.08亿kW，占全国发电装机容量的四分之一；太阳能热水器利用量达到6500万m^2；沼气年利用量达到50亿m^3，改善了1400万农户的生活用能条件；太阳能光伏发电6.5万kW，解决了700多个乡镇、约300万偏远地区人口基本用电问题。

中国政府将进一步支持可再生能源的开发利用，把可再生能源发展作为增加能源供应、调整能源结构、保护环境、消除贫困、促进可持续发展的重要措施。我们将加快发展技术成熟的水电、太阳能热水器和沼气等可再生能源，尽快使资源得到合理开发利用；同时积极推进资源潜力巨大，技术基本成熟的风力发电、生物质发电、太阳能发电、生物质液化等可再生能源技术的发展，以规模化建设带动产业化发展，使其尽快成为具有竞争力的商业化能源。根据初步完成的《可再生能源中长期发展规划》，到2020年，水电总装机容量将达到2.9亿kW，开发程度达到70%左右，生物质发电达到2000kW，风电达到3000万kW、太阳能发电达到200万kW，力争使可再生能源发电装机在总电力装机容量的比例达到30%以上；我们将鼓励太阳能热水器在城市建筑物和农村的推广应用，到2020年太阳能热水器总集热面积达到3亿m^2，年替代化石能源约4000万t标准煤；将农村生物质能开发利用作为发展现代农业、建设社会主义新农村的重要措施，继续推广户用沼气和禽畜养殖场沼气工程，加快生物质成型颗粒燃料的推广应用，到2020年沼气年利用量达到240亿m^3、生物质成型颗粒燃料年利用量达到5000万t左右，同时积极发展以能源作物为主要原料的生物质液体燃料，到2020年达到年替代石油1000万t的能力。

总体来看，与国外先进水平相比，中国可再生能源技术还相对落后，我们将把引进国外先进技术与自主技术创新相结合，不断提高中国可再生能源技术水平，尽快建立起完备的可再生能源产业体系。我们愿意在平等互利的基础上，不断加强与世界各国在可再生能源领域的合作，欢迎世界各地的企业积极参与中国可再生能源的开发利用和产业建设。

目前，全球可再生能源已经进入了加快发展的重要时期，既充满希望，也面临挑战。这次国际可再生能源大会是一次总结经验、加强交流、规划未来的重要会议，将会起到“增进共识、加强合作、落实行动、共同发展”的作用，相信在世界各国的共同努力下，可再生能源必将得到更快、更好的发展，将对全球可持续发展产生积极的推动作用。

（编辑部摘编）

从电力大国走向电力强国（摘要）

——在“庆祝中国电力装机容量突破
5亿kW大会”上的讲话

国家发展和改革委员会副主任 张国宝

2005年是我国电力建设和发展工作具有历史意义的一年。岁末迎新，捷报频传，岭澳二期核电项目、溪洛渡水电站顺利开工建设。我国电力装机容量突破5亿kW，这是中国电力发展史上的重要里程碑。它标志着我国的国民经济发展达到了一个新的水平，人民生活水平有了显著提高，综合国力进一步增强。这是全体电力职工的骄傲，是中国电力工业的骄傲，也是全国人民的骄傲！

新的辉煌

——中国成为名副其实的电力大国

在党中央、国务院的正确领导下，在各级政府和社会各界的大力支持下，在几代电力工作者坚持不懈的努力奋斗下，我国发电装机容量从1949年仅有185万kW发展到5亿kW，电力工业从小到大、从弱到强，保持了持续、健康的发展态势，迈上了一个又一个新的台阶，铸就了一次又一次新的辉煌，取得了令世人瞩目的成就，为满足国民经济的快速发展和人民生活水平的不断提高，提供了源源不断的动力。

回顾56年走过的历程，我们欣慰地看到，在国民经济发展的不同阶段，电力工业克服了重重困难，保持了相应的发展速度，始终承担了国民经济先行官的重任，创造了世界电力史上的一个个奇迹。改革开放以来，以多渠道办电为突破口，充分调动各方积极性，电站建设不断跨上新的台阶。1987年12月全国发电装机容量突破1亿kW，1995年3月突破2亿kW，2000年4月突破3亿kW，2004年5月达到4亿kW。伴随着国民经济的快速发展，在党中央、国务院的亲切关怀和英明决策下，在不到19个月的时间里，实现了全国电力装机从4亿kW到5亿kW的飞跃。自1996年起，我国发电装机容量和年发电量一直位居世界第二位，成为名副其实的电力大国。电力工业走过的光辉历程，凝聚了电力行业老领导、全体电力建设者、工作者的辛劳，在此，向你们表示崇高的敬意。

新的转折

——提高发展质量 加快结构调整

连续大规模发电项目的投产，为有效缓解电力供应紧张局面发挥了重要作用。2005年，全国新开工电站项目超过1亿kW，2006年将是我国电力供需状况的转折点，电力供需矛盾将会大幅缓解，2007年以后，全国电力装机不足的局面将得到根本扭转，全国大部分地区可实现电力供需平衡，并略有盈余。

下一步，电力发展重点将转向加快结构调整，在注重发展速度的同时，电力工业要向高效益、低排放和资源节约型、环境友好型发展。加速淘汰落后、高耗能小机组，大力发展水电、核电、可再生能源发电和清洁煤燃烧技术等。风力发电一定会迅速在我国得到发展。最近，各界人士就可再生能源发展提了很多建议，希望一夜之间中国城乡能有很多风机在那里转，但这要有一定的时间。2005年年底，在广东慧来可以看到像新疆达坂城一样的大型风电场；到2006年底，我国将出现2到3个达坂城规模的风电场，而且，新开工的风电项目将迅速达到100万kW。同时，我们要积极发展空冷、超临界、等离子点火和特高压交直流输电等先进技术。

新的旋律

——加强自主创新、健康有序发展

回顾56年的历程，我们欣慰地看到，自主创新始终贯穿电力发展的全过程，并成为今后电力工业健康、有序发展的主旋律。火电项目中，代表国际工业技术和装备水平的百万千瓦级超超临界机组，已经实现了国产化。水电项目中，以三峡水电站为代表的一批大型水电站的建成投运，标志着我国水电建设的技术和能力已全面进入世界先进水平。核电项目中，我国自主设计建设的秦山核电站已安全运行14年，新一代核电站国产化步伐在加快。在电网建设方面，随着一批重点电网工程继续投产，形成了比较完备的500kV和330kV主网架，全国六大电网实现互联，电网的输电能力进一步增强，网架结构进一步优化。灵宝背靠背直流工程的竣工，标志着我国直流输电工程的自主化和国产化工作迈上了新的台阶。750kV交流示范工程的投运，为提高电网工程技术能力和水平，促进电网建设创造了条件。

近几年来，我们以市场换技术为原则，以打捆招标为特点，全面开展了电力技术引进及消化吸收再创新的工作，开创了国家主导、企业积极参与和企业自主开发相结合的技术引进和消化吸收再创新的新局面。

新的使命

——落实科学发展观 从电力大国走向电力强国

56年来，中国电力发展取得了巨大的成就！进入新世纪，在党中央提出到2020年全国建设小康社会的战略目标指引下，我国经济进入新的快速增长期，电力工业迎来了更广泛的发展空间，但也面临着新的挑战。我们必须坚持以“三个代表”重要思想为指导，全面贯彻落实科学发展观，按照节能优先、效率为本、煤为基础、多元发展的方针，大力调整和优化能源结构，坚持以煤炭为主体、电力为中心、油气和新能源全面发展的战略，把电力工业自身发展规律与市场经济建设紧密结合起来，坚持以人为本，转变发展观念，创新发展模式，调整发展结构，转变增长方式，提高发展质量，切实使电力工业走出一条全面协调可持续发展的新型工业化道路，使我国从电力大国走向电力强国，为构建和谐社会、建设节约型社会做出新的贡献。

（编辑部摘编）

建设节水型社会是水利工作的一场革命

全国政协原副主席、中国工程院院士　钱正英

中国工程院《中国可持续发展水资源战略研究》（2001 年）的结论提出：水资源可持续利用战略的核心是提高用水效率，建成节水防污型社会。提高用水效率不仅是水资源本身的问题，而是一场涉及生产力和生产关系的革命。我在这里想强调，提高用水效率、建设节水型社会，首先需要水利工作自身开展一场革命。

一、在根本理念上，应当从“征服自然”转变到“与自然和谐发展”

过去，我们以满足人类对水资源的需要，作为水利工作的最高原则；以充分开发利用水资源，使水资源完全为人类所用，人类征服自然，作为自己的最高目标。今后，我们要以水资源的可持续利用和社会经济的可持续发展作为水利工作的最高原则；以建设节水型社会从而达到人类与自然合理共享水资源，人类与自然和谐发展，作为水利工作的最高目标。

二、要改变过去的一些认识误区

（1）误以为经济增长必须伴随用水的增长。在过去工作中，不少地方，由于对需水的预测偏高，误导水利规划，造成工作中的被动。实际上，国外和国内的先进经验证明，当经济发展到一定水平后，经济的继续增长可以伴随着用水的零增长甚至负增长。

（2）误以为节水是应对缺水的不得已措施，只涉及一些缺水地区，不属于水利工作的总体战略。实际上，我国不仅在人均水资源较少的黄、淮、海、辽河和西北的内陆河流域发生水资源过度开发的问题，而且在人均水资源较多的长江、珠江等流域，也开始警示水资源的过度开发，珠江口和长江口的咸潮入侵和三角洲地区的地下水超采就是例证。东部沿海发达地区的水质严重污染，更需要以节制用水和加强循环用水作为根本防治的措施。

（3）误以为水利部门的主要职责是供水，节水是用水部门的职责。实际上，水利部门如果要解决水资源的供需矛盾，就必须统筹管理供水和需水两个方面，而且首先加强需水侧的管理。

三、在实际工作中，要防止新的“四重四轻”

在 20 世纪 60 年代，曾提出水利工作要克服“四重四轻”。在最近和一些地方水利部门的接触中，似乎有新的“四重四轻”需要注意防止：

（1）重开源，轻节流。在一些地方，虽然原则上明确“先节水、后调水”，但在实际工作中，往往对节水一笔带过，主要的文章都做在开源上。

（2）重水量，轻水质。水利部门的传统是研究和解决水多水少的问题，但当前水质污染已成为许多地方的主要威胁，并成为许多地方缺水的主要原因。有些地方，已经到了“有水皆污，无水可用”的地步，但水利部门对防治水体污染的技术，至今还缺乏知识和人才。

（3）重骨干，轻配套。这是水利部门的老毛病。当前，不论是在灌区建设，或是在城市供水或污水处理方面，都由于配套不全，大大影响节水和治污的效益。

（4）重分工，轻协作。节水治污需要多部门、多领域的通力协作。最近，国家发展和改革委员会、科技部会同水利部、建设部和农业部联合发布的《中国节水技术政策大纲》是很好的范例，1＋1＋1＋1＋1＞5。但有些地方，作为主管水资源工作的水利部门，和有关部门、有关领域间的协作还不够。今后，城市的水务工作逐渐趋向统一，水利部门更需要主动地向城建和环保等部门虚心学习，加强协作。

四、要实行战略转变

（1）水资源供需平衡的战略从过去的以需定供转变为在加强需水管理、提高用水效率的基础上保证供水。

（2）水资源配置的战略从不重视生态与环境用水转变为在保证生态与环境用水的前提下，合理规划和保障社会经济用水。

（3）农业用水战略从传统的粗放型灌溉农业和旱地雨养农业转变为建设节水高效的现代灌溉农业和现代旱地农业。

（4）城市和工业用水战略从不注意节水和治污转

变为节流优先、治污为本、多渠道开源的城市水资源可持续利用。

(5) 防治水污染战略从以末端治理为主转变为以源头控制为主的综合治理。

我相信，在党中央、国务院的关怀和水利部的领导下，中国的水利工作必将通过自身的革命，达到一个更高的水平，在建设节水防污型社会中，走在世界的前列！

（编辑部摘编）

提高认识加强领导做好大坝安全管理工作（摘要）

——在水电站大坝安全工作会议上的讲话

国家电力监管委员会主席　柴松岳

（2005 年 3 月 30 日）

电力工业是国民经济的基础产业、电力的安全生产始终得到了党中央、国务院的高度重视。针对我国电力体制改革后安全生产出现的新情况、新问题，2003 年 12 月，国务院办公厅下发了关于加强电力安全工作的通知，明确了电力安全生产工作的责任、目标和要求，并授权国家电监会具体负责电力安全监督管理。同时，水电站大坝的安全管理工作做为电力安全监管的重要组成部分，同样得到了党中央、国务院的关注，2004 年 7 月，经党中央、国务院领导同志批准，中央机构编制委员会下发了《关于水电站大坝安全监管及水电站建设竣工验收管理职责分工的通知》，明确了国家电监会负责原电力系统所属水电站大坝安全监督管理的具体工作，并将大坝监察中心划归电监会管理。电监会承担全国电力安全监管职责和水电站大坝安全监管工作以来，从建章立制、加强依法监管，完善职责、加强队伍建设，确保信息及时、准确报送等方面做了大量的工作，电力安全监管体系初步建立。今年 2 月份，我们组织召开了全国电力安全生产工作电视电话会议，对 2005 年电力安全生产工作进行了总体部署，今天我们又在这里召开水电站大坝安全工作会议，充分体现出国家电监会对电力安全生产，对水电站大坝安全工作的高度重视。

回顾我国水电发展的历史，1912 年 4 月，我国第一座水电站——云南昆明石龙坝水电站建成，装机容量为 480kW。1949 年新中国成立时，我国水电装机容量只有 16.3 万 kW。在随后的 55 年当中，特别是改革开放以后的 20 多年里，我国的水电建设取得了飞速发展。1960 年，我国建成了第一座自主设计、自制设备、自行施工的新安江大型水电站；随后陆续投产了葛洲坝、二滩、三峡等一批有国际影响的大型水电站，到 2004 年 9 月黄河公伯峡水电站第一台机组发电，我国的水电装机容量突破 1 亿 kW，已经跃居世界第一位，这标志着我国的水电建设实现了历史性的跨越，达到了新的更高水平。

水能资源是重要的能源资源，开发利用水能资源是有效提供能源供应、保护环境的重要措施。因此，优先发展水电始终是我国能源开展的重要方针。据统计，我国水能资源理论蕴藏量 6.94 亿 kW，技术可开发容量 5.42 亿 kW，经济可开发容量 4.02 亿 kW，这三项指标均居世界首位。目前的 1 亿 kW 水电装机容量已经占到了经济可开发容量的四分之一。尽管如此，我们与西方发达国家相比，水电开发利用率仍然存在着明显的差距。很多西方发达国家的水电资源开发利用率在上个世纪就超过了 70%，有的甚至超过 90%；有 24 个国家依靠水力发电提供全国 90%以上的电力，有 55 个国家依靠水力发电提供全国 50%以上的电力。党的十六大提出到 2020 年我国国内生产总值翻两番的目标，为此，我国的经济增长速度将保持在年均增长 7.2%的水平。结合国民经济发展的需要和电力工业的现状，预计到 2020 年，全国发电装机容量将达到 9.5 亿 kW 左右，其中水电装机容量将达到 2.5 亿 kW 以上，约占总装机容量的 25%。届时，我国的水能资源开发利用率将超过 60%。由此可见，我国的水电开发任重道远。

当前，我国国民经济的持续快速发展对电力的强劲需求，给水电事业的发展带来了新的机遇。日前，温家宝总理主持召开国务院常务会议，研究电力中长期规划和电力发展问题。会议强调，电力工业是关系国民经济全局的重要基础产业，必须统筹规划，科学论证，合理布局，为经济和社会可持续发展及人民生活提供优质、可靠的电力保证，并明确了“大力开发水电，优化发展煤电，积极推进核电，适度发展天然气发电，鼓励新能源发电”的电力发展方针，加大了水电在电力发展中的重要地位。同时，电力体制改革后形成的电力市场主体多元化格局，充分调动了电力企业发展水电的积极性，为水电发展创造了良好的市场环境。我们要紧紧抓住这些有利条件，坚持科学的发展观，统筹规划，加快发展，为社会提供更加清洁、优质的能源。

水电站作为人类改造自然、利用自然的产物，在兴利除害、造福人类方面发挥了重要作用，但同时，水电站的安全特别是水电站大坝的安全，也给我们提出了新的课题和挑战。国内外许多大坝失事的惨痛事件给我们留下了深刻的教训。多年来，我们一直高度重视水电站大坝的安全管理工作，虽经几次体制改革，但这项工作一直得以延续，并取得明显成效。当前，我们面临着电力改革与发展的新形势，同时，随着我国水电事业的快速发展，今后几年还将有一批世界级的高坝、大库、大电站投入运行，这必将对我国水电站大坝的安全管理工作提出新的更高的要求。这次会议，将认真总结近年来电力系统水电站大坝运行安全管理工作经验，宣传贯彻有关规定，研究分析当前面临的形势，安排部署下一步的工作，非常必要，也很及时。下面，史玉波副主席还要就有关工作作出具体部署，在此，我对做好水电站大坝安全工作提出以下几点要求：

1. 提高认识，高度重视水电站大坝安全管理工作。水电站大坝能否安全运行，不仅直接影响到电力企业自身的安全生产和经济效益，也关系到水电站大坝下游千百万人民的生命财产安全，更关系到国民经济可持续发展。这是涉及社会公共安全、社会稳定和发展的大事，我们必须站在保证国家经济发展、社会稳定的高度，认识水电站大坝安全工作的重要意义和面临的形势。要始终坚持“安全第一，预防为主”的方针，把安全生产工作放在一切工作的首位，切实加强水电站大坝运行安全的监督和管理，保证水电站大坝安全运行。

2. 加强领导，落实责任，切实做好水电站大坝的安全管理工作。各水电企业是水电站大坝安全的责任主体，对安全生产全面负责。各单位要认真落实安全生产责任制，要严明组织纪律，不断提高水电站大坝运行的可靠性和企业安全生产的管理水平。企业的主要负责人做为安全生产的第一责任人，对安全生产负全面责任，不仅要高度重视安全生产，建立有效的管理机制，更要不断增强法制观念，依法经营管理，依法加强安全生产。

3. 采取切实措施，认真贯彻落实各项规章制度。《水电站大坝运行安全管理规定》已经开始施行，其相关配套的实施意见和办法也即将出台，这些规章制度的建立，是做好大坝安全管理工作的基础，对加强水电站大坝的安全监督和管理是非常必要的。各单位要结合实际，认真学习、贯彻落实这一系列规章制度，强化对水电站大坝的安全监督，加强水电站大坝的安全管理，确保水电站大坝的安全。

同志们，当前电力改革与发展面临着繁重的任务，我们一定要适应不断变化的新形势，认真做好电力安全的各项工作，认真做好水电站大坝安全的各项工作。让我们共同努力，为确保电力生产安全稳定，为国民经济的健康发展，为全面建设小康社会，做出我们新的更大的贡献！

（编辑部摘编）

坚持以科学发展观为统领
全面做好“十一五”水利工作

——在全国水利厅局长会议上的讲话

水利部部长　汪恕诚

（2005年12月17日）

这次会议的主要任务是：贯彻落实党的十六届五中全会和中央经济工作会议精神，认真总结“十五”水利发展与改革情况，研究部署“十一五”和2006年水利工作，统一思想，提高认识，明确目标和任务，坚持以科学发展观为统领，全面做好“十一五”时期的水利工作，进一步推进可持续发展水利。

下面，我讲三个问题。

一、“十五”时期水利取得重大成就

过去的5年，是我国经济实力、综合国力和国际地位显著提高的5年。对水利来说，也是与时俱进、开拓创新和成效显著的5年。中央对水利高度重视，作出了一系列重大部署，我们按照科学发展观的要求，进行了积极深入探索，实现了水利发展思路的深刻转变，水利实践成效显著。我们有效应对较为严重的洪涝干旱等自然灾害，保障了人民生命安全和经济社会发展。水利建设规模空前，水利基础设施上了一个大台阶。强化了水资源节约、配置和保护，高度重视生态问题，节水型社会建设迈出坚实步伐。依法治水深入推进，水利改革不断深化，能力建设得到加强。

1. 中央对水利作出一系列重大战略部署，水利发展思路发生深刻转变

“十五”时期，党中央、国务院把解决水资源问题摆上重要位置，强调水是基础性的自然资源和战略性的经济资源，把建设节水型社会作为解决我国干旱缺水问题最根本的战略举措，把保障饮水安全作为水利工作的首要任务，高度重视水资源的节约、配置和保护。《中华人民共和国水法》修订通过，把中央新时期水利工作方针和政策法律化，依法治水进入新阶段。中央继续保持较高的水利投资，对大江大河治理、南水北调工程建设、病险水库除险加固、农村饮水解困等作出重大部署。出台了节水型社会建设、饮水安全保障、农田水利建设新机制、水价改革、水利工程管理体制改革等方面的政策，为水利事业健康发展提供了政策支持和制度保障。

在党中央、国务院的领导下，我们按照科学发展

观的要求，针对水利改革与发展面临的实际问题，进行了卓有成效的探索和实践。

坚持水资源的可持续利用。从保障经济社会可持续发展的高度，把水资源可持续利用作为水利工作的切入点，统筹考虑水资源问题与经济社会发展，统筹考虑生活、生产、生态用水，在水资源开发、利用、治理的同时，突出加强水资源的节约、配置和保护，大力推进节水型社会建设，提高水资源承载力和水环境承载力。

坚持人与自然和谐相处。在防止水对人类侵害的同时，防止人类对水的伤害，强调对人类不合理活动的约束，强调自律式发展。改变长期以来人水争地、无节制地围垦河道、湖泊、湿地的做法，给河流以空间，给洪水以出路。把生态问题放在十分重要的位置，肩负起水利建设和生态保护两副重担，充分依靠大自然的自我修复能力加快治理水土流失，充分发挥水利工程的生态功能，维护河流健康，当好河流生态代言人。

坚持以人为本。水利工作在提高生产力、促进经济增长的同时，更加重视保障人民群众的根本利益，着力解决好与人民群众利益密切相关的水问题。把解决饮水困难和饮水安全问题作为首要任务，在防汛抗旱中确保人的生命安全和城乡生活用水，切实保障水利工程移民的合法权益。

坚持发挥政府职能与市场机制相结合。适应社会主义市场经济的要求，在水利工程建设和管理、水资源配置、节水型社会建设等领域发挥政府职能的同时，更加注重发挥市场机制的作用。根据水利工程的不同类型，采取相应的建设和管理政策，促进工程的良性运行。发挥水价的杠杆作用，探索水权转换，促进节约用水，提高用水效率和效益。

坚持依法治水。围绕建设法治政府的目标，注重职能转变，突出社会管理和公共服务，推进依法行政。以《水法》修订和实施为契机，建立健全法规体系，强化执法，健全监督机制。推行水利政务公开，改革水利行政审批制度。积极推进水资源管理体制改革。

坚持科学治水。围绕水利改革与发展实践，基础研究与应用研究、自主创新与技术引进、科学研究与转化推广相结合，推动水利科技进步。大力推进水利信息化进程，以水利信息化带动水利现代化，全面提高水利工作的科技含量。

2. 水利为经济社会发展提供了有力保障

（1）最大限度地减轻洪涝灾害损失

“十五”时期，我国洪涝灾害频繁发生。2003 年淮河发生超过 1991 年的流域性大洪水，2005 年珠江流域西江发生超过百年一遇的特大洪水，辽河流域发生近十多年来的最大洪水，2003 年和 2005 年汉江、渭河发生严重秋汛。一些中小河流发生超过历史纪录的特大洪水。部分地区发生严重的山洪灾害，东南沿海多次遭受强台风和热带风暴的袭击。我们充分利用多年建立起来的防洪减灾体系，依法防洪，科学防洪，强化社会管理，做到紧张有序，科学调度，竭尽全力保障人民群众的生命安全，最大限度地减轻洪涝灾害损失。“十五”时期，我国平均每年洪涝受灾面积 0.13 亿 hm^2，受灾人口 1.61 亿人，死亡 1510 人，直接经济损失 1006 亿元，均比 20 世纪 90 年代平均水平有所降低，其中死亡人数降低了 58.9%。

（2）满足了经济社会发展的用水需求

依靠多年建成的供水体系，每年为工业、农业、生活供水 5500 多亿 m^3，最大限度地满足了经济社会发展的用水需求。“十五”时期，我国旱情比较严重。北方部分地区连续发生严重春旱，南方地区也连年发生历史罕见的夏伏旱。2001 年发生全国性干旱，一些城市出现了新中国成立以来最为严峻的缺水局面。我们采取多种措施应对旱灾，加强抗旱水源工程建设，搞好水源科学调度，强化用水管理和节约用水，平均每年挽回粮食损失 500 亿 kg，减少经济作物损失 436 亿元。采取修建应急供水设施和拉水送水等措施，每年解决 2700 多万城乡人口的临时饮水困难。对一些重要城市和重点地区出现的用水紧张局面采取应急调水等措施，多次进行引黄济津和从山西、河北向北京集中输水，实施珠江压咸补淡应急调度，保证了天津、北京和珠江三角洲地区的供水安全。

（3）保护和修复水生态系统

强化黄河水资源统一调度，黄河连续 6 年不断流，进行了 4 次调水调沙，将约 3 亿 t 泥沙送入大海，提高了河槽过流能力。对黑河、塔里木河等生态脆弱河流实施综合治理并加强水资源的统一管理和调度，促进了下游地区的生态恢复。向南四湖、扎龙、向海、白洋淀等湖泊或湿地实施应急补水，保护和修复生态系统。开展引江济太和淮河闸坝防污调度，改善水体水质，减轻水污染损失。启动了桂林、武汉等城市水生态系统保护与修复试点。

（4）改善了人民群众生产生活条件

解决了 6700 万人的饮水困难问题，提高了农民的生活质量和健康水平，解放了生产力，为农民增收创造了条件。农村水电年均发电量 1120 亿 kW·h，比“九五”平均增加 47%。解决了 1200 万无电人口的用电问题。水利系统农网改造每千瓦时电价平均降低 0.3 元，每年直接减少农民电费支出 40 多亿元。在 7 省（自治区）启动水利血防工程建设。加大了水利定点扶贫、援藏、援疆工作力度。国家重点水利工程移民得到妥善安置。水利多种经营年均收入 1100

亿元，已成为基层水管单位的经济支柱。建成了192个国家水利风景区，改善了生态、环境和人居环境。

3. 水利基础设施建设上了一个大台阶

5年累计完成水利固定资产投资3625亿元，相当于1949～2000年的总量，其中中央水利建设投资1695亿元。建成了一大批事关国计民生和发展全局的水利基础设施，既为“十五”时期的经济社会发展提供了有力保障，也为今后的发展打下了坚实基础。

（1）以大江大河堤防为重点的防洪工程建设取得突破性进展

长江中下游干流堤防建设全部达到规划标准，退田还湖、移民建镇恢复水面2900km^2，增加蓄洪容积130亿m^3，实现了千百年来从围湖造田到退田还湖的历史性转变。黄河下游标准化堤防一期工程已经完成。治淮骨干工程建设全面推进。太湖防洪工程体系基本形成。嫩江、松花江、海河、珠江治理得到加强。海堤建设和城市防洪建设力度加大。

控制性枢纽工程建设取得新的进展，三峡工程实现二期工程蓄水、通航、发电三大目标，小浪底、万家寨、江垭、乌鲁瓦提、飞来峡等工程投产运行，沙坡头、临淮岗等主体工程基本完工，尼尔基、百色、紫坪铺等工程已经下闸蓄水，皂市、西霞院等工程建设进展顺利。对1803座大中型重点病险水库进行了除险加固。

（2）水资源配置工程建设实现重大跨越

“十五”时期，新增供水能力270亿m^3。南水北调中线、东线一期工程已开工建设。实施了万家寨引黄、大伙房水库输水等区域调水工程。四川武都、云南麻栗坝、重庆鲤鱼塘、山西张峰等一批水源调蓄工程相继开工建设。在西南地区开展“泽渝”“润滇”等重点水源工程建设，一些水库已经建成并开始发挥效益。

（3）农村水利基础设施建设继续加强

把节水灌溉作为农业增产和农民增收的革命性措施来抓，通过实施灌区节水改造和管理体制改革，提高水资源利用效率，增强了农业综合生产能力。国家对306个大型灌区、99个中型灌区进行续建配套与节水改造，建设了1100多个县级节水增效示范区。全国净增有效灌溉面积153万多hm^2，新发展节水灌溉工程面积493万多hm^2，农业灌溉水有效利用系数达到0.45。通过发展牧区水利，使176万hm^{2}天然草原实现轮牧休牧，促进了草原生态保护和牧区经济发展。

（4）水土流失防治速度加快

“十五”时期，通过封育保护、预防监督和综合治理，全国综合防治水土流失54万km^2，其中综合治理24万多km^2，封育保护面积60万km^{2}中有30万km^{2}达到初步修复。在25个省（自治区、直辖市）的950个县实施了封山禁牧，其中北京、河北、陕西、宁夏、青海全境实行封山禁牧，在“三江源”区开展预防保护工程。加强执法监督，审批并实施水土保持方案20多万个，开发建设单位投入水土流失防治经费600多亿元，有效防治了开发建设中的水土流失。抓好长江、黄河等水土流失重点防治工程，开展了东北黑土区、珠江上游南北盘江石灰岩区水土流失综合防治试点，黄土高原地区新建淤地坝4000多座。加强水土保持的监测评价，完成第二次全国水土流失遥感普查，正在开展中国水土流失与生态安全综合科学考察。

（5）农村水电快速发展

“十五”时期，新增农村水电装机1600万kW，比“九五”多670万kW，水利系统水电总装机达到4860万kW，占全国水电总装机38.4%。超额完成“十五”400个电气化县建设任务，电气化县人均年用电量650kW·h，比2000年增长76.6%。小水电代燃料试点取得成效，20多万农民实现小水电代燃料，巩固退耕还林面积2万hm^2，保护森林面积10.67万hm^2。农村水电促进了农村经济社会发展，为缓解电力供应紧张、改善能源结构、保护生态与环境发挥了重要作用。

4. 节水型社会建设迈出坚实步伐

大力推进节水型社会建设，是“十五”时期中央作出的一项重要决策。这是基于对我国国情、水情的认识和把握，贯彻落实科学发展观的重要举措；是从根本上解决我国干旱缺水问题，保障经济社会可持续发展的必然选择。我们按照中央的要求和部署，积极探索，稳步推进。

逐步明确了建设节水型社会的思路，在一些地方初步建立了节水型社会建设的体制和机制，取得明显成效。黄河、黑河等流域实行了取水总量控制，有17个省、自治区、直辖市发布了用水定额。建立了建设项目水资源论证制度，全面落实取水许可制度和水资源费征收制度，完善水价形成机制，推广节水技术，加强节水宣传，全面推进农业、工业和生活节水，用水效率和效益得到很大提高。甘肃省张掖市初步形成了一整套节水型社会建设的运行机制，实现了下游生态修复与张掖经济社会发展的双赢。宁夏、内蒙古开展了水权在工农业之间的转换，促进了农业节水，解决了工业用水。天津市强化计划用水，多种措施并举，使节水成为人们的自觉行动。山东省优化水资源配置，在经济快速发展的同时，用水总量较大幅度下降。北京近几年每年总用水量减少1亿m^3。

水资源保护工作得到进一步加强。对全国重要江河、湖泊、水库的水域进行了水功能区划，有24个省、自治区、直辖市人民政府批准了本行政区的水功能区划。核定了三峡库区、黄河干流、淮河流域等水域纳污能力，提出限制排污总量意见，依法加强水功能区和入河排污口监督管理。积极采取措施，有效应对水污染事件。强化了对地下水的保护，全国有11个省、自治区、直辖市划定了地下水超采区范围，河南省和山东省济南市地下水保护试点工作取得初步成效。

5. 水利改革深化，能力建设加强

（1）法制建设进程加快

水利立法工作取得历史性进展。《中华人民共和国水法》修订通过并颁布实施，确立了水资源管理的一系列制度，对推进依法治水、依法行政，强化水资源统一管理，实现水资源的可持续利用，促进水利事业发展，具有重要的现实意义和长远意义。出台了《蓄滞洪区运用补偿暂行办法》《长江三峡工程建设移民条例》《长江河道采砂管理条例》《防汛条例（修订）》等4件行政法规，以及《入河排污口管理办法》等一批部规章，水利法规体系不断完善。集中清理了水利行政审批项目，公布了《水利行政审批项目目录》，出台了《水行政许可实施办法》，逐步建立和完善行政许可制度，推进了政务公开。加强了水行政执法，长江河道采砂管理步入法制轨道。采取多种手段预防和调处水事纠纷，冀豫漳河上游、鄂豫丹江荆紫关等重大水事纠纷调处取得重要突破，维护了正常的水事秩序。完成了“四五”普法的各项任务。

（2）规划工作得到全面加强

规划编制思路发生重大调整，编制程序更加科学规范，规划体系不断完善，为水利的长远发展提供依据，为增加水利投资创造必要条件。5年间编制完成了81项水利规划。国务院审议通过了《南水北调工程总体规划》，批转了长江、嫩江松花江、淮河、太湖、海河、珠江、辽河等流域加强近期防洪建设的若干意见和黄河近期重点治理开发规划，批复了首都水资源规划、黑河治理规划、塔里木河治理规划等重要规划。全国和流域防洪规划成果已通过审查。全国水资源综合规划正在开展水资源配置工作。重点水利建设项目前期工作得到明显加强，针对一些热点、难点问题，组织开展了近百项水利重大专题研究。加强了水文、勘测等前期基础工作。

（3）水利改革不断深化

水资源管理体制改革继续推进，确立了流域机构的法律和行政地位，强化了流域水资源的统一管理。约57%的县级以上行政区实施了水务统一管理，为水资源优化配置和高效利用提供了体制保障。水利工程管理体制改革总体进展顺利，水管单位存在的定位不准、机构臃肿、经费短缺、管理粗放等问题正在逐步得到解决。深入贯彻《国务院办公厅关于推进水价改革促进节约用水保护水资源的通知》和《水利工程供水价格管理办法》，水利工程水费实现了由费到价的转变，计价制度、水价调整、水价秩序等方面都取得了一定进展。农村水利改革继续深化，大型灌区管理体制改革取得成效，出台了《关于建立农田水利建设新机制的意见》《小型农村水利工程管理体制改革实施意见》等一系列政策、制度，全国灌区已建立7000多个农民用水户协会，有700多万处小型农村水利工程实行了承包、租赁、拍卖、股份制等形式的改革。积极探索水能资源有偿使用和市场化配置，清查整顿“四无”电站，推进农村水电企业战略重组。加强水利国有资产监管，研究探索水利国有资产管理体制和运行机制改革。

（4）水利科技取得新进展

“十五”时期，在水资源合理配置、生态用水标准、洪水资源化研究等方面取得了一系列重要成果，灌区管理、水资源和水环境监控、水旱灾情监测评估、水土流失监测等领域广泛应用了现代高新技术，建成了一些业务信息应用系统，水文现代化得到加强，水利信息化基础设施初具规模。江河治理技术、防洪减灾技术、坝工技术等领域取得一批国际领先水平成果。共取得较为重大的水利创新成果200余项，近30项水利水电类科技成果获得国家科技进步奖。科研体制改革取得了实质性进展，科技投入有了较大增长，科技创新能力逐步提高。水利技术标准化和计量认证等工作取得成效。

（5）对外开放与国际合作更加活跃

重视并加强双边和多边水利交流，组织和签署了25个双边水利合作协议、协定或备忘录，以积极的姿态参加重大国际水事活动并发挥作用，成功举办第12届国际水土保持大会、第19届国际灌排大会、黄河论坛、长江论坛等国际会议，中国水利在国际上的影响逐步扩大。在国际小水电领域作用加大。妥善做好国际河流涉外工作，积极做好引进外资和引智工作。

（6）干部队伍和精神文明建设进一步加强

认真学习邓小平理论和“三个代表”重要思想，树立和落实科学发展观，扎实开展保持共产党员先进性教育活动，党的建设和精神文明建设得到进一步加强。深化干部人事制度改革，加强领导班子和干部队伍建设，实施水利人才战略，弘扬“献身、负责、求实”的水利行业精神，水利队伍整体素质明显提高。认真落实党风廉政建设的各项规定，注重从源头预防和治理腐败问题，加大执法监察和查办案件工作力度，认真开展水利内部审计。大力加强水利宣传，深入开展调查研究，认真做好信访工作。充分发挥工青妇、学会、协会等团体和老干部的重要作用。

5年来的工作，受到了中央的肯定和社会的认可，提升了水利的地位和形象，令人鼓舞，使人振奋。5年来的实践，进一步加深了我们对水利工作的认识，积累了十分宝贵的经验。我们的主要体会是：

第一，必须以科学发展观为指导，不断丰富和完善治水思路。科学发展观是指导发展的世界观和方法论的集中体现。进入新世纪新阶段，面临诸多复杂的水资源问题，需要我们坚持中央的水利工作方针，按照以人为本、全面协调可持续发展的要求调整治水思路，把人与自然和谐相处作为水利工作的核心理念，协调好水资源开发、利用、治理、配置、节约和保护，统筹流域、区域水利发展，统筹考虑城乡水资源问题，统筹工程措施与非工程措施，不断探索，不断实践，走现代水利之路。

第二，必须紧密围绕经济社会发展的全局，把握水利工作的重点。经济社会发展的不同阶段对水利的要求不同，水利工作的重点也就不同，水利发展必须与经济社会发展相协调。做好水利工作，必须服从和服务于改革、发展、稳定的大局，紧紧围绕人民群众最迫切的水利需求，紧紧围绕制约经济社会发展最突出的水资源问题，紧紧围绕解决水利最薄弱的环节，把握全局，突出重点。只有这样，水利工作才能取得实效。

第三，必须遵循客观规律，讲求综合效益。水利工作涉及自然、经济、社会的方方面面，必须实事求是，因地制宜，按自然规律和经济规律办事，把遵循自然规律与发挥人的主观能动性内在统一起来。适应社会主义市场经济体制的要求，政府职能与市场机制有机结合，在各项水利工作中讲求社会效益和经济效益。

第四，必须坚持依法行政，注重社会管理和公共服务。水资源问题，关系国计民生，具有广泛的社会性。水利工作涉及政府、社会、公众等方方面面，矛盾交织，情况复杂。水利部门必须坚持依法行政，切实转变职能，突出社会管理和公共服务，特别注重法制建设，依法调整水事关系，规范水事行为，不断深化体制、机制改革，提高水行政管理的能力和水平。

二、明确目标，突出重点，切实做好“十一五”水利工作

党的十六届五中全会是一次重要会议。我们党站在新的历史起点上，要求把发展作为解决中国一切问题的关键，发展必须是科学发展。要求坚持以人为本，转变发展观念，创新发展模式，提高发展质量，落实“五个统筹”，切实把经济社会发展转入全面协调可持续发展的轨道。明确了我国下一个5年经济社会发展的指导方针、奋斗目标、主要任务和重大举措。十六届五中全会不仅对“十一五”时期，而且对全面建设小康社会的整个历史进程都将具有极为深远的重大影响。

“十一五”时期，水利仍面临着严峻的挑战。随着经济社会的发展，水资源供需矛盾更加突出，防洪减灾的要求更高，开发与保护的关系更加复杂，破除水利发展的体制性、机制性障碍更为迫切。我们必须紧紧抓住机遇，应对各种挑战。要把水利系统各级领导干部和广大职工的思想行动统一到十六届五中全会精神上来，坚持以科学发展观统领水利工作全局，全面做好“十一五”水利工作。

1.“十一五”时期水利工作的指导思想

以邓小平理论和“三个代表”重要思想为指导，全面贯彻落实科学发展观，按照构建社会主义和谐社会的要求，围绕全面建设小康社会的目标，坚持以人为本，坚持人与自然和谐相处，坚持全面规划、统筹兼顾、标本兼治、综合治理，坚持走资源节约、环境友好的路子，坚定不移地推进可持续发展水利，努力解决洪涝灾害、干旱缺水、水污染和水土流失等水问题，确保防洪安全、供水安全和生态安全，以水资源的可持续利用保障经济社会的可持续发展。

要把握好以下5个方面的重大问题：

第一，把人民群众的根本利益作为水利工作的出发点和落脚点。发展是硬道理，“十一五”时期，水利还必须加快发展、全面发展。发展中要坚持以人为本，把切实保障人民群众的生命安全和健康作为首要目标，把解决人民群众最关心、最直接、最现实的利益问题作为水利工作的优先领域，通过水资源的合理开发、高效利用、优化配置、全面节约、有效保护和综合治理，不断提高城乡居民的生活质量，改善人居环境和生产条件，提高水的安全保障程度，为广大人民群众的根本利益提供水利支撑和保障。水利涉及千家万户，水利工作必须紧紧依靠人民群众，组织和引导广大人民群众积极参与水利工作，充分发挥人民群众的创造精神，同时要尊重民意，爱惜民力，科学决策。

第二，通过进一步转变水管理模式来满足经济社会发展对水资源的需求。随着人口的持续增长和经济社会的不断发展，对水资源的消耗还在增长，对水环境的影响还将持续，我国人多水少的矛盾更为突出。解决这个问题，不能光靠建设蓄水和调水等工程，必须进一步转变水管理模式，节约为本，治污优先，优化配置，科学管理，建设节水型社会。这是水利发展的根本出路，是促进经济增长方式转变的根本措施，也是对传统水利观念的最大挑战。一方面，协调好生活、生产和生态用水，满足经济社会发展对水资源的

需求，另一方面，通过发挥社会管理职能，推动形成节水型的生产和消费模式，促进经济增长方式的根本性转变。

第三，统筹好水利发展与生态保护的关系。我国国情和水情特点决定了我国水利水电大发展的前景。水利水电工程在促进经济社会发展、解决贫困、改善生态与环境等方面具有重要作用。但还要看到，水利水电工程也会对生态产生不利影响，如大量移民、河流形态变化、生物多样性退化等。必须处理好开发与保护的关系，以可持续发展为目标，在保护中开发，在开发中保护。要根据水资源承载力和水环境承载力，按照优化开发、重点开发、限制开发和禁止开发的不同要求，明确不同河流或不同河段的功能定位，并制定相应的开发和保护措施。具体到每一项开发利用工程，要加强水资源论证和环境评估，加强对移民等社会问题的研究与规划，科学合理开发，强化生态保护。

第四，始终把农村水利作为我们工作的重要领域。十六届五中全会提出了建设社会主义新农村的目标和要求，服务“三农”始终是水利工作必须着力加强的重点。应该看到，农村水利事业虽然取得了很大成绩，但是，与建设社会主义新农村的要求相比，还有很大差距：农村饮水安全的形势还十分严峻，水利基础设施建设还相对滞后，农田水利基本建设有所滑坡，基层水利单位十分困难，制约农村水利发展的深层次矛盾尚未消除。我们要高度重视这些问题，紧紧围绕建设社会主义新农村的战略部署，以保障农民饮水安全、提高农业综合生产能力、提高农村电气化水平、改善农村生态与环境为目标，加强农村水利基础设施建设，深化农村水利改革，充分发挥各级政府、受益农户和其他社会力量的积极性，努力引导和促进农村水利持续健康发展。

第五，坚持以改革创新推动水利发展。我国水利事业发展还受到体制、机制等方面的制约。随着可持续发展水利的不断推进，制约水利发展的体制性机制性障碍日益突出，改革的深层次矛盾逐步暴露，必须用改革的办法解决前进道路上的矛盾、困难和问题，以改革促发展。重点是加快水行政主管部门的职能转变，建立职责明确、运转协调、权威高效的水资源统一管理体制，建立以公共财政体系为主的多元化、多层次、多渠道的水利投资体制，形成科学规范的水价机制。

2.“十一五”时期水利发展目标

综合考虑水利发展的环境、趋势和条件，“十一五”时期水利发展目标是：

①健全和完善大江大河综合防洪减灾体系，建立洪水管理制度，确保大江大河、大型和重点中型水库、大中城市及重要设施的防洪安全，多年平均洪涝灾害损失率降低至 1.0%以下。

②解决 1 亿农村人口的饮水安全问题，使农村存在饮水安全问题的人口减少 1/3。

③新增节水灌溉工程面积 0.1 亿 hm^2，灌溉水有效利用系数由 0.45 提高到 0.5。万元工业增加值用水量由 173m^3 降低到 120m^3 以下。

④在充分挖潜的基础上，新增年供水能力 400 亿 m^3，水资源保障能力得到提高。

⑤水功能区水质达标率由 56%提高到 60%，城市主要供水水源地水质达标率提高到 95%以上。水生态系统恶化的趋势得到基本遏制。

⑥净增有效灌溉面积 200 万 hm^2。水土流失面积占国土面积的比例由 36%降低至 34%。新增农村水电装机 1500 万 kW，建设 400 个水电农村电气化县。

⑦基本建立起适合我国国情的比较完备的水法规体系，水行政管理能力和水平显著提高，水利社会管理和公共服务能力明显增强。

⑧完成主要江河水量分配方案，初步建立国家水权制度，水资源管理体制改革取得突破。

⑨科技对水利的贡献率进一步提高，构建与经济社会发展相适应的水利信息化综合体系，初步实现水利信息化。

⑩建设一支高素质的水利人才队伍。

3.“十一五”时期水利工作的重点任务

实现“十一五”时期水利发展目标，必须统筹兼顾，突出重点。要着重做好以下工作：

第一，加强防洪体系建设，搞好洪水管理，保障防洪安全。

防洪减灾工作是一项长期而重要的任务，必须高度重视，常抓不懈。进一步加强大江大河治理，重点防洪保护区达到规划标准，特别要加快淮河治理工作步伐，按期完成治淮任务。重点加强蓄滞洪区安全建设与管理。加快嫩江尼尔基、广西百色、湖南皂市等防洪控制性枢纽工程建设进度，力争早日发挥效益。继续搞好病险水库除险加固工程建设，逐步消除病险水库的安全隐患。加强小型水库安全管理。重视城市防洪工程建设。实施大江大河重要支流、河口的综合治理，重视中小河流防洪建设，提高流域综合防洪能力。加强海堤建设、界河整治和排涝设施建设。

建立较为完善的防洪管理体系，科学安排洪水出路，有效规避、控制和分散洪水风险，合理利用雨洪资源。加强政府有效的社会管理，依法规范人类社会活动。完善和落实防汛责任制，强化防汛工作统一组织、统一指挥、统一调度的效能。进一步完善防洪预案，提高防洪应急管理能力。加强防御山洪和台风灾害工作。尽早建成国家防汛抗旱指挥系统，进一步加强水文基础设施建设，建立健全水文信息服务体系，初步实现水文现代化。

第二，做好饮水安全保障工作，让群众喝上放心水。

进一步加大解决农村饮水安全问题的工作力度。巩固农村人饮解困成果。按照安全饮水标准，集中供水与分散供水相结合，饮用水安全工程建设与农村卫生环境整治相结合，重点解决高氟、高砷、苦咸、污染水和血吸虫病区的饮水安全问题以及局部地区饮用水严重不足问题，全国70%的高氟水病区村、所有的高砷水病区村要完成改水，东部发达地区率先解决农村饮水安全问题。

建立健全饮用水水源保护区制度，保护好饮用水水源。抓紧制定相关政策法规和技术标准。强化饮用水水源地保护的监督管理。搞好水源区安全防护、生态修复、水土保持及水源涵养等工程建设。完善水源地污染突发事件应急预案，严格水污染事件报告制度，提高应对各种突发性污染事故的能力。

第三，全面推进节水型社会建设，提高水资源的利用效率和效益。

科学编制全国水资源综合规划、流域和区域水利规划，基本完成主要江河，尤其是北方缺水流域的省际水量分配，逐级明晰初始水权；确定单位产品生产或服务的用水量定额，初步建立起总量控制与定额管理相结合的用水管理制度。严格执行建设项目水资源论证、取水许可、水资源费征收等制度，强化对水资源开发利用的管理，促使经济和产业结构优化升级。深化水价改革，形成以经济手段为主的节水机制。制定水权转让办法。引导公众广泛参与，提高全民节水意识。综合应用节水措施，有效提高用水效率和效益。发挥地方积极性，扩大节水型社会建设试点范围，积累经验，全面推进节水型社会建设。

第四，搞好水资源配置，提高水资源保障能力。

加强水资源调蓄和配置工程建设，提高对水资源在时间和空间上的调控能力。按计划建成南水北调东、中线一期工程，缓解北京、天津以及华北地区和胶东半岛大中城市缺水问题。加强南水北调西线一期工程前期工作，争取在“十一五”末开工建设。继续实施并开工建设一些区域性调水和蓄水工程。搞好城市供水水源工程建设，有效缓解重点地区和城市的缺水状况。继续抓好首都水资源、黑河、塔里木河三个专项规划的落实。实施渭河、石羊河等综合治理。加强污水处理和再生水的利用，积极开发利用海水及微咸水。全面主动应对干旱，重视抗旱水源工程建设，完善易旱地区和严重缺水城市抗旱预案，强化水资源统一调度，确保城乡生活用水，努力满足生产和生态用水。

第五，做好水利工作中的生态与环境保护工作。

高度重视水利工程建设对生态与环境的影响。完善水利工程生态与环境影响评价体系，做好环境影响评价工作。开展水利工程运行生态评估工作，建立有利于生态保护的调度运行方式，充分发挥水利工程保护生态的作用。坚持开发性移民方针，做好移民安置工作，落实移民扶持政策，强化行政监督，切实保障移民的合法权益。贯彻《可再生能源法》，加强水能资源管理，逐步完善水能资源开发许可、有偿使用等制度。

进一步加强水资源保护工作。完善水功能区划管理，实施纳污总量控制，依法加强入河排污口监督管理。加强河流生态系统的监测，搞好水生态修复试点工作，研究建立生态用水保障机制。加强地下水的管理，以南水北调东中线受水区为重点，推进全国地下水超采区治理。搞好水利风景区的建设与管理，使之成为人们休闲、娱乐、度假、弘扬水文化的好场所。

第六，加强农村水利建设，为建设社会主义新农村服好务。

建立与社会主义新农村相适应的农村水利保障体系。加大对重点大中型灌区的续建配套和节水改造力度，提高用水效率和粮食生产能力。加强对北方灌区大型抽水泵站、南方易涝易渍灌区大型排水泵站的改造，完善灌排设施，提高灌排效益。发展以灌溉饲草料地为重点的牧区水利，提高载畜能力，实施“小建设”，实现“大保护”。有条件的地区，发展一批集雨节灌工程，保障山丘区群众的基本生活。以东部经济较发达地区为重点，建设一批农村水利现代化示范区。

进一步加强水土保持工作，有效改善水土流失地区的生活生产条件和生态与环境。加大封育保护力度，继续抓好长江上游、黄河中游、东北黑土区、珠江石漠化地区水土流失重点防治，加快黄土高原淤地坝建设，切实搞好以坡耕地水土综合整治为重点的小流域综合治理。强化水土保持的社会化管理，在全国水土流失区基本建立水土保持预防监督体系和水土流失监测网络，有效防止开发建使项目引起的水土流失。研究和建立水土保持生态补偿机制。

加快发展农村水电。在农村水电资源丰富的地区，建设水电农村电气化县，扩大小水电代燃料生态保护工程建设规模和实施范围。在贫困山区、少数民族地区、革命老区，实施水电增收解困工程。以云南、广西、内蒙古及西藏等边境地区为重点，解决全国有水无电地区生活和生产用电问题。建设一批中小河流农村水电集中连片开发示范区。

第七，加快职能转变，强化对涉水事务的社会管理和公共服务。

进一步推进政企分开、政资分开、政事分开、政府与市场中介组织分开，规范水行政审批，提高运用经济手段和法律手段的能力。加强水利政策法规体系建设，争取在2010年初步完成水法配套法规的制定与修订工作。强化水利规划在规范和约束社会涉水行为方面的作用，依法管理和规范水事活动。加强水利信息发布，强化社会监督，推进水利政务公开。通过完善预案，增强应对各种水事危机和突发事件的能力。建立公众参与、专家论证和政府决定相结合的水行政决策咨询机制，推进决策科学化、民主化。

第八，深化改革，完善水利发展的体制机制。

大力推进水务管理体制改革，力争取得突破性进展，实现城乡水资源、地表水与地下水、主水与客水的统一配置，取水、供水、用水、节水、排水、再生水回用的统筹安排，水量、水质、水能和水域的统一管理。积极探索流域综合管理改革，理顺流域管理和区域管理的关系，逐步建立由相关方面参与的民主、协调、权威、高效的流域管理委员会制度。加快水利投融资体制改革，拓宽水利建设基金的资金来源渠道，建立与国家公共财政框架相适应的水利财政投入机制，积极开拓市场融资渠道，完善农田水利基本建设新机制。深化水利工程建设管理体制改革，完善项目法人责任制、建设监理制、招标承包制，规范水利建筑市场秩序，加强水利内部审计和工程稽查，确保建设项目的质量和安全。深入推进水利工程管理体制改革，全面落实水利工程的运行管理和维修养护经费，积极推动水利工程管养分离，深化内部改革。完善水价配套制度，推进科学的计价方式，建立健全合理的水价形成机制。加强水利国有资产管理体制改革，实行资产分类监管，逐步建立以产权为核心的资产管理体制。

第九，全面推进水利科技创新体系建设，增强创新能力。

深化水利科技体制改革，大力加强科技创新。以提高水资源利用效率和保护水生态为重点，大力开展基础研究和应用研究，提高自主创新能力。搞好成果转化和推广应用，注重先进技术的引进和再创新。完善水利质量技术监督体系和水利技术标准体系。重视水利政策研究和决策咨询工作，加强对水利发展和改革中的重大战略问题、热点难点问题、体制机制问题的研究，提高决策和管理的科学性。全面启动“金水工程”，加强水利信息化建设，建立比较完善的水利信息设施体系，完善水利业务信息化应用系统，规范技术标准，积极开发水利信息资源，初步实现水利信息化。加强水利国际合作与交流。引进和吸收国外先进的技术和经验，积极实施走出去战略。提高利用外资的质量和效益。

第十，加强队伍建设和精神文明建设，为水利改革与发展提供坚强的政治保证和组织保证。

坚持以加强党的执政能力建设和先进性建设为根本，用“三个代表”重要思想武装头脑，自觉践行科学发展观，按照构建社会主义和谐社会的要求，全面推进党的建设，健全完善保持共产党员先进性的长效机制。大力实施水利人才战略，进一步加强领导班子、公务员队伍、专业技术和技能人才队伍建设。积极推进干部人事制度改革，完善人才评价、选拔任用和激励保障机制，营造水利优秀人才脱颖而出的环境。加强人才培养和教育培训工作，注重在实践中锻炼培养人才。要特别关注基层水利队伍建设问题，制定切实可行的政策，深化改革，加强指导，加大支持，改善条件，增强队伍活力与发展后劲。加强党风廉政建设和精神文明建设，大力开展“为民、务实、清廉”教育，弘扬“献身、负责、求实”的水利行业精神，转变工作作风，为全面推进可持续发展水利、实现“十一五”水利工作目标，提供强有力的思想政治保证、精神动力和智力支持。

三、努力做好2006年水利工作

2006年是实施“十一五”规划的第一年。要切实做好2006年各项水利工作，为“十一五”开好局、起好步。

1. 做好防汛抗旱工作

2005年汛期我国大部分地区降雨分布相对均匀，降雨量接近常年或偏多，但北方部分地区由于前期受旱时间长，干旱程度重，河流来水少，水利工程蓄水不足的状况没有得到根本好转。南方地区春夏季持续性的严重干旱日趋频繁。今冬明春的抗旱形势不容乐观。我国幅员辽阔，地理、气候差异非常大，2006年，大江大河发生流域性大洪水的可能性不能排除，局部暴雨山洪和台风灾害的威胁很大。

要立足于防大汛、抗大旱，进一步落实防汛抗旱责任制，研究建立有效的防汛抗旱责任监督机制。易旱地区特别是北方严重缺水的城市，要制定完善应急预案，采取各种措施，确保城乡生活供水安全，减轻旱灾损失。及早部署，抓紧水毁工程修复，完善防汛预案，做好防汛的各项准备。高度重视水库、堤防等水利工程安全管理。做好水文预报、洪水调度和抢险救灾，确保人民群众生命安全，确保大江大河、大型水库、大中城市和交通干线的防洪安全，最大限度地减少财产损失。

2. 抓紧各项水利工程建设

继续抓好重点水利工程建设。2006年是治淮建设的关键一年，必须加大工作力度，推进治淮骨干工程建设。全面完成长江干堤、治太工程、小浪底枢纽等项目的竣工验收。继续加强黄河等其他江河防洪工程建设。完成尼尔基、百色、紫坪铺、皂市等重点工程年度建设任务，稳步实施首都水资源、黑河、塔里木河等专项治理工程，加强病险水库除险加固。加快南水北调工程和其他主要水源工程前期工作。处理好中央直属水库移民遗留问题，做好在建水库工程移民安置。搞好小型、微型水利工程建设，推进水利定点扶贫，加快贫困县脱贫步伐。完善前期工作，搞好水利血防工程建设。

继续把保障饮水安全作为水利工作的首要任务。按照“先急后缓、先重后轻、突出重点、分步实施”的原则，解决2000万农村人口的饮水安全问题。继续推进灌区节水改造，加大末级渠系改造力度，扩大牧区水利试点。在长江中下游地区全面开展大型排涝泵站更新改造工程建设。2006年“两工”将全部取消，要加强调查研究，及时总结2005年小型农田水利工程建设“民办公助”试点和民主管理、“一事一议”的经验，编制好规划，因地制宜，分类指导，扎实有效地开展农田水利基本建设。

加强水土保持工作。完成水土流失综合防治面积10万km^2。继续推进封育保护，抓好七大流域及重点地区水土保持工程建设，推动坡耕地水土综合整治、水源地水土保持等项目的实施，加快黄土高原淤地坝工程建设。加强执法监督，有效控制开发建设活动造成的水土流失。做好《水土保持法》修改的前期工作。完成中国水土流失与生态安全综合科学考察。

做好农村水电工作。新增农村水电装机400万kW，启动400个小康水电农村电气化县建设，扩大小水电代燃料工程建设规模和实施范围，加强农村水电供电网的建设与管理，启动农村水电增收解困工程，加快无电人口光明工程建设，加强市场监管，建立竞争有序的农村水电市场。

3. 进一步加强水利管理

抓紧完成重点水利规划。完成全国水利发展“十一五”规划、七大流域防洪规划报批，基本完成全国水资源综合规划编制工作，实现全国可利用水资源量的省际分配。全面启动七大江河流域规划修编工作，抓紧编制蓄滞洪区专项规划。完成全国农村饮水安全规划、城市饮用水水源地保护规划和全国节水灌溉发展规划。

加强水资源节约与保护。编制完成“十一五”全国节水型社会建设规划。强化节水基础工作，加快建立全国用水定额管理指标体系。抓好内蒙古、宁夏水权转换和辽宁大凌河流域的初始水权分配，推进水权制度建设。扩大节水型社会建设试点范围。加强节水型社会建设宣传，提高全社会节水意识。做好水资源调度和生态补水工作。抓紧完成全国及各省水功能区的报批，加强入河排污口监督管理。

强化依法治水。配合国务院法制办做好《取水许可和水资源费征收管理条例》《节约用水管理条例》《河道采砂管理条例》《黄河水量统一调度条例》《水文条例》等法规的起草或审查工作。加大贯彻落实《行政许可法》的力度，进一步清理相关部规章和规范性文件，规范行政许可。推行行政执法责任制，加大水行政执法力度。妥善处理水事纠纷。制定水利普法“五五”规划，加强水法制宣传。

加强水利建设与管理。要深化水利建设管理体制改革，完善项目法人组建方式，规范招标投标行为，理顺监理管理体制，整顿水利建筑市场秩序，加强质量和安全监督管理。水利工程管理体制改革已进入攻坚阶段，绝大多数省已出台了改革实施方案，关键是要落实工程运行维护经费和各项改革措施。重视河道管理，规范建设项目审批，启动河道岸线利用规划工作，推进水利工程确权划界。加强全国河道采砂管理，重点做好长江河道采砂管理工作，维护河势稳定，保障防洪和通航安全。

加快水价改革，加强财经管理。完善水价改革配套政策。各地要加紧制定本地区水价管理办法，大力推动非农业用水价格的调整。积极推进农业供水计量收费，继续抓好农业用水价格改革试点工作。探索建立权责明确的准公益性水管单位资产管理体制和运行机制，启动准公益性水利国有资产绩效评价试点工作。进一步深化财务管理体制改革，加强资金管理，确保资金的安全和效益。高度重视水利多种经营工作，结合水利工程建设和水环境治理，积极开发利用水利风景资源。

增强水利科技创新能力，加强国际合作与交流。出台《关于加强水利科技创新若干意见》。深化水利科技体制改革，完善开放、流动、竞争、协作的科研运行机制，组织好重大水利问题的研究，推进水利科技创新。加强科技成果的管理和推广应用，提高科技成果转化率。加强水利技术监督，做好水利标准化工作。加强水文基础设施建设，调整、充实和发展国家基础水文站网，重点完善省界、水功能区区界、重要水源地、地下水超采区水文监测网络，提高监测能力。组织实施好水利电子政务项目建设，推进防汛抗旱、水土保持等业务应用系统建设，提高水利信息化水平。扩大对外合作与交流，积极参加国际重大水事活动，合理、有效地利用外资，妥善处理与国际河流有关的涉外事务。

4. 加强干部队伍建设和精神文明建设

巩固深化先进性教育活动成果，加强领导班子和人才队伍建设。以提高执政能力为重点，加强水利系统各级领导班子建设，积极推进水利领导干部专业能力建设。认真贯彻《公务员法》，强化公务员管理。

实施"水利部5151人才工程"，加强高层次专业技术人才和技能人才队伍建设。全面落实大规模培训干部任务，不断提高干部队伍素质。严格执行党风廉政建设责任制，强化廉政考核机制、督察机制和水利内部审计机制，构建惩防体系，严肃查处各类案件，确保"三个安全"。重视和加强水利信访工作，密切联系群众。认真做好离退休干部工作。积极发挥群众组织和社会团体在水利发展中的作用。

同志们，做好"十一五"和2006年水利工作，任务艰巨，责任重大。让我们在以胡锦涛同志为总书记的党中央领导下，坚持以邓小平理论和"三个代表"重要思想为指导，认真贯彻落实党的十六届五中全会精神，以科学发展观统领水利工作全局，扎实工作，开拓进取，坚定不移地推进可持续发展水利，为全面建设小康社会，为构建社会主义和谐社会做出贡献。

（编辑部摘编）

体制创新是搞好南水北调工程建设管理的保证（摘要）

国务院南水北调办公室主任　张基尧

南水北调工程是一项规模宏大，投资巨额，涉及范围广，影响十分深远的战略性基础设施；同时，又是一个在社会主义市场经济条件下，采取"政府宏观调控，准市场机制运作，现代企业管理，用水户参与"方式运作，兼有公益性和经营性的超大型项目集群。其建设管理的复杂性、挑战性都是以往工程建设中不曾遇到的。在工程建设中，如何实现有效管理、有序建设，是沿袭以往的建设管理模式，还是根据工程自身特点，按照社会主义市场经济体制改革的要求，创新观念，创新思路，创新体制，走一条符合南水北调工程实际的建设管理之路，这是摆在工程建设管理者面前的一个重要课题。

一、南水北调工程特点决定其建设管理必须走创新的道路

南水北调工程具有一般超大型水利工程的普遍性，更有其自身的特殊性。其主要特点是：

（1）工程多样性：南水北调工程点多、线长，东、中线一期工程包含单位工程2700余个。这些单位工程建筑形式多样，不仅有一般水利工程的水库、渠道、水闸，还有大流量泵站，超长、超大洞径过水隧洞，超大渡槽、暗涵等。这对施工技术和施工组织，对工程建设统筹、项目整合能力、综合管理水平都提出了更高的要求。

（2）投资多元性：南水北调工程投资巨大。主体工程建设由政府拨款、南水北调建设基金和银行贷款组成。南水北调工程是在社会主义市场经济条件下展开的，既有公益性，也有经营性，供水的主要对象是城市，工程建成后要依靠自身的效益来维持工程的良性运行。投资多元化要求从严控制建设成本，最大限度地节省投资。

（3）管理开放性：南水北调工程建设管理的开放性，主要表现在：第一，南水北调工程浩大，跨流域，跨区域，在项目建设的管理上，既要体现项目法人的责任主体的地位和作用，又要建立多层次分级负责管理的体系，既要充分调动项目法人的积极性，又要充分调动所经地区的积极性；第二，南水北调是一个复杂的系统工程，除主体工程建设以外，还有大量相关工作，如征地移民、生态与环境保护等，必须通过中央和地方政府及相关部门有效的合作与协调，齐抓共建来实现；第三，在南水北调工程建设中各项政策的制订与实施，必须建立有效的信息沟通的渠道，接受社会、公众的监督；第四，南水北调工程建设事关我国经济社会长远发展，必须建立科学民主的决策机制。这种管理开放性的特点，客观上要求建立起有效统一的管理和协调机制。

（4）区域差异性：南水北调东中线一期工程涉及七省市，城乡差别大，经济发展不均衡。水资源调配既有调水区也有受水区；调水区既要做好水资源保护，又要促进当地经济社会发展；受水区用水对象既有城市也有农村；工程沿线既有沿海经济发达省份，也有中部地区经济相对欠发达省份。因此，在政策的制订和把握上，既要考虑政策的统一性，又要研究不同地区不同对象的特殊性，做出符合实际的安排。

（5）技术挑战性：南水北调工程在技术管理上有着自身的特殊要求。在工程技术上，面临着一些新的挑战，譬如丹江口大坝加高工程中新老混凝土结合，中线穿黄工程中大断面开挖盾构技术应用，西线高海拔、高寒地区复杂地质条件下大断面、长隧洞的施工，东线低扬程大流量水泵选型和制造，北方地区冬季冰期输水安全以及长距离调水的自动化管理，等等。

（6）效益的综合性；南水北调工程的效益是通过多方面来体现的。既有经济效益也有社会效益、生态效益；不仅要保证调水的水量，还要保证调水的水质，更重要的是，促进节水型城市和节水型社会的建立。统筹各类不同目标，最终达成南水北调工程总体目标的实现。

以上特点和建设背景，决定了南水北调工程建设管理模式的选择，要走出一条符合南水北调工程实际，实现科学管理、有序运作的建设管理路子。

二、以项目管理为中心，构建符合南水北调工程实际的建设管理体系

南水北调工程开工建设以来，遵循国务院批复的总体规划中关于建管体制“政府宏观调控、准市场机制运作、现代企业管理、用水户参与”的指导原则，紧密结合工程建设的实际，以项目管理为核心，在国务院南水北调工程建设委员会《南水北调工程建设管理的若干意见》的总体架构下，积极探索，提出了一整套适合工程建设需要的管理体系。

（一）南水北调工程建设管理体制的总体框架

南水北调工程建设管理体制的总体框架分为政府行政监管、工程建设管理和决策咨询三个方面。

(1) 政府行政监管。国务院南水北调工程建设委员会，作为工程建设高层次的决策机构，决定南水北调工程建设的重大方针、政策、措施和其他重大问题。国务院南水北调办公室作为建设委员会的办事机构，负责研究提出南水北调工程建设的有关政策和管理办法，起草有关法规草案；协调国务院有关部门加强节水、治污和生态环境保护；对南水北调主体工程建设实施政府行政管理。工程沿线各省、直辖市成立南水北调工程建设领导小组，下设办事机构，受国务院南水北调办委托，对委托由地方南水北调建设管理机构管理的主体工程实施部分政府管理职责，负责地方配套工程建设的组织协调，研究制定配套工程建设管理办法。

(2) 工程建设管理。南水北调工程建设组织以南水北调工程项目法人为主导。南水北调工程项目法人是工程建设和运营的责任主体。建设期间，主体工程的项目法人对主体工程建设的质量、安全、进度、筹资和资金使用负总责。

(3) 决策咨询。成立南水北调工程建设委员会专家委员会。主要任务是对南水北调工程建设中的重大技术、经济、管理及质量等问题进行咨询。

（二）建立以项目法人为主导，直接管理、委托制和代建制相结合的建设管理新模式

南水北调工程建设管理在政府宏观调控下，严格实行“项目法人责任制、招标投标制、建设监理制和合同管理制”，建立项目法人主导的，直接管理与委托相结合大力推进代建制管理的建设管理新模式。

根据建委会《南水北调工程项目法人组建方案》(国调委发［2003］2号)，综合考虑南水北调工程的历史和现状，结合南水北调工程建设实际需要，在南水北调东、中线一期主体工程建设中组建五个项目法人，具体负责东、中线一期主体工程及汉江中下游治理工程的建设和运行管理。项目法人的组建，标志着项目法人负责并主导的集中统一的南水北调工程建设管理格局已基本形成。

为发挥南水北调工程沿线各省市的积极性，对部分工程项目建设采用委托制，由项目法人以合同的方式将部分工程项目委托项目所在省市建设管理机构组织建设。不论是实行直接管理还是委托制的项目，都要积极推行代建制。通过市场选择，充分发挥社会管理资源在工程建设中的作用。工程建设管理及运行管理，委托有资质有经验的建设管理单位或运行管理单位承担。代建制的推行，不仅有利于促进管理水平的提高，也为今后运行管理的资源配置预留了空间。

（三）实行“建委会领导、省级人民政府负责、县为基础、项目法人参与”的征地移民管理体制

南水北调工程移民实行“国务院南水北调建设委员会领导、省级人民政府负责、县为础，项目法人参与”的管理体制，既体现了从中央到地方各级政府在征地移民工作中政府主导作用，也对新形势下项目法人在征地移民工作中的作用提出了要求。

南水北调工程跨越我国东中西部多个省市，各地情况差异较大，征地移民工作有着不同于一般水利工程的复杂性，移民类型和安置方式相对复杂。在制定征地移民政策和管理制度时，既要考虑政策和制度的统一性，又要针对不同的地区和不同的单元工程征地移民特点设定一定的弹性空间。

（四）工程建设与水污染治理相互促进

水污染治理、水环境保护是南水北调成败的关键，是工程建设的重要内容。根据《南水北调东线工程治污规划实施意见》，国务院南水北调办与东线沿线各省市人民政府已签订治污责任书，落实责任，采取措施，加大东线治污力度，确保东线输水干线清水廊道目标的实现。治污工作责任在地方。

中线丹江口库区水源及调水沿线的水资源保护工作，是中线工作的重点。国务院南水北调办和国家发改委、水利部、国家环保总局已经联合制订了《丹江口库区及上游水污染防治和水土保持规划》。为做好规划的实施工作，将建立丹江口库区及上游水源保护和生态建设协调机制，充分发挥地方政府和有关部门的作用，组织规划的实施工作。

三、正确认识新体制新机制实践过程中产生的矛盾

（一）正确把握南水北调工程建设管理过程中存在的矛盾

南水北调工程建设采取的是一种全新的建设管理体制，这种体制从研究探索，到创建和实施，是一个不断完善的过程。这种新体制与传统的管理体制和方式难免出现一些矛盾和碰撞。正确认识和处理这些矛盾与碰撞，是推进新体制、新机制走向深入和成熟的

重要问题。

（1）观念上的碰撞：集中反映在对南水北调工程的性质定位方面。对工程性质和供水目标认识上的不同，将直接导致对南水北调工程筹资、建设管理和运营管理上的一系列重大的变化。

（2）体制上的碰撞：集中反映在对工程性质的认识和市场经济体制条件下政府与企业的定位上。有的同志希望政府部门直接组织工程建设。具体到南水北调工程建设管理体制和模式方面，认为本辖区内的工程应由本地进行建设管理，到时直接“交钥匙”就行了，忽视项目法人在工程建设和运营中的责任主体的作用。项目法人中有的同志则认为征地移民由地方政府负责，项目法人没有主动权，因征地移民工作影响工程建设，项目法人没有责任。

（3）方法上的碰撞：突出反映在对行业管理和项目管理的认识上。一些同志习惯于用行业管理的方法处理南水北调工程建设管理中的问题。而以项目管理为核心的南水北调工程建设管理，在工作观念上，需要以工程建设为中心；在工作思路上，实现宏观和微观管理的结合，把宏观管理落实到微观措施上面；在工作目标上，既注重过程，更注重结果；在工作层次上，要求减少管理层次，减少环节，满足工程建设的时效需要；在工作方式上，更多通过现场调查、会议研究、现场解决问题；在工作方法上，特别需要团结协作，密切配合，抓住机遇，提高效率；在工作流程上，及时把生产一线的问题收集来，研究解决措施。

（4）利益上的碰撞：反映在调水区和受水区的利益碰撞，集中在调水区的利益补偿机制和调出水的价格形成机制；在投资筹集上，中央和地方的投资比例及项目安排上存在不同的意见；在工程建设的增量资产和存量资产的协调管理上存在不同的看法；在工程建设管理和建成后运营管理的主导权上，有着不同的要求，等等。

（二）认识产生碰撞的必然性，不断深化认识并统一思想

任何一种体制和机制的形成都需要一个过程，关键是按照建立社会主义市场经济体制的总体要求，按照有利于促进南水北调工程建设管理的客观需要，正确对待和处理这些矛盾与碰撞。

对待和处理南水北调工程建设过程中出现的矛盾和问题，归根到底，应从实现南水北调工程总体效益的大目标出发，从落实科学发展观、构建和谐社会、促进经济社会可持续发展的高度，认识和处理这些问题，协调这些碰撞。

四、坚定不移地贯彻建委会决策，以体制创新促进和保障南水北调工程建设顺利实施

（一）以科学发展观为指导，在南水北调工程建设中积极推进新体制、新机制的实践

党的十六届五中全会强调全面贯彻落实科学发展观。为此，建委会二次会议明确了工程建设管理体制和建管模式、征地移民管理体制、治污和水环境保护的责任等，有关管理制度也已相继颁布实施。建委会确立的新体制新机制，是中央关于经济体制改革的总体要求在南水北调工程建设管理工作中的具体落实；是在汲取以往大型水利水电工程建设的成功经验的基础上，充分考虑南水北调工程的特点所做出的正确选择；也是经过各部门和各地方人民政府反复协商并取得共识的成果。实践证明，它基本符合南水北调工程建设管理的实际和需要，在实际工作中逐步得到了各方面的理解，并日益形成共识，促进和保证了工程建设的顺利进行。

（二）遵循社会主义市场经济要求，把握工程性质，逐步统一认识

认真理解和准确把握南水北调工程的性质，是做好南水北调工程建设管理工作的前提。南水北调工程不仅是一个调水工程、水资源配置工程，更是一个促进节水、治污、改善生态、保护环境的生态工程。工程具有公益性和经营性双重功能。工程建设既要充分考虑其社会效益，政府投资在其中要起主导作用，还必须要考虑工程的成本核算，通过自身的效益来还本付息，维持工程的良性运营；同时，通过市场运作，实现水资源的商品化，达到节约用水，促进全社会节水型城市和节约型社会建设的目标。在实践中，特别是面临建设管理中的复杂问题，要始终保持清醒头脑，按照南水北调工程的双重性质，去认识和分析矛盾的症结，找到正确解决问题的钥匙。

（三）明确定位，理顺关系，充分发挥项目法人在工程建设中的作用

在南水北调工程建设实践中，各级南水北调工程建设管理机构，要按照党的十六届五中全会关于“转变发展观念，创新发展模式”的精神，不断加深对新体制、新机制的理解和认识，进一步在实践上进行新的探索，逐步理顺管理体制，明确管理责任，处理好利益关系。要充分重视和发挥项目法人在工程建设中的责任主体作用。各项目法人要认真负起责任，加强与各有关方面的配合，增强工作的预见性和主动性，共同促进协调、有序、高效的建设管理体制和运作方式的确立和完善。

（四）切实转变工作方式方法，实现项目管理的

新突破

各级南水北调建设管理部门，必须切实地转变传统的思维方式和工作方式。概括地说，就是要从以往的行业管理、企业管理转到项目管理上来，把对党对人民和对工程负责的一致性体现到我们的具体工作当中，把宏观控制和微观管理结合起来。既要明确目标政策制度，更要解决工程建设中的实际问题；既注重过程控制，更注重结果控制，把实现工程目标放在第一位。工作中不仅注重程序、规范、制度，更注重时效和实效；不仅要处理好人与人之间的关系，更要处理好人与事之间的关系；要特别注意减少工作层次和环节，避免形式主义，提高工作的效率；更多的通过现场调查、协调研究及时解决问题；要提倡一专多能，团结协作，密切合作、相互支持。

（五）开拓创新，勇于探索，在实践中不断完善新体制新机制

在南水北调工程建设管理过程中，体制机制的创新是一个动态的、不断完善的过程。为了促进和保证工程建设的顺利实施，完成党和人民赋予的光荣使命，应特别注重转变发展观念，创新建设模式。要不断研究新情况，解决新问题，随时改正与工程建设管理实际需要不相适应的习惯和做法，把成熟的经验和做法及时地规范下来，不断为新体制、新机制的实践补充新的内容，以体制、机制的不断创新促进和保障工程建设任务的完成。

（编辑部摘编）

加快建设坚强国家电网 促进我国能源可持续发展

国家电网公司党组书记、总经理 刘振亚

能源是人类社会赖以生存和发展的重要物质基础。进入21世纪以来，随着全球经济的复苏，世界能源需求增长强劲，供需矛盾日趋紧张，能源消费中占主导地位的石油、煤炭、天然气等化石能源的竞争更加激烈。受需求预期、生产能力、储备水平等因素的影响，国际能源价格，特别是石油价格持续上涨，对全球经济、尤其是对国际能源市场依赖较大的国家的经济发展形成较大制约。同时，化石能源的大量使用，带来了严重的环境问题，直接威胁着人类社会的可持续发展。未来较长一段时间，世界能源将继续维持以化石能源为主的消费结构，保障供应和保护环境成为世界能源可持续发展共同研究的战略课题。

立足国内是我国能源可持续发展的根本要求

党的十六大提出了全面建设小康社会的发展目标，力争2020年以能源需求翻一番保障国内生产总值比2000年翻两番。作为经济快速增长和人口最多的发展中国家，我国能源供应面临巨大挑战。能源安全已经成为事关国家安全、事关我国经济社会可持续发展和全面建设小康社会全局的重大战略问题。

我国一次能源蕴藏总量比较丰富，水能资源蕴藏量居世界第一，煤炭探明储量居世界第三，煤炭资源占全国化石能源资源总量的90%以上。能源资源分布与生产力发展不平衡，煤炭资源的2/3以上分布在北方，水能资源的80%在西部，而2/3以上的能源需求集中在中东部地区。

目前，我国是世界第二大能源生产和消费国。但我国人均资源拥有量只有世界平均水平的40%左右，人均能源消费不到发达国家的1/4，能源供应压力较大。同时，能源发展中还有许多突出矛盾和问题迫切需要解决。一是能源消费结构不合理。我国煤炭在一次能源消费结构中的比重达70%，是世界上少数几个以煤炭为主要能源的国家之一。煤烟型污染是我国大气污染的最主要因素，目前二氧化硫和二氧化碳排放量分别居世界第一位和第二位，东部地区已基本没有大气环境容量空间。二是资源配置矛盾突出。长期以来，电源建设就地平衡思想占主导地位，形成了大规模、长距离北煤南运的基本格局。近几年，电力供需紧张，东部地区火电机组装机增长迅猛，运力紧张，煤价上涨过快，小煤窑发展失控。从长远看，东部山东、河北、辽宁等产煤大省的煤炭资源面临枯竭，而江苏、浙江、上海等缺煤省（直辖市）电力需求将持续增长，通过煤炭长距离运输、就地发电、自求平衡的发展方式将难以为继。不但运力瓶颈问题难以解决，资源浪费、环境污染等问题也将十分突出。三是能源利用效率较低。我国能源技术水平整体落后。煤炭工业产业集中度低，增长方式粗放，清洁化利用较差，煤炭企业的回采率平均只有40%左右。小火电机组比重较大，全国单机容量10万kW及以下的火电机组约占全部火电机组的30%。经济增长方式粗放，能源利用效率与发达国家相比差距很大，单位GDP能耗是美国的4.3倍、德国和法国的7.7倍、日本的11.5倍。四是利用国外能源的难度和风险加大。从1993年起，我国成为石油净进口国。2005年我国能源自给率达到90%以上，但石油对外依存度为42.9%，成为世界第二大石油消费和第三大石油进口国。国际环境对我国石油的大规模进口较为不利，成本也越来越高。

总体来看，我国能源发展存在供不应求、结构失衡、效率偏低、污染严重等突出问题和矛盾，对我国经济社会持续健康发展形成了较大制约。要解决这些问题，必须坚持立足国内，走有中国特色的能源可持

续发展之路。这是保障国家能源安全的必然要求。一是我国地域广阔，能源资源储量比较丰富，通过加大勘探开发力度，综合利用各类能源，提高能源利用效率，能够有效支撑我国经济社会发展的基本需要。二是全球日益加剧的能源供需矛盾限制了我国大量进口能源资源。三是过度依靠进口不利于保障国家安全。四是有利于减少国际上“中国能源威胁论”的负面影响，营造良好的国际能源合作外部环境。

我国能源发展必须以科学发展观为指导，从我国能源资源禀赋与需求特点出发，顺应国际能源发展多元化、清洁化、高效化的潮流，坚持节约优先、立足国内、煤为基础、多元发展的方针，加大能源开发力度，优化能源布局和结构，提高能源开发和利用效率。在国内能源开发环节，高效清洁开发煤炭资源，推进煤电一体化、集约化开发，大力发展水电，加快发展核能、风能、太阳能和生物质能、提高能源供给能力。在能源输送环节，综合运用输电、输煤、输油和输气等能源输送方式，提高能源输送和配置效率，建立全国乃至更大范围能源资源配置的格局。在能源消费环节，提高电能在终端能源消费中的比例，加大电能对其他能源的替代程度，特别在交通运输行业，加快发展交通电气化事业，大力发展电动汽车，减少对相对缺乏的石油资源的过度依赖。在国际能源合作环节，积极参与世界石油、天然气、煤炭、电力等资源的开发与合作，对我国能源供应进行有效补充，在开放的格局中维护国家能源安全。

发展特高压电网是我国能源可持续发展的必然选择

电力是国家能源发展战略布局的重要组成部分。经过多年的努力，我国初步形成了以煤炭为主体，电力为中心，石油天然气、新能源和可再生能源全面发展的能源供给格局。

电网是能源产业链的重要环节，是能源、特别是电力输送的枢纽，具备优化能源资源配置方式、提高能源资源配置效率的基本功能。电网越坚强、覆盖范围越广，越有利于提高能源优化配置的规模和效率。研究表明，特高压电网具有大容量、长距离和低损耗送电的特点。从我国能源可持续发展的需要出发，立足当前，着眼长远，加快建设以特高压电网为重点、各级电网协调发展的坚强的国家电网，对解决我国能源发展面临的突出问题，构筑稳定、经济、清洁、安全的能源供应体系具有十分重要的意义。

建设特高压电网是实现能源资源集约化高效开发的根本要求。我国的资源禀赋特点决定了高效开发煤炭资源和提高水电开发率对提高能源供应能力至关重要。在煤炭开发方面，提高我国煤炭能源开发效率，必须走集约化发展道路。我国将建设神东、晋北、蒙东、宁东、陕北等13个大型煤炭基地，占全国煤炭储量的70%以上，形成若干亿吨级生产能力的大煤炭基地。我国发电用煤超过煤炭产量的50%。煤电就地转化和长距离运输后再用于发电是煤炭的两种主要利用方式。受运力、运输损失、运输成本等因素影响，就地建设大型煤电基地，实现煤电一体化发展，可以有效提高煤炭开发利用效率。同时，还可将不适于长距离运输的褐煤及洗中煤等低质煤就地转化，提高利用水平。这些大型煤电基地主要分布在西部和西北部地区，距离负荷中心较远，只有通过特高压电网才能实现其电力的大规模外送和大范围优化配置。在水电开发方面，我国蕴藏量大、开发率低的西南水电基地距离中东部负荷中心1000～3000km。西藏可开发水电容量约1亿kW，距中东部负荷中心3000km以上。常规的500kV电网难以满足西南水电大规模外送，特高压电网是大规模经济开发西南水电尤其是西藏水电的唯一有效手段。在我国西部加快开发金沙江等大型水电基地，在西北部集约化开发大型煤电基地，采用特高压输电方式将西部水电和北方煤电远距离传输到东部沿海等负荷中心，不但有利于保证东部电力供应，还有利于西部地区将资源优势转化为经济优势，促进西部大开发，实现区域经济协调发展。在核电开发方面，我国规划在东部负荷中心建设若干座大型核电站，作为我国能源供给体系的重要组成部分，也需要建设坚强的电网，以保证安全稳定运行。

因此，实施“大煤电、大水电、大核电、特高压”战略，可以大大提高我国能源生产、转换、输送和使用效率，增强能源供给的安全性、经济性和可靠性。这将是我国未来能源战略的重要组成部分。根据规划，2020年，国家电网特高压及跨区、跨国电网输送容量达到2.5亿kW以上，其中通过特高压传输的容量约2亿kW。

建设特高压电网是实现优化能源资源配置方式的必然选择。实施能源大规模、大范围优化配置，是我国优化能源结构，提高能源利用效率的必然要求，也是我国能源发展的基本趋势。近几年我国出现的煤电油运紧张问题，究其根源，是能源配置方式、特别是电力发展方式不适应资源与生产力分布的不平衡格局引起的。其中，油的紧张是资源短缺问题引起的；煤电运的紧张，则是追求局部区域就地平衡的电力发展方式引起的。电力发展方式问题的实质，是对电网功能定位不到位，电网长期投入不足，发展滞后，导致优化能源资源配置能力不足。要从根本上解决这个问题，必须树立全国范围能源平衡的思路，综合考虑输电、输煤、输油和输气等能源输送方式，建立在全国乃至更大范围优化配置能源的基本格局。输电与输煤是我国能源输送的主要方式，二者具有很强的替代性和互补性。加快特高压电网的建设与发展，为我国能源输送提供快捷、高效的电力“高速公路”，可以充分发挥电网的功能，提高能源配置效率和效益，减轻铁路运输压力，减少煤炭长距离运输造成的污染、浪费和成本升高，对促进全国范围的能源资源优化配置，具有显著作用。经过初步测算，北方煤电南送1亿kW，每年将减少东部地区原煤消耗2.3亿t。

电网是电力市场的基础和载体。市场越大，竞争越充分，资源配置效率越高。通过特高压电网的建设与发展，培育和发展国家电力市场，可以发挥市场对资源配置的基础性作用，实现跨大区、远距离的电能输送和交易，有效调节电力供求关系，引导电力投资，更好地调节电力平衡，提高效率和效益。

建设特高压电网是提高能源利用效率的有效方式。电力行业是主要的能源消耗行业之一。对长距离输电而言，电压等级越高，电网损耗越低。与500kV电网相比，特高压电网在节约能源、提高能源利用效率方面具有明显优势。1000kV交流特高压输送功率为400万～500万kW，是500kV交流的4～5倍，理论损耗为500kV交流的1/4左右；±800kV直流，输送容量640万kW，为±500kV直流的两倍多，电阻损耗只有±500kV线路的39%。通过建设特高压电网、优化电网结构等措施，预计在“十一五”期间，全国线损率可降低0.3个百分点，每年可减少线损电量110亿kW·h，相当于减少标准煤消耗超过400万t。同时，特高压电网的建设为大容量、高参数、低能耗机组的采用提供了坚强支撑，有利于电力工业整体提高能源利用效率。另外，我国地域辽阔，时差、季节差明显，且地区间经济发展不平衡，不同地区的电力负荷具有很强的互补性。建设特高压电网，通过优化电网调度，可以减少事故和检修备用，获得错峰、调峰和水火、跨流域补偿效益。根据规划，2020年，华北—华中—华东形成坚强联网，可减少备用装机容量约2000万kW，减少弃水电量约60亿kW·h。

建设特高压电网是推动电力工业技术升级的基本途径。科学技术是第一生产力，是先进生产力的集中体现。在关系国民经济命脉和国家安全的关键领域，真正的核心技术是买不来的。发展特高压电网，在特高压交、直流输电技术领域取得突破，自主开发特高压技术及其设备，有利于提升我国电网技术、电力设备制造和相关行业的整体技术装备水平和竞争力。坚强的电网还能为火电、水电和核电技术的升级创造有利条件，为风能、太阳能、生物质能等可再生能源技术的突破和规模化开发利用提供平台。电网科技创新能力的不断提高和电网技术的跨越，有利于推动电力行业乃至整个能源工业走自主创新的发展道路，实现整体技术升级。

建设特高压电网是我国拓宽对外能源合作领域的重要手段。我国的对外能源合作包括石油、天然气、煤炭、电力等方式。近年来，国际市场石油、天然气资源的争夺日益激烈，各种风险不断增大，不稳定因素增多。毗邻的俄罗斯、哈萨克斯坦、蒙古等国家拥有非常丰富的煤炭、石油、天然气资源，加强国际电力合作，通过建设特高压电网，实现周边国家能源资源的经济开发利用，是满足我国能源需求的重要补充。据测算，周边国家电力通过特高压电网送到我国负荷中心，经济性较好，具有竞争力。目前，国家电网公司正积极开展同周边国家的能源合作和跨国输电，其中，中俄电力合作项目已纳入两国政府能源合作框架。为尽早实现对周边国家能源资源的大规模经济利用，加快特高压电网发展十分必要。

党中央、国务院提出全面建设小康社会和构建社会主义和谐社会的奋斗目标。到2020年，我国发电装机容量将突破10亿kW，将新增发电装机容量5亿kW以上。电网发展面临重要历史机遇和更高的要求，加快建设以特高压电网为重点、各级电网协调发展的坚强国家电网刻不容缓。

国家电网公司作为我国能源行业中的国有重点骨干企业，承担着保障国家能源安全、实现更大范围资源优化配置的重大责任。我们有信心在以胡锦涛同志为总书记的党中央正确领导下，坚持以“服务党和国家工作大局、服务电力客户、服务发电企业、服务经济社会发展”为宗旨，加快建设以特高压电网为重点、各级电网协调发展的坚强国家电网，努力实现“电网坚强、资产优良、服务优质、业绩优秀”的现代公司的发展战略目标，为经济社会发展作出新的更大的贡献。

（编辑部摘编）

把节约放在首位 促进电力工业发展

中国电力企业联合会理事长 赵希正

7月19日，国务院原则通过了《国务院关于加强节能工作的决定》；7月25日，国家发展改革委等8个部委联合印发了“十一五”十大重点节能工程实施意见；7月26日国务院召开全国电视电话会议，通报上半年经济形势，部署下半年经济工作，温家宝总理在会上强调指出，要切实加大节能降耗和环保工作力度；7月26日经国务院批准，国家发展改革委在北京召开了全国节能工作会议……在不到10天的时间内，政府部门发出如此强烈的节能信号和行动，充分说明了，解决我国能源问题，根本出路是必须坚持开发与节约并举、节能优先的方针。节能，既是长期的重要任务，也是当前的紧迫任务。电力作为能源发展的中心，不论从生产、供应还是消费环节，对节能工作都起着基础和核心作用。因此，在节约优先原则下，既要解决好电力供需矛盾，又要保持电力工业长期的持续健康发展，这是事关长远、事关根本的一件大事。

一、改革开放以来，我国电力工业取得巨大成就

1. 电力工业得到快速发展，装机容量及发电量均位居世界第二位

(1) 2005年，我国一次能源生产总量20.6亿t标准煤，比上年增长9.5%；能源消费总量22.2亿t标准煤，比上年增长9.5%，其中，煤炭消费量21.4亿t，增长10.6%；煤炭产量的50%用于电力生产。

(2) “十五”期间，发电装机容量年均增长9.9%，发电量年均增长12.6%，基本满足了国民经济和人民生活水平提高的需要。“十五”期间，电力消费弹性系数平均高达1.43。我国前25年的电力弹性系数平均值为0.92，发达国家在重工业化快速发展阶段为1.2～2.0。

(3) 装机容量：2005年我国装机总量5.08亿kW，比上年增长14.9%。其中：火电占75.6%（在火电中煤电占95%左右），水电占22.9%，核电占1.3%，其他占0.2%。

(4) 发电量：2005年达到24747亿kW·h，比上年增长12.8%。其中：火电占81.5%，水电占16.0%，核电占2.1%，其他占0.4%。

(5) 用电量及结构：2004年底，我国全社会用电量达到21761亿kW·h。其中，第一、二、三产业用电分别占2.8%，74.8%和11.1%；居民生活用电占11.3%。

2. 我国电网有了很大的发展，西电东送、全国联网优化了资源的合理配置，城市电网和农村电网的改造使电力的普遍服务得到很大的提升

(1) 2005年底，全国220kV及以上输电线路达到25.2万km，变电设备容量达到8.67亿kV·A，“十五”期间，年均增长分别为9.0%和16.8%。

(2) 以三峡工程建设为契机，初步形成了西电东送，南北互供，跨区联网和全国联网的局势，电网在更大范围优化配置资源的作用越来越显著。跨区资源配置电量由2000年的23亿kW·h逐年大幅增加到2005年的773.8亿kW·h。

(3) 500kV交直流电网已经成为区域和省级骨干网架。

(4) 750kV输电示范工程官亭到兰州东146km线路和变电工程2005年投产运行；直流800kV，交流1000kV特高压工程示范工程正在论证和核准之中。

(5) 1998年以来，国家先后投资5000多亿元用于城乡电网改造，实行两改一同价工程，农网工程改善了8亿农民的用电状况，解决了近3000万无电农村人口的用电问题，使全国农村平均生活用电每千瓦时下降了0.23元，为广大农村通往小康之路打下了基础。

3. 科技创新对电力发展的贡献增强，技术经济指标不断提升，一大批重点工程进展顺利

(1) 30万kW、60万kW的大型发电机组已成为电力系统的主力机组；在建的机组与发达国家的新建机组的效率、可靠性、环保性能等基本持平。

(2) 以三峡为代表的一大批巨型水电站，包括小浪底、溪洛渡、向家坝、小湾等水电站建成或在建，标志着我国在大坝施工与设计和大型水电机组的制造和建设、运行方面，已经走在世界的前列。

(3) 华能沁北电厂单机容量60万kW国产超临界机组、大同二厂直接空冷单机容量60万kW机组、外高桥单机90万kW超临界机组、四川白马电厂单机容量30万kW CFBC机组的投产，华能玉环电厂单机100万kW超超临界电站的建设标志着我国发电新技术达到当代国际先进水平。

(4) 我们已经掌握了100万kW核电机组的整套设计、施工、调试和运行技术，一大批核电前期顺利。

(5) 在全国联网关键技术方面，解决了大区交流联网后电网内部暂态稳定问题和受端电网的电压稳定问题。

(6) 在更高一级电压等级技术方面，我国西北高海拔地区750kV输变电工程已经投产，运行良好，保证了西北电网公伯峡水电的外送，提高了西北电网的传输能力。

(7) 在电力市场技术支持系统和继电保护及系统自动化方面，都有新的突破，保证了电力市场建设的积极稳妥推进。

二、电力工业存在的主要问题和面临的严峻挑战

1. 发展仍然是首要任务

人均用电水平还很低，发展仍然是首要任务和长期任务。

2005年，中国的人均电力装机容量仅为0.38kW，人均用电量约1880kW·h，大致相当于美

国用电水平的1/7，日本的1/4，韩国的1/3；人均生活用电量仅为217kW·h，大致相当于美国的1/20，日本的1/10。

2. 市场配置资源的作用有待加强

电站无序建设得到遏制，但是市场配置资源的基础作用没有得到应有发挥。

在近两三年的电力发展中，又发生了电站无序建设问题，在国家采取了对违规建设项目进行清理等一系列的措施后，电站无序建设问题得到了初步解决。我个人认为，这个问题的本质是电力项目的审批仍然没有摆脱计划经济色彩，市场配置资源的基础作用没有得到发挥。

3. 电力工业结构不合理，资源消耗水平与国际先进水平仍有一定差距，调整结构成为发展的主要矛盾

(1) 小火电问题依然严重。由于电力供应紧张，促使各地烧煤机组大量建设，小火电机组关停步伐明显停滞，有不少电力项目以供热或综合利用的名义，建设小火电机组。2005年底，全国0.6万～5万kW火电机组有3796台，共计4666万kW，另有不上网的单机0.6万kW以下小火电机组近1500万kW，还有燃油机组约2500万kW，均呈上升趋势。这不仅恶化了电源结构，还造成我国平均单机容量小，仅为5.68万kW，煤耗高，污染重，平均供电煤耗比世界先进水平多40～50g/(kW·h)，火电厂平均耗水率比国际先进水平高30%～40%。

(3) 核电比例过低。2000年全球核电总装机容量达到3.57亿kW，年发电量2.6万亿kW·h。核电占发电总量的17%，火电占44%。我国核电发电仅占2.11%，而煤电发电占81.54%。

(4) 水电、风电等可再生能源开发程度很低。水利资源和风力资源未得到合理利用，造成我国一次能源的浪费。2005年底，我国水电装机总量仅占技术可开发容量的21.5%。世界发达国家水能资源开发程度达到50%以上，有的国家达到70%以上；我国风能储量约10亿kW，到2005年底，全国风电装机容量仅为126.5万kW。

4. 能源利用效率与世界先进水平比仍然有较大差距，加剧了电力供需形势的紧张状况

按照汇率法计算的GDP能源消耗，大致是世界平均水平的3倍多，美国的近4倍，日本的6倍多。

例如，2004年我国GDP占世界总量的4.4%，却消耗了世界原油总量的7.4%、原煤的38%、铁矿石的50%、粗钢的27%、水泥的46%。每吨钢国内平均耗能784kg标准煤，高于国际先进水平21.4%；水泥耗能181kg标准煤/t，高于国际先进水平45.3%；乙烯国内平均水平1110kg标准煤/t，高于国际先进水平55.6%。如果能源利用效率达到世界先进水平，按单位产品能耗和终端用能设备能耗计算，节能潜力可达3亿t标准煤。

三、对未来电力工业节能优先发展的几个问题的个人思考

中国较大范围缺电开始于20世纪60年代中期，历时30余年。1997至2001年全国电力供需的初步平衡，但是进入新世纪以来，全国电力供需逐年紧张。2002年全国相继有12个省级电网在夏季高峰和冬季枯水期出现拉限电2003年进一步发展到23个省级电网缺电，2004年有24个省级电网再次出现拉限电。2005年电力供需形势仍然偏紧，夏季高峰时，全国还缺电约2500万～3000万kW。2006年全国电力供需形势有可能缓解，可望实现基本平衡。局部地区和时段还可能紧张，多数时段还有富裕。

回顾中国电力工业这一段历程，给我们的启示非常深刻，教训也非常沉重。

一是能源的稳定供应是经济发展和社会进步的重要支撑力。我国的国情是人口多而资源能源缺乏，因此，我国的经济发展应当以能源长期稳定供给能力来确定经济增长速度和经济增长方式。经济增长不能以消耗能源和恶化环境为代价。电力是清洁高效的二次能源，要以电力长期稳定供应来确定经济增长速度。因此，要把落实科学发展观，转变经济增长方式放在经济工作的首位。切实处理好经济发展和电力供应的辨证关系。

二要强化长远规划的权威性。规划要具有权威性，就要求规划更全面，更科学，更符合实际。电力规划要具有权威性，就要体现电力超前发展，并具有调整裕度。

三是要突出调整电力工业结构这个重点。首先要调整电源结构，切实加强新能源和可再生能源的发展，切实关停那些耗煤高，污染重的小机组，建设大机组来替代；同时坚持电网和电源的协调发展。调整好结构很重要，要调整结构，就要使电力超前发展，我们说，电力工业的结构调整只有在电力适度过剩的情况下来进行，我们不可能一边拉闸限电，一边关停小机组，这是非常简单的道理。

四是要着力改善国家宏观调控方式，彻底改革电力项目和电价行政性审批制度，充分发挥电价在引导有效需求和增加供给的调控作用。抓紧修订电力法和相关的条例。使电力工业的发展和改革沿着法制化，市场化的轨道前进。

五是转变政府职能，确立我国稳定的科学的能源工业管理体制；建立符合市场经济普遍规律的电力工业市场体系和监督管理机制；及时的了解和解决电力

工业改革发展以及生产运行中的各种矛盾和问题。

当前宏观调控的关键是落实科学发展观，切实调整结构，加快建设，实现协调和可持续发展，我认为当务之急要解决以下三个问题：

——到2020年我国总共需要多少装机容量应尽快论证和统一。

也就是说到2020年，我国人均要占有多少装机容量？按15亿人口，人均1000W来规划，就是15亿kW。

——总量确定后，要明确结构调整的政策和重点：利用经济、法律、行政和技术手段，充分发挥市场配置资源的基础性作用，充分发挥国有大型能源企业的作用，分步骤有序的进行。

重点是：加强电网建设，大力发展水电，加速发展核电，加快煤电联营，鼓励新能源发电，优化发展煤电，稳步关停小机组。

国家有关部门初步预测，全国用电量2010年达到30920亿kW·h，“十一五”年均增长6%左右，发电装机容量需要6.8亿kW左右；2020年需要46000亿kW·h左右，相应发电装机达到9.5亿kW左右。

对这样的安排，业内人士争议很大，普遍予以不认同。

问题是2005年我国装机容量已经达到5.18亿kW，已经大大超过目前所预测的水平，那么，到2010年和到2020年到底要装多少机组？水、火、核及其他新能源比例如何？我认为这是当前要确定和统一认识的一大问题。

——全面准确的贯彻电力工业的发展方针，坚持开发与节约并重，并切实把节约放在首位的能源发展方针落到实处。

我国的国情是人口多，能源和资源匮乏，能源问题，能源紧张将和我国小康社会建设长期并存，必须同步，甚至能源问题要超前考虑。

我国的能源必须建立长期依靠国内的方针，从电力来讲，我国绝不可能从俄罗斯大量的长期购电。

因此，节约电力，节约能源，应该长期坚持，要立法，要执行，要建立以能源消耗为标准的市场准入和退出机制。

——下大决心，逐步彻底改变我国长期执行的低电价政策，低电价政策是计划经济的产物，低电价政策造成产业结构不合理，增长方式粗放，浪费能源和资源。改变低电价政策就是发挥价格杠杆在调整产业结构，转变经济增长方式的根本作用，同时也有利于全社会节约电力，节约资源，有利于加快建设节约型社会的进程，造福于子孙后代。

为说明这一问题，我列举以下数字：

我国居民生活用电电价平均为0.048美元/（kW·h），日本0.196美元/（kW·h），法国0.141美元/（kW·h），韩国0.089美元/（kW·h），台湾地区0.078美元/（kW·h）。

还有一个趋势就是能源资源短缺的国家电价价格相对高一些。我们应当借鉴国际先进的电价改革机制，结合我国国情，改革我国长期以来的低电价政策，建立合理的科学的电价形成机制，达到合理的电价水平，促进节约能源资源，这不仅是我国电力工业健康发展的需要，更是转变经济增长方式的根本需要。

（编辑部摘编）

统一认识　明确任务　落实责任　切实做好水电站大坝安全工作（摘要）

——在水电站大坝安全管理工作会议上的讲话

国家电力监管委员会副主席　史玉波

（2005年3月30日）

一、电力系统水电站大坝安全管理工作成效显著

我国电力系统水电站大坝安全管理工作主要是从20世纪80年代中期开始的。1985年原水利电力部根据部属水电站大坝安全管理面临的严峻形势和国外发达国家大坝安全管理经验，成立了水利电力部水电站大坝安全监察中心，这是电力系统进行大坝安全管理工作的开端。之后，虽经几次重大体制改革，这一工作一直得以延续，并不断得到加强和完善。

20多年来，我国电力系统逐步开展了规范化、标准化、制度化的水电站大坝安全检查、防汛、评级、注册等工作。在政府主管部门、电力企业、大坝中心等有关单位的共同努力下，已初步形成了一套比较健全并行之有效的、科学的大坝安全管理机制和体系，建立了一支业务精、素质高的大坝安全监察队伍和运行管理队伍，保证了水电站大坝的安全运行。

多年来，电力系统广大干部职工为确保水电站大坝安全运行做了大量的工作，使运行中的水电站大坝没有出现垮坝等重大的灾难性事故，保证了水电站大坝的运行安全，保证了电力系统安全稳定运行，促进了社会稳定和国民经济的健康发展。

总结20多年来电力系统水电站大坝安全监督管理工作，主要有以下6个方面：

（一）坚持依法管坝、依法治坝，形成了有效的水电站大坝安全监督管理制度体系

要切实做好水电站大坝安全工作，必须坚持依法管坝、依法治坝。1987年原水利电力部颁布了《水电站大坝安全管理暂行办法》，该办法的实施为电力系统依法开展水电站大坝安全监督和管理工作奠定了基础，使水电站大坝安全管理工作有法可依、有章可循，并开始步入依法管坝、依法治坝的正常轨道。其后，原能源部从1988年开始，又陆续颁发了《水电厂防汛管理办法》、《水电站大坝安全检查施行细则》、《水电基本建设工程防汛管理暂行条例》，原电力工业部从1996年起颁发了《水电站大坝安全注册规定》、《水电厂水情自动测报管理办法（试行）》、《水电站大坝安全管理办法》和《水电站大坝安全监测工作管理规定》等规章制度。这些规章制度的颁发，建立健全和完善了大坝安全管理制度、技术规程和管理标准，对认真、有效地开展大坝安全的管理工作，保证大坝安全运行发挥了重要作用。

（二）认真落实大坝安全管理责任制，保证了水电站大坝的安全运行

电力企业是电力安全生产的责任主体。20多年来，电力企业始终坚持"安全第一、预防为主"的方针，认真贯彻执行国家有关安全生产的法律、法规、规章和标准，认真建立并层层落实大坝安全管理的责任制，安全管理的关口前移、重心下移，加强对生产一线各岗位的安全管理与监督，做到了大坝安全管理的可控、在控和事故的超前防范，将大坝安全管理工作抓实、抓深、抓出成效，使大坝安全工作的各项措施落到了实处。多年来，电力企业高度重视防汛工作，切实加强对防汛工作的组织领导，早动员、早部署，制订完善的汛期洪水调度方案和相关度汛预案，认真开展汛前检查和汛期、汛后的巡查，积极组织开展自查整改和重点防汛抽查工作，加强对大坝安全的专项整治，建立值班制度，切实做到"组织、措施、资金、物质"四落实和"人员、措施、工作"三到位，扎扎实实开展防汛工作，保证了电力系统水电站大坝的安全度汛和水电站运行的安全、稳定、可靠。

（三）全面开展大坝安全注册工作，加强了水电站大坝运行的安全监督和管理

为了规范水电站大坝的运行管理，加强对大坝安全程度和管理水平进行综合评价和监督，保障大坝安全运行，1997年电力系统开始了全面的水电站大坝安全注册工作。几年来，已形成了检查、注册、再检查、再注册的良性循环，实现了大坝安全注册的动态管理。从1998年开始，对首批注册的107座大坝进行了检查考核，每年对甲级注册大坝进行抽查，并在2001年对其中的10座乙级大坝进行了再注册，2002年、2003年对二滩、天荒坪等21座水电站大坝进行了检查、注册，2004年根据110座水电站大坝注册登记证已到期的现状，大坝中心共派出14个检查组对73座水电站大坝进行了注册现场检查，经电监会审批，同意52座大坝再注册，9座新申清注册的大坝完成了注册。目前，在大坝中心注册的水电站大坝共计有150座。

目前，大部分水电站运行单位和大坝主管单位都已做到其管理的水电站大坝注册运行，并及时对新建的水电站大坝申请安全注册。如华能集团公司和华电福建发电有限公司明确要求新建电站必须及时申请注册，注册电站要及时进行自查、复查，对查出的问题要及时进行整改，为所属水电站大坝的注册工作顺利开展起到了积极促进作用。此外，部分电力企业还将大坝是否安全注册与水电厂经营管理层的考核挂钩，促进了大坝注册工作的开展。

（四）有计划、有步骤地开展大坝安全定期检查，提高了水电站大坝的整体安全度

为了全面掌握水电站大坝的运行安全状况，查明影响大坝安全的主要缺陷和事故隐患，促进水电站大坝的安全管理，从1987年对福建古田一级水电站大坝的首次安全定期检查试点开始，电力系统有计划、有步骤地开展了大坝定检工作。

从1987年到1998年，对96座水电站大坝进行了第一轮定检。期间，查出病坝7座（青铜峡、洛东、佛子岭、绿水河、马迹塘、以礼河四级、白渔潭）；险坝2座（修文、天桥）。

从1998年到2005年初，又对120多座水电站大坝开展了第二轮定险。期间，查出病坝7座［李官（现已摘帽）、梅山、以礼河二级、水东（现已摘帽）、黄龙滩、南告、绿水河］。目前，第二轮定检工作已接近尾声。

通过大坝定检工作的开展，解决了一些水电站大坝多年悬而未决的重大技术问题，推动了大坝补强加固、缺陷消除和监测设施更新改造、监测资料分析等大坝安全工作的广泛开展，使病坝、险坝改造成为正常坝，并使正常坝的缺陷得到不同程度的消除，明显地提高了水电站大坝的安全水平。据统计，近20年来共完成水电站大坝较大规模的加固和改造工程约500项，对约80座水电站的监测设施进行了不同程度的更新改造，有的已实现了安全监测自动化。

（五）不断加强职工安全技术培训，提高了大坝安全管理队伍的技术与管理水平

为做好水电站大坝安全管理工作，各单位始终将对员工的安全技术培训放在重要的位置，积极开展对大坝安全管理人员的培训工作，提高各级人员的安全意识、业务能力和安全管理水平。一些电力企业针对

大坝安全管理中存在的人员法制意识、安全意识、业务素质不能满足要求等问题，将水电站大坝运行管理人员的培训重点列入企业的年度培训计划，举办大坝运行管理人员的安全技术培训班，提高员工的事故防范意识、专业技术水平以及预防和处理事故的能力，为大坝安全打下了良好基础。

（六）推进管理创新和技术创新，为水电站大坝安全提供了有力保障

多年来，电力系统广泛开展国内外大坝安全管理技术交流，积极推进新技术的推广应用，引进先进的管理经验和管理方法。广州蓄能水电厂引进了南非NOSA安健环五星管理体系，对电厂的安全、健康、环境进行系统、严格的综合风险管理，促进了包括大坝安全管理在内的各项安全生产日常工作的深入开展，提高了大坝安全管理的工作水平。丰满水电厂在2001～2003年实施了中国和加拿大合作的工业项目——大坝的安全评价，应用加拿大大坝安全协会的管理思想、评价方法对丰满大坝进行了管理指导和安全评价，为提高大坝的安全管理水平，科学、全面评价大坝的安全性打下了基础。在第二轮定检过程中，各水电站运行单位和技术服务单位积极引进先进的金属结构检测检验技术和手段，检测、检查水电站大坝金属结构的老化和水下建筑物出现的问题，推动了检测手段、检测技术的发展；多年来，电力系统积极推进与国内其他行业的跨行业、多专业技术交流，积极引进和利用水下机器人、卫星定位等水下建筑物检测手段，促进了水电站大坝的水下检测、水下施工技术的发展，为大坝水下结构检测、处理探索了新路，为提高大坝安全管理水平提供了技术保障，并创造了有利条件。

总结电力系统20年来的大坝安全工作，成效显著。这些成绩的取得，主要是由于党中央、国务院始终高度重视电力安全生产和水电站大坝安全工作。特别是具体负责水电站大坝安全监督管理的原水利电力部、能源部、电力部、国家经贸委、国家安全生产监督管理局，以及原国家电力公司等各个有关部门和单位的重视，从而保证了水电站大坝安全监督管理工作的持续、健康、有效地开展。与此同时，各电力企业扎实工作，切实把安全生产放在一切工作的首位，积极引进国内外先进的管理理念、管理方式，结合自身实际，成功地建立起一套适合本企业的安全生产管理体系，推进安全生产的目标管理、过程管理、长效管理，并实现了安全管理的持续改进，保证了大坝安全。

二、不断增强对水电站大坝安全管理工作的责任感和紧迫感

回顾过去，我们在水电站大坝运行安全方面取得了可喜的成绩，但同时，我们还要清醒地看到水电站大坝运行安全管理面临的新形势。

（一）一系列世界级的高坝、大库、大电站陆续投入运行，使得水电站大坝安全监督和管理的工作任务更加艰巨

2004年9月，黄河公伯峡水电站首台30万kW机组投产发电标志着我国的水电装机容量突破1亿kW，跃居世界第一。在国家“大力发展水电”和“西电东送、南北互供、全国联网”的战略指导下，我国水电发展出现了前所未有的大好形势。目前，世界最大的三峡水电站已有11台机组发电。随着金沙江、大渡河、澜沧江等流域水电工程的梯级开发建设，在近几年将陆续有一批世界级的高坝、大库和巨型水电站投入运行。由于这些工程规模巨大且大都分布在工程地质条件十分复杂、地质灾害频发、地震震级高的西部高山峡谷地区，因此，如何保证其安全可靠运行，充分发挥这些巨型水电站的经济效益和社会效益，就显得尤为重要，需要我们积极探索新的管理思路、手段和方法，以加强监督和管理，并不断提高工作水平。

（二）电力体制改革后，市场主体多元化所产生的新情况、新问题，给水电站大坝安全监督管理带来机遇和挑战

随着电力体制改革，厂网分开，市场主体多元化格局已初步形成，电力系统原有的垂直一体化的水电站大坝安全管理体系发生了变化，原来一直执行的大坝安全管理规定和办法需要结合新形势的要求进行修改和完善。这些新情况、新问题的出现，客观上对水电站大坝安全监督管理工作提出了新课题，新任务。但是，无论电力体制如何变化、出现的情况和问题多么复杂，电力系统加强水电站大坝安全监督和管理的基本要求没有变。因此，要求我们在遵重客观规律的同时，必须注意解决出现的新情况、新问题，建立适应电力市场主体多元化的体制和制度，使水电站大坝安全监督管理工作得到不断加强和完善。

（三）科学技术的日新月异，对水电站大坝运行安全管理提出了更高的要求

随着一系列大水电站的陆续投入运行，超高压、跨大区的全国互联电网的逐步形成，特别是信息技术、网络技术不断变化，都给大坝的安全监督管理提出了新的技术课题。虽然我国是水电大国，但我们的大坝运行安全监督管理的技术和手段都还比较落后。因此，如何突破传统观念，与时俱进，跟上新技术、新装备发展的步伐，利用先进的信息采集、处理和传输等技术，建设和开发水电站大坝运行安全信息化管理的崭新平台，实现大坝安全信息的在线监测和大坝安全的远程诊断，给水电站大坝运行安全监督管理提出了更高的要求。

（四）一些企业安全管理基础薄弱，水电站大坝不安全情况依然存在

从目前情况看，水电站大坝安全管理还存在薄弱环节。一些企业不能认真执行国家有关水电站大坝安全管理的法律、法规、规章和标准，对大坝安全的重要性认识不足，没有真正建立起大坝安全管理的岗位责任制，没有明确负责大坝安全管理的机构和人员；一些企业没有按规定认真开展大坝注册和大坝定检工作，目前，在大坝中心注册的水电站大坝仅有150座，还有一部分水电站大坝没有申办大坝注册手续，这些大坝一直在违法运行。第二轮定检工作，按照规划应在2003年底基本结束，但有的企业迟迟不开展定检工作，有的企业从2002年开始定检工作，拖了二、三年迟迟不能完成；一些企业不重视加强对病险坝的管理和治理，经费投入不足，导致大坝设施的除险加固、更新改造和消缺整改工作不能有效进行。

分析当前水电站大坝运行安全面临的形势和问题，警示我们不能盲目乐观，不能存在有丝毫的懈怠和侥幸心理，水电站大坝安全工作必须要警钟长鸣、长抓不懈。

三、切实做好水电站大坝安全监督和管理的各项工作

2005年是国民经济继续平稳快速发展的一年，也是安全生产工作和水电站大坝安全管理工作迎接新挑战、开创新局面的重要一年。根据全国安全生产电视电话会议、全国安全生产工作会议和全国电力安全生产工作电视电话会议精神，结合水电站大坝安全工作的实际，今后一段时间我国水电站大坝安全监督和管理的指导思想是：以邓小平理论和“三个代表”重要思想为指导，坚持科学发展观，认真贯彻落实党中央、国务院关于安全生产的一系列决策部署，坚持“安全第一，预防为主”的方针，统一认识，明确任务，落实责任，夯实基础，切实做好水电站大坝安全监督和管理工作，为国民经济发展和构建和谐社会服务。

水电站大坝安全监督和管理工作的主要目标是：保证水电站大坝安全可靠运行，防止和杜绝垮坝、洪水漫坝、水淹厂房等恶性事故以及对社会造成重大影响的事故发生。

为了实现以上目标，提出以下几点要求：

（一）始终坚持“安全第一、预防为主”的方针，认真贯彻落实国家有关法律、法规，扎扎实实地做好水电站大坝安全的各项工作

各部门、各单位要切实加强对水电站大坝安全工作的领导，始终认真坚持“安全第一、预防为主”的方针，把水电站大坝安全工作和其他安全生产工作一起研究、一起部署、一起检查、一起落实，要加大力度解决大坝安全工作中存在的突出问题。要认真落实各项措施，做到任务明确，措施和资金到位。

2005年2月2日，国务院第432号令公布了《电力监管条例》，为电监会依法履行各项监管职责奠定了基础，同时也为新形势下依法进行安全监督管理创造了必要的条件。电监会为了做到依法监管，在2004年12月1日以电监会第3号令颁布了《水电站大坝运行安全管理规定》（以下简称《规定》）。各单位一定要把贯彻落实《规定》作为今年一项重要工作来抓，要结合本单位实际，切实把《规定》的内容和要求体现在大坝安全管理的各项工作中，保证水电站大坝运行安全。

《规定》的颁布实施只是新形势下水电站大坝安全管理法规体系建设过程中的“第一步”。电监会将根据新形势和新任务要求，抓紧进行配套规章的修编工作，尽快建立健全适应新形势的水电站大坝安全法规体系。这次会上，我们提交了《水电站大坝安全注册实施细则》、《水电站大坝安全定期检查实施细则》两个征求意见稿，作为《规定》的配套规章，希望各单位多提意见和建议。在两个实施细则正式颁发后，各电力企业要认真贯彻执行，扎扎实实做好各项工作，确保大坝安全监督和管理工作的正常开展。

（二）认真落实安全生产责任制，切实加强水电站大坝安全管理

各电力企业是安全生产的责任主体，要全面落实主体责任，建立分工明确、各司其责的有效管理机制，严格执行安全生产的法律、法规、规章和标准，依法经营，依法管理。要针对安全生产的基础性工作还有薄弱环节、安全生产责任制还没有落实到班组和个人、安全管理的规章制度还不完善、规章制度还不能得到有力的执行等具体问题，继续认真抓安全责任制落实，并切实注重强化安全生产的过程管理、闭环控制和持续改进，建立起安全生产的长效机制。

电力企业要结合推进安全质量标准化工作，切实开展好规范化、标准化、制度化的水电站大坝日常安全管理工作。要通过开展安全质量标准化活动，全面加强企业安全生产基础工作和日常安全管理工作。要按照《规定》要求，认真开展日常巡查和年度详查工作；要结合每年的防汛工作，加强重大风险管理，不断完善大坝的险情预测和应急处理预案，以切实预防大坝险情和大坝事故的发生，并保证水电站大坝出现险情时，能与有关单位和部门协调一致，信息传递迅速及时，应急体系运转正常、应急反应快速高效。

电力企业必须加强对防汛工作的组织和领导，建立、健全、并认真落实防汛安全责任制，建立防汛值班和信息报送制度，全面部署，突出重点，狠抓薄弱环节，保证防汛各项准备工作的落实和到位，随时做

好防大汛、抗大灾的各项准备工作，并按照防汛要求，在汛前、汛期、汛后加强对有关设备、设施的巡视检查，做好水电站大坝的安全监测、水情测报和水库调度等工作，确保安全度汛和大坝安全。

（三）强化水电站大坝安全注册制度，切实加强大坝的安全监管

水电站大坝在投入运行后，其运行安全状况就不再只是企业内部的事情，而是与社会和广大人民群众息息相关的大事。要保证水电站大坝的安全运行，水电站运行单位在做好大坝安全管理工作的同时，还必须接受政府有关部门的监督，水电站大坝申报安全注册就是接受政府监管的重要内容之一。根据《规定》，电监会主管水电站大坝安全注册工作，大坝中心负责办理安全注册的具体事务。新建水电站大坝完成工程竣工安全鉴定一年内，或者水电站大坝完成首次定期检查半年内，水电站运行单位应当向大坝中心申报水电站大坝安全注册，因此，今后新建并投入运行的水电站大坝必须按要求注册运行。此外，到目前为止还尚未注册的水电站大坝必须尽快补办注册手续。电监会将加强对此项工作的督查，对不按规定注册运行的水电站大坝的运行单位和大坝主管单位，要予以通报批评和处罚。希望各电力企业对本单位的水电站大坝安全注册工作给予高度重视。

（四）认真开展大坝定检工作，加强病险坝管理，及时消除大坝的主要缺陷和事故隐患

水电站大坝安全是一个动态的过程，大坝的结构性态在运行过程中会不断发生变化，影响大坝安全的一些因素也随时间而变化，因此，必须坚持不懈地做好大坝安全监测、分析和各项安全检查、安全管理工作，及时发现异常，消除隐患，保证安全。大坝定检和特种检查是发现大坝运行过程中出现的变化和问题，准确掌握大坝的安全状况，确保大坝正常运行的一项有效制度。世界上很多国家都将大坝定检和特种检查作为一项制度强制执行。

按照《规定》的有关要求，2005 年，电监会将有计划、有重点地组织开展第三轮大坝定检，计划从 2005 年至 2010 年年底前基本完成规划中的定检工作。第三轮定检主要是检查上一次定检（或安全鉴定）后大坝的运行状况与工作性态；对水电站大坝存在的主要问题进行系统排查，指出大坝安全隐患的重点部位和薄弱环节，并提出可操作的建议和意见。这项工作是大坝安全管理的重点工作，各电力企业必须在思想上高度重视，认真按计划开展定检工作，并做好配合工作。

目前，已注册的水电站大坝仍有几座缺陷比较严重的病坝，并且许多正常坝也都存在着不同程度的缺陷和问题，随着时间的推移，大坝老化现象也将日趋显著，因此，各电力企业必须保证大坝安全管理的安措、技措资金投入，保证大坝的维修、补强加固等工作资金的投入，将大坝的安全管理和维修补强等工作纳入日常管理中，不断开展下去。大坝中心要继续指导和监督水电站运行单位对病险坝的管理和治理工作。

（五）依靠科技进步，推进水电站大坝信息化管理工作

大坝安全管理是项技术性很强的工作。改革开放以来，我国水电站大坝技术发展速度很快，在发展的过程中，水电站大坝基本上没有发生大的事故，其中一个很重要的原因，就是很好地发挥了先进技术在水电站大坝安全管理中的保障作用。随着新建高坝、大库、大电站的投入运行和已运行大坝的运行时间不断延长，大坝运行过程中不断出现新情况、新问题，需要我们不断地研究和探索新的方法和手段。我们必须要进一步加强科技攻关，跟踪信息技术、网络技术、自动化技术和监测技术等高新技术的发展，开发、研制适合水电站大坝运行需求的大坝安全监测、诊断、分析和补强加固新技术、新设备、新手段，促进水电站大坝安全技术的进步与创新，提高灾害预防和控制的能力。

当前，最迫切的任务，是要把计算机、信息网络和自动化等技术运用到大坝安全管理中，建设水电站大坝安全远程管理系统，提高对大坝运行状态的远程、实时监控水平，及时发现问题，及时处理，同时提高汛期水库调度和大坝安全管理的科学决策能力。这次会议后，我们将抓紧制定规划及相应的实施意见。希望大家对这项工作多出主意，给予大力支持。

（六）加强监管队伍建设，努力提高大坝安全监督和服务水平

水电站大坝安全监督管理是一项政策性、技术性很强的工作。电监会各级安全监管部门和大坝中心在加强对大坝安全进行监管的同时，必须加强与各电力企业的情况交流和信息沟通，进一步强化依法行政、依法管坝的意识，使监管工作既到位，又不越位、错位。同时，要为电力企业的水电站大坝安全管理工作提供良好的指导和技术服务，加强对《规定》和配套制度的宣传和培训力度，不断提高电力监管的能力。

电监会各级监管人员在今后的大坝安全监督管理工作中，一定要努力提高自身素质，提高大坝安全监管的能力。要努力学习，熟悉大坝安全监管的各项业务和各项规章制度；要创新工作，避免以传统的思维方式去监管企业、要求企业，要用全新的管理方式行使我们的安全监管职责；要时刻坚持勤政、廉洁、高效和求真务实的作风，依法行使监管职权；要突出服务意识，牢固树立监管就是服务的理念，为水电站大坝安全管理工作服好务。

同志们，水电站大坝安全事关国民经济的可持续发展，我们要从维护社会公共安全、维护社会稳定和对人民群众生命财产高度负责的态度，切实做好水电站大坝安全工作。我们要继续深入贯彻落实党中央、国务院关于安全生产的一系列决策部署和要求，继续发扬电力行业的优良传统和作风，不断创新，求真务实，团结一心，共同努力，开创水电站大坝安全工作的新局面。

（编辑部摘编）

以科学发展观统领电力工业发展全局（摘要）

——在“庆祝中国电力装机容量突破 5 亿 kW 大会”上的讲话

国家电力监管委员会副主席 王禹民

今天，我们相聚在这里，共同庆祝中国电力装机容量突破 5 亿 kW，这是中国电力工业发展史上一个新的里程碑。

回顾 20 多年来电力工业发展的辉煌历史，我们不难发现，电力工业的迅速发展，一是得益于国民经济持续、快速、健康的发展。改革开放 20 多年来，我国国民经济的持续、快速增长为电力工业发展提供了强大的动力；二是得益于我们成功走出了一条有中国特色的电力发展路子。改革开放之初，中国电力打破了传统的独家办电格局，走出了一条多家办电、多渠道办电的路子，极大促进了电力生产力的发展；三是得益于我们不断推进与社会主义市场经济体制相适应的电力市场化改革。特别是 2002 年实施的新一轮电力体制改革，实现厂网分开，建立区域电力市场，更加明显地促进了电力工业的发展。

党的十六届五中全会审议通过了《中共中央关于制定国民经济和社会发展第十一个五年规划的建议》，提出以科学发展观统领经济社会发展全局。科学发展观是我们党对社会主义市场经济条件下经济社会发展规律在认识上的重要升华，也是今后相当长一段时期我国经济社会发展必须坚持的指导方针。

科学发展观对电力工业发展提出了新的更高的要求：不仅要发展，而且要实现更好、更快的发展；不仅要速度和数量，更要讲效益，讲质量；不仅要扩大规模，而且要优化结构；不仅要开发资源，而且要做到有序开发、保护环境、减少消耗。同时，科学发展观要求电力工业的发展必须要和谐地发展，必须将电力工业建设成一个规划科学、发展协调的电力工业，建设成一个安全可靠、高效低耗的电力工业，建设成一个竞争有序、公平公正的电力工业，建设成一个人人有电用、人人用得起电的电力工业。

应该看到，虽然电力工业发展取得了辉煌的成绩，但是与科学发展观的要求还有很大的差距。比如，电力增长的方式比较粗放，运行效率还不高，电网建设滞后，电源建设与环境保护的矛盾突出，电力发展大起大落现象没有根本解决，等等。这些问题日益成为制约电力工业发展的障碍因素，不解决这些问题，就不利于电力工业的可持续发展。

以科学发展观统领电力工业发展的全局，保证电力工业全面、协调、可持续发展，是我们每一个从事电力工作的同志义不容辞的责任，也是我们今天在这里庆祝电力工业取得巨大成就的光荣使命。

以科学发展观统领电力工业发展的全局，要求我们必须加快电力结构调整，优化发展煤电，在保护生态基础上有序开发水电，积极发展核电，加强电网建设，扩大西电东送规模，较好地实现国家关于电力发展的重大部署。

以科学发展观统领电力工业发展的全局，要求我们必须坚定不移地推进电力市场化改革。通过深化改革，促进电力资源的优化配置，促进产业结构的调整。通过深化改革，从体制和机制上消除影响电力工业发展中的不利因素，贯彻落实科学发展观。

以科学发展观统领电力工业发展的全局，要求我们必须加强电力监管。通过加强监管，可以有效控制电源结构的不合理，可以从根本上解决电网建设与电源建设不相协调的问题，可以维护好电力市场的秩序，可以使电力发展惠及千家万户，使全体人民共享电力发展成果。

（编辑部摘编）

加快可再生能源开发 实现中国国电集团公司的可持续发展

中国水力发电工程学会理事长、
中国国电集团公司总经理 周大兵

（2005 年 11 月 7 日）

2002 年约翰内斯堡世界可持续发展峰会和 2004 年波恩国际可再生能源大会向世界发出呼吁，开发和利用可再生能源是消除贫困和实现可持续发展的重要条件。可持续发展是当今国际社会普遍关注的话题，关系到人类未来生存、和平与发展。中国国家领导人多次强调要“树立和落实科学发展观，实现经济发展和人口、资源、环境的协调发展，大力发展循环经济，努力建设节约型社会”，明确了中国要走全面可持续发展的道路。

今年2月16日，联合国限制各国污染排放的《京都议定书》已经生效。中国明年将正式实施《可再生能源法》，这将促进可再生能源的开发，改善电源结构，推动电力工业的可持续发展。

一、加快开发可再生能源是中国电力工业可持续发展的迫切需要

中国自改革开放以来，电力工业一直在高速发展，到2005年6月底，中国大陆电力装机容量达到了4.6亿kW，根据电力发展规划，要满足全面建设小康社会的需要，到2020年中国大陆电力总装机容量至少要达到9.5亿kW。在常规能源中，中国大陆探明的可直接采用的煤炭储量约1800多亿t，按现有开采速度，仅能维持一百年；中国的石油、天然气资源也十分短缺，中国面临着巨大的能源短缺压力。

中国的环境现状形势严峻，二氧化硫排放和温室气体排放的总量仍然很大。中国目前发电的主要燃料是煤炭，燃煤火力发电机组占全国发电总装机容量的74%，这种以煤为主的电力生产结构在相当长的时间里难以改变，加之煤炭资源的日趋紧缺，使得中国电力工业发展面临着巨大的环境压力和社会压力。

中国可再生能源资源非常丰富。根据资料，中国陆地上可开发利用的风能资源总量为2. 53亿kW，海上可开发利用的风能资源总量为陆上的2～3倍，可利用风能资源总量约为10亿kW；全国总面积三分之二以上地区年日照时数大于2000h；可用于发电的潮汐能资源2000多万kW；高温地热资源可用来发电的大约600万kW，此外还有丰富的水电资源和生物质能。

因此，我们必须实施新的能源发展战略，改善电源结构，大力倡导能源节约，提高常规能源综合利用效率，积极发展可再生能源发电，优先发展风力发电为主的新能源产业。这是我们全面落实科学发展观的必然选择和迫切需要。

二、可再生能源开发是中国国电集团公司的比较优势和战略选择

中国国电集团公司是中国电力体制改革后国务院批准成立的全国性发电企业集团。截至2005年9月底，发电总装机容量33084MW，其中，火电29421MW，水电3482MW，根据我们的发展战略，国电集团将力争在2010年可控发电装机容量超过60000MW，到2020年超过100000MW。

作为负责任的国有特大型发电集团公司，我们要致力于为国民经济、社会发展和人民生活提供充足的电力，我们不仅要关注企业利益，更要关注环境保护、关注经济和社会的可持续发展。为此，我们确定了大力发展可再生能源的发展战略，积极进行风能、太阳能、高温地热、潮汐及生物质能发电的开发工作，尽快形成以风力发电为主的新能源产业。

中国国电集团公司一贯致力于可再生能源的开发，经过多年的努力，公司新能源发展已初具规模，在新疆、甘肃、内蒙古、河北、浙江、福建等地投资建成风电场20座，安装风电机组676台，装机容量430MW，占中国大陆风电总装机容量的40%以上；拥有一座装机容量3.2MW的潮汐发电厂，位居亚洲第一、世界第三；积极进行了太阳能发电、潮汐发电及秸秆发电的开发工作，近期还将加快对秸秆发电的研究和论证，适时建设秸秆发电厂，优化电源结构，推动中国国电集团公司健康发展。

三、以科学发展观为指导，加快可再生能源开发，努力实现国电集团的战略目标

国家发改委规划到2010年中国大陆风电装机规模达到6000MW，2020年装机规模达到30000MW。为实现国家这一发展目标，中国国电集团公司规划在新疆、甘肃、东北、内蒙古、河北、东南沿海六个地区分别建设800～1000MW的风力发电基地，制定了到2010年底，风电装机容量实现2000MW，2020年实现6000MW的风电中长期发展目标，确定了“明确目标、集中规划、分步实施、规模经营、滚动发展”的风电发展思路。2005年，公司新开工风电项目9个，在建项目11个，总装机容量450MW。2006年，计划开工7个新项目，总装机容量300MW。我们还将积极探索其他可再生能源发电的开发利用，跟踪国内外可再生能源发电的技术发展动态，以求更充分、更合理的拓宽可再生能源利用领域。为实现以上目标，我们将采取以下措施：

1. 搞好风电规划和区域布局。我们正在积极开展风电前期工作，在全国16省（区）开展风能资源勘测，初选风电场址20个，安装测风塔60座，风电储备装机容量在3000MW以上。我们将在综合考虑投资效益、战略布局等因素后，择优选址，在扩大规模的同时形成国电风电特色。

2. 积极推进风电设备国产化。中国目前生产技术与国际先进水平相比还有较大差距，这势必影响风电的大规模开发。我们将积极寻求通过与国外厂商合作，引进先进的风机制造技术或通过合资的方式，实现风力发电机组的国产化，大大降低造价，为大规模开发风电提供设备保障。

3. 积极开展其他可再生能源发电技术的前期工作。目前我们正在进行太阳能发电、生物质能发电的

资源调查、技术调研、可行性论证等工作，力争在短期内有所突破，建成试验示范电站。今年我们在所属江厦潮汐电站开展新型潮汐发电机组研制试验项目，该项目被列入国家“863”高科技计划，通过项目实施，扩大装机规模，提升技术水平，也为下一步发展积累经验。

4. 加强国际交流与合作。虽然我国可再生能源发展潜力巨大，产业规模也有了较大发展，但与发达国家相比无论在技术、规模、水平还是发展速度方面仍存在较大差距，国外先进技术和经验值得我们学习和借鉴。我们先后承担了联合国开发署“中国风电资源调查和评估”项目，世界银行“风电场后评估”项目，中德政府“中国风电研究培训中心”项目。与荷兰怒安（NUON）能源电力公司合作在广东南澳建设了装机容量24MW的风电项目。与澳大利亚塔斯马尼亚水电公司签署了在中国合作开发风能的合作协议。与美国国际能源资源公司签署了开发塔式太阳能示范电站的合作意向书。我们将继续加强国际交流与合作，采取多种方式扩大合作领域范围。

中国颁布了《可再生能源法》，明年将正式生效实施，开发利用风能等可再生能源发电在中国潜力巨大、市场广阔。中国国电集团公司将继续加快可再生能源开发速度，为实现中国电力工业可持续发展作出积极的贡献！

（此文为周大兵同志在“2005北京国际可再生能源大会”上的主题发言）

（编辑部摘编）

迎接水电发展的春天

中国水力发电工程学会副理事长、
中国华电集团公司总经理 贺 恭

在2006年春节即将来临的时候，按多年来的传统习惯，水电界的同仁们聚会一堂，话水电、叙友谊，谈发展、迎新春，是一大喜事、乐事。今年，华电集团牵头承办会务，与中电联、水电学会共同为大家提供联谊平台，我们深感荣幸。特别是，今天参加联谊会的有不少老领导、老同志、老专家，如李锐同志，以近90岁高龄之身参会，令我们这些后来者颇为感动；其他的嘉宾有汪恕诚部长，姚振炎行长，赵希正理事长，陈赓仪老部长，何璟顾问，徐锭明副主任，周大兵理事长，王文泽董事长等，同为联谊会增光添彩。

我代表主办方致辞，表达两层意思：

一是用十件大事或十个方面的工作作为标志，说明水电发展的春天来了。

第一，国际社会统一了对水电的认识，明确指出水电开发对可持续发展的重大战略意义。

2002年在南非约翰内斯堡举行的世界可持续发展高峰会上，192个国家一致认为：发展水电与燃烧矿物资源获得能源相比较，无论在资源方面，还是在环境方面，都是有利于可持续发展的。会议作出决议，发布了《约翰内斯堡执行计划》，呼吁全球能源供应多样化和增加包括大型水电在内的可再生能源的份额。

继而在2004年10月，联合国经济与社会事务部与中国国家发改委在北京共同召开水电与可持续发展论坛研讨会，发表了《北京宣言》，会议达成广泛共识，一致认为：水电在可持续发展中具有重要战略意义，水电为社会发展作出了巨大贡献，特别在发展中国家以及经济转型的国家，水电资源需进一步有效地开发利用。

第二，中国党和政府进一步明确了积极有序开发水电的基本方针。

在2005年10月召开的中国共产党十六届五中全会上，党中央提出的《十一五规划纲要建议》和在胡锦涛总书记的总结讲话中，都明确地提出了要在保护环境的基础上有序开发水电，要积极开发水电资源，为中国水电发展明确了基本方针。在随后召开的国家发展改革工作会议上，马凯主任进一步指出，在今后的电力建设中，要加大水电开发的比重。

第三，国家公布水能资源复查成果，中国水能资源蕴藏量为世界首位。

国家发改委（原计委）于2000年下文要求对全国水能资源进行复查，由水规总院（现中国水电顾问集团公司）承办。历经四年多努力取得重大成果。国家发改委于2005年11月正式公布复查成果：中国水能资源理论蕴藏量为6.944亿kW，技术可开发容量为5.416亿kW，经济可开发容量为4.018亿kW，均居世界首位。

这些数字既预示了中国水电发展的前景，也极大地鼓舞了水电工作者的信心。中国工程院原副院长、两院院士潘家铮同志指出，随着中国水电开发技术水平的提高，今后应以技术可开发容量作为我们工作的目标，我是非常赞成这一看法的。

第四，中国水电装机已达1.17亿kW，为国家经济社会发展作出了重大贡献。

2005年，全国发电量同比增长12.8%，其中火电增长11.5%，水电同比增长19.9%，达到改革开放以来的最高水平。“西电东送”的北、中、南三条线，源源不断的水电有力支援了中部、东部地区，为缓解电力紧张作出了贡献，实现了企业效益和社会效益双丰收的好局面，也使各方面进一步认识到水电的特别重要性。

第五，三峡工程左岸十四台机组提前一年投产，其综合效益逐步显现。

2005年，三峡发电量达491亿kW·h，占全国水电发电量的12.5%，为华东、华南、华中的电力缓解起到了重大的作用。左岸14台机组提前一年投产，标志我国大型水电机组的安装、调试水平达到了新的高度。特别是右岸12台机组的招标，中国大型企业中标，说明我国特大型水轮发电机组的制造水平有了大的提高。设备的国产化率的提高将极大地推动水电装备业的自主创新能力的增强。三峡大坝的第一阶段蓄水和防洪功能逐步显现，通航能力经受了考验，向正常运行过渡平稳。

第六，一批大型水电站相继开工建设，水电开发呈现蓬勃态势。

在建的大型水电站如三峡工程以及广西龙滩、云南小湾、贵州构皮滩、四川瀑布沟、湖南（贵州）三板溪等进展顺利；2005年又有一大批大型水电站，如金沙江（川、滇交界）溪洛渡、四川锦屏一级、青海拉西瓦、重庆彭水等相继开工建设。国家核准的大型水电站2005年达14个，总装机容量2707万kW，创一年内新开工水电站历史水平。同时，一批大型水电站正抓紧前期工作，有不少已经进入国家核准程序，如澜沧江糯扎渡、景洪，金沙江下游向家坝、中游金安桥，雅砻江锦屏二级。这些电站大多在“十一五”后期和“十二五”投入运行，对我国电力总量平衡，特别是结构调整将发挥巨大作用。

第七，金沙江中游水电开发有限公司成立，标志着水电流域开发机制的创新发展。

“流域、梯级、滚动、综合”开发的机制是多年来我国水电开发行之有效的开发机制。金沙江中游水电开发有限公司经国务院同意、国家发改委精心协调，于2005年12月16日在昆明挂牌成立，使流域开发机制有了创新的发展。这个公司由华电集团牵头，华能、大唐、华睿、云南开投五家按股份组建。既有国有企业，又有民营企业；既有中央企业，又有地方企业，将走出一条项目投资多元化、企业运作股份化的新路子，也标志着金沙江继下游之后的整个金沙江丰富水能资源全面拉开了大开发的序幕。

第八，大渡河瀑布沟水电站复工建设，充分体现了中央关于积极有序开发水电方针的正确。

因受移民群体性事件影响而一度停工的瀑布沟水电站于2005年9月复工建设并顺利实现截流，是各方面关注的一件大事。这一事件的成功圆满的处理，使水电开发和保护环境、项目效益与社会效益，特别是水电建设与移民利益很好结合的重大课题得以很好解决，为水电健康、平顺向前发展积累了新的经验。

同时，近一两年时间，围绕着云南怒江开发也引发了较多的开发和环保之争，如今各方面的专家逐渐在统一认识，逐渐在理性看待开发与环保，逐步地统一到中央关于开发与环保并重的大方针之下。争论是个好事，逐步统一更是好事。

第九，国家发改委和国家环保总局加强对水电建设环保工作的调控力度。

2005年1月，两部门联合发出《关于加强水电建设环境保护工作的通知》，进一步规范水电建设的环保工作。随后，国家环保总局召开新闻发布会，对30个违规开工的项目叫停，这是《环境评价法》实施后首次大规模对社会公布违规项目，对项目建设严格环境准入、规范建设程序提出了警示。此举曾被国内外媒体称为“环境风暴”。一年来，不少项目努力开展环评工作，严格按程序办事，取得了项目建设与保护环境同步、双赢。

第十，中国水电大军水平不断提高，已形成了迎接水电发展春天的有生力量和雄厚保障。

半个世纪来，中国水电队伍伴随着水电事业的开拓不断成长壮大。如今，队伍的数量、质量和结构更优，堪当重任。一批老专家继续发挥余热，一批中年志士早已挑起大梁，可喜的是一批年青同志茁壮成长，有不少已是各个领域的骨干。从技术水平看，不同规模、各类地质、各种坝型，不论是规划设计、科研试验，还是项目管理、施工能力，还是机电设备、施工装备都达到了相当的水平，如三峡、二滩、小浪底等项目，得到国内外普遍的赞誉。

十个方面，不足以概括水电春天标志的全部，但仅上述已足以说明水电的生命力、水电发展的贡献度、水电在经济和社会发展中的重要地位。我们从事水电的工作者，任重道远，让我们举起双手迎接水电的春天！

二是简要地讲一下我对水电发展中必须进一步做好的工作的认识。

勿庸置疑，水电的开发、运营已取得巨大成就，而且将进一步向前发展。但同时，我们必须清醒地看到，由于方方面面的因素，水电的发展尚需做大量的工作方能真正地迎接春天，保持春天。

首先，水电的开发规模和水电的社会效益与我国是水能资源占世界首位的地位不相称，而且近几年来，水电装机容量占整个装机容量的比重还有所下降（2002年已接近25%，2005年降为23%），虽然水电发电量的增长高于总发电量增长之速，但水电发电量在总发电量的比重较规模的比重低很多。究其原因，虽有水电站建设周期长，受气象、水文影响大而利用小时不高等客观原因，但我认为根本原因仍在于水电开发的力度、速度不尽人意。往往是缺电时以火电弥补，待到电稍多一些，水电开发也受到了限制。再进一步分析，更深层次的原因，在于水电的战略地位以及建设、运营的特点、规律应当被进一步认识和把握。

第二，中国的水能资源主要集中在西部，特别是西南部和西北部，中国的煤炭资源主要集中在北部，由于资源分布的特点，经过多少年的认识，方形成了“西电东送”、“南北互供”的战略。客观地说，这个符合中国特色的电力发展格局的规律和战略并未更有力度地展开。一方面是除极少数流域经多年来的努力已形成梯级规模效益，能提供较稳定的电力供应外，大多数流域的梯级尚有一个较长的形成规模的过程，特别是调节性能好的大型、龙头水电站出现太慢，使得水能资源的流域优势暂不能发挥出来。另一方面是，“西电”和“东送”的两个环节衔接的不够紧，曾有高层领导讲过一句名言，即东部地区给西部水电留下空间是东部地区对西部地区最大的支持。这一思想要变为现实，看来要做很多工作。要使水电为主的“西电”能够“东送”，要使水能资源尽早尽快尽多地发挥作用，要使中国的电力结构朝着可持续方向发展的调整，必须要既加快“西电”开发，又加快“东送”的建设，从这个意义上讲，超高压也好、特高压也好的电网建设是必需的。总之，要使水电的春天春潮滚滚，必须形成合力，仅仅水电孤军作战是不行的。

第三，中央关于在保护环境的基础上，积极有序开发水电的方针虽已确定，但水电开发要处理环境保护、移民利益以及地方需求等各方面的关系，尚有大量的工作要做。我国各地经济社会发展不平衡，环境生态也呈不同情况，人民生活的区域差别更大，而水电站不少地区既环境优美，又多贫困，这样的特点更需我们水电工作者为了发展的大局用心地做好工作，认真落实中央的方针，恰当地处理好各种关系和矛盾，使水电能够在健康、平顺的基础上快速发展。总书记胡锦涛同志在五中全会上要求各级领导要进一步增强协调各种利益主体的能力的指示，搞水电的同志要很好地重温和领会并努力实践。

第四，在电力体制改革和国企改革进一步深化之际，要加强国家对水电发展的宏观调控，以引导和保护电力企业发展水电的积极性，保证水电的大力和有序发展。宏观调控对水电来说一是进一步做好规划，把积极、有序发展水电的方针体现在规划上；二是有针对性地给水电发展以政策，在水电的开发上，要合理摆布其企业效益和社会效益，要把项目开发和保护环境及保证移民利益之间的关系处理好，均需要国家有关部门提出有针对性的政策；三是对涉及重大国土资源、跨省流域的开发，要协调好国家同地方的关系、省际间的关系，要使国家层面的大企业能充分发挥其控制力、影响力和带动力的作用。

上述四点看法和建议均属个人之思考，可能有偏颇，但反映了一个老水电工作者的希望，盼引出各方的讨论。

最后，我代表中国华电集团公司表个态，“华电”是应电力体制改革大潮而生的五大发电集团之一，在科学发展观和公司发展战略的引导下，经三年来的发展，已扭转了起步之初资产质量较差、经营成果较差的“双差”局面，实现了规模、效益同步增长，效益增速高于规模增速的科学发展。水电的比重一直保持着18%～19%的状况，在几个发电集团中，水电优势较为明显，而且尽力开拓了新的流域，力求经“十一五”规划期间的努力，使水电呈更加蓬勃的发展。我们愿意同兄弟企业一道，在国家宏观调控指导下，在水电界同仁的支持下，为水电的春天增添万紫千红，为中国的水电发展贡献力量。

向到会同志并通过大家向水电界的广大员工拜个年，预祝各位新春愉快，万事如意，犬年旺旺！

（编辑部摘编）

在白鹤滩水电站预可行性研究审查会上的总结讲话

中国科学院、中国工程院院士　潘家铮

金沙江白鹤滩水电站预可行性研究报告审查会的全部议程都已完成，即将闭幕。这是一次重要的、具有里程碑意义的会议。专家组审查意见，经审查领导小组和我修改审定，刚才已由王柏乐同志宣读通过。这样，中国第三座容量超过1000万kW的巨型水电站有望在“十一五”中启动，不仅将成为中路西电东送的又一座主力电站，还将在其他许多领域中发挥作用。要知道，在相当长的时期内这个项目似乎遥不可及，要支持她是需要领导的高瞻远瞩和果断决策的！我们也对华东勘测设计研究院（以下简称华东院）在艰苦条件下、甚至前期费用极少的情况下坚持进行工作的精神表示敬佩和祝贺，一切为白鹤滩工程做出贡献的同志都会名留中国水电史册。

在今天的闭幕会上，会议领导小组安排我讲几句话做个总结。不瞒各位，我现在最怕的事就是在会议上讲话。有道是：会议好开讲话难啊。本来在开幕式上就安排我讲话的，被我苦苦推辞了，不想又要在闭幕式上讲。这比在开幕式上更不好讲，看来我是失算了。只好搜索枯肠想出几句话来讲。“总结”是谈不上的，就算是我参与了四天会议的一点感想和对今后工作的一点期望吧。讲错了，大家批评指正。

白鹤滩水电站的前期工作和建设工作，是在二滩、小湾、溪洛渡、拉西瓦……各大工程之后，这是非常有利的。因为，这些工程走在前面，有许多成功的经验可以应用，如果说它们走过一些弯路，更可以引以为鉴。这就是“后行者”的有利条件。但是，既然如此，人们也有理由对白鹤滩提出更高的要求：既然你是站在别人的肩膀上，你就应该比别人看得更远、做得更好、有更多的创新内容，而不应该亦步亦趋，照抄照搬吧。不论是设计理论、计算方法、枢纽布置、水工结构、施工工艺、管理模式、运行体制和最后发挥的效益，应该比别人更向前跨出一步吧？特别是其效益问题，现在主要还是就白鹤滩本身考虑，有领导指出，应该放在全流域、全国来考虑，应该看到她的特殊条件，要放在最适当的位置，极有可能其效益和影响还要深远得多。长江三峡总公司和华东院站得高一点吧！总之，尽管今后中国水电开发的任务还很重，1200 万 kW 的电站和近 300m 级的拱坝，特别像白鹤滩这样的条件，毕竟不会太多。所以我说，承担白鹤滩工程建设任务的同志们，既有前人的经验可资应用和借鉴，也承担着更多的提高中国水电建设水平的无可推诿的责任。

在这次审查会的开幕式上，张国宝副主任和其他领导同志做了语重心长的讲话。我就根据他们的讲话精神，结合专家和领导们的意见和建议，说三点个人体会，供在后续工作中参考。

1. 关于枢纽工程设计

像白鹤滩这样的超过千万千瓦的巨型水电工程，保证质量和安全，当然始终应该放在第一位。必须针对白鹤滩的具体条件，抓住关键性的问题，（如中坝址柱状节理特别发育、地形条件不对称、强烈的地震烈度、巨大的泄洪流量和能量等等）进行过细的研究，找出最优的解决方案，保证工程安全。鉴于白鹤滩各种条件综合起来说应属于中等或中等稍偏上的范畴，加上华东院的丰富经验和技术能力，以及长江三峡总公司的管理水平和强大力量，我对他们能做到这一点并不太担心。但是我希望通过白鹤滩的建设，能在解决这些难题的程度上有所发展和创新：过去含糊不清的问题要搞得更清楚，解决问题的措施要更有效、更优化，工程要比别人做得更好、更快、更省、更完善……总之，白鹤滩应该是一个有自己特色的一流工程，使人们来参观时，或是来借鉴时，有一种耳目全新的感觉。上世纪我参观过外国一些工程，留给我一个较深的印象是：每座大工程都有些特色，体现出一个咨询公司乃至一位设计总工程师的特色。再譬如说北京正在进行的一些有特点的工程，如大蛋（国家歌剧院）、鸟巢、水立方等的创意，无不出自外国人之手。当然，这些设计也不一定都好，也受到很多中国专家的批评，但有一点是肯定的，他们的创新意识强于我们。我这么说绝不是要华东院去设计一个大蛋般的坝或鸟巢式的厂房，方才讲过，安全始终是第一位。我只是希望不要一切照搬照抄，而有所发展、有所深化、有所创新、有所特色，发挥中国人的聪明才智，结合这座宏伟工程的建设，把我们的水电技术推前一步！

过去的经验和规范标准应当尊重，但必须实事求是。例如，你们为了查清深层柱状节理的性态和参数，打了探洞，做了试验。我承认这一切都符合规定，但是，我们要了解的是深埋的、未受扰动的柱状节理的性能，你这样乒乒乓乓打洞进去，在炸松了的洞壁上做试验，甚至还要凿一个临空的试件出来做试验，还有代表意义吗？会不会反而起误导作用呢？审查意见中就指出这点。希望设计院抓住问题实质，用一些新的措施来达到目的，不宥于什么试验规程，甚至可以用计算机做仿真分析来探究。总之，要有创新意识。

创新的方式多种多样，有原创性创新，有集成性创新，有引进消化提高性创新，只要解决问题，都是好样的。龙滩工程是世界上最高的碾压混凝土重力坝，它的经验证明碾压混凝土的质量可以确保，进度大大提前；三峡工程在混凝土温控方面达到近乎完美程度，还提出“个性化冷却”的思想和做法；还有许多拱坝是用碾压混凝土浇的；我们能不能按施工专家的建议，把这些经验集成起来，用碾压混凝土来施工白鹤滩的中、底部坝体呢？现在，大坝工期要比发电系统迟两年，这无论如何不能使人满意。如果白鹤滩能早两年发电，效益是何等惊人啊！另外，为了更好地满足环境要求，有些水工结构也可以搞全新的设计。总之，我希望华东院用解放思想突破樊篱的精神来理解审查意见中的某些建议。

2. 关于移民工程

许多领导都讲了，移民现在已经是制约水电发展的重大因素了。移民工作不做好，不但给移民带来痛苦，而且造成社会不稳定，影响水电声誉。白鹤滩工程移民数达十万，相对指标虽优，绝对值很大，而且在少数民族地区，这工作只能做好，不能做坏。白鹤滩的移民工作要达到什么目标呢？长江三峡总公司李永安总经理说过，我们要通过开发一座水电站，带动一方经济，富裕一方人民（大意），讲得太好了，这就是我们要达到的目标。

现在，各阶段的设计文件中，都有淹没损失和移民安置这一重要内容。传统的做法，一是调查实物指标：淹了多少耕地、需迁移多少人，迁建多少城镇，重建多少专项设施……二是做一个移民安置和城镇迁建规划，特别是移民安置规划；多少人就地安置、多少人要外村外乡安置、多少人要远迁，多少人仍搞农业，多少人要另外安排，环境容量是否够……三是计算投资，包括补偿费、重建费、管理费……最后来一个地方包干使用。我想，只依靠这些做法很难做到带动一方经济，富裕迁移的人民的。我不是说那些调查规划工作不必要做，当然要做，而且应该做得十分详细非常精确，但是有关部门的主要精力要集中放在如何拉动一方经济、富裕一方人民上面，需要的不是纸面文章和数据，而是实实在在的政策、计划、措施和行动。这个工作不仅非常复杂困难，而且决不是设计院或开发企业力所能及的。这必须由地方政府、地方干部牵头，移民代表参与，统一认识，共同努力，艰苦细致，才能见效，才能长治久安。

我们必须十分详细地调查当地所有的资源（包括旅游资源），具备发展前景的土产、特产，具有前景的新经济增长点或经济亮点，结合移民群众的人数、年龄、素质、思想，拟定出如何逐步改变结构，发展经济，政府和开发企业如何投入、采取什么优惠政策、如何吸引外地外省特别是东部地区的企业和人民来投资。对于移民，不能只有个总数，或简单地分一分有多少农民多少城镇居民，而要逐户调查分析安排：哪些是老弱病残，或失去土地后无法自立的，就要包下来，哪些可以继续搞农业生产（包括大农业），就真正创造条件使他们能在农业上发家致富，审查意见中指出，相当一部分移民安置区需进行大规模的水利设施配套建设，外迁移民耕地调剂难度大等问题，就必须认真解决，像建大坝一样地重视。移民中还有一些是年轻人有培养前途，就结合新的经济增长点进行培训教育，改变身份，让他们在更广阔的天地发展。往往一户人家有一个人“得发”了，事情就好办了，比你再多的补助更解决问题。我希望在移民问题上，大家的心能往一处想，力往一处使，钱往一处花。我们千万不要反其道而行之。开发水电的企业只想出一笔钱，赶紧了断，永绝瓜葛。事实上，如果移民不稳，你反正也稳不了，不发展经济，你再加大初期投入也没用，人家吃完花完还是找你，应该研究如何利用优势，因势利导，妥善安排，长期扶持，促使库区改变面貌。地方政府干部千万不要只想到如何多要点钱，盖几座像样的大楼，修几条宽广的大道。我想，城镇改建的规划不妨考虑些远景，但只能一步步实施。只有当地方经济发展了，人民真正富裕了，城镇才会有真正的发展，一切都会有的、一切都会好的。如果老百姓穷得赤贫，怨声载道，你在这座空洞的高楼大厦中能住得下去吗？至于有些干部煽动老百姓来闹事，认为小闹小解决，大闹大解决，更是错到极点，一害国家、二害水电开发、三害自己。当别人感到在你这里已经无理可喻，无利可图，不来开发了，你就永远只能在穷窝子里打一辈子滚。即使继续开发，人家也识破你的面貌，是个不顾大局之徒，还会相信你吗？瀑布沟移民闹事，工程整整拖了一年。所损失的电量和钱，不知可以办多少事，解决多少问题！这是真正的悲剧！我上面强调工程创新，希望白鹤滩的移民工作也能创新，成为好的典型，不是两败，而是双赢。但这要通过各方面的真诚合作，都从大局和长远出发，并经过艰苦细致的工作才能做到。

3. 生态环境问题

最后就讲到生态环境问题。这也和移民问题一样，我们的目标就是要通过水电开发，保护一方生态，改善一方环境。

现在大家都重视生态环境问题，设计文件中，生态环境保护也是最重要的内容之一，而且要通过专业评估，否则就不能开工，或者要被叫停。我觉得在这个问题上，我们好像总是处于被告地位。就是说，我们总是努力为自己辩护：我没有影响生态环境啊（无罪辩护），或者是我的影响很轻微啊，不可避免啊，主要原因也不是我啊（减轻罪责辩护），再就是提出一些减免影响或补偿的措施（认罪赔偿）。由于水电开发而产生了某些负面效应，当然要说透，要补偿，负责到底，但是不是非站在被告席上不可呢？开发水电对我国生态环境大局有重要的正面效益，为什么不理直气壮地阐述？在这次审查意见中就明确指出“白鹤滩水电站环境效益显著”、“未见有制约工程建设的重大环境问题”，这是符合实际的。

其他水电站的情况也可以说说。葛洲坝枢纽修建时，有人断言中华鲟要灭绝了。实际上，二十年来，通过科研，已向下游投放了几千万尾中华鲟幼苗，而原来状况则是，回游到上游的中华鲟所产的卵，几乎被窥伺在旁的铜鱼吞个一干二净，没有几条能活着回到大海。葛洲坝的修建对保护中华鲟的不灭绝我看是立了大功的，遗憾是没有取得具体的回游资料罢了。就说小环境，许多水电站建成运行后，都变成了风光十分优美的胜地，这是开发水电以前能想象的吗？现在这些都不提，好像水电站永远是破坏生态、污染环境的罪人，这不公平。

回到白鹤滩工程，我们在生态环境问题上，能否也从思想上有个改变。譬如说，对水库的防污，以及施工污染问题，我们能否研究、规划得细致一点，多投入一点，和地方政府共同努力，不但使一库水成为一库矿泉水，还要使库区城镇人民摆脱几千年来又脏又乱的落后面貌，养成文明科学的生活习惯？对施工场地，我们不仅要对现场清理、恢复植被，而是要改造出大批良田果园，要造成一个人间胜景。现在三峡坝区的风光就断不是当年勘测规划时所能梦想的。白鹤滩水库还处于长江流域水土流失重点治理区，我们能不能结合工程建设，为治理水土流失，保护河谷植被多作些贡献？不要认为这不是我的事，少找麻烦。李永安同志提出的是：通过开发水电要改善一方环境啊！我们把目前的库区、坝址情况都拍摄下来，各种资料都统计登录下来，竣工后再对比对比。我们要通过白鹤滩工程的建设，用事实证明到底搞水电是破坏了环境还是保护美化了环境？如能做到这一点，意义是何等重大！这也算是白鹤滩的一个创新，好吗？

我就拉杂地说这些意见，供大家参考。祝白鹤滩工程顺利进展，在工程、移民、环境三大领域中都取得令人刮目相看的新成就！

（编辑部摘编）

闸坝与生态

水利部副部长　索丽生

闸坝建设与生态保护问题，已经引发了社会各界的广泛关注。如何正确处理闸坝与生态的关系，做到人与自然和谐相处，是当前迫切需要解决的问题。

一、闸坝功能及对生态与环境的不利影响

本文所述闸坝主要指平原地区的闸坝，主要功能包括防洪排涝、拒咸蓄淡、灌溉供水、通航养殖、景观娱乐、生态保护等方面。

闸坝可能对生态产生的不利影响大致可以归结为以下四个方面：

①引起河湖形态变化，河道淤积，导致潮汐变形，河口淤塞，使河流的行蓄洪能力降低。

②导致水流流速趋缓，河道径流减少，水体自净能力降低，水体污染加剧。

③阻断鱼类洄游通道，导致鱼类资源减少，生物多样性退化。

④造成土地淹没、移民搬迁、土地次生盐碱化、崩岸塌岸等问题。

本文主要讨论前三种影响。先列举事例说明闸坝对生态产生的不利影响。

1. 淮河闸坝　淮河流域现有水闸5400余座，这些闸坝的存在破坏了水系的连通性，导致淮河纳污能力大幅度下降。为了保证灌溉等经济用水，淮河流域大多数闸坝在整个枯水期基本关闭，排入河道的工业废水和生活污水在闸坝前大量集聚，当汛期首次开闸泄洪时，这些被称作“死亡之水”的高浓度污水集中下泄，极易造成突发污染事故，致使淮河干流沿线城镇供水中断，洪泽湖等水域鱼虾大量死亡。这种因污水团集中下泄而出现的大面积污染事故在1994年、2001年、2002年、2004年相继发生，主流媒体都曾作过报道。以至于2004年10月国务院在蚌埠召开的淮河流域水污染防治现场会上，有些与会者指责闸坝过多是导致淮河污染的主要原因之一。虽然这种说法为水利工作者所难以接受，但确有其一定的道理和依据。下面一例即可为证。

2. 三峡建坝蓄水　根据长江水利委员会提交的三峡库区纳污能力和限制污染物排放总量计算结果（见表1，其中只列出2种主要污染物指标COD和NH_3-N）显示，库区水体的纳污能力随着三峡水库蓄水位升高而不断降低。蓄水前，三峡库区水体的自净能力较强，纳污能力大于现状污染物排放量，水质能够满足水功能区的相应要求。但随着蓄水位的增高，水流流速降低，水体自净能力下降，纳污能力变弱，当蓄水位为135m时，三峡库区水体能容纳的COD（化学需氧量）就已小于现状排污量；而当蓄水位达175m时，三峡库区水体能容纳的NH_3-N（氨氮）也小于现状排污量。这充分说明，尽管闸坝本身并不产生污染物，但闸坝会降低水体自净能力，从而使污染问题凸显。

三峡库区的水质监测表明，三峡工程蓄水以来，一些支流和库湾多次出现“水华”，且出现频率呈增加趋势。一座大坝即可产生如此影响，淮河流域5400余座水闸会加剧淮河污染也就可以理解了。

3. 海河挡潮闸　根据海河水利委员会的资料，海河河口建挡潮闸（也包括河道整治的其他措施的综合作用）后，出现了以下情况：一是淤积严重。海河建闸以来闸下淤积量累计已达2200多万m^3，河床淤积高达4.7m，河宽由250m缩窄至100m，过水断面缩小了85%，河口泄流能力从2100m^3/s降到800m^3/s。需要特别说明的是，这800m^3/s的泄流能力还是在不断疏浚的情况下才能达到的。为此，海河河口处不得已专门建了疏浚码头，配备了疏浚船队。二是污染物积聚，水质常年劣于Ⅴ类，近岸海域5种主要水产贝类中，有机物检出率高达5%～100%；三是鱼类群落日趋小型化，质量下降，中华绒螯蟹几乎绝迹，扇贝资源急剧下降。

4. 太湖进出河道建闸　太湖水系由太湖和周围的水网组成。近些年随着水利建设的加强，水网和河道的连通性越来越小。据太湖流域管理局提供的资料，明代与太湖相通的河道有320条，至20世纪60年代，有的被封堵，有的被淤塞，还剩240条；建环湖大堤之前总共还有225个口门，环湖大堤建设时封堵了54处，建了126座闸坝，现在真正敞开的口门只剩下45个，水系的连通性受到严重破坏。正因如

此，20世纪90年代前后，也即环湖大堤建设前后，太湖湖水置换周期从建堤之前的281天增加到309天，自净能力降低，水质受到影响。进出口河道的淤积、人工堵塞及建闸等使太湖洪水外泄能力较20世纪50年代下降了1/3。

表1　三峡库区纳污能力计算结果

指　标	COD（t/月）	NH_3-N（t/月）
蓄水前	14146	1164
135m	*12794*	1074
156m	*12499*	1044
175m	*7383*	*588*

注　表中正体表示纳污能力大于现状排污量，斜体表示纳污能力小于现状排污量。

5. 江苏盐城市沿海挡潮闸　20世纪50～70年代，盐城市沿海兴建海堤，同时建设了35座挡潮闸。这些挡潮闸常年关闭，只在排涝或换水时偶尔开启。根据建闸后的观测，有的河道如竹港，建闸第二年就被淤死；自1994年来，射阳河、新洋港、黄沙港、斗龙港合计年均淤积1022万m^3；感潮河道河口建闸还导致了内河螃蟹、鳗鱼、鲈鱼灭绝，其他淡水水产资源锐减。

二、消除或减小闸坝不利影响的举措

如前所述，闸坝在发挥功能的同时，确实会对生态与环境造成一些不利影响。但是应该看到，通过采取一些对策和措施，这些不利影响是可以减小甚至基本消除的。

1. 对已建闸坝的调度运行方式进行相应调整，以兼顾生态目标，是一种相对简单而且行之有效的措施

（1）淮河水污染联防与闸坝调度。为了避免前述的污水团集中下泄事故，淮河水利委员会近几年做了一些成功的尝试。一是实行水污染联防。沙颍河、涡河和淮河干流上的部分水闸不再仅从防汛、供水角度进行调度，而是兼顾防污目的实施调度，如经常保持污水小流量下泄，通过清水稀释及充分发挥干流水体的自净能力，降解污染物。另外，为防止干流、支流污水叠加，在一定程度上进行了高浓度污水的“错峰”调度，以减缓对下游河湖的污染影响。同时，还实施了水情、水质动态监测与信息传递，尽量减免水污染“灾情”。二是制定闸坝应急调度方案。每年汛前开闸时适时进行应急调度，实施对生态与环境影响最小的污水下泄方案，防止污水团集中下泄造成水污染事故。

按照淮河流域水污染防治现场会的部署，淮河水利委员会正在进行闸坝运行管理状况评估试点。重点是对部分河道上的闸坝现有功能及其对生态的不利影响进行评估，根据评估结果确定是否对某些闸坝进行运行方式调整或工程改建，当闸坝功能基本丧失，或对生态有严重不利影响、总体上弊大于利时，适时予以拆除。

（2）长江湖泊开闸通江。长江流域也正在进行试点，通过调整闸坝运行方式，逐步恢复长江和沿江湖泊的连通性。在世界自然基金会、汇丰银行资助下，“重建江湖联系、还长江生命之网”项目已经使天鹅洲长江故道、武汉涨渡湖、洪湖、安庆白荡湖等阻隔湖泊试行季节性开闸通江。如武汉涨渡闸2005年6月15日至7月6日开闸，现场监测表明，开闸期间，向涨渡湖引洪1760万m^3，引进泥沙1662t，引入鱼苗527万尾，未见钉螺入湖，而多年未见的银鱼、寡鳞飘鱼在湖内重新出现。

（3）太湖流域“引江济太”。该项目实质上也是一种新的闸坝运行调度方式的尝试。通过调度望虞河上的常熟枢纽（包括泵站）、望亭枢纽和太浦河上的太浦闸，将长江水经望虞河引入太湖，并通过太浦河向下游和周边地区供水，以加快水体流动，提高自净能力，缩短太湖换水周期，改善太湖水环境。“引江济太”在保障供水和水污染防治方面已取得了很好的实际效果，而其中升华得出的闸坝调度理念变化更为重要：太湖闸坝正逐步从单一的防洪控制调度向流域水资源的科学调度和优化配置转变，从汛期调度向全年调度转变，如2004和2005年，太浦闸已基本上实现全年开启。目前，“引江济太”项目还在继续扩大，太湖流域管理局计划进一步增加调水河道，逐步恢复太湖河网水体的有序、自然流动。

（4）江苏盐城提出恢复感潮河道。该构想拟通过调整现有挡潮闸的运行方式，将入海封闭河道恢复为有控制的感潮河道，即只有在遭遇天文高潮、台风高潮和排涝高潮时才关闸挡潮，在遭遇特殊干旱年份、农灌高峰期和低潮位时才关闸蓄淡，其余时间则敞开闸门以恢复河道的感潮功能。当然，要实施这种调度方案，必须认真考虑卤水上溯、引水口门上移、闸下反向消能、对排涝的影响、淡水流失、地下水盐碱化等一系列可能引发的新问题。

2. 适当改建闸坝，扩展其生态功能，也是减小已建闸坝对生态的不利影响的一种有效措施　黑龙江省齐齐哈尔市扎龙湿地的补水工程（翁海立交）就是由原来的灌渠、排水渠改建而成的补水工程。广东佛山市三水区的西南水闸，原本为防洪和排涝而建，闸底板较高，不考虑从北江引水。由于该闸阻断了北江水经西南涌进广州和佛山的通道，为了引北江水改善水环境，现在必需拆除重建。吉林月亮泡水库（湿

地）原建有向嫩江泄水的水闸，只打算往外排水，并没有考虑从嫩江向湿地补水，目前为了往湿地补水也必须进行改建，增设反向消能设施等。

3. 从闸坝的规划设计阶段即充分考虑其生态影响，建设生态友好型的新型闸坝，更是事半功倍的治本良方，值得大力提倡

国外对此已有一些成功经验。

（1）伦敦泰晤士河挡潮闸。伦敦泰晤士河挡潮闸的规划设计充分考虑了外形美观、不阻断河道、不碍航等功能要求，工程建设颇具特色。该挡潮闸的主体部分为4孔61m宽和2孔31.5m宽的通航孔，配旋转升降扇形闸门。闸门常年开启，卧于水底。据统计，从1984年该闸建成到2004年，共计只因挡潮关闭过55次（近几年因伦敦地面下沉、潮位升高，关闸次数增多）。建闸对河道的影响被尽可能压到最小范围。

（2）荷兰鹿特丹挡潮闸。该闸由两扇可水平旋转的巨型弧形闸门组成，建得更加新颖美观、独出心裁。闸门常年开启，两扇闸门停放在两岸陆地上，只在必要时，旋转至河道内发挥挡潮功能。该闸的建没对整个河道以及通航的影响极小。

（3）威尼斯泻湖挡潮闸。举世闻名的水城威尼斯市由散布在威尼斯泻湖中的一批大小岛屿组成，泻湖中还分布有大片湿地，湖边为意大利重要的工业区。泻湖与大海被天然的长条形岸堤隔开，其中“留有”三个豁口。遭遇较高的风暴潮时，涌入泻湖的海水可能使整个威尼斯市受淹。为此，有必要在三个豁口处建设挡潮闸。为了最大限度地减少建闸对生态、通航、景观的影响，意大利工程师巧妙地设计了一种“看不见的”浮动挡潮闸。挡潮闸由一系列空腹的、可沉浮旋转的闸门组成，每扇闸门以铰链固定在海底闸底板上。平时闸门充水，平卧海底，水面上完全看不到闸门。当需要挡潮时，向闸门厢里压气排水，闸门就以铰链为轴旋转，浮起挡潮；待潮位下降时，注水排气，闸门又沉回海底。各扇闸门之间不设止水，每个高潮段漏进泻湖的水可能使水位升高5～10cm，不致对威尼斯市造成威胁。

令人欣慰的是类似设计在国内已经陆续见到。如上海市苏州河水闸，单跨闸门净宽103m（与苏州河口同宽），平时闸门倒卧水底，不影响景观，潮汛时闸门翻立水中，挡潮并控制苏州河水位。再如作为太湖流域防洪控制工程之一的京杭运河的常州新闸，也是一座可浮动旋转启闭的闸门。闸门实际上是一个可沉浮钢质浮箱门，平时闸门开启，停靠在岸边的门库内，需要时旋转至关闭位置，蓄水挡洪。建闸后，整个运河仍几乎不受阻隔。

三、小结

（1）闸坝在发挥功能的同时可能对生态产生不利影响，对此必须高度重视，充分关注。

（2）采取工程或非工程措施，从规划设计、工程改建、调度运行等方面入手，可以消除或减小闸坝对生态的不利影响。

（3）有必要对已建闸坝进行重新评估，并在评估基础上调整运行方式、改建甚至拆除。

加快我国水电开发建设的四项措施

国家发改委能源局局长　徐锭明

按照我国能源规划，到2020年水电装机容量要达到近3亿kW，目前只有1亿多千瓦，开发建设任务还很艰巨。在10月22日举办的“中国水电开发与环境保护高级论坛”上，国家发改委能源局局长徐锭明提出加快我国水电开发建设的四项措施。

首先，增强水电开发的紧迫感和责任感。水电开发是能源发展的需要，是实现工业化的需要，是全民建设小康社会的需要。水电如果不能有序开发，能源就会出现断层，工业化就不能实现，全面建设小康社会目标就会落空。按照我国能源规划，到2020年，我国水电装机容量要达到近3亿kW，现在只有1亿多千瓦。20年战略机遇期，稍纵即逝，现在已过去5年了，而一个大型水电站建设要七年或八年，甚至十年，现在是24个省、市拉电，如果水电不能按照中央的方针有序开发，到2015年，或者到2020年，电力就会出现断层，我国就要严重缺电，所以要加快水电开发。

其次，以科学发展观统领水能开发利用全过程，在保护生态的基础上，有序开发水电。坚持以人为本，转变开发观念，创新开发模式，提高开发质量，把水能开发利用切实转到全面、协调、可持续发展的轨道上来，做到在开发中保护，在保护中开发，以我国能源可持续发展和有效利用确保国民经济可持续发展。

第三，按照全面、协调、可持续发展的模式，做好开发规划。首先编制开发河流、整体开发利用、环境保护、生态保护、移民搬迁、生产发展、经济发展、社会发展的总体规划，把水电开发与流域综合开发，与当地经济发展、保护民族文化、保护民族遗产、保护遗产结合起来，实现人与自然和谐发展。

第四，水电开发要结合中国国情，依法开发，科学开发，坚持辩证唯物主义和历史唯物主义，以“三个代

表”重要思想为指导，把我国水电开发利用这件大好事办好。能源是国家安全、军事安全和经济安全的基础，通过水电开发，推进流域地区经济、社会全面发展，确保当地人民与全国人民一道同步进入小康社会。

（编辑部摘编）

全面落实科学发展观　创新发展模式　提高发展效益　努力推进集团公司的可持续发展（摘要）

中国水电工程顾问集团公司总经理　李菊根

总结2005年和“十五”工作，以科学发展观为指导，认真研究影响企业可持续发展的突出问题，明确“十一五”的工作思路，部署2006年的工作，创新发展模式，提高发展效益，大力培育新的经济增长点，全面推进集团公司的可持续发展，是这次会议的主要任务。

一、2005年的工作和“十五”回顾

（一）2005年的工作

2005年是“十五”的最后一年，全国新增电力装机容量约7000万kW，总装机容量约5.1亿kW。其中水电装机容量达到1.17亿kW，继续处于世界首位，风电装机容量达到126.6万kW。

1. 加大经营力度，各项指标取得历史性突破　全年共签订合同106亿元，实现经营收入41.54亿元，利润总额1.97亿元，净资产收益率22%，国有资本保值增值率134%，劳动生产率39万元/（人·年），各项指标分别是2004年的160%、130%、247%、272%、120%和138%，特别是利润总额首次突破亿元大关。各项指标迅速增长，均创历史新高，全面完成了国资委下达的考核目标。在全年合同中，水电工程勘察、设计、工程总承包分别占23%、30%、34%，勘察设计仍为主要收入来源，工程总承包增长幅度较大。国际市场业务有所突破，收入达5000万元以上。回收资本金2836万元。

2. 克服困难，努力完成各项生产任务　2005年是生产任务最重、经受考验最大的一年，也是创造历史最好成绩，为我国水电建设做出更大贡献的一年。完成了全国常规水电、抽水蓄能、风电“十一五”发展规划，参与西藏电力“十一五”规划方案的制定，完成了全国水力资源复查成果发布、有关政策和专题研究工作。保证了溪洛渡、锦屏一级两个世界级特大型水电站的正式开工和瀑布沟水电站的顺利复工。继续推进国家发改委委托的风电前期技术归口管理工作，积极做好风电场特许权招标技术服务，集团公司的技术领先地位进一步巩固。

3. 全方位加强合作，切实促进水电风电健康持续发展　全方位的合作，为实现多方共赢，全面促进水电风电和集团公司的长远发展奠定了基础。加强前期费管理，努力提高使用效益。合理安排了国家发改委、财政部分别下达的水电前期工作经费和专项费用，保证了水电的后续发展。

4. 积极推进改革，主辅分离辅业改制实现突破　认真做好电力体制改革的有关工作，努力争取支持电力辅业920万kW电力资产的合理分配。中国水力发电工程学会秘书处挂靠集团公司管理，为集团公司统筹协调全国水电发展的有关工作搭建了一个良好的平台，进一步提高了集团公司的行业地位。

适应国资委培育和发展具有国际竞争力的大公司大企业集团，推进调整重组的要求，积极推进与中国电力工程顾问集团公司的合并重组，请示报告已报国资委。

根据国资委对集团公司主辅分离辅业改制方案的批复意见，按照“859”号文及主辅分离辅业改制有关政策精神，集团公司总部、华东院、北京院已完成辅业单位改制。

5. 不断加大资产经营管理力度，努力改善资产质量　继续强化预算管理制度建设，规范预算管理体系，扩大预算管理范围，确立自下而上和自上而下相结合的预算管理方式，为实施集团公司资金集中管理奠定了基础。

加大投资力度，努力改善资产质量。集团公司自2003年以来，先后提出了投资水电和风电项目，投资建设步伐加快，规模不断扩大。

6. 推动管理创新，依靠内部管理出效益　积极导入现代化管理理念，努力推动管理创新。以提高经济效益为目标，战略管理、集团化管理和信息化管理水平不断提高，管理效益明显。

7. 加大科研力度，勘测设计水平进一步提高　除国家税务总局批准集团公司统一安排的4170万元开发费用外，各子公司自行加大了科技投入，全年科技开发投入占营业收入的比例达到7.9%。启动了重大工程技术、新材料、新技术以及技术标准编制和水电发展政策和课题研究等一大批工程应用研究项目。科技进步和技术创新成果的大量应用，大大提高了勘测设计生产力水平。

8. 先进性教育活动成效显著，党的建设进一步加强　按照国资委和有关地方党委的部署，扎实开展以实践“三个代表”重要思想为主要内容的保持共产党员先进性教育活动。集团公司共有1个党组、15

个党委、22个党总支、277个党支部，共6165名党员分两批先后参加了先进性教育活动。集团公司先进性教育活动多次受到国资委先进性教育活动领导小组的表扬。

9. 加强纪检监察工作，全面落实党风廉政建设责任制 努力推进党风廉政建设的宣传教育工作，党员干部的廉洁自律意识明显增强。制定、完善了集团公司党组党风廉政建设责任制实施办法等制度，党风廉政建设考核体系进一步完善。

10. 严格产品质量，落实安全责任，发展环境得到可靠保证 通过不断完善技术管理体系，为业主提供了高质量、高水平的勘测设计产品和技术服务，产品的顾客满意度不断提高。产品质量基本满足了工程建设要求，赢得了政府和业主的信赖。全年未发生责任性重大安全生产事故，有力地保证了集团公司的稳定发展。

11. 扎实做好扶贫工作，努力完成帮扶任务

努力实施科技扶贫，构建和谐社会做出了贡献，受到国务院扶贫办、云南省和四川省人民政府的表扬，塑造了集团公司良好的社会形象。

（二）“十五”工作回顾

“十五”是集团公司发展历史上的最好时期。2002年底组建成立集团公司，紧紧把握了改革和发展的机遇。集团公司组建3年来，已取得“三高、四翻番”的好成绩：社会地位显著提高、市场占有率显著提高、员工收入水平显著提高，经营收入、劳动生产率、利润总额、资产总量均实现了翻番。

1. 扎实做好行业服务，促进了水电风电大规模发展 “十五”是我国水电发展最快、成绩最突出的时期。全国水电装机由7935万kW发展到1.17亿kW，一跃成为世界第一水电大国；增加装机容量3700万kW，相当于建国后水电40年的发展成果。这与集团公司努力推动水电规划和前期工作是密不可分的。

组织完成全国水力资源复查，基本摸清了我国的水电资源状况，奠定了科学规划水电发展的基础。完成2020年全国常规水电、抽水蓄能、风电发展规划，为国家制定能源“十一五”和2020年发展规划提供了科学依据。积极协办联合国水电可持续发展大会，形成了《水电与可持续发展北京宣言》。积极争取国家水电前期费，大力开展主要河流（河段）水电规划。修编了全国十三大水电基地建设规划。

大力推进风电建设，积极促进可再生能源发展。先后两次承办全国风电前期工作会议，积极做好国家风电特许权招标技术服务。以技术标准体系化和风电场规划引领风电发展。

2. 经营水平不断提高，资产质量明显改善 对子公司实行经营者年薪制，极大地调动了经营者的积极性，资产经营取得历史性好成绩，有的指标甚至翻了两番多。2001～2005年，营业收入从12.13亿元增长到41.54亿元，劳动生产率从11.4万元/（人·年）增长到39万元/（人·年），利润总额从2537万元增长到1.97亿元，净资产收益率从4.87%增长到22%，资产总量从21.31亿元增长到58.46亿元。2004年集团公司的净资产收益率达到中央企业平均水平，2005年已大大高于中央企业的平均水平。

借船出海，国际经营稳步发展。2000～2004年，对外经营收入总计达1.37亿元。投资水电风电，实体化发展有了新突破。资本金回收取得较好成绩，已签回收资本金协议2.3亿元，到账约1.6亿元，集团公司的实力明显增强。

3. 积极营造良好的内外环境，始终把握正确的发展方向 努力推进“四个根本转变”，确保可持续发展。确立了可持续发展的基本思路，逐步形成从前期设计到工程建设到投资开发到运营管理的一整套经营体系。

转变服务理念，为稳固经营发展业绩营造了良好的社会环境。坚持以人为本的科学发展观，积极为社会、政府和业主提供了独立公正的中介服务，受到社会各界的高度评价。

4. 严格财务资金管理，资产管理效益不断增加

适应集团化管理要求，财务资金管理进一步规范。一是实行新的《企业会计制度》。二是制定了集团公司投资管理办法等财务管理制度，建立和完善了资产经营责任制。三是加强产权管理，进一步加强出资者权益管理。四是认真接受国有企业监事会的监督检查和会计师事务所审计，发现的问题及时得到纠正，提高了监督检查成果的运用落实水平。五是制定财务预算实施办法，加强财务预算管理，规范预算管理体系。六是加强财务信息化建设，运用信息化手段，实现集团公司对各子公司的实时监控和管理。建立资金预警系统，推动集团公司财务信息与国际惯例接轨，增强了财务信息的国际可比性。

5. 国际国内地位稳步提升，竞争能力明显增强

首次参加2003年度中国《建筑时报》和美国《工程新闻纪录》杂志联合举办的“中国承包商和工程设计企业双60强”评比，获第二名；参加2004年度评比，获第一名。集团公司在激烈的市场竞争中快速发展，国际国内地位稳步提升，竞争能力明显增强。

二、“十一五”的基本形势和发展思路

（一）基本形势

“十一五”是我国全面建设小康社会、加快推进社会主义现代化建设的关键时期，也是集团公司加快调整经济结构，努力实现可持续发展的重要时期，既有

机遇，更有挑战，总体上有利于发展的形势是主要的。

水电风电仍是最有发展前途的可再生能源。根据发展规划，到2010年，常规水电、抽水蓄能和风电装机容量分别达1.6亿kW、0.18亿kW和400万kW，到2020年分别达到3亿kW、0.35亿kW和3000万kW，水电每年将新增装机容量1000万kW以上。

国民经济快速发展，电力需求仍将持续增长。据预测，中国GDP未来5年年均增长率8%，2010年后将名列世界第三。国民经济的快速增长和人民生活水平的不断提高，必然带动电力需求的持续增长。到2030年，按人均拥有1kW装机容量计算，我国总装机容量将达到15亿kW。电力将保持平均每年4000万kW的持续增长速度，仅靠煤电、核电将无法满足，必将优化调整电源结构，适当压低煤电发展速度，加速水电风电建设。

水电建设仍处于高峰期。将继续承担金沙江上游等水电规划任务、龙滩、小湾、溪洛渡、锦屏一级等特大型工程的勘察设计任务。包括金沙江白鹤滩水电站在内的一大批大型工程将从预可研转到可研。目前集团公司基本占有了我国剩余的2亿kW水电勘测设计80%的市场份额，但随着在建规模的不断扩大，“十一五”末将面临主业市场逐步缩减的局面。所以“十一五”是集团公司调整主业发展，培育新的经济增长点的关键时期。

电力发展将趋于平稳，竞争压力加大。从国家能源政策角度讲，水电风电优势明显，但受未来几年电力供需关系变化和市场容量的影响，将进入低速发展时期。据估计，2006年全国将新增装机容量8000万kW，总装机容量将达到5.9亿kW，全国电力供需总体趋于平衡，供应偏紧。2007年，全国电力供需矛盾全面缓解，部分地区开始出现供大于求的局面。2008～2010年，全国电力供大于求的局面将持续下去。“十一五”后半期电力新开工规模必然走向低谷，也将影响水电发展，竞争压力也会越来越大。反过来看，这也正是我们调整发展思路，投资水电风电，建立优良经营资产的好时机。

（二）发展思路

“十一五”的总体发展思路是，按照“发展要有新思路，改革要有新突破，开放要有新局面，各项工作要有新举措”的要求，始终把发展作为第一要务，创新发展模式，提高发展效益，继续稳定和做强做优主业，适当延长主业发展的产业链，把加快投资开发、促进风电发展和开拓国际业务培育成新的经济增长点，确保集团公司的科学发展和可持续发展。

具体发展思路是：

1. 稳定主业市场，积极拓展新领域　要确保大中型水电工程前期勘测设计市场占有率达到80%，施工图设计和工程监理市场占有率达到80%，设计咨询市场占有率达到70%，集团设计建成的水电站装机容量占全国已建水电站总装机容量的比例达到60%。积极挖掘市场经营潜力，拓展安全评价业务，向大土木设计咨询市场延伸。2010年营业收入达到60亿～80亿元。

2. 抓住机遇，投资建设水电风电　发挥集团优势，集中资金投资水电风电，并以投资带动以设计为龙头的EPC总承包业务发展。总的发展目标是，到2010年拥有已建和在建权益容量200万kW，其中投产50万～100万kW；投资总量累计约100亿元，其中资本金投入累计约20亿元。

3. 大力开拓风电市场　要努力实现风电勘测设计50%的市场占有率。风电勘测设计收入每年要突破1亿元，力争达到1.5亿元。

4. 大力开拓国际市场　把开拓国际市场作为支撑集团公司可持续发展的重要举措之一，统一“中水顾问CHECC”品牌，统一对外经营权，发挥集团的整体优势，大规模开拓国际市场。力争2010年对外经营收入占集团公司总收入的10%。

5. 实行资产联合兼并　实行强强联合，提高经济效益。积极推进与中国电力工程顾问集团公司的合并重组，积极接纳广西电力工业勘察设计研究院加入集团公司，提高我国在电力技术服务领域的竞争力。

三、2006年的重点工作

2006年是“十一五”的开局之年，宏观经济环境对企业的改革发展十分有利。要坚持科学发展观，按照集团公司“十一五”的总体发展思路，走内涵式发展道路，不断创新发展模式，努力提高发展效益，为“十一五”的可持续发展开好局、起好步。

主要经营财务指标：

实现经营收入47.7亿元；

利润总额2.1亿元；

净资产收益率18%；

技术投入比率7%；

劳动生产率43万元/（人·年）；

流动资产周转率超过1.3次；

资产总量达到70亿元；

国有资产保值增值率108%；

完成基本建设投资13.8亿元，资本金投入4.37亿元；

杜绝重特大责任性人身、设备、交通事故。

1. 修订发展战略，努力提高战略管理水平　以集团公司中长期发展规划纲要为指导，年内抓紧修订完成集团公司发展战略。

要通过提高以战略管理为核心的企业管理水平，

进一步强化集团公司“三个中心、一个核心”的战略定位，按照“集团化管理，多元化经营，股份制改造，信息化建设”的管理要求，努力提高管理效益。

中长期发展规划纲要明确：到2020年，集团公司的总体发展目标是建成“科技型、集团化、现代化、国际一流”的企业集团。力争到2020年，继续保持国内水电工程勘察设计市场60%～80%的市场占有率，不断开拓新的相关市场领域。国际市场收入达到3亿～5亿元，全部收入120亿～160亿元。拥有已建和在建权益容量400万kW，其中建成200万～300万kW。培养和造就一批具有国内领先、世界先进水平的高级专家，“高、精、尖”人才占员工总数的10%，建立起科学化的人力资源开发与管理体系。建立起集团公司完整和高效的科技自主创新体系。管理更加现代化，企业文化更加先进，“中水顾问CHECC”品牌价值大大提升。

2. *加强经营和生产管理，确保经济效益的稳步增长* 继续加强与各大发电集团、区域电网、流域水电开发公司的战略合作，巩固友好合作关系和良性互动机制，保障集团公司的利益，促进水电持续健康发展。抓好重大项目的经营管理，加大合同催款力度。重点抓好金沙江、雅砻江、大渡河、澜沧江、黄河上游、怒江梯级项目，三峡、龙滩等大型项目以及华东、东北、广东、山东、河南等地区大型抽水蓄能项目的经营工作，积极开拓水电水利项目咨询评估市场，力争合同和经营收入的稳定和提高。积极促进西藏电力发展，依靠推进“藏电外送”进一步带动西藏水电大规模发展。协调勘测设计收费按时足额到位。加大市场协调力度，维护水电勘察设计市场的有序和健康发展。继续加大资本金回收力度。

积极参与国际市场竞争。特别是生产能力过剩的子公司要加大国际市场的开拓力度，把剩余劳动力向国外转移，充分利用国际国内两个市场、两种资源，实现更快更好的发展。

3. *加强资产管理，全面实行资金集中管理，提升财务管理水平* 财务与资产管理要重点抓好四件工作。一是提高资产经营质量，确保国有资产保值增值。二是严格投融资管理，努力提高投资效益。三是实行全面预算管理制度，切实加强财务预算管理。四是成立资金结算中心，实行资金集中管理。

4. *积极推进各项改革工作* 争取电力体制改革920万kW电力资产分配政策到位；继续推进主辅分离工作，确保2007年全面完成；按照国资委部署，认真研究主业改制方案，完善法人治理结构；研究集团公司做强做优，强强联合方案。积极推进广西电力工业勘察设计研究院加入集团公司的有关工作，推进与中国电力工程顾问集团公司的联合重组，增强在电力技术服务领域的控制力、影响力和带动力。

5. *努力加强企业领导班子和人才队伍建设* 严格对子公司领导班子的管理和考核。坚持党管人才和市场化选聘经营者相结合的原则。

6. *努力推进以企业为主体的科技创新* 建立集团公司技术创新体系，努力建设成为自主创新型企业，提高企业核心竞争力。要重点抓好四件工作：一是要瞄准世界先进水平，围绕提高企业核心竞争力制定集团公司中长期科技发展规划，确立自主创新在企业发展战略中的核心作用。二是要加大科技投入，逐步提高研究开发费用占销售收入的比重，使集团公司成为技术创新的投资主体。三是要加快行业重大技术攻关、新技术研究和技术标准编制等工作，尽快掌握本行业的核心技术，提高创新能力，掌握和拥有更多具有自主知识产权的新技术、新专利，使集团公司成为研究开发主体。四是要结合设计的大型项目，积极做好科技成果、新标准的应用，使集团公司成为科技成果应用的主体。不掌握核心技术和自主知识产权的企业，不可能成为世界一流企业。

7. *巩固和扩大先进性教育活动成果，努力加强党建工作* 进一步巩固和扩大先进性教育活动成果，建立健全永葆共产党员先进性的长效机制和企业党的建设的长效机制，是今年的一项重要工作。

8. *加强纪检监察和审计监督* 认真贯彻中纪委六次全会精神，认真学习贯彻《党章》，进一步建立健全集团公司教育、制度、监督并重的惩治和预防腐败体系，促进领导干部廉洁自律。认真接受监事会的指导和监督，确保国有资产和国有权益的安全。

9. *切实加强安全生产和质量管理* 认真落实企业“一把手”安全生产第一责任人的责任。

10. *努力推进企业文化建设* 要抓紧修订企业文化建设战略，为企业的可持续发展提供强有力的文化支撑。

“十一五”是集团公司创新发展的关键时期，2006年改革发展的任务十分繁重。要全面落实科学发展观，不断创新发展模式，努力提高发展效益，为实现集团公司的可持续发展和水电事业的兴旺发达而努力奋斗。

（编辑部摘编）

对黄河水沙调控体系建设的思考

水利部总工程师 刘宁

近年来，黄河水利委员会（以下简称黄委会）在黄河水沙调控体系建设上进行了很多的探索和实践，如调水调沙试验，小北干流淤粗排细的放淤试验，包括下游标准化堤防建设等，目的都是为了解决水少沙多、水沙不协调以及其他一些由来已久的黄河老大难问题。但黄河问题非常复杂，热点问题、难点问题很多，因此，解决黄河水沙调控问题不可能是单一的、一蹴而就的，黄河水沙调控体系建设还有很多工作要做。

一、关于黄河水沙情况

根据全国水资源综合规划调查评价阶段的最新成果，黄河1956～1979年与1980～2000年两个时段相比，流域的降水量减少了6.9%，地表径流量减少了14.5%，径流量的减少幅度大于降雨量的减少幅度。根据《黄河近期重点治理开发规划报告》，预计今后50年，黄河进入下游的水量较目前将进一步减少，平水年180亿～200亿m^3，枯水年将不足100亿m^3。另外，黄河上的龙羊峡、刘家峡、三门峡、小浪底等骨干水库的库容有517亿m^3，有效库容286亿m^3，如果古贤、碛口水库建成后，库容还将增加近300亿m^3，这几座水库的拦沙库容分别是：碛口144亿t，古贤160亿t，小浪底近100亿t，加上小北干流放淤100亿t，黄河下游引水年均带走泥沙1亿～2亿t，中下游的试验堤淤临淤背每年还可以存蓄泥沙150万t。近年来，入黄河泥沙由原来的年均16亿t，减少为13亿t（甚至将更少），减沙量大概占泥沙总量的18%，据黄委会测算，其中61%是水保工程治理的成效，还有39%是受降雨的影响。根据《黄河流域防洪规划》中的数据，1919年7月～1997年6月，在78年的长系列中，4站的平均水量是308亿m^3，平均沙量是12.73亿t，用23年为一时段进行组合，1976年以前水量基本上都是大于平均水量，1976年以后的水量都小于平均水量，说明1976年以后的23年，水量在减少。1964年以前的23年沙量是大于平均值的，1964年以后都比平均值小，说明沙量也是减少的。

通过以上情况，可以这样认为：这么多年以来，黄河水沙情况发生了变化，这种变化主要是水量和沙量的近乎同比减少，但水沙不协调的变化不是太大，有变化也主要是在局部河段发生。黄河水沙不匹配、不协调的问题原本就存在，现在人们对黄河的需求高了、期望高了，因此，水沙不协调的问题就更使人关注，影响更大。黄河经过这么多年的建设，客观上已具备一定的水沙调控能力，只不过这个体系还是初步的，或许还没有真正成为体系，而且与现实的要求还存在较大差距。黄委会进行的调水调沙试验，把水沙调控体系的建设和运用问题更加突出出来，期望水沙调控体系的作用和现在治河的要求能呼应起来，从而发挥更重要的作用。

二、关于调水调沙试验

三次调水调沙试验的意义不仅在于输了多少沙入海，还在于试验本身取得了什么样的成果，以及这个成果的价值。可以从以下四方面对三次调水调沙试验加以说明：

（1）三种不同的调水调沙试验，证明了通过工程运用，因势利导塑造水沙过程是可行的，但是要达到更高的期望，将受到很多条件的制约。

（2）进行调水调沙需要水量和水动力的聚合。对于黄河来说，因为水少，水动力聚合需要借助系统的力量。黄委会认为第三次试验证明，仅靠万家寨、三门峡和小浪底的水动力聚合还不够充分，所以要建设古贤、河口村水库等，增加后续水动力的聚合，形成更为完备的水沙调控系统。

（3）调水调沙是有效果的，三次共输送2.58亿t泥沙入海，使下游河槽平滩流量由1800m^3/s提升到3000m^3/s，但同时也付出了相应的代价。三次试验简单地说，第一次是小浪底水库单独的调水调沙，第二次是小浪底水库和下游的两个水库联调，第三次是上游的水库也参加了。方式不同，代价也不同。因此，要仔细研究论证，精心安排运用，因地制宜、因时制宜。

（4）调水调沙试验客观上也是对小浪底水库设定的运用方式和下游河道冲淤过程变化的一个检验，揭示了许多关于调水调沙和水沙调控体系建设的问题，为调水调沙体系的确立和建设作了有益的探索。

三、关于水沙调控

黄河“域旱流长”，水动量不足。黄河河长5464km，水资源总量580亿m^3，如果按照长度平均，每公里的水量差不多只有1000万m^3；长江长度约6300km，水资源总量约9600亿m^3，平均每公里约有1.5亿m^3的水量；再者，黄河中下游一些河段滩阔槽浅，河流摆动大，坡比小，易变化，水量不足时，流速也不大。动量是速度乘以质量，因而这些河段水动量也不足（同等流量条件下，非饱和高含沙量的水流动量会大于低含沙量的水流动量），为此，需要尽可能多地聚集一些水，并考虑泥沙的含量与作用，形成一定的水动量进行水沙控制和调节。另外，黄河流域大部分处在干旱或者半干旱地区，土地沙化、流失严重，同时流域内经济社会发展需要的引水规模比较大，使得沿程水量逐步减少，所挟泥沙沿程淤落，形成下游滩区并不断淤积抬高河床。从这个意义上说，在一定程度上进行水沙的控制和调节是必要的。

（1）增水和聚水。对水沙调控体系建设来讲，增水是必要条件。增水有多种形式，不仅仅是西线的南水北调，南水北调的东线和中线客观上都会为黄河增水，同时节水措施的实施，也将为黄河增水，这些替代出来的水都会成为整个水沙调控体系增水的组成部分。聚水是水动量的蓄积过程，这首先需要的就是能有一定的水量可供蓄积，同时要有必要的工程设施，恰当选择的时机和科学合理的调度。

（2）减沙。无疑沙要尽量减在中上游，并且最好还能淤地，发挥更好的效益。我们建设了很多淤地坝，进行了小北干流放淤试验，形成了一定的可利用土地，更好地发挥了减沙的效用，这是一举多得。

（3）水沙过程的协调。对于黄河来讲确实存在着时机的问题，很多专家认为在有异重流的时候或含沙量达到一定程度的时候，冲淤作用更明显，水动量会更大。非饱和高含沙量的洪水可能更有利于一次有效冲淤和释放。当然，通过人为方式进行调节也是创造机会的一种。

（4）河道治理和滩区治理等也是水沙调控体系的重要组成部分。滩区的治理，生产堤的限定、废除都是非常重要的，都是关系着黄河治理、水沙调控的大事。根据《黄河流域防洪规划》中援引的资料，从1974年国务院批准废除生产堤以后一直到1992年，生产堤口门等拆除了50%，但是现在又已经部分恢复，甚至生产堤又有所增加和加强，生产堤在不同程度上维系着滩区180多万人的日常生产、生活，这使滩区治理问题越发成为焦点和难点，也对现行水沙条件下的中水河槽标准、塑造、维护提出了更为艰巨的要求和挑战，需要认真研究，仔细应对。枢纽工程的调度运用也是非常关键的。新建的工程能否按照调水调沙的运用方式运用？这是我们要研究的问题。如果能，已建的水库是否也能够按照调水调沙的方式运用？如果新建的工程不能按照调水调沙的方式运用，会出现什么样的问题？建设以调水调沙为主要目标的工程，其运用必然不再是试验阶段的运用，如果把一些工程锁定在调水调沙运用作为主要目标来建设，就需要加强这方面的研究论证和规划设计。

（5）水沙调控体系的目标设定。在水沙调控体系中拦、排、放、调、挖是密切相关的五个方面，在水沙调控体系的目标设定当中不能过于强调“调”的作用，实际上“调”是离不开其他四个方面配合的，是综合作用的结果。因此还要研究下面这些问题：一是完整的水沙调控体系的目标设定，二是不完整的水沙调控体系的目标设定，三是水沙调控体系受到的制约条件等。要更为关注水沙调控体系与其他措施的联合运用，比如说古贤水库的建设，其作用肯定是综合性的，可能防洪拦沙作用还是第一位的，水沙调节只是调度运用中的重要手段。水沙调控体系的建设与其他体系的建设还有比较问题。

四、几点认识

（1）黄河水沙调控体系的建设需要加强论证、深入研究、勇于探索、不断实践，以期方案更完善、更有效、更实用。比如古贤水库，原来规划设定的工程任务主要是拦沙防洪运用，若现在更注重调水调沙运用要求，就必须深入研究论证其调度方式，并就建设时机作必要分析。

（2）南水北调西线一期工程总共调水40亿m^3，客观上能用于调水调沙的水有多少？为了减轻调水区的影响，在一定程度上扩大调水规模以满足需求，能否一、二期工程建设方案统一考虑、连续建设、分步实施？其效率和效益如何？南水北调西线的供水目标问题非常复杂。增水的措施不只限于南水北调西线，还有很多替代出来的水可作为增水，这样的增水又该如何运用？调水调沙体系建设需要进行多方向增水运用的论证。

（3）完整和不完整的水沙调控体系所能达到的目标要科学研究确定。比如论证报告中提到，通过古贤水库的建设运用（可以控制黄河80%的粗泥沙以及全河66%的泥沙），可以将潼关高程降低2m左右，作用还是很大的，但是这一作用是在一定条件下计算分析的结果，目标的实现需要综合措施。

（4）水库基本上都是以综合利用为目的建设、运用的，水沙调控是基于综合利用的水利枢纽工程的一种调度运用方式。鉴于黄河治理的复杂性，以及黄河水沙过程较强的随机性，在水沙调控体系构建过程中，需要综合考虑以水沙调控体系建设为主要目标的工程建设，同时也要考虑以水沙调控体系运用为主要目标的原有工程目标的调整或划归，以及建立在水沙调控体系运用基础上的现有工程调度方式和规定等问题。对于水沙调控体系，其建设范围不止限定在工程体系上，还有非工程体系。

（5）水沙调控体系建设与运用，客观上也会对黄河环境及生物多样性产生一定的影响，要研究建立在其他目标基础上的工程运用方式的相关性和方法。

（6）水沙调控确实是黄河治理的一种有效方式，这种方式通过充分论证、建设和运行以后，必定会起到重要的作用，但是它一定是与其他措施，乃至整个治河体系相关联的。

（编辑部摘编）

电力发展面临的战略选择

中国水力发电工程学会副理事长　周小谦

21世纪前20年，电力建设和改造的规模将达到

9亿kW左右，需要建设的输变电工程220kV及以上达40万km左右，变电容量达16亿kV·A以上。到2020年相应需要的发电用煤炭在18亿t以上，需天然气400亿m^3，为此机械制造行业要提供相应规模的发电、输变电设备。同时每年向大气排放的CO_2达46亿t，SO_2达3000万t，而要把这3000万t降到1000万t以内，电力建设所需要投入的资金约在9万亿元左右，等等。这对能源供应、设备制造、环境治理、运输及资金筹措等将是极大挑战。面对挑战，我们作何抉择？

我们的战略选择只能是以科学的发展观作指导，以科技进步和改革为动力，实施走出去的战略，并认真落实如下的电力发展方针去应对。

文中提出七部分：

1. 实施优化发展煤电的方针
2. 大力开发生态环境友好型水电
3. 加快我国核电发展
4. 适度发展天然气发电
5. 组织发展新能源发电
6. 加强电网建设
7. 组织实施能源领域的国际化战略

有关水电开发摘登如下：

大力开发生态环境友好型的水电

水电是清洁能源，是可再生能源。我国水电资源丰富，理论藏量6.94亿kW，2.92万亿kW·h。技术可开发容量5.42亿kW，2.47万亿kW·h，按2004年火电煤耗379千克标准煤/（kW·h），相当于年产8.5亿t标准煤。

建国以来我国一直重视水电开发，但由于受到技术、资金等制约，开发速度一直不快。2004年，我国水电装机容量虽达1.07亿kW，居世界第一，但与我国水电资源相比，其开发率还是比较低的。我国要进一步加快水电开发，特别在国家实施了西部大开发战略，电力贯彻了西电东送和全国联网的发展方针，我国水电开发在经过了技术条件制约，资金制约之后，又克服了市场条件的制约，已为我国水电的深度开发创造了很好的外部条件。

因此在“十一五”规划和2020年长远规划中，对于水电开发给予了高度重视，并继续实施“大力开发水电”的方针。规划到2010年水电装机容量达1.7亿kW，发电量达5900亿kW·h，使水电开发率达23.8%（按装机容量为31.4%）超过了世界平均水平。规划到2020年水电装机达2.6亿kW，发电量达9300亿kW·h，水电开发率达37.8%（按装机容量为48%），其开发率达到中等国家水平。

为此，第一要以科学发展观为指导，把与生态环境友好作为水电建设的重要目标。

但是目前水电开发中，却碰到了一个生态环境制约问题。20世纪80年代，西方国家对水电开发的利弊展开了激烈的争论。现在我国也开始了对水电开发功过的讨论，水电开发对生态环境的影响引起了人们高度重视，社会舆论给予了极大的关注，这是社会进步的表现。关注生态环境，是经济社会高度发展后人们思想认识的升华所带来的必然后果。作为电力工作者，我们将抱着欢迎的态度，按照科学发展观要求，既要加快我国水电的发展，又要保护好生态环境，处理好移民问题，确保社会和谐安全。但要防止的是片面性，防止陷入20世纪80、90年代前苏联的覆辙，由于不能正确认识水电开发与生态关系，且在不正确社会舆论的左右下，使苏联水电一度陷入低谷，我们要引以为戒。

正确认识水电开发与生态的关系，科学评价水电开发可能导致的生态环境问题，用科学发展观和人与自然和谐相处的理念，正确认识并妥善处理现阶段的问题，确保水电开发健康发展。与此同时，对任何偏激的、全盘否定水电的错误观点也不能苟同。发展是第一位的，是党执政兴国的第一要务，没有发展，也根本谈不上科学的发展观。我们要在发展中牢记可持续发展的理念，做到经济、社会、环境协调发展。

第二，要充分依靠科技进步，妥善处理水电建设中的复杂工程问题。

从建设技术上说，要高度重视中国水电建设中复杂条件下水电工程建设关键技术问题，包括高地震烈度、多断裂带、高边坡、厚覆盖等地质条件下的筑坝技术，大断面洞室，长隧洞等施工、勘探技术，以及高坝大库的泄洪、消能等技术问题。此外还有大型水电技术装备和低水头贯流机组及抽水蓄能机组制造技术及其国产化等问题。

第三，要认真处理好流域开发、统一规划、综合利用，充分发挥水能作用问题。包括水电建设体制问题，以及大型复杂水电站群的优化规划、调度评估理论与技术问题。

只有这些问题都得到很好的解决，我国的水电才会持续、高速 、高效、和谐地发展，才能使我国水能得到充分的科学的应用，并达到我们的规划目标。

（编辑部摘编）

“十五”期间经济建设中的一些问题是怎样发生的

中国宏观经济学会会长 房维中

“十五”时期 ，我国的经济建设取得很大的成绩，但也发生了很多问题，需要在“十一五”时期继续消化和解决。为了解决好这些问题，必须弄清楚这些问题是怎样发生的，找出它的原因。都说“十五”是粗放式的增长，但要问明白到底粗放到什么程度，是怎么样造成的。如果弄不清楚这些，我们也就不能对症下药，不能很好地解决这些问题，也就不能深刻地理解党中央在“十一五”规划建议中提出的各项方针政策，不能深刻理解把经济社会发展切实转入科学发展轨道的极端重要性。因此，在制定“十一五”规划的时候，在总结成功经验的同时，回顾一下“十五”走过的路，弄清楚一些原来没有预料到的问题是怎样发生的，从中汲取教训，是完全必要的。

“十五”期间经济建设中发生了一些什么问题

可以举出以下一些事例：

（1）煤油电运全面紧张。尽管这些方面的供应能力以惊人的速度增加，宏观调控部门竭尽全力为各地保煤保油保电保运力，但是长达两三年之久的时间，80％的地区还是经常拉闸限电，最紧张的时候要停三开四。

（2）城市建设的土地供应、城市和工矿企业的水资源供应、工业发展所必需的矿产资源供应，出现了不该出现的紧张局面，甚至难以为继。

（3）大气污染、水污染、固体废物污染几年间猝然为环境的承载能力所不容。现在，2/3的城市人口生活在中度和严重的大气污染环境中，3/5的河流水质处于中度和严重的污染状态，1/2以上的城市市区地下水的水质不符合生活用水标准，一部分农田遭到不同程度的污染。一些地区的生态遭到破坏。全国已进入环境污染事故高发期。

（4）钢铁、有色、建材等行业出现了不是一般的生产能力过剩，而是相当大的生产能力还在加紧建设。

（5）对外依存度，从40％左右上升到接近70％，国际贸易风险增大。

（6）产业结构没有优化升级，低加工度产品的比重大，第三产业基本上停留在2000年的水平。

（7）经济的增长过度依赖投资的增长，居民消费率不但没有比2000年上升，反而由46％下降到40％，居民的消费增长支撑不了经济的高速增长。

（8）基尼系数上升，贫富悬殊更加拉大。居民享受的教育、医疗等公共服务水平极不平等，相当大一部分城乡居民，特别是经济落后地区的城乡居民仍然为医疗和教育的负担太重所苦。

是不是“十五”计划出了问题？如果真的按照“十五”计划的指导方针和总体部署去做“十五”时期不会出现这么多的问题。

现在回过头看，“十五”计划是一个全面、协调、可持续发展的计划，是一个阶段性分明、稳步前进的计划。

（1）“十五”计划的指导方针是明确的，即把发展作为主题，把结构调整作为主线，把改革开放和科技进步作为动力，把提高人民生活水平作为根本出发点。“十五”计划的主要目标是：国民经济保持较快的发展速度，经济结构战略性的调整取得明显成效，经济增长质量和效益显著提高，为到2010年翻一番奠定坚实基础。

（2）五年经济增长速度定为年均7％，是国民经济步入正轨后的正常速度。

（3）7％是建立在经济结构战略性调整的基础上的。计划要求，加强农业基础地位，调整一、二、三产业结构，采用高新技术和先进适用技术改造传统产业，带动工业产业结构优化升级。关闭产品质量低劣、浪费资源、污染严重、不具备安全生产条件的厂矿，淘汰落后设备、技术和工艺，压缩部分行业过剩和落后的生产能力。加速发展信息产业，大力推进信息化。

（4）以单位能耗5年降低15％～17％，实现国内生产总值年均增长7％。为调整能源结构，降低污染，2005年煤炭生产总量控制在11.7亿吨的水平，煤炭在能源消费中的比重从61％降到57％。

（5）加强基础设施建设。要优化结构，调整布局，提高质量，拓宽投资渠道，注重投资效益，把基础设施建设提高到一个新水平。

（6）打破行政分割，重塑市场经济条件下的新型地区经济关系，发挥比较优势，防止结构趋同。通过区域规划和政策，形成各具特色的区域经济。

（7）生态恶化趋势得到遏制。城乡环境质量得到改善，资源节约和保护取得明显成效。抓好重点行业的污染防治，依法关闭污染严重危害人民健康的企业。所有新建项目必须依法严格执行环境影响评估制度。积极开展农村环境保护工作。

（8）城乡居民收入年均增长5％。实行鼓励消费的政策，促进消费需求较快增长，居民消费率提高到50％左右。

（9）推进科技进步和创新，提高持续发展的能力，为产业升级提供技术支撑。加快教育发展，深化教育体制改革，提高全民素质。

（10）推进改革，完善社会主义市场经济体制。健全市场体系，深化金融体制改革，深化财税体制改革，推进行政管理体制和政府机构改革。扩大对外开放，提高对外开放水平。

“十五”计划的执行，只要按照中央的方针办，即使生产总量增长速度超过原定计划10%～20%，重化工多发展一些，也绝不会出现煤、油、电、运那样的紧张，资源持续那样紧张，污染那样严重，若干重工业产品生产能力那样的过剩，进出口依存度那样高，产业结构那样不合理，居民消费率那样的低，劳动收入分配那样悬殊。

问题出在一些地区（不是所有地区）在计划执行中偏离了计划的正确方向，盲目地追求高速度、走上了过度发展高耗能、高污染的重化工道路。

应当承认，"十五"期间重化工的较快增长有它的客观必然性。

第一，居民消费结构升级，对住宅、汽车等的需求增大，从而对钢材、水泥等的需求增大。

第二，利用外资，引进日益增多的工业、服务业项目。政府以优惠方式提供土地，银行提供贷款，投资者从境外引进设备，当地负责土建，从而带动建筑业的兴旺，带动钢材、水泥等建筑用材需求的扩大。

第三，城市化进程的加快。城市建设规模的扩大，加大了对钢材、水泥等的需求。

但是，不正常非理性的情况也随之而生。

（1）由于钢材、水泥、煤炭等重工业产品需求的扩大，出现了供不应求，导致这些基础工业产品价格的不断攀升，甚至产生暴利，引发了社会投资蜂涌而至，出现了无序和过度开发。

（2）地方政府出于对国内生产总值的追逐，以及追求财政收入的增加，把主要精力用于打造重化工，为各种投资主体提供一切条件，甚至为各种落后的生产方式大开方便之门，而把"十五"的指导方针以及产业和技术经济政策置于脑后，把国家的各种经济法律法规置于脑后。

（3）建筑业和房地产业的发展给地方政府创造了税收，城市扩张成为地方政府扩大税源的有效途径，而土地出让收入则成为城市基础设施建设资金的重要来源。有了土地收入，有了政府主导的城市建设较易获得的银行贷款，城市中的各类开发区、市中心的大广场、大马路、豪华办公楼，热火朝天地兴建起来。到处大兴土木，到处拆迁，不该拆的也拆了。有些城市土地越"卖"越欢，失去了控制，城市建设过度。许多城市总体规划尚未到期，但城市建设规模已经完全突破原定的框框，为期20年的规划指标在5年内完成已成为普遍现象。

（4）"我国已进入重化工业化阶段"舆论的兴起。舆论认为，重化工业化是工业化中期必须经历的阶段，只有经历这个阶段才能完成工业化。既然是必经阶段，不可逾越，只有加快发展重化工，走重型化，才符合潮流，因此都嫌自己的工业过轻，不管有无条件竞相上重化工，主要是低加工度的重化工，使发展重化工陷入非理性非市场化的程度。同时，要突出发展重化工，高耗能、高污染就不可避免，因此一切优化产业结构和控制能源消耗、控制环境污染的产业政策成为不符合时令而置之不顾。

"十五"期间过度发展重化工，表现在以下几个方面：

1. 由于各方面对钢材需求量的猛增，钢材销售价格猛涨，各经济主体和地方政府从钢铁生产中获得高额利润和高额税收，从而在一些地区掀起了大办钢铁的高潮，在正常发展之外，出现了严重的无序和过度开发

（1）在一些地区，省一级大办钢铁，地市一级大办钢铁，县一级也大办钢铁，以致一个地区出现了几十个甚至上百个钢铁厂。

（2）在兴建和扩建大中型钢铁厂的同时，兴建了为数众多的缺乏竞争力的小型钢铁厂。

（3）先进设备供应不上，就到处搞属于应当淘汰的技术落后、耗能高的小高炉、小转炉、小电炉。2004年各地300m^3以及300m^3以下的小高炉发展到710座，生产能力9880万t；30t以及30t以下的小转炉、小电炉639座，炼钢能力8214万t。

（4）2000年国内生产铁矿石2.2亿t，2005年增加到3.7亿t，五年间增加了1.5亿t。其中，大约一半是靠先进的和一般水平的采选矿设备生产的，一半是靠落后的采选矿设备生产的，不仅采出率低，消耗大，而且污染严重。国内矿石不足就增加进口。矿石进口量2000年是6997万t，2005年增加到2.6亿t，其产铁量占全国生铁产量的52%以上。由于中国大量采购，进口矿石连年涨价，既加大了钢铁生产成本，也造成了国际摩擦。

（5）大多数项目不经过可行性研究，不经过必要的审批和核准程序，在水资源、环境条件以及煤、电、运力没落实的情况下就仓促上马，以致全行业60%以上的生产能力建在水资源缺乏的地区，50%以上的生产能力建在二氧化硫控制区，建成以后到处抢煤抢电抢运力，造成煤电油运紧张。

在这种盲目投资和无序过度开发的情况下，2000年全国钢的生产能力为1.5亿t，2005年狂增到4.7亿t，五年增长两倍多，在建的还有7000万t，拟建的有8000万t。这是在制定"十五"计划时根本没有预料到的，也根本无法想象中国的工业化为什么要这么大的钢铁生产能力和用什么来支撑这么大的钢铁生产能力。

2000年全国钢的生产量为1.28亿t。制定"十五"计划时设想，2005年产钢不到1.5亿t。2003年有关单位研究长远规划时，年初设想2010年产钢1.9亿t，2020年产钢2.11亿t；下半年根据钢铁迅

猛发展的形势，设想2005年生产钢2.5亿t，2010年生产钢3亿t，2020年生产钢2.8亿t。没有任何人能想到2005年钢的产量就接近3.5亿t，一个五年跨过了二十年，在数量上超过了几个五年的目标。

2004年全国消费钢材2.7亿t，其中，建筑消费1.75亿t，机械消费3362万t，轻工消费2480万t，汽车、造船、石油、集装箱消费2700万t，共2.6亿t。说明这些行业的增长有一部分是靠钢材的这种无序和过度开发支撑的；反过来，是这些行业对钢铁需求的急剧增长，导致了钢铁的无序和过度开发。

2. 随着钢铁、有色、化工、建材四大高耗能产品生产能力的扩张，对电力的需求猛增，一些地区掀起了大办电站的高潮，在正常发展之外，出现了严重的无序和过度开发

（1）全国发电装机总量，2000年为3.19亿kW，2005年达到5.1亿kW；各地在建的还有2.1亿kW，拟建的有5亿kW。原来的20年设想，2005年发电装机容量达到3.7亿kW，2010年达到5亿kW，2020年达到8.6亿kW。以建设规模来说，一个五年达到的数量接近四个五年的设想。

（2）电力结构不合理。为了追求速度，上电站主要是上煤电，而且没有脱硫装置。从在建规模的结构看，火电比重高达78%以上，水电比重仅为20%左右，核电比重很低。在建大型电站的同时，上了不少高耗能、高污染的小电站。许多煤电项目没有经过正常核准手续，事先没有落实煤和运的条件就仓促上马，建成后就到处抢煤抢运力，加剧了煤炭和运力的紧张。现在已建成和在建的火力发电站，煤炭供应成为难以解决的大问题。

（3）全国发电量，2000年是1.35万亿kW·h，2005年预计达到2.45万亿kW·h，5年间增长81%，平均每年增长12.6%，电力弹性系数达到1.54。这是从来没有过的。就是这样，电力供应仍然十分紧张，2004年有24个省级电网出现了拉闸限电，2005年上半年有26个省级电网出现了拉闸限电，说明整个工业增长和城市建设出现了严重失控现象。

这种情况说明：钢铁、有色、化工、建材的无序和过度开发，导致了电力的无序和过度开发；而电力的无序和过度开发，又支撑了钢铁、有色、化工、建材的无序和过度开发。

3. 随着钢铁、有色、化工、建材、电力生产能力的扩张，对煤炭的需求猛增，以及煤炭销售价格的猛涨，各经济主体和地方政府从煤炭生产中获得高额利润和高额税收，从而在一些地区掀起了大办煤炭的高潮，在正常发展之外，出现了严重的无序和过度开发

（1）原国有重点煤矿，2000年产煤5.36亿t，2004年产煤9.19亿t，4年增加了3.8亿t。地方国有煤矿，2000年产煤1.94亿t，2004年产煤2.95亿t，4年增加1亿t。原国有重点煤矿是煤炭生产的主体，发展基本是正常的。存在的问题是，在煤炭供应紧张、煤价高涨的情况下，出现突击产量超能力超强度开采。2004年在原国有重点煤矿的产量中，属于超能力超强度开采的数量达到1.4亿t。

（2）乡镇煤矿，20世纪90年代后期整顿小煤窑，乡镇煤矿从8.2万个减少到2.1万个，产量从6.15亿t减少到2.7亿t。这几年煤炭紧张，挖煤赚钱，地方又有收入，不少产煤省区违反国家限制和改造小煤矿的规定，层层卖采矿权，为小煤矿划拨资源，乡镇煤矿又陷于盲目大发展，2004年产量增长到7.42亿t，比2000年增加4.7亿t。乡镇煤矿普遍存在三大问题：一是回采率低，采一吨丢几吨，浪费严重，无人监管；二是环境污染严重；三是事故频发，重大伤亡事故不断。2004年全国煤矿共发生伤亡事故3641起，死亡6027人，其中：原国有重点煤矿死亡854人，国有地方煤矿死亡816人，乡镇煤矿死亡4357人，追逐产量是第一祸首。中国矿难之多成为世界第一。

（3）全国煤炭产量，2000年是10亿t，2005年预计增加到21.5亿t，5年间增加11.5亿t。原来的计划设想，2005年生产11.7亿t，2010年生产17亿t，2020年生产20亿t。同钢铁、电力一样，一个五年一步跨过了2020年，实现了四个五年计划的目标。即使这样，煤炭供应仍然不能满足各方面的需求，同样说明了整个工业增长出现严重的失控。

（4）现有国有重点煤矿矿井，在2005～2010年将有100多处衰老报废，能力将减少1.5亿t，地方国有煤矿也将有一些矿井衰老报废，现有乡镇煤矿很大一部分将要淘汰关闭，存在的问题是建新井后备资源不足。据统计，2010年前规划开工建设的煤矿项目尚缺精查储量500多亿t，2011～2020年规划开工建设的煤矿项目需要精查储量1200亿t。目前地质勘查跟不上，难以满足规划建设前期准备工作的需要。这也说明，“十五”煤炭生产出现的过度开发，已造成资源难以为继。

（5）我国近90%的煤炭分布在大陆性干旱、半干旱气候带（主要是晋、陕、蒙地区），水资源的承受能力是一个大问题。

在2004年的近20亿t煤炭中，火电用掉10亿t，冶金用掉4亿多t，建材用掉3亿t，化工用掉1亿t，说明电力、钢铁、有色、化工、建材等行业的增长，一部分是靠煤炭的这种无序和过度开发支撑的。反过来，是这些行业无序和过度开发对煤炭需求

的急剧增加，导致了煤炭行业的无序和过度开发。

4.“十五”期间出现的以上各种问题，要害是拼资源拼环境　在“十五”的能源发展专项规划中，明确规定了“十五”国内生产总值年均增长7%，能源消费总量年均增长3.26%，单位产值能耗五年下降15%～17%。“十五”计划的执行把这一部署全部打乱了。“十五”国内生产总值年均增长8.8%，能源消费总量年均增长10%，单位产值能耗五年上升7%，2005年能源消费总量计划为15.3亿t标准煤，预计为21.1亿t标准煤，预计比计划多消耗了5.8亿t标准煤，折合8.1亿t原煤。国内生产总值的超计划增长，是以能源的超计划消费作为代价的。

“十五”的环境规划，就总体来说，大多没有实现。“十五”国内生产总值超计划增长，是以环境污染的加剧和生态的恶化为代价的。大量燃烧煤炭是我国大气污染严重的主要原因。2000年我国二氧化硫总排放量为1995万t，其中90%是燃烧煤炭造成的。“十五”煤炭的无限制增长，各种环保措施跟不上，环境必然恶化。可想而知，燃烧11.7亿t煤与燃烧21.5亿t煤，所造成的环境污染之差。“十五”计划要求，2005年“两控区”（二氧化硫控制区和酸雨控制区）二氧化硫排放量比2000年减少20%，由于“两控区”内钢铁和电站建设项目的增多，这一计划自然无法完成。2004年全国二氧化硫排放量已超过环境容量的一倍，浓度超过二级标准的城市在增加。现在全国有2/3的城市人口生存在中度或严重大气污染的环境中。一年消耗21.5亿t煤，固然支持了工业生产的增长，但也造成了严重的环境污染，给人民造成灾难。这几年水污染也在加重。“十五”计划要求，巩固“三河”（淮河、海河、辽河）、“三湖”（太湖、巢湖、滇池）水污染治理成果，结果是成果没巩固住，而是更加恶化。全国七大江河水系几百个监测断面中，1至3类水质占30%～40%，4至5类水质占30%，严重污染的劣5类水质占30%～40%。这就是说，60%以上河流的水质遭到中度和重度污染。有些地区已经有水皆污。全国75%的湖泊出现了不同程度的富营养化（水质污染）。全国有25%的地下水体遭到污染，平原地区有54%的地下水不符合生活用水水质标准，一半以上的城市市区地下水污染严重。陆源污染使海洋环境遭到破坏，15个沿海海洋生态监控区中仅有3个处于健康运行状态。一些地区农田污染加剧，危及当地农民的生产和生活。应当说，环境污染已经达到了难以承受的程度。如果说这还不够严重，还不到极限，那么达到什么程度才算到了极限呢？总不能说，达到100%的污染才算达到极限。在发展重化工方面，一个五年消耗了几个五年的资源，也造成了几个五年都难以改变的生态破坏和环境污染。

“十五”期间一些地区过度地抓重化工的发展，走上了一条无序和过度开发资源的恶性循环的道路。越是资源消耗大，越是要扩大建设投资。先进设备供不上，就大量采用落后的设备和技术工艺。设备和技术工艺越是落后，产业结构不合理，资源的消耗量就越大。这就在很大程度上出现了投资推动投资、消耗推动消耗、大量的重化工产品在重化工内部循环的状况。在这种惯性的情况下，发展慢的地方不加快日子就难过，发展快的地方不再加快日子也过不下去。宏观调控处于两难境地。中央难以控制，地方也驾驭不了自己。

“十五”期间，国内生产总值的增长幅度同固定资产投资的增长幅度、同能源消耗的增长幅度、同发电量的增长幅度是不成比例的，投入太多而产出太少。

从投资的弹性系数来看：“八五”期间（1991～1995），国内生产总值增长76%，实际投资增长1.37倍，投资弹性系数为1.8；“九五”期间（1996～2000），国内生产总值增长48.8%，实际投资增长55%，投资弹性系数为1.13；“十五”期间（2001～2005），国内生产总值增长52.7%，实际投资增长1.44倍，投资弹性系数为2.73。“十五”投资弹性系数是“八五”的1.5倍。

从能源的弹性系数看：“八五”期间，国内生产总值增长76%，能源消费总量增长32.9%，能源弹性系数为0.43；“九五”期间，国内生产总值增长48.8%，能源消费总量减少0.67%，能源弹性系数为0；“十五”期间，国内生产总值增长52.7%，能源消费总量增长62.3%，能源弹性系数为1.18。“十五”能源弹性系数是“八五”的2.7倍。

从电力的弹性系数来看：“八五”期间国内生产总值增长76%，发电量增长62%，电力弹性系数为0.18；“九五”期间国内生产总值增长48.8%，发电量增长35%，电力弹性系数为0.72；“十五”期间国内生产总值增长52.7%，发电量增长81%，电力弹性系数为1.54，“十五”电力弹性系数是“八五”的1.9倍。

“十五”期间投资、能源、电力弹性系数这么高，简单地用“‘十五’进入重化工阶段”是解释不过去的，只能用增长方式比过去更加粗放、生产建设中浪费更大来解释。目前钢的生产能力有1.2亿t过剩，电解铝的生产能力有260万t闲置，铁合金开工率仅有40%左右，电石有一半能力放空，足以说明投资效率的低下。

必须指出，“十五”期间重化工的增长，固然有它客观的要求，但这都只能是循序渐进，而不能急于求成、不择手段。许多地区城市建设失去理智，追求豪华，占用了大量土地，也消耗了大量的资源，完全脱离了我国当前的国情。发展非公有制经济是必要的，但决不能不加限制、不加监管地让这些企业盲目发展、任意浪费资源和破坏环境。增加出口是必要的，但一些重化工产品对出口的过多依赖，等于过多的出口能源和资源，并把污染留在国内，这是得不偿失的。发展重化工是一个自然的进程，不应当人为地去“化”。国家的矿产资源不是取之不尽、用之不竭的。必须明确一件事情，在粗放的增长方式下，生产的超常规增长或跨越式增长，都是对资源的超常规动用，对环境的超常规增负。我国资源不足、环境承载能力有限，是制约经济长期发展的难题，决不允许我们这一代人为追求短期利益而拼资源拼环境。地方政府，只能在国家的总体规划下根据本地区的资源条件和环境承载能力来筹划各项生产事业的发展，并且要发挥市场的主体地位，而不能想干什么就干什么，想干多少就干多少。

这两年，我国国内生产总值只相当于全世界的4%，而却消耗了全世界30%～40%的原煤、铁矿石和水泥；我国的经济总量居世界第六位，而二氧化硫排放量、化学需氧量、消耗臭氧层物质产生量居世界第一位。2005年1月世界经济论坛公布的环境可持续发展评价报告，在全球144个国家和地区中，中国位居第133位。报告指出，低产值、高污染的生产模式将造成国家未富而资源环境先衰。这是给我们敲警钟。

必须认识到，中国“十五”时期对钢铁、有色金属、建材、煤炭等初级产品的需求和供应已经达到了或者接近于极限，拼资源拼环境已经到了不能再拼的地步。如果我们不清醒，不抓住产业结构向高加工度优化升级，继续懵懵懂懂地往前闯，后果将不堪设想。

这就是为什么党中央在“十一五”规划建议中那样强调落实科学发展观、转变增长方式、建立节约型社会和和谐社会的根本原因所在。如果我们不认识我们所处的险境，不痛下决心，就不会理解党中央决策的重要性，也不能认真执行党中央的决策。

“十五”期间，特别是2003年以来，国务院针对出现的问题，实施了宏观调控发布了诸多有关产业政策的规定，所有这些并没有得到很好的执行。

举其要者：

(1) 2001年4月30日，国务院发出《关于加强国有土地资产管理的通知》。通知要求各地严格执行土地利用总体规划、城市规划和土地利用年度计划，严格控制新增建设用地供应总量。规定各地不得违反国家有关规定擅自设立工业园区、科技园、开发区等各类园、区。这个通知可以说没起作用。没过多久，全国各地就出现了滥占滥用土地的现象，到处搞开发区。2003年开始清理开发区，2004年一年共清理6866个，占地面积达到3.8万km^2，超出了有史以来城市建成区的总面积。在这6866个开发区中，属于中央审批的只有175个。经过清理，保留1000多个，保留面积1.2万km^2。

(2) 2001年6月13日，国务院办公厅发出《关于关闭国有矿矿办小井和乡镇煤矿停产整顿的紧急通知》。通知指出，全国煤矿安全生产形势严峻，1至4月，共发生重大、特大事故118起，死亡891人，其中乡镇煤矿和国有煤 矿矿办小井的事故占绝大多数。国务院决定，立即关闭国有煤矿矿办小井、所有乡镇煤矿一律停产整顿。2001年9月16日国务院办公厅再度发出《关于进一步做好关闭整顿小煤矿和煤矿安全生产工作的通知》，重申不具备基本安全生产条件的各类小煤矿、“四证”不全以及生产高灰高硫煤的小煤矿，必须全部予以关闭；对应关闭之外的所有小煤矿均列入整顿范围，实行高标准、严要求；严禁采矿权人以承包、转包和租赁等方式将采矿权转给他人开采；“十五”期间新建煤矿要严格按照基本建设程序招标。这两个文件在一些地区得到了执行，但没过多久，各地小煤矿又盲目地发展了起来。

(3) 2001年12月26日，国务院发出《关于国家环境保护“十五”计划的批复》，要求各地严格执行全国主要污染物排放总量控制计划，确保2005年环境污染有所减轻，生态环境恶化趋势得到初步遏制，城乡环境质量特别是大、中城市环境质量得到改善。同时要求加快淘汰落后工艺和设备，限期关闭污染严重企业；所有企业排放污染物必须稳定控制在排放标准和总量指标之内；所有新建项目必须依法严格执行环境影响评估制度；地方各级人民政府要将环境保护目标和措施纳入省、市、县长目标责任制，建立总量控制指标和环境质量指标完成情况考核制度。“十五”国家环保计划，在一些地区得到一定的执行，在多数地区没有得到很好执行，有些地区完全陷于放任自流。

(4) 2002年3月18日，国务院办公厅转发《关于从严控制铁合金生产能力切实制止低水平重复建设意见的通知》，这个通知基本没有得到执行，以致2004年国务院办公厅又再次发出《关于对电石、铁合金行业进行清理整顿的若干意见的通知》。

(5) 2003年12月23日，国务院办公厅转发《国家发改委等部门关于制止钢铁、电解铝、水泥行业盲目投资若干意见的通知》。通知指出：近年来，受市场需求拉动，钢铁、电解铝、水泥等行业投资增速加快，产量大幅度上升，在这个过程中，一些地区和企业受利益驱动，不顾市场、资源等外部条件，违反规定大规模新建和扩建钢铁、电解铝、水泥项目，出现了盲目投资、低水平重复建设和违法生产现象。通知指出：目前，三个行业的在建项目生产能力大大超过了预期需求，必将导致生产能力过剩，市场无序竞争、浪费资源和污染环境，甚至造成金融风险和经济社会其他方面的隐患，各地区、各部门必须引起高度重视，采取有力措施，迅速遏制盲目投资，低水平重复建设的势头。通知要求，各地区、各部门尽快组织力量，对各地钢铁，电解铝、水泥等投资建设项目进行认真清理，并将清理结果于 2004 年 2 月底前报国务院。根据各地清理结果，国家发改委在 2004 年 7 月 23 日写出清理报告。报告指出，目前共有在建钢铁项目 629 个，拟建项目 145 个，在建炼钢能力 1.52 亿 t。在这些在建项目中，95%的项目存在违规审批问题。从装备水平看，在建高炉小于 $1000m^3$ 的共 256 座，合计能力占在建总能力的 58%；转炉小于 100t 的 150 座。合计能力占在建总能力的 45.3%，均不符合准入标准。新建项目占用土地大部分未办理审批手续。大部分地区对环保重视不够，环保审批形同虚设，把环保审查仅作为手续办理，有些项目未办理环保审批就违法开工。

(6) 2004 年 4 月 27 日，国务院办公厅发出《关于清理固定资产投资项目的通知》。通知指出，经济发展中突出矛盾集中表现在固定资产投资增长过快，规模过大，同时煤、油、电、运和重要原材料供求紧张。为了进一步加强宏观调控，国务院决定开展固定资产投资项目清理工作。清理范围，包括所有在建项目。清理内容，包括是否符合国家产业政策和行业规划，是否符合土地利用总体规划并纳入土地利用年度计划，是否符合国家环境保护的有关规定并通过环境影响评估，是否符合城市总体规划，是否符合项目审批等各项建设程序，是否符合信贷政策和固定资产贷款的有关规定。清理后的处理，对国家明令禁止建设的违反土地管理法等法规的在建项目要停止建设；对不符合环保规定、城市规划、项目审批等建设程序的在建项目要暂停建设、限期整改；对不符合法律、行政法规和国家政策要求的拟建项目，一律取消立项，严禁擅自开工建设。这一通知，有些地区执行了，有些地区并没有认真执行。

(7) 2004 年 11 月 24 日，国务院办公厅批转《国家发改委关于坚决制止电站项目无序建设意见的紧急通知》。通知指出，一些地区和企业不顾国家多次重申电力建设必须有序发展的要求，继续违规开工建设了大量电站项目，致使电站在建规模远远超出电力规划确定的目标，同时也超出了资源和环境的承受能力，极易再次形成高耗能工业无序发展的恶性循环。这种状况如果任其发展，势必扰乱国家能源总体战略的实施，引发电力布局混乱，煤炭供应和运输能力失衡，金融风险压力加大，以及电力工业技术水平倒退等问题，也为今后电力结构和产业结构调整留下隐患。通知要求各地区、各有关部门和单位必须认真清理违规建设的电站项目，提出停缓建的处理意见，并负责做好各项善后工作，清理情况和处理意见要报国务院。2005 年 2 月 22 日，国家发改委将清理情况汇总后报国务院。报告指出，各地区违规开工项目总计 1.25 亿 kW，其中已经国家批准项目建议书但未经核准的项目约 3000 万 kW，未按国家规定程序审批或核准的项目约 7930 万 kW，另有 1600 万 kW 的项目未按清理要求上报。根据清理情况，国家发改委提出分别处理意见。国务院办公厅转发了这一文件。从事后的结果看，这次清理，有些地区认真，有些地区不认真，以致电站建设规模依然过大，电站建设单位依然要求制造厂按合同交货，不管国家如何清理。

(8) 2005 年 6 月 7 日，国务院发出《关于促进煤炭工业健康发展的若干意见》。强调煤炭工业要走资源利用率高，安全有保障，经济效益好，环境污染少和可持续发展的道路，坚持发展先进生产能力和淘汰落后生产能力相结合的原则，一方面加快现代化大型煤炭基地建设，培育大型煤炭企业和企业集团，促进中小型煤矿重组联合改造，另一方面继续依法关闭布局不合理，不具备安全生产条件，浪费资源，破坏生态环境的小煤矿。

(9) 2005 年 8 月 22 日，国务院办公厅发出《关于坚决整顿关闭不具备安全条件和非法煤矿的紧急通知》，针对山西、陕西、新疆、河南、河北、贵州、广东等地相继发生停产整顿煤矿和不具备安全条件煤矿非法生产造成的特大、特别重大事故，特别是广东省梅州市兴宁市大兴煤矿发生特大透水事故，造成 123 名矿工涉难，决定立即停产整顿不具备安全生产条件的煤矿。坚决关闭取缔停而不整、经整顿仍不达标以及非法生产的矿井；实行联合执法，依法查处违法违规单位和人员；加强领导，建立和落实煤矿整顿关闭工作责任制。这是国务院下了决心，采取了断然措施。但仍有顶风不办的。

(10) 2005 年 8 月 18 日，国务院发出《关于全面整顿和规范矿产资源开发秩序的通知》，要求各地政府严厉打击无证勘查和开采等违法行为，全面查处越界开采等违法行为，坚决关闭破坏环境、污染严重、不具备安全生产条件的矿产企业，全面查清和纠正矿产资源开发管理中的各种违规违纪行为，全面开展煤炭资源回采率专项检查，对保护性开采的特定矿种进行专项整治。通知同时规定了规范矿产资源开发秩序的主要任务。通知要求，自本通知发出之日起至2006年底，基本完成整顿的任务，同时开展相关的规范工作：2007年初到当年底，全面完成本通知提出的各项任务。这个通知能不能完全执行还要拭目以待。

事实证明，国务院采取的这些宏观调控措施，是完全正确的、必要的。如果能够全面地得到贯彻实施，那“十五”的成绩肯定会比现在大，发生的问题肯定不会像现在那么多。

应当从“十五”实践中汲取教训

（1）就地区和经济主体来说，根据简单的市场信号就作出决策，会掉进地区间结构趋同和重复建设的陷阱。市场需求钢材、水泥和电力，自然办钢铁、水泥和电力赚钱，决定办钢铁、水泥和电力有它合理的一面。它的不合理一面，在于你想到办和马上动手办，别的地区也会想到办和马上动手办。大家都这样做起来，就必然因重复建设而导致生产能力过剩。而当发现过剩的情况时，又谁都不愿意下马，硬在那里撑着，企图侥幸过关，于是越拖损失越大。

（2）根据简单的市场信号就作出决策，而不考虑自身的资源和环境的承载能力，不考虑生产技术的条件，那就不仅是无知而且是蛮干，最终会受到资源和环境的惩罚，遭到因竞争力劣势而被淘汰出局的下场。

（3）所有新上项目都必须进行可行性研究，经过必要的审批和核准程序，落实各种生产条件，然后才能开工兴建。这不是限制企业和地方的积极性，而是使企业和地方避免盲目性。怎么可以上钢厂不先落实煤、电、运条件，上电站不先落实煤在那里，上钢厂上电站不事先进行环境评估。我们已经搞了五十年的建设，怎么到了第十个五年开起了倒车呢？不能说，搞市场经济了，就可以完全放任自流。社会在进步，在世界上完全自由市场经济时代已经不存在了。地方和企业最不满意审批和核准，但“十五”期间出的问题恰恰不是出于审批和核准制度过严，而是出在根本不经过审批和核准就仓促上了一大批项目，最终受害的是企业和地方。

（4）所有地区和企业都必须熟悉和自觉遵守国家在一定时期的产业政策、技术政策和区域政策，遵循国家的宏观调控，克服利益取向的陕隘性和盲目性。“十五”期间，很多地区发生的问题，严格地说是对中央政策的无知和置若罔闻。其结果既害了国家，也害了自己。

（5）地方政府要严格执行政企分开的原则，属于企业的权力地方政府不能滥加干预。属于市场的职能，应当交给市场，政府不能越俎代疱。重大的方针政策，地方必须服从中央，令行禁止。地方的权力过大，直接配置资源，指挥企业，中央的方针政策可以执行也可以不执行，是造成“十五”期间诸多经济问题产生的重要根源。这既表明我国的经济体制改革还不到位，也暴露了当前国家治理结构的弊端。“十五”时期的宏观调控，实际上不是调控市场，更多地是调控地方政府的经济行为，其调控的难度也在于此。价格的形成机制没理顺，更增加了宏观调控的难度。加快政府职能的转变，建立强有力的宏观调控体系，并且不断地改善宏观调控，成为紧迫的任务。

（6）任何人都必须遵守法律。上个世纪80年代以来，我们国家公布了那么多的法律，包括：《中华人民共和国矿产资源法》、《中华人民共和国土地管理法》、《中华人民共和国环境保护法》、《中华人民共和国大气污染防治法》、《中华人民共和国水污染防治法》、《中华人民共和国固体废物环境污染防治法》、《中华人民共和国海洋保护法》、《中华人民共和国水法》、《中华人民共和国草原法》。成天讲依法治国，突然一个时间不讲法了，不仅是一些经济主体不讲法，一些地方政府也带头违法，行政执法部门不作为成为普遍现象。查一查那些破坏资源造成严重污染的项目是怎样上马的，谁承担了污染的法律责任。“先污染后治理”，已经进行过批判，这几年又旧病复发，这是不应当的。污染环境，就是危害人民健康，威协人民生命，对此不能麻木不仁了。

（7）不要盲目攀比国内生产总值 。作为核算指标，国内生产总值仍然是一个数量的指标，既反映不了质量的进步，也反映不了效益的提高。国内生产总值是事后统计的结果，它可以是集约增长的结果，也可以是粗放增长的结果；它可以是节约资源的增长，也可以是浪费资源的增长；它可以是减少环境污染的增长，也可以是增加环境污染的增长；它可以是给人民带来福祉的增长，也可以是给人民造成灾难的增长。因此，只看国内生产总值不行，要看形成国内生产总值的各种经济行为和经济因素。如果以国内生产总值作为追逐的目标，那就有可能鼓励人们采取不正当的经济行为，去追逐国内生产总值数值的提高，甚至去制造国内生产总值。各地的自然禀赋和资源环境承载能力不同，盲目攀比国内生产总值，会滋生蛮干、产生违反自然规律的行为。“十五”期间，一些地区大搞重化工，在缺乏能源的地方大搞钢铁、电解铝和铁合金，动机也是追逐国内生产总值。因此，只宜把国内生产总值作为国家宏观调控的目标，速度高了往下调一调，速度低了往上调一调，而不应当把它作为各级政绩的考核标准。把追求国内生产总值政治化，层层压指标，层层攀比，增长速度越高越好，而不是审查它是靠什么实现的，它给人民带来的结果是什么，这已经走入了邪路，是愚昧无知的表现，应当下决心改变。事实表明，地方政府追求国内生产总值增长速度，有它深层次的原因，光指责地方政府不行，还需要从更高层次找原因，采取措施加以解决。

(8) 坚持稳步前进，反对急于求成。一些地区所以发生以上种种问题，根子在于一个“急”字。在经济发展中，争取快当然是必要的，是好事。但是，“过快”则事与愿违，把好事做成了坏事。总不能把浪费资源、破坏环境、事故频发也说成是好事吧。为什么增长方式转变不过来？如果要求不那么急，那就能较多地注意经济增长的质量和效益，注意结构的调整和优化升级，注意环境保护，注意安全生产，注意发展科技教育，注意发展第三产业，注意公平分配。要求过急，而且限期达成，那就什么都顾不过来。文武之道，一张一弛。当前值得注意的是，一些地区“十五”的增长速度特别是重化工的增长速度已经过快，经济中发生了种种问题需要调整整顿，“十一五”是不是还要继续加快速度？全国重化工已经达到今天水平的情况下，一些“十五”期间重化工发展慢的地区，“十一五”是不是要加速重化工的发展？这需要头脑冷静，“持筹而算之”。什么账都不算，是要吃亏的。

（注：2005年的数字以及“十五”的一些平均数字都是预计的，应以国家统计局及有关部门的最后统计数为准。）

（编辑部摘编）

综 合 文 献

国家能源领导小组成立

国家能源领导机构改革以国发［2005］14号文件明确，国务院成立国家能源领导小组，作为国家能源工作的高层次议事协调机构；领导小组办公室设在国家发展改革委，承担领导小组日常工作。

国发［2005］14号文件指出，成立国家能源领导小组，是为了进一步加强对能源战略规划和重大政策、能源开发与节约、能源安全与应急、能源对外合作等前瞻性、综合性、战略性工作的领导。国家能源领导小组的主要任务是：研究国家能源发展战略和规划；研究能源开发与节约、能源安全与应急、能源对外合作等重大政策，向国务院提出建议。领导小组办公室设在国家发展改革委，具体承担日常工作。

文件规定，领导小组可根据需要请有关部门和国有大型能源及相关企业主要负责人列席会议，并聘请有关方面专家组成专家组，为领导小组决策提供咨询，专家组不作为实体机构。

国家能源领导小组成员

组　长：温家宝　国务院总理
副组长：黄　菊　国务院副总理
　　　　曾培炎　国务院副总理
成　员：马　凯　发展改革委主任
　　　　李肇星　外交部部长
　　　　徐冠华　科技部部长
　　　　张云川　国防科工委主任
　　　　金人庆　财政部部长
　　　　孙文盛　国土资源部部长
　　　　杜青林　农业部部长
　　　　薄熙来　商务部部长
　　　　李荣融　国资委主任
　　　　解振华　环保总局局长
　　　　李毅中　安全监管总局局长
　　　　柴松岳　电监会主席
　　　　葛振峰　总参谋部副总参谋长

与此同时，国务院办公厅下发“国务院办公厅关于印发国家能源领导小组办公室主要职责内设机构和人员编制规定的通知”（国办发［2005］28号）。通知明确，在国家发展改革委单设的国家能源领导小组办公室为副部级单位，承担领导小组的日常工作，包括：督办落实领导小组决定；跟踪了解能源安全状况，预测预警能源宏观和重大问题，向领导小组提出对策建议；组织有关单位研究能源战略和规划；研究能源开发与节约、能源安全与应急、能源对外合作等重大政策；承办国务院和领导小组交办的其他事项。

通知强调，领导小组办公室是国家能源领导小组的办事机构，国家发展改革委是国务院负责能源工业管理的职能部门，领导小组办公室负责组织研究国家能源发展中的重大问题；领导小组办公室不取代其他部门在能源管理方面的工作，各有关部门有责任按分工主动配合领导小组办公室开展工作。

（编辑部摘编）

温家宝主持能源领导小组会议和部署能源工作

中共中央政治局常委、国务院总理、国家能源领导小组组长温家宝6月2日主持召开国家能源领导小组第一次会议。他指出，能源问题是关系我国经济发展、社会稳定和国家安全的重大战略问题。党中央、国务院高度重视能源工作，决定成立国家能源领导小组。能源领导小组主要是负责对能源战略规划和重大政策、能源开发与节约、能源安全与应急、能源对外合作等前瞻性、综合性、战略性工作的领导。

中共中央政治局常委、国务院副总理、国家能源领导小组副组长黄菊，中共中央政治局委员、国务院副总理、国家能源领导小组副组长曾培炎，国务委员兼国务院秘书长华建敏出席会议。

会议认为，必须充分认识新形势下做好能源工作的重要性和紧迫性。由于多方面的原因，近年来能源供求矛盾突出，能源生产、建设、流通和消费领域都存在不少问题，能源已经成为制约经济社会发展的重要因素。随着工业化、城镇化和现代化不断推进，居民消费结构逐步升级，能源需求将持续增加。因此，必须把能源工作摆到更加突出的战略位置。

会议指出，做好能源工作，要全面落实科学发展观，立足当前，着眼长远，统筹经济社会和能源发展，统筹能源开发和节约，统筹能源发展和改革，统筹国内开发与国外合作，为国民经济和社会发展提供长期、稳定、经济、安全的能源保障。

会议对近期工作作出部署：一是加强能源战略研究，进一步理清能源工作思路，制定完善能源中长期总体发展规划和专项规划，促进能源结构调整和合理布局。二是推进能源工业健康有序发展。加强煤炭资源开采开发，加快大型煤炭基地建设，加大煤矿技术改革力度，提高煤炭运输能力。搞好重大电源和电网项目建设，推进电力关键装备自主研发制造。加强石油天然气勘探开发，促进油气石化产业技术进步。三是发展新能源和可再生能源。积极推进核电建设，加快风电规模化发展，推进农村户用沼气建设，积极开发利用太阳能。四是全面推进节约能源工作。综合运用经济、法律、技术和必要的行政手段，切实加强高耗能行业和企业节能工作，加快高耗能设备技术改造，抓好重点节能工程。加强能源资源综合利用和有效利用，大力发展循环经济。深入开展全民节能活动，建设节能型经济和节能型社会。五是深化能源行业和企业改革。推进能源企业的战略性重组，深化煤炭、电力、油气价格改革，逐步形成反映资源稀缺程度的价格形成机制。推进电力体制改革。完善能源财税政策。健全能源开发监管体系，加强能源行业法制建设。六是加强能源运行调节。高度重视煤电油运协调工作，合理组织煤炭、电力生产供应，加强需求侧管理，搞好供需衔接，努力保证居民生活和重点领域、重点单位的需要，确保安全顺利迎峰度夏。整顿和规范能源市场秩序，加强安全生产监管，切实改善煤炭安全生产状况。

国家能源领导小组全体成员参加了会议，有关部门和企业负责人列席了会议。

（编辑部摘编）

国务院关于2005年深化经济体制改革的意见

（2005年4月4日）

近两年来，党中央、国务院审时度势，果断决策，科学实施宏观调控，经济和社会发展取得了突出成就。但是，宏观调控的实践也表明，生产力发展的体制障碍仍未消除，推进改革十分重要和紧迫。解决经济运行中的突出矛盾和问题，巩固和发展宏观调控成果，调整经济结构，实现经济增长方式转变，全面落实科学发展观，构建社会主义和谐社会，都需要加快推进改革。2005年是改革攻坚的关键一年，要抓住当前有利时机，把改革放到突出位置上，用更大的力量推进经济体制改革。

2005年推进经济体制改革的总体要求是：认真贯彻党的十六大、十六届三中四中全会和中央经济工作会议精神，紧扣影响经济社会发展的突出矛盾和问题推进体制创新，把深化改革同贯彻落实科学发展观、加强和改善宏观调控、促进经济平稳较快发展、构建社会主义和谐社会紧密结合起来，在一些重点领域和关键环节取得实质性突破。

2005年进一步深化经济体制改革要突出重点、全面推进，立足当前、兼顾长远，创新制度、转换机制，把握大局、处理好改革发展稳定的关系，抓好以下重点工作。

一、深化农村经济体制改革

继续深化农村税费改革。研究解决农村税费改革中出现的新矛盾和新问题，把工作重点放在搞好乡镇机构、农村义务教育体制和县乡财政管理体制等各项改革上。积极探索建立防止农民负担反弹的长效机制，巩固改革成果。

完善农村土地制度。切实保障农村集体经济组织的土地所有权和农民的土地承包经营权，继续推动土地承包纠纷仲裁试点工作。继续探索农户间转包、转让、互换等土地流转方式。加强对承包土地流转的监督管理，加大对强迫流转案件的督查力度。进一步研究探索农村集体建设用地使用权进入市场。加快农村集体土地所有权的确认，进一步推进集体土地所有权、宅基地登记发证工作。

深化粮食、棉花流通体制改革。全面贯彻（国务院关于进一步深化粮食流通体制改革的意见）（国发[2004] 17号）和（粮食流通管理条例）。加快推进国有粮食购销企业改革。完善粮食市场准入制度，支持多种所有制粮食购销企业发展。加强和改善粮食宏观调控，确保国家粮食安全。进一步完善粮食风险基金政策，建立健全粮食主产区与主销区之间的利益协调机制。进一步深化棉花流通体制改革，按照国务院确定的（棉花质量检验体制改革方案），搞好改革试点，完善改革方案。

深化农村金融改革。抓紧研究制订农村金融总体改革方案，加快构建功能完善、分工合理、产权明晰、监管有力的农村金融体系。探索发展新的农村合作金融组织。继续深化农村信用社改革，力争在完善治理结构、强化约束机制、增强支农服务能力等方面取得成效。继续扩大农户小额信用贷款和农户联保贷款。推进政策性农业保险试点，扩大试点范围。

深化林业、农垦、供销社体制改革。深入贯彻落实《中共中央国务院关于加快林业发展的决定》（中发［2003］9号），深化林业分类管理体制和森林资源管理体制改革。全面推进垦区集团化改革，加快垦区集团现代企业制度建设。继续扩大农民专业合作经济组织试点范围。继续推进供销社体制改革。

二、深化国有企业和国有资产管理体制改革

加快国有经济布局和结构战略性调整步伐。研究提出国有经济布局和结构战略性调整的总体思路，研究制订国有资本调整和国有企业重组的指导意见，完善国有资本有进有退、合理流动的机制。

完善国有资产监督管理体系。加快组建市（地）级国有资产监督管理机构。完善国有资产管理体制和监管方式，进一步完善出资人制度，建立国有资本经营预算制度，规范国有企业改制和国有产权转让，促进国有资本合理流动，防止国有资产流失，维护职工合法权益。积极推进企业法律顾问制度建设，建立健全国有企业法律风险防范机制。完善国有资本收益和国有资产授权经营管理制度。完善国有企业负责人经营业绩考核体系，建立健全国有企业经营者激励约束机制。中央企业要全面实行年度经营业绩和任期经营业绩考核责任制。修订、完善国有企业产权界定、资产评估管理、境外企业国有产权监管、上市公司国有股权转让管理办法等法规、规章和规范性文件。

大力推进国有企业股份制改革。加快推进国有大型企业股份制改革，支持具备条件的企业逐步实现主营业务整体上市。以建立健全国有大型公司董事会为重点，抓紧健全法人治理结构、独立董事和派出监事会制度。继续改革和完善国有企业经营管理人才选拔和任用方式，公开招聘国有和国有控股企业高级经营管理者。建立健全重大决策失误和重大资产损失责任追究制度，规范责任追究程序和办法。推进国有企业分离办社会和主辅分离、辅业改制。继续做好国有企业政策性关闭破产工作，建立依法破产机制。

深化垄断行业和公用事业改革。深化电信体制改革，加快建立电信普遍服务基金。适时出台邮政体制改革方案。抓紧研究提出铁路体制改革方案。完善烟草行业管理体制。研究制订盐业体制改革方案。实施电网企业主辅分离，理顺区域电网资产关系，建设区域电力市场，开展大用户直购电试点。继续深化民航体制改革。积极推进实施农村公路养护管理体制改革方案。推进供水、供气等市政公用事业市场化进程。推进水资源管理体制改革，加快水利工程管理体制改革步伐。

三、进一步改善非公有制经济发展的体制环境

贯彻落实《国务院关于鼓励支持和引导个体私营等非公有制经济发展的若干意见》（国发［2005］3号）。抓紧提出落实相关重要举措的部门分工方案，研究制订和完善放宽非公有制经济市场准入等相关具体措施和配套办法，形成促进非公有制经济发展的政策体系。

加快清理和修订相关法律法规。清理和修订限制非公有制经济发展的法律法规、部门规章和政策文件，加快完善保护非公有制经济合法权益、保护合法私有财产等各类产权的有关法律法规，为非公有制经济发展创造平等竞争的环境。

完善对非公有制经济的社会服务体系。积极为非公有制中小企业创业提供公共服务。改进信贷考核和奖惩管理方式，提高对非公有制企业的贷款比重。加快面向非公有制经济的金融产品和服务创新。鼓励政策性银行依托地方商业银行等中小金融机构和担保机构，开展以非公有制中小企业为主要服务对象的转贷款、担保贷款业务。拓宽非公有制经济的直接融资渠道，建立健全创业投资机制。规范发展中小企业信用担保体系。

四、深化金融体制改革

加快推进金融企业改革。按照建立现代金融企业制度的要求，进一步深化中国银行、建设银行股份制改革，着力完善公司法人治理结构，健全内控制度，转换经营机制，并建立相关监测与考评机制。加快制订和实施其他国有商业银行股份制改革方案。研究促进金融资产管理公司改革发展、提高不良资产回收率的政策措施。抓紧实施邮政储蓄体制改革。研究政策性银行的职能和定位。择机出台政策性银行条例。继续深化非银行金融机构改革。整合并规范发展地方中小金融机构，鼓励社会资金参与城市信用社和城市商业银行等金融机构的重组改造。深化保险业改革，继续推进国有保险公司股份制改造。健全管理制度，规范保险市场秩序。

健全金融调控体系。稳步推进利率市场化和人民币汇率形成机制改革，保持人民币汇率在合理、均衡水平上基本稳定。继续加强对资本流入的引导和管理，建立有序可控的资本流出机制。研究建立调节国际收支的市场机制和管理体制。建立健全货币市场、资本市场、保险市场有机结合和协调发展的机制，防范跨市场、跨系统风险。建立健全金融机构市场退出机制。加大对商业银行资产负债匹配的监管力度，推进信贷资产证券化试点。加快建立金融风险预警体系和化解系统性风险的长效机制。进一步完善反洗钱工作机制。

完善金融监管体制和协调机制。改善监管方式和手段，加强市场准入、治理结构、内部控制、资本充足率、重点业务和高级管理人员监管。全面推行贷款质量五级分类制度，落实贷款损失准备金拨备制度。进一步增强监管信息透明度，形成对监管机构和工作人员的监督制约和问责机制。加强金融监管的合作与协调，逐步形成专业金融监管机构和宏观调控部门共同组成的金融稳定协调机制。

五、深化财政税收投资价格体制改革

深化财政体制改革。进一步扩大预算管理制度改革的范围和规模，抓紧研究科学的政府收支分类体系。完善中央财政对地方的转移支付制度，调整和优化转移支付结构，规范转移支付办法。改革和完善省级以下财政体制，加大省级财政对县乡的转移支付力度。加快研究缓解县乡财政困难的有效措施，规范地方政府债务行为。全面推进中央和地方国库集中收付制度改革，深化政府采购制度改革，建立健全财政国库管理法律法规体系。改革和完善非税收收入收缴管理制度，逐步实行全口径预算管理。逐步建立健全财政预算绩效评价体系。

深化税收体制改革。进一步完善出口退税机制。做好内外资企业所得税制合并方案的研究和准备工作。搞好增值税转型试点，研究制订全面实施方案。调整消费税，研究改革资源税，研究完善环境保护有关税收政策。

推进投资体制改革。全面落实《国务院关于投资体制改革的决定》（国发［2004］20号），尽快制定和完善各项配套政策措施。完善和规范企业投资项目的核准制和备案制，真正落实企业投资自主权；规范政府投资范围和行为，提高政府投资决策的科学化、民主化水平，实行政府投资项目公示制度，尽快建立政府投资责任追究制度；完善适应新形势要求的投资宏观调控体系，建立健全投资监管体系。

着力推进资源价格改革。实施煤电价格联动，完善峰谷、丰枯电价办法。扩大水资源费征收范围，加大水价管理办法实施力度，加强污水处理费征收管理，促进水资源节约。进一步完善石油、天然气价格形成机制。

六、加快现代市场体系建设

大力发展资本市场。继续抓紧落实《国务院关于推进资本市场改革开放和稳定发展的若干意见》（国发［2004］3号），尽快出台配套政策措施，加强资本市场基础建设，建立健全促进资本市场发展的各项制度。进一步完善证券发行上市核准机制。研究建立股东代表诉讼制度、证券投资者保护基金和其他对投资者提供直接保护的机制。稳步推进期货市场规范发展和产品创新。继续推进资本市场对内对外开放。修订出台《企业债券管理条例》。规范发展产权交易市场。

进一步推进土地等资源市场建设。规范发展土地使用权市场。加快建立健全土地权利体系，推动土地确权立法，完善土地调查和登记制度，规范土地交易行为，建立土地权属争议调处机制。全面落实征地的统一年产值标准或区片综合地价补偿办法，拓宽安置途径，完善征地程序，规范征地行为，探索建立征地补偿安置争议的协调和裁决机制，稳步推进土地征收征用制度改革。经营性用地要全面推行招标、拍卖、挂牌出让制度，非经营性用地要建立公开供地机制。进一步加强土地市场调控，健全土地收购储备制度。认真贯彻落实《国务院关于深化改革严格土地管理的决定》（国发［2004］28号）及配套实施办法。进一步推进矿业权市场建设，完善矿产资源有偿使用和探矿权、采矿权有偿取得机制。研究建立国家水权制度，建立总量控制与定额管理相结合的用水管理制度，完善取水许可证制度。探索建立水权市场。在有条件的地区，实行用水权有偿转让，逐步利用市场机制优化配置水资源。

加快建设城乡统一的劳动力市场。进一步改革劳动就业管理制度，清理对农民进城务工的不合理限制政策和乱收费，取消各种对农村劳动力就业的歧视性规定。进一步改革户籍管理制度，促进农村富余劳动力合理有序转移。选择部分具备条件的城市开展城乡一体化劳动力市场的试点工作。

深化流通体制改革。打破内外贸分割局面，推进内外贸一体化发展。深化国有流通企业改革，推进流通方式创新，大力发展现代流通业。探索构建内外贸一体化的流通管理体制。

加快推进社会信用体系建设。从构建金融信用体系入手，加快建设统一、高效、规范的企业、个人和其他组织的信用体系。加快信用体系标准化建设。出台并组织实施《社会信用体系建设总体方案》，探索建立政府监管信息共享机制。加快信用征集和信息披露立法进程，建立信用监督和失信惩戒制度。

推进行业协会、商会管理体制改革。尽快研究出台行业协会、商会改革指导意见。选择部分行业和城市进行改革试点。

继续整顿和规范市场经济秩序。进一步打破行业垄断和地区封锁，促进形成统一、开放、竞争、有序的市场体系。加强市场规则和法规建设，加快推进制定和出台《反垄断法》工作。完善行政执法、行业自律、舆论监督、群众参与相结合的市场监管体系。按照决策、执行、监督职能分开的要求，进一步理顺市场监管体制。

七、推进科技教育文化卫生体制改革

深化科技体制改革。以建立现代科研院所制度为重点，全面推进社会公益类科研机构分类改革。加快转企改制科研院所的现代企业制度建设，完善法人治理结构。完善鼓励创新的体制、机制和政策体系，确立企业在技术创新中的主体地位。发布国家中长期科学和技术发展规划纲要。

深化教育体制改革。继续贯彻（国务院关于进一步加强农村教育工作的决定）（国发［2003］19号），完善农村义务教育以县为主的管理体制和以政府投入为主的经费保障机制。进一步深化高等教育管理体制改革，调整结构，提高水平。贯彻《民办教育促进法》，继续促进民办教育健康发展。严格规范各类学校招生和收费制度，加强学校财务管理和监督。

深化文化体制改革。大力发展文化产业，积极培育文化市场主体，规范文化市场秩序，健全文化市场体系。加快公共文化服务体系建设。

深化卫生体制改革。开展城市医疗服务体制改革试点工作，大力发展社区卫生服务。推进新型农村合作医疗试点工作，探索建立农村合作医疗筹资、管理、运行和监督体制。全面建成疾病预防控制体系，基本完成突发公共卫生事件医疗救治体系建设。深入整顿和规范医疗收费服务和药品购销秩序。

八、推进收入分配和社会保障制度改革

推进收入分配制度改革。组织研究收入分配制度改革的基本思路。抓紧出台完善个人所得税制度方案，加大收入分配调节力度。加强对垄断行业分配行为的监管。改革和规范公务员工资制度，推进事业单位收入分配制度改革。完善和严格执行最低工资制度。

进一步完善社会保障制度。继续抓好吉林、黑龙江城镇社会保障制度改革试点工作，研究制订推广方案。完善企业职工基本养老保险制度，坚持社会统筹与个人账户相结合，扩大做实个人账户试点。推进国有企业下岗职工基本生活保障向失业保险并轨，基本解决国有企业下岗职工历史遗留问题。依法扩大养老、失业、医疗、工伤等社会保险覆盖面，提高个体、私营和外资企业的参保率，完善灵活就业人员的参保办法。加大社会保险费的征缴力度，逐步提高统筹层次。研究制订机关事业单位养老保障制度改革方案。进一步完善城市“低保”制度，有条件的地区可探索建立农村居民最低生活保障制度。

九、深化涉外经济体制改革

继续深化外贸管理体制改革。改革口岸管理体制，加快“大通关”建设。加快管理方式创新，制定和完善外贸经营权放开后的配套办法。进一步减少和规范外贸行政审批，加强政府政策引导、统计监测、对外谈判和公共信息服务职能，完善和发挥行业组织的自律和协调职能。完善外贸法律法规。继续推进外贸促进体系和信用体系建设。

完善外商投资管理体制。进一步完善《外商投资产业指导目录》和《中西部地区外商投资优势产业目录》。制定和完善鼓励外商投资中西部和参与东北地区等老工业基地振兴的政策措施。制定和完善鼓励外商投资参与国企改组改造的政策措施。进一步完善外商投资企业监督管理办法。

完善“走出去”管理体制。出台《境外投资管理条例》。制定加快实施“走出去”战略的指导意见。建立健全境外国有资产监管制度，加强对境外企业的监管。

抓紧建立加入世界贸易组织后过渡期的应对机制。加快研究制订后过渡期关键领域和行业的应对方案，建立健全应对贸易摩擦预警机制和跨部门综合应对机制。有效运用反倾销、反补贴、保障措施等手

段，健全符合世界贸易组织规则的产业救济和安全保障体系。

十、加快推进行政管理体制改革

继续深化政府机构改革。完善机构设置，理顺职能分工，着力解决矛盾比较突出的职责交叉问题，严格控制机构编制。积极推进政府职责、机构和编制的科学化、规范化、法定化。继续巩固政府机构改革成果，及时解决出现的新问题。合理界定乡镇机构职能，精简机构和减少财政供养人员。继续完善事业单位改革总体方案和配套政策措施，推动事业单位改革试点工作，加强对地方事业单位改革的指导。依法规范行政机关对事业单位的授权行为。

加快政府职能转变。进一步推进政企分开、政资分开、政事分开，推动各级政府强化社会管理和公共服务职能，在财力物力等公共资源上给予更多的支持。继续深化行政审批制度改革，清理、减少和规范行政审批事项，探索建立审批和许可事项的监督管理机制。

全面推行依法行政。认真贯彻执行《行政许可法》和《全面推进依法行政实施纲要》，加快建立法治政府。强化行政问责制度，逐步建立行政过错责任追究制度。健全社会公示、听证制度。大力推进政务公开，增强政府工作透明度，提高政府公信力。

各部门要按照国务院的部署，切实加强领导，明确重点，分解任务，落实责任，并根据不同情况确定落实时限。已经出台的改革方案，要精心组织实施，力求取得实效；着手启动的，要在年内完成或基本完成相关改革方案与思路的拟订，并切实做好基础性工作；跨年度的改革，要明确新的阶段目标，并力争实现。

要充分尊重人民群众的首创精神，鼓励人民群众积极探索、大胆创新；要坚持先行试点，积累有益经验，防范改革风险；要妥善处理好改革发展稳定的关系，把握好改革措施出台的时机、力度和节奏。

要建立健全统筹协调推进改革的工作机制，进一步加强改革的总体指导和综合配套。各部门要加强协作和沟通，积极配合，形成改革合力。发展改革委要认真履行职责，紧密跟踪各项改革进展情况，督促检查各项改革措施的落实，做好相关协调工作，及时把改革中出现的新情况、新问题汇总上报国务院。

地方各级人民政府要根据本意见，从实际出发，把握重点，明确责任，精心组织，扎实推进各项改革。

（编辑部摘编）

国务院关于完善大中型水库移民后期扶持政策的意见

各省、自治区、直辖市人民政府，国务院各部委、各直属机构：

新中国成立以来，我国兴建了一大批大中型水库，在防洪、发电、灌溉、供水、生态等方面发挥了巨大效益，有力地促进了国民经济和社会发展，大中型水库移民为此作出了重大贡献。为了帮助移民改善生产生活条件，国家先后设立了库区维护基金、库区建设基金和库区后期扶持基金，努力解决水库移民遗留问题，对保护移民权益、维护库区社会稳定发挥了重要作用。但由于扶持政策不统一、扶持标准偏低、移民直接受益不够等多种原因，目前水库移民的生产生活条件依然普遍较差，有相当多的移民仍生活在贫困之中。当前，我国总体上已进入统筹城乡发展、以工促农、以城带乡的发展阶段，有必要也有能力加大对水库移民的后期扶持。为帮助水库移民脱贫致富，促进库区和移民安置区经济社会发展，保障新时期水利水电事业健康发展，构建社会主义和谐社会，现就完善大中型水库移民后期扶持政策（以下简称后期扶持政策）提出如下意见：

一、完善后期扶持政策的指导思想、目标和原则

（一）指导思想。以邓小平理论和“三个代表”重要思想为指导，坚持以人为本，全面贯彻落实科学发展观，做到工程建设、移民安置与生态保护并重，继续按照开发性移民的方针，完善扶持方式，加大扶持力度，改善移民生产生活条件，逐步建立促进库区经济发展、水库移民增收、生态环境改善、农村社会稳定的长效机制，使水库移民共享改革发展成果，实现库区和移民安置区经济社会可持续发展。

（二）目标。近期目标是，解决水库移民的温饱问题以及库区和移民安置区基础设施薄弱的突出问题；中长期目标是，加强库区和移民安置区基础设施和生态环境建设，改善移民生产生活条件，促进经济发展，增加移民收入，使移民生活水平不断提高，逐步达到当地农村平均水平。

（三）原则。

——坚持统筹兼顾水电和水利移民、新水库和老水库移民、中央水库和地方水库移民。

——坚持前期补偿补助与后期扶持相结合。

——坚持解决温饱问题与解决长远发展问题相结合。

——坚持国家帮扶与移民自力更生相结合。

——坚持中央统一制定政策，省级人民政府负总责。

二、完善政策，提高移民后期扶持标准

（四）扶持范围。后期扶持范围为大中型水库的农村移民。其中，2006年6月30日前搬迁的水库移民为现状人口，2006年7月1日以后搬迁的水库移民为原迁人口。在扶持期内，中央对各省、自治区、直辖市2006年6月30日前已搬迁的水库移民现状人口一次核定，不再调整；对移民人口的自然变化采取何种具体政策，由各省、自治区、直辖市自行决定，转为非农业户口的农村移民不再纳入后期扶持范围。

（五）扶持标准。对纳入扶持范围的移民每人每年补助600元。

（六）扶持期限。对2006年6月30日前搬迁的纳入扶持范围的移民，自2006年7月1日起再扶持20年；对2006年7月1日以后搬迁的纳入扶持范围的移民，从其完成搬迁之日起扶持20年。

（七）扶持方式。后期扶持资金能够直接发放给移民个人的应尽量发放到移民个人，用于移民生产生活补助；也可以实行项目扶持，用于解决移民村群众生产生活中存在的突出问题；还可以采取两者结合的方式。具体方式由地方各级人民政府在充分尊重移民意愿并听取移民村群众意见的基础上确定，并编制切实可行的水库移民后期扶持规划。采取直接发放给移民个人方式的，要核实到人、建立档案、设立账户，及时足额将后期扶持资金发放到户；采取项目扶持方式的，可以统筹使用资金，但项目的确定要经绝大多数移民同意，资金的使用与管理要公开透明，接受移民监督，严禁截留挪用。

（八）扶持资金筹集。要坚持全国统筹、分省（区、市）核算，企业、社会、中央与地方政府合理负担，工业反哺农业、城市支持农村，东部地区支持中西部地区的原则。

水库移民后期扶持资金由国家统一筹措：(1) 提高省级电网公司在本省（区、市）区域内全部销售电量（扣除农业生产用电）的电价，提价收入专项用于水库移民后期扶持。为了减轻中西部地区的负担，移民人数较少的河北、山西、内蒙古、吉林、黑龙江、贵州、云南、西藏、甘肃、青海、宁夏、新疆12个省（区）的电价加价标准根据本省（区）的移民人数一次核定，原则上不再调整；如上述12个省（区）2006年7月1日以后搬迁的纳入扶持范围的水库移民所需后期扶持资金出现缺口，由中央统筹解决；其他19个省（区、市）实行统一的电价加价。(2) 提高电价形成的增值税增收部分专项用于水库移民后期扶持。(3) 继续保留中央财政每年安排用于解决中央直属水库移民遗留问题的资金。(4) 经营性大中型水库也应承担移民后期扶持资金，具体办法由发展改革委会同财政部、水利部另行制定。

（九）扶持资金管理。后期扶持资金作为政府性基金纳入中央财政预算管理。通过电价加价筹措的后期扶持资金由各省级电网公司随电费征收，全额上缴中央财政；应拨付给各省、自治区，直辖市的后期扶持资金由财政部会同国务院移民管理机构，按照发展改革委、财政部、水利部等部门核定的各省、自治区，直辖市移民人数和规定的标准据实拨付。后期扶持基金征收使用管理办法由财政部会同发展改革委、水利部和国务院移民管理机构等部门另行制定。

（十）现行水库移民扶持基金的处理。现行的库区建设基金并入完善后的水库移民后期扶持资金；现行的库区后期扶持基金并入库区维护基金，并相应调整和完善库区维护基金的征收、使用和管理，具体办法由财政部会同发展改革委、水利部另行制定。自完善后的水库移民后期扶持政策实施之日起，现行关于征收库区建设基金和后期扶持基金的政策即行废止，各地自行批准向水利、水电和电网企业征收的涉及水库移民的各种基金、资金一律停止收取。

三、统筹兼顾，安排好其他移民和征地拆迁人口的生产生活

（十一）做好大中型水库非农业安置移民工作。各省、自治区、直辖市要进一步完善城镇最低生活保障制度，把符合条件的大中型水库非农业安置移民中的困难家庭，纳入地方城镇最低生活保障范围，切实做到应保尽保；同时，要积极通过其他渠道进行帮扶，努力改善他们的生活条件。三峡工程的移民工作，依照《长江三峡工程建设移民条例》办理。

（十二）妥善解决小型水库移民的困难和现有后期扶持项目续建问题。各省、自治区、直辖市人民政府可通过提高本省（区、市）区域内全部销售电量（扣除农业生产用电）的电价筹集资金，统筹解决小型水库移民的困难，并保证对在建后期扶持项目的后续资金投入，确保项目按期建成并发挥作用。提价标准为每千瓦时不超过0.5厘，具体方案报发展改革委、财政部审批后实施。

（十三）切实做好其他征地拆迁人口的工作。完善水库移民后期扶持政策可能对其他征地拆迁人口产生影响，地方各级人民政府要高度重视，密切关注，做好宣传解释工作，并采取多种措施，及时解决他们生产生活中遇到的实际困难，妥善化解矛盾，维护社会稳定。

四、加大投入，促进库区和移民安置区长远发展

（十四）明确扶持重点。在提高后期扶持标准帮助解决水库移民温饱问题的同时，要继续从其他渠道积极筹措资金，加大扶持力度，解决库区和移民安置区长远发展问题，重点加强基本口粮田及配套水利设施建设，加强交通、供电、通信和社会事业等方面的基础设施建设，加强生态建设、环境保护，加强移民劳动力就业技能培训和职业教育，通过贴息贷款、投资补助等方式对移民能够直接受益的生产开发项目给予支持。

（十五）落实扶持资金。一是现有政府性资金，包括预算内投资和国债资金、扶贫资金、农业综合开发资金以及政府部门安排的各类建设基金和专项资金，要向库区和移民安置区倾斜；二是从筹集的后期扶持资金结余中安排，用于对库区和移民安置区的扶持，具体办法由财政部、发展改革委会同水利部等部门另行制定；三是从调整和完善后的库区维护基金中筹集。同时，地方各级人民政府要加大资金投入，鼓励社会捐助和企业对口帮扶，努力拓宽资金渠道。

（十六）做好项目规划。要以水库移民村为基本单元，按照优先解决突出问题的原则，抓紧编制库区和移民安置区基础设施建设和经济发展规划，作为国家安排扶持资金和项目的前提与依据。项目的确定要坚持民主程序，尊重和维护移民群众的知情权、参与权和监督权。

五、加强领导，精心组织实施

（十七）提高认识，增强工作责任感。做好移民工作，妥善解决移民群众关心的问题，使他们的长久生活有保障，关系到党和政府的威信，关系到党群、干群关系，关系到改革发展稳定的大局。完善水库移民后期扶持政策，加大扶持力度，是坚持以人为本、体现执政为民思想的一项重要举措，具有十分重要的意义。各地区、各有关部门要充分认识做好水库移民工作的重要性、紧迫性和艰巨性，进一步统一思想，提高认识，加强领导，明确责任，把移民工作摆上重要的议事日程，周密部署，精心组织，稳步推进，确保移民政策落到实处。

（十八）落实责任，加强协调配合。移民工作实行属地管理，省级人民政府对本地区移民工作和社会稳定负总责，地方各级人民政府主要负责同志是第一责任人，要有一位负责同志分管移民工作，实行一级抓一级，逐级落实责任，做到责任到位、工作到位。国务院有关部门要按照职责分工，各负其责，密切配合，加强对水库移民工作的指导。要抓紧研究组建统一的国务院移民管理机构，在新机构组建之前，由发展改革委牵头，会同有关部门建立部际联席会议制度，及时协调解决水库移民后期扶持政策实施中出现的问题。省级人民政府也要整合现有移民工作力量，明确负责移民工作的管理机构，明确职能，充实人员，工作经费要纳入同级财政预算。省以下各级人民政府可结合本地实际，因地制宜地明确负责移民工作的机构。各级人民政府要建立水库移民后期扶持政策实施情况的监测评估机制。要切实加强移民乡村基层组织建设，充分发挥农村基层组织作用，配合做好移民工作。

（十九）制订方案，抓好干部培训。各省、自治区、直辖市人民政府要根据本意见抓紧制订本地区水库移民后期扶持政策实施方案，报国务院批准后组织实施。要细化实施办法，制定相关配套文件，选择若干不同类型的水库先行试点，取得经验后在全省范围内推开。各地要挑选一批思想素质好、政策水平高、业务能力强、群众工作经验丰富的干部组成移民工作组，深入库区开展工作。对参与移民工作的干部要分期分批进行培训，使移民工作干部深刻领会中央精神，准确把握政策界限，掌握正确的工作方法，提高依法办事能力。

（二十）强化监督，保证资金安全。地方各级人民政府要认真落实政策，严肃工作纪律。要审定移民人数，核实移民身份，并在乡村两级张榜公布，严禁弄虚作假。要认真执行水库移民后期扶持资金征收使用管理办法，严格资金支出管理，防止跑冒滴漏，严禁截留挪用。监察部要会同财政部制定有关责任追究办法。各级监察和审计部门要提前介入，加大工作力度，加强监督检查。对后期扶持资金使用中发现的问题，要限期整改。对违反法律法规和国家有关政策的，要依法依纪严肃处理；涉嫌犯罪的，要移送司法机关依法追究有关责任人员的刑事责任。

（二十一）加强宣传，维护社会稳定。各级宣传部门要坚持正确的舆论导向，为后期扶持政策的顺利实施营造良好的舆论氛围。要大力宣传国家的移民法规，配合移民部门做好后期扶持政策的有关宣传、解释工作，充分体现党和政府对水库移民的关心和照顾。要把握好宣传报道口径，严肃宣传纪律，防止炒作。地方各级人民政府要始终注意做好维护稳定的工作，认真排查各种不稳定因素，及时化解矛盾。要耐心细致地做好移民的思想政治工作，引导移民以合理合法的方式表达利益诉求，坚持依法办事、按政策办事，确保社会稳定。

发展改革委要会同财政部、水利部等有关部门，对各地实施水库移民后期扶持政策的情况进行监督检

查，重大情况要及时向国务院报告。

国务院

（二〇〇六年五月十七日）*

（编辑部摘编）

大中型水利水电工程建设征地补偿和移民安置条例

中华人民共和国国务院令

第 471 号

《大中型水利水电工程建设征地补偿和移民安置条例》已经 2006 年 3 月 29 日国务院第 130 次常务会议通过，现予公布，自 2006 年 9 月 1 日起施行。

总理 温家宝

（二〇〇六年七月七日）**

第一章 总 则

第一条 为了做好大中型水利水电工程建设征地补偿和移民安置工作，维护移民合法权益，保障工程建设的顺利进行，根据《中华人民共和国土地管理法》和《中华人民共和国水法》，制定本条例。

第二条 大中型水利水电工程的征地补偿和移民安置，适用本条例。

第三条 国家实行开发性移民方针，采取前期补偿、补助与后期扶持相结合的办法，使移民生活达到或者超过原有水平。

第四条 大中型水利水电工程建设征地补偿和移民安置应当遵循下列原则：

（一）以人为本，保障移民的合法权益，满足移民生存与发展的需求；

（二）顾全大局，服从国家整体安排，兼顾国家、集体、个人利益；

（三）节约利用土地，合理规划工程占地，控制移民规模；

（四）可持续发展，与资源综合开发利用、生态环境保护相协调；

（五）因地制宜，统筹规划。

第五条 移民安置工作实行政府领导、分级负责、县为基础、项目法人参与的管理体制。

国务院水利水电工程移民行政管理机构（以下简称国务院移民管理机构）负责全国大中型水利水电工程移民安置工作的管理和监督。

县级以上地方人民政府负责本行政区域内大中型水利水电工程移民安置工作的组织和领导；省、自治区、直辖市人民政府规定的移民管理机构，负责本行政区域内大中型水利水电工程移民安置工作的管理和监督。

第二章 移民安置规划

第六条 已经成立项目法人的大中型水利水电工程，由项目法人编制移民安置规划大纲，按照审批权限报省、自治区、直辖市人民政府或者国务院移民管理机构审批；省、自治区、直辖市人民政府或者国务院移民管理机构在审批前应当征求移民区和移民安置区县级以上地方人民政府的意见。

没有成立项目法人的大中型水利水电工程，项目主管部门应当会同移民区和移民安置区县级以上地方人民政府编制移民安置规划大纲，按照审批权限报省、自治区、直辖市人民政府或者国务院移民管理机构审批。

第七条 移民安置规划大纲应当根据工程占地和淹没区实物调查结果以及移民区、移民安置区经济社会情况和资源环境承载能力编制。

工程占地和淹没区实物调查，由项目主管部门或者项目法人会同工程占地和淹没区所在地的地方人民政府实施；实物调查应当全面准确，调查结果经调查者和被调查者签字认可并公示后，由有关地方人民政府签署意见。实物调查工作开始前，工程占地和淹没区所在地的省级人民政府应当发布通告，禁止在工程占地和淹没区新增建设项目和迁入人口，并对实物调查工作作出安排。

第八条 移民安置规划大纲应当主要包括移民安置的任务、去向、标准和农村移民生产安置方式以及移民生活水平评价和搬迁后生活水平预测、水库移民后期扶持政策、淹没线以上受影响范围的划定原则、移民安置规划编制原则等内容。

第九条 编制移民安置规划大纲应当广泛听取移民和移民安置区居民的意见；必要时，应当采取听证的方式。

经批准的移民安置规划大纲是编制移民安置规划的基本依据，应当严格执行，不得随意调整或者修改；确需调整或者修改的，应当报原批准机关批准。

第十条 已经成立项目法人的，由项目法人根据经批准的移民安置规划大纲编制移民安置规划；没有成立项目法人的，项目主管部门应当会同移民区和移民安置区县级以上地方人民政府，根据经批准的移民安置规划大纲编制移民安置规划。

大中型水利水电工程的移民安置规划，按照审批

---

* 为利于贯彻国务院《完善大中型水库移民后期扶持政策》特在本卷年鉴刊出。

** 为利于贯彻《大中型水利水电工程建设征地补偿和移民安置条例》特在本卷年鉴刊出。

权限经省、自治区、直辖市人民政府移民管理机构或者国务院移民管理机构审核后，由项目法人或者项目主管部门报项目审批或者核准部门，与可行性研究报告或者项目申请报告一并审批或者核准。

省、自治区、直辖市人民政府移民管理机构或者国务院移民管理机构审核移民安置规划，应当征求本级人民政府有关部门以及移民区和移民安置区县级以上地方人民政府的意见。

第十一条 编制移民安置规划应当以资源环境承载能力为基础，遵循本地安置与异地安置、集中安置与分散安置、政府安置与移民自找门路安置相结合的原则。

编制移民安置规划应当尊重少数民族的生产、生活方式和风俗习惯。

移民安置规划应当与国民经济和社会发展规划以及土地利用总体规划、城市总体规划、村庄和集镇规划相衔接。

第十二条 移民安置规划应当对农村移民安置、城（集）镇迁建、工矿企业迁建、专项设施迁建或者复建、防护工程建设、水库水域开发利用、水库移民后期扶持措施、征地补偿和移民安置资金概（估）算等作出安排。

对淹没线以上受影响范围内因水库蓄水造成的居民生产、生活困难问题，应当纳入移民安置规划，按照经济合理的原则，妥善处理。

第十三条 对农村移民安置进行规划，应当坚持以农业生产安置为主，遵循因地制宜、有利生产、方便生活、保护生态的原则，合理规划农村移民安置点；有条件的地方，可以结合小城镇建设进行。

农村移民安置后，应当使移民拥有与移民安置区居民基本相当的土地等农业生产资料。

第十四条 对城（集）镇移民安置进行规划，应当以城（集）镇现状为基础，节约用地，合理布局。

工矿企业的迁建，应当符合国家的产业政策，结合技术改造和结构调整进行；对技术落后、浪费资源、产品质量低劣、污染严重、不具备安全生产条件的企业，应当依法关闭。

第十五条 编制移民安置规划应当广泛听取移民和移民安置区居民的意见；必要时，应当采取听证的方式。

经批准的移民安置规划是组织实施移民安置工作的基本依据，应当严格执行，不得随意调整或者修改；确需调整或者修改的，应当依照本条例第十条的规定重新报批。

未编制移民安置规划或者移民安置规划未经审核的大中型水利水电工程建设项目，有关部门不得批准或者核准其建设，不得为其办理用地等有关手续。

第十六条 征地补偿和移民安置资金、依法应当缴纳的耕地占用税和耕地开垦费以及依照国务院有关规定缴纳的森林植被恢复费等应当列入大中型水利水电工程概算。

征地补偿和移民安置资金包括土地补偿费、安置补助费，农村居民点迁建、城（集）镇迁建、工矿企业迁建以及专项设施迁建或者复建补偿费（含有关地上附着物补偿费），移民个人财产补偿费（含地上附着物和青苗补偿费）和搬迁费，库底清理费，淹没区文物保护费和国家规定的其他费用。

第十七条 农村移民集中安置的农村居民点、城（集）镇、工矿企业以及专项设施等基础设施的迁建或者复建选址，应当依法做好环境影响评价、水文地质与工程地质勘察、地质灾害防治和地质灾害危险性评估。

第十八条 对淹没区内的居民点、耕地等，具备防护条件的，应当在经济合理的前提下，采取修建防护工程等防护措施，减少淹没损失。

防护工程的建设费用由项目法人承担，运行管理费用由大中型水利水电工程管理单位负责。

第十九条 对工程占地和淹没区内的文物，应当查清分布，确认保护价值，坚持保护为主、抢救第一的方针，实行重点保护、重点发掘。

第三章 征地补偿

第二十条 依法批准的流域规划中确定的大中型水利水电工程建设项目的用地，应当纳入项目所在地的土地利用总体规划。

大中型水利水电工程建设项目核准或者可行性研究报告批准后，项目用地应当列入土地利用年度计划。

属于国家重点扶持的水利、能源基础设施的大中型水利水电工程建设项目，其用地可以以划拨方式取得。

第二十一条 大中型水利水电工程建设项目用地，应当依法申请并办理审批手续，实行一次报批、分期征收，按期支付征地补偿费。

对于应急的防洪、治涝等工程，经有批准权的人民政府决定，可以先行使用土地，事后补办用地手续。

第二十二条 大中型水利水电工程建设征收耕地的，土地补偿费和安置补助费之和为该耕地被征收前三年平均年产值的 16 倍。土地补偿费和安置补助费不能使需要安置的移民保持原有生活水平、需要提高标准的，由项目法人或者项目主管部门报项目审批或者核准部门批准。征收其他土地的土地补偿费和安置补助费标准，按照工程所在省、自治区、直辖市规定的标准执行。

被征收土地上的零星树木、青苗等补偿标准，按照工程所在省、自治区、直辖市规定的标准执行。

被征收土地上的附着建筑物按照其原规模、原标准或者恢复原功能的原则补偿；对补偿费用不足以修建基本用房的贫困移民，应当给予适当补助。

使用其他单位或者个人依法使用的国有耕地，参照征收耕地的补偿标准给予补偿；使用未确定给单位或者个人使用的国有未利用地，不予补偿。

移民远迁后，在水库周边淹没线以上属于移民个人所有的零星树木、房屋等应当分别依照本条第三款、第四款规定的标准给予补偿。

第二十三条 大中型水利水电工程建设临时用地，由县级以上人民政府土地主管部门批准。

第二十四条 工矿企业和交通、电力、电信、广播电视等专项设施以及中小学的迁建或者复建，应当按照其原规模、原标准或者恢复原功能的原则补偿。

第二十五条 大中型水利水电工程建设占用耕地的，应当执行占补平衡的规定。为安置移民开垦的耕地、因大中型水利水电工程建设而进行土地整理新增的耕地、工程施工新造的耕地可以抵扣或者折抵建设占用耕地的数量。

大中型水利水电工程建设占用25度以上坡耕地的，不计入需要补充耕地的范围。

第四章 移民安置

第二十六条 移民区和移民安置区县级以上地方人民政府负责移民安置规划的组织实施。

第二十七条 大中型水利水电工程开工前，项目法人应当根据经批准的移民安置规划，与移民区和移民安置区所在的省、自治区、直辖市人民政府或者市、县人民政府签订移民安置协议；签订协议的省、自治区、直辖市人民政府或者市人民政府，可以与下一级有移民或者移民安置任务的人民政府签订移民安置协议。

第二十八条 项目法人应当根据大中型水利水电工程建设的要求和移民安置规划，在每年汛期结束后60日内，向与其签订移民安置协议的地方人民政府提出下年度移民安置计划建议；签订移民安置协议的地方人民政府，应当根据移民安置规划和项目法人的年度移民安置计划建议，在与项目法人充分协商的基础上，组织编制并下达本行政区域的下年度移民安置年度计划。

第二十九条 项目法人应当根据移民安置年度计划，按照移民安置实施进度将征地补偿和移民安置资金支付给与其签订移民安置协议的地方人民政府。

第三十条 农村移民在本县通过新开发土地或者调剂土地集中安置的，县级人民政府应当将土地补偿费、安置补助费和集体财产补偿费直接全额兑付给该村集体经济组织或者村民委员会。

农村移民分散安置到本县内其他村集体经济组织或者村民委员会的，应当由移民安置村集体经济组织或者村民委员会与县级人民政府签订协议，按照协议安排移民的生产和生活。

第三十一条 农村移民在本省行政区域内其他县安置的，与项目法人签订移民安置协议的地方人民政府，应当及时将相应的征地补偿和移民安置资金交给移民安置区县级人民政府，用于安排移民的生产和生活。

农村移民跨省安置的，项目法人应当及时将相应的征地补偿和移民安置资金交给移民安置区省、自治区、直辖市人民政府，用于安排移民的生产和生活。

第三十二条 搬迁费以及移民个人房屋和附属建筑物、个人所有的零星树木、青苗、农副业设施等个人财产补偿费，由移民区县级人民政府直接全额兑付给移民。

第三十三条 移民自愿投亲靠友的，应当由本人向移民区县级人民政府提出申请，并提交接收地县级人民政府出具的接收证明；移民区县级人民政府确认其具有土地等农业生产资料后，应当与接收地县级人民政府和移民共同签订协议，将土地补偿费、安置补助费交给接收地县级人民政府，统筹安排移民的生产和生活，将个人财产补偿费和搬迁费发给移民个人。

第三十四条 城（集）镇迁建、工矿企业迁建、专项设施迁建或者复建补偿费，由移民区县级以上地方人民政府交给当地人民政府或者有关单位。因扩大规模、提高标准增加的费用，由有关地方人民政府或者有关单位自行解决。

第三十五条 农村移民集中安置的农村居民点应当按照经批准的移民安置规划确定的规模和标准迁建。

农村移民集中安置的农村居民点的道路、供水、供电等基础设施，由乡（镇）、村统一组织建设。

农村移民住房，应当由移民自主建造。有关地方人民政府或者村民委员会应当统一规划宅基地，但不得强行规定建房标准。

第三十六条 农村移民安置用地应当依照《中华人民共和国土地管理法》和《中华人民共和国农村土地承包法》办理有关手续。

第三十七条 移民安置达到阶段性目标和移民安置工作完毕后，省、自治区、直辖市人民政府或者国务院移民管理机构应当组织有关单位进行验收；移民安置未经验收或者验收不合格的，不得对大中型水利水电工程进行阶段性验收和竣工验收。

第五章 后期扶持

第三十八条 移民安置区县级以上地方人民政府应当编制水库移民后期扶持规划，报上一级人民政府或者其移民管理机构批准后实施。

编制水库移民后期扶持规划应当广泛听取移民的意见；必要时，应当采取听证的方式。

经批准的水库移民后期扶持规划是水库移民后期扶持工作的基本依据，应当严格执行，不得随意调整或者修改；确需调整或者修改的，应当报原批准机关批准。

未编制水库移民后期扶持规划或者水库移民后期扶持规划未经批准，有关单位不得拨付水库移民后期扶持资金。

第三十九条 水库移民后期扶持规划应当包括后期扶持的范围、期限、具体措施和预期达到的目标等内容。水库移民安置区县级以上地方人民政府应当采取建立责任制等有效措施，做好后期扶持规划的落实工作。

第四十条 水库移民后期扶持资金应当按照水库移民后期扶持规划，主要作为生产生活补助发放给移民个人；必要时可以实行项目扶持，用于解决移民村生产生活中存在的突出问题，或者采取生产生活补助和项目扶持相结合的方式。具体扶持标准、期限和资金的筹集、使用管理依照国务院有关规定执行。

省、自治区、直辖市人民政府根据国家规定的原则，结合本行政区域实际情况，制定水库移民后期扶持具体实施办法，报国务院批准后执行。

第四十一条 各级人民政府应当加强移民安置区的交通、能源、水利、环保、通信、文化、教育、卫生、广播电视等基础设施建设，扶持移民安置区发展。

移民安置区地方人民政府应当将水库移民后期扶持纳入本级人民政府国民经济和社会发展规划。

第四十二条 国家在移民安置区和大中型水利水电工程受益地区兴办的生产建设项目，应当优先吸收符合条件的移民就业。

第四十三条 大中型水利水电工程建成后形成的水面和水库消落区土地属于国家所有，由该工程管理单位负责管理，并可以在服从水库统一调度和保证工程安全、符合水土保持和水质保护要求的前提下，通过当地县级人民政府优先安排给当地农村移民使用。

第四十四条 国家在安排基本农田和水利建设资金时，应当对移民安置区所在县优先予以扶持。

第四十五条 各级人民政府及其有关部门应当加强对移民的科学文化知识和实用技术的培训，加强法制宣传教育，提高移民素质，增强移民就业能力。

第四十六条 大中型水利水电工程受益地区的各级地方人民政府及其有关部门应当按照优势互补、互惠互利、长期合作、共同发展的原则，采取多种形式对移民安置区给予支持。

第六章 监督管理

第四十七条 国家对移民安置和水库移民后期扶持实行全过程监督。省、自治区、直辖市人民政府和国务院移民管理机构应当加强对移民安置和水库移民后期扶持的监督，发现问题应当及时采取措施。

第四十八条 国家对征地补偿和移民安置资金、水库移民后期扶持资金的拨付、使用和管理实行稽察制度；对拨付、使用和管理征地补偿和移民安置资金、水库移民后期扶持资金的有关地方人民政府及其有关部门的负责人依法实行任期经济责任审计。

第四十九条 县级以上人民政府应当加强对下级人民政府及其财政、发展改革、移民等有关部门或者机构拨付、使用和管理征地补偿和移民安置资金、水库移民后期扶持资金的监督。

县级以上地方人民政府或者其移民管理机构应当加强对征地补偿和移民安置资金、水库移民后期扶持资金的管理，定期向上一级人民政府或者其移民管理机构报告并向项目法人通报有关资金拨付、使用和管理情况。

第五十条 各级审计、监察机关应当依法加强对征地补偿和移民安置资金、水库移民后期扶持资金拨付、使用和管理情况的审计和监察。

县级以上人民政府财政部门应当加强对征地补偿和移民安置资金、水库移民后期扶持资金拨付、使用和管理情况的监督。

审计、监察机关和财政部门进行审计、监察和监督时，有关单位和个人应当予以配合，及时提供有关资料。

第五十一条 国家对移民安置实行全过程监督评估。签订移民安置协议的地方人民政府和项目法人应当采取招标的方式，共同委托有移民安置监督评估专业技术能力的单位对移民搬迁进度、移民安置质量、移民资金的拨付和使用情况以及移民生活水平的恢复情况进行监督评估；被委托方应当将监督评估的情况及时向委托方报告。

从事移民安置规划编制和移民安置监督评估的专业技术人员，应当通过国家考试，取得相应的资格。

第五十二条 征地补偿和移民安置资金应当专户存储、专账核算，存储期间的孳息，应当纳入征地补偿和移民安置资金，不得挪作他用。

第五十三条 移民区和移民安置区县级人民政府，应当以村为单位将大中型水利水电工程征收的土地数量、土地种类和实物调查结果、补偿范围、补偿标准和金额以及安置方案等向群众公布。群众提出异议的，县级人民政府应当及时核查，并对统计调查结果不准确的事项进行改正；经核查无误的，应当及时向群众解释。

有移民安置任务的乡（镇）、村应当建立健全征地补偿和移民安置资金的财务管理制度，并将征地补偿和移民安置资金收支情况张榜公布，接受群众监督；土地补偿费和集体财产补偿费的使用方案应当经村民会议或者村民代表会议讨论通过。

移民安置区乡（镇）人民政府、村（居）民委员会应当采取有效措施帮助移民适应当地的生产、生活，及时调处矛盾纠纷。

第五十四条 县级以上地方人民政府或者其移民管理机构以及项目法人应当建立移民工作档案，并按照国家有关规定进行管理。

第五十五条 国家切实维护移民的合法权益。

在征地补偿和移民安置过程中，移民认为其合法权益受到侵害的，可以依法向县级以上人民政府或者其移民管理机构反映，县级以上人民政府或者其移民管理机构应当对移民反映的问题进行核实并妥善解决。移民也可以依法向人民法院提起诉讼。

移民安置后，移民与移民安置区当地居民享有同等的权利，承担同等的义务。

第五十六条 按照移民安置规划必须搬迁的移民，无正当理由不得拖延搬迁或者拒迁。已经安置的移民不得返迁。

第七章　法律责任

第五十七条 违反本条例规定，有关地方人民政府、移民管理机构、项目审批部门及其他有关部门有下列行为之一的，对直接负责的主管人员和其他直接责任人员依法给予行政处分；造成严重后果，有关责任人员构成犯罪的，依法追究刑事责任：

（一）违反规定批准移民安置规划大纲、移民安置规划或者水库移民后期扶持规划的；

（二）违反规定批准或者核准未编制移民安置规划或者移民安置规划未经审核的大中型水利水电工程建设项目的；

（三）移民安置未经验收或者验收不合格而对大中型水利水电工程进行阶段性验收或者竣工验收的；

（四）未编制水库移民后期扶持规划，有关单位拨付水库移民后期扶持资金的；

（五）移民安置管理、监督和组织实施过程中发现违法行为不予查处的；

（六）在移民安置过程中发现问题不及时处理，造成严重后果以及有其他滥用职权、玩忽职守等违法行为的。

第五十八条 违反本条例规定，项目主管部门或者有关地方人民政府及其有关部门调整或者修改移民安置规划大纲、移民安置规划或者水库移民后期扶持规划的，由批准该规划大纲、规划的有关人民政府或者其有关部门、机构责令改正，对直接负责的主管人员和其他直接责任人员依法给予行政处分；造成重大损失，有关责任人员构成犯罪的，依法追究刑事责任。

违反本条例规定，项目法人调整或者修改移民安置规划大纲、移民安置规划的，由批准该规划大纲、规划的有关人民政府或者其有关部门、机构责令改正，处10万元以上50万元以下的罚款；对直接负责的主管人员和其他直接责任人员处1万元以上5万元以下的罚款；造成重大损失，有关责任人员构成犯罪的，依法追究刑事责任。

第五十九条 违反本条例规定，在编制移民安置规划大纲、移民安置规划、水库移民后期扶持规划，或者进行实物调查、移民安置监督评估中弄虚作假的，由批准该规划大纲、规划的有关人民政府或者其有关部门、机构责令改正，对有关单位处10万元以上50万元以下的罚款；对直接负责的主管人员和其他直接责任人员处1万元以上5万元以下的罚款；给他人造成损失的，依法承担赔偿责任。

第六十条 违反本条例规定，侵占、截留、挪用征地补偿和移民安置资金、水库移民后期扶持资金的，责令退赔，并处侵占、截留、挪用资金额3倍以下的罚款，对直接负责的主管人员和其他责任人员依法给予行政处分；构成犯罪的，依法追究有关责任人员的刑事责任。

第六十一条 违反本条例规定，拖延搬迁或者拒迁的，当地人民政府或者其移民管理机构可以申请人民法院强制执行；违反治安管理法律、法规的，依法给予治安管理处罚；构成犯罪的，依法追究有关责任人员的刑事责任。

第八章　附　　则

第六十二条 长江三峡工程的移民工作，依照《长江三峡工程建设移民条例》执行。

南水北调工程的征地补偿和移民安置工作，依照本条例执行。但是，南水北调工程中线、东线一期工程的移民安置规划的编制审批，依照国务院的规定执行。

第六十三条 本条例自2006年9月1日起施行。1991年2月15日国务院发布的《大中型水利水电工程建设征地补偿和移民安置条例》同时废止。

（编辑部摘编）

电力监管条例

（国务院第432号令）

第一章　总　　则

第一条　为了加强电力监管，规范电力监管行为，完善电力监管制度，制定本条例。

第二条　电力监管的任务是维护电力市场秩序，依法保护电力投资者、经营者、使用者的合法权益和社会公共利益，保障电力系统安全稳定运行，促进电力事业健康发展。

第三条　电力监管应当依法进行，并遵循公开、公正和效率的原则。

第四条　国务院电力监管机构依照本条例和国务院有关规定，履行电力监管和行政执法职能；国务院有关部门依照有关法律、行政法规和国务院有关规定，履行相关的监管职能和行政执法职能。

第五条　任何单位和个人对违反本条例和国家有关电力监管规定的行为有权向电力监管机构和政府有关部门举报，电力监管机构和政府有关部门应当及时处理，并依照有关规定对举报有功人员给予奖励。

第二章　监 管 机 构

第六条　国务院电力监管机构根据履行职责的需要，经国务院批准，设立派出机构。国务院电力监管机构对派出机构实行统一领导和管理。

国务院电力监管机构的派出机构在国务院电力监管机构的授权范围内，履行电力监管职责。

第七条　电力监管机构从事监管工作的人员，应当具备与电力监管工作相适应的专业知识和业务工作经验。

第八条　电力监管机构从事监管工作的人员，应当忠于职守，依法办事，公正廉洁，不得利用职务便利谋取不正当利益，不得在电力企业、电力调度交易机构兼任职务。

第九条　电力监管机构应当建立监管责任制度和监管信息公开制度。

第十条　电力监管机构及其从事监管工作的人员依法履行电力监管职责，有关单位和人员应当予以配合和协助。

第十一条　电力监管机构应当接受国务院财政、监察、审计等部门依法实施的监督。

第三章　监 管 职 责

第十二条　国务院电力监管机构依照有关法律、行政法规和本条例的规定，在其职责范围内制定并发布电力监管规章、规则。

第十三条　电力监管机构依照有关法律和国务院有关规定，颁发和管理电力业务许可证。

第十四条　电力监管机构按照国家有关规定，对发电企业在各电力市场中所占份额的比例实施监管。

第十五条　电力监管机构对发电厂并网、电网互联以及发电厂与电网协调运行中执行有关规章、规则的情况实施监管。

第十六条　电力监管机构对电力市场向从事电力交易的主体公平、无歧视开放的情况以及输电企业公平开放电网的情况依法实施监管。

第十七条　电力监管机构对电力企业、电力调度交易机构执行电力市场运行规则的情况，以及电力调度交易机构执行电力调度规则的情况实施监管。

第十八条　电力监管机构对供电企业按照国家规定的电能质量和供电服务质量标准向用户提供供电服务的情况实施监管。

第十九条　电力监管机构具体负责电力安全监督管理工作。

国务院电力监管机构经商国务院发展改革部门、国务院安全生产监督管理部门等有关部门后，制订重大电力生产安全事故处置预案，建立重大电力生产安全事故应急处置制度。

第二十条　国务院价格主管部门、国务院电力监管机构依照法律、行政法规和国务院的规定，对电价实施监管。

第四章　监 管 措 施

第二十一条　电力监管机构根据履行监管职责的需要，有权要求电力企业、电力调度交易机构报送与监管事项相关的文件、资料。

电力企业、电力调度交易机构应当如实提供有关文件、资料。

第二十二条　国务院电力监管机构应当建立电力监管信息系统。

电力企业、电力调度交易机构应当按照国务院电力监管机构的规定将与监管相关的信息系统接入电力监管信息系统。

第二十三条　电力监管机构有权责令电力企业、电力调度交易机构按照国家有关电力监管规章、规则的规定如实披露有关信息。

第二十四条　电力监管机构依法履行职责，可以采取下列措施，进行现场检查：

（一）进入电力企业、电力调度交易机构进行检查；

（二）询问电力企业、电力调度交易机构的工作人员，要求其对有关检查事项作出说明；

（三）查阅、复制与检查事项有关的文件、资料，对可能被转移、隐匿、损毁的文件、资料予以封存；

（四）对检查中发现的违法行为，有权当场予以纠正或者要求限期改正。

第二十五条 依法从事电力监管工作的人员在进行现场检查时，应当出示有效执法证件；未出示有效执法证件的，电力企业、电力调度交易机构有权拒绝检查。

第二十六条 发电厂与电网并网、电网与电网互联，并网双方或者互联双方达不成协议，影响电力交易正常进行的，电力监管机构应当进行协调；经协调仍不能达成协议的，由电力监管机构作出裁决。

第二十七条 电力企业发生电力生产安全事故，应当及时采取措施，防止事故扩大，并向电力监管机构和其他有关部门报告。电力监管机构接到发生重大电力生产安全事故报告后，应当按照重大电力生产安全事故处置预案，及时采取处置措施。

电力监管机构按照国家有关规定组织或者参加电力生产安全事故的调查处理。

第二十八条 电力监管机构对电力企业、电力调度交易机构违反有关电力监管的法律、行政法规或者有关电力监管规章、规则，损害社会公共利益的行为及其处理情况，可以向社会公布。

第五章 法律责任

第二十九条 电力监管机构从事监管工作的人员有下列情形之一的，依法给予行政处分；构成犯罪的，依法追究刑事责任：

（一）违反有关法律和国务院有关规定颁发电力业务许可证的；

（二）发现未经许可擅自经营电力业务的行为，不依法进行处理的；

（三）发现违法行为或者接到对违法行为的举报后，不及时进行处理的；

（四）利用职务便利谋取不正当利益的。

电力监管机构从事监管工作的人员在电力企业、电力调度交易机构兼任职务的，由电力监管机构责令改正，没收兼职所得；拒不改正的，予以辞退或者开除。

第三十条 违反规定未取得电力业务许可证擅自经营电力业务的，由电力监管机构责令改正，没收违法所得，可以并处违法所得5倍以下的罚款；构成犯罪的，依法追究刑事责任。

第三十一条 电力企业违反本条例规定，有下列情形之一的，由电力监管机构责令改正；拒不改正的，处10万元以上100万元以下的罚款；对直接负责的主管人员和其他直接责任人员，依法给予处分；情节严重的，可以吊销电力业务许可证：

（一）不遵守电力市场运行规则的；

（二）发电厂并网、电网互联不遵守有关规章、规则的；

（三）不向从事电力交易的主体公平、无歧视开放电力市场或者不按照规定公平开放电网的。

第三十二条 供电企业未按照国家规定的电能质量和供电服务质量标准向用户提供供电服务的，由电力监管机构责令改正，给予警告；情节严重的，对直接负责的主管人员和其他直接责任人员，依法给予处分。

第三十三条 电力调度交易机构违反本条例规定，不按照电力市场运行规则组织交易的，由电力监管机构责令改正；拒不改正的，处10万元以上100万元以下的罚款；对直接负责的主管人员和其他直接责任人员，依法给予处分。

电力调度交易机构工作人员泄露电力交易内幕信息的，由电力监管机构责令改正，并依法给予处分。

第三十四条 电力企业、电力调度交易机构有下列情形之一的，由电力监管机构责令改正；拒不改正的，处5万元以上50万元以下的罚款，对直接负责的主管人员和其他直接责任人员，依法给予处分；构成犯罪的，依法追究刑事责任：

（一）拒绝或者阻碍电力监管机构及其从事监管工作的人员依法履行监管职责的；

（二）提供虚假或者隐瞒重要事实的文件、资料的；

（三）未按照国家有关电力监管规章、规则的规定披露有关信息的。

第三十五条 本条例规定的罚款和没收的违法所得，按照国家有关规定上缴国库。

第六章 附 则

第三十六条 电力企业应当按照国务院价格主管部门、财政部门的有关规定缴纳电力监管费。

第三十七条 本条例自2005年5月1日起施行。

（编辑部摘编）

国家环境保护总局、国家发展和改革委员会关于加强水电建设环境保护工作的通知

环发［2005］13号

各省、自治区、直辖市、新疆生产建设兵团环境保护局（厅）、发展改革委：

水能是我国重要的能源资源。建国以来，特别是改革开放以来，在国家优先发展水电方针的指引下，我国水电建设取得了很大的成绩，在有效解决电力供应问题的同时，有力地促进了经济和社会的发展。但在近年来水电工程的大规模的建设中发现存在一些问题，一些项目未落实环境保护措施，就开始大规模的施工活动，造成不同程度的水土流失；一些电站由于设计和运行管理方面的原因，造成了下游局部河段的脱水、干涸或水流波动过大等变化，对上下游水生生态及经济生活造成了不利影响。为了适应投资体制改革的需要，进一步加强水电建设的环境保护工作，促进水电建设的健康发展，现通知如下：

一、高度重视水电开发规划的环境影响评价工作。要按照《环境影响评价法》的有关规定，认真做好河流水电开发规划的环境影响评价工作，对规划实施后可能造成的环境影响进行认真分析、预测和评价，提出预防或者减轻不良影响的对策和措施，并以此指导河流开发规划方案的选定和实施。未进行环境影响评价工作的河流水电开发规划，审批机关不得予以审批。

二、加强水电建设项目的环境保护工作。水电建设要按照《环境影响评价法》、《建设项目环境保护条例》的有关规定，严格执行环境影响评价制度，认真做好水电建设的环境影响评价和环境保护设计，特别要落实好低温水、鱼类保护、陆生珍稀动植物保护、施工期水土保持和移民安置等环境保护措施，最大限度地减小水电对生态环境的不利影响。

考虑到水电工程位置偏远，“三通一平”等工程施工前期准备工作时间长、任务重，为了缩短水电工程建设工期，促进水电效益尽早发挥，在工程环境影响报告书批准之前，可先编制“三通一平”等工程的环境影响报告书（表），经当地环境保护行政主管部门批准后，开展必要的“三通一平”等工程施工前期准备工作，但不得进行大坝、厂房等主体工程的施工。

三、优化水电站的运行管理，减轻对水环境和水生生态的影响。要根据用电、用水和生态环境等方面的要求，研究制定电站优化运行方式，最大限度地减轻对水环境的影响。对于引水式等水电开发方式，应避免电站运行造成局部河段脱水，落实泄水建筑物建设和运行，确保下泄一定的生态流量。要根据当地生产、生活、生态以及景观需水的要求，统筹考虑经济、社会和环境效益确定生态流量。对于下游有航运要求的大江大河，水电站运行要满足航运流量的要求；运行期间要确保鱼类等水生生物保护设施正常运行。

各省、自治区、直辖市、新疆生产建设兵团环境保护局（厅）、发展改革委、各有关部门和单位，要认真做好水电开发规划、建设、运行和管理工作，确保水电建设环境保护工作落实到位，确保工程经济效益、社会效益的有效发挥，促进水电建设的健康发展以及经济、社会和环境的可持续发展。

国家环境保护总局

国家发展和改革委员会

二〇〇五年一月二十日

（编辑部摘编）

国家发展和改革委员会《中央投资项目招标代理机构资格认定管理办法》

第一章　总　　则

第一条　为了提高政府投资效益，规范中央投资项目的招标投标行为，提高招标代理机构的服务质量，从源头上防止腐败现象，根据《中华人民共和国招标投标法》、《中华人民共和国行政许可法》、《国务院关于投资体制改革的决定》、《国家发展改革委保留的行政审批项目确认书》以及其他相关法律法规，制定本办法。

第二条　凡在中华人民共和国境内从事中央投资项目招标代理业务的招标代理机构，应按照本办法进行资格认定。

第三条　本办法所称中央投资项目，是指全部或部分使用中央预算内投资资金（含国债）、专项建设基金、国家主权外债资金和其他中央财政性投资资金的固定资产投资项目。

使用国家主权外债资金的中央投资项目，国际金融机构或贷款国政府对项目招标与采购有要求的，从其规定。

第四条　本办法所称招标代理业务，包括受招标人委托，从事项目业主招标、专业化项目管理单位招标、政府投资规划编制单位招标，以及中央投资项目的勘察、可行性研究、设计、设备、材料、施工、监理、保险等方面的招标代理业务。

第五条　国家发展和改革委员会是中央投资项目招标代理机构资格认定的管理部门，依据《招标投标法》和相关法规，对招标代理机构进行资格认定和监督。

第六条　获得商务部颁发的机电产品国际招标机构资格的招标代理机构，可从事中央投资项目的机电产品国际招标代理业务。

依据《政府采购法》从事政府采购货物和服务招

标的采购代理机构，其资格认定与管理办法由有关部门另行制定，不适用于本办法。

第二章 资格申请

第七条 中央投资项目招标代理机构资格分为甲级和乙级。

甲级资格的招标代理机构可以从事所有中央投资项目的招标代理业务。

乙级资格的招标代理机构只能从事总投资2亿元人民币及以下的中央投资项目的招标代理业务。

第八条 申请中央投资项目招标代理资格的机构应具备下列条件：

（一）是依法设立的社会中介组织，具有独立企业法人资格；

（二）与行政机关和其他国家机关没有行政隶属关系或其他利益关系；

（三）有固定的营业场所和开展中央投资项目招标代理业务所需设施及办公条件；

（四）有健全的组织机构和内部管理规章制度；

（五）具备编制招标文件和组织评标的相应专业力量；

（六）建立有一定规模的评标专家库；

（七）近3年内机构没有因违反《招标投标法》及有关管理规定，受到相关管理部门暂停资格以上处罚；

（八）近3年内机构主要负责人没有因违反《招标投标法》及有关管理规定受到刑事处罚；

（九）国家发展和改革委员会规定的其他条件。

第九条 申请甲级招标代理机构资格的机构，除具备本办法第八条规定条件外，还应具备以下条件：

（一）注册资金不少于800万元人民币；

（二）招标专业人员不少于50人；

（三）招标专业人员中，具有中级及中级以上职称的技术人员不少于70%；

（四）评标专家库专家人数在800人以上；

（五）开展招标代理业务5年以上；

（六）近5年从事过的招标代理项目个数在300个以上，中标金额累计在50亿元人民币（以中标通知书为依据，下同）以上。

第十条 申请乙级招标代理机构资格的机构，除具备本办法第八条规定条件外，还应具备以下条件：

（一）注册资金不少于300万元人民币；

（二）招标从业人员不少于30人；

（三）招标从业人员中，具备中级及中级以上职称的技术人员不少于60%；

（四）评标专家库专家人数在500人以上；

（五）开展招标代理业务3年以上；

（六）近3年从事过的招标代理项目个数在100个以上，中标金额累计在15亿元人民币以上。

第十一条 开展招标代理业务不足三年的招标代理机构，具备第八条和第十条第（一）、（二）、（三）、（四）项条件的，可申请中央投资项目招标代理机构预备资格。获得预备资格后，可从事总投资1亿元人民币及以下的中央投资项目的招标代理业务。

第十二条 国家发展和改革委员会定期进行中央投资项目招标代理机构资格认定工作。相关资格受理的通知、要求和申请材料格式文本等将提前公布，以保证申请人有足够时间准备申请材料。

第十三条 申请中央投资项目招标代理机构资格的机构，应按要求报送以下材料：

（一）中央投资项目招标代理机构资格申请书；

（二）企业法人营业执照副本复印件（加盖原登记机关确认章）；

（三）公司章程；

（四）企业机构设置情况表；

（五）企业人员基本情况；

（六）招标业绩；

（七）所申报招标业绩的中标通知书；

（八）评标专家库人员名单；

（九）其他相关文件。

第十四条 申请中央投资项目招标代理机构资格的材料，应报送企业注册所在地的省级发展和改革委员会进行初审。初审机关按有关规定对申请材料进行审查，提出初审意见，报送国家发展和改革委员会。

第十五条 国家发展和改革委员会组织专家委员会，对经过省级发展和改革委员会初审的资格申请材料进行评审。通过评审的，授予中央投资项目招标代理机构资格。

国家发展和改革委员会在评定结果确定后10日内，向获得中央投资项目招标代理机构资格的机构颁发资格证书，同时将结果向社会公布。

第十六条 中央投资项目招标代理机构资格证书有效期为3年。招标代理机构需要延续资格证书有效期的，应当在证书有效期届满30日前向国家发展和改革委员会提出申请。

第十七条 国家发展和改革委员会定期进行中央投资项目招标代理机构资格升级的评审工作。乙级和预备级招标代理机构在初次取得中央投资项目招标代理机构资格1年以后，具备高一级别条件的，可在当年招标机构资格申请受理时，按规定提出升级申请。

第十八条 有以下情形之一的招标代理机构，暂不授予中央投资项目招标代理机构资格：

（一）不具备本办法规定的相关条件的；

（二）未按要求提供真实完整资料的；

（三）在招标代理业务中有违反法律法规的行为，已被司法机关立案审查或近3年内受到有关管理部门暂停资格以上处罚的。

第十九条　中央投资项目招标代理机构变更机构名称、地址、更换法定代表人的，应向国家发展和改革委员会申请更换资格证书。

中央投资项目招标代理机构在组织机构发生分立、合并等重大变化时，应按照本办法，向国家发展和改革委员会重新提出资格申请。

第三章　监督管理

第二十条　中央投资项目招标代理机构，应按照《招标投标法》及国家对中央投资项目的有关管理规定，接受招标人委托，从事招标代理业务，按国家有关规定收取招标代理服务费。

第二十一条　中央投资项目招标代理机构，应严格执行招标投标、投资管理等有关制度规定，自觉接受政府、社会监督，维护招标投标各方的合法权益，保障社会公共利益，承担有关保密义务。

第二十二条　中央投资项目招标代理机构，应在中央投资项目招标工作结束、发出中标通知书后15日内，向国家发展和改革委员会报送《中央投资项目招标情况报告》。

国家发展和改革委员会依据项目招标情况报告，不定期地对招标项目进行抽查。

第二十三条　国家发展和改革委员会负责接受有关中央投资项目招标代理机构资格的质疑和投诉。

第二十四条　国家发展和改革委员会每年组织专家委员会，依据项目招标情况报告、质疑和投诉记录以及招标项目业绩情况等，对中央投资项目招标代理机构进行年度资格检查。连续2年年检不合格的，予以降级处理直至取消招标代理资格。

有下列情况之一的，为年检不合格：

（一）年度中有严重违规行为；

（二）未能按时合规报送《中央投资项目招标情况报告》和年检材料；

（三）甲级招标机构年度招标业绩达不到10亿元人民币；

（四）乙级招标机构年度招标业绩达不到5亿元人民币。

第四章　罚　　则

第二十五条　在资格申请过程中弄虚作假的招标代理机构，正在申请和审核过程中的，取消其申请；已经取得资格的，取消其资格。

第二十六条　在资格年检过程中报送虚假材料的招标代理机构，视情节轻重给予暂停或取消资格的处罚。

第二十七条　采用委托招标方式的中央投资项目，没有委托具备相应资格的招标代理机构办理招标事宜的，中标结果无效。

中央投资项目招标代理机构超越本办法规定范围从事招标代理业务的，给予暂停资格的处罚。

第二十八条　中央投资项目招标代理机构出借、转让、涂改资格证书的，给予取消资格的处罚。

第二十九条　中央投资项目招标代理机构在招标代理业务中有以下行为的，国家发展和改革委员会将视情节轻重，给予警告、暂停资格、取消资格的处罚：

（一）泄露应当保密的与招标代理业务有关的情况和资料；

（二）与招标人、投标人相互串通损害国家、社会公共利益或他人合法权益；

（三）与投标人就投标价格、投标方案等实质性内容进行谈判；

（四）擅自修改招标文件、投标报价、中标通知书。

因上述行为影响中标结果的，中标结果无效。

第三十条　招标代理机构有下列行为之一的，国家发展和改革委员会责令改正，视情节轻重给予警告处分，并可处以一定数额的罚款。对于第五项行为可处以1万元以上5万元以下罚款，其他行为可处以1万元以下罚款。

（一）不在指定媒体上发布招标公告；

（二）招标文件或资格预审文件发售时限不符合有关规定；

（三）评标委员会组成和专家结构不符合有关规定；

（四）投标人数量不符合法定要求不重新招标；

（五）以不合理条件限制或排斥潜在投标人、对潜在投标人实行歧视待遇或限制投标人之间的竞争；

（六）未按要求上报《中央投资项目招标情况报告》；

（七）其他违反法律法规和有关规定的行为。

第三十一条　对于招标代理机构的处罚结果将在国家发展和改革委员会网站上及时向社会公布。

因招标代理机构的违法违规行为给他人造成损失的，依法承担赔偿责任；构成犯罪的，依法移送司法机关追究刑事责任。

第五章　附　　则

第三十二条　本办法由国家发展和改革委员会负责解释。

第三十三条 本办法自2005年11月1日起施行。

（编辑部摘编）

国家电力监管委员会 电力市场运营基本规则（试行）

第一章 总 则

第一条 为规范区域电力市场行为，保证区域电力市场的统一、开放、竞争、有序，根据国家有关法律、法规，制定本规则。

第二条 本规则适用于区域电力市场。

第三条 国家电力监管委员会及其授权的监管机构（统称“电力监管机构”，下同）负责监督区域电力市场运营，依法维护市场主体的合法权益，不受其他组织和个人的非法干预。

第二章 市场成员

第四条 本规则所称的市场成员包括市场主体和市场运营机构。电力市场主体是指按规定获得电力业务许可证的发电企业、电网经营企业、供电企业（含独立配售电企业）和经核准的用户：市场运营机构是指电力调度交易中心。

第五条 发电企业、电网经营企业和供电企业，在按规定获得电力业务许可证（以下简称“许可证”）后，方可申请进入市场，参与市场交易。用户经核准后可参与市场交易。

第六条 电力调度交易中心负责电力调度、市场交易、交易结算。

第三章 交易类型

第七条 电力市场中电能交易类型包括合约交易、现货交易、期货交易等。

第八条 合约交易是指市场主体通过签订电能买卖合同进行的电能交易，合同价格可以通过双方协商、市场竞争或按国家有关规定确定，合同期限可以是周、月、季、年或一年以上。

第九条 现货交易是由发电企业竞价形成的次日（或未来24小时）电能交易以及为保证电力供需的即时平衡而组织的实时电能交易。现货交易所占电量的比例，由电力监管机构根据电力供需情况、电网情况及用电负荷特性等因素，综合研究确定，一般每年确定一次。

第十条 期货交易是指在规定的交易所，通过期货合同进行的电能交易。期货合同是指在确定的将来某时刻按确定的价格购买或出售电能的协议。

第十一条 电能交易应以合约交易为主，现货交易为辅，近期不开展电能期货交易。

第十二条 条件成熟的，经电力监管机构批准，可以开展输电权、辅助服务等交易。

第四章 合约交易

第十三条 市场运营机构具体组织电能合约交易，电力监管机构监督交易合同的执行。

第十四条 购售电合同在签订前必须经市场运营机构安全校核予以确认，不能通过安全校核的由市场运营机构及时告知有关市场主体。

第十五条 电网经营企业必须贯彻国家能源政策，优先与风能、地热等提供清洁和可再生能源的发电企业签订合同，保证其发电量充分上网。

第十六条 市场运营机构按规定的原则对合约电量进行分解，其分解方法应对市场成员公开，并报电力监管机构备案。合约电量分解后因故需要修改的，市场运营机构要及时向合约方通报原因。

第五章 现货交易

第十七条 市场运营机构按照交易规则组织现货交易。市场运营机构应根据技术支持系统自动计算生成的调度方案下达调度指令，一般不得修改。

第十八条 发电企业在现货交易中一般以单个机组为单位进行报价。经批准，同一发电厂的多个机组可以集中报价。原则上不实行由多个发电厂组成的发电企业集中报价。禁止发电厂间的串通报价。

第十九条 现货市场价格形成机制应有利于促进市场公平有效竞争、有利于发挥市场导向作用、有利于输电阻塞管理。

第二十条 为保证市场安全，电力监管机构应当规定市场最高和最低限价。最高和最低限价一般按年核定。

第二十一条 为保证市场正常运作及电力系统安全，电力监管机构应当制定市场干预和中止的条件及相关处理方法。

第六章 输电服务

第二十二条 电网经营企业应当无歧视开放输电网，为市场主体提供安全、优质、经济、可靠和连续的输电服务。

第二十三条 电网经营企业应当严格执行国家规定的输电电价，并接受电力监管机构的监督检查。

第二十四条 输电阻塞管理方法应根据电网结构和市场交易方式确定。

第二十五条 为规避输电阻塞产生的风险，经电力监管机构批准，可以进行输电权交易。

第七章 辅 助 服 务

第二十六条 为维护电网安全稳定运行，市场主体应当向系统提供用以维护电压、频率稳定及电网故障后的恢复等方面的辅助服务。

第二十七条 辅助服务包括基本辅助服务和有偿辅助服务。基本辅助服务应在并网协议中注明。有偿辅助服务可以采用协议的方式，也可以通过招投标方式确定。

第二十八条 各类辅助服务的具体内容、技术标准、获取方式由市场成员根据各电力市场情况确定，报电力监管机构审批。

第二十九条 电力监管机构授权市场运营机构对市场主体提供辅助服务的能力进行定期测试。测试结果应予公布并向电力监管机构报告。市场主体不能按要求提供辅助服务时，应及时向市场运营机构报告。

第八章 电能计量与结算

第三十条 市场主体必须按照国家有关标准安装电能计量装置，由有资质的机构组织验收后投入使用。

第三十一条 对电能计量装置实行定期校核。市场主体可以申请对电能计量装置进行校核，校核费用由申请者承担。

第三十二条 交易各方签订的购售电合同应明确电能的计量点。法定或约定的计量点计量的电能作为电费结算的依据。市场主体按计量点为分界承担电能损耗和相关责任。

第三十三条 市场运营机构应建立并维护电能计量数据库，并向市场主体公布电能计量数据。

第三十四条 市场结算包括合约交易结算、现货交易结算、期货交易结算、辅助服务结算及各种补偿金、违约金结算。

第三十五条 市场主体应在合同中约定电费结算的方式和期限，并严格履行。

第九章 系 统 安 全

第三十六条 市场主体应当执行有关电网运行管理的规程、规定，服从统一调度，加强设备维护，按并网协议要求配备必要的安全设施，提供辅助服务，维护电力系统的安全稳定运行。

第三十七条 市场运营机构应严格执行电网调度法规，及时计算、发布系统运行的安全数据，防止电网事故，保障电网运行安全。

第三十八条 市场运营机构的安全校核范围应与市场交易范围一致。

第三十九条 市场运营机构应根据电力供需形势、安全约束条件和系统运行状况统筹安排电力设备检修计划。发电机组运行考核办法由电力监管机构审定后执行。

第四十条 电力市场技术支持系统建设应满足规定的性能指标，包括能量管理、交易管理、电能计量、结算系统、合同管理、报价处理、市场分析与预测、交易信息等功能模块。

第四十一条 电力市场技术支持系统的开发建设应以电力市场运行规则为基础。在同一市场内，技术支持系统应统一组织开发、维护和管理。技术支持系统应根据电力市场发展的需要及时更新。电力监管机构负责审定技术支持系统的规划和设计方案，各市场主体按规定配备有关配套设施，市场运营机构负责日常维护管理。

第十章 信 息 披 露

第四十二条 市场主体应按规定向市场运营机构提供信息。

第四十三条 市场运营机构应遵循准确、真实、及时、充分的原则，定期向市场主体和社会公众披露市场运行信息。

第四十四条 电力监管机构负责制定市场信息发布管理办法并监督实施。

第十一章 附 则

第四十五条 各区域电力市场监管机构依据本规则拟定区域电力市场运营规则，报国家电力监管委员会批准后执行。

（编辑部摘编）

国家电力监管委员会
电力生产事故调查暂行规定

第一章 总 则

第一条 为了及时报告、调查、统计、处理电力生产事故，规范电力生产事故管理和调查行为，制定本规定。

第二条 电力生产事故调查的任务是贯彻安全第一、预防为主的方针，总结经验教训，研究电力生产事故规律，采取预防措施，防止和减少电力生产事故的发生。

第三条 电力生产事故调查应当实事求是、尊重科学，做到事故原因未查清不放过，责任人员未处理不放过，整改措施未落实不放过，有关人员未受到教育不放过。

第四条 电力生产事故统计报告应当及时、准确、完整。电力生产事故统计分析应当与可靠性分析相结合，全面评价安全水平。

第五条 任何单位和个人对违反本规定的行为、隐瞒电力生产事故或者阻碍电力生产事故调查的行为，有权向国家电力监管委员会（以下简称电监会）及其派出机构、政府有关部门举报。

第六条 本规定适用于中华人民共和国境内的电力企业。

第二章 事故定义和级别

第七条 电力企业发生有下列情形之一的人身伤亡，为电力生产人身事故：

（一）员工从事与电力生产有关的工作过程中，发生人身伤亡（含生产性急性中毒造成的人身伤亡，下同）的；

（二）员工从事与电力生产有关的工作过程中，发生本企业负有同等以上责任的交通事故，造成人身伤亡的；

（三）在电力生产区域内，外单位人员从事与电力生产有关的工作过程中，发生本企业负有责任的人身伤亡的。

电力生产人身事故的等级划分和标准，执行国家有关规定。

第八条 电网发生有下列情形之一的大面积停电，为特大电网事故：

（一）省、自治区电网或者区域电网减供负荷达到下列数值之一的：

1. 电网负荷为 20000MW 以上的，减供负荷 20%；

2. 电网负荷为 10000MW 以上不满 20000MW 的，减供负荷 30%或者 4000MW；

3. 电网负荷为 5000MW 以上不满 10000MW 的，减供负荷 40%或者 3000MW；

4. 电网负荷为 1000MW 以上不满 5000MW 的，减供负荷 50%或者 2000MW。

（二）直辖市减供负荷 50%以上的；

（三）省和自治区人民政府所在地城市以及其他大城市减供负荷 80%以上的。

第九条 电网发生有下列情形之一的大面积停电，为重大电网事故：

（一）省、自治区电网或者区域电网减供负荷达到下列数值之一的：

1. 电网负荷为 20000MW 以上的，减供负荷 8%；

2. 电网负荷为 10000MW 以上不满 20000MW 的，减供负荷 10%或者 1600MW；

3. 电网负荷为 5000MW 以上不满 10000MW 的，减供负荷 15%或者 1000MW；

4. 电网负荷为 1000MW 以上不满 5000MW 的，减供负荷 20%或者 750MW；

5. 电网负荷为不满 1000MW 的，减供负荷 40%或者 200MW。

（二）直辖市减供负荷 20%以上的；

（三）省和自治区人民政府所在地城市以及其他大城市减供负荷 40%以上的；

（四）中等城市减供负荷 60%以上的；

（五）小城市减供负荷 80%以上的。

第十条 电力企业发生有下列情形之一的事故，为一般电网事故：

（一）110kV 以上省级电网或者区域电网非正常解列，并造成全网减供负荷达到下列数值之一的：

1. 电网负荷为 20000MW 以上的，减供负荷 4%；

2. 电网负荷为 10000MW 以上不满 20000MW 的，减供负荷 5%或者 800MW；

3. 电网负荷为 5000MW 以上不满 10000MW 的，减供负荷 8%或者 500MW；

4. 电网负荷为 1000MW 以上不满 5000MW 的，减供负荷 10%或者 400MW；

5. 电网负荷为不满 1000MW 的，减供负荷 20%或者 100MW。

（二）变电所 220kV 以上任一电压等级母线全停的；

（三）电网电能质量降低，造成下列情形之一的：

1. 装机容量 3000MW 以上的电网，频率偏差超出 50±0.2Hz，且延续时间 30min 以上；或者频率偏差超出 50±0.5Hz，且延续时间 15min 以上。

2. 装机容量不满 3000MW 的电网，频率偏差超出 50±0.5Hz，且延续时间 30min 以上；或者频率偏差超出 50±1Hz，且延续时间 15min 以上。

3. 电压监视控制点电压偏差超出电力调度规定的电压曲线值±5%，且延续时间超过 2h；或者电压偏差超出电力调度规定的电压曲线值±10%，且延续时间超过 1h。

第十一条 电力企业发生设备、设施、施工机械、运输工具损坏，造成直接经济损失超过规定数额的，为电力生产设备事故。

电力生产设备事故的等级划分和标准，执行本规定第十二条，第十三条和国家有关规定。

第十二条 装机容量400MW以上的发电厂，一次事故造成2台以上机组非计划停运，并造成全厂对外停电的，为重大设备事故。

第十三条 电力企业有下列情形之一，未构成重大设备事故的，为一般设备事故：

（一）发电厂2台以上机组非计划停运，并造成全厂对外停电的；

（二）发电厂升压站110kV以上任一电压等级母线全停的；

（三）发电厂200MW以上机组被迫停止运行，时间超过24h的；

（四）电网35kV以上输变电设备被迫停止运行，并造成对用户中断供电的；

（五）水电厂由于水工设备、水工建筑损坏或者其他原因，造成水库不能正常蓄水、泄洪或者其他损坏的。

第十四条 火灾事故的定义、等级划分和标准，执行国家有关规定。

第三章 事故调查

第十五条 电力企业发生事故后，应当按照国家有关规定，及时向上级主管单位和当地人民政府有关部门如实报告。

第十六条 电力企业发生重大以上的人身事故、电网事故、设备事故或者火灾事故，电厂垮坝事故以及对社会造成严重影响的停电事故，应当立即将事故发生的时间、地点、事故概况、正在采取的紧急措施等情况向电监会报告，最迟不得超过24h。

第十七条 电力生产事故的组织调查，按照下列规定进行：

（一）人身事故、火灾事故、交通事故和特大设备事故，按照国家有关规定组织调查；

（二）特大电网事故、重大电网事故、重大设备事故由电监会组织调查；

（三）一般电网事故、一般设备事故由发生事故的单位组织调查。

涉及电网企业、发电企业等两个或者两个以上企业的一般事故，进行联合调查时发生争议，一方申请电监会处理的，由电监会组织调查。

第十八条 电力生产事故的调查，按照下列规定进行：

（一）事故发生后，发生事故的单位应当迅速抢救伤员和进行事故应急处理，并派专人严格保护事故现场。未经调查和记录的事故现场，不得任意变动。

（二）事故发生后，发生事故的单位应当立即对事故现场和损坏的设备进行照相、录像、绘制草图。

（三）事故发生后，发生事故的单位应当立即组织有关人员收集事故经过、现场情况、财产损失等原始材料。

（四）发生事故的单位应当及时向事故调查组提供完整的相关资料。

（五）事故调查组有权向发生事故的单位、有关人员了解事故情况并索取有关资料，任何单位和个人不得拒绝。

（六）事故调查组在《事故调查报告书》中应当明确事故原因、性质、责任、防范措施和处理意见。

（七）根据事故调查组对事故的处理意见，有关单位应当按照管理权限对发生事故的单位、责任人员进行处理。

第四章 统计报告

第十九条 电力生产事故的统计和报告，按照电监会《电力安全生产信息报送暂行规定》办理。

涉及电网企业、发电企业等两个以上企业的事故，如果各企业均构成事故，各企业都应当按照有关规定统计、上报。

一起事故既符合电网事故条件，又符合设备事故条件的，按照“不同等级的事故，选取等级高的事故；相同等级的事故，选取电网事故”的原则统计、上报。

伴有人身事故的电网事故或者设备事故，应当按照本规定要求将人身事故、电网事故或者设备事故分别统计、上报。

第二十条 按照国家有关规定，由人民政府有关部门组织调查的事故，发生事故的单位应当自收到《事故调查报告书》之日起一周内，将有关情况报送电监会。

第二十一条 发电企业、供电企业和电力调度机构连续无事故的天数累计达到100d为一个安全周期。

发生重伤以上人身事故，发生本单位应承担责任的一般以上电网事故、设备事故或者火灾事故，均应当中断安全周期。

第五章 附 则

第二十二条 本规定下列用语的含义：

（一）电力企业，是指以发电、输变电、供电、电力调度、电力检修、电力试验、电力建设等为主要业务的企业（单位）。

（二）员工，是指企业（单位）中各种用工形式的人员，包括固定工、合同工，临时聘用、雇用、借用的人员，以及代训工和实习生。

（三）与电力生产有关的工作，是指发电、输变电、供电、电力调度、电力检修、电力试验、电力建设等生产性工作，如电力设备（设施）的运行、检修维护、施工安装、试验、生产性管理工作以及电力设备的更新改造、业扩、用户电力设备的安装、检修和试验等工作。

（四）电力生产区域，是指与电力生产有关的运行、检修维护、施工安装、试验、修配场所，以及生产仓库、汽车库、线路及电力通信设施的走廊等。

（五）第七条第一款第（三）项中的“本企业负有责任”，是指有下列情形之一的，本企业负有责任：

1. 资质审查不严，项目承包方不符合要求；

2. 在开工前未对承包方负责人、工程技术人员和安监人员进行全面的安全技术交底，或者没有完整的记录；

3. 对危险性生产区域内作业未事先进行专门的安全技术交底，未要求承包方制定安全措施，未配合做好相关的安全措施（包括有关设施、设备上设置明确的安全警告标志等）；

4. 未签订安全生产管理协议，或者协议中未明确各自的安全生产职责和应当采取的安全措施。

（六）区域电网，是指华北、东北、西北、华东、华中和南方电网。

（七）电网负荷，是指电力调度机构统一调度的电网在事故发生前的负荷。

（八）大城市、中等城市、小城市，是指《中华人民共和国城市规划法》规定的大城市、中等城市、小城市。

（九）电网非正常解列包括自动解列、继电保护及安全自动装置动作解列。

（十）施工机械，是指大型起吊设备、运输设备、挖掘设备、钻探设备、张力牵引设备等。

（十一）直接经济损失包括更换的备品配件、材料、人工和运输所发生的费用。如设备损坏不能再修复，则按同类型设备重置金额计算损失费用。保险公司赔偿费和设备残值不能冲减直接经济损失费用。

（十二）全厂对外停电，是指发电厂对外有功负荷降到零。虽电网经发电厂母线转送的负荷没有停止，仍视为全厂对外停电。

（十三）电网减供负荷波及多个省级电网时，除引发事故的省级电网计算一次事故外，区域电网另计算一次，其电网负荷按照区域电网事故前全网负荷计算。减供负荷的计算范围与计算电网负荷时的范围相同。

（十四）城市的减供负荷，是指市区范围的减供负荷，不包括市管辖的县或者县级市。

（十五）电力设备事故包括电气设备发生电弧引燃绝缘（包括绝缘油）、油系统（不包括油罐）、制粉系统损坏起火等。

第二十三条 各电力企业应当根据本规定制定与生产事故调查相关的内部规程。

第二十四条 本规定自2005年3月1日起施行。1994年12月22日原电力工业部发布的《电业生产事故调查规程》同时废止。

（编辑部摘编）

国家电力监管委员会
电力争议调解暂行办法

国家电力监管委员会令

第7号

《电力争议调解暂行办法》已经国家电力监管委员会主席办公会议通过，现予公布，自2005年7月1日起施行。

主席 柴松岳

二〇〇五年三月二十八日

第一章 总 则

第一条 为了依法、公正、及时调解电力争议，保障电力市场主体的合法权益，维护电力市场秩序，根据有关法律、行政法规，制定本办法。

第二条 本办法所称电力争议，是指电力业务经营者、电力调度交易机构、用电人之间在电力市场活动中因履行合同发生的争议。

第三条 电力争议调解实行自愿原则。

第四条 国务院电力监管机构及其派出机构（以下简称电力监管机构）负责电力争议调解工作。

第五条 电力监管机构调解电力争议，应当符合法律、行政法规的规定，以事实为依据，遵循公平、公正、合理的原则。

第二章 调解机构和调解员

第六条 国务院电力监管机构负责调解下列电力争议：

（一）涉及两个或者两个以上区域电力市场的；

（二）在全国范围内有重大影响的；

（三）涉及国家电力调度机构的。

第七条 国务院电力监管机构设立的派出机构（以下简称派出机构）负责调解本辖区内的电力争议。

前款规定应当由派出机构负责调解的电力争议，在派出机构设立前或者正常开展工作前，由国务院电力监管机构负责调解。

第八条 电力监管机构调解电力争议，由3名调解员组成调解小组。对标的不大、事实清楚、影响较小的简单的电力争议，可以由一名调解员负责调解。

第九条 电力监管机构应当从熟悉电力、法律等业务知识的人员中选任调解员。

调解员管理的具体办法另行规定。

第十条 调解员必须忠于职守，依法办事，公正廉洁，不得利用调解工作的便利牟取不正当利益。

第三章 申请和受理

第十一条 申请调解电力争议，应当符合下列条件：

（一）当事人之间有申请调解电力争议的协议或者当事人一方申请调解电力争议，其他当事人表示同意的；

（二）申请人与电力争议有直接利害关系；

（三）有明确的被申请人；

（四）有具体的调解要求和事实及理由；

（五）属于被申请的电力监管机构管辖；

（六）属于本办法第二条规定的电力争议。

第十二条 有下列情形之一的，电力监管机构不予受理：

（一）已经向仲裁机构申请仲裁的；

（二）已经向人民法院起诉的；

（三）不属于本办法第二条规定的电力争议的。

第十三条 申请调解电力争议，应当向电力监管机构提交书面申请书和有关证据材料，并按照被申请人人数提交副本。

申请书应当载明以下事项：

（一）当事人的姓名、性别、年龄、职业、工作单位、住所；法人或者其他组织的名称、住所和法定代表人姓名、职务；

（二）争议的事项；

（三）具体的调解请求、事实及理由；

（四）相关证据。

第十四条 电力监管机构收到调解申请书后，经审查，认为符合本办法第十一条规定条件的，应当在7日内受理并通知当事人；对决定不予受理的，应当书面通知当事人，并说明理由。

第十五条 当事人可以委托代理人参加调解。委托代理人代理的，被委托人应当提交授权委托书。授权委托书应当由委托人签名或者盖章，载明委托代理人姓名、性别、年龄、身份证明、联系方式、委托期限和代理权限。

第四章 调 解

第十六条 电力监管机构调解电力争议，应当提前5日书面通知当事人举行调解的地点和时间。

第十七条 当事人认为调解员与电力争议有利害关系或者其他关系可能影响公正调解的，有权以口头或者书面方式申请其回避；调解员认为自己与电力争议有利害关系或者其他关系可能影响公正调解的，应当自行申请回避。

调解员是否回避，由受理调解的电力监管机构负责人决定。

调解员回避后，另行选任调解员。

第十八条 当事人应当对自己的主张提供证据。

证据应当出示并经过质证，未经质证的证据材料不得作为认定事实的根据。

第十九条 电力监管机构认为必要时，可以向有关单位或者个人调查取证。被调查的单位或者个人应当予以协助，并如实提供有关证明材料。

电力争议的事实难以认定时，电力监管机构可以聘请与电力争议各方无利害关系的专家或者组织对电力争议事项进行论证，或者聘请鉴定机构鉴定。

第二十条 调解过程中，一方无正当理由缺席或者以其他方式表明退出调解的，视为拒绝调解，电力监管机构应当终止调解。

第二十一条 电力争议涉及第三人的，应当通知第三人参加。

第二十二条 任何一方当事人不得泄露其在调解过程中获知的、可能损害他人利益的信息。

电力监管机构不得向任何人泄露在调解过程中获知的可能损害他人利益的信息。

第二十三条 电力监管机构应当自受理之日起45日内终结调解。因情况复杂，在规定时间内不能终结的，经受理调解的电力监管机构负责人批准，可以适当延长，但最长不超过60日。

第五章 调解终结

第二十四条 调解达成协议的，电力监管机构应当制作调解书，调解书应当包括以下内容：

（一）当事人的姓名、性别、年龄、职业、工作单位、住所；法人或者其他组织的名称、住所和法定代表人姓名、职务；委托代理人的姓名、性别、年龄、职业、工作单位；

（二）调解请求；

（三）争议事实；

（四）调解结果；

（五）其他相关事项。

第二十五条 调解书应当由调解员以及当事人签名或者盖章，并加盖电力监管机构印章。电力监管机构应当将调解书及时送达当事人。

电力监管机构主持下达成的调解协议，当事人应当履行。

第二十六条 调解达不成协议的，终结调解。

发电厂与电网并网、电网与电网互联，并网双方或者互联双方经调解仍不能达成协议的，由电力监管机构依法协调或者裁决。

第六章 附 则

第二十七条 本办法所称电力业务经营者，是指发电企业、输电企业、供电企业及从事电力业务的其他企业。

第二十八条 电力监管机构调解电力争议不收取任何费用。

第二十九条 本办法自2005年7月1日起施行。

（编辑部摘编）

国家发展改革委办公厅关于印发《全国大型风电场建设前期工作会议纪要》和《全国大型风电场建设前期工作大纲》的通知*

发改办能源［2003］1287号

各省、区、市计委（发展改革委），中国气象局、中国水电工程顾问集团公司：

2003年10月21日至22日，我委组织召开了全国大型风电场建设前期工作会议，现将会议纪要及会议讨论通过的《全国大型风电场建设前期工作大纲》印发你们，请认真贯彻落实。

附件：全国大型风电场建设前期工作会议纪要

中华人民共和国国家发展和改革委员会

（二〇〇三年十一月二十九日）

附件：

全国大型风电场建设前期工作会议纪要

2003年10月21日至22日，国家发展改革委在京召开了全国大型风电场建设前期工作会议，中国气象局、各省（区、市）计委（发展改革委）和气象局、国家电网公司、南方电网公司、中国水电工程顾问集团公司、有关发电集团公司、有关风电场设计、咨询及设备制造企业参加了会议。会议以国家发展改革委办公厅《关于开展全国大型风电场建设前期工作的通知》（发改办能源［2003］408号）的精神为指导，对全国大型风电场建设前期工作内容、工作成果、工作要求及组织管理等进行了讨论，对下一步大型风电场建设前期工作进行了安排和部署。现将会议议定的有关事项纪要如下：

一、进一步提高对发展风电重要性的认识。

风力发电是当今世界新能源开发中技术最成熟、最具有大规模开发和商业化发展前景的发电方式，由于其在减轻环境污染、减少温室气体排放，促进可持续发展方面的突出作用，越来越受到世界各国的高度重视，并得到广泛的开发和应用。近年来，世界风电装机以年均30%以上的速度快速增长，到2002年底，世界风电装机达到了3200万kW，风电技术发展很快，发电成本大幅降低，展现了良好的发展前景，是未来重要的持续能源和战略能源。我国风电经过十多年的发展，已取得了很大的成绩，建成了风电装机46万kW，培养和锻炼了一批风电技术队伍，掌握了600kW风电机组的制造技术；具备了生产600kW风电机组的能力，为大规模发展风电奠定了重要的基础。

随着经济和社会的发展，能源需求将持续增长。据初步预测，到2020年，我国能源消费总量将至少翻一番，面临的资源和环境压力很大。调整能源结构，提高能源效率，是解决我国能源问题的重要措施。由于目前风电等新能源发电，量小价高，在满足能源需求中作用不明显，对风电发展还没有引起足够的重视，但从世界风电技术发展和面临的能源环境问题来看，风电必将在未来能源供给中起到重要作用。因此，必须抓住机遇，大力促进风电产业的发展，否则，我们与发达国家在新能源开发和利用方面的差距就会越来越大，在未来能源市场竞争中就会处于劣势地位，从而影响经济和社会的长远发展。各有关部门和单位，都要从国家和民族长远利益出发，来认识发展风电的重要性，制定政策，采取措施，大力推进我国风电事业的发展。

二、前期工作内容及成果

风电前期工作包括三个方面的内容：一是风能资源评价，主要是根据有关气象资料，并结合必要的测量手段，对风能资源进行分析评价，提出风能资源评价报告：二是风电场选址，主要是在风能资源评价的基础上，结合地形地质、交通条件、联网条件及有关社会经济等条件进行综合分析，选择风电场场址，提出风电场选址报告，初步确定可开发的装机容量及分布位置：三是大型风电场预可行性研究，选择20个左右10万kW级的大型风电场（初选项目详见附件，各省（区、市）计委（发改

---

* 为贯彻《中华人民共和国可再生能源法》，现将国家发改委办公厅2003年11月印发的“全国大型风电场建设前期工作会议纪要”编录刊出。

委）可以根据实际进行调整），开展风能资源测量、地质勘探、工程布置、投资估算和经济性评价等有关工作，提出工程建设的预可行性研究报告，达到进行特许权招标建设的条件，同时，还将运用计算机等多媒体技术，将风能资源评价、风电场选址和风电场预可行性研究工作的成果进行汇总，形成全国风能资源及风电场数据库，提出全国风能资源评价报告和全国大型风电场选址报告。

上述各项工作要同步开展，同时进行。为了确保全国风能资源评价工作的完整性，各省（区、市）都要开展风能资源评价和风电场选址工作，提出风能资源评价报告和风电场选址报告，并满足《全国大型风电场建设前期工作大纲》的要求。

三、前期工作管理及要求

全国大型风电场建设前期工作的管理由国家发展和改革委员会负责，委托中国水电工程顾问集团公司按照《全国大型风电场建设前期工作大纲》和有关技术规定及办法具体承担技术管理、监督检查和成果验收的组织工作，并负责全国风能资源及风电场数据库的建立和管理工作。各省（区、市）计委（发改委）负责本省大型风电场建设前期工作管理，具体管理方式由各省（区、市）按照《风电特许权项目前期工作管理办法》的要求，并结合各省（区、市）工作实际自主决定。

风能资源评价工作以气象部门为主进行，按风能资源评价的有关规定和要求，以现有气象站的风资源观测数据为基础，对风能资源的大小和分布进行评价；风电场选址由各省（区、市）计委（发改委）委托或招标确定的有资质的技术单位负责，按风电场选址的有关规定和要求进行。风能资源评价和风电场选址技术规定和要求由中国水电工程顾问集团公司和中国气象局共同组织有关专家研究制定。

近期大型风电场建设按特许权方式进行建设，由各省（区、市）计委（发改委）负责管理其预可行性研究工作。对于已有单位开展测风等前期工作的风电场，可继续由该单位按风电特许权项目预可行性研究工作要求，完成该风电场的预可行性研究工作，经验收合格后，作为风电特许权项目通过招标确定投资者进行建设。如果该项目的前期工作单位不能中标，合理补偿其投入的前期工作费用。对于尚未开展前期工作的大型风电场，可以通过招标选择前期工作单位，由前期工作单位按风电特许权项目预可行性研究工作要求，开展该风电场的预可行性研究工作，经验收合格后，作为风电特许权项目通过招标确定投资者进行建设。

四、前期工作经费

全国大型风电场建设前期工作经费由国家和地方共同承担。有关技术规定的制定、数据库的编制、前期工作的监督检查、成果验收及汇总出版的费用，由国家发展改革委负责安排。风能资源评价和风电场的选址费用，由国家和地方共同承担，国家实行定额补助，由国家发展改革委负责安排，剩余部分由各省（区、市）计委（发改委）负责筹措。风电场预可行性研究工作费用，由国家和地方共同承担，国家实行定额补助，由国家发展改革委负责安排，剩余部分由各省（区、市）计委（发改委）负责筹措，也可以通过市场机制吸收社会资金解决。

中国气象局的有关管理工作经费自行筹集。

各省（区、市）计委要按照上述要求，认真做好大型风电场建设前期工作的组织和协调工作，落实工作经费，尽快启动大型风电场建设的前期工作。中国水电工程顾问集团公司和中国气象局要组织专家抓紧制定风能资源评价和风电场选址的技术规定和要求。

风电场前期工作是风电场建设的重要基础，是加快风电发展的重要条件，各省（区、市）计委（发改委）及有关部门和单位都要予以高度重视，齐心协力，密切配合，抓紧，抓实，抓好，力争用2年左右的时间全面完成大型风电场建设前期工作任务。

（编辑部摘编）

国家发展改革委办公厅关于印发《第二次全国风电建设前期工作会议纪要》的通知

发改能源［2005］1106号

中国气象局，各省、自治区、直辖市和新疆生产建设兵团发展改革委，气象局，国家电网公司，中国南方电网公司，中国水电工程顾问集团公司，中国华能集团公司，中国大唐集团公司，中国华电集团公司，中国国电集团公司，中国电力投资集团公司，中国节能投资公司，神华集团公司，中国长江三峡工程开发总公司，国家开发投资公司：

2005年5月16至17日，我委在新疆乌鲁木齐市召开了第二次全国风电建设前期工作会议，现将会议纪要印发你们，请认真贯彻落实。

附件：第二次全国风电建设前期工作会议纪要

国家发展和改革委员会办公厅

二〇〇五年六月二日

附件：

第二次全国风电建设前期工作会议纪要

2005年5月16至17日，国家发展改革委在新疆乌鲁木齐市召开了第二次全国风电建设前期工作会议。中国气象局、各省（区、市）和新疆生产建设兵团发展改革委、气象局，国家电网公司、中国南方电网公司、中国水电工程顾问集团公司、中国华能集团公司、中国大唐集团公司、中国华电集团公司、中国国电集团公司、中国电力投资集团公司、中国节能投资公司、神华集团公司和中国长江三峡工程开发总公司，以及风电设计、咨询和设备制造企业的代表约400余人参加了会议。会议总结了第一次风电前期工作会议以来的各项工作，研究讨论了完成2010年和2020年风电发展目标的措施和要求，对下一步风电建设前期工作进行了安排和部署。现将会议议定的有关事项纪要如下：

一、进一步提高对做好风电前期工作重要性的认识

能源是经济和社会发展的重要基础。目前，我国能源消费以煤炭为主，由此造成的环境问题已十分突出。随着经济发展和人民生活水平的提高，能源需求还将不断增加，因此，能源资源和能源环境问题是我国经济和社会发展所面临的重要问题。风电是可再生的清洁能源，分布广泛，取之不尽，用之不竭，开发风电是有效增加能源供应能力，实现能源可持续发展的重要措施。

经过多年的发展，风力发电已成为技术最成熟、最具有大规模开发和商业化发展条件的可再生能源发电方式，目前，世界风电发展十分迅速。到2004年底，全球风电装机已达到4700万kW，单机容量不断加大，发电成本大幅降低，展现了良好的发展前景。与世界风电技术和水平相比，我国风电发展相对滞后，产业基础比较薄弱，风电前期工作还不能适应大规模风电建设的需要。

目前，《可再生能源法》已经颁布，将于2006年1月1日起施行，这将为风电的发展创造良好的环境和条件。但要实现风电的大规模发展，必须做好风电建设前期工作，摸清资源，做好规划. 因此，各省（区、市）及有关部门和单位，都要从国家和民族的长远利益出发，进一步提高对做好风电建设前期工作重要性的认识，认真按照国家关于风电建设前期工作的有关要求，保质保量完成好风电建设的前期工作，为我国风电的大规模发展和国民经济的持续健康发展创造条件。

二、加强组织协调，按计划完成好已确定的风电前期工作

2003年10月21日～22日召开的第一次全国风电建设前期工作会议提出的风电前期工作包括三个方面的内容，即风能资源评价、风电场选址和大型风电场预可行性研究。第一次风电前期工作会议以来，各省（区、市）和各有关部门高度重视，认真按照会议的要求，做了大量深入细致的工作，已取得了明显的成效。但总体来看，各地方和各项工作进展还不够平衡，存在一些亟待解决的问题，如有些地方还没有落实配套经费，也没有确定技术负责单位，风电场选址工作处于停滞状态，大型风电场预可行性研究工作进展也不够理想。各省（区、市）和有关部门要在认真总结前一阶段工作经验的基础上，认真按照《国家发展改革委办公厅关于印发全国大型风电场建设前期工作会议纪要和《全国大型风电场建设前期工作大纲的通知》（发改办能源（2003）1287号）和《国家发展改革委关于下达2004年前期工作中央预算内投资计划的通知》（发改投资（2004）1796号）的要求，研究解决工作中存在的问题，进一步加强对风电前期工作的组织和协调，加快风电前期工作步伐，特别是要落实好配套工作经费，确定技术负责单位，明确提出责任要求，并做好监督和检查工作，确保按计划高质量完成各项风电建设前期工作。

三、认真做好风电发展规划工作，把风电发展目标落到实处

为了落实《可再生能源法》关于制定发展目标并分解发展目标的要求，根据各省（区、市）风能资源特点，综合考虑经济、社会和能源发展状况，将全国2010年和2020年规划的风电发展目标分解到了各省（区、市）（详见附表）。

各省（区、市）发展改革委要按照附表分解目标和《国家发展改革委办公厅关于印发风电场工程前期工作有关规定的通知》（发改办能源（2005）899号）的要求，组织土地、环保、电网、气象等部门，委托有关设计和咨询服务单位开展风电场工程规划工作，编制各省（区、市）风电场工程规划报告，作为落实风电发展目标和指导今后风电发展的一项重要措施。

附表中所列的各省（区、市）风电规划目标是对各省（区、市）风电发展目标的最低要求，如果条件具备，各省（区、市）风电发展目标可以突破这一规划目标。

四、关于百万kW级风电基地规划问题

我国西北、华北和东北等地区的草原和戈壁一

望无际，长年大风不断，风能资源十分丰富，但这些地区距离负荷中心较远，电网结构也比较薄弱，制约了风能资源的开发和利用。为了合理和有效利用风能资源，促进我国风电的健康发展，确保电网安全和可靠运行，对于具备成片大规模开发区，可按建设百万 kW 级风电场的要求进行统一规划，除进行风能资源评价和地质条件勘探外，要重点做好电网的规划设计、电力系统安全和经济性评价工作，并在此基础上，提出风电场建设和管理的有关意见和建议。

具有建设百万千瓦级风电基地条件的省（区、市），应向我委提出项目建议书并经审核同意后，由我委统一安排有关规划工作。

五、关于推进风电设备国产化问题

风电设备是风电建设的重要基础。长期以来，我国风电设备主要从国外引进，致使风电场建设成本高，风电产业发展缓慢，影响了风电的市场竞争力，也不利于我国风电的健康发展。因此，加快风电设备的国产化是促进我国风电健康发展的重要基础。风电特许权项目采取了风电设备国产化率的要求，以促进风电设备的国产化，但要真正实现风电设备的国产化，除实现零部件的国内制造外，最关键的还是要全面掌握风电设备的设计和总装能力，形成具有自主知识产权的风电设备品牌。因此，为了加快风电设备的国产化，除继续对风电建设提出设备国产化率要求外，我委将认真总结风电特许权建设的经验，研究以实现风电设备国产化为目的新的风电建设管理模式。各省（区、市）及有关部门和单位，都要高度重视风电设备的国产化工作，把目前风电建设与风电产业培育和风电设备国产化目标紧密结合，以风电的规模化建设带动风电的产业化发展，加快实现风电设备的国产化制造目标。

附表：2020 年风电 2000 万 kW 装机容量规划目标初步安排表

2020 年风电 2000 万 kW 装机容量规划目标初步安排表　　万 kW

序号	地　区	2004 年	2005 年		2006～2010 年		2011～2020 年	
		累计	新增	累计	新增	累计	新增	累计
1	北京				2	2	8	10
2	天津市				3	3	17	20
3	河北	3.51	8.45	11.96	20	32	188	220
4	山西				5	5	35	40
5	内蒙古	13.51	3	16.51	33	50	150	200
6	辽宁	12.65		12.65	10	23	97	120
7	吉林	3.01		3.01	30	33	67	100
8	黑龙江	3.63		3.63	5	9	51	60
9	上海	0.49	1.95	2.44	10	12	48	60
10	江苏				45	45	155	200
11	浙江	3.45		3.45	5	8	72	80
12	安徽省				3	3	12	15
13	福建	1.28	0.49	2.22	20	22	108	130
14	江西				10	10	40	50
15	山东	3.36	0.23	3.58	17	21	59	80
16	河南省				3	3	17	20
17	湖北		1.36	1.36	4	5	10	15
18	湖南省				2	2	13	15
19	广东	8.64	2.15	10.79	20	31	109	140
20	广西				2	2	18	20
21	海南	0.88		0.88	2	3	37	40

续表

序号	地　区	2004年	2005年		2006～2010年		2011～2020年	
		累计	新增	累计	新增	累计	新增	累计
22	重庆				1	1	9	10
23	四川				1	1	14	15
24	贵州				1	1	19	20
25	云南				2	2	13	15
26	西藏自治区				1	1	9	10
27	陕西				1	1	14	15
28	甘肃	5.22	1.19	6.41	20	26	74	100
29	青海省				1	1	19	20
30	宁夏	5.53	3.52	9.05	10	19	21	40
31	新疆	11.31	0.85	12.16	10	22	78	100
32	新疆生产建设兵团				1	1	19	20
33	总计	76.44	23.63	100	300	400	1600	2000

（编辑部摘编）

社会力量设立科学技术奖管理办法

批准的社会力量设奖已达140余项，涉及数十个行业，有力地补充和完善了国家科技奖励体系，并在激励科研人员的创新精神、推动相关学科发展和促进行业技术进步等方面发挥了积极作用。

社会力量设奖是行政许可事项。为进一步做好对社会力量设奖的规范管理，本次修订主要是按照《行政许可法》的规定，增加了有关行政许可的程序性规定，对社会力量设奖的登记管理工作进行了相应的规范，特别是对社会力量设奖的申请与受理，审查与登记，延续、变更与注销等各个工作环节作了与《行政许可法》相一致的程序性规定。

本次修订还结合实际工作需要，补充和完善了社会力量设奖的相关管理制度。如重新界定了社会力量设奖的概念，设定了有关评审原则、申请条件、审查标准、资金来源、冠名规则、委托承办等制度，充实和细化了有关监督与管理、法律责任等方面的条文。本次修订在原《办法》共二十五条的基础上作了必要的扩充，并增加了章节划分。

社会力量设立科学技术奖管理办法

（本办法于1999年12月26日经科学技术部令第3号发布，现根据2006年2月5日科学技术部令第10号《关于修改〈社会力量设立科学技术奖管理办法〉的决定》修订）*

第一章　总　　则

第一条　为了鼓励社会力量支持科学技术事业，加强对社会力量设立科学技术奖（以下简称社会力量设奖）的规范管理，根据《国家科学技术奖励条例》（以下简称条例），制定本办法。

第二条　本办法适用于社会力量设奖的申请、受理、登记和监督管理。

第三条　本办法所称社会力量设奖是指国家机构以外的社会组织或者个人（以下简称设奖者）利用非国家财政性经费，在中华人民共和国境内面向社会设立的经常性的科学技术奖。

本办法所称经常性是指社会力量设立的科学技术奖应当按照一定的周期连续进行相关授奖活动，奖励周期的间隔最长不得超过三年，且授奖活动开展次数不得少于三个周期。

本办法所称科学技术奖是指以在科学研究、技术创新与开发、科技成果推广应用、实现高新技术产业化、科学技术普及等方面取得成果或者做出贡献的个人、组织为奖励对象而设立和开展的奖励活动。

---

* 为利于贯彻《社会力量设立科学技术奖管理办法》，特在本卷年鉴刊出。

第四条　社会力量设奖实行登记管理制度。

社会力量设立面向社会的科学技术奖，应当依照本办法的规定进行登记。

第五条　社会力量设奖必须遵守宪法、法律、法规、规章，不得违背社会公德。

社会力量设奖应当符合国家科学技术政策，有利于促进我国科学技术进步和经济、社会的协调发展。

第六条　经登记的社会力量设奖及其承办机构、评审组织在中国境内享有依法开展科学技术奖励活动和在公开出版物、媒体上如实进行宣传报道的权利，任何组织和个人不得非法干涉。

第七条　社会力量设奖应当实行物质奖励与精神奖励相结合的奖励方式。

第八条　社会力量设奖应当坚持公平、公正的评审原则，建立科学、民主的评审程序，实行公开授奖制度。

第九条　社会力量设奖是我国科技奖励体系的重要组成部分。各级人民政府对社会力量设奖应当大力支持、积极引导、规范管理，保证社会力量设奖的有序运作。

第十条　科学技术部主管全国社会力量设奖工作。国家科学技术奖励工作办公室负责日常工作。

第十一条　科学技术部和省、自治区、直辖市科学技术行政部门是社会力量设奖的登记管理机关。

科学技术部负责下列社会力量设奖的登记管理工作：(一）面向全国的科学技术奖；(二）跨国境的科学技术奖；(三）跨省级行政区域的科学技术奖。

社会力量设立的地方性科学技术奖，由所在省、自治区、直辖市科学技术行政部门负责登记管理，并报科学技术部备案。

第二章　申请与受理

第十二条　申请设立科学技术奖，申请人应当向登记管理机关提交下列材料：

(一）申请报告；(二）奖励办法或者章程草案；(三）设奖者的基本情况及证明文件；(四）承办机构及其负责人的情况、证明文件；(五）评审组织组成人员情况；(六）办公场所使用权证明；(七）奖励经费及其来源证明；(八）登记管理机关要求提供的其他材料。

申请人应当如实向登记管理机关提交申请材料和反映真实情况，并对其申请材料实质内容的真实性负责。

第十三条　科学技术部负责登记管理的社会力量设奖，由国家科学技术奖励工作办公室统一受理申请。

各省、自治区、直辖市科学技术行政部门可以依照本办法确定面向本行政区域的社会力量设奖申请的受理机构及受理办法。

第十四条　登记管理机关应当对申请人提交的申请材料进行形式审查。对于申请材料不齐全或者不符合形式审查要求的，应当当场或者在五个工作日内一次告知申请人需要补正的全部内容。逾期未告知的，自收到申请材料之日起即为受理。

申请材料齐全、符合形式审查要求，或者申请人按照要求提交全部补正申请材料的，发给《受理通知书》。《受理通知书》应当加盖受理专用章并注明受理日期。

第十五条　有下列情形之一的，不属于本办法规定的登记范围：(一）国家机构单独或者与其他组织、个人联合申请设立的奖励；（二）与科学技术无关的奖励；（三）支付给科技人员的劳务报酬或者知识产权报酬；（四）对科技人员的劳动表彰性质的奖励；（五）不属于本办法规定登记范围的其他情形。

第十六条　社会力量设奖应当有与其科学技术奖励活动相适应的资金规模和资金来源，并应当符合以下规定：

（一）资金来源必须合法，不得利用国家财政性经费或者银行贷款；（二）必须用于奖励办法或者章程规定的科学技术奖励活动；（三）资金的使用必须与出资者相对独立。

建立科学技术奖励基金的，应当同时符合《基金会管理条例》的有关规定。

第十七条　设奖者可以委托公益性社会团体或者公益性非营利的事业单位作为承办机构，具体负责所设奖项的日常管理、组织评审等相关活动。接受委托的承办机构应当具备开展相应科学技术奖励活动的条件和能力。

社会力量设奖需要成立基金管理组织的，在领取《中华人民共和国社会力量设立科学技术奖登记证书》后，按照国家有关规定办理。

境外社会组织或者个人在中华人民共和国境内设立的科学技术奖，必须委托在中华人民共和国境内设立的承办机构负责承办。

第十八条　社会力量设奖的名称应当科学、确切，与其设奖宗旨相符合，与设奖者的性质和奖项规模相适应。

社会力量设奖的名称一般应当同时包含以下内容：(一）机构名称、人物姓名、企业字号或者地域名称；（二）行业、专业或者领域名称；（三）类别名称。

第十九条　社会力量设奖的名称不得与在先登记的其他社会力量设奖名称相同，并不得使用与国家科学技术奖或者国际知名的科学技术奖相同或者近似的名称。

凡存在冠名争议的，在争议处理完毕之前不得申请登记。

第二十条 社会力量设立的科学技术奖，奖励名称不得冠以“中国”、“中华”、“全国”、“国家”、“国际”、“世界”等字样。

名称中带有“中国”、“中华”、“全国”、“国家”、“国际”、“世界”等字样的设奖者，在其社会力量设奖的名称中使用该字样的，应当使用设奖者的全称。

第二十一条 社会力量设立的科学技术奖可以使用自然人的姓名进行命名，但是不得违反法律的禁止性规定，不得违背社会公德。

使用党和国家领导人姓名命名的，设奖者应当按照国家有关规定获得有关部门的批准文件，在申请登记时一并提交。

（编辑部摘编）

可再生能源法

中华人民共和国可再生能源法

（2005年2月28日第十届全国人民代表大会常务委员会第十四次会议通过）

目　录

第一章 总　则

第一条 为了促进可再生能源的开发利用，增加能源供应，改善能源结构，保障能源安全，保护环境，实现经济社会的可持续发展，制定本法。

第二条 本法所称可再生能源，是指风能、太阳能、水能、生物质能、地热能、海洋能等非化石能源。

水力发电对本法的适用，由国务院能源主管部门规定，报国务院批准。

通过低效率炉灶直接燃烧方式利用秸秆、薪柴、粪便等，不适用本法。

第三条 本法适用于中华人民共和国领域和管辖的其他海域。

第四条 国家将可再生能源的开发利用列为能源发展的优先领域，通过制定可再生能源开发利用总量目标和采取相应措施，推动可再生能源市场的建立和发展。

国家鼓励各种所有制经济主体参与可再生能源的开发利用，依法保护可再生能源开发利用者的合法权益。

第五条 国务院能源主管部门对全国可再生能源的开发利用实施统一管理。国务院有关部门在各自的职责范围内负责有关的可再生能源开发利用管理工作。

县级以上地方人民政府管理能源工作的部门负责本行政区域内可再生能源开发利用的管理工作。县级以上地方人民政府有关部门在各自的职责范围内负责有关的可再生能源开发利用管理工作。

第二章 资源调查与发展规划

第六条 国务院能源主管部门负责组织和协调全国可再生能源资源的调查，并会同国务院有关部门组织制定资源调查的技术规范。

国务院有关部门在各自的职责范围内负责相关可再生能源资源的调查，调查结果报国务院能源主管部门汇总。

可再生能源资源的调查结果应当公布；但是，国家规定需要保密的内容除外。

第七条 国务院能源主管部门根据全国能源需求与可再生能源资源实际状况，制定全国可再生能源开发利用中长期总量目标，报国务院批准后执行，并予公布。

国务院能源主管部门根据前款规定的总量目标和省、自治区、直辖市经济发展与可再生能源资源实际状况，会同省、自治区、直辖市人民政府确定各行政区域可再生能源开发利用中长期目标，并予公布。

第八条 国务院能源主管部门根据全国可再生能

源开发利用中长期总量目标，会同国务院有关部门，编制全国可再生能源开发利用规划，报国务院批准后实施。

省、自治区、直辖市人民政府管理能源工作的部门根据本行政区域可再生能源开发利用中长期目标，会同本级人民政府有关部门编制本行政区域可再生能源开发利用规划，报本级人民政府批准后实施。

经批准的规划应当公布；但是，国家规定需要保密的内容除外。

经批准的规划需要修改的，须经原批准机关批准。

第九条 编制可再生能源开发利用规划，应当征求有关单位、专家和公众的意见，进行科学论证。

第三章 产业指导与技术支持

第十条 国务院能源主管部门根据全国可再生能源开发利用规划，制定、公布可再生能源产业发展指导目录。

第十一条 国务院标准化行政主管部门应当制定、公布国家可再生能源电力的并网技术标准和其他需要在全国范围内统一技术要求的有关可再生能源技术和产品的国家标准。

对前款规定的国家标准中未作规定的技术要求，国务院有关部门可以制定相关的行业标准，并报国务院标准化行政主管部门备案。

第十二条 国家将可再生能源开发利用的科学技术研究和产业化发展列为科技发展与高技术产业发展的优先领域，纳入国家科技发展规划和高技术产业发展规划，并安排资金支持可再生能源开发利用的科学技术研究、应用示范和产业化发展，促进可再生能源开发利用的技术进步，降低可再生能源产品的生产成本，提高产品质量。

国务院教育行政部门应当将可再生能源知识和技术纳入普通教育、职业教育课程。

第四章 推广与应用

第十三条 国家鼓励和支持可再生能源并网发电。

建设可再生能源并网发电项目，应当依照法律和国务院的规定取得行政许可或者报送备案。

建设应当取得行政许可的可再生能源并网发电项目，有多人申请同一项目许可的，应当依法通过招标确定被许可人。

第十四条 电网企业应当与依法取得行政许可或者报送备案的可再生能源发电企业签订并网协议，全额收购其电网覆盖范围内可再生能源并网发电项目的上网电量，并为可再生能源发电提供上网服务。

第十五条 国家扶持在电网未覆盖的地区建设可再生能源独立电力系统，为当地生产和生活提供电力服务。

第十六条 国家鼓励清洁、高效地开发利用生物质燃料，鼓励发展能源作物。

利用生物质资源生产的燃气和热力，符合城市燃气管网、热力管网的入网技术标准的，经营燃气管网、热力管网的企业应当接收其入网。

国家鼓励生产和利用生物液体燃料。石油销售企业应当按照国务院能源主管部门或者省级人民政府的规定，将符合国家标准的生物液体燃料纳入其燃料销售体系。

第十七条 国家鼓励单位和个人安装和使用太阳能热水系统、太阳能供热采暖和制冷系统、太阳能光伏发电系统等太阳能利用系统。

国务院建设行政主管部门会同国务院有关部门制定太阳能利用系统与建筑结合的技术经济政策和技术规范。

房地产开发企业应当根据前款规定的技术规范，在建筑物的设计和施工中，为太阳能利用提供必备条件。

对已建成的建筑物，住户可以在不影响其质量与安全的前提下安装符合技术规范和产品标准的太阳能利用系统；但是，当事人另有约定的除外。

第十八条 国家鼓励和支持农村地区的可再生能源开发利用。

县级以上地方人民政府管理能源工作的部门会同有关部门，根据当地经济社会发展、生态保护和卫生综合治理需要等实际情况，制定农村地区可再生能源发展规划，因地制宜地推广应用沼气等生物质资源转化、户用太阳能、小型风能、小型水能等技术。

县级以上人民政府应当对农村地区的可再生能源利用项目提供财政支持。

第五章 价格管理与费用分摊

第十九条 可再生能源发电项目的上网电价，由国务院价格主管部门根据不同类型可再生能源发电的特点和不同地区的情况，按照有利于促进可再生能源开发利用和经济合理的原则确定，并根据可再生能源开发利用技术的发展适时调整。上网电价应当公布。

依照本法第十三条第三款规定实行招标的可再生能源发电项目的上网电价，按照中标确定的价格执行；但是，不得高于依照前款规定确定的同类可再生能源发电项目的上网电价水平。

第二十条 电网企业依照本法第十九条规定确定的上网电价收购可再生能源电量所发生的费用，高于按照常规能源发电平均上网电价计算所发生费用之间的差额，附加在销售电价中分摊。具体办法由国务院价格主管部门制定。

第二十一条 电网企业为收购可再生能源电量而支付的合理的接网费用以及其他合理的相关费用，可以计入电网企业输电成本，并从销售电价中回收。

第二十二条 国家投资或者补贴建设的公共可再生能源独立电力系统的销售电价，执行同一地区分类销售电价，其合理的运行和管理费用超出销售电价的部分，依照本法第二十条规定的办法分摊。

第二十三条 进入城市管网的可再生能源热力和燃气的价格，按照有利于促进可再生能源开发利用和经济合理的原则，根据价格管理权限确定。

第六章 经济激励与监督措施

第二十四条 国家财政设立可再生能源发展专项资金，用于支持以下活动：

（一）可再生能源开发利用的科学技术研究、标准制定和示范工程；

（二）农村、牧区生活用能的可再生能源利用项目；

（三）偏远地区和海岛可再生能源独立电力系统建设；

（四）可再生能源的资源勘查、评价和相关信息系统建设；

（五）促进可再生能源开发利用设备的本地化生产。

第二十五条 对列入国家可再生能源产业发展指导目录、符合信贷条件的可再生能源开发利用项目，金融机构可以提供有财政贴息的优惠贷款。

第二十六条 国家对列入可再生能源产业发展指导目录的项目给予税收优惠。具体办法由国务院规定。

第二十七条 电力企业应当真实、完整地记载和保存可再生能源发电的有关资料，并接受电力监管机构的检查和监督。

电力监管机构进行检查时，应当依照规定的程序进行，并为被检查单位保守商业秘密和其他秘密。

第七章 法律责任

第二十八条 国务院能源主管部门和县级以上地方人民政府管理能源工作的部门和其他有关部门在可再生能源开发利用监督管理工作中，违反本法规定，有下列行为之一的，由本级人民政府或者上级人民政府有关部门责令改正，对负有责任的主管人员和其他直接责任人员依法给予行政处分；构成犯罪的，依法追究刑事责任：

（一）不依法作出行政许可决定的；

（二）发现违法行为不予查处的；

（三）有不依法履行监督管理职责的其他行为的。

第二十九条 违反本法第十四条规定，电网企业未全额收购可再生能源电量，造成可再生能源发电企业经济损失的，应当承担赔偿责任，并由国家电力监管机构责令限期改正；拒不改正的，处以可再生能源发电企业经济损失额一倍以下的罚款。

第三十条 违反本法第十六条第二款规定，经营燃气管网、热力管网的企业不准许符合入网技术标准的燃气、热力入网，造成燃气、热力生产企业经济损失的，应当承担赔偿责任，并由省级人民政府管理能源工作的部门责令限期改正；拒不改正的，处以燃气、热力生产企业经济损失额一倍以下的罚款。

第三十一条 违反本法第十六条第三款规定，石油销售企业未按照规定将符合国家标准的生物液体燃料纳入其燃料销售体系，造成生物液体燃料生产企业经济损失的，应当承担赔偿责任，并由国务院能源主管部门或者省级人民政府管理能源工作的部门责令限期改正；拒不改正的，处以生物液体燃料生产企业经济损失额一倍以下的罚款。

第八章 附 则

第三十二条 本法中下列用语的含义：

（一）生物质能，是指利用自然界的植物、粪便以及城乡有机废物转化成的能源。

（二）可再生能源独立电力系统，是指不与电网连接的单独运行的可再生能源电力系统。

（三）能源作物，是指经专门种植，用以提供能源原料的草本和木本植物。

（四）生物液体燃料，是指利用生物质资源生产的甲醇、乙醇和生物柴油等液体燃料。

第三十三条 本法自2006年1月1日起施行。

（编辑部摘编）

国家发展改革委关于印发《可再生能源发电价格和费用分摊管理试行办法》的通知

发改价格［2006］7号

各省、自治区、直辖市发展改革委、物价局、电力公司，国家电网公司、南方电网公司：

为促进可再生能源的开发利用，根据《中华人民共和国可再生能源法》，我委研究制定了《可再生能源发电价格和费用分摊管理试行办法》，现印发你们，请按照执行。对执行中出现问题，请及时报告我委。

附件：《可再生能源发电价格和费用分摊管理试行办法》

附件：

可再生能源发电价格和费用分摊管理试行办法

第一章 总 则

第一条 为促进可再生能源发电产业的发展，依据《中华人民共和国可再生能源法》和《价格法》，特制定本办法。

第二条 本办法的适用范围为：风力发电、生物质发电（包括农林废弃物直接燃烧和气化发电、垃圾焚烧和垃圾填埋气发电、沼气发电）、太阳能发电、海洋能发电和地热能发电。

水力发电价格暂按现行规定执行。

第三条 中华人民共和国境内的可再生能源发电项目，2006年及以后获得政府主管部门批准或核准建设的，执行本办法；2005年12月31日前获得政府主管部门批准或核准建设的，仍执行现行有关规定。

第四条 可再生能源发电价格和费用分摊标准本着促进发展、提高效率、规范管理、公平负担的原则制定。

第五条 可再生能源发电价格实行政府定价和政府指导价两种形式。政府指导价即通过招标确定的中标价格。

可再生能源发电价格高于当地脱硫燃煤机组标杆上网电价的差额部分，在全国省级及以上电网销售电量中分摊。

第二章 电 价 制 定

第六条 风力发电项目的上网电价实行政府指导价，电价标准由国务院价格主管部门按照招标形成的价格确定。

第七条 生物质发电项目上网电价实行政府定价的，由国务院价格主管部门分地区制定标杆电价，电价标准由各省（自治区、直辖市）2005年脱硫燃煤机组标杆上网电价加补贴电价组成。

补贴电价标准为每千瓦时0.25元。发电项目自投产之日起，15年内享受补贴电价；运行满15年后，取消补贴电价。

自2010年起，每年新批准和核准建设的发电项目的补贴电价比上一年新批准和核准建设项目的补贴电价递减2%。

发电消耗热量中常规能源超过20%的混燃发电项目，视同常规能源发电项目，执行当地燃煤电厂的标杆电价，不享受补贴电价。

第八条 通过招标确定投资人的生物质发电项目，上网电价实行政府指导价，即按中标确定的价格执行，但不得高于所在地区的标杆电价。

第九条 太阳能发电、海洋能发电和地热能发电项目上网电价实行政府定价，其电价标准由国务院价格主管部门按照合理成本加合理利润的原则制定。

第十条 公共可再生能源独立电力系统，对用户的销售电价执行当地省级电网的分类销售电价。

第十一条 鼓励电力用户自愿购买可再生能源电量，电价按可再生能源发电价格加上电网平均输配电价执行。

第三章 费用支付和分摊

第十二条 可再生能源发电项目上网电价高于当地脱硫燃煤机组标杆上网电价的部分、国家投资或补贴建设的公共可再生能源独立电力系统运行维护费用高于当地省级电网平均销售电价的部分，以及可再生能源发电项目接网费用等，通过向电力用户征收电价附加的方式解决。

第十三条 可再生能源电价附加向省级及以上电网企业服务范围内的电力用户（包括省网公司的趸售对象、自备电厂用户、向发电厂直接购电的大用户）收取。地县自供电网、西藏地区以及从事农业生产的电力用户暂时免收。

第十四条 可再生能源电价附加由国务院价格主管部门核定，按电力用户实际使用的电量计收，全国实行统一标准。

第十五条 可再生能源电价附加计算公式为：

可再生能源电价附加＝可再生能源电价附加总额/全国加价销售电量

可再生能源电价附加总额＝Σ［（可再生能源发电价格－当地省级电网脱硫燃煤机组标杆电价）×电网购可再生能源电量＋（公共可再生能源独立电力系统运行维护费用－当地省级电网平均销售电价×公共可再生能源独立电力系统售电量）＋可再生能源发电项目接网费用以及其他合理费用］

其中：

（1）全国加价销售电量＝规划期内全国省级及以上电网企业售电总量－农业生产用电量－西藏电网售电量。

（2）电网购可再生能源电量＝规划的可再生能源发电量－厂用电量。

（3）公共可再生能源独立电力系统运行维护费用＝公共可再生能源独立电力系统经营成本×（1＋增值税率）。

（4）可再生能源发电项目接网费用以及其他合理费用，是指专为可再生能源发电项目接入电网系统而发生的工程投资和运行维护费用，以政府有关部门批准的设计文件为依据。在国家未明确输配电成本前，暂将接入费用纳入可再生能源电价附加中计算。

第十六条 按照省级电网企业加价销售电量占全国电网加价销售电量的比例，确定各省级电网企业应分摊的可再生能源电价附加额。计算公式为：

各省级电网企业应分摊的电价附加额＝全国可再生能源电价附加总额×省级电网企业服务范围内的加价售电量/全国加价销售电量

第十七条 可再生能源电价附加计入电网企业销售电价，由电网企业收取，单独记账，专款专用。所涉及的税收优惠政策，按国务院规定的具体办法执行。

第十八条 可再生能源电价附加由国务院价格主管部门根据可再生能源发展的实际情况适时调整，调整周期不少于一年。

第十九条 各省级电网企业实际支付的补贴电费以及发生的可再生能源发电项目接网费用，与其应分摊的可再生能源电价附加额的差额，在全国范围内实行统一调配。具体管理办法由国家电力监管部门根据本办法制定，报国务院价格主管部门核批。

第四章 附 则

第二十条 可再生能源发电企业和电网企业必须真实、完整地记载和保存可再生能源发电上网交易电量、价格和金额等有关资料，并接受价格主管部门、电力监管机构及审计部门的检查和监督。

第二十一条 不执行本办法的有关规定，对企业和国家利益造成损失的，由国务院价格主管部门、电力监管机构及审计部门进行审查，并追究主要责任人的责任。

第二十二条 本办法自2006年1月1日起执行。

第二十三条 本办法由国家发展和改革委员会负责解释。

（编辑部摘编）

国家发展和改革委员会关于印发《可再生能源发电有关管理规定》的通知

发改能源［2006］13号

各省、自治区、直辖市及计划单列市、新疆生产建设兵团发展改革委、经委（经贸委）、物价局，中国人民银行，电监会，国家电网公司、南方电网公司，中国华能集团公司、中国大唐集团公司、中国华电集团公司、中国国电集团公司、中国电力投资集团公司、中国长江三峡工程开发总公司、神华集团有限责任公司、国家开发投资公司，国家开发银行、中国工商银行、中国建设银行、中国银行、中国农业银行、中国民生银行：

为了贯彻落实《中华人民共和国可再生能源法》，规范可再生能源发电项目管理，促进我国可再生能源发电产业的更快发展，特制定《可再生能源发电有关管理规定》，现印发你们，请按照执行。

附件：《可再生能源发电有关管理规定》

附件：

可再生能源发电有关管理规定

第一章 总 则

第一条 为了促进可再生能源发电产业的发展，依据《中华人民共和国可再生能源法》和《中华人民共和国电力法》，特制定本规定。

第二条 本规定所称的可再生能源发电包括：水力发电、风力发电、生物质发电（包括农林废弃物直接燃烧和气化发电、垃圾焚烧和垃圾填埋气发电、沼气发电）、太阳能发电、地热能发电以及海洋能发电等。

第三条 依照法律和国务院规定取得行政许可的可再生能源并网发电项目和电网尚未覆盖地区的可再生能源独立发电项目适用本规定。

第四条 可再生能源发电项目实行中央和地方分级管理。

国家发展和改革委员会负责全国可再生能源发电项目的规划、政策制定和需国家核准或审批项目的管理。省级人民政府能源主管部门负责本辖区内属地方权限范围内的可再生能源发电项目的管理工作。

可再生能源发电规划应纳入同级电力规划。

第二章 项目管理

第五条 可再生能源开发利用要坚持按规划建设的原则。可再生能源发电规划的制定要充分考虑资源特点、市场需求和生态环境保护等因素，要注重发挥资源优势和规模效益。项目建设要符合省级以上发展规划和建设布局的总体要求，做到合理有序开发。

第六条 主要河流上建设的水电项目和25万千瓦及以上水电项目，5万千瓦及以上风力发电项目，由国家发展和改革委员会核准或审批。其他项目由省级人民政府投资主管部门核准或审批，并报国家发展和改革委员会备案。需要国家政策和资金支持的生物质发电、地热能发电、海洋能发电和太阳能发电项目向国家发展和改革委员会申报。

第七条　可再生能源发电项目的上网电价，由国务院价格主管部门根据不同类型可再生能源发电的特点和不同地区的情况，按照有利于促进可再生能源开发利用和经济合理的原则确定，并根据可再生能源开发利用技术的发展适时调整和公布。

实行招标的可再生能源发电项目的上网电价，按照中标确定的价格执行；电网企业收购和销售非水电可再生能源电量增加的费用在全国范围内由电力用户分摊，具体办法另行制定。

第八条　国家发展和改革委员会负责制定可再生能源发电统计管理办法。省级人民政府能源主管部门负责可再生能源发电的统计管理和汇总，并于每年 2 月 10 日前上报国家发展和改革委员会。

第九条　国家电力监管委员会负责可再生能源发电企业的运营监管工作，协调发电企业和电网企业的关系，对可再生能源发电、上网和结算进行监管。

第三章　电网企业责任

第十条　省级（含）以上电网企业应根据省级（含）以上人民政府制定的可再生能源发电中长期规划，制定可再生能源发电配套电网设施建设规划，并纳入国家和省级电网发展规划，报省级人民政府与国家发展和改革委员会批准后实施。

第十一条　电网企业应当根据规划要求，积极开展电网设计和研究论证工作，根据可再生能源发电项目建设进度和需要，进行电网建设与改造，确保可再生能源发电全额上网。

第十二条　可再生能源并网发电项目的接入系统，由电网企业建设和管理。

对直接接入输电网的水力发电、风力发电、生物质发电等大中型可再生能源发电项目，其接入系统由电网企业投资，产权分界点为电站（场）升压站外第一杆（架）。

对直接接入配电网的太阳能发电、沼气发电等小型可再生能源发电项目，其接入系统原则上由电网企业投资建设。发电企业（个人）经与电网企业协商，也可以投资建设。

第十三条　电网企业负责对其所收购的可再生能源电量进行计量、统计，省级电网企业应于每年 1 月 20 日前汇总报送省级人民政府能源主管部门，并抄报国家发展和改革委员会。

第四章　发电企业责任

第十四条　发电企业应当积极投资建设可再生能源发电项目，并承担国家规定的可再生能源发电配额义务。发电配额指标及管理办法另行规定。

大型发电企业应当优先投资可再生能源发电项目。

第十五条　可再生能源发电项目建设、运行和管理应符合国家和电力行业的有关法律法规、技术标准和规程规范，注重节约用地，满足环保、安全等要求。

第十六条　发电企业应按国家可再生能源发电项目管理的有关规定，认真做好设计、用地、水资源、环保等有关前期准备工作，依法取得行政许可，未经许可不得擅自开工建设。

获得行政许可的项目，应在规定的期限内开工和建成发电。未经原项目许可部门同意，不得对项目进行转让、拍卖或变更投资方。

第十七条　可再生能源发电项目建设，应当严格执行国家基本建设项目管理的有关规定，落实环境保护、生态建设、水土保持等措施，加强施工管理，确保工程质量。

第十八条　发电企业应该安装合格的发电计量系统，并在每年的 1 月 15 日前将上年度的装机容量、发电量及上网电量上报省级人民政府能源主管部门。

第五章　附　　则

第十九条　电网企业和发电企业发生争议，可以根据事由向国家发展和改革委员会或国家电力监管委员会申请调解，不接受调解的，可以通过民事诉讼裁处。

第二十条　不执行本规定造成企业和国家损失的，由国家发展和改革委员会或省级人民政府委托的审计事务所进行审查核定损失，按照核定的损失额赔偿损失。有关罚款办法另行制定。

第二十一条　本规定自发布之日起执行。

第二十二条　本规定由国家发展和改革委员会负责解释。

（编辑部摘编）

国家发展改革委关于印发《可再生能源产业发展指导目录》的通知

发改能源〔2005〕2517 号

各省、自治区、直辖市及计划单列市、新疆生产建设兵团发展改革委、经贸委（经委），国务院各部委、各直属机构，各计划单列企业集团：

为了促进我国可再生能源产业的发展，根据《中华人民共和国可再生能源法》的要求，我委编制了

《可再生能源产业发展指导目录》（以下简称《目录》），现印发给你们，用以指导相关部门制定支持政策和措施，引导相关研究机构和企业的技术研发、项目示范和投资建设方向。

本《目录》涵盖风能、太阳能、生物质能、地热能、海洋能和水能等六个领域的88项可再生能源开发利用和系统设备/装备制造项目。其中部分产业已经成熟并基本实现商业化；有些产业、技术、产品、设备、装备虽然还处于项目示范或技术研发阶段，但符合可持续发展要求和能源产业发展方向，具有广阔的发展前景或在特殊领域具有重要应用价值。根据国内外市场需求变化和可再生能源产业技术发展的情况，我委将适时对《目录》进行调整和修订。

对于本《目录》中具备规模化推广利用的项目，国务院相关部门将制定和完善技术研发、项目示范、财政税收、产品价格、市场销售和进出口等方面的优惠政策。

请各地区、各有关部门、单位和企业认真分析国内外市场情况，根据实际情况，选择本《目录》内有可能形成比较优势的技术和项目，积极开展技术研发、项目示范和投资建设活动。

附件：《可再生能源产业发展指导目录》

附件：

《可再生能源产业发展指导目录》

编号	项　目	说明和技术指标	发展状况
一、风能			
风力发电			
1	离网型风力发电	用于为电网不能覆盖的居民供电，包括独立户用系统和集中村落电站两种形式	基本商业化
2	并网型风力发电	用于为电网供电，包括陆地和近海并网风力发电，既可以单机并网发电，也可以由多台机组建成风电场并网发电	陆地并网风力发电：商业化初期，近海并网风力发电：技术研发
设备/装备制造			
3	风能资源评估分析软件	用于对区域风能资源进行技术和经济性评估以正确地选择风电场场址，主要功能包括：测风数据的处理和统计分析、风况图的生成、风资源评估、风力发电机组和风电场年发电量测算等	技术研发或引进
4	风电场设计和优化软件	用于进行风电场优化设计（即风力发电机组微观选址和排列方案的设计和优化），主要功能包括：确定风力发电机组尾流影响并调整风电机组之间的分布距离，对风电机组和风电场的噪声进行分析和预测，排除不符合技术、地质和环境要求的地段，对风力发电机组选址进行自动优化，对设计过程结果提供可视化界面，进行技术经济分析等	技术研发
5	风电场集中和远程监控系统	用于集中和远程监控风电机组和风电场的运行，主要功能包括：通过运用现代信息和通信技术，实时收集、分析并报告各风电场的风力状况和机组、风电场运行状况监测数据，自动或根据管理人员反馈的指令对风电机组和风电场运行进行效率优化和安全保障控制	技术研发
6	风电场建设和维护专用装备	用于陆地和近海风电机组的运输、现场吊装和维护	技术研发
7	离网型风力发电系统	用于独立户用系统和集中村落电站，包括风力独立发电和风光互补发电，保证系统安全、经济、连续可靠供电	基本商业化

续表

编号	项　目	说明和技术指标	发展状况
8	并网型风力发电机组	用于并网风力发电，包括陆地和近海风力发电机组。近海风电机组需适应海洋地质、水文条件和气候环境条件	陆地风电机组：商业化初期 海上风电机组：技术研发
9	风力发电机组总体设计软件	用于对风力发电机组进行结构动力学建模与分析、极限载荷与疲劳载荷计算、风力发电机组动态性能仿真等整机设计工作	技术研发或引进
10	风力机叶片	用于配套1000kW（含）以上的大型风力发电机组	技术研发
11	风力机叶片设计软件	用于进行大容量风力机叶片的气动外形及施工工艺设计	技术研发
12	风力机叶片材料	用于制造高强度轻质大容量叶片，包括玻璃纤维增强复合材料（GRP）和碳纤维增强塑料	技术研发
13	风力机轮毂	用于配套1000kW（含）以上风力发电机组	技术研发
14	风力机传动系统	用于配套1000kW（含）以上风力发电机组	技术研发
15	风力机偏航系统	用于配套1000kW（含）以上风力发电机组	技术研发
16	风力机制动系统/机械刹车	用于配套1000kW（含）以上风力发电机组	技术研发
17	风力发电用发电机	用于配套1000kW（含）以上风力发电机组，包括双馈型发电机和永磁发电机	商业化初期，技术研发（永磁型）
18	风电机组运行控制系统及变流器	用于配套1000kW（含）以上风力发电机组，包括：离网风力发电控制器；失速型风电机组控制器；变速恒频风电机组控制系统及变流器	技术研发
19	风电机组安全保障系统	用于确保在出现极端的气候环境、系统故障和电网故障等紧急情况时的风电机组安全，同时记录机组的状态	技术研发
20	风电机组电磁兼容、雷电冲击等检测装置	用于风电机组的电磁兼容性能和雷电冲击防护能力等性能的检测，以保证机组适应恶劣的自然环境	技术研发
21	风电接入系统设计及电网稳定性分析软件	用于大型风电场接入系统设计和对电网稳定性进行评价	技术研发
22	风电场发电量预测及电网调度匹配软件	用于实时监测和收集风电场各台风电机组运行状况及发电量，分析和预测风电场第2天及后一周的出力变化情况，为电网企业制定调度计划服务，促进大规模风电场的开发和运行	技术开发
23	风电场平稳过渡及支持控制系统	用于大型风电场在接入电网事故条件下，自身平稳过渡并对电网提供支持	技术研发

续表

编号	项 目	说明和技术指标	发展状况
二、太阳能			
太阳能发电和热利用			
24	离网型太阳能光伏发电	用于为电网不能覆盖地区的居民供电，包括独立户用系统和集中村落电站两种形式	基本商业化
25	并网型太阳能光伏发电	用于为电网供电，包括建筑集成太阳能光伏发电	技术研发、项目示范
26	太阳能光热发电	用于为电网供电或为电网不能覆盖地区的居民供电。包括塔式太阳能光热发电系统、槽式太阳能光热发电系统、盘式太阳能光热发电系统和点聚焦太阳能光热直接发电系统	技术开发
27	工业用光伏电源	用于为分散的气象台站、地震台站、公路道班、广播电视、卫星地面站、水文观测、太阳能航标、公路铁路信号及太阳能阴极保护系统等提供电力	商业化
28	太阳能照明系统	包括：太阳能路灯、庭院灯，草坪灯，太阳能广告牌，太阳能LED城市景观灯等	商业化
29	太阳能交通工具	包括：太阳能汽车、太阳能电动自行车、太阳能游艇、太阳能飞船、太阳能充电站等	技术研发、项目示范
30	太阳能光伏海水淡化系统	用于为缺乏淡水的偏远海岛居民提供淡水	技术研发、项目示范
31	光伏水泵	用于为我国西部严重干旱和偏僻地区分散人口提供饮用水、为建设和改良草场以及沙漠植树造林提供用水	商业化
32	太阳能户用热水器	用于为居民提供生活热水，包括平板式太阳热水器、真空管式太阳热水器等	商业化
33	太阳能集中供热系统	用于为居民或工商业提供热水或供暖，包括太阳能集中供热水系统和太阳能集中采暖系统	技术研发、推广应用
34	太阳能空调系统	用于（通过太阳能集热器和吸收式制冷机）实现热冷转换从而提供制冷和空调服务	技术研发、示范项目
35	零能耗太阳能综合建筑	通过在建筑结构（屋顶和外墙）中集成太阳能集热器（实现太阳能采暖系统和空调系统）和太阳能光伏电池来满足建筑的所有能源需求	技术研发
设备/装备制造			
36	离网型太阳能光伏发电系统	用于独立户用系统和集中村落电站	商业化
37	并网型太阳能光伏发电系统	用于为电网供电，包括建筑集成太阳能光伏发电系统	技术研发、项目示范

续表

编号	项　目	说明和技术指标	发展状况
38	太阳能光热发电系统	包括：塔式太阳能光热发电系统、槽式太阳能光热发电系统、盘式太阳能光热发电系统和点聚焦太阳能光热直接发电系统	技术开发
39	晶硅太阳能电池	包括：单晶硅太阳能电池和多晶硅太阳能电池	商业化、技术改进
40	薄膜太阳能电池	包括：多结非晶硅薄膜太阳能电池、多晶硅薄膜太阳能电池、化合物薄膜太阳能电池	技术研发
41	其他新型太阳能电池	包括：柔性衬底太阳能电池、聚光太阳能电池、HIT异质结太阳能电池、有机太阳能电池、纳米非晶硅太阳能电池、机械叠层太阳能电池、薄膜非晶硅/微晶硅叠层太阳能电池等	技术研发
42	建筑用太阳能电池组件	用于建筑集成太阳能光伏发电系统，包括：半透光型光伏组件，可以与建筑构件互换的光伏组件，光伏玻璃幕墙，光伏遮阳板等	技术研发
43	太阳能电池及组件制造装备	用于制造太阳能电池及组件，包括：太阳级硅投炉料制造成套装备，多晶硅铸锭炉，多线切割机，剖锭机，硅片抛光设备，硅片清洗机，扩散设备，PECVD镀膜设备，丝网印刷设备，烘干烧结设备，划片机，自动焊接机，组件层压机等等	技术研发或引进
44	太阳能电池测试设备	包括：太阳能电池分选设备，太阳模拟仪，高压绝缘测试设备等	技术研发
45	太阳能电池生产用辅助材料	包括：低铁钢化玻璃，EVA，太阳电池背面封装复合膜，银浆铝浆，焊带等	技术研发
46	光伏发电系统用充放电控制器	用于智能化控制蓄电池充放电过程	技术研发
47	光伏发电系统用直流/交流逆变器	用于包括离网型和并网型直流/交流逆变器，后者需具有并网逆变、最大功率跟踪、防孤岛效应保护等功能	技术研发
48	户用光伏和风/光互补控制/逆变一体机	用于配套容量在1kW以下的户用光伏、风/光互补发电系统	技术研发
49	（专用）蓄电池	用于独立光伏发电和风力发电系统，应具有很强的耐过充过放性能，低的自放电率和长的使用寿命	技术研发
50	氧化还原液流储能电池	用于独立光伏发电和风力发电系统；功率在几十到几百千瓦、储能达百兆瓦时	技术开发、项目示范
51	光伏硅材料	用于生产太阳能电池用晶体硅	技术开发或引进
52	光伏发电系统用集中和远程监控系统	用于采集、传输太阳辐射和环境参数及光伏发电系统的运行数据并实现集中或远程监控	技术研发

续表

编号	项目	说明和技术指标	发展状况
53	太阳能光热发电用反射镜	用于配套各种太阳能光热发电系统	技术研发
54	光热发电反射镜自动跟踪装置	用于配套各种太阳能光热发电系统，以自动跟踪太阳光辐射，调整反射镜角度，从而最大化获取太阳能	技术研发
55	光热发电集能器	用于配套各种太阳能光热发电系统，以吸收来自反射镜的太阳辐射能，也称“太阳锅炉”，要求体积小，换能效率高	技术研发
56	光热发电蓄热装置	用于配套各种太阳能光热发电系统，通过贮存集能器所吸收的热能以保证光热发电相对稳定	技术研发
57	光热直接发电装置	用于配套太阳能光热直接发电系统，包括碱金属热电转换器、半导体发电器、热电子发电器和热光伏发电器	技术研发
58	太阳能光热系统建筑应用设计、优化和测评软件	用于建筑上适用我国不同地区、不同光照条件下应用太阳能光热系统制冷、采暖的优化设计、模拟；对建筑中使用的太阳能光热系统进行检测和评价	技术研发和推广应用
三、生物质能			
生物质发电和生物燃料生产			
59	大中型沼气工程供气和发电	包括大型畜禽场、养殖小区、工业有机废水和城市污水工程	商业化、推广应用
60	生物质直接燃烧发电	利用农作物秸秆、林木质直接燃烧发电	技术改进、项目示范
61	生物质气化供气和发电	利用农作物秸秆、林木质气化供气和发电	技术研发、推广应用
62	城市固体垃圾发电	用于清洁处理和能源化利用城市固体垃圾，包括燃烧发电和填埋场沼气发电	基本商业化
63	生物液体燃料	利用非粮食作物和林木质生物质为原料生产液体燃料	技术研发
64	生物质固化成型燃料	将农作物秸秆、林木质制成固体成型燃料代替煤炭	项目示范
设备/部件制造和原料生产			
65	生物质直燃锅炉	用于配套生物质直接燃烧发电系统，技术性能和规格需适用于生物质的直接燃烧	技术改进
66	生物质燃气内燃机	用于配套生物质气化发电，技术性能和规格需适用于生物质气化发电系统	技术研发
67	生物质气化焦油催化裂解装置	用于将生物质在气化过程中所产生的焦油裂解为可利用的一次性气体	技术研发
68	生物液体燃料生产成套装备	用于生产上述各类生物液体燃料	技术研发、项目示范
69	能源植物种植	用于为各种生物燃料生产提供非粮食生物质原料，包括甜高粱、木薯、麻疯树、甘蔗等	项目示范、推广应用

续表

编号	项目	说明和技术指标	发展状况
70	能源植物选育	用于选育培养适合荒山荒滩、沙地、盐碱地种植、稳产高产、对生态环境安全无害的能源作物	技术研发，项目示范
71	高效、宽温或沼气菌种选育	用于沼气工程提高产气率及沼气池在较低温度条件下的使用	技术研发
四、地热能			
地热发电和热利用			
72	地热发电	包括：地热蒸汽发电系统、双循环地热发电系统和闪蒸地热发电系统（后两者适用于中低温地热资源）	技术研发
73	地热供暖	包括单循环直接供暖和双循环间接供暖	项目示范、推广应用
74	地源热泵供暖和/或空调	包括地下水源、河湖水源、海水源、污水源（包括城市污水、工业污水、医院污水）和土壤热泵系统	项目示范
75	地下热能储存系统	储存包括太阳能、建筑物空调释冷量或释热量等在内的能量	技术研发
设备/装备制造			
76	地热井专用钻探设备	用于钻探地热井，需适应地热井特有的地质结构环境、高温和腐蚀性水文环境及成井工艺要求	技术研发
77	地热井泵	用于配套地热供暖和地源热泵系统，需适应地热井特有的高温和腐蚀性	技术研发
78	水源热泵机组	适应地下水或海水水质及温度	技术研发、项目示范
79	地热能系统设计、优化和测评软件	用于建筑上适用我国不同地区、不同类型地热能系统进行检测和评价	技术研发和推广应用
80	水的热源利用	利用水的温差对建筑物进行制冷和供热，包括利用地下水、城市污水处理厂处理水等水源	项目示范、推广应用
五、海洋能			
海洋能发电			
81	海洋能发电	包括：潮汐发电、波浪能发电、海洋温差发电和海流能发电	技术研发、项目示范
设备/装备制造			
82	海洋能发电成套装备	包括：波浪能发电成套装备、海洋温差发电成套装备、海流能发电成套装备	技术研发
六、水能			
水力发电			
83	并网水电站	符合流域开发规划要求，满足环保要求的各种类型水电站	商业化
84	离网小型水电站	用于就地开发、就近供电，解决边远地区用电和用能问题	商业化
设备/装备制造			
85	水轮机型谱编制	用于水轮机的制造和选型，提高水轮机效率和质量，降低造价，规范设备市场	技术研发
86	水电自动化技术	用于水电运行的自动化管理，提高运行水平，降低运行成本	技术改进

续表

编号	项 目	说明和技术指标	发展状况
87	大型高效水轮发电机组	用于提高水轮发电机组单机容量、运行水头和运行效率	技术研发
88	小水电一体化技术	用于1000kW以下小型水电站，实现油、水、气等辅助设备系统的控制与主机一体化，以及调速、励磁、保护、测量等监控一体化，提高可靠性，降低设备造价	技术改进

《中华人民共和国可再生能源法》草案征求意见稿

目 录

第一章 总 则

第一条 ［立法目的］为了加快可再生能源的开发利用，增加能源供应，改善能源结构，保障能源安全，保护环境，促进经济和社会的可持续发展，制定本法。

第二条 ［定义］本法所称可再生能源，是指下列从自然界直接获取的、可再生的非化石能源：

（一）风能；

（二）太阳能；

（三）水能（利用水力发电的，电站总装机容量超过5万千瓦的除外）；

（四）生物质能（通过传统燃烧方式利用秸秆、薪柴、人畜粪便等除外）；

（五）地热能和地温热源的热能；

（六）海洋能；

（七）法律、法规规定的其他可再生能源。

第三条 ［适用范围］本法适用于中华人民共和国领域和管辖的其他海域。

第四条 ［推动可再生能源开发利用的市场化］国家把可再生能源列为能源发展的优先领域，通过制定可再生能源开发利用总量目标和相应行政调控与经济鼓励措施，推动建立可再生能源市场。

国家鼓励多种所有制经济主体参与可再生能源的开发利用。

第五条 ［管理机构］国务院能源主管部门对全国可再生能源的开发利用实施统一管理。国务院有关部门在各自的职责范围内负责可再生能源开发利用管理工作。

县级以上地方人民政府能源主管部门对本行政区域内可再生能源的开发利用实施统一管理。县级以上地方人民政府有关部门在各自的职责范围内负责可再生能源开发利用管理工作。

第二章 资源普查与发展规划

第六条 ［资源普查］国务院能源主管部门负责组织和协调全国可再生能源资源的普查和管理，并会同国务院农业、水利、国土资源、环境保护、海洋、气象等有关部门制定资源普查的方法和标准。

国务院农业、水利、国土资源、环境保护、海洋、气象等有关部门在各自的职责范围内负责相关可再生能源资源的普查，普查结果报国务院能源主管部门汇总。

可再生能源资源的普查结果应当向社会公布。但是，国家规定需要保密的除外。

第七条 ［总量目标］国务院能源主管部门根据我国能源需求与可再生能源资源实际状况，提出全国可再生能源开发利用中长期总量目标，报国务院批准执行，其中2010年可再生能源利用量不低于全国能源消费总量5%，2020年可再生能源利用量不低于全国能源消费总量10%。

国务院能源主管部门根据前款规定的总量目标和各地经济发展与可再生能源资源实际状况，会同省、自治区、直辖市人民政府确定各地区可再生能源开发利用中长期指标。

第八条 ［开发利用规划］国务院能源主管部门依照全国可再生能源开发利用中长期总量目标，会同国务院科技、农业、水利、国土资源、环境保护、海洋、气象等有关部门，编制全国可再生能源开发利用规划，报国务院批准，并纳入国民经济和社会发展计划。

省、自治区、直辖市人民政府能源主管部门依照本地区可再生能源开发利用中长期指标，会同科技、农业、水利、国土资源、环境保护、海洋、气象等有关部门编制本地区可再生能源开发利用规划，报同级人民政府批准，并纳入本地区国民经济和社会发展计划。

经批准的规划和计划需要修改的，须经原批准机关批准。

第九条 ［规划公开］编制可再生能源开发利用规划，应当征求有关单位、专家和公众的意见。

经批准的规划应当向社会公布。但是，国家规定需要保密的除外。

第三章 产业指导与技术支持

第十条 ［产业目录］国务院能源主管部门依照全国可再生能源开发利用规划，定期发布可再生能源产业发展指导目录。

第十一条 ［标准与规范］国务院标准化行政主管部门应当制定有关可再生能源技术和产品的国家标准，并于本法施行之日起一年内，公布国家可再生能源电力的并网技术标准。

对前款规定的国家标准中未作规定的项目，国务院有关部门可以制定相关的行业标准，并报国务院标准化行政主管部门备案。

第十二条 ［检测认证］国务院能源主管部门应当会同国务院质量技术监督部门等有关部门，建立可再生能源开发利用设备和产品的检测、检验和认证制度。

第十三条 ［科技研发］国家将可再生能源科学研究、技术开发和产业化列为科技发展与高技术产业发展的优先领域，纳入国家中长期科技发展规划和高技术产业发展规划，安排专项研究、开发和产业化资金。

国务院科技、能源、农业、水利等主管部门和有关科学研究机构，应当支持建立国家可再生能源技术实验研究、开发应用中心，并通过制订研究计划和设立研究项目的方式支持可再生能源技术的研究、开发和产业化。

国务院教育行政主管部门应当将可再生能源知识和技术纳入普通教育、职业教育课程，并指导和支持建立技术培训体系。

第四章 推广与应用

第十四条 ［并网发电立项］国家鼓励和支持可再生能源并网发电。

符合国家规定标准的可再生能源并网发电项目，国务院或者省级人民政府的能源建设项目审批部门按照其管理权限，应当准予立项。

政府特许的可再生能源并网发电项目，应当通过公开招标确定项目开发经营者。

第十五条 ［并网电力收购］电网企业应当全额收购其电网覆盖范围内、符合并网技术标准的可再生能源电力。

经批准的可再生能源并网发电项目，电网企业应当保证在其建成发电时接收其电力上网。

第十六条 ［电网建设］电网企业应当为可再生能源发电提供上网服务和支持。经批准的可再生能源并网发电项目的电网接入系统，电站（场）升压站至第一门型架的部分由可再生能源发电企业投资建设，其余部分由电网企业投资建设。

第十七条 ［离网发电］国家鼓励和支持在电网难以达到的地区，利用小型风力发电系统、小型光伏发电系统、风光互补发电系统、微（小）型水力发电系统等可再生能源技术，建设可再生能源独立电力系统，满足当地生产和生活用电需求。

国家投资或者补贴建设的公共可再生能源独立电力系统，由电网企业或者由其委托的专业性服务企业负责管理。

第十八条 ［可再生能源配额指标］国务院能源主管部门对大型发电企业，应当按照其装机规模，确定一定的可再生能源电力指标，其中发电装机权益容量在500万kW以上的企业，2010年可再生能源发电装机容量不少于其装机权益容量的5%，2020年可再生能源发电装机容量不少于其装机权益容量的10%。

第十九条 ［自愿购买］国家鼓励政府机关、企事业单位、其他组织和个人自愿购买经过认证的可再生能源电力。

第二十条 ［生物质燃料］国家鼓励清洁、高效地开发和利用生物质燃料。

［燃气和供热］国家鼓励利用生物质能源提供燃气和热力。对于具备入网条件的可再生能源燃气和热力，市政燃气和供热企业应当允许其入网。

［液体燃料］国家鼓励生产和利用以非粮食、非食用油和非食用油料作物为原料的生物液体燃料。石油销售企业应当按照国家规定的价格收购符合国家质量标准的生物液体燃料。

第二十一条 ［太阳能利用］国家鼓励单位和个人安装和使用太阳能利用系统，包括太阳能热水系统、太阳能供暖和制冷系统、太阳能光伏发电系统等。

国务院建设行政主管部门应当会同有关部门制定太阳能利用系统与建筑结合的国家技术规范。

房地产开发企业应当根据前款规定的国家技术规

范，在建筑物的设计和建造中为太阳能利用提供必备条件。

已建成的建筑物，房屋权利人、物业管理企业等应当允许住户安装符合国家技术规范和产品标准的太阳能利用系统。房屋权利人、物业管理企业与住户另有约定的除外。

第二十二条 ［农村地区可再生能源］县级以上地方人民政府能源主管部门应当会同农业行政主管部门等有关部门，根据国家可再生能源发展规划，结合当地农业生态建设和农村卫生综合治理，规定农村可再生能源开发利用的目标和制定示范、推广规划，因地制宜地推广应用生物质能的清洁、高效燃烧利用技术和户用被动式太阳房、太阳灶、太阳能日光温室、太阳能禽舍等太阳能技术及其综合利用技术。

县级以上人民政府应当对农村地区可再生能源利用项目提供财政补贴。

第五章 价格管理与费用分摊

第二十三条 ［分类电价］国家对可再生能源上网电价实行有期限的分类电价制度。

分类电价由国务院价格主管部门会同能源主管部门和电力监管机构，根据同期同类可再生能源发电项目社会平均成本水平，按照有利于可再生能源发展的原则测算确定，并定期向社会公告。

政府招标的可再生能源发电项目不适用分类电价，其上网电价由政府通过招标确定，但不得高于同类可再生能源发电项目的分类电价。

单位和个人自愿购买的经过认证的可再生能源电力，也不适用分类电价，其上网电价适用国家有关常规能源上网电价的规定。

第二十四条 ［电价分摊］可再生能源电价实行分摊制度。

电网企业收购可再生能源电力，高出按收购常规能源电力年平均电价计算的费用，由全国电力用户承担。

前款所指高出的费用，由国家电力监管机构统一组织核算和结算，并提出下一年度收缴方案，经国务院价格主管部门核准实施。

自本法施行之日起三个月内，国务院能源主管部门会同国家电力监管机构制定和公布电价分摊的具体核算和结算办法。

第二十五条 ［离网独立电力系统费用分摊］本法第十七条第二款所指的公共可再生能源独立电力系统的销售电价，执行同一地区终端分类销售电价，其运行和管理费用超出销售电价的部分，按照本法第二十四条规定的办法进行核算和结算。

第二十六条 ［自愿购买者负担］单位和个人自愿购买的经过认证的可再生能源电力，不适用电价分摊制度，其发电费用超出上网电价的部分，由自愿购买者负担。

第二十七条 ［热力和燃气定价）进入城市管网的可再生能源热力和燃气的价格，由当地政府价格主管部门按照有利于可再生能源热力和燃气发展的原则核定。

第二十八条 ［液体燃料定价］生物液体燃料的收购价格由国务院价格主管部门根据同期同类社会最低生产成本水平测算确定，并定期向社会公告。

第六章 经济激励措施

第二十九条 ［财政支持］国家财政设立可再生能源发展专项资金，用于：

（一）农村地区生活用能的可再生能源项目；

（二）偏远地区可再生能源独立电力系统建设；

（三）可再生能源的资源勘查、评价和相关信息系统建设；

（四）可再生能源的技术研究、开发和示范工程；

（五）推进可再生能源设备的国产化。

第三十条 ［信贷措施］国家政策性银行应当为可再生能源开发利用项目提供优惠贷款。

第三十一条 ［税收措施］国家对列入可再生能源产业发展指导目录的项目给予税收优惠。

［设备增值税］国家对可再生能源开发利用设备的生产和销售减征或者免征增值税。

［产品增值税］国家对利用可再生能源生产的电力、热力、燃气和液体燃料等产品减征或者免征增值税。

具体办法由国务院规定。

第三十二条 ［保证可再生能源发电信息的准确可靠］可再生能源发电企业应当真实、准确、完整地记载和保存可再生能源发电的账簿和档案，并接受电力监管机构的检查和监督。

检查机关应当依照行政程序进行检查并为被检查的单位保守商业秘密和其他秘密。

第七章 法律责任

第三十三条 各级人民政府的能源主管部门和其他有关部门的监督管理人员违反法律规定，利用职务上的便利索取或者收受他人财务、谋取其他利益，或者滥用职权、玩忽职守、徇私舞弊，有下列行为之一的，依法给予行政处分；构成犯罪的，依法追究刑事责任：

（一）不依法作出行政许可决定或者办理批准文件的；

（二）不依法履行监督管理职责的；

（三）发现违反行为不予查处的。

第三十四条 违反本法第十五条规定，电网企业未能全额收购符合并网标准的可再生能源上网电力的，由国家电力监管机构责令其限期改正，拒不改正的，可再生能源电站（场）系统容量在1万kW（含）以下的，处以五十万元以上一百万元以下的罚款；系统容量1万kW以上5万kW（含）以下的，处以一百万元以上五百万元以下的罚款；系统容量5万千瓦以上的，处以五百万元以上一千万元以下的罚款。

电网企业未能全额收购符合标准的可再生能源上网电力，造成可再生能源发电企业经济损失的，由电网企业承担赔偿责任。

第三十五条 违反本法第十六条规定，电网企业怠于建设接受可再生能源上网电力设施的，由国家电力监管机构责令其限期改正；拒绝改正，影响可再生能源电力如期上网的，视为本法第三十四条所规定的拒绝收购，并按本法第三十四条规定承担相应的法律责任。

第三十六条 违反本法第十七条第二款规定，电网企业对其管理范围内的公共可再生能源独立电力系统不履行管理义务的，由国家电力监管机构责令其限期改正，拒不改正的，处以五十万元以上一百万元以下的罚款。

第三十七条 违反本法第十八条规定，大型发电企业未达到规定的可再生能源电力指标的，由电力监管机构责令其限期改正，拒不改正的，处以每千瓦一万元的罚款。

第三十八条 违反本法第二十条第二款规定，对于具备入网条件的可再生能源燃气和热力，市政燃气和供热企业未允许其入网的，由省级以上人民政府能源主管部门责令其限期改正，造成燃气和热力企业经济损失的，由市政燃气和供热企业予以赔偿。

违反本法第二十条第三款规定，对符合国家质量标准的生物液体燃料，石油销售企业未能按规定收购的，由省级以上人民政府能源主管部门责令其限期改正，造成生物液体生产燃料企业经济损失的，由石油销售企业予以赔偿。

第三十九条 违反本法第二十一条第三款和第四款规定，房地产开发企业、房屋权利人、物业管理企业阻挠住户安装太阳能利用系统的，由县级以上人民政府建设主管部门责令限期改正，拒不改正的，处以一万元以上十万元以下的罚款。

第四十条 违反本法第三十二条规定，可再生能源发电企业未能真实、准确、完整地记载和保存账簿和档案，或拒绝、逃避有关部门和机构的检查监督的，由电力监管机构责令其限期改正，拒不改正的，处以十万元以上一百万元以下的罚款。

第八章 附 则

第四十一条 本法中下列用语的含义是：

（一）生物质能，是指自然界可用作能源用途的各种植物、人畜排泄物以及城乡有机废弃物，如薪柴、林业加工废弃物、农作物秸秆、城市有机垃圾、工农业有机废水和其他野生植物等。

（二）传统燃烧方式，是指通过低效率炉灶，直接燃烧薪柴、农作物秸秆、人畜粪便等生物质能的方式。

（三）电站（场）升压站，是指将发电机组输出电压升至电网接入电压等级的变电设施。

（四）第一门型架，是指电网连接发电站（场）的输电线路距发电站（场）最近的杆（塔）。

（五）公共可再生能源独立电力系统，是指不与电网连接的单独运行的为公众提供服务的可再生能源电力系统。

（六）发电装机权益容量，企业按照股权比例拥有的发电装机容量。

（七）生物液体燃料，是指使用生物质资源生产的甲醇、乙醇和生物柴油等液体燃料。

（八）分类电价，是指按照可再生能源发电的技术类型和特点，确定的不同的上网电价。

第四十二条 本法自×年×月×日起施行。

（编辑部摘编）

关于《中华人民共和国可再生能源法》（草案征求意见稿）的说明

一、起草可再生能源法的背景

按照国际上通行的分类和我国的实际情况，本草案征求意见稿所称“可再生能源”是指风能、太阳能、现代生物质能（指沼气、乙醇、生物质能发电等）、地热、海洋能、小水电等。

加快开发利用可再生能源，对于推进我国经济社会可持续发展具有重要意义：

第一，调整能源结构和保障能源安全的现实要求。我国能源消费构成中煤炭比例过高，国内石油供应形势严峻，只有通过加快大中型水电、核电、可再生能源的开发利用，才能逐步改善能源结构，减缓能源安全问题。我国可再生能源资源丰富，分布广，可满足发电、供气、供热、制取液体燃料等多种用途，可替代煤炭、石油、天然气等多种能源。我国小水电、风力发电、太阳能热水器已经是成熟技术，可较大规模地提供能源或替代化石能源，其他可再生能源也显示出良好的发展前景。因此通过大力发展可再生能源，替代煤炭，弥补石油、天然气的资源短缺，是我国能源长期发展战略和近期能源结构调整的重要选择。

从世界范围来看，可再生能源年增长速度超过了30%，在各类能源中增长最为迅速，同时在能源供应构成中的比例也逐年上升。欧盟大多数国家提出到2020年，可再生能源在其能源供应中的比例将达到10%以上，2050年将达到50%以上，是继煤炭、石油和天然气之后的主要替代能源。

第二，保护环境特别是保护大气环境的迫切需要。化石能源的生产和消费是大气环境污染物的主要来源，目前我国约90%的二氧化硫和氮氧化物排放来自化石的能源生产和消费。二氧化硫、氮氧化物、一氧化碳、烟尘等大气污染物造成的酸雨、呼吸道疾病等已经严重威胁经济发展和人体健康。到2020年，即使我国实现以能源消费翻一番保证经济翻两番的目标，能源消费总量仍要增加15亿t标准煤。如果未能有效调整能源结构，煤炭消费量将增加约10多亿t标准煤，其所造成的环境污染和生态破坏的压力是十分沉重的。因此，控制煤炭消费过快增长，提高大中型水电、核电、可再生能源在能源消费中的比例，是环境保护的必然选择。

减排温室气体是全球环境保护的重要领域。从长远来看，我国需要通过降低化石能源在能源消费结构中的比例等措施，承担与国际地位和经济发展水平相适应的国际义务。可再生能源是国际公认的清洁能源，从全球环境保护的需要出发，我国也应加快可再生能源的开发利用进度。

第三，农村地区全面建设小康社会的重要选择。目前，我国8亿多农村居民的半数左右，仍然依靠直接燃烧秸秆、薪柴等生物质提供生活用能，不仅造成严重的室内外环境污染，危害人体健康，影响生活质量，还造成植被破坏，威胁生态环境。全国还有约2万个村，约800多万农户、3000万人口没有电力供应，远离现代文明。同时，随着部分农村地区经济发展和收入水平的提高，农村生产、生活用能中商品能源的比例不断上升，对化石能源需求加大，秸秆等废弃物严重过剩，随地焚烧，带来了严重的环境污染。因此，解决偏远地区居民基本电力供应，采用新技术开发利用可再生能源，特别是促进生物质能源的清洁、高效利用，对农村地区全面建设小康社会，具有重要的现实意义。

第四，开拓新经济增长领域和创造更多就业机会的有效途径。开发利用可再生能源，主要是基于当地资源和人力物力，对促进地区经济发展具有重要意义，同时，快速发展的可再生能源产业也是一个新的经济增长领域。目前，国际上太阳能光伏发电、风力发电的年增长速度达30%以上，我国太阳能热水器的年增长速度也达到20%以上。发达国家和部分发展中国家已把发展可再生能源作为占领未来能源领域制高点的重要战略措施。据欧盟预测，到2020年，欧洲仅风力发电就可带来180万个就业岗位，年市场额达750亿欧元（约折合人民币7200亿元）。我国可再生能源的发展也将拉动制造业等行业的经济增长，带动农业生态建设，巩固封山育林和退耕还林成果，促进就业和边远地区脱贫致富。

目前，我国可再生能源的开发利用已取得了一定进展，其中小水电、太阳能热利用和沼气等开发规模和技术发展水平均处于国际领先地位。但从总体上看，可再生能源发展速度和水平还远低于大多数发达国家，也落后于印度、巴西等发展中国家。其中普遍存在的问题有：可再生能源开发利用尚未纳入能源发展的主导战略，缺乏明确的发展目标和可行的规划措施；政策的连续性和稳定性差，缺乏有效的经济鼓励政策和稳定的法律保障措施，缺乏行之有效的投融资机制，不能形成具有一定规模的、稳定的市场需求，影响投资者的积极性；研究开发能力较弱，制造技术水平较低，缺乏完备的可再生能源产业体系；相应开发利用成本相对较高，缺乏市场竞争力。在这种情况下，要使可再生能源获得较大规律商业化的发展，就需要国家明确规定发展目标，建立有利于实现发展目标的法律制度和相应的价格、投资、税收、财政等方面的激励政策；依法明确各类可再生能源开发利用主体的权利和义务，强化政府职责，增强可再生能源开发利用者的市场信息。这些都需要通过制定和实施可再生能源法来予以保障。世界上许多国家都通过立法手段促进可再生能源的开发和利用，据不完全统计，世界上目前约有50多个国家制定了可再生能源开发利用方面的法律法规，并取得了积极的效果。

2003年6月，全国人大常委会将可再生能源立法列入了立法计划，并决定由全国人大环境与资源保护委员会负责组织起草。全国人大环资委随即成立了起草领导小组和工作小组。2003年8月，全国人大环资委委托国家发展和改革委员会组织起草建议稿，并委托清华大学等单位编写专家建议稿。起草领导小组和工作小组积极参与了国家发展和改革委员会与清华大学的有关研究论证工作，并针对立法中所面临的主要问题，赴上海、内蒙古等地进行调研和听取意见。在国家发展和改革委员会、清华大学建议稿与论证报告的基础上，起草工作小组草拟了草案征求意见稿及说明，经过起草领导小组讨论、修改，又经环资委第十次全体会议审议和修改，形成了现有的草案征求意见稿。

二、起草中遵循的基本原则

草案征求意见稿起草过程中所遵循的基本原则是：

第一，国家责任和全民义务相结合。世界许多国家把可再生能源的开发利用作为满足现实能源需求和解决未来能源问题的重要战略途径。从可再生能源开发利用先进国家的经验来看，只有明确政府在可再生能源开发利用领域的公共责任，并将可再生能源开发利用的额外费用由所有能源消费者承担，才有可能推动可再生能源大规模的、商业化的开发利用，并使之逐步与常规能源竞争。草案征求意见稿吸收了国际社会的成功经验，遵循国家责任和全民义务相结合的原则，在总则和主要章节中都明确了各级人民政府的相关责任和义务，明确了有关单位和个人，特别是电网企业和电力用户的相关责任和义务。这一原则是草案征求意见稿的核心和各项制度的基础。

第二，政府推动和市场引导相结合。在我国现阶段，政府是开发利用可再生能源的重要推动力量。但是，政府推动可再生能源开发利用的目的是加速可再生能源产业实现商业化和规模化，其职责主要体现在营造市场、制定市场规则和规范市场运行等，为可再生能源同常规能源竞争创造公平的市场环境，以引导和激励各类市场主体积极参与可再生能源开发利用。草案征求意见稿在有关章节中通过制定可再生能源开发利用总量目标、专项规划、产业指导、分类价格与费用分摊和经济激励等措施，对政府在营造和规范市场等方面的职责作了具体的规定。这些规定是草案征求意见稿的主要内容。

第三，当前需求和长远发展相结合。开发利用可再生能源一方面可以满足我国当前的能源需求，特别是农村地区和偏远地区的能源需求，另一方面也可以逐步增加其在能源结构中的比例，满足未来能源供需平衡。这就要求在立法中立足国情，因地制宜，因势利导，在推广应用可再生能源成熟技术的同时，对资源潜力巨大、商业化前景较好、在改善未来能源结构中有重大作用的风力发电、生物质能发电和太阳能发电以及生物液体燃料等，采取总量目标和价格引导等措施拉动市场需求，促进技术进步和产业成长。

第四，国内实践和国际经验相结合。在利用法律手段促进可再生能源开发和利用方面，国际社会已经有了成功的经验，我国也在一些领域进行了有益的探索和积极的实践。草案征求意见稿在总量目标、分类电价和费用分摊等方面的规定，就是我国实践经验和国际成功做法相结合的产物。

三、草案征求意见稿的主要内容

草案征求意见稿共有总则、资源普查与发展规划、产业指导与技术支持、推广与应用、价格管理和费用分摊、经济激励措施、法律责任和附则八章四十二条，主要包括以下内容：

1. 关于可再生能源定义

根据国内外通行的定义和我国现阶段可再生能源产业发展的实际情况，特别是需要国家政策扶持的实际情况，草案征求意见稿第二条规定："本法所称可再生能源，是指下列从自然界直接获取的、可再生的非化石能源：（一）风能；（二）太阳能；（三）水能（利用水力发电的，电站总装机容量超过 5 万 kW 的除外）；（四）生物质能（通过传统燃烧方式利用秸秆、薪材、人畜粪便等除外）；（五）地热能和地温热源的热能；（六）海洋能；（七）法律、法规规定的其他可再生能源。"

2. 关于促进可再生能源开发利用的管理体制

在国务院能源主管部门实施统一管理的同时明确各有关部门的职责，符合当前我国的实际情况，既有利于可再生能源开发利用工作的组织领导，也有利于发挥各方推动可再生能源开发利用的积极性，是本法有效实施的重要体制保障。依照国务院有关部门的职责分工，草案征求意见稿第五条规定："国务院能源主管部门对全国可再生能源的开发利用实施统一管理。国务院有关部门在各自的职责范围内负责可再生能源开发利用管理工作。""县级以上地方人民政府能源主管部门对本行政区域内可再生能源的开发利用实施统一管理。县级以上地方人民政府有关部门在各自的职责范围内负责可再生能源开发利用管理工作。"

3. 关于可再生能源资源普查

开展可再生能源的资源普查并向社会公布普查结果是促进可再生能源开发利用的重要前提条件，也是政府的一项重要职责。为此，草案征求意见稿第六条规定："国务院能源主管部门负责组织和协调全国可再生能源资源的普查和管理，并会同国务院农业、水利、国土资源、环境保护、海洋、气象等有关部门制定资源普查的方法和标准。""国务院农业、水利、国土资源、环境保护、海洋、气象等有关部门在各自的职责范围内负责相关可再生能源资源的普查，普查结果报国务院能源主管部门汇总。""可再生能源资源的普查结果应当向社会公布。但是，国家规定需要保密的除外。"

4. 关于可再生能源中长期总量目标

规定能源生产或消费中可再生能源的总量（或者比例），是促进可再生能源开发利用，营造可再生能源市场的有效措施。世界上有许多国家已经在相关法律和规划中明确规定了可再生能源发展目标，为开辟可再生能源市场，提供了重要的政策和法律条件。我国有关部门也在相关领域进行了多年的跟踪研究，反复论证了可再生能源在2010年和2020年达到全国能源消费总量5%和10%的必要性和可行性，为逐步实施这一政策奠定了一定的基础。但是，考虑到总量发展目标需要通过配套措施逐步加以落实，因此草案征求意见稿第七条规定："国务院能源主管部门根据我国能源需求和可再生能源资源实际状况，提出全国可再生能源开发利用中长期总量目标，报国务院批准执行，其中2010年可再生能源利用量占全国能源消费总量不低于5%，2020年可再生能源利用量占全国能源消费总量不低于10%。""国务院能源主管部门根据国务院批准的总量目标和各地经济发展与可再生能源资源实际状况，会同省、自治区、直辖市人民政府确定各地区可再生能源开发利用中长期指标。"

5. 关于可再生能源发展规划

可再生能源发展规划是国家指导和规范可再生能源开发利用的重要依据。可再生能源开发利用比较先进的国家，通常都有详细的、具有法律效力的规划。借鉴国际国内的成功经验，草案征求意见稿第八条规定："国务院能源主管部门依照全国可再生能源开发利用中长期总量目标，会同国务院科技、农业、水利、国土资源、环境保护、海洋、气象等有关部门，编制全国可再生能源开发利用规划，报国务院批准，并纳入国民经济和社会发展计划。""省、自治区、直辖市人民政府能源主管部门依照本地区可再生能源开发利用中长期指标，会同科技、农业、水利、国土资源、环境保护、海洋、气象等有关部门编制本地区可再生能源开发利用规划，报同级人民政府批准，并纳入本地区国民经济和社会发展计划。""经批准的规划和计划需要修改的，须经原批准机关批准。"第九条规定："编制可再生能源开发利用规划，应当征求有关单位、专家和公众的意见。""经批准的规划应当向社会公布。但是，国家规定需要保密的除外。"

6. 关于电网企业全额收购可再生能源电力

明确规定电网全额收购符合标准的可再生能源电力并为并网提供便利，是为可再生能源发电营造基本的市场环境，鼓励各种市场主体积极开发可再生能源并网发电的重要措施，其同我国现行可再生能源并网发电的政策也相衔接。为此，草案征求意见稿第十五条规定："电网企业应当全额收购其电网覆盖范围内、符合并网技术标准的可再生能源电力。""经批准的可再生能源并网发电项目，电网企业应当保证在其建成发电时接收其电力上网。"

7. 关于可再生能源电价和费用分摊

合理的价格和价格形成机制是利用市场引导可再生能源开发利用的关键，其有利于向市场主体提供准确的信息，有利于引导市场主体向可再生能源发电领域投资，有利于促进可再生能源发电的规模化和商业化。按照我国电价改革的实际情况和促进可再生能源发电的要求，并借鉴一些发达国家的成功经验，草案征求意见稿相应规定了分类电价制度。其中在草案征求意见稿第二十三条规定："国家对可再生能源上网电价实行有期限的分类电价制度。""分类电价由国务院价格主管部门会同能源主管部门和电力监管机构，根据同期同类可再生能源发电项目社会平均成本水平，按照有利于可再生能源发展的原则测算确定，并定期向社会公告。"

可再生能源开发利用与环境保护一样，需要全民参与。法律要求可再生能源发电费用由全国电力用户分摊，是全民参与可再生能源开发利用的具体体现。国内外的经验都证明，实行全民参与是推动可再生能源开发和利用的必要措施，我国在实施农网改造和城市污水处理等方面，都采取了这一有效措施。本法将电价费用分摊作为全民参与的一种形式规定下来。第二十四条规定："可再生能源电价实行分摊制度"。"电网企业收购可再生能源电力，高出按收购常规能源电力年平均电价计算的费用，由全国电力用户承担。""前款所指高出的费用，由国家电力监督机构统一组织核算和结算，并提出下一年度收缴方案，经国务院价格主管部门核准实施。""自本法施行之日起三个月内，国务院能源主管部门会同国家电力监管机构制定和公布电价分摊的具体核算和结算办法。"

8. 关于经济激励措施

考虑到现阶段可再生能源开发利用的投资成本还比较高，需要国家给予必要的扶持，以加快技术的开发和市场的形成。这也是国际上通行的做法。因此，草案征求意见稿分别就设立可再生能源发展专项资金，为可再生能源开发利用项目提供优惠贷款，对列入可再生能源产业发展指导目录的项目提供税收优惠等作了规定。

另外，草案征求意见稿第七章对政府有关部门、电网企业等规定了法律责任。

（编辑部摘编）

潘家铮等10位院士关于《可再生能源法（草案）》的修改意见

胡锦涛总书记
吴邦国委员长
温家宝总理

贾庆林主席：

我们看到《中华人民共和国可再生能源法（草案）》（以下简称《草案》）以及毛如柏同志关于为该草案所作的说明（以下简称《说明》），我们认为，为了促进可再生能源的开发利用，缓解能源供应和环保危机，制订这一法律极为重要和及时。但经反复研究，认为《草案》中将大中型水电排除在可再生能源之外，是违背立法原意、不符合国情，将导致不利后果，心以为危，特将我们意见沥陈如下，敬请中央能予以关注。

一、将大中型水电排除在可再生能源法之外，违背了立法原意，不符合国情，对解决我国能源危机难起显著作用

（1）我国能源的最大危机有二：一是二次能源以煤为主，燃煤产生的环境污染问题日益恶化，必须尽一切可能予以控制。二是能源资源不足，要保证能源安全。制订可再生能源法，目的正是要解决或缓解这两大问题。

（2）到目前为止，在各种可再生能源中，只有大型水电能够大规模开发利用，提供稳定的可再生清洁能源，成为煤、油、气、核以外的重要可靠能源，我国又拥有最丰富的水力资源（技术可开发容量达5.4亿kW，年发电量达2.5万亿kW·h）。风能、太阳能等当然应该大力鼓励开发，但由于成本高、效率低，电网吸纳这类电能有一定困难，在一定时期内难成气候（就是发达国家也办不到），希望立法时能实事求是认识到这一现实。

（3）根据以上情况，在《草案》中排除大中型水电后，可再生能源在能源总量中所占比例将非常有限，对解决我国能源问题难起显著作用，违反了立法原意，不符合国情。

二、《说明》中对排除大中型水电的理由不科学，缺乏根据，与中央的能源政策不符

在《说明》中，对排除大中型水电的理由有以下提法："考虑到大中型水电技术已经成熟，完全实现了商业化，因此，国家有关部门参照国际经验，将电站装机容量在5万kW以下的水力发电确定为小水电，实行与风能、太阳能等可再生能源类似的政策。草案确认了这一规定。"对此，我们有以下困惑：

（1）按照这一说明，这个法案似应称为"技术不成熟的可再生能源法"？

（2）"大中型水电技术已经成熟"，我们难以理解小水电为什么技术不成熟？情况恰恰相反，小水电开发不存在技术困难，而我国今后要开发大水电地理位置遥远，各种条件很差，技术问题越来越困难、复杂，许多问题的难度超过当前国际水平，需要国家组织攻关，难以"商业化"解决。

（3）"大中型水电完全实现了商业化"，由于大水电集一次、二次能源开发于一体，其投入之集中，工期之长，牵涉面之广，无法和建燃煤电厂相竞争。特别是今后各界对大水电开发的要求愈来愈高，制约愈来愈多，困难和投入越来越大，亟需国家的支持扶植。外国在开发大水电时，莫不得到国家的大力支持才得成功。

（4）将5万kW以下的水电划为小水电，是水电部（电力部、水利部）制定的，原因是大小水电开发对前期工作的深度和各种技术要求（如建筑物的安全要求）有区别而予以划分。现在以此将水电划分为可享受或不享受可再生能源政策的分界，缺乏任何科学根据，国家也从无这种政策规定。国家多次昭示的能源政策都是将"大力开发水电"列为首位。

（5）一些发达国家的水能资源已得到高度开发，或并无丰富水力能源，加上受到一些偏激的社会舆论影响，其可再生能源政策针对小水电、风能、太阳能而制定，我国国情完全不同，不能照抄这种"国际经验"。

三、将大中型水电包括在可再生能源法之内，并无不妥影响，而对缓解我国能源危机可起重要作用

我国能源危机空前严峻，尽快开发利用多达5亿kW的水能资源是解决危机的重要措施之一。中央正确地制定"大力开发水电"的政策，取得显著成效。但是，今后开发水电面临越来越多的制约和困难：超过国际水平的技术难度、超远距离的输电问题、越来越高的生态环境要求、愈来愈沉重的移民、淹没补偿问题，目前一些政策也不利于水电的开发（例如增值税），开发大水电还影响全国电网包括特高压电网的布局，这一切都需要国家层次的支持和扶植。将大水电排除在可再生能源以外，是向社会发出一个错误信号，将大大挫伤开发水电的积极性，堵住了国家采取扶植政策的路子，促使人们有意将水能资源划分为5万kW的小工程作径流式开发。后果是严重的。

目前发电集团在竞争形势下跑马圈地，划分开发范围，甚至进行无序开发，这只是表面、暂时的现象。从取得企业经济效益来讲，开发大水电所需投入之大，工期之长，与电网关系之紧密，牵涉面之广，问题之复杂困难，根本无法与兴建燃煤电厂相比，不存在"商业化竞争优势"（兴建一座燃煤电厂，一般两年甚至更短时间即可投产收益）。没有国家高瞻远瞩的有力支持扶植，在遇到一系列困难挫折后，水电建设必将出现大的马鞍形，给国家造成不可挽回的

损失。

因此，我们强烈建议可再生能源法中应包括全部水电，这是科学的、合理的、符合国情的。只有这样，才能对可再生能源总量目标与发展规划有一个符合实际的估计，才能对缓解我国能源危机起到作用。如果认为水电开发在技术上比风能、太阳能相对成熟，则《草案》中已规定上网电价等问题将由国务院价格主管部门分别测算确定，作为一部反映国家支持可再生能源开发意图的总法案，列入水电并无任何不妥。

以上意见是否正确敬请考虑。

2005 年 1 月 21 日

（编辑部摘编）

关于报送对《中华人民共和国可再生能源法（草案）》的修改意见

全国人大环境与资源保护委员会、国务院办公厅秘书二局、中国科学技术协会调研宣传部：

国家制订《中华人民共和国可再生能源法》，是加快可再生能源的开发利用，调整能源结构促进经济和社会可持续发展和保护生态环境，保证我国能源安全的重大举措。

水能不分大小都是清洁可再生能源，不因技术成熟与否，皆是永恒再生能源，不论商业化程度大小，均属可再生能源。这是一个常识，也是一个哲学通理，和法律科学语言的表述问题。

水能是我国唯一能够大规模商业化开发利用的可再生能源。优先开发水电是我国经济可持续发展的必然选择，国家的大政方针已定，作为国家《可再生能源法》中应该支持和鼓励，可是现在的《可再生能源法》有重大缺陷，多处不适。我们的修改建议附后。

附件：对《中华人民共和国可再生能源法》的修改意见

中国水力发电工程学会

二〇〇五年一月六日

附件：

对《中华人民共和国可再生能源法》（草案征求意见稿）的意见

国家安排制定《中华人民共和国可再生能源法》，这是一件很有意义的事，也是水电工作者多年的愿望。早在 1997 年全国人大会议期间，水电专业的人大代表就提出此案：要求国家优先开发我国水能资源，并制定《可再生能源法》。现收到《中华人民共和国可再生能源法》（草案）后，我会高度重视，组织专家进行认真研究，提出意见如下：

专家们一致认为，《可再生能源法》征求意见稿把原本无可争议的可再生能源——水能，进行不合理的分割，把大中型水电排除在可再生能源之外。由此，势必造成我国能源政策的混乱，误导能源开发的方向，葬送好不容易迎来的水电春天。我们认为，此举没有把握好立法关键环节，违背了该法的立法宗旨。

一、把大中型水电排除在可再生能源之外不符合可再生能源法的立法目标，是不科学的

（1）《可再生能源法》的立法目的是为加快可再生能源的开发利用，增加能源供应，改善能源结构，保障能源安全，保护生态环境，促进经济和社会的可持续发展。水能是可再生能源。利用水力发电，是把一次能源的水能转换为便于使用的二次能源——电能的过程。这个转换过程，不论机组和电站大小，都不消耗水量，不产生污染，都是清洁的，水能的可再生性，水电是清洁绿色能源的属性，国内外都公认的。水能，不论大小，其科学描述、计算准则和方法都是相同的，其属性也是一样的。因此，把在当前情况下，对调整国家能源结构，缓解能源供应紧缺局面，具有最重要作用的可再生能源——大中型水电开发排除在《可再生能源法》之外是不科学的，也是不理性的。

（2）从立法角度看，对可再生能源的利用是否支持，主要应视利用的方式和目的，而不应以开发规模划界。常理认为经济效益好的大中型水电开发更要大力支持。众所周知，大中型水电站调节能力好，对电网的安全、稳定、经济运行具有不替代的作用。因此，大中小水电都要立法支持，当然支持的内容、方式、程度可以有所不同或侧重。以装机规模划线，易引起为控制规模而增加站点，分散开发，导致流域开发秩序混乱，不能保证水能充分利用。此外，立法标准应统一，水电外的其他可再生能源开发也有超过 5 万 kW 的，《可再生能源法》（草案）中对其他可再生能源的开发却不分规模。

二、把大中型水电排除在可再生能源之外是不符合国情的

据最新的水力资源复查结果，我国的水力资源技术可开发装机容量总计为 5.4 亿 kW、年发电量 2.5 万亿 kW·h，其中小型水电站为 0.65 亿 kW、年发

电量 705 亿 kW·h（另还有统计标准外 0.1～0.5MW 小水电 0.62 亿 kW）。我国小水电资源 1.27 亿 kW，理应开发利用；而我国大中型水电有 4.75 亿 kW，更值得开发利用。

为更好地挖掘可再生能源的潜力，许多国家根据自己的实际情况选择一些可再生能源，通过立法，规定其在能源发展和能源消费结构中的法定比例，以法律形式强制鼓励开发。一些发达国家优质的大中型水电已开发殆尽，我国与他们不同。例如，挪威等 24 个国家，其大、中、小水电的资源基本开发完毕，就只把风能、太阳能、生物能定为可再生能源。但我国水能资源的开发还不到 20%，其中小水电为 26.7%，大中型水电才 12.8%。在这种情况下，以大中型水电站开发水能，不列入《可再生能源法》予以支持鼓励，是不符合国情的。

三、把大中型水电排除在可再生能源之外是违背国家能源发展方针的

我国水能资源丰富，开发的技术经济指标优越，积极开发水电已成为我国能源发展的方针。国家实施西部大开发战略，建设西电东送工程，都是以开发西部水电，特别是大中型水电为基点的，作出了优先发展水电的决策。邓小平同志曾说：水电大项目上去了能顶事。我们立法就是要保证这些国家的方针、政策、战略的顺利实施。因此，对最具有开发潜力的大中型水电，在《可再生能源法》中必须优先鼓励开发。

众所周知，水电开发是一次能源和二次能源开发同时完成的，但却享受不到一次能源开发的政策。目前水电的增值税，除水利系统的小水电、三峡水电为 6%外，其他大中型水电的增值税为 17%。而火电可扣除煤的进项税后，实际的增值税为 6%～10%。据了解水电的税费多达 30 多种，税赋比税改前高了很多，作为清洁的可再生能源的大中型水电开发，亟待国家立法支持。

总之，《可再生能源法》属自然资源科学开发和合理利用范畴的立法行为；立法的哲学理论基础要符合自然科学法则和科学定义；立法的规范语言和法律表述要宏观、严谨，防止歧义；立法要符合国情，符合国际惯例；立法要贯彻国家的方针政策，为国家的发展战略服务。法的先进性、统一性和尺度性，是人类文明传承的基础。我们认为，以开发规模 5 万 kW 为线，把大中型水电排除在可再生能源之外是错误的，由此引起的不良后果是严重的，希望加以纠正。

（编辑部摘编）

水力资源复查成果公布

中华人民共和国水力资源复查成果正式发布

中华人民共和国水力资源复查成果于 2005 年 11 月 25 日在北京正式发布。

我国水力资源丰富，是我国重要的能源资源，在能源平衡和能源可持续发展中占有重要的地位。1977 年～1980 年我国进行了大规模的第三次全国水力资源普查工作，编制出版了《中华人民共和国水力资源普查成果》，在我国水电开发和能源建设布局中起了重要的基础性和指导性作用。20 多年来，随着经济和社会的不断发展，特别是随着水电勘测设计工作的深入和建设管理经验的增加，原水力资源普查成果已不能真实全面地反映我国水力资源的状况，不能满足西部大开发和加快水电开发的要求。为了进一步摸清我国水力资源状况，为做好国民经济及能源发展工作奠定基础，从 2000 年开始，国家启动了全国水力资源复查工作。经过 4 年多的共同努力，全国水力资源复查工作已圆满完成。

本次水力资源复查工作复查了我国大陆水力资源理论蕴藏量在 1 万 kW 及以上的河流共 3886 条，水力资源理论蕴藏量年电量为 60829 亿 kW·h，平均功率为 69440 万 kW；技术可开发装机容量 54164 万 kW，年发电量 24740 亿 kW·h；经济可开发装机容量 40180 万 kW，年发电量 17534 亿 kW.h。截至 2004 年底，已开发装机容量约 1 亿 kW，年发电量 3310 亿 kW.h。本次水力资源复查成果与 1980 年的普查成果对比，理论蕴藏量略有增加，技术可开发量和已建、在建开发量均有较大幅度的增加。现理论蕴藏量和技术可开发量按装机容量计分别增加了 6.7% 和 46.4%，按发电量计分别增加了 6.7%和 30.2%。

此外，本次复查工作还对我国台湾水力资源进行了调查，主要成果为：理论蕴藏量年电量为 1020.7 亿 kW·h，平均功率 1165.2 万 kW；技术可开发装

机容量504.8万kW，年发电量201.5亿kW.h；经济可开发装机容量383.5万kW，年发电量138.3亿kW·h。到2002年底，已在建水电站装机容量为200.5万kW，年发电量为59.3亿kW·h。

我国水力资源丰富，居世界首位，具有以下鲜明的特点：

一是水力资源在地域分布上极不平衡，总体来看，西部多、东部少，水力资源相对集中在西南地区，而经济发达、能源需求量大的东部地区水力资源量极小，因此，西部水力资源开发除了西部电力市场自身需求以外，更重要的是要考虑东部市场，实行水电的“西电东送”战略。

二是大多数河流年内、年际径流分布不均，丰、枯季节流量相差较大，需要建设调节性能好的水库，对径流进行调节，缓解水电供应的丰枯矛盾，提高水电的总体供电质量。

三是水力资源集中于大江大河，有利于集中开发和规模外送。水力资源主要富集于金沙江、雅砻江、大渡河、澜沧江、乌江、长江上游、南盘江红水河、黄河上游、湘西、闽浙赣、东北、黄河北干流以及怒江等水电基地，其总装机容量约占全国技术可开发量的51%，占经济可开发量的60%。

全国水力资源技术可开发量最丰富的三省（区）为：四川第一、西藏第二、云南第三，其技术可开发量装机容量分别为12004万kW、11000.4万kW和10193.9万kW，分别占全国技术可开发量的22%、20%和19%。

全国江河水力资源技术可开发量排序前三位为：长江流域25627.3万kW，雅鲁藏布江流域6785万kW，黄河流域3734.3万kW，分别占全国技术可开发量的47%、13%和7%。

全国技术可开发水电站中，装机容量30万kW及以上的大型水电站装机容量和年发电量的比重均达到72%左右，其中装机容量100万kW及以上的特大型水电站装机容量及年发电量的比重均超过50%。而小型水电站的座数占全国总座数的92.1%，在全国各地都有分布，虽然总装机容量和年发电量不大，但却是解决当地能源和电力问题的宝贵资源。

通过这次全国水力资源复查工作，进一步查清了我国水力资源，同时，增加了水力资源经济可开发量的统计，填补了我国水力资源普查的空白。我国水力资源理论蕴藏量、技术可开发量，经济可开发量及已建和在建开发量均居世界首位，水力资源是我国能源资源的最重要的组成部分之一，本次复查成果为我国制定能源政策和编制能源发展规划提供了可靠依据，对加快我国水电合理开发、保障能源供应、促进我国经济社会的可持续发展必将做出新的贡献！

（全国水力资源复查工作领导小组办公室）

开发利用水力资源保证能源可持续供应

国家发展和改革委员会副主任 张国宝

能源的可持续供应是国民经济和社会可持续发展的重要保障。目前，在我国一次能源供应中，煤炭比重高达70%以上，给环境、运输带来了很大压力，特别是煤炭资源是不可再生的，如何保障能源的可持续供应是我们必须考虑的一个问题。水力资源作为可再生的清洁能源，是能源资源的重要组成部分，我国水力资源丰富，在能源平衡和能源可持续发展中占有重要的地位。1977年～1980年我国进行了大规模的第3次全国水力资源普查工作，编制出版了《中华人民共和国水力资源普查成果》，在我国水电开发和能源建设布局中起了重要的基础性和指导性作用。20多年来，随着经济和社会的不断发展，特别是随着水电勘测设计工作的深入和建设管理经验的增加，原水力资源普查成果已不能真实全面地反映我国水力资源的状况，不能满足西部大开发和加快水电开发的要求。为了进一步摸清我国水力资源状况，为做好国民经济及能源发展工作打好基础，原国家发展计划委员会于2000年以计办基础［2000］1033号文下发了《国家计委办公厅关于开展全国水力资源复查的通知》，启动了全国水力资源复查工作。经过4年多共同努力，今天高兴地看到了全国水力资源复查成果的清样本，共40卷，约1500万字全部完成，这是我国能源发展的一项重要基础工作和重大成果，凝聚了广大水电水利工作者和千余名水电水利工程技术人员4年多的心血。在此，特向从事这项工作的同志们表示衷心的感谢和崇高的敬意！

根据全国水力资源复查成果，全国水力资源理论蕴藏量为6.94亿kW，年理论发电量为6.08万亿kW·h；技术可开发装机容量为5.42亿kW，技术可开发年发电量为2.47万亿kW.h；经济可开发装机容量为4.02亿kW，经济可开发年发电量为1.75万亿kW·h。已开发和正在开发的装机容量为1.3亿kW，年发电量5259亿kW·h。全国水力资源总量，包括理论蕴藏量、技术可开发量和经济可开发量，均居世界首位。

我国常规能源（煤炭、石油、天然气和水力资源，其中水力资源按使用100年计算）探明资源量为8450亿t标准煤（技术可开发），探明剩余可采总储量为1 590亿t标准煤（经济可开发），仅占世界能源资源总量的11.5%，从总体上看我国能源资源并不富足。能源探明储量的构成为：原煤85.1%、原油2.7%、天然气0.3%、水力资源11.9%；能源剩余可采总储量的构成为：原煤51.4%、原油2.9%、天然气1.1%、水力资源44.6%。从我国常规能源资源构成来看，我国常规能源资源以煤炭和水力资源为主，水力资源在我国能源资源中具有十分重要的作用。目前，我国能源生产和消费以煤炭为主，这种过度依赖化石燃料的能源结构，已造成了严重的环境污染，不符合可持续发展的要求。开发和利用丰富的水力资源、加快水电开发步伐是满足我国能源增长需要和实现可持续发展的重要措施。

党的十六大提出了全面建设小康社会的目标要求，要在优化结构和提高效益的基础上，使国内生产总值到2020年力争比2000年翻两番，这是今后20年全党和全国工作的大局。为实现全面建设小康社会的目标，今后20年国民经济仍将保持高速增长的态势，电力需求也将持续较快增长。据初步预测，到2010年，全社会用电量将达到2.7万亿kW·h，发电装机容量将达到6亿kW以上；到2020年，全社会用电量将达到4.2万亿kW.h，发电装机容量将达到9亿kW以上。从目前能源资源状况来看，要较好地满足电力增长需要，必须坚持优先发展水电的方针，继续加大水电建设力度。今后20年将是我国水电快速发展的重要时期。

新中国成立以来，我国水电发展从小到大，装机容量从1949年的16.3万kW发展到2003年的9000万kW，为我国经济发展起到了重要作用。小水电的开发利用在我国也很有特色，解决了相当一部分偏远地区农村的用能问题，建立电气化县，以电代柴，既保护了生态环境，又增加了地方财政收入，促进了农村地区经济的发展和人民生产生活水平的提高。但与经济发达国家相比，与我国丰富的水力资源相比，水电开发利用程度还很低，水电发展方兴未艾。初步规划，到2005年，水电装机容量将达到1亿kW，占发电装机容量的24%，开发程度为18.5%；到2010年，水电装机容量达到1.6亿kW，占发电装机容量的27%，开发程度为29.5%；到2020年，水电装机容量达到2.9亿kW，占发电装机容量的30%，开发程度为53.5%。届时，我国水力资源开发利用程度接近经济发达国家水平。

我国水力资源主要集中在西部地区，开发水电不仅符合国家可持续发展战略，符合保护环境和节约能源的政策，而且是变西部地区资源优势为经济优势、促进西部地区经济和社会发展、实现西部大开发的重要措施。但是任何事情都是一分为二的，大坝建设和水电开发也使人们担心对环境和生态产生影响，但权衡利弊，水力资源的开发利用还是利大于弊。这次全国水力资源复查工作圆满完成，必将对我国水力资源的科学和合理开发起到重要的促进作用，必将为我国经济社会发展及能源工业的可持续发展做出新的贡献。希望水电战线上的同志们，认真学习“三个代表”重要思想，坚持“以人为本”的方针，高度重视环境保护和移民安置工作，科学规划，精心设计，精心施工，把我国水电建设和运行管理工作做得更好。

（编辑部摘编）

李菊根在中华人民共和国水力资源复查成果发布会上的发言（摘要）

众所周知，我国水力资源丰富，是我国重要的能源资源，在能源平衡和能源可持续发展中占有重要的地位。1977～1980年我国进行了大规模的第三次全国水力资源普查工作，编制出版了《中华人民共和国水力资源普查成果》，为我国水电开发和能源建设布局起到了重要的基础性和指导性作用。二十多年来，随着经济和社会的不断发展，特别是随着水电勘测设计工作的深入和建设管理经验的增加，原水力资源普查成果已不能真实全面地反映我国水力资源的状况，不能满足西部大开发和加快水电开发的要求。为了进一步摸清我国水力资源状况，为做好国民经济及能源发展工作奠定基础，从2000年开始，国家启动了全国水力资源复查工作。经过四年多的共同努力，全国水力资源复查工作已圆满完成。现在，我代表全国水力资源复查工作领导小组办公室，发布本次全国水力资源复查的主要成果。

本次水力资源复查工作复查了我国大陆水力资源理论蕴藏量在1万kW及以上的河流共3886条，水力资源理论蕴藏量年电量为60829亿kW·h，平均功率为69440万kW；技术可开发装机容量54164万kW，年发电量24740亿kW·h；经济可开发装机容量40180万kW，年发电量17534亿kW·h。截至2004年底，已开发装机容量约1亿kW，年发电量3310亿kW·h。本次水力资源复查成果与1980年的普查成果对比，理论蕴藏量略有增加，技术可开发量和已建、在建开发量均有较大幅度的增加。现理论蕴藏量和技术可开发量按装机容量分别增加了6.7%和46.4%，按发电量分别增加了6.7%和30.2%。

此外，本次复查工作还对台湾水力资源进行了调查，主要成果为：理论蕴藏量年电量为1021.7亿kW·h，平均功率1165.2万kW；技术可开发装机容量 504.8 万 kW，年发电量 201.5 亿 kW·h；经济可开发装机容量 383.5 万 kW，年发电量 138.3 亿 kW·h。到 2002 年底，已在建水电站装机容量为 200.5 万 kW，年发电量为 59.3 亿 kW·h。

这次水力资源复查工作在认真做好大中型水电资源复查工作的同时，把农村小水电资源的复查工作放在重要的位置。结合本次水力资源复查工作，水利部组织力量对农村小水电资源（100kW≤单站装机容量<5 万 kW）进行了补充复查。主要成果为：全国农村小水电资源可开发量为 12800 万 kW，其中本次水力资源复查范围内的小水电资源可开发量（1 万 kW 以上河流且 500kW≤单站装机容量<5 万 kW）为 6521 万 kW，补充复查增加 6279 万 kW。

为了使大家对全国水力资源的特点、分省、分流域以及不同规模的装机情况有进一步的了解，现将有关情况简要介绍如下：

我国水力资源的特点，除总量丰富，居世界首位外，还具有以下鲜明的特点：

一、水力资源在地域分布上极不平衡，总体来看，西部多、东部少，水力资源相对集中在西南地区，而经济发达、能源需求量大的东部地区水力资源量极小，因此，西部水力资源开发除了西部电力市场自身需求以外，更重要的是要考虑东部市场，实行水电的“西电东送”战略。

二、大多数河流年内、年际径流分布不均，丰、枯季节流量相差较大，需要建设调节性能好的水库，对径流进行调节，缓解水电供应的丰枯矛盾，提高水电的总体供电质量。

三、水力资源集中于大江大河，有利于集中开发和规模外送。水力资源主要富集于金沙江、雅砻江、大渡河、澜沧江、乌江、长江上游、南盘江红水河、黄河上游、湘西、闽浙赣、东北、黄河北干流以及怒江等水电基地，其总装机容量约占全国技术可开发量的 51%，占经济可开发量的 60%。

全国水力资源技术可开发量最丰富的三省（区）的排序为：四川第一、西藏第二、云南第三，其技术可开发量装机容量分别为 12004 万 kW、11000.4 万 kW 和 10193.9 万 kW，分别占全国技术可开发量的 22%、20%和 19%。

全国江河水力资源技术可开发量排序前三位为：长江流域 25627.3 万 kW，雅鲁藏布江流域 6785 万 kW，黄河流域 3734.3 万 kW，分别占全国技术可开发量的 47%、13%和 7%。

全国技术可开发水电站中，装机容量 30 万 kW 及以上的大型水电站装机容量和年发电量的比重均达到 72%左右，其中装机容量 100 万 kW 及以上的特大型水电站装机容量及年发电量的比重均超过 50%。而小型水电站的座数占全国总座数的 92.1%，在全国各地都有分布，虽然总装机容量和年发电量不大，但却是解决当地能源和电力问题的宝贵资源。

通过这次全国水力资源复查工作，进一步查清了我国水力资源，同时，增加了水力资源经济可开发量的统计，填补了我国水力资源普查的空白。我国水力资源理论蕴藏量、技术可开发量、经济可开发量及已建和在建开发量均居世界首位，水力资源是我国能源资源的最重要的组成部分之一，本次复查成果为我国制定能源政策和编制能源发展规划提供了可靠依据，对加快我国水电合理开发、保障能源供应、促进我国经济社会的可持续发展必将做出新的贡献！

（编辑部摘编）

我国水力资源概况

李菊根

我国地域辽阔、江河众多，径流丰沛、落差巨大，蕴藏着极为丰富的水力资源。1980 年，我国完成了第 3 次全国水力资源普查工作。20 年来，随着我国经济和科学技术的发展、水电的开发建设和水电前期工作的逐步深入，越来越多地显现出第 3 次普查成果与我国实际蕴藏的水力资源之间有着较大的差别。为此，原国家发展计划委员会决定，从 2001 年开始，用 3 年左右的时间对全国水力资源进行一次复查。目前，全国水力资源复查工作已经完成，国家发展和改革委员会于 2005 年 11 月发布了复查成果。这次复查基本查清了我国的水力资源量，这将为研究制定国家和地方的能源政策和电力发展规划，以及做好水电规划设计工作发挥重要的作用。

1　水力资源总量

本次水力资源复查结果，我国大陆水力资源理论蕴藏量在 10MW 及以上的河流共 3886 条，水力资源理论蕴藏量年电量为 60829 亿 kW·h，平均功率为 694400MW；理论蕴藏量 10MW 及以上河流上单站装机容量 0.5MW 及以上水电站 13286 座＋国际界河电站 28 座，相应技术可开发装机容量 541640MW，年发电量 24740 亿 kW·h。其中经济可开发水电站 11653 座＋国际界河电站 27 座，装机容量 401795MW，年发电量 17534 亿 kW·h，分别占技术可开发装机容量和年发电量的 74.2%和 70.9%。截至 2001 年底，已、正开发水电站 6053 座＋国际界河电站 4 座，装机容量 130980MW，年发电量 5269 亿 kW·h。全国水力资源总量，包括理论蕴藏量、技术可开发量和经济可开发量均居世界首位。全国水力资源复查成果汇总见表1，全国水力资源可开发量按规模统计汇总见表2，全国装机容量10MW及以上水电站分类统计汇总见表3。全国水力资源复查成果分流域和分省（自治区、直辖市）汇总见表4和表5。

此外，根据我国台湾1995年水力资源普查成果，其理论蕴藏量年电量为1020.7亿kW·h，平均功率11652MW；技术可开发装机容量5048MW，年发电量201.5亿kW·h；经济可开发装机容量3835MW，年发电量138.3亿kW·h；到2002年底已建、在建水电站装机容量为2005.0MW，年发电量为59.3亿kW·h。

表1　全国水力资源复查成果汇总

项　目	年(发)电量（亿kW·h）	平均功率（装机容量）（MW）	水电站数（座）
理论蕴藏量	60829	694400	
技术可开发量	24740	541640	13286+28/2
经济可开发量	17534	401795	11653+27/2
已正开发量	5259	130980	6053+4/2

注　本表中数值统计范围为理论蕴藏量10MW及以上河流和这些河流上单站装机容量0.5MW及以上的水电站，不含港澳台地区已正开发量，统计至2001年底，下同。

表2　全国水力资源可开发量按规模统计汇总

电站规模	技术可开发量			经济可开发量			已、正开发量		
	水电站数（座）	装机容量（MW）	年发电量（亿kW·h）	水电站数（座）	装机容量（MW）	年发电量（亿kW·h）	水电站数（座）	装机容量（MW）	年发电量（亿kW·h）
大型水电站（300MW及以上）	263+10/2	388700	17920	175+10/2	276082	12050	65+3/2	90102	3571
中型水电站（50～300MW）	785+10/2	87730	3927	631+9/2	68252	2933	162+1/2	17693	705
小型水电站（0.5～50MW）	12238+8/2	65210	2893	10847+8/2	57461	2551	5826	23185	983

表3　全国装机容量10MW及以上水电站分类统计汇总

电　站　类　型	技术可开发量			经济可开发量		
	水电站数（座）	装机容量（MW）	年发电量（亿kW·h）	水电站数（座）	装机容量（MW）	年发电量（亿kW·h）
1类电站（已在建）	827+4/2	119975	4778	827+4/2	119975	4778
2类电站（已完成预可研或可研设计）	471+2/2	96650	4179	463+2/2	96342	4167
3类电站（已完成规划设计）	1080+10/2	144190	6604	1000+19/2	138087	6346
4类电站（进行了现场查勘及简单的测量和梯级布置工作）	290	30012	1518	188	21848	1065
5类电站（仅在室内估算水能指标）	334	127052	6611	—	—	—

表4　全国水力资源复查成果汇总（分流域）

流　域	理论蕴藏量		技术可开发量			经济可开发量		
	年电量（亿kW·h）	平均功率（MW）	电站数（座）	装机容量（MW）	年发电量（亿kW·h）	电站数（座）	装机容量（MW）	年发电量（亿kW·h）
长江流域	24335.98	277808.0	5748	256272.9	11878.99	4968	228318.7	10498.34
黄河流域	3794.13	43312.1	535	37342.5	1360.96	482	31647.8	1111.39
珠江流域	2823.94	32236.7	1757	31288.0	1353.75	1538	30021.0	1297.68
海河流域	247.94	2830.3	295	2029.5	47.63	210	1510.0	35.01
淮河流域	98.00	1118.5	185	656.0	18.64	135	556.5	15.92
东北诸河	1454.80	16607.4	644+26/2	16820.8	465.23	510+26/2	15729.1	433.82
东南沿海诸河	1776.11	20275.3	2558+1/2	19074.9	593.39	2532+1/2	18648.3	581.35
西南国际诸河	8630.07	98516.8	609+1/2	75014.8	3731.82	532	55594.4	2684.36

续表

流域	理论蕴藏量		技术可开发量			经济可开发量		
	年电量（亿 kW·h）	平均功率（MW）	电站数（座）	装机容量（MW）	年发电量（亿 kW·h）	电站数（座）	装机容量（MW）	年发电量（亿 kW·h）
雅鲁藏布江及西藏其他河流	14034.82	160214.8	243	84663.6	4483.11	130	2595.5	119.69
北方内陆及新疆诸河	3633.57	41479.1	712	18471.6	805.86	616	17174.0	756.39
合计	60829	694400	13286+28/2	541640	24740	11653+27/2	401795	17534

表 5　全国水力资源复查成果汇总（分省区市）

省区市	理论蕴藏量		技术可开发量			经济可开发量		
	年电量（亿 kW·h）	平均功率（MW）	电站数（座）	装机容量（MW）	年发电量（亿 kW·h）	电站数（座）	装机容量（MW）	年发电量（亿 kW·h）
京津冀	199.26	2274.6	179+1/2	1751.3	37.12	104+1/2	1252.5	25.27
山西	493.61	5634.8	169+7/2	4020.4	120.55	149+7/2	3973.8	118.96
内蒙古	509.14	5812.2	103+10/2	2624.5	73.45	82+10/2	2567.3	71.91
辽宁	177.92	2031.0	200+3/2	1767.3	60.39	171+3/2	1728.9	59.14
吉林	301.30	3439.6	188+14/2	5115.5	117.93	157+14/2	5042.3	115.47
黑龙江	664.20	7582.2	166+11/2	8161.9	238.31	111+11/2	7226.9	211.79
上海江苏	152.20	1738.1	22	57.9	1.73	14	22.4	0.67
浙江	537.59	6136.8	1070+4/2	6643.8	161.46	1064+4/2	6613.2	160.72
安徽	273.50	3122.0	157	1074.0	30.00	144	996.0	27.30
福建	941.01	10742.0	1031+4/2	9979.7	353.02	1027+4/2	9697.7	344.97
江西	425.57	4858.1	533	5162.9	170.96	448	4161.9	137.74
山东	102.48	1170.1	50	64.2	1.59	37	50.8	1.32
河南	412.32	4706.6	214+3/2	2880.6	96.95	137+3/2	2726.4	91.40
湖北	1507.12	17204.5	704+2/2	35540.5	1386.31	649+2/2	35355.9	1380.45
湖南	1162.51	13270.4	967+2/2	12020.9	486.19	769+2/2	11349.8	457.58
广东	531.60	6068.5	1051	5401.4	198.14	970	4878.8	177.79
海南	73.78	842.2	85	760.5	21.03	82	710.5	19.94
广西	1545.37	17641.2	821+5/2	18913.8	808.84	759+5/2	18575.0	794.98
四川	12571.89	143514.7	1992+27/2	120040.0	6121.59	1836+19/2	103270.7	5232.89
重庆	2011.67	22964.3	421	9808.4	445.78	323	8195.9	378.04
贵州	1584.37	18086.4	574+27/2	19487.9	777.99	448+26/2	18980.7	752.42
云南	9144.21	104386.0	769+27/2	101939.1	4918.81	729+25/2	97950.4	4712.83
西藏	19638.98	201358.2	333+5/2	110004.4	5759.69	191	8350.4	376.25
陕西	1118.56	12768.9	343+6/2	6623.8	222.16	312+6/2	6501.6	217.22
甘肃	1304.16	14887.3	310+11/2	10625.4	444.34	195+10/2	9009.0	370.43
青海	1916.14	21873.8	229+12/2	23140.4	913.44	170+8/2	15479.1	554.62
宁夏	184.19	2102.6	10+1/2	1458.4	58.94	10+1/2	1458.4	58.94
新疆	3344.46	38178.7	518	16564.9	712.59	495	15670.5	682.81
合计	60829	694400	13286+28/2	541640	24740	11653+27/2	401795	17534

2　水力资源在能源资源中的地位

我国常规能源资源（包括煤炭、石油、天然气和水能，其中水能为可再生能源，按使用 100 年计算）探明总储量（技术可开发量）约 8450 亿 t 标准煤，探明剩余可采总储量（经济可开发量）为 1590 亿 t 标准煤，分别约占世界总量的 2.6%和 11.5%。能源探明总储量的构成为：原煤 85.1%、原油 2.7%、天然气 0.3%、水能 11.9%。能源剩余可采总储量的构成为：原煤 51.4%、原油 2.9%、天然气 1.1%、水能44.6%。我国常规能源资源以煤炭和水能为主，水能资源仅次于煤炭，如果按世界一些国家水力资源以200年计算其资源储量，我国水能剩余可开采总量在常规能源构成中则超过60%。由此可见，水能在我国能源资源中的重要地位和作用。

节约能源与资源综合利用是我国经济和社会发展的一项战略方针，“十一五”期间和今后更长远时期，国家将把实施可持续发展战略放在更加突出的位置，可持续发展战略要求节约资源、保护环境、保护社会经济与资源、环境的协调发展。优先发展水电，能够有效减少对煤炭、石油、天然气等资源的消耗，不仅节约了宝贵的化石能源资源，还减少了环境污染。

3 水力资源特点

(1) 水力资源地域分布极其不均，需要水电“东送”。由于我国幅员辽阔，地形与雨量差异较大，因而形成水力资源在地域分布上的不平衡，水力资源分布是西部多、东部少。按照技术可开发装机容量统计，我国经济相对落后的西部云、贵、川、渝、陕、甘、宁、青、新、藏、桂、蒙等12个省（自治区、直辖市）水力资源约占全国总量的81.46%，特别是西南地区云、贵、川、渝、藏就占了66.70%；其次是中部的黑、吉、晋、豫、鄂、湘、皖、赣等8个省占13.66%；而经济发达、用电负荷集中的东部辽、京、津、冀、鲁、苏、浙、沪、粤、闽、琼等11个省（直辖市）仅占4.88%。我国的经济是东部相对发达、西部相对落后，因此西部水力资源开发除了西部电力市场自身需求以外，还要考虑东部市场，实行水电的“东送”。

(2) 水力资源时间分布不均，需要建设水库进行调节。我国位于亚欧大陆的东南部，濒临世界上最大的海洋，使我国具有明显的季风气候特点，因此大多数河流年内、年际径流分布不均，丰、枯季节流量相差悬殊，需要建设调节性能好的水库，对径流进行调节，这样才能提高水电的总体发电质量，以更好地适应电力市场的需要。

(3) 水力资源较集中地分布在大江大河干流，便于建立水电基地实行战略性集中开发。水力资源富集于金沙江、雅砻江、大渡河、澜沧江、乌江、长江上游、南盘江红水河、黄河上游、湘西、闽浙赣、东北、黄河北干流以及怒江等水电基地，其总装机容量约占全国技术可开发量的50.9%。特别是地处西部的金沙江中下游干流总装机规模58580MW，长江上游干流33197MW，长江上游的支流雅砻江、大渡河以及黄河上游、澜沧江、怒江的规模都超过20000MW，乌江、南盘江、红水河的规模也超过10000MW。这些河流水力资源集中，有利于实现流域、梯级、滚动开发，有利于建成大型的水电基地，有利于充分发挥水力资源的规模效益实施“西电东送”。

(4) 大型水电站装机容量比重大，中小型水电站座数多，分布地域广。全国技术可开发水电站中，装机容量300MW及以上的大型水电站占很大比重，在理论蕴藏量10MW及以上河流上单站装机容量0.5MW及以上的13286座＋国际界河28座水电站中，装机容量300MW及以上的大型水电站虽然只有263座＋国际界河10座，但其技术可开发装机容量和年发电量的比重分别达71.76%和72.43%。其中，装机容量1000MW及以上的特大型水电站虽仅111座＋国际界河电站5座，但装机容量达315594MW，年发电量达14579.07亿kW.h，其装机容量及年发电量的比重均超过50%。这些特大型水电站绝大多数分布于西南地区。而小型水电站共有12238座＋国际界河电站8座，占总座数的92.1%，在全国各地都有分布，虽然其总装机容量和年发电量不大，但可供地区及农村村镇用电。特别是在大电网尚未覆盖的边远地区，小型水电站是解决当地能源和电力的宝贵资源。

4 水力资源开发现状

新中国成立以来，国家十分重视水电建设。虽然由于历史及体制等原因，水电建设曾出现起伏，呈现波浪式前进的态势，但50多年来水电也获得可观的发展，为国民经济发展和人民生活水平提高作出了巨大的贡献。

新中国成立初期，水电建设主要集中于经济发展及用电增长较快的东部地区，大型水电站不多。20世纪50年代末，开始在黄河干流兴建刘家峡等大型水电站，但仍以东部地区的开发建设为主，西南地区丰富的水力资源尚未得到大规模开发。水电在电力工业中的比重逐步下降。改革开放以来，国家把开发西部地区水力资源提到重要位置，尤其是提出“西电东送”战略以后，西南地区丰富的水力资源逐步得到开发利用。除长江干流上三峡水电站外，在长江重要支流雅砻江、大渡河、乌江上均已建成或正在建设大型或特大型水电站，黄河上游龙羊峡至青铜峡河段、澜沧江、南盘江、红水河上均已建成或正在建设一批百万千瓦以上的骨干水电站。这些河流或河段水力资源的开发，为西部地区大开发和“西电东送”拉开了序幕。

截至2001年底，已、正开发水电站6053座＋国际界河电站4座，装机容量130980MW，年发电量5259亿kW·h。据统计，到2004年底全国常规水电已开发装机容量102560MW（水电总装机容量

108260MW，其中抽水蓄能电站5700MW），年发电量3280亿kW·h，占全国水电技术可开发装机容量的18.9%，占全国电力总装机容量的23.3%。其中，东北地区的辽吉、华北地区的京津冀、华东地区的闽浙皖鲁赣、中南地区的豫湘粤海等省市常规水电开发程度均超过技术可开发量的50%，最大达88.7%，水力资源富集的西南地区川滇藏开发程度分别为11.7%、7.5%和0.3%，西北地区陕甘青新开发程度分别为23.8%、36.5%、18.4%和2.7%。

根据目前电源建设进展情况，初步统计2005年全国常规水电新增投产容量11700MW，新增投产容量中包括三峡电站2100MW、公伯峡600MW、乐滩450MW、紫坪铺380MW等。2005年底全国常规水电开发总装机容量约为114300MW。

全国目前在建(含2005年开工)大中型水电站共约180座，总装机容量约为92500MW，其中大型水电站35座，总装机容量为70040MW，包括三峡(18200MW)、溪洛渡(12600MW)、龙滩(4200MW)、小湾(4200MW)、拉西瓦(4200MW)、瀑布沟(3300MW)、锦屏一级(3600MW)、构皮滩(3000MW)、水布垭(1840MW)、彭水(1750MW)等特大型水电站。

5 水力资源开发前景

我国目前的能源生产是以煤炭为主。煤炭资源和石油、天然气资源均具有不可再生性，过度依赖这些化石燃料，必将限制后代子孙的生存空间，给运输造成巨大的压力，对资源的可持续性供应十分不利。

以国家西部大开发为契机，加速水电开发，是我国实施可持续发展战略的重要组成部分。要实现东、西部地区经济与社会的协调发展，逐步缩小地区经济发展差距，就必须将西部具有潜在优势的生产要素活化到地区的商品中去，从而转变为最终的经济优势。具体而言，我国西部地区各种资源特别是水力资源异常丰富，以丰富的水力资源开发为契机，在开发过程中带来的对机械、材料、设备、电气、运输等多方面的需求，必将刺激周边地区冶金、化工、建材等工业的发展，而随着工业的发展，又必将带动沿江流域城市化建设以及相关的商业、金融业及旅游业的发展，提供大量的就业机会，促进第三产业的发展。水电工程开发过程中注入的大量移民资金可改善广大移民的生存环境，提高人民生活质量。同时，水电开发中获得的特殊产品——电能，作为国民经济发展最基本的、强大的物质基础，必将促进国民经济的整体跃升，从而促进整个西部经济发展。同时，也支持了东部地区的发展，有利于我国可持续发展战略的实施。

水电开发通过修建水坝，对河川径流进行调节，通过削减洪峰流量，产生防洪效益。水电工程除发电及防洪效益，往往是多功能的工程综合体，还兼具有供水、灌溉、养殖、航运等综合效益。这些作为在水电开发过程中人类所追求的目标，通过恰当的选址、合适的规划、优化的设计、高质量的施工，都将给生态环境的持续性及经济社会的可持续发展带来正面的、积极的影响。

党的十六大报告中提出了全面建设惠及十几亿人口的更高水平的小康社会的历史任务，并提出了国内生产总值到2020年力争比2000年翻两番的目标，这是今后全党和全国工作的大局。为实现全面建设小康社会的目标，我国国民经济仍将保持高速增长的态势，电力需求也将持续保持较快增长。根据目前预测，2010年，我国全社会用电量将达到3.3万亿kW·h左右；最高负荷6亿kW左右，装机7.5亿kW左右；2020年，全社会用电量将达到5.0万亿kW·h左右；最高负荷9.6亿kW左右，装机11.5亿kW左右。

为实现上述目标，今后至2020年，我国年均新增装机容量约42000MW，如果单纯依靠增加煤电，则在煤炭供应、运输和环保方面都难以承受。为此，国家将优化电源结构，坚持可持续发展和相互协调的原则，采取以大型高效机组为重点优化发展煤电，在保护生态基础上有序开发水电，积极发展核电，加强电网建设，扩大西电东送规模，加快发展风能、太阳能、生物质能等可再生能源的能源建设方针。按照电力发展和“西电东送”需要、大型河流开发进程、大中型水电项目规划和前期工作深度以及小型水电站合理建设规模等，初步规划到2010年常规水电装机容量达到194000MW；占电力总装机容量的26.0%，开发程度达35%；到2020年常规水电装机容量达到328000MW，占电力总装机容量的28.6%，开发程度达60%；按规模划分，2010年和2020年末，全国大中型常规水电站总规模将分别达到144000MW和253000MW；小型水电站（装机容量50MW以下电站）总规模将分别达到50000MW和75000MW。按区域划分，到2010年，在全国水电发展到194000MW规模时，东部地区开发总规模达到27000MW；占全国的13.8%，其开发程度达90%以上；中部地区总规模为58000MW，占全国的29.8%，其开发程度达到78.4%；西部地区总规模为109000MW，占全国的56.4%，其开发程度达到24.9%，其中，四川、云南、贵州的水电开发总规模分别为31900、20900MW和15300MW，开发程度分别为26.6%、20.5%和78.6%。

到2020年，在全国水电发展到328000MW规模时，东部地区开发总规模达到29000MW，占全国的9%，水力资源基本开发殆尽；中部地区总规模为

72000MW，占全国的 22%，其开发程度达到 90%以上；西部地区总规模为 227000MW，占全国的 69%，其开发程度达到 51.5%，其中四川、云南、贵州的水电开发总规模分别为 76000、62800MW 和 18300MW，开发程度分别为 63.3%、61.6%和 94%。

我国水力资源丰富，是能源资源的重要组成部分，目前开发程度仅为 21%，开发潜力巨大，今后 15 年是我国水电发展的重要机遇期，可以说 21 世纪的水电建设在中国，世界水电技术进步靠中国。

（编辑部摘编）

全国水力资源复查工作概述

1 任务由来

我国地域辽阔，江河众多，径流丰沛，落差巨大，蕴藏着极为丰富的水力资源。1977～1980 年，原水利电力部、原电力工业部组织完成了第 3 次全国水力资源普查工作，编制出版了《中华人民共和国水力资源普查成果》，提出了全国水力资源理论蕴藏量和技术可开发量的概念，其成果为做好水电的规划设计工作、研究制定国家和地方的能源及电力发展规划奠定了良好的基础。随着我国经济和科学技术的发展、社会主义市场经济体制的建立，以及水电的开发建设和水电前期工作的逐步深入，越来越显现出第 3 次普查成果已不能准确地反映我国实际蕴藏的水力资源状况。此外，采用国际通用的经济可开发量的概念研究和评价水力资源，是研究制定国家和地方能源及电力发展规划的基本依据之一。为了进一步查清我国的水力资源，做好国民经济和社会发展的规划和计划工作，更好地开发和利用我国的水力资源，原国家发展计划委员会（以下简称"原国家计委"）于 2000 年 12 月以计办基础（2000）1033 号文下发了《国家计委办公厅关于开展全国水力资源复查的通知》，决定从 2001 年开始，用 3 年左右的时间对全国水力资源进行一次复查。

2 复查过程

2001 年 3 月，原国家计委在四川省成都主持召开了全国水力资源复查第一次工作会议。会议决定成立全国水力资源复查工作领导小组，下设领导小组办公室（以下简称"办公室"），领导和组织全国水力资源复查工作。领导小组组长由原国家计委领导担任，副组长分别由原国家计委基础产业司领导、原国家电力公司水电水利规划设计总院和水利部水利水电规划设计总院主要领导担任。领导小组成员包括原国家计委有关司，水利部有关部门及流域委，原国家电力公司有关部门，各省（自治区、直辖市）计委。办公室设在原国家电力公司水电水利规划设计总院，办公室成员由原国家电力公司水电水利规划设计总院和水利部水利水电规划设计总院有关人员组成。

全国水力资源复查工作以各省（自治区、直辖市）为单位进行组织和管理，复查成果以各省（自治区、直辖市）和大流域为单位分别进行汇总。各省（自治区、直辖市）水力资源的复查工作由各省（自治区、直辖市）计委负责，原则上水力资源比较丰富的地方都要成立领导小组，组长由各省（自治区、直辖市）计委主管领导担任。各大流域水力资源复查成果的汇总由全国水力资源复查工作领导小组办公室和相应流域委共同负责。

2001 年 12 月，原国家计委在云南昆明主持召开了全国水力资源复查第二次全国工作会议，会议批准并下发了全国水力资源复查工作大纲和技术标准，要求各省（自治区、直辖市）水力资源复查工作技术负责单位，按照水力资源复查工作大纲的要求，认真做好复查的计划工作，按照复查技术标准和复查工作领导小组办公室的要求，按时完成所承担的各项复查任务。各省（自治区、直辖市）的复查工作分为 3 个阶段：①完成内业工作、收集资料和野外查勘；②完成数据分析、统计，并编写复查报告；③各省（自治区、直辖市）水力资源数据库的录入和汇总工作，组织对各省成果的审查验收，各省报送成果，并在以上工作的基础上，进一步完成各大流域水力资源复查成果的汇总和全国汇总，以及成果的报送和发布工作。

为了保证全国水力资源复查工作按时完成，落实各省区水力资源复查工作计划，全国水力资源复查工作领导小组办公室于 2002 年 9 月组织专家组，对工作大纲落实情况进行中间检查，专家组抽查了有关省区水力资源复查的组织机构、国家经费使用、地方配套经费落实情况及复查工作基本资料收集和中间成果等，及时解决了有关问题，推动了复查工作的进展。

2003 年 1～3 月，全国水力资源复查工作领导小组办公室在各省（自治区、直辖市）水力资源复查工作领导小组审查的基础上，组织了全国各省（自治区、直辖市）卷报告的审查验收。各省（自治区、直辖市）技术负责单位按照审查意见的要求，于 2003 年 4 月完成了报告送审稿的修改和完善工作，并报送办公室，作为流域汇总的依据。

2003 年 8 月，国家发展和改革委员会在哈尔滨主持召开了全国水力资源复查第 3 次工作会议，会议对按流域汇总工作做了具体安排。会议认为，经办公室组织审查验收后的分省（自治区、直辖市）复查成果是全国按照流域汇总工作的基础，要求汇总工作由各流域委牵头，各流域卷技术负责单位进一步落实汇总工作组织机构，按照全国总体进度要求，安排人员，抓紧开展流域汇总工作。

2003年11月，办公室组织专家对流域汇总工作进行了中间检查和必要的协调工作。2003年12月至2004年2月，办公室组织水电水利规划设计总院、水利部水利水电规划设计总院和水利部水电局完成了各流域卷成果的审查验收工作。

2003年12月办公室根据工作进度安排，开始进行分区和全国水力资源量的统计分析和汇总工作。

2003年12月，办公室部分成员去我国台湾进行技术交流，了解和收集台湾水力资源状况。

全国水力资源数据库是本次复查工作的重要成果之一。2002年初，办公室开始组织数据库软件编制，提出对数据库的技术要求：全国河流、水电站特征值在数据库内储存具有唯一性，有多种查询功能，且有灵活、快捷的统计功能、绘图功能（河流纵剖面图）、输出功能，界面美观、人机对话友善，便于维护、升级等。数据库编制组编制软件后，在初步调试的基础上，于2002年完成了数据库录入测试和培训工作。2003年先后5次分期分批组织各省（自治区、直辖市）来京进行数据库有关数据录入。2004年2月，办公室还组织了全国各流域数据库录入和各省（自治区、直辖市）数据库录入的修改和完善工作。

2004年3月底，完成了全国29省（自治区、直辖市）卷、长江等10卷流域卷和全国总报告卷共计40卷报告编写工作。

2004年6月，全国水力资源复查工作领导小组在京成员对总报告和我国台湾、香港、澳门卷报告进行审查验收，并对成果保密、发送问题，先进单位和个人的表彰办法和成果发布会等作了安排。

2004年8月，完成40卷报告的印制工作。

2005年11月，国家发展和改革委员会在北京人民大会堂发布了全国水力资源复查成果。

3 工作方法

本次全国水力资源复查工作原则上是充分利用已有的查勘、规划和设计成果，对水力资源量进行复核和补充工作：对重点复查范围的水力资源组织必要的野外查勘、测量及规划设计工作；一般复查范围进行复核统计。重点复查范围：可开发大中型水电站的河流和水力资源比较丰富的省市、自治区，包括西南、西北、华中、华南、东北等地区。一般复查范围：小型河流和水力资源比较贫乏或剩余待开发水力资源较少的省市、自治区，包括华北、华东等地区。

4 复查范围

本次水力资源复查范围包括我国台湾、香港和澳门等所有地区。台湾、香港和澳门的水力资源尽量收集有关资料和有关最新数据，尽可能按本次有关技术标准进行统计分析，编制“台湾、香港、澳门卷”。

5 技术要求

5.1 复查统计范围和有关界定

统计规模。河流应是单河理论蕴藏量10 MW及以上的河流。水电站应是理论蕴藏量10MW及以上河流上单站装机容量0.5MW及以上的水电站。

统计截止时间。资料统计截止时间为2001年12月31日。

统计范围。河流理论蕴藏量统计从河源至河口，技术和经济可开发量统计根据梯级布置情况确定。

关于界河水力资源的划分。处两国界河的水力资源理论蕴藏量和可开发量，根据国际惯例，中方按1/2计算。两省（自治区、直辖市）界河的水力资源理论蕴藏量，各按1/2计算；技术可开发、经济可开发和已建及在建工程的资源量，当坝址区位于两个省（自治区、直辖市）界河时，原则上可根据水电站坝址所在地各按1/2计算。

关于跨省河流水力资源的划分。当水电站的坝址和水库淹没区不在同一省（自治区、直辖市）时，水力资源技术可开发量和经济可开发量计入水电站坝址所在省（自治区、直辖市）。

5.2 水力资源的计算

5.2.1 基本资料

水文。收集河流各水文站点的径流系列资料，没有水文测站的河流，可根据各地情况，采用河流集水面积和径流深等值线图估算径流。

地形地质。收集流域各种地形图（如1/万、1/5万等），区域地质图，地震区划图等，必要时测绘河流纵断面。

社会经济。了解收集当地主要资源情况，如土地、矿产、能源、生物等，主要工农业产品产量，国民经济发展规划等。

5.2.2 水力资源量计算

理论蕴藏量。水力资源理论蕴藏量为河川或湖泊的水能能量（年水量与水头的乘积），以年电量和平均功率（年电量/8760）表示，其量值与是否布置梯级电站无关。应分河段计算后累积。按电量计：

$$E = kgWH$$

式中，E为水力资源理论蕴藏量电量，kW·h；k为折算系数，$k=2.778\times10^{-4}$；g为重力加速度，取9.81；H为河段上下断面水位差，m；W为河川或

湖泊年水量，河段取上下断面多年平均年径流量的平均值，m^3；即

$$W = 8.64 \times 10^4 \sum_{t=1}^{t=365} qt$$

其中，q 为河段上下断面日平均流量的平均值，m^3/s；t 为时间，d；或

$$W = 2.628 \times 10^6 \sum_{t=1}^{t=12} qt$$

其中，q 为河段上下断面月平均流量的平均值，m^3/s；t 为时间，h。

按功率计

$$P = E/8760$$

其中：P 为水力资源理论蕴藏量功率，kW。

技术可开发量。技术可开发量是指河川或湖泊在当前技术水平条件下可开发利用的资源量（年发电量和装机容量）。

经济可开发量。经济可开发量是指河川或湖泊在当前技术经济条件下，具有经济开发价值的资源量（年发电量和装机容量），即与其他能源相比具有竞争力、且没有制约性环境问题和制约性水库淹没处理问题的水电站。

已正开发量。包括已经建成和正在建设的水电站。

5.2.3 水力资源的统计

统计项目划分。水力资源成果按 4 项进行统计，即，理论蕴藏量、技术可开发量、经济可开发量、已正开发量（含已建、在建水电站）。理论蕴藏量为河川或湖泊的水能能量，以年电量和平均功率（年电量/8760）表示。技术可开发量为河川或湖泊在当前技术水平条件下可开发利用的资源量（年发电量和装机容量）。经济可开发量为在技术可开发资源中，当前经济条件下，具有经济开发价值的资源量（年发电量和装机容量），即与其他能源相比具有竞争力、且没有制约性环境问题和制约性水库淹没处理问题的水电站。已正开发量为已经建成或正在建设之中的水电站资源量（年发电量和装机容量）。

根据以上分项，分别按行政区划和流域水系进行统计汇总。

表 1　水力资源复查成果与 1980 年普查成果对比

项　目	理论蕴藏量			技术可开发量			经济可开发量			已正开发量（单站装机容量 10MW 及以上）		
	入围河流（条）	年电量（亿 kW·h）	平均功率（MW）	水电站数量（座）	装机容量（MW）	年发电量（亿 kW·h）	水电站数量（座）	装机容量（MW）	年发电量（亿 kW·h）	水电站数量（座）	装机容量（MW）	年发电量（亿 kW·h）
本次复查	3886	60829	694400	13286+28/2	541640	24740	11653+27/2	401795	17534	827+4/2	119975	4778
1980 年普查	3019	57000	650000	11000	370000	19000	—	—	—	214+3/2	25610.5	1085.75
复查比普查增加量	867	3829	44400	2286+28/2	171640	5740	—	—	—	613+1/2	94364.5	3692.25
复查比普查增量百分数	(28.7%)	(6.7%)	(6.7%)	(20.9%)	(46.4%)	(30.2%)	—	—	—	(284.6%)	(368.5%)	(340.1%)

统计类别划分。对技术和经济可开发水力资源建设和前期工作进展情况，分为 5 类进行统计：第 1 类为已经建成或正在建设的水电站；第 2 类为已经完成预可行性研究报告或可行性研究报告的水电站；第 3 类为已经完成河（流河）段水电开发规划的水电站；第 4 类为进行了现场查勘，并进行了简单的测量工作和拟定了梯级布置的水电站；第 5 类为未进行现场查勘，仅在室内估算过水能指标的水电站。

以上 5 类水力资源全部统计为技术可开发量。其中，第 1 类水力资源均被统计为经济可开发量。第 2 类和第 3 类水力资源已经过一定的经济分析，因此一般被统计为经济可开发量，对于其中前期工作完成时间较长、外部条件有较大变化的水电站需进行评价。第 4 类水力资源全部需要进行评价。第 5 类水力资源前期工作深度太浅，没有资料供经济分析计算，暂不研究其是否经济，按技术可开发量统计。

属第 4 类水力资源且确定的以水利为主的项目，其规划的水电站均统计为经济可开发量。

统计地域划分。按行政区划统计：按省（自治区、直辖市）进行统计；按东部、中部、西部进行经济大区域统计；按北部、中部、南部“西电东送”大区域统计。按流域进行汇总时，应按河系分别进行统计。进行全国统计。

统计规模划分。大型水电站，装机容量 300MW 及以上；中型水电站，装机容量 50MW 及以上，小于 300MW；小型水电站，装机容量 0.5MW 及以上，小于 50MW。

5.2.4 文字说明

对所有的大型河流，进行了必要的文字说明，让读者对流域有一个较完整的了解和认识。文字说明一般包括：①流域概况；②规划及勘测设计工作情况；③开发任务和开发方案；④开发条件和存在问题；⑤今后工作的建议；⑥大型水电站的简要说明；⑦关于调水工程。

水力资源复查中考虑了各流域主要引、调水工程对调入区和调出区水力资源量的影响。对已实施和已经国家批准立项的跨流域调水工程或大型引水工程涉及的流域、水系，按其调入、调出后的水量计算水力资源量；对规划水平年2020年前拟建设的各地跨流域调水工程或引水工程，分别计算调水工程实施前后的水力资源量，并注明调入、调出地点，在报告的文字部分反映。

6 复查成果

1977年～1980年我国进行了一次大规模的全国水力资源普查工作，编制出版了《中华人民共和国水力资源普查成果》，为我国水电开发和能源建设布局起了非常重要的基础作用和指导作用。由于1980年普查成果不含港澳台地区，且未统计经济可开发量，为了统一比较基础，此次复查仅对理论蕴藏量、技术可开发量和已正开发量进行对比分析（见表1），且不计港澳台地区资源量。

本次全国水力资源复查总成果为：大陆水力资源理论蕴藏量年发电量60829亿kW.h，平均功率694400MW；技术可开发量装机容量541640MW，年发电量24740亿kW·h；经济可开发装机容量401800MW，年发电量17534亿kW·h；到2001年底，已正开发装机容量130980MW，年发电量5259亿kW·h。

本次水力资源复查成果与1980年的普查成果对比，理论蕴藏量略有增加，技术可开发量和已正开发量均有较大幅度的增加。以年电量口径计，理论蕴藏量、技术可开发量和已正开发量分别增加6.7%、30.2%和340.1%；以平均功率、装机容量统计，理论蕴藏量、技术可开发量和已正开发量分别增加6.7%、46.4%和368.5%。

本次复查水力资源理论蕴藏量为694400MW，比1980年普查成果增加6.7%，略有增加。资源量的增加主要是由于本次复查范围扩大，河流增加所至，本次复查入围的河流条数较1980年普查增加867条（其中长江流域、新疆诸河、黄河流域、东北诸河流域和西南国际诸河水力资源理论蕴藏量略有增加，珠江流域、海河流域和东南沿海诸河略有减少，淮河流域、雅鲁藏布江及西藏其他河流基本持平）。

本次复查水电站数量为13286＋28/2座，比1980年普查增加2286座＋28/2座：本次复查成果的技术可开发装机容量和年发电量比1980年普查成果分别增加171640MW和5740亿kW·h，除海河流域和淮河流域基本持平外，其他各流域都有不同程度的增加。技术可开发量增加的主要原因是，自1980年以来，对许多河流进行了大量的勘测规划设计工作，各河流的梯级开发方案均有不少调整和补充，水电站数目增加较多，相应的技术可开发量也有所增加。另外，有些已建水电站和规划水电站的装机容量也有较大的增加，使水力资源可开发总量有较大的增加。

此外，根据我国台湾1995年水力资源普查成果，其理论蕴藏量年电量为1020.7亿kW·h，平均功率11652MW；技术可开发装机容量5048MW，年发电量201.5亿kW·h；经济可开发装机容量3835MW，年发电量138.3亿kW·h。到2002年底已在建水电站装机容量为2005MW，年发电量为59.3亿kW·h。

7 结语

1980年以来，我国水电建设取得了丰硕的成果，本次复查单站装机容量10MW及以上已正开发水电站数量为827座＋国际界河电站4座。比1980年普查增加613座＋国际界河电站1座，使得水力资源已正开发量较1980年普查有大幅度的增加。

改革开放以来，各勘测设计单位进行了大量的河流查勘，勘测规划及设计工作，大多数河流的开发方案已经确定，技术可开发资源统计基础更加坚实，由于规划设计工作的进一步深入，可以逐站判别经济可开发资源。

本次复查采取自上而下安排计划、逐级培训、统一技术标准，在复查过程中加强中间检查与验收，保证了复查成果的质量。各省、自治区、直辖市广泛收集、整理和分析所在地区的大、中、小型水电规划设计成果，统一了河流开发方案；同时对标准以外的（装机容量10MW以下的河流及装机容量500kW以下的小型水电站）小水力资源的收集也较前次更为广泛，并在文字报告中适当反映，这些工作是全国农村水电资源可开发量统计分析的基础，也为发展农村小水电创造了有利条件。

参加本次复查工作的有中国水电工程顾问集团公司，水利部水利水电规划设计总院，各流域机构，省、地（市）、县各级水电、水利有关部门，主要工作人员1000余人，历时4年多，付出了大量艰辛的劳动，取得了可喜的成果，将有利于水电建设的进一步快速发展。

（晏志勇 彭 程 袁定远 钱钢粮）

中国水能资源富甲天下（综述）

编者按：2005年11月26日，一组让水利工作者十分关注的重要数据终于正式公布了。国家发展和改革委员会正式发布了全国水力资源复查成果。从2000年开始的全国水力资源复查工作，经过千余名技术人员4年多的共同努力，终于圆满完成了任务。中国可能开发的水力资源及其分布、经济可开发量和开发情况基本查清。这对国家制定能源和电力发展规划以及相关政策具有重要意义，是我国能源发展的一项重要基础工作和重大成果。

复查结果表明，中国水力资源无论理论蕴藏量、技术可开发量，还是经济可开发量及已建和在建开发量，均居世界首位，中国水电富甲天下有充分的资源统计数据作佐证，水力资源是中国能源资源的最重要的组成部分之一。大力开发水电，是保障未来中国能源供应的重要举措之一。为了让读者了解我国水力资源分布的最新统计成果，年鉴编辑部采访了主持这次水力资源复查工作的水电水利规划设计总院相关负责人。现综述如下：

一、这次水力资源复查填补了我国历次普查中没有统计水力资源经济可开发量的空白

水力资源作为可再生的清洁能源，是能源资源的重要组成部分，我国水力资源丰富，在能源平衡和能源可持续发展中占有重要的地位。1977～1980年我国进行了大规模的第三次全国水力资源普查工作，编制出版了《中华人民共和国水力资源普查成果》，为我国水电开发和能源建设布局起到了重要的基础性和指导性作用。二十多年来，随着我国经济和科学技术的发展、水电的开发建设和水电前期工作的逐步深入，越来越多地显现出第三次普查成果与我国实际蕴藏的水力资源之间有着较大的差别。此外，采用国际通用的经济可开发量的概念研究和评价水力资源，是研究制定国家和地方的能源及电力发展规划的基本依据，因此，为了进一步查清我国的水力资源，填补水力资源经济可开发量的空白，为做好国民经济及能源发展工作打好基础，原国家发展计划委员会于2000年以计办基础［2000］1033号文下发了《国家计委办公厅关于开展全国水力资源复查的通知》，启动了全国水力资源复查工作。

水力资源复查工作采用集中领导、分片负责、合同管理的工作组织方式。2001年3月成立了由原国家发展计划委员会牵头的全国水力资源复查工作领导小组，领导小组下设办公室，复查工作由水电水利规划设计总院负责具体组织实施，各省（自治区、直辖市）水力资源的复查工作由各省（自治区、直辖市）计委负责组织和管理，水力资源比较丰富的省市都成立了领导小组，组长由省（自治区、直辖市）计委主管领导担任。

全国水力资源复查工作自上而下安排计划、采用统一技术标准并进行逐级培训，在复查过程中注意加强中间检查与验收，保证了复查成果的质量。各省（自治区、直辖市）广泛收集、整理和分析了所在地区的大、中、小型水电规划设计成果，统一了河流开发方案，汇总提出了1980年以来最新的水力资源复查成果。

由水电水利规划设计总院组织专家编写提出了《全国水力资源复查工作大纲》和《全国水力资源复查技术标准》，用以指导全国水力资源复查工作。

为了与国际接轨，本次重点研究和编制了水力资源经济可开发量评价标准。从2001年4月开始，水电总院组织有关水电和经济计量研究方面的专家和合作单位，在大量调查研究，广泛收集国外相关研究成果的基础上，开展专题研究，并分别在北京、贵阳、成都召开三次咨询会议，同时组织了贵阳院、成勘院进行案例测算验证，编写了案例。研究提出一套既反映中国国情又能与国际接轨的水力资源经济可开发量的综合评价体系，以统一界定全国水力资源的经济可开发量。

2005年全国水力资源复查成果汇总表

	项　目	数　值
理论蕴藏量	年电量（亿kW·h）	60829
	平均功率（MW）	694400
技术可开发量	水电站数量（座）	13286+28/2
	装机容量（MW）	541640
	年发电量（亿kW·h）	24740
经济可开发量	水电站数量（座）	11653+27/2
	装机容量（MW）	401795
	年发电量（亿kW·h）	17534
已正开发量	水电站数量（座）	6053+4/2
	装机容量（MW）	130980
	年发电量（亿kW·h）	5259

注　本表统计范围为理论蕴藏量10MW及以上河流和这些河流上单站装机容量0.5MW及以上的水电站，不含港澳台地区。

经济可开发量评价标准的主要内容包括；经济可开发量的定义、评价适用范围、评价体系、评价标准、评价方法等，并单独对小水电（单站装机容量在500kW～50MW）及西藏自治区的水电经济可开发量评价标准提出了简化方法。

二、复查成果进一步表明：中国水能资源富甲天下

（一）全国水力资源总量，包括理论蕴藏量、技术可开发量和经济可开发量，均居世界首位

此次全国水力资源复查成果公布：全国水力资源理论蕴藏量为6.94亿kW，年理论发电量为6.08万亿kW·h；技术可开发装机容量为5.42亿kW，技术可开发年发电量为2.47万亿kW·h；经济可开发装机容量为4.02亿kW，经济可开发年发电量为1.75万亿kW·h。截至2001年底，已开发和正在开发的装机容量为1.3亿kW，年发电量5259亿kW·h。

（二）全国水力资源技术可开发量分省排序中四川第一

全国水力资源技术可开发量最丰富的三省（区）的排序为：四川第一、西藏第二、云南第三，其技术可开发量装机容量分别为12004万kW、11000.4万kW和10193.9万kW，分别占全国技术可开发量的22%、20%和19%。

（三）全国江河水力资源技术可开发量排序长江流域为最大

全国江河水力资源技术可开发量排序前三位为：长江流域25627.3万kW，雅鲁藏布江流域6785万kW，黄河流域3734.3万kW，分别占全国技术可开发量的47%、13%和7%。

（四）大型水电站装机容量和年发电量的比重占全国技术可开发水电站七成左右

全国技术可开发水电站中，装机容量30万kW及以上的大型水电站装机容量和年发电量的比重均达到72%左右，其中装机容量110万kW及以上的特大型水电站装机容量及年发电量的比重均超过50%。而小型水电站的座数占全国总座数的92.1%，在全国各地都有分布，虽然总装机容量和年发电量不大，但却是解决当地能源和电力问题的宝贵资源。

根据台湾1995年水力资源普查成果，其理论蕴藏量年电量为1020.7亿kW·h，平均功率11652MW；技术可开发装机容量5048MW，年发电量201.5亿kW·h；经济可开发装机容量3835MW，年发电量138.3亿kW·h。到2002年底已在建水电站装机容量为2005MW，年发电量为59.3亿kW·h。

党中央、国务院对农村水电高度重视，把农村水电作为国家重点扶持的农村小型公共设施和基础设施，要求放在重要的位置。为此，水利部组织力量对农村水电资源（0.1MW≤单站装机容量≤50MW）进行了补充复查，全国农村水电资源可开发量为1.28亿kW，其中本次复查小水电资源可开发量（10MW以上河流且0.5MW≤单站装机容量<50MW）为65210MW，补充复查增加62790MW。农村水电资源详细情况见农村水电资源分册，农村水电资源分册由水利部负责审查、发布。

中国水力资源数据库是本次复查工作的重要成果之一。以复查成果为基础，采用先进的计算机技术，建立了内容丰富、功能强大、方便快捷的中国水力资源数据库。

三、这次水力资源复查与1980年普查成果对比的新变化

本次水力资源复查成果与1980年的普查成果对比，理论蕴藏量略有增加，技术可开发量和已正开发量均有较大幅度的增加。以年电量口径计，理论蕴藏量、技术可开发量和已正开发量分别增加6.7%、30.2%和340.1%，以平均功率、装机容量统计，理论蕴藏量、技术可开发量和已正开发量分别增加6.7%、46.4%和368.5%。

本次复查水力资源理论蕴藏量为694400MW，比1980年普查成果增加6.7%，略有增加。资源量的增加主要是由于本次复查范围扩大，河流增加所至，本次复查入围的河流条数较1980年普查增加867条。（其中长江流域、新疆诸河、黄河流域、东北诸河流域和西南国际诸河水力资源理论蕴藏量略有增加，珠江流域、海河流域和东南沿海诸河略有减少，淮河流域、雅鲁藏布江及西藏其他河流基本持平。）

本次复查水电站座数为13286＋28/2座，比1980年普查增加2286＋28/2座。本次复查成果的技术可开发装机容量和年发电量比1980年普查成果分别增加17164万千瓦和5740万千瓦时，除海河流域和淮河流域基本持平外，其他各流域都有不同程度的增加。技术可开发量增加的主要原因是，自1980年以来，对许多河流进行了大量的勘测规划设计工作，各河流的梯级开发方案均有不少调整和补充，水电站数目增加较多，相应的技术可开发量也增加。另外，有些已建水电站和规划水电站的装机容量也有较大的增加，使水力资源可开发总量有较大的增加。

1980年以来，我国水电建设取得了丰硕的成果，本次复查单站装机容量1万千瓦及以上已正开发水电站座数为827＋国际界河电站4座，比1980年普查增加613＋国际界河电站1座，使得水力资源已正开发量较1980年普查有大幅度的增加。

2004年水力资源复查成果与1980年普查成果对比表

项目		本次复查成果	1980年普查成果	复查比普查增加量	复查比普查增加百分比
理论蕴藏量	入围河流(条)	3886	3019	867	28.7
	年发电量(亿kW·h)	60829	57000	3829	6.7
	平均功率(MW)	694400	650000	44400	6.7
技术可开发量	水电站数量(座)	13286+28/2	11000	2286+28/2	20.9
	装机容量(MW)	541640	378530	163110	43.1
	年发电量(亿kW·h)	24740	19233	5507	28.6
经济可开发量	水电站数量(座)	11653+27/2			
	装机容量(MW)	401795			
	年发电量(亿kW·h)	17534			
已经和正在开发量 单站装机100MW及以上	水电站数量(座)	827+4/2	214+3/2	613+1/2	284.6
	装机容量(MW)	119975	25610.5	94364.5	368.5
	年发电量(亿kW·h)	4778	1085.75	3692.25	340.1

附：

我国历次水资源普查

1950年第1次水能资源量统计

1949年新中国建成后，百废待兴。人民政府责成水利部主管部门，在对以往的资料进行系统的整理补充后，统一按每条河流从河口至河源段列表，计算河流平均年径流和河道落差，统计得出全国水能资源理论蕴藏量结果。于1950年8月在全国水力发电工程会议讨论形成决议。

1950年第1次公布全国水能资源为：理论蕴藏量1.49亿kW，相当于年发电量1.3×10^4亿kW·h；其中：西南地区为9724.7万kW，占65.2%；中南地区为1846.08万kW，占12.4%；西北为1747.60万kW，占11.7%；其他三个地区都在5%以下。

1955年第2次水能资源量统计

1954～1955年，全国进行了一次比较全面、正规的水能资源量统计估算。

这次估算的范围包括我国较大的河流1598条，占全国面积的70%强；计算河流的总长度为22.68km；年平均径流的总水量为2.617×10^4亿m^3。对穿越国界河流的水能资源计算到国界为止；沿国界的河流，计算得到的水能资源两国均分；小于1000kW的河流不计算。

公布计算结果，全国水能资源为：理论蕴藏量为5.44亿kW，相当于年发电量4.76万亿kW·h。

1958年水能资源普查补充修正

由于1955年以后，水力发电建设总局制定了《水力资源普查暂行规定（草案）》，各地的水利、水电勘测设计单位对许多河流进行了更多的普查、勘测和规划工作，提供了许多新的实测资料。专家提出补充和修正1955年的估算数字。

修正后的结果，全国水能资源为：理论蕴藏量5.83亿kW，相当于年电量5.11×10^4亿kW·h；这个数字包括了台湾的水能资源884万kW。未包括全国的小河流水能资源以及潮汐和湖泊的水能资源。

1980年第3次水能资源普查统计

从1967年4月到1980年10月，我国又用了3年多时间，对全国水能资源进行了一次全面的普查，这次普查在统一技术标准、统一计算方法的情况下进行。普查成果由1981年《中华人民共和国水力资源普查成果综述》给出：全国水能资源理论蕴藏量为6.76亿kW，相当于年电量5.92×10^4亿kW·h。

（编辑部摘编）

水 电 论 坛

2005北京国际可再生能源大会《北京宣言》

1. 我们来自78个国家的部长和政府代表，在2005北京国际可再生能源大会上共聚一堂，重申我们将履行曾在世界峰会、世界可持续发展峰会、联合国2005年千年回顾峰会上所做出的承诺，并且一如约翰内斯堡执行计划中所号召的那样，我们迫切地要求在全球的能源供应中可持续地、大幅度地提高可再生能源的比例。

2. 我们欢迎目前正在进行的和将要进行的推动可再生能源的活动，欢迎在世界可持续发展峰会、波恩国际可再生能源大会、以及西方八国在格伦伊格尔斯（鹰谷）峰会所做出的承诺，以及其他国际和地区层面的促进可再生能源发展的举措。

3. 我们强调，能源效率的提高和可再生能源的使用及开发能够为提高利用能源服务带来多种好处，并因此能够有助于消除贫困，正如联合国千年发展目标所号召的那样，能够增加就业机会，提高空气质量和公共卫生，减少温室气体排放，应对气候变化，增强能源安全，树立新型国际合作的典范。

4. 我们关注到目前在发展中国家还有20多亿人口无法使用现代能源、24亿人口依赖于传统的生物质能来满足基本的能源需求，由此限制了他们，尤其是女性和儿童，获得信息、接受教育、发展经济的机会以及获得更健康的生活环境的机会，这种情况加剧了贫困，并且在本地、本国以及全球范围内破坏了环境的可持续性。

5. 我们关注到近年来国际能源市场的变化趋势，尤其是在不到两年的时间内，油价涨了一倍，这种情况加剧了依赖能源进口的风险性和世界能源市场的不稳定性。各国通过开发本地能源资源如水力、风能、大阳能、地热和液体生物燃料等，可以创造能源多样性，从而增强对大范围价格波动的抵抗力。这种发展方向具有相当大的空间，如开发生物燃料用于农村发展和交通行业。

6. 尽管发达国家可再生能源资源的开发和利用持续增长，但目前所有可再生能源的总和在全球基础能源供应中依然占很小的比例。大多数发展中国家并没有从中获益。这种全球不平衡性将会加剧，除非国际社会对可再生能源开发和使用的规模化做出承诺，尤其是对在发展中国家的开发和利用做出承诺。

7. 我们同意在国家、地区和国际层面上采取进一步行动，以加速提高市场上可再生能源的技术含量，增加研发的投资，尤其是发达国家，从而提高效率，降低前期成本。我们也同意通过南北对话和南南合作加强对商业化需求的支持以及技术转让。

8. 我们认识到，大量增加可再生能源的使用面临很多障碍。政府的政策对吸引私营领域投资、可再生能源的发展进程具有重大的影响，这在一些发达国家和发展中国家已经验证过。经验表明，采取一些行动可以对可再生能源使用的规模化起到至关重要的作用，成功的行动包括：(1) 制定支持性政策和制度框架；(2) 确保公共部门承担义务，包括研发与获取政策；(3) 平衡市场竞争；(4) 促进私营企业参与，促使政策期限与投资时间段更加吻合；(5) 支持包括中小型企业在内的国有可再生能源企业的建立；(6) 提供有效的融资渠道和消费者信贷机制。

9. 我们认识到，需要大量的公共资金和私有资金来投资可再生能源和能源效率，其中包括使用创新的融资机制，例如，贷款保证和清洁发展机制，以及以市场为基础、能够对稀有的公共资金起到杠杆作用的手段。我们致力于创造积极的投资环境以吸引私有资金对可再生能源进行投资。我们强调，金融激励手段和更多的官方发展援助的参与能起到催化作用。我们敦促包括世界银行、地区发展银行、全球环境基金在内的国际金融机构、以及各国政府大幅度地扩大在可再生能源技术方面的投资。我们敦促国际金融机构和其他参与者改良工具与产品，确保公共和私有资金的有效融合，应该帮助降低可再生能源和其他清洁能源技术所存在的风险。

10. 我们进一步强调，有必要增强在发展中国家开展能力建设的国际合作，从而：(1) 增强国家政策结构，将可再生能源的使用纳入到国家扶贫、健康、教育和农业等可持续发展战略中；(2) 加强国家可再生能源研发、技术转让和推广的能力；(3) 建立可再生能源市场；(4) 增加融资渠道；(5) 促进可再生能源系统的开发、安装、运行和维护；(6) 把可再生能源的增长、高效利用能源以及加大利用清洁化石能源技术结合起来。

11. 我们认识到，为了使发展中国家，尤其是最不发达的国家能够广泛利用可再生能源，需要提供技术支持。联合国机构可以、也应该在这方面起到重要作用。为避免分散力量，应增强联合国系统的能力和资源，加强机构间的合作。我们还认识到，相关信息、知识、经验、教训、典型案例的传播，以及经验总结对可再生能源和能源效率的开发和应用是非常重要的。把大量同业人员通过网络及其他国际和地区组织系联系起来，使经验交流和信息传播更为方便，更能够为发展中国家所利用。

12. 我们注意到联合国可持续发展委员会在2006/2007期间将能源作为主要工作重点，对此我们非常感激。我们还注意到目前的国际形势，包括，逐步意识到发展中国家能源使用的匮乏，气候变化的风险，可再生能源应该在持续发展和能源安全起到重要作用，承诺和世界能源市场的发展为解决能源体系转型的战略挑战、消除贫与富、发达国家和发展中国家之间的能源差距提供了前所未有的机会。我们提请可持续发展委员会考虑出台一系列有效的措施，监督为实现约翰内斯堡执行计划的第二十段中所提到的、关于可持续增加全球可再生能源份额的进程。应该为所有相关方在进一步开发和执行相关活动和承诺提供一个论坛，来交流在这些活动中所取得的经验和教训，并提出建议；同时帮我们找到差距、障碍，通过政策改革、能力建设和国际合作来解决问题。这将提供一个长期的前景，鼓励迅速采取行动。这样的定期检查可以通过经验和教训的信息交流、创造更有利的环境来促进技术转让环境和快速商业化等方式，来提供在可再生能源领域加强国内、地区和国际合作的机会，促进可持续发展。对于建立能源本身与委员会两年一度的主题探讨之间的联系，以及加强相关国际组织和工作网络自发报告相关进展，检查和回顾也将起到一定的作用。

13. 我们欢迎议会议员、地方和地区机构、国际组织、私营部门、非政府组织、社会团体、妇女团体、青年组织和学术机构对此次会议的参与和做出的贡献，并强调，在促进可再生能源的开发和使用方面，持续地发挥作用是至关重要的。

14. 我们在此要向成功地组织了这次会议的中华人民共和国政府以及人民表达我们衷心的感谢，并且由衷地感激你们的慷慨和热情款待。我们恳请中国有关主管机构能够考虑在可持续发展委员会的第14次会议中提交此次会议的成果和宣言报告。

（编辑部摘编）

长江宣言——保护与发展

2005年4月16～17日在武汉召开了“首届长江论坛”，会上发布了我国第一个以维护健康河流为宗旨的《保护与发展——长江宣言》。长江论坛的举办，长江宣言的诞生，是我国在探求维护河流健康和流域的保护与开发思路。长江健康与否关乎国运；长江健康与否也是沿江人民福祉所系。流域机构在维护河流健康生命的过程中，肩负着保护与开发的双重责任。“维护健康长江，促进人水和谐”的目标就一定能实现。

我们，来自中国国务院有关部门，流域管理机构，长江干流11省、自治区、直辖市人民政府以及国内外有关组织，共同发起并于2005年4月16日至17日在中国武汉成功召开了首届长江论坛，就长江流域生态环境保护、水害防治、资源开发利用与经济社会发展，进行了广泛交流和深入探讨，共同发表《保护与发展——长江宣言》，藉此推动全社会积极参与，群策群力，保护、治理和开发长江，为子孙后代留下一条健康的长江。

我们认识到，作为世界第三、中国第一大江河，长江不仅是中华文明的摇篮之一，也是中国经济社会可持续发展的重要命脉。长江流域面积不到全国1/5，却养育了全国1/3的人口，生产了全国1/3的粮食，创造了全国1/3的GDP。长江经济带是中国最宽广、最有发展潜力的经济带。长江流域的淡水资源总量、可开发水能资源、内河通航里程分别占全国的36.5%、48%和52.5%，是中国水电开发的主要基地、南水北调水资源配置的战略水源地、连接东中西部的“黄金水道”、重要经济鱼类资源和珍稀濒危水生野生动物的天然宝库。长江的保护、治理与开发不仅关系流域4亿多人民的福祉，而且关系全国经济社会发展的大局。

我们高兴地看到，经过半个多世纪的艰苦努力，长江保护、治理与开发取得了辉煌成就，长江流域经济、社会面貌发生了巨大变化，特别是三峡工程、南水北调、长江堤防、航道整治等工程建设，以及长江源保护、水土保持、天然林保护、退耕还林、退牧还草、退田还湖、水污染防治、长江禁渔、增殖放流等，使长江已成为如今惠泽流域人民的生命河、母亲河，为流域乃至全国经济社会的发展提供了重要支撑。

我们关注到，虽然目前长江健康状况总体尚可，但由于经济的高速发展，人口的不断增长以及粗放的经济增长方式、局部无序的开发利用，加上投入不足等原因，引发了长江流域湖泊萎缩、湿地减少、部分水域水体严重污染、源头区水源涵养功能下降、上中游地区水土流失严重；少数支流河段季节性断流干涸、局部地下水超采、森林植被破坏、渔业资源衰退、珍稀水生野生动物濒危程度加剧、水域生态荒漠化趋势日益明显等一系列环境问题，对长江流域生态系统造成了不同程度的损伤。长江的保护、治理与开发面临新的问题、新的任务、新的要求和新的挑战。

我们认为，长江流域水资源丰富，水土、水能、水运、渔业等资源开发潜力较大。进一步合理开发利用长江，促进流域经济社会可持续发展，构建和谐社会，是流域人民的共同要求。同时，必须高度重视开发利用可能对环境带来的负面影响，正确处理保护与开发的关系，既不能因噎废食，停止建设和发展步伐；也不能破坏环境，留下隐患。

我们赞同，以“维护健康长江、促进人水和谐”为基本理念的治江思路和“在保护中开发、在开发中保护”的基本原则。鉴于经济社会发展的需要和长江流域生态系统的现状，当前维护健康长江的主要任务是确保“三个安全”：把让群众喝上干净水作为首要任务，切实加强对水资源的有效保护，保障长江流域以及南水北调沿线人民群众饮水安全；进一步完善长江流域综合防洪减灾体系，提高整体防洪能力，减少人员伤亡和财产损失，保障防洪安全；抓住关键区域，特别是生态脆弱的源头区、水电开发相对集中的上游地区、重要水源区、洪水威胁严重的中下游地区、重要渔业水域及珍稀濒危水生野生动物密集分布区、作为重要湿地的“两湖”与河口地区的生态保护与建设，着力维护生态安全。

我们积极倡导，要以“人与自然和谐相处”的理念，抓紧修订长江流域综合规划，将维护健康长江作为规划的重要目标，统筹保护与开发、协调生态与发展；要加强水利、水电、环保、国土资源、农业、林业、城建、交通、旅游等涉水部门和单位以及流域上下游、左右岸、干支流不同地区的交流、沟通与合作，充分发挥长江论坛的纽带作用；要加大国家和地方各级政府的政策和资金支持，积极探索生态补偿机制；要加强法制保障，抓紧研究、制定《长江法》；要加强科技支撑，构建流域涉水综合信息系统，逐步实现信息资源共享；要加强国际交流与合作，借鉴先进的管理和技术。

我们呼吁，流域不仅是完整的自然地理单元，也是独特的经济和人文地理单元，水资源的不可分割性、流域生态经济社会文化的相互依存，决定了必须以流域为单元，遵循自然规律、经济规律和社会规律，逐步实现流域管理和行政区域管理相结合的流域综合管理，这不仅是当今世界河流管理的趋势和方向，也是维护健康长江的迫切需要。各部门、各地区和社会各界应积极探索，共同推进，把流域管理提高到一个新的水平。

我们重申，长江保护与发展为国运所系，任重道远。善待长江，珍惜长江，保护长江，让长江永葆健康，让长江流域经济社会可持续发展，需要全社会的共同参与。我们将为此而不懈努力。

（编辑部摘编）

在首届长江论坛上的致辞

水利部部长　汪恕诚

在这春意盎然的美好时节，我们迎来了长江论坛首次会议。长江论坛是由水利部、国家环保总局、世界自然基金会以及长江流域 11 个省（自治区、直辖市）政府等 27 家单位共同发起的。今天，来自国内外的 130 余名政府和有关组织的代表以及专家学者齐聚江城武汉，围绕“保护与发展”这一主题，研究探讨全球共同关心的河流健康问题以及流域保护与开发的思路与对策，这不仅对维护健康长江将起到重要的促进作用，而且对推进中国乃至世界大江大河流域的合理开发与科学管理都有十分积极的意义。借此机会，我谨代表水利部对论坛首次会议的召开表示祝贺，向各位来宾、专家和朋友表示热烈的欢迎！

水是人类和一切生物赖以生存的基本物质条件，河流是人类文明的摇篮。纵观历史，古代文明无一不是在大江大河流域孕育和诞生，无一不是得益于河流的滋养。但是，又有大量事实说明，如果人类不能正确处理人与自然的关系，肆意破坏流域森林植被，过度围垦、侵占湖泊湿地，无节制地开发利用河流水资源，就会对流域生态造成很大的破坏，最终不可避免地危害人类经济社会的发展，导致许多文明由盛极一时却无可挽回地走向了衰落甚至消亡。现代社会，随着生产力的巨大进步和人类需求的不断增长，人类对河流的治理、开发与保护活动显著增强。世界各国共同的经验表明，合理的开发和保护行为会促使生态与环境的良性循环，生态功能得到优化和加强；如果开发、保护不当，人为干扰超过一定的限度，就可能造成环境的恶化和生态系统功能的退化。如何搞好河流的保护与开发，已经成为关系人口、资源、环境和经济社会可持续发展的重大问题。

长江是中华民族的发源地之一，是中华民族的母亲河。目前，长江流域年均水资源量、人口、国内生产总值都约占中国的 1/3，可开发水电资源占中国的 1/2，绵延 2800 多 km 的长江航道，其运输能力相当于 4～6 条同等长度铁路的运输能力，是连接中国东中西部的“黄金水道”。因此，长江也是中国战略地位最重要、开发潜力最大的河流。作为中国水资源配置的战略性水源地，中国水电开发的主要基地，中国重要的水生生物保护区，开发好、治理好、保护好长江，不仅对中国水利，而且对中国国民经济和社会发展，都具有十分重要的战略意义。

中华人民共和国成立以来，在中国政府的领导下，长江治理、开发与保护取得了举世瞩目的伟大成就。长江流域已初步建成了由堤防、水库、分蓄洪区、河道整治与非工程措施组成的综合防洪体系，有效地减轻了洪水灾害对人民群众生命财产所带来的损失，为经济社会发展提供了有力的保障。同时，万里长江在灌溉、供水、发电、航运等方面为流域乃至全国的经济社会发展作出了巨大贡献。但是，应该看到，洪水灾害依然是心腹之患，水污染问题尚未得到有效遏制，水土流失严重，长江流域治理、开发与保护的任务仍十分艰巨。我们认为，把长江的事情办好，要以科学发展观为指导，坚持维护健康长江、促进人水和谐的基本理念，坚持在保护中开发、在开发中保护，进一步完善流域综合防洪体系，保障流域防洪安全；加强水资源的有效保护，确保人民群众的饮水安全；搞好流域生态系统的保护和建设，维护流域的生态安全。以流域水资源的可持续利用保障经济社会的可持续发展。

女士们、先生们！河流的保护与经济社会协调发展是人类面临的共同课题。一条健康的河流，应该是流淌的，应该是清澈的，应该是鱼水相融的，应该是人水和谐的。维护河流的健康生命，需要各级政府、各个地区、各个部门、流域机构共同努力，需要上下游、左右岸的大力配合，需要不同学科的联合攻关，需要社会各界的积极参与，需要国际上广泛的交流与合作。流域机构要肩负起保护与开发的两副重担，当好河流生态的代言人，维护河流的健康生命。

此次长江论坛的召开，为有关决策者、执行者和专家、学者之间构筑了一个高层对话的平台。真诚地希望大家畅所欲言，增进相互了解，加强交流合作，传承和弘扬科学、文明、先进的河流文化。让我们携起手来，共同努力，让长江永葆健康生命，让河流永远造福于人民！

（编辑部摘编）

维护健康长江　促进人水和谐

水利部长江水利委员会主任　蔡其华

人类自诞生之日起就面临着如何对待自然的问题。人水关系是人与自然关系的核心。正确处理河流保护与开发的关系，是促进人水和谐的重要战略选择，是维护健康河流的根本要求，是人类社会在吸取了发展过程中的经验和教训而得出的必然结论。近几年来，长江水利委员会根据长江治理、开发和保护所面临的新形势、新任务、新要求，以科学发展观为指导，按照可持续发展水利的要求，积极探索实践，初步形成了以“维护健康长江、促进人水和谐”为基本宗旨的新时期治江思路。

一、维护健康长江的历史使命

长江流域国土面积 180 万 km^2，不到全国 1/5，但涉及到 19 个省市（自治区、直辖市），汇集了超过全国 1/3 的人口、城市，生产了全国 1/3 的粮食，创造了全国 1/3 的 GDP，提供了全国 36.5%的水资源、48%的可开发水能资源、52.5%的内河通航里程、丰富多样的水生生物，是南水北调东、中、西三条线路等中国水资源配置的战略水源地、中国水电开发的主要基地，是连接东中西部的“黄金水道”、珍稀水生生物的天然宝库。治理好、利用好、保护好长江，不仅是长江流域 4 亿人民的福祉所系，而且关系着全国经济社会发展的大局。

新中国成立开创了长江治理开发的新纪元。经过半个多世纪的艰苦奋斗，已初步建成了由堤防、水库、蓄滞洪区、河道整治工程及非工程措施组成的长江综合防洪体系。三峡工程初步发挥效益，南水北调中线和东线工程全面开工建设，兴建了一大批综合利用水利枢纽工程和供水工程、农业灌溉工程，进行了大规模的河道及航道整治，为流域乃至全国提供了经济社会发展的重要支撑。开展了大规模的水土流失治理、天然林保护、退耕还林（草），实施了平垸行洪、退田还湖，水资源保护力度不断加大，流域生态建设和环境保护取得重要进展。随着以防洪为中心的治江三阶段战略基本付诸实施，桀骜不驯的长江正在成为一条洪行其道、惠泽人民的安澜河、福祉河。

同时，我们也清醒地认识到，长江仍然面临着比较严峻的水问题。一是洪涝灾害仍然威胁着经济社会发展。上游洪水来量大与中下游河道泄洪能力不足的矛盾仍然存在，综合防洪体系还不完善，蓄滞洪区建设严重滞后，支流湖泊尚未进行系统治理，主要易涝地区排涝能力严重不足，对山洪灾害缺乏有效的监测和防御措施，洪涝灾害依然是流域人民的心腹之患。二是局部地区水资源供需矛盾仍较突出。长江流域虽然水资源总量较丰沛，但由于时空分布不均、水土资源分布不均衡，局部地区供需矛盾日益加剧。由于丰枯变化较大，长江口受咸潮入侵影响较重。同时，用水浪费严重，用水效率较低，单方水 GDP 产出仅为世界平均水平的 1/5。三是水生态环境总体状况没有根本好转。长江总体水质尚好，但局部污染严重，干流城市江段约 600km 的岸边污染带呈恶化趋势。局部地区无序开发导致湿地锐减、少数支流脱流、局部地下水超采等一系列环境问题。四是水土流失恶化趋势没有得到有效遏制。全流域还有 50 多万 km^2 的水土流失面积亟待治理，新增人为水土流失尚未得到全面遏制，森林覆盖率还不高。五是干支流河道及河口整治任重道远。长江中下游干流河势相对稳定，但局部河段河势变化仍较剧烈，三峡水库蓄水运用后，清水下泄对中下游河势及防洪形势也会带来一定影响。

当前和今后一个时期，长江流域人水关系正发生着重要、深刻的变化，长江治理开发和保护已进入了一个新的发展阶段。其突出表现是，经济社会的持续快速增长，对长江流域水资源的需求将越来越大，对水资源保护的要求越来越高。据有关研究，2020 年全国总需水量将达到 6000 亿～6500 亿 m^3，比 2000 年增加 500 亿～1000 亿 m^3，其中华北地区需水总量为 826 亿～869 亿 m^3。缓解中国水资源紧缺的矛盾，最根本的要靠节约用水，辅之以跨流域调水。长江流域目前水资源开发利用率仅为 15.2%，低于全国平均水平，更远远低于发达国家水平。据预测，到 2020 年，全国水电装机容量将达到 2.3 亿 kW，按现有装机水平，平均每年需新增装机 800 多万 kW。长江流域已建、在建水电站总装机容量和年发电量分别只占全流域经济可开发量的 30.5%和 27.8%，低于全国平均水平，更远远低于发达国家水平，水能资源开发潜力大。未来 15 年水能资源开发大部分集中在长江上游地区以及西南国际河流。初步预测，2020 年长江干线（含江海直达）货运量将达到 8 亿 t 以上，其中集装箱运量将达到 800 万标准集装箱，分别为 2004 年的 1.86 倍和 4.39 倍。目前长江航道的运输能力只利用了 15%左右，发展潜力很大。

纵观长江治理开发的历史进程，保护与开发始终是一对矛盾。我们认为，解决这对矛盾既不能离开中国国情，也不能离开流域实际。中国正处于加快实现现代化的阶段，大力解放和发展生产力，对我们这样一个发展中大国具有重大战略意义，而目前长江的开发利用程度还较低，健康状况总体尚可。因此，进一步开发利用长江，让长江更好地造福于人民，不仅是本流域而且是全国经济社会发展必然、长期的要求。同时，治理和开发又必须是可持续的，要从治理开发为主转变为保护与治理开发并重，决不能重蹈国内外一些大江大河先污染后治理、先破坏后恢复的老路。

二、维护健康长江的基本内涵

根据健康河流的一般特性和长江的基本特点，健康的长江应该是：在流域内一定的经济社会发展条件下，具有足够的、优质的水量供给；受到污染物质和泥沙输入以及外界干扰破坏，河流生态系统能够自行恢复并维持良好的生态与环境；水体的各种功能发挥正常，能够可持续地满足人类需求，不致对人类健康和经济社会发展的安全构成威胁或损害。其内涵主要包括：

（1）水土资源与水环境状况。水资源消耗率及万元 GDP 用水量控制在合理的水平，河流具有足够的水量，供给和维持河流的动力和活力，满足水沙平衡、水生生物生境和入海水量的需要。水质能够满足水功能区水质目标的要求。水土流失得到有效控制，水体泥沙含量基本满足冲淤平衡。血吸虫病得到有效控制。

（2）河流完整性与稳定性。河流的上中下游、干支流、河湖的连通性较好，湿地保留率适当，河势保持良好的状态，能够满足水流连续性、水生生物生境、防洪除涝以及经济社会发展对河流服务功能的需要。

（3）水生生物多样性。具有丰富的水生生物。珍稀和特有水生动物能够生存繁衍；以鱼类为标志的生物多样性得到有效保护；经济鱼类的种群数量得到较好恢复。

（4）蓄泄能力。具有足够的调蓄洪水空间和河道泄流能力，防洪工程措施完善率和非工程措施完善率满足防洪安全需要。

（5）服务能力。合理开发利用水资源，水资源开发利用率控制在能够承受的范围内，维持健全的供水、灌溉、发电、航运、水产养殖、旅游等诸多为人类服务的功能。

早期的河流健康评价主要采取指示物种法，但这种方法不足于反映河流生态系统的复杂性，特别是不能反映人水之间的互动关系，更为科学的方法是采取指标体系法。根据健康长江评价目标和实际需要，我们初步提出了由总目标层、系统层、状态层和要素层 4 级构成的健康长江评价指标体系。总目标层：维护健康长江，促进人水和谐。系统层：包括生态与环境保护系统、防洪安全保障系统和水资源开发利用系统。状态层：在系统层下设置水土资源与水环境状况、河流完整性与稳定性、水生物多样性、蓄泄能力、服务能力 5 个状态层。要素层：采用可以获得的定量指标或定性指标反映长江的健康状况，定量指标有河道生态需水量满足程度、水功能区水质达标率、水土流失比例、血吸虫病传播阻断率、湿地保留率、优良河势保持率、鱼类生物完整性指数、防洪工程措施完善率、防洪非工程措施完善率、水资源开发利用率、万元GDP用水、饮水安全保证率、城镇供水保证率、灌溉保证率、水能资源利用率、通航水深保证率等16个，定性指标有珍稀水生动物存活状况、水系连通性2个。

根据健康长江评价指标体系的构成，能采用数值表达的定量指标，可以直接给出标准值或标准值范围，如水功能区水质达标率大于80%（饮用水源区大于95%），湿地保留率20%左右，水资源利用率30%左右，水能资源利用率60%左右等；对难以准确定量表达的指标，可以进行定性描述，如水系连通性可描述好、较好、较差。据此，对长江健康状况的评价分单项（四级指标）评价、状态层（三级指标）评价、系统层体系（二级指标）评价、总体水平评价。

三、维护健康长江的主要任务

在推进长江治理和开发利用中，要充分考虑资源和环境的承受力，高度重视开发利用带来的一些负面影响，应以“维护健康长江、促进人水和谐”为基本宗旨，按照“在保护中开发，在开发中保护”的基本原则，统筹保护与开发，协调生态与发展，加快防洪保安、水资源开发利用、水生态环境保护、水资源管理四大体系建设，切实保障饮水安全、防洪安全和生态安全。当前和今后一个时期的主要任务是：

（1）加强水环境保护。坚持预防为主，综合治理，加强水环境的保护，把保证饮水安全、维护人民群众的生命健康作为首要任务。一是强化重要水域的综合治理。以恢复和改善水体功能为目标，以水源地保护为重点，采取综合措施加大重要水域的治污与水环境保护工作力度，切实抓好三峡库区、南水北调水源区、河口、血吸虫病疫区等关键区域的保护与治理。二是建立健全水资源保护制度。对江河湖泊等各类水域进行水功能区划，确定各个水功能区纳污能力和纳污控制总量，建立健全排污总量控制制度和人河排污口审批制度。三是加强水环境监测。对重要水域进行实时监控，建立健全流域水污染突发事件的应急机制。四是加强科研，提升科技保障能力。启动湖泊富营养化防治技术研究等一批科研攻关项目。五是建立健全水环境保护法规体系。六是建立健全联合保护的长效机制。加强流域与区域以及水利与环保、城建、国土资源、交通等相关部门的协作与配合。

（2）加快水土流失治理。一是进一步加大投入力度，加快金沙江下游、嘉陵江上游为主的长江主产沙区、以乌江上游和赤水河流域为主的石漠化地区和三峡库区的水土流失综合治理步伐，尽快启动实施南水北调中线工程水源区水土流失重点治理工程。二是加强管理，继续把依法防治人为水土流失作为水土保持监督管理的重点。三是重视和加强规划、监测、科研等水土保持基础性工作。

（3）加强防洪减灾体系建设。一是加强防洪工程体系建设。继续加快分蓄洪工程、河势控制工程、干支流重点河段整治以及连江支堤、洞庭湖、鄱阳湖和其他支流堤防工程建设，兴建对支流防洪有明显提高作用和对长江中下游防洪起一定作用的水库，加快病险水库的除险加固，加强城市防洪工程建设，启动山洪灾害防治工作。二是建立洪水管理制度。划定防洪保护区、蓄滞洪区、洪泛区以及规划保留区，在此基础上，进行风险分析评价，逐步建立洪水风险管理体系。建立和完善洪水影响评价制度、蓄滞洪区管理制度、社会化减灾和救助补偿制度，研究洪水保险制度。三是积极探索洪水资源化的有效实施途径。

（4）合理开发利用水资源。一是加强水资源开发利用工程体系建设。适当兴建水源工程，确保重点城市和重点地区的供水，基本解决农村饮水问题。加大重点灌区续建、配套、改造力度，适当兴建灌溉工程，抓紧研究解决局部干旱缺水地区水资源供需矛盾。加快上游地区骨干水电工程建设步伐，为实施“西电东送”创造条件。重视小水电开发和农村电气化事业，提高农村电气化水平。加大干支流通航河流的航道整治力度，合理安排港口码头建设，不断提高运输通过能力和利用率。在满足流域内经济社会和生态需水的同时，加快南水北调工程和区域调水工程的实施步伐，缓解流域内外缺水地区的供需矛盾。二是建立健全水资源管理制度。在满足河流动力、活力及生态需水量的前提下，尽快研究确定流域内各省（自治区、直辖市）的水量分配方案，确定各省（自治区、直辖市）的用水指标，初步建立水权制度和转让制度，完善总量控制和定额管理相结合的取水许可制度。三是建立抗旱减灾应急管理制度。制定流域和区域旱情紧急情况下的应急预案，加强抗旱体系的建设和完善。四是推进节水型社会建设。抓好试点，以点带面，逐步建立以经济手段为主的节水机制，激发全民的节水意识。

（5）妥善解决好水利水电工程建设带来的生态与环境问题。水利水电工程建设产生了巨大的社会经济效益，同时也造成了多方面的生态与环境影响，需要高度重视，妥善解决。一是移民安置问题。水库移民是一项非常复杂的系统工程。首先，应根据移民安置环境容量，因地制宜、科学合理、实事求是地制定好前期安置规划。同时，应深入研究后期扶持方案，正确处理好后期扶持与移民自力更生、艰苦创业的关系，努力实现库区经济社会发展和生态与环境保护相协调。此外，应积极探索长期收益模式。二是河流泥沙问题。水利水电工程建设所产生的泥沙冲淤变化应引起高度重视。首先，需要利用先进技术加强原型观测，实时掌握泥沙冲淤的动态变化。同时，工程的调度不仅要考虑防洪、发电、航运，而且要考虑调沙，通过合理的调度，既延长工程寿命，又减少对下游的冲淤影响。此外，在深入研究泥沙产生和输移规律的基础上，深入分析对各方面的影响，制定分阶段对策措施。三是对鱼类和水生生物的影响问题。水利水电工程建设中要充分考虑对鱼类和水生物多样性影响的问题。此外，在水库调度中要考虑生态调度，如下泄生态基流以防止河道脱流，尽可能减小对鱼类和水生生物的影响。

四、维护健康长江的保障措施

(1) 强化流域综合管理。正确处理流域管理与行政区域管理、统一管理与部门管理的关系，明确各自权限分工，建立有效的会商机制和信息交换制度，充分运用间接管理、动态管理和事后监督管理等手段，建立有效的流域管理协调机制，通过跨部门、跨地区的协调管理以及利益相关方的广泛参与，保护、开发和利用好水、土、生物等自然资源，实现流域经济、社会和环境效益最大化以及可持续发展。

(2) 加强法制建设。从法律、行政法规、部门规章三个层次上，进一步加强法规体系建设。在法律层次上抓紧研究制定《长江法》；在行政法规层次上研究制定《长江流域水资源保护条例》等；在部门规章层次上研究制定诸如《长江河口管理办法》等等。建立综合执法体系，切实履行流域管理职责，依法行使权力。

(3) 健全投资体制。充分发挥各级政府的投资主渠道作用，调动中央和地方两个积极性，建立长期稳定的财政投入机制。积极培育水市场，建立初始水权、排污权的有偿转让机制。深化投融资体制改革，建立补偿机制，建立多元化、多渠道、多层次的投融资体系，调动全社会共同维护健康长江的积极性。

(4) 加强基础工作。规划是实施维护健康长江的龙头。按照新时期治江思路的要求，抓紧开展长江流域综合利用规划的修编。在规划中，科学合理地配置水资源，调整水工程建设布局，突出水生态与环境保护。着力开展一系列重大政策和技术的专项研究。

(5) 促进公众参与。向公众传播河流健康理念，使每一个位公民把“维护健康长江、促进人水和谐”作为自己应尽的责任与义务。完善信息披露制度，推进决策民主化，保障公众享有涉水公共信息的知晓权，涉水公共决策的知情权、参与权、监督权。

（编辑部摘编）

修订《长江流域综合规划》的必要性

长江是我国第一大河，世界第三大河。干流流经青、藏、川、滇、渝、鄂、湘、赣、皖、苏、沪等11个省（自治区、直辖市），横贯我国西、中、东三大地区。长江不仅是中华文明的摇篮之一，也是中国经济社会可持续发展的重要命脉。长江流域面积180万km^2，不到全国陆地国土面积的1/5，却养育了全国1/3的人口，生产了全国1/3的粮食，创造了全国1/3的GDP。长江流域淡水资源总量9958亿m^3，可开发水能资源2.56亿kW，干支流通航里程5.7万km，分别占全国的36.5%、48%和52.5%。长江是中国南水北调水资源配置的战略水源地，水电开发的主要基地，连接东中西部的“黄金水道”，也是鱼类资源和珍稀濒危水生野生动物的天然宝库。

长江是一条雨洪河流，洪涝灾害频繁而严重，1931、1935年长江流域大洪水，分别造成14.2万和14.5万人死亡。中华人民共和国成立后的1954年和1998年大洪水，虽然经过广大军民的英勇搏斗最终取得了抗洪胜利，但也给广大人民群众生命财产造成重大损失，长江的洪水威胁仍是中华民族心腹之患。长江的治理、保护与开发不仅关系到流域4亿乃至更多人民的福祉，而且也关系到全国经济发展的大局。流域规划是江河保护、治理与开发之基础，搞好长江流域规划或是及时地对原有规划进行修订，使之适应经济社会环境的变化与需求，意义尤为重要。

一、以往规划成果自身存在的缺陷需尽快予以补充完善

对长江流域的水利规划工作，党中央、国务院一直十分重视，早在1955年，就组织原国家计委、长江流域规划办公室（长江水利委员会前身）等单位开展了长江流域综合利用规划，并于1959年完成了《长江流域综合利用规划要点报告》。20世纪80年代，为适应当时社会经济发展需求，国家又组织长江水利委员会等单位对《长江流域综合利用规划要点报告》进行了全面修订，于1990年提出了《长江流域综合利用规划简要报告》（以下简称《简要报告》），并经国务院批准。依据《简要报告》，后续又编制了一系列专业规划与区域规划，主要有《长江片水资源

综合利用规划》《长江流域防洪规划》《长江流域中下游河道治理规划》《长江口综合整治开发规划》《南水北调中线工程规划》（2001 年修订）等。

自《简要报告》批准以来，长江流域内各级政府和有关部门依据《简要报告》进行了大规模的水利建设，对长江干堤进行了全面加高加固，兴建了以三峡工程为代表的一批大型防洪水库，国家重要水资源配置工程——南水北调工程也于 2002 年底开工建设，长江流域综合治理开发取得了巨大成就。为了检验流域规划的成败得失，2003 年 6 月，长江水利委员会又编制完成《长江流域综合利用规划后评价报告》，对《简要报告》进行了全面评价。后评价报告认为：《简要报告》的规划方针与指导思想是正确的，规划的内容比较全面，总体规划方案基本合理，拟订的干支流开发任务基本正确，对长江流域的水工程建设起到了积极的推动和指导作用。

但限于当时历史条件和认识水平，在诸多方面仍有一些缺陷与不足，主要表现在：

（1）在规划思想与治水理念上，较注重治理开发，特别是水能资源的开发利用，对水环境、水资源保护以及水工程建设对水生态系统的影响认识不充分，在处理协调开发与保护两者之间的关系上对保护注重不够。

（2）在水电开发规划中，十分注重水能资源的充分利用，对由此引起的水库淹没移民安置困难程度及对环境、社会影响等问题认识不足，在一些水能资源开发条件不很优越的地方规划了建设高坝大库，造成淹没范围较大或是有可能对自然景观有重大影响，引起诸多争议，影响了规划方案的实施。

（3）在供水规划中，只对农业灌溉进行了规划布局，对城市供水研究不够，对保证乡镇人畜饮水安全规划则未涉及，致使一些地区的饮水安全问题没有得到有效解决。即使在灌溉规划方面，也没有按建立节水型社会的理念去核定用水定额，对农业节水灌溉研究不甚深人。

（4）对流域内初始水权、排污权等都没有进行相应的规划，对流域治理开发的相应政策和流域管理体制没有进行研究，对如何保证流域开发有效地按规划施行也没有提出有效的保障措施。

以上几方面说明，虽然 1990 年修订的《长江流域综合利用规划简要报告》在长江的治理、开发和保护中发挥了积极作用，但其自身也存在缺陷和不足，需尽快予以补充完善。

二、社会经济发展对长江流域综合规划提出了新要求

自 1990 年《简要报告》经国务院批准至今，长江流域社会经济状况发生了深刻的变化，流域内经济快速发展，特别是三峡工程的成功建设，长江干堤实现了全面加高加固，《简要报告》规划的阶段目标基本实现，但随之而来也给水资源的保护、治理与开发提出了诸多新课题。

1. 三峡工程建成后，河势控制与江湖关系调整需要通过修订“流域规划”来制定实施方案

三峡水库蓄水后，改变了原来的水沙条件，清水下泄导致坝下游河道河床发生长距离冲刷，近期宜昌至城陵矶河段的河势将有不同程度的新调整，特别是荆江河段，这种调整还将比较剧烈。因此，有必要针对三峡水库蓄水后长江新的水沙条件对长江河道整体规划进行调整，以适应新的变化，保障两岸堤防安全。

随着三峡工程建成后对长江上游洪水可以有效地控制，长江中游荆江地区的防洪标准已由过去的 10 年一遇～20 年一遇提高到了百年一遇以上，防洪能力大为提高，防洪形势发生了根本的变化，这就为洞庭湖地区的综合治理创造了条件，“四口建闸”、洪道整治、联圩并垸等工程将有可能进行建设。换言之，随着三峡工程的成功建成运用，合理调整江湖关系为真正实现江湖两利创造了条件，这也需要新的流域规划作出明确有效的回答。

2. 水环境及水生态系统保护需要对流域进行全面规划

虽然目前长江干流的水质总体尚可，但水质污染仍没有得到有效遏制，并有恶化趋势。与上世纪 90 年代比，长江干支流的污染已十分突出，特别是近年来农业化肥、农药用量的增加，工业和城镇废污水向长江直接排放，使长江每年接纳的废污水总量超过 200 万 m^3，致使干流局部河段和部分支流水体严重污染，一些城市河段水体出现黑臭，少数支流出现水华现象，严重地影响了水体功能发挥。另外湖泊面积萎缩、湿地减少影响了水体自净能力，部分湖泊富营养化严重。

长江的水生态系统保护也不容忽视。目前存在的主要问题是：由于上游建库或是受人类活动影响，部分支流发生断流，河流的连通性受到了威胁；由于泥沙淤积和围湖垦殖，湖泊面积日益减少，目前长江流域仅剩下大小湖泊 309 个（不到新中国成立时的 1/10），且大部分湖泊已处于衰亡阶段；由于人类活动加剧和气候环境变化等诸多因素影响，长江水生生物资源急剧下降，水生生物多样性遭到破坏，珍稀水生野生动物濒危程度加剧，水域生态荒漠化趋势日趋明显。

总而言之，长江水资源环境与水生态系统保护面临着新的问题、新的任务、新的要求和新的挑战，需

要尽快地按照科学发展观、人与自然和谐相处的理念，按照控制排污权的管理思路，依据水功能区划要求对流域规划进行修订和完善，以确保一江清水永远流淌，实现长江生态安全。

3. 优化高效配置水资源，需要修订流域规划

我国是一个水资源十分贫乏的国家，人均水资源量仅 $2200m^3$，约为世界人均水资源量的 1/3。长江流域水资源就全国而言相对丰沛，但人均也只有 $2500m^3$，且时空分布不均，因此，局部地区和部分时段缺水严重，上中游的滇中高原、四川盆地、湖南衡阳地区、江西吉泰盆地、湖北三北区等水资源供需矛盾尤为突出。流域经济社会进一步发展，将导致用水量进一步增加，水资源供需矛盾将进一步加剧。目前由于用水量增大，加上枯水季咸潮上溯，已影响到上海市和江苏省沿江城市的供水安全，面对日益严峻的水资源供求形势，如何确保流域内人民的饮水安全，并满足流域经济社会发展对水资源的基本需求，就需要我们对流域的水资源供需进行统筹规划。当前最为主要的任务就是用水权、水市场理论来确定各省（自治区、直辖市）的初始水权，用建立节水型社会的理念调整社会经济各部门的用水定额与用水量，从而实现水资源高效合理配置、永续利用。实现这一目标，就必须对流域规划进行修订与完善。

除此之外，长江岸线的合理开发使用，上游水库群的联合调度对保障长江防洪安全和遏制长江口咸潮上溯的影响等问题也需要通过修订流域规划来进行系统研究解决。

三、治江认识的提升要求对流域规划进行修订

《长江流域综合利用规划简要报告》虽是 1990 年修订完成的，但其工作早在 1983 年就全面展开了，即使是按 1990 年起算距今也已过去了 15 年，这 15 年间我国不仅经济社会发生了翻天覆地的变化，人们对治水治江的认识也得到了全面的提升，主要表现的方面有：

（1）以人为本已成为一切工作的出发点和落脚点。解决好与人民群众的生存、生活、生产关系密切的水问题，保障长江流域广大人民群众饮水安全、防洪安全是水利工作的重点。用水安全已成为治江工作的主要任务，让人民群众喝上干净的水，确保长江流域及南水北调沿线群众饮水安全则已成为当前治江工作首要任务。而在以往的规划中，历来是将防洪作为治江的主要任务。除此之外，从以人为本的观念出发，对水库移民安置工作的指导思想也发生了深刻的变化，认为在水资源的治理开发中，要特别重视移民与土地问题，要倍加珍惜土地资源，倍加注重移民安置，在水库淹没的移民安置工作中，不能简单地满足于按“三原”标准进行补偿，一定要坚持“搬得出、稳得住、能致富”原则安置好移民，同时还要为移民尽快和谐融入迁至地创造条件，成为构建当地社会主义和谐社会的生力军，决不可为当地社会留下一个不稳定的社会群体。

（2）人水和谐，人与自然和谐相处已成为治水的新的核心理念。自上世纪 90 年代末开始，我国经济社会已开始从工业文明时代向生态文明时代过渡。众所周知，工业文明的核心价值是注重经济效益；而所谓的生态文明，其核心价值则是“人与自然和谐相处”，即人类在注重经济效益的同时，更加注重对自然景观、历史文化、生态与环境的保护，更加强调人与自然的和谐、协调与平衡。而上世纪编制的规划，限于当时的时代特征与认识水平，规划的着力点是放在如何对自然资源进行有效开发利用，而对生态与环境保护则认识不够，人水和谐、人与自然和谐相处的治水核心理念未能充分体现。

（3）“在保护中开发，在开发中保护”已成为新时期治江工作的主要原则。对于开发与保护的关系问题，在过去的治江工作中，倡导的是开发与保护、重点在开发，所遵循的原则是“在开发中保护，在保护中开发”。表面上看，两个原则仅是语言表述上的顺序颠倒，没有太大差别，但其包含的内涵则有本质上的不同，现在强调的是保护，强调在水资源的开发利用中首先要对河流水生态、自然人文遗产和自然景观加以保护；强调水资源的开发要在满足水资源、水环境承载能力的基础上有序进行。

（4）从控制洪水向洪水管理转变，适度承担洪水风险，已成为新时期防洪工作新理念。在过去防洪工作中，特别是防洪规划中，注重的是控制洪水，强调的是工程措施，对洪水管理及适度承担洪水风险缺乏深入的研究。事实上，洪水的发生是一种自然现象，要完全消除是不可能的，因此人类在抗洪防洪的工作中，必须坚持科学发展观，从长远发展、全局利益、经济效果等方面通盘考虑，既要适度控制洪水，改造自然，又要主动地适应洪水，约束自身行为，从无序、无节制地与洪水争地转变为给洪水以出路，与洪水协调共处，采取综合措施，将洪水灾害减少到人类经济社会可持续发展所容许的程度。换言之，就是人们在防洪工作中，既要加强防洪工程体系的建设，又要强化非工程防洪体系建设，变控制洪水为洪水管理，适度承担洪水风险，构建全方位的人与洪水相协调的防洪减灾体系。

四、结语

综上所述，自上世纪 90 年代后期以来，我国的

治水理念发生了深刻变化，这也就自然地要求流域规划应作出相应的调整，以体现新时期的治水与治江思路，指导我们的治江事业。事实上，规划也是有时效的、有阶段性的，不同的经济发展水平，用不同的思想理念编制出来的规划成果是不一样的。例如按“人定胜天”的思路与“人水和谐”的思路编制出来的规划成果显然是不一样的。所以，当前我们最为紧迫的任务就是要用新时期治水思路，按维护健康长江的需要去对长江流域综合规划进行修订，以反映新时期经济社会对流域水资源保护与开发的新要求，这不仅是规划自身发展的需要，也是人们治水认识提升的需要，更是流域社会经济发展的需要。

（水利部长江水利委员会　王忠法）

2

水电建设回顾与展望

中国混凝土面板堆石坝 20年回顾

中国自1985年开始用现代技术修建混凝土面板堆石坝，已经过20年历程。从引进、吸收到自主研究开发，积极推广，至2004年在建和已建的已有150座左右，在数量、规模和技术进步方面，都处于世界前列。

一、回顾

中国自1985年开始用现代技术修建混凝土面板堆石坝，已经过20年历程。起步虽晚，但起点高，发展快。到2004年年底的不完全统计，已建成和在建的坝高大于30m的有150座左右，其中坝高大于等于100m的有37座，见表1。已建成最高的是天生桥一级，高178m，居世界第二，而其库容、坝体体积、面板面积、电站装机容量等指标均居世界同类工程之首。在建最高的是水布垭大坝，高233m，为目前世界第一高度。中国的混凝土面板堆石坝的数量、规模、技术难度都已居于世界前列。

表1　　中国混凝土面板堆石坝（坝高不小于100m，2004年）

序号	坝　名	地　点	河　流	坝　高 (m)	坝体积 (万 m^3)	面板面积 (m^2)	库　容 (亿 m^3)	装机容量 (MW)	完成时间
1	水布垭	湖北巴东	清　江	233	1526	137000	45.8	1600	在　建
2	三板溪	贵州锦屏	清水江	185.5	828	84000	40.95	1000	在　建
3	洪家渡	贵州黔西	六冲河	179.5	920	75100	49.47	600	在　建
4	天生桥一级	贵州、广西	红水河	178	1800	177000	102.6	1200	2000年
5	滩　坑	浙江青田	小　溪	162	980	95000	41.9	600	在　建
6	紫坪铺	四川都江堰	岷　江	158	1117	108800	11.12	760	在　建
7	吉林台	新疆尼勒克	喀什河	157	836	74000	24.4	460	在　建
8	马鹿塘	云南麻栗坡	盘龙江	154	800			300	在　建
9	龙首二级	甘肃张掖	黑　河	146.5	253	26400	0.86	157	2004年
10	瓦屋山	四川洪雅	周公河	140	350	20000	5.5	240	在　建
11	九甸峡	甘　肃	洮　河	136.5	385	41300	9.72	300	在　建
12	珊　溪	浙江文成	飞云江	132.5	580	70000	18.24	200	2001
13	公伯峡	青海循化	黄　河	132.2	476	57500	6.2	1500	2004
14	乌鲁瓦提	新疆和田	喀拉喀什	133	649	75800	3.47	60	2000年
15	龙　马	云南墨江	把边江	130				280	在　建
16	引子渡	贵州平坝	三岔河	129.5	310	37500	5.31	360	2002年
17	街　面	福建尤溪	尤　溪	129	340	30000	18.2	300	在　建
18	白　溪	浙江宁海	白　溪	124.4	403	48400	1.68	18	2001年
19	鄂　坪	湖北竹溪	汇湾河	124.3	298	43000	2.96	114	在　建
20	黑　泉	青海大通	宝库河	123.5	540	79000	1.82	12	2000年
21	芹　山	福建周宁	穆阳溪	122	248	42000	2.65	70	1999年
22	白　云	湖南城步	巫　水	120	170	14500	3.6	54	1998年
23	古洞口	湖北兴山	古夫河	117.6	190	28100	1.48	45	1999年
24	芭蕉河	湖北鹤峰	芭蕉河	115	192	36000	0.99	34	在　建
25	泗南江	云南墨江	泗南江	115	297		2.63	200	在　建
26	高　塘	广东怀集	白水河	111.3	195	26400	0.96	36	2000年

续表

序号	坝　名	地　点	河　流	坝　高 (m)	坝体积 (万 m^3)	面板面积 (m^2)	库　容 (亿 m^3)	装机容量 (MW)	完成时间
27	金造桥	福建屏南	金造溪	111.3	175		0.95	60	在　建
28	双　沟	吉林抚松	松江河	109.7	258	37300	3.9	280	2003 年
29	那　兰	云南金平	藤条江	108.7	259	40800	2.86	150	在　建
30	鱼　跳	重庆南川	大溪河	106	195	18800	0.95	48	2001 年
31	鲤鱼塘	重庆开县	桃溪河	105	180	25300	1.02	1.5	在　建
32	洞　巴	广西田林	西洋江	105	316	52700	3.15	72	在　建
33	茄子山	云南龙陵	苏帕河	103.6	129	22000	1.26	16	2000 年
34	思安江	广西桂林	思安江	103.4	210	41200	0.94	12	2003 年
35	盘石头	河南鹤壁	淇　河	102.2	548	73500	6.08	10	2003 年
36	柴石滩	云南宜良	南盘江	101.8	235	38200	4.37	60	2000 年
37	白水坑	浙江江山	江山港	101.3	150		2.46	40	2003 年

中国在混凝土面板堆石坝建设过程中，一方面紧跟世界先进潮流，另一方面也十分重视自主的科学研究和技术开发。曾多次列入国家重点科技攻关项目、国家自然科学基金重点课题及水利水电行业重点科技课题，组织全国科技力量，对混凝土面板堆石坝建设中的关键问题，进行了大量和系统的科学研究，取得的成果应用于工程实践，推动了科技进步。现在混凝土面板堆石坝安全性、经济性和适应性都好的特点已为坝工界公认，当前，这种坝型也已成为一种富有竞争力的比较坝型。中国的混凝土面板堆石坝已遍布全国，在地震、严寒、深覆盖层、不良地形等恶劣自然条件下也成功地修建了许多高面板坝。在工程实践经验和科技成果的基础上，已编制了相应的设计和施工规范，指导混凝土面板堆石坝的建设；出版了技术专著和刊物，举办讲习班和技术研讨会，进行广泛的技术交流，对推广和完善这种新坝型起了积极作用。在建设混凝土面板堆石坝的实践中，培养锻炼了设计、施工、监理、科研、管理的科技队伍。

中国混凝土面板堆石坝的建设成就，也得到国际坝工界的公认。1993 年和 2000 年先后在北京召开了由国际大坝委员会支持的国际混凝土面板堆石坝学术研讨会，并分别出版了论文集。2000 年中国参与主编了国际性的《库克纪念文集——混凝土面板堆石坝》，还撰写了《中国混凝土面板堆石坝》的纪念文章。2004 年中国第三届水力发电国际学术研讨会上也有混凝土面板堆石坝的专题。国外同行专家都积极参加了这些会议，达到了广泛交流的目的。

中国混凝土面板堆石坝的建设经验和研究成果，丰富了混凝土面板堆石坝的知识宝库，如工程枢纽布置和坝体结构、三维动静力有限元分析、土工离心模型试验、减少坝体变形和不均匀变形、混凝土面板裂缝控制和处理、先进的施工技术、接缝止水结构和材料、原型观测和资料分析等，在理论和实践方面都有所进展。

二、理论分析和试验

（一）粗粒料试验

堆石坝坝体材料包含堆石料和砂砾石料两大类，由于粗粒料试验需要大型仪器设备及其工作量较大的特点，以往粗粒料试验做得较少。随着面板堆石坝的兴起，中国水利水电科学研究院、南京水利科学研究院、昆明勘测设计研究院科研所等单位都建立了大型三轴、压缩、平面应变、渗透、相对密度等试验仪器，配备了自动化的数据采集和处理系统，进行了大量基本研究工作。

尺寸效应方面，用直径 70cm、30cm、10cm 的三轴仪进行的比较试验，表明对强度指标影响不大，但应力应变关系不同。试验用模拟级配分不同情况采用等量替代、平移、综合法制备。平面应变试验的强度指标比三轴试验略大。不同应力路径试验的结果有明显差异。根据大量比较试验结果，参照国外情况，确定以 30cm 直径的三轴仪作为常规试验设备。由于应力水平和应力路径对试验成果有明显影响，大型三轴仪应能进行高围压和不同应力路径的试验。

由于粗粒料法向应力与剪应力关系曲线有明显的非线性，抗剪强度包线以对数或指数函数形式表达，较为符合强度与应力关系的实际情况。

对应力应变关系而言，常用的有非线性弹性和弹塑性本构模型。在非线性本构模型中，最常用的是邓肯—张的 E-B（或 E-ν）模型，理论上有不能考虑剪胀性等缺陷，但使用方便，有较多经验；清华大学的解耦 K-G 模型可以将球应力和偏应力的加载卸载情况分别考虑，较为符合土石坝的实际应力路径，但使用得较少。南京水利科学研究院的双屈服面弹塑性模型可以考虑剪缩性的影响，也是用得较多的一种模型。这些模型的计算参数都可以用常规三轴试验确定。

在大型压缩试验中也显示出压力对变形参数的影响，且在一定压力范围内有一低模量区，表现出颗粒破碎作用。因此高压试验也是必要的。

基于大量试验室试验研究的成果，中国制定了粗粒料物理力学性能试验的国家标准和行业规范，使工作有所遵循，也使试验成果有可比性。

（二）应力应变有限元分析

现在应力应变有限元分析的应用已相当普遍。开始时各家计算结果往往相差很远。随着经验的积累和方法的改进，并注意了计算参数的选择，以及对一些细节问题进行适当处理，各家计算结果的差别已不大，其分布大致相似，数值上 E-B 模型略大于双屈服面模型，都在合理范围之内，与原型观测结果有一定的可比性。解耦 K-C 模型的使用经验较少。

由于计算技术的发展，解题的规模和速度都有很大提高。有可能尽量模拟实际施工和蓄水过程，进行仿真计算，使结果更为合理。各主要科研单位、高等院校、设计单位都有自行开发的计算程序，有较强的前后处理功能，并积累了丰富的经验，可以解决各种难题，取得合理的计算成果。但由于土石材料本身性质和施工、运行过程的复杂多变，不可能全部模拟到位，一般在定性上是较为接近的，但定量上会有差别，所以目前仍作为设计的重要参考，而不能作为唯一依据。

应力应变计算成果的验证是一项困难的问题。现在可采用的途径有原型观测资料、模型试验资料、室内三轴试验资料的反分析验证，表示在三种不同尺度下的计算成果的符合程度。原型观测成果应该是足尺模型，代表实际情况，但由于材料的非匀质性及应力途径的难以控制，在仿真计算中要作很多简化假定，使反馈分析成果的真实性有一定影响，而用反分析得到的参数再作正分析，则是较为可信的方法。模型试验是经过缩尺的，但材料性质和应力途径能较好控制，用不同计算方法计算模型坝，以验证计算方法的正确性，是有效的途径，特别是土工离心模型试验，模型的应力水平可做到与原型相当，对验证计算方法的效果当更好。三轴试验是一个试件的尺度，可以用于验证模型及参数的可信度。不管用哪种尺度的计算对象，也都要与经验和判断相结合，才能得到更好效果。

（三）抗震问题

由于中国是强地震多发的国家，位于强震区的混凝土面板堆石坝很多，因此抗震问题得到了应有的重视，进行了许多研究工作，取得了处于国际前列的成果。

用有效应力原理进行土石坝及其地基的动力分析，考虑孔隙水压力的扩散和消散过程，用真非线性的黏弹塑性模型进行三维动力分析，是目前较为先进的方法，并已有相应的参数确定和计算程序，可以在实际工程中应用。这样得到的动力响应过程较为符合实际情况，且还可以在动力分析中直接得出地震残余变形量。对砂砾石地基，为更好考虑砂砾石层的地层结构和原状砂砾石料的结构性，还曾采用现场与室内试验相结合的方法，确定计算参数。

为了将静力和动力耦合进行分析，开发了静动力耦合的试验方法，在三轴试验仪上安装了高精度的变形和压力传感器，以便用一个试件同时进行静力和动力试验，得出静动力力学参数。并为此建立了相应的本构模型，编制了计算程序，可以一次得出静力和动力分析成果，以代替静力和动力分别计算，再叠加起来的方法。

利用振动台模型试验研究面板坝的动力特性和破坏性态，也做了大量工作。由于模型坝尺度很小，应力水平远低于原型，还不能建立原型与模型之间的相似规律，但从破坏性态等方面，与实际地震中观测到的现象十分相似，还是可以从中得出一些定性的规律，如面板对坝体地震反应有一定的抑制作用；坝体破坏从下游坡接近坝顶部位开始，表现为坡面的表层滑动；面板断裂发生在其上部，主要影响因素是坝顶土体的破坏，坝体地震变形引起的面板上部的拉应力也是断裂的诱因；加强坝顶部位的刚度，采用加筋堆石和钉结护面板，适当放缓坝顶下第一级坝坡，坝顶下游坝肩用大石堆砌，防止坝顶附近土体的破坏等，均具有实用价值。

（四）土工离心模型试验

土工离心模型试验中可以利用离心力提升模型中的应力水平，达到与原型相似的水平，这是其他模型试验方法所无法比拟的。中国水利水电科学研究院、南京水利科学研究院、长江科学院等科研单位，均建置了大型离心机，做了许多面板坝的试验工作。中国水利水电科学研究院的设备容量为 450g－t，最大加速度可达 300g，南京水利科学研究院的设备容量也在同一量级。中国的一些主要混凝土面板堆石坝，如天生桥一级等，都做过这种试验。对面板坝工程中一些难题，也曾用土工离心模型试验进行论证。

小干沟混凝土面板堆石坝的最大坝高 55m，为改造不利地形条件，在上游及两坝肩设置了三道混凝土挡墙，高度分别为 25.2m、6.2m、4.2m。为论证其可行性，进行了三维有限元分析及土工离心模型试验，得到上游高挡墙蓄水期向下游位移 12mm，水位降落期向上游位移 13.2mm，在止水结构的容许范围之内。蓄水 15 年来，其渗漏量不足 3L/s，运行情况良好。

在分期浇筑混凝土面板时，常发现面板顶部混凝土与垫层料之间有脱空现象，将对面板受力条件有不利影响，这是混凝土与垫层料之间变形不协调所致，其发展深度有一定限度。在天生桥一级混凝土面板堆石坝土工离心模型试验中，做了脱空试验，量测到脱空深度约为 7m，脱空宽度随深度而收敛。为此一般要求分期浇筑混凝土面板顶部与上部坝体顶面之间的高差不宜小于 5m，以避免或减小脱空现象。

在试验研究过程中，还解决了一系列试验技术问题，如粗粒料的缩尺、混凝土面板的模拟、分期施加荷载、物理量的量测和传输等，目前正在解决其动力特性试验的问题。

（五）接缝止水结构和材料的大型仿真模型试验

在传统三道止水的基础上，根据 200m 级高坝接缝止水需适应大变形与高水头的要求，不同单位开发了多种结构形式和新型材料，并以大型仿真模型试验予以论证。

现在一般意见是保留底部铜止水片，取消中部塑胶止水带，强化表层止水，而表层止水正是近年来研究开发的最活跃领域。

对底部铜止水片，开发了基于大变形三维有限元分析的体型和尺寸的设计方法，开发了相应软件，并用模型试验加以验证。

对于表层塑性止水材料，现已形成 GB 及 SR 两大系列，其性能均优于国外常用的 IGAS 材料，可适应严寒酷暑、大变形等各种工况，采取一定结构措施后可以在高水头下安全运行。结合 233m 高的水布垭混凝土面板堆石坝，要求接缝止水能承受张开 100mm、沉降 50mm、剪切 50mm 的变形量，以及长期承受 2.7MPa 水压力而能正常工作。为此中国水利水电科学研究院和华东勘测设计研究院科研所分别提出了 GB 和 SR 止水体系，都是利用在下游有支挡条件下塑胶止水和塑性嵌缝材料不会被高压水击穿的原理，前者是在缝面“V”形槽内设一胶棒，作为支承体，上设一固定在面板上的波纹状橡胶板，然后再安装 GB 材料和复合盖板，组成表层止水体系；而后者则在面板中部设由三根橡胶棒组成的复合橡胶棒作为支承体，而在缝面安装 SR 材料及复合盖板。两个单位都设计和制造了能进行三向变形和施加高水压力的大型试验设备，验证了这种止水结构和材料的可行性。此前还做过许多圆筒试验，进行单个因子的优选。

三、恶劣自然条件下的混凝土面板堆石坝

（一）高寒地区的混凝土面板堆石坝

中国在高寒山区和高纬度严寒地区建成的面板坝将近 20 座。新疆柯柯亚坝，坝高 41.5m，1986 年建成，最低气温达－32.5℃，年温差大于 70℃，昼夜温差在 20℃以上，要求面板混凝土抗冻标号 D200，并在其表面涂以黑色憎水材料，使水面冰盖与坝面间保持 1～3cm 的不冻区。在面板下的垫层区采用渗透系数 $k=10^{-2}\sim10^{-3}$cm/s 的材料，运行情况良好。在高纬度地区的黑龙江莲花面板坝，坝高 71.8m，年最低温度为－45.2℃，冰层厚度达 1.3m，冰期每年达 5 个月之久，年温差达 80℃，日温差达 20～30℃，运行条件十分恶劣。采取的措施是提高面板混凝土设计标号至 300 号、S8、D300，降低水灰比，掺引气剂使含气量达 4%～6%，同时在面板表面涂一层防护涂料。面板浇筑后越冬时采取可靠的保温措施，避免混凝土早冻。运行中出现的问题是表面塑性止水材料压接用的膨胀螺栓为冰盖拔出，作了不少处理工作。西藏的查龙坝，坝顶高程为 4388m，为世界上高程最高的面板坝，坝高 39m，1995 年建成，年最低气温达－41.2℃。西藏的楚松面板坝，坝顶高程 4190m，情况与查龙坝极为相似。

其他年气温低于－30℃的面板坝还有黑泉（高 123.5m，－33.1℃）、小山（高 86.3m，－40.5℃）、双沟（高 109.7m，－37.7℃）、关门山（高 58.5m，－37.9℃）、卡浪古尔（高 62m，－40.5℃）、小干沟（高 55m，－33.6℃）、山口（高 40.5m，－44.8℃）、龙首二级（高 146.5m，－33℃）、海潮（高 56m，－31.5℃）等坝。

纵观上述工程，寒冷地区的面板坝采取的措施有：

（1）加强坝体碾压，在冬季不能洒水时，采取减薄层厚、增加碾重和碾压遍数等保证压实质量，天暖时坝面连续加水浸润，以增加施工期沉降。

（2）提高面板混凝土抗渗抗冻标号，掺高效减水剂和引气剂，尽量降低水灰比（如查龙降到 0.35），使含气量达 4%～6%，有的达 5%～7%。

（3）面板表面涂黑色憎水（憎冰）涂料，增加热交换，维持冰面和面板间有一层不冻水。

（4）适当增加面板钢筋含量，在水面变动区及以上增设表层温度筋。

（5）选择面板混凝土的有利浇筑时机，采取可靠保温措施，避免混凝土早冻。

（6）改进表面止水与面板混凝土的联结方式，避免膨胀螺栓为冰盖拔出破坏。

（二）高地震区混凝土面板堆石坝

中国已建在建的高于100m的30余座面板堆石坝中，坝址位于Ⅷ度地震区的有黑泉、茄子山、吉林台（按Ⅸ度设防）；位于Ⅶ度区的有天生桥一级、乌鲁瓦提、柴石滩、紫坪铺、公伯峡、那兰；其余在Ⅵ度及以下地区。还有大桥水库面板坝（高95m，按Ⅷ度半设防）、海潮坝（高56m）、查龙（高39m），也在Ⅷ度区。但这些工程都没有经过实际地震的考验。

一般认为面板堆石坝的抗震稳定性是好的，但设计上仍要采取一些抗震措施，如坝上部适当放缓坝坡，预留震陷超高、加大坝顶宽度、坝顶坡面采用大块石砌护、加强坝顶刚度（必要时在坝顶附近采用加筋堆石、上下游坝顶挡墙连成整体）等。中国对堆石坝料物的动力试验及动力分析方面研究得比较深入，取得了达到国际先进，部分达到国际领先的成果，对高地震区的面板堆石坝建设有所促进。

（三）深覆盖层上的混凝土面板堆石坝

中国有许多河流有深厚覆盖层，特别是西部地区问题更为突出，将面板堆石坝趾板建置于覆盖层上，用混凝土防渗墙对砂砾石地基进行防渗处理，以连接板将坝基混凝土防渗墙与混凝土面板连接起来，形成完整的防渗体系，是一种安全而又经济的解决方案。

中国趾板置于覆盖层上的面板坝工程已完成11座，在建3座，防渗墙最大深度达72.3m，但坝高都不大，如柯柯亚、铜街子副坝、梅溪、塔斯特、楚松等都在40m左右。横山坝加高后坝高达70m，防渗墙通过老坝体及地基冲积层直达基岩，顶部以连接板与加高部分的混凝土板相连接，墙深达72.3m。在建或拟建的这种类型的坝的坝高和规模有所增大，如在建的云南那兰坝（高109m）覆盖层深18m；新疆察汗乌苏坝（高107.6m）覆盖层最深50m左右，拟在最近开工建设。还有甘肃九甸峡坝（高136.5m），也拟采用趾板建在覆盖层上的坝型，防渗墙深40m左右。

这种坝型的关键是查清覆盖层的组成和结构，有没有软土或易液化的夹层，影响坝体变形或稳定，而需作处理。用混凝土防渗墙作砂砾地基防渗处理的技术已经成熟，其位置在坝体上游，可以与坝体分别施工，最后以连接板相连，这时由坝体自重而引起的变形已基本完成，并由伸缩缝吸收剩余的水压下的变形和不均匀变形，在结构上是安全的。结合梅溪、察尔乌苏、九甸峡等工程，对这种坝型都列专题进行过系统的试验研究和分析论证。

（四）不利地形条件下的混凝土面板堆石坝

不利的地形条件一般有两种情况，即窄深峡谷和不规则地形。

（1）窄深峡谷地区主要问题为岸坡陡峻，坝与岸坡连接处易发生不均匀沉降，导致混凝土面板和止水结构破坏而漏水、洪家渡坝（高179.5m），位于不对称峡谷中，其左岸很陡，参考塞沙那坝经验，在左岸连接处设一加强压实带，提高其压实密度，使岸坡与坝体堆石的变形有一过渡，减少变形梯度，运行情况良好。遇到边坡有局部凹处，则用加少量水泥的干硬性贫混凝土填补平顺。另外在窄深峡谷中的龙首二级坝（高146.5m，坝顶长190m，宽高比1.27）、古洞口坝（高120m，坝顶长194m，宽高比1.59）都能正常运行。

（2）对不规则地形的坝址，常用混凝土挡墙改造地形，使混凝土面板与挡墙连接，组成完整的防渗系统。小干沟坝（高55m），位于一“S”形河湾处，其上游地形有缺陷，坝轴线处两岸基岩高程不够，为此设计上采用一系列混凝土挡墙对地形进行改造，以弥补地形缺陷，挡墙高度分别为25.2m、4.2m和6.2m，并以土工离心模型试验及三维有限元分析对这种结构予以论证。自1991年蓄水以来一直处于正常运行状态。此后，龙首二级坝上游混凝土趾墙高39.8m；公伯峡坝（高132.2m）左右两坝头都有高混凝土挡墙，最大高度达到50m，均已蓄水运行。

混凝土面板与高混凝土挡墙连接处的接缝，应按周边缝处理，做好止水结构的设计和施工。接缝下面要做好垫层反滤层，并用振动平板等工具很好压实。

四、面板混凝土的结构性裂缝

混凝土面板可能发生两类裂缝，即由坝体不均匀变形引起的结构性裂缝及由混凝土本身干缩和温降引起的收缩裂缝。这两类裂缝的发生机理和防治措施是不同的。

世界上两座已建最高的混凝土面板堆石坝，即187m高的Aguamilpa坝和高178m的天生桥一级坝，都曾发生过因坝体不均匀变形而引起的结构性裂缝，在面板上部发生了严重裂缝。天生桥一级混凝土面板堆石坝面板总面积17.3万m^2，分三期浇筑，浇筑后的早期裂缝并不太多，有1296条，其中大于0.3mm的355条；蓄水运行三年后检查，裂缝发展到4537条，且密集于二、三期面板的中上部。对此曾有过许多分析和研究，认为其主要原因是坝体变形太大且不均匀，下游坝体变形远大于上游坝体，使面板受弯而发生上游面的裂缝。面板与垫层料间的脱空现象也加剧了裂缝的发展。在总结天生桥一级及其他高坝经验的基础上，提出以下的改进措施：

（1）改进主堆石和下游堆石的分区。早期经验认为下游堆石的变形对面板性状没有影响，这对超高坝是不正确的。主堆石与下游堆石间的大量不均匀变形将使面板受弯而形成较大拉应力，成为引起面板裂缝的重要因素之一。因此近期修建的坝高120m以上，特别是150m以上的高坝，都对此给予了更多的注意。包括尽可能扩大主堆石区范围，将主堆石及下游堆石区的界线设置成自坝轴线向下游倾的线，其坡度最好达到1∶0.5等。在有一些坝址，主堆石及下游堆石用的是同一料源和同一岩性的材料，也可将这两区合成一区，采用同一填筑标准。原则上使上下游堆石体的模量差尽量减小。

（2）提高堆石填方的压实密度。尽可能提高压实密度及变形模量可以大大减少坝的变形和不均匀变形，这可以用重型压实机具达到此种目的，如25t的自行式振动碾，或20t牵引式振动碾等机具。在中国的混凝土面板堆石坝设计规范中，曾建议了堆石压实后的孔隙率标准，但这是根据以前100m级的面板坝的经验归纳出来的，不适应更高的、200m级的面板坝。进一步提高压实密度或降低孔隙率是可能和必要的。在工程上，天生桥一级坝（高178m）垫层及主堆石的压实孔隙率分别为19%及22%，坝体发生了较大变形，总沉降接近坝高的2%。此后各坝都提高了坝料的压实标准。如水布垭、洪家渡、引子渡、芹山、珊溪、白溪等坝的垫层和主堆石的压实孔隙率分别为17%和19.6%、19%和20%、18%和20%、15.4%和19.8%、18%和19%、14.8%和19.7%。下游堆石区的压实标准不能明显低于主堆石区，有的甚至会高于主堆石区，以减小下游堆石区与主堆石区之间的变形模量之差。

（3）坝体填方全断面均衡上升。近年来重视了坝体全断面均衡上升，以减少坝体各部分之间的不均匀变形，而这种不均匀变形正是面板结构性裂缝的可能原因。有时为了抢截流后第一年的度汛高程，不得不迅速填筑上游临时断面，但上下游填方的高差应予以限制，如不超过20～30m。必要时下游填方还可以分为两个台阶。高132.2m的公伯峡面板坝做到了全断面均衡上升，而132.5m高的珊溪面板坝则是第一个汛期用临时断面挡水，以后保持全断面上升，效果都不错。而天生桥一级坝，为达到度汛标准，坝体分七期填筑，最后一期下游坝体填筑时，填筑体的高差达122m，在4个月内以每天1m的速度上升，这时上游坝体已有较长固结时间，由于时间差而使上下游坝体的变形差增大，也是其面板裂缝的主要原因之一。

（4）面板浇筑前使坝体有一预沉降期。由于后期沉降对面板结构性裂缝有重要影响，因此在坝体填筑到面板浇筑高程时，间歇一段时间，如能使已完成的坝体经过一个汛期则更好，使坝体在浇筑面板前预先发生一定的沉降，以减少面板浇筑后的沉降，对避免面板结构性裂缝有很大作用。

另一类结构性裂缝是在浇筑面板混凝土后、上游未填筑铺盖材料时，由于下游反渗水压力的作用，使面板混凝土顶裂。广东大河水库混凝土面板堆石坝即为一例。大河坝（高69.5m）混凝土面板为40cm等厚，施工期实测沉降量为22cm，是相对较少的。将上游基坑水抽干后，堵塞面板上的排水孔，准备填筑面板上游的铺盖材料。这时一场大雨使基坑重又充水，坝体垫层、过渡层内也长期处于高水位。在重新抽水时，面板下游的反向水压力使面板顶裂，河床段B-8～B-11号面板有密集的横向不规则裂缝，有的地方有错台，处理方案为面板表面粘贴复合土工膜，并填筑黏土铺盖。吉林松山混凝土面板堆石坝也发生过同类问题，情况比大河坝更为严重，处理方法主要是重新浇筑一层混凝土面板，四周用GB胶密封。蓄水后运行情况良好。

五、混凝土面板的干缩及温度裂缝

混凝土面板的结构体型长而薄，往往由于其自身因素（材料特性及配合比等）、施工因素（浇筑工艺、温湿度变化及养护措施等）而造成干燥收缩和降温冷缩，并受到底部垫层约束，当由此诱发的拉应力超过面板混凝土的抗拉强度或拉应变超过混凝土的极限拉伸值时，则产生收缩裂缝。收缩裂缝的形态，从大量已建面板坝工程中所见，基本上是水平向分布和发展，缝宽随温度、湿度变化，一般在混凝土浇筑后不久出现，并在越冬后有所发展，多数裂缝属于窄浅式的，也有贯穿性裂缝。

面板收缩性裂缝一般不会严重影响坝体的渗漏量，也不致发生渗透变形问题，但将对面板混凝土的耐久性有一定影响，将加剧混凝土的渗透溶蚀、冻融破坏、钢筋锈蚀等过程，严重的可能导致防渗体系的失效，影响工程正常运行。因此在国内受到广泛重视，普遍进行了深入的试验研究。

大量的试验研究和工程实践经验说明，面板收缩裂缝与结构性裂缝不同，可以采取系列的混凝土材料改性和工程技术措施加以解决的。这些措施包括增强混凝土自身的抗裂能力，如优选混凝土原材料和配合比，掺加各种外加剂和掺合料，达到高强低弹，减少水泥用量和用水量以降低混凝土水化热和温升，采用纤维混凝土和高性能混凝土，铺设限裂钢筋等，以及减小环境因素对混凝土的破坏力，如选择适宜的浇筑时机，适当的温控措施，及时进行保温保湿养护，采用补偿收缩混凝土减小收缩应力，减小垫层约束，避免滑模对混凝土的机械损伤等。近期修建的一些混凝土面板堆石坝由于措施得当，面板裂缝问题已得到有效控制，同时也积累了裂缝防治方面的经验。

（一）面板混凝土改性

（1）掺粉煤灰和复合外加剂。这是混凝土配合比中最基本的方案。首先要优先选用低发热量及自身体积变化为微膨胀型或非收缩型的水泥，以及线膨胀系数小的骨料，以减小混凝土的自身收缩。掺粉煤灰可以部分代砂、部分代水泥，减少水泥用量，降低早期强度，改善施工和易性，从而减小用水量和水化热，减少浇筑初期裂缝发生的可能性。掺高效减水剂可减少用水量20%以上，增加混凝土的密实性，减少温度及干缩裂缝。掺引气剂可在混凝土中引发大量微小气泡，提高混凝土的抗渗性、抗冻性及耐久性，增加其施工和易性。有时还根据气候条件掺加调凝剂。各种外加剂还可以复合使用。福建万安溪混凝土面板堆石坝（高93.8m，1994年建成），即为一成功实例。该坝使用的水泥、粉煤灰及砂料品质都有缺陷、采用超量取代法掺粉煤灰。在人工砂和天然河砂拌制的混凝土中粉煤灰掺量分别达到胶凝材料的19%和30%，以替代部分水泥和部分细砂，减少了水泥用量，并改善了砂子级配。采用高效减水剂、引气剂、缓凝减水剂的三复合外加剂，混凝土减水率达20%以上，含气量4%～5%。通过优化配合比，克服了原材料中的缺陷，改善了施工和易性；结合选择适宜浇筑季节，保证施工质量和及时养护，施工过程中面板混凝土没有发现裂缝。蓄水运行10年来，仅在靠近岸边的面板上部，发现了少量裂缝。

（2）补偿收缩混凝土。在掺外加剂和粉煤灰尚不能满足要求的情况下，可以掺一些微膨胀剂（或称防裂剂），利用其微膨胀性补偿混凝土的收缩，使收缩应力的峰值均化，以减少收缩应力，避免产生收缩裂缝。曾用过VF-Ⅱ、UEA、MgO等品种，其中以VF-Ⅱ使用较多。如浙江珊溪面板坝（高132.5m，2000年建成），对混凝土配合比进行优选，掺加VF-Ⅱ防裂剂8%，其早期膨胀量大，90d干缩值小，体积稳定性好，膨胀量随着龄期增长而增大，可以与混凝土收缩基本同步，对混凝土收缩进行应变补偿。蓄水5年来大坝及面板运行情况良好。此后在白水坑、盘石头等面板混凝土中进一步应用。但对微膨胀剂的使用仍有不同意见。公伯峡混凝土面板坝曾用过减缩剂，以减少混凝土的收缩。

（3）纤维混凝土。混凝土中掺加适量的聚丙烯纤维，可以抑制早期裂缝形成和发展；降低混凝土的弹性模量，提高混凝土的极限拉伸率；提高混凝土的抗冻等级，改善抗渗性和耐久性。浙江白溪混凝土面板堆石坝（高124.4m，2001年建成），经试验研究在二期面板混凝土中，除粉煤灰、高效减水剂、引气剂外，还掺加了聚丙烯纤维0.1%，即每立方米混凝土0.9kg，面板施工期产生的收缩裂缝较少，处理后蓄水运行4年多来，大坝及面板情况良好。此后在洪家渡、引子渡等面板中得到改进应用。洪家渡混凝土面板堆石坝还研究了掺加钢纤维的方案，拟在三期面板中做一试验块。

（4）增强密实剂。湖北省小溪口面板坝高67.3m，面板混凝土中掺用了增强密实剂（WHDF），能促进水泥水化强度，增加混凝土中凝胶量，降低孔隙率，增强凝胶的黏结力，提高混凝土的抗拉强度和极限拉伸值，降低早期水化热和干缩值，总体改善混凝土的抗裂性能。小溪口面板坝工程1999年3月蓄水后未发现可见裂缝，运行情况良好。以后又在鱼跳面板坝（高106m，2001年建成）工程中应用，效果也较好。

（5）高性能混凝土。基于高性能混凝土（HPC）具有高耐久性、高强度、高工程性能，新疆榆树沟面板坝（高67.5m，2002年建成）首先研究采用，在混凝土中掺入了30%的高活性磨细矿渣和高效减水剂，水胶比达到0.35，混凝土性能可以达到C45W12F200，使得混凝土质量明显提高。混凝土面板出现收缩裂缝的规模和数量均较以前的工程有所减少。此后的下天吉面板坝（高90m）掺入30%粉煤灰，卡浪古尔面板坝（高61.5m，2002年建成）掺入40%磨细矿渣，配制成高性能混凝土，甘肃龙首二级混凝土面板堆石坝，高146.5m，也采用高性能混凝土理念配制面板混凝土，裂缝也很少。

（二）混凝土裂缝处理

对于收缩裂缝，虽然每个工程的气候环境条件不同，但由于在原材料、配合比、外加剂及施工工艺与养护等方面精心选择，其发生的数量及范围已大大减少，同时也积累了裂缝处理的经验。常用的技术措施有：

（1）对于缝宽小于0.2mm或0.3mm的，直接在表面粘贴柔性材料（GB或SR）防渗盖片，有的工程涂刷增韧环氧涂料。

（2）对于缝宽大于0.2或0.3mm、小于0.5mm的非贯穿性裂缝，首先对裂缝化灌处理，然后进行表面处理。

（3）对于缝宽大于0.5mm的，首先化灌处理，然后沿缝面凿槽，嵌填柔性止水材料（GB或SR），最后进行缝面封闭处理。

对于重要的供水、发电、抽水蓄能电站工程，有的对处理裂缝的要求更为严格，往往不论大小，逐条处理。

面板堆石坝坝体及坝基都可能有一定的变形，因此，实践中常用的裂缝处理材料多是柔性类的，例如GB或SR系列对应产品。

六、接缝止水结构及材料

（一）接缝止水结构及材料的发展

现代面板坝面板接缝一般分为周边缝、垂直缝、防浪墙与面板间的水平接缝、水平施工缝等。所有接缝的止水结构都是防渗系统中的重要环节，尤其是周边缝，要承担较大的三向变位和水压力，易于因止水失效而形成渗漏，尤其对于高坝更为重要。

20世纪80年代中期中国现代面板坝建设初期，吸取国外经验，对于周边缝，基本上都采用缝顶部柔性填料、中部塑胶止水带和底部铜止水片的三道止水形式。实施中，有一些中等高度的面板坝，面板厚度较薄，设置三道止水的空间相当紧张，尤其中间止水带影响其周围混凝土振实，因而逐步取消了中间止水，形成了顶部柔性填料和底部止水铜片的两道止水形式。经过一段运行监测后，对周边缝及各类接缝止水结构的基本形式，在20世纪末期制定的面板坝设计规范中有原则规定。其中对于周边缝，低坝和50m以下中坝可以只采用一道底部止水。中坝及100m以下高坝宜设置底、顶部两道止水。100m以上高坝宜选用底、顶部两道止水，或底、中、顶三道止水。顶部止水系统一般由柔性填料、粉细砂（或粉煤灰）等材料构成，可以是其中一种或两种材料构成。柔性材料方面，基本上是GB和SR两大系列，其主要技术性能达到了国际先进水平。此外，还有BW塑性止水材料在部分工程中应用过。

以GB或SR塑性止水材料为基础的高面板坝止水结构和相应材料都是中国自主开发的成果，已在工程上成功应用。

（二）自愈型止水材料

我国兴建的高面板坝，一般都设置了自愈型止水材料：一是在面板下部上游面（含周边缝附近范围），铺填无黏性土料铺盖，和周边缝出口处的特殊垫层区（也称小区）相配合，万一周边缝张开漏水时，小区料对上游铺盖土料起到反滤保护自愈止水作用；二是在周边缝顶面填用粉煤灰（或粉细砂），并外包以土工布和有孔钢罩，与小区料配合，形成自愈型止水结构。天生桥一级和洪家渡（179.5m，2004）等高坝都曾采用。其机理是，细粒填料一旦被渗水带入周边缝内，受到缝底反滤料的阻截，淤积在缝内，在渗水压力长时间作用下密实，渗透流量逐渐减小，达到自愈止水效果。

（三）复合型止水材料

随着我国面板坝建设的迅速发展，坝的高度不断增加，百米以上的高面板坝已修建到了200m级。其中对周边缝止水系统材料特性及防渗结构提出了更高的要求。鉴于高水头的特性及止水与缝壁混凝土结合可靠性存在缺陷等因素，开发了一系列复合型止水材料。

（1）GB与止水铜片及塑胶止水片的复合，利用GB材料改善混凝土与止水片的黏结力。

（2）GB或SR与三元乙丙或橡胶板的复合盖板，用于保护表面塑性止水材料，可防止其老化，并有利于盖板与混凝土面板结合处的密封质量。这种复合盖板还可以用于裂缝处理，作为混凝土裂缝表面的防渗覆盖材料。

七、施工新技术

（一）软岩筑坝

中国水利水电有关勘测设计规范中，均界定岩石的单轴饱和抗压强度等于和大于30MPa者为硬岩，低于30MPa者为软岩。软岩一般吸水率高，软化系数较小，但在（加水）振动碾压过程中岩块（尤其岩块尖角）将出现一定的破碎，使孔隙间被细碎料填充，达到高的密实度，以补偿岩块强度低的影响，而不致过多降低其压缩模量。中国在20世纪80、90年代，根据工程及料源情况，进行了软岩筑坝的研究与实践。一般将软岩填筑在大坝下游区尾水位以上的干燥区内，如天生桥一级坝（砂泥岩及薄层灰岩的混合料、饱和抗压强度不小于20～30MPa）、十三陵上库坝（风化安山岩，饱和抗压强度11～68MPa）等。以后又不断出现了面板坝主体应用软岩的实例，如大坳、公伯峡等坝。

大坳坝（高90.2m，2001年建成），坝体总填筑量130万m^3。其中主次堆石区占114.5万m^3，大部分为泥、钙质胶结的砂岩、砾岩，岩石饱和抗压强度值14～47MPa，平均28.3MPa，属于软岩。填筑中发现坝料填筑层表面碾压后细化板结，填筑面大面积积水。经研究调整了填筑指标，在过渡区下游侧，专门设置了顶宽5m、底宽15m竖向硬岩排水区及底部水平向硬岩排水区，使其下游堆石体处于干燥状态，仍采用此类软岩料填筑。软岩填筑时，尽量保持其自然状态，减少倒运，防止颗粒破碎，碾压时充分洒水，尽量用后退法铺料，提高密实度，减少体积变形；填筑面出现板结层时，进行推刮处理；严格控制硬岩（排水）区的石料质地、压实标准及其透水性能。施工期最大沉降92cm（1.02%），水平位移18.10cm；蓄水后总沉降107.2cm（1.19%），水平位移11.89cm；坝顶最大沉降20cm；坝体浸润线略高于下游水位，渗水量61.2L/s，运行正常。

公伯峡面板坝（高132.2m，2004年建成）位于黄河上游，装机容量1500MW，坝体总填筑量450万m^3。根据坝址区料源条件，设计拟定了充分利用堆石及砂砾料的合理分区及填筑标准。开工后，对石料复查和开采中发现，花岗岩硬岩范围较小，且软化系数较低（硬岩 0.63，强风化岩 0.485）；岩体中分布有大量强风化花岗岩和云母石英片岩。经研究根据具体情况修改了原设计断面，在过渡区下游侧设置竖向及底部水平向花岗岩或混合岩硬岩排水区，主堆石区包括堆石区（弱风化花岗岩 70%、弱风化云母片岩 30%）和砂砾石区；下游次堆石区则使用弱风化云母片岩 70%和强风化花岗岩 30%填筑，且主、次堆石区分界采用 1∶0.6 的坡度以尽量加大主堆石区的范围；要求尽量采用牵引式 18t 以上振动碾碾压。蓄水后运行正常。

（二）无轨滑模

1985 年中国现代面板坝建设初期，湖北省西北口坝（高 95m，1990 年建成）采用的是从溢洪道溢流堰滑模施工法引入的“爬机顶推式有轨滑动模板”浇筑面板混凝土，并浇筑了一个试验条块。但是有轨滑模的设备及配件较多，整体重量大；轨道为钢木结构，侧模附着在轨道的支架上，用钢筋打入垫层以固定支架，拆装费时；且滑模行走受轨道约束，不便于浇筑起始块及岸边条块。因此自主研发了一套无轨滑模，在西北口坝面板正式浇筑时使用。无轨滑模方案取消了滑动模板的轨道；还取消了滑行时模板的行走轮，仅靠加长节支承在侧模的顶部摩擦滑行；同时取消了“爬钳”顶推方式推升模板，代之以坝顶设卷扬机牵引。与有轨滑模相比较，钢材用量由 37.2t 减为 5.5t；其配套装置也比较简单，造价仅为有轨滑模的 1/5，施工效率提高了 3 倍；无轨滑模不需要先用人工浇筑底部的起始块，可以一起连续转角滑升浇筑底部或岸边各条块。因此在全国面板坝施工中得到了普遍推广和不断改进。

无轨滑模的滑速，以平均每小时滑升 2m 左右为宜，一套滑模月可浇筑面板 4000～5000m^2。

（三）坝体反渗排水

基于面板坝的料分区及水力过渡的特点，各区坝料的渗透性是从上游向下游逐渐增大，由此控制渗流稳定，但不能保护自下游向上游的反向渗水压力对垫层料、上游固坡保护层，甚至已浇筑面板的破坏。面板坝施工期，当上游基坑开挖深度较大或下游水位较高，以及施工用水及雨水渗入坝体并流向上游基坑，都会形成反向水头，作用于已完成的垫层、上游固坡层及混凝土面板。

西北口坝施工中发现下游水位比上游高出 7m，反向水压力造成垫层区破坏范围达 60m，出现 20 多个泉眼，一些细料被冲走，上游固坡保护层上产生很长的裂缝。大河、黑泉、松山等坝，在上游基坑排干时曾发现混凝土面板上因受反渗水压力而发生的裂缝，都进行了处理。

天生桥一级坝试验成果说明，面板浇筑前出现反向渗透情况下，水平宽度 3m 的垫层，能够承受的反向水力比降仅约 1.2～1.4，相应的反向水位差只有 3.6～4.2m 时，垫层即可能产生管涌破坏。珊溪面板坝的试验也说明，面板浇筑前，出现反向渗透情况下，水平宽度 2m 的垫层，临界水力比降约为 0.6～1.15，仅约 2.5～3.7m 的反向水位差即可能使垫层产生管涌和流土过渡型破坏。

天生桥一级坝根据对施工期可能反渗水量的估算，分别在坝体上游区和下游区设置了竖向排水井（井深 14m，横断面 2m×1.5m，结构由钢管筒组成，钢筋网眼 5cm×5cm，外包 1mm 网眼铁丝网）；上游区的下部布置 6 根 ϕ200mm 的水平排水管，置于趾板以上的垫层和过渡层内；下游区还布设了坝外集水坑，并布设 ϕ300mm 自流式排水钢管 1 条。

珊溪坝根据水力条件和工程规模，在坝体两岸坡及上游区布设了反渗排水系统。其中的坝体排水是在河床最低趾板位置上设置了 8 条 ϕ200mm 排水钢管，在坝体内趾板区下游约 15m 的主堆石区设置厚 2m、高 3m、宽 0.8m 的卵石排水体。施工期坝体反渗水能够自由排入上游集水坑，再用水泵抽出，排往上游围堰以外。

在总结实践经验的基础上，中国现行规范中，列入了防止反渗破坏的有关措施，因此在近期修建的面板坝工程中反渗破坏的情况已得到有效控制。

（四）垫层上游坡面固坡防护

由于垫层是粒径较小的碎石或砂砾料，在面板浇筑之前，应将垫层坡面采取工程措施防护，为施工期挡水度汛、防雨水冲刷并为面板钢筋及混凝土施工作业创造良好的工作条件。

常用的固坡工艺有喷混凝土（砂浆）、碾压砂浆、喷乳化沥青等，都可以满足施工期临时护坡的要求。2000 年以后，从巴西引进了挤压混凝土边墙技术，在公伯峡、龙首二级等工程中试验并试用成功后，相继有芭蕉河（高 115m，在建）、水布垭（高 233m，在建）等坝采用，目前已有约 20 座坝采用这项技术。

挤压边墙位于垫层区上游坡面，断面呈梯形，上游坡度同坝坡，顶宽约 8～10cm，下游坡 8∶1，每层 40cm 和垫层压实厚度相同；随着坝体和垫层料填筑过程，由挤压机连续挤压混凝土在上游面形成一道边墙且超前一个碾压层厚度逐步升高。每层边墙成型速度约 40～50m/h，成型约 2h 后，其下游侧即可铺压垫层料。

采用挤压边墙施工的优点有：①全部垫层料同堆石料一样，都是在施工的平面上垂直碾压，有利于控制好垫层压实质量；②取消了垫层超填、削坡和斜坡碾压，简化了施工程序，加快了施工进度；③垫层坡面可得到及时保护，以防御暴雨冲刷，并便于临时挡水度汛、面板钢筋铺设及混凝土浇筑施工；④可防止坡面滚石，有利于上下交错作业的安全。

挤压边墙属于干硬性混凝土，一般按低强度、低弹模（最好低于 5000MPa），渗透系数 $1\times10^{-3}\sim10^{-4}$cm/s（有的为 $1\times10^{-2}\sim10^{-3}$cm/s）控制；实施中的配合比，要求水泥控制在 70kg 以下（有的 70～80kg），加水 83～100kg 左右，添加速凝剂（有的还掺早强剂），水胶比 1.3～1.35；骨料一般采用砂和小石，水布垭坝采用了小区料（ⅡAA）为砂石骨料以进一步降低弹性模量。各工程在挤压边墙上游面均涂（喷）乳化沥青，以减少对面板的约束。挤压机由陕西水利机械厂研制（型号 BJY-40），批量生产，并结合各工程应用不断改进，效果良好。

对于挤压边墙在施工方面的优点是明显的，但对其是否会因增加约束而使面板混凝土更易于裂缝，目前尚无定论。

（五）堆石料冲碾压实

现代面板坝普遍采用振动碾压技术。随着坝高的增加和提高坝体密实度以减少变形的更高要求，相应研发出了 16～25t 牵引式振动碾和 18～25t 自行式振动碾，薄层碾压，效果良好。

冲碾为一种牵引式压实机，靠等边多边形的非圆形碾轮（3～6 边等形式，常用 3 边形），以 12～15km/h 的工作速度滚动行驶，对碾压面产生强劲冲击力而达到压实的目的。冲碾是一种低频高振幅的连续冲击作用，振幅可达 220mm，频率仅为 2Hz；振动碾是一种高频低振幅的振碾作用，振幅仅 2mm，频率达 25～30Hz。

冲碾是南非的专利技术，主要在公路和机场等工程中应用，1995 年进入中国市场。洪家渡大坝工程经现场冲碾试验研究后，已在灰岩次堆石区首次应用，碾压层厚 1.6m，和常规振动碾结合，压实干密度达到了相当于主堆石区标准的 2.18t/m^3，使坝体形成均一密实体，以期减少坝体不均匀变形。冲碾是转圈快速行驶，需要一定的场地面积才适于操作。可使堆石的压实密度提高，压实厚度加大，压实效率提高。对于变形控制更严格要求以及需要加大铺料厚度加快填筑进度的高坝，必要时可以进行试验，比较后选用。

（六）大坝碾压 GPS 实时监控系统研制应用

中国面板坝坝料压实质量管理，多年来都是采用人工控制碾压参数（包括辅料厚度、碾压遍数等）和人工现场挖坑取样检测孔隙率（干密度）这两种手段；以控制碾压参数为主。但是，监理工程师难以在现场实时记录和检测碾压参数实施的详细情况。

近年来，清江水电开发公司和武汉大学合作，集卫星定位、无线通信、计算机、电子和数据处理分析技术于一体，结合碾压机械，首次研制成功堆石坝碾压质量 GPS 实时监控系统，并从 2005 年 1 月起，在水布垭工程中得到了有效的应用。最近，通过了湖北省科技厅组织的专家技术鉴定，认为该成果具有独创性，在大坝填筑碾压施工质量监控方面填补了国内外空白。

八、结语

中国混凝土面板堆石坝建设经过了 20 年历程，工程数量、规模、坝高都居世界前列，技术上也日趋成熟，其安全性、经济性、适应性已有共识，在水利水电工程的坝型比较方案中居于有利位置。但各种坝型都有其优缺点及适用条件，要经过技术和经济比较后确定。

本文仅对混凝土面板堆石坝本身的相关问题作了简要的回顾，未涉及混凝土面板堆石坝枢纽中其他相关建筑物的特点，也未涉及原型观测及坝的运行实态，可参考相关文献资料。

混凝土面板堆石坝技术日益成熟，并向高坝发展，但仍有不少问题需进一步研究和开发，特别是在不利自然条件下的高坝建设，要慎重对待，多方论证。

（中国水利水电科学研究院　蒋国澄
水利水电规划设计总院　赵增凯）

中国碾压混凝土筑坝 20 年

一、回顾

1979 年我国开始碾压混凝土筑坝技术探索、研究和实验工作，1986 年在福建坑口水电站建成第一座碾压混凝土坝。经过 20 年的开发与实践，碾压混凝土在大坝工程建设筑坝技术方面，取得了令人瞩目的进展和成就，积累了宝贵的经验，形成了一整套具有我国特点的筑坝技术。总体上，碾压混凝土筑坝技术的发展的步调是稳健的、顺畅的，是相当成功的。

目前，我国已建成的碾压混凝土坝共 66 座，在建的 35 座，近期拟建的 24 座（见表 1）。20 世纪 80 年代末至 90 年代初期，主要是建设 70m 以下的中低坝。90年代，从岩滩水电站建成第一座百米级高坝后，江垭、棉花滩、大朝山等一批百米以上高坝先后相继开工兴建，碾压混凝土筑坝技术全面提升到新的高度，转入向百米级高坝快速发展阶段。经过“八五”国家科技攻关，在对修建二百米级碾压混凝土高坝技术难题取得重要成果后，21世纪开始了龙滩及光照两座二百米级碾压混凝土高坝建设（见表2）。

表1 碾压混凝土坝工程项目统计

（至2005年末） 座

项目	重力坝	拱坝	合计
已建	52	14	66
在建	29	6	35
拟建	17	7	24
总计	98	27	125

表2 高于100m的碾压混凝土坝

项目	重力坝		拱坝	
	坝名	坝高（m）	坝名	坝高（m）
已建工程	江垭	128	沙牌	132
	大朝山	118	石门子	110
	岩滩	111	蔺河口	100
	棉花滩	111	招徕河	107
	水口	101		
在建工程	龙滩	192(216.5)	大花水	134
	光照	195.5(200.5)	白莲崖	102
	观音岩	160	罗坡坝	104
	金安桥	160		
	百色	130		
	洪口	130		
	武都引水	130		
	戈兰滩	120		
	彭水	116.5		
	景洪	110		
	喀腊塑克	123		
	思林	117		
	索风营	121.8		

自普定成功建成第一座碾压混凝土高拱坝后，碾压混凝土拱坝在我国很快得到公认，迅速推广发展，并在设计和施工中也形成较有特色的技术体系。现在已建成14座，在建6座。其中高度达百米级以上的7座（见表2）。沙牌拱坝高132m，目前正在设计和拟建140～160m的高拱坝。20世纪90年代末至21世纪开始出现百米级双曲薄拱坝。目前这些坝上游面均未发现裂缝和坝体渗漏现象，设置的几种分缝结构也正常发挥作用。

碾压混凝土围堰具有显著的施工速度快，适用溢洪过流能力强的特点，现已修建21座。其中三峡三期围堰、龙滩上围堰和构皮滩上围堰，高度均在70m以上，已属于高混凝土坝。这些围堰最长的仅用4～5个月。在一个枯水季内全部顺利建成，并及时投入运行，当年拦洪、过流、度汛，有的围堰还经受多次大流量溢流考验。所有围堰均没有明显渗漏现象，并一直安全运行。

我国碾压混凝土筑坝技术，自坑口第一座坝初步形成具有我国特点的技术模式后，在这一基础上，经过多年设计、科研、施工和管理等各方面人员的奋发开拓，不断提高完善，形成了不设纵缝富浆碾压混凝土防渗、低水泥高掺粉煤灰（或矿渣类掺和料）、低*VC*值、大仓面连续浇筑、斜坡铺筑碾压及变态混凝土代替常态混凝土等一整套技术路线，并在设计、材料、施工工艺等方面进行一系列改革、创新，形成若干新的理念与思路。工程实际应用表明，碾压混凝土坝施工速度快，混凝土质量好，且节省造价，坝体安全可靠。对于这种水泥用量很少、胶材用量不多的干硬性混凝土，经过防渗、防裂、抗冻、耐久性及热学等方面的研究分析，确认具有良好、可靠的性能，已形成广泛而牢固的共识。这是肯定和发展碾压混凝土筑坝技术的基本点，也是进一步改进、完善坝工设计，提高施工质量，获得技术、经济效益的基础。

在碾压混凝土筑坝的技术规程、规范的基础上，经过不断总结经验，紧跟技术发展，先后在设计、施工和材料方面制订出行业专用规范。例如，《水工碾压混凝土施工规范》、《碾压混凝土试验方法》、《碾压混凝土重力坝设计规范》、新修订《混凝土重力坝设计规范》（水电系列，其中含碾压混凝土部分）。这些规程规范的编制、发布、实施，标志着碾压混凝土筑坝技术的成熟。

在“六五”、“七五”、“八五”和“九五”国家科技攻关中，对碾压混凝土高坝、碾压混凝土拱坝做了大量科学研究、试验等专题安排，参加科学试验的单位近百个，人员涉及设计、科研、施工、教学、机械设备、施工材料、基础理论等各方面的专家、教授和工人。获得的成果，很大部分直接转化到工程的设计和施工中，取得明显技术、经济效益，为发展我国碾压混凝土筑坝技术铺垫了雄厚扎实的基础。其中不少成果通过工程建设获得科技进步奖。例如，普定、沙牌碾压混凝土高拱坝，分别获国家科技进步一等、二等奖；江垭、大朝山、龙首等工程获省、部级科技进步一等、二等奖；棉花滩、大朝山电站工程，基于优良的碾压混凝土坝工程质量，获得鲁班奖。招徕河百米级碾压混凝土双曲薄拱坝，获 2005 年度企业十大技术创新奖。这些奖项反映出碾压混凝土筑坝技术确有较高的技术含量和技术推进。

通过二十多年的科技开发和百余项大坝工程实践，锻炼造就了一大批从事碾压混凝土筑坝工程设计、施工、科研、设备制造、工程管理等方面专业新生力量和技术队伍。

二、经验与特色

我国碾压混凝土筑坝技术在坝工设计、混凝土材料、大坝施工等方面，积累的经验和创造的特色技术相当丰富。

（一）碾压混凝土材料

碾压混凝土的构成，组合和性能都直接影响到大坝的设计和施工。在这方面，多年来的研究结果，不断为发展碾压混凝土技术水平起到促进作用。

高掺粉煤灰（或掺合料）和中胶凝材是我国碾压混凝土构成组分的重要特点。许多百米级高坝的混凝土（三级配 R_{90}15MPa）。水泥用量多在 55～65kg/m³之间，粉煤灰掺量达 60%～65%。R_{90}20MPa 以上的混凝土，水泥用量在 70kg/m³ 左右。拌制的和浇筑的混凝土，强度指标及变形性能均远超过设计规定要求，绝大部分的混凝土强度保证在 90%以上；极限拉伸值普遍超过设计值 15%以上。表明坝体混凝土的物理学特性是有充分安全裕度的。对于碾压混凝土层面结合质量及抗剪断性能，许多工程结合工程实用材料，在现场进行室内、原位和芯样抗剪断试验。其试验成果摘列于表 3。结果表明，混凝土层间结合面的抗剪断性能，在符合施工规范条件下，正常施工时，其 f'、c' 值均远大于设计指标。即使中低坝工程中胶凝材料很少的贫混凝土，抗剪断性能也高于设计指标。对于龙滩二百米级高坝，设计的指标是 $f' \geqslant 1.0 \sim 1.1$，$c' \geqslant 1.9 \sim 1.7$MPa，其试验结果，不论是常温或高温条件下浇筑的混凝土，f'、c' 值均分别高于 1.1 和 2.0MPa。

表 3　　碾压混凝土抗剪断试验成果表

项目	工程名称		胶材用量（kg/m³）		试验成果		备注
			水泥	粉煤灰	f'	c'（MPa）	
原位抗剪	岩滩围堰	初凝前覆盖新混凝土	45	115	1.30	1.40	R_{90}10MPa
					1.35	0.92	
					1.08	1.24	
	岩滩主坝	初凝前覆盖新混凝土	55	104	1.20	1.025	R_{90}15MPa
					1.17	1.36	
	坑　口	初凝前覆盖	60	80	1.10	1.92	R_{90}10MPa
	铜街子	层面铺覆盖	76	76	1.23	2.25	
			65	85	1.38	1.16	
					1.54	1.26	
	水　口	初凝前覆盖	60	74	1.37	1.40	
	大朝山	层面，初凝前覆盖	67	103	1.48	1.20	R_{90}15MPa
		缝面冲毛铺浆			1.43	1.00	（磷矿堂+凝灰岩）
	江　垭		64	96	1.12	2.34	峰值平均
	三峡围堰				1.52	2.92	R_{90}15MPa
	石漫滩				1.15	2.30	R_{90}10MPa
	棉花滩	R_{180}15MPa			1.68	2.68	
					1.77	2.20	
	铜街子	R_{118}			1.80	1.60	
	龙　滩　C15三级配混凝土	常温施工90d	60	100	0.96	1.71	平均值初凝前覆盖
		180d			1.15	1.86	
		高温施工90d			1.17	2.11	
		180d			1.59	1.56	

续表

项目	工程名称			胶材用量（kg/m³）		试验成果		备注
				水泥	粉煤灰	f'	c'（MPa）	
原位抗剪		C20三级配混凝土	常温施工90d 180d	75	105	1.08 1.42	1.64 2.27	平均值初凝前覆盖（2～5h）
			高温施工90d 180d			1.53 1.45	2.04 2.61	
		C25三级配混凝土	常温施工90d 180d	90 90	100 110	1.15 1.38	1.51 2.51	
			高温施工90d 180d			1.31 1.41	2.65 2.41	
芯样试验	坑口			60	80	1.12	1.17	芯样20cm
	碗窑			68	103	1.36	1.78	层面（初凝前覆盖）
	江垭			64	96	1.18 1.20	2.36 2.28	缝面（打毛＋砂浆）
室内试验	洪口					0.99	3.23	三级配混凝土
	石漫滩					1.15	2.30	三级配混凝土
	普定			54 85	99 103	1.37 1.64	1.53 2.41	二级配混凝土
	临江			83	83	1.33 1.58	1.82 1.85	
	葛洲坝试块			50	75	1.18	1.35	

通过钻取岩芯对层面和缝面进行专门检查和分析，表明层面的折断率一般仅5%～6%左右，缝面的折断率约7%～9%。层面不是主要薄弱环节，相对而言缝面折断还高些。这种缝面折断与缝面处理技术、处理质量有直接关系。其效果与常态混凝土的缝面处理是同样的，不是碾压混凝土等有的层面结合问题。大量取芯检验成果表明碾压混凝土不再是千层饼工程，也不是原发性固有的缺陷，依现有技术，层间结合问题是可以正常解决的。

碾压混凝土的热学特性是大坝简化温度控制、不设缝、减少拱坝分缝、实行大仓面浇筑和防止产生裂缝最本质的要素。特别是早期混凝土温升慢而且少，弹模成长很慢，早龄期的混凝土的拉应力效也很小。这是碾压混凝土在早期强度不高情况下很少发生表面张缝的基本根由。在碾压混凝土拱坝中，这种防裂效果更为明显。因此，大坝混凝土防裂应更加注意混凝土材料组合及特性方面的合理利用与发挥。

普定坝首先采用二级配富浆碾压混凝土作坝体防渗材料，投产运行后，至今未发现上游区混凝土有渗漏现象，也未发现表面裂缝。这一技术改变了以后碾压混凝土坝的防渗结构模式。江垭大坝在大坝上游面通过钻取垂直和水平（骑层面缝）混凝土芯样，做了专门抗渗性能试验研究，混凝土不仅能满足设计的W8抗渗指标，甚至超过W10，混凝土的渗透系数可达10^{-9}～10^{-10}cm/s，相当于240m高的二滩拱坝混凝土抗渗指标。在二级配混凝土外缘加上一层30～50cm厚的变态混凝土，切断了层间结合面的渗漏通道，其抗渗性能更有提高，渗透系数可达10^{-10}～10^{-11}cm/s。

大朝山工程在粉煤灰材料不相宜的情况下，专门研究开发出磷矿渣与凝灰岩混合磨旧的粉料作混凝土掺合料，掺量是60%。其物理学和热学特性与掺同量粉煤灰的混凝土性能基本相同。仓面的作业适应性很好，混凝土凝结效应与施工也相应。应用后，经现场试验和取芯检验，均满足设计要求，具有相当超强幅度。现已普遍推广应用，并作更深化的研究，开发利用。

碾压混凝土中掺用石粉问题，早在建坑口坝工程时已开始研究，对它的作用和掺量已有初步认识，经不断深化研究，砂中含有适量石粉确有提高混凝土抗分离、促泛浆、改善层间结合效果和抗渗性能，提高层面黏结强度增强混凝土内部结构的致密性的作用和提高混凝土本体抗渗性能效果。是碾压混凝土组分中备受关注的材料成分。近些年，对细度小于0.075mm的细粒颗粒在改善混凝土性能方面的作用有了更深认识，有的工程在人工砂生产中已明确提出细粉的基本含量指标。

为改善混凝土的层面结合及防止日晒或高气温条件下的混凝土表面经常产生过早泛白或干化现象，对碾压混凝土的可碾性、泛浆性进行综合考虑后，混凝土的*VC*值，由原初的15～20s，改进到8～15s，现在通常已较普遍采用3～5s。而且对碾压混凝土碾压过程中的“弹簧土”反弹现象也有放宽。为此在碾压混凝土配合比设计中，混凝土抗压强度已是很容易解决的指标，不再是主要考核的关键，更加注重混凝土泛浆速度和状态，这是我国碾压混凝土配合比设计理念的重要思路。

施工中，很多部位的混凝土经碾压初凝后仍经过行车运送混凝土，长时间经受重载汽车反复碾压，特别是在汽车上坝入口处和斜坡碾压的混凝土表面上。对这种不断的碾压扰动已经压实并初凝的混凝土质量是否会产生破坏，存在某种疑虑。为此，有些研究人员针对这一问题专门进行现场行车碾压试验和室内模拟试验，结果示于表4及表5。

表4　仓面行车现场试验结果

混凝土碾压后历时	6h	12h	24h	未走车
90天芯样强度（MPa）	22.6	16	16	18
90天试块强度（MPa）	24.1	25	26	25

注　（1）未行走车辆混凝土 $R_{90}180$，$R_{90}250$；
（2）行车走压，走压时间18h。

表5　室内混凝土模拟重复碾压试验结果

重复振压时间（h）		0	4	8	10	12	16	20
初凝时间（h）	试验A	2：30	13：00	14：40	16：20	19：18	17：16	
	试验B	13：40～14：10	14：10～14：50	16：40～17：20	19：10～20：00	19：50～20：30	22：30～21：40	
28天相对抗压强度（%）		100	117	111	111	129	119	117
90天相对抗压强度（%）		100	105.6	108	10	105.8	190	

注　试验A、B，是贵阳勘测设计研究院和中国水利水电第四工程局科研所分别进行的。

从表5看出，混凝土初凝后在经10～16h以上的碾压，其初凝时间随碾压功时增长而相应延长。而混凝土抗压强度基本同步增长，未发生混凝土破坏现象。

（二）坝工设计

在重力坝和拱坝设计中，从坝体构造到结构形体到坝工应力分析等技术，都有创新和发展。

1. 碾压混凝土重力坝　首先在坝体分缝方面，早期为了建碾压混凝土坝创造大仓面机械化作业条件，有些重力坝（如坑口、水东、山仔等坝）曾采用整体式结构，既无纵缝，也无横缝。后来有的坝设置横缝，但缝间间距较长。在一些大坝上游面混凝土产生较深劈头裂缝后，分横缝和诱导缝技术和轻便设备，使设置横缝的难度缓解开。逐步形成以20m左右为间距的横缝间，有诱导缝的布置横缝，使上游面混凝土裂缝问题很快化解。百色大坝则在30m长的坝段中的上游混凝土的中间部位加设一条深约4～6m（自上游面向坝内）长的短缝，缝内布置与横缝相同的止水结构。有一条是共同的，所有的碾压混凝土都不设纵缝。

在防渗结构方面，早期在中低坝工程中，先后探索应用过沥青砂浆护面、预制混凝土模块嵌缝、预应力补偿收缩钢筋混凝土、PVC膜等防渗结构形式。后又多年采用“金包银”形式。现今已根据普定拱坝的经验，形成以二级配富浆碾压混凝土为主外部增加变态混凝土的复合型防渗结构体系。其防渗效果可满足W10、W12的抗渗指标要求。

变态混凝土是有中国特点的创新工艺、新模式材料，既便于运输摊铺、施工，有利于与相邻碾压混凝土的结合，在性能上可达到与同设计标号常态混凝土的各项要求，现今除在大坝上、下游面采用外，在与岸坡接触，坝内细部钢筋混凝土部位也广泛采用，减少了坝内的混凝土品种，使异种混凝土的施工干扰大为简化。

重力坝溢流坝段的消能，除常用的泄洪结构形式外，在水东水电站、大朝山水电站的碾压混凝土坝中创新性采用了台阶式消能功，两座坝分别经历了 $108m^3/(m\cdot s)$ 和 $200m^3/(m\cdot s)$ 大单宽流量泄洪过流考验，混凝土表面均完好无破坏，而后又用在索风营坝上。

碾压混凝土坝温度控制问题，长期以来存在较大认识差别。已建的中低碾压混凝土坝基本上依靠低温季节多浇混凝土（特别是基础约束部位）；夏季浇筑上部混凝土，辅助以仓面喷雾、保湿、成品料堆防晒等常规措施解决问题，一般没有进行混凝土预冷或水管冷却。一些百米级高碾压混凝土坝（如江垭、大朝山、棉花滩）虽有一定温控指标要求，实际施工中基本上也是采取上述同样措施和夏季向上浇筑混凝土等方式，实施坝体温控。实测坝体温度均略高，但与设计要求相差很少。21世纪开始兴建的百米级以上高碾压混凝土坝，为响应规范要求，温度控制设计指标明显加严。而大多数高坝工程在设计中均较好地结合该坝的坝体设计与施工，并取用碾压混凝土实际配合比的性能，进行了分析计算，提出较宽松的温控指标。看来，碾压混凝土在简化温控的道路上仍有一段历程要跋涉。大坝上游面混凝土防止表面裂缝，除在寒冷地区的石门子、龙首等大坝表面采用了永久性保温措施外，大部分工程依然靠混凝土的自身性能抗裂，个别工程在个别时段采用了临时表面保护。

2. 碾压混凝土拱坝

在普定首次突破性建成当时世界第一高（75m）碾压混凝土拱坝后，许多更高和建设条件更恶劣的碾压混凝土拱坝相继开始兴建。在拱坝建设中创造出各种分缝方式、横缝设置、缝结构、薄拱结构、快速翻升施工等若干新技术和设计计算方法。这些技术都是具有我国自主知识产权的技术成果。至今已建成的拱坝，除早期的温泉堡因防渗，保温方式存在较大缺陷产生渗漏冻结作用外，大部分工程经过长期运行考验，均运行正常，没有发现坝上游面产生裂缝或明显渗水现象。沙牌（高 130m）拱坝的横缝，诱导缝布置问题在“七五”、“八五”科技攻关中做了大量专题研究，提出许多创见性成果，应用于大坝中以后，效果良好，缝体工作正常。横缝中设置的重复灌浆系统，经实际灌浆应用和检验也获得成功。碾压混凝土拱坝采用埋水管冷却能更为有效地控制坝体的升温、降温和促进并缝泛浆。在溪柄坝和石门子拱坝创造的应力释放短缝的分缝结构，也有其特色，坝体应力明显受到分缝效应的调整。

招徕河坝在原设计常态混凝土百米级双曲薄拱坝基础上，经分析论证后，在体型未作变更的状态下，适当改变分缝结构和缝体布置，直接转换为碾压混凝土坝。经过 13 个月的建设已顺利投产，现今，坝体横缝已正常张开，并进行了灌浆。大坝经过泄洪溢流考验，应力变形等均都正常。百米级双曲薄拱坝应用碾压混凝土进行筑坝，把碾压筑坝提升了很大高度。现今有几座 140m 到 160m 的高拱坝正在进行碾压混凝土拱坝设计。

（三）施工创新与经验

变态混凝土的优点被广泛确认，并在所有碾压混凝土坝工程中采用。其应用部位，基本上取代了与大体积碾压混凝土相邻的搭接带与接合面常态混凝土。实用中，需进一步改进铺浆计量方法，并克服铺浆不均现象。混凝土的配合比还可进一步优化。

斜坡法碾压可减小碾压仓面作业面积，缩短层面覆盖时间，有利于提高层面结合质量。特别是在高温条件下浇筑。斜坡法有显著优点，层面汽车不断行走，对混凝土质量没出现不利影响。斜坡法把水平的层面改变成斜坡面，对抗滑稳定十分有利。

在基岩水平层面上直接浇筑碾压混凝土，替代常态垫层混凝土，既有利于垫层混凝土的大仓面快速施工，又有利于缓解常态的温升压力。在大朝山应用得很成功。施工中减少了常态混凝土的分缝、分块，跳仓浇筑，无须配置专门的起吊浇筑设备。

高落差负压流槽。在大朝山研制出落差达 80m 的单级流槽，并相应解决耐磨性高、变形好的柔软橡胶盖带。配套采用高速皮带运输机混凝土输送能力每条系统超过 200m^3/h。

双曲拱坝翻转模板。招徕河双曲薄拱坝混凝土浇筑上升速度快，坝体体形随时上升都有双向变位，普通模板安装时要不断用辅料填补上下方向及左右方向的变形缺口部位的模板。为此专门研制出双向收分式翻转模板，利用模板中的调节板条调整模板形状，并使混凝土表面平滑。与此同时，专门配套研制出适应双曲体形的快速放样程序。在坝上 4～5h 即可全面翻升一层 3m 高的模板。

碾压混凝土埋水管技术，在大仓面，群机行走浇筑碾压混凝土施工过程中，成功地解决了坝体埋水管的防止压坏压破技术。使水管得以较早通水，降温削峰。个别工程在水管接头处碾压、通水时间等方面缺乏处理经验，产生破管现象造成混凝土层面结合质量受损害现象。

半干法人工骨料加工工艺，干法生产骨料存在粉尘环境污染，需专门解决粉尘，防污染问题。湿法生产骨料，砂中石粉含量流失严重，回收石粉投入大，且含水量难以控制到位。在索风营专门开发了半干法砂石骨料加工工艺，基本保存住干法生产相近的石粉及细粉含量，砂的含水量也较低（约在 3%以下），符合规范要求。

低温条件浇筑碾压混凝土。在寒冷天气气温低于 −3～−5℃时，碾压混凝土通常较难施工。在龙首碾压混凝土拱坝施工中，采用预热混凝土和加防冻剂并在仓面和坝面保温等措施，实现了在−10℃气温条件下，大仓面露天浇筑碾压混凝土，争取了近一个月的工期。为坝体利用冬季降温早日形成并缝灌浆创造有利条件，大坝浇筑后，未发现混凝土有受冻害现象。混凝土强度，层间结合未受损伤，对寒冷气温下进行碾压混凝土施工，是项有利的验证和推进，值得进一步研究发展。

龙滩大坝是世界上第一座二百米级碾压混凝土坝，工程量巨大，工期相当紧迫，需进行全年高强度施工。该工程地处全年高气温地区，经常进行高温下混凝土浇筑，针对这一特点，专门研究了高温浇筑时的层面结合技术和结合质量。实现了一万平米级大仓面 4～6h 快速浇筑覆盖技术，并采用仓面强加喷雾低 *VC* 值混凝土保湿坡并及时覆盖等措施，有效解决了夏季混凝土浇筑的层面结合问题。取出的芯样，6根长度均大于9m，其中5根在10～13m之间，混凝土层面抗剪断强度f'、c'均远超过设计指标，f'值达1.1～1.6，c'值达1.9～2.6MPa，抗剪断强度达8～9MPa，较设计值6.6MPa高出约30%。

龙滩大坝通过必要的温度控制措施（预冷骨料埋水管、仓面喷雾、保温等），将坝体温度普遍控制在设计指标以下。龙滩大坝在解决夏季施工两大问题后，率先在国内实现了高气温地区的碾压混凝土全年施工。

在浇筑中，除利用大吨位自卸汽车进行高强度有序浇筑外，还成功地通过科学管理，提高胶带运输机和塔带机混凝土浇筑系统的生产能力，达到小时强度超过250m^3，体现了施工装备的高利用率。整个工程实行科学管理，2005年大坝超额完成浇筑2903m^3的计划，并先后创造月浇筑34万m^3和38万m^3的高水平。龙滩大坝体现了碾压混凝土快速施工的优势和潜能，为快速建高坝创立了许多极宝贵的经验。

三、展望与发展

在继续推广应用碾压混凝土筑坝技术及发展的道路上，还有不少问题有待深化认识，并需进一步提高建坝质量和降低造价。有些技术尚需研究、改进和提高。

（一）高坝温度控制问题

不少专家对碾压混凝土高坝的温度控制问题作了大量研究、分析与计算，并且很注意结合利用该工程碾压混凝土的力学、变形和热学特性进行针对性的仿真计算，提出相应的温度控制标准。但在高坝工程中，如何利用碾压混凝土长龄期（如180天、360天）的抗拉强度极限拉伸，热学、弹模等性能，特别是结合高坝体积大，坝体温度下降缓慢，历时达数十年，坝体的后期降温实际上有很微少的应力效应，加以合理利用自重与外荷载、分析计算出更为合理的温度控制标准，是项很值得探讨、谋取共识的问题。

（二）碾压混凝土高拱坝提早并缝灌浆问题

由于碾压混凝土大都是全坝面通仓浇筑，在混凝土浇筑过程即已形成拱体，不像常态混凝土坝柱状分块、冷却降温后并缝成拱，因而碾压混凝土是个高温拱。工程建设者多期望早日投产，往往出现拱坝温度场来不及降温到稳定温度状态时即行并缝灌浆、投产受荷，投产后，坝体温度将延续下降。针对这一特点有必要深入研究拱坝温度场未降温到位即行投产受荷后的应力变化及其效应。

（三）扩展碾压混凝土拱坝的应用

从混凝土材料和施工技术层面讲，现今的碾压混凝土完全可以配制200～250m高拱坝。分缝得到合理解决后，将碾压混凝土应用到200m及其以上的高拱坝技术上是具有可行性的。在分缝、并缝温度场问题未完全解决之前，还在传统常态混凝土的拱坝设计及分缝方式的模式上，利用碾压混凝土的施工方法和混凝土材料建坝也是可行的。这对加快高坝施工，降低造价相当有利。

（四）中低碾压混凝土坝工程的再优化

中低碾压混凝土坝的设计强度指标，实际上已留有相当余地，而在此基础上，配制的混凝土又普遍大幅超强，两者都存在很大潜力。值得在设计上考虑调整坝的强度设计标准，并相应采用更为合理的混凝土材料组分和配合比，将会明显改变中低坝温度控制的理念，进一步提高碾压混凝土坝的广泛适应性。

（五）高坝采用后期强度

高碾压混凝土坝实际建设和投产受荷的龄期至少在一年以上。目前多数高坝设计采用90天设计龄期。大量工程试验成果表明，180天或更长龄期的碾压混凝土，其物理力学性能有很大潜力，这种超量潜能不加利用，是很大的浪费。工程设计中已有足够安全裕度，存留这些潜能做高坝的意义不大。资料统计结果显示，180天比90天龄期的碾压混凝土抗压强度极限拉伸和抗拉强度都在1.08∶1～1.10∶1之间。对确定温度控制指标而言至少可获得缓解2～3℃的效应。

（六）值得研究和注意改进的问题

近期水电工程大步迈进，碾压混凝土坝也发展迅猛。工程建设中，大型工程从发标、评标到施工兴建、工程管理大部分较正常。但一些中小工程，特别是工程资金较紧的工程，有的承建单位片面追求低造价、争项目，进场施工时甚至主要施工设备不到位，技术人员配备不齐。有的工程仅有1～2个人搞过或见过碾压混凝土工程。施工方案有明显漏洞，队伍素质弱，施工中，出现不少质量问题。这种现象令人不安，值得各方警惕，务必采取强化管理措施以防工程产生不良后果。

碾压混凝土筑坝20年，成绩显著，技术收获丰富，发展前景广阔。在各方人员共同努力下，不断改进、提高，定将取得更大成就。

（中国水力发电工程学会碾压混凝土筑坝专委会　王圣培）

中国抽水蓄能电站发展及抽水蓄能专委会工作10年回顾

抽水蓄能专业委员会成立于1995年3月。十年来，专委会在大家的积极支持下，为抽水蓄能电站的发展做了大量工作，这期间，我国抽水蓄能电站的发展取得了可喜成绩。

一、专委会工作成果

抽水蓄能专业委员会成立之时，我国抽水蓄能电站发展还处于起步阶段。已发电的抽水蓄能机组容量只有 1500MW，其中广州抽水蓄能电站的1200MW，是专委会成立的前几个月才建成的，开工的项目也不多。因而决定了抽水蓄能专业委员会的主要任务是推动抽水蓄能电站的建设。当时，主要是要解决两方面的问题，一是对抽水蓄能电站经济效益的认识问题，因为它的效益不像常规水电站那么直观，而且还容易产生误解，如 4kW·h 电换 3kW·h 电的概念，直接阻碍了抽水蓄能电站的发展，需要有一个正确的认识进行引导；二是如何提高我们的管理和技术水平，降低成本，缩短工期，保证建设的圆满成功。十年来，抽水蓄能专业委员会的工作就是围绕这两方面进行的，为此，采取了多种方式开展工作。

（一）召开学术交流会

抽水蓄能专业委员会成立以来，召开了 13 次大会（包括 2005 年会议），每次会议都有中心议题，在会议前广泛征求稿件，并结案成册。提交会议交流的文章累计达 486 篇，参加的人数近 1300 人次（见表1）。交流会有以下特点：①论文内容来自实践，有较大的参考价值和可操作性；②大会交流和小会讨论相结合，可以面对面地探讨问题；③会议地址附近有可学的工程实例，每次会议都组织到现场参观；④参加会议的成员有做具体技术工作的人员，也有管理人员和各级领导，便于相互沟通。

表 1 专委会召开的专题会议概况表（未包括 2005 年会议）

序号	日 期	中 心 议 题	地 址	单 位（个）	人 数（人）	论 文（篇）	注
1	1993.11	专委会成立筹备会	天 津			54	
2	1995.3	专委会成立大会	滁 县	45	77		为琅琊山电站规划提建议
3	1996.1	探讨机组国产化	哈尔滨	24	54	25	参观哈尔滨电机厂
4	1996.8	建设经验交流	北 京	36	80	53	参观十三陵抽水蓄能电站
5	1997.6	经济效益研讨	广 州	36	70	20	参观广州抽水蓄能电站
6	1998.4	经济评价办法讨论	杭 州		90	11	抽水蓄能专业委员会为参加单位
7	1998.11	建设经验和规划的交流	杭 州		90	40	参观天荒坪、溪口抽水蓄能电站
8	2000.10	面向 21 世纪发展战略研究	上 海	58	100	55	参观希科设备厂、沙河抽水蓄能电站
9	2001.5	水电比例大的地区发展抽水蓄能电站的必要性	武 汉	74	156	40	参观天堂抽水蓄能电站和白莲河站址
10	2002.11	建设经验技术交流及机组国产化	福 州	60	100	40	参观仙游抽水蓄能电站的站址
11	2003.11	对抽水蓄能电站发展中热点问题的讨论	宁 波	50	103	40	参观溪口、桐柏抽水蓄能电站的建设
12	2004.11	对抽水蓄能电站现状和前景的讨论	南 京	60	150	44	参观宜兴、琅琊山抽水蓄能电站建设

十年来，通过一系列的学术活动，一方面对抽水蓄能电站的经济和社会效益进行了广泛深入宣传，另一方面对工程建设中出现的具体问题开展交流与探讨，从而对我国抽水蓄能电站的发展起到了一定的推动作用。

（二）定期出版刊物

1995 年专委会成立后，为了及时报道情况，决定出版《抽水蓄能电站信息动态》，当时，国家电力公司主管水电的汪恕诚副部长，还为它写了发刊词。这个刊物是年会的一个补充，因为参加年会的人受各种条件限制，参加的人是少数，而刊物发行的范围遍布全国各有关单位；《抽水蓄能电站信息动态》一年出版两期，及时地报道抽水蓄能电站建设的动态信息；同时还组织一些专题讨论。迄今为止，刊物已经出版21期，共刊登了260多篇文章。

（三）组织编写出版《中国抽水蓄能电站建设》

1999年，由抽水蓄能专业委员会与广东抽水蓄能电站联营公司共同组织编写《中国抽水蓄能电站建设》一书。这本书分中、英文两个版本，由中国电力出版社正式出版。该书总结了二十几年来我国抽水蓄能电站的建设情况；介绍了我国抽水蓄能电站的成就和发展前景；详细介绍了我国已建的十余座具有代表性的抽水蓄能电站概况、作用及其技术成就，是我国第一本全面反映中国抽水蓄能电站建设水平的书。该书于2000年，第二十届国际大坝会议在北京召开之际出版，向国际同行展示中国抽水蓄能电站的发展成就的同时，促进了国际间的合作和交流。

（四）进行专题研究，为领导部门当好参谋

阻碍抽水蓄能电站发展的主要问题，主要是对抽水蓄能电站经济效益的认识问题和科学计算办法。1997年6月，专委会在广州召开了“经济效益研讨会”，在会上提出应加快抽水蓄能电站经济评价方面的研究。会后，在原国家电力公司计划部和水电水利规划设计总院的推动下，1998年专委会积极参与完成了《抽水蓄能电站经济评价暂行办法》。

为了解决决策部门对抽水蓄能电站的认识问题，在有关领导的指点下，抽水蓄能专业委员会组织专家收集了大量资料，写出了有分量的抽水蓄能电站经济效益和作用的文章，2000年4月提交给原国家电力公司战略规划部召开的优化调峰电源的战略研讨会，经过会上会下的研讨，战略规划部给国家电力公司领导的报告中，明确提出：“没有水电或很少水电的电网，需要配置抽水蓄能机组，比较合适的比例是10%左右。”通过各种宣传和沟通，使一些决策部门的领导，对需要发展抽水蓄能电站有了比较一致的认识。

（五）加强沟通，科学咨询，积极推动抽水蓄能电站建设进展

专委会经常组织专家采取现场咨询的方式，科学论证抽水蓄能电站建设过程中遇到的问题，通过科学论证、客观分析、各方参与、及时沟通，推动抽水蓄能电站建设。比如琅琊山在列项之前，请抽水蓄能专业委员会在现场开会，进行咨询，协助联系参观已建抽水蓄能电站，用工程实例解决决策人的疑虑；又如在白莲河的列项过程，请抽水蓄能专业委员会与有关领导进行沟通，并找专委会在该地区召开研讨会。抽水蓄能专业委员会对这些工程的列项建设起到了一定的推动作用。

二、十年来国内抽水蓄能电站建设的发展

国内抽水蓄能电站的发展十年来，成绩显著，主要表现在：发展速率高；在系统中发挥了重要作用；取得了较为成熟的设计、施工和管理经验；机组国产化已启动；建立了可行的经营模式等。

（一）容量增幅大，发展速率高

世界上第一座抽水蓄能电站于1882年诞生在瑞士的苏黎士，至今已有一百多年的历史。但世界上抽水蓄能电站得到迅速发展，还是20世纪60年代以后的事。1960年，全世界抽水蓄能电站总装机容量只有3500MW，2000年达到113280MW，40年间增加了32倍。

我国抽水蓄能电站建设起步较晚。20世纪60年代后期才开始研究抽水蓄能电站的开发，1968年和1973年先后建成岗南和密云两座小型混合式抽水蓄能电站。1984年华北电网开始建设潘家口混合式抽水蓄能电站，并于1993年建成投入运行。抽水蓄能电站的发展，有段时间几乎处于停顿状态。20世纪90年代才开始有了新的发展，全国（不计台湾）已建及在建抽水蓄能电站共26座（见表2）。至2002年底，已建抽水蓄能电站总装机容量达到5725MW，遍布全国14个省市，约占全国总装机容量的1.6%。从1994年至2003年，增加了19倍。在建的抽水蓄能电站装机容量11376MW，预计至2010年，这些电站都将建成，届时抽水蓄能电站的总装机容量可到17101MW。

表2　我国已建及在建抽水蓄能电站一览表

序号	电　站	建设地点	开发形式	装机容量（MW）	主体工程开工时间（年.月）	投产时间（年.月）	竣工时间（年.月）
1	岗南	河北平山	混合式	1×11	1967	1968.5	1968.5
2	密云	北京密云	混合式	2×11	1973	1973.11	1974.12
3	寸塘口	四川彭溪	纯蓄能	2×1	1991.2	1992.11	1993.5
4	潘家口	河北迁西	混合式	3×90	1984.5	1991.9	1992
5	广州一期	广东从化	纯蓄能	4×300	1989.5	1994.3	1994.12
6	十三陵	北京昌平	纯蓄能	4×200	1992.9	1995.12	1997.6
7	羊卓雍湖	西藏贡嘎	纯蓄能	4×22.5	1991.5	1997.5	1997.5

续表

序号	电　　站	建设地点	开发形式	装机容量(MW)	主体工程开工时间（年．月）	投产时间（年．月）	竣工时间（年．月）
8	溪口	浙江奉化	纯蓄能	2×40	1994.2	1997.12	1998.6
9	广州二期	广东从化	纯蓄能	4×300	1994.9	1999.4	2000.6
10	天荒坪	浙江吉安	纯蓄能	6×300	1994.3	1998.9	2000.12
11	响洪甸	安徽金寨	混合式	2×40	1994.12	2000.1	2000.7
12	天堂	湖北罗田	纯蓄能	2×35	1998.8	2000.12	2001.5
13	沙河	江苏溧阳	纯蓄能	2×50	1998.9	2002.6	2002.7
14	回龙	河南南阳	纯蓄能	2×60	2001.6	在建	
15	西龙池	山西五台	纯蓄能	4×300	2003.9	在建	
16	张河湾	河北井陉	纯蓄能	4×250	2003.12	在建	
17	琅琊山	安徽滁州	纯蓄能	4×150	2002.7	在建	
18	泰安	山东泰安	纯蓄能	4×250	2000.2	在建	
19	桐柏	浙江天台	纯蓄能	4×300	2001.12	在建	
20	白山	吉林桦甸	纯蓄能	2×150	2000	在建	
21	宜兴	江苏宜兴	纯蓄能	4×250	2003.8	在建	
22	宝泉	河南辉	纯蓄能	4×300	2003.3	在建	
23	白莲河	湖北罗田	纯蓄能	4×300	2004.9	在建	
24	惠州	广东惠州博罗	纯蓄能	8×300	2004	在建	
25	佛磨	安徽	混合式	2×78	2004	在建	
26	蒲石河	辽宁宽甸	纯蓄能	4×300	2004	在建	

另外，我国前期工作进展较深的抽水蓄能电站共计有40760MW（详见表3）。

表3　　我国规划抽水蓄能电站一览表

序号	电　　站	建设地点	开发形式	装机容量(MW)	台数×单机（台×MW）
1	深圳	广东深圳	纯蓄能	1200	4×300
2	丰宁一期	河北丰宁	纯蓄能	1800	6×300
3	丰宁二期	河北丰宁	纯蓄能	1800	6×300
4	板桥峪	北京密云	纯蓄能	1000	4×250
5	桃花寺	天津蓟县	纯蓄能	500	2×250
6	呼和浩特	内蒙古呼	纯蓄能	1200	4×300
7	双沟	吉林抚松	纯蓄能	500	2×250
8	荒沟	黑龙江海林	纯蓄能	1200	4×300
9	文登	山东文登	纯蓄能	1800	4×450
10	仙居	浙江	纯蓄能	1200	4×300
11	太平峪	陕西户	纯蓄能	1000	4×250
12	纯阳坞	江苏吴	纯蓄能	120	2×60

续表

序号	电　　站	建设地点	开发形式	装机容量(MW)	台数×单机（台×MW）
13	象山	浙江象山县	纯蓄能	600	4×150
14	双峰	浙江宁海市	纯蓄能	160	4×40
15	乌龙山	浙江建德	纯蓄能	2400	8×300
16	响水涧	安徽繁昌市	纯蓄能	1000	4×250
17	平江	湖南平江市	纯蓄能	2400	8×300
18	洪屏	江西靖安市	纯蓄能	2400	8×300
19	天池	新疆阜康市	纯蓄能	600	4×250
20	竹海	江苏宜兴	纯蓄能	1800	6×300
21	溧阳	江苏溧阳	纯蓄能	1500	5×250
22	仙游	福建仙游县	纯蓄能	2400	8×300
23	句容	江苏句容	纯蓄能	1200	4×300
24	马山	江苏无锡	纯蓄能	700	2×350
25	天荒坪二期	浙江安吉	纯蓄能	2400	8×300
26	黑麋峰	湖南长沙	纯蓄能	1200	4×300

续表

序号	电　站	建设地点	开发形式	装机容量(MW)	台数×单机(台×MW)
27	盘龙	重庆綦江	纯蓄能	1200	4×300
28	遥桥峪	北京密云	纯蓄能	1000	4×250
29	木格措	四川	纯蓄能	280	2×140
30	桓仁	辽宁桓仁		800	2×400
31	前进		纯蓄能	1200	4×30
32	涂山		纯蓄能	1000	4×250

广东和华东电网是近几年发展抽水蓄能电站比较快的两个电网，到2002年底，两个电网已建成的抽水蓄能电站装机容量达4460MW，占全国抽水蓄能电站总装机容量的77.9%，在建的抽水蓄能电站达5200MW，占全国在建的45.7%。

（二）在系统中发挥重要作用

抽水蓄能电站运行具有几大特性：一是它既是发电厂，又是用户，它的填谷作用是其他任何类型发电厂所没有的；二是启动迅速，运行灵活、可靠，除调峰填谷外，还适合承担调频、调相、事故备用等任务；三是启动成功率高，运行可靠，是系统的最佳调峰和事故备用电源之一。目前，我国已建的抽水蓄能电站在各自的电网中都发挥了重要作用，使电网总体燃料得以节省，降低了电网成本。现举几个电站的运行情况，说明抽水蓄能电站在系统中的作用。

1. 潘家口、十三陵抽水蓄能电厂　它们所在的京津唐电网是一个以火电为主的电网，电站在电网中的作用主要体现在调频、调峰、填谷、事故备用、调相、黑启动及保证首都政治用电等方面。

（1）调频。按照国家规定电网频率要求控制在50±0.2Hz，而目前京津唐电网内部考核为50±0.1Hz。京津唐电网在没有抽水蓄能电站投入以前，电网主要依靠燃煤火电机组调频，其中陡河火电厂和大同第二火电厂分别为京津唐电网的第一和第二调频厂。由于燃煤火电机组受设备的限制，对电网频率的急剧变化适应能力差。1993年以前，京津唐电网频率合格率在98%左右。目前电网调频主要以十三陵、潘家口抽水蓄能电厂为主。1995年十三陵抽水蓄能电厂投入运行后，电网频率合格率每年均达到99.99%以上，除了电网供电状况有所好转外，抽水蓄能电站参与电网调频起了很大作用。

（2）调峰、填谷。由于电网相继投入潘家口和十三陵抽水蓄能电厂，电网的调峰手段在一定程度上得以加强，有力地缓解了京津唐电网的调峰紧张状况，改善了燃煤火电机组的运行条件。为了节约燃料费用，降低电网成本，电网中燃油机组和燃气轮机通常很少发电，仅作为电网的冷备用容量。由于有抽水蓄能电站的投入和“9511工程”的顺利实施，京津唐电网拉路限电情况总体趋势逐年好转。以十三陵抽水蓄能电厂投产前的1995年和建成后的1998年进行比较，结果见表4。

表4　京津唐电网拉路限电情况统计

项　目	累计拉路次数		累计拉限负荷（MW）	
	京津唐电网	北京地区	京津唐电网	北京地区
1995年	81830	19231	114910	27990
1998年	966	0	183	0

（3）事故备用。在电网发生故障和负荷快速增长时，要求抽水蓄能机组能起紧急事故备用和负荷调整的作用。比较典型的例子：1999年3月12～17日，首都出现连续十多天的大雾阴雨天气，使北京供电线路造成电网雾闪、线路闪络掉闸等事故不断出现，此时十三陵蓄能电厂做出快速反应，开机48次，发电1948万kW·h，紧急启动成功率100%。3月20日，北京晨报以《大雾中击退“雾闪”狙击——十三陵蓄能电厂立了大功》、中国电力报以《十三陵蓄能电厂关键时刻显身手》报道了此事。

（4）保证首都政治用电。由于投入系统运行的火电机组容量日趋增加，且单机容量也较多为200MW以上。一旦出现机组甩负荷，抽水蓄能电站在开机备用状态下，可在数秒内使出力增至最大，以确保系统的安全稳定运行，在近年的重要节日和重大会议召开期间，十三陵蓄能电厂对于保证首都政治用电起到了重要作用。

（5）黑启动。随着电力系统的发展，系统的稳定性与可靠性会因局部的问题波及邻近区域而引起重大系统事故，而黑启动已成为事故后系统恢复正常运行的重要措施之一。1999年5月4日，十三陵抽水蓄能电厂进行了黑启动功能试验，并取得成功，可为电力系统提供有效的黑启动服务。

2. 广州抽水蓄能电站　从1994年一期工程投入运行，至2000年6月26日二期工程全部建成投入运行，广州抽水蓄能电站在系统中发挥了重要作用。

（1）使核电实现不调峰稳定运行。广蓄电站的调峰填谷作用使香港中华电力公司无需多开两台660MW煤机，而且在负荷低谷期可以更多接受核电。大亚湾核电站两台900MW核电机组于1994年投入商业运行，分别向广东电网和香港中华电力两个电网供电。由于两个电网都有抽水蓄能容量供调度使用，为核电创造了良好的运行环境，使核电不作调峰，实现稳定运行。1994～2000年核电机组超出力运行，年均发电量达到 120.6 亿 kW·h，超过两台机组全年运行合同电量 100 亿 kW·h 的 21%。

(2) 事故备用。广东电网内火电机组最大单机容量达 660MW，核电单机容量 900MW，西南经 500kV 天广线路供电约 800MW，广东电网还与香港电网相联，无论火电站、核电站跳机或西南供电解列等事故均对该电网安全影响巨大。广州抽水蓄能电站自投入运行以来，平均每年紧急启动 17.9 次。当出现西南供电跳机事故、大亚湾核电站机组跳机、沙角 C 厂两台 660MW 机组跳机、电网与西南供电解列等事故时，都是广州抽水蓄能电站机组迅速启动带负荷，使系统频率短时间内恢复正常。2002 年 4 月 4 日 21 时 25 分天广直流双级闭锁甩 1300MW 负荷，系统频率降至 49.37Hz，事故前，广东抽水蓄能电站运行发电 380MW，事故后 21h30min，广东抽水蓄能电站运行增至 1120MW，即在 5min 内增加了 740MW，使系统频率得以恢复正常。据不完全统计，在 1995～2003 年的 9 年中，广州抽水蓄能电站为事故备用紧急启动共 161 次。

(3) 稳定电网电压。广州抽水蓄能电站自投产运行以来，1994～1997 年的 4 年间共发无功 21878 万 kW·h，年均发出无功 5469.5 万 kW·h；吸收无功 72928 万 kW·h，年均吸收无功 18232 万 kW·h，为广东电网平衡无功、稳定电压起了较大的作用。

(4) 为电网作特殊负荷运行。由于抽水蓄能机组既可作电源又可作负荷，因此让电网调度组织功率特别方便简易，如大功率核电、火电机组调试期间甩负荷实验、满负荷振动试验，都需要有抽水蓄能机组配合，大亚湾电站 900MW 机组、沙角 C 厂 660MW 煤电机组甩负荷试验时都由广州抽水蓄能电站机组水泵运行作为负荷，一旦它们甩负荷，广州抽水蓄能电站机组就低频切机和自动关机，使核电、沙角 C 厂试验得以顺利进行。

3. 天荒坪抽水蓄能电站　天荒坪抽水蓄能电站 1998～2001 年共计发电 45.34 亿 kW·h，抽水电量 56.30 亿 kW·h，综合效率达 80.5%。电站自 1998 年首台机组投产以来，对保证华东电网的安全、稳定运行发挥了重要作用。如 2001 年 2 月 10 日北仑 1 号联变及三台 600MW 机组同时跳闸，天荒坪抽水蓄能电站在 3min 内紧急开机 2 台；同年 7 月 30 日扬州二厂 600MW 机组跳闸，天荒坪抽水蓄能电站也在 3min 内紧急开机 2 台；2002 年 6 月 4 日南桥变葛沪直流双极跳闸，天荒坪抽水蓄能电站 2 号机紧急并网发电；2003 年 4～5 月三峡龙政直流先后三次跳闸，天荒坪抽水蓄能电站机组紧急启动发电，由于天荒坪抽水蓄能电站机组的快速启动，使电网频率在短时间内迅速恢复正常，保证了电网的安全、稳定运行。天荒坪抽水蓄能电站自 1998 年投产至 2003 年 6 月底，已为电网应急调频或事故备用 23 次。

天荒坪抽水蓄能电站还被电网指定为系统瓦解时，恢复电网的黑启动电源。同时，电站也成为系统调试的重要工具，如在华东与福建联网调试过程中，为系统提供了极为方便的调节手段。天荒坪抽水蓄能电站投入华东电网运行后，对保证华东电网的安全稳定、经济运行发挥了不可替代的作用。

4. 溪口和天堂抽水蓄能电站　溪口抽水蓄能电站自 1998 年 5 月 2 台机组投运以后，提供的削峰填谷电量，解决了宁波电网约 40%的峰谷差调节问题。

天堂抽水蓄能电站自投运后启动频繁，为系统调峰、填谷、事故备用起了重要作用。2002～2004 年分别启动 2106、2207、2174 次，旋转备用占总运行时间分别为 7.35%、7.62%、7.11%。

综上所述，已建的抽水蓄能电站不管是大型还是中型，在实际运行中都很好地发挥了调峰、填谷、调相、调频、事故备用和替代燃煤机组的作用，取得了良好的信誉和经济效益。

(三) 具有较为成熟的设计、施工和管理经验

我国抽水蓄能电站建设虽然起步较晚，但有以往大规模常规水电建设所积累的经验，加上近十几年来引进的国外先进技术和管理经验，使我国抽水蓄能电站有较高的起点。尽管目前已建的抽水蓄能电站数目不多，总装机容量也不大，但单个电站容量已居世界前列。如：广州抽水蓄能电站已是当今世界上装机容量最大的抽水蓄能电站；在建设速度方面，广州一期工程全部竣工仅 58 个月，广州二期、十三陵和天荒坪抽水蓄能电站主体工程的实际施工工期，与世界经济发达国家相比并不逊色；在单位千瓦装机容量投资方面，一般都在人民币 4000～5000 元左右，而广州抽水蓄能电站一、二期平均不到 2500 元，低于世界同类电站水平，其中广州抽水蓄能电站还远低于具有一定调峰能力的燃煤电站的单位千瓦投资，对今后我国各电网电源优化比选，对抽水蓄能电站的发展，提供了很好的范例。正在建设的西龙池抽水蓄能电站，最大扬程 704m，在世界上已投运的单级混流式抽水蓄能机组，超过西龙池的只有葛野川抽水蓄能电站，茶拉抽水蓄能电站与其接近；天荒坪与广州抽水蓄能电站单级可逆式水泵水轮机组单机容量 300MW，设计水头 500m 以上，均为世界先进水平。

通过近 10 年来建成的第一批抽水蓄能电站的实践，积累了设计、施工和运行管理的经验，在技术上取得了丰硕的成果。

1. 行之有效的建设管理制度　广州、十三陵、天荒坪等大型抽水蓄能电站，实行了以项目法人责任制为中心，以建设监理制和招标承包制相配套的

建设管理模式。业主对电站的筹资、建设、经营和还贷全过程负责，拥有较大的决策和经营权。业主以项目经济效益最优为目标，合理配置和使用社会资源，大胆采用新技术和新工艺，对设计、施工和监理全面实施合同管理，依靠科技进步和科学管理提高电站建设效益，因而取得工期短、质量好、投资省的效果。

中型电站也是这样，如江苏沙河抽水蓄能发电有限公司在吸取其他水电项目管理经验的基础上，摸索总结出“项目业主负责制，建设监理制，招标投标制，合同管理制，动态跟踪审计制”的“五制”管理模式，对项目投资进行管理与控制，取得了较好的成效。江苏沙河抽水蓄能电站概算总投资6.03亿元，在建设过程中，从管理中要效益和控制造价，经过竣工决算，工程实际总投资5.79亿元。与概算同口径比较，节省投资2382万元，占概算总投资的4%。

部分抽水蓄能电站的投资和建设工期见表5。

表5 部分抽水蓄能电站的投资和建设工期

电　站	装机容量（万kW）	总投资（亿元）	单位千瓦投资（元）	总工期（月）
广州一期	120	28.20	2350	58
广州二期	120	34.25	2450	69
十三陵	80	37.30	4662	78
天荒坪	180	62.76	3487	81
沙　河	10	5.79	5794	46

2. 运行管理达到较高水平　抽水蓄能电站可逆式水泵水轮机—发电电动机组运行工况多、监控对象多、自动化元件多、信息量多，计算机监控系统比常规水电站计算机监控系统复杂，操作要求也比常规水电站高。已建成的抽水蓄能电站在运行管理方面都达到较高水平，表现在：

（1）人员精炼，基本上做到无人值班、少人值守。广州抽水蓄能电站从2002年9月以后，两个电厂已经实现了内部无人值班，保留两个控制室，把每一个控制室拿出一个终端到厂外，在厂外大楼建集控室，这个集控室可以控制8台机，一个人值班。现在一、二期共装机2400MW，人数在120人左右，做到了0.5人/万kW，与国外先进水平相近。溪口抽水蓄能电站装机容量80MW，按初设定员标准需223人，但目前溪口抽水蓄能电站有限公司全部正式员工只有31人。其中属于电站的生产技术人员仅为20人，这20人分属运行部和生产技术部。

（2）综合效率高。电站运行的平均综合效率一般在75%左右，最高达80.6%。广州抽水蓄能电站平均达78%，天荒坪抽水蓄能电站平均达79.4%。

（3）可用率和机组启动成功率达先进水平。运行管理水平可以从多方面进行衡量，但最直接最客观的反应是看抽水蓄能电站能否最大限度地发挥其各项功能来满足用户的要求，由于抽水蓄能电站的主要作用是调峰填谷和事故备用，因此，可用率和机组启动成功率是考核抽水蓄能电站运行管理水平的两个重要标志。电站可用率的考核标准因国家和地区以及电网的不同而有一定的差异，但一般不低于80%。机组启动成功率可达99%。部分抽水蓄能电站启动成功率和可用率统计见表6。

表6　部分抽水蓄能电站启动成功率和可用率统计表

电　站		十三陵	广州	天荒坪	天堂
启动次数［次/(台·年)］	发电工况	252	1074	545	2207
	抽水工况	175	789	260	1547
启动成功率（%）	发电工况	99.87	99.69	99.39	98.08
	抽水工况		98.76	99.1	94.58
等效可用率(%)		97.34	90.74	91.46	97.9
年运行小时数（h/台）	发电工况	1237	2294	1485	1525
	抽水工况	1013	2115	1659	1242

3. 掌握了先进的设计和施工技术　抽水蓄能电站与常规水电站相比，除机组特殊外，在水工建筑方面也有它的特殊性，比如对防渗的要求就特别严格，它的水是用电换来的；机组吸出高度多为负值，厂房多为地下式等，因此在设计和施工方面都有一定的难度，在已建的抽水蓄能电站中，攻克了这些难关，取得了成功的经验。

（1）上水库。十三陵抽水蓄能电站上水库，由人工开挖填筑而成，库盆采用钢筋混凝土面板防护，防渗总面积17.40万m^2、面板分477块、面板缝总长2.129万m，在寒冷地区，这样大规模的钢筋混凝土防渗工程在国内是第一个，在国外也少有。由于面板刚度较大，加上地处我国北部寒冷地区，施工时曾出现裂缝，经修补后，已正常运行。目前夏天渗漏量很少，冬天渗漏量也满足运行要求。它的优点是不必引进国外材料和设备，投资较省。天荒坪抽水蓄能电站的上水库，也是人工开挖填筑而成，防渗措施系与德国Stabag公司合作，采用沥青混凝土衬护，渗漏量很少。这两个工程说明在人工库盆防渗方面，我国已积累了一定的经验。

（2）地下厂房轻型支护。广州抽水蓄能电站宽

21m的大型地下厂房采用喷锚支护，其支护参数在国内外同类工程中是比较先进的。天荒坪蓄能电站地下厂房也是采用喷锚支护，并根据岩石和地质构造条件局部使用了预应力锚索，厂房支护设计和施工也是很成功的。实践证明，我国在地下厂房喷锚支护设计和施工方面都具有成功的经验。

（3）岩壁吊车梁。广州抽水蓄能电站厂房400t天车和天荒坪抽水蓄能电站厂房500t天车均采用岩壁吊车梁，利用岩壁锚杆支撑，浇筑钢筋混凝土形成岩壁吊车梁，取代传统的柱式支承吊车梁，既减少厂房宽度，节约投资，又缩短了工期。通过广州、天荒坪等抽水蓄能电站岩壁吊车梁实践，我国已完全掌握了岩壁吊车梁的设计理论和施工技术。

（4）水工隧洞及岔管钢筋混凝土衬砌。广州、天荒坪抽水蓄能电站水工隧洞及高压岔管均为钢筋混凝土衬砌，充分利用岩石承担大部分内水压力，以减少衬砌厚度和钢筋用量。隧洞采用单层钢筋，混凝土衬砌厚度40～60cm，广州抽水蓄能电站一期高压岔管是国内第一个高水头、大直径钢筋混凝土岔管，由国内设计人员与美国哈扎公司联合设计，国内自行施工。天荒坪抽水蓄能电站和广州抽水蓄能电站二期工程高压钢筋混凝土岔管完全由国内自行设计和施工，经过多年运行实践，证明隧洞及岔管钢筋混凝土衬砌设计和施工是非常成功的。

（5）斜井施工技术。抽水蓄能电站的引水道有竖井和斜井两种布置形式。与竖井相比，斜井水道长度短，水力过渡条件好，具有节省投资、提高电站效率等优势。但斜井的施工难度较大，施工技术比竖井复杂。我国目前已建的广州、十三陵、天荒坪等抽水蓄能电站，引水道均采用斜井布置。通过这些斜井施工，已形成了较为成熟的斜井安全快速施工成套技术。其中斜井开挖，广州、天荒坪抽水蓄能电站采用爬罐，十三陵抽水蓄能电站采用反井钻施工。广州一、二期和天荒坪抽水蓄能电站斜井钢筋混凝土衬砌采用滑模施工，其中广州抽水蓄能电站是与国外技术合作，采用以中梁导向的间歇式滑模，天荒坪抽水蓄能电站采用国内自行设计和制造的以轨道为导向的连续式滑模，同样取得了很好的施工效果。

（四）机组国产化已起步

因为抽水蓄能电站机组投资占整个工程投资50%以上，它对电站的造价影响比较大，而我国又不能生产高水头、大容量的机组，需从国外引进，加大了工程造价。为此，大家十分关注机组国产化的问题。多年来制造厂和科研单位做了大量工作，取得了一定的成绩。机组国产化大致经历这样几个过程：1967年引进岗南机组；1973年以仿制方式制造了密云机组；1992年生产寸塘口小机组；1999年设计制造响洪甸中型机组，但转轮是引进的；2000年制造了天堂中型机组。目前正在实施的以抽水蓄能电站为依托，通过统一招标和技术贸易结合的方式，引进机组设备设计和制造关键技术，并自行生产高水头、大容量的整套机组。我国抽水蓄能机组的制造厂家见表7。

表7　我国抽水蓄能机组的制造厂家

时　间	电　　站	容量（MW）	机组生产厂家	分　包　厂　家
1968年	河北岗南	1×11	日本富士电机厂	
1973年	北京密云	2×11	中国天津发电设备总厂	
1992年	河北潘家口	3×90	意大利TIBB	
1992年	四川寸塘口	2×1	中国四川东风电机厂	
1993年	广州（一期）	4×300	法国CEGELEC	东方电机股份有限公司
1995年	北京十三陵	4×200	美国VOITH奥地利ELIN	哈尔滨电机有限责任公司、东方电机股份有限公司
1996年	西藏羊湖	4×22.5	美国VOITH奥地利ELIN	
1998年	浙江溪口	2×40	瑞士SEM，ABB	
1998年	广州（二期）	4×300	德国SIEMENS VOITH	
1998年	浙江天荒坪	6×300	加拿大GE、挪威KE、奥地利ELIN	
1999年	安徽响洪甸	2×50	中国东方电机厂	奥地利MCE
2000年	湖北天堂	2×35	中国杭州发电设备公司	

续表

时　间	电　　站	容量（MW）	机组生产厂家	分　包　厂　家
2001年	江苏沙河	2×50	法国阿尔斯通公司	
	安徽琅琊山	2×40	奥地利维奥	
	浙江桐柏	4×300	奥地利维奥	
	河南回龙	2×50	哈尔滨电机有限责任公司	
	吉林白山	4×150	哈尔滨电机有限责任公司	
	山东泰安	4×250	日本丸红、伏依特富士、伏依特西门子	
	河北张河湾	4×300	法国阿尔斯通公司	
	山西西龙池	4×250	日本三菱	
	江苏宜兴	4×250	挪威GE、加拿大GEC	
	河南宝泉	4×300	法国阿尔斯通公司	哈尔滨、东方厂分包部分整套机组制造
	广东惠州	4×300	法国阿尔斯通公司	哈尔滨、东方厂分包部分整套机组制造
	湖北白莲河	4×300	法国阿尔斯通公司	哈尔滨、东方厂分包部分整套机组制造

为了提高我国机电装备水平，促进抽水蓄能机组国产化，国家发改委决定以宝泉、惠州和白莲河抽水蓄能电站为依托工程，通过统一招标和技贸结合的方式引进抽水蓄能机组的研发和设计技术。技术转让内容的核心为水泵水轮机和发电电动机的关键设计技术，包括13大项共70个子项的软件和技术内容。转让的技术具有先进性、转让内容具有完整性、转让实施具有可操作性。为了进一步落实技术转让工作，哈尔滨电机厂有限责任公司和东方电机股份有限公司与阿尔斯通公司分别就宝泉、惠州和白莲河第4台整机的分包制造签订了分包制造合同，使我国自行生产高水头、大容量的抽水蓄能机组落到实处。

（五）具有可行的经营模式

随着我国经济改革的深入，电力改革力度的加大和抽水蓄能电站在电网中的作用日益显著，它的静态效益和动态效益逐步得到各方的认可，逐步探索出适合本地区特点的经营模式，并取得了一定经验。

综合起来有两种模式，一是以潘家口、十三陵抽水蓄能电站为代表的电网统一管理模式；二是以广州、天荒坪、天堂抽水蓄能电站为代表的发电企业独立经营模式。

三、展望

（1）广阔的发展空间。从国内外资料综合分析，抽水蓄能电站在电网中的比例，一般在10%左右。到目前为止，我国已建成的抽水蓄能电站，总计容量不到6000MW，占全国总装机容量比例还不到2%。至2010年全国电力装机容量计划将达6亿kW左右，届时抽水蓄能电站装机容量可能达20000MW，占全国总装机容量3%左右。预计我国的核电将有很大的发展，至2010年，将由目前的2600MW增加至20000MW，根据国内外经验，为保证核电安全稳定运行，需配套相当规模的抽水蓄能电站。电网作为一个公用事业，用户对供电质量要求越来越高，而抽水蓄能电站的优越性能，将成为电网提高供电质量的可靠容量。尽管目前电力市场尚不健全，但电网和不少投资公司还是看好抽水蓄能电站，因为它已成为我国电力工业中不可缺少的重要组成部分。

（2）要进一步做好规划和前期工作。目前全国只有一部分省、市对本省的抽水蓄能电站站址作了全面的普查和选点规划工作，而有些省、市还没有抽水蓄能选点规划或做得很粗。我国各省区电网所在地区经济发展程度不同，由此影响到负荷特性有较大区别，电源结构也有较大差异，而各地抽水蓄能资源开发的经济性也有很大差别。因此，抽水蓄能电站的比例也因网而异。各地区、各电网应根据本身条件，并考虑全国电网逐步联网后的互补情况，通过科学的规划分析，探求本电网的合适比例发展。从电网需求看，对抽水蓄能电站的需求还是较大的。而待建的抽水蓄能电站前期工作深度远远滞后，需要加大投人，加快前期工作进程，解决好抽水蓄能电站的前期储备问题。

(3) 经营模式有待进一步完善。一般来说，抽水蓄能电站的技术性能容易被人们所认同，但建设抽水蓄能电站的经济效益评价和建成后如何经营取得合理利润却是一个十分重要而又尚未得到彻底解决的问题。

抽水蓄能电站和一般发电厂不同，它的效益主要不在于发电量多少，其动态效益比起电量更为重要，因为要它担任电网历时很短的尖峰负荷，虽然容量充分使用了，电量是不多的。尤其是事故紧急备用产生的电量虽然很少，却是极为珍贵的，因此不应当将电量作为它的主要经济评价和经营效益指标。我国的两部制电价及峰谷电价政策也应随着社会主义市场经济发展而得到调整，增加容量在电价中的比重，使电价体系与市场供需相符合。

随着电力体制改革的逐步深入，电力资金市场的进一步活跃及电力投资主体的进一步多元化，抽水蓄能电站采取其他管理模式的可能性也需要进一步研究。

(4) 机组国产化尚需努力。虽然目前机组技术引进和转让的内容比较详细、完整、可操作，但抽水蓄能机组国产化的成功仍有漫长的路要走。尤其是现在我国电力发展很快，制造厂的任务都很重，对抽水蓄能机组的制造要十分重视，要坚持走求真务实，循序渐进，不断总结经验的科学发展道路，逐步建立国内产品信誉。

(5) 认识还有待提高。由于抽水蓄能电站在现实中所发挥的作用，已大大提高了人们对抽水蓄能电站的认识。但还有许多对抽水蓄能电站的功能了解不全面的认识。因而有的人把抽水蓄能电站作为一个常规电源点和常规用户对待，用发电量的多少计算其价值，所以开始阶段有许多电站出现亏损。现在尽管实行了两部制电价，但容量电价太低，发电量收入占的比重大，影响了抽水蓄能电站的发展，这与对抽水蓄能电站的认识有关，尚需进一步解决认识问题。

（北京勘测设计研究院　李　例）

中国岩石力学与岩石工程20年

一、中国岩石力学与岩石工程的发展历程

岩石力学是运用力学原理和方法来研究岩石的力学性能及与力学有关现象的一门新兴科学。它既是力学的一门应用性分支，又是力学与地理学相结合的一个基础学科。它不仅与国家基础设施的工程建设有密切联系，而且也是资源开发、环境保护、减灾防灾等事业的支柱，具有重要的实用价值。

人类把最简单的岩石力学知识用于生产、生活，可以追溯久远。早在远古时代，我们的祖先就在洞穴中繁衍生息，并利用岩石做工具和武器，出现过“石器时代”。公元前2700年左右，古代埃及的劳动人民修建了金字塔。公元前6世纪，巴比伦人在山区修建了“空中花园”。公元前613～前591年我国人民在安徽淠河上修建了历史上第一座拦河坝，公元前256～前251年，在四川岷江修建了都江堰水利工程。公元前219年在广西开凿了沟通长江和珠江水系的灵渠，筑有砌石分水堰。公元前221～前206年在北部山区修建了万里长城。最近发现若干大跨度人工岩石洞室和洞室群，最早可追溯到约二千年前的西汉时代。至于我国的古代地下矿山更是遍布各地。到20世纪初，我国杰出的工程师詹天佑先生主持建成了北京—张家口铁路八达岭隧道。

在修建这些工程的过程中，不可避免地要运用一些岩石力学方面的基本知识，但是，作为一门学科，岩石力学研究是从20世纪50年代前后才开始的。当时世界各国正处于二战后的经济恢复时期，大规模的基本建设，有力地促进了岩石力学的研究与实践。1951年在奥地利萨尔茨堡（Salzburg）由Leopold Müller教授发起成立了Salzburg Geomechanik Kolloquim。1962年，以此为基础建立了国际岩石力学学会（International Society for Rock Mechanics，ISRM）。迄今为止，这个学会已召开了10次国际岩石力学大会和多次区域性专业学术会议，形成了国际岩石力学学界。

新中国成立前，连年战乱，民不聊生，我国工程建设规模极为有限，岩石力学研究基本上属于空白。中华人民共和国成立以后，随着水利、水电、采矿、交通、建筑、冶金、国防等建设工程的发展，提出了大量亟待解决的岩石力学问题，从而使这门学科逐步发展壮大起来。20世纪50年代初，一些单位就建立了岩石力学实验室，初步开展了若干研究工作。

系统地、全面地对岩石力学进行研究是从1958年开始的。当时，为适应长江三峡工程建设的需要，在国家科委领导下成立了三峡岩基研究组，以长江流域规划办公室及中国科学院为主体，在陈宗基教授指导下，集中了全国水利、水电、建工、矿冶、高等院校等18个单位100余名科技人员，下设大坝地基、地下结构、岩质边坡、动力特性、灌浆加固等5个专业组，在室内外开展了大量试验研究工作，如岩体流变试验，隧洞压力试验、地应力测试、振动爆破试验等。根据科研工作的需要，还研制成功一批仪器设备，如岩石三轴仪（垂直荷载5000kN，围压

150MPa，试件直径 9cm，高度 20cm）、大型电磁振动台、岩石扭转流变仪、液压钢枕等。三峡岩基组的工作，为我国岩石力学的发展奠定了基础。

葛洲坝工程是我国于 20 世纪 70 年代在长江干流上自行设计、自行施工的第一座巨型水电枢纽，当时有“万里长江第一坝”之称。主要的工程地质问题是坝基中广泛分布有原生或构造软弱夹层，总计约 80 余层。在陈宗基、谷德振等先生指导下，来自水利电力部、中国科学院等单位的科技人员对此进行系统深入的研究。为全面探索夹层的矿物、物理、力学、化学性质，除进行一系列宏观、微观分析外，着重进行了室内和野外抗剪、蠕变、松弛、振动爆破及抗力岩体试验。在抗剪试验中，考虑到浸水、振动、长期渗透、反复荷载等因素对强度参数的影响，野外抗剪试验采用的试件尺寸为 50cm×60cm，持续时间长达 3 个月。抗力岩体试验尺寸分别为 11.65m×1.70m×2.30m 和 9.54m×1.70m×2.30m（长×宽×高），规模之大，在国内外均属罕见。根据大量试验研究结果，运用流变力学原理，解决了软弱夹层及非连续、多层岩体结构的力学问题，并提出了有关的数学、力学模型及计算方法，为大坝设计和施工提供了重要依据。通过兴建葛洲坝工程，不但有力地促进了我国坝工技术的全面发展，而且在岩石力学研究上取得了重要的发展。

后来在金川镍矿、二滩水电站进行的工程地质力学和岩石力学研究，也在我国岩石力学与工程学科发展和实际应用中起到重要的奠基和推动作用。

我国实行改革开放政策以来，岩石力学得到突飞猛进的发展。1978 年 12 月 26 日，中国科学院、外交部联合向国务院呈送了《关于拟申请参加国际岩石力学学会和出席该学会第四届大会的请示》报告（[78] 科发外字第 2041 号），同年 12 月 31 日获得国务院方毅副总理等的批准。紧接着，我国即正式成立了国际岩石力学学会中国小组（National Group China，ISRM），并以团体会员身份加入国际岩石力学学会。1979 年 9 月，以陈宗基先生为团长、谷德振先生为副团长的中国 10 人代表团参加了在瑞士 Montreux 召开的第 4 届国际岩石力学大会。陈宗基先生分别在国际岩石力学学会理事会及学术大会上做了介绍中国岩石力学学科发展的报告，在国际上产生了广泛的影响。

此后，在陈宗基先生倡导下，1982 年成立了中国岩石力学与工程学会筹备委员会。经过三年多的不懈努力，1985 年成立了全国性一级学会：中国岩石力学与工程学会（对外为国际岩石力学学会中国国家小组）。在学会历届理事长陈宗基、潘家铮、孙钧、王思敬的努力推动下，学会工作得到很大发展，会员从成立时的 2000 余名发展到 12000 余名，约为国际岩石力学学会会员总数的两倍。此外，在水利、水电、煤炭、铁道、建筑、冶金等部门也根据行业特点，建立了各自的岩石力学专业委员会，并对若干重大工程项目开展了广泛的科技咨询和技术支持。

这支队伍为解决国家重大工程项目，如三峡、葛洲坝、小浪底、二滩、南水北调等水利水电工程，大冶、攀枝花、金川等矿山工程，成昆、南昆、京九、青藏等铁路工程，抚顺、大同、两淮、兖州等煤矿工程，大庆、胜利、克拉玛依等石油工程，秦山、大亚湾、岭澳等核电工程，北京、上海、广州、深圳等地铁工程，以及成千上万个中、小型工程建设中所遇到的岩石力学难题，开展了大量的工作，取得了丰富的成果。

值得提出的是，自 1981～1985 年的第六个国民经济发展五年计划实施以来，我国充分发挥社会主义制度的优越性，对岩石力学中的一些前沿课题，在全国范围内组织力量进行科技攻关。

“六五”期间（1981～1985 年），涉及到岩石力学方面的国家科技攻关项目为：

（1）地下工程快速施工。包括水电站大型地下洞室围岩稳定和支护的研究，地下洞室快速施工机械和施工技术的研究；应用隧道掘进机加速地下工程施工的研究。

（2）复杂地基的勘测与处理技术研究。包括复杂地基的工程地质研究与勘测技术；复杂地基的基础处理设计与施工技术研究。

“七五”期间（1986～1990 年），涉及到岩石力学与工程的课题有：

（1）勘测新技术研究。

（2）岩体力学测试及高坝地基原位监测技术研究。

（3）高坝地基岩体稳定性评价及可利用岩体质量标准研究。

（4）高坝地基处理技术研究。

为了论证三峡工程的技术可行性，在“七五”期间专门就三峡工程的岩石力学问题列项进行攻关，涉及的课题有：

（1）坝区及外围地壳稳定性研究。

（2）坝区高边坡和坝基岩体工程问题研究。

（3）水库诱发地震研究。

（4）库岸稳定性研究。

（5）环境地质评价与预测。

（6）三峡工程高陡边坡开挖、加固技术研究。

“八五”期间（1991～1995 年）国家重点科技涉及岩石力学的课题主要集中在岩质高边坡和高拱坝问题，以及勘测关键技术，即：

(1) 高边坡稳定及处理技术研究。

1) 岩质高边坡稳定分析方法及软件系统：大型滑坡（包括位移边坡）调查总结及相应的数据库，岩质高边坡失稳破坏规律及分析方法研究，岩体结构特征及力学特征研究，岩质高边坡稳定评价和分析设计的计算机软件综合系统。

2) 岩质高边坡开挖及加固措施研究：岩质高边坡开挖控制爆破及动力反应，预应力锚固技术，边坡施工合理顺序及综合加固处理的优化设计。

3) 岩质高边坡勘测及监测技术方法研究：摄影（像）图像分析技术在边坡岩体结构研究中的应用，直接横波测井技术及其应用研究，层析成像技术在边坡岩体勘测中的应用，钻孔彩色电视孔壁成像系统及其应用研究，钻孔多点渗压测量及压模系统，近坝库段的安全监测技术研究，边坡监测数据处理系统预报软件及应用研究。

(2) 高拱坝坝体、库水和坝基相互作用动、静力分析研究。

1) 坝体渗流特性及基座稳定分析研究。

2) 安全监控标准及反馈分析理论。

(3) 勘测关键技术及综合应用研究。

1) 原位保真取芯技术研究。

2)“3000”系列测井仪的改造和原位密度的测试研究。

3) 岩体裂隙结构面的计算机处理系统。

4) 高分辨率地质勘探技术方法研究。

5) 岩溶勘测新技术。

6) 地应力测试新方法。

为鼓励应用基础研究发展学科理论，国家自然科学基金委员会于1989～1992年将《岩土与水工建筑相互作用》列为重大项目，该项目中与岩石力学有关的有3项课题：

(1) 裂隙岩体力学特性与洞群施工力学研究。

(2) 加固后裂隙岩体力学特性及建基面准则研究。

(3) 裂隙岩体中水的运动与水工建筑物相互作用研究。

“九五”期间（1996～2000年），国家科技攻关重点加强了勘探技术的发展，同时继续组织重大岩石工程的关键问题研究，并注意到滑坡稳定性的研究。

(1) 快速勘探技术的综合应用。

1) 遥感技术及其应用研究：遥感与地理信息系统技术集成及应用研究，深挖高边坡快速地质编录成图技术开发与应用研究，地下洞室围岩地质编录成图技术开发与应用研究。

2) 综合物探技术研究及其应用：地震波CT技术及应用研究，钻孔彩色电视孔壁成像系统及应用研究，声波测井技术应用研究，高密度电法勘探研究。

3) 钻探新技术的开发及其应用：复杂地层安全快速钻进技术研究，钻孔岩芯定向技术研究，自振法抽水试验技术应用研究。

4) 工程地质综合分析技术的开发及其应用：工程地质综合分析系列软件研究，岩体物理力学特性及强度参数取值研究，软弱层力学特性参数研究。

(2) 300m级高拱坝坝基稳定研究。

1) 高拱坝抗滑稳定安全系数及岩体力学参数研究。

2) 拱坝与地基整体失稳机理、分析方法及对策研究。

3) 考虑暴雨入渗等因素拱坝坝基滑动可靠度分析方法研究。

(3) 超大型地下洞室群合理布置及围岩稳定研究。

1) 水库蓄水后地下洞室结构和围岩稳定与支护方式分析。

2) 地下洞室群合理施工顺序研究。

3) 地下洞室围岩稳定性研究。

(4) 坝址及近岸坡体稳定性研究。

1) 溪洛渡近坝滑坡体的稳定性分析和治理检测方案。

2) 小湾坝前堆积体稳定与加固方案研究。

上述一系列研究计划的实施取得了若干重要成果，有所创新，推进了岩石力学学科的发展。

经过半个世纪的不懈努力，我国已经积累了在复杂地质条件下修建多种岩石工程的丰富经验。但从总体上看，与国际先进水平相比，我国尚有一定的差距，尤其在综合运用研究成果，并将成果转化为生产力方面，尚嫌不足。不少科研成果，未能广泛应用于工程实践，发挥更大的效益，也影响迅速走向世界。

1981年Leopold Müiller来我国访问期间曾多次指出，他看到中国岩石力学的发展很健康，发展道路是正确的。近年来，我国岩石力学界同行不但在国外积极参加学术活动，而且在国内也卓有成效地组织了多次国际会议。以中国岩石力学与工程学会为例，自1985年成立以来，就主办过12次国际会议，如1993年举办了“三峡工程岩石力学与工程国际科学技术讨论会”。会后，当时的国际岩石力学学会主席C. Fairhurst教授在《国际岩石力学信息学报》第1卷第4期（1994）上，以大量篇幅进行了报导。在卷首语中，他指出：“在这个世界上迅速发展的国家——中国，岩石力学面临数不清的机遇和挑战。中国科学家和工程师的首创、献身精神令人敬佩。除了国际著名的三峡工程以外，中国还有其他一些在建或拟建的大工程。通过对这些重大工程的实践，中国会对岩石力学的发展做出重要贡献。”

此后，原国际岩石力学学会副主席，《国际岩石力学与矿业科学学报》主编 J. A. Hudson 教授（英国）于 2000 年与王思敬、杨志法合作，在该学报上组织出版了一期介绍中国岩石力学发展与成就的专刊（Special lssue：Rock Mechanics in China，International Journal of Rock Mechanics & Mining Sciences，V01. 37，No. 3，1000）。2001 年我国成功地举办了国际岩石力学学会 2001 年年会暨第 2 届亚洲岩石力学学术大会。由王思敬、傅冰骏、李仲奎主编，在 Balkema 出版了题为 Frontiers of Rock Mechanics and Sustainable Developmentin the 21 Century 的专刊。会后，国际岩石力学学会副主席 Chung-In Lee 教授、国际岩石力学学会秘书长 J. D. Rodrigues 博士、美国地下建筑协会主席 J. Reilly 教授等均致函会议主席王思敬院士，对会议的胜利召开及成功的学术交流表示热烈的祝贺，对盛情接待表示感激。上述种种事实均说明，岩石力学作为一门现代分支学科在我国已经建立起来，所取得的成就在国际上已引起高度重视。

二、基础理论研究进展

通过大量的工程实践，我国岩石力学学界充分认识到岩体和岩石在工程意义上的本质区别，并理解到工程岩体的复杂性，包括多元结构性及由此而形成的不均一性、不连续性和各向异性等。我国学者不仅深入地研究了岩石基质的力学特性，而且重点对现场工程岩体的力学行为进行了全面而系统的研究，从而对岩石力学的基本问题取得了若干的理论认识。

岩石和岩体的基本特性及其复杂性主要赋存于结构性之中。中国科学院地质研究所谷德振等开展了围绕岩体结构为中心的系统研究，创建了岩体工程地质力学理论。王思敬于 1974 年在《中国科学》撰文，探讨了岩体工程地质力学原理，指出它的主题是岩体结构在其力学特性和工程稳定性中的基础性和关键性作用。在对岩体的不均一和不连续结构进行了地质演化研究和地质力学分析，以及在对工程岩体变形、破坏机理研究的基础上，王思敬、孙玉科、李兴唐等论述了地下工程、边坡工程、大坝工程和区域地壳稳定性的工程地质力学分析。孙广忠研究了岩体结构的力学效应，提出了岩体介质的划分和岩体结构力学理论。所有这些，无疑为我国岩石力学研究和工程实践植入了强固的基石。

岩石和岩体的内在特性和力学行为的时效性是岩石力学研究和工程预测中的基本理论问题。中国科学院岩土力学研究所陈宗基等提出并率先开展了岩石流变学的研究。岩石力学的时效性，包括蠕变、应力松弛、长期强度等均获得深入的研究，尤其是软弱结构面的流变特性研究有重要的实用价值。在同济大学孙钧等推动下岩石流变学从试验工作、理论模型到分析原理皆得到系统的发展和突破。

我国学者在岩体力学本构关系和力学模型理论方面有很多的研究，如弹塑性、刚塑性、黏弹塑性模型，断裂蠕变、蠕变损伤等，葛修润、周维垣、朱维申等做出了若干卓有成效的研究。俞茂宏等在双剪强度理论、郑颖人等在岩土塑性力学方面均取得了创新性成果。在岩土特性及水电岩石工程稳定性理论上潘家铮做出了重要建树。在矿山岩石力学领域刘宝琛研究并发展了随机散粒介质力学模型和理论。

岩体受多组结构面切割，往往具有很强的不连续性，在变形、破坏过程中常表现为块体位移或运动。因此，块体力学一向受到重视，从单块体到多块体，从极限平衡到刚塑性等数值模型。石根华在中国已开始了此项研究，后来在美国得到进一步发展，包括关键块体、不连续变形分析（DDA）、流形法等，受到国际学人的重视。

岩体力学的统计模型、可靠度模型、人工智能模型，以及分形模型和非线性系统理论等研究受到广泛的重视，而系统工程和综合集成研究取得了重要的进展。

三、测试和试验方法及技术的研究进展

我国岩石力学的大规模现场试验工作是从 20 世纪 70 年代葛洲坝和三峡等工程开始的，后来到 80 年代初在二滩工程及金川镍矿等处也作了系统的试验研究工作。大量工程中的试验工作为我国岩石力学的发展提供了坚实的基础。

实验室研究是岩石力学理论发展的基础性工作。由于陈宗基的倡导在中国科学院岩土力学研究所建设了岩石力学实验室，开展了岩石流变学及岩石基本特性的试验研究，之后葛修润研究了岩石脆性破裂和损伤问题。长江水利委员会长江科学院董学晟等则开展了不同应力条件下的岩石力学试验，取得了新的进展。孙钧等在同济大学对岩石流变和岩石力学做出了卓有成效的实验研究。我国地应力研究颇具特色，不仅发展了各类测试技术，而且在地应力的地质力学分析和三维反演等方面也卓有成效。

岩石力学的物理模拟试验在我国得到广泛的应用。清华大学周维垣等开展了大坝地质力学模型研究，中国水利水电科学研究院陈祖煜开展了岩石工程的离心机模拟试验，清华大学李仲奎完成了大型地下

厂房岩石开挖的地质力学模拟试验等，得到重要的理论认识和工程应用。在中国矿业大学、煤炭科学研究院、北京科技大学等一批科研院所也广泛地开展了岩石力学的试验和模拟研究，既充实了岩石力学理论，又解决了许多工程难题。

（中国岩土工程学会　傅冰俊）

中国橡胶坝技术 40 年的回顾和展望

中国从 1966 年 6 月建成第一座北京市右安门橡胶坝工程以来，通过工程实践，证明橡胶坝这一新型水工建筑物有造价低、工期短、不阻水、操作灵活等特点。因而，橡胶坝使用范围与日俱增，被广泛应用在灌溉、发电、航运、供水、防潮蓄淡、地下水回灌、城市水利、环境美化、引黄拦沙加高培厚大堤等方面，取得了巨大的经济效益、社会效益和生态环境效益。2005 年 4 月国家主席胡锦涛视察了烟台市宫家岛橡胶坝，给广大橡胶坝工程建设者巨大精神鼓舞，推动了橡胶坝飞速发展。至 2006 年，我国建成的橡胶坝工程已达到 3000 多座。据沈阳第四橡胶厂统计，从 1975 年至今，该厂在国内外生产安装近千座橡胶坝；青岛华海环保工程有限公司已生产安装 800 多座橡胶坝；烟台天圣橡胶坝有限公司已生产安装约 400 座橡胶坝；还有北京橡胶十厂、广州橡胶六厂、烟台中策橡胶有限公司、江苏扬州合力橡制品有限公司未统计。近年坝袋生产厂家增加很快，有青岛碧海环保技术有限公司、青岛华夏橡胶坝有限公司、河北衡水佳兴工程橡胶有限公司等也具相当规模。橡胶坝建设出现大发展的势头。在建成的橡胶坝工程中，单跨坝长最长为 176m，多跨坝长最长为 1135m。最大坝高为 6.0m、使用寿命最长的北京市右安门橡胶坝工程运用了 40 年，至今仍在使用。

中国橡胶坝建设 40 年来，在科学研究、规划思想、坝袋结构、锚固设计、坝袋制造工艺、监测和管理及模型试验技术等方面都有所创新，逐渐形成了一套具有中国特色的橡胶坝技术体系。

一、橡胶坝工程规划思想的更新

我国幅员辽阔，自然条件差别很大，除应考虑常规工程的一般原则外，应特别重视橡胶坝薄和柔软的特点，根据橡胶坝工程的任务，搜集基本资料、选定坝址、进行工程总体布置、拟定建筑物的主要尺寸，重视经济评价和环境影响评价，结合当地实际制定出更为合理的规划。

（1）初期兴建的橡胶坝工程发生坝袋破损事故的比重较大，查其主要原因之一是坝址选择不当，工程布置不合理，致使过坝水流紊动或偏流，发生波状水跃或折中水流，造成坝袋振动或磨损。吸取失败工程的经验教训，增强了橡胶坝的坝址选择和工程总体布置重要性的认识后，坝址选择要综合考虑地形、地质、水流、泥沙、施工、管理和其他因素，经过技术经济比较和环境评价之后确定。

（2）坝址宜尽可能选在岩石坚硬、完整或沉积紧密的地基上。橡胶坝由于坝体重量轻，且基础受力也均匀，与其他闸坝相比，对地基的要求相对要低一些，但是，因地基不好造成工程失事屡见不鲜，要引以为戒。

（3）坝址宜选在河段相对顺直、水流流态平顺及岸坡稳定的河段，不宜选在冲刷和淤积变化大、断面变化频繁的河段。在多沙河流建坝，坝址应避开纵坡变缓河段，如确难避开，应将坝基底板的高程适当提高，并在底板高程以下设排沙孔；或者使水流过坝紧接陡坡段，利于泥沙排泄，防止坝袋被泥沙覆盖。

（4）坝址选择应利于枢纽建筑物布置。应考虑施工导流、交通运输、供水供电、工程运行管理、坝袋检修方便等因素。

（5）工程布置包括坝基土建、坝体（坝袋和锚固件）、充排和安全观测系统等。应做到布局合理、结构简单、安全可靠、运行方便、造型美观。坝轴线应与坝址处河段水流方向相垂直。

（6）橡胶坝工程建设要结合流域规划、城市规划，综合考虑水资源和水环境协调发展的建设思路。

二、坝袋结构型式的创新

（1）堵头式（或枕式）橡胶坝袋。在运用中发现矩形孔口两边岸墙的锚固有不少缺点，坝袋充胀时，两端出现很深的折皱，不仅降低了橡胶坝的有效挡水高度，而且坝袋内残存的气体不易排除；当坝袋坍落时，坝袋两端仍挂在边墙上，过洪时易被漂浮物刺破；运行时，坝袋两个端部应力分布复杂，出现局部应力集中。为了改善坝袋结构型式和局部应力分布状况，减少因坝袋折皱导致挡水损失，进行了堵头式橡胶坝模型试验，工程实践表明，矩形孔口，坝高在 3～4m，不经常泄流，采用堵头式坝袋，取得良好效果，可消除坝袋端部折皱，提高挡水高度，坝体平整美观。

（2）多袋式分层橡胶坝袋。在坝袋的加工设备受到限制时，从设计上改变坝袋结构造型，采用分层坝袋结构，即将 2～3 个坝袋叠加起来，下层坝袋锚固在基础上，中、上层坝袋分别锚固在下（中）层坝袋的袋壁，上层坝袋随下（中）两层坝袋升降而升降。二或三层坝袋可以同时充胀，按设计高度挡水，也可以分层控制，根据需要充胀挡水或坍坝泄流。于1989年建成了宁河充水式双层橡胶坝，坝高5m，坝长125m。运行实践表明，双层橡胶坝具有节省坝袋材料，减少土建工程量，提高工程的安全性和降低工程投资等优点，缺点是坝袋安装和运行管理较为复杂。

（3）橡胶坝袋在向高、长、多层发展的同时，用于园林工程时在向小巧、样式新颖等方面发展，研制成功彩色橡胶坝袋，造型优美，为城市建设增添一道亮丽的风景。用于渠系上作为进水闸、分水闸、节制闸，能够调节水位和流量。

（4）橡胶活动围堰（蝌蚪形坝袋）。适用于施工截流和工程维修临时断水，其特点是不筑基础，堰体是用胶布制成，堰袋前接连一段贴地的防渗和防磨胶布称为前坦。原理是利用前坦上和堰袋内的水重作用，胶布与河床产生摩擦力，克服上游的水平推力，维持围堰袋的平衡稳定，并利用前坦和堰袋的贴地长度以满足防渗长度要求。这种活动围堰曾在广东、安徽等地试用，1977年在北京右安门橡胶坝检修时采用，取得良好效果。用它来代替土石围堰，可节省劳力，缩短工期，且解决无处取土的困难。

三、坝袋设计计算精度提高

坝袋设计计算　从二维问题和薄膜内力两个基本假定，根据静力平衡条件，确定坝断面的拉力公式，并按坝袋的几何性质导出有关坝袋断面周长和容积数解公式，计算较为复杂，改用电算求出坝袋各要素数据，制成表格，使坝袋设计能快速完成计算工作。在单层坝袋计算的基础上，建立了双层坝袋力学模型，推导出公式制成了双层坝袋设计参数表，为双层坝袋设计提供论据。还采用不同的方法，分析坝袋的受力情况，对坝袋的设计计算进行了深入研究，用有限元法分析橡胶坝，溢流橡胶坝的数值分析，橡胶坝抗波浪的试验研究等，提高了计算精度并解决橡胶坝的大变形问题。

四、创造多种锚固结构型式

锚固结构是橡胶坝能否安全可靠运行的关键部件之一，锚固结构形式多种多样，常用的结构形式是螺栓压板锚固，其特点是设计数据准确，施工操作简易，坝体受力均匀，运输安装维修方便。可作为橡胶坝袋的配套产品设置专业生产厂。在钢材缺少和无加工设备时，就地取材，研制了混凝土楔块锚固，木楔块锚固等。由于各构件均为规则形状，容易在施工现场加工，安装方便，在坝高3m以下的橡胶坝工程得到推广使用。南京水利科学研究院系统地提出胶囊充水式锚固等。

五、坝袋制造的创新

（1）钢丝骨架材料。橡胶坝袋的受力骨架，国内外皆采用纤维织物，我国曾选用过棉、维纶、玻璃丝和锦纶等。受力骨架的强度决定着橡胶坝的高度。橡胶坝高度的增加，反映出橡胶坝技术的进步和成熟程度。烟台天圣橡胶坝有限公司首创并生产了钢丝网骨架橡胶坝袋。用钢丝代替传统的锦纶丝帆布，改变了坝袋的结构形式，使坝袋受力条件更好，满足兴建高6m以上橡胶坝的要求，是橡胶坝建设上的科学创新。

（2）无搭接缝坝袋设备制造与生产新工艺。第一代橡胶坝袋是采用冷黏合成型，胶布的搭接缝处容易产生黏着强度不均匀和封口条脱落等现象；第二代改用热压合成型，在一定压力温度下进行单缝硫化，机械成型、压合的接缝表面光滑平整，搭接缝强度均匀，消除封口条脱落的问题，使坝袋质量提高一步。第三代无搭接缝橡胶坝袋，克服坝袋厚度的增大、原有的生产设备难以塔接成型的问题。1997年烟台天圣橡胶坝有限公司研制成功一台国内橡胶行业最大型的腭式热压合硫化机，创新坝袋制造设备，开发了无搭接缝橡胶坝袋和彩色橡胶坝袋生产新工艺。2005年采用锦纶骨架无搭接缝橡胶坝袋建成我国第一座6m高湖北恩施橡胶坝；2006年采用钢丝骨架无搭接缝橡胶坝袋建成6m高广西百色东笋水电站橡胶坝，改写了我国只能建设5m高橡胶坝的历史，使我国橡胶坝建设达到世界先进水平。

六、专题研究和模型试验进一步提高橡胶坝技术水平

模型试验是解决复杂工程技术课题的重要手段。橡胶坝工程带动科研，科研又反过来推进橡胶坝工程技术的提高。40年来，结合橡胶坝工程建设开展了多种的试验研究。

（1）波浪模型试验与在波浪作用下坝袋受力计算研究。1986年中国水利水电科学研究院受上海石油化工总厂设计院委托，进行在50年一遇潮汐及波浪作用下的模型试验，提出了在波浪作用下的坝袋受力的计算公式，综合分析各种橡胶坝袋结构形式的优缺点，设计出双层带内胎的橡胶坝袋造形和双层坝袋的锚固形式，在海水中使用比在淡水中使用效果更好的坝袋胶布材料。试验成果表明：橡胶坝具有一定的抗浪能力；利用橡胶坝来围海造地作海堤之用是切实可行的，它可充分发挥橡胶坝的各项优点。

(2) 泥沙冲淤规律的研究。1988年该院受河北省承德市水利局委托，进行橡胶坝泥沙冲淤和振动的模型试验，通过不同的水沙条件试验，了解橡胶坝一跨或多跨坝段的排沙效果，推荐较好的橡胶坝布置方式，探索库区泥沙的冲淤规律，提出合理的橡胶坝运行调度方案，观测下游消能效果，优选消能结构形式。承德武烈河橡胶坝的建设按照正确的规划设计和试验研究的途径，成功的建成5座橡胶坝，实行梯级开发。解决城市供水、避暑山庄湖区补水，使承德市这座历史名城呈现出美丽的湖光山景。

(3) 振动实验及减振措施的研究。橡胶坝的振动受过坝流量、下游水深、锚固形式、坝袋重量、充涨高度、水工布置、坝体跨度等多种因素的影响，是十分复杂的问题。结合橡胶坝工程，进行了三种坝型210组试验。通过试验资料分析提出如下减振措施：①水工结构的布置应使过坝水流流态平顺并紧接陡坡，使水流过坝后经陡坡急泻入消力池，减免坝袋受下游尾水影响。②基础底板及两侧端墙，凡是与坝袋接触部分必须平整光滑；充排水口位置宜紧靠下游锚固线，使坍坝时坝内水能排净，坝袋能坍平，以利排洪排沙和减轻坝袋振动磨损。③适当加厚坝袋表层胶，设置挑流装置是可行的措施。④科学运用，运行中发现坝袋振动时，要立即调节坝高，破坏产生共振的条件，可以消除或使坝袋振动减轻。试验成果已普遍应用于实际工程中，有效地解决了运行管理中出现的坝袋振动问题。

(4) 橡胶坝的流量系数试验。合肥工业大学受水利水电规划设计总院委托，先后对单锚固充水橡胶坝、双锚固充水橡胶坝及双锚固充气橡胶坝进行了断面模型试验，探索橡胶坝流量系数和坝高随上、下游水位，坝袋内压力水头变化而变化的规律。经过对试验资料进行回归分析所得的流量系数计算公式，已纳入橡胶坝技术规范。

(5) 充气式橡胶坝技术的研究。天津市水利科学研究所于1992年对充气式橡胶坝进行了较全面的研究。该试验成果，为推广充气式橡胶坝提供了科学资料。结合橡胶坝工程建设，还有许多单位做了大量的试验研究工作，不再列举。

(6) 检测和管理工作。初期建的橡胶坝工程，由于管理不善或无人管理，造成工程不能充分发挥效益有30%的工程被拆除。实践说明橡胶坝除了要有合理的规划、设计、施工及高质量的坝袋外，加强对工程运行管理和维修养护，对延长其使用寿命，充分发挥效益是十分重要的。近40年来，我国在橡胶坝的运行管理方面积累了许多宝贵经验，如控制坝袋的振动，防止砂石的磨损以及防漂浮物破坏的可行措施，坝袋的养护维修技术也有很大提高。为加强橡胶坝运行管理工作，还采用了微机检测系统，提高了观测资料的准确性和可靠性，小埠东橡胶坝率先采用了计算机监控系统进行枢纽工程管理，保障工程的安全运行。在山区河流上建设橡胶坝工程，必须设置可靠的洪水预警系统等。

七、展望

(1) 进一步开拓国际市场。我国幅员辽阔，在严寒地区，多泥沙河流上以及受波浪潮汐作用的沿海地带等地区，已建成了3000多座橡胶坝工程，并进行了相应的许多项具有较高水平的科学研究，积累了在各种自然条件建设橡胶坝工程的丰富经验，确立了中国橡胶坝自己的品牌。中国橡胶坝技术与日本等国相比并不逊色，在某些方面，还具有一定的优势。从1987年起中国橡胶坝技术闯入国际市场，已为泰国、尼泊尔、印度尼西亚、孟加拉、韩国、越南、伊朗、新加坡等一些国家设计和建成许多座橡胶坝工程。在上述国家中，以往建成的橡胶坝均由日本橡胶坝厂所包揽，现改用了中国橡胶坝品牌。中国橡胶坝进一步开拓国际市场，还有一个不可低估的价格优势，这对许多发展中国家来说是很有吸引力的，在国际上具有较强的竞争性，在质量控制方面更上一层，服务加以改进，进一步占有较大份额的国际市场指日可待。

(2) 迎接中国橡胶坝建设新高潮。在我国橡胶坝一直是公益性水利工程，以国家投资为主体，目前出现个体经营者投资兴建橡胶坝的新趋势。民营经济的出现，则更加看中橡胶坝投资少、回报快的显著特点，小水电建设的兴起，呼唤高橡胶坝的研究开发。抓住西部大开的机遇，加强对充气式橡胶坝的开发应用，西北地区建设橡胶坝存在充水水源缺乏、气候寒冷等特点，宜采用充气坝。在充水坝的充排水系统已研制成功专用设备。橡胶坝工程是解决西部水资源的合理开发和有效利用是一种很好的水工结构形式，它将迎接中国橡胶坝建设新高潮。

(3) 建议成立橡胶坝学术分会。为了加强橡胶坝技术的推广应用，进一步提高橡胶坝的建设水平，建议成立橡胶坝学术分会，积极开展学术活动，对橡胶坝工程设计、施工、管理、坝袋加工等，有好的经验及时组织推广，在橡胶坝建设中出现的技术问题，提醒有关部门组织协作攻关。为适当新的形势，确保坝袋质量，须建立生产许可证，健全质量检测等规章制度，适时组织修订《橡胶坝技术规范》。确保橡胶坝建设持久、稳步、健康的发展。

(中国水利水电科学研究院　陆吾华)

我国水电工程施工系统的发展

砂石骨料开采加工、混凝土生产预冷、大坝混凝土浇筑（或土石上坝）三大系统，对水电工程施工起了至关重要的保障作用。随着水电工程规模和技术的快速发展，这三大施工系统的技术也获得飞速发展。

一、我国水电工程施工系统的发展情况

（一）砂石骨料加工技术

建国初期，除少数工程采用人工碎石，大部分均用天然砂石料；20世纪50年代中期，三门峡、新安江两大水电站开工兴建，出现了大型机械化天然料砂石加工系统。此后，一系列大型工程开工建设，如刘家峡、丹江口、葛洲坝等水电站，天然砂石料加工系统大体上保持了相似的水平。随着水电工程向河流上游和中西部推进，天然料源渐趋缺乏，开始了人工骨料加工技术的研究和实践。20世纪60年代初，贵州猫跳河二级采用锤式破碎机制砂；60年代中期，映秀湾水电站进行了棒磨机制砂的研究试验，取得了可喜的成果，并用于工程建设中。在此成功经验的基础上，20世纪70年代兴建的乌江渡水电站建立了500t/h的石灰岩为料源的大型人工砂石系统，是我国砂石生产技术发展的里程碑。此后人工骨料加工技术得到了迅速发展。除了石灰岩为料源外，还建立了以花岗岩、砂岩、石英岩、流纹岩、玄武岩、正长岩、片麻岩、辉绿岩、凝灰岩等多种岩石为母岩的人工骨料加工系统。特别是20世纪90年代，三峡、二滩等一批巨型、大型工程的兴建，使砂石骨料加工不论在规模上或技术水平上都达到了新的高度。这些工程在料源选择、料场开采、加工工艺流程及设备、砂石产品的质量等方面都达到了世界先进水平。

（二）混凝土生产预冷技术

我国大型机械化混凝土生产系统始于三门峡、新安江两大水电站，其主体设备混凝土拌和楼均为进口。至20世纪80年代，我国自行研制4×3m^{3}大型混凝土拌和楼，从机械称量发展到电子称量，在吸收进口设备技术的基础上，开始了微机控制的尝试。该型拌和楼长期作为我国大型水电工程的主力机型和成熟设备，其产量、质量均有较大保证。20世纪90年代，二滩、三峡等大型混凝土坝开始兴建，出现了4×4.5m^{3}全微机控制大型混凝土拌和楼，其铭牌产量达到360m^3/h，三峡工程的4×4.5m^{3}拌和楼主要为国内研制，采用双机热备份技术，整个混凝土系统采用信息化管理，取得了良好的效果。三峡工程还使用了进口2×4.5m^{3}强制式搅拌楼（以前水口工程已经使用）和4×6m^{3}进口自落式拌和楼。各种混凝土生产设备都在三峡工程作了展示，我国水电工程的混凝土生产技术已推进到世界先进水平。21世纪初，龙滩工程开工，采用了产量更高的2×6m^{3}强制式搅拌楼，但其主机为进口。就单系统而言，龙滩工程混凝土系统的规模已达到月生产混凝土30万m^{3}的能力，在世界水电建设史上也是最大的。

我国水电工程的混凝土预冷技术也始于三门峡、新安江工程，当时的技术还是很初步的。此后，刘家峡工程曾试验过真空预冷骨科，龙羊峡工程使用过国产小型片冰机，丹江口采用过循环水冷骨料（罐冷），葛洲坝工程在引进巴西伊泰普工程技术的基础上实施了胶带机喷淋水冷骨料，但效果不够理想。20世纪80年代，东风、五强溪、水口三个工程全面实施混凝土预冷的三冷技术（喷淋水冷骨料、加冰拌和、拌和楼料仓附壁式风冷），将混凝土预冷技术推进到一个新阶段。至20世纪90年代，二滩工程实行国际招标，其混凝土预冷技术也达到新的高度，突出表现在水冷骨料的水量损耗和温度损失极小，因而冷耗和能耗低，其单位混凝土产量配置的制冷容量和冷耗在国内外水电工程中是最低的。三峡工程实施了大规模两次风冷骨料技术，使混凝土出机口温度基本能稳定达到7℃。因其布置较紧凑，无水处理设施，近期建设的许多水电工程都广泛采用了两次风冷技术，但与二滩工程的水冷技术相比，其单位混凝土产量配置的制冷量和能耗都较大，这正是我国水电工程技术人员需要探索的问题。

（三）混凝土浇筑系统

我国水利水电大型机械化浇筑系统亦始于三门峡、新安江工程。当时采用的是进口缆机和塔机。以后随着大批水电工程的建设，从起重量为20t以下、中低工程速度、承载索为双索或四索、带刚性高塔架的第一代国产缆机，发展到中高工作速度（重降空升3～3.3m/s，牵引速度7.5m/s）、无塔架、单承载索的第二代缆机。至21世纪初，一大批大型和特大型水电站相继兴建，对缆机的需求进入了一轮新的旺盛期，并在技术上提出了更高的要求。从2001年迄今，仅30t级缆机的订购量已达20台，其中除小湾5台、锦屏一级4台为进口外，其余构皮滩、拉西瓦、景洪、金安桥、溪洛渡等工程的11台均为国产缆机，还有龙滩、光照、埃塞俄比亚等7台20～25t级缆机亦为国产。其主要技术特点为：①额定起重量达到30t，可配用9～9.6m^{3}混凝土吊罐；②起升高度最大可达300m左右；⑧已成功采用自行研制的差动自行式承马，具备牵引速度≥11m/s、重降空升≥4.5m/s的高速化的能力；④采用晶闸管整流，电能转换效率高，振动和噪声小，机房占地少和免维修；⑤控制系

统采用PLC和工业计算机相结合，具有高可靠性和完善的控制、安保、显示性能；⑥国际择优配套，承载索、特种工作索、整流装置和直流电机，PLC和工业计算机及控制元件，重要部位的轴承和制动器等均为国际名牌产品。

在门塔机方面，我国也从最初的丰满10t门机发展到现在1800t·m的高架门（塔）机，乃至更大起重力矩的设备国内亦可生产。一些宽河床的混凝土坝已可完全由国产门塔机浇筑。

对于宽河床的高坝，三峡工程首次成功使用了进口的塔带机为主的浇筑方案，创造了月浇混凝土约55万m^3、年浇筑535万m^3的世界纪录（含其他浇筑设备）。在三峡工程成功使用的基础上，龙滩碾压混凝土大坝又采用了2台塔带机。

二、几个重要问题

（一）料源选择与勘探精度问题

料源的选定是水电工程建设中的重要问题，但多数设计单位对建筑材料的地质勘探试验有所忽视，甚至不按规程进行，工程开工之后才发现料源数量不够或是质量有问题，被迫停工另找料源。如某大型电站，前期勘探少，料场剥离后，发现不但覆盖层特厚，其流纹岩还含有许多铁质锈斑，影响混凝土强度，被迫转移料场。另一个大型电站，开工之后发现料源岩石具有超常磨蚀性，砂石系统设备磨损极快，生产能力远达不到设计能力，被迫停工增容改建。近期某一大型水利工程，整个料场只有一个钻孔打入有用层，直到工程开工后的咨询才发现这一问题，由业主单位另行委托做补充勘探。新制定的施工组织设计规范，将料源选定单列一章。即将开工的向家坝水电站，设计单位做了长期勘探、试验比选工作，也曾走过弯路，最终选定距坝址50km的太平灰岩料场即为一例。国内已建工程的正反面经验教训的结论，就是一定要在工程前期按建筑材料勘探试验规程做好工作，不能简化、取巧。

（二）破碎制砂的工艺及设备选型问题

料源选定之后，砂石系统要解决的主要问题就是破碎制砂的工艺流程和设备选型，解决好岩性、工艺流程和设备选型三者之间的关系。据我国工程实践的经验，以下几个问题值得重点研究：

（1）破碎段。破碎段数量主要由所选破碎机破碎比、机型、进料粒径、成品粒径等因素确定。国内多数砂石系统采用三段破碎粗骨科，在一定条件下，采用两段破碎可取得显著的经济效益，降低产品成本，研究工艺流程时应予考虑。

（2）粗碎机型。粗碎较常用的是颚式和旋回式破碎机。颚式破碎机产量较低，外形尺寸较小，机重较轻，价格较低，土建工程量较少，通常认为产品粒形较差，针片状含量较高。旋回式破碎机的优缺点正好与颚式相反。据某些工程的测定，颚式破碎机产品中针片状多集中在中、小石，而大石、特大石的指标均未超标。大多数水电工程砂石系统的使用年限均在五年以下，如果新购设备，应优先选用颚式破碎机，以减少土建工程量，节约成本，其产品中、小石针片状含量较高的问题可在后续破碎段解决，如破碎较软岩石（如石灰岩），粗破亦可用反击破。

（3）中细碎的机型主要是圆锥破和反击破。如果破碎较软岩石（如石灰岩），则可用反击破，其破碎比较大，可以减少破碎段：如果破碎硬岩，则应采用圆锥破，国内有的工程采用反击破破碎磨蚀性极大的熔结凝灰岩，造成超常磨损。有的工程虽然也是破碎石灰岩，但因料源节理发育，切割成碎块，采用反击破作为中细碎机型，造成过粉碎，40～80mm一级大石中的中径含量距规范要求相差很多，最后被迫改换为圆锥破。这一事实也应引起注意。总之，在选型时要十分重视被破碎的岩石的特性。

（4）制砂技术发展到今天，基本上有两种类型，一种是立式冲击破与棒磨机联合制砂，另一种是单一的立式冲击破制砂。前者以三峡等工程为代表，后者以索风营等工程为代表。联合制砂的优点是棒磨机的产品细度模数稳定，可调性好，但棒磨机重量大，耗水、耗钢量大，水处理系统也大。单一立式冲击破碎机制砂，砂产品级配略差，在其后检查筛分流程中筛除部分粗粒砂进行闭路循环后，砂的细度模数同样可保持稳定，并达到2.4～2.8左右规范要求的数值，同时成品砂的含水率可能在4%以下，制砂成本也较低。已经使用成功的有石灰岩和花岗岩，其他岩性则有待进一步探索。

目前国内多数工程立式冲击破的制砂流程采用闭路循环，当其产砂率较低时，大部分产品经检查筛分后又返回制砂机，加大了循环负荷量，增加设备和能耗。据此，立式冲击破应尽量开路，其大部分产品应作为成品（包括小石和细石），只闭路少部分用于调整级配的产品，才是经济的做法。

在制砂流程中应尽量用全干法生产（或所谓半干法），可大量节约能耗和水耗，避免石粉流失，并简化石粉回收和污水处理工序，但须注意环保，杜绝粉尘污染。

（三）石粉回收和污水处理问题

碾压混凝土要求有较高的石粉含量，因此破碎加工中的石粉回收是工艺流程中必不可少的工序。目前石粉回收基本上可有三种方式：

（1）依靠自然沉淀，待干化后，挖取石粉再掺入砂中。多数中、小工程常用此法。由于方法简单，某些大工程也在采用。

（2）水力旋流器配高频振动脱水筛。现有国内外产品中有单个旋流器和多个旋流器两种。小直径旋流器可分离出较细的粒径（可回收大于0.038mm的细粒）。有的工程已摸索出该种设备的运行规律，并与刮板洗砂机联合使用，取得较好效果，有的工程则尚未掌握其运行规律。

（3）负压吸水，加速沉淀池石粉干化。当前已经使用的沉淀池自然沉淀时间过长。如在沉淀池下部采用适当的结构，用水泵抽水，造成负压脱水，则可大大加快石粉干化时间。这是比较快速经济的方法，有待于进一步实践。

砂石生产是用水大户，如用湿法生产，一个大型系统耗水量达每小时数千吨，随之产生大量污水。目前环保要求越来越高，污水必须经处理才能排放，同时经处理后的污水变成合格的生产用水还可重复使用。砂石系统是临时工程，往往场地条件有限，不可能像城市污水处理厂那样大做文章。目前常用的方法也可归纳为三种：

（1）自然沉淀。需要较大的场地面积布置，但方法简单。

（2）压滤机干化。经初步沉淀后的泥浆以一定压力送入压滤机，定时排放干化的泥饼，现有产品是45min一个循环，排放18m^{3}泥饼。经过滤后的净水可重复使用，亦可排入河中。这种方法已在近期几个大型工程砂石系统使用，效果较好，但成本较高。

（3）抽吸式排泥。如污泥中含石粉，易板结，则应破坏石粉的板结状态，可用铰吸式或高压水冲刷，使板结的石粉液化为浆体，再以泥浆泵吸走。

（四）物料的运输问题

水电工程施工的实质是物料的大规模搬运和重组。其中运量最大的有两处，一处是开挖出渣，另一处就是砂石骨料毛料和成品料的运输。最常用的运输方式是大型自卸汽车运输。近期一些大型水电工程采用的运输方式值得研究总结。

（1）溜井运输。这是矿山上常用的一种运输方式。国外德沃夏克水电站采石场用了两个6m直径、深约200m左右的竖井运送毛料，地下设粗碎机。国内二滩工程已用过浅溜井运毛料，地下设大型颚式破碎机。龙滩工程麻村砂石系统使用直径6m、深约150m的竖井运送毛料，经一段时间后，情况良好；大法坪系统增容改造后又加两个80m深竖井，设地下粗碎机。小湾工程采石场毛料运输设2个直径6m、深180m的竖井，目前施工已经完成。对于高差大、料场与加工系统水平距离近、运输道路布置困难的料场，采用竖井运输是一种值得考虑的方式。

（2）长距离胶带机运输。龙滩工程大法坪砂石系统至混凝土系统间用了一条4km长的隧洞胶带机运送成品料，除了驱动装置为进口件外，其余均由国内制造，目前运行情况良好。在龙滩工程使用4km长胶带机经验的基础上，向家坝工程太平料场到坝区砂石加工系统间半成品料运输确定采用5条总长共31km的长胶带机方案。目前运输隧洞已招标施工。

长胶带机运输过去在国内矿山和港口已大量使用，现已用于水电工程砂石骨料运输。在大生产率和大运量条件下，胶带机是一种经济高效的运输方式，值得重视和研究。

（五）混凝土骨料的生产性试验和小型试验问题

现在各大型工程在混凝土骨料料源选择过程中普遍做砂石骨料的生产性试验，通常要在料场取数百吨甚至上千吨样品运往被选定的已建砂石系统做生产性加工试验，得出产量、级配组成、针片状含量等数据，并将加工后的砂石产品作为混凝土试验的原料。实际上现在广为采用的生产性试验成果价值不大，其理由是：

（1）一个大型工程的料场储量通常至少数百万立方米，往往分布有不同的构造带、夹层，甚至岩性都会有变化。而几百吨的岩样往往在某个勘探平洞内，或在表面的槽探坑内挖取，难以有代表性。

（2）通常进行生产性试验的砂石系统的生产能力都在500t/h以上。经过长途运输的岩样，在很短时间内被加工完毕，加工设备的参数难以在试验时间内调整稳定，想要的数据不能反映大规模生产时的情况。

（3）我国水电工程砂石生产已经积累了多种岩石、多种工艺流程和设备的运行经验，已有多种岩性的大量生产数据，可作为砂石系统设计比较成熟的参考资料，这些数据要比几百吨岩石加工所得到的数据准确得多。

（4）施工单位取得了料源岩石的物理力学指标、矿物成分组成、化学成分、岩石的加工性能指数（功指数、可磨性指数）等，完全可以拟定正确的工艺流程，做好设备选型工作，按各种比例生产出合格的砂石产品。

（5）国外比较通行的做法是要在前期做一些岩石的小型试验，只要少量岩样（一般数十公斤到上百公斤）做功指数和磨蚀性指数试验，这些试验国内的一些专业单位可以承担，试验费也只要几万元。

根据上述理由，现在通行的异地生产性试验可以基本取消，代之以更为有效而经济的小型试验。至于混凝土试验所需岩样，可以按要求级配比例配制，试验砂样也可按要求的细度模数配制。

（六）关于混凝土生产设备

我国周期式混凝土拌和楼已系列化，不论自落式或是强制式拌和楼都已能满足不同规模水电工程的需要，但目前大容量（4.5m^{3}以上）的强制式搅拌机尚未国产化。

碾压混凝土筑坝因其施工速度快，在我国得到飞速发展。目前主要采用周期自落式或强制式搅拌设备拌制碾压混凝土，国内生产的连续式混凝土搅拌设备已在一些中型水利水电工程使用，尚不能完全满足有温控预冷要求的碾压混凝土生产的需要。

（七）关于混凝土预冷技术

除由国外承包商承建的二滩水电站外，我国水冷混凝土粗骨料的冷却效果尚不够理想。三峡工程采用了两次风冷骨料技术，此后，我国各大型水电工程都纷纷采用，但全风冷骨料能耗高的缺点，尚未被人们普遍认识，水冷粗骨料的优点和问题也研究总结得较少。锦屏一级电站施工，有的国外公司已提出新的水冷粗骨料方案（罐冷），值得关注。

为了加快碾压混凝土坝施工速度，夏季也需要连续施工，而对于二级配混凝土预冷仅冷却粗骨料，难以达到温控要求，因此砂的冷却十分必要，但砂的冷却方法至今尚未解决，这是有待研究的课题。

（八）关于混凝土浇筑设备

目前国内使用的缆机性能已较优越，如已具有较高的性能参数，可智能化、程序化操作，具有防干扰、防撞功能，实现群机工作等。但在高坝施工大的高差条件下，防止吊罐摆动，快速稳定地入仓定位，尚未妥善解决；对于特殊困难条件下的机型（如双弧动）也需做深入研究。

三峡工程采用的塔带机虽生产能力较高，但过于庞大，价格昂贵，且专用性强，故研制一种较通用的连续浇筑设备，能为更多的工程所采用，显得十分必要。

三、结语

我国水利水电工程的砂石骨料加工、混凝土生产预冷、混凝土浇筑三大系统及装备技术发展到今天，已基本上能适应大规模水电工程建设的需要。三大系统是水电工程施工的保障，也是水电工地的用水、用电大户，与国外先进国家的技术相比，还存在高投入、高能耗的问题。为适应建设300m级高混凝土坝和200m级高碾压混凝土坝的需要，实现建设节约型、循环经济型社会的目标，应进一步研究以下问题：

（1）适应各种岩性特别是磨蚀性强的硬岩的砂石生产工艺流程和配套设备，特别是低能耗的制砂工艺研究。

（2）进一步研究总结大高差（300m级）、长距离（如50km级）砂石料的运输方式及装备。

（3）研究适应高温条件下碾压混凝土施工的预冷工艺及设备，适应温控需要的混凝土连续生产和浇筑设备。

（4）研究环保型、工厂化的砂石、混凝土生产工艺及装备。

（5）研究复杂、困难地形条件下混凝土浇筑设备的机型，以及高效、机动性大的混凝土冷却装置。

（中国水力发电工程学会工程施工系统专委会 阮光华）

水工水力学的现状与展望

一、前言

水工水力学亦称工程水力学，也就是研究与工程有关的水力学。我国水力资源丰富。50多年来，我国共修建了8万多座水库，建成了大中型水电站230余座。我国已经建成了世界上最大的抽水蓄能电站——广州抽水蓄能电站，并正在修建世界上最大的常规水电站——装机容量达18200MW的三峡水电站。

水利水电建设事业的发展，给水工水力学的发展提供了极好的机会。我国水工水力学的成果已居世界水平的前列。例如，泄水建筑物的泄洪消能与防冲，泄水建筑物的高速水流带来的水流压力脉动，建筑物的流激振动、空化与空蚀，掺气水流的利与弊、挑射水流雾化，以及长距离管道水力学、船闸水力学等。同时，与水力学研究成果有关的，泄水建筑物布置及泄洪规模也有了很大的变化。这些成果为我们水利水电工程快速、节省、以及安全的建设奠定了良好的基础。

二、水工水力学的近期发展

（一）消能防冲问题

消能防冲是泄水建筑物中最重要的水力学问题之一。下泄水流带有巨大的能量，如果处理不好，会影响到枢纽建筑物本身和坝下游人民生命财产的安全。在20世纪70～80年代以前，我国仍然采取常规的消能工形式，即挑流鼻坎、面流及底流消力池等三种。由于我国的泄水建筑物泄水流量大、河谷狭窄、尾水深，一般的消能工无法满足要求。通过“七五”、“八五”、“九五”的科技攻关，研究出了许多新型的消能工形式。主要有以下几种：

1. 窄缝式挑坎消能　在狭窄河谷修建泄洪建筑物，受到地形的限制，消能工的形式不能采用传统的等宽和扩散式挑坎，而是相反的采用收缩式的挑坎，使挑射水流在空中竖向和纵向充分扩散，消能效果好。水流顺应下游河势，沿河道纵向拉开，河床冲刷坑浅，两岸不受影响。

早期的挑流消能工以挑坎部位或挑射水流入水部

位的单宽流量作衡量指标，并以单宽流量愈小愈好作为先决条件。在借鉴国外的有关工程经验的基础上，科技人员在东江大坝右岸滑雪式溢洪道上，首次采用了窄缝式挑流消能工，其挑坎单宽流量达到了600m³/（s·m）。自1992以来，东江水电站汛期多次开启右岸滑雪道泄洪，并进行了其水力学原型观测。观测成果表明，原型的窄缝式挑流消能水力特性与模型基本一致，效果良好。

窄缝式挑流消能在东江水电站得到成功运用后，迅速得到推广应用。全国的科研单位、大专院校和设计及管理部门，对这一新型消能工进行了深入的研究，成果丰硕，并正式纳入中华人民共和国电力行业标准《溢洪道设计规范》。例如窄缝式挑坎两边边墙的收缩比可采用0.2～0.5；挑坎挑角可在－10°～10°之间选择，一般以0°为宜，也可取负值；挑坎出口的单宽流量可达到500～1000 m³/（s·m）。这就大大的超过了以前所规定的单宽流量不能大于300 m³/（s·m）的限制。

到目前为止，我国采用窄缝式挑坎消能工的已有10余座，见表1。

表1　采用窄缝式挑坎的工程情况表

工程	坝型	坝高（m）	泄水建筑物	收缩比例 b/B	挑角	边墙型式	出口断面型式	单孔流量（m³/s）
东江	双曲拱坝	157.0	右岸滑雪道	2.5/10.0	0°	直线	矩形	1500
龙羊峡	重力拱坝	178.0	溢洪道、中孔	3.0/10.0	30°	曲线	矩形	2240
东风	双曲拱坝	173.0	中孔	3.0/6.0	10°	直线	矩形	1080
隔河岩	重力拱坝	151.0	表、中孔	0.25		非对称	矩形	1013
李家峡	双曲拱坝	165.0	坝肩泄水孔			曲线	矩形	2155
安康	重力坝	128.0	溢洪道			曲面贴角	矩形	
拉西瓦	双曲拱坝	250.0	中、深孔	2.7/7.0 2.0/5.0	0°		矩形	
水布垭	面板堆石坝	233.0	溢洪道	3.75/15.0	10°	直线	矩形	3656
南一	重力坝	93.0	表孔	0.246		非对称		500
西北口	面板堆石坝	95.0	溢洪道			曲面贴角		2233
熊渡	双曲拱坝		中孔			直线		
二道河子			底孔	2.5/36.5	0°	直线	矩形	
石砭峪	沥青面板堆石坝	82.0	泄洪洞	3.6/8.0	10°	直线	矩形	

2. 宽尾墩联合消能工　泄水建筑物出口两边的闸墩，多采用平尾或流线型等收缩式尾墩，以利于出闸孔水流的横向扩散。工程实践证明，这种闸墩带来闸墩下游坝面空蚀。20世纪70年代中，龚振赢等提出将闸墩尾部加宽，称为宽尾墩，使出闸孔水流产生收缩从而加强水流沿坝面的纵向分散和掺气。这种消能方式不仅使流态好，防止岸边冲刷，还可以减少工程量。至今，宽尾墩与挑流、底流、戽流、台阶式等消能工相结合已成功应用于多项工程。

潘家口水电站是我国第一个采用宽尾墩的试点工程，与挑流消能相结合，防止了岸边冲刷，收到了很好的效果。

安康水电站泄洪建筑物包括5个表孔、5个中孔和4个底孔。表、中孔均采用宽尾墩＋消力池联合消能工。模型试验测得表孔消力池脉动压力均方根值为0.85～2.58m，不仅改善了流态，还缩短了消力池的长度近1/3。

五强溪水电站泄洪流重达56600 m³/s，泄水建筑物由9个溢流表孔、5个底孔和1个中孔组成。采用了宽尾墩＋底孔挑流＋消力池联合消能工，工程建成以后，消能效果良好。

岩滩水电站泄水建筑物包括7个表孔、1个底孔和2个冲沙孔，采用宽尾墩＋戽式消力池联合消能工，最大单宽流量达241m³/（s·m）。模型试验表明，宽尾墩＋戽式消力池使池内形成完整稳定的三元水跃，消能效果好，底部最大流速比平尾戽池降低了13.3～6.7m/s，降低幅度为43.4%～23.4%；出戽流速降低了8.7～6.4m/s，降低幅度为38.8%～26.1%；河道表面流速降低了40.3%～22.4%；在出戽流速大幅降低的同时，宽尾墩尾坎后的涌浪大为降低，戽内外水面衔接平稳，坎后涌浪高度降低了82.7%～52.9%；下游河床冲刷深度减少了59.6%～43.2%。岩滩戽式消力池自1993年投入运行以来，已历时10多年的洪水考验，最大泄洪流量为16800m³/s，未发生任何问题。

宽尾墩＋台阶式坝面＋消力池联合消能工，是利用碾压混凝土重力坝坝面的台阶，与宽尾墩和消力池联合。首先用于福建省水东水电站，随后，云南大朝山水电站也采用了这种消能工。大朝山水电站为碾压混凝土重力坝，最大坝高 111.0m，泄洪单宽流量为 193.6 m^3/（s·m)，是目前世界上碾压混凝土坝采用台阶式消能坝最高和单宽流量最大的工程。经原型观测认为，坝面采用台阶式不仅消能效果好，水流掺气充分，而且具有施工简便，缩短工期，降低投资等优点，推广应用前景广阔。

3. 高低挑坎碰撞消能　为了提高挑流消能的效果，湖南凤滩水电站和吉林白山水电站将挑坎布置在不同高程，采用不同的挑角，泄流时，高坎挑射水流与低坎挑射水流在空中立体碰撞，消能效果显著，大大减轻了水流对下游河床的冲刷。

4. 挑射水流平面碰撞消能　广东泉水双曲拱坝坝高 80m，20 世纪 70 年代初建成投产，是我国目前最薄的双曲拱坝。为了提高泄洪消能效果，将泄洪建筑物对称布置在拱坝两端，泄洪时，挑射水流在水面上碰撞消能。由于平面碰撞只能在一定的水力条件下才能实现，故自该工程以后较少采用。

5. 表中孔对撞＋水垫塘联合消能工　随着高坝大库的增多，河床地质条件的限制，自 20 世纪 90 年代以来，出现了表中孔对撞＋水垫塘联合消能的消能工。例如二滩工程的泄洪建筑物主要布置在坝身，7 个 11m×11.5m 的溢流表孔，6 个 6～5m 的中孔，坝身泄流量 16300m^3/s，泄洪功率 26600MW。下游二道坝坝高 37m，水垫塘为 330m×57m×126m（长×水深×宽度)。中国水利水电科学研究院于 1999 年 5 月至 11 月对二滩水垫塘进行了水力学原型观测，观测时的库水位接近正常高水位 1200m，最大泄流量 8000 m^3/s。在 4 号表孔单独开启过程中，由于水垫塘水深较浅，水流对底板的最大脉动压力均方根值为 5×9.81kPa，峰谷幅值为 20×9.81kPa，但闸门全开泄流稳定后，脉动压力幅值随即下降，4 号表孔与其他表、中孔联合泄流的各种工况，水垫塘底板上脉动压力均方根最大为 2.89×9.81kPa，未超过入水动能的 1%，最大水流冲击力为 5.9×9.81kPa，小于模型试验值 11.5×9.81kPa。原型观测结果表明，二滩水垫塘运行是安全的。继二滩工程之后，溪洛渡及小湾等双曲拱坝工程，也都采取了水垫塘消能形式。

6. 洞内消能工

(1) 孔塞式泄洪洞。早期的洞内消能为孔塞式消能工，如加拿大的麦卡堆石坝（坝高 244m)，利用 2 号导流洞改建成孔塞式泄洪洞，该泄洪洞在施工期承担向下游放水的功能，最高运行水头达到了 140m。孔塞段采用了钢衬，扩大室考虑了掺气设施，其消能效果良好，未发生空蚀破坏。

(2) 孔板式泄洪洞。即在有压洞内设置多级孔板，使其收缩，扩散，再收缩，再扩散达到消能的目的，是一种新型消能工。小浪底孔板泄洪洞采用了三道孔板，孔板间距为三倍的洞径。工程建成后经观测成果表明，两级水位运行条件下，三级孔板的平均消能系数分别为 1.20、0.60、0.65，三级孔板消能率超过 40%。

(3) 旋流消能式泄洪洞。旋流消能主要利用泄水建筑物本身对水流的导引作用，在洞内形成强烈的涡旋流，使水流做螺旋运动并大量掺气而消除一部分能量，降低泄洪隧洞内的流速，达到消能和掺气减蚀两个目的。这种泄洪洞的最大特点是方便布置，消能率高，对下游运行影响小。前苏联学者在 20 世纪 80 年代曾结合几座高土石坝的设计，开展了大量的研究，为印度德里电站（220m 高的土石坝）导流洞改建作了研究性的试验研究，还进行了水力设计理论的推导。我国在 20 世纪 90 年代开始进行研究旋流消能，并在四川沙牌水电站采用竖井旋流消能工，竖井旋流消能率可达 73%。在沙牌工程的基础上，结合溪洛渡导流洞的改建利用，开展了高水头、大流量旋流竖井式泄洪洞的试验研究，并取得了重要进展。此外，近年来结合公伯峡导流洞的改建利用，又开展了水平旋流消能方式的试验研究。该洞泄洪水头 110m，单洞泄量 1100m^3/s，水平旋流洞直径 10.5m。通过细致的试验研究，可将水平旋流洞的长度控制在 50～60m，消能率达 85%以上，为工程的利用与改建提供了可能。

（二）关于泄洪冲刷问题

目前，在水工模型试验中，研究泄洪冲刷多是采用节理块模拟基岩状况，有的以岩基抗冲流速方法，虽然带有很大的经验性，但仍是目前广泛采用的两种基本方法。早期陈椿庭提出了估算挑流下游冲刷坑的计算公式在国内得到了广泛的应用。之后余常昭等提出了放大岩块法估算挑流冲刷坑深度，冬俊瑞等对比了国外采用的能量计算法和国内应用过的放大岩块模拟试验方法，得到的成果可以相互引证。刘沛清等采用瞬变流模型，分析研究了脉动压强在缝隙中的传播特征，阐述了上举力的特性，提出了计算可能最大上举力的方法，为探讨岩块的起动机理提供了依据。其他国内外学者都作了大量的工作，但总的来说，实验方法上进展不大。

在实际工程中，鼻坎挑射出的高速水流在空气中已大量地掺入空气，形成了高浓度的水气二相流，并且在射流入水处还要卷入大量的空气，而模型试验中的掺气强度，由于缩尺效应而远较原型为弱。许唯临、邓军等通过对射流掺气与不掺气时基岩冲刷的对比试验，研究了掺气对射流冲刷的影响。试验结果表明，掺气总是使冲坑减小，冲坑深度随掺气浓度的增加而递减的规律可表示为幂函数关系。目前由于缺少来自原型工程中实际冲刷坑资料的对比分析，以及在基岩的冲刷破坏机理研究方面的相对滞后，在国内外还是以散粒体为主要手段进行下游冲刷坑的发展、冲刷坑深度和位置的模拟试验研究。

（三）水流空蚀与减蚀措施

高速水流引起的泄水建筑物的空蚀破坏，是水电工程界非常关注的问题。国内外有许多发生空蚀破坏的工程实例。国内比较典型的工程有丰满溢流坝面、刘家峡泄洪洞、龙羊峡底孔等工程，在运行初期都发生不同程度的破坏。国外的典型工程有美国的胡佛、格兰峡、黄尾、墨西哥的英菲尔尼罗泄洪洞，德沃夏克中孔、委内瑞拉的古里溢洪道、巴基斯坦塔贝拉泄洪洞等。造成这些高水头泄洪建筑物发生破坏的主要原因是高速水流，一般流速超过35～40m/s，在压力梯度发生急剧变化的部位，如龙抬头下游的反弧段末端，水流空化数大大低于初生空化数，极易发生空蚀破坏。另外施工体型不当和施工不平整度造成了局部负压，诱发空化水流的发生以致发生空蚀破坏。

国外学者研究提出掺气减免空蚀措施，当近壁水流掺气浓度达到一定量时（一般认为达到7%～8%），空蚀基本可以消除。其掺气措施有挑坎、跌坎、通气槽或各种组合型式。这就为在高流速区通过控制施工不平整度仍不能满足防止空蚀的要求时，提供了一个有效的、经济可行的工程措施。我国于20世纪70年代末在冯家山工程首次采用掺气设施后，该项技术得到了迅速的推广与应用。如冯家山、乌江渡、东江、东风、鲁布革、小浪底、二滩等工程都采用了这种减蚀措施。

学术界一直在努力研究空化机理问题。Keller从早期的研究不同类型的空化到目前阶段研究不同材料的空化特性、比尺效应，以及水质对空化的影响，尽管目前研究的流速还只限于10m/s左右，距解决工程问题还有一段距离，但所取得的阶段性成果已处于国际领先的地位。目前国内外研究空化机理采用的主要手段有水洞、减压箱、高速摄影以及相应的测试仪器等。

（四）泄水建筑物的流激振动

泄水建筑物在泄流过程中引发结构物产生振动，当建筑物出现强烈振动时，会导致操作故障，结构元件发生破坏或结构整体失事。这类由高速水流脉动压力引起的振动问题在工程设计中是十分重视的，关系到建筑物的安全。从问题的分类看，一类是水流流过固壁边界引起的结构振动，如溢洪道过流引起的边墙振动、发电引水管道振动；第二类是由水舌冲击型结构引起的振动，如泄流冲击厂顶引起的振动；第三类是由综合因素引起的结构振动，如拦污栅振动、水轮机的振动，闸门开启过程中的振动，以及拱坝泄洪引起的坝身和水垫塘振动等。第三类问题比较复杂，也为研究的重点，特别是拱坝泄洪引起的坝身和水垫塘振动。目前的研究手段是采用水弹性模型来综合研究建筑物水流特性以及结构振动特性问题，将试验获得的水动力学特性作为输入参数，对结构进行动力响应分析，是一个跨学科问题。在工程流激振动研究方面，我国一直是走在世界的前列，崔广涛、谢省宗、潘德嘉等学者结合紊流边界层水动力荷载与流固耦合相互作用的理论与工程安全问题研究，获得了许多重要成果。在试验方法上有了很大的进展。试验的关键技术之一是研究满足相似准则的水弹性材料、具有足够精度的测试仪器和数据采集分析软件、以及合理的模拟范围的论证。经过多年的摸索与实践，已开发出具有特殊比例配方的加重橡胶、加特种水泥和铁粉的乳胶（经过硫化）模型用材料，从而在试验手段上取得了重要突破。此外，采用原型观测并与试验结果进行比较、分析，也是目前国内广泛采用的一种研究方法，结合二滩拱坝中孔弧形闸门和泄洪洞弧形闸门、五强溪船闸反弧门、岩滩表孔弧形闸门、天生桥一级放空洞弧形闸门、小浪底1号孔板洞高水头弧形闸门的过流运行开展的流激振动原型观测，验证了这些闸门运行的安全性，更重要的是通过原型观测结果与模型试验成果的对比分析，进一步完善流激振动理论和试验方法。

（五）挑射水流的雾化

高坝挑流消能和跌流消能都会引起严重的泄洪雾化，有时甚至会造成严重危害，因此泄水工程的泄洪雾化问题日益受到重视，自刘家峡、黄龙滩、龙羊峡、新安江、白山等工程在泄洪初期产生的雾化问题后，国内开展了广泛的研究。目前主要的研究手段是原型观测、数值模拟分析、以及物理模型试验。

原型观测是我国目前研究泄洪雾化问题的一个主要研究手段。20年来，结合工程的运行开展了大量的原型观测工作，如东江、东风、李家峡、二滩、安康等工程。具有代表性工程的是东江和二滩两个高拱坝的泄洪雾化原型观测，通过观测给出了泄洪建筑物不同运行组合条件下的雾化降雨等值线图，从定量的角度给出了泄洪雾化的影响范围，并通过对原型雾化形态的分析，首次提出了水舌落水后产生的激溅水体是主要的雾化源，为了解和认识泄洪雾化运动和扩散机理、深入开展理论分析与数值模拟、合理的制定工程防范措施提供了科学的依据。

近10年来，不少专家、学者采用数值模拟及模糊理论的方法研究雾化扩散机理，其目的是对在建和正在设计的工程可能产生的雾化影响进行预报。国内在采用了几种方法进行泄洪雾化预报研究，首先在总结国内已开展过的十余个泄洪雾化的原型观测资料，进行了统计分析，采用Rayleigh量纲分析方法建立了估算泄洪雾化强度与纵向边界的经验关系，比起以往的数值模拟结果，提高了预报精度。有人采用大比尺的物理模型试验方法来研究泄洪雾化扩散机理并进行预报，尽管物理模型比尺取得很大，但最大流速也只能达到 7～8m/s，水分子的分离与扩散与实际工程仍存在很大的差距，原型中水体表面张力难以在模型中得到模拟，因此也影响到模型的预报精度。

工程界最关注的泄洪雾化是对下游两岸岸坡稳定的影响，目前开展的泄洪雾化主要还是侧重研究雾化的分布规律。由于激溅水体产生的雾化降雨强度一般均超过强暴雨，长时间的强降雨对两岸山体渗流的影响关系到岸坡的稳定，特别是高拱坝两岸的抗力体稳定问题。这是一个交叉学科的问题，它涉及到水力学及岩土工程问题，目前对这个问题还没有开展多学科的研究。

（六）水力学原型观测

水力学研究的手段在现阶段主要还是以物理模型实验技术为主，由于受到模型中材料特性、水流流速、边界条件和其他复杂因素的影响，存在模型相似率的问题，特别是在高速水流问题中关于掺气减蚀、空化的研究，模型相似率的问题更加突出，许多问题需要在工程的实际运行中得到验证。几十年来，我国的设计和科研工作者一直致力于开展水力学原型观测工作。特别在近 20 年，随着一大批大型水电工程建成投入运行和计算机技术以及量测技术的不断提高，使得水力学原型观测的技术整体有了很大提高，并逐渐走向成熟，处于国际领先地位。

水力学原型观测技术包括四个方面：传感器（一次仪表）、采集系统（二次仪表）、后处理分析系统（三次仪表）及现场条件的处理。我国的水力学原型观测中，有自己研制和开发的产品，也有引进的先进的仪器，并在乌江渡、东江、东风、鲁布革、隔河岩、五强溪、安康、小浪底、二滩及三峡等多座泄洪建筑物上应用过。为水建筑物的泄洪安全提供了丰富详实的数据资料，成为工程安全鉴定中一个不可缺少的内容。

国外对泄水建筑物进行原型观测工作的不多，前面提到的加拿大麦卡坝洞塞式泄洪洞和龙抬头式泄洪洞，在工程运行初期开展过通气量的原型观测，以后像中国这样大规模的开展水力学原型观测不多见。近几年来，国际水利工程与研究协会（IAHR）也在大力提倡泄水建筑物进行原型观测工作。

（七）计算水力学（数字实验室）

在工程水力学研究中，近年来随着计算机技术的快速发展，一些可以用来进行复杂流场数值模拟的商用软件也日益成熟，结合工程问题研究进行了非常好的尝试。国际上将数值计算归为水利信息学中，也可以称为数字实验室。国内外许多学者致力于模拟复杂边界水流的研究，提出了一些实用方法，如级梯近似法、坐标变换法、任意网格差分法、适度系数法、不同坐标系组合法、等多元函数坐标变换法等。此外，带有自由表面的水流是一种常见的水流现象，也是流体数值计算中颇为棘手的问题之一。由于自由表面形状事先未知，成为强非线性的不确定边界问题。此外，自由表面为多值函数或型模拟等。

（八）通航船闸水力学

中国是世界上修建人工运河通航建筑物最早的国家，到目前为止，已建成 800 余座船闸。美国、前苏联、比利时与荷兰等是世界上内河航运网最发达的国家，在这些国家的内河航运枢纽中建有上千座的船闸。随着船闸建设的不断发展，针对船闸输水的特点，进行了一系列的水力学研究，取得了大量的科研成果，在工程水力学的基础上，发展成了船闸水力学这门学科。

国际上以美国、中国、前苏联船闸水力学的发展为主要重点，通过大量的实践，在船闸输水系统的布置、阀门水力学、引航道水力学、阀门通气减蚀技术等方面取得了重要的研究进展与设计经验。

（九）长距离输水工程中水力学问题

我国在过去的 30 年里，已建设了引滦入津、引黄济青、引大入秦、引黄入晋等大型跨流域调水工程。目前已开工的南水北调中线工程、引额济乌工程，陆续将建设的南水北调东线工程以及国内其他若干大型跨流域调水工程。早期建设的调水工中的水力控制基本是基于传统的水力学计算方法来考虑系统中各闸门的运行控制。

在 20 世纪 80 年代中期，建设引黄济青调水工程。该工程没有条件建设调蓄水库，若继续延用传统的分散管理和调度方法，渠道运行会发生水位突涨突落，导致水量损失、边坡破坏，增加运行管理费，甚至引起用水矛盾等。因此对渠道断面的设计、闸门的运行控制提出了很高的要求。该工程借鉴了美国加州调水工程的设计理念，采用了明渠瞬变流最优等容量控制模型。

20 世纪 90 年代末结合引黄入晋的调水工程设计研究，使其水力控制调节模型更加完善，即考虑了多级泵站的中常规水泵和变频泵的运行组合，研究了同步电动机的调速模型和变速泵控制前池水位的自动调节模型，讨论了转速调节器的参数 P_n 和 d_t 按照负载变化力矩为恒定值考虑系统存在的问题，提出了描述变速泵控制前池水位动态特性的数学模型。结合工程的设计，研究了 PID 水位调节器控制参数比例增益、积分增益、微分增益和转速限制器等对前池水位调节的影响。这种模型的提出大大提高了对该工程的水力控制精度，也为整个系统自动化控制的核心基础之一。目前正在进行南水北调工程的研究。

水力控制是研究用工程以及非工程的措施和方法将水流的运动限制在预先规定范围内的课题。现代调水工程的水力控制是一门新的、高度综合性的问题，主要研究在调水工程建设过程中的水力控制问题，涉及到明渠和管道水力瞬变理论，冬季冰期输水理论，水力机械理论，自动控制理论，变速电机调节理论，大系统的运行最优化理论，水力检测信号处理理论，以及现代计算机数字三维仿真等高新科技。

长距离输水工程，也有压力洞水力学流体问题，这是大型调水工程深埋长隧洞输水的新课题，特别是我国南水北调西线工程中具有的特殊的水力条件。

由于各种新材料（PCCP管）已在工程中得到广泛应用、施工工艺的改善和施工质量的提高，各种材料的管涵的糙阻系数（n值）是影响长距离输水工程的规模及工程投资的重要因素，也是正在研究的问题之一。

三、水工水力学需要进一步研究的问题

（一）高水头泄水建筑物水工水力学关键技术问题研究

（1）高坝坝体泄洪与其他泄洪建筑物泄洪流量分配比的研究。

（2）300m级高拱坝坝身的极限泄量问题，探讨安全性好、消能率高、泄洪雾化影响小、工程造价较低的新的消能方式。

（3）高水头、大流量底流消能工的合理体型的研究。

（4）适合坝高200m以上的碾压混凝土坝的新型消能方式。

（5）与地质条件、衬护条件有关的冲刷机理、消能设施承受水动力荷载的设计标准，以及消能设施的新型衬护形式的研究。

（6）适应200m级高水头和高尾水淹没的大型导流洞改建方式的研究，特别是内消能工合理布置的研究。

（7）50m/s级以上的大型泄洪洞和溢洪道中高速水流问题，进一步研究新型的有效的掺气减蚀技术。

（8）300m级高拱坝坝身泄洪诱发振动及对周围环境的影响的研究。

（9）高水头大型高压闸门的流激振动机理及预防措施的研究。

（10）泄水建筑物泄洪雾化机理及其预测预报方法的研究。

（11）大型抽水蓄能电站的流道体型的优化研究，包括进出口体型、经济管道直径、岔管的分流比等。

（二）长距离输水工程中的水力学问题研究

（1）开展管道水力瞬变理论、水力机械理论及水力控制理论的研究。

（2）不同材料的管涵水力阻力问题研究。

（3）明渠输水的等容量输水理论的研究。

（4）明渠输水穿越河道的方式及倒虹吸水力学问题的研究。

（5）冬季冰期输水理论的研究。

（6）基于调水工程水力控制的计算机仿真技术开发与平台建设的研究。

（7）调水工程中的运行管理与调度系统的研制与开发。

（8）输水工程大系统运行最优化理论、水力检测信号处理理论的研究。

（9）输水工程中的调水安全风险问题及应急对策研究。

（10）与输水工程的运行管理与调度系统有关的水力学问题。

（11）用于规划、设计与运行不同阶段的水力学数值模型的开发。

（三）泄水建筑物泄洪安全研究中的水力学问题

（1）水建筑物泄洪安全的评价指标体系及综合风险分析。

（2）施工导流及初期发电期间的泄洪风险评价研究。

（3）泄水建筑物降档运行的评价方法研究。

（4）溃坝成因分析及发展过程研究，溃坝口发展机理、出库水位流量关系、溃坝发展过程以及溃坝波的传播特性的研究。

（5）溃坝洪水三维计算模型的开发。

（6）溃坝风险分析与评价模型的研究。

（7）各类泄水闸门、阀门及金属结构在突发事件后的安全特性快速诊断评价方法及应急启动方案对策的研究。

（8）降低溃坝风险的工程措施及应急管理措施的研究。

（四）高坝鱼道或鱼梯技术

（1）我国大坝建设中的过鱼设施建设策略及规划布局研究（已建鱼道工程的改建和新建工程中鱼道的设置研究）。

（2）中低水头坝及高坝各种过鱼设施的方案及有关水力学问题研究。

（3）针对不同鱼类特性，开展适应鱼类过坝（过水轮机）的各种建筑物水力条件的研究。

（4）研究库区鱼类生存条件及泄水建筑物下游河道水流溶解氧对鱼类的影响及有效的工程措施。

（5）开展补偿流量、有利于鱼类生存和过坝条件的水库运用调度方式的研究。

（五）加强水信息学在水力学中应用的研究

(1) 开展数字实验室的研究。

(2) 加强数值模型的后处理研究，逐步实现商业化。

(3) 深入进行各水力学的三维数值计算的研究。

(中国水利水电科学研究院 李桂芬 郭军)

三峡工程施工技术的重大成就（摘要）

三峡工程规模巨大，涉及学科众多，技术复杂，利用国内外既有传统水电施工技术和成熟建设经验，都难以解决所面临的许多重大科学技术问题，必须寻求突破。突破也就意味着创造世界纪录和奇迹，这就为广大三峡工程建设者带来极大的挑战。

中国长江三峡工程开发总公司（以下简称三峡总公司）坚决贯彻"科学技术是第一生产力"的指导思想，坚持"科学论证、科学决策、科学实践"的工作原则，十分重视科学技术研究及其成果在三峡工程建设中的应用。先后解决了大江截流和二期深水围堰的施工、永久船闸高边坡开挖和锚固、大坝混凝土特高强度快速施工、特大型金属结构制造安装、700MW水轮发电机组制造安装等世界级水电建设难题，为三峡工程建设顺利实施做出了重大贡献。

一、大江截流和二期深水围堰的施工

（一）大江截流

大江截流是三峡工程建设中重要环节之一，其成败关系工程的工期与效益，以及中华民族的国际形象。

1. 大江截流技术难点

(1) 截流水深大。龙口最大水深60m，要形成稳固的戗堤和截流，难度极大，超过巴西—巴拉圭的伊泰普工程，为世界之最。

(2) 截流流量大。设计截流流量14000～19400m³/s，实际截流流量8480～11600m³/s，为世界之首。

(3) 河床覆盖层厚。覆盖层厚20m，其中新淤砂层10m。新淤砂层级配均匀，易冲刷，不利于堰基稳定。

(4) 截流抛投强度高。截流最大抛投强度19.4万m³/d，超过巴西—巴拉圭的伊泰普工程14.6万m³/d，世界之最。

(5) 截流施工期间不断航。对导流、分流及通航条件提出较高要求，增加了截流难度。

(6) 截流抛投料要求严格。截流抛投料采用大石、中石、小石，分区、分段抛投，对石料块径、方量和抛投区段有严格要求。

(7) 施工组织难度大。涉及气象、水文、地质、地貌、施工、材料、机械、通信、测绘、交通、供电等数十个专业，十余个料场，400多台大型施工设备，数千名科研技术及施工管理人员，组织协调难度世界少有。

2. 大江截流方案　大江截流方案借鉴了国内外大型水电工程经验，特别是葛洲坝工程大江截流经验，结合三峡工程大江截流的水利条件，配合水力学模型试验研究，决定采用"预平抛垫底，上游单戗立堵，双向进占，下游尾随进占"的截流方案。

3. 大江截流技术措施

(1) 平抛垫底。三峡工程截流水深60m，通过龙口河槽预平抛垫底、减小龙口水深的技术措施，解决了龙口深水戗堤进占中堤头大规模坍塌的技术难题。同时通过加大河底糙率，解决了减少抛填料流失的问题。

(2) 严格控制抛填料块径，在实地实验基础上，科学设计抛投区域，规范作业程序和方式，有效解决了石渣料及砂砾石料在深水动水中抛投时的到位成型及漂移特性的技术问题，使龙口段河床平抛填料到位成型，形成稳固的防冲护底结构。

(3) 高强度快速抛填，减少堤头坍塌发生。创日抛填19.4万m³世界纪录。

(4) 设置截流水文气象预报和水文观测工作网站，有效指导截流施工。

（二）二期深水围堰

二期围堰是三峡工程重要的临时建筑物之一，其作用是截断长江主河床，确保大坝泄洪坝段、左岸厂房坝段及左岸电站厂房干地施工。

1. 二期围堰技术难点

(1) 最大高度82.5m，土石方填筑总量1220万m³，防渗体面积9.6万m²。

(2) 直接在河床粉细砂层上填筑堰体，施工水深60m，施工难度大。

(3) 基岩为全风化带和强风化花岗岩透水地层，地质情况复杂，须进行防渗处理。

(4) 工期为一个枯水期，填筑月强度300万m³，月成墙强度约1.3万m²。

(5) 堰体材料为风化砂，结构松散，难压实，水下抛填，堰体易变形。

2. 二期围堰结构型式　围堰型式采用两侧石渣块石堤及中部风化砂堰体、混凝土防渗墙上接土工合成材料防渗心墙结构。河床深槽部位堰体中部设置双排混凝土防渗墙，两墙中心间距6m，墙厚1m，墙底嵌入弱风化岩体1m，对墙体底部透水岩体进行防渗帷幕灌浆处理。

3. 二期围堰施工技术　二期围堰研究始于1958年，历经国家组织的“七五”和“八五”两次攻关科研，初步解决了防渗墙等关键技术问题。在实施前，三峡总公司组织设计，施工和设备制造商等，经过三年的准备和试验研究，最终落实技术措施。

(1) 防渗墙造孔成槽技术。采用“铣削”、“两钻一抓（铣）”、“两钻三抓（铣）”、“铣、抓、钻、爆、砸”、“上抓（铣）下钻”等成槽工艺，并取得成功。

(2) 塑性混凝土防渗墙体材料。为适应防渗墙体的较大变形和减小墙体应力，创造性采用风化砂、花岗岩石屑与水泥，膨润土和外加剂组成柔（塑）性墙体材料。

在严密的施工组织下，用了不足11个月（1997年9月12日～1998年8月6日），在60m深水中建成了二期围堰——两座80～84m高的土石大坝。

二、永久船闸高边坡开挖和锚固

三峡工程双线五级船闸是当今世界规模最大、水头最高、技术复杂的多级船闸，布置在大坝左侧山体内。主要包括上引航道、主体段、下引航道、输水系统、排水系统等工程，船闸线路总长6442m，其中船闸主体段长1621m。船闸主体段闸室分南、北两线，均在山体岩石中深切开挖修建，两侧高陡边坡最大开挖深度达170m；两线中心线相距94m，中间为57m的岩体隔墩（衬砌后为60m），闸室下部为高约60m直立墙。闸室边墙设为直立坡，薄衬砌式钢筋混凝土结构，不起支护作用，两侧边坡需依靠岩体自身维持结构稳定。

（一）永久船闸高边坡开挖

1. 永久船闸高边坡的特（难）点

(1) 高陡边坡为主，岩石为粗晶花岗岩。高度大、形态复杂、范围广、应力释放充分，呈现出明显的卸荷和非均质特征。

(2) 利用岩体为结构的一部分，结构体系和成型复杂，技术要求高。

(3) 开挖工程量约达5300万m^3之巨，施工工期紧。

(4) 地质条件复杂，不稳定块体达一千余块，施工安全和结构稳定问题突出。

2. 永久船闸高边坡的开挖技术

(1) 深槽开挖爆破控制技术。经现场爆破试验，按照掏槽爆破增加施工预裂（光面）爆破、两次缓冲、两次预裂（光面）控制爆破新思路，广泛应用微差起爆技术，优化爆破设计，同时减小爆破振动对边坡岩体的破坏程度。

(2)“先洞后坡”、“先槽后井”的施工程序，解决了地下与地面立体交叉开挖成型与质量控制问题，实现了快速开挖。

(3) 直立边坡成形及水平建基面开挖技术。采用小孔径小梯段爆破施工技术，有效地保证高陡边坡成孔质量，使船闸结构形体符合设计要求，侧向保护层光面爆破技术，可确保边坡成形和岩体稳定。

(4) 施工机械设备，选用先进的钻爆、挖装、运输设备。

（二）永久船闸高边坡锚固

保持开挖后岩体的完整性、稳定性和控制边坡的变形，是深切岩质边坡的关键技术难题。为此，共设置了4376束300t级锚索，93122根高强系统锚杆，213924根普通锚杆。

(1) 按施工程序及时加固边坡。在施工过程中，为保证边坡安全，按照开挖施工避让支炉施工的原则，严格按照开挖与支护施工程序，及时采取喷护等。

(2) 预应力锚索施工技术。针对船闸施工条件和高精度、大孔径、水平长锚索孔的成孔技术要求，研制了高精度轻型快速水平钻机及机具，研究解决了高精度锚索孔的孔斜检测技术。通过现场分析和试验研究，形成了一套成熟的施工工艺，制订了详细的操作实施细则。

(3) 高强锚杆施工技术。全面系统地研究和解决了高强锚杆成套施工技术。研制了高精度、轻型快速水平锚杆钻机，确定了高强锚杆施工工艺流程，解决了高强锚杆喷锌、双层环氧树脂涂层防腐处理工艺及检测技术；引进冷挤压套筒连接技术，解决了高强锚杆连接技术；研究确定了施工质量检测技术和验收标准；制订了详细的操作实施细则。

(4) 通过边坡安全监测指导施工。通过爆破震动监测、边坡变形监测、边坡应力监测等边坡安全监测、分析边坡安全，对指导边坡开挖与支护起到了积极的作用。

三、大坝混凝土特高强度快速施工

三峡工程混凝土总量高达2800万m^3，是葛洲坝工程的2.5倍，巴西伊泰普工程的2倍。不仅高峰期施工强度大，而且持续时间长，结构复杂，质量要求高，施工难度大。因此，不采用混凝土快速施工新技术，将无法保证工程质量和工期。

大坝施工的难点是：泄洪坝段设有溢流表孔、深孔和导流底孔三层孔口；厂房坝段布置有电站进水口和排沙孔口，且有内径为12.4m的钢衬钢管混凝土压力管道，结构复杂；三峡坝区气候骤降频繁，夏季高温持续时间长，对混凝土温控有特殊要求。

为了保证三峡大坝混凝土高强度施工和质量，在施工技术、工艺、材料和施工质量控制与管理方面，进行了全面技术创新。

（一）以塔带机连续浇筑混凝土为主的综合施工技术

采用传统既有的大型门、塔机和缆机施工方案，均难以满足三峡工程施工强度要求。为保证三峡大坝的快速高强度施工，选定了以塔带机为主，辅以高架门机、塔机和缆机的综合施工方案。配置五大混凝土拌和系统，设计拌和能力达 2500m^3/h。

使用了巴马克 9000 与棒磨机联合制砂新工艺。2000 年创造了混凝土浇筑强度年 548 万 m^3，月 55.35 万 m^3，日 2.2 万 m^3 的世界最高纪录。

塔带机具有连续浇筑、生产率高、可实现混凝土浇筑工厂化生产的特点。在三峡工程厂坝部位布置的 6 台塔带机，单台平均生产率达 100m^3/h 左右，高峰可达 200m^3/h，单台平均浇筑月强度 3～4 万 m^3/月，高峰可达 5 万 m^3/月。并创造了塔带机浇筑 4 级配和一个仓号多品种混凝土浇筑的先例。

（二）建立起一整套快速施工工艺和管理体系

开发研制了混凝土生产运送浇筑计算机综合监控系统，实现了混凝土施工全过程的实时监控、动态调整和优化调度。成功地开发了混凝土浇筑施工计算机模拟系统，从而提高了混凝土施工效率。

（三）混凝土原材料及配合比优化

为满足三峡工程混凝土耐久性的特殊要求，经大量试验选用非碱活性花岗岩人工骨料，并严格限制水泥熟料中碱含量小于 0.5%，要求混凝土中的总碱量≤2.5kg/m^3；在混凝土中掺用Ⅰ级粉煤灰。

采用有补偿收缩性能的 525 号中热大坝水泥，以减少混凝土收缩变形，减少混凝土产生裂缝的风险。

（四）二次风冷技术

三峡工程低温混凝土生产系统是世界上已建及在建工程中规模最大、温控要求最严的混凝土生产系统。经反复试验研究后首次将二次风冷骨料技术应用于三峡工程。7℃低温混凝土生产线的工艺流程为：利用地面二次筛分所设骨料调节仓做冷却仓，进行第一次粗骨料风冷；利用拌和楼料仓进行第二次风冷粗骨料；加片冰或低温水拌和混凝土。

二次风冷骨料技术的创新点是地面骨料风冷替代常规的水冷骨料工艺，与高效冷风机及其相应的送配风装置组成冷风闭式循环系统用以连续冷却骨料。

（五）混凝土综合温控技术

三峡工程大坝柱状块尺寸大，基础温差标准高。首次实施全过程、全方位、高标准、大容量的综合温控技术。采用了从选择优质原材料、优化混凝土配合比、控制混凝土出机口和“入仓”浇筑温度、通水冷却、表面保温和流水养护等一整套温控措施。建立了新的计算模型，解决了混凝土温度回升计算的难题。

三峡工程大坝混凝土快速施工新技术的研究及实践成果，经国家组织专家鉴定，综合成果总体上达到国际领先水平。

四、特大金属结构制造安装

三峡工程金属结构种类繁多，规模为世界之最，总重量达 25.65 万 t，年安装量达 5 万～6 万 t，相当一座大型水电站金属结构总量。

（一）闸门

1. 特（难）点　三峡工程各类闸门品种类型众多、规模庞杂、数量巨大，整个工程共有各类闸门 282 扇。多数闸门具有结构尺寸大，过水历时长，运行操作频繁，水头高且水位变幅大，受力条件复杂，荷载大，可靠性及技术要求高，加工工艺复杂，使用寿命长等特点。

2. 设计技术

(1) 为适应三峡工程闸门高水头、大跨度和受力不均匀的运行工况，结构设计上充分考虑了疲劳应力对结构的影响，并在顶枢、底枢及定轮轴承采用自润滑球面滑动轴承等先进技术。

(2) 为提高运行可靠程度，全部采用液压启闭机和自动控制系统操作。

(3) 为提高使用寿命，设计上在对金属结构防腐蚀涂装材料及工艺在不同的环境条件下进行了耐候性、耐蚀性、耐磨性及环保性等方面的试验，为水利水电行业金属结构防腐蚀水平的提高奠定了坚实的理论基础。

3. 制造安装技术措施

(1) 实行全过程管理的预控。招标阶段对制造合同条件和技术规范进行全面系统的规划，形成合同条文。

(2) 产品制造前，把错误消除在蓝图阶段。

(3) 现行行业规范不能完全涵盖三峡工程金属结构设备的技术要求，为确保三峡工程金属结构设备的制造安装质量，中国长江三峡工程开发总公司组织编制了三峡工程质量标准——《金属结构设备制造安装质量检测标准》。

(4) 工厂监造。委托经验丰富的单位和专家驻厂监造。

(5) 合同执行过程对制造方法、工艺和质量进行监控。

(6) 对永久船闸从闸门安装到集中控制系统实行现地单门调试、单元调试、单级调试、单线调试和双线调试，确保集中控制系统调试成功。

（二）启闭机

1. 特点　启闭机 135 台套，三峡工程 135 台套启闭机中，114 台为大容量液压启闭机，具有数量多，大型化，高标准，要求严，技术先进，制造难度大，设计、制造和安装难度大等特点。

2. 制造安装技术措施

(1) 实行全过程管理控制。招标阶段对制造、工厂预总装、出厂验收、运输、安装、调试、投运进行全过程预控；合同执行过程对方法、工艺进行监控；事后进行质量、精度验控，对运到工地的不合格产品拒绝接受，退回厂家。

(2) 在遵循国家和部颁标准基础上，针对三峡工程液压启闭机的特点，三峡总公司编制了有关液压启闭机的10个专用的企业质量标准 TGPS.J41～J50，部分要求高于国家和部颁标准，为三峡工程液压启闭机的制造质量奠定了前提条件。

(3) 审查制造商制造方案、加工工艺、技术标准等，把错误消除在蓝图阶段。

(4) 液压泵站和电气控制系统普遍采用了 PLC 控制技术。

(5) 液压管路的工厂化生产，显著提高了制造质量，保证了管道清洁度，缩短了安装工期。

(6) 采用机电液联动试验的质量控制方式。奠定了工地现场安装调试基础。

(7) 在工厂进行预总装，达到质量和精度要求方准出厂。

(8) 进行全方位、全过程监控，确保设备质量。坚持工厂自检、监造复验和专家出厂验收的“三验”制度，确保出厂质量。

(三) 压力引水钢管

1. 特点

(1) 三峡水电站机组采用单管引水，压力引水钢管共26条，每条钢管全长122.2m，内径12.4m，由坝内埋管段、坝外背管段及厂内明管段所组成。压力管道承受的最大静水头为113m，HD 值达 $1730m^2$，PD 值为21700kg/cm。

(2) 压力管道位于坝面的背管部分，采用钢衬钢筋混凝土联合受力的结构形式。

(3) 施工工期紧，强度大，与土建交叉干扰，背管布置呈54.2461°角度。

2. 施工技术

(1) 做好压力钢管高强钢板的采购选型工作。

(2) 压力钢管纵缝焊接采用了全位置自动焊工艺方案。

(3) 压力钢管管节制造采用了可拆卸和循环使用的装配式压力钢管内支撑，较好地控制了钢管圆度及制造与安装几何尺寸精度。

(4) 通过反复研究计算，采用管节在栈桥下空中多次翻身工艺，成功解决了吊装难度最大的120m栈桥覆盖钢管节的吊装问题。

(5) 利用爆炸法消除焊缝焊后残余应力的工艺技术，具有工期短、干扰小和工艺简单的特点。

(6) 编制了三峡工程质量标准——《金属结构设备制造安装质量检测标准》。

检验结果表明纵缝超声波探伤的一次合格率为99.5%，环缝超声波探伤的一次合格率达98.1%，焊缝外观质量优良率达到了100%。

(四) 垂直升船机

1. 特点　三峡升船机是用于客轮快速过坝的重要通航建筑物，具有如下特点：

(1) 建设规模大。三峡升船机为单线一级垂直升船机，它由上下游引航道、上下闸首和升船机船厢室段等建筑物组成，全线总长6000m。升船机最大过船吨位为3000t级，承船厢外型尺寸为长132m、宽23.4m、高10m，承船厢内有效水域为长120m、宽18m、水深3.5m。升船机最大提升高度为113m，提升总量约12800t。三峡升船机的主要技术参数目前居世界第一。

(2) 工况条件复杂。三峡工程具有较大的防洪库容，且枯水期和汛期过坝流量差异大，使得上、下游水位变幅大，通航水位差分别达到30m和11.8m；同时，三峡水电站具有较大的调峰容量，造成上游涌浪高、下游水位变化快，分别达到最大涌浪高±0.5m和最大水位变率0.5m/h。因而，三峡升船机的运行条件比其他水利枢纽或运河设置的升船机要复杂得多。

(3) 安全可靠性要求高。三峡升船机主要是为客轮提供通道，运载对象的特殊性使得安全可靠性的标准高于一般升船机。要求在任何工况条件下，包括发生升船机承船厢大泄漏、承船厢内船舶碰撞（沉船）等特殊工况，甚至在发生地震、火灾、风害等情况时都能够避免重大事故，确保人身和设备安全。

2. 技术方案　经过科学论证比选，2003年9月国务院三峡工程建设委员会批准三峡升船机采用“全平衡齿轮齿条爬升一级垂直升船机”技术方案。并恢复项目建设。

3. 设计、制造、安装调试和试运行计划

(1) 设计阶段（2004年6月～2006年7月）。三峡升船机已明确由长江水利委员会设计院和德国拉麦尔国际公司、克雷布斯和基福尔工程公司联营体联合设计，德国BAW作为项目咨询单位。其中中方设计院负责升船机设计总成和土建结构部分，德方负责升船机承船厢及设备部分。设计阶段首要解决的是提高升船机整体结构安全稳定性问题。对此中德双方聘请了咨询单位进行升船机安全可靠性评价。

(2) 制造阶段（2006年1月～2009年12月）。通过公开竞标的方式选择优秀的制造厂商和土建承包商提供升船机设备和完成土建工程。

（3）安装调试（2007年7月～2010年12月）。从设备埋件安装开始，经过各种设备和各分部系统的安装调试，逐步完成升船机设备系统的联合调试。承船厢等超大型设备的加工制造延续到现场完成，在现场条件下如何控制和调整设备制造安装的精度、变形和各类配合间隙等是保证质量的关键。

（4）试运行阶段（2011年1月～2012年6月）。利用两个枯水期完成升船机的试运行工作。

五、700MW水轮发电机组制造安装

三峡水电站安装26台700MW的水轮发电机组，年发电量846.8亿kW·h，确保机组的稳定、安全运行，是对水轮发电机组最主要的要求。

（一）水轮机运行条件特性

单机容量700MW的三峡水电站水轮发电机组，属世界最大的水电机组之列。水轮机最小水头61m（初期），最大水头113m，额定水头80.6m，采用混流式水轮机，单机额定出力710MW，额定转速75r/min。

因防洪和排沙的需要，三峡机组在汛期需降低水位运行，故其运行水头变幅很大，达52m，最大水头113m与最小水头61m的比值达1.85，且运行集中在高低两个水头段。由于混流式水轮机的固有特性，高效率区只能覆盖其中一个区域，要在如此巨大水位变幅的条件下，既要确保机组运行稳定，同时又具有高、低两个水头段都能兼顾的混流式水轮机，使机组设计、制造和安装难度增大，超过世界上已有的任何大型机组，成为世界性难题。

（二）水轮机技术

（1）左岸电站机组水轮机转轮优化设计，将技术控制的重点集中在模型转轮的水力稳定性设计和试验。水轮机模型进行了效率（能量指标）试验，空化/叶道涡试验、压力脉动/力矩摆动试验、补气试验、轴向水推力试验、飞逸试验、导叶水力矩试验、Winter-Kennedy试验。ALSTOM/Kvaerner还进行了径向水推力试验。水轮机组综合性能达到当今国际先进水平。

（2）增大发电机容量，扩大水轮机稳定性运行范围。发电机额定容量777.8MVA，额定电压20kV，额定电流22454A。最大容量为840MVA。当$\cos\varphi=0.9$，水轮机最大出力为767MW；当$\cos\varphi=1$时，水轮机最大出力为852MW。

（3）其他必要稳定性措施。如补气，在实际运行中避开不稳定区运行。

（4）三峡水轮发电机采用了巴氏合金瓦推力轴承，今后还可能采用弹性金属塑料瓦推力轴承。

（5）右岸水轮发电机组技术的创新。三峡总公司对右岸水轮发电机组实行了一次招标，两阶段评标选定的措施，即投标人带水轮机模型投标。从设计和试验模型到产品，彻底弄清楚和解决了水轮机普遍存在的水力脉动压力带和振动破坏的技术难题，产生了新型水轮机。从形体、结构、安全使用寿命及出力保证性等，得到了全面优化和改进。经过对已投运机组一年多时间的运行监测，未发现国内外水电站机组出现的振动和叶片破坏现象。

（三）水轮机发电机制造技术

三峡水轮发电机组的制造集中体现了世界现代化的控制、制造技术。为确保水轮发电机组制造质量，主要采取了以下控制措施：

（1）审查制造商的设计方案、技术标准、制造方案、加工工艺等。

（2）委托国外有资质的公司进行监造。由法国技术监督局和法国电力公司组成联合体（简称BV/EDF），按照文件审查、首件见证和驻厂监造三种方式，多机组制造全过程进行监造。

（3）对国内制造商进行技术转让。三峡总公司合同规定，国外制造商必须就水轮机开发、设计制造的关键技术对国内制造商进行技术转让。为保证国内厂商设计和制造质量，还要求国外厂商派出技术人员，与国内厂商进行联合设计、联合制造。

（4）由国外制造商对国内技术人员进行设计、安装和调试等方面技术培训。

（5）对原材料及关键部件严格把关。三峡总公司组织监理、设计、专家、总成厂严格把关。

（6）采用GPS系统，对机组设备定位跟踪，运输情况进行全程监控。

（四）水轮机发电机安装技术

（1）制订安装预案。合同要求制造厂商提供安装预案，制订安装大纲、安装质量技术标准、工地总成安装施工技术方案和缺陷处理措施，用于指导现场工作。

（2）落实安装预案。水轮发电机组安装承包商，预先编制现场安装组织设计，将制造商安装预案的工作流程、安装工艺、方法和技术标准等，落实到每一个工位、工序、作业上，建立岗位负责制度。安装专用工器具配置也进行全面规范化管理。

（3）安装工人岗前培训。在安装技术工人上岗前，根据安装预案对所有工人技术培训，保证工人掌握技术规程并准确操作，确保安装质量。

（4）无缝交接。运行单位提前介入设计、制造、安装过程，按照运行管理要求，参与设计、制造、安装全过程监督工作，全面了解情况，为迅速进入运行状态做好准备。

（5）专用安装工具。在机组采购时就做好策划，由制造厂配套提供。

（6）对于现场安装精度、温度要求很高的大型结

构件，如转子，采取现场高温嵌固措施组装。

(7) 三峡水电站发电机组转子重量约 2200t，厂房采用 2 台 1200/125t 单小车桥式起重机联合起吊安装水轮机转子，可自动操作定位。

(五) 三峡实现年安装投产 6 台 700MW 机组的世界纪录和产生的深远影响。

(1) 2003 年安装投产 6 台 700MW 机组，2004 年安装投产 5 台 700MW 机组，连续 2 年创造世界纪录。三峡水轮机发电机组无论是制造质量、安装速度和安装质量，一次投产成功率，均创造了世界纪录。

(2) 扶持和促进了民族工业。通过“引进技术、合作设计、合作制造，国内合格的企业参加分包制造，通过三峡工程把我国水电制造业提高到国际水平”。通过制造三峡左岸电站水轮机发电机组，使国内制造商在管理理念、管理体系、设计和模型试验技术、制造技术和装备、加工工艺、市场意识等方面，得到了全方位提升。三峡右岸机组招标结果证明，国内制造厂通过三峡技术转让、消化吸收，已设计试验成功自己的新型水轮机产品，技术水平达到世界领先水平。

六、茅坪溪土石坝沥青混凝土心墙

(一) 特点

三峡工程茅坪溪土石坝最大坝高 104m，坝顶长 1840m，采用碾压式沥青混凝土心墙防渗，心墙厚 0.5～1.2m，下部设置 3m 厚的扩大段，心墙顶轴线长 880m，墙体最大高度 94m，沥青混凝土工程量约 5.0 万 m^3。这在我国内陆百米以上的土石坝中属首创。

(二) 技术措施

针对其工程特点，在国内外专家的指导下，在沥青填充料的选择，尤其是矿粉含量和级配的要求，沥青混凝土配合比试验，沥青混凝土孔隙率、渗透系数、容重和模量数等设计等参数的合理选择和试验方法，沥青混凝土心墙和坝壳料之间的过渡料的特性，以及对心墙应力应变的影响等技术问题都进行比较系统深入试验研究。在现场摊铺和生产性摊铺试验的基础上进行沥青混凝土的施工。

心墙采用水平分层铺筑，摊铺机摊铺，1.5t 振动碾碾压密实，铺筑过程中进行温度、厚度、宽度碾压及外观检查。碾压温度控制在 140～160℃，不得低于 130℃，不宜高于 170℃。施工中经反复检测分析沥青混合料的厚度，压实系数在 0.85～0.91 之间。据此，确定每层摊铺厚度控制为 23±2cm，压实厚度为 20±2cm。为能达到最大压实容重，为便于混合料内部气泡排除，混合料在入仓后需静置约半小时，再进行碾压。从施工角度考虑，用 1.5t 振动碾碾压的最佳偏数为静 1＋动 8＋静 2。碾压时行走速度为 20～25m/min，行走过程中不得突然刹车，或横跨心墙碾压。横向接缝处要重叠碾压 30～50cm。

经现场无损检测和取芯样检测，沥青混凝土力学指标均满足设计的要求，其容重大于 2.4g/cm^3，孔隙率小于 3%，渗透系数小于 1×10^{-7} cm/s。一期工程于 2000 年 9 月完工，共完成单元工程 355 个，单元工程验收合格率为 100%，优良率达 86.7%，使我国碾压式沥青混凝土施工提高到一个新的水平。

七、三峡工程质量与安全管理

党和国家高度重视三峡工程建设质量，指出“千年大计，国运所系”，“质量重于泰山”。三峡总公司对工程建设实施了全过程质量管理与控制。二期工程高峰施工阶段，三峡总公司领导向全工地提出了“双零”质量安全管理目标：零质量事故，零安全事故。建立和完善了“1＋1”（施工单位自检、监理单位总体把关、总公司项目部直接监督、质量总监专项负责、国务院三峡建委质量检查专家组权威检查）的质量管理体系，制订了符合三峡工程要求的质量标准，健全和完善了全过程的质量保证体系。

(一) 三峡工程质量管理

1. 建立健全的质量保证体系

(1) 三峡总公司组织参加建设各方的主要成员组成三峡工程质量管理委员会，负责三峡工程全面的质量管理工作，检查、督促、协调、指导、评价各参建方的质量管理工作和结果。

(2) 规定参建各方按 ISO 9000 标准，建立自身的质量保证体系和质量保证措施，并在招标中作为资格审查的条件之一。

(3) 由三峡工程质量管理委员会制定《三峡工程质量管理办法》，明确参建各方的质量职责。

(4) 以合同为依据，结合工程的具体情况和国家现行规范，对原材料、制造、储运、加工生产、工程施工、金属结构和机电安装、调试、投运等全过程，制订了 140 余个质量控制标准和规定。

(5) 建立了三峡总公司现场试验中心、测量中心、金属结构检测中心、安全监测中心、水文水情气象中心等 5 个中心，为工程建设提供建设质量保证手段。

2. 质量管理与控制措施

(1) 三峡总公司向国内外供应厂商派出厂驻厂监造，对现场建设安装工程施工派出监理单位并授权对施工和监造进行全过程的质量监督管理与控制，对设备制造还组成设计、专业质量总监和责任部门人员组成巡回督导小组参与工厂产品测试过程。

(2) 实施了单元施工（仓面或工作面）工艺设计，强化施工过程承包人自己“三控制”和监理人员旁站监督、按作业程序即时跟班到位、实时记录、发现问题当场处理等一系列控制措施。明确施工承包人应有自己的试验室和符合标准的检测设备。

(3) 三峡总公司从国内外聘请了知名专家组成专业质量总监，对各项目和制造厂、施工现场实行巡回检查、监督，提供作业方法和技术指导。

(4) 举办质量问题警示、现场教育会等，提高全员质量意识。

(5) 对金属结构、机电设备等，明确规定对于制造缺陷和质量问题的设备或部件不得出厂，现场发现质量问题坚决退货。

(6) 由三峡总公司5个中心对原材料、运输、储存、制造、加工、施工进行抽样检查，必要时委托专业机构测试。

3. 工程质量监督　国务院三峡工程建设委员会成立了三峡工程质量权威监督机构——三峡水利枢纽质量检查专家组，每年对三峡工程质量进行一次检查，实施的质量监督主要包括：

(1) 执行国家有关工程质量及其管理的政策法规。

(2) 工程质量及监理、管理状况。

(3) 对重大、特大质量事故进行调查和批准重大事故处理意见。

(4) 接受国家组织的工程验收。

(5) 三峡工程质检专家组要求的其他必须接受的监督工作。

4. 工程质量事故处理程序与奖罚

(1) 凡是由于建设管理、设计、施工、材料、设备等原因造成质量不符合标准和规范而影响工程使用寿命和正常运行，需返工或采取补救措施的工程事件，定为工程质量事故。

(2) 质量奖罚。依合同规定和《三峡工程质量奖罚办法》决定奖罚；合同支付中按规定扣留质量保留金；三峡总公司拿出了2.5亿元资金设立三峡工程质量特别奖。

(二) 三峡工程安全管理

1. 建立安全保证体系　制订并下发了《三峡工程施工安全管理办法》，就安全管理体制、参建各方的职责、安全管理规定与要求、事故报告和事故调查处理与结案等作出严格规定。明确“由三峡总公司统一领导、总公司工程建设部组织管理、监理单位现场监督管理、施工承包等有关合同单位各负其责”的三峡工程安全生产管理体系。

2. 安全管理与控制措施

(1) 安全生产责任制。安全第一、预防为主，以“零安全事故”为管理目标，从合同和制度上明确规定业主和施工企业的法定代表人对安全生产和安全工作负直接领导责任，是安全生产的第一责任人，按安全管理职责明确各级人员责任。

(2) 安全生产保证体系。业主统一组织了参建各方组成三峡工程安全生产委员会，对全工地的安全管理工作进行监督、协调，评价各参建方的安全管理工作的效果。

(3) 安全教育。以人为本，教育为先，编制了安全培训教材，对全员进行安全意识、安全生产和管理的宣传教育，组织经验交流和观摩，提高全员安全意识和管理水平，防患于未然。

(4) 按章管理、按规程作业。规定施工单位建立健全劳动安全制度，认真、严格执行国家有关安全生产的法规和安全管理规定与标准，规定编制施工组织设计时，应制定安全技术方案、作业流程、工艺设计、措施和经费计划，重大技术方案和措施实施前报经监理单位审核，特别重大的项目报安全委员会审批。

(5) 人员安全措施。实施了工人着装、互检提醒、预知危险活动、班前碰头会等制度，清理整顿施工现场，所有工地人员分发安全手册。危险场所，完善安全设施和各种标志。

(6) 安全生产监理和监督。对全工地的土建安装和运行的主要施工设备，实施了安全监理，对作业过程的安全状态和维护进行监督，发现危险异常状态，随时发出检查或检测，组织补救措施的落实。业主还聘请了国外专家担任安全总监，对全工地施工安全进行管理、技术培训和巡回监督检查，提供安全作业方法和技术指导。

(7) 事故处理制度。通过事故报告制度，出现事故依照法律和规定的程序迅速、及时调查、取证，明确责任，妥善处理现场后果，并不断总结经验，吸取教训。

(8) 雇主责任险。三峡工程率先在全国水电工地实行雇主责任险，为所有参建者投保，解除他们后顾之忧。

八、三峡工程建设管理信息系统（简称TGPMS系统）

为把三峡工程建成第一流的工程，即第一流的工程质量、第一流的现代化管理、第一流的文明施工，三峡工程迫切需要有一个科学高效的管理体系来对整个三峡工程实行系统的、全面的、现代化的指挥和管理。为此，中国长江三峡工程开发总公司决定引进现代计算机及通信技术、现代管理科学理论方法和技术建立三峡工程管理系统（TGPMS），来全面支持三峡工程的管理业务。

(一) 系统目标和效益

1. 系统目标　该项目建设的目标是，在建立科学管理制度的基础上，建成一个涵盖工程管理各部门及设计、监理、施工等单位的工程管理信息系统，包括三斗坪施工工地和宜昌总部两个局域网及相应的数据库和软件系统，形成对三峡工程的计划和进度、成本、质量、业主资金、工程技术和文件、材料设备采购、工程施工及合同管理等高效统一、规范协调的管理和控制体系，形成一个从三峡工程管理的实施层、管理层到决策层及各种层次对外联系的信息体系，从而提高三峡工程整体管理水平，并为决策层提供分析决策所必须的准确及时的信息。通过信息的高效统一管理，同时结合现状，将设计、监理、施工等单位的各种信息统一起来，从而实现三峡工程管理全过程、全方位信息控制与管理的战略目标。

2. 系统效益　根据国际上应用计算机管理信息系统后企业产生经济效益的统计数字，TGPMS 建成后，可能取得如下效益：生产效率提高 40%～70%；设备利用率提高 200%～300%；人力费用减少 5%～20%；库存资产减少 35%左右；管理人员时间利用率提高；会议减少，使管理者能及时看到他所需要的工程质量、进度、成本信息，决策周期缩短，效率提高，并可降低风险；工程报表、数据标准化、规范化；能保证工程材料、设备供应及时；资金周转加快。

（二）系统功能

TGPMS 信息管理系统具有编码管理、职位管理、资金与成本控制、计划与进度控制、合同管理、物资管理、设备管理、工程设计管理、文档管理、工程会计、质量管理、安全管理、坝区与公共设施管理等十多个管理功能。

（三）系统特点

集成的工程管理系统，将成熟的项目管理程序与计算机技术融合起来，追踪工程进度、质量、成本底线，从而把注意力始终放在现状与底线指标的比较上，满足项目经理的综合需要，支持他们作出预测和决策。

（四）TGPMS 系统的作用

该软件可以对任何具备项目管理特征的工业与交通项目实现进度、质量、成本三控制的管理目标。

九、结语

三峡工程既是一项政治和经济工程，更是一项科技工程，科学技术是三峡工程的基本品质。

三峡工程采用的硬、软应用技术举不胜举。这些技术不仅在三峡工程的建设过程中发挥了巨大作用，而且已被应用到国内其他在建水电工程中，如龙滩水电站应用了塔带机浇筑混凝土方案，TGPMS 系统已应用于吉林台、洪家渡、水布垭、溪洛渡、向家坝等近十座水电站。三峡工程施工技术必将对我国水电建设和运行管理技术创新带来积极推动作用，并为我国水电建设做出重大贡献。

（中国华电集团公司　贺　恭）

中国水轮机技术发展与进步

1949 年中华人民共和国成立时，全国水电站水电总装机容量仅有 163MW，主要是日本侵占时期修建的东北第二松花江的丰满水电站（设计装机 8 台共 560MW，1943 年 1 号机发电，1945 年日本投降时已运行 4 台，1949 年解放时只剩下 2 台×61MW）牡丹江的镜泊湖水电站（2×18MW1942 年发电），当年发电量 7.1 亿 kW·h。

建国初期结合防洪要求开始了一些中小水电项目的建设，如下硐（1×8MW＋2×15MW），古田一级（2×6.2MW＋4×12.5MW），官厅（3×10MW），流溪河（4×10.5MW），狮子滩（4×12MW），上犹江（4×15MW）等，培养人才积累经验，为以后大规模的建设奠定基础。

50 年代建成的典型电站有：新安江（5×72.5MW＋4×75MW），柘溪（1×72.5MW＋5×75MW），新丰江（1×75MW＋3×72.5MW），盐锅峡（8×44MW）。

60 年代建成的典型电站有：刘家峡（3×225MW＋1×250MW＋1×300MW），丹江口（6×150MW），三门峡（5×50MW）。

70 年代建成的典型电站有：葛洲坝（2×170MW＋19×125MW），乌江渡（3×210MW），龚嘴（7×100MW），凤滩（4×100MW），东江（4×125MW）等。

80 年代建成的典型电站有：龙羊峡（4×320MW），水口（7×200MW），岩滩（4×300MW），隔河岩（4×300MW），漫湾（5×250MW），鲁布革（4×150MW），广蓄（4×300MW）等。

90 年代建成的典型电站有：五强溪（5×240MW），李家峡（5×400MW），天荒坪（6×300MW），十三陵（4×200MW），莲花（4×140MW），二滩（6×550MW），天生桥一级（4×300MW）等。

世纪之交代表作有：三峡（26×700MW），小浪底（6×300MW），大朝山（6×225MW），棉花滩（4×150MW）等。

至 2003 年底我国已建成水电装机容量 92170MW，年发电量 2830 亿 kW·h，在建水电 56000MW。在电力总装机 390000MW（3.9 亿 kW）结构中，火电占 70%水电占 25%，其他占 5%。在可供开发水力资源 378000MW（3.78 亿 kW）中，目前已开发 24%，1999 年底我国水电装机容量和年发电量均已居世界第二位，至 2004 年装机达 104500MW，居世界首位。

中国水电机组的选型设计和生产制造行业，经历了起步阶段，照搬原苏联产品系列，试行自己的产品系列，开始试行招标竞争到完全走向成熟阶段。通过开展国内外公平竞标，水电机组技术达到国际先进水平。

（一）发展与进步

1. 单机容量　增大水电机组单机容量有利于降低机组单位千瓦造价，有利于水利枢纽的布置，是机组制造水平的标志之一。

自 2003 年以来，适用水头范围广，结构简单、运行可靠的混流式水轮机，三峡水电站单机（额定）容量 710MW，最大出力 852MW，相继 8 台投入运行。水口水电站单机（额定）容量 204MW，最大出力 230MW 的轴流转浆式水轮机于 1993 年投入运行。飞来峡水电站单机（额定）容量 35.69MW 的灯泡贯流式水轮机于 1999 年投入。不常应用的毛家村水电站斜流转桨式水轮机单机容量（额定）8MW，1971 年投入运行。冲击式水轮机应用水头最高 1022.4m 的天湖水电站，单机容量 15.625MW，1992 年发电，广州抽水蓄能电站单级混流可逆式水泵水轮机，单机容量 306/342MW，1993 的年投入运行。

2. 比转速

比转速 n_s 是水轮机技术经济综合指标的重要参数，是当今水轮机选型设计的主要根据。

我国混流式水轮机 n_s 和临界空化系数 σ_c 比 20 世纪 50 年代混流式水轮机 n_s 增高了 60～70m-kW，σ_c 降低了 40%～50%。为对不同水轮机进行参数对比，目前广泛采用比速系数，目前混流式水轮机高水头正常参数 $K=1600\sim2000$，中低水头 $K=2000\sim2400$。

3. 水力性能

水力性能包括单位转速 n_{11}、单位流量 Q_{11}、效率 η、压力脉动 $\Delta H/H$、空化系数 σ_c 等，同时满足这些参数的最佳要求一般是作不到的，因为这些参数之间存在互为矛盾的现象。

当前采用进水边和出水边立面投影呈 X 形的叶片，经大量的计算机流体力学计算 CFD 优选，可以使这些参数逼近最佳，使当今水轮机水力性能达到空前水平。

表 1 为我国 20 世纪 50 年代初采用的美国摩根——史密斯公司的模型参数。表 2 为开放后我国 20 世纪 80 年代以来采用的模型参数。从表 2 与表 1 对比可以看出性能参数上了一个很高的台阶，如以额定水头相近的古田一级（$H_r=100$m）和天生桥一级（$H_r=111$m）比较，n_r 由 131m-kW 提高到 210.8m-kW；n_{11} 由 61.5r/min 提高到 72r/min；Q_{11} 由 0.38m³/s 提高到 0.858m³/s；η_{max} 由 90.4% 提高到 94.74%。效率提高 4 个多百分点。

表 1　20 世纪 50 年代初设计选用的水轮机及模型转轮参数表

电站名称	H_r/H_{max} (m)	P_r (MW)	水轮机型号	n (r/min)	n_s (m-kW)	n_{11} (r/min)	Q_{11} (m³/s)	σ_p	η_{max} (%)	转轮引进国	设计年份	制造厂
下　硐	26.8/29	3.23	HLQ-LJ-143	333.3	362	88.3	1.40	0.36	89.6	美国	1952	哈尔滨电机厂
古田一级	100/125.8	6.84	HLE_2-LJ-150	428.6	131	61.5	0.38	0.055	90.4	美国	1953	哈尔滨电机厂
官　厅	35.4/41	10.50	HLH_2-LJ-235	187.5	223	71.0	1.11	0.187	90.7	美国	1955	哈尔滨电机厂
狮子滩	64.3/71.5	13.50	HLG_2-LJ-200	273	174	69.5	0.90	0.15	89.5	美国	1956	哈尔滨电机厂

注　H_r 为额定水头；H_{max} 为最高水头；P_r 为额定出力；n 为额定转速；n_s 为模型转轮比转速；n_{11} 为模型转轮最优单位转速；Q_{11} 为模型转轮额定单位流量；σ_p 为装置空化系数；η_{max} 为最高效率。

表 2　20 世纪 80 年代以来设计选用的部分水轮机模型转轮参数表

电站名称	模型转轮型号	n_s (m-kW)	n_{11} (r/min)	Q_{11} (m³/s)	σ_c	η_{max} (%)	$\overline{A}$ (%)	转轮制造厂	设计年份
漫　湾	HLD85	231.0	74	1.108	0.108	92.23	<5～7	中国东方电机厂	1987
岩　滩	HLA296	252	78	1.267	0.13	92.04		中国哈尔滨电机厂	1987
水　口	ZZA393	393	112.6	1.07	0.33	92.10		日本日立公司	1988
小浪底	HL175	162.6	62	0.70	0.087	94.42		德国伏依特公司 (Voith)	1994
二　滩	HL181	181	65.08	0.839	0.065	94.50	2.5	加拿大通用电气公司	1994
五强溪	HL295	295	80.2	1.275	0.132	93.50		德国伏依特公司 (Voith)	1994
天生桥一级	HL211	210.8	72	0.8576	0.09	94.74	≤8.9	法国奈尔皮克 (Nevrpic)	1994
三　峡	HL262	261.7	77.7 72.7	1.02 1.176 1.15	0.15 0.12	94.51 94.35	≤6	挪威克瓦纳公司 加拿大通用电气公司	1997

注　σ_c 临界空化系数；$\overline{A}$ 为尾水管压力脉动相对百分值。

4. 流道尺寸

当代水轮机流道几何尺寸的重大变化，一是导叶高度增大（$\overline{b}_0=\dfrac{b_0}{D_1}$），二是转轮出口直径 D_2 减小（D_2/D_1），如三峡水轮机水头变幅 113～61m 采用 $\overline{b}_0=2820/9951.13=0.283$，按 70 年代型谱应采用 $\overline{b}_0=0.25$；$\dfrac{D_2}{D_1}=9400/9951.13=0.945$；二滩水轮机水头变幅 189.2～135m，$\overline{b}_0=1463/5970=0.245$，按型谱应采用 $\overline{b}_0=0.16$，$\dfrac{D_2}{D_1}=5850/5970=0.98$；小浪底水轮机水头变幅 141.67～67.91m，$\overline{b}_0=1500/6354=0.236$，按型谱应采用 $\overline{b}_0=0.2$；$\dfrac{D_2}{D_1}=5600/6356=0.881$；李家峡水轮机水头变幅 135.6～1145.5m，$\overline{b}_0=1508/6030=0.25$，按型谱应采用 $\overline{b}_0=0.2$；鲁布革水轮机水头变幅 372.5～295m，$\overline{b}_0=424.5/3442=0.123$，按型谱应采用 $\overline{b}_0\leqslant0.1$，$\dfrac{D_2}{D_1}=2280/3442=0.66$。

正是由于当代水轮机材料由低强度 $\sigma_s=2700\text{kg/cm}^2$ 的碳素钢向高强度 $\sigma_s=6000\text{kg/cm}^2$ 的不锈钢转轮转移，造成水轮机外围控制尺寸的改变，导致了水轮机水力性能大幅度上升，可能是主要原因。

5. 压力脉动与稳定运行

伴随着水力性能的大幅提高，一些认识不深或不被认识的各种问题出现了。例如，以往初步认识的尾水管低频涡带压力脉动，几乎没有一台机组满足合同的规定；以往初步认识的叶片出口高频卡曼涡水压脉动，又发展到了叶片进口区；以往不明的叶片间叶道涡水压脉动，几乎成了混流式水轮机的通病；这些水压脉动的作用激起了叶片焊接热影响区的裂纹或开裂；激发了与电站厂房的强烈共振；激发了机组启动或正常运行产生的低频或高频的主轴扭转共振等；严重影响了机组运行的安全。

此为当代高速发展的水轮机技术所带来的严重负面问题，已经引起行业界的严重关注。

（二）技术参数

（1）混流式水轮机适用水头范围广、结构简单、运行可靠，是已建水电站中应用最为广泛的一种机型，部分有代表性的混流式水轮机技术参数见表 3。

表 3 部分有代表性的混流式水轮机参数规格表

序号	水电站名称	水轮机型号	水头范围 (m)	额定水头 (m)	额定流量 (m^3/s)	额定转速 (r/min)	额定出力 (MW)	最大出力 (MW)	最高效率 (%)	比转速 (m-kW)	空化系数	吸出高度 (m)	安装高程 (m)	转轮重 (t)	水轮机重 (t)	首台机发电年份
1	三　峡	HL262-LJ-1041.6	113～61	80.6	991.8	75	710	852	96.26	262	0.15	−5	57	448	3323	2003
2	三　峡	HL262-LJ-983.2	113～61	80.6	995.6	75	710	852	96.26	262	0.12	−5	57	407	3200	2003
3	五强溪	HL295-LJ-830	60.1～36.2	44.5	627	68.18	248	290	95.0	295	0.132	0.9	50	274.6	2120	1994
4	岩　滩	HLA296a-LJ-800	68.5～37	59.4	580	75	307.1		94.4	252	0.13	1.5	154.50	302.5	1710	1992
5	小浪底	HL175-LJ-635.6	141.67～67.91	112	296	107.1	306	324	95.85	175	0.087	−6.49	129.0			1999
6	大朝山	HL261-LJ-610.49	87.9～50.10	72.5	345.87	115.4	229.6	255	96.13	261	0.106	−5.8	802.4	141.6	925.5	2001
7	莲　花	HLA551-LJ-610	57.2～39	47	331	93.75	140.4	154.34	95.02	285	0.16	−2.0	159.28			1996
8	万家寨	HL219-LJ-610	80～50	68	290	100	183.77	204.1	95.4	219.5	0.148	−3.58	—	—	745	1998
9	李家峡	HL197-LJ-600	135.6～114.5	122	362.38	125	408.2	448.8	95.77	197	0.066	−7.0	2041.5	147	1170	1997
10	龙羊峡	HLD06a-LJ-600	148.5～75.5	122	298	125	325.6	356.1	93.0	176	0.053	−3.5	2447.5	149.0	1000	1987
11	二　滩	HL181-LJ-636	189.2～135	165	364	142.86	561	621	96.02	181	0.065	−8.4	1002.5	106	1150	1998
12	天生桥一级	HL211-LJ-577.5	143～83	111	301.33	136.4	310	340	96.2	211	0.09	−3.84	633.5	90	1020	1998
13	隔河岩	HL231-LJ-573.92	121.5～80.7	103	326	136.4	310		95.29	231	0.10	−4.41	74	86.7	825	1993
14	白　山	HL200-LJ-550	126～81	112	307	125	306		92.5	190	0.10	−4.28	286	110.9	688	1983
15	漫　湾	HLD85-LJ-550	100～69.3	89	316	125	255.1		94.4	231	0.108	−5.3	890	119.2	914	1993
16	刘家峡	HL001-LJ-550	114～70	100	259	125	230		93.0	190	0.086	−4.0	1615.5	115	653	1969
17	安　康	HL220-LJ-550	88～53	76.2	304	107.1	204.1	234	92.5	215	0.133	−4.5	239.5	114	650	1990
18	潘家口	HL220-LJ-550	85～36	63.5	277	100	154		92.5	219	0.133	−4.5		115	650	1981
19	丹江口	HL220-LJ-550	81.5～57	63.5	277	100	154		92.8	219	0.133	0.3	88	103	588.7	1968
20	龚　嘴	HL220-LJ-550	55.3～39.7	48	241	88.2	102.5		92.5	224	0.133	−3.5	467	114	636	1971
21	三门峡	HLF12-LJ-550	47.7～27.4	36	232.5	88.2	76.37	88.01	94.1	277	0.17	−0.2	275.2	110	641	1993
22	乌江渡	HL162-LJ-520	134.2～94.2	120	203	150	214.3		91.5	175	0.063	−3.5	622.5	87	627	1979
23	宝珠寺	HLD89-LJ-500	103～68.5	84.4	239	136.4	178.6		94.4	225	0.115	−3	484.5	84.5	684	1996
24	渭　源	HL240-LJ-500	42～28.5	39	195	93.8	66.7		92	249	0.2	0	121.6	74	477	1979
25	天生桥二级	HLA339-LJ-450	204～174	176	139.8	200	225	255	94.5	148	0.06	−5.5	434.5	48	555	1992

续表

序号	水电站名称	水轮机型号	水头范围(m)	额定水头(m)	额定流量(m^3/s)	额定转速(r/min)	额定出力(MW)	最大出力(MW)	最高效率(%)	比转速(m-kW)	空化系数	吸出高度(m)	安装高程(m)	转轮重(t)	水轮机重(t)	首台机发电年份
26	丰满	HLA296-LJ-420	71.5～49.2	60.55	162.1	150	87.6		94.6	263	0.13	−1.0	192.5	46	306.8	1991
27	东风	HL203-LJ-410	132～95	117	160.5	187.5	172.94		95.5	203	0.114	−4.5	832	35.5	357	1994
28	东江	HL160-LJ-410	139～81	118.5	123	166.7	127.6		91.5	152	0.063	−2.55	144	48.28	400	1987
29	盐锅峡	HL257-LJ-410	39.5～37	38	148.5	107.1	51.2	55	95.2	242	0.145	−1.3	—	47	240	1961
30	云峰	HL180-LJ-410	109.2～68.2	89	135	150	105.7		92.0	178	0.085	−1.7	206.0	40	304	1966
31	碧口	HL220-LJ-410	86.2～57.5	73	160	150	105		92.0	227	0.133	−3	612.3	45.2	300	1976
32	凤滩	HL220-LJ-410	91～54	73	160	150	103			226	0.133	−3.2	111.0	44	310	1978
33	枫树坝	HL220-LJ-410	74～55	60	155	136.4	82		91.1	234	0.16	−2.0	89.3	42	400	1973
34	黄龙滩	HL009-LJ-410	84.3～58	73	123	150	79.5		91.7	198	0.068	0		40	285	1974
35	安沙	HL220-LJ-410	74～55	60	146	136.4	77.3		91.4	227	0.133	−2.2	189.0	41.3	400	1975
36	柘溪	HL220-LJ-410	74～47	60	146	136.4	77.3		90.2	227	0.133	−1.6	93	46	286	1961
37	新安江	HL180-LJ-410	84.3～57.8	73	118	150	75.5		91.5	193	0.085	1.3	24	37.5	285	1959
38	新丰江	HL180-LJ-410	84.7～57.8	73	118	150	72.5		91.5	189	0.085	1.5		38	285	1960
39	桓仁	HL220-LJ-410	84.3～57.8	73	118	150	64.8		90.1	179	0.133	1.3			219.07	1968
40	陈村	HL230-LJ-390	59～32	52	113	136.4	51.6		91.9	222	0.17	−1.0	57.9	43	260	1970
41	江垭	HL250-LJ-382.6	109.5～62.1	80	141.68	187.5	102		95.88	250	0.10	−5.01	120.69	43	346	1998
42	田坝	HLD75-LJ-380	100～69.3	80	146	187.5	107.7	127.55	94.4	257	0.152	−12.2	881.3		295	1995
43	长甸	HL200-LJ-380	93.3～62	70	105.5	150	67.1		92.5	192	0.1	−1.5	27.9	31.2	250	1990
44	池潭	HL220-LJ-380	66.3～33.9	51	114	136.4	51.6		90.5	227	0.128	−1.5	208	40	226	1980
45	鲁布革	HL99-LJ-344.2	372.5～295	312	53.5	333.3	153	172	94.6	99	0.04	−6.5	755	27	308	1988
46	小山	HLA384-LJ-340	101～75	85	105.24	214.3	82		94.86	238	0.11	−3.1		18	172	1997
47	古田二级	HL160-LJ-330	125～101.6	103	74.5	214.3	67		90	169	0.063	2.5	131.0	26	230	1969
48	下马岭	HL160-LJ-330	98～82	90	81	214.3	67		90	200	0.063	2.5	243	26.6	230	1961
49	大广坝	HLD85-LJ-310	87.4～62.9	73	92.9	214.3	61.54		94	249	0.122	−3.5	49.5	19.8	192	1994
50	安康	HLD85-LJ-300	84～53	73.7	81.64	214.3	54.3		93.2	231	0.109	−2	240	17.8	175.5	1990
51	紧水滩	HL220-LJ-300	85～60.5	69	84.7	200	51.5		92.5	228	0.133	−2.875		17.5	122.8	1987
52	太平驿	HL185-LJ-292	130～101	108	66.02	250	66.6		95.28	185		−3.1	947.26		180	1994
53	冷竹关		361.3～387.5	362		500	61.5			78.5						2000
54	姚河坝		270～307	280		500	45.12			92.7						2000
55	公伯峡	HLA630-LJ-580	106.6～96.7	99.3	338.71	125	306	331.8	96.29				1891.9			2004
56	碗米坡	HL(P050)LJ-525	44.68～34.67	39.0	243.77	100	82.5	92.5	93.5			1.56				2004
57	三板溪	HLA855-LJ-505	156.5～97.0	128.0		166.7	256.5									2005
58	周宁		388.8～437.2	400	34.82	428.6	125			84.71						在建
59	自一里		439.95～474.14	445		600	71.8			78.66						在建
60	马鹿塘一期		218～248	221.5	25.96	428.6	55.15									在建
61	紫坪铺	HLPo140-LJ-485	132.76～68.4	100	210.01	150	193.9	244.4								在建
62	小湾	HLA153-LJ-660	251～164	216	365	150	714.3		95	153.1		−12	980.0			在建
63	百色	HL(229)-LJ-428	106.3～79	88	171.4	166.7	137.8	148.0	96.48	229			115.2			在建
64	棉花滩	HLS200-LJ-440	104～68	87.6	193.6	166.7	153	175	96.31	243.3		−4.9				在建

注 从国外引进的转轮型号以转速表示。

表 4 **部分有代表性的轴流式水轮机参数规格表**

序号	水电站名称	水轮机型号	水头范围(m)	额定水头(m)	额定流量(m^3/s)	额定转速(r/min)	额定出力(MW)	最高效率(%)	比转速(m-kW)	空化系数	吸出高度(m)	安装高程(m)	转轮重(t)	水轮机重(t)	首台机投运年份
1	葛洲坝	ZZ2560-LH-1130	27～8.3	18.6	1130	54.6	175.3	92.5	591.8	0.8	−8	36.6	468	2150	1981
2	葛洲坝	ZZ500-LH-1020	27～8.3	18.6	825	62.5	129	93	581	0.68	−7	36.6	425.5	1676	1982
3	铜街子	ZZ440-LH-850	40～28	31	575	88.2	154	93	473	0.71	−9.2	430.5	300	1250	1991
4	大化	ZZ440-LH-850	39.5～13	22	556	76.92	103	92	518	0.45	−6.0	112.0	330	1323	1983

续表

序号	水电站名称	水轮机型号	水头范围(m)	额定水头(m)	额定流量(m^3/s)	额定转速(r/min)	额定出力(MW)	最高效率(%)	比转速(m-kW)	空化系数	吸出高度(m)	安装高程(m)	转轮重(t)	水轮机重(t)	首台机投运年份
5	万　安	ZZ440-LH-850	32.3～15	22	556	76.92	103	93	518		−6			1412	1990
6	水　口	ZZ393-LJ-800	57.8～30.9	47	467.7	107.1	204	95.1	393	0.33	−7.5	3.9	320	1763	1993
7	沙溪口	ZZF01-LH-800	24～7	17.5	525	75	77.32	90	583	0.85	−5.7		210	810	1987
8	恶　滩	ZZ548-LH-800	18.2～6	14.3	500	62.5	62.3	92	561		−4.73		167	764	1981
9	西　津	ZZ548-LH-800	20.25～6.2	14.3	500	62.5	62.3	92	561		−3.0		167	765	1966
10	富春江	ZZ560-LH-800	22～8	14.3	500	62.5	61.6	92.5	558	0.47	−3	4.1	168	765	1971
11	太平湾	ZZ560A-LH-800	15.5～12.3	12.6	455	68.2	49	92	636	0.83	−3.5	12.5	156	740	1985
12	大　峡	ZZF23-LH-700	31.4～13.2	23	369.6	88.2	77.3	94	487	0.63	−5.5		165	708	1995
13	东西关	ZZ500-LH-640	24.3～9.5	17	312	93.8	46.1	93.29	583					620	1995
14	三门峡	ZZA79-LJ-600	52～15	30	197.5	100	51.6	91.5	323	0.257	−2.8	275.2	135	710	1973
15	红　石	ZDA190-LH-600	25.6～22.8	23.3	251	107	51.55	91	475	0.46	−4.0	259.9	60	394	1985
16	青铜峡	ZZ560-LH-550	21.2～16.4	18	250	107	37.2		557	0.875	−5.7	1134.25	68.7	392	1967
17	八盘峡	ZZ560-LH-550	19.5～11.6	18	250	115.4	37	91	599	0.76	−7.0	1552	62.7	385	1978
18	青　溪	ZZ500-LH-500	25～10	20.5	209.1	125	37.3	92.1	553		−6.9			310	1993
19	长　湖	ZZ440-LH-450	34.4～22	28	153	150	37.5	92	451	0.71	−6.5	18.5	41	264	1973
20	回龙山	ZZ440-LH-450	29.5～24.5	26	165	150	37.5	92	495		−8.0			264	1972
21	石　塘	ZZ500-LH-420	24.21～14.6	22.2	139	150	26.8	92.5	510		−5.8		30	200	1989
22	大伙房	ZZ440-LH-330	34～13.7	25.2	76.5	214.3	16.6	90.2	489		−2.5	89	18.2	145	1959
23	红石桥	ZZ500-LH-330	20.45～18.43	19.3	68.2	187.5	11.578	91	499	0.68	−1.5	626.15	16.45	113	1991
24	石　门	ZZ013-LJ-180	78～35	67	22.5	500	13	89	297	0.33	−9	531.5	6.33	49	1976
25	高坝洲	ZZD231-LH-580	40～22.1	32.5	286.8	125	85.8	98							2000
26	平　班	ZZS486-LH-722	39.1～27	34	440.29	107.15	138.5					393.25			2004

注　从国外引进的转轮，其型号以比转速表示。

表 5　　部分有代表性的灯泡贯流式水轮机参数规格表

序号	水电站名称	水轮机型号	水头范围(m)	额定水头(m)	额定流量(m^3/s)	额定转速(r/min)	额定出力(MW)	最高效率(%)	比转速(m-kW)	空化系数	吸出高度(m)	安装高程(m)	转轮重(t)	水轮机重(t)	首台机投运年份
1	大源渡	GZ970-WP-750	11.24～3.0	7.2	472.1	65.2	30.93	95.63	970		−7.93				建设中
2	王甫洲	GZ962-WP-720	10.3～3.7	7.52	412	71.43	28.1	95.4	962	1.77	−6.7	69.23	85	750	建设中
3	飞来峡	KR4/700	15～3.3	8.53	473	83.33	35.69	95.77	1080			1.92	54	550	1999
4	凌津滩	GZ956-WP-690	13.20～2.2	8.5	405.8	78.9	30.93		956		−7.6	30.20			1998
5	百龙滩	GZ995-WP-640	18～3	9.7	377.5	93.8	33	95.2	995		−6.2	101.9	95	557	1996
6	白石窑	GZTF07-WP-580	12.18～3	7.8	263	88.2	18.551	95.1	922		−4.6			365	1997
7	孟洲坝	CZTF08-WP-580	8～3	5.3		83.3	11.45		1108						1996
8	潇　湘	GZTF08-WP-580	9.35～6.0	6.0		83.3	13.47		1030						1995
9	马骝滩	GZF02-WP-550	11.5～2.5	7.5	239.4	90.9	16.046	94.2	928		−6.12		69	420.4	1992
10	都　平	GZ990-WP-550	11～3.3	7.4	237.85	90.9	15.54	93.8	928	1.77	−7.75	18.17		270	1992
11	白　垢	GZ003-WP-550	9.8～3.0	6.2	205	78.9	10.46	92.5	825	1.63	−4.2	7.55		328	1984
12	安　居	GZ990-WP-550	9.6～4.0	8.0	216.408	88.2	15.625	94.4	819		−7.3			425.55	1992
13	永　兴	GZ990-WP-550		6.7		88.2	13.00		933						1993
14	界　碑	GZTF07-WP-550	7～1.8	5.2	226.1	78.9	10.5		1030						1994
15	谟　武	GZTF07-WP-550	9.7～5.14	7.63		88.2	15.54		867						1993
16	城　关	GZTF08-WP-550	7.5～1.8	5.5		78.9	10.994		982						1992
17	洪　江	GZ616-WP-520	27.3～8.4	20.5	245	125	46.4	95	617		−10.5	153			2004
18	沙　县	GZ4BN28A-WP-490	11.77～4.84	8.8		100	16.5		847						1999
19	高　砂	GZ990-WP-420		10		125	13.00		801						1995
20	石面坦	GZF02-WP-410	9.96～5.0	7.94	135.9	125	9.6	94	919	1.8	−5.3	109	21	201	1992
21	下　池	GZF02-WP-380	10.4～3.9	5.8	101.9	115.4	5.236	93	928		−3.6			210	1993
22	沙坡头		11～5.9	8.7	373	75	29.9	95.87							2004
23	斑　竹	GZSK111B-WP-550	10～2.8	7.4	234.76	88.24	17.05	95			−7.2				1997
24	竹　州	GZ (B14) -WP-495	14.1～5.2	10	203.2	115.4	18								2000

注　从国外引进的转轮，其型号以比转速表示。

表 6　部分有代表性的冲击式水轮机参数规格表

序号	电站名称	水轮机型号	水头范围 (m)	额定水头 (m)	额定流量 (m^3/s)	额定转速 (r/min)	额定出力 (MW)	最高效率 (%)	一台机组转轮数	一个转轮水斗数	一个转轮喷嘴数	直径比 D/d_0	转轮重 (t)	水轮机重 (t)	首台机投运年份
1	阿鸠田	CJA237-L-$\frac{216}{4\times18}$	432.5～405	405	8.9	375	31.0	91	1	20	4	12			
2	草　坡	CJ20-L-$\frac{215}{2\times19}$	391.2～389	390	4.8	375	15.625	86	1	20	2	11.32	9	80.9	1988
3	称架一级	CJA237-L-$\frac{200}{2\times18}$	377.5	369	4.05	375	13		1	20	2	11.1			1993
4	以礼河	2CJP2-W-$\frac{170}{2\times15}$	629～583	589	7.25	600	37.5	89.6	2	20	2	11.3		60	1966
5	天　湖	CJ20-L-$\frac{170}{2\times9.2}$	1025.9～1015	1022.4	1.791	750	15.625	89	1	20	2	18.48	2.665	25	1992
6	磨坊沟Ⅱ	CJ20-L-$\frac{170}{2\times15}$	462～456	458	3.25	500	13		1	20	2	11.33	4.2	70	1971
7	潭　岭	CJ20-L-$\frac{170}{2\times15}$	470～456	458	3.25	500	13		1	20	2	11.33	4.2	70	1969
8	依萨河	CJA237-L-$\frac{160}{2\times9.5}$	905.55～860	861	1.72	750	13	90	1	20	2	16.8	2.35	29.8	1994
9	户宋河	CJA237-L-$\frac{155}{4\times16.5}$	376～353.6	357.7	7	500	21		1	20	4	9.39	3.5	41.5	1997
10	大　堡	CJ22-L-$\frac{150}{4\times13.3}$		280		428.6	9.20		1	22	4	11.3			1990
11	冒水洞	CJK461-L-$\frac{150}{3\times14}$	260			428.6	6.65	1	20	3	10.7				1987
12	百丈际	2CJ22-W-$\frac{146}{2\times14}$	356.5～330	345	4.54	500	13		2	22	2	10.43	3.485	77.4	1960
13	绿水河	2CJ22-W-$\frac{146}{2\times15}$	337～300.5	305	5.33	500	13	81.6	2	22	2	9.73	3.485	75.4	1972
14	黄兰溪二级	CJA237-L-$\frac{140}{4\times12.5}$	481.1～454.6	455	3.94	600	15.625	90	1	20	4	11.2			1995
15	老虎山二级	CJA237-L-$\frac{140}{4\times11.5}$	450.6～432.9	435.7	3.4	600	13.0	91	1	20	4	12.17			1998
16	锁金山	CJA237-L-$\frac{130}{4\times10}$	610.4～588	588	3.15	750	15.625		1	20	4	13			1994
17	白水河二级	CJA237-L-$\frac{130}{4\times10.5}$	596.1～571.6	580.6	3.46	600	17.6	90	1	20	4	12.4			2000
18	东　川	CJ22-W-$\frac{92}{1\times11}$		200		600	0.8		1	22	1	8.36			1953
19	冶　勒		644.8～548	580		375	120								在建
20	高　桥		591～550	555		600	30								在建
21	小沟头		410.2～445.2	411		428.6	30								在建
22	阿鸠田		421.27	398		375	35								在建

表 7　抽水蓄能水泵水轮机技术参数规格表

序号	电站名称	装机台数及功率 (台×万 kW)	机　型	水轮机工况				水泵工况				首台机组投运时间
				最大功率 (万 kW)	最大流量 (m^3/s)	最高水头 (m)	转速 (r/min)	最大功率 (万 kW)	最大流量 (m^3/s)	最高扬程 (m)	转速 (r/min)	
1	岗　南	1×1.2	斜流可逆式	1.1	26	64	250	1.3	23	59	250	1968.5
2	密　云	2×1.3	斜流可逆式	1.1	28	64	250	1.5	23.9	59	273/250	1973.11
3	潘家口	3×9.0	混流可逆式	9.0	145.4	71.6	125	9.0	119.5	70.11	142.8	1991.9

续表

序号	电站名称	装机台数及功率（台×万 kW）	机型	水轮机工况				水泵工况				首台机组投运时间
				最大功率（万 kW）	最大流量（m³/s）	最高水头（m）	转速（r/min）	最大功率（万 kW）	最大流量（m³/s）	最高扬程（m）	转速（r/min）	
4	寸塘口	2×0.1	混流可逆式	0.1	3.44	34.8	500	0.125	2.79	41.6	500	1992.11
5	广州一期	4×30	混流可逆式	33.3	72.2	541.8	500	34.0	60.03	541.8	500	1993.6
6	广州二期	4×30	混流可逆式	35.2	72.2	541.8	500	34.0	60.03	541.8	500	1999.4
7	十三陵	4×20	混流可逆式	20.4	53.8	474.8	500	20.35	43.6	488.6	500	1995.12
8	羊卓雍湖	4×2.25	水斗三机式	2.56	3.16	816	750	1.9	2.0	850	750	1997.5
9	溪　口	2×4	混流可逆式	4.4	19.6	271	600	4.55	17.3	271	600	1997.12
10	响洪甸	2×4	混流可逆式	5.5	105.0	63	150	5.5	106.8	64	150/66.7	2000.1
11	天荒坪	6×30	混流可逆式	33.8	72.5	610.2	500	33.6	58	614	500	1998.9
12	天　堂	2×3.5	混流可逆式	3.5	94.27	52	157.9	4.4	93.8	52	157.9	2000.12
13	沙　河	2×5	混流可逆式	5.15	60.1	121	300	6.0	55.4	125.4	300	2002.4
14	回　龙	2×6	混流可逆式	6.15	17.9	421.3	750	6.32	15.8	424.2	750	2004.3
15	泰　安	4×25	混流可逆式	27.8	137	253	300	27.4	113.3	260.6	300	2005.12
16	琅琊山	4×15	混流可逆式	15.3	136	146.7	230.8	16.4	122.33	153.15	230.8	2006
17	桐　柏	4×30	混流可逆式	33.3	143.5	285.7	300	33.6	133.6	288.7	300	2004.12
18	西龙池	4×30	混流可逆式	30.6	49.6	686.8	500	31.69	46.5	703.9	500	2008
19	张河湾	4×25	混流可逆式	25.5	94.73	343	333.3	27.2	86.5	351	333.3	2007

表 8　　我国部分进口水电机组参数

序号	水电站名称	地址	型式	最大水头（m）	额定水头（m）	额定功率（MW）	额定转速（r/min）	台数	投产时间	制造厂
1	鲁布革	云南罗平	混流式	372.5	312	150	333.3	4	1988.12	挪威 K. B 德国 Siemens
2	隔河岩	湖北清江	混流式	121.5	103	300	136.4	2	1993.7	加拿大 CGE、MiT
3	五强溪	湖南沅陵	混流式	60.1	44.5	248	68.2	5	1996	德国 Voith
4	二　滩	四川渡口	混流式	189.2	155	550	136.4	6	1998	加拿大 CGE
5	小浪底	河南孟津	混流式	139.2	1.2	300	107.1	4	1999.12	德国 Voith
6	三　峡	湖北宜昌	混流式	112	80.6	700	150	14	2003	VGS 集团 Alsthom、ABB、K、E 集团
7	水　口	福建闽清	轴流转桨式	57.8	47	204	107	7	1993	日立 ABB 哈电
8	马迹塘	湖南桃江	灯泡贯流式	865	6.55	18.5	75	3	1983.6	奥地利 Voith Elin
9	马　回	四川蓬安	灯泡贯流式	13.0	11.4	23.05	115.4	2	1991.12	奥地利 Andriegy Elin
10	南津渡	湖南永川	灯泡贯流式	17.8	14.5	20.0	150	3	1991.11	奥地利 Elin
11	渭　沱	四川合川	灯泡贯流式	11.0	8.5	15.0	93.8	2	1992.9	奥地利 Andrity Elin
12	飞来峡	广东清源	灯泡贯流式	15.0	10.2	23.4	100	6	1999.9	奥地利 Elin-MCE
13	王甫洲	河北老河口	灯泡贯流式	10.3	7.52	27.25	71.4	4	1999.12	奥地利 Elin
14	大源渡	湖南九莲灯	灯泡贯流式	11.24	7.2	30.76	65.2	4	1999.7	奥地利 ASTRO、Elin
15	贵　港	广西贵港	灯泡贯流式	14	8.5	30.93	78.9	4	1999.2	芬兰 Kvarner ABB
16	广州抽水蓄能一期	广东从化	混流可逆式	535.71/550.01*	492.06	300/309.7*	500	4	1992	法国 ALSTHOM
17	十三陵	北京昌平	混流可逆式	481/488.6*	430.0	200	500	4	1995	Voith（美国）奥地利 Elin
18	天荒坪	浙江安吉	混流可逆式	610.2/610.2*	526	306/336	500	6	1998	挪威 KE
19	潘家口	河北迁西	混流可逆式	85.03/86.22*	60/70	70/90	125/142.8	2	1991.7	意大利 DP-EW TIBB
20	广州抽水蓄能二期	广东从化	混流可逆式	537.18/550.1*	496.02	300	500	4	1998	德国 Voith、Siemens
21	羊卓雍湖	西藏拉萨	三机式	843/859*	816/850	23.1/19.0	750	6	1995	奥地利 Voith Elin
22	沙　河	江苏溧阳	混流可逆式	121/125.4*		50	300	2	2002.4	法国 ALSTOM
23	溪　口	浙江奉化	混流可逆式	271/271*		40	600	2	1997.12	瑞士 Escher wyss
24	琅琊山	安徽滁州	混流可逆式	146.7/153.15*		150	230.8	4	2006.12	奥地利 Elin-
25	桐　柏	浙江天台	混流可逆式	285.7/288.7*		300	300	4	2006.3	奥地利 Elin-

*　分子为水轮机工况，分母为水泵工况。

（2）轴流式水轮机包括转桨和定桨二种。转桨式是适用于水头变幅大的中低水头水电站，最高水送达到78m。部分有代表性的轴流式水轮机技术参数见表4。

（3）贯流式水轮机适用于低水头和超低水头的水电站。部分有代表性的灯泡贯流式水轮机技术参数见表5。

（4）冲击式水轮机适用于高水头和超高水头的水电站。最高水头达1025.9m，部分有代表性的冲击式水轮机技术参数见表6。

（5）抽水蓄能机组单级混流可逆式水泵水轮机适用于中高水头蓄能电站，多级混流可逆式水泵水轮机适用于超高水头场合。它在电网中调峰填谷，发挥电网最大效益的作用。部分有代表性的高水头混流可逆式水泵水轮机技术参数见表7。

（三）国际贸易

改革开放以来随着三峡、二滩、小浪底的建设，以及龙滩、溪洛渡、向家坝等超大型水电站的相继开工，并考虑发达国家水电开发趋于饱和，因此世界水电设备市场逐渐或已经转移到中国。据2004年底不完全统计，全国大中型水电站引进各类机组（含合作制造）共约26155MW，见表8。中国已经成为世界水电设备市场的主要顾客。

短短的20几年，我国水电建设事业，获得了超常的迅猛发展，不同水头，不同类型，不同容量的水电机组遍布全国各地，形成前所未有的壮丽景象。我国已成为世界水电装机的头号大国，也将成为世界水电设备技术的头号强国。

（中国水利水电科学研究院 单 鹰）

水力发电年鉴、科技专著、科技攻关20年

一、《中国水力发电年鉴》

《中国水力发电年鉴》的编纂出版，已有23个年头。它把新中国57年水电事业的成就和中华民族优秀儿女的智慧和创造载入了史册；它展示了世界水电在中国，中国水电冠全球的光辉诗篇；它向世人宣布，中国人可以在中国境内的任何一条河流上修建他们认为需要修建的水电工程。

早在1983年，原水利电力部科技司会同中国水力发电工程学会，组织全国专家、教授启动编纂年鉴工作。由于水电是可大规模开发、可商业化运作、廉价、清洁、绿色的可再生能源，在国家的能源结构中占有极为重要的地位，年鉴编纂工作刚启动就倍受各方关注和支持，工作开展非常顺利，至今共出版了十卷。其中，有数年卷、二年卷和一年卷之分。第一卷（1949～1983年）为三十四年卷；第二卷（1984～1988年）为五年卷；第三卷（1989～1991年）、第四卷（1992～1994年）、第五卷（1995～1997年）、第六卷（1998～2000年）均为三年卷；第七卷（2001～2002年）为二年卷；第八卷（2003年）、第九卷（2004年）、第十卷（2005年）均为一年卷。

年鉴是工程、科技、信息的载体，具有水电信息收集、加工、显示、传递的功能。一至五卷年鉴的内容主要是以知往鉴来，纪录史实为主。自第六卷开始，除在保持前五卷的框架结构、风格外，还坚持科学发展观，以人为本，与时俱进理念，力争使报导更富于主旋律的时代性、政治的严肃性和信息的真实性、科学性。抱着对历史负责，对后人负责的态度，力求做到大事不漏、小事不凑、取新舍旧、特事特办的原则。尽管年鉴千变万化，但知往鉴来的特色和功能是永恒的。通过力求延长年鉴信息的寿命，突出资料的工具性、信息流的终端性、系列的史册性、题材上的年度感、数据的权威感、功能的鉴戒感，使年鉴成为“没有围墙的大学”、读者的“案头信息库”和“决策的专家库”，供人查考，助人明辨，给人启迪。

二、科技专著

年鉴是水电科学技术信息流的终端，工程科技专著也是水电科学技术信息流的终端，年鉴中有科技专著精华，专著是年鉴信息的资源库，我中有你，你中有我，互相依存。年鉴和科技专著是同属一家族。

（一）《电子计算机在水利水电工程中应用文集》

20世纪70年代，伴随着长江第一坝——葛洲坝水利枢纽的建设，我国迎来了水电建设和科技进步的新高潮，一大批大型水电工程相继开工，大量的高难度的水电工程科技问题摆在原水利电力部科学技术司面前。由于工程规模大，高难度的工程技术理论问题和复杂的工程数学、力学问题，用现有或常规设计、科研计算方法和手段，已不能适应工程建设的需要。计算方法的更新，计算机技术推广和应用，计算中心建立问题进入了科技司的视野中。1978～1979年，原水利电力部和华东水利学院联合在南京举办“计算机技术应用和系统工程学理论学术论坛会”，交流研讨了电子计算机计算技术及系统工程学方法在水利水电工程建设和科研工作上的应用。这大大推进了水电行业的科技进步，促成了现代计算理论和计算技术进入了水电系统的设计、科研和管理的领域中。

原华东水利学院副院长我国著名弹性力学专家我国水电应用计算机科学的先驱徐芝伦院士编著的《弹性力学有限元方法》、原水利电力部与华东水利学院

联合编纂的《电子计算机在水利水电工程中应用文集》相继问世。这两部专著在我国水电工程界引起极大的反响，在工程界掀起了一场设计新理论、新方法的设计革命。新理论、新方法的应用不但缩短了规划设计周期，而且大大提高了设计质量，也催生了我国第一个水电行业计算机科学专业——华东水利学院计算机科学系的成立。

（二）《现代工程数学手册》

现代水电工程，需要数学、力学的支援。大规模水电建设孕育了《现代工程数学手册》的问世。1979年，根据汪胡桢院士的建议，原水利电力部决定组织编写《现代工程数学手册》。编写的主旨是在工程科学技术人员与数学工作者之间架起一座桥梁。当时原水利电力部责成沈信祥副司长和郦凤山同志负责编纂的具体组织工作。要求编纂工作紧紧把握数学的严密性、学科的先进性、工程的应用性，力求使此手册能成为现代工程师们的“案头工程数学文库”。历经10年，200余名数学家和工程学家参编，终于编成了《现代工程数学手册》。该手册共5卷，100篇，1000章，含1000个数学学科分支的内容，覆盖面之广，内容之全，独一无二。我国著名数学家华罗庚生前曾建议本手册命名为《现代工程数学大全》。它的问世为科学工作者、工程技术工作者提供了科研和理论新手段，为工程建设现代化提供了工具。

（三）《系统工程学理论在水电站优化调度上的应用》

利用现代大系统理论和方法来进行水电站及水电站群的科学调度、经济调度、优化调度和现代管理是提高水电站效益的重要手段，也是水电科技工作者的使命。在20世纪70年代中，原水利电力部就致力于将系统理论引进和推广应用，并依托华中工学院、华东水利学院开展大系统理论的研究和应用；同时举办培训班，筹办国际学术交流会、编纂论文集（1～2卷，中文、英文同时发行）；在华中工学院成立了以张勇传教授为首的研究中心，进行系统的理论研究和推广应用。在几年工程实践研究基础上，郦凤山和张勇传教授一起编写了《系统工程学理论在水电站优化调度上应用》专著，有力地指导着我国水电站管理现代化进程。特别是近年在华中科技大学内建立了水电数字化学院并成立了“数字化流域和水电数字化研究中心”，开展高级人才培养和科学研究工作，极大提高了我国水电运行管理水平。

（四）《抽水蓄能电站》

抽水蓄能电站，在欧洲问世长达100余年。20世纪60～80年代国外抽水蓄能站建设达到了高潮，抽水蓄能技术向高水头、大单机容量方向发展。但我国电力界尚未认识到它的重要性。在抽水蓄能电站处于我国电网中急需之际，原能源部副部长陆佑楣提出要写一部《抽水蓄能电站》科技专著，宣传普及知识。于是原能源部科技司决定编纂一本能供国家领导部门、电力建设决策部门、水电站工程研究设计部门和建设部门、高等院校师生均可参阅的抽水蓄能电站技术专著。在没有理论技术储备，也没有工程技术建设经验的情况下，编纂这样一部书，难度相当大。科技司郦凤山和华东水利学院沈祖怡教授在多方调研、集思广益的基础上，针对众多读者群的特点，谋划了本书的框架结构、内容和写作风格，并着手开展编写工作。在潘家铮院士和陆佑楣副部长的指导下，历时2年，世界第一部综合性抽水蓄能电站科技专著在我国出版了。该书的写作特点不同于市面上常见的水电站工程书藉，突出了抽水蓄能电站工作原理、技术内涵、电网作用等特点，同时还介绍了当今国外20多座现代化大型抽水蓄能电站建设的成就进展和可借鉴的经验。这扩大了国人的眼界，促进了我国抽水蓄能电站学科的形成和事业发展。20世纪90年代广州抽水蓄能电站胜利建成。这座抽水蓄能电站在设计和建设技术上，10年内实现了国外60余年的大跨越。我国的抽水蓄能电站的建设实现“一步登天”，不可忽视《抽水蓄能电站》的指导作用。

（五）《中国水力发电工程》

半个世纪以来，我国的水电建设事业飞速发展，特别是近30年，建设规模之大，速度之快，技术创新之多，令世人瞩目。1995年原电力工业部决定组织编纂一部大型综合性工程科技专著《中国水力发电工程》，以反映我国特色工程技术和江河治理开发规划思想，并责成科学技术司、水电开发司和中国水力发电工程学会组织编纂工作。在潘家铮院士和何璟副部长指导下，经过约200余名专家的共同努力，完成了编写任务。

《中国水力发电工程》于2000年以“九五”国家重点图书方式正式出版，共八卷，包括工程水文、规划经济、移民环保、工程地质、水工、机电、施工和运行管理等8个学科共500余万字。该书总结了建国50年以来水电建设的成就、经验和教训，囊括了我国“六五”、“七五”、“八五”和“九五”期间国家水电科技攻关的成果中的一些具有推广应用价值的新理论、新技术、新工艺。该书的出版对21世纪我国的水电建设发挥了指导作用，得到广大读者的好评，2001年获得第五届国家图书奖。

（六）《中国大坝50年》（中文、英文同时发行）

我国建国50年来，水电事业和科技创新都有了长足的发展。世界水电在中国，中国水电冠全球，一批世界顶级工程和顶尖技术在中国创新。中国创新的工程技术、工程理论、建设工艺世界瞩目，在国内外工程技术界倍受关注。为了总结50年来我国水电建设的新成就和成功经验，介绍中国水电工程建设中有特色的技术，向世界各国工程技术界同仁们提供有用的交流资料，原国家电力公司和中国水力发电工程学会决定组织编写《中国大坝50年》。该书坚持以技术创新为主线，以实用技术为主体，全面反映中国当代大坝技术进步和建设成就。

该书由潘家铮院士和何璟副部长担任主编，具体工作由邴凤山负责，于2000年初完成全书的编写任务。正当《中国大坝50年》出版之际，第20届国际大坝会在北京召开，编辑部把此书献给世界水电同仁们。国际大坝委员会主席为此在大会上表扬了中国大坝委员会，感谢我们为大会提供了一部高水平的大坝专著。

（七）《中国水能资源开发利用的战略研究》

中国水能资源开发研究，是中国工程院组织的重大咨询任务。在潘家铮院士主持下，由中国工程院院士和中国水力发电工程学会的专家组成研究组。邴凤山、石瑞芳、朱培林担任了副组长和副主编，并具体承担了咨询报告的编写工作。这个研究咨询报告要求时间跨度大（2010，2020，2030年），规划性和战略布局可操作性强，引用的资料丰富、翔实、系统、完整，决策价值高。报告于2004年底完成，是目前水能开发综合性、战略性和实用性最完整、最系统研究报告，也是一部水能利用开发规划的科技专著。

（八）《中国电气工程大典》

《中国电气工程大典》是由中国电工技术学会、中国水力发电工程学会、中国电机工程学会等六个单位组织编写的，其中《水力发电工程》卷主编由梁维燕、邴凤山和饶芳权担任。在黄景湖教授的帮助下，经拟定大纲、组织编写班子，进行编写工作，现已基本完稿。《水力发电工程》卷在《中国电气工程大典》中占有重要的地位，也是最活跃的内容。

古今中外，高电压、大电网的出现和发展，都是伴随着水电的开发和大型水电基地的建设而诞生。我国西部水电建设，形成了西电东送的格局。葛洲坝和三峡工程的兴建、云贵的水电开发，使±500kV直流输电第一次在我国落户，并促进全国电网形成。溪洛渡和向家坝等西部巨型水电站的建设，使世界顶级的直流±800kV输电工程又将在我国落户。三峡水电站的建设的硕果，使我国水力发电装备业仅用7年，实现了30年的大跨越。一宗宗高压电气的新产品、新装备，随着我国水电发展而日新月异，为中国电气大典的编纂提供可靠的信息。

三、科技攻关

年鉴的信息源源于水电工程技术创新，国家和水电行业的“五五”、“六五”、“七五”、“八五”、“九五’……科技攻关项目中大批高水平的科技成果，丰富了年鉴内容，增加了年鉴的信息源，为精品年鉴打下牢固的信息基础。

我与水电科技打了四十多年的交道，结缘甚深，先后在原水利电力部、原电力工业部、原能源部和原国家电力公司科技司工作过。在工作中始终坚持一贯自主创新，坚持创新与工程化研究并重，坚持产、学、研三结合原则，因而在科技攻关中收到了良好的效果，工作中也取得很好的成绩。

（一）参与国家科技规划编制情况

科技发展规划，是科技发展行动纲领，指导着科技发展方向，科研及科技攻关活动最终会带来大量科技信息，进而丰富了年鉴的内容。

1.《1978～1985年国家科学技术发展规划》

在《1978～1985年全国科学技术发展规划纲要》的编制同时，我既以国家科委水利工程学学科组秘书身份参加了国家科委和中国科学院主持的《全国自然科学学科规划》工作，还组织完成了《1978～1985年水利工程学学科发展规划》、《1978～1985年水利水电科学技术发展规划》的编制工作。

1978年3月，全国科学大会上审议了《1978～1985年全国科学技术发展规划》，为“五五”和“六五”期间国家水电科技重点项目奠定了坚实的基础。规划的核心内容构成科技攻关的重点，引导着水电科技发展方面，促进了我国水电事业和江河水电开发进程。在我们的努力下，第一次把“水电工程建设关键技术”纳入国家科技攻关计划中。

2.《1986～2000年全国科学技术发展规划》

1981年4月，国务院责成国家科学技术委员会会同有关部门，组织编制《1986～2000年全国科学技术发展规划》。国家科学技术委员会、国家发展计划委员会、国家经济委员会成立联合科技长期规划办公室，组织全国900余位专家和领导集中办公，并在联合科技长期规划办公室领导下成立了19个专业规划组。我作为原电力工业部的代表参加了能源（电力）科技规划组，并负责联络部门工作，会同中国水利水电科学研究院专家朱培林等几位专家，历时2年完成了《1986～2000年水力发电科学技术发展规划要点》（纲要）和水力发电8个专业的学科规划的编制工作，并纳入了国家科技发展规划的系列，成为“七五”期间国家科技重点攻关项目择题的“资源库”。根据这个期间水电建设的需要，我们还编制了《“七五”国家水力发电科技攻关项目计划》。经申报把该计划项目汇入了国家“七五”科技攻关计划中。

3.《1991～2000年科学技术发展十年规划和“八五”计划纲要》　随着科学技术和经济建设的发展，

国家对15年规划的自身目标和内容进行调整。20世纪80年代末研究制定的国家中长期科学技术发展纲领及纲要，对截至2000年和2020年我国科技发展前景作了新的要求。1990年3月，国家科学技术委员会又组织制定《1991～2000年科学技术发展十年规划和“八五”计划纲要》。为了配合国家该纲要的制定，原能源部组织编制《1991～2000年能源科学技术十年规划和“八五”计划纲要》与此同时，我们结合“八五”期间及以后的水力发电建设工程中的科技难题，编制成《“八五”国家水电科技攻关计划项目》呈报国家科委并获得批准。

4.《全国科技发展“九五”计划和2010年长期规划纲要》 1994年由国家科委、国家计委共同组织，并成立一部际协调领导小组，开始编制《全国科技发展“九五”计划和2010年长期规划纲要》。由于种种原因，1998年经国家科教领导小组讨论后，该规划没有正式发布。尽管如此，我们电力部和国家电力公司配合国家规划还是制定了水电“九五”期间科技发展计划，分别对200m级上特高碾压混凝土重力坝、100m级及以上高碾压混凝土拱坝、200m级高混凝土板堆石坝、300m级以上高拱坝及特殊地质工程、拱坝沿拱座基石滑动机制、非常规水工建筑物内容深化研究，列入“水电九五”规划中，并列入国家“九五”科技攻关项目中。

5.《2005～2010～2020～2030年全国科学技术发展战略和“十一五”计划》 国务院科教领导小组把国家科学技术发展规划的任务交给政府有关部门（国家科技部、国家发改发展和改革委员会）和学术团体（中国工程院、中国科学技术协会）。电力行业和水力发电行业没有一个政府部门归口抓，所以我与中国水力发电工程学会的专家们参加中国工程院和中国科学技术协会组织的科技发展战略规划编制工作，先后承担了中国工程院能源学科的《“十一五”水电发展规划及2020年远景研究》，中国科协的《2020年中国水电科技发展研究》，按要求提供规划报告，顺利完成任务。

在中央国务院关于实施科技规划纲要，增强自主创新能力的指导下，国家科技部制定《国家中长期科学技术发展规划纲要》。我们水电学会也编制《2005～2010～2020年水力发电科学和技术发展规划和“十一五”计划》呈报给国家规划制定部门。

（二）组织水力发电科技攻关工作的情况

国家水电科技攻关支撑了我国水电事业的可持续发展。原水力电力部、原电力工业部、原能源部和原国家电力公司相继制定了“五五”、“六五”、“七五”、“八五”、“九五”水力发电工程科技攻关项目，列入国家计划。

1.“五五”水电科技攻关 当年葛洲坝水电工程、乌江渡水电工程的建设面临世界级的技术难题，再加上葛洲坝是三峡工程的实践工程，任务繁重，要求极高，需要原水利电力部立项组织攻关。在北京、南京、武汉、宜宾和宜昌建立了5个水电科学研究试验基地，全方位开展科技攻关。葛洲坝等大型水利水电工程技术问题列入国家“五五”科技攻关项目中。攻关有效地支撑了葛洲坝工程顺利建设，也为三峡工程建设的可行性科学决策提供依据。

2.“六五”水电科技攻关 1981～1985年，我国实施第六个国民经济发展计划。在国家科学技术委员会主持编制“六五”科技攻关项目时，把水电工程建设关键技术也纳入了国家“六五”科技攻关计划。其重点内容是围绕着复杂地基、高土石坝、大型地下工程、围岩稳定和快速施工技术。攻关的效果，既解决了天生桥一级、鲁布革工程的技术难题，又积累了科技攻关的管理经验。

3.“七五”水电科技攻关 1986～1999年“七五”期间我国水电建设项目日益增多和扩大，更多的关键工程技术等待研究解决。国家科学技术委员会正式将《水电工程筑坝技术》和《三峡工程水工建筑物关键技术》两个专题列入国家“七五”科技攻关项目中。

“七五”国家水电攻关内容除结合三峡工程有关工程技术问题外，还把特高土石坝、混凝土面板坝、高拱坝、定向爆破筑坝、高坝坝基技术内容瞄准二滩、东风、李家峡、小浪底、瀑布沟工程的关键技术，组织攻关。经过五年的联合攻关研究在土工离心模型试验有重大突破建设了亚洲第一试验台，在混凝土高拱坝的体型优化和线型研究上，高拱坝泄洪消能上均有创新，这些科研成果有力地支援了水电建设。

攻关的工程化效果：“七五”期间，围绕二滩水电工程建设，对常态混凝土高拱坝进行了系统研究，取得了拱坝地基评价标准，坝体与泄洪消能结构、新型材料使用与施工技术等使用价值高的科技成果，在这批实用性强、水平高的科技成果支撑下，工程建设取得了举世瞩目的优异成绩。围绕坝高95m的西北口混凝土面板堆石坝科技攻关研究。取得了混凝土面板堆石坝筑坝技术从设计到施工的系统成果，对于促进混凝土面板堆石坝在我国空前发展具有重大意义。

4.“八五”水电科技攻关 “八五”期间，水电建设关键技术攻关，历经长达10年之久，工程所遇到的技术都有所突破或解决。对尚存的一些特殊问题和“八五”后续工程涌现的大量新问题，即高拱坝、高土石坝、碾压混凝土拱坝、工程高边坡关键技术的深化和工程化、系统化研究内容再次列入国家“八五”科技攻关计划。“八五”水电攻关成果，如筑坝理论、技术的方法均有大幅度攀升，为“九五”、“十五”乃至“十一五”期间，一些世界顶级水电工程的顺利建设做了大量的技术储备。

攻关的工程化效果：“八五”期间我们组织了碾压混凝土和高土石坝、高边坡处理技术的攻关，其中最突出的创新性成果有两项。一项是普定碾压混凝土拱坝筑坝技术，它解决了碾压混凝土筑坝三个最关键的问题：①全断面碾压混凝土筑坝技术；②碾压混凝土铺筑的层间结合；③坝体上游部位采用二级配碾压混凝土防渗。普定碾压混凝土拱坝建设整体科技水平名列世界前茅，为世界同行所赞誉。另一项创新成果是龙滩碾压混凝土筑坝技术。龙滩碾压混凝土重力坝坝高216.5m，为当前世界上最高的碾压混凝土重力坝，为此对龙滩碾压混凝土重力坝进行了方案布置、结构设计理论与方法、混凝土级配与性能、施工方法与现场环境等全方位的科学研究，解决了两个关键问题：①碾压混凝土重力坝作为龙滩的主选坝型技术上是可行的；②碾压混凝土在高温多雨地区施工在技术难题可以解决。

5. “九五”水电科技术攻关　“九五”期间，为适应新世纪经济发展和12个水电基础的建设，真正实现西电东送，启动了技术储备研究，将一批世纪顶级工程如小湾、溪洛渡、水布垭、龙滩等水电站投入建设，为世界之最的高碾压混凝土（200m级及以上）、高混凝土拱坝（300m及以上）、高混凝土面板堆石坝（200m级及以上）的顺利建设作准备。编制了“九五”水电科技攻关计划项目，并纳入了国家科技攻关项目，得到了国家的大力支持。

“九五”攻关的工程化效果：在“七五”、“八五”期间取得成果的基础上，结合水电工程建设需要，进行了涉及范围更加广泛，起点更高的科技攻关，例如：

（1）200m级高碾压混凝土重力坝技术。

（2）100m以上高碾压混凝土拱坝技术。

（3）200m级高混凝土面板堆石堆坝技术。

（4）300m级高拱坝枢纽设计关键技术。

（5）快速勘探技术的综合应用研究。

（6）拱坝沿拱座基面滑动机制及控制标准研究。

（7）特殊地质工程研究。

（8）非常规水工建筑技术研究。重点研究了过流面板堆石坝技术、沥青混凝土面板防渗技术、拱坝结构的非整体分析、碾压混凝土新型掺和料开发应用、新型消能结构、高寒地区碾压混凝土筑坝技术、中高面板坝施工组织和施工技术等。主要成果和技术创新包括：

（1）面板坝重点技术。

（2）碾压混凝土筑坝技术。

（3）非整体拱坝结构分析研究。

（4）新型消能工技术研究。

（三）国家重大装备研制的组织管理工作

为了实现我国重大技术装备国产化，国务院成立了国务院重大技术装备领导小组，领导组织国家重大技术装备研制，进而实现国产化。我在原水利电力部、原电力工业部期间就参加三峡工程重大技术装备国产化规划工作。在原能源部期间我担任国务院三峡工程重大装备领导小组办公室主任，协助领导小组组长陆佑楣副部长组织管理三峡水力发电机组、金属结构、船闸和升船机的研制和工程试验工作，于1993年2月得到了国务院重大技术装备领导小组和国务院三峡工程重大装备领导小组的表彰。

（中国水力发电工程学会秘书长《中国水力发电年鉴》主编　郦凤山）

3

水能及风能开发

水 能 规 划

开发西藏水电实施藏电外送的初步设想（摘要）

随着西部大开发战略和“西电东送”工程的实施，西藏水电应该逐步得到大力开发，在满足自身需要的基础上实行藏电外送。藏电外送，不但可为全国一次能源平衡和资源优化配置作贡献，还可以促进西藏自治区的经济社会加快发展。

一、西藏自治区水能资源概况

（一）水能资源总量

西藏自治区河流众多，水能资源丰富。根据全国水能资源复查成果，西藏自治区水能资源理论蕴藏量平均功率为20136万kW、年电量17640亿kW·h，技术可开发装机容量11000万kW、年发电量5760亿kW·h（随着水电前期工作的深入，技术可开发量还可能增加）。全区技术可开发量中，大型水电站67座，装机容量9710万kW，年发电量5080亿kW·h（占88%）；中型水电站89座，装机容量1172万kW，年发电量620亿kW·h（占11%）；小型水电站182座，装机容量118万kW，年发电量60亿kW·h（占1%）。全区可开发水电站以大型水电站为主。全区水能资源理论蕴藏量占全国的29%，居全国首位；技术可开发量占全国的20.3%，仅次于四川省，居全国第二位。

（二）水能资源分布特点

区内水能资源按区域划分，绝大部分分布在藏南。各区域的技术可开发装机容量分别为：藏南（包括雅鲁藏布江干流及右岸支流、西巴霞曲、朋曲和丹龙曲）7296.5万kW，占全区的66.3%；藏东（包括金沙江、澜沧江、怒江、察隅曲和吉太曲）2914.4万kW，占26.5%；藏西（包括狮泉河和内陆河等）141.3万kW，占1.3%；藏北（包括雅鲁藏布江左岸支流）647.8万kW，占5.9%。

区内水能资源按流域划分，则以雅鲁藏布江、怒江、澜沧江、金沙江最为丰富，其技术可开发装机容量分别占全区的61.7%、12.9%、5.8%和4.3%，共占全区的84.7%。资源量巨大且相当集中，干流梯级水电站装机容量多在100万kW以上，个别为1000万kW级的巨型水电站，是全国乃至世界上少有的水能资源“富矿”，也是我国远景的战略资源。其中雅鲁藏布江干流5645.2万kW，怒江干流（西藏境内）1422.3万kW，澜沧江干流（西藏境内）636.2万kW，金沙江干流（西藏境内）474万kW（金沙江上游河段即奔子栏至直门达段技术可开发装机容量为1666万kW，其中川藏界河段为948万kW，西藏境内资源以川藏界河的1/2计）。

区内河流径流丰沛但年内分布不均。雅鲁藏布江、金沙江、怒江和澜沧江流域面积分别为24.0万km^2、18.2万km^2、10.3万km^2和7.7万km^2，相应年径流量为1395亿m^3（约是黄河的2.5倍）、311亿m^3、390亿m^3和209亿m^3。除西藏南部以外，西藏大部分地区河川径流在年内分配很不均匀，丰枯季节悬殊很大，平均有2/3的径流量集中在1/3（每年6～9月）的时间里。由于枯水期径流小，因而会造成电站丰枯出力差别大。

区内河流的中下游河段都具有建高坝大水库的地形条件，淹没损失小，开发目标较为单一。根据水能资源复查的初步调查，雅鲁藏布江中下游河段有6座梯级具有修建大中型水库的地形条件，怒江干流有4级，澜沧江有8级。利用水库的调节，上述河流的下游梯级均能得到水量的补偿，梯级整体发电效益能得到较大提高。西藏多数河流两岸人口、耕地分散，电站建设带来的淹没损失少，除拉萨河中下游等部分河段因沿岸有重要城镇有防洪要求外，大部分河流（或河段）无防洪要求，开发目标较单一。

截至2004年底，全区已建水电站装机容量43万kW，水电开发利用率不到0.4%，开发潜力巨大。

二、藏电外送是非常必要的

（一）藏电外送是全国一次能源平衡的需要

1993年我国成为石油进口国，十年后又超过日本，成为仅次于美国的第二大石油消费国。我国石油已探明可采储量23亿t，石油消费量远超过国内石油生产量，对进口石油的需求不断增加，2004年进口原油量达1.45亿t，对进口石油的依赖程度上升至45%。

我国一次能源构成以煤炭为主，占70%左右，新增电源仍以燃煤电站为主。我国煤炭资源已探明可开采储量1145亿t，2004年原煤产量19.56亿t，2020年可能达到29亿～30亿t；2004年发电供热用煤约9.6亿t，2020年可能达到19亿t，煤炭供需平衡压力十分巨大。我国天然气已探明可采储量2.23×10^4亿m^3，2005年天然气产量415亿m^3，2020年可能达1200亿m^3，在优先满足民用、化工原料及工业用气后，部分用于发电，天然气的供需平衡压力也十分巨大。

我国常规能源资源（包括煤炭、石油、天然气和水能，其中水能为可再生能源，按使用100年计算）探明总储量（技术可开发）约为8450亿t标准煤，探明剩余可采总储量（经济可开发）为1590亿t标准煤，分别约占世界总量的2.6%和11.5%。能源探明总储量的构成为：原煤85.1%，水能11.9%，原油2.7%，天然气0.3%。能源剩余可采总储量的构成为：原煤51.4%，水能44.6%，原油2.9%，天然气1.1%。我国常规能源资源以煤炭和水能为主，水能仅次于煤炭，居十分重要的地位。但是，2004年我国的水电在一次能源生产和消费结构中仅占6.5%左右。

我国水能资源分布是西部多、东部少。按照技术可开发装机容量统计，西藏技术可开发装机容量占全国的20.3%。水能资源是取之不尽、用之不竭的清洁能源，开发水电符合国家可持续发展方针。西藏水电是我国一次能源的重要组成部分，藏电外送应是“西电东送”的重要组成部分，是满足全国能源需求的重要保证之一。

（二）藏电外送是满足四川、云南省电力发展需求和保持“西电东送”的需要

根据有关部门的规划，2020年四川、云南省水电装机容量将分别达到7665万kW和5936万kW，水电开发率分别达63.8%和58.2%，两省外送规模均为4000万kW左右。

从当前国家实施的“西电东送”格局分析，四川省是“西电东送”中线通道的主要送电端，云南省是南线通道的主要送电端。2020年以后，四川、云南两省为了满足自身经济发展的需要，将开发利用剩余的水能资源以及发展适当的煤电等电源。2020年以后，为满足不断增长的“西电东送”容量需求，需要另辟电力供应途径。而西藏邻近四川、云南，利用四川、云南电力外送的通道，建设西藏至四川、云南及西藏直接东送的输电线路，可使西藏、四川、云南在满足本省（区）发展需要的同时，共同担负“西电东送”持续送电任务。

（三）藏电外送是西藏自身发展的需要

西藏由于地理、历史和交通原因，长期以牧业为主，经济基础相对薄弱。西藏缺油少煤，以水能为主的可再生能源在能源资源结构中占有绝对比重。积极开发西藏水能资源，不仅可以满足西藏日益增长的用电需求，还能通过藏电外送参与全国能源平衡，同时水电站的建设将极大地促进西藏的经济社会发展，将西藏的资源优势转化为经济优势。

（四）西藏水电具有集中开发、集中外送的优势

如前所述，西藏水能资源主要集中分布在藏南和藏东，即雅鲁藏布江、怒江、澜沧江和金沙江干流，其技术可开发装机容量占全区的80%以上，可开发水电站主要以大型为主，非常便于集中开发和集中外送。

三、藏电外送是完全可能的

（一）西藏水电开发在技术上不存在制约因素

新世纪水电开发的重点在西部。而西部水电站所在地往往山高谷深，水湍峡长，工程规模巨大，大多面临着复杂地基、高水头大流量泄洪消能、高边坡、巨型地下洞室群稳定加固、强震区工程抗震设防等技术问题。“九五”以来，我国取得了一批达到国际先进水平的科研成果，有力地支持新世纪水电建设的大发展。如复杂地基高地震区域修建高拱坝的地基加固处理技术；在深达50～100m的覆盖层上修建高土石坝的地基处理技术；200m级碾压混凝土重力坝和面板堆石坝筑坝设计技术；300m级高拱坝设计技术；狭窄河谷大泄量近6万m^3/s、总泄洪功率近10000万kW的泄洪消能设计技术；复杂岩层、高地应力区修建超大型地下洞室群的设计技术；单机70万kW的水轮发电机组的应用设计技术；预应力锚索及锚杆的吨位达10000kN、单个工程边坡稳定加固最大总锚固力达10^6kN量级、锚索及锚杆根数达10000根之多、加固边坡高度达700m的高边坡加固技术等。这些技术代表了世界先进的技术水平和发展趋势，为西藏水电开发提供了强大的技术支持。

近几年来，随着投资力度的加大，西藏的电力建设明显加快，羊卓雍湖抽水蓄能电站和金河水电站的建成投产，直孔水电站的开工建设，标志着西藏的水电建设技术上了一个新的台阶，为今后在西藏建设装机容量更大、坝更高的电站积累了经验，打下了基础。

（二）藏电外送具有广阔的电力市场空间

随着我国经济的快速发展，电力需求也将越来越大。水能资源丰富的四川、云南两省，随着水电开发程度的不断提高，2020年后新开发的水电站将主要满足本省的用电需求，不再为“西电东送”提供新的电源点。但是随着经济的快速发展，南方电网的广东省和广西壮族自治区、华中四省电网、华东区域电网，对电力的需求将越来越大，而这些地区的能源资

源不足，主要靠区外输入。

根据预测，到2020年，广东省电网最大负荷为10150万kW，需要装机容量12881万kW；华中四省电网最大负荷14130万kW，需装机容量16296万kW；华东区域电网最大负荷为23700万kW，需装机容量27890万kW。2025年在接受外送容量不增加和维持本省2020年装机容量的条件下，这些电网的电力需求空间分别约为：广东省电网3530万kW，华中四省电网5002万kW，华东区域电网6865万kW。广西壮族自治区在2015年后水电开发程度已在90%左右，广西煤炭资源储量较少，是我国主要缺煤省（区）之一，是未来潜在的电力市场，且广西位于云南与广东之间，是藏电外送的必经之地。

西藏因其拥有丰富的水能资源，具备能源输出能力，可以缓解南方电网、华中四省电网或华东区域电网面临的缺电局面。

（三）金沙江、澜沧江和怒江中下游水电开发为藏电外送提供了有利条件

随着金沙江中下游水电的开发，逐步形成了输电华中、华东区域电网的输电通道，金沙江上游的水电站可利用该通道送电至华中、华东区域电网。

澜沧江干流中游河段古水等水电站的开发，将打通电力外送通道，为其上游西藏境内的澜沧江干流上游河段各水电站的开发创造条件。

怒江干流中下游的马吉、亚碧罗水电站的开发将打通电力外送通道，为其上游西藏境内的松塔等水电站的开发创造条件。

从近期金沙江、澜沧江和怒江的中下游的水电开发进程来看，其开发进度明显加快，为藏电外送创造了有利条件。

（四）特高压输电技术的研究和发展为藏电外送打下了技术基础

国家发展和改革委员会于2005年2月16日以发改办［2005］282号文，对特高压输电技术前期研究工作进行了全面部署。特高压骨干网架规划建设的目标是：2020年前后，国家特高压电网将在华北、华中和华东地区构建坚强的交流同步网，形成四横六纵多受端的交流主网架结构；为配合金沙江等西南大型水电站群和西北煤电基地的建设，规划建成多回“西电东送”特高压直流输电通道直接注入各地区负荷中心。

南方电网公司作为特高压输电技术前期研究具体工作承办单位之一，初步提出近期工程建设启动任务为“一交一直”，即力争在2005年内启动云南昭通—广西桂林—广东惠东1000kV交流输变电示范工程建设，2008年建成投产；加快云南—广东第一回±800kV直流输电工程可行性研究的补充工作，年内启动工程建设，2009年6月以前单极投产，满足“十一五”云电送粤的需要。远景规划2030年前形成“五交二直”特高压网。即2030年前，南方电网从云南丽江经贵州、广西，建设2回1000kV交流输电通道通向广东；从云南水平经广西建设3回1000kV交流输电通道至广东；“十一五”末期建成云南—广东第一回±800kV直流输电通道；“十二五”末建成糯扎渡—广东±800kV直流输电通道，输电距离约1500km，规划输电容量500万～600万kW。此外，还将在广东电网围绕珠三角地区形成1000kV双回半环网，并结合大型电厂的建设，向粤东、粤西延伸。届时，南方电网将形成以特高压电网为主网架、超高压电网分区运行的更加坚强可靠的大电网。

国家电网和南方电网交、直流特高压主网架的形成，为西南水电包括西藏水电外送及北部煤电资源在全国更大范围内的优化配置创造了便利条件。

四、藏电外送的初步考虑

（一）藏电外送可分两个阶段进行

从水能资源区域分布及地区经济社会发展综合分析，有利于集中外送的电源主要集中在雅鲁藏布江干流曲松—米林河段（约500万kW）、干流大拐弯（约4800万kW）、支流帕隆藏布（约700万kW），怒江干流上游河段（1422.3万kW），澜沧江干流上游河段（636.2万kW），金沙江干流上游河段（1666万kW，其中川藏界河段948万kW，属西藏的按界河的1/2计为474万kW）。在满足西藏自身一定时期的需要后，绝大部分电力可以外送，外送总容量设想可达7500万kW。考虑到地理位置、前期工作的深度和输电技术发展，藏电外送可考虑分两个阶段进行。

第一阶段，从金沙江、澜沧江、怒江上游进行外送。金沙江上游水电梯级开发规划正在进行，川藏界河的水电资源通过西藏与四川的联合开发，可进入四川并通过四川进入华中和华东。澜沧江中游河段古水水电站（其部分水库区位于西藏境内）已在进行预可行性研究工作，通过古水水电站的建设将打开西藏电力进入云南的通道，并通过云南送电南方电网或华中电网。怒江上西藏境内河段规划先期开发怒江中游的松塔水电站，第一阶段首先可通过古水水电站和松塔水电站的建设，实现藏电外送零的突破。

第二阶段，在金沙江、澜沧江、怒江上游等河流基本开发后，藏电外送所形成的送电通道的基础上，再进行雅鲁藏布江水电的开发和外送。这种送电方式不仅可以节省大量输电投资，同时还可以积累在西藏建设水电站的宝贵经验，为雅鲁藏布江水电开发与外送打下坚实的基础。

（二）西藏水电电力电量的消纳方式

通过初步分析，西藏水电的电力市场可能主要在南方电网、华中四省电网或华东区域电网。相应西藏水电的电力电量外送及消纳初步考虑有两种方式：一种是接力式，即澜沧江、怒江上游水电开发后送电云南，金沙江上游水电开发后送电四川，在满足云南、四川2020年以后的电力需要后，再通过云南、四川送电南方电网、华中四省电网或华东区域电网。另一种是直送式，即通过特高压输电系统直接将藏电送南方电网、华中四省电网或华东区域电网，随着我国特高压输电技术的不断进步，这种送电方式也将越来越现实。这些将根据2020年后我国经济社会及电力供需的实际情况再作研究。

五、藏电外送需要注意的问题

（一）做好水电规划及水电前期工作

西藏应加大河流水电开发利用研究的范围和力度，尤其是金沙江、澜沧江、怒江和雅鲁藏布江干流的水电开发研究工作，增加水电项目的前期储备。

西藏的大型和巨型水电站均存在许多重大技术难题，特别是墨脱水电站（3800万kW），其水头达2000多m，高水头压力钢管及机组设计制造问题，隧洞穿过几千米高山的山岩压力问题等，都是尖端科学，目前世界上尚无这种高水头大容量机组的类似工程可参考，是一级开发还是分级开发，需要开展科学研究工作。

水电一次性投资大，工期较长，应重视水电前期工作，优化设计，降低造价，以降低供电成本，并按照合理的前期工作程序和建设周期安排建设计划。

（二）正确处理水电开发与环境保护的关系

西藏高原生态环境复杂，为各类植物的生存提供了有利的条件。与中国大部分地区相比，西藏的空气稀薄，含氧量少，日照充足，辐射强烈，气温较低，降水较少，生态环境相对脆弱，因此，在开发水电的同时应特别注意对环境的保护。

水电开发必须确立科学发展观，提高环保意识。一定要坚持开展流域水电规划环境影响评价和水电建设项目环境影响评价，坚持工程施工与环境保护“三同时”制度和工程的环境管理，使工程的环境保护工作和措施的落实符合有关规定和标准要求。届时要将环境保护的新方法、新工艺应用到西藏水电开发中，不断改进各项措施，强化环境监测与管理，把施工环境保护提高到更高水平。

（三）正确处理水电开发与水库淹没、移民的关系

在进行河流（或河段）水电开发规划时，应从尽量减少土地淹没，减少移民安置难度，维护民族地区安定团结出发，确定梯级开发方案。在水电工程移民安置中，应树立以人为本的发展观，充分考虑移民的合理要求，结合当地的民族、宗教等习惯和特点，认真做好移民安置规划，妥善解决移民安置问题，安排好移民生产生活，使移民走向生活安定、生产发展、生态改善的可持续发展之路。

水电站的兴建，要按照生态农业的模式制定出生产、生活安置规划，把当地农村建设成生态农业村，形成新的较为合理的农业产业结构，有利于区域经济的发展；同时应投入水库专项资金，建设部分新设施和移民企业，减轻土地资源的压力，搞活经济；通过多渠道的安置，恢复移民生活水平，促进城镇经济社会发展。

藏电外送电源点将在2020年左右建设，届时我国的移民安置法规政策体系将会进一步完善。水电工程移民工作和移民管理体系将进一步纳入法制化管理轨道，将做到依法行政、依法管理、违法必究，妥善安置移民，切实保护水库移民的合法权益，同时将开拓新的移民安置途径（如建立效益共享机制、提供非农就业条件等）。水电工程移民问题定会比过去解决得更好。

（四）注重特高压输电技术的研究工作

藏电外送的电源点在西藏，需要电网和电源同步建设。西藏是高海拔、群山峻岭地区，在这里建设特高压输电工程将有许多具体实际的技术问题，建议电网公司适时开展相关技术的研究工作，为藏电外送打下坚实基础。

（五）将藏电外送纳入相关区域的能源和电力平衡

藏电外送涉及到西藏、四川、云南、南方、华中和华东等电网，是实现资源优化配置的重要组成部分，各区域应开展区域能源和电力平衡研究工作，将藏电外送电力电量纳入区域能源和电力平衡之中，合理规划本地电源，做到既能满足负荷需求，又能实现资源优化配置。为促进西藏水电的有效开发利用，应重视规划，及时滚动研究，并建议国家进行宏观协调，使受端电网及时按藏电外送规划成果进行电源、电网建设规划，以合理利用水能资源。

六、结语

西藏自治区水能资源在我国能源资源中有着重要的战略地位，合理开发利用西藏水能资源，实施藏电外送，可以节省宝贵的化石能源资源，并能优化能源结构，是解决或缓解我国未来能源紧张问题的有效途径。开发西藏水能资源符合我国能源可持续发展战略。水电站在建设期间有大量的资金投入，开发西藏水能资源将对西藏经济社会的发展产生积极而强大的促进作用。

（中国水电工程顾问集团公司　李菊根　晏志勇）

拉萨河干流（旁多—直孔段）水电规划及实施

（一）流域概况

拉萨河为雅鲁藏布江中游左岸的最大支流，发源于念青唐古拉山中段南麓澎玛朵山峰下，发源地为麦地卡以东的广阔湖沼地。流域北面和东北面与怒江为邻、东面与怕隆藏布、尼洋曲相望，南面为雅鲁藏布江干流，西面和西北面为藏北内流水系，流域面积约32471km^2。

拉萨河干流呈S形，由东北向西南延伸，从上而下流经当雄、林周、墨竹工卡、达孜、堆龙德庆及拉萨等县市，在曲水县附近注入雅鲁藏布江。河道全长550km，支流众多，大都分布在左岸，主要支流有拉曲、学绒藏布、墨竹玛曲、玉年曲、堆龙曲等。其中以堆龙曲最长（137km），流域面积也最大（4988km^2）。

拉萨河以河谷形态划分为三段：河源至桑曲汇口为上游，河道蜿蜒曲折、河谷深切、河床狭窄多滩，水面坡降陡，该段全长约256km，平均坡降3.7‰；桑曲汇口至学绒藏布汇口为中游，河道坡度变缓，两岸阶地逐渐发育，河谷逐渐展宽，本段河道全长约138km，平均坡降2.6‰；学绒藏布汇口至河口为下游，河段河谷较开阔，特别是墨竹工卡县以下，河谷豁然开朗，河床坡度平缓，河道迂回曲折，岔流发育。拉萨附近河谷宽可达7～8km，冲积扇和阶地十分发育，为拉萨地区的主要粮食产地，该河段长约156km，平均坡降约1.9‰。

拉萨河流域在大地构造上主要属于冈底斯—念青唐古拉地质构造区。

（二）规划范围与规划目标

1. 规划范围　拉萨河干流呈S形，S形的上部（即上游和旁多以上的中游上段）河谷相对较窄，两岸耕地和人口较少，开发任务单一，但河段交通不便（唐古以上目前不通公路），海拔较高（高程4050～4500m），气候恶劣，水文气象资料较少（无水文测站），开展前期工作及开发难度较大，且输电距离较远。

“S”形的下部即直孔以下的下游河段，目前已建有平措、纳金、献多3个梯级水电站。河段交通方便，输电距离近。但河谷开阔、水流分散，多为复式河床，拉萨市区附近两岸耕地密集，城镇及人口较多，灌渠密布，是该流域乃至全区工农业最为集中和发达的地区。修建拦河工程，进行水电开发的难度和代价较大，且河道坡降平缓，无形成一定规模的水电开发条件。

“S”形的中部（即旁多—直孔段），河谷逐渐变宽，沿河两岸分布高程较高，有一定建坝成库条件。河段内交通方便，距负荷中心较近，有较长系列的水文资料，开展前期工作有较好的条件。河段内各梯级规模适中，随着直孔水电站的开工建设，梯级开发及送出工程具有方便条件。

根据拉萨河干流的自然特点，拉萨河干流的开发，直孔以上以发电为主，其下以发展工农业为主。旁多以上海拔较高、交通不便、输电距离较远，开展前期工作及开发条件较差，拟作为自治区远期开发河段。

因此，此次对拉萨河规划范围为旁多—直孔段，即拉萨河干流中游下段。规划河段长约70km，天然落差180m，河道平均坡降2.57‰。

2. 规划目标与任务　遵循国家有关政策法规，从“西部大开发”和西藏自治区水电发展战略以及有利于拉萨河水能资源可持续开发出发，提出适合于该河段特性、有利于实施开发的梯级布置方案和近期开发工程。

1992年西藏自治区水利局和水利部松辽水利委员会编制的《拉萨河流域规划报告》提出的拉萨河开发任务为发电、灌溉、防洪及城镇供水。为了进一步落实拉萨河的水电开发任务，于2003年，成都勘测设计研究院受西藏自治区电力公司和水电水利规划总院委托，对拉萨河（旁多—直孔段）进行更深入的调查，综合规划查勘、查明河段开发条件，明确梯级开发方案，协调水电开发与灌溉用水等综合利用的关系。提出规划河段水电梯级开发的顺序。

（三）梯级开发方案

1. 梯级布置　规划河段的梯级布置，主要是结合地形地质条件、耕地居民分布情况，进行合理的梯级划分，拟定合适的工程规模。规划初拟梯级布置如下：

（1）旁多梯级。该梯级为规划河段上游控制性综合水利水电枢纽工程。坝址位于旁多乡下游约1.5km，河谷呈宽阔的U型谷，河床覆盖层厚度大于150m，由冲积、冰水积的漂卵砾石层组成。坝址处水面高程约4028m，坝区上游江多河段耕地、居民较集中，旁多水库正常蓄水位初拟以不淹江多乡政府及附近大片耕地控制，同时便于布置热振藏布衔接梯级和满足该梯级灌溉要求出发，初拟水库正常蓄水位4080m，坝壅水高52m。正常蓄水位以下库容6.6亿m^3，调节库容约4.23亿m^3，具有不完全年调节能力，初拟装机容量116MW。

（2）卡多梯级。卡多梯级坝址位于阿郎乡上游约4.3km、卡多村上游侧，河谷呈宽U型谷，河床覆盖层深度160～170m，主要为冰水堆积的含漂砂砾卵（碎）石层及冲积堆积的含漂砂卵砾石。坝址处水面高程约3990m，初拟水库正常蓄水位4028m，与上游旁多梯级衔接，坝壅水高38m。正常蓄水位以下库容1.839亿m^3，调节库容约0.933亿m^3，具有季调节能力。初拟装机容量88MW。如下游布置布嘎梯级方案则无此梯级。

（3）布嘎梯级。规划初拟了上、下两个坝址，两坝址距离约4.1km，水头差约11m。下坝址位于布嘎乡下游约2km河段，河谷呈宽U型谷，两岸地形较完整，河床覆盖层深约150～160m，为冰水堆积的含漂砂砾卵（碎）石层及冲含漂砂卵砾石层。规划阶段以下坝址为代表。坝址处水面高程约3943m，初拟了两个正常蓄水位。一个是3990m，与上游卡多梯级衔接，坝壅水高47m，正常蓄水位以下库容2.36亿m^3，调节库容1.36亿m^3，具有季调节能力；另一个是4028m，将上游卡多梯级合并，与旁多梯级衔接，坝壅水高85m，正常蓄水位以下库容12.31亿m^3，调节库容约8.25亿m^3，具有年调节能力。规划推荐该梯级正常蓄水位3990m，装机容量112MW。

（4）扎雪梯级。初拟了上、下两个坝址，两坝址距离约4.1km，水头差约12m。上坝址位于原扎雪区上游布肿躺沟与热囊沟之间，为宽U型谷，河床覆盖层深度大于200m，坝区水面高程约3900m；下坝址位于现扎雪乡与原扎雪区之间河段，河谷呈宽U型谷，两岸地形较完整，基岩裸露，岩性与上坝址一致，坝区水面高程约3888m。初拟正常蓄水位3943m，与上游布嘎梯级衔接，上坝址坝壅水高43m，下坝址坝壅水高55m。在规划阶段对两坝址进行了分析比较，从坝区地形和两岸地质条件，下坝址较好，利于建筑物布置；下坝址能与下游直孔梯级实现衔接，同样的正常蓄水位，下坝址较上坝址多利用水头12m；装机容量下坝址较上坝址多2.4万kW。但下坝址将直接淹没原扎雪区所在地附近大片耕地和人口。本阶段从地形地质条件及有利于建筑物布置出发，拟以下坝址为代表。坝址控制流域面积17558km^2，多年平均流量211m^3/s。电站利用落差55m，正常蓄水位以下库容4.66亿m^3，调节库容约2.94亿m^3，具有季调节能力，初拟装机容量132MW。

（5）直孔水电站。正在建设中，坝址位于西藏自治区拉萨河中、下游交界处，距墨竹工卡县的直孔约3km，距其下游拉萨市公路里程为106km，电站处高程为3850～3900m。直孔水电站开发任务以发电、灌溉为主，兼顾下游防洪。正常蓄水位3888.0m，电站设计水头30m，水库总库容2.24亿m^3，调节库容1.07亿m^3，具有季调节能力。电站装机容量10万kW（4×2.5万kW），保证出力1.24万kW，多年平均发电量4.07亿kW·h。可增加水库上游灌溉面积7.55万亩，提高下游农田的灌溉保证率和扩大灌溉面积。利用水库的调洪能力可使拉萨市的防洪标准从十年一遇提高到二十年一遇洪水。

（四）梯级开发方案的拟定与选择

1．梯级开发方案拟定　根据以上梯级布置及开发方式研究，拟定了2组梯级布置方案进行综合比选。

方案一：5级开发。自上而下梯级电站为旁多、卡多、布嘎（低）、扎雪和直孔。

该方案共利用落差228m。方案的特点是：在高度重视水库淹没的情况下，结合居民和大片耕地的分布情况进行梯级设置；根据规划河段河床覆盖层深厚、结构较复杂的实际情况，拟定的各梯级电站高均不超过80m，规模适中；河段控制性水库旁多梯级位于规划河段最上游，控制性好，坝不高，库容较大，水库淹没损失较小；拟定的各梯级电站均有一定库容，均具备季调节能力；能较好的满足西藏自治区电力发展及负荷特性需要。

方案二：4级开发。自下而上梯级电站为旁多、布嘎（高）、扎雪和直孔。

该方案共利用落差228m。方案二与方案一相比，不同之处在于将方案一中卡多和布嘎梯级合并。该方案的主要特点是：因方案一单个梯级规模均在100MW左右，增大了布嘎梯级的工程规模和调节性能，使该梯级可能适应自治区某一时期电力发展对单个工程的开发需要；该方案库容较大，水量利用较充分，电能质量较好；布嘎梯级坝高近100m，由于河床覆盖层深厚且地处高寒地区，基础处理及坝体工程量较大，技术难度较大；该方案布嘎梯级将淹没人口较密集、耕地较富饶的阿郎河段，水库淹没损失较大，移民搬迁安置难度较大；其余同方案一。

2．梯级开发方案选择　在规划工作中，通过对两组梯级布置方案同等深度的地勘工作、水文泥沙计算、水能计算、水库淹没调查等工作，对两方案综合对比分析如下：

（1）水资源利用程度。两方案利用落差相同，均为228m；方案一规划河段各梯级总库容17.21亿m^3，调节库容10.55亿m^3，规划梯级装机容量54万kW，联合运行时年发电量22.78亿kW·h，保证出力11.81万kW，枯期电量5.09亿kW·h；方案二规划河段各梯级总库容25.32亿m^3，调节库容16.51亿m^3，规划梯级装机容量56.8万kW，联合运行时年发电量24.19亿kW·h，保证出力16.16万kW，枯期电量6.74亿kW·h。方案一较方案二总库容小8.11亿m^3，调节库容小5.96亿m^3，由于库容的减小，相应装机容量少2.0万kW，年发电量少1.41亿kW·h，保证出力少4.35万kW，枯期电量少1.65亿kW·h。因此，方案一较方案二水量利用率低，水资源利用程度小。

(2) 地质条件及工程技术难度。两方案各梯级坝址位置一样，工程地质条件亦相同。方案一各梯级坝均不高，工程技术难度不大；而方案二中的布嘎梯级坝高近100m，在高海拔、高寒地区和深厚覆盖层上建这样的高坝，其基础处理和坝体堆筑、心墙建设难度较大。因此，从工程技术难度方面方案二大于方案一。

(3) 水库淹没及移民搬迁安置难度。在不计及直孔水电站情况下，方案一水库淹没人口3686人、耕地13600亩、草地42000亩、集镇3处；方案二水库淹没人口5246人、耕地16500亩、草地55000亩、集镇3处。水库淹没实物指标方案二大于方案一。规划河段位于藏民族聚集区，土地后备资源及本地安置容量有限，移民的增加将增大搬迁安置难度。因此，从移民搬迁安置难度方面方案二大于方案一。

(4) 环境影响。两梯级方案均不涉及自然保护区和风景名胜区，但方案一淹没人口、耕地、草地等小于方案二。由于库区为少数民族，是藏民族发祥地，土地资源缺乏，本地安置容量有限，移民的增加将给安置带来较大困难。因此，从水库淹没、移民安置环境压力、对流域生态环境和维护社会稳定等方面综合分析，方案二对环境的负面影响大于方案一。

(5) 经济性。方案一工程总投资132.233亿元，平均单位容量投资24130元/kW，平均单位电能投资5.8元/(kW·h)；方案二工程静态总投资128.804亿元，平均单位容量投资22677元/kW，平均单位电能投资5.32元/(kW·h)。从经济性方面，方案二优于方案一。

(6) 工程建设实施难度。方案一各梯级坝均不高，有直孔水电站建设经验的积累，工程实施技术难度不大。方案二中的布嘎梯级坝高近100m，由于地处高寒、高海拔地区和深厚覆盖层上，工程建设实施的技术难度较大；该梯级淹没涉及人口近2800人、耕地8000余亩、草地27000余亩，移民搬迁安置难度较大。

综合以上比较分析，本规划推荐水库淹没损失小、单个梯级移民安置难度和环境影响较小、有利于维护当地社会稳定和梯级逐步实施的方案一，即5级开发。梯级自上而下依次为旁多、卡多、布嘎、扎雪和直孔。2004年10月成都勘测设计研究院完成了拉萨河（旁多—直孔段）水电规划报告。

（五）梯级开发方案实施

1990年8月，水利水电规划设计总院会同西藏自治区政府有关部门审查通过了直孔水电站初步设计报告。初设审查意见认为："设计主要成果和内容达到了初步设计深度要求"。

此后成都勘测设计研究院于1995年12月提交了《直孔水电站可行性研究报告调整概算》报告，2002年10月经国家计委批准立项，2003年2月21日直孔水电站主体工程开工。

2003年12月，成都勘测设计研究院受西藏电力公司的委托，开始了扎雪水电站的预可行性勘测设计工作，并于2004年11月完成了《西藏拉萨河扎雪水电站预可行性研究报告》。2004年12月20～21日，通过了由水电水利规划设计总院会同西藏自治区发展和改革委员会的审查。随后成都勘测设计研究院继续进行扎雪水电站的可行性研究阶段的勘测设计工作。

（中国水电顾问集团成都院 刘吉祥 唐 兰）

锦屏一级水电站水能设计

锦屏一级水电站位于四川省凉山彝族自治州盐源县和木里县境内的雅砻江干流上，是雅砻江干流水电开发规划的"控制性"水库梯级，在雅砻江梯级滚动开发中具有"承上启下"重要作用。坝址以上控制流域面积10.25万km^2，多年平均流量1220m^3/s。工程开发任务主要是发电，并结合汛期蓄水兼有减轻长江中下游防洪负担的作用。电站建成后，将与下游的锦屏二级及官地水电站共同送电四川、重庆及华中、华东地区。

（一）正常蓄水位

按照雅砻江干流水电规划，锦屏一级水电站上游有"龙头"水库两河口水电站；锦屏一级水电站下游有：雅砻江干流锦屏二级、官地、二滩和桐子林，金沙江干流下游段的乌东德、白鹤滩、溪洛渡和向家坝，长江干流的三峡和葛洲坝等10个大型或巨型水电站，共利用落差1483m，故其水库调蓄效益极为显著。同时按照南水北调西线工程规划，锦屏一级水电站上游还布置有南水北调西线第一期调水工程。

规划阶段对1840m、1860m、1880m和1900m四个方案作了初步研究，认为锦屏一级水电站淹没损失小，对下游梯级水电站补偿效益显著，正常蓄水位在1880～1900m较为有利。

预可行性研究阶段从梯级衔接、水资源合理利用和工程技术难度、工期、上游两河口水库的影响及尽量减少移民安置难度等因素综合分析，推荐正常蓄水位1880m。

可行性研究阶段拟定1870m、1880m、1890m、1900m四个方案进行专题论证。锦屏一级水电站属于高水头、大流量、淹没影响损失小、具有年调节能力的水库电站，对下游梯级水电站补偿调节效益显著。因而就本身而言，在工程技术条件允许条件下，采用较高的正常蓄水位，其动能经济指标优于采用较低方案是必然的、合理的。但锦屏一级水电站正常蓄水位1880m以上地质条件较差、坝肩稳定问题突出，再从满足电力系统需要看，随着“全国联网”的推进和“西电东送”工程的实施，电网的电力电量消纳能力将逐步增强，锦屏一级水电站进一步扩大调节库容的迫切性将减弱。同时上游“龙头”水库两河口水电站的建设，锦屏一级水电站水库在梯级水电开发中通过进一步抬高水位来调节径流的作用将减轻。因此，从减少锦屏一级水电站的投资和建设难度，加快雅砻江梯级滚动开发满足电力系统需求等方面综合分析，选定锦屏一级水电站正常蓄水位为1880m。

（二）死水位

锦屏一级水电站死水位的选择除关系本电站发电效益外，还受上游两河口水库及南水北调西线第一期调水工程影响，并与下游雅砻江、金沙江下段及长江等梯级水电站的效益密切相关。可行性研究阶段考虑电站取水防沙、水轮机运行工况、闸门的启闭能力等因素，拟定了1790m、1800m、1810m三个死水位方案，相应的水库消落深度为90m、80m、70m。

由于电站进水口尺寸较大，闸门承受的水压力也大，对闸门制造材料及起臂机的要求也较高，为使快速闸门及起臂机制造、运行现实可靠，降低难度，本电站的消落深度不宜过大。

就水轮机的运行工况而言，提高死水位可减小电站工作水头变幅，对提高水轮发电机组的平均效率是有利的；同时对减少电站容量受阻，提高电站在系统中的作用是有利的。从有利于电站高水头段的运行稳定，死水位亦不宜太低。

从动能指标看，死水位每降低10m，锦屏一级水电站枯水期平均出力增加2.5万～3.0万kW，计入下游雅砻江4个梯级增加的效益后为13.8万～14.9万kW。死水位降低对锦屏一级水电站而言，其年发电量呈递减的趋势；而当计入下游梯级电站补偿效益后，年发电量呈增加的趋势。就锦屏一级水电站而言，随死水位降低，平枯期电量增加，汛期电量则减少，平枯期电量增加值与汛期电量减少值的比例大致为1∶3，在计入对下游梯级的影响后，上述比例为1∶0.7。对本电站而言，死水位过低是不利的，但从梯级整体分析，适当降低死水位是有利的。

死水位每降低10m，投资增加4402万～4485万元，约为静态总投资的0.2%，方案间差别甚微。

当上游出现两河口水库时，锦屏一级水电站各死水位方案的水量利用率为98.43%～98.7%，各方案水量均已得到有效利用。

综合上述，从提高枯水期梯级电站的动能效益，并使快速闸门制造、安装、运行现实可靠，以及水轮发电机组具有较好的运行工况等方面考虑，选定锦屏一级水电站死水位为1800m。

（三）装机容量

锦屏一级水电站坝址区位于雅砻江中游大河湾西侧青藏高原向四川盆地过渡之斜坡地带，为高山峡谷地形。坝址位于普斯罗沟与手爬沟间1.5km长的河段上，河流流向约N25°E，河道顺直而狭窄。两岸谷坡高近千米，基岩裸露，岩壁耸立，为典型的深切V型谷。枯水期水位1635.7m时，水面宽80～100m，水深6～8m；正常蓄水位1880m时，谷宽约410m。地形条件适宜修建拱坝。受坝址区地形限制，不宜修建地面厂房。为避免处理地下水引起投资过大，厂房不宜伸入F_{13}断层过多，机组台数不宜太多。

就工程实践分析，单机容量70万kW及以下水轮机设计制造技术较为成熟。考虑水轮机转轮尺寸、拼装设备投资、水轮发电机组设计制造难度、能量指标等因素，在装机容量比较时，单机容量选用55万kW、60万kW两个方案。

可行性研究阶段综合本电站的供电范围、负荷水平、远距离输电的经济性、受电地区（华东、华中、川渝地区）电力系统对电力和电量的要求，以及近远期水资源合理开发利用，枢纽布置、巨型水轮发电机组制造能力等因素，在初选单机容量55万kW、60万kW，额定水头200m的前提条件下，拟定6（台）×55万kW、6（台）×60万kW、7（台）×55万kW、7（台）×60万kW四个装机容量方案进行分析比较。

锦屏一级水电站地处祖国西部，并处于水能资源丰富的地区，近区供电指标较优越，在远距离供电华东、华中电网时，各装机方案下网电价也都未超过当地的平均水平，在市场竞争中具有优势。

从各装机容量方案水能资源利用程度、电站静态投资及动能经济指标、在各受电地区电力系统锦屏一级水电站的容量和电量发挥作用的情况、直流输变电工程投资、电价市场竞争力等方面综合分析，选定锦屏一级水电站装机容量为360万kW（6×60万kW）。

（中国水电顾问集团成都勘测设计研究院　罗洋涛）

彭水水电站水能设计

乌江干流水量丰沛，天然落差大，水能理论蕴藏量达575.8万kW，是我国重要的水电基地。彭水水电站是乌江干流梯级开发的第10级，位于乌江干流下游、重庆市彭水县城上游 11km，下距河口涪陵 147km。坝址控制流域面积 69000km²，多年平均年径流量 410 亿 m³，控制流域面积和径流分别占全流域的 78.5%和 76.8%，水能利用的条件优越，是乌江干流梯级中规模仅次于构皮滩水电站的大型骨干工程。彭水水电站开发任务以发电为主，其次为航运、防洪及其他。根据彭水水电站的地理位置和工程特性及重庆地区的能源特性分析，拟定其供电范围为重庆电网。

（一）正常蓄水位

彭水水电站的正常蓄水位选择主要考虑了发电、航运等综合利用效益、水库淹没影响、环境保护及经济性等因素。

在彭水水电站不同设计阶段，围绕沿河县城淹没等问题，着重进行了 290m、293m、295m 三个正常蓄水位方案的比较。从发电效益看，正常蓄水位越高，电站本身发电效益及扣除对上游待建沙沱水电站影响后的净发电效益均呈递增趋势，其中 290m 方案对沙沱水电站发电不产生影响，293m 方案对沙沱水电站发电效益影响不大，属上下梯级正常重叠范围，295m 方案与沙沱水电站尾水位重叠占沙沱水电站运行最大水头的 7.14%，导致其发电量减小约 2.6%；从水库淹没损失看，正常蓄水位抬高2～3m，淹没人口分别递增 1700 人和 3300 人，淹没耕地分别递增 1100 亩和 1200 亩，295m 淹没损失增加较多，移民安置难度较大；从工程投资看，正常蓄水位抬高 2～3m，工程静态总投资分别递增 21235 万元和 36602 万元；从方案的经济比较结果看，正常蓄水位 293m 方案总费用现值最小，方案经济性最好。

彭水水电站属省际间界河电站，影响正常蓄水位选择的关键因素是水库淹没。考虑到贵州省的意见，从水资源的综合利用、减小移民安置难度和环境影响及经济性出发，通过多年大量的论证和协调工作，选定正常蓄水位 293m。

（二）死水位

设计中拟定了 276m、278m、280m 三个死水位方案进行比较。

从发电效益看，死水位抬高，保证出力减小，年发电量增加，但变化均不大；从航运来看，各死水位方案均未能与沙沱水电站尾水衔接，高方案可更好地渠化库区航道，有利于进一步改善乌江航运条件。

彭水水电站是重庆电网的骨干调峰电源，从增加水库调节能力并兼顾经济性出发，推荐死水位 278m。在水库运行的过程中，可视上游梯级的建设情况，相机抬高死水位运行。

（三）防洪限制水位

从配合长江中下游防洪和减小库区重要防护对象沿河县城的淹没损失出发，在对发电影响不大的情况下，彭水水电站有必要设置防洪限制水位。

设计中拟定防洪限制水位 288m、287m 和 286m 和不设置防洪限制水位共四个方案进行了综合比较。

经综合比较，认为防洪限制水位 287m 方案较好地协调了发电与防洪、水库淹没之间关系。彭水水电站以发电为主，在按长江中下游防洪要求预留防洪库容和对库区沿河县城主街不产生较大淹没影响的前提下，从尽量减小对发电的影响出发，推荐防洪限制水位 287m。

（四）防洪高水位

综合考虑长江中下游防洪及彭水水库库区淹没方面的要求，水库防洪高水位采用正常蓄水位 293m，即防洪库容与调节库容完全重叠，防洪库容为发电调节库容的一部分。

（五）装机容量选择

根据以往对装机容量研究成果，拟定了 140 万 kW、175 万 kW 和 210 万 kW 等装机容量比较方案，复核了负荷和电源等基本资料，结合新修订的下游河段规划及彭水水电站反调节水库电站建设时机的初步安排，拟定彭水水电站不同时期的航运基荷，重新进行了各方案的逐年电力电量平衡及设计水平年的调峰容量平衡，分别从国家整体和企业角度进行了方案间的经济比较和财务分析，分析了各方案对下游航运的影响。结合重庆电网对电力电量需求特别是调峰容量的需求及彭水水电站在电力系统中的地位和作用，统筹考虑电力系统整体的经济性和电厂的财务可行性，推荐彭水水电站装机容量 175 万 kW 方案。

总的来看，在设计负荷水平年 2015 年，彭水水电站在下游反调节梯级银盘水库建成后，能发挥 175 万 kW 的容量效益，结合考虑电站机组的投产时间以及下游反调节水库电站建设时机的初步安排，彭水水电站装机容量 175 万 kW 是经济合理的，能够适应投入期电力负荷水平及电网负荷和电源组成特性的需求，同时也能基本满足航运部门的要求。5 台机组依次全部投产，不预留机组的装机程序方案经济上合理，财务上可行。

（长江勘测规划设计研究院　万　英）

思林水电站水能设计

（一）概况

思林水电站位于乌江干流中游的思南县境内，为梯级开发的第八级，地处西电东送前沿，上距构皮滩水电站 89km，下距沙沱水电站 115km，坝址控制流域面积 48558km²，多年平均流量 849m³/s，水库正常蓄水位440m，汛期限制水位435m，死水位431m，装机容量4×25万kW，多年平均年发电量40.64亿kW·h。开发任务以发电为主，其次为航运，兼顾防洪、灌溉等。供电贵州电网，参与电力外送。

思林水电站在上游构皮滩水库的调节下，具有良好的发电、调峰、调频性能，是目前不可多得的优秀电源点。

（二）各特征水位的选择

综合考虑地形地质条件、水库调节性能、综合利用、能量指标、梯级衔接、水库淹没、环境影响、施工条件及工程投资等因素进行比选，确定各特征水位值。

1. 正常蓄水位　思林水电站区域构造稳定，水库封闭条件好，水库不存在向邻谷渗漏问题，库岸稳定性较好，坝址岩体完整，坝肩两岸边坡稳定性较好。思林水库为河道型水库，水库两岸400m耕地基本上呈阶梯状分布，无大片集中农田。此外，库区无大型重要设施，矿产资源的储量也不大，库区只有四处矿床和矿点受到局部淹没的影响，损失极小，也无环境制约因素。由于思林水库为下游设置了防洪库容，正常蓄水位438m方案的水库淹没与440m方案相当。上游构皮滩水电站的尾水变幅较大，电站最大引用流量1864m^3/s时，厂房尾水位达440.2m，思林水电站正常蓄水位438m、440m、442m方案对构皮滩水电站厂房尾水均有影响。从投资效益来看，正常蓄水位从438m至正常蓄水位440m是经济合理的。正常蓄水位从440m至442m，电量净增量为0.45亿kW·h，投资增加12261万元，补充单位电能投资仅为2.72元/（kW·h），是不经济的。因此推荐思林水电站正常蓄水位440m方案。

2. 死水位　构皮滩至思林区间的多年平均悬移质输沙量为127万t。思林大坝底孔底板高程为380m，水库运行100年后坝前淤沙高程为342.84m，水库泥沙淤积高程较低，对死水位的选择不产生重大影响。思林水电站死水位的选择主要是协调构皮滩和思林水电站的发电与航运的关系，对死水位428m、430m、431m方案进行分析。

根据乌江航运规划，乌江全部梯级建成后，东风坝下至构皮滩库尾（漩塘）160km达五级航道标准，构皮滩至涪陵544km达四级航道标准，为保证下游最低通航水位430.7m的要求，需下放最小通航流量236m^3/s，占坝址多年平均流量的32%，最大水头相应的出力为39万kW。可见，构皮滩水电站承担航运基流后对其调峰能力影响较大。

为充分发挥乌江梯级的整体优势，并从构皮滩和思林水电站的技术经济指标出发，思林水电站死水位按衔接构皮滩下游最低通航水位考虑是经济合理的。经综合比较推荐思林水电站死水位为431m。

3. 汛期限制水位　思林水库的防洪库容主要是为配合三峡防洪、下游塘头万亩农田及思南县城的防洪而设。由于水库淹没范围是根据正常蓄水位和相应洪水标准回水的外包线确定，防洪限制水位的比较选择与正常蓄水位关系密切，如果汛期限制水位过高，则水库淹没主要由汛期限制水位控制，枯期能量指标则取决于正常蓄水位。反之，如果汛期限制水位过低，则水库淹没主要由正常蓄水位控制，而汛期能量指标则取决于汛期限制水位。

根据乌江的洪水多发生在6、7月的特点，并结合宜昌以上洪水多发生在7、8月的情况，思林水电站在6～8月设置汛期限制水位。思林水电站汛期限制水位拟定433m、435m、437m三个方案进行比较选择。

通过多方案的技术经济比较，并结合构皮滩和思林水电站的发电、航运、防洪及运行的灵活性，本阶段推荐思林水电站汛期限制水位435m。

4. 防洪高水位　思林水库承担下游塘头粮产区、思南县城的防洪任务，并配合长江中下游的防洪运用，本阶段分析思林水库承担防洪库容1.74亿m^3后，可提高下游的防洪标准，并提高下游沙沱水电站0.77亿kW·h发电量，经过技术经济的比较，思林水库预留防洪库容1.74亿m^3是合理的。

根据我国防洪与兴利相结合的情况以及思林水电站的特点，思林水电站防洪高水位等于正常蓄水位，防洪库容仅是兴利库容的一部分是经济合理的。按此推算，若预留防洪库1.74亿m^3，则汛期限制水位435.26m，与比较选择的汛期限制水位435m仅高0.26m，差别极小。汛期限制水位由435.26m降低到435m，思林水电站多年平均年发电量损失800万kW·h，构皮滩水电站增加发电量200万kW·h，因此，思林、构皮滩两水电站减少年发电量600万kW·h。考虑到思林水库实时防洪调度难度与风险，防洪高水位为440m是合适的。

（三）装机容量的选择

装机容量的选择是在正常蓄水位440m、汛期限制水位435m，死水位431m的条件下进行的。根据思林水库的调节能力、贵州电网的负荷特点及电源结构、乌江梯级的协调运行等因素综合考虑，拟定装机容量90万kW、100万kW、110万kW、120万kW四个方案进行比较选择。

从长远看，贵州电网仍将以火电为主，为保证贵州电网的安全、稳定、经济运行，适当加大贵州的水电装机容量是有必要的。

乌江梯级水电站是贵州电网最重要的发电、调峰、调频基地，思林水电站位于构皮滩下游，在洪家渡、构皮滩水库调节下，具有较好的发电、调峰、调频性能。

经逐年的电力电量平衡分析，思林水电站投产后，各装机容量其电量即可被贵州电网所吸纳，与同期建设的电站相比，其上网电价较低，说明各装机容量方案均有较大的市场空间和竞争力。

从电网的角度看，随着思林水电站的装机容量增加，总费用现值在逐步减少，说明思林水电站适当增加装机容量是能够带来经济效益的。从企业的财务指标分析，在满足全部投资财务内部收益率8%的前提下，各装机容量方案的财务指标均较好；但方案间的差额投资上网电价较高，根据目前的电价机制，装机容量小一些是经济的。从电能质量及峰谷分时电价分析，装机容量大一些是合理的。

思林水电站为地下厂房，装机容量大于100万kW后，需要增设尾水调压井，工程量和工程的难度明显加大。

结合贵州省的水火电资源状况、电网的负荷特性和电源结构、乌江梯级的协调运行、思林水库的调节能力、电力市场空间和思林水电站的竞争能力、工程技术难度及长远的发展等多方面考虑，推荐思林水电站装机容量100万kW，设计水平年为2017年。

（中国水电顾问集团贵阳勘测设计研究院　李新根）

流　域　开　发

黄河干流龙羊峡以上梯级简介

黄河发源于巴颜喀拉山北麓的曲日果，源头海拔高程4650m。河源主要由卡日曲（长128.5km，流域面积3154km²）和约古宗列曲（长111.8km，流域面积3570km²）两河汇流而成。两河汇合后向东流入扎陵湖、鄂陵湖，经两湖调蓄后，流经青海省玛多、达日、甘德、久治等县，于久治县的沙柯河口进入四川、甘肃境内。经四川若尔盖和甘肃玛曲两县，黄河绕阿尼玛卿山回转180°，在外斯附近又进入青海境内，河流改向北流，经河南县、玛沁县、同德县至兴海县唐乃亥，再折向东北流入龙羊峡。

从河源到达日，河流穿行于起伏不大的丘陵地带，属于高原盆地草原区，支流纵横、沼泽湖泊星罗棋布，河谷开阔，河床平坦，水量较小。

达日到久治河道穿行于巴颜喀拉山与阿尼玛卿山之间，两岸山势渐高，坡度较缓，河谷略有收缩，属中高山区。

从久治到玛曲，河流经过开阔的沼泽区，由于支流黑河、白河的加入，水量大增，成为黄河第一大产流区。

从玛曲以下，河道从高原下切成为深谷，两岸山势险峻，山体雄厚，岩石裸露，属高山峡谷区，河谷狭窄，平均宽约40～60m，水流湍急，落差较大，水力资源丰富。

黄河干流湖口至龙羊峡水库库尾河段，长度约1375km，集中落差1670m，地处青藏高原东部内陆腹地，属高原大陆性气候，海拔高，气候寒冷，干旱少雨，日照时间长，气温随海拔高度的升高而降低，多年平均气温在－4.1℃～2.0℃之间，多年平均年降雨量为300～600mm，年蒸发量为1149～1558mm。泥沙含量小，为0.113～0.72kg/m³。玛曲以上几乎每年均出现全河封冻，封冻期长达66～158d，军功以下一般冬季不封冻。该河段大部分穿行于高山峡谷之间，两岸无重要城镇，无工矿企业，人口稀少，耕地不多。基本无工农业用水和防洪等综合利用要求，河段开发任务主要是发电。

1995年由西北勘测设计研究院和青海省电力工业局共同组织对龙羊峡以上河段进行了查勘并提出了《黄河龙羊峡以上干流查勘报告》。根据查勘报告，黄河干流湖口至龙羊峡水库库尾河段布置有黄河源、特合土、建设、官仓、门堂、塔吉柯、多松、多尔根、玛尔挡、尔多、茨哈、江前、班多、羊曲共14个梯级，利用落差1241.32m，总装机容量802.64万kW，总年发电量352.73亿kW·h。

2001年西北勘测设计研究院编制完成了《黄河上游茨哈至羊曲河段水电规划报告》，该报告将茨哈至羊曲河段由茨哈、江前、班多、羊曲四级开发调整为茨哈、班多、羊曲三级开发，2002年《黄河上游茨哈至羊曲河段水电规划报告》通过了水电水利规划设计总院的审查，2003年得到了原国家计委的批复。

由于2003年国家批准建立青海省三江源自然保护区，原水电规划初选的茨哈坝址位于三江源国家自然保护区中铁—军功保护分区的核心区，已不具备开发条件；西北勘测设计研究院于2004年编制了《黄河上游茨哈至班多河段开发方案调整报告》（待审批），将原规划的茨哈坝址下移并采用高坝开发。

根据目前的规划工作成果，黄河上游干流龙羊峡以上河段共布置了14个梯级，自上而下分别为黄河源、特合土、建设、官仓、门堂、塔吉柯一级、塔吉柯二级、扣哈、宁木特（多松）、玛尔挡、尔多、茨哈峡、班多和羊曲，其中宁木特为年调节水库。

多松以下河道从高原下切成深谷，河谷狭窄，水流湍急，落差较大，水力资源丰富，开发条件好。这一河段布置了宁木特（多松）、玛尔挡、尔多、茨哈峡、班多和羊曲等六个梯级，总装机容量656万kW，多年平均年发电量272.1亿kW·h（单独运行）和293.2亿kW·h（多松调节）。其中宁木特（多松）电站坝址位于青海省河南县和玛沁县界河处，水库正常蓄水位3410m，调节库容29.92亿m^3，为年调节水库，装机容量106万kW，多年平均年发电量42.91亿kW·h，电站枢纽建筑物由混凝土面板堆石坝、开敞式溢洪道、泄洪洞和引水发电建筑物等组成，施工总工期为78个月；玛尔挡水电站坝址位于青海省同德县和玛沁县界河处，水库正常蓄水位3270m，调节库容0.75亿m^3，为日调节水库，装机容量136万kW，多年平均年发电量59.5亿kW·h（单独运行，下同），电站枢纽建筑物由混凝土双曲拱坝、泄水、引水发电建筑物等组成，施工总工期为102个月；尔多水电站坝址位于青海省同德县和玛沁县界河处，水库正常蓄水位3070m，调节库容0.139亿m^3，为日调节水库，装机容量60万kW，多年平均年发电量24.04亿kW·h，电站采用河床坝后式厂房布置方案，施工总工期为72个月；茨哈峡水电站坝址位于青海省兴海县和同德县交界处的班多峡谷内，水库正常蓄水位2980m，调节库容9.2亿m^3，为季调节水库，装机容量200万kW，多年平均年发电量81.63亿kW·h，电站枢纽布置采用混凝土面板堆石坝、左岸地下厂房、右岸溢洪道的布置格局，施工总工期为104个月；班多水电站坝址位于青海省兴海县和同德县交界处的班多峡谷出口处，水库正常蓄水位2758m，为径流式电站，装机容量34万kW，多年平均年发电量14.12亿kW·h，施工总工期为52个月；羊曲水电站位于龙羊峡水电站的库尾，若以下坝址计，水库正常蓄水位2715m，装机容量120万kW，多年平均年发电量50亿kW·h。

青海三江源地区是世界上海拔最高、面积最大的高原湿地区，也是我国生态系统最脆弱和最原始的地区之一。该区由于降雨、海拔等自然原因，景观较为破碎，植被覆盖率低，草原退化严重，水土流失及荒漠化比较严峻。工程所涉及的中铁—军功自然保护分区的主要功能是“水源涵养、水土保持、调节气候、平衡生态”。在这一区域内进行水电开发首先要处理好开发与三江源自然保护区的关系，而梯级的开发、水库的形成，可在一定程度上改善当地的小气候；水库水位的抬高对库周植被修复将会起到一定的积极作用，这与保护区的主要功能目标一致。并且，在推荐开发方案时，提出了最小化环境预防、减缓不利影响和修复补救等环保措施。

黄河干流龙羊峡以上河段，径流稳定，落差集中，水力资源丰富，淹没损失小，地质地形好。开发利用该河段水力资源，将资源优势转变为经济优势，满足西北地区经济长远发展的需要，加大西电东送的规模和能力，推动黄河上游贫困地区及青海省经济发展，提高边远民族地区人民生活水平，具有十分重要的意义。加快黄河上游水力资源开发，既是发挥青海省资源优势的必然选择，也是推进西部大开发战略、实现可持续发展的客观要求，符合国家能源建设政策和优先开发中西部地区资源实施“西电东送”的战略部署。随着西部大开发、“西电东送”战略的实施，国际能源供需形势的日趋紧张，国内电力市场需求情况的变化，以及电力体制改革的深入，黄河上游水力资源开发面临着很好的机遇。黄河上游龙羊峡以上河段水力资源的开发，将进一步扩大黄河上游水电基地的规模，在满足青海省及西北地区国民经济发展对电力的需求后，可以增加黄河上游水电的外送能力，扩大“西电东送”规模，更好地实现能源资源的优化配置。

（中国水电顾问集团西北勘测设计研究院　宋　臻）

乌江干流梯级水电开发回顾

1987年，在贵州的乌江，应贵州省人民政府的邀请，包括于光远、林华、罗西北、何仁仲等老同志在内的国内40余位专家和学者，组成考察组，历时26天，对乌江流域进行了“以促进水电开发为主，振兴流域和地区经济发展”的综合考察。积极建议成立乌江水电开发公司，并对乌江流域综合经济发展，提出了分三步走的战略发展规划。第一步，成立乌江水电开发公司，给予一定的优惠政策，用30年左右的时间进行乌江水电梯级开发；第二步，通过横向经济联合，如发展煤电、铝电、磷电联营，形成大联合企业；第三步，发展农业、运输业、旅游业等，推动地方经济全面发展。实践证明，当时提出的乌江开发整体规划及基本思路，对后来乌江水电开发的顺利进行具有历史性的重要意义，在今天看来，对乌江流域今后的经济建设和发展仍具有指导意义。

（一）关于乌江水电开发公司及乌江水电建设

1992年，乌江水电开发公司正式注册成立。乌江水电开发公司成立后，按照“流域、梯级、滚动、开发”的方针，通过科学论证，积极启动对乌江干流梯级水电开发具有战略意义的龙头电站——洪家渡水电站的工程建设，以及其他梯级水电站勘测设计等前期工作。2000年，国家实施“西部大开发”战略，乌江梯级水电站凭借充分的前期工作基础，在“西电东送”第一批开工建设的“四水四火”电源项目中，独占三个水电项目，即洪家渡、乌江渡扩机和索风营水电站，使乌江水电开发迅速进入高速发展时期。

乌江流域水电建设，以乌江规划为指导，按照“流域、梯级、滚动、开发”的方针，以企业目标与社会效益相结合为宗旨，坚持科技创新与以人为本的管理理念，坚持业主负责制、招标投标制、工程监理制、合同管理制的工作原则，推行业主、设计、施工、监理四位一体的工作机制，加强设计、施工、管理、筹资四个方面的工作优化，实施了梯级滚动开发，也创建出了“乌江建设模式”。

在实施“西电东送”的5年时间里，乌江干流梯级水电开发，基本完成乌江渡扩机、洪家渡水电站和东风扩机等工程的建设，索风营水电站三台机组也陆续投产发电。截至2005年底，乌江构皮滩、思林、大花水等水电站实现大江截流，累计完成工程投资100亿元以上。乌江水电开发公司总资产较成立时增长了约15倍，2005年底乌江水电开发公司发电机组容量已增长到294.5万kW，预计可提前15年左右完成乌江干流梯级水电站开发。

经历了电力行业二次重大调整，乌江水电开发公司目前已改制为中国华电集团公司51%和贵州省49%的国有股份制公司。遵照新颁发的公司法，以市场为基础，乌江水电开发公司积极参与乌江流域经济建设。

（二）认真落实规划确定的各项综合开发利用任务

根据长江防洪规划需要，在乌江下游乌江渡、构皮滩、思林、沙沱、彭水等梯级水库的设计中，为长江防洪预留库容11.66亿m^3，为今后长江中下游防洪及防汛调度奠定基础。

在目前已通航的乌江下游构皮滩、思林、沙沱等河段，按远景规模与下游相关梯级电站同期建设过坝通航建筑物，建成后无偿移交贵州省交通主管部门管理运营。其中无偿承担通航建筑物直接投资约40亿元。

（三）科学安排工程建设，有效控制工程造价，积极筹措建设资金

在水电工程建设中采用新技术、新方法，在加快工程建设进度的同时，有效控制工程造价，提高企业资金自筹能力。如：洪家渡水电站轻型厂房一次浇筑新技术的采用，节约工期约8个月；洪家渡、索风营、构皮滩等大坝浇筑时，采用现代新型材料添加技术，在提高建筑材料物理性能的同时，降低工程造价，缩短施工工期。从已基本完工的洪家渡水电站投资控制情况看，在水库移民费用较大幅度调整增加情况下，通过优化筹资方案、优化工程建设方案等，工程投资可由最初计划的75亿元左右压缩控制到50亿元左右。

近10年来，乌江水电开发公司在电价十几年内基本没有调整的情况下，从发电收益中，共累计自筹资金约20亿元，另外向银行融资约95亿元，完成了东风、乌江渡扩机、洪家渡、索风营、东风扩机等工程的开发建设，并开工建设了贵州省装机规模及投资规模均最大的构皮滩水电站及思林、大花水等水电站，控股开发清水河梯级水电站，参股乌江彭水电站。

（四）以科学发展观为指导，落实生态环境保护，加强区域环境安全保护

乌江水电开发公司根据流域水电开发这一特点，除了按照国家环保总局对单个项目批复的环保要求，认真落实各项环保措施外，已开始着手流域环境回顾性评价研究等工作，以总结经验，更好的指导后续其他水电工程的环保评价和环保措施实施。根据目前的工作情况，将在索风营水电站建成贵州省第一个以乌江本土鱼类增殖为主要目的水生生物研究基地。

建立了全国第一个流域水库地震台网监测系统，用于预测和研究水库蓄水性地震灾害及影响。贵州是一个地震灾害低发区，但在近10年时间内，在乌江长约600km的河道上建成近十个大型水库，蓄水期地震灾害预测及预报等，是一个值得重视的问题。2003年在乌江上游梯级电站建设进度达到一定目标后，乌江水电开发公司本着加强区域环境安全的目的，开始着手乌江流域地震台网监测系统的规划建设等工作。2004年上游梯级地震台网监测系统已基本建成，并逐步无偿移交给地方地震监测部门，用于水库蓄水等相关地震灾害预监测研究等方面。

乌江水电开发公司目前存在如下问题：①老电厂上网电价十几年不变，新上网机组同网不同价等不合理价格体制；②电力调度体制与梯级优化调度矛盾；③水库淹没征地和移民安置政策协调性差，企业承担的社会负担责任不清；④航运、防洪、供水等社会公益性项目，责任界定不清或不合理。随着我国社会主义市场经济的发展，这些问题将逐步得到改善和解决。

胡锦涛总书记2005年初指示要做好“乌江事业下一篇”。贵州省和中国华电集团公司对乌江流域开发的第二步、第三步提出了明确要求。在科学发展观

的指导下，乌江水电开发公司正努力把乌江的水电与区域内的煤电进行必要的、可能的重组，把能源事业做大，并向上、下游产业延伸，形成一个能源牵头的或为核心的产业链，与当地的其他产业形成乌江区域全景式的科学发展新局面。

（乌江水电开发有限责任公司　贾　兰）

抽水蓄能规划

南方电网抽水蓄能电站发展规划

为合理发展抽水蓄能电站，有效地指导南方电网抽水蓄能电站建设，根据国家发展改革委“抽水蓄能电站建设需要实行区域统一规划，抽水蓄能电站原则上由电网经营企业进行建设和管理”的精神（发改能源［2004］71号），南方电网公司组织编制了《南方电网调峰电源规划研究》并进行了评审，根据研究结果及专家评审意见，编制了南方电网抽水蓄能电站发展规划。

2003年，南方电网公司在组织开展南方电网电力发展规划的同时，开展了南方电网电源优化专题研究，从系统的经济性和运行要求研究南方电网的电源结构、电源布局、西电东送合理规模等，根据研究结果，“西电东送”应主要满足广东的“基荷”和“腰荷”，西部省（区）以合理的比例发展火电和水电，满足当地电力需求和西电东送，广东在适当开发“基荷”电源的同时，需要建设一定规模的调峰电源（抽水蓄能电站、燃气轮机等），来满足系统调峰需要。

2004年下半年，南方电网公司开展了南方电网调峰电源规划工作，2005年6月完成了《南方电网调峰电源规划研究》，并委托中国电力工程顾问集团公司组织了评审。2005年9月，组织召开了清远、肇庆地区抽水蓄能电站站址专家论证会议，邀请了国内专家对清远甘竹顶、天堂、肇庆濂洞三个站址进行了论证。根据研究结果及专家评审意见，编制了《南方电网抽水蓄能电站发展规划》，并已上报国家发展改革委。

《南方电网抽水蓄能电站发展规划》的主要结论是：南方电网各省（区）经济发展与能源资源分布不平衡，电力系统的负荷特性和电源结构差异较大，大规模的“西电东送”是区域资源优化配置的必然要求。从调峰、调频、电网安全稳定性及经济运行要求来看，南方电网建设适当的调峰调频电源是必要的，建设一定容量的抽水蓄能电站是经济合理的。2020年前抽水蓄能电站应主要在广东电网建设。综合考虑系统经济性、安全性和调峰要求，2020年南方电网（广东）抽水蓄能电站合理规模约为780万～1020万kW，扣除现有的广州抽水蓄能电站和在建的惠州抽水蓄能电站后，广东省需要新增抽水蓄能电站360万～600万kW。广东省抽水蓄能站址资源丰富，全省范围内已查明的抽水蓄能站址50个，可开发总装机容量约7630万kW。对建站条件进行初步筛选、分析，深圳、甘竹顶、阳江、五华、新丰、岑田、濂洞和天堂等八个站点综合的建站条件较好，可优先考虑开发。根据电网分区调峰分析，继惠州、深圳抽水蓄能电站之后，近期规划建设的抽水蓄能电站应尽量靠近粤中地区的西部。规划“十一五”开工建设深圳、清远甘竹顶两个项目，装机容量各120万kW，2015年前建成投产。

为充分发挥抽水蓄能电站的作用，按照国家发展改革委有关文件精神，抽水蓄能电站原则上由电网经营企业进行建设和管理。建设抽水蓄能电站在电力系统经济运行中的经济效益是明显的，但是其经济效益主要体现在燃煤电厂、核电厂。一是可以提高发电利用小时数，降低单位发电固定成本；二是可以减少机组调峰，提高效率，降低单位发电燃料成本。因此，建设抽水蓄能电站取得的经济效益如何合理分配，是发展抽水蓄能电站的关键，建议国家在制定电价政策时予以考虑，以发挥抽水蓄能电站的经济效益，促进抽水蓄能电站的发展。

（南方电网公司　李　欢）

贵州乌江流域抽水蓄能专项规划

根据国家发展可再生能源的有关要求和贵州省“十一五”能源专项规划的总体思路，为了贯彻落实科学发展观和循环经济理念，加快开发贵州省可再生能源，提高水能资源综合利用率，受贵州省发展和改革委员会和贵州乌江水电开发有限责任公司的委托，中国水电顾问集团贵阳勘测设计研究院于2005年12月编制完成了《贵州省“十一五”乌江流域抽水蓄能专项规划报告》。

这次抽水蓄能电站专项规划范围为贵州乌江流域66849km²。由于贵州境内的大中型水电站在2015年以前基本开发完毕，2015年以后贵州电力系统就基本没有新的调峰电源点的投入运行，综合考虑贵州电力系统和乌江梯级电站运行的辅助要求，这次规划的近期水平年为2015年，远景水平年为2020年。

贵州省在“西电东送”中具有区位、资源、电价等优势，根据国家的安排，贵州将建成中国南方重要的能源基地。在西部大开发的宏观环境下，贵州是“西电东送”的主力省区之一。从邻近的华南、华中地区的电源点及负荷特性来看，都缺少调峰电源且负荷的峰谷差大。贵州省煤炭资源丰富，为建设火电站创造了得天独厚的条件，在今后相当长的时间内，贵州电网以燃煤火电为主的格局不会改变。2004年，贵州电网的水电装机容量占总装机容量的28.37%，水火电比例差距较大，最大负荷峰谷差达240.8万kW，火电机组承担相当大的调峰任务。根据贵州电网的负荷预测，2015年日最小负荷率为0.667，最大负荷峰谷差为1100万kW。2020年日最小负荷率为0.653，最大负荷峰谷差为1300万kW。根据贵州水电的前期工作情况，2015年以后，贵州境内的主要大中型水电站将开发完毕，贵州水电站的装机比重2015年以后将迅速下降。因此，2015年以后，火电承担电网的调峰任务越来越重，而贵州电网今后的发展仍以高温高压大容量的火电机组为主，按照这类机组的技术特性，当机组压负荷运行时，煤耗率增高，经济性较差。此外，火电机组启动时间较长，负荷变化较慢，满足不了电网陡涨陡落的负荷变化要求。由此可见，随着时间的推移，贵州电网的调峰能力愈显不足。抽水蓄能电站负荷调整快，反应迅速，可起到双倍调峰作用，是良好的调峰电源，是解决贵州电网2015年以后的调峰能力不足良好途径，因此，建设抽水蓄能电站是十分必要的。

贵州乌江流域为东经104°18′～108°46′，北纬26°7′～29°15′，流域面积66849km²，占全乌江流域的76.8%，占贵州全省国土面积的38.3%；流域分界线长约1600km，西、南及西北三面分水岭高程在1500m左右，东面为700～1000m；流域呈狭长形，地势由西南向东北逐渐倾斜，东西向高差较大，贵州流域内最高高程为韭菜坪2900m，最低高程约225m（沿河县塘坝乌江出境处）。流域地处云贵高原东部，地势自西向东、东北降低，呈西南—东北方向的弧形带状，长约650km、平均宽约150km。四周有高耸山岭构成地表分水岭，西部源头乌蒙山脉高程2400～2600m，北侧大娄山脉高程1200～1500m，南侧苗岭山脉高程1200～1600m，东部武陵山脉高程1200～1500m。流域内最高山峰为黔西的韭菜坪，高程2900m；最低为乌江河口，高程136.5m。乌江流域位于我国西部高原山地的第二大梯级向东部丘陵平原第一梯级的过渡地带，由西向东变化明显，表现为一个梯级状的大斜坡。区内地势也存在三大梯级：①西部源头威宁—赫章的高原，高程2400～2600m；②黔中丘陵，高程1200～1400m；③低山丘陵，高程500～800m。流域内出露地层以三叠系、寒武系最广，碳酸盐类岩石分布占70%以上，碳酸盐岩层厚度占总沉积盖层厚度的60%以上，流域内多数地区岩溶发育，地形复杂。碳酸盐类岩层与非碳酸盐类岩层相间分布，切断了各岩溶岩组间的水力联系，为选择水库和水工建筑物地址提供了条件。

根据贵州电网的负荷水平和负荷特性、电源结构及国内外抽水蓄能电站的建设和管理经验，经初步分析研究，由于贵州电网2015年的水电装机容量占有一定的比重，抽水蓄能电站的容量120万kW，达贵州电网总装机规模约3%为宜；2020年后，随着水电装机容量的迅速下降，电网的调峰容量缺口较大，抽水蓄能电站的装机容量270万kW，达贵州电网总装机容量约5%为宜。在乌江流域抽水蓄能电站普查工作的基础上，结合规划设计水平年贵州电力系统的调峰需要和乌江梯级电站辅助运行的要求，对原二次筛选的15个站址1625万kW进行择优选址和规模复核，并综合考虑地理位置、地形地质条件、距高比、利用已建水库作为上下库的条件、作为乌江梯级水电站的辅助电源等因素，本次规划站址为大树子、坪上、构皮滩（混合式）、对门寨、下坝、官沱坳、石厂坝7个站址480万kW，并推荐大树子（60万kW）、坪上（120万kW）抽水蓄能电站为近期工程。

（中国水电顾问集团贵阳勘测设计研究院　庞　峰）

发展风能、太阳能互补抽水蓄能电站

针对西藏阿里地区能源资源丰富且用电点分散的特点，本文提出一种新型的多能互补开发方式——风能、太阳能互补抽水蓄能电站。通过对风能、太阳能、水能资源开发方式和特点的分析，研究了这种电站的运行原理和系统基本构成。并结合工程实例论证其可行性。与其他能源利用方式相比，这种新型开发方式具有独特的技术经济优势，是一条解决西藏阿里地区能源供应的有效途径。

（一）问题的提出

阿里地区地处西藏西部藏北高原，全地区平均海拔在4500m以上，境内高寒缺氧，日照充足，大风日数多。其水能资源虽丰富，但时空分布不均衡，冬季大部分河流结冰，结小（微）水电站的运行带来一定困难，常造成冬季电能严重短缺的局面，单一开发水能难以全面解决区内用能问题。加之地广人稀，农牧民居住分散，依靠电网延伸供电解决农牧区用电问题极不现实。

但该地区有丰富的太阳能、风能等再生能源资源，这为解决当地电力供应及其他能源需求提供了一定的条件。据此国家实施了光明工程计划，以满足地方社会经济发展对能源日益增长的需求。近年来，区内正大力推广应用户用光电电源、风力提水机、蓄热材料太阳房及小（微）型水电站等能源开发项目，在一定程度上促进了农牧区农村能源系统的建立。但这些能源开发项目均以单一方式进行开发、建设和运行，并未考虑各种能源在时空分布上的特点和相互间的联系，没有采用多种能源互补的方式进行开发。每种能源开发方式均有各自运行的特点，也存在着明显的不足之处。

显然在阿里地区特定的自然条件下，单一的水电开发方式、风能开发方式或者太阳能开发方式均有其难以克服的缺点。充分利用风能、太阳能、水能等各自所具有的优势，采用多能互补的能源综合开发方式是适合的。

针对上述情况，我们研究提出一种新的多能互补的开发方式，即风能、太阳能互补抽水蓄能电站，以便能充分发挥水能、风能、太阳能各自的优势，弥补各自单一开发方式存在的不足。

（二）风能、太阳能、水能资源开发方式及特点

风能、太阳能习惯上都统称为新能源，具有广阔的利用前景。近几年来国内外对其开发利用技术的研究已较深入。二者共同的特点是，在没有电网调节的情况下，均需要配套蓄能措施。在已有的蓄能模式中，太阳能和风能发出的电均传输到蓄电池，以化学能形式蓄存。而生产大规模蓄电池组的技术要求较高，电池成本及使用成本也高。目前还没有一种比蓄电容器更合适的蓄能方式。

以抽水蓄能方式储存能量，既可解决能源供需时间不一致的矛盾，又可发挥水电清洁能源的优势，该方式不失为一种能源可持续开发的良好模式。

（三）风能、太阳能互补抽水蓄能电站运行原理简介

太阳能发电大致可分为热发电和光发电两大类。目前采用较多的是光伏发电。光伏电源系统通常由太阳能电池组件及支架、控制器、逆变器、蓄电池组等部分组成。当有阳光照射时，太阳能电池组件接收太阳光，输出电能，经过防反充二极管向蓄电池组充电；需要供电时，逆变器把蓄电池组输出的直流电变换为交流电，供用电负荷使用。

风力发电机组是将风能转化为电能的装置。风力发电机组由风轮、传动系统、发电机、储能设备、塔架及电气系统等组成。由于风能的间歇性和不稳定性，目前也采用蓄电池蓄能。

风能、太阳能互补抽水蓄能电站，则取消了上述太阳能发电和风力发电系统中的蓄电池，而增加了抽水蓄能发电系统，采用可调节的水能存贮形式代替传统的蓄电池贮能方式。其运行原理为：利用太阳能或风能发出的电，直接带动抽水机实行不定时的抽水蓄能，而后利用储存的水能，由水轮发电机组实现稳定的发电供电。该系统的其主要设施有：风力发电机、光伏电池、逆变器、抽水水泵、蓄水池（上调节池）、补充水源（下调节池）、水轮发电机组等。系统的基本构成如图 1 所示。

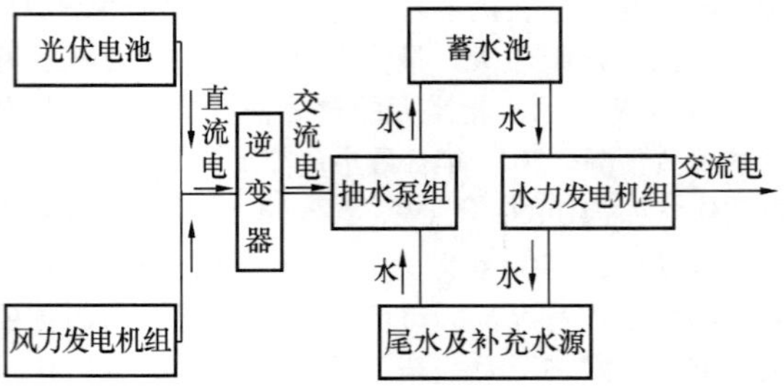

图 1　风能、太阳能互补抽水蓄能电站系统示意图

（四）风能、太阳能互补抽水蓄能电站的可行性分析

风能、太阳能互补抽水蓄能电站主要涉及以下方面的技术问题：太阳能光伏发电技术、风力发电技术、抽水技术、水力发电技术。近年来，国内外风力发电和太阳能光伏发电发展迅速，相关技术已趋成熟，抽水技术和水力发电技术在我国属常规技术。所以建设风能、太阳能互补抽水蓄能电站应不存在难以解决的技术问题，在技术上是可行的。

风能、太阳能互补抽水蓄能电站的投资主要由以下几部分组成：光伏电池、风力发电机、稳压及变电装置、抽水和水力发电等设备及相应土建工程投资。以在某县兴建一座额定出力为 90kW、日平均最大负荷运行 16 小时的风光互补抽水蓄能电站为例，建立数学模型进行系统分析，得出其最优装机构成为：光伏电池容量 186kW，风力发电机容量 275kW，抽水设备容量 247kW，水轮发电机组容量 90kW，所需蓄水水库容积为 2611m^3，以上各项投资之和折合单位容量投资约为 16.6 万元/kW，计入设备折旧及运行费用，其综合电能成本为 1.724 元/（kW·h）。

阿里地区目前能源利用方式主要有水力发电、燃油发电和光伏发电等三种，风能、太阳能互补抽水蓄能电站与此三种能源利用方式各自的单位容量投资、

成本电价、冬季运行情况及对环境的影响等因素进行比较见表1。

分析表1可以得出如下结论：

(1) 风能、太阳能互补抽水蓄能电站与水电站相比，其单位容量投资及成本电价要高于水电站，即前者的一次性投资比后者要大。但二者成本电价相差不大，且风能、太阳能互补抽水蓄能电站可解决阿里地区微水电站冬季不能正常发电的问题，大大提高了供电保证率。

(2) 风能、太阳能互补抽水蓄能电站与火电厂相比，其单位容量投资要比火电厂高，即一次性投资要大些。但阿里地区的火电厂系柴油发电机组，其运行维护技术要求较高，供电质量的稳定性还有待提高。相比之下，风能、太阳能互补抽水蓄能电站不仅成本电价低于火电厂成本电价，而且对环境无污染，比柴油发电机组火电厂更具优势。

表1 阿里地区各种能源利用方式比较表

比较项目 / 电站种类	单位容量投资	成本电价	环境影响	冬季运行
风能、太阳能互补抽水蓄能电站	16.6万元/kW	1.724元/（kW·h）	不改变河流流态，无有害废物产生，对水环境无不利影响	低温对电站的运行影响不大，其发电出力四季较为均衡
水电站	狮泉河设计投资：5.8万元/kW	狮泉河概算电价1.3元/（kW·h）	对水环境无不利影响	小（微）水电站受冬冰冻影响，冬季大多不能发电
火电站	狮泉河火电厂：8万元/kW	单计燃油消耗，其成本电价约为3.5元/（kW·h）	排烟对空气有一定污染	受气候影响较小
太阳能电站	阿里地区已建光伏电站投资一般为15万元/kW	单计蓄电池更新，其成本电价约为4.5元/（kW·h）	蓄电池需3～4年更换一次，其化学液体对环境有害	受气候影响较小

(3) 风能、太阳能互补抽水蓄能电站与太阳能电站相比，其单位容量投资略大。分析投资构成可知，后者投资的相当一部分为蓄电池组件的投资。蓄电池组件不仅更换频繁，导致电价上升，而且日常维护的技术要求也较高。而风能、太阳能互补抽水蓄能电站的单位容量投资中，增加了水库的投资。但水库运行维护管理方便，也无电池更换问题，其成本电价低于太阳能电站成本电价，其供电保证率也较光伏电站高，该地区已建太阳能电站每天只能供电3～5h，而风能、太阳能互补抽水蓄能电站则可全天供电。

综上分析可知，风能、太阳能互补抽水蓄能电站的主要特点是单位容量投资较大，即一次性投入较高，但它可克服火电厂及太阳能电站电价高、管理维护技术要求高的缺点，有明显的技术、经济优势。与水电站相比，只其成本电价略高，但它可解决阿里地区小水电站冬季不能发电的问题，与阿里地区其他能源开发模式相比有着独特的技术经济优势。

(五) 结语

风能和太阳能是取之不尽用之不竭的再生能源，近年来，风能、太阳能利用发展迅速，很多国家都制订了风能、太阳能开发计划，以替代煤、石油等不可再生能源。

由于风能有其随机性，而太阳能时间性也很强，所以风能、太阳能本身不具备调节能力，极大地限制了对其直接利用。只有借助其他方式，使风能、太阳能转变为某种具有调节能力的能量形式，才能方便地实现对风能、太阳能的大规模利用。借助大电网实现其调节能力，是开发风能、太阳能方式之一。但对于电网不能到达的地区，如西部边远地区、山区及岛屿等，不具备采用这种方式的条件。目前最多的是采用化学蓄电池储存能量，通过蓄电池的充放电来实现调节。但由于蓄电池储量有限，且易老化，需经常更新，所以这种方式成本很高，限制了风能、太阳能的开发规模。

风能、太阳能互补抽水蓄能电站是利用太阳能或风能发出的电，不经蓄电池而直接带动抽水水泵实行不定时的抽水蓄能，而后利用储存的水能，实现稳定的发电供电，这种方式可充分利用风能、太阳能及水能各自特点，克服风能、太阳能调节能力差的缺点，与太阳能电站、柴油发电站相比，有其独特的技术经济优势。所以采用风能、太阳能互补抽水蓄能电站这种能源互补的资源综合开发方式，对西藏阿里地区这样的边远地区而言，具有很好的应用前景，而且也是解决水能资源缺乏地区能源供应问题的有效途径之一。

（四川大学水电学院 陈 新 赵文谦
成都市政工程设计院 万久春 王 晓）

风 力 发 电

中国风能资源

（一）陆上风能资源2.53亿kW

由于风速是一个随机性很大的量，其资源潜力必须通过长时间的观测计算出平均风功率密度。中国气象科学研究院计算了全国900余个气象站的年平均风功率密度值，反映出全国风能资源分布状况及各个地区风能资源潜力的多少。已经公布的中国风能资源图是中国气象科学研究院于1995年在北京完成的，作为原国家科委“八五”（1991～1995年）科技攻关项目的成果。

这个风能资源图的基本参数是风功率密度，即气流在单位时间内垂直流过单位截面积的能量，单位是W/m^2，与风速的立方和空气密度成正比。由于一年是地球气候变化的一个周期，因此采用年平均风功率密度衡量风能资源储量。考虑到年与年之间风速变化的差别，这项研究取10年风速资料中年平均风速最大、最小和中间的三个年份，分别计算这三个年份的年平均风功率密度，再将这三年的数值平均，其结果与长年平均值十分接近。数据来源是全国900个气象站在10m高度的风速观测资料，按照气象部门的标准正点前10min的平均风速代表那个小时的平均风速，课题组据此推算出每小时的平均风功率密度，全年8760h风功率密度的算术平均值就是年平均风功率密度。将全国各地的数据汇总后绘制出下面的全国平均风功率密度分布图。

估算全国风能储量的基本方法是先在全国平均风功率密度分布图上划出$10W/m^2$、$25W/m^2$、$50W/m^2$、$100W/m^2$和$200W/m^2$的各条等值线，求出各省$<10W/m^2$、$10\sim25W/m^2$、$25\sim50W/m^2$、$50\sim100W/m^2$、$100\sim200W/m^2$、$>200W/m^2$的区域面积，再假设安装10m高，截面积为$1m^2$的风能转换装置，前后、左右间距各10m。按照以上条件推算出每个省和全国的理论可开发储量，中国10m高度层的风能总储量为32.26亿kW，这个储量称作“理论可开发总量”。技术可开发储量按上述总量的1/10估计，并考虑风能转换装置风轮的实际扫掠面积，再乘以面积系数0.785（即1m直径的圆面积是边长1m的正方形面积的0.785），得到中国10m高度层技术可开发的风能储量为2.53亿kW。如果年等效满负荷小时数按2000～2500h计，陆上风电的年发电量可达5060亿～6325亿kW·h，说明中国风能资源丰富，但是可供经济开发的风能储量有多少尚需进一步查明。

中国各省风能储量见表1。

表1 中国各省风能储量

省区	理论可开发储量（GW）	技术可开发储量（GW）	占全国比例（%）
河北	77.9	6.1	2.4
湖南	31.4	2.5	1.0
山西	49.3	3.9	1.5
广东	24.8	1.9	0.8
内蒙古	786.9	61.8	24.4
海南	8.2	0.6	0.3
辽宁	77.2	6.1	2.4
广西	21.4	1.7	0.7
吉林	81.2	6.4	2.5
四川	55.5	4.4	1.7
黑龙江	219.5	17.2	6.8
贵州	12.8	1.0	0.4
江苏	30.3	2.4	0.9
云南	46.7	3.7	1.5
浙江	20.8	1.6	0.6
西藏	508.6	39.9	15.8
安徽	31.9	2.5	1.0

续表

省区	理论可开发储量（GW）	技术可开发储量（GW）	占全国比例（%）
陕西	29.8	2.3	0.9
福建	17.5	1.4	0.5
甘肃	145.6	11.4	4.5
江西	37.3	2.9	1.2
青海	308.5	24.2	9.6
山东	50.1	3.9	1.6
宁夏	18.9	1.5	0.5
河南	46.8	3.7	1.5
新疆	437.3	34.3	13.6
湖北	24.6	1.9	0.8
台湾	13.4	1.0	0.4
全国	3226	253	

联合国环境规划署（UNEP）正在实施太阳能、风能资源评估项目（SWERA），项目选择了一些太阳能和风能资源比较丰富的国家，利用数值模拟和地理信息等技术对太阳能和风能资源进行评估，项目在中国的目标区域包括东部陆地和近海 300 万 km^2 面积，涵盖了河北、内蒙古、辽宁、吉林、黑龙江及宁夏等北部省区的大部分面积及沿海各省区海岸线附近的陆地和距离海岸线 20km 以内的近海海域，从北向南依次为辽宁、河北、天津、山东、江苏、上海、浙江、福建、广东、广西和海南，另外在内陆有江西和湖北的部分地区，总共 15 个分区。由美国国家可再生能源实验室（NREL）对上述区域进行宏观风能资源模拟，分辨率为 $1km^2$，数据来源有地面气象站观测点、探空气球、卫星遥感、船舶航行记录等，根据大气流动特征和地形影响等因素建立计算机模型，2004 年 9 月完成了初稿。

从 50m 高度年平均风功率密度分布图的初稿可以看出，风能资源分布的总趋势与目前了解到的情况接近，即主要在中国的北部和沿海地区。由于风能资源丰富的地点一般距离现有气象站比较远，或者因为地形复杂，模拟的结果总会有一定的误差，需要利用现场实测的数据进行核对和修正。但是现场实测的数据绝大多数是由开发商投资测量的，为了竞争开发权均不愿意公布，难以获得。只有联合国开发计划署（UNDP）的 10 个测风点项目和进行过特许权招标的风电场址测风资料可以公开，提供给 NREL 作为模拟结果对比的依据。

UNDP 的 10 个测风点项目是 2002 年由原国家电力公司组织实施的，UNDP 提供测风设备和咨询服务，由中国龙源电力集团公司负责场址选择、接收设备、人员培训、安装指导、汇总数据，各省区电力局安排当地机构安装测风塔和仪器，日常维护，定时收集数据上报给中国龙源电力集团公司。2003 年 UNDP 通过招标选择中国水电工程顾问集团公司，即水电水利规划设计总院，作为数据处理和风电场址风能资源评估的承担单位。到 2005 年底项目结束时评估结果才能公布。

UNDP 的 10 个测风点是吉林的大通、内蒙古的达里和辉腾锡勒、宁夏的贺兰、甘肃的玉门、湖北的利川、江西的鄱阳、福建的浦田和古雷、广东的徐闻。其中玉门不在 UNEP 风图范围内，和川和鄱阳的数据收集不完整，只有 7 个测风点的年平均风功率密度数值可以和 UNEP 风图的模拟结果进行对比。总体来看，UNEP 风图初稿与实测结果比较接近，在大通几乎吻合，其他测点则普遍偏高，利用这些现场实测数据，NREL 对初稿进行验证，修了补充修改，于 2005 年 8 月完成最终稿。

2003 年 10 月，国家发展和改革委员会能源局在北京召开了全国风电前期工作会议，决定在全国开展风能资源评估工作，根据现有的气象台站资料和风电场资料，初步估算各省及全国风能资源总储量、可开发储量和经济可开发储量，并绘制各省及全国风能资源分布图和风能区划图，用于指导风电场宏观选址。中国气象局负责指导各省（区、市）风能资源评估工作，完成全国风能资源评估工作，绘制全国风能资源分布图；组织各省气象站提供与风电场建设有关的气象资料；组织对各省风能资源评价成果的初步验收，汇总编写最终风能资源评价成果。中国水电工程顾问集团公司作为全国大型风电场建设前期工作技术负责单位，除了组织编制《全国大型风电场建设前期工作大纲》和有关的技术管理规定和办法外，还将研究编制数据库软件，建立中国风电场工程数据库。2005 年末，中国气象局完成全国风能资源评估的初步成果。

（二）近海风能资源 7.5 亿 kW

中国东部沿海水深在 2～15m 之间的浅海海域面积辽阔，风能资源丰富，风速比较稳定，中国气象科学研究院初步估计近海风能资源约为陆上的 3 倍，即 7.5 亿 kW，应该开始对岸外浅海区域的风能资源进行勘测。

在 UNEP 的风能评估项目中，NREL 利用卫星遥感数据，将海浪的高低转换成风速的大小，又参照船舶航行时记录的风数据，对中国东部沿海海域进行数值模拟，绘制了近海 50m 高度风功率密度分布图。

（中国气象科学研究院）

2004年中国风能产业回顾与2005年发展展望

（一）2004年全国风电装机情况

2004年全国风电装机新增装机容量创历史纪录，比前一年正好翻了一番。除台湾省外，新增风电机组250台，装机容量19.7万kW，新增3个风电场。与2003年当年新增装机9.8万kW相比，2004年当年新增装机增长率为101%。累计安装风电机组达到1292台，装机容量76.4万kW，共有43个风电场，分布在14个省（市、区）。与2003年累计装机容量56.7万kW相比，2004年累计装机容量增长率为34.7%。这个统计未减去2004年内拆除的机组。

另外台湾省2004年新增风电机组13台，装机容量1.1万kW，新增2个风电场。2004年台湾省累计风电机组23台，装机容量1.9万kW，共有5个风电场。

按累计风电装机容量排序的省区和风电场与2003年相比前三名未变，但是省区的金牌由前一年铜牌得主内蒙古夺得，辽宁和新疆分别退居亚军和季军；风电场的冠军仍由达坂城2场卫冕成功，辉腾锡勒新增2.6万kW勇夺银牌，将自己前一年的铜牌让给了南澳。

风电机组制造商的市场份额前三名重新洗牌，当年新增容量前一年的金牌得主丹麦Vestas公司（未与NEG/Micon公司合并统计）和铜牌得主德国Nordex公司退出，2004年西班牙Gamesa公司夺得冠军，丹麦NEG Micon公司升至亚军，中国金风退居季军。累计装机容量的金牌、银牌得主地位没有变，西班牙Gamesa公司替代德国Nordex公司获得铜牌。中国风电装机2004年前三名排行榜见表1。

表1 中国风电装机2004年前三名排行榜

排名	1		2		3	
累计装机容量（万kW）	内蒙古	13.5	辽宁	12.6	新疆	11.3
风电场累计装机容量（万kW）	达坂城2场	8.3	辉腾锡勒	6.9	南澳	5.7
制造商新增装机容量（万kW）	西班牙 Gamesa	7.1	丹麦 NEG Micon	5.6	中国金风	4.0
制造商累计装机容量（万kW）	丹麦 NEG Micon	22.7	丹麦 Vestas	10.0	西班牙 Gamesa	9.2

2004年中国大陆分省累计风电装机见表2。

表2 2004年中国大陆分省累计风电装机（按装机容量排序）

序号	省区	台数	装机容量（kW）
1	内蒙古	224	135140
2	辽宁	202	126460
3	新疆	224	113050
4	广东	177	86390
5	宁夏	65	55250
6	甘肃	74	52200
7	黑龙江	47	36300
8	河北	66	35050
9	浙江	69	34450
10	山东	47	33565
11	吉林	49	30060
12	福建	24	12800
13	海南	19	8755
14	上海	5	4900
15	台湾	23	19400
全国（除台湾省）		1292	764370

2004年中国大陆和台湾省风电场累计装机分别见表3和表4。2004年中国大陆和台湾省当年新增装机分别见表5、表6。

表3 2004年中国大陆风电场累计装机（按装机容量排序）

序号	名称	台数	装机容量（kW）
1	达坂城2场	157	82800
2	辉腾锡勒	94	68500
3	南澳	130	56690
4	贺兰	65	55250
5	玉门	74	52200
6	达里	73	51360
7	仙人岛	47	31660
8	通榆	49	30060
9	达坂城1场	58	28000
10	富锦	27	24300
11	承德	40	24000

续表

序　号	名　称	台　数	装机容量（kW）
15	东　岗	38	22450
13	海洋红	29	21000
14	括苍山	33	19800
15	汕　尾	25	16500
16	即　墨	15	16400
17	鹤顶山	26	14350
18	惠　来	22	13200
19	长　岛	20	12300
20	木　兰	20	12000
21	康　平	12	10200
22	彰　武	12	10200
23	张　北	24	9850
24	法　库	12	9600
25	东　方	19	8755
26	横　山	24	7400
27	朱日和	32	6900
28	平　潭	14	6800
29	东　山	10	6800
30	锡　林	13	4780
31	栖　霞	9	4700
32	锦　州	5	3750
33	商　都	12	3600

续表

序　号	名　称	台　数	装机容量（kW）
34	小长山	6	3600
35	大长山	6	3600
36	奉　贤	4	3400
37	獐子岛	12	3000
38	南　汇	1	1500
39	阿拉山口	2	1200
40	丰　宁	2	1200
41	布尔津	7	1050
42	泗　礁	10	300
43	荣　成	3	165
全国（除台湾省）		1291	764370

注　以 2004 年 12 月 31 日完成整机吊装作为统计依据。

表 4　2004 年台湾省风电场累计装机（按装机容量排序）

序号	名　称	台数	装机容量（kW）
1	澎湖中屯 Penghu Chongtun	8	4800
2	屏东恒春 Pingtung Heng-chun	3	4500
3	台北石门 Taipei Shihmen	6	3960
4	新竹竹北 Hsinchu Chupei	2	3500
5	云林麦寮 Yunlin Mailiao	4	2640

表 5　2004 年中国大陆当年新增装机

名称	时间	制造商或型号	单机	台数	装机容量（kW）	场台数	场装机容量（kW）	省台数	省装机容量（kW）
河北								36	21600
承德						34	20400		
	2004.12	金风	600	34	20400				
丰宁						2	1200		
	2004.09	金风	600	2	1200				
内蒙古								50	46800
辉腾锡勒						22	25800		
	2004.05	NEG Micon	900	12	10800				
	2004.11	GE Wind	1500	10	15000				
赤峰						28	21000		
	2004.04	NEG Micon	750	28	21000				

续表

名称	时间	制造商或型号	单机	台数	装机容量（kW）	场台数	场装机容量（kW）	省台数	省装机容量（kW）
黑龙江								41	32700
木兰						14	8400		
	2004.08	Xi'an Nordex	600	14	8400				
富锦						27	24300		
	2004.09	NEG Micon	900	27	24300				
上海								1	1500
南汇						1	1500		
	2004.12	GE Wind	1500	1	1500				
山东								14	8400
栖霞						7	4200		
	2004.09	金风	600	7	4200				
长岛						7	4200		
	2004.08	金风	600	7	4200				
浙江								3	1100
鹤顶山						3	1100		
	2004.07	运达	250	2	500				
	2004.12	Dewind	600	1	600				
甘肃								36	30600
玉门						36	30600		
	2004.09	Gamesa	850	36	30600				
宁夏								53	45050
贺兰						53	45050		
	2004.10	Gamesa	850	48	40800				
	2004.12	Vestas	850	5	4250				
新疆								16	9600
达坂城1场						16	9600		
	2004	金风	600	16	9600				
全国								250	197350

表6　2004年台湾省风电场当年装机

序号	名称	时间	制造商或型号	单机	台数	装机容量（kW）	场台数	场装机容量（kW）	省台数	省装机容量（kW）
1	澎湖中屯						4	2400		
		2004.12	Enercon	600	4	2400				
2	屏东恒春						3	4500		
		2004.12	GE Wind	1500	3	4500				
3	台北石门						6	3960		
		2004.12	Vestas	660	6	3960				
台湾省									13	10860

（二）2004 年风电机组制造商市场份额分析

在 2004 年风电机组制造商新增市场份额里国内产品占 25%，比前一年的 33%有所减少，新疆金风的份额仍然最大，占新增总装机容量的 20%，国内产品的 82%，金风的排名虽然从前一年的银牌降为铜牌，但是年总产量还是从 2.55 万 kW 上升到 3.96 万 kW，增幅为 55%。有趣的是 2004 年新增市场份额里国内产品下降，然而累计市场份额里国内产品还是由前一年的 15.4%上升到 18%，金风的份额仍是最大，也从占累计总装机容量的 8.8%上升到 12%，占国内产品的 57.4%上升到 66%。

进口产品为主的局面还在继续，2004 年新增市场份额里占 75%，西班牙 Gamesa 的份额最大，占新增总装机容量的 36%，进口产品的 48%。累计市场份额里进口产品占 82%，丹麦 NEG Micon 的份额保持第一，占累计总装机容量的 30%，进口产品的 36%。

2004 年风电机组制造商新增的和累计的市场份额分别见表 7 和表 8。

表 7　　2004 年新增的市场份额

中国制造商	容量（kW）	占当年新增本地产机组比例	占当年新增总装机比例
合计	48500	100%	25%
金风	39600	82%	20%

续表

外国制造商	容量（kW）	占当年新增进口机组比例	占当年新增总装机比例
合计	148850	100%	75%
Gamesa	71400	48%	36%

表 8　　2004 年累计的市场份额

中国制造商	容量（kW）	占当年累计本地产机组比例	占当年累计总装机比例
合计	135830	100%	18%
金风	89700	66%	12%
外国制造商	容量（kW）	占当年累计进口机组比例	占当年累计总装机比例
合计	628540	100%	82%
NEG Micon	226490	36%	30%

2004 年当年各制造商装机、中国和外国制造商新增的市场份额、中国和外国制造商累计市场份额等分别见表 9 至图 1～图 4。

表 9　　2004 年当年各制造商装机

序号	制造商	产地	合计	单机	台数	装机容量（kW）	省	风电场	时间
1	金风	中国	39600	600	16	9600	新疆	达坂城 1 场	2004.04
				600	7	4200	山东	长岛	2004.08
				600	7	4200	山东	栖霞	2004.09
				600	34	20400	河北	承德	2004.12
				600	2	1200	河北	丰宁	2004.09
2	GAMESA	西班牙	71400	850	36	30600	甘肃	玉门	2004.09
				850	48	40800	宁夏	贺兰	2004.10
3	Vsetas	丹麦	4250	850	5	4250	宁夏	贺兰	2004.12
4	NEG Micon	丹麦	56100	750	28	21000	内蒙	赤峰	2004.04
				900	12	10800	内蒙	辉腾锡勒	2004.05
				900	27	24300	黑龙江	富锦	2004.09
5	西安维德	中国	8400	600	14	8400	黑龙江	木兰	2004.08
6	运达	中国	500	250	2	500	浙江	鹤顶山	2004.07
7	GE Wind	美国	16500	1500	10	15000	内蒙	辉腾锡勒	2004.11
				1500	1	1500	上海	南汇	2004.12
8	Dewind	德国	600	600	1	600	浙江	鹤顶山	2004.12
全国（除台湾省）					250	197350			

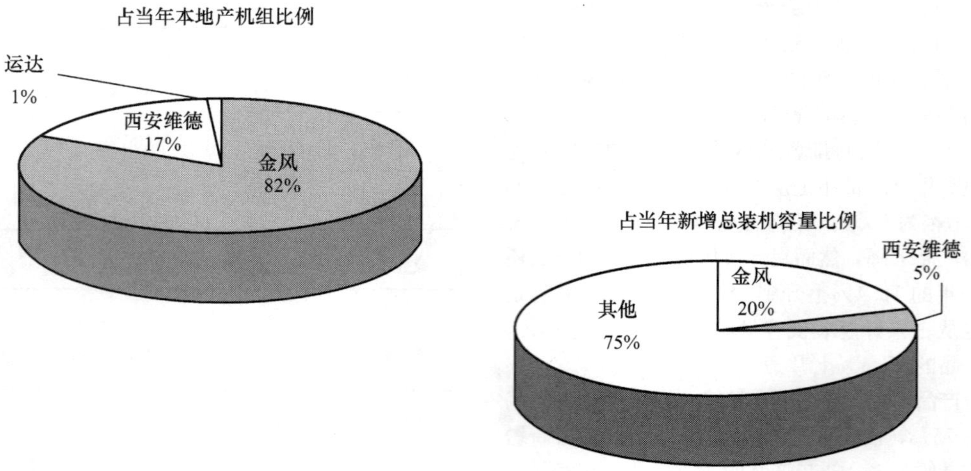

图 1　2004 年中国制造商新增的市场份额

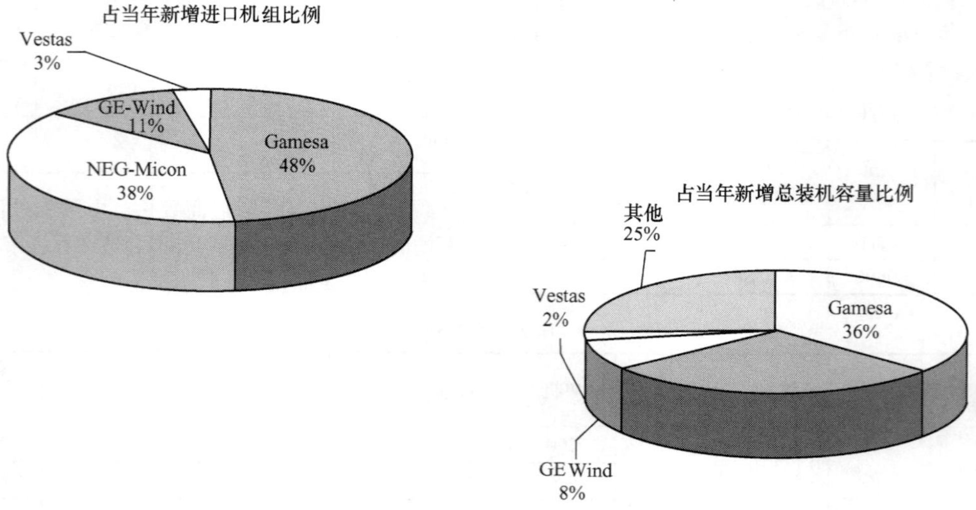

图 2　2004 年国外制造商新增的市场份额

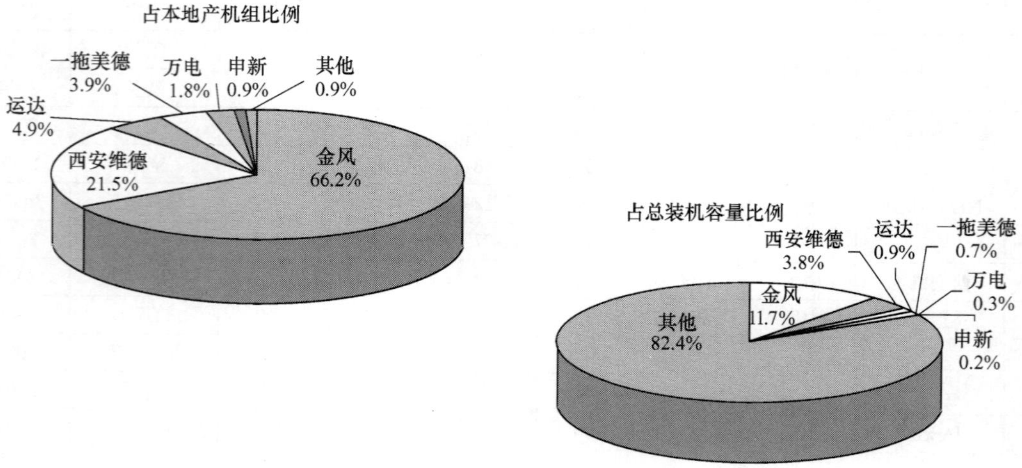

图 3　2004 年中国制造商累计市场份额

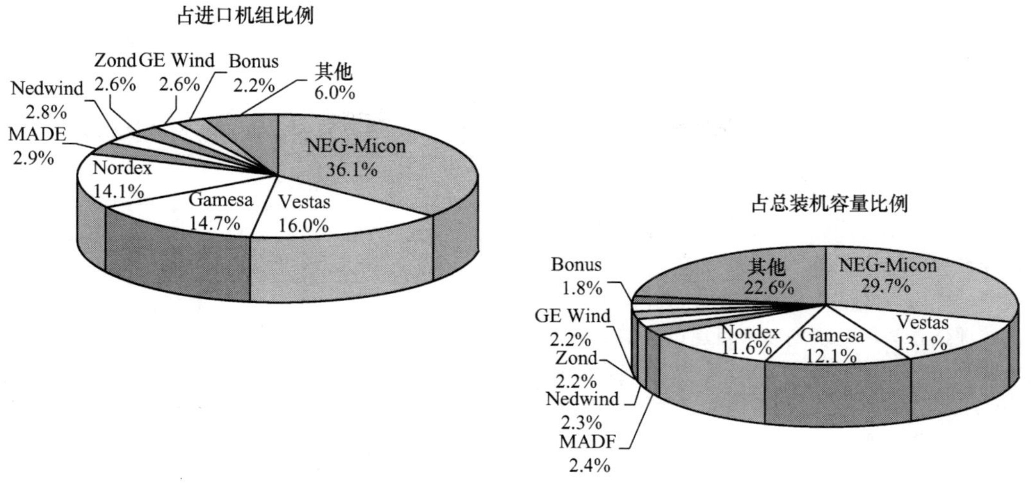

图 4 2004 年国外制造商累计市场份额

（三）国际风电情况

国际风电的进展由于 BTM 咨询公司关于 2004 年世界风电装机容量的统计尚未公布，目前只能引用 2005 年 1 月丹麦发行的《风能月刊（WINDPOWER MONTHLY）》杂志上的资料，即 2004 年全世界新增风电装机容量约 600 万 kW，累计达到 4600 万 kW，装机最多的仍旧是德国，1650 万 kW，其他主要国家依次为西班牙 800 万 kW、美国 680 万 kW、丹麦 312 万 kW、印度 280 万 kW、荷兰 108 万 kW、意大利 102 万 kW、英国 94 万 kW、日本 74 万 kW 和奥地利 59 万 kW。总起来说 2004 年世界风电增长速度有所减慢，原因是欧洲主要国家陆上风电装机趋于饱和，近海风电场尚未大规模兴建，美国的激励政策生产税抵扣（Production Tax Credit）于 2003 年底到期，欧美以外的风电市场才刚刚兴起等。

德国议会在 2004 年 7 月又通过了修改的《可再生能源优先法（可再生能源法）》，其中第一章第二条明确规定了总量目标，“本法将更加促进可再生能源比例的增长，2010 年至少达到 12.5%，2020 年至少达到 20%”。法律有关风电上网电价部分也明确规定了全国统一的陆上风电机组最低为 5.5 欧分/(kW・h)，在投产后的 5 年内发电量达到“参考发电量（reference yield）”150%则可再得到 3.2 欧分/(kW・h)的补贴，合计 8.7 欧分/（kW・h）。如果达不到 150%“参考发电量”，每差 0.75%则延长两个月获得的 3.2 欧分/（kW・h）补贴的优惠期，以便区别资源和其他条件的差别。但是如果发电量达不到“参考发电量”的 60%，电网运营商可拒绝收购这台机组的电量。法律同时规定从 2005 年 1 月 1 日以后每跨一年度投产的项目，其上网电价比上一年减少 2%。总体上这种核定电价的原则是风电商业化发展初期，应该有较高的上网电价，充分考虑到风电项目的风险，如风能资源的不确定性。风电机组的性能与可靠性需要逐渐成熟的过程。初期风电总量规模小，对全局几乎没有影响，较高电价可以承受，产业壮大后才有可能逐步降低。开始先核定较高电价再逐年递减的方式，有利于吸引投资者，也给制造商更大压力，加快技术改进，扩大生产规模降低成本，增强竞争能力。

2004 年，国内发生了一些对风电发展有重大影响的事件，万众瞩目的《中华人民共和国可再生能源法》已在 2005 年 2 月 28 日由人大常委会表决通过，2006 年 1 月 1 日起施行，标志着我国开始建立对可再生能源发展进行激励的法律框架。国家发展改革委的风电特许权项目完成了第二期招标，投资规模是 65 万 kW，开始触及风电大规模发展中的电网规划建设和效益，跨省销售风电和与火电的差价分摊等关键问题，还将风电机组本地化率的要求从 50%提高到 70%。2004 年 11 月初，由世界风能协会和中国风能协会共同主办，在北京成功召开了第三届世界风能大会暨可再生能源展览会，这是 1995 年电力部主办国际风能会议后，时隔九年的又一次盛会，中国风电的潜在市场吸引了世界各国，特别是德国政府和产业界的关注。国内几家大的企业分别与外商签订了风电机组的许可证生产协议。

2005 年我国风电将进入一个关键时期，可再生能源法通过后必须有可操作的实施细则来实现法律规定的基本原则，取得实效，不然又会重蹈过去法律虽然通过，却没有起到应有作用的覆辙。对于风电希望能够出台类似德国可再生能源法中具有长期激励作用的分类电价，价差实现全国分摊，电网企业受到鼓励积极收购并传输风电电量等，这些都是至关重要的。2005 年需要进行更艰苦和更细致的工作来制定出这些细则。

四、风电前期工作和风电机组产业化

摸清风能资源的家底也迫在眉睫，2003年10月国家发改委召开了全国风电前期工作会议，各省市气象局加紧处理现有台站的测风数据，初步选出一些潜在的风电场址。联合国环境规划署（UNEP）进行的中国东部100万km^2的风能资源模拟图也将取得阶段成果，在此基础上可以利用地理信息系统（GIS）技术将交通、电网等经济信息叠加，进行经济可开发风能储量的评估，为风电规划和项目建设提供更准确的依据。联合国开发计划署（UNDP）按照国际先进规范在10个风场的测风项目也将进入最后评估阶段，提升风电前期工作的水平。

科技部“863”计划的两个兆瓦级风电机组研制项目，沈阳工大风能所1000kW双馈电机变桨变速机组，新疆金风公司1200kW直驱式永磁电机变桨变速机组，两台样机都要在2005年安装调试，标志着国产风电机组开始升级换代。建立我国风电机组检测和认证体系也更紧迫了。通过许可证生产协议引进的兆瓦级机组技术，面临市场开拓的严峻挑战，需要依托集团公司的实力，制造出一批样机投入到风电场进行示范运行，显示出优越的性能价格比，创建自己的业绩。1989年利用丹麦政府赠款安装在达坂成的13台150kW机组，以及后来新疆金风公司自己投入的10台600kW机组都起到了关键的示范作用，对中国风电场的兴起和机组国产化的发展影响深远。

在对2004年末风电在建项目的不完全统计中，包括项目建议书、可行性研究和施工阶段的总共278万kW，其中原国电系统的电源公司有103万kW，其他中央企业22万kW，地方企业占143万kW，民营和外资企业只有十几万kW。统计表明已经完成设备招标确定了风电机组供应商，进入施工阶段的项目有52万kW，只要等吊装完成24万kW。在2005年底达到“十五”计划100万kW的规划目标是有可能的，虽然迟到了五年，仍将成为中国风电发展史上重要的里程碑。

（中国水电工程顾问集团公司　施鹏飞）

2005年中国风电场装机容量统计

2005年中国除台湾省外新增风电机组588台，装机容量49.8万kW（见表1），新增17个风电场。与2004年当年新增装机容量19.8万kW相比，2005年当年新增装机容量增长率为252%。

2005年中国除台湾省外累计风电机组1854台，装机容量126万kW。共有个59个风电场。分布在15个省（市、区、特别行政区）。与2004年累计装机容量76.4万kW相比，2005年累计装机容量增长率为65.2%。

表1　2005年中国风电场新增装机容量统计

地址	新增装机容量（kW）	风电场场址
河北	73200	承德　尚义　张北
内蒙古	30600	赛罕坝
辽宁	1000	仙人岛
吉林	79300	富裕　洮北　洮南　长岭
黑龙江	21050	穆棱　大箐山
上海	19500	南汇　崇明
山东	45950	栖霞　长岛　荣成
福建	46750	南日　六鳌
广东	54200	惠来　深圳
宁夏	57700	贺兰　红碴子
新疆	67800	达坂城　托里
香港	800	南丫岛
全国	497850	

注　不含台湾地区。

本统计以截止到2005年12月31日完成风电机组吊装为依据，不考虑是否并网运行。

重要说明：

（1）本统计只为宏观上了解风电机组吊装完成情况，与行政机构、开发商和制造商在管理方面的统计无关。

（2）累计数据减去了已经拆除和退役的机组。与2004年统计表比较，2005年累计数据减去了退役的机组26台，2220kW（朱日和-USW，5台，500kW；泗礁-Aeroman，10台，300kW；平潭-Windmaster，4台，800kW；荣成-Vsetas，3台，165kW；南澳-Newind，2台，300kW；东方-Vestas，1台，55kW；达坂城一场-Wincon，1台，100kW）。减少1个风电场（泗礁）。

（3）鉴于风电场的范围没有明确规定，本统计以风电场内的变电站划分，多个业主及项目共用一个场内变电站视为一个风电场，不考虑行政归属、业主的组成和项目的分期建设。

（4）一般情况下县里的第一个风电场采用了县的名称，以后县里再增加风电场则不利于区别。本统计中风电场的名称尽量逐步采用风电场内变电站所在位置村一级的地名，再冠以县名，以便区分。

（中国水电工程顾问集团公司　施鹏飞）

2003～2005 年风电特许权项目招标形成的上网电价

表 1　中标上网电价（含 8.5%售电增值税和 33%所得税）

年份	项目名称	装机容量（万 kW）	可行性研究估测的年上网电量（等效满负荷小时）	中标商	中标电价[元/(kW·h)]	猜测的等效满负荷3万 h 以后当时电力市场价[元/(kW·h)]	经营期(20 年)平均上网电价[元/(kW·h)]
2003	江苏如东一期	10	2191h	华睿	0.4365	0.3300	0.4033
	广东惠来	10	1990h	粤电	0.5013	0.3038	0.4527
2004	江苏如东二期	15	2273h	龙源	0.5190	0.4500	0.4955
	内蒙辉腾锡勒	10	2588h	北国电	0.3820	0.4174	0.3969
	吉林通榆	20	2309h	龙源	0.5090	0.3500	0.4533
	吉林通榆	20	2524h	华能	0.5090	0.3500	0.4533
2005	江苏东台	20	2126h	国华	0.4877	0.4861	0.4867
	江苏大丰	20	未交可行性研究	中电投	0.4877	0.4861	0.4867
	甘肃安西	10	2358h	中电投	0.4616	0.3800	0.4317
	山东即墨	15	1686h	华电国际	0.6000		

注　1　华睿按合资企业待遇实际投标电价是 0.3979 元/（kW·h）（含 8.5%售电增值税和 15%所得税）。

2　北国电—北京国际电力新能源有限公司；国华—国华能源投资有限公司；华电国际—华电国际电力股份有限公司；华能—华能新能源环保产业控股有限公司；华睿—华睿投资集团有限公司；龙源—龙源电力集团公司；粤电—广东省粤电集团有限公司；中电投—中国电力投资集团公司。

表 2　投标上网电价（含 8.5%售电增值税和 33%所得税）

年份	项　目	投标商 1	投标商 2	投标商 3	投标商 4	投标商 5	投标商 6	投标商 7
2003	如东一期 Rudong Phase 1	华睿	华能	英华威	龙源	EHN	华润	
	投标价格[元/（kW·h）]	0.4365	0.6070	0.6087	0.6190	0.7150	0.7191	
	惠来 Huilai	粤电	北节投	英华威	华润	国华		
	投标价格[元/（kW·h）]	0.5013	0.5053	0.5414	0.6753	0.7179		
2004	如东二期 Rudong Phase 2	龙源	华睿					
	投标价格[元/（kW·h）]	0.5190	0.5660					
	辉腾锡勒 Huitengxile	北国电	华电	华能	龙源			
	投标价格[元/（kW·h）]	0.3820	0.3938	0.4244	0.4260			
	通榆 Tongyu	龙源	华能					
	投标价格[元/（kW·h）]	0.5090	0.5096					

续表

年份	项目	投标商 1	投标商 2	投标商 3	投标商 4	投标商 5	投标商 6	投标商 7
2005	东台 Dongtai	华电	国华	中电投	金陵	凯迪	三峡	龙源
	投标价格［元/（kW·h）］	0.4600	0.4877	0.4998	0.5050	0.5060	0.5223	0.5460
	安西 Anxi	中电投	龙源	华亭	凯迪			
	投标价格［元/（kW·h）］	0.4616	0.5080	0.5200	0.5560			
	即墨 Jimo	华电国际						
	投标价格［元/（kW·h）］	0.7260						

注 1 华睿按合资企业待遇实际投标电价是 0.3979 元/（kW·h）（含 8.5%售电增值税和 15%所得税）。

2 EHN—（西班牙）；北节投—北京国投节能公司；北国电—北京国际电力新能源有限公司；国华—国华能源投资有限公司；华电—中国华电集团公司；华电国际—华电国际电力股份有限公司；华能—华能新能源环保产业控股有限公司；华睿—华睿投资集团有限公司；华润—华润电力控股有限公司；华亭—甘肃华亭发电有限公司；金陵—江苏金陵电力资产投资有限公司；凯迪—武汉凯迪电力股份有限公司；龙源—龙源电力集团公司；三峡—中国长江三峡工程开发总公司；英华威—Infra Vest（德国）；粤电—广东省粤电集团有限公司；中电投—中国电力投资集团公司。

（中国水电工程顾问集团公司　施鹏飞）

中国风电发展需要关注四大问题

到 2004 年底，中国风电已经实现装机容量 76 万 kW，但近 20 年中国风电的发展历史是难以令人满意的，与我国可以开发的丰富风能资源相比也极不相称。

在推进中国风电的发展过程中，我们需要关注和重视以下几个相关问题：

（一）切实做好风电的发展规划工作

到 2020 年，全世界预计风电装机容量将达到 12.31 亿 kW，可发电量相当于预期世界电力需求的 12%，其中欧洲预期达到 20%，现在丹麦已经达到 18%。到 2020 年我国风电若按 4%～5%的比重考虑，届时实现风电装机容量 4000 万～5000 万 kW 是有可能的。

从目前的实际情况看，关键是一些潜在可能开发的风电场址还缺乏必备的测风资料，因此急需开展必要的建塔测风工作。建议今后测风塔的安装高度一般不低于 70m，以适应兆瓦级以上机组的安装建设；同时建议在风电资源较好的省（市、区）设立建设风电前期开发基金，测风塔的安装及前期规划工作的费用先由基金中垫支，待开发商取得开发权后即收回这部分资金，以此形成良性循环。

电网的系统规划也必须与风电发展规划相配套。我国风能资源最富集的区域往往就是大草原、大沙漠、大戈壁滩，目前许多地方电网均没有覆盖到。今后大规模开发近海风电场等不仅接入电网的技术难度较大，而且一般都处在电网的末端，所以，电网规划建设对于风电发展规划来说就显得尤为重要。同时，随着风电装机规模的扩大，在电源点的布局上要加大抽水蓄能电站的选址建设，以形成风水电互补，克服和减少风电电能质量由于随机性所带来的弊端。

（二）必须实现风电机组国产化

我国风电要大发展的根本出路在于实现风电机组国产化。由于进口设备价格很高，使很多项目单位千瓦综合造价都超过 1 万元，上网电价一般要在 0.70～1.2 元/（kW·h）之间才能满足还贷的要求。风电机组实现国产化后，可以大幅度地降低机组造价和项目综合造价。从近期看可以降低 30%以上，风电场的综合造价可以降低 20%～30%。

2005 年 7 月 4 日国家发展改革委发出的《关于风电建设管理有关要求的通知》中明确规定："今后

风电项目风电设备国产化率要达70%以上，不满足设备国产化率要求的风电场不允许建设，进口设备海关要照章纳税。”这实际上彻底关上了风机整机进口的大门。

随着中国风电投资热的兴起，风电机组的国产化进步很快。其中，金风公司的国家“863”项目1200kW直驱式在新疆已投入试运行；沈阳工大国家“863”项目1000kW直驱式在营口投入试运行；哈电集团自己研发600kW直驱式投入试运行，1200kW直驱式投入试运行。自主研发起点不高，从研发到投产时间较长，但是价格有优势，有自主知识产权，国家支持力度大，生命力较强。

（三）为推进近海风电场建设做好准备

一般海上的风资源风速都高于陆地，很少有静风期，年利用小时数普遍高于陆地。从现在起必须着手对近海风电场的一系列技术问题进行研究，并要开始对近海风资源进行勘测和实施示范性工程。与陆地不同，近海风电场面临的主要问题有电网的输送、大容量机组的研发和安装、基础的处理、抗台风、抗腐蚀及对海洋生态的影响等，这些问题需要着手解决。

（四）一定要加强风电人才的培养

加强风电人才的培养是发展风电的关键，随着风电大规模开发建设，风电未来人才缺乏已成为突出的问题。作为新能源新学科，需要培养一大批设计、研发、制造、建设运行方面的专门人才，而作为电力行业的一个分支，目前高校中还没有专门的风电专业设置。为了适应目前风电大发展的需要，希望高校从大二或大三的电力专业的学生中选择一部分在学完基础课后，学习必要的风电专业课，使这部分学生毕业后可以直接从事风能资源的评估、风电规划设计与制造、风电场安装运行等方面的工作。还可以利用高校这个平台，有针对性地举办风电专业的培训班，有条件的企业应选拔一部分专业人员到国外进修培训。

（福霖风能开发公司　徐洪亮）

打造风电品牌
推动中国风电事业蓬勃发展

《风力发电》杂志从2005年开始由龙源电力集团公司（以下简称龙源公司）组织编辑出版。《风力发电》是中国电机工程学会风力及潮汐发电专委会会刊，是为政策宣传、技术探讨、经济交流提供服务的一个平台，对我国风力发电的发展将起到积极的推动作用。在我国经济高速发展的今天，开发和利用可再生能源，使其在全国能源供应中发挥重要作用，对于我国经济的可持续发展具有重要战略意义。

我国党和国家领导人多次强调：“树立和落实科学发展观，实现经济发展和人口、资源、环境协调发展”，明确我国要走全面可持续发展的道路，而能源供应是实现可持续发展的重要保证和前提。

国务院总理温家宝在十届全国人大三次会议上作政府工作报告时强调，要注重能源资源节约和合理利用。指出要缓解我国能源资源与经济社会发展的矛盾，必须立足国内，显著提高能源资源利用效率，要积极开发新能源和可再生能源。

2005年2月28日召开的十届全国人大常委会第十四次会议表决通过了《可再生能源法》，国家主席胡锦涛签署第三十三号主席令，公布了这部法律。该法律将于2006年1月1日起实行。《可再生能源法》的出台必将促进我国可再生能源的开发利用，增加能源供应，改善能源结构，保障能源安全，保护环境，实现经济社会的可持续发展。

（一）开发风电是我国电力工业健康、可持续发展的客观需要

1. 国外风电的发展状况　风电是可再生能源中最具发展潜力和商业开发价值的能源方式。近年来，世界风电发展持续升温，速度加快。国际上，由于20世纪70年代能源危机的强烈震撼和对环境保护的巨大压力，一些国家特别是欧美国家近二十多年来投入巨大力量进行了持续的开发，取得了十分显著的成效。世界风电装机容量以年递增30%的速度增长，据2005年1月丹麦《风能月刊》杂志统计，截止到2004年底，世界风电装机容量已超过4600万kW。其中：德国风电装机容量1461万kW；西班牙风电装机容量800万kW；美国风电装机容量680万kW；丹麦风电装机容量280万kW；即使是发展中国家印度，风电装机容量也达到了213万kW。一些发达国家已开始把目光投向海上，投资建设大型海上风电场。

由于发展速度大大超过预期，国际上对风电发展的预测作了多次修改。根据最新的规划和预测，到2010年世界风电装机容量将达到2.07亿kW，2020年将达到12.31亿kW，年发电量相当于IEA预期中世界电力需求的12%（2003年丹麦风电已占18%）。有些国家的风电比例将会大大超过这个数字，这将使这些国家在很大程度上摆脱对常规能源的依赖。

2. 我国风电的发展状况　我国风能资源十分丰富。我国20世纪70年代以来进行了大量风能资源调查工作，国家气象局提供的资料表明，我国陆地上可开发的风力资源至少有2.53亿kW，沿海水深2～15m的区域近海的风力资源可开发储量有7.5亿kW，全国可开发的风力资源在10亿kW以上，具备大规模商业化开发风电的资源条件。

我国的风电开发跟踪世界风电的步伐，进行了许多工作，如风力资源调查和区划，风力发电技术和设备的研制，小型风电机组的推广应用，风电场项目的示范和建设开发等，取得了令人鼓舞的成果。我国基于现代科学技术的风电开发起步于20世纪70年代，第一阶段通过小型风力发电机组的开发利用和小规模的风电场建设和示范运行，解决了部分边远地区人民的用电问题，并为进一步发展奠定了一定的技术基础。第二阶段从1993年起，原国家电力部明确提出了要将风电作为一个产业来抓，要把风电发展成中国能源的一支方面军。从此经过多方努力，取得了一定成功，风电场的建设数量和规模逐年扩大。同时在建设、运行、管理等方面都取得了许多成功经验，培养了一批风电开发方面的专业人才，初步具备了规模性开发建设风电的条件和能力。

但是，中国的风电发展规模和速度远远跟不上经济建设的步伐，与欧洲和其他风电发达的国家相比差距近年来越来越大。截至2004年底，国内风电装机只有74万kW，世界排名第10位，远远落后于德国、西班牙、美国、丹麦和印度。这在一定程度上说明，我国作为一个风能资源丰富的国家，风能的开发和利用水平不高，远远落后于世界水平。

（二）加快风电开发是龙源公司实现可持续发展的重要举措

龙源公司作为中国国电集团公司的全资企业是以常规电站投资与经营作为基础，以风电开发为主要业务的新能源发电企业集团。龙源公司从90年代初组建的中国福霖风能开发公司起开始涉足风电的开发与经营。从2000年开始，龙源公司开始大规模发展风电，并将其定位为公司的主营业务，在风电场开发与经营、风场选址与测风、人员培训与标准化的制定中摸索出一条适合于公司风电发展的道路。龙源公司按照中国国电集团公司的“做实、做新、做大、做强”的发展战略方针，坚持“明确目标、集中规划、分步实施、规模经营、滚动发展”的思路，积极开展风场资源调查，分步开发建设大型风电场的发展方针。并不断加大投资项目前期开发和建设力度，2004年共投产（收购）风电10万kW。通过竞标获得了福建10万kW风电项目、江苏如东二期15万kW及吉林通榆20万kW风电特许权项目开发经营权。截止到2004年底，龙源公司投资建设的风电总装机容量达到33.1万kW，占全国风电总装机容量的46%。同时龙源公司进一步加大风电前期项目开发力度，在全国7省12个风场共安装测风塔18个，目前共有200万kW容量的前期风电项目储备。

龙源公司狠抓专业人才的培养，不断加大风电开发力度，通过开展中德合作的风电高级管理培训项目，提升了专业技术人员风电场运行、管理及风电场设计技能。龙源公司与联合国计划开发署合作，开展中国风资源调查项目，在全国8个省、10个测风点进行测量，测量的数据将上报国家发展改革委，作为风电场招标的依据，为龙源公司今后大规模开发建设风电场做好基础准备。按照龙源公司制定的风电发展战略，即到2010年风电总装机容量达到200万kW，权益容量100万kW以上。预计到2005年底，龙源公司风电总装机容量可以达到50万kW。

（三）当前我国风电发展存在的问题和几点建议

风电现阶段成本比常规能源略高。相对于常规能源来说风力发电机组可利用小时数少、单位千瓦造价较高，且其社会成本低的优势未能有效计入成本优势，造成风电成本略高于常规能源，因而在市场开发和竞争中出现门槛障碍。

1. 我国对风电的研究开发投入力度严重不足

我国历年来陆续投入力量进行风电技术研发和试验，因投入不大只能维持跟踪世界水平的研发力度，与风电有关的技术特别是装备制造技术与世界水平有相当差距，我国风电场开发建设85%的生产设备仍然依靠进口。进口设备成本较高，维护不及时，加大了风电的发电成本。

2. 全社会对风能利用的认知不高，对风电产业的认识和信心不足　社会公众和政府官员对风电一知半解，对开发风电的意义不甚清楚，对于风电在经济建设中能否发挥自身作用及对社会经济发展的贡献存有疑问。

3. 加快风电开发的几点建议

（1）大力宣传开发风电的种种优点以及对于我国国民经济建设、可持续发展战略的重大意义。宣传我国风力资源优势和开发潜力，提高公众对风电的认知度，增加发展风电产业的信心，增强扶持风电、开发风电和消费风电的责任意识。统一思想，落实科学的发展观，要从我国经济可持续发展的高度推动风电产业的发展。

（2）制定明确的国家风电开发目标。建议2020年风电开发总目标为风电装机容量在全国电力装机容量中占到5%以上。按届时全国电力装机容量9.5亿kW计算，风电装机容量应达到5000万kW或以上，并要有具体的落实措施。

（3）建立国家风电发展基金。要落实国家发展目标，平均每年需新增风电装机容量300万kW，按现在风电场建设成本8000元/kW计算，每年需投资240亿元，资本金48亿元，这些需要国家资金支持。该项资金既可用于部分国家重大风电项目的投资，也可以用于建立产业体系、支持国家技术研发、扶持设备制造等。

全国风力发电机组装机情况（截至2004年底）

序　号	风电场名称	单机容量（kW）	场台数（台）	场装机容量（kW）
1	新疆达坂城2号	300、500、600、750	157	82800
2	内蒙古辉腾锡勒	550、600、900、1500	94	68500
3	广东南澳	130～300、350～750	130	56690
4	宁夏贺兰	850	74	52200
5	甘肃玉门	300、600、850	38	21600
6	内蒙古赤峰克什克腾	600、660、750	73	51360
7	辽宁营口仙人岛	600、660、1300	47	31660
8	吉林通榆	600、660	49	30060
9	新疆达坂城1号	100、150、450、600、750	58	28000
10	黑龙江富锦	900	27	24300
11	河北承德	600	40	2480
12	辽宁东岗	300、550、750	38	22450
13	辽宁丹东	750	28	21000
14	浙江括苍山	600	33	19800
15	广东汕尾	660	25	16500
16	山东即墨	250、300、1300	15	16400
17	浙江鹤顶山	250、500、600	26	14350
18	广东惠来	600	22	13200
19	山东长岛	600、750	20	12300
20	黑龙江木兰	600	20	12000
21	辽宁康平	850	12	10200
22	辽宁彰武	850	12	10200
23	河北张北	275、300、600	24	9850
24	辽宁沈阳法库	800	12	9600
25	海南东方	55、250、600	19	8755
26	辽宁横山	250、600	24	7400
27	内蒙古朱日和	100、120、250、300、330	32	6900
28	福建平潭	200、600	14	6800
29	福建东山	600	10	6000
30	内蒙古锡林	250、330、600	13	4780
31	山东栖霞	250、700	9	4700
32	辽宁锦州	750	5	3750
33	内蒙古商都	300	12	3600
34	辽宁大连小长山	600	6	3600
35	辽宁大连大长山	600	6	3600

续表

序　号	风电场名称	单机容量（kW）	场台数（台）	场装机容量（kW）
36	上海奉贤	850	4	3400
37	辽宁大连獐子岛	250	12	3000
38	上海南汇	1500	1	1500
39	新疆阿拉山口	600	2	1200
40	河北丰宁	600	2	1200
41	新疆布尔津	150	7	1050
42	浙江泗礁	30	10	300
43	山东荣成	55	3	165
	总计（除台湾省）		1291	764370

（龙源电力集团公司）

4

大中型水电工程

三 峡 工 程 情 况

2005年三峡工程建设情况

（一）概况

2005年三峡工程建设全面完成年度计划任务，工程形象面貌全部达到要求。三期工程右岸大坝近400万m^3大体积混凝土未出现一条新裂缝，土建、机电安装齐头并进，质量同步提高。三峡左岸机组提前1年全部投产，运行安全，增发的电量对缓解全国缺电、支援国家建设和发展、减轻燃煤污染做出重要贡献。三峡工程在施工期内发挥了巨大发电、通航、旅游效益。

（二）固定资产投资完成情况

2005年，三峡工程固定资产完成投资1069663.88万元，占投资计划1057437.62万元的101.16%。其中：建安工程完成127841.29万元，占计划137632.26万元的92.89%；机电设备完成76803.48万元，占计划100425.18万元的76.48%；金属结构设备完成17589.64万元，占计划16420.00万元的107.12%；其他费用13926.17万元，占计划21411.59万元的65.04%；基本预备费9359.15万元，占计划31736.48万元的29.49%；价差预备费374793.95万元，占计划232723.00万元的161.05%；水库淹没处理补偿费570749.84万元，占计划583290.42万元的97.85%。截至2005年12月31日，三峡工程累计完成投资1220亿元。其中：枢纽工程静态投资完成426亿元，占枢纽工程概算500.9亿元的85%；库区移民完成静态投资361亿元，占库区移民概算400亿元的90%；价差253亿元；贷款利息145亿元；库区移民概算外补偿费35亿元。

2005年，三峡工程共到位固定资产投资资金1574417.00万元，占计划1611206.00万元的97.72%。其中：三峡专项基金到位1004502.00万元，占计划773559.00万元的129.85%；国家开发银行贷款8304.00万元，占计划20000万元的41.52%；利用外资63905.00万元，占计划77431.00万元的82.53%；其他资金到位497706.00万元，占计划740216.00万元的67.24%。

三峡工程固定资产投资完成及资金到位情况详见表1和表2。

表1 三峡工程固定资产投资完成情况汇总表 万元

项　目	本年计划	本年累计完成	占年计划（%）	自开工累计完成
三峡工程总投资	1057437.62	1069663.88	101.16	12203113.68
建安工程	137632.26	127841.29	92.89	2933165.00
机电设备费	100425.18	76803.48	76.48	663648.13
金属结构设备费	16420.00	17589.64	107.12	173825.82
其他费用	21411.59	13926.17	65.04	382583.69
基本预备费	31736.48	9359.15	29.49	105293.77
水库淹没处理补偿费	310000.00	329971.75	106.44	3611102.34
价差预备费	232723.00	374793.95	161.05	2534603.80
贷款利息	65268.00	36076.86	55.27	1450307.16
库区移民包干外补偿费	141821.11	83301.59	58.74	348583.97

表2 三峡总公司固定资产投资资金到位情况表 万元

项　目	年计划	本年完成	占年计划	自开工累计到位
资金到位	1611206.00	1574417.00	97.72%	13392569.00
三峡专项基金	773559.00	1004502.00	129.85%	6304019.00
国家开发银行贷款	20000.00	8304.00	41.52%	3028304.00
利用外资	77431.00	63905.00	82.53%	834197.00
三峡企业债券				1900000.00
其他资金	740216.00	497706.00	67.24%	1326049.00

（三）主体工程工程量完成情况

2005年三峡主体工程完成：混凝土浇筑165.02万m^3，占计划160.87万m^3的102.58%；完成固结灌浆0.17万m，占计划1.36万m的12.39%；完成帷幕灌浆7.03万m，占计划4.63万m的151.47%；

完成接缝灌浆 5.00 万 m^2，占计划 4.58 万 m^2 的 109.22%；完成钢筋制安 5.37 万 t，占计划 5.52 万 t 的 97.31%；完成机电安装 1.66 万 t，占计划 2.18 万 t 的 75.94%；完成金属结构安装 1.25 万 t，占计划 1.94 万 t 的 64.20%；完成锚杆 1.97 万根。

三峡主体工程工程量完成情况详见表 3。

表 3 三峡主体工程工程量完成情况汇总表

项　目	单　位	本年计划	本年累计完成	占年计划	自开工累计完成
土石方开挖（主体工程）	万 m^3		−118.80*		13800.53
土石方填筑（主体工程）	万 m^3		80.48		5368.03
混凝土浇筑（主体工程）	万 m^3	160.87	165.02	102.58%	2742.87
固结灌浆（主体工程）	万 m	1.36	0.17	12.39%	47.62
帷幕灌浆（主体工程）	万 m	4.63	7.03	151.74%	32.81
接缝灌浆（主体工程）	万 m^2	4.58	5.00	109.22%	45.72
钢筋制安（主体工程）	万 t	5.52	5.37	97.31%	55.14
锚杆（主体工程）	万根	0.00	1.97		53.91
混凝土防渗墙（主体工程）	万 m^2	0.00	0.30		28.35
机电安装（主体工程）	万 t	2.18	1.66	75.94%	11.37
金属结构安装（主体工程）	万 t	1.94	1.25	64.20%	18.95

* 2004 年多统计，2005 年将其减除。

（四）主要工程形象进度

右岸大坝全线达高程 160m 以上，超过年度计划高程 158m 目标。高程 120m 栈桥 7 月底通车，比计划提前 2 个月。上游副厂房部位大坝按时向厂房交工作面。右岸电站厂房宽槽回填于 4 月 10 日全部完成，比计划提前 20 天；5 号、18 号导流底孔封堵生产性试验于 5 月 31 日按计划完成。右岸非溢流坝段 2 号坝段 9 月 11 日断路，9 月 30 日按计划恢复混凝土施工。电源电站厂房向机组安装交面较计划推迟1 个月。

左岸电站 13 号、14 号、9 号机组分别于 4 月 24 日、7 月 21 日、9 月 16 日投产发电，比年计划提前 1～3 个月。至此，三峡左岸电站 14 台机组全部发电，装机容量 980 万 kW。

右岸大坝的右岸厂房排漂孔坝段至右岸厂房 24 号−1 甲块达高程 160.0～182.0m；右岸厂房坝段 24 号−2 甲块至右岸非溢流坝段 7 号甲块除右岸非溢流坝段 2 号坝段和右岸非溢流 5 号坝段外，达坝顶高程 185m；右岸非溢流 2 号坝段达高程 152.0m；右岸电站拦污栅除安Ⅲ至 23 号坝段达高程 143.5～150.0m 外，其余达高程 156m 以上；右岸非溢流 2 号坝段以左岸及右岸非溢流 7 号坝段帷幕灌浆全部完成；右岸横缝灌浆完成，纵缝Ⅰ灌浆达高程 60.0～105.0m。右岸厂房 15 号～20 号坝段压力钢管安装至上弯段中部，21 号～26 号坝段压力钢管完成全部安装。右岸电站进水口检修门门槽 15 号～24 号机安装至高程 127.5～151.5m，25 号、26 号机完成安装；快速门门槽埋件安装除 18 号机混凝土回填未完外，其余全部完成；排漂孔事故门门槽埋件及混凝土回填全部完成；排沙孔事故门门槽埋件安装至高程 123.0～174.0m。

右岸电站厂房的下游边墙达高程 99.6m 以上，其中安Ⅰ～25 号机组段达设计顶高程 116.0m，上游边墙达高程 85.1～108.6m，上游副厂房达高程 75.3～90.6m，22 号机蜗壳外包混凝土开始浇筑；20 号、21 号、22 号、25 号、26 号完成机蜗壳挂装，18 号机蜗壳挂装过半。

地下电站工程的主厂房第Ⅰ层完成开挖及系统支护，第Ⅱ层上层完成开挖 70m。1 号～6 号引水洞完成上弯段及下平段开挖，其中 3 号～6 号引水洞完成中导洞开挖。3 号、6 号尾水洞完成变顶高段第二层开挖，其余尾水洞完成第一层变顶高段开挖。

临时船闸改建冲沙闸工程的混凝土浇筑已达坝顶高程 185m。

电源电站工程的 1 号机组浇筑至高程 58.97m，2 号机组浇筑至高程 62.77m。

导流底孔封堵。2 号、8 号、11 号、12 号、15 号、21 号 6 个导流底孔封堵 2005 年 11 月展开施工，浇筑混凝土 42 仓，浇筑混凝土过半。

升船机及升船机上游引航道尾工项目的上游浮式导航堤工程开始土建施工。上闸首门槽开始安装。

（五）工程质量管理

三峡工程建设继续以“消灭顽症 誓创一流”为主题，开展各种形式的劳动竞赛活动，提高了参建人员质量意识；编制三峡工程右岸地下电站质量标准，同时推出《质量安全“双零”目标管理特别奖实施办法（试行）》；2005 年 3 月开始 ISO 9001：2000 质量管理体系认证工作，包括 27 个程序文件和 92 个作业文件的质量管理体系文件已全部发布，体系也开始运行。通过采取上述有效质量管理措施，工程质量稳步提高。2005 年三峡工程共进行 4711 个单元工程质量评定，合格率达 100%，优良率达 91.91%。

在三峡左岸电站机组的安装调试运行中，继续坚持“无缝交接、首稳百日”的管理模式，确保机组的提前投产和稳定运行。

（六）电力生产与营销

2005年13号、14号、9号机组移交三峡电厂运行管理，左岸电站14台机组全部投产运行。截至2005年12月31日，连续安全生产772天，年底累计发电490.9亿kW·h，为年初计划486亿kW·h的101%。确保了汛期5次大于40000m^3/s流量的洪水顺利通过三峡大坝；机组平均等效可用系统数93.21%、等效强迫停运率0.13%、运行暴露率91.48%，均保持了较高的水平。

三峡左岸电站提前一年实现14台机组全部投产目标，累计增发电量380亿kW·h，极大地缓解了华东、华南等地区的电力紧张状况。

长江电力股份有限公司全年发电653.39亿kW·h,其中，三峡电站490.9亿kW·h，葛洲坝电站162.49亿kW·h。长江电力股份有限公司紧紧抓住缺电的有利时机，努力争取政策支持，深入开展市场营销，跟踪并参与市场规则制订，电力按直流通道最大可能外送，全面完成了年度销售目标，同时对“十一五”电力消纳工作做了深入研究和初步准备。提出了以签订长期合同为主线，以改善电能质量为根本，继续争取政府支持，积极做好竞争准备的总体策略。为了未雨绸缪做好“十一五”电能消纳工作，长江电力股份有限公司通过对消纳三峡电能的十省（市）的“十一五”期间电源建设、电网建设和负荷需求情况的调查分析，结合三峡增发电量情况，研究提出“十一五”三峡电能消纳优化方案上报国家发展和改革委员会，对“十一五”期间三峡3600亿kW·h电量的消纳做出长远安排，已完成各省市意见征求工作。同时与国家电网和南方电网公司就签订长期合同也初步达成一致。

（七）船闸运行管理

为提高船闸通过能力，2005年组织了一闸室待闸实船试验，并成功地将研究成果运用于三峡船闸（139m水位）南线一闸室待闸实际操作，使船只正常进闸平均时间由40～50min降至20～30min，节省时间近15min。完成二闸首人字门启闭机运行提速的改造工作，使每闸次运行时间缩短约2.5min，提高了船闸通航效率。船闸通过能力得到了提高，基本解决了锚地待闸压船现象。2005年除因流量超限停航1天外，实现安全通航364天。船闸共运行8340闸次，通过船舶6.4万艘次、旅客187万人、实载货物3270万t。过闸主要物资所占比重大致如下：煤炭54.3%，矿石12.6%，木材矿建8.3%，石油3.1%，化肥4%，钢材4.2%，集装箱5.9%，其他7.6%。

2005年坝上转运船舶8122艘次，其中上行船舶4045艘次，下行船舶4077艘次；坝下转运船舶12703艘次，其中上行船舶6225艘次，下行船舶6478艘次；共转运滚装汽车315550辆次，其中上行转运155669辆次，下行转运159881辆次。2005年汛期，三峡坝址下泄流量达到35000m^3/s时，对滚装货车采取按顺序、分时段地采取陆路转运方式，共转运滚装汽车19818辆次，其中上行车辆9894辆次，下行车辆9924辆次，确保了滚装车、船的安全。2005年启动旅客应急转运2次，转运旅客147228人，其中上行旅客13258人，下行旅客133970人。转运外宾4262人，其中上行2213人，下行2049人。转运客船678艘次，其中上行317艘次，下行361艘次。

（八）其他

1. 三峡工程机电装备自主创新取得重大突破　在全国科技大会上，中国三峡总公司介绍三峡工程机电装备引进消化吸收再创新的经验和做法，引起强烈反响，受到中央领导的肯定。三峡左岸电站以哈尔滨电机厂和东方电机厂为主制造的14号、9号机组投产以来，运行稳定。国内机组制造企业在技术引进、消化吸收的基础上坚持自主创新，具备设计制造70万kW特大型水轮发电机组的能力，实现由左岸机组分包商到右岸机组独立供应商的重大角色转变。

2. 三峡工程按期实现资金平衡年　截至2005年12月31日，三峡工程累计完成投资1220亿元。按三峡工程开工时提出的总体融资方案，2005年按期实现资金平衡，即当年的利润、折旧加上三峡基金可以满足三峡工程当年投资的需求。

3. 长江电力股权分置改革试点取得成功　长江电力被国家确定为股权分置改革中央企业首批试点企业后，中国三峡总公司按照国有资产监督管理委员会、证券监督管理委员会的部署，以方案制定为核心，以市场沟通为关键，以相对合理的改革成本获得所持股份的流通权，流通股股东利益得到切实保障，大盘蓝筹市场地位和形象更为巩固。市场检验证明，长江电力股权分置改革为中国资本市场的稳定与健康发展做出贡献，得到中央领导和相关方面的好评。

4. 环境保护工作得到全面加强　中国三峡总公司成立科技环保部归口管理环境保护工作，邀请中国工程院院士考察团就三峡水库水污染防治进行调研，积极开展三峡水库漂浮物的研究和综合治理，联合农业部举办人工繁殖中华鲟大型放流活动。溪洛渡和向家坝水电站的环境影响报告已通过国家环境保护总局的评审，长江上游珍稀特有鱼类保护区项目也已启动。

5. 新能源项目开发工作启动　国家发展和改革委员会同意授权中国三峡总公司开发江苏盐城沿海的一个20万kW风电特许权项目。中国三峡总公司和浙江省人民政府也就新能源开发签订战略合作协议。中国三峡总公司组建长江新能源开发公司，开展以风电为主的新能源项目的前期工作。

6. 三峡坝区年游客量首次突破 100 万　中国三峡总公司充分发挥三峡坝区旅游资源优势，积极推进旅游资源的整合，加强品牌宣传和市场开拓，推出三峡截流纪念园等新的旅游产品，2005 年创下年游客接待量破百万的历史新记录，促进了地区旅游业和经济社会的发展。

（中国长江三峡工程开发总公司　时香丽　乔仁贵）

三峡左岸电站 14 台机组提前 1 年全部投产

2005 年 9 月 16 日上午，三峡左岸电站最后一台 70 万 kW 机组——9 号机组正式投入运行。至此，左岸电站 14 台机组提前一年实现了投产发电。中共中央政治局常委、全国人大常委会委员长吴邦国作出重要批示，充分肯定了三峡工程在 70 万 kW 特大型水轮机组国产化方面所取得的突破性进展。中共中央政治局常委、国务院副总理曾培炎出席投产仪式并致辞。

吴邦国指出，三峡工程通过技贸结合，实现特大型水轮发电机组、直流输变电国产化，一举跃居国际先进水平，意义重大。认真借鉴这一经验，有利于按照科学发展观，搞好“十一五”期间重大工程建设。

曾培炎在致辞中表示，三峡水电设备成功实现国产化，标志着我国已能够自主设计、自主制造、自主安装、自主运行 70 万 kW 特大型水轮发电机组，要认真总结经验，再接再厉，继续搞好大型水电项目，推进重大技术装备的自主化建设。

曾培炎肯定了三峡工程水电设备国产化取得的成绩。他说，在左岸电站建设中，中外双方密切合作，通过技贸结合，联合设计生产，转让和消化先进技术，使我国特大型水轮发电机组和直流输变电设备的建设水平上了一个新台阶。14 号机组、9 号机组的国产化率分别达到 71%和 85%。在建的三峡右岸电站 12 台机组中将有 8 台由国内企业自主完成。

曾培炎认为，三峡工程建设和设备国产化的主要经验是，第一，坚持集中力量办大事，全国人民倾力支持，有关地区对口支援，设计、制造、建设、运营等部门分工协作，体现了社会主义的优越性。第二，坚持不断扩大对外开放，把开放市场与引进消化吸收先进技术以及自主创新结合起来，实现国内外合作双方的互利共赢。第三，坚持重大装备自主化建设，依托国家重大项目推进国产化，发挥好龙头企业牵头和带动作用，建设我国有竞争力的装备工业体系。第四，坚持正确履行政府职能，广泛听取专家学者意见，建立起有效的科学民主决策机制，搞好统筹协调，更好地为工程建设服务。

曾培炎强调，三峡工程当前正处于三期建设关键时期，各方面都在为三峡大坝明年达到 185m 的设计高程、汛后水库水位提高到 156m 积极开展工作。一要把质量和安全放在首位，加强质量管理，确保工程建设安全、电站运行安全、水库枢纽安全；二要加快三期工程移民搬迁安置和地质灾害防治工作；三要高度重视库区经济社会发展，千方百计扩大就业和再就业，解决好移民的长远生计问题，确保库区社会稳定；四要搞好防洪、发电、航运的管理调度，实施好各项生态环境保护和建设工程，让三峡工程在建设期发挥更好的经济效益和社会效益。

三峡左岸电站 2 号机 2003 年 7 月 10 日提前并网运行，为三峡电站发出第一度电；9 号机组国产化率最高，2005 年 9 月 16 日投产，标志着三峡左岸电站安装调试任务圆满完成。三峡左岸电站 14 台机组的制造、安装和投产发电情况见表 1。

表 1　三峡左岸电站机组制造与安装投产情况表

机组序号	投产时间	已发电量（万 kW·h）	安装单位	供货商	监造单位	安装监理	运行管理
1号	2003 年 11 月 22 日	782058	水电八局	VGS	BV/EDF	长江三峡技术经济发展公司	三峡电厂
2号	2003 年 7 月 10 日	1016781	水电八局	VGS			
3号	2003 年 8 月 16 日	948309	水电八局	VGS			
4号	2003 年 10 月 28 日	795585	葛洲坝集团公司	Alstom			
5号	2003 年 7 月 16 日	972709	葛洲坝集团公司	Alstom			
6号	2003 年 8 月 29 日	838667	葛洲坝集团公司	Alstom			
7号	2004 年 4 月 29 日	647898	水电八局	VGS			
8号	2004 年 8 月 24 日	443732	水电八局	VGS			
9号	2005 年 9 月 11 日	10999	水电八局	VGS			

续表

机组序号	投产时间	已发电量（万 kW·h）	安装单位	供货商	监造单位	安装监理	运行管理
10号	2004年4月7日	569063	葛洲坝集团公司	Alstom	BV/EDF	长江三峡技术经济发展公司	三峡电厂
11号	2004年7月26日	515993	水电四局	Alstom			
12号	2004年11月22日	251012	水电四局	Alstom			
13号	2005年4月24日	193525	水电四局	Alstom			
14号	2005年7月21日	74849	水电四局	Alstom			

注 发电量累计至2005年9月15日。

截至2005年9月15日，三峡左岸电站累计发电已超过800亿kW·h，其中由于机组提前投产所获得的增发电量约300亿kW·h，创造了巨大的经济效益和社会效益。左岸电站14台机组全部投产是三峡工程建设取得的又一重大成果，一举使我国特大型水轮发电机设计、制造、安装跨入世界先进行列。

（摘自《水利水电工程报》）

三峡工程建设值得总结推广的几点经验

2005年是三峡枢纽三期工程工程量和难度最大的一年，也是关键的一年。在这一年中，三峡建设工作取得了较大进展：①计划全面超额完成，形象面貌全部达到或超过要求，投资得到有效控制。②工程质量更上台阶，土建安装齐头并进，内质外形同时提高，没有出现重大事故。③左岸机组提前一年全部投产，对缓解全国缺电，支援国家建设和发展，减轻燃煤污染很有意义。④安全生产，无重大伤亡事故，实现了双零管理目标。⑤枢纽工程和设备运行正常，生态环境良好，在施工期内就发挥了巨大的发电、通航、环境、旅游效益，初步提供了防洪库容。⑥培养了一大批脚踏实地的中青年骨干，成为水利水电建设的重要力量。⑦工地环境优美，施工文明，是中国现代化建设的一个窗口。三峡总公司和参建各方做了艰苦细致的工作，有许多不断创新的经验值得总结推广。

（1）建立、完善和坚持了全面的、细化的、可行的质量管理体系。三峡质量管理体系经不是照抄别人文章，而是针对三峡工程的情况和问题，建立和完善了许多实实在在的制度，并且不是停留在一般号召上，不是停留在领导和质检部门里，而是细化为一系列具体的制度和规定，加以认真贯彻实施，使之深入到群众中去，成为全员的要求。

（2）突破“无坝不裂”的传统理念。右岸工程的大坝，至今没有发现1条裂缝，不但上游坝面没有，连浇筑仓面也没有，厂房也基本上没有裂缝，这是一个奇迹。过去总认为混凝土大坝不开裂是不可能的，“无坝不裂”，衡量混凝土质量的指标是规定每1万m^3混凝土只能有几条裂缝。三期工程400万m^3混凝土的大坝没有查出1条裂缝，这一实践证明，大坝确实可以做到不裂。过去做不到，是因为工作不过细。在三期工程中，精心设计大坝混凝土的级配，全面控制了原材料的质量，严格实施了温度控制，像保护婴儿一样养护、保护了混凝土，几百万立方米的大坝就可以没有一条裂缝。这有力地说明了三期工程的质量，也证明了我国经研究探索，在世界上首先掌握了正确的温控和防裂的理论。

（3）有强烈的创新意识，不断有新创举。三峡工程有不少创新，既有技术上的，更有管理上的创新。例如“无缝交接”、“个性化通水”、“快速反应机制”、“预警机制”、开仓和打锚杆的“三证制”、“瞄杆的新注浆工艺”、钢管的“凑合节整体安装”、“焊缝的智能超声探伤仪”等等。为了提前一年蓄水到156m水位，右岸大坝工程的进度十分紧张，在夏季实行3m层厚浇筑，这又是一个创举。坝体同样没有开裂。

（4）攻克难题，建设精品工程。地下厂房主厂房和尾水洞开挖质量高。开挖成形优良，平均超挖仅8.5cm，半孔率近于100%，30多m跨度的顶拱沉陷仅2mm，是一个少见的精品工程。

（5）“以人为本”，事故双零。2005年工作中的另一个出色成就是安全情况良好。工地上每个仓面都挂了牌，着重说明可能发生的危险和趋避措施，班前还有5min的会议，专门谈安全问题，农民工必须培训后持证上岗，充分体现了“以人为本”。

（6）精益求精，勇争一流。左岸14台机组提前1年全部投产，安装质量1台比1台好，安装时间1台比1台短。机组安装达到的“三峡标准”高于外国厂家的企业标准和我国的行业标准、国家标准。钢管和其他金属结构的制造安装质量都很优良，焊缝的一次合格率都达到或接近100%。这些来之不易的果实，都是用心血和汗水浇灌出来的。如将过去发生过的缺陷汇编成案例，作为活的教材，收到极好的效果。

三峡工程质量管理是一个不断完善和转变的过程：从“处理事故”转变为“源头控制”，从“一般规定”转变为“分项细化”，从“人治为上”转变为“法治为主”，从“老经验”转变为“引入现代管理理论”和“管理创新”。我国质量管理水平不高有两大原因：一是法治意识不强，二是创新意识不强。这两个问题在三峡工程有较好的突破，是值得大力总结和推广的。但我们必须清醒地看到，仍然出现了一些问题，甚至是不应该出现的问题。例如，25号机的所谓十字焊缝和19号机钢管错牙问题。不在乎问题本身的大小，而在于它们能逃脱许多层次的检查，说明我们的管理中还有漏洞。对这种情况一定要小题大做，警钟长鸣。

（摘自中国三峡工程报《国务院三峡工程质量检查专家组组长、两院院士潘家铮在三峡工程第十四次质量检查结束时的发言》，标题为编者所加）

三峡机组安装技术创新

三峡700MW水轮发电机组，是目前世界规模最大的水电机组，安装调试有许多工艺及技术难点。中国水电第八工程局承担了左岸电站6台VGS机组的安装调试工作，把提高安装质量、促进进度计划与安装技术研究有机地结合起来，勇于创新，效果明显。

（一）蜗壳安装及保温保压浇筑混凝土

蜗壳安装采取了与国内常规挂装方法不同的新工艺，即采取了先挂装后调整的方法，先将定位节挂装，调整合格后，再将除凑合节的其余管节全部挂装完毕，每节挂装后进行粗调并临时加固，当上一节焊缝焊接至约2/3焊接工作量后进行下一节精调。此方法使管节运输与吊装连续进行，既提高了设备的利用效率，又可缓解吊装、运输设备的使用矛盾。实践证明此新工艺使单台蜗壳安装的工期缩短约10～15天。另外，采用该方法可使环缝在无约束状态下焊接，减少了焊接应力，有利于焊缝质量的提高。

为保证在最低水头运行条件下蜗壳与外围混凝土贴紧，形成整体，使蜗壳与混凝土联合受力，蜗壳要求保压浇筑混凝土。但由于蜗壳混凝土浇筑工期需4个月左右，在施工期间温度变化大，根据热工计算，蜗壳内部水温对蜗壳与混凝土之间间隙影响较大，因此蜗壳保压浇筑混凝土时需要对蜗壳内部水温进行控制。我国此前的蜗壳保压浇筑混凝土时对水温控制不甚严格，对蜗壳水温进行控制是三峡的创新点。蜗壳进口尺寸ϕ12.4m，内部容量为5700m^3，且要求温度控制在16～20℃，温度控制幅度小。对如此大容量水体的水温进行控制，我国水电行业还没有先例。为实现保温保压浇筑蜗壳混凝土，最终达到机组安全稳定运行的目的，对蜗壳保温设备进行了选型，采取二台型号为CLGR－0.93ZB的承压式电热水锅炉对水进行加温，选用3台管道泵，使蜗壳内部水充分循环。并在蜗壳保温保压浇筑混凝土期间，采取了多种监测手段来保证蜗壳保温保压浇筑混凝土的顺利进行：①采用4700型振弦式温度传感器对蜗壳内部水温进行监测；②采取水准仪、千分尺和百分表等对座环和蜗壳进行变形和位移监测。通过蜗壳的保温保压的控制，三峡左岸电站蜗壳内部水温在低温季节控制在21℃左右，压力恒定在70m水头，水头波动小于0.1m；在高温季节时，按照每当温度上升2℃时，压力下降0.1m水头的方式进行调节，蜗壳最低压力控制在62m水头，使座环变形控制在0.18～0.85mm，蜗壳膨胀量控制在0.2～3.20mm，优于设计要求。

（二）蜗壳与压力钢管凑合节对接焊缝的焊接

电站无伸缩节压力钢管合拢焊缝的焊接，由于是在高拘束状态下进行，极易产生焊缝裂开或钢管、座环变位。国内已经有许多电站的这种合拢焊缝焊接后出现了焊缝裂开或钢管、座环变位现象。

三峡左岸电站1～6号机钢管与蜗壳合拢时，蜗壳与钢管外面的混凝土已经浇筑完成，且因受电站土建结构的限制，压力钢管外包弹性垫层的长度仅10m，而蜗壳无外包弹性垫层，焊接拘束更大，从而更加容易产生焊缝裂开或焊接时将座环拉动的情况。为避免出现上述情况，保证凑合节的安装质量，进行了多种型式接头焊接拘束应力和残余应力工艺试验、锤击消除应力试验，通过以上试验确定了凑合节的焊接工艺参数和合拢焊缝焊接消应方式。并在凑合节焊接过程中采取了以下监测手段：①在座环上布置监测点，采用全站仪对座环变形进行监测。②在钢管上布置监测点，采用游标卡尺测量合拢焊缝焊接收缩变形量，采用内径千分尺对钢管及蜗壳的轴向变位进行监测。③采用CM－2B型应变测量系统，应变计为BB120－4AA（11）250型高温应变计单向应变片对拘束应力进行监测，采用YD－88型超级静态电阻应变仪对焊接残余应力进行监测。④在国内首次采取在焊接过程中进行声发射监测（系统主要包括：16通道WAE2000型声发射仪器1台，SR15型传感器，MA4型主放大器，AESYS1系统软件、AELOC1声源定位分析软件等计算机软件），根据局部焊接阶段发现的声发射源，对这些部位进行无损检测复查判断，对发现的有扩展性质的微裂纹，及时进行处理，确保焊缝质量。通过以上各种工艺和试验、检测手段的运用，成功地解决了三峡左岸电站1～6号机压力钢管与蜗壳凑合节合拢缝焊接的难题，为我国后续特大型机组安装类似焊缝的焊接提供了宝贵经验。

（三）定子铁芯叠装

在定子铁芯叠装过程中设置了防尘棚，使定子叠片在一个相对独立和清洁的环境中进行施工。在人员组织上，按叠片、槽形整理、检查、文明生产、管理技术以10∶4∶2∶2∶2比例进行组织。通过详细的技术准备，编制了现场施工工艺卡和质量检验卡，在施工过程中按制度严格控制。在700MW机组安装过程中成功实现了引进的Siemens铁芯组装新工艺，即分段堆积铁芯、分段调整、分段焊接定位筋托板的新工艺。此工艺以前在我国300MW机组安装中未取得成功。新工艺的主要优点是：定位筋的分度弦长与垂直度易于控制，铁芯成型良好，利于线棒的嵌装，并真正实现了浮动式结构定子的功能，避免定子铁芯在热膨胀过程中不均匀膨胀对机座的影响，有利于机组运行的安全可靠，因而具有广泛的应用前景。

（四）转子圆盘支架焊接

转子圆盘支架采取了区别于传统焊接工艺——整体焊接方法的新方案：分步交替焊接方案。分步交替焊接方案的焊接顺序为：焊接转子径向对接焊缝的30%→焊接闸板对接焊缝的50%→焊接径向对接焊缝至60%→焊接闸板对接焊缝至100%→焊接径向对接焊缝至100%→焊接完成挂钩加强板的对接立缝→焊接上、下翼缘与转子中心体的环形对接焊缝（上、下交替轮流焊接）→焊接下翼缘与转子中心体的帖角焊缝→焊接支臂腹板与转子中心体的连接焊缝→焊接上、下挡风板焊缝。

在实施分步交替焊接方案的同时采取以下主要措施：①采取约束焊的焊接方法，在每条焊缝上加一定数量的加强板，以减少焊接过程中焊缝的收缩量和角变形。②采取反变形措施，在半径方向留有一定焊接收缩的裕量。③成立了焊接监控小组，转子每焊接一阶段后，对各项控制数据进行测量，以确定下一步的焊接参数的调整和焊接程序的修订。

通过分步交替焊接方案和以上主要措施的运用，使转子圆盘支架的焊接变形控制难度降低，保证了转子圆盘支架焊接后的各项控制尺寸满足设计要求，焊后工件残余应力也更小，同时也缩短了焊接工期，相对缩短了30天左右。

（五）机组轴线调整

三峡VGS机组轴线采取非定位结构，即转子中心体与推力头、转子中心体与发电机下端轴（大轴）、转子中心体与发电机上端轴这几个部位的连接均采用现场定位结构，即在转动部分的摆度检查、调整合格后再钻铰径向定位销钉或传动销钉，因而机组轴线调整步骤多，工期长。

按照厂家提供的机组轴线调整程序施工，单台机组的轴线调整需80天以上。为缩短机组轴线调整工期，使机组提前发电，课题组对外方提供的机组总装程序进行了重大改进：①删除了转子与推力头同心度初调、转子与推力头同心度复查、转子与主轴同心度调整等多项步骤。②将下机架预装作为机动项目，根据机组设备到货情况及主机部件组装进度情况，再确定预装与否。三峡7号机因接力器及镜板供货滞后、8号机因接力器到货滞后，均采用了这一方案。③将上机架吊装、安装时间提前，变直线工期为并行工期。④将发电机大轴与转子中心体连接销钉、上端轴与转子中心体定位销钉及转子中心体与推力头定位销钉配置工序进行了修改，增加了并行施工。⑤增加了主轴密封、水导预装项目，利用非直线时段进行施工，缩短了后续安装的直线工期。同时参照二滩外方使用的盘车计算程序，编写了三峡机组的盘车计算程序，使盘车计算科学严密，精确度高，更有利于指导机组轴线调整，提高机组的安装质量。

通过对机组轴线调整工艺的改进，在保证安全、质量的前提下，缩短机组轴线调整工期在20天以上；利用盘车计算程序，已总装完成的各台机组质量优良，各部摆度、同心度优良，创造了水导摆度仅0.02mm的世界纪录。

（六）机组调试试验运行

三峡机组是国内首次安装调试的最大容量水轮发电机组，需完成18个大项150多个小项的试验，机组调试本身及机组与电网配合都没有成熟的经验可借鉴。这对机组与电网安全都是一个极大的考验。为了消除影响机组长期安全稳定运行的每一个可能的隐患，调试试运行过程中就必须做相当多的工作来对机组运行性能进行验证，对每一个运行参数进行优化。为保证三峡700MW机组启动调试一次成功，安全稳定地投入商业运行，改变了过去技术准备中仅编写《启动试运行大纲》和《启动试运行技术措施》的做法，而是在三峡首台机组启动前，针对机组的主要技术参数和结构特点，收集各方的意见，经充分研究讨论后编写了操作性强的《三峡左岸电站首台（2号）机组启动试运行程序》，明确了每天应该完成的试验项目，并充分作好可能出现的应急预案。经过5台机组的启动试运行，以现实成果证明了《三峡左岸电站首台（2号）机组启动试运行程序》的可靠性和科学性，且《三峡左岸电站首台（2号）机组启动试运行程序》成为三峡电站后续机组调试试运行的样本程序，并使三峡各台机组的启动试运行时间远短于国内外同类机组的启动试运行时间，且创造了仅12天完成单台700MW机组全部调试试运行工作的世界纪录。2003年投产发电的3台机组，在2004年，1号机安全运行8272h，2号机安全运行8284h，3号机安全运行8603h，“出勤率”高达98.2%，创水轮发电机组安全运行时数新纪录。

在首台700MW机组启动调试过程中解决了水导瓦和下导瓦温度偏高问题。在首台机组的瓦温温升试验中测量的各部轴瓦的温度偏高，经研究认为是各部轴承的抱瓦间隙分配不合理造成的，在机组停机后对水导瓦间隙和下导瓦间隙进行重新调整，水导瓦间隙由0.2mm增大为0.4mm，下导抱瓦间隙由0.5mm改为0.9mm，再次开机后进行瓦温温升试验，各部瓦温正常，且轴系各部摆度未见增加。

（七）施工组织管理和工期控制

三峡左岸700MW水轮发电机组安装技术要求高、安装难度大、厂房施工场地小、桥机使用矛盾突出，且其计划安装工期已短于伊太普和大古力Ⅲ水电机组的安装工期。通过研究和实践，明确施工组织机构，制定和完善了各项管理制度，加强员工的培训，作好施工的技术准备，合理优化施工程序。对水导和主轴密封安装工序优化，对机组总装程序进行了优化，引进新工艺（如定子铁芯叠装新工艺）；采用新技术（如蜗壳挂装采取了先挂装后调整的新方法）；优化厂房的施工布置，扩大定子和转子的组装工位，在安装间增设转子圆盘支架的组焊工位，以缩短转子占用直线工期的时间，利用其他机坑作为定子机座组装和铁芯叠装的工位，本机坑内进行座环加工工作，避免了机坑内上下交叉作业带来的诸多问题。通过对700MW机组安装施工组织的优化，使主要单元工程的安装工期相应缩短，转子组装工期由145天减为120天；定子叠片工期由55天减为40天；机组总装和轴线调整工期由80天减为65天；定子下线工期由120天减为80天。并使已投产的5台VGS机组实际安装工期较计划工期累计提前525天。

（中国水利水电第八工程局）

三峡右岸电站机电设备安装单位确定

2006年1月10日，三峡右岸电站机电设备安装与调试工程合同签字仪式在宜昌举行，葛洲坝集团公司、水电四局、水电八局等3家中标单位的代表与中国三峡总公司代表分别在合同文本上签字。

三峡右岸电站机电设备安装与调试工程包括：12台单机额定容量为70万kW的水轮发电机组，12台容量为840MVA的500kV三相升压变压器，与之相连接的500kV GIS和相应的控制、保护及油、气、水系统，厂用电、消防、暖通、照明等辅助系统机电设备。三峡右岸电站机电设备安装与调试工程采用公开招标方式，2005年7月26日发售招标文件，2005年10月8日开标。经过规范化评标和卓有成效的谈判，三峡总公司最后确定由葛洲坝集团公司中标安装、调试由哈尔滨电机厂有限责任公司、东方电机股份公司制造的8台套国产的70万kW机组；由水电四局中标安装、调试由阿尔斯通公司制造4台套70万kW机组；由中国水电八局中标安装、调试电站公用系统（包括500kV的GIS设备，电站公用的监控保护系统，油、气、水系统，厂用电系统，消防及报警系统，暖通系统，照明系统等）标段。

中国三峡总公司副总经理杨清、曹广晶出席签字仪式。杨清在讲话中首先表示了对3个中标单位的良好祝愿。在回顾左岸电站共同奋斗的历程时，杨清说，通过“无缝交接、首稳百日”等管理上的创新，在左岸14台机组的安装与投产中打了一个胜仗，取得了提前一年全面发电的成绩。然而，以国产机组为主要安装对象的右岸电站，将给我们带来新的挑战。我们要看到在工艺上与国外的差距。希望右岸电站机组安装比左岸做得更好。要转变观念，在革新上下工夫，使三峡右岸电站机电设备安装与调试工程向更高标准看齐。特别是要在安装工艺有所创新、有所超越，力创世界一流的安装水平，争取在自主创新之路上迈上一个新的台阶，向祖国和人民交上一份满意的答卷。

在签字仪式上，中标单位的负责人刘灿学、牟官华、杨刚分别发言，代表各自单位表达了干好右岸电站机电设备安装与调试工程的信心与决心。

签字仪式由三峡总公司机电工程部副主任黄宏勇主持。三峡总公司总经济师陈文斌，副总工程师秦锡翔、张曙光、刘利人同相关部门负责人，以及长江水利委员会勘测设计研究院袁达夫等相关单位代表30余人出席签字仪式。

（《中国三峡工程报》 杨慎勤）

三峡右岸地下厂房顶拱层开挖高质量完成

2005年10月27日，由中国水利水电第十四工程局承担施工的三峡右岸地下电站厂房第一层开挖出最后1车渣，宣告我国最大跨度地下厂房顶拱层开挖高质量完成，其施工安全难题已被攻克，为地下厂房在年底提前结束第一层喷锚支护奠定了基础。

三峡右岸地下电站安装6台70万kW机组，地下厂房长311.3m、宽32.6m、高87m，工程规模仅次于目前在建世界最大的广西龙滩电站地下厂房，其跨度居中国在建水电站之最。第一层开挖将形成地下厂房顶拱，最大开挖高度 12.4m，开挖量 9.31 万 m^3，是地下厂房开挖最关键的一层。其顶拱成形及大量的锚索、锚杆施工，工艺复杂，技术要求高，施工难度大，在国内罕见。尤其 32.6m 超大跨度顶拱开挖安全是专家公认的技术难题，备受业界关注。

水电十四局近年来承建了多个超大跨度的特大型地下厂房及系统工程，积累了复杂条件下对特大型地下洞室实施优质、快速施工的经验，形成了以“锚控支护”为核心，计算机仿真技术为载体的信息合成控制施工技术体系，“平面多工序、立体多层次”的施工方法及“均衡生产，文明施工，科学管理”的理念。尤其经受过承建、参建三峡永久船闸地下输水系统和大坝工程的锻炼，三峡科学、精细的工程管理体系和理念已融入本企业文化。同时，通过狠抓质量、职业安全健康和环境管理 3 个体系的运行，大大提高了项目管理水平。项目部充分发挥十四局地下厂房施工的技术专长，细化质量管理工作，采用多项新工艺，用“雕刻家”的标准履行着工程局“打造精品地下厂房”的承诺，厂房顶拱平均超挖 8.5cm，远远低于允许超挖 20cm 的国家规范要求。所有开挖面半孔率平均达到 95%以上，开挖单元优良率达到 100%，锚杆灌浆优良率达到 90.1%，各分项工程施工质量良好，在特大跨度地下厂房顶拱开挖中又迈出新的一步，取得了新的突破。

自 2005 年 3 月 1 日工程开工以来，十四局项目部以在国内率先打造“一流的绿色地下电站厂房”为己任，增设 2 条通风竖井，通过自然散烟和机械散烟相结合，有效地解决了通风散烟问题。针对施工设备尾气排放和噪声两大突出问题，通过技术改造，为装载机等大型设备加装了尾气排放过滤装置，为压风机和登高平台车加装了电动油泵，大大降低了油烟和噪声。施工支洞地面一尘不染，边墙上布置的风水电管线不仅刷上了醒目的银粉漆和喷上了明显标识，而且达到“正看一个面，侧看一条线”的要求。并且规定所有进入项目部洞内工作面的人员，必须穿有警示标志的反光衣。这些做法，不仅注重了环保和职业健康，而且有力地促进了安全文明施工，体现了“以人为本”的理念。

2005 年 4 月，以两院院士潘家铮为组长的国务院质量检查组对三峡右岸地下电站厂房开挖质量和文明施工产生浓厚兴趣，一致赞扬。国务院副总理曾培炎、国务院三峡工程建设委员会副主任郭树言先后考察了地下厂房施工，给予高度评价，勉励水电十四局不断探索，建成精品工程。

（摘自《水利水电工程报》）

三峡升船机第五次设计联络会在宜昌举行

为期 7 天的三峡升船机第五次中德双方设计联络会于 2005 年 12 月 4 日在宜昌闭会。这次设计联络会是三峡升船机设计中一次关键性的重要会议。

三峡升船机是用于船舶快速过坝的通航建筑物。目前世界上已经建成或在建的升船机，一次提升高度都在 80m 以内，其承船厢带水质量也均在 800t 以下。而三峡升船机的垂直提升高度达 113m，承船厢带水质量达 14000t，其规模与技术复杂程度均属世界第一。

三峡升船机由中德双方联合设计，中方长江设计院系升船机设计总成单位，并负责土建部分设计，德方负责承船箱段主体工程设计。德方设计联合体设计工作分为 A、B、C、D 四个阶段，这次设计联络会主要是审查 C 阶段设计成果，并全面安排 D 阶段的设计工作。在下一设计阶段（即 D 阶段）结束时，德方应向三峡总公司提供完整的“设计成果”的文件及图纸，即：设计报告、设计图纸、工程量清单、设计说明书、计算书、技术要求文件等。

三峡升船机设计前 4 次设计联络会均在德国举行，此次设计联络会是由 C 阶段进入 D 阶段的关键时段，在国内首次举行的以深化细化方案为宗旨的技术会议。此次设计联络会上进行交流、论证的三峡升船机主要技术问题涵盖了土建结构、抗震设计、金属结构、机械设计、电气设备和消防设计等方面，其中不少技术问题都是国内外尚未有成熟经验的难题。

双方通过澄清和交流，于 12 月 3 日形成了《会议纪要》、《下步设计工作安排》、《最终设计成果及文件说明》等一系列文件。三峡总公司在《第五次联络会会议纪要》中认为：设计方已按合同规定完成 C 阶段的设计，应在 D 阶段的最终设计中根据双方确认的意见继续深化，优化设计；D 阶段的设计成果，应满足招标文件编制的深度要求，同时能满足设备制造商绘制工厂车间图的要求；D 阶段设计结束时，设计方应向中方提供一个能满足升船机安全可靠运行的高质量的设计。2006 年 6 月完成 D 阶段的设计后，即可进入招标文件的编制工作。

（《中国三峡工程报》　杨慎勤）

三峡首台国产化机组“首稳百日”

2005 年 10 月 29 日，三峡左岸电站安装的首台国产化特大型机组14号机，顺利实现了“首稳百日”考核目标。其间，14号机组安全运行2399h，累计发电量13.1亿kW·h。

14号机组是由哈尔滨电机厂为主生产的，其国产化率达到71%，由水电四局安装。机组安装过程中，在三峡总公司机电工程部的统一协调下，水电四局与三峡电厂、机组制造商、监理及设计单位等密切配合，以勇争一流的精神，刷新3项纪录。从转子吊装就位到机组充水调试仅用时34天，充水调试到机组进入72h带负荷连续试运行仅用7天时间，机组3次正常用负荷试验仅用时18min。高质量地安装调试，为机组实现“首稳百日”奠定了坚实的基础。

三峡电厂坚持“建管结合、无缝交接”的管理理念，为这台国产化机组投产后的运行管理做好了充分准备。自14号机组无水调试开始，三峡电厂即安排生产技术人员参与到机组的调试中，全程跟踪机组调试过程，及时了解机组运行工况，记录相关数据，为接管运行好机组获取第一手资料，并实施了发电机转子接地保护改造等多项改进措施。机组进入有水调试后，三峡电厂运行部加强与上级调度的沟通和联系，确保各项试验的顺利进行。

机组投产运行后，三峡电厂精细运行、精心维护，为14号机组实现“首稳百日”提供了可靠保障。7月21日投产后，运行部在机组重点部位安排专人值守，加强巡回检查，及时发现缺陷；维护部门及时消缺，完成了14号机组仪表柜1321电源模块故障等缺陷处理，使机组的各项技术指标均达到了先进的水平。

14号机组顺利实现“首稳百日”，标志着中国人不仅能制造和安装世界最大的机组，而且也能实现世界一流的管理。

（摘自《中国三峡工程报》）

三峡船闸的管理优化和技术创新

三峡船闸自从2003年6月启运至2005年11月，已累计安全运行20473个闸次，通过船舶166934个艘次；实载货运量达7684万t，通过旅客456万人次；翻坝转运货物1828万t。

2005年，是三峡船闸正式通航后的第一年。三峡船闸管理处面对2004年秋冬大坝上行下行船只一度出现的积压、排队过闸现象，在国家交通部出台政策限制200t以下小船通过的大背景下，通过管理优化和技术创新，提高了通航能力，确保了三峡船闸安全畅通。目前，在四级补水、逐级连续的运行方式下，南、北两线船舶过闸平均用时由2004年的3.1h，下降到2.04h，上、下行平均耗时由试运行的3.12 h、3.21 h分别下降到2.93 h、3.16 h。通过努力，船闸的进船间隔时间日前平均达到南线109min、北线102min，日平均运行闸次一般可达24个，最高达32个，日均过船206艘次、旅客4714人次、货物9.2万t。在货运和客运通过量也与2004年基本持平的情况下，船舶没有出现积压，正常通航时船舶申报计划后24h内可过闸，并做到了无火灾、无重伤、无死亡、无停航责任事故，船闸主要设备完好率100%。

（一）优化调度

（1）通过科学调度船舶，实施靠前待闸，同步移泊，运行维护“三值”和罗静归纳总结的“罗静排挡法”等措施，减少了过闸船舶进出闸和移泊时间。

（2）进行139m水位一闸室泊船研究，与南京水利科学研究院一道完成了一闸室泊船水力学试验及实船试验。试验表明，通过优化调度和输水方式，船舶在一闸室待闸停泊的条件满足要求，可缩短进闸时间17min，缩短闸次间隔时间16min，下行的南线船闸每天可平均提高2个闸次，基本与北线相同，整体提高船闸通过能力的效果明显。

（二）改造设备

对二闸首人字门启闭机提速能力的改造。在调查研究中，观测到上游水位小于闸首人字门运行淹没水深17m，其液压启闭机有较大启闭容量富裕。在分析后认为可适当加装液压阀件，充分利用设备性能，挖掘潜力，可适当缩短二闸首人字门启闭机设备运行时间。经过大量的前期准备和技术分析，2005年5月中旬，三峡船闸管理处利用过闸间隙和例行停航保养时段，先后对南北线二闸首4套人字门启闭机无杆腔分别增加安装了一个DN40平衡阀组，有杆腔分别增加安装一个DN25单向阀组；调整二闸首人字门变速运行曲线，增大泵源流量，提高人字门启闭机运行速度，调整二闸首人字门启闭机各行程开关、传感器、电控系统报警整定值，调试二闸首闸阀门液压系统，检查、整定、调整各安全阀。经过此次安装调试后，每闸次可缩短二闸首人字门液启闭机设备运行时间约2.5min。

（三）启动“一二三三工程”

影响正常通航的第一要素是事故，而加强设备维护与故障管理，确保设备始终安全工作则是消除事故停闸的关键。

针对三峡船闸点多面广的特点，三峡船闸管理处对设备维护管理实施了“一二三三工程”，即：每月一次设备分析会，实行技术主管、运行维护值两级设备管理模式，设备维修实行“三检”管理制度，设备故障实行“三不”管理制度。严格执行各项规程和技术要求，加强设备的管、用、养、修，实施设备整改完善近千项次，极大地改善了设备工况，确保了船闸安全运行。设备停机故障率（停机故障总次数除以运行总闸次）从 2004 年 5 月的 19.8%左右，降到了 2005 年南线 0.014%，北线为 0，运行更加稳定。

与此同时，对船闸设备维修实行点检、例检、定检管理制度，坚持对主要设备的日常维护保养与巡视，对辅助设备按周期进行解体保养和预防性检修。由于坚持按月分线对两级船闸进行例行停航保养，及时发现并处理了桥机供电电缆磨损开皮、中北五油缸全行程划痕、浮门钢丝绳断裂等设备缺陷和故障隐患，保证了设备的完好，保障了运行的可靠和安全。由于坚持对主要没备每昼夜实施 9 次点检，发现设备缺陷和故障隐患即得到及时处理。在设备故障管理中，推行设备故障不过夜、不重复、不类似的“三不”管理制度。当某一个闸首出观反弧门开度仪故障，必须检查其他闸首开度仪；其一个部位出现合拢开关故障应避免在其他部位重复出现等。他们还定期召开设备缺陷对策分析会，制定整改措施并相应组织实施。通过种种努力，故障发生率大幅下降，同类故障数较去年同期大为减少。“三不”故障管理初见成效，消除了重复故障、类似故障的发生。

（四）着力科研

2005 年度，三峡船闸管理处向长航局申报了“降低三峡船闸二闸首人字门合拢停机故障率、进一步提高船闸通航效率”、“三峡船闸失压报警故障综合整治”、“提高三峡船闸安全通航率优化船闸排挡、提高三峡船闸通航率”等 3 个 QC 成果，均获得认可和奖励。同时，以值为单位向上级局申报并开展了“三峡船闸人字门底止水异物卡阻对策研究”、“三峡船闸人字门合拢水平信号检测工艺优化研究”2 个科研项目。此外，还与上海大学联合举行了一闸室水流条件、卧缸平衡阀啸叫原因分析、泄水箱涵流体力学研究等诸多科研课题。

（五）创示范窗口

在通往文明窗口的道路上，三峡通航局将三峡船闸集控室列为全国航运示范窗口创建点，要求他们强化服务意识、提高服务质量，规范窗口服务标准及礼仪用语，树立“优质高效、服务规范、真诚重信”的窗口形象。并且制定了集控室工作流程，从船航后排挡、三级确认、程序操作、船舶移泊、与船方的沟通，到接待礼仪等一整套职工的行为规范。据了解，“示范窗口”业已申报并有望获准。

开展了“做一名船员，做一名旅客”的互动交流活动，把服务与创建工作延伸到了过闸船只，全处共有 90 人分 5 批次随船待闸过闸，与船员交流，征求用户对船闸服务意见。积极进行三峡船闸人性化广播服务调研，通过多种途径打造优质服务示范窗口形象。在“人性化广播系统”的研发中，在中船重工 709 所技术人员的帮助下，在保留原设备广播功能的基础上，增加新模板，增添了欢迎辞、欢送词、三峡服务理念、船闸情况介绍、优美的背景音乐等内容。该系统经多次安装改进调试，克服了与原程序的难兼容、不匹配种种困难，现已进入试播阶段。该系统功能的完善，既适应了上下行换向，又满足了 2006 年蓄水 156m 高程时“运行工作上台阶”的新标准新要求。

（摘自《中国三峡工程报》）

三峡工程建设使中国直流输电跃上世界第一

中国长江三峡工程开发总公司 2005 年 9 月 15 日发布消息：三峡工程输变电线路的建设，使中国直流输电一跃成为世界第一的国家。

为保证三峡工程发出的强大电力稳定可靠输出，国家电网公司展开了规模巨大的三峡输变电工程建设。三峡输变电线路向东、西、南、北 4 个方同辐射，奠定了全国电网互联的基本格局。到目前为止，三峡输变电工程累计投产线路总长 6740km，其中直流线路总长 1865km，建成直流交换站 5 座，换流站容量 1272kW。目前在建的 2172km 线路中，直流输电线路有 1075km。在三峡输变电工程建设中，创造了直流输电工程规模世界最大、直流工程技术水平世界最高、单个换流变压器容量世界最大、直流工程建设工期世界最短、直流输电运行经济指标世界最优等多个“世界之最”。随着三峡输变电工程的投入运行，在直流输电领域，我国电网的安全运行和经济技术指标已经居于世界前列。

三峡直流线路的投运，使华中电网与华东电网间的联网规模进一步加强，缓解了华东电网用电紧张的局面，并为华中、华东两网之间的余缺调剂、事故支援、备用共享创造了条件。三峡至广东直流输电工程运行后，使华中电网与南方电网形成互联，全国“西电东送、南北互供”的联网格局基本形成，并大大提高了电网的稳定水平和电能质量。

（《中国三峡工程报》　施勇峰　江时强）

长江成为世界上运量最大的通航内河

长江水运货运量目前已超过了美国的密西西比河和欧洲的莱茵河，是世界上内河运输最繁忙、运量最大的通航河流。

据交通部水运司副司长曹德胜介绍，长江沿江7省2市聚集了我国41%以上的经济总量，水运量占全国内河水运总量的80%，是我国内河水运最重要、运输规模最大和最为繁忙的通航河流。

到2004年底，长江干线规模以上港口吞吐量达到6.4亿t，是1995年的2.8倍，年均递增12.4%；长江水系水运货运量达12.6亿t，是1995年的1.8倍，年均递增6.6%；货物周转量5053亿t·km，是1995年的2.9倍，年均递增12.4%。长江水系完成的水运货运量占流域全社会运量的20%以上，货物周转量占60%。

长江干线云南水富至长江口的水运货运量达7.3t，是1995年的2.6倍，年均递增11%；货物周转量3284亿t·km，是1995年的4倍，年均递增16.5%。长江水运客运量达到2278万人次。长江干线完成的水运货运量和货物周转量分别占流域全社会运量的14%和33%。

曹德胜介绍他们最新的研究成果时说，与国外内河水运发达的通航河流美国密西西比河和欧洲莱茵河相比，长江干线水运货运量是密西西比河干线水运货运量4.6亿t的1.6倍，是莱茵河干线水运货运量3.1亿t的2.3倍；长江水系水运货运量是密西西比河水系水运货运量6.48亿t的1.9倍。

从分河段情况来看，密西西比河运量最大的河段是巴吞鲁日至入海口段，水运量达到3.95亿t；长江干线运量最大的河段是上海段为5.3亿t，其次为江苏段为4.2亿t，均高于巴吞鲁日至入海口段的水运量。

（编辑部据新华社消息摘编）

金沙江水电工程

金沙江水电开发前期工作进展情况

（一）金沙江是我国亟待开发的最大的水电基地

金沙江流经青、藏、川、滇四省区，全长3464km（含通天河），约占长江全长的55%；流域面积47.32万km^2，占长江总流域面积的26%。金沙江水量充沛且稳定，落差大而集中。河口多年平均流量4920m^3/s，年径流量1550亿m^3，约为黄河的3.5倍。干流落差3280m，总计可开发的水力资源7200万kW，水能资源的富集程度堪称世界之最。

金沙江下游河段水能资源富集程度最高，河段长782km，落差729m，规划定为四级开发，自上而下的梯级名称为乌东德、白鹤滩、溪洛渡、向家坝。四级的总装机容量3850万kW，保证出力1263万kW至1636万kW，年发电量1701亿kW·h至1890亿kW·h。从资源开发前景看，由于金沙江干流有虎跳峡“龙头”水库，又有溪洛渡、白鹤滩两大水库，加上主要支流雅砻江上有两河口、锦屏、二滩（已建）等大水库，梯级水库调节性能好，电能质量高。

金沙江是我国亟待开发的最大的水电基地，加速开发金沙江水能资源，实现“西电东送”，解决华东、华中地区的能源紧缺，缓解煤炭运输和环境保护治理的压力，较好地改善电源结构，促进西部地区的资源优势和东部经济互补，对长江流域的经济的可持续发展有重要的作用。溪洛渡水电站开发条件优越，坝址地质条件良好，具备建高坝、大型地下硐室的条件。电站的单位千瓦工程量和移民指标低，综合技术经济指标优越，是国内大型水电站中难得的好电源点，被列为金沙江水电能源基地“西电东送”第一期工程。

（二）金沙江水电开发前期工作进展情况

(1) 1995年11月，国务院三峡工程建设委员会第五次会议明确中国三峡总公司为溪洛渡水电站的业主。

(2) 从1996年起，中国三峡总公司组织勘察设计和科研单位，全面开展了溪洛渡水电站可行性研究设计和有关前期工作，于2001年底完成并上报了《溪洛渡水电站可行性研究设计报告》，2002年5月编制上报了《溪洛渡水电站项目建议书》。

(3) 2002年6月，原国家发展计划委员会在北京主持召开了金沙江溪洛渡和向家坝水电站立项建设论证会议。

(4) 2002年10月，国务院批准溪洛渡和向家坝两个项目同时立项。

(5) 2002年11月，原国家发展计划委员会召开了金沙江溪洛渡和向家坝水电站工程建设第一次协调会议。会议纪要明确指出，要抓紧认真做好溪洛渡和向家坝电站的前期筹建工程，争取“十五”期间开工建设。

(6) 中国三峡总公司按照力争“十五”期间溪洛渡开工建设的目标要求，积极有序地推进筹建工程建设。2003年2月，成立金沙江开发有限责任公司筹建处，进驻溪洛渡工地开展前期工程筹建工作。

(7) 2003年8月，准备工程首批项目正式启动。

(8) 2004年6月，结合企业发展战略研究，中国三峡总公司明确金沙江水电开发建设管理体制，成立溪洛渡工程建设部，负责工程质量、进度、投资、安全生产、生态环保等各项建设管理工作；金沙江开发有限责任公司筹建处全面负责工程建设征地移民及外部环境的协调保障工作。

(9) 2003年7月，国土资源部批复了溪洛渡水电站建设用地预审意见。

(10) 2003年8月，国家发展和改革委员会委托水电水利规划设计总院组织对溪洛渡水电站可行性研究设计报告进行了审查，认为该报告满足可行性研究阶段设计深度要求。

(11) 2004年5月，水利部审查批复溪洛渡水电站水土保持方案报告书。

(12) 2005年2月，国家环境保护总局审查批复溪洛渡水电站“三通一平”等工程环境影响报告书。4月，审查批复溪洛渡水电站环境影响报告书。

(13) 2005年4月，国务院正式批复长江合江—雷波段珍稀鱼类国家级自然保护区调整方案。

(14) 为了加强与云南、四川两省地方政府的协商沟通，做好水库建设征地及移民安置投资方面的工作，国家发展和改革委员会分别组织了两次协调会。2005年11月6日，由水利部水利水电规划设计总院审查通过了水库建设征地和移民安置规划专题部分。

(15) 目前，金沙江水生生物保护项目的立项工作已经启动，同时，中国三峡总公司委托中国科学院水生所开始了长江鱼类保育中心的初步设计工作。

(16) 中国国际工程咨询公司分别于2005年3月、5月和7月份，对溪洛渡电站水库淹没及移民安置规划、工程技术经济、生态环境保护专题进行了评估。

(17) 2005年11月10日，国家发展和改革委员会在北京召开金沙江溪洛渡水电站工作会议，三峡总公司与四川、云南两省签订溪洛渡水电站移民包干协议。国家发展和改革委员会副主任张国宝指出：溪洛渡水电站工程基本具备开工建设条件。

(18) 目前，溪洛渡电站“三通一平”等筹建工程进展顺利。截至2005年10月底，累计完成投资46.8亿元，其中建安工程投资完成32.2.亿元。

（摘自《中国三峡工程报》）

金沙江中游水电开发有限公司发起人协议书在北京签署

2005年12月1日下午，金沙江中游水电开发有限公司发起人协议书签订仪式在人民大会堂举行。中国华电集团公司、中国华能集团公司、中国大唐集团公司、华睿投资集团有限公司和云南省开发投资有限公司5个签约方代表签订了协议。国务院副总理曾培炎和全国政协副主席、全国工商联主席黄孟复出席仪式，国家发展和改革委员会、水利部、国有资产监督管理委员会、国家电力监管委员会、国家电网公司、南方电网公司、云南省政府的领导及同志参加会议。

金沙江是我国规划开发的最大水电基地和重要的能源基地，下游水电已明确由长江三峡工程开发总公司为主进行开发，溪洛渡水电站将于今年底开工建设。金沙江中游水电开发由于建设管理体制未落实，梯级电站开发一直难以有效开展。按照国务院指示，为确保金沙江及整个长江流域水能资源的合理利用和有序开发，国家发展和改革委员会多次召开协调会，研究落实金沙江中游水电开发建设管理体制问题。中国华电集团公司会同中国华能集团公司、中国大唐集团公司、华睿投资集团有限公司和云南省开发投资有限公司，在友好协商的基础上达成一致意见，并组建了金沙江中游水电开发公司，五方起草了公司发起人协议书和公司章程。

国家发展和改革委员会副主任张国宝在签字仪式中指出，金沙江中游流域公司的组建，充分发挥了中央企业在水电开发资金、技术和管理上的优势，广泛吸收了具有一定实力的地方企业和民营企业，为流域梯级水电的开发模式创新了思路，为混合所有制经济具体实现形式提供了典范。签字仪式的举行也标志着金沙江中游建设管理体制得到妥善解决，金沙江中游水电开发将全面启动。公司协议的签署，也是今年继瀑布沟水电站顺利复工、全国水力资源复查圆满结束后，我国水电发展的又一件大事，将对我国水电开发具有重大意义。

（编辑部摘编）

金沙江溪洛渡水电站正式开工

溪洛渡水电站，经过3年筹建，2005年12月26日正式开工，并在溪洛渡工地举行了开工典礼。

溪洛渡工程是西部大开发的标志性工程。中共中央政治局委员、国务院副总理曾培炎为溪洛渡工程开工发来贺信："祝贺溪洛渡水电站开工！金沙江是我国规划建设的最大水电基地和重要能源基地，溪洛渡水电站是金沙江开发的一期工程，是国家"十五"计划纲要确定的国家重点建设项目和西部大开发的标志性工程，也是继三峡工程之后我国第二大水电站。这一工程的建设，对保证三峡工程的正常运行和效益的充分发挥，加快金沙江流域开发，变西部地区资源优势为经济优势，促进西电东送和西部大开发，实现能源资源的优化配置具有重要意义。希望你们认真学习党的十六届五中全会精神，全面贯彻落实科学发展观，坚持以人为本，注重环境保护，重视移民工作，精心组织、精心施工、严格管理，确保工程高标准、高质量地按期完成，为满足经济社会发展对电力的需求、促进流域地区经济社会的可持续发展做出新的贡献。"

溪洛渡水电站的正式开工是中国三峡总公司开发金沙江迈出的实质性步伐。在开工典礼上，李永安总经理代表中国三峡总公司向各位领导和嘉宾的光临表示热烈欢迎，向长期以来关心和支持金沙江水电开发的国家有关部门，云南、四川省委省政府和各级党委政府表示衷心的感谢，向溪洛渡水电站开工建设者和广大移民同志致以亲切的慰问和崇高的敬意。他介绍说"自2000年9月国务院批准溪洛渡正式立项以来，在国务院有关部委和云南、四川两省的高度关注和大力支持下，通过了工程的可行性研究报告审查，签订了移民的投资包干协议，履行了相关的合作手续。从2003年开始筹建以来，场内交通、营地、供水、供电等逐步投入使用，施工期的移民已经顺利搬迁并得到较好的安置，具备了主体工程开工的条件。"李永安表示："将全面树立和落实科学发展观，切实转变水电开发理念，更加注重生态环境的保护，更加注重移民群众利益，更加注重节约能源资源，更加注重增强创新能力，始终坚持"建设一个电站，改善一片环境，带动一方经济，造福一批移民"的水电开发理念，稳步有序地推进金沙江开发，按照"工程建设好，移民安置好，环境保护好，综合治理好"的要求，精心组织、精心管理、精心施工，努力将溪洛渡水电站建设成为西部水电开发的典范工程。"

国家发展和改革委员会副主任张国宝出席开工典礼，并讲话。他说："金沙江溪洛渡水电站是列入国家十五计划纲要，经国务院立项的重点工程，是西部大开发和西电东送的标志性工程。金沙江产沙量占长江泥沙总量47%，水量的1/3，溪洛渡装机容量达1260万kW，是继三峡工程之后我国第二座巨型水电站，也是世界上装机容量第三大水电站，具有发电、防洪、拦沙和改善航运条件等巨大综合效益，对减缓三峡库区泥沙淤积，作用巨大。""溪洛渡水电站建设对于优化能源结构和布局，保障国家能源安全，改善西部生态环境，促进东西部区域协调发展都具有非常重要的意义。"他强调："溪洛渡电站是金沙江这一水力资源最丰富河流上的第一座电站。在溪洛渡水电站建设和金沙江流域开发中，我们一定要认真贯彻十六届五中全会精神，牢固树立和落实科学发展观，高标准、高质量建设好工程，不断增强水电开发自主创新能力，高度重视移民安置和环境保护工作，促进人与自然的和谐共存，促进经济和社会的可持续发展。建设好溪洛渡水电站要统筹协调各方力量。溪洛渡水电站规模宏大，技术复杂，工程建设任务十分艰巨，参建各方要发扬艰苦奋斗、团结拼搏精神，精心组织严格管理。希望云南、四川省各级党委政府和有关部门要团结协作，密切配合，全力支持和服务工程建设，为金沙江水电开发营造良好的外部环境，共同将溪洛渡水电站建设成为水电开发的典范工程。"他指出："当前和今后一段时期，我国处于全面建设小康社会的重要战略期，能源需求量持续增长，水电开发迎来了前所未有的发展机遇，同时也面临许多新的问题。我们一定要以科学发展观统领全局，正确认识和处理水电开发的新形势、新问题，切实转变水电开发观念，创新水电开发模式，提高水电开发质量，按照流域、梯级、滚动、综合的开发方针，有序推进金沙江下游河段的水能开发，走可持续发展的新型水电开发道路，不断开创我国水电事业发展新局面，为社会主义现代化建设作出新的贡献。"

溪洛渡水电站开工奏响了西部水电开发的重要乐章，对带动流域综合开发，加快经济社会发展，促进沿江群众脱贫致富都有十分重要的意义。四川省省长张中伟、云南省省长徐荣凯在溪洛渡开工仪式上，对溪洛渡正式开工表示热烈祝贺；向参与支援电站建设的水电工作者，云南、四川两省干部群众，特别是移民群众致以崇高的敬意；表示要牢固树立和认真落实科学发展观，在国家有关部委指导下，进一步加强与建设单位的协调配合，积极为工程建设的顺利进行创造条件，共同努力促进工程早日建成投产。

（摘自《中国三峡工程报》）

溪洛渡水电站工程概况

溪洛渡水电站是金沙江干流规划开发的重要工程，是我国实施“西电东送”战略的骨干工程。

（一）规模和布置

溪洛渡水电站位于云南、四川两省的界河上，距下游宜宾市河道里程 184km。坝址以上流域面积 45.44 万 km^2，多年平均流量 $4570m^3/s$，多年平均年径流量 1140 亿 m^3。电站枢纽由拦河大坝、泄洪设施、引水发电建筑物等组成。采用千年一遇洪水（$43700m^3/s$）设计，万年一遇洪水（$52300m^3/s$）校核。总装机 1260 万 kW，初期保证出力 339.5 万 kW，多年平均发电量 571.2 亿～640 亿 kW·h。水库总库容 126.7 亿 m^3，正常蓄水位 600m，死水位 540m，调节库容 64.6 亿 m^3，防洪库容 46.5 亿 m^3，具有不完全年调节性能。电站设计水头 186m（水轮机额定水头），最大水头 230m，最小水头 155m。拦河大坝为混凝土双曲拱坝，坝顶高程 610m，坝顶长度 700m，最大坝高 278m。泄洪隧洞分设在左、右两岸，其中左岸 2 条，右岸 3 条，洞长 1462～1905m，单洞最大泄量 3562～$3894m^3/s$。厂房为地下式，分左、右岸两个主厂房，尺寸为长 381.03m、宽 28.40m、高 75.10m，各安装 9 台单机容量为 70 万 kW 的混流式水轮发电机组。水轮机转轮直径 7.5m，转速 125r/min。发电机最大容量 855MVA，功率因数 0.9，额定电压 20kV。引水发电建筑物由进水口、引水隧洞、主厂房、副厂房、主变压器房、尾水调压室、尾水隧洞、电缆竖井及地面开关站等组成。单机单洞引水，左右岸各 9 条引水隧洞，内径 10m。

（二）效益

溪洛渡水电站以发电为主，兼有防洪、拦沙、改善下游航运条件、环境和社会经济等方面的巨大的综合效益。

发电方面：溪洛渡电站现为不完全年调节。上游梯级电站建成后，保证出力可达 665.7 万 kW，年发电量 640 亿 kW·h。电站建成后，可增加下游三峡、葛洲坝电站的保证出力 37.92 万 kW，增加枯水期电量 18.8 亿 kW·h。

拦沙方面：金沙江中游是长江主要产沙区之一，溪洛渡坝址年平均含沙量 $1.72kg/m^3$，约占三峡入库沙量的 47%。经计算分析，溪洛渡水库单独运行 60 年，三峡库区入库沙量将比天然状态减少 34.1%以上，中数粒径细化约 40%，对促进三峡工程效益发挥和减轻重庆港的淤积有重要作用。

防洪方面：溪洛渡水库防洪库容 46.5 亿 m^3，利用水库调洪再配合其他措施，可使川江沿岸的宜宾、泸州、重庆等城市的防洪标准从 20 年一遇过渡到符合城市防洪规则标准。溪洛渡水库汛期拦蓄金沙江洪水，直接减少了进入三峡水库的洪量，配合三峡水库运行可使长江中下游防洪标准进一步提高。研究成果表明，长江中下游遭遇百年一遇洪水，溪洛渡水库与三峡水库联合调度，可减少长江中下游的分洪量约 27.4 亿 m^3。

改善下游枯水期通航条件：溪洛渡水库建成后，由于水库的水量调节和拦沙作用，将增大枯水期流量，经计算，可使新市镇至宜宾河段枯水期流量较天然情况增加约 $500m^3/s$。

环境方面：水电是清洁、可再生能源，溪洛渡水电站大量的优质电能代替火电后，每年可减少燃烧原煤 3140 万 t，这就可减少二氧化碳排放量约 6280 万 t，减少氮氧化合物排放量近 25 万 t，减少二氧化硫排放量近 65 万 t。而且，库区生态环境和水土保持措施的落实，将有助于提高区域整体环境水平。

社会经济方面：随着溪洛渡水电站的建设，库区对外、对内水陆交通条件的改善，移民及工程开发建设资金的投入，对库区各县的基础设施建设、资源开发利用、优化产业结构、发展经济必将起到积极的推动作用。

（三）工程量

溪洛渡主体工程及导流洞开挖量约 3981 万 m^3，其中土石方明挖 2561 万 m^3，土石方洞挖 1420 万 m^3，混凝土浇筑总量 1315 万 m^3。

（四）施工规划

施工期采用河床一次断流，隧洞导流，全年施工的导流方式。左、右岸各设 3 条导流隧洞，其中 4 条与尾水洞结合布置，断面尺寸 18m×20m，另 2 条适当抬高进口高程，满足初期和后期导流需要，断面尺寸 16m×22m。后期导流施工由 2 条高进口导流隧洞和坝身 6 个临时导流底孔（孔口尺寸 5m×10m）共同宣泄洪水。

（五）工期安排

工程准备工期 3 年 8 个月，主体工程工期 5 年 4 个月，完建工程工期 3 年 2 个月，从准备工程开工至第一批机组发电历时 9 年，总工期 12 年半。目前按照确保 2008 年、力争 2007 年截流，确保 2014 年、力争 2013 年首批机组发电的目标组织工程建设。

主要控制性目标如下：

2003 年 8 月筹建工程启动建设。

2005 年 12 月主体工程正式开工。

2007 年 11 月工程截流。

2008 年 10 月开始大坝混凝土浇筑。

2012 年 6 月第一台机组安装完成。

2013年6月水库蓄水540m高程，首批机组发电。

2015年工程竣工。

（摘自《中国三峡工程报》）

溪洛渡水电站建设的必要性

（一）溪洛渡水电站是实施国家“西电东送”战略的骨干电源

党的十五届五中全会提出的《中共中央关于制定国民经济和社会发展第十个五年计划的建议》，把落实西部大开发战略、西电东送作为了重要内容。时任国务院总理朱镕基在为华南地区西电东送一期工程的批示中明确指出：西电东送工程的开工标志着西部地区大开发拉开了序幕。原国家计委在全国西电东送会议上，进一步明确西电东送要以水电为主，优先发展水电。

金沙江是我国亟待开发的最大水电基地，也是世界上少有水能资源富集的河流。溪洛渡水电站是金沙江水电基地的第一期工程，工程规模大，调节性能良好，发电质量高，综合效益显著。根据预可行性研究报告审查意见，溪洛渡水电站主要供电华中、华东地区，并兼顾川渝、滇的用电需要。溪洛渡水电站成为实施“西电东送”战略的骨干电源，使“西电东送”有了一个较高的起点。

华东地区是我国重要的工业基地，工业门类齐全，基础好，经济增长的速度始终高于全国平均水平，“十五”及以后仍然保持10%以上的增长速度。华中地区地处我国的腹地，是联系南北、承东启西的重要地区，是我国重要的农业和原材料工业基地，从“八五”初至今，国民经济一直保持高速增长的势头。华东、华中地区电网负荷总容量基数大，且今后10年至20年仍将保持较高的负荷增长，网内水电比重小，结构不合理，需补充水电，改善电源结构。溪洛渡水电站6月至9月出力较大，正值华东、华中地区负荷高峰期，输送的电力电量容易被电网吸收，容量替代率在90%以上。按照2010～2025年的电力发展规划，溪洛渡和向家坝水电站的电力全部输送给华中和华东地区，其容量仅占当年两地新增装机容量的40%～60%左右，其缺口部分仍须由火电或其他电源补给。

华东三省一市所在的大部分地区均处于国家划定的酸雨和CO_2污染双控制区，巨大的环保压力和能源资源不足制约了华东地方电力的可持续发展。溪洛渡水电站西电东送，不仅满足电力负荷增长的要求，而且有巨大的环境效益，每年可替代火电发电量约556亿kW·h，相当于每年减少燃烧原煤2725万t，减少CO_2排放量约5450万t，SO_2约54万t，减轻了大气环境的污染。

建设溪洛渡水电站，实施“西电东送”，对实现我国能源合理配置，改善电源结构，改善生态环境有重要作用。

（二）溪洛渡工程是长江防洪体系的重要组成部分

长江流域是我国经济发展水平较高的地区之一，特别是中下游平原地区是我国工农业发达的精华地区。长江流域属亚热带季风区，暴雨活动频繁，洪灾在流域内分布很广，特别是主要由堤防保护的中下游平原区最为严重。历史上多次发生大洪灾，20世纪以来，发生了1931年、1935年、1954年、1998年灾情严重的大洪水，给人民生命财产造成了极大的损失。目前的防洪标准与社会经济的重要地位远不相适应。

三峡水库是长江中下游防洪的主体工程，有防洪库容221.5亿m^3，对中下游防洪作用巨大。三峡水库完建后，根本改变了荆江河段的防洪紧张局面，但长江中下游特别是城陵矶以下河段洪水来量与河道泄量不平衡的矛盾依然存在，遭遇大洪水仍需动用分蓄洪区分蓄大量洪量。因此，必须采取综合措施进一步提高抗洪能力，其中的重要措施就是继续结合兴利建设上中游干支流水库，拦蓄洪水，以减免中下游地区的分洪量。

金沙江流域面积47.32万km^2，占长江流域面积的26%，为长江宜昌以上流域面积的47%，金沙江多年平均年径流量1550亿m^3，约占宜昌年径流量的1/3，其洪水过程平缓，年际变化较小，是形成宜昌洪水的基础来源。

溪洛渡水库控制了金沙江流域面积的96%，水库总库容126.7亿m^3，其中防洪库容46.5亿m^3，可以在长江防水体系中发挥较大的作用。①溪洛渡水库下游紧临川江，具有控制洪水比重大，距防洪对象近的特点，因此兴建溪洛渡水库是解决川江防洪问题的主要工程措施之一。溪洛渡水库配合其他措施，可使下游川江沿岸的宜宾、泸州、重庆等城市的防洪标准逐步达到城市防洪规划拟定的目标。②溪洛渡水库汛期拦蓄金沙江洪水，直接减少了进入三峡水库的洪量，配合三峡水库运用，尽可能减少中、下游的分洪量，将使长江中下游防洪标准进一步提高。

（三）带动金沙江两岸川、滇贫困地区的经济发展

溪洛渡水库区的9个县（区）均为贫困县（区），1995年人均国民生产总值仅为云南、四川省产值的二分之一，全国人均产值的三分之一，差距甚大，近

年来差距还有进一步加大的趋势。

建设溪洛渡水电站，开发金沙江水能资源，必将给库区经济发展带来良好的契机。随着电站的建设，库区对外、对内交通条件将大大改善。移民资金和工程建设大量资金的投入，对库区各县的经济发展必将起到积极的推动作用。因此，建设溪洛渡水电站代表了广大人民的根本利益，是落实科学发展观的重要举措。

综上所述，兴建溪洛渡水电站，实施“西电东送”，对实现我国能源合理配置，改善电源结构，改善生态环境，促进西部地区特别是川、滇金沙江两岸少数民族地区的经济发展，促进长江流域经济可持续发展具有深远的历史意义和作用。

（摘自《中国三峡工程报》）

溪洛渡工程的风险分析和优化问题

金沙江溪洛渡水电站工程技术经济专题评估会，共16位专家到会，包括地质、地震、规划、防洪、水工、施工、抗震、泥沙、机电、财务、投资各个领域。专家们对溪洛渡水电站在技术经济方面的可行性进行深入讨论，畅抒己见，取得一致看法，形成评估意见。专家组一致认为：溪洛渡工程是开发金沙江水电宝库的骨干工程，是中路西电东送的重要电源点，开发溪洛渡水电站，在优化电源结构、推进全国联网、减轻环境污染、发挥综合效益、促进地方经济发展各方面起到显著作用，是扎扎实实推进西部大开发的具体举措，符合国家政策和全局利益。工程的地理位置和地形、地质条件十分优越，前期工作充分、扎实，尽管工程规模，特别是大坝和泄洪消能进入世界最前列，但不存在重大的工程技术风险。这座电站的电力市场落实，电价有竞争力，业主单位有强大的经济实力和管理水平，资金筹措落实，所以，投资风险也是小的。总之，工程在技术和经济上是可行的。电站建设是按法定程序进行的，可行性报告已经过审查，项目已列入国家“十五”计划，已具备正式开工兴建的条件。

上述专家组的评估意见，可供国家决策时作为重要参考依据。对修建溪洛渡工程的风险性和优化问题，看法如下：

（一）溪洛渡工程的风险性分析

修建溪洛渡这样规模宏大的水电工程，不可能绝对避免风险，重要的是，对可能发生的风险有科学的分析和认识，并采取有效措施避免或能修复、补偿。

从技术角度看，设计采取的各项标准、参数，都满足规范要求，多数偏于安全。人们关注的主要风险存在于以下几个方面：

1. 拱坝的应力和变形　拱坝高达278m，承受1500万t水推力，其应力和变形是人们关注的焦点。设计院采用多种方法进行分析、试验，由于河道狭窄，基岩完整坚硬，最大应力和变形仅与二滩相当，超载系数极大。目前，拱坝的分析方法比较成熟，总体成果可信度高，只要精心设计，精心施工，确保质量，拱坝因应力、变形过大而发生破坏的风险性是极小的。

2. 拱坝坝肩稳定　拱坝两岸基岩内分布有层间、层内的错动带，构成明确的底滑裂面，但这些错动带不夹泥，起伏不平，尤其无明显的侧滑裂面。峡谷两岸山势又非常雄伟完整，即使采取了保守的假定，各高程坝肩抗滑稳定安全度均超过3.5。如设想最极端情况，令各滑移面上不存在凝聚力，单算摩擦力，安全系数也在1.3以上。泄洪消能产生的雾化，也不可能大量冲刷完整的岩石岸坡。因此，发生坝肩岩体失稳的风险性几乎不存在。

3. 拱坝遭遇强震破坏　坝址基本地震烈度为Ⅷ度，设计基岩水平峰值加速度为0.321g。经采用各种方法进行常规动力分析和试验，压应力均满足要求，且有较大安全裕度。高拉应力出现在坝体中上部，拉应力大于控制标准的面积占总面积的比在0.4%～5%以下。如遇设计地震或超标准地震，拱坝顶部可能有局部损坏，横缝可能漏水，但不影响拱坝整体安全，可以修复。

在常规分析基础上，进一步研究地基辐射阻力影响、横缝张开影响、材料非线性作用等，地震动力影响将显著降低。另外，李坪院士认为坝址基本烈度应低于Ⅷ度。

考虑以上各种因素，可认为溪洛渡拱坝遭遇强震时最多只会产生局部、可修复的损坏，其风险性可以接受。

4. 泄洪消能　最大泄洪消能功率相当于1亿kW，通过坝身泄洪流量达30000m^3/s，泄洪深孔孔口40m^2，水头105m，均超过世界纪录。泄洪洞流量达4000m^3/s，最大流速达50m/s，弧门静水总压力达9070t，也居世界最前列。

坝址洪水量大、峰高，调洪库容有限，几乎年年要泄洪。设计时进行了多方案比较，合理分配泄量、分散泄洪、分区消能、设置反拱形消力塘，以求较好地解决泄洪消能问题。

尽管如此，由于不确定的因素较多，参照实践经验，在宣泄设计、校核洪水（甚至普通洪水）时，泄洪消能建筑物发生局部破坏的可能性完全存在，尤其是泄洪洞的反弧段和水垫塘最易破坏。但预计不致危及枢纽工程的整体安全性，有修复条件。

其他在地下工程施工、金属结构制造、机组安装运行中，不排除有发生事故的风险性，但不影响大局。

5. 施工　本工程的施工总量、施工进度、施工难度都较大、较高，但没有超过国内已达到过的水平。只要提高管理和监理水平，保证质量，施工任务是可以完成的。

施工期初期导流标准较高（50年一遇洪水），超过64年内最大实测洪水漫顶的概率很低。如遇到超标准洪水，还有条件临时抢高围堰，争取不过水。

万一遇到远超标准的洪水而垮堰，由于围堰拦蓄容量不大，下游70～80km内也无集中城镇，不致造成严重灾害，但将影响工期。

从经济风险角度看：设计院编制了概算，进行了经济和财务评价，做了敏感性分析。可以注意的有：随着设计深度加深，总工程量没有增加而是逐步降低，重大漏项或重大技术变化似不太可能；项目划分及费用标准按经济贸易委员会2002年版标准执行，定额标准按电力部1997、2002年文件执行和调整，设备安装工程执行经济贸易委员会2003年文件。这些都是合理的。

价格水平按2003年1季度价格编制。近年来物价有所上涨，将影响具体数值，但从原则上讲，物价上涨，电价也应相应调整，不会从根本上改变原有评价。

关于水库淹没补偿和环境保护工程费用，据了解，最近专家咨询结果又有较多增加。所幸移民总量较少。相对其他工程来讲，最近协调的数字相当巨大，应不致再次大幅度增加。

综上所述，设计方对经济和财务评价应基本可信，不存在巨大的投资风险。但有关数据作了调整后，效益不一定有计算的那么理想。当然，也有些问题值得进一步探究。

设计方所进行的敏感性分析，较为全面。似乎还应考虑一种情况，即由于出现重大质量事故，或遭遇超标洪水溃堰，导致工期延长的情况，估计影响较大。因此，业主及参建单位要尽一切努力防止出现这种风险。

（二）进一步优化的方向

溪洛渡水电站规模仅次于三峡工程，静态投资达600亿元以上。因此，在保证安全的前提下，充分优化设计具有重大意义。据我所知，三峡总公司和成都勘测设计研究院在完成可行性研究报告后，一直在研究开展设计优化工作，开过多次专家会议咨询和落实，只是没有对可行性报告进行修订，也没有在会上作详细介绍，对他们的努力，专家们是肯定和支持的。

重要的优化方向为：

1. 建基面外移　溪洛渡这样重要的高拱坝，建基面原则上应放在微新基岩上，这也是重力坝设计规范所要求的。但根据二滩、小湾等已建、在建工程的实践经验，有可能利用经妥善处理后的弱风化下部岩体，以较大地减少工程量和加快进度。设计院对此做了大量工作，取得很好的成果，招标设计将按优化后的建基面进行。专家组完全赞同和支持。

2. 泄洪标准和泄洪设施　鉴于溪洛渡工程的重要性，在可行性报告中泄洪标准按万年一遇洪水校核，较重力坝设计规范的要求有所提高，也未考虑上游将修建的水库能起到的有利影响。

校核洪水标准是在设计审查中确定的，如要修改，需要通过相应手续。上游白鹤滩、乌东德两座工程已明确由三峡总公司负责开发，正在进行可行性或预可设计，预计白鹤滩的建设只比溪洛渡晚5、6年。所以，考虑白鹤滩调节对溪洛渡的影响是合理的。

考虑上述有利影响，将改变溪洛渡拱坝的洪水标准，优化结果，或可取消“非常泄洪洞”，或可减轻常规泄洪洞的负担，其取舍可由三峡总公司权衡利弊后决策。

3. 地震烈度　根据国家地震局的批复，坝址区地震基本烈度为Ⅷ度。在评估会上，李坪院士明确地认为上述烈度过高，建议降为Ⅶ度，这意见可能是有根据的，但溪洛渡地震烈度已经过许多专家长期研究确定，而且烈度的鉴定是国家地震局的权力，专家组无权变动，建议由中咨公司将这个意见转达国家地震局，请他们研究。

鉴于大坝是按正常荷载设计，然后复核地震情况。所以，如果地震基本烈度能降低，预计大坝设计不会有明显改动，但将增加大坝在地震情况下的安全度，大大减少拉应力超过控制标准的面积，减免强震中发生局部开裂的风险性，使工程更为可靠。

4. 溪洛渡水电站的优化调度　溪洛渡水电站位于三峡工程上游，拥有较大库容，可以与三峡工程联合调度，取得在发电、拦沙、通航等方面的最优效益。这一工作在今后还可以由业主、电网、设计院和水利部继续开展工作。有一些工作超出业主管理范围，需有关部门联合协作进行，而且可随着实践经验的积累和其他工程的兴建而动态修正。

例如，在防洪方面，溪洛渡与三峡联调以后，可以改变三峡水库原定的调度方式，可以研究按城陵矶作补偿调节，可以削减在发生特大洪水时中游的分洪量，可以降低在一般洪水下的水位，减少洪灾损失。建议业主、设计院和水利部门今后能予以关心。

（摘编自中国科学院、工程院院士潘家铮2005年

5月20日在溪洛渡工程技术经济专题评估会议上的书面发言）

溪洛渡水电站综合技术难题

溪洛渡混凝上双曲拱坝是建在基本烈度Ⅷ度的高地震区的特高拱坝。在溪洛渡枢纽设计中，对几个关键技术问题进行了深入的研究，即：大坝的基建面选择、拱坝的体型设计、大坝应力分析、坝肩稳定分析、大坝的抗震设计、泄洪消能和超大型地下洞室群的设计。

(1) 大坝的建基面选择。选择大坝建基面时，考虑坝高达278m，承受总水推力约1400万t，对基础的要求较高，因此将拱坝基本上置于微—新和弱风化下段的玄武岩岩体上，拱坝坝肩、坝基岩体质地坚硬，以整体块状和次块状结构为主，完整性、均匀性好，能够满足拱坝承载能力及坝基变形的要求。大坝建基面高程确定为332m，最大坝高278m，初步拟定的拱端的平均嵌深左岸48.0m，右岸55.7m，在嵌深上适当留有余地。

(2) 双曲拱坝的体型设计。设计单位的计算分析表明：在自重荷载作用下，上下游坝面基本处于受压状态，局部产生的拉应力与水沙、温度荷载下的拉应力发生部位不同。水沙荷载作用下的最大主拉应力的出现部位在自重荷载作用下则出现最大主压应力，荷载组合作用下坝体拉应力相互抵消，拱坝体型设计是合理的。

(3) 坝体应力分析。计算结果表明：坝体位移对称、均匀，与拱梁分载法计算成果一致；坝体拉应力主要受上游面控制，从拉应力区分布及拉应力值综合判断，坝体拉应力满足设计要求；坝体压应力主要受下游面控制，从压力区分布及压应力值总和判断，坝体压应力满足设计要求。

(4) 坝肩稳定分析。经过专业的计算结果表明：在不同荷载组合工况下，拱座基本上无不良应力分布，拱坝应力分布较为理想；左右岸拱肩的稳定安全系数满足要求；坝体设计符合地震设防要求。

(5) 拱坝抗震设计。计算研究及模型试验成果表明，溪洛渡高拱坝在遭遇设防烈度地震时，其强度及稳定性均能满足抗震设计要求。

(6) 泄洪消能。为解决泄洪消能问题，结合坝址区地形地质条件，溪洛渡工程泄洪消能设计以"分散泄洪、分区消能、按需防护"为原则，采用坝身孔口、两岸泄洪洞和适当台数机组共同承担泄洪任务的布置方案。主要泄水建筑物由坝身7个表孔、8个深孔和两岸5条泄洪洞组成。枢纽整体模型试验和单体水力模型试验表明，这套枢纽泄洪建筑物的设计方案，其泄洪能力、消能效果和布置格局是安全可行的，完全可以在遭遇特大洪水时投入使用。

(7) 超大型地下洞室群设计。溪洛渡工程两岸地下厂房洞室群的水平和垂直埋深均大于300m。围岩新鲜坚硬、完整性好，成洞条件好。岩层近水平展布，垂直裂隙不发育，主要构造形迹为近水平的岩流层层间层内构造错动带。岩体内地下水活动弱，透水性低，水文地质条件相对较简单。两岸均具备修建大型地下洞室群的良好工程地质条件。

（摘自《中国三峡工程报》）

溪洛渡工程建设的环境保护

（一）溪洛渡水电站的环境管理工作

1. 环境管理体系建设情况　溪洛渡水电站工程环境管理体系是在三峡总公司统一组织和指导下的环保水保管理体系。该体系包括了三峡总公司与各参建单位的环保水保管理机构及其各层次、各项目的环保水保专业负责人。

2. 环境管理项目范围　溪洛渡水电站环境保护（含水土保持）项目范围划分成四个区域，即主体工程施工区（包括"三通一平"筹建工程、对外交通专用公路及辅助通道等）、移民安置区（含水库淹没区）、自然保护区和其他影响区。

3. 环境管理责任单位　溪洛渡水电站主体工程施工区的环境保护由三峡总公司溪洛渡工程建设部负责，包括实施计划、招标设计、施工组织、环境保护监测与监理、竣工验收等各环节的组织实施和监督管理；移民安置区环境保护工作随移民安置包干协议一并由地方政府作为责任主体实施，相关内容和要求在包干协议中明确，移民监理或移民环境监理加强检查与控制，三峡总公司金沙江筹建处移民工作部对口管理，并负责过程检查和各阶段验收工作。上述工作科技环保部提供技术支持，筹建处负责协调。

自然保护区补偿项目，作为专项，由计划发展部和科技环保部共同负责，三峡总公司专题研究相关管理办法。其他影响区是上述3个区域之外的环境保护项目，主要为库周气候、陆生生态、干流水质与水温等项目，涉及梯级电站之间的协调，由金沙江筹建处和科技环保部对口负责。

4. 环境监测　长江流域水土保持监测中心站为溪洛渡水电站水土监测工作负责单位，会同四川、云南两省水土保持监测总站共同承担溪洛渡水电站施工区及对外交通道路水土保持监测工作。三峡总公司金沙江筹建处负责协调工作，溪洛渡工程建设部负责合同管理和技术监督。至 2005 年 8 月，长江流域水土保持监测中心站对封闭管理区和对外交通施工区已实施了 3 次水土保持监测。

2004 年 11 月启动了环境监测工作。长江流域水资源环境监测中心站承担施工期干流水质监测，云南省昭通市、四川省凉山州按属地划分承担施工期（岸上及支流）水、气、声监测工作。公共卫生监测按属地原则由具备条件的检测部门承担。项目实施严格按照已审批的环评报告书内容执行。

5. 专项环保水保设施运行　目前专项环保水保设施的运行主要是各渣场和垃圾场、污水处理站、绿化工程的运行管理。详见《溪洛渡水电站环保措施实施情况》。

6. 专项环保水保设施建设　根据《金沙江溪洛渡水电站环境影响报告书（报批本）》和《金沙江溪洛渡水电站水土保持方案报告书（报批本）》及工程进度安排逐步开展。详见《溪洛渡水电站环保措施实施情况》。

7. 环境管理信息系统建设　环境管理信息系统的建设，目前处于进一步完善的过程。从 2005 年开始，已完成 3 期环境统计季报。

（二）溪洛渡水电站环保措施实施情况

1. 封闭管理区　筹建期，主体工程施工项目主要包括：施工营地、水厂、变电站、左右岸谷肩堆积体边坡处理工程、左右岸坝肩开挖及缆机平台工程、场内交通工程等，在以上工程施工过程中实施的环保措施包括边坡防护、浆砌石挡墙、排水措施等。

截至 2005 年 10 月，封闭管理区主体工程施工中实施的环保措施累计完成投资 5895.97 万元。

2. 对外交通施工区　对外交通分 A、B、C、D、E、F、G 标和辅助通道Ⅰ标、辅助通道Ⅱ标共 9 个标段，A、B、C 三个标段各项水保措施已基本实施到位。其他各标段结合工程进展，逐步落实水保措施。

对外交通道路施工区，主体工程施工中实施的环保措施，截至 2005 年 10 月共完成投资 16450.24 万元（渣场防护措施单独统计）。

3. 砂石骨料加工系统废水处理　工程筹建期规划建设的中心场砂石加工系统和黄桷堡砂石加工系统均建成投产，配套废水处理设施已同步建成运行，污水回用达 95%。处理设施主要包括过滤干化池、沉淀池、清水池、泵站和加药间等。以上 2 座污水处理设施共完成投资 516.54 万元。

4. 施工区生活污水处理　黄桷堡、杨家坪和花椒湾污水处理站进入施工高峰期，截至 2005 年 10 月基本完成土建工程并进入设备安装和调试阶段。污水处理站工程已完成投资 806.23 万元。

5. 渣场专项防护工程　根据溪洛渡水电站设计要求，封闭管理区内共布置黄桷堡、豆沙溪沟、杨家沟、癞子沟、塘房坪和溪洛渡沟 6 个渣场，其中豆沙溪沟和溪洛渡沟为填沟型渣场，沟水处理均采取排水洞排水，防护工程均于 2005 年前全部竣工。

6. 施工区生活垃圾填埋场工程　溪洛渡水电站施工区生活垃圾填埋场工程于 2004 年 12 月 8 日开工建设，设计库容 10 万 m^3，2005 年 5 月完工，已于 6 月投入运行。垃圾场工程共完成投资 351.97 万元。

7. 专项绿化工程　专项绿化工程包括生态林地工程、营地绿化工程、场内公路行道树及绿化带工程、边坡绿化试验项目和其他零星绿化工程。各项工程从 2005 年 3 月开始陆续开工。

8. 环境监测　经过与长江流域水资源环境监测中心站、凉山州和昭通市环境监测站等多方协商，溪洛渡水电站的环境监测实施方案已定，监测单位正对环境监测实施计划进行完善，环境监测工作将于近期开始实施。

9. 水土保持监测　溪洛渡水电站水土保持监测工作由长江流域水土保持监测中心站承担，于 2005 年 3 月、2005 年 5 月、2005 年 8 月分别进行了 3 次监测。

监测结果显示，重点监测的 6 个主要渣场水土保持防治措施建设已基本完成，场内公路基本硬化，对外交通公路施工区的水保设施逐步得到完善，水保设施随着工程的进展而建设，主要弃渣场及公路边坡的水土保持拦挡措施安全、稳定，基本控制了施工场地因开挖和弃土、弃渣可能造成的水土流失，水土流失防止效果显著。

10. 其他环保措施

（1）施工区环境空气保护措施。为改善施工区环境空气，施工区道路上定期有人清扫、洒水降尘；洞挖、明挖等工程施工，提倡采用粉尘产生量较小的施工工艺，并充分利用各种通排设施除尘、喷湿设施，保持空气清洁。同时要求施工人员佩戴防尘口罩，加强个人防护。

（2）施工区声环境保护措施。为减轻施工噪声对施工人员的影响，严格执行施工爆破定时制，对强噪声环境下的固定岗位，要求工人佩戴隔声耳机等。

11. 截至 2005 年 10 月环保投资汇总　截至 2005 年 10 月，溪洛渡水电站工程已完成环境保护投资 34223.65 万元。

（摘自《中国三峡工程报》）

溪洛渡水电站大事记

1985年，成都勘测设计研究院正式进场，开展溪洛渡水电站预可行性研究工作。

1994年4月，水利水电规划设计总院主持召开溪洛渡水电站坝址选择审查会，审查同意选用玄武岩坝段的中坝址。

1996年5月，成都勘测设计研究院提交的《金沙江溪洛渡水电站预可行性研究报告》在北京通过审查。

2002年10月16日，国家发展计划委员会批准溪洛渡水电站工程立项。

2003年2月9日，三峡总公司金沙江开发有限责任公司筹建处成立，启动溪洛渡、向家坝两座水电站建设的前期工作。

2003年2月26日，溪洛渡水电站工程第一个招标项目——对外交通专用公路勘察设计招标在成都开标。

2003年3月9日至10日，三峡总公司分别与云南省、四川省政府签订溪洛渡水电站施工区“三通一平”征地移民协议书。

2003年7月20日，溪洛渡水电站工程左岸还建公路（汶白路）开工。

2003年8月，溪洛渡水电站可行性研究报告通过审查。

2003年8月4日，三峡总公司与云南、四川两省政府联合发文，成立溪洛渡水电站施工区管理委员会。

2003年8月5日，溪洛渡水电站工程施工区第一个项目——左右岸低线路公路开工。

2003年8月15日，金沙江溪洛渡水电站工程施工总布置及总进度计划专题研究会在宜昌召开。

2004年1月9日，溪洛渡水电站工程首批54户230名移民外迁。

2004年2月18日至20日，三峡总公司总经理李永安、副总经理樊启祥一行，赴金沙江考察，与四川、云南两省及其相关市州县商讨加快金沙江开发问题。

2004年4月29日，溪洛渡施工区移民搬迁任务圆满完成。

2004年5月21日，云南、四川两省政府与三峡总公司在云南永善县联合召开移民工作表彰大会。

2004年5月25日，第五届中国西部博览会在四川成都国际会议展览中心开幕。中国三峡总公司应邀参展，新闻宣传中心承办展示了“三峡工程建设与金沙江开发”。曾培炎副总理出席本次中国西部博览会，对总公司展区给予了特别关注。副总经理樊启祥陪同参观。

2004年6月，水利部的水函［2004］106号文批复了溪洛渡水电站水土保持方案报告。

2004年6月，三峡总公司成立溪洛渡工程建设部，全面负责溪洛渡水电站建设管理。

2004年6月11日，三峡总公司分别与水电六局和葛洲坝集团公司签订溪洛渡水电站导流洞及电站进水口开挖工程施工合同。导流洞及电站进水口开挖工程是溪洛渡水电站第一个主体工程项目。

2004年6月21日至22日，溪洛渡工程大坝混凝土浇筑方案专家咨询会在成都召开。

2004年10月8日至15日，三峡总公司总工程师张超然在成都主持召开金沙江溪洛渡水电站混凝土拱坝优化设计审查会，潘家铮等19位专家应邀出席会议。

2004年10月17日至20日，溪洛渡水电站地下工程设计及施工岩石力学专家咨询会议成都召开，钱七虎等20多位专家参加会议。

2005年1月17日，三峡总公司副总经理樊启祥在溪洛渡工地主持召开溪洛渡水电站工程建设2005年工作会议。李永安总经理出席会议并作了重要讲话，要求“工程建设好、移民安置好、综合治理好、团队协作好”，把溪洛渡、向家坝工程建设成为西南水电开发的典范工程。

2005年2月26日至27日，金沙江溪洛渡水电站电气主接线、引出方式和开关站位置选择专题审查会在成都召开。

2005年2月28日至3月2日，溪洛渡水电站主体工程实施规划审查咨询会在溪洛渡工地召开。

2005年3月21日至23日，溪洛渡水电站混凝土原材料和导流洞（含尾水洞）混凝土配合比试验成果审查会在成都召开。

2005年3月28日至4月1日，三峡总公司应邀参加了在成都举办的四川国际水电博览会。总公司新闻宣传中心承办展示了“三峡工程建设与金沙江开发”。

2005年4月，国家环境保护总局以环审［2005］315号文批复了溪洛渡水电站环境影响报告书。

2005年4月27日至29日，溪洛渡水电站泄洪建筑物布置设计优化审查会在溪洛渡工地召开。

2005年4月30日，溪洛渡水电站导流洞上层开挖结束，第一个节点工期目标实现。

2005年5月15日至16日，溪洛渡水电站引水发电系统及泄洪洞工程招标规划审查会在成都召开。

2005年6月3日至4日，金沙江下游梯级水电站地震监测预警系统总体规划方案审查会在成都召开。

2005年6月11日至14日，溪洛渡水电站引水发电建筑物与泄洪洞工程招标设计审查会在成都召开。

2005年11月，中国国际咨询公司受国家发展和改革委员会的委托，完成了溪洛渡水电站工程建设项目评估报告。

2005年11月，水电水利规划设计总院受国家发展和改革委员会的委托审查通过了溪洛渡水电站水库淹没区征地和移民安置规划专题报告。

2005年11月10日，国家发展和改革委员会在北京召开溪洛渡工作会议，明确了溪洛渡电站工程已基本具备开工条件。

2005年11月，三峡总公司与两省移民管理机构签订了《金沙江溪洛渡水电站建设征地移民安置任务及补偿投资包干协议》。

2005年11月下旬，地下厂房招标工作结束，葛洲坝集团公司、水电十四局中标。地下厂房土建施工及金结安装工程总投资约50亿元人民币。

2005年12月14日，溪洛渡水电站施工区管理委员会第六次全体会议在溪洛渡工地召开。

2005年12月下旬，溪洛渡水电站获得国家核准，26日正式开工。

（摘自《中国三峡工程报》）

向家坝水电站工程

向家坝水电站是金沙江梯级开发中的最末一个梯级电站，坝址左岸为四川省宜宾县、右岸为云南省水富县。工程开发任务以发电为主，同时改善航运条件，兼顾防洪、灌溉，并具有拦沙和对溪洛渡水电站进行反调节等作用。电站总装机容量6000MW，保证出力2009MW，年平均电量307.47亿kW·h；供电范围为华中、华东电网，并可兼顾四川、云南两省的用电需要。

向家坝水电站正常蓄水位380m，死水位370.00m，总库容51.63亿m^3，调节库容9.03亿m^3，为不完全季调节水库，汛期排沙限制水位370m。水库形成后，所在航段通航标准将由Ⅴ级提高到Ⅳ级；可提供下游374.58万亩农田的灌溉用水和城镇居民的生产生活用水；可以发挥滞洪错峰作用，提高下游城镇特别是宜宾市的防洪能力；可释放溪洛渡水电站1800～2300MW的航运基荷，使溪洛渡水电站充分发挥其巨大容量在枯水期的调峰作用；还可减缓三峡水库的泥沙淤积。

（一）水文和地质概况

向家坝坝址以上流域面积45.88万km^2，多年平均流量4570m^3/s，年径流量1440亿m^3，江水含沙量1.72kg/m^3，年输沙量2.47亿t。

坝址地层以中生界为主，主要由三叠系须家河组的砂岩、泥岩、粉砂质泥岩和泥质粉砂岩组成。坝址区处于构造相对稳定区内，地震基本烈度为Ⅶ度。

水库岸坡多为岩质边坡，近坝库岸整体稳定性好；水库自然封闭条件较好，蓄水后无向邻谷渗漏之虞。

坝址位于向家坝峡谷河段出口处，河流流向由西向东。河谷形态呈不对称的“U”型，宽高比5∶1。坝址两岸边坡自然坡度，左岸为25°～40°，右岸为35°～50°。

坝址区位于糖房湾短轴背斜东倾伏段，发育有立煤湾膝状挠曲带，并伴生或派生些小型断层和节理裂隙。断裂构造以高倾角小断层和层间剪碎带为主，其规模都不大。岩组中构造型夹层分布不连续，呈透镜状。夹层一般延伸仅几十米。节理发育程度受构造部位控制，背斜轴附近发育密度较大，岩体相对破碎；远离背斜轴则岩体相对完整，节理发育密度相对较小。

大坝基岩和地下洞室围岩均以厚至巨厚层石英砂岩为主，岩性坚硬致密、强度较高，具备修建高混凝土坝和大型地下洞室的工程地质条件。

（二）枢纽布置

向家坝水电站工程枢纽由拦河大坝、泄洪排沙建筑物、左岸坝后厂房、右岸地下厂房、左岸垂直升船机和两岸灌溉取水口等组成，属一等大（1）型工程。

拦河大坝采用常态混凝土重力坝，坝顶高程384m，坝高161m，坝顶宽12m，坝顶长度909.26m；采用500年一遇（洪峰流量41200m^3/s）设计，5000年一遇（洪峰流量49800m^3/s）校核。溢流坝位于主河道，由10个中孔和12个表孔组成（中、表孔间隔布置）。中孔进口坎底高程305m，表孔堰顶高程354m，溢流坝最大下泄流量48680m^3/s。为了解决泄洪水雾对环境的影响，采用带坎底流消能型式。

左岸坝后厂房位于溢流坝左侧，装机4台，机组单机容量750MW。厂房长226.96m，宽39.5m，高79.15m，机组间距36m，安装高程261m。坝后厂房引水进口采用坝式进水口，坝后背管布置，单机单管供水，管径12.2m。主变、副厂房和开关站布置在厂坝之间。

右岸地下厂房位于右岸坝肩上游山体内，置于右岸地表以下120～240m。装机4台，机组单机容量750MW。主厂房洞室尺寸长255m、宽31m、高

85.5m，机组间距 40m，机组安装高程 255m。引水进口采用岸塔式进水口，单机单管引水，1 号、2 号机管径 14.4m，3 号、4 号机管径 13.4m。尾水系统布置采用 2 机一洞变顶高尾水洞，经过分析论证，无需设置尾水调压井。主变洞位于主厂房下游侧 40m 处，长 173m，高 23.5m，宽 25m。

一级垂直升船机位于左岸坝后厂房左侧，由上游引航道、上闸首（包括挡水坝段和渡槽部分）、塔楼段、下闸首和下游引航道组成，全长 1530m。升船机按Ⅳ级航道标准设计，最大提升高度 114.2m，最大通航流量 $12000m^3/s$，最小通航流量 $1200m^3/s$，升船机的设计年过坝货运量 112 万 t，年客运量 40 万人次，可通过 2×500t 级船队。

灌溉取水口布置在两岸非溢流坝，渠首设计引用流量为：左岸北干渠 $98m^3/s$；右岸南干渠 $38m^3/s$。年引水量 16.07 亿 m^3。

（三）施工

（1）施工导流。向家坝水电站采用分期导流方式，即一期先围左岸，由右侧束窄后的主河床过流，在一期基坑的左岸非溢流坝段内修建 6 个导流底孔及预留坝体缺口；二期主河床截流，由左岸 6 个导流底孔及上部缺口联合泄流；后期左岸缺口加高后由 6 个导流底孔和溢流坝段的 10 个永久中孔度汛泄流。

（2）料场选择。本工程混凝土总量 1369 万 m^3，混凝土所需骨料约 3012 万 t，骨料主要采用人工轧制。混凝土骨料来源于大坝上游太平灰岩料场，岩性为二叠系下统茅口组灰岩。料场距大坝公路距离约 59km，直线距离为 30km，采用长胶带洞运输方案。前期临建工程采用天然骨料。

（3）主体工程施工。主体及导流工程量：土石方明挖 2844 万 m^3，石方洞挖 205 万 m^3，混凝土浇筑 1369 万 m^3。大坝顶总长 909.26m，分设 50 个坝段，混凝土总量 1221 万 m^3，经分析比较，选用 3 台 28t 中速缆机和 3 台塔带机的组合浇筑方案。左岸坝后厂房以缆机为主、门塔机为辅助的浇筑方案。

（4）施工总进度。工程正式开工至第一批机组发电工期为 7 年，总工期为 9 年 6 个月。其中第一期工程施工时间 39 个月，第二期工程施工时间 45 个月，工程完建期 30 个月。年最大土石方明挖量 645.52 万 m^3，年最大石方洞挖量 54.40 万 m^3，年最大混凝土浇筑量 374.63 万 m^3，施工高峰人数 12650 人。

（四）水库淹没及环境保护

（1）水库淹没。水库淹没涉及宜宾、屏山、雷波、永善、绥江、水富 6 县 31 个乡镇；淹没区内有屏山、绥江 2 座县城和 16 个乡镇驻地受到不同程度淹没。截至 2002 年 6 月，水库淹没和滑坡涉及指标为：总人口 8.98 万人，其中农业人口 4.41 万人，非农业人口 4.57 万人；淹没房屋总面积 439.8 万 m^2。

（2）环境影响评价。向家坝水库泄洪对环境影响，设计上采用了底流消能方式，通过多年水工模型试验和计算分析，并对已建采用底流消能的水电工程进行了现场观测和分析研究，在底流消能的泄洪过程中，已消除水流雾化之虞，对水富县城镇居民生活和云天化工厂的生产区已基本无影响。

工程施工期对周围环境影响问题，通过对三峡工程实际施工的实例分析，只要采取一定的工程措施，无论施工噪声、粉尘等污染基本上可以控制在国家环境保护允许范围之内。

珍稀鱼类自然保护区调整已经国家环境保护总局批准，有关保护措施等方面的研究工作正在进行。

向家坝工程建设所带来的不利影响，除水库淹没不可逆转外，其他不利影响均能通过有关对策措施加以防范或减免，向家坝水电站不存在制约工程开发的环境问题。

（五）重点科研项目

向家坝水电站开展了大量科研工作，内容包括地质、水工、施工、机电、移民安置、环境保护等各个专业，以下是部分主要研究项目。

（1）大坝深浅层抗滑稳定研究。向家坝水电站坝址位于立煤湾背斜的南东倾伏端，褶皱形态特殊，构造条件复杂。该背斜是坝址区的构造骨架，构造作用相对强烈，节理发育程度受构造部位的控制，在背斜轴附近，背斜倾伏端节理发育、密度大，岩体相对破碎。受其影响，河床部分坝段坝基岩层倾角较缓且倾向下游，而且局部坝段的坝趾位于该背斜的倾伏端，该部位坝基岩体的完整性较差，同时，整个坝基下还分布有软弱层（带），这些不利因素的组合，构成了坝体深层滑动的地质背景。通过大量的勘察、稳定分析研究，为坝基处理提供了依据，从而基本确定了坝基处理方案。

（2）高水头、大单宽流量底流消能技术研究。向家坝水库设计洪水（$P=0.2\%$）入库流量 $41200m^3/s$，校核洪水（$P=0.02\%$）入库流量 $49800m^3/s$，最大下泄总功率约为 40000MW，消力池最大单宽流量 $225m^3/s$。为减轻泄洪雾化对坝下城镇及工厂的影响，确定采用底流消能型式。由于高坝消力池具有独特的水力特性和复杂性，国内外已建高坝消力池均出现过不同程度的损坏。向家坝水电站泄洪消能工的水头、流量、泥沙含量等综合指标已超过国内外已建工程水平。以往的高坝泄洪消力池应用研究的重点是消能效果，对消力池自身稳定和安全关注不足。因此，研究并提出消能效果理想、消力池结构安全的消能方案，是本工程研究的重要课题。采用以模型试验为主、数值计算为辅的方法，与国内科研院校合作，共同来研究该课题，先后做了大量的单体和整体水工模型试验及数值模型计算，提出的高低坎底流消能方案基本满足工程要求。

（3）不设调压室特殊尾水系统研究。向家坝水电站右岸地下厂房设4台单机容量750MW大型机组，水道总长390～700m。由于地下厂房洞室群顶层分布的T_3^3含煤岩组，存在有煤层采空区，采空区范围内岩体破碎、变形严重。如开挖大规模的调压室，对调压室自身乃至整个地下厂房洞室群的围岩稳定将带来不利影响。对于不设尾水调压室的布置方式，国内也曾做过大量的研究论证工作，积累了一定的理论经验，但国内尚无工程实践，特别是在类似向家坝水电站这样的大型工程中的应用在国内外还没有先例。为了研究不设调压室特殊尾水系统，采用了理论分析计算、物理模型试验和已建工程调研相结合的研究方法，取得了较好的成果。

（4）纵向围堰深覆盖层基础处理研究。向家坝水电站坝址区覆盖层深度一般为20～50m，纵向围堰覆盖层深度达30～60m，分为砂砾石、粉细砂和大孤石3层，地质条件复杂。采纳的导流方案为缩小纵向围堰所占据的河床宽度、充分扩大一期基坑、缩短施工工期、拟在经处理后的深覆盖层上建重力式纵向围堰。为此需对深覆盖层进行处理。经对全挖除方案、沉井方案、高喷方案和三者的各种组合方案进行比较，并将高喷方案列项进行研究，在现场进行了试验，取得了宝贵的试验数据，最终确定了以沉井作为基础处理方案。

（中国水电顾问集团中南勘测设计研究院　曾雄辉）

常规水电工程

龙滩水电站2005年工程建设进展情况

龙滩水电站2005年全年完成土石方明挖35.07万m^3，石方洞挖9.30万m^3，混凝土浇筑351.04万m^3，钢筋制安4.11万t，压力钢管制安532节（9484t），固结灌浆18.91万m。

工程全年完成投资368244万元，其中建筑工程128665万元，安装工程9783万元。

2005年底工程形象面貌如下：

（一）大坝工程

全年完成混凝土浇筑316.11万m^3，固结灌浆10.23万m，钢筋制安1.34万t，单日单仓碾压混凝土最大浇筑强度达1.68万m^3；2005年6～8月浇筑碾压混凝土48万m^3，实现了高温多雨季节碾压混凝土连续施工；2005年最大月强度达到31.6万m^3，年浇筑碾压混凝土240万m^3。

（1）右岸非溢流坝段浇筑高程：4号坝段337.5m、6号坝段285.0m、7号～9号坝段276.0m、10～11号坝段279.0m。

（2）航运坝段（5号坝段）浇筑高程：A块331.5m，B块332.5m、C块330.0m。

（3）底孔坝段（12号、19号坝段）浇筑高程：276.0m。

（4）溢流坝段浇筑高程：13号～14号坝段261.0m、15号～16号坝段263.0m、17号～18号坝段264.0m。

（5）左岸非溢流坝段浇筑高程：20号～21号坝段276.0m、31号～32号坝段382.0m。

（6）左岸进水口坝段浇筑高程：22号～30号坝段分别为329.5m、332.0m、341.0m、335.0m、347.5m、347.5m、356.5m、372.5m、378.0m。

（二）地下引水发电系统工程

2005年全年完成混凝土浇筑31.97万m^3，压力钢管6.18万t，钢筋制安2.54万t。

（1）主厂房：集水井混凝土浇筑完成，主安装间混凝土浇筑完成，副安装间副厂房立柱及板梁混凝土浇筑完成。1号机蜗壳混凝土浇筑至227.65m高程；2号机蜗壳层浇筑至215.67m高程；3号机混凝土浇筑至209.7m高程，正在进行蜗壳挂装；4号、5号机混凝土浇筑至209.7m高程，座环支墩及蜗壳支墩已浇筑完毕，正进行座环安装；6号机混凝土已浇筑至201.0m高程；7号机肘管安装完成；8号机肘管层混凝土浇筑至188.9m高程；9号机肘管层、锥管层混凝土浇筑完成（209.7m高程）；除7号～9号外其他尾水扩散段衬砌混凝土均已浇筑完成。

（2）主变室：电缆槽底板混凝土浇筑完成，232.4m高程以下混凝土浇筑完成。

（3）母线洞：1号、2号、3号、5号、6号、7

号母线洞全洞混凝土衬砌完成。

(4) 电缆竖井：1号电缆竖井混凝土浇筑至高程315.7m，2号电缆竖井混凝土浇筑至高程308.7m，3号电缆竖井混凝土浇筑至高程301.7m。

(5) 排水廊道：底板混凝土浇筑完成，排水幕孔施工完成。

(6) 尾水调压井：1号、2号、3号尾水调压井正全面进行混凝土浇筑施工，1号尾水调压井浇筑至阻抗板213.0m高程，2号尾水调压井浇至210.0m高程，3号尾水调压井浇至210.4m高程。

(7) 尾水隧洞：3条尾水隧洞总长1392m，除预留岩塞段（40m）正在开挖外，其余洞段开挖均已完成，全面转入混凝土衬砌施工。1号尾水洞长352.751m，底拱混凝土浇筑完成290m，顶拱衬砌完成290m；2号尾水洞长466.654m，底拱混凝土浇筑完成372m，顶拱衬砌完成212m；3号尾水洞长572.604m，底拱混凝土浇筑完成431.92m。

(8) 尾水支岔洞：1号、2号尾支全断面混凝土衬砌结束，3号尾支长82m，混凝土衬砌浇筑完成80%。4号、5号、6号尾水支洞混凝土衬砌施工完成约80%，7号、8号、9号尾水支洞混凝土衬砌施工完成约60%。

(9) 尾水出口：除道路和围堰占压部位开挖未完成外，其余部位开挖完成，正全面进行混凝土浇筑施工。1号、2号、3号尾水洞出口洞段10m段混凝土衬砌已浇筑完毕，尾水出口闸室混凝土分别浇筑至252.5m高程、252.5m高程和257m高程。

(10) 引水系统钢管安装总节数516节，累计完成477节，完成总节数的92.4%。引水系统斜（竖）井衬砌于2004年12月23日全部结束，下平段在进行衬砌混凝土浇筑，混凝土衬砌浇筑完成53600m^3。

（中国水电顾问集团中南勘测设计研究院　肖　峰）

拉西瓦水电站建设情况

（一）工程建设完成情况

2005年完成投资117844.11万元，占年度计划投资111070.22万元的106.02%。其中施工辅助工程完成27162.56万元，建筑工程完成37394.14万元，设备完成27711.67万元，费用完成14215.15万元，利息完成11360.59万元。截至2005年底，工程累计完成投资281434.46万元。

完成的主要工作量：土方开挖27.39万m^3，石方明挖252.04万m^3，石方洞挖94.50万m^3，混凝土浇筑15.19万m^3，钢筋制安8856.79t，出渣438.12万m^3。

主要工程形象：左岸混凝土进料线工程已全部完工，具备通车条件；左岸混凝土拌和系统设备全部调试完成；左、右岸施工供水工程全部完成并投入运行；右岸混凝土拌和系统投入运行；缆机土建及安装工程基本完成；砂石加工系统投入运行；左岸坝肩2240m高程以上开挖支护完成，Ⅱ号变形体处理完成；右岸坝肩2240m高程以上开挖支护完成，进水口1号、2号开挖完成，3号～6号开挖至2387m高程；基坑大面开挖到2220m高程；引水发电系统压力管道1号机上平段全断面开挖基本完成；主厂房开挖共分Ⅸ层，完成第Ⅶ层的开挖支护；主变开关室开挖共分Ⅵ层，完成第Ⅴ层的开挖支护，出线竖井导井已完成188m；1号、2号尾水洞上下层开挖基本完成，2号尾水洞底拱混凝土衬砌完成126m；尾闸室开挖、支护工程完成；1号～6号机闸门井出渣导井全部贯通，闸门井最大深度51.5m，6条闸门井不同程度进行了扩挖，最大扩挖深度30m；1号、2号调压室出渣导井全部贯通，1号调压室扩挖完成8m，2号调压室扩挖完成24m。

（二）招标及合同管理情况

(1) 招标。全年拉西瓦水电站工程招标项目33个，合同累计金额221978.49万元。其中黄河水电公司组织招标的项目17个，合同金额217008.67万元。拉西瓦建设分公司组织招标的项目16个，合同金额4969.82万元。

(2) 合同管理。一是总结拉西瓦工程建设资金结算的经验，修订了《拉西瓦水电站工程结算管理办法》，规范了工程结算程序、结算报表格式和结算报表材料内容。明确了承包单位、监理和分公司各部门的职责，确保准确按时完成工程结算工作。二是认真执行合同，及时对合同执行过程中发生的变更进行审查批复，为工程建设提供资金保证。全年拉西瓦建设分公司共批复变更项目167个，下发文件158项，保证了承建单位对变更项目的及时结算。三是加强了对合同、合同执行过程、执行结果的审计和监督。1月份，分公司委托天职孜信会计事务所对有关联企业签订的110个合同进行了审计，并根据审计中存在的问题进行了整改。8月份，黄河水电公司委派青海中恒信会计事务所对拉西瓦水电站23个前期临建项目进行了工程竣工结算审计，合同总金额为54597106.5元，结算金额为49832512.8元。其中10个项目有不同金额的核减，最终核减额为18.29万元。通过审计监督，使合同管理更加规范。

（三）安全管理情况

2005年拉西瓦工程两岸坝肩、进水口高边坡开挖及地下厂房、尾水系统洞室群开挖施工全面展开，客观决定了安全生产处于高度危险期。中国电力投资集团公司、黄河水电公司领导对拉西瓦工程建设安全生产极为重视，明确要求坚决贯彻“安全第一，预防为主”的方针，把安全生产放在“四大控制”的首位。工程建设、设计、监理和施工各方围绕安全生产开展了深入细致的工作。一是切实保证安全管理体系有效运行。二是安全基础设施标准化程度明显提高。三是对施工危险源点的辨识与控制实行动态管理，分级控制。四是加强了安全教育。五是加强了外协队伍的资质审查，对部分“五证”不全的队伍予以清退。通过这些措施，违章作业较之以往显著下降，总体状况比较好。但仍存在一些薄弱环节，各施工单位安全文明施工管理水平差别较大，良莠并存，“5·26”人身伤亡事故暴露了安全管理方面存在的问题。

（四）质量管理情况

（1）编制完成了《黄河水电公司水电工程质量管理实施细则》，修订了拉西瓦水电站锚杆注浆密实度质量评定标准及锚杆检测数量规定，使工程质量管理进一步制度化、规范化。

（2）组织各参建单位举办2005年新颁布的《水电水利基本建设单元工程质量等级评定标准第一部分：土建部分》学习班，使工程技术和质量管理人员消化、掌握本标准。

（3）拉西瓦建设分公司自开工以来，先后成立试验中心、测量中心，工程爆破监测小组、物探检测项目部，对电站工程体型、工程量、爆破振动速度、锚杆（桩）密实度、岩体松动圈等进行严格检测和控制，对工程质量的控制和指导施工起到了至关重要的作用。

（4）监督检查各参建单位质量管理体系运作情况，使各单位质量保证体系、质量管理制度基本健全，运作基本正常；各监理单位“四控制，二管理，一协调”职能得到进一步发挥。单元工程验收坚持“三检一验”制度，工程质量处于可控在控状态。

（5）组织各参建单位完成了第三次质量现场巡视自检工作和拉西瓦水电站达标投产自检工作。

中国电力投资集团公司第三次质量巡视专家组对工地进行检查后认为，拉西瓦分公司重视质量管理，两岸坝肩开挖达到国内一流水平。全年电站共验收单元工程7058个，优良单元工程6398个，合格率100％，优良率90.6％，圆满完成了年初制定的开挖支护工程优良品率大于85％的工程质量管理目标。

（五）设计优化情况

建设分公司对设计优化工作十分重视，在工程管理过程中制定了多项设计优化政策，积极组织和推进设计单位和施工单位强化设计优化管理，完成的主要设计优化项目有4项，使工期、进度和造价得到有效控制。

（1）对电站主副厂房开挖结构体型的优化设计。主副厂房开挖体型，在招投标时，长306.75m、顶宽32m、桥机轨道梁以下宽29m、高76.24m，设计优化后为长311.75m、顶宽30m、桥机轨道梁以下宽27.8m、高73.84m。后根据主厂房下游边墙地质结构和水机管路埋设要求，主厂房下游边墙从2236.70～2226.20m高程，开挖宽度向上游缩短1.0m，主厂房宽度为26.8m。此部位2226.20m高程至2214.0m高程向下游倾斜3°开挖，至厂房2214.0m高程时，厂房宽度为27.44m。此项设计优化减少工程投资2885.59万元。

（2）对主变开关室的开挖结构体型的设计优化。主变开关室在招投标时，长235.0m、高44.625m、顶宽28.20m，设计优化后长232.60m、高51.5m、顶宽29m，且桥机轨道以下宽28.7m，2251.20m高程以下的宽度为22.20m。此设计优化，可节省工程投资318.26万元。

（3）对进水口压力引水管道工程的设计优化。一是将原压力引水管道开挖直径11.5m减小至10.70m，混凝土衬砌厚度由1.0m减至0.6m。安装压力钢管段，开挖直径由11.50m减小至10.90m。二是取消了压力引水管道下弯段和部分下平段的钢管，每条压力引水管道只设计了下平段至蜗壳进口52.0m长的钢管，而且压力钢管渐变段（内径ϕ9.5m渐变至6.8m）布置于6号施工支洞下平段处，便于钢管的安装。此设计优化节约了钢材，降低了成本，缩短了工期，可减少工程投资5916.87万元。

（4）对尾水调压室工程的设计优化。拉西瓦水电站共布置2个尾水调压室。尾水调压室在招投标时开挖直径32m、高73.58m，设计优化后直径为29.60m，高为72.50m。此设计优化后工程投资节约计302.93万元。

（黄河上游水电开发有限责任公司　胡耀斌　张文俊）

构皮滩水电站工程建设情况

（一）工程概况

构皮滩水电站位于贵州省余庆县境内，上距乌江渡水电站137km，控制流域面积43250km^2，多年平均径流量226亿m^3。工程开发的主要任务是发电，兼顾航运、防洪及其他综合利用。水库总库容64.51亿m^3，调节库容31.54亿m^3，正常蓄水位630m。

电站装机容量 5×600MW，保证出力 751.8MW，年发电量 96.67 亿 kW·h。该工程是贵州省实施“西电东送”战略的标志性工程，是国家“十五”计划重点工程之一。

枢纽由大坝、泄洪消能、电站厂房、通航（缓建）及导流建筑物等组成。拦河大坝为混凝土抛物线型双曲拱坝，坝顶高程 640.50m，最大坝高 232.5m（为岩溶地区亚洲第一、世界第三的高拱坝），坝身布置 6 个溢流表孔、7 个泄洪中孔、2 个放空底孔。地下电站布置在右岸山体内，主要有进水口、引水隧洞、主厂房、主变洞、调压室以及尾水隧洞组成，主厂房最大开挖尺寸为 230.45m×27m×75.32m。

构皮滩工程位于灰岩深窄狭谷，泄洪流量大，地质条件复杂，岩溶系统发育，工程规模巨大，存在高拱坝设计、高水头大流量泄洪消能、坝基防渗、拱座稳定、洞室稳定及电站水力学等重大技术难题。工程建设中存在施工作业面多、高空作业面多、交叉作业面多等诸多困难。

工程施工总工期 9 年 2 个月（不含工程筹建期）。2003 年 11 月 8 日，工程正式开工；2004 年 11 月 16 日，大江截流；计划 2009 年 9 月，水库开始蓄水；2009 年 12 月首台机组发电，2011 年 8 月最后一台机组发电，工程完成建设。

电站总投资 138.42 亿元。设计主要工程量为：土石方明挖约 1700 万 m^3，洞挖 300 万 m^3，石方填筑 62 万 m^3，混凝土 520 万 m^3，金结制安 2.93 万 t，帷幕灌浆钻孔进尺 33.9 万 m 。

（二）工程进展情况

工程所有辅助系统已全部完成，各项主体工程施工均已全面展开。至 2005 年底，工程的主要控制性节点目标均已实现，累计完成土石方开挖 1848.97 万 m^3，土石方回填 164.88 万 m^3，混凝土浇筑 173.1 万 m^3，钢筋制安 1.58 万 t；完成工程投资 42.54 亿元，共签订合同 496 项，合同金额 55.99 亿元。

工程自破土动工以来，相继有水电八局、中铁五局、水电十一局、葛洲坝集团、闽江局等单位参加建设，目前由八九联营体承担大坝建筑工程，水电十四局承担引水发电系统工程，武警水电第一总队承担水垫塘工程，水电八局承担渗控工程，水电六局、水电九局、水电基础局等单位也参加工程建设。

（三）工程形象面貌

（1）大坝结构混凝土浇筑已全面展开，最高坝段升至 443m 高程，累计浇筑混凝土 18.9 万 m^3，基础固结灌浆 2.3 万 m。

（2）引水系统：引水渠开挖及基础清理全部完成，2 号～5 号机护坦混凝土浇筑完成；进水塔开挖及基础清理全部完成，3 号、4 号、5 号机底板混凝土浇筑完成，4 号、5 号机底板固结灌浆完成；5 条引水隧洞总长 1686.57m，已完成开挖 1293.77m。

（3）主厂房Ⅰ～Ⅳ层开挖支护全部完成，正在进行Ⅴ层开挖及岩锚梁二期混凝土浇筑。累计完成开挖 28.6 万 m^3，完成锚索 615 束。

（4）主变室开挖支护全部完成，正在进行混凝土浇筑，累计完成开挖 9.3 万 m^3。

（5）尾水系统：调压室Ⅰ～Ⅲ层开挖支护均已完成，累计开挖 7.9 万 m^3；5 条尾水管总长 359.25m，Ⅰ层开挖支护已完成，Ⅱ层开挖支护部分完成；5 条尾水隧洞总长 1841.67m，其中 1 号洞全长 692.06m，已完成上层 419m、下层 40m 开挖；2 号洞全长 608.68m，已完成上层 350m、下层 60m 开挖；3 号洞全长 540.93m，已完成上层 326m、下层 30m 开挖。尾水边坡正面边坡已基本开挖至设计高程，1 号、2 号尾水塔均开挖至设计高程。

（6）排水系统：厂房Ⅰ层排水廊道全长 1634m，开挖支护全部完成，排水孔累计完成 12325m；厂房Ⅱ层排水廊道全长 840.5m，累计完成 720.75m 开挖；厂房Ⅲ层排水廊道全长 792.5m，累计完成 296.75m 开挖。

（7）渗控工程：灌浆平洞，右岸 5 层、左岸 4 层，洞长共 5024.13m，累计进尺 4947.37m；排水洞，左、右岸各 5 层，洞长共 2785m，累计进尺 2355.61m。

（8）泄洪洞工程：闸室交通洞及施工支洞开挖全部完成；进口工程开挖清理至 580m 高程；洞身有压段全长 267.6m，Ⅰ层开挖支护全部完成，无压段上层及工作闸室正开挖。

（9）机电设备采购及安装：主厂房桥机主要设备和 4 台机组的尾水肘管已到工地；水轮发电机组设计联络会已召开 2 次，液压启闭机、门式启闭机、固定卷扬机、变压器等第一次设计联络会已召开，其设计图纸已通过审查。尾水出口检修门、尾水调压室检修门埋件进入生产阶段，预计 2006 年 4 月交货，其门体制作进入材料准备阶段。

（构皮滩水电站建设公司　黄　辉）

彭水水电站正式开工

2005 年 9 月 28 日，重庆乌江彭水水电站正式开工。上午 9 时，重庆市市长王鸿举、贵州省副省长蒙启良、中国大唐集团公司总经理翟若愚按下了工程正式开工的启动按钮。

彭水水电站是国家“十五”规划、重庆市“十五”规划的重点能源项目，位于彭水苗族土家族自治县万足乡境内，是乌江干流规划中的第10个梯级电站。工程静态投资107.59亿元，总投资121.51亿元，安装5台单机容量为35万kW的混流式水轮发电机组，总装机容量175万kW，是重庆市开发最大的水电工程和国家西电东送、渝怀铁路的配套工程。工程由拦河大坝、通航建筑物和右岸地下引水发电系统组成；拦河坝为碾压混凝土重力坝，最大坝高116.5m；通航建筑物设计最大吨位500吨级，计划第一台机组厂2007年10月投产发电。电站建成后，将优化重庆市电源结构，弥补电量缺口，缓解重庆市目前电力紧张的矛盾，同时也将提高重庆市防洪能力和航运效益。

彭水水电站由北京大唐国际发电股份有限公司、重庆市建设投资公司、重庆市鼎泰能源集团有限公司、重庆市振源实业有限公司、贵州省建设投资公司和贵州乌江水电开发有限公司投资。2005年9月，国家发展和改革委员会正式批准立项。

在前期工程建设中，水电七局承担了地下厂房金属结构安装及通航建筑物工程，水电八局承建了右岸一期开挖工程、大坝主体工程、机电设备安装工程、右岸鸭公溪砂石系统生产工程、右岸混凝土拌和系统工程，水电十一局承担了左岸一期工程，水电十四局承担了地下厂房、尾水工程。前期工程进展顺利，已累计完成投资10亿元，为主体工程开工建设奠定了基础。

（摘自《水利水电工程报》）

小湾水电站建设进展情况

小湾水电站位于云南省大理州南涧县与临沧市凤庆县交界的澜沧江中游河段，在干流河段与支流黑惠江交汇处下游1.5km处，系澜沧江中下游河段规划8个梯级中的第二级。工程以发电为主，兼顾防洪、灌溉、拦沙、航运、养殖和旅游等综合利用效益，水库具有不完全多年调节能力，系澜沧江中下游河段的“龙头水库”。该工程由混凝土双曲拱坝、坝后水垫塘及二道坝、左岸泄洪洞、导流洞及右岸地下引水发电系统组成。混凝土双曲拱坝高292m，坝身设有泄洪表、中孔和放空底孔。电站最大发电水头251m，装有6台700MW混流式水轮发电机组，总装机容量4200MW，保证出力1854MW，多年平均发电量188.9亿kW·h。电站水库库容149.14亿m^3，调节性能优越，建成后，将使下游漫湾、大朝山和景洪3个梯级水电站枯水期的保证出力增加约1100MW，枯期发电量共增加约41亿kW·h，具有巨大的发电补偿效益。

工程静态总投资223.31亿元，动态总投资277.32亿元（2001年价格水平）。主要工程量：土石方明挖2922万m^3，石方洞挖392万m^3，混凝土1105万m^3，喷混凝土35万m^3，钢筋制安22.3万t，钢结构5.5万t。电站建设难度大，施工场地狭窄、山高坡陡，地处Ⅷ度的高地震烈度区和泥石流多发区，工程施工立体交叉作业，地质条件复杂；开挖边坡高，最大开挖边坡高687m。

小湾水电站是“十五”期间国家重点工程，亦是实施西部大开发的标志性工程。2000年12月23日，国务院正式批准小湾水电站立项。2001年12月31日，原国家发展计划委员会正式批复小湾水电站可行性研究报告。2002年1月17日，原国家发展计划委员会正式批准小湾水电站开工。2002年1月20日小湾水电站正式开工建设。

目前小湾工程建设已经形成了稳步、均衡推进的良好建设态势，2004年10月25日较原计划提前1年实现大江截流，2005年12月12日提前开始大坝第一仓混凝土浇筑。截至2005年底，累计完成投资90.1亿元，土石方明挖2655万m^3，石方洞挖312万m^3，混凝土浇筑142万m^3，喷混凝土31.7万m^3，钢筋制安6.7万t，钢结构1.6万t。各种辅助企业全部建成投产，大坝混凝土实现均衡浇筑，地下引水发电系统洞室开挖完成80%，主厂房进行第八层开挖，工程整体形象较原计划提前1年。小湾水电站建设正按2009年10月底首台机组发电，2011年底工程竣工的建设目标顺利向前推进。

（云南华能澜沧江水电有限公司　王烈恩）

景洪水电站

（一）概况

景洪水电站为澜沧江干流中下游河段梯级规划中的第6级水电站。

澜沧江干流在云南省境内，习惯上苗尾以上称为上游河段，苗尾以下至国境处称为中下游河段。中下游河段开发条件较好，是我国能源发展规划的12大水电基地之一。规划8级开发，总装机容量16300MW，总库容422亿m^3，保证出力7316MW，多年平均发电量739亿kW·h。

景洪水电站位于云南省西双版纳傣族自治州首府景洪市北郊约5km处。电站距昆明公路里程581km，距泰国北部重镇清迈直线距离约360km。电站安装5台单机容量为350MW的混流式水轮发电机组，总装机容量为1750MW，保证出力273.5MW/648.6MW/771.9MW（单独运行/与小湾联合运行/与小湾和糯扎渡联合运行，下同），多年平均年发电量63.62亿kW·h/68.38亿kW·h/78.58亿kW·h，装机年利用小时数3635h/3907h/4490h。

电站的开发任务是以发电为主，兼顾航运，并具有防洪、旅游等综合利用效益。采用堤坝式开发，枢纽由拦河坝、泄洪冲沙建筑物、引水发电系统、垂直升船机、变电站等组成。拦河坝为碾压混凝土重力坝，坝顶高程612m，最大坝高110m。电站按Ⅴ级航道、300t级船型标准设计通航过坝建筑物，并留有远景建设500t级通航建筑物的位置。

电站坝址控制流域面积14.91万km^2，坝址多年平均流量1820m^3/s，多年平均年径流量574亿m^3。水库正常蓄水位602m，死水位591m，校核洪水位609.4m，总库容11.39亿m^3，其中调节库容为3.09亿m^3，具有周调节能力。与上游具有多年调节能力的小湾、糯扎渡水电站联合运行后，景洪水电站水库调节能力差所产生的丰枯矛盾可以基本消除。

工程枢纽区位于三江（金沙江、澜沧江、怒江）褶皱系南部，澜沧江断裂带以东地区，区域构造基本稳定，地震基本烈度为Ⅶ度。坝址区河床较开阔，坝基岩石主要为闪长岩，岩块强度高，但岩体的完整性和均一性较差。

本工程属一等工程，工程规模为大（1）型。混凝土重力坝按500年一遇洪水设计、5000年一遇洪水校核，发电厂房按200年一遇洪水设计、1000年一遇洪水校核。

建设总体实施计划为：2003年7月开始工程前期筹建工作，2003年年底下右岸一期基坑进行基坑开挖和围堰施工，2004年6月底一期基坑具备度汛条件，2005年1月下旬二期基坑截流，2008年第一批机组投产发电，2009年12月底最后1台机组投入运行、工程完工。

（二）枢纽布置及主要建筑物

枢纽总体布置型式为，电站厂房布置在左侧主河槽位置，泄水建筑物和通航建筑物布置在河床右侧，采用一字排列布置，从左岸至右岸依次为：左岸非溢流坝段、左冲沙底孔坝段、厂房坝段、右冲沙底孔坝段、2号～7号溢流坝段、升船机坝段、1号溢流坝段、右岸非溢流坝段。

发电厂房布置左岸厂房坝段坝后，为坝后式厂房。副厂房分别布置在主厂房的上、下游侧。500kV及220kV变电站布置在厂坝间、上游副厂房顶上575m高程平台上，均采用GIS开关设备。

挡水建筑物为碾压混凝土重力坝，最大坝高114m，坝顶高程612m，坝顶总长700.5m，共分为26个坝段。坝顶宽15.5～20.5m。

泄洪、冲沙建筑物包括溢流表孔、左冲沙底孔和右冲沙底孔。

溢流坝段布置在河床右侧，溢流表孔共7孔，孔口尺寸为15m×21m（宽×高），1号表孔采用底流消能，2号～7号表孔采用收缩比为0.5的对称Y形“宽尾墩-消力池”联合消能工消能。消力池底板高程530m，池长约120m，尾坎顶部高程540m，在枯水期具有检修条件。

左冲沙底孔孔口尺寸为3m×5m（宽×高），布置在厂房坝段与左岸非溢流坝段之间，穿过坝体和安装间下部。进口底槛高程539m，采用有压长管接明流泄槽，出口为挑流消能，采用异型斜鼻坎，将水流导向河槽。

右冲沙底孔孔口尺寸为5m×8m（宽×高），布置在厂房坝段与溢流坝段之间，进口底槛高程540m，采用有压短管接明流泄槽，出口采用舌形鼻坎挑流消能。

左、右冲沙底孔主要用于排沙，以保持进水口“门前清”。当下游水位低于10年一遇洪水位（左冲沙底孔）和20年一遇洪水位（右冲沙底孔）时，也能参加泄洪。

电站采用单机单管供水方式。钢管直径为11.2m，采用坝后坝面管布置方案，钢管中心线以下埋入坝体以内，以上部分外包钢筋混凝土，不设置伸缩节。

厂房坝段布置在河床左侧主河槽位置，厂、坝分缝距坝轴线70m，厂、坝间布置上游副厂房和变电站，在主厂房下游侧布置下游副厂房。主厂房包括安装间总长246m，宽31.5m，高64.15m，安装间位于主厂房左端。机组间距34.3m，水轮机安装高程532.5m。

在上游副厂房顶部布置GIS开关楼，主变压器布置在GIS开关楼上游侧厂、坝之间的575m高程平台上，由GIS开关楼楼顶向下游方向出线。

通航建筑物采用右岸垂直升船机、单驳湿运过坝方式、一级垂直提升方案，最大提升高度67.2m，设计年通过能力为135.8万t。

（三）机电及金属结构

1. 接入系统方式　景洪水电站以500kV和220kV两级电压出线。两回500kV线路接入新建的李仙江变电站。远景年建成景洪换流站开始向泰国送电时，开断这两回500kV线路“π”入换流站。220kV出线近期建设一回，就近接入现有景洪220kV变电站，预留第二回场地。电站各机组均接入500kV升压站高压侧，升压站500kV与220kV母线之间设置联络变压器。

2. 主要机电设备　电站主要机电设备的技术参数和数量见表1。

表1　景洪水电站主要机电设备表

序　号	设备名称	型号规格或主要技术参数	单　位	数　量
1	水轮机	HL279-LJ-830，N_r＝357.2MW，n_r＝75r/min，H_r＝60m	台	5
2	发电机	SF350-80/18000，额定功率350MW，额定频率50Hz，额定电压18kV，功率因数0.9	台	5
3	桥式起重机	单小车，起重量660t/160t，跨度31.5m	台	2
4	500kV主变压器	DFP-130000/500，额定容量130MVA，额定电压$\frac{550}{\sqrt{3}}-2\times2.5\%/18$kV	台	15＋1
5	自耦联络变压器	ODFPSZ-120000/500，额定容量120/120/21MVA，额定电压$\frac{550}{\sqrt{3}}\Big/\frac{242}{\sqrt{3}}\pm8\times1.25\%/35$kV	台	3
6	500kV配电装置	GIS，一倍半接线，额定电压550kV，额定电流2500A，额定开断电流50kA	串	4
7	220kV配电装置	GIS，单母线接线，额定电压252kV，额定电流2000A，额定开断电流50kA	间隔	2
8	发电机断路器组合	HECS-130，额定电压25.3kV，额定电流18000A，额定开断电流130kA	组	5
9	发电机电压母线	离相封闭母线，额定电压24kV，额定电流16000A	M	1000

3. 金属结构　电站部分共设有拦污栅和闸门71扇（其中拦污栅40扇，弧形闸门9扇，叠梁门及平面闸门22扇）；门槽104套（其中拦污栅槽40套）；启闭机16台（其中油机14台，门机2台）；在厂房坝段及混凝土非溢流坝段布置了检修门、事故门储门槽。通航过坝部分设垂直升船机1台。金属结构总量为20243t，其中加重块1880t。

（四）施工

1. 施工导流与截流　施工导流采用分期围堰断流。一期导流时利用右冲沙底孔坝段与上、下游纵向碾压混凝土围堰作为纵向围堰，与一期上下游横向围堰共同挡水，束窄的原河床过流。二期导流由上、下游土石横向围堰和右冲沙底孔坝段挡水，坝体缺口和5个坝身导流底孔泄流，在坝体缺口封堵后，由5个坝身导流底孔与左、右冲沙底孔、溢流表孔联合泄流。截流时利用上游梯级电站控制下泄流量，由左岸向右岸单戗堤单向进占立堵截流。

2. 施工总布置　主体工程和大型临建工程施工分为5个标：右岸工程标、左岸工程标、心滩料场开采和筛洗系统及右岸砂石加工系统标、升船机土建及安装工程标、发电系统机电安装工程标。

工程施工布置按分区集中布置的原则，主要分枢纽区、心滩料场区及承包商营地区3个区规划。枢纽区以左、右岸工程标施工设施及场地布置为主，兼顾通航建筑物土建及金属结构安装工程和机电安装工程结合布置的原则；心滩料场区以天然砂石骨料开采、筛洗施工为主；承包商营地区集中设置生活设施，供工程各标的承包商共同使用。

拟利用坝基开挖料中的微风化闪长岩，作为混凝土骨料加工料源，开挖可用料约200万m^3（自然方），规划利用160万m^3。

（五）水库淹没处理

经调查和分析计算，考虑思茅港防护后景洪电站淹没影响主要实物指标为：耕地5549亩，园地3411亩，林地21557亩；淹没区和影响区内居住的人口为4458人；各类房屋19.5万m^2；受淹影响三级公路6km；四级公路1.3km等项目。

生产安置人口：经分析计算，基准年（2003年）农业生产安置4715人，按人口自然增长率13‰推算到设计水平年（2008年）的人口为5027人。

动迁人口：通过对库周剩余资源的综合分析平衡，经安置规划，景洪水库设计水平年动迁人口为6053人，其中库周就近搬迁3014人、远迁3039人。

（六）环境影响

2000年11月29日，国家环境保护总局根据原国家电力公司国电科［1999］327号文《关于云南澜沧江景洪水电站环境影响报告书预审意见的函》和云南省环境保护局云环治字［1999］285号《关于澜沧江景洪水电站环境影响报告书的审查意见》，对景洪水电站环境影响报告书作了批复。批复意见原则同意国家电力公司的预审意见和云南省环境保护局的审查意见，认为在落实报告书提出的环保措施后，从区域环境保护角度分析，同意该项目按现定方案建设。同时，批复意见也要求在下阶段工作中要进一步落实自然保护区的补偿措施和景洪市自来水厂的保护措施；要加强进场公路和施工期的环保工作和“三废”处理；实行环保措施招投标制和监理制；要加强移民安置区的生态保护措施，严禁毁林开荒，并将保护区的居民迁出；要严格执行“三同时”制度，并加强监督检查。

（七）投资估算及经济评价

按照2003年3季度的价格水平测算，工程静态投资为89.87亿元，工程总投资为101.87亿元，单位千瓦静态投资5135元/kW，与小湾和糯扎渡水电站联合运行时单位电能投资1.14元/（kW·h）。

按满足资本金财务基准收益率10%测算的景洪水电站上网电价为0.1954元/kW·h。在此电价水平下，全部投资财务内部收益率为7.94%，资本金财务内部收益率10.0%。投资回收期15.69年，贷款偿还期20.02年。

（中国水电顾问集团昆明勘测设计研究院　杨　清）

漫湾水电站二期工程建设情况

（一）工程概况

漫湾水电站位于云南省云县和景东县交界的澜沧江中游河段上，距昆明公路里程455km，是澜沧江中下游河段梯级规划两库八级开发方案中的第三个梯级。漫湾水库回水与上游正在施工的小湾水电站衔接，电站下游与已发电的大朝山水电站库尾相连。

漫湾水电站总装机容量为1550MW，其中一期工程装机5×250MW，二期工程装机1×300MW。一期工程于1995年6月全部建成投产。二期工程等别为二等大（2）型工程。

（二）工程设计过程

漫湾水电站的初步设计由昆明勘测设计研究院完成并于1984年9月通过了原水利电力部和云南省人民政府联合进行的审查，确定的装机容量为6×250MW，其中第6台机组为后期装机。1989年初，在大坝和厂房基础开挖施工过程中，由于多种原因，发生了左岸边坡的大面积坍滑，之后对枢纽布置进行了调整研究。1989年5月，昆明勘测设计研究院提出了《漫湾水电站左岸边坡处理专题设计报告》，原能源部在对该报告的批复中明确“决定将预留6号机移位建设。至于6号机移位后的布置方案，作为漫湾水电站第二期工程”。据此，昆明院于1991年7月、11月先后提出了《漫湾水电站二期工程可行性研究报告》及其补充报告，同年12月通过了原水利水电规划设计总院会同原云南省计划委员会进行的审查。2003年3月云南华能澜沧江开发公司委托昆明勘测设计研究院开展《漫湾水电站二期工程可行性研究报告》的编制工作，2004年2月可行性研究报告通过了由原云南省计划委员会组织的评审，2004年8月，云南省发展和改革委员会以云发改能源［2004］606号文作了批复，同意建设单位由可行性研究阶段转入施工设计阶段。

（三）枢纽布置及主要建筑物

漫湾水电站二期工程以发电为单一开发目标，开发方式为混合式开发，由一期拦河坝抬高水位，通过长约1010m的水道引水发电。工程枢纽由挡水建筑物、泄水建筑物、引水发电系统及辅助洞室组成。其中挡水建筑物、泄水建筑物系利用一期工程已建相应建筑物，二期工程进水口闸体部分也已与一期工程同步建成。二期工程引水发电系统位于电站枢纽区右岸。

1. 引水建筑物　由进水口、引水隧洞、压力钢管道等组成。进水口已与一期工程同期建成，其形式为岸边压力墙式，顺水流方向长42.5m，前缘宽38m。拦污栅为与水平面成75°夹角的斜栅，单孔孔口尺寸为6.5m×16.0m（宽×高），共4孔，事故检修闸门孔口尺寸为7.0m×9.0m（宽×高）。引水隧洞长205.5m，采用钢筋混凝土衬砌圆形断面，衬砌厚度0.8m，管径为10m。压力钢管道长约179.0m（至蜗壳进口），由上平段、上弯段、斜井段、下弯段和下平段组成，管径8.5～7.7m，采用16MnR钢，管壁厚度为18～34mm。

2. 厂房系统　地下厂房总长114.5m，从左至右依次布置有主变室、主安装场、主机间、副安装场及电梯间。二期工程不再新建中控室，电站的运行由一期工程控制室统一控制。主厂房长74m，宽26.6m，高69.4m，内装一台300MW水轮发电机组，机组安装高程891.00m。吊车梁采用岩壁吊车梁，装有1台500t＋500t/10t双小车桥式起重机。主变室长33.5m，宽24m，高28.0m，里面设有3台500kV单相变压器。电梯间长7m，宽8m，高34.9m。地下厂房顶部设有网架结构防水吊顶。

3. 尾水系统　由尾水管后延伸段、尾水调压井、尾水隧洞、尾水检修闸和尾水渠等建筑物组成。尾水管后延伸段长54.0m，底板高程869.02m，其均匀段断面采用11m×11m（宽×高）的矩形。鉴于尾水系统采用一机一洞布置形式，经综合比较，取消了尾水调压井中的检修闸门室。为使调压井高边墙更好地适应地质条件，调压井采用圆筒阻抗式，井筒内径26m，开挖直径32m，总高约84m。尾水隧洞由尾水检修闸室前后两段组成，前段长454.3m，采用内径为11m的钢筋混凝土衬砌圆形断面，衬砌厚度0.8m；后段长74m，采用10m×11m（宽×高）的钢筋混凝土衬砌方圆形断面，衬砌厚度1.5m。尾水检修闸长10m，宽16m，高43.5m，孔口尺寸10m×11m（宽×高），底板高程883.0m，检修平台高程923.5m。

4. 辅助洞室　辅助洞室有二期运输洞、电梯井交通洞及调压井通风洞、出线洞、事故排烟洞、排风洞、排水洞、帷幕灌浆洞等。

（四）主要机电设备

水轮机型号为HLD399-LJ-630，额定出力306.1MW，额定水头89m，额定流量389m^3/s，额定转速115.4r/min，飞逸转速225r/min。发电机型号为SF300－52/13200，额定功率300MW，额定容量333.3MVA，额定电压18kV，额定电流10691A，功率因数0.9。发电机出口装设有专用SF6发电机断路器。发电机变压器采用单独单元接线，主变压器采用单相变压器组，单相变压器容量为120MVA。经主变压器升压至500kV后采用500kV高压电缆接入一期工程扩建GIS间隔，扩建的GIS间隔与一期工程GIS母线连接。

（五）工程特点及技术难点

漫湾水电站二期工程具有如下特点：①地质条件较差。厂房顶拱及边墙在断层及影响带处的岩体以Ⅱb或Ⅱa+Ⅱb为主，岩体高岭土化强烈、完整性较差，为不稳定的Ⅳ类夹Ⅴ类围岩，尤其是受不利结构面组合切割影响，形成不稳定的锲形体，如不及时支护或支护措施不恰当，可能发生各种规模的顶拱塌方现象。②单机容量、引用流量大。单机容量为300MW，引用流量为389m^3/s。③地下洞室规模大。④岩壁吊车梁承受轮压大。⑤辅助洞室种类和数量较多，布置复杂。

（六）工程建设计划及进展情况

漫湾水电站二期工程于2004年3月30日启动，同年8月开始主体工程施工，计划于2007年6月30日投产发电，2007年7月30日工程全部竣工。

截至2005年底，漫湾水电站二期工程引水隧洞开挖全部完成，支护完成91.6%，混凝土浇筑完成21.3%；地下厂房开挖支护、桥机安装、肘管安装及肘管层混凝土浇筑全部完成，锥管一期混凝浇筑完成38.5%；尾水调压井开挖支护完成90.4%；尾水隧洞开挖全部完成，支护完成90%，混凝土浇筑完成36.7%。

（中国水电顾问集团昆明勘测设计研究院　邓加林）

思林水电站正式开工建设

（一）工程概况

思林水电站位于贵州省东北部的铜仁地区思南县境内的乌江上，装机1000MW，已于2005年11月24日正式开工建设。

思林水电站是乌江干流的第八级梯级电站，距上游构皮滩电站89km，距下游沙沱水电站115km，距乌江河口涪陵市366km。坝址控制流域面积48558km^2，占全流域的55%。水库正常蓄水位440m，相应库容12.5亿m^3，调节库容3.17亿m^3，防洪库容1.837亿m^3，属周调节水库。电站保证出力303.6MW，多年平均发电量40.64亿kW·h。

思林水电站位于岩溶发育的石灰岩地区，地块区域构造稳定，坝址远离区域性断裂，区内地震活动微弱，相应地震基本烈度为Ⅵ度。

枢纽由大坝、泄洪建筑物、引水发电系统和过坝通航建筑物等组成。大坝为碾压混凝土重力坝。厂房布置在右岸，为地下式厂房，安装4台单机容量250MW的混流式水轮发电机组。过坝通航建筑物布置在左岸，采用全平衡卷扬提升式垂直升船机，按500t级船舶过坝设计。

本工程采用断流围堰、隧洞导流的导流方式。导流设计标准为枯期十年一遇洪水，一枯时段为11月26日～次年4月25日，流量为$Q_{10\%}=3760m^3/s$；二枯时段为11月5日～次年5月15日，流量为$Q_{10\%}=4380m^3/s$。

主要工程量：覆盖层开挖58.37万m^3，石方明挖318.97万m^3，石方洞挖173.6万m^3，土石料填筑44.21万m^3，碾压混凝土97.31万m^3，常态混凝土133.81万m^3，喷混凝土6.63万m^3，金属结构安装18947t，固结灌浆16.11万m，回填灌浆11.35万m^2，帷幕灌浆9.15万m。

思林水电站由贵州乌江水电开发有限责任公司负责开发建设，贵阳勘测设计研究院设计，工程建设监理单位为中国水利水电建设工程咨询昆明公司。预计2008年底第一台机组投产运行发电。

（二）前期工程建设情况

思林水电站自2003年12月15日开始前期筹建准备。前期建设已完成施工变电站1座，砂石与混凝土加工系统1座，上下游施工索桥2座，施工供水系统1套；左、右岸坝肩开挖以及场内外公路约40余公里；以及左、右岸导流隧洞、施工支洞、交通洞等13条隧洞。

2条导流隧洞分别布置在左岸和右岸，长度分别为932.11m和820.89m，进口高程分别为370m和364m，出口高程分别为364m和362m，城门洞型，断面尺寸13m×15m（宽×高）。左岸导流洞进口无闸门，右岸导流洞进口设平板钢闸门。左、右岸导流洞已完工，右岸导流洞在2005年大江截流前已分流过水。

截流采用上游单戗双向立堵截流的方式，截流标准为$P=10\%$，11月下旬平均流量492m³/s。2005年11月下旬顺利实现大江截流。

（三）大坝工程建设情况

思林水电站大坝采用碾压混凝土重力坝型式，最大坝高117m，坝顶高程452m，坝顶全长310m。在河床溢流坝段设7孔13m×21.5m（宽×高）的溢流表孔，堰顶高程418.5m；溢流坝右侧设5m×6.5m（宽×高）泄洪排沙兼放空底孔1个，底板高程380m。采用戽式消力池消能，戽池长66.95m，池底最低高程为348m。坝址两岸山体雄厚，为50°～70°陡坡，基本呈对称“V”型。坝基坐落在夜朗组玉龙山段第二层中厚、厚层泥晶灰岩和白云质灰岩，岩体坚硬、完整，饱和抗压强度达70～90MPa，变形模量为15～17GPa。大坝的主要工程量：土方开挖53.09万m³，石方明挖32.7万m³，碾压混凝土72.69万m³，常态混凝土31.14万m³，固结灌浆28949m，回填灌浆2939.54m²，接触灌浆12198.82m²。工程由中国水利水电第八工程局与中国水利水电闽江工程局共同承建，预计于2009年4月底完工。

上下游围堰均为土石过水围堰。上游土石围堰高程确定为383.2m，堰顶设高度为6m的土石子堰，并铺设50cm厚碎石，向外侧排水，排水横坡2%；下游围堰堰顶部高程为379m，堰顶顶宽10m，上下游过水围堰高差为4.2m。

到2005年底，上、下游围堰混凝土面板浇筑已完成，共浇筑混凝土43458m³，围堰灌浆工作已基本结束；大坝基坑开挖已基本到位，开挖量超过5万m³。

（四）引水发电系统建设情况

厂房布置在右岸山体内，为地下厂房，埋深80～150m，距右岸最短距离为140m。主厂房外形轮廓尺寸为177.8m×27m×74.76m（长×宽×高），主变洞平行于主厂房布置，外形尺寸为188m×17m×23.03m（长×宽×高）。电站取水口布置在坝上游69m处，底板高程为400m，采用3条内径12.6m和1条8.8m的引水隧洞引水至厂房。尾水隧洞内径10.6m，洞间中心距30m，4条尾水洞总长976m，埋深20～160m。该工程土石方明挖314623m³，石方洞挖867940m³，喷C20混凝土11269m³，喷C25混凝土5529m³，锚杆58893根，预应力锚索1384根，由中国水利水电第六工程局承建，预计于2009年4月底完工。

至2005年底，主厂房顶层及风机室Ⅰ层开挖完成，完成锚杆支护3500根，占锚杆支护总量的78%；顶层排水廊道开挖进尺307m，完成49%；主变交通洞及主变绝缘油库中导洞开挖支护完成；主变运输通道导洞及出线竖井导井开挖结束。1号引水隧洞上平段上半洞开挖进尺28m，完成约15%；2号、3号、4号引水隧洞上平段上半洞开挖支护已基本完成。尾水出口底板348m高程保护层以上开挖结束，370m高程以上锚杆支护基本结束，喷混凝土完成1500m³，完成约80%。

（思林水电站建设公司 段 伟）

洪家渡水电站建成

洪家渡水电站是国家重点工程，为“西电东送”拉开序幕工程之一，2000年11月8日正式开工。经参建各方的努力，2004年4月6日水库下闸蓄水，7月19日首台机组投产发电，年底全部3台机组投入商业运行，2005年上半年工程完成建设。

洪家渡水电站位于贵州省乌江北源的六冲河上，是乌江干流11个梯级的龙头水电站。电站总装机600MW，具有多年调节水库。它的建成，不仅本身每年可发15.59亿kW·h电量，而且可使下游的东风、索风营、乌江渡等电站每年增发15.96亿kW·h；同时还具有向工农业供水、改善生态环境、旅游、水产养殖、航运等综合效益。

洪家渡工程规模为一等大（1）型。枢纽由大坝、左岸泄洪系统、左岸引水发电系统组成。大坝为钢筋混凝土面板堆石坝，坝高179.50m，坝顶长427.79m。水库总库容49.47亿m³。洞式溢洪道，进口为2孔10m×18m（宽×高）的开敞式溢流堰，无压隧洞长756.66m，城门洞形，底宽14m，洞高21.54m。泄洪洞，有压洞直径9.8m，长度427m，平坡；无压隧洞为7m×12.41m的直墙拱形，水平长度426m，底坡为7.5%。引水系统采用三洞三机单元供水方式，分别由竖井式进水口、引水隧洞、压力钢管道等建筑物组成。隧洞洞径7.8m，压力钢管内径6m。地面厂房及开关站位于坝脚左岸，主厂房净跨22.5m，内装3台200MW水轮发电机组；GIS开关站布置于上游副厂房顶，与主变重叠布置；中控楼布置于上游副厂房右端，通过电梯与主副厂房连接。

洪家渡电站初步设计于1992年底审定之后，被当时原国家计划委员会列入利用亚洲开发银行贷款的工程项目，额度为2亿美元。根据1996年亚洲开发银行评估的工程概算，洪家渡工程的总投资为78.6亿元人民币。1999年，随着国内融资环境的改善，经上级主管部门同意，决定采用全内资的模式建设洪家渡水电站。经审定，按1999年物价水平，洪家渡电站的总投资为49.27亿元，单位千瓦造价9124元，处于国内同类电站的较低水平，其中枢纽工程单位千瓦造价处于全国先进水平。

1992年通过审查的初步设计安排总工期为7年9个月。在做了大量优化工作的基础上，招标设计阶段将总工期调整6年9个月。在建设过程中根据工程进展情况，再次重新将总工期调整为5年6个月。随着2004年底3台机组发电，2005年上半年完成建设，洪家渡水电站的总工期比原审定工期共缩短工期2年3个月，刷新了同等规模水电建设工期的纪录。

通过“设计、施工、管理、筹资”四个优化和规范的招投标工作和有效的投资控制措施，2005年底，在物价调增2亿元，移民费用增加2.23亿元的情况下，洪家渡水电站建设资金控制为46.4亿元。若以后移民费用不出现较大幅度的调增，建设费用完全可控制在审查概算49.27亿元以内。

在洪家渡水电站的建设过程中，进行了大量设计优化和工程科研，并采用了大量的新技术，新材料。在设计优化方面共有17项，主要有：①调整坝轴线，优化坝肩开挖边坡，减少坝肩开挖量和大坝工程量。②优化场内外交通，缩短运输距离。③取消上游拱围墙，利用大坝在第一个汛期挡水。④降低泄洪洞高程取消放空洞。⑤调整采石场、料场位置。⑥地下厂房改为地面厂房，进行了我国水电站厂房结构革命性变革——厂房新型板梁柱一次浇筑成型及上部轻型结构。共开展科研项目24项，主要有峡谷地区高面板堆石坝关键技术应用研究、聚丙烯混凝土、钢纤维混凝土、钢管混凝土、抗冲耐磨混凝土、大坝堆石体冲碾压实技术研究等。应用的新技术、新材料有25项，主要有等宽连续窄趾板、止水与自愈相结合的周边缝止水结构、干贫混凝土技术，压力钢管无开孔灌浆技术、附加质量法检测技术、中空自钻式锚杆、塑料盲沟材料、格宾网，低发泡聚乙烯闭孔塑料板等。

一系列的设计优化、科学技术研究和新技术新材料的应用解决了多项工程技术难题，并在投资上、工期上取得了显著的成绩。

自2004年4月6日下闸蓄水以来，最高水头达126m，大坝最大沉降126cm，沉降规律正常；大坝总渗流量小于15L/s，渗流量微小。各观测仪器测值表明，各建筑物均处于安全运行状态。到目前单元工程质量合格率100%，主体工程优良率已达到90%。国家电网公司水电工程质量监督总站2004年对洪家渡工程第五次质量巡视评价为：“工程进度居国内先进水平，工程质量处于较好的受控状态，安全生产、文明施工不断改善。水库蓄水后各项安全监测资料表明水工建筑物的工况良好，尤其大坝的各项主要监测指标均处于目前国内已建、在建工程的前列。”

在主体工程施工期的2002年到现在实现了安全事故零目标，荣获了全国“安康杯”竞赛优胜单位。

（洪家渡发电厂　田应富）

索风营水电站建设情况

（一）工程概况

索风营水电站位于贵州省黔西县与修文县交界处的乌江六广河段，距贵阳直线距离54km，是国家“西电东送”工程项目之一，也是贵州乌江水电开发有限责任公司按照“流域梯级滚动开发”宗旨，继乌江渡、东风、洪家渡等水电站之后，在乌江干流开发的又一新的电源点工程。电站以发电为主，装机容量600MW，保证出力166.9MW，年发电量20.11亿kW·h。

索风营水电站属二等大（2）型工程，枢纽由碾压混凝土重力坝、坝身开敞式溢流表孔、右岸引水系统和地下厂房等主要建筑物组成。碾压混凝土重力坝最大坝高115.8m，坝顶全长178m；河床坝段设5孔单孔宽13m的开敞式溢流表孔，最大下泄流量$15956m^3/s$，采用“X”形宽尾墩＋消力池的组合形式消能。地下厂房长133.2m、宽26m、高57.72m，安装3台单机容量200MW的混流式水轮发电机组。

该工程技术经济指标优越，位置适中，水库淹没小，工期短、投资少。水库总库容2.012亿m^3，淹没耕地1557亩，迁移安置人口1320人。项目可行性研究报告于2001年9月在贵阳通过审查，2002年7月26日正式开工，安排2005年底首台机组投产发电。工程概算动态总投资31.25亿元。

（二）电站建设进展情况

经过3年的建设，2005年，索风营水电站实现了“安全度汛、下闸蓄水、8月提前投产发电”三大目标。胡锦涛总书记2005年春节期间视察索风营，对工程建设和环保工作给予了充分肯定，极大地鼓舞了全体建设者。在机电设备供货严重滞后、安装工期紧张的情况下，参建各方并肩作战，团结一致克服困难，8月17日和12月23日两台机组先后投产发电，取得了1年两台机组提前投产，首台机组72h试运行后免消缺直接投入商业运行、连续安全生产110天（截至2005年12月31日）、发电4.9亿kW·h的好成绩。

（三）建设中的技术环境保护工作

在工程建设中以先进的技术手段保护环境，严格执行国家规定的环保“三同时”；将“开发乌江清洁能源、建设绿色水电公园”作为索风营电站建设的环境保护目标。针对该工程处于高山峡谷地带的特点，考虑到对环境带来的诸多不利影响：如高边坡明挖对植被破坏和边坡安全不利、大量石渣下河堵塞河床、施工中产生大量的粉尘和废水对环境的污染等，认真研究并优化工程枢纽布置和施工技术方案。将原布置于左岸的地面厂房调整为右岸地下厂房，减少明挖近60万m^3，使得近300m高边坡上的植被得以保存；取消原布置的缆机而用门塔机替代，减少两坝肩明挖近20万m^3；优化位于两坝肩的3号、4号堆积体处理方案，将原全部挖除方案改为局部加固，减少明挖40余万m^3：优化下游索桥右岸桥台连接段和左岸上坝公路，将明挖改为洞挖，减少下河石渣10多万m^3；索风营人工砂石系统在国内第一次应用先进的“半干法”制砂工艺，较常规砂石系统大大降低能耗、减少粉尘、减少废水的同时，废水田收再次利用率达到80%，属国内领先水平，被誉为“环保砂石系统”。

索风营工程紧靠六广河大峡谷风景区，具有得天独厚的旅游资源优势。电站建设同时就考虑旅游开发，实现自然风光与现代科技相结合，将索风营建设成“绿色电站、环保电站、旅游电站”。

（四）工程中的技术应用研究

1. MY-BOX新型混凝土连续生产系统应用研究

MY-BOX是一种全新的混凝土拌和理念，是利用骨料自重和高差势能，通过MY-BOX实现混凝土原材料间2^n数量级的不断的挤压和拌和来拌制混凝土，可进行混凝土的连续拌和。MY-BOX不仅本身造价低，运行无须动力，可节省常规拌和系统的主机设备，运行费用仅为普通拌和系统的1/5左右；设备运行可靠，故障率低；另外在进行正式生产时，可以根据工程的地形特点，将MY-BOX直接安装在坝肩，替代拌和楼和真空溜管，防止骨料分离，极大的节约工程造价。MY-BOX用来拌制混凝土在国内尚属首次，具有创新性和良好的市场前景。

2. 磷矿渣在混凝土在工程中的应用技术研究

磷矿渣作为一种工业废料，贵州省大量存在，不仅占地堆放，而且其所含的有害化学成分还对环境造成污染。将磷矿渣用于工程，可变废为宝，利于环境保护，具有现实意义。磨细磷矿渣掺入混凝土中，其微集料效应能改善混凝土工作性，利于工程施工，活性效应可显著提高混凝土后期力学、变形、耐久性能；可减少水泥用量，降低水化温升，预防和减少温度裂缝，特别是对改善大体积、高标号混凝土的性能有重要作用。磷矿渣价格便宜，通过研究运用于水电工程，技术经济效果显著。

（贵州乌江水电开发有限责任公司　查　灵）

引子渡水电站建成情况

引子渡水电站位于贵州省平坝县与织金县交界的乌江上游三岔河上，电站装机3×120MW，年均发电量约为10亿kW·h。大坝为钢筋混凝土面板堆石坝，最大坝高130m。水库正常高水位为1086m，死水位1052m，库容为5.72亿m^3，调节库容为3.22亿m^3。发电厂房为地面厂房，引水发电系统按1洞3机布置，引水隧洞长约1km。

引子渡工程建设速度快。工程于1999年10月开始施工准备，2000年4月由原国家发展计划委员会批准立项，同年11月8日作为“西电东送”拉开序幕的工程之一正式开工。2001年10月16日实现大江截流，年底开始大坝填筑并开始厂房浇筑，2002年5月大坝填筑和厂房浇筑达到度汛高程，保证了工程安全度汛和汛期施工；2003年4月下闸蓄水，5月22日首台机组并网发电，其后2号、3号机组也分别于同年8月25日和12月5日分别投产发电，实现了“一年三投”，从正式开工到3台机组全部投产仅用了不到38个月的时间，比原计划工期提前1年6个月，创造了用火电建设的速度建设同等规模水电站的记录。

引子渡工程不仅建设速度快，而且工程施工质量良好。大坝安全监察中心的安全监察意见认为：引子渡工程主要建筑物设计合理，大坝等主要建筑物施工质量总体满足设计要求和规范规定。大坝已满负荷运行1年多的时间。根据观测资料，整个大坝的沉降量指数约为3%；坝后实测最大渗流量为4L/s，表明大坝总体填筑质量和压密状况良好。

引子渡水电站整个工程总造价为15.93亿元，比原概算18亿元降低了2亿多元。工程单位千瓦造价约为4400元人民币，接近同规模火电建设的造价水平。

引子渡水电站在建设过程中十分重视环境保护工作，严格执行环境保护工程与电站工程同时设计、同时施工、同时投入使用的“三同时”原则。在施工期间采取有效措施预防和治理大气污染、噪声污染，加强对水环境的保护，采取了防止水土流失的针对性措施，及时对施工场地进行清理、绿化、恢复生态，以减缓建设项目实施后对环境造成的不利影响。同时，对永久性营地和附近区域还进行了园林式绿化。引子渡水电站被贵州省环境保护局评为“环境友好企业”。

该项目法人是贵州黔源电力股份有限公司，由中国水电顾问集团贵阳勘测设计院设计，二滩国际工程咨询有限公司、中国水利水电建设工程中南公司监理，中国水利水电第十二工程局、第九工程局和江南水利水电工程公司、411 水电联营体等单位施工。

（贵州黔源电力股份有限公司　李洪泉）

沙沱水电站筹建工作

沙沱水电站位于贵州省沿河县城上游约 7km 处，是乌江干流规划中的第 9 座梯级电站。其上游距思林水电站 120.8km，天然落差 74m，下游接重庆市的彭水水电站，距贵阳 280km，距重庆 230km，与周围负荷中心较近，坝址以上控制流域面积 54508km^2。电站以发电为主，其次为航运、兼顾防洪等综合开发效益；装机容量 1120MW，保证出力 322.9MW，多年平均发电量 45.52 亿 kW·h。

沙沱水电站的勘测设计始于 1981 年。1988 年 8 月经上级主管部门审查批准，确定了沙沱水电站为一级开发方案，采用纵向围堰分期导流。2003 年 4 月完成了《乌江沙沱水电站预可行性研究补充报告》，并通过审查。2005 年 9 月开始了沙沱水电站的筹建工作，目前已完成前期辅助工程的招标工程，现场施工将于 2006 年下半年全面展开，计划 2010 年投产发电。整个工程概算总投资约 80 亿元，工程总工期 5 年 6 个月。

沙沱水电站主要永久建筑物有碾压混凝土重力坝、坝身溢流表孔、左岸坝后厂房、右岸垂直升船机。其水库设计正常蓄水位高程为 365m，相应库容 7.70 亿 m^3。大坝坝顶高程 371m，最大坝高 101m，工程混凝土总量约 280 万 m^3，其中碾压混凝土 150 万 m^3。

沙沱水电站工程由贵州乌江水电开发有限责任公司负责开发，由中国水电顾问集团贵阳勘测设计研究院设计。

（沙沱水电站筹建处　吴元东）

积石峡水电站工程前期准备情况

积石峡水电站位于青海省循化县、民和县与甘肃省积石山县的 3 县交界处，是黄河上游龙羊峡—青铜峡段梯级规划的第五座大型水电站。坝址位于黄河积石峡峡谷出口处，距在建的公伯峡水电站 55km，距下游刘家峡水电站 93km。电站大坝为混凝土面板堆石坝，最大坝高 100m，坝顶高程 1861m。水库正常蓄水位 1856m，总库容 2.94 亿 m^3，为日调节水库。电站安装 3 台单机容量 34 万 kW 水轮发电机组，总装机容量 102 万 kW，保证出力 33.23 万 kW，多年平均发电量 33.63 亿 kW·h。

枢纽建筑物由面板堆石坝、引水发电系统及泄水系统 3 部分组成。坝体填筑总量 285.04 万 m^3。电站进水口位于左岸，其后接 3 条直径 12m 的外包钢筋混凝土的钢管直通厂房，厂房布置在左岸坝脚下游。电站采用 330kV 一级电压接入系统。泄水建筑物由左岸表孔溢洪道、左岸中孔泄洪洞和底孔排沙泄洪洞组成。表孔溢洪道布置在引水系统左侧，宽 15m；左岸中孔泄洪洞以“龙抬头”造型与导流隧洞相结合；底孔排沙洞从电站进水口底部穿过。工程按 500 年一遇洪水设计，5000 年一遇洪水校核，相应洪峰流量分别为 5850m^3/s 和 7550m^3/s。

积石峡水电站的工程特点：①枢纽布置集中，引水发电系统、溢洪道、中孔泄洪洞、排沙洞都相邻布置，主要集中在坝址左岸，各部位施工时相互影响较大。②左岸边坡开挖，边坡高，道路布置难度大，战线长，工期紧张，施工安全控制困难。③压力钢管长达 250m，直径达 12m，制作和安装均有一定的难度。

工程施工分为 8 个标段，分别是交通洞及施工支洞标、导流洞标、开挖Ⅰ标、开挖Ⅱ标、大坝标、电站进水口和溢洪道标、厂房标、钢管制造标。工期目标：2010 年 3 台机组全部投产发电。

2005 年，积石峡水电站全年完成投资 21166 万元，完成计划投资的 106%。完成主要工程量：土方开挖 4.3676 万 m^3；石方开挖 4.0296 万 m^3；土石方填筑 23.802 万 m^3；浇筑混凝土 0.6877 万 m^3；钢筋 342t。移民征地及搬迁：左岸对外公路征地 170 亩，右岸施工区征地 461 亩，左岸施工、生活区征地 768 亩；部分移民临时搬迁 26 户。施工筹建和施工准备同步进行，生产生活区征地工作全面完成，公路（桥梁）、供水、供电、通信、生活区等四通一平工作稳步推进，高、低线交通洞按照计划基本完成，为导流洞工程开工创造了良好的条件。

（黄河上游水电开发有限责任公司　胡耀斌　张文俊）

苏家河口水电站

（一）工程概况

苏家河口水电站位于云南保山市腾冲县境内的槟榔江中游干流上，为槟榔江胆扎至松山河口梯级规划的第三个梯级（按雷打石—苏家河口合并），是槟榔江干流中游河段梯级电站开发中容量最大的一级电站。电站首部位于熊脚沟交汇口下游约 410m（直线距离）处，厂区枢纽位于苏家河口上游约 0.5km；电站首部距昆明公路里程约 730km，距保山市公路里程 220km，距腾冲县城公路里程约 80km。

该电站为二等大（2）型工程，大坝、泄洪、放空、电站进水口等为 1 级，设计及校核分别采用 500 年和 5000 年重现期，相应洪水分别为 $2110m^3/s$ 和 $2680m^3/s$。引水发电建筑物为 2 级，设计及校核分别采用 100 年和 500 年重现期，相应洪水分别为 $1740m^3/s$ 和 $2150m^3/s$。次要建筑物为 3 级。建筑物抗震设防烈度为Ⅷ度。

电站水库正常蓄水位时库容 2.23 亿 m^3，调节库容 1.22 亿 m^3，水库具有季调节特性，可使下游梯级电站松山河口的保证出力有所提高。电站设计引用流量 $118m^3/s$，额定水头 321m，装机容量为 315MW（3×105MW），保证出力 81.9MW，多年平均发电量 13.03 亿 kW·h，年利用小时数 4137h。

本工程于 2005 年 12 月（导流洞）开工。

（二）枢纽布置

本工程为混合式开发，以发电为主要兴建目的，整个枢纽由首部枢纽、左岸引水系统和厂区枢纽等组成。首部枢纽由混凝土面板堆石坝、右岸溢洪道、左岸泄放空洞等组成；引水系统由电站进水口、引水隧洞、调压井及钢管等组成；厂区枢纽由地面主副厂房及 GIS 楼组成。

挡水建筑物为混凝土面板堆石坝，布置在熊脚沟交汇口下游约 410m（直线距离）处。大坝顶长度为 424m，最大坝高 137.3m，坝顶宽度 12m。坝顶高程由地震工况控制，高程为 1595m，为减少坝体堆石量，采用高混凝土防浪墙，墙高 5.7m，高出坝顶 1.2m，墙顶高程 1596.2m。

泄洪建筑物由右岸开敞式溢洪道和左岸泄洪放空洞组成。溢洪道承担 73%的泄洪量，位于右岸坝肩，由引渠段、闸室段、缓流转弯断、泄槽段和挑流鼻坎段组成，结构形式均采用钢筋混凝土结构，最大边坡开挖高度 137.5m。引渠底宽 17～13m，渠底高程 1572.5m。为便于堰体与堰后缓流段连接，堰体采用宽顶堰，闸孔尺寸由过流能力确定为 13m×17m，堰顶高程取 1573.00m，闸墩顶部高程与坝顶相同。由于地形复杂，且岩体风化强烈，为实现堰体与泄槽的弯段连接，并改善水流条件，在堰体与泄槽间设缓流转弯段，缓流段底宽 13m。泄槽位于 6 号冲沟右岸山脊，泄槽宽度 13m，底坡 56.18%，设 2 组掺气槽，泄槽末端设挑流鼻坎，挑坎高程 1481.00m。

泄洪放空洞布置于坝址左岸，由进水渠、检修门槽、事故检修闸门井、有压段、工作门室、无压段及出口段组成，轴线长度 859.472m。有压段为圆形断面，无压段为城门洞形。泄洪放空隧洞进口位于电站进水口底部，以利于兼顾冲沙，进口底板高程 1524m。有压段标准断面为直径 6.6m 的圆形断面，长度 446.812m。工作闸门室位于桩号放 0＋446.812m 处，设 5m×6m（宽×高）弧形工作门 1 扇，最大水头 66m。工作闸门后为无压洞段，无压段为城门洞型，宽 6m，高 9m，轴线长 299.766m。出口明槽段长 52.6m，过水断面为矩形，宽 6m，高 11m，底坡 1.13%。挑流鼻坎段长 40m，挑坎顶高程为 1472.5m，挑角 12°，反弧半径 35m。

引水系统布置于槟榔江左岸，其中有压隧洞长度约 5.543km，洞径 6.3m，引用流量 $118m^3/s$；调压井为地下双室式；钢管用全埋管方式布置，主管长度约 672m，内径 4.2～4.4m，剖面上采用三平两斜布置，为一管三机供水。

厂区枢纽布置于苏家河与槟榔江交汇口上游 495m，由主厂房、下游副厂房、上游副厂房、安装场、主变室、主变运输道、GIS 楼、屋顶出线架及尾水闸门启闭室等组成。

（中国水电顾问集团昆明勘测设计研究院　吴贵春）

洪江水电站全部建成

洪江水电站最后安装的作为二期工程的 6 号机组，于 2005 年 7 月 12 日完成 72h 带负荷连续试运行，7 月 23 日投入商业运行。这标志着安装有我国目前单机容量最大的灯泡贯流式机组的洪江水电站全部建成。

洪江水电站位于湖南省怀化市洪江区境内，上距怀化市 90km，下距洪江区 4.5km。电站以发电为主，兼有防洪、灌溉、航运、养殖等综合效益。坝址控制流域面积 $35500km^2$，水库校核洪水位 194.18m，设计洪水位 190.03m，正常蓄水位 190.00m，总库容 3.2 亿 m^3，调节库容 0.75 亿 m^3，属周调节水库。混凝土重力坝，坝顶高程为 196.5m，最大坝高 56.9m，坝顶全长 456.5m。电站共安装 6 台单机容量为 45MW 的灯泡贯流式水轮发电机组，总装机容量 270MW，保证出力 33.4MW，多年平均发电量 10.17 亿 kW·h（在上游三板溪水电站建成后，通过联合调度，多年平均发电量可达 11.14 亿 kW·h）。灯泡贯流式水轮发电机组，单机容量为 45MW，为国内目前最大。水轮机设计水头 20m，最大水头 27.3m，最小水头 8.4m，额定流量 $252.24m^3/s$，额定转速 136.4r/min；发电机额定电压 10.5kV。每台机出口装设真空断路器，扩大单元接线，3台主变压器，经2回220kV线路送出，担任湖南省系统调峰和备用任务。

洪江水电站的机电设备主要利用日元贷款，通过国际招标进行采购。主机制造单位为日立-哈尔滨-ALSTOM联合体，其中，1号、2号水轮机为日立公司生产，发电机为阿尔斯通公司生产；3号～6号水轮机、发电机为哈尔滨电机厂生产。

洪江水电站为沅水梯级滚动开发一期项目，1997年12月批准立项。电站分两期建设，一期工程安装1号～5号5台机组，二期工程安装6号机1台。1998年3月主体工程开工，12月截流成功；2001年9月，机电安装工程开始。2003年，3月8日首台1号机组机组投入商业运行，6月10日2号机组投入商业运行，9月30日3号机组通过机组启动验收，11月24日4号机组72小时试运行结束，12月22日5号机消缺后开始商业运行，一期工程安排的5台机组在这年都投产发电。2004年7月7日，洪江一期工程通过竣工验收安全鉴定。

2005年3月25日，中国电力投资集团公司命名洪江水电工程为“基建移交生产达标投产工程”，并颁发奖牌和证书。同年5月31日～6月4日，国家电力监督管理委员会大坝安全监察中心组织大坝安全注册检查组对洪江水电站进行了大坝安全注册检查。检查组认为：洪江电站大坝的安全状况和现有的管理水平，已具备大坝安全注册条件，同意注册。

6号机组安装，处于电站整体工程最后阶段，2004年8月签订安装承包合同，2005年1月施工单位（中国水电八局机电制造安装分局）进场。由于1号～5号机组已正式投产发电，6号机安装工程除需要严格控制“质量、进度、造价”等要素之外，对安全文明施工的管理要求也相对提高。为此，建立了完善的施工过程保障体系，从施工组织的安排、技术措施的制定、原材料的供应与运输，到施工现场监督和生产及施工环境的维护都作出了明确规定，电厂结合生产运行倒班实行了每日四检一通报制度，并对施工过程中的事故和安全文明施工标准予以量化和考核，有效保证了工程质量和安全文明。2005年7月7日，6号机首次启动成功，7月12日完成试运行，7月13日全厂6台机组首次同时满负荷发电。

洪江电厂1号～6号机自投运以来设备运行正常，性能达到设计值。2005年8月，洪江工程被评为湖南省优质工程。2005年10月，洪江电厂取得《水电站大坝安全注册登记证》，注册等级为“甲级”，有效期为2005年10月～2010年10月。截至2005年11月20日，洪江电厂自首台机组投产以来实现连续安全运行1000天。

（五凌电力有限公司）

碗米坡水电站建设情况

（一）工程概况

碗米坡水电站位于酉水中游，在湖南省湘西自治州保靖县境内，下距保靖县城20km，是沅水一级支流的第四个梯级水电厂，尾水与凤滩水电厂回水相接。该工程以发电为主，兼有养殖、供水等综合效益，是沅水流域滚动开发的第一期项目。

碗米坡水库正常蓄水位248m，死水位238m，总库容为3.78亿m^3，调节库容为1.25亿m^3，具有不完全年调节性能。电站设计水头39m，装机3台，为混流式机组，单机容量80MW，总容量240MW，保证出力18.6MW，多年平均发电量7.92亿kW·h，年利用小时3300h。电厂在丰水期主要承担基荷，在枯水期参与系统调峰。

碗米坡枢纽工程属二等大（2）型水电工程，永久建筑物采用100年一遇洪水设计，1000年一遇洪水校核。电站枢纽由拦河坝、泄洪消能及引水发电等建筑物组成，溢流坝段布置于偏左岸的主河床。

主体工程设计工程量：石方开挖150万m^3、主体混凝土51.11万m^3、钢筋制安10966.5t，帷幕灌浆5017m、固结灌浆16400.4m。

挡水建筑物为碾压混凝土实体重力坝，坝顶高程为254.5m，最大坝高为66.5m，坝顶长度为238m，坝顶宽度为16.0m，最大底宽为50.5m。发电厂房为坝后式，布置在河床右岸。

（二）工程建设历程

1. 施工准备　进场公路工程全线23.87km，于2000年3月正式开工，同年12月完工。送电线路工程，线路全长17.22km，1999年12月开工，2000年4月竣工。生活场地平整工程于2000年2月开工，2000年7月底完工，总面积约12万m^2。交通洞全长677m，于2001年4月开始施工，2001年8月全断面贯通，2001年10月通过竣工验收。导流洞于2001年3月开始开挖，2001年11月全部完工组织验收，达到截流过水条件。人工砂石生产系统建设于2001年元月开始，同年9月正式投入运行。混凝土拌和系统于2002年1月开始投入使用，主要生产常态混凝土、碾压混凝土。

2. 主体工程施工　电站主体工程于2001年5月开工，2001年11月大江截流，2001年12月开始大坝基础土石方开挖。大坝浇筑于2004年4月全部完成；厂房混凝土浇筑于2004年6月份全部完成。2002年10月～2003年5月完成了3条压力钢管(472t)的制作、焊接、防腐工作。2003年1～4月，6孔尾水、3孔进水口工作闸门的埋件及门叶全部下放安装到位，厂房自成封闭体系，按期达到工程度汛形象要求。2003年3月～12月完成了3台机组压力钢管的安装、焊接及防腐。2003年7月～10月完成了溢洪道所有5孔弧形闸门埋件、检修闸门埋件以及油缸埋件的吊装、调整、安装，同时完成了3号机进水口检修门埋件和1号机、2号机进水口拦污栅埋件的安装。2004年3月31日，溢洪道5扇弧门已全部安装完毕，基本具备启闭条件。

3. 工程阶段验收　2003年4月17日，主体工程210m高程以下通过基坑过水前验收；2003年11月3日工程通过下闸蓄水安全鉴定；2003年11月21日，通过下闸蓄水验收委员会的验收；2003年11月30日工程开始下闸蓄水；2004年2月9日首台机组投产，5月31日2号机组投入商业运行，8月20日3号机组并网发电；2004年8月，工程竣工安全鉴定第一次会议在工地召开，2004年内实现达标投产。

（三）工程建设管理特色

1. 机制创新，系统运作　碗米坡工程是五凌电力公司积极响应湖南省政府“开发大湘西、促进湘西经济发展”的富民工程。五凌公司在总结五强溪、凌津滩、近尾洲工程建设管理经验基础上，创新提出“小业主、大监理，招投标，总价承包，建管结合”的水电工程建设管理新模式，在碗米坡工程建设中得到全面实践应用。此种管理模式职责明确，层次清晰，机制灵活，是实现工程质量、进度、投资、安全文明管理四要素始终受控、在控的根本保证。

(1) 小业主、大监理。整合各类资源，将工程建设管理中专业化、事务性的工作委托给专业管理公司操作，施工现场实行业主代表制。由监理在业主授权的范围内，负责处理施工现场的有关问题。工程设计、招投标和工程结算等重大事项由总部职能部门负责。

(2) 总价承包。碗米坡施工准备、土建主体工程、机电金结安装均为总价包干合同，工程完工后，合同纠纷少，需要处理的遗留问题少，索赔的金额小。承包商在3个月内就办理了竣工决算。推行“政府负责，投资包干，业主参与，移民监理”的库区移民管理模式。与地方政府签订工程建设管理协调包干总协议，充分调动了地方政府支持工程建设的积极性，既节约了工程建设的成本，又保证了移民工作规范有序进行，满足了工程建设的需要。

(3) 建管结合。电厂筹建与工程建设同步，筹建人员作为项目管理的业主代表，履行业主现场管理职能，将电厂安全生产需要和精细管理、标准管理融入到工程建设之中，避免了投产后大面积、大范围整改等造成的隐性浪费。

2. 设计优化，挖潜增效　在设计咨询方面，公司引进加拿大兰万灵公司承担工程设计优化咨询工作；成立以国内水电界知名院士、设计大师为成员的高级专家顾问委员会，对工程项目的总方案、重大技术问题和工程建设管理进行咨询，及时研究解决设计中的重大问题。

碗米坡建设实施了多项工程设计和施工优化方案，如：厂房长度缩短12.2m；斜面升船机变更为驳运码头；优化导流洞设计；抬高大坝建基面和灌浆廊道；取消RCC围堰，利用坝体挡水；降低厂坝导墙的高度；混凝土浇筑缆机改门塔机、消力池护坦固结灌浆孔与锚筋孔相结合，“洪中抢枯”施工方案等。节约了施工工期，工程投资较概算投资节约20%以上。

3. 严格标准，精细管理　标准决定结果，思路决定出路。借鉴五凌已建成流域电厂“思、高、严”、“严、细、实”的建设、管理成功经验，将精细化管理工作方法融于工程建设实践中，以安全文明施工为突破口，全面推进工程建设，在安全文明管理方面创造了特色。

(1) 建立健全可操作的安全文明生产激励、约束机制，奖罚对等。实行“日检查，月通报、月兑现”，奖罚最高额度按月工程进度款的0.1%执行。

(2) 建立完善、严格的安全文明内部考核评价体系。总部考核项目部，项目部考核电厂筹建处，筹建处考核监理与设代处，监理考核各施工承包商，层层落实，责任到人。

(3) 建立停工整顿机制。安全文明生产达不到要求，业主授权监理下达停工整顿通知，限期整改到位。若整改仍不能满足要求，采取强制措施，委托其他承包商完成，费用直接从责任承包商的工程结算款项扣除。

(4) 加大安全文明投入，硬件设施上台阶。将施工主干道路硬化到施工场面，实用、可靠的安全防护设施跟进到作业面，由业主组织安全文明场地清扫队，并配合消防车洒水。有效解决承包商对安全文明设施投入不足的问题，确保了文明安全硬件上的需要。

(5) 施工仓面安全文明生产实施标准化管理。安全防护设施与仓面的钢筋、模板等一并验仓，安全防护不达要求，仓面不开浇；施工电源要求规范统一。

严格、统一的标准使施工现场安全文明管理水平得到提升，有效促进了工程建设各项管理工作的改进和提高，使参建各方对工程进度、质量、安全文明管理的主动性、积极性进一步加强。安全、质量和进度指标的有效控制，既保障了工程投资可控在控，又提高了承包商自身效益。

（四）电厂管理新模式

1. 立足于“少人值守，无人值班”的电厂管理模式　电厂设安全生产部和综合管理部两个部门。全厂员工70人，70%以上员工为2003年后从学校毕业的大中专生。该批学生通过入厂培训企业文化熏陶，进五强溪电厂封闭式强化培训、外送各设备厂家进行专业短期培训、以农民工身份参与机组设备安装、岗位练兵技能比武等一系列扎实有效的培训，于2004年初经过考试考核上岗，其中5人受聘运行值长，8人任各专业专责工程师，“无人值班，少人值守”目标得以实现。

2. 推行风险预控管理　电厂坚持“安全第一，预防为主”的方针，严格执行危险源排查制度、“两票三制”，开展安全规则讲座、安全知识抢答赛、标语宣传等形式多样的安全预防教育，开展风险防范，建立健全了全厂的应急救援预案体系，截至2005年12月底，电厂连续安全运行686天。

3. 坚持“凡事要研究策划”，提高工作双效　2004年10月，碗米坡电厂即着手研究编制《电厂管理纲要》，对电厂5年内的各项管理工作进行整体规划，《纲要》涵盖电厂的生产、经营、综合、后勤等方面的目标和管理举措。在《电厂管理纲要》的引领下，碗米坡电厂在保证安全生产的基础上，对企业文化传承、安全生产管理、运行值班模式等方面都进行了有益的探索。

为了弥补人员经验不足而工作出现失误，2004年起在全厂推行工作企划书制度，有效地促进了电厂各项工作质量的提高。

4. 推进精细化管理，全面提高电厂管理水平　为提升电厂管理水平，电厂从2003年起开始全面推行发电企业业绩评估工作，管理工作逐步向规范化、标准化、程序化的标准靠拢。从2006年开始全面推进集约型精细化管理工作，从基础管理、安全管理、技术管理、运行管理、设备管理、培训管理、业绩评估、目视化管理、制度建设、培训管理、后勤管理、党群管理、财务管理、企业文化等方面进行研究策划，提出了落实细化管理的具体措施，践行“细、实、严”要求。

（五凌电力有限公司碗米坡水电厂　吴桂君）

苏只水电站建设情况

（一）工程完成情况

2005年3月31日，国家发展和改革委员会以发改能源［2005］545号文件下发了苏只水电站项目核准的批复，使该项目具备了全面开工的条件，彻底扭转了水电站工程建设资金紧张的被动局面，为工程全面赶工，确保实现年底首台机组发电目标奠定了坚实的基础。

2005年苏只水电站完成投资44793万元，为年计划78.1%。其中施工辅助工程907万元，占年计划27.5%；建筑工程15241万元，占年计划99.2%；机电设备及安装12093万元，占年计划58.8%；金属结构设备及安装3642万元，占年计划78.3%；建设征地和移民4716万元，占年计划287.6%；独立费用5978万元，占年计划98.3%；建贷利息2216万元，占年计划58.8%。

基建投资未完成年计划主要原因：①东芝水电设备有限公司（杭州）未能按合同工期提交2号、3号全部水轮机及附属设备，影响投资完成7550万元。②哈达亥电站补偿费用原计划按一次性买断补偿考虑，通过谈判协调最终确定以补偿电量的方式进行补偿，使此项费用与年计划相差3412万元。③通过设计优化及招标，减少投资完成1600万元。以上因素共影响投资完成12567万元，占年度计划投资21.9%。

截至2005年底，苏只水电站自开工累计完成投资82414万元。

主要工程形象：堆石坝一期工程大面浇筑到1892m高程，具备初期蓄水发电条件；泄洪闸工程完成了主体结构混凝土浇筑、金属结构设备安装；厂房工程完成主体结构混凝土浇筑、屋面封顶；机电设备工程完成了1号机组发电相关的电气一次和二次系统安装调试。

首台1号机组于2005年12月27日23时55分进入72h试运行，12月30日23时55分正式并网发电。

苏只水电站从2003年11月1日主体工程开工建设到首台机组投产发电，仅用了26个月时间。

（二）安全文明施工情况

贯彻“安全第一，预防为主”的方针，坚持“任何事故都是可以避免的”安全理念，按照“七个不发生”的安全生产管理目标，把国家安全生产法规和有关安全生产的规章制度落到实处。从加强安全管理基础工作入手，强化全员教育，建立健全安全监察和保证体系，全面落实各级安全生产责任制，严格执行奖惩规定，加强安全管理规范化、标准化建设；坚持不懈地开展每月安全生产、文明施工大检查。科学的管理、扎实的工作保证了安全形势的稳定和文明施工水平的提升。实现了安全事故、质量事故“双零”目标。

（三）存在问题

（1）苏只水电站工地建设征地、哈达亥电站补偿费用大幅超出设计概算，给今后的生产经营带来较大压力。

（2）因黄丰渠迟迟不能截断的原因，苏只水电站堆石坝工程施工进度缓慢，水库二期蓄水方案无法实施，1号机组一直在低水头工况下运行，电站安全度汛形势不容乐观。

（3）主机设备制造厂家交货推迟，2号、3号机组投产发电时间较原定计划严重拖后。

（黄河上游水电开发有限责任公司　胡耀斌　张文俊）

冶勒水电站并网发电

冶勒水电站枢纽工程，2004年10月通过蓄水安全检查，2004年12月通过工程初期下闸蓄水验收，2005年10月31日机组通过72h试运行，并网发电。

冶勒水电站位于四川省凉山州冕宁县和雅安市石棉县境内，为南桠河流域梯级规划“一库六级”的第六级龙头水库电站，距石棉县城43km，距成都市407km。枢纽工程以单一发电为主，无航运、漂木、防洪、灌溉等综合利用要求。坝址以上控制流域面积323km^2，多年平均流量14.5m^3/s。水库总库容2.98亿m^3、调节库容2.76亿m^3，具有多年调节能力。电站正常蓄水位2650m，最大水头644.8m，最小水头546.7m，额定水头580m；装2台120MW水斗式水力发电机组。电站枯水年枯水期平均出力108.2MW，多年平均发电量6.47kW·h。电站建成后，约可增加下游5个梯级电站保证出力160MW，约可增加年发电量7亿kW·h。

冶勒水电站为大（2）型工程，坝区天气寒冷，覆盖层深厚，坝基不对称，采用沥青混凝土心墙堆石坝，其设计和施工具有许多值得参考借鉴的特点。

（1）沥青混凝土心墙堆石坝高125m名列世界前茅。坝址处于气象条件恶劣的川西老、少、边、穷地区，全年无夏季，多年平均降雨215天，年平均气温7℃，年平均湿度86%以上。坝址处于我国著名的南北地震带中段，紧靠安宁河活动性大断裂带，工程场地基本烈度为Ⅷ度。

大坝左岸坝基为岩石，河床及右岸为深覆盖层，最深超过420m，且基础严重不对称、不均一，堆石坝坝体设计和基础处理均为水电工程技术难题。

大坝防渗系统的设计和施工难度极大，设计最大防渗深度200m，其中混凝土防渗墙部分深140m，国内外罕见。

（2）大坝防渗排水系统及基础处理工程技术复杂，尤其是大坝廊道系统结构要求严格，断面尺寸大，必须在胶结不一的粉质壤土和卵砾石内开挖，难度巨大。

（3）采用的导流、泄洪、放空“三合一”方案，涡室竖井消能，洞室结构复杂，施工技术要求高。

（4）压力管道最大水头650m，斜井埋深250m，地下厂房洞室群工程庞大，设计条件复杂，技术标准要求高。

（5）单机容量120MW的进口水斗式机组，技术要求及水平国内领先。

为了满足工程的建设进度和工程质量，2004年应业主要求，成都勘测设计研究院对冶勒初步设计进行了适当优化调整，并2004年5月通过了水电水利总院会同四川省发展和改革委员会的审查。与此同时，为满足工程进度要求，根据大坝堆石料场料源的现实条件和试验资料，设计院联合国内高等院校就“大坝与基础三维应力、变形条件”、“坝址区三维渗流场”设计计算等进行了复核研究，同时，还就高水头平板工作闸门在工程应用中的开启控制进行了深入探索，为冶勒水电站按期实现蓄水，发电提供了强有力的可靠技术保障。

根据国家政策，按2002年10月重编概算，冶勒水电站静态投资231390.33万元，总投资253765.75万元。

冶勒水电站实行业主负责制，工程招投标监理制，业主为四川南桠河流域水电开发有限责任公司；设计单位为中国水电顾问集团成都勘测设计研究院；监理工程师单位为四川二滩国际工程咨询有限责任公司；施工单位为中国葛洲坝水电集团公司、基础局有限公司、水电七局、水电十局及四川省煤建公司。

（中国水电顾问集团成都勘测设计研究院
刘吉祥　唐　兰）

金银台航电工程建设情况

（一）工程概况

金银台航电枢纽工程坝址位于嘉陵江干流中游，下游与新政航电工程衔接，位属四川阆中市河溪镇，距阆中市区11km。该段河道缓向东弯曲，主流偏左岸，两岸岸坡陡峭。

坝址区很早已设有金银台水文站，自1951年8月建站观测已有40多年历史。金银台坝址控制流域面积67694km^2，多年平均流量772m^3/s，坝址处多年平均悬移质输沙量5800万t，多年平均含沙量2.57kg/m^3，实测最大流量3100m^3/s，推算50年一遇洪水流量 30200m^3/s，500 年一遇洪水流量 40400m^3/s。

坝区分布上侏罗系蓬莱镇组砂岩和砂质黏土岩，岩层缓倾向上游，无断裂构造。坝址区砂岩岩层较厚，坚硬完整，基岩裸露，形成陡岸和礁石，主河床无覆盖层分布。本地区地震基本烈度小于Ⅵ度，建筑物可不考虑抗震设计。

本工程是以发电和航运为主、兼顾堤灌，并以坝代桥的综合利用工程。拦河建筑物采用低闸坝挡水，壅高水头 15.5m，正常蓄水位 352m，相应水库库容 1.665 亿 m^3，具有日调节性能，电站装机容量 120MW（3 台×40MW，3 台贯流式水轮发电机组），保证出力 36.1MW，年发电量 5.752kW·h。水库干流回水长 19.7km，支流东河回水长 21.5km。船闸按Ⅳ级航道设计。

（二）枢纽工程布置

金银台航电枢纽工程枢纽建筑物从左到右由左岸挡水坝段、十四孔泄洪闸、一孔冲砂闸、厂房坝段及右岸挡水坝段组成，坝顶总长度 532.94m。船闸利用闸坝轴线左侧为凸岸的自然条件，“裁凸取直”，单独布置，从而在船闸和闸坝之间形成 1 个岛屿。

泄洪闸、冲沙闸采用开敞式。泄洪闸设计洪水流量 28036m^3/s，孔口尺寸为 12m×18m（宽×高），最大单宽流量 25.20m^3/s，采用底流式消能。冲沙闸设计洪水流量 1664m^3/s，尺寸为 10m×18m（宽×高）。

船闸运力 250 万 t，闸室主要尺寸 2.5m×16m×120m（水深×宽×长）。

水电站厂房为河床式，长 103.75m、宽 22m、高 55.5m，厂区建筑物由主副厂房、中控楼组成。

（三）勘测设计过程

成都勘测设计研究院在 1986 年 3～4 月间查勘嘉陵江时，选出了金银台水电站站址，同年 7 月提出的《关于加快开发嘉陵江中型水电站的意见》中，首次将金银台水电站列入嘉陵江干流开发梯级之一。1988 年 12 月，在成都勘测设计研究院提出的《嘉陵江苍溪至合川段水电开发规划报告》中，金银台水电站为第三个梯级电站，并推荐为近期开发项目之一。

受阆中县政府的委托，成都勘测设计研究院从 1989 年 3 月～1990 年 5 月，开展了金银台水电站可行性研究阶段的勘测设计工作，于 1990 年 6 月，提出了《嘉陵江金银台水电站可行性研究报告》。经四川省工程咨询公司主持评估，并以川工咨［1992］45 号文提出了《评估意见》。原四川省计划委员会、省水电厅于 1992 年 10 月在成都召开了《金银台水电站可行性研究报告》的审查会，并以川计［1992］能 1320 号文对《可行性研究报告》进行批复。

在《金银台水电站可行性研究报告》批复意见的基础上，成都勘测设计研究院于 1993 年初正式开展了金银台水电站的设计工作，同年 10 月提出了《嘉陵江金银台水电站初步设计报告》，经四川省建设委员会组织审查通过，并以川建委发［1993］电 896 号文予以批复。至此，电站开工建设的技术条件已具备等，待国家立项建设。2001 年成都勘测设计研究院应业主要求，进行金银台水电站优化调整设计，装机容量由 93MW 提高到 120MW，金银台水电站装机容量优化调整设计通过上级主管部门原四川省计划委员会审查后随即开始了招标设计。

（四）工程施工情况

金银台航电枢纽工程一期导流明渠于 2002 年 2 月开始进行施工，4 月底完成。右岸闸坝及厂房工程于 2002 年 10 月正式动工兴建。2003 年 4 月，10 孔泄洪冲沙闸及厂房坝段底板混凝土均浇筑完成。2003 年 5～9 月，一期围堰过水，基坑淹没，只进行安装间坝段的施工。2003 年 10 月～2004 年 4 月，进行二枯施工，包括 10 孔泄洪冲沙闸闸墩及厂房坝段，至 4 月底，泄洪冲闸闸墩施工到顶，厂房坝段达到防洪高程。2004 年 5 月～9 月，进行泄洪冲沙闸闸顶预制板梁的铺装和主机间、安装间内的土建工程施工及 1 号机组安装。2004 年 4 个坝段的左岸挡水坝段及 5 孔泄洪闸的施工；同时，右岸厂房内继续进行机组安装及砌体施工，浇筑 10 孔泄洪冲沙闸启闭机排架柱及启闭机室，至 2005 年 4 月底，10 孔泄洪闸具备启闭能力，具备运行条件。

2005 年 4 月 28 日 1 号机组通过了 72h 试运行，正式并网发电。

（中国水电顾问集团成都勘测设计研究院
刘吉祥　唐　兰）

新政航电工程设计与建设情况

新政航电枢纽工程位于四川省仪陇县新政镇境内，是嘉陵江干流苍溪至合川河段 13 级开发的第 5 级，距仪陇县城 47km。工程为以发电为主、电航结合的综合利用工程。

坝址控制流域面积 69403km^2，多年平均流量 781m^3/s，年径流量 230 亿 m^3。枢纽区河谷开阔，左岸基岩裸露，右岸为漫滩阶地，河床覆盖层 20～24m；基岩为砂质黏土岩与砂岩互层。

水库正常蓄水位 324m，相应库容 1.13 亿 m^3，最大引用流量 1080.45m^3/s，具有日调节性能。电站装机 3×3.6 万 kW，多年平均发电量 5.627 亿kW·h。

工程为二等工程，而永久性主要水工建筑物按3级设计，设计洪水重现期为50年，相应洪水流量为29700m³/s；校核洪水重现期为500年，相应洪水流量为40100m³/s。船闸按4级航道标准设计。

枢纽工程自左至右依次布置有：左岸挡水坝段、船闸段、厂房坝段、冲沙泄洪闸段及右岸土石坝段。左岸挡水坝段为混凝土重力坝，河床布置13孔泄洪闸，3孔冲沙闸，每孔闸净宽12m。发电厂房位于主河槽，主机间3个坝段共长67.06m，主厂房净宽19.5m，高56m，厂房内安装3台单机36MW贯流式水轮发电机组。

嘉陵江流域水力资源的调查研究工作开始于20世纪30年代。1956年～1957年间，由成都勘测设计研究院完成了干流及其主要支流的水力资源普查工作；1957年成都勘测设计研究院、长江流域规划办公室（长办）会同四川省的水利、交通部门，对干流及主要支流渠江、涪江和白龙江进行较全面的复勘，于1958年～1960年先后编制完成《嘉陵江流域复勘报告》和《嘉陵江流域综合利用规划要点报告》。

1987年成都勘测设计研究院开展了嘉陵江干流苍溪至合川段的水电规划，并于1988年10月提出《嘉陵江中有苍溪至合川段水电规划报告》，提出13级开发方案；1989年11月由原四川省计划委员会会同水利水电规划设计总院主持并通过对该报告的审查。

1990年4月，成都勘测设计研究院编制完成了《新政电航枢纽工程可行性研究报告》，该报告未报上级部门审查。2000年11月，受仪陇县水电资源综合开发公司的委托，成都勘测设计研究院在原可行性报告的基础上，重新编制了《新政电航枢纽工程可行性研究报告》，并于2001年3月通过了四川省国际工程咨询公司的审查；2001年8月，《四川省嘉陵江新政电航枢纽工程环境影响评价大纲》和《嘉陵江新政电航枢纽工程水土保持大纲》也通过了四川省环境保护局、四川省水保局组织的审查。2002年6月，成都勘测设计研究院编制完成了《新政航电枢纽工程初步设计报告》，并于同年7月通过了原四川省发展计划委员会委托四川省国际工程咨询公司组织的审查。

主体工程2003年8月10日开工，10月17日完成一期工程截流。2005年主体工程基本完成，计划2006年4月下闸蓄水，5月首台机组发电。

工程业主四川省嘉陵江新政航电开发有限责任公司实行业主责任制，采用招标形式选择设计、监理及承建单位。四川二滩国际工程咨询有限责任公司承担监理，水电七局承建。

（中国水电顾问集团成都勘测设计研究院 刘吉祥 唐 兰）

金溪航电工程设计与建设情况

金溪航电枢纽工程位于嘉陵江中游蓬安县金溪镇，是嘉陵江苍溪至合川段水电规划中的第六级航电工程，枢纽上接新政梯级，下与马回梯级相接，距蓬安县城31km。

金溪航电枢纽工程的可行性研究设计及初步设计分别由西北勘测设计研究院和四川省水利水电勘测设计院承担。成都勘测设计研究院于2003年7月通过设计投标，承担了该工程的招标及技施设计。

金溪航电枢纽工程是嘉陵江上第一个采用厂房小基坑围堰施工的工程。

金溪航电枢纽工程是一座以开发水电资源、发展航运为主，兼顾旅游及养殖的综合利用工程。水库正常蓄水位310m，总库容4.602亿m³。船闸有效尺度为120m×16m×3m（闸室长度×闸室宽度×闸室水深），设计通航船队为2×500t。电站为河床式厂房，总装机容量为150MW，共安装4台单机容量为37.5MW的贯流式灯泡机组。

金溪航电枢纽工程枢纽建筑物从左到右由左岸接头坝段、船闸、左岸挡水坝段、20孔泄洪冲沙闸坝段、厂闸连接坝段、厂房坝段及右岸接头坝段组成，坝顶高程321.50m，坝顶总长度652.99m。

右岸土建标工程于2003年10月1日开工，2004年4月，6孔泄洪冲沙闸已浇筑至坝顶高程，并完成门槽埋设；2004年5月起，6孔泄洪冲沙闸开始过流；2004年9月，厂房混凝土浇筑至发电机层。

左岸土建标工程于2004年9月开工，在进行上游围堰堆筑的工程中，由于9月27日发生沉船事故。整个工程全部停工。

2004年12月，左右岸两个土建标工程恢复施工。至2005年2月底，右岸土建标中的1号机组工作廊道上游侧已浇筑到坝顶高程，所有机组尾水起闭机排架浇筑完成；左岸土建标完成了4孔泄洪闸闸室底板的浇筑。按计划2006年4月首台机组并网发电。

（中国水电顾问集团成都勘测设计研究院 刘吉祥 唐 兰）

马鹿塘水电站二期工程

（一）工程概况

马鹿塘水电站位于云南省文山州麻栗坡县境内的盘龙河上，为盘龙河梯级规划中的第八个梯级，工程分两期开发建设。

马鹿塘水电站二期工程以发电为主，采用混合式开发。枢纽建筑物主要由混凝土面板堆石坝、左岸岸边溢洪道、左岸放空隧洞、右岸引水隧洞、压力钢管道、地下发电厂房、地面出线场及尾水洞等组成。首部位于盘龙河与畴阳河汇口下游峡谷入口处，大坝为混凝土面板堆石坝（坝高 154.0m）、左岸设开敞式溢洪道（闸门孔口尺寸 3－10.0m×10.0m）及放空隧洞（洞径 6.6m），一期首部上游右岸修建引水发电系统（隧洞直径 D=7.0m），引水至猛洞河汇口上游侧地下厂房。

二期工程正常蓄水位 627m，总库容 5.36 亿 m^3，电站装机容量 280MW，保证出力 139.63MW（含一期），多年平均发电量 17.49×10^8kW·h（含一期），水库具有年调节能力。本工程属二等大（2）型工程，大坝、溢洪道为 1 级，其他主要建筑物为 2 级，次要建筑物为 3 级，临时建筑物为 4 级。

大坝及溢洪道按 500 年一遇洪水标准设计，10000 年一遇洪水标准校核；放空洞按 100 年一遇洪水标准设计，2000 年一遇洪水标准校核；厂房按 200 年一遇洪水标准设计，500 年一遇洪水标准校核。

工程施工总工期为 56 个月，第一台机组发电工期 47 个月。

（二）主要关键技术问题

1. 面板堆石坝设计方面　混凝土面板堆石坝坝顶高程 634.00m，趾板最低开挖高程 480.00m，最大坝高 154m，坝顶长度约 493.40m，坝顶宽度 10m。上游坝坡 1∶1.4，下游坝坡设“之”字形马道，综合坡比 1∶1.4。坝体分为垫层区、过渡区、主堆石区及下游次堆石区，并在面板上游 532.00m 高程以下设坝前覆盖料。坝体总填筑方量约 601 万 m^3（包括坝前强风化抛填料 197 万 m^3），面板混凝土量 $3.178\times10^4m^3$，趾板混凝土量 $0.622\times10^4m^3$。

马鹿塘水电站二期工程坝轴线位于盘龙河“S”形弯道上弯段，坝址河谷两岸山坡左陡右缓。左岸地形坡度约 41°，覆盖层较薄，基岩多裸露，无大的冲沟，地形较完整；右岸 25°～30°，覆盖层较薄，风化较深，冲沟发育，岸坡地形完整性较差。

坝址左岸高程 550m 以上全风化垂直深度 2～5m，部分地表基岩裸露；高程 550m 以下全风化较深，其垂直深度一般 8～13m；强风化较薄，一般厚 2～5m，相应的垂直埋深 0～8m，最深 14m；弱上风化带厚一般 4～6m，相应的下限垂直埋深 7～15m；以下多为弱下和微新岩体。趾板开挖深度一般 5～10m，最深达 20m。

坝址右岸风化较左岸深，具有全风化带厚而强、弱风化带薄的特点。坝基全风化下限垂直埋深一般 7～14m，最深达 18～32m；弱上风化带下限埋深一般 10～13m，最深达 40 余米。根据钻孔资料，右岸趾板基础弱下及微新岩体较完整，其中弱下风化岩体多为次块状结构，少量镶嵌结构；微新岩体多为次块—块状结构。根据右岸地形地质条件，趾板开挖深度一般 11～20m，最深达 32m。

根据坝址河床地形地质条件，右岸趾板基础设计与施工为坝基开挖关键技术问题，而左岸由于岸坡较陡且凸出于坝体内部，如何保证山脊两侧堆石体与山脊变形协调，为大坝填筑的关键技术问题。

2. 泄洪消能问题方面　马鹿塘水电站二期工程最大下泄流量 3330m^3/s。由于河谷狭窄，利用左岸山脊布置岸边溢洪道。溢洪道由引渠段、闸室控制段、泄槽段、挑流鼻坎段及出口护岸工程组成。引渠段长约 70m，进口高程 612.00m；闸室段长约 29.466m，总宽 42.0m，设 3 个 10m×10m 表孔，每孔均设弧形工作闸门，溢流堰顶高程 617.00m，闸室平台高程 634.00m，布置启闭机室及交通桥；泄槽由底坡分别为 i=5%和 i=82%的两段陡槽构成，净宽 36.0m，两段陡槽以抛物线连接；鼻坎段长 19m，起挑角 15°，坎顶高程 514.095m。挑流鼻坎起挑点与河道天然水位高差约 50m，水平距离约 103m。

经水工模型试验计算，泄槽陡槽段最小空化数均小于 0.3，发生空化的可能比较大。设置两道掺气坎虽能在一定程度上避免或缓解部分区域空化现象的发生，但仍需注意控制溢洪道过流面的施工不平整度。

溢洪道泄洪期间泄槽底板在高速水流作用下（校核工况流速 22.5～40.28m/s）的稳定问题及掺气减蚀为溢洪道设计关键技术问题。

由于溢洪道挑流鼻坎起挑点与河道高差大，水平距离长，避免泄洪水流砸击本岸及冲刷河道两岸为消能防冲关键技术问题。

3. 放空隧洞设计方面　左岸放空隧洞全长 532.905m，由有压洞段、闸门井段、无压洞段和出口明槽及挑流鼻坎段组成。进口底板高程 538.00m；有压洞段总长 286.43m，洞径 6.6m，纵坡 i=0%；闸门竖井位于 0+286.430～0+312.575 桩号处，高约 96m，设 5m×6.6m 事故检修闸门 1 扇和 5m×6m 的工作弧门 1 扇；无压洞段水平长 220.33m，纵坡 i=23.66%和 i=8.27%，采用 6m×7m 城门洞断面；出口明槽及挑流鼻坎段长 27.623m，宽 6m，挑坎顶高程为 511.054m。

放空隧洞沿线地质条件较好，围岩稳定问题不突出。而闸门井高度 97m，闸门承受的最大水头 95.58m，弧门最大水推力 2350t。因此，放空洞闸门设计为放空洞设计关键技术问题。

4. 引水系统设计方面　引水隧洞布置于右岸山体内，隧洞全长约 3.17km。隧洞沿线以Ⅰ、Ⅱ类围岩为主，除隧洞前端洞段不满足埋深要求及Ⅲ～Ⅳ类围岩洞段采用圆形钢筋混凝土衬砌（洞径7.0m），隧洞过南弄大沟明洞段及前后衔接洞段约340m采用钢衬（洞径6m）外，其余洞段采用马蹄形断面喷锚支护（洞径9m）。

电站进水口位于大坝上游右岸，距坝轴线上游约400m，引渠位于一期大坝上游右侧冲沟之中，底板高程539m，宽约26m，长约120m，底坡$i=0$。进水塔采用岸塔式，底板高程为540m，塔顶高程为634m，塔高97m，顺水流向长约28.7m，依次布置拦污栅、事故检修闸门和通气孔。拦污栅孔口尺寸3－5.5m×12m，事故检修闸门孔口尺寸6.5m×6.5m，通气孔孔口尺寸为0.8m×7m。

调压井位于引水隧洞末端，井口高程642.0m，内径22m，衬厚1.0m，井筒高约110m。调压井后接二期压力管道，压力管道轴线采用“三平两斜”布置方案。压力管道围岩片麻理产状走向与管道轴线斜交，倾角略陡于钢管道斜段坡度，沿线构造、节理不发育，岩石坚硬，完整性好，以块状—整体结构的Ⅰ类围岩为主，部分为Ⅱ类围岩，断层破碎带岩体较差，属Ⅳ类围岩。

由于进水塔位于冲沟之中，塔体自由部分较高，约80m，进水塔稳定问题突出。压力管道沿线地质条件较好，采用合理、安全的支护和衬砌形式是节约投资的关键问题。

（三）主要关键技术问题解决的路径与成果

1. 混凝土面板堆石坝趾板基础开挖及坝体填筑　对于右岸趾板基础设计与施工问题，解决路径为，深入研究坝址地质勘探成果，合理确定趾板建基面高程及趾板基础开挖标准，施工期间设计跟踪施工，及时调整趾板基础高程，使趾板基础满足规范要求。

对于如何保证山脊两侧堆石体与山脊变形协调问题，类比其他工程，在山脊两侧设高压缩区。根据可行性研究阶段岩石物理力学性试验成果：钻孔ZH115-1（取样深度18～20.14m），天然密度1.61g/cm^3，孔隙率0.76%；钻孔ZH111-1（取样深度35.46～39.9m），天然密度2.55g/cm^3，孔隙率4.14%，初步确定高压缩区采用类似过渡料，最大粒径300mm，最大干密度2.14g/cm^3，孔隙率21%，尽量使堆石体与山脊变形协调。

2. 泄洪消能问题　为了验证泄洪消能建筑物布置的合理性，了解泄水建筑物的流态，研究下游消能方式和水库调度等问题，进行了整体水工模型试验。

试验结果表明，整体泄洪方案可行，左岸溢洪道单独运行时，泄流能力满足要求，最大泄流能力为3545m^3/s。根据水面线量测成果，在未考虑高速水流掺气的情况下，泄槽部分断面的高度不够，设计应适当加高边墙尺寸。

经过多方案试验比较，采用半径30m，最大角度30°，最小17.677°的舌形挑流鼻坎后，虽然在小流量时仍然出现砸击本岸护坦的现象，但程度较轻。

溢洪道泄槽溢0＋117.243m处设置1号掺气坎，坎高0.8m，角度11.3099°；桩号溢0＋179.104m处设置2号掺气坎，坎高0.4m，角度5.810°。在设计洪水位时1号掺气坎形成的掺气空腔长11.2m；2号掺气坎形成的长13.6m。在各个工况下都能形成稳定的掺气空腔。

放空洞推荐方案的运行水头范围内基本可行，出口挑流水舌形态、纵向拉开较好、未出现砸击本岸或对岸的现象。

为保证溢洪道泄洪期间泄槽底板在高速水流作用下的稳定，泄槽底板考虑系统锚筋，ϕ25，锚固长度5m，外露0.5m，与底板钢筋焊接。

3. 进水塔稳定及高压管道衬砌问题　引水隧洞沿线一般为微风化—新鲜岩体，以微透水和极微透水层为主，隧洞侧覆盖较厚，内水长期外渗不会危及岩体和山坡的稳定，大部分Ⅰ、Ⅱ类围岩洞段满足锚喷衬砌要求。

技术施工设计阶段对电站进水塔进行了整体稳定计算，计算成果表明，进水塔整体稳定，基础满足承载力要求。为了确保进水塔安全运行，技术施工设计阶段确定加深上游齿槽，并在基础四周设置锚筋桩，对基础进行固结灌浆，增加基础的稳定性。

可行性研究阶段，对高压管道进行了的水力劈裂试验，试验成果表明，钻孔岩壁裂隙岩体的水力劈裂值一般为7.5MPa，并随岩体深度的加深变化不明显。高压管道岩体具有较高的抗水力劈裂能力，其实测成果远大于设计水头。裂隙岩体的水力劈裂值为7.5MPa，远大于最大内水压力4.5MPa，说明渗漏产生的压力，不会对围岩产生劈裂。

根据“挪威准则”和“雪山准则”判断，压力管道下平段以上管道具备取消衬砌的条件。

按照规范方法进行的钢衬方案结构计算及钢筋混凝土衬砌结构计算均表明压力管道具备取消衬砌的条件。

高压管道衬砌形式将依据理论分析、类比其他类似工程经验及业主意见最终确定。

（中国水电顾问集团昆明勘测设计研究院　刘项民）

崖羊山水电站

（一）工程概况

崖羊山水电站位于李仙江干流的把边江上，为李仙江梯级开发的第一级。坝址位于云南省普洱县境内。电站为混合式开发，以发电为主。水库正常蓄水位 835m，死水位 818m，最大坝高 88m，正常蓄水位相应库容 2.47 亿 m^3，死库容 1.03 亿 m^3；装机容量 120MW，保证出力 23.2MW，年发电量 4.99 亿 kW·h。

本工程于 2003 年 4 月 8 日正式开工，2004 年 2 月 22 日实现截流。2005 年年底基本具备下闸蓄水条件，2006 年上半年首台机组可发电。

（二）枢纽布置及水工建筑物

枢纽由混凝土面板堆石坝、溢洪道、泄洪洞、冲沙洞、引水发电系统等组成。

面板堆石坝坝顶高程 840m，坝顶宽度 8m，坝顶长 236m，上、下游基本坝坡均为 1∶1.4；下游坝坡在 818m 高程设置一道 4m 宽的马道。堆石坝体分为 5 区：垫层料区、过渡料区、主堆石料区、爆破开挖料区、强排水料区。坝脚设置 40m 宽的压脚堆石体。

溢洪道布置在左岸，由引渠段、闸室段、泄槽段及挑流鼻坎段组成。堰顶高程为 824m，闸孔宽 9m、高 11m，泄槽段宽 21m，溢洪道总长 317m，最大下泄流量为 1380m^3/s。

泄洪洞布置在右岸，初期作为导流洞使用，下闸蓄水后完建出口工作闸形成永久泄洪洞。泄洪洞全长 520m，进口底板高程 776m，出口底板高程 770.8m，底坡 $i=1\%$，洞径 12m，进口设置 2 扇 6m×12m 的事故检修门，出口设置 2 扇 6m×7m 孔弧形工作门。最大下泄流量为 2100m^3/s。

冲沙洞布置在引水隧洞外侧，进口高程 787m，出口高程 776.8m，洞径 4m，隧洞总长为 371m，底坡为 $i=3\%$，进口设 1 扇 4m×4.5m 的平板检修闸门，出口设 1 扇 3m×3.5m 的弧形工作闸门。

引水系统布置在右岸，由进水口、引水隧洞、调压井及压力钢管道组成。进水口设置 3 扇 5m×20m 的拦污栅和一扇 8m×10m 的事故检修闸门。

引水隧洞为圆形断面，进口底板高程 799m，内径 8.5m，全长 1733.56m，底坡 0.4%。

调压井为地下长廊阻抗式，底板高程 804m，井顶高程 854m，调压井长 43.5m，宽 15m，阻抗孔直径 6m，采用钢筋混凝土衬砌。

压力钢管为埋管，一管两机，主管直径 7.3m，支管直径 4.8m，材料选用 16MnR 钢板，钢管道全长 144.238m。

厂房为地面厂房，钢筋混凝土框架结构，屋顶为轻型钢结构。发电机层地面高程 762.56m，安装间地坪高程为 766m，布置有 2 台 60MW 水轮发电机组及辅助设备。

GIS 楼及中控室布置在主厂房右端，为 3 层钢筋混凝土框架结构，布置有电缆夹层、中控室及 GIS 设备室等，屋面布置出线场，设 1 回 220kV 出线。GIS 楼右侧为主变平台，布置 2 台 220kV 组合式主变压器。

（三）枢纽布置的主要特点

（1）坝址地质条件总体上右岸好于左岸，左岸存在一缓坡地形，根据地形地质特点，将溢洪道置于左岸，地下洞室均置于地质条件较好的右岸。

（2）河床冲积层的组成复杂，并有粉细砂夹层，为确保大坝的施工质量，对坝轴线上游的冲积层全部挖除，趾板及主堆石区均置于基岩上。

（3）石料场采用洞室大爆破的开挖方式，覆盖层在爆破前未进行有效剥离，爆破后石料级配不合理，并混集有坡积物及草根枯枝等，上坝料总体质量较差。设计上根据上坝料的实际情况，对坝体分区进行了适应性调整，减小主堆石料、增大爆破开挖料及软岩料的利用，并在坝体 773.6～780m 高程间铺填 1 道宽 30m 的强排水带，上游与主堆石区相接，下游延伸至坡外，集中解决坝体排水问题。

（4）高边坡问题突出。枢纽区地形陡峻，水工建筑物规模较大，致使开挖边坡高陡，泄洪洞进、出口边坡及厂房后边坡高度均大于 215m。本工程采用适当开挖，浅表喷锚支护加局部低吨位预应力锚索加固措施，较好地解决了边坡问题。

（5）调压井在施工阶段进行了设计优化，由露天改为地下调压井。调压井向山体内移 30m，使调压井置于较好的围岩中，采用地下长廊式阻抗孔调压井，长边基本垂直地层走向布置，平面尺寸 43.5m×15m，总开挖高度达 69.5m。如此规模和型式的调压室在中型水电站应用尚不多见，且纵横向均无支撑梁，布置结构较为新颖。

（中国水电顾问集团昆明勘测设计研究院　覃建付）

大盈江二级水电站

大盈江二级水电站位于云南省德宏傣族景颇族自治州盈江县境内的大盈江下游汇流电站首部至厂房之间的河段上。坝址距汇流电站首部取水口下游约 250m，电站首部距离盈江县城 47km，距离昆明市 785km。

大盈江二级水电站是以发电为主要任务的径流式电站，无防洪、灌溉、通航等其他要求。坝址控制流域面积 5560km^2，坝址多年平均流量 242m^3/s，水库正常蓄水位以下库容 17.51 万 m^3，库容十分有限。电站额定水头 38m，引用流量 222m^3/s，装机容量 2

×35MW，电站单独运行时，保证出力 16.15MW，年发电量 3.89×10⁸kW·h（不含汇流电站），年利用小时 5557h。

工程枢纽由首部混凝土重力闸坝、导流兼泄洪、冲沙洞、右岸电站进水口、引水隧洞、调压井、钢管道、地面明厂房和 GIS 楼等组成。

首部枢纽建筑物由拦河坝（坝身泄洪）、右岸泄洪冲沙洞、右岸引水发电系统等组成。拦河坝为混凝土闸坝（闸室底部采用 C15 埋石混凝土），左右岸为非溢流坝段，河床中部为泄洪闸坝段。非溢流坝段为混凝土重力坝，坝顶高程 740.5m，坝顶宽 5m，上游面垂直，下游面坡比 1∶0.75。闸室坝段长 42m，设 3 孔 10m×16m（宽×高）的泄洪闸，底板高程 719.00m，最大高度 28.5m。非溢流坝段左侧为汇流电站沉沙池进水口，设 1 孔 4.2m×3m（宽×高）的进水闸，底板高程 728.50m。右侧设置泄洪闸检修门门库。整个拦河闸坝长 91.7m，顶部无交通要求。

为满足首部枢纽泄洪、冲沙的布置需要并节约工程投资，右岸导流洞后期改建为泄洪、冲沙洞，设置 1 扇 5m×7m（宽×高）的弧形工作门，工作门底板高程 716.00m。

电站进水口位于右岸冲沙洞上游侧，底板高程 716m，设 2 孔 8m×16m（宽×高）的拦污栅和 1 孔 8m×8m（宽×高）的事故检修闸门，后接引水隧洞。

引水隧洞为圆形断面，进口底板高程 716m，内径 8m，全长 1133.26m，底坡 0.539%。

调压井为阻抗式，调压井底板高程 719.500m，井口平台高程 749m，大井为方圆形，圆内径 D=25m，阻抗孔直径 D=5.0m，井桶高 29.5m，内壁采用 1.5m 厚的钢筋混凝土衬砌。

引水隧洞在调压井内分为 2 条支管，分别设 2 扇快速事故闸门，通过渐变段（方变圆）接压力钢管道。压力钢管内径 D=5m，材料选用 Q235C 钢板，壁厚 20mm。

厂房为地面厂房，其中，主厂房尺寸：66.52m×20.1m×39.51m（长×宽×高），内装 2 台 35MW 的混流式水轮机组及其附属设备，装机高程 691.3m，机组间距 16.5m。

副厂房尺寸：66.52m×11m×27.8m（长×宽×高），GIS 设置于副厂房大厅内，主变布置于 GIS 楼底部。

电站为引水式电站，基本无重大技术难题。由于首部枢纽为混凝土闸坝，电站进水口位于导流、冲沙洞上游，如何在泄洪、冲沙的同时，保证电站进水口门前清是首部枢纽布置设计的技术难点。主要采用汛期开启导流、冲沙洞，并局部开启泄洪闸的方式在汛期泄洪、冲沙，以确保电站进水口门前清。

另外，大直径调压井（开挖直径 D=28m，高 29.50m）的开挖施工也是本工程的施工难点之一。

电站于 2005 年 1 月 1 日开工。预计 2006 年 11 月 30 日第 1 台机组发电，2007 年 6 月，工程竣工。

（中国水电顾问集团昆明勘测设计研究院　赵　谨）

大盈江三级水电站

大盈江三级水电站位于云南省德宏傣族景颇族自治州盈江县的大盈江下游汇流电站至中缅 38 号界桩之间的河段上。电站首部距盈江县城 52km，距离昆明市 786km。

大盈江三级水电站是以发电为主要任务的径流式电站，无防洪、灌溉等其他要求。坝址多年平均流量 243m³/s，坝址控制流域面积 5587km²，水库正常蓄水位以下库容 152.67 万 m³，其中死库容 39.87 万 m³。电站额定水头 84m，引用流量 143m³/s，装机容量 2×49MW（一期），总装机容量 4×49MW，一期电站单独运行时，保证出力 36.2MW，年发电量 7.01 亿 kW·h，年利用小时 7153h。

工程枢纽由首部混凝土重力坝、泄洪及冲沙建筑物、右岸电站进水口、引水隧洞、调压井、钢管道、地面明厂房和 GIS 楼等组成。

首部枢纽建筑物由拦河坝（坝身泄洪）、左岸导流洞、右岸引水发电系统等组成。首部拦河坝为混凝土重力坝（坝体中心采用 C15 埋石混凝土），坝顶高程 693.50m，坝顶宽 5m，长 150m，最大坝高 39.5m，上游面垂直，下游面坡比 1∶0.75，坝顶无交通要求。拦河坝左右岸为非溢流坝段，河床中部为溢流坝段及冲沙闸坝段，溢流堰顶高程 680m，设 3 孔 12m×12m（宽×高）的泄洪闸，右侧为 2 孔 6m×6m（宽×高）的冲沙闸，冲沙闸底板高程 661.00m。

电站进水口位于右岸冲沙闸上游侧，底板高程 666.00m，设 2 孔 6m×14m（宽×高）的拦污栅和 1 孔 6m×6m（宽×高）的事故检修闸门，后接引水隧洞。

引水隧洞为圆形断面，进口底板高程 666m，内径 D=7m，全长 3520.191m，底坡 0.45%。

调压井为阻抗式，调压井底板高程 658.128m，井口平台高程 712.5m，大井内径 D=18m，阻抗孔直径 D=4.5m，井桶高 54.37m，内壁采用 1.5m 厚的钢筋混凝土衬砌。

调压井后接压力钢管，钢管为埋管，内径 D=

5.5m。钢管材料选用16MnR钢板，最小壁厚16mm，最大壁厚22mm，钢管道全长272.42m。其中，岔管主管内径 $D=5.5$m，支管内径 $D=3.6$m，壁厚28mm。

厂房为地面明厂房，其中，主厂房尺寸63.5m×21.6m×47.5m（长×宽×高），内装2台49MW的混流式水轮机组及其附属设备，装机高程580.00m，机组间距15.0m。

副厂房尺寸63.5m×12m×23m（长×宽×高），GIS设置于副厂房大厅内，主变布置于副厂房上游侧。

电站为引水式电站，基本无重大技术难题。但由于首部枢纽布置十分紧凑，存在泄洪量大、下游消能护坦较短以及左岸崩塌堆积体稳定等技术问题，使首部枢纽的布置设计在技施阶段进行了一次重大调整。

根据首部枢纽开挖揭示的地质情况，河床冲积层挖除后的基岩为弱风化眼球状混合片麻岩局部夹角闪斜长片麻岩，岩体总体强度高。据此，经研究决定：大坝建基面抬高3m，下游护坦长度由23m缩短为15m，坡度由 $i=-18\%$ 改为平坡，以达到缩短工期，节约工程投资的目的。由于大坝左岸崩塌堆积体分布范围相对较大，左岸坝肩开挖以尽量不扰动（或少扰动）该崩塌堆积体为原则，为达到尽量少开挖左岸坝肩的目的，经研究，右岸取消1孔冲沙闸，冲沙闸由2孔改为1孔，溢流坝段整体向右平移9m，可有效减少左岸坝肩开挖范围及开挖工程量。此时，在校核洪水位情况下，风浪引起的水位壅高通过增设1.2m高的防浪墙来解决。同时，取消左岸1号非溢流坝段，改为混凝土防渗墙。混凝土防渗墙采用挖孔灌注桩，桩体采用方形，要求桩体深入弱风化基岩1.0m，灌注桩采用跳孔法施工，C20钢筋混凝土护壁(200mm)，桩芯采用C15素混凝土回填。全部采用人工挖孔灌注混凝土方式施工，施工完成后，进行帷幕灌浆。帷幕灌浆孔延伸至5Lu线以下2.0m，并与地下水位线相接，以有效截断库水绕坝渗漏，并有利于大坝左岸坝肩下游崩塌堆积体的稳定。

引水隧洞全长3520.191m，原设计为钢筋混凝土衬砌，衬砌厚度50cm，衬后洞径 $D=7.0$m。引水隧洞开挖后，根据岩层覆盖厚度以及开挖后揭露的围岩地质和地下水情况，结合荷载情况，经结构计算后，进行设计优化，具体为：Ⅱ类围岩段长522m，占15%，采用喷锚支护；Ⅲ类围岩段长2127m，占60%，采用单层配筋的钢筋混凝土支护；Ⅳ类围岩段长863m，占25%，采用双层配筋的钢筋混凝土支护。达到了缩短工期，节约工程投资的目的。

另外，大直径调压井（开挖直径 $D=21$m，高54.37m）的开挖施工也是本工程的施工难点之一。

电站于2003年8月26日开工，预计2006年3月第一台机组发电，12月工程竣工。

（中国水电顾问集团昆明勘测设计研究院　赵　谨）

雷打滩水电站

（一）概况

雷打滩水电站是南盘江中下游河段水电规划开发中一库十级规划方案中的第八个梯级，开发河段为弥勒县与丘北县的界河。从坝址（经东山、新哨）到弥勒县城的公路里程为73km，到泸西县城公路里程为72km，经新哨到开远市的公路里程为125km。

坝址以上流域面积26181km²，多年平均流量189m³/s（柴石滩水库建成后），多年平均径流量59.6亿m³，多年平均输沙量664万t。地震基本烈度为Ⅶ度。

电站以发电为主，并兼有养殖、旅游等综合利用效益。电站的电能全部用于黄磷的生产。

电站采用坝后式开发。正常蓄水位高程962m，总库容9396万m³，调节库容4063万m³，具有一定的调节性能；电站装机容量108MW（3×36MW），保证出力24.93MW，年利用小时4932h，年发电量5.327亿kW·h。

2002年7月由云南省弥勒县电力实业公司和江苏江阴澄星集团组建了云南省弥勒县雷打滩电站有限责任公司（业主），弥勒方投资45%，江阴方投资55%，共同投资建设雷打滩水电站。同年7月，昆明勘测设计研究院根据与业主达成的协议，组建了云南弥勒雷打滩水电站工程建设管理部，开展雷打滩水电站工程建设总承包工作。2003年3月26日雷打滩水电站工程建设总承包合同正式签订，工程建设全面展开。2003年5月15日工程正式开工；2003年11月28日河床截流；2004年6月4日开始主河床大坝垫层混凝土浇筑；2005年1月13日开始碾压混凝土施工；2005年7月6日引水隧洞开始衬砌。计划2006年7月3台机组投产发电。

（二）枢纽布置及主要建筑物

本工程等级为三等工程，主要建筑物为3级建筑物。挡水建筑物的设计洪水标准为100年一遇，相应洪峰流量为5750m³/s；校核洪水标准为500年一遇，相应洪峰流量为7950m³/s；

工程枢纽由碾压混凝土重力坝和引水发电系统组成。

碾压混凝土重力坝由左岸非溢流坝段、左岸进水口坝段、溢流坝段、右岸非溢流坝段等组成；采用一字并列式布置，表孔、左右泄洪冲沙底孔布置在河槽中；最大坝高 83m，坝顶高程 965.00m，坝顶总长 201.50m，坝顶基本宽度为 8m。右岸非溢流坝段和河中溢流冲沙坝段除闸墩、孔口周边及坝顶外，均采用碾压混凝土，左岸进水口坝段和左岸非溢流坝段采用常态混凝土。河中溢流冲沙坝段共布置 5 个表孔，每个孔口尺寸为 10m×16m（宽×高），在表孔设有弧形工作闸门和检修闸门门槽。消力池长 77.45m，尾坎为梳齿坎。左右泄洪冲沙底孔对称布置在表孔两侧，坝身为有压段，后接明流泄槽；进口尺寸为 3m×5.2m（宽×高），出口尺寸为 3m×4m；进口布置 1 扇平板事故闸门，出口布置 1 扇工作弧门。左岸进水口坝段共布置 3 个进水口，进口底板高程均为 935.00m；每个孔口尺寸为 5m×5m（宽×高），分别布置检修闸门、事故闸门各 1 道，检修闸门孔口尺寸为 5m×5.10m（宽×高），事故闸门孔口尺寸为 5m×5.0m（宽×高）。

引水发电系统由 3 条引水隧洞、主副厂房、GIS 楼及相关设施等主要建筑物组成。单机引用流量 82.5m^3/s，最低发电水头 41.77m，额定水头 50m，最大发电水头 62.45m。3 条压力引水隧洞直径 D=5.0m，压力钢管道直径 D=4.5m。1 号引水道长 222.54m，因较靠近河道，上覆基岩较薄，明管段及洞身段均采用内衬钢管；2 号引水道长 245.221m，其中压力钢管道长 100.147m；3 号引水道长 269.025m，其中压力钢管道长 82.019m。引水钢管水压不大，全部采用 Q235C 钢材，管壁厚度 12～18mm。

主副厂房顺河沿等高线布置于左岸岸边，尾水直接泄入南盘江。主厂房长 75.62m，宽 18.50m，高 36.2m；内装 3 台 36MW 的混流式水轮发电机组。进厂公路从左岸坝顶公路沿左岸岸边进厂，因校核水位高于进厂公路，在 919.00m 高程以下进厂公路外侧均设防洪墙。

主厂房上下游侧分别布置副厂房，上游副厂房共 4 层，净宽 7.0m，由下向上分别为：母线层、10kV 开关柜层、电气层及通信层。中控室位于安装间上游侧。下游副厂房宽 5.6m，共分 4 层，由下到上分别为供水设备层、管廊道层、空压机层及厂用电设备层。变电站采用封闭式变电站，GIS 楼布置于主厂房安装间下游侧，与主厂房一字排开，GIS 楼长 33.6m，宽 11.0m，高 22.0m，共分为 2 层，底层为变压器层，上层为 GIS 设备厅。

（三）施工

根据坝址区地形、地质条件、水文特性、枢纽布置特点以及施工进度安排等，选择枯期隧洞导流方式。即：2003 年 11 月下旬截流，由导流洞过流，上游子围堰及下游围堰挡水；2003 年 11 月～2004 年 5 月（一枯）施工上游围堰、大坝基坑开挖及底板混凝土、坝基灌浆，汛前河床坝段浇筑至 903m 高程，两岸非溢流坝段浇筑至 920m 高程；2004 年 6～10 月（一汛）汛期河床基坑过流，两岸坝体混凝土施工；2004 年 11 月～2005 年 5 月（二枯）坝体混凝土施工，汛前河床坝段浇筑至 935m 高程，两岸非溢流坝段浇筑至 945m 高程；2005 年 6～10 月（二汛）汛期坝体缺口过流，两岸坝体浇筑至坝顶 965m 高程；2005 年 11 月～2006 年 5 月（三枯）坝体河床坝段继续施工，2006 年 1 月底河床坝段（含闸墩）浇筑至 965m，2006 年 5 月底完成溢流面混凝土施工，坝体完工。2006 年 1 月导流洞下闸封堵，由坝体冲沙底孔过流；2006 年 5 月底坝体冲沙底孔下闸，水库蓄水，6 月底第 1 台机组并网发电，汛期转入正常泄洪。

（四）水库淹没处理

库区为少数民族地区，主要居住有彝族和壮族等少数民族，库区群众经济生活以农业生产为主，第二、三产业尚不发达。按国家和云南省的有关法律、法规、政策和大中型水利水电工程的有关规定，经实地调查，水库淹没耕地 1051.26 亩，园地 5.79 亩，林地 2028 亩（主要为国有灌木林）。淹没农业人口 36 户 158 人。淹没农业房屋 6974.75m^2。淹没、影响三级公路 11.14km。淹没桥梁 3 座 121.90m。淹没非农人口 1 户 3 人，非农业房屋 1491.24m^2。

经计算，因水库淹没土地需要生产安置的农业人口为 529 人，其中需要动迁建房安置的农业移民 416 人。

按照前述水库淹没实物量和移民安置方案，以 1998 年价格水平计算，水库淹没补偿投资概算（静态）为 7002.49 万元。

（五）环境影响

工程建设虽然存在一定不利环境影响，但没有制约工程建设的重大不利影响因素，其大多数不利影响可以采取一定的环境保护措施加以减小和避免，工程区域自然环境质量不会明显下降，在切实落实各项环境保护措施的情况下，社会环境质量将有所提高。因此，从环境影响的角度评价，雷打滩水电站建设是可行的。

（六）投资估算

工程静态投资 57222.74 万元，工程总投资 60475.35 万元。

（中国水电顾问集团昆明勘测设计研究院　杨　清）

那 兰 水 电 站

那兰水电站位于云南省红河州金平县境内藤条江

下游河段，为藤条江干流5个梯级开发方案中的最后一个梯级。藤条江属红河水系，为红河右岸较大的二级支流。坝址集水面积2816.1km^2，多年平均流量115m^3/s，多年平均径流量为36.27亿m^3。电站坝址距勐拉14km，昆明至勐拉乡公路里程为477km。电站为堤坝式开发，以单一发电为目标，具有不完全年调节能力。

电站基本参数：水库总库容2.86亿m^3，调节库容1.85亿m^3；正常蓄水位425m，相应库容：2.61亿m^3；装机容量150MW，年发电量6.7321亿kW·h，保证出力34.4MW，年利用小时数4488h。

那兰水电站工程以水库总库容指标划分枢纽工程等别为二等，工程规模为大（2）型。主要建筑物级别为2级，次要建筑物级别为3级。大坝、溢洪道设计洪水标准采用100年一遇洪水，校核洪水标准采用2000年一遇洪水；泄水建筑物溢洪道校核情况的下泄流量为2711m^3/s，设计情况的下泄流量为2005m^3/s;厂房设计洪水标准采用100年一遇洪水，校核洪水标准采用500年一遇洪水。

坝址区河谷较对称，两岸自然边坡30°～50°，为V字形谷，左岸地形不完整，冲沟发育，右岸地形较完整。工程区出露地层为上第三系中新统上段（N_1^3）及第四系（Q）。坝轴线上游坝基部位岩性主要为厚—巨厚层状含砾粗砂岩、细砂岩、夹泥质粉砂岩，属块状、次块状岩体，岩石强度坚硬，坝轴线下游坝基部位主要分布极薄—薄层状、中厚层状粉砂质泥岩、泥质粉砂岩及细砂岩互层，属层状结构岩体。坝址河床冲积层厚5.10～24.30m。冲积层主要为卵砾石夹中细砂，渗透性较好，冲积层下伏岩体为微风化—新鲜岩石。区域性断层牛场断裂于工程布置范围外南侧通过，地质构造较复杂。枢纽区地形陡峻，物理地质作用较强烈，发现崩塌堆积体4个、滑坡3个，坝首右岸发育一松动体，体积约60万m^3。工程区地震基本烈度为Ⅶ度。

那兰水电站枢纽建筑物主要有：混凝土面板堆石坝、左岸开敞式岸边溢洪道、右岸冲沙洞、引水系统及地面厂房等。

混凝土面板堆石坝最大坝高109m，坝体上游坡1∶1.5,下游坡面设上坝公路，路面宽7m，下游平均坝坡1∶1.5，总填筑量约为250万m^3，主要采用河床砂砾料筑坝。河床趾板置于冲积层上，地基防渗体系为防渗墙及灌浆帷幕，趾板通过连接板与上游防渗墙连接，下游与面板相接。泄洪建筑物为开敞式岸边溢洪道，紧靠左岸坝肩布置，设3孔溢流表孔，孔口尺寸为10m×10m，采用底流消能。引水发电建筑物布置在右岸，引水系统采用一管三机引水方式，引用流量201m^3/s，由岸边式进水口、引水隧洞和压力钢管及钢岔管、支管组成。地面厂房内装3台单机容量50MW的混流式水轮发电机组，开关站为GIS式，布置在上游副厂房中。为保证电站进水口“门前清”，进水口上游约20m处布置冲沙洞，进口与电站进水口并列布置，中、后段利用施工导流洞作为无压段，以节省工程投资。

2001年4月编制完成了《云南省红河州藤条江那兰水电站项目建议书》，2002年3月完成了云南省红河州藤条江那兰水电站工程可行性研究报告及附图。2002年8月，《云南省红河州藤条江那兰水电站可行性研究报告》通过了由原云南省发展计划委员会、原云南省电力局主持的审查。

那兰水电站的业主为云南大唐国际那兰水电开发有限公司。2003年9月主体工程开工，同年11月实现截流。工程建设进展顺利，2005年12月1日下闸蓄水，2005年12月28日第1台机组发电，2006年1月16日第2台机组发电，计划2006年5月第3台机组发电，2006年10月底工程竣工。

（中国水电顾问集团昆明勘测设计研究院　李　娟）

糯租水电站

（一）概况

糯租水电站位于南盘江干流中游河段上，是南盘江中下游河段水电开发中一库十级规划方案中的第5个梯级，是中游河段的最后一级电站，位于云南省玉溪市华宁县和红河州弥勒县的界河，坝址控制流域面积9616km^2。开发河段长约12km，前5km为南北向直线河段，后7km为一U形大弯并拐向左岸，为便于截弯取直缩短引水道长度和避免施工对铁路运行的干扰，引水隧洞布置在左岸。

电站厂房距昆明公路里程202km，铁路里程144km。

水库总库容552.61万m^3，正常蓄水位1269.5m，相应库容为318.93万m^3；死水位1264.0m，死库容141.57万m^3，调节库容177.36万m^3，为日调节水库。电站装机75MW，年发电量3.667亿kW·h，保证出力15.4MW，年利用小时数4889h。

本工程为三等中型工程，其永久性主要建筑物为3级、次要建筑物为4级，临时建筑物为5级。

挡水建筑物的设计洪水重现期50年，相应设计洪水流量3030m^3/s，校核洪水重现期500年，相应校核洪水流量4440m^3/s；厂房设计洪水重现期100年，相应设计洪水流量3430m^3/s，校核洪水重现期200年，相应校核洪水流量3860m^3/s。

《糯租水电站可行性研究报告》于1996年9月由昆明勘测设计研究院（以下简称昆明院）和云南省水利水电勘测设计研究院（以下简称省院）共同完成。同年11月，原云南省计划委员会、云南省工程咨询公司在昆明共同主持召开了南盘江糯租水电站可行性研究报告的评审会议，并以“云咨发［1996］46号”下发了评审意见。

《糯租水电站初步设计报告》于1997年8月由昆明院和省院共同完成。昆明院承担引水系统和厂区枢纽部分的勘测设计工作，省院承担首部枢纽的勘测设计工作。

2004年5月由昆明院完成《糯租水电站可行性研究（初设深度）复核补充报告》，并于2005年2月，由云南省发展和改革委员会审批。

2005年5月下旬开始进行导流洞的开挖，9月导流洞全线贯通，总长435m。2005年8月、11月引水隧洞和厂区枢纽建筑物也相继开工。

本工程计划2008年上半年全部机组投产发电。

（二）枢纽主要建筑物

工程枢纽由首部拦河坝、左岸泄洪冲沙洞、左岸有压引水隧洞、竖井式调压井、压力埋管、地下厂房和地面升压站等组成。

1. 首部拦河坝　拦河坝址位于岔河口下游约100m，坝址河谷段平直，河槽呈V形，岩性主要为灰岩夹页岩。混凝土闸坝，最大坝高34.3m，坝顶高程1275.30m，坝顶长度78.1m，宽8m。在河床布置三孔溢流表孔，堰顶高程1256m，孔口尺寸11m×13.5m（宽×高）；左岸布置一条泄洪冲沙洞，孔口尺寸为3m×3.5m（宽×高）。

2. 引水系统　引水系统布置在左岸，由取水口、压力引水隧洞、调压井、地下埋管等建筑物组成。电站取水口为河岸竖井式进水口，闸室设平板事故检修钢闸门一道，底板高程为1253m，孔口尺寸6.0m×6.0m（宽×高）。引水隧洞长7051.3m，为平底圆形有压隧洞，内径6.4m，设计引用流量100.2m^3/s，相应流速3.115m/s。调压井型式为竖井圆筒阻抗式，不设快速闸门，井筒内径15.4m，最大高度68.8m。调压井后接地下压力钢管，主管全长155.02m，通过两个卜形内加强月牙肋岔管分别向3台机组供水。主管内径5m，支管内径分别为4m和2.5m。

3. 厂区枢纽　厂区枢纽分地下建筑物和地面建筑物2大部分。地下建筑物包括主、副厂房，母线、通风及电梯竖井，尾水建筑物及运输洞等；地面建筑物有升压站和地面副厂房。地下主、副厂房按一字形布置，自右至左依次为电气副厂房、主机间和安装间、水机副厂房，总长99.45m。在电气副厂房右端设有竖井，竖井内设母线井、通风井和电梯井。主厂房净空尺寸为60.1m×14m×35.5m（长×宽×高），内装3台单机容量为25MW的混流式水轮发电机组。尾水建筑物由尾水支洞、尾水主洞和尾水闸门室组成。在闸门井前支洞长19m，闸门井后三支洞渐合为一主洞，主洞长62.6m，方圆形断面，断面尺寸7.3m×7.3m，尾水洞出口底板高程1158.83m。尾水闸门室位于主厂房下游20m处，长42m宽3.9m，高10.9m。闸门井深24.2m底板高程1152.80m。

升压站设置在地下厂房顶部地面，占地78m×40m（长×宽），地面高程1245.00m。地面副厂房包括中控室、通信室及办公室，分两层布置，位于升压站的南侧，北临进站公路，尺寸：45.75m×15m×9.0m（长×宽×高）。连通竖井位于地面副厂房的西端。

（中国水电顾问集团昆明勘测设计研究院　孟桂萍）

西溪水库工程建设情况

（一）工程概况

西溪水库工程是1座以防洪、供水为主，结合灌溉、发电等效益的综合利用水利枢纽。工程位于浙江省宁海县境内的白溪支流大溪上，其坝址在大溪中游沙地村附近，距宁海县城约16km，离白溪干流汇合处约20km。库区森林茂密，植被良好，无重要城镇及矿山资源，地表水未遭工业污染，水质良好。

西溪水库坝址以上控制流域面积为95.64km^2，多年平均流量3.46m^3/s，年径流量1.09亿m^3，水库总库容0.85亿m^3，防洪库容0.171亿m^3，调节库容0.68亿m^3，库容系数0.625，为多年调节水库。

本工程水力枢纽建筑物主要由拦河坝、引水系统及坝后式地面厂房及开关站等组成。电站总装机6.0MW，工程为三等中型工程。拦河坝及其泄洪建筑物、引水系统均为3级建筑物，按100年一遇洪水设计，1000年一遇洪水校核。发电厂房为4级建筑物，按50年一遇洪水设计，100年一遇洪水校核。

拦河坝为全断面碾压混凝土重力坝，坝顶高程153.0m，最大坝高71.0m，坝顶全长243m，布置有2个溢流坝段，10个挡水坝段，1个引水坝段。溢流坝全长39.0m，堰顶高程142.0m，设有3个溢流表孔，采用宽尾墩＋消力池综合消能。

电站装机2台单机容量为3MW的卧式混流式水轮发电机组，厂房为坝后式地面厂房，布置在坝后左岸河道中，厂区主要建筑物有主厂房、上部副厂房、装卸间、上游副厂房、升压站和户内式开关站。厂房尺寸（长×宽×高）为33.3m×11.8m×23.9m；升压站布置在厂、坝间平台上。

枢纽工程建成以后，通过水库调蓄作用，可使大溪下游沿岸基本免除20年一遇以上的洪水灾害；结合可防御20年一遇洪水标准的宁海县城南防洪堤，可使宁海县城的防洪能力提高到防御50年一遇洪水标准；保护人口10.6万人，保护耕地2.956万亩；为下游沿岸村镇、工矿企业及宁海县城的生产和生活用水提供充足水源，年供水量0.57亿m^3。

西溪水库的建成将为宁海的生态经济强县建设发挥重要作用。

（二）工程建设基本过程

本工程于1989年由宁海县水利局委托原能源部、水利部华东勘测设计研究院编制可行性研究报告。1991年完成了可行性研究报告，待审。1999年初，原宁海县计委重点工程办公室又委托华东勘测设计研究院重编可行性研究报告。重编的报告于1999年5月完成上报。1999年9月，重编的可行性研究报告通过预审。2000年5月，国家电力公司华东勘测设计研究院受宁海县沙地水库（2001年后改称西溪水库）前期办公室领导小组的委托承担沙地水库初步设计。2001年10月，宁海县西溪工程建设指挥部要求对资金来源、资本金比例、移民安置规划方案、经济评价作相应调整，并再重新编制可行性研究报告供正式审查。2002年4月，由宁波市原发展计划委员会主持召开了宁海西溪水库建设工程可行性研究报告审查会。2002年8月30日，宁波市原发展计划委员会以甬计农［2002］522号文对西溪水库工程可行性研究报告批复。2003年1月宁波市原发展计划委员会主持召开了宁海西溪水库工程初步设计会审会议，会议原则同意西溪水库工程初步设计报告，并形成宁海县西溪水库工程初步设计会审会议纪要（甬计会纪［2003］8号）。2003年4月，国家电力公司华东勘测设计研究院完成初步设计补充报告。2003年6月宁波市原发展计划委员会以甬计投［2003］316号文对西溪水库工程初步设计报告进行了批复。同年宁海县西溪水库工程建设指挥部委托原国家电力公司华东勘测设计研究院进行招标及施工图设计，并委托水利部上海勘测设计研究院为主体工程施工图设计的审查单位。

经招标，西溪水库主体建筑物土建施工及金属结构安装由中国水利水电第八工程局承建。机电安装工程由中国水利水电第十二工程局承担。主体工程土建及机电安装施工监理单位为水利部上海勘测设计研究院。

西溪水库工程于2003年10月28日正式开工，2004年2月28日顺利截流，2004年4月9日，大坝基础常态混凝土正式开始浇筑，至2004年6月15日完成大坝基础常态混凝土临时断面挡水度汛；2004年11月5日，大坝碾压混凝土开始浇筑，2005年7月26日水库下闸蓄水。预计2006年2月首台机组投产发电，2006年7月底主体工程全部完工。

（中国水电顾问集团华东勘测设计研究院　吴春鸣）

抽水蓄能工程

张河湾抽水蓄能电站工程进展情况

河北张河湾抽水蓄能电站是河北省利用亚洲开发银行贷款建设的大型水电工程，国家发展和改革委员会于2002年7月批准项目可行性研究报告，2003年8月28日批准项目开工计划。

电站设计安装4台25万kW单级混流可逆式水泵水轮发电机组，以1回500kV线路接入河北省南部电网。工程总投资41.19亿元，其中利用亚洲开发银行贷款1.44亿美元，由国网新源控股有限公司、河北省建设投资公司、河北省电力公司共同出资建设。

电站枢纽工程由上水库、下水库和地下厂房系统组成。上水库采用人工开挖填筑形成，总库容770万m^3；下水库拦河坝在原张河湾水库大坝基础上加高而成，大坝加高后库容由2300万m^3增加至8330万m^3；地下厂房包括主副厂房、主变及开关室、母线洞等。

截至2005年底，工程建设情况如下：

1. 上水库开挖及填筑工程　上水库库盆开挖总量988万m^3，在我国已建和在建抽水蓄能电站中开挖量最大，已于2005年8月10日全部完成，比合同竣工日期提前51天。上水库坝体填筑，共370万m^3，也于2005年12月26日完工。同时，岩坡垫层料、库底垫层料摊铺全部完成，胜利实现了向沥青混凝土面板防渗标移交工作面的目标。

2. 沥青混凝土防渗工程　上水库沥青混凝土防渗工程施工准备于2005年7月1日动工。目前，骨料加工系统和沥青拌和系统已建设完成，沥青混凝土场外工业性摊铺试验已完成。

3. 上水库人工砂石料加工系统及碎石原料供应工程　人工砂石料加工系统工程年度累计加工生产垫石料、混凝土骨料94.86万t；碎石原料供应系统累计供应碎石原料95.46万t，超额完成了2005年的生产任务，满足了上水库填筑和混凝土浇筑的施工需要。

4. 下水库大坝续建工程　2005年是下水库大坝施工高峰年，各项工作面全面展开。开挖工作除下游护岸外已全部结束；大坝混凝土浇筑正常进行，全年共浇筑混凝土总量约16万m^3，占总量76%；完成钢筋制作安装2701t，占总量42%。大坝3个底孔工作闸门改造取得阶段性胜利。大坝监测仪器的埋设工作正常进行。

5. 地下系统及拦排沙工程　引水系统及施工支洞共完成石方洞挖6.65万m^3，基本完成了相应的锚喷工作；尾水系统工程进/出水口工程1～4号扩散段石方开挖及支护已完成；主体工程及主变、开关室开挖及支护工作基本完成，并完成了集油坑及事故集油池石方开挖工作；母线洞、低压电缆洞，主变运输洞，出线廊道及竖井开挖支护完成。其他项目正按计划进行。

6. 机电安装工程　自施工承包商进驻张河湾电站现场后，完成了施工准备工作并转入工程施工阶段。机电设备制造联营体现场总代表也已进驻工程现场。截至2005年底，2台250t主厂房桥机的安装和调试工作已完成。其中，第2台桥机比原计划提前2个月完成了节点工期。机组尾水管及埋件埋管安装工作进展正常。

（张河湾抽水蓄能发电有限责任公司　赵　洁）

河南宝泉蓄能电站建设情况

河南宝泉蓄能电站位于河南省新乡辉县市薄壁镇大王庙以上2.4km的峪河上，距新乡市直线距离约45km，距焦作市直线距离约30km，与郑州市直线距离约90km，是一座日调节纯抽水蓄能电站。电站装机容量1200MW，装设4台单机容量为300MW的立轴单级混流可逆式水泵水轮机—发电电动机组。电站建成后以2回500kV出线接入电网，担任电网的调峰、填谷、调频、调相以及事故备用等任务。电站主体工程于2004年6月正式开工，预计2010年全部完成。

（一）工程进展情况

1. 工程进度　2005年，土建工作全面展开，7月，1号引水系统上斜井导井提前6天顺利贯通；8月，主厂房岩壁梁顺利完工；9月，下水库实现完全放空目标；10月，2号引水系统上斜井导井胜利贯通；10月底，下水库工程砌石完成全年砌石任务；12月，1号引水系统下斜井导井顺利贯通；12月，上水库主坝填筑到达750m高程。

2. 设备、物资采购　2005年，在2004年主机设备（水泵水轮机、发电电动机、计算机监控系统）、爬罐设备等招、评标的工作基础上，经招标先后签订了以下合同：闸门、卷扬式启闭机、液压式启闭机合同，水泥、钢材等原材料合同，2×250t桥式起重机合同，金属结构设备监造合同，800MPa、600MPa钢板供货合同，500kV电气（主变压器、GIS开关站、干式电缆）合同，主机设备和500kV电气设备的运输合同，引水系统500MPa钢板合同，2006年主体工程钢材供应合同。

2005年4月，宝泉主机设备合同第一次设计联络会顺利召开，对厂房布置、进度计划、通信方式、分包计划等方面进行了初步的讨论和确定；同年11月，第二次设计联络会召开，对设备的详细参数及布置进行了讨论和确定，结合工程进度对供货计划进行了相应调整，对分包计划进行了最终的确认、对通信和保护的方式进行了讨论和确定、对与土建的接口进行了复核；2005年7月，由原国家电力公司华东勘测设计研究院编撰的《河南宝泉抽水蓄能电站全厂综合通信网络可行性研究报告》通过审查。

（二）技术进步情况

随着工程进展，一些新技术、新工艺逐渐走向成熟，并将应用于工程。宝泉电站吸收了国内外一些成熟的做法，并大胆采用了一些国内、国际上比较先进的设备或工艺。

1. 率先采用国产800MPa级高强度钢板　宝泉800MPa级钢板的采购工作开展于2005年7月，当初拟定为国际招标。由于国际形势的影响，招标工作进展不太顺利。经向主管单位及相关机构请示后，定为询价采购，共有3家代理单位进行了报价。经对各家报价、交货计划、付款方式等因素综合比较后，2005年9月，最终选定了国内舞阳钢铁有限责任公司生产的WH80钢板。WH80钢板广泛应用于军工、石油、造船等行业，但在水电行业尚无应用的先例。由于WH80钢板生产过程中合格率偏低，又恰逢舞阳钢厂新上了1条WH80Q钢板生产线，且WH80Q的品质相对WH80有了一定提高，宝泉公司批准了舞阳钢厂提出的将WH80钢板更换为WH80Q钢板的申请。

2. 抽水蓄能机组国产化　根据国家抽水蓄能机组国产化的方针，由国家发展和改革委员会组织，将宝泉机组采购与湖北白莲河、广东惠州的机组采购及哈尔滨电机厂有限责任公司、东方电机股份有限公司的技术引进进行了捆绑招标。按照所签合同，宝泉4台300MW机组中有1台为哈尔滨电机厂有限责任公司制造，除部分附属设备外，该机组其余部分（含全部主机）均为哈尔滨电机厂有限责任公司在引进Alstom技术的基础上设计和生产。在抽水蓄能机组的国产化方面，宝泉和哈尔滨电机厂有限责任公司都做出了应有的贡献。

（三）建设管理

河南宝泉蓄能电站以“安全环保、达标投产”为目标，实施了一系列行之有效的管理，确保了宝泉工程开工以来的顺利进展。

1. 制度管理和信息化管理　2005年，宝泉公司先后制订和完善了《发文管理制度》、《工作催查办制度》、《工程质量管理办法》、《工程进度奖惩办法》等几十项规章制度，并在实际工作中得到了良好运行。同时，为了提高工作效率，先后上马了工程项目管理系统、办公自动化系统，并于2005年10月实现了内部文件无纸化高效流转，通过虚拟专线达到了互联网文件批阅功能，确保即使在出差之际也能像在办公室一样办公。

2. 进度、质量和安全管理　宝泉公司主动协调地方关系、协调施工各方，确保工程进度；广泛树立“人人都是质量员，人人都是安全员，人人都是责任人”的意识，建立和健全质量管理体系，对施工质量进行控制；设立专家组，对设计方案加大了审查力度。截至目前，各标段工程优良率都在86%以上，未发生人身死亡事故、未发生机械设备损坏事故、未发生火灾和交通事故。

3. 招评标与合同管理　宝泉公司根据市场机制及工程特点，结合国家相关法律法规、上级单位规定，制定了一套采购、招评标制度，成立了招标领导小组，完善了招评标体系，从制度上保证了采购工作的顺利实施；加强常见廉政教育，严格合同管理，保证合同顺利执行，确保工程进展。

（河南国网宝泉抽水蓄能有限公司　杨志锋　孔令杰）

黑麋峰抽水蓄能电站建设情况

（一）工程概况

黑麋峰抽水蓄能电站位于湖南省长沙市望城县桥驿镇境内，南距长沙市区仅25km，距湘潭、株洲也不足60km。电站额定水头295m，装机容量为1200MW，设计年发电利用小时数1338h、发峰荷电量16.06亿kW·h，年抽水利用小时数1732h、耗用低谷电量21.41亿kW·h，建成后将担负湖南及华中地区电网调峰、填谷、调频、调相及紧急事故备用等任务。

本工程为一等大（1）型工程，主要工程量：土石方明挖533万m^3，石方洞挖74万m^3，土石方填筑316万m^3，混凝土浇筑33万m^3，锚杆9万根，固结及帷幕灌浆17.1万m，金属结构6394t。工程总投资约35亿元，单位千瓦投资约2900元；前期工程工期1年，首台机投产发电的主体工期为3.5年，施工总工期5.5年。

（二）主要水工建筑物

电站枢纽包括上水库、下水库、引水发电系统等3大建筑物。

上水库：上水库位于黑麋峰西侧，库盆由3个山间谷地（五家冲、易家冲和长冲）构成，集雨面积1.12km^2，设计正常蓄水位400m，相应库容约1000万m^3，死水位376.5m，有效库容约840万m^3。主要建筑物包括2个主坝、2个副坝。2个主坝和副坝2坝型为钢筋混凝土面板堆石坝。主坝1：坝顶长度310m，最大坝高64.5m。主坝2：坝顶长度303m，最大坝高54.5m。副坝1：（位于两主坝之间）坝型采用埋石混凝土重力坝，坝顶长度292m，坝高17.5m。副坝2：（位于水库南部五家冲垭口处）坝顶长207m，最大坝高41.5m。

下水库：位于湖溪冲沟内，包含上库在内总集雨面积11.2km^2，设计正常蓄水位103.7m，相应库容约960万m^3，死水位65m，有效库容约840万m^3。主要建筑物包括大坝和泄洪洞。大坝坝型为钢筋混凝土面板堆石坝，坝顶长度378m，最大坝高79.5m。泄洪洞位于左岸山体内，兼水库放空洞，施工期兼做下库导流洞。

输水发电系统采用上游输水主洞一洞两机、下游输水洞一洞一机、地下厂房尾部式布置方案。地下洞室群主要包括主厂房、母线洞、主变洞、进厂交通洞、上下游输水洞等。输水系统总长约1600m。主厂房长136m、宽27m、高52.7m，厂房内布置4台单机容量为300MW水泵水轮发电机组；主变洞长131m、宽20m、高19.5m。

中控室、500kV GIS开关站集中布置在地面副厂房内。出线平台布置在开关站屋顶，共布置2回500kV出线。电站采用无人值班少人值守的管理模式，前期电站调控在地面副厂房内，后期电站主要由电力系统远程控制。

（三）工程建设情况

黑麋峰抽水蓄能电站是湖南省境内第1个抽水蓄能电站，由五凌电力有限公司投资建设。工程设计单位为中国水电顾问集团中南勘测设计研究院；监理单位为中国水利水电建设工程咨询中南公司；Ⅰ标（输水发电系统工程）施工单位为中国水电第十二工程局，Ⅱ标（上、下库工程）施工单位为中国葛洲坝集团公司。

电站于2002年底开始预可行性研究设计，2003年7月预可行性研究设计报告通过审查，2004年4月通过可行性研究设计报告审查，2005年5月获得国家发展和改革委员会核准开工建设。工程计划于2008年12月首台机组投产发电，2009年底工程竣工。

截至2005年底，工程进展情况如下：

1. 移民征地工程　电站建设共需征地约4km²，迁移人口1009人。移民安置工作从2003年9月开始，到2005年12月基本结束。

2. 土建工程　输水发电系统工程（Ⅰ标）和上、下水库工程（Ⅱ标）分别于2005年4月28日和5月6日相继开工，并于2005年11月1日实现下库截流。到年底，完成土石方明挖366万m³，完成石方洞挖15万m³，完成锚杆支护2万根，完成喷混凝土3200m³，完成混凝土浇筑2000m³。其中，主厂房分Ⅵ层开挖，已完成第Ⅱ层开挖；主变室分Ⅲ层开挖，2005年11月10日已完成第Ⅰ层开挖支护，第Ⅱ层11月17日开工，年底还在施工中；下水库大坝累计完成开挖49万m³；上水库主坝1已完成开挖，12月29日开始趾板混凝土浇筑；主坝2已累计完成土石方开挖33万m³。另外，总长4261m的上下库连接公路已完工，2005年12月9日通过验收。

3. 机电设备采购　主厂房桥机采购合同于2005年8月签订，由太原重工股份有限公司设计制造。主机设备采购合同于2005年12月签订，东方电机股份有限公司为总包单位，法国阿尔斯通公司作为技术合作方。

（中国水电顾问集团中南勘测设计研究院　胡　勇）
（五凌电力有限公司黑麋峰项目部　曾维才）

5

工 程 勘 测

工程地质勘测与评价

黄河积石峡水电站坝址软弱夹层特征与坝型选择

（一）工程概况

黄河积石峡水电站位于青海省循化县与民和县交界的积石峡谷出口段，是黄河上游龙（龙羊峡）—青（青铜峡）段第五个百万千瓦以上的大型梯级电站，电站选定坝型为混凝土面板堆石坝，设计最大坝高100m，正常蓄水位1856m，总库容2.72亿m^3，装机容量1020MW，保证出力332MW，年平均发电量34.08亿kW·h。

该电站目前已进入施工筹备期，但自1994年坝址选择开始，曾针对混凝土拱坝和混凝土面板堆石坝两种设计方案分别进行了勘探和论证分析，为最终确定合理可行的坝型提供了可靠的地质依据。

（二）坝址区基本地质条件

积石峡水电站坝址位于黄河积石峡峡谷出口段，河谷断面呈不对称U形，右岸自然岸坡坡度60°～70°，下部近直立；左岸较缓，岸坡坡度40°～60°。

坝址区出露的地层主要为一套湖相沉积的白垩系下统岩组，根据岩性特点可分为五大层（K_1^1～K_1^5），其中K_1^1为深灰色杂色砾岩夹条带状砂岩，主要分布在坝址区上游一带；K_1^3为坝基和坝肩底部主要岩层，由紫红色中细砂岩、砾岩与砖红色泥铁质粉砂岩互层结构组成；K_1^3分布在两岸坝肩中下部，下层K_1^{3-1}以紫红色中细砂岩夹砾岩为主，间夹条带状泥质粉砂岩，上层K_1^{3-2}为厚层状紫灰色砾岩夹薄层中细砂岩和泥质粉砂岩；K_1^4为紫红色泥质粉砂岩夹中细砂岩或砾岩，主要分布于左岸坝肩中上部及右岸较高部位；K_1^5分布较高，由紫红色砾岩夹砂岩组成，局部夹有粉砂岩及泥质粉砂岩。

坝址区岩层呈不完整的宽缓倾伏向斜，断层发育少，规模小，主要有NW325°～345°SW（少数NE）∠55°～81°，NE15°～25°NW（少数SE）∠55°～75°和NE60°～80°NW∠50°～70°等三组，破碎带宽度一般为5～30cm，破碎带组成物质为压碎岩、糜棱岩、断层泥等，泥钙质胶结，胶结较差。坝址区构造裂隙以中陡倾角为主，主要有NE4°～23°NW（或SE）∠56°～75°，NW275°SW∠58°～80°，NE65°～82°NW∠50°～80°和NW346°SW（或NE）∠40°～75°等四组。

坝址区岩相变化大，砾岩多为块状、巨厚层状，砂岩为厚层～中厚层，泥质粉砂岩多为薄层状。根据对不同岩相物理力学性质和工程特性的研究成果，坝址区Ⅰ、Ⅳ类岩体分布少，Ⅱ类岩体分布最多，Ⅲ类次之。但不同类别岩体的空间分布与岩相变化相对应，好坏相间、互层状分布于不同高程。

（三）坝址区软弱夹层工程特性

由于积石峡坝址区地层具有韵带沉积特点，不同韵带层中软弱夹层的分布和特征是评价坝基、坝肩工程地质条件的关键要素，也是坝型选择的重要依据。因此，对坝址区软弱夹层（主要是泥质粉砂岩）的成因、空间分布规律、单层厚度及物理力学性质研究给予了高度重视。

1. 软弱夹层成因　坝址区白垩系下统地层属湖盆边缘沉积相碎屑岩建造，由于沉积韵律的变化，层间分布有泥铁质粉砂岩和含黏土质粉砂岩夹层。夹层黏粒含量高，软弱，抗剪强度低，是中层间剪切的主要部位，层间的碾磨错动又为后期地下水等外营力作用创造了条件，母岩中的黏土矿物和黏粒在地下水作用下，富集在经剪切扩容的夹层中形成了层间泥质物，连同挤压破碎的岩屑一起构成了积石峡坝区地层中的软弱夹层。

2. 软弱夹层的分布及规模　坝址区软弱夹层的分布受岩性、岩相控制，在不同的沉积层中都有分布，工程范围内自上而下主要出现在K_1^4下部（K_1^{4-1}）、K_1^3中下部（K_1^{3-2}）和上部K_1^{3-1}、K_1^2等不同韵带层中有泥质粉砂岩地段。此类软弱夹层在积石峡坝址区发育有百余条，平均厚度一般为2～10cm，最厚可达25～30cm，小者仅为0.5～1.0cm，延展性较好，起伏差一般3～8cm，最大不超过15cm。

3. 软弱夹层类型　软弱夹层的组成物质主要有岩块、岩屑、岩粉、泥、方解石等，依据夹层中各种组成物质含量的不同，总体可分为三类，即：

（1）泥夹岩屑型。主要发育在K_1^{2-1}及K_1^{2-3}层、K_1^{4-1}及K_1^{4-3}等韵带层内的泥铁质粉砂岩层中，在K_1^{3-2}和K_1^{3-1}层中也有少量发育。该类夹层中夹泥厚度一般为1～2.5cm，夹泥连续率可在90%以上，约占坝址区软弱夹层总数的17%左右。

（2）碎屑夹泥型。主要发育在K_1^3地层中，夹泥连续率在50%～80%之间，夹泥厚度0.3～1.0cm，一般夹层两侧为红色泥，中间含有岩屑、碎块，约占夹层总数的70%左右。

（3）岩块岩屑型。夹层主要由岩块、岩屑、方解石细脉及钙质薄膜组成，局部有岩粉状泥膜，夹泥连续率在30%以下，主要发育于K_1^3地层中，约占夹层总数的11%。

4. 软弱夹层的物理力学性质 试验研究表明，软弱夹层的物理力学性质变化与距岸坡的距离有关，处于深部环境或保持有一定围岩压力的软弱夹层，有较好的物理性状和力学强度；浅表层岩体中的软弱夹层，由于卸荷回弹、风化及浅层地下水的渗入，夹层的物理性状恶化，含水量增高，干密度降低，力学强度也相应较低。

（四）坝型选择

积石峡坝址区地形特点具备修筑混凝土拱坝和面板堆石坝的条件，但因两种坝型对坝基和坝肩岩体条件（尤其软弱夹层）的要求和适应性有较大差别，所以对坝型选择影响较大的地质因素是岩体中软弱夹层的空间分布及其工程特性。

研究表明，坝址区不同高程的缓倾角软弱夹层，物质组成有所差异，厚度不等，并在一定围压和天然状态下有较好的物理性状和力学强度。但在饱和状态下，物理性状将恶化，强度降低，其倾角又缓，分布广，尤其左岸倾向岸内偏下游，河床部位倾向下游，对拱坝坝肩和坝基抗滑稳定不利，且处理难度大。相比之下，当地材料坝对坝基和坝肩的抗滑稳定要求较低，对这种地层的适应性较好。因此，在深入研究和慎重比较之后，从地层特点和地质条件的角度推荐了混凝土面板堆石坝。积石峡水电站已经按优化确定的坝型方案顺利通过审查。

（中国水电顾问集团西北勘测设计研究院 陈万业）

白莲河抽水蓄能电站上水库工程地质勘测与评价

（一）工程概况

白莲河抽水蓄能电站位于湖北省罗田县白莲乡，工程以浠水河上的白莲河大型水库作为下水库，上水库位于水库大坝右坝头山间谷地，输水洞线总长约2.1km，地下厂房装机4台，总装机规模1200MW。

地质勘察工作始于1994年，可行性研究补充设计报告于2003年通过审查。2005年3月工程正式动工修建。

电站上水库库盆由两条平缓宽阔的冲沟组成，设计正常蓄水位308.00m，总库容为2561万m^3，有效库容1728万m^3，水库地形封闭条件好，库容大，且具备较好的天然防渗条件。上水库只需修建1座60m高的面板堆石坝和3座小型土石坝（坝高3～8m），是国内工程地质条件最好的抽水蓄能电站上水库之一。

（二）上水库工程地质概况

上水库位于浠水河右岸罗田县白莲乡境内的月山村—叶家村一带山间沟谷凹地。库盆由分别呈NE方向和近EW方向展布的叶家冲洼地和月山洼地组成，设计正常蓄水位308.00m时，库长分别为1.6km和1.3km，库底高程一般为260.00～290.00m，库周高程306.20～450.00m不等。

库区出露的基岩以燕山期中细粒二长花岗岩（$\eta\gamma_5^3$）为主，局部分布有太古界大别群飞虎山组上段（$Arfh^1$）和麻桥组下段（Arm^2）弱混合岩化片麻岩，第四系残坡积物主要分布于库底及坡脚，厚0.5～5.0m不等。地质构造以NE向断层为主，破碎带宽0.5～6.5m，主要由碎块岩或石英岩脉等组成。

上水库库盆地势平缓，库水位308.00m以下，稻田、旱地及人口和房屋比较集中，存在一定的淹没损失。308.00m以上仅有少量山坡旱地，不存在淹没问题。由于上水库岩石风化较强，大部分岸坡由全风化土组成，并存在低缓分水岭，因此，水库蓄水后，低缓分水岭的渗漏以及库岸边坡的稳定性是上库的主要工程地质问题。

（三）上水库主要工程地质问题

1. 上水库渗漏问题 上库库盆地形封闭性好。库周分水岭总长约7500m，其中地表高程在330.00m以上的约6700m，占总长约88%，从地下水位埋深及库周泉水的出露情况等分析其地下水位高于308.00m，故不存在渗漏问题。但另外800m长的分水岭地段地表高程低于330.00m或略高于330.00m，分水岭单薄，这些部位包括：①主坝左岸分水岭（长约400m）；②主坝右岸分水岭（长约150m）；③叶家冲垭口（长250m）。这三处部位地表分水岭高程为306.50～320.00m，地下水位为290.00～308.00m，岩体透水率小于1Lu的相对不透水层顶板高程280.00～300.00m，估算上述地段在正常蓄水位情况下渗漏量为760m^3/d，需采取防渗措施。

2. 上水库库岸边坡稳定性问题 库岸边坡总体走向有近SN、NE、NEE向等，自然坡度多数为13°～30°，少数小于10°，局部亦有30°～45°。高程310.00m以下，多呈台坎状地形，斜坡坡脚形成2～4m高的陡坎，对边坡稳定不利。山顶高程308.00～450.00m，坡高30～150m不等。库岸坡面受冲沟切割，大部分不整齐。

上库岸坡分为岩质边坡和土质边坡两类。岩质边坡面积约 52.86 万 m^2，占整个库岸边坡的 27%。岩质边坡地表除局部有残坡积物和全风化岩石外，以裸露的强风化花岗岩为主，地形坡度 20°～30°，无缓倾角节理，边坡稳定性好。

土质边坡主要由花岗岩或片麻岩全风化土组成，厚 3～12m 不等。其中土质斜坡（10°～30°）总面积 92.17 万 m^2，占整个库岸边坡 47%；缓坡（＜10°）面积为 51.0 万 m^2，占整个库岸边坡边坡 26%；其余为陡坡（30°～45°）。

水库蓄水后，坡度小于 10°的土质缓坡能保持稳定，而考虑库水由 308.00m 骤降至 291.00m 时，大部分受库水影响的土质斜坡浅层圆弧型滑动的安全系数基本上都小于 1。而这类边坡占整个库岸边坡的 1/3左右，故土质斜坡在蓄水后的稳定应引起足够的重视。

据稳定性分析，水库蓄水后坡度大于 15°的土质斜坡稳定性差，对于进（出）水口和①、②副坝等建筑物部位以及叶家冲小水库部位的边坡，应采取护坡加固措施进行处理。其他部位不稳定边坡，预测总滑坍方量少于 200 万 m^3，占死库容的 1/4 还少，不危及水库正常运行。

（四）上水库主、副坝地基工程地质评价

上水库主坝为高 59.4m 的混凝土面板堆石坝。坝址区基岩裸露，地质构造简单，风化浅，全风化带下限埋深 0～15m，强风化带下限埋深 0～19m，弱风化带下限埋深为 2～30m。地下水位埋深 3～18m；基岩透水性微弱，$q \leqslant 1$Lu 的相对不透水层顶板埋深 10～27m。建议面板底座基础置于弱风化带顶板线以下 2～4m，因岩体完整性较差，建议对趾板基础进行固结灌浆，趾板防渗帷幕幕底应置于相对不透水层顶板线以下。上水库 3 座副坝（坝高 3～10m）地基因全风化层较厚（为 6～15m），均适宜于修建土石坝。

（中国水电顾问集团中南勘测设计研究院　胡梦蛟）

紫坪铺水利枢纽工程地质勘察综述

（一）工程概况

紫坪铺水利枢纽工程位于成都市西北约 60km 的岷江上游，挡水建筑物为钢筋混凝土面板堆石坝，最大坝高 156.00m，坝底宽度 417.79m，坝顶长度 663.77m，坝顶高程 884.00m，正常蓄水位 877.00m，总库容 11.12 亿 m^3，总装机容量 760MW。坝后地面厂房、右坝端的开敞式溢洪道、4 条引水发电隧洞、1 条冲沙隧洞和 2 条泄洪排沙隧洞都布置在右岸。泄洪排沙洞由导流洞改造而成，流速可达 45m/s，国内尚无实例；龙抬头改造段洞径 7.83m×10.70m；导流洞改造洞身段为马蹄形，洞径 10.70m×10.70m；1 号泄洪洞全长 812.35m，2 号泄洪洞全长 698.87m。溢洪道堰顶高程 860.00m，宽 12.00m，水平全长 520.50m。4 条引水发电隧洞，进水口高程 800.00m，洞径 8.00m，洞轴线间距 22m。坝后式地面厂房，主厂房长 125.00m，宽 25.00m，高 54.00m，内装 4 台单机 190MW 水轮发电机组。

紫坪铺工程以灌溉和供水为主，兼有发电、防洪、环境保护、旅游等综合效益，是都江堰灌区和成都市的水源调节工程、国家实施西部大开发的标志性工程之一、国家“十五”重点工程项目。

2001 年 3 月 29 日，紫坪铺工程经国家批准正式开工建设。工程进展较为顺利，2005 年 10 月第一台机组发电，计划 2006 年 5 月 4 台机组全部投产发电。

（二）地质勘察工作过程及主要勘探工作

紫坪铺水利枢纽工程，由于坝址几次变更和筑坝技术的发展，工程规模逐渐加大，地质勘察与工程地质评价逐步深入，地勘及设计工作历时 40 余年，可大致分为 4 个时段，分述如下：

(1) 规划及早期勘测设计工作阶段：1954 年 6 月～1960 年 6 月。紫坪铺工程于 1954 年 6 月列为岷江上游规划的重点梯级，1956 年 6 月完成规划，曾列为国家“二五”重点建设项目。在约 1.0km 的河段比选 4 个坝址，完成钻探 10849.27m、197 孔，洞探 395.85m；并选定一坝址修建重力坝，坝高 93m，装机容量 290MW，工程曾于 1958 年动工。1957 年 9 月，苏联地质专家沙金来到紫坪铺，提出了地质构造新看法，认为坝区存在一系列叠瓦式断层，引起了中苏专家关于坝址选择、坝型、坝高诸多问题的争论。1958 年导流洞开挖过程中发生了瓦斯爆炸，造成多人伤亡事故，后改为导流明渠，由于当时的设计背景和种种原因，汛期又被洪水冲毁。1959 年 6 月，一坝址已开挖的左坝基发现有局部缓倾下游的含泥裂隙，从而出现了大坝是否稳定的新问题。同年 7 月，中苏专家在北京召开了紫坪铺设计及施工问题技术讨论会。会议认为紫坪铺地质条件复杂，可能有新构造运动和地震烈度高以及摩擦系数低等问题，提出在四坝址研究当地材料坝。

因地质问题引起的设计方案反复，使工程建设举步维艰，适逢 1959 年国家经济困难，压缩基建规模，工程由此停建。

(2) 可行性研究设计阶段（高坝方案）：时隔 21 年，1980 年 4 月～1987 年底完成可行性研究，1988 年～1990 年 7 月完成补充可行性研究。从 1978 年开始酝酿研究紫坪铺工程复工建设问题，对岷江上游映秀湾至灌县段再作规划。1980年4月，水电总局领导重新查勘紫坪铺现场，按成都勘测设计院对岷江上游新的河段规划，提出在原一坝址上游沙金坝一带兴建高土石坝设想，于是开展相应的地质勘探工作。主要完成了钻探5246.18m、71孔，洞探1408.3m、7洞，物探剖面长达10km。

(3) 初步设计阶段：1991年6月～1994年5月深入开展并完成了工程场地地震安全性评价、地下洞室瓦斯危险性评价、水库诱发地震专题研究、溢洪道和堆积体数值模型及离心模型稳定性研究、坝前堆积体稳定性专题研究、坝前左岸堆积体稳定性监测系统设计报告等专题研究成果。期间主要完成了钻探5158.13m、56孔，洞探1249m、7洞，物探剖面长达1038m，标准点4789点，各类岩土体试验近千组，满足了初步设计阶段的精度要求。

(4) 招标设计阶段：2000年4月～2002年，进行了补充勘探，编制了招标设计文件；开展了覆盖层上建坝的关键地质问题研究、坝区水文地质条件与水动力场研究、2号泄洪洞出口边坡稳定性研究、废旧煤洞调查的物探工作、废旧煤窑对工程建筑物稳定性影响及对策研究、右岸条形山脊地下洞室群围岩稳定性的系统研究、工程开挖边坡稳定性的地质工程系统研究等专题研究工作。此阶段完成钻探1757.67m，并完成大量的补充试验工作，基本解决了初步设计阶段的遗留问题。

(5) 技术施工设计阶段：2001～2006年。根据开挖揭示的情况，及时对边坡、洞室、地基进行地质编录，提出各类地质预报，工作中还及时提供了设计所需的各类地质资料，对重要或关键地质问题进行了专门研究或咨询活动，解决了施工过程中存在的各类地质技术问题，保证了工程的顺利建设。

(三) 存在的主要地质问题及特点

紫坪铺工程区属中低山地形，岷江在沙金坝河段形成一个180°的河曲，使右岸形成三面被河曲围抱的条形山脊，工程规模大，地质条件复杂，对地质勘查技术要求高，主要体现在复杂的地质条件、高陡开挖边坡以及高速水流对基岩的冲刷三个方面。枢纽工程区的岩石为三叠系上统须家河组（T_{3XJ}^{3}）的一套湖沼相含煤砂页岩地层，属典型的复理式建造沉积，其特点是自上至下粗细颗粒交替具有明显的韵律性，有多层软弱的煤质页岩。煤质页岩经过错动形成多条层间剪切错动带，并有倾伏向斜分布其间，且有宽大的性状极差的F_3断层存在；又由于煤质页岩含煤，群众在此挖煤，存在随机分布的废旧煤洞，给建筑物地基、地下洞室、边坡稳定带来不利影响，甚至形成大坝渗漏；边坡岩石风化卸荷强烈，水平发育深度25～55m，岸坡及河床部位有大量覆盖层堆积，厚达10～20m，河床部位有砂层透镜体分布。150m以上的高陡开挖边坡就达10个之多，最高的可达260m，边坡稳定问题是一个突出的工程地质问题；泄洪洞出口最大流速达45m/s，带来冲刷稳定问题，也是地质勘察与评价的主要问题。

(四) 取得的主要研究成果

针对紫坪铺复杂地质条件导致重大工程地质问题，成都勘测设计研究院自己承担或与科研单位、高等院校联合攻关，吸收了国内外先进经验，并组织技术交流和咨询活动，提高了勘测产品质量及工程地质研究水平。主要体现在以下几个方面：

(1) 论证了区域构造稳定性，分析存在水库诱发地震问题，通过地震台网观测，建立了预测预警系统。

(2) 大量的勘测试验研究论证了库水不会产生永久性渗漏问题。

(3) 查明了坝前左岸堆积体基本地质条件及边界条件，分析论证多种工况下的稳定状况，从技术上解决了堆积体处理问题，为堆积体的压脚方案提供合理依据，建立的变形监测成果表明堆积体处于稳定状态。

(4) 开展坝区水文地质条件及水动力场研究，建立了水文地质概化模型，查清了蓄水前后水动力场特征，提出了防排水处理方案。

(5) 为查明废旧煤洞的分布，重视地质分析，进行地质调查和施工开挖，采用瞬变电磁法探测深部煤洞的分布。基本查清了分布状况及对工程建筑的影响，为工程处理提供了可靠的依据。

(6) 对边坡岩体稳定性进行CSMR分析，提高了决策的科学性和可靠性。

(7) 工作中做到了前瞻性和预见性，对施工中可能出现的地质问题及时发出各种预报和对策措施，以指导施工。如对地下工程围岩类别、工程边坡稳定性及时进行了准确预测预报，特别是2号导流洞出口边坡在2001年雨季由于开挖覆盖层切脚，在连续强暴雨下产生了滑动，威胁213国道安全，地质工程师创新提出的“滑坡的监控预报法”，对连续4次滑动都进行了准确预报，各方据此做出了防范方案，防止了事故的产生，达到了国际先进水平。

(8) 重视工程高边坡的处理研究。工程开挖边坡高陡且数量多，地质条件差，提出了各类边坡的变形破坏模式和岩体分类，据此进行稳定分析，提出更具合理性和科学性的处理建议，仅溢洪道内侧高边坡的处理设计就节约锚索工程量上千万元。

(9) 趾板基岩的处理和利用研究，对紫坪铺混凝土面板堆石坝基础防渗和坝体稳定有着重要意义。由于目前对趾板地基可利用岩体没有统一的标准，在了解研究现状及对地基的要求基础上，创新提出了本工程的岩体质量利用标准，提出按不同岩体质量类别的设计处理思路，使趾板基础处理和趾板设计更加合理，经工程运行检验处理效果较好。

（10）大坝软基利用研究。经过钻探、竖井、试验研究工作，论证得出河床覆盖层不需全部挖除的结论。施工中实际节约开挖量61万m^3、填筑量61万m^3，直接节约工程投资约5000万元，为大坝提前一年完成堆筑、全部4台机组提前半年发电起到了关键作用，取得了巨大的经济效益和社会效益。

（11）研究了地层中的瓦斯富含情况，较好地指导了施工，隧洞开挖过程中没有出现瓦斯爆炸。

（12）重视监测反馈工作，边坡上建立了多点位移计、倾斜仪等，灌浆时地基中采用多点位移计，及时捕捉了变形情况，防止了事故的发生，保证了工程质量，节约了大量工程处理工程量。

（中国水电顾问集团成都勘测设计研究院
彭仕雄　杨　建　游显云）

贵州乌江梯级水电站工程地质特征

（一）流域概况

乌江发源于贵州省乌蒙山东麓的威宁县与赫章县，河流的总体流向为由南西向北东，于重庆市涪陵注入长江。乌江在贵州境内的流域面积为66849km^2，河长802km，落差1973.6m。乌江在化屋基以上为上游，河流比降为0.424%；化屋基至思南为中游，比降为0.137%；思南以下为下游，比降为0.064%。乌江的支流众多，较大的有猫跳河、野纪河、清水江、湘江、洪渡河、芙蓉江等，其比降均为上游平缓下游陡，呈反平衡剖面特征。乌江的小支流则多在距干流1～3km处潜入地下形成伏流，如洪家渡水电站右岸的底纳河、东风水电站的马鞍山沟、思林水电站左岸的黑河和K-11暗河等。

乌江处于我国地势的第二台阶，属云贵高原东部，高原面的平均海拔约1000m，流域地形的分水岭在西侧为乌蒙山，在东侧为武陵山，北为大娄山，南为苗岭，海拔均在1500～2500m以上。乌江深嵌于贵州高原面之下50～400m，多为U形深谷，少数为V形宽谷。地貌形态以岩溶地貌为主，从河谷向分水岭呈峰丛峡谷、峰丛洼地、峰林谷地、峰林盆地（残丘坡地）分布。

流域内分布的地层按可溶性和工程地质特性大致可分为三大类，即强可溶岩、弱可溶岩与非可溶岩。

可溶岩属硬质的碳酸盐岩类，占流域总面积的70%以上。强可溶岩有寒武系平井组、毛田组，奥陶系桐梓组、红花园组，石炭系黄龙组、马平组，二叠系栖霞组、茅口组，三叠系大冶组、嘉陵江组等灰岩。

弱可溶岩有震旦系灯影组、寒武系娄山关群、耿家店组，上二叠统长兴组、吴家坪组，三叠系关岭组等白云岩或泥质灰岩、硅质灰岩。

非可溶岩有元古界板溪群，震旦系，寒武系下统，奥陶系湄潭组，志留系，泥盆系，二叠系龙潭组、大隆组，三叠系沙堡湾段、九级滩段、松子坎组和侏罗系等砂岩、粉砂岩、泥页岩、煤层、泥灰岩、变余砂岩、板岩等。

1526年以来，贵州有破坏性的地震为24次，多发生在流域之外或上游，其中有4次为岩溶塌陷型。据《中国地震动峰值加速度区划图》，流域地震动峰值加速度为0.05g，相应地震烈度为Ⅵ度。

乌江流域岩溶发育，据详查到的落水洞，最深的近300m，最长的大于3.6km，在河水面以下最深的为222m，最高的为9.35m。其主要特点为：

（1）岩溶发育呈带状分布并形成各自独立的岩溶系统。

（2）岩溶洞穴主要呈张性、张扭性断裂带发育，或压性断裂的影响带发育。

（3）岩溶发育受层面控制也受排泄基准面的控制，与阶地对应在河谷两岸有3～4层溶洞。

（4）受补给条件影响，岩溶发育的规模不同：①分散的内源水补给发育的溶洞，其规模与连通性有限；②由外源水特别是过境的集中水流补给发育的溶洞，其规模大，连通性好，多为地下河；③当岸坡有暗河或岩溶管道水时，河床以下岩溶发育减弱，在岩溶管道的末端则增强。

（二）梯级工程水文地质结构及工程特性

乌江开发梯级应避免出现坝址和库首的岩溶性渗漏，寻找有隔水层作为防渗依托的河段。因此，经过多次规划研究，对全流域以可溶岩、非可溶岩与河流空间组合的关系进行了岩溶水文地质结构的分段，其中属于横向谷的河段只占1/3，而具有隔水层的则更少。在所规划的梯级中：

（1）有隔水层横向谷的梯级为：隔水层倾角小于30°的有洪家渡水电站；隔水层倾角小于30°但被断层切断的有东风、索风营水电站；隔水层倾角30°～60°的为构皮滩水电站；隔水层倾角大于60°的有乌江渡和思林水电站。

（2）为隔水层斜向谷的梯级有引子水渡电站。

（3）无隔水层横向谷的梯级为普定水电站。

（三）主要工程地质问题

1. *水库诱发地震* 乌江流域无自晚更新世（绝对年龄10万～15万年）以来有活动或可能活动的断层，构造活动微弱，故已建工程基本上未发生构造破裂型水库诱发地震。但其岩溶发育，有岩溶塌陷和气爆型地震发生。如：乌江渡水库于1979年11月开始蓄水，1981年1月出现初震，最大地震出现在1992年5月2日，震中在水库中段，强度为3.5级；引子渡水库也曾发生过弱震至微震；东风水库在距坝址约8km处曾因库水灌入煤洞而发生气爆型地震。诱发地震对工程均无影响，但为监测诱发地震情况，作蓄水前后一段时期的地震监控是必要的。

2. *工程地质条件与枢纽布置* 由于乌江各梯级水电站均位于碳酸盐岩河谷，断面狭窄，为防止出现岩溶渗漏又要寻找有非可溶岩作为防渗依托的河段，但非可溶岩是抗冲能力很弱的砂页岩，加之乌江洪枯水位变幅大，泄洪量又特别大，故电站的大坝、泄洪与厂房三大建筑物的选择和枢纽的布置均受到影响，如：①洪家渡水电站下坝址岩溶发育，上坝址有很厚的九级滩页岩可作为防渗依托，但属于软岩类，故选取面板堆石坝，充分利用左岸约90°的河湾有利地形布置洞式溢洪道与引水发电系统；②东风水电站与构皮滩水电站均为拱坝，坝身与岸边泄洪，地下式厂房；③沙沱水电站河谷断面稍宽，有可利用的河心基岩礁滩作河床式施工导流，故选取碾压混凝土重力坝、坝身泄洪、左岸坝后明厂房、右岸设置引航建筑物等。乌江梯级水电站工程特性见表1。

表1 乌江梯级水电站工程特性表

电站名	库容（亿m^3）	大坝			引水洞		厂房			泄洪系统		
		坝型	坝高（m）	地层岩性	洞径（m）	长度（m）	型式	长×宽×高（m×m×m）	装机容量（MW）	型式	宽×高×长（m×m×m）	校核泄流量（m^3/s）
洪家渡	49.47	面板堆石坝	179.5	T_{1yn}，T_{1y}灰岩及页岩	7.8	650	地面	112×58.9×59.5	600	溢洪道 泄洪洞	14×21.5×755 (7×12.4和φ9.8)×834	4591
东风	10.25	双曲拱坝	162.0	T_{1yn}灰岩	6.5	210	地下	106×20×47.8	540	泄洪洞 溢洪道 中孔	12×21×525 15×21×260 5×6、3.5×4.5	12342
索风营	2.01	碾压混凝土重力坝	115.8	T_{1y}灰岩	9.9	248～413	地下	135.5×24×58.405	600	坝顶	5-φ13	16300
乌江渡	21.4	拱形重力坝	165.0	T_{1y}灰岩	6.5		坝后 地下	109×20 84.2×23.9×54.9	750 500	表孔 泄洪洞	6-13×19 2-9×12.5	19793
构皮滩	64.51	双曲拱坝	232.5	T_{1q+m}灰岩	9.5～8	266～368	地下	230×27×73	3000	表孔 中孔 泄洪洞	6-12×13 7-6×8 11×17×580	28900
思林	16.45	碾压混凝土重力坝	117.0	T_{1y}灰岩	12.6～8.8	93～163	地下	185×26.5×62	1000	表孔	7-φ15	35400
沙沱	7.7	碾压混凝土重力坝	117.0	C_m灰岩 O_{1m}页岩	10.5	87.1	地面	138.8×35.5×68	1000	表孔	9-φ16	32109
普定	4.209	碾压混凝土拱坝	75.0	T_{1a}灰岩	8	280	地面	109×32.9×43	75	表孔	4-φ12.5	5206
引子渡	5.31	面板堆石坝	129.5	T_{1d}灰岩及页岩	16.5	874.7	地面		360	溢洪道	3-11.5×18	8251

注 泄洪系统尺寸栏中“-”前的数字表示孔数。

3. *岩溶渗漏问题* 岩溶渗漏问题是各电站最重要、最复杂的工程地质问题，处理工程量也很大，为此还要进行大量的勘探工作。乌江流域最典型的是东风水电站的库首右岸岩溶渗漏问题。其库首右岸从库内的鱼洞暗河至下游凉风洞为一弦长2.5km、绕渗长4.8km的河湾地带，因构造形成茅口灰岩、玉龙山灰岩与永宁镇组灰岩中贯穿分布、总长达9734m的18个洞穴，其中鱼洞系统长度大于3.6km且有多层。

在东风水电站的库首右岸岩溶渗漏问题研究中，主要取得了如下几个成果：

(1) 通过20km^2的岩溶水文地质测绘（比例1∶5000），采用岩溶研究的水文网法，找到了未曾发现的长11.4km以上的石膏洞，查明了鱼洞、凉风洞暗河具有同源补给关系（两者尾部沟通），故存在库首河湾岩溶渗漏。

(2) 由38个钻孔10490.21m进尺的钻探和地震勘探将埋深200m、直径5m的鱼洞初步定位，并以斜长270m的勘探洞将其揭露，为实施封堵找到了位置。

(3) 通过58个钻孔、泉水的长期观测和水动力场、水均衡的研究，16次连通试验和6个溶洞的堵洞抬水试验，17个水样的氚测定，75组水质简分析，掌握了岩溶水的补给、径流、排泄条件和地下水位以下的岩溶化程度，并发现在鱼洞与凉风洞两暗河之间存在一鼻状地下水分水岭，为防渗线路的选择提供了可靠的依据。

(4) 通过8个方案的电网络模拟试验，进一步论证了拟定的帷幕线末端的地下水位在水库蓄水后可壅高20～30m。

据此，建议防渗帷幕可按“先、后、减、缓、免”的原则实施，以节约工程造价。原拟定防渗帷幕面积为55万m^2、灌浆孔总深达32.15万m，后来按建议原则在水库部分有约800m长帷幕（灌浆孔进尺6.15万m）未灌，结果也未漏，防渗与防漏效果良好。

4. 岩溶涌水问题　由于乌江为流域最低排泄基准面，所以是地下水的汇聚区，特别在横向谷河段最为明显，故极易造成导流洞或大坝基坑施工开挖的岩溶涌水。如：洪家渡、东风、索风营、乌江渡与构皮滩、思林等水电站导流洞开挖时均有复杂的岩溶涌水问题，涌水量可达1～2m^3/s，甚至更大。洪家渡水电站厂房基坑开挖正值汛期，发生了右岸K_{40}岩溶管道水与左岸的岩溶管道的涌水，危及下游围堰的安全，在对各岩溶管道的封堵处理上花费了很大的功夫。除封堵之外，还对管道周边进行了防渗帷幕灌浆及岩溶水的引排处理。

5. 坝基（肩）岩体稳定条件　乌江各梯级的混凝土坝，如重力坝或拱坝均建在灰岩上。影响这些大坝坝基（肩）岩体稳定性的不利因素有：结合差的层面、软弱夹层、溶蚀夹泥裂隙或断层、岩溶洞穴等；倾角缓的软弱夹层往往构成抗滑稳定的底滑面。如：东风拱坝的5号泥夹岩屑型夹层（厚0.5～1.0cm）、普定拱坝的J_3夹泥层（厚2～3cm）对拱端抗滑稳定为控制性结构面；倾角大于45°的软弱夹层如构皮滩拱坝两岸的Fb_{91}，Fb_{92}，Fb_{112}，Fb_{113}等层间错动带，性质软弱，并时有夹泥或溶洞，成为拱端压缩变形与抗滑稳定的临空面。

对此，各工程设计时均作了各种分析计算、力学模型试验，然后有针对性地严格进行处理。如东风水电站的岩溶洞穴在左拱端顺F_{38}断层发育的长38m、宽6～11m、高23m的黏土充填溶洞，就进行了开挖、冲洗和回填混凝土的处理。

6. 地下洞室围岩稳定条件　影响各梯级水电站交通洞、导流洞、地下厂房围岩稳定的不利因素，除各类软弱结构面之外最主要的是溶洞，如洪家渡水电站左岸的交通洞遇一充泥大溶洞，发生不间断的大塌方，影响了施工进度。

地下厂房顶拱的薄层岩石均需作系统挂网喷锚处理。至于地应力，由于其量级低不作为轴线确定的控制因素，反而是以大角度交于岩层走向线和最发育的某组构造裂隙作为因素，如东风水电站地下厂房。

7. 边坡稳定条件　灰岩区多为高陡岩质边坡，对其稳定有影响的不利条件除各类结构面之外，还有溶蚀裂隙，故锚固段要调整和向内移。

有的边坡上有巨型危岩体位于重要建筑物上方，如索风营水电站大坝与尾水洞出口上的2号危岩体，需作复杂的加固处理；乌江渡水电站的小黄崖作了大爆破清除。而东风水电站右岸的寸腰岩，由于L_1裂隙仍未切割至下部夹层，经监测仍稳定，故只对临库岸侧作混凝土护坡的处理，以防受库水掏刷后失稳。

对松散堆积物组成的易失稳边坡，要作卸载、支挡、锚固、排水等的综合处理，如洪家渡水电站下游泄洪区的1号与2号塌滑体的处理等。

水库区可能失稳的边坡，多作监测后再作研究，但位于其上的村子均应进行搬迁。

8. 天然建筑材料　乌江虽无天然砂石骨料，但有大量的得天独厚的、硬度中等的灰岩可供使用。实践证明：灰岩的线膨胀系数小，是作为混凝土砂石骨料的良好料源，也是堆石坝的良好填筑料。灰岩的开采、加工、运输方便，但要注意表层风化溶蚀与岩溶洞穴的存在，会导致无用层厚度增加和爆破漏气而影响开采。

（中国水电顾问集团贵阳勘测设计研究院　谢树庸）

洪渡河石垭子水电站地质条件综述

一、概况

石垭子水电站位于乌江支流洪渡河中游河段，规划坝址在贵州省务川仡佬族苗族自治县（简称务川县）大坪镇两河口（与甘河支流汇合处）下游约2.5km长的峡谷河段内，坝址以上控制流域面积2589km^2，多年平均流量59.4m^3/s；其上游为筹建的沙坝水电站，下游为拟建的高滩水电站。

电站以发电为主，兼顾其他，采用混合式开发方案。大坝为混凝土拱坝，最大坝高130m，水库蓄水位 544m，水库库容 3.702 亿 m^3；装机容量 110MW，多年平均发电量 4.5 亿 kW·h，年利用小时 4140h。

洪渡河是乌江左岸的一级支流，发源于贵州省正安县大面山。发源地高程 1538m，河流自西北向东南经务川县至沿河土家族自治县境内汇入乌江。区域地貌受 NNE、NE 向构造、岩性控制，侵蚀切割向下游加剧，总体构成构造侵蚀或溶蚀向斜河谷、走向河谷，河谷地貌以峡谷为主、间夹宽谷，台地脊岭呈多种类型山地地貌。上游以低山丘陵低谷为主；中游为中低山脊岭、横谷间错排列，并夹有溶蚀低山丘陵台地；下游山地纵、横向侵蚀发育，脊岭、横谷分割，高台地与斜坡地形交错展布。

区域地层从寒武系至白垩系除缺失泥盆系、石炭系、三叠系上统、侏罗系地层外，其余地层发育齐全，第四系零星分布。区内碳酸盐岩广布，形成多层层状岩溶地貌，与各地文期剥夷面基本相适应。

工程区主要由一系列走向 N10°～40°E 褶皱和压扭性断层组成，相伴有规模较小的 NW 向的压性断层和张性断层。

区内地层岩性以可溶性碳酸盐岩分布最广，面积约占 70%，因气候湿润，河谷深切，急剧排泄地表水、地下水，故岩溶发育。岩溶形态有溶蚀洼地、漏斗、落水洞、溶洞、岩溶管道、暗河、岩溶潭及坡立谷等。水文网的发育以干流向斜谷（NE 向）为主要特征，构成长块菱形状水文网面貌。地下水分为岩溶地下水、碎屑岩类基岩裂隙水两种类型，其中岩溶地下水是区内地下水的主要部分。

区内无区域性断裂和活动断裂通过，地震的动峰值加速度小于 0.05g，地震的动反应谱特征周期为 0.03s，相应地震基本烈度小于Ⅵ度，区域构造稳定。

二、水库工程地质条件

（一）基本地质条件

石垭子水库沿干流至沙坝水电站的回水长度为 28.63km。库区地层以碳酸岩为主，地貌特征表现为侵蚀或溶蚀中低山谷地、峡谷地貌，干流的总体流向沿 NE 方向延伸，支流的发育方向基本与 NW 向构造走向一致，河谷多呈横向或斜向河谷结构。

库区地层有白垩系、三叠系、二叠系、志留系、奥陶系及寒武系地层，岩性为碳酸岩夹碎屑岩，第四系覆盖层厚度约 0～35m。碳酸岩地层的分布面积约占全库区的 65%，受褶皱构造影响，大致呈条带状分布。

与水库有关的主要构造形态有务川向斜、金顶峰背斜、丰乐向斜、金鸡岭背斜和钻子岩断裂等。库区岩溶发育，形态有溶蚀洼地、漏斗、落水洞、溶洞、岩溶管道及干谷等，岩性及地质构造控制着岩溶发育的强度、深度与分布，反之又直接影响岩溶地下水的富集。地下水以岩溶水为主，靠大气降雨补给，在碳酸盐区属岩溶管道水、岩溶裂隙水，在碎屑岩区为基岩裂隙水。洪渡河为区内最低排泄基准面，属补给型河流。

物理地质现象主要有滑坡、崩塌堆积、坡残积、变形体、危岩体及岩溶塌陷等，但规模均不大，主要是坡残积堆积体在蓄水后库岸稳定问题。

（二）存在的工程地质问题

1. *水库渗漏问题*　水库不存在低邻河谷。地表、地下水系均向水库内排泄，且两岸分水岭较宽厚，地形封闭条件良好，因此水库不存在向邻谷及邻近水系的渗漏问题，但库首可能存在岩溶渗漏问题。

水库左岸由于二叠系下统茅口组（P_{1m}）、栖霞组（P_{1q}）灰岩地层从库尾延伸至坝址下游，且地表、地下岩溶均较发育，因此水库左岸可能存在向下游的岩溶渗漏问题。

水库右岸库首为一突出的大河湾，但因务川向斜与塘池坝槽谷地形等阻隔影响，认为库水向下游河湾地块岩溶渗漏的可能性较小，其理由为：

（1）从地层岩性分析，岩层走向 N40°E 转为 N60°E，岸边志留系 $S_{2\sim3hn}$ 地层的岩性为泥页岩、砂岩碎屑岩类，厚达 400m 以上，隔水性可靠，且下游河流转弯部位的地层出露高程已远高于设计蓄水位（544m），将河湾良好封闭，且上还覆二叠系、三叠系等多层碎屑岩对渗水亦有阻隔作用。

（2）构造上无较大的渗漏缺口。

（3）从水文地质条件分析，地表、地下水系均从分水岭地带基本沿岩层走向排向坝址以上河段，且右岸甘河一带出露泉水点的高程较高（高于设计蓄水位 544m）；若按水力比降 3%推算，从河床至岸边平距 3.7km 就可达设计蓄水位 544m 高程，仅处于最短河湾约中部的位置。因此，右岸大河湾库水向下游产生岩溶渗漏的可能性较小。

2. *库岸稳定问题*　三叠系、二叠系、志留系、奥陶系及寒武系地层沿水库库岸均有出露，岩性由碳酸岩与碎屑岩相间组成，其中硬质岩库段占库岸总长的 71.29%、软质岩占库岸总长的 28.71%。河谷结构多为走向河谷，其中走向河谷占 50.86%，斜向河谷占 12.4%，横向河谷占 36.74%。从岩性看，软岩库段谷宽坡缓，但风化严重，坡残积层分布广泛，顺向坡库岸稳定性差，存在边岸再造问题；硬岩库段在走向河谷的顺向坡岸，由于夹层与断层切割会产生小规模塌滑现象。

3. *水库诱发地震*　水库区地壳运动相对稳定，新构造运动表现为大面积间歇性抬升，断块间差异运动不明显，无活动性断裂通过。但石垭子水库仍存在产生诱发地震的可能性，其理由如下：

(1) 石垭子库区主要为可溶性碳酸岩类，分布面积达60%以上，单层以厚层、中厚层块状居多，基本属硬质岩，易形成地应力集中和能量积累。

(2) 整个水库库盆河段中，大的溶洞、暗河主要集中于600m高程以下至河边范围内，其中又以设计蓄水位544m以下的溶洞、暗河数量较多，且多数规模较大，因此存在岩溶塌陷气爆型水库诱发地震的可能性。

4. *水库浸没及淹没* 石垭子水库为峡谷型水库，虽存在浸没问题，但影响范围较小。

(1) 耕地、农田及农户大多集中在干流600m高程以下碎屑岩组成的缓坡地带，且大部分位于设计蓄水位以下，大坪镇江边寨的住户、耕地及农田较多，是水库蓄水后淹没损失较大的库段。

(2) 库区不存在矿产淹没问题。

(3) 江滨水文站、汉墓群（省级文物保护）位于设计蓄水位附近，存在淹没缺损问题，应做好搬迁处理工作。

5. *固体径流* 由于水库河道狭窄、岸坡陡峻、岩体卸荷、风化严重，故两岸时有崩塌发生，且碎屑岩风化破碎，坡积层和残积层分布也较多，暴雨季节水流会将大量泥沙带入河道，在河流转弯处、干流与支流交汇处造成大量碎块、泥沙淤积，对水库运行有一定的影响，设计中要考虑设置冲沙设施。

三、坝址工程地质条件

(一) 基本地质条件

石垭子坝址区河段长约2.5km，峡谷地形，从上游至下游为横向谷至斜向谷，岩层倾向上游偏右岸，坝址1.5km以下河段为走向谷。两岸地形较完整，基岩裸露，河谷狭窄，断面呈V形谷，700m高程以下为陡壁，陡壁高220～300m。岸边多处分布有崩塌堆积体。

坝址河段主要地层有三叠系下统夜郎组（T_{1y}）灰岩、砂岩、泥页岩，二叠系上统长兴组（P_{2c}）中厚层至块状灰岩，吴家坪（P_{2w}）薄至厚层状硅质团块灰岩及铝土质、炭质页岩，二叠系下统茅口组（P_{1m}）中至厚层状灰岩夹薄层沥青质灰岩、栖霞组（P_{1q}）灰岩及生物灰岩，以及第四系（Q）地层。

坝址位于务川向斜NW翼，离向斜轴较远，岩层单斜，岩层产状为N45°～55°E，SE∠40°～47°，变化不大，两岸褶皱不发育。坝址区仅发育3条小断层，规模不大，但裂隙较发育。根据统计主要发育3组裂隙：Ⅰ组为EW，N∠65°～75°；Ⅱ组为SN，W∠50°；Ⅲ组为N25°～50°E，NW∠18°～51°，裂隙充填物主要为方解石、泥质。

坝址河段的地表岩溶形态以溶蚀裂隙、溶洞为主，局部发育小型岩溶管道，以岩溶泉水为特征，溶洞的规模均不大。坝址区钻孔未遇溶洞，仅见溶蚀破碎带，另据物探资料分析，低速带亦多为溶蚀裂隙或溶蚀破碎带。坝址区岩溶总体不甚发育，深部岩溶主要为溶蚀裂隙，其底线在390m高程左右；坝址地层主要为可溶岩与非可溶岩互层分布，但在可溶岩中由于地下水作用形成岩溶管道水，岸边多见泉水出露。据钻孔压水试验成果统计，坝基岩体的平均渗透率为1Lu左右，一般为0.4～3.3Lu，在风化带内局部裂隙及岩溶发育段的渗透率为3.6～8.9Lu左右；透水率随孔深的增加而逐渐变小，在390m高程以下的河床岩体的平均透水率小于2Lu，主要集中在0.4～1.3Lu之间。

坝址区物理地质现象主要有卸荷裂隙、溶蚀风化及不良地质现象三类；受卸荷裂隙切割影响，局部存在危岩体等。不良地质现象包括崩塌堆积体、残坡积体等。

(二) 岩体工程地质特性

1. *岩体结构类型及软弱结构面* 坝址岩性为吴家坪组第二段（P_{w2}^2）硅质团块夹硅质层的灰岩，中厚层、薄层状结构，岩体较完整，裂隙密度0.5条/m左右，夹层不发育；吴家坪组第一段（P_{2w}^1）铝土质、炭质页岩夹灰岩，薄层状结构，岩体完整性差，风化层较厚；茅口组（P_{1m}）灰岩常夹少量黑色薄层状沥青质灰岩，中厚层状结构，岩体较完整，裂隙密度0.7条/m左右，夹层不发育。

2. *岩体质量及物理力学指标* 根据钻孔岩芯及物探综合测井表明，坝基岩体较完整，仅风化层岩体出现溶蚀破碎。

根据规范的规定，下坝址坝基岩体工程地质分类为$A_Ⅱ$、$C_Ⅳ$和$A_Ⅲ$类。坝址岩体物理力学指标的地质建议值，系根据试验资料，通过工程类比提出来的。

(三) 主要建筑物工程地质条件及初步评价

1. *大坝的工程地质条件及评价* 河谷为基本对称的V形谷，枯水期水面宽为25～60m，当河水位430m时水面宽52m，水深5～10m，设计蓄水位544m相应的河谷宽为242m；河谷宽高比为1.95。

坝基、坝肩岩体主要为：P_{1m}^3，P_{2w}^{2-1}，P_{2w}^{2-2}，P_{2c}中厚、厚层及薄层灰岩，其微风化至新鲜岩体质量为$A_Ⅱ$、$A_Ⅲ$类；P_{2w}^{2-1}为炭质页岩夹薄层灰岩，并见灰绿色铝土岩，其微风化至新鲜岩体质量为$C_Ⅳ$类。根据坝高及规范要求，应以微风化至新鲜岩体作持力层，由于地层中的层面及夹层较发育，变形模量低，故存在不均匀变形问题。

两坝肩边坡主要为岩质边坡，自然边坡整体稳定性较好，但由于风化及卸荷带较深，局部形成危岩体，故坝肩开挖时存在边坡局部稳定问题。

由于坝基 P_{1m} 岩层倾向上游且存在岩层层面、夹层及裂隙面，因此坝基存在抗滑稳定问题。拱坝坝肩的滑移模式可能为：底滑面为岩层层面或夹层，由裂隙分别构成侧向、后缘切割面。

2. 大坝防渗处理　由于坝基、坝肩无可靠隔水层作防渗依托，因此存在坝基渗漏、坝肩绕坝渗漏问题。

坝址区为 T_{1y}^2，P_{1c}，P_{2w}^{2-2}，P_{2w}^{2-1}，P_{1m} 灰岩和 T_{1y}^1，P_{2w}^1 泥页岩、炭质页岩类，属可溶岩与非可溶岩相间分布。坝基及两岸防渗可采用悬挂帷幕，帷幕左岸端头接 P_{2w}^1 地层，右岸接 T_{1y}^1 地层。防渗帷幕的底界主要依据压水资料、规程规范和类比有关经验来确定，河床部分定为覆盖层以下 50m，两岸防渗底界定为地下水位线以下 40m。经初步估算，防渗线左岸长约 500m，右岸长约 400m，总长约 1000m，防渗面积约 9.6 万 m^2，防渗处理工程量较大。

3. 引水洞、地下厂房

（1）引水洞长约 550m，穿越地层为 P_{2w}^2 薄至厚层状硅质团块灰岩、P_{2w}^1 铝土质及炭质页岩、P_{1m} 中至厚层状灰岩。地质构造较简单，地下洞室成洞条件较好，围岩绝大部分为Ⅱ～Ⅲ类，但在 P_{2w}^1 地层及局部遇断层或岩溶发育位置为Ⅳ～Ⅴ类围岩。引水洞进水口为 55°的斜坡，边坡属逆向坡，由于裂隙切割、表层溶蚀影响，施工时存在局部边坡稳定问题。引水洞因穿越可溶岩地层，施工时可能出现岩溶涌水问题。

（2）地下厂房位于坝下游右岸，岩层单斜，无大断层发育。主要洞室布置在茅口组第二段 P_{1m}^2 深灰色、灰色厚层、中厚层硅质灰岩地层中，该岩体微风化、完整、强度高，故洞室围岩稳定。地质构造主要以 N40°W，NE∠45°～60°组裂隙发育为主，充填有岩屑及泥质，地表延伸长度 8～15m，胶结良好。河谷右岸岸边一带，岩溶较为发育，地表出露有 S_{14} 号泉，其流量较大为 8～10L/s，并发育有 4 号岩溶管道等。厂房开挖时可能存在岩溶涌水问题。

（中国水电顾问集团贵阳勘测设计研究院　邹　林）

地 质 问 题 处 理

三峡库区高切坡防护工程进展

根据《长江三峡工程水库淹没处理及移民安置规划报告》（1998 年），三峡库区规划搬迁建房总人口 110.56 万人，复建房屋面积 3687.8 万 m^2，迁建县城（城市）12 座、集镇 116 座，搬迁工矿企业 1629 家，还有大量公路、电力、通信等专业设施。在大规模移民搬迁安置和工程建设过程中，不可避免地形成了大量高切坡。随着三峡移民工程建设的不断推进，移民新城镇和居民点的建成，高切坡所暴露的地质灾害隐患日显突出，高切坡变形、失稳等灾害事件时有发生，不同程度地威胁到城镇基础设施、建筑物和人民生命财产的安全，成为影响库区社会稳定和经济发展的重要制约因素。加强高切坡防护是三峡库区的客观要求。

按照国务院关于进一步加强三峡库区地质灾害防治工作的总体要求，高切坡防护列为三峡库区地质灾害防治的重要内容之一。2003 年 7 月，中国科学院地质与地球物理研究所（以下简称中科院地质所）编制了《三峡库区高切坡防护规划大纲》（以下简称《规划大纲》），国务院三峡工程建设委员会以国三峡办发规字［2003］96 号文印发实施。

根据《规划大纲》的要求，湖北省、重庆市移民局在前期调查工作的基础上，组织开展了高切坡基本情况调查和省（市）高切坡防护规划建议的编制工作。2003 年 11 月 15 日至 25 日，国务院三峡建委办公室移民安置规划司商中科院地质所，邀请有关专家组成 14 个专家组赴库区 19 个区县现场进行了高切坡规划建议项目的全面核查，再次核实了各类高切坡的规模、形态、介质类型、稳定性、危害对象、防护方案等。

2004 年 11 月，由中科院地质所根据《规划大纲》编制的《三峡库区三期地质灾害防治规划（高切坡防护）》（以下简称《规划报告》）通过了中国国际工程咨询公司（以下简称中咨公司）的评估及国务院三峡建委办公室组织专家进行的评审。

《规划报告》分等级逐类对三峡库区未治理高切坡及已治理高切坡进行了统计，提出了初步的治理措施并估算了治理费用。三峡库区已经形成的高切坡共 2759 处，坡面总面积 683.62 万 m^2，其中已形成尚未治理的高切坡 1270 处，面积 411.83 万 m^2（湖北 239 处 105.09 万 m^2，重庆 1031 处 306.74 万 m^2），占总量的 60.24%，受影响人口 27.8 万人，受影响房屋面积 922.3 万 m^2；已经进行初步治理和正在治理的高切坡 1489 处，面积

271.79万m^2（湖北224处63.45万m^2，重庆1265处208.34万m^2），占已经形成高切坡总量的39.76%。高切坡防护措施主要包括削坡、锚喷、格构锚、挡墙和少量抗滑桩，以及排水等措施。经估算，防护总投资31.04亿元，其中防护工程费23.48亿元，独立费用4.23亿元，基本预备费3.33亿元。

2005年1月7日至8日，根据国家发展改革委《关于三峡库区地质灾害三期防治工作有关问题协调意见的报告》（发改地区［2004］2918号）和国务院三峡库区地质灾害防治工作领导小组第六次会议要求，国务院三峡建委办公室在北京主持召开了三峡库区高切坡防护前期工作会议，确定了三峡库区高切坡前期工作由国务院三峡建委办公室牵头组织，湖北省、重庆市移民局负责，中咨公司全过程参与技术指导和监督，长江水利委员会（以下简称长江委）作为技术支撑单位。

2005年1月，国务院三峡建委办公室委托长江委编制了《三峡库区高切坡防护工程地质勘察与初步设计技术工作要求》、《三峡库区高切坡防护工程勘察设计招投标实施办法》和《三峡库区已治理高切坡复核与安全现状调查办法》，经中咨公司评估通过后，2005年3月，国务院三峡建委办公室以国三峡办发规字［2005］15号印发执行，通过邀请招标方式，确定了未治理高切坡防护项目勘察设计单位。

2005年2月5日，国务院三峡办以国三峡办函规字［2005］19号《关于委托承担三峡库区高切坡防护前期有关技术工作的函》委托长江委负责三峡库区高切坡防护勘察设计等技术工作。

2005年4月至9月，未治理高切坡防护工程初步设计阶段勘察设计工作全面完成，并全部通过了长江委专家组的审查；9月25日至26日，由长江工程监理咨询有限公司和国务院三峡建委办公室移民管理咨询中心编制的《三峡库区重庆市已治理高切坡复核与安全现状调查报告》通过了专家组的审查。

2005年10月，未治理高切坡防护工程施工详图设计工作全面展开，并分批进入工程施工阶段。

（据悉：2006年4月27日，国家发展改革委与国务院三峡建委办公室以发改地区［2006］749号《国家发展改革委、国务院三峡工程建设委员会办公室关于下达三峡库区三期地质灾害防治工程高切坡防护项目投资计划（第一批）的通知》下达了未治理高切坡项目防护投资，确定未治理高切坡项目1198处，总投资14.8759亿元，其中湖北省235处投资3.8314亿元，重庆市963处投资11.0445亿元。）

（长江勘测规划设计研究院　张军伟）

清水河大花水水电站左坝肩岩溶地基处理

（一）工程概况

该电站位于乌江支流清水河中游河段的贵州开阳县境内，距贵阳市62km。大坝为碾压混凝土拱坝，坝顶高程873.00m，坝底高程738.50m，最大坝高134.50m。左坝肩中上部存在泥页岩软质岩宽缓平台地形，于800.0m高程以上设重力墩作为拱端抗力体，重力墩顶部宽20.0m，底宽71.10m，高73.00m。该工程2005年主要进行大坝基坑开挖和地基处理工作。

坝址河谷呈不对称V形谷地形，左缓右陡。在820m高程以下的栖霞、茅口组（P_{1q+m}）厚层块状灰岩段为U形，两岸坡角70°左右，820～865m高程间左岸为吴家坪（P_2W^1）泥页岩段缓坡平台（10°～20°），865m之上又为近50°吴家坪（P_2W^2）含燧石结核灰岩陡坡至坡顶。

坝址河谷地质结构为纵向谷，单斜层构造，岩层倾向左岸，倾角近30°。横河向小断层和长大溶蚀裂隙发育，故左坝肩和重力墩岩溶地基变形与稳定问题突出。

（二）岩溶地基处理

坝肩开挖后的地质条件与前期地质资料相符。重力墩建基面主要为（P_{1q+m}）厚层块状燧石结核灰岩构成，岩溶主要为溶沟、溶槽及少量小溶洞且充泥，未见大溶洞发育，F_2断层从建基面上游附近通过。鉴此，设计上对重力墩建基面进行了优化处理，即上游建基面高程不变，下游从800m提高至810m，使之成为一倾向上游的斜面，有利于重力墩的抗滑稳定。以下高程拱坝左坝肩主要涉及F_2断层与影响带，溶蚀扩展明显充泥状，带宽达4～12m。主要处理措施有：

1. 混凝土塞置换处理　重力墩建基面溶沟、溶槽多呈现V形发育，一般不深，采取人工清挖回填混凝土处理；对于建基面上发育的零星小溶洞，同样采用人工清挖回填混凝土处理，一般全部清挖，个别较深较窄的，采用倒梯形刻槽，其深度按大于宽度2倍控制。

对拱坝左坝肩的陡倾F_2断层带与影响带，拱端采取挖除并加深至较完整的岩体，拱端两侧及坝基采取掏槽回填混凝土处理。

2. 固结灌浆处理　固结灌浆是重力墩地基处理的重要措施。完成建基面清挖置换处理后，无论是混凝土塞与基岩之间，还是未处理到的隐伏的溶沟、溶槽、溶洞都会形成潜在的空隙，对地基稳定不利。因此，对重力墩岩溶化地基全部做了固结灌浆，以提高其抗滑、抗变形能力。通过对部分已完成的固结灌浆孔耗灰量统计表明，一般均大于4kg/m，个别孔达2000kg/m，可见对其进行固结灌浆处理是非常必要的。

3. 岩溶地基处理效果检测 目前地基固结灌浆处理尚在进行中。从部分检查孔岩芯取样上，可看到较明显的水泥结石；检查孔声波波速，处理后的声波波速较处理前提高5%～10%。

（中国水电顾问集团贵阳勘测设计研究院 徐方平）

洪家渡水电站库首右岸构造切口渗漏评价与处理

乌江洪家渡水电站库首右岸存在底纳河与坝址下游大寨沟组成的河间地块，作为坝址防渗依托的九级滩（T_1y^3）泥页岩隔水层，于库首右岸距坝址约3km的白虎山至高家坝一带被F_5逆断层错断，导致永宁镇组（T_1yn^1）灰岩与玉龙山（T_1y^2）灰岩相衔接，形成统一的岩溶含水系统，形成构造切口。经钻孔揭露，高家坝地下水分水岭一带溶蚀下限达1040m高程，1074m高程以上溶洞发育，且规模大，ZK_{179}孔溶洞可探深达48m。3个钻孔近两个水文年的水位观测，高家坝分水岭一带枯、洪期地下水位低于1140m水库正常蓄水位14.04～47.7m，表明水库蓄水后存在以底纳河右岸岸坡溶洞、溶蚀裂隙为进口，经过地下水分水岭即F_5断层形成的切口后，向坝址下游K_{40}岩溶管道的岩溶渗漏问题，须进行防渗处理。根据地形、地质及岩溶水文地质条件，拟出了进口拦截防渗帷幕（Ⅰ方案）、出口拦截防渗帷幕（Ⅱ方案）、中间拦截防渗帷幕（Ⅲ方案）三个方案。三个方案均为悬帷幕，其防渗下限根据地下水位及岩溶发育情况综合确定。经综合比较，Ⅰ方案避开了K_{40}岩溶管道、F_5断层带等，具有地质条件相对简单、施工难度相对较小、施工工期短等优点，故选定Ⅰ方案为防渗处理方案。现处理工作已完成，处理效果有待水库高水位检验。

（中国水电顾问集团贵阳勘测设计研究院 肖万春）

洪家渡水电站工程高边坡综述

洪家渡水电站是乌江梯级开发的龙头电站，以发电为主，兼有防洪、供水和旅游等综合效益，总装机容量600MW。电站水库正常蓄水位1140m，总库容49.25亿m^3，属多年调节水库；主要水工建筑物有面板堆石坝（最大坝高179.5m）、坝后式地面厂房、3条引水发电洞、泄洪洞、洞式溢洪道。

电站枢纽布置于深切峡谷河段，存在较突出的岩质及土质工程高边坡稳定问题。

一、边坡基本地质特征

（一）岩质高边坡

根据岩体结构，岩质高边坡又可分为层状同向高边坡、层状反向高边坡、层状斜向高边坡。

1. 层状同向高边坡

（1）左岸洞室群进口高边坡。边坡走向N45°E左右，自然坡高达360m，坡度25°～30°，枢纽3条引水发电洞进口、泄洪洞进口、洞式溢洪道进口、2条导流洞进口及多条施工支洞进口等建筑物均布置于此斜坡带。该边坡出露的地层岩性为三叠系下统永宁镇组灰岩、白云质灰岩，层间软弱夹层发育，地层单斜，产状N60°～70°E，NW∠26°～34°，岩层倾向与边坡坡向呈小角度相交，构成层状同向结构边坡。该高边坡发育有2条较大断层：F_{13}逆断层发育于边坡顶部，产状为N50°～60°E，SE∠56°；F_6正断层位于边坡中部，产状为N20°～30°E，SE∠65°～70°。该高边坡还发育有：N20°～40°E，SE∠60°～80°，N60°～80°E、SE∠50°～80°，N10°～20°W、SW∠60°～70°，N60°～86°W、SW（NE）∠70°～85°等4组裂隙，其连通率分别为59.2%～72%，15.8%～59.1%，21.5%～30%，21.5%。地下水位埋藏较深，对边坡稳定影响不大。

（2）天生桥石料场开挖高边坡。自然边坡高360m，为侵蚀、溶蚀斜坡，坡面基岩裸露，地形坡度25°～30°，为层状同向结构边坡，坡角稍缓于岩层倾角。料场开挖边坡高250m，地层岩性为三叠系下统永宁镇组厚层、中厚层夹少量薄层灰岩，层面、层间软弱夹层发育，边坡坡向与岩层倾向一致，为层状同向结构开挖边坡。发育有F_2、F_8、F_{50}、F_{51}、F_{52}、F_{53}等6条走向为NNE～NE的陡倾角断层。

（3）卡拉寨石料场开挖高边坡自然边坡高大于400m，为侵蚀、溶蚀斜坡，坡面基岩裸露，地形坡度20°～30°，为层状同向结构边坡，坡角稍缓于岩层倾角。料场开挖边坡高135m，开采宽度长约400m，地层岩性为三叠系下统夜郎组玉龙山段厚层灰岩、白云质灰岩，层面不发育，下伏地层为中厚层、薄层灰岩，层面与层间软弱夹层发育，边坡坡向与岩层倾向一致，为层状同向结构开挖边坡。发育有F_{13}、F_{15}、F_{23}三条断层。

2. 层状反向高边坡

（1）泄洪洞—洞式溢洪道出口开挖高边坡。自然边坡高180m，为80°～85°的灰岩悬坡，岩层倾向与边坡坡向夹角130°左右，属层状斜向坡。开挖边坡高135m，地层岩性为三叠系下统夜郎组玉龙山段中厚层至厚层灰岩、白云质灰岩，层面不发育，开挖边坡坡向与岩层倾向夹角170°左右，为层状反向结构开挖边坡。发育 F_1 逆断层，产状为N65°E，NW∠58°；另外，N40°～60°W，SW∠70°～80°及N30°～50°E，SE∠40°～60°向卸荷裂隙发育。

(2) 厂房后侧开挖边坡。自然边坡高260m，在1110m高程以上为永宁镇组灰岩形成的高190m左右的反向悬坡，1040m高程以下为夜郎组玉龙山段灰岩反向悬坡，其间为三叠系下统夜郎组九级滩段泥页岩反向斜坡。开挖坡高40m左右，地层岩性为玉龙山段中厚层至厚层灰岩、白云质灰岩，层面不发育，开挖边坡坡向与岩层倾向夹角约170°，为层状反向结构开挖边坡。发育有 F_{43} 断层，产状为N60°E，NW∠61°；裂隙主要发育N0°～10°E、SE∠40°～60°，N30°～50°E、SE∠55°～80°，N60°～90°E、SE∠60°～80°和N50°～80°W、SW∠60°～80°等4组。

3. 层状斜向高边坡

(1) 左坝肩开挖高边坡。自然边坡坡度30°～90°，最大坡高310m，岩层倾向与边坡坡向夹角130°左右，属层状斜向坡。趾板地基开挖后，形成高达155～192m的开挖高边坡，地层岩性为三叠系下统永宁镇组厚层、中厚层夹薄层灰岩，层间软弱夹层发育，边坡倾向与岩层倾向夹角140°左右，属层状斜向坡。走向NE倾向SE或NW，倾角37°～75°的小断层发育，裂隙主要发育N55°～80°E，SE（或NW）∠55°～75°及N40°～80°W，SW∠65°～75°两组。

(2) 右坝肩开挖高边坡。自然边坡相对平缓，趾板地基开挖后形成60～117m的开挖高边坡，地层岩性为三叠系下统永宁镇组中厚层、薄层灰岩与泥质灰岩，层面及层间软弱夹层发育，边坡倾向与岩层倾向近于垂直，整体属层状斜向坡，局部有层状同向坡。发育断层4条，走向NE，倾向SE或NW，倾角37°～75°；裂隙主要发育N55°～75°E，SE（NW）∠55°～75°组。

(3) 厂房下游侧开挖高边坡。厂房最大开挖坡高79.5m，边坡出露地层岩性为三叠系夜郎组玉龙山段厚层、中厚层灰岩、白云质灰岩，层间结合较好，无软弱夹层发育，岩层倾向与边坡坡向近于直交，构成层状斜向结构边坡。发育有 F_8 和 F_{13} 断层，产状N50°～70°E，SE∠59°～65°；裂隙主要发育N0°～30°E，NW∠60°～70°及N50°～70°W，SW∠70°～80°两组。岩溶有 K_{85} 及沿 F_8 断层发育的充填型溶洞，高20～26m，断层带及溶洞附近裂隙发育，岩体破碎。

(二) 土质高边坡

1. 1号塌滑体高边坡 1号塌滑体位于右岸大坝下游泄洪冲刷雾化区，呈三角形，岸边宽220m，地形坡度10°～33°，边坡高320m。成分为崩塌块石、碎石夹少量黏土，局部见钙质胶结，并有架空现象，底部为0.1～1.0m的碎石、黏土层，铅直厚6.5～45.2m，水平深20.8～47.8m，体积约98万 m^3。下伏地层为三叠系下统夜郎组玉龙山段中厚层夹薄层、极薄层灰岩，层间多夹泥质或炭质，岩层产状N70°～80°E，NW∠30°～35°，基岩顶板平均坡角31°。塌滑体与下伏基岩接触面上均见擦痕，滑动面为塌滑体与基岩接触面，滑面平均坡角31°，与基岩倾角相近。

2. 2号塌滑体高边坡 2号塌滑体位于1号塌滑体下游，属泄洪冲刷雾化区，岸边宽170m左右，地形坡角30°～40°，边坡高220m。成分主要为崩塌块石、碎石夹黏土，其间有层状塌滑岩体，总体上结构松散，局部存在钙质、泥质及灰华胶结体，铅直厚2.75～45m，体积约60万 m^3。下伏地层为三叠系下统夜郎组沙堡湾段泥灰岩夹泥页岩及玉龙山段薄层灰岩夹页岩，岩层产状N70°E，NW∠30°～40°。滑坡体与基岩接触面为黏土夹碎石，厚1～3cm，局部达10cm，黏土占60%，潮湿，局部有渗水、滴水现象。基岩顶板坡角25°～44°，塌滑体总体上具切层特点，与下伏基岩接触面上见滑动擦痕。

3. 大坝右岸趾板溶槽开挖高边坡 溶槽位于趾板 Z_{11}～Z_{13} 后坡，宽40～48m，开挖边坡高72m（高程1056～1128m），开挖坡度1：0.5，1066m高程以上为大块石、孤石、碎石夹黏土，1066～1060m为黄色砂质黏土及灰黑色淤泥质黏土，1060～1056m为砂卵石层及少量黏土。

4. 王家渡堆积体高边坡 王家渡堆积体位于六冲河大桥上游，边坡高55m，在1000、1005m高程左右形成宽缓平台，总体坡度15°～20°，体积约410万 m^3。成分为崩塌堆积块石与碎石、坡残积黏土与碎石、河床冲积砂卵砾石，下伏基岩为三叠系夜郎组沙堡湾段泥页岩、二叠系茅口组灰岩、龙潭组砂页岩夹劣煤、长兴—大隆组灰岩。堆积体厚5.0～56.0m，未发现有早期滑动痕迹。

5. 瓦房寨堆积体高边坡 瓦房寨堆积体位于坝址下游左岸、王家渡堆积体对岸，地形较缓，总体坡度12°～20°，坡高95m。成分为崩塌堆积块石与碎石、坡残积碎石土、河床冲积砂卵砾石，厚度一般为10.0～15.0m，最浅3.0m，最深23.6m，体积约100万 m^3，下伏基岩为二叠系茅口组灰岩、龙潭组煤系及长兴—大隆组灰岩，岩层产状N20°W，NE∠20°～35°。堆积体为孔隙含水透水层，下伏龙潭组（P_{2L}）煤系为隔水层，场地中部靠河边982m、987m高程附近堆积体中出露 W_1～W_4 等4个泉水点，流量0.01

～1.0L/s。

二、边坡稳定分析评价与处理

（一）岩质高边坡

1. 层状同向高边坡

（1）左岸洞室群进口高边坡。左岸洞室群进口边坡高达390m，为层状同向高边坡，边坡坡面和下游侧面形成了临空条件，岩层中发育了一系列软弱夹层，其中J_1～J_4在边坡面出露，构成了潜在的底滑面，边坡中部高程展布的F_6断层构成边坡岩体的后缘切割面，上游侧向没有贯通的特定结构面，NNW组陡倾裂隙为上游侧向切割面。由于上游侧向没有特定的结构面，节理裂隙岩体的综合强度提供了强大的阻滑力，在边坡稳定中起决定性作用。通过中国水利水电科学研究院“岩质高边坡稳定分析和软件系统”分析计算提出：在天然状态或施工期边坡稳定，运行期边坡安全系数不满足要求，需进行处理。根据分析计算结果，采用250根3000kN的预应力锚索和10根断面为（20～24）m×5m的抗滑桩对边坡进行加固，边坡稳定。

（2）天生桥石料场开挖高边坡。料场开挖后边坡高250m，为层状同向高边坡，边坡开挖面和东侧悬坡形成了临空条件，岩层中发育的软弱夹层构成潜在底滑面，边坡顶部后缘面或边坡中上部分布的NE向断层构成边坡岩体后缘切割面，NNE向陡倾角裂隙或断层为W侧切割面。通过分析计算，料场开挖边坡不稳定，需进行处理。根据分析计算成果，采用降低开挖坡角少切层，利用锚索、锚杆对边坡进行加固，边坡稳定。

（3）卡拉寨石料场开挖高边坡。料场开挖边坡高135m，为层状同向高边坡，边坡开挖面形成临空条件，岩层不连续层面构成潜在底滑面，边坡顶部后缘面构成边坡岩体后缘切割面，NNE和NNW向陡倾角裂隙为侧向切割面。通过分析计算，料场开挖边坡整体稳定。根据分析计算成果，未对边坡进行处理，边坡稳定。

2. 层状反向高边坡

（1）泄洪洞、洞式溢洪道出口开挖高边坡。开挖边坡高135m，总体开挖坡度1∶0.25，为层状反向高边坡。经对岩体及结构面组合分析，边坡整体稳定，但受卸荷、风化、断层及岩溶的影响，边坡岩体完整性差，存在局部稳定问题，需进行处理。根据分析结果，采用清挖回填混凝土、锚杆、1500kN锚索进行处理，边坡稳定。

（2）厂房后侧开挖高边坡。最大开挖坡高67.5m，开挖坡度1∶0.25～1∶0.5，为层状反向高边坡。经对岩体及结构面组合分析，边坡整体稳定，但由于断层、裂隙及岩溶发育，存在局部不稳定块体，加之边坡应力重新调整对边坡稳定不利，需进行工程处理。根据分析，采用框架混凝土护坡、贴坡混凝土挡墙、锚杆进行处理，边坡稳定。

3. 层状斜向高边坡

（1）左坝肩开挖高边坡。自然边坡高310m，最大开挖边坡高192m，属层状斜向高边坡。经对岩体及结构面组合分析计算，不存在结构面组合切割而形成的大型不稳定块体，边坡整体稳定，但存在小型楔型体破坏，加之开挖边坡高、坡角陡，存在二次卸荷沿构造裂隙产生拉裂缝的可能，需进行处理。根据分析计算成果，采用了1500kN锚索、系统锚杆、挂网喷混凝土、排水孔、排水沟等进行处理，边坡稳定。

（2）右坝肩开挖高边坡。开挖边坡高60～117m，属层状斜向高边坡。经对岩体及结构面组合分析，不存在结构面组合切割而形成的大型不稳定块体，边坡整体稳定。但由于边坡高陡，局部为层状同向坡，受断层、裂隙切割及夹层、岩溶的影响，边坡岩体完整性稍差。边坡开挖后，边坡岩体应力重新调整对边坡稳定不利，边坡开挖至1115m高程时，1145m高程以上原始边坡面上产生拉裂缝，缝宽0.5～2.0cm，需进行必要的处理。采用锚杆、1500kN锚索等进行处理，边坡稳定。

（3）厂房下游侧开挖高边坡。开挖坡高79.5m，为层状斜向高边坡。经对岩体及结构面组合分析，不存在结构面组合切割而形成的大型不稳定块体，边坡整体稳定，但由于边坡高陡，断层、裂隙切割及夹层、岩溶的影响，边坡岩体完整性稍差，存在局部稳定问题，需进行必要的处理。采用锚杆、挂网喷混凝土、溶洞清挖回填混凝土、贴坡混凝土挡墙等进行处理，边坡稳定。

（二）土质高边坡

1. 1号塌滑体高边坡　塌滑体边坡高320m，在平面上呈折线分布，受侧向岩体限制，底滑面形状不规则，蠕滑方向从N12°W转为N5°～20°E，空间效应对塌滑体的稳定影响较大，其稳定边界条件复杂。通过稳定分析，其稳定性不能满足工程运行期安全要求，需对其进行治理。现采用地下排水廊道、地表排水沟、坡脚旋喷桩、护脚钢筋笼进行了处理，以后再根据监测成果视需要再进行抗滑桩加固。

2. 2号塌滑体高边坡　塌滑体边坡高220m，其滑动面为塌滑体与基岩分界面，滑面倾角在1000m高程以上为40°～27°，在1000m高程以下为25°，总体滑动方向为N20°～30°E，经稳定分析，其稳定性不能满足工程运行期安全要求，需对其进行治理。1065m高程以上及塌滑体较薄部位采用全部挖除减载，坡面喷混凝土，并设排水洞；1065m高程以下，采用削坡减载，在1045m、1030m、996m高程段设计了15根抗滑桩，其中1030m高程有3个抗滑桩还设计了锚固洞与之连接，996m高程设计了8根1500kN预应力锚索，河床岸边挖除覆盖层，深入基岩18m进行固结灌浆，上部采用钢筋混凝土护坡，地表设排水沟及地下设排水廊道相结合的工程措施，并对整个坡面进行喷钢纤维混凝土或浇混凝土护坡，边坡稳定。

3. 大坝右岸趾板溶槽开挖高边坡　溶槽开挖边坡高72m，开挖坡角陡，经稳定分析计算，边坡不稳定，采用钢筋混凝土护坡与1500kN锚索进行处理，边坡稳定。

4. 王家渡堆积体高边坡　边坡高55m，自然边坡稳定。1999年12月初进厂交通洞口及15号公路施工，将弃渣堆放于此斜坡地带。堆渣后，2000年4月初堆渣下方第四系堆积体发生开裂、滑移，开裂后缘1015m高程，下至河边。根据稳定分析计算，堆料后，大多数剖面安全系数大于1.6，边坡稳定，少数剖面及靠河边一带，其安全系数为0.877～0.9，需进行处理。根据分析计算成果，在边坡前缘设置了浆砌石重力式挡墙进行处理，经堆料检验，边坡稳定。

5. 瓦房寨堆积体高边坡　坡高95m，自然边坡稳定。2000年1月砂石系统平场开挖，在边坡987～1003m高程间堆渣加载，加上W_1泉入渗，同年4月中旬，1003m高程以下岸边一带堆积体发生不同程度的开裂、滑移，随着左岸公路的开挖、弃渣的堆放及地表水排泄不畅等影响，在边坡987～1065m高程产生了大范围的开裂、蠕滑现象，边坡处于不稳定状态，需进行必要的处理。在砂石系统另选场地的基础上，采用设排水沟、对泉水引排等措施，边坡虽在汛期局部有开裂现象，但未出现大规模失稳、滑动问题，边坡已基本趋于稳定。

洪家渡水电站工程已竣工投入运行，目前各工程高边坡稳定。该工程高边坡的成功处理是在勘察查明边坡稳定边界条件、设计稳定分析计算方法选用及处理方案选择正确、施工方法得当与施工组织得力的基础上，通过参建各方的共同努力取得的。鉴于工程运行时间尚短，边坡还未经过最不利运行工况的考验，建议继续加强边坡监测，特别是1号塌滑体高边坡。

（中国水电顾问集团贵阳勘测设计研究院　肖万春）

西部建设中的软岩工程问题

一、软岩概况

软岩是一种特定环境下的、具有显著塑性变形的复杂岩石力学特性的介质，可分为地质软岩和工程软岩两大类别。地质软岩系指强度低、孔隙度大、胶结程度差、受构造切割及风化影响显著或含有大量膨胀性黏土矿物的松散、软弱岩层，该类岩石多为泥岩、页岩、粉砂岩和泥质矿岩，是天然形成的复杂的地质介质。而工程软岩是指在工程力作用下能产生显著塑性变形的工程岩体。工程软岩强调软岩所承受的工程力荷载的大小，强调从软岩的强度和工程力荷载的对立统一关系中分析、把握软岩的相对性实质。

根据软岩特性的差异及产生显著塑性变形的机理，可将软岩分为四大类，即膨胀性软岩、高应力软岩、节理化软岩和复合型软岩。

根据高应力类型的不同，高应力软岩可细分为自重应力软岩和构造应力软岩。前者的特点是与深度有关，与方向无关；而后者的特点则是与深度无关，而与应力方向有关。高应力软岩根据应力值大小分为3级，即高应力软岩、超高应力软岩和极高应力软岩，见表1。

表1　　高应力软岩分级表

级　别	应力值（MPa）
高应力软岩	25～50
超高应力软岩	50～75
极高应力软岩	>75

在西部、特别是西南地区的水电站大都位于深山峡谷中，枢纽区岸坡陡峻、河谷狭窄，主要建筑物多布置于山体之中。大断面的导流洞、泄洪洞、引水洞、发电厂房、主变压器室、尾水调压室、尾水洞、交通洞等构成了巨大的地下洞室群，因而涉及到大量的地质、岩石力学问题，如：洞口高边坡稳定问题，洞室软岩段稳定及工程处理问题，高应力下工程软岩的研究和处理问题，层间或层内错动带软弱夹层的研究和处理问题，大跨度洞室顶板的变形和稳定问题，软弱夹层的流变特性及长期强度问题等，而高应力软岩则是最为突出的问题之一。以下以二滩水电站为例，阐述软岩工程问题、处理措施、效果及建议。

二、二滩水电站地下厂房

（一）主要软岩工程问题

勘测设计阶段，在主厂房设计位置进行了原位模拟洞围岩变形特性研究，试验结果预测：

（1）由于岩体坚硬，洞室周边将形成应力集中带，应力值高达40MPa以上。母线廊道岩柱将再次产生应力集中，应力值将在67MPa以上，从而使围岩岩体产生脆性拉裂，破裂面与厂房洞室边墙平行。

（2）地下厂房边墙围岩变形一般为30～60mm，顶拱变形为10mm左右。

(3) 原位模拟洞围岩位移反分析结果表明：原岩最大主应力在30MPa左右。

据此，厂房地下洞室群可能存在高应力软岩影响工程的问题，主要以构造应力特征显现。

二滩水电站地下厂房洞室群于1993年3月开挖，1996年底主体工程开挖完成。施工过程中，完整性较好的正长岩、辉长岩内不同程度地产生过岩石板裂、葱皮现象，尤以应力集中的工程部位显著，如三大洞室上游拱座附近、洞室交叉口、岩柱及其他复杂工程部位等。这些部位曾多次产生板裂、剥落掉块、混凝土喷层开裂、脱空以及部分锚索失效等现象。围岩的破坏在二滩水电站这个高应力区域主要表现为岩爆形式。在地下厂房施工过程中，曾发生过数十次不同规模的岩爆，其中最严重的有两次。

(1) 1995年9月8日，当2号尾水调压室靠南端墙侧的台阶开挖并与下部尾水洞的出渣洞贯通时，诱发了主变压器室1～3号母线之间岩柱发生岩爆，导致尾水调压室上游拱座及母线洞裂缝进一步发展，尤其以在2号母线洞0+005～0+015起拱线附近最为严重，大量块石坍落。同时，在1号与2号尾水管之间的岩柱也发生了严重岩爆，范围达40m，坍落岩块厚度达3m，位移计PHM21突变50mm，并拉断6根预应力（175t）锚索。

(2) 1996年4月30日，当主厂房2号基坑与2号尾水管贯通时，发生了严重岩爆，边墙围岩突变24～41.5mm，基坑围岩坍落大量岩块，1号和2号母线洞距离厂房下游边墙0+060～0+130中、下部的衬砌混凝土开裂，裂缝宽达5～13mm。厂房吊顶0+070～0+150段也发生了岩爆，吊顶上抬30～40mm，上游拉筋被压弯曲。

（二）处理措施及效果

1. 处理措施　二滩水电站地下厂房三大洞室基本采用系统喷锚支护、锚索进行加固。

顶拱采用挂网，喷厚度为5～10cm的素混凝土，后期局部加喷厚度为5～10cm的钢纤维混凝土，并增加间距为1.5m×1.5m、长度为6～8m的系统砂浆锚杆。

边墙喷厚度为5～10cm的钢纤维混凝土，并增加长度15～20m，间距多数为6m（少数为4m，尾水调压室少数采用12m），吨位为175t的系统锚索锚固。

在变形比较大或稳定条件较差的部位进行补强支护处理。其中在厂房顶拱增加链状钢丝网，并在0+51.2～0+188.62段增加长为11m、间距2.2m×3m的15t级单股软锚索。在上游起拱线附近增加一些带垫板锚杆，下游边墙0+55～0+120段中下部增加14根长25m、350t级的锚索。

主变压器室上游边墙2号～3号母线洞之间增加6根350t级的对穿锚索，下游边墙增加与尾水调压室对穿的175t级锚索21根。

尾水调压室上游起拱线至顶拱中线增加链状钢丝网，并在起拱附近增加间距为1.0m的垫板锚杆，在0+140～0+160段增加两排间距为2.5m的15t级软锚索。

2. 处理效果

(1) 1998年度的观测结果表明，绝大部分围岩变形均小于1.0mm，仅厂房一个断面的变形达3.0～5.0mm，属突发变形。随后的观测结果表明其变形已逐渐趋于稳定；2号尾水调压室上游边墙有2.0mm变形，但变形缓慢；锚杆应力的变化较小，一般小于10MPa。总体而言，厂房系统各洞室的围岩是稳定的。

(2) 地质复查结果表明，1998年各洞室的原有裂缝未见进一步扩展，也没有发现新裂缝及其他异常现象。

(3) 2号尾水调压室上游边墙的围岩经2年运行仍有变形现象产生，因此，对此部位应予以密切关注，并加强监测和复查。

3. 变形及锚杆应力变化规律

(1) 各洞室的变形主要表现为收敛变形，锚杆主要承受拉应力。变形和锚杆受力的大小与洞室开挖尺寸关系密切。厂房观测情况表明，安装间变形最小，副厂房的变形小于主厂房，副厂房的锚杆应力也小于主厂房的锚杆应力。

(2) 从时间上看，三大洞室的围岩变形及锚杆应力主要受台阶开挖及岩爆的影响，开挖停止后变形及应力变化即基本停止，仅局部（如2号尾水调压室上游边墙）可能会因为块体松动引起部分位移或应力调整。但总体而言，绝大部分围岩的流变特征不明显，仅绿泥石化玄武岩有轻微蠕变。

(3) 三大洞室顶拱的变形及锚杆应力都很小，变形值在2～8mm之间，大多数小于3.0mm，且部分仪器反映顶拱有上抬现象，产生上抬部位的锚杆应受压。

(4) 各洞室的变形主要发生在高边墙上，高边墙的锚杆应力变化值远远大于顶拱部位，这与洞室的高宽比和岩体应力状态（水平应力为主）有关。

(5) 主厂房高边墙变形较大的部位一般发生在上游边墙的拱座、吊车梁附近和下游边墙的中部。主变压器室、尾水调压室变形较大的部位发生在上游边墙，且上游边墙的变形明显大于下游边墙。导致这一现象的主要诱因是地下厂房及尾水调压室的两次严重岩爆，变形的分布与洞室群交叉有关，也与岩体应力方向有关。

（6）根据原地下厂房模拟洞试验结果，正常情况下厂房围岩的变形应在 30～60mm 范围内，而实测变形值在很多部位远远大于此预测值。产生此种现象的原因是围岩表层在一定范围内产生了应力松弛区，这一点可从位移与深度关系、锚杆应力变化与深度关系中得到验证。根据推测，厂房和尾水调压室边墙的松弛区深度为 5～10m，主变压器室边墙的松弛区深度小于 5m。松弛区的产生必将扩大围岩内部的塑性区域，预计厂房边墙围岩的塑性区深度为 10～15m，主变压器室边墙的塑性区深度在 10m 左右，尾水调压室上游边墙的塑性区深度有可能超过 15m，主变压器室与尾水调压室之间岩柱的塑性区有可能连通。

（7）由于岩爆、大变形及松弛区的产生，较大程度地损坏了厂房洞室群围岩的完整性和自支承能力。但由于支护及时，支护强度合理，使厂房系统各洞室在开挖结束后即基本停止变形。近年来的观测结果证明了各洞室围岩目前是稳定的。

（三）几点建议

（1）地下洞室施工应严格按设计施工程序进行，不要为加快进度而轻易更改。承包方曾沿尾水调压室上游边墙底部开挖出渣通道进行了 6 条尾水管的挖掘，造成尾水调压室下部成为单薄的承力岩板，致使围岩严重破损，此教训应引以为戒。

（2）岩体开挖后必将释放应力和变形，其巨大的能量很难控制，因此，加固的锚索需施加预应力（对已破损且不再有大的应力释放部位可以施加预应力），可预留一定的调节变形量，起到限制坍落并减少岩体松动的作用。对于高应力区，则采用胀壳式锚杆以增加岩体抗剪强度，避免砂浆式锚杆因高应力作用使砂浆损坏而造成锚固失效。

三、结语

二滩水电站建设中出现的软岩工程问题，其他工程亦可能存在，如在建的溪洛渡和锦屏一级水电工程中均有表现。

（一）溪洛渡水电站地下厂房

溪洛渡水电站地下厂房三大洞室对称布置于两岸库内山体中，垂直和水平埋深均大于 300m，洞室围岩均由新鲜、坚硬、完整性较好的玄武岩组成。岩体应力量值中等。洞室区层间错动发育较弱，层内错动主要发育于 5 层中下部和 6 层中部，规模一般较小，破碎带厚度薄，嵌合紧密，以新鲜的裂隙岩块型为主，裂隙稀疏短小。围岩类型约 2/3 为Ⅱ类，1/3 为$Ⅲ_1$类，局部层内错动带发育，且在顶拱埋深较浅的部位为$Ⅲ_2$～$Ⅳ_1$类，围岩稳定条件整体较好。

可能存在的软岩工程问题主要有以下三方面：

（1）当缓倾角的错动带在顶拱集中发育成带且埋深较浅时，或错动带与裂隙组合构成不利的块体时，有可能出现局部的塌顶或掉块。

（2）在错动带较发育、岩体较破碎、围岩类别较低的部位，在开挖后二次应力调整的作用下，易发生塑性变形。

（3）在洞室群交叉和洞室的拐点，如尾水管、母线洞、交通洞等部位，应力分布较复杂，容易产生一定范围的塑性变形和位移。

（二）锦屏一级水电站地下厂房

锦屏一级水电站坝址位于变质岩地区，地质构造复杂，在钻孔与探洞中有岩心饼化及片帮发生，表明坝址为高地应力区。产生高应力的原因，除本区所处特殊的大地构造环境、岩体中残留有较高构造应力外，还与本区河谷深切、谷坡高陡、岩体自重应力较大有关，从而构成坝区自重应力、构造应力及构造残余应力叠加的高应力场。另外，随岸坡高程增加，岩体应力降低；同一高程随水平深度的增加，岩体应力升高，应力水平分带性明显。

以上情况表明，在该电站地下厂房系统开挖中，将会出现比二滩电站地下厂房开挖时更为严重的岩石板裂、葱皮、剥落掉块、混凝土喷层开裂、脱空及岩爆等一系列工程软岩问题。这些工程软岩问题以什么方式表现？什么时候出现？在哪些部位最容易产生？采用什么工程处理措施才能更有效地予以解决等？都是今后工作中需要进一步探讨和研究的。

在岩石三轴压缩试验中，杂色角砾状大理岩的变形模量、弹性模量在围压为 5MPa 时变形模量、弹性模量值最高，0MPa 时最低；围压从 0MPa 升高至 5MPa，变形模量、弹性模量值升高 154%～117%；从 5MPa 升高至 10MPa，变形模量、弹性模量值降低 18%和 12%；从 10MPa 升高至 15MPa，变形模量、弹性模量值降低 33%和 31%。峰值抗压强度则是围压为 10MPa 时最高，0MPa 时最低。这一现象初步表明杂色角砾状大理岩具有围压超过 5MPa 以后岩石变形性质随围压的增加而降低，围压超过 10MPa 以后岩石强度性质随围岩的增加而降低的规律，即此种岩石在较高围压应力条件下具有工程软岩（高应力软岩）的特性。

（三）软岩工程研究前景

随着西部大开发的深入，西部水电建设的发展，必将会越来越多地触及到软岩（高应力软岩）工程问题。及时开展软岩工程问题的试验研究，摸清其发生、发展规律，提出相应的、切实有效的预测、防范及解决方法是十分必要的。

（中铁隧道集团有限公司 郑永福
中国水电顾问集团成都勘测设计研究院 曾纪全）

金河水电站厂房地基渗水分析

（一）工程概况

金河水电站位于西藏自治区昌都境内，是澜沧江支流金河与澜沧江之间跨流域引水式开发的电站。电站由首部枢纽、引水系统和厂部枢纽三大部分组成。大坝位于金河上，为混凝土闸坝；引水系统由进水闸、压力隧洞、调压室、压力管道等组成，为埋藏式；发电厂房位于澜沧江干流右岸Ⅰ级阶地上，纵轴线方位角为NW29°，大致与澜沧江平行，为地面厂房。电站装有4台水轮发电机组，总装机容量60MW，保证出力11.8MW，年发电量3.67亿kW·h。水库正常蓄水位3262.00m，总库容427万m^3，调节库容170万m^3，具有周调节特性。

（二）地质条件

1. 工程地质条件　据地勘和施工期开挖揭示的地质资料，厂址区Ⅰ级阶地为第四系松散堆积层，最深达28.0m，结构松散，下部基岩为侏罗系下统查郎嘎组（J_{1ch}^{1-6}～J_{1ch}^{1-7}）的紫红色长石石英砂岩、粉砂岩夹黏土岩为主，黏土岩遇水软化崩解。地表岩层为蠕变岩体，其产状为SN/E∠70°～80°。

主厂房建基面地基为弱风化上段岩石，弱卸荷。岩体结构以碎裂—镶嵌状为主，岩体质量分级为Ⅳ类：安装间、副厂房地基为强风化、强卸荷岩体，裂隙发育，岩体破碎。安装间基础为强风化（强卸荷）的侏罗系下统J_{1ch}^{1-7}紫红色长石石英砂岩夹黏土岩、泥质粉砂岩，另发育两条顺层挤压破碎带，宽40～60cm，带内物质较松散。主要发育四组裂隙：N0°～15°W/SW∠65°～75°，EW/S（N）∠85°，N70°W/SW∠20°～25°，N20°～40°W/NE∠45°～55°，以闭合及泥质充填裂隙为主。

厂区枢纽防洪墙基础为第四系Q_4沉积层夹洪积层构成，以下为基岩。据勘测资料，第四系堆积层的天然渗透系数为0.01cm/s。

2. 水文地质条件　厂区水文地质条件简单，地下水为层状基岩裂隙水，水量不丰，主要受降雨入渗和澜沧江上游侧河床及山体边坡松散堆积体和岩石顺层裂隙补给。水化学分析表明，地下水对混凝土均无侵蚀性。

（三）厂基渗水

2002年9月至2003年5月，厂房基础和引水钢管下平段洞身开挖等施工过程中，随着澜沧江水位的上升，开挖基础多处先后出现线状或面状地下水出露点。混凝土底板浇筑过程中，地下水出露点逐渐向未浇筑混凝土底板的区域转移。地下水渗流量300～700m^3/h，且随着澜沧江水位变化较明显。

2004年6月至8月底（汛期）进行厂房集水井排水量、澜沧江水位、防洪墙后（厂房前回车场处）观测孔水位观测。分析结果表明：厂房集水井排水量随澜沧江水位变化较明显，澜沧江水位在3104.00～3110.00m变化时，厂房集水井内的排水量达1700～2400m^3/d。监测期内（汛期）澜沧江水质含沙（泥）量较大，且浑浊，而集水井内抽排出水质较清。帷幕后观测孔水位一般低于澜沧江水位20cm左右，且约迟后1天。

（四）厂房基础处理、渗控及监测系统设计和施工

1. 厂房基础处理　电站主厂房建基面开挖高程3097.42m（齿槽3095.72m），基础岩性为弱风化紫红色长石石英砂岩夹薄层黏土岩；安装间建基面高程为3102.20m（齿槽3100.50m），岩体强风化、强卸荷，开挖时对挤压破碎带进行了槽挖处理。安装间底板及集水井下游侧边坡设置ϕ25mm中空注浆锚杆，采用梅花型布置，孔深分别为4.0m和5.0m。

2. 厂房渗控设计和施工　设计在厂房下游、右端墙基础布置悬挂式灌浆帷幕，孔深15.0m，深入弱风化层，孔距2.0m；厂前区防洪墙基础布置两排灌浆帷幕，孔距2.0m，排距1.5～1.8m，第一排孔深12.0m，第二排孔深22.0～24.0m（高程3087.50m），第一排帷幕伸入山体20.0m。

厂址区帷幕灌浆总长度720.0m，共计灌入水泥约343t，平均耗灰量为476.36kg/m。完成检查孔5个，最大孔段透水率为2.8Lu；防洪墙第一排帷幕灌浆长度为948.0m，灌入水泥396.2t，平均耗灰量为417.88kg/m，灌浆后完成检查孔5个，最大孔段透水率为5.0Lu；防洪墙第二排帷幕灌浆长度为1648.5m，共计灌入水泥749.3t，平均耗灰量为454.5kg/m，灌浆后完成检查孔5个，最大孔段透水率为2.4Lu；另外，伸入山体20.0m灌浆后完成检查孔1个，最大孔段透水率为2.5Lu。

原来设计在厂房下游侧帷幕后、蝶阀廊道和副厂房400V厂用电室分别设置排水孔，均采用PVC花管外包土工布或排水软管反滤装置；厂房下游侧帷幕后排水孔设排水集水井，安装3台（1台备用）抽水容量180m^3/h的抽水泵和1台抽水容量为60m^3/h的潜水泵，以抽排排水孔渗流水；厂前区设置地面集雨井和2台潜水泵（1台备用），每台抽水流量为380m^3/h。施工期和完建后，设计根据灌浆后的厂房地基渗水量，取消了蝶阀廊道和副厂房400V厂用电室排水孔（对于蝶阀廊道内部分已施工的排水孔进行全孔段混凝土回填）；设计还对厂房稳定进行重新复核计算，在此基础上对厂房下游侧帷幕后排水廊道进

行封堵设计和施工。

3. 监测系统设计　根据厂房坝段的地质条件和结构布置，在1号和3号机各布置一个监测断面，每个断面布置5支渗压计和2支测缝计，分别监测厂房基础扬压力和厂房位移变形。仪器埋设完好率100%，投入运行后即开始进行监测数据的采集和分析。

（五）厂房地基渗水及稳定分析

1. 厂房地基渗流水分析　首部枢纽和厂部枢纽之间的年拉山为单斜山体，引水系统和厂址区主要出露岩石为石英砂岩夹黏土岩，走向基本与厂址区澜沧江流向一致，且岩层陡立，不存在金河水补给的可能。厂房后边坡为第四系覆盖层，局部还进行了喷锚处理，地下水接受降雨补给较少。厂址区防洪墙基础为3.5～12.8m厚的河床堆积层，帷幕未进入弱风化层，为悬挂式，采用常规的钻孔灌浆工艺，堆积层也难以形成有效的搭接体，防洪墙帷幕未达到预期的阻水效果。另根据施工期和运行期厂房基础渗流量、澜沧江水位、防洪墙帷幕后观测孔水位和厂房基础下渗压计等监测成果看，前三者相关性较强，且厂房建基面均低于澜沧江水位，初步分析可以判断，厂房地基渗流水主要是澜沧江水自上游沿着基岩的SN方向顺层裂隙及第四系覆盖层向厂房地基渗流。

2. 厂房稳定分析　主厂房共4台机组，2号、3号机组之间及1号机组与安装间之间设置伸缩缝。

根据施工完成后的情况看，基础排水孔渗水量仍然较大，研究决定对基础排水孔进行封堵，封堵后基础扬压力发生变化，需重新进行厂房稳定及应力计算。由于厂房下游、右端墙及进厂防洪墙均设置了帷幕灌浆，同时考虑到设计、校核洪水历时较短，根据设计规范之规定，厂房基础扬压力在设计及校核洪水位时，考虑帷幕灌浆作用和洪水的时间效应，取0.8的折减系数进行厂房稳定及应力复核计算。计算结果分析表明，在各种运行工况和相应的荷载组合作用下，抗滑稳定和抗浮稳定安全系数及地基应力均满足规范要求，厂房是稳定的。

（六）评价

（1）金河水电站厂房地基现场渗流监测表明，澜沧江水位在3104.00～3110.00m时厂房集水井抽排水量为1700～2400m^3/d，且排水量、渗流监测孔水位与澜沧江水位三者关系密切，呈正相关关系，分析认为集水井来水主要是澜沧江水自上游沿着基岩的SN方向顺层裂隙及第四系覆盖层向厂房地基渗流补给，但不排除厂房右端墙及尾水区向厂房存在部分地基渗流补给的可能。

（2）由于厂区防洪墙基础为河床堆积层，厚度在3.5～12.8m之间，厂房开挖后岩性为强风化—弱风化，岩石裂隙极发育，岩层产状陡倾角，地质条件相对较差。设计帷幕难以达到相对不透水层，原设计在厂房下游侧帷幕后设置了排水孔，排水至厂房集水井。虽然厂区（特别是防洪墙）帷幕灌浆时耗浆量很大，但从厂房运行，特别是在汛期的运行情况看，防洪墙防渗帷幕未能达到预期的阻水效果。

（3）主厂房基础为弱风化岩体；副厂房及安装间基础为强风化岩体，经局部槽挖和锚杆加固处理，基础承载力满足设计要求。厂房整体抗滑、抗浮稳定安全系数及地基应力，在各种运行工况和相应的荷载组合下，均满足规范要求，厂房是稳定的。在厂房排水廊道不封堵的情况下，厂房集水井的设计抽水泵容量可以满足运行要求。

（4）厂房排水孔均采用PVC花管外包土工布做反滤，有效地避免了厂基渗流水对基础岩石特别是黏土岩的渗透破坏，从集水井排出的水质看，未有浑浊和夹杂（沙）泥质现象。同时，随着时间的推移，细颗粒还可能堵塞部分岩石裂隙，使渗水量逐步减小。厂房基础测缝计观测数据表明，厂房基础混凝土与基岩之间的缝隙处于闭合状态，汛期随着澜沧江水位的上涨，基础混凝土与基岩之间未发现渗流水产生渗透破坏迹象。

（西藏电力公司　李　华
新安江水力发电厂　何少云）

洪家渡水电站施工地质问题

洪家渡水电站是乌江梯级开发的龙头电站，坝址位于贵州省黔西县与织金县交界处的六冲河上，控制流域面积9900km^2。该电站以发电为主，兼有防洪、供水和旅游等综合效益，总装机容量600MW；水库正常蓄水位1140m，总库容49.47亿m^3，属多年调节水库；主要水工建筑物有面板堆石坝、坝后式地面厂房、3条引水发电洞、泄洪洞、洞式溢洪道等，大坝最大坝高179.5m。工程于2000年11月8日正式开工，至2004年12月底3台机组全部投产运行。

（一）地质概况

坝址位于深山峡谷中，属岩溶溶蚀、侵蚀地貌，地形左陡右缓，为不对称的V形河谷。左岸在1030m高程以下地形的坡度为30°～40°，以上的地形变陡，为70°～80°的灰岩陡壁；右岸地形的坡度为25°～35°。左右岸均为斜向边坡。

坝址区出露地层主要有三叠系下统永宁镇组第一段（T_{1yn}^1）中厚层、薄层灰岩，夜郎组九级滩段（T_{1y}^3）薄层夹中厚层泥岩、泥灰岩，玉龙山段（T_{1y}^2）厚层、中厚层灰岩，沙堡湾段（T_{1y}^1）薄层夹中厚层泥质灰岩、泥灰岩夹泥页岩，以及第四系（Q）覆盖层。

地质构造为单斜构造，岩层产状为 N40°～60°E，NW∠28°～50°。坝区发育有大小断层 21 条，均属于低序次的伴生构造，其发育方向基本上为 N30°～70°E。规模较大或对建筑物影响较大的断层有 F_3、F_5、F_6、F_8、F_{13}、F_{15}、F_{23} 等。节理裂隙多为陡倾角。

岩溶主要发育在永宁镇组第一段（T_{1yn}^{1}）、玉龙山段（T_{1y}^{2}）灰岩中，形态有洼地、落水洞、溶洞、暗河及岩溶管道等。但这两套岩溶含水系统因受九级滩段（T_{1y}^{3}）隔水层的阻隔并无水力联系。

物理地质现象主要有：物理、化学风化作用及泥页岩类软岩风化强烈；卸荷裂隙多沿构造裂隙发育，多发育在左右岸灰岩陡壁上，地表表现为大的溶槽；在地面厂房下游右岸泄洪消能防冲区发育有 1 号、2 号塌滑体，体积约 158 万 m^3。

（二）施工地质问题与处理措施

坝址位于深切峡谷，岩性以强可溶岩为主，地质构造、岩溶水文地质条件均较复杂，节理裂隙、软弱夹层均较发育。不良地质现象通过施工开挖，存在如下需要处理的施工地质问题。

1. 边坡稳定处理

（1）坝肩边坡：左岸趾板以上永久边坡高达 110～150m，右岸趾板以上永久边坡高达 60～117m，边坡结构为斜向，岩质、岩性为中厚层、薄层灰岩，有 F_3、F_6、F_8、F_{34} 等断层通过，夹层、裂隙结构面均较发育，沿断层带、结构面多处发育有溶洞或溶蚀破碎带，施工开挖时局部出现掉块、塌落，但整体边坡稳定。

因是斜向边坡，其稳定较好，设计的开挖边坡是按 15m 一级马道垂直开挖，马道宽 3～3.75m，平均坡比左岸为 1∶0.25、右岸为 1∶0.4。施工过程中，需对每级边坡上的松动岩体、不稳定楔形体加以清除，或设置系统锚杆支护，并在表层喷 15cm 厚 C20 混凝土。由于永久边坡较高，为防止施工爆破和二次卸荷影响稳定，在其上采用 150t 级预应力锚索进行锁口加固，并在边坡面设置系统排水孔以排除地下水，在边坡顶部或周边也设置排水沟拦截地表水。

（2）进水口边坡：洞式溢洪道、泄洪洞及引水发电洞等永久洞室都布置在坝址上游左岸河湾地段，进水口一带的边坡结构为顺向坡，并发育 J_1～J_8 等 8 条软弱夹层，夹层以泥夹岩屑型为主，还有 F_6，F_{13} 断层切割，裂隙发育，沿断层、裂隙并发育有溶洞或溶蚀破碎带。

由于进水口边坡为顺向坡，在边坡施工过程中可能产生表层局部滑动，但大规模整体滑动的可能性较小。按地质构造分析，边坡局部不稳定体的边界条件为：底滑面为软弱夹层，后缘切割面为 F_6、F_{13} 断层及 NE 向陡倾裂隙，侧向切割面为裂隙，临空面为侧向与前缘自然临空或施工开挖临空。

J_1～J_4 软弱夹层在河床以上出露，充填黏土，力学性能差，强度指标较低，对左岸进水口顺向坡的稳定性影响较大。因此，存在以 J_1～J_4 软弱夹层为底滑面、向上游偏河床滑动的趋势，当水库水位骤降时对边坡整体稳定不利，一旦失稳，将对布置在左岸山体内的所有过水建筑物的正常运行构成威胁。

在分析进水口地形地质条件、软弱夹层充填物性状及其物理力学指标之后，并考虑到外界不利因素，对不同工况的边坡稳定进行了分析计算，决定采取抗滑桩加锚索方案。该处理方案已实施。

（3）泄洪系统出口边坡：溢洪道和泄洪洞出口边坡高约 130m，边坡结构为斜向，岩质。边坡是按 15m 一级马道垂直开挖，马道宽 3.75m，总体坡比为 1∶0.25。

边坡为厚层、中厚层灰岩；其顶部为九级滩泥灰岩夹泥页岩，风化破碎。边坡上岩溶、卸荷裂隙、溶蚀风化带稳定性较差，开挖中可能产生局部塌落现象。采取的处理措施有：边坡周边设置截水沟，防止地表水进入开挖坡面，并在边坡上设置排水孔，以保持坡面排水畅通；为防止施工爆破和二次卸荷影响高边坡的稳定性，对边坡进行预应力锚索和挂网喷混凝土系统处理。

（4）厂房后边坡：厂房后边坡高约 100m，在 1036m 高程以上为强至弱风化的 T_{1y}^{3-1} 泥灰岩、泥质灰岩夹页岩，为斜向边坡，局部受裂隙切割，边坡稳定性差；下游侧基本为顺向开挖边坡，由于受溶洞、F_8 和 F_{13} 断层及裂隙切割影响，表层溶蚀带在水平方向的深度为 8～12m，局部岩体稳定性差。拟采用的处理措施为：对不稳定岩体、岩块进行清除；对 1055m 高程以上的自然边坡采用钢筋混凝土框架护坡；在边坡开挖面上均设系统锚杆，挂网，喷混凝土；对溶洞发育部位，先清除充填物再回填 C20 混凝土，在溶洞壁布置锚杆；对 1036m 高程以上的 T_{1y}^{3-1} 泥灰岩、泥质灰岩夹页岩边坡、溶洞、断层破碎带，均采用贴坡混凝土挡墙处理。

2. *岩溶洞穴处理* 坝址区岩溶发育，施工过程中揭露出较多溶洞、溶槽、溶缝、溶蚀破碎带，其中较大的岩溶形态不仅影响施工安全、工期，而且影响到地下洞室、工程边坡的稳定。

（1）大坝坝基按如下要求处理：

1）对坝基范围内存在的溶洞、溶沟、溶槽，先清除充填物，然后在底部采用分层填筑碾压，对岸坡带开口宽度小于 5m、振动碾不能到达的沟槽则用 C15 块石混凝土（块石含量不大于 20%）回填。

2）对左岸趾板内坡及附近，采取清除充填物，回填 C15 块石混凝土。

3）对趾板基础溶洞、溶沟、溶槽，先挖除其充填物至基岩，再进行固结灌浆。

4）对右岸溶槽，凡出露溶槽或溶槽缺口地段，均采取先将溶槽内的充填物挖出，然后用 C20 三级配混凝土回填至趾板基础高程。

（2）地下洞室按如下要求处理：

1）泄洪洞 0＋637m～0＋665m 和 0＋730～0＋765m 桩号段，沿软硬岩接触带、F_8 断层带发育有 2 个规模较大的溶洞，全断面充填有软塑状黏土夹碎石，但结构松散、自稳性极差，对顶拱、边墙、底板基础的稳定都极为不利。在开挖过程中，采取了超前锚杆、短进尺开挖、再加以钢格栅及喷钢纤维混凝土的强支护方式。底板基础清深 5～10m 后多数为基岩，清基完成后底部回填碎石、压密，至设计开挖线下 1.5m 后再浇筑 C20 钢筋混凝土作为底板基础，二期采用钢筋混凝土支护。

2）洞式溢洪道，对大型溶洞，充填有孤石、块石及碎石，结构松散，自稳性极差者，须摸清溶洞边界后，采取分层开挖并辅以固结灌浆，以防止下层边墙"爆肚"；在开挖过程中采取了超前锚杆、短进尺开挖，再加以钢格栅及喷钢纤维混凝土进行一期支护；对于地基溶洞较深的情况，下挖一定深度回填碎石，浇混凝土盖板或作钢桥地基。洞式溢洪道采用钢筋混凝土作永久支护。

3）引水洞：1 号引水洞底部有溶洞，2 号引水洞顺层发育有充填型溶洞，3 号引水洞沿层面发育有溶洞。对这些溶洞都进行了扩挖、清理，然后底部用石渣回填，溶洞壁两侧布设锚杆，对空腔部位顶拱采用钢格栅，并浇筑 C20 二级配钢筋混凝土。

3. 岩溶涌水处理

（1）2 号导流洞在施工过程中，0＋590m 桩号处 T_{1y}^{3-1} 软岩与 T_{1y}^{2-5} 灰岩接触带沿层面发育的岩溶管道发生涌水，并且通向厂房，最大涌水量可达 2.6L/s。为保证截流施工工期和厂房永久安全运行，从 13 号施工支洞和导流洞下游施工支洞部位对其进行帷幕灌浆处理，被截断的来水由 1 号导流洞预设的排水管引排。

（2）3 号引水洞在 0＋495m 桩号的右侧底部及 0＋510m 桩号顶拱发育有岩溶涌水管道，2002 年汛期的涌水量达 1.0～1.5m^3/s，严重影响出口水平段及厂房施工。为此，在 2 号导流洞帷幕灌浆的基础上，从下游施工支洞部位对其进行了阻水帷幕补强灌浆，使出水量减少到 0.15～0.2m^3/s。对 W495 涌水部位，将溶洞内充填物清除，回填碎块石，浇筑混凝土，在涌水点处理设 Dg500 钢管将水引至 11 号施工支洞排出。

（3）K_{40} 溶洞：厂房对岸的 K_{40} 溶洞在汛期的最大涌水量有 3～4m^3/s，严重影响厂房基坑开挖，因此对溶洞的大空腔采用混凝土进行封堵，并在 1 号进厂交通洞、3 号施工支洞内侧 996m 高程部位进行了帷幕灌浆，并设置排水洞以便将溶洞地下水在抬升后沿排水洞排向下游。施工结束后，枯期排水洞出水量 0.3～0.4m^3/s，汛期涌水量约 1.2～2.0m^3/s，说明效果良好。

4. 库首岩溶渗漏问题与处理　坝址区岩层为单斜构造，从上游至下游依次分布永宁镇组第一段（T_{1yn}^1）灰岩，夜郎组九级滩段（T_{1y}^3）泥页岩、泥灰岩，玉龙山段（T_{1y}^2）灰岩。永宁镇和玉龙山灰岩为岩溶含水层。九级滩段（T_{1y}^3）泥页岩为隔水层，厚度达 80m，连续完整，隔水性能可靠，为枢纽的防渗依托。永宁镇和玉龙山灰岩由于受九级滩段阻隔，各为独立含水层系统。因此，坝基、坝肩仅存在裂隙性渗漏，防渗帷幕采用接地式全封闭帷幕。

但是，作为坝址防渗依托的九级滩（T_{1y}^3）泥页岩隔水层，于库首右岸白虎山至高家坝一带（距坝址约 3km）被 F_5 断层错断（地质上称构造切口），导致永宁镇组（T_{1yn}^1）灰岩含水层与玉龙山（T_{1y}^2）灰岩含水层相连通而形成相通的岩溶含水系统。经勘察，切口一带（分水岭位置）地下水位高程在 1092m 左右，低于正常蓄水位 1140m 约 48m，且在此水位以下的岩溶仍很发育，故蓄水后存在库水从底纳河右岸经构造切口向 K_{40} 溶洞一带的渗漏问题。

据此，进行了进口、出口及中间拦截 3 个防渗处理方案的比较。三个方案均为悬帷幕，其处理深度均低于地下水位 40～50m，经分析：以第一个方案较优，一是离冲沟较近，有利于施工；二是防渗处理面积虽较大（约 9.4 万 m^2），但防渗线穿越岩溶发育相对较弱的 T_{1yn}^{3+4} 含水层，该地层虽岩溶化程度较高但无大的溶洞群发育，故施工难度较小。该方案目前正在施工中。

5. 堆积体的稳定问题与处理

（1）1 号、2 号塌滑体处理：1 号、2 号塌滑体位于大坝下游右岸泄洪冲刷区，且 2 号塌滑体直接受冲刷，故对其稳定影响较大。

1 号塌滑体由崩塌堆积和残积物形成的块石、碎石黏土组成，总方量约 98.1 万 m^3。塌滑体的滑动面为塌滑体与基岩分界面（可见擦痕），滑动面平均坡角为 31°，与基岩倾角近似，现处于临界稳定状态，对厂房尾水渠、导流洞出口及通过其上部、下部的公路有较大的安全影响。为保证塌滑体的稳定，采取的处理措施为：①施工期要设置排水洞和加强坡面排水处理，在 997m、1035m、1078.5m、1115m 高程设置

4层排水洞；切脚部位进行护坡保护，以防止牵引式滑动。②修建15号公路的开挖切脚的高度有12m，坡度为1∶0.3，采用土钉墙保护，并在面层浇筑1.0m厚的钢筋混凝土贴坡（设有排水孔）。经施工期监测情况看，目前1号塌滑体处于稳定状态。运行期将采用抗滑桩加锚固洞进行加固处理，使安全性达到要求。

2号塌滑体分布在967～1190m高程，分布面积为0.043km^2，自然坡向与河流流向直交。该塌滑体长约330m，在河边顺河向的宽度约170m，往岸坡方向变窄为120～150m，铅直深度3～38m，总量约60万m^3；自然坡角为30°～40°；由崩塌堆积和残积物形成的块石、碎石及黏土组成，总体上结构松散，局部有层状塌滑岩体及钙质胶结体。对2号塌滑体所采取的处理措施为：①1065m高程以上全挖处理。②1065～1030m高程段除覆盖层较深部位不能进行全挖外，其他部位的覆盖层全部挖除，并喷钢纤维混凝土；1030m高程以下同样除覆盖层较深部位外，其他部位覆盖层全部挖除，并做混凝土护坡。③河床岸边部位在覆盖层挖除后，深入基岩18m进行固结灌浆，对上部采用钢筋混凝土护坡；对于覆盖层较深且开挖对上部边坡岩体稳定影响较大的部位，分别在1045m、1030m、996m高程设计了15根抗滑桩，其中1030m高程下游的3个抗滑桩还设计了锚固洞与之连接，996m高程还设计了8根1500kN级预应力锚索，孔深为20～25m，内锚段长为7m。2号塌滑体经处理后边坡稳定性较好。

（2）坝下游王家渡、瓦房寨堆积体处理：王家渡堆积体分布面积0.17km^2，堆积体共计511万m^3，主要由黏土夹碎石、块石、碎石夹黏土等组成，其下伏基岩主要为P_{2L}砂岩、灰岩及煤层。堆积体与基岩接触面较平缓（0°～13°），无统一滑面，自然边坡处于稳定状态。王家渡堆积体前缘的覆盖层较深，现为堆料场，如果堆料过重将出现覆盖层内部的开裂与滑坡（在平场过程中已局部出现过开裂与滑移现象）。为此，在堆积体前缘坡体中设置了浆砌石重力式挡墙并布设排水孔，使其发挥了堆料功能并稳定至今。

瓦房寨堆积体位于六冲河大桥左岸，对外公路开挖坡脚后，堆积体内就产生了较大范围的开裂与滑移。经勘察，该堆积体分布高程为975～1053m，面积约0.8km^2，厚为9～22m，共约100万m^3。该堆积体为平台相间的缓坡、崩塌堆积地貌，自然总体坡角为12°～20°，主要为黏土夹碎块石，其下伏基岩主要为P_{2L}煤系地层，为一古滑坡，若受外因影响则滑坡可能复活。为此，对坡脚采取了护坡处理，对出露的泉水点进行了引排。经多个汛期的考验，该堆积体处于整体稳定状态。

（中国水电顾问集团贵阳勘测设计研究院
邹 林 罗海涛）

6

水 工 设 计

大坝与引水建筑物设计

拉西瓦大坝设计的技术特点

建设中的拉西瓦水电站是整个黄河流域中最大的水电站工程，最大坝高250m，装机容量4200MW，年发电量10.233×10^9kW·h。

拉西瓦坝址区河谷狭窄、岸坡陡峻，V形，基本对称，天然河谷宽高比1.5左右，坝肩开挖后坝顶高程2460m处谷宽约450m；谷底至岸顶相对高差达680～700m，高程2400m以下谷坡陡立，平均坡度60°～65°，以上略缓40°～45°；坝基为均一的中生代印支期中、粗粒花岗岩，新鲜—微风化、坚硬、完整，岩体综合变换由上到下$E_r=(1.5\sim2.0)\times10^4$MPa，泊松比$\mu=0.23$；两岸坡基岩裸露，河床部位弱风化厚度5～15m，覆盖层一般厚5～12m，坝的建基面高程2210m。根据坝址的地形、地质特点，拉西瓦拦河大坝采用了拱坝。

拱坝体型设计原则为：①力求体型简单、施工方便，坝体应力分布均匀，有足够的刚度，坝体混凝土和开挖工程量少。②力求拱圈扁平化，以避开对左岸下游Ⅱ号变形体的影响，改善坝肩岩体的抗滑稳定条件。③控制坝体倒悬度，降低坝体施工期应力，利于坝上泄洪、导流等附属建筑物布置和坝体施工条件的改善。④控制坝体厚度，减小分仓浇筑面积，力求取消纵缝。⑤注意坝踵开裂，保持足够的安全度。依据拱坝体型设计的这些原则，拉西瓦拦河大坝采用了对数螺旋线变厚双曲薄拱坝。

拉西瓦大坝设计的技术特点如下：

（一）拱坝体型优选方面

拉西瓦拱坝体型的优化经历了一个较长的并且是从拱型到体型（即从平面到断面）的过程。在前期设计初期的原可行性研究阶段，采用的代表性坝型是三心圆拱坝。1985年左右开始做拱坝优化时，在国内首次编制了7种常用拱型（即双心圆、三心圆、对数螺旋线、抛物线、双曲线、扁椭圆、长椭圆）的统一程序；按照先拱型、后断面的次序同时进行，作了大量的计算。6种坝型（长、扁椭圆合为一种类型）优化后代表体型的主要控制数据列于表1。

表1　拉西瓦拱坝6种拱型优化后代表体型的主要参数和计算数据（体型优化阶段）

项目			对数螺旋线	抛物线	三心圆	双心圆	椭圆	双曲线
坝顶高程		m	2460	2460	2460	2460	2460	2460
最大坝高		m	250	250	250	250	250	250
坝顶厚度		m	8.4	8.0	8.1	9.2	8～8.6	8～10.5
最大中心角		(°)	99.4	97.5	100	100.3	100	99.8
最大拱端厚度		m	53.9	65.3	65.5	68.0	67.6	67.6
顶拱中心线拱冠曲率半径		m	247.2	319.9	408.2	419.2	309.8	204.9
厚高比			0.213	0.261	0.262	0.272	0.269	0.27
最大倒悬度	上游面		0.126	0.112	0.14	0.189	0.163	0.167
	下游面		0.12	0.107	0.13	0.148	0.065	0.067
坝面上应力到达和超过控制值情况		种	2	5	5	2	4	2
拱冠梁剖面应力梯度范围	拱向		0.72～1.82	1.20～2.63	0.88～3.31	1.05～2.38	1.17～2.68	0.40～1.26
	梁向		0～0.79	0～1.23	0.1～1.15	0～1.03	0～1.01	0～0.66

续表

项目				对数螺旋线	抛物线	三心圆	双心圆	椭圆	双曲线
坝肩稳定控制部位拱端合力推力角		右岸 El. 2240m	(°)	11.22～12.76	6.63～7.96	10.24～11.72	8.35～9.90	6.63～7.74	4.15～5.30
		左岸 El. 2240m	(°)	28.22～28.63	29.75～29.92	35.13～35.15	35.60～35.91	31.39～32.55	22.14～22.69
坝肩半整体稳定安全系数	左岸高程 2240m	正常情况	K_f	1.54	1.48	1.59			
			K_c	2.02	1.95	2.08			
		特殊情况	K_f	1.78	1.66	1.83			
			K_c	2.34	2.18	2.40			
	右岸高程 2240m	正常情况	K_f	1.77	1.74	1.83			
			K_c	3.87	3.75	3.97			
		特殊情况	K_f	1.81	1.76	1.88			
			K_c	3.90	3.75	4.00			
1～15 阶自振频率均值			Hz	4.0798	4.0222	3.9285			
坝体混凝土量			10^4m^3	220.9	222.0	216.5	239.7	234.0	253.0

按确定的目标函数对结果进行分析，以工程量、应力条件、坝肩稳定性、抗震特性和施工条件等的综合比较，确定了选用对数螺旋线型变厚拱。优选对数螺旋线双曲拱坝的主要原因归纳如下：

（1）工程量小。坝体混凝土量是 6 种拱型中较少的之一；坝肩开挖量由于拱端厚度最小，而在 6 种拱型中是最少的。其他 5 种拱型各高程左、右拱端厚度之和分别比对数螺旋线拱型的大 4.2%～34.7%。

（2）拱端最大厚度为 53.87m，小于目标函数 55m，其余 5 种拱型都超出较多。

（3）坝体应力条件好。虽然 6 种拱型优化后的体型都满足控制应力目标函数要求，但从应力值接近和达到控制值的范围来看，对数螺旋线与双心圆、双曲线型的较小，相对来说有较大的进一步优化的潜力；而从 6 种拱型应力分布梯度分析，拱向和梁向应力梯度均以对数螺旋线和双曲线型为小，拱向应力均匀可以充分发挥材料的强度，上游面梁向正应力较大可以提高坝体的整体安全度。

（4）坝肩稳定条件稍优。在控制右岸坝肩稳定的 2240m 高程（此处有缓倾断裂 HL13 控制底滑面，且拱推力较大）上，对数螺旋线型拱端合力推力角最大。

（5）动力特性较为有利。1～15 阶自振频率较高，说明动力刚度大；动力推力角大，对坝肩动力稳定性较好。

（6）有利于施工。上、下游面的倒悬度均远小于目标函数要求的控制值 0.3 和 0.25；拱冠梁底和拱端厚度均小，不仅开挖和混凝土工程量小，而且利于温控和混凝土施工。

（二）拱坝结构设计方面

（1）采用了较小的断面，属中偏薄拱坝。拱冠梁底最大厚度 49m，厚高比 0.196；拱端最小厚度 55.0m（2265m 高程处）。设计的体型特征见表 2 所示。选定的体型虽然单薄，坝体混凝土量仅 258 万 m^3，但坝体刚度仍然较大，柔度系数 $C=10.02$，较目前我国已建及正建的几座特高拱坝，如二滩、小湾、溪洛渡等的系数均小。这是由于拉西瓦坝址的地形有优势，迎水展开面受水等荷载的面积小，坝体承受的总水推力仅 680 万 t，较之二滩的 919 万 t、小湾的 1660 万 t、溪洛渡的 1500 万 t 要小得多。

表 2　　拉西瓦拱坝体形特征表

高程 (m)	拱冠剖面中曲面坐标 y	拱冠厚 (m)	拱端厚度 (m)		拱中心线指数参数		拱中心线长度参数 ρ_0 (m)		拱中心线似半中心角 (°)	
			左岸	右岸	左岸	右岸	左岸	右岸	左岸	右岸
2460	−5.00	10.0	10.0	10.0	0.961	0.961	166.00	166.00	40.0	40.20
2430	5.038	16.672	20.964	20.964	1.201	1.201	113.46	113.46	42.78	43.32

续表

高程 (m)	拱冠剖面中曲面坐标 y	拱冠厚 (m)	拱端厚度 (m)		拱中心线指数参数		拱中心线长度参数 ρ_0 (m)		拱中心线似半中心角 (°)	
			左岸	右岸	左岸	右岸	左岸	右岸	左岸	右岸
2400	12.381	22.913	31.057	31.057	1.416	1.416	79.38	79.38	45.63	46.10
2360	18.151	30.471	42.471	42.471	1.626	1.626	54.43	54.43	48.07	48.30
2320	19.545	37.041	50.679	50.697	1.703	1.703	42.60	42.60	48.89	48.80
2280	16.803	42.500	54.737	54.737	1.599	1.599	39.93	39.93	46.64	47.71
2250	12.175	45.789	54.486	54.486	1.372	1.372	43.77	43.77	41.82	41.34
2230	7.921	47.569	52.528	52.528	1.138	1.138	51.64	51.64	36.88	33.23
2210	2.767	49.000	49.000	49.000	0.8254	0.8254	65.30	65.30	0.00	0.00

(2) 在拱坝体型设计的应力分析中，首先注意了荷载组合中温升荷载的影响，改变了以往在正常蓄水位时仅以温降组合为控制的做法（在规范 SD 145—1985 中基本组合只有正常蓄水位＋温降及死水位＋温升），计算实践证明，这样考虑是必要的，这给以后的拱坝设计补充了一个概念。

(3) 首次采用了近似弧形的折线型坝基。经过大量的计算研究，为改善近底坝基接触面的坝体应力，并结合坝基开挖的实际情况，取消了原坝底基础面的水平段，改为似锅底的弧形，实际操作中保持原坝底水平段为一个点，向左右开挖成近似弧形的折线型，这样并不增加多少施工难度，但可减小拉应力。这是工程实践中的首次尝试。

（中国水电工程顾问集团西北勘测设计研究院 吴 熹）

三板溪面板堆石坝设计

三板溪水电站位于贵州省锦屏县境内，装机容量 1000MW，属一等大（1）型工程。电站大坝为混凝土面板堆石坝，分为主坝和副坝两部分。主坝最大坝高 185.5m，坝顶长度 423.3m。副坝利用原条形山脊岩质山体作为坝体一部分，为贴坡坝型，上游坝高 50.5m，下游坝高 92.13m，坝轴线处坝高 26.5m。主副坝上下游坝坡均为 1∶1.4。

（一）大坝工程的特点和难点

(1) 两岸岸坡陡峻，同时由于溢洪道布置于主副坝之间，主副坝利用溢洪道进水渠导墙、控制段边墩和部分泄槽边墙作为高趾（挡）墙，溢洪道的布置进一步减小了坝顶长度与坝高的比值。峡谷高坝三维拱效应影响坝体变形的时间分布，使施工期变形减小，后期变形较大。另外，堆石体与陡坡接触部位在变形过程中将产生滑移，变形梯度大，若部位靠近面板，对周边缝止水和面板防裂极为不利。河谷形状对坝体的整体和局部变形都有较大影响，需在开挖、坝基处理、特殊部位填筑等方面有针对性地采取措施。

(2) 坝料母岩岩性复杂，风化程度不一，强度高低悬殊。坝料采用八洋河料场的凝灰质砂板岩以及坝址建筑物开挖料，饱和抗压强度高者近 300MPa，低者仅 15MPa。所利用的强风化下部砂板岩饱和抗压强度仅 15.0～26.6MPa，软化系数 0.21～0.48，遇水敏感，从其干湿循环和变温循环试验结果看，是一种强度不稳定的岩石。而三板溪下游堆石区范围在同类工程中偏大，强风化石料不能单独使用，需与弱风化以下的石料掺混并控制其掺量。由于坝料的复杂性，同时为节省工程投资，尽可能多利用强风化料，需在坝料选配、坝体分区、坝料平衡规划、填筑要求等方面多加优化，以防止上下游堆石区变形差异过大。

(3) 由于坝料母岩强度高，现场碾压试验发现一个特殊情况，各种坝料采用 20t 牵引式振动碾碾压至 8 遍时，其干密度值已能满足高坝要求，达到 2.15～2.17t/m^3，但当继续碾压至 10 遍、12 遍，沉降曲线收敛尚不明显，干密度值仍在加大，碾压遍数每增加 2 遍，沉降率增加 0.6%～1.1%，说明压实度尚未到位，仍存在一定的变形空间，而碾压遍数超过 8～10 遍是不现实的，对后期变形控制不利。

(4) 填筑工期短，自 2003 年 12 月开始坝体填筑，至 2005 年 8 月，填筑总工期仅 21 个月，主坝填筑方量 828 万 m^3，连续 18 个月填筑强度 40 万 m^3/月，高峰强度约 70 万 m^3/月，而三板溪建于峡谷河段，如此高强度填筑，坝体快速上升，施工沉降期短，后期变形大。

(5) 副坝建于左岸条形山脊，为贴坡坝型，类似工程有江苏宜兴抽水蓄能电站和十三陵上库两座面板坝，但都只是下游贴坡，而三板溪上下游均为贴坡填筑，须解决坝坡稳定、上下游不均匀沉降、坝体排水等问题。

本工程坝高属200m级，建于峡谷河段，填筑工期仅21个月，采用超硬岩筑坝，同时又有强度很低的强风化料，岩性复杂，副坝坝基地形特殊，对变形控制不利，设计和施工在坝基开挖处理、坝料选配、坝体分区、填筑要求、施工程序和进度安排等各方面采取措施，减少不利影响。

（二）主坝坝体分区设计

主坝坝体分区、各分区坝料要求和填筑标准见图1、表1：

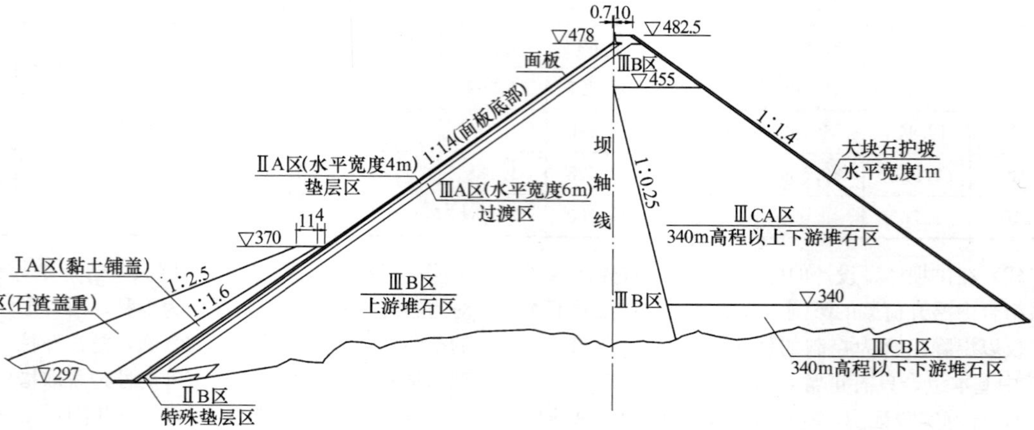

图1 主坝坝体分区图（图中单位：m）

表1 主坝各分区坝料要求和填筑标准表

填筑分区	坝料名称	坝料要求	干密度（t/m^3）	孔隙率 n（%）	碾压设备	压实层厚（cm）	碾压遍数（遍）	加水量（%）
ⅡA	垫层料	轧制的弱风化—新鲜石料，最大粒径为8cm	2.21	18.15	20t自行式振动碾和10t坡面碾	40	6～8	3～5
ⅡB	特殊垫层料	轧制的弱风化—新鲜石料，最大粒径为4cm	2.21	18.15	小型振动碾	20	6～8	3
ⅢA	过渡料	弱风化—新鲜石料，最大粒径为30cm	2.19	19.19	20t自行式振动碾	40	6～8	15
ⅢB	上游堆石料	料场或现场开挖的弱风化—新鲜岩石，最大粒径为80cm	2.17	19.33	25t自行式振动碾	80	8～10	20
ⅢCA	下游堆石料高程340m以上	料场或现场开挖的强风化下部—新鲜岩石，最大粒径为80cm	2.15	17.62* 19.48**	25t自行式振动碾	80	8～10	20
ⅢCB	下游堆石料高程340m以下	料场或现场开挖的弱风化—新鲜岩石，最大粒径为80cm	2.15	20.07	25t自行式振动碾	80	8～10	20
	两岸接坡料	与过渡料相同	2.18	19.56	25t自行式振动碾	80	8～10	15
	高趾墙部位低压缩区料	料场或现场开挖的弱风化—新鲜岩石，最大粒径为50cm	2.18	18.96	25t自行式振动碾	80	10～12	20

注 振动碾行车速度：2.0km/h。
* 八洋河料场开采料。
** 建筑物开挖料。

（三）实施情况

在料源复杂、河谷狭窄、上坝道路布置困难的情况下，三板溪工程实现了“一枯拦洪”、快速筑坝、控制变形”等目标。

自2003年11月10日大坝开始填筑，2004年4月13日临时断面达到高程390m，提前17天实现“一枯拦洪”的度汛目标。

2004年11月20日～2005年1月29日完成一期面板浇筑，2005年4月上旬检查一期面板，未发现1条裂缝，面板无脱空情况；2005年10月检查，一期面板仅发现2条宽度大于0.2mm的裂缝，另有少量微细裂缝。面板共分三期浇筑，三期面板计划于2006年5月完成。

2005年8月大坝填筑至防浪墙底478m高程，距坝顶仅余4.5m。

2006年初观测，主坝最大累积沉降值为148.89cm，主坝总沉降量预计在1%以内。副坝坝体变形也得到良好控制。

在施工过程中，建筑物开挖料和料场强风化下部料得以充分利用，达到节省投资的目的。

（中国水电顾问集团中南勘测设计研究院　潘江洋）

构皮滩水电站引水发电系统设计

（一）概况

构皮滩水电站位于贵州省余庆县构皮滩口上游1.5km的乌江上，电站装机5×600MW，是贵州省和乌江干流最大的水电电源点。

电站建筑物穿越的地层从上游至下游为二叠系吴家坪组（P_{2w}）灰岩、茅口组（P_{1m}）灰岩、栖霞组（P_{1q}）灰岩、梁山组（P_{1L}）黏土岩、志留系韩家店组（S_{2h}）黏土岩、石牛栏组（S_{1sh}）钙质细砂岩、龙马溪组（S_{1L}）粉砂质黏土岩、奥陶系十字铺宝塔组（O_{2sh+b}）泥灰岩、湄潭组（O_{1m}）粉砂岩、钙质页岩及灰岩互层，其中P_{2w}、P_{1m}、P_{1q}为Ⅰ～Ⅱ类围岩，P_{11}、S_{2h}为Ⅴ类围岩，其他为Ⅲ～Ⅳ类围岩。厂区岩层走向NE35°～40°，倾向上游，倾角40°～50°。地下厂房所在部位的最大主应力约为11～14MPa，其方向与岩层走向基本一致。建筑物范围裂隙以中—陡倾角为主，主厂房局部地段岩溶较发育，主要有W_{24}岩溶系统的主干管道及其旁侧沿NW、NWW向断裂发育的岩溶宽缝、P_{1m}^{1-1}层顺层风化溶滤带（K_{10}）及沿NW断裂发育的溶洞K_2、K_{11}等。

（二）电站建筑物布置设计

电站采用地下厂房布置型式，引水系统单机单洞，尾水系统两机一洞和单机一洞联合布置，主厂房、主变洞、调压室三大洞室平行布置，见图1。

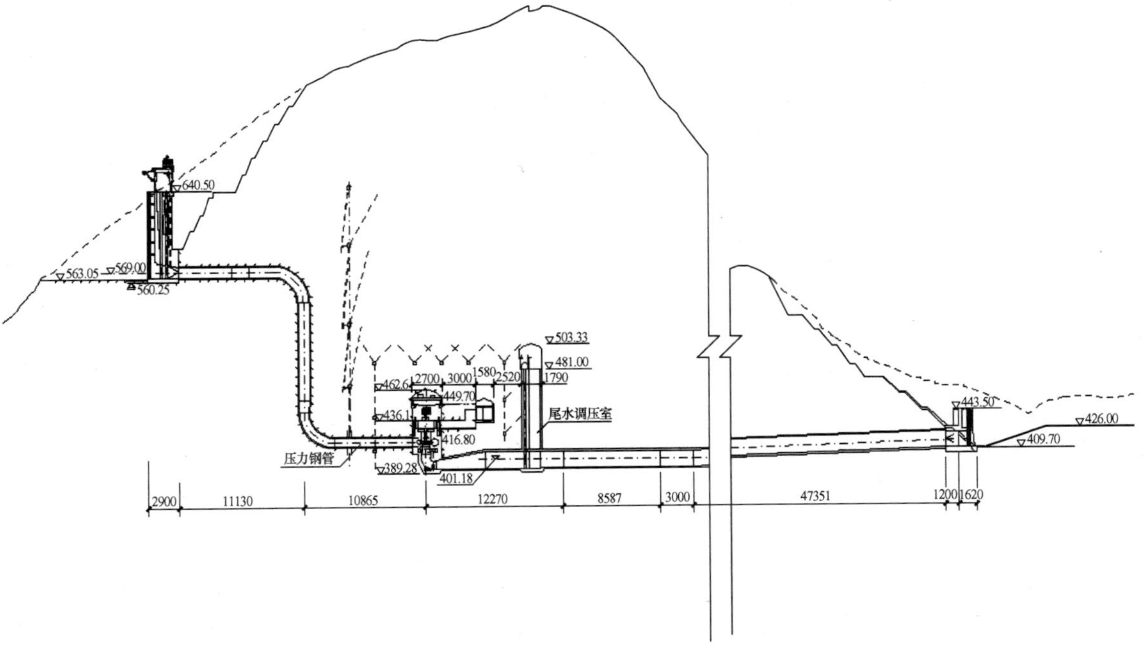

图1　3号机输水线路布置图

1. 输水线路布置　进水口布置在距拱坝坝轴线约60m处，其纵轴线方向与岩层走向夹角约65°；与5条引水隧洞对应，并列布置5个进水塔。进水塔底高程560.25m，顶高程640.5m，平面尺寸为130m×29m（长×宽）。引水隧洞单洞最长367.86m（1号机），为圆形断面，洞径8.0～9.5m。尾水线路采用1号机和2号机、3号机和4号机分别共1条尾水隧洞和1个调压室，5号机单机单洞布置方案。尾水隧洞采用圆形断面，洞径 10m（小洞）、14.2m（大洞）。调压室布置于主厂房下游，距离尾水管出口 32.5m；采用阻抗式调压室，阻抗孔由在调压室内扩大的尾水检修闸门井承担。尾水调压室采用下部独立，上部连通的布置型式。尾水出口位于大坝护坦下游约 140m 处。

2. 电站厂房布置　采用首部式地下厂房的布置方式；主厂房紧靠防渗帷幕下游侧布置，上游边线距右坝头右侧约 50m，厂房纵轴线方向为 NE75°。如此布置兼顾了地应力和主要软弱构造面对主厂房边墙稳定的影响，同时有利于输水线路的布置。

为保证洞室围岩稳定和安全，并减小工程量和投资，方便施工和运行。厂房及附属洞室布置中做如下考虑：

（1）选择采用岩锚式吊车梁及适当延长主厂房长度以满足机组辅助设备的布置等措施减小主厂房开挖跨度。

（2）为减少机电设备投资，改善主变室和 GIS 室运行条件，降低地下洞室施工强度，将主变布置在地下主变洞内，GIS 布置在地面开关站内。

（3）为加快施工进度，提供两台机组同时安装条件，除在主厂房右端紧靠 1 号机布置主安装场外，在 5 号机侧布置一副安装场。

（4）从减小工程量，方便运行管理，有利于洞室围岩整体性和稳定性，检修和渗透集水井采用集中布置方式，布置在厂房副安装场下。

（三）工程特点和新技术应用

电站厂房规模较大，地质条件复杂，引水发电系统设计中面临的重大技术难点主要有：引水隧洞结构设计、厂房洞室群稳定、W24 岩溶系统处理、岩锚梁结构选型、尾水洞软岩成洞措施及尾水软岩边坡稳定处理等。针对以上问题，主要采用选择合理的布置和结构措施加以解决。

1. 岩溶地区超大型洞室稳定　构皮滩电站地下洞室群错落分布，地下洞室群规模较大，其中主厂房最大开挖尺寸为 230.45m×27m×73.32m，属超大型洞室。影响洞室稳定性主要因素有：主厂房高边墙、不利结构面、洞室交叉、W24 岩溶系统等。针对上述问题，并参照其他类似工程支护设计成果，主要采取选用合理的支护措施和合理的布置措施，使主厂房避开主要岩溶影响，并用回填、锚固、排水等措施保证主厂房顶拱安全。对于 W24 岩溶系统，采用加强对 W24 岩溶系统追挖、妥善导排 W24 岩溶系统来水及混凝土回填等措施处理；对于调压井采取上部连通，下部独立的井式结构以改善成洞条件。

2. 引水隧洞设计　借鉴国内外水工隧洞设计的新的理论和方法，对于Ⅰ、Ⅱ类围岩一般无特殊情况，通过加大固结灌浆压力和范围改善围岩力学性质，利用围岩作为承载与防渗的主体，衬砌仅起辅助作用，衬砌按构造配筋；为降低压力钢管施工难度，取消位于帷幕前的下弯段的钢衬。

3. 岩锚梁结构选型　采用张拉锚杆作为岩锚梁受拉锚杆型式，改善接触面受力特性，提高岩锚梁稳定性和安全性。

4. 尾水系统设计　构皮滩电站尾水变幅大，尾水段穿过软岩地段，地质条件很差，尾水隧洞采用两机一洞和一机一洞布置型式，尾水线路长达 700m。采用阻抗式调压井以满足尾水调保要求；为避免尾水隧洞叉管连接，尾水洞在调压井内合二为一；采取选择合适洞形和支护手段，辅以超前支护、预灌等一定的施工措施改善成洞条件。目前正在研究软弱地带洞室长期稳定问题。

5. 尾水边坡稳定　尾水出口洞脸边坡最大开挖坡高达 140m，其中下部尾水隧洞出口部位存在约 20m 的直立坡。边坡具上硬下软的结构，受中上部强、弱风化层和下部软岩的开挖变形影响，边坡稳定条件较差。根据边坡岩体地质条件，综合极限平衡分析和平面有限元计算成果，采取排水、喷锚支护、混凝土坡面保护、预应力锚索、锚桩与施工前部分边坡预灌浆及灌注桩等相结合的加固措施和选择合理的施工方法，保证边坡施工期和运行期安全。

（长江勘测规划设计研究院　刘晓刚　刘惟　陈尚法）

光照水电站大坝工程布置

光照水电站位于贵州省关岭县和晴隆县交界的北盘江中游，是北盘江干流的龙头梯级电站，地处“六盘水，安顺、黔西南”火电地中心，距省会贵阳直线距离 162km，距安顺市直线距离 75km。工程以发电为主，其次航运，兼顾灌溉、供水等任务。

工程枢纽由碾压混凝土重力坝、坝身泄洪表孔、放空底孔、右岸引水系统及地面厂房等组成。电站装机容量 1040MW（4×260MW），保证出力 180.2MW，多年平均发电量 27.54 亿 kW·h。水库正常蓄水位 745m，总库容 32.45 亿 m^3，调节库容 21.47 亿 m^3，为不完全多年调节水库。

（一）大坝建筑物布置

大坝由河床溢流坝段和两岸挡水坝段组成，坝顶全长 410m，坝顶高程 750.5m，最大坝高 200.5m，共分为 20 个坝段，即 4 个溢流坝及底孔坝段、1 个电梯井坝段和 15 个岸坡挡水坝段，坝段宽度在 16.6～25m 不等；底孔坝段、溢流坝段坝顶宽均为 33m；

两岸岸边挡水坝段坝顶宽12m。

泄洪坝段布置在主河槽的中央，泄洪方向顺河流流向，泄洪坝段包括3孔表孔坝段和2个底孔坝段；长91m，坝顶宽12m，上游坝坡1∶0.25，下游坝坡1∶0.75，坝底最大宽度159.05m。表孔溢洪道孔口宽16.0m，堰顶高程725m，堰面采用WES曲线$y=0.0413$，$x=1.85$，孔口中间分缝，闸墩中墩宽4.5m，边墩宽4m，采用预应力闸墩。孔口安装平板检修闸门和16m×20m弧形工作闸门。泄洪任务全部由表孔承担，设计最大下泄流量9857m^3/s，下游消能采用窄缝式挑流消能。

在表孔溢洪道两侧对称布置2个底孔，主要为水库放空设置，并可用于大坝后期施工导流。为适应碾压混凝土施工，底孔采用有压流形式，水平布置。孔身为矩形断面，进口底板高程640m，最大泄流量1597m^3/s，孔身尺寸4m×6.5m（宽×高），出口控制断面4m×6m（宽×高），鼻坎高程643.9m，反弧半径45m，挑流角27°。进口段设平板检修闸门和平板事故闸门，下游出口设弧形工作门，孔身采用钢板衬砌。下游消能也采用斜鼻坎挑流消能型式。

在右岸底孔坝段的右侧布置有电梯井坝段，桩号坝右0+055.50m、坝纵0+017.59m处，布置竖向交通电梯井，电梯井从坝顶下至608.90m高程，电梯井（楼梯井）分别与702m高程、658m高程、612m高程处的坝内廊道连接。

（二）大坝坝体结构

1. 坝体材料分区　坝体混凝土包括常态混凝土和碾压混凝土两大类，除结构和布置上要求采用常态混凝土的部位外，坝体内凡具备碾压条件的部位均采用碾压混凝土。岸坡挡水坝段除基础垫层和坝顶外均采用碾压混凝土；溢流坝段除基础垫层、溢流面、导墙及闸墩外均采用碾压混凝土；底孔坝段除底孔周边、上游闸门井、下游出口段外均采用碾压混凝土。坝体内部廊道、电梯井等孔洞周边采用变态混凝土进行施工。

2. 防渗排水结构　大坝上游面采用变态混凝土和二级配碾压混凝土作为防渗主结构，并辅以其他防渗措施。坝体排水系统由排水廊道、竖向排水幕组成。除基础廊道外，在坝体上游侧按高差45m左右布置一层纵向排水廊道，上、下层廊道间设置孔径ϕ200水平管，铅直管孔径ϕ150；702m高程以上布置ϕ200间距为5m的铅直管，702m高程至658m高程布置ϕ200间距为5m的铅直管和ϕ150间距为3m的水平管，658m高程至558m高程布置ϕ200间距为5m的铅直管和ϕ150间距为2m的水平管。水平管和铅直管之间进行连接形成“井”字形排水管网；在混凝土碾压过程中预埋在坝内，以形成排水通道。高程612m以上的渗漏水自流排出坝体，高程612m以下的渗漏水汇集于集水井，依靠抽排系统排出坝体。坝体横缝止水后设置横缝排水孔并与廊道相通。

3. 坝体分缝　坝体不设纵缝，通仓浇筑。溢流坝段横缝间距20.5m，底孔坝段横缝间距25m，电梯井坝段横缝间距20m，挡水坝段横缝间距16.6～25m不等。

（中国水利水电闽江工程局　陈祖荣　赖建文）

枢 纽 总 体 设 计

三峡右岸地下电站设计与研究

（一）工程布置及主要建筑物

三峡工程位于宜昌三斗坪镇，在批准的《三峡水利枢纽初步设计报告（枢纽工程）》中，枢纽建筑物总体布置格局为：河床中部布置泄洪建筑物，两侧布置电站坝段和坝后式厂房，左、右厂房分别安装14台和12台单机容量700MW的水轮发电机组，通航建筑物布置在左岸；预留6台机组的地下电站布置在右岸，单机容量为700MW。三峡电站全部建成后，共装机32台，总装机容量22400MW。

地下电站位于长江右岸白岩尖山体中，与右岸电站相毗邻。区内岩石主要为前震旦系闪云斜长花岗岩和闪长岩包裹体，岩体中尚有花岗岩脉和伟晶岩脉。主要断层有F_{20}、F_{22}、F_{24}等走向北北西340°～350°，倾向南西为主，陡倾角60°～85°，宽一般0.3～3m，构造岩胶结良好；次为F_{84}、F_{205}、F_{100}等北东东—近东西向70°～90°的断层，倾向北为主，断层宽为0.3～3m，以角砾岩为主，断面波状起伏，多张开渗水，胶结较差；另外还有F_{10}等北东50°、倾北西、倾角50°的断层，宽1～3m，构造岩中夹泥，胶结较差。地下电站由厂房系统、引水系统、尾水系统组成的大型地下洞室群，位于微新岩体中，岩石坚硬，完整性较好，主厂房上覆山体厚度32～77m，水文地质条件相对简单，成洞条件较好。

地下电站主要建筑物由引水渠及进水塔、引水隧洞、排沙洞、主厂房、母线洞（井）、尾水隧洞及阻尼井、尾水平台及尾水渠、进厂交通洞、通风管道洞、管线交通廊道、地面500kV升压站和厂外排水系统等组成。

引水渠位于茅坪溪出口附近的弯道右侧，进水塔在大坝上游右前方，与大坝右岸坝肩相邻，为岸塔式结构，顺水流向宽40m，高77m，长216.5m。进水口中心高程119.75m。

6条引水隧洞平行布置，单机单洞引水，不设调压室，洞直径为13.5m，单洞轴线长244.64m。

主厂房内布置6台单机容量700MW的水轮发电机组，机组安装高程57m。主厂房洞室断面为直墙曲顶拱型，顶拱高程105.3m，吊车梁以下厂房跨度31m，吊车梁以上厂房跨度32.6m。厂房最大高度约87.3m，主厂房全长311.3m，其中机组段长231.3m，安装场布置在机组段右侧，长80m。主厂房内布置有两台1200t/125t单小车大桥机，轨顶高程90.5m。

主厂房的下游侧布置有6条母线洞和3条母线竖井，将大电流封闭母线从高程67m引至地面高程182m的500kV升压站。

尾水隧洞为变顶高尾水洞，单机单洞平行布置，与厂房纵轴线夹角为80°，并斜向河床侧；断面型式为城门洞，进口底板高程22m，出口底板高程44.00m，6条尾水隧洞总长1555.31m。阻尼井采用单机单井布置，井中心距机组中心71.89m，井筒直径为7.0m。

尾水平台紧靠尾水隧洞出口洞脸直立边坡布置，是一钢筋混凝土墩墙结构，总宽30m，其中闸门段宽10m，公路桥宽20m，长219.5m，建基面高程42m，塔顶高程82m，与右岸电站厂前区及进厂公路同高。

尾水渠采取弧线—直线的布置方式，最小宽度216m，底板高程52m，其出口用1∶5反坡与右岸电站尾水渠相接。

进厂交通洞布置在安装场下游侧，由安Ⅰ段高程75.3m至进厂公路高程82m，长约253.8m，断面尺寸为12m×9.9m（城门洞形）。

通风管道洞布置在主厂房左端墙上部，长约35m，由主厂房左端墙100m高程至120m高程栈桥路，断面尺寸为5m×5m（城门洞形）。

管线交通廊道位于主厂房左端墙下部，呈“S”形布置，长约250m，是地下厂房与右岸电站上游副厂房间最直接的管线及交通连接通道。

500kV升压站设在地下厂房上方182m高程平台，升压站内布置有封闭母线竖井出口建筑物、500kV主变压器、500kV GIS、20kV厂用变压器及生产辅助楼等。3个封闭母线竖井出口位于高程182m平台的下游边坡上。每个母线竖井引出2回封闭母线。

地下电站进水口采取分散排沙方式，在进水塔底板以下设有3条排沙支洞，直径4m，支洞进口底板高程为102m，3条排沙支洞在进水塔中向左逐渐汇合成1条排沙总洞，直径5m，排沙总洞经右非坝段坝基和右岸电站安Ⅱ段，出口于右岸电站尾水渠。

主厂房及母线竖井外侧布置有3层排水洞，并形成了封闭的厂外排水幕。

（二）工程主要技术问题

1. 洞室围岩稳定问题　地下电站主厂房所处白岩尖山体较单薄，最小埋深仅约34m，主厂房的开挖尺寸为311.3m×32.6m×87.3m（长度×跨度×高度），属超大浅埋式地下洞室，而且引水隧洞、尾水隧洞、母线洞（井）的规模和密度均比较大，洞室群的围岩整体稳定问题值得关注。另一方面，由于洞室围岩结构面发育，切割形成的不稳定块体规模大、数量多，特别是厂房下游边墙超过1万～3.5万m^3的不稳定块体有6个之多，当洞室开挖成形后（或开挖过程中），必将导致楔形块状岩体临空，危及洞室的安全。因此，地下电站洞室工程最主要、最突出的问题是主厂房这样大型洞室围岩中块体的稳定问题。

2. 高边坡稳定问题　地下电站区有引水隧洞进口边坡、尾水隧洞出口边坡及厂区左侧与右岸电站中间的边坡等高陡人工边坡，总体高度34～140m不等，其中尾水隧洞出口边坡有相当部分为全强风化及覆盖层边坡。这些高边坡的稳定性对地下电站的安全施工和运行具有重要影响。

3. 岩锚吊车梁设计　岩锚吊车梁因可以节省开挖，有效减少地下厂房跨度，以及为后期施工提供极大方便等显著特点，在地下电站中已被广泛采用。由于三峡地下电站桥机轮压值（近100t）和偏心距（0.75m）都较大，并且其基础岩体存在30余个不稳定块体和次级不稳定块体，以及局部Ⅲ类围岩的分布，对岩锚梁的设计、施工和后期桥机的安全运行都有着较大的影响。

4. 蜗壳外围混凝土结构设计　三峡地下电站单机容量700MW，额定水头相对较低，流量较大，使得蜗壳尺寸较大，而蜗壳外围混凝土结构形状较复杂、厚度较小，最小混凝土厚度仅为1.8m。根据左、右岸电厂的设计经验，结合地下电站的实际情况和特点，按垫层方案进行蜗壳外包混凝土结构设计。

5. 变顶高尾水洞型式设计　三峡地下电站是目前国内最大的地下电站之一，其尾水洞采用了新型变顶高尾水洞型式。但变顶高尾水洞型式在国内还没有类似工程的运行经验。为保证机组的安全稳定运行，对变顶高尾水洞型式进行了大量的试验研究和理论分析工作，并在三峡地下电站及彭水水电站已有研究成果基础上，对“水力发电站地下厂房变顶高尾水系统关键技术研究与应用”进行了系统总结，通过了科技鉴定，并获湖北省科技进步二等奖。

（长江勘测规划设计研究院　谢红兵）

官地水电站可行性研究（重编）设计简介

（一）工程概况

官地水电站位于雅砻江锦屏大河湾下游的打罗河湾上，紧接锦屏二级电站尾水，系雅砻江卡拉至江河口河段水电规划五级开发方式的第三个梯级电站。坝址距西昌市的直线距离约30km，公路里程约80km。电站主要任务是发电，装机容量2400MW（4×600MW），年发电量118.700亿kW·h。大坝最大坝高168m，水库正常蓄水位1330m，总库容7.6亿m^3，回水长58km，与上梯级电站联合运行具有年调节能力。

（二）勘测设计过程

受二滩开发公司委托，成都勘测设计研究院于1993年开展官地水电站的预可行性研究工作，1995年完成预可行性和坝址选择报告，1996年3月通过原电力部水电水利规划设计管理局会同四川省原计划委员会的审查，随后开展可行性研究。1997年9月成都勘测设计研究院完成可行性研究报告，1998年3月通过主管部门会同四川省原计委的审查。审查同意成都勘测设计研究院提出的可行性研究报告，认为“官地水电站是二滩水电站的衔接梯级，工程规模适中，淹没损失小，经济指标好，可争取为二滩的后续工程”。官地水电站可行性研究通过审查后，由于电网和电源建设发展不平衡等种种原因，当时工程未能立项建设。二滩水电站1998年并网发电，2000年竣工。2005年经国家发展和改革委员会批准了官地上游的锦屏一级水电站立项建设，上游衔接梯级也开始做施工前期准备。时隔7年，官地水电站建设的外部条件有了重大变化和改善，水文系列资料延长了，碾压混凝土建筑技术有新的发展，工程概算编制有新规定，因此，2004年二滩水电开发公司委托成都勘测设计研究院开展重编官地水电站可行性研究的工作，以使工程在新条件下尽快建设。2005年5月，成都勘测设计研究院完成了官地水电站可行性研究（重编报告），同年11月通过了四川省发展和改革委员会会同水电水利规划总院的审查。

（三）工程开发任务和规模的调整

(1) 考虑到国家对长江上游森林资源保护政策已全面实施，国家林业局于1998年明确停止砍伐长江上游天然林，雅砻江今后不会再有漂木任务，因此，重编可行性研究报告不再考虑过木建筑物。经调查，官地电站的上下游无重要的工矿企业和城镇，迄今为止无任何部门提出对官地水库的供水、灌溉和防洪要求，因此，官地梯级的开发任务就是发电。

(2) 1997年的可行性研究，电站总装机容量1800MW，安装5台单机360MW水轮发机机组，至今时隔7年，有必要对电站装机规模进行调整。重编时拟定了3个方案进行比较：①以原可行性研究阶段的1800MW为下限方案。②由于官地、锦屏一级、锦屏二级及两河口水电站2015～2020年前后先后投产，官地电站死水位和汛期排沙运用水位可由1321m调整到1328m，相应额定水头由109m调整到115m，但考虑其水轮机组运输条件与原可行性研究阶段一致，单机容量只能由360MW调整到380MW，拟台数再增加1台机，相应的装机容量由1800MW方案增大到2280MW，以此作为方案二。③考虑官地水电站与锦屏二级电站装机年利用小时数基本一致和发电流量的协调关系，装机容量再增大到2400MW方案，以此作为上限，为第三方案。官地水电站可行性研究（重编）对3个方案进行了比较，推荐采用第三方案，即装机容量为4×600MW。

（四）重编推荐的坝型与枢纽布置

1. 坝型

重编“可行性研究”仍推荐的混凝土重力坝坝型，但对常态混凝土重力坝及碾压混凝土重力坝进行技术经济比较。

从工程量及造价分析，碾压混凝土坝比常态混凝土坝少18294.29万元。常态混凝土坝与碾压混凝土坝方案相比施工设备类型、数量较少，设备购置费较低；两坝型第1台机投产发电时间一致，但正常蓄水位发电时间和第二、三台机投产发电时间差异较大，计算分析常态混凝土坝型比碾压混凝土坝坝型初期电量（第7年）少21.4亿kW·h，发电效益少5.1亿元。根据以上分析，碾压混凝土坝具有一定优势，因此重编“可行性研究”推荐坝型为碾压混凝土重力坝。

2. 枢纽总布置方案

重编“可行性研究”枢纽总体布置以原可行性研究阶段推荐的碾压混凝土重力坝，右岸首部地下厂房方案为基础，进行枢纽布置研究。同时，本阶段还着重研究了两种比较方案。原可行性研究方案为方案一，另外两种方案分别为方案二、方案三。

方案二：本阶段推荐坝型为碾压混凝土重力坝，

为简化坝体结构，给碾压混凝土坝的快速施工创造条件，取消两个中孔，泄洪采用5个泄洪表孔+岸边泄洪洞泄洪，泄洪洞同时兼作水库放空洞及中后期导流洞。岸边泄洪洞布置在左岸初期导流洞外侧。

方案三：考虑到大坝坝体较高，单宽流量较大，采用底流消能溢流坝反弧段及消力池底板动水荷载较大，不利于大坝安全，在重力坝布置4个中孔，4个中孔的射流在溢流坝反弧段及消力池底板上形成动水垫，以消杀表孔水流作用在溢流坝反弧段及消力池底板的动水荷载。

三个方案引水发电系统布置均一致，三方案的差异在于泄洪消能建筑物不一样。

通过对以上三个方案的研究，得出以下结论：

方案一两个中孔的施工对工期的影响约2个月，由于碾压混凝土坝施工不属于施工总进度控制的关键线路，且两个中孔布置于施工相对简单的非溢流坝，两个月的工期不会制约该方案的成立。因此，可行性研究报告重编推荐的枢纽布置方案为方案一，即拦河坝采用碾压混凝土重力坝、右岸首部式地下厂房、坝体5个表孔+2个中孔，坝身全泄的枢纽布置方案。

枢纽工程总体布置为：①碾压混凝土重力坝，坝顶高程1334m、坝顶全长529.32m、最大坝高168m；分为左、右岸挡水坝段，溢流坝段，中孔坝段共25个坝段；右岸坝头与引水发电建筑物的进水口相连接；采用坝身5个表孔+2个中孔的坝身全泄洪方案。②引水发电系统采用单机单管供水、“两机一室一洞”尾水的布置格局；取水口为岸塔式，接近正向取水；尾调室为阻抗长廊形，与尾水洞的连接方式采用室内交汇方式。③地下主、副厂房按一字形布置，安装间和副厂房分别布置在主机间的两端。④主厂房、主变室、尾水调压室3大洞室并列平行布置。⑤开关站布置在地上。

（五）枢纽主要建筑物设计

1. 碾压混凝土重力坝设计

（1）坝顶高程1334m、坝顶全长529.32m、最大坝高168m，坝轴线方位N12°E，在右岸23号坝段转向为N13°W与岸坡相接。共分25个坝段，其中1～9号为左岸挡水坝段，坝顶长184m；17～25号为右岸挡水坝段，坝顶长202.32m；11～15号坝段为溢流坝段，共5孔，坝顶全长103m；10号、16号为中孔坝段，每个坝段长度均为20m。

（2）溢流坝坝体上游面上部铅直，下部为1∶0.3斜坡；下游堰顶幂曲线方程为$y=0.039183$，$x=1.85$后接1∶0.7斜坡，再通过半径48.356m的反弧段与消力池相接。溢流坝最大底宽153.2m。消力池池底高程1188m，池长45m，宽95m，池尾设高6m的尾坎。溢流表孔为开敞式，孔口尺寸5－15m×19m（孔数－宽×高），堰顶高程1311m。

中孔尺寸为2－5m×9m（孔数－宽×高），孔底高程1240m，出口5m×7m（宽×高）。中孔坝段上游上部铅直，下部1∶0.3斜坡。

（3）左、右挡水坝各9个坝段，坝顶高程1334.00m，最低建基面高程为1185.00m，最大坝高149m，最大底宽130.5m。坝体上部宽14.0m，为满足交通需要上游设置悬臂结构外伸6m，因此坝顶宽20m。挡水坝段上游垂直，下部为折坡，坡比为1∶0.3。

（4）上游坝踵处设置1道基础灌浆兼排水廊道，其尺寸为3m×4m（宽×高）。

（5）碾压混凝土坝防渗：坝体上游面防渗以富胶凝二级配碾压混凝土防渗为主，为增加防渗可靠性，上游面设1～1.5m厚变态混凝土。富胶凝二级配混凝土厚度在1240m高程以上均为5m，1240m高程以下从5m渐变至1180m高程的7m厚度。上游面防渗层后设置了竖向多孔混凝土管构成排水幕，管距3m，管内径20cm，排水管与各层排水廊道相连通。坝内渗水通过廊道排水沟排至左右中孔下的1号、2号集水井，再由安设在中孔边墙上的排水管排至下游消力池。

（6）大坝混凝土分区：上游迎水面采用C_{90}25W10F100富胶二级配碾压混凝土，迎水面表面采用一层同标号变态混凝土。溢流面采用抗冲磨C_{28}50W8F100常态混凝土，在该层下一层采用C25W8F100常态混凝土。坝体内部在1200.00m高程以下为C_{90}25W6F100碾压混凝土，在1200.00～1284.00m高程之间为C_{90}20W6F100碾压混凝土，1284.00m高程以上为C_{90}15W4F100碾压混凝土。闸墩及边墙采用C_{28}35W8F100常态混凝土。坝体内廊道周边采用该部位同标号变态混凝土，中孔周边采用钢板衬砌，闸门后过水面采用抗冲磨C_{28}50W8F100常态混凝土。孔口底板以下3m至顶板以上3m均采用C_{90}25W6F100常态混凝土。

（7）基础处理：推荐方案坝址覆盖层厚度不大，枢纽区地质主要分布为玄武岩，坝基风化卸荷较弱，岩体完整性较好，河床及岸坡下部Ⅲ类或Ⅱ类岩体分布深度相对较浅，岩石坚硬，无区域断裂。为提高基础的完整性、均匀性和提高基岩与坝体混凝土接触面的抗剪强度，满足高坝对基础的要求，对坝基进行固结灌浆，布置梅花形。灌浆深度8～12m，固结灌浆孔间、排距3m。帷幕采用悬挂式帷幕，双排孔，排距1.5m，孔距2m，孔间错布置。河床及右岸帷幕一般深入弱透水带（3≥Lu>1），帷幕最低高程为1065m。左岸在坝顶高程1334m设3m×3.5m（宽×高）灌浆平洞，伸入坝肩 150m，并在高程 1260m 也设置 3m×3.5m（宽×高）的一层灌浆平洞，长 100m；右岸帷幕由坝肩高程 1334.00m 和 1260m 设灌浆平洞通过进水口后山体，折向下游与地下厂房防渗帷幕联成一体，以降低地下厂房的地下水位。

2. 引水建筑物设计

（1）引水建筑物包括拦污栅、喇叭口、检修和事故门槽、渐变段、上平段、上弯段、竖井、下弯段、下平段等。进水塔前半部为拦污栅闸，每孔进水口共设有 7 孔拦污栅闸。设置 6 个拦污栅中墩，2 个拦污栅边墩，栅墩间净间距为 3.3m，栅墩长度 5.65m，中墩厚 2m，边墩厚 2.5m。

（2）压力管道从电站进水口末端到地下厂房蜗壳进口，采用单机单管供水，4 条压力管道平行布置，上、下平段连接采用竖井方案。进水口底板高程 1295m（4 号进水口高程为 1272m），机组安装高程 1196.8m，上、下高差 98.2m（75.2m）。压力管道内径 11.8m，管道长度 241.14～261.4m。压力管道上平段采用钢筋混凝土衬砌，混凝土设计强度等级 C25。从压力管道上弯段起至机组进口采用钢板衬砌，钢管外回填混凝土。

3. 地下厂房及主变室、调压室布置

主厂房、主变室、调压室等“三洞室”平面呈平行布置。尾水系统采用“两机一室一洞”的布置格局，4 条尾水连接管平行布置，进入尾水调压室后，相邻 2 条尾水连接管以对称岔形式“合二为一”、室内正向交汇为 1 号、2 号尾水洞。

（1）主、副厂房按一字形布置，主厂房包括主机间、安装间，安装间和副厂房分别布置在主机间的两端。采用方形机墩、方形风罩结构，并紧邻厂房上游岩壁布置。主厂房顶拱开挖跨度 31.9m，吊车梁以下跨度 29.8m，最大开挖高度 77.5m，厂房总长度为 243.4m。安装 4 台混流式水轮发电机组。

（2）主变压器室断面为圆拱直墙型，毛洞断面尺寸为：跨度 18.8m，最大高度 25.7m，主变压器室总长度为 199.5m。安装 4 台主变压器，有母线洞与主厂房相通。

（3）尾水建筑物，尾水建筑物包括尾水管、尾水调压室、交通洞、尾水隧洞、尾水渠等。尾水管后接阻抗式调压室，调压室与主厂房、主变压器室轴线距离分别为 140m、64.7m，调压室总长 96.00m，上、下室宽度分别为 21.5m、18.0m，室高 72.5m。其间设一道 17m 厚的岩柱隔墙，在隔墙顶高程 1228.5m 以下，调压室分为两室；1228.5m 高程以上，两室以宽顶堰形式连通。

4. 开关站布置

开关站布置在厂房上游的竹子坝沟沟口右侧，尺寸为 100m×42m，高程为 1340.00m。GIS 楼位于地面，两层框架建筑，平面尺寸 20m×100m，与主变室采用出线竖井及其平洞连接，GIS 楼自然标高在 1370～1355m范围内，屋面为出线场，高程 1361m。

（中国水电顾问集团成都勘测设计研究院　刘吉祥　唐　兰）

官地水电站厂房位置及轴线选择

（一）工程概述

官地水电站是雅砻江卡拉至江口河段水电规划五级开发方式的第三个梯级电站；上游与锦屏二级电站尾水衔接，下游接二滩水电站；工程枢纽区位于四川省凉山彝族自治州西昌市与盐源县接壤地带。

电站装机容量 4×600MW；正常蓄水位 1330m，坝顶高程 1334m，坝顶全长 529.32m，最大坝高 168m，水库回水长 58km，总库容约 7.83 亿 m^3。大坝为碾压混凝土重力坝，自左至右分别布置左岸挡水坝段、左侧中孔坝段、河床溢流坝段、右侧中孔坝段、右岸挡水坝段。引水发电系统为右岸首部式地下厂房。地下厂房系统主要由厂房、主变压器室和尾水调压室 3 大洞室组成。主厂房、主变压器室、尾调室 3 大洞室平行布置，主厂房与主变室间岩柱厚 49.2m，尾调室与主变室间岩柱厚 48.8m。其中主厂房长 243.4m、宽 31.1m、高 76.8m，规模较大，为国内少见；两端分别设副厂房和安装间，其尺寸分别为长 17.0m、宽 29.0m、高 46.50m 和长 66.90m、宽 29.0m、高 31.0m。主变压器室长 197.30m、宽 18.80m、高 24.70m，断面为圆拱直墙型。尾水调压室分为两室，其间岩柱隔墙厚 17.00m，两室以宽顶堰形式连通，总长 205.00m，宽 21.50m，最大高度 72.50m。

（二）枢纽区地质条件分区

枢纽区属高山峡谷地形，河谷呈基本对称的 V 型，临江坡高大于 700m，谷坡较陡峻；出露地层主要为二叠系上统玄武岩组（$P_2\beta$），根据岩性特征及喷发形式将该组分为上、中、下 3 段。以角砾集块熔岩、杏仁状玄武岩、斑状玄武岩、致密状玄武岩与紫红色凝灰岩构成多个次级喷发旋回为特征，地层陡倾上游，为横向谷。断层发育较少，以规模较小的错动带为主。从揭露的工程地质条件来看，具有明显分区性（分为Ⅰ、Ⅱ、Ⅲ区）：

Ⅰ区：为引水、导流区，由 $P_2\beta_2^1$ 杏仁状玄武岩组成，岩体完整性较差，风化卸荷深度大，错动带发育。

Ⅱ区：为大坝及厂房区，由 $P_2\beta_1^5$ 层角砾集块熔岩组成，岩体完整性好，是枢纽区最好的岩石，风化卸荷相对较弱，错动带发育的密度相对较少。

Ⅲ区：导流、尾水出口区，岸坡岩体风化卸荷强烈，错动带较发育。

除上述特征外，左岸受虎山滩至打罗向西突出的河湾段地形影响，还具有左岸风化卸荷较右岸强烈，错动带及裂隙较右岸发育等特点。

（三）厂区地应力

在厂区范围探洞内，用孔径法和孔壁法对地应力进行测试对比。

孔径法（8组）实测地应力测试表明厂房区最大主应力 σ_1 方向为 N28.7°～53°W，平均值 N35.4°W，σ_1 方向倾角－0.2°～－41.5°，最大主应力量级 25.0～35.17MPa；6组孔壁法测试成果表明最大主应力 σ_1 方向为 N14.2°～55.0°W，方向相对较分散，平均值 N35.8°W，σ_1 方向倾角－31.2°～30.9°，最大主应力量级 15.94～39.63MPa。

尽管对地应力测试成果的影响有多种因素，如构造、节理、测试方法、人为因素等。但通过两种测试成果对比并结合地形地质条件分析表明，孔径法测试成果更能反映本区地应力场特征。从测试方法原理看，孔径法采用三孔交会，能代表一个相对大的地质环境，面孔壁法采用单孔测试，易受构造因素影响。通过分析还表明，最大主应力 σ_1 倾角大多小于 30°，σ_2 倾角大都超过 45°，这说明构造应力场起主导作用，本区为构造应力、自重应力、残余应力叠加的应力场，属高地应力区，厂房地应力方向为 NNW～NW 向。

（四）厂房方案选择

曾先后对左、右岸地下厂房、坝后厂房及岸边地面厂房方案进行了比较研究。主要结论是：①左岸地下厂房进出口工程地质条件较差，据进水口 1300m 高程 XD19 平硐及 1350m 高程 XD27 平硐揭露，全强风化下限最大水平深度达 60 余 m，强卸荷下限水平深度大于 90m，错动带十分发育，普遍充填次生夹泥，次生夹泥最厚可达 60cm，塔基岩体破碎、松弛，进水口边坡岩体拉裂明显，严重影响后边坡的稳定性；尾水出口置于Ⅲ线一带风化破碎岩体中，岩性复杂，相对软弱，且有 F_7 断层通过，构造错动带发育，最大线发育率达 16 条/100m，岩体十分破碎，多呈碎裂甚至散体结构，强风化下限水平深度最大 50 余 m，弱风化上段下限达 120m，其边坡稳定性和成洞条件差。②岸边厂房位于平川组灰岩中，谷坡陡峻，一般 35°～45°，开挖厂房后边坡高达 400m，开挖工程量巨大，且顺坡倾外的错动带及裂隙发育，厂房后边坡稳定性差。③右岸地下厂房方案的地下厂房与左岸地下厂房均位于相对较完整的 $P_2\beta_1^5$ 层内，地质条件相近，但进出口风化卸荷相对较浅，岩体完整性相对较好，其工程地质条件明显优于左岸地下厂房方案。④坝后厂房方案，其地基条件较好，但两岸开挖边坡和泄洪水雾对下游边坡稳定性的影响突出。

综合比较，右岸地下厂房方案工程地质条件明显优于其他方案，且不存在影响方案成立的重大工程地质问题，结合水工、施工等各方面综合考虑，选定右岸地下厂房方案作为官地水电站推荐方案。

（五）厂房位置及厂房轴线的选择

根据水工布置和地质条件分区，地下厂房应选在右岸坝轴线以下，斜坡应力集中带（紧密挤压带）以内，有一定埋深，无大的断层、软弱结构面通过，岩石新鲜完整的地段，最好置于岩石坚硬，裂隙不太发育，岩体完整性较好的 $P_2\beta_1^5$ 层内。

根据厂房区 XD_{02}、XD_{42}、XD_{60} 探硐揭露，$P_2\beta_1^5$ 层岩体完整性较好，围岩以次块—块状结构的Ⅱ类为主；厂区地段避开了 F_2 断层，厂房区内无断层。据探洞统计资料：错动带发育 35 条，以 NWW～NNW 向中陡倾角为主，规模很小，宽度一般几厘米，主要为岩块岩屑型，但错动带发育具有明显区段性，山外侧较发育，其余部位散布有少量错动带，总体具有向山内密度少的特点。裂隙主要发育有 2 组：①N10°～20°E/SE∠70°～85°及②N10°～25°E/NW∠70°～85°，裂隙多新鲜闭合，充填方解石膜或石英膜，结合紧密，延伸短。

根据岩体状况、结构面发育特征、地应力状态及水工建筑物布置的需要，经综合分析，厂房可布置在以Ⅱ类岩体为主的 $P_2\beta_1^5$ 层内。

由于该区地应力量级较大，最大主应力 30MPa 左右，属于高地应力区，地应力对洞室稳定影响较大，主要结构面为陡倾角，方向不利时对洞室稳定影响较大，厂轴线选择必须综合考虑。而厂区主要结构面与地应力最大主应力方向又接近，厂房轴线选择时在尽可能的与地应力最大主应力的方向夹角要小，与主要结构面（错动带）的夹角要大的地质原则下，综合考虑最大主应力量级、主要结构面规模和性状、引水发电系统顺畅布置等因素，最终选定厂轴线方向为 N5°E。该方向除主变压器室 N 端轴线与主要结构面夹角较小外，其他部位与厂区主要发育的错动带均有 25°以上夹角，但与主要发育的 NNE 向裂隙夹角较小。总体看，厂房轴线与主要结构面夹角 25°以上，对围岩稳定影响有一定影响；厂房轴线与厂区孔径法实测最大主应力（σ_1）方向平均值的夹角 40.4°，与孔壁法实测最大主应力（σ_1）方向平均值的夹角 40.8°。

（六）结语

在复杂的地质条件下，通过赋存的地质环境及地质条件分区分析，首选确定厂区应放在右岸、岩体完整性较好的 $P_2\beta_1^5$ 层内。通过勘探平洞揭露，三大洞室围岩主要为Ⅱ类，有较好成洞条件，避开了断层带和密集错动带的影响，三大洞室布置范围内仅发育有规模较小的错动带；并进行多方法、多组地应力测试，查明了地应力的情况。厂轴线的选择考虑地应力、结构面方向并兼顾水力学条件综合选定是合理的。

（中国水电顾问集团成都勘测设计研究院　彭仕雄　陈卫东）

大盈江水电站（四级）首部枢纽布置

一、工程概况

大盈江四级水电站位于云南省德宏州盈江县境内的大盈江干流上，是大盈江干流下游河段规划中位于国内的最后一个梯级电站。电站首部距盈江县城的公路里程约 50km，距昆明市的公路里程约 784km。

电站是以发电为主要目的，无防洪、灌溉及航运等其他要求。挡水建筑物为混凝土重力坝，最大坝高为 35.5m，水库正常蓄水位 585m，相应库容约 15.99 万 m^3，属径流引水式电站，装机规模为 700（4×175MW）。电站设计水头 289m，设计引用流量 292m^3/s，保证出力 92.21MW，多年平均发电量 34.18 亿 kW·h，年利用小时数 4883h。工程为二等大（2）型。

二、首部枢纽布置

（一）坝址及坝线选择

大盈江四级水电站坝址位于大盈江下游河段，由于受大盈江三级水电站及中缅界河的限制，坝址位置只能在两者之间的河段上选择。该河段河道长度约 1.15km，考虑电站引用流量大、引水隧洞及进水口断面较大（拟定洞径 8.5m），进水口要求有一定的淹没水深，因此坝址宜选择在该河段尽量靠下游地段。经过对现场实地踏勘，根据该河段的地形地质条件，推荐选择大盈江三级水电站厂房下游约 620～820m，长约 200m 河段作为坝址。该段河谷相对狭窄呈基本对称的 V 型，河道顺直，两岸地形完整，且均有基岩出露，具备建坝条件。

根据坝址的地形及地质条件，布置了 2 条勘探线进行坝线及枢纽布置方案比较，两坝线相距 45m。两勘探线的地形及地质条件基本相同，无本质区别，首部枢纽布置也基本相同。由于Ⅰ勘探线（上坝线）上游右岸 40m 处分布有一条冲沟，若选择Ⅰ勘探线为坝线，则进水口布置场地较为狭窄，很难满足进水口的布置要求，进水口的淹没深度亦较难满足要求。因此，结合坝段地形及枢纽建筑物的布置要求推荐Ⅱ勘探线（下坝线）作为选定坝线进行枢纽布置。

（二）坝型选择

由于坝址河谷狭窄，两岸地形坡度较陡，汛期洪水过流量大，对枢纽建筑物泄流能力要求高，且坝址地质条件较好，而设置开敞式溢流堰的混凝土重力坝或闸坝具有体型结构简单、泄流量大、运行操作方便安全可靠、投资省等特点。因此，重点对混凝土溢流坝方案及混凝土闸坝方案进行首部枢纽布置的比选。

1. 混凝土溢流坝方案　枢纽泄洪建筑物组合为：左岸泄洪冲沙洞（圆形断面，直径 13m）、右冲沙闸（1—4m×6m）、溢流堰（溢流堰顶宽 38m）三部分组成。

因坝址河谷狭窄，坝顶高程 601.00m 处的河谷宽度仅约 71m，最大限度只能布置 38m 长的溢流坝段。经计算该方案枢纽泄流能力不足，并由于库区的泥沙淤积，水库回水将会影响上游大盈江三级水电站的正常运行。因此为满足泄洪、引水等要求，必须加宽溢流堰宽度及扩宽下游河道，这必然大大增加工程量，并带来高边坡问题。同时，进水口的进流条件和泥沙问题较难解决，如进水口的拦沙坎过高将严重影响进流条件，否则将导致大量泥沙进入引水隧洞。因此此方案的技术经济合理性较差，水工建筑物的布置难度大。

混凝土溢流坝初拟坝高 38.50m，坝顶高程 601.00m，坝顶宽度 5.00m，坝顶长度 80.00m。在坝体河床中部设置敞开式溢流堰，根据地形及地质条件尽可能充分利用河床泄洪，初拟溢流段长度为 38.00m，堰面曲线采用 WES 曲线，堰顶高程为 585.00m。为满足枢纽泄洪冲沙要求，在靠近进水口处设置一孔（4m×7m）的冲沙闸。由于坝址洪水洪峰流量较大，因此拟采用敞开式溢流堰、冲沙闸及泄洪洞（施工期为导流洞，初拟断面形式为圆形，直径为 12.00m）联合泄洪。泄流能力计算成果详见表 1。

表 1　溢流坝方案联合泄流能力计算成果表（特征洪水）

洪水频率（%）	坝前水位（m）	下泄流量（m^3/s）	备　注
2	594.3	3720	大盈江四级大坝设计洪水标准

续表

洪水频率(%)	坝前水位(m)	下泄流量(m^3/s)	备 注
1	595.3	4140	大盈江三级厂房设计洪水标准
0.5	596.2	4570	大盈江三级厂房校核洪水标准
0.2	597.5	5140	大盈江四级大坝校核洪水标准

由计算成果分析可知，当洪水频率为 $P=1\%$（大盈江三级厂房设计洪水标准）时，下泄流量 $Q=4120m^3/s$，坝前水位为595.3m，根据水库回水计算，回水至大盈江三级厂房处的水位高程为599.6m，比大盈江三级厂房的设计洪水位597m高2.6m。

当洪水频率为 $P=0.5\%$（大盈江三级厂房校核洪水标准）时，下泄流量 $Q=4540m^3/s$，坝前水位为596.2m，根据水库回水计算，回水至大盈江三级厂房处的水位高程为600.5m，比大盈江三级厂房的校核洪水位597.9m高2.6m，比尾水平台高2m。

由于坝址处河床较狭窄，河床中部水面宽度仅为30m左右，布置38m宽的溢流堰及4m宽的右冲沙闸已需要扩宽坝址河床及部分下游河道，且进水口向山体内靠了5m左右。从地形上看溢流堰的布置宽度已到了极限，再扩宽河道来增加溢流堰的宽度必将增加很大的开挖量并大幅度地增加开挖边坡的高度，自然不经济。另外泄洪洞的直径已达12m，再扩大泄洪洞的断面来增加下泄流量效果已不明显，也是不经济合理的。而溢流堰顶高程由于受正常蓄水位及满足进水口最小淹没深度要求的限制也无法再降低，该方案枢纽泄流能力不足，将会对上游大盈江三级水电站的正常运行造成不利影响。因此为满足泄洪要求，必须加宽溢流堰宽度，这必然大大增加工程量，并带来高边坡问题，显然此方案的经济合理性差。

此外，从施工导流条件看，由于采用开敞式溢流坝方案，导流洞作为永久泄洪洞参与联合泄洪，宜布置在左岸，这样势必增加连接左右岸交通的投资，并需扩大导流洞的断面尺寸及增加泄洪工作闸门，从而大幅度增加了导流洞的工程量。

综上所述，主要由于受大盈江三级水电站厂房设计洪水位及校核洪水位限制（在相同的洪水标准下，大盈江四级水库回水的水面高程不能淹没三级厂房）。混凝土溢流坝方案经济合理性差。

为了增大泄洪能力，在此方案的基础上又增设了右岸泄洪洞，即枢纽泄洪建筑物组合为：枢纽泄洪建筑物由左岸泄洪冲沙洞（圆形断面，直径13m）、右岸泄洪冲沙（兼导流）洞（方圆形断面，6.6m×7.1m）、右冲沙底孔（1－4m×6m）、溢流堰（溢流堰顶宽38m）4部分组成。

根据泄洪计算、水库回水计算及水工模型论证：当 $P=1\%$ 时，洪水流量 $Q=4140m^3/s$，此时回水到大盈江三级厂房处的水位为597.21m（三级厂房设计洪水位597.00m），仅比大盈江三级电站厂房设计洪水位高0.21m。大盈江水电站（四级）水库回水对大盈江三级电站发电出力影响甚微。

当 $P=0.5\%$ 时，洪水流量 $Q=4570m^3/s$，此时回水到大盈江三级厂房处的水位为598.66m（三级厂房校核洪水位597.90m，尾水平台高程598.50m），比大盈江三级电站厂房尾水平台高0.16m。因此大盈江水电站（四级）水库回水影响到大盈江三级水电站厂房的安全。需增加枢纽的泄洪能力。

2. 混凝土闸坝方案 枢纽泄洪建筑物：河中3孔冲沙闸（3－8m×15.5m）。

因该泄洪闸堰型为宽顶堰，泄洪时上、下游水位差较低，若采用弧形闸门，则该弧门支铰的高程很难保证不受水流及漂浮物冲击的要求；另外该闸门正常高水位585m与最高水位597m相差12m，采用弧形闸门不能满足最大开度（27m）的要求，故检修闸门和工作闸门均采用平板闸门型式。

经泄洪水力学计算，闸坝方案泄流能力计算成果见表2。

表2 闸坝方案泄流能力计算成果表（特征洪水）

洪水频率(%)	泄流量 Q (m^3/s)	坝前水位(m)	堰上水头(m)	备 注
0.2	5140	594.403	24.903	按无坎宽顶堰公式计算
0.5	4570	592.578	23.078	
1	4140	591.12	21.62	
2	3720	589.659	20.159	

由计算成果分析可知：①当洪水频率为 $P=1\%$（大盈江三级厂房设计洪水标准）时，下泄流量 $Q=4140m^3/s$，坝前水位为593.5m，根据水库回水计算，回水至大盈江三级水电站厂房处的水位高程为596.37m，比大盈江三级电站厂房的设计洪水位597m低0.63m。②当洪水频率为 $P=0.5\%$（大盈江三级厂房校核洪水标准）时，下泄流量 $Q=4540m^3/s$，坝前水位为595m，根据水库回水计算，回水至大盈江三级电站厂房处的水位高程为597.59m，比大盈江三级厂房的校核洪水位597.90m低0.31m。因此，水库回水不会影响大盈江三级电站厂房的正常运行和安全。

综上所述，闸坝布置方案基本克服了溢流坝方案枢纽泄流能力不足的缺点，改善了冲沙条件，减少了库区泥沙淤积，不会对其上游大盈江三级电站的正常运行造成影响。另外混凝土闸坝方案不需要扩宽坝址及下游河道，减少了工程量，避免了高边坡问题，节省了投资，技术是可行的，经济是合理的。

《咨询报告》认为：根据坝址地质条件较好的特点，设计通过对混凝土溢流坝方案和混凝土闸坝方案的比较，闸坝方案具有泄洪能力大，冲沙条件好，工程量相对较少等优点，推荐混凝土闸坝方案是合适的。但“推荐的3孔平板闸门对频繁的局开运行适应性较差，建议考虑利用导流洞或在边块坝段布置溢流孔口等措施，以解决非汛期的库水位控制问题”。

根据《咨询报告》意见，在原闸坝布置方案的基础上，在坝上游沿左岸设置35m长的溢流堰，堰顶高程585m；另外，将右岸导流洞改为永久泄洪洞，在洞口设置弧形布置溢流堰（为增加堰顶长度），堰顶长度约为20m。当堰上水深为0.5m时，经水力学计算，两堰总计溢流量仅为49m^3/s。对解决平板闸门的频繁局开运行，以及非汛期的库水位控制问题不能起到有效的作用，而增加的工程量较大。

随着工作的进一步深入，根据首部枢纽整体水工模型试验成果并结合《咨询报告》中提出的对首部枢纽布置的修改意见，综合了闸坝和溢流坝的各自优势，对首部枢纽布置及坝型作了较大的调整。

若采用闸坝方案，最大的优势是泄洪能力强，可充分利用河中泄洪闸泄洪冲沙，不需要设置左、右岸泄洪洞。但根据整体水工模型试验验证，由于闸坝泄洪时正向流速太大，造成电站进水口的流态非常紊乱，当首部宣泄20年一遇以上洪水时，进水口便有进气现象，经过在进水口设置破漩板、拦沙坎等12个方案的调整均不能较好地解决进水口的进气问题。因此，混凝土闸坝布置方案难以满足电站引水的设计要求。同时，泄洪平板闸门不利于非汛期的库水位控制；应对首部枢纽布置作进一步调整。

若采用溢流坝方案，可以有效改善电站进水口的水流流态，并解决了3孔平板闸门频繁局开运行适应性较差以及库水位控制难度大的问题，但最大的弱点是泄洪能力大大降低，在左、右岸设置了泄洪洞仍不能满足枢纽泄洪要求。

经过反复的比较和研究，并综合两种坝型的特点和优点，最后决定采用泄洪闸与溢流坝段结合的混凝土重力坝方案。

3. 泄洪闸与溢流坝段结合的混凝土重力坝方案

枢纽泄洪建筑物组合：左岸泄洪冲沙洞（圆形断面，直径13m）、右岸泄洪冲沙（兼导流）洞（方圆形断面，6.6m×7.1m）、左冲沙闸（1－8m×18.5m）、右冲沙闸（1－4m×6m）、溢流堰（溢流堰顶宽26m）五部分组成。

为解决平板闸门频繁局开运行适应性较差以及库水位控制难度大的问题，采取将平板闸门虚高3m（即平板闸门最大挡水高程588m，正常蓄水位585m），这样，当洪水流量小于210m^3/s时，由溢流堰自由泄流。

当$P=1\%$时，洪水流量$Q=4140$m^3/s，经泄洪水力学计算，此时大盈江水电站（四级）库水位为591.44m，根据水库淤积回水计算，回水到大盈江三级厂房处的水位为597.18m（三级厂房设计洪水位597m）。对大盈江三级电站发电出力影响甚微。

当$P=0.5\%$时，洪水流量$Q=4570$m^3/s，经泄洪水力学计算，此时大盈江水电站（四级）库水位为592.55m，根据水库淤积回水计算，回水到大盈江三级厂房处的水位为597.99m（三级厂房校核洪水位597.9m，尾水平台高程598.5m），比大盈江三级电站厂房尾水平台低0.51m。水库回水不会影响大盈江三级水电站厂房的安全。

经上述3个方案的论证比较，本阶段推荐坝型为：泄洪闸与溢流坝段结合的混凝土重力坝方案。

（三）电站进水口

电站进水口的设计从预可行性研究到现阶段进行了大量的研究和方案比较工作。

预可行性研究阶段，首部枢纽布置方案为混凝土闸坝方案，泄洪冲沙建筑物为河中3－8m×15m的平底泄洪闸，进水口布置于右岸，右端最末1孔泄洪闸兼起“门前清”冲沙作用。经计算，进水口最小淹没深度需保证4.98m，相应进水口底板高程不得高于571.5m；同时，为保证防沙效果进水口底板高程需高于泄洪闸底板一定距离。综合考虑后，将进水口底板高程定为571.0m，高于泄洪闸进口底板1.5m。进水口前设置拦沙坎，拦沙坎顶高程581.5～583m，进口处过栅流速约1.0m^3/s，检修闸门处孔口尺寸为12m×8.5m。

该方案的水工模型实验表明：电站正常运行不泄洪工况，进水口前进流平稳、无漩涡发生，无气泡进入隧洞，进流条件满足要求；河中泄洪建筑物的泄流量大、冲沙能力强，有利于库区冲沙及进水口的“门前清”，拦沙坎拦挡推移质泥沙的作用也较明显；但由于泄洪闸紧邻进水口，泄洪时，进水口前的流态受到严重影响，在洪水重现期为1年一遇时（$Q=1100$m^3/s，电站引用流量为292m^3/s），即有大量气泡进入进水口，进水口前的流态紊乱，洪水流量越大则进水口流态越差。试验中综合采取了多项措施如：加设破漩板、改变进水口位置及方向、调整泄洪闸运行方式等，但效果均不明显，电站运行无法满足要求。因此，在可行性研究阶段对进水口的布置、体型进行了多方案的调整、优化。

可行性研究阶段的枢纽布置方案为：首部枢纽布置格局不变，但为增加进水口的淹没深度，将进水口高度压缩后改为双进水口，进口处孔口尺寸改为 2－8m×6.5m（宽×高），进水口底槛高程仍为 571m，进水方向平行于坝轴线。

该方案的水工模型实验表明：闸坝泄洪时正向流速太大仍是造成进水口流态紊乱的主要原因，当宣泄 20 年一遇以上洪水时，进水口便有进气现象，经过在进水口设置破旋板等 12 个方案的调整均不能解决进水口的进气问题。

鉴于局部方案调整无法改变泄洪闸泄流时正向流速太大的问题，在可行性研究阶段后期对首部枢纽布置格局进行了重新研究，对首部枢纽布置进行了如下调整：

（1）将原来的 3 孔泄洪闸改为 1 孔，设置在左岸；河中坝段设置开敞式溢流堰，在左、右岸设置泄洪（兼导流）洞分洪。这样，尽量降低泄洪时对进水口流态的影响。

（2）充分利用进水口地形平缓的条件，进口闸门控制段的位置后移至山体内，将原来的岸塔式进水口改为竖井式；加大闸门控制段前的流程和过流面积，使进口水流平稳。进水口前拦沙坎改造为拦污栅墩基础，拦沙坎顶高程 573m。

（3）将进水口底板高程由 571.0m 降低至 566.5m，以增加淹没深度。

最终确定的进水口布置为：进口前沿设置 1 道拦沙坎（兼做拦污栅闸基础），坎顶高程 573m，坎顶以上设置 6 孔拦污栅，每扇孔口尺寸为 6.0m×21.7m（净宽×净高），拦污栅为直栅。在正常蓄水位（585m）4 台机满发时（$Q=292m^3/s$）过栅流速为 1.01m/s。

经过首部枢纽整体水工模型试验论证，各种运行工况下均无气泡进入电站。在最不利工况（$P=0.2\%$，即校核工况），库水位为 594.152m、下游水位 583.730m，由于山区河道狭长，形成的水库库容极小，上游河道从三级厂房至导流洞进口段沿程均有菱形波分布，且波峰波谷明显，但无白色泡沫，呈清水状；在坝横 0－400m～0－257m 段河道水流中有较大的冲击波，电站进口处水面波动大；由于右冲沙底孔开启，电站左侧水流流速比右侧大，水流在斜坡与拦污栅之间形成顺时针回流，并无气泡进入电站。电站进水口布置方案是合理可行的。

（中国水电顾问集团昆明勘测设计研究院　李明志）

瀑布沟水电站关键技术设计

大渡河瀑布沟水电站坝高 186m，坝基覆盖层深度达 75m 以上，覆盖层内既有架空还夹有砂层透镜体，其坝型选择、防渗土料的试验及选用、坝基覆盖层的防渗处理方式及防渗墙构造研究为当今高土石坝关键技术问题。

（一）深厚覆盖层上的高土石坝坝基混凝土防渗墙墙体材料关键技术

常规混凝土防渗墙因其混凝土弹性模量高，在荷载作用下，防渗墙与周围坝基的变形差异大，导致防渗墙内的应力集中，产生有害裂缝基至压碎。坝越高覆盖层越深该问题越突出。该工程通过攻关和大量的试验研究，攻克了这一难点。

（1）开发研制成功了复合混凝土、微风化骨料混凝土和轻骨料混凝土 3 种新型高强度低弹模的混凝土墙体材料，其技术满足并超过了攻关技术指标要求。新型墙体材料不仅属国内首创，经联机检索国外尚未有类似成果。

（2）开发研制成功了新型塑性混凝土防渗墙材料，成功地解决了大型土石坝深厚覆盖层上塑性混凝土防渗墙抗压强度、渗透性和耐久性等关键技术问题。

经充分论证，该工程采用 2 道 1.2m 厚、75m 深的混凝土防渗墙。

（二）深厚覆盖层上的高土石坝防渗墙墙体与坝体防渗体接头型式关键技术

工程系统地开展了土石坝混凝土防渗墙与坝体连接型式的离心模型试验研究，推进了中国土工离心模型模拟技术的发展，对混凝土防渗墙和坝体防渗体连接型式进行了大比尺模型试验，研究了止水材料的防渗性能及各种接头的差异和实用性。最终采用了防渗墙插入心墙内部的插入连接形式。

（三）高土石坝心墙防渗砾质土关键技术

高土石坝防渗土料的选用，是瀑布沟工程的关键技术之一。根据工程的地质条件和碎石土料情况，经大量现场碾压试验和室内试验，在调整级配后，采用砾质土料作为高土石坝防渗心墙土料完全满足规范和设计要求。

（中国国电集团公司）

泄水建筑物设计

向家坝水电站导流设计

（一）枢纽工程概况

向家坝水电站枢纽布置由大坝、厂房和升船机等建筑物组成。大坝挡水建筑物从左至右由左岸非溢流坝段、冲沙孔坝段、升船机坝段、左岸厂房坝段、泄水坝段及右岸非溢流坝段组成。升船机坝段位于河床左侧；发电厂房分设于右岸地下和左岸坝后，右岸地下厂房、左岸坝后厂房各装机4台，单机容量均为750MW，左岸坝后厂房安装间与通航建筑物呈立体交叉布置。

（二）自然条件特点

1. 坝址河床径流量大。坝址以上控制流域面积45.88万km^2，设计洪水峰高量大、历时长，要求导流泄水建筑物规模大。坝址多年平均流量为4570m^3/s，相应年径流量1440亿m^3，坝址实测最大流量29000m^3/s。

2. 地形　坝址位于向家坝峡谷河段出口处，河谷形态呈不对称的U型，河谷形态系数为5.1，底宽500m左右，两岸山势总体向下游倾斜；左岸边坡走向从上游的300°向下游逐渐偏转至282°，右岸边坡走向由300°逐渐偏转至340°，向下游敞开。主河槽偏右岸，河床左侧为砂砾石漫滩，其在坝轴线的宽度约300m。

3. 地质　坝址区基岩主要为三叠系上统须家河组（T_{3xj}）的砂岩夹泥质岩石，河床基岩面总体倾向上游，倾角为1°～6°，河床和两岸缓坡段的基岩表面覆盖有第四系不同成因的松散堆积物；坝址两岸及下游出露有T_3^3（含煤岩组）、T_3^4和侏罗系中下统自流井组（J_{1-2Z}）红层，两岸岩层均倾向山里偏下游。

河床覆盖层深厚，厚度变化在12.28～79.5m之间，覆盖层主要为卵砾石夹砂和砂层，含块（碎）石和崩石、粉沙土、砂壤土以及淤泥质土，其组成大致可以归并为3层，从上至下依次为：①砂卵砾石层。②砂层。③含崩（块）石的砂卵砾石层。

4. 通航　金沙江宜宾至新市镇段为通航河段，坝址位于其中的水富至新市镇Ⅴ级航道段范围内，航程75km，目前该段航道客、货运量逐年呈直线下降的趋势，但仍有部分客货船只在营运，因此，应根据发展趋势解决好施工期客货过坝问题。

（三）导流方案

向家坝工程经各个阶段的研究论证，确定采用分期导流方案，其导流程序为：第一期先围左岸，在左岸滩地上修筑一期土石围堰，在一期基坑中进行左岸非溢流坝段、冲沙孔坝段的施工，并在非溢流坝段内留设5个10m×14m（宽×高）的导流底孔及高程280m、宽115m的缺口，在冲沙孔坝段内留设1个10m×14m（宽×高）的导流底孔；同时在一期基坑中进行二期混凝土纵向围堰、上下游引泄水渠等项目的施工，由束窄后的右侧主河床泄流及通航。一期导流布置见图1。一期导流标准为全年20年一遇洪水，相应洪峰流量为28200m^3/s。

第二期围右岸，待导流底孔和缺口具备泄水条件后，拆除一期土石围堰的上、下游横向部分，于2008年11月下旬进行右侧主河床截流；在二期基坑中进行右岸非溢流坝、泄水坝段、消力池、左岸坝后厂房及升船机等建筑物的施工，由左岸非溢流坝段和冲沙孔坝段内留设的6个导流底孔及高程280m、宽115m的缺口泄流，河道客货过坝运输采用驳运或其他方式解决。二期导流标准为全年50年一遇洪水，相应洪峰流量为32000m^3/s。

2011年11月开始加高左岸非溢流坝段内的缺口，2012年汛前坝体全线达到拦洪高程340m以上，左岸坝后厂房自身具备挡水度汛条件，由6个导流底孔和10个永久中孔联合泄流度汛，大坝临时度汛标准为全年100年一遇洪水，相应洪峰流量34800m^3/s，度汛坝前水位338.57m。汛后于2012年10月下闸封堵导流底孔，水库蓄水。2013年汛前导流底孔封堵完毕，汛期坝体度汛标准200年一遇洪水，相应洪峰流量为37600m^3/s。施工导流特性见表1。

表1　施工导流特性表

项　目	单　位	分期导流	
施工程序		一期围左岸	二期围右岸
泄水建筑物		右侧束窄主河床	6个导流底孔+115m宽缺口
通航方式		航运（右侧束窄主河床）	驳　运
导流标准		全年20年一遇	全年50年一遇
导流流量	m^3/s	28200	32000
上游围堰顶高程	m	290.50	305.00
最大堰高	m	20.5	49.8
下游围堰顶高程	m	288.80	290.50
最大堰高	m	28.8	37.0

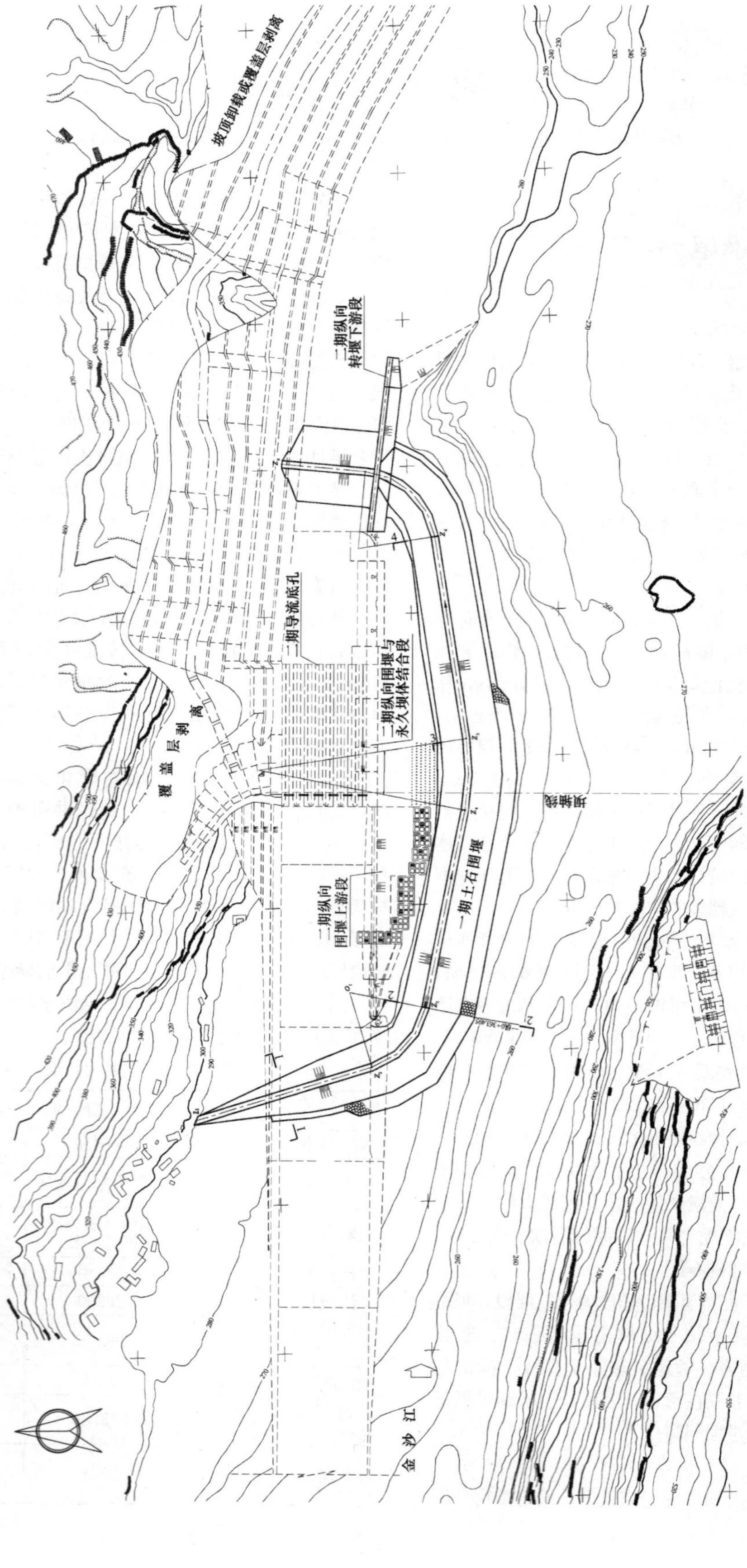

图1 一期导流平面布置图

（四）主要导流建筑物设计

1. 一期土石围堰

(1) 一期土石围堰布置于左岸砂砾石大滩坝上，纵向段基本布置于正常水位以上的大滩坝边缘，围堰总长1302.36m。上游段围堰堰顶高程290.50m，下游段围堰堰顶高程288.80m，覆盖层以上最大堰高20.50m。背水侧填筑边坡与基坑覆盖层开挖边坡直接相连，实际高度达55.5m。

(2) 一期围堰断面型式选用土工膜斜心墙结构型式，堰体主要采用块石、石渣和砂砾石填筑。根据混凝土防渗墙和高喷体防渗墙的适应性、结合本工程坝址砂砾石漫滩特点，堰基防渗采用塑性混凝土防渗墙防渗为主、高喷体防渗墙为辅的原则，塑性混凝土防渗墙厚0.80m，高压旋喷灌浆防渗主要在不含孤石或大块石且覆盖层深度较浅的地段采用。

(3) 一期围堰形成后，右侧河床束窄，河床过流流速加大，围堰纵向段迎水面根据不同的流速分区采用不同厚度的铅丝石笼防护；上游及下游横向段迎水面流速较小，采用1.00m厚块石保护；同时在围堰迎水侧坡脚平抛宽8～20m，厚度1～3m的大块石，块石粒径0.5～1.2m，以加强围堰堰基的保护。

2. 二期土石围堰

(1) 二期上游横向土石围堰位于大坝轴线上游185～315m，左侧与第二期纵向混凝土围堰上游段相接，右侧与右岸地表裸露基岩相接。围堰轴线长353.36m，堰顶高程305.00m，最大堰高49.80m。防渗型式与一期土石围堰相同，堰体主要由砂卵砾石、堆石、过渡料填筑而成。

(2) 二期下游横向土石围堰位于坝轴线下游504～730m，左侧与二期纵向混凝土围堰下游段相接，右侧与右岸部位河流冲积及阶地堆积物相接；围堰轴线长485.12m，堰顶高程290.50m，最大堰高37m；本围堰亦采用堰体复合土工膜斜心墙、堰基覆盖层塑性混凝土防渗墙的围堰型式。

3. 二期纵向混凝土围堰

(1) 二期纵向混凝土围堰由上游段、与永久建筑物结合段及下游段3部分组成，总长901.45m。其轴线结合河床左侧冲沙孔坝段布置，并利用其作为第二期纵向围堰的一部分。上游段总长250.00m，堰顶高程305.00m，最大高度90.42m；与永久建筑物结合段总长376.45m，顶高程348.00～292.50m；下游段总长240.00m，为重力式碾压混凝土围堰，堰顶高程290.50～280.00m，最大高度31.50m。

(2) 二期纵向混凝土围堰上游段位于深厚覆盖层上，覆盖层厚达45～62m，其建造成了向家坝工程导流方案成立的1个关键点之一。根据二期纵堰上游段各部位的受力条件和功能的不同，从上游至下游大致分为4小段进行设计，各段上部基本相同，均为重力式混凝土结构。

1) 第一段长40m，在二期基坑以外，两侧仅有流速水头差；围堰顶高程272～285.5m，基底高程257m，堰顶宽3m；高程257m以下采用数排高压旋喷桩承载，桩深要求穿过砂层达含崩（块）石的砂卵砾石层。

2) 第二段长58m，两侧有水（其水位差为流速水头），其右侧与二期横向土石围堰相接；围堰顶高程285.5～305m，混凝土底面高程257m，顶宽3～7m；高程257m以下采用满堂高压旋喷（灌浆）体承载。

3) 第三段长76m，单侧挡水，背水侧不需要开挖覆盖层或有二期横向土石围堰；第四段长76m，单侧挡水，背水侧待二期工程坝基开挖后为临空面。这两段堰顶高程305.00m，堰顶宽度7.00m；高程270.00m以下采用混凝土沉井群作为挡土墙，沉井同时兼作堰趾的一部分，然后挖除覆盖层至基岩，在基岩上浇筑混凝土。堰体设排水孔，和排水廊道，底部设基础帷幕灌浆1道。

4. 二期导流泄水建筑物

(1) 第二期导流泄水建筑物由上游引水渠、导流底孔和缺口、下游泄水渠组成。上游引水渠由左岸覆盖层砂砾石滩地开挖而成，底宽123m，底板高程260m；引水渠底板分段衬砌：上游段采用0.8～1m厚的抛石护底，粒径0.4～1m，局部采用钢筋石笼；近坝约300m采用0.5～2m厚的混凝土板护底。

(2) 下游泄水渠基本上由左岸山体开挖而成，建基面为基岩，最窄处底宽为100m，底板高程260m。泄水渠底板亦分段衬砌，混凝土衬砌厚度在导流底孔出口附近为2.5m，泄水渠尾部0.5m。

(3) 向家坝工程在冲沙孔坝段及相邻的5个非溢流坝段内布置了6个10m×14m（宽×高）的二期导流底孔，底孔底板高程260m，城门洞型，底孔长195.5m；在非溢流坝段高程280m处布置了宽115m的缺口。二期导流期间，由6个导流底孔和115m宽缺口联合泄流，后期导流则由6个导流底孔和10个永久中孔联合泄洪度汛。

（中国水电顾问集团中南勘测设计研究院　杨尚文）

拉西瓦泄洪消能水垫塘采用反拱型底板

黄河拉西瓦水电站采用了“混凝土双曲拱坝，坝身表、深、底孔泄洪，坝下水垫塘消能，右岸全地下厂房”的总布置布方案，最大坝高250m，装机容量

4200MW，年发电量 10.233×10^{9}kW·h。拉西瓦泄洪消能水垫塘采用反拱型底板，是该电站设计的技术特点之一。

（一）坝身泄洪建筑物情况

拉西瓦枢纽洪水全部由坝身宣泄。坝身泄洪建筑物分 3 层布设在河床中部 10～13 号坝段，由 3 个表孔、2 个深孔、1 个底孔和 1 个临时底孔组成。3 个表孔跨缝径向分布在 4 个坝段，孔口尺寸 13m×9.5m（宽×高，下同），堰顶高程 2442.5m，出口挑跌流消能。深孔布设在 3 个表孔中墩的正下方 11 号、12 号坝段中，进口底板高程 2371.8m；孔身前段成 10°倾斜，后段成 18°倾斜，高由 8.5m 渐变为 6.0m，孔身宽 5.5m；出口挑流消能；进口设倾斜式事故平板闸门（5.5m×8.5m），出口设弧形工作门（5.5m×6m、底坎高程 2362.0m）。底孔和临时底孔布置相同，分设在 10 号坝段和 13 号坝段、2 个深孔的外侧；进口底坎高程 2320m，设 4m×9m 倾斜式事故检修平板门；孔身水平宽 4m、高 6～9m；出口设弧形工作门 4m×6m，底坎高程 2320m；出口挑流消能。表、深孔为主要泄洪建筑物，泄设计洪水时，表孔泄量占 37.5%、深孔占 41.7%（电站机组占 20.8%）；泄校核洪水时，表孔占 63.7%、深孔占 36.3%。底孔为永久建筑物，正常运行期主要功能是在特殊情况下（检修期降低库水位到 2339m 时），能向下游供水 300m^3/s；同时，与临时底孔一起，共同承担提前发电第一、二年的汛期泄洪和蓄水期水位 2328.5m 时供水 300m^3/s 的任务。临时底孔的布置、体型及泄流能力与底孔完全一样，水库初期蓄水完成后封堵。临时底孔（及底孔）在提前发电期第一年、洪水频率 1%、库水位 2390m 时，泄量 714m^3/s；在提前发电第 2 年、洪水频率 0.5%、库水位 2430m 时，泄量 948m^3/s。

（二）采用反拱型水垫塘的原因

拉西瓦工程采用了以坝后水垫塘集中消能的型式。由于上游有多年调节性能的龙羊峡水库调节，泄洪流量与同等规模的水力枢纽比，相对较小：1000 年一遇设计洪峰流量 4250m^3/s，5000 年一遇校核洪峰流量 6310m^3/s。但由于河谷宽度及枢纽总布置的限制，加之下游水位较浅，水垫塘中单位水体消能率达 23.4kW/m^3，比当前我国已建、在建的 250m 及其以上级混凝土拱坝坝后水垫塘的单位水体消能率（约为 12.3～13.5kW/m^3）要大甚多，因此消能问题仍然十分突出。鉴于大坝上游到坝后消能水垫塘后的整个拉西瓦石门坝址区，河谷狭窄，岸坡高陡，裸露的完整、坚硬的块状花岗岩基础及岩体中原生的中、高地应力场等特定条件，经过可行性研究报告审查后发包设计阶段数年的对比研究，确定了采用反拱型水垫塘底板。采用反拱型水垫塘的原因归纳如下：

（1）反拱型塘底的开挖减轻了狭谷底部应力集中包中高地应力（拉西瓦河谷底部应力集中包中最大地应力值 σ_1 达 30～57MPa）的卸荷反弹影响，并避免了对峡谷两岸坡底部应力集中区的开挖。

（2）水力学对比试验表明，泄设计洪水和校核洪水时，水舌对底板的最大冲击压强，反拱塘底板分别为 8.41×9.81kPa、12.79×9.81kPa，平底塘底板分别为 7.92×9.81kPa、13.84×9.81kPa，均满足目标值的要求（分别不大于 10×9.81kPa、15×9.81kPa），且受力状态基本一致；但脉动冲击压强 ΔP_{max}，反拱塘分别为 181.1kPa、133.85kPa，平底塘分别为 172.71kPa、239.28kPa，习用标准 $\Delta P_{max} \leqslant 320$kPa，反拱塘略优于平底塘。

（3）工程中对水垫塘底的稳定性，一般都是通过设置较为完备的结构止水和基础防渗排水系统来保障的。但由于基础实际情况较复杂，施工中会出现许多预想不到的情况，因此，底板的稳定性必须考虑止水失效和排水失效等各种可能。这样，对平底板来说，保持稳定只能依靠每块板自身，而反拱底板可依靠相邻板块的帮助，不存在单快板的稳定性，只可能是整个拱圈的稳定问题，因此，反拱型底板的安全度显然要比平底板大得多，不需要用增加板厚和锚固来增大安全度。

（4）狭窄的河谷使反拱底板易于布置，拱的作为更为明显，而两岸 60°～65°的坡度使拱座底板最终承力的两坝肩易于将力更好的传向岸坡深部基岩。

（5）反拱底板厚度可从平底板的 4～5m 减小到 3～3.5m，从而减少了开挖量和混凝土量。

（三）反拱水垫塘体型主要尺寸

发包设计阶段反拱水垫塘的布置和体型主要尺寸如下：塘有效长 184.6m，从坝下 055.4m 到坝下 0+240m，坝下 055.4m 到坝趾间 30m 左右为高程 2227.0m 以下保护坝趾的岩体和回填混凝土，坝下 0+240m 以下为二道坝及下游护坦，二道坝顶高程 2243.5m；底板横向为圆弧形，顶面最低高程 2215m，圆弧半径 60m，中心角 64.462°，圆弧形底板弧长 67.5m，水平投影宽 64m，两岸在高程 2224.25m 处接拱肩混凝土结构；底板厚度在纵向分为 3 段，坝下 0+055.4m～坝下 0+098.0m（长 42.6m）及坝下 0+197.4m～坝下 0+240m（长 42.6m），二段厚 3m，中间 99.4m 长一段为坝下 0+98.0m～坝下 0+197.4m，厚 3.5m；底板横向分为 5 块、平均每块弧长（顶面）13.5m，纵向分为 13 块，每块长 14.2m，块间为永久结构缝，缝面设两道止水及填料，垂直水流方向设为直缝，平行水流方向设为键槽缝；水垫塘及二道坝底布置了完善的排水系统；

水垫塘两侧墙混凝土衬护顶高程 2265.0m。

（中国水电顾问集团西北勘测设计研究院　吴熹）

构皮滩水电站泄洪消能设计

（一）工程概况

构皮滩水电站大坝高 232.5m，坝址处多年平均流量 716m^3/s，多年平均径流量 226 亿 m^3；水库正常蓄水位 630m，总库容 64.51 亿 m^3。枢纽洪水峰高量大，校核洪峰流量 35600m^3/s，上下游水头差近 150m，最大泄洪功率为 42000MW，位居国内外拱坝前列。河谷狭窄，地形地质条件复杂，消能区尾部及其下游为黏土岩等软岩，枢纽泄洪与消能防冲设计十分复杂。经研究，坝身采用设 6 个表孔和 7 个中孔，坝下设置封闭抽排水垫塘消能，岸边设 1 条泄洪洞，出口消能采用预挖冲坑挑流消能的布置方案。

（二）泄洪消能设计原则

根据构皮滩枢纽地形、地质、水文条件及泄洪消能特点，确定泄洪消能建筑物设计原则如下：

（1）满足枢纽的正常泄洪需要，并有一定的超、预泄能力，同时在汛期防洪限制水位时，能安全下泄 20 年一遇洪水。

（2）选择合适的岸边分流方式和分流流量，以减轻坝身泄洪消能难度。

（3）最大限度地分散水舌落点，以减小消能区单位面积的消能功率。

（4）确保消能区后的水流衔接条件良好，减小对下游软岩段河床及岸坡的冲刷，降低防护工程量。

（5）确保消能建筑物运行安全可靠，并提供检修条件。

（三）泄洪消能方案研究

构皮滩水电站校核洪水洪峰流量 35600m^3/s，经调蓄消峰后仍有 28900m^3/s，枢纽最大下泄功率达 42000MW，消能区单位水体消能率为 13.5kW/m^3。坝身泄洪采用“6 表孔＋7 中孔”的布置方案，为减少河床集中泄流量，减轻坝下的消能负担，提高工程运行的安全性和灵活性，进行了增设岸边分流设施方案的研究，经比选，最终采用明流泄洪洞方案。

坝身消能型式主要研究了封闭抽排水垫塘消能和挑流消能两种方案，根据水工模型试验成果及国内同类工程经验，最终采用封闭抽排水垫塘消能方案。岸边明流泄洪洞消能形式采用挑流消能方案。

（四）泄洪消能建筑物设计

1. 表孔　表孔堰顶高程 617m，堰面为开敞式 WES 实用堰，孔口尺寸为 12m×13m，堰顶上游面采用 1/4 椭圆曲线，下接 WES 堰面曲线。为减轻水流向心集中的影响并尽可能分散水舌落点，各表孔出口处俯角采用不同角度，并布置了不同型式的分流齿坎，以增加水流的入水层次。表孔出口段采用平面扩散的形式，宽度由 12m 变为 18m。

2. 中孔　中孔为有压流型式，进口断面尺寸为 6m×8m，出口型式分为上挑型和平底型，断面尺寸为 7m×6m。平底型中孔的进口底板高程为 550m；上挑压板型中孔的进口底板高程为 543m，两种型式的进口顶板、侧墙曲线均采用椭圆曲线。中孔在检修门槽下游有压段均采用钢衬衬砌；出口段平面上采用扩散的形式，扩散角为 5.71°，立面上呈压缩状。

3. 泄洪洞　招标设计阶段泄洪洞布置方案采用短有压进水口接明流隧洞型式，泄洪洞为龙抬头式明流隧洞，进水口底板高程 590m。施工阶段，为实现提前发电，研究了利用降低进口高程的泄洪洞与坝身放空底孔联合参与后期导流的可行性。利用降低后的泄洪洞与坝身放空底孔联合参与后期导流，可缓解 2007 年导流隧洞下闸封堵后大坝在 2008 年汛期施工的压力，为大坝增加 2 个月左右的施工工期，对 2008 年大坝安全度汛具有重要的实际意义。

根据研究成果，决定将泄洪洞进口高程由 590.00m 降低到 550m。进口高程 550m 泄洪洞方案采用有压弯洞后接陡槽式明流隧洞形式，整个泄洪洞由引水渠、事故检修塔、有压洞、工作闸门室、无压洞及出口段、交通洞、通气洞等组成。引水渠及事故检修塔底板高程 550m，有压隧洞直径 12m，转弯半径 90m，工作闸门室设在帷幕线下游约 30m 处，其后接陡槽式明流隧洞，隧洞为断面尺寸为 10m×15m 的城门洞型，出口采用斜切扩散式挑流鼻坎。

消能区采用预挖冲坑形式，冲坑上游边界距泄洪洞出口鼻坎 130m，长度 130m，最大宽度 175m。冲坑底高程 425m，采用不护底的方式。预挖坑上游侧及左侧设置防淘齿墙，齿墙底高程 420m。

4. 水垫塘　水垫塘断面为复式梯形断面，封闭抽排段长度为 304m，底宽 70m，底板高程 412m；顶宽 174～181m，顶高程 481m。灰岩段底板厚 3m，软岩段底板厚 4m。481m 高程以下护坡厚度 3m，481～495m 高程的护坡厚度为 1.5m。底板及 481m 高程以下护坡布置有锚筋或锚桩（软岩段）。封闭抽排段下接二道坝，二道坝结合下游碾压混凝土围堰布置。二道坝顶高程 444.5m，上、下游坡比为 1：0.7 和 1：0.2。二道坝下接长约 71m 的透水护坦段，护坦底宽 71m，厚 2m，底板高程 421m。护坦末端设置防冲齿槽，槽底高程 410m。护坦下游一定范围内 481m 高程以下的左右岸护坡采用 1.0～1.5m 的混凝土予以保护。

根据现场实际情况，经研究决定将二道坝（下游

RCC围堰）轴线位置向下游平移25m，同时将二道坝建基面高程由高程413m抬高至高程417m。调整后水垫塘长度增加为330m左右，透水护坦长度相应缩短为46m左右。同时，对透水护坦边坡结构形式进行了优化调整，在保证护坦底宽不变的情况下，取消透水护坦左右两岸高程428m平台，左岸边坡开挖坡比由原来1∶1.35调整为1∶1.81，右岸由原来1∶1.6调整为1∶1.83。

（长江勘测规划设计研究院　向光红　王志宏）

银盘水电站施工导流设计

银盘水电站位于乌江下游，汛期流量大。由于杨家沱坝址右岸有一高程177～245m的台地，宽约170m，适宜采用分期导流方案，经过坝址、坝线比选，推荐杨家沱坝址，Ⅰ坝线、三期导流方案。《重庆乌江银盘水电站预可行性研究报告》于2005年5月通过水电水利规划设计总院组织的审查，审查意见同意三期导流方案。

（一）导流方案

杨家沱坝址适合采用分期导流方式，主要研究了二期导流（厂房布置在右岸）和三期导流两个方案（厂房布置在左岸）。二期导流方案先在一期全年挡水围堰保护下施工右岸厂房和3孔溢流坝，然后在二期过水围堰保护下施工河床7孔溢流坝和船闸等建筑物，同时二期围堰挡水发电。而三期导流方案是先在一期围堰保护下施工导流明渠，然后在二期全年挡水围堰保护下施工河床8孔溢流坝和左岸厂房，最后在三期全年挡水围堰保护下施工右岸2孔溢流坝和船闸等，且三期围堰挡水发电。二期导流方案较三期导流方案虽能提前约5个月发电，但二期围堰为过水围堰，汛期堰顶高程降低到201m，较正常的汛限水位213.5m低了12.5m，导致施工期的总发电量较三期导流方案还少约1亿kW·h，故推荐三期导流方案。

三期导流具体方案如下：

（1）一期主要是导流明渠、混凝土纵向围堰和通航建筑物部分结构的施工；采用预留岩埂挡水，水流从原河床下泄，船舶自原河床通航。

（2）二期主要施工左溢流坝段、左岸厂房和左岸非溢流坝段。导流建筑物有二期上、下游全年挡水土石围堰，水流从导流明渠下泄，船舶由导流明渠通航。

（3）三期主要施工右岸三期基坑内的溢流坝段、船闸和右岸非溢流坝段。导流建筑物有三期上、下游土石围堰和下游航道围堰。由于溢流表孔堰顶高程195m，下游水位约181m，截流落差不能满足截流要求，故河床8孔溢流表孔中4孔预留缺口，缺口底高程180m，待三期围堰闭气后，下放缺口前后闸门，浇筑缺口混凝土。三期导流期间断航，采用过坝转运方式沟通上下游航运。

（二）导流建筑物设计

1. 导流明渠

根据地形地质条件，导流明渠布置在右岸台地，同时满足施工期导流与通航要求。明渠进口与主河床夹角约30°，出口与主河床方向基本一致；进口底板高程177m，出口底板高程175.5m，底宽90m。

2. 一期围堰

一期围堰为全年挡水围堰，设计洪水为全年33.3%频率最大瞬时流量12700m³/s，相应下游围堰设计水位203m，上游围堰设计水位203.07m。堰基采用帷幕灌浆进行防渗，灌浆深度按低于明渠底高程3.0m控制，对预留岩埂高度不够部位，采用填石混凝土重力结构加高。

3. 混凝土纵向围堰

混凝土纵向围堰布置在右岸台地上，并与溢流坝隔流堤导墙结合；全长543.67m，分为上纵堰外段、上纵堰内段、堰内坝身段、下纵堰内段和下纵堰外段5段。上纵段堰顶高程217m，顶宽7m，边坡为1∶0.45和1∶0.3，底高程180.5m，最大堰高36.5m；堰内坝身段顶高程227.5m，底高程175m；下纵段顶高程为215m，顶宽6m，两侧边坡均为1∶0.36，底高程176m，各段平顺连接。

4. 二期围堰

（1）上游土石围堰：为全年挡水土石围堰，设计洪水为全年5%频率最大瞬时流量20800m³/s，堰顶高程214m，轴线长321.50m，顶宽10m，最大堰高约42.4m。上下游堰脚为两个石渣戗堤，戗堤顶高程190m，顶宽10m，其中下游戗堤兼作截流戗堤。围堰防渗采用混凝土防渗墙上接土工合成材料，混凝土防渗墙厚80cm。

为不影响厂房发电进水，围堰拆除至高程176m。

（2）下游土石围堰：为全年挡水土石围堰，设计洪水为全年5%频率最大瞬时流量20800m³/s，堰顶高程213.5m，轴线长约253.8m，顶宽10m，最大堰高约50.8m。上下游堰脚为两个石渣戗堤，戗堤顶高程190m，顶宽10m，下游戗堤的下游侧抛大块石进行防冲保护，避免导流明渠出口水流淘刷。围堰防渗采用混凝土防渗墙上接土工合成材料，混凝土防渗墙厚80cm。

下游围堰拆除至高程176m。

5. 三期围堰

（1）上游土石围堰：三期上游围堰位于坝轴线上游约177～284m处，为全年挡水土石围堰，并承担挡水发电任务。设计洪水为全年5%频率最大瞬时流量20800m^3/s，相应设计水位215.2m，围堰顶高程217m。

围堰轴线长165.7m，最大堰高约40m。下游堰脚为截流戗堤，围堰采用黏土心墙上接土工合成材料防渗，黏土心墙施工平台设计洪水为12月～次年3月20%频率最大瞬时流量Q=2200m^3/s，相应上游水位188.8m，黏土心墙施工平台顶高程190m。

该围堰拆除至高程193m。

(2) 下游土石围堰：三期下游围堰位于坝轴线下游约245.3～290.5m处，为全年挡水土石围堰，设计洪水为全年5%频率最大瞬时流量20800m^3/s，围堰顶高程213.5m。

围堰轴线长158.3m，最大堰高约38m。围堰采用黏土心墙上接土工合成材料防渗，黏土心墙施工平台设计洪水为12月～次年3月20%频率最大瞬时流量Q=2200m^3/s，相应下游水位184.27m，黏土心墙施工平台顶高程186m。

该围堰全部拆除。

6. 下航道围堰

下航道围堰为土石围堰，挡水时段为11月～次年4月，设计洪水为相应时段20%频率最大瞬时流量7580m^3/s，相应设计水位194.63m。

围堰轴线长191.5m，堰顶高程196.5m，顶宽6.0m，最大堰高约27.5m。围堰防渗采用静压灌浆防渗墙上接土工合成材料，防渗墙施工平台高程190m，静压灌浆采用3排，孔间距1m。

围堰拆除至高程175.5m。

7. 吊箱围堰

船闸下航道导墙为墩板结构，其墩子采用吊箱围堰施工。吊箱围堰由内撑和防水外壁两大部分组成，平面尺寸17m×7m（长×宽），高14m，吊箱围堰底板高程171.5m，吊箱围堰顶高程185.5m，吊箱底板浇筑水下封底混凝土1m厚。

8. 溢流坝段预留缺口闸门

导流明渠截流、三期围堰闭气以后，为了争取预留缺口施工时间，在三期围堰加高的同时，溢流坝段预留缺口的上下游闸门分2次下闸，三期围堰填至高程197m以上时，下两扇闸门，水流从另外2个预留缺口下泄；三期围堰填至高程205m以上时，剩下的2扇闸门下闸，水流从建成的4孔溢流表孔下泄。在预留缺口封堵闸门的保护下，于4月上旬完成溢流面以下混凝土浇筑，5月参与度汛。

（三）截流设计

1. 二期截流

截流戗堤布置在二期上游土石围堰背水侧，二期截流拟于10月预进占，预进占流量标准为10月20%频率最大瞬时流量5760m^3/s；11月上旬截流，截流流量为11月20%频率月平均流量1290m^3/s，截流最大落差0.43m。

2. 三期截流

截流戗堤布置在三期上游土石围堰背水侧，三期截流拟于12月底预进占，预进占流量标准为12月20%频率最大瞬时流量1660m^3/s；次年1月上旬截流，截流流量为1月20%频率月平均流量544m^3/s，截流最大落差3.53m。

（四）蓄水发电与施工期下游供水

1. 蓄水发电

溢流坝段预留缺口计划于第5年2月，上、下游闸门下闸，库水位由180m上升至195m，相应库容为0.31亿m^3，按2月份保证率85%的月平均流量275m^3/s蓄水，蓄水时间1.3天；库水位由195m上升至发电死水位210m时，相应库容0.99亿m^3，根据总进度7月底发电，按7月份保证率85%的月平均流量1620m^3/s蓄水，蓄水时间0.71天。根据上述计算，自溢流坝段预留缺口闸门下闸蓄水至发电水位所需时间约为2天。

2. 施工期下游供水

溢流坝段预留缺口上下游闸门下闸后，水流被截断。根据上述计算的蓄水时间，坝下游断流时间为2天左右，且坝址下游4km有芙蓉江汇入，而本工程也无特别供水要求，因此，不考虑向下游供水问题。

（五）施工期通航

1. 一期导流阶段

一期导流期间，由于一期基坑施工基本未改变原天然河道，因而水流从原天然河道过流，船舶可自原河床通航。

2. 二期导流阶段

二期导流期间，水流从已建成的导流明渠下泄，船舶自导流明渠通航。施工期导流明渠通航流量为345～5000m^3/s，导流明渠宽度90m，在自航情况下，最大通航流量约为4000m^3/s左右。流量超过4000m^3/s时采取辅助通航措施以提高明渠通航流量。

3. 三期导流阶段

(1) 断航时段：三期导流期间，导流明渠已封堵，而此时船闸尚未建成，河道断航，施工期断航时间为29个月（第5年1月至第7年6月底），断航期间来往物资通过翻坝转运沟通。

(2) 过坝运输方案：根据地方现有交通条件，经初步分析，①全部过坝运输，地方不分流。②部分过坝运输，部分地方分流。③全部地方分流，不考虑过坝运输3个方案后，拟定为全部货物过坝转运，不考虑地方分流的方案。

（六）施工期后期度汛措施

第5～6年，坝体临时度汛洪水标准为2%频率最大瞬时流量24400m³/s，此时仅8孔溢流坝泄流，上游水位217.85m，下游水位214.75m。而三期围堰及混凝土纵向围堰设计洪水标准为5%频率最大瞬时流量20800m³/s，相应堰顶高程均低于坝体临时度汛水位0.85～1.25m，拟采用临时加高三期围堰和混凝土纵向围堰2～2.5m的方法进行度汛。

（长江勘测规划设计研究院　陈超敏）

蜀河水电站泄水建筑物规模的优化

蜀河水电站是汉江上游河段开发规划中第6个梯级，距上游已建成的安康水电站约120km。电站水库库容小，为日调节，不设防洪库容，无能力承担下游防洪任务。枢纽右岸布置有船闸。按常规调度设置泄水建筑物，船闸要紧靠岸边布置，开挖量大。如能利用安康水库，通过优化调度，削减洪峰流量，减小泄水建筑物规模，船闸位置向河床平移，可减少开挖，节省投资。为优化蜀河水电站泄水建筑物布置，进行了本项目研究。

（一）防洪优化调度模型的建立

安康水库为不完全年调节，水库总库容32亿m³，兴利库容16.77亿m³，调洪库容9.8亿m³，防洪库容3.5亿m³。蜀河水库与安康水库区间有3条主要支流，其控制站分别为县河口、桂花园和向家坪。

1. 水流传播时间　对安康水库下泄的洪水传播时间作定值处理，取9h；忽略区间洪水的传播时间，具体计算时，将3条支流概化为1条。

2. 典型洪水选择　选取1983年和1974年两场洪水作为典型洪水过程。这两场洪水不但上游来水较大，区间也有较大洪水发生，对蜀河水库安全最为不利。1983年洪水区间洪峰与上游洪峰基本遭遇。1974年洪水，区间洪峰提前发生，但上游来水过程为先发生一个小洪峰，紧接着再发生一个大洪峰的过程。两场洪水上游来水过程不同，代表了流域来水的不同类型。

3. 优化模型的建立　安康、蜀河段概化示意图见图1，图中1—1蜀河入库断面即为控制断面。

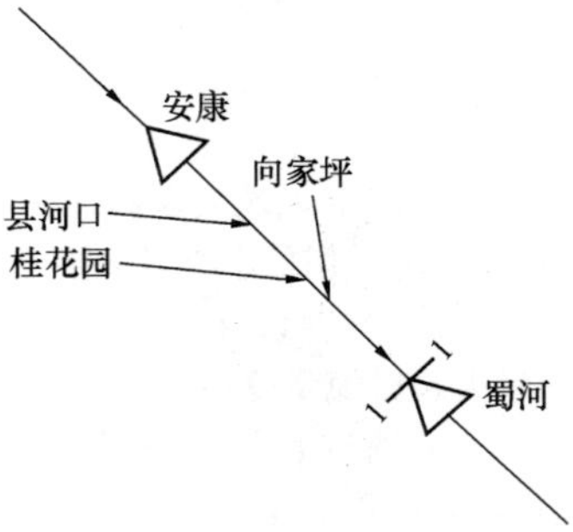

图1　安康、蜀河段概化示意图

综合考虑上游安康水库来水和安康、蜀河区间入流，在保证安康、蜀河水库安全及安康水库防护对象安全的前提下，为减小蜀河枢纽泄水建筑物规模，安康水库承担下游区间错峰和水库洪水削峰任务，需以最大削峰为准则，目标函数可表达为

$$\min \max\{q_t, t=1,2,\cdots t)\} \tag{1}$$

式中，q_t为t时段控制断面1—1的流量，由安康下泄流量与区间流量叠加所得。

当上游安康入库洪水、区间洪水、下游允许安全泄量、防洪库容和溢洪道泄流能力等均为已知的情况下，按最大削峰操作，就是要在蓄满防洪库容的条件下尽量使下泄量均匀。从数学上可以证明，下泄流量尽量均匀，等价于下泄流量的平方和最小。于是，目标函数可转化为

$$\min\int_{t_S}^{t_D}[q(t)+q't]^2\mathrm{d}t \tag{2}$$

式中，t_S、t_D指超过下游安全泄量的洪水起讫时间，或最优化防洪操作时间；$q(t)$为待求的水库泄流过程；$q'(t)$为区间流量。

模型有以下几个约束条件：水量平衡方程、河道演进方程、泄流能力约束、库容约束、泄量均匀变化约束。

（二）防洪优化调度模型的求解

采用动态规划法对上述优化模型进行求解。将水库蓄水量（即库容）作为状态变量，状态转移方程为：

$$V_t = V_{t-1} + \left(\frac{Q_t + Q_{t-1}}{2} - \frac{q_t + q_{t-1}}{2}\right)\Delta t \tag{3}$$

式中，V_t为第t阶段末的状态变量；V_{t-1}为第t阶段初的状态变量；Q_t为第t阶段的入库流量；Q_{t-1}为第$t-1$阶段的入库流量；q_t为第t阶段的出库流量；q_{t-1}为第$t-1$阶段的出库流量；Δt为时段长。

逆推方程为：

$$f_t^*(V_{t-1}) = \min_{\Omega}\{q_t + q'_t)^2\Delta t + f_{t+1}^*(V_t)\} \tag{4}$$

式中，$f_t^*(V_{t-1})$为第t阶段初水库状态为V_{t-1}时至第n阶段末的最优总效益；$(q_t+q'_t)^2\Delta t$为第t阶段即面临阶段的效益；$f_{t+1}^*(V_t)$为余留期的最优总效益；Ω为可行的决策域，即诸约束条件所组成的约束集合。

在求解过程中，将汛限水位对应的库容作为优化调度时段初状态变量，而将防洪高水位或设计洪水位对应的库容作为优化调度时段末状态变量。

（三）结果分析

1. 调度规则的制定

按照动态规划法求解结果对安康水库现有的调度规则优化，并进行模拟验证。优化后，安康水库调度规则为：起调水位低于 325m 时，先蓄水，至 325m 水位后再调度；起调水位位于或蓄至 325m 时，按下述方案调度：

（1）在涨水段，当来水流量小于等于 12000m^3/s 时，使泄量等于来水量；当来水流量大于 12000m^3/s、小于等于 15100m^3/s，库水位低于或等于 326m 时控泄 12000m^3/s，库水位高于 326m 时使泄量等于来水量；当来水流量大于 15100m^3/s、小于等于 17000m^3/s，库水位低于或等于 326m 时控泄 15100m^3/s，库水位位于 326～328m 之间时使泄量等于来水，库水位大于 328m 时控泄 17000m^3/s；当来水流量大于 17000m^3/s、小于等于 21500m^3/s，库水位低于或等于 328m 时控泄 17000m^3/s，库水位大于 328m 时使泄量等于来水；当来水流量大于 21500m^3/s、小于等于 28100m^3/s，库水位低于或等于 326.3m 时控泄 20000m^3/s，库水位大于 326.3m 时控泄 21500m^3/s；当来水流量大于 28100m^3/s，泄洪孔口全部开启，按泄洪能力敞泄，水位降至汛限水位时，使泄量等于来水，保持水位在汛限水位。

（2）在退水段，洪峰大于 21500m^3/s 且小于等于 28100m^3/s 时进行控泄；来水流量小于 21500m^3/s 时，使泄量等于 21500m^3/s，直到泄流能力小于 21500m^3/s，按泄洪能力敞泄；当水位降至汛限水位，使泄量等于来水，保持水位在汛限水位。

2. 优化调度结果分析

采用优化后的安康调度规则调度进行计算，蜀河的入库洪峰值，1974 典型年比 1983 典型年大。本次设计采用 1974 典型年的洪峰值作为设计标准，即百年一遇洪水设计洪峰流量为 26051m^3/s，千年一遇洪水设计洪峰流量为 31158m^3/s。与常规调度前相比，当发生百年一遇洪水时，消减了洪峰 3949m^3/s，当发生千年一遇洪水时，消减了洪峰 6942m^3/s。

3. 蜀河泄水建筑物规模分析计算

方案一，按常规调度设计，枢纽从左至右布置主要建筑物有：安装间及安装间表孔（2 孔），厂房（装 6 台机组）及厂顶溢流表孔（6 孔），冲沙闸（1 孔），泄洪闸 1（3 孔），泄洪闸 2（1 孔），泄洪闸 3（1 孔），船闸。方案一泄洪建筑物泄流组合如表 1 所示。

方案二，按安康水库优化调度后消减洪峰值，可取消泄洪闸 2、泄洪闸 3 和安装间左表孔，泄洪建筑物泄流组合如表 2 所示。

表 1　方案一泄洪建筑物泄流组合表

运用情况	入库流量（m^3/s）	库水位（m）	泄流量（m^3/s）				
			冲沙闸、泄洪闸 1	泄洪闸 2、安装间右	泄洪闸 3、安装间左	厂房溢流表孔	总泄量
$P=0.1\%$	38100	226.80	13400	5630	2540	16190	37760
$P=1\%$	30000	222.5	11700	4900	1700	14500	32800

表 2　方案二泄洪建筑物泄流组合表

运用情况	入库流量（m^3/s）	库水位（m）	泄流量（m^3/s）			
			冲沙闸、泄洪闸 1	安装间右	厂房溢流表孔	总泄量
$P=0.1\%$	30955	226.80	13400	2682	16190	32272
$P=1\%$	26051	222.5	11700	2314	14500	28514

采用方案二，船闸可向左平移 37m，枢纽总开挖量由方案一的 505.3 万 m^3 减小到 212.23 万 m^3，即减少 293.07 万 m^3；若按开挖单价 45.89 元/m^3 计算，节省直接费用近 1.35 亿元，效益非常可观。

（四）结论

利用安康水库进行优化调度，可消减进入蜀河水库的洪峰值，进而可减小蜀河电站泄水建筑物的规模，优化船闸布置，取得显著经济效益。

（西安理工大学　朱张华　叶　林　席秋义　黄　强）

7

土建施工

大　坝　施　工

龙滩水电工程碾压混凝土筑坝经验

龙滩水电工程位于广西壮族自治区天峨县境内，坝址距天峨县城15km；是国家西部大开发十大标志性工程和“西电东送”战略项目之一，是红水河梯级开发中的控制性工程。工程以发电为主，兼有防洪、航运等综合效益。坝址以上流域面积98500km²，占红水河流域面积的71%。工程按正常蓄水位400m设计，初期按正常蓄水位375m建设，相应总库容前、后期分别为162.1亿m³和272.7亿m³，有效库容分别为111.5亿m³与205.3亿m³，具有年调节与多年调节能力。电站装机容量4200MW（后期5400MW），年发电量为156.7亿kW·h（后期187.1亿kW·h），保证出力为1230MW（后期1680MW）。龙滩水电站预留防洪库容50亿m³（后期70亿m³），电站建成以后，将提高下游沿江两岸、北江三角洲的防洪标准。龙滩水电站具有巨大的综合利用与规模经济效益，技术经济指标优越，对地区经济发展具有极其重要的意义。

龙滩水电站为一等大（1）型工程。工程枢纽布置为：碾压混凝土重力坝；泄洪建筑物布置在河床坝段，由7个表孔和2个底孔组成；左岸布置地下引水发电系统，装机9台；右岸布置通航建筑物，采用二级垂直提升式升船机。工程控制性节点工期：2001年7月1日正式开工兴建，2003年11月大江截流，计划2006年10月下闸蓄水，2007年5月首台机组发电，2009年12月工程竣工，施工总工期为9年。国家批准龙滩项目静态总投资243亿元。

构成龙滩水电工程枢纽的大坝、地下厂房和垂直升船机三大主要建筑物均为目前世界之最。如何建设好龙滩这样的巨型水电工程，每个项目业主都在下大力加强新技术的前瞻性研究，创建铭牌，并积极推广应用。龙滩的高陡边坡加固处理、高温多雨条件下的碾压混凝土快速施工、泥板岩与砂岩互层条件下的大跨度高边墙地下厂房开挖稳定、小时产量达2000t的人工砂石系统、碾压混凝土仓面小时入仓能力达500m³的混凝土拌和、运输浇筑系统等施工技术难题经过大量的试验分析之后得到解决，并在龙滩工程中推广应用，取得了成功的经验。

（一）变态混凝土与二级配碾压混凝土组合防渗

龙滩大坝为世界最高碾压混凝土重力坝，按正常蓄水位375m方案时最大坝高192m，而按400m方案最大坝高为216.5m。设计阶段认真考虑大坝防渗体系和碾压混凝土层间结合参数的选择问题。20世纪90年代修建的碾压混凝土大坝都采用“金包银”结构解决防渗，且当时国内的碾压混凝土坝建坝高度只有150m级水平，因此龙滩大坝准备150m高度以上采用碾压混凝土，150m高度以下采用常态混凝土，上游防渗准备采用钢筋混凝土防渗面板的结构方式。通过岩滩水电站高气温条件下的碾压混凝土原位抗剪试验和江垭水利枢纽的二级配碾压混凝土压水试验，以及龙滩工程大坝标施工伊始的现场碾压混凝土原位抗剪试验和多家科研院所的大量室内试验后，决定在龙滩大坝上游面采用变态混凝土与二级配碾压混凝土组合防渗方案，除了在建基面采用常态混凝土找平外全部使用碾压混凝土。利用碾压混凝土自身抗渗性，使大坝的防渗结构施工简便、干扰少、投资省。上游面变态混凝土厚度仅1m左右，二级配碾压混凝土厚度也只有6～8m。为了防止面板裂缝除采取常规温控措施外，上游面增设了限裂钢筋网，经过两个冬季和一个夏季，上游面没有发现裂缝，防渗结构的渗透系数达到了10^{-9}cm/s，除此之外全部为三级配的碾压混凝土。

龙滩工程碾压混凝土和变态混凝土的配合比最终参数见表1。

表1　龙滩大坝碾压混凝土施工配合比参数

设计指标	级配	水胶比	W (kg/m³)	砂率 (%)	F (%)
RⅢC_{90}15	三	0.48	79	34	66
RⅡC_{90}20	三	0.45	78	33	61
RⅠC_{90}25	三	0.41	79	34	56
RⅣC_{90}25	二	0.40	87	38	55
基础C_{90}28	四	0.50	83	27	25
变态混凝土 CbⅠC_{90}25	二+浆液	0.40	497	—	50

（二）碾压混凝土筑坝快速施工技术在龙滩工程

中的应用

龙滩碾压混凝土重力坝，最大坝高216.50m，前期为192m，坝顶长849.44m，坝体混凝土方量658.75万m^3，其中碾压混凝土工程量占坝体混凝土总量的66%，均高于国内外筑坝水平。坝体碾压混凝土共分为4个区，上、下游坝面防渗为二级配碾压混凝土，坝体三级配碾压混凝土沿高程分为3个区，分区的高程界线分别为250m和342m。

目前龙滩碾压混凝土大坝的筑坝技术水平居世界前列，其高碾压混凝土坝的防渗结构体系和高温多雨快速施工技术一直是科技攻关的重点。采用通仓薄层碾压快速施工方法，克服层面间由于混凝土骨料分离、上层覆盖时间、施工时的气温及降雨、施工质量水平等因素的影响，造成层面胶结不良或空隙率偏大，形成大坝渗流从而降低大坝抗滑安全度的问题。

龙滩大坝碾压混凝土的施工特点：坝高，仓面大，浇筑量大；多雨高温，时间长，温差大，气温高达40℃；大坝最大底宽168.6m，浇筑强度高达500m^3/h，河谷高宽比3∶1，入仓条件受到限制；施工工期紧，从2004年10月混凝土开浇到2006年10月下闸蓄水仅2年时间内需要浇筑667万m^3混凝土，其中碾压混凝土440万m^3。

龙滩大坝碾压混凝土快速施工主要经验和技术是：一是配备了生产效率高的混凝土拌和系统，左右岸混凝土系统总设计生产能力达1300m^3/h，能够生产12℃碾压混凝土的能力达900m^3/h；二是配备了满足最大仓面4h覆盖的入仓设备，包含塔带机、顶带机、缆机和高速皮带机供料线，入仓能力达到600m^3/h以上；三是仓面布置摇摆式雾化设备可使温度降低4～7℃，保持仓面湿润和避免摊铺的温度回升；四是采用了施工质量快速检测技术；五是采用了适用现场碾压条件的VC值，以施工碾压不陷碾为原则，尽量采用较低的VC值，一般控制在3～5s；六是雨季施工中摊铺、碾压和防雨布覆盖及时跟进，避免未碾压的混凝土遭遇雨淋影响质量；七是高温季节浇筑时，按照温控计算成果分区分组预埋PVC冷却水管，以满足温控的降温要求；八是采用了新型的坝体排水孔结构和快速成孔方法，减少了对进度的影响。截至目前，累计浇筑坝体混凝土423.1万m^3，并创造了日浇筑碾压混凝土20078m^3、月浇筑碾压混凝土38万m^3的纪录；皮带机供料线的输送强度屡创新高，2条供料线最高日产达13050.5m^3，当天单机平均强度为326.3m^3/h（以20h运行时间计），创造了单条供料线最高班产达3680m^3，单条供料线月输送110554.5m^3混凝土的世界纪录等。

通过碾压混凝土快速施工技术的成功运用，龙滩工程发电工期较国家批准的工期提前了8个月；并实现了复杂气候条件下碾压混凝土施工表面无裂缝的目标；内部质量良好，取得的芯样最大长度12.8m。经试验检测，已完成的混凝土各项力学指标均满足设计要求，为修建碾压混凝土高坝积累了有益的经验。

龙滩大坝高216.5m，总浇筑量近800万m^3，是世界上最高的碾压混凝土重力坝。目前大坝已浇筑500万m^3，坝体最低已达290m高程，最高到达坝顶382m。此种大坝属环保、节约、安全型大坝，是21世纪最有发展前途的坝型。龙滩筑坝成套技术的成功经验将使我国在世界筑坝领域继续保持领先地位。

（龙滩水电开发有限责任公司）

公伯峡水电站混凝土面板一次浇筑技术

（一）工程简介

黄河公伯峡水电站主坝为混凝土面板堆石坝，坝顶全长429.00m，最大坝高132.20m，坝顶宽10.00m，坝顶高程2010.00m。坝址以上流域属寒湿类高山气候，坝址处多年平均气温为8.5℃，寒潮出现频繁，年均为13.60次，年冻融循环次数为77.2次，最大冻土深度0.7m。

公伯峡水电站大坝混凝土面板为不等厚薄壁结构，顶部厚度30.00cm，底部最大厚度为70.00cm，面板分块宽度为12.00m和6.00m，共计38块。面板混凝土设计标号为C25W12F200，二级配，工程量2.60万m^3。面板钢筋单层双向居中布置，钢筋间距为20cm×20cm，保护层10.00cm。面板基础为挤压边墙混凝土，边墙混凝土强度为5MPa左右。

（二）面板混凝土一次施工

原设计面板分两期施工。随着对近年来面板防裂措施的深入研究及施工工艺的不断提高，一次浇筑面板的长度不断增加，公伯峡水电站面板混凝土采用了一次性施工，其最大块长达218m。

施工方案为“剥肋滚压直螺纹套筒连接钢筋人工现场组装、混凝土罐车运输混凝土、坡面半封闭式溜槽入仓、人工振捣、二次收面、无轨滑模跳槽浇筑，面板不分期一次浇筑到顶”。主要包括以下工序：垂直缝垫层及坡面整修、喷涂乳化沥青、钢筋制作安装、侧模止水制作安装、滑模制作安装、混凝土浇筑、拆模养护、周边缝和垂直缝施工等。

（1）垂直缝砂浆垫层及坡面整修：垂直缝总长约5000m，砂浆标号M25，砂浆垫层厚度5～10cm。采用挖槽法施工。

（2）喷涂乳化沥青：坡面整修完成后，施工基面必须平整光滑、无起砂、起皮、空鼓、积水、尘土，基面干燥。乳化沥青在使用前搅拌均匀，温度不低于-5℃，并严防日光曝晒。根据设计要求坡面喷涂乳化沥青，厚度为0.5～1mm。喷涂时，将$18m^3$空气压缩机和乳化沥青桶置于坝顶，喷枪加长吸管后，从上到下、从右到左依次喷涂，喷涂速度约为$1m^2/min$。

(3) 钢筋安装：钢筋接头采用“剥肋滚压直螺纹连接技术”，加工完成的钢筋按要求逐个套丝检查、记录、编号堆存。

(4) 止水安装：面板铜止水有W形和E形两种，分别采用专用压延机在工作面进行现场压制，压制长度以施工实际情况确定，一般为20～30m。在每块面板垂直缝底部设有10m长H2-861型橡胶止水带，总长约380m。橡胶止水带按施工图纸要求的部位和高程进行安装，将止水带牢靠地夹在模板中。止水带的中间空腔体安装在接缝处，其空腔体中心线与接缝线偏差不超过5mm。不允许在止水带上钉钉子或穿孔。为防止混凝土振捣时止水带受振发生位移、翘曲等问题，每隔25cm左右用钢筋支架将止水带固定在钢筋上。橡胶止水带的连接一般采用硫化热黏合，接头处加工平整、打毛、贴20cm宽生胶带，用橡胶硫化黏接机进行黏合。黏合处要密实，没有气泡。连接的接缝应予检查，对不合格者及时修补。对不能采用硫化热黏合的橡胶止水带，采用冷粘法施工，接头处加工平整、打毛、涂胶、黏合，搭接长度不小于20cm。

(5) 侧模板安装：侧模板为钢木定型模板，厚5cm，单块长度为3m，在钢木加工场提前加工，模板顶面安装∠50mm×50mm×5mm角钢作为滑模运行轨道，角钢轨道与侧面加固扁钢焊接，每块模板接头设置相邻模板连接板，加工后标识编号。

(6) 混凝土浇筑：仓面验收合格后，填写开仓证和混凝土要料通知单，经监理审批后报拌和楼，由建设公司拌和楼提供混凝土。

1) 每块面板浇筑时先用$1\sim2m^3$同标号砂浆包围周边缝的铜止水、橡胶止水，以防止混凝土下滑时飞溅的石子集中在周边缝附近。

2) 在每块面板上布置两道溜槽，对溜槽进行遮阳覆盖。采用VF-Ⅱ混凝土配合比时，$6m^3$混凝土搅拌车每次运输$3m^3$混凝土，以缩短混凝土卸料时间。同时每车料卸完后对搅拌车内部进行清理冲洗，保证搅拌罐内无混凝土积存。

3) 搅拌车在运输途中尽量缩短运输时间，到坝顶运输时间为10～15min。

4) 滑模设计尺寸为160cm×1400cm，滑模重约8t，卷扬机控制电路布置在滑模上，由滑模上施工人员操作；每次滑升距离不大于30cm，滑升间隔时间一般为10～15min，最大不超过30min，滑模平均滑升速度为1.2～1.5m/h，最大滑升速度不超过3m/h。滑模上安装了5台（ϕ30mm～ϕ80mm）插入式振捣器，每一处振捣时间控制在15～20s左右。

5) 及时清理滑模前沿超填混凝土及模板、钢筋网上的干结混凝土，随浇筑面的上升，将钢筋网架立筋用电焊割断，并将焊渣清除。

6) 滑模提升后立即进行一次性收面，保证面板表面的平整度。在混凝土初凝前后，采用振动抹面器，进行二次收面，减少混凝土表面干缩。

7) 混凝土浇筑完成24h后开始拆除侧模板，拆模后立即对面板侧面和V形止水槽进行修整，并涂刷厚乳化沥青。

(7) 混凝土养护：在滑模上搭设棚架，并用EPE卷材做棚顶，以遮阳和挡雨。滑模后拖5～7m长塑料薄膜，对刚出模的混凝土进行覆盖，面板混凝土二次收面后，及时覆盖EPE或$400g/m^2$的土工布并洒水养护。前期采用EPE保温时用钢架管加以固定，后期采用土工布覆盖，并顺坡面方向布设花管，洒水养护，保证土工布湿润，避免出现时干时湿现象。养护水温为6～10℃。

Ⅰ序块面板混凝土侧面养护，在侧模板拆除后，混凝土侧面涂刷乳化沥青，防止混凝土水分蒸发。施工期间，遇有寒流、大雪、大风等恶劣天气，对已浇混凝土面应及时覆盖保温，加强洒水养护。

(8) 面板雨季施工措施：浇筑过程中遇有意外的大雨、暴雨，应立即停止浇筑，并注意用塑料薄膜或彩条布遮盖。降雨量不大时，一般可继续施工，但应对骨料加强含水量测定，及时调整配合比中的加水量。

(三) 一次浇筑的难题与解决措施

当面板长度超过150m时，混凝土浇筑难度大，主要是入仓常出现以下问题：

(1) 混凝土骨料分离，尤其是刚开始卸料时，仓号中飞石较多。

(2) 溜槽堵塞，发生混凝土大量溢出，或溜槽被拉开，大量混凝土落到坡面上。

(3) 混凝土坍落度损失大，每下滑50m左右，坍落度损失一个，溜到仓号底部时，坍落度已经很小。

为了解决以上问题，采取了以下措施：

(1) 优化混凝土配合比，降低砂的细度模数，用粉煤灰等量替代砂，以增加混凝土的和易性，减少飞沙走石现象。

(2) 提高混凝土坍落度，增加流动性，并严格控制混凝土出机口坍落度，当混凝土坍落度超出规定的5～7cm，按弃料处理。

(3) 混凝土运输要做好保温，减少坍落度的损失。

（4）在溜槽上覆盖EPE卷材，在仓号内用EPE卷材搭设挡渣防护网，混凝土刚开始卸料时，安排专人压住EPE卷材，防止飞石伤人。

（5）一旦有飞石进入仓号内时，安排专人清理仓号中的不合格料，以保证混凝土的浇筑质量。

（6）混凝土入仓时，人工沿垂直缝和周边缝附近均匀布料，避免了骨料集中现象。

（中国水电建设集团十五工程局有限公司　何修学）

冶勒水电站大坝沥青混凝土心墙施工技术

冶勒大坝沥青混凝土心墙铺筑高程为2533～2653m，总高120m，位居世界第二（第一高度为128m）；采用碾压式直心墙型式，心墙周边经混凝土基座与防渗墙顶部相连接，心墙下部轴线长43m，顶部长406m；为梯形结构，墙宽由下部1.2m渐变至顶部0.6m。沥青混凝土主要设计参数：密度大于$2.37t/m^3$，孔隙率不大于3%，渗透系数不大于$1\times10^{-7}cm/s$，水稳定性不小于0.85，沥青混凝土骨料最大粒径为20mm。采用较先进的DEMAG-135型沥青混凝土心墙专用摊铺机摊铺作业，心墙沥青混凝土与Ⅰ区过渡料同时分层摊铺碾压。

（一）沥青混凝土配合比

目前国内对沥青混凝土配合比的设计原则尚无具体规定，冶勒大坝心墙沥青混凝土配合比根据大量的室内试验，结合现场摊铺、冬季及雨季摊铺试验成果，最后选定沥青混凝土施工配合比。

（二）摊铺工艺和控制参数

采用DEMAG型沥青混凝土心墙专用摊铺机摊铺，混凝土基座连接部位等摊铺机不便施工部位辅以人工摊铺。沥青混合料的水平运输采用改装保温车承担；专用摊铺机同时摊铺心墙沥青混合料和过渡料Ⅰ区。

沥青混凝土摊铺工艺、控制要点和主要参数：

（1）摊铺机作业时，必须保证其前部的远红外线加热器正常工作。

（2）摊铺机作业行走速度控制在2m/min左右。

（3）用1台1.5t BW-90振动碾碾压沥青混合料，采用2台2.7t BW-120振动碾碾压过渡料，控制振动碾行走速度25～30m/min。

（4）碾压顺序为：过渡料静碾1遍→沥青混合料静碾2遍→过渡料动碾4遍→沥青混合料动碾13遍→过渡料动碾4遍，最后用1.5t振动碾在沥青心墙静碾1遍收光，过渡料用2.5t振动碾静碾1遍压平过渡料与心墙接触部位。

（三）摊铺层厚及日摊铺层数

（1）为了保证碾压效果，沥青混凝土压实层厚设计要求为（20±2）cm，实施中经过现场试验取得成功后增加了层厚，实际控制层厚采用（25±2.5）cm。

（2）混凝土心墙施工日摊铺层数，一般每日2层，最多一日3层。

（四）基础结合面处理

沥青混凝土摊铺层接头加热措施为：人工摊铺段的加热采取可移动式煤气及红外加热器加热，标准段由摊铺机前的红外线加热器加热。接头处理主要采用单管煤气喷枪加热。沥青混凝土与混凝土基座结合面喷涂冷底子油。

（五）沥青混凝土温度控制

为控制适宜的碾压时机，心墙沥青混合料铺筑过程设专人监测沥青混合料摊铺温度、初碾温度和终碾温度。入仓摊铺和初碾温度根据气候条件控制，规范规定“雨季不低于130℃，冬季不低于140℃”，本工程根据试验成果确定了温度控制：雨季控制155～165℃，冬季控制160～170℃；初碾温度雨季控制135～150℃，冬季控制145～155℃。

（六）沥青混凝土质量检测

心墙沥青混凝土现场施工质量采用无损检测及芯样检测两种方式，以检测密度、孔隙率及渗透系数等项指标。

（中国国电集团公司）

光照水电站碾压混凝土施工

（一）大坝混凝土拌和系统

光照水电站大坝土建工程混凝土总量为278.27万m^3，其中碾压混凝土240.02万m^3，常态混凝土38.25万m^3，混凝土最大级配为三级配。

根据混凝土浇筑计划，混凝土高峰月浇筑强度为：24.84万m^3，其中常态混凝土2.3万m^3，碾压混凝土22.54万m^3。夏季混凝土高峰浇筑强度在2006年5月，为15.84万m^3，其中碾压混凝土15.83万m^3。

光照水电站拌和系统分左、右岸布置，左岸布置1号、2号2座$2\times4.5m^3$搅拌楼，3号1座$2\times3.0m^3$强制式搅拌楼，右岸布置1座$4\times3.0m^3$搅拌楼为4号楼；1号、2号楼主要拌制碾压混凝土，3号楼拌制常态、碾压混凝土，右岸的4号楼主要拌制常态混凝土，必要时拌制碾压混凝土。

混凝土系统全年生产，为了保证夏季混凝土出机口温度控制在15℃以下，在左岸配置制冷车间，采取二次风冷粗骨料，加冷水拌和混凝土的方式。

成品骨料从其他承包商成品料堆底部的双线出料皮带机接料，以皮带机运输至3座楼的中转料仓（一次风冷料仓），再转运到搅拌楼骨料仓。右岸成品混凝土采用汽车运输，左岸采用高速皮带机、自卸汽车运输。

水泥、粉煤灰由气力吹卸入罐。储灰罐灰料也均由气力输送到搅拌楼。

混凝土拌和系统主要生产设施有：712m高程平台布置的3座搅拌楼，8个水泥、粉煤灰储料罐和制冷厂；740m高程平台布置进料皮带机及一次风冷料仓；700m高程平台布置有2个粉煤灰储料罐以及空气压缩机车间、外加剂车间、前方试验室、值班室检修间、地磅等。这些设施的合理配置将为系统的正常运行提供保障。

制冷厂由电控间、氨机车间、氨泵液罐车间、冷冻水生产车间及冷却塔等组成。

左岸716m高程平台设1座制冷厂，系统设计蒸发温度为－15～－5℃，凝结温度40℃，选用6台螺杆式氨制冷压缩机组及配套设备，总制冷容量为3466.7万kJ。单台压缩机组标准工况下制冷量为578.2万kJ。

（二）碾压混凝土施工

1. 大坝碾压混凝土施工方案　大坝碾压混凝土水平运输主要采用汽车和皮带机；垂直运输主要采用负压溜槽、缆机和大溜槽。碾压混凝土入仓方式采用了自卸汽车直接入仓、皮带机＋负压溜槽入仓、汽车＋负压溜槽、皮带机＋负压溜槽＋皮带机入仓、汽车＋缆机、汽车＋大溜槽入仓六种综合入仓方法。

2. 碾压混凝土施工方法

（1）碾压混凝土的拌和：大坝土建工程将投入2座2×4.5m^3强制式拌和楼（生产能力为300m^3/h）、1座4×3.0m^3自落式拌和楼（生产能力为240m^3/h）和1座2×3.0m^3强制式拌和楼（生产能力为240m^3/h）拌制碾压混凝土。4座拌和楼综合生产能力为1080m^3/h，拌制碾压混凝土生产能力为840m^3/h，可以满足月最高浇筑强度22.54万m^3和最大入仓强度545m^3/h的要求，并有一定的备用容量。

（2）碾压混凝土运输：碾压混凝土水平运输主要采用T32和T20自卸汽车运输和深槽高速皮带机运输。仓内也采用自卸汽车运输，坝内水平廊道采用铺设钢桁架桥过仓。设两个过仓口，随碾压层交替上升。

自卸汽车在拌和楼采用两次接料，即装3m^3或4.5m^3后，汽车往前开0.5m左右，形成车内两点式堆料，减少堆料高度，以减轻自卸汽车装料的骨料分离。

碾压混凝土垂直运输：主要采用负压溜槽、缆机、胎带机和垂直落料器（软管）输送。

（3）卸料摊铺与平仓：卸料摊铺平仓条带原则上垂直于水流方向，受横向廊道切割及孔底侧边的窄条形部位，摊铺平仓条带可平行水流方向，但迎水面8～15m范围内碾压方向应垂直水流方向。平仓厚度每层34cm，每次摊铺厚度为17cm左右，按设计图纸铺洒水泥粉煤灰净浆。

汽车卸料边慢行边卸，分两点式卸料减小堆料高度，减轻骨料分离，汽车卸料均卸在已平仓尚未碾压的RCC面上，便于平仓机摊铺平仓时，搅动料堆底部，使料堆底部骨料集中现象得以分散。卸料后及时平仓，边卸料、边平仓以便碾压混凝土料始终卸在已平仓的碾压混凝土面上。

（4）碾压：经平仓形成一定长度的条带后，开始碾压，保证碾压混凝土在出机后的2h内碾压完毕。

碾压条带平行于平仓条带，模板边采用变态混凝土，其余区域用大型振动碾碾压，碾压按照先无振碾压，然后有振碾压，再无振碾压的程序进行，直至核子密度仪检测的碾压密实度达到98.5%以上，混凝土容量达到设计要求为止。振动碾行走速度为1～1.5km/h，碾压遍数经试验确定。碾压条带之间重叠20cm，同一碾压条带的各碾压段之间重叠1～2m，以免漏碾。

大坝土建工程采用分区通仓薄层施工方式，仓面面积不超过5000m^2的按平层铺料平仓碾压方式施工，仓面面积超过5000m^2的则采用斜面铺料平仓碾压方式施工或分仓施工。斜面铺料碾压浇筑时由下游往上游或左右岸按1∶12～1∶15坡度铺料平仓碾压，并逐层往前推进而后部逐层收仓的方式。为防止坡角处骨料被压碎而形成质量缺陷，施工中采取预铺水平垫层的办法，并控制振动碾不能行驶到老混凝土面上。斜层碾压开仓段平碾长度不小于8m，减薄每个铺筑层在斜层前进方向的厚度，并使上一层全部包容下一层，逐渐形成倾斜层面，沿斜层前进方向每增加一个升程，都要对老混凝土面（水平施工缝面）铺砂浆。收仓段碾压混凝土施工先进行老混凝土面的清扫、冲洗、摊铺砂浆，然后采用折线形施工，收仓段长度控制在8～10m。

（5）层间结合：碾压混凝土本身的物理力学指标并不差于常态混凝土，根据已建碾压混凝土大坝经验，只要配合比设计合理，施工速度、施工工艺、施工质量控制得到保证，层间结合完全能达到设计要求。

配合比设计上，将采用有显著缓凝作用的减水剂，以使混凝土初凝时间在常温下延长，保证碾压混凝土能在初凝时间之前完成上一层碾压混凝土的碾压施工。因 *VC* 值大小对层间也有较大影响，该工程 *VC* 值控制在 5～7s，高温日照时 *VC* 值取下限，低温阴天时 *VC* 值取上限。为确保上游面二级配防渗碾压混凝土的层间结合，每层层面在覆盖上一层碾压混凝土前，喷洒 2mm 厚的水泥粉煤灰净浆。该净浆由制浆站按设计配合比配制，用灌浆泵送至喷洒部位喷洒。碾压混凝土层面受环境影响较为敏感，当气温过高、阳光辐射以及风速较大时，表面易失水，初凝时间缩短，从而影响层间结合强度。采取及时覆盖彩条布，同时对仓面进行喷雾降温的措施。如局部有失水发白现象，则在覆盖上一层碾压混凝土前铺洒一层水泥粉煤灰净浆。

(6) 施工缝处理：整个碾压混凝土坝体必须浇筑连续一致，使之凝结成一个整块，不得有层间薄弱面和渗水通道。施工缝及由于不可避免之原因引起的冷缝，缝面处理主要采用高压冲毛机冲毛，以清除混凝土表面乳皮及松动骨料，冲毛标准是露砂微露石。处理合格后，先均匀刮铺一层厚 1.5cm 的砂浆层（砂浆强度等级比碾压混凝土高一级），然后立即在其上摊铺碾压混凝土，并应在砂浆初凝以前碾压完毕。

对于已达初凝的施工层面，必须摊铺水泥砂浆后方可继续碾压混凝土施工，对于坝体上游二级配碾压混凝土和坝体下游面 50cm 范围内的碾压混凝土施工层面，每一碾压层（30cm）均喷洒水泥粉煤灰净浆，以保证层面结合良好，防止渗漏通道的产生。

(7) 伸缩缝施工：碾压混凝土坝体中的伸缩缝的位置及缝内填充材料采用彩条布，通仓浇筑坝段的伸缩缝采用 NPFQ-1 型切缝机切缝成型，缝宽为 10～12mm，采用先碾压后切缝再骑缝补碾压的顺序成缝。

（中国水利水电闽江工程局　陈祖荣　赖建文）

彭水水电站碾压混凝土温控防裂及快速施工

彭水水电站大坝为碾压混凝土（RCC）弧型重力坝，坝顶高程 301.5m，建基面高程 185m，坝高 116.5m，高程 257.5m 以下主要采用碾压混凝土，坝体顺流向最大坝宽达 90.26m，大坝混凝土总量 129.71 万 m^3，其中碾压混凝土总量为 55.97 万 m^3。2005 年 12 月 19 日开始大坝混凝土浇筑，要求在 2007 年 8 月中旬浇至坝顶。施工期紧，要求大坝碾压混凝土能快速上升，但彭水大坝体积较大，速度过快，水化热造成坝体混凝土温度较高；根据施工进度计划，大坝混凝土开浇后第一个汛期过水，基坑淹没，第二个汛期大坝浇出水面后即挡水，大坝内外温差大，易产生温度裂缝。为解决彭水大坝碾压混凝土施工中温控防裂和快速施工问题，确保施工质量和进度，长江勘测规划设计研究院采用三维有限元法对坝体施工期温度及温度应力进行了仿真计算，提出合理、可行的温控防裂措施。同时通过对坝体结构、施工机械设备配套等进行优化，并结合温控研究成果提出了坝体碾压混凝土快速施工的措施。

（一）碾压混凝土温控防裂

(1) 根据碾压混凝土大坝温度及温度应力三维仿真计算结果，提出了在碾压混凝土内部铺设冷却水管以保证坝体施工期不超过设计允许温度要求。仿真计算表明：通江水可以使碾压混凝土最高温度降低 3～5℃，通 10℃制冷水可以使碾压混凝土最高温度降低 4～7℃，因此结合现场气温水温提出初期通水方案为：12 月至次年 2 月份浇筑的碾压混凝土原则上不进行初期通水，3 月、11 月浇筑的碾压混凝土可考虑通江水冷却，4 月、5 月、10 月份浇筑的碾压混凝土须通 10℃制冷水，但时间不宜过长，为避免混凝土温度回升，可采用通制冷水与江水相结合的方式。在满足温控要求的情况下，最大限度地减少制冷设备的投入。

(2) 仿真计算结果显示，碾压混凝土水化热温升过程缓慢，后期仍处于温升状态，为削减坝体内外温差，降低梯度，减小施工及运行期的温度应力，保证坝体安全越冬，每年入冬前进行中期通水冷却。中期可通江水，通水时间 1～2 个月，以混凝土平均温度达到 20～22℃为准。

(3) 彭水电站坝址地区气温骤降频繁，降幅较大，为防止碾压混凝土坝体在施工期内遭遇气温骤降产生表面裂缝，在坝体上下游面应采用耐久性较好的保温材料作为保温措施。计算表明，表面保温保护，可有效降低越冬期间及气温骤降时坝体表面温度应力 0.27～1.0MPa，减小了产生表面裂缝的可能。

(4) 为加快坝体施工进度，研究了在气温较高季节浇筑大坝碾压混凝土的可行性，从仿真计算结果来看，应增设以下温控措施：①采用预冷混凝土，出机口温度按 12～14℃控制，并尽可能降低。②尽量利用夜间浇筑，避开白天高温时段。③浇筑时初期通 8～10℃制冷水冷却，收仓后立即覆盖保温被或其他保温材料保冷 1 天左右。④加强混凝土表面保湿保温，仓面设置喷雾设施，以降低仓面温度，高温时段浇筑仓面应覆盖保温材料隔热保湿。⑤合理安排混凝土施工程序和进度，避免基础约束区在高温季节和较高温季节浇筑，确保混凝土早期最高温度控制在设计允许范围内。

（二）快速施工

(1) 侧向填塘：原设计泄洪坝段为两块一联，侧向高差较大，存在侧向填塘，根据施工规范填塘混凝土应埋设冷却水管，待混凝土浇至相邻基岩面高程附近并冷却至与基岩温度相近方能浇筑上部混凝土。常规施工，每级填塘混凝土冷却时间需半个月以上，制约了快速施工。为减少对施工进度的影响，在对单坝块独立上升的可能性进行研究后，提出了将两坝段之间诱导缝改成横缝的方案，此举节省工期 2 个月以上。

（2）快速施工机械设备配套及措施：根据右岸已建的拌和系统规模，分析其能提供碾压混凝土的强度，提出了碾压混凝土生产补充方案，包括左岸支援、增设拌和楼和缩短拌和时间，利用运输设备再拌和等方案。根据现场实际情况（可用的入仓道路，溜槽布置的最佳位置），提出了大坝碾压混凝土施工方案，并对施工机械设备配套进行了优化。

（3）施工时段：研究适当延长大坝混凝土施工时段的可能性及应对措施。由于大坝施工采用过水围堰，汛期围堰过水，基坑内较低的坝段汛期无法施工。为争取较多的施工时间，岸坡坝段应利用枯水期浇筑至较高的高程，为汛期继续浇筑岸坡坝段创造条件。并结合温控研究成果提出了 2006 年汛期的具体施工方案：5 月、10 月尽量抢浇岸坡及河床坝段碾压混凝土，6～9 月继续浇筑岸坡坝段常态混凝土。

（4）缆机效率：根据现有施工设备，溢流坝段高程 245～254.9m 常态混凝土主要靠缆机浇筑，仓面较大，如采用平铺法，最大的单坝段入仓强度需达 $100m^3/h$ 以上，必须采用 2 台缆机同浇一仓。该部位施工期间也是大坝常态混凝土浇筑高峰期，不考虑船闸坝段，缆机月浇筑强度达 4.5 万 m^3 以上，缆机浇筑该部位时如采用 $6m^3$ 吊罐需每小时吊运 10～12 罐，难度较大，可考虑采用 $8m^3$ 吊罐每小时吊运 8～10 罐。

（长江勘测规划设计研究院　李　锋）

巴江口闸坝钢筋混凝土工程快速施工技术

（一）工程概况

巴江口水电站位于广西桂林平乐县境内，是广西桂江干流综合利用规划 6 个梯级中的第一个梯级水电站，大（2）型工程，总库容 2.163 亿 m^3。枢纽布置沿坝轴线由左到右依次为左岸混凝土接头重力坝、100t 级拉杆式船闸、河床式电站厂房、9 孔溢流坝、右岸混凝土接头重力坝，坝顶轴线长 425m，最大坝高 55.6m，坝顶宽 8m。电站装机总容量 9 万 kW（3×3 万 kW），设计多年平均发电量 4.276 亿 kW·h。船闸近期按照Ⅵ级标准建设，通航规模 100t，船闸最大水级 26m，为目前全国同类型结构水级最大。

工程由中国水利水电第九工程局承建施工，有如下特点及难点：

（1）为典型河床式闸坝水电站枢纽工程，水工建筑物种类齐全，涉及系统繁多，施工系统性强，协调管理尤为突出。

（2）开工后第一个枯水期，一期基坑工程项目多，工程量大，桂江河流有秋汛和旱汛历史，洪峰流量大，工期紧，在保证施工期正常通航的前提下，一期全年挡水围堰能否在汛期前完工是工程成败的关键。

（3）进度要求快，第一台机组发电时间仅为开工后 27.5 个月，混凝土施工月强度高，平均月强度为 1.8 万 m^3，高峰期月强度达 2.7 万 m^3。

（4）高温季节长，通常为当年 5 月至 9 月，白昼温差为 15～20℃，夏天温度高达 39.5℃，个别时段超过 40℃，混凝土拌和无加冰风冷等温控手段，只有采用常规温控技术快速进行混凝土大体积基础块的施工。

（5）结构布置紧凑、体形单薄多样、钢筋种类齐全，尤其厂房流道及胸墙框架型钢筋混凝土结构以及板梁型钢筋混凝土结构最典型，相对常规水工钢筋混凝土工程而言，巴江口水电站施工难度较大，施工要求高。

（二）主要快速施工技术

1. 剥肋滚轧直螺纹钢筋套筒连接技术　钢筋滚压直螺纹套筒连接技术是采用 SM-40G 等强度直螺纹滚压机将钢筋接头滚压成直螺纹，再用厂家生产的直螺纹连接套筒将钢筋紧密地连接在一起。

由于常规的钢筋连接方法无法满足巴江口水电站工程混凝土快速施工的需要，经研究，采用了这一新技术。直螺纹接头的优点：①接头强度高，性能稳定，连接速度快，应用范围广，对弯折钢筋、固定钢筋、钢筋笼等不能转动钢筋的场合，可不受限制地方便使用。②比挤压套筒接头省钢 70%左右，比锥螺纹接头省钢 35%左右。③便于管理，对人无害，大大改善了工人的工作环境。改进后的施工工艺效率大幅提升，施工速度为常规焊接的 5～6 倍，接头连接质量安全可靠，施工成本低。一期工程共用钢筋 8300t，耗用接头约 11 万个，虽然单项施工成本节约不多，但带动了整个工程快速进展，仍然取得不斐的经济效益。

2. 蜗壳与肘管快速施工技术　该电站安装轴流转桨式水轮发电机组，其蜗壳和尾水管形状复杂，尺寸大，除尾水锥管外，其他部分为钢筋混凝土结构。蜗壳与肘管采用木结构模板施工，很难做到标准化、系列化。由于施工工期紧、强度大，木模板数量实施1∶1提前预制，在混凝土浇筑之前分别完成3套木肘管和至少2套木蜗壳的预制工作。虽然多备木模，要多些费用，但与常规木模板周转性施工相比，实现了快速施工，巴江口厂房工程工期提前了3个月，经济上还是合算的。

3. 预拼装轻型悬臂组合大模板直墙快速施工技术　闸坝式水电站水工建筑物多为墩墙结构，特点是结构面直、长、高，适合大块模板施工。现场拼装组合小钢模结构，强度较低，易变形，拼装繁琐，材料消耗大，劳动强度大，不利于快速施工，混凝土面平整度也差；大型悬臂模板自重大，拆升需用门机或其他大型提升机械，占用提升机械时间多，影响施工进度。而采用轻型悬臂大模板，可利用上述两类模板的优点，克服它们的不足。轻型悬臂大模板有重量轻、型式多样、拆装方便、劳动强度小、工作效率高、少占用大型起重机械等优点，有利于快速施工。

根据墩墙结构特点自行设计的预拼装大型悬臂模板，在加快混凝土入仓强度、控制线型与外观质量上下功夫，并设有三层安全平台，施工安全有保障。改进后的悬臂轻型大模板面积为3m×6m、3m×12m、3m×20m三种，可以根据不同的仓号选用，并只需要几个小型葫芦垂直提升即可，不需要门机、汽车吊等帮助作业，施工效率高。

巴江口水电站采用改进后的轻型悬臂大模板，使混凝土仓号准备工作相应缩短，立模速度为常规情况下的3倍左右，且浇筑混凝土时不占用门机，达到了水电站快速施工目的。

4. 溢流坝堰面混凝土无轨滑模施工技术　桂江巴江口水电站采用9孔溢流坝泄洪方案，分期导流施工，一期施工左岸3孔溢流坝，并在1号孔溢流坝预留缺口导流，二期再施工右岸6孔溢流坝。

无轨滑模施工技术是一种特定的施工方法，模板滑动与脱模受混凝土凝固速度控制。设计时需统筹考虑混凝土拌和、运输、入仓浇筑与模板滑动、脱模等各道工序的协调配合。无轨滑模既是混凝土施工的成型装置，又是施工主要场所，必须具有足够的整体稳定性和强度，以保证建筑物尺寸准确和施工安全。

使用自行设计和制造的无轨滑模，在一期工程中效果良好，施工速度为常规反扣模板施工的5～6倍。不仅按计划完成单个堰面钢筋混凝土施工，且振捣密实，堰面外观质量优良，施工成本降低。

5. 长臂反铲挖掘机大体积混凝土入仓施工技术　巴江口水电站建设施工，除布置上下游高低架门机、履带式吊车进行入仓外，还使用反铲挖掘机作为混凝土浇筑垂直入仓设备。此工艺灵活、高效，在保证安全、质量的前提下提高了施工速度。

6. 大体积钢筋混凝土快速施工温控技术应用　巴江口水电站夏季时间长，施工强度高，混凝土快速施工采取的温度控制措施为：①采用高温混凝土缓凝剂，在气温38℃环境下浇筑时可以延缓混凝土初凝时间4～6h。②高掺量粉煤灰“等量代换”水泥用量，降低温度7～8℃。③用低温山泉水拌和混凝土及常规遮阳措施。④仓面混凝土浇筑时进行喷雾降温。⑤采取薄层、短间隙期的快速浇筑。

三峡工程标准规定：施工每万立方米混凝土，裂缝条数不得高于0.5条。巴江口水电站工程施工每万立方米混凝土产生裂缝实际条数为0.48条，低于该标准规定值。

7. 钢筋混凝土层间结合面快速施工技术　高压水冲毛系利用高压水冲毛机把清洁水作为工作介质，由高压泵产生20～50MPa的高压水，经喷嘴开成高速射流，打击于混凝土表面，使乳化皮层迅速剥落，呈粗砂状，达到表面处理的要求。巴江口水电站工程快速施工采用了这一技术。

混凝土施工缝面铺设砂浆的传统方法是在混凝土水平施工缝面铺设2～3cm厚同标号砂浆。由于在砂浆拌制、水平和垂直运输过程中增加了很多环节，稍有不当容易发生泄漏，造成经济损失和污染，特别是铺设砂浆后会因间歇时间过长而晒干，影响施工缝面的结合。为了加快施工速度和简化施工程序，该工程采用了小级配混凝土或同一强度等级的富砂浆混凝土层间铺筑技术。

截至2005年12月底前，在钢筋混凝土一期工程施工的26个月里，施工顺利，中国水利水电第九工程局连续完成了八个建设业主单位设定的一期工程施工里程节点，第一台机组建成投产。施工质量优良，实现了无死亡安全事故生产，克服了很多低价中标带来的不足，建设业主方较为满意。

（中国水利水电第九工程局　赵普瑶）

招徕河水电站碾压混凝土拱坝快速施工技术

（一）概况

招徕河水利水电枢纽工程位于湖北省长阳县境内（招徕河为清江中游左岸的一级支流），开发任务是以发电为主，兼有库区航运、防洪、水产养殖和旅游等综合效益。主要建筑物包括拦河大坝、引水洞、厂房和开关站等，水库正常蓄水位300.00m，总库容0.7033亿m^3，电站总装机容量36MW。

招徕河大坝系3级建筑物，是一座空间变厚不对称的对数螺旋线型碾压混凝土双曲拱坝。大坝坝顶高程305.50m，最大坝高105.00m；坝顶轴线弧长198.05m，相应弦长178.20m；坝顶厚6m，拱冠处底厚18.50m，厚高比0.17；最大中心角95.55°，最小中心角49.86°，最大曲率半径167.85m，最小曲率半径30.72m；坝体最大倒悬度0.41，是目前国内外已建或在建的100m级以上最薄最高的碾压混凝土双曲拱坝。

（二）主要施工特点

（1）坝薄，仓号窄而小，仓内拥挤，设备不能通仓运行，工艺组织相当困难，碾压混凝土快速、大规模施工的优点不能充分发挥。

（2）体形复杂，曲率变化大，在模板规划及翻升、大坝体形快速检测及控制等方面提出了极具挑战性的技术难题和组织难题。

（3）现场临建场地狭窄，混凝土原材料难以规模储备，砂石骨料及胶凝材料基本依赖开盘后补给供应，对正常施工具有潜在影响。

（4）大坝温度控制标准较高，坝体采取预埋一、二期冷却系统，通水冷却，增大了施工干扰和质量控制难度。

（三）主要快速施工技术方案

1. 连续翻升模板的规划设计及应用　招徕河碾压混凝土大坝具有大曲率、体形变化大、结构复杂等特点，模板规划设计是一个技术难题。因此，开发出一种既能适应大曲率拱坝体形变化及倒悬影响，又能满足连续浇筑上升施工工艺的模板，是确保招徕河大坝优质高效施工的关键。越是体形复杂的双曲拱坝，对模板使用的灵活性要求越高。满足变曲率拱坝连续翻升模板需要解决的主要问题有：①能够实现模板连续翻升，以满足大坝连续上升施工的需要；②能控制坝体体形偏差在规范要求的允许范围内，且混凝土表面平顺美观；③选择合理的模板锚固系统，确保在各种倒悬度情况下运行稳定、安全，满足大坝连续上升的速度要求；④模板安拆方便、快捷、安全，减小操作人员的劳动强度；⑤部件标准化、系列化，具有较好的通用性，能适用于其他碾压混凝土坝型；⑥解决模板上升过程中的快速拼缝问题。

招徕河大坝模板设计研究的内容主要是在多卡平面模板的基础上，为适应坝体曲率变化要求，开发设计出面板随曲率可调并通过节间装置实现左右调节的型式，适用于变曲率双曲拱坝方向和梁方向均能满足体形变化的新型翻升模板，实现模板随坝体连续上升而连续翻升，并具有较强的通用性。

通过对大坝体形参数的分析和不同模板形式的计算机三维模拟研制过程中的几个关键问题，综合考虑招徕河拱坝模板的设计要求、模板现场使用的可操作性，最终将招徕河拱坝模板设计成“面板双向可调、上下套模板可相对移动、可连续上升的收缝式翻升模板，三套模板竖向组成使用”的结构型式。

单套模板高1.8m、宽3m（0.75m＋1.5m＋0.75m），水平方向设可调节系统，平直段长1.5m，可调节段长各0.75m，可调节度6～10cm。实现模板沿坝体拱方向的调节。这种结构尺寸可以适应水平曲率变化区间大的特征，可适应最小曲率半径为30m的坝面。

单套模板主要由面板系统、桁架系统、水平调节系统、竖向调节系统、锚固系统等组成。每组模板由上中下3套组成，高5.4m，上下套之间采用节间调节装置进行力的传递和实现俯仰调节功能，使模板沿坝体梁方向的调节和模板连续翻升。模板承受的混凝土侧压力通过面板传递给桁架，最后传递给预埋在混凝土中的锚固系统。模板结构及锚固系统按冬季施工每天坝体上升1m速度取值计算。

随着大坝曲率变化，模板在拱方向和梁方向的缝隙在不断变化，为方便施工，配置标准过渡板解决了模板快速拼缝问题，实现了模板快速安装，美化了大坝外观，提高了模板通用性。模板结构设计简单，尽量减少了螺栓连接数量，安拆方便快速。

招徕河碾压混凝土变曲率翻升模板经过招徕河双曲拱坝工程的应用是成功的，它实现了适应变曲率拱坝体形变化及倒悬影响，又满足了连续翻升的要求，确保了招徕河大坝高效快速施工的需要。适应于各种碾压混凝土变曲率双曲拱坝模板体系统的研制成功填补了这一行业的空白，并能促进碾压混凝土双曲拱坝设计与施工技术更进一步的发展，使坝体设计受施工手段的制约更少，体形结构更合理，施工更方便、快捷、安全。

2. 大坝体形控制技术　由于大坝采取连续上升的通仓浇筑施工方法，模板必须连续不断翻升，必须由准确的坝体体形控制及模板快速检测系统支持，如果没有该系统支持，大坝连续上升是不可能的。对于招徕河体形比较复杂的坝体体形，利用传统的模板检测方法是不行的，必须开发一套切实可行的准确快速的模板检测系统支持模板的快速连续翻升。

通过模板检测软件的编制，彻底打破传统施工放样方法，使用全站仪与开发的软件相配合，摆脱了设计图纸对施工放样的条件限制，调整模板时不受模板的位置及高程的影响，只要测出模板顶部任意一点的施工坐标，将坐标输入开发软件内，在短暂的数秒内即可判断出模板的偏差，90套模板在2～3h内就可以检测完毕，为实现大坝连续上升提供了充分的快速检测保障。软件运用过程中运行稳定，操作简单，直观方便，计算速度快。对坝体竣工断面测量结果表明，坝体轮廓与设计体形符合较好，误差均在规范允许范围之内。

实践证明该程序不仅能满足模板的连续上升、快速检测，而且克服了设计图纸所提供的条件限制，提高了工作效率，为工程顺利施工奠定了坝体体形准确控制及模板快速检测的坚实基础。

3. 碾压混凝土坝体排水孔拔管成孔新工艺　碾压混凝土坝体排水孔成孔工艺需要解决的主要问题是，在保证成孔效果和成孔后的排水效果的前提下，不能影响仓内碾压混凝土的正常大面积机械摊铺、碾压；并充分考虑成孔的经济性，控制工程成本。

招徕河碾压混凝土大坝从223.50m灌浆廊道顶拱到300m正常蓄水位距上游坝面3m设置坝体排水孔，排水孔间距6m，孔径150mm。随坝体上升坝体排水孔向两岸布置，新增排水孔与相邻排水孔用钢管连通。

之前也曾尝试过多种成孔工艺，如采用的拔管法、回填碎石法、预埋无砂管法、间歇期分段钻机成孔法等，但都有不尽人意之处。拔管法虽不影响仓内碾压混凝土的正常大面积机械摊铺、碾压，但是堵孔和塌孔严重，并且孔偏移偏大；回填碎石法在碾压过程中容易浆液充填碎石，成孔效果差，孔位偏移也较大；预埋无砂管法则既影响仓内碾压混凝土的正常大面积机械摊铺、碾压，又易破碎；间歇期分段钻机成孔法和后期钻机成孔法则孔位难以控制，且成本较高。而近几年出现的拔管变态法和预埋透水管变态法也都有不尽人意之处，一是影响仓内碾压混凝土的正常大面积机械摊铺、碾压，有悖于碾压混凝土快速施工的特点；二是形成的坝体排水孔四周用变态混凝土封闭，透水性降低；三是成本偏高。

在对过去的拔管成孔法工艺和目前的拔管变态法成孔工艺存在的问题和弊端进行了仔细的总结和分析后，研究制定了新的拔管成孔方案，拔管用直径150mm钢管制作，由管身和盖子组成。成孔工艺流程为：拔管→混凝土卸料、摊铺→全断面碾压→拔管。

在招徕河碾压混凝土施工中，采用新的拔管成孔工艺彻底消除了对碾压混凝土大面积摊铺、碾压的干扰，消除了变态混凝土对坝体排水孔四周的封闭。新工艺操作简单，劳动强度低，成孔效果好，成孔率高，基本上不增加施工成本，经济效益可观。该成孔工艺的成功应用完善了碾压混凝土筑坝技术的配套工艺。

4. 广州多维DW150s型连续拌和站的应用　招徕河工程碾压混凝土施工选用广州多维工程机械投资有限公司生产的DW150s型连续强拌站。该系统是水工领域第一次引进全国产连续式强拌站，在此之前该拌和站主要应用于工民建中，而且系统引进前仅生产过二级配常态混凝土，经与厂家联合对其系统软硬件进行成功改造，满足了干硬性三级配碾压混凝土的生产。DW150s型连续强制式混凝土搅拌站由上料皮带、储料仓、原材料衡量及配料系统、搅拌鼓、中控室及拌和物集料斗等组成，实际生产能力150m³/h，拌和时间20s，系统采取连续衡量方式，集中控制。经改造后的连续强拌站具有施工方便、操作和维护简单、工作稳定、出故障率低以及生产量大等优点。该拌和站实际占地面积少，设备运行的可靠性高，适用于快速、连续生产混凝土的需要。

（四）小结

在招徕河碾压混凝土拱坝施工过程中通过施工工艺的改进、新工艺的应用及新设备的改进和应用，使碾压混凝土快速、大规模施工的特点得到充分的发挥。工程自2003年10月16日开碾到2005年3月底完成大坝碾压混凝土施工（高温季节停止碾压混凝土施工），共施工碾压混凝土约16.80万m³，平均月升程高度约11m，最大月升程高度27.30m，并创下碾压混凝土拱坝月连续上升27.30m的新纪录，创国内碾压混凝土坝坝工界上升新纪录，列为2005年度中国十项重大创新项目。

（中国水利水电第十一工程局　葛建中）

滑模在喜河水电站施工中的应用

喜河水电站厂房工程于2003年10月下旬开工。2005年，在机组坝段尾水墩施工中采用滑模工艺，取得显著成效。

一、滑模结构组成

结构组成有三大部分：模具系统、液压系统、电器设备通信系统。

（一）模具系统

由模板、围箍、提升架、操作平台组成，参见图1。

（1）模板采用组合小钢模和定型钢墩头模板拼装而成，模板高度为1.5m。

（2）围箍采用桁架梁组合成封闭工作盘，桁架梁断面尺寸为1.0m×1.0m。

（3）提升架采用“开”字架及F形提升架两种。

（4）操作平台分主操作平台和辅助操作平台。主操作平台由桁架梁形成封闭工作盘后，在其上铺设5cm马道板形成。辅助工作平台由单片桁架上铺设5cm马道板形成。辅助工作平台在主工作平台下1.8m处。

（二）液压控制系统

液压控制系统由液压控制台、油管、千斤顶、支撑杆组成。

1. 液压动力系统设计

(1) 系统提升力。计算荷载有：①滑升摩擦阻力；②结构自重；③施工荷载；④辅助平台自重。总提升力为①+②+③+④。经计算，并考虑结构整体平稳上升，系统采用26台液压千斤顶作为滑模系统顶升设备。

(2) 支承杆数量计算。支撑杆采用ϕ48mm×3.5m钢管，计算时取钢管提空1.8m计算，取安全系数0.8，求得支撑杆数量22.5根。根据千斤顶数量，选用支撑杆26根。

2. 液压控制台选型　选用YKT-36型液压控制台，工作压力8～10MPa，最高压力12MPa，流量36L/min，电动机功率5.5kW。

3. 油路系统设计　采用二级分组并联油路，油管选用高压耐油橡胶管，一级油管内径ϕ16mm，二级油管内径ϕ8mm。

4. 电器通信设备系统　机械动力设备采用380V电压，照明电压采用36V低压。通信设备采用4台对讲机。

二、滑模施工

(一) 混凝土配合比

滑模使用混凝土，要具有和易性好、便于施工的特点，选用指标为：初凝时间控制在4h左右，终凝时间控制在6～8h；坍落度控制在5～7cm。具体使用的混凝土配合比见表1。

表1　尾水挡水结构混凝土配合比

设计标号	级配	水胶比	粉煤灰掺量(%)	减水剂掺量(%)	引气剂掺量(%)	砂率(%)
C20	三	0.45	20	0.6	0.01	28

单位材料用量 (kg/m^3)

水	水泥	粉煤灰	减水剂	引气剂	混合砂	石料 5～20	石料 20～40	石料 40～80
110	195	49	1.464	0.0244	584	451	450	600

(二) 现场入仓布置

混凝土垂直运输以尾水1号MQ600B高架门机为主，利用门机吊3m^{3}卧罐至仓内。

(三) 滑模滑升

1. 初次滑升　开始向模板内浇筑混凝土时，注意初升前浇筑总厚度，以免滑升时将混凝土同模板同时提起。控制关键是初始浇筑混凝土速度要快，在混凝土厚度70cm时（即两层混凝土料）及第一层混凝土灌入阻力达到500～3500MPa时，进行初升工作。

为了观察混凝土的凝结情况，进行试滑升。试滑升时，全部千斤顶顶起5～10cm，滑升过程缓慢平稳。混凝土脱模强度控制在100～300MPa。判断模板能够滑升的条件是：已脱模的混凝土用手指按有轻微指印（1mm左右的指印），表面砂浆不粘手即可。当模板初次滑升以后，即可以转入正常滑升过程。

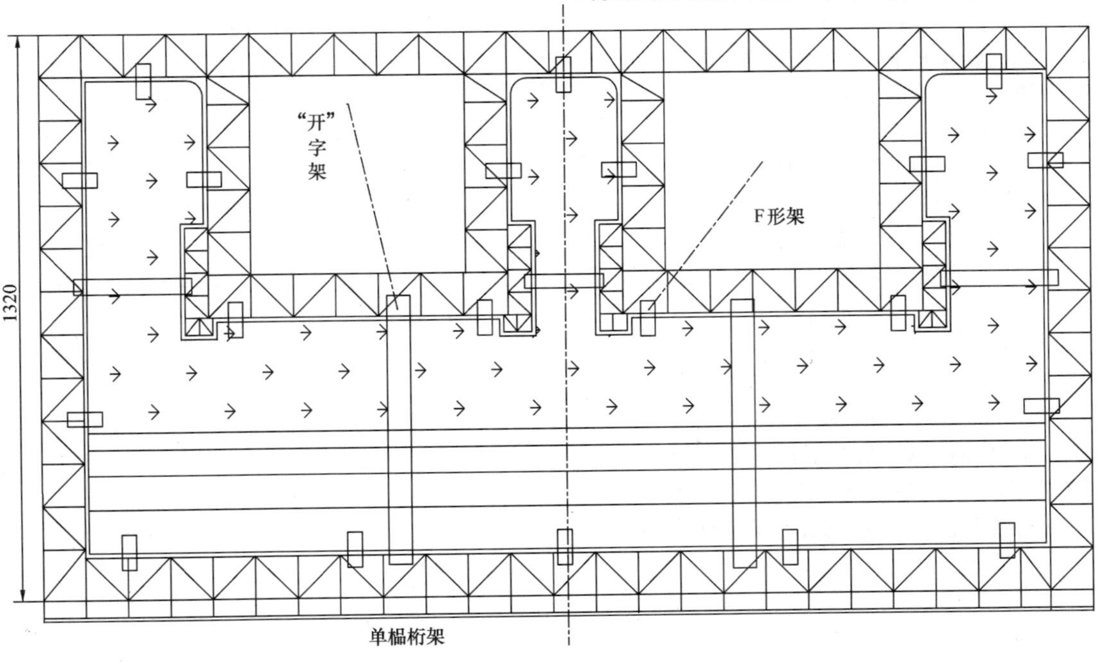

图1　尾水挡水结构滑模装配示意图

2. 正常滑升　滑模正常滑升根据现场施工情况，确定合理的滑升速度，按正常滑升每次间隔1h，控制滑升高度20～30cm，每次千斤顶可以连续动作7～10个行程，具体情况视混凝土脱模情况确定。

3. 末次滑升　当滑升到距结束高程剩1.0m处，进入末次滑升阶段。此时要放慢滑升速度，进行准确的抄平和校正工作。整个模板的抄平和校正应在滑模距终点30cm以前做好，以保证顶部标高和位置的准确。

（四）滑模滑升过程中变截面施工及控制

尾水挡水结构采用滑模工艺，变截面施工是工艺控制难点和重点之一。

尾水挡水结构在329.90m高程以上，水平断面尺寸变化4次，在整个工艺实施过程中，需要在4个断面变化高程处各进行一次工作平台改装，流程见图2。改装程序如下：

(1) 在断面尺寸变化高程以下，混凝土正常均匀入仓，滑模正常滑升；

(2) 浇筑至尺寸变化高程后，靠近上游模板1.0m范围内减慢下料速度，将混凝土浇筑成斜坡；

(3) 在上游工作平台桁架梁外安装单梁桁架，将顺水向"开"字架改装为卡在工作平台的单梁桁架，形成临时封闭状态，保证混凝土在改装过程中的正常入仓；

(4) 临时封闭状态形成后，待上游模板在收台高程完全滑空，即可进行改装工作；

(5) 将上游模板平移至所需位置，随后改装工作盘并加固模板，形成整个工作盘的改装后封闭状态，最后改装"开"字架；

(6) 待整个改装过程结束，即可进行上游预留斜坡混凝土浇筑，同时可将单梁桁架取掉。

(7) 对改装各工序所需时间进行估算，整个改装过程需要3.5h左右时间，满足混凝土初凝时间要求。

（五）滑模滑升过程中钢筋安装

钢筋安装工序是控制滑模滑升速度的关键环节。滑升高度为26.1m，设计钢筋安装量为185t，平均每滑升1.0m，钢筋安装强度7.01t。该部位设计钢筋复杂，钢筋变径多达7次。从设计钢筋布置分析，高程345.20m以下是整个钢筋安装工序的重点。

钢筋配料原则，左右背水面和下游胸墙钢筋接头，下成4.5m的钢筋料，墩头和门槽部分考虑到安全因素和混凝土下料要求，下成3.0m的钢筋料。

按此钢筋配料规划，钢筋接头高度调整为四种高度，延长每个钢筋安装单元的时间，降低每班钢筋安装强度，使整个钢筋安装工序贯穿于整个滑模滑升过程。

（六）混凝土浇筑

整个尾水挡水结构滑模滑升26.2m，混凝土量3200m³。结合钢筋安装工序，计算整个滑升过程9天18个班次，每班次浇筑强度为178m³。

三、质量控制

（一）混凝土施工质量控制

混凝土质量控制主要为原材料质量控制、混凝土拌和及拌和物控制、混凝土抽样成型检测、混凝土浇筑过程控制。由于浇筑地点距拌和楼较近，且混凝土拌和强度和水平运输强度均大于需求强度，因此混凝土质量控制主要为浇筑过程的控制。

（二）结构外形控制

1. 工作平台水平控制　结合尾水挡水结构的特点，工作平台水平度采用水准仪测定方法。首先在整个桁架梁的初始安装即要保证水平。爬杆安装后，利用水准仪在爬杆上每30cm检测一次，做好标记。然后在爬杆上安装限位装置，强迫滑模每30cm调平一次。

2. 结构垂直度控制　垂直度测量，使用"线垂法"，在建筑物四角设四根重垂线，在模板滑升过程中，每滑升30cm检查重垂线相对于初始混凝土的位移，发现偏差及时纠偏。

四、效果分析

尾水挡水结构高度26.1m。采用常规方案施工，需分9层，每层按10天施工计算，需要直线工期90天。采用滑模施工工艺，安装工期3.5天，滑升过程10天，拆除工期1.5天，整个过程15天完成，与常规相比较，可节约工期75天。

喜河水电站三台机组的尾水挡水结构施工表明，滑模施工确有速度快、质量好等优点，只是对现场组织与管理、工序配合与协调等要求较高。

（中国水利水电第三工程局　赵红阳　王　鑫）

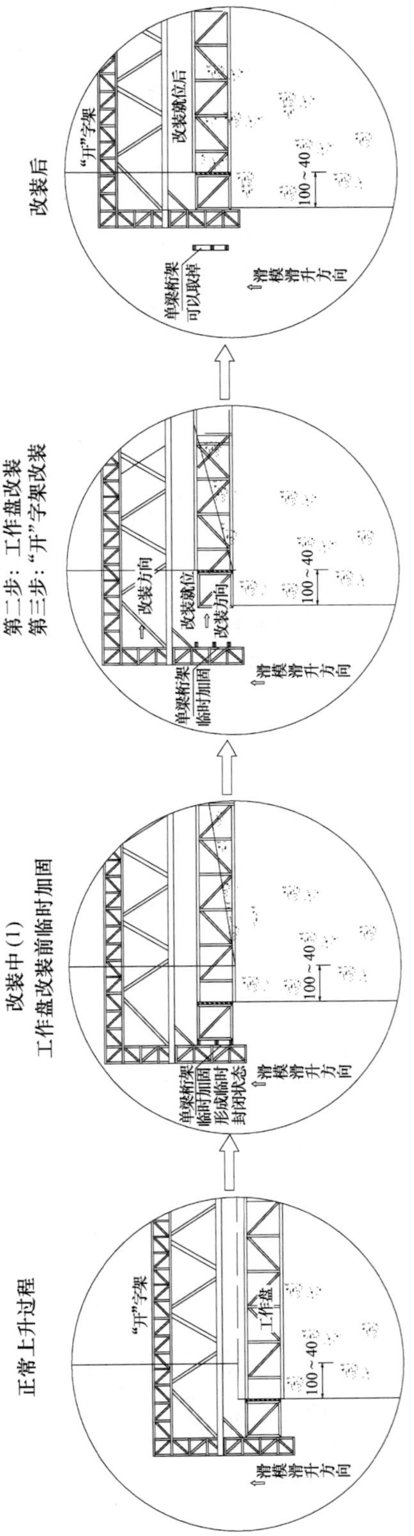

图2　变截面施工工艺流程简图（单位：cm）

南水北调丹江口大坝加高施工情况

一、工程概况

丹江口水利枢纽是南水北调水源工程之一，位于湖北省丹江口市汉江干流与支流丹江汇合处下游约800m，控制流域面积95200km²。丹江口水利枢纽由两岸土石坝、混凝土坝、升船机、电站等建筑物组成，初期工程于1973年建成，正常蓄水位157m，坝顶高程162m。河床坝段高程100m以下坝体，已按大坝加高后正常蓄水位170m建成。

大坝加高后，坝顶高程176.6m，水库正常蓄水位170m，校核洪水位174.35m，总库容339.1亿m³；可防洪保护下游大面积农田及大、中城市等的安全，向华北跨流域调水以及本流域灌溉用水，电站装机容量900MW，通航建筑物可通过300t级驳船。

丹江口水利枢纽大坝加高工程挡水建筑物由河床及岸边的混凝土坝和两岸土石坝所组成，总长3442m。在左坝头穿铁路处离左岸土石坝坝头200m左右设有左坝头副坝，为均质土石坝。

混凝土坝分为58个坝段，全长1141m，最大坝高117m。自右向左分别为：右岸联结坝段、深孔坝段、溢流坝段、厂房坝段、左岸联结坝段。

右岸土石坝全长877m，最大坝高60m，与右联混凝土坝右5、右6坝段下游面横缝处正交连接，经直线段约140m后再用圆弧向上游偏转，沿老虎沟上游侧山顶接至张蔡岭。

左岸土石坝由五个不同半径的圆弧段和若干个直线段所组成，全长1424m，最大坝高71.6m。分为左联、张芭岭、先锋沟、尖山、王大沟、糖梨树岭及延长段等七段，右端与混凝土坝左岸连接段上游面正交相接，左端与糖梨树岭沿公路延长200m相接。

电站厂房为坝后式厂房，装6台水轮发电机组，单机容量为150MW，共900MW。

通航建筑物位于右岸，由斜面升船机、垂直升船机和中间渠道组成，可通过300t级驳船。

丹江口大坝加高工程的土建及金属结构安装工程，以河床表孔溢流坝段15号与16号坝段间的横缝为界，分为左岸和右岸两个标。右岸标由中国水利水电第三工程局承建，左岸标由中国葛洲坝集团公司承建。

二、右岸标各建筑物控制性工期

2005年8月开工，2010年4月30日完工。

（1）2005年11月砂石系统和混凝土生产系统等生产辅助设施建成投产，混凝土坝贴坡部位开始混凝土浇筑。

（2）2006年汛前，14～15号坝段溢流面浇至高程128m，深孔坝段（8～13号坝段）完成贴坡混凝土浇筑，右联坝段完成贴坡混凝土50%工程量。

（3）1号和右1号坝段混凝土拆除至高程142.5m并恢复至高程162m（在2006年10月～2007年4月枯水期进行）。

（4）2007年汛前，深孔坝段（8～13号坝段）浇筑至坝顶高程176.6m，右联混凝土坝贴坡混凝土浇筑完成。

（5）深孔底板加固工作可分批在2006～2009年枯水期完成，单孔加固必须在一个枯水期完成，并在枯水期后汛期满足泄水要求。

（6）2008年汛前，右岸土石坝填筑至高程167m。

（7）2008年10月，右联坝段加高完成。

（8）2009年1月，右岸土石坝全线填筑至坝顶高程176.6m。

（9）汛前，深孔坝段金属结构安装完毕。

（10）2009年6月1日，升船机具备通航条件。

（11）2010年4月，右岸标工程全部完工。

三、主要工程量

混凝土浇筑39.3万m³、钢筋制作安装2286t，混凝土拆除2.4万m³、房屋拆除1861m²，混凝土键槽切割近4000m；固结、帷幕灌浆2万m、接触灌浆3.5万m²；金属结构拆除731.4t、金属结构安装6565.4t。

四、工程难点

1. 溢流坝段加高程序复杂　溢流坝段中14～15号两个坝段的4个溢流表孔，初期堰顶高程138m。大坝加高时，堰顶自高程138m加高至152m，闸墩由高程162m加高至176.6m。由于度汛要求，溢流坝段加高需分年分批进行，在2006年汛前完成高程128m以下部位的溢流面混凝土浇筑，在2009年10月～2010年4月完成溢流坝高程128m以上堰面及闸墩加高混凝土施工。

2. 新老混凝土结合处理工序多、难度大

（1）混凝土碳化深度测量及凿毛。由于丹江口枢纽工程已建成32年，必须将老混凝土表面的碳化层凿除，垂直面凿除深度3～5cm，斜坡面及水平面凿除深度为2～3cm。凿除后的表面应显露石子，局部有损伤的部位，凿毛深度相应加大。

（2）新增键槽施工。为避免应力集中，需在坝体表面切割出抗剪结合V形键槽，切除工程不能损伤大坝主体结构，只能采用静力切割法切割该键槽。施工设备选用功率为32kW的D-LP32/DS-TS32墙锯系统，分段切割键槽，切下的混凝土分块吊装，运至弃渣场。

（3）锚杆施工。采用手风钻钻孔，按“先注浆后安装锚杆”的程序施工，在已凿过的结合面锚固施工时，应防止注浆污染凿除面。

（4）闸墩与加高溢流堰结合面处理。溢流坝段老闸墩凿除后的毛面需涂环保型界面胶，要求涂抹面无油脂、尘埃和松散物，表层干爽不湿或略潮；涂刷可采用滚轮或涂刷方式进行，涂抹后必须在1h内覆盖混凝土；涂刷面积应与混凝土浇筑速度相适应。

3. 混凝土拆除量大　根据结构要求，部分建筑物的某些部位需要拆除后再进行加高或改建。混凝土拆除量约2.38万m^3，拆除部位包括：混凝土栈桥墩、右1及1号坝段高程162～142.5m坝体、表孔坝段坝顶盖板和板梁、闸墩顶部、通航建筑物的部分结构及2×800kW小水电站等。拆除部位绝大部分为钢筋混凝土结构，施工中要确保工程邻近建筑物安全及保留混凝土体的质量。

4. 金属结构埋件需进行水下检测与修复　根据丹江口水利枢纽水下金属结构埋件检查修复的检测任务要求、结构特点、环境条件及国内现有水下检测技术装备的实际作业能力水平，决定采取专业检测潜水员水下测量电视系统与无损探伤、超声波测厚设备相结合的检测方案，实施大坝进口检修闸门槽、进口拦污栅槽和深孔事故检修门槽水下埋件的检测作业。

5. 初期工程混凝土裂缝检查和处理　丹江口水利枢纽初期工程混凝土大坝坝顶、上下游坝面、廊道、溢流面等均出现了裂缝，数量多且有些位于重要部位。施工中需对混凝土坝体裂缝进行检查和处理，特别是水下的裂缝检查和处理技术难度很大。

6. 高水头作用下坝基帷幕灌浆　大坝加高后库水位提高至高程170m，水头增大13m后，为确保降低坝基扬压力，保证大坝稳定安全，改善坝基防渗和排水条件，需做好坝基帷幕灌浆。

7. 深孔坝段孔口高速水流过流面补筋　深孔体形和配筋在初期工程施工时已考虑后期大坝加高要求，由于当时运算条件的限制，孔口配筋只能采用按光弹应力图进行。大坝加高后运行条件与初期工程发生很大变化，通过计算复核，深孔底板在纵缝前范围内配筋不足，需补筋加强。施工确定抽槽植筋加固方案，施工程序复杂，技术要求较高。

8. 表孔堰面与闸墩之间钢筋连接及浅宽槽回填施工　溢流坝段加高新浇堰体混凝土与闸墩结合措施，采用堰体在与闸墩结合面的顶部2～3m预留浅宽槽，待新浇混凝土温度降至准稳定温度后，进行浅宽槽回填。新浇混凝土溢流面钢筋与闸墩结合，采用在闸墩内分层布设自锁锚杆，然后溢流面钢筋在浅宽槽区域与自锁锚杆焊接，形成整体结构，施工程序复杂，技术难度大。

目前，工程施工业已开始。2005年9月26日，在湖北省丹江口市举行了大坝加高开工典礼；2005年11月23日，右岸柳树林砂石筛分系统、军营混凝土拌和系统（制冷系统除外）通过试运行并联合验收；2005年11月25日，右岸主体工程第一仓混凝土开仓浇筑。

（中国水利水电第三工程局　李东锋）

地 下 工 程 施 工

西龙池输水系统大倾角超长斜井开挖施工

（一）西龙池抽水蓄能电站引水系统简介

西龙池抽水蓄能电站位于山西省五台县内，装有4台300MW的竖轴单级混流可逆式水轮发电机组。电站的输水系统因水头高、引水道大倾角和超长而著称，在水电行业位居中国第一、世界第二。输水系统有两条输水隧洞，采用一管两机布置。系统总长1859.28m，开挖高差690.3m，1号、2号引水洞分别长1448.33m和1431.18m，高差677.0m。电站正常发电水头640m，最高水头694.5m。单条引水斜洞长756.59m，其中上斜段达515.5m，最大坡度60°，最小坡度56°，最大洞径5.9m，最小洞径4.82m，马蹄形布置。为保证工期，减少长斜井的施工难度，在输水洞中间设立四条施工支洞，自上而下分别是上引支洞、1号中支洞、2号中支洞、下引支洞，总长4232.7m。

（二）斜井施工的难点及对策

长756.59m、56°和60°的斜井开挖在中国水电史上还是第一次，其施工难点：①保证测量放点准确，洞子不偏离设计轴线，能精确贯通；②解决洞挖中烟尘雾气、缺氧、塌方和坠石；③选定开挖机械，提高工效，降低成本，保证工程质量；④改善施工条件，降低职业病率。针对上述难点，采取了如下措施：

1. 斜井施工方案的研讨及施工设备的优选　十三陵、广蓄、天荒坪、桐柏和宝泉抽水蓄能电站输水系统斜井开挖施工中曾使用瑞典阿里玛克（ALIMK）公司制造的爬罐（以下称爬罐）。十三陵上水库由于斜井遇到地质问题，斜井上段使用过反井钻。西龙池斜井开挖采取施工支洞后，去掉上下弧段，最长的一段斜井 382m。计划施工中用爬罐从下往上施工导井 262m；用反井钻自上而下打导孔，再反拉导井 120m。采取这种施工方案的原因：①用爬罐施工，当超过 250m 时，若洞内温度低于洞外，阴雨、气压较低时，洞内排烟除尘困难，会形成雾云，影响测量放线。②因掌子面直接送风，操作面上空气状况尚可，但通道地段却因缺氧，易发生操作人员窒息，被称为“死亡之谷”。③用反井钻施工斜段上部的 120m，改洞内施工为斜井外施工，更显安全，并形成两个工作面，加快施工速度。用反井钻施工务必确保钻机定位的准确性，保证导孔不偏。

为此，施工设有两套空气压缩机，一台供通风，一台供打钻，设立储风罐和油水分离器，总风量 $20m^3/min$；开挖进洞 150m 后，在爬罐轨道的供风供水管上，每 100m 安装一节有丝堵的轨道，去掉丝堵，安装 90°的弯头、岔管、喷雾头和截门，形成除掌子面外的强制性中间接力通风和喷雾设施；操作人员通过缺氧地段时配备氧气瓶（袋）；利用地质探洞、闸门井导洞、提前打反井钻钻杆导洞等措施，形成排烟吸尘通道，较好地解决了排烟除尘缺氧的难题。

为解决反井钻的定位和跑偏问题，革新改造了原 LM—300 型反井钻的基座；增加改进后加长的稳定钻杆；提前预埋 2m 长的定向导管导向；用全站仪（辅助经纬仪）进行测量放点定机位，用全站仪和测斜仪在钻导孔 5m、15m、30m 时和以后每钻 50m 时，对钻孔进行一次检查校验，发现不合格孔及时封孔返工；遇不良地质问题时，及时灌浆处理；打钻时采用轻加力、慢掘进等措施，较好地解决了斜井用反井钻施工中的定位和跑偏难题。

2. 导洞位置的研讨及选定　用反井钻和爬罐对接施工贯通导井，将遇到的问题是：导洞放在洞子掌子设计断面的什么位置，掌子面设计成垂直面还是水平面，反井钻的导洞什么时间打为好等。

国产的反井钻的偏斜精度是 1.2%，即掘进 100m 中轴最大偏差为 1.2m，一般施工按 1.5m 预计。改进后的反井钻精度预计在 1%之内，所以用反井钻打长斜井，首先要考虑准确贯通；爬罐是按布设的测量导线，用 2m 的轨道吊挂操作平台，人工操作手风钻，2m 左右一循环掘进。理论上讲，估算精度可达 3～4cm，并可随时调整偏差。先打反井钻钻杆导孔（ϕ216mm），测出终孔坐标，再用爬罐找终孔坐标点对接。如条件允许（主要是经济问题），延长反井钻钻杆导孔，使爬罐在掌子面上就能形成排风除尘供风通道，缩短正导开挖掏槽孔长度，避免长距离斜井运送扩孔钻头或增购延长钻杆，在斜井底部平段安装扩孔钻头，对施工是最有利的。若两端同时开工，或一端已施工很久另一端尚未施工，或者因成本问题没有那么多的钻杆，在西龙池施工中就遇到了这种情况，采取的措施是：用反井钻施工钻杆导孔时钻杆中心在马蹄形斜井竖向中心靠下 1m，阿里玛克爬罐施工导洞时竖向中心靠下 0.5m，使 ϕ1.4m 的反井钻导洞底边与 2.4m×2.4m 阿里玛克反井钻导洞的底边重合，使 ϕ1.4m 溜渣洞的底边距 5.9m 竖向斜井的底边 1.25m。这样设计最大限度地防止了反井钻偏斜到洞形以外，又可满足将来扩挖时，人工抛渣时不必抬得过高，还为爆破后的抛渣预留了空间，同时为溜渣时冲击磨损阿里玛克施工的导洞底板预留了厚度。

需要说明，两种设备对打导井，出现轴线偏斜是难免的，偏斜的大小是相对的，要在施工中严格控制。只要不是两洞错开，或者增加混凝土回填的费用小于再打一个钻杆导洞的费用，就不再返工，及早在接近贯通时，准确确定两终点坐标，及时修正，要提前采取措施，使斜洞的对接部位能形成较大半径的过渡溜渣通道，避免堵塞通道。施工中西龙池 5.9m 的洞径为免堵塞溜渣孔进行了二次扩挖。

斜井施工遇到的第二个问题是扩孔时掌子面设计成垂直的，还是水平的。如设计成垂直的，导洞放在中心线下部，导洞底距斜洞底 1.25m，人员弃渣时够得着，长距离溜渣冲击磨损，溜渣洞下口不会磨损到开挖线以外（西龙池 382m 斜井导洞底板磨损达 48cm）；同时距洞底 1.25m 也为反井钻施工预留了偏斜量，且设计断面易于控制。如掌子面设计成水平的，溜渣洞放在中间，溜渣时可省力，若爆破块径掌握不好，渣子易堵孔。特别是放轮廓线时，如设计断面是圆形，而水平断面就变成了椭圆形。西龙池电站斜洞是马蹄形，水平断面就更复杂，放线比较麻烦。更重要的是开挖断面设计成水平的，上圆拱处比较狭窄，钻工施工困难，为保证手风钻操作需超挖，成洞后围岩面宜形成台阶，对西龙池薄层岩层来说不利于开挖的安全，还会增加超填费用。

根据以上分析，西龙池斜井扩挖的掌子面设计成垂直工作面，溜渣导洞距斜井底 1.2m，这样不但方便放线，还有利于人员省力抛渣，给炮渣堆积预留了空间，更能避免放炮时块径大堵塞溜渣洞，同时解决了长距离溜渣洞底板受溜渣冲击磨损，使洞底磨损到断面以外的问题。

3. 保证贯通精度及测量工艺的选择　保证斜洞定位准确，贯通精度满足要求，洞子不打偏，是施工成败的关键问题。对此，采取了如下措施：

(1) 对业主提供的网点进行全面校核，建立自己的区域施工网和进洞基本导线。

(2) 对进洞基本导线点的坐标设计和测量数据，坚持异人异机进行校核，对测量大纲和测量成果进行复核评审。

(3) 建立校核导线，坚持对基本导线定期校核。

(4) 斜井反导施工和正导扩挖用激光仪指向，开挖 170m 后进行激光接力。

(5) 反井钻定位前预埋 2m 导向管预定位，用全站仪和测斜仪进行施工中监控，发现不合格孔位及时封孔返工。

(6) 改只在掌子面和斜洞口供风排烟除尘为中间通道也进行排烟除尘供氧，减少烟尘对测量的干扰。

由于采取了以上措施，西龙池电站的进水口闸门井竖井 70m，用反井钻施工实测偏差仅 3.2cm，133.5m 的上斜井上段实测偏差不足 50cm；382m 的上斜井下段用爬罐施工，贯通后轴线偏差仅 1.8cm，大大低于估算指标，达到了测量放点准确定位、洞子轴线精确贯通的预定目标，攻克了大坡度超长斜井施工中上下库施工初期未联网不通视的难题，刷新了我国大坡度超长斜井开挖精度的纪录。

（中国水利水电第三工程局　姬脉兴）

彭水水电站岩溶地质条件下大断面引水隧洞施工技术

（一）工程基本情况

彭水水电站为乌江下游第 10 个梯级电站，工程为一等工程。5 条圆形引水隧洞最大开挖洞径 18.4m，衬砌后最大直径 14.0m，为国内最大直径的引水隧洞。引水洞通过 O_{1d}、O_{1h}、O_{1f}、O_{1n}^{5} 等灰岩、白云岩和页岩，其中 O_{1d}^{1}、O_{1f} 层页岩强度较低，O_{1h}^{1} 和 O_{1f}^{3} 层厚度薄，含页岩多，层间错动较发育。引水洞通过 KW51 号岩溶系统，KW51 号岩溶系统和 C_2、C_4、C_5 三个溶蚀填层夹层，将遇到一些岩溶洞穴。从引水洞成洞条件分析，主要是 O_{1d}、O_{1h}^{1} 和 O_{1f}^{3} 三层比较软弱，洞轴线与岩层走向夹角也较小，地下水位较高，故成洞条件较差；其次是遇到溶洞和 C_2、C_4、C_5 夹层洞段稳定条件差。

（二）施工布置

1. 施工通道布置　彭水水电站引水隧洞由上平段、上弯段、竖井段、下弯段、下平段（其中下平段布置有压力钢管）组成。上平段与进水塔相接，其施工通道的布置通常为：在上、下平段各布置一条施工支洞，在进水口开挖完成后，再形成一条新的通道，共有三条通道。但彭水水电站两岸边坡坡度为 45°～60°，给施工通道的位置选定增加了难度。此外，由于压力钢管内径最大达 14.0m，通道的布置必须考虑钢管的运输要求。综合比较支洞布置的技术、经济、安全要求，其布置结果为：①在下平段布置一条 3－2 号支洞，长度 980m，为城门形断面，有效断面尺寸为 8m×6m（根据地下工程施工经验，支洞长度超过 500m 后，就很难达到满意的通风散烟效果，但考虑可兼作主厂房的第四、五层及尾水洞的开挖出渣，在现有的条件是最合理的）；②在上平段布置一条 2 号支洞，长度 440m，作为整个引水隧洞施工的主要通道，也为城门形断面，有效断面尺寸为 8m×6m。而压力钢管的运输，若压力钢管采取整节运输方案，则不宜采用支洞作其运输通道（因断面要扩挖为 16m×8m，造价太高），其运输通道只有一条，即从进水口经上平段进入安装部位。若将钢管整节运输改为瓦片运输（瓦片对通道的高度要求不低于 5m），则三条通道均可以作为钢管的运输通道。多通道运输不但降低运输难度，减少运输费用，也由于混凝土衬砌与钢管安装可同时作业而极大地加快施工工期。

2. 通风设施布置　由于引水隧洞的洞挖施工要快于进水口边坡开挖，再加上两条施工支洞较长，尤其是 3－2 号支洞，是多家承包商共用的通道，多工作面作业，通风散烟、排水解决不好，不但影响施工效率，而且增大了安全隐患，不符合文明施工要求。在引水隧洞未全线贯通前，常规的通风做法是在洞口布置轴流通风机，采用压入式机械通风，但支洞较长则效果不理想，而且噪声大，耗电量大，对成本控制不利。结合现场实际情况，在引水隧洞施工期间，采用了如下的通风方式：①从江边沿 5 号引水隧洞轴线反向提前打通一条通风洞（断面尺寸 2m×2m）与 2 号支洞连通，形成与 2 号支洞联合通风，并使其进口高程比 2 号支洞略低，利用江边风速较快的特点，形成“烟囱”效应，爆破作业产生的热空气、粉尘很快就从 2 号支洞排出。②在 3－2 号支洞洞顶打一条通风竖井，断面尺寸为 2m×1.5m，与进场交通洞连通，形成与 3－2 号支洞联合循环通风。上述两条通道形成后，洞内通风散烟速度加快，通风效果非常明显，而且还可以省去洞外的机械通风设施。

（三）大断面隧洞施工

1. 开挖方法的确定　因引水隧洞的开挖最大直径达 18.4m，大部分为 16.4m，开挖设备选用 YT28 手风钻。为减少洞群开挖相互干扰，保证围岩的稳定，选定的开挖方法为：

(1) 洞群间隔开挖，即 1 号、3 号、5 号洞开挖领先，2 号、4 号洞滞后 30～50m 跟进。

(2) 单洞开挖程序：上半洞中导洞开挖（8m×6m）视围岩好坏局部临时支护→上半洞扩挖→上半洞系统支护跟进→下半洞分层水平钻孔施工→下半洞扩挖→下半洞支护跟进→底部保护层开挖、修面。

(3) 上平段与进水口相接处（引水隧洞进口洞脸）预留 10m 岩塞，待进水口高边坡开挖后，在引水洞进口锁口锚杆施工后，从进水口高边坡反向进洞，以确保边坡稳定与隧洞的良好成型。

(4) 弯管及竖井段开挖程序：人工导洞（2m×2m）→扩挖→支护。

(5) 进口洞段的 O_{1d}、O_{1f} 及 O_{1h}^1 层为页岩或页岩夹灰岩，岩石强度低，而且地层走向与洞轴线夹角小，抗风化能力弱，成洞条件差，采用边挖支护的施工方法，缩短页岩层裸露时间。对 O_{1n}^2 层页岩组成的顶拱和边墙段及时支护，以增强自稳能力。在性状很差的软弱夹层部位，易产生危险块体失稳，采用钢拱架加固。

2. 隧洞施工

(1) 钻孔质量的控制。在爆破参数相同的情况下，爆破质量好坏取决于钻孔质量好坏。隧洞的开挖质量以超欠挖数值进行评定，外观表现形式为光面爆破孔的半孔率的高低：半孔率高的开挖质量一般较好。但随着施工水平不断提高，在追求高半孔率的同时，更要求半孔的平行度、直线度，即每个半孔相互平行，不出现相交现象，相邻两茬炮的同一位置的孔尽量在同一条直线上，要达到上述要求，除了选择合理参数外，关键在于造孔。采取的办法是：按爆破设计进行现场孔位放样，选用有经验、责任心强的人员施钻，严格控制钻杆掘进方向，在钻进过程中不断校核钻杆倾斜度，及时纠偏，制定质量奖惩办法，加大奖罚力度。通过采取上述措施后：除 4 号洞因岩石较破碎半孔率为 75%～80%外，其余洞室的半孔率均大于 85%，2 号洞最高达 95%，半孔的平行度、直线度均达到满意的效果。

(2) 支护。根据不同类别、不同部位的围岩，采用了如下支护类型：

1) 在进水口直立边墙开洞之前，先打两排 ϕ28mm@2m×2m，L=12m 锁口锚杆；在支洞与主洞“十”字交叉部位打两排 ϕ25mm@2m×2m，L=4.5～6m 锁口锚杆；上述锁口锚杆的施工保证了成洞的稳定性和洞形的美观性。

2) Ⅱ、Ⅲ类围岩采用 ϕ25/28mm@2m×2m，L=6/9m 锚杆，喷 C25 钢纤维混凝土 15cm 厚（钢纤维掺量 45kg/m^3），Ⅳ、Ⅴ类围岩除采取上述支护方式外，另增加花拱架支撑，花拱架排距 1m，正方形断面（L=20cm），主筋 ϕ28/32mm，联系筋 ϕ16mm。花拱架喷护采用模喷方式，与常规喷护方式相比，可减少 10%～20%的回弹量，从而加快施工速度。

(3) 安全监测。

1) 隧洞围岩变形监测。为了解开挖期间围岩的变形情况，进一步优化爆破参数，减少爆破对围岩的振动，开挖期间分别在 1 号、3 号、5 号引水隧洞布置了 13 个收敛观测断面，在 2 号支洞布置了 6 个收敛观测断面，进行了长达 8 个月的连续观测，最大扩张变形为 1.07mm，最大收缩变形为 0.94mm。从所得的变形监测值可知，引水隧洞的爆破参数是合理的，围岩总体是稳定的。

2) 洞脸边坡变形监测。引水隧洞洞脸边坡最大高度达 190m，边坡开挖设计坡比在 1∶0.2～1∶0.4 之间，分级布置，每级马道 10～15m，马道宽度 2.5m。为了了解隧洞及进水口明挖期间边坡变形情况，施工期间用瑞士徕卡 TC1800 全站仪观测边坡的水平、垂直位移。此外设计在洞脸边坡布置有 8 套 32 点多点位移计、9 个测斜孔作为洞脸边坡永久安全监测手段。施工期间通过外观观测资料表明：边坡最大日变形量为 1.21mm，累计变形量达 8mm，目前进水口边坡开挖已完成，边坡总体稳定和变形完全满足运行安全的要求。

（四）岩溶系统施工

1. 岩溶系统处理原则　引水洞通过 KW51 号岩溶系统、KW14 号岩溶系统。结合现场实际，确定岩溶系统处理原则为“疏、堵、导”，“疏”即追踪岩溶发育方向，清理溶蚀、充填物；“堵”即将溶蚀形成的空腔进行回填；“导”即对进行疏、堵处理后仍存在地下水通道的 KW51 号岩溶设置截水洞，将地下渗水汇至集水坑后抽排至系统外。

2. KW51 号岩溶系统处理方法

(1) 施工支洞布置：引水洞穿过 KW51 号岩溶系统，KW51 号岩溶系统为深岩溶系统，其出口较低，且以溶洞管道为主要岩溶形式，其处理方法是在合适位置布置一条施工支洞进入岩溶分布范围进行“疏、堵、导”施工。投标阶段的施工方案为 KW51 号岩溶在江边的出口高程 223m 处布置支洞，但现场实际情况是：该洞口位于大坝坝肩范围内，与坝肩开挖干扰大，施工通道不便布置。结合整个地下厂房系统的支洞布置情况，将该支洞洞口布置在 4 号支洞内，施工干扰小，而且支洞长度也缩短。

(2) 抽排应急措施：由于 KW51 号岩溶系统可能存在与江水连通的通道，为防止施工过程中可能存在的江水倒灌或岩溶自身内的积水涌出，淹没主厂房，采取的应急措施有：布置足够安全系数的大容量水泵，配备足够数量的沙袋，遇突然涌水时可迅速堆筑临时挡水围堰。

(3) KW51号岩溶系统开挖方法：为防止沿KW51号岩溶系统发生江水倒灌，开挖时先挖导洞，探明是否存在大溶洞及岩溶涌水，便于及时处理，并在洞室周围设置排水廊道。

3. KW14号岩溶系统处理方法 与KW51号岩溶系统相比，KW14号岩溶系统不与江水相连，仅与地表相连，其分布范围为进水口高边坡、引水隧洞上平段，从进水口以约70°倾角斜切入引水隧洞上平段，其处理方法为：

(1) 进水口高程305.7m以上部位全部随边坡开挖而挖除；残留在边坡上岩溶空腔则采取喷锚支护后进行混凝土回填的处理方法。

(2) 出露在高程305.7～286.7m之间的岩溶，采用人工清除其内充填的溶蚀物，按设计要求回填混凝土。

(3) 高程286.7m以下出露在引水隧洞边顶拱上的岩溶，采用人工清除其内充填物，采用“锚杆+混凝土回填”方式，为保证密实度，预埋回填灌浆管。

(4) 进水口直立边墙锚索造孔遇上岩溶后，用0.4∶1∶1（水∶水泥∶砂）或用纯水泥浆（水灰比为0.4∶1）进行回填灌浆，如在灌浆过程中发现严重串孔、冒浆、岩溶洞穴漏浆不起压，采取嵌缝、低压、浓浆、间歇灌浆、灌水泥砂浆、细骨料混凝土、加速凝剂等方法进行处理后再扫孔钻进。

（五）高地下水位施工

引水隧洞位于灰岩页岩地层环境，岩溶通道发育，地表水通过岩溶通道进入洞内，在隧洞进行混凝土衬砌前，对洞室支护及施工期稳定极为不利，尤其是页岩地段，地下水浸泡后，掉块、崩解明显，给开挖支护提出了较高要求；在隧洞混凝土衬砌完成后，增大了混凝土衬砌墙的外水压力，尤其是对下平段的压力管道更为不利。采取的主要措施有：

(1) 在5条引水隧洞下平段上方布置5条压力钢管外排水洞，将通过岩溶通道进入山体的地表水及时导出至集水井抽排出山体外。

(2) 封堵回填地质勘探的探洞及各种取芯孔，防止地表水通过上述通道进入山体内。

(3) 寻找所有地表可能存在的通道，并进行封堵。

(4) 做好引水隧洞所在的山体鸭公溪排水，将通过山体表面汇集的雨水及时排走，减少因地表水排水不畅或淤积而进入山体内。

(5) 施工期隧洞内的集中渗水点（点渗）采取打排水孔并用PVC管引排至洞内集坑内的方式处理，施工期隧洞内的较大面积渗水（面渗）则采用彩条布或油毛毡紧贴渗水面将渗水汇集至隧洞两侧排水沟内。

（六）小结

(1) 地下洞室群施工，良好的通风散烟环境是保证正常施工的先决条件，结合现场实际条件，尽量创造自然通风条件是有丰富地下工程施工经验的必备素质。

(2) 合理的施工通道布置对加快施工进度、改善通风散烟条件、降低成本有重要意义。

(3) 对于大断面洞群施工，最适宜的开挖方法是“新奥法”，施工实践证明，只有严格按照“新奥法”施工，隧洞开挖才能顺利进行。

(4) 洞与洞之间净距较近时，应采用间隔开挖和滞后开挖的方法，如：先进行1号、3号、5号隧洞的开挖，再进行2号、4号引水隧洞的开挖；1号、3号隧洞开挖和支护应提前2号引水隧洞50m以上。

(5) 上半洞开挖支护完成后，才能进行下半洞的开挖，严禁上半洞未支护完成就进行下半洞的开挖，这样易造成大的安全事故。

(6) 采用喷钢纤维混凝土代替挂钢筋网喷混凝土，不仅能加快施工进度，而且具有良好的施工安全性和经济性。

(7) 在型钢价格与钢筋价格差别较大时，用花拱架代替钢支撑可以节约成本。

(8) 岩溶系统按“疏、堵、导”的处理原则实施，具有代表性，值得推广。

（中国水利水电第七工程局 白永生）

牛头山水电站调压井井挖施工技术

福建寿宁牛头山水电站调压井主要由上室、大井和小井组成，调压井开挖工作内容包括339.5m以上明挖、边坡喷混凝土支护、混凝土锁口、井挖、井身临时挂网喷锚支护等工程项目的施工。

调压井井深165.7m（339.5～173.8m）。大井开挖从339.5至264.4m，其中339.5～330.9m为扩大上室开挖，直径30～13m；330.9～322.2m为混凝土锁口段开挖，直径13～11.6m；322.2～315.5m开挖断面直径为9.3m；315.5～264.4m开挖断面直径为8.9m；小井开挖为264.4～173.8m，直径5m。

调压井位于厂房以西长条形平脊的后缘，距离厂房约800m；山脊近东西走向，坡顶宽30～50m，地面高程约360m，坡度10°～30°。其南北两侧均有冲沟，北侧冲沟切割较深，地形陡，坡度为35°～40°，南侧冲沟较缓。

调压井所处位置覆盖层和风化岩厚度较大，受辉绿岩脉和附近的F46断层的影响，在深度30m（高程320m）以上，工程地质条件中等。

（一）导井施工工艺及参数选择

确定调压井中心点后，进行反井钻机基础施工，然后进行钻机安装。反井钻机安装高程根据调压井上部围岩具体地质情况确定。反井钻机安装完成，同时引水洞5+983.825～6+093.719段开挖完成且形成出渣运输通道后，即可自上而下开始钻导孔，孔内石渣利用钻机加压后的循环水冲出孔外。导孔钻透后，在井底将ϕ244mm的导孔钻头换成ϕ1200mm的扩孔钻头，然后自下而上进行扩孔。

调压井导井施工采用反井钻机施工技术，反井钻机型号为LM-200型，钻机的主要技术参数见表1。

表1 LM-200型反井钻机技术参数表

钻孔深度(m)	导孔直径(mm)	扩孔直径(m)	转速(r/min)	推 力(kN)
200	244	1.20	0～20	350

拉力(kN)	扭矩(kN·m)	总功率(kW)	外形尺寸(mm×mm×mm)
850	40	82.5	3.2×1.7×3.4

导井施工完毕后，采用钻爆法进行扩挖施工，钻孔机械采用YT27型手风钻。

（二）井挖施工程序及参数选择

扩孔后，采用钻爆法进行扩挖施工。梯段爆破参数为：孔深 $H=2.5m$，孔径42mm，孔距1.2～1.5m，排距0.8～1.0m，药卷直径32mm，单位耗药量0.4～0.45kg/m³，堵塞长度0.6m。预裂爆破参数为：孔深 $H=2.5m$，孔径42mm，孔距40～60cm，药卷直径32mm，不耦合系数1.31，堵塞长度0.6m，△线300～320g/m。

（三）井挖施工方法

井挖采取分层开挖的方案，根据调压井围岩特性，并综合考虑作业人员的工作强度及施工计划，采用YT-27型手风钻钻孔，非电塑料导爆管毫秒微差分段顺序起爆，先进行中心孔井挖，光爆跟进，石渣用人工从导孔扒至引水隧洞，再用ZLC-40侧卸式装载机装渣，5t自卸汽车运至弃渣场，循环进尺为2.2～2.5m。井挖程序：施工放样→施工准备→钻孔→装药、起爆→通风、排烟→出渣→围岩清撬→井身支护。

井身支护：为了保证开挖过程中的施工安全，在井身开挖前，先进行钢筋混凝土及锚杆的锁口施工，然后进行井身开挖施工。对竖井破碎带及时进行支护，支护类型为全断面系统锚杆加C25挂网喷混凝土支护。井挖贯通后，调压井与下平洞交接处及时进行锚杆锁口及喷混凝土支护。混凝土锁口根据开挖后揭露的实际地质情况确定。

（四）测量控制与施工爆破

根据设计施工图纸、设计提供的测量成果，用激光投点仪进行施工放样，每个开挖面用红油铅漆标出开挖范围及钻孔位置，确保开挖中线、断面尺寸准确无误。

导孔、光爆孔钻孔使用YT-27型手风钻造孔，钻孔孔位依据测量标出的孔位及开挖轮廓线确定，周边孔在断面轮廓线内5cm处开孔，每个工作面安排3～5部手风钻同时工作，每循环进尺2.2～2.5m。

井身围岩均采用光面爆破施工工艺，光爆孔的孔距、光爆层的厚度、装药量等均按爆破设计参数进行控制。

正常情况下采用火雷管引爆、塑料导爆管传爆、孔外快速传爆，孔内延时。

光爆孔均采用乳化炸药，药卷直径25mm。在掌子面无水的情况下，采用2号岩石炸药。炮孔堵塞长度为0.5～0.6m，堵塞材料采用黄泥条，光爆孔装药孔是将计算的装药量按线装药密度均匀地将炸药捆绑在导爆索上，然后再绑扎在毛竹片上，将捆绑好的毛竹片送入光爆孔内，导爆索应长出孔口0.8m，以便串联式搭接。

根据工程特点、工期要求、围岩特性以及钻具性能，调压井工作面单循环时间分别为大井48h、小井24h。

（中国水利水电闽江工程局 董鹤彬）

思林导流洞快速施工技术

（一）工程概况

思林水电站是贵州乌江干流梯级中的第6级，总装机容量100万kW。右岸导流洞，城门洞形，断面尺寸13m×15m（宽×高），全长820m，进出口高程分别为364.0m、362.0m，底坡 $i=2.4364‰$。根据围岩类别及使用功能，衬砌厚度分别为60cm、80cm、100cm、150cm。

（二）工程的重点、难点

(1) 工期紧，工程量大，合同工期一年，要求2005年10月31日前完工。

(2) 做好工程的施工导流及水流控制，是工程顺利进行的关键。

(3) 导流洞与四条尾水洞相交段结构复杂，施工难度大，是控制总体施工进度的关键地段。

(4) 工程处于地下水位以下，且岩溶发育，施工中地下涌水、渗水及施工用水抽排问题比较突出。

(5) 导流洞施工初期以施工支洞作为施工通道，施工通风和散烟是工程的重点，在施工过程中应尽快将导流洞上层中导洞贯通，以利空气流通，提高施工效率。

（三）轻型钢模台车研制的背景

由于施工道路未通、供电时间晚及停电影响了两个月，加上其他原因，开挖工期严重滞后，2005年7月15日洞身下半洞才挖完，压缩了混凝土浇筑的时间，给混凝土衬砌带来了巨大的压力。进场后，水电九局思林项目部对混凝土的衬砌方案进行了详细深入的研究，作了综合比较：钢模台车在投标的费用为77万元，而厂家订做一台全断面钢模台车需要130万元，费用相差甚多。在要求业主追加钢模台车费用未被同意情况下，提出了自制钢模台车，并作了详细的设计。方案报送业主、监理审查，经多次论证、实践，最终同意了该方案。

（四）自制轻型钢模台车简介

传统的钢模台车一般采用型钢作支撑结构，模板采用钢板，使用液压系统对模板系统进行顶伸，在轨道上行走；或采用组合钢模、满堂脚手架的支撑方式。水电九局自制的轻型钢模台车，主要创新点就是增设了行走机构，并对模板系统进行了改进。

由于受顶伸系统的制约，对全断面衬砌的隧洞台车需分为边墙台车和顶拱台车。在全断面开挖完成后，按底板、边墙、顶拱的顺序进行衬砌。底板浇筑完成后，先安装边墙台车，再安装顶拱台车。台车的行走机构采用脚轮，脚轮的数量根据承载力计算。支撑结构采用钢管搭设的满堂脚手架，中间留行车通道。模板采用组合钢模板，边墙模板可订做成较大尺寸的，以提高模板系统的整体性和平整度，根据台车长度及高度拼装成整体；采用手拉葫芦吊装就位，用与脚手架连接的顶托支撑；浇筑完成后将顶托的螺杆松开，用手拉葫芦提升脱模。顶拱模板根据隧洞断面尺寸制作拱架，用小钢模拼装；就位时用千斤顶将拱架顶升到位，用顶托支撑；脱模时先将顶托螺杆松开，千斤顶卸压脱模。台车的行走采用装载机牵引。

（五）应用效果

轻型钢模台车在思林电站右岸导流洞的衬砌中应用十分成功，有效实现了快速施工，取得了良好的经济效益和社会效益，确保了思林电站的按期截流。

1. 轻型钢模台车的特点及用途

(1) 制作安装方便，操作简便。

(2) 经济效益明显，所用材料基本上可以回收再利用，在同等条件下与传统钢模台车比较，可节约成本三分之二。

(3) 衬砌速度快，对于13m×15m（宽×高）的城门洞形断面，12m长的台车边墙平均4天/仓，顶拱5天/仓。

(4) 适用于城门洞形和马蹄形断面，不受断面尺寸大小限制，可广泛应用于隧洞衬砌。

2. 应用效果

(1) 采用自行研制的轻型钢模台车，以微小的代价抢回了工期，在导流洞施工中发挥了巨大作用。

(2) 对复杂地质洞段、溶洞、溶槽、岩溶管道，采取了及时有效的处理方法，未雨绸缪，没有出现较大规模塌方，也没有发生大的渗漏涌水。

（中国水利水电第九工程局　何　滨）

大流量高流速泄洪洞改造修补工程的新技术应用

大流量高流速过水建筑物常因空蚀损坏而需修补。要达到好的修补效果，材料、技术和工艺是关键。在二滩水电站1号泄洪洞2号掺气坎设施的改造修补工程中，采用了无声破碎剂、界面黏合剂、自锁锚杆、环氧树脂等新材料、新技术和新工艺，取得了良好效果。

（一）无声破碎剂的应用

工程前期需要将边墙和底板的C50铁矿石老混凝土凿除0.3m，且不得伤害到边墙钢筋和其他相关部位。为此，决定采用“无声破碎剂”辅助施工。

无声破碎剂是一种新型快速、定时、耐低温的静态破碎材料，具有无震动、无飞石、无污染安全爆破的特点，可做到需要拆除的拆除，需要保留的保留。其施工工艺如下：

(1) 预先打孔：根据被破物的软硬程度控制孔距，且必须有1～2个自由面，孔内不能留有水和杂物。

(2) 搅拌与充填：①底板（水平面）按100kg破碎剂加水25～30kg，在容器内搅拌成稀泥状，能流动而不是太稀，少拌快装，搅拌均匀后灌入孔内，不留空隙。②边墙（垂直面）按100kg破碎剂加水10～15kg拌成稠泥状，能捏成团，塞入孔内层层捣实，不留空隙，同样要少拌快装。

（二）自锁锚杆的应用

为缩短工期，减小投入及使新老混凝土结合为整体，采用了自锁锚杆。

自锁锚杆的端部加工有“十”字劈口，与“十”字倒楔配合，插入底部经扩大并注有ICG－1无机灌注材料的孔里，用锤敲击加压，形成机械自锁。自锁锚杆能够适应混凝土的温度和湿度条件；无老化，耐久性好，与混凝土有同等寿命；可实现快速锚固，当机械自锁后，锚固力即达到设计值。

施工中，孔底扩孔采用扩孔钻头。这种钻头端部装有可伸缩的活动刀片，刀片收起时可自由出入钻好的直孔，进入直孔底部后，略加压旋转，刀片即可慢慢张开，将孔底部扩大成倒锥形的空间。

ICG—1无机灌注材料，浆液流动性大（自流），析水率低，可灌性好，自密实性能好，能够满足各种条件下的施工要求；早强、高强且持久高强，与混凝土孔壁、钢筋有良好的黏结；不收缩，耐老化，耐腐蚀，耐水，耐高温（500℃），适合永久性工程。

自锁锚杆的施工工艺如下：

（1）确定孔位后，钻 ϕ25mm 直孔至设计深度，并清孔。

（2）改用 ϕ33mm 扩孔钻头进行扩孔。扩孔时，要求钻头刀口充分扩张，把孔底扩大到位成倒锥形，需合格。

（3）清孔并保持孔壁表面湿润，但不得积水，灌注无机料40%。

（4）自锁锚杆配插契，夹紧，插入扩孔底部，锤击加压到达要求深度。

（三）界面黏结剂的应用

为使新老混凝土之间的界面连接得更好，在老混凝土上涂刷一层WSI界面黏结剂。该界面黏结剂具有特有的分子结构，具有黏结力强、耐湿热、耐冻融、抗老化性能优良等特点。其施工工艺如下：

（1）用水清洗老混凝土基础面，并吹干或烘干。

（2）严格按配比配制界面黏结剂，充分搅拌，用量一般按 2～2.5m^2/kg 掌握。

（3）涂刷应均匀，未完全固化前用混凝土覆盖基面。

（四）环氧树脂的应用

二滩水电站泄洪洞边墙面，2003年涂抹了一层NE-Ⅱ型环氧砂浆，经过两年的运行检验，抗冲耐磨效果比较明显。故本次改造修补仍然采用NE-Ⅱ型环氧砂浆。

NE-Ⅱ型环氧砂浆为改良性环氧砂浆，掺有一种高效内脱黏剂，常温时流动性良好，各组分材料不需要加热施工，又不粘施工器具，易保证施工面达到平整、光洁的质量要求。同时无毒、无污染，与混凝土的匹配性和耐久性能优良。其施工工艺要求如下：

（1）基础面为混凝土时用凿毛机或砂轮机打磨，基础面为钢板等金属结构时，应除净锈蚀，露出新鲜表面。

（2）底层基液按比例将A、B组分混合搅拌均匀，刷到基础面，做到不漏刷、不流淌。

（3）刷完基液后等到有拉丝现象再涂抹环氧砂浆。

（4）用抹刀涂抹环氧砂浆，涂抹时要边压实边抹光，1～1.5h后再进行提浆收面。

2005年7月5日，验收组对该掺气坎改造修补工程进行了竣工验收，一致认为该工程施工体现了设计意图，工程合格。2005年8月15日至8月19日，进行了泄水试验，结果证明：改造部位完好，达到设计及施工技术要求。

（中国水利水电第七工程局
李祥龙　钟炳志　彭永安）

地基开挖与施工

向家坝水电站左岸高边坡开挖加固处理设计

（一）概况

向家坝水电站河床左侧布置有二期导流明渠和一级垂直升船机、引航道等通航建筑物，需要开挖形成长约1530m、最大坡高约200m的人工高边坡。

自然边坡走向282°～300°，地形较整齐；中部发育磨刀溪冲沟，其上游段地形坡度30°～50°，下游段15°～40°。

基岩地层由三叠系上统须家河组的 T_3^{2-6}、T_3^3、T_3^4 岩组和侏罗系中下统自流井组（J_{1-2z}）组成。T_3^{2-6} 和 T_3^4 以厚至巨厚层状砂岩为主，夹少量透镜状泥质岩石。T_3^3 以薄至中厚层状粉砂岩、细砂岩为主，夹20%左右的泥质岩及7层煤。J_{1-2z} 主要为紫红色泥岩、粉砂质泥岩夹3层砂岩，砂岩占30%左右。

岩体中延续性较好的结构面主要为层间软弱夹层和小断层。岩层走向与坡面近于正交，倾向下游，倾角平缓，属横向坡结构，层间软弱夹层对边坡整体失稳不起控制作用。小断层主要分布在边坡下部，走向与坡面斜交，且倾角较陡，亦难构成边坡失稳的控制性结构面。此外，边坡主要发育NWW、NEE向两组裂隙，优势产状分别为：275°～295°/SW∠65°～80°和80°～88°/SE∠75°～85°。

边坡强风化带下限水平深度一般小于50m，中等风化带下限水平深度100m左右。边坡强卸荷水平深度 10～20m，弱卸荷一般为 50m 左右。

边坡无大型倾向坡外的中缓倾角结构面，整体稳定条件较好。

（二）边坡设计

1. 设计思路与原则

（1）按不同岩性、不同风化条件分区段选择坡比，力求边坡整体自稳，避免优势结构面被切脚，减少潜在失稳块体。

（2）在边坡稳定分析的基础上，对可能产生的变形破坏模式和规模，分别选择支护加固措施。

（3）要考虑方便施工及交通的要求。

2. 边坡轮廓设计　以泥岩为主的侏罗系红层、夹有较多泥质岩石和煤层的 T_3^3、主要为砂岩的 T_3^{2-6} 和 T_3^4，以及第四系覆盖层 4 种类型的岩土条件，考虑不同的风化程度，分别选择了不同的单级开挖坡比（见表 1）。既考虑单级边坡能够一次预裂到底，又尽可能减少边坡分级，梯段高度一般采用 20m。由于边坡岩石容易造成超挖，马道必须能满足边坡支护排架的需要，宽度设计为 3m。

表 1　左岸边坡开挖坡比

地　层	风化程度	开挖坡比
T_3^{2-6}、T_3^4	强风化	1∶0.75
	中风化	1∶0.5
	微风化	1∶0.4
T_3^3	强风化	1∶1
	中至微风化	1∶0.75
J_{1-2z}	强风化	1∶1.25
	中至微风化	1∶1
第四系覆盖层		1∶1.5～1∶1.75

（三）边坡处理设计

经稳定分析，设计边坡整体是稳定的。但由于风化卸荷的影响，存在煤层采空区，边坡有发生局部变形和块体失稳的可能。故须根据不同潜在变形破坏模式，采取锚固、排水、采空区回填和坡面防护等相应处理措施。

1. 边坡锚固　边坡浅表部的风化卸荷岩体强度较低，结构面发育，可能产生崩塌；倾向坡外的软弱夹层的组合，可能产生滑移拉裂；局部残留的强风化、强卸荷岩体，沿界面发生剪切滑动的稳定安全系数不足，因此必须采取边坡锚固措施（锚杆、预应力锚索和超前锚桩）。

（1）锚杆：砂岩中裂隙较长，块体规模相对较大；泥岩裂隙短，块体规模小。根据这些不同的情况，向家坝左岸边坡设计了 4 类系统锚杆和随机锚杆共 5 种型式，具体设计参数见表 2。

表 2　锚杆设计参数表

型号	直径(mm)	间距(m×m)	长度(m)	区域范围
A	25	3×3	5	开口线附近的覆盖层剥离区，坡度缓
B	28	2×2	6	J_{1-2z}边坡，坡度较缓，裂隙短，块体小
C	32	3×3	8	T_3^3、T_3^4 边坡，坡度较陡
D	32	3×3	9 或 12	坝头上方的原状坡，坡度陡
E	随机锚杆			视情况布置

（2）预应力锚索：预应力锚索是一种相对较深层的锚固手段，除用于加固强风化强卸荷带岩体外，主要布置在每级边坡坡脚区的拉应力集中部位。按满足边坡稳定安全系数要求的锚固力设计锚索数量，并留有适当的安全裕度；单根锚索张拉力则依据岩石的抗压强度和岩石与锚固体的黏结强度确定，J_{1-2z}的红层区 1500kN/根、T_3^{2-6}～T_3^4 地层区 2000kN/根；锚索长度主要根据潜在滑面的深度确定，介于 35～55m 之间；倾角一般采用 15°，在 T_3^3 层位为避开煤层采空区，采用岩层视倾角；一般每梯段布置 1 排，顺河向锚索间距 4m。

（3）超前锚桩：超前锚桩为预控锚固措施。边坡开挖会导致岩体回弹，引起陡倾结构面拉裂、缓倾结构面错动，使强度下降。特别是红层区造成岩层倾向略偏坡外，易发生块体滑移拉裂。开挖马道时，先采用超前锚桩锚固边坡，然后开挖下一梯段，用以限制下梯段岩体的变形。红层边坡布置了垂直钢筋桩，每级马道 1 排，间距 3m，长度 22m，桩径 110mm。

2. 坡面截排水和坡体排水

（1）坡面截排水：坡面截排水是为了减少地面径流对地下水的补给。在开挖坡顶部及周边布置截水沟，拦截坡外来水；沿各级马道内侧设置纵向排水沟，顺河向间隔一段距离设置横向排水沟，形成坡面排水沟网，迅速排除坡面雨水。

（2）坡体排水：坡体排水主要为了降低地下水位或裂隙水头，一般包括浅层排水孔和较深层的排水洞（孔）。浅层排水孔系统布置，间距 3m×3m，一般孔深 3～5m，坡脚排水孔深度 15m，仰角 10°。在离开挖坡面 50m 左右的山体内，于高程 300m、340m、380m、420m 共设置 4 层排水洞（净断面为 2.5m×3.0m），每层排水洞的洞顶内侧斜向上层排水洞打孔径 ϕ130mm、孔深 50m 左右、间距 5m 的主排水孔，以相互衔接形成山体内排水幕，排水洞两侧另设置孔深稍浅的辅助排水孔。

(3) 煤层采空区回填处理：T_3^3 岩组有 7 个薄煤层，遭土法开采，造成一定程度的沉陷拉裂，边坡开挖可能导致采空区上部岩体产生塌陷。有限元分析成果显示：采空区回填 20m 可显著改善边坡的应力状态，继续加大回填深度，应力的改变不大。因此，要求对距坡面 30m 范围的煤层采空区进行回填处理。

如采空率较高，岩体变形较明显，则采用沿坡面的主煤洞进行清理扩挖，到离坡面 30m 左右位置，沿顺坡向的支洞继续清理，采用泵送混凝土回填，坡面采空区回填混凝土塞，以此形成混凝土网格，网格之间进行回填灌浆。如采空范围小，采空率较低，围岩变形不显著的，采用单洞回填处理。若发现主洞两侧无或仅有 1～2 个小支洞，则只对主洞和支洞泵送混凝土回填，不再进行其他处理。

(4) 坡面防护：泥质岩石易风化崩解，坡面产生剥落。地表水渗入坡体将使岩体性状恶化，影响边坡稳定。因此开挖坡面须及时采取防护措施，对高程 300m 以下受河流冲刷部位采用混凝土衬护，高程 300m 以上坡面采用挂网喷混凝土封闭。

（中国水电顾问集团中南勘测设计研究院　曾祥喜）

冶勒水电站大坝基础处理设计与施工技术

一、工程概况

冶勒水电站大坝为沥青混凝土心墙堆石坝，坝顶高程 2654.5m，坝高 124.5m，是我国及亚洲同类坝型之最。其采用的大坝基础处理及沥青混凝土心墙设计与施工技术在国内首次使用，是解决复杂地质难题的先进技术。电站设计水头 580m，最大水头 644.8m，装有 2 台法国 ALSTOM 制造的 120MW 水斗式水力发电机组，为亚洲最大单机容量的水斗式机组。

二、基础设计与施工工艺

（一）大坝基础处理设计

根据冶勒大坝坝基左岸基岩埋藏较浅，河床及右岸覆盖层较深厚（超过 420m），左、右岸基础条件严重不对称情况，结合现有施工方法与条件，坝基采用“一道混凝土防渗墙＋水泥灌浆帷幕”进行基础防渗处理：左坝肩基岩浅埋段将防渗墙直接插入基岩内 0.5～1.0m，墙下再采取帷幕封闭透水围岩体；河床深覆盖层段直接将防渗墙插入相对隔水第二岩组内 5m 以上；右坝肩深厚覆盖层段采取地表挖槽 15m 构筑防渗墙施工平台，在平台建造 140m 深的防渗墙，在墙下接 60m 深的帷幕灌浆；左岸基岩绕渗段采取一定深度的帷幕灌浆处理，右岸深厚覆盖层山体绕渗段采取一定深度的悬挂式防渗墙处理。

（二）基础处理工程施工工艺

1. 混凝土防渗墙施工工艺　冶勒防渗墙施工，左岸与河床段采用的造孔设备为 CF1500 型反循环钻机，右岸（坝）0＋549～0＋610 桩号和施工廊道内 0＋430～0＋608 防渗墙造孔设备为液压双轮铣。其主要施工工艺是：

(1) 廊道内双轮铣施工的槽孔分两序施工，先施工一期槽孔，后施工二期槽孔，一期槽孔 6.8m，二期槽孔 2.8m。施工二期槽孔时两端铣削一期槽孔 30cm。

(2) 采用 CF1500 型反循环钻机施工时，先施工一期槽主孔，用阶梯钻头施工主孔覆盖层至基岩表面后，改用十字钻头施工至终孔；主孔施工完毕后，采用钻劈法即用十字钻头劈孔，并在相邻两主孔内下设接砂斗出渣。待相邻一期槽浇筑后混凝土达到一定强度，再施工二期槽。施工二期槽孔时将拔管接头铣削一半，清孔时用圆形钢丝刷子刷洗接头。一、二期槽接头方法有双反弧法、套接法及单反弧法。

2. 覆盖层帷幕灌浆施工工艺　根据设计要求和参考国内基岩帷幕灌浆规范，通过现场大量试验摸索出了一套适合冶勒覆盖层帷幕灌浆施工工艺流程。

采用孔口封闭孔内循环灌浆法：钻孔→灌浆（一般不待凝）→循环进行下一段钻灌→终孔段灌毕后采用“置换和压力灌浆封孔法”。

墙下帷幕灌浆遵循分序加密的原则进行，先进行先导孔的钻孔和灌浆。所有灌浆孔都按 3 个次序孔施工，Ⅰ序孔孔间距为最终间距的 4 倍，帷幕灌浆应先施工下游排，后施工上游排，最后施工中游排，在同一排上分Ⅰ、Ⅱ、Ⅲ三个次序，逐序进行灌浆，各灌浆孔序间的灌浆高差必须大于 15m。

施工廊道的连接幕灌浆每单元内灌浆孔按分序加密原则施工：先分序排孔，防渗中心孔，墙体两侧 1、3、6、8 排孔（沿进洞方向）为Ⅰ序孔，墙体两侧 2、4、5、7 排孔（沿进洞方向）为Ⅱ序孔；再在每排内设Ⅰ、Ⅱ序孔。连接帷幕施工首先施工抬动观测孔并安装仪器，每单元内灌浆施工顺序为：防渗中心孔→防渗墙上游侧 4 排孔→防渗墙下游侧 4 排孔。在灌浆部位，布置一定数量的抬动变形观测装置，在灌浆过程中应随时观测和记录。允许变形量小于 100μm，若超过此值，应立即降低压力，采取有效措施加以补救。

（中国国电集团公司）

筱溪水电站复杂坝基的处理

（一）工程概况

筱溪水电站建筑物由大坝、发电厂房和升船机三部分组成。大坝分为左、右岸挡水坝段和河床溢流坝段。发电厂房位于河床右岸，装机容量（3×40＋15）MW。枢纽工程分两期施工。原计划2004年10月～2005年11月30日为右岸一期工程施工，主要包括右岸挡水坝段、发电厂房、冲沙孔右导墙、3孔溢流坝、中导墙及消力池、海漫等开挖及混凝土浇筑；2005年12月～2007年10月30日为左岸二期施工，主要包括5孔溢流坝、左岸挡水坝段、升船机及消力池、海漫等开挖及混凝土浇筑。枢纽建筑物开挖总量约60万m^3；混凝土总量约40万m^3。工程于2005年10月22日开工，12月19日右岸截流。因工程地质条件复杂，开挖揭露后与初步设计勘查情况出入较大，一、二期施工布置进行了较大的调整。

（二）工程复杂地质情况

右岸坡缓，有4～5m厚的残坡积覆盖，基岩以D_{2t2}紫红色泥质粉砂岩夹页岩为主，岩性较软弱，具遇水易软化崩解特性，风化带内层间破劈理发育，强风化带下限埋深10～20m；坝址位于背斜倾伏端核部，两岸岩层分别倾向山内偏下游，河床为近横河向，倾向下游，倾角多为40°～50°。坝区断层、节理裂隙较发育，存在大小21条断层，普遍倾角较陡、压扭性为主、充填胶结不良，区域性大断层F_1纵切河床中部。节理裂隙主要有顺河向节理、NE向陡倾节理、NE向缓倾节理和层间反倾剪节理，延伸长度一般在10m以下，线密度为1～5条/m。坝基内充填为灰黑色灰岩透镜体（有岩溶现象）、钙质页岩夹灰岩透镜体、灰白色石英砂岩夹页岩透镜体、杂色泥质粉砂岩夹页岩透镜体、黑色炭泥质碎裂岩夹方解石脉团块，其中断层透镜体尚保持一定的层状整体性，其结构面与断层面基本平行，但揉皱破碎较强所夹页岩多有泥化现象；黑色炭泥质碎裂岩夹方解石脉团块在断层下盘（河床右侧）呈连续的条带分布，宽4～7m，主要为灰黑色碎片状的炭质板状页岩，力学强度很低，虽充填密实但遇水极易软化成泥。

右岸溢流坝一期基坑3孔溢流坝及其消力池几乎全部落入F_1断层带内，且主要由断层透镜体、碎裂岩及断层泥组成，力学强度普遍较低。左岸5孔溢流坝基础F_1大断层从右延伸过去，地质情况与右岸3孔溢流坝基础相近，宽共约180m。筱溪水电站大坝基础基本直接坐落于F_1断层破碎带上。

厂房基础存在F_{28}、F_7、F_{24}、F_{25}四条断层及一个古风化壳交叉切割。其中F_{28}断层从3号机组一直延伸到1号机组，破碎带宽比预想的2m大得多（20～30m左右），带内充填物岩性软弱，承载力低。厂房及右岸挡水坝右边坡由于地质条件差，导致3月底该部分暂停开挖。

（三）前期复杂地质处理情况

（1）按设计要求，基面采用20cm厚C15垫层混凝土分块覆盖，厂房进水渠底板及厂房底板缝面加橡胶止水。断层采取刻槽回填混凝土，破碎带小于2m宽的，刻槽深度取断层宽1.5倍，大于2m宽的，刻槽深度取3m，回填C15混凝土，底部均配ϕ25mm@200mm钢筋网。同时整个基础采取固结灌浆进行处理。机组间并缝处理：在177m高程（水轮机层）以下采用20cm深梯形水平键槽、拔管法进行后期灌浆并缝。溢流坝增设纵缝，坝体基础混凝土采取拔管法并缝灌浆措施，增加大量键槽和过缝钢筋。

（2）针对厂房和1号、2号、3号坝基开挖后F_1分布及破碎带的具体性状，拟在坝基一定深度范围内采用固结灌浆及其他处理措施以提高岩体完整性程度。为保证坝基固结灌浆施工的规范有序进行，在1号、2号、3号溢流坝及消力池上游段选择B、C、D、E、F、H、I、J区和厂房3号主机段F_{28}刻槽部位A区9个区段，分别对破碎带不同岩性进行具体针对性的固结灌浆试验。

（3）根据试验结果，一期基坑溢流坝及消力池基础处理首先采用“无压重固结灌浆＋锚筋桩”的处理方案：首先利用岩层作为压重进行浅层固结灌浆，然后挖除岩层进行深层固结灌浆以及锚筋桩施工。锚筋桩孔排距2m，倾向下游15°、25°两种角度布置，钻孔前埋设孔口管，采用风动钻机，130mm孔径，入岩孔深11m，遇刻槽部位入岩14m，插入锚筋三根直径32mm螺纹钢筋，单根加长采用直螺纹套筒错缝连接，钻孔冲洗后用浓砂浆封满孔后及时将锚筋桩用40t汽车吊（或门机）吊起置入孔内，确保孔内满浆。由于一期基坑溢流坝深层固结灌浆试验表明：无压重固结灌浆达不到设计要求的指标，变更方案为：深层固结灌浆以及锚筋桩孔分离施工，坝体浇筑3～5m混凝土后再进行有压重深层固结灌浆。因为基础岩层特别软弱，根据坝基声波检查情况，深层固结灌浆后对声波低于3000m/s的部位进行了2～3次补强灌浆，成果整理后，再确定下一步采取的措施。

（4）厂房固结灌浆按照岩性分区进行。试验决定厂房基础固结灌浆为有混凝土盖重灌浆，当结构尺寸满足时，要求盖重混凝土厚度不小于2m，且达到设计强度的50%后才能进行施工。根据厂区地质条件，分为5个灌区进行有盖重固结灌浆。A区：F_{28}断层泥刻槽区，通过水泥固结灌浆试验，发现该部分可灌性差，出现失水回浆、吸水不吸浆的现象，水泥灌浆难以达到设计目的，因此又进行了两次化学灌浆试验，至9月底才确定化学灌浆处理方案，11月初完成化学灌浆处理；B区：F_{28}刻槽补灌区，断层碎裂岩，不分段，分两序施灌；C区：断层碎裂岩，固结灌浆深度8m，分两段、两序施灌；D区：石英砂岩夹页岩和泥质粉砂岩，固结灌浆深度6m，分两段、两序施灌，灌浆封孔时插入1根ϕ32mm螺纹筋，$L=$7m；E区：黑色硅质板状岩，固结灌浆深度4m，只进行浅层固结灌浆，不分段，灌浆封孔时插入1根ϕ32mm螺纹筋，$L=5$m。鉴于该工程固结灌浆的重要性，设计要求边灌浆边试验，进一步优化钻灌工艺，选择最佳措施。

（5）厂房固结灌浆通过检查孔资料表明，水泥固结灌浆检查孔压水试验透水率与灌前比较，地层透水率从平均13.5Lu减少到1.95Lu。随着灌浆序次增加，单位注水量明显减少，从一序孔平均17.7kg/m减少到二序孔的13.1kg/m，平均减少26%。声波有明显提高，表明灌浆效果较好，满足设计要求。化学灌浆完成后，进行检查孔取芯，观察到化学浆液充填了岩石裂隙；灌浆前后声波测试结果，纵波波速v_p值平均比灌前提高13%～27%，声波检测结果纵波波速灌后比灌前有了显著提高，说明对F_{28}断层的加固效果明显。

一期基坑溢流坝基础固结灌浆严格遵循技术要求及工艺要求施工，经检查合格，灌浆效果良好，一期基坑基础得到很大的改善，满足设计要求。第一次深层固结灌浆灌前、灌后声波测试波波速提高率为7%～31%，说明深层固结灌浆对大坝基础处理效果明显。第二次进行深层固结灌浆（补强固结灌浆），声波再次提高，说明对大坝基础处理效果明显。第三次固结灌浆（部分补强固结灌浆），成果正在整理之中。

（四）完成工程量

筱溪水电站基础处理施工项目自2005年3月至今，右3孔坝基、厂房基础处理已经完成；结构调整部分正在施工；完成了厂房和大坝F_1断层固结灌浆试验任务；完成了大坝右3孔固结灌浆施工，F_1断层补强固结灌浆生产性试验施工部分，正在进行成果整理阶段；完成了发电厂房0～3号机组固结灌浆、1～4号溢流坝浅层固结灌浆、锚筋桩及深层固结灌浆。基础水泥固结灌浆共钻灌约20000m；化学灌浆280延米，灌浆量约16870kg；锚筋桩约570束；垫层保护约17700m²；喷护约9000m²；刻槽以及混凝土回填均约5340m³。

（中国水利水电第三工程局　王再明）

向家坝工程开挖施工的两项纪录

位于四川省与云南省交界处的向家坝电站是金沙江梯级开发中的最后一个梯级，坝址左岸下距四川省宜宾市33km，右岸下游距云南省水富县城1.5km。工程以发电为主，同时改善通航条件，结合防洪和拦沙，兼顾灌溉，且具有为上游梯级进行反调节的作用。电站为一等大（1）型工程，坝顶高程384m，最大坝高162m，坝顶长度909.26m；单机容量为750MW，总装机容量6000MW。

中国水利水电第三工程局向家坝工程施工局，2005年11月、12月连续两个月在向家坝工程土石方开挖量过百万立方米：11月开挖111万m³，挖运107万m³；12月挖运108.5万m³。其中11月19日完成土石方开挖及出渣3.81万m³，同时创造了国内同行业土石方开挖及出渣连续双月过百万立方米和日开挖出渣强度3.81万m³的两项最新纪录。

施工的左岸高程300m以上边坡工程，是为满足二期导流泄水渠、左岸升船机上、下游引航道的布置需要而建的。该边坡上起上游导流引水渠进口，下至下游引航道出口，长约1530m，最大坡高约230m，两级马道高差20m，坡比为1∶1～1∶1.25。该工程特点和难点主要是：①工程量大、工期短，施工强度高。即开挖与支护、明挖与洞挖、煤层采空区处理与土石方明挖交叉作业相互干扰，以及受高边坡、大梯段、缓倾角、弱岩层和多雨气候的制约。②施工作业区与县城居民区和云天化工厂距离近，爆破控制精度要求高。③开挖是单向、单条路出渣，运距长，平均单向距离为3.5km，而且出渣道路的形成硬化工程又与大强度的开挖同期施工。

刷新两项纪录是在坚持“科学管理、诚信守法、注重环保、安全健康、争创优质、持续改进”的管理方针下，不断克服多种困难努力完成的。

（中国水利水电第三工程局　卫志勇）

溪洛渡水电站施工安全监测

溪洛渡水电站是金沙江干流攀枝花至宜宾河段梯级开发规划中的第三个电站；开发任务以发电为主，兼有拦沙、防洪、改善下游航运等综合利用及效益。电站总装机容量为12600MW（700MW×18台）。枢纽由混凝土双曲拱坝（拦河大坝）、泄洪建筑物、两岸引水发电建筑物及导流建筑物组成。混凝土双曲拱坝最大坝高278m。坝址区枢纽布置集中，导流隧洞进水口、电站及泄洪洞进水口、大坝坝肩等形成高低立体布置，工程安全监测十分重要。

长江勘测规划设计研究院于 2004 年 11 月至 2005 年 11 月通过投标先后中得“金沙江溪洛渡水电站变形监测网工程”、“金沙江溪洛渡水电站坝肩和缆机平台及泄洪洞进口开挖安全监测工程施工”、“金沙江溪洛渡水电站引水发电建筑物及泄洪洞安全监测工程第Ⅰ标段（左岸）施工”三个安全监测实施标。有关情况简介如下：

（一）安全监测设施布置

1. 变形监测网布置　变形监测网分为水平位移监测网与垂直位移监测网，其中水平位移监测包括水平位移基准网和近坝区岩体及堆积体监测水平位移基准网。水平位移基准网由 12 点组成，共埋设 12 点；其中 TN1、TN2 为钢管标，TM1、TM3、TM4 为基岩标。近坝区岩体及堆积体监测水平位移基准网由 12 点组成。垂直位移基准网由 10 组水准标组成，点号为：XⅠBM01、XⅠBM02、BB01、BB02、BB03、BB04、LS1、LS2、LS3、LS4。

2. 开挖安全监测布置　包括左右岸 400m 高程以上坝肩开挖边坡、左右岸缆机平台、右岸高线混凝土生产系统及供料平台、左右岸泄洪洞及右岸部分堆积体等部位施工变形监测（大地测量墩标）、渗压、锚索测力、锚杆应力等监测项目，其仪器布置与安装分别见表 1、表 2 和表 3。

表 1　左、右岸缆机平台仪器布置与安装

序号	仪器名称	单位	数量	备　注
1	测斜管（IN）	m	287	PVC
			60	铝合金
2	渗压计（PZ）	支	23	GK4500
3	锚杆应力计（PR）	支	36	BGK4911
4	钢筋计（R）	支	8	BGK4911
5	多点位移计（M^3）	套	2	BGKA-3
6	变形测点（HV）	个	15	平面和高程
7	锚索测力器（D^P）	支	11	BGK
8	单点位移计（M^1）	套	8	BGKA-1

表 2　左、右岸坝肩仪器布置与安装

序号	仪器名称	单位	数量	备　注
1	测斜管（IN）	m	546	Sinco
2	渗压计（PZ）	支	26	GK4500
3	锚杆应力计（PR）	支	57	GK4911
4	锚索测力器（D^P）	支	29	BGK
5	变形测点（HV）	个	37	平面和高程

表 3　右岸泄洪洞仪器布置与安装

序号	仪器名称	单位	数量	备　注
1	测斜管（IN）	孔	225	Sinco
2	渗压计（PZ）	支	19	BGK4500
3	锚杆应力计（PR）	支	41	BGK4911
4	锚索测力器（D^P）	支	14	BGK
5	多点位移计（M^3）	套	16	BGKA-3
6	变形测点（HV）	个	13	平面和高程

3. 左岸施工监测布置　包括左岸电站进水口、左岸压力管道、左岸地下电站（主厂房、主变压器室、尾水调压室、电缆竖井等主要洞室）、左岸地下电站帷幕及排水洞、左岸地下电站尾水洞、左岸 1 号和 2 号泄洪洞及出口边坡等部位的变形（包括大地测量墩标）、渗流渗压、锚索测力、锚杆应力、接缝开合度、混凝土温度、混凝土应力应变以及左岸 1 号和 2 号泄洪洞相关的水力学、动力学等监测项目，其仪器布置与安装见表 4、表 5 和表 6。

表 4　引水发电建筑物及泄洪洞仪器布置与安装

序号	仪器设备名称	单位	数量	备　注
1	变形测点	组	4	平面与高程
2	锚杆应力计	支	391	GK4911
3	钢筋计	支	122	GK4911
4	渗压计	支	80	GK4500
5	3 点多点位移计	套	216	传感器进口，其他国产
6	锚索测力器	台	125	BGK4900
7	测斜管	m	100	铝合金
8	基础温度计	支	8	DW-1
9	混凝土表面温度计	支	12	DW-1
10	测缝计	支	91	GK4400
11	钢板双向应变计	组	12	GK4100
12	单向应变计	支	14	GK4200
13	混凝土双向应变计	组	9	GK4210
14	混凝土四向应变计	组	14	GK4210
15	无应力计	支	23	GK4210
16	量水堰	套	8	
17	自动水位计			
17.1	静水自动水位计	套	3	VCE-4210
17.2	动水自动水位计	套	3	WFC-2
18	人工水尺	m	260	

表 5　厂房防排系统监测仪器布置与安装

序号	仪器设备名称	单位	数量	备　注
1	4 点多点位移计	套	24	传感器进口，其他国产
2	6 点多点位移计	套	3	传感器进口，其他国产
3	测　站	间	3	
4	观测室	间	3	
5	自动数据采集仪	套	3	

表6 1号、2号泄洪洞和2号尾水洞监测仪器布置与安装

序号	仪器设备名称	单位	数量	备 注
1	水力学监测仪器布置			
1.1	压力传感器	支	111	
1.2	掺气传感器	支	36	
1.3	空化水听器	支	13	
1.4	流速仪传感器	支	10	
1.5	流速翼型探头	只	10	
2	临时安装仪器			
2.1	风速仪	套	12	
2.2	雨量计传感器	支	180	
2.3	标准雨量桶	套	180	

（三）施工观测与计算

1. 变形监测网观测与计算　变形监测网平面使用TCA2003测量机器人及配套棱镜自动模式观测水平角与边长，使用仪器为NI002A，配套线条式因瓦水准标尺。

（1）水平位移基准网、近坝区岩体及堆积体监测水平位移基准网，均连续独立观测2次。基准网为一等边角网，水平角观测按全圆方向法观测12个测回，水平位移基准网边长观测按对向异午观测，近坝区岩体及堆积体监测水平位移基准网边长观测按同向异午观测。

（2）垂直位移基准网，连续独立观测2次，按国家一等水准精度进行观测（水平位移监测网点高程连测按国家二等水准精度进行观测）。

2. 变形监测点观测与计算　根据《混凝土大坝安全监测技术规范》（DL/T 5178—2003）对高边坡监测的要求施测，水平位移量和垂直位移量的误差均为±2.0mm。

观测频次无特殊情况时，施工期按1次/月。平面采用边交会法观测，边长观测按同向异午观测；高程采用电子水准仪按国家二等精度施测。

3. 应力应变观测与计算

（1）钢筋计、测缝计、温度计、钢板应变计、应变计、无应力计和锚杆应力计等混凝土内的埋入式仪器，在安装埋设后24小时以内，每隔4小时测1次；之后每天观测2次，直至混凝土达到最高水化热温升为止；以后每天观测1次，持续一旬；再以后每周观测1次，持续2月，后每半月观测1次。

（2）锚索测力计应在张拉前反复测读初始值，当连续3次读数差不超过测力计满量程的1%时，取其平均值作为零点读数。张拉过程中按设计规定的分级张拉程序逐级测读。在张拉锁定后3小时内，要求每半小时观测1次；之后4小时观测1次；24小时后至一个月内，每天观测1次；此后每旬观测2次，持续1月；预应力锚杆应力计在达到设计吨位后，亦按同样的频次进行观测。

（3）多点位移计安装完后1周开始观测，最初2天观测1次，待仪器读数达到稳定状态，并取得初始值后进行正常观测。

（4）钻孔测斜仪埋设安装完成后，即进行首次测读获得初值。探头从管底自下而上，一般每隔1.0m一个测点，逐次测定，平行测读两次，正测完毕后进行反测。正反两次测值的平均值作为常数进行计算。将探头放入另一对导槽中，重复上述步骤进行观测。获取初值后1周观测2次；以后每周观测1次，持续2月，后每半月观测1次。

4. 渗流渗压观测与计算　渗压计埋设后，24小时以内，每隔4小时测1次；之后每天观测2次，直至地下水位稳定为止；以后每天观测1次，持续一旬；以后每周观测1次，持续2月；后每半月观测1次。

5. 环境量观测

（1）量水堰埋设安装后，24小时以内，每1～2小时测1次，共5次；之后每天观测2次，持续一旬；以后每天观测1次，持续1月；以后每周观测1次，持续2月，后每半月观测1次。

（2）自动水位计：①静水自动水位计，首次观测的24小时以内，每隔1小时观测1次，共5次；初期蓄水阶段，每天观测2次，并根据现场水位变化情况，调整观测频次。②动水自动水位计，结合水力学观测和资料分析（机组负荷变化情况）要求的工况进行观测。初期运行阶段，每天观测1次；之后，根据资料分析情况，调整观测频次。

（3）人工水尺，初期蓄水阶段，每天观测2次，并根据现场水位变化情况，加密和调整观测频次。

6. 水力学、动力学观测与计算

（1）水力学观测：①1号、2号泄洪洞和2号尾水洞相关的压力（脉动压力、时均压力）、掺气浓度、空化噪声、流速、风速（通气量）以及雾化分布等水力学项目，计划上游库水位565m（开门过程、最小开度、全开）、580m（开门过程、最小开度、1/2、全开）和600m（开门过程、最小开度、1/4、1/2、3/4、全开）进行观测。雾化观测工况为565m（1号和2号泄洪洞开启）、580m（1号和2号泄洪洞开启）、600m（1号和2号泄洪洞开启）和600m（1～4号泄洪洞开启）。②各套数据采集系统预先配接和统调，并配有同步信号。在正式观测前须进行各测点零点（或初值、背景值）校正。③仪器采样及分析频率

应能满足对不同监测量分析的要求。水下噪声分析频率不得低于100kHz，脉动压力、流速、风速的分析频率不得低于100Hz。④对原始记录须进行严格检查和校核，若资料误差超限或含有粗差，则应重测；若存在较大系统误差，应尽快查明原因，并采取适当措施予以消除。经校验合格的观测资料，及时整理计算，换算出相应物理量。⑤数据处理的内容需满足对不同监测量的分析要求。水下噪声需作1/3倍频程功率谱分析和时间波形分析，必要时进行互相关分析；动水压力需作时均值、标准差和功率谱分析；水流速度和风速需作时均值和标准差分析。

（2）动力学观测：①二次仪表要求有稳定的性能，频响特性与传感器配套，有良好的防振性能。②二次仪表要求有稳定的电源和干燥的环境，并定期检查稳定性。③1号泄洪洞相关的静应力、动应力和加速度等动力学观测项目，计划上游库水位565m（最小开度至全开）、580m（最小开度至全开）和600m（最小开度至全开）进行观测。④每次观测完毕后，及时进行观测资料的整理。⑤资料分析提供在观测工况下（565m、580m、600m库水位工况下）各参量的最大幅值、均方根值和主要频率及其功率谱曲线、典型波形曲线等，并根据观测成果对泄洪洞安全作出评估，提出相关建议。

（长江勘测规划设计研究院　汤国强）

截　流

深厚软基河床截流技术

广西长洲水利枢纽位于西江水系干流浔江下游河段，坝址坐落在梧州市上游12km处，坝轴线跨两岛（长洲岛、泗化洲岛）三江（外江、中江、内江），属低水头径流式。施工期，外江河床截流，由中江天然河床通航，中江、内江天然河道导流。

（一）水文及地基条件

1. 水文　坝址天然流量—水位关系和不同频率各旬平均流量见表1和表2。

表1　坝址天然流量—水位关系表

频率（%）	10	20	50	
流量（m^3/s）	40700	34500	28100	4200
水位（m）	25.7	23.8	21.6	8.0

表2　不同频率各旬平均流量表

频率（%）	11月			12月			1月		
	上旬	中旬	下旬	上旬	中旬	下旬	上旬	中旬	下旬
10	6020	5460	4420	3880	2940	2540	2720	2370	2160
20	4850	4280	3680	3140	2470	2160	2210	1970	1820

2. 地基情况　根据地质资料和截流后开挖揭露的地质状况，龙口段河床地面高程为3.7～8.8m，上覆全新统河流冲积层厚度为2.95～15.0m，主要为泥质粉细砂②、泥质砂砾石⑬。龙口左侧的泗化洲岛地面高程为22.5m，全新统河流冲积层厚度23.6～27.0m，自上而下有5层：粉质黏土⑤、粉土⑥、粉质黏土⑩-1、粉土⑪、泥质砂砾石⑬。

（二）外江导截流设计

1. 外江导流标准　长洲水利枢纽属一等工程，相应施工导流建筑物为4级。一期导流建筑物主要有一期外江全年不过水土石围堰（包括上、下游及泗化洲岛纵向围堰），其导流设计标准列于表3。

表3　外江导流建筑物设计洪水标准

导流建筑物	导流时段	导流标准 P（%）	流量（m^3/s）	上游水位（m）	下游水位（m）
上游土石围堰	全年	10	40700	26.33	
下游土石围堰					25.61
纵向土石围堰				26.33	25.61

2. 外江截流标准及工程量　根据坝址水文资料和施工进度安排，截流标准选用$P=20\%$，$Q=4850m^3/s$。

根据《水电水利工程施工导流设计导则》（DL/T 5114—2000）中有关规定及本工程特点，该工程设计一期外江截流采用下游戗堤预留龙口，上、下游双戗立堵截流方式。上游戗堤全长460.0m，龙口长度150m（Ⅰ区：90m，Ⅱ区：40m，Ⅲ区：20m）。

（三）截流实施情况

长洲水利枢纽外江第一次截流施工，由于对龙口的水力特性研究不够深入，出现了边坡随进占垮塌不能合龙的现象。经对截流施工过程观察，随着河床逐渐被束窄，相继出现壅水段、束窄段、扩散段和恢复段，各段水流特点如下：

(1) 壅水段：位于围堰上游坡脚以上一定距离，该距离随龙口的宽度缩小而变短。该段流速较小，将部分动能转化为势能储存。根据本工程观测，壅水段比较明显的位置是在与戗堤中心线的夹角 $\alpha \in$ (30°，75°)。

(2) 束窄段：从壅水段的末段开始直至龙口最大收缩断面处，称为束窄段。该段流速最大，极易冲刷围堰、河床和岸坡，在围堰坡脚、岸坡连接段附近产生回流区和涡流区，是围堰坡脚、岸坡和河床保护关键区域。

(3) 扩散段：从围堰下游转脚处至流速和水深均接近天然状态的位置，称为扩散区。该段距离较长，能量消耗最大。根据本工程观测，扩散段比较明显的位置是在与戗堤中心线的夹角 $\alpha \in$ (0°，70°)。

(4) 恢复段：扩散段结束后，水流各主要参数已接近或恢复天然状态，虽然流线有偏移，不完全符合渐变流条件，形成过渡带。

第一次截流护坡的设计宽度为戗堤轴线上、下游各 20m 的范围（40m），在龙口进占过程中，水流绕过护坡钢筋笼背后淘刷岸坡，使护坡结构逐渐削弱形成孤岛，基础垮塌全部被冲刷。

在第二次截流护坡设计过程，吸取了前次经验，将护坡设计长度延长，上游伸入壅水段范围内 20m，下游超过戗堤下游坡脚约 15m（共计 115m），水流条件明显改善，直至龙口合龙，均未发现水流切割护坡的迹象。

因此，截流护坡的设计应首先确定壅水段的位置，然后根据戗堤的位置确定下游范围。合理的护坡长度等于伸入壅水段长度、戗堤的宽度和戗堤下游延伸段的长度之和。

(四) 经验教训

在长洲水利枢纽外江截流过程中，多种原因导致第一次截流失败，经过总结，修改了设计方案后终于完成外江截流，主要经验如下：

(1) 截流备料的质量不好和数量不足是截流失败的重要因素。2004 年 9 月 13～14 日，水电七局主持召开了外江截流技术专家会议，与会专家一致同意采用龙口不护底方案，需准备一定数量的混凝土四面体或杩槎体等特殊料物供截流使用。

在实际施工时由于所备料物质量很差，块石料物风化严重，含泥量超标，强度低，存在水解现象；且未按照设计标准分类堆放，大石含量极少，造成料物冲失量大；另外，料物严重不足，特别是没有准备四面体及杩槎体，仅准备了 140 个钢筋石笼。截流时平均流量为 3140m^3/s（$P=20\%$），是国内水电站截流中较大的项目，并且河床地基松软截流难度较大，大量的特殊料物必不可少。但在截流准备工作中有关方面未予以重视，料物的质量和数量均无法满足，是导致第一次截流失败的主要原因。

在第二次截流方案中，增加的截流材料有：①四面体 90 个。②钢筋石笼 700 个。③块石串 500m^3。④块石 5.0 万 m^3（粒径大于 0.6m）。由上可知，第二次截流时不仅保证了左岸交通，同时各项特殊料物备料量明显增大。第二次截流全靠特殊料物的作用才得以顺利实施。

(2) 龙口段左侧护坡长度、高度不足，壅水切割护坡，护坡失稳导致边坡跨塌，是导致截流失败的重要技术原因。

根据龙口区域水力特性，由于河床被束窄，水流出现壅水段、束窄段、扩散段和恢复段四个明显现象。

第一次的设计截流方案由于护坡上游长度未深入壅水段，导致水流绕过护坡钢筋笼背后淘刷岸坡，使护坡结构逐渐削弱形成孤岛，在基础跨塌全部被冲刷。且因护坡高度不足，在龙口推进时，水流将覆盖层全部冲刷至基岩，护坡下沉直接被推移，故失败。

第二次截流护坡设计，吸取了前次经验，将护坡设计长度延长，上游伸入壅水段范围内 20m，下游超过戗堤下游坡脚约 15m（上下游累计长度为 115m）；为确保岸坡不被冲刷，在龙口施工前，从左岸进占 30m，保证了岸坡的稳定。截流顺利成功。

（中国水利水电第七工程局 李发孝 刘学 蔡超 王强）

柴家峡水电站截流

(一) 概况

柴家峡水电站位于兰州市西固区境内的黄河干流上，上距八盘峡水电站 17.7km，为河床径流式电站，属三等中型工程，枢纽主要建筑物为 3 级。水库正常蓄水位 1550.5m，库容 1660 万 m^3。厂房内安装 4 台贯流式水轮发电机组，总装机容量 96MW。

柴家峡坝址多年平均流量为 1040m^3/s。根据黄河上游年内洪水特性和龙羊峡、刘家峡水库联合调节的特点，将全年洪枯水时段划分为汛期（7～9 月）、非汛期（11～次年 4 月）、汛前期（5～6 月）、汛后期（10 月）。

柴家峡水电站坝址河道顺直，水面宽约 250m。施工导流采用河床分期导流方式，整个工程分两期两段施工。一期枯、汛围堰先后围护右河床，由左岸束窄河床过流，主要进行混凝土纵向导墙和 5 孔泄水闸施工；二期为主河床截流，河水由 5 孔泄水闸宣泄，在二期上下游围堰和纵向导墙的围护下进行河床电站厂房和左岸土石副坝等部位的施工。围堰级别为Ⅴ级，相应的导流标准选用 $P=10\%$ 洪水重现期。

2005 年 11 月 11 日，柴家峡水电站主河床在大流量（1200m³/s）情况下截流施工成功。

（二）截流施工难点

(1) 2005 年坝址区黄河来水较丰，上游刘家峡水库无法进行大幅度的水流调节，经联系，盐锅峡和八盘峡同意协助进行反调节，但由于其库容较小，只能在截流最困难的时候将坝址流量调整到 1200m³/s。所以，截流流量大（为黄河上游诸电站之最）为此次截流的最大难点。

(2) 由于厂房下游围堰为草土围堰，施工时无法采用上下游双戗堤进占方法，截流落差较大，增加了截流施工难度。

(3) 右岸没有交通道路，截流进占只能从左岸单向进占，进占强度受制约，增加了合龙难度。

(4) 只有 15～20t 自卸汽车，吨位较小，抛投强度受到限制，增加了截流难度。

(5) 截流料源采用CⅠ标基坑开挖料为主，大块石相对较少，加之受场地限制，开挖料没有按分区对应不同粒径分类堆放，给截流带来不便。

（三）截流设计

1. 截流时段和截流标准　据工期要求，结合坝址区分月洪水情况，截流时间定于 2005 年 11 月 1～10 日。考虑到刘家峡控泄和盐锅峡、八盘峡的反调节作用，为确保截流施工安全，避免截流合龙材料准备的浪费，工程截流戗堤挡水高程按 11 月份 10 年一遇最大洪水 $Q=1580\text{m}^3/\text{s}$ 进行设计，主河床截流合龙流量按 $Q=1200\text{m}^3/\text{s}$ 进行设计。

2. 截流方式　采用单向单戗立堵法进行截流，拟定左岸戗堤预进占以后，预留龙口宽度为 120m。

3. 截流戗堤布置　截流戗堤布置主要根据现场地形、地质条件和水力学计算结果，同时考虑截流对防渗墙轴线位置的影响，截流戗堤作为上游围堰的一部分布置于上游围堰背水侧坡脚部位。截流戗堤顶高程为 1546.50m，戗堤顶宽为 9m（确保双车道运行），上下游坡比均为 1∶1.5。为增加抛投强度，戗堤内侧每 50m 回填一个约 15m 宽的回车平台，减少龙口抛投时的倒车距离。

4. 截流水力学计算

(1) 截流龙口宽度的水力学计算：为了保证水流产生壅高不大，龙口处水流平均流速不大，需要校核龙口泄水能力是否满足设计泄洪要求。经计算确定，龙口宽度按 120m 预留进行截流合龙比较合适。

(2) 截流合龙水力学计算：在一期上、下游围堰全面破堰并拆除完成、右岸 5 孔泄洪闸分流后，对二期围堰截流进行合龙的水力学计算。计算结果见表 1。

表 1　　龙口水力学参数表

序号	龙口宽度 B (m)	龙口流量 Q (m³/s)	上游水位 $\nabla H_{上}$ (m)	龙口水头 H_0 (m)	龙口平均流速 v(m/s)	单宽流量 q [m³/(s·m)]	落差 Z(m)
1	120	945.6	1543.35	3.27	2.71	7.88	0.46
2	100	835.6	1543.43	3.33	3.22	8.36	0.65
3	80	708.6	1543.62	3.42	3.75	8.86	0.88
4	60	604.6	1543.95	3.65	4.40	10.08	1.21
5	40	496.8	1544.24	3.84	4.92	12.42	1.51
6	30	389.5	1544.49	3.99	5.34	12.98	1.78
7	20	304.5	1544.63	4.13	5.74	15.23	2.06
8	15	238.6	1544.82	4.42	6.57	15.91	2.35
9	10	147.8	1544.98	4.58	6.30	14.78	2.58
10	5	60.8	1545.14	4.64	6.00	12.16	2.72

(3) 截流合龙分析及龙口抛石稳定计算：为降低截流施工强度，二期主河床截流分预进占和合龙两个阶段进行施工。

在一期上下游围堰拆除阶段，可同时进行左岸的预进占施工。由于预进占阶段施工河水流速较小，采用一般混合石渣即可满足要求。

在一期上下游围堰全部拆除完成、右岸 5 孔泄洪闸分流后，截流流量 $Q=1200\text{m}^3/\text{s}$ 时，在龙口宽度由 120m 减小为 5m 过程中，龙口流速由 2.71m/s 逐渐增至 6.57m/s，尤其是龙口在 30m 至 5m 合龙过程中，龙口流速及单宽功率较大，因此戗堤进占到 30m 至 5m 的合龙阶段，截流龙口抛填将最困难。为确保截流成功，将龙口进占施工从左向右分为五个区。根据地质情况龙口段基本无覆盖层，不需护底。只根据各分区龙口流速及单宽能量，进行各分区龙口抛投块石稳定计算，以便截流备料参考。

Ⅰ区：从龙口宽度 120m 进占至 80m，进占长度 40m。随着龙口宽度的逐渐减小，龙口水流流速由 2.71m/s 增大至 3.75m/s，经计算得该区抛投料直径为 29～55cm，实际施工中该区抛投料直径取 30～60cm。

Ⅱ区：从龙口宽度 80m 进占至 40m，进占长度 40m。随着龙口宽度的逐渐减小，龙口水流流速由 3.75m/s 增大至 4.92m/s，计算得该区抛投料直径为 55～95cm，实际施工中该区抛投料直径取 60～100cm。

Ⅲ区：从龙口宽度 40m 进占至 20m，进占长度

20m。此时，截流进入困难时期。随着龙口宽度的逐渐减小，龙口水流流速由 4.92m/s 增大至 5.74m/s，计算得该区抛投料直径为 95～130cm，实际施工中该区抛投料直径取 100～135cm。

Ⅳ区：从龙口宽度 20m 进占至 5m，进占长度 15m。此时，截流进入最困难时期。当龙口宽度为 15m 时，水流流速已达到 6.57m/s，落差达到 2.35m；当龙口宽度为 5m 时，水流流速仍为 6.0m/s，落差达到 2.72m。计算得该区抛投料直径为 130～170cm，实际施工中该区抛投料直径取 135～180cm。

Ⅴ区：从龙口宽度 5m 进占至合龙，进占长度 5m。龙口水流流速由 6.0m/s 逐渐减小至零，计算得该区抛投料直径最大为 1.42cm，实际施工中该区抛投料直径取 80～150cm。

（4）截流材料及数量的确定。（略）

（5）截流抛投强度及设备配置：截流龙口合龙计划在 5 天内完成，截流龙口抛投总量 25320m^3，龙口合龙的抛投强度为 5064m^3/d。

根据龙口合龙计算抛投强度及料场分布布置情况，计划在粒径小于 30cm 的石渣料场配置 2 台反铲，粒径在 30～60cm 的块石料场配置 1 台反铲，直径大于 60cm 的块石料场配置 1 台反铲，再备用 1 台反铲作为补充；葡萄串料场布置 1 台 16t 汽车吊，钢筋笼和六面体料场布置 1 台 50t 汽车吊；2 台推土机均布置于戗堤堰头，1 台备用。25 辆自卸汽车全部统一编号，并将其拉运料品种贴于窗前醒目位置，专车专用。

（四）截流施工

1. 施工准备　截流前，对备料、设备及人员进行全面检查、部署，积极协调上游下泄流量，观测来水流量。

2. 预进占施工　利用一期围堰削瘦、挖低料源，减少戗堤填筑运距。采用围堰拆除料同时进行左岸戗堤预进占。左岸戗堤预进占采用 1.6m^3 反铲挖装，15～20t 自卸车拉运，D85 推土机直接推填。

3. 截流合龙施工　一期围堰全部拆除完成后，再开始进行龙口合龙施工。龙口由 30m 到 5m 合龙过程中，为截流最困难时期，此时，单个料已无法站稳。需将多个钢筋笼、葡萄串采用 4 股 8 号铁丝或废旧钢丝绳串联在一起，一并推入戗堤上游侧站稳，紧接着在戗堤下游侧及水面以上回填混合石渣跟进，依此一个循环一个循环地向前进占。龙口最后 30m 合龙抛投料调整如下：

（1）龙口由 30m 到 20m 合龙过程中，先在戗堤上游抛投 2 车钢筋笼和 1 车葡萄串，紧接着在戗堤下游侧及水面以上回填 5～6 车石渣和 1～2 车块石料跟进，依此一个循环一个循环地向前进占。

（2）龙口由 20m 到 10m 合龙过程中，先在戗堤上游抛投 2 车钢筋笼、1 车葡萄串和 1 个六面体，紧接着在戗堤下游侧及水面以上回填 4～5 车石渣和 2～3 车块石料跟进，依此一个循环一个循环地向前进占。

（3）龙口由 10m 到合龙过程中，适当调整戗堤轴线使其与纵向导墙垂直（减小戗堤长度，适当改变水流流态），先将 10m 桁架采用推土机通过预先固定在纵向导墙上的滑轮组拉入龙口固定之后，将 2～3 个十字撑连接在一起用反铲下入龙口，同时采用推土机在戗堤上牵引固定，然后抛投 2 车钢筋笼、1 车葡萄串和 1 个六面体将十字撑压住，紧接着在戗堤下游侧及水面以上回填 4～5 车石渣和 2～3 车块石料跟进，依此一个循环一个循环地向前进占。

（中国水利水电第三工程局
洪　飞　米振柱　廖书杰）

施工机械设备

三级配混凝土泵研制

（一）研制目的

水利水电工程混凝土施工中，受结构尺寸和浇筑设备的限制，如隧洞混凝土衬砌、塔柱混凝土、二期混凝土浇筑等需使用混凝土输送泵浇筑。以前国内混凝土输送泵只能输送骨料最大粒径为 40mm 的二级配混凝土，且需适当控制中石含量，尚无能有效输送骨料最大粒径为 80mm 的三级配混凝土输送泵，混凝土中胶凝材料用量大，水化热温升高，致使混凝土温控措施复杂，成本高。如果混凝土输送泵能输送三级配混凝土，则可降低混凝土中胶凝材料用量，简化温控措施，降低施工费用。

（二）研制过程

2002 年 9 月，湖南长沙三一重工股份有限公司与长江勘测规划设计研究院共同申报“十五”国家重大技术装备研制项目“三级配混凝土输送泵研制”，并提交了项目可行性研究报告。2002年11月，与水利部国际合作与科技司、水利部科技推广中心正式签订专题合同。2002年12月研制出三级配混凝土输送泵样机，并进行了厂内循环输送试验。2003年8月至10月，在三峡碾压混凝土纵向围堰等部位分四个阶段进行了工业性试验，成功浇筑混凝土约2600m³。2004年12月，通过了水利部国际合作与科技司组织的验收，验收专家委员会评定该专题研究总体上达到国际先进水平，其中泵送三级配混凝土技术为世界先进水平。

（三）主要技术指标

HBT120A-1410D混凝土输送泵的技术参数为：

整机质量：12000kg

外形尺寸：7845mm×2425mm×2747mm

理论混凝土输送量：120m³/h

理论混凝土输送压力：10.5MPa

混凝土骨料最大粒径：80mm

主油缸直径×行程：ϕ160mm×1400mm

输送缸直径×行程：ϕ280mm×1400mm

主油泵排量：190cm³×2

柴油机功率：161kW×2

输送管径：260mm

料斗容积：0.9m³

理论最大输送距离（260mm管）：水平100m+垂直80m～水平250m+垂直100m

（四）主要研究成果

(1) 研制出三级配混凝土输送泵。通过对二级配混凝土输送泵的分析和研究，克服二级配混凝土泵不适应三级配混凝土的粗骨料粒径大、水灰比小、坍落度低、水泥用量少、泵送阻力大等困难，解决混凝土泵的吸料、泵送压力、耐磨损技术等难题，研制出一种能有效输送三级配混凝土的活塞式混凝土输送泵。该泵利用了10项技术专利，新增实用新型专利1项，具备高性能、高可靠性等特点。

(2) 提出了三级配泵送混凝土配合比。通过室内和现场配合比试验，提出的施工配合比与同标号二级配泵送混凝土相比，用水量降低10～15kg/m³，胶凝材料相应降低20～30kg/m³。

(3) 提出了三级配混凝土泵送施工工艺。主要解决了三级配混凝土在输送管内流动性差、输送阻力大、容易离析、容易堵管等问题，采取合适的输送管径、适当的配管方法及合理的混凝土施工工艺等技术措施，使泵送施工工艺科学、简单、可靠、经济、实用。

（五）应用情况

继三峡工业性试验成功后，目前有多台HBT120A三级配混凝土泵应用于实际施工，先后在百色右江水利枢纽工程、贵州鱼塘水电站和广西大化水电站使用，其中用于鱼塘水电站的设备采用该三级配泵送施工工艺，已累计泵送三级配混凝土26000m³，取得了较好的社会经济效益。随着我国现代化建设的发展，大型水利、水电建设项目日益增多，该设备具备广阔的市场前景。

（长江勘测规划设计研究院　简兴昌）

三级配混凝土输送泵在水电工程中的应用

为适应水电工程大体积混凝土的浇筑，由湖南长沙三一重工股份有限公司研制生产的第一台HBT120A三级配混凝土输送泵在广西右江百色水利枢纽工程投入使用。

（一）三级配混凝土输送泵简介

HBT120A三级配混凝土输送泵为斜置式闸板阀混凝土拖泵，主要由液压系统、泵送系统、动力系统、搅拌系统、水泵清洗系统及润滑系统等部分组成。其主要技术性能参数为：

输送管径：260mm

理论混凝土输出压力：10.5MPa

理论输送量：121m³/h

理论最大输送距离：水平400m，垂直100m

最大骨料粒径：卵石80mm，碎石70mm

外形尺寸：7845mm×2811mm×2750mm

总质量：12000kg

最大拖行速度：15km/h

斜置式闸板阀混凝土拖泵是由电动机或柴油机带动液压泵产生压力油，驱动主油缸带动两个混凝土输送缸内的活塞产生交替往复运动。再由滑阀与主油缸之间的有序动作，使得混凝土不断从料斗吸入输送缸并通过输送管送到施工现场。

该泵的主要技术特点：

(1) HBT120A三级配混凝土输送泵采用了进口元件，装配质量较高，充分保证各工作系统的正常可靠运行。

(2) 具有自动反泵功能，当发生短暂堵管现象时，能迅速反吸后自动正泵，清除堵管。

(3) 搅拌装置成功解决了漏浆问题，叶片设计独特，搅拌死角小，助推力大。作业中一旦被骨料卡住，搅拌叶片可自动反转，排除故障。

(4) 独立的水泵系统能迅速将输送管道中的剩余混凝土在清洗混凝土输送管的过程中送至浇筑现场。

（二）工程应用实例

HBT120A三级配混凝土输送泵在广西右江百色水利枢纽工程应用情况如下：

1. 准三级配泵送混凝土原材料

(1) 水泥：广西东泥"右江"牌525号中热硅酸盐水泥，品质检验合格。

(2) 粉煤灰：云南曲靖Ⅱ级粉煤灰，品质检验合格。

(3) 细骨料：河砂，细度模数3.0，含泥量4.0%，颗粒级配良好；辉绿岩人工砂，由巴马克干法生产，细度模数2.9，石粉含量20.1%，中间颗粒含量相对较少，颗粒级配较差。

(4) 粗骨料：辉绿岩人工碎石，考虑到辉绿岩骨料密度大，弹性模量高，对大坝的抗震不利，因此，百色工程大石最大粒径为60mm（称准大石），相应拌制的混凝土称准三级配混凝土，骨料级配比例为准大石∶中石∶小石=30∶40∶30；二级配骨料比例为中石∶小石=55∶45。

(5) 外加剂：江苏省建筑科学研究院生产的JM-Ⅱ缓凝高效减水剂，掺量0.8%，减水率22%～24%。

(6) 水：取自右江，水质检验合格。

2. 准三级配泵送混凝土施工配合比　由于辉绿岩人工砂石粉含量较高，中间颗粒含量相对较少，颗粒级配较差，为对比细骨料的品种、颗粒级配对混凝土可泵性能的具体影响情况，进行了掺河砂与辉绿岩人工砂的配合比试验。

消力池混凝土设计强度等级C20，强度保证率95%，配制强度26.6MPa，消力池泵送施工配合比见表1。

3. 现场施工情况　广西右江百色水利枢纽RCC主坝工程主要安排在枯水季节施工。由于施工工期较紧，5月份洪水即将来临，考虑到防洪度汛要求，消力池同时采用了泵送混凝土施工，以满足工程施工进度要求。

现场施工条件为：混凝土泵送水平距离60～70m，高差4～5m；混凝土运输方式为搅拌车运输及平板车运输两种；运输距离约2000m，运输时间约10min。

表1　　消力池泵送混凝土施工配合比

级配	砂品种	水胶比	砂率（%）	粉煤灰（%）	坍落度（mm）	单位材料用量（kg/m³）			实测28天抗压强度（MPa）
						水	水泥	粉煤灰	
准三	人工砂	0.50	32	30	80～100	145	203	87	29.9
准三	河　砂	0.50	34	30	80～100	135	189	81	30.7
二	人工砂	0.50	36	30	80～100	155	217	93	29.4
二	河　砂	0.50	38	30	80～100	142	199	85	28.2

从现场施工情况可以看出：

(1) 搅拌车运输的准三级配、二级配混凝土和易性较好，骨料基本不分离，坍落度损失较小（约10～30mm），混凝土输送泵在正常工况下即可满足施工要求。

(2) 平板车运输的准三级配、二级配混凝土和易性差，骨料分离情况严重，坍落度损失大（约30～50mm），混凝土输送泵在增大输出压力的情况下可以泵送二级配混凝土；准三级配混凝土由于粗骨料与砂浆严重分离，致使骨料集聚发生堵管现象。

(3) 掺河砂混凝土的和易性、可泵性均优于掺人工砂的混凝土。

（三）结论

通过以上实例说明：

(1) HBT120A型三级配混凝土斜置式闸板阀拖泵可以满足准三级配泵送混凝土施工要求。

(2) 为防止堵管，必须保证混凝土的和易性较好，坍落度不宜过小，使用搅拌车运输混凝土避免产生骨料分离等。

(3) 使用准三级配泵送混凝土施工，可以优化混凝土施工配合比。准三级配混凝土胶凝材料用量为270～290kg/m³，比二级配混凝土节省胶凝材料用量达14～20kg/m³以上，对降低大体积混凝土的工程造价和简化温控措施极为有利。

（中国水利水电第四工程局　任永义
中国水利水电闽江工程局　官春光）

长距离胶带运输机在龙滩工程中的应用

（一）概况

龙滩水电站是西部大开发战略和西电东送的标志性工程，是红水河梯级开发中的最大水电工程。电站位于红水河上游，距广西天峨县城15km。工程由碾压混凝土重力坝、左岸地下厂房、右岸升船机等建筑物组成。大坝混凝土总量约640万m³，约需成品骨料1400万t。混凝土生产所用砂石料为人工骨料，全部由大法坪砂石加工系统供应。

从大法坪砂石料加工系统到大坝混凝土生产系统公路里程约为7.5km，路面弯多坡陡，且经过麻村采石料场山脚下，要满足骨料运输，原有公路根本无法达到要求，还存在很大的安全隐患。通过技术论证和经济分析，最终确定采用长距离胶带机运输砂石骨料。

（二）技术特性

长距离胶带机单机长约4km，带速4m/s，设计运输能力为3000t/h。胶带机穿越三条隧洞和龙滩沟、那边沟两明段，从机尾部起下运，下运高差50m（水平距离1743m），中部为水平运行（距离724m），然后为上运，上运高差为30m（水平距离1478m）。

在设计时，考虑该胶带机所输送的物料为成品砂石料，磨损性高，而且输送量大，输送距离长，需选用深槽高速胶带作为砂石料输送皮带，因此采用了耐磨、耐冲击的优质橡胶钢丝绳芯输送带。

长距离胶带机主要由驱动装置、传动滚筒组、改向滚筒组、（上、下）托辊组、拉紧装置、输送胶带、提升导料槽、固定导料槽、清扫器、各种保护装置及机头架、机尾架、高架支腿和中间架等主要部件组成。

驱动方式采用可控起动传输（CST）装置驱动。主要由高压电动机、联轴器、可控起动传输CST装置、传动滚筒组等组成。其连接方式为电动机与CST、CST与传动滚筒连接，联轴器采用CL型齿式联轴器。该型齿式联轴器具有一定补偿两轴相对偏移的性能。

长距离带式输送机的运转方式以工艺输送系统流程在中央控制室通过计算机实现自动运转操作。控制系统具备主要故障的检测和故障处理功能及保护功能，可实现机旁无人操作。带式输送机系统中设置了跑偏、打滑、堵塞、防撕裂及急停开关、刮水装置等附属装置。为了适应环境保护要求，在隧洞内设置了机械通风装置。在带式输送机头部设有落矿挡板，以防止物料坠落或卡入胶带与滚筒中损坏胶带。在带式输送机尾部设有两个受料点，前面导料槽为提升导料槽，后面导料槽为固定导料槽，当后面导料槽受料时，前面导料槽升起。该带式输送机充分考虑点检、维修需要的位置和空间，在带式输送机沿途设有跨越梯。

（三）技术改造

水电七局龙滩项目部在调试运行过程中，针对出现的机带严重跑偏、胶带磨损严重、黏胶等现象，积极与设计单位及厂家寻找原因，迅速组建攻关小组进行技术攻关，有效地解决了运行中存在的问题，增强了系统运行的可靠性、安全性，提高了生产效率。其主要技术改造情况如下：

（1）在骨料运输距离较远，所需物料切换频繁，且各子系统相互间无控制接口的情况下，增设一套整合监控系统解决了各子系统因控制部分不连贯而存在监控盲点的问题，提高了骨料输送系统的整体自动化程度，降低运行成本并保证了整个右岸混凝土生产系统的优质高效运行。

（2）在机头机械清扫器后方采用加装3道水清扫器及脱水托辊的措施，彻底消除了附着在胶带表面的石粉，有效改善了洞内的空气质量，使洞内运行环境得到根本改善。

（3）针对高速皮带运输情况，将原设计的锥形调心托辊改为普通调心托辊，所有的前倾支架更换为普通支架后，解决了锥形调心托辊和前倾支架对皮带的表面损伤严重的情况。

（四）应用效果

龙滩电站大坝工程混凝土总量约为640万m^3，所需成品骨料总量约1400万t。从大法坪的成品料场到混凝土拌和系统骨料罐公路运输为8km，直线距离为4km，采用长距离胶带运输机比汽车运输可节省成本4220万元。

龙滩长距离胶带机经过近两年的生产运行，情况良好。2005年9月，国内首次长距离带式输送机物料输送运行管理技术交流会在广西龙滩水电工地召开，与会专家认为：长距离物料输送具有投资少、对地形地势要求较低、输送量大、骨料运输连续性高、运输成本低等显著优点，在水电系统具有推广运用前景。

（中国水利水电第七工程局　方　鉴　余淑娟）

BMC300反井钻机在溪洛渡工程中的应用

（一）概况

溪洛渡水电站是金沙江下游河段规划开发的第三个梯级电站，以发电为主，兼有防洪、拦沙和改善下游航运条件等综合效益。枢纽由拦河大坝、泄洪建筑物及引水发电建筑物组成。电站总装机容量为12600MW，设有单机容量700MW水轮发电机组18台。

电站厂房为地下式，分别布置在两岸。左、右岸地下厂房通排风系统均由送、排风系统及空调运输道等组成，以保证厂区地下洞室空气清新、洁净。其中左岸地下厂房永久通排风系统由通风平洞、通风竖井、排风平洞、排风斜井等组成。其中排风斜井长约216m，开挖直径5.7m。斜井与水平方向夹角75°40′37″；通风竖井长 207.98m，开挖直径 8.2m。

坝址区河床基岩及两岸谷坡均由二叠系上统峨眉山玄武岩（$P_2\beta$）组成。峨眉山玄武岩为间歇性多期喷溢的陆相基性火山岩流，总厚度 490～520m，可分 14 个岩流层。岩流层一般厚 25～40m，其中 $P_2\beta_6$ 和 $P_2\beta_{12}$厚度最大，平均厚 72m 和 82m，$P_2\beta_{10}$和 $P_2\beta_{11}$厚度最小，平均厚 14m 和 13m，同一岩流层厚度相对稳定，起伏差一般小于 5m，层间、层内错动带发育。

岩流层下部由玄武质熔岩组成（简称玄武岩），岩性主要为致密状玄武岩、含斑玄武岩、斑状玄武岩；上部为玄武质角砾（集块）熔岩，上下岩性渐变过渡。

玄武岩室内岩石物理力学试验参数见表 1。

表 1　玄武岩室内岩石物理力学性质表

岩性	密度 (g/cm³)	吸水率 (%)	声波波速 v_p (m/s)	弹性模量 E (GPa)	抗压强度 (MPa)		抗拉强度 (MPa)	
					干	湿	干	湿
玄武岩	2.93	0.08～0.12	5910～6070	62.6～73.5	250～332	214～324	9.1～16.1	8.4～12.6

（二）施工方案选择

溪洛渡水电站地下厂房通风竖井井深 207.96m，最大开挖直径 8.20m；地下厂房.排风斜井长 215.48m，最大开挖直径 5.70m。由于斜（竖）井施工工期仅为 7～8 个月，采用传统的正井法、爬罐法、反井法施工速度慢，安全隐患大，施工成本高，工期长，无法满足工期要求。根据经验，正井法、爬罐法、反井法等常规工艺，适用于深度为 100m 以内的斜井（竖井）施工，所需工期约 12～15 月。采用反井法加 LM200 钻机法即：井下 50～100m 采用人工开挖 ϕ200cm 小井，上部 100～150m 采用 LM-200 型反井钻机正向钻孔，贯通后再人工自上而下扩挖成型，预计工期 10～12 个月。而选择 BMC300 型反井钻机进行斜（竖）井导井施工，比采用常规方法或常规加 LM200 钻机法施工提前约 3～4 个月工期，因此通风竖井和排风斜井采用 BMC300 型反井钻机方案。

（三）BMC300 型反井钻机施工

1. 斜井开口定位与导孔施工　斜井开口坐标和倾斜角度根据地质条件和钻机的钻压、钻速、岩层特性等通过经验公式确定。其经验公式如下：

$$\alpha=\alpha_0-K_1K_2K_3\beta$$

式中：α 为实际反井钻机开口角度；α_0 为设计斜井角度。β 为调整角度值，当 $\alpha_0\geqslant 60°$时 $\beta=30'\sim 60'$；当 $50°\leqslant\alpha_0<60°$时 $\beta=60'\sim 100'$。K_1 是与围岩抗压强度有关的参数，一般 $K_1=0.95\sim 1.20$，软岩取大值，坚硬围岩取小值。K_2 是与钻杆重量有关的参数，当采用 LM200 反井钻钻深度为 100m 以下的斜井时，$K_2=1.0\sim 1.20$；对于斜井深度在 $100\text{m}\leqslant h<150\text{m}$ 时，每增加 10m，K_2 取值增加 0.05～0.07；在 $150\text{m}\leqslant h<200\text{m}$ 时，每增加 10m，K_2 取值增加 0.07～0.10；当 $200\text{m}\leqslant h<250\text{m}$ 时，每增加 10m，K_2 取值增加 0.10～0.15；当 $h\geqslant 250\text{m}$ 时，每增加 10m，K_2 取值增加 0.15～0.22；对于 BMC300 与 LM200，采用钻杆重量换算法。K_3 是与钻压、钻速有关的参数，在施工中使用厂家推荐参数时取 $K_3=1.0$，当增加钻压或增加钻速时 $K_3=1.0\sim 1.15$。

导孔开口利用开孔扶正器和钻杆配合慢速开孔，钻进过程中应每隔 10～15m 加设钻杆稳定器。导孔钻进过程中，根据钻速、水压、返出岩屑的情况，确定围岩情况，对不良地质段采用泥浆护壁或灌浆处理。

2. 反向扩挖　扩孔开孔，当扩孔钻头接好后，慢速上提钻具。直到滚刀开始接触岩石，然后停止上提，用最低转速（5～9r/min）旋转，并慢慢给进，保证钻头滚刀不受过大的冲击而破坏，给进一些停下，等刀齿把凸出的岩石破碎掉，再继续给进。开始扩孔时，要注意观察，等钻头全部均匀接触岩石，才能正常扩孔钻进。在扩孔过程中，当岩石硬度较大，可适当增加钻压，反之可以减少钻压。扩孔时，要及时出渣，防止堵孔。扩孔过程，也是拆钻杆的过程，拆下的钻杆要进行必要的清理，上油带好保护帽。扩孔技术参数控制指标为：竖井、斜井钻孔直径均为 1.4m，超欠挖量不超过±50mm。

当钻头距基础 2.5m 时，要降低钻压慢速钻进，并且要认真观察基础周围是否有异常现象，如果有，要及时采取措施处理，慢慢地扩孔，直至钻头露出地面。

（四）溪洛渡工程中对斜井采取的防偏与纠偏措施

1. 反井钻机钻孔产生偏斜的原因分析

（1）钻杆轴向荷载造成导孔的偏斜。垂直分力使钻头沿倾斜方向向下钻进；水平分力使钻头向垂直轴线外侧钻进，使钻头离开原设计轴线。

（2）给钻杆施加荷载时，作用在钻杆上的推进力使钻杆产生一定程度的弯曲，钻头受水平向分力，造成钻孔偏斜。

（3）岩层对钻头的反作用造成的偏斜。钻头钻进的方向很大程度上取决于钻头与硬度变化的岩石表面相遇的角度，如果角度小，钻头一般趋向软弱岩体分布的方向偏斜。

（4）排渣不及时造成孔位偏移。岩渣积垫，使钻杆偏离设计线，造成偏斜。

（5）钻头移步对钻孔偏斜的影响。钻头移步是指三牙轮钻头在钻进中具有偏斜的趋势，造成钻孔偏斜，孔径超大。

2. 反井钻机钻孔施工中的防偏与纠斜措施

（1）根据经验公式和施工经验对斜井开口的角度进行控制，预先增加偏移角度值，保证下口正确。

（2）开口采用短钻杆、低轴压、慢钻速开口，直到第一根稳定钻杆全部进入导孔后，可酌情增加轴压，提高钻速，在钻进 3m 后，再按正常参数钻进。

（3）为防止钻杆弯曲，在开钻前的短钻杆处安装一根稳定器，以后在 3m、6m、10m 处各安一个稳定器，此后随着钻进深度增加，每隔 10～15m 左右安装一根稳定器。

（4）密切注意岩层变化，在岩层变化段采用低轴压钻井。同时控制排渣水压在 0.65～1.0MPa，水流量在 30～35m^3/h。

左岸厂房排风斜井施工中进行了 3 次纠偏，在 30m、100m、150m 将钻杆全部拆除，通过测斜仪进行测量，其精度满足要求。若发生少量偏移，可采用变化钻具组合和变化钻压的方法进行纠偏；也可采用潜孔马达和一个弯接头纠偏；还可以采用充填偏斜孔段，重新钻孔的方法解决。采用充填斜孔是指用砂浆将变向点至孔底一段充填。

（五）BMC300 反井钻机在溪洛渡工程的应用效果

1. BMC300 反井钻机在左岸厂房排风斜井中的应用　左岸厂房排风斜井长 215.48m，角度 75°40′37″，施工中根据围岩类别、钻杆重量、钻速、旋转方向等因素确定开口角度 74°30′00″，在导孔施工中进行了 3 次纠偏，偏斜率均小于 1%。斜井于 2005 年 6 月 24 日进行导孔 ϕ244m 施工，于 2005 年 8 月 2 日完成导孔施工（其中有效施工时间 27 天，等待下部工作面 12 天），施工工期满足要求，其中单班最大进尺 9m，最大日进尺 24m。反向扩挖成 ϕ1400mm 导井于 2005 年 8 月 3 日～8 月 28 日（25 天）完成，其中单班最大进尺 7m，最大日进尺 19m。斜井下口偏差 1.67m，偏斜率 0.778%＜1%，满足规范要求。

2. BMC300 反井钻机在左岸厂房通风竖井的中的应用　左岸厂房通风竖井井深 207.96m，于 2005 年 8 月 16 日～9 月 27 日完成导孔 ϕ244m 施工（其中有效施工时间 30 天），其中单班最大进尺 11m，最大日进尺 29m；反向扩挖于 2005 年 9 月 28 日～10 月 23 日完成，其中单班最大进尺 7m，最大日进尺 16m。施工偏差 25cm，偏斜率 0.1202%＜1%，满足规范要求。

（中国水利水电第七工程局
代昌福　高　峰　管大刚）

机电及金属结构

机 组 选 型 设 计

三峡右岸电站机组参数优化研究

稳定性是水轮发电机组长期安全运行的重要保证。三峡机组不仅是世界上最大的水电机组之一，且运行水头变幅大，担任调峰任务，启动频繁，调节性能要求高。因此，三峡机组投入运行后，在整个水头范围和各种不同负荷下能否安全稳定运行，受到各方的关注。

三峡左、右岸分别设置14台和12台单机容量为700MW的水轮发电机组。三峡左岸14台机组采用国际招标方式进行采购，其中8台由ALSTOM供货，6台由VGS供货。从VGS和ALSTOM两个集团水轮机模型验收试验的结果看，稳定性能指标均未全面达到合同规定的保证值，在正常运行范围的高水头、高部分负荷区存在一个明显的压力脉动峰值带。表现为顶盖和尾水管处压力脉动幅值大，频率高，可能严重影响左岸机组的安全稳定运行，降低机组的调峰能力和运行的灵活性，引起国内外专家的普遍关注。不少专家提出，在总结三峡左岸电站机组设计、水轮机模型试验的基础上，应对右岸电站机组的额定水头、转速等主要参数进一步论证和优化，使机组运行稳定性能有所提高。为此，2000年4月～2005年12月，长江勘测规划设计研究院（以下简称长江设计院）和哈尔滨大电机研究所（以下简称哈电）、东方电机股份有限公司（以下简称东电）共同承担了中国长江三峡工程开发总公司委托的“长江三峡右岸电站机组参数优化选择”的科研课题。

课题主要研究包括以下两方面的内容：

（一）参数优化

（1）三峡左岸电站机组稳定性分析和预测。对两个供货商的水轮机模型试验成果进行了大量整理、归纳和分析，此外，为了做好三峡电站水轮机稳定性分析研究，还对近年来机组运行出现稳定性问题的典型电站，如岩滩、广州抽水蓄能、隔河岩、李家峡、二滩、江垭、小浪底等水电站，进行了3次有针对性的实地考察和调研。

（2）对额定水头80.6m、83.0m、85.0m、90.0m、95.0m等5个方案进行了技术、经济综合比较分析。经对三峡左岸电站机组参数选择及招、投标经验总结，结合对国内大型机组的调研，综合分析后认为：适当提高额定水头这一关系到电量平衡、水力特性、机组安全稳定性和经济性的关键技术参数，是研究解决稳定性的正确技术途径。同时，额定水头的提高，给转轮和流道优化创造了条件。因此，右岸电站水轮机的额定水头提高至85.0m。

（3）额定转速的选择研究。综合分析比转速对机组稳定性的影响，比较了71.4r/min和75.0r/min两个额定转速方案。

（4）混流式水轮机稳定性指标的研究。在大量分析研究和对国内外大型电站机组运行情况调研的基础上，按水头、负荷范围分区提出了混流式水轮机尾水管、无叶区等各测量部位压力脉动幅值的考核指标，并在三峡右岸电站机组招标文件中采用。

（二）模型转轮及流道的优化研究

哈电和东电分别利用参数优化确定的参数，在三峡左岸模型试验的基础上，对三峡右岸水轮机转轮模型和流道进行了大量的CFD优化，并进行了多轮水轮机模型试验。最终确定的模型转轮A858a（哈电）和D399（东电），经与国外著名厂商开发的右岸水轮机转轮模型在中国水利水电科学研究院机电研究所进行了同台对比试验，证明其能量、空蚀特性相当，水力稳定性较左岸机组有实质性的改善，消除了三峡左岸电站模型试验中发现的高水头、高部分负荷工况下的压力脉动峰值带，水轮机主要性能指标达到了国际水平。因此，在三峡右岸电站700MW水轮发电机组公开招标中，哈电和东电采用该研究成果开发的水轮机模型分别进行投标，经过专家评议和业主研究，哈电和东电各赢得4台的供货合同，弥补了国内不能自主设计、制造700MW机组的空白。

本科研项目针对三峡电站水头变幅大、机组容量和尺寸大等特点和难点，研究了额定水头、转速等参数与机组稳定性的关系，采用工程设计、机组参数、水力设计优化和模型试验验证并研究分析国内外已运行的大型机组运行状况等方面进行全面综合系统的创新思路，降低了三峡右岸电站水轮机压力脉动幅值，可以极大地提高三峡右岸电站机组的运行稳定性。研究成果已应用在三峡右岸电站机组的研发和设计中。

该课题于2005年12月27日通过由中国长江三峡工程开发总公司组织的验收；2006年2月24日，由湖北省科学技术厅主持对该成果进行了科技成果鉴定。鉴定委员会一致认为该项目已达到国际先进水平，在解决水头变幅大的大型机组稳定性问题上达到国际领先水平。

（长江勘测规划设计研究院　田子勤）

向家坝水电站水轮机设计及参数选择

向家坝水电站安装8台水轮发电机组，单机额定功率为750MW。电站的最大水头为114.2m，最小水头为86.1m。这一水头段的水轮机，国内外厂商均具有技术储备。国内制造厂家对100～140m水头段水轮机进行了大量的水力研究和模型试验，设计和引进了一大批性能优良的混流式水轮机转轮，成功应用于三峡、龙羊峡、江垭、漫湾、大朝山、宝珠寺、李家峡等大型水电站，取得了良好的效果，并积累了丰富的设计、制造及运行经验。向家坝水电站选用混流式水轮机，并要考虑以下特点及要求：

（1）机组单机容量属目前世界第一，机组台数多，在系统中具有重要地位，因此，水轮机参数选择时除需遵守我国现行的规程规范外，还应参照和采用当今国内外的先进技术水平，使机组能安全、稳定、高效运行，以满足系统对电站的要求。

（2）最大水头与最小水头的比值为1.33，相对比较适中，全年电能加权平均水头102.2m，其中汛期6～9月加权平均水头96.4m，非汛期加权平均水头107.6m。根据向家坝水库运行方式，投运后为防汛的需要，汛期6～8月库水位被限制在370.0m运行，9月上旬开始蓄水，9月底蓄至正常蓄水位，10～12月一般维持在正常蓄水位或附近运行，1～5月为供水期，5月底消落到死水位370.0m。考虑电站调峰运行工况的影响后，水头95m的保证率为89.8%，105m以上高水头段的发电量占41.0%，水轮机应能适应高水头运行时间长的特点，保证机组在高水头运行范围内有良好的稳定性和较高效率。

（3）坝高库大，施工期较长，为使电站提前受益，在电站投产初期，有几台水轮机将会有一段时间在水库正常蓄水位以下运行。根据施工进度安排，地下厂房2012年底4号和3号机组首批发电，2013年6月2号机组投产，2013年12月1号机组发电；坝后厂房第1台机组2014年3月发电，以后每5个月投产1台机组。初期发电水位354m维持到2013年底，也就是说，有4台机组在最小水头附近运行将近1年时间，因此，要求水轮机在低水头运行亦应有较好的能量指标和稳定性。

（4）向家坝水电站比上游的溪洛渡水电站早2年发电，在溪洛渡水库建成之前，汛期仍有一定量的过机泥沙，粒径虽小，但会对初期发电的水轮机产生磨损影响，因此水轮机参数选择和结构都应适当考虑泥沙磨损的因素。

2005年7月和12月，中南勘测设计研究院与国内外制造厂进行了两次机组技术交流。根据可研设计成果及其审查意见和机组技术交流成果，招标设计阶段水轮机主要参数选择如下：

（一）本阶段预期的模型水轮机目标参数

（1）综合指标：$n_s=220.5$（m-kW制）；$K=2150$

（2）最优工况：$n_{110}=64\sim71.8$r/min；$Q_{110}=0.69\sim0.77m^3/s$；$\eta_{mmax}=94.5\%$

（3）额定工况：$Q_{11r'}=0.99\sim1.05m^3/s$；$\eta=91.2\%$；$\sigma_m=0.12$；$\sigma_P=0.178$

（二）本阶段水轮机真机参数

根据模型水轮机目标参数选择结果，在确保机组安全稳定运行且综合指标优良的前提下，向家坝单机额定功率750MW、额定水头95m，计算水轮机原型主要参数如下：

水轮机型号	HL220.5-LJ-950
最大水头 H_{max}	114.2m
加权平均水头 H_w	102.2m
额定水头 H_r	95m
最小水头 H_{min}	86.1m
设计水头 H_d	105m
转轮直径 D_1	9.5m
额定功率 P_r	761MW
额定流量 Q_r	893m³/s
额定效率 η_r	93.2%
额定转速 n_r	75r/min或71.4r/min
飞逸转速 n_f	≤2倍额定转速
吸出高度(至导叶中心)H_s	地面厂房为−7.0m，地下厂房为−13m
装置空化系数 σ_P(地面厂房)	0.178
安装高程▽安	地面厂房为261.0，地下厂房为255.00m
蜗壳进口直径	11.6m
导叶相对高度（b_0/D_1）	0.285
导叶分布圆直径 D_0	$1.2D_1$
水轮机总重量	3200t
转轮重量	450t

（三）水轮机稳定性指标

（1）尾水管压力脉动。原型、模型水轮机各水头范围和功率范围的尾水管压力脉动混频峰峰值$\Delta H/H$控制值应满足表1要求。

表1　原型、模型水轮机尾水管压力脉动混频峰峰值 $\Delta H/H$ 控制值

水头范围	功率范围	$\Delta H/H$（%）
$86.1m \leqslant H < 95m$	$0 \sim 60\% P_t$	≤8
	$60\% P_t \sim 100\% P_t$	≤4
$95m \leqslant H \leqslant 114.2m$	$0 \sim 60\% P_r$	≤8
	$60\% P_r \sim 80\% P_r$	≤4
	$80\% P_r \sim 100\% P_r$	≤3

注　1　P_t 为相应水头的水轮机预想出力。
　　2　P_r 为水轮机额定功率 761MW。
　　3　上述 ΔH 为实测压力脉动过程曲线混频峰峰值（置信度 97%），H 为相应的运行水头。

（2）导叶后、转轮前压力脉动。原型、模型水轮机导叶后、转轮前测得的压力脉动混频峰峰值 $\Delta H/H$ 在各水头范围和功率范围内的控制值应满足表2要求。

表2　原型、模型导叶后、转轮前压力脉动混频峰峰值 $\Delta H/H$ 控制值

水头范围	功率范围	$\Delta H/H$（%）
$86.1m \leqslant H < 95m$	$0 \sim 60\% P_t$	≤6
	$60\% P_t \sim 100\% P_t$	≤4
$95m \leqslant H \leqslant 114.2m$	$0 \sim 60\% P_r$	≤6
	$60\% P_r \sim 80\% P_r$	≤4
	$80\% P_r \sim 100\% P_r$	≤3

注　1　P_t 为相应水头的水轮机预想出力。
　　2　P_r 为水轮机额定功率 761MW。
　　3　上述 ΔH 为实测压力脉动过程曲线混频峰峰值（置信度 97%），H 为相应的运行水头。

（3）叶道涡、可见卡门涡。在“水轮机的稳定运行范围”中规定的运行范围内，不允许存在叶片出水边可见卡门涡。

（4）叶片进口边正、负压面空化。叶片进口边负压面初生空化线和正压面初生空化线应控制在“水轮机的稳定运行范围”规定的运行范围之外。

（5）长期连续安全稳定运行范围。该范围要求为：①水头小于或等于额定水头时，水轮机发预想出力的 60%～100%；②水头大于额定水头时，水轮机发额定出力 761MW 的 60%～100%；③空载运行。

（6）其他要求：①短时在上述运行范围以外（包括 60%预想出力或 456.6MW 以下、761MW 至发电机在最大容量下运行且功率因数为1时的水轮机极限出力 845MW 范围内）运行，水轮机应是安全的；②在上述运行范围外的其他工况如启动、甩负荷等，水轮机亦能安全运行，没有有害的振动或摆度；③初期低水位发电应能安全稳定运行，没有有害的振动或摆度。

（中国水电顾问集团中南勘测设计研究院　吴　滨）

向家坝水轮发电机结构型式及主要参数选择

向家坝水电站有8台水轮发电机组，单机额定功率为 750MW。2005 年 7 月和 12 月中南勘测设计研究院与国内外制造厂进行了两次机组技术交流。根据可行性研究设计成果及其审查意见和机组技术交流成果，招标设计阶段发电机结构型式和主要参数选择如下：

（一）发电机冷却方式选择

发电机冷却方式采用全空冷、定子水冷、蒸发冷却均可行。定子水冷已成功应用于三峡左岸 700MW 机组；全空冷已应用于三峡右岸、龙滩、小湾、拉西瓦 700MW 机组。国内已先后研制成功 10MW、50MW 和 400MW 蒸发冷却水轮发电机，目前正在三峡左岸一台机上实施蒸发冷却改造。向家坝如采用全空冷发电机，槽电流为 6000A 左右，定子铁芯长度小于 3.315m，通过优化通风系统设计与线圈换位设计，可以解决铁芯及定子线圈温度差大的问题；从可靠性、经济性、运行维护方面考虑，全空冷具有优越性，尤其对右岸地下厂房，可减少辅助设备布置场地，减少开挖量，节省投资。定子水冷在技术方面具有效率高、定子温升低、线棒寿命长等优点。蒸发冷却可待三峡左岸机组改造完成后根据运行情况而定。

（二）发电机主要参数选择

1. 额定功率因数　根据系统要求，向家坝水电站发电机额定功率因数为 0.9（滞后）。

2. 额定电压　对发电机电压 20kV、22kV、24kV 作了分析比较，发电机电压为 20kV 时发电机最轻，成本最低，绝缘薄，对通风有利，防电晕相对简单。发电机电压采用 20kV，无论发电机全空冷或定子内冷，其槽电流均在合适范围内，且已有三峡左岸发电机的制造和运行经验。提高发电机电压，造价增加，防晕技术要求更高。因此，发电机电压采用 20kV 较合适。

3. 额定转速　水轮机转速推荐 75r/min 或 71.4r/min，从发电机来看，两种转速均可行。水轮机转速 75r/min，对应发电机的磁极对数 80 极（24×5），可选定子绕组的并联支路数方案较多，空冷可选 8 支路，内冷可选 5 支路，其槽电流较合理。水轮机转速 71.4r/min，对应发电机的磁极对数 84 极（22×3×7），可选支路数方案较少，可选 6 支路（内

冷)、7支路(空冷)或不对称支路数,制造厂认为该方案可行并有制造经验。

4. 效率 发电机额定效率在98.6%~98.8%

5. 纵轴暂态电抗(X'_d) 发电机的X'_d值为0.28~0.33,系统要求$X'_d \leqslant 0.33$(中间成果)。暂按$X'_d \leqslant 0.33$考虑。

6. 纵轴次暂态电抗(X''_d) 发电机X''_d为0.22~0.25,系统要求$X''_d \geqslant 0.22$(中间成果)。暂按$X''_d \geqslant 0.22$考虑。

7. 短路比(SCR) 短路比的建议值为1.1~1.2。系统要求发电机短路比$SCR \geqslant 1.05$(中间成果)。暂按$SCR \geqslant 1.05$考虑。

8. 飞轮力矩(GD^2) 根据系统要求和调节保证计算,暂定发电机$GD^2 \geqslant 450000t \cdot m^2$。

(三)发电机型式及主要部件的结构选择

1. 发电机型式 向家坝发电机采用具有上、下导轴承的半伞式结构,机组主轴为二根轴结构。

2. 推力轴承布置位置 对推力轴承的布置方式采用下机架支撑和水轮机顶盖支撑作了分析比较,推荐采用下机架支撑。

3. 主要部件的结构

(1)定子。定子机座由于外径大,应根据运输的限制条件分成最少的瓣数,在工地进行组圆焊接。定子在安装场叠片,在机坑下线。定子线棒加工工艺采用模压成型或VPI工艺(真空浸渍法),换位采用小于360°的新型换位方式或360°罗贝尔换位。定子绕组可采用波绕组分散布置、波绕组集中布置或迭绕组;采用迭绕组或波绕组集中布置可防止偏心,减少不平衡磁拉力,有利于轴系稳定,但端部跨接线较长。

(2)转子。转子为无轴结构,圆盘式支架。由于支架尺寸大,为便于运输,将支架分成中心体和扇形支臂两大部分,运到工地后在安装场再拼焊组装成整体。转子与下端轴采用内法兰连接,起吊时不带下端轴。转子现场组装成整体后,不挂磁极时支架最大垂直挠度不超过1.5mm,挂磁极时支架最大垂直挠度不超过2.5mm。

(3)推力轴承。推力轴承支撑结构采用多支点弹簧束支撑、弹性支柱支撑、弹性片支撑等方案均可行。推力轴承的冷却方式分为内循环和外循环两种方式,两种方式均在大型推力轴承上有运行经验,都可用于向家坝发电机的推力轴承。推力轴瓦瓦面材料,根据大型机组运行经验,考虑安全可靠,推荐采用钨金瓦。

(4)上、下机架。为改善机坑受力状态,减少基础所受径向力,上机架目前广泛采用将径向力转化为切向力的设计,如采用多边形(八卦形)结构或采用斜支臂。下机架为承重机架,由中心体和若干个支臂组成,支臂可为斜筋结构或径向结构。为保证下机架的刚度,在最严重的工况下,下机架垂直挠度不超过3.5mm。

4. 灭火系统 发电机可能着火的定子线圈和转子磁极线圈,均布置在发电机机坑内。根据发电机容量规模,考虑目前消防技术水平,推荐发电机采用水喷雾自动灭火系统。

(四)结论

向家坝水电站招标设计阶段选择的水轮发电机主要参数及结构形式如下:

型式	立轴,半伞式
额定功率	750MW
额定容量	833.3MVA
额定功率因数	0.9(滞后)
进相深度	-0.9(超前)
额定电压	20kV
额定电流	24057A
额定转速	75r/min或71.4r/min
额定频率	50Hz
极数	80或84
绝缘等级	F
飞轮力矩(GD^2)	$\geqslant 450000t \cdot m^2$
直轴瞬变电抗(X'_d)	$\leqslant 0.33$
直轴超瞬变电抗(X''_d)	$\geqslant 0.22$
短路比(SCR)	$\geqslant 1.05$
推力轴承布置位置	布置在下机架上
冷却方式	全空冷、定子水冷或蒸发冷却
灭火方式	水喷雾自动灭火

(中国水电顾问集团中南勘测设计研究院 邓双学)

彭水水电站水轮发电机组选择

彭水水电站位于乌江干流下游,重庆市辖区彭水县城上游11km处,下距乌江河口涪陵市约147km,距重庆市城区直线距离约170km。坝址以上控制流域面积69000km²,占乌江流域面积的78.5%;多年平均流量1300m³/s,年径流量410亿m³。彭水水电站开发的主要任务是发电,其次是航运,兼顾防洪及其他。电站地理位置优越,水库调节能力强,建成后将成为重庆电网规模最大、调节性能最好的水电站。

彭水水电站地下厂房安装5台350MW水轮发电机组,总装机容量1750MW。在电网中承担调峰、调频和事故备用的任务。电站按“无人值班”(少人值守)设计,采用计算机监控系统,实现电站的远方运行控制、调节和管理。

2003年12月，彭水水电站完成了机组招投标及合同签订工作，水轮发电机组由天津ALSTOM公司中标，水轮机转轮由法国ALSTOM公司设计制造并对水轮机总体设计提供技术支持。2004年10月，在瑞士洛桑EPFL-LMHPF1试验台上完成水轮机模型验收试验。

彭水水电站最大水头为81.60m，加权平均水头为71.80m，额定水头为67.00m，最小水头为52.00m，极限最小水头为43.00m。水轮机主要参数：水轮机型号为HLF169A0-LJ-768，额定转速为85.71r/min，飞逸转速为167r/min，额定出力为355.4MW，额定流量为589.14m^3/s，允许吸出高度为－2.0m，最高效率为96.48％。

水轮机采用立轴混流式，金属蜗壳，窄高弯肘型长尾水管。

水轮机转轮采用铸焊结构，最大外径7995mm，整体水运至工地。座环采用平板式带导流环无蝶形边结构，蜗壳按不做水压试验进行设计制造，在蜗壳上半表面设有弹性层。顶盖采用钢板焊接结构，最大外径10070mm，分四瓣水运至工地。底环和基础环采用螺栓连接，基础环按永久埋入混凝土中设计。导叶为铸焊中空结构，三支点式。水轮机主轴为中空结构，与转轮和发电机轴采用外法兰连接。导轴承为油浸式外循环稀油润滑、巴氏合金分块瓦结构。主轴密封采用静压自调节密封，工作密封采用围带橡胶密封结构。接力器采用直缸前铰双作用接力器，锁锭装置设在顶盖上。水轮机还设有排水阀、主轴中心补气装置等辅助设施和仪表。

水轮发电机采用立轴、半伞式、空冷、三相交流同步发电机。发电机主要参数：发电机型号为SF350-70/15880，额定容量为388.89MVA，额定电压为18kV，额定电流为12474A，额定功率因数为0.9（滞后），额定效率保证值98.67％。

发电机的结构型式为立轴半伞带下导轴承结构，推力轴承位于发电机下机架上，上机架装设上导轴承。上机架采用斜支臂结构。

定子机座分瓣运输，工地组焊成整圆。发电机定子整圆叠片下线在机坑内进行。定子机座上、下端的支撑采用斜脚板结构。定子铁芯采用穿心绝缘拉紧螺杆和蝶形弹簧的压紧结构，定子槽楔下采用弹性波纹垫条，定子嵌线采用裹包嵌线技术。

发电机转动部分采用分段轴结构。转子支架为圆盘式，分成中心体和扇形瓣运至工地，工地组焊。磁轭叠片、磁极挂装在安装间进行。转子支架的支臂采用斜支板结构。

发电机下机架为负荷机架，中心体与支臂分开运输。中心体与支臂采用合缝板在工地组装连接。下机架可通过定子内径吊出。

推力轴承安装在发电机下机架上。推力轴承采用锡基轴承合金瓦，设有高压油顶起系统。

发电机通风冷却方式为单路径向、密闭自循环、无风扇空气冷却。

彭水水电站由重庆大唐国际彭水水电开发有限公司投资兴建，长江勘测规划设计研究院承担工程勘察和设计任务。电站首台机组计划在2007年10月投产发电。

（长江勘测规划设计研究院　王建华　杨家胜）

机 电 设 备 制 造

我国大型水电设备制造业近况

（一）生产发展情况

2004年发电设备市场仍然保持了快速发展的态势，水电设备产量与上年相比又有了较大增长，但同时也面临着原材料价格上涨、供应紧张，生产周期短，新产品多，制造难度大等困难。对此，行业内各企业通过挖掘内部潜力，加强生产管理，增加技改投入，加大外扩生产和外委加工等措施，较好的完成了当年的生产计划指标，产品、产值创出历史最高水平。据不完全统计，2004年大型水电设备行业生产水电机组138套，6597.48MW，完成产值231428.72万元。大型水电设备行业8个企业完成工业总产值598890万元，完成产品销售收入522874万元，职工21949人，全员劳动生产率272855元/人。

2004年生产单机容量10MW以上水电机组的有：哈尔滨电机厂有限责任公司、东方电机股份有限公司、四川东风电机厂有限公司、昆明电机有限责任公司、广东省韶关众力发电设备有限责任公司、重庆水轮机厂有限责任公司、南宁发电设备总厂、江西东元电机有限公司8个企业（本文统计数字仅包含以上8个行业企业）。2003～2004年大型水电设备行业产量、产值见表 1。

表 1　　2003～2004 年大型水电设备行业产量、产值

企业名称	产量				产值（万元）	
	2003 年		2004 年		2003 年	2004 年
	套	MW	套	MW		
东方电机股份有限公司	28	1346.3	33	2266	36923	77712
哈尔滨电机厂有限责任公司	13	1027.5	25	2433.5	40287	99382
四川东风电机厂有限公司	11	178.5	19	421	7535	11635
昆明电机有限责任公司	6	68	8	258.48	1899	4489
广东韶关众力发电设备有限责任公司			4	88		5797
重庆水轮机厂有限责任公司			41	428.5		14596.72
南宁发电设备总厂			2	232		13770
江西东元电机有限公司			6	470		4047
合计	58	2620.3	138	6597.48	86644	231428.72

注　表内统计数字为单机容量在 10MW 以上者。

2004 年大型水电设备行业共生产水电机组 138 套、6597.48MW，配套励磁设备 58 台，配套调速器 72 台，配套油压装置 37 台。

2004 年水电设备需求量明显增长，但市场竞争仍然十分激烈。2004 年全行业共实现国内销售收入 136290.61 万元，实现国外销售收入 7966 万美元，2003～2004 年大型水电设备行业部分企业国内外销售收入见表 2。

表 2　　2003～2004 年大型水电设备行业部分企业国内外销售收入

企业名称	国内销售收入（万元）		国外销售收入（万美元）	
	2003 年	2004 年	2003 年	2004 年
哈尔滨电机厂有限责任公司	42691	27288	816	4372
东方电机股份有限公司	40696	55342	2816	3348
四川东风电机厂有限公司	7534	11635		152
昆明电机有限责任公司	40	4489		
广东省韶关众力发电设备有限责任公司		5979		
重庆水轮机厂有限责任公司		13814.61		
南宁发电设备总厂		13004		94
江西东元电机有限公司		4739		
合计	90961	136290.61	3632	7966

（二）科技成果及新产品

2004 年，行业内各厂家加大科研和新产品的开发力度，研制出一批技术含量高、市场潜力大的产品，给企业带来了可观的经济效益。在重大技术装备研制项目上，哈尔滨电机厂有限责任公司和东方电机股份有限公司共同承担国家“十五”重大技术装备三峡工程成套设备研制项目中的“AKA、VGS 三峡水轮发电机组研制”，“三峡水轮机转轮可靠性及防裂纹研究”和“三峡水轮发电机组稳定性研究”等三个课题。其中 34 个子课题被哈尔滨电机厂有限责任公司列入 2004 年度科研课题计划，目前已完成 AKA 水轮机模型试验研究、三峡机组经济稳定运行、大型转轮残余应力的、三峡水轮发电机组轴系临界转速动力响应、三峡发电机定子线棒及铜环引线钎焊工艺、水轮发电机定子通风槽板数控焊接工艺等 13 项，研究成果已应用到实际中。

哈尔滨电机厂有限责任公司还完成了百色水轮发电机单波纹油箱加工、冲击式水轮机制造工艺、不锈钢水接头和导电块的真空钎焊及青松球阀制造等攻关项目。百色水轮发电机采用小尺寸单波纹弹簧油箱，它的试制成功不仅提高了该公司经济效益，而且完善了该公司单波纹弹簧油箱的制造工艺，填补了公司在这一领域的空白。在冲击式水轮机的制造方面，通过改进工艺和运用特殊的工具保证了工件的加工精度，采用特殊的方法进行直观测量机组的整体装配精度，有效地保证了机组的技术要求，为冲击式水轮机的制造积累了丰富的经验。真空钎焊是钎焊领域一种技术含量很高的焊接方法，在国外同行业内已经被广泛应用，之前该公司在此领域没有过此类研究，但经过资料搜集、设计实验和分析总结，现已基本掌握了钎料

与钎膏的成分配制等关键的技术参数，试验达到了预想效果。青松球阀是目前国内尺寸最大的球阀，其结构特殊，在国内从未采用过该结构，制造加工和装配难度非常大。对此，该公司采用同车活门与阀体密封面的工艺方案，大大降低了工件的制造难度和制造成本，并且很好的保证了机组的金属钢性密封性能。产品现已全部通过 GE 公司与南韩业主的技术验收。该产品的成功制造不仅为公司的科技进步和技术创新做出了突出贡献，对其在国际同行业中占据领先地位也具有深远意义。

2004 年，哈尔滨电机厂有限责任公司完成新产品试制 14 项，新产品鉴定 1 项，科研课题共完成 76 项，有 6 项优秀科研成果分别通过黑龙江省科技厅及哈尔滨市科技局组织的鉴定，均被评定为国际先进水平。这些成果的取得有力的推动了企业的发展与科技进步，同时也增强了企业的竞争力。

东方电机股份有限公司开发的三峡右岸水轮机转轮、瀑布沟水轮机转轮，以及为喜河和土卡河电站开发的轴流转桨式转轮，其综合水力性能均达到国际先进水平，为瓦屋山、小天都电站开发的高水头混流式水轮机的综合性能也接近世界先进水平。该公司还完成了国内最大的田湾河流域高水头冲击式水轮发电机组和小龙门、巴基斯坦真纳竖井贯流式水电新产品的开发。并在公司内全面推行三峡机组、贯流式机组、300MW 和 600MW 汽轮发电机结构工艺优化，将水轮机叶片模压工艺优化取得的新成果应用到实际中，这些措施的实行大大缩短了产品的制造周期，并提高了产品质量。此外，还完成了三峡发电机蒸发冷却试验前的前期准备工作，加快了蒸发冷却技术的推广应用。

东方电机股份有限公司上报东方电气集团公司新产品 7 项，实际研制生产完工 7 项，并在厂内进行了鉴定。其中“三峡定子线棒防晕结构设计和工艺优化”、“超大型三峡水轮机主轴工艺技术研究和制造”、“大型水轮机导叶铸造工艺优化”三项成果通过了德阳市科技局组织的专家鉴定。

四川东风电机厂有限公司通过引进和自主开发，开发出了一批符合国家产业政策、技术含量高、附加值高、市场潜力大的产品，有 8 项新产品列入《四川省 2004 年技术创新（新产品）项目计划》，当年完成 3 项省级新产品计划及 10 余项其他新产品开发及技术创新，全年获得专利授权证书 5 项，并获多项省、部、集团公司级奖励。

2004 年大型水电行业部分企业新产品见表 3。

表 3　　2004 年大型水电行业部分企业新产品

电站名称	水轮机型号	水头范围	额定功率	转轮直径	额定转速	发电机型号	额定容量	电压	功率因数
		m	MW	m	r/min		MW	kV	
哈尔滨电机厂有限责任公司									
戈兰滩	HLA883-LJ-480	60～89.2	153.06	4.8	142.9	SF150-42/10800	150	15.75	0.9
三峡电源电站	HLA858a-LJ-280	62～113	51.55	2.8	273	SF50-22/5620	50	10.5	0.85
居甫渡	HLA551-LJ-460	43～66	97.44	4.6	136.4	SF95-44/9200	95	13.8	0.825
舟　坝	HLA551E-LJ-430	31～50.9	52.58	4.3	125	SF51-48/8800	51	13.8	0.85
巴基斯坦马兰Ⅲ	HLA550a-LJ-175	180.5～181.5	27.9	1.75	500	SF27.2-12/3600	27.2	11	0.85
刚果英布鲁	660-LH-550	14.6～20.4	30.77	5.5	107.1	SF30-56/7800	30	10.5	0.85
越南西山	ZZ660-LH-600	20.4～24.3	55.385	6.0	107.1	SF54.4-56/9800	54.4	13.8	0.85
富金坝	GZA684-WP-500	3.2～12.4	20.5	5.0	120	SFG20-50/5250	20	10.5	0.9
长　洲	GZ932-WP-750	2.5～16.0	42.94	7.5	75	SFG42-80/8200	42	13.8	0.92
印度 Jurala	GZ537-WP-620	9.0～21.0	39.6	6.2	100	SFG31-60/6700	39	11	0.9
瑞丽江	HL351a-LJ-280	299～330.1	102.0	2.8	428.6	SF100-14/5300	100	13.8	0.85
构皮滩	HLA897-LJ-700	144～200	609	7.0	125	无			
双　沟	HLA883-LJ-400	85～107.5	142.9	4.0	187.5	SF140-32/9000	140	13.8	0.875
大　发	LJ1085-L-295/6×256	482～513.8	123	2.95	300	SF120-20/6500	120	13.8	0.9
光　照	HLA855a-LJ-505	102.7～162.4	165.3	5.05	166.7	无			
三峡右岸	HLA858a-LJ-1044	61～103	710	10.44	75	SF700-80/19760	700	20	0.9

续表

电站名称	水轮机型号	水头范围	额定功率	转轮直径	额定转速	发电机型号	额定容量	电压	功率因数
		m	MW	m	r/min		MW	kV	
东方电机股份有限公司									
分水江	GZ（738）-WP-385	10.38～17.6	15.47	3.85	166.7	SFWG15-36/4600	15	6.3	0.92
大　言	GZD278A-WP-470	4.5～12.2	16.67	4.7	115.4	SFGW16-52/5340	16	6.3	0.9
金银台	GZ（820）-WP-630	3.0～15.9	41.00	6.3	100	SFWG40-60/7050	40	10.5	0.92
万　安	ZZD345E-LH-850	15.0～32.3	115.3	8.5	76.92	SF113-78/13200	113	15.75	0.85
紫坪铺	HL（209）-LJ-485	68.4～132.8	193.9	4.85	150	SF190-40/10800	190	13.8	0.875
吉林台	HLD333-LJ-360	98～135	117.5	3.6	214.3				
四川东风电机厂有限公司									
百花滩	ZZB48-LH-540	18.6～25.2	41.24	5.4	115.4	SF40000-52/7800	40	10.5	
崖羊山	HLB58-LJ-385	52～80	61.23	3.85	166.7	SF60000-36/7700	60	10.5	
乐山可河	CJB10-L-162/4×10	389.3～441.8	18.55	1.6	500	SF18000-12/3250	18	10.5	
云　鹏	HLB58-LJ-395	52.5～82.5	72.2	3.95	166.7	SF70000-36/8200	70	10.5	
东　江	GZB1000-WP-610	4.9～10.2	18.6	6.1	75	SFWG18000-80/6630	18	10.5	
昆明电机有限责任公司									
鹤庆金河	HLA351-LJ-148/4×14.2	181.2～184.7	12.95	1.48	600	SF12.5-10/2860	12.5	6.3	0.8
勐典河二级	CJA475-L-148/4×15.8	318～338	15.46	1.72	500	SF15-12/3300	15.0	10.5	0.8
猫猫跳	HLA551-LJ-255	35.5～46	20.84	2.55	214.3	SF20-28/5000	20.0	10.5	0.85
金洞子	HLA296-LJ-172	66.5～68.8	16.49	1.72	375	SF16-16/3300	16.0	10.5	0.85
广东省韶关众力发电设备有限公司									
马　房	GZ1250a-WP-560	3.5～8.3	10.417	5.6	79	SFWG10-76/6540	10	6.3	0.85
三　龙	GZ1250a-WP-500	5.4～8.64	12.435	5	100	SFWG12-60/5620	12	6.3	0.9
程江口	GZ1250a-WP-530	4.8～8.14	13.02	5.3	93.8	SFWG12.5-64/5800	12.5	6.3	0.9
东　笋	GZ1250a-WP-640	3.8～7.4	12.5	6.4	68.2	SFWG12-88/7100	12	6.3	0.9
茶林河	GZ995a-WP-530	8～11.78	18.652	5.3	93.8	SFWG18-64/6220	18	10.5	0.95
山　秀	GZ995a-WP-560	9～16	26.811	5.6	100	SFWG26-60/6160	26	10.5	0.9
龙头滩	GZ995a-WP-330	10.5～14.8	10.363	3.3	187.5	SFWG10-32/4050	10	6.3	0.85
宝灵寺	GZ995a-WP-360	12.5～19	14.4	3.6	166.7	SFWG14-36/4320	14	6.3	0.9
白石窑	GZ995a-WP-560	7～12.5	20.618	5.6	93.8	SFWG20-64/6540	20	10.5	0.9
紫家峡	GZ995a-WP-720	3.1～10	24.67	7.2	68.18	SFWG24-88/7820	24	10.5	0.95
缅甸 KK	ZZ550-CJ-380	24.6～35.5	35.97	3.8	187.5	SF35-32/6500	35	11	0.85
重庆水轮机厂有限公司									
阿鸠田	CJA237-L-215/4×20	421.7	35	2.15	375	SF35-16/4100	35	10.5	0.85
兴义中寨	HLA351-LJ-148	339.8	25	1.48	750	SF25-8/3000	25	10.5	0.85
绵阳通口	HLA520-LJ-250	50.19	23	2.5	230.8	SF22.5-26/5500	22.5	10.5	0.85
巫溪孔梁	HLA520-LJ-135	181.2	10	1.35	600	SF10-10/2860	10	10.5	0.85
芦山中嘴	HLA542-LJ-150	224.3	14	1.5	600	SF14-10/3250	14	10.5	0.85

续表

电站名称	水轮机型号	水头范围	额定功率	转轮直径	额定转速	发电机型号	额定容量	电压	功率因数
		m	MW	m	r/min		MW	kV	
宝兴小沟头	CJA237-L-190/4×18	445.2	30	1.9	428.6	SF30-14/3900	30	10.5	0.89
南宁发电设备总厂									
宝坛三级	CJA237-W-160/4×16	301.2	15.6	1.6	428.6	SF15-14/3250	15	10.5	0.8
缅甸椰内	HLA551-LJ-165	36～61	12.4	1.65	375	SF12-16/3600	12	11	0.8
塘　口	ZZ580-LH-310	16.3～22	10.4	3.1	214.3	SF10-28/4250	10	6.3	0.8
乐　英	ZZ834-LH-280	21.6～23.6	10.4	2.8	214.3	SF10-28/4250	10	10.5	0.8
龙　兴	ZZ409-LH-530	6～10	12.5	5.3	93.75	SF12-64/8600	12	10.5	0.8
牛栏口	ZZ450-LH-225	27.5～39	10.4	2.25	333.3	SF10-18/3900	10	10.5	0.8
潭　头	ZZ660-LH-360	16～19	15.54	3.6	166.7	SF15-36/5500	15	10.5	0.8
涌　口	HL820-LJ-260	16.3～31	12.4	2.6	166.7	SF12-36/5100	12	10.5	0.8
平　堑	CJA475-L-146/4×12	446.6～510	15.6	1.46	600	SF15-10/3000	15	10.5	0.8
多　儿	HLA575C-LJ-110	129.9～155.1	10.4	1.1	750	SF10-8/2600	10	10.5	0.8
江西东元电机有限公司									
金狮子二级	HLA551-LJ-175	43.5～54.5	10.365	1.75	333.3	SF10-18/3250	10	6.3	0.8
仙口	HLD74-LJ-160	46.9～69.4	12.631	1.60	375	DF12-16/3250	12	10.5	0.8

（三）质量及标准

2004年，大型水电设备行业各厂家在质量管理方面都加大了工作力度，提高了企业的管理水平，同时也增强了产品的竞争力。主要做了以下几方面工作：

（1）重视质量体系认证及其认证后的监督审核工作。2004年华信技术检验有限公司对哈尔滨电机厂有限责任公司进行了质量管理体系第三次复审后的第一次监督审核，共有17个单位接受此次审核，审核认定该公司对上次复审提出的不符合项纠正措施有效，本次审核未发现严重或重要不符合，质量管理体系持续符合GB/T 19001—2000 idtISO 9001：2000标准要求，质量方针和质量目标得到贯彻实施。东方电机股份有限公司也顺利通过了华信技术检验有限公司的GB/T 19001—2000质量体系换证后的第三次体系监督检查和中国新时代质量认证中心的军工质量体系认证后的第一次监督检查。

（2）加大内审力度，完善企业内部质量管理体系，广泛开展群众性质量管理活动。哈尔滨电机厂有限责任公司进行了两次内部质量管理体系审核，包括针对负责外协产品部门的专项审核和对公司质量管理体系覆盖的所有部门、产品、过程的全面审核。编制了2004年质量改进计划21项，改进措施67条，并配专人进行协调、督促、检查。公司还组织有关人员进行质量成本管理标准、质量奖惩条例及产品实物质量状况的业务培训。并严格按QG 21.821—2003版《质量成本管理标准》开展质量成本统计、分析、控制，加强质量损失成本考核工作。东方电机股份有限公司修订了公司内部的质量考核指标体系和《质量问题及质量事故处罚规定》，明确了管理人员的质量考核标准。开展“干干净净转下序”活动。质量问题信息反馈处理速度明显加快，还举办了公司范围内的全员质量意识培训班，增强职工的质量意识。

（3）强化外包、外协、采购过程的质量管理。为适应外扩外协产品不断增加的需要，强化供方活动，哈尔滨电机厂有限责任公司下发了《关于加强公司外购、外委及外部成套产品质量控制的通知》等文件，进一步规范采购、外委、外包的管理，对质量不稳定的供方进行整顿，建立了《合格供方名录》和《不合格供方名录》，并实现了公司内部计算机网络授权查询，供方管理工作基本理顺，步入正轨。东方电机股份有限公司规范了控股子公司质量管理办法，加大了对外委分包件的评审和检查，加强了对重点产品的质量控制。

（4）以顾客为关注焦点，实现顾客满意。注重与用户沟通，做好用户意见的反馈工作，多方面收集产品质量信息，将信息反馈到相关部门，以不断提高产品质量。

(5) 加强对重点项目的质量控制。哈尔滨电机厂有限责任公司在三峡产品、燃机等项目上编制和实施质量计划，取得了较好效果。同时对每一个产品合同配备质保工程师，配合产品监造服务工作，归口提供质量记录。

（四）基本建设及技术改造

2004年大型水电设备行业固定资产投资40292万元，其中基本建设投资24952万元，技术更新改造投资15340万元。

哈尔滨电机厂有限责任公司已经全面完成原国家计委1997年下达的“生产大型水电设备扩建改造工程”项目的全部基本建设任务，最终完成基建投资总额为7.58亿元，已于2004年向原国家计委及国家开发银行申办终结手续，并已开始还本息。2004年该公司没有新投入的基建项目，执行的只有原国家经贸委2000年授权哈电集团公司的“关于哈尔滨电机厂有限公司开发超临界机组与蓄能机组技术改造项目”，该项目总规模为8500万元。截至2004年底该项目已完成投资4841万元，其主要完成的投资是从意大利进口一台ϕ1.8m×18m的大型数控转子铣槽机及从德国进口的科研用五轴数控铣床，此两项合计完成计划投资3845万元，该项目在秦皇岛大件生产车间调整为进口一台3m×8m五轴数控龙门铣，预计在2005年安装投产。另外，热加工分厂的AOD精炼炉正在安装调试中。为了满足生产需要，该公司利用折旧基金与自筹资金投入3172万用于紧急技改措施，实际完成投资2696万元，主要项目有进口变频式中频焊机，增加定、转子装压、下线工位改造等。2004年被国家列入重大技术改造项目一项，名称为“大型抽水蓄能机组引进技术国产化生产技措项目”。该项目是针对宝泉、白莲河、惠州三个蓄能电站16套高水头机组的成捆招标，引进技术国产化而制定的。项目总投资15000万元，已上报项目建议书。该项目的重点内容是增加激光切割机、大型动力平衡机及一台三轴数控卧式镗床，改造定子线棒卧式VPI罐等共计12项。这些技措技改项目的实施，不仅使公司突破了生产瓶颈，提高了技术水平，同时也使公司水轮机及水力机械的科研指标达到国际同行的先进水平，为国内、国际上高性能要求的水电站投标创造了前所未有的好条件。

东方电机股份有限公司2004年全年累计完成固定资产投资16945万元，其中大水电改造项目计划投资6500万元，实际完成投资6529万元。改造项目中的400t自动冲压线、350t重型卧车、五轴连动单臂铣、捷克ϕ130镗床、立式数控加工中心、VPI系统、大电机厂房（9跨）、焊接清理厂房、钢板下料库、铲磨新厂房等已交付使用，ϕ260数控镗床正在安装调试，这些关键设备和厂房的陆续投用使公司的生产能力大幅提高，另外，大贯流和超临界等技术改造项目中的模型试验装置已到厂安装，这将提升贯流式机组的试验水平，2004年公司共完成技术改造投资1077万元。

四川东风电机厂有限责任公司根据公司发展需要，加大技术改造力度，购置部分大型关键瓶颈设备，对部分关键设备进行了数控改造，加快了工艺路线调整，其中铣槽机、8m卧车、8m龙门刨、ϕ220双柱落地镗、800t冲床等已投入使用，16m数控重型卧车、15m数控立车等也相继投入使用。2004年公司完成基建投资技改投资共3000多万元。

（五）对外合作情况

2004年大型水电设备行业各企业根据发展需要，通过引进国外先进技术，与国内科研院所和大专院校合作等方式积极开展对外合作。在引进和消化国外技术的基础上自主开发，取得了一批达到世界先进水平的成果。根据国家发改委关于我国抽水蓄能机组实现国产化的要求，哈尔滨电机厂有限责任公司和东方电机股份有限公司与阿尔斯通公司签定了宝泉、惠州和白莲河抽水蓄能机组技术转让合同，技术转让项目中水泵水轮机方面7项，发电电动机方面6项，技术转让工作于2004年末开始执行，预计于2005年末完成。

（六）管理及改革情况

为了保证全年生产目标的完成，确保产品的成套性和发运的及时性，减少环境污染，东方电机股份有限公司进行了业务调整，撤消了电镀分厂，将东方电机厂的产品包装业务调整到股份公司，新成立了成品分厂。公司内部实行非定额岗位职工绩效考核，加大单位岗效工资与劳动量、工作强度等指标的挂钩力度，在营销、技术部门实施骨干人员年度目标收入制度，有效调动了各单位和职工的积极性。积极创建“学习型”企业，实施全员培训计划，职工素质不断提高。

哈尔滨电机厂有限责任公司将汽车运输和铁路运输业务进行整合，组建了哈电物流公司，为公司直属单位，按事业部形式进行管理。物流公司主要承担公司原材料、部件、产品的内部工序倒运、市内运输和长途运输等业务，并在满足公司运输的前提下可以自行对外承揽运输业务。根据国资委有关主辅分离、辅业改制的精神，对公司直属的以制造数控切割机为主要产品的机械电子设备分公司进行了改制，2004年9月完成了改制的基本工作。机械电子设备分公司改制后成为以员工持股为主的股份制企业，按照有关规定，各种关系实行属地化管理，与哈尔滨电机厂有限责任公司除了投资关系外不存在任何关系。重庆水轮机厂有限责任公司根据公司实际情况，对车间和职能处室进行了分配制度改革充分调动了职工尤其是生产一线员工的积极性。

（哈尔滨大电机研究所 吴冬雪 付长虹 陶星明）

我国水电机组设计的先进技术

国内以哈尔滨电机厂有限责任公司（简称哈电）和东方电机股份有限公司（简称东电）为代表的制造大型水轮发电机组的骨干企业，通过多年的自主研制和与国外合作生产，逐步建立起了研制大型水电机组的能力，特别是通过三峡左岸的全面技术转让和分包制造，使哈电、东电研制大型水轮发电机组的水平得到进一步的提高。在引进消化国外关键技术的基础上通过不断创新，使核心技术的开发和关键部件的制造达到了国外同等水平，具备了自主研制能力。在产品品种上，已生产了700MW的大型混流式机组，水轮机转轮直径超过10m；大型轴流转桨式机组最大单机容量为200MW，最大转轮直径11.3m；大型灯泡贯流式机组单机容量50MW以上，转轮直径超过7m。我国水电机组的制造水平已步入世界先进行列。

（一）水力设计与试验技术

转轮是水轮机的核心部件，性能直接影响机组运行的经济性和安全稳定性。20世纪90年代初，在水轮机模型转轮的水力性能上，国内与国外差距较大，大部分项目的转轮均采用的是国外引进技术。通过三峡工程，引入了先进的三维黏性流体计算软件（CFD）和优化分析方法，以多年积累的转轮数据库为基础，加上试验技术和模型制造水平的提高，很快在模型转轮水力设计上赶上了世界先进水平。近5年开发了一大批性能优良的模型效率超过94%的转轮，有些项目模型效率超过95%，达到世界领先水平。

在三峡右岸新转轮的开发中，哈电、东电通过引进技术的消化吸收，采用新的设计理念和方法，开发出了性能全面超过左岸引进技术的新转轮。模型最高效率高于左岸，特别是在稳定性方面有了很大的突破，消除了高部分负荷压力脉动，解决了这个一直困扰行业的世界性技术难题，并在中国水利水电科学研究院通过同台对比试验进行了复核验证。新转轮代替左岸引进转轮用于哈电和东电中标的各4台三峡工程的右岸机组上。

在水轮机模型试验方面，国内均采用自动化程度和测试精度高的高水头水力机械试验台，完全具备按照国际标准进行各种性能试验。并在试验中装备了流态成像观测系统，可将转轮进口、出口、锥管、尾水管等处水流流动状态的视频信号实时地通过光导纤维、内窥镜和摄像机传送到计算机画面上，对在电站运行范围内叶道涡、正背面脱流空蚀气泡发生发展进行观测。目前还开展了采用粒子图像速度仪（PIV）技术来进行水轮机内部流场的测试研究。

在模型装置及转轮的制造方面广泛采用了数控加工技术，如转轮采用叶片和部分上冠一起数控加工后拼装成整体转轮的技术，蜗壳或尾水管采用铝、不锈钢或其他复合材料分瓣数控加工后组装，模型导叶和座环也采用了数控加工成型工艺，精度大大提高。

（二）水轮发电机的冷却技术

水内冷冷却技术是目前在大容量机组上应用较多的冷却技术，国内在与国外公司的技术合作中已完全掌握，生产的三峡700MW机组目前运行良好。

从运行维护角度看，空气冷却方式最佳。这种冷却方式的水轮发电机具有结构简单、运行维护方便、运行可靠性高的特点。但是，随着水轮发电机容量和体积的增大，空冷发电机的设计难度越来越大。哈电通过与国外公司的交流与合作，在大型长铁芯水轮发电机的通风冷却方面进行了发电机极间流场、铁芯表面散热系数、电机径向轴向三维温度场的研究，并针对三峡右岸、龙滩、小湾、拉西瓦等水电站不同转速的700MW水轮发电机的设计，研制了与真机结构一样的1∶5空冷水轮发电机通风模型试验台并进行了严格的试验，正在制造三峡右岸、广西龙滩、黄河拉西瓦、澜沧江小湾等水电站的全空冷发电机。

蒸发冷却是利用高绝缘性能低佛点液体沸腾，吸收汽化潜热进行冷却的内冷技术，具有高绝缘性能，不腐蚀电机部件材料，无泵自循环等优点，和水内冷比有较大的优越性。这是由中国科学院电工研究所研制的一项具有我国自主知识产权的新技术。东电与电工所合作在李家峡400MW机组上采用了蒸发冷却技术，哈电与电工所合作研制了800MW的蒸发冷却试验台。目前正在为该项技术应用于更大容量的水轮发电机上开展研究与设计工作。

（三）水轮发电机推力轴承技术

为了优化大型水轮发电机组推力轴承的结构和性能参数，提高其运行可靠性，哈电和东电分别建造了3000t和1000t推力轴承试验台。

哈电制造了水口4100t推力轴承、葛洲坝3300t和小浪底3600t弹性金属塑料瓦推力轴承，以及目前世界最大推力负荷5600t的三峡推力轴承。针对三峡水电站的水轮发电机与ABB公司合作进行了6000t级弹性金属塑料瓦推力轴承试验研究和巴氏合金推力轴承的试验研究，还针对抽水蓄能机组进行了1000t级巴氏合金瓦双向推力轴承试验研究。

东电用国产弹簧代替进口圆柱螺旋弹簧作为钨金瓦的支撑，经试验最大线速度和比压均满意；还进行了世界首台弹簧支撑的塑料瓦推力轴承在试验台的试验，最大线速度和比压均满意，为三峡推力轴承采用塑料瓦打下了基础。

（四）水轮发电机定子绕组主绝缘技术

定子绕组对地主绝缘采用F级桐马环氧粉云母多胶模压体系，定子线棒为多胶带连续式包扎并外包防晕带的绝缘结构，应用加热模压固化“一次成型”工艺，线棒尺寸统一并具有良好的互换性，主绝缘结构、防晕结构、绕组槽部和端部固定结构及各种绝缘材料，基本上都实现了国产化。

采用国产的主绝缘技术生产的二滩水电站18kV/550MW水轮发电机定子线棒及三峡水电站20kV/700MW水轮发电机定子线棒，分别通过了瑞士Alstom公司和加拿大GE公司的全面严格试验评定，在外观质量、尺寸、表面电阻、介质损耗、冷热循环考验及电热老化等试验项目达到了Alstom及VGS绝缘技术的同等性能水平，产品在电站运行良好。

（五）水轮发电机组结构刚强度分析技术

水轮发电机组主要部件的结构设计中使用了结构优化、转轮的抗疲劳设计、机组机械稳定性评估等先进技术。

通过对国内外不同公司所设计的主要部件刚强度性能进行大量的有限元分析与对比，找到了不同公司在同一构件设计上存在的差异；从结构拓扑、几何形状、板厚尺寸3个方面进行了全面系统的分析，找到了影响机组部件刚强度的主要因素，得到了设计这些部件全新而深刻的认识，形成了自主的结构型式，并可应用参数化建模技术实现结构优化分析过程的自动化。应用变量分析技术定量地分析出主参数（主要影响因素），给出设计师们所需要的设计曲线，从而为结构改进提供直接的参考依据。应用尺寸和形状联合优化技术，可以找到板厚配置和几何形状都合理的最佳结构。

在水轮机转轮的抗疲劳设计方面，实现程序化的转轮应力有限元分析、局部应力的子模型分析、动态特性分析。对影响转轮应力的各种因素，如叶型、叶片数、叶片局部加厚、上冠下环的厚度、补强三角块等进行了详细的分析，总结出改善转轮强度性能的途径，并提出了优化策略。然后对转轮材料的水下疲劳性能和裂纹扩展速率进行了测试，结合转轮静应力分析和动应力实测的统计资料进行了转轮疲劳性能的评估和允许缺陷的评价，总结出转轮抗疲劳设计的主要因素是控制局部应力水平、避免产生共振、控制焊接允许缺陷。

在机组机械稳定性评估方面，一方面对机组轴系临界转速、动力响应进行详细的计算分析，对影响轴系稳定性的支撑刚度、质量、电气不平衡等因素进行系统的定量分析，对轴承油膜进行刚度、阻尼分析，提出了提高支撑刚度、转子平衡精度来控制轴系振动的策略；另一方面采用流固耦合分析技术对机组主要过流部件进行系统的动态特性分析，要求部件的固有频率避开各种激励频率和卡门涡频率，以免产生共振；同时对顶盖、上下机架进行了振动分析，使其垂直和水平方向的振动达到优良等级水平。

（哈尔滨大电机研究所）

我国水电设备制造的先进技术

（一）数控加工技术

近二十年来，随着电子技术的发展，各种数控设备在机械加工行业得到广泛的应用。在水电设备制造业，大型数控机床和数控专用设备由早期的稀缺仅用于产品的最关键工序发展到目前的普及已成为设备制造工艺中的常规手段。

1. 数控切割下料　目前，等离子数控切割技术替代了火焰振动切割加碳弧气刨切割不锈钢的技术，最大切割厚度达到120mm，几何形状和焊接坡口一次完成，基本满足大型水电设备钢板下料的需要并彻底解决了焊接后产生裂纹的问题，通过数控编程来合理利用材料提高材料的利用率具有更好的经济效益。可变角度、无限回转三割炬数控切割机可切割随焊接位置变化而必须不断改变切割角度大小的蜗壳、球罐类部件的板材下料，是一种先进的气割设备。采用氧乙炔火焰清根法，使之焊接坡口光滑，渗碳较小；U型坡口火焰切割技术，解决了大厚板焊接坡口制造问题，可替代机械加工。

2. 大部件的数控加工　大中型数控镗铣床、数控立车及多用途数控加工中心的应用，使水电设备的加工精度和加工效率大幅度提升。目前国内大型水电设备制造骨干企业通过近十几年的技术改造，装备了大量的大型数控机床，其中数控立车最大ϕ22m，数控卧车最大ϕ4.3m×18m，数控镗床最大ϕ254mm，还有大型的4.5m×13m五轴联动数控龙门铣。采用数控加工顶盖、底环导叶轴孔，保证顶盖底环导叶轴孔的同轴度；数控加工活动导叶表面及进、出水边密封面，保证导叶的相对位置，使导水机构预装周期明显缩短，同轴度、导叶上、下端面间隙，立面间隙均匀，产品质量大幅度提高。

3. 叶片的数控加工　由于转轮是水轮机的关键部件，制造质量将与运行性能和使用寿命直接相关，因此转轮的制造技术非常关键。叶片的数控制造可以准确地保证叶片曲面型线和理论设计的一致性及良好的波浪度，是制造转轮的先进技术之一。目前大型转轮（混流式、轴流式、水泵水轮机）叶片，均采用全方位（即叶片的正面、背面、进水边、出水边、上冠下环焊接坡口等全部数控加工）数控加工方式，而中小型转轮叶片也正在向数控制造方向发展。

通常叶片的数控加工需要解决叶片铸件的质量、测量、数控加工程序编制、提高加工效率和控制加工变形等问题。如果铸件存在铸造缺陷和加工余量控制不当或变形过大，将严重影响数控加工的效率和加工叶片的质量。对铸件毛胚的测量及加工过程和最终成品测量是叶片在机床定位、数控编程的依据和质量控制的关键。目前数控加工程序编制均采用通用的商业软件，重点是进行曲面造型、刀具选择、粗精加工及走刀方式优化、干涉检查等。提高数控加工叶片的效率是数控加工技术普及及发展的关键，一般来讲采用五轴联动数控龙门铣是提高加工效率的基础，但还要解决刀具、翻身、余量控制等多项关键，值得一提的是在中型叶片数控加工中，目前采用主轴功率较大的三轴联动数控机床用球形铣刀也获得了很高的加工效率。

当前全方位数控制造的最大的混流式叶片是三峡叶片，单片加工完成后的重量在16000kg以上，叶片加工周期为7天，叶片型线公差可以控制在±1mm以内，最重与最轻之差占理论重量的百分比可以控制到2.2%以内。数控制造的最大的轴流式叶片是乐滩叶片，转轮直径10400mm，数控加工过流面、叶片外圆及叶片两肩内球面。大型水泵水轮机叶片国内数控加工最大转轮是ϕ5130mm白山叶片。冲击式水斗转轮的数控加工技术国外较为先进，国内正在研制中。

4. 其他数控制造技术　以前发电机线棒多采用手工包扎，受工人的技术水平、劳动条件、环境因素影响较大，现在可采用六轴数控定子线棒包带机，实现恒张力均匀包扎，提高线棒包带质量。在电机的磁轭冲片加工上采用数控激光切割机可达到合理使用材料，降低成本，提高加工质量和效益的目的。

（二）焊接技术

水轮发电机组绝大部分部件是采用钢板焊接和铸焊结构件，因此焊接技术水平直接关系到产品质量。宽带埋弧焊机、埋弧自动焊接机、窄间隙埋弧焊机、微弧等离子焊机、隧道焊机、大型变位机及滚轮架等焊接设备的使用及工艺方案的选择与优化，对提高焊接质量及效率的起着至关重要的作用。

1. 气体保护焊接技术　早在20世纪60年代开始研究和推广应用气体保护焊焊接方法，随着焊接工艺技术的完善和提高，气体保护焊方法的优点逐渐得到了充分的体现。到20世纪80年代，手工电弧焊基本上被气体保护焊这一高效的焊接方法所取代。半自动气体保护焊技术优势明显，由于操作的灵活性、焊接的稳定性、质量的可靠性，更适合发电设备单件小批量、多圆形、多层箱型且多筋板的环形焊缝的要求。二氧化碳和富Ar混合气体保护焊在低合金钢和合金钢的应用得到大范围推广。

2. 窄间隙埋弧自动焊　针对轴类件及环型件的焊接，窄间隙埋弧自动焊作为成熟的焊接技术已得到广泛应用，如三峡大轴、乐滩水轮机和发电机及索风营发电机大轴的焊接，轴焊接有效壁厚达380mm。焊接效率高，减少焊接材料，焊接质量优良。

3. 宽带埋弧焊　针对电站过流部件空蚀、磨损严重等问题，采用在碳钢及低合金钢表面宽带堆焊一层抗空蚀、磨损的不锈钢，提高耐空蚀、抗磨损的方法广泛应用，效果良好。宽带及马氏体焊接材料，分层堆焊，堆焊后硬度可达HB380—400。该技术已应用在鲁布革、天生桥、岩滩、隔河岩、映秀湾等水电站，堆焊材料及焊剂逐渐国产化，质量稳定，效果良好。

4. 机器人焊接技术　在大型转轮的焊接过程中，为了提高焊接质量防止裂纹的产生，通常要将焊接工件预热到100℃以上，人工施焊时工作条件恶劣容易影响焊接质量，采用机器人焊接技术是解决这一问题的途径之一，国内外正在研制中。

目前工程实际应用的所谓焊接机器人严格说是焊接工作站系统。该焊接设备操作架有X、Y、Z三个自由度，焊枪有U、V、C三个自由度，可以对六座标以示教方式进行编程，控制焊接的起弧、收弧、焊剂的供给及回收等，同时还可以控制焊接电压、电流速度、热输入量、焊丝参数、电压衰减补偿及系统配置参数等，其中焊接电压、电流及焊接速度，实现在线调节。虽然还达不到转轮全流道焊接，但它的应用对于国内发电设备的制造意义重大。

5. 其他　在水冷线棒焊接中采用中频焊技术以提高定子线圈封焊及导电块的焊接质量。为保证发电机通风槽钢的位置精度，提高发电机的通风性能，采用了数控自动焊和数控激光焊接两种技术。

（三）测量技术

目前转轮叶片铸件毛坯和加工完成的成品型线测量，国内大都采用双光电式经纬仪测量技术，数据采集软件专门设计可实现测量数据的自动采集和输出。其测量精度可达0.5mm之内，可以满足叶片数控加工的需要。另外对中型尺寸的叶片还有采用三坐标数控测量仪进行测量。国外有更先进的非接触式的激光测量设备，但成本很高。

大部件的测量技术如三峡4m外径的主轴测量应用了多种方法，主要有弦长法、π尺法、外径千分尺法、倒尺相对测量法、滚轮法。国内哈尔滨电机厂有限责任公司制造的三峡水轮机主轴采用了π尺和滚轮方法进行测量，技术较为成熟。国内开发的镜板平面光学测量仪，达到精度±5μm，可准确直接读取测量数据，避免许多人为的误差。三峡 ϕ5220mm×90mm 镜板平面度、平行度小于 0.02mm，镜面粗糙度小于 0.4μm 的要求的测量就是采用这种装置完成的。

（四）其他先进制造技术

1. 叶片的热模压成型技术　从批量生产和提高叶片材料质量的角度来考虑，应采用叶片热模压成型技术制造。该制造技术是将叶片展开用钢板下料并加热到一定温度后，在专门设计的有叶片正、背面形状的模具中压制成型。国外研究和生产较早，国内从云南鲁布革转轮与挪威克瓦纳公司的合作制造中学到了此项技术。鲁布革转轮叶片是等厚，对热模压较为有利。国内开展了不等厚叶片的热模压工程实践，一种方法是等厚模压再进行数控加工，另一种是不等厚毛胚模压，均取得成功。

目前进行叶片热模压成型制造，主要是采用一些专用的软件进行近似的叶片展开，然后用有限元方法模拟叶片材料在压力场和温度场中的变形规律，计算出压力中心和压力吨位，正确地设计模具及定位，确定压制速度及冷却时间。

2. 大型转轮的静平衡技术　传统的转轮静平衡采用钢球、镜板平衡装置，对大型转轮目前常采用液压球轴承平衡及测杆平衡。

液压球轴承平衡工作原理是在一对高精度球轴承摩擦副中间通入高压油膜，通过计算机同步控制，电测信号反馈，计算机计算不平衡方位和重量。其平衡精度高于传统的钢球、镜板结构。

测杆平衡工艺，其原理是通过安装在测杆上应变片产生的应变，通过计算机计算平衡方位和重量。该工艺比液压球轴承平衡成本低。

3. 转轮工地整体制造技术　传统上对由于受运输条件限制的水电站，大型混流式转轮采用分瓣厂内制造、工地组合安装的工艺。随着转轮水力设计及刚强度优化，现代大型混流式转轮较传统的结构减薄和重量减轻，再加上对高性能和稳定性的追求，要求采用转轮整体制造。

近十年来，转轮的工地装配、翻转、现场预热、现场退火和焊接及加工平衡等关键技术，通过实际项目的研制已经基本掌握，为电站的转轮的现场制造奠定了坚实的技术基础。哈尔滨电机厂有限责任公司于 2003 年成功完成了岩滩增容机组 ϕ8m 转轮的工地整体制造。

4. 超低碳不锈钢精炼技术　提高转轮铸件的质量和制造高质量产品密切相关。在转轮的用材方面开展了大量的研究工作，特别是随着转轮尺寸的增大，对叶片材料的焊接质量和抗磨损抗裂纹性能有了更高的要求。

随着冶炼技术进步，AOD/VOD 超低碳精炼技术广泛地应用于不锈钢的精炼，这类合金的最高碳含量可控制到 0.03%以下，S 含量可以控制在 0.015%以下甚至更低，钢水的洁净度高，气体含量降低，非金属夹杂物减少，合金的波动稳定，使产品最终热处理的机械性能稳定，表面质量及尺寸精度得到大幅度提高，降低制造成本。同时，不锈钢的综合力学性能得到提高，耐腐蚀性良好，特别是焊接性能得到显著改善。

5. 表面处理工艺技术　在多泥沙河流和水质异常等情况下，为防止水轮机部件特别是转轮的磨损和腐蚀，对一些关键部件在制造过程中采用热喷涂工艺技术，在工件表面喷涂金属陶瓷、碳化钨等耐磨抗蚀材料。对转轮叶片、主轴密封、水轮机顶盖、底环密封槽等部件通过对金属表面进行强化处理，在抗空蚀、磨损、腐蚀等方面有一定的作用。

6. 定子线棒多胶模压和 VPI 制造技术　世界上高压定子线棒主绝缘采取多胶模压和少胶 VPI 两种绝缘工艺。用 F 级桐马环氧粉云母多胶带连续式包扎并外包防晕带，应用加热模压固化“一次成型”为多胶模压工艺，线棒尺寸统一并具有良好的互换性。VPI（真空压力整浸）工艺是将定子线棒采用少胶粉云母带包扎主绝缘后绑在架子上放入压力罐中，抽真空注入树脂浸渍加压加温固化成型。目前国内以多胶模压为主。

7. 不锈钢空心导线水冷绕组接头焊接技术　由于奥氏体不锈钢材料具有良好的抗氧化性被使用在定子线棒所有的循环水路中。水冷绕组包括电接头在内的整个接头所用的材料种类较多，形成了四种材料不同的焊接接头。接头母材的组成有：铜—镍基合金、不锈钢—镍基合金、不锈钢—不锈钢、铜—铜。制造工艺中的焊接方法选用钨极氩弧焊、微束等离子焊、中频钎焊等焊接方法。

采用微束等离子弧焊的焊接方法适合于不锈钢空心导线与不锈钢连接板之间的焊缝的焊接。导电块与股线的焊接属于紫铜与紫铜之间同种材质母材之间的焊接，可用银基钎料靠中频感应加热钎焊工艺来完成。对于异材质之间的焊接，选用符合标准的 ER NiCr-3 型的焊接材料作为焊缝的填充金属能够满足焊接要求。

（哈尔滨大电机研究所）

哈尔滨电机厂有限责任公司研制三峡水轮发电机组情况

三峡左岸 14 台 700MW 机组中 8 台由法国 ALS-

TOM和瑞士ABB公司承制。哈尔滨电机厂有限责任公司（简称哈电）在国家及有关部门的大力支持下，作为ALSTOM、ABB的分承包方和技术受让方，参与三峡机组的设计制造，接受技术引进，并进行消化吸收。这对哈电提升水轮发电机组设计制造能力是千载难逢的一次大好机遇。

为了根据国外技术要求做好三峡机组，同时也为今后大型水电机组的制造创造条件，哈电在厂房、设备、科研检测等方面投巨资进行了大规模的技术改造。建成了重型加工车间，购置了大型五轴数控龙门铣床、16m数控立车、20m数控卧车等设备，建设了高水头水力试验台；改造了高水头水力试验Ⅰ台、推力轴承试验台和绝缘试验大厅；购置了金属材料性能测试用的高精尖设备；配置了三峡机组设计软件消化吸收所需的软、硬件等。

1998年1月，哈电科研、设计、工艺人员陆续派往国外，正式开始实施这次大规模技术转让。科研方面技术引进到2000年底基本完成；制造工艺方面的技术转让按照分包制造计划进行，现均全面完成，并得到应用。

发电机技术引进包括：①水轮发电机电磁参数设计。②水轮发电机的电磁场分析。③发电机刚强度分析计算。④发电机组轴系稳定性、临界转速及动态响应计算。⑤电力系统与电机仿真计算。⑥发电机通风冷却技术。⑦发电机推力轴承技术。⑧发电机绕组绝缘技术。

水轮机技术引进包括：①水力设计技术。②模型水轮机试验测试技术。③三峡水轮机结构计算软件。④其他设计软件。

技术转让工作进展顺利，在许多领域取得了丰硕的成果。如水轮机的关键核心技术模型转轮的开发，通过三峡项目，哈电由原来的二元、准三元设计试验筛选的落后状态一下跨到了全三维黏性流多方案优化的20世纪90年代世界先进水平，并通过多年的技术积累和大量的转轮数据库为许多电站研制了一大批效率超过94%的优秀转轮。

在三峡右岸新转轮的研制过程中，哈电针对研究的内容和要达到的目标，从1999年底开始到2003年8底，进行了五个阶段的试验研究。一是三峡机组引进技术的消化吸收阶段。重点是掌握国外三峡水轮机转轮的设计与分析技术，了解设计参数和几何尺寸对转轮能量、空化性能的影响，并在此基础上设计参数有所变化的新转轮，性能与三峡左岸转轮相当。二是尾水管压力脉动特性研究阶段。在第一阶段的基础上，重点研究设计参数如不同的比转速、不同的尾水管形状、不同的叶片形状对压力脉动的影响程度和规律。三是高部分负荷压力脉动研究阶段。此阶段一方面研究高部分负荷压力脉动的特性，如高部分负荷压力脉动出现的工况范围，模型与真机的换算关系，补气对空化系数的影响等；另一方面研究消除高部分负荷压力脉动的转轮水力设计方法。四是三峡右岸新转轮的设计阶段。虽然在第二阶段就开始进行了右岸转轮设计，但主要是进行理论研究和探索，目标参数并未最终确定。有了前三个阶段成果为基础，在右岸设计参数明确后，开始了真正意义上的三峡右岸新转轮的设计。五是最终优化阶段。为三峡右岸机组转轮设计了多个方案，根据试验结果的比较最终确定了转轮；并为了取得综合性能的最优化，在此转轮上又进行了多次的优化。

通过上述五个阶段的研究，采用理论探索与模型试验相结合，进行大量的方案设计和优化，哈电最终获得了满足攻关目标和三峡右岸标书要求的模型转轮。这个转轮在哈电的高水头试验台上进行了按右岸机组招标文件要求的全部试验。试验结果表明：①转轮在稳定性方面有重大突破。在整个运行区域内消除了高部分负荷压力脉动；在保证运行范围内，没有叶道涡和叶片进水边正背面脱流空化等现象；在机组正常运行范围内的压力脉动幅值明显小于左岸的水轮机模型。②模型转轮具有较高的效率。模型最高效率为94.63%，加权平均效率为92.4%，高于左岸的模型，且额定流量与最优流量的比值较左岸提高了较大幅度，高效率和稳定性范围宽及低水头功率特性好，有较好的水头和负荷适应性。③转轮具有良好的空化性能。电站装置空化系数与临界空化系数的比值大于2.0，电站装置空化系数与初生空化系数的比值大于1.1，满足招标文件的要求，也优于左岸的水轮机模型。④转轮具有良好的强度性能。转轮最高应力为82.5MPa低于左岸的87.5MPa，最高应力位于叶片与上冠交界的中间位置而不在出水边，提高了转轮的抗疲劳抗裂纹的能力。

2003年10月15日，按三峡右岸机组招标文件要求，哈电将精心设计制造的一套模型试验装置和转轮运往北京，参加在中国水利水电科学研究院试验台的同台对比试验。试验结果与在哈电高水头试验台的试验结果非常吻合，证明了哈电在水力设计等到关键核心技术上处于世界先进水平。

通过三峡机组的技术引进，一大批先进软件得到应用，许多计算软件的功能得到改进和提高；有一批引进技术填补了国内空白；新的设计思想、设计理论的引入开阔了视野，拓宽了思路；结合已有技术积累进行二次开发，形成具有哈电特色的技术，在许多领域已接近或达到世界先进水平。

（摘自《中国三峡工程报》）

东方电机股份有限公司研制三峡水轮发电机组情况

东方电机股份有限公司（简称东电），在国家及有关部门的大力支持下，作为三峡左岸6台700MW机组制造商VGS集团的国内分包制造商和技术转让受让方，引进三峡机组研制关键技术，并同时承担了“三峡水利枢纽工程成套设备研制”等科技攻关课题。通过三峡左岸机组的联合设计、合作制造，引进技术的消化吸收和创新开发，东电迅速掌握了700MW级水轮发电机组设计制造的核心技术，研制成功了三峡右岸巨型水轮发电机组。

三峡机组部件的尺寸、重量及技术要求堪称世界水电之最，尤其是转轮、座环、顶盖、主轴、转子支架、定子铁芯、下机架、定子绕组等部件的制造技术要求高、难度大。为按期生产出高质量的三峡机组，东电投资数亿元进行了技术改造，修建了550t级重跨厂房、添置了550t吊车、6.9m五轴数控天桥铣等设备，对电机试验室、绝缘试验室和水轮机试验室进行了改造扩建，自主创新和核心制造能力得到进一步提高，具备了年产3000MW（包括2～3套700MW机组）的水电机组生产能力。

为尽快实现三峡机组的国产化，造出高质量的三峡机组，东电在分包制造时进行了一系列创新开发工作。在转轮加工方面，开发出叶片五轴联动数控加工刀位优化和后置处理技术、叶片的快速装夹找正技术，从而大大提高了叶片加工效率，每片叶片加工时间为10～12天，达到国际先进水平；针对转轮的上冠、下环、叶片主要为马氏体不锈钢，进行并完成了转轮焊缝机械强度匹配、焊接熔敷金属的金相机理、焊接裂纹产生机理及预防措施、熔化极混合气体保护焊焊接工艺等课题研究，施焊中，采用脉冲式气体保护方法，合理安排多个焊工同时施焊，尽可能使整个转轮均匀收缩，并采用合理预热与保温措施和多种角度的超声波探头进行探伤，转轮焊完后一次性探伤合格率达96%，没有裂纹，达到国际先进水平。在座环加工方面，针对所有焊缝需磁粉和超声波探伤、尺寸精度要求高这一结构特点，制定了先进合理的工艺方案，完成了各项焊接试验，在投产前做好技术交底，并对座环过渡板进行整圆组装和焊接，进行过程监控，使座环焊缝和尺寸均优于国外部件。在主轴制造方面，针对采用厚钢板分段成型焊接，进行并完成了焊接接头与窄间隙埋弧自动焊机的规格匹配、埋弧自动焊机的脱渣性、焊接工艺规范对焊接熔深的影响等课题的研究，主轴焊缝一次探伤合格率达99%，达到国际先进水平。在定子线圈制造方面，应用多胶连续绝缘体系，完成了主绝缘工作场强为2.51kV/mm的定子线圈绝缘结构设计和定子线圈绝缘材料的开发、筛选及应用，完成了定子线圈槽内固定主要部件性能对比试验，制造出达到国外厂商少胶真空浸渍体系制造的电气性能和几何精度指标的定子绕组。作为参加三峡机组设计制造的厂家之一，东电引进、消化吸收三峡机组的设计制造技术取得了巨大成功，分包制造的三峡左岸机组质量精良，全面提升了企业的整体技术水平。

由GE公司转让的水力设计软件，是一套完整的水力分析计算系统。通过技术引进与消化吸收，东电掌握了水轮机转轮和通流部件水力几何型线设计，流动分析和性能预估等关键技术，并在此基础上通过科研攻关和技术创新，形成了具有东电特色的达国际先进水平的水轮机水力设计软件系统。目前，由东电开发研制的三峡右岸电站转轮，经过中国水利水电科学研究院进行第三方中立试验后的结果表明，其能量、空化性能与左岸转轮相当，而水力稳定性明显优于由国外厂商生产的三峡左岸转轮。

通过三峡技术引进、消化吸收，并结合三十年的水力设计经验，东电不断进行创新开发，在国内率先自主开发出综合水力性能达到了世界先进水平的三峡右岸转轮，赢得自主研制三峡右岸4台机组的合同，改写了中国发电设备企业没有资格自主研制巨型混流式机组的历史。

经过大胆创新，东电又自主开发出综合水力性能优于国外厂商的瀑布沟水轮机转轮，并以此获得瀑布沟水电站3台巨型混流式水轮机研制合同，真正拥有了巨型机组的设计权。达到世界先进水平的三峡右岸和瀑布沟水轮机转轮的成功开发，在东电乃至中国巨型混流式水轮机开发史上具有划时代和里程碑意义。

东电将引进的三峡混流式水轮机水力设计技术经过改造成功地嫁接到大型轴流和贯流式水轮机的水力设计中，在低水头轴流和贯流式水轮机的水力开发方面取得了重大突破，开发的万安、喜河、土卡河大型轴流式水轮机和大言、红花大型贯流式水轮机的综合水力性能达到了世界先进水平。

东电的质量保证体系，经过在三峡左岸机组生产中的运行和完善，更加健全和有效。

东电通过三峡700MW级水轮发电机组的研制，配备了巨型水轮发电机组设计制造的设施，掌握了巨型水轮发电机组设计制造的核心技术，建立了巨型水轮发电机组设计制造的有效质量管理体系，不仅研制了三峡右岸机组，而且为溪洛渡、向家坝等一大批700MW级机组的国产化奠定了基础，极大地提升了国内发电设备企业的国际竞争力。

（摘自《中国三峡工程报》）

电　　气

西北电网短期负荷预测软件系统的设计与实现

（一）西北电网短期负荷预测软件系统建设的必要性

负荷预测是电力系统中的一个传统研究领域，是从已知的用电需求出发，考虑经济、气候、政治等相关因素，通过对历史数据的分析和研究，对未来的用电需求作出预先估计和推测。其中短期负荷预测是负荷预测的重要组成部分，其主要是预测未来几天、一天和几小时内的电力负荷，对于电网调度部门安排日启停机计划，进行机组最优组合、经济调度、最优潮流及电力市场，尤其是对西北电网这个全国供电面积最大的区域电网进行跨省区互供电具有重要的意义。

为提高负荷预测准确率，减轻调度人员日常工作强度，2003 年西北电力调度（交易）中心与西安交通大学电力系统自动化系联合开发了西北电网短期负荷预测软件系统。该系统自正式投入运行以来，运行可靠、稳定，有力地增强了电力系统运行的安全性，改善了电力系统运行的经济性。

（二）预测方法

短期负荷预测系统采用了四种预测方法。这四种方法中既有实用性较好的预测技术，如相似日方法和时间序列法；又有最新的预测方法，如人工神经网络方法和偏最小二乘回归分析方法。

1. 相似日预测法　基于相似负荷日的短期负荷预测方法是一种应用简便、预测效果良好的实用方法。本系统采用该方法的基本步骤为：

（1）寻找最有可能与预测日负荷相似的一天（相似日）。系统采用“欧几里得距离”概念来描述两天的相似程度。取出与被预测日相似程度最高的三天，也就是距离最近的三天，然后根据“距离”求出权值进行预测。

（2）根据预测日的参数进行修正，一般主要针对温度差异对负荷值进行修正。

该方法从原理上和调度运行人员用人工进行负荷预测时采用的方法相似。但不经处理的人工预测的随机性因素较大。实际应用表明它具有比人工预测更好的可靠性。

2. 时间序列预测法　时间序列模型是被认为最经典、最系统、最被广泛采用的一类短期负荷预测方法。其中包括自回归模型（AR）、动平均模型（MA）、自回归动平均模型（ARMA）、累积式自回归动平均模型（ARIMA）。

时间序列法的优点是预测时所需历史数据少、工作量小；缺点是模型系数的计算较繁琐，建模时没有考虑影响负荷变化的因素，它一般只适用于负荷变化比较均匀的情况。

3. 人工神经网络方法　人工神经网络是由大量的简单神经元组成的非线性系统，具有较强的学习能力、计算能力、变结构适应能力、复杂映射能力、记忆能力等。

在本系统中，对于预测次日 96 点（每隔 15min 一点）的负荷，分别采用 24 个 ANN，每个 ANN 负责预测 1h 中 4 个点的的负荷。每个 ANN 均采用三层 BP 网络结构，网络中神经元的激活函数为 sigmoid 函数；网络的输入节点共计 56 个，其中包括预测日前两天及前一天 24h 的历史负荷数据、前两天及前一天的日最高最低气温和预测日当天的日最高最低气温、预测日当天的周日特征（分别用 1，2，…，7 代表）及是否为特殊节假日（取值为 1）和一般日（取值为 0）；隐层的节点 4 个；输出节点为预测日 1h 内的 4 个点。

对于预测次日开始的一周内逐日 96 点的神经网络，其结构与前相似，也分别采用 24 个 ANN，但各个 ANN 的输入和输出则有所不同。输入将采用预测日前七天的负荷，但不考虑气温的影响，输出为次日起七天中 1h 内的 4 个点（共 28 个）。

运用神经网络技术进行电力负荷预测可以模仿人脑的智能化处理，对大量非结构性、非精确性规律具有自适应功能和自主学习的特点，这些是常规算法和专家系统技术所不具备的。

4. 偏最小二乘回归分析法　偏最小二乘回归分析法的优点是能够消除自变量选取时可能存在的多重共线性问题；自变量的样本数与自变量个数相比过少时仍可进行预测；运算速度快，模型可实时确定及提取出的成分对日负荷有更好的解释能力。

该方法的运算过程可以简单描述如下：设有两组变量 $\boldsymbol{X}$ 和 $\boldsymbol{Y}$。（这里我们可以把 $\boldsymbol{X}$ 看成影响每日负荷的因素，$\boldsymbol{Y}$ 看成是每日负荷值）。$\boldsymbol{X}$ 由 p 个分量（x_1，…，x_p）构成，$\boldsymbol{Y}$ 由 q 个分量（y_1，…，y_q）构成。若现在有 n 天的负荷历史数据和相应的影响因素值，可以获得两个矩阵 $\boldsymbol{X}=[x_1, \cdots, x_p]_{n\times p}$ 和 $\boldsymbol{Y}=[y_1, \cdots, y_p]_{n\times q}$。偏最小二乘回归分析首先在 $\boldsymbol{X}$ 与 $\boldsymbol{Y}$ 中提出成分 t_1 和 u_1，（t_1 是 x_1，…，x_p 的线性组合，u_1 是 y_1，…，y_q 的线性组合）。应使自变量的成分 t_1 和因变量的成分 u_1 在尽可能好的代表数据表 $\boldsymbol{X}$ 和 $\boldsymbol{Y}$ 的同时，t_1 对 u_1 又有最强的解释能力。在第一成分 t_1 和 u_1 被提取后，偏最小二乘回归分析分别实施 $\boldsymbol{X}$ 对 t_1 的回归及 $\boldsymbol{Y}$ 对 t_1 的回归。如果回归方程已达到满意的精度，则终止运算；否则，将利用 $\boldsymbol{X}$ 被 t_1 解释后的残余信息及 $\boldsymbol{Y}$ 被 t_1 解释后的残余信息进行第二轮的成分提取。如此反复，至达到满意的精度为止。若最终对 $\boldsymbol{X}$ 提取了 m 个成分 t_1，…，t_m，偏最小二乘回归将通过实施 y_k 对 t_1，…，t_m 的回归，然后再表达成 y_k 关于原变量 x_1，…，x_p 的回归方程，$k=1, 2, \cdots, q$。

在运用该方法前还需要对数据进行一些预处理。首先，考虑到负荷预测时用到的各种数据量纲不同，为消除由此引起的计算误差，对数据进行标准化处理；其次，为进一步提高预测精度，可根据日负荷的特征量对样本进行聚类处理，把与被预测日聚为一类的样本作为建模依据，实施偏最小二乘回归；此外，还需对存在的特异点利用统计学方法进行剔除，以进一步提高预测精度。

（三）短期负荷预测软件系统的实现

1. 软件系统开发平台及应用环境

（1）以中文版 VB 6.0 语言开发客户端人机界面及核心计算程序。

（2）以商用 SQL server 7.0 数据库支持系统数据库管理部分。

（3）采用 ODBC 通用接口进行数据访问，从西北电网 EMS 系统的 SYBASE 网络数据库获取负荷数据。

（4）整个系统采用最为广泛的 WINDOWS NT 操作系统客户机/服务器（Client/Server）结构。

2. 软件系统的功能　短期负荷预测系统流程图如图 1 所示。

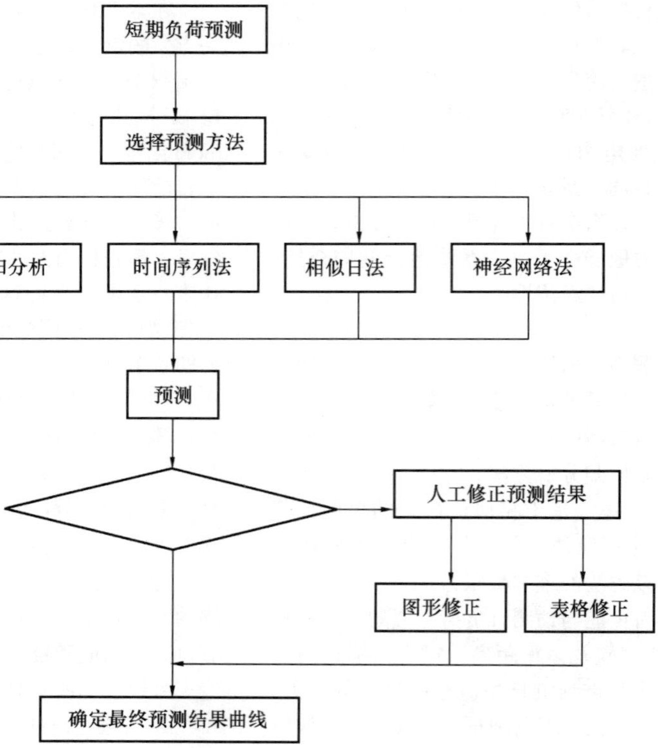

图 1　短期负荷预测系统流程图

（四）西北电网短期负荷预测实例分析

西北电网短期负荷预测具有如下技术难点：日负荷峰谷差较大，因而负荷预测的难度也就较大；温度对负荷的影响大，但对温度的影响难以准确把握；本系统中对这些问题进行了适当考虑。

西北电网日负荷特点是：一天内负荷按两峰两谷的趋势变化，典型的负荷日变化趋势如图 2 所示。

应用本负荷预测软件系统对西北电网实际负荷进行预测，证实了该系统的预测准确率达到了实际应用要求。从具体某日的 96 点预测值可以看出，对于每

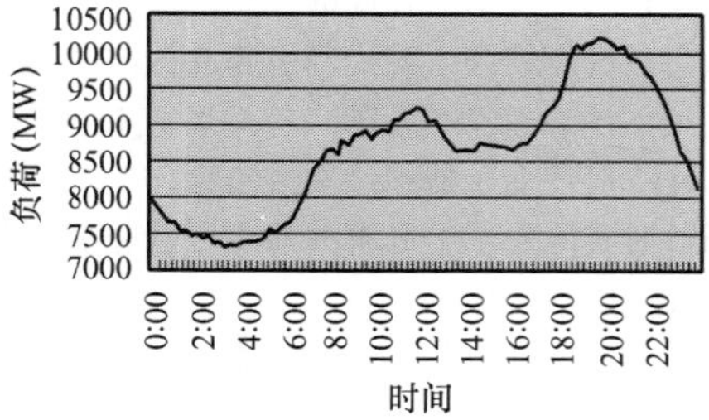

图2　西北电网典型日负荷96点曲线（2002年）

一个预测点，各预测方法的预测效果不完全相同。没有任何一个方法在任何情况下都可以取得十分精确的结果。这就使我们有必要采用多种预测方法进行负荷预测，本软件系统就是基于此考虑，分别采用了四种预测方法进行预测，从而可以进行综合判断。

（五）结论

西北电网短期负荷预测软件系统已经实现了实用化在线运行，且具有界面友好、操作简便、预测精度高等优点，在很大程度上减轻了调度人员工作强度，提高了劳动效率。但仍需注意以下问题：因条件所限，采用的气象数据是预报值而非实际值，因此有可能与实际值存在较大误差；西北属干旱地区，旱情直接影响农业灌溉用电，从而对负荷有较大影响，而旱情的准确资料难以得到。相信如果能进一步增加负荷影响因素的信息量和信息的准确度，预测精度会进一步提高。

（西北电网有限公司调度（交易）中心
孙骁强　高　鑫）

拉西瓦水电站800kV升压变压器工程设计研究

拉西瓦水电站800kV升压变压器，额定容量780MVA，低压侧直接与发电机相连，安装在2242m高程。在工程设计中必须充分考虑变压器电压等级高、额定容量大、海拔高和运输困难等特点，结合国内外制造、运行经验，对变压器的结构型式、技术参数、特快速暂态过电压（VFTO）的影响、绝缘水平等问题进行深入的研究和分析。

（一）变压器型式选择

超大型变压器的运输问题是较之其他技术问题更应优先考虑的问题，因为运输方式决定了该变压器的型式、结构和一些基本参数。由于西北地区仅能采用铁路和公路运输，对于800kV 780MVA变压器，可采用的是型式有三相组单相变压器和三相组合式变压器。拉西瓦水电站对这两种型式变压器的布置场地要求都能满足，但考虑到变压器的制造难度、现场环境、安装要求、安装工期、运行可靠性及国内制造经验等因素，经过技术经济论证，并咨询国内外行业专家，最后确定采用三相组单相变压器（3×260MVA）。

（二）变压器结构设计

800kV升压变压器为国内首次生产，在结构设计时主要考虑铁芯结构、主绝缘、纵绝缘及屏蔽措施。

1. 铁芯结构　800kV变压器由于电压高，相间承受试验电压更高，以及受运输尺寸和重量的限制，可采用的铁芯结构有2种，一种为设计成四柱结构，另一种为三柱结构。目前，国外通过改进铁芯结构及材料或采用外铁芯技术，以及运输能力的提高，800kV变压器大多数设计成三柱；而国内制造厂经过理论计算，推荐采用四柱结构或三柱结构。根据工程招标情况，拉西瓦水电站变压器的铁芯结构采用三柱结构。

2. 主绝缘　大型芯式油浸变压器，目前仍以油—隔板绝缘结构为主。800kV变压器绝缘油—隔板结构不仅要具有较高的击穿电压，而且还要具有较高的起始局部放电电压。为了满足这些绝缘性能的要求，需采取措施，主要有：

（1）采用复合绝缘结构。如日立制造所对端部电场采用的绝缘结构，其局部放电起始电压提高了40%。

（2）在不均匀电场区域采用成型绝缘件。它解决了高压绝缘结构及引线方面的技术难题。采用成型件的基本要求是尽量使绝缘隔板与等电位线走向一致，以提高绝缘结构的爬电性能。

（3）兼顾变压器冷却系统。绝缘结构的设计要与变压器冷却系统结合起来，以提高变压器冷却效率。

（4）研究新的绝缘材料。

3. 纵绝缘　纵绝缘的主要方面是使其起始分布尽量接近最终分布，以减缓线圈振荡，降低线圈饼间梯度电压。目前国内外超高压变压器或特高压变压器，普遍采用纠接式或插入电容式线圈，能把饼间梯度控制在8%。无论哪种线圈都希望其纵向电容可调，以进一步降低饼间梯度。

4. 屏蔽措施　由于该电站变压器额定电流大，将产生较大的漏磁场，当漏磁通超过某个临界值时，会造成局部损耗偏高引起局部过热。采取合理的屏蔽方式不但能减少杂质损耗，而且能消除局部过热。屏蔽方式的研究还应包括大电流引线途径的金属结构件，以及线圈端部采用磁分路等。在国内有些变压器除拉板、大电流升高座、低压斜屋顶部位采用无磁钢或不锈钢外，有的连夹件也采用无磁钢。为此，不但要研究这些部件是否必须采用低温材料，还要研究其成本，使其能体现出综合效益。油箱目前都采用磁屏蔽和电磁屏蔽相结合的方式。

（三）变压器高压调节范围选择

变压器的抗短路强度是保证变压器可靠性的关键指标。而变压器的分接范围对其有直接影响。

经对四柱式变压器的计算研究，高压采用－2×2.5％分接的抗短路强度明显优于±2×2.5％的分接方式，见表1。

表1　两种分接方式计算结果

系数分类	－2×2.5％（额定分接/最小分接）	±2×2.5％（最大分接/额定分接/最小分接）
高压线圈径向安全系数	1.8/1.6	1.9/1.8/1.6
高压线圈轴向安全系数	2.8/2.3	2.9/2.8/2.4
低压线圈径向安全系数	3.1/2.8	2.6/2.4/2.1
轴向安全系数	1.9/1.6/1.3	1.3/1.7/1.7
线圈对夹件作用力（kN）	460000/580000	730000/590000/640000

由于本变压器高压绕组采用串联结构，采用－2×2.5％分接有利于变压器结构简化。经过系统进一步研究和计算，在变压器的阻抗为14％的前提下，电压调节范围为$800/\sqrt{3}-3\times2.5\%$kV。

（四）特快速暂态过电压（VFTO）对变压器绝缘的影响

1. VFTO的特点　隔离开关和断路器的操作会在GIS内产生特快速暂态现象（VFT），其中隔离开关操作尤为常见。GIS中所有元器件工作于稍不均匀电场，隔离开关两极为插入式的同轴圆柱体，操作中触头运动速度慢，断口在SF_6气体中会发生多次的预、重击穿。在每一个电压跳变处将产生波前很陡（一般为3～20ns）的阶跃电压波，并向断口两侧传播。由于这一过电压的上升速率极快，因此被称作特快速暂态过电压（VFTO）。GIS中SF_6的绝缘性能和灭弧性能都远优于空气，故相邻电气设备的间距和母线长度都比同型空气绝缘变电站（AIS）小得多，产生的阶跃电压波会在GIS内不断地产生、来回地传递，并且发生复杂的折射、反射和叠加，最终暂态振荡的频率剧增，可高达数百兆赫兹。

2. VFTO对变压器的影响　当GIS内部产生的VFTO以行波的方式通过母线传播到套管时，一部分耦合到架空线上并沿线传播，危及外接设备的绝缘。系统中主变压器直接和GIS相连，受VFTO影响很大。例如我国一核电站500kV GIS，曾先后两次发生了VFTO导致变压器绝缘损坏和线饼烧损的严重事故。VFTO陡度在变压器处可达0.49MV/μs，沿变压器绕组近似于指数分布，其作用甚至超过截波，因此首端绝缘承受较高的电压；VFTO所含的谐波分量会在变压器绕组的局部引起共振，尤其当变压器通过气体绝缘管道（GIL）与GIS连接时更严重；加上累计效应使变压器绝缘发生击穿。

通过对实际发生绝缘事故的变压器分析，引起故障的主要原因：

（1）VFTO陡波前冲击电压波侵入变压器线圈，形成沿线圈极不均匀的电压分布。由于GIS开关操作产生的VFTO，虽然它的幅值可能不是很高，以至于变压器过电压保护装置没有阻挡住其进入变压器线圈内部，但由于变压器线圈分布电容的存在，将沿线圈形成高度不均匀的电压分布，使其电压几乎全部降在线圈端部的部分区域，从而使其端部匝间绝缘发生击穿。

（2）由于VFTO含有的谐波频率，将可能与变压器部分线圈的自然频率重合，引起线圈局部电磁谐振，可能在变压器线圈内部产生极高的谐振电压，从而造成变压器绝缘内部击穿。

3. 目前采取的措施　根据有关研究表明，变压器线圈在VFTO作用下，匝间梯度电压对线圈绝缘危害最大，并且实际绝缘事故的击穿部位及匝间梯度最大值都出现在变压器入波绕组进线端第一线饼的入口处，即第一线饼的前若干线匝之间。

因此，考虑提高变压器线圈绝缘在VFTO作用下的可靠性，目前采取以下措施：

（1）采用电容分区的绕组的结构型式。

（2）提高靠近变压器线端若干段的匝绝缘厚度。

（3）增加靠近变压器线端局部线圈的匝间层垫或加小角环。

（4）合理选择变压器入口电容。

（5）变压器出口装设避雷器。

4. 初步计算结果分析　由于认识到VFTO对变压器的危害性，因此本工程进行了VFTO初步计算研究。根据拉西瓦的接线、运行方式、布置等，用于计算的方式有28种，计算采用EMTP程序。

由于断路器带有合闸电阻，隔离开关带有分合闸电阻，使得合闸与分闸时产生的VFTO幅值都很低，其基本频率为500kHz。计算表明：当断路器和隔离开关装设分合闸电阻时，本工程变压器绝缘设计可满足VFTO在变压器绕组中产生的过电压要求。但由于变压器结构，特别是高低绕组结构和布置对VFTO在变压器绕组的电压分布影响较大，应根据变压器设计的深入进一步研究和计算VFTO在变压器绕组的电压分布特性。

（五）变压器的绝缘水平

根据国家电网公司企业标准（Q/GDW），在750kV的系统中，最高运行电压800kV，工频过电压变电所侧、线路侧分别不超过 1.3p.u. 与 1.4p.u. 值，操作过电压限制到 1.7：1.8p.u. 以下，结合 GIS 装置的特点，国内外的运行经验，国际 IEC 2003-62271-203 的建议，800kV 变压器绝缘水平初步确定为：工频耐受电压相对地与相间为 960kV；操作耐受电压相对地为 1550kV、相间为 2420kV；雷电耐受电压相对地与相间为 1950kV。

（六）结论

由于本工程变压器电压等级高、容量大，结合电站具体要求，通过设计初步计算和研究，得出如下结论：

（1）变压器采用三相组单相变压器。

（2）铁芯结构采用三柱结构。

（3）变压器高压调节范围为 $800/\sqrt{3}-3\times2.5\%$kV。

（4）VFTO 在变压器端部产生过电压幅值较低。

（5）初步确定了变压器的绝缘水平。

（6）初步分析 VFTO 在变压器绕组产生的匝间过电压幅值较小，但频率较高，还需根据变压器的具体结构进一步计算和研究。

（西安交通大学电气工程学院　阮全荣　施　围）

PCC 双通道励磁调节器的研究与开发

针对现有微机调节器通信能力不强、计数器的频率偏低等问题，提出用一种新型的可编程控制器 PCC（Programmble Computer Controller）构成同步发电机励磁调节器，直接产生六相触发脉冲控制晶闸管导通；通信采用 CAN 总线方式，人机界面采用大屏幕触摸屏；直接用 PCC 内部高速计数器测频率和相位差，使测频和测相差的精度和可靠性都得到保证。

（一）PCC 励磁调节器的硬件配置

随着计算机技术的发展，IPC 与 PLC 逐渐相结合，形成了 PLC 家族的新成员 PCC。除了具有 PLC 的所有功能外，还有高速计数、毫秒级触发信号、CAN 接口等功能。PCC 励磁调节器直接使用高速计数模块（TPU）对频率及其相位差进行测量，其最高计数频率大于 4MHz，完全满足大型同步励磁发电机测频和相差要求；晶闸管触发脉冲采用全数字方式形成，直接向晶闸管发触发脉冲，有效地减少了时延，提高了响应速度。其配置图如 1 所示。

（二）PCC 双通道励磁调节器基本结构及设计特点

1. 基本结构　PCC 励磁调节器主回路采用静态励磁方式的三相全控整流桥直接供给发电机励磁电流。PCC 励磁调节器随发电机运行工况的变化改变晶闸管的导通控制角。PCC 双通道励磁调节器的基本结构如图 2 所示。

2. 设计特点

（1）独特的测频测相系统。测频测相差是利用 PCC 的 TPU 功能，它对开关信号引发的事件具有微秒级的分辨率，而不增加主 CPU 的负荷，真正满足了高实时高精度的要求。

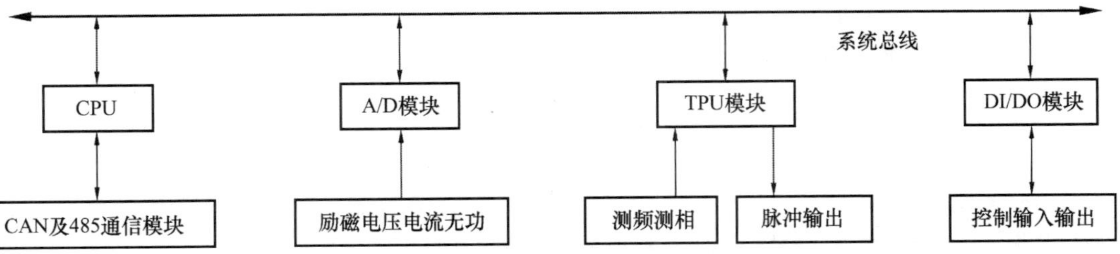

图 1　PCC 励磁调节器配置框图

（2）全数字脉冲触发系统。控制角经计算后，可求出所需的延时计数值，当同步信号采集进来时，在自然换流点（方波的上升沿）到达的同时启动高速计数器，高速计数器计数值达到延时计数值时发脉冲，然后依次通过 PCC 中 TPU 的链接功能推后 TP6 在其他输出端口发出脉冲。

（3）双通道利用 CAN 接口进行通信和双机参数跟踪，切换采用无触点电路。

3. 冗余结构及可靠性　双通道 PCC 励磁调节器分为发电机电压电流信号测量、PCC 控制算法及脉冲形成、晶闸管触发脉冲放大三部分。每部分分别设置两套完全相同的部件实现冗余。每部分的信号处理结果，都通过 CAN 通信进行冗余信息交换，因此系统具有高可靠性是显而易见的。此外，在软件设计上也考虑了网络发生故障的特殊情况，即当网络发生故障时，整个系统自动转入一机为主、一机热备用的工作状态，同时向外发出报警信号。

（三）工作原理

该励磁调节器主要采用模拟开关为主要切换部件，把切换分为故障时切换和正常工作时手动切换。

故障时切换就是当PCC检测到故障时直接控制模拟开关的控制端，快速切换故障；正常工作切换就是两机正常工作时接到外部切换命令时的切换。这种切换，该励磁调节器采用了专门的电路来保证脉冲不丢失和切换平稳。其简单工作原理如下：把A套同步脉冲和B套同步脉冲六倍频，就可以找出它们的自然换流点的六个上升沿，当有切换命令时（假如由A切换到B），在自然换流点的上升沿时控制模拟开关使脉冲无扰动的由A套切换到B套。

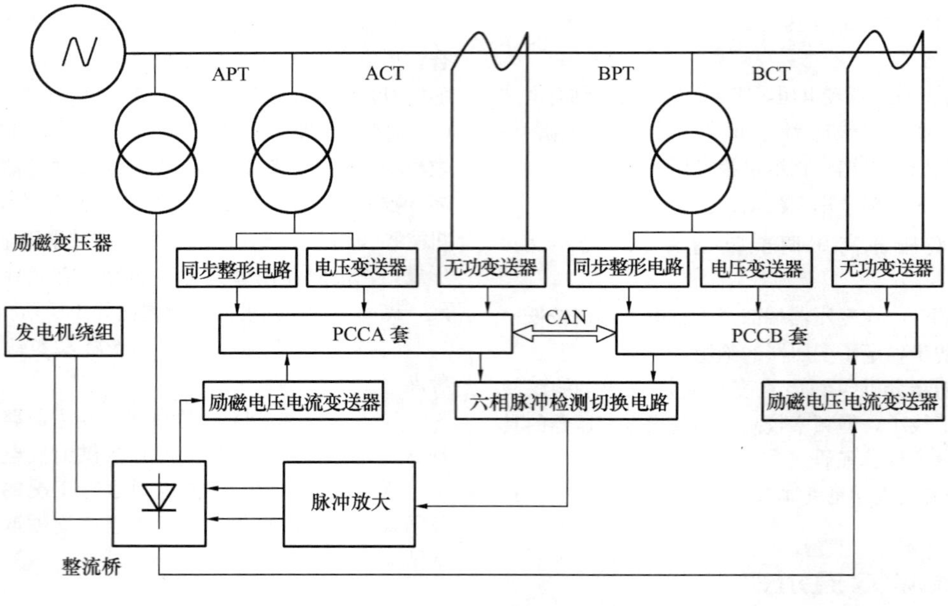

图2 PCC双通道励磁调节器基本结构图

（四）软件设计

PCC软件设计有自己的优势，其独特的实时多任务分时操作系统可以将整个系统分成数个分别具有不同优先权的任务等级。因此，PCC软件能够完成各种比较复杂的任务，而且能够保证实时性的要求。整个系统软件程序按功能分为以下几个相对独立的模块：

（1）系统初始化及自检模块。

（2）开关量、模拟量采集模块。

（3）控制调节程序。

（4）移相及触发脉冲模块，包括控制角的延时触发以及同步电压信号的频率测量。

（5）励磁限制、保护程序模块。

（6）双机冗余信息交换及表决程序模块。

（7）与上位机通信程序模块。

（五）结论

该励磁系统经样机试验，技术性能指标如下：

（1）空载调压范围70%～110%。

（2）调压精度小于0.5%。

（3）频率每变化1%，发电机端电压变化不大于额定值的正负0.25%。

（4）励磁电压响应时间，上升不大于0.08s，下降不大于0.15s。

（5）10%阶跃实验，调节时间小于8s，超调量小于10%，振荡次数小于3次。

（6）切换快速平稳。

（西安理工大学水利水电学院 李维新 南海鹏）

其　他

云南省大型水电站的巨型机组

随着中国水电行业的发展，云南省近年来许多装设大型机组的水电站工程相继开工建设。现将小湾等几座在建水电站机组的有关情况介绍如下。

（一）小湾水电站

小湾水电站位于云南省凤庆县与南涧县交界的澜沧江上，是澜沧江中下游河段梯级开发的第二级电站和“龙头水库”，电站距昆明公路里程约456km，工程为混凝土双曲拱坝，地下厂房，单机容量700MW，装机容量4200MW。电站总库容（正常蓄水位以下）149.14亿m^3，调节库容98.95亿m^3，水库为不完全多年调节。保证出力1778MW，年利用小时数4521h，多年平均年发电量189.9亿kW·h，河流多年平均含沙量1.29kg/m^3，预测建库后初期过机平均含沙量0.086kg/m^3，首台机机组计划于2009年投入运行。

水轮机额定功率为714MW，额定水头216m，最大水头251m，加权平均水头222.41m，最小水头164m，额定转速150r/min，飞逸转速286r/min，额定流量360.3m^3/s，吸出高度－11.9m，最大水推力1050t。水轮机进口直径6.6m，出口直径5.508m。合同规定水轮机额定效率不小于93.75%（相应的模型额定效率不小于92.26%）；加权平均效率不小于95.24%（相应的模型加权平均效率不小于93.75%）；最高效率不小于95.97%（相应的模型最高效率不小于94.49%）。转轮采用分散件运输，工地组焊方式，材料采用ASTM A743CA 6NM或ENG-X4CrNi134，整体转轮重量161t。导叶材料为ZG06Cr13Ni4Mo，新装时漏水量不超过0.8m^3/s（圆筒阀开启时）或0.01m^3/s（圆筒阀关闭时），运行8000h后，漏水量不超过1.5m^3/s（圆筒阀开启时）或0.01m^3/s（圆筒阀关闭时）。水轮机装设了圆筒阀，其尺寸和使用水头为世界上最大之一，在国内为最大，圆筒阀外径8.686m，内径8.326m，高度为1.46m，材料采用ASTMA 516Cr.70，总重量64t。蜗壳进行水压试验、保压浇筑混凝土，保压值为190m水柱。发电机额定容量777.8MVA，额定效率不低于98.76%，加权平均效率不低于98.64%，功率因数0.9，额定电压18kV，飞轮力矩110000t·m^2，全空气冷却。定子重量724t，转子重量1356t。推力轴承采用巴氏合金瓦，小支柱弹性支撑，总负荷能力2700t。电站水轮机为东方电机股份有限公司、福伊特西门子水电有限公司、上海福伊特西门子水电设备有限公司联合体中标，发电机为哈尔滨电机厂有限责任公司、阿尔斯通（瑞士）有限责任公司、天津阿尔斯通水电设备有限公司联合体中标。

（二）景洪水电站

景洪水电站位于云南省西双版纳州景洪市北5km的澜沧江上，是澜沧江中下游河段梯级开发的第六级电站，距昆明公路里程约575km，坝后式地面厂房，单机容量350MW，装机容量1750MW。电站总库容（正常蓄水位以下）11.39亿m^3，调节库容3.09亿m^3，水库为季调节。保证出力771.9MW，年利用小时数4490h，多年平均年发电量78.58亿kW·h，河流多年平均含沙量1.74kg/m^3，预测建库后初期过机平均含沙量1.08kg/m^3，首台机机组计划于2008年投入运行。

水轮机额定功率为357.2MW，额定水头60m，最大水头67m，加权平均水头63.12m，最小水头39.5m，额定转速75r/min，飞逸转速150r/min，吸出高度－4.53m，最大水推力1580t。水轮机进口直径8.3m，出口直径8.597m。合同规定水轮机额定效率不小于90.95%（相应的模型额定效率不小于89.09%）；加权平均效率不小于93.24%（相应的模型加权平均效率不小于91.38%）；最高效率不小于95.9%（相应的模型最高效率不小于94.04%）。转轮采用分散件运输，工地组焊方式，叶片材料为ZG00Cr13Ni4Mo，其他部分材料为ZG06Cr13Ni5Mo，整体转轮重量280t。导叶材料为ZG06Cr13Ni4Mo，新装导叶漏水量不超过0.9m^3/s，运行8000h后，导叶漏水量不超过1.8m^3/s。发电机额定容量388.9MVA，额定效率不低于98.67%，加权平均效率不低于98.5%，功率因数0.9，额定电压18kV，飞轮力矩215000tm^2，全空气冷却。定子重量470t，转子重量990t。推力轴承采用弹性金属塑料瓦，多波纹弹簧油箱支撑，总负荷能力2600t。水轮机为哈尔滨电机厂有限责任公司中标，发电机为东方电机股份有限公司中标。

（三）金安桥水电站

金安桥水电站位于云南省丽江地区境内的金沙江

中游河段上，是云南省境内金沙江中游河段规划八个梯级电站中的第五级。距昆明、攀枝花和丽江的直线距离分别为300km、130km和20km。电站距云南丽江公路里程约51km，距昆明约580km，为坝后式地面厂房。单机容量600MW，装机容量2400MW。电站总库容（正常蓄水位以下）9.13亿m^3，调节库容3.46亿m^3，水库为周调节。保证出力473.7MW，年利用小时数4601h，多年平均年发电量110.43亿kW·h，河流多年平均含沙量0.749kg/m^3，预测建库后初期过机平均含沙量0.31kg/m^3，首台机机组计划于2009年投入运行。

水轮机额定功率为612.2MW，额定水头111m，最大水头125.9m，加权平均水头117.89m，最小水头94.7m，额定转速93.8r/min，飞逸转速169r/min，吸出高度－7.69m，最大水推力1000t。水轮机进口直径7.8m，出口直径7.308m。合同规定水轮机额定效率不小于93.56%（相应的模型额定效率不小于91.93%）；加权平均效率不小于94.42%（相应的模型加权平均效率不小于92.79%）；最高效率不小于96.24%（相应的模型最高效率不小于94.61%）。转轮采用分散件运输，工地组焊方式，材料为ASTMA743CA－6NM（ZG06Cr13Ni4Mo），整体转轮重量286.63t。导叶材料为ZG06Cr13Ni4Mo，新装导叶漏水量不超过1.5m^3/s，运行8000h后，导叶漏水量不超过1.8m^3/s。发电机额定容量666.7MVA，额定效率不低于98.8%，加权平均效率不低于98.7%，功率因数0.9，额定电压18kV，飞轮力矩220000tm^2，全空气冷却。定子重量743t，转子重量1385t。推力轴承采用弹性金属塑料瓦，多波纹弹簧油箱支撑，总负荷能力3000t。水轮机和发电机均为东方电机股份有限公司中标。

（四）糯扎渡水电站

糯扎渡水电站位于云南省思茅县和澜沧县交界处的澜沧江下游干流上，是澜沧江中下河段八个梯级规划中的第五梯级，下游紧接景洪水电站。电站装机容量5850MW（9×650MW），计划2012年首批机组投产发电。

水轮机额定功率为663.3MW，额定水头187m，最大水头215.0m，加权平均水头198.95m，最小水头152.0m，额定转速125r/min，水轮机进口直径大约7.2m，转轮采用分散件运输，工地组焊方式。水轮机装设圆筒阀、其尺寸和使用水头为世界上最大之一，尺寸将超过小湾为国内为最大。蜗壳进行水压试验、不设弹性层，保压浇筑混凝土，保压值大约180m水柱。发电机额定容量666.7MVA，额定效率不低于98.7%，功率因数0.9，额定电压18kV，飞轮力矩220000tm^2，全空气冷却。计划2007年机组招标。

（中国水电顾问集团昆明勘测设计研究院　武赛波）

小湾水电站放空底孔闸门设计

根据小湾水电站放空底孔的设计方案布置，在拱坝1080.00m高程共设2条放空底孔，每孔进口段设置1扇链轮闸门，出口段设一扇弧形工作门。

（一）放空底孔链轮闸门

放空底孔事故检修闸门孔口尺寸为5m×12m（宽×高），门槽倾斜度1∶6（水平：垂直），挡水水头160m，总水压力1.063×10^8N。为解决大荷载支承问题，经比较，闸门采用链轮支承。链轮为整挂式结构，由链轮通过轮轴、链板轴套、链板连接为回转的整体。每挂链轮共布置89个辊轮，辊轮直径300mm，长350mm，节距315mm，辊轮设计荷载为5000kN，为目前世界之最。

门叶结构为主横梁设计，分四节制造，节间采用高强螺栓连接，并布置20%～30%的铰制螺栓定位。链轮门顶、侧采用两道止水，前一道为山形水封，引库水自动充压；后一道为实心P形水封。底止水为一道刀形水封。

门槽设计为异型整体门槽，断面为Ω形。门槽水力学模型试验表明：门槽段内无负压产生；底孔胸墙、门楣设计合理，门槽的宽深比及错距比较优，不会发生空蚀。

闸门通过拉杆与坝顶门机连接，可在106m水头动水关闭。

（二）放空底孔弧形工作闸门

放空底孔工作弧门孔口尺寸为5m×7m（净宽×净高），设计水头160m。闸门为直支臂、圆柱铰弧形门，弧门面板曲率半径R15m，底槛至支铰的高度为11.3m。闸门总水压力1.085×10^8N。

闸门为主横梁结构。主横梁和支臂均为箱型结构断面，主梁与支臂的单位刚度比为5.5。考虑运输、安装方便，门叶分为上、中、下三节，采用高强度螺栓连接。固定支铰、活动支铰采用铸钢结构，支铰轴套为自润滑轴套。门叶与支臂、支臂与铰链均采用高强度螺栓连接。

弧门采用充压水封，充压水封布置在突扩突跌门槽上，充泄压管路从门槽埋件内引出后通至液压启闭机室内的充压水封操作控制系统，由相应的设备控制充压、泄压及充压压力。

在弧门门叶四周设常规P形水封起辅助作用。其作用是当充压水封回退脱离弧门面板后，防止在闸门顶部及两侧的狭缝射水。

门槽体型为突扩跌槛。两侧突扩宽度为800mm，工作门前孔口顶板压坡为1∶10，门槽底部设有高度1.5m的跌槛，底槛两侧各设有ϕ800mm的通气管。

闸门采用单吊点摇摆式深孔弧门液压启闭机操作。启闭机容量为7500/3000kN，工作行程11.7m。启闭机室设于坝身下游面，布置有液压泵站及弧门操作控制系统、充压水封操作控制系统、电气盘柜等。

（中国水电顾问集团昆明勘测设计研究院　余俊阳）

电驱动盘车装置在百色水电厂的应用

百色水利枢纽位于广西百色市以西22km的右江干流上，其发电厂设计安装4台135MW立轴混流式水轮发电机组。轴线检查与调整是机组安装的重要环节，一般用盘车方法进行。4号机于2005年8月1～7日采用电驱动盘车装置进行盘车。

（一）盘车方法的选用

目前盘车通常采用的方法有电气盘车和机械盘车。电气盘车是分别在定、转子中通入相应大小的直流电流，靠产生的电磁力矩拖动发电机转子转动。机械盘车包括人力盘车、桥机牵引盘车和电动机械盘车。百色水电厂机组为推力轴承设计安装在下机架上的伞式结构，高强氟塑推力轴瓦，无高压油顶起减载装置，静止轴向负荷521t，选用人力盘车或桥机盘车将有较大的劳动强度，且盘车时间较长，同时还要影响其他工作面的正常工作，因此要选用电气盘车或电动机械盘车。

若采用电气盘车，按经验公式计算，转子与定子应分别通入400A和894A电流。但这是以0.02的摩擦系数计算的，实际上在盘车过程中摩擦系数是一个变数，其中以启动时的静摩擦系数为最大，要使转动部分从静止转动起来，还需更大的电流。电气盘车要根据实际需要调节整流器输出电流才能满足盘车转矩的要求。

电驱动盘车装置，市面常称自动盘车装置，是由电动机驱动的机械盘车装置，主要由机架、驱动电动机、减速机构、联轴机构和止推轴承组成。联轴机构安装在发电机顶轴上面，机架通过上导油槽螺孔固定在发电机上机架中心体上。该装置可准确停位，并可在停止转动时将大轴与外力分开，使大轴充分处于自由状态，保证盘车的精度。百色水电厂机组若采用该装置，相应转矩经计算为246kN·m，选用300kN·m产品即可。这样只用4台1.1kW电动机，400V电源，每台电动机工作电流仅3A，相对于电气盘车大大减小了连接电缆的直径。目前市场已有成套的自动盘车装置出售。

通过在价格、施工的便捷性、缩短盘车工期、定点的准确性等方面与电气盘车比较，电驱动盘车装置具有优势，因此百色水电厂机组安装时决定采用。

（二）实际应用情况

百色水电厂水轮发电机组为立轴半伞式三段轴结构，装设上导、下导、水导和推力轴承。导轴承均为油浸分块自调式巴氏合金瓦，上、下导轴瓦各12块，水导轴瓦10块；推力轴承轴瓦为12块弹性金属塑料瓦，弹性油箱支撑结构。其中上导中心至镜板平面4235mm，下导中心至镜板平面1350mm，水导中心至镜板平面6365mm；镜板直径2360mm；转子中心体高2100mm；顶轴长2880mm，上导滑转子直径1500mm；下端轴长4015mm，下导滑转子直径1670mm；水轮机大轴长4250mm，水导滑转了直径1580mm；水轮机转轮与水轮轴采用销钉套连接，水轮机主轴与发电机下端轴为销钉螺栓连接，转子中心体与下端轴为销钉螺栓连接，顶轴与中心体为螺栓连接。

按国家标准，对于额定转速为166r/min的本机组，刚性盘车的轴线允许摆度值为：上导相对摆度≤0.03mm/m；法兰相对摆度≤0.03mm/m；水导相对摆度≤0.05mm/m，且绝对摆度≤0.35mm；弹性盘车镜板允许的端面跳动≤0.15mm。

先按照制造厂工艺要求，采用弹性盘车，即对称抱紧上导和水导各4块导瓦，抱瓦间隙按国标要求在0.03～0.05mm内，但盘车困难，数据无规律，初步分析是轴系折弯过大造成。为便于分析计算，并结合轴系是弹性油箱支撑的半伞式结构的特点，决定采用刚性盘车，即抱下导盘车，放开上导和水导，使大轴处于自由状态，盘车试验数据见表1。

表1　抱下导盘车记录（X向）　mm

测点	读数			净读数（摆度）		净全摆度			镜板跳动值
	下导	上导	水导	上导	水导	对称点	上导	水导	
1	0	−0.01	0	−0.01	0	1—5	0.34	0.11	0
2	0	0	−0.10	0	−0.10				−0.03
3	0.005	−0.10	−0.155	−0.105	−0.16	2—6	0.40	−0.10	−0.04
4	0.015	−0.235	−0.165	−0.25	−0.18				0

续表

测点	读数			净读数（摆度）		净全摆度			镜板跳动值
	下导	上导	水导	上导	水导	对称点	上导	水导	
5	0.01	−0.34	−0.10	−0.35	−0.11	3—7	0.215	−0.24	−0.01
6	0	−0.40	0	−0.40	0				−0.04
7	0	−0.32	0.08	−0.32	0.08	4—8	−0.125	−0.26	−0.04
8	0.005	−0.12	0.085	−0.125	0.08				−0.005
1	0	0	0	0	0				0

由表可以看出：上导和水导摆度曲线接近正弦曲线，盘车数据真实有效。其中镜板最大跳动量0.04mm远小于国标要求，上导对下导最大摆度为0.42mm，出现在接近2—6点的方位；水导对下导最大摆度为0.26mm，出现在4—8点的方位。水导相对摆度0.04mm/m，符合要求，上导相对摆度0.10mm/m，已大大超过国标要求的相对摆度≤0.03mm/m，需进行处理。也正是由于此较大摆度存在，导致第一次盘车出现困难。经各方研究，决定对上端轴止口进行修磨处理，根据最大摆度方向，上端轴由2点向6点方向侧移0.16mm，把紧上端轴4个M90螺栓后重新盘车，上导对下导最大净全摆度0.08mm，符合要求，水导摆度与上次基本一致。8月6日全部把紧上端轴螺栓后进行盘车，结合上下导瓦布置位置和数量，为下一步计算轴承间隙方便准确，轴颈测点分成12等分测量，盘车数据见表2。

表2 抱下导盘车记录（X向） mm

测点	读数			净读数（摆度）		净全摆度			镜板跳动值
	下导	上导	水导	上导	水导	对称点	上导	水导	
1	0	0.01	−0.015	0.01	−0.015	1—7	0.04	0.19	0
2	0	−0.03	−0.09	−0.03	−0.09				−0.01
3	0.01	−0.045	−0.14	−0.055	−0.15	2—8	0	−0.065	−0.03
4	0.01	−0.065	−0.19	−0.075	−0.20				−0.03
5	0.015	−0.07	−0.21	−0.085	−0.225	3—9	−0.03	−0.075	0.01
6	0.01	−0.06	−0.23	−0.07	−0.24				0.015
7	0.005	−0.03	−0.20	−0.035	−0.205	4—10	−0.045	−0.18	−0.01
8	0.005	−0.03	−0.15	−0.035	−0.155				−0.03
9	0	−0.025	−0.075	−0.025	−0.075	5—11	−0.075	−0.25	−0.02
10	0.01	−0.02	−0.01	−0.03	−0.02				−0.02
11	0.01	0	0.035	−0.01	0.025	6—12	−0.07	−0.26	0
12	0.01	0.01	0.03	0	0.02				0.02
1	0	0.01	−0.015	0	−0.015				0

水导对下导摆度，最大摆度为0.26mm，在6—12方向。为了校正X方向曲线的正确性，增加了绘制了Y方向的摆度曲线，可以看出，两条曲线的吻合的较好，最大摆度的方向和数值相同，与第一次盘车的数据也十分的相符。上导对下导的最大摆度为0.12mm，在5—11方向，此值依据摆度曲线计算而得，实测值为0.075mm。由于上导测点位置离盘车装置较近，且实际摆度较小，部分测点受到外力影响造成读数偏差，故决定以计算值做为抱瓦间隙计算依据。

水导相对摆度0.04mm/m，上导相对摆度0.03mm/m，镜板最大轴向跳动值−0.03mm，符合国标对盘车的要求。

（三）结束语

此次盘车采用的是近年来普遍使用的自动盘车装置，总的来说这种盘车方式较电气盘车在安装施工的方便性、多次重复操作性及停点的准确性方面有着明显的优势。但这种盘车装置装设于发电机顶轴上，盘车时的外力对轴系施加的影响太大。这点从轴系旋转时，上导测点处各百分表的读数有直观的反映，表计读数大的可达到0.80mm，停点撤去外力后，读数恢复正常。因此在抱下导刚性盘车时，对于上导的实际摆度值的读数造成干扰，特别是在顶轴相对于下导摆度较小的情况下，这种干扰尤其明显。比如在顶轴摆度处理后进行第二次盘车，上导对于下导的净摆度曲线便出现了不规则的形状，测量出来的最大全摆度为0.075mm，根据标准曲线换算应为0.12mm，这给在数据判断上造成一定的困难。盘车装置如能实现由目前的一对力偶增加为十字对称布置的两对力偶，则对轴系施加外力时将更具有对称性、平衡性和稳定性，干扰也应大为减小。另外，对于这种结构机组和盘车装置，采用抱上导和下导盘车，应更有合理性。

（广西右江水利开发有限责任公司　罗红云）

电网建设与特高压输电

电网建设

中国电网

我国的电力工业在过去的几十年里发展迅速。装机容量从解放初期1949年的185万kW增长到2005年底的5.0841亿kW，年均装机增长率超过10%。全国总发电量也迅速提高，2005年全国发电量达到2.4747万亿kW·h，其中火电20180万亿kW·h、水电3952亿kW·h、核电523亿kW·h。从1996年起，中国电力系统总装机容量和总发电量均居世界第二。

我国已经进入了大电网、大机组、高电压、高自动化的发展时期。根据我国的能源战略，国家能源管理小组办公室将特高压输电工作列为能源工作的要点，要求科学论证，搞好特高压输变电试验示范线路的建设和输变电设备国产化方案，为特高压电网的规划建设指明了方向。从我国的实际情况来看，发展特高压电网，是落实科学发展观，贯彻国家能源政策，确保电力工业全面、协调、可持续发展的重大举措，有利于实现更大范围的资源优化配置，满足未来我国经济社会发展的用电需求，具有重大的政治意义、经济意义和技术创新意义。

（一）电网的功能

电网是电能传输的载体，在发电厂发出电能后，如何将电能高效地传送给用户，就成为电网的基本功能。

电能与其他能源不同的特点在于不能大规模存储，发电、输电、配电和用电在同一瞬间完成。输电的功能就是将发电厂发出的电力输送到消费电能的地区，或进行相邻电网之间的电力互送，使其形成互联电网或统一电网，保持发电和用电或两电网之间的供需平衡。

输电功能由升压变压器、降压变压器及其相连的输电线完成。所有输变电设备连接起来构成输电网。输电网和配电网统称为电网。发电厂、输电网、配电网和用电设备连接起来组成为一个整体，称之为电力系统。

输电网由输电和变电设备构成。输电设备主要有输电线路、杆塔、绝缘子串等。变电设备有变压器、电抗器、电容器、断路器、接地开关、隔离开关、避雷器、电压互感器、电流互感器、母线等一次设备和继电保护、监视控制装置、电力通信系统等二次设备。输电网一次设备和相关的二次设备的协调配合，是实现电力系统安全稳定运行，避免连锁事故发生，防止大面积停电的重要保证。

理论上，输电线路的输电能力与输电电压的平方成正比，与输电线路的阻抗成反比。输电线路的功率输送能力可以近似估计认为，电压升高1倍；功率输送能力提高4倍。考虑到不同电压等级输电线路的阻抗变化，电压升高了1倍，功率输送能力将大于4倍。表1给出了以220kV输电线路自然功率输电能力为基准，不同电压等级，从高压、超高压到特高压单回输电线路自然功率输电能力的比较值。

表1　不同输电电压等级的自然功率输电能力比较值

输电电压（kV）	220	330	500	765	1100	1500
输电能力相对比较值	1	2.23	6.55	16.74	39.24	75.30

注　以220kV线路输送自然功率132MW为基准。

同样，输电线路的输送功率与线路阻抗成反比，而输电线路的阻抗随线路距离的增加而增加，即输电线路越长，输电能力越小。要大幅度提高线路的输电能力，特别是远距离输电电路的功率输送能力，就必须提高电网的电压等级。电网的发展表明，各国在选择更高一级电压时，通常使相邻两个输电电压之比等于2。

特大容量发电厂的建设和大型、特大型发电机组的采用，可以产生更大地规模效益。它们可以通过输电网实现区域电网互联，可在更大范围内实现电力资源优化配置，进行电力的经济调度。由于各区域电网的不平衡，输电的联网功能，特别是采用比区域骨干电网更高一级电压的输电线联网已变得特别重要。

（二）电压等级的划分

交流电网的输电电压一般分为高压、超高压和特高压。国际上，一般将35～220kV的电压称为高压（HV）；330kV及以上、1000kV以下的电压称为超高压（EHV）；1000kV及以上的电压成为特高压（UHV）。

电网的发展经历了从中压电网、高压电网到超高压电网，再到特高压电网的发展历史。对我国而言，高压电网指的是110kV和220kV电网；超高压电网指的是330kV、500kV和750kV电网。特高压电网指的是以1000kV输电网为骨干网架，超高压输电网和高压输电网，以及特高压直流输电、高压直流输电和配电网构成的分层、分区、结构清晰的现代化大电网。

特高压电网电压等级的选择应遵循以下原则：

（1）与新覆盖的地理区域范围、电力系统的规模相一致的原则。

（2）与现有超高压电压等级的经济合理性相配合的原则。

（3）与电网的平均输电容量（能力）和输电距离相适应的原则。

（4）与新的更高电压等级输变电设备从开发到可以应用于工程的时间相协调的原则。

（5）与特高压输电技术的可用性与输电需求相统一的原则。

（6）与新的发电技术相互促进的原则。

经过大量的分析和研究表明，超高压电网更高一级电压标称值应高出现有电网最高电压1倍以上。这样，输电容量可以提高4倍以上，不仅能够与现有电网电压配合，而且为今后新的更高电压的发展留有合理的配合空间，能做到简化网络结构，减少重复容量，容易进行潮流控制，减少线路损耗，有利于安全稳定运行。

经过经济论证，500kV超高压电网以上的特高压、合理电压等级为1000kV（1100kV），750kV超高压电网以上的特高压合理电压等级为1500kV。

（编辑部摘编）

中国电网的现状、发展和未来

一、中国电网和能源现状

电力工业快速发展，电网规模逐步扩大。为了满足大容量长距离的送电需求，系统运行电压等级也在不断提高。1972年建成第一回330kV线路，1981年建成第一回500kV交流线路，1989年建成第一回±500kV直流线路，2005年在西北电网建成第一回750kV交流线路。随着电网电压等级的提高，网络规模也在不断扩大，我国已经形成了6个跨省的大型区域电网，即东北电网、华北电网、华中电网、华东电网、西北电网和南方电网。

全国联网基本形成。为了实现能源资源优化配置，在六大区域电网的基础上展开了全国联网工作。1989年投运的±500kV葛沪直流输电工程，实现了华中与华东电网的互联，拉开了跨大区联网的序幕。2001年5月，华北与东北电网通过500kV线路实现了第一个跨大区交流联网。2002年5月，川电东送工程实现了川渝与华中联网。2003年9月，华中与华北联网工程的投入，形成了由东北、华北、华中（包括川渝）区域电网构成的交流同步电网。2004年，华中电网通过三峡至广东直流输电工程与南方电网相联。2005年3月，山东电网联入华北电网。2005年6月，华中与西北电网通过灵宝直流背靠背相联。目前，全国除新疆、西藏、海南和台湾以外，将全部运行在全国交、直流联合电网中，形成全国联网的基本框架。但现阶段，各区域电网的网架结构及区域之间的联系还较为薄弱，区域交换容量有限。目前主要联络线的输送能力为1140万kW。根据规划的预测，西电东送、南北互供的输电容量在未来的15年将超过100～200GW。

二、中国电网的发展与未来

用电需求不断攀升。尽管我国电力工业发展迅速，但由于人口众多，到2003年底，人均装机容量仅为0.3kW，人均用电量仅为1452kW·h，不到世界平均水平的一半，为发达国家的1/6～1/10。电力负荷增长空间巨大。2004年，全国用电量已经达到1981年的7.08倍，其间用电量年均增长8.88%，2000～2004年用电量年均增长12%，峰电功率估计增长13%～13.5%，根据有关方面的预测，2004～2020年中国用电需求仍将保持较快的增长率，2005～2010年年均用电增长率在6%以上，2011～2020年年均增长率5%。

新增装机容量持续增长。中国正在全面建设小康社会，预计2020年国内生产总值将达到4万亿美元。经济持续快速增长需要充足的电力供应，预计2020年，我国全社会用电量将达到4.6万亿kW·h左右，需要装机容量约10亿kW。这意味着未来15年间，我国年均新增装机容量超过3300万kW，年均用电量增长达到1600亿kW·h。

电源建设多元发展。根据现有能源资源赋存条件和负荷增长需求，我国电源开发的基本方针是：大力开发水电，优化发展煤电，推进核电建设，稳步发展天然气发电，加快新能源发电。预计2020年，常规水电按最大能力开发可达到2.4亿kW，抽水蓄能达到2000万kW，核电达到4000万kW，气电达到6000万kW，新能源发电达到4100万kW，另有6亿kW依靠煤电提供。煤电和水电在未来能源供应中仍起主导作用。

电网结构急需创新。我国电力需求的快速增长，为国家电网的发展带来机遇，同时也提出新的挑战，主要体现在：①一次能源远离负荷中心，大容量长距离输电势在必行，用现有500kV输电线路输送能力有限，不能满足未来发展的要求；②现有基于500kV网架的联网系统，区域交换能力不足，不能满足能源资源优化配置的需求；③土地资源有限，输电走廊越来越紧缺，急需提高单位输电走廊的送电能力；④电力负荷密集地区如华北华东地区500kV电网短路电流超标现象越来越严重，超过了目前断路器的最大遮断能力，对系统安全可靠运行不利；⑤长链形电网结构动态稳定问题突出；⑥受端电网存在多直流落点和电压稳定问题。

目前，中国的500kV超高压电网网架已经形成，750kV超高压输变电工程也已经顺利建成并投产。在中国电网的建设和运行过程中，积累了大量的经验，每年的事故率逐步降低，应该说中国的电网建设和运行水平已经达到了国际先进水平。1000kV中国特高压电网的建设为中国的电力科研、设计、建设、运行工作者提供了新的机遇和挑战，相信通过中国科研工作者的努力，中国的电力工业水平会达到一个新的高度。

国家电网公司通过认真分析中国电力工业和电网发展的现状以及未来发展趋势，结合我国国情和能源供应特点，决心加快建设由1000kV级交流和±800kV级直流构成的国家电网特高压骨干网架，通过技术创新从根本上解决上述各项问题，实现能源资源优化配置，保障国家能源安全。

（编辑部摘编）

“十一五”期间国家电网公司电网建设投资

2005年是国家电网公司建设“一强三优”现代公司的开局之年。公司上下认真贯彻党中央、国务院的决策部署，以科学发展观统领公司工作全局，全面落实“三抓一创”的工作思路，加快电网发展，强化经营管理，加强队伍建设，全面提高“四个服务”水平，公司呈现出良好的发展态势，发展指标创历史新高，经营指标全面向好。其中，2005年固定资产投资完成1223.1亿元，首次突破1000亿元，同比增长28.64%；电网建设与改造投资1107.7亿元，占国家电网公司固定资产投资的90.6%。

2005年，国家电网公司开工220kV及220kV以上线路23314km，突破了2万km；变电总容量10260万kVA，突破了1亿kVA，分别完成全年计划的103.5%和108.7%。其中，总部直接投资的跨区电网建设项目开工线路2622km、变电容量225万kVA。

2005年，国家电网公司投产220kV及220kV以上线路19765km、变电容量9325万kVA、直流换流容量36万kW。投产规模创历史新高，线路规模、变电容量分别完成全年计划的106.8%和105.5%，全面完成2005年基建投产目标。其中，总部直接投资的跨区电网项目投产500kV及500kV以上交流线路229km、变电容量750万kVA。

2006年是我国实施“十一五”规划的第一年，我国经济平稳较快发展，将为国家电网公司提供强大的发展动力和广阔的市场空间，同时也对加快电网发展提出了更高的要求。公司总经理刘振亚指出，当前国家电网网架薄弱，发展任务很重。一方面特高压电网尚未出现，跨区跨省优化配置资源的能力受限；另一方面城市配网欠账较多，“卡脖子”现象依然存在，影响安全可靠供电。“十一五”期间，国家电网公司将全面落实科学发展观，认真贯彻党的十六届五中全会精神，立足科学发展，加快建设以特高压电网为核心的坚强国家电网；大力自主创新，全面提高公司科技发展水平；加强集约化和精细化管理，不断提高公司持续发展能力。

预计“十一五”期间，国家电网公司将在积极推动并建成投产特高压交流试验示范工程的基础上，同时开工建设溪洛渡、向家坝水电站和锦屏水电站外送的±800kV直流输电工程；全面建成三峡输变电工程；抓紧新建一批跨区输电工程，大幅度提高跨区资源优化配置能力；加快西北地区750kV主网架建设；继续加强500kV和330kV网架建设；全面提高电网输送能力和防止大面积停电事故的能力；继续加强城乡电网的建设改造，提高配电网的供电可靠性；全面实现建设坚强国家电网的发展目标。初步估算，“十一五”期间，国家电网公司电网建设投资每年都将在1000亿元以上。

（摘自《中国电力报》）

国际特大电网运行年会召开

10月24～25日，来自世界11个国家的电网企业主要负责人（CEO）和高级技术负责人（CTO）齐聚北京，参加由国家电网公司承办的2005年国际特大电网运行年会，并共同就本届年会的主题“提高电网安全稳定运行水平，防止电网事故，促进电网的可持续发展和技术进步”进行了深入分析和探讨。中共中央政治局常委、国务院副总理黄菊24日下午在人民大会堂会见了与会代表。

黄菊在会见时说，电力工业是国民经济发展的基础性工业，电网安全运行关系经济社会的稳定与安全，世界各国电网的不断发展，为提供稳定可靠的电力供应、推动社会进步和经济发展做出了重要贡献。

黄菊表示，中国电力工业将以科学发展观为指导，依靠科技进步和技术创新，加快技术升级。按照统一规划、合理布局、协调发展的要求，加快建设符合中国能源资源特点的电网，以实现资源的优化配置，确保电力供给。

电监会主席柴松岳、发展改革委副主任张国宝、国资委副主任王勇、国家电网公司总经理刘振亚参加了会见。

在这次年会上，来自中国、巴西、法国、印度、意大利、美国等国电力企业的代表介绍了各自电网的基本情况、面临的挑战和未来的发展，并听取了预防大电网停电事故、21世纪调度自动化系统体系结构、电网运行决策支持技术等3个专题报告。

国家电网公司总经理刘振亚在年会上致辞，并介绍了中国电网的发展情况。他指出，中国电网发展已经取得了长足进步，但总体依然滞后，电网建设任务十分艰巨。中国用于发电的一次能源和能源需求分布很不均衡，这一基本国情决定了必须在全国范围内优化配置能源资源，实施电能的大规模、远距离传输和跨大区、跨流域水火互济。中国现有电网主网架难以满足未来用电需求不断增长和电源持续大规模投产的需要，亟需建设更高电压等级电网。

刘振亚认为，建设特高压电网是中国电力工业发展的必由之路，有利于降低线路损耗，大量减少输电回路；有利于获得负荷错峰、调峰效益、互为备用效益、紧急事故支援效益、水火互济效益等显著的联网效益；有利于提高能源综合开发和利用效率；有利于发挥东、西部地区的比较优势，实现各地区共同发展；有利于促进电网、电源协调发展和电网结构优化、技术升级；有利于推动中国电力科技自主创新。

会议认为，随着区域经济发展的需要，各国都在加快电网互联，以实现大范围的资源优化配置。欧洲、北美已经形成了跨国的特大电网，中国、印度、巴西等国家随经济持续高速增长，电网发展非常迅速，现有的电压等级已不能满足更远距离、更大容量的电力输送。特别是像中国这样经济快速发展、能源分布与负荷中心距离远的国家，更应尽早建设特高压电网。

国际特大电网运行年会是由美国PJM公司、日本东京电力公司、中国国家电网公司等在2004年发起，由全球装机容量在5000万kW以上的特大电网参加。第一届国际特大电网运行年会于2004年10月24～26日在美国费城举行。该年会每年举办一次，目的是增进国际特大电网间的技术和运行经验交流，提高特大电网的安全稳定运行水平，防止电网事故的发生，促进电网的可持续发展。

（摘自《中国电力报》）

三峡水电站推动电网建设

与三峡工程相配套的三峡输变电工程，是世界电网建设史上最为壮阔的系统工程，其建设投资规模大、建设项目多、工程难度和创新压力大、送电任务重，是世界电网建设史上前所未有的。目前，三峡输变电一、二期系统工程已经完成，正在进行第三期系统建设。以三峡电站为核心，三峡输变电线路向东、西、南、北四个方向辐射，奠定了全国互联电网的基本格局。同时，伴随三峡输变电工程由建设向运行过渡，三峡电力源源不断稳定送出，为国民经济发展增添了动力，三峡工程巨大的经济效益和社会效益在中国广袤的土地上得以体现，它对于保障国民经济对电力能源不断增长的需求、进一步优化能源结构和跨区资源配置、促进地区经济发展发挥着重要作用。2003年三常直流输电工程、2004年三广直流输电工程顺利投运，标志着我国直流输电技术取得了重大进步，为三峡电力外送华东和南方电网创造了条件，在我国输变电建设史上具有里程碑的意义。

1. 三峡电力外送促成电网建设的快速发展

在过去的计划经济模式下，中国的几大区域电网系统（包括华东、华中、华南、东北、西北等电网）几十年来相互独立运作，不能互通互联。这阻碍了国家统一调配电力、保障供电安全，也难于形成一个有效运转、公平竞争的统一的电力市场，从而难以适应中国日渐成熟的市场经济。国家在三峡电站规划建设之初就对其输电规模、输电计划、负荷落点等进行统一规划。按照规划，国家电网公司组织了大规模的输变电工程建设。随着三峡电站及其相应的输变电工程的相继建成投产，将形成联接华中、华东、华南、川渝的三峡电网，并以三峡电网为中心进一步发展与周边电网的联网，逐步推进全国各大电网的互联。中国长江三峡工程开发总公司总经理李永安说：“三峡电站以及三峡电网的建设为中国建立统一的电网体系提供前所未有的契机。”

自1998年长万线建成投产开始，到2005年7月末，三峡输变电工程累计投产交流线路38个单项，线路总长度4875km，交流变电18个单项工程，变电总容量1375万kVA；累计投产直流工程3项，其中直流线路2条，线路长度1865km，直流换流站5座，换流站容量1272万kW。目前在建输电线路交流线路1097km，直流线路1075km，220kV配套输电线路

4000km，变电容量525万kVA，直流换流站容量600万kW。投产项目中包括目前世界上最大规模的换流站——荆州换流站工程。三峡工程三期工程正在建设之中，其中的输变电工程建设规模包括3942km的交流输电线路，和2075km的直流输电线路。这些漫长的输电线路将构成四通八达的网络，把中国“隔绝”几十年的各大区域电网全部联结起来。

龙政直流的投运，使华中电网与华东电网间的联网规模进一步加强，达到了420万kW，龙政直流投运以来到2005年一季度累计向华东电网输送电量416.8亿kW·h，缓解了华东电网用电紧张，并为华中、华东两网之间的余缺调剂、事故支援、备用共享创造了坚实的条件。

2004年6月6日，为三峡电力“南下”广东，国家电网公司投资建设的三峡至广东直流输变电工程投入使用，首次在国家电网公司和中国南方电网公司两大电网公司的电力网络间架起了沟通的“桥梁”，使华中电网与南方电网形成互联，西电东送、南北互供的全国联网格局基本形成。该工程在双极试运行期间的最大负荷达到了300万kW，到2005年7月末已经累计向南方电网输送电量192亿kW·h。

三峡输变电交流网架为提高电网抗冲击负荷能力，缓解机组跳闸甩负荷的影响，稳定系统频率等方面发挥了重要作用。陈家桥—长寿—万县—三峡、双河—南阳—郑州、荆州—益阳、凤凰山—磁湖—南昌、凤凰山—梦山、繁昌—东善桥—武南—瓶窑等省间联络线，大大加强了区域电网的网架结构，提高了省市电网接受区外来电、跨省交换电力的能力，提高了500kV主网架的稳定水平。

三峡输变电工程，满足了地方经济迅速发展的需要。长沙变、益阳变、孝感变、新乡变、开封变、阜阳变、宜兴、苏州南和江西省四线两变的投产等工程，成为省网在负荷中心的关键支撑点，大大增加了地区上下负荷的能力，提高了电网的稳定水平与电能质量，明显改善了供电的可靠性水平，满足了地方经济迅速发展的需要。

2. 为输变电设备国产化作出积极贡献

随着三峡输变电工程的逐步投运，中国已经成为世界第一的直流输电国家，在直流输电领域国家电网公司的安全运行和经济技术指标也居于世界前列。经过有关网省公司、运行维护单位的努力，三峡配套输变电工程在试运行和正式运行期间，长期保持安全稳定运行，设备健康状况良好，没有出现重大设备事故，没有导致或引发重大电网事故，主要设备特别是国产设备初步经受了运行的考验，为三峡输变电工程效益的发挥、为三峡电能的顺利消纳提供了基本保障。

在三峡输变电工程建设中，通过在初期的三常直流工程和三广直流工程的引进技术，合作生产，又通过灵宝背靠背依托工程的全面实践，除初步完成了建设方国产化的准备工作外，支持了制造厂家的设备制造国产化工作。

对于三常工程和三广工程，国家电网公司除在招标文件中明确规定了技术转让和合作生产的要求，还组织专门的国产化组，专门进行相关的评标和合同谈判工作。对于关键的问题，如换流变压器线圈是否在中国厂家绕制，国家电网公司坚决支持厂家的合理要求，实现了完全国内绕制。

当前，国家电网公司正在抓紧三峡—上海、宁东—天津等直流输电工程建设和国产化工作，并将始终坚持国产化道路，在建设以特高压骨干网架为核心的坚强的国家电网的实践中，为输变电设备国产化事业作出更加积极的努力，取得更加辉煌的成果。

（摘自《中国三峡工程报》）

特 高 压 输 电

中国特高压输电技术研究现状

我国1986年起就开展了《特高压输电前期研究》项目，开始了对特高压交流输变电项目的研究；1990～1995年国务院重大办开展了《远距离输电方式和电压等级论证》；1990～1999年国家科委就《特高压输电前期论证》和《采用交流百万伏特高压输电的可行性》等专题进行了研究，对特高压输电有了一定的认识。

2005年初，国家电网公司启动了特高压输电工程关键技术研究和可行性研究，组织了几乎所有的国内有实力的科研单位、大专院校、设计院、咨询单位和设备厂家，各取所长、各尽所能地进行了相关关键技术的研究。根据制定的特高压交流输电关键技术研究框架，分三批下达了共计46项特高压交流输电技术研究课题。

同时，国家电网公司高度重视同国外单位的技术交流，多次组织国际技术交流会，包括美国电力研究院（EPRI）、日本中央电力研究所（CRIEPI）、东京电力公司（TEPCO）、俄罗斯直流研究院等在内的国外著名研究机构和ABB、西门子、阿海珐、东芝、三菱、AE帕瓦、NGK、AXICOM等在内的国外知名设备制造厂家参加了技术交流和研讨。

经过了一年的艰苦努力和富有成效的工作，取得了大量的第一手研究成果，解决了发展特高压试验示范工程的全部关键问题，基本掌握了特高压交流输变电技术的特点和特高压电网的基本特性，特高压电磁环境限值、过电压水平、无功配置、绝缘配合、防雷等关键技术探究取得了初步成果，这些成就的取得是特高压输电工程的可行性研究顺利通过审查的基础，为初步设计提供了大量可靠、翔实的数据，同时也为特高压输电工作获得了更多的理解和支持。

（一）我国发展特高压输电的几个关键技术问题

（1）水电基地及煤电电力外送问题。

（2）特高压同步电网问题。

（3）电压等级的选择。

（4）特高压输变电设备研制问题。

（二）特高压交流输电试验示范工程方案研究

1. 特高压交流输电试验示范工程方案的选择

特高压输电既是技术创新，又是巨大挑战，必须走试验示范先行的道路。建设试验示范工程的目的是，考核特高压电网及其设备的性能，积累特高压输变电技术研究、设备制造、电网运行和控制方面的经验，提高特高压输变电设备制造和输电技术水平。

国家电网公司结合特高压交流输电未来可能的应用，通过深入研究、综合比较，提出了晋东南—南阳—荆门、淮南—上海以及四川水电外送乐山—重庆三个特高压交流试验示范工程初步方案，供进一步作比选研究。

根据国家能源开发政策和电网发展的特点，按照自主创新、标准统一、安全可靠和规模适中的特高压交流输变电试验示范工程选点原则。基于这些原则，国家电网公司提出了选择特高压交流输变电试验示范工程的技术路线，包括：尊重客观规律、符合国家能源发展战略；系统方案合理、有利发挥功能；系统运行灵活、适应试验要求；总结国外经验、高技术高起点；全面考核设备、全面验证方案；带电指标严格、便于发现问题。

晋东南—南阳—荆门特高压输电工程线路长度为654km，在线路中间设开关站，需要在线路上安装大容量高压并联电抗器、高性能避雷器，采用带合闸电阻的断路器，与我国未来特高压输电的技术路线是一致的。可对未来的特高压输电工程所需采用的特高压输电设备如线路、变压器、高压电抗器、断路器、GIS设备、避雷器、电压互感器、电流互感器、绝缘子等设备在工频过电压、操作过电压、谐振过电压、雷电过电压、甩负荷过电压、短路电流、投切低压电容器、投切低压电抗器和投切空载线路等条件下的技术性能进行全面充分的考核。

晋东南—南阳—荆门特高压交流输变电工程单回线送电极限达到3100MW，而且该工程是网对网送电，组织电源也比较容易，可较好的满足对特高压输电系统输电能力和无功电压控制技术及设备效果考核的需要。晋东南—南阳—荆门试验示范工程有两个变电站和一个开关站，可以按GIS方案、AIS方案和HGIS方案各建设一个站，对设备的考核很全面，可以充分发挥试验示范工程的作用。同时，该工程本期工程要配置2台主变压器、4组高压电抗器，也可以为考核不同厂家的设备提供良好的条件。

2. 晋东南—南阳—荆门特高压交流输电试验示范工程可行性研究主要结论

（1）工程建设必要性。建设陕北—武汉1000kV级交流输变电工程的必要性及其在系统中的地位和作用主要体现在如下几个方面：

1）有利于引导“三西”煤电基地开发外送。

2）符合加快构筑华北—华中坚强同步电网的目标。

3）可以减少输电走廊用地，节约宝贵的土地资源。

4）有助于解决负荷密集地区短路电流超标问题。

5）可以为我国电力设备制造业提供良好的发展机遇。

（2）特高压输电工程系统方案论证基本结论：

1）从示范工程角度出发，2008年左右建成特高压短线输电方案，即晋东南—南阳—荆门1000kV交流输变电工程较为适宜，但需考虑过渡期间湖北西电东送断面的适应性问题。

2）若要保证2008年通过特高压输电线路向华中电网送电2400MW，建议晋东南特高压变电站接入华北500kV主网。

3）2008年建设南阳特高压变电站是必要的，但初期可以只建成特高压开关站。

4）综合技术经济比较及结合系统近远景发展规划考虑，荆州（荆门）特高压变电站推荐落点湖北荆门地区。

5）华中与华北500kV联网方式视特高压输电工程送电方向而定。2008年，若通过特高压输电线路向华中送电，则建议解开华中与华北500kV联网线；

若通过特高压输电线路向华北送电，则建议保留华中与华北 500kV 联网线。

(3) 1000kV 交流变电站站址选择：

1) 1000kV 晋东南变电站。对规划选站评审确定的崔家庄站址、中部村站址、苏村站址开展进一步工作。根据对各站址技术条件的初步分析，综合考虑各站址方案的建站条件，本次对 1000kV 晋东南变电站站址的推荐顺序为：①崔家庄站址；②中部站址；③苏村站址。

2) 1000kV 南阳开关站（变电站）。以规划选站评审确定的石寨站址、老庄站址和社旗县盛庄站址作为工程选站阶段的备选所址参与比选。根据对各站址技术条件的初步分析，综合考虑各站址方案的建站条件，本次对 1000kV 南阳开关站（变电站）站址的推荐顺序为：①石寨站址；②老庄站址；③盛庄站址。

3) 1000kV 荆州（荆门）变电站。以规划选站评审确定的周家集站址、鄢岗站址、上潘家冲站址作为工程选站阶段的备选所址参与比选。根据对各站址技术条件的初步分析，综合考虑各站址方案的建站条件，本次对 1000kV 荆州（荆门）变电站站址的推荐顺序为：①鄢岗站址；②周家集站址；③上潘家冲站址。

(4) 1000kV 交流线路径选择。推荐线路路径全长 653.8km，其中晋东南—南阳段推荐东方案，长度为 363km；南阳段—荆州（荆门）段推荐西方案，长度为 290.8km。

推荐晋东南—荆州（荆门）百万伏级输电线路全线采用 $8\times500mm^2$ 导线。

综上所述，为了同时满足电能大容量、远距离、低损耗、低成本输送的基本要求，适应未来能源流的变化，具备电网运行调度的灵活性和电网结构的可扩展性，我国未来宜建设以特高压交流电网为骨干网架，特高压、超高压、高压电网分层、分区，网架结构清晰，构成强大的国家电网，为实现跨大区、跨流域水火互济和全国范围内资源优化配置提供充分支持，满足我国国民经济发展的需求。同时，影响特高压交流工程的主要技术问题都已经通过研究得到了解决，建设 1000kV 特高压交流输变电工程应该是成熟的、有把握的。

（中国水力发电工程学会 郁凤山）

国际特高压输电技术发展现状

随着电力负荷的日益快速增长和远距离、大容量输电需求的增加，大容量规模电厂的建设，以及高压、超高压输电线路和变电站的数目日益增多，环境问题日益突出。为实现规模经济、减小网损，避免输电设备的重复容量，确保电力系统可靠性，使输电线路的影响最小，美国、日本、前苏联、意大利和巴西等国的电力公司，于 20 世纪 60 年代末或 70 年代初根据电力发展需要开始进行了特高压输电的可行性研究。

（一）美国的特高压输电技术研究

美国电力公司（AEP）和通用电力公司于 1974 年开始在匹茨费尔德的特高压输电技术研究试验站进行了可听噪声、无线电干扰、电晕损失和其他环境效应的实测。美国邦纳维尔电力公司从 1976 年开始在莱昂斯试验场和莫洛机械试验线段上进行特高压输电线路机械结构研究，并进行了电晕和电场研究，生态和环境研究、操作和雷电冲击绝缘研究等。美国电力研究院（EPRI）于 1974 年开始建设 1000～1500kV 三相试验线路并投入运行，进行了深入的操作冲击试验和污秽绝缘子工频耐压试验，测量了电磁环境指标，并进行了特高压输电线路电场效应的研究，以及铁塔的安装试验、特大型变压器的设计和考核的试验研究。

（二）前苏联的特高压输电技术研究

前苏联是最早开展特高压输电技术研究的国家之一，也是迄今为止世界上唯一有特高压输电工程运行经验的国家。从 1960 年起，前苏联组织了动力电气化部技术总局、全苏电气研究院、列宁格勒直流研究院、全苏线路设计院等单位进行了特高压输电的基础研究。从 1973 年开始，前苏联在白利帕斯变电站建设了长度 1.17km 的特高压三相试验线段，通过一组 1150、500、10kV，3×417MVA 自耦变压器供电，开展特高压输电技术研究，进行了设备的绝缘试验、操作过电压的研究、可听噪声、无线电干扰、变电站内电场、设备安装、运输和检修等方面的广泛试验。1978 年着手建设从伊塔特到新库涅茨克长 270km 的工业试验线路，后作为埃基巴思图兹至西伯利亚的 1150km 输电线路的部分。在工业性试验线路，进行了各种特高压输电设备的现场考核试验，并建设了拥有 3×1200kV，10～12A 串级试验变压器和 1000kV 冲击发生器的特高压试验基地。

（三）日本的特高压输电技术研究

日本从 1972 年启动了特高压输电技术的研究开发计划。中央电力研究所（CRIEPI）、东京电力公司（TEPCO）和 NGK 绝缘子公司开展了特高压输电技术研究，以日本电力中央研究所为核心，完成盐原、赤诚等特高压试验研究基地的建设。在这一阶段日本中央电力研究所利用赤诚特高压试验研究线段，对 $8\times810mm^2$ 等分裂导线结构所产生的电晕噪声、无线电和电视干扰、电视重影、风噪声、电晕损失及对生态环境的影响进行了实测，并对不同气象条件下的测量方法和测量结果进行评价。利用盐原试验场的户外试验装置和特高压雾室进行杆塔空气间隙和绝缘子串的试验研究，求得大量的实证试验数据，为输电线路的设计取得了有用的技术资料。

在完成上述 3 个阶段工作的基础上，1988 年秋动工建设特高压输电线路，共建成两段特高压输电线路全长 238km。1995 年特高压成套设备在新榛名变电所特高压试验场安装完毕，随即进行带电考核。目前降压 500kV 运行。

（四）意大利的特高压输电技术研究

意大利电力公司确定了 1000kV 研究计划后，在萨瓦雷托试验场内进行 1000kV 主要试验设施，包括 1km 长的试验线段和 40m 的试验笼组成的电晕、电磁环境试验设备。在米兰的意大利电力中心试验室、普拉达纳帕斯机械试验场和布鲁亥利欧机构试验室也对操作和雷电过电压进行了试验，包括空气间隙的操作冲击特性、特高压输电系统的污秽大气下表面绝缘特性、SF_6 气体绝缘特性、非常规绝缘子的开发试验。在萨瓦雷托试验线段上进行了可听噪声、无线电杂音、电晕损失的测量。对特高压绝缘子和金具的干扰水平也进行了试验。对线路的振动阻尼器、间隔器、悬挂金具和连接件的机械结构方面也开展了试验研究。

关于电场的生态效应，在萨瓦雷托的特高压试验线段下及在试验笼中对老鼠、野鼠、兔子、狗在电磁场反应进行试验研究。另外还进行了特高压电气原型设备的试验。

（五）加拿大的特高压输电技术研究

加拿大魁北克水电局高压试验室进行了电压达 1500kV 额定电压的输电系统设备试验。魁北克水电局为线路导线电晕研究使用的户外试验场，由试验线段和两个电晕笼组成。试验线路和电晕笼均用于高至 1500kV 的交流系统和±800kV 的直流系统的分裂导线的电晕试验。试验线段单档距长 300m。试验笼由截面为 5.5m×5.5m 的正方形相邻的两个铁丝网组成。在魁北克高压试验室进行了高达 1500kV 的线路和变电站空气绝缘试验。在魁北克水电局户外试验场对四种分裂导线结构进行研究。魁北克水电局还对±600～±1200kV 直流输电线路的电晕、电场和离子流特性进行研究。进行 4、6、8 分裂导线上的空气动力（例如拖曳、抬高、偏移）的风洞测量。在不同风速的条件下，6 分裂导线的动力特性的研究和 12 分裂导线的空气动力研究在马德兰岛试验线段上进行。

（六）各国特高压输电技术研究主要结论

各国关键技术试验研究取得的主要结论如下：

（1）在减少线路阻抗、提高输电能力的前提下，可听噪声特性和环境要求时特高压输电线路设计应考核的主要因素。按照满足可接受的可听噪声标准进行线路设计，对无线电和电视的干扰水平可得到满意的结果，电晕损失可降至最低。

（2）特高压电网的工频过电压和操作过电压是选择和设计绝缘系统的决定性因素。

（3）特高压输电线路下和输电走廊边缘的地面工频电场强度可以做到与超高压线路相同的数量水平。

（4）国际大电网会议（CIGRE）根据各国特高压输电技术研究试验提出的结果，进行了汇总，提出：特高压交流输电技术的实际应用已经成熟；根据现有的知识和经验，±800kV 是特高压直流输电确实和有把握的可行电压等级。

（中国水力发电工程学会　邴凤山）

全面建设小康社会需要坚强的国家电网

电力工业是关系国计民生的基础产业。在我国电力工业中，国家电网承担着优化能源资源配置、保障国家能源安全和促进国民经济发展的重要任务。国家电网公司作为国有重点骨干企业，担负着建设、运营和发展国家电网的重大责任。国家电网公司党组在认真分析我国电力工业和电网的发展现状及趋势的基础上深刻认识到，加快建设以特高压电网为核心的坚强的国家电网，对于实现更大范围的资源优化配置、推动我国能源的高效开发利用、促进经济社会可持续发展和全面建设小康社会具有重大的意义，是树立和落实科学发展观的必然要求。为了建设坚强的国家电网，国家电网公司提出了加快建设由 1000kV 交流和±800kV直流系统构成的特高压电网的发展目标。

（一）建设特高压电网是我国电力工业发展的必由之路

建设特高压电网是满足未来持续增长的电力需求的根本保证。到 2004 年，我国电力装机总容量已达 4.4 亿 kW。目前，我国经济持续快速发展，人民生活水平不断提高，电力需求快速增长。预计在未来的 15 年间，我国新增装机容量将超过 5 亿 kW。我国现有电网主要以 500kV 交流和±500kV直流系统为主，电力输送能力和规模受到严重制约。只有加快建设电压等级更高、网架结构更强、资源配置规模更大的以特高压电网为核心的国家电网，才能满足大规模的电力输送和供应，保障全面建设小康社会目标的实现。

建设特高压电网是提高我国能源开发和利用效率的基本途径。我国是全球第一大煤炭消费国和第二大石油、电力消费国。煤炭占全国能源生产和消费总量的比重高达 2/3 左右，但开发和利用的总体效率还比较低。同时，我国生产力发展水平的地区差异很大，一次能源分布严重不均衡。能源需求主要集中在东部和中部经济较发达地区，约占需求总量的3/4左右；用于发电的煤炭和水力资源，则主要分布在西部和北部地区。这种能源分布与消费的不平衡状况，决定了能源资源必须在全国范围内优化配置，以大煤电基地、大水电基地为依托，实现煤电就地转换和水电大规模开发，并通过建设特高压电网，实现跨地区、跨流域水火互济，将清洁的电能从西部和北部大规模输送到中东部地区。发展特高压电网，有利于西部地区将资源优势转化为经济优势，促进西部大开发，实现区域经济协调发展；有利于在西部和北部煤炭基地发展壮大一批大型煤炭和发电企业，提高煤炭、发电行业的集约化发展水平，提高资源的开发和利用效率。

建设特高压电网是培育和发展国家电力市场的重要条件。发展电力市场的根本目的在于发挥市场对资源配置的基础性作用，有效调节电力供求关系，引导电力投资，优化能源资源配置，提高效率和效益。电网是电力市场的基础和载体。只有建设特高压电网，才能实现跨地区、远距离的电能输送和交易，更好地调节电力平衡，促进全国范围的资源优化配置，发挥国家级电力市场的作用。电力工业长期以来“重发(电)轻供(电)”，造成电网投入不足，电网建设严重滞后。近年来，随着电源建设步伐的加快，电网规划建设滞后的矛盾进一步加剧。电网建设难以有效促进西部煤电基地的集约化开发，造成东部地区新增大量煤电项目，加剧了煤炭供应和交通运输的紧张局面，降低了全国范围的能源配置和利用效率，也增加了环保压力，影响了国家的整体利益。因此，必须加快特高压电网建设，促进电网与电源协调发展，推动国家电力市场建设，满足国民经济发展的需要。

建设特高压电网是提高电力工业整体效益的必然选择。发展大电网是电力工业发展的客观规律。大电网不仅在资源优化配置中具有重要作用，而且在安全性、可靠性、灵活性和经济性等方面具有诸多优越性。我国地域辽阔，时差、季节差十分明显，加上地区经济发展不平衡，使不同地区的电力负荷具有很强的互补性。特高压电网在合理利用能源，节约建设投资，降低运行成本，减少事故和检修备用，获得错峰、调峰和水火、跨流域补偿效益等方面潜力巨大。建设特高压电网，不仅可以节约装机、降低网损、减少弃水、提高火电设备利用率、节约土地资源，还可以提高电网的安全运行水平，避免500kV电网重复建设等问题，具有显著的经济效益和社会效益。根据规划，特高压电网建成后，可节约发电装机容量2000万kW，每年可减少发电耗煤2000万t。

建设特高压电网是电力工业技术创新的重大举措。我国电力工业必须依靠科技进步，不断创新，实现加速发展。以特高压电网为核心的国家电网建设，将使我国电力科技水平再上一个新台阶。建设特高压电网，是世界电网发展领域一项崭新的事业，可以增强我国的科技自主创新能力，占领世界电力科技的制高点。我们要敢为人先，敢于走在世界电网科技发展的前列。目前，我国500kV输变电技术已基本成熟，国内具备了相应的设计、建设和运行能力，设备制造也基本实现了国产化。加快建设特高压电网，对于推进我国电网的技术升级，带动国内相关科研、设计部门以及制造、建设等企业的技术创新，提高电力及相关行业的整体技术水平和综合竞争实力，都具有重要意义。

(二)以科学发展观为指导，走中国特色电网发展之路

加快国家电网发展，必须坚持以科学发展现为指导，充分利用高新技术和先进设备，在加强现有电网技术改造和升级的同时，大力推进特高压电网建设，提高电网的输配电能力和整体效率。

建设特高压电网是发展国家电网的核心。根据我国电网的现状，着眼于能源资源优化配置的需要，建设特高压电网应以构建华中—华北坚强的同步电网为核心，以晋陕蒙宁煤电基地和西南水电开发为契机，在华北、华中和华东建成坚强的1000kV交流特高压网架，并逐步向周边区域延伸，西南部分水电外送采用特高压直流，共同形成覆盖大电源基地和负荷中心的特高压电网。到2020年前后，我国特高压电网基本形成，国家电网特高压及跨区输送容量将达到2亿kW以上，占全国装机总容量的25%。

发展特高压电网须进一步增强自主创新能力。在过去20年里，我国科研机构在特高压领域做了大量工作，取得了一些重要科技成果，培养了一大批具有很高理论水平和实践经验的工程技术专家；我国电网技术装备水平不断提高，在输变电设备制造方面具有了较强的自主研发和创新能力，为特高压设备的研发和制造打下了良好基础。在推进特高压电网建设的过程中，通过组织技术攻关、实施试验示范工程、对部分关键技术采取技术引进和消化完善等措施，实现特高压1000kV交流设备和800kV直流设备制造的国产化是完全有可能的。

建设特高压电网应积极借鉴国际发展特高压电网的成果和经验。根据国外经验，电力快速增长、远距离输电需求迅速增加的时期，是发展特高压电网的有利时机。特高压输电技术的发展和应用在国际上一直受到普遍关注，并进行了比较充分的研究和论证。国外特高压电网之所以发展迟缓，主要是由于用电需求增长趋缓，不需要大规模、远距离输电，而不是技术原因。目前一些经济增长较快的国家，如印度、巴西等，也开始研究发展特高压电网的问题。我国特高压电网发展应把握机遇，加快推进，以有效解决我国能源和电力配置的瓶颈制约。

（三）集中各方面力量，加快特高压电网建设

建设以特高压电网为核心的坚强的国家电网，关系国家能源战略和能源安全，关系国民经济可持续发展，涉及电力规划、科研、设计、建设、设备制造、国际合作等方面，极具挑战性和开拓性，是一项具有重大政治意义、经济意义和技术创新意义的宏伟事业，必须在国家的统一领导和统一规划下，集中各方智慧，协调各方力量，有计划、有步骤地加快推进。

国家电网公司在建设坚强的国家电网中担负着重大的使命和责任。应在国家能源发展战略的指导下，在国家有关部门的大力支持下，遵循“科学论证、示范先行，自主创新、加快推进”的方针，克服困难，开拓创新，扎扎实实做好各项工作。应深入分析我国电网的现状，统筹考虑特高压电网在安全、技术、经济等方面的重大问题，积极完善特高压电网的发展规划，为国家宏观决策提供科学依据。加强组织协调，整合国家电网公司的科研和技术资源，发挥大学和科研院所的作用，集中优势力量，完善特高压输电技术实验基地，对重大工程技术问题进行攻关。特别是在规划论证的前期，对有关特高压电网发展的重大问题，应认真听取并尊重各方面的意见，做到科学决策、民主决策和依法决策。

长期以来，我国电力设备制造企业与电力企业相互支持、密切配合，为我国电力事业的快速发展作出了突出贡献。特高压电网建设，为电力设备制造业提供了良好的发展机遇。国家电网公司将努力贯彻国产化方针，在工程建设中积极采用国产化设备，全力支持我国制造业的技术升级和发展。建设特高压电网，既是历史机遇，又面临现实挑战。我们有信心在党中央、国务院的正确领导下，艰苦奋斗，顽强拼搏，努力超越，追求卓越，攀登世界电网技术的高峰，尽快把国家电网建设成为世界一流的电网，为国民经济和社会发展作出新的更大的贡献。

（国家电网公司　刘振亚）

中国特高压输电技术的工程应用

一、我国能源资源分布与优化配置

（一）我国发电能源与地区经济发展不均衡

为满足我国未来电力负荷增长的需要，首先要确保一次能源的充足供应。我国能源资源具有总量多、人均量少和区域分布不平衡三大特点，对我国电力资源开发提出相应的要求。

我国水能、煤炭资源较丰富，水能资源总量和经济可开发量均居世界第一，煤炭远景储量和可开采储量均居世界第二，石油和天然气资源分列世界第10位和第22位，见表1。这一特点决定了我国今后的电源结构仍将以煤电和水电为主。

表1　我国主要能源资源统计

主要能源	总　量	占世界比重（%）	排位
水能（可开发容量）	400GW	17	1
煤炭（可开采储量）	2020亿t	11	2
石油（探明储量）	33亿t	2	10
天然气（探明储量）	15100亿m^3	1	22

从地域上看，我国能源资源和生产力发展呈逆向分布，能源丰富地区远离经济发达地区，我国2/3以上的经济可开发水能资源分布在四川、西藏、云南；煤炭资源2/3以上分布在山西、陕西和内蒙古。东部地区经济发达，能源消费量大，能源资源却十分匮乏，见表2。

表2　我国能源资源的地区分布一览表　（%）

地　区	合　计	煤　炭	水　能	石油天然气
华北	43.9	64.0	1.8	14.4
东北	3.8	3.1	1.8	48.3
华东	6.0	6.5	4.4	18.2
中南	5.6	3.7	9.5	2.5
西南	28.6	10.7	70.0	2.5
西北	12.1	12.0	12.5	14.1

西部能源基地与东部负荷中心距离500～2000km，建设长距离、大容量的输电系统成为必然。

（二）采用特高压输电能够有效实现资源优化配置

目前，我国已经形成了6个跨省的大型区域电网，即东北电网、华北电网、华中电网、华东电网、西北电网和南方电网。为了实现能源资源优化配置，在六大区域电网的基础上逐步进行全国联网。1989年投运的±500kV葛沪直流输电工程，实现了华中、华东电网的互联，拉开了跨大区联网的序幕。2001年5月，华北与东北电网通过500kV线路实现了第1个跨大区交流联网；2002年5月，川电东送工程实现了川渝与华中联网。2003年9月，华中、华北联网工程的投入，形成了由东北、华北、华中（包括川渝）区域电网构成的交流同步电网。2004年华中电网通过三峡至广东直流工程与南方电网相联；2005

年3月，山东电网联入华北电网；2005年6月，华中、西北电网通过灵宝直流背靠背相联。目前全国除新疆、西藏、海南和台湾省以外，全国将近80%的发电机组和用电负荷运行在全国交、直流联合电网中，初步形成全国联网的基本框架。

现阶段跨区输电主要依靠500kV交流和±500kV直流，各区域电网的网架结构以及区域之间的联系比较薄弱，区域交换容量有限，主要联络线整体输送能力仅为104.6GW，区域间的水火互济和跨流域补偿能力明显不足，难以引导电源合理布局，而且在提高输送能力方面还受到技术、环保、土地资源等多方面的制约。

特高压输电在长距离、大容量送电方面，有明显的优势。经测算，我国1000kV交流输电方案的单位输送容量投资约为500kV交流输电方案的73%；±800kV直流输电方案的单位输送容量投资约为±500kV直流输电方案的72%。同时，特高压输电还具有减少输电走廊回路数，节约大量土地资源，减轻中、东部地区环保压力，促进区域经济协调发展等社会综合效益。

为不断满足持续增长的电力需求，实现更大范围的资源优化配置，亟须加快建设电压等级更高、网架结构更强的特高压电网。

二、特高压输电技术的工程应用

（一）特高压交流试验示范工程

特高压输电线路具有充电功率大、潜供电流大、绝缘配合要求高、线路长度和两端电网特性对特高压设备的工作条件影响大等特点，需要采取装设大容量高压电抗器（或司控电抗器）及中性点小电抗、高性能避雷器、带合闸电阻的断路器等措施。仅通过实验室试验或建设短距离试验线段已无法对特高压输电技术和设备进行全面验证和考核。只有建设试验示范工程，通过全电压和大功率的工程运行，才能充分反映特高压输电的技术性能，使特高压设备的技术参数和技术特性得到全面试验验证。前苏联在20世纪80年代初期决定投运1150kV输变电工程时，首先建设了全长900km包括3个变电站和2条线路的1150kV特高压试验工程，为我国确定交流特高压试验示范工程提供了很好的借鉴和参考。

通过对不同方案的技术经济比较和优选，推荐将晋东南—南阳—荆门输变电工程作为特高压试验示范工程。该工程包含晋东南、荆门2座1000kV变电站，变电容量各3000MVA；南阳1000kV开关站；晋东南—南阳—荆门1000kV输电线路，长度约670km。

晋东南—南阳—荆门输变电工程符合我国能源流向，经过一段时间系统、设备考核和完善，完全有条件转入商业化运行，成为我国能源输送的一条重要通道，并可强化南北联网，有利于华北和华中的水火调剂、优势互补，具有良好的应用前景。下一步可以继续向北延伸到“三西”煤电基地，向南延伸至武汉，充分发挥交流特高压在1000～2000km合理的输电距离内大容量、低损耗输电的基本功能，推进资源在更大范围的优化配置。

晋东南—南阳—荆门试验示范工程的线路长度可充分检验过电压和无功补偿等关键技术，工程方案中既有变电站，又有开关站，有利于充分积累建设与运行经验。通过该工程可对未来特高压工程所需采用的特高压设备如线路、变压器、高压电抗器、断路器、GIS设备、避雷器、电压互感器、电流互感器、绝缘子等设备在工频过电压、操作过电压、谐振过电压、甩负荷过电压、短路电流、投切低压电容器、投切低压电抗器和投切空载线路等条件下进行全面的考核。

（二）特高压直流送出工程

金沙江是长江上游青海玉树巴塘河口至四川宜宾河段的通称，水能资源十分丰富，可开发装机容量约90GW，年发电量约5000亿kW·h。开发金沙江是实现资源优化配置和能源可持续发展战略，加快“西电东送”步伐，减轻北煤南运和东部地区环保压力，优华中、华东地区能源结构的重大举措。金沙江一期工程溪洛渡、向家坝水电站总装机容量18.6GW，电站容量大，输电距离远，其电能的合理消纳及输电系统的形成，对我国能源资源优化配置、大容量远距离输电技术发展和全国联网格局具有重大而深远的影响。

通过对金沙江一期工程采用不同回路数直流输电方案进行了深入的技术经济分析比较，并与国内外直流设备制造企业进行了多次技术交流和咨询。研究结果表明，金沙江一期工程溪洛渡、向家坝水电站输电系统采用3回±800kV直流输电方案，每回输电容量6.4GW的特高压直流输电充分发挥了特高压直流输电的规模效益，走廊资源占用少，具有显著的社会经济效益，对远景发展的适应性强。与采用±800kV，每回输电容量4.8GW相比节约投资约200亿元，而且节省2回输电走廊，是合理的方案。

金沙江一期采用3回±800kV直流输电方案技术可行。通过稳定分析，当发生直流单极闭锁时，系统能够保持稳定，线路和变压器无过载现象，事故后电压能够满足要求。直流双极闭锁故障时，只需切除送端部分机组，系统即可恢复稳定，线路和变压器均无过载现象。

±800kV、每回6.4GW直流输电设备供应是有保障的，不存在难以逾越的技术难题，已有的技术只需要在几个关键领域，如对 6 英寸晶闸管阀片、换流变压器、直流穿墙套管等进行相应的研发，便可满足设备设计与制造的要求。在特高压直流工程发展初期，大部分设计和设备制造完全可以直接实现国产化，其余部分设计和设备制造可以通过合作研制或国际采购，即可以满足工程应用需要。

（国家电网公司　舒印彪）

特高压输电与中国国情

特高压输电技术指的是比超高压输电更高一个电压等级的输电技术，也就是 1000kV 以上交流和 ±800kV及以上直流输电技术。从国外研究结果和工程实践看，技术问题早已不是特高压输电发展的限制性因素，特高压电网出现和发展是由超大容量、超远距离输电和用电负荷快速增长而推动的。

中国能源和负荷分配不均，国民经济的快速增长加速了用电负荷的快速增长，中国国情需求特高压输电技术。建设以特高压为骨干网架的国家电网，是中国电力工业可持续发展的科学选择，具有重大的政治意义、经济意义和技术创新意义。

从世界其他国家电网发展的历程看，推动超高压电网向特高压电网发展的因素主要有以下六个方面。

（1）用电负荷增长

（2）发电机和发电厂规模经济性

（3）燃料、运输成本和发电能源的可用性

（4）网损和短路电流水平

（5）生态环境

（6）政府的政策和管理

中国已存在发展特高压电网的需求，主要表现在如下六个方面。

1. 用电负荷增长　2004 年全国用电量是 1981 年的 7.08 倍，其间用电量年增长 8.88%，2000～2004 年用电量年均增长 12%，峰电功率估计平均增长可达 13%～13.5%。根据有关方面预测，2005～2020 年中国用电需求仍将保持较高的增长率。按用电负荷年均增长 7%～8%及以上，新一级输电电压引入的时间大约为 15 年。

2. 500kV 电网不能满足持续发展的电力输送、效率和安全的要求　我国第一条 500kV 超高压输电线路自 1981 年投运以来，已有 20 余年。经过长期的建设已形成或正在形成 500kV 骨干网架。在输电网发展过程中，500kV 超高压输电在相当长时间内被当作发电厂送出的配套工程，形成了各个发电厂点对点、分散接入电力系统的局面，使得 500kV 输电线路平均距离长，中间没有电压支持，点对点的阻抗，包括线路、变压器和发电机阻抗在内的阻抗大，结果是 500kV 输电线路输电能力与国外相比较低。随着地区负荷密度的增加，输电容量的要求越来越大，若继续采用 500kV 交流输电加±500kV直流输电为主的点对点进行大容量输电，不但电网线损率增加，而且输电线路密度将增加，有些地区将很难选择合适的线路走廊和变电站站址。同时 500kV 电网的短路电流水平将进一步增加。

3. 西电东送、南北互供、全国联网和超大容量、超远距离输电　根据有关规划的预测，西电东送、南北互供、全国联网的平均大容量输电距离，将超过 500km，西南水电送出到华东的距离甚至超过 2000km。西电东送、南北互供的输电容量在未来的 15 年将超过 200GW。

4. 大规模火电厂、大型水电基地　中国电力工业在投产一大批大容量、高参数大机组的同时，开始注重转变粗放型的生产方式，向节煤、节水、低排放、高效能、环保型发展。随着产业技术的不断升级，到 2005 年底，300MW 及以上机组占到火电装机容量的 42%，900MW 和 800MW 机组已经投入运行，600MW 及以上容量机组正在广泛应用，并将成为主力机组。全国 1000MW 及以上规模容量发电厂已超过 100 个。中国的水力发电、核能及其他可再生能源的开发利用也得到了重视，三峡水力发电厂装机容量达 18.2GW。2004 年 9 月底，中国水电装机容量突破 100GW 大关，占当时全国电力总装机容量的 25%，跃居世界第一位。

今后，采用高效大机组，开发西部大型电站或梯级电站群。因此，简化反电厂升压变电站结构，按照发电厂分布情况，构建安全、合理的送端电网；采用特高压电网输电，不但可解决 500kV 输电能力低的问题，而且可提高整个电力系统的安全性、可靠性和经济性。

5. 土地和环保压力　现有 500kV 电网输送能力不能满足大范围电力资源优化配置和电力市场的要求，输电走廊限制了输电线路的建设，沿海经济发达地区线路走廊尤其紧张，规划建设的火电基地规模巨大，要求将其电力输送往用电负荷中心。如果全部采用 500kV 及以下电压等级的输电线路，则回数过多，线路走廊紧张的矛盾难以解决。

综上所述，我国引入特高压输电技术既是必要的，又是紧迫的。我国电网发展所面临的问题在世界上是独一无二的，发展特高压输电技术的动力在中国，市场在中国，创新在中国。抢占国际输电技术制高点，既是机遇，又是挑战；既有巨大的市场需求，又有技术经济合理性，并可使我国电网的技术装备水平居于世界前沿。发展特高压交、直流输电是国家的一项重大技术装备政策。

特高压直流输电工程及技术研究

（一）特高压直流输电工程在技术上是可行的

从1954年瑞典Gotland高压直流输电工程投入工业化运行以来，全世界已投入运行的高压直流输电工程总数已近100个，总输送容量约70000MW。在过去的20多年里，共有20多条±450～600kV直流输电工程在世界各地投入运行，其中包括我国的葛洲坝—南桥、天生桥—广州、龙泉—政平、江陵—鹗城、贵州安顺—广东肇庆和灵宝背靠背直流输电工程。目前，我国的直流输送容量已经达到12.36GW，成为世界直流输电大国。

巴西伊泰普电站送出直流输电工程的电压等级为±600kV，是全世界最高的，到目前为止已有近20年的成功运行经验。伊泰普电站是仅次于我国三峡的世界第二大电站，装机容量12.6GW，其送出直流输电系统包括2个±600kV、3150MW双极直流输电工程，采用每极两个换流器串联的布置形式，线路长度约800km。

从20世纪70年代初期开始，美国、前苏联、巴西、加拿大、南非等国考虑到特大容量、超远距离输电的潜在需求，在进行特高压交流输电研究的同时，也启动了特高压直流输电的研究工作。CIGRE、IEEE、美国EPRI、巴西CEPEL、加拿大IREQ、瑞典ABB等科研机构和制造厂商，在特高压直流输电关键技术研究、系统分析、环境影响研究、绝缘特性研究和工程可行性研究等方面，开展了大量卓有成效的工作。结果表明：

（1）在1000～3000km的距离输送大量的电力，从经济和环境等角度考虑，高于±600kV的特高压直流是优选的输电方式。

（2）±800kV直流输电系统的设计、建设和运行在技术上是完全可行的，但应开展一些工程研究以进一步优化系统的性能和经济指标。

（3）基于目前的技术及可预见的发展，±1000kV的高压直流输电系统在理论上是可行的，但必须进行大量研究、开发工作，以保证不需要大量采用不经济的设计就能确保工程的实施和运行。

（4）目前看来，发展±1200kV直流输电系统是不切合实际的，即便将来通过大量深入细致的研究工作会有更好的设计，但仍然需要有重大技术突破，才有可能进行较为经济的设计，前景难以预测。

多年来，国际工业界和学术界对特高压直流输电技术的研究一直没有中断，主要工作集中在±800kV这一电压等级。超高压直流输电技术的成熟与完善为±800kV特高压直流的发展奠定了坚实的理论和实践基础。

总体上看，±800kV特高压直流输电技术已经具备工程应用的基本条件，目前已经可以制造出±800kV直流所需的所有设备，±800kV直流输电技术用于实际工程是完全可行的。

（二）特高压直流输电技术金沙江水电外送中的应用

金沙江一期溪洛渡、向家坝水电站总装机容量18.6GW，是规划的西电东送主要水电电源之一。2002年10月，经国务院批准，溪洛渡和向家坝水电站同时立项。2005年12月，国家发展改革委核准溪洛渡水电站项目。溪洛渡和向家坝水电站机组投产时序安排见表1。

表1　溪洛渡和向家坝电站机组投产时序安排

年份			2012年	2013年	2014年	2015年	2016年	2017年
溪洛渡	当年新增	台			4	4	6	4
		MW			2800	2800	4200	2800
	达到	台			4	8	14	18
		MW			2800	5600	9800	12600
向家坝	当年新增	台	2	3	2	1		
		MW	1500	2250	1500	750		
	达到	台	2	5	7	8		
		MW	1500	3750	5250	6000		
合计达到		MW	1500	3750	8050	11600	15800	18600

1. 金沙江水电送出采用特高压直流的必要性

建设金沙江一期溪洛渡、向家坝±800kV特高压直流输电工程，向华东、华中送电。

金沙江一期溪洛渡、向家坝水电站总装机容量

18.6GW，是规划的西电东送主要水电电源之一。电站送出采用特高压直流输电技术，将电力送往1000～2400km外的华东、华中负荷中心。实现了能源资源的优化配置，满足了电站电力外送的需要。

2. *满足华东、华中地区用电和环保要求* 我国东部沿海和京广铁路沿线以东地区经济发达，用电负荷约占全国的2/3，而发电能源资源却严重不足；华东、华中地区电力需求基数大，增长率高，有大的电力消费市场空间；从区外受电是解决华东、华中地区电力增长需求的重要途径。另外，经济发达地区仅占国土面积的1/3，其二氧化硫排放量已达到全国排放总量的2/3，华东地区本地建设发电厂的环保压力极大，引进西部的清洁能源，可以有效地缓解发达地区的环保压力。

3. *为后续开发的西部电力送出奠定输电技术基础* 全国可开发水电资源近2/3分布在西部的四川、云南、西藏。建设金沙江一期特高压直流输电工程，可为后续开发的电源基地大规模外送在输电设备研制、开发、设计、运行等多方面奠定基础，同时，也可为解决线路跨越高海拔、重覆冰、电磁环境、工程造价等问题积累工程经验。

4. *为后续水电开发送出预留空间和资源* 西部蕴藏着极大的水电资源，但是电力送往东部发达地区的通道和走廊资源有限，山口和跨越资源有限。采用特高压直流输电，可以有效提高通道传输能量密度，减少占用通道、山口、跨越点资源，为后续的水电开发预留宝贵的空间和不可再生资源。

根据金沙江一期溪洛渡、向家坝水电站输电系统规划研究成果，从提升我国输变电设备制造业自主创新能力、促进我国电网技术升级、提高远距离大容量输电效率和经济性、节约输电走廊资源和实现电力工业可持续发展的要求出发，溪洛渡、向家坝水电站送出采用3回±800kV特高压直流输电工程的方案是合理的。

向家坝—上海±800kV特高压直流输电工程，起点四川宜宾县复龙换流站，落点上海南汇换流站，线路长度约2071km，计划2011年单极投运，2012年双极投运。

溪洛渡左—湖南±800kV特高压直流输电工程，起点四川宜宾县凤仪换流站，落点湖南株洲换流站，线路长度约970km，计划2014年单极投运，2015年双极投运。

溪洛渡右—浙江±800kV特高压直流输电工程，起点四川高县罗场换流站，落点浙江浙西换流站，线路长度约1728km，计划2015年单极投运，2016年双极投运。

根据特高压技术的特点和难点，国家电网公司提出了一系列研究课题，并组织中国电力工程顾问集团公司（简称顾问集团公司）、公司系统科研单位中国电力科学研究院（简称电科院）、武汉高压研究所（简称武高所）、电力建设研究所（简称电建所）、北京网联直流工程技术有限公司（简称网联直流公司）和部分高等院校对这些课题进行了深入研究。另外，为了利用一切有效资源，国家电网公司组织了跨国界直流工作组，开展针对性研究工作。通过一年来的共同努力，已经取得了一批重要的成果。

（三）启动特高压直流输电技术研究

从2005年3月开始，国家电网公司共委托开展32项特高压直流输电技术研究课题。根据国家电网公司2005年特高压直流输电工作的总体计划，2005年9月完成特高压直流输电工程的可行性研究工作，2011年实现金沙江一期第一条特高压直流输电工程投产的建设目标，编制了《±800kV级直流输电系统关键技术研究框架》，系统地提出关键技术研究总体规划。根据制定的特高压直流关键技术研究框架，分两批下达了研究课题，共计32个课题，见表1。

表1 2005年开展直流输电工程关键技术研究课题一览表

序号	课题类别	课 题 名 称
1	前期研究	±800kV级直流输电系统运行电压选择和单回直流输送容量确定研究
2		国内外±500kV级、±600kV级直流输电工程关键技术的研究与应用总结
		±800kV级直流输电工程大件设备的运输条件和运输方式的研究
3		研究编制±800kV级直流输电工程规程框架
4		±800kV级直流输电系统市场需求的研究
5		交、直流输电系统技术经济性分析
6		±800kV级直流送出工程接入系统的仿真研究
7		±800kV级直流输电系统与送受端交流系统相互影响的研究
8 9		±800kV级直流输电工程输电路径方案的优化研究

续表

序号	课题类别	课 题 名 称
10	过电压及绝缘配合的研究	±800kV级直流输电工程过电压及绝缘配合的研究
11		±800kV级直流输电工程过电压及绝缘配合的研究
12	外绝缘及电晕特性的研究	±800kV级直流输电工程高海拔外绝缘特性的研究
13		±800kV级直流输电工程高海拔设备电晕特性研究
14	各种空气间隙确定及绝缘子选型	±800kV级直流输电工程各种空气间隙的确定
15		±800kV级直流输电工程对地及交叉跨越间隙的确定
16		±800kV级直流输电系统外绝缘及绝缘子选型的研究
17	主设备规范的研究	±800kV级直流输电系统用主设备规范的研究
18		±800kV级直流输电系统导线截面及其分裂形式的研究
19		±800kV级直流输电系统成套设计的研究
20		直流接地极本体技术的研究
21		±800kV级直流输电系统主回路接线方式及运行方式的研究
22		±800kV级直流输电系统多分裂间隔棒及挂线金具的研究
23		±800kV级直流输电工程杆塔方案与载荷的研究
24	直流技术研究	多个直流输电系统接地极兼容性技术的研究
25		直流接地级运行技术的研究
26		±800kV级直流输电系统无功功率控制方案的研究
27		±800kV级直流输电系统单极运行对交流系统的影响
28	电磁环境的研究	±800kV级直流输电工程电磁环境的研究
29	设计规范的研究	±800kV级直流输电系统输电线路设计规范的研究
30		±800kV级直流输电系统换流站设计规范的研究
31		±800kV直流输电系统工程设计的研究（换流站部分）
32		±800kV直流输电系统工程设计的研究（线路部分）

（中国水力发电工程学会　郦凤山）

水电建设与特高压直流输电工程

扫视历史时空可以看出：古今中外，特高压大电网都是伴随大水电站和大水电基地的建设而出现的。众所周知，长江三峡水电站建成之时，就是全国联网之日。

目前我国特高压直流输电工程电压等级±800kV，已从规划可行性阶段进入了示范工程实施。在国家计划中，金沙江下游溪洛渡、向家坝水电站，云南澜沧江小湾水电站，雅砻江锦屏水电站共计7条±800kV直流输电工程将于2011～2014年间全部投入运行。未来15年间，中国围绕着大型水电站和大型煤电基地开发，以及俄罗斯、中亚国家的能源交易，中国的特高压直流输电工程将增至10～15条之多。在我国境内输电流向仍是华东和华中地区。如：云南小湾等水电站送广东；金沙江下游溪洛渡、向家坝水电站送上海、浙西和株州；雅砻江水电送上海；金沙江和川西水电送上海、浙西和福建。其中金沙江特高压直流输电工程一期送出为3回±800kV，容量640万kW。向家坝水电站送上海南汇；溪洛渡水电站的左岸送湖南株州，右岸送浙西。工程采用6英寸晶闸管，换流阀采用二重阀或四重阀，空气绝缘，水冷却（6英寸换流阀，每单阀3层，每定串联晶闸管60只）。

直流输电发展

1954年世界第一条直流输电是在瑞典哥特兰一期工程（海底电缆），电压为±100kV，运行容量20000kW。1970年进行扩建采用了3英寸晶闸管阀，电压升至为±533kV，运行电压为±620kV，运行容重150万kW。

20 世纪 70 年代，随着晶闸管阀制造能力的发展，5 英寸晶闸管阀问世后，直流输电技术开始大发展输电容量达到 300 万 kW。其中苏联开始建设±750kV，输送容量为 600 万 kW，线路长度为 2414km，当时主要任务是进行设备试验。最终建设成高压输电工程，投产运行的±750kV 线路总长度为 1090km。我国在 1987 年从浙江大陆向舟山岛建设了 56km（其中电缆 12km）直流输电线路，电压为 100kV，容量为 5 万 kW。2003 年从长江三峡水电站至江苏常州，建设了±500kV 容量为 300 万 kW，5 英寸晶闸管换流阀，单相双绕组 29.7 万 kVA（引进技术）。同时还建设了三峡至广东直流±500kV 工程，该工程与国外联合设计和设备制造。但广东的灵宝所背靠背直流工程，系我国自主集成，自主设计、制造和调试的示范工程。目前我国已开始着手进行±800kV电压的研究工作。

（中国水力发电工程学会 郦凤山）

水电建设与特高压交流输电工程

我国水能资源 75%以上分布在四川、云南和西藏境内，而电力用户大都分布在我国中东部和东南沿海地区，能源和电力的跨区输送是必然规律，其输送距离都在 500～2000km。预测到 2010 年社会用电量为 3.64 万亿 kWh，2020 年我国电力装机在现在 5.1 亿 kW 装机基础上，再翻一番。目前我国电网是以 500kV（西北 750kV 刚投入）和±500kV 直流组成主网架，已不能适应电力工业发展的需要，为此研究建设 1000kV 和±800kV 输电工程十分必要。国家已批准，晋东南—南阳—荆门 1000kV 交流输电示范工程。该工程的主要内容有：

晋东南站址（长治长了县境内），占地 8.7 公顷，1000kV 配电装置，采用 GIS 设备，双断路器接线，装设一组 3×1000MVA 变压器，一组 3×320Mvar 电抗器。

南阳站址（河南南阳市境内）

占地 8.86 公顷，1000kV 配电装置采用 HGIS 设备，双断路器接线，装设二组 3×240Mvar 电抗器。

荆门站址（湖北荆门市境内）

占地 16.64 公顷，1000kV 配电装备采用 HGIS 设备，双断路器接线，装设一组 3×1000kVA 变压器，一组 3×200Mvar 电抗器。

晋东南至荆门全线 650.677km（包括黄河大跨越 3.721km；江汉大跨越 2.956km 在内），导线为 8 分裂导线断面为 500mm^2，分裂间距为 400mm，自然功率 500 万 kW。

交流输电发展

我国和各网特高压交流输电进展情况是，1994 年我国在武汉高压研究所内建成 1000kV 级试验线段及测试技术研究中心、开展有关特高压装备技术的研究和工程化试验工作。2005 年黄河公伯峡水电站的官亭至兰州东的 750kV 输变电示范工程开工，全长 146.71km，共有塔基 263 基、全部设备都是我国自行设计、自主建设、自主制造、自己调试的 750kV 国产化工程，起了示范作用。

前苏联 1980 年建成 270km，1000kV 工业性试验线路。到了 20 世纪 70～80 年代，先后建成 2350km，1150kV 输电线路和 4 座 1150kV 变电站。其中三站，两线全电压运行了五年。到 1992 年开始降为 500kV 运行。

日本，1988 年开始建设 1000kV 输电工程，到 1999 年建成 427 公里同塔双回线路。建成后，一直在 500kV 电压等级运行。据报导日本打算到 2010 年升压到 1000kV 运行。另外还有意大利等国也进行大量试验研究，他们的经验均为我国可借鉴。

（中国水力发电工程学会 郦凤山）

建设水电大省需要特高压电网支撑（摘要）

——访四川省委副书记甘道明

从我国的国情出发，发展特高压电网，是落实科学发展观，贯彻国家能源政策，确立电力工业全面、协调、可持续发展的重大举措，有利于实现更大范围的资源优化配置，对满足未来我国经济社会发展的用电需求具有重大的政治意义、经济意义和技术创新意义。

我最近的确读了《特高压电网》。这是一部关于特高压电网的技术专著，把现代电力技术放到整个中国经济社会健康、持续发展的大背景下进行研究，对帮助我们认识什么是特高压电网，为什么要建设特高压电网，怎样建设特高压电网，以及建设特高压电网需要注意研究和解决哪些问题提供了指导。

我认为，建设特高压电网是我国电力工业可持续发展的必由之路。特高压骨干网架具备跨大区、大容量、远距离、低损耗输送电力的基本功能，建设特高压骨干网架，可以充分利用资源。在 500kV 电网基础上发展特高压网架，电压等级匹配合理，经济性好，适应性强，有利于推进产业升级和技术创新，节省宝贵的土地资源，提高资源优化配置能力，从根本上解决输电能力不足等问题。充分发挥特高压电网的规模优势和技术优势，引导电源合理布局，促进电源的集约化开发，实现电力工业协调发展。

四川水能资源居全国第一。全国规划的12个水电基地有3个在四川。四川省要坚决贯彻中央提出的注重可持续发展，建设资源节约型、环境友好型社会的发展思路。根据前不久召开的中共四川省委八届六次全体会议审议通过的四川省“十一五”规划建议，“十一五”期间，四川省将优先发展调节性能好的水电，建成以水电、天然气为重点的安全可靠、经济高效、优质清洁、可持续发展的能源保障体系。今后5年，四川水电开发将迎来一个集中建设的高峰期：瀑布沟水电站、锦屏一级水电站、溪洛渡水电站已正式开工建设，向家坝水电站预计可在今年开工，锦屏二级水电站也在积极筹建中。四川省将成为大型电源基地。仅金沙江上的溪洛渡、向家坝两座水电站，总装机容量就达1860万kW，规模超过三峡水电站。

特高压电网形成和发展的基本条件是用电负荷的持续增长，以及大容量、特大容量规模电厂的建设和发展。四川省正在建设和将要建设大规模电厂，并形成大型发电基地，这是建设特高压电网的优势。另外，近年来四川省全社会用电量呈快速增长态势，预计枯水期的日均用电需求将达到1.88亿kW·h以上，同比增长10%。这也是一个优势。

四川要实现建设水电大省的目标，必须首先从根本上解决目前四川电力外送通道容量受限的问题。国家电网公司计划建设四回特高压直流输电线路工程，将金沙江一期溪洛渡水电站和雅砻江锦屏一、二级水电站的强大电力直接送到华东和华中负荷中心，该项目在四川省境内要建设四4座换流站和全长约958km的±800kV特高压直流输电线路。这对四川来说，是一个难得的机遇。发展特高压电网，是四川建设水电大省的重要支撑。我们将充分利用特高压电网的优势，抓住机遇，加快四川水能资源开发，促进水电支柱产业的发展，变资源优势为经济优势，实现四川的跨越式发展。

（摘自《中国电力报》）

中国水力发电年鉴（第十卷）

10

创新技术与科学研究

创 新 水 电 技 术

中国水利水电建设集团的技术创新（摘要）

（一）基本情况

中国水利水电建设集团公司是特大型综合性工程建设企业，主要从事国内外水利水电工程总承包，以及勘测设计、施工、咨询、监理业务。集团公司和所属企业具有水利水电及相关工程总承包特级或一级资质，具有对外工程承包经营权、进出口贸易权，信用等级为 AAA 级。集团公司所属企业主要包括 18 个全资企业和 4 个控股企业，全资企业有中国水利水电第一至第十五工程局、闽江工程局、基础工程局、夹江水工机械厂，控股企业有投资公司、租赁公司、华亭发电有限责任公司、阿坝水电开发有限公司；母子公司拥有各类科技和经营管理人员 35000 多人，职工总人数达 13 万余人。

集团公司作为中国水电资源开发和江河治理的主力军，自 20 世纪 50 年代到 2005 年底，先后建成了国内 70%的大中型水电站和水利枢纽工程，安装的机组总容量 61000 多 MW，占全国水电总装机容量的 60%。由集团公司正在建设的水利水电工程中，包括了一批具有世界影响的特大型水利水电枢纽工程，其中国内有三峡、龙滩、小湾、拉西瓦、构皮滩等工程，国外有泰可则（埃塞俄比亚）、麦洛维（苏丹）、巴贡（马来西亚）、塔里甘（伊朗）等。

20 世纪 90 年代末以后，集团公司进入持续快速健康发展阶段，经营规模大幅增长，国际化经营连续取得突破，经济增长方式不断转变，产业结构逐步优化，管理体制发生重大变化，企业综合实力、国际竞争力和抗御风险能力不断增强。2003～2005 年，企业总产值年均增长 26.8%，新签工程合同额年均增长 32%；2005 年合同存量 811 亿元，全员劳动生产率达到 25.04 万元/（人·年）。企业经济效益和资产质量逐年提高，2003～2005 年累计实现营业收入 755.32 亿元，累计实现利润 6.76 亿元，截至 2005 年底，资产总额 333.39 亿元。在国际经营方面，2003～2005 年，以集团公司品牌对外签约项目总计合同额 33 亿美元，完成营业收入 66.44 亿元，实现利润 6401 万元；树立了“中国水电建设第一品牌”的良好形象，在建项目分布在亚洲、非洲、南美洲的 27 个国家，成为中国水电产业“走出去”的排头兵和中国企业“走出去”的重要力量。自 1999 年以来，集团公司连续进入全球最大 225 家国际工程承包商行列，2002 年跃入“百强”，居第 89 位，2003 年居第 81 位；在国家统计局排名的 2003 年中国 500 家大企业集团中居第 74 位；在商务部组织的全国最大外经企业排名中，2004 年对外签约额和营业额分别为第 5 名和第 8 名。

目前，集团公司具备年完成土石方开挖 15000 万 m^3、混凝土浇筑 1500 万 m^3、发电机组安装 8000MW、钢结构制作安装 10 万 t 的综合施工能力，年完成合同规模可达 300 亿人民币。

中国水利水电建设集团公司在工程建设领域具有明显的技术创新优势。在工程技术方面已掌握了在大江大河上施工导流的最先进的技术；掌握了坝高 200m 级及以下的各类坝型的成套筑坝技术；大量复杂地质条件下的地下工程施工技术有了新进展；200～300m 级的高坝及三峡工程的大场面、高强度开挖与浇筑技术处于国际领先水平；类似小浪底水利枢纽工程大型地下洞群的施工综合技术已日臻成熟；小湾工程 700m 级高陡边坡及堆积体开挖与锚固施工技术研究达到国际领先水平；超大直径引水钢管、高水压岔管、大型水轮机埋件现场制造技术，大倾角斜井、大跨度洞室喷锚支护、非量测相机进行数字摄影测量技术的应用，1000t 级岩锚、400MW 蒸发冷却水轮发电机、碾压混凝土拱坝筑坝配套等技术研究，大型水利水电工程可视化仿真技术及其工程应用等一大批施工技术已接近世界先进技术前沿或达到世界先进水平；在引进、吸收国外技术的条件下，能自主完成大型抽水蓄能电站的施工和设备安装。通过大型工程的施工总承包、市场招投标、工程监理等水电建设新体制的锻炼，培养了一大批优秀的施工企业管理人才、优秀的项目经理及各专业高水平的专业技术人才。

（二）科技创新的组织机构及运行机制

中国水利水电建设集团的科技发展，是围绕大型和特大型水电工程建设过程中的关键施工技术、施工组织系统工程和培养跨世纪技术人才展开的。

创新机制，成立了中国水电建设集团公司技术中心。其组织架构为：分管领导直接领导，集团公司科技专家委员会辅助决策，逐步发展成为集团公司技术和研究开发的技术密集型实体。技术中心下设若干个分中心和研究所（或课题组）。

集团公司技术中心的主要办事机构办公室（现工程科技部）行使管理职能。下设科技管理处和工程管理处。

2002年底集团公司成立了科技专家委员会，作为公司的智力支持机构。各工程局设有工程局层面的科技专家委员会及工程科技部门、实验中心（科研所或课题组）等基层技术中心。在专委会委员层面，有专家委员55名；特邀外部专家23名。

为营造企业技术创新的环境和氛围，积极有效开展工作，集团公司建立了一系列管理规章制度，具体有《中国水利水电建设集团公司科学技术专家委员会章程》、《中国水利水电建设集团公司科学技术专家委员会工作细则》、《中国水利水电建设集团公司科技发展规划（2003～2010）》、《中国水利水电建设集团公司科技进步工作考核办法》、《中国水利水电建设集团公司科技奖励办法》、《中国水利水电建设集团公司技术开发费管理办法》、《中国水利水电建设集团公司科研立项审批管规定》、《中国水利水电建设集团公司科研项目中间检查管理办法》、《中国水利水电建设集团公司科技成果鉴定管理办法》、《中国水利水电建设集团公司科研项目验收管理办法》。

（三）研究开发及试验的基础条件

集团公司现有局（厂）科技管理部门18个，具有中级及以上职称的科技和经营管理人员总数达到万人，其中在职专职研究人员超过1000人。目前集团公司具有：博士3人，硕士学位及双学位155人；教授级高级工程师116人，高级工程师2383人，工程师5005人。各类工程试验仪器及检测设备5000多台套、总价值超过8000万元，实验建筑总面积达2.48万m^2；获得国家质量监督计量认证的试验室18家，获国家实验室认可委认可的国家试验室2家。三峡工程实验中心和测量中心均由集团公司下属的工程局实验中心和测量中心承担。这是集团公司工程研发、科技创新的人才基础和技术研究的物质基础，是集团公司的极大优势。

（四）研究开发工作开展情况

1. 科研开发情况　2002年以前，在原国家电力公司的支持下，先后有针对性地开展了面向工程实际、急需的有关科研项目。例如，《利用软岩筑面板堆石坝技术的应用研究》（项目编号PKJ013—09）、《水电工程施工管理技术的开发及应用》（项目编号SPK丁006—17）、《水电工程施工梯段爆破试验计算机模拟系统研究》（SP11—2001—03—47）、《大型水电工程施工组织与管理三维可视化技术研究》（项目编号SP11—2002—03—51）、《超大型调压井在恶劣地质条件下的关键施工技术研究》（项目编号SP11—2002—03—49）等。这些项目的研究，由国家电力公司总投入合计不超过1000万元，但取得的经济效益、社会效益均远大于此。例如，《利用软岩筑面板堆石坝技术的应用研究》在广泛推广运用当地材料筑面板堆石坝、节约国家大量投资、推动整个面板堆石坝施工科技的进步等方面，起到了不可低估的、积极的作用。

作为科技工作中的一项重要的工作，多年以来，集团公司工程科技部一直兼职电力行业水电施工专业标准化技术委员会和水轮发电机标准化专业技术委员会两个专业委员会秘书处的工作，每年承担数项电力行业标准的制、修订任务。近三年来以上两个标委会完成发布的标准合计达15项。

公司重视信息化建设，在“2004年度中国企业信息化500强”的调查测评活动中，中国水利水电建设集团公司荣膺该称号，并位列第136位。2005年，集团公司又投资1000万元，建成总部新办公楼的局域网。该局域网为两层结构，分为核心层和汇聚层。核心层由两台核心交换机cisc06509组成，采用千兆以太网技术，形成高带宽协同工作通道，保证无阻塞高速交换。两台中心交换机通过楼内光纤分别与每楼层的楼层交换机直连。企业信息化的建设为集团系统的技术和经验交流提供了丰富的手段和技术平台，对企业的技术进步发挥重要作用。

2. 科研开发体制　基层各工程局领导科技管理工作。一般由副局长兼总工程师亲自抓科技管理工作。局长担任科技管理工作领导小组组长，副局长兼总工程师任副组长，其他相关部门负责人为成员，形成了比较完整的科研开发体制和机构运行机制。大多数局下属各分局（处）也相应建立了完善的技术管理机构，成立了分局（处）长任组长、分局总工程师任副组长的科技领导小组。分局各项目部技术管理机构健全，人员配备落实，各级技术主管在本单位技术工作中有权、有责。为解决施工项目中出现的各类技术问题起到了积极的作用。

3. 科研投入　2002年以前，每年集团公司的科研资金投入均由原国家电力公司科技开发费开支，2001～2002年合计拨款额为450万元。2002年12月，集团公司成立以后，开始由集团公司自筹科技开发费。2003～2005年累计投入科技开发费达4277万元，立项科研课题56项。其中2005年根据集团公司科技开发总体工作安排，集团公司各成员企业、总部部门2005年度共申报立项科研项目45项，经过预审和集团公司科学技术专家委员会集中评审、投票表决，并已报集团公司领导审批。同意立项项目共26

项，资助经费总计600万元，自筹经费总计800万元，合计批准科研经费1400万元。这也是自水利水电工程建设总公司成立和中国水利水电建设集团公司成立三年以来科技投入资金最多的一年。

（五）人才培养情况

近几年，集团公司在人才培养、吸引和使用方面做了大量的工作，在创新选用方式、改进评价办法、拓宽成才渠道、强化激励约束等方面进行了积极探索，取得了一定成绩。截止到2005年底，集团公司共拥有中国工程院院士1名，国家级有突出贡献的科技专家2名，享受政府特殊津贴专家85名；具有一至三级项目经理资质人员3475人，其中一级项目经理814人：具有国家一级建造师资质人员425人；二级建造师资质人员2085人；高级工以上技能人才18844人。高中级技师4510人，其中高级技师382人，技师4128多人；在工程领域建立了一支由54人组成的专业技术带头人队伍，并成立了58位专家组成的科技专家委员会，建立了由447人组成的国际业务人才库和由110人组成的外语人才库。

集团公司为实现跨越式发展、建设具有国际竞争力的大型企业集团提供坚强的人才保证和智力支持，全面实施人才强企战略。在2005年专业技术带头人的选拔与培养上，采取了一系列举措，进行了大胆的改革与尝试。首先从专业分类上由原先单一的工程专业，拓展到工程、经济、会计三个领域的24个专业；其次，实行专业考核动态管理，完善激励与约束机制，每两年进行一次考核，对取得优秀成果的专业技术带头人，将给予表彰和一定物质奖励，对于不能认真履行带头人职责的，经专业技术带头人评审专家委员会讨论，将取消其专业技术带头人称号，以此来促进专业技术带头人队伍建设的健康发展；再次，健全组织机构，成立专业技术带头人管理办公室，成立各专业系列的评审委员会，严格评审，规范程序，努力提高评审质量。根据集团公司2005～2010年人才规划，力争在5年内培养200名左右科技水平和创新能力在国内同行业处于领先地位的专业技术带头人，重点培养工程技术、经济管理和财务经营等专业技术带头人。

（六）主要创新成果

（1）2003～2005年，荣获国家科技二等奖项达5项：① 2003年，水电第四工程局等《50MW、400MW蒸发冷却水轮发电机》荣获国家科学技术进步奖二等奖；②2004年水电基础工程局等《长江三峡二期上游围堰防渗墙施工技术研究与工程实践》荣获国家科学技术进步奖二等奖；③2004年，水电第四工程局等《黄河龙羊峡水电站枢纽工程》荣获国家科学技术进步奖二等奖；④2005年，水电第十四工程局等《大型水利水电工程可视化仿真技术及其工程应用》荣获国家科学技术进步奖二等奖；⑤2005年，水电第八工程局等《碾压混凝土拱坝筑坝配套技术研究》荣获国家科学技术进步奖二等奖。

（2）2005年是集团公司获省部级科技奖项最多的一年。有8个项目获2005年度中国电力科学技术奖，其中以水电八局为主要完成单位的《三峡VGS 700MW水轮发电机组安装技术研究》项目获二等奖。

（3）自1999年以来，集团公司取得国家专利累计达到42项。

（4）集团公司科技成果应用和转化活动，对保护环境与资源，促进当地经济建设、社会发展发挥了积极的作用。由于采用先进技术、新材料、新工艺，降低成本、节约投资。2005年集团公司经济效益大幅攀升，科技进步所起的作用不可低估。

（中国水利水电建设集团公司　付元初　楚跃先）

闽江—黄河水电工程联营体科研成果简介

（一）辉绿岩人工砂石粉在碾压混凝土中的利用研究

该项目获中国水利水电建设集团公司2005年度科技进步二等奖。

1. 立项背景　百色水利枢纽碾压混凝土主坝全部采用辉绿岩人工砂石骨料，在国际、国内水电工程建设中尚属首创，无论从施工经验上或者实践上都没有可以借鉴的地方。由于辉绿岩自身岩性的特点，导致辉绿岩人工砂级配差，石粉含量大。在碾压混凝土主坝工程混凝土配合比试验中发现：使用辉绿岩人工砂给碾压混凝土的单位用水量、凝结时间、工作性、强度、变形等性能带来了一系列的影响。为了更好地掌握辉绿岩砂石骨料的特性，能提出更为科学合理的辉绿岩混凝土配合比，有必要对辉绿岩砂石粉在碾压混凝土中的利用立项进行研究，以达到改善碾压混凝土性能，解决高温天气碾压混凝土凝结时间问题，以及采用石粉作掺合料及在辉绿岩人工砂中掺河砂等措施，以保证工程质量、进度并达到降低工程成本的目的。

2. 研究成果

（1）通过对辉绿岩砂石粉在水中的离子溶出情况发现，其中以SO_4^{2-}和Na^+离子的溶出量变化最大，分析认为溶出性SO_4^{2-}和Na^+离子是造成辉绿岩碾压混凝土凝结时间严重缩短的直接原因。经过对多种外加剂比选试验，选用浙江龙游外加剂厂增加高分子有机质类新材料组分的新产品 ZB－1_{Rcc15}（样 3）的缓凝高效减水剂，可以明显延长辉绿岩碾压混凝土凝结时间。在高温气候时段，保持碾压混凝土配合比参数不变，在适当提高外加剂掺量减小 VC 值的叠加作用下，延长了碾压混凝土凝结时间，满足了百色辉绿岩骨料碾压混凝土亚热带炎热气候条件下的高强度施工。

（2）通过辉绿岩砂中不同石粉含量对碾压混凝土性能的试验研究发现：辉绿岩砂中的石粉含量在16%～18%范围时，碾压混凝土性能最优，密实度最大，强度最高；较高的石粉含量明显减小了碾压混凝土的骨料分离情况，提高了碾压混凝土的可碾性，改善了碾压混凝土的层间结合，但过高的石粉含量对碾压混凝土的干缩及抗裂性能是不利的。

（3）研究结果表明，辉绿岩微石粉具有填充增强作用。当石粉含量大于 20%且微石粉含量较高时，可以采用石粉等量替代粉煤灰（12～20）kg/m^3，石粉替代粉煤灰后，碾压混凝土的 VC 值相应减小，骨料分布均匀，液化泛浆加快，碾压后泛浆良好，碾压混凝土工作性得到改善，且碾压混凝土各项指标满足设计施工要求，该技术方案可行，技术经济效果显著。

（4）针对辉绿岩人工砂颗粒级配两极分化、石粉含量高的不利因素，采用在辉绿岩砂中掺部分河砂碾压混凝土技术方案，降低了石粉含量，改善了砂的颗粒级配，提高了碾压混凝土可碾性，延长了凝结时间，有效的降低了碾压混凝土的干缩率，对提高混凝土抗裂性能非常有利。

经过对辉绿岩人工砂石粉的微观研究和混凝土配合比系列试验研究，解决了施工问题，同时填补了辉绿岩人工骨料应用研究的空白。

（二）可调式悬臂翻升系列钢模板

该项目获中国水利水电建设集团公司 2005 年度科技进步三等奖。

1. 立项背景　百色水利枢纽工程是我国西部大开发的标志性工程之一，备受社会各界和中央的重视，闽江—黄河水电工程联营体为碾压混凝土坝快速施工，在参照中国水利水电闽江工程局承建的福建棉花滩水电站大坝工程所用悬臂翻升钢模板的基础上，共同研制更加适合于大体积碾压混凝土通仓薄层连续上升的施工要求的各类型可调式悬臂翻升钢模板，形成直立面、斜面、反弧面、圆弧面模板系列，其应用功能也得到改善。

2. 系列模板主要功能特点

（1）具备可调式悬臂翻升功能，单块重量适中，有足够的刚度。

（2）配置有装饰条，形成的坝面呈网格状，视觉上消除了模板之间的的微小错台，具有装饰效果。

（3）后桁架与面板之间采用螺栓装配，方便拆装运输，适应不同工程重复使用。

（4）配置有附着式翻转安全栏杆，提高了仓面作业的安全性。

（5）设计应用了闸墩圆弧和溢流面后弧可调式悬臂翻升钢模板（后支撑桁架与平面模板的桁架通用，可更换面板改装成直立面或斜面可调式悬臂翻升钢模板），与直立面和斜面可调式悬臂翻升钢模板形成直立面、斜面、圆弧面、反弧面系列，且与常态混凝土通用，直立面与斜面两种模板可以混合使用，拓展了悬臂翻升钢模板的应用。

（6）把悬臂翻升钢模板纳入设备管理，提高了模板的管理应用水平。

（闽江—黄河水电工程联营体　吴秀荣）

澜沧江水电开发的科技创新成果

（一）小湾工程

小湾水电站是澜沧江中下游河段梯级电站的“龙头水库”，该工程规模巨大，许多重大技术问题均具有世界级难度。通过参建各方的共同努力，小湾工程的建设已取得了一批具有代表性的成果。

（1）拱坝布置及体型优化。小湾拱坝坝顶弧长892.8m，弧高比近 3.1∶1，国内外均缺乏在河谷宽高比大的条件下修建高拱坝的经验。小湾拱坝总水推力近 1900 万 t，应力控制难度较大，下游坝趾区最大压应力达 10MPa。通过“九五”攻关及专题研究，对拱坝布置及体型进行了不断优化，并结合基础开挖的具体情况对建基面进一步调整，使大坝承载力得到了一定的提高。同时，通过在靠近基础部位设置结构缝调整拱梁分载，使坝体应力水平有所降低。

（2）复杂地质条件下的坝基开挖与处理。小湾水电站枢纽区地质条件复杂，右岸中上部高程分布着断层、蚀变带等对坝肩变形稳定不利的地质缺陷；左岸中上部高程存在深度卸荷岩体，最大卸荷深度达120m；河床部位浅层岩体存在连通率较高的近水平裂隙。因此，大坝安全余度不大，坝肩抗滑稳定和坝基变形稳定问题突出。针对卸荷岩体开挖松弛等现象，通过专题研究和国内著名专家、学者的咨询，在施工过程中，采用了提前预锚等措施，较好地解决了高地应力地区的坝基开挖问题。同时，采用混凝土洞井塞置换、传力结构、高压固结灌浆及预应力锚索等综合措施对两岸坝肩和抗力岩体进行了加固。

（3）高陡边坡关键施工技术研究。小湾水电站枢纽区河谷深切，山高陡峻，天然岸坡高出水面达1000余米，包括缆机平台在内的开挖边坡高达700m，基本地形、地质条件及工程的规模决定了高边坡问题成为小湾工程建设的重大技术问题之一。针对边坡存在的不同失稳形式，分别采用了不同的方式进行处理，取得了较好的效果。对以浅层滑动为主的坝肩部位边坡，处理时一般以开挖为主，辅以锚索加固、排水等措施；对堆积体，采用削坡减载、锚索、网格梁、抗滑桩、排水等综合措施进行处理，在强风化、强卸荷部位用组合螺旋钻施钻、堆积体跟管造孔、土工布包裹堵漏等措施。边坡的锚索施工多存在造孔难、穿孔难、灌浆难等问题，通过组织攻关，最终使问题得到了妥善解决。

(4) 混凝土原材料研究。为适应小湾拱坝承载力大、应力水平高的特点，必须解决高标号混凝土和温控、抗裂之间的矛盾，因此，对混凝土性能提出了“高强度、中等弹模、低热、微膨胀、高极拉值”的要求。为保证大坝混凝土质量满足要求，组织开展了专供中热水泥的开发和技术改造工作，对骨料特性、掺和料（粉煤灰）及外加剂品质鉴定和优选等进行了大量的试验，同时，针对选定的原材料，开展了系统、深入的混凝土配合比优化及性能试验。

(5) 混凝土施工及温控防裂。小湾大坝混凝土总量约847万m^3，坝体混凝土施工期为2005年12月～2010年11月，月均浇筑强度14万m^3，高峰月浇筑量达25万m^3，最长浇筑块达88m，最大仓面面积近3000m^2。为了保证高质量地浇筑大坝混凝土，通过专题研究和设计，小湾工程制订了严格的混凝土施工工艺和温控技术要求等，目前，实施情况良好。

(6) 高烈度地震区的抗震工程措施研究。小湾坝址区地震地质环境复杂，工程建筑物地区地震基本烈度为Ⅷ度，其地震设防烈度为世界同类坝型中最高者，抗震安全至关重要。经地震危险性分析，小湾大坝地震设防标准按600年超越概率10%的基岩峰值水平加速度为0.308g。由于小湾工程坝高、库大、河面宽、地形单薄，考虑到位于主烈度地震区和工程的极端重要性，以及地震活动的不确定性和分析试验的复杂性，经国家“八五”、“九五”科技攻关及专题研究确定小湾大坝采用抗震钢筋结合阻尼器的综合抗震措施。

(7) 泄洪消能研究。小湾水电站“大泄量、高水头、窄河谷”的泄洪消能问题突出，最大泄洪落差226.26m，最大泄洪流量20683m^3/s（校核洪水），相应下泄功率64000MW为世界同类坝型前列。小湾水电站泄洪消能建筑物由坝身5个表孔、6个中孔、水垫塘、二道坝和左岸泄洪洞组成。坝身泄洪采用“横向单体扩散、纵向分层拉开、整体入水归槽”的泄洪碰撞消能方式，达到了较好的消能效果，提高了泄洪安全度。对于泄洪雾化，直接从多座水电站泄洪雾化原型观测资料入手，绘制了小湾各典型工况下泄洪雾化降雨的等值线图，采用人工神经网络方法，建立了泄洪雾化的人工神经网络预测模型。这些研究对工程下游防护措施设计具有较好的指导作用。

(8) 引水发电系统。小湾水电站引水发电系统的地下厂房洞室群规模位于世界前列，在约1.5km^2的范围内分布着总长度超过了5km的地下洞室群。其中，主厂房开挖尺寸为298.1m×30.6m×79.18m（长×宽×高），是目前世界上跨度最大、边墙最高的地下厂房之一。通过及时的系统支护与重点支护相结合等施工措施，辅以密切的变形监测和反馈分析相结合，较好地控制了厂房开挖变形。

(9) 水轮发电机组。小湾水电站安装6台单机容量为700MW混流式水轮发电机组，最大水头251m，最小水头164m，额定水头216m。机组运行条件苛刻，运行水头变幅达87m，最大水头与最小水头比值为1.53，要求水轮机具有宽幅度的水头适应性、稳定性和高效性。机组单机容量大，运行水头高，水头变幅大，是世界该水头段单机容量最大的水轮发电机组。水轮机转轮水力设计和制造、发电机推力轴承、发电机冷却方式等设计和制造难度均属世界前列。

（二）糯扎渡工程

糯扎渡水电站为澜沧江中下游河段梯级规划“二库八级”电站的第五级，是澜沧江上装机容量最大的水电站（5850MW）。糯扎渡大坝属峡谷地区高心墙堆石坝，最大坝高261.5m，位居国内同类坝型第一，世界第四。坝址区地质条件复杂、地震烈度高、工程建设难度大。为解决工程建设中存在的关键技术问题，在现阶段开展了五项专题研究，并取得了初步的成果。

(1) 心墙堆石坝料试验及坝料特性研究。糯扎渡天然土料存在砾石含量偏低和天然含水量偏高两个缺陷，需要人工添加砾石以改善心墙变形和力学性能，又满足防渗要求，为此对掺量和砾石级配进行了优化研究。

(2) 土石坝计算分析理论及抗裂措施研究。从水力劈裂的机理入手，进一步研究由于心墙拱效应引起心墙水力劈裂的可能性，提出判别水力劈裂的破坏准则，深入研究心墙土特性与水位上升速度对水力劈裂的影响，提出可行的工程抗裂措施。研究软、硬岩的物理、力学特性，充分利用开挖料，解决泥岩、粉砂质泥岩的强度指标随时间衰减和堆石料的流变、湿化变形问题；研究坝体静、动力条件下应力应变分析及坝坡稳定等问题。

(3) 心墙堆石坝坝料分区及结构优化研究。根据心墙掺砾土料和Ⅱ区软岩堆石料可能利用范围，拟定多个坝料分区，在满足坝体静动应力变形的前提下，上部心墙不掺砾土，上游堆石区部分采用Ⅱ区开挖料，以实现坝料平衡、上坝方式、施工进度、大坝经济安全的最优分区结构。

（4）心墙堆石坝动力分析及抗震措施研究。通过对坝体地震永久变形分析、坝坡抗震稳定分析，进行抗震安全性评价，提出高土石坝抗震工程措施。

（5）心墙堆石坝渗流分析及渗控措施研究。针对糯扎渡工程的特点，对设计提出的渗控方案进行分析论证，结合工程区渗控计算分析，研究确定心墙堆石坝优化渗控措施，以确保工程安全。

（三）景洪工程

景洪水电站坝址位于云南省澜沧江下游河段，挡水建筑物为碾压混凝土重力坝，现阶段主要开展了两项具有创新性的试验研究工作。

（1）掺合料。因工程区附近无质优、量足的粉煤灰料源，为提供来源可靠、性能理想、经济可行的掺合料，选用当地水淬锰铁矿渣和石灰岩粉作为双掺料，进行了大量试验研究工作，成功地解决了满足工程技术要求的双掺料方案及碾压混凝土配合比，预计将较大地节约工程造价。该项技术在国内为首次采用。

（2）升船机。景洪工程的通航建筑物将采用水力浮筒式升船机，该型式的升船机为首次在大型工程中应用，国内外尚无先例。目前，升船机的大比尺模型试验已取得了阶段性研究成果。

（云南华能澜沧江水电有限公司　封伯昊）

索风营水电站建设中的新技术应用

在索风营水电站建设过程中，始终不渝地坚持科学技术是第一生产力的观点，不断对新的科学技术、新型材料进行探索、研究、实践与应用。

1. 氧化镁在混凝土工程中应用　在索风营大坝碾压混凝土施工中，通过外掺氧化镁微膨胀剂，使碾压混凝土产生延迟性微膨胀，从而抵抗因温降使碾压混凝土产生的收缩及碾压混凝土因温降而产生的拉应力，提高了碾压混凝土的抗裂性能，简化大体积混凝土的温控措施。在强约束区外掺3%的轻烧氧化镁，有效的提高了碾压混凝土自身的抗裂性能，可防止碾压混凝土裂缝的产生。

2. 磷矿渣在混凝土工程中应用　通过对不同比表面积磷矿渣粉的试验分析，研究最优的比表面积，寻求磷矿渣活性得到最大限度发挥的途径，论证不同掺量磷矿渣对混凝土拌和物性能和混凝土力学、变形、耐久、热学性能的影响，从而确定磷矿渣在混凝土中的最佳掺量，力求获得最好的技术经济效果。在混凝土中掺有适当比例磷矿渣粉可减少胶凝材料中水泥用量，有效降低水化温升，简化温控措施，减少和防止温控裂缝。

根据前期的实验成果表明，掺50%的磷矿渣替代粉煤灰方案可行。经研究，决定在索风营电站大坝左非溢流坝段828.1～839.5m高程的碾压中采用掺50%的磷矿渣粉替代粉煤灰。

3. MY—BOX混凝土连续生产系统应用　MY—BOX混凝土连续生产系统为一种无动力新型的混凝土连续生产系统。经应用研究，索风营水电站利用现有的设备和现场条件，增加MY—BOX连续拌和设备，实现了混凝土连续给料、无动力连续拌和、连续运输的连续生产。

前期的实验成果表明，MY—BOX拌和系统拌制的混凝土能满足上坝要求。经研究决定在索风营水电站大坝左非溢流坝段839.5～842.8m高程的范围内采用MY—BOX混凝土拌合系统生产的混凝土。

4. 倒张拱索桥的实施与运用

索风营水电站下游双车道倒张拱钢索桥跨越乌江六广河，为联系左、右岸施工区的交通要道，桥净跨155m，桥面宽12m。构成该桥的钢索在空间上分为两层，上层钢索为承重索，下层为倒张索，通过连杆使倒张索形成拱状。桥体施工时，利用下层两侧倒张索的张紧力以及连接上下两层的连杆，对上层承重索预加一定荷载，此后，当活荷载上桥时，将引起上层承重索下垂变形，通过连杆自动放松该处下层倒张索，从而使架设时因倒张索张紧而加在上层承重索上的荷载减少或消失，自动实现对桥面索荷载的相互调整和替换。该桥于2001年8月正式施工，于2002年6月底完建，其造价约为762万元，约为同规模钢筋混凝土桥造价的1/2～1/3。该桥还具有施工方便快捷，不受河水涨落影响等优点，建成后已经为索风营电站建设发挥巨大的作用。

5. 半干法制砂生产工艺研究及应用　采用干式制砂工艺，粉尘大，扬尘严重，只有实行封闭式生产才能避免粉尘污染，而且石粉含量超标。采用湿式制砂工艺，砂的脱水周期长，会影响成品砂的产量，需要的仓容较大，且砂的石粉流失量大，成品砂的石粉含量低，对环境造成的污染较大。采用半干式制砂工艺，可以同时避免干式、湿式制砂存在的问题，并对粉砂、废水进行回收利用，实现低投入，高产出。该工艺能够获取高石粉含量，保证成品砂的质量，成品砂不需要进行脱水存放便可直接用于生产。半干式制砂工艺减少了毛料的开采和水的耗用量，降低工程的建设成本，杜绝施工用水污染河流，有利于环境保护。

6. 聚丙烯纤维永久支护研究应用　聚丙烯纤维喷射混凝土是在钢纤维喷射混凝土基础上发展起来的一种施工方法。它不但能有效地阻止混凝土的塑性收缩和龟裂，提高混凝土拌和物的黏聚性，改善力学和变形等性能，还可以弥补钢纤维在混凝土和空气中容易锈蚀的不足，克服了因钢纤维容易成球、堵塞喷嘴给施工带来的不便。其使用掺量小，可大幅度降低工程成本。采用聚丙烯纤维喷射混凝土用于地下厂房永久支护属首次应用，该成果技术成熟，施工方便、快捷，较喷钢纤维节约投资1/3以上。仅索风营水电站地下厂房部分应用后，节约工程投资126万元，效益显著。

（索风营水电站　赵焕德）

西龙池抽水蓄能电站输水系统施工的几项技术攻关

（一）概况

山西西龙池抽水蓄能电站位于山西省忻州市五台县境内，滹沱河与清水河交汇处上游约3km处的滹沱河左岸。电站距忻州市和太原市公路里程分别为74km和154km。电站装机容量为1200MW（4×300MW），年发电量为18.05亿kW·h。电站建成后，并入山西电网，担任系统调峰、填谷、调频及事故备用等任务。

西龙池抽水蓄能电站为目前国内最高水头的抽水蓄能电站，有效发电水头640m。电站输水系统包括上水库进/出水口、压力管道上平段、引水事故闸门井、上斜井、中平段、下斜井、下平段、岔管、高压支管、尾水隧洞、尾水闸门井及下水库进/出水口等。压力管道采用“一管两机”供水方式，尾水隧洞采用“一洞一机”布置。1号、2号引水隧洞总长分别为1448.33m、1431.18m。其中斜洞长达756.59m，坡角56°，最长的上斜井段约515m（不含上下弯管段），长度为中国第一，世界第二。

中国水利水电第三工程局负责该输水系统施工，由于工程施工难题多、科技含量高，因此进行相应的技术攻关。

（二）输水系统大坡度超长斜井开挖技术攻关情况

在斜井段导井采用反井钻和爬罐进行施工中，成功解决了爬罐施工导向、导井通风排烟、穿越不良地质等诸多技术难题，创造了爬罐施工382m的目前国内最长纪录，单月最高施工强度达到85m；并创造了反井钻导井施工135m，偏差控制在0.62%以内的目前国内最好纪录。

1. 电阻起爆装置　鉴于长斜井爬罐施工的开挖爆破使用通常的火雷管、电雷管起爆存在人员撤离、感应电干扰的不安全因素，需研制合适的低成本点火装置。开始与外单位联合研制气体有压起爆装置，但经200余次实验，有效性较差，成功点火率未超过60%，达不到实际应用要求。后来调整了思路，设计了电阻起爆装置。其起爆原理：将电阻起爆装置与非电爆破网络连接后，连通起爆电源，电阻发热，引燃导火索及火雷管，火雷管爆炸引爆非电起爆网络。经过120余次的试验，成功率达100%，研制成功了。

电阻起爆装置集中了电起爆和火花起爆的优点，装置加工简单方便，可以现场加工，具有造价低、安全可靠、易于加工、便于操作等特点。在爬罐导井施工中其优势得到了充分印证，两个斜井导井共进行了近300多次爆破，其成功率达100%，使用非常可靠。

2. 导井施工通风排烟方法　长斜井施工中通风排烟是一直以来困扰施工的技术难题。爬罐本身有通风设计，在其导轨的四条管路中有二条是作为动力风管，另外二条分别为电缆管路和通水管路。但在长斜井施工到150m以后，通风效果明显减弱，通风时间长，效果不明显，爆破烟尘被压至100m左右后就很难再排除，在80～100m处形成爆破烟尘带（被称为死亡带）。此处不仅缺氧，爬罐容易熄火，而且施工人员通过时有窒息危险，国内某电站就曾造成严重后果。

查阅国内外相关施工经验，采用了增加通风管路的方法。将轨道中管路系统中的两条管路用于强制通风（动力风管用于通风），同时开启通水管，加重粉尘重量。经过实践，此方法可行，但通风时间仍然很长。后又在岩壁和导轨内侧增设50mm镀锌管作通风管路，排烟时间明显缩短，难题被成功攻克。

3. 长斜井导井施工导向控制　长斜井施工中的导向控制也是制约施工进度的难题之一。采用激光指向仪是通常的斜井导向控制方法，但受斜井中的烟尘雾气影响，指向能力难以发挥，会直接影响工程进展。在西龙池输水系统导井开挖中也遇到了样的技术难题。采用的YHJ800A型激光指向仪在正常情况下有效距离可达到800m，由于斜井中各种不利因素（雾气、烟尘）影响，有效射程一般只能达到200m，200m后光斑很弱，严重影响导向能力。经过一个阶段的试验，采取增加通风排烟设施，尽量减小激光束的能量损失，斜井导向控制的难题得到了解决。

4. 导井施工中的不良地质段处理　地下工程施工中遇不良地质段属于正常情况，也有很多成熟的处理方法，但在爬罐或反井钻施工中还没有好的办法。

西龙池工程斜井施工中无论是爬罐还是反井钻，都不同程度的遇到了地质问题，情况和解决方法如下：

(1) 在爬罐导井施工中遇到了长达十多米的破碎带，岩石破碎且夹泥，爬罐导轨固定存在问题。爬罐制造商提供的膨胀锚杆最长只有 1.2m，无法穿越岩石破碎层（经钻探发现破碎带厚度距开挖面 1.6m）锚固。斜井导井的开挖段面为 2.4m×2.4m，长钻杆在导井内无法一次完成深于 2m 的钻孔。攻关小组经过仔细研究决定：膨胀锚杆加长到 2m；锚杆孔采取长短钻杆结合，一个钻孔两次成型的施工方法。在导井有限的空间内，先用短钻杆，再用长钻杆，钻出孔深达 2.2m 的锚杆孔。膨胀锚杆在国内找厂家加工。解决了导轨固定问题，爬罐顺利穿越不良地质段。

(2) 反井钻斜井导井施工也遇到了地质问题。在一条斜井导孔钻进至 90m 处时，遇到了较大的裂隙，水从裂隙流走，反井钻不再返水，钻孔所产生的石渣无法用水携带出来，钻孔无法进行。这种情况下只有两种办法，一种采用泥浆法，采用黏土或膨润土将裂隙封闭，另一种方法是采用水泥灌浆的方法。经过认真比较最后采用了水泥灌浆的方法。从处理效果看，此种方法较好，可以很快解决这一问题。

5. 斜井施工控制测量　西龙池抽水蓄能电站超长斜井施工，由于施工支洞长，进入中平洞的 2 号中支洞长 1300m，测量控制点的控制精度对贯通误差影响大。因此，洞内的测量控制点严格按Ⅲ等点要求，经过两次测设，从而保证了控制点同整个系统的控制精度。

在爬罐进行的反导井施工中，测量控制仪器选用了徕卡 TCR702。该仪器有两种测距系统，即激光测距和红外测距，而且测距系统同轴。开始使用的激光指向仪是由爬罐生产厂家配置的，施工到 120m，激光就射不到施工面。在这种情况下，对几种指向仪进行激光比较试验，最后选用了 YHJ800A 型绿光激光器。

影响贯通误差的因素很多。测量工作的重复校检，可以减少贯通误差。在爬罐施工的导井贯通后，测量的激光指向偏差为 89mm，测量的贯通误差为 40mm。

反井钻的测量控制，在反井钻安装时，测量进行放点，钻头对位测量（控制方向和倾角），在导孔施工 30m，又对导孔进行测量，从 30m 的偏斜估算出了钻孔量后的偏差范围。测量控制点的精度为Ⅲ等，从而保证反井钻孔位的贯通精度。1 号的贯通偏斜为向下 750mm，向左 300mm，偏斜为 6.19‰；2 号的贯通偏斜为向上 220mm，向左 560mm，偏斜为 4.45‰。

（三）790MPa 级高强钢管制作安装焊接技术研究

790MPa 级高强钢管制作安装焊接施工技术，是西龙池工程另一项重要的技术攻关项目。国内目前高强钢焊接施工中还没有一套成熟的焊接高强钢的自动焊接工艺和焊接材料。本课题研究正在进行，要达到的主要目标成果如下：

(1) 采用自动和半自动焊接后，其焊接接头满足 DL/T 5017 规范及设计的各项技术指标。

(2) 通过对焊接残余应力的测试与分析，确定最低的焊接残余应力的焊接工艺和焊接参数。

(3) 保证运输的设备、人身安全，满足工期要求，安装各技术指标符合规范要求。

（中国水利水电第三工程局　皮高华）

水电科学研究

基于人工神经网络技术和遗传算法的水文预报研究

该项目根据人工神经网络处理大规模非线性动力系统、遗传算法具有较好的寻优能力的特点，开展了基于遗传算法的人工神经网络模型在水文预报中的应用与研究。针对河网地区、预报外延等水文难点，将人工神经网络和遗传算法有机结合，提出了适合水文预报的神经网络和自适应遗传算法的预报模型，开发了相应的预报软件。该项目可以对复杂的非线性水文过程，不考虑水文物理现象的数学关系和模型结构，在人工神经网络模型技术的基础上，建立非线性映射关系的数学模型，以求得非线性目标函数最大值的遗传算法来建立流域水文模型，属于非结构性“黑箱”水文预报模型。该模型建模便利，解决了少资料地区或水文规律紊乱的河网、河口河道断面的水文预报建模难的问题。神经网络遗传算法水文预报模型还可用于水文数学模型的实时校正，预报随机误差的预报模型，对洪水预报模型的建模、完善和预报精度的提高具有显著作用。该项目以珠江三角洲芦苞、马口站为例，开发了基于自适应遗传算法的人工神经网络水文预报模型，并取得了较好的成果。该项研究在水文预报中具有广阔的应用前景。

（中国水利水电科学研究院）

岩质高边坡稳定分析、安全系数取值标准及处理措施研究

《岩质高边坡稳定分析、安全系数取值标准及处理措施研究》（合同编号 SP11－2001—03－44）属原国家电力公司重点科研项目，由水电水利规划设计总院、西北勘测设计研究院和中国水利水电科学研究院共同承担，项目研究内容主要包括：

（1）边坡稳定分析和安全系数合理取值研究。

（2）边坡倾倒和楔体稳定分析方法试验研究。

（3）新型锚索锚固机理研究。

（4）边坡稳定分析软件的实用化。

经过近四年的科学研究，取得了以下的科研成果：

（1）对边坡稳定分析极限平衡法进行了系统的分析研究，并通过有限单元法、块体单元法与极限平衡法的对比研究，提出根据边坡破坏机理和类型选定计算方法的原则。

（2）系统分析了水电岩石边坡工程岩体抗剪强度参数的取值原则。

（3）根据水电工程边坡所处工程位置及其重要性，从风险分析角度对边坡进行了分类和分级，提出了安全系数建议值，以及给定安全系数确定边坡稳定风险度的方法。

（4）系统研究了降水与边坡稳定性的关系，结合国内外边坡治理的实践经验，对治坡先治水的原则进行了论证，提出了边坡处理的设计原则。

（5）研制开发了适用于岩质和土质边坡的八种常用极限平衡分析系列视窗化软件，是水电边坡设计从失稳模式判断、计算方法使用到安全系数取值形成了一套科学的工作程序。

（6）通过对潘家铮“最大最小原理”的理论证明和离心模型试验结果的验证对比，进一步深化对楔体失稳和倾倒破坏机理的认识，完善现有的分析计算方法。

（7）在引进国外技术的基础上，自主开发了一种新型压缩摩擦组合分散性锚索。

（8）在国家“八五”科技攻关的基础上，建立了包涵 117 个水电工程边坡和 788 组抗剪强度试验资料的数据库，为水电工程技术人员提供了重要、珍贵的参考资料。

该项目于 2005 年 8 月 23 日在北京通过了中国水力发电工程学会主持的项目验收。验收组认为，该项研究成果具有较高的理论水平和工程实践意义，不仅为水电工程边坡设计规范的编制提供了重要的科学依据，同时对大型水电站边坡工程的治理有重要推广应用价值。

（中国水利水电科学研究院）

全级配大坝混凝土动态性能研究

大坝混凝土动态抗力是目前对水利水电工程建设抗震安全性正确评价的薄弱环节。本项研究针对当前我国水利水电工程建设的急需，重点研究全级配大坝混凝土在不同静态预载下的动力强度特性，特别是对水利水电工程在运行中遭遇强震的抗震安全评价。通过全级配大坝混凝土试件的弯拉强度试验、宏观和细观力学分析、混凝土试件 CT 扫描等技术途径及其相互印证，较深入地解释了混凝土动态特性随应变率的增长、特别是静态预载对其的影响。在混凝土的细观力学分析领域中，率先将其拓展到三维、全级配大坝混凝土、动态性能等方面，为今后进一步开展“虚拟混凝土”（或数字混凝土）的研究创造了条件。

研究的特点是：结构和材料学科的交叉，综合了数学上的复合材料多尺度分析方法和 CT 扫描等新技术的应用；紧密结合工程需要、理论联系实际、试验和分析计算相互检验和改进；由产业部门与高等学校和科研单位协作完成。该项研究结合小湾拱坝工程，对全级配混凝土试件进行了动态弯拉试验，确认了大坝混凝土材料动态强度随不同静态预载有所提高的规律，通过对冲击型和变幅三角形循环动载试验结果的比较，说明了地震作用的低频疲劳效应对动态强度的影响。基于分尺度理论，建立了颗粒随机分布复合材料的等效力学性能模型，首次实现了全级配大坝混凝土三维细观力学静、动载非线性数值分析。研究的方法和技术路线充分体现了在科研工作中学科交叉、开放交流、资源共享与优势互补的理念，是证实“产、学、研”结合途径的正确、有效的一个实例。

（中国水利水电科学研究院）

高拱坝地震破坏机理和大坝混凝土动态强度研究

国家自然科学基金委员会工程与材料科学部组织有关专家对大连理工大学与中国水利水电科学研究院完成的重点项目《高拱坝地震破坏机理和大坝混凝土动态强度研究》进行了结题验收。来自全国著名高等院校和研究机构的专家们对该项目的研究成果给予了较高评价，认为该项目全面地完成了研究计划书预定的研究内容，研究工作取得了突出成果，综合评价为“A”。该项研究成果已应用于小湾、溪洛渡、大岗山等国家重点工程，为这些高拱坝的抗震设计提供了技术依据。主要研究成果简介如下：

（1）比较系统全面地进行了地震作用下混凝土动态强度与变形特性及其发生机理的研究，完成了2000多个试件的试验。特别在循环加载条件下的动态特性、温度、湿度等环境条件下的动态特性及双轴与三轴条件下的动态特性方面取得了重要进展和突出成果。研究了初始静态荷载幅度对动态强度特性的影响。混凝土的动态特性主要表现为其速率敏感性、抗拉与抗压的速率敏感性、强度与变形的速率敏感性及强度与弹性模量的速率敏感性都有所不同。

（2）通过反映混凝土速率敏感性影响的四参数一致黏塑性模型研究了速率敏感性对高拱坝地震响应的影响。研究结果表明非线性阶段速率敏感性对混凝土坝的地震响应将产生较大影响。在高拱坝的抗震安全评价中不容忽视。

（3）开展了1/300的溪洛渡拱坝和小湾拱坝的振动台地震动力模型试验，模拟了拱坝横缝、两坝肩潜在滑裂体、水库边界及地基边界的振动能量耗散，研究了高拱坝的地震损伤机理与承载潜力，对工程有参考意义。

（4）发展了高拱坝与无限地基动力相互作用的计算模型及拱坝横缝动态摩擦接触问题的非光滑方程组解法。研究了地基非均匀性对拱坝与重力坝地震响应的影响、地形等条件对强震时横缝开合规律的影响和键槽结构形式对拱坝地震响应的影响。

（5）改进了DDA三维块体接触类型判断方法，提高了判断效率，应用于重力坝稳定分析及坝肩楔形体的稳定分析，获得了良好的效果。研究成果可应用于地震动态荷载作用下坝肩岩体失稳变形过程的模拟。

（6）发展了基于混凝土细观非均匀性的拱坝地震损伤演化的数值计算模型和拱坝坝体与坝肩岩体相耦合的地震破坏数值模拟方法，以及正交各向异性弹性损伤模型和非各向同性弹塑性损伤模型，开发了相应的计算软件，对拱坝与重力坝的地震损伤模拟具有良好的应用前景。

（大连理工大学　马震岳）

导流洞改建为旋流内消能泄洪洞的研究与实践

导流洞在完成导流任务后如何将其改建为永久式泄洪洞一直为世人所关注。在导流洞改建为永久泄洪建筑物过程中，旋流式内消能工具有结构简单、布置灵活和消能率高的特点，能避免或解决诸如掺气、脉动、振动、空化空蚀、雾化、下游河床及岸坡的冲刷等高流速水流问题，它能适应复杂的地形、地质条件，利用反转井钻机施工也较简单。导流洞改建为永久旋流内消能泄洪洞时，衬砌工程简化、工程造价降低、施工进度加快。因此旋流式内消能工是一种适于深山峡谷中高水头、大流量的新型消能措施，是高坝施工导流洞改建为泄洪洞的可行方案。

在国内，旋流消能工最早的研究与在工程中的应用是在四川沙牌水电站。但其最大泄量只有$242m^3/s$，水头总落差88.0m。在“八五”、“九五”国家科技攻关期间，西北勘测设计研究院、西安理工大学结合拉西瓦水电站，中国水利水电科学院、南京水利科学研究院、河海大学等科研单位也结合沙牌、小湾水电站等工程进行了导流洞改建为旋流内消能泄洪洞的研究。此外已进行过或正在进行导流洞改建为旋流消能泄洪洞研究和工程方案论证工作的还有溪落渡、洪家渡、公伯峡、大梁、吉灵台等水电站。这些工作为将导流洞改建为永久泄洪洞的设计与方案论证积累了丰富的经验。

黄河公伯峡水电站2005年建成的右岸泄洪洞，是国内第一个泄量达$1000m^3/s$、水头超过100m，由导流洞改建成的水平旋流式内消能泄洪洞。在其方案的论证、试验研究与体型优化中提出了许多新的工程技术措施。这标志着在我国将导流洞改建为永久旋流内消能泄洪洞已进入实际应用阶段，其投入使用后将有力的推动这一新的消能形式在工程上的应用，从而为解决高坝建设中泄水建筑物的高速水流问题与导流洞改建的技术与经济问题提供工程实例，对推动与发展水工水力学的研究具有重要的理论与实践意义。

（一）公伯峡水电站导流洞改建为旋流内消能泄洪洞工程方案的论证

公伯峡水电站是采用导流洞过水截断主河床施工的。由于公伯峡水电站右岸地质条件复杂，导流洞掘进过程中先后发生了7次较大规模的塌方。为了减小施工风险、充分利用导流洞及其塌方段，同时考虑在公伯峡工程中充分采用新技术，从 2001 年 8 月开始黄河上游水电开发有限责任公司与各设计、科研单位开始进行将原设计“龙抬头”泄洪洞改为旋流消能泄洪洞的专题研究工作。研究单位（西北勘测设计研究院和中国水利水电科学研究院）和设计单位（西北勘测设计研究院）先后进行了两轮四个主要方案的试验研究、体型优化和论证。在第一轮中分别形成竖井旋流消能推荐方案、水平旋流消能推荐方案。在第二轮中，在水平旋流消能推荐方案的基础上又经过设计优化、试验优化，分别形成淹没流推荐方案和自由流推荐方案。

通过水力特性、体型结构、工程量与经济等方面的对比分析后，公伯峡水电站右岸旋流内消能泄洪洞的最终推荐方案为竖井淹没式水平旋流型内消能泄洪洞。其主要理由为：

（1）淹没出流将竖井仅仅作为过流通道，极大改善了竖井的水流稳定条件，更能适应于恶劣的地质条件，避免了把竖井兼作为掺气设施和消能设施而引起的水流流态恶化问题。

（2）淹没出流型式起旋器及其与旋流洞连接断面处的体型简单，对空化敏感部位可采用提高不平整度控制标准和选择抗空蚀性能较好的材料作为空蚀的安全裕度。

（3）淹没出流将通气孔与竖井分开布置，施工相互干扰小，各自受力条件均比较明确，简化了竖井井壁的结构受力条件，提高了竖井开挖期的井壁安全稳定条件及简化施工支护措施。

（4）淹没出流型在提高竖井安全的同时，将主要矛盾集中在泄洪洞下平洞段，但即使下平洞段出现问题，对整个泄洪洞的安全危害性比在竖井部位破坏的危害性要小一些，且检修条件好。

（5）虽淹没出流方案的工程量与投资相对较大，但其安全性把握更大一些。

（二）有关旋流式内消能泄洪洞设计与研究的讨论

（1）旋流式内消能工国内研究与论证工作的工程针对性很强，在试验研究、设计与工程方案论证方面积累了较丰富的经验，处于国际先进水平。但在旋流式内消能工的理论与应用基础性研究方面还需加强，在设计方面目前尚无基本的准则或原则可依。

（2）公伯峡导流洞改建为永久式旋流内消能泄洪洞的研究与论证过程中形成的 4 个推荐方案在技术上都是可行的，因此可供其他工程选择旋流式内消能泄洪洞方案时参考。

（3）竖井旋流型泄洪洞要解决的问题：首先是在一定的设计流量下，引水道、竖井进口（起旋器与堰流进口）和竖井与退水道连接部位泄流能力的协调与匹配问题。虽然其单个部位的泄流能力计算都有据可依，但相互影响与作用时却只能依靠试验。其次是引水道出口起旋强度与竖井切进口几何尺寸的匹配问题。由于竖井切进口几何尺寸往往难以适应较大的起始流速的变化，而导致起旋强度不够，使竖井内旋转消能不充分或水流折冲引起竖井内旋转水流流态不佳。第三是竖井末端水垫深度问题。该问题与消能率、冲击点的压力和退水道连接部位的流态衔接有关。

（4）水平旋流型泄洪洞要解决的问题：首先是在一定的设计流量下，引水道、竖井进口和竖井与退水道连接部位（起旋器）泄流能力的协调与匹配问题。其次是竖井末端与水平旋流洞连接部位起旋器体型的优化问题。只要起旋器的体型理想，就可形成流态单一、体型简单、竖井段压力均匀、起旋器出口旋流强度较大、空腔环流稳定、通气孔通气条件稳定、壁面压力沿程自由衰减且均匀变化、消能率高的水力条件。但起旋器出口后的空化空蚀问题是体型优化的难点。通气孔的设置可使水平洞内保持稳定的空腔环流的流态，减小壁面压力（最新试验研究的成果，结论与通常的认识不同），但却无法彻底解决起旋器出口后的空化空蚀问题。解决起旋器出口与旋流洞连接部位后的空化空蚀问题可从优化起旋器的体型、在起旋器出口后的易空化部位局部掺气及采用较强的抗空化材料几个方面入手。还必须采用提高施工不平整度控制标准和选择抗空蚀性能较好的材料来作为防止空蚀的安全裕度。第三是通气孔的设计与优化问题。对于水平旋流，通气孔的尺寸对流动的稳定和许多水力特性有密切的关系，工程验证与进一步的研究是非常必要的。不同的流态条件下，通风孔的通风机理是不同的。空腔环流内的气体压强随通气孔直径的变化是很大的。在相对下游水位处于 $h/D=1$ 时通气孔的通气量可能出现跃式变化。由于旋流条件下，空腔环流内的负压形成的压差或轴向流动的携带所致的通风量的计算尚无根据可依，参照常规的如冯家山、石头河等工程原型观测中的实测风速论证旋流泄洪洞通气孔设置的合理性是不可靠的。第四是水平洞的空腔环流内的气体压强和壁面压强的问题。空腔环流内的气体压强是水平旋转内消能泄水道重要的水动力学的边界条件之一，通气孔的直径仅在孔径较小时才对其有较大的影响；下游水位变化对其影响很大，在某一下游水位时其具有最小值。空腔内负压值还影响到水平洞起始段的能动量的转变规律，负压值越大，壁面压强也越大，这与过去的认识恰好相反。通气孔较小时，在一定的上、下游水位范围内，由于通气孔的通风量具有一定的负反馈作用，空腔环流内的气体压强和壁面压强会达到一种动态的平衡。因此通气孔直径小一点是可行的，空腔环流内可允许有一定的负压值。第五是消能率、衬砌标准与范围的问题。水平旋流起旋器出口的流速很高，旋流的强度很大，但其沿程衰减很快。旋流式内消能泄洪洞的水流能量损失主要集中在竖井与水平洞的连接部位，即旋流器或竖井水垫塘内和在水平洞的前段。因此导流洞在改建过程中的衬砌范围与标准在不同的部位应有所不同。

（5）堰面增设通气槽的问题：在竖井进口为自由堰流时，为避免堰面空化而增设通气槽，在堰上水头较高、泄量较大时是有必要的，否则应从体型优化或旋流型式入手解决。

（6）在下游水深有可能淹没洞出口且有较大变化时，对于水平旋流，水力条件有可能发生跳跃式的改变，而导致通气孔的通气量、空腔环流内压强、泄流量与流态的突变，设计与进行研究时应考虑这一点。

由于旋流内消能泄洪洞为新型泄水建筑物，在设计、研究与应用方面都处在尝试阶段，经验不足，没有可借鉴的实际工程，因此应加强在旋流式内消能工的理论与基础性方面的研究，开展设计方面的设计原则和规范的制订，加强公伯峡水电站右岸旋流内消能泄洪洞设计与研究工作的总结和进行原型观测。在设计、研究中，应将安全可靠作为第一考虑的因素，流态单一、体型简单、压力均匀变化、抗空化性能好和易于检查与维修的体型才是实际工程可接收的体型。

（西安理工大学　牛争鸣　黄河上游水电开发有限责任公司　洪　镝　谢小平）

污染物在低渗透性土体中迁移的离心模型试验研究

由中国水利水电科学研究院承担的水利部科技创新项目《污染物在低渗透性土体中迁移的离心模型试验研究》2005年通过水利部国际合作与科技司组织的验收和鉴定。

该项目基于离心模拟试验装置要承受大荷载及水样接取控制电动机要在高加速度条件下工作的要求，成功研制了能满足$80g$加速度条件下迁移试验要求的具有自动接取水样功能的试验装置；完善了一维数值模拟分析方法，编制了分析软件，并进行了常规土柱试验和离心模拟试验结果的拟合计算分析；完成了无机污染物与饱和土壤发生吸附等相互作用条件下的长期迁移规律的离心模拟试验，探讨了无机污染物在低渗透性土体中迁移的物理机制；通过不同试验条件的对比试验研究，提出了利用离心模拟技术研究污染物在低渗透性土壤中长期迁移特性时，保证模拟相似条件的具体建议及在模型试验设计时应注意的问题。项目研究成果总体达到了国际先进水平。

该项目论证了利用离心模型试验技术研究污染物迁移的可行性，并选择有代表性污染因子进行试验，研究成果为今后这一新的试验手段在土壤和地下水环境污染问题研究中的应用创造了条件。

（中国水利水电科学研究院）

重大水利工程下矿产开采对其安全影响的评价方法及防止措施研究

《重大水利工程下矿产开采对其安全影响的评价方法及防止措施研究》属水利部科技创新项目，由中国水利水电科学研究院承担。本项目结合西淝河左堤南侧采煤、城水库库区下采煤问题研究，主要开展了以下几项科研工作：

（1）矿区上覆岩土层工程地质特性的研究。

（2）矿区上覆岩土体力学性质时间效应的研究。

（3）矿区三维数字工程地质模型建立方法的研究。

（4）矿产开采引发地表变形及其对堤坝安全影响规律的研究。

（5）矿产开采引发水库渗漏问题的研究。

（6）减少或避免矿区开采不利影响综合防治措施的研究。

2005年11月24日，水利部国际合作与科技司在北京主持召开了该项目的验收会，认为该项研究是跨行业、跨领域的综合性科研课题，研究成果不仅为行业主管部门决策提供了科学依据，而且对其他类似工程也具有重要的指导和参考意义，具有显著的社会经济效益和广阔的应用前景。

（中国水利水电科学研究院）

碾压式沥青混凝土面板防渗技术应用

《碾压式沥青混凝土面板防渗技术研究》2005年通过了国家电网公司组织的验收。研究成果已应用在张河湾抽水蓄能电站上水库沥青混凝土面板工程。

沥青混凝土面板堆石坝的沥青混凝土防渗面板直接暴露在坝体表面，承受水压力、波浪冲刷、高温、低温和紫外线辐射等不利条件的考验。本项目针对沥青混凝土防渗面板如何满足其使用要求（概括为防渗性能、高温抗斜坡流淌性能、低温抗裂性能、适应基础变形的性能、水稳定性能和抗老化性能等），开展了全面深入的研究，并重点研究了水工沥青混凝土材料的低温力学特性、低温冻断特性和沥青混凝土面板结构受力特性。

根据本项目的研究内容和关键技术，研究工作分为六个专题开展，包括技术调研和分析总结、沥青混凝土材料特性试验研究、沥青混凝土面板结构受力特性分析、面板各结构层性能要求研究、面板结构设计、面板施工工艺控制指标研究。本项目进行了大量的试验研究和计算分析工作，取得的主要研究成果如下：

（1）通过系统地收集资料和调研分析，全面系统的总结了国内外沥青混凝土研究和工程应用现状。沥青混凝土的防渗性能取决于沥青混合料的压实程度，抗老化性能主要受沥青原材料性能控制，在高温抗斜坡流淌性能方面，各工程评价的方法和原理相同，但评定的标准不一；对于水工沥青混凝土面板的变形性能和低温抗裂性能的研究，目前国内外研究均较少，尚未取得共识的评价方法和标准。据此，明确了研究的重点和方向。

（2）通过对沥青、骨料（人工粗骨料、人工细骨料、天然砂）、填料（矿粉）和掺料（木质素）等的大量检测试验和分析研究，提出了适合张河湾抽水蓄能电站上水库沥青混凝土面板工程的水工沥青混凝土的原材料技术指标要求。为控制沥青低温性能，通过研究，提出了薄膜烘箱后4℃延度（试验速度1cm/min）作为评价指标。

（3）通过对沥青混凝土配合比及孔隙率、渗透系数、斜坡流淌值等基本性能进行全面试验，研究了沥青品牌和指标、沥青用量、矿料的级配指数 r、矿粉用量、掺料（木质素）、天然砂用量等对沥青混凝土性能影响，提出相应性能控制的评价指标，并提出了斜坡流淌值试验的改进方法和评价标准。

（4）通过研制和改进试验设备，在对沥青混凝土原材料和配合比进行大量试验研究的基础上，对水工沥青混凝土材料的力学特性，包括对沥青及其用量、变形速率、木质素掺量对沥青混凝土材料的应力应变特性影响进行了深入研究；其中小梁弯曲、直接拉伸试验的温度范围由13.4℃到－35℃，在国内尚属首次。

（5）采用弯曲蠕变试验，研究了高温和低温条件下的沥青混凝土蠕变特性，试验温度分别为13.4℃、5℃、－5℃、－15℃、－25℃，在国内首次对水工沥青混凝土进行大量的超低温蠕变试验研究并取得初步成果，从定量上更深入了解沥青混凝土在各种环境条件下适应地基变形的性能。

（6）利用特殊试验设备，进行了不同沥青及用量、不同木质素掺量情况下的防渗层沥青混凝土低温冻断试验，试验结果可重复性好，与美国公路战略研究计划（SHRP）的试验结论一致，并提出了防渗层沥青混凝土的低温抗裂控制评价指标。

（7）利用有限元分析手段，对堆石坝沥青混凝土面板结构的受力和变形特性进行了深入研究和总结，提出了结构设计时控制沥青混凝土面板特性的评价指标（即应变控制）。

（8）依托张河湾上水库工程，开展了碾压式沥青混凝土面板各结构层有关性能的控制指标的研究，并针对张河湾上水库工程提出相应技术指标要求。

（9）在上述研究工作的基础上，针对张河湾上水库工程的自然条件，进一步开展了沥青混凝土面板的结构设计研究、沥青混合料的配合比和沥青混凝土物理力学性能试验，并提出了相应建议配合比、控制指标和施工工艺及质量控制技术要求。

本项目在结合张河湾上水库工程实际需要的基础上，对水工沥青混凝土的变形性能、特别是低温变形性能和低温冻断方面，进行了系统的试验研究，有助于促进我国全面掌握水工沥青混凝土面板防渗技术。张河湾抽水蓄能电站上水库是我国在华北寒冷地区建设的第一个大面积沥青混凝土面板防渗工程，目前在建的山西西龙池抽水蓄能电站、河南宝泉抽水蓄能电站都采用了沥青混凝土面板防渗技术，本项目研究成果不但对张河湾上水库工程建设有重要的作用，对西龙池、宝泉工程也有很好的指导作用和借鉴意义。

（中国水电顾问集团北京勘测设计研究院　李　冰）

水库汛限水位动态控制方法与应用

该项目以降雨预报、洪水预报及水情工情等实时信息为基础，在不降低水库防洪标准的前提下，进行水库的汛限水位动态控制方法研究，对提高水库洪水调度水平，促进洪水资源化利用具有重要意义。该项研究结合国内外已有研究成果，探讨了防洪预报调度方式、预蓄预泄等多种方法在汛限水位动态控制调度中的应用模式，综合分析并提出了确定汛限水位动态控制约束域的思路和方法。据碧流河水库、葠窝水库等工程的实际调度需求，提出了水库在汛限水位动态控制约束域内进行实时调度的基本程序，使理论与实践得到很好的结合。研究中，通过对多个试点水库流域平均降雨预报精度的统计分析，取得了“24小时无雨和小雨预报信息可用于水库汛限水位动态控制”等成果。通过对产流预报误差分布、退水余量预报及其对汛限水位动态控制影响等方面的深入分析，建立了洪水预报精度与汛限水位动态控制运用的内在联系。同时，基于降雨预报和洪水预报的误差分布成果，提出了降雨预报和洪水预报应用于汛限水位动态控制中的风险计算方法。该项目在降雨预报信息、洪水预报信息用于汛限水位动态控制等方面取得了重大突破，成果总体达到国际先进水平。研究成果已在碧流河、五强溪等水库得到运用，对于提高该地区的洪水资源利用和发电效益，促进区域经济发展发挥了重要作用，取得了显著的社会、经济效益。该成果对于提高我国水库综合利用率，合理利用洪水资源具有重要的理论意义和实用价值。

（中国水利水电科学研究院）

西龙池抽水蓄能电站高压岔管现场结构模型试验

国内外埋藏式岔管基本按明管设计，围岩分担内水压力仅作为一种安全储备。西龙池抽水蓄能电站岔管采用对称“Y”型内加强月牙肋岔管，$PD=3552.5m^2$，若按明管设计需采用80kgf/mm² 级的调质钢制造，壳体最大厚度达68mm，肋板厚150mm。为降低岔管制作、安装难度，考虑岔管与围岩联合受力设计。目前，国内外尚无有关埋藏式岔管考虑围岩分担内水压力设计的规程、规范，且在国内也是首次尝试，国际上也仅有日本奥美浓电站的内加强月牙肋岔管进行过尝试。西龙池岔管在大量有限元结构分析的基础上，为进一步研究埋藏式岔管的受力特点、验证三维有限元结构分析成果，进行了大比尺的现场结构模型试验。通过对岔管实际工作状态进行摸拟，为合理选取设计参数，研究围岩分担规律，确定围岩分担比例提供了科学依据。

（一）岔管模型试验设计

西龙池原型岔管主管直径3.5m，支管直径2.5m，分岔角为75°，设计内水压力10.15MPa。模型岔管采用16MnR制造，比尺采用1∶2.5。岔管现场模型试验位置应尽量选择在与原型围岩地质条件相当，同时也便于模型试验实施，经分析后确定模型试验位置为地下厂房上游侧上层排水廊道。

为研究围岩分担内水压力的效果，分别进行明管和埋管状态下的打压试验。明管状态下打压试验测试的主要项目有：内水压力及水温的测试、管壁应力和应变测试、变形测试、压力与进水量的测试等；埋管状态试验除对岔管应力、变形状态进行观测外，还对影响岔管与围岩联合作用的因素进行观测，如缝隙值、混凝土应变及温度、回填混凝土微膨胀效果、各部分压力传递等。观测仪器布置详如图1所示。

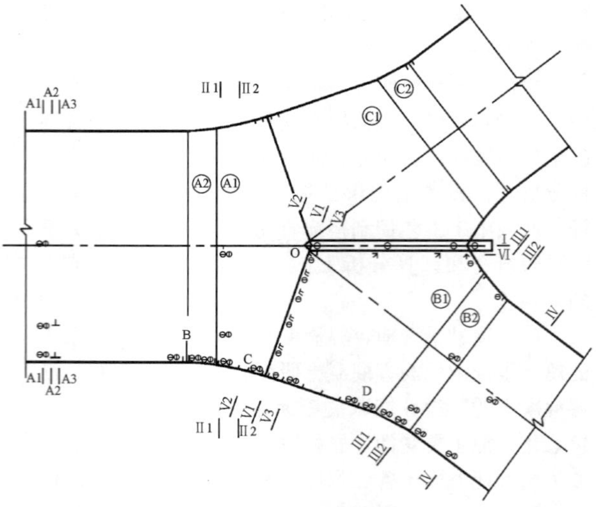

图1 模型岔管观测布置示意图

明管、埋管状态最大试验压力的确定，是控制模型岔管任一点的控制应力，皆不超过钢材水压试验工况抗力限值；埋管水压试验完成后，进行超载试验，超载试验压力以模型岔管任一点最大环向应力不超过钢材的屈服强度控制。

（二）埋管状态现场结构模型试验

1. 缝隙值的测试　缝隙值大小对围岩分担内水压力比例影响很大，且缝隙值测试难度较大、不确定因素影响较多。为能较准确测定缝隙值，采用多种方法进行缝隙值的测试。

分别在主管A2-A2、岔管Ⅱ2-Ⅱ2、Ⅲ2-Ⅲ2、V2-V2断面的岔管与外围混凝土及外围混凝土与围岩间布置了测缝计。模型岔管主管断面钢管总缝隙为0.082～0.398mm，相当于（1.17～5.69）$\times 10^{-4}R_0$，总缝隙平均值为0.23mm。岔管部位总缝隙值为0.004～0.46mm，相当于（0～5.61）$\times 10^{-4}R_0$，R_0为岔管公切球半径。总缝隙平均值为0.25mm。同时，还根据位移计、压应力计、混凝土应变计随试验压力的变化过程，对缝隙值进行了较全面的分析，其结果与测缝计测试成果基本一致。

2. 围岩变形模量及围岩弹性抗力系数测试　在主管A-A断面和岔管主支锥相贯的V-V断面布置了位移计及围岩压应力计测试断面，根据两个断面围岩位移计和压应力计测试成果，推算围岩的变形模量和围岩弹性抗力系数。围岩E_r、K_0呈各向异性，水平方向的E_r、K_0比垂直方向大得多，各测点的E_r、K_0平均值分别为16.3GPa和116MPa/cm。

3. 应力成果分析

（1）主管断面。埋管状态下，最大试验压力为

11.38MPa。试验压力为10.15MPa的试验成果表明，各测试断面的试验成果与理论计算成果有较好的一致性，其误差范围比明管状态要大，其主要原因是除明管状态的因素外，还有围岩弹性抗力及缝隙值分布不均匀等因素。主管断面试验成果与理论计算相差在6%左右，主锥腰线CD平均误差在12%左右，主支锥相贯线CO环向膜应力的平均相差在10%左右。

(2) 肋板。埋管状态下，主、支管人孔及闷头变形受到混凝土及围岩的约束，其承受的内水压力，大部分传递至混凝土及围岩，使岔管所承受的轴向力比明管状态大大减小，接近运行工况的受力状态。通过试验测试可知，肋板最大断面在内水压力为10.15MPa时，垂直拉应力为76.9～219.7MPa，处于偏心受拉状态，最大与最小应力之比为3左右。通过模型岔管埋管状态的三维有限元分析，肋板最大截面应力为74.2～242.3MPa，与试验成果基本一致。

(三) 埋管与明管状态下岔管结构模型试验比较

1. 管壳应力　根据试验成果可知，明管状态下，管壳各测试断面应力分布不均匀，值差别较大，其中腰线折角点的环向膜应力不均匀程度（1—最小环向膜应力/最大环向膜应力）可达38%以上。而埋管状态，由于围岩的约束作用，管壳折角点的应力集中有很大程度消减，与相同工况明管试验状态相比，腰线折角点及主支锥相贯线上的膜应力最多消减了50%和36%以上。同时，应力分布不均匀程度也大为改善，比明管状态均匀得多。且内外壁应力差值即弯曲应力也有较大程度减少。

埋管试验状态与明管相比，由于人孔及闷头承担的轴向水压力大部分传至围岩和外围混凝土中，模型岔管所承受的轴向力明显不同。为说明轴向水压力的影响，对模型岔管明管运行工况与埋管试验工况三维有限元成果进行分析，通过计算可知，轴向力对管壳应力分布规律影响相对较小。

2. 肋板应力　从理论上讲，内加强月牙肋岔管在明管水压试验工况下，肋板各断面处于小偏心或轴心受拉状态，肋板最大应力出现在肋板最大截面。肋板基本处于轴心受拉状态，应力分布比较均匀。而从模型岔管明管状态运行工况计算成果分析可以看出，肋板处于偏心受拉状态，在内水压力为10.15MPa时，最大应力为429.1MPa，最小应力为93.2MPa。埋管水压试验状态比较接近原型工作状态，肋板处于偏心受拉状态，当内水压力为10.15MPa时，肋板最大膜应力仅为238.8MPa，最小为71.61MPa，与模型岔管明管状态运行工况计算值相比，肋板最大断面最大应力减少了56%。

(四) 结论

通过大比尺现场结构模型试验，对埋藏式内加强月牙肋岔管围岩分担内水压力规律进行系统研究，在国内尚属首次，在国际上也未见报道。通过本项试验，基本验证了内加强月牙肋岔管围岩分担内水压力规律，为西龙池岔管设计提供更充分的依据。

在埋管状态下，由于围岩的约束作用，使模型岔管管壳应力集中有较大程度的消减，且应力分布趋于均匀，同时内、外壁应力差值也大为减少；虽然肋板仍处于偏心受拉状态，但由于围岩的约束作用，最大应力有较大幅度的减少，偏心距也随之减少。

西龙池抽水蓄能电站岔管考虑围岩与岔管联合作用后，岔管管壳最大厚度可由按明管状态设计的68mm减少至56mm，肋板从150mm减少至120mm，岔管总量可减少22%，大大降低了制作安装难度和节约了工程投资，经济效益是比较明显的。

（中国水电顾问集团北京勘测设计研究院
王志国　耿贵彪　清华大学　段云岭
山西西龙池抽水蓄能电站有限责任公司
吕　田　王敦厚）

胶凝砂砾石坝筑坝材料特性及其对面板防渗体影响的研究

该项目详细论述了胶凝砂砾石坝国内外研究和应用情况，分析了存在的问题，并对胶凝砂砾石坝的筑坝材料特性、渗透溶蚀机理、稳定和应力分析、坝体防渗体系等问题进行了广泛的研究，为胶凝砂砾石坝在中国的推广奠定了技术基础。该项目以100m高的胶凝砂砾石坝为算例，采用随机有限元方法对其进行了静力分析，并研究了胶凝砂砾石坝对地基变形模量的响应，以及胶凝砂砾石材料与散粒体材料联合筑坝的强度、变形分析。研究结果表明，100m高的胶凝砂砾石坝稳定与应力满足安全要求，且对地基具有良好的适应性。这种坝型在中高坝建设中具有技术可行性。该项目联合业主、设计、施工等单位针对福建省尤溪街面水利枢纽的下游围堰采用当地天然砂砾料建设胶凝砂砾石坝的方案进行了深入的研究，提出的技术方案被业主采纳，并已建成我国第一座胶凝砂砾石围堰。对类似工程具有推广前景。该项目的研究成果通过在福建省尤溪街面水利枢纽的下游胶凝砂砾石围堰，建设中初步得到应用。实践证明，采用胶凝砂砾石坝方案比原设计采用的常态混凝土方案可缩短工期、降低造价，具有良好的社会、经济效益。由于胶凝砂砾石生产和围堰填筑过程中基本上不产生弃料，对环境影响小，具有良好的环境效益。

（中国水利水电科学研究院）

海水抽水蓄能电站关键技术应用研究

河海大学受福建省电力有限公司的委托，2004年实施了《海水抽水蓄能电站关键技术总体策划研究》(项目编号为2004528312)。

1. 应用领域和研究原理　调研了国外海水抽水蓄能电站建设和运行的现状，并收集我国建设海水抽水蓄能电站可能遇到的关键问题涉及的相关领域国内外最新研究资料。在此基础上完成海水抽水蓄能电站关键技术及其研究解决方案。研究成果将为我国建设海水抽水蓄能电站以及电站运行可能遇到的关键问题提供参考。

2. 主要结论

(1) 合同规定的技术内容：①调查日本冲绳县海水抽水蓄能电站的建设和运行情况，全面收集其建设资料；②初步分析我国建设海水抽水蓄能电站可能遇到的关键问题；③广泛收集国内外，尤其是国外关于海水抽水蓄能电站建设关键问题涉及的相关领域的最新研究进展；④完成海水抽水蓄能电站建设现状和关键问题研究报告；⑤提出我国建设海水抽水蓄能电站遇到的关键问题的研究方法和研究计划。

(2) 本项目全面完成了项目合同规定的内容：①对日本冲绳县海水抽水蓄能电站的项目论证情况、项目建设情况、项目运行情况和电站真机运行情况进行全面的调查，并收集冲绳海水抽水蓄能电站建设的关键资料。了解了冲绳海水抽水蓄能电站建设中遇到的一些技术问题的解决方法：海水蓄水库的渗漏，海水对电站建筑材料的侵蚀，海洋生物的淤塞和电站在各种气候环境下的运行。深入分析冲绳海水抽水蓄能电站中采用的新技术和新工艺在我国建设海水抽水蓄能电站中的适用性问题，这些新技术和新工艺主要有采用合成橡胶板防渗，采用纤维加强塑料管替代抽水蓄能电站通常采用的钢管，采用改进的奥氏体不锈钢作为水轮机转轮和导叶的材料，在混凝土表面覆盖陶瓷涂层。分析冲绳海水抽水蓄能电站建设和运行中存在的问题，提出可能的补救方案和可能的解决和防护措施，供我国建设海水抽水蓄能电站参考。这些问题主要有生物群吸附、藻类生长、贝壳吸附现象、螺栓和螺母的锈蚀问题和混凝土表面涂层的脱落现象。②了解国内外关于混凝土腐蚀及防护、钢筋混凝土结构的腐蚀与防护、金属结构的腐蚀和防护、海水防渗材料的应用和土地盐碱化的防治和处理措施的最新研究进展。目的是将最新的腐蚀和防护技术应用到海水抽水蓄能电站建设中，分析海水抽水蓄能电站特有的高速和高落差水流对可能采取的腐蚀防护涂层和阴极保护技术的影响，收集海水渗漏引起的土地盐碱化问题的成套控制和处理措施，收集整理电站运行监测的最新技术和腐蚀混凝土、钢筋混凝土和金属结构的修补和加固技术。③在深入分析日本冲绳海水抽水蓄能电站和国内外相关技术资料的基础上，提出我国建设海水抽水蓄能电站可能遇到的关键问题，供国家相关部门在项目立项时参考。④根据收集到的资料，总结电站建设和运行遇到的关键问题的解决方案，完成研究报告一份。

2005年1月，项目通过验收。

(河海大学)

黄河水沙过程变异及河道的复杂响应

该项目针对黄河流域人类活动日益加剧所产生的一系列新问题，从流域的角度，采用现场调研、资料分析、理论分析、实体模型试验和数学模型计算等多种研究手段，对流域水沙变异过程、流域泥沙—侵蚀—搬运—堆积机理、萎缩性河道演变规律与致灾机理、河道水沙过程动力平衡机理与调控措施等方面进行了系统的研究，项目成果整体上达到国际领先水平。主要创新性成果包括：

(1) 通过植被演变、土壤侵蚀及人类活动三者之间相互关系的研究，揭示了生态动力学系统与植被覆盖的相互作用机理，首次提出了各种生态应力和自然应力的表达式，建立了植被—侵蚀动力学模型及状态图。

(2) 采用地理环境要素法分析了黄河中游自然地带性分布特征，揭示了流域环境要素对黄河中游水沙过程变异的影响规律，建立了环境要素和人类活动等因子对水沙变异影响的定量关系，提出了影响流域产流产沙的环境要素临界阈值。

(3) 阐明了黄河流域系统中产流产沙、泥沙输移和泥沙沉积各子系统之间的耦合关系，首次建立了自然因子、人类活动影响与黄河上中游不同区域内产流产沙、黄河下游河道泥沙输移与沉积、高含沙水流的形成和发生频率以及河口入海水沙通量的定量关系。

(4) 基于非均匀沙不平衡输沙理论，建立了以黄河中下游为系统、不同干支流和水库之间为互动单元的整体数学模型；解决了模型中的高低含沙水流挟沙能力模拟、恢复饱和系数的定量确定、长河段多系统输移及考虑支流入汇和区间耗水的水沙动力方程等关键技术；应用数学模型分析研究了大型水利枢纽联合运用对黄河下游河道的减淤机理和途径。

(5) 深入分析了黄河下游河道的萎缩过程与机理，提出了河道萎缩的定义与模式，建立了河道断面形态萎缩与水沙因子之间的响应关系；阐述了不同水沙条件下萎缩性河道的"小水大灾"致灾机理，提出了萎缩性河道的治理原则与措施。

(6) 系统分析了不同来水来沙条件下黄河下游河道的冲淤响应规律，提出了黄河下游河道的冲淤平衡含沙量与水沙组合临界阈值、河型转化的临界条件和堤距的临界阈值。

(7) 运用湍流猝发理论建立了潮流与波浪共同作用下的黄河口挟沙能力公式，揭示了黄河口拦门沙演变规律及其对黄河下游河道的反馈影响，提出了较长时期使用清水沟流路的黄河口治理原则和相对稳定入海流路的措施与方案。该项研究成果为黄河治理提供了科学依据，已在黄土高原水土保持、黄河下游河道减淤、黄河口综合治理及挖河固堤等方面得到了应用，取得了明显的经济、社会和环境效益。

（中国水利水电科学研究院）

水电技术开发与应用

MgO混凝土筑坝关键技术研究

（一）研究目标及主要内容

1. 研究目标

(1) MgO新材料的研制及外掺MgO混凝土安定性标准的研究。利用试验室条件，研制MgO新材料，并研究MgO制备方式与膨胀性能间的关系；研究外掺MgO混凝土的安定性标准及控制方法，并提出水工MgO混凝土的安定性标准。

(2) 与温度应力补偿设计有关的施工组织设计要解决的关键技术研究。研究机口外掺MgO以确保均匀性的器具和检测技术；研究MgO产品在运输、储存和应用中的质量控制和保护措施；研究适应于MgO混凝土筑坝技术的施工组织设计与机械设备的选型配套。

(3) MgO混凝土配合比优化、物理性质和热学性能的试验研究。对依托工程龙滩高碾压混凝土重力坝与初步拟定的中间试验工程碗米坡碾压混凝土重力坝两工程MgO混凝土配合比进行优化设计；研究粉煤粉与MgO的耦合作用；研究掺MgO混凝土的物理性质和热学性能；并研究全级配MgO混凝土与湿筛试验各指标之间的关系。

(4) 掺MgO混凝土建造高碾压混凝土重力坝的温度补偿计算方法的研究。进一步改进与完善使用MgO混凝土的温度应力计算方法和程序；研究掺MgO混凝土在约束区与非约束区的补偿作用，为龙滩高碾压混凝土重力坝全坝段，全断面使用MgO混凝土筑坝技术奠定理论基础；通过仿真计算与分析，找出防渗体布置与防止重力坝可能出现劈头裂缝的温控措施。

(5) 对中间试验依托工程MgO混凝土进行现场检测并对大坝进行观测设计。在初步拟定的中间试验依托工程碗米坡围堰或大坝上进行抗剪断试验，压水试验和取芯进行物理力学性质试验，为龙滩高碾压混凝土重力坝全断面使用MgO混凝土提供实践基础。

2. 主要研究内容

(1) 利用试验室条件，研制MgO新材料系列产品，并与海城轻烧MgO作试验对比，论证MgO新材料制备方式与膨胀性能间的关系；并提出水工MgO混凝土的安定性标准。

(2) 研究机口外掺MgO以确保均匀性的器具、工艺流程、保证措施和检测技术。制定适应于MgO混凝土筑坝技术的施工组织设计与机械设备的选型配套方法。

(3) 对依托工程龙滩高碾压混凝土重力坝与初步拟定的中间试验工程碗米坡碾压混凝土重力坝两工程MgO混凝土配合比进行优化设计，提出两工程MgO混凝土的配合比优化设计报告；研究MgO混凝土的物理性质和热学性能，并研究全级配MgO混凝土与湿筛试验各指标间的关系，为温度补偿计算提供参数。

(4) 进一步改进与完善使用MgO混凝土的温度应力计算方法和程序，对龙滩高碾压混凝土重力坝进行温度补偿计算。为龙滩高坝的MgO混凝土材料使用与施工方案中的温控措施提供依据。

(5) 对初步拟定的中间试验工程碗米坡围堰或大坝进行现场检测试验，并总结经验，为龙滩高碾压混凝土重力坝全坝段，全断面使用MgO混凝土提供实践基础。

3. 科技攻关的主要经济效益

MgO混凝土筑坝技术是利用轻烧MgO（以下简称MgO）所具有的独特延迟性微膨胀性能，补偿混凝土的温度变形及收缩变形，防止温度裂缝，全部或部分地取代传统的混凝土坝温控措施或闭缝灌浆，加快施工。使用 MgO 混凝土不仅简化温控，还可以实现长坝块通仓、连续浇筑，夏天全天候施工，加快工程进度，以减少或防止混凝土坝的温变裂缝问题。

21 世纪将是我国大力发展水利水电事业的时期，我国西北、西南的丰富水能资源将得到充分开发利用。但是水电建设工期长，前期投资大的缺陷也将明显地暴露出来，其中传统混凝土坝温度控制造成的混凝土坝施工浇注工艺烦难，定将成为混凝土坝快速施工的症结。

MgO 混凝土筑坝技术却能弥补这些缺陷，实现混凝土通仓、连续、全天候浇注，可以大大加快施工速度，如果能在龙滩高碾压混凝土重力坝上推广使用，可达到缩短工期，节约工程投资和提前发电等经济效益。

本项目拟先在碗米坡工程围堰与碾压混凝土重力坝上实施，取得经验后，再推广应用于世界上最高的龙滩碾压混凝土重力坝，使巨大的经济效益和社会效益得以实现。

（二）主要研究成果

1. MgO 新材料的研制及外掺 MgO 混凝土安定性评定标准的研究

（1）采用普适性钙—硅—镁材料合成了以 MgO 和 C_2S 为主要矿物的膨胀剂，该膨胀剂在水泥混凝土中能产生延迟性膨胀，且其膨胀过程可以通过调节煅烧制度和粉磨细度进行控制。

（2）工业生产的膨胀剂 NJ1、NJ2 的膨胀发展规律基本满足大体积混凝土补偿温度收缩应力的要求，只是在实验膨胀剂掺量范围，混凝土膨胀微应变值偏小。采用富镁工业废渣改性后，其膨胀效果得到较大改善，能较好地补偿了混凝土和水泥浆体的各种收缩。

（3）提交了特性 MgO 膨胀材料的标准初稿和 MgO 混凝土安定性评定标准初稿。特性 MgO 膨胀材料的标准中主要规定了特性 MgO 膨胀材料的定义、技术要求、试验方法、检验规则及包装、标志、运输和贮存；MgO 混凝土安定性评定标准规定了掺 MgO 膨胀材料混凝土安定性检测方法的仪器、材料、试验条件、操作步骤和结果计算等。

2. 特性 MgO 混凝土的配合比及性能研究

（1）对轻烧 MgO、特性 MgO 样品 1 和特性 MgO 样品 2 的活性指标进行了对比研究。研究表明，轻烧 MgO 优于特性 MgO。根据 MgO 的掺入方式和掺量，对龙滩碾压混凝土和常态混凝土配合进行了优化研究，并取得了有关试验成果。

（2）对 MgO 与粉煤灰的耦合作用进行了研究。研究表明，粉煤灰掺量大，膨胀率小，粉煤灰对 MgO 的膨胀具有抑制作用；特性 MgO 混凝土自变随养护龄期的延长而增大，随粉煤灰掺量的增加而减少，到 600d 时膨胀已基本稳定。

（3）特性 MgO 混凝土抗压、抗拉强度随养护龄期的延长而增加，以 28d 龄期为基准，粉煤灰掺量为 50％时，90d、180d、360d 和 720d 的强度分别大约增长了 43％、52％、66％和 82％；拉、压强度随粉煤灰掺量的增加而降低，以不掺粉煤灰为基准，掺 30％、50％、60％和 70％时，180d 龄期抗压强度分别降低了约 7.8％、19.6％、26.2％和 31.3％。拉、压强度比在 0.09～0.12 之间变化，符合混凝土强度特性的一般规律。

（4）混凝土自生体积变形随特性 MgO 掺量的增加而增加。成果表明，随着养护温度的升高和养护时间延长，自变将会增加。在相同条件下，掺 MgO 的常态混凝土的自变比碾压混凝土的自变大。特性 MgO 混凝土的膨胀量比轻烧 MgO 混凝土膨胀量低，前者为后者的 59.1％。

（5）特性 MgO 掺量为 6％时，90d～360d 的极限拉伸变形可达 $90\times10^{-6}\sim100\times10^{-6}$，不掺特性 MgO 时，极限拉伸变形为 $82\times10^{-6}\sim93\times10^{-6}$，前者比后者增加了 5.38％～16.28％；当掺量为 8％～12％时，90d 和 180d 的极限拉伸增加了 3.66％～7.32％，而 360d 的极限拉伸值则降低了 1.08％。总的来说，掺特性 MgO 后，极限拉伸有所增加。

（6）掺特性 MgO 的湿筛和全级配 RI 碾压混凝土的自生体积变形研究成果表明，碾压混凝土全级配的自生体积变形较湿筛的小。

3. 机口外掺 MgO 均匀性检测技术研究成果

（1）化学法对常态混凝土及碾压混凝土的机口外掺 MgO 均匀性检测均可采用。化学法取样数量少（仅 2g）可以代表最小单元（质点）的氧化镁含量，操作简单，速度快，精度高，重复性好。

（2）化学法不因粉煤灰的加入而影响分析精度，这点对碾压混凝土更为适宜。

（3）只要搅拌机性能良好、稳定正常，MgO 计量投料准确，操作人员认真仔细，在不改变投料方式搅拌时间的情况下，外掺 MgO 可以在常态混凝土和碾压混凝土内分均匀。

4. 特性 MgO 混凝土的热学性能、渗漏溶蚀分析及微观机理研究成果

（1）对三个配合比的 MgO 混凝土（轻烧 MgO 和特性 MgO 样品 1 和 2）热学性能的综合分析表明，由于常态混凝土中水泥用量高于碾压混凝土，而粉煤灰掺量小于碾压混凝土，因此，在绝热条件下常态混凝土的发热量比碾压混凝土高昂，升温速度比碾压混凝土快；三个配合比的 MgO 混凝土的传热性能相似，试验中热膨胀系数相差较大，但对于全级配的实际混凝土，热膨胀系数应该相差不大，且低于试验测

定值。其热学性能的差别主要地归因于混凝土放热量和放热速率的差别上；较大放热量的混凝土材料将会导致较高的混凝土温升，在降温过程中也将带来较大的冷缩。

（2）MgO混凝土的渗漏溶蚀分析及微观机理研究表明，龙滩大坝工程所采用的混凝土具有较好的抗渗性能，掺入特性MgO对提高混凝土的抗渗性能，防止混凝土材料中有效组份的渗漏溶蚀，有着积极的作用。

（3）粉煤灰的掺入将会影响掺特性MgO混凝土材料的膨胀性能，粉煤灰掺量越大，掺特性MgO混凝土材料的膨胀率越小；粉煤灰影响特性MgO水化产物的形态和数量，随着粉煤灰掺量的增加，特性MgO的水化产物水镁石晶体将会变得细小，其数量也会有所减少。

5. 掺MgO混凝土建造高碾压混凝土重力坝的温度补偿计算方法的研究成果

（1）研究开发出仿真分析模型和MgO模型。该仿真模型能有效的模拟实际施工过程中混凝土坝的温度场和应力场，模型中采用了温度补偿计算方法，根据掺MgO混凝土自生体积变形随温度变化的特性，拟合出便于数学处理的混凝土膨胀变形计算方法，合理地模拟其随混凝土龄期和周边温度的变化，以膨胀变形增量作为初应变，求解延迟型膨胀混凝土结构的徐变应力。在上述理论的基础上，编制了计算软件WKFLRJB-6，可计入自生体积变形、膨胀量、温度、约束条件、徐变等对温度应力的影响，较好地再现MgO的膨胀过程和对应力的补偿效果。

（2）利用上述模型分别对坝体的底孔坝段、岸边坝段和挡水坝段进行了仿真计算分析。计算结果和试验结果分析表明，掺MgO混凝土的自生体积变形增量随温度的升高而增大，研究中考虑到这一因素，将有助于人们更合理地评估掺MgO后对混凝土收缩变形的补偿作用；在大体积混凝土内部，掺MgO后能够起到相应的补偿作用；而对靠近边界部位的混凝土，如没有采取有效的表面保护措施，由于混凝土表面一定范围内的温度梯度较大，加之边界周边环境因素的影响，将会引起局部膨胀量的不一致，将有可能削弱掺MgO的补偿作用，甚至有可能增加局部混凝土的拉应力，引起早期表面裂缝。因此，采用掺MgO混凝土时，要重视表面保温，减小表面混凝土中的温度梯度；同时，要从掺混工艺和结构形式多方面入手，使得掺MgO后混凝土的膨胀尽可能的均匀。

（中国水电顾问集团中南勘测设计研究院　冯树荣）

接地导电混凝土及其工程应用研究

水电站大都建设在峡谷岩石地区，电阻率高达1000Ω·m以上。为确保电站设备和人身安全，必须将接地电位和接地电阻限制在安全范围内。除了利用自然接地体、敷设水中地网外，还有一种方法就是采用降阻剂。

现行市场上出售的降阻剂，均为离子导电型，其导电性能与所含水分有关，如因季节变化水分流失，就会丧失导电性能，发生开裂、脱落，以至完全失效；又由于无机械强度，一般只能用在埋深较大的地下，不能直接用于岩石表面上覆盖水平接地电极。

中南勘测设计研究院和圭臬新技术公司联合开发的专利成果“接地导电混凝土”，避免了上述缺点。它既保持了普通混凝土的和易性、抗渗性、热工性能、强变性能、变形性能和耐久性能等特点，又把一般降阻剂的离子导电性能转换为电子导电性能；因而在潮湿和干燥地区都可以使用，并且既可以用在接地沟中覆盖接地电极，或压力灌注深孔接地电极，又可以用来覆盖放在岩石表面上的接地电极，可以减小开挖量和防止雨水冲刷。

该产品经中南大学新材料研究所和武汉高压研究所进行试验，完全符合全国电力系统高压专业工作网《接地降阻剂暂行技术条件》（1991）。经中南大学土木工程中心试验室试验，抗压强度大于7.5MPa。经湖南省环境检测中心毒性浸出试验，各项毒性浸出液浓度均远远低于GB 5085.3—1996评价标准，对环境无公害。

接地导电混凝土与普通降阻剂相比，有如下优点：

（1）接地体的腐蚀主要发生在电子导电转向离子导电的界面处。由于接地导电混凝土不是利用电解质中的离子导电，而是将离子导电转换为电子导电，从而消除了两种不同导电原理的电荷交换界面，避免了钢材接地体的腐蚀。特别适合在干旱地区、缺水地区和岩石地区的接地工程中使用。

（2）接地导电混混土添加了与水硬性凝胶材料相配比的膨胀剂，使导电混凝土在水化过程中产生一定的体积膨胀和自应力，减少导电混凝土的收缩裂缝，提高导电混凝土的抗裂性、抗渗性和黏聚性，并使其与接地体表面和地层紧密结合，从而消除接地体与土壤之间的接触电阻。

（3）接地导电混凝土初凝前，仍然保持了普通混凝土的和易性，其流动性、黏聚性和初凝时间，都能满足普通水泥灌浆的工艺要求，完全可以用在岩层裂隙、覆盖层、砂砾层等地区的深孔压力灌注接地和深孔爆破接地。

(4) 具有一定的抗压强度，可以保护接地电极被碾压和防偷盗。

接地导电混凝土于 2005 年获国家专利，专利号为 ZL 02 1 39619.1。2004 年获中国水电工程顾问集团公司科技进步一等奖。其主要技术指标如下（括号中的数字为行业标准）：

电阻率	1.29Ω·m	(5Ω·m)
失水状态电阻率	1.29Ω·m	(6Ω·m)
冷热循环电阻率	1.29Ω·m	(6Ω·m)
水浸泡电阻率	1.29Ω·m	(6Ω·m)
冲击电流耐受	$\Delta R\%\leqslant1.5\%$	(20%)
工频电流耐受	$\Delta R\%\leqslant0.8\%$	(20%)
pH 值	9.82	(7～12)
埋地腐蚀率	0.0162～0.039mm/年	
圆钢	0.0386	(0.05)
扁钢	0.039	(0.05)
镀锌圆钢	0.0166	(0.05)
镀锌扁钢	0.0162	(0.05)
抗压强度	7.5MPa	
材料毒性	远小于 GB 5085.3—1996 规定标准	
使用寿命	≥30 年	

该产品已用于福建、广东、湖南、四川、云南、贵州等地水电站、变电所和民用建筑接地工程。接地导电混凝土已由中南勘测设计研究院圭臬新技术公司批量生产，每年生产的销售量约 1000t。部分水电站使用接地导电混凝土的结果见表 1。

表 1 部分水电站应用接地导电混凝土结果

水电站名称	装机容量 (MW)	电压等级 (kV)	接地导电混凝土用量 (t)	原接地电阻 (Ω)	设计值 (Ω)	测量值 (Ω)	测量单位
乌江渡水电站	3×210 2×250	110～220	37	0.47	0.32	0.28	贵州电力试验研究所
洪家渡水电站	3×200	220	40		0.5	0.3	贵州电力试验研究所
索风营水电站	3×200	220	80		0.5	0.38	贵州电力试验研究所
凤滩水电站	4×100 2×200	110～220	40	0.716		0.38	湖南电力试验研究所
水口水电站	1400	220～500	38	0.61		0.3	福建电力试验研究所
周宁水电站	2×125		45		0.653	0.5	福建电力试验研究所

（中国水电顾问集团中南勘测设计研究院 何夏萍）

双 *K* 断裂模型与水工混凝土断裂试验规程

混凝土的受力过程往往就是裂缝的形成扩展过程。如何运用断裂力学的观点计算实际混凝土构件在外荷作用下的结构响应和预测预报结构中裂缝的危害程度一直是人们所寄望解决的问题。40 多年来在混凝土断裂领域取得的主要进展可简要归纳为以下几个方面：①许多学者采用多种近代实验观测手段，发现混凝土裂缝失稳断裂前存在着裂缝的稳定扩展阶段和断裂过程区；②裂缝扩展过程中断裂过程区内存在着使裂缝闭合的黏聚力，黏聚力的大小可用其相应的混凝土软化本构关系来定量描述，许多学者根据各自的实验结果建议了描述Ⅰ型裂缝断裂过程区的不同形式的拉伸软化本构关系表达式；③瑞典 Hillerborg 教授及合作者提出了以断裂能 G_F 参量表征Ⅰ型裂缝断裂过程区内裂缝黏聚力的虚拟裂缝模型（Fictitious Crack Model）和美国 Bazant 教授及合作者提出的与之相类似的裂缝带模型（Crack Band Model），并成功应用于混凝土和钢筋混凝土结构破坏过程的有限单元法数值计算；④许多学者提出了考虑裂缝失稳断裂前的稳定扩展并以临界应力强度因子为参量的各种混凝土断裂模型，如 Jenq 和 Shah 提出的两参数断裂模型（Two-Parameter Fracture Model）、Swartz 和 Karihaloo 分别提出的等效裂缝模型（Effect Crack Model）、Bazant 提出的尺寸效应模型（Size Effect Model）；⑤为了克服上述模型的不足（如虚拟裂缝模型和裂缝带模型主要用于有限元数值分析，两参数断裂模型、等效裂缝模型及尺寸效应模型未能考虑材料裂缝黏聚力和拉伸软化特性也不能描述混凝土破坏的全过程），近年发展出了将裂缝黏聚力和等效裂缝相结合并以应力强度因子为参量的新断裂模型，中国大连理工大学有关课题组提出的双 *K* 断裂模型（Double-*K* Fracture Model）和基于裂缝黏聚力的新 K_R 阻力曲线（Cohesive-Force-Based K_R Curve），后者与 Irwin 于 20 世纪 60 年代初提出的裂缝扩展阻力曲线在基本概念上已完全不同。

经过我国学术界和工程界二十多年大量实验研

究、理论探索和工程应用方面的不懈努力，我国在混凝土断裂力学学科领域已经取得了大量研究成果。其中，大连理工大学课题组提出的双 K 断裂模型和基于裂缝黏聚力的新 K_R 阻力曲线经过近 20 年的刻苦研究已达到工程实用阶段。

2004 年 6 月 25 日，大连理工大学完成的《混凝土裂缝扩展的断裂理论与分析方法》研究课题通过了教育部组织的科技成果鉴定。由中国科学院院士、清华大学水利水电工程系张楚汉教授任主任委员等 7 位专家组成的鉴定委员会，一致通过该项成果鉴定。

鉴定意见认为：此课题在大量实验研究、数值模拟和理论分析相结合的基础上，提出了具有科学原创性的混凝土裂缝扩展的断裂模型、判据与计算分析方法。成果达到国际领先水平"。

鉴定意见还认为：《混凝土裂缝扩展的断裂理论与分析方法》是基于国家杰出青年科学基金项目开展的课题。取得了如下方面的创新成果：

(1) 提出了混凝土的双 K 断裂模型。应用光弹贴片、激光散斑等先进观测手段观测裂缝发展的起裂、稳定扩展和失稳断裂；以起裂韧度和失稳韧度作为混凝土的断裂判据，给出了等效裂缝长度的解析解和韧度增值的解析表达式。同时，提出了描述裂缝扩展过程中韧度增值的三参数表达式，给出了双 K 断裂参数的闭合解析解。双 K 断裂参数的测试方法简便可行。

(2) 提出了基于裂缝黏聚力的裂缝扩展阻力 K_R 曲线，对混凝土裂缝的扩展阻力机理进行了诠释，可作为混凝土断裂过程的判据，并将其与双 K 断裂模型有机地联系起来。

(3) 建立了以能量释放率为参数的双 G 断裂模型，证明了其与双 K 断裂模型的等价性，是双 K 断裂模型的补充和完善"。

还认为：本项研究提出的双 K 断裂模型和基于裂缝粘聚力的 K_R 阻力曲线具有科学原创性。

还认为：该成果较为完整地描述了混凝土的断裂特性，推动了混凝土断裂力学理论与方法的发展，有利于将混凝土断裂力学应用于工程，为工程结构的安全评价提供了科学依据，得到了国际同行的高度评价和重视。

还认为：该成果为我国大型混凝土结构裂缝安全性评定、裂缝扩展稳定性评价提供了可靠的理论基础和科学依据，并可为我国有关行业制定混凝土断裂参数标准测试规程提供理论依据和参考。

2004 年 6 月，《水工混凝土断裂试验规程》编制组确定，以具有我国自己知识产权的混凝土双 K 断裂模型作为理论依据，开始制定我国自己的《水工混凝土断裂试验规程》，该规程根据我国各工程单位的目前实验条件，对测定混凝土双 K 断裂参数即起裂韧度和失稳韧度的试验方法作了较为系统的规定，为我国有关工程单位在采用混凝土断裂力学方法判断水工混凝土结构裂缝稳定性和安全性评价及日后可能的水工混凝土结构设计方法修订所需要材料参数提供统一的试验标准。混凝土双 K 断裂模型及其参数测定，具体试验步骤和试验规定及其计算过程可详见《水工混凝土断裂试验规程》(DL/T 5332—2005)。

（大连理工大学　徐世烺）

深厚覆盖层上筑坝关键技术研究

中国水利水电科学研究院结合国家电力公司重点项目《深厚覆盖层工程特性及处理技术》(SPKJ006—15)、《覆盖层地基及坝体堆石材料的静、动力工程特性研究》(KJ00—03—24—01)、《察汗乌苏混凝土面板堆石坝离心模型试验及计算分析研究》(KJ00—03—24—02) 等，对深厚覆盖层上筑坝关键技术进行了深入的研究工作，主要包括：

(1) 筑坝材料静、动力特性的室内试验研究。

(2) 坝基覆盖层工程力学特性的现场原位试验研究（旁压、面波、跨孔等试验）及综合分析。

(3) 坝体及坝基的三维非线性静力计算分析及坝基防渗结构形式研究。

(4) 坝体及坝基三维非线性动力反应分析及抗震安全评价。

(5) 大型土工离心模型试验研究等。在覆盖层地基及坝体堆石材料的静、动力工程特性研究的基础上，研究了坝体、防渗墙应力应变关系，坝基覆盖层与坝体的相互作用关系，坝基覆盖层的合理防渗结构形式及其与坝体防渗系统的合理连接方式等。尤其是在联合室内试验与现场原位试验（旁压、面波、跨孔等）共同确定材料特性参数、考虑坝基覆盖层—坝体体—防渗体相互作用的静、动力分析方法及验证和抗震安全评价方法等方面取得较大进展和创新，获中国电力科技进步二等奖。

这些新成果在土石坝工程中得到了良好应用。研究成果已经在察汉乌苏等工程中得到应用，并获得了显著的济效益和社会效益。2005 年相关研究成果在乌东德水电站、九甸峡混凝土面板堆石坝工程中得到了应用和发展。利用开发的现场测试技术进行了乌东德水电站河门口坝址坝基覆盖层现场旁压试验和 E-B 模型参数反演分析。针对九甸峡面板坝工程座落于窄深覆盖层地基、狭窄陡河谷、强震区等技术难题，通过系统的室内外材料试验分析，以及多方案的二维、三维非线性有限元静、动力计算分析和离心模型试验，研究了不同工况条件下坝体的应力、变形规律及面板的应力分布和面板周边缝、纵缝的位移特点，并从应力和变形两个方面研究了坝体、趾板、面板与地基覆盖层以及地基覆盖层防渗体之间的静、动力相互作用关系，并对抗震安全性进行了评价。研究成果为九甸峡面板坝方案的成功设计提供了直接科学依据。

（中国水利水电科学研究院）

地层地温测量仪的升级改造

该项目在引进的地层地温测量仪的基础上进行改造升级，提高其探测灵敏度和探测深度，研究出一套适合我国堤坝渗流通道探测特殊要求的探测仪器和探测方法。升级改造后的GT-1型地层地温测量仪，具备了小批量生产的条件。该仪器温度分辨率为0.05℃，探测深度可达15m，实现了数据的自动采集、储存和处理，提高了测量精度。该项目编制了数据采集控制软件，在数据处理中采用多次平均、粗大误差剔除、数字滤波等技术，提高了信噪比。该成果已在天津于桥水库、安徽龙门寺水库和桐城境主庙水库、安庆长江大堤等堤坝渗流通道检测中应用，检测结果与长期监测情况相吻合；并为堤坝除险加固提供了科学依据，使加固方案更有针对性，将节省大量工程费用。该成果在堤坝渗流通道检测等工程应用方面，是一套行之有效的新技术，提高了我国堤坝渗流通道等隐患探测技术水平；在堤坝隐患探测中具有广阔的应用前景，可取得较大的社会效益和经济效益。

（中国水利水电科学研究院）

水库调度与水情测报通信方式及防雷

（一）水库调度综合自动化系统

1. 概述　水库调度综合自动化系统主要进行与水库运行有关的监视、预报、调度和管理。该系统基于对历史资料的收集整理，通过实时水文、气象和水库运行信息的自动采集，利用数据库管理技术，进行在线水文预报、调洪演算、优化调度和水务综合管理等，提供满足防洪、发电及其他综合利用要求的水库调度决策方案，同时支持水电厂的经济调度。其主要功能有实时数据接收及处理、水库调度数据库管理系统、图形与监视系统、水文预报、洪水调度、发电调度、水库调度会商、水务管理、智能报表、信息交换、安全防护、辅助管理、水库调度网站、手机短信等功能。

2. 系统特点　水电站水库调度综合自动化系统为电站提供了水库调度服务平台。系统有以下特点：①水库调度信息整合和共享，系统将水电厂与水库调度有关的信息收集整理在一起，提高了系统的整合性，便于进行各种信息的共享交换。实现了梯级电站的联网通信，做到了梯级电站的信息共享。②高级应用系统的高度耦合，系统设计配置的高级应用软件系统，如洪水预报系统、优化调度系统，都能在整个系统中实现高度耦合。③值班监视的实现，为电厂提供了实时的水库调度信息的监视，在电厂可以监视到上游电站的雨水情信息、机组信息、闸门信息、预报和调度等信息。④水库调度网站的实现，针对水情内网的制定水情WEB网页，可实现各种水库调度专业计算应用，针对外网的水情WEB只提供用户浏览查询，利用厂内已租用的数据专线，实现与电网水库调度系统的VPN连接，以网页形式设计，设专用WEB服务器，根据需要分级对水情内网、水情外网发布网页。⑤手机发布短信的应用，手机短信程序是利用GSM移动通信网络中的短信息服务业务，通过GSM移动通信模块，接收和发送电厂雨水情信息和生产运行情况，为远程监视、决策、指挥提供了灵活方便的手段。通过实时发送各类报警信息、人工发送短信和定时发送水库调度信息及水库调度信息查询等，使生产管理人员随时了解生产运行状况，为远程监视、决策、指挥提供了灵活方便的手段。⑥个性化设计和开发，针对水电厂水调特点，系统专门为电厂设计和开发了适合水库的水调自动化系统。

3. 实用和推广　广西百龙滩水电厂水库调度综合自动化系统于2005年5月投入运行。该系统投入运行后，为水库构建了水务管理综合平台。确保电站安全和实现水库调度相关信息的快速传输和共享，实现与上游梯级电站之间的联合优化调度，发挥电站的防洪及发电效益，提高水库调度工作效率。系统具有很好的实用性，可在国内大中型水电站推广和应用。

（二）水电厂水情自动测报系统的通信方式与防雷

1. 通信方式　水情自动测报系统的通信方式有多种，其中GSM移动通信与北斗星卫星通信适合我国国情。

（1）GSM移动通信。短信息服务业务（SMS）作为GSM网络系统的一项基本业务，已得到广泛的重视，目前，我国研制的GSM移动通信方式的水情自动测报系统也是基于短信息服务业务基础上进行水情数据信息传输的。应用GSM移动通信网络系统中的短信息服务业务进行水情数据信息的传输，是利用GSM调制解调技术，该技术的出现改变了传统的以话音为主的通信手段，打开了GSM网络数据通信及其应用的大门。我国采用的GSM移动通信模块，它提供RS232数据口，具有定时轮询和所有参数远程控制等功能。GSM移动通信应用在水情测报系统中，主要是在水电站上游库区的遥测站被GSM移动通信网所覆盖的地区，该通信方式的特点是设备体积小、功耗低，整套设备便于安装和调试，每条短信息的信息量限制在140个字节（数据包），其通信费用仅为0.10元人民币。该通信方式已在富春江、万安、大化的水情测报系统中得到了应用。

（2）北斗卫星通信系统。北斗卫星通信系统是我国自主研制开发的卫星通信系统，北斗卫星系统可以保证用户在1s内完成遥测站到中心站的数据传输任务，对中小规模如：50个遥测站以下的点到点组网模式系统，保证在3min内完成所有遥测站的数据收集和传输任务。北斗卫星系统覆盖范围：北纬5°～55°，东经70°～145°（中国全境及亚洲大部分地区）北斗卫星系统的运行费比Inmarsat卫星系统还低，它每传输一次雨水情数据信息包（43字节）仅0.60元人民币。北斗卫星系统已在四川省的武都水情测报系统中得到了应用。

2. 防雷　雷电干扰和雷击是系统安全的一大威胁，尤其对于多雷的山区，防雷问题更为重要。

（1）遥测站防雷。遥测站不需专设避雷器，因遥测站采用全电磁屏蔽，全密封铝合金法拉第筒结构，全面实现环境（雷电、高低温、高湿）保护，这种双金属筒式结构形成良好的法拉第笼体，本身具有良好的防雷和抗干扰能力。

（2）中继站防雷。中继站房外除按常规加避雷针外，中继站内设备防雷采用悬浮技术，即中继站所有设备均置于绝缘板上，绝缘板与地面是高压绝缘子。

通过湖北省的黄龙滩、江西省的万安等水情测报系统的实践证明，前述的防雷技术是可行的，具有推广价值。

（中国水利水电科学研究院　胡宇丰　王义忠）

景洪水电站升船机提升方案的研究

景洪水电站按Ⅴ级航道，300t级船型设计航运过坝建筑物。远期考虑500t船只通航过坝。根据云南省航务局提供的澜沧江水系最新的300t集机驳船型资料设计，船型总长46.2m，型宽7.6m，型深2.3m，满载吃水深度1.75m。目前澜沧江水系还没有500t船只的船型资料，设计中参照《内河通航标准》（GB 50139—2004）中船型资料设计。

景洪水电站上游最高通航水位为602.0m，上游最低通航水位为591.0m，下游最高通航水位为544.9m，下游最低通航水位为534.8m，最大提升高度67.2m。

可研阶段对通航过坝方式进行了多次调研论证，确定采用垂直升船机过坝方案。为适应下游水位变幅较大的特点，减少承船厢与下游水位的对接难度，简化升船机运行程序，升船机采用船厢下游入水方式。

升船机提升方式比较论证了齿条爬升式全平衡升船机、钢丝绳卷扬式船厢入水非全平衡升船机、水力浮动式升船机和水力提升式升船机等多种方案。通过对升船机运行的安全、设备布置和后期运行维护等多个方面的比较，最终确定在水力浮动式和水力提升式两种方案之间进行比选。

（一）水力浮动式升船机原理及优点

水力浮动式升船机的基本原理是将平衡重做成重量和体积合适的浮筒，通过钢丝绳与承船厢连接。平衡重浮筒的重量大于船厢总重量，浮筒在可充泄水的竖井内升降，通过调节平衡重浮筒的入水深度以改变浮筒的浮力，利用浮力变化驱动船厢升降运行。船厢在升降过程中由于漏水等原因造成的载荷变化，通过平衡重浮筒淹没水深的自动改变予以适应，保证了在任意位置船厢侧的载荷与平衡重的载荷保持相对的平衡。船厢的运行速度由竖井中充、泄水的流量来控制。

水力浮动式升船机具有以下几方面的优点：

（1）运行安全。水力浮动式升船机正常状态下（非漏水状态）平衡重浮筒与承船厢保持平衡，发生漏水事故时依然保持平衡，即使承船厢内水体全部漏空，平衡关系也不会被破坏，还能正常升降。因此，升船机运行的安全性和可靠性得到保证。

（2）转矩平衡、同步提升。水力浮动式升船机具有两套同步系统，即水力自然同步系统和机械强制同步系统。水力浮动式升船机输水系统及竖井按照等惯性原理布置，各竖井之间互相连通，故能使各竖井之间水位同步升降，从而使平衡重浮筒牵引承船厢同步升降，实现多卷筒间的转矩平衡，这是一种完全的自然调控，不需要任何外力及控制措施。在水力同步系统之外，还设立一套机械同步系统。机械同步系统是在各个卷筒之间采用机械同步轴、联轴器和伞形齿轮连接成一个闭环的机械同步系统。它能有效地克服承船厢内水体涌动对平衡的干扰，对水力同步系统可能产生的偏差进行补偿。水力同步系统与机械同步系统的协调工作，使升船机的升降过程变得更加平稳、更加可靠。

（3）机构简约、控制简化、运行可靠。水力浮动式升船机，节省了主提升电动机及其相应的控制设备、大扭矩的变速箱及其配套设备、烦琐的安全装置及相应的控制系统等，主机房布置主要只有卷筒和机械同步装置，使机房布置非常简约，避开了大型重载升船机设计、制造、安装、维护等方面的难题，使升船机的传动机构变得十分简单易于制造安装，还简化了升船机的运行监控系统，使运行过程十分安全可靠。

（二）水力提升式升船机的原理和特点

水力提升式升船机的原理是通过在浮筒与竖井之间增加密封，把浮筒当成活塞使用，通过上下游水头差在浮筒与竖井之间产生的压力驱动承船厢的升降运行，与水力浮动式升船机相比是把水力浮动式升船机的浮力驱动转化成为压力驱动。

水力提升式升船机除具有水力浮动式升船机的优势之外，还具有如下几方面的优点：

（1）充分利用上下游水位差，大幅度减小竖井尺寸及工程投资。由于浮筒与竖井之间增加密封，船厢下水所产生的浮力通过浮筒底面产生的压力来平衡，而不是通过浮筒淹没产生的浮力来平衡。可充分利用上游水头与竖井水位之间的水头差，大大减小浮筒和竖井的直径以及输水系统的阀门、管道直径，工程投资可明显降低。由于竖井直径减小，使升船机塔楼的结构安全性提高，布置更加方便。

（2）运行更加平稳可靠。水力提升式升船机由于浮筒与竖井增加了密封装置，把浮力转化成了水压力，有效克服竖井水位波动及输水管道的相关水力学问题，浮筒运行更加平稳可靠，更有利于升船机平稳升降。由于避免了高水头竖井的消能问题，使升船机的适用水头和提升能力均得到大幅度提高。

（3）易于保证竖井水位升降同步。由于升船机是通过水压力驱动而不是浮力驱动，浮筒并非自由无约束状态，水压力将对竖井水位的升降有同步约束功能，更容易保证各个竖井的水位同步升降，使升船机的运行更加安全可靠。

水力提升式升船机密封装置的可靠性是升船机运行的关键因素，因此，从密封设计及相关部件的设计提出了系统的保证措施。

（中国水电顾问集团昆明勘测设计研究院　曹以南、李自冲）

大型卧式双吸高效节能离心泵研制

该项目针对我国泵型老化、水力模型落后、效率低、耗能高等一系列问题，利用三维湍流流动分析技术、计算机优化设计技术和高精度水泵模型试验台及试验技术，开展了用于替代 48SH-22 型双吸单级卧式水泵的 WYS 高效节能新技术的开发研究。项目成果总体达到国际先进水平。项目开发了比转速为 180、220 和 260 的水力模型，并进行了模型水泵性能测试，效率、空化等主要技术指标达到或超过国内外现有水平，其中比转速为 260 的水力模型填补了我国双吸式离心泵的空白。比转速为 260 的水力模型在江西萍乡火电厂循环泵站实际使用后（替代原 48SH-22X 型水泵），经江西省电力试验研究院进行新老水泵性能的现场对比测试，在阀门全开的工况下，流量增加 1950m^3/h，效率提高 15.13%，功率消耗降低 74kW，具有显著的经济效益和社会效益。该项目采用了新的设计理念和 CAD、CFD 等先进设计方法，以及模型开发和真机考核相结合的研究手段，研发的水力模型具有创新性；所取得的成果证明已初步具备产业化的实施条件，可以进一步推广应用。

（中国水利水电科学研究院）

压缩分散型无黏结预应力锚索生产线技术引进

《压缩分散型无黏结预应力锚索生产线的引进和开发》属水利部“948”项目，由中国水利水电科学研究院承担。

该项目主要从韩国 SAM WOO 公司引进，包括专利号为 0296863 的无黏结预应力压缩分散型锚索专利技术及专利使用权、无黏结预应力压缩分散型锚索生产线、生产线安装技术及技术培训。通过对引进技术的消化、吸收，研制开发了具有独特内锚头结构形式的新型锚索产品以及与之配套的对中架、止浆装置、放线装置等；并针对新型锚索体系，研制开发了相应的锚固力监测系统，可以对整个锚索体系的受力状态进行全程监测，实现真正意义上的“智能化锚索”。同时，通过室内、现场试验和数值模拟分析，对新型锚索的实用性和可靠性进行了研究论证。在此基础上，发布了相应的生产企业标准。

水利部“948”项目管理办公室在天津蓟县召开了验收会，顺利通过了专家验收。

（中国水利水电科学研究院）

南水北调中线工程生态环境遥感监测

长江勘测勘规划设计研究院作为项目依托单位申请并完成了“863”课题《南水北调中线工程生态环境遥感监测》。课题的目标就是，将具有快捷、信息丰富、大尺度特征的遥感技术应用于南水北调中线工程生态环境效应监测中；在工程开工之际，根据水源区、受水区在工程建设后的环境关注重点，分别建立各区的生态环境评价指标体系；通过遥感等手段获取工程辐射区的环境现状信息，并结合地面观测数据和水文、地质、气象等基础资料，建立工程辐射区的环境本底；在此基础上，采用动态遥感技术建立中线工程示范区生态环境监测运行系统，为工程建设期和工程建成后一些重要环境指标的监测提供可靠而快捷的手段。

课题作为实现上述目标的第一个阶段，选取三个区域作为试验区。根据工程建设前后水资源状况的变化，将南水北调中线工程区及其辐射区划分为三个相对独立的区域：丹江口水库区、汉江中下游地区、工程受水区，在这三个区域各选取一个子区作为试验区，开展如下四个方面的研究内容。

1. *生态环境遥感评价指标体系的建立* 水库区作为调水工程的水源，在丹江口大坝加高后，最关注的问题是水库水质、水库岸坡稳定性（滑坡及塌岸）、库周水土流失。

汉江中下游地区在调水后将减少22%的径流量，最关注的问题是河道水质、河道变迁等。

受水区（包括河南、河北、北京、天津）在接受调水后，水资源总量增加，原来城市挤占的农业及生态用水得以返还，预期地下水位将有所抬升，渠道上游地区局部地下水运移受阻，可能出现土壤盐渍化现象，因此关注的重点是地表水分布、土壤盐渍化、植被覆盖及长势等。

根据三个区域关注的问题，确定以下环境因子进行遥感监测：水土流失、滑坡与塌岸、河道变迁、水质、土壤盐渍化、植被覆盖及长势、地表水分布。其中，水质仅限于工程区重点地段Ⅳ-Ⅴ类水及重大污染事件的分段监测，滑坡、塌岸限于该类地质现象的分布与变化的检测。

2. *建立生态环境本底数据库* 在建立生态环境遥感评价指标体系的基础上，通过遥感手段获取上述试验区域各评价指标的现状信息，并结合已有的基础资料、现场抽样检查，建立环境本底数据库。数据库包括地形图、地质图、水文地质图、卫星遥感影像、航空影像、各区环境现状专题图、相关工程设计资料。

3. *生态环境遥感动态监测技术方案* 针对拟定的环境评价指标，利用多时相遥感信息开展环境变化检测技术研究，应用生态环境空间变化监测模型，开展如下最关注问题的监测：①作为调水工程水源的水库水质、滑坡及塌岸、库周水土流失；②汉江中下游地区的河道水质、河道变迁；③受水区的地表水分布、土壤盐渍化、植被覆盖及长势等。

4. *生态环境遥感监测系统总体方案设计与系统集成* 在建立试验区生态环境本底数据库的基础上，采用动态遥感技术与GIS技术进行试验区生态环境监测系统总体方案设计与系统集成，为下阶段开展整个工程辐射区的生态环境遥感监测打下基础。

2005年11月23日，"863"计划信息获取与处理技术主题专家在北京对长江勘测规划设计院承担的《南水北调中线工程生态环境遥感监测》课题进行了验收。验收专家组听取了课题总结报告，观看了软件演示，审查了经费决算报告和相关文档，经质疑和讨论，形成验收意思如下：

(1) 课题针对南水北调中线工程所关注的环境问题，研究了试验区环境因子遥感监测方法，包括水库滑坡及塌岸、水土流失、植被覆盖及长势、地表水分布、河道变迁等模型方法。

(2) 课题建立了南水北调中线工程试验区生态环境本底数据库。

(3) 课题开发了南水北调中线工程生态环境遥感监测软件，并在试验区进行了示范应用。

(4) 课题组基本完成了合同要求的研究内容，基本达到合同规定的技术指标，经费使用基本合理，资产管理制度较健全。

验收专家组一致同意该课题通过验收。

（长江勘测规划设计研究院 陈雨常）

临淮岗洪水控制工程主坝施工安全监测技术研究

坝体施工期内部位移的观测在国内还没有成熟的技术手段和经验，目前国内用于监测土石坝内部变形的手段如沉降仪，土体水平位移计系统，钢丝引张线水平位移、活动测斜仪系统等，存在着精度低、施工难度大、抗干扰性差、不易实现自动化等缺点。通过本项目可以就施工期建筑物内部位移监测设计及实施探索出新的技术思路和经验，一方面为临淮岗主坝的安全施工和运行提供保障；另一方面，通过施工期监测数据的分析研究，一定程度上推动设计、施工、管理技术的进步。本项目研究采取国内独立自主多家联合开发的方法，把握室内理论计算、设计→现场实践认证→总结、优化、提高的总体思路。根据坝高、坝体结构形式、地形、坝基工程地质条件等选取主要断面，采用引进并开发配套系统的进口电解质式位移监测系统进行大坝内部位移监测。该系统通过监测与土体结合的测斜管的倾斜变化，了解土体内部位移情况。系统精度为0.01mm。经过比选，以具有代表性的主坝淮北段作为施工安全监测技术研究对象，主要内容有：坝体设计方案的分析研究；安全监测方案的设计分析；电解式水平、垂直监测系统的引进、开发利用；安全监测资料的成果分析；大坝施工期施工强度的控制研究；大坝运行期指导分析。该项目研究结合主坝淮北段原型观测设计与施工，率先采用进口的电解质式位移监测系统进行坝体内部位移监测，创新坝内位移监测技术，提高位移监测水平；在主坝横断面上 33m 的长度范围内，较全面地监测坝基垂直位移变化，改变过去单一的“点”状监测坝基垂直位移的方法；改进大坝内部位移监测技术和手段的同时，又能很好地满足当今大坝监测自动化的要求。为合理控制施工进度和工程安全运行提供了科学保障，项目成果处于国内领先水平。该成果适合土石坝、土堤的内部位移监测，为类似的水利工程大坝监测提供了很好的工程实践经验。推广应用前景广阔。

主要完成单位：淮河水利委员会临淮岗洪水控制工程建设管理局、中水淮河工程有限责任公司、中国水利水电科学研究院、安徽水利开发股份有限公司。

（中国水利水电科学研究院）

获奖项目简介

峡谷地区高混凝土面板堆石坝关键技术应用研究

《峡谷地区高混凝土面板堆石坝关键技术应用研究》获 2005 年度中国电力科学技术奖二等奖。

混凝土面板堆石坝是目前坝工建设中最富竞争力的坝型之一。近年来，为促进面板堆石坝技术的不断进步，国内的科研、设计和施工单位在“七五”、“八五”和“九五”国家科技攻关项目中，对高混凝土面板堆石坝的筑坝关键技术进行了较为深入的研究，在分析技术、实验手段及工程设计和施工等诸多方面均取得了较高水平的研究成果。

本项研究紧密结合洪家渡面板堆石坝工程，在研究中突出了峡谷地区非对称岸坡和高陡边坡的地形特点，以及高面板坝大变形、高水头和高应力的运行条件，充分利用了以往面板堆石坝科研攻关的成果，同时结合新的分析技术（非线性数值分析、离心模拟技术、三维边坡稳定分析等）和新材料、新工艺的研究开发，从坝体应力变形预测、高边坡稳定分析和加固处理、新型止水结构形式、止水材料和施工工艺、面板抗裂防裂措施、料场规划优化以及现场系统监测布置方案 6 个方面，系统、全面、深入地研究了峡谷地区高混凝土面板堆石坝设计、施工和运行过程中所涉及的一系列技术难题。

项目的科研工作十分注重工作进度和研究内容与依托工程的紧密结合，重视科研成果在工程实际中的应用效果，项目研究的各项科研成果均已应用于洪家渡的工程实践，并取得了很好的应用效果。目前，大坝运行状态良好，大坝沉降和渗漏量的控制均达到了国内同类坝高中的领先水平。

本项目研究成果不仅已应用于洪家渡工程，解决了洪家渡工程的关键技术问题，而且对于其他修建于狭窄河谷中的面板堆石坝也具有较高的参考价值和一定的指导意义。该项目完成后，其相关的科研成果和分析方法已部分应用于其他一些狭窄河谷中的面板堆石坝工程中，产生了显著的经济、社会效益，具有广阔的推广应用价值。

获奖单位：中国水利水电科学研究院 贵阳勘测设计研究院 贵州乌江水电开发有限责任公司

获奖人：汪小刚　杨泽艳　徐泽平　杨　健　郝巨涛　文亚豪　赵三其　马锋玲　黄淑萍　邵　宇　罗光其　贾志欣　何金荣　陈祖煜

（摘自《中国电力科学技术奖获奖项目汇编》）

三峡 VGS 700MW 水轮发电机组安装技术研究

《三峡 VGS 700MW 水轮发电机组安装技术研究》获 2005 年度中国电力科学技术奖二等奖。

三峡水电站装机 26 台，单机容量 700MW，总装机容量 18200MW，是世界上目前在建的容量最大的水电站。三峡水电站机组是国内首次安装的单机容量最大的新型水轮发电机组，机组结构尺寸大、质量大，现场组装工作量大、质量要求高；机组运行水头变幅达 52m，如此大的水位变幅在同类电站中也是少见的。因此，三峡水电站机组安装难度大，被列为三峡工程重大技术难题之一。该项目主要成果为：

（1）成功实现了国内首次特大型蜗壳在保温保压下浇筑混凝土，并实现了蜗壳内水温和压力的自动调节。

（2）首次针对凑合节焊接进行了多种型式接头焊

接约束应力和残余应力工艺试验、锤击消应工艺试验，确定了凑合节的焊接工艺和合拢焊缝焊接消应方式，成功解决了超大型压力钢管与蜗壳合拢焊缝焊接防止裂纹的产生和钢管、座环变位两大难题。

(3) 首创区别传统蜗壳挂装工艺的先全部挂装到位后依次逐节调整的蜗壳挂装新技术，缩短了蜗壳的安装工期。

(4) 首次成功采用了先进的定子铁芯叠装新技术，即分段堆积、分段调整、分段焊接定位筋托板的新技术，真正实现了浮动式定子结构的功能。

(5) 创造了转子圆盘支架分步交替焊接新技术，保证了特大型机组转子支架焊接后的尺寸要求，减少了焊接残余应力。

(6) 采用精确的数学计算程序，使机组轴线调整更精确，优化了机组总装程序，使过程简化，缩短了机组轴线调整的工期。

(7) 研制了国内首台700MW水轮发电机组启动试运行试验程序，提出完整的成套机电设备启动试运行大纲和细则。

三峡VGS 700MW水轮发电机组安装技术研究成果为《水轮发电机组安装技术规范》(GB/T 8564—2003)的修订提供了指导，可直接应用于三峡右岸机组的安装与调试，将为后续的大型水电站如溪洛渡，向家坝、龙滩、小湾等水电站的建设管理及施工生产提供宝贵经验。

获奖单位：中国水利水电第八工程局

获奖人：付元初 龚长清 王启茂 杨 刚 张燕滨 李红春 曾 辉 陈楚贵 奚中廷 戴 昆

(摘自《中国电力科学技术奖获奖项目汇编》)

三峡电站左岸机组定子线棒研制

《三峡电站左岸机组定子线棒研制》获2005年度中国电力科学技术奖二等奖。

三峡电站左岸厂房安装14台水轮发电机组，由ABB联营体和VGS联营体（VOITH公司、GE公司和SIEMENS公司）承包制造。东方电机股份有限公司承担VGS联营体的2台定子线圈制造任务。定子线圈由西门子公司设计，电压等级高、主绝缘厚度薄，水接头、电接头结构复杂而特殊，形位尺寸和质量要求极高，且西门子公司采用少胶VPI绝缘体系和绝缘工艺，因此，东方电机股份有限公司为了应用多胶绝缘体系和生产工艺生产满足西门子公司技术要求和质量要求的定子线圈，开展了三峡左岸定子线圈的研制。

项目的技术要点是：

(1) 开发多种材料（绝缘材料、电接头材料及焊接材料），实现了绝缘材料国产化。

(2) 开发工作场强为2.51kV/mm的主绝缘结构和绝缘工艺。

(3) 开发端部多级涂刷防晕结构和防晕处理工艺，使线圈的防电晕性能达到西门子公司的技术水平。

(4) 开发了大型定子线圈多胶绝缘体系的主绝缘外加成型热新工艺。

(5) 开发了绝缘结构的 $2U_N$ 和 $3U_N$ 室温电老化寿命试验、冷热循环试验等新型绝缘试验技术。

(6) 开发研制冷热循环装置、旋转支架、振动机、水接头切割装置、电解去毛刺机、固定流量发生器、水压差测量装置、线圈扳弯成型机、吹氮气装置、真空装置等11种线圈制造非标准专用设备。

(7) 开发了水接头与线圈、电接头与线圈股线的中频焊接技术，使水接头与线圈的焊接达到了西门子质量标准。

(8) 开发了先进、高效率的线圈接头振动喷泉式电解去毛刺新工艺。

(9) 开发了检查水冷定子线圈水接头钎焊质量的先进的检测技术。

(10) 获4项专利技术。

研究成果实际应用于三峡左岸电站水轮发电机组，完全达到了西门子的质量标准要求。并且在二滩、小浪底、大朝山、乌江渡、江垭，公伯峡等大中型水轮发电机组上应用，正应用于三峡右岸电站水轮发电机组的生产。研究成果将推广应用于所有大中型发电机组，从而提高绕组的绝缘质量，保证发电机稳定安全运行。

获奖单位：东方电机股份有限公司

获奖人：梁智明 王岩松 贺建华 蒋家声 陶喜平 李志强 皮如贵 徐文建 漆临生 田 文

(摘自《中国电力科学技术奖获奖项目汇编》)

三峡电厂发电机定子水冷状态检测及故障诊断专家系统

《三峡电厂发电机定子水冷状态检测及故障诊断专家系统》获2005年度中国电力科学技术奖三等奖。

发电机定子水冷系统故障是水内冷发电机运行中频发性故障之一。三峡左岸电站装有14台700MW定子水内冷水轮发电机组，由于发电机容量大，线棒多，电气和水支路连接间的关系十分复杂，给运行监测及维护带来很多不便。为提高机组的安全稳定运行水平，辅助运行人员决策，我们研发了三峡电厂发电机定子水冷状态监测及故障诊断专家系统。

本系统首次在世界巨型水轮发电机上实现了一个集在线实时、在线非实时和离线多种数据源的采集分析、状态监测、故障诊断与处理于一体的，具有多任务，多客户端，多信息处理，B-S结构特点的水轮发电机定子水冷状态监测及故障诊断专家系统。主要成果及技术特点如下：

（1）全面实现热状态监测。本系统精心设计了水电连接图界面，巧妙地将电路、水路的连接，水温、槽温的监测结合在一起，实现了对运行中关键参数快速、清晰、准确、全面监测，对故障诊断和定位有极大的帮助。

（2）故障诊断功能。拥有百万余条的知识规则，能适应发电机实际运行情况的复杂多样性，可诊断发电机102种可能发生的故障，并在线实时地提供故障分析、诊断、处理和应采取的预防措施等专家建议。

（3）采用温度指纹计算及动态阈值新技术。改进了传统温度监测手段的不足，做到对定子绕组热故障的早期诊断，为落实运行规程和“二十五项反措”提供了有效的方法和手段。

（4）信息管理。该系统具有按故障时间、级别、类型，部位和故障关系的查询、统计功能，为制定“反措”和实现状态检修提供科学依据。

该系统应用于定子水内冷方式发电机的故障诊断和状态检修/优化检修领域，可提高发电机安全运行水平，降低检修成本，避免和减少因故障造成的重大经济损失。该系统已应用于三峡电厂VGS型1号水轮发电机，工作稳定，性能正常。并已推广应用于三峡电厂ALSTOM型4号发电机和北京十三陵抽水蓄能电厂3号发电机。

获奖单位：三峡水力发电厂　北京伏安基业电气技术有限公司

获奖人：张　诚　史家燕　陈国庆　史源素　关杰林　赵肖敏　戴会超

（摘自《中国电力科学技术奖获奖项目汇编》）

连续拉伸式液压千斤顶—钢绞线斜井滑模系统

《连续拉伸式液压千斤顶－钢绞线斜井滑模系统》获2005年度中国电力科学技术奖三等奖。

结合桐柏抽水蓄能电站长达400m的引水斜井混凝土衬砌施工，中国水电一局研制应用了连续拉伸式液压千斤顶－钢绞线斜井滑模系统（以下简称LSD斜井滑模系统）。

LSD斜井滑模系统原理：在斜井滑模模体上安装液压提升系统，该系统由2台连续拉伸式液压千斤顶、液压泵站、控制台、安全夹持器等组成。通过2台连续拉伸式液压千斤顶抽拔锚固在上弯段顶拱的2束钢绞线，牵引模体滑升。该系统具有以下优点：

（1）系统安全可靠，结构受力合理。该系统具有自锁功能，安全系数选用合理，不需要另加保护措施。牵引系统设计合理，避免了偏心力矩产生的各种不良后果，运行稳定、无故障。

（2）施工速度快，施工质量好。与爬钳滑模系统（天荒坪采用）相比，准备工期短，平均滑升速度快（桐柏为4.76m/天，天荒坪为3.74m/天）。保证了滑模施工的连续性，施工精度便于控制和调整，保证了混凝土施工质量，混凝土表面光滑、平顺，成型准确。

（3）综合经济效益显著。桐柏2条斜井采用LSD滑模系统与采用液压爬钳滑模系统相比可降低施工成本约80万元；比采用CSM斜井滑模系统至少节省建设资金1660万元。

LSD斜井滑模系统在国内外属于首创，具有较高的实用价值，首次应用于桐柏抽水蓄能电站2条斜井混凝土衬砌施工，获得圆满成功，已被授予发明专利权。

LSD斜井滑模系统为抽水蓄能电站陡倾角大直径长斜井的混凝土衬砌施工提供了一个可靠的施工系统，适用于各种倾角、直径和长度的斜井混凝土衬砌施工。通过技术咨询或技术合作方式进行推广。

获奖单位：中国水利水电第一工程局

获奖人：常焕生　曲建军　张洪江　金　晨　王克胜　钱洪有　方元山

（摘自《中国电力科学技术奖获奖项目汇编》）

梯段爆破计算机模拟技术

《梯段爆破计算机模拟技术》获2005年度中国电力科学技术奖三等奖。

近20年来混凝土面板堆石坝在水利水电建设中得到迅速发展，我国目前从建设规模上属最大。传统的梯段爆破设计采用经验公式，经过现场若干次爆破和参数调整试验，逐步修正爆破设计参数，才能使筛分后的级配曲线达到设计要求。不仅要消耗大量的人力、财力，而且试验周期较长。采用经验分布函数计算结果也偏离实际较大，很难直接应用。因此水利水电工程爆破当前亟需一套计算机辅助决策系统，以解决水电工程施工爆破试验结果的准确预报，本系统正是为了适应水利水电工程实际需求而提出的高新科技应用项目。

项目通过对我国面板堆石坝爆破试验经验的总结，综合应用先进的爆破理论、岩石爆破损伤模型和有限元数值仿真技术，结合水电工程爆破实际，率先在国内开发出水电工程施工梯段爆破试验计算机模拟系统。该系统可预报爆破结果，包括爆破石料颗粒级配曲线、爆量、爆堆形状及爆破对附近建筑物的振动影响。本项目创造性地运用数字图像处理技术获得天然块度曲线，使理论模型实用化。系统程序结构设计合理，软件操作简单易学，具有友好的人机交互功能，自动化程度和灵活性较强，并有丰富的工程实例数据库。本系统可用于不同地质条件的面板堆石坝主堆石料、过渡石料的爆破开采石料级配的快速预报，应用前景较广。

本项成果已在2个依托工程中得到了成功应用，获得了显著的社会经济效益。

2003年底在贵州洪家渡水电站、湖北水布垭面板堆石坝、四川瀑布沟水电站料场、贵州构皮滩水电站水垫塘等工程应用了该系统。经计算，上述4项工程全面实施带来的直接经济效益约1500万元，新增产值约1000万元，新增利税83万元，年增收节支总额约2500万元。其中由于减少爆破试验次数，施工节约投资500万元，节约炸药等费用约450万元，节约钻孔费240万元，节省其他投资近310万元。

2004年初在贵州九天工程联营体承担的贵州盘南火电厂响水水库大坝中应用了该系统，确定大坝各区填筑料开采爆破参数，根据计算，在坝体填筑实施完成后，可带来直接经济效益220万元。

该项研究成果对目前建设中的其他水利水电工程有较大实用价值和指导意义。2005年中国水利水电建设集团总公司在福建省街面水电站现场组织了该软件系统的应用推广培训，反响热烈。各工程局所属的面板坝工程积极应用该软件系统，产生了良好的经济和社会效益。

获奖单位：中国水利水电建设集团公司　北京理工大学　宜昌市中水科技发展有限公司

葛洲坝股份有限公司施工科学研究所　中国人民武装警察部队水电第一总队

获奖人：何本善　金乾坤　付元初　丁刚毅　崔秉贵　傅志安　彭兴国

（摘自《中国电力科学技术奖获奖项目汇编》）

水轮发电机组安装技术规范

《水轮发电机组安装技术规范》（GB 8564—2003）获2005年度中国电力科学技术奖三等奖。

原国家标准《水轮发电机组安装技术规范》（GB 8564—1988）实施10多年来，对保证水轮发电机组的制造和安装质量，提高技术水平，指导制造、安装起到了重要作用。但随着科学技术的进步，大批国外引进和国内生产的400MW及以上特大容量和特大尺寸的机组在我国已安装和运行，水轮发电机组制造、安装技术的发展以及一些新技术、新材料、新结构、新工艺的采用，原规范中的质量标准、偏差允许值、安装方法、工艺措施等已不能适应要求。为此，国家质量技术监督局发文，计划修订国家标准《水轮发电机组安装技术规范》（GB 8564—1988），编号为GB/T 8564—2003。中国电力企业联合会标准化中心考虑到该标准的重要性及中国葛洲坝集团公司在水轮发电机组安装方面的经验，决定委托中国葛洲坝集团公司为该标准的主编单位，并委托中国长江三峡工程开发总公司和哈尔滨电机厂有限责任公司为协编单位。中国葛洲坝集团公司于2000年9月开始与协编单位共同组织、研究修订水轮发电机组安装技术规范。

本规范是有关水轮发电机组安装的国家标准，并且是国内水轮发电机组安装其他分项标准的母标准。规范以原1988年版本为基础，总结补充了十余年来国内水轮发电机组安装的新经验，吸取了国外有关标准的部分内容，内容全面，可操作性较强，代表了当前机组安装的先进水平。规范于2004年3月1日正式实施，国内所有水轮发电机组安装必须遵守，保证了我国各类水轮发电机组安装的质量，技术先进、安全可靠，与国际有关行业和制造厂的要求相接轨。

获奖单位：中国葛洲坝水利水电工程集团有限公司　中国水利水电建设集团公司

中国长江三峡工程开发总公司　哈尔滨电机厂有限责任公司

获奖人：张　晔　付元初　江小兵　王泉龙　秦锡翔　刘永东　黄宏勇

（摘自《中国电力科学技术奖获奖项目汇编》）

三峡水轮机导水机构加工及装配工艺研究

《三峡水轮机导水机构加工及装配工艺研究》获2005年度中国电力科学技术奖三等奖。

三峡电站大型水轮发电机组制造技术研究是国家“十五”重大技术装备研制和国产化重点项目，水轮机导水机构的加工研究是其子课题之一。该部分的多项技术创新，保证了三峡水轮机关键部套的制造和装配质量，也对三峡机组的整体运行性能起到了保障作用。

本项目技术创新点是：

（1）首次按国际标准成功完成国内最大水轮机关键环形部件的加工工艺，在数控加工、机床能力及超大超重部件吊装、翻身等技术方面取得重大进步，产品质量达到国外同等水平。

（2）首次针对水轮机精密部件——导叶采用全新的加工工艺，实现导叶加工的历史性突破，开导叶安装互换之先河，各项验收指标优于国际标准值4倍。

（3）通过优选数控机床、先进刀具并配以最优切削参数的应用，完成螺纹及螺距公差0.1mm的高精度螺纹加工，首次实现大型高精度螺纹成批加工免检。

（4）实现世界最大水轮机组导水机构（总重超900t）的制造厂内预装，取得了立面间隙几乎全部为零的重大技术突破，各项检测指标均达到优等，综合质量高于国外供货方（法国ALSTOM公司巴西分公司）的同类产品。

大型水轮机设备制造创新研究的完成实现了大型水轮机制造的全面国产化，不仅为三峡左岸机组提供了优质国产设备，也使国内企业具备了独立完成右岸机组设备供货的能力；使国内水轮机设计制造水平实现历史性突破，达到国际同行业先进水平，为国内独立完成今后近50台600MW以上超大型机组提供了技术保证；为中国水电行业进军国际市场，与其他同行业国际一流公司平等竞争提供了有力支持，具有巨大的经济效益和社会效益。

获奖单位：哈尔滨电机厂有限责任公司

获奖人：杨　鸿　贾　允　姜世昌　吕以建　王照娣　朱　强　翟志顺

（摘自《中国电力科学技术奖获奖项目汇编》）

卸荷岩体力学理论及其在水电工程中的应用

《卸荷岩体力学理论及其在水电工程中的应用》获2005年度中国电力科学技术奖三等奖。

该项目首次系统地阐述了卸荷岩体力学的理论与方法体系及研究内容，并提供了卸荷岩体有限元分析的基本方法及加固的基本思路。首次对岩体力学参数采用分步分级法计算。提出了岩体的加、卸荷的准则和卸荷本构关系，同时建立蠕变损伤本构模型及等效变形模量的计算公式。在卸荷岩体力学理论基础上，计算分析了多因素对边坡应力应变的影响，这对隔河岩电站厂房高边坡还是首次。在水布垭溢洪道边坡的研究中设计了多个预应力锚索加固方案，并最终确定了合适的加固方案。首次综合考虑卸荷、加固、坝体推力及水压力等因素的影响，建立了边坡稳定性安全评价体系。鉴定委员会认为，卸荷岩体力学的理论与方法体系，其研究成果总体上达到国际先进水平，在成果的系统性和在水电工程的实际应用方面达到国际领先水平，并处于国内外领先地位。

课题组自1997年起将该理论与方法应用于三峡、隔河岩、水布垭、锦屏等工程，并正在观音岩、白鹤滩、黄龙滩、小湾、深溪沟等多个工程中进一步深入应用。

该研究成果对土木工程、铁路交通、煤炭矿山等行业尤其是在水利水电工程中的一些高边坡工程的施工方法、加固措施、设计优化、变形控制、整体安全评价等方面具有重要的参考价值及广泛的应用前景。应用卸荷岩体力学的理论与方法对边坡进行稳定分析得出的结论与实际情况基本相符，预测的边坡变形趋势也与实际监测资料一致，建议的加固方案对坡体实际施工和日常维护也具有较强的指导作用。

获奖单位：三峡大学　湖北清江水电开发有限责任公司　中国长江三峡工程开发总公司

获奖人：李建林　谭少华　杨学堂　李昌彩　哈秋舲　王乐华　胡　颖

（摘自《中国电力科学技术奖获奖项目汇编》）

辉绿岩人工砂石粉在RCC中的利用研究

《辉绿岩人工砂石粉在RCC中的利用研究》获2005年度中国电力科学技术奖三等奖。

百色水利枢纽碾压混凝土（RCC）主坝工程采用辉绿岩人工骨料。辉绿岩属硬质岩，密度大、强度高、弹模大，硬脆，生产的人工砂级配不连续（缺乏中间粒级），石粉含量大（达20%～24%），石粉中微粉颗粒多，导致碾压混凝土的用水量、工作性能、密度、强度和干缩等有别于以往工程，特别是碾压混凝土凝结时间严重缩短，无法施工。专家认为百色地区气候炎热高温，必须对上述问题深入研究。

本课题进行了辉绿岩砂石粉微观研究、石粉对碾压混凝土性能影响试验、高温气候碾压混凝土凝结时间研究、辉绿岩人工砂石粉在碾压混凝土中的利用研究等，掌握了辉绿岩石粉微观结构特点及性能。分析认为石粉溶出性SO_4^{2-}和K^+、Na^+离子造成辉绿岩碾压混凝土凝结时间的缩短，并得出石粉—温度—VC值—外加剂品种、掺量与碾压混凝土凝结时间关系等整套高温地区碾压混凝土重要施工参数。

辉绿岩微石粉作非活性掺合材料，即当人工砂石粉含量＞20%，且微石粉含量较高时，利用石粉高出

20%部分等量替代粉煤灰，在满足碾压混凝土各项性能指标要求的同时，进一步改善碾压混凝土的工作性能。通过掺用与辉绿岩骨料适应的含高分子材料缓凝高效减水剂，并根据温度变化调整外加剂掺量，达到缓凝成分、VC值双重叠加混凝作用，解决碾压混凝土凝结时间短的问题。

该项目的技术要点是：

(1) 辉绿岩人工骨科在大体积混凝土中的应用在国际、国内尚属首例。

(2) 总结出石粉—温度—VC值—外加剂品种、掺量与碾压混凝土凝结时间关系等整套高温碾压混凝土施工参数。

(3) 辉绿岩人工砂石粉作掺合料。

百色大坝工程应用该成果技术，保证了高强度优质施工。配制的石粉掺合料碾压混凝土工作性能良好，可碾性好、易液化泛浆，有利碾压混凝土层间结合，并显著降低弹性模量，极限拉伸值优于设计要求，同时可节约成本2～3元/m^3混凝土。大坝外观平顺美观，目前大坝上下游面未发现裂缝，碾压混凝土的施工质量等级为优。

本科研成果为人工砂级配不合理问题找到了新的解决途径，也拓展了掺合材料的新思路。类似工程可广泛借鉴和推广应用。

获奖单位：中国水利水电第四工程局　中国水利水电闽江工程局

获奖人：田育功　程国银　朱国伟　王松春　吴秀荣　杨松玲　高琚生

(摘自《中国电力科学技术奖获奖项目汇编》)

冲碾压实技术在CFRD面板坝施工中的研究及应用

《冲碾压实技术在CFRD面板坝施工中的研究及应用》获2005年度中国电力科学技术奖三等奖。

贵州乌江洪家渡水电站坝址河谷狭窄，由于大坝工程规模大，在建设过程中面板坝将填筑900.59万m^3堆石料。从工程量看，制约大坝施工进度和质量的区域主要是主堆石区和次堆石区，因此，研究主堆石区和次堆石区的相互关系，研究堆石坝的变形机理和规律，从而提高堆石体的碾压质量，加快施工进度，减小大坝变形，控制后期工程处理的难度和费用，是一个非常值得研究的课题。结合洪家渡大坝的特点，我们全面研究了冲碾压实技术，从可行性研究到项目立项到现场试验再到应用推广，逐一进行了研究和实践。冲碾压实技术采用南非蓝派公司的冲击碾，其主要技术指标为碾压速度10～12km/h，冲击力约200t，通过冲击碾的高速运行，碾子对堆石体产生极大的冲击力，从而对堆石体起到压实作用，以提高干密度。

经项目论证及现场试验，并经参建各方对成果的认真研究，决定洪家渡大坝采用冲碾压实技术。主要用于次堆石区补碾，提高其干密度。

(1) 进行项目周密论证，比选。

(2) 进行现场试验及成果分析。

(3) 该技术应用于大坝次堆石区，碾压方量约200万m^3。将该区设计干密度从原来的2.120kg/cm^3提高到与主堆石区相同的2.181kg/cm^3。由于碾压效果好，后期又应用于上部主堆石区。

(4) 施工进度：冲击碾每一层铺层厚度1.6m，碾压1层的时间约20h，采用常规碾基础上冲击碾补压方案每1层减少2天，按剩余200万m^3、60层计算，共减少120天。

(5) 减小坝体总沉降量和不均匀沉降，提高堆石体质量。

(6) 减小甚至避免次堆石区对主堆石区的牵引变形（后倾），进一步减小并防止面板脱空。

该项目是首次在水电工程上研究及应用，填补了水电施工技术空白，于2003年1月开始应用于洪家渡面板堆石坝，目前效果显著。

应用领域：该项目主要应用于水电工程堆石体的冲碾压实，也可用于公路、机场等回填体压实，以提高回填体密度，并加快施工进度。

推广方式：

(1) 与各设计院进行技术合作，在设计中推广本技术。

(2) 结合本行业特点，举行现场演示会。

(3) 扩大与同行业交流与学习。

获奖单位：贵州乌江水电开发有限责任公司　国家电力公司贵阳勘测设计研究院

获奖人：赵三其　杨泽艳　杨体中　罗光其　田应富　文亚豪　段　伟

(摘自《中国电力科学技术奖获奖项目汇编》)

水轮发电机组启动试验规程制、修订及标准化体系的建立

《水轮发电机组启动试验规程制、修订及标准化体系的建立》获2005年度中国电力科学技术奖三等奖。

水轮发电机组（以下简称“机组”）启动试验是国家电力基本建设施工中的重要一环，其试验规程是机组及相关机电设备启动试运行试验的依据，也是机组投产移交考核的主要内容。根据机组使用特性及结

构，该项目按常规机组、灯泡贯流式机组、可逆式抽水蓄能机组的要求，分别制定相应的试验规程。

DL/T507—2002标准是对原电力行业标准DL507—1993的修订，修订后的标准在原规程的基础上根据1991～2001年以来新投产的近3200万kW大中型机组启动试验的程序、项目与要求进行了补充和修改，其中包括参考三峡、二滩等进口大型水电机组的启动试验内容，增加了计算机监控系统、微机调速系统、微机励磁系统、微机保护系统和高压配电装置等机组启动试验中新的试验内容。

DL/T827—2002标准的编写总结了国内已建和在建灯泡贯流式机组启动试运行试验的经验，参考了DL507—2002标准并吸收了引进设备的相关技术要求，规范了启动试验程序，统一了专业用语和俗称。

GB/T18482—2001标准的制定，总结了国内已建大型抽水蓄能电站机组启动调试的经验，第1次对可逆式抽水蓄能机组的启动试验进行了规定。对机组启动试验加以规范化和程序化，并统一了工程用语和俗称。

这三个标准分别作为国家、电力行业标准，经国家质量监督检验检疫总局和国家经贸委批准发布，分别自2002年4月1日（GB/T18482—2001）、2002年9月1日（DL/T507—2002）和2002年12月1日（DL/T827—2002）起在全国电力及相关行业内实施。本项目已在三峡、大朝山、公伯峡、洪家渡、乌江渡扩机、碗米坡、青居等水电工程建设中得到应用，取得了良好效果，并将在龙滩、小湾、拉西瓦、瀑布沟、长洲、康扬、桐柏、泰安、宜兴等水电工程建设中得到更加广泛的应用。

这三个标准的实施必将使各类型水轮发电机组启动试验工作进一步标准化、规范化，以保证机组启动试验和交接验收工作的质量和水平。将对加快水电机组的安装、投产、检修后投产等起到很好的指导作用，对水电机组的技术进步、保证供电质量起到促进作用。

获奖单位：中国水利水电建设集团公司　中国水利水电第四工程局　中国水利水电第五工程局富春江富士水电设备有限公司

获奖人：付元初　李之勇　陈梁年　马军领　牟官华　马涪良　何少润

（摘自《中国电力科学技术奖获奖项目汇编》）

抽水蓄能电站厂房振动研究

《抽水蓄能电站厂房振动研究》获2005年度中国电力科学技术奖三等奖。

抽水蓄能电站由于其高水头、高转速和双向运行的特点，机组振动及因此而诱发的厂房的结构振动已成为电站设计和运行的重要问题。本项目依托十三陵、天荒坪等抽水蓄能电站厂房工程，重点进行了厂房振动振源、结构动力特性、振动控制标准和减振措施等方面的研究，深入探讨了抽水蓄能电站厂房的动力特性和减振措施。主要研究成果是：

（1）通过对常规水电站和蓄能电站3种类别振源的起因、振动形式、频率和能量特征的分析研究，明确了振源的一般规律、振动对支撑结构的影响，为机组的动态设计提供了理论支持。

（2）详细分析了十三陵和天荒坪抽水蓄能电站厂房结构振动监测资料，研究主厂房结构振动的一般规律和振动传递途径。

（3）利用ANSYS程序对主厂房结构进行了数值计算，对比结构频率、振动模态、动位移等计算结果，提出适合蓄能机组的厂房结构形式。

（4）结合十三陵抽水蓄能电站实际观测资料，利用结构最优化遗传动力反演分析模型，对厂房结构进行了动力反演计算分析，探讨了厂房混凝土材料的平均动弹模和振动在混凝土与围岩之间的传递形式。

（5）依托已建工程，通过对厂房结构振动的理论计算和现场测试进行分析比较，提出了抽水蓄能电站厂房结构振动控制标准，解决了抽水蓄能电站厂房在多频振源情况下结构难以错频的问题。

（6）从结构动力学的角度提出了抽水蓄能电站主厂房结构动力优化的方向和措施，探讨了采取主动抗振措施的可能性。同时，提出了副厂房结构动力优化的途径和隔振工程措施。

本项研究成果适用于抽水蓄能电站的设计和运行管理，已在琅琊山、张河湾、桐柏等抽水蓄能电站工程设计中得到广泛应用，而且为水电站厂房振动评价方法和控制措施标准的制定提供了坚实的技术基础，具有良好的社会、经济效益和推广应用前景。

获奖单位：水利水电规划设计总院　北京国电水利电力工程有限公司

华东勘测设计研究院　大连理工大学　武汉大学

获奖人：周建平　吕明治　文　洪　严旭东　黄晓辉　张春生　翁新雄

（摘自《中国电力科学技术奖获奖项目汇编》）

城市地铁大断面软土层浅埋隧道施工技术研究

《城市地铁大断面软土层浅埋隧道施工技术研究》获2005年度中国电力科学技术奖三等奖。

地铁工程由于线路及埋深限定，无法避开不良地质及现有基础设施（交通干道、地下管线等）而采用软土层浅埋隧道的方案。广州地铁三号线林和西站布置在天河北路与林和西路交汇处，天河北路为交通繁忙的城市主干道，明挖大深基坑对两侧高层建筑的安全不利，故明挖方案被否定。该车站跨天河北路的主体部分长50.8m被迫采用暗挖，暗挖隧道穿越天河北路，埋深7.50～8.00m，开挖断面尺寸为20.20m×9.37m，属大断面双联拱软土隧道，在广州地铁尚属首例。

如此大规模的软土层浅埋隧道国内少见，通常的施工方法是将隧道分成5部分，先施工中导洞并浇筑钢筋混凝土的底梁，中柱和顶梁，形成安全支撑体系，然后再开挖左，右内外侧导洞。由于种种原因工期拖后半年开工，中标后又新增九号线桩基工程，约需4.5个月，总工期共缺少10.5个月。按常规施工方法根本无法确保按期建成通车。为此，我们经认真研究和计算分析，突破原有思路，创造出中导洞超前、两侧导洞紧跟的3洞并进施工方法，其核心是中柱＋台阶＋CRD暗挖工法，控制地面沉降及隧道变形，实现快速、优质、安全的目标。该项目主要技术特点是：

（1）在浅埋软土层中施工大断面暗挖隧道的中柱＋台阶＋CRD工法。

（2）对由隧道施工引起的地面沉降及变形采取的可行的控制措施。

（3）施工期的临时支护采用大管棚，超前小导管、注浆锚管、格栅拱架、十字钢支撑、双液注浆等综合技术。

该成果应用于市政与轨道交通工程施工，目前已在广州地铁得到较广泛的应用与推广。

获奖单位：中国水利水电第十四工程局

获奖人：于　涛　王仕虎　李　飞　宋本宇　赵玉泉　田金国　武志强

（摘自《中国电力科学技术奖获奖项目汇编》）

索风营下游倒张拱钢索桥工程施工工艺研究

《索风营下游倒张拱钢索桥工程施工工艺研究》获2005年度中国电力科学技术奖三等奖。

水电站的建设场地往往是在深山峡谷中，地形陡峭、交通不便。钢索道桥在水电站施工中的应用，提供了一种简便、快速、高效、可靠的交通手段，在减小投资的前提下可在水电站建设初期于两岸之间快速形成交通能力，有力地缩短了水电站的建设周期。

由于结构上的限制，传统的钢索道桥均为单车道，通行能力有限。为提高钢索道桥的通行能力，满足水电站施工的需要，索风营水电站下游索道桥创造性地引入倒张索的概念，运用荷载转移的原理，提高了桥身的结构刚性，满足了安全运行的条件，从而首次实现钢索道桥双向、双车道通行的目标。实际施工中，首次对桥身系统各内部张力提出了明确要求，对施工工艺及程序都提出了更高的指标。

该项目针对全新结构钢索道桥的施工技术进行了全面研究，在主索过河、桥体部件安装顺序、桥体空索矢度调整、倒张拱索调整等主要施工环节探索出一整套安全高效、切实可行的施工技术，在保证钢索道桥施工质量的前提下极大地缩短了钢索道桥的架设工期，充分显示出钢索道桥投资省、见效快的独特优势。建成后的索风营下游倒张拱索道桥经多次检测其运行工况完全达到设计要求。

双车道倒张拱钢索道桥在索风营水电站为首次应用，已体现出投资省、见效快、运输量大的特点，完全能够满足水电站工程建设的需要，在地处高山峡谷的各类建设项目中具有极好的推广应用前景，同时造型美观大方，亦适用作旅游观赏桥。

获奖单位：中国水利水电第九工程局

获奖人：阮海涛　张昭兵　肖洪斌　卢太权　赵铁臣　牟志强　胡洪浪

（摘自《中国电力科学技术奖获奖项目汇编》）

大型抽水蓄能电站高坝与深埋地下洞室群关键技术研究

河海大学承担的《大型抽水蓄能电站高坝与深埋地下洞室群关键技术研究》项目获得2005年度江苏省科技进步一等奖。

该项目对目前我国超过百万千瓦级的大型抽水蓄能电站工程建设中的高坝与深埋地下洞室群建造问题，开展了上库主坝的筑坝料工程特性、高坝坝基的抗剪强度特性、高坝的应力变形与稳定、高坝的长期变形和地下厂房洞室群的围岩稳定等关键技术问题研究。主要内容包括以下五个方面的专题研究：

（1）大型抽水蓄能电站高面板坝筑坝材料特性大型试验研究。研制了具有国际先进水平的大型应力路径控制三轴仪、大型渗透仪和大型压缩仪。分析和归纳了国内高面板坝设计资料，建立了大型筑坝料试验替代料试验的级配相似和等量替代的两步法。进行了大型三轴剪切试验研究，建立了考虑堆石料破碎的损伤计算模型。

（2）大型抽水蓄能电站高面板坝坝基缓倾角不连续面现场中型抗剪强度试验研究。开展了现场平洞的中型剪切试验，对每剪断试样量测剪破面的泥化厚度和起伏度，揭示了结构面抗剪强度指标与泥化程度和起伏度的定量关系。

（3） 大型抽水蓄能电站高面板坝有限元仿真分析研究。研究了高面板堆石坝在运行过程中不同工况下的堆石体变形、面板变形、坝坡稳定和面板拉应力范围，为大坝坝形优化设计和安全校核提供了重要依据。

（4） 大型抽水蓄能电站高面板坝蠕变有限元分析研究。对抽水蓄能电站土石坝开展蠕变问题研究。利用国内外现有工程的长期观测资料反演蠕变参数，通过蠕变有限元分析，得到了抽水蓄能电站上库主坝的长期变形和主固结变形，为大坝安全运营提供了保证。

（5） 大型抽水蓄能电站深埋地下洞室围岩稳定有限元仿真分析研究。建立了反映岩体软弱面和施工开挖流程全过程的连续仿真计算模型以及围岩稳定性广角度量化评判体系的理论和准则；建立了基于实测点地应力的多元回归反演初始地应力场的实用方法。研究成果已为江苏宜兴和无锡马山等大型抽水蓄能电站建设所采用，取得了显著的社会经济效益，对我省乃至国内其他地区大型抽水蓄能电站建设具有重要参考价值。

（河海大学）

小湾水电站堆积体抢险加固工程安全监测成果分析及预警分析研究

小湾水电站饮水沟堆积体方量 400 万 m^3。边坡安全监测全面系统地开展了表面变形、深部变形、预应力锚索、渗流、巡视检查以及 GPS 卫星定位监测；采用了国际上最先进的 TCA2003 测量机器人、TCR1101 全站仪、Sinco 测斜仪等先进监测设备，建立了高精度的 GPS 一机多天线卫星定位监测系统（精度 1.0～3.5mm）。该堆积体在施工期间曾发生大变形，危及到小湾工程的安全施工和工程顺利建设。通过先进的监测技术手段，及时快速的信息反馈，完善的安全预警系统，对边坡发生的变形进行了实时监测和及时预报，成功指导了边坡抢险加固设计和施工，为最终确保堆积体稳定和顺利推进小湾工程建设起到了关键性的作用。在国内边坡安全监测方面处于领先水平，2005 年获云南省科技进步三等奖，具有明显的社会效益和经济效益。

（中国水电顾问集团昆明勘测设计研究院）

华东勘测设计研究院获奖及专利项目

华东勘测设计研究院 2005 年获奖情况见表 1，获得专利情况见表 2。

表 1 华东勘测设计研究院 2005 年获奖情况表

序号	项目名称	获奖时间	获奖情况
1	天荒坪抽水蓄能电站工程设计	2005 年	第十一届全国优秀工程设计金奖
2	天荒坪抽水蓄能电站工程勘察	2005 年	第九届全国优秀工程勘察金奖
3	宁波市白溪水库工程设计	2005 年	第十一届全国优秀工程设计银奖
4	苏州河河口水闸工程科研报告	2005 年	全国优秀工程咨询成果二等奖
5	三峡水库（小江）引江济渭入黄结合开发抽水蓄能电站可能性分析报告	2005 年	全国优秀工程咨询成果三等奖
6	浙江省杭州绕城高速公路南段详勘阶段闸堰大桥工程地质勘察	2005 年	浙江省钱江杯优秀工程勘察一等奖
7	杨公堤工程恢复设计	2005 年	浙江省钱江杯优秀工程设计二等奖
8	华科住宅楼工程岩土工程勘察	2005 年	浙江省钱江杯优秀工程勘察二等奖
9	北国之春小区工程设计	2005 年	浙江省钱江杯优秀工程设计三等奖
10	杭州市第二垃圾填埋场工程建设用地地质灾害危险性评估报告	2005 年	浙江省优秀工程咨询成果二等奖
11	丽水市水利风景区控制性详细规划方案	2005 年	浙江省优秀工程咨询成果三等奖
12	镇海发电厂燃油改建燃气发电工程环境影响咨询报告	2005 年	浙江省优秀工程咨询成果三等奖

表 2 华东勘测设计研究院 2005 年获专利情况表

序号	专利名称	专利类型	专利号
1	一种兼顾构筑物保护措施的驳坎	实用新型	ZL 2004 2 0090831.4
2	一种嵌入式革构梁	实用新型	ZL 2004 2 0090830.X
3	直升翻板式闸门	实用新型	ZL 2004 2 0082734.0
4	大坝下游反调节池结构	实用新型	ZL 2004 2 0023803.0

（中国水电顾问集团华东勘测设计研究院）

11

国际合作与技术交流

对 外 经 营

中国水利水电建设集团公司2005年国际经营工作情况

2005年，中国水利水电建设集团公司（以下简称集团公司）按照“深入推进国际化战略，加快国际经营步伐”的要求，以科学发展观为指导，抓紧完善国际经营战略，加快建立国际经营新体制和新机制，稳步扩大市场范围，努力做好海外融资投资项目，积极推动经营结构和增长方式的转变，着力提高国际经营层次，经营成果再创历史最好成绩，使集团公司国际经营业务自1999年以来，连续六年上新台阶。

2005年，集团公司国际经营活动涉及到几十个国家，投标项目上百个，中标项目38个，其中1亿美元以上的项目3个，合同总额20亿美元以上；扣除联营体因素，集团公司中标合同额165302万美元，为2004年全年签约额90382万美元的183%；国际项目营业额及营业收入均有大幅度上升，经济效益良好，当年实现利润18237万元。

2005年公布的2004年全球最大225家国际承包商，集团公司继续稳定排在第81位。国际经营业务高质量的快速发展，已经成为集团公司新的经济增长点和支撑，为企业持续发展开辟了新的道路。

（一）国际经营工作的主要特点

(1) 经营结构多元化，国际经营的产业链延长。

集团公司采取向国际工程承包领域高端和下游开拓，使经营从成本竞争向差别竞争战略转移，几个重点融投资项目已进入到实质性运作阶段并取得阶段性的成果，标志着国际经营在核心业务上实现了跨越式发展。BOT（Build-Operate-Transfer，可以译为：建设—运营—转让）项目融资，是指企业或机构参与国家公共基础设施项目，并与政府机构形成一种“伙伴”关系，在互利互惠的基础上分配该项目的资源、风险和利益的融资方式。BOT项目融资的特点是，投资者组成项目公司，从项目所在国政府获取“特许权协议”作为项目开发和安排融资的基础。在规定的时间内，由项目公司在特许期内负责该项目的设计、投融资、建设、运营和维护，收回成本、偿还债务，特许期结束后，将项目设施所有权无偿移交给项目所在国政府的有关部门。同时，EPC（设计、采购、施工）、BOO（建设、拥有、经营）、BOOT（建设、拥有、经营、转让）等方式也在国际工程市场上占据越来越重要的地位。

继2004年集团公司与老挝政府签订装机容量10万kW的南俄5水电站项目BOT开发备忘录以后，2005年5月，公司又签订了南欧8水电站项目的开发备忘录。2005年7月，在温家宝总理和洪森首相的见证下，公司在昆明签署了柬埔寨甘再水电站BOT项目备忘录。

上述两个项目，使集团公司向融资领域和合作开发领域发展迈出了新的一步。标价2.8亿美元的柬埔寨甘再水电站项目，是集团公司运用BOT形式开拓国际市场的标志性项目。柬方评价认为，集团公司的技术方案优化，商务方案报价结构合理，融资方案切实可行。这是集团公司第一个海外投资开发的大型水电站项目。南欧8水电站项目是老挝大型的水电建设项目。该电站为混凝土面板堆石坝，总装机容量60万kW，年发电量近35亿kW·h；直接投资约10亿美元，为老挝经济、社会效益较好的水电项目之一。

在培育、开发市场和进入融投资领域中，集团公司在印度尼西亚、赞比亚、尼日利亚、马来西亚等国家的一些重点项目已经迅速跨越了竞争性投资项目、EPC项目、融资条件下的EPC项目，融投资领域等几个阶段。这种跨越，很多国内外经公司需要二、三十年甚至更长时间，而集团公司只用了短短几年时间。

(2) 企业地位上升、经营环境良好、品牌效果明显。

大型项目或投融资项目，往往是项目所在国的重点工程，国家级工程，因此，相关国家政府乃至国家领导人均高度重视。要获取这样的项目，既要有良好的经营业绩和品牌为依托，又要主动争得我国及有关国家政府高层的支持。近几年，集团公司领导及国际公司领导多次参加高层会见活动，包括会见巴基斯坦总理阿齐兹、刚果（金）总统卡比拉、老挝总理本南、柬埔寨首相洪森、尼日利亚总统奥巴桑乔和外交部长奥利耶米·阿达尼吉。在大湄公河次经济区域合作开发会议期间，郭建堂等领导同志直接向温家宝总理汇报工作；有关领导代表集团公司陪同吴仪副总理访问老挝、蒙古及中亚四国，并在全国对外经济合作会议上演讲；国际公司负责人陪同黄菊副总理访问马达加斯加，并在高层论坛上发表演讲等。

上述高层商务活动或高层会见的成行，标志着集团公司地位的上升，品牌效果明显，宣传了集团公司的综合实力和丰富的经营业绩，创造了良好的经营环境，直接或间接推动了项目的运作，为集团公司寻找了新的生存空间，增加了“中国水电建设第一品牌”的含金量。

(3) 呈现出一批以大项目和项目群为特点的国别市场。

在国际经营活动中，抓大项目，抓项目群国别市场的营销策略成果显著，印度、阿尔及利亚、安哥拉等国已迅速成为以项目群为特点的新的重要的国别市场。卡塔尔多哈机场及场地准备项目，阿尔及利亚苏夫供水项目等，都是1亿美元以上的项目。截止到2005年年底，集团公司拥有1亿美元以上的项目11个，1亿美元以上的项目群国别市场13个，这种状况是国内外经公司绝无仅有的。

2005年，又通过中标项目相继进入阿联酋、沙特阿拉伯、卡塔尔等海湾国家。这表明市场已从传统的经济欠发达国家渐渐进入到经济相对发达的国家，为提高经营活动的质量和效益提供了重要的支撑点。

(4) 产业结构多元化更为明显。

2005年，签约的项目中，水电站项目仅占15%，而市政和公路项目占31%，工民建及机场建设项目占36%，水利工程占18%。这说明，集团公司以核心技术为支撑的竞争力正在向相邻相关专业发展。在市场培育的过程中，不但涉足水电建设等核心领域，而且，积极探讨矿电合作，石油与电力合作等。这不仅对企业有利，而且对国家的资源战略也起到了积极的作用。

(5) 国外项目履约情况基本良好。

正在实施的60多个项目，涉及到32个国家，在建合同余额超过40亿美元。这些项目运行良好。集团内外比较关注的几个重大项目风险，经过艰苦的谈判和工作已经基本解除。

(二) 国际经营工作的主要经验

(1) 用科学发展观规划集团国际化跨越式发展的战略目标。

2005年集团公司确定了如下的国际化发展战略思想：“继续坚持‘四个统一’原则，优化资源配置，发挥整体优势，提高国际竞争力。积极拓展新的地区和国别市场，扩大经营地域范围，推进产业布局的调整。在向非水电领域拓展的同时，做好海外融资投资项目，推动承包方式的转变，着力提高国际经营的层次。”同时还提出这样的任务：“建立新的体制，在高端上运行，以融资、投资为主要特点，推动我国政府和相关政府间的经济技术合作，集团公司将以带资承包和投资开发为主，并且组建和形成自己的设计咨询力量和运行力量，完成集团国际经营产业链的前伸和后延。”更明确了国际经营工作“第二次创业”的要求，使国际经营工作不断取得新突破并获得持续化发展。

(2) 集团模式的国际化经营是外经业务做大做强的基础。

近几年，集团化的国际经营模式已经逐步形成。按照“四个统一”的原则，集团公司努力打造“六个中心”，即：集团公司(通过海外事业部/国际公司)成为海外业务的营销中心；在建项目的综合管理中心；在建项目的后勤保障中心；海外项目外币结算和资金融通中心；海外投资和资本运作中心；外事管理中心。

按照“六个中心”的要求，目前在财务支持方面，贷款、担保、保险、授信、退税等工作稳步推进；在后勤保障支持方面，物流管理体系基本形成，海外项目后勤保障中心的平台效应、规模效应初步得到体现；在外事管理方面，充分运用外事管理工作的“四权”，确保了出国人员正常出国执行公务。另外，经商务部批准：集团公司2005年还正式组建了利比亚、也门、约旦、安哥拉、坦桑尼亚代表处，成立了沙特分公司。目前，集团公司已在23个国家设立了25个代表处、经理部、子公司、分公司，为规范国外经营管理工作提供了必要的组织保证。

(3) 积极推动并建立一整套风险识别、控制、防范体系和机制，用科学态度规避风险。

目前，国际项目具有大项目多、重要项目多、融投资项目、风险因素多等特点，必须高度重视规避风险问题，重大决策都要经过海外事业部/国际公司充分论证后由集团公司总经理办公会研究决定。包括重大项目的立项、重要投资、在境外设置分支机构等。项目执行过程中，集团公司及有关工程局领导须对重大项目进行检查指导。

随着融投资项目日趋增多，公司成立了海外投资部及合同与风险管理部。国际经营部门已连续四年聘用国家一级律师，对重要国际经营合同文件进行严格把关。还组成专家委员会，对重大合同项目进行风险评估和技术论证，效果良好。

与此同时，海外事业部/国际公司注意从源头做起，注意按市场规律办事，审慎做好投标工作，努力把规避经济风险的工作做在经营工作的全过程。在对所有在建项目实施风险管理的同时，公司对重大项目实行重点管理、强制管理，提供全方位合同管理支持和技术专家支持。

(4) 转变经济增长方式，加强成本控制，提高创利水平。

国际经营部门及项目执行单位注意加强财务管理，规范国际工程会计核算工作，努力追求效益最大化，不断提高创利水平。据统计：2005 年，集团公司国际业务利润达到 1.8 亿元，从而使 2002～2005 年国际业务利润累计达到 3.6 亿元。这对提高集团公司整体经济效益产生了积极的推动作用。海外事业部/国际公司自组建以来，除全口径自负盈亏以外，连年经济效益良好，有效地支持了集团本部的经营活动。

(5) 坚持经营与管理并重的原则，组建适应国际化发展的工作机构。

2005 年，国际公司外抓市场，内抓管理，为集团公司的国际经营做了大量的卓有成效的工作。

与此同时，集团公司还在积极探索符合公司实际情况的国际化经营工作模式。按照海外事业部和国际公司并行运作，分别承担集团公司国际化战略不同职能的要求，海外事业部侧重于管理工作，国际公司侧重于经营工作。实践证明，这种模式是行之有效的。

(6) 坚持“以人为本”的基本方针，打造一支国际化的经营工作队伍。

2005 年以来，海外事业部/国际公司队伍规模在不断扩大，人数已经达到 164 人。组织建设、制度建设也不断得到了加强。经过几年的培养锻炼，这支队伍已具有较强的国际化经营能力。

党的十六届五中全会通过的《中共中央关于制定国民经济和社会发展第十一个五年规划的建议》中提出：“支持有条件的企业‘走出去’，按照国际通行规则到境外投资，鼓励境外工程承包和劳务输出，扩大互利合作和共同开发”。这又为国际经营工作提供了政策保证。

（中国水利水电建设集团公司海外事业部）

西北院国际工程设计的回顾

（一）概况

中国水电顾问集团西北勘测设计研究院（以下简称西北院）参与国际工程承包业务始于 1987 年的土耳其隔德赞水电站机电工程投标。通过 1993 年叙利亚迪什林（TISHRIN）水电工程（6×105MW）机电标的实施，初步完成了人力资源储备，继而在 1995 底组建专门机构，主动开展国际工程市场的开发。2002 年，西北院中标伊朗塔里干（TELEGHAN）水利枢纽工程，首次承揽包括土建设计在内的大型国外水电工程设计工作。

随着后来的马来西亚巴贡（BAKUN）水电工程土建标、巴基斯坦阿莱瓦（ALLAIKHWAR）水电工程土建标，巴基斯坦真纳水电站项目、老挝赛德 2 水电工程项目、越南宣光 TQ1 标、柬埔寨甘再水电项目等成功签约与中标，使西北院的国际经济合作工作有了突破性的进展。

截至 2005 年年底，西北院已签订国际工程项目 12 个，外经合同总额达 2.14 亿元人民币，年度收入连续两年达 3000 万元。完工项目 5 个，正在履约项目 7 个，项目分布在南亚、东南亚、中东、非洲等。

西北院在其承担的所有国际工程项目中，90%的是作为项目的设计分包商。在整个过程中，设计分包商不直接面对业主，总的来说外经业务还处于发展初期，多元化的发展需求还十分明显。

（二）国际水电工程设计的责任划分模式与特点

经对西北院近年内所参与的国际工程设计项目（包括投标与履约不同阶段）与 FIDIC 提出的承包模式进行对比，认为国际水电工程的承包模式的主流仍以 FIDIC 提出的几种模式为主。各种模式及特点如下：

(1) 单价施工合同（CONS）：工程设计由业主或业主聘请的咨询工程师完成，承包商依据业主的设计，进行工程施工并自行出车间图。

(2) 单价合同及工程设计（CONS＋D）：工程的初步设计由业主的工程师完成，承包商负责施工阶段的设计，设计深度相当于施工阶段，但由于是单价合同，因此业主工程师对图纸的审批非常严格与认真，任何用于计价的设计产品及其依据均是业主工程要审查的对象。

(3) 设备和设计建造合同（P&DB）：根据业主的要求，承包商提供机械设备、电气设备的成套设计并负责设备的采购、供货、安装与验收。

(4) 交钥匙合同（EPCT）：承包商进行电站的所有设计、采购、施工、安装、调试、验收。这种合同模式适用范围最广。设计院在这种模式下责任较大。整个设计方案的论证、复核、设计、计算、试验均属工程设计的范围。

（三）国际工程市场定位与合作伙伴选择

国际水电工程因其自身及客观上的复杂性，在前期有较大的风险投入。针对这一特点及多年的国际工程市场经验，西北院科学地确定外经战略，适时调整院国际化经营格局，并甄选进入国际工程细分市场的方式与策略：

首先，将近年西北院的国际化经营定位于成为“列车组”成员方式，即与有实力的国际工程公司合作，成为其团队中的重要成员，并作为设计分包商与主承包商一齐开拓国际水电工程建设市场，将能控制风险的业务——水电工程设计作为开发的重点。

其次，精选合作伙伴，并据此加强与精选后的合作伙伴的合作力度，集中人力资源优势谋求发展，同时将自身市场与合作伙伴的市场结合，根据其在不同的市场的特点进行合作。

同时，积极开展咨询市场开发，加强以独立身份进入咨询市场的资质储备及基础建设；适当地推进与融资能力强、市场网络发育好的外经公司在总承包领域的合作。

（四）国际工程设计的重点问题

当国际工程项目设计从设计策划的方式开始，大到总体进度一次确定，小到设备编码、设计文件编号无一不处于业主工程师、业主代表的监督之下。就连制图的方式、方法、设计报告中的文字表达也时有业主工程师提出异议。诸如此类设计过程中的不同，给国际工程设计带来了一系列的变革，在技术决策体系、校审签的划分、技术文件构成、格式、表达方式与方法等方面做的变革就数不胜数。

在国际工程项目履约中，如下问题妥当处理是有效履约的关键：

(1) 合同模式应让设计人员深入理解，并贯彻在设计的全过程中，设计工作不再是一般是如何做，而是基于合同对设计的要求，根据合同的要求开展设计工作。

(2) 集约式设计应代替粗放式设计，设计的全过程处于控制过程中。如作为承包商的设计分包商，经济性应贯彻于所有方案的确定过程中。

(3) 设计审批成为一个新的进度制约点，应在设计进度中充分考虑其对工程总进度的影响，应将其视为影响工程进度的关键因素，在此前提下确定工程总体进度。

(4) 工程组织与实施不再是国内的单纯施工组织与实施的概念，应统筹考虑设计工作的展开与工程总体进度，合理安排工序与工期。

(5) 技术管理体制应与国际工程设计的要求配套，突出经济性、客户要求，决策不再是单一的技术决策，应广纳经济与合同要素，形成多元决策环境，需要确立新的、与项目合同要求匹配的决策原则。

（中国水电顾问集团西北勘测设计研究院　王永强）

国 外 工 程

中国承建缅甸瑞丽江水电站情况

缅甸瑞丽江（Shweli）水电站为中国与缅甸合作的水电项目，采用国际上通行的BOT投资运作模式，即由中国公司在缅甸投资建设瑞丽江水电站，并运行管理，40年后将电站交还缅甸。在中国公司运行管理期间电站发电收益分配为：中国公司约占80%，缅甸政府约占20%。中国公司为云南联合电力有限公司，其投资方为云南华能澜沧江水电有限公司（40%），云南电网公司（40%），云南机械设备进出口有限公司（20%）。中国水电顾问集团昆明勘测设计研究院（以下简称KHIDI）负责该工程的咨询与设计工作。其建设情况简介如下。

（一）工程基本条件

瑞丽江水电站位于缅甸北部掸邦境内紧邻中缅边界的瑞丽江干流上。电站距缅甸南坎、腊戍、曼德勒、密支那的公路距离分别约为63km、257km、539km、315km。目前，电站所在地至南坎已有简易公路相通。电站至中国境内的瑞丽、大理、昆明的公路里程分别为94km、516km、893km。

瑞丽江发源于中国云南省高黎贡山西侧，为伊洛瓦底江左岸一级支流，自南畹河口进入缅甸国境，在缅甸又称南卯河（NAMMAO）。瑞丽江自瑞丽盆地进入下游山区后，江面突然缩窄，河床变陡，江水流速加快。在距中缅边境约30km的MANTAT村附近，河床形成一系列跌坎，落差集中。仅在绕MANTAT村约7.2km的河道上，就集中落差近300m，水力条件十分优越。

电站工程所处河段两岸山势陡峻、河床深切、水流湍急、植被良好。枢纽区分布的基岩以寒武系高黎贡山群的花岗质混合片麻岩、眼球状片麻岩、阴影混合岩为主，长英质混合岩、长英片岩及黑云母角闪片岩等次之，片岩多呈夹层状。地表第四系地层广有分布。首部河床基岩裸露、坚硬完整，厂区有冲积层覆盖，岸边有基岩局部出露，岩石坚硬完整。根据中国地震烈度区划图推估，电站工程区域基本地震烈度为Ⅷ度。

瑞丽江水电站控制流域面积12595km^2，坝址上游中国境内水文站有1957年7月～2001年12月连续45年实测资料，坝址多年平均流量365m^3/s，多年平均沙量876万t，多年平均含沙量0.760kg/m^3。

（二）勘测设计、施工过程

瑞丽江在缅甸境内河段未进行过全面规划，

项目的开发一直仅针对瑞丽江水电站这一项目展开。该项目的考察勘测工作始于1955年，南斯拉夫工程师对该项目进行了现场踏勘，提出了项目考察报告。

中国工程师对该项目的考察工作是从1994年12月开始的。从1996年1月～2002年2月，昆明勘测设计研究院先后5次现场踏勘，对地形、地质、水能、水文、交通等基本情况进行了初步调查，在完成了一些方案研究后，认为该项目经济上很有吸引力。根据缅甸北部地区的电力需求情况，建议按400MW水电开发项目进行可行性研究。该建议被缅甸国家电力部（DHP）和缅甸政府所接受。

2002年2月26日，缅甸国家电力部（DHP）与云南机械设备进出口有限公司（YMEC）签订了缅甸Shweli水电项目咨询服务合同。2002年3月，YMEC和KHIDI正式开展shweli水电项目的可行性研究工作。2002年7月完成《缅甸瑞丽江（Shweli）水电站可行性研究中间报告》。2002年12月完成《缅甸瑞丽江（Shweli）水电站可行性研究报告》。2003年3月《缅甸瑞丽江（Shweli）水电站可行性研究报告》通过缅甸国家电力部审查。2003年12月开展缅甸瑞丽江（Shweli）水电站招标技术文件编制。

2004年2月15日瑞丽江水电站工程开工。目前，已完成大部分首部枢纽、引水系统、金属结构和部分厂区枢纽施工图；完成主机订货和部分电气设备、金属结构订货。

（三）枢纽主要建筑物

根据该项目的自然条件，本电站采用引水式开发。主要的水工建筑物包括：首部枢纽、引水系统和厂区枢纽。

缅甸瑞丽江水电站装机容量600MW。工程建筑物的等级划分及防洪标准参照中国标准，枢纽工程等级为二等，工程规模属大（2）型，主要建筑物为2级，次要建筑物为3级，临时建筑物为4级。考虑本工程为缅甸工程，洪水标准按《防洪标准》取上限，本工程采用的洪水标准见表1。

表1 洪水标准

位置	类别	重现期(年)	洪峰流量(m^3/s)
大坝	设计洪水	500（$P=0.2\%$）	6940
	校核洪水	2000（$P=0.05\%$）	8380
厂房	设计洪水	200（$P=0.5\%$）	6000
	校核洪水	500（$P=0.2\%$）	6940
消能防冲	设计洪水	100（$P=1\%$）	5300

混凝土重力坝建基面高程688.0m，坝顶高程735.0m，最大坝高47.00m，坝顶长162.0m，正常蓄水位725.0m，设计洪水位730.86m，校核洪水位733.684m，死水位717.0m。

非溢流坝段坝顶宽6m，上游坝坡垂直，下游坝坡为1∶0.8；左岸坝段长34m，设置一道储门槽；右岸坝段长58m，设置了两道储门槽。在非溢流坝段靠上游面底部布设2m×2.5m（宽×高）灌浆排水廊道。在左岸和右岸坝肩各布设1条长20m和45m的2m×2.5m（宽×高）灌浆廊道。

坝体中部布置溢流坝段，溢流坝段长70.0m，溢流堰为WES实用堰。采用5孔溢流表孔，孔口宽均为10m。其中间3孔堰顶高程713.0m，两边孔堰顶高程717.0m，中间溢流表孔布置3扇10m×12m（宽×高）的弧形工作闸门，布置3孔10m×12m（宽×高）的平板检修闸门门槽，设置了1扇10m×12m（宽×高）平板检修门；两边孔的溢流表孔设置了2扇10m×8m（宽×高）平板门。在溢流坝段靠上游面底部布设2m×2.5m（宽×高）灌浆排水廊道。消能方式采用底流消能，消力池长度80m，并在消力池内布设消力墩和排水孔。

泄洪、冲砂兼导流洞工程由引渠、隧洞、出口明渠三部分构成。洞前引渠长约102m，隧洞长约259m，出口明渠长约155m。

引水隧洞从进水口至调压井全长为5.118km，引水隧洞底坡为5‰，采用圆形断面，内径为8.5m。调压井为阻抗式，内径为16m，高96m。压力钢管道布置为双管方案（“两管六机”），即调压井后设置两个事故检修闸门井，主管为平行布置的两条（均为地下埋管），内径为5.2m。1号、2号钢管道（主管）长度分别约为1104.500m、1108.294m（至岔管中心），由岔管分成三条支、锥管分别进入主厂房。支、锥管直径分别为4.24m、3.0m。支管在厂房上游墙侧由3.0m渐变为1.8m后接球阀。

电站厂房将分两期共安装6台100MW的水轮发电机组，厂房采用集中布置的方式将主机间、安装间、下游副厂房、下游室内GIS楼、端头副厂房和尾水渠合并布置。厂房结构尺寸为124.94m×57.6m×52.00m，采用钢筋混凝土框架结构，屋盖采用钢屋架结构。

（四）工程投资及经济评价

电站装机容量600MW，年发电量4033GW·h；静态总投资30269万美元；单位千瓦投资504.48美元；销售税后上网电价为2.2美分/(kW·h)；投资利润率为9.71%；投资利税率为12.78%；投资回收期为12.01年；借款偿还期为8.07年；静态单位电度投资为7.51美分/(kW·h)。

（中国水电顾问集团昆明勘测设计研究院 袁月明）

老挝南梦3水电开发项目设计简介

老挝南梦3水电站项目是中国水利电力对外公司以卖方出口信用贷款承建的交钥匙合同项目，项目业主方是老挝国家电力公司。

工程于2002年11月18日开工，2004年6月1日水库下闸蓄水，2004年10月1日第一台机组投产发电，2005年1月18日两台机组正式并网发电，工程竣工并移交老挝国家电力公司。

南梦3水电开发项目由中国水电顾问集团昆明勘测设计研究院设计，有关情况简介如下。

（一）工程概况

南梦3水电开发项目位于老挝万象以北60km处，首部枢纽位于海拔高程750m的Phou Khaokhouay高原地区，厂区枢纽及灌区位于NamNgum平原。主坝位于Nam Gnong河上，Ban Vanghua村附近，坝址距万象约70km。

南梦3号水电站属跨流域引水发电和灌溉的综合水利水电开发项目。工程将高原地区的梦河支流的Nam Gnong河及Nam Ngeun河引入Napheng平原的Nam Gnam小溪，利用近544m的落差进行发电，同时也利用电站发电尾水灌溉约2900hm^{2}的农田。

南梦3电站水库正常蓄水位750.0m，死水位742.0m，水库正常蓄水位750.0m以下库容4943.09×10^{4}m^3，有效库容为4416.92×10^{4}m^3，具有多年调节能力。电站装机容量2×20.0MW，水量利用率86.3%，多年平均发电量133.85GW·h，其中汛期（6～10月）电量82.71GW·h，枯期（11月～次年5月）电量51.14GW·h，装机利用小时3346h，电站可靠出力10.1MW（P=99.6%）。

南梦3电站水库校核洪峰流量1030m^3/s，校核洪水位751.74m，水库设计洪峰流量778m^3/s，水库设计洪水位751.26m。按中华人民共和国《防洪标准》（GB 50201—1994）及《水利水电工程等级划分及洪水标准》（SL 252—2000）的规定，枢纽工程级别为三等，主坝、副坝、泄流底孔、电站进水口、发电引水隧洞、压力钢管、尾水调节池坝、灌溉尾水渠等为3级建筑物。

南梦3水电站工程所处河段两岸为缓坡台地、植被良好。枢纽区分布的基岩以泥质粉砂岩、粉砂岩、泥岩分布。岩层大体为水平走向。电站工程区域基本地震烈度为Ⅵ度。

（二）工程布置及主要建筑物

1. 工程总体布置　枢纽工程主要由主坝（B）、鞍（副）坝、引支流坝、引支流隧洞、引水发电系统、升压站、尾水调节池坝、尾水灌溉渠、KHOKSA变电站、THANALENG变电站及长约55km的输电线路组成。主坝位于Nam Gnong河上，坝址以上流域面积为68km^2。鞍坝位于主坝东面、电站进水口处。引支流坝位于Nam Gnong河下游左岸支流上，由一条无压隧洞引水至水库，坝址以上流域面积为13.6km^2。由位于水库南岸副坝左岸的电站进水口、发电引水隧洞和压力钢管组成的引水系统，将库水引至Nam Ngum平原上的厂房发电，尾水首先进入尾水调节池，利用灌渠引水灌溉下游农田。电站升压站位于主厂房上游的缓坡台地上，将发电机电压升压至115kV后，通过输电线路接至南边36km处的KHOKSA新建变电站，再接至THANALENG新建变电站，进而和EDL高压系统相连并送电泰国。

2. 首部枢纽布置　水库由主坝和鞍坝挡水形成，库容4.943×10^{4}m^3，正常高水位750.0m，设计洪水位751.26m，校核洪水位751.74m。主坝（B）为碾压式混凝土重力坝，最大坝高28m，坝顶高程753.00m，坝顶长度154.45m。泄洪建筑物由河床开敞式溢流坝和兼作导流的泄洪冲砂底孔组成。溢流坝段前缘长度为54.0m；分4孔，每孔净宽12m；泄流底孔尺寸为3.0m×4.6m（宽×高）。鞍坝为均质土坝，坝顶高程为754.0m，最大坝高19m，坝顶长度为437.0m。引支流工程由位于Nam Gnong河下游左岸第一条Z1支流上的混凝土溢流堰、引支流隧洞组成。溢流堰堰顶高程754.4m，长度13.6m。引支流隧洞长354.9m，进口底板高程751.91m，出口底板高程747.3m，底坡1.32%。电站进水口布置在副坝前左岸山谷内，最低运行水位为742.0m，底板高程为737.0m。顶部操作平台有一长30m的道路与副坝顶部相连，操作平台高程754.0m 。

3. 发电引水系统布置　电站引水系统由水库疏通渠、进水口、发电引水隧洞、调压井、槽挖浅埋式压力钢管组成。引水系统采用一管二机布置形式，电站设计水头549.76m，引用流量9.2m^3/s，单机引用流量4.6m^3/s。电站取水口布置在鞍坝前左岸山谷内，由疏通渠（引水明渠）将库水引至鞍坝前。发电引水隧洞穿过鞍坝基础，其后与压力钢管相连。压力钢管位于万象向斜一平缓的斜坡上，该坡平缓均匀，沿线自然山坡稳定。水库疏通渠底宽12～25m，长1200m，底板起点高程740.0m；发电引水隧洞为圆形断面，内径2.2m，长514m；调压井为一座露天竖井，内径4.5m，衬砌厚度50cm。压力钢管为槽挖浅埋式，长 3183.6m，直径 1.0～1.8m。

4. 厂区布置　地面式厂房，根据地形地质条件，主厂房纵轴方向顺地形等高线布置；副厂房布置在主厂房上游侧及右端；升压站布置在主厂房上游坡顶处平台。

（三）项目的主要特点及创新性、先进性

老挝南梦 3 水电站的压力钢管，长 3183.6m，静水头 544m，管径 1.78～1.6m，属于高水头压力钢管。由于地形条件的制约，整个钢管沿 15°左右的山坡布置。调压井部位为地下埋管（长 54m），跨越冲沟部位为明管（长 80m），其余部位均为回填管（长 3049.6m）。

回填管：即沿管线开挖出管槽并安装钢管后，再直接回填土石（取消传统的管外再包钢筋混凝土），除钢管转弯处采用镇墩外，镇墩之间无伸缩节及支墩。

在现行的电力行业标准《水电站压力钢管设计规范》（DL/T 5141—2001）和水利行业标准《水电站压力钢管设计规范》（SL 281—2003）中，均无计算理论、计算公式可查。本工程的压力钢管设计计算方法尚属国内首例。

回填管适合于地形坡度小于 20°的地面布置，能够恢复原来植被，保护生态环境，同时可明显降低工程造价，提高施工进度，因此，作为一种在国内新型的管型布置方式，具有较大的推广价值。随着我国对水电工程环境保护的日益重视，回填管的应用机会将越来越多。

（四）设计总评价

老挝南梦 3 水电开发项目的建设工期仅 2 年 2 个月，建设速度快，工程质量较好，在同类型的水电工程中处于较先进的水平。

电站各设计阶段审批程序完备，执行规范正确，设计标准合适，参数选取合理，实践表明，电站的勘测设计是成功的。

电站枢纽布置合理，运行管理方便。尤其是压力钢管为槽挖浅埋管设计，保护了老挝国家森林公园的生态环境，深受老挝业主好评，赢得较好的国际声誉。

（中国水电顾问集团昆明勘测设计研究院　李　艳）

缅甸邦朗水电站引水发电建筑深化研究

（一）工程概况

缅甸邦朗水电站是缅甸目前已建的最大规模的一座水电工程。工程位于缅甸中部的曼德勒省南部重镇彬文那附近、锡唐河上游支流邦朗河上。彬文那南距仰光约 400km，北距我国云南省畹町口岸 770km，仰光至曼德勒的主要公路和铁路均从彬文那通过，电站距彬文那约 20km。

电站正常蓄水位 190m，相应库容 6.9 亿 m^3，安装 4 台单机容量 70MW 的水轮发电机组，多年平均发电量 9.48 亿 kW·h，属二等大（2）型工程。工程以发电为主，兼有灌溉、防洪等效益的综合利用工程。

1982 年 12 月挪威咨询公司（NORCONSULT，NORWAY）提出了《邦朗工程评估报告》，并于 1983 年 5 月完成《邦朗工程招标文件》；1990 年挪威咨询公司重新进行了投资估算。

1998 年云南机械设备进出口公司（YMEC）和缅甸国家电力公司签订了“邦朗水电站引水发电系统的技施设计、施工指导、质量监控并提供成套机电设备”的合同。中国水电顾问集团昆明勘测设计研究院承担了其中的技施设计、现场服务和质量监控工作，中国水电第十四工程局负责施工指导和机电设备安装调试。

工程于 2004 年 6 月开始下闸蓄水，7 月底首台机组投产发电，10 月份第二台机组投产，截止到 2005 年 3 月，工程全部四台机组安装完成，投入商业运行。工程各项指标均达到设计要求，取得了预期的效果，YMEC（云南机械设备进出口公司）和缅甸国家电力公司都满意。《缅甸邦朗水电站引水发电建筑深化研究》获云南省 2005 年度科技进步三等奖。

（二）工程枢纽总布置

邦朗电站工程枢纽由心墙堆石坝、右岸开敞式无闸门控制台阶式溢洪道、右岸两条导流洞、右岸放空底孔（1 号导流洞改建）、右岸旁通洞及地下引水发电系统等建筑物组成。

大坝为黏土心墙堆石坝，坝顶高程 203m，最大坝高 130m，坝顶宽度 14m，坝顶长 945m，上游坝坡 1∶2.5，下游坝坡 1∶1.9。黏土心墙顶部宽度 5m，上下游坡比均为 1∶0.3，两侧分别设置两层反滤层和一层过渡层，厚度分别为 4m、5m、6m。坝体总方量约为 1190 万 m^3。

溢洪道布置于右岸缓坡台阶地形处，采用无闸门控制、5 级台阶消能方式。首台引渠高程为 180m，其余各台高程分别为 160m、125m、100m、75m，在开挖完成后，前四级台阶末端浇筑 10m 高的堰体。首台堰顶高程 190m，与正常蓄水位相同，堰顶长度 160m，第二台底部宽度 130m，其余各台底部宽度为 100m。

两条导流洞布置于右岸，断面尺寸 9.5m×14m，方圆形断面面积 125m^2，长度分别约为 960m 和

920m。其中，1 号导流洞后期改建为放空底孔，2 号导流洞后段与尾水洞结合。

引水发电系统布置在右岸，位于溢洪道和大坝之间。引水系统包括引渠、进水口、压力竖井、钢筋混凝土岔管及钢管道等建筑物组成。发电建筑物包括地下厂房、主变室、运输洞、事故紧急出口、户外开关站、洞口副厂房等建筑物。厂房安装 4 台单机容量 70MW 的水轮发电机组，采用单洞双机引水。尾水建筑物包括尾水闸门室（与主变室结合布置）、尾水调压室、尾水隧洞（与 2 号导流洞结合）及螺旋洞等。主厂房长 101.2m、宽 15.1m、高 31.4m，主变室长 79.3m、宽 14.2m、高 17.0m。尾闸室及尾水调压室等主要洞室群采用平行布置，主厂房与主变室间最小净距 19.6m，其间设四条母线斜井连接。厂区对外交通由交通洞和通风/紧急斜井组成，在交通洞口布置洞口副厂房，在大坝下游坝脚外河床部位布置地面开关站（95.5m×141.0m）。厂区主厂房、主变及尾水闸门室及尾水调压系统等主要洞室山体覆盖厚度约为 100～120m，水平埋深大于 100m。

（三）引水系统布置

电站进水口设平行的两个进水口，中心间距 19m，其间留岩埂（顶部高程约 177m，宽度 6～7m），每个进口由中墩分开，共有四个进水口，分别设拦污栅检修门（按 64°倾斜布置，孔口宽度 5m，尾水闸门共用），拦污栅（按 70°倾斜布置，孔口尺寸 5m×31m，并设有 10 根横向支撑梁），事故检修门[按 75°倾斜布置，孔口尺寸 3m×8m（斜高）]。为减少工程量，设置旁通洞与 1 号进水口结合布置，进口底板高程 160m，孔口尺寸 3m×7.65m（斜高），与进水口共用门槽和检修门，旁通洞检修需要检修门挡水时，启用检修门上的支托，使门停在旁通洞口挡水。

进水口操作平台顶高程 194m，进水塔高度接近 45m，整个塔体属较为单薄的板墙结构，拦污栅进口以下的边墩、中墩混凝土墙厚仅为 1m，只在检修闸门附近渐变为 2m；拦污栅进口以上的边墩、中墩混凝土墙厚仅为 0.5m。为提高整体抗震性能，在 170m、176m、182m、188m 高程设置厚 0.4m 的混凝土板。操作平台顶高程 194m，板厚 0.5m，总宽 16.501m，总长 52m。

进水口操作平台布置移动式清污机一台（轨距为 3m），布置移动式高低腿门机两台（高腿在高程 200.5m，低腿在高程 194m，门机轨距为 11m），为启闭拦污栅检修门，其中一台采用长臂。

压力竖井布置（采用外“八”字型布置，上部中心距 19m，下部中心距 28m）为一管二机，在满足结构和设备布置的前提下，尽可能减小引渠宽度，缩短操作平台长度；不仅减少了工程量，而且方便了布置。采用钢筋混凝土岔管，且为尽量加大岔支管间岩体厚度，变常规的锥管为在锥形管的基础上直接切除一部分弓形。四条压力钢管每条长度仅约 17m，相对国内同类工程，是最短的。

（四）旁通隧洞布置

为减少工程量和降低造价，旁通洞进口与电站进水口结合布置，直接布置在 1 号进水口的顶部（底板高程 160m），有压段为方形渐变结构（由 3m×7.65m 渐变为 4m×4m），长约 30m。工作闸门室内设置弧形工作门（孔口尺寸为 4m×4m），液压油机布置在 173.94m 高程平台，通过断面为 5m×5m 的竖井达地面高程 203m。工作闸门后为无压段，前段长约 13m，断面为矩形，底坡为 20%，其后为宽 5m 高 6.5m 的方圆形断面，长约 200m，底坡为 10%，出口底高程为 137.139m，位于跌坎式溢洪道第二台（其底部高程为 125m）的左侧边坡马道上。

（五）放空底孔（1 号导流隧洞改造）

工程设有两条导流隧洞，在 1 号导流洞中部（靠下游侧，距离导流洞约 400m）设置底孔闸门室，以便初期旁通供水和后期放空水库。另一条导流隧洞后期用混凝土封堵，其下游洞段兼作发电尾水隧洞。

底孔闸门室在垂直导流洞方向长约 26m，高约 26m，宽约 13m，城门洞型。为减小孔口尺寸，设中墩将闸室分为二孔，平行设置平板工作门（1.4m×3.45m）和事故检修门（1.4m×3.75m）各两扇，由液压油机控制闸门启闭，为安装和检修闸门及油机，设置有移动式桥机，由锚杆锚固于闸室顶部岩石上。为方便施工和对外交通，平面上经交通洞，过主变廊道到达闸室，还可通过斜井到达主厂房发电机层，另外，通过闸室设置了通气/事故紧急斜井，断面为方圆形（3m×4m），斜井坡度约 59°，高约 90m，内设钢楼梯达地面约 185m 高程，以保证底孔泄流时补气和地下厂房事故时，人员撤离，同时控制斜井内风速不大于 35m/s。

底孔的泄流能力为：库水位 160m 时，全开运行的泄流量为 342m^3/s。

（六）地下厂房

邦朗水电站的发电厂房采用首部式地下厂房，安装四台单机容量 70MW 的混流式水轮发电机组。主厂房全长 101.2m，宽 15.1m，共布置四台混流式机组，机组间距 14m，主机间建基高程 63.3m，水轮机安装高程 74m。安装场和端部副厂房靠近交通洞进口，紧邻 4 号机组。引水钢管碟阀布置在 70.2m 层，以下为尾水肘管段，机组间设置有 1 号、2 号、3 号、4 号共四个渗漏集水井，其间通过 ϕ500 钢管联通，集中在4号机组端部70.2m高程布置抽排水设备，将渗水通过在尾水洞衬砌内的预埋管排往尾水闸门后的尾水洞内。安装场下部76.3m高程布置水机空气压缩设备，81m高程布置11kV、400/220V配电等设备。

主厂房分为蜗壳层（高程70.2m），水轮机层（高程76.3m），中间层（高程81m），发电机层（高程85.6m）四层。由尾水管底板（高程64.658m）至厂房顶拱（高程101.66m），总高37m。为方便施工和加强结构整体性，1号、2号和3号、4号各为一体，其间设永久变形缝，同时，中间层和发电机层的楼板需设置锚杆与岩体连接。另外，主机间与安装场间、安装场与端部副厂房间均设变形缝，机墩采用三点式支墩，同时，为减小厂房开挖跨度和尽早安装桥机，采用岩壁式吊车梁，轨顶（高程96.8m），梁长81.1m。设有两台105/20t桥机，轨距14.5m。

对单机容量70MW的机组，采用三点式机墩，便于设备布置，减小厂房跨度和机组间距，减少开挖、支护和机墩混凝土工程量，为方便施工，加快进度，节约投资创造了条件，取得了较好的社会经济效益。

（七）主变压器室设计

主变压器室长79.2m，高16.4m，宽17.0m，设计断面为城门洞型，尾水检修门井也布置在主变压器室内，采用主变压器室与尾水闸门室结合，有利于洞室布置和改善水流条件，也有利于围岩稳定和减少洞室开挖支护量，还避免了设置两套启吊设备，对缩短工期和降低造价都有明显的效果。

主变压器间布置在主变室上游侧，分为两层，下层布置主变及水冷设备，上层作为铺设通风管和高压电缆通道。共四个间隔，每隔布置三台分离式单项变压器及水冷设备，长度12m，其间设1.7m的通道，经母线斜井达主厂房发电机层。

主变压器下游侧作为通道及尾水门井位置，为安装和启闭尾水闸门，以及主变压器的吊运，在尾闸上部布置了一套750kN单向桥机，桥机上游侧利用主变室墙体支承，下游侧用岩壁梁支承。桥机轨距5m，轨顶高程为106.2m。

（八）尾水调压系统

尾水调压系统布置结合施工交通一并考虑，布置非常巧妙，既保证功能要求，又方便施工。首先与交通洞垂直布置城门洞型洞室，宽9.5m，高9～13.3m，长118.686m。此洞段作为调压室上室，同时作为开挖尾水岔洞上部的通道，并在其中部布置螺旋洞，断面宽6m，高6m，转弯半径30m，转360°至上室下部，并通达尾水底板高程66m，除满足水流条件外，还作为开挖尾水洞和主厂房底层的交通运输道。

4个尾水洞先合二为一，然后再合二为一与尾水调压洞及螺旋洞出口交汇，并直线延伸与2号导流洞相交，与部分导流洞结合。

（中国水电顾问集团昆明勘测设计研究院　刘国良）

越南宣光水电站面板坝设计咨询与施工监理咨询

受越南电力工程第一咨询公司的委托，中国水电顾问集团华东勘测设计研究院于2002年9月～2003年7月承担越南宣光水电站混凝土面板堆石坝技术设计第一和第二阶段（其深度介于中国电力工程可行性研究和招标设计阶段之间）设计咨询；2003年12月～2006年7月承担混凝土面板堆石坝施工监理咨询。

宣光水电站位于宣光省文言乡（Vinh Yen ommune）和南杭镇（Na Hang town）交界的Gam河上，是修建在Gam河上的第一个水电工程，距宣光省约113km，坝址以上流域面积14972km^2。

宣光水电站以发电为主，兼顾下游北方三角洲地区的防洪及枯水期供水。电站装机容量342MW，保证出力81MW，多年平均发电量12.95亿kW·h。水库正常蓄水位120.00m，总库容22.45亿m^3，防洪库容10.00亿m^3，为年调节水库。

水电站枢纽由拦河坝、溢洪道、河床式厂房、开关站等组成。拦河坝为混凝土面板堆石坝，右侧在面板堆石坝和发电厂房之间布置一个混凝土重力坝段作为过渡坝段，溢洪道布置在发电厂房的右侧。

混凝土面板堆石坝坝顶高程124.5m，面板堆石坝坝顶全长634.0m，最大坝高91.5m，坝顶宽度10.0m，上游坝坡1∶1.4，下游坝坡1∶1.5。坝体填筑料来自距坝址3km的石料场，岩性为石灰岩，坝体填筑量共420万m^3。

面板周边缝底部设置铜止水，表面为SR塑性止水填料。垂直伸缩缝间距12m，河中压性缝底部设置止水铜片，上部设SR三元乙丙盖片；两岸张性缝底部设置止水铜片，顶部设置SR塑性止水填料和SR三元乙丙盖片。面板顶部与坝顶防浪墙底部之间的水平缝，设置止水与周边缝相同。混凝土面板高程70.0m以下采用C25W12F100；高程70.0m以上采用C25W8F100。混凝土面板采用一次性张拉施工。

坝址处基岩以灰色薄层页岩夹薄层灰岩和灰色厚层灰岩为主，相间分布；弱风化薄层页岩和厚层灰岩的饱和单轴抗压强度分别为20MPa和40MPa。右岸及左岸大部分趾板坐落在弱风化岩石的中上部，趾板宽度在高程70.0m以下为7.0m，高程70.0m以上为

5.0m；相应的趾板厚度分别为60cm和50cm。

由于右岸地形低，无法布置趾板，故在右岸设置混凝土高趾墙，高趾墙最大高度为50m，外侧垂直，内侧（与堆石体连接部位）坡比1∶0.65，高趾墙底部设置灌浆排水廊道。

左岸趾板基础高程90.0m以上，基岩弱风化线不再抬高；高程90.0m至坝顶，全风化岩石的厚度达20m以上，但全风化岩石的SPT值均在15击以上，天然状态下的密度达到1.80kg/cm³，全风化岩石的密实性较好。左岸从高程90.0m至高程103.0m，将趾板基础坐落于强风化岩基础上；103.0m以上至坝顶防浪墙底部121.0m，将趾板坐落于全风化岩基础上。趾板不设伸缩缝，仅设置施工缝；趾板与右岸高趾墙及左岸趾板基础强风化与全风化之间设置伸缩缝。

为了确保左岸全风化基岩上的趾板地基渗透稳定性，借鉴澳大利亚利斯（Reece）坝的成功经验，对趾板地基进行如下处理：①在趾板后设置混凝土连接板，混凝土连接板的长度取趾板前水头的1/2左右，在趾板后和连接板上部铺设反滤料至坝脚；②对该段趾板基础进行帷幕灌浆，灌浆孔的布置与基岩上的趾板相同，局部吸浆量大的地段加密至1.0m，灌浆压力取常规灌浆压力的1/2；起始灌浆水灰比采用0.8∶1；③由于左岸地形平缓，将河床段上游辅助防渗区向左岸延伸至左坝肩。

本工程于2003年1月开始施工准备，同年11月初截流，枯水期由上、下游围堰挡水，由布置在河床右侧的混凝土涵洞（3孔，6.0m×6.5m）导流；2004年汛期由涵洞和上、下游过水围堰（包括坝体）联合导流；2005年汛期由大坝挡水，涵洞导流。2005年9月底大坝填筑到防浪墙底部高程。第一台机组计划于2007年8月发电，2008年2月3台机组全部投产，2008年6月工程竣工，总工期5年6个月。

（中国水电顾问集团华东勘测设计研究院　郑子祥）

苏丹第3条输变电选线定线工作完成

中国机械设备进出口总公司（CMEC）总承包了苏丹第3条输变电工程。长江勘测规划设计研究院承担该工程的勘测设计工作，其中线路的选线定线工作已提前完成。

（一）工程概况

苏丹位于非洲东北部，全国面积250.5813万平方公里，人口主要为阿拉伯人。

苏丹第3条输变电设计为220kV同杆双回路输电线路，线路总长600km，包括新建5个变电站。工程沿线途经Kilo、Getaina、Mashkur、Rabak、Rank、Roseires。业主为苏丹国家电力公司（NEC）。

承担线路测量的中方工作人员于2005年11月21日从国内出发，2006年1月21日圆满完成任务回国，工期比计划工期提前1个月。

（二）采用的新技术

长江勘测规划设计研究院针对苏丹输变电项目，采用了多项新设备和新技术，以提高生产效率、规范电力标准的执行。

1. 高精度GPS定位技术　采用Leica双频GPS，实施全线路的定位；利用RTK技术快速准确定桩；工作过程中利用手持GPS实时导航。

2. 自动记录、传输与成图技术　采用GPS数据转换程序，实现数据自动记录、传输和转换。采用SLCAD架空送电线路平断面处理系统，SLDW自动优化排位系统，自动生成平断面图，自动排杆。

（三）工作成效

1. 工作内容、人员和设备　主要工作内容包括：线路GPS控制网测量、高程测量；定线及平断面测量；跨越测量；变电站地形测量等。

现场人员包含设计、地质、测量技术人员20人，主要设备有：双频GPS接收机6台套、全站仪2台套、计算机9台、专业测绘软件4套、对讲机、汽车等。

2. 完成的工作　测量人员在现场配合设计选择路径的同时，共进行了600km的GPS控制网测量、定线及平断面测量，5处变电站地形测量，2处跨越尼罗河的大跨越测量和水下地形测量，出图近200幅，采集近30000个数据点，为输电线路设计工作提供了翔实的资料依据。在沿途各控制桩、塔位桩埋设了永久性或半永久性标桩2000多个，为施工测量打下了良好的基础。

（四）项目经验

苏丹第3条输变电工程勘测设计优质、优期圆满完成，苏丹国家电力公司和中国机械设备进出口总公司给予了高度评价。项目施行具有以下特点：

(1) 全线路建立WGS 84坐标系和适合当地高度、基于Adindan转换的平面坐标系，有效解决了原始资料的粗略定位和详勘设计的矛盾。

(2) GPS RTK技术和SLCAD架空送电线路平断面处理系统结合，可实现无纸化、自动化，大大提高勘测设计的效率。

(3) 输变电项目的测量和设计宜穿插进行，实现多工序的有效搭接，利于缩短工期。

（长江勘测规划设计研究院　丁　涛）

12

技术标准与图书出版

标准化工作的管理与服务

努力做好新形势下的行业标准化工作

（一）行业标准化工作面临的机遇

党的十六大提出了全面建设小康社会的宏伟目标，并提出了21世纪前20年我国经济建设和经济体制改革的主要任务。为实现这一目标，我国经济要保持较快发展。我国人均GDP已超过1000美元，开始向中等收入国家迈进，逐步进入以提高生活质量为主要目标的新的发展时期，主要表现为：消费结构升级，形成以内需为主、持续拉动经济增长的态势；产业结构升级，进入重化工业阶段。经济全球化的趋势和我国的对外开放，使我国经济更深刻地参与国际分工之中，我国进出口总额已超过1万亿美元，贸易总量跃居第三，对外依存度达到60％以上；民营经济迅速发展，城市化进程不断加快。在这一重要战略机遇期，传统的不惜代价的高投入、高消耗、高污染、低效率、不协调的发展模式将难以为继。党的十六届三中全会提出的坚持以人为本、全面协调可持续的科学发展观，从根本上转变经济增长的方式。实现全面建设小康社会的目标和任务，对作为经济和社会发展技术基础的标准化工作提出了更新、更高的要求。这是行业标准化工作面临千载难逢的发展机遇。我们要充分利用这一机遇期，努力做好新形式下的行业标准化工作。

（二）行业标准化工作面临的挑战

在全面建设小康社会的新形势下，行业标准化工作不仅有良好的发展机遇期，同时我们还要看到面对的严峻挑战。

（1）加强行业标准化工作是我国新型工业化进程中的必然选择。我国正处于工业化的中期，从现在起到2020年，中国将持续不断地推进工业化进程，坚持走新型工业化的道路。新型工业化相对传统工业化而言，新就新在总揽世界经济、科技、社会发展全局，密切结合中国实际，以科技创新为主要推动力，信息化和工业化进程融为一体，大力实施可持续发展战略。在实现新型工业化的过程中，标准是不可缺少的技术基础，要适应发展的要求。因此，加强行业标准化工作具有重要的基础性作用，主要表现在以下三方面：

一是有利于科技创新。科技创新在经济发展中具有乘数效应，一个国家的科技创新能力日益成为国力竞争的焦点，尤其是一些重大科技创新所产生的产业带动作用，会成为经济增长的强大动力。

二是有利于提高经济效益。标准化对提高经济效益的重要性，对经济发展的重要贡献，已被人们广泛认同。德国标准化研究院“标准化对经济的积极影响”的研究证实，标准化可以降低宏观经济中的交易成本，也可以为个体商业单位节省资金。

三是有利于发展循环经济。循环经济是一种以资源的高效利用和循环利用为核心，以“减量化、再利用、资源化”为原则，以低消耗、低排放、高效率为基本特征，符合可持续发展理念的经济增长模式。

（2）加强行业标准化工作是促进我国产业结构调整的技术措施。国际产业转移既是发达国家调整产业结构、实现全球战略的重要手段，也是发展中国家改造和调整产业结构、实现技术进步的重要途径。目前，国际产业转移呈现的项目规模大、技术含量高、出口产品多、投资领域宽和投资方式多样化趋势，十分有利于我国有选择地承接发达国家的产业转移，提升我国经济发展质量，扩大出口份额与价值。国际产业转移是以技术输出为先导和内涵的，实质是技术的国际转移。加快对被接纳的国际产业技术学习和二次创新，需要借助标准化这一平台，只有真正地将技术转化为标准，才能保持技术的稳定性和长期性。利用国际产业转移的聚集效应，培育发展一批具有竞争力、高水平的产业群，推动大中小企业协调发展，形成专业化协作、分层次竞争的产业结构，需要加强行业标准化，因为这种产业结构必须以技术上高度统一与广泛的协调为基础，而标准化恰是实现这种统一和协调的管理技术。

（3）加强行业标准化工作是应对国际新贸易保护主义的迫切需要。随着经济全球化和贸易自由化进程的加快，国内市场和国际市场的迅速接轨，关税作用有所降低，非关税壁垒尤其是技术性贸易壁垒，逐渐成为世贸组织成员之间进行竞争和保护的主要手段。据统计，在20世纪70年代，国际贸易中的技术性贸易壁垒约占非关税壁垒的10％～30％；到了90年代末，这一比例已上升到45％左右。近几年，一些发达国家实施以标准为基础的国际贸易策略，提高进口产品准入门槛，推行贸易保护主义，技术性贸易壁垒呈现一些新特点：涉及的国家和地区越来越多、品种越来越广。如欧盟《废弃电子电器设备指令》和《电子电器设备中限制使用某些有害物质指令》所涉及的范围，不仅包括我国电子电器设备产品，还涉及到零部件、原材料行业，基本覆盖了我国对欧盟出口的所有机电产品。

这些技术性贸易壁垒，对我国对外贸易特别是扩大出口产生了日益严重的影响，使得我国相当数量的传统优势产品出口锐减，甚至退出国外市场。面对日益严峻的技术性贸易壁垒，我们要高度重视，积极应对。切实加强国际标准和国外先进标准的研究，提高我国标准水平，同时积极参与国际标准的制定，争取在国际贸易中的主动权。

(4) 加强行业标准化工作是推动标准化事业跨越式发展的重要环节。我国标准化工作具有全方位、多层次的特点，涉及社会、经济、科技、人民生活等领域。从管理体制来看，组织机构主要包括国家标准化管理委员会、国务院各有关行政主管部门、各省、自治区、直辖市标准化行政主管部门和企业标准化机构。从标准层级来看，我国标准分为国家标准、行业标准、地方标准和企业标准四个层级。截至2003年年底，现行国家标准20906项（不包括GB50000号以后的工程建设标准），备案的行业标准27636项，地方标准5737项，企业标准近111万项。其中国家发展改革委负责管理的19个行业的行业标准总量达2.23万项。从标准化对象看，行业标准与国家标准各有侧重和分工。国家标准主要针对的是基础性、通用性、安全性标准。据统计，国家标准类型分布，产品占29.76%、方法占40.89%、基础占19.08%、管理占2.26%、安全卫生占6.96%、环保占0.61%、其他占0.45%。行业标准则侧重于产品技术要求。如机械工业，产品类行业标准占83%。实践证明，行业标准是我国标准化的重要组成部分，应努力加强行业标准化工作，积极应对挑战。

行业标准化工作面对新的发展机遇期和挑战，要求我们必须清醒地认识到存在的一些突出问题。一是改革创新不够，发展不平衡。虽然在行业标准化管理体制和运行机制上进行了一些改革，但没有完全跳出旧的格局，如国家发改委指导的19个行业一年多来在推进行业标准化方面做了大量工作，并取得可喜成绩，但仍有一些行业对行业标准化重要性的认识不到位，组织保证不到位，工作质量不高。二是标准体系不完善，难以满足我国社会和经济快速发展的需要。主要表现为标准体系结构不合理，规范中低档产品的标准制定不少，影响经济发展的高技术化产品的关键技术标准制定缓慢；标准技术含量不高，大量的先进制造技术成果被束之高阁，没有及时纳入标准；标准更新不及时，国家发展改革委管理的2.3万个行业标准中，标龄10年以上超过40%。三是服务能力不强。标准化工作信息化建设起步较晚，大量的标准化成果不能及时推广应用，降低了标准化工作的有效性。四是标准化投入不足。一方面国家公共财政对行业标准化工作支持力度不够，另一方面缺乏多元化的行业标准化投融资机制。这些问题已成为制约行业标准化发展的瓶颈，迫切需要标准化工作者把思想统一到科学发展上来，以与时俱进的勇气和精神，开拓创新，深化改革，推动标准化事业跨越式发展，体现行业标准为行业服务的宗旨。五是与WTO规则差距大。按照入世承诺，我国的技术法规、标准与合格评定程序应符合WTO/TBT协议，并接受《有关标准制定、采纳和实施的良好行为规范》，使用国际标准作为技术法规基础的比例，在5年内再增加10%。目前，我国对技术法规的定位不明确，没有形成体系。

（国家发展和改革委员会工业司熊必琳在该委行业标准化工作会议上的讲话节录）

行业标准制定管理办法

第一章 总 则

第一条 为规范行业标准制定工作，按照《中华人民共和国标准化法》和《标准化法实施条例》有关规定，制定本办法。

第二条 本办法适用于轻工、纺织、黑色冶金、有色金属、石油天然气、石化、化工、建材、机械（含锅炉压力容器、制药装备）、汽车、电力、煤炭、黄金、包装、商业、物流和稀土等行业标准制定。

第三条 行业标准是指没有国家标准而又需要在全国某个行业范围内统一的技术要求（包括工程建设、标准样品的制作）。行业标准不得与有关国家标准相抵触。行业标准之间应保持协调、统一，不得重复。

制定行业标准，要坚持新型工业化道路原则和科学发展观的要求，以市场需求为导向，重点突出、科学合理；制定行业标准要有效采用国际标准和国外先进标准，有利于参与国际竞争，有利于合理利用和节约资源、发展循环经济，有利于保护人体健康和人身安全、保护环境，与产业政策、行业规划相互协调，有利于科学技术成果的推广应用，促进产业升级、结构优化。

第四条 行业标准的制定包括立项、起草、审查、报批、批准公布、出版、复审、修订、修改等工作。

第五条 行业标准的制定工作由国家发展和改革委员会（以下简称国家发展改革委）管理。国家发展改革委委托有关行业协会（联合会）、行业标准计划单列单位（以下统一简称直管行业标准化机构，具体名单见附件一）对行业标准制定过程的起草、技术审查、编号、报批、备案、出版等工作进行管理。

第二章 立 项

第六条 制定行业标准的立项，由国家发展改革委负责。

第七条 任何政府机构、行业社团组织、企事业单位和个人均可提出制定行业标准立项申请（以下简称申请人），并填写《行业标准项目任务书》（略）。

第八条 行业标准立项申请由标准化技术委员会或标准化技术归口院所（以下统一简称标准技术归口单位）受理，经标准技术归口单位审查后报送直管行业标准化机构。

第九条 直管行业标准化机构对标准技术归口单位报送的行业标准立项申请进行审核协调后报送国家发展改革委。

报送材料包括：

1. 行业标准项目计划汇总表（略）。

2. 行业标准项目任务书。

3. 计划编制说明（包括计划编制的基本情况、编制原则和重点等）。

第十条 国家发展改革委对直管行业标准化机构报送的制定行业标准立项申请进行汇总，在标准网（www.bzw.com.cn）上公示一个月，广泛征求意见。征求意见结束后，国家发展改革委组织直管行业标准化机构进行协调，并编制行业标准项目计划。

第十一条 行业标准项目计划分为年度计划和补充计划，统一由国家发展改革委下达。

第十二条 行业标准项目计划在执行过程中，需要协调解决的问题，属行业内专业之间的，由有关直管行业标准化机构负责；属行业之间的，由国家发展改革委负责。

第十三条 对国家发展改革委下达的行业标准项目计划根据实际情况需要调整的，直管行业标准化机构可以提出调整申请。调整项目计划需填写《行业标准项目计划调整申请表》（略）。每年一月底以前直管行业标准化机构将上年度计划执行情况和项目计划调整申请报送国家发展改革委。

第三章 起 草

第十四条 行业标准由标准技术归口单位组织起草。

第十五条 行业标准起草单位应按申请人立项要求组织科研、生产、用户等方面人员成立工作组共同起草。

第十六条 行业标准编写应符合CB/Tl《标准化工作导则》和相关行业标准编写要求。

第十七条 起草行业标准草案时，应编写标准编制说明，其内容一般包括：

1. 工作简要过程，任务来源、主要参加单位和工作组成员等。

2. 行业标准编写原则和主要内容，修订标准时应列出与原标准的主要差异和理由。

3. 采用国际标准和国外先进标准情况，与国际、国外同类标准水平的对比情况。

4. 主要试验验证情况和预期达到的效果。

5. 与现行法律、法规、政策及相关标准的协调性。

6. 贯彻标准的要求和措施建议。

7. 废止现行行业标准的建议。

8. 重要内容的解释和其他应予说明的事项。

第十八条 行业标准起草完成后，标准技术归口单位应将标准草案广泛征求意见，并填写《行业标准征求意见汇总处理表》（略），形成行业标准送审稿。

第四章 审 查

第十九条 行业标准送审稿由标准技术归口单位组织审查。审查形式分为会议审查和函审。

第二十条 标准化技术委员会审查行业标准时，必须有全体委员的四分之三以上同意方为通过。

标准化技术归口院所审查行业标准时，应组织有代表性的生产、用户、科研、检验、大专院校等方面的专家进行审查，必须有全体代表的四分之三以上同意方为通过。

第五章 报 批

第二十一条 行业标准送审稿审查通过后，由起草单位整理成报批稿及有关附件，由标准技术归口单位报送直管行业标准化机构。

第二十二条 直管行业标准化机构对报批稿及有关附件进行复核后，符合要求的，填写《行业标准申报单》（略），报送国家发展改革委。

报送文件包括：

1. 报批行业标准项目汇总表（略）。

2. 行业标准申报单。

3. 行业标准报批稿。

4. 行业标准编制说明。

5. 行业标准征求意见汇总处理表。

6. 行业标准审查会议纪要或《行业标准送审稿函审结论表》（略）及《行业标准送审稿函审单》（略）。

7. 采用国际标准或国外先进标准的原文和译文。

第六章 批准和公布

第二十三条 行业标准由直管行业标准化机构按规定进行编号。

第二十四条 行业标准由国家发展改革委批准和公布。

第二十五条 行业标准批准后，由直管行业标准化机构在15个工作日内到国家标准化管理委员会（产品方面标准）或建设部（工程建设标准）备案。

第二十六条 国家发展改革委对批准后的行业标准目录及时在网上公布，直管行业标准化机构和标准技术归口单位应认真做好标准的宣传、培训和解释工作。

第七章 出 版

第二十七条 行业标准出版由直管行业标准化机构负责。行业标准出版单位必须是国家有关部门批准的正式出版机构。

第二十八条 行业标准公布后，标准文本至少应在标准实施前1个月出版发行。

第二十九条 行业标准出版后，出版机构或直管行业标准化机构应将标准样书两份送国家发展改革委备案。

第八章 复 审

第三十条 行业标准实施后，标准技术归口单位应根据科学技术发展和经济建设的需要定期进行复审，标准复审周期一般不超过五年。

第三十一条 经复审需确认或废止的行业标准，由直管行业标准化机构审核后报送国家发展改革委，经国家发展改革委审查同意后公布复审结果，需修订的行业标准列入标准制定计划。行业标准在相应的国家标准实施后，自行废止。

第三十二条 行业标准复审报送文件包括：

1. 行业标准复审工作总结。

2. 行业标准复审结论汇总表（略）。

3. 行业标准复审意见表（略）。

第九章 修订、修改

第三十三条 行业标准执行中需要修订的，按照标准制定程序列入年度计划或补充计划。当行业标准的技术内容只作少量修改时，以《行业标准修改通知单》（略）的形式进行修改，按本办法第四章和第五章规定的审查、报批程序办理。

第三十四条 行业标准修改报批文件包括：审查纪要和《行业标准修改通知单》。

第三十五条 行业标准修改通知单由国家发展改革委批准公布。

第十章 附 则

第三十六条 行业标准制定所需经费来源：

1. 行业、企业自筹的标准化经费。

2. 有关企事业单位的资助。

3. 有关社团组织的赞助。

4. 政府部门给予的标准化补助费用等。

第三十七条 对政府部门给予的标准化补助费用和有关单位资助、社团组织赞助的费用，专款专用，不得挪作它用。

第三十八条 本办法自公布之日起施行。

第三十九条 本办法由国家发展改革委负责解释。

（国家发展和改革委员会 发改工业［2005］1357号文发布）

行业标准化技术委员会管理办法

第一章 总 则

第一条 为加强行业标准化技术委员会的管理，充分发挥行业标准化技术委员会的作用，规范行业标准化技术委员会的组建和换届工作，根据《中华人民共和国标准化法》和《中华人民共和国标准化法实施条例》的有关规定，制定本办法。

第二条 行业标准化技术委员会（以下简称行业标委会）是在一定专业领域内，从事行业标准化工作的技术组织，负责本专业技术领域内的标准化技术归口工作。

第三条 本办法适用于轻工、纺织、冶金、有色金属、石油天然气、石化、化工、建材、机械（含锅炉压力容器、制药装备）、汽车、电力、煤炭、包装、黄金、商业、物流和稀土等行业的行业标委会组建和换届工作。

第四条 行业标委会的工作任务、组织机构、工作程序和经费等按照《全国标准化技术委员会章程》的规定执行。

第五条 国家发展改革委委托有关行业协会、联合会、集团公司（以下简称直管行业标准化机构，名单见附件一）对行业标委会进行管理。

第二章 行业标委会的组建

第六条 组建行业标委会要根据经济建设和行业发展的需要，结合行业实际，有明确的标准化工作任务。

第七条 组建行业标委会的基本条件：

1. 没有相应的全国标准化技术委员会。

2. 现有的全国标准化技术委员会或行业标委会未包括的领域和范围。

3. 产品或技术在科研、开发、生产、使用和流通等领域有一定的规模或应用范围。

4. 有适合的秘书处挂靠单位，并有相应的专业人员和办公条件。

第八条 有关企业、事业单位、行业社团组织、中介机构等根据行业需要均可向有关直管行业标准化机构提出组建行业标委会的建议，并填写《组建行业标准化技术委员会申请表》（略）。

第九条 行业标委会的名称为：×××行业标准化技术委员会。

第十条 有关直管行业标准化机构对有关单位提出的组建行业标委会建议进行论证、审核，将拟同意组建的行业标委会报国家发展改革委。

报送材料包括：

1. 组建行业标委会申请报告（包括组建行业标委会必要性、本专业国内外标准化的基本情况、行业标委会名称和工作范围等）。

2. 组建行业标准化技术委员会申请表。

第十一条 国家发展改革委收到有关直管行业标准化机构报送的组建行业标委会建议后，在标准网（www.bzw.com.cn）上公示一个月，广泛征求各方面意见，并进行行业间的协调后，予以复函。

第十二条 有关直管行业标准化机构收到国家发展改革委的复函后，对于同意组建的行业标委会，由有关直管行业标准化机构负责行业标委会组建方案的批复、颁发委员证书等有关管理工作，并将行业标委会组建方案报国家发展改革委备案。

备案材料包括：

1. 行业标委会正、副主任委员，正、副秘书长和委员名单汇总表（略）。

2. 行业标准化技术委员会委员登记表（略）。

3. 行业标准化技术委员会登记表（略）。

4. 行业标准化技术委员会章程和秘书处工作细则。

5. 本专业标准体系表和近期工作安排。

6. 行业标准化技术委员会和秘书处印模。

第十三条 每届行业标委会委员的任期为五年。

第三章 行业标委会换届

第十四条 行业标委会届满后，应及时进行换届。行业标委会换届方案由有关直管行业标准化机构批复、颁发委员证书，并将换届方案报国家发展改革委备案。

备案材料包括：

1. 行业标委会任期工作总结。

2. 新一届行业标委会正、副主任委员，正、副秘书长和委员名单汇总表。

3. 行业标准化技术委员会委员登记表。

4. 行业标准化技术委员会登记表。

5. 行业标委会章程和秘书处工作细则修订稿。

6. 近期工作安排。

第四章 行业标委会委员调整

第十五条 行业标委会委员任期内调整，由有关直管行业标准化机构负责批复、颁发委员证书。

第五章 行业标委会分会组建和换届

第十六条 行业标委会分会的组建和换届工作由有关直管行业标准化机构负责，并将组建或换届方案报国家发展改革委备案。

第十七条 分会名称：×××行业标准化技术委员会××分会。

第六章 行业标委会调整和撤销

第十八条 行业标委会或分会有下列情况之一的，应对行业标委会、分会或秘书处进行调整或予以撤销：

1. 有违法、违规行为。

2. 不能按时、按质完成行业标准化工作任务。

3. 没有相应的专业人员。

4. 没有经费来源或秘书处挂靠单位不提供必要的支持。

第七章 附 则

第十九条 本办法自发布之日起施行。2003年2月14日原国家经贸委印发的《行业标准化技术委员会组建和换届工作管理办法（试行）》即行废止。

第二十条 本办法由国家发展改革委负责解释。

（国家发展和改革委员会 发改办［2005］1488号文发布）

2005年电力标准化管理与服务

一、加大电力生产建设中急需标准的制修订工作力度

针对当前电力工业快速发展所面临的环保及节约资源的问题，在电力标准制定、修订工作中，注意将加强洁净煤发电技术、核电技术、新能源发电技术以及电网安全技术等方面的标准制修订工作作为重点，以满足电力工业技术发展的需要。同时，加强对各专业标委会所承担的计划项目完成情况的跟踪与检查，在工作进度和计划完成情况方面都取得了一定的效果。2005年，经中电联标准化中心审查、由有关主管部门发布的电力标准共154项，其中电力行业标准133项，电力国家标准21项；经协调共有190项电力标准项目被列为有关主管部门的年度计划项目，其中由国家发展和改革委主管的电力行业标准182项，由国家建设部主管的电力建设国家标准4项，由国家标准委主管的国家标准4项。此外，中电联标准化中心直接组织了《工程建设标准强制性条文》（电力工程部分）、《工程建设标准体系　电力工程部分》、《电力安全生产健康环境管理体系指南》及《电力工程基本术语》的制修订工作。

二、配合《可再生能源法》的实施编制相关标准

《可再生能源法》经全国人民代表大会常务委员会通过，于2006年1月1日起实施。其中第十一条规定：国务院标准化行政主管部门应当制定、公布国家可再生能源电力的并网技术和其他需要在全国范围内统一技术要求的有关可再生能源技术和产品的国家标准。国务院法制办对这项工作非常重视，责成国家质监总局、国家发展和改革委等单位负责此项工作。根据国家的统一部署，中电联标准化中心组织了国家急需的《风力发电并网技术规定》、《光伏发电并网技术规定》和《地热发电并网技术规定》等技术标准的制定工作，2005年已经报批。

三、修订《工程建设标准强制性条文》（电力部分）

2000年，国务院以279号令发布《建设工程质量管理条例》，对于建立和完善建设工程质量管理制度，确保工程安全，提高工程质量具有重要意义。《条例》规定，强制性标准必须执行，违反强制性标准的规定就要受到相应的处罚。为了贯彻落实国务院第279号令，强化工程建设强制性标准的实施与监督，2000年，建设部会同中电联标准化中心共同编制了《工程建设标准强制性条文》（电力工程部分）。按照建设部安排，2005年对其进行了修订，并于年底组织了《工程建设标准强制性条文》（电力工程部分）送审稿审查会，目前正在整理报批材料，准备报批。

四、按照国家发展和改革委要求对电力行业标准进行了复审

在已完成对1998年以前的电力行业标准复审工作的基础上（共复审了461项，其中继续有效256项，需修订的169项，建议废止的36项），2005年组织安排了对1999～2000年电力行业标准的复审工作（共147项，其中1999年95项，2000年52项）。通过这两次集中复审工作，将对电力标准整体水平的提高以及标准复审制度的贯彻执行，起到积极的推动作用。

五、编制了有关规划和计划

1.“十一五”电力行业标准化发展规划　电力标准作为电力工业发展的技术支撑，是指导生产、实施产业政策、规范市场秩序、进行宏观调控的重要手段。根据国家发展和改革委关于编制“十一五”行业标准化发展规划的工作安排，中电联标准化中心结合电力工业“十一五”规划及2020年远景目标，本着行业标准化工作为生产、建设服务的精神，2005年2月底研究确定了《“十一五”电力行业标准化发展规划》的编制工作方案，并将该方案上报国家发展改革委工业司；同时，就规划编制工作向各专业标准化技术委员会进行了部署，明确了编制目的、编制原则、编制依据、编制内容以及编制要求。在各行业标委会的积极配合下，完成了《“十一五”电力行业标准化发展规划》的编制工作，并报送国家发展和改革委工业司。根据国家标准化管理委员会关于编制标准化“十一五”规划的工作安排及内容要求，组织完成了《“十一五”电力行业标准化工作规划》的编写任务。

2.电力行业资源节约与综合利用标准发展计划　根据国家标准化管理委员会关于编制《2005～2007年资源节约与综合利用标准发展计划》的通知安排（国标委工交函［2005］16号），为充分发挥标准化在支撑循环经济发展，建设资源节约型社会中的作用，中电联标准化中心结合电力工业的实际情况，组织完成了《电力行业资源节约与综合利用标准发展计划》的编制工作。该计划重点突出了电力行业在节能、节水、节材、可再生能源、环境管理、清洁生产等领域的技术标准的规划，并就加强资源节约工作提出了相应的措施和建议。

3. 电力行业“十一五”高技术产业专项规划草案　根据国家发展改革委关于开展“十一五”高技术产业相关领域专项规划工作的要求，中电联标准化中心承担了组织编制《电力行业“十一五”高技术产业相关领域专项规划》草案（简称“专项规划草案”）的工作任务。在有关集团公司及科研单位的积极配合和大力支持下，中电联标准化中心按要求完成了“专项规划草案”的编写工作，报送国家发展改革委高技术产业司。“专项规划草案”中对我国电力工业高技术现状进行了分析，找出了与国外先进技术的差距，提出了我国电力工业高技术的发展方针，明确了高技术发展的主要任务和目标。同时该专项规划对今后一段时期行业标准化工作也具有一定的指导意义。

六、开展了相关技术领域标准体系的研究工作

1. 特高压输电技术的研究　为适应电力行业发展的需要，开展了特高压交直流输电标准体系研究工作，组织专家初拟了 1000kV 交流输电标准体系和±800kV直流输电标准体系，并召开了有国家电网公司、中国南方电网有限责任公司和其他相关单位参加的“特高压交直流输电标准体系研讨会”，就体系框架、标准编写安排及归口等方面的问题进行了研讨，达成了共识。

2. 高压直流输电标准体系的研究　为了满足西电东送、大容量输电的要求，国内已经投运 5 条±500kV直流输电线路，还有数条正在规划建设中。但相对于交流输电，国内以至国际的直流输电工程建设、系统技术及设备制造和运行等方面的标准还很少，不能满足我国目前电力生产运行的需要。针对这种情况，中电联标准化中心组织有关标委会和专家，从直流输电系统及设备的运行、技术条件、安装、验收等方面，结合现有直流标准，提出了一系列需要制定的标准项目，形成了一个相对完整的标准体系。同时，对电力行业高压直流输电标准化技术委员会进行了换届调整，并与国家标准化管理委员会就组建全国高压直流输电标准化技术委员会的有关事宜进行了探讨和协商，初步达成了共识。

3. 核电标准体系的研究　为了适应核电的快速发展，加强核电标准体系的研究和建立。中电联标准化中心就建立核电标准体系和下一步工作与有关部门和单位进行了沟通并交换了意见，达成了共识。在核电标准体系中，常规岛部分应由电力行业在充分考虑核电站与火电站的区别后，借鉴电力标准化体系，构筑核能发电的标准体系。

4. 电能质量技术标准的研究与完善　根据发布的《电力监管条例》中有关“电力监管机构对供电企业按照国家规定的电能质量和供电服务质量标准向用户提供供电服务的情况实施监管”的规定，中电联标准化中心对现有的电能质量方面的国家和行业标准进行了整理和研究，提出了需增加和完善的电能质量标准项目，并组织相应的标准化技术委员会系统地研究和制定相关标准。

七、开展标准培训工作

为避免标准起草过程中的常见错误，提高标准的编写质量，中电联标准化中心对承担 2005 年行业标准计划项目的编写人员进行了培训。内容为：介绍电力标准化工作现状，宣讲电力行业标准编写基本规定，演示标准编写模板的使用方法，讨论标准编写过程中的常见错误。

应有关电力企业（行业协会）的邀请，标准化中心继续开展了标准化岗位培训的工作，主要就标准化基础知识、企业标准体系的建立方法、标准编写基本要求和国际标准化概况等进行介绍，全年共有 164 位电力企业的标准化工作人员通过培训和考核取得了电力行业标准化岗位证书。

八、完成了有关标委会换届和调整工作

标准化工作队伍是标准化工作的基础，目前电力行业专业标准化技术委员会已达 35 个，涉及到电力行业的规划设计、施工、运行、环境、试验等各个专业，专家人数达 1140 人之多，为行业标准化工作的正常开展提供了强有力的组织保证。2005 年，完成了电力行业电力规划设计标委会、化学标委会、核电标委会、水电自动化标委会、水电站金属结构标委会、高压直流输电标委会、绝缘子标委会，以及全国静态继电保护分标委会、全国电力系统控制及其通信标委会、全国架空线路标委会的换届或调整工作；完成了成立电力行业电能供应系统标委会的筹备工作，有关材料已报国家发展改革委。

九、开展电力企业标准化良好行为确认的准备工作

为了适应新形势、新体制对标准化工作的要求，满足电力企业标准化工作发展的需要，中电联标准化中心配合电监会进行了电力企业标准化良好行为确认的准备工作。已形成的初步方案为：成立相应的领导小组，由中国电力企业联合会具体负责确认工作的实施管理，接受电力企业的确认申请和备案，开展咨询和培训工作，建立专家档案库，组织专家对企业申报的资料进行审查和确认，提出评价意见，由领导小组终审。目前已完成了有关电力企业标准化良好行为确

认的管理办法、实施细则、评分细则、培训咨询办法、专家系统管理办法等相关文件的起草工作。此项工作的实施将对标准化工作的深入开展起到积极的推动作用。

十、开展《工程建设标准强制性条文》(电力工程部分）执行情况监督检查的准备工作

《强制性条文》是由现行电力技术标准中直接涉及人民财产安全、人身健康、环境保护和其他公众利益的、必须严格执行的强制性规定摘录而成，是电力工程建设全过程中的强制性技术规定，是从技术上保证电力建设工程质量、安全的关键。《强制性条文》是参与电力工程建设活动各方执行工程建设强制性标准的依据，同时也是政府对执行工程建设强制性标准情况实施监督检查的依据，《强制性条文》在工程建设中必须严格执行。为了保证《强制性条文》得到执行，电监会拟会同建设部对《强制性条文》执行情况进行检查，2005年完成了电力工程建设标准强制性条文监督检查管理办法的起草，以及检查方式、检查对象、检查内容及结果处理等方案的准备工作。

（中国电力企业联合会　许松林）

2006年电力标准化工作要点

2006年是我国“十一五”计划的第一年。随着电力市场经济的发展和监管体制的不断完善，以及建设节约型社会的需要，电力标准化工作将迎来良好的发展机遇。中电联标准化中心将认真贯彻党的十六大精神，以“三个代表”重要思想为指导，本着“政府推动、行业管理、企业为主、适应市场、突出重点、国际接轨”的工作方针，在大力实施可持续发展战略以及实现新型工业化的过程中，充分发挥行业标准化工作的重要基础性作用，促进科技创新，提高经济效益，发展循环经济。探讨新机制，促进电力标准化工作的健康发展；加强标准的贯彻实施，开展强制性标准条文的监督检查活动；加强标准的信息反馈，促进标准化工作的良性循环；加快电力生产、建设中急需标准的制修订工作；加强企业标准化工作，开展电力企业标准化良好行为确认活动，发挥企业在标准化工作中的主体作用；加强电力标准化专业人员的培训工作等方面努力开创新局面。在新的一年里，中电联标准化中心将重点开展的工作如下。

（一）健全电力标准化规章制度

依据主管部门颁发的有关标准化工作的管理办法，以适应社会主义市场经济和电力体制改革的需要为目的，进一步加强制度化建设工作。根据主管部门的有关规定，组织修订和完善电力行业标准化管理办法、专业标准化技术委员会章程、标准化指导性技术文件管理办法、电力企业技术标准备案办法、归口有关国际电工技术委员会（IEC/TC）工作管理办法，以及计划项目管理办法、标准报批及审查管理办法、标准宣贯管理办法等规定。

（二）完善电力标准化工作队伍和工作网络

根据电力工业的发展及电力体制改革的需要，申请成立全国直流输电标委会，对电力行业专业标委会进行必要的调整，包括标委会设置的调整、组建新的标委会和现有标委会的换届。加强对省行业协会标准化部门的业务指导，完善电力企业标准化工作网络，以促进标准的实施和信息反馈工作，尽可能解决多年来标准化工作中一直存在的重制定、轻实施、少反馈或无反馈的问题。

（三）加强电力生产、建设急需标准的制修订工作

根据电力工业发展的需要，以及行业标准发展规划中明确的重点技术领域，对于已有一定的研究基础并已取得了一定实际经验的技术，及时组织制定相关的技术标准，使标准化工作适当超前，提高其影响力和生命力。依据产业政策，及时地组织制修订相关的技术标准，发挥技术标准的壁垒作用，淘汰落后的技术和装备，加快产业结构的调整，提高能源利用效率，保护生态环境，满足可持续发展的需要。

配合特高压电网建设，完善±800kV直流输电标准体系，制定相应标准；配合《可再生能源法》颁布实施，制定地热、风电标准和有关标准；配合核电标准体系的建立和完善，制定核电常规岛部分标准；按照十六大和十六届五中全会的要求，贯彻科学发展观，制定资源节约与综合利用技术以及自主创新技术等方面标准。

（四）加强标准计划项目的管理工作

在电力行业标准制修订工作中拟采取一些措施，一方面要加强对标准制修订过程的管理，拟对历年标准计划项目的完成情况进行一次全面的清理工作，逾期未完的项目要限期完成，已失去时效性的项目撤销其计划，强化行业标准计划项目的严肃性。另一方面要建立对各专业标准化技术委员会的管理考核制度，通过对标委会工作状况的考核和标准计划完成过程的监控，以达到提高标准化工作质量和效率的目的。另外，在标准化工作中适当引入竞争机制，给标准化工作增加一些活力，有条件的标委会通过竞争评比确定秘书处挂靠单位；对于具备竞争编写条件的标准项目，择优确定承担单位，以增加承担单位在行业中的影响力。

（五）规范行业标准的复审工作

根据国家发展改革委的要求，在总结对2000年以前的行业标准复审工作经验和成绩的基础上，每年都要对标龄5年以上的行业标准进行复审，使复审工作制度化，确保标准的适时有效、先进性和科学性。

（六）加强标准的宣贯工作

组织10项左右强制性标准或量大面广、技术含量高的推荐性技术标准的宣贯工作，为标准的实施打好基础。

（七）开展对强制性标准条文实施情况监督检查的工作

根据建设部和国家电力监管委员关于开展对强制性标准条文实施情况进行监督检查的工作安排，2006年以电力公司和工程建设项目为监督检查对象，采用单位自查和抽查相结合的方式，重点检查有关集团公司和企业对《强制性条文》的宣传、制度建设、贯彻措施，以及相关条文在工程建设项目中的落实情况，加大标准的实施力度。

（八）开展电力企业标准化良好行为确认工作

根据国家电力监管委员关于开展电力企业标准化良好行为试点确认工作的安排，2005年已完成了有关电力企业标准化良好行为试点确认的管理办法、实施细则、评分细则、培训咨询办法、专家系统管理办法等相关文件的初稿起草工作。2006年将配合电监会开展试点工作，在总结试点经验、完善工作方案的基础上，全面推进电力企业标准化良好行为的确认工作，在行业内营造一个讲标准、用标准的新氛围。

（九）做好《电力标准化与计量》杂志编辑发行工作

为了充分利用《电力标准化与计量》具有国际国内刊号的优势，宣传相关电力技术，经主管部门批准，该杂志名称改为《电力标准化与技术经济》，并由季刊改为双月刊，目前正在办理相关的手续。2006年除保留原《电力标准化与计量》杂志的内容外，增加定额管理等技术经济方面的内容。按计划完成杂志的组稿、审核、出版和发行工作。

（中国电力企业联合会　许松林）

水电施工企业质量策划

水电施工企业作好施工前期准备，搞好质量策划也是搞好水电建设工程质量的一个不可忽视的重要方面。

1. 为什么要进行质量策划

（1）质量策划是水电施工企业规范经营行为或作业活动的前提。

（2）质量策划是水电施工企业提高工作效率的保证。

（3）质量策划是水电施工企业降低质量损失的保障。

2. 质量策划的内容

（1）工程产品策划。

（2）进货检验控制策划。

（3）过程控制策划。在水电施工过程中，水电施工企业应侧重控制以下几方面：①人员的资质和能力要求；②设置质量控制点；③设计变更的有效实施；④物资控制从严；⑤设备的有效性控制；⑥文件和资料的控制；⑦过程检验状态标识的控制；⑧不合格产品的控制。

（4）质量改进的策划。

（5）接口策划。

3. 如何进行质量策划　首先，要搞好企业总体质量策划，明确企业的发展方向和宗旨，然后把握时机针对某一具体策划项目进行质量策划。当各相关部门明确分工职责后，应按规定的程序编制部门计划。质量策划活动的开展必须讲求科学方法。质量管理部门应及时收集质量策划的实施情况，确认整个质量策划活动是否有效和符合实际，以便及时整改。

针对某一具体的水电工程项目来说，水电施工企业主要应进行以下的质量策划活动：

（1）项目目标策划。确定本工程项目所选择的各要素的目标和要求，包括工期、外购产品、施工设备及检测设备、一次验收合格率、单元工程、分部分项工程的优良率等目标和要求。

（2）项目组织的策划。确定本工程项目的组织机构及相互联系方法，明确管理、执行、验证人员，以正式文件形式予以确定，以利于内部顺利沟通。

（3）项目施工所需资源的策划。确定本工程项目的资源配置和必须的控制手段，配备经过培训并能够胜任本岗位的工作人员。

（4）项目施工技术方案策划。开工前应进行施工现场调查，编制施工现场总体平面图、综合施工进度计划、控制关键过程、突发事件的应急方案、大型设备的运输吊装方案等施工技术方案。

（5）施工图交底策划。积极参加业主、监理工程师组织的施工图交底会议，对图中不足之处提出意见，理解设计意图，并做好按图施工的准备工作。

（6）质量记录策划。确定本工程项目所需建立的质量记录，对本工程项目与工程质量有关的文件和资料的审批、发放、更改进行有效控制，及时编制和更新文件最新修订状态的清单，保证本项目的全部重要施工场所及部位都使用有效版本的文件。要及时回收失效、作废的文件，防止误用、错用。

（7）工程检验计划策划。过程检验控制应按本文前述内容要求进行，编制进货检验计划时，应考虑对供方所进行控制的程度和对其所提供的合格证据的验证，对机电产品亦应编制阶段性的检验计划。

（8）工程需用产品采购、供应策划。应根据本工程项目所需设备材料的技术要求，编制本工程项目产品采购计划和供应计划。评价选择合格的供方，针对产品的类别和重要程度，明确对供方的控制方式和控制程度，明确接收标准，并做好相关记录。

（9）项目安全生产策划。安全与质量是一对密不可分的孪生姐妹，企业要“以人为本”，建立安全生产保证体系和安全生产监督体系，明确各方职责，按图施工，做好施工前的安全技术交底工作和过程安全控制工作，保证施工生产顺利进行。

（10）项目质量管理体系内部审核策划。水电施工企业总部要制定内部质量管理体系的审核制度，定期或不定期对项目质量管理体系进行审核，某一具体项目部亦应制定自检计划，将自检工作与平时日常工作相结合。适时利用统计技术对不符合项进行分析，采取相应的纠正和预防措施，消除已产生和潜在的不符合项及原因。企业项目部各部门及施工现场应在验证人员的监督下，按公司的质量管理体系文件动作并保持其持续有效性。

水电施工企业在做好质量策划后，在质量策划输出文件中，必须明确：实施改进计划的职责和权限；所需的技能和知识；改进的途径、方法和工具；所需的资源；评价业绩成果的指标；对文件和记录的需求等等方面。针对某一具体水电工程施工项目而言，水电施工企业质量策划输出文件通常包括以下具体内容：①施工简况，即施工范围、工程量及主要施工方法的简介；②编制所依据的图表、文件、标准等；③作业准备和条件要求；④施工过程关键过程的质量控制点；⑤施工作业程序，即施工方法和步骤的具体操作要求和应注意事项的详细描述；⑥检查验收的质量技术标准；⑦安全技术措施。

4. 结束语　当前水电工程施工都存在时间紧、任务重，如此的情况下，水电施工企业如何搞好工程施工，确保工程质量，项目的质量策划工作显得尤为重要。水电工程施工质量策划是一项确定质量目标和要求的活动，是一个系统的分析过程。策划的结果应形成质量计划文件，针对特定工程项目，要制定现场质量计划，规定专门的质量措施资源和活动顺序，确定质量控制的关键点，对适宜的过程参数和特性进行监视和测量，规定放行各关键点的检验人员的范围职权，高效地使用各种资源和预防各类问题的发生，确保施工生产的顺利进行。

（中国人民武装警察部队水电第三总队　党永平）

电力行业水电施工标准体系的探讨

（一）概述

随着我国改革开放和经济建设的不断推进，电力行业加大了标准体系建设的力度，开展了对已颁布和待颁布标准的全面清理，水电水利工程施工标准体系也逐步开始架构，主管部门和组织管理机构也逐步得到了理顺，标准化工作基本迈入了正常运行的轨道。然而，此阶段的水电施工标准体系构架仍存在一些不顺，比如，在大类别的划分上既有按技术专业的，又有按结构物类型的，使得某一项标准的归类不能做到唯一而存在多重性。又如，大类别与小专业之间未做到一一对应，这就一方面使得现有标准存在内容交叉重合，需要进行调整重组，另一方面需要添加新的标准进入体系等带来了困难。为此，十分必要在已有工作的基础上，对体系构架进行全面审视，建立起既能全面涵盖，又不交叉重叠；既能调整并合，又能拓展延伸的科学的水电施工标准体系。

（二）体系的构架

水电施工的内容主要包括土建施工、金属结构及机电制造安装两大部分。水电施工标准体系仅为土建工程部分。本文在建立此标准体系构架时，采用了经典的树状结构。

在树状结构的生成中，首先要选取有主导地位的要素为主线，贯穿整个体系。分析可知，在水电施工中，能够全面涵盖工程全部施工的要素主要有：工程项目（部位）、施工专业（土石方开挖、填筑、基础处理、混凝土浇筑等）、施工阶段（时段）、参建单位（建设、监理、设计、咨询、施工、供货厂商等）、施工用材（设备、机具、材料）等等，应该说，选用上述要素中的任意一个，都能够构成体系构架，但我们应在众多构架中选其最优的。

众所周知，水电施工标准是水电施工技术方面协商一致的结果，水电施工标准体系以施工技术为中心才是最优方案。因此，我们选择“施工专业”为主导要素。以施工专业为主线所形成的标准体系构架框图见图1。

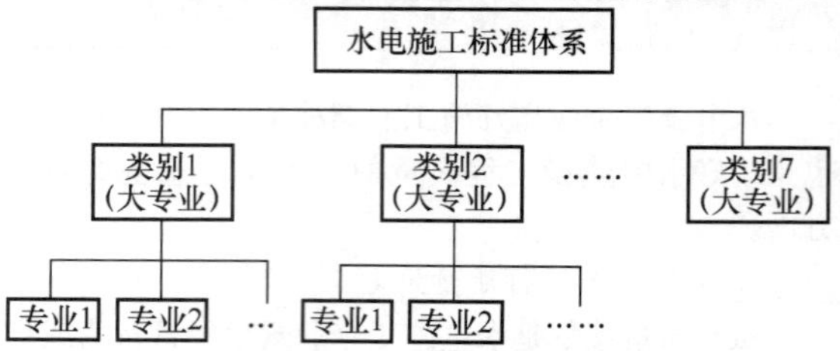

图1　水电施工标准体系构架示意图

在图1的构架指导下，将水电施工标准全部按大专业划分成7大类别，它们分别是综合，试验（实验），基础处理、灌浆、防渗，土石方（开挖、填筑），混凝土，施工企业和质量检查、评定、验收等，以此构成标准体系。

采用上述划分方法，摒弃了原有的大专业划分中同时采用的土石坝，碾压混凝土坝等按坝体结构类型分类的方式，全部采用了按技术专业分类法，使构架脉络更加清晰，体系结构更加简明，特别是这一体系可使每一项具体的标准都能够准确定位其在体系中的“唯一合法”地位。

在每一个大类别（即大专业）的统领下，是一系列的专业内容，在专业内容的组成和分派下形成一个个标准。它们可以由一项专业内容制订一个标准，也可由几项专业内容制订出一个标准，还可由一项专业内容制订出几个标准。从而，给标准的分、合、调整、重组提供了非常便捷、灵活的平台。

每一项专业涵盖着一项或多项技术，即对应着一个或多个标准，无论是新标准的增添，还是旧标准的淘汰，都能在体系中，通过增删容易地实现，进而刷新当前体系状态。

以上特征构成了水电水利工程施工标准体系的完整性、科学性和先进性。

（三）体系的运作

在水电水利工程施工标准体系建立之后，还需要对体系加以日常运作，使之不断地调整、改进和完善。其运作方式如下。

1. 增添与删除　从理论上讲，标准是动态管理，要不断地制定、修订和完善。这是因为一方面随着技术的进步，总是有新的领域在不断拓展和新的技术在不断出现，相应地，就会有标准的增添补充，与此同时，对已有技术也在进行不断改造和充实，也会不断有技术的更新，相应地也会有新标准派生；另一方面，传统的技术将会随着现代技术的发展而被扬弃，相应的一部分标准会被停止使用或废除，这样，也就不断会有标准从体系中删除。

增添与删除可以在体系表中相应的类别(大专业)内通过整行加减来操作,同时,其他内容作相应变动。

2. 合并与分开　由于目前制订的标准中，有一些标准的内容存在不同程度的互相重复,如《水电水利工程土石方开挖施工规范》与《水电水利工程爆破施工技术规范》就存在较多的内容重复。在这些重复的内容中,难免会出现标准内容上的差异,甚至还会出现矛盾,这就需要对其进行内容合并和统一,以保证标准的严肃性和权威性。另一方面,有些标准内容过于庞大,或随着技术的进步,有些标准的内容得到了很大的丰富和充实,由一个标准已经难以全面涵盖,此时,就会出现标准的分立,在标准体系中分裂出新的“细胞”。合并与分开可以在体系表的原标准位置上通过整行的加减操作来实现,同时其他内容作相应变动。

3. 修订与重组　标准的版本不可能一成不变。随着时间的推移和技术的发展，总是不断要有新的版本来替代老的版本。在历史跨人21世纪的今天，标准修订周期一般在5年左右用新的版本去替代老的版本，这就需要对标准进行修订。

在标准的实施过程中，当两部或多部标准中的关联内容发生变化而出现局部不协调时，进行标准的优化和重组在所难免，通过重组可以使整个标准体系更加完善，给人产生一种严谨的美感。

修订与重组可直接在体系表中的相关标准内进行,它不牵涉到标准的增删,只是有关内容作相应变动。

4. 结束语

建立水电水利工程施工标准体系对于规范和推进电力行业标准化工作有着十分重要的作用。本标准体系的建立遵循完整性、科学性、灵活性和实用性的原则,其构架严密、合理,能够十分方便地对其进行各种运作,相信本体系一定能在实际应用中产生良好的效果。

（中国葛洲坝集团公司　周厚贵）

标准制修订计划

2005年工程建设电力国家标准制修订计划项目

序号	项目名称	制定修订	主编单位及参编单位	起止年限
1	工程建设标准体系（电力部分）	制定	中国电力企业联合会	2004.07～2005.12

续表

序号	项目名称	制定修订	主编单位及参编单位	起止年限
2	继电保护及自动化装置柜（屏）技术规范	制定	主编单位：中国电力企业联合会、国电南京自动化股份有限公司 参编单位：国电南京自动化研究院、北京四方继保自动化有限公司	2005.02～2006.06
3	水力发电工程地质勘察规范（GB 50287—1999）	修订	主编单位：中国电力企业联合会、水电水利规划设计总院 参编单位：中国水电顾问集团西北勘测设计研究院、昆明勘测设计研究院、中南勘测设计研究院、成都勘测设计研究院、贵阳勘测设计研究院、北京勘测设计研究院、华东勘测设计研究院	2005.01～2005.12
4	750kV 架空送电线路施工及验收规范	制定	主编单位：中国电力企业联合会、国电电力建设研究所 参编单位：广西送变电建设公司、甘肃送变电工程公司、青海送变电工程公司、陕西送变电工程公司、江苏送变电工程公司、北京送变电公司、广东送变电公司、国电西北电力设计院	2005.01～2005.12

（中国电力企业联合会　许松林）

2005 年电力行业标准制修订计划项目（水电、电气专业）

序号	项目名称	标准类别	制修订	完成年限	技术归口单位	主要起草单位	采用国际国外标准	代替标准
1	电力仿真机技术规范　变电站	产品	制定	2006	中国电力企业联合会教育培训中心	中国电力科学研究院		
2	电力仿真机技术规范　水电机组	产品	制定	2005	中国电力企业联合会教育培训中心	四川省电力试验研究院		
3	电力行业单位类别代码	基础	修订	2006	中国电力企业联合会标准化中心	国家电网公司、辽宁省电力有限公司		DL/T 495—1992
4	电压等级代码	基础	制定	2006	中国电力企业联合会标准化中心	国家电网公司		
5	电力地理信息系统图形符号分类与代码	基础	制定	2006	中国电力企业联合会标准化中心	国家电网公司		
6	电力用户代码	基础	制定	2006	中国电力企业联合会标准化中心	国家电网公司		
7	电力工程设计与工程项目分类代码	基础	制定	2006	电力行业电力规划设计标委会	中国电力工程顾问集团公司、中国水电建设工程咨询公司		
8	电力工程勘测设计图纸管理规定	管理	制定	2006	电力行业电力规划设计标委会	中国电力建设工程咨询公司、中国水电建设工程咨询公司		
9	张力架线用牵引机通用技术条件	产品	制定	2006	国电电力建设研究所	国电电力建设研究所		

续表

序号	项 目 名 称	标准类别	制修订	完成年限	技术归口单位	主要起草单位	采用国际国外标准	代替标准
10	张力架线用张力机通用技术条件	产品	制定	2006	国电电力建设研究所	国电电力建设研究所		
11	架空电力线路间隔棒技术条件和试验方法	产品	制定	2006	全国架空线路标准化技术委员会	国电电力建设研究所		
12	电力线路用防振锤技术条件	产品	制定	2006	全国架空线路标准化技术委员会	国电电力建设研究所		
13	750kV 交流输电线路带电作业技术导则	方法	制定	2006	全国带电作业标准化技术委员会	武汉高压研究所		
14	架空输电线路带电安装及作业工具设备	方法	制定	2005	全国带电作业标准化技术委员会	武汉高压研究所	IDT IEC/TR61328（2003）	
15	带电设备紫外诊断技术应用导则	方法	制定	2006	全国高电压试验技术标准化技术委员会	武汉高压研究所		
16	中性点不接地系统电容电流测试规程	方法	制定	2006	全国高电压试验技术标准化技术委员会	武汉高压研究所		
17	氧化锌避雷器阻性电流测试仪检定方法	方法	制定	2006	全国高电压试验技术标准化技术委员会	武汉高压研究所		
18	电力变压器分接开关测试仪检定方法	方法	制定	2006	全国高电压试验技术标准化技术委员会	武汉高压研究所		
19	高海拔地区外绝缘选择方法	方法	制定	2006	电力行业绝缘子标准化技术委员会	武汉高压研究所		
20	电业安全工作规程（高压试验室部分）	安全	修订	2006	全国高压电气安全标准化技术委员会	武汉高压研究所		DL/T 560—1995
21	变压器出线端子用绝缘防护罩通用技术条件	产品	制定	2006	全国高压电气安全标准化技术委员会	武汉高压研究所		
22	电力设备母线用热缩管	产品	制定	2006	电力行业电力电缆标准化技术委员会	武汉高压研究所		
23	发电机蒸发冷却系统应用、运行、检修、维护指南	产品	制定	2006	电力行业电机标准化技术委员会	湖北省电力试验研究院		
24	发电机定子绕组环氧粉云母绝缘老化鉴定导则	方法	修订	206	电力行业电机标准化技术委员会	华北电力科学研究院有限责任公司		DL/T 492—1992
25	发电厂厂用电动机调速节能导则	方法	制定	2006	电力行业电机标准化技术委员会	山东电力研究院		
26	冲击分压器校准规范	方法	制定	2006	电力行业电测量标准化技术委员会	武汉高压研究所	IEC60-11 IEC60-2	

续表

序号	项目名称	标准类别	制修订	完成年限	技术归口单位	主要起草单位	采用国际国外标准	代替标准
27	局部放电测量仪校准规范	方法	制定	2006	电力行业电测量标准化技术委员会	武汉高压研究所	IEC270	
28	交直流仪表检验装置检定方法	方法	修订	2006	电力行业电测量标准化技术委员会	中国电力科学研究院		SD111—1983 SD112—1983
29	电测计量规程	方法	修订	2006	电力行业电测量标准化技术委员会	四川电力试验研究院		SD 261—1988
30	晶闸管投切电力滤波器的技术规范	产品	制定	2006	中国电力企业联合会标准化中心	中国电力科学研究院		
31	采用配电线载波系统的配电自动化　第4-511部分：数据通信协议系统管理——管理服务和协议	基础	制定	2006	全国电力系统控制及其通信标准化技术委员会	中国电力科学研究院	IDT IEC 61334-4-511	
32	采用配电线载波系统的配电自动化　第4-512部分：数据通信协议　系统管理——管理进程	基础	制定	2006	全国电力系统控制及其通信标准化技术委员会	中国电力科学研究院	IDT IEC 61334-4-512	
33	采用配电线载波系统的配电自动化　第5-2部分：低层协议集移频键控（FSK）协议	基础	制定	2006	全国电力系统控制及其通信标准化技术委员会	中国电力科学研究院	IDT IEC 61334-5-2	
34	变电站通信网络和系统第9-2部分：特殊通信服务映射-ISO8802-3之上的模拟量采样值	基础	制定	2006	全国电力系统控制及其通信标准化技术委员会	中国电力科学研究院	IDT IEC 61850-9-2	
35	变电站通信网络和系统第10部分：一致性试验	基础	制定	2006	全国电力系统控制及其通信标准化技术委员会	国电自动化研究院	IDT IEC 61850-10	
36	配电管理的系统接口　第1部分：接口的体系结构和一般要求	基础	制定	2006	全国电力系统控制及其通信标准化技术委员会	国电自动化研究院	IDT IEC 61968-1	
37	配电管理的系统接口　第2部分；术语	基础	制定	2006	全国电力系统控制及其通信标准化技术委员会	鲁能积成电子公司	IDT IEC 61968-2	
38	电力负荷管理终端技术条件	产品	修订	2006	全国电力系统控制及其通信标准化技术委员会	国电自动化研究院		DL/T 532—1993 DL/T 533—1993
39	相量测量装置（PMU）技术条件	产品	制定	2006	全国电力系统控制及其通信标准化技术委员会	国家电力调度通信中心		

续表

序号	项目名称	标准类别	制修订	完成年限	技术归口单位	主要起草单位	采用国际国外标准	代替标准
40	110kV及以下变电站保护与测控装置	产品	制定	2006	电力行业继电保护标准化技术委员会	国电南京自动化股份有限公司		
41	输电巡检系统	方法	制定	2006	中国电力企业联合会标准化中心	广东省广电集团有限公司、广州华微明天软件技术有限公司		
42	变电巡检系统	方法	制定	2006	中国电力企业联合会标准化中心	广东省广电集团有限公司、广州华微明天软件技术有限公司		
43	电力系统技术导则	基础	修订	2006	电力行业电网运行与控制标准化技术委员会	国家电力调度通信中心		SD 131—1984
44	现场绝缘实验实施导则	方法	修订	2006	电力行业高压试验技术标准化技术委员会	华北电力科学研究院有限责任公司		DL/T 474—1991 DL/T 417—1991
45	冲击电压测量实施细则	方法	制定	2006	电力行业高压试验技术标准化技术委员会	清华大学		
46	接地装置工频特性参数的测量导则	方法	修订	2006	电力行业高压试验技术标准化技术委员会	华北电力科学研究院有限责任公司		DL/T 475—1992
47	高压直流架空送电线路技术导则	基础	修订	2005	电力行业高压直流输电标准化技术委员会	中国电力科学研究院		DL/T 436—1991
48	氧化锌避雷器阻性电流测试仪技术条件	产品	制定	2005	全国高压试验技术标准化技术委员会	武汉高压研究所		
49	电力系统低频减载装置通用技术条件	产品	修订	2005	电力行业继电保护标准化技术委员会	南京南瑞继保电气有限公司		DL/T 525—1993
50	电力系统低压减载装置通用技术条件	产品	制定	2005	电力行业继电保护标准化技术委员会	南京南瑞继保电气有限公司		
51	油浸式变压器绝缘老化判断导则	方法	制定	2005	电力行业变压器标准化技术委员会	武汉高压研究所		
52	配电变压器能效及技术经济评价导则	方法	制定	2005	电力行业变压器标准化技术委员会	武汉高压研究所		
53	电力电缆运行规程	基础	修订	2005	电力行业电力电缆标准化技术委员会	武汉高压研究所		
54	接地降阻剂技术条件	产品	制定	2005	中国电力企业联合会标准化中心	武汉高压研究所		
55	微电子设备防雷导则	方法	制定	2005	中国电力企业联合会标准化中心	武汉高压研究所		
56	电力系统自动低频减负荷技术规定	基础	修订	2005	电力行业电网运行与控制标准化技术委员会	国家电力调度通信中心		DL/T 428—1991

续表

序号	项目名称	标准类别	制修订	完成年限	技术归口单位	主要起草单位	采用国际国外标准	代替标准
57	电力系统部分设备统一编号准则	基础	修订	2005	电力行业电网运行与控制标准化技术委员会	国家电力调度通信中心		SD 240—1987
58	电网调度自动化系统运行管理规程	基础	修订	2005	电力行业电网运行与控制标准化技术委员会	国家电力调度通信中心		DL/T 516—1993
59	贯（直）流式机组水冷却使用定额	管理	制定	2006	电力行业电力规划设计标准化技术委员会	中国电力企业联合会环保与资源节约部、中国电力规划设计协会		
60	水轮发电机蒸发冷却系统基本技术条件、安装、调试规程	方法	制定	2006	电力行业水电站水轮发电机标准化技术委员会	中国科学院电工研究所		
61	水轮发电机组推力轴承安装调整工艺导则	方法	修订	2006	电力行业水电站水轮发电机标准化技术委员会	中国水利水电建设集团公司		SD 288—1988
62	水工钢闸门液压自动挂脱梁系列参数和外形尺寸	产品	制定	2006	电力行业水电站金属结构及启闭机标准化技术委员会	水电水利规划设计总院		
63	水工建筑物强震安全监测技术规范	安全	制定	2006	电力行业大坝安全监测标准化技术委员会	中国水利水电科学院抗震中心		
64	水轮机调速器智能型试验系统技术条件	产品	制定	2006	电力行业水电站自动化设备标准化技术委员会	中国水利水电科学院		
65	差动电阻式监测仪器检定规范	产品	制定	2006	电力行业大坝安全监测标准化技术委员会	南京自动化设备总厂		
66	差动电阻式位移计	产品	制定	2006	电力行业大坝安全监测标准化技术委员会	南京自动化设备总厂		
67	差动电阻式锚索测力计	产品	制定	2006	电力行业大坝安全监测标准化技术委员会	南京自动化设备总厂		
68	差动电阻式锚索应力计	产品	制定	2006	电力行业大坝安全监测标准化技术委员会	南京自动化设备总厂		
69	光电式(CCCD)垂线坐标仪	产品	制定	2006	电力行业大坝安全监测标准化技术委员会	南京自动化设备总厂、北京木联能工程科技有限公司		
70	光电式(CCCD)引张线仪	产品	制定	2006	电力行业大坝安全监测标准化技术委员会	南京自动化设备总厂、北京木联能工程科技有限公司		
71	水力发电企业设备管理导则	管理	制定	2006	中国电力企业联合会标准化中心	中电联科技服务中心		

续表

序号	项目名称	标准类别	制修订	完成年限	技术归口单位	主要起草单位	采用国际国外标准	代替标准
72	水轮机进水液压蝶阀选用、试验及验收导则	产品	制定	2006	电力行业水电站水轮机标准化技术委员会	湖北洪城通用机械股份有限公司		
73	露顶式弧形闸门液压启闭机系列标准	产品	修订	2006	电力行业水电站金属结构及启闭机标准化技术委员会	电力行业水电站金属结构及启闭机标委会		SL 39—1992
74	QPG型卷扬式高扬程启闭机系列标准	产品	修订	2006	电力行业水电站金属结构及启闭机标准化技术委员会	电力行业水电站金属结构及启闭机标委会		SL 40—1992
75	水利平面闸门液压启闭机基本参数	产品	修订	2006	电力行业水电站金属结构及启闭机标准化技术委员会	电力行业水电站金属结构及启闭机标委会		SD 113—1983
76	水利平面快速闸门液压启闭机基本参数	产品	修订	2006	电力行业水电站金属结构及启闭机标准化技术委员会	电力行业水电站金属结构及启闭机标委会		SD 114—1983
77	卷扬式启闭机通用技术条件	产品	修订	2006	电力行业水电站金属结构及启闭机标准化技术委员会	电力行业水电站金属结构及启闭机标委会		SD 315—1989
78	差动电容式引张线坐标仪	产品	制定	2006	电力行业大坝安全监测标准化技术委员会	国家电力公司电力自动化研究院		
79	差动电容式变位计	产品	制定	2006	电力行业大坝安全监测标准化技术委员会	国家电力公司电力自动化研究院		
80	差动电容式测缝计	产品	制定	2006	电力行业大坝安全监测标准化技术委员会	国家电力公司电力自动化研究院		
81	差动电容式垂线坐标仪	产品	制定	2006	电力行业大坝安全监测标准化技术委员会	国家电力公司电力自动化研究院		
82	差动电容式静力水准仪	产品	制定	2006	电力行业大坝安全监测标准化技术委员会	国家电力公司电力自动化研究院		
83	差动电容式量水堰流量仪	产品	制定	2006	电力行业大坝安全监测标准化技术委员会	国家电力公司电力自动化研究院		
84	水轮发电机组机械振动评价标准	产品	制定	2006	电力行业水电站水轮机标准化技术委员会	中国水利水电科学研究院		
85	水轮机、蓄能泵和水泵水轮机水力性能现场验收试验规程	产品	制定	2006	电力行业水电站水轮机标准化技术委员会	中国水利水电科学研究院		

续表

序号	项 目 名 称	标准类别	制修订	完成年限	技术归口单位	主要起草单位	采用国际国外标准	代替标准
86	立式水轮发电机组推力轴承润滑参数测量方法	产品	制定	2006	电力行业水电站水轮发电机标准化技术委员会	中国水利水电工程总公司		
87	发电厂、变电所380/220V电路电涌保护选用、安装及调试规程	工程建设	制定	2006	国电电力建设研究所	国电电力建设研究所、中国工程建设标准化协会电气专业委员会、华东电力设计院		
88	750kV架空送电线路张力架线施工工艺导则	工程建设	制定	2006	中国电力企业联合会标准化中心	国电电力建设研究所		
89	750kV架空送电线路铁塔组立施工工艺导则	工程建设	制定	2006	中国电力企业联合会标准化中心	国电电力建设研究所		
90	220kV及以下架空送电线路勘测技术规程	工程建设	制定	2006	电力行业电力规划设计标准化技术委员会	东北电力设计院、山西电力勘测设计院、山东电力工程咨询院		DLGJ 103—1991
91	35kV～220kV变电站无功补偿装置设计技术规程	工程建设	制定	2006	电力行业电力规划设计标准化技术委员会	上海电力设计有限公司	IEC61954 IEEE1031	
92	高压直流换流站接入系统设计内容深度规定	工程建设	制定	2006	电力行业电力规划设计标准化技术委员会	中南电力设计院		
93	电力系统数字同步网工程设计规程	工程建设	制定	2006	电力行业电力规划设计标准化技术委员会	中南电力设计院		
94	地区电网调度自动化设计规程	工程建设	修订	2006	电力行业电力规划设计标准化技术委员会	西北电力设计院		DL/T 550—1994
95	电力系统调度自动化设计规程	工程建设	修订	2006	电力行业电力规划设计标准化技术委员会	西北电力设计院		DL 5001—1991
96	电力工程地下金属构筑物防腐规程	工程建设	制定	2006	电力行业电力规划设计标准化技术委员会	中南电力设计院		
97	电力工程地质钻探技术规定	工程建设	修订	2006	电力行业电力规划设计标准化技术委员会	东北电力设计院		DL/T 5096—1999
98	电力工程勘测安全技术规程	工程建设	修订	2006	电力行业电力规划设计标准化技术委员会	东北电力设计院		
99	混凝土面板堆石坝施工规范	工程建设	修订	2006	电力行业水电施工标准化技术委员会	武警水电指挥部		DL/T 5128—2001
100	水工碾压混凝土施工规范	工程建设	修订	2006	电力行业水电施工标准化技术委员会	武警水电指挥部		DL/T 5112—2000

续表

序号	项目名称	标准类别	制修订	完成年限	技术归口单位	主要起草单位	采用国际国外标准	代替标准
101	混凝土面板堆石坝接缝止水技术规范	工程建设	修订	2006	电力行业水电施工标准化技术委员会	华东勘测设计研究院		DL/T 5115—2000
102	水电站引水渠道及前池设计规范	工程建设	修订	2006	电力行业水电规划设计标准化技术委员会	北京勘测设计研究院		DL/T 5057—1997
103	土石坝沥青混凝土面板和心墙设计准则	工程建设	修订	2006	电力行业水电规划设计标准化技术委员会	华东勘测设计研究院		SLJ1—1988
104	中小型水电水利工程地质勘察规范	工程建设	制定	2006	电力行业水电规划设计标准化技术委员会	昆明勘测设计研究院		
105	梯级水电站水调自动化设计技术规范	工程建设	制定	2006	电力行业水电规划设计标准化技术委员会	水利水电规划设计总院		
106	水电工程建设征地规范围界定技术标准	工程建设	制定	2006	电力行业水电规划设计标准化技术委员会	水利水电规划设计总院		
107	水电工程建设实物指标调查技术导则	工程建设	制定	2006	电力行业水电规划设计标准化技术委员会	水利水电规划设计总院		
108	水电工程移民安置规划设计标准	工程建设	制定	2006	电力行业水电规划设计标准化技术委员会	水利水电规划设计总院		
109	水电工程水库专项工程（复建）规划设计标准	工程建设	制定	2006	电力行业水电规划设计标准化技术委员会	水利水电规划设计总院		
110	水电工程移民安置村镇建设规划设计标准	工程建设	制定	2006	电力行业水电规划设计标准化技术委员会	水利水电规划设计总院		
111	水电工程水库库底清理技术标准	工程建设	制定	2006	电力行业水电规划设计标准化技术委员会	水利水电规划设计总院		
112	水电工程建设征地和移民安置补偿投资概（估）算编制标准	工程建设	制定	2006	电力行业水电规划设计标准化技术委员会	水利水电规划设计总院		
113	大坝安全监测系统施工监理规范	工程建设	制定	2006	电力行业大坝安全监测标准化技术委员会	成都勘测设计研究院		
114	混凝土拱坝设计规范	工程建设	修订	2006	电力行业水电规划设计标准化技术委员会	水利水电规划设计总院		SD 145—1985
115	梯级水电厂集中监控工程设计规范	工程建设	制定	2006	电力行业水电规划设计标准化技术委员会	水利水电规划设计总院		

续表

序号	项目名称	标准类别	制修订	完成年限	技术归口单位	主要起草单位	采用国际国外标准	代替标准
116	水力发电厂火灾报警设计导则	工程建设	制定	2006	电力行业水电规划设计标准化技术委员会	水利水电规划设计总院		
117	水力发电厂测量仪表装置设计规程	工程建设	制定	2006	电力行业水电规划设计标准化技术委员会	水电水利规划设计总院		
118	水力发电厂电气试验设备配置标准	工程建设	制定	2006	电力行业水电规划设计标准化技术委员会	水电水利规划设计总院		
119	水电水利工程基础制图标准	工程建设	制定	2006	电力行业水电规划设计标准化技术委员会	水电水利规划设计总院、武汉大学		
120	水电水利工程勘测制图标准	工程建设	制定	2006	电力行业水电规划设计标准化技术委员会	水电水利规划设计总院、武汉大学		
121	水电水利工程土建制图标准	工程建设	制定	2006	电力行业水电规划设计标准化技术委员会	水电水利规划设计总院、武汉大学		
122	水电水利工程机械制图标准	工程建设	制定	2006	电力行业水电规划设计标准化技术委员会	水电水利规划设计总院、武汉大学		
123	水电水利工程电气制图标准	工程建设	制定	2006	电力行业水电规划设计标准化技术委员会	水电水利规划设计总院、武汉大学		
124	水力发电厂高压配电装置设计规范	工程建设	制定	2006	电力行业水电规划设计标准化技术委员会	西北勘测设计研究院		
125	水力发电厂计算机监控系统设计规范	工程建设	制定	2006	电力行业水电规划设计标准化技术委员会	北京勘测设计研究院		
126	水电水利边坡工程设计规范	工程建设	制定	2006	电力行业水电规划设计标准化技术委员会	西北勘测设计研究院		
127	水电水利工程区域地质构造稳定性勘察技术规程	工程建设	制定	2006	电力行业水电规划设计标准化技术委员会	长江水利委员会		
128	水电水利工程库区地质勘察技术规程	工程建设	制定	2006	电力行业水电规划设计标准化技术委员会	长江水利委员会		
129	水电水利工程钻孔压水试验规程	工程建设	修订	2006	电力行业水电规划设计标准化技术委员会	水电水利规划设计总院		SDJ 16—1978

续表

序号	项目名称	标准类别	制修订	完成年限	技术归口单位	主要起草单位	采用国际国外标准	代替标准
130	水电水利工程坝址地质勘察技术规定	工程建设	制定	2006	电力行业水电规划设计标准化技术委员会	成都勘测设计院		
131	水电水利工程地下建筑物地质勘察技术规定	工程建设	制定	2006	电力行业水电规划设计标准化技术委员会	成都勘测设计研究院		
132	水电水利工程边坡工程地质勘察技术规定	工程建设	制定	2006	电力行业水电规划设计标准化技术委员会	中南勘测设计研究院		
133	水电水利工程喀斯特地区地质勘察技术规定	工程建设	制定	2006	电力行业水电规划设计标准化技术委员会	昆明勘测设计研究院		
134	水力发电厂110kV～500kV高压电力电缆施工设计规范	工程建设	制定	2006	电力行业水电规划设计标准化技术委员会	水电水利规划设计总院		
135	水电工程工业电视设计技术规程	工程建设	制定	2006	电力行业水电规划设计标准化技术委员会	西北勘测设计研究院		
136	水电水利工程施工制冷设计导则	工程建设	制定	2006	电力行业水电规划设计标准化技术委员会	中南勘测设计研究院		
137	土工试验规程	工程建设	制定	2006	电力行业水电规划设计标准化技术委员会	成都勘测设计研究院		
138	水电水利基本建设工程 单元工程质量等级评定标准（十一）灯泡贯流式水轮发电机组安装工程	工程建设	制定	2006	电力行业水电站水轮发电机标准化技术委员会	中国水利水电工程总公司		
139	水电水利爆破安全监测规程	工程建设	制定	2006	电力行业水电施工标准化技术委员会	长江水利委员会设计院		
140	水工混凝土断裂试验规程	工程建设	制定	2006	电力行业水电施工标准化技术委员会	岩石混凝土断裂力学信息网		
141	架空送电线路钢管塔设计技术规程	工程建设	制定	2006	全国架空线路标准化技术委员会	中国电力工程顾问集团公司、国电电力建设研究所		
142	线路参数测试仪技术条件	产品	制定	2006	全国高电压试验技术标准化技术委员会	武汉高压研究所		
143	高压开关动作特性测试仪检定规程	产品	制定	2006	全国高电压试验技术标准化技术委员会	武汉高压研究所		

续表

序号	项目名称	标准类别	制修订	完成年限	技术归口单位	主要起草单位	采用国际国外标准	代替标准
144	交流变电站接地安全导则	产品	制定	2006	全国高压电气安全标准化技术委员会	武汉高压研究所		
145	直流输电系统调试规程	管理	制定	2006	中国电力企业联合会标准化中心	国家电网公司基建部		
146	直流操作电源交流不间断电源一体化装置	产品	制定	2006	中国电力企业联合会标准化中心	深圳奥特迅电力设备有限公司		

新颁与作废标准

2005年发布的电力国家标准

序号	标准编号	标准名称	采标	替代标准
1	GB 50233—2005	110～500kV架空送电线路施工及验收规范		
2	GB/T 19861—2005	弱碱基团和弱酸基团交换容量测定方法		
3	GB/T 19860—2005	弱酸性阳离子交换树脂氢型率测定方法		
4	GB/T 17626.17—2005	电磁兼容　试验和测量技术　直流电源输入端口纹波抗扰度试验		
5	GB/T 17626.14—2005	电磁兼容　试验和测量技术　电压波动抗扰度试验		
6	GB/T 14542—2005	运行变压器油维护管理导则		GB/T 14542—1993
7	GB/T 14541—2005	电厂用运行矿物汽轮机油维护管理导则		GB/T 14541—1993
8	GB/T 12151—2005	锅炉用水和冷却水分析方法　浊度的测定（福马肼浊度）		GB/T 12151—1989
9	GB/T 12146—2005	锅炉用水和冷却水分析方法　氨的测定苯酚法		
10	GB/T 6908—2005	锅炉用水和冷却水分析方法　电导率的测定		GB/T 6908—1986
11	GB/T 6907—2005	锅炉用水和冷却水分析方法　水样的采集方法		GB/T 6907—1986
12	GB/T 6903—2005	锅炉用水和冷却水分析方法　通则		GB/T 6903—1986
13	GB/T 5094.3—2005	工业系统、装置与设备以及工业产品结构原则与参照代号　第3部分：应用指南		
14	GB/T 16896.1—2005	高电压冲击测量仪器和软件　第1部分：对仪器的要求	IEC61083：2001，MOD	GB/T 16896.1—1997 GB/T 813—1989

续表

序号	标 准 编 号	标 准 名 称	采 标	替代标准
15	GB/T 18700.8—2005	远动设备和系统 第 6-601 部分：与 ISO 标准和 ITU-T 建议兼容的远动协议 在通过永久接入分组交换数据网连接的端系统中提供基于连接传输服务的功能协议集	IEC60870-6-601：1994，IDT	
16	GB/T 18700.7—2005	远动设备和系统 第 6-605 部分：与 ISO 标准和 ITU-T 建议兼容的远动协议 TASE.2 用户指南	IEC TR60870-6-505：2002	
17	GB/T 18700.6—2005	远动设备和系统 第 6-2 部分：与 ISO 标准和 ITU-T 建议兼容的远动协议 OSI1 至 4 层基本标准的使用	IEC60870-6-2：1995，IDT	
18	GB/Z 14429—2005	远动设备和系统 第 1-3 部分：总则 术语	IEC TR60870-1-3：1997，IDT	GB/T 14429—1993
19	GB/Z 18039.6—2005	电磁兼容 环境 各种环境中的低频磁场	IEC61000-2-7：1998，IDT	
20	GB/T 13955—2005	剩余电流动作保护装置安装和运行		GB/T 13955—1992
21	GB/T 311.6—2005	高电压测量标准 空气间隙	IEC60052：2002，IDT	GB/T 311.6—1983

（中国电力企业联合会 许松林）

2005 年发布的电力行业标准（水电、电气专业）

序号	标准编号	标 准 名 称	代替标准号	采标程度
1	DL/T 557—2005	高压线路绝缘子空气中冲击击穿试验——定义、试验方法和判据	DL/T 557—1994	IEC61211：2002，MOD
2	DL/T 454—2005	水利电力建设用起重机检验规程	DL/T 454—1991	
3	DL/T 944—2005	混凝土泵技术条件		
4	DL/T 945—2005	周期式混凝土搅拌楼	SD 197—1986 SD 198—1986	
5	DL/T 456—2005	混凝土搅拌楼用搅拌机	DL/T 456—1991	
6	DL/T 946—2005	水利电力建设用起重机	SD 160—1985	
7	DL/T 947—2005	土石坝监测仪器系列型谱	SD 314—1989	
8	DL/T 948—2005	混凝土坝监测仪器系列型谱	SD 171—1985	
9	DL/T 949—2005	水工建筑物塑性嵌缝密封材料技术标准		
10	DL/T 950—2005	电厂标识系统设计导则		
11	DL/T 626—2005	劣化盘形悬式绝缘子检测规程	DL/T 626—1997	
12	DL/T 961—2005	电网调度规范用语		
13	DL/T 962—2005	高压介质损耗测试仪通用技术条件		
14	DL/T 963—2005	变压比测试仪通用技术条件		
15	DL/T 5206—2005	水电工程预可行性研究报告编制规程		
16	DL/T 5207—2005	水工建筑物抗冲磨防空蚀混凝土技术规范		
17	DL/T 5208—2005	抽水蓄能电站设计导则		
18	DL/T 5209—2005	混凝土坝安全监测资料整编规程		

续表

序号	标准编号	标 准 名 称	代替标准号	采标程度
19	DL/T 5210.1—2005	电力建设施工质量验收及评定规程 第1部分：土建工程	《火电施工质量检验及评定标准 第1篇：土建工程篇》，电力部（建质［1994］114号）	
20	DL/T 5010—2005	水电水利工程物探规程	DL/T 5010—1992	
21	DL/T 5211—2005	大坝安全监测自动化技术规范		
22	DL/T 5212—2005	水电工程招标设计报告编制规程		
23	DL/T 5213—2005	水电水利工程钻孔抽水试验规程	DLJ 203—1981	
24	DL/T 5214—2005	水电水利工程振冲法地基处理技术规范		
25	DL/T 5113.1—2005	水电水利基本建设工程 单元工程质量等级评定标准 第1部分：土建工程	SDJ 249.1—1988	
26	DL/T 5215—2005	水工建筑物止水带技术规范		
27	DL/T 5216—2005	35kV～220kV城市地下变电站设计规定		
28	DL/T 5217—2005	220kV～500kV紧凑型架空送电线路设计技术规定		
29	DL/T 5218—2005	220kV～500kV变电所设计技术规程	SDJ 2—1988	
30	DL/T 5219—2005	架空送电线路基础设计技术规定		
31	DL/T 5220—2005	10kV及以下架空配电线路设计技术规程	SDJ 206—1987	
32	DL/T 5221—2005	城市电力电缆线路设计技术规定		
33	DL/T 5222—2005	导体和电器选择设计技术规定		
34	DL/T 5223—2005	高压直流换流站设计技术规定		
35	DL/T 5224—2005	高压直流输电大地返回运行系统设计技术规定		
36	DL/T 5225—2005	220kV～500kV变电所通信设计技术规定		
37	DL/T 5025—2005	电力系统数字微波通信工程设计技术规程	DL/T 5025—1993	
38	DL/T 966—2005	送电线路带电作业技术导则		
39	DL/T 967—2005	回路电阻测试仪 直流电阻快速测试仪检定规程		
40	DL/T 968—2005	高压直流输电工程启动及竣工验收规程		
41	DL/T 969—2005	变电站运行导则		
42	DL/T 971—2005	带电作业用交流1kV～35kV便携式核相仪		IEC61481：2004，IDT
43	DL/T 972—2005	带电作业工具、装置和设备的质量保证导则		IEC61318：2003，IDT
44	DL/T 973—2005	数字高压表检定规程		
45	DL/T 974—2005	带电作业用工具库房		
46	DL/T 975—2005	带电作业用防机械刺穿手套		IEC61942：1997，MOD
47	DL/T 976—2005	带电作业工具、装置和设备预防性试验规程		
48	DL/T 978—2005	气体绝缘金属封闭输电线路技术条件		
49	DL/T 979—2005	直流高压高阻箱检定规程		

续表

序号	标准编号	标 准 名 称	代替标准号	采标程度
50	DL/T 980—2005	数字多用表检定规程		
51	DL/Z 981—2005	电力系统控制及其通信数据和通信安全		·IEC TR62210：2003，IDT
52	DL/T 984—2005	油浸式变压器绝缘老化判断导则		
53	DL/T 985—2005	配电变压器能效及经济技术评价导则		
54	DL/T 987—2005	氧化锌避雷器阻性电流测试仪通用技术条件		
55	DL/T 988—2005	高压交流架空送电线路、变电站工频电场和磁场测量方法		
56	DL/T 989—2005	直流输电系统可靠性统计评价规程		
57	DL/T 990—2005	双吊点弧形闸门后拉式液压启闭机（液压缸）系列参数		
58	DL/Z 634.11—2005	远动设备及系统 第1-1部分：总则 基本原则		IEC60870-1-1：1988，IDT
59	DL/Z 634.14—2005	远动设备及系统 第1-4部分：远动数据传输的基本方面及IEC60870-5与IEC60870-6标准的结构		IEC60870-1-4：1994，IDT
60	DL/Z 634.15—2005	远动设备及系统 第1-5部分：总则 带扰码的调制解调器传输过程对使用IEC60875-5规约的传输系统的数据完整性的影响		IEC60870-1-5：1988，IDT
61	DL/T 460—2005	交流电能表检验装置检定规程	DL 460—1992	
62	DL/T 436—2005	高压直流架空送电线路技术导则	DL/T 436—1991	
63	DL/T 599—2005	城市中低压配电网改造技术导则	DL/T 599—1996	
64	DL/T 790.433—2005	采用配电线载波的配电自动化 第4-33部分：数据通信协议 数据链路层 面向连接的协议		IEC61334-4-33（FDIS）：1998，1DT
65	DL/Z 790.52—2005	采用配电线载波的配电自动化 第5-2部分：低层协议集 移频键控（FSK）协议		IEC61334-5-2：1998，IDT
66	DL/T 5002—2005	地区电网调度自动化设计技术规程	DL 5002—1991	
67	DL/T 5003—2005	电力系统调度自动化设计技术规程	DL 5003—1991	
68	DL/T 5013—2005	水电水利工程钻探规程	DL 5013—1992	
69	DL/T 5228—2005	水力发电厂交流110kV～500kV电力电缆工程设计规范		
70	DL/T 5229—2005	电力工程竣工图文件编制规定		
71	DL/T 5330—2005	水工混凝土配合比设计规程		
72	DL/T 5113.11—2005	水电水利基本建设工程 单元工程质量等级评定标准 第11部分：灯泡贯流式水轮发电机组安装工程		
73	DL/T 5331—2005	水电水利工程钻孔压水试验规程		
74	DL/T 5332—2005	水工混凝土断裂试验规程		
75	DL/T 5333—2005	水电水利工程爆破安全监测规程		

（中国电力企业联合会 许松林）

2005 年废止的 39 项电力行业（含老部标）标准

序号	标准编号	标准名称
1	DL/T 504—1992	电力工程规划设计任务来源代码
2	DL/T 452.1—1991	能源部机关及有关单位名称代码
3	DL/T 452.2—1991	干部职务名称代码
4	DL/T 452.3—1991	单位性质代码
5	DL/T 452.4—1991	单位级别代码
6	DL/T 452.5—1991	干部职务级别代码
7	DL/T 452.6—1991	干部任职权限代码
8	DL/T 452.7—1991	经济类型代码
9	DL/T 494—1992	电力行业单位名称代码
10	DL/T 426—1991	SZH 型数字频率继电器检验规程
11	DL 407—1991	农村电气化标准（修订 SD 178—1986）
12	DL 416—1991	用于测量直流高电压的棒—棒间隙
13	SD 149—1985	环形预应力混凝土电杆制造工艺规程
14	DL/T 484—1992	静态零序补偿型电抗继电器技术条件
15	DL 558—1994	电业生产事故调查规程（修订 SD 168—1985）
16	DL/T 474.6—1992	现场绝缘试验实施导则变压器操作波感应耐压试验
17	DL/T 528—1993	静态发电机逆功率保护装置技术条件
18	DL/T 529—1993	静态发电机匝间保护装置技术条件
19	DL/T 534—1993	电力调度通信总机技术要求
20	DL/T 540—1994	QJ—25/50/80 型气体继电器检验规程
21	DL/T 625—1997	LEP—900 系列超高压线路成套快速保护装置检验规程
22	SD 177—1986	（3—500）kV 交流电力系统金属氧化物避雷器使用导则
23	SD 192—1986	直流盘形悬式瓷绝缘子技术条件
24	SDJ 276—1990	架空电力线外爆压接施工工艺规程
25	SD 289—1988	进口（1—35）kV 橡塑电缆技术规范
26	DL/T 429.8—1991	电力系统油质试验方法——腐蚀测定法
27	DL/T 432—1992	油中颗粒污染度测量方法（显微镜对比法）
28	SD 300—1988	10～20MPa 双色水位计
29	DL/T 551—1994	低合金耐热钢蠕变孔洞检验技术工艺导则
30	DL/T 554—1994	SZJ—12T—1 型碎渣机技术条件
31	DL/T 5059—1996	火力发电厂修配设备及建筑面积配置标准
32	DL/T 5060—1996	火力发电厂金属实验室仪器设备及建筑面积配置标准
33	SD 146—1985	DT 型电动推杆
34	SD 213—1987	电力燃煤机械名称术语
35	SD 241—1987	油隔离泵输灰系统运行、检修规程
36	SD 247—1988	油隔离灰浆泵型式与基本参数
37	SD 248—1988	油隔离灰浆泵技术条件
38	SD 321—1989	煤的发热量测定方法
39	SD 316—1989	锥形阀参数型式与技术条件

（中国电力企业联合会　许松林）

2005年发布的水利标准一览表

一、国标

序号	标准名称	标准编号	发布文号	发布时间	实施时间
1	水文仪器术语、符号及代码	GB/T 19677—2005	国标2005年第5号公告	2005.03.02	2005.08.01
2	水文仪器记录与显示	GB/T 19704—2005	国标2005年第5号公告	2005.03.02	2005.08.01
3	水文仪器信号与接口	GB/T 19705—2005	国标2005年第5号公告	2005.03.02	2005.08.01
4	压力式水位计	GB/T 11828.2—2005	国标2005年第5号公告	2005.03.02	2005.08.01
5	农田水利用塑料波纹排水管	GB/T 19647—2005	国标2005年第6号公告	2005.03.23	2005.09.01

二、行标

序号	标准名称	标准编号	发布文号	发布时间	实施时间
1	水土保持工程运行技术管理规程	SL312—2005	水国科〔2005〕208号	2005.05.30	2005.09.01
2	农村水电站工程环境影响评价规程	SL315—2005	水国科〔2005〕196号	2005.05.20	2005.09.01
3	水利血防技术导则	SL/Z318—2005	水国科〔2005〕167号	2005.04.29	2005.04.29
4	混凝土重力坝设计规范	SL319—2005	水国科〔2005〕301号	2005.07.21	2005.11.01
5	堤防工程地质勘察规程	SL188—2005替代SL/T188—1996	水国科〔2005〕148号	2005.04.18	2005.07.01
6	中小型水利水电工程地质勘察规范	SL55—2005	水国科〔2005〕149号	2005.04.18	2005.07.01
7	水利水电工程钻孔抽水试验规程	SL320—2005	水国科〔2005〕150号	2005.04.18	2005.07.01
8	大中型水轮发电机基本技术条件	SL321—2005替代SD152—1987	水国科〔2005〕172号	2005.05.10	2005.07.01
9	建设项目水资源论证导则	SL/Z322—2005	水国科〔2005〕177号	2005.05.12	2005.05.12
10	实时雨水情数据库表结构和标识符标准	SL323—2005	水国科〔2005〕195号	2005.05.20	2005.09.01
11	基础水文数据库表结构及标识符标准	SL324—2005	水国科〔2005〕207号	2005.05.30	2005.09.01
12	水质数据库表结构与标识符规定	SL325—2005	水国科〔2005〕235号	2005.06.20	2005.09.01
13	水利水电工程物探规程	SL326—2005替代DL/T5010—1992	水国科〔2005〕354号	2005.08.15	2005.11.01
14	水质砷、汞、硒、铅的测定 原子荧光光度法	SL327.1～4—2005	水国科〔2005〕464号	2005.10.21	2006.01.01
15	水利水电工程设计工程量计算规定	SL328—2005	水国科〔2005〕515号	2005.11.15	2006.01.01
16	水情信息编码标准	SL330—2005	水国科〔2005〕463号	2005.10.21	2006.01.01
17	农村水利技术术语	SL56—2005替代SL56—1993	水国科〔2005〕474号	2005.10.31	2006.03.11
18	水利信息系统可行性研究报告编制规定	SL/Z331—2005	水国科〔2005〕493号	2005.11.04	2006.03.01
19	水利信息系统初步设计报告编制规定	SL/Z332—2005	水国科〔2005〕495号	2005.11.04	2006.03.01
20	水利立法技术法规	SL333—2005	水国科〔2005〕514号	2005.11.15	2006.03.01
21	牧区水利技术规范	SL334—2005	水国科〔2005〕521号	2005.11.23	2006.03.01
22	地下水监测规范	SL183—2005替代SL/T183—1996	水国科〔2005〕568号	2005.12.19	2006.03.01

（水利部国际合作与科技司　刘咏峰）

修订标准介绍

使用新版 GB/T 15496 企业标准体系系列国家标准的体会

CB/T 15496—1995 系列国家标准（GB/T 15496—1995《企业标准化工作指南》、GB/T 15497—1995《企业标准体系　技术标准体系的构成和要求》、CB/T15498—1995《企业标准体系　管理标准和工作标准体系》）经过全面的修订，已于 2003 年 10 月 1 日由国家质量技术监督检验检疫总局正式发布实施。新的 GB/T 15496 企业标准体系系列国家标准（GB/T 15496—2003《企业标准体系　要求》、GB/T 15497—2003《企业标准体系　技术标准体系》、GB/T 15498—2003《企业标准体系　管理标准和工作标准体系》、GB/T 19273—2003《企业标准体系　评价与改进》）和 1995 版相比，无论是形式上还是内容上，都作了较大的改进，更具指导性和操作性。

新标准的结构发生了重大的变化。新标准在 1995 版的基础上增加了 CB/T 19273《企业标准体系　评价和改进》标准，由原来的三项标准变成了四项标准。新增的 GB/T 19273 标准规定了企业标准体系评价的条件、方法、程序、内容和要求，同时还对评价、确认结果的处置以及持续改进提出了明确的要求。该标准全面系统地解决了如何检查和验证企业建立并实施的标准体系是否满足企业的实际需求？是否符合国家法律、法规？标准体系存在哪些不足和缺陷？如何持续改进和进一步完善企业标准化工作中的重点和难点问题，保证了企业标准体系运行的有效性和适宜性。

新标准对企业标准化管理的指导和要求更趋明确。新标准对企业标准化工作的基本要求从 4 项增加到了 7 项，强调企业最高管理者的职责，强调建立企业标准化管理标准，强调标准化工作的规划性和计划性，强调标准化的目标方针等，有利于指导企业建立和实施一套适合企业需要的，持续有效和协调统一的标准体系。

新标准增加了标准的通用性。新标准的适用范围从“适用于工业企业”，扩大到了“适用于各种类型和规模的企业”，为各种类型、不同规模的企业提供了全面、系统且通用的标准化管理要求，使不同企业可根据产品类型和生产特点适当进行修改。

新标准引入了先进的管理方法和管理理念。新标准引入系统管理方法，要求运用系统管理的原理和方法将相互关联、相互作用的标准化要素加以识别、理解和控制，用系统管理方法制定标准，建立企业标准体系。新标准引入了 PDCA 过程方法，使标准化过程管理形成由策划、建立、运作到结果的检查和持续改进的闭环，企业标准体系在这个闭环中不断循环运行，不断提高和完善，从而实现持续改进这一企业标准化追求的永恒目标。

新标准明确了企业标准体系与其他有关管理体系的关系。新标准通过将质量管理体系、职业健康管理体系和环境管理体系等其他有关管理体系纳入 GB/T15498《企业标准体系　管理标准和工作标准体系》，有机地将企业标准体系与其他有关管理体系结合在一起，也就明确了企业标准体系与其他相关管理体系之间就是整体与局部的关系。同时由于标准体系实际上又为其他管理体系提供了大量的、基础性的标准的支持，所以他们之间又是一种互相补充和互相支持的关系。企业分散的管理体系通过管理标准体系有机地结合在一起，形成协调统一的企业管理体系，解决了企业管理中可能出现的“两张皮”甚至“三张皮”的隐患。

然而新标准也存有明显的不足之处。例如 GB/T19273 的评分细则不够合理，特别是加分项目的第三条。GB/T15496 的第 6.1 条规定：“企业应根据其生产、技术和经营管理活动的需要设置相适应的标准化机构和人员”。第 6.1 条对标准化的组织机构和人员设置提出了明确的要求，要求按照“企业设置专兼职标准化管理机构和人员”、“企业标准化工作由企业法人代表或授权的管理者统一管理”、“企业明确管理日常标准化工作的机构和人员”、“企业各职能部门和生产单位，确定负责标准化工作的人员”的要求设置机构和人员，也就是说，“有最高管理者参加的标准化委员会作决策机构，并设有专职部门和专职的标准化人员”是企业标准化工作的基本要求，是必备的，列入加分项目（加 25 分）明显不合理。评分细则也还应进一步细化，提高可操作性。另外，新标准的编写格式也有不规范处，特别是前言的编写，不符合 GB/T1.1—2000《标准化工作导则　第 1 部分：标准的结构和编写规则》的要求，把应该放在标准编制说明中的内容放在了前言当中。

瑕不掩瑜，随着新标准的全面实施，在指导企业建立健全企业标准体系，促进标准体系的持续改进和不断提高方面将会发挥出重要的作用，同时在广大标准化工作者和一切热爱标准化事业的人员的积极努力下，必将会开创出标准化工作的崭新局面。

（浙江省电力行业协会　余建华）

水电工程质量等级评定标准修订简介

（一）修订原因

1988年原水利电力部颁发的部标准《水利水电基本建设工程　单元工程质量等级评定标准　第1部分：水工建筑工程》（SDJ249.1—1988）已经实施近20年。该标准的发布实施对保证我国水电水利工程施工质量，推动水电施工技术进步，以及对做好工程质量的控制、检查、评定和验收工作，都发挥了很好的规范作用。但鉴于下述情况，对该标准进行了修订：

（1）根据国家标准化现行管理规定，部级标准业已取消。

（2）近20年来，水电水利工程施工技术有了很大发展，许多新技术、新方法、新材料不断涌现。

（3）施工技术装备不断更新，水平日益提高。

（4）国外先进技术的引进，已非20年前的状况。

（5）随着国家经济社会的变革，水电建设管理体制也发生了很大变化。

根据原国家经贸委电力［2002］22号文的安排，对该标准进行了修订。修订后成为电力行业标准，标准编号和名称为：DL/T5113.1—2005，《水电水利基本基本建设工程　单元工程质量等级评定标准　第1部分：土建工程》。

（二）修订内容简介

修订后的新标准较原标准内容方面的主要变化有：

——本标准增加了经鉴定并应用过的新技术和新工艺，如高压喷射灌浆、钢筋机械连接等；

——本标准在章条排列上进行了调整，使之更加规范。如疏浚工程归入开挖工程一类，把回填灌浆和接缝灌浆工程分开独立成章；

——本标准在章节设置上更能适应新技术的发展，如把高压喷射灌浆工程、预应力锚固工程单独设章；

——本标准把混凝土工程中的“外观检查”作为质量等级评定的专门一项；

——本标准在修订中将质量检查、等级评定项目表格化，并增加了“检测方法”一栏，使质量等级评定工作规范化、标准化，更具操作性。

新标准已于2005年发布实施，取代原部标SDJ249.1—1988。相信该标准在水电水利工程建设中，定会发挥更好的规范作用，更有利于工程质量等级评定工作的开展。

（本年鉴编辑部根据该标准编制说明整理）

《水电水利工程钻孔压水试验规程》通过审查

按照国家发展和改革委员会《关于印发2005年行业标准项目计划的通知》（发改办工业［2005］739号文）的安排及水电水利规划设计总院水电规科［2003］0017号文件要求，华东勘测设计研究院组织起草了的电力行业标准DL/T5331《水电水利工程钻孔压水试验规程》。该标准是在《水利水电工程钻孔压水试验规程》（SL25—1992）的基础上，经归纳总结1992年以来水电水利工程中的压水试验经验和成果，按电力行业标准编制要求制定的。在标准中明确统一了电力行业的水电水利工程钻孔压水试验的内容、方法、评价，以及图形、报告的编制等技术要求。制定的目的是为了适应行业的标准化要求，做好水电水利工程地质勘察中的水文地质工作，客观如实地反映工程场区的岩体透水性，为工程设计提供成果质量可靠的水文地质勘察评价资料。

2005年5月，《水电水利工程钻孔压水试验规程》（送审稿）通过审查；根据审查会的意见，编制小组对《规程》进行了进一步的完善，形成报批稿报批。

（一）编制依据及适用范围

本标准的制定工作是根据水电水利规划设计总院“关于发送2003年在编水电勘测设计技术标准制修订项目计划的通知”（水电规科［2003］0017号文件），水电水利规划设计总院水电规划设计标准化技术委员会于2003年3月委托，由华东勘测设计研究院负责，按照中华人民共和国电力行业标准《电力行业标准编写基本规定》（DL/T600—2001）要求编制的。

本标准为我国电力行业标准，适用于水电水利工程地质勘察工作中的钻孔原位渗透试验。

（二）本标准与SL25—1992比较的主要变化

《水电水利工程钻孔压水试验规程》（DL/T5331—2005）是在原《水利水电工程钻孔压水试验规程》（SL25—1992）的基础上制定的。本标准与

SL25—1992 比较有以下一些变化：

——规定了钻孔压水试验的目的、适用范围；

——规定了钻孔压水试验方法和试段长度、压力值和压力阶段、试验设备和现场试验操作程序；

——规定了钻孔压水试验资料整理方法；

——增加了规范性引用文件；

——增加了术语和符号；

——在“基本规定”中，增加了“试验用水和试验人员”内容；

——在“止水栓塞”中，将栓塞长度“不小于7倍钻孔孔径”修改为“不小于8倍钻孔孔径”；

——在“量测设备”中，增加了“压力传感器”内容；

——在“现场试验”中，增加了“试验准备”和“试验性压水”内容；

——在附录中，增加了“钻孔高压压水试验”附录。

作为本标准附录A的“钻孔高压压水试验”是为了测定岩体在高水头下的渗透特性、渗透稳定性及其结构面张开压力；它适用于高坝、高水头电站、抽水蓄能电站及其他各种高水头建筑物的工程地质勘察。近年来在高坝、高水头电站以及抽水蓄能电站的工程地质勘察中，为了测定岩体在高水头下的渗透特性，一些勘测设计单位进行了高压压水试验尝试，并取得了一定的经验。由于高压压水试验尚处于经验积累阶段，在试验设备的选用、最高压力的选定以及试验成果的分析等方面有待进一步探索，本次编制时将其作为资料性附录供参考。

本标准由华东勘测设计研究院、浙江华东建设工程有限公司负责编制工作。编制工作得到了中国电力企业联合会标准化中心、水电水利规划设计总院、水利水电规划设计总院、成都勘测设计研究院、中南勘测设计研究院、昆明勘测设计研究院、北京勘测设计研究院、中水东北勘测设计研究有限责任公司、中水北方勘测设计研究有限责任公司勘察院、黄河设计公司地质勘探院等单位的领导和专家的大力支持和帮助。

（中国水电顾问集团华东勘测设计研究院　周光辉）

水电图书出版

2005年度水电专业新版图书

书名	作者	出版者	出版日期
中国水力发电史（第一册）	《中国水力发电史》编辑委员会	中国电力出版社	2005年1月
三峡工程混凝土试验研究及实践	陈光耀　李文伟　编著	中国电力出版社	2005年1月
水电工程施工机械台时费定额（2004年版）	水电水利规划设计总院 中电联水电建设定额站　发布	中国电力出版社	2005年2月
水电建筑工程预算定额（2004年版）上下册	水电水利规划设计总院 中电联水电建设定额站　发布	中国电力出版社	2005年2月
水电厂运行技术问答	陈国庆　谢刚　吴丹青　编	中国电力出版社	2005年3月
田夫之子——崔军回忆军	崔军　著	中国电力出版社	2005年3月
水利水电工程施工手册　第五卷　施工导（截）流与度汛工程	全国水利水电施工技术信息网　组编 《水利水电工程施工手册》编委会　编	中国电力出版社	2005年3月
三峡水电站厂房充水保压蜗壳关键技术研究及应用	曹广晶　戴会超等　编著	中国电力出版社	2005年6月
水轮发电机检修技术问答	余维坤　汤正义　编	中国电力出版社	2005年8月
严寒地区混凝土大坝设计、施工与运行	俞介刚　编著	中国电力出版社	2005年11月

续表

书　　名	作　　者	出版者	出版日期
混凝土面板堆石坝施工技术	顾志刚　编著	中国电力出版社	2005年8月
抽水蓄能电站及常规水电站引水建筑物设计	姚廉华　编著	中国电力出版社	2005年11月
中国国电集团年鉴2005	中国国电集团公司　编	中国电力出版社	2005年11月
中国水力发电年鉴　第九卷	中国水力发电工程学会　主办 中国水力发电年鉴编辑部　编	中国电力出版社	2005年12月
中国水能资源开发利用的战略研究	中国工程院能源与矿业学部《水电开发》项目组	中国电力出版社	2005年11月
水电工程程序化设计实用指南	魏传江　杨小柳 Francis Li（加）于钋　王双旺　著	中国水利水电出版社	2005年1月
三峡水利枢纽水下工程技术研究与实践	任生春等　编著	中国水利水电出版社	2005年1月
水工沥青混凝土	张怀生　主编	中国水利水电出版社	2005年1月
水工混凝土研究与应用	杨华全　李文伟　著	中国水利水电出版社	2005年2月
水资源实时监控管理系统理论与实践	谢新民　蒋云钟　闫继军　杨小庆等　著	中国水利水电出版社	2005年2月
水利水电工程的水力瞬变仿真与控制	陈乃祥　主编	中国水利水电出版社	2005年4月
面板坝大型振动台模型试验与动力分析	刘小生　王钟宁　江小刚　赵剑明　刘启旺　著	中国水利水电出版社	2005年5月
水利水电工程建设项目管理	王火利　章润娣　主编	中国水利水电出版社	2005年6月
土石坝沥青混凝土防渗心墙施工技术	主编　王德库　金正浩	中国水利水电出版社	2005年12月
混凝土面板堆石坝结构分析与优化设计	蔡新　著	中国水利水电出版社	2005年12月
导流截流及围堰工程（上、下册）（长江水利委员会大中型水利水电工程技术丛书）	郑守仁　王世华　夏仲平　刘少林　编著	中国水利水电出版社	2005年1月
水工金属结构（长江水利委员会大中型水利水电工程技术丛书）	主编　杨逢尧	中国水利水电出版社	2005年9月
水库移民工程（长江水利委员会大中型水利水电工程技术丛书）	主编　傅秀堂；副主编　周少林、尹忠武、郭祖彬	中国水利水电出版社	2005年2月
水电站机电设备的安装、运行与检修（21世纪水力发电工程建设与管理实用技术丛书）	主编　单文培	中国水利水电出版社	2005年6月

13

水电建设管理

企 业 管 理

中国水利水电建设集团公司发展成就与战略规划

中国水利水电建设集团公司始于20世纪50年代初，时称水力发电建设总局，2002年12月，在国家电力体制改革中改组为中国水利水电建设集团公司(Sinohydro Corporation)（以下简称集团公司)，成为中央直接管理的企业。国务院国有资产监督管理委员会成立后，集团公司由国资委监管。

2005年9月21日，国资委以国资发规划[2005] 251号文，对第三批34家中央企业主业进行确认；其中确认集团公司主营业务为：建筑工程；相关工程技术研究、勘察、设计、服务与专用设备制造；水电投资建设与经营；房地产开发经营。截至2005年年底，集团公司注册资本金40亿元，所有者权益44.8亿元，资产总额343.6亿元。

集团公司（总部）设有15个职能部门，所属子企业包括中国水利水电第一至十四工程局、闽江工程局、夹江水工机械厂、十五工程局有限公司17个全资子公司，国际工程有限公司、投资公司、租赁公司、圣达水电开发有限公司、阿坝水电开发有限公司、华亭发电有限公司、中环房地产有限公司7个控股子公司，4个参股企业。截至2005年年底，集团共有员工125000人。

作为中国水电资源开发和江河治理的主力军，50多年来，集团公司先后建成了国内70%的大中型水电站和水利枢纽工程，总装机容量60000多MW。在建项目包括正在建设的国内所有大型特大型水利水电工程。集团公司为中国水电的发展做出了突出贡献。

自1999年以来，集团公司连续进入全球最大225家国际工程承包商行列，2002年跃入“百强”，居第89位，2003年、2004年居第81位，在国内外经企业排名中2005年居第3位；在国内大企业排名中连续几年稳居百强之列。

（一）企业主要发展成就

2002年12月，国务院批准集团公司正式组建，标志着集团公司进入了以建设具有国际竞争力的大型企业集团为目标的集团化建设的新时期。

1. 发展战略体系基本形成　2003年初，集团公司提出了全面建设具有国际竞争力的大型企业集团的奋斗目标。围绕这一长期目标，2004年创造性地确立了跨越式发展战略，以及“三步走”战略步骤使集团公司发展战略形成了一个由战略目标、战略任务、战略步骤构成的较为完整的发展战略体系。

2. 主要经济技术指标　2005年，集团全年完成企业总营业收入320.8亿元，比2004年同比增长28%；新签工程合同额506亿元，同比增长33.9%；全员劳动生产率达到25.66万元/（人·年)，同比增长26.28%；实现利润总额3.93亿元，比2004年同比增长114%；资产保值增值率达到109.94%，同比提高1.29%；净资产收益率（含少数股东权益）达到7%；职工全员人均收入达到17152元/（人·年)，同比增长14.87%。全面超额完成国资委下达的年度经营目标，实现了国有资产的保值增值。

3. 国际化经营　2005年，全年完成国际工程营业收入37.96亿元，占集团公司总营业收入的12.09%，与2004年同比增长86%；新签国际工程合同额16.5亿美元，占集团公司总签约合同额的27%，与2004年同比增长83%；实现利润总额5530万元，占集团公司利润总额的14.44%，与2004年同比增长835.7%。此外，2005年集团公司以BOT方式中标了柬埔寨甘再水电站项目，签约额达2.8亿美元，实现了国际融投资领域的重大突破。截至2005年底，集团公司在24个国家和地区签订77个国际项目合同。

4. 投融资项目　到2005年底，集团公司共计投资项目13个。电源项目的参股控股在建装机容量3180MW，其中集团公司权益装机容量1530MW。集团公司已投入权益性资本金和项目资本金22.2亿元，计划还需投入权益性资本金和项目开发资本金约8.4亿元。投资领域不断拓展，风电和水务项目的投资取得实质性进展，房地产开发业务稳健推进。投资监管体系基本形成，监管力度逐渐加大，投资行为逐步规范。

5. 体制创新　集团母子公司的产权关系依法界定并逐步理顺，集团公司作为出资人的职权职责逐步到位，集团母子公司的功能定位逐步明确清晰，集团公司对所出资企业的投资收益权、经营者选择权、重大决策权不断强化。2005年，两个成员企业完成了整体改制工作，一批新组建公司的股权结构得到优化，经营负责人公开选聘、竞争上岗的范围进一步扩大；三年来公开选拔集团公司领导3人，成员企业负责人18人。分配机制继续创新，与工效挂钩的收入分配调控机制逐步健全。

6. 集团公司总部建设　集团公司总部战略管理中心和投资中心的定位进一步加强，统筹、指导、协调、服务、监控力度不断强化，企业负责人经营业绩考核评价体系不断完善，推行了年度经营业绩考核制度和企业负责人年薪制，坚定地实施了市场经营战略。清产核资工作目标全面完成，资金管理的集中度和资金的使用效率明显提高。2005年集团公司获得中国建设银行等金融机构220亿元人民币中期授信额度，为成员企业创造了较为稳定宽松的金融环境。集团经国家发改委批准发行10年期企业投资债券12亿元，实现了直接融资的重大突破。

7. 解决重大历史遗留问题　充分利用中央企业集团的平台，发挥总部主导作用，促进重大历史遗留问题的解决。4亿元国家资本金到位，离退休职工两项统筹外养老金补助政策得到落实，电网和发电公司拨给水电施工企业的困难补贴资金及财政部下拨的下岗职工生活补助费逐步到位，发电资产划转问题的解决取得新的进展。

（二）企业发展战略规划

根据外部形势的变化和集团自身的发展状况，2003年初，集团公司提出了全面建设具有国际竞争力的大型企业集团的奋斗目标。围绕这一长期目标，2004年创造性地确立了跨越式发展战略，明确提出“五大跨越”的总体战略任务。为推进这一战略的实施，2005年，作出了转变经济增长方式、增强可持续发展能力的重大战略决策，并在总结成功经验、展望未来10年发展的基础上，形成了跨越式发展的“三步走”战略步骤。第一步，从20世纪90年代末到2004年，实现以规模扩张为主要内容的综合发展目标。这一阶段的任务基本完成。第二步，从2005年到2010年，实现以转变经济增长方式，提高经济效益和经营质量，增强企业可持续发展能力为主要内容的全面发展目标。这一阶段的主要任务是：转变经济增长方式，提高企业经济效益；加快企业改革，建立适应市场的体制和机制；推进产业结构的调整和升级；在发展的基础上，彻底解决历史遗留问题，普遍建立股权多元化、产权多元化的现代企业制度。第三步，2010～2015年，实现以建成具有国际竞争力的大型跨国公司为主要内容的国际化发展目标。国际经营在总体业务中的比重达到50%以上，在国际上的影响进一步扩大，实现资本的国际化、经营的国际化、管理的国际化。

（三）科技进步

1. 科技管理工作步入规范化、标准化　制定印发了《集团公司科学技术奖励办法》、《集团公司科技进步考核办法》、《集团公司科技开发费使用管理办法》、《集团公司科研立项管理办法》、《集团公司科研项目中间检查管理办法》、《集团公司科技成果鉴定管理办法》、《集团公司科研项目结题验收管理办法》等管理规定；从科研立项、中间检查、成果鉴定、结题验收以及科技工作考核等形成了较为完整的科技管理制度体系。

2. 设立集团公司科技研发项目　2005年，经集团公司科学技术专家委员会评审，共批准立项科研项目26项，资助经费项目23项目，资助经费总计600万元，相关单位自筹经费总计800万元，合计批准科研经费1400万元。其中，《高拱坝施工关键技术研究及实施》、《深厚覆盖层防渗技术研究》项目，志在瞄准国际水利水电施工前沿技术；《混凝土布料机研发和试制》、《灌浆压力自动控制系统》两项目为拥有自主知识产权、开发为拳头产品的项目；《高贝利特水泥掺高性能掺合材料配制高性能水工混凝土研究》为新材料、新工艺项目。

3. 科技获奖项目　2005年，集团公司研究的《700MW水轮发电机组安装技术研究》项目获中国电力科学技术奖二等奖；《连续拉伸式液压千斤顶-钢绞线斜井滑模系统》、《辉绿岩人工砂石粉在RCC中的利用研究》、《城市地铁大断面软土层浅埋隧道施工技术研究》等6项研究项目获中国电力科学技术奖三等奖。

（四）集团化建设经验总结

集团化建设三年来的发展实践，加深了对国有大型企业集团和水电建设企业在市场经济条件下发展规律的认识，积累和总结了宝贵经验。

（1）坚持以科学发展观为指导，坚定不移地推进跨越式发展进程。

（2）坚持改革创新，构建企业发展新体制和新机制。

（3）坚持“走出去”战略，加快国际化经营步伐。

（4）坚持转变经济增长方式，不断提高可持续发展能力。

（5）坚持走人才强企之路，加快人力资源能力建设。

（6）坚持两个文明协调发展，努力建设和谐企业。

（中国水利水电建设集团公司　杜永昌）

中国葛洲坝集团公司的企业发展与管理

中国葛洲坝集团公司（以下简称集团公司）是经国务院批准组建的特大型企业集团，其前身是为兴建长江葛洲坝水利枢纽而组建的长江葛洲坝工程局。企业有职工34487人，注册资本9.6亿元，拥有水利水电总承包特级、总承包一级资质和专业工程一级资质达30个。集团公司主要从事水利水电建设工程的总承包以及勘测设计、施工、监理、咨询、技术培训等业务及电力、交通、市政、工民建、机场等工程项目的勘测设计、施工总承包、监理、安装、销售及租赁、电力等项目的开发、投资、经营和管理，自主开展外贸流通经营、国际合作、对外工程承包和对外劳务合作、国内外股融资等业务。经长期开发和不断调整，形成了以建筑业为主，集机电安装、建材、化工、造船、加工制造、金融商贸、科学技术、文教卫生、旅游服务等工业、第三产业为一体的多元化经营的产业格局。集团公司拥有博士后科研工作站和水电施工行业首家国家级技术中心，多年来取得包括国家科技进步特等奖在内的重大科技成果700多项。拥有净值70亿元的各类装备28119套，具有年土石方挖填5000万m^3、混凝土浇筑400万m^3、机电安装2100MW的综合生产能力，在全国同行业率先通过GB/T 19002—1994　ISO 9002：1994质量体系认证。在光面爆破、预裂爆破、混凝土温控、基础处理等施工技术方面，处于国内领先水平；在大江大河导截流、高强度混凝土施工、大型水电机组快速安装及大型金属结构制作安装、高速水流隧洞混凝土环向预应力等方面，技术水平居国内领先地位。先后整体或部分承建葛洲坝、隔河岩、漫湾、二滩、大朝山、水布垭、冶勒、瀑布沟、公伯峡、溪洛渡、三峡等百余座水电站，并在全国各地承揽堤防、公路、桥梁、核电、机场、港口、码头、市政、环保、供水、送变电等工程3000余项。集团公司整体承建的葛洲坝水利枢纽创造100多项施工纪录；独家承建的湖北清江隔河岩水利枢纽工程和参与修建的云南大朝山水电站枢纽工程、广东东深供水改造工程樟洋渡槽工程获得“中国建筑工程鲁班奖”；在三峡工程建设中创造了三峡工程大江截流、三峡大型机组快速安装、三期厂房下游墙免装修镜面工程等一系列水电施工新纪录，将中国水电工程施工技术推向世界先进水平。

（一）2005年完成的主要经济指标

2005年是集团公司发展史上具有里程碑意义的一年。年度总产值首次实现超100亿目标，各项经济指标均创历史新高。企业完成总产值是年计划的110.36%，与上年同期相比增长30.34%。完成土石方挖填10310万m^3，混凝土浇筑474万m^3，钢筋制安114684t，金属结构制安33886t，水轮机组安装10台共434.5MW。集团公司及各子分公司在建工程按合同个数计算共有465个，合同总金额为389亿元。其中，水电项目345个，合同金额333亿元；路桥、隧洞及机场项目36个，合同金额24.8亿元；其他市政、核电、火电及专业土石方项目84个，合同金额31.5亿元。2005年签约总额突破100亿元，同比增长46.7%；合同储备额同比增长34%。企业全员劳动生产率同比增长31.8%。利润总额突破亿元大关，连续第二年实现整体盈利。2005年末资产总额突破150亿元，资产负债率降到70%以下，净资产同比增长16.5%。职工人均年收入超过2万元。

（二）企业经营与管理情况

1. 开拓市场，扩大经营

（1）投标签约创新纪录。一是水利水电项目签约成绩突出，主业地位进一步巩固。全年水电项目签约105.93亿元，占签约总额的87.8%，并在众多具有世界级影响力的大型水利水电项目投标竞争中全面丰收。小湾、向家坝、溪洛渡、南水北调丹江大坝加高和穿黄工程等一系列项目中标，奠定了集团公司在双曲拱坝、大型混凝土重力坝、地下工程、新老混凝土结合及盾构施工等技术的领先地位，“葛洲坝”品牌影响力进一步扩大。二是子分公司签约能力增强，全年子分公司签约65.9亿元，同比增长29.1%。累计签约金额名列前三位的是五公司、一公司、三峡实业公司；计划完成率前三名的是三峡实业公司、四公司和电力公司。各单位以自有资质签约26.8亿元，同比增长34%。三是国际市场开拓日渐成熟，注重理性投标，规避风险，讲求效益。全年签约金额11.7亿元，占计划签约额的145.6%。

（2）投资兴业成绩好。2005年集团公司水电投资经营和房地产开发经营作为主业得到国资委确认，标志着集团公司由承包商向既是承包商又是投资开发商转变的发展新时期。本着“收益一批、在建一批、储备一批”的发展思路，继过渡湾、鱼跳两座水电站和襄荆公路投产受益之后，又投资近50亿元修建大广北高速公路，而建设中的寺坪水电站大坝已顺利填筑至设计高程。房地产新开工面积30余万m^2。集团公司开发的第一个完整的商住房项目江山如画楼盘不仅建设速度快，而且运作规范，经济效益好，为房地产作为主业的健康发展积累了经验。宜昌东湖D10区、明珠山庄、上海葛洲坝大厦等房地产项目先后动工，形势好。

(3) 工业、第三产业形势好转。全年工业、第三产业完成产值 24.1 亿元，同比增长 38.6%，其中，第三产业同比增长 66.1%。水泥厂生产水泥 330 万 t，销售收入 7.4 亿元，均创历史新高。机船公司继续保持良好发展势头，完成产值 2.7 亿元，同比增长 71%，创历史最好成绩。易普力公司通过资本运作，不仅经营规模和市场份额快速扩张，而且经济效益大幅提升。佳鸿公司盘活资产，加强管理，利润水平和职工人均收入大幅提高。旅游行业也超额完成了年度计划。

2. 诚信履约，注重质量　全年共完成单元工程 5 万多项，合格率 100%，优良率 94.4%，事故率、重伤率、死亡率分别为年度控制指标的 7.1%、10%和 38%。其中，集团公司承建的三峡三期工程在满足提前一年发电要求的基础上再提前 20 天；水布垭大坝四期填筑优质完成，提前进行五期填筑；冶勒大坝主体填筑工程提前 43 天达到设计高程，积累了高寒多雨条件下沥青混凝土芯墙堆石坝施工的宝贵经验；景洪 3 号坝段率先达到坝顶高程；漫湾地下厂房施工进度比原计划提前 113 天；拉西瓦地下厂房第七层和主变开关室第五层开挖支护按期完成；小湾左岸大坝、丹江口大坝加高等新开工项目，进场后克服困难迅速打开生产局面；瀑布沟等 6 座水电站顺利截流，洞坪等 6 座水电站 10 台机组按期或提前发电，106 个防汛项目全部安全度汛；伊朗莫拉萨德拉项目按期下闸蓄水，其中引水隧洞提前 3 个月全面完工；科威特苏比亚工程施工顺利，主体工程基本完成；缅甸耶涯电站大坝、巴基斯坦塘萨大坝修复、印度高速公路东西走廊等新签约项目开局良好。溪洛渡右岸导流洞工程施工质量优良，在业主全年评定的 14 个样板工程中，由集团公司施工的项目就占了 9 个；冶勒、景洪、瀑布沟、漫湾二期、柳洪、龙头石等直管项目，三峡实业公司张河湾项目，二公司小天都、瓦屋山、北津项目，机船公司鱼塘项目，机电公司老渡口项目及一公司大隆、中梁水库等 14 个项目业主向集团公司来函表示感谢。尤其是三峡三期工程浇筑的 246 万 m^3 混凝土没有出现一条裂缝，被专家誉为“国内没有，国际罕见”，创造了水电施工的奇迹。

3. 加强管理，精细治企　2005 年，集团公司深入贯彻“依法、从严、精细”的治企方针，不断完善内控制度，加大监管与考核力度，以项目管理为重点，继续推进精细管理，努力解决“四高两低”（生产经营中贷款数额、主营业务成本、应收账款和非生产性支出偏高，资产保值增值率和净资产收益率较低）问题。加强规范管理，使“依法治企”有章可循，在严格执行已有制度的同时，制定完善各类管理办法 30 项。以提高绩效为目标，不断加大监控与考核力度。审计监督部门对在建工程项目、海外工程项目、已完工房地产项目及离任领导干部和群众反映有突出问题的单位和事项进行了全面彻底审计，全年共完成审计项目 275 项，签证审计 59 项。通过审计增收节支 746.33 万元，查出损失浪费 509.37 万元。同时，对施工单位落实《工程项目责任书》情况进行了专项监察，抽查项目部 114 个。对中小企业改制、应收账款、对外担保、工程分包等方面问题进行了重点督查，对设备采购、自建工程招标等工作加强了过程监察，促进了集团公司重大决策、重要工作部署的落实。以提高经济效益为目标，项目管理精细化深入推进。由于精细管理思想深入人心，涌现出七公司、三峡指挥部、清江承包公司等一批加强项目精细管理的典型。围绕“强化精细管理、提高经济效益”主题，集团公司在水布垭召开了在建工程项目管理年会，交流推广了子分公司加强项目精细管理的经验，将项目精细管理引向深入。为提高抗风险能力，财务资金管理不断加强。加大了中葛办［2004］55 号文件执行力度，从严控制贷款规模，审减了近 1 亿元新增贷款申请，各单位按要求归还贷款本金 1.2 亿元。强化资金账户管理，查处擅自开立的账户 59 个，撤销账户 220 个。加强了资金监控，强化资金集中管理，集团公司资金归集率同比提高了 4.6 个百分点。为增强企业核心竞争力，加强科技研发工作，组织完成了盾构技术及其在穿黄工程中的应用、深厚覆盖层围堰施工等科技攻关项目，为穿黄工程和向家坝一期工程中标创造了条件；主持完成了水工碾压沥青混凝土防渗和水工建筑物化学灌浆施工规范修订工作；申报了双向曲率可调翻转模板等 7 项专利。博士后科研工作站第二位博士后进站。为全面提高管理水平，加强基础管理工作。加强了工资总额宏观调控，效果明显。工程类中高级和经济类高级专业技术资格自主评审，专业技术人才队伍建设得到加强。编制出版了包含 468 个主要技能岗位说明书和 39 类施工设备安全操作与维护保养规程，颁布实施了 14 类起重机械安装改造维修作业指导书。建立了集团公司环境管理体系，顺利通过认证审核，并实现与质量、职业健康安全管理体系合并运行。

4. 重组资源，调整产业　原二公司、七公司顺利重组，标志着集团公司建筑业资产资源战略重组取得突破。将机船公司从五公司分离，使各自专业特色更加突出。海外事业部改制为国际工程公司，为国际工程的做实做强奠定了基础。将西南公司资产置换到澜沧江施工局，进一步解决了上市公司关联交易的历史遗留问题。为促进上市公司健康发展，减少与控股股东同业竞争，股份公司对产业结构进行了持续有效调整。2005 年，股份公司 18.9 亿元产值中，投资经营性收入比重已达70%，表明股份公司向投资型企业转变初步实现。分离企业办社会职能工作取得重大成果。集团公司所办中小学等社会职能已与地方省市政府正式签订了移交协议，移交人员2500多人，并取得了地方、企业、职工三满意的理想结果。中小企业改制不断推进，社会保障体系逐步完善。全年有10家企业完成了改制，11家企业关闭清算，分流安置职工323人。企业再就业服务中心平稳关闭，1700多名下岗职工得到妥善安置。职工养老保险、医疗保险及最低生活保障制度不断完善。

5. 党群工作，成果丰硕　2005年，两级党委围绕生产经营中心和改革发展稳定大局，加强了党建思想政治工作，发挥了保证监督作用。

(1) 加强了党的先进性建设。按照湖北省委和国务院国资委党委的要求，扎实开展了以学习实践“三个代表”重要思想为主要内容的保持共产党员先进性教育活动，全体党员尤其是党员领导干部党性意识、宗旨观念和强企富民责任感显著增强，广大党员先锋模范作用得到彰显；“四好”领导班子建设取得明显成效；基层党组织建设普遍加强；一批涉及职工群众切身利益的突出问题得到解决，达到了先进性教育活动与生产经营“两不误、两促进”的效果，职工测评满意率达到99.3%。

(2) 加强了宣传思想工作。坚持正确舆论导向，广泛开展形势任务宣传教育活动，引导职工转变思想观念；针对中小企业改制、社会职能分离和企业内部改革等情况，把解决思想问题与解决实际问题相结合，化解了职工思想上的矛盾，促进了改革改制工作稳步开展；通过行业报纸杂志、网站和画册等，加强对内对外宣传，提升了企业形象，增强了市场竞争力。

(3) 加强了党风廉政建设。两级党组织以建立健全教育、制度、监督并重的惩治和预防腐败体系为目标，扎实开展党风廉政宣传教育，严格落实党风廉政建设责任制，加大案件查处力度和效能监察力度，收到良好效果。全年共核实违纪线索15件，立案查处5件，处理11人，其中党纪处分3人，政纪处分11人，挽回经济损失750万元。各级领导干部工作作风明显改进，拒腐防变能力明显增强。

(4) 加强了企业文明建设。一批文明单位、文明工区、文明小区得到了省文明委确认；企业文化建设取得新进展，统一的集团标识系统开始广泛使用；基层企业文化试点取得了较好经验，企业文化知识培训和“诚信葛洲坝”主题活动有声有色、丰富多彩；城区相继建成一批公益项目，23.3万m^2经济适用房竣工，职工生活环境不断改善。

（中国葛洲坝集团公司）

落实科学发展观，建设节约型企业

龙滩水电工程是国家西部大开发的十大标志性工程和西电东送的战略项目之一，也是中国大唐集团公司在建的最大工程项目。工程静态总投资243亿元，建设工期长达9年。在建设阶段做好节约成本工作，控制工程造价，可以降低将来的发电成本，有利于提高企业的核心竞争力。为此，龙滩水电开发有限公司认真落实科学发展观，建设节约型企业，推进绿色龙滩建设。

（一）优化设计　降低造价

舍“4+5”方案而取“0+9”方案，是龙滩工程优化设计，降低工程造价的决策选择。国家曾集中高级水电专家对龙滩工程开展前瞻性科技攻坚，敲定了机组安装“4+5”方案，即大坝、地下厂房各安装4台和5台机组。与此相适应，专家选择大坝坝型为常态混凝土大坝。

设计不断优化。随着揭露出来的地质地貌条件变化和洞挖技术成熟，专家进一步优化设计，9台机组全安装在地下厂房的“0+9”方案成为可行方案。同时，我国水电专家攻克了“特殊气候条件下的碾压混凝土快速施工技术”的世界难题。专家们果断改用“0+9”方案，改建碾压混凝土重力坝坝型。这样大大方便了大坝的施工，至少节约了一年的工期，全部机组投产发电一年的收入就是50亿元，这就意味着节约了50亿元。

此外，9条引水隧洞原设计衬砌厚度为1.5m，后来优化改为0.6m；主厂房跨度最后压缩到28.5m……，优化设计大大减少了开挖和混凝土回填。

龙滩工程大坝、厂房、升船机等枢纽，以及砂石系统、拌和系统、生活营区等布置紧凑到位、设计科学，枢纽总体布置和施工总体布置科学设计，减少了能源、土地和资金的占用，有效降低了工程造价。

（二）阳光操作　控制成本

在招投标环节控制造价关键是“阳光操作”。

国内甚至世界上众多施工企业、监理公司和机电设备供应商，纷纷角逐龙滩工程。龙滩工程制定投资、造价、招投标等八个管理办法，以完善的制度保证招投标“阳光操作”，实现合理标价中标。

从2001年开始，龙滩工程招标工作不仅有公证、国家政府有关部门参与，还首创邀请检察机关实行全过程监督的招投标制度。评标专家和监标工作人员进驻宾馆封闭评标，检察官和评标监督人员，依法逐一核实来自业主单位和从全国水电工程评标专家库挑选来的评委的资格。检察官统一切断与外界信息联系，使整个招评标工作在封闭状态进行。同时公司也成立了效能监察领导小组，对工程招投标、合同管理进行全程的效能监察。确保各项工作公平、公正、公开、依法依规，有条不紊进行。从2001年龙滩水电工程开工至今，共有58个重大招标评标项目邀请检察机关参加，实行监督关口前移，有效提高了监督效果。目前工程已签订了800多个合同，无一违规。被广西自治区人民检察院树为样板，并在广西重大项目建设中推广。

"阳光操作"，有效降低了工程造价，节约了工程建设成本。龙滩地下引水发电系统工程执行概算为10亿余元，实力雄厚的1478联营体竞标最终以近9亿元合同价格夺标，节约近1亿。

（三）科学融资　降低利息

龙滩工程静态总投资243亿元，日均支付千万元，科学融资是降低工程建设成本重要因素之一。

通过公司多年努力，已经构建了以银团贷款为主、周转贷款为辅、长中短期贷款相结合、能有效服务龙滩工程的贷款结构。同时形成了"缺口计划短贷补，下午用钱上午贷款"融资理念。

2004年初，龙滩工程必须支付4.8亿元机组制造预付款。向谁贷款，怎么贷款，涉及到利息支出问题。龙滩公司精心对比——银团长期贷款的年利率为6.12%；某商业银行短期贷款年利率为5.58%，并且还可以争取到下浮10%的优惠利率。龙滩公司果断选择向该商业银行贷短期贷款。经计算，这笔贷款每年可节省下489.6万元利息支出。据统计，2001～2005年共使用中短期贷款80多亿元，节约利息支出7200万元。

2006年将是龙滩水电工程建设的关键年，也是资金需求的高峰年，全年计划完成总投资49亿元，同时又是"效益年"，通过灵活科学使用资金，预计全年融资费用支出在年度执行概算额度内减少19500万元，其中通过利率差将实现年度节约利息支出3000万元。

（四）建设和谐　绿色龙滩

公司在积极做好节约型企业建设的同时，大力推进绿色龙滩建设。"绿色龙滩"不仅包括绿化、生态、环保，而且融入了工程建设环境与治安环境的统一治理、自然生态与人文关系的协调发展、管理体系硬件与软件设施的综合构建等多方面的内容。"绿色龙滩"在工程建设方面：始终坚持创"一流"精品工程，狠抓质量、安全"两个"第一，严格执行工程建设招（投）标制、合同管理制和工程监理制等"三项"制度。在工程设计与管理方面：要实现工程设计现代化、管理决策科学化、管理技术信息化、工作环境优美化等"四化"，并协调好项目业主与设计单位、施工单位、监理单位、上级主管部门和地方各级政府等"五个方面"的关系，为工程建设创建良好和谐的工作环境。在工程环境保护方面：做到思想认识、机构人员、管理措施、项目投资、规划设计、综合监理"六到位"。

龙滩主体工程、辅助工程项目中具有环保水保功能的边坡混凝土喷护、各类护坡、挡土墙、排水涵（洞）及道路系统滑坡体整治等重点项目已累计完成投资2.1亿元；经过全面建设，龙滩坝区主体工程的高边坡随着开挖平台的下移同步进行了喷护加固治理，场内施工道路的边坡及排水系统得到全面治理。重点环保水保专业项目包括麻村、大法坪生产废水处理系统及施工区混凝土建设、施工营地生活污水处理、噪声大气质量控制、生活垃圾处理清运、施工场地及道路洒水维护、公共卫生设施建设、卫生防疫、环境监测等项目，已累计环保水保专项投资7020万元。其中，环境保护项目4098万元，生态环境绿化等水土保持设施项目2677万元，环保水保综合监理费用145万元。

大法坪砂石料场的生产废水处理系统，自2003年该系统分期投入运行以来，已沉淀废渣210万t。麻村砂石料场生产废水处理系统则采用引水旋流和泥渣压滤脱水的先进技术，处理后的清水回收并循环使用，基本实现生产废水"零排放"，废水处理后悬浮物的浓度大幅降低，经检测处理效率达99.94%；该系统自2002年9月投入运行以来，已回收处理废渣20万t，在全国水电工程建设生产废水处理中处领先水平。施工区4个混凝土生产系统则充分利用上下游土石围堰形成的基坑来处理生产废水，已沉淀废渣55万t。以上三个系统已投入3260万元，累计沉淀废渣285万t，相当于57000个火车皮的载重量，极大地减少了水土流失量，保护了红水河的水环境。龙滩水电工程施工区的生态环境绿化建设是环境保护工作的重点之一，根据公司的总体目标和建设"绿色龙滩"的要求，各施工营地全面绿化，龙滩生态公园建成，坝区道路的路肩边坡植树绿化已全面完成，现已累计完成绿化面积34.3万m^2，共种植各类树木植物70余种，植树25110余棵，完成绿化投资1878万元。原来的一片片荒草地变成了一幅风光优美的山水画。龙滩水电工程施工区生态环境建设已初见成效，呈现出一派生机勃勃的新景象。龙滩实现了人与自然和谐发展。

"绿色龙滩"的内涵与创一流龙滩水电工程指标体系是一致的。实践"绿色龙滩"内涵，为创一流提供强大的动力，龙滩水电工程安全、质量、招投标、移民各项工作都跃上了新台阶。各个项目安全、质量控制处于均衡、稳定、受控的状态。

龙滩工程自开工以来，主体土建工程均未发生质量、安全事故，目前，工程累计完成投资121亿元。大坝已累计完成混凝土浇筑400多万m^3，大坝河床溢流坝段混凝土浇筑最高上升了95m，进水口坝段混凝土浇筑最高上升了120m，各坝段形象面貌均达到或超过预定目标；地下引水发电系统建设整体超前，1～5号机座环和1、2号机蜗壳及6～9号机压力钢管安装完成，1号机窝混凝土浇筑完毕，满足提前发电总进度要求。

（龙滩水电开发有限责任公司）

工 程 管 理

澜沧江水电开发建设的管理

澜沧江是一条著名的跨国界河流，在云南省境内长1240km，落差约1780m，水能资源理论蕴藏量36560MW。流域内水能资源集中，交通便利，径流丰沛稳定，有建高坝大库的地形、地质条件，调节性能好，电能质量优，是我国水电资源中的“富矿”，具有广阔的开发前景。澜沧江流域云南境内共规划16个梯级电站，上游是以古水为龙头水库的“一库八级”，中下游则以具备多年调节的小湾和糯扎渡为核心进行“二库八级”的规划。加快澜沧江水电开发，建设好“西电东送”、“云电外送”的重要能源基地，对云南培育以水电为主的电力支柱产业，缩小与发达地区的差距，实现经济社会可持续发展具有重要战略意义。

通过数年的努力，澜沧江流域梯级开发已基本形成“运行一批、建设一批、储备一批”的良好态势。目前，澜沧江中下游已建项目2600MW，在建项目12100MW；上游已启动古水、乌弄龙等8个梯级共8200MW装机容量的项目预可研、科研工作。

本着“流域、梯级、滚动、综合”的开发方针，澜沧江流域的水电开发积累了一些基本经验，可以归纳如下：

（1）按照“一级法人、两级管理的原则”，以清晰的管理层次构建工程建设管理体系。流域公司本部负责建设项目的宏观管理、技术指导、检查监督和协调服务，形成了工程项目合同造价控制和技术支持中心；下设二级项目管理建设机构，通过充分授权，强调了现场协调和组织，提高了解决问题的及时性和有效性。通过项目管理权责的合理分配，调动了项目管理机构的积极性和主动性，为流域项目建设的顺利推进构建了科学的组织机制。

（2）强化业主在工程建设管理中的中心地位和主导作用。充分发挥各方作用，是加快项目建设和澜沧江流域水电开发的关键。澜沧江流域水电开发涉及面广，工程建设难度大，需要解决和协调的问题多而复杂，通过强化业主的主导作用，营造出了一个集业主、设计、监理、承包商和地方政府五位于一体的相互理解、相互信赖、团结协作的关系。通过业主对建设、科研、设计等资源的合理调度，以科学管理手段和理念统筹项目建设。在项目实施过程中，注意把管理延伸到设计过程中，主动参与过程控制，鼓励设计优化。同时，积极借助各方力量，集国内外水电专家及设计科研院所的智慧和经验，为工程提供强有力的建设支持。

（3）坚持“小业主、大监理”的工程管理模式。小湾水电站等工程采用了“小业主、大监理”的管理模式，通过正确处理建设管理和工程管理的关系，进一步强化了业主在建设管理中的主导作用。根据小湾工程的实践经验，在“小业主、大监理”的模式下，业主的管理放在宏观、全局的层面，抓重点、抓关键、抓超前性和前瞻性的工作；监理单位以日常工程建设的项目管理为工作重点，负责现场及具体工程项目的管理。在现有条件下，这样的工程建设和管理模式起到了增强业主对工程管理宏观把握的准确性，同时也充分发挥了监理单位的作用，有利于工程建设的顺利进行。在坚持“小业主、大监理”工程管理模式的同时，为了进一步加强监理工作的技术力量和提高工程建设的质量，聘请了国外咨询公司的质量监督专家，对小湾工程大坝混凝土浇筑进行了长期的质量监督和咨询。

（4）妥善解决征地移民问题。澜沧江流域水电开发多涉及少数民族地区，征地移民工作开展的好坏直接关系到移民的生产、生活和社会安定问题，同时也是关系到流域梯级开发能否顺利推进的关键因素。云南华能澜沧江水电有限公司在全面贯彻执行政策法规的前提下、结合具体情况，逐渐摸索形成了一些切实有效的经验和方法，较好地解决了小湾、糯扎渡、景洪等工程的征地移民问题。

1）充分理解“业主参与”的概念，用监督检查等方式参与到移民搬迁安置实施过程中，跟踪了解实施过程，发现问题及时整改。

2）加大业主对前期规划设计管理的介入力度，狠抓实物指标调查，审查环境容量，提升专项设施设计深度，从有利于移民稳定的角度，确定移民安置去向，优化选择移民安置方案，提高安置成功率。

3）建立由业主和省移民局牵头，设计、监理等单位参加的移民工作联席会议制度，通过及时沟通、共同研究，高效率地解决征地移民实施中存在的问题。

4）采取扶持性发展的政策，并积极推进实物量指标、征地补偿、安置方案等公示制度。同时，通过加大国家政策的宣传力度等措施，争取移民理解，并将此作为长期坚持的移民工作思路。

（云南华能澜沧江水电有限公司　封伯昊）

乌江流域水电开发的基本经验

乌江水电开发公司是国家较早批准的流域开发公司，主要任务是依托乌江流域、综合开发水电，第一阶段的重点是对贵州境内的乌江水电资源进行开发，在母体电站的支撑下，逐步走出一条滚动发展、综合开发的流域公司发展道路。

（一）企业发展规划是企业发展之源

乌江水电开发公司成立于1992年，当时的主要任务，一是管理已建成的乌江渡发电厂（630MW），二是完建东风发电厂（510MW），同时承担对乌江干流水电的开发。由于水电开发的周期及投资、环境、移民等诸多问题，乌江水电开发公司起步维艰。鉴于当时国内的形势及电量相对平衡的情况，公司制定了中期发展规划，即用25年左右的时间完成流域开发，积极开展水电的前期工作，分别在1995年和1997年完成了思林水电站和构皮滩水电站的可行性研究设计（初步设计），在1997年完成了洪家渡水电站的三通一平设计，同时开展乌江渡发电厂扩建工程和索风营、沙沱水电站的预可行性研究工作。

1999年，公司在原国家电力公司及贵州省政府的领导下，成功实现了公司改制。贵州乌江水电开发有限责任公司在对自身的融资能力、滚动能力、技术人才储备、项目储备、国家相关政策进行认真分析研究后，适时提出同时开发三个600MW级电站（洪家渡、索风营和乌江渡发电厂扩建工程），加紧构皮滩水电站（3000MW）的设计优化和立项工作，在12～15年左右完成贵州境内乌江流域开发，形成装机容量10000MW左右的中国南方水电基地，并带动相关综合产业的开发。

随着西部大开发，“西电东送”国家政策的制订，乌江水电开发步入快速发展的黄金时期，2000年洪家渡水电站开工建设，2001年乌江渡水电站扩建工程开工，2002年索风营水电站开工，2003年乌江流域中装机容量最大的构皮滩水电站正式开工，2004年清水河流域的大花水水电站获国家核准开工建设。至2005年12月底，乌江水电开发公司装机容量从原来的1140MW增加到2945MW，实现装机容量第一个翻番。至2010年，可望实现装机容量超过8000MW。为落实2005年春节胡锦涛总书记提出的“做好乌江开发下一篇文章”指示，公司正积极编制“十二五”发展规划，实现做强、做大、综合开发的可持续发展。

（二）国家政策是企业发展的催化剂

由于水电开发相对开发周期较长，一次投资大等特点。乌江水电开发公司成立之初，只有一个母体电站——乌江渡水电站，东风水电站尚未竣工，且承担20余亿的还贷任务，加之20世纪90年代贷款利息较高，国家实行资本金制度，公司上网电价较低，无力筹集建设资金。但在如此困难的情况下，公司仍尽可能的开展水电的前期工作，继续争取政策支持，使公司上网电价提高到一个合理的水平。1999年公司改制后，国家财政部门对公司的所得税、财政贴息等相关政策也进行了相应的延续和调整。并以项目为基础争取到了银行的相关贷款政策的支持和优惠；在项目实施过程中，由于前期工作往往没有完成项目审查，在“三通一平”预评价政策出台前，公司积极争取地方政府支持，进行一些及时补偿及参考单价，极大地促进了项目前期进展，缩短了开发时间。

由于公司较为重视项目的储备工作，在国家提出西部开发政策的同时，公司积极推进项目进展，经过不懈努力，在“西电东送”首批八个项目中，公司就占了水电项目四个中的三个，在赢得了开发良机的同时，也赢得了社会信誉和市场空间。

（三）内部管理是企业发展的基础

当外部条件具备后，内因是发展的根本。乌江水电开发公司定性为流域开发公司，原来的设想是滚动发展，建管结合，逐步推进，但由于发展的步伐较快，一个流域公司同时开工建设4～5个水电站项目，在国内水电史上没有先例和现成的经验，如何建设和管理是摆在公司面前的又一难题。

1. 建管机制　由于洪家渡水电站、索风营水电站、乌江渡发电厂扩建工程、构皮滩水电站几个项目几乎同时开工，原来建立在公司直管，单项目管理的模式已不适用，建立一整套适应于现代工程项目管理又有别于传统的电厂或管理局的管理模式尤为重要。为此，在借鉴已有的国内、国外管理模式基础上，公司提出“全面统筹，授权管理，四位一体”的建管模式：在全公司一盘棋总体控制的前提下，为减少工程中间环节，对公司外派机构（建设公司或筹建处）实行授权管理，并据此建立公司的一整套管理模式。在工地管理中，推行业主、监理、设计、施工单位四位一体的建管模式，将业主的主要职能定位为协调，将四方的利益、荣辱系于一体，形成合力，积极推行现场奖励制度。

2. 分级管理机制　由于建设公司（筹建处）离总部较远，为提高现场应变能力和实现公司总体控制的目标，在公司招投标、合同管理、财务管理、安全建设管理等方面制订相关的规定，在总经理授权的前提下，细分项目的管理权限，制订每项工作流程，对项目主体工程（设备）招标，主设计监理合同，大宗资金支付，工程关键节点目标制订等由公司职能部门按权限管理，对影响工程进展或投资额度小的项目进行现场控制、备案制等管理形式，同时针对项目的不同，每个项目制订的细则可以变化，一事一议，做到集中控制，动态管理。

3. 引进先进的管理理念　技术进步是企业发展的源泉。公司从 20 世纪 90 年代就在洪家渡项目中提出“四个优化”，即通过“筹资、设计、管理、施工”的优化，节省工程投资，提高项目竞争力。如洪家渡最早的枢纽布置方案加外资融资方式，投资高达 78 亿元，经公司与设计院对坝型、厂房结构形式等进行多次优化，目前造价控制在 50 亿元以内，优化直接投资约 3 亿元；构皮滩原设计 4 条导流洞，经对上游联调等进行分析，优化至 3 条导流洞，直接投资减少 2 亿元。目前，公司对所有在建项目全部推行重点项目预审制度，充分利用专家及自身建设人才优势，挖潜创新，与设计、监理、施工统一共同探讨，不断创新建管理理念。

建立先进管理，实现资源共享，水电项目管理是一个宏大的管理系统，先进的管理将收到事半功倍的效果。公司从第一个项目洪家渡水电站开始，即引进中国长江三峡工程开发总公司开发的部分管理系统，对人资、合同、财务、物资等实行集中管理，发挥流域优势，统筹安排，获取最大效益。

（乌江水电开发有限责任公司
熊　宇　陈晓彬　张　琼）

浙江抽水蓄能电站建设与管理经验

2005 年 11 月 21～22 日，浙江省水力发电工程学会在安吉召开了浙江省抽水蓄能电站建设与管理技术交流会。参加交流会的有 12 个团体会员单位的 27 位代表。会议共收到论文 17 篇，其中有 5 篇论文在会上进行了交流。会议还邀请了贵州省水力发电工程学会何开明秘书长参加，并在会上介绍了贵州水电和抽水蓄能电站发展情况。会后，与会代表考察了天荒坪抽水蓄能电站。交流会达到了“交流经验、开拓视野、提高技术、传递信息、增进友谊”的预期目的。

（一）会议论文代表了浙江省抽水蓄能电站技术的整体水平

参加本次会议的代表分别来自建设运行单位（桐柏、溪口、天荒坪抽水蓄能电站）、设计单位（华东勘测设计研究院、水利部农电所、省水电设计院）、施工单位（水电十二局、省水电工程局）和水利部门（省水利厅、杭州市林水局、安吉县水利局），可以说浙江省最主要的设计单位、施工单位、已建和在建的抽水蓄能电站的建设、管理单位都派人参加了会议。会议收到的 17 篇论文，选题广泛，涉及抽水蓄能电站的规划、设计、研究、施工技术、运行管理和宏观调控等多方面内容。从上述参加会议人员的代表性和论文选题的广泛性，会议认为能够代表浙江省抽水蓄能电站技术的整体水平。

（二）浙江省抽水蓄能电站技术的水平处于全国领先地位

浙江省已建有天荒坪抽水蓄能电站、溪口抽水蓄能电站。会上介绍了天荒坪电站运营特点，采用新型管理模式，取得了良好的经济和社会效益，成为华东电力运行管理的样板和全国抽水蓄能技术培训中心；溪口抽水蓄能电站的信息化建设，探索一条适合于中小型电站的信息化建设之路，提高了电站的管理水平。在建的桐柏抽水蓄能电站，是全国的建设施工样板工程。华东勘测设计研究院，在抽水蓄能电站的规划、勘测、设计中，做了大量工作，本次会议提供了 6 篇论文。地处杭州的 GE 亚洲水电中心（GEHA）的制造技术代表了国际先进水平。从会议通知发出到开会短短的 2 个月时间内，能收到这么多论文，说明我省在抽水蓄能电站技术上是有一定基础的。

（三）浙江省抽水蓄能电站技术发展潜力巨大

从交流论文中的内容可以得出如下结论：

（1）可开发的抽水蓄能资源丰富，300MW 及以上的站址有36处，总装机容量48600MW；

（2）浙江电网抽水蓄能电站装机容量至2015年需要新增1800MW，至2020年再增1000MW；

（3）华东电网抽水蓄能电站装机容量至2015年需新增5000～8000MW，至2020年再增4000～6000MW。而华东主要的需求靠浙江解决。

（四）几点经验和建议

通过会议交流，提供了很多可借鉴的经验和许多建议：

（1）抽水蓄能电站开发应放在浙江水电开发的优先位置，尽早开展前期勘测设计工作，已是当务之急。

（2）抽水蓄能电站开发应统一规划、统一调度、多元化建设，布局上应集中与分散相结合，规模上应大型与中型相结合，要研究“西电东送”对华东电网安全稳定运行的影响，深入做好财务分析，才能健康、持久地发展。

（3）电站建设应侧重宏观政策调控，更好地发挥其社会效益。

（4）已建电站取得了丰富的运行经验，可供新建项目参考和借鉴。

（浙江省水力发电工程学会秘书处）

索风营水电站的建设管理

索风营水电站位于贵州省黔西县与修文县交界处的乌江六广河段，上游距东风水电站35.5km，下游距乌江渡水电站74.9km，是贵州乌江水电开发有限责任公司（以下简称乌江公司）按照“流域、梯级、滚动”的方针，继乌江渡、东风、洪家渡等水电站之后，在乌江干流上开发的又一座梯级水电站。电站装机容量3×200MW，保证出力166.9MW，年发电量20.11亿kW·h。

该工程是国家“西电东送”工程项目之一。乌江公司作为业主，认真履行工程建设管理职责，实现了投资省、工期短、质量优、安全好、绿化早的目标。

（一）管理体制及主要措施

乌江公司组建索风营水电站建设公司（以下简称索建公司）作为业主代表对工程建设进行管理。按照市场经济原则和国际惯例，实行以项目法人责任制为核心的招投标、工程监理、合同管理有机结合的建设体制。索建公司做了以下工作：

（1）树立两个理念，推行一个模式，执行一个方针，探索一个运行方式。两个理念：①建管理念：与时俱进，科学求实，体现“三明”（开明、聪明、精明）；②服务理念：服务、协调、督促、管理，精心调理参建各方“四位一体”的协作关系。一个模式：“小业主、大监理”建管模式。一个方针：“施工现场安全文明，工程环保同步进行，投资控制合理适度，关键项目确保工期，设计优化提前深入，质量检测源头入手，激励制约相互作用，诚信守约同舟共济，监理职能全面管理，业主开明协调服务”80字方针。一个运行方式：“建管结合、无缝过渡”的电厂运行方式，建设公司“抓两头放中间”，即抓住设计优化和重大施工方案的审查，工程实施的中间过程委托监理单位全权组织管理。

（2）建立高效精干的组织机构。按照“高效精干，树状结构，职责分明，宁缺勿滥”的原则组建了四部两室（计划部、工程部、机电物资部、财务部、办公室、安全监察办公室）的骨干管理网络，建立了有关管理制度，执行现场的管理职能。

（3）建立完善适用的质保体系。施工单位实行质量“三检制”，现场监理负责质量巡检及见证取样，建设公司组建的质量检测中心进行质量跟踪与随机抽检。

（4）保证实用合理的资源投入。结合现场施工的实际需要，参建各方必须在施工合同的框架下确保“人、财、物”资源的投入。

（5）建立迅速快捷的信息反馈和决策机制。对施工中出现的各种作业信息，必须通过协调例会或应急报告的途径迅速反馈到监理和建设公司，以便及时作出决策修正。

（二）管理目标及实现情况

索建公司力争把索风营水电站工程建设成“乌江流域水电开发的一流工程、绿色环保电站”，“实现达标投产”，“争获鲁班奖”。

1. 工程投资　原设计工程总投资31.25亿元（动态），单位千瓦投资5200元。通过全面推行工程招投标，设计优化，合理化建议奖等一系列激励与约束机制，力争做到单位千瓦投资不超过4500元，工程总投资不超过27亿元（动态）。

索建公司按照集思广益、统一思想，协调资源、避免干扰的工作原则，组织参建各方讨论确定工期目标，优化施工方案，实施设计优化，目前已节省工程投资近4亿元。主要设计优化有：①将原布置于左岸的地面厂房改为右岸地下厂房，使枢纽布置更加紧凑合理，避免了厂坝施工干扰，赢得了主体工期；②取消跨河缆机，减少坝肩开挖量，节省工程投资，并为大坝施工赢得了工期；③右岸进场公路6个回头弯改为2个回头弯，缩短里程1.2km，并把4号洞末端明挖改洞挖，减少了石方开挖量约5万m^3；④左岸进场公路部分场外线路改走场内，少占农田好土，减少了纠纷与干扰；⑤844公路高边坡路段明挖改洞挖，避免了与导流工程的施工干扰；⑥导流明渠出口优化，缩短明渠100余m；⑦大坝建基面经声波测试等技术手段及专家现场鉴定后抬高6m，减少开挖石方和回填混凝土约3万m^3。

2. 工程进度　2002年7月26日，索风营水电站建设工程正式开工，当年截流，2005年底首台机组发电。

2002年12月18日工程截流，实现了“当年开工，当年截流”的目标。2005年8月首台机组发电，同年12月第二台机组也投产，工期提前近5个月。主要措施有：①架军用桥连通施工区左右岸，抢挖进厂交通洞；②利用2001年枯水期水小时段，令挖掘设备涉水跨河抢挖右岸上坝交通洞；③调整施工方案和计划，提前8个月完成尾水渠开挖20余万m^3；④利用2003年洪水迟到的有利时机，提前开挖消力池覆盖层约12万m^3；⑤采用有效的技术与施工组织措施，在2004年汛期夏季高温季节利用洪中有枯时段抢浇大坝碾压混凝土；⑥地下厂房采用三层立体开挖，提前4个月完成主厂房开挖任务；⑦优化水轮机转轮运输方案，改分瓣运输为整体运输，节省了近2个月工期。

3. 工程质量　为把工程建设成为乌江流域开发的“一流工程”和“争获鲁班奖”，索建公司狠抓质量管理。

(1) 组建了参建四方参加的工程质量管理委员会，建成了直属建设公司领导的业主中心试验室，高标准配置了试验仪器设备。该试验室已获得贵州省建设厅颁发的一级试验室资质，并通过了贵州省技术监督局组织的质量体系认证，获得了CMA计量认证资质。

(2) 克服各种困难，不断完善质量管理体系，使工程质量处于受控状态。已建工程质量良好，国家电网公司质量监督巡视组多次检查，都给予了很高的评价，两次达标投产检查取得了94.1分和96.85分的好成绩。

(3) 为检查碾压混凝土的层面结合情况及碾压密实度，在坝体布设了3个ϕ219的取芯孔，取芯近100m，获得超过8m的完整混凝土芯样达5根，其中3根超过10m，最长的达11.16m，列当时国内长芯样第二。

(4) 组织电厂生产管理人员提前介入机组安装，实现了“无缝交接”。1号、2号机组投入商业运行以来，运行稳定，至2005年底未发生非计划停运。

4. 安全与环保工作　安全生产正向无人身伤亡和重大安全责任事故的“零事故”目标前进。环保工作严格实行工程建设与环保建设“三同时”规定，采取有效措施，防止水土流失，绿化施工场地，融合六广河大峡谷旅游氛围，努力实现“建设绿色水电公园”的目标。

（索风营发电厂　赵焕德）

乌江渡水电站扩建工程及管理

（一）乌江渡水电站建设、扩建概况

乌江渡水电站是我国在岩溶地区修建的第一座大型水力发电厂，大坝为拱型重力坝，坝高165m，坝顶全长395.6m，水库正常蓄水位760m，总库容21.4亿m^3，原电站装机容量3×210MW，电站于1970年4月正式动工，1979年12月首台机组发电，1983年1月3台机组全部并网发电。

乌江渡水电站扩建工程装机容量2×250MW，工程概算总投资83311万元，静态投资79183万元，单位造价1860元/kW。2000年10月国家经贸委正式批复可研设计报告，同时批准列入“西电东送”首批开工项目之一。2000年11月8日正式开工，首台机组于2003年8月26日完成72h试运行正式投入商业运行，比计划工期提前7个月投产发电，第2台机组于12月9日投产发电，实现了年内双投目标。目前，除工程竣工决算外，扩建工程所有工程项目和专项验收，取得了安全事故为“零”、质量优良、工期提前7个月的好成绩。扩建工程具有投资省、见效快、工期短、施工安全要求高、地质条件复杂等特点。乌江渡发电厂扩建工程概算投资8.33亿元人民币，决算投资7.49亿元人民币，节约投资10.20%。

（二）扩建工程主要技术特点

扩建工程的主要特点是：投资省，单位容量造价仅1660元/kW；地质条件复杂，断层、裂隙、节理、溶洞、暗河发育严重，具典型的岩溶形态特征；场地狭窄，施工布置困难，干扰较大；工期短，施工进度要求快，仅35个月；新厂房与老厂房距离较近，受原电站约束较大，施工安全要求高；对外交通方便，施工准备工作量相对较小，可及早开工建设；部分办公、生活、企业设施可以利用原电站的设施，有利于降低临建工程费用。

最直接制约施工进度、安全、难易程度及施工经济的决定性因素在于复杂的岩溶地质条件影响、原电站的正常运行及对原有建筑物的安全保障的要求高。

1. 进水口施工难度大　进水口底板位于正常蓄水位以下约40m，20万m^3左右的石方开挖，3万余m^3混凝土浇筑的工作量基本位于正常蓄水位以下，且爆破点紧靠左坝肩，施工期还要在左坝肩防渗帷幕上打开一个缺口，同时，又要减小对水库运行调度的影响，施工难度和风险均较大，对此设计院提出了优化设计方案；施工单位精心组织施工，严格管理，确保了施工质量和安全。

2. 爆破振动控制要求高　原电站建筑物左泄洪洞、大坝及厂房帷幕、中控室等均离施工爆源点较近，必须对爆破振动速度、规模及单响药量进行严格控制，确保原有建筑物的安全及电站正常运行。

3. 施工支洞布置约束因素多　工程布置区山体陡峻，下游水位变幅大，施工支洞入口布置困难；主要洞室布置区上有大坝，下有稳定性较差的九级滩页岩，山体内是厂房上游帷幕及暗河密布的岩溶深槽区，山体外是厂房下游帷幕及原电站左泄洪洞及原电站厂房；施工支洞的布置形成了支洞的盘旋、串联和交汇，增大了施工干扰，通风条件也较差。

4. 随机分布的溶洞准确预测难　扩建工程最大的难题是岩溶及暗河对枢纽布置方案确定、防渗帷幕的设计及施工、其他辅助洞室的选线、施工程序的确定、施工进度的计划安排等的影响问题。由于岩溶发育的不确定性、发育的特殊性给施工造成一定的困难。

（三）科学安排　建管结合　建设优质高效扩建工程

乌江渡发电厂在工程建设管理上，充分运用计划、技术、经济、行政、法律等手段，坚持“服务、协调、督促、管理”和“设、施、监、管四位一体”的工程建设管理理念，严格按“达标投产、建优质工程”的有关要求，全面实施“项目法人负责制、招投标制、建设监理制和合同管理制”，对扩建工程实行全面管理，最大限度地调动工程各方的积极性和工程保障能力，充分发挥了项目法人在工程建设中的调配作用。同时，以建管一体化为基础，在搞好安全生产和增容改造的同时，提前介入扩建工程的生产营运准备，通过“建管结合”的方式，实现了从工程建设到生产营运的平稳过渡和无缝连接，顺利通过了达标投产考核，保证了新老机组的安全稳定运行。

1. 构造“建管一体化”体系，促进扩建工程高效运行　扩建工程正式启动后，乌江渡水电站面临老机组的安全生产、增容改造、新机组的扩建工程同在一个场地进行，众多的工作内容相互交叉，对此，厂领导班子树立全盘一体化思路，实施一体化管理，统筹安排，统一指挥，统一考核。乌江渡发电厂对项目全生命周期内的建设、运营、处置三环节进行统筹规划、协调运作，形成横向边生产、边建设、边改造，纵向在建设阶段就实施运营管理筹建，在运营阶段就着手进行处置规划改造的集约化系统管理模式建设，极大地提高了管理综合效益，确保工程预定目标的如期实现和综合协调与优化。

2. 以“四个控制”为中心，提高扩建工程管理效率

（1）安全管理。厂安生部和建管部安全施工处紧密配合，会同各承建单位，严格执行国家法律法规，建立健全组织机构和规章制度，认真落实安全组织技术措施，强化现场安全文明施工管理，积极开展“安全月活动”、“安全文明工区评比活动”等，明确要求不发生任何“人身死亡事故、重大机械设备损害事故、重大火灾事故、负主要责任的重大交通事故、重大环境污染和水土流失等恶性事故”，确保老厂连续安全生产的生产安全指标。

（2）质量管理。为加强扩建工程质量管理，规范业主、监理、设计、施工各方行为，明确各方职责。首先建立了以业主为中心、设计技术服务、施工质量保证、监理质量控制、政府质量监督的质量保证体系。其次根据有关法规制定《贵州乌江渡水电站扩建工程质量管理办法》，详细界定了参建各方的职责和管理范围，统一了质量检验评定方法和评定标准，明确规定了质量事故的处理程序及事故责任的划分。三是在质量管理中严格执行安全管理的四不放过原则（事故原因不清不放过、反事故措施不落实不放过、有关人员没有得到应有的教育不放过、事故责任人没有得到应有的处理不放过）。四是以单元工程和工序过程为基础，对工程质量进行程序化、量化和全过程的全面质量控制，全面实施“三阶段控制”、“三检制控制”和“三层次控制”相结合的工程全质量控制方式，取得了良好效果。

（3）进度管理。进度管理主要依据工程合同及合同规定的里程碑时间，监理工程师批准的承包方总进度计划和经批准的调整总进度计划时间，以及主厂的安全生产及正常的检修维护时间等，采取有效的进度管理措施和技术组织措施，全盘考虑，进行总的工程进度控制，取得了较好效果。

（4）投资控制。扩建工程投资控制的目标是建管一体化，决不超概，确保节余。其中，合同管理是投资控制管理的主要杠杆，分阶段管理是主要手段。因此，在合同管理上，扩建工程通过严格执行建设工程合同管理的有关法律法规，设立合同管理机构，建立合同管理目标制度，加强合同管理培训，推行合同示范文本制度等多种强化合同管理工作，以保证工程各合同的正常执行。其次根据水电建设工程合同具有标的特殊、履行时间长、内容复杂等特点，坚持平等、公平、诚信、守法的原则，严格按照合同条款履行双方的权利和义务。三是通过合同管理杜绝违法转包、分包现象的发生，保护合同双方的合法权益。四是在合同执行过程中强化质量管理体系，同时保证施工的

进度和安全管理，以事实为依据，以合同及相应法规为准绳，实事求是地处理工程变更和索赔等事宜，及时进行工程量的确认和支付。五是必须满足国家强制性的规定要求，加强参建各方的协调和沟通，防范和减少合同双方的纠纷。六是通过优化设计，合理降低工程投资。七是通过加强资金的使用计划管理，保证建设资金的合理有序使用。

在分阶段管理上，设计阶段影响较大，通过周密、合理、科学的勘测设计，准确地估计了工程量，算出了较实际的概预算定额。招投标阶段是控制施工合同价格高低的关键阶段，也是实施建管一体化投资的切入点，乌江渡扩建工程都是选择性价比较好的或进口的材料设备。同时在招投标管理中严格执行《中华人民共和国招标投标法》、《中华人民共和国合同法》等国家法律、法规和乌江公司的有关规章制度，按照公开、公平、公正的原则通过合理竞争选择中标单位，也较好的保证了工程安全、质量和进度的控制。施工阶段从组织、经济、技术、合同等多方面采取措施，结合施工现场实际情况进行变更，使工程投资严格控制在概算范围以内。竣工决算是工程经济效益的全面反映，通过认真清理计算和中介审计机构的认真审计，实事求是的合理处置索赔与反索赔谈判，正确的反映了工程建设的实际造价和投资结果。

（乌江渡发电厂　安志明）

洪家渡水电站的建设管理

贵州乌江水电开发有限责任公司作为洪家渡水电站建设的业主单位，始终坚持业主的主导作用，认真抓好技术、质量、安全、进度、投资“五项控制”，确立“四位一体”的管理理念，按照“服务、协调、督促、管理”的业主职能，努力提高工程建设管理水平，工程建设工期比初步设计缩短2年3个月，工程投资控制在审查概算以内，工程质量处于较好的受控状态，安全生产、文明施工不断改善，取得了优异成绩。

（一）采用合适的管理模式，全面履行业主建设管理职能

贵州乌江水电开发有限责任公司委托洪家渡水电站建设公司作为在建设工地的项目管理公司，全面履行业主建设管理职能，独立自主地进行工程项目全生命周期管理。

工程建设实行业主负责制、招标投标制、工程监理制、合同管理制。

建设公司按照业主负责制的要求，成立了工程项目管理组织和机构，制订和完善了涵盖工程管理方面的百余项规章制度，使工程建设有章可循，实现工程管理的规范化和制度化。

洪家渡水电站的招标工作严格按照国家法律法规进行，从监理、施工、安装、制造到设备、材料采购全部经过招标公平、公正确定。

建设公司确定的工程建设目标为：建设一流工程，实现达标投产，争创鲁班奖。从主体工程施工开始，就推行工程项目管理，以不断优化设计为基础，使工程质量、安全、进度投资得到良好的平衡和控制。

（二）发挥项目管理公司主导作用，落实“四位一体”管理理念

“四位一体”管理理念，就是在工程建设中为实现项目总控目标，在公正执行合同的基础上，设计、施工、监理、业主四方结合为有机的整体，相互团结、密切合作、各负其责、齐心协力，形成一个极具活力、敢于拼搏的团队。在这个有机的整体中，设计是龙头、施工是主体、监理是指挥、而业主则是服务和协调。

“四位一体”的人文管理理念成为项目总控的技术手段，它贯穿在工程管理的技术、质量、安全、进度、投资控制各方面，使项目管理公司为主导的工程项目管理产生了很好的管理效益。这个理念在洪家渡电站工程建设中得到落实，并在建设中逐步完善。它不仅对洪家渡电站建设起到极大的推动作用，也为整个乌江水电开发提供了有益经验。

（三）坚持质量是工程根本的理念，狠抓工程质量控制

对工程质量的控制，重点放在建立和完善由参建单位参加的质量管理委员会上，强化其职能。要求各单位必须完善质量保证体系，将质量管理工作制度化、规范化。坚持业主、监理、施工单位的月、周、日例会，对设计、监理、施工质量进行检查督促和考核，坚持三检制，坚持发生质量问题的“三不放过”，坚持隐蔽工程和重点部位的四方现场验收和旁站监理，坚持考核、表彰奖励的质量、安全一票否决制。除施工单位自己的试验室外，业主还专门建立了中心试验室，对各单元工程和建筑材料进行抽样检测。工程施工用的水泥、钢材、粉煤灰等材料由业主招标采购供应，从源头上严把质量。提出以单元工程优良来确保单位工程优良的口号。国家电网公司水电质量监督总站对洪家渡工程的五次质量监督巡视都给予好评。工程质量优良率达到90%，为“建设一流工程，实现达标投产，争创鲁班奖”的目标打下了坚实的基础。

（四）坚持以人为本的管理理念，加强安全管理

业主对工程安全的总体目标负责，首先建立完

善由参建各方参加的安全生产委员会，建立专门职能机构，完善各项规章制度，落实安全生产责任制，以防止人身事故和加强职工特别是民工安全意识为重点的监督检查、培训教育。坚持每月一次例行检查、日常巡查，以安全文明施工整改通知单、违规警告单、违规罚款单的“三单”形式进行重点监督，根据安全文明施工考核办法进行重奖重罚。除督促各参建单位按规定建立各种安全设施外，业主还设立了安全措施补助费，并组织开展安全文明工区的创建活动。

安全生产受到了各单位的高度重视和大力支持，全工地形成了人人重视安全的良好气氛，从施工高峰期的2002年到现在全工地实现了安全生产“零事故”目标。

（洪家渡发电厂　田应富）

14

水电站生产运行

生 产 运 行 及 管 理

龙羊峡水电站生产运行情况

（一）电力生产情况

2005年，龙羊峡水电站全年发电量44.07亿kW·h，完成年计划的117.32%；上网电量43.64亿kW·h；综合厂用电率0.96%；机组等效可用系数91.04%。年累计入库水量249.55亿m^3，较上年增加99.09亿m^3；出库水量156.30亿m^3；年末水库水位为2595.87m，库容为231.48亿m^3。年内最高水库水位达到2597.62m，相应库容238亿m，这是自1986年下闸蓄水以来的历史最高水位，距正常蓄水位仅2.38m，蓄水量距设计库容247亿m^3相差9亿m^3。年均耗水率3.55m^3/（kW·h）。电压合格率100%，频率合格率100%；保护投入率100%，正确动作率100%；故障录波器完好率100%；自动装置投入率100%，正确动作率100%；主设备消缺率100%，辅助设备消缺率91.82%。

（二）安全生产情况

2005年，龙羊峡发电分公司坚持"安全第一，预防为主"的方针，从优化安全生产部门职能岗位，加强安全生产制度化、规范化、标准化管理入手，全面落实各级各方面安全生产责任制，逐步建立安全管理长效机制，积极应对"高水位"带来的大坝、水库、机电设备安全运行的问题和困难，完成全年发电任务，实现年内安全生产365天。截至2005年12月31日，龙羊峡水电站连续累计安全生产3070天。

2005年主汛期7、8、9月，龙羊峡上游流域降雨量持续较多，流域来水较多。8月19日6时，水库水位达到2581.09m，超过了1999年11月13日的历史最高水位2581.08m，以后持续上涨，直至11月19日4时，库水位达到2597.62m。来水多，为黄河流域的水电站多发多供、降低水耗和下游工农业生产用水创造了有利条件，但"高水位"也使龙羊峡水电站水工建筑物和机电设备的安全运行面临了前所未有的考验。库水位超过2585m高程后，随着水位升高，大坝2585廊道渗漏点增至20多个，渗漏量不断加大；1、2号机组停机时，因水位高、导叶漏水量大，风闸撤出后出现自转；3、4号机组尾水进人门因水位高、漏水增大，水工建筑物和机电设备安全问题逐步暴露出来。面对考验，从8月份开始，龙羊峡发电分公司把确保"高水位"下安全生产放在重中之重，主要采取了3个方面的应对措施。

（1）成立了龙羊峡水电站高水位安全运行工作领导小组，小组下设专家组和工作组，并明确了各自的职责。

（2）认真安排并积极开展各项工作，发布了《龙羊峡水电站高水位下大坝及机电设备事件应急预案》、《高水头下水轮发电机组运行措施》、《龙羊峡水电站机组技术供水阀门室管理事故应急抢修预案》、《高水头下龙羊峡水电站排水系统运行措施》、《龙羊峡2585廊道渗漏应急预案》等10多项应急预案，制定了高水位下加密监测管理规定等制度。

（3）组织召开了3次龙羊峡水电站高水位运行安全评估专家会，分析了高水位库区滑坡、大坝和机电设备运行状况，安排落实了高水位运行的各项工作。

这些措施的落实，既保证了水库高水位运行状况下电站的安全运行，也没有白白弃水。

（三）设备检修情况

2005年完成了4号机组跨年度A级检修，并根据检修计划完成1～4号发变组C级检修5台次，3号机B级检修1台次。除标准检修任务外，主要完成机组过流部件空蚀处理、尾水管里衬灌浆处理等特殊项目，消除了1号机组永磁机转子下端轴与发电机大轴8个M16把合螺栓全部松动等重大缺陷；完成了3、4号机组励磁系统、发变组保护、调速器电调设备技术改造。

辅助设备检修完成了坝上6kV系统清扫预试工作，厂内6kV系统Ⅳ段开关设备更换；2.5m^3公用油系统检修；检修排水系统设备检修；高、低压气系统设备检修；渗漏排水系统检修；工业电视系统维护；烟雾报警及消防联动系统维护。

（四）防汛与大坝定检情况

多年来始终坚持"立足防大汛、抗大洪"的工作方针，早安排、早动手。汛前及早下发了《龙羊峡发电分公司2005年度防汛抗震工作安排》，提前做好各项防汛准备工作，并及时督促和组织测试科技工程公司按照原国家电力公司《水电厂防汛检查大纲》和《水电站大坝安全管理暂行办法》的要求，进行了汛前自查及水工建筑物详查。安排进行了水库上下游调查工作，检查防汛电源和通信设施，对泄水系统及启闭设备进行检修和维护，进行工作闸门的提落试验。督促完成了1、2号明渠清理，高边坡危石清理，高、低位水池清理等防汛工程，确保了汛期安全。

积极开展大坝定检工作。根据国家有关大坝安全管理的法律法规，2005年3月份开始大坝定检的有关工作，编写了大坝首次定检计划；安排资料录入、现场检查，编写了《水工建筑物运行报告》、《现场检查报告》；组织召开了首次大坝安全定检工作第一次专家组会议。专家组会议后，根据《龙羊峡水电站大坝安全定期检查第一次会议纪要》，对2006年大坝定检工作做出具体安排。

（五）获奖情况

分公司全心全意依靠职工办企业，以人为本，全面提高职工队伍素质，持续深入开展了“四项劳动竞赛”，取得优异成绩。因在全国大型水电厂劳动竞赛评比中连续5年获奖，经中国能源化学工会推荐，2005年又荣获了“全国五一劳动奖状”，这是继2001年的第2次。

坚持三个文明一起抓，相互促进，和谐发展，取得了丰硕成果。10月26日，在中央文明委召开的全国精神文明建设工作表彰大会上，获得首批“全国文明单位”荣誉称号。

（黄河上游水电开发有限责任公司　胡耀斌　张文俊）

李家峡水电站生产运行情况

（一）电力生产情况

2005年，李家峡水电厂全年完成发电量46.50亿kW·h，完成年计划的113.55%，比上年增长6.61%；售电量46.308亿kW·h，比上年增长6.57%；实现产值9.47亿元，比上年增长2.47%；实现利润1.64亿元。综合厂用电量1936.3万kW·h，厂用电率0.42%，比计划厂用电率0.5%低0.08%。发电设备利用小时2904.4h，与上年同期相比增加180.3h。机组开停机成功率100%，发电设备等效可用系数89.91%，与上年同期相比下降了0.4%。由于受下游直岗拉卡水电站蓄水影响，使李家峡电站尾水水位抬高以及库区自2005年9月下旬以来在2178m左右运行，使电站发电水头降低，导致耗水率偏高，全年实际耗水率为3.29m^3/（kW·h)，与上年同期相比提高了0.034 m^3/（kW·h)。2005年入库水量为152.57亿m^3，与上年同期入库水量142.49亿m^3相比增加10.08亿m^3；出库水量为152.9亿m^3，与上年同期出库水量142.31亿m^3相比增加了10.59亿m^3。截至2005年12月末水库水位为2178.06m，与去年同期2179.24m相比下降1.18m。重视设备的消缺和监督工作，主设备消缺率达99.83%，自动装置投入率98.88%；保护动作正确率100%；工作票合格率100%。

（二）安全生产情况

牢固树立并积极推行集团公司倡导的“任何事故都是可以避免的”安全理念，不断完善安全生产的保证体系、监督体系和考核体系，安全生产再上新台阶。2005年黄河上游来水偏丰，李家峡水库长期处在高水位下运行。针对电站防汛的薄弱环节，坝后滤水器室侧门建造了挡水墙，左坝沟两侧路面设置了挡水设施，确保了水工建筑物汛期安全。按照地方消防部门的要求，及时对办公楼火灾报警系统进行了改造，同时加强电站厂房火灾报警系统及消防设施、消防车辆的消缺维护力度，保证了电站消防系统的安全可靠运行。截至2005年12月31日，实现连续安全运行2034天，年内实现百日无事故纪录3个。

（三）设备检修情况

合理安排机组检修，实现了机组的安全运行，保证了电站不弃水、多发电。对1、3号机组大轴补气阀管路进行了改造，减少了管路的补气损失，使机组转轮叶片频繁发生裂纹的情况有了大幅度好转。针对1号机组上导摆度严重超标的问题，进行了动平衡测试和配重处理，使上导摆度由检修前的0.65mm减少到0.10mm，达到了规定要求。为掌握水轮机转轮叶片在机组正常运行时的动应力变化，从理论上研究转轮裂纹重复发生的原因及特征，在检修中成功地实施了水轮机转轮动应力测试工作。积极配合李景线工程施工，精心安排GIS第五串出线设备的安装、调试及投运工作，使李景线按期投运，解决了李家峡水电站线路功率输送的瓶颈问题。

全年生产工程项目计划资金3731.18万元（含机组检修），完成资金2753.41万元，为计划资金的73.8%。其中：大修（含机组检修）15项、防汛12项、零购22项、安全措施项目3项已全部完成，完成计划项目的100%；技改项目23项，计划资金1823.34万元，完成资金867.68万元，为计划指标的47.6%。

（四）存在问题

一是部分资产质量不高，安全生产的基础还不牢固，监测系统部分元件老化已步入故障高发期，转轮叶片裂纹、泄水道龟裂、自动化元件故障等重大缺陷和隐患仍然困扰安全生产，技术改造任务繁重、时间紧、资金缺口大；二是“小业主、委托制”的管理机制还需进一步完善，各单位管理职责、管理界面还不完全清晰顺畅，合同执行力没有充分发挥，委托管理的合同机制尚未有效运行；三是经营管理工作还不能很好适应新机制，经营管理执行力不够，市场意识、忧患意识、竞争意识还有待于进一步提高，资产管理、成本控制管理和分析控制手段缺乏创新；四是员工队伍的业务素质、技能水平和工作能力有待于进一步提高，“一岗多责、一专多能”与形势发展的要求还有差距。

（黄河上游水电开发有限责任公司　胡耀斌　张文俊）

公伯峡水电站生产运行情况

（一）电力生产情况

全年发电量 43.55 亿 kW·h，完成计划发电量 36.95 亿 kW·h 的 118%，超发电量 6.60 亿 kW·h；上网电量 43.30 亿 kW·h；全年综合厂用电量 2711.38 万 kW·h，综合厂用电率 0.62%，较计划值高 0.02%；发电平均耗水率 3.98m^3/（kW·h），比上年度降低 0.04 m^3/（kW·h）。

（二）安全生产情况

2005 年结合新体制下安全生产的特点，牢固树立“任何事故都是可以避免的”安全理念，加强安全生产管理，认真落实各方各级安全生产责任制，不断夯实安全生产管理基础，保证了安全生产形势持续稳定的局面。一是按照新体制的要求，结合电站实际，以落实安全生产责任制为核心内容，进一步完善了安全生产管理体系，理顺了管理程序，做到了发电公司、专业公司权责明确、界面清晰、工作顺畅。二是建立了安全生产长效机制，坚持每半年召开 1 次安全生产工作会、每月召开 1 次安全生产与运行分析会、每周召开 1 次生产协调会、每日召开生产晨会等制度，全面掌握安全生产状况，及时协调解决相关问题。三是坚持以设备的运行分析为基础，以设备的可靠分析为指导，以技术监督为依据，以缺陷管理为重点，以消除设备隐患为目标，加强设备管理，保证了设备安全稳定运行。四是本着“来大水、防大汛、抗大洪”的思想，认真开展了电站生产区域的防汛工作。五是按照“先易后难、分步实施、不断提高文明生产水平”的思路，结合生产现场实际，制定了生产现场整治规划，有计划、有目标、分阶段地实施了环境整治。先后对电缆孔洞进行了封堵，对设备安装预留孔洞临时加装了盖板，对重要设备设置了防护围栏，对施工遗留的钢筋头、钢管头进行了割除；在重要设备和重要部位悬挂了警示标志；划分了环境区域，形成了环境卫生的管理机制，保持了环境的卫生整洁，初步达到了生产现场安全、文明、整洁的要求，为设备和人身安全提供了保障。六是紧紧围绕人员、车辆、道路等核心内容，不断加强交通安全管理，保证了交通安全局面的稳定。七是充分发挥安全监督的职能，加强安全监督检查工作，切实做到全员、全方位、全过程的监督管理，保证了安全工作稳定良好的发展势头。八是按照正规化管理的思路，开展业务培训，强化技能训练，消防队的战斗力不断提高。截至 2005 年 12 月 31 日，分公司连续安全生产 828 天，年内实现百日无事故纪录 3 个。

（三）设备维修情况

公伯峡水电站投产发电后，面对机组运行方式单一、过流能力差、生产与建设交叉进行、安全形势严峻的状况，以“不弃水、多发电、增效益”工作目标和“人员无违章、设备无隐患、管理无漏洞、文明生产无死角”的工作思路为指导，狠抓设备整治工作。一是组织技术人员，通过检查试验等手段，对设备状况进行全面了解，对查出的设备缺陷，进行了分类统计、登记造册，对设备健康水平做到心中有数。二是组织专题技术分析会，对设备重大缺陷进行分析研究，制定了处理方案，明确了责任人。三是按照统一安排、协调工作、狠抓落实的思路，狠抓缺陷处理的落实。对于不需停机处理的缺陷，与专业公司加强协调，在不影响机组安全稳定运行的条件下，对 227 项缺陷进行了消除；对需停机处理的缺陷，在系统调峰低谷期申请机组撤运消缺 38 次。

完成了 2 号机 2 号功率柜晶闸管击穿更换，GIS8 间隔漏气处理，监控系统软件功能完善，2 号机推力油箱换油，GIS 隔离开关缓冲器处理，中压气系统阀门更换等。对于调速系统操作油油质差，杂质多，造成发电机抢溜负荷的现象，在认真分析、查明原因而又无法彻底处理的情况下，积极采取措施，坚持在运行中滤油，定期清洗比例伺服阀，改善了调速器的运行工况，有效地避免了故障的发生。对于短期内无法处理的缺陷，加强监视，提出切实可行的预案。如针对 1 号机推力轴承瓦测点甩除 11 个测点，只剩 4 个测点，2 号机推力轴承瓦测点甩除 15 个测点，只剩 1 个测点，机组推力瓦温无法监视的情况，多次组织专业技术人员召开专题分析会研究、讨论，采取有效措施：在机组正常运行时合理调整负荷，改善运行工况，避免在振动区运行；利用辅助监测手段，监测瓦温变化情况，定期检查推力油位、冷却水压和机组工况；做好事故防范预案，防止了机组非计划停机事故的发生。完成了 2 台机组 B 级检修和 1 台机组 D 级检修。各种措施确保了机组的安全稳定运行，2 号机组坚持无检修运行 279 天，1 号机坚持无检修运行 436 天。

（四）运行管理情况

公伯峡水电站库容小，调节能力差。在“以水定电”的原则下，经过认真分析，积极探索，强化运行管理，不断提高经济运行水平，增发了电量。一是认真分析机组运行区域，优化机组间的负荷分配，确保机组在最佳区域运行，提高机组效率；二是积极与网调沟通协调，争取机组在尽可能高的水头下运行，降低了水耗，全年平均耗水率为3.98 m^3/(kW·h)，增发电量1.2亿kW·h，增创经济效益2500万元。三是加强运行管理，努力做到精心操作，仔细监控、及时调整，保持机组在良好的工况下运行。四是加强厂用电管理，努力降低综合厂用电率，减少损耗，提高了上网电量。

（黄河上游水电开发有限责任公司　胡耀斌　张文俊）

2005年广州蓄能水电厂运行指标再创新高

（一）电量指标

1. 发电量

(1) 全厂全年发电量为3334518.40MW·h，增长9.16%，创历史新高（2004年为3054769.60MW·h）。

(2) A厂全年发电量1401121.50MW·h，增长8.51%（2004年度为1291239.60MW·h）。其中823223.00MW·h送广东电网公司（以下简称广电），577898.50MW·h送香港中华电力有限公司（以下简称中电）。

(3) B厂全年发电量1933396.90MW·h，增长9.63%（2004年度为1763530.00MW·h）。

2. 抽水电量

(1) 全厂全年抽水电量4288765.60MW·h，增长8.74%，创历史新高（2004年度为3944094.40MW·h）。

(2) A厂全年抽水电量1735917.90MW·h，增长12.46%（2004年度为1543546.40MW·h）。其中971854.50MW·h由广电提供，764063.40MW·h由中电提供。

(3) B厂全年抽水电量2552847.70MW·h，增长6.34%（2004年度为2400548.00MW·h）。

3. A厂中电与广电发电、抽水量比较

(1) 中电全年发电量577898.50MW·h，增长17.24%（2004年度为492900.60MW·h）；全年抽水电量764063.40MW·h，增长16.93%（2004年度为653423.30MW·h）。

(2) 广电全年发电量823223.00MW·h，增长3.12%（2004年度为798339.00MW·h）；全年抽水电量971854.50MW·h，增长9.18%（2004年度为890123.10MW·h）。

4. 2005年度A厂循环效率

A厂2005年平均循环效率76.77%，增长－0.05%（2004年度平均循环效率76.82%）。

（二）可靠性指标

1. 发电启动成功率

(1) A厂全年发电工况共启动了2399次（2004年度为2298次），启动失败共4台次。发电工况启动成功率99.83%，增长0.13%（2004年度为99.70%）。

(2) B厂全年发电工况共启动了4360次（2004年度为4163次），启动失败共3台次。电工况启动成功率99.93%，增长0.03%（2004年度为99.90%）。

2. 抽水启动成功率

(1) A厂全年抽水工况共启动了1320次（2004年度为1208次），启动失败共21台次。抽水工况启动成功率98.41%，增长－0.35%（2004年度为98.76%）。

(2) B厂全年抽水工况共启动了3401次（2004年度为3535次），启动失败共7台次。抽水工况启动成功率99.79%，增长0.07%（2004年度为99.72%）。

3. 综合启动成功率

全厂机组包含发电、抽水、发电调相、抽水调相、拖动工况共启动了15054次，增长4.44%（2004年度为14414次）。累计启动失败49次，下降3.92%（2004年度为51次）。

4. 强迫停运率

A厂强迫停运率（EFOR）2.46%，提高3.13%（2004年度为5.59%）。B厂强迫停运率（EFOR）0.43%，提高0.17%（2004年度为0.60%）。

5. 停机成功率

A厂停机成功率99.76%，增长0.02%（2004年度为99.74%）。B厂停机成功率99.89%，增长－0.04%（2004年度为99.93%）。

6. 机组运行率

机组运行率表现为逐年升高的趋势，2005年再创新高。8台机组各种工况平均运行时间为3580.81h，8台机组平均可用时间为7873.98h（扣除机组检修时间），运行率达45.48%。

（三）在电网系统故障或异常时的反应情况

(1) 2005年1月3日21：33系统负荷紧张，广蓄被迫发电泄洪。

(2) 2005年1月25日05：55、2月9日19：06、5月6日20：19、8月21日10：30分别因广东电网内大机组跳闸导致系统频率快速降低，广蓄电厂机组泵工况运行机组停机或发电运行机组加满负荷及备用机组开机发电，迅速将电网频率恢复至正常值。

(3) 2005年2月13日16：29、3月12日16：25、4月3日17：23、5月7日12：18、8月8日17

：47、8月30日18：51分别因广东电网外（西电、江城直流、中电）原因引起系统频率快速降低，广蓄电厂机组泵工况运行机组停机或发电运行机组加满负荷及备用机组开机发电，迅速将电网频率恢复至正常值。

（4）2005年4月7日14：09、12月18日18：08、12月31日13：32因系统原因引起系统频率快速降低，广蓄电厂机组泵工况运行机组停机或发电运行机组加满负荷及备用机组开机发电，迅速将电网频率恢复至正常值。

（南方电网公司广州蓄能水电厂　汪开斌）

洪江水电厂的生产运行管理

（一）概述

洪江水电站位于湖南省怀化市洪江区境内，安装6台单机容量为45MW（国内目前最大）的灯泡贯流式水轮发电机组，设有船闸，由中国电力投资集团五凌电力有限公司投资建设。按大公司、小电厂的管理模式，洪江水力发电厂为五凌电力有限公司下属的生产单位，设生产部、综合部。生产部设运行、维护、水工3个分部，负责电厂发电运行、设备维护和水工船闸运行及安全防汛工作；综合部负责行政事务、财务、综合协调及后勤、保卫、消防管理工作。电厂实行无人值班（少人值守）运行管理模式：发电运行人员负责发电运行、水库日常调度工作及部分机电设备维护工作；维护人员负责全厂设备消缺和日常维护及检修管理工作。

（二）队伍建设

加强员工队伍管理，努力形成“严、细、实”的工作作风，要求员工把“严”字贯穿于整个安全、文明生产与管理过程中，在工作中讲质量，讲效率，做到“细”和“实”；积极倡导多干少说、先干后说、干好再说的实干精神，鼓励员工立足岗位奉献；建立健全工作业绩考评体系和工作质量标准体系，加大督查考核力度，落实部门负责制和岗位竞争制，实行业绩与工作成果挂钩，效益与业绩成正比，不断形成争优创先的氛围。

协助员工制订个人职业生涯设计，按照“精一、会二、懂三”的要求，加大对员工的培训力度。通过积极参与施工单位的安装、调试、检修工作，开展每日一题、轮流讲课等活动，进行实际与理论培训。目前，基本形成了一专多能态势：运行人员可以承担日常水库调度，弧门、船闸操作及电气一、二次设备、机械设备的日常维护工作；电气二次专业人员可以胜任电气一次、继电保护、自动化、励磁、调速器等专业的维护检修工作；电气一次专业人员可以胜任机械、泄洪设施、船闸设备的维护检修工作；泄洪设施和船闸操作人员可以胜任所操作设备的维护及水工观测工作。随着队伍素质的不断提高，将实行运行与维护职能合一，进一步提高电厂管理水平。

（三）安全生产

始终坚持“安全第一，预防为主”的方针，积极推行“任何事故都是可以避免的”安全理念，落实“以人为本”安全准则，大力实行设备场地安全五星级管理。目前，制订了年度安全目标和实现措施，层层签订了安全目标责任书；健全了安全管理制度和运行管理制度，完善了紧急事件预防措施和处理预案，对所有设备间和运行区域装设不锈钢安全警示牌，将危险因素预控措施落实到设备现场。投产2年多来，未发生责任性异常及以上事故，实现了中国电力投资集团公司、五凌电力有限公司下达的“五不发生”（不发生人身死亡及群伤事故；不发生特别重大事故；不发生责任性的重大及以上设备损坏事故；不发生垮坝和水淹厂房事故；不发生重大火灾事故）和“五保、五防”安全目标（保生命、保生产、保财产、保稳定、保企业效益；防水灾、防火灾、防破坏、防失密、防经济事故）。

（四）设备运行管理

1. 设备巡检智能管理　电厂开发了包括设备巡检、缺陷管理、基础管理、设备数据分析等功能的设备安全运行管理系统。设备巡检采用运行人员常规巡检，维护人员定点、定路线、定期巡检和管理人员随机巡检相结合的方式。巡视过程中发现的缺陷和记录的相关参数通过智能手持终端自动传输到系统主机，进行汇总统计。通过查阅系统能及时了解全厂设备从投产以来的相关运行资料，为日后开展状态检修提供了信息支撑。

2. 设备维护责任承包　电厂将所有设备切块成责任区并划分到个人，分级落实维护责任制，并于年中、年终实行设备健康水平评级，将设备维护质量与责任人挂钩。

3. 设备状态定期分析　运行人员每个月进行1次运行分析会，分析设备运行趋势和影响机组安全稳定运行的隐患，并采取预防和改进措施，提高机组安全稳定运行水平。维护人员每月进行1次设备健康水平分析会，根据设备运行环境、运行状况、检修维护质量等进行健康水平评估，并提出维护和改进措施，不断提高设备健康状况。

（五）设备检修管理

电气一次、机械、泄洪设施、船闸等设备的检修采取公开招标，委托中标单位进行；自动化控制系统、励磁系统、调速系统等二次设备的检修由电厂维护人员负责。检修过程中，电厂采用专项工程管理制、检修文件包制、三级验收制、施工方采用项目经理负责制。在编制完善检修规范的同时，明确组织机构网络和安全文明、技术质量管理网络中的各级人员职责，并上报电厂批准后施工。执行标准化作业和检修规程的要求，对所有检修与更新改造项目均要求编制详细实施方案，严格实施全过程规范化检修。坚持每日的碰头会，研究、协调检修中出现的问题，保证工程的安全、质量和工期。

在检修安全方面，以落实中国电力投资集团公司的“安全生产政策声明”为指导思想，牢牢树立“安全第一，预防为主”的方针，在检修开工前要求电厂、施工方明确安全员，检修中坚持每天开碰头会，对可能存在的危险进行预控。

在检修质量方面，检修开工前由电厂方编制了机组检修方案，列出需检修的项目及每一个子项的具体验收标准；检修过程中，电厂在每一个专业都安排专人负责，督促检修单位按设计图纸及相关资料的技术要求及国家规定的现行施工规范进行施工；项目完工，检修单位向电厂申请竣工验收，由双方组织有关人员，对项目质量进行三级验收。

（六）水库调度

1. 水库防洪度汛标准　坝址控制流域面积 3.55 万 km^2，水库校核洪水位 194.18m，设计洪水位 190.03m，正常蓄水位 190.00m，总库容 3.2 亿 m^3，调节库容 0.75 亿 m^3，属周调节水库。大坝坝顶高程为 196.5m，坝顶全长 456.5m，设有 9 孔开敞式泄洪闸。枢纽建筑物按 100 年一遇洪水设计，按 1000 年一遇洪水校核。

水库洪水调度贯彻“以防为主”的方针，调度原则为：2 年一遇以下洪水，洪峰流量小于 $7600m^3/s$，按库区淹没线控制运行；当预报入库流量大于或等于 2 年一遇洪水，采取预泄措施，根据预报入库最大流量，在安全的情况下迅速将库水位降至 187.00m 运行；若入库流量大于相应水位的泄流能力时，闸门全部开启，自由泄流。

2. 主要洪水及调度　2004 年 7 月 18～21 日，沅水流域中上游的贵州境内和怀化境内发生大范围、高强度、长历时的暴雨，洪江坝址以上流域干支流均发大水。洪江坝址于 7 月 18 日 20：00 起涨，相应坝前水位为 187.92m。通过实时洪水预报，严格按照水库调度原则，逐级分步对称开启泄洪闸门加大出库流量，19 日 19：00 将库水位降至 186.99m，20 日 0：50，9 孔泄洪闸门全部开启。20 日 05：00，出现近 50 年一遇洪水，入库洪峰流量 $19400m^3/s$，相应坝前水位为 188.08m，下游水位为 179.30m，出库流量为 $18700m^3/s$。由于加强了与水利主管部门和地方政府部门的联系，采取预报预泄的风险调度，在当日出现坝前最高水位 188.29m、下游最高水位 180.00m 之后水位开始消退，成功抗击了这次洪水。

（五凌电力有限公司）

乌江渡发电厂实行“两厂一控”发电运行管理

乌江渡发电厂，1983 年建成时装机 3×210 MW，2000 年 11 月动工扩机，在左岸另建一厂（二号厂），装机 2×250MW。2003 年底，两台机组并网发电，乌江渡发电厂成为百万级的水电站。同时原厂（一号厂）于 2004 年开始增容改造，机组容量从原 210MW 增至 250MW。到 2005 年 6 月，3 台机组增容改造完成，正式投入商业运营，使乌江渡水电站总装机达 1250MW。

乌江渡发电厂是贵州电网的第一调频厂，担负起贵州电网的调峰、调频任务。扩机工程发电运行后，有 2 个厂房、2 个中控室。新厂接入贵州北部电网；老厂接入贵阳北部电网，同时带部分直馈线负荷；2 厂电气设备为 2 个系统连接方式。与其他国内大型水电站相比，有较大不同之处，除计算机监控系统为集中控制外，几乎为 2 个独立的厂房。在此情况下，电厂整合人力资源，实行‘两厂一控’发电运行管理。

2003 年 3 月，扩建工程发电筹备工作开始，发电部在只有 40 名值守人员的情况下，抽专人参与新机安装学习，并将值班方式改为“五值四运转”。根据实际设立 3 个值班点：一号厂房（原中控）、二号厂房、新中控室。全厂运行值班工作由值长在新中控室统一协调指挥。新厂控制室和新厂房内的值班人员，至少配备 1 名新机专职学习人员。一号厂房设 1 名副值长和 2 名值班人员。随着计算机监控系统升级、消防报警及工业电视系统投运，“两厂一控”发电运行管理有了监视控制平台，实施更加得力。

在“两厂一控”模式下，实行了“五值四运转”，抽专人参与新机安装学习，确保了 2003 年新机投产过渡时期的设备安全稳定运行，实现了 2 台扩建机组投产后的顺利接管和全年安全生产目标。截至 2005 年 11 月 30 日，新机累计发电量 14.6 亿 kW·h，汛期未出现因设备异常而非计划停运。值守人员经多种培训，素质提高，在工作中认真监视，多次发现异常情况，正确采取处置措施，避免了事故的发生（如调速器不稳定、4 号机上机架振摆超标）。2005 年 3 月，还抽调 9 名运行技术骨干，支援索风营电站。

乌江渡发电厂实行“两厂一控“发电运行管理，未增加运行人员，顺利实现扩建和增容新机组的无缝接管，保证了2个不同系统连接方式电厂的安全运行，并支援了兄弟单位，创造了较好的经济价值，为贵州电网调峰、调潮流以及“西电东送”作出了重要的贡献。

（乌江渡发电厂 梁 卫）

广州蓄能水电厂的安全健康环保管理

广州蓄能水电厂（简称广蓄电厂），是我国第一座高水头、大容量的抽水蓄能工程；位于广东省从化市吕田镇境内，距广州市公路里程120km；安装8台300MW的蓄能机组，总装机容量2400MW。广蓄电厂1995年在国内率先引进世界先进的安全管理系统——南非NOSA安全、健康及环境保护综合管理系统（以下简称安健环），1996年专家审核取得三星级，1999年开始取得了四星级。经过多年来的努力，广蓄的安健环管理得到了不断完善，2004年8月27日以94.41%的成绩取得了NOSA五星级认证。

1. 广蓄安健环政策 广蓄安健环政策是贯彻“安全第一，预防为主”的原则，承诺在电力生产中考虑员工、承包商及公众的安全、健康以及环境保护；遵守安全、健康及环保法律法规的要求；《零意外》及《无违章》是电厂永恒的目标。以负责任的态度，去平衡环境、经济及人们的各方面需求。

2. 推行NOSA安健环管理 南非NOSA五星综合管理系统是把安全、健康及环保集中在一体的管理体系。NOSA五星管理系统分为5大类，72个元素。五星管理系统在国际上推行以来，验证了该系统在减少人员伤亡、厂房及设备损坏，减少职业病和其他损失等方面是成功的。NOSA五星强调以风险为依据去不断完善企业的标准、工作程序和有关的安全措施。这样就可以确保把有限的资源投入到最需要改善的地方。基于NOSA五星的管理理念和其在中华电力被采纳所产生的效果，故广蓄推行NOSA安健环管理。

3. 安健环管理成效 搞好安全生产基础工作，减少人身意外事故的发生是电力行业主要工作之一。广蓄于1995年引进南非NOSA五星管理系统以来，在减少人身意外事故的发生以及在生产现场标准化、规范化，安全管理系统化等方面取得了一定的成绩，至2005年12月底无人身意外事故天数达3865天，无交通事故985天，无承包商人身事故863天，无环境事故3965天。电厂每年对员工进行体检，建立员工健康档案，跟踪分析员工的状况，通过人体功效评估改善作业环境和办公环境。广蓄在环境保护方面投入了大量资源，种植树木超过70万棵；绿化面积超过1.2km^2。为在水库边坡种植的植物，电厂请科研机构进行长时间试验才确定合适的品种。电厂的工业废物和医疗废物由国家有资质的公司进行统一回收处理，另外，在水库方面也努力维持不受污染，水质检验符合国家饮用水标准。

广蓄推行NOSA五星安健环管理取得理想成绩的关键是厂领导的大力支持和全厂员工的共同参与；广大员工将NOSA五星安健环的要求融合在日常工作中去，养成了良好的工作、生活习惯。另外，广蓄不但在电厂内部推行五星管理，还将有关要求推广到承包商以及其他相关方，协助他们提高其安健环管理水平。

为巩固成果，要把现有的安健环系统进一步完善。在人为因素方面，加强员工的安健环意识，树立“一切事故都可以预防”的安全理念。根据国际安健环统计结果表明，大部分的事故都与人为因素有关。2006年电厂的安健环管理重点进行人员的行为干预，充分体现以人为本，夯实安全管理基础。通过广州蓄能水电厂领导和全体员工的共同努力，广蓄的安健环管理将得到不断的完善，充分体现广蓄安健环的管理理念“以人为本，关注安全，关爱生命，保护环境”。

（广州蓄能水电厂 孙廷昌）

生产管理系统在广蓄的应用

广州蓄能水电厂于2001年初开始引入美国的MRO公司的Maximo 4.1.1中文版系统软件来实施企业资产管理系统（EAM）以提高设备综合管理水平，并在此基础上开展以设备可靠性为中心的检修模式（RCM）。该系统的建设是从2001年7月起正式实施，经过半年多的建设，于2002年1月正式进入运行阶段。

原Maximo主要功能包括以资产、设备台账为基础，以工单的提交、审批、执行为主线，采用缺陷处理、预防性维修、预测性维修等几种可能检修模式，以提高维修效率、降低总体维护成本为目标，并将采购管理、库存管理、人力资源管理集成在一个数据充分共享的信息系统中，如图1所示。

其主要的功能模块有：

（1）设备管理模块。包括：资产管理，设备的关联结构（设备编码逻辑树），设备各种参数及相关文档，设备的故障代码体系等内容。

（2）工单管理模块。包括：处理各种不同性质的检修工作；详细的设备维修信息管理——作业计划、日程、费用、人力、物料、设备、故障分析、设备遗

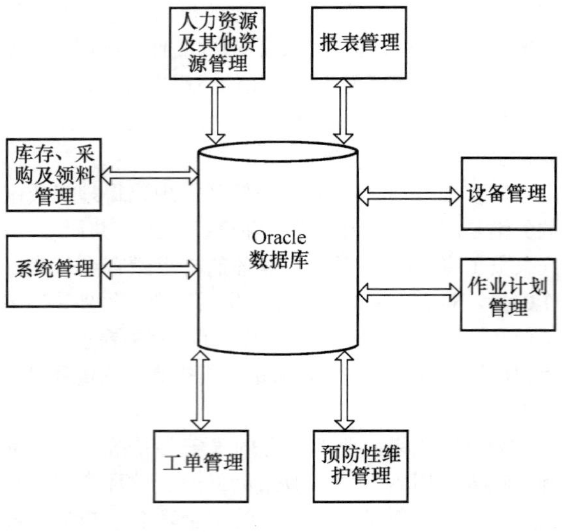

图1　Maximo功能框图

留问题及相关的文档；跟踪工作所要求隔离设备；集合多种维护工单，以充分利用设备停运时间，减少设备退出次数等等。工单是电厂检修工作、运行操作和领料操作等多种业务操作的工作凭证和操作记录，服务于电厂业务操作中的发生的事件和被执行的工作。

(3) 预防性维护模块。包括：按照预先定义的维修周期人工或自动生成预防性设备维护工单；生成检修部门的周计划、月计划和年度计划。

(4) 作业计划模块。管理检修工作所需要的标准作业计划或标准维修工序，维修工作所要求的安全隔离措施和运行人员的操作步骤等。

(5) 物资管理模块。物资管理包括仓储物资管理和物资采购管理2部分。

总的来说，原Maximo系统软件将先进的计算机软硬件技术，网络通信技术和管理信息技术融入到设备维修管理中，给设备维修管理带来了效率与活力，有利于提高电厂的设备检修水平，可以及时掌握和控制设备维修成本，为电厂的竞价上网提供信息。

然而，由于Maximo4.1.1软件产品毕竟是从国外引进的一种舶来物，其本身也并非针对水电行业进行设计的，因此在广蓄的实际使用中，存在着无法完全实现中国水电实际业务要求、用户界面不够友好、操作不方便不够人性化、维护工作大、升级改造困难等问题，主要体现如下：

(1) 系统操作繁琐，数据输入极为不便，太多的无用字段，不友好的界面使得用户很难去把握和使用系统功能，甚至对使用系统产生抵触心理。

(2) 操作票管理极为简陋，工单功能对电厂两票的办理不能直观地体现，界面操作难以理解和操作。

(3) 没有设备电子台账功能，不能完整、统一地查看设备的资料和维修信息。

(4) 计划模块、预防性维护模块不能充分体现检修规程和运行规程的内容，隔离措施、安全措施、风险分析、二次措施等内容都不能进行直观的管理。

(5) 没有对大修、小修等检修工程和项目进行管理的功能。

(6) 没有水工管理、技改、运行值班日志等贴合水电厂实际业务的功能。

(7) 没有组织机构管理，无法用树形结构来表达企业的组织机构。

(8) 众多的界面上无法直观地进行相关业务的处理。

(9) 统计分析是Maximo的一大弱点，系统无法提供诸如工单查询统计、领料查询统计、采购查询统计、库存余量备品查询统计、人员信息查询统计、周会统计、考核统计和检修工单查询统计等功能，严重浪费了广蓄宝贵的知识财产。

(10) C/S结构，臃肿的客户端系统，不适宜网上办公和远程办公。

(11) 严重消耗客户端和服务器资源，用户每打开一个功能点都需要等待较长的时间，有时甚至由于资源不够而无法打开。

(12) Maximo收件箱任务无法在网上查看和处理，导致用户无法集中办公。

(13) 落后的系统设计，严重阻碍了广蓄信息化发展。

(14) 严重的信息孤岛，无法为其他非常需要数据的系统提供接口。

因此，广蓄于2005年12月开始进行了Maximo系统升级和功能改造工作。通过系统升级，将Maximo4.1.1系统升级到Maximo 5.2版本，将原有的基础数据、业务数据、业务流程数据和报表单据都移植到了新系统中，系统也从原来的C/S结构转为B/S结构，用户可以使用浏览器访问网页的形式来使用系统功能，为实现远程办公打下了基础。

本次系统升级和改造工程，系统业务功能进行了聚合和大幅度的加强、改造，将广蓄的生产管理模式和几年来对生产管理信息系统的使用经验进行了整理总结，形成了一套适用于水电厂生产管理业务的管理软件组件e-PMADS，在Maximo5.2.0系统平台上加载和实现。

e-PMADS即是水电厂生产管理与辅助决策系统e-Plant Production Management Assistant Decision Solution（简称e-PMADS），该套组件主要的功能如下：

(1) 设备电子台账：设备台账的建立，可以对设备的有关数据进行统一归纳分类，使用户方便快捷地查询、统计设备的各种数据，进而掌握和分析设备资产的运行维护情况。台账的内容主要包括：技术规范、测量结果、运行规程、检修规程、临检记录、定检记录、技改记录、备品备件、状态监测、设备数据统计、其他信息。

(2) 设备管理：对设备的移动、技改、异动、评级等相关业务进行管理。

(3) 两票工单：按照水电厂生产中的两票机制，直观地在工单中实现了检修作业、运行隔离和解除隔离、安全计划等业务功能，实现了消缺、定检、大修、小修等各种业务的办理流程。

(4) 工作规程管理：对检修规程、运行规程这些工作规程的内容进行管理。规程可以统一以电子文档的形式存放在系统中，用户需要时进行下载和阅读。规程中对实际工作有指导和模板作用的内容，如隔离措施的步骤、检修任务的安全条件等，则可以在系统中进行记录和管理，并在办理工单时直接使用。

(5) 检修工程管理：对大小修等检修工程进行项目管理，可以实现对整个工程的人员、费用预算、项目、工作、组织方式等方面进行管理。

(6) 组织机构管理：实现了多个、多种、多层的组织机构管理，不但可以记录企业本身的组织机构，还可以记录合作伙伴的组织机构；不但可以记录行政部门结构，也可以记录党团、工会等性质的部门结构；部门结构的层次结构不受限制，做到最大的灵活设置。

(7) 实时监控信息查看：从现地控制单元或者监控系统中引入了机组设备的实时信息，包括各种工况信息、模拟量和数字量数据等，在网页上就可以看到这些数据的实时曲线。

(8) 值班管理：对值班人员的交接班进行管理，并可记录设备的值班日志信息，形成重要的生产数据。

(9) 短信告警通知：对于各种级别的设备故障，系统可以按照不同的告警设置，向各级值班人员自动发送手机短信告警。系统中如果出现了各种需要办理的业务，也会自动发送手机短信通知人员，有力地支持了“无人值班，少人值守”的实现。

(10) 网上报价：对于日常的各种备品备件的采购，系统产生询价信息后，指定的各家供应商可以在 Internet 上对询价单上的物质进行报价，系统将在开标日期统一进行价格对比，方便采购业务的办理。

本次生产管理系统的升级改造工程已完成，标志着广蓄对 EAM 软件产品和国外先进管理理念的“引进—使用—理解—消化—归纳—创新”过程的完成，系统中的 e-PMADS 套件直接面向中国水电厂业务实际，可以在多种系统平台上实施使用，适合于广泛的推广。

（南方电网公司广州蓄能水电厂　汪志强）

天荒坪抽水蓄能电站运营特点

天荒坪抽水蓄能电站自 2000 年全部建成投产以来，采用新型管理模式，电站各项经济技术指标逐年提高，针对电站在运行过程中出现的各种问题，采取了一系列有效的措施，并取得了较好的效果。

（一）概况

天荒坪抽水蓄能电站位于浙江省安吉县境内，以两回 500kV 出线 34km 输电线路接入华东电网 500kV 瓶窑变电所，输电线路短、且接近华东电网的负荷中心，地理位置十分优越。电站安装 6 台 300MW 可逆式抽水发电机组，总装机容量 1800MW，年发电量 30.14 亿 kW·h，抽水电量（填谷电量）41.04 亿 kW·h，为日调节纯抽水蓄能电站，设计综合效率为 0.74。

电站工程于 1994 年 3 月主体工程正式施工，1998 年 9 月 1 号机组投入试生产。其他 5 台机组分别于 1998 年 12 月、1999 年 9 月、1999 年 12 月、2000 年 3 月和 2000 年 12 月相继投产。电站由华东电网公司、上海申能、江苏国信、浙江能源、安徽皖能分别按 5/12、1/4、1/6、1/9、1/18 的比例投资兴建，国家批准的概算总投资 73.77 亿元，实际完成投资 62.18 亿元，单位千瓦造价为 3454 元。电站利用世界银行贷款 3 亿美元，主要用于引进蓄能机组及其主要附属设备。

电站委托华东电网公司对电站安全生产、电价方案制定、电能购销、设备检修、备品备件采购和索赔以及生产经营、机构定员设置等方面进行管理。电站容量和所发电量由华东公司统一调度，根据“谁投资，谁用电”的原则，综合平衡后分配给华东三省一市电力公司。其中上海 600MW、江苏 500MW、浙江 500MW 和安徽 200MW。

电站建立了以设备管理为核心的生产管理模式。运行管理实现了“无人值班，少人值守”；设备大小修、水工建筑物缺陷处理、变形观测等工作采取外委或招标外包办法，由专业的检修公司来承担，公司通过合同的执行来控制设备的检修质量、工期及费用，最大程度地降低生产成本，提高设备的可用率。公司引进了美国 MRO Software 公司出品的企业资产维护管理系统 Maximo 软件，建立了以资产管理为核心，由企业管理信息系统、实时信息系统、计算机监控系统、大坝安全自动监测系统等组成全方位的综合自动化系统，为不断提高设备管理水平，增加企业经济效益打下扎实基础。

（二）电站运行情况

电站自1998～2004年已累计发电量122.82亿kW·h，抽水电量152.75亿kW·h。近3年平均年发电量为25.8亿kW·h，抽水电量为32.2亿kW·h，平均发电利用小时数为1433h，综合效率为80%。历年发电抽水电量如图1所示。

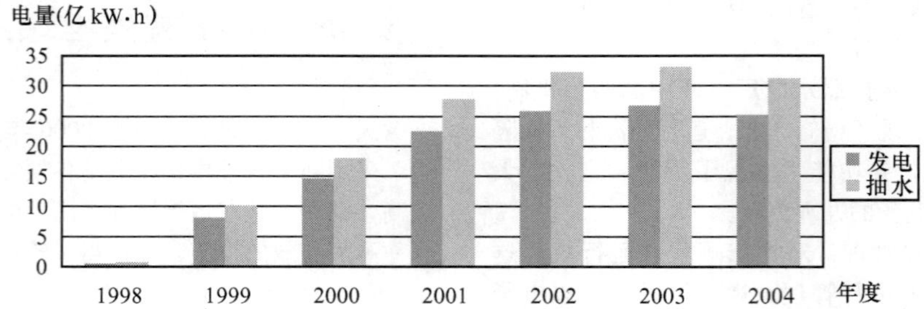

图1　天荒坪电站历年发电抽水电量

1. 电站运行方式　天荒坪抽水蓄能电站由华东调度通信中心负责调度。电站自1998年投产以来，典型的运行方式是"一抽二发"，即每天早、晚2次发电顶峰，夜间抽水填谷，夏季有时采用"二抽三发"，即根据情况下午适时安排少量机组发电1次，傍晚抽水1次。根据系统负荷调节的需要，也为避免抽水对系统造成过大的冲击，无论是抽水或发电，正常情况下，6台机组均为隔15min启动1台。典型日负荷曲线如图2所示。

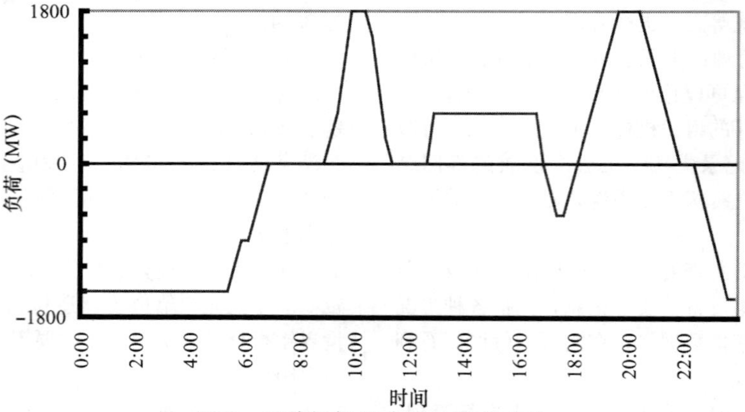

图2　天荒坪机组典型日负荷曲线

鉴于上述电站的运行方式，天荒坪电站机组启停十分频繁，机组运行时间长。近3年单机年平均发电启动次数为582次，运行小时为1541h，平均每次2.65h；单机年平均抽水启动次数为269次，抽水小时为1708h，平均每次6.35h；机组平均每天运行次数为2.33次，平均每天运行小时为8.9h。

2. 机组启动成功率　电站运行初期，由于自动化元件、SFC装置、主轴密封等工作不良以及机组低水头并网困难等原因，启动成功率较低。经过不断的改进，机组启动成功率均有明显提高，特别是抽水工况大有改善。近3年启动成功率每年仍略有提高，但基本趋于稳定，2004年发电和抽水开机成功率均超过了99%，达到了国家一流指标。

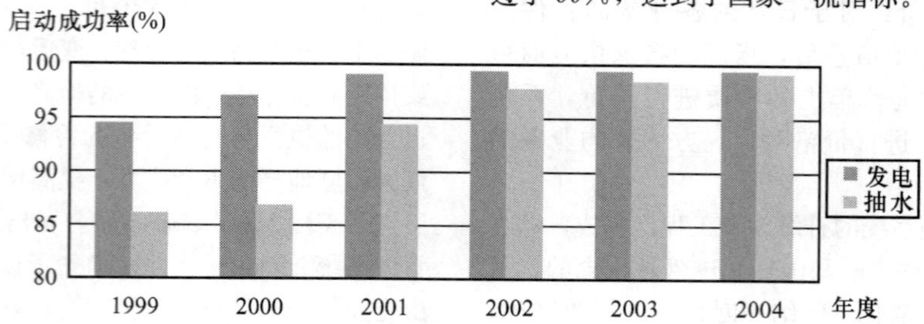

图3　天荒坪机组历年机组启动成功率

3. 机组事故跳闸情况　从历年机组事故跳闸情况分析，主要原因是自动化元件质量不良和回路设计不合理所致。通过对自动化元件的换型和回路的优化，如将温度传感器由普通型换成铠装型，液位开关由浮子式换成电容式或电导式，行程开关由机械式换成电磁式，跳闸回路增加闭锁逻辑等，取得了良好的运行效果。

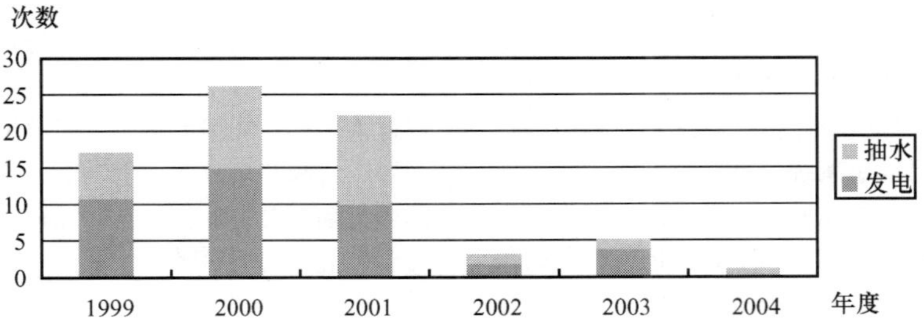

图 4　天荒坪机组历年机组跳机次数

4. 机组等效可用系数　近 3 年来天荒坪机组一般每年安排 1 台机组 B 级检修（40～50 天），其他机组各安排 C 级（15～20 天）和 D 级（7～10 天）检修各一次，等效可用系数一般在 90%左右。由于上水库沉降原因，前 3 年每年对上水库进行放空检修，2000 年对 1～4 号机进行了投产后 1 年的整改性大修，等效可用系数较低。

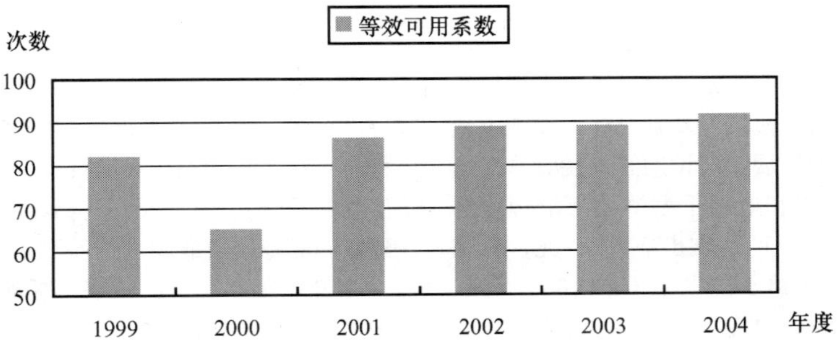

图 5　天荒坪机组等效可用系数

（三）电站的作用和效益

1. 电站对华东电网的作用

（1）增强华东电网调峰能力，改善火电机组运行条件。华东电网目前统调装机容量（截至 2003 年底）为 6995 万 kW。其中火电装机容量为 5632.07 万 kW，占 80.52%，核电 241.76 万 kW，占 3.46%；水电 1120.97 万 kW，占 16.03%（其中抽水蓄能 198 万 kW 占 2.83%），最大峰谷差 2208.5 万 kW，年均峰谷差 1520 万 kW。水电主要集中在福建，远离华东负荷中心，受季节影响极大，调峰作用有限。而天荒坪电站地处长三角中心部位，靠近负荷中心，调峰能力极强。电站高峰发电能力为 180 万 kW，低谷填谷能力为 189 万 kW，峰谷最大调峰能力可达 369 万 kW，占 2003 年华东电网最大峰谷差的 16.71%，占年均峰谷差的 24.28%，对华东电网调峰能力的影响举足轻重。同时也改善了电网火电机组运行的条件，减少火电机组调停次数，按天荒坪电站的调峰能力，相当减少日 20 万 kW18 台机组的同时调停。

（2）担当系统事故备用和黑启动功能。华东电网大容量机组较多，外来大容量输电线路多，大机组跳闸或外来大容量输电线路跳闸的风险较大。而天荒坪电站机组具有快速响应能力，由静态到并网仅需 2min，负荷增减速度每分钟可达 100%额定出力，大大优越于燃煤机组热态负荷增减每分钟仅（1～1.5）%额定出力的速度，因此，为电网频率调节安全稳定运行带来了十分有利的条件和手段。当在系统发生事故时，天荒坪电站可在 2～3min 内紧急开启机组，并带至满负荷，为保持系统稳定担当了很好的系统备用角色。如 2001 年 2 月 10 日北仑 1 号联变故障 3 台 600MW 机组跳闸，天荒坪电站在 3min 内紧急开机 2 台；2002 年 2 月 19 日上海南桥变、扬高变故障，系统频率升至 50.32Hz，天荒坪 1 号机紧急抽水，频率降至 50.01Hz；2003 年 5 月 3 日龙政直流跳闸，天荒坪 1 号、3 号机出力由 200MW 加至 300MW，6 号机紧急开机带出力 300MW。由于天荒坪机组的快速启动，使电网频率在短时间内迅速恢复到正常范围内。至2003年底，电站共为系统紧急应急事故36次，充分发挥了抽水蓄能机组事故备用的重要作用。天荒坪电站上库设计有事故备用库容可顶替60万kW事故容量3h或30万kW事故容量6h。

此外，机组还具备黑启动的功能，当500kV电网瓦解情况下，可帮助系统迅速恢复电力供应。即电站厂用电负荷由厂内备用柴油机或地区35kV系统提供，允许1号机或4号机带瓶窑变电站零起升压，逐步恢复系统供电，提高了系统处理事故的能力。

(3) 具有对系统调频和调相的作用。根据华东电网的要求，天荒坪电站可参与系统调频运行，电站每隔4～20s接受系统AGC的负荷指令，电站通过监控系统将负荷指令，按设定的优化控制原则分配到机组，调整电站的总出力，维持系统的频率范围。天荒坪电站作为系统电压的控制点，参与系统电压调节。抽水蓄能电站有发电调相和抽水调相两种调相方式，每种调相方式可以发有功，也可以发无功。电站监控系统按照电压设定曲线，计算出各台机组应发出或吸收的无功，调节天荒坪500kV母线电压。

2. 电站对当地经济发展的贡献　天荒坪电站项目的兴建，社会效益显著。大幅度增加了地方财政税收，改善了地方的交通、通信等基础设施，促进了地方经济包括旅游事业的发展。建设期间，税收总支出约9000万元；对外公路和电站下游浒溪河治理等等地方收益的交通及水利项目共支出5067万元；移交给地方的110kV供电线路及变电站设备1635万元。项目完成后，每年上缴各项税、费总和约为22000万元。这不仅有力地推动了地方经济的发展，还扩大了当地安吉县对外开放的程度，提高了其在社会上的知名度。

3. 企业的经济效益　根据世界银行后评估的工作需要，委托国电动力经济研究中心，采用燃气轮机电站作为天荒坪电站替代方案，对投产后的天荒坪电站经济情况进行了分析和评估。分析结果表明，天荒坪电站等值贴现率经测算为26%，经济内部收益率为20.8%，两者均高于12%的社会贴现率。经过敏感性分析，本项目具有较高的抗风险能力。按2000年的价格水平测算，财务内部收益率为8.58%。

天荒坪电站投产初期，由于水电工程建设的特殊性，固定资产投入量与初期生产能力不匹配，加上电价未到位，一度存在亏损现象。2000年原国家发展计划委员会批准的两部制电价（不含税）正式出台，其中容量电价470元/(kW·a)，电量电价0.264元/(kW·h)，抽水电价0.189元/(kW·h)。近3年来，电站电力产品年销售收入在15亿元左右，扣除购电费、折旧费、财务费用和所得税等，净利润在1.5亿元左右。

根据以上分析，天荒坪抽水蓄能电站运营期间，有显著的经济效益。

（四）结语

从近几年的电站运行情况来看，随着生产管理的不断加强，消缺力度和整改力度的加大，水工建筑物和机组已逐步实现安全稳定运行，机组的开机成功率和发电量年年攀升，综合效率达到80%，各台机组运行情况和性能情况良好，充分发挥了抽水蓄能机组调峰、调频和事故备用等功能，为华东电网的安全稳定运行起了关键的作用，并取得了良好的经济效益和社会效益，为股东带来了回报，为社会作出了贡献。

（华东天荒坪抽水蓄能有限责任公司　冯伊平）

创建长江梯级流域水情遥测系统共建共管模式

（一）新模式的提出

中国长江三峡工程开发总公司肩负国家“建设三峡，开发长江”的重任，在长江中上游建设梯级枢纽工程。统一联合调度是充分发挥梯级枢纽效益的关键。按照三峡总公司规划，金沙江下游4座梯级电站将与三峡—葛洲坝梯级实行统一联合调度。上游水情信息的及时获取是开展联合调度的基础和保障，因此建立一套稳定可靠的水情遥测系统势在必行。

2001年，为满足三峡—葛洲坝梯级枢纽运行调度对水情信息的需要，三峡总公司邀请国内水库调度及水情测报自动化方面的专家，就长江中上游梯级流域水情遥测系统的建设及管理模式做了专题研究，认为应考虑与处理好如下因素和问题：

(1) 传统的水情采集模式不能满足要求。如原葛洲坝水情遥测系统建有14个水位遥测站、12个雨量站和2个水位/雨量站。采取自建自管的模式，站址的选择与水文部门的站址完全分开。由于遥测站较少，覆盖不了枢纽调度所需采集水情信息的全部区域，大量水情信息还要委托水文部门报送。企业自建的水情遥测系统在生产调度中没有起到主导作用，同时又与水文部门站点重复建设。但如果完全依赖水文部门的站点，数据采集及时性不能保证，站点空间布设也不能完全符合要求。新模式应能有效克服传统的水情采集模式的不足。

(2) 三峡总公司已建和待建的水利工程约控制长江上游50%流域面积，在长江防洪中起着举足轻重的作用，因此遥测系统的建设不仅要满足企业生产调度需要，更要充分考虑国家防汛部门对水情信息采集的要求。目前，长江上游地区水情信息基础设施十分薄弱，信息源开发严重不足，采集和传输手段普遍比较落后，信息共享困难，时效较差，时空搭配不合理。建立一套整体性与阶段性结合、适度前瞻性的统一水情信息采集系统很有必要。三峡总公司在遥测系统的建设中，要采用先进的技术装备，提高信息采集时效，丰富信息源，充分发挥梯级枢纽在长江防洪体系中的作用。

(3) 三峡工程是中国也是世界上最大的水利枢纽工程，具有防洪、发电及航运等综合效益，总装机容量1820万kW，总库容393亿m^3，设计年发电847亿kW·h。葛洲坝枢纽是三峡工程的航运梯级和反调节水库，共装机21台、271.5万kW。金沙江下游河段4座梯级电站（乌东德、白鹤滩、溪洛渡和向家坝），规划总装机容量3850万kW，年发电量1760亿kW·h。建立一套稳定可靠的水情遥测系统，实行这些梯级枢纽统一联合调度，有助于强化和提升三峡总公司的核心竞争能力。

(4) 我国水利部门“九五”期间开始实施的“金水工程”，是覆盖水利信息化全局性的重大工程。三峡总公司在遥测系统的建设中要贯彻“金水工程”的方针政策，符合“金水工程”的标准和要求，在水雨情信息的采集、传输、接收、处理等技术标准与之一致，以便系统建成后能够为水利系统所用，在水资源研究及调配中发挥作用。

(5) 三峡总公司致力于“建好一座大坝，带动一方经济，改善一片环境，造福一方移民”的综合开发目标，实现经济效益、社会效益和生态效益的协调统一。梯级流域遥测系统建设范围覆盖了宜昌以上长江及其支流两岸，流域面积近60万km^2，涉及湖北、四川、云南、贵州及重庆四省一市。这些地区经济相对落后，社会公益事业需要支援。三峡总公司要把改善当地水情监测站条件、带动地方水文事业发展作为体现公司形象力和价值观的一环。

三峡总公司在对国内外现有梯级流域水情遥测系统建设及管理模式进行全面考察和科学分析的基础上，结合国家宏观政策及长江中上游水文部门的实际和需求，为建设和管理好长江中上游梯级流域遥测系统，大胆创新，提出了以和谐发展为目标的梯级流域水情遥测系统共建共管的新模式。

中国长江电力股份有限公司（以下简称长江电力）2002年成立后，承担了这一新模式的实际创建工作。

(二) 新模式的内涵

新模式的主要内容是：共建共管，资源共享，优势互补，和谐发展。其内涵为：

(1)“共建共管”，是新模式的核心。水情遥测系统由长江电力和水文部门共同建设，共同管理。水文部门提供原有的基础站点、维护管理人员以及与之配套的已建基础设施。长江电力负责旧设备更新改造，承担新遥测设备和安装遥测设备的配套土建所需资金。系统建成后，由长江电力和水文部门共同管理，当地水文部门按地域建立维护分中心，负责系统的日常维护和管理；长江电力每年支付一定的维护管理费，给每个维护分中心配备必要交通工具和检修设备，并由下属的三峡梯调通信中心负责技术支持、人员培训和考核工作。

(2)“资源共享”，是新模式的基础。对于该系统采集到的各项数据以及旧站点历史数据由长江电力和地方水文部门共同所有，双方均可以将数据无限制的用于自身生产或科研。实现资源共享有利于合作双方。长江电力鼓励水文部门使用该遥测信息，将数据纳入水文部门统一资料整编，加强数据的比测和校验，确保信息的准确性和一致性。长江电力对资料不仅用于生产调度，而且可以用于新的水文预报方案研制及河道泥沙淤积方面的研究，研究成果可为地方水文部门所用，促进双方技术水平的提高。

(3)“优势互补”，是新模式的动力。新模式可以充分发挥长江电力和地方水文部门各自优势，克服自身单独建设管理该系统方面的不足。地方水文部门具有地域的优势、现场观测人员的优势以及长期资料积累的优势，长江电力具有技术和资金支撑等方面的优势。双方合作，扬长避短，共同发展。地方水文部门不需要投入资金，即可得到一套自动化程度高的遥测系统，而长江电力通过委托管理可以在不影响生产调度的基础上极大地降低企业生产运营成本。

(4)“和谐发展”，是新模式的目的。“和谐发展”就是兼顾合作双方各方面的实际，充分发挥各自优势，形成一种良性的互动、进取的状态，达到双方共同和谐发展的目的。“和谐发展”要求系统建设必须坚持走科技含量高、资源消耗低、环境污染少、人力资源优势得到充分发挥的道路。“和谐发展”可以保证长江电力和地方水文部门在水情信息采集应用方面全局的、整体的和根本的发展。

在水情遥测系统的建设和管理方面，长江电力还确定了以下几个方面的具体原则：

(1) 必须考虑国家防洪需要，便于梯级枢纽防洪效益的充分发挥。

(2) 要符合“金水工程”的标准要求，要使水情雨情信息的采集、传输、接收与水利系统标准基本一致。

(3) 应贯彻三峡总公司提出的支持地方水利系统的信息化建设，促进和带动地方水文事业发展的取向。

(4) 必须技术先进、运行可靠、安全适用，摆脱人工报汛的被动局面，成为长江电力枢纽运行调度的基础，形成核心竞争力的重要资源。

（5）站点应尽量选择水文部门的原站点，保证资料的连续性。

（6）站点施工过程中，要注意保护周边自然环境，减少对植被的破坏，完工后要恢复、弥补。

（7）系统建成后的运行管理实现属地化管理的原则，缩短设备故障检修的时间。

（三）新模式的实施

工程建设分为三个阶段：第一阶段，从2002年1月～2003年6月（三峡工程135m初期蓄水前），建设的区间集中在宜昌到重庆寸滩的三峡流域；第二阶段，从2006年3月～2007年底，建设的区间集中在重庆寸滩到金沙江下游的屏山；第三阶段，根据金沙江梯级电站建设进度，预计在2010年以后，建设的区间集中在金沙江流域。

1. 系统一期的运行管理实践　水情遥测系统的一期建设工作，由长江水利委员会设计，南京南瑞集团公司承建，中南水电勘测设计研究院监理。工程合同总金额为3700多万元。其主要功能是为长江电力开展三峡—葛洲坝梯级水库调度工作提供原始水情信息。系统自动采集寸滩—宜昌区间、三峡坝址上下游及三峡—葛洲坝两坝间的水雨情信息，收集梯级水库调度所需要的其他区域的水情信息，以及气象信息、枢纽运行信息，为三峡工程开发深层次的洪水预报、泥沙预报、水库优化调度等应用系统提供原始水情数据，为梯级流域调度数字化、现代化奠定基础。

系统一期建设，将遥测站的数量由原来的30多个增加到118个，控制的流域面积由原来的8000km^{2}增加到近60000km^2，这些站点涉及到宜昌、恩施、重庆水文水资源局和长江水利委员会三峡水文水资源局，而长江水利委员会上游水文水资源局的管辖范围，对应也按所属区域建立了5个维护分中心。

一期系统建设中大量采用国外先进技术，集成了美国SUTRON公司最新型的遥测设备，把代表国际先进水平设备和系统设计思想引入系统设计，解决了诸多生产实际中的技术难题，如长江干流大量程、高精度的水位自动测量问题，遥测站采用特高频、PSTN、海事卫星、全线通卫星4种通信方式组网，有效解决复杂地形情况下遥测系统提高畅通率的问题。系统的一个显著特点是系统的开放式和可扩充式。这为今后系统扩充、满足三峡总公司金沙江水力资源开发中对水情遥测系统的要求奠定了良好的基础。

2003年6月，一期工程在三峡水库初期蓄水后开始投入试运行。运行1年多来，畅通率和数据的准确率保持在98%以上。重庆以下水文预报依据的水情信息全部实现了遥测，5个维护分中心目前运转正常，维护人员在当地可以随时监视所管辖的遥测设备的运行情况，发现故障后，能够在最短的时间内及时排除，有效地保证了系统的稳定运行。

一期工程已于2004年5月底通过了验收。验收的专家认为，该遥测系统是目前国内规模最大、最先进的系统，反映了我国在该领域的最高应用水平，成为行业新的标准。

2. 二期的建设实践及规划　2005年3月，长江电力及时组织技术人员开始了遥测系统二期工程的规划建设工作。二期工程的水情站网分布在三峡水库上游宜宾至屏山区间的共约37万km^{2}的土地上，跨越湖北、四川、云南、贵州及重庆四省一市，方案设计由四川省水文水资源查勘总局与长江电力下属的三峡梯调通信中心联合进行。

2005年1月底，双方召开了第一次设计联络会。2005年3月、4月，三峡梯调通信中心派出渝贵、川东和川西3个工作组，配合四川省水文水资源查勘总局，分别赴四川省水文水资源查勘局、长江上游水文水资源查勘局、重庆市水文水资源查勘局、恩施市水文水资源查勘局、贵州省水文水资源局以及云南省昭通市水文水资源查勘局，开始对二期工程的水情站网进行选址勘查。主要工作包括：海事卫星和北斗卫星的信道测试、PSTN和139手机拨号MODEM通信测试、GSM的139和130短信通信测试、CDMA的133短信通信测试、地形勘测、场地施工工作量的确定。经过3组人员两个多月实地勘察，历程3.8万多km，初步确定要二期建设的水情遥测站点，从目前的118个，扩大到417个，涉及到的水文部门包括四川、湖北、贵州、重庆、云南、长江水利委员会等。

长江电力规划从2006年起，开始二期遥测站的建设及三期规划。

（四）效益分析及应用前景

1. 社会效益　三峡工程的首要任务是防洪，一是可使荆江河段防洪标准由现在的约10年一遇提高到100年一遇；二是遭遇特大洪水时通过拦蓄部分洪水，可以有效减轻下游防洪压力。这对稳定下游地区社会经济发展能起到特殊的作用。水情遥测系统为三峡工程的防洪调度提供及时有效水情信息，保证了防洪决策的科学性、合理性。另外，遥测系统设计过程中充分考虑国家防洪抗旱指挥系统对水情遥测信息的要求，采集的水情数据在时空分布上均可直接为防洪抗旱指挥系统所用，也能为日后南水北调西线工程水量的科学合理调配提供水情信息方面的支持。

新的管理模式也促进地方水文事业的发展。水利部门实施的“金水工程”，如果完全依靠国家财力，要达到现在三峡水情遥测系统的自动化程度，将需要10年甚至20年时间。共建共管模式的实施，长江中上游地方水文部门，不需增加投资，即获得了一套性能高的遥测系统，设备的更新换代及备品备件也有保障，加速了现代化建设的步伐。

长江上游水土流失严重，三峡工程蓄水运用后水库泥沙淤积情况一直备受世人关注。长江电力在水情遥测系统建设中增加了对泥沙的监测项目，这些数据不仅可以准确反映河道泥沙变化情况，还可使环境保护部门以此推算上游水土流失情况。根据这些数据制定科学调度方案，可减少水库泥沙淤积，延长水库使用寿命。通过该管理模式建立水情遥测系统，避免遥测站点的重复建设，减少土地征用和对自然环境的破坏，直接避免了不必要的水土流失。新的管理模式具有环境效益。

新管理模式确保了水文资料的一致性及历史连续性。水文资料要求长时效性，资料序列才更有价值，才更具代表性。有些站点历史超过百年，其原始观测资料十分宝贵。

2. 经济效益　三峡水情遥测系统遥测站点一期建设118个，二期规划399个，三期总数预计不低于一期和二期的总和。如果按照传统模式建设，全部要重新征地和建设基础设施，仅一次性建设投入费用就比新模式多很多。而且要在总面积近60万km^2内建1000多个遥测站点，靠一个企业承担，难以实现。新的建设管理模式利用了长江电力和地方水文部门各自的资源，有效解决上述问题。据初步估算，长江电力仅减少征地费及基础建设费就直接节约5000万元（以1000个站点，每个站点5万元计算），另外每年还可以减少因聘请维护人员而支付工资报酬4000万元（以1000个站点，每个站点聘请2人，每人每年2万元计算）。

新的管理模式可以更好的保障生产调度所需，为梯级枢纽优化调度提供及时准确的水雨情信息，增加发电效益。以三峡—葛洲坝梯级枢纽为例，每年优化调度可提高水能利用率超过5%；这其中很大一部分归功于及时准确的水情信息的掌握，仅以2%计算，可多发电20亿kW·h，以目前三峡电价每度电0.25元计算，每年创造的经济效益5亿元。考虑今后金沙江4座梯级电站，该管理模式每年带来的额外发电收益将会超过10亿元。

3. 推广应用价值　新管理模式的实施充分贯彻了三峡总公司和长江电力的企业价值观，体现了企业高度的社会责任感和公众服务意识，树立了企业服务社会的良好形象。通过该模式的运作，三峡总公司和长江电力与地方水文部门建立良好的互信合作关系，为今后开展更深层次的合作奠定了基础。

新模式成功运作引起了国内同行及水利部门的极大关注，先后有多家水电企业及地方水文部门到长江电力考察，了解该模式建设实施及运作情况，探讨将该模式引入到所在流域的可能性。同时，也引起国际同行的兴趣，2005年5月，委内瑞拉古里电厂（装机容量1200万kW，世界排名第三）也派人员来到长江电力参观学习，其中重要一个内容就是了解该管理模式应用。

（中国长江电力股份有限公司　袁　杰　肖　舸等）

设 备 技 术 改 造

乌江渡发电厂一号厂厂用电系统改造

（一）概况

乌江渡发电厂位于乌江中游，在贵州省中部遵义市境内，1970年开工，1979年底第1台机组发电，1982年3台机组全部投产，总装机容量630MW。2000年底～2003年底进行扩建，另建一新厂，装机500MW。扩建后老厂称一号厂，新厂称二号厂。2004年1月～2005年6月，一号厂按2号、3号、1号机组顺序进行增容改造，单机容量增容至250MW。与机组增容改造的同时，一号厂厂用电系统也进行了改造，改变了连接方式，增大了高压厂用变压器容量，厂用电的安全可靠性得到了提高。

（二）改造前厂用电系统运行方式

改造前乌江渡发电厂一号厂的发电机—变压器组接线方式为单元接线，发电机出口没有装设断路器，只装设了隔离刀闸，在主变高压侧装断路器，作为发电机变压器组的并网与解列点。一号厂电气主接线及厂用电接线见图1。

由图1可见，厂用电主要由1、2、3号高压厂用变压器带的6kVⅠ、Ⅱ、Ⅲ段母线供电，6kVⅠ～Ⅲ段和6kVⅡ～Ⅲ段之间由备用电源自动投入装置实现相互备用关系。1号高压厂用变压器（21T）的高压侧接于1号主变低压侧与1号发电机出口主刀闸之间，带高压厂用电6kVⅠ段。2号高压厂用变压器

(22T) 的高压侧接于 2 号主变低压侧与 2 号发电机出口主刀闸之间，带高压厂用电 6kVⅡ段。3 号发电机变压器组不带高压厂用电，在 0 号主变低压侧带 3 号高压厂用变压器（20T）供 6kVⅢ段供电。因此在停 1 号或 2 号机时必须倒换厂用电，且停机后将失去一个高压厂用电源。

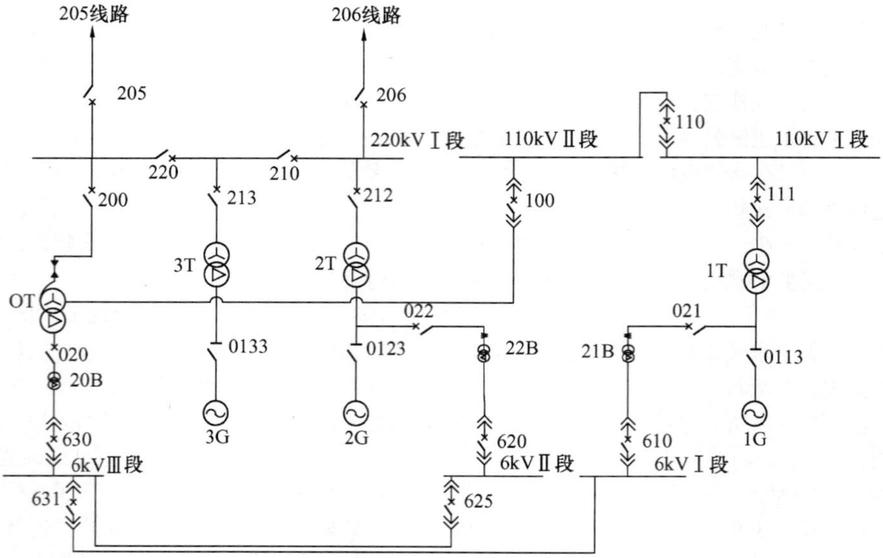

图 1　改造前乌江渡一号厂电气主接线及厂用电接线图

改造前高压厂用变压器容量为 3×630kV·A，低压侧额定电流为 100A。近几年来，由于厂用电负荷的不断增加，高压厂用电源（高压厂变）容量不足的情况日趋严重。经过实际运行统计，1 号高压厂用变压器（21T）所带负荷电流在 26A 左右，2 号高压厂用变压器（22T）所带负荷电流在 50～70A 左右，3 号高压厂用变压器（20T）负荷电流在 30A 左右，1～3 号高压厂用变压器所带负荷的总电流达 130A 左右。因此，6kVⅠ、Ⅱ、Ⅲ联络运行由 1 台高压厂用变压器供电时，将使该高压厂用变压器过负荷，严重时可能会引起过流跳闸。在枯水期，库水位较低，为保证系统调峰调频，系统经常要求停 2 台机备用保水。在这种情况下，一号厂经常在只有 2 个厂用电源的情况下运行。若此时有 1 台高压厂用变压器发生故障，将使剩下的 1 台高厂变过载甚至跳闸，存在全厂厂用电消失的危险。特别是在 0 号主变停运或检修的情况下，1 号或 2 号机的停运相当困难，必须采用主变倒挂厂用电的形式，操作难度大。而在开机时又得重新倒换厂用电，将主变压器退出运行后合上发电机出口主刀闸才能开机并网发电，难以快速开机。

总之，改造前厂用电运行存在：①1 台高压厂用变压器带全厂厂用电时，负荷较重，厂用电的供电可靠性降低。②停机倒换厂用电时，操作较多。③受系统方式影响，主变倒挂系统运行时（选择主变中性点接地），操作复杂，且降低了开机速动性，开机时间较长，不能满足系统需要。

为保证机组的安全运行和减少不必要的操作，减轻运行人员的负担，为实现水电站“无人值班，少人值守”，需要将一号厂高压厂用变压器的连接方式和容量的改造工作与机组的增容改造工作结合起来。

（三）改造后厂用电的接线方式及优点

乌江渡发电厂一号厂厂用电系统改造，是在原接线的基础上，在发电机与主变器低压侧之间增加了 1 台出口断路器，作为机组正常启、停的并列和解列点；3 台增大了容量的高压厂用变压器分别接在 1、2、3 号主变的低压侧，0 号主变低压侧预留作为备用，接线图见图 2。

改造后，一号厂厂用电系统具有如下优点：

(1) 厂用电的 1 号高压厂用变压器接于 1 号主变低压侧与 1 号发电机出口断路器之间，带 6kVⅠ段厂用电；2 号高压厂用变压器接于 2 号主变低压侧与 2 号发电机出口断路器之间，带 6kVⅡ段厂用电；3 号高压厂用变压器接于 3 号主变低压侧与 3 号发电机出口断路器之间带 6kVⅢ段，靠厂用电源自动投入装置实现 6kVⅠ～Ⅲ段和 6kVⅡ～Ⅲ段之间的互备用关系。这样，相当于 3 台高压厂用变压器都接于系统侧，且能实现相互备用，在发电机停机时均能保证 3 台高压厂用变压器正常运行，大大提高了厂用电系统运行的可靠性和安全性。

(2) 高压厂用变压器容量为 2500kV·A，低压侧额定电流为 229A，而厂用电负荷电流约为 130A 左右，1 台高压厂用变器完全能够满足全厂用电的需要，因此，只要保证有 2 个及以上的高压厂用电源就能确保厂用电的安全性和可靠性。

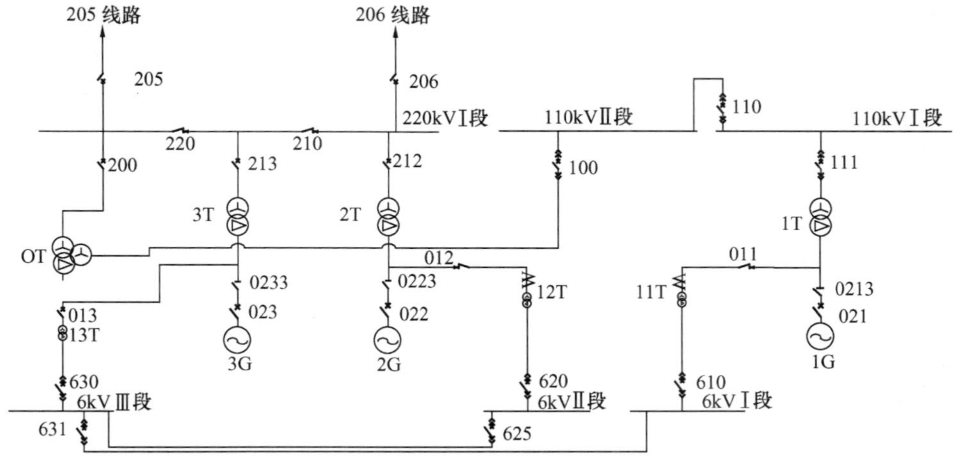

图 2　改造后乌江渡一号厂电气主接线及厂用电接线图

(3) 由于发电机出口加装了出口断路器，机组的启、停正常时以出口断路器作为并列和解列点，不影响厂用电的运行，缩短了开停机的响应时间。作为调峰调频的主力水电厂，开停机的成功和时间对保证主系统的安全尤为重要。开停机时减少了倒换厂用系统的操作，减少了不必要的操作，大大减轻运行人员的操作负担，也减少了误操作事故的发生。

(四) 改造后厂用电系统存在的不足

增容改造后，厂用电系统虽然有了以上所述的优点，但是，也存在一些不足。乌江渡发电厂一号厂与主系统的连接较为薄弱，正常情况下只有江阳双回 205、206 线路与系统连接。在主汛期大发电时，江阳双回 205、206 线路负荷重，一般单回负荷在 250MW 以上，如果线路故障跳闸（主汛期在雷雨季节，故障跳闸的几率较高），3 台 250MW 的机组只带 1 个 200MW 左右的地区网，系统在这种大负荷的冲击下可能会拉垮厂用电系统，甚至可能引起机组转速上升至事故停机。这应引起我们的高度重视。

在一号厂与主系统连接的薄弱环节未解决之前，要克服这一不足，除加强厂用电设备和黑启动电源的维护和管理外，从技术考虑，宜将 1 台机的高周波切机保护的动作出口改为跳主变高压侧开关，从而由此机组带 1 个厂用电系统运行，以保证厂用电的安全。

（乌江渡发电厂　梁　卫　孙作芳　刘邦鼎）

乌江渡扩建、增容机组出现的问题及处理情况

乌江渡水电站位于乌江中游，在贵州省中部遵义市境内，1970 年开工，1979 年底第 1 台机组发电，1982 年 3 台机组全部投产发电，1983 年工程竣工。从 2000 年 11 月～2005 年 6 月，电站先后进行了扩机和原机组增容改造，总装机由 3×210MW 变成 5×250MW。

扩机工程电站布置于左岸山体内，采用地下式厂房，安装 2 台单机容量 250MW 机组。机组由东方电机股份有限公司制造，水轮机为立轴混流式，转轮公称直径 4.9m；水轮发电机为立轴半伞式，额定容量 285MV·A，额定电压 15.75kV。调速器为微机电液调速器，励磁装置采用微机自并激晶闸管励磁系统。

增容改造的发电机组为天津阿尔斯通公司制造，水轮机为立轴混流式，转轮公称直径 5.25m，水轮发电机为立轴半伞式，额定容量 285MV·A，额定电压 15.75kV，励磁装置采用微机自并激晶闸管励磁系统。

乌江渡扩建、增容机组，总体较好，但也出现了一些设计、安装问题，现将主要出现的问题及处理情况简述如下。

1. 发电机出线设计不当问题

(1) 增容和扩建机组发电机引出线和机组中性点引出线搭接铜板，因接触面积小，运行中温度过热，持续满负荷运行时温度在 160℃左右。采取增大引出线搭接部位接触面积解决。

(2) 扩建机组定子引出线和中性点引出线，从上机架机蹬（即发电机风罩内壁上的上机架径向支撑基础板）引出，由于产生涡流发热而使机蹬温度过高（84℃），不能长时间正常运行。经改为从上机架机蹬旁边引出，机蹬涡流减少，温度降低，运行情况得到了较好的改善。

(3) 增容机组出现定子引出线处机座上立筋板发热和引出线垂直段发热（160℃左右）。先采取安装屏

蔽铜套并短路接地措施，但上环板立筋发热仍然十分严重，温度可达217℃。后研究决定在保留已安装的屏蔽铜套上设置单相分别接地，同时将原钢板立筋切割掉，换为非磁性材料（不锈钢 1Gr18Ni9Ti），取得很好了效果，机座温度最高达50℃。

2. 二次接线不规范引起的问题

(1) 增容的2、3号机组发电机出口增设了断路器。该断路器反映分合状态的辅助接点采用常开、常闭方式与通常相反，安装接入保护系统时未予注意，又未进行模拟试验，结果2005年3月24日因系统小电网故障出现负序电流时，发生断路器闪络保护误动作。在将断路器分合状态取正确方式输入保护装置，该保护运行至今动作正常。

(2) 增容机组的3号主变压器，瓦斯继电器端子接线松动，保护装置上重瓦斯保护软压板未投入，结果2005年6月9日瓦斯继电器误动，造成机、变全停，而在保护装置上无任何信号，给分析带来影响。后经处理正常。

3. 扩机机组钢管灌浆问题　在4号机进入72h试运行前，停机排空检查钢管，发现引水隧洞与钢管连接处，出现裂纹而漏水严重。经分析，是由于工期紧，灌浆水泥凝固时间短引起的。后经过2次灌浆处理，得以解决。5号机在发电后，也发现钢管放空阀处出现渗漏水，后经在640廊道灌浆，得到解决。

4. 增容机组定子硅钢片和转子铁片问题　在增容改造定子叠片过程中，发现因冲片涂漆工艺未达到质量要求而全部进行返厂处理。转子磁轭铁片，利用了原机组的大部分，在叠装过程中，第一段预压紧后，发现整圈铁片外圈高于内圈5mm左右；继续叠片到第二次预压紧高度压紧后，发现整圈铁片外圈高于内圈8～10mm，已超过国标。出现这种情况，是由于旧磁轭铁片内、外缘厚度不均造成，经检测最大偏差达0.2mm。后按设计要求，加调整片处理。

5. 增容机组推力轴承问题　增容机组的推力轴承只更换推力瓦，其他采用原设备。由于原合金瓦厚度为50mm，更换的塑料瓦厚度为60mm，安装后发现镜板高程比图纸理论高程高8mm。因此将推力瓦架送修配厂加工。由于加工精度不够，组装后外高内低偏差超过1mm，临时采用现场打磨处理，要在今后机组大修时再彻底处理。

6. 增容机组事故配压阀问题　在调速器系统安装试验过程中，发现事故配压阀和液压阀有严重渗漏，且事故配压阀卡涩严重，在动作后难于复归。后将事故配压阀的活塞指示杆锯掉，可正常运行，但运行中若事故配压阀动作，则无法从外观判断。

7. 扩建机组的振动问题　4、5号机组投运后，上机架水平振动不断加剧，至2004年9月，由投产初期的0.32mm增加到0.70mm左右，危及机组运行安全。后经转子配重、紧固上端轴螺栓、加固上机架径向支撑顶紧装置，振动问题得到了彻底解决。

8. 增容机组热膨胀问题　2号机组在做完短路升流试验后，发现发电机层2号机压油罐处水磨石层上拱，机组段交界处产生新的裂痕，发电机上机架千斤顶剪断销剪断5根。经复测千斤顶间隙只有0.04～0.11mm（原调整为0.20mm），问题系机组温度上升导致机座及上机架膨胀所致。经中南勘测设计研究院现场检查，2号机土建结构的梁、柱、楼板均未发现异常，认为该结构缝产生的变形未对土建结构造成危害，不影响安全运行，但今后的运行过程中应加强对主厂房混凝土结构的监测，并在装修时保留伸缩缝。现将发电机上机架千斤顶间隙调整至0.45mm，运行正常。

9. 扩建机组调速器运行问题　扩机所用调速器是武汉四达公司新研制的产品。4、5号机调速器自投运以来，多次出现接力器位移传感器损坏、液压开限下压和测频回路故障，造成不能正常开停机、溜负荷和运行不稳定等故障。后经更换液压开限装置、无压自复中装置、修改程序以及加装可编程控制器，基本满足运行要求。

10. 计算机监控系统运行问题　扩建的新厂安装了用于全厂集中控制的计算机监控系统，对老厂实行监控，但与老厂已有的现地监控装置使用版本不同。老厂增容机组投运初期，2号机调速器曾出现溜负荷现象，判断系监控LCU版本不同引起，经进行升级后，调速器再未发生故障。

对于新投产或增容机组，运行中机电设备发生的故障与设计、制造、安装留下的隐患有直接关系的，所占比例往往很大。作为业主，一方面应发动广大工程技术管理人员，全面参与机电设备的安装与调试，学习技艺、积累经验、发现问题、了解情况；另一方面应及时与安装、设计、制造、科研等单位进行联系，加强协作，消除隐患。要按《国家电力设备检修》指导书规定，对新安装投运1年后的机组，进行大修（即A修），彻底解决存在的问题，以确保机组长期安全稳定运行。

（乌江渡发电厂　梁　卫）

广州蓄能水电厂B厂机组黑启动系统

（一）概况

所谓黑启动是指电力系统因故障解列、停运后，电厂不需要外界任何电源，仅依靠电厂自身设备启动机组，向系统提供事故负荷，进而恢复电网系统的启动方式。

广州蓄能水电厂B厂黑启动工程项目是广东电网的重点工程，完全由电厂自行设计自行安装调试。2003年开始进行该项目初步研究和试验，得出了初步的预想和部分数据；2004年进行投资预测与工程初期评估。2005年的4月正式启动，进行厂房土建设计工作；5月初完成黑启动系统的主接线设计，随后开始厂房土建施工和主设备招标工作；6月完成黑启动系统的控制部分设计及地网设计工作；7月厂房土建施工结束，设备进厂安装；8月完成黑启动系统的所有设备安装；9月22日完成所有分项调试和试验工作，23日向广东电网公司提交了广州蓄能水电厂B厂机组黑启动试验申请。

2005年11月6日进行首次试验，结果符合设计要求，获得成功。现投入广东电网运行，担负着广东电网黑启动的重任。

（二）系统结构与特点

黑启动系统接入主接线如图1所示。其主设备有：柴油发电机组1台，干式变压器1台，400V断路器1台，10.5kV断路器1台。

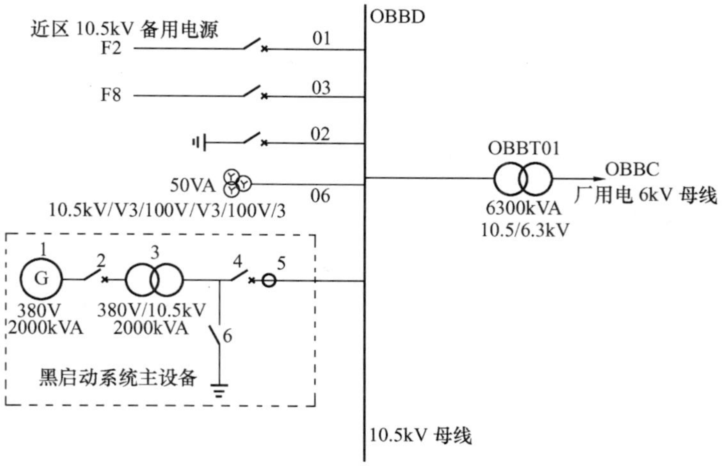

图1 广蓄B厂黑启动系统接入主接线图

该系统具有结构简单、设备可靠、全自动控制、启动迅速、机组容量大且稳定的特点。

（1）结构简单：从图1看出，将柴油机组经升压变后直接接入备用厂用电10.5kV母线，主接线简单，设备投资少，且厂用电的控制逻辑（厂用电的备用自动投入逻辑）只要在原有的基础上做适当修改，就可以满足黑启动系统投入的条件，因此控制设备的投资也大大的减少。在研究的初期，打算使用广蓄一期（A厂）的备用柴油机系统的接入方式，由于柴油机容量的局限，要在原厂用电控制设备中加装1套厂用电自动减载装置。该自动减载装置结构复杂，经A厂多年运行表明，可靠性较差，维护困难（只能在全厂全停情况下才能进行）。经探讨，决定采用现在的接入方式，免去了厂用电自动减载装置，简化了黑启动系统的控制逻辑，减少了投资。

（2）设备可靠：采用了目前世界上较为可靠，质量较好的设备。如柴油发电机组，产地美国，型号CATERPILLAR 2000F，额定电压380V，最大视在功率2000kV·A，$\cos\Phi=0.8$；干式变压器为广州特种变压器厂生产，380V/10.5kV，额定容量2000kV·A；10.5kV断路器为上海Siemens生产，型号3AH1114真空断路器，额定电压12kV，额定电流1250A；机组380V出口断路器为ABB断路器，型号F4S3200A/3P抽出式，额定电压380V，额定电流3200A。

（3）全自动控制：在500kV系统失压，近区供电也失压的情况下，值班员在值守中心或厂房控制室，远方手动切除5台500kV断路器和近区供电断路器，柴油发电机组将自动启动，迅速地按照设计逻辑给B厂提供厂用电。同时B厂的厂用电也将按照设计的程序进行自动倒换至柴油发电机组供电，可以根据实际情况任意选择启动5～8号机组中的任意1台作为黑启动机组。

（4）启动迅速：在2005年11月6日，对广蓄B厂7号机组进行了机组黑启动试验，得到下列数据：①系统电压消失至柴油发电机组自动启动时间为8s，之后厂用电自动切换用了25s，即厂用电系统电压消失至由柴油发电机组正常供电共用了33s。②机组孤网运行自动启动时间为85s，之后厂用电自动切换用了25s，从发机组启动指令至机组自带厂用电的时间共110s。如果系统需要，可以在很短的时间内完成对线路充电的工作。

（5）机组容量大且稳定：广州蓄能水电厂的8台机组单机容量为300MW，机组运行可靠。在广蓄B厂机组自带厂用电之后，B厂的其余3台机组均处于可启动发电的状态，同时，可以通过1.9km的AB联络线向A厂充电，使A厂的4台机组（共1200MW）也处于可启动发电状态。此时A、B厂共有可启动发电总额为2400MW。在短时间能为崩溃的电力系统提供巨大的电能，对电力系统的黑启动可以发挥出巨大的作用。

（三）系统的控制设备和控制程序

1. 控制设备结构　由于柴油机组安装在B厂排风楼，距离地下厂房1200m，故控制设备采用2台PLC控制器，之间采用光纤通信连接。控制设备结构如图2示，柴油发电机组的现地PLC负责接收厂房PLCS7-300发来的控制信号并控制柴油发电机组的运行及采集柴油发电机组的运行信息；厂房PLCS7-300负责从原有的厂用电控制器PLCS5-155H读取需要的信息，采集黑启动的条件信息，在黑启动程中参与控制等。

该控制系统单独运行于厂内原有系统之外。在PLC中，自行开发了一个软件包，包括①通信协议Modbus与通信协议Profibus之间的转换软件。②Siemens S5与S7 PLC通信转换协议。③Siemens S7与S7 PLC之间的以太网通信转换协议。在厂用电正常运行时，该软件包只存在于黑启动系统的PLC中，不参与厂内所有设备的控制包括厂用电的自动切换控制。但当广蓄B厂黑启动条件具备时，该切入控制软件包可根据黑启动的条件作为指令，自动切入到厂用电的自动切换控制中，闭锁某些负载的投入。

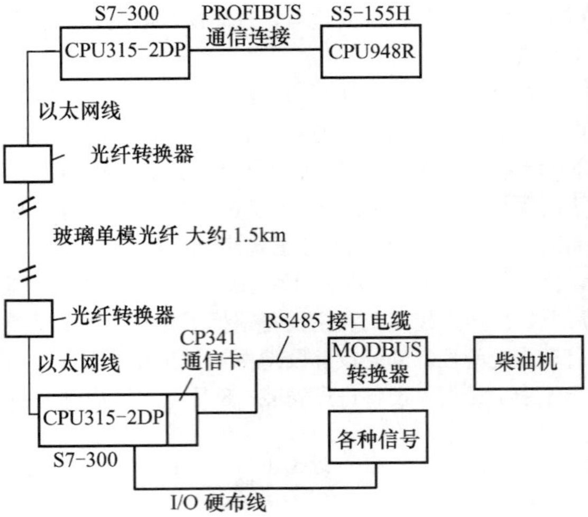

图2　控制设备结构图

2. 控制程序　图3是广蓄B厂的黑启动控制逻辑及流程。共分为18个步骤。

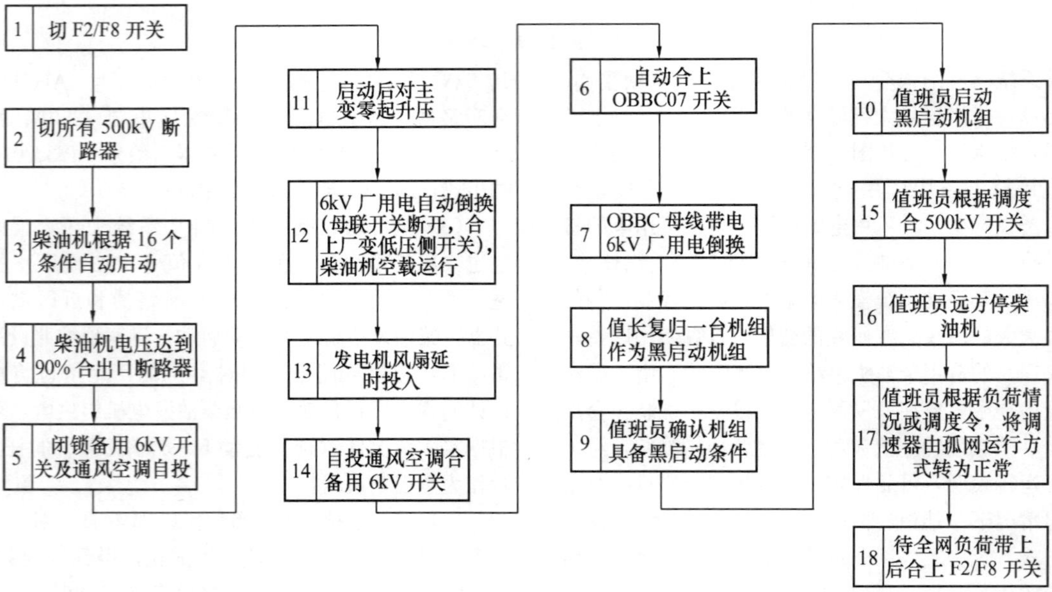

图3　控制流程图

（广州蓄能水电厂　叶　生）

大 坝 安 全 管 理

关于做好大坝安全工作的几点要求

（一）进一步提高对水电站大坝安全工作重要性的认识

水电站大坝能否安全运行，不仅仅是企业内部的生产问题，更是影响大坝下游人民生命财产安全和社会稳定的重大问题。水电站大坝发生垮坝等恶性事故，将给人民生命财产带来不可估量的损失。各电力企业必须站在讲政治的高度，充分认识水电站大坝安全工作的极端重要性。要始终坚持“安全第一，预防为主”的方针，认真做好水电站大坝安全管理的各项基础性工作。

目前，在大坝中心注册的150座水电站大坝，有近一半已运行三、四十年，坝龄日趋老化，运行可靠度降低，且部分大坝还存在一定的缺陷和隐患。另外，随着金沙江等流域水电工程的开发建设，在近几年将陆续有一批世界级的高坝、大库和巨型水电站投入运行。因此，水电站大坝安全工作的任务十分繁重，责任重于泰山。

（二）进一步明确水电站大坝安全管理责任

电力企业是水电站大坝安全的责任主体，电力企业的主要负责人，是大坝安全的第一责任人，对大坝安全全面负责。各有关企业要通过加强大坝安全管理的制度建设、组织建设和安全质量标准化管理等工作，建立并落实企业内部大坝安全管理责任制，把安全责任逐一分解，真正落实到基层。

国家电力监管委员会大坝中心，具体负责大坝安全技术监督服务工作。大坝中心要充分发挥自身的技术优势和专业特长，认真做好大坝注册、大坝定检和特种检查等监督、检查工作，切实为电力企业的水电站大坝安全管理工作做好指导和服务。

依照国务院授权，国家电力监管委员会对电力系统水电站大坝安全行使监督管理职责。依法实施监管，要做到到位不越位，更不能错位，要认真为企业服好务。

（三）当前水电站大坝安全管理的几项具体工作

一是对提交会议征求意见的与《水电站大坝运行安全管理规定》相配套的文件——《水电站大坝安全注册实施细则》、《水电站大坝安全定期检查实施细则》，会后，各单位认真组织专业人员提出意见和建议，并于4月底前反馈电监会大坝中心。大坝中心要抓紧组织修订、完善，尽快上报国家电力监管委员会，于6月份以国家电力监管委员会文件形式正式下发执行。

二是要认真做好水电站大坝安全注册工作。各电力企业要严格按照《水电站大坝运行安全管理规定》的要求，向国家电力监管委员会大坝中心申报水电站大坝安全注册。对已经投入运行但尚未注册的水电站大坝，要求在6月底之前申办注册手续。在规定期限内不申报安全注册的水电站大坝，属违规运行，对发生事故的，将严肃处理，并追究相关人员责任。会后，各单位要对自己所管辖的水电站大坝进行一次自查，确保投入运行的水电站大坝全部按要求及时注册运行。

三是要认真做好第三轮大坝定检工作，并加强对病坝和险坝的管理和治理。本次会议上，大坝中心已对第三轮大坝定检工作进行了布置，各电力企业要按照国家电力监管委员会的规划和大坝中心的计划认真做好各项工作。在定检过程中，严禁图形式、走过场。对于检查中发现的重大问题，必须按照大坝定检的审查意见，抓紧进行整改工作。各有关电力企业要对病坝和险坝加强管理，制定具体计划，采取有效措施进行治理，保证大坝安全。大坝中心要对病险坝的补强加固和消缺工作给予监督、指导，切实做好服务。

四是推进水电站大坝安全信息化管理工作。会后，大坝中心要抓紧制定水电站大坝安全信息化管理系统的规划和计划，并制定相应的实施意见，抓紧落实实施，以实现电力系统水电站大坝运行状态的远程、实时监控，及时发现和处理问题，提高水电站大坝安全监督管理水平和科学决策能力。希望各单位对这项工作多出主意，给予大力支持和配合。

五是要提早做好今年防洪度汛的准备工作。今年的汛期即将来临，各电力企业要做好大坝险情预测和应急处理预案的制定和完善工作，加强对防汛工作的组织领导，早动手，早准备，早安排，确保大坝安全度汛，防止和杜绝垮坝、洪水漫坝和水淹厂房等恶性事故以及对社会造成重大影响的事故发生。

水电站大坝安全工作的方针已经确定，各项具体工作已作出部署，关键是抓好落实。要以科学发展观为指导，始终坚持“安全第一，预防为主”的方针，切实把大坝安全工作抓实、抓细，取得实实在在的效果，确保水电站大坝安全可靠运行，为国民经济发展和社会稳定做出应有的贡献。

（国家电力监管委员会首席工程师　于新阳在水电站大坝安全工作会议上的总结讲话摘要）

认真开展第三轮水电站大坝安全定期检查

（一）第三轮大坝定检工作计划

第三轮大坝定检规划，准备对143座大坝进行定期检查，从2005年启动到2010年底前基本完成；每年大约进行25座大坝的定期检查，期间还将及时安排新注册且竣工安全鉴定已满5年的大坝进行定期检查。对一些申请注册但原竣工安全鉴定不符合规定的水电站大坝，大坝中心也将在其注册前要求开展首次大坝定检。

2005年将开展小山、富春江等23座大坝的定检工作。大坝中心经调研协商，已制订了具体的启动计划。希望大坝主管单位和水电站运行单位按要求做好各项准备工作，确定计划，安排人员，落实资金，按照国家电力监管委员会下达的大坝定检规划和大坝中心制定的2005年大坝定检工作计划，认真开展大坝定检工作。

（二）大坝定检工作的组织形式

按照《规定》的要求，大坝定检工作由大坝中心负责。第三轮大坝定检工作的具体组织，采取大坝中心直接组织与委托大坝主管单位组织2种形式。对大型工程、高坝、工程安全特别重要和存在问题较多的水电站大坝，原则上由大坝中心组织；部分规模较小且存在问题较少的水电站大坝，大坝中心将根据具体情况尽可能委托大坝主管单位组织。

按照上述原则，大坝中心决定对第三轮定检规划中所有的一等工程大坝和坝高70m以上的高坝（共62座，占第三轮规划总数的43%），由大坝中心直接组织。2005年计划开展定检的23座大坝中，小山、东江、安康、铜头、宝珠寺、乌江渡、普定、龙羊峡、葛洲坝、大峡、二滩、新丰江、枫树坝13座大坝由大坝中心组织；另外，青铜峡大坝虽然坝高不足70m，但由于问题复杂，且在第一轮大坝定检中曾定为病坝，因此也要由大坝中心组织对其进行定期检查。

其余水电站大坝的定期检查，或者由大坝中心根据工程实际和历次定检工作质量直接组织，或者委托大坝主管单位组织。委托大坝主管单位组织的大坝定检，大坝主管单位应当在大坝中心的批准后开始实施。具体工作中，大坝主管单位尚需向大坝中心报送专家组组成、确定的专项检查项目和内容，经过大坝中心批复后实施。大坝中心将会把好专家组组成、专项检查内容和大坝安全评价3个重要环节；同时在专题承担单位的选择、专家组报告的编写等方面给予指导；大坝中心将加强对大坝定检工作的指导、监督和服务，保证定检工作质量。

（三）大坝定检工作的时间进度要求

第三轮定检计划用5年时间完成，每座水电站大坝定检尽可能控制在1年以内。从第一、二轮定检的进程看，影响定检进度的原因主要有3个方面：一是经费到位不及时；二是技术服务单位不落实；三是大坝存在的问题较多，水电站运行单位将大坝定检与补强加固、消缺处理合在一起进行。因此在第三轮定检中，大坝主管单位必须对定检工作在组织上高度重视，经费上及时落实，技术上实事求是。水电站运行单位在日常管理中应当认真负责地做好日常巡查和年度详查，平时就对大坝的缺陷情况、发展变化趋势比较了解，有助于专家组在定检中的判断和鉴定，以加快大坝定检工作的进度。

（四）强化大坝定检专家组的技术核心作用

大坝定检工作是一项技术性很强的工作，必须充分依靠和发挥全体定检专家的作用。专家组既要专业配备齐全，又要突出重点。专家组成员应具有较高的专业水平、丰富的工程经验，一般由6～9人组成。为保持大坝定检工作的连续性，其中至少要有1名是参加过上一次定期检查的专家。与要进行定检大坝有直接关系的水电站大坝建设和管理方面的专家人数，不应超过专家组总人数的三分之一。专家组长应具有一定的技术权威性，具有丰富的工程经验和大坝安全管理水平，具有良好的组织、沟通和综合协调能力。

大坝中心将建立水电站大坝安全专家库，以服务于日益规范的大坝安全检查工作，库内专家将在大坝定检工作中起到骨干作用。大坝中心今年准备首先推出一批技术全面的大坝安全综合评价专家，原则上要求大坝定检工作的专家组组长从中选择。

（五）有的放矢，保证大坝定检工作质量

第一轮和第二轮大坝定检对电力系统水电站大坝的重要部位等方面进行了全面体检，形成了大坝安全的基本档案，为今后的水电站大坝安全监督和管理提供了基础资料。第三轮定检应该在对影响大坝安全的相关因素进行全面对比、系统排查的基础上，有针对性地开展专题研究或检测。为了提高工作效率、把握检查重点和及时发现问题，在定检专家组全面介入之前，运行单位应预先提出运行总结和现场检查报告。

电力监管委员会《关于组织开展第三轮水电站大坝安全定期检查工作的通知》，已明确提出了第三轮定检工作的检查要点和要求。落实到具体工程时，要结合具体情况，有针对性地确定检查重点和要点，以保证质量和进度。比如，对存在明显老化现象和已运行 40 年以上的大坝，需进行老化现象和危害性检查评价；对泄洪流量较大的工程应重点检查泄洪设施的安全性。特别是对上一次大坝定检的建议和需要消缺的项目，要做系统的排查。对已进行的补强加固或者更新改造工程和改建扩建工程等，要检查其设计和施工质量，对其是否符合现行规范和能否满足大坝安全要求，以及对原坝体结构的影响进行安全评价。此外，有些水电站擅自对大坝结构进行改造，可能会对大坝结构造成损伤，进而影响了工程防洪能力和建筑物原设计功能，在第三轮大坝定检中将要求对这些问题进行核查，并从技术上对这类问题的后果进行安全评价。

（六）优选技术服务单位，确保专题报告质量

大坝定检工作中的各项专项检查，如洪水及调洪复核、结构复核、结构质量和基础补充探查、水工金属结构检测、水下检查、监测资料的定量分析、监测仪器鉴定、监测设施更新改造等项目，需要委托相关技术服务单位进行，大坝定检中的技术服务单位提供的专题报告是安全评价的基础，因此选择合格的技术服务单位是保证大坝定检工作质量和成果的关键。水电站运行单位在选择技术服务单位时，应注重相关的资质、业绩、工作能力、是否具有法人资格等要素。大坝中心将根据《水电站大坝运行安全管理规定》的要求，逐步规范技术服务单位行为。目前，大坝中心将协助水电站运行单位选择合格的技术服务单位。

（七）通过大坝定检工作，不断提高大坝管理人员的业务素质

水电站运行单位大坝管理人员工作在第一线，其技术素质直接关系大坝的安全运行。前两轮大坝定检对提高水电站运行单位水工管理人员素质发挥了重要作用。水电厂水工人员在大坝定检专家的指导下独立完成了诸如《运行总结报告》、《现场检查报告》、《补强加固或更新改造总结报告》等与运行有关的专题报告。当前，由于体制改革、主辅分离、减人增效等政策的实施，水电站运行单位水工管理人员相对较少。因此，在大坝定检过程中，水电站运行单位应组织精干力量，保质保量地完成与运行单位有关的专题工作，并积极进行监测资料分析等专题配合工作。通过大坝定检，提高大坝运行管理人员素质和大坝运行管理工作的整体水平。

（八）加强病险坝管理和治理，及时消除大坝缺陷

大坝定检只是大坝安全监督和管理的手段，目的是通过定检，及早发现大坝运行中存在的异常、事故隐患和缺陷，提出补救措施和改进意见，及时整改和处理，保证大坝安全。水电站运行单位应当及时对定检中发现的问题和专家组提出的处理意见予以处理和落实。从第二轮大坝定检情况看，第一轮大坝定检的问题基本上都已及时解决。希望在第三轮大坝定检工作中继续保持和发扬这一优良传统。对大坝定检确定的重点部位和重要项目，水电站运行单位要加强监控，及时、准确掌握大坝的运行性态，发现问题，及时处理。对重要大坝和存在重大缺陷和安全隐患的大坝，要研究分析大坝险情评估和制定大坝安全紧急行动计划。

对于在大坝定检中被评为病坝、险坝的水电站大坝，其负责管理或运行的水电厂应当及时采取补强加固、除险等措施，并在未达到正常坝安全等级要求之前改变运行方式或者限制条件运行，保证水电站大坝的安全。对虽定为正常坝，但大坝定检提出补强加固和更新改造建议的项目，企业也应按轻重缓急限期实施，切不可置之不理，小病拖成大病。

此外，大坝定检工作是一项需要电力企业投入必要的人力、物力、财力的工作，定期检查专家组确定的各项专题项目的实施等工作内容都需要企业承担相应的费用，定检查出的大坝缺陷和问题，其补强加固和更新改造更需要大量的资金投入。因此，企业应站在确保自身安全生产和社会公共安全的高度来正确认识大坝定检工作和大坝的补强加固、更新改造和缺陷处理的重要意义，在人力、物力、经费上予以充分保证。

（国家电力监管委员会大坝安全监察中心副主任　王　岩
在水电站大坝安全工作会议上的讲话摘要）

关于《水电站大坝运行安全管理规定》的修订说明

《水电站大坝运行安全管理规定》（以下简称《规定》）已以国家电力监管委员会（以下简称电监会）第 3 号令正式公布，并于 2005 年 1 月 1 日开始施行。为了保证正确执行《规定》，现对制定《规定》的有关情况说明如下：

（一）制定《规定》的必要性和指导思想

制定《规定》是适应电力体制改革新形势的要求。2004 年电力系统水电站大坝安全监督管理的具体工作划归电监会负责。由于执法主体的变化，需要制定相应的水电站大坝安全管理规定，以适应现行管理体制的要求。

制定《规定》是加强水电站大坝安全监督和管理工作的要求。目前，在大坝中心注册的水电站大坝有150座，多为高坝、大库，总装机容量超过5100万kW，约占全国水电总装机容量的51%，其中，100万kW以上的电站就有18座；总库容超过2000亿m^3，约占全国水库总库容的40%，其中，库容大于1亿m^3的有80座，大于50亿m^3的有8座，大于100亿m^3的巨型水库有5座；坝高70m以上的大坝有55座，100m以上的高坝有26座。这些大坝能否安全运行，不仅直接影响到电力企业自身的安全生产和经济效益，也关系到水电站大坝下游千百万人民的生命财产安全，更影响到国民经济的可持续发展。这是涉及社会公共安全、社会稳定和发展的大事。因此，制定《规定》对加强对水电站大坝的安全监督和管理是非常必要的。

制定《规定》的指导思想是：认真贯彻"安全第一、预防为主"的方针，加强电力企业对水电站大坝的安全管理，强化电监会对水电站大坝的安全监管，保证安全生产。

（二）制定《规定》的基本原则

一是适应电力体制改革的需要。依据国务院第77号令发布的《水库大坝安全管理条例》（以下简称《条例》）和中央机构编制委员会《关于大坝安全监察中心划转更名的批复》（中央编办复字［2004］75号）、《关于水电站大坝安全监管及水电站建设竣工验收管理职责分工的通知》（中央编办发［2004］20号）等法律法规和文件精神，在原电力工业部《水电站大坝安全管理办法》（以下简称《办法》）的基础上进行修订。

二是预防为主，全面监督。加强对水电站大坝各个环节的安全监督与管理，防患于未然。

三是权责明确，各负其责。明确电监会、大坝中心和水电站运行单位的主要职责或安全监督和管理的责任，同时要求水电站大坝工程的项目法人应依据国家有关规定承担大坝工程建设过程中相应的安全管理责任，确保水电站大坝在投入运行后的安全。

四是标准统一，便于操作。明确规定对大坝安全的日常巡查、年度详查、定期检查和特种检查4种检查方式，以及大坝安全评级和安全注册的标准，便于企业认真落实大坝安全管理的各项责任。

（三）《规定》的结构和主要内容

《规定》共分为7章43条。主要结合当前实际管理与监督工作的需要，在保留原《办法》行之有效内容的基础上，对其作了较大的修改、调整和补充。

第一章，总则。主要明确了制定《规定》的目的、依据、管理原则和适用范围。

第二章，安全管理责任。主要明确了大坝建设管理单位在水电站大坝工程建设过程中对大坝安全管理的责任，以及负责水电站大坝运行管理的水电站运行单位担负的主要职责。

第三章，安全检查与评级。主要明确了水电站大坝安全检查与评级的内容、负责单位和责任、管理程序。

第四章，安全注册。主要明确了水电站大坝安全注册的职能单位，以及注册时间、条件、等级等要求。

第五章，安全监督管理。明确了电监会安全监管部门和大坝中心对水电站大坝安全监管的主要职责。

第六章，罚则。明确了对违反《规定》的处罚内容。

第七章，附则。对《规定》中涉及的名词术语进行定义和说明，规定了实施日期。

（四）需要说明的问题

1. 关于《规定》的适用范围　中央机构编制委员会《关于水电站大坝安全监管及水电站建设竣工验收管理职责分工的通知》明确："国家电监会负责原电力系统所属水电站大坝安全监督管理的具体工作"。考虑到目前水电站大坝的安全监督管理职责划分的现状是按水利项目建设的大坝由水利系统负责管理，电力系统水电站大坝在工程建设期归国家有关部门负责，移交生产后由电监会负责管理。因此，《规定》将适用范围表述为：电力系统投入运行的大、中型水电站大坝；电力系统投入运行的小型水电站大坝，参照本规定执行。

2. 关于水电站大坝的安全注册　国务院《条例》第二十三条明确规定大坝应当按期注册登记，建立技术档案。水电站大坝安全注册登记证是大坝运行的合格证书，是大坝投入正常运行、接受政府监督的凭证。为此，《规定》明确水电站大坝运行实行安全注册制度。水电站大坝应当在规定期限内申报安全注册，做到持证运行。未按规定进行安全注册的水电站大坝，不得投入运行。

3. 关于对水电站大坝观测系统进行专项设计、专项审查，并在工程竣工验收时，申报专项检查验收

大坝观测系统是大坝运行管理的耳目，非常重要，专业性也很强，因此，《规定》要求对水电站大坝观测系统应进行专项设计、专项审查和检查验收。考虑到对所有水电站大坝都这样做，没有必要也不现实，所以《规定》明确"对于坝高70m以上的高坝或者监测系统复杂的中坝、低坝，项目法人应当按照国家有关规定，组织有关单位对水电站大坝监测系统进行专项设计、专项审查；在工程竣工验收时，进行专项检查验收。"缩小了范围，并突出了重点。

（国家电力监管委员会安全监管局副局长　蒋锦峰在水电站大坝安全工作会议上的讲话摘要）

关于《水电站大坝安全注册实施细则》和《水电站大坝安全定期检查实施细则》的修订说明

（一）修订两个《实施细则》的必要性

2004年12月1日，国家电力监管委员会第3号令公布了《水电站大坝运行安全管理规定》（以下简称《规定》），并已于2005年1月1日开始施行。《规定》的正式执行，迫切需要与之相配套的大坝安全注册实施细则和大坝定检实施细则等规章尽快出台。

为了进一步规范新形势下大坝安全注册和定期检查工作，非常有必要对1996年原电力工业部颁发的《水电站大坝安全注册规定》和1988年原能源部颁发的《水电站大坝安全检查施行细则》进行修订，形成新的与《规定》相适应的配套规章。为此，国家电力监管委员会组织开展了这项工作，并将修订后的两项配套规章分别更名为《水电站大坝安全注册实施细则》和《水电站大坝安全定期检查实施细则》。在征求中国电机工程学会有关专家的修改意见、建议和经国家电力监管委员会、大坝中心有关人员进一步完善后，形成了征求意见稿。

（二）修订两个《实施细则》的指导思想

认真落实《规定》要求，明确大坝安全注册和定期检查的各项具体标准，保证水电站运行单位正常、有效地开展大坝安全注册和定期检查工作，确保国家电力监管委员会对水电站大坝安全监督管理工作到位。

（三）修订《水电站大坝安全注册实施细则》的基本原则

一是投入运行的水电站大坝必须注册、持证运行，纳入安全监督管理的范畴；二是水电站大坝安全注册应当严格注册条件，强调对水电站运行单位的大坝安全管理情况的现场检查和实绩考核；三是水电站大坝安全注册实现动态管理。

（四）《水电站大坝安全注册实施细则》的结构和主要内容

《实施细则》共分4章27条。

第一章，总则。明确了编制的目的、依据、总体要求、执行机构和适用范围。

第二章，注册申请、评级与发证。明确了注册条件、程序、等级，以及管理实绩考核的内容、评分和颁发注册证的标准。

第三章，注册监督和管理。明确了大坝安全注册登记证的管理、注册降级与注册证的注销、失效的条件等要求，以及在注册登记证有效期内对水电站运行单位的管理要求。

第四章，附则。规定了实施日期和1996年10月3日原电力部颁发的《水电站大坝安全注册规定》废止。

（五）修订《水电站大坝安全定期检查实施细则》的基本原则

一是大坝定检是政府行为，不是企业自律行为；二是大坝定检是一项制度，必须坚持从大坝建成投运开始就认真执行；三是对大坝进行定检，必须从组织形式、检查内容、检查程序、评价标准等方面作出明确规定，保证客观、公正、科学地对大坝安全性态进行评价，及时发现大坝缺陷和事故隐患；四是完成大坝定检工作后，必须评定大坝的安全等级。

（六）《水电站大坝安全定期检查实施细则》的结构和主要内容

《实施细则》共分6章36条。

第一章，总则。明确了制定的目的、依据、原则和适用范围。

第二章，为定期检查的组织。明确了定期检查的负责单位、组织形式和专家组的组成及要求。

第三章，定期检查范围、周期与要求。主要明确了定期检查的范围、周期、安全评价内容、程序，以及专项检查的内容等要求。

第四章，现场检查。明确了对现场检查这一大坝定检和特种检查最重要环节的组织方式和工作内容。

第五章，大坝安全等级评定。明确了大坝安全评价的内容和标准，以及对定检报告的要求。

第六章，附则。规定了实施日期和1988年8月29日原能源部颁发的《水电站大坝安全检查施行细则》废止。并在附录中详细列出了混凝土坝、面板堆石坝、土石坝的现场检查部位和项目。

（七）关于《水电站大坝安全定期检查实施细则》需要说明的几个问题

（1）关于大坝安全检查的类型。根据《规定》的精神，定期检查和特种检查是对水电站大坝安全监管的主要内容，而日常巡查和年度详查属于企业日常运行管理的范畴，是企业的自主行为。虽然本次修订《水电站大坝安全定期检查实施细则》时，对属于企业行为的日常巡查和年度详查未作强制性的规定和要求，但是水电站运行单位应根据《规定》的要求和自身运行管理特点，认真组织开展日常巡查和年度详查的各项具体工作。

（2）关于大坝安全定期检查的组织形式。根据《规定》的精神，《水电站大坝安全定期检查实施细则》明确定期检查由大坝中心负责，大坝中心也可以委托水电站大坝主管单位负责组织，但无论是大坝中心还是委托大坝主管单位负责组织，大坝中心都必须负责专家组组成、专项检查内容确定及大坝安全评价3个主要的环节，以认真履行职责，保证大坝安全。大坝中心负责审查专家组提交的定检报告，评定大坝安全等级，形成定期检查审查意见报国家电力监管委员会备案，并承担相应的法律责任。特种检查是发生特殊情况后的专业性检查，组织形式和工作方式原则上与定期检查相似。

(3) 关于大坝安全定期检查的频次和时间。根据国外水电站大坝定期检查的经验和标准，俄罗斯和美国规定每5年对大坝进行一次全面检查；加拿大规定5～10年进行一次全面检查；法国规定每年小查1次，10年全面检查1次；日本是多地震国家，规定每3年进行1次全面检查。1997年原电力部颁布的《水电站大坝安全管理办法》第十八条规定，定期检查频次一般为5年1次，对没有潜在危险、结构完整、运行性态良好的大坝，报经主管部门批准，可以减少检查频次，但间隔时间不得超过10年。《水电站大坝安全定期检查实施细则》根据《规定》第十九条将检查频次定为5年，并对每次检查时间规定为不超过1年。根据我国水电站大坝的结构特性和第一轮、第二轮定期检查的实践，这样可以保证定期检查的进度和质量。

（国家电力监管委员会大坝安全监察中心　张为民）

2005年水电站大坝安全管理的工作情况

（一）大坝安全的法规建设和日常监管工作

2005年3月份，国家电力监管委员会在杭州召开了“水电站大坝安全工作会议”。李鹏同志到会接见与会代表并发表了即席讲话。国家电力监管委员会主席柴松岳到会并作重要讲话，国家电力监管委员会副主席史玉波、首席工程师于新阳在会上做了重要工作报告和会议总结，提出了大坝安全管理的指导思想、主要目标和总体要求。与会的各大电网公司、发电公司、水电开发公司的代表都结合自身的情况表示对水电站大坝安全工作要予以高度重视，对水电站大坝失事造成的灾害与损失表示震惊，普遍反映得到了一次深刻的教育。会议达到了预期的效果。本次会议的召开，为2005年乃至今后的水电站大坝安全工作奠定了基础。

为了更好地贯彻执行《水电站大坝运行安全管理规定》(以下简称《规定》)，明确大坝安全注册和大坝安全定检工作程序、内容和要求，根据国家电力监管委员会的安排，大坝中心负责起草了《水电站大坝安全注册办法》、《水电站大坝安全定期检查办法》。经多次征求区域电监局、城市监管办和电网公司、发电集团和独立发电企业等单位的意见，进行了多次修改，7月在成都召开了这2办法的专家审查会，在进一步修改后已于2005年10月由国家电力监管委员会以电监安全［2005］24号文发布实施。这2个办法的发布，为规范水电站大坝安全管理工作明确了工作程序和要求，为进一步开展大坝安全注册和大坝安全定期检查工作提供了法规依据。

大坝安全监测信息管理是大坝安全管理工作的重要手段。2005年大坝中心根据国家电力监管委员会的工作安排和大坝安全管理工作的发展趋势和要求，组织编写了《水电站大坝安全信息报送办法》、《水电站大坝安全监测管理办法》、《水电站大坝安全监测自动化系统实用化要求及验收细则》等监测法规或文件。这些文件也已经过了多次修改，正待审查和发布施行。通过这些工作，逐步建立起了《规定》的配套子法规，形成了适合新时期、新形势要求的水电站大坝安全管理的法规体系。

按照国家电力监管委员会的要求，大坝中心积极配合安全生产监督管理局做好大坝安全监管的各项具体工作，保证了国家电力监管委员会关于水电站大坝安全监管各项工作和要求的落实、实施，保证了大坝安全监管的顺利进行。大坝中心定期向国家电力监管委员会安全生产监督管理局报告主要工作安排和进程，及时汇报注册、定检等工作成果和工作中的问题，及时上报注册评定意见、定检审查意见。大坝中心也积极发挥专业技术单位的优势，做好国家电力监管委员会的技术参谋，如2005年6月广东西江发生超百年一遇特大洪水期间，及时对新丰江大坝等工程的防汛形势进行分析研究，及时向国家电力监管委员会反馈大坝运行性态信息；10月针对龙羊峡电站首次出现高水位、引起社会各方密切关注的情况，及时对龙羊峡大坝的安全情况进行跟踪分析和评判，为国家电力监管委员会提供决策依据。

（二）大坝安全注册工作情况

2005年大坝中心按照计划，继续对注册证到期的大坝进行注册换证检查，并对新申请的水电站大坝进行注册现场检查。全年共安排了广西、海南、云南、江西、湖南、四川、湖北等省（区）的46座大坝进行注册换证检查，同时对申请初始注册的松山大坝、龙首一级大坝、引子渡大坝、抱子石大坝、洪江大坝、近尾洲大坝、碗米坡大坝、大朝山大坝、螺丝湾大坝、茄子山大坝、高坝洲大坝、重庆江口大坝、小峡大坝共13座大坝进行了初始注册现场检查。至此，大多数注册证到期电站的换证现场检查工作已经基本完成，申请初始注册的大坝也及时进行了现场检查。

根据生产运行单位的管理实绩，对上述完成检查的59座大坝，大坝中心审定了50座大坝同意初始注册或换证注册，并上报国家电力监管委员会批复后，陆续办理了注册手续；对柘林、拉浪、洛东、白渔潭、平地哨、以礼河二级、苦蒿坪7座大坝或因管理机构不健全、规章制度不落实、运行维护不满足法规要求，或因大坝建筑物本身存在缺陷等原因，审定暂缓换证；对抱子石、茄子山2座大坝暂缓注册。对这些不能及时换证或注册的大坝，大坝中心都及时发函通知水电站运行单位和主管单位，指出具体存在的问题，要求进行整改。

截至到2005年12月底已经发放注册证55份。目前在大坝中心注册的水电站大坝已达到153座，除新发证大坝外，注册证仍然有效的还有32座大坝，原注册证已经过期、正在办理注册换证手续的大坝有46座，注册证已经过期、尚未办理注册换证手续的大坝有13座，暂不同意换证的有7座。

（三）定检、特种检查工作情况

《水电站大坝运行安全管理规定》颁布施行后，国家电力监管委员会发布了电监安全［2004］39号文，对第三轮定检工作的基本原则、工作内容、检查要点、组织形式和要求做出了具体的规定，并对第三轮定检进行了规划，要求从2005年开始启动第三轮定检工作，并在当年安排小山、富春江、东江、安康等23座水电站大坝开展定检工作。根据该规划，大坝中心在年初就编制了2005年的定检工作计划，并积极组织定检或指导、参加委托业主单位组织的定检工作。

截至12月底，2005年应该开展定检工作的23座水电站大坝已经全部启动。加上应新疆电力公司、华电福建发电有限公司的要求而提前启动定检的托海大坝、沙县城关大坝，目前共有25座大坝正在开展三轮定检各项专题研究工作，部分大坝如大峡、上犹江等已经完成了主要专题的研究工作。在这25座大坝中，根据工程的规模和重要程度，大坝中心组织了其中的二滩、龙羊峡、葛洲坝、乌江渡、东江、新丰江等18座大坝的定检工作，并对其他7座委托主管单位组织的大坝的定检工作，严格按《规定》的要求进行专家组审查、专题项目把关、进度控制，并派专家参加指导具体工作，确保定检工作质量。大坝中心认真总结前两轮定检的经验和教训，对第三轮定检精心组织，周密筹划，各项工作从一开始就纳入新法规的轨道，确保定检工作的严肃性、权威性和工作质量。

在开展第三轮定检的同时，大坝中心继续抓紧第二轮定检工作的最后扫尾。第二轮定检共安排了123座大坝，经发文督促，最后3座大坝（上硐、下硐、回龙寨）的定检已于2005年启动。2005年大坝中心直接组织完成了十三陵上池、铜街子、江口等重要大坝的第二轮定检工作。本年度完成第二轮定检专家组工作的有12座大坝，尚有5座大坝还未完成第二轮定检的专家组工作。

2005年完成了新安江、紧水滩、白山等41座大坝的第二轮定检报告的审查，同意新安江、白山等38座大坝的定检意见，评定为正常坝，对存在较多隐患和问题的黄龙滩大坝、南告大坝、绿水河大坝评定为病坝，经上报国家电力监管委员会备案后及时通知各水电站运行单位和大坝主管单位。至此已经批复的第二轮定检大坝总数达到106座。

2005年大坝中心还完成了天生桥一级大坝的特种检查工作，基本弄清了天生桥一级大坝面板破损的成因及影响范围，并提出了处理意见，要求业主单位在汛前完成垂直缝改造、建立面板喷淋系统、增设监测设施、及时分析监测资料，并对实施情况进行了现场检查。目前该处理意见已经全部落实，确保了2005年的度汛和大坝安全。该大坝特种检查的意见也已上报国家电力监管委员会备案。

（四）大坝安全运行管理人员的业务培训情况

提高一线运行管理人员的专业技术和管理水平是做好大坝安全管理工作的基础，因此开展对大坝安全管理人员的安全技术培训，提高各级人员的安全意识、业务能力和安全管理水平是大坝中心工作的重要环节。2005年大坝中心积极开展了大坝安全培训工作，除了在3月份承办了“水电站大坝安全工作会议”、配合国家电力监管委员会对《水电站大坝运行安全管理规定》进行宣贯外，10月底与河海大学联合举办了第九期“大坝安全监测人员上岗培训”，有关水电站运行单位的65人参加了培训；11月中旬针对近期发布的《混凝土坝安全监测技术规范》、《大坝安全监测自动化技术规范》、《混凝土坝安全监测资料整编规程》、《土石坝监测仪器系列型谱》、《混凝土坝监测仪器系列型谱》5个规范，与电力行业大坝安全监测技术标准化委员会联合举办了“大坝安全监测规范培训班”，来自全国有关水电设计院、水电开发公司和水电站运行单位的73名代表参加了培训。由于聘请的授课老师都是规范的主要编写人，培训内容丰富多彩、授课形式生动有趣，学员们普遍反映颇有收获，大多数参训单位都希望能继续派人参加后续培训。10月17～20日，借大坝安全监测专业委员会大坝安全管理学组与电力行业大坝安全监测标准化技术委员会在山东威海召开“宣传《水电站大坝运行安全管理规定》（以下简称《规定》），加强水电站大坝安全管理工作研讨会”之际，大坝中心张秀丽总工对《规定》进行了宣讲，浙江省电力公司、湖北省电力公司、长江水利委员会设计院、长江科学院等28个单位的38名代表参加了会议，大家对《规定》的各项要求表示赞同，并表示要认真贯彻落实。这对《规定》的贯彻落实起到了积极的推动作用。

（五）病险坝的管理和补强加固、消缺处理情况

大坝中心对大坝的补强消缺，尤其是病险坝的治理十分重视，历年来都作为一项重要工作内容。大坝中心始终落实专人跟踪，及时了解和掌握病险坝加固和正常坝消缺情况，给予工作指导和技术支撑。在完成第二轮定检的大坝中，南告大坝因为坝体及坝基渗漏量较大、砌体强度和密实度较差、廊道内析出物较多影响大坝的耐久性被评定为病坝。南告大坝定检结束后，大坝中心派出专家参加了南告大坝补强加固处理的方案审查，为南告大坝的补强加固处理方案设计审查把关，并提出了建设性的设想和意见。2005年3月新疆托海大坝副坝边坡发生滑塌，大坝中心立即对此进行跟踪、关注，为运行单位的应急处理提供技术支持，并于8月25日派多名专家参加了副坝边坡加固方案设计审查会。8月28日，大坝中心参加了江西罗湾水电站大坝防渗处理二期工程设计审查会，对该大坝防渗处理二期设计方案进行讨论，为该处理方案的优化和实施提供了依据。此外大坝中心还参加了洪门基础廊道渗漏灌浆设计审查和竣工验收、长潭开关站边坡方案审查等技术咨询活动，积极参与了丰满大坝加固改造的有关技术活动，为水电站运行单位改善大坝安全状况出谋划策，为提高大坝运行安全性态提供技术支持。

2005年是黄河上游多年不遇的丰水年，龙羊峡水库首次蓄水到接近正常蓄水位，达到了历史最高水位。大坝中心主要技术骨干参加、指导龙羊峡水库首次高水位运行的大坝安全评估工作，初步成果表明大坝运行正常、结构安全，为龙羊峡大坝的首次高水位安全运行提供了技术支撑。

天生桥一级水电站大坝特种检查结束后，大坝中心积极参加指导面板修复处理工作，为面板汛前修复完毕恢复正常运行做出了贡献。

（六）大坝安全监测管理与技术服务情况

大坝安全监测是大坝安全管理的耳目。2005年，大坝中心根据有关法规的要求，参加了天生桥一级、大化、长潭、莲花等4座大坝的监测系统更新改造设计审查，依法受理并批复了丰满、白山、太平湾、红石、云峰、南桠河三级、大化、东津、天荒坪上库坝、天荒坪下库坝共10座大坝部分监测项目停测或监测频次变更的申请，有针对性地突出了安全监控重点，提高了水电站运行单位的工作效率。

为了掌握、把握不同水电站大坝的变形性态和规律，大坝中心积极参与主要工程、重点大坝的监测技术服务工作。2005年完成了大化、天生桥一级、莲花、乌溪江（湖南镇、黄坛口）4座已建电站大坝监测系统的更新改造设计，完成了天生桥一级、五强溪、十三陵上池、铜街子、南河、大峡6座大坝的监测资料分析，正在开展新丰江、普定、仙居3座大坝的资料分析。通过资料的分析，掌握了这些大坝的运行性态，对客观准确评价大坝安全等级提供了直接的依据，也为类似大坝的运行管理提供了参考。

2005年大坝中心完成了十三陵上池、铜街子、南河、雍口4座大坝的监测系统鉴定评价，正在开展新丰江、大峡、普定、富春江、沙溪口、二滩6座大坝的系统评价工作。通过对大坝监测系统的精度、仪器设备的适用性、观测程序的合理性、观测数据的可靠性进行评价和鉴定，对大坝监测数据进行详细深入分析，为电厂改善、更新监测系统，提高监测工作水平，指导大坝安全运行提供了依据。

（七）大坝中心承接的安全鉴定工作情况

2005年大坝中心承接并完成了重庆的藤子沟、牛栏口，青海的直岗拉卡，湖北的鄂坪、峡口，浙江的华光潭一级、分水江，甘肃的海甸峡，贵州的三板溪、鱼塘，云南的羊崖山、冲江河（扩容）、峡口等蓄水安全鉴定项目；完成了陕西蔺河口、福建周宁、江西孢子石、河南回龙抽水蓄能电站、湖南凤滩扩机、湖北陡岭子、甘肃龙首二级、浙江华光潭二级等竣工安全鉴定项目。目前正在开展西藏直孔、狮泉河，云南寺坪、吉沙等安鉴项目。这些安全鉴定项目的实施，既掌握了大坝建设期的工程质量情况，又将运行期大坝安全管理的有关要求宣传、贯彻到建设过程中，为大坝投运后的安全管理创造了有利条件。

（八）大坝中心进行大坝安全管理技术开发情况

2005年大坝中心完成了“大坝安全远程管理系统”开发，并完成了水口、天荒坪、柘林、成屏4座试点大坝的远程系统接入和数据上传，完成了“大坝安全即时数据远程采集技术的研究”，实现了水口、天荒坪、柘林等3座大坝的大坝安全监测数据远程实时采集。这几项研究课题已经通过了大坝中心内部组织的评审，准备进行外部验收。大坝中心初步完成了“大坝安全监测自动化系统评价标准研究”课题，在日常大坝安全监测管理工作中得到了应用。针对目前正在建设和投入运行的高面板坝越来越多的现状，结合近几年来开展的面板堆石坝监测资料分析成果和收集整理的国内外面板坝的运行资料，大坝中心开展并完成了“混凝土面板堆石坝实测性态研究”，为面板坝的安全监督和管理提供了参考依据。大坝中心组织编制的《水电站大坝安全导则》、《水电站大坝安全应急预案编制大纲》等项目也已取得阶段性成果。所有这些科研和业务建设活动，一方面锻炼了技术队伍，

提升了大坝中心自身的技术水平，也为新时期的大坝安全管理开拓了新路，有助于提高整个系统的大坝安全管理水平。

（国家电力监管委员会大坝安全监察中心　张秀丽）

国家电网公司的水电站大坝安全工作

国家电网公司现辖水电厂共 23 个，管理大坝 30 座，分属于东北、华北、华东等 13 个网省公司，总装机容量为 14509MW。最早投入运行的大坝为 1942 年建成投产的丰满大坝，最晚投入运行的为 2000 年建成投产的天荒坪大坝。水库总库容为 863.5 亿 m^3，水库库容最大的为新安江大坝，库容为 216 亿 m^3，最小的为渔子溪大坝。

公司系统各水电站大坝安全状况总体良好，运行稳定，没有发生危及大坝安全的重大险情。国家电网公司几年来主要从以下几个方面做好大坝的安全工作。

（一）广泛动员，充分认识大坝安全的重要性

大坝安全，关系企业的安全生产和经济效益，更关系大坝下游千百万人民的生命财产安全乃至国民经济可持续发展的安全，责任重于泰山。国家电网公司十分重视大坝安全，从“以人为本，确保人民群众生命安全”、保障社会安定和全面建设小康社会的高度，提高认识，认真执行国家《安全生产法》和国家电力监管委员会颁布的《水电站大坝运行安全管理规定》，加强对大坝安全管理工作的领导，确保水电站大坝安全。通过完善大坝安全管理的体系和科学合理的调度，使水电工程不断地服务于国家、服务于社会。

（二）坚持“安全第一、预防为主”的方针，完善大坝安全管理体系

为了保证大坝的正常安全运行，充分发挥水电工程的安全、经济和社会效益，国家电网公司认真贯彻落实国务院和国家电力监管委员会、国家安全生产监督管理局等关于大坝安全管理的法规与规定，坚持做到防汛和大坝安全工作谁主管、谁负责的原则，努力强化防汛和大坝安全工作责任制，建立由公司总部、各网省公司、电厂直至班组组成的大坝安全管理体系，制定了一系列大坝安全管理制度、安全措施、技术作业规程，做到责任明确，制度严谨规范，提高了大坝安全管理工作的水平。

国家电网公司对国家电力监管会重新修订的《水电站大坝运行安全管理规定》认真进行了学习和贯彻，对原有规定、规范进行修改、完善；还对包括大坝安全管理在内的各项工作强制推行标准化管理，规范人员责任和行为，要求各项作业实现标准化，将工作过程、工艺流程、质量验收、危险点分析与预控等都用《标准作业指导书》的形式进行明确，一切按照事先规定的标准进行作业。

（三）认真开展大坝安全定期检查，及时消除大坝安全隐患

根据大坝管理的有关规定和大坝实际情况，近 2 年国家电网公司组织完成了 16 座大坝的安全定期检查。

各电厂严格按照《水电站大坝检查实施细则》进行水工建筑物的检查工作，主要分日常巡视检查、年度详查和专项检查。各电厂的年度详查由具有一定专业知识和经验丰富的人员进行。年度详查按照各项制度的要求，结合防汛工作和水工技术监督工作进行。在每年汛前、汛中、汛末各电厂均组织人员对大坝及近坝库区进行防汛及大坝安全详查。

福建水东大坝在 2000 年首次定检中被综合评定为“病坝”后，公司高度重视、认真对待，在大坝中心及国内坝工专家的悉心指导下，积极开展补强加固的各项工作。经过补强加固处理后，水东水电站大坝“存在部分碾压混凝土质量差、坝体渗漏和析钙严重、坝体扬压力偏高”等问题已有明显的改善，水东大坝已经摘除了“病坝”帽子。

（四）加大资金投入，巩固大坝安全生产物质基础

国家电网公司十分重视大坝安全管理的物资基础工作，对大坝补强加固、大坝漏水处理、大坝边坡不稳定处理、泄洪闸门处理、大坝监测、水调自动化等项目，投入了大量的人力、物力。据不完全统计，各电厂近 2 年投资近 1.7 亿元进行大坝有关项目的加固、大修和改造。由于确保了资金投入，使大坝安全状况有了较大程度的改善，巩固了大坝安全生产的物质基础。

丰满大坝由于表面混凝土破损严重、坝体渗漏严重、坝体整体性差、大坝抗震能力差、满足不了防洪标准等问题，影响大坝安全运行。东北公司投入大量资金进行了处理，大坝安全状况得到明显改善。

各电厂陆续进行了大坝安全监测设施更新改造工作，满足规范对大坝监测精度的要求。刘家峡、新安江电厂通过改造，实现了大坝安全监测数据的自动采集，建立了数据管理系统，提高了观测工作的技术管理水平。

（五）加强防汛管理，确保大坝安全度汛

国家电网公司本着“安全第一、常备不懈、以防为主、全力抢险”的防汛工作方针，做到“思想、组织、措施、物资”4 个落实和“人员、工作、措施”3 个到位。每年汛前，公司总部均对防汛工作做出部

署，要求各单位认真做好各项防汛的准备工作，加强防汛工作组织和领导，建立健全防汛组织机构，落实防汛工作责任制，认真检查、落实整改措施，切实做好重点部位和薄弱环节的防汛工作，落实防汛抢险措施和应急处理办法，科学调度，协调好防汛与发电之间关系，加强防汛值班与信息交流，建立信息报送制度。各基层单位按照《防汛手册》开展防汛自查自改，完善有关的防汛规章制度，使防汛工作做到了制度健全、责任明确。

为了洪水调度更加科学和规范，各网省公司认真开展洪水调度的科学研究工作。一方面做到不超标超蓄洪水，保证大坝安全。另一方面，严格按设计的汛限水位进行洪水调度，不随意变动汛限水位；主动与地方防汛指挥部门进行沟通，在科学防汛上取得共识，从控制洪水转变为洪水管理，将洪水视为资源，取利避害；从单纯靠大坝防洪转变为将大坝、上下游河道、全民防洪减灾体系视为一个整体全面防洪。科学合理的调度洪水使大坝安全有了坚实的基础。

（六）大力实施“科技兴坝”战略

科技进步与创新是提高大坝安全管理水平的灵魂和核心动力，国家电网公司系统注意加大科技投入，加快科技创新步伐，大力推广新工艺、新材料、新技术的应用，加快管理现代化，提高管理水平。

丰满大坝利用中加技术合作机制进行了大坝安全评价及补强加固研究。柘溪大坝坝面劈头缝防渗处理采用了嵌填塑性止水材料结合增韧水下环氧树脂混凝土保护的方法，取得了良好的效果。刘家峡和柘林水电站采用水下安装临时封水浮动闸门修理水下水工结构的技术达到了国际先进水平。

（七）加强水电工程建设阶段工程安全管理，做好水电建设工程安全鉴定工作

严格按照《水电建设工程安全鉴定规定》和《水电工程验收管理暂行规定》对所建设的水电工程进行安全鉴定，通过安全鉴定，找出水电建设工程中存在的安全问题，引起相关网省公司的重视，采取相应的安全措施。黄龙滩、凤滩电厂的扩建工程，天荒坪的建设工程通过有关部门的安全鉴定，顺利蓄水发电。

坚持安全第一，保证大坝安全稳定运行，是国家电网公司建设“一强三优”现代公司的客观要求，也是我们为国民经济和社会发展应尽的责任。公司在水电站大坝安全管理方面做了大量基础性和开创性的工作，形成了目前水电站大坝安全管理体系和管理格局。国家电网公司将在现有的基础上，继续做好大坝安全工作，依靠科技创新，建立大坝安全管理的长效机制。一是将大坝安全的结果控制转变为过程控制，建立大坝安全生产控制的指标体系。二是继续做好大坝安全注册工作。三是建立预警机制和应急措施，着手编制《水电厂超标洪水应急处理预案》和《水电厂大坝垮塌应急处理预案》，做到防患于未然。四是强化培训、提高大坝安全管理人员业务水平和安全管理水平，继续做好《水电站大坝运行安全管理规定》等法规的宣贯教育，强化领导和主管人员的大坝安全法治意识。举办大坝观测人员的上岗培训，普遍提高观测人员的业务水平和技术素质。

（国家电网公司在水电站大坝安全工作会议上的发言）

南方电网公司的水电站大坝安全工作

南方电网公司成立以来，高度重视水电站大坝安全工作，充分认识到大坝安全关系到国家和人民的生命财产安全和人民群众的切身利益，关系到改革开放、国民经济的健康发展和社会稳定。在大坝管理上主要有以下一些做法：

（一）制定大坝管理标准，将大坝安全工作纳入制度化、常态化管理

南方电网公司成立的第1年，就确立了以标准化规范公司行为的方针，非常重视并着手组织企业管理标准、技术标准和工作标准的编写工作。公司已颁布了《防汛管理标准》和《发电运行管理标准》。在标准中将水电站大坝安全管理、大坝安全监测管理、水工建筑物维护等工作做了详细的规定，明确了任务，分清了责任，并要求各级生产管理部门编制大坝安全管理规章制度。特别要求发电厂必须按规定进行大坝安全注册工作，接受行业部门的检查和监督；按规定对大坝进行定检和安全性评价。将大坝安全管理以标准的形式实现规范化、制度化、标准化，做到“科学管坝”。

（二）认真贯彻执行政府关于大坝管理的规章制度，结合实际提出针对性指导意见，检查措施执行情况

国家电力监管委员会颁布的大坝管理各项制度是大坝管理的指导性文件。南方电网公司一直十分重视文件的学习和贯彻。接到电力监管委员会3号令后，公司迅速将文件转发有关基层单位，结合公司管理规定，针对大坝安全检查和评级、安全注册和安全监督管理等工作提出具体要求，并监督各项措施的贯彻落实，确保了大坝的安全稳定运行。

（三）高度重视大坝异常情况的分析，认真做好汛前和汛期大坝监测工作，及时消除缺陷

高度重视防汛工作，每年都将防洪度汛作为年度迎峰度夏工作的重要内容。在汛前对防汛工作做了认真周密的部署，明确防汛组织机构，建立健全应急抢

险预案，特别要求做好大坝的巡视和监测工作，及时发现和处理缺陷和隐患。

2004年天生桥总厂汛期通过对水工建筑物进行日常监测，取得大坝监测数据390个，大坝右岸边坡监测数据1064个，对大坝及其水工建筑物进行日常巡视检查，及时发现水工建筑物存在的问题。汛期，完成监测设施6项和水工建筑物30多项的消缺工作。同时按要求填写大坝监测报表，对大坝安全监测数据及时整理和分析，定期检查水电站大坝自动监测系统的管理运行情况，确保监测数据连续、可靠，系统稳定运行。

广州蓄能水电厂在大坝管理中不断探索实践，在管理制度建设方面成果显著。率先实行的检修ABC制度在广东省电力系统内得到推广，制定了大坝安全定期水工观测规程，大坝定期巡视规程，大坝检修维护规程，上、下水库防洪度汛制度等，为大坝管理规范化、标准化提供了保证。同时针对大坝安全管理制定了水库及大坝险情预测与应急处理控制程序、防洪度汛应急准备控制程序、水工建筑物控制程序、垮坝事故应急预案等详细的风险预案，加强了对大坝的风险分析的预测和管理。

鲁布革发电厂重视运行资料分析，采取措施，保证大坝安全。对自1997年以来共发生的5次异常震响进行专项技术讨论，分析异常震响原因，并在大坝区域和库区建立了地震监测网，每次振动发生后，立即把地震台监测的波形图传至云南防灾研究所分析，较好地记录了2005年发生的2次气爆和1次地震过程。

（四）加强技术资金投入，积极倡导大坝管理科技化，加大人员培训力度，提高大坝管理人员专业水平

在做好大坝管理工作的基础上，积极探索技术更新和改造工作。为加强大坝安全监测管理，及时准确地了解大坝运行状态，确保大坝安全运行，针对天生桥二级水电站原大坝监测系统不能及时了解建筑物的变化情况，投入资金进行了自动化技术改造，并取得良好效果。大坝自动化监测系统自投运以来，观测仪器测值稳定，系统总体性能良好，能较好地监测大坝运行状况，及时反映大坝在各种载荷作用下坝体的实际工作状态，为准确了解大坝情况提供了可靠的数据依据。

高度注重专业人员的培训工作，积极组织人员参加各项技术培训，参加国家电力公司大坝安全监测中心举办的大坝安全监测培训班。通过学习交流，使一线工作人员专业技术得到了提升。

（五）积极筹备、精心组织，做好大坝定检工作

2004年，鲁布革总厂圆满完成了第二次大坝定检和引水系统及厂房安全性评价工作。为了做好这次定检，公司于2003年7月就安排开展了各项准备工作，在大坝中心组织下，公司各有关部门和单位按照要求积极开展各项工作，超高压输电公司多次召开专家会，确定各个阶段的工作重点和安排，认真按计划进行组织安排，确保各专题完成的质量和工期。经1年多的努力，完成了大坝二次定检的8个专题报告和引水系统及厂房安全性评价的3个专题报告，各专题报告工作深度和工作范围满足定检的要求，得到许多专家的好评。通过各专题工作的检查、检测、分析、计算，确认大坝状况良好，为正常坝，引水系统安全。

（六）在保证大坝安全的基础上，发挥大坝工程效益

认真做好水电厂水库水情自动测报系统的检查维护，保证水情自动测报系统的正常工作。加强汛期水库的水情预报和水库调度工作，在保证大坝安全的基础上，充分发挥大坝的效益。广州蓄能水电厂通过制定上下库水库调度方案，合理利用水资源。鲁布革发电总厂对水库运行做到准确预报，精心调度，有效多拦蓄洪尾，最大限度发挥水库的工程效应。2004年通过开展水库优化调度，全年成功拦截洪尾4次，实现增发电量0.3265亿kW·h。

大坝安全管理工作是一项常抓不懈的常态化工作。2005年南方电网将进一步提高对大坝安全重要性的认识，以贯彻落实《水电站大坝运行安全管理规定》、贯彻落实安全管理责任制、做好大坝注册和定检工作为中心，做好大坝安全管理，重点做好以下一些工作：

1. 根据《水电站大坝运行安全管理规定》，做好大坝安全管理各项基础工作　目前，公司所属电厂已组织专业人员学习了《水电站大坝运行安全管理规定》，下一步将加大宣传贯彻力度，组织学习研究和经验交流。进一步健全大坝安全管理责任制，要求做到设备分工到人，维护管理到人，责任考核到人。要求各单位结合自身情况，首先展开自查工作并检查各项整改措施的落实情况，对于短期不能整改的要求制定整改计划和时间表，特别在2005年上报的防洪度汛方案中，要重点体现出落实《水电站大坝运行安全管理规定》的具体工作。

在汛前和汛期组织大检查，重点检查所属水电厂《水电站大坝运行安全管理规定》贯彻实施情况、安全管理责任制落实情况。针对各单位开展的情况及时总结，推广好的经验，并有针对性地对各单位提出提高和整改的意见。

2. 制定大坝注册工作计划时间表　将大坝注册工作为重点列入2005年工作计划。计划于2005年6

月前完成大坝注册工作，所属电厂也在积极联系筹备中，其中广州蓄能水电厂已经于2004年完成大坝注册工作，鲁布革总厂计划在4月底前完成大坝注册工作。同时也将督促其他电厂认真制定大坝注册计划时间表，并逐步落实。

3. 积极落实大坝定检准备工作及定检后的整改工作　2004年南方电网下属鲁布革电厂完成了大坝安全第二次定期检查和引水系统及厂房安全性评价工作，2006年天生桥二级电站将开展第二次大坝定检，2007年广州蓄能水电厂上、下库大坝将开展第二次大坝定检。南方电网将积极与大坝管理中心，加强电厂间关于大坝定检工作的经验交流，落实大坝定检的各项准备工作，同时检查督促大坝定检提出的建议和消缺项目的执行。

（南方电网公司在水电站大坝安全工作会议上的发言）

中国华能集团公司的水电站大坝安全工作

国家电力监管委员会3号令《水电站大坝运行安全管理规定》（以下简称《规定》）是水电站大坝安全管理重要法规。《规定》的施行使大坝安全管理进入依法强化管理轨道。华能集团公司加强大坝管理，认真开展定检工作的情况如下：

（一）华能水电大坝管理基本概况

华能水电站主要分布在四川境内长江支流和云南澜沧江流域，已投产的水电站10座总装机容量248.4万kW，在建水电站9座装机716.6万kW，预计开工电站4座43.9万kW，施工准备4座690万kW。已经投产的水电站坝型为混凝土闸坝、混凝土重力坝和拱坝。

华能集团管理的水电站均为90年代前后投产的水电站，已经投产的10座电站全部开展了定检或安全鉴定工作，其中定检完成正在办理注册手续4座（太平驿、冷竹关、小关子、东西关），正在定检1座（漫湾），准备第三轮定检2座（雨城、铜头），定检后进一步整改1座（明台），准备安全鉴定1座（青居）。各电站已经建立大坝安全管理规章制度，定检或安全鉴定的结论均为正常坝。

（二）加强管理认真开展定检工作

1. 建立规章制度　华能集团在2002年电力体制改革后为加强水电管理成立了水电开发部，统一管理华能集团控股水电生产、建设和营销工作。集团公司领导非常重视水电大坝和防汛管理，为认真贯彻国家有关水电防汛和大坝安全管理的法律、法规和规定，分别于2003年9月和2004年2月经总经理办公会议讨论后，以华能水电［2003］341号下发《中国华能集团公司水电防汛管理办法（试行）》，以华能水电［2004］79号文件下发《水电站大坝安全管理办法（试行）》，将华能集团的水电防汛和大坝安全管理工作纳入制度化管理轨道。在管理办法中还突出强调做好大坝定检和注册工作。

2. 深入了解大坝管理状况　水电开发部成立以后，深入基层了解华能所属电站开展大坝定检情况和专家组鉴定意见以及企业整改情况，通过调查，督促华能各个电站修改完善大坝管理规章制度，配备和充实专业管理人员，认真开展大坝巡查、详查和定期检查工作，建立大坝运行档案，做好管理基础工作。

3. 开展大坝管理培训　在深入了解情况的基础上，为了提高专业人员的管理水平，集团公司领导把开展大坝管理培训列入集团公司年度培训计划，2004年10月请大坝中心领导和专家在杭州为华能系统有关专业管理人员举办为期3天培训班。通过专家讲课、看录像及案例分析，使大家对国内外大坝事故教训、如何加强大坝安全管理、掌握大坝定检管理程序和方法有了深入的了解，还增进了华能水电站管理人员与大坝中心的沟通和了解，取得了很好的效果。

4. 认真学习贯彻《规定》，切实履行大坝安全管理职责　《规定》发布后，华能集团立即转发文件，要求所属单位认真组织学习贯彻。各个电厂通过认真学习讨论，进一步明确了肩负的大坝安全管理职责，提高了依法管坝和执行大坝安全管理规章制度的自觉性。四川水电公司学习以后立即开展第三轮定检的准备，漫湾电站结合大坝定检提出表孔闸门“发卡”问题立即整改确保2005年安全度汛。

5. 开展大坝应急预案编制工作　根据《规定》中关于编制水电站大坝险情预测和应急处理预案的要求，《华能集团2005年水电工作要点》提出“规范水电站度汛措施，建立大坝应急预案”，年初就开展了“水电站大坝应急预案”编制大纲的研究。通过国内外预案学习，认为大坝运行过程中不安全状态可以用险情和事故进行描述。由于大坝事故后果非常严重，企业本身无力处理，按照有关的法规应当由企业报告当地政府处理，企业配合。因此正确预计和判断险情及早采取对策是水电企业必须开展的工作，也是应急编制预案的主要着眼点。根据这一指导思想形成了华能集团《水电站大坝应急预案》编制提纲，确定了应急处理预案编制原则、步骤、主要内容和审查要点，并确定在漫湾、明台、太平驿电站试点，进一步总结经验。

（三）几点认识

1. 大坝的安全关系社会稳定　《规定》的出台适应了目前形势下水电站大坝安全管理工作的需要。筑坝是为了兴利，但在兴利的同时也潜在了安全风险，而这种安全风险关系到公众社会，其重要性远远高于一个企业的安全生产。目前我国已修建了8万多座大坝，水库总库容约4700亿m^3，许多高坝大库位于大中城市上游，这些大坝的安全，不仅直接影响到水电站自身效益的发挥，更与下游人民的生命财产、国民经济发展乃至生态环境密切相关，关系到社会稳定大局，具有特别重要的地位。一旦大坝溃决事故发生，造成的灾难将是不可想象的。因此必须将水电站大坝安全管理纳入依法管理、依法治坝的轨道。

2. 做好大坝安全注册工作，提高大坝安全管理水平　《水电站大坝运行安全管理规定》第二十五条规定："水电站大坝运行实行安全注册制度。"这是政府对水电站大坝安全监督管理的重要手段和有效措施，即水电站大坝必须具备法律、法规和国家或行业标准规定的条件，必须办理安全注册，做到持证运行。水电站大坝注册登记证是接受政府监督和市场准入凭证，通过注册还可以确认大坝安全程度和管理水平，促进大坝管理逐步走上规范化、制度化、科学化轨道。

3. 选好专家是大坝定检的关键　大坝定检中为保证安全评价的客观性、真实性和公正性应聘请有关专家组成专家组开展工作，因此选择专家是定检工作的首要任务。一般来说专家组人数不宜过多，外单位专家应占有相当的比例；要由大坝主管部门技术负责人、运行单位技术负责人和运行管理专家以及设计施工科研或高等院校的专家组成。专家组应经大坝中心或大坝主管单位批准。

4. 依靠大坝中心开展定检工作　大坝中心是开展定检和注册的业务管理部门，多年以来大坝中心在人员少，经费不足、任务繁重条件下，为水电站服务方面开展了大量工作取得显著成绩。实践证明开展大坝定检工作离不开中心的指导、支持和帮助，华能集团在今后的工作中将一如既往地支持配合大坝中心的工作。

《规定》的学习和贯彻实施是个动态过程，需要在大坝安全管理过程中逐步认识和理解。要通过这次会议进一步学习和贯彻《规定》要求，积极开展第三轮大坝定检工作，在国家电力监管委员会领导下，确保华能集团水电大坝安全、可靠，让国家、社会放心。

（中国华能集团公司在水电站大坝安全工作会议上的发言）

中国电力投资集团公司的水电站大坝安全工作

（一）中国电力投资集团公司水电基本情况

截至2004年底，中国电力投资集团公司已建成投产水电站19座，机组92台（其中40MW以上机组35台），总装机容量7028.7MW。已建成和在建的大坝24座，其中100m以上的高坝5座。这些水电站主要分布在黄河上游的青海省、甘肃省、宁夏回族自治区，以及湖南、贵州、江西、福建和重庆地区。中国电力投资集团公司水电站大坝具有以下两个突出特点：一是大坝类型全，有混凝土重力坝、混凝土重力拱坝、碾压混凝土重力坝，有双曲拱坝、三心圆混凝土双曲拱坝，有混凝土面板堆石坝和土坝等，几乎涵盖了目前所有的大坝型式。二是坝龄普遍较长，20世纪80年代前建成的大坝有11座，占已建成大坝总数的57.9%，运行40年以上的大坝有7座，其中狮子滩水力发电总厂的大坝已运行48年，是集团公司运行时间最长的大坝。

（二）大坝安全工作简要回顾

中国电力投资集团公司高度重视安全生产工作，并始终把水电站大坝安全工作作为安全生产管理的一项重要工作内容加以强调。两年来，在国家电力监管委员会的领导下，在大坝监察中心的大力支持下，夯实基础，扎实工作，大坝安全管理水平不断提高。中国电力投资集团公司所属各水电站大坝安全状况总体良好，运行稳定，没有发生危及大坝安全的重大险情。

回顾两年来的工作，成绩的取得突出体现在以下几个方面：

第一，中国电力投资集团公司高度重视，为做好水电站大坝安全工作创造了前提条件。

中国电力投资集团公司每年召开2次总经理会议，专题研究安全生产工作。王炳华总经理每次在会上都要对水电站大坝安全工作做出重要指示，要求各级领导要以"三个代表"重要思想为指导，以对人民群众生命和财产安全高度负责的精神，高度重视水电站大坝安全工作，把大坝安全工作的各项措施落到实处。集团公司主管生产的领导在每年的生产工作会上，都要对落实大坝安全责任、强化安全监管、加强大坝安全专项整治等工作提出明确要求。为进一步落实责任，集团公司每年都把"不发生水电站垮坝和水淹厂房事故"列为集团公司与各二级单位行政一把手签订年度三项责任目标的一项重要考核内容，等等。集团公司对水电站大坝安全工作的高度重视，为做好大坝安全工作创造了前提条件。

第二，各项措施的落实，为大坝安全工作取得好的成绩打下了坚实基础。

中国电力投资集团公司成立2年来，所属各企业讲政治、顾大局，把大坝安全工作放在十分重要的位置，切实采取有效措施，扎扎实实地工作，克服诸多困难，取得了比较好的成绩。

一是强化制度建设，积极推行风险预控管理。集团公司组织编写并发布了“水电站垮坝和水淹厂房事故”应急预案。各单位结合内部体制改革和集团公司制度建设的总体要求，着力完善已有的大坝安全管理制度体系和重大事故应急救援预案，推进大坝安全工作向长效管理、目标管理、过程管理迈进，为做好大坝安全工作打下了坚实基础。

二是加大技改力度，提高设施（设备）完好率。在技改费用相对紧张的情况下，2004 年筹措资金1200 多万元，用于部分大坝安全观测设施的改造、大坝防渗处理及防汛预警系统的建设等项目，大坝及其防汛设施（设备）的完好率显著提高。2004 年处理大坝主要缺陷 11 项，其中包括江口水电站坝基渗漏帷幕灌浆处理、沙溪口水电厂大坝厂房裂缝防渗、船闸输水廊道裂缝灌浆补强、机组段防渗和李家峡水电站右中孔泄水道抗冲层裂缝处理等。

三是积极组织开展大坝安全定期检查与缺陷整改工作。五强溪、马迹塘、江口水电站第二轮定检中大坝安全监测系统评价及观测数据分析、水工钢闸门及其启闭设备检测、洪水复核等主要工作已基本完成，上犹江、洪门、盐锅峡、八盘峡、青铜峡等电站积极组织人员、落实措施，按第二轮定检中的专家提出的建议对影响大坝安全的缺陷和隐患进行了整改。

第三，加强检查指导，为大坝安全工作的有效开展提供了有力保证。

集团公司高度重视对基层单位的工作指导，并经常深入基层开展调研，促进工作的有效开展。在防汛和大坝安全工作方面，集团公司按照早动员、早部署、早落实的原则，每年都要对所属发电企业和建设工程项目的防汛和大坝安全工作做出具体部署。各单位健全防汛组织机构，明确职责，完善防汛应急预案和措施，并积极组织开展防汛和大坝安全自查整改。在此基础上，集团公司还要组织检查组进行重点防汛抽查，对存在的问题提出整改建议并监督落实。进入主汛期后，集团公司采取每周汛情通报制度，及时了解、跟踪、指导和协调防汛工作，确保实现安全度汛和大坝安全。

（三）2005 年大坝安全工作重点

虽然在大坝安全方面做了一些工作，取得了一定的成绩，但也充分地认识到，在大坝安全工作中还面临一些困难和问题。一是大坝数量多、类型全，随着集团公司水电事业的不断发展，还有一些新的大坝将陆续投入运行，大坝安全工作任务繁重，管理难度大。二是坝龄老化问题突出，运行可靠度降低，个别大坝还存在一些缺陷和隐患。三是大坝安全管理人员素质有待进一步提高。

针对当前实际，为认真做好大坝安全工作，不断提高大坝安全管理水平，要重点做好以下几个方面工作：

1. 认真抓好《水电站大坝运行安全管理规定》的贯彻落实工作　一是进一步强化集团公司倡导的“任何事故都是可以避免的”安全理念，把思想统一到《规定》的精神上来。二是正确认识大坝安全工作面临的问题，把贯彻落实工作统一到抓好大坝安全工作的任务和要求上来。三是准确把握《规定》的政策和措施，把贯彻落实统一到具体工作上来。在思想上高度重视，在行动上采取切实有效的措施，求真务实，真抓实干，扎实做好大坝安全的各项工作。同时，我们将组织力量，制定集团公司的水电站大坝安全管理规定。

2. 切实做好应急预案的编制与落实工作　2005 年，中国电力投资集团公司将在 2004 年工作的基础上，进一步建立和完善各个层面的有关大坝安全事故的应急救援预案，做好特大洪水、暴风雨、库区大面积山体滑坡、泥石流等重大自然灾害以及垮坝、漫坝、水淹厂房、下游护坡严重坍塌事故应急救援预案的编制与完善工作。建立健全应急救援机制和体系，并切实加以落实。认真组织各种应急预案的培训与演练，提高事故应急处理能力。做到抢险物资储备充足，抢险队伍落实到位，组织措施保障有力。

3. 认真组织大坝定检与缺陷处理工作　水电站大坝定期安全检查，对于掌握大坝安全状况，及时发现大坝缺陷和隐患至关重要。中国电力投资集团公司将在继续组织完成部分大坝的第二轮定检工作的同时，根据电力监管委员会关于第三轮水电站大坝安全定期检查的部署，认真组织好龙羊峡、青铜峡、上犹江 3 个大坝的定检工作。目前，这 3 个单位已按要求制定了详细的定检计划，整个定检工作分准备阶段、实施阶段、总结评定 3 个阶段进行，计划于 2006 年7 月全部结束。

（中国电力投资集团公司在水电站大坝安全工作会议上的发言）

大坝监测与维修

广蓄大坝防汛和监测系统管理

广州蓄能水电厂上水库最大库容 2573.0 万 m^3，正常蓄水位下相应库容 2408.0 万 m^3；下水库最大库容 2683.5 万 m^3，正常蓄水位下相应库容 2341.6 万 m^3。上库坝采用钢筋混凝土面板堆石坝，最大坝高 68m；下库坝采用碾压混凝土重力坝，最大坝高 43.3m。其防汛管理情况介绍如下。

（一）大坝防汛安全管理

上、下水库集雨面积较小，库容不大。每年汛期 4～9 月，受台风暴雨影响，天然来水量较大，易形成大洪水，导致总库容短期内迅速增加。而且由于上下库水体在不断交换中，造成 2 个水库蓄洪能力的不确定性，当任一个水库蓄满时，如遇暴雨，都会造成相应水库溢洪。另一方面，如果小洪水在两水库中累积而不能及时排出，遇到大抽大发的情况时，会将库水挤出而形成大洪水。所以，防洪任务主要是防止特大降雨造成上、下库高边坡塌方，水库高水位时泄洪造成下游河道的破坏。

广蓄电厂上、下水库原有 3 个放水设施，分别是上库坝溢洪道、下库坝溢洪道和下库坝小水电站放水管。上库溢洪道只用来宣泄上库特大洪水。下库坝溢洪道堰顶高程较高，只有总库容大于 3280 万 m^3 才能较容易泄洪，此泄洪库容远远大于最佳总库容 3050 万 m^3。在运行过程中，下库水位一般较低，难以达到溢流水位 285.6m，即使达到溢流水位，由于蓄能电厂水库水位变化较快，满足泄洪水位的时间也有限，泄水能力就受到了很大限制。而下库坝放水管，最大流量 $2m^3/s$，小水电机组即使一天 24h 满发，也只能放出 15 万 m^3 左右。因此，遇暴雨库容迅速增大时，难以及时将多余库容排出水库，汛期最大总库容会短期内超过 3300 万 m^3 甚至更高。这样，会导致总库容大大超过最佳运行总库容，使机组可调度库容减少，影响机组的调度和电网的运行。

而且该厂的水库调度很大程度还受广东电网调度中心的控制和影响，机组的发电和抽水必须满足电网的需要。因此，受电网调度中心的控制，在需要抬高下库水位放水的时候，有可能受到电网的牵制，不能满足水库控制的需要，难以及时将多余水量排出。

同时，下游河道排洪能力有限。一方面为保证下游河道及下游公众安全，下库泄洪流量不得超过 $40m^3/s$，下库溢洪道闸门提起高度不能超过 50cm，致使水库水量不能快速排出。另一方面，下游村民经常挤占河道，河道旁的采石场经常落石束窄河道，造成淹没农田、边坡塌方的危险。这样，下游河道泄洪流量相对减少，降低了下游排洪能力。

针对防汛存在的问题，采取了相应的解决方法：

（1）增加下库泄洪能力。下库坝加装排洪管，最大排洪流量 $6.38m^3/s$，目前排洪管已经完成调试投入运行，运行情况良好，汛期每天都能泄水 40 多万 m^3，基本能够满足库容控制的需要。

（2）长期调控。通过与当地气象部门签订协议，可以及时取得中长期的气象信息，得知有较多来水时，提前开启小水电放水管放水，空出部分库容迎接来水。

（3）与调度中心积极配合，合理调控。当库存水量较大而无法及时排出时，提起下库坝溢洪道闸门，并联系调度中心，让其尽量配合，多发电将上库水适量放到下库，使下库水位达到并高出下库坝堰顶一段时间，通过溢洪道泄水提前将多余水量排掉。

（4）保证下游河道泄水能力。下游河道经过多年改造，已基本达到最大泄洪流量，下游村镇也积极配合，及时清理河道，基本保证了下游河道的最大泄洪能力。

（5）严格按已制定的《广州蓄能水电厂水库调度方案》及《上、下水库水位控制方案》执行。

这些措施保证了大坝的防汛安全，而且蓄能水库洪水虽然有其复杂性，但其总洪量少，洪峰小，还可以对两水库水体进行总体调整，只要进行合理的调度，就不会引起大的危险。

（二）大坝安全监测系统管理

广蓄电厂上、下库大坝的安全监测系统，通过 4 个阶段的建设，已比较齐全。上库坝观测项目有：外部位移观测、内部位移观测、渗流观测和钢筋混凝土面板内部观测。下库坝监测项目有：外部位移观测、渗流观测和内部观测。

目前大坝外部位移观测和渗流观测系统都完好，按期进行监测，监测数据表明大坝处于安全稳定状态。而上、下库大坝经过十几年的运行，施工期埋设的内观仪器大部分已失效，但经鉴定，结果及结论如下：

（1）上库坝现存的29支内观仪器（其中28支应变计，1支无应力计），21支由于绝缘电阻过低、2支由于电缆损坏没有读数，6支由于测值漂移严重、数据趋势不合实际而全部报废。根据混凝土理论，混凝土的应变主要在施工期完成，在后期的运行中，变形基本可以忽略。鉴于上库坝上游面806m和800m高程左右的周边缝上各安装了三向测缝计和单向测缝计，监测面板和周边基础的接缝开合情况以及面板的渗漏情况，目前该仪器工作正常；且对于面板的渗漏有自动化系统每天记录渗漏和绕坝渗流的情况，都能有效的监测大坝的运行状况，因此，面板内观仪器的报废对于上库坝上游面板的安全监测不会造成影响。

（2）下库坝有5支温度计报废，但坝内尚有7支温度计工作正常，所以坝体混凝土的温度监测不会因此而中断。

总之，目前外部观测和渗流观测，能够满足大坝安全监测的要求，但在报废了部分内观仪器情况下，要加大巡检力度，及时发现问题并认真分析处理。

（广州蓄能水电厂　梁莉雪）

李家峡拱坝蓄水期垂直变形分析

（一）基本情况

李家峡水电站主坝为三心圆双曲拱坝，最大坝高155m，最大底宽45m，坝顶宽度8m，属中等厚度双曲拱坝。坝址地处青藏高原，为典型的大陆性气候，昼夜温差大；地质情况复杂，岩体中断层、层间挤压带、裂隙等构造较为发育，完整性较差。大坝在2059m、2114m和2185m高程共布设84个垂直位移测点（目前能正常工作的有62个），监测坝体及坝肩岩体的垂直变形情况。

水库于1996年12月26日下闸蓄水，2002年1月底蓄至正常蓄水位2180m左右，期间经历了数次较大规模的水位上升过程。其蓄水期的水位及环境温度变化情况见图1。

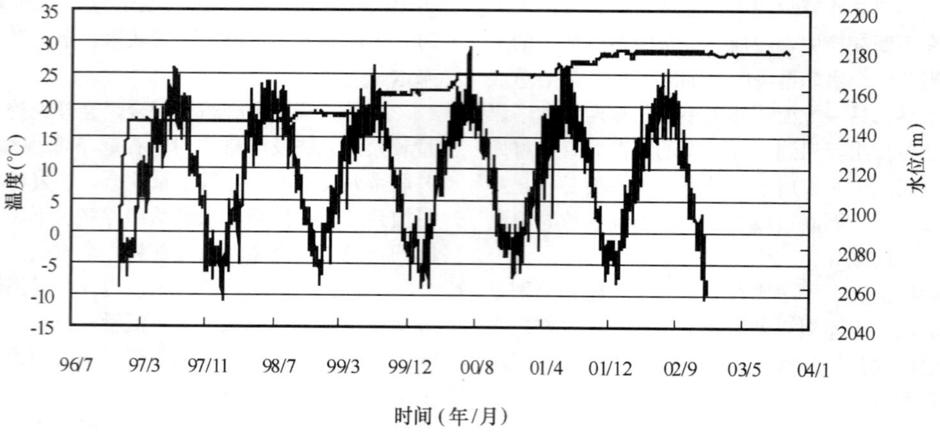

图1　李家峡水电站库区环境量过程线

蓄水期大坝变形应较明显。为了解拱坝及坝肩岩体安全性态，对蓄水期实测资料进行了分析。

（二）坝顶垂直位移变化规律分析

大坝坝顶（2185m高程）测点2002年1月16日投入使用，到2003年11月只收集1年多的资料。由于水库水位在此期间变化不大，基本稳定在正常蓄水位运行，且历时短，坝顶各测点部位垂直位移测值在－4.7～3.3mm（测值以下沉变形为正、上抬变形为负）之间，总体变化趋势不明显，但呈现出一定的周期性。图2为测点D8的垂直位移过程线。

从各测点的实测位移过程线可以看出，库水压力对坝顶垂直位移变化的影响并不明显，但结合图1库区温度过程线可以看出，坝顶垂直位移的变化受温度变化的影响明显。在7～9月份的高温季节，坝顶各测点上抬变形达到年最大，一般在1.1～3.3mm之间；而在2～4月份的低温季节，坝顶各测点下沉变形达到年最大，在0.4～4.7mm之间；同时，各测点测值的年变幅较大，总体在3.3～7.1mm之间变化，由于各测点的垂直位移呈现出规则的上抬和下沉变化，而且上抬和下沉量相当，因而坝顶各测点部位的垂直位移年均值较小，分别在－0.94～1.12mm之间。

此外，坝顶垂直位移的变化呈现出一定的收敛稳定的趋势，坝顶各垂直位移测点在2003年度的实测年最大值、年最小值、年均值和年变幅均较2002年度有明显减小。以坝顶测点D8为例，其各年度实测最大下沉变形分别为2.6mm（发生在2002年2月27日）和2.0mm（发生在2003年3月24日），而最大上抬变形则分别为－3.3mm（发生在 2002 年 9 月 23 日）和－2.6mm（发生在 2003 年 9 月 22 日），均呈逐渐减小趋势，表明坝顶垂直位移在逐步趋于收敛稳定。但由于测值系列相对较短，对此还有赖于进一步的观测和验证。

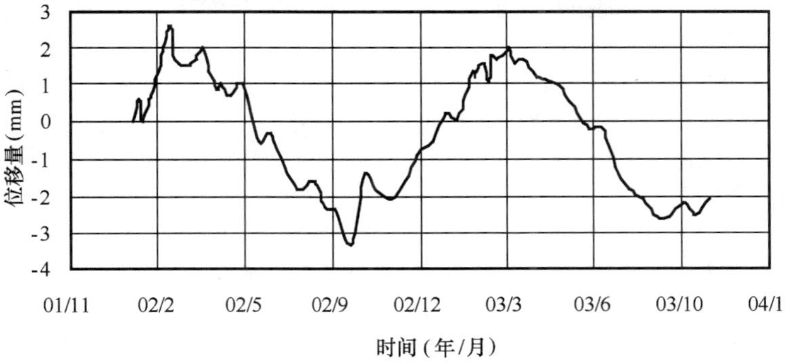

图 2 D8 测点垂直位移过程线

（三）2114m 及 2059m 高程垂直位移变化规律分析

1. 坝体垂直位移变化规律 分析 2114m 和 2059m 高程坝体各测点实测位移过程线（图 3 所示为其中一个测点的）可知，李家峡拱坝坝体在水压、温度及时效等因素的作用下，其垂直位移的变化呈现出以下的规律性：

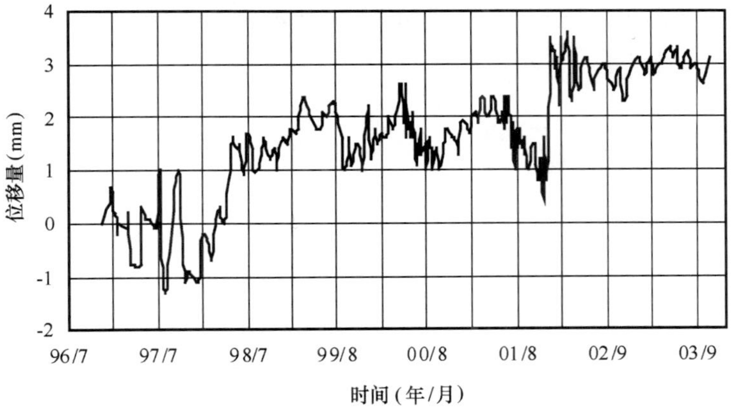

图 3 LD14 测点垂直位移过程线

(1) 库水压力作用对 2114m、2059m 高程坝体垂直位移的影响显著。对比图 1 可看出，坝体垂直位移与水库水位的变化类似，大致经历了三个阶段。第一阶段 1996 年 12 月～1999 年 9 月，库水位从 2145m 上升至 2160m，坝体垂直位移在水库蓄水后至 1997 年 3 月出现小幅的上抬变形（小于 2.5mm），之后随库水位的不断上升呈现持续下沉的变形趋势，到 1999 年汛期库水位升到 2160m 左右时下沉变形量达到最大（累计值在 1～4.6mm 之间）。第二个阶段 1999 年 10 月～2001 年汛期，库水位相对比较稳定，拱坝在基本稳定的库水压力作用下，坝体产生对内部应力的自适应性调整，垂直方向的下沉变形趋势减缓，甚至在河床中部的 LD5～LD13、LD26～LD29 等测点出现微小上抬变形（1～2mm）。第三个阶段 2001 年 6 月～2003 年 11 月（本次资料分析时段末），库水位从 2160m 逐步上升，至 2002 年 2 月蓄至正常蓄水位 2180m，各测点部位的下沉变形量又有所增加。但由于 2002 年监测单位改变，导致测值在 2001 年底、2002 年初发生跳跃或突变，因而无法分析第三阶段的蓄水过程对坝体垂直位移变形的持续影响效应。不过，从实测位移过程线可以看出，大致在 2002 年 3 月份以后，2059m 高程呈轻微的减小变化，2114m 高程基本收敛，无明显趋势性变化，整个坝体垂直位移变化逐渐趋于稳定。

(2) 温度变化对坝体垂直位移的影响不明显，且高程越低，温度作用越不明显。除位于河床中部 2114m 高程的各测点（LD5～LD12）垂直位移有不明显的周期性外，其余各测点实测垂直位移自 1999 年以来变化相对较小，无明显的周期性变化，表明温度变化对坝体垂直位移的变化影响很小。LD5～

LD12等测点垂直位移的变化大致表现为每年6～8月份左右下沉变形量相对较大，而每年12月份至次年2月份左右下沉变形量相对较小，且比气温变化有6个月左右的滞后。究其原因，主要是这些测点部位正好为左右泄水孔、电梯井、坝后厂房发电引水管道等建筑物所在坝段，因有较大的贯穿性孔洞，易受温度变化的影响。但由于这些测点部位混凝土要比水库正常蓄水位低几十米，其受气温变化的影响程度毕竟有限，因而周期性变化并不明显。

(3) 坝肩部位各坝段垂直位移变化的时效性明显，随时间有逐步下沉的趋势，但1999年9月份之后逐渐趋于收敛稳定；而河床中部各坝段垂直位移变化的时效性并不明显，除在1999年9月份之前有随时间逐步下沉的趋势外，此后不再下沉，而是略有上抬。2002年3月份之后，整个拱坝坝体的垂直位移逐步趋于稳定，无明显的时效性变化。

2. 两岸坝肩岩体垂直位移变化规律分析

(1) 两岸坝肩岩体的垂直位移测值整体要比坝体垂直位移测值小2mm左右，且越靠近两岸，测值越小。实测位移量一般在±2mm之间变化，年变幅不超过2.5mm。因此，两岸坝肩岩体垂直位移变形总体较小，没有不利变形发生。

(2) 温度变化对坝肩岩体垂直位移变化的影响不明显，无明显周期性变化。各测点的测值有一定的时效性变化，随时间有轻微增大的趋势，表明左右岸坝肩岩体有轻微的下沉变形趋势。

(3) 两岸坝肩岩体垂直位移测值在2001年底～2002年初有明显的跳跃突变，与坝体垂直位移变化类似，初步判断是由于更换监测单位所致。

(四) 结论

综合上述分析可知，李家峡拱坝坝体及坝肩岩体垂直变位基本正常。

(1) 坝顶2185m高程部位坝体的变形受温度的影响明显，其垂直位移及其变幅较大。

(2) 2114m及2059m高程部位坝体的变形受水压作用明显，主要表现为下沉，2114m高程部位坝体下沉变形量及变幅比2059m高程大。

(3) 在各个高程部位，相邻坝段或相邻坝肩岩体之间的垂直位移差别不大，表明各坝段及坝肩岩体变形相对稳定，整个拱坝及坝肩岩体的变形性态良好。

(西安理工大学水利水电学院关文海　苗隆德　杨　杰)

15

环境保护与水库移民

水电工程的环境保护作用

澜沧江水电建设对生态环境保护的促进作用

（一）前言

澜沧江—湄公河发源于中国境内青海省唐古拉山，流经西藏进入云南，出境后称湄公河，经缅甸、老挝、泰国、柬埔寨、越南注入中国南海。澜沧江在中国境内长约 2160km（含中缅边境河段 31km），流域范围内河网密布，山势起伏大，河流落差较大，平均比降 2.12‰，水力资源极其丰富；地形地质条件优越，有建高坝大库的条件，城镇、村庄、人口和耕地淹没损失较小，是我国重点开发的十二大水电基地之一。

在澜沧江水电建设过程中，梯级电站的生态影响问题受到了下游国家和国际社会的广泛关注。中国高度重视澜沧江开发的生态环境问题，特别是近十年来，随着澜沧江流域的开发步伐的加快，对梯级电站建设的生态影响更加予以关注，逐步开展了对澜沧江—湄公河水资源、水生生态、防洪、泥沙、航运等方面影响的研究。

（二）澜沧江水电建设促进生态环境保护的作用

水电站建设带来了巨大的社会、经济和环境效益，同时也对生态环境产生了不同程度的利弊影响。澜沧江流域已建电站的环境影响回顾性调查和拟建电站的环境影响预测评价表明，目前水电站建设对生态环境的影响是有限的，且影响有利有弊，总体上是利大于弊，是对生态环境保护有较大促进作用的，而一些可能产生的不利影响，也可以在电站运行过程中采取措施以及建立某种机制予以消除或减轻。

1. 温室气体减排　我国一次能源中，煤炭资源储量第一，水力资源第二，能源消费过度依赖煤炭，已造成了严重的环境问题。水电是可再生的清洁能源，生产、传输和使用都较方便，可直接替代其他能源，产生巨大的环境效益。澜沧江中下游 8 座梯级电站建成之后，年发电量为 738.73 亿 kW·h，按现在一般火电每千瓦时耗标准煤 400g 折算，每年可少烧 2586 万 t 标准煤（3620 万 t 原煤），即每年可减少排放 7240 万 t 二氧化碳、72 万 t 二氧化硫。这对减轻环境污染与酸雨危害、保护大气环境、防止全球变暖具有十分重要的意义。

2. 对出境水量分配的影响　水力发电过水而不耗水。澜沧江水电开发没有跨流域引水工程及引水规划，电站建设不会影响澜沧江水资源的总量。澜沧江—湄公河出海口处的年平均径流量约为 4750 亿 m^3，中国澜沧江出境处的年平均径流量为 640 亿 m^3（占出海口处的 13.5%）。因此，澜沧江对整个湄公河总水量的影响是有限的。

澜沧江梯级电站的兴建对下湄公河干流径流的年内分配有一定的调节作用，使下游枯期流量增加，汛期流量减少，径流分配均匀，年际之间可将丰水年的多余水量调节至枯水年使用。据测算，小湾、糯扎渡投产后，在多年平均情况下，将使下游河段枯水期最小月流量从天然河段的 $400m^3/s$ 提高到 $950m^3/s$，枯期月平均流量从天然河段的 $832m^3/s$ 提高到 $1474m^3/s$，这种调节对下湄公河减轻洪涝，增加旱季灌溉，改善航运条件和减少海水入侵都有很好的综合效益，对提高下游湄公河沿岸引水灌溉工程和其他水源利用工程的运行效率十分有利，对防止湄公河三角洲的海水倒灌、减缓入海口的盐碱化也将起到积极作用。

3. 防洪效益　澜沧江流域地处热带、亚热带，降水量和暴雨强度大，沿江干支流洪涝灾害频繁，城镇防洪标准普遍偏低，遇大洪水，将给地方经济和人民生命财产带来巨大损失。

梯级电站的修建将极大地提高沿岸的防洪标准。以中下游八个梯级电站中的第五级糯扎渡电站为例，糯扎渡电站距云南西双版纳首府景洪市约 110km，景洪市近期主要依靠堤防、护岸工程提高河段和景洪市的防洪能力，根据景洪市城市和农田防洪要求，糯扎渡水库建成后，能够使景洪农田防洪标准从 5 年一遇提高到 10 年一遇，景洪城市防洪标准由 50 年一遇提高到 100 年一遇。对景洪的防洪作用表现为在不增加堤防投资的同时，可以减少农田损失，提高城市防洪标准。每年可减少洪灾损失 309.47 万元，增加城区开发建设用地约 5000 亩，每年可获得新增土地开发利用的收益约 4000 万元，同时使澜沧江两岸人民防洪抗灾的能力大大提高。

另外，我国积极参与了湄公河水位信息方面的国家合作。从 2002 年 4 月 1 日起，中国通过已建的水情测报系统，提前通知下游国家，以进一步减轻对下游的洪涝灾害；同时加强水文站网的建设，不断提高为下游国家提供水文报汛的能力。这对下游湄公河流域的防洪具有一定的积极作用。

4. 对生物资源的综合影响　为了维护完整的河流生态系统，减少梯级电站开发对鱼类的影响，在澜沧江水电开发规划中，已按国家环境影响评价的要求，积极采取了一系列相应的综合措施。如随着糯扎渡电站的建设，准备建立包括南腊河和补远江两条支流在内的橄榄坝－南腊河鱼类自然保护区，建设澜沧江流域珍稀鱼类人工增殖放流站等，进一步减免澜沧江水电开发对下游鱼类的不利影响。

小湾和糯扎渡水电站两个大型水库建成运行后，将一定程度改变澜沧江下游河道水温年内的分布过程，由于澜沧江中下游鱼类产卵期通常为4～8月，该时段内糯扎渡电站下泄水温低于天然水温，可能会影响到某些鱼类产卵期的延迟。为减轻下泄低温水对下游鱼类的影响问题，目前糯扎渡电站已按照国家环保总局审查通过的环评报告书要求，专门研究设置了分层取水设施，以进一步消除下泄低温水对下游鱼类的影响。

梯级电站连续的水库区将形成新的生物多样性丰富的水域生态系统。水库建设完成后，河面加宽，库弯和库汊增多，相应的湿地面积随之增大，将使库区周围的微环境发生改变，气候朝暖湿的方向发展，有利于植被类型的恢复、演替和更新。植被变好，将为陆栖动物的栖息、繁衍、觅食提供更佳的条件，促使陆栖动物的物种多样性的恢复；梯级电站形成后，可增加两栖类和适应水环境的爬行类、哺乳类动物的栖息生境及食物。这些动物数量的增加，可以为今后库区生态旅游增添新的观赏内容，在合理的管理下丰富库区可利用的生物资源。

5. 航运效益　中国、老挝、缅甸、泰国四国已签订了澜沧江—湄公河通航协议。由于天然河流水深较浅，枯水季节航运受到较大影响，只能季节性通行300t以下的小型船只。

梯级电站的建设对澜沧江中下游地区航运业的发展具有以下几个方面的作用：

(1) 由于水库的调节，可使下游河段枯水期流量增加，从而使河段水深和水面宽度增加，提高通航标准，增加航道运输的通行能力，航运条件有很大的改善。

(2) 通过澜沧江—湄公河次区域合作的发展，梯级电站建设对澜沧江—湄公河“黄金水道”的建设具有很大的推动作用。

(3) 梯级水库的建设，使原本为深山峡谷坡陡流急的天然不能通航河道，变成了有宽阔水面的水库，拓宽了库区航道，延伸了通航里程。

(4) 库区航道流速变小，船舶运转周期可以缩短，营运效率提高，降低航运成本。

为减少景洪等电站调峰运行造成的下游水位波动，已考虑景洪电站运行时设置一定的航运基荷，同时兴建橄榄坝电站，通过橄榄坝水库的反调节作用，使澜沧江下游的流量均匀下泄，满足航运对水位、流量及流速变化的要求，从而减轻或消除梯级电站运行对航运的影响。

6. 促进经济社会与生态环境协调发展　澜沧江流域梯级电站建设区为高山峡谷区，少数民族聚居较多，社会经济发展不平衡，由于长期垦伐，农业结构单一，森林植被减少，水土流失严重，生态环境有恶化趋势。根据云南省水利部门资料，澜沧江流域土壤侵蚀率为29.38%，澜沧江中游地区水土流失较严重，中游地区土地面积只占流域面积的44%，但土壤侵蚀面积和土壤侵蚀量却占流域总面积和总侵蚀量的53.8%和57.1%。

电站建设能改善当地经济，改变思想观念。首先，电站建设工程为建设区周边提供了大量就业机会；其次，建设区相应的商业、维修、餐饮、文化服务等行业应势而生，带动了当地经济的发展。流域内耕地少、农业产值低、人民生活水平较低的情况得到改变，可以有效地减少乱砍滥伐。同时，居民“以电代柴”可避免对森林资源的破坏。随着经济社会全面发展，居民观念转变，必将促进人民爱护自己的家园，重视保护环境，实现人与自然和谐共处。

总之，大力开发水电是国家能源战略发展的需要。就目前的发展水平和社会需要而言，从资源和环境两方面综合考虑，水坝建设对人类社会是必不可少的。适当的建坝也符合实现人类社会和资源、环境可持续发展的科学发展观。在新的发展时期，我们需要更新观念，创新模式，落实科学发展观，处理好水电开发中的问题，使水电开发成为利用水能资源、发挥综合效益、保护生态环境、为人民造福和促进区域经济和谐发展的系统工程。

（云南华能澜沧江水电有限公司
周建　李云汉　丛翔宇）

龙滩水电建设对生态环境保护的促进作用

龙滩水电站工程是红水河开发的龙头工程，也是国家实施西部大开发战略和“西电东送”的标志性工程之一。坝址控制流域面积98500km^2，占红水河流域面积的71%。工程设计正常蓄水位400m（一期工程375m)，装机容量630万kW（一期工程490万

kW），年发电量 187 亿 kW·h（一期工程 157 亿 kW·h），于 2001 年 7 月开工建设，2003 年 11 月大江截流，2007 年 5 月首台机组发电，预计 2010 年工程竣工。龙滩水电站的建设将创造世界上最高的碾压混凝土大坝、规模最大的地下厂房、提升高度最高的升船机等三项世界之最，工程建设举世瞩目。

龙滩水电工程的建设不仅能缓解南方电网的供需矛盾，改善南方电网的供电结构，缓解广西、广东供电紧缺局面，还能对工程周边的生态环境保护起到积极作用。

（一）大幅度提高下游沿江城市及农村的防洪能力

龙滩水电站设置防洪库容 70 亿 m^3，是珠江流域防洪的战略性控制工程，防护人口 1200 多万人，保护耕地 46.7 万 hm^2，可使下游的防洪标准达到 50 年一遇，若与下游梯级水库联合调度，可使下游的防洪标准提高到 100 年一遇，年均防洪效益达 16.38 亿元，能基本解除下游沿江城市和珠江三角洲的洪水威胁，大幅度提高下游沿江城市及农村的防洪能力。

（二）改善下游河道的航运条件

龙滩水电站建成后将淹没红水河三分之二的主要险滩，渠化航道 200km，显著改善下游河道的水流流态，可实现红水河全面通航，确保 500t 级船只通过并直达广州，将为贵州省提供一条经济便捷的水上出海通道。

（三）减缓泥沙淤积，改善下游水质，保证正常供水

龙滩坝址多年平均输沙量为 5240 万 t，经水库削减沉积，年出库沙量降至 1500 万 t，每年减少输沙量 3740 万 t，可显著减少水土流失，并有效地延长岩滩、大化等下游电站的使用寿命。

龙滩水库将形成约 360km^2 的水面，大大消减沿岸工农业生产、群众生活所造成的面源污染，下泄水量增加、水质变好，有利于减轻和防止水污染，保护水环境。由于龙滩水库的多年调节作用，下游河道枯水期平均流量由 757m^3/s 提高到 1530m^3/s，加上下游支流的入水量，能保证珠江口枯水期的最小流量接近 2000m^3/s，对抑制珠江口海水咸潮回溯，确保澳门、珠海等城市居民的生活用水具有重要作用。

（四）提供清洁能源，减轻环境污染

水电是清洁、可再生能源。龙滩水电站投入系统运行后，替代火电年发电量 187 亿 kW·h。按照耗煤水平 330g/（kW·h）计，每年可节约原煤 617 万 t（一期工程 518 万 t），预计年减少 SO_2 气体排放量 10.5 万～12.5 万 t，减轻对大气环境的污染。

（五）改善水库周边小气候

龙滩水电工程建成后形成大水库，可调节周边气候，夏季温度略降，冬季温度稍升，并将使干热河谷湿度得到改善，有利于农作物生长。

（龙滩水电开发有限责任公司）

四川省大渡河干流水电规划环境影响评价简述

（一）概况

大渡河为长江上游岷江水系最大支流，发源于青海省果洛山东南麓，分东西两源，东源为足木足河，西源是绰斯甲河，两源于双江口汇合后始称大渡河。大渡河流经四川省阿坝、甘孜、雅安等州市，在乐山市汇入岷江。干流全长 1062km，是国家规划的十二大水电基地之一。

原大渡河流域规划报告产生至今已过去十多年，随着流域社会经济的发展、土地利用结构变化和人口快速增长，社会经济、环境状况均发生了较大变化，环境功能也发生了较大变化。从水能资源的合理利用和加快开发进程角度，为适应“西部大开发”和四川水电发展战略需要，有必要对原规划方案进行优化调整。成都勘测设计研究院承担了大渡河流域水电规划调整及其规划环评任务。

经两年的规划环评工作，2005 年 7 月完成了《四川省大渡河干流水电规划调整环境影响报告书》（以下简称“报告书”），同年 9 月通过了国家环境保护总局的技术咨询，以及四川省环境保护局会同四川省发展改革委员会共同主持的技术审查，得到与会领导和专家的高度评价——“国内流域水电开发第一个比较完整的规划环评报告”。

（二）规划环评的目的、原则和指导思想

评价目的：以实施可持续发展战略为前提，在规划编制和决策过程中，充分考虑本次水电规划调整可能涉及的环境问题，预防和减免规划实施后可能造成的不良环境影响，协调大渡河流域水电开发、经济增长、社会进步与环境保护的关系，确保大渡河水电开发与流域生态环境建设协调发展。

评价原则：主要包括科学、客观、公正原则，整体性原则，前瞻性和指导性原则，早期介入原则，公众参与原则，一致性原则，开发与保护并重原则和突出重点原则等。

评价指导思想：立足大渡河流域环境和社会经济，充分考虑四川省及全国生态环境现状及可持续发展要求，本着早期介入、开发与建设并重等原则，结合大渡河流域水电开发特点，识别本次环境可行的规划方案实施后可能导致的主要环境影响及其性质，分析确定环境保护目标，选择相应的评价指标体系及其

预测评价方法，对各规划方案进行全面、深入的分析、预测和评价，比选、推荐环境可行方案，并以“预防为主”的指导思想制定预防、最小化、减量化和修复补救等环保措施，从规划的源头减免不利环境影响和消极作用。

（三）规划环评工作简述

环评工作组多次赴现场，对流域环境质量现状、环境功能、环境敏感点分布以及区域国民经济、能源、旅游、林业等各项规划、社会经济情况进行了详细调查，并与规划涉及敏感问题的有关主管部门、单位进行了沟通、协调，听取了意见和建议，并将调查结果和意见作为设计资料纳入本次规划调整环境影响评价工作，相互之间达成了共识。

2003年7月完成了规划报告的“环境影响篇”，并按照《规划环境影响评价技术导则（试行）》（HJ/T 130—2003），对规划方案特点和大渡河干流区域环境现状进行了初步分析，明确了本规划环境影响评价工作的内容和重点，于2004年1月编制完成了《四川省大渡河干流水电规划调整环境影响评价大纲》（以下简称《大纲》）；同年2月，中国水利水电建设工程咨询公司在四川省成都市主持召开《大纲》咨询会议，对规划环评工作提出指导意见和建议，据此又开展了环境影响报告书阶段的补充调查、收集资料和公众参与调查等基础工作，以及相应的内业分析、专题评价、敏感保护对象专题协调和报告书编制等工作，并与相关单位协作，先后完成《大渡河流域水电规划调整环境质量现状监测报告》、《大渡河流域水生生物调查评价专题报告》、《大渡河流域水电规划对水温影响研究专题报告》、《大渡河流域陆生生物调查及评价专题报告》、《大渡河干流水电开发对贡嘎山风景名胜区影响专题评价报告》等，促进了金汤孔玉、墨尔多山及严波也则三个省级自然保护区总体规划工作。

历时一年多，对流域陆生生物及景观生态体系、水生生物及生存环境、水温与水质现状等方面，采用了实地监测、样方调查、定量捕捞等方法进行调查、取样，分析存在的问题和流域环境发展的趋势，并结合流域水电开发方案、时序和规模等进行了专题研究，为大渡河水电规划环境影响评价提供了充分的科学依据。

（四）规划调整方案简述

原规划方案规划河段为双江口以下河段，全长586km，开发任务是以发电为主，兼顾漂木、防洪、航运、灌溉等，梯级布置方案是以独松、大岗山、瀑布沟、龚嘴（高）等主要梯级为格局的17级开发方案，其中，以独松和瀑布沟两个调节水库为大渡河干流开发的控制性工程，并推荐瀑布沟作为继铜街子电站之后的开发建设工程。

本次水电规划河段为大渡河干流上源（东源）足木足河至干流下游铜街子河段，河段总长度732km。规划调整比选了3个方案，最终推荐规划调整方案一即三库22级方案，以下尔呷为干流上游龙头水库，双江口（高坝）为上游控制性水库，瀑布沟为中游控制性水库。

（五）规划调整的环保效果

规划调整环评推荐方案为规划调整方案一，从推荐方案与原规划方案进行比较可见，推荐方案水库淹没影响大大减小，社会环境效益显著。调整前后主要水库淹没实物指标比较详见表1。

表1　推荐方案与原规划方案主要水库淹没实物指标比较

序号	项目	单位	推荐方案	原规划方案	差　值
1	涉及城镇	座	1	4	−3
2	涉及集镇	座	16	25	−9
3	人口	人	31456	121367	−89911
4	耕地	hm^2	1909.3	4179.9	−2270.6
5	房屋	m^2	2322453	7161921	−4839468
6	工矿企业	个	11	12	−1
7	铁路	km	11	50	−39
8	水电站	kW	87120	245015	−157895

注　比较方案均未计人下尔呷、巴拉、达维、卜寺沟等4座梯级的水库淹没实物指标。

从表1可知，推荐方案较原规划方案少淹没涉及人口8.99万人，少淹没耕地2273.3hm^2、房屋483.95万m^2、集镇9座、城镇3座（其中2座县城）、军工企业814厂，少淹没成昆铁路39km及中小型水电站装机容量15.79万kW。结合区域土地资源、民族构成及生态环境保护等综合分析，水库淹没指标大幅降低，最大限度从源头上减少了不利环境影响。由于调节水库的上移和局部河段的优化，在整体上确保了水资源开发利用程度，对促进区域社会发展具有十分重要的作用。

（六）调整方案的环境影响减缓措施

根据本次规划环境影响评价结果，报告书针对推荐方案存在的主要不利环境影响，制定了相应的减缓措施。该措施体系包括：预防措施、最小化措施、减量化措施和修复补救措施，并对敏感性环境影响即对珍稀保护鱼类、珍稀濒危植物的影响和硬梁包减水河段的影响等，分别提出了相应的修复补救性措施。对虎嘉鱼提出了人工繁殖研究结合推迟源头河段水电开发的保护措施；对长江和大渡河特有鱼类提出了人工增殖放流的措施；对双江口水库淹没影响的岷江柏、红豆杉等树种提出了异地移栽和繁育种植的措施；对硬梁包减水河段和其他梯级间未衔接河段提出了泄放生态流量的措施。

（七）结语

大渡河流域及周边分布有6个自然保护区、1个国家级风景名胜区、1个国家地质公园、多处重要文物和多种珍稀保护动植物，同时流域上中游为少数民族聚居区，流域自然生态及社会环境相对复杂，评价单位在大量深入调查和专题研究的基础上，基本查清了流域环境现状和变化趋势，对流域主要环境问题及相关环境制约因素进行了调查分析，并在充分重视水能资源开发与区域宏观发展计划、各行业发展规划等相关规划与环境协调性、环境承载力分析和累积、叠加影响预测基础上，将环境目标与水电开发目标有机结合，最终确定将水库淹没及移民安置、自然保护区及风景名胜区、地质公园的规划与协调、珍稀动植物保护、水土保持及生态保护、综合用水要求及社会经济发展等作为评判规划梯级设置及设计参数合理性以及梯级组合方案优劣的主要依据，明确提出了环境可行与推荐方案，对局部河段提出了优化建议，相关结论得到了主体规划设计的采纳，体现了规划环评的决策参与作用。

通过规划环评的早期介入和参与优化调整决策，使调整优化河段较原方案在增加146km河段的前提下，减少淹没城镇3座（县城2座）、集镇9座，减少移民动迁9万人，减少淹没耕地2270hm²。这对于耕地缺乏、地势陡峻及少数民族占有较大比例的大渡河流域来说，其环境、生态和社会效益是巨大的。在梯级方案的布置上充分考虑了保护区、风景名胜区、文物古迹、珍稀动植物保护和社会、景观生态用水的要求，合理选择坝址和水位，并保留58km河段不开发，较好地协调了水电开发与环境保护的关系，真正做到了早期介入，实现了整体性、一致性、减量化和预防为主的规划环评目标。

同时，规划环评还结合各河段的自然环境及社会、生态特点，提出了全流域建立2个鱼类增殖放流站、加强流域环境管理与协调、进行流域跟踪监测与评价，明确提出对部分河段及梯级需进一步优化，并对项目设计及环评应重点关注的主要环保问题提出了要求，切实解决了项目环评不能解决的问题，对指导流域环境保护和项目环评起到了重要作用。

报告书咨询及评审意见均认为：“报告书体现了水电规划环评的特点，技术路线及评价方法正确，评价结论可信，拟定的预防或减轻不利环境影响的对策措施内容较全面、合理可行，对实施规划调整方案及规划项目建设中的环境保护具有针对性与指导作用，也为规划环评提供了借鉴。”

（中国水电顾问集团成都勘测设计研究院　谢光武　袁丹红）

江边水电站工程设计中的环境保护理念

江边水电站位于四川省九龙县九龙河干流。九龙河是雅砻江左岸一级支流，发源于四川省九龙县北端与康定县交界处。河流自河源向南经九龙县的汤古、呷尔镇、乃渠到达乌拉溪，在乌拉溪上游右岸纳入支流铁厂河，在乌拉溪下游左岸纳入支流踏卡河。乌拉溪继续南流，在大河边区文家坪下游约0.7km处注入雅砻江。干流全长132km，河口海拔1524.3m，平均比降21.5‰。全流域面积约3604km²，河口多年平均流量113.2m³/s，多年平均径流量35.7亿m³，水能资源理论蕴藏量达1527MW，水能资源十分丰富，开发条件好，经济指标优越。

根据2004年4月编制完成的《四川省甘孜州九龙河水电规划调整报告》，推荐九龙河干流中下游河段按溪古、五一桥、沙坪、偏桥、江边“一库五级”开发，其中溪古为龙头水库，具有多年调节性能；五一桥、沙坪、偏桥和江边各梯级上下衔接，均为引水式电站，具有日调节性能。

江边水电站为九龙河流域水电开发的最后一个梯级，也是装机规模最大的一级电站，其闸址位于右岸最大支流踏卡河与九龙河汇合口下游800m处，控制流域面积3479.3km²，多年平均流量106.5m³/s；厂址位于九龙河和雅砻江汇合口下游约5km处雅砻江左岸。由于特殊的地理位置和环境特征，在可研阶段设计中充分考虑雅砻江干支流水电开发的关系，并从保护区域环境的角度对设计方案进行了深入的研究，以体现工程环境保护的要求，做到有序、协调开发水电。

（一）合理运行调度，满足河道环境用水要求

雅砻江锦屏二级电站建成后，将使大河湾形成119km的减水河段，为保护生态环境，满足水生生物特别是鱼类生长繁殖的生态环境需要，锦屏二级电站将下泄不小于45m³/s的流量，使减水段保持急流生境和适宜的河宽水深，为此也要求九龙河汇入雅砻江保持一定的流量。根据锦屏二级环境影响报告书及国家环保总局对该报告书的批复，要求九龙河汇入雅砻江的流量不小于27m³/s。

江边电站引水发电后，将造成闸址至九龙河口之间长约12km的河段不同程度的减水。根据《九龙河水电开发规划环境影响报告书》，为保护减水河段生态环境，电站建成运行后闸址需下泄2.41m³/s的生态基流量，以确保闸下河道不断流。

为满足九龙河汇入雅砻江流量不小于27m³/s，

除通过闸址下泄流量和区间支流补充外，要求通过电站发电流量不小于 24m^3/s，为此在可研设计中调整了电站调度运行方式，以半台机组作为系统基荷运行。

（二）比选正常蓄水位，增加水库调节库容

在河流水电规划阶段确定的江边电站闸首设计正常蓄水位 1797m，总库容 76 万 m^3，调节库容 28 万 m^3，具有日调节能力。

预可研阶段调整了闸址位置，按江边闸址处多年平均流量 106.5m^3/s，满发 137.6m^3/s，枯水期单独运行 1h 设置调节库容，约需 40 万 m^3。经对 1792.5m、1794m、1795.5m、1797m 四个蓄水位方案的比选，从水头利用、梯级衔接、运行方式、经济比较等方面提出初拟正常蓄水位为 1794m，相应调节库容为 48.1 万 m^3。

江边水电站上游九龙河干流有溪古、五一桥、沙坪、偏桥等梯级电站，支流斜卡河上有斜卡、踏卡、水打坝等梯级电站，其中溪古和斜卡水库分别为龙头水库。在汛期，由于上游来水量较大，梯级电站联合运行，可以满足生态环境流量按要求进行泄放，江边电站无需设置生态环境流量反调节库容。在非汛期，上游来水量较小，上游各梯级电站在峰、腰荷运行，江边水电站上游电站下泄生态环境流量合计仅 2.1m^3/s，而上游梯级电站日内停机约 10h，水库需设置调节库容 77.5 万 m^3。当水库正常蓄水位 1797m 时，调节库容达 90.6 万 m^3，可以满足生态流量下泄的要求，因此江边水电站在可行性研究报告中将正常蓄水位从 1794m 提高到 1797m，以保证生态环境流量泄放要求。

（三）优化布置交通，减少地表干扰和破坏

水电工程均需修建永久或临时交通道路，由于地处山区，必将产生大量的土石方开挖，造成地表扰动和植被破坏，并形成高陡边坡带来坡面不稳，对区域生态环境影响较大。

根据预可研报告，工程共需新建改线公路、渣场连接公路、施工支洞连接公路、调压井施工公路及场内其他施工公路等不同等级公路 19.37km（不包括桥梁），路面占用地表面积 10.232hm^2。

可研阶段通过优化施工布置，为避免厂房施工对 215 省道交通的干扰而新增了长 1.11km 的改线公路，新修道路总长度减少为 11.1km（不包括桥梁）。同时为了减少占地和对生态的破坏，包括左、右库区改建公路、厂区改建公路和调压井施工公路均以隧道为主，共设置了 4 条隧道，总长 5.51km，其中调压井施工道路和厂区改线公路全部为隧道。工程新建道路占用土地面积仅 3.0965hm^2，较预可研阶段大大减少，特别是避免了调压井道路和厂区改线公路明挖可能带来的高边坡失稳问题，有效地控制了水土流失和减少了植被损失，对保护区域生态环境起了积极的作用。

（四）集中弃渣，减少土地占用

预可研阶段根据施工方案，工程总弃渣量为 148 万 m^3（松方），规划布设了 2 个弃渣场，其中 1 号弃渣场位于闸址上游左岸沟内，距闸址 5km；2 号弃渣场位于闸址下游右岸沟内，距闸址 12km。两渣场总占地面积 20hm^2，渣场容量 210 万 m^3。

可研阶段由于调整了正常蓄水位，增加了交通隧洞，工程土石方量增加，弃渣总量达 181.24 万 m^3（松方），弃渣全部堆置到挖金沟弃渣场内。该渣场设计容渣总量约 195.34 万 m^3，占地面积约 13.55hm^2。

工程厂闸距离较远（约 17km），引水隧洞长 8567m，设置 5 个施工支洞，因此工程的施工作业面分布较多且分散，弃渣产生点亦较为分散，设计中未就近堆放弃渣，而是将全部弃渣集中运送至仅有的 1 个弃渣场——挖金沟弃渣场堆置，减少了占地面积，有利于水土保持和土地利用恢复。

（中国水电顾问集团华东勘测设计研究院　芮建良）

锦屏二级水电站环境影响评价报告通过国家环境保护总局审查

锦屏二级水电站位于四川省凉山彝族自治州木里、盐源、冕宁三县交界处的雅砻江干流锦屏大河湾上，闸址位于大河湾西端猫猫滩，厂址位于大河湾东端大水沟处，厂、闸址之间河道里程约 119km，厂址距冕宁县城 84km。

电站开发任务为发电，引水式开发，装机容量 4800MW，多年平均发电量 243.7 亿 kW·h，年利用小时数 5076h，装机满发引用流量约 1860m^3/s。水库死水位 1640.0m，正常蓄水位 1646.0m，相应库容 1401 万 m^3。水库调节性能为日调节，调节库容 496 万 m^3。水库淹没不涉及移民，仅建设场地涉及搬迁安置 131 人，其中 90 人安置在冕宁县复兴镇的冕宁农场，41 人安置在盐源县梅雨镇。

2003 年，华东勘测设计研究院开始该工程的环境影响评价，组织了国内多家科研机构、大专院校共同参与该项目的环评工作，对工程区进行了大规模的水环境、陆生生态、水生生态和河道特征调查和监测，掌握了大量第一手资料，并针对工程特点对主要环境问题进行了深入研究，在此基础上于 2005 年 8 月编制完成了环境影响报告书。

2005 年 9 月，国家环保总局环境工程评估中心主持召开了《雅砻江锦屏二级水电站环境影响报告书》的技术评估会议。评估认为“报告书编制目的明确，评价依据充分，内容全面，重点突出，现状调查及资料收集较翔实，工程及环境概况介绍符合该工程和区域环境特点，环境影响预测结果基本合理，提出的环境保护措施基本可行，完成了‘大纲’及批复文件所明确的工作内容和要求。报告书针对本项目主要环境影响，开展了深入的调查研究，报告书体现了水电水利行业的环评特点，总体评价结论可信”，得出“从环境保护角度分析，锦屏二级水电站的建设是可行的”的结论。11 月 29 日，国家环保总局以环审［2005］913 号文对报告书进行了批复。

（中国水电顾问集团华东勘测设计研究院　芮建良）

水电的优先开发与生态保护

目前，中央国有、地方国有的发电（集团）公司和有实力的集体、私有发电企业，大、中、小并举，争先恐后地开发水电，建设形势如火如荼。水电已成为我国能源供应的重要组成部分，为国民经济的发展、社会的全面进步和人民生活水平的提高作出了巨大贡献。《中共中央关于制定十一五规划的建议》提出，在保护生态基础上有序开发水电，为我国“十一五”期间及以后较长一段时间持续、健康开发水电指明了正确的方向。我们要贯彻和落实科学发展观，认真分析总结水电开发的经验和教训，坚持优先开发、加快开发、科学开发、有序开发，在保护生态的基础上开发水电。

（一）水电要优先开发、加快开发

从我国电源结构调整看，水能是清洁的、无碳排放的、可以替代大规模化石燃料发电、技术成熟的可再生能源，优先开发、加快开发水电，是满足经济社会发展和人民生活需要的必然选择。我国水能资源丰富，理论蕴藏量 60829 亿 kW·h、694400MW，技术可开发量 24740 亿 kW·h、541640MW。到 2004 年底，全国水电开发装机容量 105241.6MW，占全国发电设备容量的 23.79%；水电年发电量 3309.9 亿 kW·h，占全国年发电量的 15.08%。目前，我国已开发水电装机容量仅占全国水能资源技术可开发装机容量的 20%，按年发电量计算，水能只利用了 13.4%，开发率低于世界平均水平，远低于水电开发程度较高的国家。

从资源分布情况看，水能资源主要在西部，优先开发、加快开发水电有利于国家西部大开发战略的实施，有利于加快西电东送步伐，解决东部、南部地区用电需求，促进我国电网的发展。总之，水电优先开发、加快开发符合我国国情，符合国家经济发展的总体部署。根据规划，到 2020 年，我国水电装机容量可以达到 2.6 亿 kW 左右。

（二）水电要有序开发

1. 要按国家主管部门审批的水电规划进行开发

水电建设既是一个经济问题，也是一个社会问题。国际经验表明，在水电开发过程中，有广泛的利益相关方的参与，有利于更大程度地体现公平，得到社会认可。在水电规划中要贯彻按流域开发、统一规划、综合利用、统筹兼顾、讲求效益的原则，力求正确处理整体与局部、资源利用与环境保护、工程建设与征地移民等方面的关系。河流水资源开发除发电以外，一般还可能包括防洪、灌溉、航运、城市和工业供水、防凌、水产养殖、旅游等综合利用目的。在进行水电规划时，根据国家能源和环境保护等方面的法律法规政策和规划原则，调查分析综合利用的要求，根据水电站承担综合利用任务的能力，通过技术经济比较，落实河流的开发任务，制定梯级开发方案，达到科学合理利用水资源的目的。因此，只有制定科学的水电规划，才能保证水能资源的经济合理开发。要坚决制止某些企业和地区不按水电规划开发、随意变更工程布置和重要参数，不落实电力市场、不经验收和安全鉴定就投入运行的违法违规行为，避免出现浪费资源、牺牲生态环境、工程质量低劣、威胁防洪安全、牺牲公众利益等严重后果。

2. 要按“流域、梯级、滚动、综合”的原则进行开发　一条河流的水电开发，涉及上下游多个省（区）、多个民族地区在生态平衡以及发电、防洪、防凌、灌溉、用水等方面综合利用效益的分配，必须要有一个主体单位对流域梯级开发执行统一规划，统筹安排，协调各方面的诸多矛盾，以求获取流域梯级开发最大的经济效益和社会效益，按“流域、梯级、滚动、综合”开发水电的方针不应动摇。在一条河流（河段）上，需要进一步增强流域水电公司的主体地位，不应随意批准新的公司进行这条河流（河段）其他梯级水电站的建设，否则不利于梯级电站开发的统筹安排，不利于水能资源的合理利用，也不利于建成后梯级电站水库的统一调度和上下游各方利益与矛盾的统一协调。

（三）水电要在保护生态的前提下开发

水电规划要根据河流的具体情况，统筹上下游的协调发展，合理设置水库库容。水库淹没和移民是水电工程最主要的生态影响之一。随着对水利水电生态影响的研究日益深入，人们对大型水利水电建设的负面影响越来越关注，并在世界范围内引起了一场旷日持久的争论。进入“十五”以来，我国水电建设已经进入了一个新的阶段，即更加注重生态环境、社会影响、可持续发展的新阶段。怒江开发的争议和近年来发生的重大移民事件就是水电建设进入新阶段的标志之一。正是在水电建设进入新阶段的时候，《中共中央关于制定十一五规划的建议》集中了国内外关于水电建设的经验教训，提出了“在保护生态基础上有序开发水电”的正确方针。因此，要全面贯彻和落实科学发展观，既要坚定地优先开发水电，大力开发水电，又要认真对待和科学处理好水电对生态环境的影响问题。

1. 关于水电移民问题　据有关部门不完全统计，从新中国建立以来，我国已建成了大中型水电站320余座，共计移民570万人。目前我国各级政府都设置了水库移民工作管理机构，对水库移民的安置工作从研究制定有关政策、编制移民安置规划，到组织实施，以及对移民后期扶持以发展生产，实行了全过程的管理。特别是我国实行改革开放以后，在认真总结过去几十年水库移民工作经验教训的基础上，先后出台了一系列有关水库移民安置的政策，实行开发性移民方针，形成了“政府负责，投资包干，业主参与，移民监理”的管理体制，制定了水库移民安置条例，从法律上对水库移民安置规划、移民补偿标准、移民安置方式以及后期扶持等方面作出了合理规定，并认真地组织好实施，既保证了水利水电的顺利建设，又保护了移民的切身利益。在兴建水利水电工程过程中，通过对移民实施搬迁安置，有效地改善了移民的住房、交通、供电、供水、文教卫生及通信等生产和生活设施，增强了移民发展经济的能力，提高了移民的生活水平。但是，由于受我国人多地少、经济落后等条件的制约，加上对移民安置工作的复杂性认识不足，有的移民安置规划不够科学，移民补偿标准偏低，一些地方政府存在着腐败行为等，造成部分移民生活困难，出现了集体上访、返迁等影响社会稳定的问题。

2. 移民工作面临的主要问题　据有关部门初步统计，除目前已审批开工建设的大中型水电站外，到2020年，规划新开工的大中型水电站建设还将移民约160万人。移民所面临的主要问题：一是土地资源日益紧缺。水电建设所涉及的移民，基本都是经济欠发达地区以土地资源为基本生活条件的农民，随着土地资源日益减少，如何合理分配资源、保证移民不降低原有生活水平，并逐步“能致富”成为较大难题。二是移民与非移民生活水平差距较大。水库移民多处于农村、山区，大部分还是贫困县，本来收入就很低，且移民本身文化素质普遍较低。虽然安置后教育、交通、生活条件大大改善，但是与安置地区非移民和水电工程受益者的生活水平相比还是很低。三是移民安置方式单一，就业产业趋同，经济效益低下，移民易产生次生贫困。因此，在现有体制、机制条件下，今后建一个水电站如果需要淹没几万亩耕地，移民数万人，再核准开工是比较困难的。因此，为了搞好移民工作，如何创新移民管理体制，完善以人为本的相关法律法规与政策体系，加强移民工作的监管机制等就摆到了各级政府的重要议事日程上来。

3. 关于生态环境问题　水电开发对生态环境可能造成的负面影响包括：①建坝、建库对生态环境的影响。如水电站大坝及其他构筑物阻隔将在大坝上、下游形成不同的水生生态系统，水库库岸滑坡、塌坍，水库诱发地震，泥沙冲淤，地下水位升高使土地盐碱化、沼泽化等。②水库淹没与移民对生态环境的影响。水电工程水库淹没范围广，移民数量大，移民安置对自然、社会经济和生态环境将产生不同程度的影响。由于兴建大型水电站，水库蓄水淹没土地资源是不可避免的，土地淹没势必加剧库周人地矛盾。水库淹没引起大批居民需搬迁安置，许多专项设施要复建，导致土地资源结构发生变化等。③工程施工对环境的影响。大型电站施工占地超过数平方公里，土石方开挖上千万立方米，施工人员数千人。水电站建设施工废水、废气、噪声和弃渣，在施工期将给环境带来较大影响。水库淹没处置不当有可能引起疾病传播及其滋生环境的变化，移民迁建、施工人员的聚集处置不当，都可能对人群健康产生不利影响。

4. 实现水电开发与生态环境相协调的对策　河流是完整的生态系统，也是人类社会的生命线。水电工程也是生态工程，水电开发者要切实转变观念，贯彻和落实以人为本的理念，全面、协调、可持续发展的科学发展观，正确认识水电开发与生态环境的关系，科学评价水电开发对生态环境的可能影响，用科学发展观和人与人、人与自然和谐共处的理念，正确认识并妥善处理存在的问题。在开发利用河流时，环境影响分析和环境保护是实现水电可持续发展的重要保证，也是提高人民生活水平和生活质量所必需的。水电开发要最大程度地降低给环境、社会带来的负面影响，要使河流资源与生态环境处于可持续状态，在满足现在需要的同时，给后代留有选择的自由和发展空间。

水电开发的一些讨论和争议，是为了集思广益，更好地开发水电，而不是不分清红皂白地反对开发水电。我们坚决反对那种一讲开发水电就说是破坏生态环境、全盘否定水电的观点。不要把经济发展与生态环保对立起来，甚至于制定不切实际的生态环境目标，影响了经济发展，影响了脱贫和致富。

要进一步加强水电生态、环境保护和水库移民的法制建设，健全、完善有关法律法规和政策体系，包括加强生态、环境保护和移民工作的方针、优惠政策、补偿办法和扶持措施等。坚持开展建设项目环境影响评价、流域水电规划环境影响评价，坚持工程施工与环境保护“三同时”制度和工程的环境管理，还要编制和完善水电环境影响评价规范和环境保护设计规范，使水电的移民工作、环境保护工作符合有关法律、法规和标准要求。同时，要严肃查处某些企业和地区不履行环境影响评价手续，在自然保护区的核心区、缓冲区开发水电的违法、违规行为。

要把水电移民工作进一步纳入法制化管理轨道，妥善安置移民，切实保护移民的合法权益。并考虑建立移民管理体系，即建立水电工程征地移民工作管理的政府主管部门，专门负责管理水电工程建设征地移民工作，从地方到中央政府，均能保持各级征地移民机构间的上、下连贯性和政府移民工作管理的协调性。要根据我国经济社会发展与改革的进程，以及人们就业环境正在逐步改善的新情况，研究和开拓新的移民安置途径，提供新的就业条件等。要逐步建立合理的工程效益分享机制，调整工程受益者与工程受损者的利益关系，让移民和非移民共同进入全面建设小康社会。要制定移民安置区环境保护规划，提高移民环境容量，保护和改善移民生活环境和生态环境。在水电移民安置中应树立以移民为本的理念，充分考虑移民的合理要求，安排好移民生产生活，真正解决好移民“移得出、稳得住、逐步能致富”的问题。

完全有可能利用移民搬迁的机会，按照生态农业的模式做出生产、生活安置规划，把安置区建设成生态农业区，形成新的较为合理的农业产业结构。

重视生态恢复和建设，保护生物多样性。随着水电开发程度越来越高，对水生态系统及物种的影响成为突出的问题，特别是河流的梯级开发已引起社会极大关注。水电开发应从生态完整性对流域生态系统进行整体性保护，维持河流的健康生命，保护水生态系统的结构和功能。工程建设和运行中特别要加强珍贵、濒危物种的保护，开展科学研究，优化环保设计和落实各项措施。

认真落实工程施工的各项环境保护措施，防治施工废水、废气、废渣和噪声对环境的污染，加强施工水土流失的防治和水土保持生态环境建设。要进一步研究环保新方法、新工艺，不断改进各项措施，强化环境监测与管理，把施工环境保护提高到新水平。在这方面，我国一大批水电建设项目不断加强了施工中的环境保护措施，如三峡、二滩、公伯峡等工程施工开始即十分注意施工环境保护，环保设施与主体工程同时设计，同时施工，创造了国内一流的施工环境，各项监测指标基本达标。

（四）几点建议

水能资源是不可多得的、清洁的可再生能源，其中具备建成1000万kW以上水电基地条件的水能资源，更是国家的稀缺资源。不论规模大小，水电站都要纳入各级政府的统一规划当中，加强宏观调控和统筹协调，对水能资源的保护与利用负起责任，引导投资者合理开发。对于1000万kW以上水电基地的开发建设，事关国家能源发展战略的实施和能源安全的大局。为了在水电开发中保护好环境，处理好工程建设、移民安置与生态环境保护的关系，走可持续发展的新型水电开发道路，建议在发挥市场配置资源的基础作用的同时，需要进一步加强国家宏观调控的作用。

1. 统一协调管理　水电开发是一项庞大的系统工程，政策性很强，在投资方开发水电积极性很高的情况下，为避免无序竞争和资源环境的破坏，国家应有一个部门负责1000万kW以上水电基地开发的相关管理和协调工作，做到统一规划、统一调度、共同开发、有序建设。

2. 统一移民政策　移民政策及补偿标准要统一，否则各地区、各开发公司必然各行其是，互相攀比，造成建设成本失控，引发严重社会问题。要避免再发生重大移民事件。

3. 制定生态环境保护规划　水电开发地区一般生态环境脆弱，要坚持“开发中保护、保护中开发”的方针，处理好水电开发与保护生态环境的关系，只编制和审批单个水电站的环境报告是不够的，要像大渡河公司编制《大渡河干流水电规划调整环境影响报告书》那样，在深入调查研究的基础上，编制整个河流（河段）的流域生态环境保护总体规划和技术规范，各梯级水电站开发要严格遵守。

4. 关注民族地区经济发展　水电开发多处于少数民族聚集地区或贫困地区，要格外关注库区少数民族的经济发展，有关部门应结合水电开发和移民安置，制定相应的政策和地区经济规划。

5. 开展有益协调工作　对于个别争议较大的河流（河段）水电开发，建议停止无休止的争论，开展一些有益的协调工作，如实事求是地调整河流（河段）水电开发规划，做到基本满足生态环保要求，或把对生态环境的影响降到可承受的程度。对需要保护的目标，尽可能采取可行的保护措施，对基本没有分歧的梯级电站先行建设，逐步推进整个河流（河段）的水电开发等。

6. 充分借鉴三峡工程成功的管理经验　三峡工程建设多年来一直进展顺利，工程质量总体优良，工程投资得到有效控制，发电、防洪、航运等综合效益初步显现。这些成绩的取得是与党中央、国务院的正确领导和全国人民的支持，以及三峡全体建设者的辛勤努力分不开的。国家对三峡工程实行的管理体制和一系列管理制度、政策也是三峡工程取得成功的重要原因之一。实践证明，组建中国长江三峡工程开发总公司作为工程建设的业主和组织工程实施的建设单位，国务院成立三峡工程建设委员会，下设办公室等机构作为行使政府领导、协调、监督职能的机构，这种工程管理模式是成功的。三峡工程的管理模式和经验，对于1000万kW以上水电基地的开发建设具有重要的借鉴意义。

（国电动力经济研究中心　王信茂）

水电建设的环境保护措施

大渡河流域水电开发中的环境保护举措

国电大渡河公司坚持水电开发与环保并重，把水土保持、环境保护摆在重要位置，倡导“与青山绿水为伴、让青山绿水更美”的环保理念，提出“在开发中保护、在保护中开发”的若干对策和措施，在规划设计和工程建设中认真抓好落实，取得良好效果。2005年，受到中央电视台、人民日报等多家中央新闻媒体采访，并播发了《让水电开发与青山绿水共存》电视专题片和《水电开发与环保并重》报道，产生了良好反响。

国电大渡河公司率先在全国各大流域开发中开展了流域环评工作，出资近2000万元委托设计单位对大渡河干流水电规划进行优化调整，处理好水电开发与风景名胜、动植物物种存留以及环境保护的关系，保留了部分天然原始河道，特别是高度重视了水库淹没带来的移民安置问题，优化调整了部分电站的坝址、坝高。大渡河干流规划方案调整后，共减少耕地淹没2.8万亩，涉及人口8.5万人，少淹2座县城，大大地减少了水电开发对生态环境的影响。

在装机容量330万kW的瀑布沟工程建设中，坚持环保、水保与工程建设同时设计、同时施工、同时验收，在合同中设立了环保、水保条款，实行专款专用；在施工中投入大量资金，采用植物和工程措施，做到边开挖、边支护、边绿化，尽量减少水土流失和施工对周边环境及下游河段的破坏；在配套设施上修建了生活垃圾场、工地环保厕所等。目前整个工程在环保、水保上的投入已经超过1亿元，在几次国家有关部门组织的环保、水保执法检查中获得了好评。

为进一步强化环保、水保工作，专门由环保、水保综合监理人员监督各项环保、水保措施的落实。

（中国国电集团公司）

乌江水电工程开发前期准备中的环境保护工作

我国“十一五”规划中提出“在保护生态基础上有序开发水电”，这一变化充分体现了我国以科学发展观统揽建设和谐社会的时代特征，昭示着我国水电建设将进入开发与环保并重的新阶段。如何发挥水电工程对环境有利的影响，减免对环境的不利影响是贵州乌江水电开发有限责任公司非常关注的问题，只有正确处理好发展水电和保护环境的关系，才能做到可持续发展。严格执行项目环境影响评价与“三同时”的环境管理制度，尤其是做好前期评价设计工作是公司环保工作取得成功的主要经验。

（一）各阶段环保设计工作

目前水电建设环保工作的主要程序为：河流规划阶段评价、项目可研阶段评价设计、招标施工阶段监测及落实方案实施、竣工阶段专项验收。

（1）河流规划阶段：《中华人民共和国环境影响评价法》规定国务院有关部门、设区的市级以上地方人民政府及其有关部门，对其组织编制的土地利用的有关规划，区域、流域、海域的建设、开发利用规划，应当在规划编制过程中组织进行环境影响评价，编写该规划有关环境影响的篇章或者说明。该阶段的环境评价工作对开发决策有一票否决权。

（2）工程可行性研究立项阶段：《国家环保总局建设项目环境影响评价文件审批程序》规定按照国家规定实行审批制的建设项目，建设单位应当在报送可行性研究报告前报批环境影响评价文件。按照国家规定实行核准制的建设项目，建设单位应当在提交项目申请报告前报送环境影响评价文件进行审批。这一阶段的环境评价工作对不利于环境保护或环保措施不能达到要求的方案具有否决权。

（3）工程招标设计阶段：在国家审定的环境影响报告书和水土保持方案报告书的基础上开展电站总体设计，分招标设计、技术施工阶段设计工作。设计图纸应满足工程施工的需要。确定环保措施方案和环境监测方案、动态监测环境指标，必要时，调整施工方案以满足环境保护要求。

（4）施工期：逐项落实环保措施设计方案。

（5）竣工验收期：委托相关单位编制环境保护竣工验收调查报告及水土保持竣工验收调查报告，对照环境影响评价报告、环保设计报告及水土保持报告，对各项环保、水保措施落实情况进行调查，根据环境监测报告对施工期环保、水保工作进行评价验收。

（6）水保工作是环保工作的重要组成部分之一，由水行政主管部门直接专门审批及监督、验收，各阶段先于环保工作完成，并纳入相应阶段的环保报告之中。

目前，环保部门比较关注的水电工程环保措施重点是鱼类保护，如低温水问题、分层取水问题、修建鱼道、增殖站等。

（二）环保前期设计工作的作用

（1）前期评价工作明确了项目对环境的影响，确定了项目是利大于弊还是弊大于利，能否进行开发的问题，避免了盲目开发而给环境带来无法挽回损害的情况发生，对水电工程起着指导作用。

（2）明确了各阶段环保工作的目的和要求，统筹考虑相关落实措施。水电工程对环境造成的不利影响主要有：①施工期直接影响：如占用土地、破坏植被、造成水土流失、噪声、扬尘及工程废渣、施工队伍对环境的干扰等；②运行期影响：水坝蓄水淹没土地而造成野生动植物丧失栖息地；淹没可能造成部分文物、风景点损失；河流流量、水质、水温变化导致鱼类失去产卵环境和洄游通道；水文状况变化造成地质灾害等；③水库移民影响：移民新增用地、用水等压力；④间接影响：修建公路、库区旅游等造成人群迁移，改变区域生态结构等。针对各个阶段影响的不同特点及要求，水电环保工程前期设计时即提出了不同的要求，制定相关措施，如文物搬迁、修建鱼闸（道）、建增殖站等，做到有的放矢，并且在施工过程中相应落实。

（3）调整施工方案以利于环境保护。在招标设计及施工阶段，通过调查进行方案调整，减少对环境的不利影响。如思林水电站及索风营水电站进场、场内公路施工过程中，将部分路段明挖改为洞挖，减少了对地表的扰动及石渣下河；索风营砂石系统原采用干法施工，后来修改为半干半湿法施工，减少了空气粉尘污染。

（4）发现遗漏问题及时采取补救措施。

（三）目前环保工作中存在的几个问题

（1）阶段划分及各阶段目标不够清晰准确。工程可研立项阶段环境影响报告要求过细，与环保设计部门工作内容重复。

（2）重大环保措施技术成熟性较差，方法单一。如解决低温水问题，采取的分层取水措施，存在投资大、效果模糊等问题；鱼苗增殖站，对部分鱼类的增殖效果有待研究。

今后仍然需要加强对环保工程前期工作的研究，提高对水电环境影响规律的认识，研究解决水电环境保护的技术和工艺；加强运行环境管理制度研究，加强国内国际交流，引进流域管理经验和环境保护先进技术，使水电工程真正成为环境友好型的绿色工程。

（乌江水电开发有限责任公司　黄　莉）

乌江水电开发中的环境保护工作

贵州乌江水电开发有限责任公司（以下简称乌江公司）多年来坚持建设绿色工程，走生态环境、持续和谐发展的路子，严格按照主体工程与环境保护工程“同时设计，同时施工，同时投入使用”的规定，提出“开发乌江清洁能源，建设绿色环保水电公园”的目标，使环境保护管理工作取得显著成效。

（一）组织机构建设

乌江公司高度重视开工建设项目环境保护工作，成立了环境保护、水土保持管理的职能部门——科技信息处，归口管理公司所属单位的环境保护、水土保持工作。同时，所属各单位明确了分管领导、部门和专（兼）职人员，形成了从上到下纵向到底、横向到边的环保、水保管理工作体系。

（二）管理制度建设

认真贯彻《中华人民共和国环境影响评价法》、《建设项目环境保护管理条例》、《建设项目竣工环境保护验收管理办法》、《中华人民共和国水土保持法》等法律、法规和规范性文件。同时按照集团公司《中国华电集团公司环境保护管理办法（试行）》、《关于加强电源建设项目竣工环境保护验收管理工作的通知》等文件要求，结合乌江公司实际情况，制定《乌江水电开发有限责任公司环境保护管理办法》等制度性文件，规范、明确环保、水保工作流程和责任。下属各单位亦须依照此办法制定本单位环境保护、水土保持方面的管理制度和实施细则。

（三）环保、水保监督管理

（1）主动接受国家、地方环保、水保部门的监督指导。重大的环保、水保措施、方案及相关情况均主动汇报，加强联系沟通，取得支持和理解。

（2）配合环保、水保部门实施对开工建设项目环保工作的监督管理。曾对索风营、大花水等工程进行水保执法检查及对乌江公司所属建设单位进行环保专项工程检查。对不符合要求者，进行了通报并限期整改。

(3) 对环保专项工程合同进行监督管理，环保工程费用做到专款专用。收录统计各建设单位环境保护、水土保持专项费用使用情况。

(4) 严格按环境影响评价报告书与水土保持方案报告书批复的要求，落实相应措施。

(四) 优化设计，落实措施

从环保、水保角度出发，优化工程设计，采取工程措施，降低对环境保护的不利影响。如索风营电站将地面厂房改为地下厂房，部分工程改明挖为洞挖，尽量减少高边坡开挖，严格控制噪声、粉尘和三废排放，让工程建设与绿色生态环保同时并举，彻底把生态环保后置型、被动型、补救型转变成超前型、主动型。下游索桥左岸边坡岩质疏松，坡度大，常年受冲刷易发生坍塌滑坡，因此在现有防护基础上，再进行钢筋混凝土支护。施工区不排放超标准污水，处理后的废水浇灌草本植物。

又如乌江渡扩建工程中的渣料，运往对岸填压古滑坡山体的基脚，既避免了渣场选址征地，又节省了开采填压料土的开支，还扩宽、美化了厂区，保护了建设地点原始生态环境。

再如洪家渡的石渣地面，用熟土覆盖，然后加以绿化；开挖后的石壁上修马道，砌长沟，填土，全部种草种树；所有生活区、施工区都进行绿化，不留爆破、开挖和工程损毁的痕迹，即使原来没有扰动的荒滩、坡、地也都进行了绿化、美化。

(五) 陆生生物与水生生物保护

索风营电站库区蓄水后，会淹没部分猕猴、藏酋猴栖息地。为此，保护方案设计中重新建设猕猴、藏酋猴栖息地，并种上茅栗、猕猴桃和火棘，结合人工投放食物等实现该区域猕猴、藏酋猴的保护。针对乌江流域珍稀鱼类，采用建立鱼苗人工繁殖增殖站的方式进行保护。拟在索风营电站营地内建立一鱼苗放流站对珍稀鱼类进行保护，这些鱼类主要有盖岩原鲤、白甲鱼、长薄鳅、中华倒刺巴等。在思林电站建设一鱼苗放流站实现乌江下游河段珍稀鱼类保护，主要保护鱼类有岩原鲤、中华倒刺巴、青鱼、长薄鳅、白甲鱼、泉水鱼、华鲮、圆口铜鱼、圆筒吻鮈、墨头鱼等。为此，乌江公司已组织相关单位进行调研，安排计划，并做好方案设计、评审，然后实施。

(六) 定期开展环保、水保“三同时”自查工作

对开工建设项目，定期进行“三同时”自查，对环保、水保工程进行回顾性总结，并定期检查各单位“三同时”自查报告。做到了事前分析预测，事中监督跟踪，事后回顾总结。

(七) 树乌江公司环保友好企业形象

2005年通过与贵州省水利厅联系，推荐乌江公司索风营电站与乌江渡水电站扩机工程为全国开发建设项目水土保持示范工程。构皮滩建设公司、索风营建设公司把建设环保友好型企业纳入了本单位的工作内容并做了实质性的工作。

(八) 总结

“开发乌江清洁能源，建设绿色环保水电公园”不仅是乌江水电开发建设的目标，更是乌江公司走可持续发展路子的基石，同时也是乌江公司环境保护工作的总则。在今后的环境保护工作中，重点要落实以下几点：

(1) 水电开发是河流水资源利用的宏伟工程，它既可以造福人类，又会对环境造成一定程度的不利影响。对环境影响的研究和管理，要提高工程环境影响评价工作质量，处理好建设项目与环境保护之间的矛盾。

(2) 努力做到水电开发与环境保护协调发展，开发利用的同时，要有环保对策和措施，使不利因素的影响减到最小。

(3) 河流流域是完整的生态系统，流域开发对环境的影响，不同于单一电站对环境的影响，在空间、时间、内容、评价方法和目标上，都有差别。目前，在单个水电站环境影响研究和评价的基础上，进一步开展水电梯级开发对流域累积环境影响的研究，主要包括：累积环境影响的基本概念和理论；累积影响形成的主要途径；累积影响的评价方法和模式的构建；评价的指标体系等。

通过先进的环境管理意识、科学的环境管理方法、切实的环境管理手段措施，乌江水电的开发建设必将走出一条人与自然和谐相处、企业与社会双赢的路子来。

(乌江水电开发有限责任公司　邹建国)

乌江渡发电厂扩建工程环境问题及其保护

(一) 概况

乌江渡水电站位于贵州遵义县境内，原装机容量630MW，为坝后全封闭式厂房，混凝土拱形重力坝，最大坝高165m，坝顶弧长350m。工程于1970年开工建设，1983年全部竣工投产。

乌江渡发电厂扩建工程充分利用原电厂条件，施工场地布置在坝址左岸下游2.3km范围内。砂石加工系统和混凝土生产系统布置在左岸下游0.9km处左岸高程700m交通洞附近；企业工厂、仓库及生活区布置在坝址左岸下游1.8～2.3km处原施工单位相

应设施的地方；需要大修的设备则外委修配加工；生活福利设施利用右岸现有条件，不另作规划。工程主体及临建工程土石方明挖、洞挖料总量约 80 万 m^3，其中约 57 万 m^3 为弃料。根据现场地形条件，选择坝址左岸下游 1.0km 处的长沟作为弃渣场，其可储存量约 20 万 m^3；剩余约 37 万 m^3 则运往南岸，作为芭蕉沟古滑坡体整治工程的压脚之用。工程充分利用了乌江渡发电厂原有的征地，仅在进水口闸门及进厂交通洞部分补充征地约 3.8 万 m^2。

（二）环境现状

乌江渡发电厂所在地区为典型的喀斯特地形地貌，其自然环境现状为：气候温和但暴雨较多；土壤类型多样，土地资源丰富，但质量较差且水土流失现象较为严重；植物区系复杂，但次生性明显；陆生动植物资源丰富，但施工区内无珍稀动植物；水资源丰富，但由于受上游厂矿企业污水排放的影响，水质污染较为严重，乌江渡水库的水质达不到Ⅱ类水域功能要求；社会经济相对落后，局部生态环境遭受破坏严重。

乌江渡库区上游有重钙厂，其黄磷厂排废的污水和库区养殖是乌江渡库区的最大污染源；坝址下游 1km 处还有一个黄磷厂。发展与环保是该地区的一大难题。

（三）环境保护设计的原则和对环境设计的预评价

1. 环境保护设计的原则　根据《建设项目环境保护设计规定》的要求，进行环境保护设计的基本原则如下：

（1）要遵循可持续性发展的方针，把经济、社会和环境的发展融为一体，遵守符合国情、经济合理、技术可行、便于实施、效果良好的原则，避免损坏环境问题的发生。

（2）环境保护设计的目的是为大坝和水库提供环境可以承受的方案，要包括自然环境和社会环境保护两方面的重点问题，对不利影响因素要设法予以减免，对有利的因素要尽量地发挥。

（3）力争投资省、效果好，在指导思想上尽量变被动保护为主动减免。

（4）突出重点，深入细致地解决问题。乌江渡发电厂扩建工程的环保重点在于防止进水口和尾水出口开挖时渣料进入大坝左泄入口或尾水河道，以免影响泄洪或尾水抬高影响机组出力。

2. 环境保护设计预评价　贵州省劳动保护科学研究所对环境保护设计进行了预评价，其评价如下：

（1）该工程可提高系统运行的安全性和经济性，具有显著的社会效益。

（2）该工程能扩大装机容量 500MW，多年平均发电量 6.5 亿 kW·h，可替代火电装机容量 525MW，可为系统节约基建投资 5.675 亿元，且运行费用远低于火电，因此具有较好的经济效益。

（3）该工程每年可为贵州省提供 6.5 亿 kW·h 的清洁能源，每年节约标准煤 22.1 万 t，节约资金 3757 万元；估算每年可减少排放 SO_2 9093.4 t、烟尘 1420.1 t、灰渣量 28.87 万 t，同时还避免了火电站运行过程中的废水、废热污染问题；从替代的环保投资上看，仅此一项即可节约资金 2.77 亿元。因此，该工程的兴建可在一定程度上防止非再生能源的消耗及其带来的环境污染，具有较好的环境效应，符合可持续性发展的要求。

（4）该工程的不利影响：施工废渣和废水对河道水质的影响；施工废气及粉尘对大气环境的影响；施工噪声对周围环境的影响；开挖和弃渣对周围环境的影响；由于是扩建工程，还存在爆破对现有建筑物的影响；施工区的卫生与人群健康。

总之，该工程的兴建，有利影响是主要的，不利影响是局部的和短期的，通过采取相应的环境保护措施后，可在一定程度上减免或弥补不利影响，工程建成后所在地区的环境将逐步得到改善。

（四）施工期环境问题及保护措施

1. 施工期的环境问题　乌江渡发电厂扩建工程的环境影响较其他新开工建设的水电工程小，施工期涉及环境保护的内容主要有以下 5 方面：① 施工区环保规划与设计；② 施工三废处理措施及噪声防护措施；③ 开挖爆破对现有建筑物影响的防护措施；④ 开挖和弃渣对周围环境的影响及施工区水土保持措施；⑤ 施工区卫生与人群健康保护措施及水库水质保护措施。

2. 施工期的环境保护措施

（1）优化设计，减少土地的占用。水电站建设因临时建筑、施工通道、砂石料生产、弃渣等需要占用大量场地。在实际工作中，主要有以下两方面：

1）进厂公路优化设计。进厂公路是地下厂房、引水下平段和尾水洞施工的主要通道，为避开老百姓的熟地，现场踏勘后，决定在保证原设计坡度不变、最大纵坡长度不变的前提下，将起点桩号向上游移动，使进厂公路由 522 m 缩短到 345m，且避开了滑塌体，减少征地 0.3 万 m^2，并节约投资约 55 万元。

2）砂石系统场地布置优化。通过经济对比分析，在保证使用的前提下，将原设计毛料入场公路改为溜槽入场，减少征地（田）1 万 m^2，节省投资（预算）65 万元。

（2）招投标阶段，把施工区环保规划与设计的要求写进招标文件，要求投标单位予以认真研究，做好计划和安排，并承诺作为合同条款的一部分；严格要求施工用机械设备必须是环保型的，必须有相应的环保安排和投入；对在环境保护方面有特殊考虑的投标单位采取给予加分的优惠政策。

（3）工程实施阶段的环境保护措施主要有：

1）为了防止水土流失及生态环境异化，最根本的途径是通过植树造林、种草等措施，尽快恢复植被。对于因工程开挖而形成的进水口和尾水出口高边坡，采取了锚喷混凝土的方案，既避免了水土流失，也保证了人身安全和施工的正常进行；下一步还计划进行挂网植草，以美化环境。

2）地面建筑物的设计与现场景观规划相协调，提倡环境建设的人性化，如杨木匠沟的环境恢复整治过程中，强调了必须满足环境要求，同时又是一个休憩、放松的地方，有利于生产运行人员的身心健康。施工区物资、设备摆放有序，渣场修建了挡渣墙，下部建了沉污池和排水沟等防护设施。

3）搞好施工区公共卫生环境工作，建设符合标准的生活垃圾处理设施；保护饮用水源，加强供水设施的净化、消毒管理，确保生活水质符合国家卫生标准；加强食品卫生、公共场所的卫生监督管理和从业人员的健康体检，以及对施工人员的劳动保护；积极开展卫生防疫工作，切实做好传染病的预防和管理工作。

4）噪声的主要来源为施工爆破的噪声，通过工艺调整使其适当降低，比如设计了最大松动爆破方案、采用级差爆破技术、选择合理的布孔参数等，都有较好的效果。

5）治理粉尘的工作，采取了如下措施：① 尽可能将路面浇筑为混凝土，加强道路的养护、维修、洒水和清扫（购置有专用洒水车）；② 道路靠山体一侧砌筑约 1.5m 高的矮墙，另一侧修建花池，进行绿化；③采用降低粉尘的工艺、方法和设备，如钻孔采用湿法作业，自带吸尘设备的潜孔钻等；④针对地下工程的特点，有计划地安排了 3 条施工通风竖井，再辅以大功率的通风设备，较好地解决了地下工程施工过程中通风除尘难的问题。

6）水质保护工作主要是实施一定的污水治理工程，具体措施为：①加强砂石系统和施工用污水的沉淀处理，使其污水排放达到地面水Ⅱ类水体排放标准；② 对生活用污水统一采用化粪池方式处理，施工工作面设置流动厕所等。

7）对乱弃渣现象，采取了重奖重罚的办法，对举报者施重奖，对乱弃渣者重罚，且处罚到项目部领导层，基本杜绝了乱弃渣现象。

在工程实施过程中，严格按照“安全文明工区管理”的规定及要求，进一步加强施工区环境的整治力度，取得了良好的效果。

（乌江渡发电厂　张体忠）

索风营电站建设的环境保护工作

索风营电站建设的环保工作，严格执行了国家的环保“三同时”规定。贵州乌江水电开发有限责任公司组建的索风营电站建设公司，从工程建设开始，就提出了“开发乌江清洁能源，建设绿色水电公园”的环境保护目标。几年来，索风营电站建设公司采取多种有效措施，开展环境保护工作，取得了显著成绩。

（一）优化技术方案

索风营工程处于高山峡谷地带，施工会对环境带来一些不利影响，如高边坡明挖对植被的破坏、大量石渣下河、施工粉尘和废水对环境的污染。针对上述问题，索风营电站建设公司认真研究并优化工程枢纽布置和施工技术方案，最大限度地减少对环境的影响。主要优化技术方案有：①原布置于左岸的地面厂房调整为右岸地下厂房，减少明挖近 60 万 m^3，使得近 300m 高边坡上的植被得以保存；②取消原布置的缆机而用门塔机替代，减少两坝肩明挖近 20 万 m^3；③将位于两坝肩的 3 号、4 号堆积体全部挖除方案改为局部加固，减少明挖超过 40 万 m^3；④优化下游索桥右岸桥台连接段和左岸上坝公路，将明挖改为洞挖，减少下河石渣 10 多万 m^3；⑤人工砂石系统采用了居国内领先水平的“半干法”制砂工艺，较常规砂石系统大大降低能耗，减少粉尘、废水排放，废水回收再次利用率达到 80%，被誉为“环保砂石系统”。

（二）严格施工规范

索风营工程在抓技术环保的同时，严格施工规范，狠抓环保工作：①设定集中弃渣场，并严格弃渣管理，改变过去随意弃渣的陋习；②要求施工单位在工程建设中尽可能少占用和损坏现有植被，对由于施工而影响的部位，及时采取绿化措施；③对工程建设实施过程中遭遇的不良地质段，采取固定、治理、绿化相结合的环保措施，达到既稳定安全又美化环境的综合治理效果。

（三）发动群众参与

统一规划，发动当地群众在施工区内搞有偿植树造林。投资小，见效快。既保护了环境，又为当地群众开辟了一条致富途径，融洽了与地方关系，达到电站建设兴黔富民的目标。

（四）启动环保工程项目

索风营电站坝址两岸地形陡峭，且分布 4 个不良地质堆积体，堆积体后缘多为陡崖，坡面植被稀疏，随时可能塌滑。在工程前期“四通一平”过程中，已经使部分山体及自然结构受到了不同程度的扰动，存在着一些滑坡和水土流失的隐患。据此，从2002年起陆续启动绿色环保项目，通过按要求带设计方案招标的方式，优选了有经验、有资质的单位来实施如下绿化环保工程项目：

(1) 进场公路沿线环境保护工程。该区地处交通要道，沿线有多处塌滑体，公路施工时两侧留下了弃渣和裸露的岩石。针对此种情况，制定的方案是力求保持现有地形，对公路两侧的上下边坡采取不挖不填、直接利用植物固坡、护坡的方式。绿化时采取生命力强、根系发达、可免后期养护的香根草为主要植物，采用行栽或成遍栽培的方式，使根系在地下形成强大的生态网，罩住塌滑体区域的土壤，减少水土流失，从而达到了固坡、护坡的目的。

(2) 堆积体环境保护工程。1号堆积体位于坝址左岸的峡谷出口下游，稳定性差，开挖处理后植被遭全面破坏，需绿化的面积为$64432m^2$，决定采用传统的生物防治方式。其方法是：在平地上种植高矮不同的灌木与草本植物，形成立体的植物保护层，以有效遏制水土流失。对开挖后不进行喷锚支护的缓边坡，采用了混凝土网格梁护坡复合植被的方法进行治理，既提高了边坡的整体和局部稳定性，又能显著改善边坡的绿色景观；对已喷锚支护的边坡，则种植能下垂上攀的藤蔓植物使之形成植被覆盖住坡面，并逐渐在坡面上构建一个具有自长能力的植物功能系统，形成一种自支撑、自组织与自我修复的生态工程系统，有效遏制边坡经雨水冲刷造成塌滑，达到保护边坡和改善生态环境的目的。

(3) 营地绿化及污水处理工程。2号营地是建设公司和设计代表、监理的办公区及生活营地，在坚持经济性、景观性、环保性相协调的原则下，营地景观绿化面积为$8196m^2$，营地污水处理达到国家许可标准，并以此排放的污水用于浇灌该生活营地和右岸进场公路1号交通洞沿线植物，既节约了水资源，又使该地域的植物养分充足，长势喜人，给现场建设管理人员创造了一个健康、优美的办公环境，同时也塑造了良好的企业形象。

(索风营发电厂　赵焕德)

三峡库区开县消落区生态环境综合整治的工程举措

(一) 项目背景

三峡水库按三期水位蓄水运行后，两岸将形成30m落差的消落区。每年6～9月水库按防洪限制水位145m运行时，正是夏秋季节，消落区内的污物受烈日的烘烤、暴晒，易滋生蚊蝇，诱发疾病，视觉景观也差；在11月至次年5月高水位运行期，水流由径流变成滞流或缓流，水体自净能力和稀释能力下降，上游污染物滞留岸边，形成污染带；上一年沉积在消落区的污染物经夏秋高温腐化后成为第二年水质污染源，如此年复一年，对库区水质形成极大的污染隐患，严重影响库区的生态。这种影响对地势陡峭且人居稀少的峡谷地段尚不明显，对于地势平缓、人口相对集中的城镇地带，影响较为严重。

为此，库区各级政府联合科研院校进行了治理措施的研究，国家环保总局环境规划院于2004年首选消落区生态环境影响较严重、有一定代表性的小江（又称澎溪河）流域作为治理对象，并编制了《三峡库区（小江）流域生态环境综合整治规划》（以下简称《规划》）。

小江流域是三峡水库左岸的一级支流，覆盖五个县（区），库区消落区主要分布在开县、云阳两个移民迁建县。河流全长182.4km，流域面积$5172.5km^2$，其中自开县新县城至云阳新县城（河口）的中下游河段长76.4km，落差仅95.5m，河道比降十分平缓（仅1.25‰），将成为三峡库区的回水淹没区和消落区。开县境内淹没面积$58km^2$，汛期退水将形成面积$45km^2$、最大消落深度达30m的消落区，并主要集中在开县移民新城附近开阔的浅丘平坝区域。广阔的消落区将给周边人居环境和生态环境带来多种影响，如何治理，一直受到各级政府及环境、水利专家的关注。2001年，国务院以国函［2001］147号文将小江流域综合整治项目列入了《三峡库区及其上游水污染防治规划》；2003年7月重庆市环保局又以渝环发［2003］115号文将小江流域纳入了三峡库区重点环境治理支流。

(二) 治理措施与建设方案

2003年12月，国家环保总局环境规划院编制完成的《规划》报告中，提出了解决开县新县城消落区环境污染问题的“前置库”方案。即在开县新县城下游建设水位调节坝，形成水位相对稳定的“前置库”（人工生态湖），减少三峡库区开县消落区的面积和消落水深。

2005年3月，长江勘测规划设计研究院依据《规划》纲要，完成了《三峡水库开县消落区生态环境综合治理水位调节坝工程可行性研究报告》（以下简称《可研报告》）。《可研报告》提出的工程建设内容包括水位调节坝工程、前置库区域生态建设工程两部分。

水位调节坝位于开县新县城下游4.5km处的乌杨桥，其功能为保持库内水位相对稳定、减少消落面积、防洪过流、排沙拦污、过鱼，以及为防止前置库内水质富营养化而需要的水体置换等。拦河建筑物采用闸坝结合的型式，主要包括主坝、副坝、泄洪闸、溢流堰和鱼道等。水库正常蓄水位 168.5m（黄海高程），相应库容 0.56 亿 m^3，最大坝高 22.53m。

前置库区域生态建设工程主要包括沿岸生态防护林工程、湿地及多塘系统建设工程、敞水区生态工程三部分。沿岸生态防护林工程是在 176.23m 高程处设 2m 宽观景通道，通道以上设 14m 宽湿生植物防护带，以下至高程 174.73m 之间设水生灌木林带，其主要作用为阻碍面源污染物进入水体、固坡护坡、减少水土流失，沿岸生态防护林总面积 1.89km^2。湿地及多塘系统是在高程 174.73m 至 172.73m 之间设置水生植物带，形成人工湿地，在高程 172.73m 至 169.73m 之间设置多塘，收集各种既可观赏又能吸收水体中富营养物的经济性植物，以净化水质，面积 3.24km^2。敞水区面积 14.48km^2，主要采用动物控制措施改善水质，养殖滤食性鱼类（鲢、鳙、鳕）及底栖动物（螺、蚌）进行除藻，控制库内有机碎屑及腐败质。

水库运用调度的方法是：当坝下水位高于正常蓄水位时，前置库内水位与下游同步；当坝下水位低于正常蓄水位时，按正常蓄水位运行，余量通过自由溢流堰和闸门下泄；当下游遭遇百年一遇及以上标准洪水时，前置库按放空运行。

水位调节坝按正常蓄水位运行后，可使坝址以下消落区面积由 24km^2 减少至 9.52km^2，最大消落深由 18.5m 降低至 5m，结合生态建设工程，可治理消落区 20.94 km^2，占坝址以上消落区面积的 87%，基本消除了消落区的不利影响。

（三）项目建设的意义

该工程是为综合治理消落区生态环境而兴建，可降低三峡水库水位变动对开县消落区生态环境的不利影响，可减免消落区的生态环境恶化对周边移民生活的影响，改善环境质量，优化移民安置区的生活和工作环境，并避免残存污水和垃圾对下游水库的污染，有益于三峡水环境的改善。该工程的建设，可使开县新城周边形成一个相对稳定的湖面，为开县消落区的整治、构建山水园林城市创造条件，对研究如何解决我国防洪水库普遍存在的消落区生态问题具有积极意义。

（长江勘测规划设计研究院　曾友国）

亲环境植生块在水利工程堤坡防护中的应用

（一）前言

河川库岸为防止洪水淘刷，导致两岸侵蚀、崩溃，大都采用混凝土、块石护岸，却往往忽略了自然环境的再造、再恢复。混凝土或块石衬护使得原有的河川弯道、浅滩、湿地消失，原本生机勃勃的河湾、河岸逐渐消逝，造成沿岸一片灰色，许多还污渍斑斑，影响了城市、堤岸景观，破坏了自然生态系统。

随着国家的经济实力提高和开放领域扩大，反映在治水理论上的新思维、新理念逐步形成。众多专业工作者一直在研究探寻新的护岸材料和技术。2003 年长江城市防洪工程（如九江）项目设计中，即采用了亲环境植生块护面。

（二）亲环境植生护岸块的特性

亲环境护岸植生块，几经改进，已具有了相当广泛的应用领域，主要用于河川整治，堤坝、水渠护岸，地灾、水灾修复及城市亲水景观。

（1）与常规的现浇混凝土护坡相比，常用的混凝土预制六面体护坡（厚 10cm），植生块的厚度、混凝土强度都可以达到同性能的要求，植生块厚度为 8cm、10cm、15cm；厚度与水的流速及产生的脉动压力有关。植生块的防护水流流速达到 6～7 m/s。设计强度一般在 10～15MPa（约 C10 混凝土）就足够了，而用于九江城市防洪堤的植生块强度经多次检测达到了 15～19MPa（C15～C20）。

（2）由于工厂化的生产，植生块规格统一，铺坡后具有整齐的韵律感，像是划上了方格，就是不配植绿色植物，也很美观；若配上绿色植物，则形成一道美丽的风景。

（3）自锁定装置，合适的孔洞及附着的碎波防浪功能，构成了特殊的表面形状。自锁定构造，采用楔形榫槽，四边穿插式组装，单榫的抗拉力为 1.3t。块间的结合力巨大，四边支撑相当于铰连接，将刚性材料做柔性处理，具有可靠的稳定性，同时还具有变形调整能力；若遇坡面轻微的塌陷变形，也容易维修。

（4）由于特殊的生产工艺，植生块除了满足强度要求，还具有透气、透水性，利于坡面排水及植生保水，这是常规混凝土不具备的。

植生块的开孔，块体透、渗水功能，使河水可以渗入岸坡，保证地下水的正常补给；再造与恢复的自然环境的河岸、护岸仍可以生长草本植物，具有净水功能的植物、微生物、鱼类和其他水生生物仍可生存，增大了河水的自洁净化能力。另外，河川、溪沟两岸采用植生块护岸，其生长的植物作为过滤屏障，对防止岸坡顶上的水土流失、垃圾及有害水体在地表径流作用下直接进入河道、溪沟，起到一定的净化作用，减少了对河水的污染。同时，植草根系（深入土层下达 3m）对坡面结构也起到一定的加固作用。

（5）直接铺装容易，不需砂浆勾缝，降低了人工费，也缩短了工期。坡面找平后，每人每天能铺 50

～60m²。

植生护岸块的主要施工步骤为：①平整坡面；②铺设土工布；③铺装植生块；④植生块孔洞敷土；⑤一个月后草籽成活、绿草茵茵。

（三）亲环境植生块在九江城市防洪堤中的应用

九江市是重要的旅游城市，锁江楼至九江长江大桥一线有较多的文物遗址和风景点，坡岸顶部为城市滨江公园带，护岸应与生态绿化结合；堤防护岸工程与滨江公园配套设计。选用亲环境护岸植生块防护方案具有明显的优越性。该方案既满足防洪护岸的要求，也能恢复生态，改善环境景观。

九江城市防洪堤采用植生块护岸长度约 900m，总面积约 12000m²。2003 年 3 月坡面修整完工，至 5 月完成植生块的铺装，及时敷土与植草种，经过夏季的精心培育与养护，还经过一个汛期的洪水检验，护岸功能和绿化功能的效果非常明显。被洪水淹过（三个月）的草坡，在洪水退后，依然恢复生长，仍是绿草茵茵。茂密的植草就像草原绿毯覆盖了植生块，许多坡段已看不见植生块了。新颖的坡岸一改过去的灰色调、旧面貌，显示出勃勃生机。

工程实施中，担心洪水淹没，浸泡与水流作用会影响坡面绿化的效果及增加维护工程量。九江长江水位年变幅约 10m 左右，冬季河床水位低至 8～10m（黄海水位），汛期水位可达 16～22m，2003 年洪水位达 19.3m，经过三个月约 4m 水深的浸泡，至九月洪水退后，坡面植草迅速恢复生长。经此验证水位的变化对植生块植草的影响不大，涨水时植生块承担护岸的功能。落水时，由于植生块有孔洞植土的条件，只要有土壤就会长草，就另是一番绿坡、绿岸的景象（护岸兼备生态的功能）。这种水位的消落，草被的生长，与河溪岸边的土坡、土堤原生植物自然生长情况是相似的。由于植生块具有的防滑碎浪功能与植草及灌木的固土作用，土体是不易被水浪淘刷的。

（长江勘测规划设计研究院　胡位钦
李学安　叶志华）

水 库 移 民 工 程

乌江彭水水电站移民安置规划设计工作

彭水水电站是乌江干流梯级开发方案中的第 10 级，装机容量 1750MW，水库正常蓄水位 293m（黄海高程），以发电为主，其次为航运，并兼顾防洪及其他综合利用。工程占地及水库淹没涉及重庆市彭水苗族土家族自治县、酉阳土家族苗族自治县和贵州省铜仁地区沿河土家族自治县。预可行性研究报告于 1993 年通过了原能源部、水利部水利水电规划设计总院组织的审查，可行性研究报告于 2004 年 8 月底通过了水电水利规划设计总院会同贵州省发改委、重庆市发改委组织的审查。2005 年移民安置规划取得了重大进展。

（一）可行性研究报告获国家发展和改革委员会核准

2005 年 3 月 17～20 日，受国家发展和改革委员会委托，中国国际工程咨询公司在重庆市主持召开了重庆乌江彭水水电站核准咨询会议。2005 年 9 月 2 日，国家发展和改革委员会以发改能源［2005］1683 号文《国家发展改革委关于重庆乌江彭水水电站项目核准的批复》核准了该项目。建设征地及移民安置主要成果如下：

1. 主要实物指标　工程占地及水库淹没涉及 3 县的 24 个乡（镇）、114 个村、405 个组、1 个县城、10 个集镇、234 个单位、8 家工业企业；总面积 51.81km²，其中陆域 35.46km²，水域 16.35km²，库岸长度 513.4km；总人口 23169 人，总房屋 114.19 万 m²；各类土地 3546.11hm²，其中耕地 1224.73hm²，园地 23.99hm²，河滩地 80.91hm²，鱼塘 1.37hm²，林地 1168.52hm²，建设用地 149.83hm²，未利用地 896.77hm²；各类零星树木 19.25 万株，坟墓 4797 座；二级公路 0.25km，四级公路 34.14km，等外公路 2.14km，大中型桥梁 12 座共 866m，汽渡 1 处，码头 23 处；10kV 以上输电线路 71.32km（线路公里数均以杆距计算，下同），电信线路 127.19km，广播有线电视 56.80km；水电站 5 座装机容量 1595kW，抽水站 2 座装机容量 162kW；水文站 3 处；文物 83 处，其中地下文物 48 处，地面文物 35 处；矿产资源 2 处；国家二等水准路线 4 条、水准点 107 个，四等水准路线 5 条、水准点 10 个。

2. 主要规划成果

（1）农村规划生产安置人口 14383 人，全部为种植业安置。规划用于安置移民的耕园地共计

1104.78hm²，移民人均0.08hm²，全部采用调整耕地的方式。

农村规划搬迁建房总人口17246人，其中规划搬迁人口12911人，规划淹（占）地不淹（占）房需搬迁建房人口4335人。规划进集镇建房人口5065人，规划新建农村居民点9个，进点建房人口2311人，分散建房人口9870人。

（2）全淹集镇2个，局部受淹集镇8个，规划复建集镇10个，集镇人口规模12672人。迁建占地总面积89.52hm²。

（3）局部受淹沿河县城1个，淹没处理方案推荐临时搬迁加直立墙护岸加回填加回迁（就地安置）方案。

（4）规划复建二级路2.55km，四级路42.79km，等外公路4.94km，桥梁10座1857.80m，隧洞1座836m。复建10kV输电线路95.38km，通信线路135.10km，广播电视线路36.89km。规划复建港口码头14个。

3. 补偿投资总概算　建设征地及移民安置补偿投资总概算227206.21万元，其中农村移民补偿费55161.40万元，集镇迁建补偿费34917.23万元，县城淹没处理补偿费48767.01万元，专业项目复建补偿费32361.60万元，库底清理费680.09万元，环境保护工程费1551.20万元，水土保持工程费1042.93万元，独立费用31825.83万元，基本预备费18732.00万元，地质灾害监测预留费500.00万元，工程占地区已支付公路补偿费1666.92万元。

（二）贵州库区移民安置实施规划报告获贵州省批复

受贵州省大中型水电工程移民开发领导小组办公室（以下简称贵州省移民开发办）的委托，长江水利委员会长江勘测规划设计研究院（以下简称长江设计院）承担了乌江彭水水电站贵州库区移民安置实施规划编制工作。

2004年10月，贵州省移民开发办在沿河县主持召开了乌江彭水水电站沿河库区移民安置实施规划编制动员培训大会。从2004年10月至2005年11月，开展了水库移民实物指标复核分解、农村移民安置实施规划、集镇迁建规划设计、专业项目复（改）建初步设计、县城移民安置实施规划和防护工程初步设计等工作，在此基础上，长江设计院会同沿河县人民政府于2005年11月编制完成了《乌江彭水水电站贵州库区沿河县移民安置实施规划报告（送评稿）》。2005年11月29～30日，铜仁地区行署在铜仁市主持召开了《乌江彭水水电站贵州库区沿河县移民安置实施规划报告》审查会议，根据审查意见补充修改完善后，完成报告（送审稿）。2005年12月23～24日，贵州省移民开发办在贵阳主持召开了《乌江彭水水电站贵州库区沿河县移民安置实施规划报告》审查会，根据审查意见补充修改完善后，完成报告（审定本）。2006年2月14日，贵州省移民开发办印发了《关于实施乌江彭水水电站水库移民安置规划报告的通知》（黔移办函［2006］15号）。贵州库区实施规划主要成果如下：

1. 主要实物指标　彭水水电站库区淹没涉及贵州省沿河县11个乡（镇）、69个村、305个组，淹没影响人口14590人，各类房屋面积72.2万m²；各类土地1626.58hm²，其中耕园地586.30 hm²，林地401.60 hm²；零星树木8.42万株，坟墓1619座；四级公路18.93km，大中型桥梁8座366m，汽渡1处；10kV输电线路44.73km，通信线路68.40km，广播电视线路45.40km；水电站1座、装机容量1260kW，抽水站1座、装机容量110kW；水文站2处；文物30处；矿产1处。

2. 主要规划成果

（1）全县规划生产安置人口8540人、规划搬迁建房总人口9983人。安置移民需征用耕地399.98hm²。新建集中居民点2个，进点人数1558人。

（2）全县复建洪渡、思渠、毛渡、黑獭4个集镇，人口规模5301人，其中移民进镇人数3609人。规划迁建占地37.03hm²。

（3）沿河县城淹没处理方案采用货币化补偿和搬迁至防护堤内移民安置区两种方案。

（4）全县复建改建四级公路44.94km，大桥6座799.04延米，等外公路43.33km；复建电力线51.14km，通信线42.75km，广播电视线路41.21 km。

3. 补偿投资总概算　乌江彭水水电站贵州库区移民补偿总投资141724.02万元，其中农村补偿投资30428.36万元，集镇补偿投资17248.36万元，县城补偿投资51862.36万元，专项补偿投资15533.43万元，库底清理补偿投资481.71万元，环境保护补偿投资807.40万元，水土保持补偿投资485.88万元，独立费用18050.75万元，基本预备费6525.77万元，地质灾害监测预留费300.00万元。

（长江勘测规划设计研究院　胡兆霖　冯秋生）

龙滩水电站375m方案水库淹没处理规划设计

（一）工程概况和淹没影响实物指标

龙滩水电站坝址位于广西天峨县境内的红水河干流上，下距天峨县城约15km。工程按400m设计，

375m建设。水库正常蓄水位375m时，淹没各类土地总面积377km²，总库容162.1亿m³，电站总装机容量420万kW，年发电量为156.7亿kW·h。该电站是红水河梯级开发中规模最大、水库调节性能最好的骨干工程，主要任务是发电，兼有防洪、航运、水产等巨大综合效益。

根据可研补充阶段调查和规划成果，龙滩水库正常蓄水位375m时淹没涉及黔、桂两省（区）的10个县（贵州省的罗甸、望谟、册亨、贞丰、镇宁5县，广西的天峨、南丹、乐业、田林、隆林5县），48个乡（镇）、233个行政村、876个村民小组，淹没土地总面积为377km²（含水面75km²），其中耕地（含小于1.0m宽度田坎）面积为8.43万亩（贵州省4.83万亩，占57.30%；广西3.60万亩，占42.70%），陡坡地为2.98万亩，林地为21.87万亩，草地7.98万亩；2008年底搬迁人口为7.51万人，其中农业人口7.00万人；水库淹没房屋面积为221.89万m²，淹没12个乡集镇及公路等专业项目。

（二）农村移民安置规划

1. 农村移民安置规划的主要依据　主要依据有《中华人民共和国土地管理法》、《大中型水利水电工程建设征地补偿和移民安置条例》（国务院74号令）、DL/T 5064—1996《水电工程水库淹没处理规划设计规范》以及贵州、广西两省区的相关政策、法规、规定和经过审定的《龙滩水电站建设征地和移民安置规划设计大纲》等有关文件。

2. 农村移民安置规划的指导思想　在1991年两省（区）编制的移民安置实施规划的基础上，根据《大中型水利水电工程建设征地补偿和移民安置条例》和国家现行政策的规定，把移民安置同库区建设紧密结合起来，进行开发性移民。正确处理国家、集体、个人三者利益，合理开发利用库区资源，全面规划，因地制宜地调整产业结构，尊重少数民族风俗习惯，多渠道、多门路安置移民，使其搬迁后不降低原有的生活水平。

3. 农村移民安置规划的原则　农村移民安置，应根据当地自然资源条件，因地制宜，合理开发。以土地为依托，大农业安置为主，尽可能重新调整土地，适当发展二三产业进行安置。当地自然资源不够充裕时，应考虑外迁安置；合理布局农村移民村庄和乡（集）镇，优化配置其交通、水利、供电等基础设施，使移民能长治久安、安居乐业。为照顾少数民族风俗习惯，农村移民原则上以村民小组为单位成建制集体安置，对随寨迁移人口一并进行安置；根据原初步设计审查意见，尽可能把移民安置在400m水位淹没线以上；移民安置规划要与当地土地利用总体规划相衔接。

4. 农村移民安置标准　结合各县“九五”计划和“2010年发展规划”的目标，分析各种资源的投入产出水平，综合确定各种项目的安置标准为：水田1.0亩/人，旱地2.0亩/人，果园1.0亩/人，用材林20亩/人，经济林10亩/人，低产田改造3.0亩/人，养牛6头/人，养羊20只/人，库汊养鱼4.0亩/人，网箱养鱼1口/人。其他项目安置标准，根据其投入产出水平确定。

5. 农村移民安置任务　农村移民安置规划的基本任务是妥善安置因水库淹没影响的生产资料承载的那部分人口，即生产安置人口；恢复因水库淹没影响而需要建房的人口的房屋及其附属设施，配套建设必要的水、电、路等基础设施和文教卫生、商业等公共设施。经计算统计，库区10县到2008年年底的生产安置人口为80472人，贵州47122人，广西33350人；建房安置人口为75125人，贵州42995人，广西32130人。

6. 移民安置环境容量　龙滩水库移民环境容量以行政村为单位进行分析计算。库区10县中，贵州的罗甸、望谟、册亨、贞丰、镇宁5县和广西的南丹、田林、隆林3县共8个县的移民可全部在本县内安置。

广西天峨县有4287人需要外迁出县安置，乐业县需要从国营雅长林场征用土地安置该县雅长乡的移民。

7. 农村移民生产开发规划　库区生产安置人口为80472人，除广西的天峨县有部分移民（4287人）需要出县进行安置外，其余76209人规划在本县内予以安置。74728人移民安置在大农业，共开垦、改造和划拨耕地5.52万亩，开发果园2.15万亩，安置移民6.98万人，发展经济林及养殖业等安置移民0.49万人，其余1457人通过二三产业安置。

8. 农村移民村庄迁建规划　在充分征求库区干部和居民意见的基础上，按照移民村庄新址选择原则，库区各县对100人以上的居民点新址进行了复核，除外迁移民外，库周共规划新建较大的移民村庄有177个（不含乡集镇和外迁部分），其规模从100人至1000人不等。其中贵州120个，广西57个。

9. 基础设施规划　主要包括：农村移民村庄的人畜饮水和生产用水规划的水源点、取水方式、供水范围及规模、投资概算的确定；农村移民安置区和生产区供电规划，主要包括输配电网络和变电站的规划及投资；移民村庄之间、乡（镇）村之间和移民村庄与大片生产开发区之间的道路规划。库区各县基础设施和公共设施规划，结合安置区的现有设施、移民的生产安置规划、移民村庄迁建规划、受淹专项设施的迁建以及乡（集）镇迁建规划等统筹考虑，按照经济合理的原则进行统一规划。

10. 农村移民安置规划投资　包括农村移民生产开发（种植业、林业、养殖业、二三产业等）投资、移民村庄和移民户的住房复建投资、配套基础设施（水、电、路）和公共设施等项目的投资。

（三）集镇迁建总体规划

1. 集镇迁建规划　龙滩水库淹没的12个乡（镇）址分别是广西区天峨县的向阳、下老，乐业县的雅长，田林县的百乐和贵州省罗甸县的茂井、红水河、八总，望谟县的昂武、蔗香、乐园，册亨县的岩架、百口。根据龙滩水电站可行性研究补充报告编制总体安排要求，对龙滩水库淹没的12个乡（镇）的迁建新址施测1∶1000地形图，进行了地质勘察，对乡（镇）址的现状人口、用地情况和迁移新址及其供水水源、对外交通、通信、电力接线、新址人口、用地规模等进行了大量的内外业工作和比较充分的论证，做出了迁建总体规划，提出了迁建总体规划报告。

2. 集镇迁建投资　集镇总体规划的投资编制范围为近期用地范围内的场地平整及市政公用工程的投资。根据全国统一市政工程预算定额（1999）、全国统一建筑工程基础定额——广西壮族自治区单位估价表（1998）及广西建设工程造价管理（2000－1）、全国统一建筑工程基础定额——贵州省建筑工程预算定额贵阳地区基价（1998）及贵州省建设工程造价信息（2000－1）计算，12个乡镇迁建的基础设施投资为15938万元。

（四）专业项目复建规划

龙滩库区专业项目复建规划包括等级公路、电力设施、邮电通信及广播电视设施、文物及矿产资源、工业企业等项目规划。

龙滩库区受淹专项设施的复建规划，根据库区移民安置规划方案，按照原标准、原规模恢复其原有功能的原则，经济合理地进行复建规划。

根据规划成果，龙滩库区需复建等级公路共29条段，总里程437.92km；复建货运码头5处；新建35kV变电站10座，总容量17680kV·A；新架设35kV线路54km，复建35kV线路8.5km，利用农网规划中新架设的35kV线路80km，复建18km，新建或复建10kV输电线692.9km；复建架空明线74.5km、光缆线195.9km、电缆线61.0km；迁建工矿企业34家。专业项目复建规划总投资为92335.21万元，其中广西43189.94万元，贵州49145.27万元。

（五）水库淹没处理补偿投资概算

根据国家和广西、贵州两省区的相关政策、法规和规定，合理确定各项目的补偿单价，分项计算各项目的补偿实物量，分农村移民补偿费、乡集镇迁建补偿费、专业项目复建补偿费、工商企业复建补偿费、库底清理费、其他费用、基本预备费以及有关税费计算水库淹没处理投资。经统计，龙滩水库静态总投资（含税费）461564.99万元，广西214914.48万元，贵州246650.51万元，其中税费53187.77万元。

（中国水电顾问集团中南勘测设计研究院　王贤圣）

桐柏抽水蓄能电站农村移民安置规划及实施

（一）概况

桐柏抽水蓄能电站位于浙江省天台县原城关镇百丈村，距天台县城7km，距杭州及秦山核电群各为150km。电站为日调节纯抽水蓄能电站，装机容量1200MW。

上水库为已建成的桐柏水电站水库，因此不增加建设用地。下水库、枢纽工程建设区和移民安置区，移民安置实施阶段征地拆迁影响涉及天台县赤城街道22个村、白鹤镇5个村以及天台县里石门渠道管理处、天台县桐柏电力工程管理局等单位，共征收各类土地119.6180hm²，其中耕地46.2068hm²、林地59.1293hm²、建设用地5.8330hm²、未利用地8.4489hm²；拆迁各类房屋26833.92m²；采用有土从农的安置方式安置了农村移民1061人（其中生产安置人口1014人，搬迁安置613人），其中外迁坡塘溪采取治溪造田造地的方式安置了移民574人（其中生产安置人口566人，搬迁安置566人），通过经济补偿和本村组调剂土地相结合的方式安置了移民487人（其中生产安置人口448人，搬迁安置47人）。

（二）农村移民安置规划方案

该工程农村移民安置规划采用开发荒滩造田造地的方式，既贯彻了国家的开发性移民安置方针，又能确保在具备基本物质生存条件的同时，更具长远发展的潜力。还将移民安置与区域开发、经济发展结合起来，使移民安置后的生产生活水平能在较短的时间内恢复或超过原有水平，真正做到移得出、稳得住并且逐步能致富。

为此，规划对原有河床和荒滩进行了治理和改造。河床两侧修筑防洪堤，两堤内侧的滩地改造成耕地。由于耕作层全部是生土或填筑客土，还对新造土地进行了改良和熟化，主要措施包括施人畜粪肥、秸梗还田以及施其他有机肥等。

坡塘溪经规划治理后，确定溪西规划中的秀园路以南为移民生活安置区，集中建新村；溪东规划为移民生产安置区，人均生产用地为0.5亩，另外考虑了生产安置区的路、渠、田埂等用地。

开发荒滩造地安置移民，不但能增加沿溪两岸可垦土地面积，而且还能提高沿溪两岸村庄、农田的防洪标准，也改善了地区环境，故移民及安置区居民对这一移民安置方式较为满意。

（三）农村移民安置实施情况

根据原国家计委批准的《浙江桐柏抽水蓄能电站可行性研究报告》和原浙江省计委审查通过的《桐柏抽水蓄能电站移民安置规划报告》以及世界银行评估通过的《桐柏抽水蓄能电站移民安置行动计划》，2000年5月，项目业主浙江桐柏抽水蓄能发电有限责任公司与天台县人民政府签订了《桐柏抽水蓄能电站工程征地和移民安置经费包干协议》。

移民安置实施工作于2000年4月启动；2000年12月底完成实物指标的最后核定、移民房屋的评估、移民安置实施办法和补偿政策的制定、移民宅基地的分配以及移民补偿安置合同的签订；2001年6月15日完成移民的搬迁；2002年5月、7月陆续将新造土地落实到户。截至2005年底，除枢纽工程建设区临时借地及其复垦外，移民安置实施工作基本全部完成。

（四）农村移民安置实施效果

（1）桐柏抽水蓄能电站移民安置的实施均能严格按原国家计委批准的《浙江桐柏抽水蓄能电站可行性研究报告》和原浙江省计委审查通过的《桐柏抽水蓄能电站移民安置规划报告》以及世界银行评估通过的《桐柏抽水蓄能电站移民安置行动计划》进行。

（2）移民安置实施工作均能按计划、有步骤开展，满足了枢纽工程建设对移民安置实施工作的进度要求，保证了枢纽工程建设的顺利进行。

（3）所有工程建设征地影响对象均能按移民安置规划的要求进行妥善安置。

（4）移民资金拨付及时，使用安全有效，没有发生影响移民工程建设进度的问题。

（5）在征地拆迁移民安置实施过程中，各级移民机构健全，运作正常，各项组织、监督及协调等工作高效有序。

（6）由于移民安置前期工作做得细致，而且重视公众参与与协商，如移民安置宅基地和生产用地的分配等都有移民或移民代表的参与和协商，做到了公平、公正、公开，且申诉渠道畅通，信息反馈及时，移民满意度较高，取得了良好的经济效益和社会效益。

（中国水电顾问集团华东勘测设计研究院　徐春海）

宜兴抽水蓄能电站建设征地和移民安置

（一）项目概况

宜兴抽水蓄能电站位于江苏省宜兴市西南约7km的铜官山区。工程由上水库、下水库、输水系统、地下厂房、开关站及500kV输电线路等部分组成，是一座日调节纯抽水蓄能电站，电站总装机容量1000MW（4×250MW），设计年发电量14.9亿kW·h，设计年抽水电量19.6亿kW·h。主体工程已于2003年8月开工建设，计划2008年6月第一台机组建成投产，2009年6月工程竣工。截至2005年底，工程征地拆迁和移民安置工作已接近尾声。

（二）征地拆迁影响情况

建设征地涉及宜兴市环科园、张渚镇、新街镇的7个行政村和宜兴国有林场南岳寺分场（耕地主要涉及环科园梅园村）。此外还涉及宜兴市电视发射台和173微波站部分地面建筑物以及会坞水库和部分交通和电力设施。据移民安置监测评估资料，实际发生各类工程永久征地2610.01亩，至2005年底，累计发生各类施工临时用地1134.21亩，累计拆迁各类房屋3921.50m^2，影响人口227户483人（含既拆迁又征地户计19户43人）。

（三）移民安置规划设计情况

2000年，项目投资方考虑部分利用世界银行贷款进行项目建设，世界银行介入后，华东勘测设计研究院作为移民安置的咨询单位开展了移民安置行动计划的编制工作。通过访谈，了解到移民对生产安置方式的意见和要求一时不能统一。结合国内移民安置政策及世界银行对移民安置工作的要求，华东勘测设计研究院在与地方各级政府和受征地影响的梅园村进行充分协商后，制定了以下三种可能的移民安置方式以供选择：

1. 方案一

（1）村内进行土地置换。征地后，对于耕地和茶园面积减少的村民小组，将由梅园村从梅园茶场划拨约与该村民小组被征用耕园地面积等量的茶园面积分配给该村民小组，使其人均耕园地面积尽量与征地前持平。梅园村原有集体茶园575亩，扣除项目永久征用13.23亩、施工临时征用4亩，村尚有集体茶园557.77亩。征地后，该村有能力满足所有受征地影响的村民小组的划拨要求。

（2）村民小组征地后林地面积亦有所下降，该村亦将从村集体林地面积中等量划拨相应面积分配给该村民小组。

(3) 以村民小组为单位对该组耕地进行调整，使该组内村民间人均耕地面积相对平衡。

(4) 土地调整后，梅园村村集体将获得该村民小组接受补偿的权利，按国家政策获得相应补偿费用，根据该村初步计划，各类土地补偿费用，除青苗补偿费按国家标准分配到各村民个人外，其余补偿费用将由村集体负责管理，由全体村民或村民代表集体决定使用途径及数额（主要用于村集体基础设施建设及文化福利事业如养老保险、医疗保险等），并接受上级政府——环科园的监督。

2. 方案二

(1) 村内不进行土地置换，以村民小组为单位对该组耕地进行调整，使该组内村民间人均耕地面积相对平衡。

(2) 土地调整后，村民小组将按国家政策获得相应补偿费用，但由于村民小组不存在财务机制，根据该村初步计划，各类土地补偿费用，除青苗补偿费按国家标准分配到各村民个人外，其余补偿费用将以该村民小组集体资金的名义由村集体代为进行财务管理，由该村民小组全体村民决定使用途径及数额，并接受上级政府——环科园的监督。对于该项资金的使用，将由村民自主决定，可用于办理如养老保险、医疗保险等，亦可用于发展生产，如发展大棚蔬菜。

3. 方案三

(1) 村内不进行土地置换，以村民小组为单位对该组耕地进行调整，使该组内村民间人均耕地面积相对平衡。

(2) 土地调整后，村民小组将按国家政策获得相应补偿费用，并由村委会负责将各类土地补偿费用全部分配到全体村民个人。

以上三种安置方式，既增加了村民的自主选择的权力，移民实施时的方式又最能适合当时的社会经济环境，故方案不但在世界银行项目评估时得到认可，在该项目国内审查时亦得以顺利通过。

（四）移民安置实施及效果

宜兴项目于 2002 年 8 月开始征地，移民安置方式采用方案三。目前该项目移民安置工作已近尾声，从移民监测评估收集信息来看，广大移民对安置均表示满意。移民资金发放后，许多移民户采购了大型工程机械或开起了商店，为工程提供服务或机械出租，不但提高了家庭经济水平，移民区经济亦得到了发展。

（中国水电顾问集团华东勘测设计研究院　卞炳乾）

16

水电工程的综合效益

三峡工程初步发挥综合效益

三峡工程是世界上最大的水利枢纽工程，是治理和开发长江的关键性骨干工程，具有防洪、发电、航运等巨大的综合效益，不但可以改善长江流域的生态环境，带动西部贫困地区经济发展，促进长江流域以至整个中国经济社会的全面可持续发展，而且可以为经济发达、能源短缺的华东、华南、华中地区提供大量的清洁电力。随着三峡三期工程主要工程目标的实现，三峡工程的社会效益和经济效益已日渐显现。

一、滞洪错峰承担防洪任务

防洪是三峡工程的主要任务，具有不可替代性。三峡工程蓄水至高程175m后，总库容393亿m^3，有效防洪库容为221.5亿m^3，可有效地控制长江上游洪水期间，使荆江河段防洪标准由现在的十年一遇提高到百年一遇，遇千年一遇或类似于1870年曾发生过的特大洪水时，可配合荆江分洪等分蓄洪工程的运用，防止荆江河段两岸发生干堤溃决的毁灭性灾害，减轻中下游洪灾损失和对武汉市的洪水威胁，并可为洞庭湖区的治理创造条件。

按照初步设计，围堰发电期，没有设置防洪库容，不承担防洪任务；但遇到长江上游发生大洪水期间，在确保围堰安全运行的同时，可以适度发挥滞洪错峰作用。

2004年9月8日8时，当年长江上游最大一次洪水以60500m^3/s的峰值通过三峡工程时，中国长江三峡工程开发总公司采用现代化的水情预报、监测手段，及时收集枢纽上、下游水文信息，进行科学分析，准确预报了此次洪峰，并及时向国家防总、长江防总报告长江来水情况和调度方案。经国家防总批准后，根据机组发电和下游防洪需要，适时实施削峰调度，既保证了枢纽正常运行，也缓解了长江中下游地区的防洪度汛压力。

三峡工程将比原计划提前一年具备运行初期的防洪能力，于2006年汛前形成挡水条件，遇到20年一遇以下洪水可以控制下泄流量不超56700m^3/s，使长江下游荆江大堤不超过44.5m警戒水位。三峡工程的防洪效益开始逐步显现。

二、投产发电缓解电力紧缺

三峡水电站及右岸地下电站建成后总装机容量规模为2240万kW，多年平均发电量达883.8亿kW·h。预计2010年全国水电装机容量将达到1.2亿kW，水电年发电量将达到3500亿kW·h。其中，三峡水电站装机容量占全国水电总装机容量的18.7%，多年平均发电量占全国水电发电总量的25.3%。

三峡工程在建设期间陆续投产的机组累计输出的电量为3000亿～3200亿kW·h，直接收益750亿～900亿元人民币。以三峡电站为中心，在全国大电网中，水电与火电，水电与核电的补偿效益可达数百万千瓦，仅与华东电网联网，就可取得300万～400万kW的错峰效益，从而充分发挥径流电力补偿和水火电共济的效果。

2003年7月10日，三峡工程首台机组（2号机）正式投产运行后，当年三峡左岸电站共有6台机组投产运行，累计发电86.07亿kW·h，有效缓解了华中、华东、川渝地区电力供应紧张局面；机组平均等效可用系数为98.42%，达到全国30万kW及以上水轮发电机的先进水平。

2004年，三峡左岸电站共有5台机组先后投入运行。三峡电厂精心维护、精心调度，全面推行“无缝交接”工艺规范，努力提高机组设备运行效率和运行可靠性，确保了机组安全稳定运行，全年发电量391.55亿kW·h。

截至目前，三峡电站已有14台机组投入运行，总装机容量已达980万kW，位居全国第一，世界第三。截至2005年9月14日，三峡工程自首台机组投入运行以来，累计发电量已超过804亿kW·h，对缓解当前全国缺电形势发挥了积极的作用，同时也直接促进了跨地域向全国送电格局的形成，促进了全国电力的联网。

三、船闸通航运量屡创新高

2003年6月16日，三峡双线五级船闸试通航成功，6月18日正式向社会船舶开放；2003年12月和2004年2月，三峡总公司分别对船闸的南线和北线进行了排干检查，没有发现危及结构和设备安全运行的质量问题，对一般性缺陷按设计要求进行了处理。2004年7月8日，双线五级船闸经过为期一年的试运行后，顺利通过了国务院三峡二期工程验收委员会的验收（通航水位135～139m），正式投入运行。

2004年，三峡船闸共运行8719闸次，通过船舶7.5万艘次，客运量为172万人次，货运量达到3430万t。年过闸货运量是葛洲坝枢纽建成以来年货运量1800万t（最高水平）的近2倍。在过闸物资中，煤炭和矿石比重约占67%，为西部大开发和缓解全国煤电紧张局面发挥了积极作用。

2005年1～8月，三峡船闸已累计运行5577闸次，通过船舶4.4万艘次，旅客121万人次，货物2156万t，集装箱12.3万标箱。船闸总体运行情况良好，未发生大的碍航或停航故障，满足了目前航运的需求，促进了长江流域经济的发展。

四、合理调度确保运行安全

三峡工程蓄水、通航、发电以后，三峡总公司严格遵守《三峡·葛洲坝（围堰发电期）梯级调度规程》，坚决执行国家有关部门的调度指令，既确保了三峡水利枢纽安全度汛与运行，同时通过合理调度，确保了长江黄金水道的航运畅通。

葛洲坝电站距三峡电站下游约38km，是三峡工程的反调节梯级，两水坝间形成一个反调节库容为8600万m^3的水库。为了充分发挥梯级枢纽的综合效益，特别是在泄洪、电力调峰工况下确保航运的安全，必须对三峡—葛洲坝梯级水利枢纽的泄洪、蓄水、发电、航运实行统一的水电联合调度新体制。

自从2003年6月三峡工程实现初期蓄水、通航、发电三大目标之后，三峡梯级枢纽这种新的水电联合调度模式也随之正式投入运转。三峡梯级枢纽运行调度实践业已证明，这种新的水电联合调度模式有利于充分利用水能资源，提高经济效益。

（摘自《中国三峡工程报》）

澜沧江水电开发对云南省经济发展的推动作用

（一）云南具有丰富的水能资源

根据我国最近水力资源复查结果，云南省水能资源蕴藏量居全国第三，技术可开发装机容量为10193.9万kW，占全国技术可开发量的19%。经济可开发装机容量约9570万kW，年发电量可达4500亿kW·h，按水力资源使用100年计算其资源储量，约相当于156亿t标准煤，是云南省最重要的能源资源。截至2004年年底，全省电源装机容量1171万kW，其中水电总装机容量731.5万kW，水电开发仅占经济可开发量的7.5%，具有巨大的开发潜力。

（二）澜沧江流域水能资源丰富、水电市场前景广阔

澜沧江—湄公河发源于青藏高原唐古拉山脉，穿越云南七个地州，在云南省西双版纳傣族自治州勐腊县流出国境后称湄公河。流经缅甸、老挝、泰国、柬埔寨，最后在越南南端注入南海，是东南亚一条著名的跨国界河流。澜沧江在中国境内干流长2160km，落差4580m，在云南省境内长约1240km，落差1780m，出境处多年平均流量2180m^3/s，年径流量为640亿m^3，水量丰沛稳定，水能蕴藏量巨大，占湄公河水能资源总量的23.3%；境内水能资源可开发量达2600万kW，约占全省水能可开发容量的24%，澜沧江梯级电站建库条件好，径流丰沛而稳定，水库调节性能好，淹没损失小，地理位置适中，技术经济指标优越，前期工作充分，已被国家列为实施西电东送战略重点开发的水电基地之一，是我国水能资源开发的“富矿”。但目前澜沧江流域开发率较低，已发电装机容量仅270.5万kW，开发率不到11%。

加快开发澜沧江水电，将资源优势和区位优势转化为产业优势和经济优势，对培育云南以水电为主电力支柱产业，走新型工业化道路实施工业强省战略，实现人口、资源、环境与经济社会协调发展，缩小与发达地区的差距，具有十分重要的推动作用和战略意义。

目前中国已与老挝、缅甸、越南签署了供电协议或意向书，中泰两国政府签订了《关于泰王国从中华人民共和国购电的谅解备忘录》，云南电力已实现了向越南、老挝边境地区送电，并逐步加大送电规模，2005年末对越南输送电量达到了3.27亿kW·h，2006年计划对越送电较2005年翻番。中南半岛将为云南电力提供持续增长的市场空间，而澜沧江水电将成为云南电力走向国际市场的有力支柱。

（三）澜沧江水电开发对云南经济发展的推动作用

云南省与全国其他省区相比，经济发展速度相对较缓，经济总量小，人均GDP水平低，城市化率大大落后于全国平均水平，社会和经济发展水平在西部十二省区中总体处于落后位置。

水电开发产业关联度大，可带动钢铁、建材、机电设备制造、交通运输及第三产业的发展，起到拉动经济增长的作用。据统计，水电站投资的30%～40%将在当地消耗。以小湾电站为例，其建设期间将有100亿元的投资在云南省内消耗，建成后，每年创造的社会效益将超过1000亿元。澜沧江全流域水电开发规划装机容量2575万kW，按当前水电站投资建设6000元/kW计算，全部开发完需投资金额达1540亿元人民币，在云南省内消耗的投资接近500亿元，全部投产后每年的社会效益能达5000亿元。如此巨大的投资必将推动云南全省的经济发展。

（1）优化产业结构，推进工业化进程。水电开发为本省水泥、木材等相关建材和设备产业提供了巨大的市场空间。这些企业引进资金、技术，扩大生产规模，改进生产线技术，提高了企业竞争力，又带动了其他相关产业的发展，从而推动了云南省的工业发展。

云南省委、省政府提出的重点建设烟草、生物资源开发、磷化工和有色金属、旅游、以水电为主的电力五大支柱产业，均与电力发展密切相关，对云南省实施工业强省战略有十分重要的意义。目前云南省正在探索矿电联合，即以电力、矿业间相互参股的方式联合开发水电和矿产资源的路子，以大用户直供方式

建立长期稳定的合作关系，充分发挥资源优势。

(2) 促进城镇化建设，提高人民群众的生活水平。电站建设区相对封闭落后，生产方式简单，群众生活水平低，经济发展缓慢。电站建设，能将山区群众向已建或拟建的城镇适度集中，以移民聚集方式扩大城镇规模，促进城镇工业、商贸、餐饮和旅游业等第二、第三产业的发展，使劳动力从第一产业向第二、第三产业转移，加快城镇社会结构的转变。

电站建设有利于提高少数民族地区人民的生活水平，推动当地的城镇化进程。小湾电站建设后，凤庆县小湾镇从1998年财政收入仅为95万元的贫困村镇发展为财政收入近千余万元县级城镇。

(3) 带动了区域基础设施建设。电站施工区水、电、路、通信畅通，加快了当地基础设施的建设。小湾水电站修建的岔小公路、凤小公路，澜沧江上游沿江一级公路等，都是云南省公路交通网建设重要通道。电站建成后的配套设施，如文化、教育、医疗、卫生等，能使周边人民群众受益；水库蓄水后，除发电外，还能满足防洪、供水、农业灌溉、生态环境保护的需要，实现水电开发综合效益最大化。

(4) 提供大量就业机会，促进贫困地区群众脱贫致富。梯级电站建设区属高山峡谷区，少数民族聚居较多，社会经济发展极不平衡。电站建设能改善当地经济，改变思想观念。电站建设需要的大量施工及管理人员，为周边提供了大量就业机会；建设区施工人员密集，相应的商业、维修、餐饮、文化服务等行业迅速发展，带动了当地经济的发展，使耕地少，农业产值不高，生活水平较低的情况得到改变，缩短与经济发达地区的差距；大量外来人员涌入，带来了新思想、新观念，打破了地区的封闭状态，带动当地群众以新思想、新方法治理家园。

(5) 推动了云南省与大湄公河次区域经济区合作。建设连接东南亚、南亚国际大通道，是云南实施西部大开发战略的三大目标之一。水运通道建设是国际大通道的主要项目，而澜沧江—湄公河国际航运又是水运通道的首要项目。澜沧江流域天然河道水流较浅，枯水季节对航运影响较大。为保证航运功能，结合糯扎渡和景洪电站的运行方式，在景洪下游设置了橄榄坝反调节水库，以减轻上游电站调峰运行对航运的影响。梯级电站建成以后，小湾、糯扎渡两大水库将对天然径流产生较强的调节作用，使下游河段出境断面最小月流量大幅提高，河道流量的年内分配趋于均匀，枯期流量增加，汛期流量减少，提高了通航保证率和通航标准。

云南省与大湄公河流域次区域经济合作项目中，电力联网贸易是合作项目之一。澜沧江流域水电开发，具有向大湄公河次区域流域国家送电的区位优势，为云南电力大规模外送，开创国际电力市场，推动云南省与大湄公河流域次区域经济合作奠定了基础。

(6) 调整和优化云南省电源结构。我国最近水力资源复查结果显示，大多数河流年内、年际径流分布不均，丰、枯季节流量相差较大，需要建设调节性能好的水库进行调节，缓解水电供应的丰枯矛盾，提高水电的总体供电质量。云南省水能资源丰富，2004年水电装机容量占总装机容量的62.4%，并且还将继续上升。但云南省水电装机中大部分调节性能差，在汛期大量弃水，枯水期系统缺电，电源结构性矛盾十分突出，严重影响了云南经济和社会的发展。澜沧江流域拥有古水、小湾和糯扎渡三大巨型调节水库，建成后对提高云南省水电站群的调节能力，改善云南乃至整个南方电网的电源结构性矛盾具有十分重要的意义。

（云南华能澜沧江水电有限公司　周　建　李云汉　杨　璐）

乌江水电开发推动了贵州社会经济发展

经国务院批准，1992年成立了我国第一家流域开发公司——乌江水电开发公司。1999年原国家电力公司和贵州省共同协商，按照党的十五大精神和建立现代企业制度的要求，对乌江水电开发公司进行了规范化改制，成立了贵州乌江水电开发有限责任公司，从而加快了乌江流域水电开发的步伐。经过6年时间，在已建成投入运行的乌江渡、东风电站基础上陆续开工建设洪家渡、索风营、构皮滩、乌江扩机、思林、沙沱电站及清水河流域电站项目，上述电站的建设对实现电力结构战略性调整和电力工业的可持续发展具有重要意义。

乌江水电开发不仅可以为当地以及周边省市地区经济发展提供大量的清洁电力，符合我国能源优化配置和能源可持续发展的战略，还将提高沿江地区城市的防洪能力，改善生态环境，拉动内需，促进贫困地区、少数民族地区的经济重组、脱贫致富和社会繁荣，符合国家实施的西部大开发、增强民族团结和东西部共同发展的方针。

乌江流域的洪家渡电站、索风营电站、构皮滩电站、乌江扩机、思林电站等项目是我省实施西部大开发，实现西电东送的骨干工程。电站建设都在偏远、少数民族与贫困落后地区，为当地经济健康、快速、可持续发展创造了良好条件。乌江水电开发建设既具有经济效益，又具有环境效益与社会效益，主要体现在以下三个方面：

（一）电站建设期间对经济的推动作用

（1）电站建设支出形成的税费增加地方财政收入，如建筑安装工程的营业税（3%）及城市建设维护税、教育费附加全部交所在地地方税务部门。

（2）水泥、钢材、木材、油料、粉煤灰，以及施工用电、用水等均从当地相关企业采购和运输。一方面能促进这些企业的发展，另一方面货物增值税款的25%留地方财政，城建税及教育费附加全部留地方。

（3）设计、监理等劳务收入产生的营业税、城建税及教育费附加全部留当地财政。

（4）移民搬迁和安置过程中将促进城镇建设，征地移民费主要用于移民的生产、生活设施建设和城镇、企事业单位的搬迁、专业项目复建，以及水库库底清理、环保工程建设。这些资金与扶贫开发资金、企业重组资金结合使用，能促进库区贫困人口脱贫致富、减轻地方财政负担、增加新的就业岗位，生产、生活设施的建设能够带动建筑、建材等相关产业的发展。同时，产生的营业税、城建税及教育费附加等将增强地方经济发展的财力。

（5）建设单位、人员的消费能够带动当地第二、第三产业的发展，相应产生的营业税、城建税及教育费附加全部留当地财政，可增强地方经济和社会发展。

（6）工程建设可能支付的耕地占用税、耕地开垦费、森林植被恢复费、矿产资源税、房产税、城镇土地使用税、印花税等能够增强地方财力。

（7）工程建设能够促进西部地区的银行、保险等金融业务，也能为地方招商引资创造良好的外部条件。

（8）国家对生态、环境保护的要求越来越高，随着工程开工建设，将大大改善生存环境，提高人民的生活质量，促进可持续发展。

（二）工程建成投产后对社会经济的推动作用

（1）投产后发电增值税款的25%留地方财政，城建税及教育费附加全部留地方，增加地方的财政收入。

（2）清洁电能带动国民经济和社会发展。

（3）促进旅游、航运、养殖业的发展，将对地方经济产生巨大的综合效益。

（三）电站建设与改善当地社会经济发展的关系

（1）促进了当地干部群众的思想转变：电站建设给当地封闭的社会带来了冲击与活力。水电站对外交通公路建设兼顾当地村镇的发展要求。征地移民政策的宣传落实，使当地农民提高了法律意识与经济意识，增强了运用法律手段保护自己利益的意识，不仅与工程建设相关的问题寻找法律依据，对政府的其他建议与要求，也能通过学习法律，寻求合法途径解决办法。围绕工程建设，规范劳务市场，通过参加项目建设让当地政府认识到通过教育与培训，提高当地劳动者素质，转变劳动观念的重要性。

（2）促进了财政收入的稳步增长：电站开工前，所在地区大部分全年财政收入不足3000万元，严重入不敷出，阻碍了工作的正常开展。开工后，促进了当地财政的快速增长，如2002年余庆县财政收入完成6000多万元，2003年财政收入完成8000多万元，2004年财政收入超过了1亿元，确保了干部职工工资的按时发放，机关工作的正常运转，也加大了对基础设施建设和重点事业的投入，推动了当地经济的发展和社会的进步。

（3）加快了产业结构调整步伐，促进农业快速发展：水电站的建设，大批人员涌进当地，对各种物资和食品需求量大增，给当地农业产业结构调整和优化带来了机遇。各地发展蔬菜、瓜果生产，开发种植业、养殖业与农副产品加工业，使经济结构得到逐步完善，形成了一定的规模、特色和优势，做到了经济增长、农民增收，农村社会稳定。

（4）有效促进了非公经济的迅速发展：电站开工后，形成了良好的投资环境，各地区引资、利用外资、新发展个体工商户等，都有很大增长，促进了经济发展。

（5）市政建设加快，城区面貌有较大改观，人民生活质量显著提高。工程开工后，当地加大了市政建设投资力度，按照建设西南水电之都和生态旅游城的目标，高起点、高标准完成了县城的详细规划，完成了城市道路建设，实施市政基础设施和公益设施建设项目，完成部分公共场所的绿化、美化建设。进一步扩大城市规模，使市民的居住环境进一步改善。

乌江流域电站的开发促进了贵州省偏远、贫困地区的交通、教育、通信、信息、水利建设的发展，对当地经济产生了巨大的拉动效益；各级政府利用项目建设期人流、物流、资金流、信息流给当地经济带来的机遇，利用有限的资金依托当地资源与特殊经济的有利条件，支持可以长久发展的地方经济支柱产业，促进地方经济发展的良性循环，使地方经济和谐发展。从而融入了全省社会经济快速、健康、可持续发展。

（贵州乌江水电开发有限责任公司　毛三男）

龙滩工程的主要作用

龙滩水电站是红水河流域梯级开发的龙头工程，其装机容量为红水河可开发容量的35%～40%，是一座巨型水电站，具有巨大的发电效益和调节蓄能作用；同时也是根治下游两岸与珠江三角洲地区洪水灾害的防洪工程；还是沟通黔、桂、粤航运的关键工程，对国家经济建设，尤其是西部地区经济发展具有显著拉动作用。

一、龙滩水电站的效益和作用

1. 发电效益　坝址以上流域面积 98500km^2，占红水河流域面积的 71.2%，多年平均流量 1610m^3/s，年径流量 517 亿 m^3。工程按正常蓄水位 400m 设计，近期按正常高水位 375m 建设，远景正常蓄水位至 400m，相应水库库容分别为 162.1 亿 m^3 和 272.7 亿 m^3，有效库容分别为 111.5 亿 m^3 和 205.3 亿 m^3；水库近期具有年调节能力，远期具有多年调节能力；电站的装机容量分别为 4200MW 和 6300MW；年发电量分别为 156.7 亿 kW·h 和 187.1 亿 kW·h，发电效益显著。根据《红水河龙滩水电站可行性研究补充报告》，按 1999 年的价格水平，动态总投资约为 243 亿元，单位千瓦投资 5786 元，工程技术经济指标优越。由于电能质量优良，运行成本低廉，持久经济效益好。

2. 防洪作用　龙滩工程具有巨大的防洪效益。近期工程蓄水位在 375m 高程时，防洪库容 50 亿 m^3；远景工程蓄水位达 400m 高程时，防洪库容为 70 亿 m^3。龙滩水库担负的洪水防护区包括红水河、西江两岸及珠江三角洲地区，涉及广西 10 个县市和广东 17 个县市，且都是两省区经济发达地区，总防护人口达 1201 万人，耕地约 700 万亩。龙滩水电站预留的防洪库容可使下游 90% 防护区的防洪标准提高到 50 年一遇。龙滩水库的 50 亿 m^3 防洪库容，可使广西梧州市最大洪峰流量削减 5400m^3/s。根据珠江水利委员会的研究论证，按 1998 年的物价水平如果重现 1949 年洪水，龙滩水库防洪可减少淹没耕地 118 万亩，减少淹没人口 552 万人，其减灾效益达 439 亿元。有关专家认为，龙滩水电站防洪范围广，防护规模大，防护区在国民经济中地位重要，是西江流域最重要的防洪工程。

3. 通航作用　龙滩水电站是实现红水河全河通航的关键性工程。水库将淹没险滩 100 余处，库区干流近 180km 将形成保证率为 90% 的深水航道，使贵州、广西两省（区）的资源通过红水河直接运达珠江三角洲地区。

4. 提高下游电站出力作用　龙滩水电站是“龙头”电站，对下游电站起调节和蓄能的作用，建成后可使下游的多个径流式电站得到更充分的调节，枯水期调节流量增至天然情况下最枯量的 4 倍左右，使枯水期发电量占全年电量的比例大为增加。通过龙滩水库对径流的调节，还可提高下游已建梯级电站岩滩、大化、百龙滩、乐滩、桥巩等电厂的保证出力约 1060MW，年发电量 40 亿 kW·h。龙滩水电站将在电网系统中担任调峰、调频的重要任务，从根本上改善广西电源和电能结构。

二、龙滩水电站在西部大开发中的地位和作用

1. 西电东送　“西电东送”是我国能源发展战略，大力开发和充分利用西部地区，特别是西南地区丰富的水电资源，送往水力和煤炭资源较缺乏的东部经济发达地区，实现区域资源特别是电力资源的优化配置。龙滩水电站是距离广东负荷中心最近的大型水电站，正是发挥这种作用的重要的骨干电站之一。

2. 对国民经济的拉动作用　水电站建设期间及投产运行后，都能对当地的经济发展起到促进作用。由于兴建水电站，投资增长能够带动经济增长；建设和投产过程中，对相关产业起推动和促进作用。据专家测算，2008 年广西 GDP 约为 5562 亿元，固定资产投资为 1744 亿元，投资率为 31.3%，龙滩工程计划于 2007 年投产发电，建设期间广西区内投资为 184 亿元，使广西投资率提高到 34.7%，增长 3.4%，GDP 可增加 0.952 个百分点。

建设水电站需要大量的水泥、钢材、木材、施工机械、水工机械、发输变电设备等，还需要大量的劳动力和日用生活消费品，必将促进建材、钢铁、机械、农业、轻工业和第三产业相关产业的发展。建成发电后，许多以电力为动力和能源的相关产业也相应得到发展。有专家按单位增加值贡献系数（投入系数）来计算某一部门增加一个单位增加值能对国民经济增加的总产值。广西电力部门 1995 年的增加值贡献系数为 3.091，即广西电力部门增加 1 元的 GDP 时，将增加社会 3.091 元的总产值。以此计算龙滩水电站投产后，年发电量 156.7 亿 kW·h，按 0.34 元/kW·h 电价计，年收入为 51.7 亿元，国民经济增加的总产值达 159.8 亿元。据测算，龙滩工程建设期间对总产值增加值的贡献率达 1.8%，对广西经济的拉动作用为 5.66%，全部投产后，对广西当年经济的拉动作用为 8.3%。

3. 对财政税收的贡献作用　水电站建设涉及面广、环节多，根据国家税法规定，许多项目都要交税，如增值税、营业税、关税、企业所得税、印花税、耕地占用税等，工程建设本身可给国家增加一定税收。水电站建成投产后，电力产品要交纳增值税和销售税金附加，增值税率为 17%，销售税金附加包括城市维护建设税和教育费用附加，分别按增值税额的 5% 和 3% 征收。还有所得税按利润总额的 33% 征

收。根据专家测算，龙滩水电站装机容量4200WM，年发电量156.7亿kW·h，若按销售价0.34元/(kW·h)计算，年销售收入达到53.3亿元，销售税金9.49亿元，约占广西全区财政收入的1.7%。为所带动的相关产业提供的各种税收就更多。

4. 华中—华南联网作用　龙滩水电站将优化华南电网的电力结构，提高水电在电力系统中的比重，且有利于推进华中电网与华南电网的联网。龙滩水电站是两电网联结的理想选点，也是可靠的电源点。由于红水河流域纬度低，雨季较早，龙滩水库又具备多年调节条件，可以在电量上与三峡、华中电网实现互补。因此，龙滩工程建成后将实现更大范围内的资源优化配置，有利于全国电网的安全经济稳定运行。

5. 环保作用　龙滩水电站的发电效益十分显著，按近期和远期工程装机容量，年发电量分别达到156.7亿kW·h和187.1亿kW·h，相当于每年替代火电厂发电用煤680万t和850万t。广东和广西均属缺煤省份。广东省煤炭保有储量7.83亿t，占全国保有储量不足千分之一，且煤种单一，故长期靠输入煤炭发展煤电，目前年调入煤炭约4500万t，2010年约需电煤6000万t。广西煤炭远景储量仅为6.13亿t，煤种主要为贫煤、褐煤和少量无烟煤，煤层薄，开采条件复杂，成本高，煤发热量很低。广西目前每年需输入原煤1300万t，以后需调入量更大。"两广"地区煤炭运输压力也很大。龙滩水电站的建成，可以大量节省煤炭，改善资源优化配置状况，并减少火电厂燃煤造成的大气污染，有利于环境保护。

广东水电装机容量目前约为4000MW，占全省电力装机容量的16.45%，以燃煤和燃油火电为主的电源必然给生态环境造成严重危害，据测算，广东省由于燃煤产生的二氧化硫和酸雨造成每年经济损失近40亿元，其中人群健康经济损失近7亿元，农业、林业经济损失达20亿元，这对广东经济与社会的可持续发展产生严重影响。充分吸收"西电"，特别是洁净廉价可再生的水电资源，是广东经济和社会发展战略必不可少的。龙滩水电站可为广东经济和社会的可持续发展提供优质电能。

6. 优化电源结构　广西1997年全区总装机容量中，其中水电占59.7%，但其中不完全季调节以上的容量不到水电总容量的30%，水电总体调节能力差，丰、枯水期水电出力极不均衡，电源结构不合理的问题比较突出，从而造成丰水期被迫大量弃水，而枯水期则由于水电出力大幅度降低，系统电量严重不足。龙滩水电站的建成，将极大地改善和优化广西电网的电源结构，使广西具有年（长期）调节的水电容量，占水电总容量的45%，并使红水河下游水电站群年发电量在年内逐月分布更趋平稳，出力增大。

（龙滩水电开发有限责任公司）

甘肃黄河干流水电开发与黄河流域经济发展

一、黄河水电规划与开发利用概况

黄河是中国第2条大河，干流全长5464km，其中甘肃境内寺沟峡至小观音河段全长482.5km，天然落差510m，水能资源理论蕴藏量466.4万kW，共规划刘家峡和小观音等10座梯级水电站，利用水头319.5m，装机容量430万kW，年发电量192.33亿kW·h。

刘家峡水电站是《黄河综合利用规划技术经济报告》选定的第1期工程。1958年9月刘家峡和盐锅峡两个水电站同时开工建设。盐锅峡水电站1961年11月首台机组投产发电，成为黄河干流第1座发电的水电站；到1975年11月8台机组安装完毕，装机容量35.2万kW。刘家峡水电站，1960年因暂时经济困难停工，1964年复工，1969年3月第1台机组投产发电，1974年12月5台机组全部安装完毕，装机容量共116万kW。八盘峡水电站1969年10月开工，1980年2月全部机组16万kW投产发电。大峡水电站1991年10月开工，1996年12月第1台机组投产发电，装机容量为32.45万kW。已建4座水电站装机容量为199.65万kW。刘家峡、盐锅峡、八盘峡和大峡4座水电站竣工验收时总投资分别为63800万元、14400万元、14900万元和245400万元，总计33.85亿元。其中，1975年前投产的刘家峡、盐锅峡、八盘峡3座水电站装机容量167.2万kW，总投资93100万元，平均单位容量投资557元/kW；大峡水电站单位容量投资7165元/kW。改革开放以后，刘家峡、盐锅峡、八盘峡3座水电站进行了扩机增容，现4座水电站装机容量为240.45万kW。

由于当时设计是按刘家峡、盐锅峡2座水电站同时建设的，并且缺乏在多泥沙河流修建水电站的经验，因此盐锅峡第1台机组投产运行时出现了较多问题。后来运行部门采取增设轻便拦污栅，加大拦污栅栅条间距等措施，缓解了盐锅峡水电站运行困难，直到刘家峡、龙羊峡2座水电站投产后，才彻底解决了盐锅峡安全运行问题。

刘家峡水电站以发电为主，兼顾灌溉、防洪和城市工业用水等综合利用要求；通过330kV线路和220kV线路送电到陕西、甘肃和青海，是西北电网调峰，调频和事故备用的主力电站。刘家峡水库承担了甘肃、宁夏和内蒙古三省区 86 万 hm^2 农田灌溉，以及黄河上游的防洪、防凌任务，同时还承担兰州、石嘴山和包头等城市工业供水任务。为了完成甘肃、宁夏，内蒙古三省区工农业用水的调配和搞好黄河上游的防洪、防凌调度工作，1968 年 8 月经国务院批准，设置了黄河上中游水量调度委员会，负责黄河上中游和刘家峡水量调度工作。

二、黄河干流已建水电站的社会经济效益

1. 已建水电站电力生产概况　刘家峡、盐锅峡、八盘峡和大峡 4 座水电站第 1 台机组，分别于 1969 年、1961 年、1975 年和 1996 年投产发电，至 2003 年底累计发电分别为 1435 亿 kW·h、669 亿 kW·h、235 亿 kW·h 和 72 亿 kW·h，总发电量为 2461 亿 kW·h。

2. 已建水电站经济效益分析　甘肃黄河干流已建水电站各坝址均选在峡谷出口，地形、地质条件较为优越，加之修建了刘家峡“龙头”水电站，并采用梯级连续开发方式，通过刘家峡水库对径流和洪水的调节，大幅度提高了下游盐锅峡、八盘峡和大峡水电站的发电效益，并削减了它们的泄洪设备和导流工程规模，缩短了建设工期，减少了水库淹没，节约了工程投资。这些水电站的单位容量电力投资在国内是较小的，工期也短，其中盐锅峡水电站的单位容量电力投资比甘肃同期修建的西固热电厂还小，第 1 台机组的发电工期也比西固热电厂短，其创造的利税也是国内水电站少有的。

据有关调查统计，从 1961 年盐锅峡水电站第 1 台机组发电开始，至 1984 年年底，刘家峡、盐锅峡及八盘峡 3 座水电站累计发电量为 997.33 亿 kW·h，按 0.065 元/（kW·h）计算，其产值为 64.83 亿元。另据甘肃省 1980～1984 年统计，售电价为 0.0538 元/（kW·h），税金 0.0088 元/（kW·h），水电售电成本为 0.03499 元/（kW·h），输变电成本为 0.00597 元/（kW·h），扣除税金和销售成本后，3 座水电站平均售电利润为 0.034 元/（kW·h）。用发电与输变电的固定资产比例 7∶3 来计算它们间利润分成，则单位电量的售电利润为 0.0238 元/（kW·h）。3 座水电站到 1984 年累计售电利润 22.1 亿元，为总投资 9.61 亿元的 2.3 倍；上缴税金为 8.18 亿元，利税共 30.28 亿元，为总投资的 3.2 倍。1985 年以后，刘家峡、盐锅峡、八盘峡 3 座水电站年平均发电量约为 80.7 亿 kW·h，如果仍采用 1980～1984 年单位售电利润数据，则每年可创造利润 1.8 亿元。由于 3 座水电站已收回了建设资金，而目前售电价格已大幅提高，因此，今后每年的利润将比 1.8 亿元多得多，经济效益更加显著。

大峡水电站是甘肃省第 1 座集资兴建的水电站，装机容量 32.45 万 kW，1991 年 11 月开工，1996 年 12 月首台机组发电，截至 2003 年年底共发电 72 亿 kW·h，销售收入 22.94 亿元，主要用于还贷，预计 15 年内可还清贷款，其经济效益也是显著的。

三、水电开发促进了沿黄地区经济的持续发展

1. 促进了陕甘青宁内蒙古五省、区国民经济持续发展

（1）解除了兰州限电局面，促进了甘肃工业发展。在 20 世纪 60 年代初国民经济困难时期，西固热电厂长期失修，加之煤炭供应缺口大，只能有 1 台机组维持发电，致使兰州系统限电严重。盐锅峡水电站 1961 年 11 月投产发电后，解除了兰州系统限电局面，也给西固热电厂进行恢复性大修创造了条件，并缓解了甘肃煤炭供需矛盾和铁路运输紧张局面，促进了甘肃工业生产的发展。

（2）水电成本低廉，降低了电价。20 世纪 80 年代甘肃已建水电站发电成本为 0.005 元/（kW·h），而火电成本为 0.028 元/（kW·h），水电成本仅为火电成本的 17%。由于当时甘肃水电比重大，发电成本低，甘肃电价仅为 0.054 元/（kW·h），比同期陕西电价 0.078 元/（kW·h）低 0.024 元/（kW·h），即低 31%。因此，对高扬程电灌、炼铝和铁合金企业实行的优惠电价政策，有力地促进了甘肃工农业的发展。

（3）减轻了污染，缓解了煤炭运输的紧张局面。水电是可再生清洁能源，已建 4 座水电站累积发电量为 2461 亿 kW·h，节约 1 亿 t 标准煤，减少了火电燃煤产生的大量二氧化硫等有害气体，改善了生态环境，缓解了甘肃煤炭和运输紧张局面，为当地社会经济发展做出了重大贡献。

（4）为陕西、青海两省供电、调峰。20 世纪 70 年代，陕西、青海两省水电比重很小，刘家峡水电站通过 330kV 和 220kV 线路分别给陕西关中和青海西宁送电，既满足了两省工农业生产的用电要求，又作为两电网调峰和事故备用容量。送电陕西和青海最大容量分别为 30 万 kW 和 20 万 kW，当时陕西秦岭火电厂事故率高，刘家峡电站作为其事故备用，保证陕西电力系统安全运行。

（5）满足了甘宁内蒙古工农业用水需要。宁夏、内蒙古的黄河两岸土地平整连片，光热资源丰富，适宜发展农业，但雨量少，年均降雨量仅 200mm 左右，年均蒸发量大于 3000mm。因此，这两地区没有灌溉就没有农业。虽然远在秦汉时期人们就开始修渠引黄河水灌溉，但均为无坝引水。每遇黄河大水渠道便被

冲毁，而小水时引水又严重不足，许多土地灌不上水，大片庄稼旱死，灌溉事业发展缓慢。刘家峡水库1969年蓄水运行后，水库每年预留8亿～12亿m^3水量，为宁夏、内蒙古春灌补水，使兰州5月份平均流量由建库前的641m^3/s增加至994m^3/s，净增353m^3/s，特别是用水高峰的5月中旬，其流量由667m^3/s增加到1090m^3/s，增加63%，充分适时地满足了灌溉用水的需要。两地区灌溉用水的保证率由天然的65%，提高到近100%，各灌区引入水量大量增加，如青铜峡灌区1959年全年引水量为34.5亿m^3，20世纪80年代引水量稳定在70亿m^3，其中浇地实耗水量约40亿m^3，回归黄河水量约30亿m^3。由于灌溉用水量得到了可靠保证，灌区粮食稳产高产，连年丰收，两地区灌溉面积、粮食单产和总产量大幅度增加。其中，宁夏灌溉面积由1968年的23.3万hm^2增加到1987年的28万hm^2，粮食单产由过去1500kg/hm^2增加到5700kg/hm^2以上，总产量由1968年的约40万t增加到1987年的110万t；内蒙古河套灌区1981年灌溉面积约48万hm^2，过去粮食单产在1500kg/hm^2左右，总产量在40万t左右，到1984年粮食总产量上升到100万t。

除了上述两大灌区和宁夏卫宁等自流灌区外，甘肃、宁夏和内蒙古在沿黄两岸还兴建了多处电力扬水灌区，其中1987年甘肃实灌面积为7.2万hm^2。到2003年底三省区灌溉面积为137万hm^2，比1968年的86万hm^2，扩大了51万hm^2，每年增产粮食约330万t，促进了三省区农业发展。

（6）改善了沿河城市工业和生活用水条件。刘家峡水库建成后，枯水季节的黄河流量由天然情况下的100m^3/s，增加到200～300m^3/s，大大改善了兰州、石嘴山和包头等沿黄两岸城市的工业用水条件，并增加库区航运和旅游效益。

2. 促进了晋陕工农业的稳定发展

（1）上游水量解决了水的供需矛盾，避免了断流。黄河上游天然径流量约为320亿m^3，而1980～1989年黄河上游工农业耗水量约132亿m^3。从年径流量分析，上游富余水较多，由于来水和用水时程分布不协调，每年5、6月黄河来水较少，而此时正是农业灌溉用水的高峰期，水量供需缺口较大，在刘家峡水库投运前，宁夏、内蒙古两区用水矛盾很尖锐。

资料表明，1968年刘家峡水库投入运用后，每年4月预留8亿～12亿m^3水量，为黄河上游和河口镇补水，不仅满足了5、6月黄河上游工农业用水的需要，也避免了河口镇（黄河中游）断流现象的发生。

（2）增加了黄河中游工农业有效补水量。根据有关规定，刘家峡水库在满足黄河上游工农业用水的同时，还应给头道拐供应不小于250m^3/s的流量。为留有余地，这次计算刘家峡水库给中游增加的有效补水流量时，头道拐的最大流量亦定为250m^3/s，当头道拐旬平均流量大于250m^3/s时，其超过值即为不增加中游工农业用水的有效流量。

根据1972～2004年5、6两月各旬头道拐平均流量和上一旬刘家峡平均补水流量进行详细计算，这33年间平均5月上、中、下旬和全月刘家峡水库补水可增加头道拐（即黄河中游）的有效水量分别为0.6亿m^3、1.1亿m^3、0.99亿m^3和2.69亿m^3，6月上、中、下旬和全月刘家峡水库补水可增加头道拐的有效水量分别为0.45亿m^3、0.23亿m^3、0.03亿m^3和0.71亿m^3，5、6两月多年平均刘家峡水库给黄河中游共增加有效水量为3.4亿m^3，促进了晋陕两省工农业生产的持续、稳定发展。

（3）提高了万家寨水利枢纽安全经济运行水平。万家寨水利枢纽的任务为供水和发电，供水主要是解决大同、平朔和太原用水，引水流量共48m^3/s，年引水量12亿m^3。万家寨水电站装机容量108万kW，承担华北电网的调峰任务。万家寨水库的调节库容为4.45亿m^3，其入库水量采用头道拐水文站资料，如果没有刘家峡水库大量补水，头道拐5月中、下旬断流几率为73%，此时万家寨水库必需大量补水，否则会恶化该水库的运行，并严重影响其向山西供水和为华北电网调峰。实际运行中，由于刘家峡水库5月和6月分别给头道拐补水2.69亿m^3和0.71亿m^3，消除了头道拐断流现象，并增加了非汛期入库水量，从而大幅度提高了万家寨水利枢纽的供水和发电效益。

（4）增加了黄河中游水电站的发电效益。目前，黄河中游已建水电站有万家寨、天桥、三门峡和小浪底4座，总装机容量340万kW，年发电量105亿kW·h，但这4座水电站均处于多沙区域，要按蓄清排浑方式运行，汛期不能大量蓄水，弃水多；非汛期枯水，发电量少；刘家峡水库入库泥沙较少，采取蓄丰（丰水期）补枯（枯水期）的运用方式。据1986～1996年资料统计，刘家峡水库11月至次年6月非汛期平均补水8.99亿m^3。初步估算，目前每年非汛期可增加上述4座水电站发电量约5亿kW·h，按远景规划黄河中游9座水电站均建成后，每年可增加非汛期发电量约15亿kW·h。

3. 促进了豫鲁两省农业生产发展　刘家峡、龙羊峡两水电站以发电为主，兼顾黄河上游灌溉、防洪、防凌和城市工业用水的综合利用。龙羊峡水库是黄河干流唯一一座可进行多年调节的水库。龙羊峡、刘家峡水库是黄河干流可以进行蓄丰（丰水年和汛期）补枯（枯水年和非汛期）运行的两座水库，主要是为黄河上游综合利用服务，但也惠及下游。因为黄河上游工农业用水高峰为5～7月，每年11月下旬至来年4月只有城市工业用水，数量很小；而水力发电不消耗水量。因此，每年非汛期为发电而增加的水量绝大部分都输送到了黄河下游；而此时的3～6月正是黄河下游断流严重和工农业用水最紧张的时期。每年11月到次年2月则是黄河下游平原水库和地下水库的蓄水时期，如果非汛期发电后的水量能被黄河下游农田灌溉所引用，或者能将该水量暂时存蓄到平原水库或地下水库中，以备以后农业灌溉时引用，龙羊峡、刘家峡两库非汛期的补水量即可起到扩大下游灌溉面积、缓解黄河下游断流的作用。据文献记载，1986年11月～1996年10月，龙羊峡、刘家峡两库为下游工农业补水149.7亿m^3，每年补水2.66亿～37.91亿m^3，平均每年非汛期补水15亿m^3，可多灌溉农田38.3万hm^2。如果没有补水，则每年黄河下游断流时间为1～7个月，10年共断流31个月，平均每年断流时间为3.1月。有了龙羊峡、刘家峡两库的补水，同期下游实际平均断流时间仅1.66月，缩短断流时间1.44月，即缩短了46%的断流时间。

4. 减轻了甘宁蒙洪水和冰凌灾害　刘家峡水库承担了兰州市防洪任务，将兰州天然百年一遇洪峰8080m^3/s削减到其安全泄量6500m^3/s，并相应减轻了下游宁蒙洪水灾害。在刘家峡水库单独运行的17年中，兰州有6次洪峰流量超过4000m^3/s，经刘家峡水库调节均控制在了4000m^3/s以内。特别是1981年9月黄河上游出现了有实测水文资料以来的最大洪水，兰州断面最大洪峰流量为7090m^3/s，超过其安全流量6500m^3/s，由于有龙羊峡施工围堰和刘家峡水库的调蓄，兰州最大洪峰流量仅为5600m^3/s，削峰1490m^3/s，并使最大下泄流量出现时间推迟了5～6d。这为下游防洪抢险赢得了时间，保证了黄河宁蒙河段沿岸人民生命财产安全和包兰铁路畅通无阻，避免了类似1904年特大洪水灾害的发生。

黄河从兰州往包头的流向是由南向北，兰州纬度比包头低4.37°，兰州、宁夏河段气温比包头高，因此黄河下段比上段封河早、冰层厚、开河晚。刘家峡水库建成前，每年3月黄河下段河道经常出现水鼓冰裂，卡冰结坝，形成冰凌灾害。刘家峡水库建成后，封河时加大了流量，封河水位较高，河道冰面随之升高，冰盖下河道断面过流能力增大；封冻期刘家峡水库出库流量兰州站控制在500m^3/s左右，波动小；到解冻开河前，将刘家峡、盐锅峡、八盘峡水电站发电出力，由额定出力180.1万kW减到51万kW，仅为总装机容量的28.3%，刘家峡水库适时减少下泄流量，使上段来水均匀，水位涨差很小，水势平稳，开河日期推后，冰盖充分受热力作用解冻融消，河槽蓄水量缓慢释放，水势平缓，从而改变了过去那种水鼓冰裂、强行解冻、节节卡冰结坝的武开河局面，冰凌灾害由建库前17年（1950～1967年）的8次之多，即平均2年1次减少为约10年1次，减少了80%，保证了宁蒙河段的防凌安全。

在水利部近期黄河治理规划中，还将对宁蒙河段进行河道治理，采取加高、新建堤防（688km）和新建、续建险工（19处）等工程措施，并充分发挥龙羊峡、刘家峡水库联合调度的作用，以有效防御洪水和冰凌灾害的发生。

四、水电站的建设和管理促进了我国电力工业的发展

(1) 为我国多泥沙河流修建水电站提供了经验。1961年投产发电的盐锅峡水电站，是我国在多泥沙河流建成的第1座大型水电站，设计、施工都缺乏经验。由于枢纽设计时没有布置排沙底孔，电站投入运行后，库区泥沙淤积严重，杂草、泥沙堵塞甚至压垮拦污栅，水轮机磨损、空蚀严重，检修补焊工作量很大。在吸取了盐锅峡水电站的经验教训后，刘家峡等水电站建设时，均布置了排沙底孔，设计了通仓式拦污栅，并将其栅距加大到20cm，同时，改进了水轮机的制造材质等，为我国在多泥沙河流修建水电站提供了经验。

(2) 促进了我国电力工业发展。刘家峡水电站混凝土重力坝坝高147m，最大单机容量30万kW，最高输送电压330kV，施工验收时的总装机容量116万kW，这些设备是我国自行研制的，并在运行中进行了改进和完善，为我国高坝建设和电力工业发展积累了经验。

(3) 为推广"龙头"水库和梯级水电站开发提供了经验。甘肃黄河干流水电开发修建了"龙头"刘家峡水电站及下游盐锅峡等水电站均系径流式水电站，且实行梯级开发，充分发挥了刘家峡"龙头"水库调节径流和洪水的作用，提高了盐锅峡等水电站的发电效益，削减洪峰流量，减少水库淹没损失和枢纽的泄洪设施以及施工导流工程规模，节约工程投资，缩短建设工期，经济效益显著。甘肃黄河干流梯级开发的经验，已在青海黄河干流和我国其他河流的水电建设中得到推广应用。青海先修建了黄河干流的"龙头"水电站龙羊峡水电站，利用龙羊峡水库的调节径流和洪水作用，大大提高了其后修建的李家峡、公伯峡和拉西瓦等水电站的经济效益，使之成为我国水电开发中的"富矿"。

(4) 为我国多泥沙水库运用提供了经验。刘家峡水库坝前1.5km处，有支流洮河汇入。洮河的泥沙、杂草严重威胁电站安全生产。为确保电站正常运行，1974年开展了洮河异重流排沙工作。水库调度运行部门根据洮河洪水入库后容易形成异重流的特点，研究

制定了一套完整可行的异重流排沙调度方案，使洮河入库泥沙及时排出水库，有效地缓解了水库泥沙淤积，洮河库段的死库容淤满时间比原设计推迟了6年。截止到2003年，刘家峡水库共进行异重流排沙207次，累计排沙量约为2.87亿t，平均排沙比达62%。

此外，刘家峡水库还采用汛前降低库水位排沙方式，解决洮河沙坎阻水问题，即利用短期来水预报，在上游洪水入库前，开启排沙闸放水，快速降低库水位，利用入库洪水排出前期淤积泥沙，然后利用后续洪水回蓄库水位。1981～1988年共进行4次汛前低水位排沙，出沙量达3300万t。另外，还根据闸门前的泥沙淤积情况适时开门冲沙，防止闸门淤堵。

刘家峡水库在黄河上最成功地应用泥沙异重流理论，配合多种排沙方式，较好地解决了水库泥沙淤积问题，获得了满意的效果。

（5）为我国跨省区水量调度提供了经验。刘家峡水量调度工作坚持综合利用原则，但不同时期侧重点不同，在伏汛、凌汛期，发电服从防洪、防凌；在灌溉用水高峰时，按灌溉用水发电；其余时间，以发电为主，兼顾工农业用水。为做好刘家峡水库水量调度工作，黄河上中游水调委员会每年召开1～2次委员会，总结本年度水调工作，研究协商安排刘家峡水库下一年非汛期的水库调度方案和有关地区之间工农业用水量分配，协调发电用水和农业灌溉用水的矛盾，并向中央防总上报汛期（伏汛、凌汛）运行计划等。30多年来，本着顾全大局、统筹兼顾、友好协商、利益共享的原则，克服重重困难，卓有成效地完成了日常水量调度工作，综合利用的各个方面均发挥了重大作用，取得了巨大的经济效益和社会效益。如1981年9月黄河上游发生了有实测资料以来最大洪水，经刘家峡水库调度，削减兰州断面洪水流量约1500m^3/s，避免了类似1904年特大洪水灾害的发生。又如1986年龙羊峡下闸蓄水断流4个月，刘家峡水库超蓄水量7200万m^3，并制定了详细水库调度计划，基本满足了下游工农业用水要求并减少了发电损失。再如2000年在为天津调水过程中，有关部门要求8月开始调水1050m^3/s，黄河中上游水调委员会办公室根据电力系统运行情况，建议推迟到9月22日调水，下泄流量改为900m^3/s，被有关部门采纳，从而避免了整个梯级水电站发生弃水的被动局面。

（甘肃省人民政府　李文治）

充分发挥我国水电的效益

（一）水电站群的运行优化

我国已建成大批水电站，提供了大量优质、廉价的可再生能源。许多河流形成了或即将形成梯级开发格局。同一地区也有了跨流域水电站群。水电站与火电站不同：上下游水电站有水流联系，不同河流的电站在同一电力系统中运行，具有“群”的效益。因此，应以水电站群为出发点进行优化，解决好水电站长期和短期运行的问题。

对水电站群长期运行优化目标是：水电站群的发电效益（保证电量和季节性电量）相应的经济值最大。诚然，保证电量的单位价值应远大于季节性电量的单位价值。

优化的约束方程主要有以下几类：①水量平衡方程（含上游库放水及综合利用）；②水库状态（蓄水量）转移和限制方程；③能量转换方程；④水电站设备特性限制方程。

鉴于水电站群中，各电站的运行决策（各时段水库水量的蓄泄量）是与水电站群的效益紧密联系的，故水电站群的联合运行是一个系统工程。优化模型应按系统工程的原则，将各电站的运行决策在一个模型中实现，从而体现总体的最优性。单个电站最优的组合并不是总体的最优。

水电站群可分两类：一类是有水流联系的梯级水电站群；另一类是在同一（或联合）电力系统中工作的无水流联系的水电站群。当然，也有两者兼有的。为了使优化更具可操作性，宜先进行梯级电站群的优化运行；再在此基础上，进行跨流域的水电站群的优化运行。

优化模型对水库群蓄泄的决策是以水电站群发电效益最优为目标自动处理的。这种优化原则优于“判别式”方法。“判别式”方法曾广泛应用于常规的规划设计，如前苏联C.H.倪克勤判别式。该方法对水库蓄放水次序问题是以两个水库比较为基础进行的，且只考虑了水头因素，而未考虑流量因素；对多于两库的运行优化问题则难以处理。

研究选择了：①乌江梯级水电站；②红水河梯级水电站；③澜沧江梯级水电站及云南省中型电站（以礼河梯级、西洱河梯级和鲁布革水电站），共26个水电站。电站简要指标见表1。

表1中的“水库蓄能”是与水库调节库容及控制水头相应的能量。它综合表达了水库的调节能力。26个水电站总水库蓄能为684.2亿kW·h，其中，乌江123.4亿kW·h，占18%；云南省的澜沧江和13个中型电站260.8亿kW·h，占38.1%；红水河300.0亿kW·h，占43.9%。蓄能大的水库基本上集中在河流的上游，为河流梯级电站及跨流域补偿调节提供了极为有利的条件，保证了26个水电站向电力系统提供充足而稳定的能量。

根据资料的情况，优化计算所依据的是1953年

1月～1984年12月代表性水文系列。其平均水量略少于长系列，但包括了连续枯水段。

表1 参加优化的水电站的简要指标

电站名称	所在河流	装机容量（MW）	保证出力（MW）	年发电量（亿kW·h）	调节库容（$\times10^6m^3$）	调节性能	平均水头（m）	控制水头（m）	水库蓄能（亿kW·h）
洪家渡	乌江	540	171.5	15.9	3289	多年	139	801	63.4
东风	乌江	510	248.0	24.2	490	季	120	662	7.8
索风营	乌江	420	163.0	20.4	0	径流	61	542	0
乌江渡	乌江	630	202.0	33.4	1350	季	110	481	15.6
构皮滩	乌江	2000	757.4	91.9	3660	季	160	371	33.8
思林	乌江	1000	304.3	39.3	314	季	69	211	1.6
沙沱	乌江	800	370.0	41.7	0	径流	59	142	0
彭水	乌江	1080	364.9	60.1	560	季	83	83	1.1
小计		6980	2581.1	326.9	9663				123.3
小湾	澜沧江	4200	1854.0	188.9	9854	多年	224	619	151.6
漫湾	澜沧江	1250	796.1	78.8	257	季	95	395	2.5
大朝山	澜沧江	1350	723.5	70.2	370	季	62	300	2.7
糯扎渡	澜沧江	5500	2393.6	236.8	12391	多年	175	238	73.3
景洪	澜沧江	1500	666.0	76.9	800	径流	63	63	1.2
以礼河	以礼河	321.5	155.5	16.0	456	多年	1393	1393	14.7
西洱河	西洱河	255	100.2	7.8	1075	多年	584	584	14.8
鲁布革	黄泥河	600	85.0	29.5	37	径流	361.5	361.5	0.3
小计		14976.5	6773.9	705.0	25240				261.1
天生桥一级	红水河	1200	435.0	52.3	6319	多年	117	695.77	108.1
天生桥二级	红水河	1320	730.0	82.0	0	径流	198.5	578.77	0
平班	红水河	360	145.0	17.4	0	径流	38.5	380.27	0
龙滩	红水河	5400	1500.0	154.0	22388	多年	153.5	341.77	190.2
岩滩	红水河	1210	665.0	56.6	365	季	58	188.27	1.7
大化	红水河	400	339.0	21.1	0	径流	33	130.27	0
百龙滩	红水河	192	134.0	9.8	0	径流	17.3	97.27	0
乐滩	红水河	600	326.0	35.1	0	径流	29.5	79.97	0
桥巩	红水河	500	286.0	31.5	0	径流	21.47	50.47	0
大藤峡	郁江	1200	467.0	64.3	0	径流	29	29	0
小计		12382	5027.0	524.1	29072				300.0
合计		34338.5	14382.0	1556.0	63975				684.4

（二）河流梯级水电站优化运行

河流梯级水电站优化运行的原则是水库（群）按照梯级水电站群发电效益最大来运行。水库水量的蓄泄方式必须兼顾本电站和下游电站的发电要求。对于河流的水库群，则应同时对各水库的蓄泄进行优化决策，从而达到水电站群总效益的最大化。

梯级水电站群长期优化运行的计算结果见表2。

从表2可得到如下结果：

(1) 保证出力。优化运行的保证率从原来的95%提高到100%。全部优化对象总保证出力为15915.4MW（保证率100%），比原设计的14369.7MW增加了1545.7MW，相应增幅为10.8%。其中，以礼河、西洱河梯级的保证出力平幅较小，分别为2.8%和2.6%。其原因是以礼河和西洱河为多年调节水库单库运行，且下游区间流量较小，按常规方法运行也可得到比较满意的结果。乌江和红水河优化运行比原设计的保证出力增加值分别达149.5MW及705.6MW，相应增幅为5.6%及14.0%。即使具有小湾和糯扎渡两座多年调节水库的澜沧江，经优化后保证出力仍比原设计增加683.7MW，增幅为10.6%。上述数据说明，梯级优化运行对增加水电站群保证出力的效益是很可观的。

表 2 各梯级电站优化运行主要成果

梯级名	电站名	保证出力（MW）			年发电量（亿 kW・h）		
		原设计	优化成果	增 值	原设计	优化成果	增 值
以礼河梯级		155.5	159.8	4.3	16.0	15.3	－0.7
西洱河梯级		100.2	102.8	2.6	7.8	10.8	3.0
乌江梯级	洪家渡	171.5			15.9	16.4	0.5
	东风	248.0			30.5	31.4	0.9
	索风营	163.0			20.4	18.3	－2.1
	乌江渡	202.0			33.4	42.8	9.4
	构皮滩	757.4			75.7	81.9	6.2
	思林	377.0			39.3	40.3	1.0
	沙沱	370.0			41.7	39.5	－2.2
	彭水	364.9			60.1	67.4	7.3
	合计	2653.8	2803.3	149.5	317.0	338.0	21.0
红水河梯级	天生桥一级	435.0			53.0	54.0	1.0
	天生桥二级	730.0			83.4	85.9	2.5
	平班	145.0			15.4	17.1	1.7
	龙滩	1500.0			165.7	189.4	23.7
	岩滩	665.0			71.1	76.5	5.4
	大化	339.0			33.0	34.3	1.3
	百龙滩	134.0			11.1	16.5	5.4
	乐滩	326.0			35.2	42.4	7.2
	桥巩	286.0			31.0	31.7	0.7
	大藤峡	467.0			63.7	73.9	10.2
	合计	5027.0	5732.6	705.6	562.6	621.7	59.1
澜沧江梯级	小湾	1854.0			188.9	210.6	21.7
	漫湾	796.1			78.8	90.1	11.3
	大朝山	723.5			70.2	64.9	－5.3
	糯扎渡	2393.6			236.8	247.2	10.4
	景洪	666.0			71.3	88.0	16.7
	合计	6433.2	7116.9	683.7	646.0	700.8	54.8

（2）年发电量。全部优化对象总计年发电量为1686.6亿kW・h，比原设计的1549.4亿kW・h，增加137.0亿kW・h，相应增幅为8.8%，小于保证出力的增幅，这是合理的。对不同的河流，其增幅是不同的。有时增幅是负值（如以礼河），这是因为优化运行首先是要寻求保证出力极大化，这就可能在一定的程度上牺牲一些发电量。亦即，把部分季节性电量转化为保证电量。由于保证电量的价值远高于季节性电量，所以这是值得的，也正体现了优化的原则。

（三）跨流域联合运行优化

跨流域联合运行优化是在梯级运行优化的基础上进行的，具有两种补偿效益，即由于河流之间水文的不同步性（“丰枯互补”）的补偿效益和调节性能差异的补偿效益。

河流之间水文的不同步性，可用流量的相关系数来表达。为此对乌江、红水河和澜沧江的水文做了初步的研究，分别以构皮滩、龙滩和糯扎渡水电站作为这3条河的水文代表。其年水量的相关系数见表3。

表 3 各河流相关系数

相 关 情 况	相 关 系 数
龙滩—构皮滩	0.60
龙滩—糯扎渡	0.25
构皮滩—糯扎渡	0.09

表3表明，除红水河和乌江因地理位置相近、降水成因相似而具有较大的正相关系数外，其他河流与澜沧江的相关系数均只有微弱的正相关。主要原因是澜沧江的流量有很大部分是来自高山融雪，流量相对稳定。以上河流间有一定的丰枯补偿效益：

1. 以礼河和西洱河梯级与鲁布革电站联合运行优化　以礼河和西洱河梯级均为多年调节电站，鲁布革电站为周调节电站，跨流域运行效益很大。联合优化运行计算结果见表4。

表4　以礼河、西洱河梯级与鲁布革电站跨流域联合优化运行成果

电站名	保证出力（MW）				年发电量（亿kW·h）			
	原设计	联合优化	差　值	单独优化	原设计	联合优化	差　值	单独优化
以礼河	155.5			159.0	16.0	15.3	−0.7	15.3
西洱河	100.2			102.8	7.8	10.7	2.9	10.8
鲁布革	85.0			85.0	29.5	28.0	−1.5	28.0
以礼河＋西洱河	240.3	329.0	88.5	244.0	45.5	43.4	−2.1	43.3
西洱河＋鲁布革	185.2	203.6	18.4	187.8	37.3	38.7	1.4	38.8
以礼河＋西洱河＋鲁布革	640.7	509.3	168.6	354.8	53.3	54.1	0.8	55.6

优化运行结果的保证出力增值：以礼河梯级与鲁布革水电站联合运行为88.5MW，相应增幅为36.8%；西洱河梯级与鲁布革水电站联合运行为18.4MW，相应增幅为10%；以礼河西洱河梯级与鲁布革水电站联合运行为168.6MW，增加值约相当于原设计值的1/2。由于弃水很少，故发电量差别不大。以上说明，调节性能差别大的电站，进行跨流域补偿运行增加发电效益的潜力很大。

以礼河、西洱河梯级与鲁布革联合运行出力过程见图1。

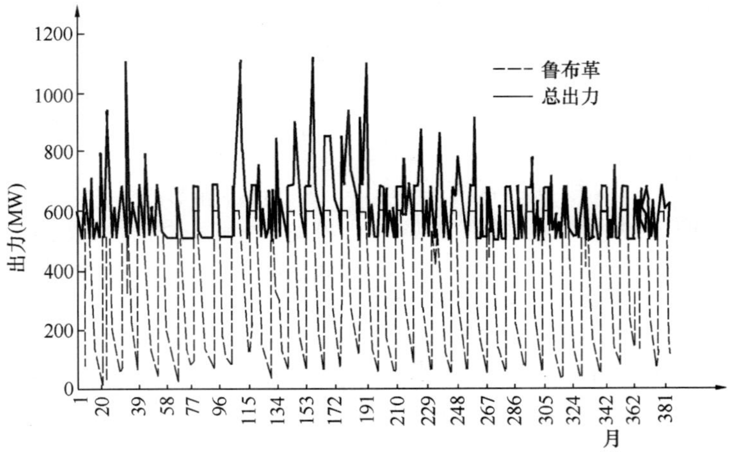

图1　以礼河、西洱河与鲁布革电站联合优化运行出力过程

从图1我们可以看出，以礼河与西洱河梯级电站的发电，完全是根据鲁布革电站出力的变化而定的。调节后的总出力过程很平稳，有很好的补偿作用。

2. 多条河流跨流域联合优化运行　多条河流跨流域联合运行是在以礼河、西洱河梯级与鲁布革电站联合运行的基础上，按调节性能由差到好逐次加入各条河流进行的。结果见表5。

表5　多条河流联合运行成果

联合运行的河流	保证出力（MW）			年发电量（亿kW·h）		
	原设计	联合优化	差　值	原设计	联合优化	差　值
以礼河、西洱河、鲁布革	340.7	509.3		53.3	54.1	0.8
乌江、红水河、澜沧江	14114.0			1525.6	1660.5	134.9
合计	14454.7	16898.8	2444.1	1578.9	1707.6	128.7

从表5优化结果可知，优化效益中，保证出力增加2444.1MW，增幅为16.9%；发电量增加128.7亿kW·h，相应增幅为8.2%。相当于增加一个糯扎渡水电站。总出力保证率曲线见图2。

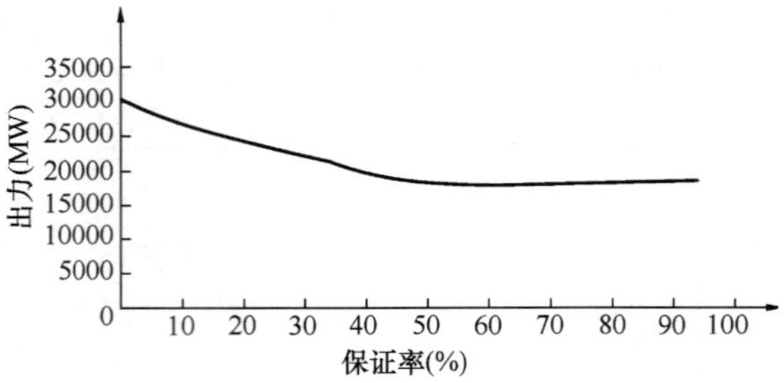

图2 梯级和跨流域优化运行总出力保证率曲线

从图2可知，优化运行后各水电站合计约有一半的时间发保证出力，另一半时间大于保证出力，且季节性电量只占总发电量的11.5%。

（四）南方水电基地与三峡电站联合运行问题

从南方3个水电基地梯级和跨流域优化运行的结果看，三个水电基地水库群调节性能十分优越。该水库群拥有684.2亿kW·h的水库蓄能，若只对本地区的水电进行调节，不能充分发挥作用；如果在汛期（5～9月）引进三峡和葛洲坝水电站的季节性电量，利用南方水电基地的水库进一步补偿调节，将是十分有利的。

对此进行的初步研究表明：如果三峡和葛洲坝水电站每年5～9月向南方送3000MW出力，经跨流域补偿运行后的总保证出力可增加到17963.5MW，增值为1064.7MW；若扣除5%的损耗，净增保证出力也将达1011.5MW。

功率交换联网的落点，可考虑在主要受电的广东电网。诚然，要进行跨网的补偿调节，必须联网，而联网必须付出输电建设费用。但由于联网，还可获得包括提高电力系统可靠性和负荷错峰的额外效益。因此，宜进行进一步的研究。

（五）结语

按照系统工程的原则，应用系统分析的方法建造水电站水库群长期运行优化的数学模型，借助于优化软件包进行河流梯级电站群和跨流域水库群的长期优化运行，可在大幅度提高水电站群的出力保证率的基础上大幅度增加水电站群的综合保证出力和发电量。该论断在南方三个水电基地的核算中得到了印证。

在水电规划设计中，应以电力系统的效益为出发点进行优化。对水电站的效益，应以水电站群作为整体来研究，水电站的可靠性，应以水电站群的出力保证率来表示，在水电比重大的地区，应大于95%。

水电站水库群长期优化运行要付诸实施尚需要做如下几方面的工作：

（1）在优化运行的基础上，构造以时段末水库群蓄能为最大的水库群长期优化调度的线性规划模型。

（2）为使长期优化运行能够付诸实施，应建立河流梯级运行和跨流域运行的指挥机构，加强水电站水库群优化调度的运行管理。

（3）建立以电站（水库）的贡献为基础的效益和经济利益分配模型，使“蛋糕”做得大，又能调动各方的积极性。

（中国水电工程顾问集团公司　伍宏中
中国社会科学院　张　奔）

因地制宜促进移民村经济发展

为支援新安江水站建设，位于大坝左岸东南方向1km的建德县东铜官乡齐村村民，1957年集体迁移到乾潭镇黄立洋村，为新安江水电站的顺利建设作出了贡献。

当年，黄立洋村62户人家，人口198人，全部从事农业劳动，水稻收成每亩不过100～150kg，男劳力一天收入0.6元，全村十分贫困。

随着改革开放的深入，经济开发区迅速发展。经浙江省有关部门审查、论证，2000年6月，在黄立洋村建立了建德市乾潭镇的五金工具工业园区。这使农村各种资源得到重新配置，为移民村发展致富开辟了一条道路。

在园区的裴凌五金工具厂改为裴凌五金工具有限公司，建园当年就创产值1000万元。有四五十名移民进厂当了工人，年收入达4000～6000元，是种田的二、三倍。

随着企业的发展，进厂工作的移民越来越多。2001年达60～70人，2004年在200人以上，2005年长期性工人300人，季节性工人100人。由于实行计件工资，多劳多得，技术好的工人一个月可拿到2800元，2005年人均年收入达1.6万元。

为了发展壮大，企业面向全国，聘请了研发产品、经营销售、质量管理的人才。如今裴凌五金工具公司的产品达到了1000多个品种，外销产品80%靠自营出口；企业通过了德国TUVGS质量认证和VDEGS安全标准认证；有十几个产品申请了专利（2002年还在国外申请专利）；购买了国外先进检测设备，2004年销售产值6000万元，2005年达9000万元。

黄立洋村企业发展，效益增加，八成移民进厂当工人，工资成为主要经济来源，日子越过越好。该村现有外来人口已超过200人，他们来自云南、四川、贵州、江西、安徽。据调查：在企业就业的有大专院校来的学生 13 名（其中 5 名懂外语的专业销售人员长驻上海搞供销），本村有 171 名，外村有 72 人，外省市有 140 多名。

工业园区发展促进了农业，带动了第三产业，推动了农村的公益事业。一些企业，如裴凌五金工具公司捐资数万元兴修堤堰、保护农田，建设道路。村里开设小店、超市，建立菜棚，发展三产，产值已达 20～30 万元，方便了群众生活，又解决了许多人就业，繁荣了经济。企业发展不忘回报社会，还关注助老敬老事业，2005 年将为 60 岁以上老人发放 300 元慰问金。

黄立洋村靠党的改革开放政策发展起来，移民村前景一片大好，城镇化建设已提上日程，正在稳步向社会主义新农村迈进。

（浙江省建德市移民局　储　斌）

17

农村水电及电气化

贯彻落实《可再生能源法》

认真贯彻落实《可再生能源法》依法做好水能开发利用管理工作

水利部向各省、自治区、直辖市水利（水务）厅（局）、新疆生产建设兵团水利局下发了《关于转发福建省人民政府〈加强水能资源开发利用管理规定（试行）〉的通知》（办水电［2005］161号文）。现将全文登载如下：

水能是水资源不可分割的重要组成部分。新时期，水利工作肩负着加强水资源开发利用管理和保护环境维护河流健康生命两副重担。近年来，水能开发利用中出现了一些圈占资源、无序开发、破坏环境、威胁公共安全等突出问题，引起了中央和社会各方面的关注。针对这些问题，各地认真贯彻落实水利部关于清查“四无”水电站、清除“四无”水电站事故隐患、加强水能管理的要求，推进水能资源有偿使用和市场化配置改革，清理整顿水能开发利用市场，及时出台有关政策措施，取得了明显成效。

福建省认真贯彻《可再生能源法》，加大水能开发利用管理力度，最近省人民政府印发了《加强水能资源开发利用管理规定（试行）》。对水能规划、开发权出让和转让、水电项目审批和建设管理、违规项目清查处理和执法检查等水能管理和各个环节都作出了明确规定，明确了有关部门的任务和职责，对于规范水能开发利用管理，保护生态环境，维护公共安全具有重要作用。按照水利部领导的批示，现将该文件转发你们学习借鉴。各地要结合实际，认真组织学习宣传贯彻落实《可再生能源法》，依法行政，依法做好水能开发利用管理工作。

（年鉴编辑部摘编）

福建省人民政府加强水能资源开发利用管理规定（试行）

为加强水能资源管理，规范水能资源开发利用，严格水电项目建设程序，实现开发与保护相结合，促进经济社会可持续发展，根据《中华人民共和国水法》、《中华人民共和国防洪法》及有关法律法规规定，结合福建省实际，制定本管理规定。

（一）加强规划，促进水能资源合理开发利用

（1）水能资源是水资源的重要组成部分。水能资源的开发必须全面规划，统筹兼顾，综合利用，讲求效益，并与城市总体规划、土地利用总体规划、防洪规划和地质灾害防治规划相衔接。

（2）已经审批的流域综合规划，要结合可持续发展和生态省建设的需要，进行修改完善，并定期对规划的实施情况进行检查与评价。尚未编制规划的流域，要抓紧组织编制规划。新编、修编流域综合规划应依法进行环境影响评价。

（3）流域综合规划实行分级管理。流域面积$500km^2$以上或跨设区市的河流综合规划由省水利厅会同省发展和改革委员会编制并组织有关部门及专家论证后报省政府审批，已编制的流域综合规划要重新组织论证后报省政府审批。其他流域综合规划由设区市人民政府组织编制或重新论证后报省水利厅会同省发展和改革委员会审批，审批前须征求相关部门意见。流域综合规划未经重新审批的，应停止审批或核准水能开发项目。

（4）流域综合规划一经审定，必须严格执行。实施过程中确需要修改的，必须按照程序报原批准机关重新审批。

（5）水能资源开发必须符合流域综合规划，禁止无规划的盲目开发。不符合规划的项目或未经规划的流域，任何部门不得审批或核准水能资源开发项目。

（二）创新机制，全面推行水能资源开发有偿出让、转让制度

（1）水能资源归国家所有。凡在福建省境内开发利用水能资源的单位、企业和个人，必须先获得开发使用权。

（2）全面推行水能资源开发使用权有偿出让。有偿出让应本着公正、公平、公开的原则，采取公开招标、拍卖或挂牌出让以及国家法律法规规定的其他方式。在出让前，水行政主管部门要依据经批准的流域综合规划进行审核，并出具流域规划同意书。

（3）水能资源开发使用权有偿出让，由资源所在地的县（市、区）政府负责组织实施。开发使用权出让前，应向社会发布公告。其中，设区市内跨县（市、区）的水能资源开发使用权有偿出让，由设区市水行政管理部门负责组织实施；跨设区市的水能资

源开发使用权有偿出让，由省级水行政主管部门负责组织实施。

(4) 水能资源开发使用权的最高使用年限不超过50年，从获得使用权之日起计算，具体期限由各地根据电站性质确定。

(5) 水电站改造、扩建、技改项目应符合流域综合规划，如扩大流域利用范围的，应重新确定水能资源开发使用权。

(6) 新建水电站上网电价的制定，应有利于鼓励符合规划且有调节库容电站的建设，严格控制径流电站盲目开发。要根据建设和运行社会平均成本，结合装机容量、调节能力等指标，制定并公布分类别水电上网电价标准，以引导合理投资。具体办法由省物价局另行制定。

(7) 经批准依法获得的水能开发使用权可在有效期内进行转让，使用年限仍从使用权出让时间算起。

(8) 水能资源开发使用权出让金归资源所在地的县（市、区）政府，专项用于水能资源的规划、保护和管理以及补助资源所在地乡（镇）、村的水利设施建设。

（三）严格审批程序，规范水能资源开发建设行为

(1) 按照国家法律法规规定和国务院、省政府有关基建投资审批制度改革的要求，各级各有关部门要严格依照法定程序，把好水电建设项目审批关。获得水能资源开发使用权的，在项目可行性审批或核准前，必须依法办理水行政主管部门的防洪规划同意书、水资源论证及取水预申请、水土保持方案审批；国土资源管理部门的建设项目用地预审；环境保护部门的环境影响评价文件审批；林业部门的林业征用预审；水电行政主管部门的行业审查；电网企业的接入系统审查意见，以及库区移民局的移民安置审查意见等手续。其中，位于风景名胜区内的项目，应有建设行政主管部门的审查意见；在城市规划区范围内的项目，应有城市规划行政设区市流域的水电项目，由省发展和改革委员会负责审批或核准，省级相关部门负责审查；1万kW以下的水电项目由所在的设区市发展计划部门（市发展和改革委员会）负责审批或核准，相关部门负责审查；涉及农田灌溉的河段，一律不得兴建小水电项目。对违反程序、越权审批或核准的，要追究审批或核准单位主要负责人和相关人员的责任。

(2) 经审批或核准的水电项目，不得擅自变更建设规模和内容。凡涉及电站大坝、总体布局、建设规模、主要设备等重大设计的变更，由原设计单位提出变更设计文件，项目业主报原审批（核准）或审查部门批准后，方可实施。

(3) 水电站项目建设要严格实行项目法人制、施工许可制、招标投标制、建设监理制、合同管理制和竣工验收制，严格按照国家法律法规和工程标准进行工程建设，并强化工程质量的监督。要依法实行施工图设计文件审查制度。电站水库应进行蓄水前安全鉴定和水库下闸蓄水验收。

(4) 水电建设项目的勘察、设计、施工、监理单位必须具备与建设项目规模相应的资质和业务范围，设计过程必须遵循现行规范、规程和规定。

(5) 建设单位要严格执行环境影响评价制度、环境保护“三同时”制度、水土保持“三同时”制度，严格落实取水许可和环境影响评价审批意见的各项措施，确保生态环境需要的最小下泄流量，保证下游生活、生产和生态用水需求，最大限度地减少水电站建设对生态造成的不利影响。最小下泄流量由水、环境保护行政主管部门负责监督落实。

(6) 大坝主管部门要依法建立健全工程安全管理制度，定期开展大坝安全鉴定，做好电站运行安全年检工作，并采取措施消除隐患。各有关部门必须采取有力措施确保水电站自身安全和河道行洪安全，对存在安全隐患且拒不整改或整改不到位的，水行政主管部门有权吊销其取水许可证直至查封取水口，电力行政主管部门有权对其实施解列。

（四）加强督促检查，清理违规水能资源开发项目

(1) 水行政主管部门要全面开展水电项目的清理检查，并根据不同情况依法分类处理。流域面积500km^{2}以上的河流由水利厅负责组织检查；其他流域由设区市水利部门负责组织检查，并将检查清况、处理意见报省水利厅。

1) 立项已逾2年尚未动工或已动工但其主体工程尚未开工的水电项目，符合规划的，应限期开工，限期内无法开工的，应按照本规定重新出让开发使用权；不符合规定的，应停止建设。

2) 未按规定办理审批手续的在建水电项目，应立即停止建设。属符合规划的，建设单位要补充完善相关手续，经有权部门审批或核准后，方可继续建设；不符合规划的项目，由资源所在地县（市、区）人民政府依法责令限期拆除；在未编制规划的河流上兴建的项目，应待规划审批并补办有关手续后，方可建设。

3) 对不符合规划或未办理审批手续等已经建成投入运行的违规水电站项目，要组织有关专家逐个项目进行评审，提出处理意见，限期整改。对拒不整改的或整改后仍达不到要求的项目，水行政主管部门不予发放或吊销取水许可证；国土资源部门不予审批建设用地或撤销已经批准的建设用地；物价主管部门不

予核定或撤销已核定的上网电价；电力行政主管部门不予电量上网；资源所在地的县（市、区）人民政府要采取果断措施责令其腾空库容，停止运行，直至限期拆除。

4）对严重影响生态环境、工程存在重大安全隐患等已经投入运行的水电站项目，资源所在地的县（市、区）人民政府要责令限期拆除。

5）对隐瞒不报继续违规建设或运行的水电站项目，一经查实，应立即责令其停止建设或运行，并按照相关法律法规追究有关当事人的法律责任。项目停缓建或停止运行期间产生的各种损失均由建设单位自行负责。

（2）通过出让方式取得水能资源开发使用权的项目，如有下列情形之一的，应依法收回开发使用权。

1）取得水能资源开发使用权后，2年内未开工建设的或开工后停建超过1年的。

2）不按水行政主管部门意见采取防洪措施的。

3）不按规定进行安全生产的。

4）不按规定采取环境保护、水土保持措施的。

5）不按工程设计要求和有关规定解决移民搬迁、淹没补偿等有关问题的。

（3）水行政部门要定期开展检查，对违规建设的水电项目，要立即责令限期拆除。

（年鉴编辑部摘编）

学习贯彻《可再生能源法》做好水能资源管理工作

水利部农村水电及电气化发展局 程回洲

2005年2月28日，第十届全国人大常委会第14次会议高票通过了《中华人民共和国可再生能源法》，中华人民共和国主席胡锦涛签署33号主席令公布《中华人民共和国可再生能源法》自2006年1月1日开始施行。《可再生能源法》的通过和施行，对促进可再生能源的开发利用、节约和保护，增加能源供应，改善能源结构，实现我国经济社会的可持续发展必将产生深远的影响。《可再生能源法》确定了水能的独立能源和可再生能源的法律地位，对于加强水能资源管理和水能的开发利用管理具有重大意义。我们必须认真学习、深入理解《可再生能源法》，依法做好水能资源管理和开发利用管理工作。下面谈几点学习体会。

（一）制定《可再生能源法》的重大意义

1. 制定《可再生能源法》是增加能源供应的战略需要　我国常规能源短缺，人均占有量仅为世界人均占有量的40%。我国人均煤炭、石油、天然气资源占有量仅为全球人均的70%、10%、5%，剩余可采总量约占世界剩余可采总量的10%。我国煤炭虽然比较丰富，但并不是世界上最多的国家；我国石油资源量很少，2004年石油对外依存度已经达到42%；天然气资源更少。同时，我国单位GDP能耗大，能源利用效率低。能源供应跟不上国民经济社会发展的需要。能源供应紧张已经成为经济社会发展的瓶颈制约。所以从长远看，我国经济社会发展必须寻找替代能源。发展可再生能源是能源发展的战略选择。

2. 制定《可再生能源法》是改善能源结构的必然要求　我国能源消费结构不合理，污染环境严重。2004年我国能源消耗总量为19.7亿t标准煤。其中煤炭占67%，石油占22%，天然气占2%，水能占7%，前3种都属于化石能源，水能属于清洁可再生能源。在工业化国家和发展中国家，煤炭消耗都没有超过35%的。美国的煤炭蕴藏量是中国的两倍，但在其能源消耗中只占30%左右。我国大量的煤炭消耗对环境造成了严重污染。90%的二氧化硫、氮氧化合物都是由燃煤造成的。燃煤还造成大量二氧化碳等温室气体，温室气体已经严重威胁地球气候安全，我国已成为仅次于美国的温室气体排放第二大国。大气污染不仅造成土壤酸化、粮食减产和植被破坏，而且引发大量呼吸道疾病，直接威胁人民身体健康。大量温室气体排放直接威胁地球气候安全，引起全球的高度关注。所以发展可再生能源是改善能源结构，保障能源安全，保护生态环境，支撑国民经济可持续发展的必然选择。

3. 我国可再生能源资源丰富，开发程度低　我国可开发风能发电装机可能超过20亿kW，目前仅开发了76万kW。太阳能资源量相当于1.7万亿t标准煤，与一般能源相比近乎无穷大。目前主要是太阳能热利用，仅相当于860万t标准煤。水能资源经济可开发量4亿kW，居世界第一，去年底已开发1.08亿kW，开发率25%。生物质能资源量相当于5亿t标准煤，但生物质发电装机仅为200万kW，加上供气，相当于540万t标准煤，利用率为1.08%。地热能、海洋能资源量都很丰富，但开发程度更低。这些都是清洁可再生能源。2004年底，我国可再生能源开发利用总量约1.3亿t标准煤，开发率很低，在目前的能源消费总量仅占7%。如果不包括水电，其他可再生能源只占0.6%。我国可再生能源开发利用潜力巨大。从人类目前的科学技术水平看，很长时间内还难以出现可控、实用、可作为替代能源的新能源。因此，开发可再生能源是解决我国能源短缺、结构不合理问题，保障能源安全，保护环境的根本出路。

4. 可再生能源发展需要法律支持和保障　按照

现在我国经济发展平均7.5%的发展速度，我国对能源的需求到2010年将达到22亿t标准煤，需要由可再生能源提供约3.1亿t标准煤的份额。到2020年，我国的能源消耗将超过25亿t标准煤，需要可再生能源提供约4.5亿t标准煤的份额。考虑单位GDP能耗降低20%以后，这些数据可能有些调整。国际上工业化国家，都在大力发展可再生能源，德国风电装机已经达到3660万kW，单机容量5000kW的风机制造技术已经完全过关，正在研制1万kW的风机。美国太阳能发电装机已达到70万kW，一些大财团积极投入资本开发太阳能发电。国外发展可再生能源的成功经验是国家立法支持。可再生能源发展还处在初始阶段，有大量的技术问题需要解决，需要大量投入，需要国家的支持，需要全民来负起责任。所以国家必须做出一些强制性的规定支持可再生能源发展，随着大量技术问题的解决和规模化生产造价就会逐步下降。任何一种新能源的发展都经历了这个过程。《可再生能源法》中有一条，叫做费用分摊，即将可再生能源上网电价超过平均电价的部分由广大用户来分摊，这就是全民责任。还需要在总量目标、强制上网、电价机制、财政、税收、金融等政策的支持，使可再生能源逐步占有和扩大市场份额，具有市场竞争力，逐步成长成替代能源、战略能源。

（二）《可再生能源法》确立了优先发展可再生能源的战略

《可再生能源法》把可再生能源纳入能源优先发展领域、科技优先发展领域和产业化优先发展领域。人们对可再生能源的认识有一个过程，很长一段时间内存在着对可再生能源的偏见和短视。《可再生能源法》把可再生能源纳入发展的优先领域，把认识上升到国家意志，保护和促进可再生能源的发展。

《可再生能源法》规定："国家将可再生能源的开发利用列为能源发展的优先领域，通过制定可再生能源开发利用总量目标和采取相应措施，推动可再生能源市场的建立和发展。"在坚持节能优先和提高能效的同时，将可再生能源列为能源发展的优先领域，将有力推动可再生能源的开发利用。

《可再生能源法》规定："国家将可再生能源开发利用的科学技术研究和产业化发展列为科技发展与高技术产业发展的优先领域，纳入国家科技发展规划和高技术产业发展规划，并安排资金支持可再生能源开发利用的科学技术研究、应用示范和产业化发展，促进可再生能源开发利用的技术进步，降低可再生能源产品的生产成本，提高产品质量。"我国可再生能源还没有建立完备的可再生能源产业化体系，研究开发能力弱，制造技术水平低，关键设备仍需进口，一些相对成熟的技术尚缺乏标准和服务保障。因此，国家将可再生能源开发利用的技术研究和产业化发展纳入科技优先发展领域和产业化优先发展领域，将有力促进可再生能源开发利用的技术进步，降低生产成本，提高产品质量。

（三）《可再生能源法》制订了系列促进可再生能源发展的保障政策和制度

1. 总量目标制度　《可再生能源法》规定："国务院能源主管部门根据全国能源需求与可再生能源资源实际状况，制定全国可再生能源开发利用中长期总量目标，报国务院批准后执行，并予公布"。"国务院能源主管部门根据前款规定的总量目标和省、自治区、直辖市经济发展与可再生能源资源实际状况，会同省、自治区、直辖市人民政府确定各行政区域可再生能源开发利用中长期目标，并予公布"。总量目标制度是指在一定时期能源消费中可再生能源所占的市场份额要达到规定目标。要达到这个目标，要付出很大的努力。这项制度通过采取强制性政策和措施，使规定的目标如期实现。

2. 强制上网制度　《可再生能源法》规定："电网企业应当与依法取得行政许可或者报送备案的可再生能源发电企业签订并网协议，全额收购其电网覆盖范围内可再生能源并网发电项目的上网电量，并为可再生能源发电提供上网服务"，"电网企业未全额收购可再生能源电量，造成可再生能源发电企业经济损失的，应当承担赔偿责任，并由国家电力监管机构责令限期改正；拒不改正的，处以可再生能源发电企业经济损失额1倍以下的罚款"。这是保障可再生能源发展的一项重要的法律。在起草过程中开始是写优先上网，我们感到优先往往难以保证解决"上网难"的问题，建议用"全额"两个字。经过一番争议后，采纳了这两个字。这也是总结几十年来小水电长期解决不了上网难的问题提出来的。时至今日，还有人说小水电等可再生能源是垃圾电，有的是出于谋取不正当利益，也有的属于无知。今后小水电等可再生能源企业应依法维护自己的利益。

3. 电价和费用分摊制度　《可再生能源法》规定："可再生能源发电项目的上网电价，由国务院价格主管部门根据不同类型可再生能源发电的特点和不同地区的情况，按照有利于促进可再生能源开发利用和经济合理的原则确定，并根据可再生能源开发利用技术的发展适时调整"，"电网企业依照本法第十九条规定确定的上网电价收购可再生能源电量所发生的费用，高于按照常规能源发电平均上网电价计算所发生费用之间的差额，附加在销售电价中分摊"。在可再生能源发展初始阶段，成本很高，必须解决价格问题，国家制订这项制度体现了通过国家权利和全民责任来促进可再生能源发展，保障国家和人民的长远利益。

4. 财政支持和专项资金支持制度 《可再生能源法》规定“县级以上人民政府应当对农村地区的可再生能源利用项目提供财政支持”，“国家财政设立可再生能源发展专项资金，用于支持以下活动：①可再生能源开发利用的科学技术研究、标准制定和示范工程。②农村、牧区生活用能的可再生能源利用项目。③偏远地区和海岛可再生能源独立电力系统建设。④可再生能源的资源勘查、评价和相关信息系统建设。⑤促进可再生能源开发利用设备的本地化生产”。国家对可再生能源的发展进行财政和资金支持，是加快可再生能源发展，扶持可再生能源产业化的关键。

5. 产业发展指导制度 《可再生能源法》规定：“国务院能源主管部门根据全国可再生能源开发利用规划，制定、公布可再生能源产业发展指导目录”。可再生能源产业发展指导目录是指在一定时期内，根据我国可再生能源不同的技术发展水平，编制和发布国家鼓励发展的技术和产品，对列入指导目录的可再生能源开发利用项目享受优惠贷款、税收政策。通过制定指导目录，引导和促进可再生能源产业的发展。

之外，《可再生能源法》还在信贷、税收等方面制定了支持政策。

(四)《可再生能源法》确立了水能独立能源的法律地位

2002 年全国人大环境与资源保护委员会着手制订《可再生能源法》，但在很长时间小水电和水能都没有纳入可再生能源范畴。我们积极做好各方面的汇报工作，先后提交了十几万字的论证材料和报告，最终水能被纳入可再生能源法。我们还就可再生能源管理体制、市场份额、强制上网、价格机制以及有关政策提出了许多建议，得到立法部门的重视和采纳。

1. 水能实现了水量的天然配置 水能推动河水流动，把河水输送到四面八方，形成河流，形成流域，实现水量的天然配置，形成万物生存、繁衍的水生态条件和水环境。水能可将泥沙输送到大海，可使水质得以净化，也可使堤防决口，河流改道，洪水泛滥，水能无时无刻不在造就自然，无时无刻不在对人类作出贡献，对天地万物作出贡献，但水能有时也会对人类造成伤害。几千年前，人类开始利用水能来舂米、车水。一百多年前，人们又学会了把水能变成电能，叫水电。水能同样遵循能量守恒定律。一部分水能变成电能以后，原始的水能配置发生了变化，河流、流域的生态环境随之都要发生变化，如泥沙淤积、河床抬高、河槽萎缩、河流断流，还有对河流水生物的影响，对流域生态环境的影响。这种变化达到一定程度，生态和环境就难以承受，河流健康生命就会被破坏，生态环境就会被破坏，直至威胁人类的生存和发展。因此，必须认真研究河流水能的原始配置和合理开发的关系，制定科学利用的方案。

2. 水能是河流生命的动力 水能和水电是两个完全不同的概念，水力能源和电力能源是两种完全不同的能源。水能以水为载体，存在于河流中，是水位差和水流量的函数，而水电能以电网为载体，存在于电力系统中，是电位差与电流量的函数。水能使河水流动，是河流生命的动力，是河流生命的心脏。没有水能，河流生命就停止了，而水电与河流生命没有直接关系。水能发电叫水电，燃煤发电叫火电。同样，有核电、油电、风电等等。不管叫什么电，都是电荷流动做的功，都是电位差与电流量的函数，都不是原来的能源了，都与原来的能源发生了质的转变。

不同的能源有不同的外部特征和内在规律，其存在形式和作用方式也不一样。因此，人类对它们管理必然不一样。对水电的管理主要是对发电工程的建设管理、发电管理和电网管理。水能管理是河流管理的重要内容。主要是水能资源基础调查、信息收集，水能资源的定期评价，水能资源配置与流域环境、河流健康生命规律的研究，水能有偿使用和反哺河流机制的建立，水能开发与保护的良性循环机制的建立，水能资源的配置规划（生态水能配置和开发利用规划）、节约和保护管理等等。但是长期以来，在管理领域，水能与水电相混淆，水能没有作为一种独立能源进行管理，国务院历届“三定”方案都没有水能，也没有将水能列入任何部门的职责范围中，水能管理长期缺位。

3. 管理缺位影响了水能资源的科学管理和利用 水能资源管理缺位是导致我国水能资源开发率低的原因之一。我国水能资源世界第一，但开发率仅 25%。欧美国家都在 80%左右。我国常规能源短缺，能源消耗中煤占 70%，而水能仅占 7%，加剧了能源瓶颈制约和环境压力。水能资源管理缺位还是导致跑马圈河、滥占资源、过度开发、破坏生态、越权审批、以批代审、违反程序、无序开发的重要原因，最终导致对生态环境的破坏和对河流健康生命的破坏。

4.《可再生能源法》确定了水能的法律地位 《可再生能源法》规定，可再生能源是指“风能、太阳能、水能、生物质能、地热能、海洋能等非化石能源”，从而把水能作为一种独立能源进行管理，使水能管理进入依法管理的新阶段，必将有力地促进水能科学管理和利用。《可再生能源法》是继《水法》、《水土保持法》、《防洪法》、《水污染防治法》之后又一部涉水的重要法律。

(五)《可再生能源法》确定了水能资源的管理体制

1.《可再生能源法》确定了分部门分级管理的体制 规定“国务院能源主管部门对全国可再生能

源的开发利用实施统一管理。国务院有关部门在各自的职责范围内负责可再生能源开发利用管理工作”，“县级以上地方人民政府能源主管部门对本行政区域内可再生能源的开发利用实施统一管理。县级以上地方人民政府有关部门在各自职责范围内负责可再生能源开发利用管理工作。”全国人大常务委员会法制工作委员会编的《中华人民共和国可再生能源法释义》明确，“这里国务院能源主管部门是指国家发展和改革委员会，国务院有关部门是指科技、农业、水利、国土资源、建设、环境保护、林业、海洋、气象等部门”，明确了可再生能源分级分部门管理体制，明确了各级水行政主管部门水能开发利用管理工作的职能，同时赋予了水行政主管部门水能管理的执法主体地位。这种体制符合我国国情，有利于对可再生能源开发利用工作的组织领导，有利于发挥各方面的积极性，是《可再生能源法》顺利实施的重要体制保障。

2.《可再生能源法》明确了部门职责分工　《可再生能源法》规定“国务院能源主管部门负责组织和协调全国可再生能源资源的调查，并会同国务院有关部门组织制定资源调查的技术规范”，“国务院有关部门在各自的职责范围内负责相关可再生能源资源的调查，调查结果报国务院能源主管部门汇总”。

《可再生能源法》规定“国务院能源主管部门根据全国可再生能源开发利用中长期总量目标，会同国务院有关部门，编制全国可再生能源开发利用规划，报国务院批准后实施”。

《可再生能源法》规定“国务院标准化行政主管部门应当制定、公布国家可再生能源电力的并网技术标准和其他需要在全国范围内统一技术要求的有关可再生能源技术和产品的国家标准”。“对前款规定的国家标准中未作规定的技术要求，国务院有关部门可以制定相关的行业标准，并报国务院标准化行政主管部门备案”。

《可再生能源法》规定“国务院能源主管部门对全国可再生能源的开发利用实施统一管理。国务院有关部门在各自的职责范围内负责可再生能源开发利用管理工作”。

确定可再生能源分部门分级管理的体制，明确职责分工，对加强可再生能源管理和开发利用管理具有十分重要的意义。尤其对于制止跑马圈河、无序开发、浪费资源，具有重大意义，对于保护环境和河流健康生态，建立科学的管理和开发秩序，有着重大的意义。

（六）当前水能资源管理严重滞后于水电开发的需要

我国常规能源短缺，主要是煤、石油和天然气很少。今后15年风能、太阳能要大发展，但还难以成为替代能源，生物质能、地热能、海洋能等占有的市场份额可能更小。只有水能是除煤炭外具备规模开发条件的第二大能源。因此，今后一段时间满足经济社会发展对能源的需求，一是增加煤的生产和运输能力，增加石油进口，二是大力发展水电。在年初批准的能源规划中，今后15年水电装机要达到2.64亿kW。最近提出的可再生能源规划中，今后15年水电装机要达到2.9亿kW，这就是说，过去55年开发了1亿kW，今后15年要开发1.9亿kW，每年平均投产1300万kW，届时水能开发率将超过72%，除西藏外内地水能资源基本上将被开发完。今后20年是水电发展的黄金时期。

面临水电大发展的需求，既要促进河流水能资源的科学利用，又要保护环境，维护河流的健康生命，作为河流的代言人，面临着重大的历史责任，也面临着严峻的形势，首先人们的思想观念与科学发展观差距很大，与人水和谐、保护环境、维护河流健康生命的理念差距很大。其次，水能开发利用与河流健康生命的规律等重大问题的研究滞后，水能开发利用与生态环境相协调，与河流生态相统一的体制和机制尚未建立。第三，按照科学发展观的要求，水能资源管理的基础工作严重滞后，河流水能资源开发利用规划工作严重滞后。一些河流还存在河段规划代替全河规划，专业规划代替综合规划，企业规划代替政府规划的问题。跑马圈河、无序开发还没有得到完全的制止。第四，市场体制下水能资源的有偿使用和市场化配置的改革刚刚起步，水能资源管理的职能和机构还没有到位。特别是西南一些大江大河，今后15年分别都要建设一批几百万千瓦级的特大型水电站，落实科学发展观，真正实现水能开发利用和环境保护的统一，水能资源开发与河流健康生命相协调，形成开发与保护的良性循环机制，任务更是艰巨。

（七）切实加强水能资源管理

1.认真贯彻落实《可再生能源法》，依法加强水能资源管理　《可再生能源法》将于2006年1月1日开始施行，水能管理由于长期缺位而欠账很多，国家经济社会发展需要大力开发利用水能资源，当务之急是按照《可再生能源法》和《水法》等法律法规的要求，依法落实水行政主管部门水能资源管理和开发利用管理的职责，建立和健全中央流域机构和地方水行政主管部门水能管理机构，充实和加强管理队伍，尽快开展水能资源管理和有关开发利用管理工作，依法管理，依法行政。实际上，从中央到地方有完整的水行政管理体系和专业队伍。20世纪50年代初期和80年代初期，长江流域规划办公室（长江水利委员会前身）和黄河水利委员会等流域机构以流域为单元，会同流域内地方水行政主管部门对所辖流域主要河流开展过两次较大的水能资源普查工作，取得了大量的基础数据，多年来都是使用这些数据和资料开展规划和建设。因此，解决好水能资源管理缺位的问题是有基础和条件的。

2. 坚持以人为本　认真落实科学发展观。深入贯彻新时期中央水利工作方针和水利部治水新思路，切实转变和纠正只强调充分利用和综合利用，忽视保护的传统水利观念和做法，树立河流健康生命理念，正确处理水能开发利用与环境保护、与河流健康生命的关系，给流域环境和河流生态留出足够的生态水能。河流生态水能不仅要从总量上留足，而且要根据开发利用规划方案，对生态水能的配置进行科学规划。对于一些非季节性河流在传统观念指导下已经出现过度开发，造成河道断流脱水的，要调整电站运行方案，采取有效措施保证生态水能和生态水量。

3. 大力加强水能资源管理的基础工作　加强对河流水能资源的基础调查、信息收集和专题研究。按照科学发展观的要求，研究水能开发与河流健康生命规律，建立水能资源信息系统和水能资源定期评价制度，为实现水能资源开发利用管理提供科学依据。加快河流综合规划和水能开发利用规划的编制或修订，为科学有序开发利用河流水能提供条件。

4. 认真实施建设方案审查同意书制度　认真贯彻落实《中华人民共和国河道管理条例》和水利部、原国家计委《关于河道管理范围内建设项目管理的有关规定》，落实水电建设项目建设方案审查同意书制度。凡在河道修建水电工程，具体建设方案要按照河道管理权限，经水行政主管部门审查同意并出具审查同意书后，方可按照基本建设程序履行审批手续。加强项目建设同意书执行情况的监督和检查，确保建设方案同意书内容的正确实施。同时，落实相应的开工和竣工验收制度，确保河流规划有效执行，资源合理利用，开发有序进行，生态环境有效保护，从源头确保工程质量和公共安全。严格对项目初步设计文件进行审批。

5. 完善水能资源市场，形成反哺机制，促进开发和保护的良性循环　水能资源是国家稀缺的战略资源，属全民所有。随着市场经济体制改革的不断深入和完善，水能开发利用已经全面实现多元化和企业化，要加快完善水能开发利用权有偿制度和市场配置制度，建立竞争有序的水能资源市场，节约和保护水能资源，制止跑马圈河、无序开发，防止部分人无偿占有和使用全民资源，维护社会公平。建立水电站水能资源股制度，股权收益专款用于反哺河流治理、保护和管理，形成维护河流健康生命的反哺机制，促进开发和保护的良性循环。

认真学习《可再生能源法》切实树立四种意识
——宣传贯彻《可再生能源法》

湖南省水利厅副厅长　李　皋

水利部程回洲局长给我们作了法律辅导报告。对《可再生能源法》出台的背景、解决的主要问题和我们需要努力的方向，都做了深刻的明确的阐述。我想对于我们在座的各位，应该是一次很好的学习和教育的机会，对我们全省水能资源的管理、小水电的开发建设与管理，都将起到重大的推动作用和促进作用。这部法律篇幅不长，共 8 章 33 条，2006 年的元月 1 日就要正式实行，2005 年对我们来讲主要是要学习好、领会好、宣传好。通过这个初步的学习，我们至少要树立四个意识。

（一）可再生能源法是一部涉水的新法律，是对水资源、水能资源实施有效管理的新的法律武器

对这部法有的同志看得重，大部分同志看得轻；少数同志看明白了，大部分同志还比较糊涂。因为这部法律无论从名称上说还是初看内容的表述，好像与水关系不大，与水行政部门关系不大，好像不是一个涉水的法律，是一个涉能、涉电的法律。依法治水我们现在念的是四本经：《水法》、《水污染防治法》、《水土保持法》、《防洪法》。四部法律都是关于水的，这些法不要争也是政府水行政主管部门要负责的。《可再生能源法》也是涉水的新法律。

我们现在需要深刻领会的一个主要的观念是，水能不等于电能，更不等于水电，水能与水电是两个不同的范畴，水资源涵盖水能资源，水能资源是水资源的一种自然的客观的存在形式和表现形态，或者说是水资源的一种功能。“水能”与“水电”是两个不同的载体，两种不同的形成方式，两种不同的存在方式。在人类社会的发展过程中，长期存在有水能但没有电能的情况。如从前用水的落差去舂米，现在有的农村提水也用水能。工业革命之前，蒸汽机没有发明，还没有达到电能的阶段，推动纺织机等机械也是利用水能。

水利行政的权力都是法律赋予的，得有法律来源。有了这个法律，水能这篇文章我们要做。对水资源实行统一管理，就必须研究对水能资源的管理，因为水能资源是水资源的一部分、一种存在形式。怎样对水能资源进行管理，计划、水政、农电局的同志要

研究。从这个意义上讲，我觉得要统一认识，《可再生能源法》是一部涉水的新法律，有利于对水资源、水能资源实施有效的管理，它给我们提供了一个新的法律武器。

（二）这是一部体现经济科学发展与社会和谐的法律

这个意思好理解，因为立法的初衷就是为了促进资源的有效和可持续利用；促进人与自然的和谐相处；促进我国能源结构的更加合理化、科学化；促进在能源领域的减排。它是一个体现科学发展观、体现人与自然和谐相处的一部法律。这部法律也只有在今天，只有在我们国家的经济和社会发展到一定程度的时候才得以出台，才受到全社会的共同关注，才能够很快的形成共识。人也好，社会也好，是随着不同发展阶段来决定自己的发展阶段的认识的，也可以说存在决定意识，没有这个存在就没有这种意识。现在我们都讲和谐、讲环境，我们国家的发展已经突破了简单的扩大再生产受到货币制约的阶段，进入到要考虑资源和环境的承载能力的阶段。那么在这个阶段上我们将更多的考虑环境的影响，更多的考虑资源对经济长期发展的制约问题。比如对经济增长的考核要搞绿色 GDP，要在现在的 GDP 的基础上扣除对能源、生态的消费因素和对环境的影响因素。

人在还没有解决温饱的时候，首先讲生存，生存都没有解决还讲什么生态问题呢？这是一个不可回避的问题，他可能牺牲生态来先保证生存，生存权是最大的人权，基本人权都没有保障怎么保障生态？现在我们国家基本的人权、基本的生存权从整体上讲不是主要问题了。而生态问题、环境问题已经成为发展中的主要矛盾。

这部法律现在这个时候出台，这么快就能形成共识，归功于中央的决策和科学发展观的树立。我们的主导思想已经进入到了一个科学的、全面的、可持续的、和谐的阶段。所以我们要理解这个法律是一个新的发展阶段，体现新的发展思想，体现我们国家目前发展水平的一部法律。

（三）这是一部对农村水电能够起到直接和有力推动作用的法律

如果我讲得绝对一点，与其说这部法是可再生能源法还不如说是小水电促进法。因为我们现在国家整个电力能源结构中，水电的比重 6%多不到 7%，那么在水电这一块中，小水电占的比重，从数字上讲好像接近一半，可能不到一半，但是就可再生能源这个领域而言，小水电占的比重是 99%。那么一部法律适应的对象 99%是小水电，表面看是再生能源法，实质内容就是小水电促进法。法律尽管篇幅不长，但是从规划到技术支持到经济鼓励，然后到法律责任，非常明确也非常具体，具有可操作性。

当然，现在大家对一句话感到有一点不明确，这句话中讲了一个“水力发电对本法的适应，要国家能源主管部门制定，报国务院批准”，为什么有这么一句话，我理解无外乎是这么几个原因。第一，是要解决可再生能源中的水力发电的规模问题，究竟是只有小水电还是包括大水电？但是不管怎么说，小水电属于可再生能源是没有分歧的。第二，这些适应可能还要就水电这一块的政策适宜幅度作出规定。因为现在的小水电相对于风能、太阳能、海洋能等这些能源来讲，规模比较大，这个产业和技术已经很成熟，如果水电和其他可再生能源政策同等，比如说均摊的问题，恐怕还是有点区别。主要的问题是就水电的特殊性做一些适宜的规定。分歧也不在小水电这一块，而且国际惯例也是这样。这个政策对于小水电目前的情况，特别是对于湖南来讲，现实的指导意义非常明确：

一是可以打消我们不敢发展小水电的顾虑。现在湖南农村水电发展还不平衡，有发展很快的，有发展一般的，有基本未动的，被大家忽略。水能资源的开发是可再生的，但是具体到一个点子是唯一的，这种资源是完全可再生永续利用的，谁抢了资源，谁占了这个资源，这个就带有唯一性了。2004 年在郴州会上讲过，为什么大家来抢水力开发？实际上是抢资源，抢水能资源。二是解决了没有小网的地方，发展小水电相对滞后的问题。因为要看到，这个法律出台以后，不仅是对小网，对大网同样有政策要求。三是解决了目前我们小水电发展过程中很多大家顾虑的信贷支持问题、上网收购电量问题、电价问题，当然可能达到一个理想状况还需要时间。但这个法律一来，我看前途是光明的，道路可能曲折，方向已经很确定了，不可能往别的方向走。

（四）这是一部需要认真学习、努力争取、积极探索才能真正发挥作用的法律

《可再生能源法》与《水法》，《防洪法》不同的地方，如果要比喻这个法的区别，可以这样比喻：都是武器，但《水法》送来的是一杆枪，拿了就可以用；而《可再生能源法》虽然是个武器，但它可能还是一个半成品，还需要加加工，还要去做点工作，要不然这个武器就只看得作不得用。可能你还没发现这是一个武器，半成品可能还没成形，利用得好是个武器，利用得不好不是武器，那就看你怎么用这个半成品。这就是它与《水法》的区别。程回洲局长做的比喻比我的比喻还恰当，他说《水法》是金子，已经炼好了，《可再生能源法》是金矿，还要去提炼才能得到金子。只要是“金矿”，就要付出劳动，这个比喻讲得很深刻。

全国农村水电“十五”建设总结

水能资源管理及农村水电建设“十五”总结

在水利部党组的正确领导下，在水利部党组治水新思路的指导下，我们克服困难，迎难而进，农村水电在艰难曲折中不断创新，跨越式发展，从低谷走向高潮，水能资源管理从开始起步到有法可依，初见成效。5年来，不断开创水能资源管理和农村水电发展新局面，水电农村电气化县建设上了一个新台阶，小水电代燃料试点取得显著成效和宝贵经验，农村水电网“两改一同价”全面完成，行业管理和机构能力建设明显加强，国际合作与交流进一步扩大。

一、“十五”水能资源管理和农村水电建设取得显著成效

（一）农村水电空前发展

2005年农村水电新增装机突破500万kW，达到530万kW，1年投产超过“八五”期间5年投产总量，超过改革开放前30年投产总量，超过投产7台三峡机组。年发电量1380亿kW·h，在建规模2000万kW。5年来，累计完成投资1500亿元，新增装机1600万kW，发电量5600亿kW·h，实现工业增加值2800亿元，税利350多亿元，解决了1200万无电人口的用电问题。农村水电站建设中，增加水库库容66亿m^3，修建和改造农村公路6万多km。“十五”农村水电新增装机实现效益比“九五”翻了一番。到2005年底，水利系统管理的总装机突破5000万kW，达到5190万kW，其中，农村水电4390万kW，累计形成固定资产3000亿元。农村水电不仅是农村经济社会发展的重要基础和强大推动力，而且对满足全国经济社会发展的需求，增加能源供应，改善能源结构，保护环境发挥了不可或缺的作用。

（二）农村水电发展促进了全面小康社会建设

1. 水电农村电气化县建设上了一个新台阶

2001年，国务院批准全国建设400个水电农村电气化县，要求在农村水电初级电气化县建设的基础上，适应全面建设小康社会的要求，大力开发农村水电资源，提高农村电气化水平，改善农民生产生活条件，增加农民收入，保护与改善生态环境，推动农村经济社会全面协调可持续发展。400个水电农村电气化县80%分布在中西部地区，85%属于老少边穷地区，涉及25个省（区、市）和新疆生产建设兵团，近2亿人口，200万km^2。400个县中有164个国家扶贫开发重点县，有162个少数民族县，有103个县位于祖国边陲。

在党中央、国务院的亲切关怀下，在有关部门的大力支持和当地政府的直接领导下，经过5年的不懈努力，超额完成了“十五”400个水电农村电气化县建设任务，累计完成农村水电投资1200亿元，约占全国总量的80%，新增装机1200万kW，约占全国总量的75%，每个电气化县平均增加有效资产3亿元、水电装机3万kW，年发电量1亿kW·h，大大加强了这400个县的基础设施，提高了这些县的综合生产能力。人均年用电量650kW·h，比2000年增长76.6%，比全国平均增长率高10个百分点。户均年生活用电量560kW·h，比2000年增长69.2%，比全国平均增长率高18个百分点。400个县国内生产总值年均增长率达到15%，是全国平均水平的1.7倍，电气化县建设的旗帜有效发挥了政府调控的导向作用，有力促进了城乡协调发展和区域协调发展，促进了和谐社会建设，深受广大农民和地方政府的拥护和欢迎。

2. 小水电代燃料试点取得显著成效和宝贵经验

进入新世纪，党和国家开展大规模生态建设，农民烧柴和农村能源成了党和国家关注的重大问题。在水利部新时期治水思路的指引下，我们抓住机遇，开展调查研究，提出小水电代燃料的建议和思路，开展论证和规划。党中央、国务院从保护生态环境、解决农民燃料和长远致富的战略高度，作出实施小水电代燃料生态工程的英明决策。2003年中共中央3号文件要求“启动小水电代燃料试点”，全国小水电代燃料试点在中西部5个省（区）的26个县（市）展开。经过两年的试点，取得了圆满成功，探索了一条“政府扶持、企业运作、农民参与、低价供电、保护生态、改善生活”的路子和有效的管理体制和运行机制，得到了项目区群众、当地政府和社会各界的一致赞扬，被誉为“点燃大山希望”的德政工程，也得到了党和国家的充分肯定，2005年中央1号文件要求“扩大小水电代燃料工程建设规模和实施范围”，纳入今年国务院工作要点和两年能源工作重点。温家宝总理对试点给予高度评价，最近批示“经验宝贵”，印

发各地参考。回良玉副总理多次批示“小水电代燃料工程是一件一举多得的事，能够实现经济、社会、生态效益三赢”，“是山区解决‘三农’问题的一个有效途径。应总结经验，扩大小水电代燃料工程的建设规模和实施范围”。

试点项目区有20多万农民实现了小水电代燃料，巩固退耕还林面积30万亩，保护森林面积156万亩，国家投资75元长期稳定地保护一亩山林，投资效果显著，而且长期稳定。小水电代燃料电价为0.17～0.3元/（kW·h），农民非常高兴。小水电代燃料解除了农民砍柴烧柴的辛苦，减轻了农民负担，解放了被砍柴、烧柴束缚的农村劳动力，增加了农民收入，带动了改厨、改厕、改电、改水、改路等农村基础设施建设，大大改善了农民的生产生活条件，促进了农民思想观念的转变，激发了农民奔小康的热情，调动了农民自己动手建设美好家园的积极性，改善了村风村容村貌。试点表明小水电代燃料不仅是解决农民烧柴，保护生态环境的重要举措，也是解决山区农业、农村、农民问题的有效途径，是建设社会主义新农村的一个有效措施。

3. 全面完成农村水电网“两改一同价”，推进了电力体制改革　水利系统农网改造累计完成投资240亿元，新建和改造35kV以上变电容量3143MV·A，10kV以上线路109970km，低压线路327325km，改造配电台区74140个，新安装与更换高耗能变压器75464台、3221MV·A。全面完成乡镇电管站的体制改革，实现“三公开、四到户、五统一”。农村水电电网结构和供电设施显著改善，乡镇供电体制和管理得到改革和加强，农村电价平均降低0.3元/(kW·h)左右。据统计，由水利系统负责“两改一同价”的地区，每年直接减少农民电费支出40多亿元，切实减轻了农民负担。

水利部门为推进电力体制改革开展了大量卓有成效的工作。为了打破发、输、配一体的行业垄断和省为实体的区域垄断，水利部门坚持发供分开，竞争供电，输配分开，竞价供电，建立公平、科学、竞争、有序的电力市场。坚持独立配电公司的方向，反对上划、代管、虚设股权控股农村水电电网企业，制止扩大垄断、侵占农村利益和破坏农村社会生产力的做法，遏制了垄断的扩大。水利部先后向国务院和有关部委报送20余个文件，很多建议被国务院和有关部门采纳，加快了国务院电力体制改革方案的出台，促进了电力体制改革进程。

4. 农村水电现代化迈出大步　农村水电现代化是水利现代化的重要组成部分。在开展试点和示范的基础上，2002年制定了《水利部关于全国农村水电现代化指导意见》，提出了农村水电现代化建设的指导思想、基本原则、总体目标、具体任务和要求，编制了《农村水电现代化示范模式》。按照到2015年农村水电全面应用微机技术、通信技术、信息技术和其他新技术、新工艺，全面实现现代化的目标，全国上下逐级制定了农村水电现代化实施计划，有效地指导和推动了全国农村水电现代化建设。目前全国已有2000多座农村水电站和变电站实现了无人值班（少人值守），几百个县级电网实现了微机调度自动化，微机管理信息系统、电力营销管理系统、远程抄表系统都得到广泛运用，加快了农村水电现代化建设步伐。应用微机技术、通信技术和信息技术，水电新技术新工艺实现农村水电现代化也成为全行业共识。

（三）克服体制障碍，加强水能资源管理

1. 提高对水能资源管理的认识　水能与水电是两个完全不同的概念，水力能源和电力能源是两种完全不同的能源。水能以水为载体，存在于河流中，是水位差与水流量的函数，而水电能以电网为载体，存在于电力系统中，是电位差与电流量的函数。水能使河水流动，是河流生命的动力，是河流生命的心脏，没有水能，河流生命就停止了。而水电能则与河流生命没有直接关系。但是长期以来在管理领域，水能与水电相混淆，水能没有作为一种独立的能源进行管理，国务院历届三定方案都没有水能和水能管理部门，从而使水能管理长期缺位，基础调查、专题研究和规划工作没有得到应有的重视。水能是我国具备规模开发条件的第二大能源，但目前开发量只有25%，只占全国能源消费的6%，水能没有发挥应有的作用，大量的清洁能源白白流失，加剧了能源短缺和能源结构的不合理，加剧了生态环境的压力。在水利部治水新思路的指引下，我们克服体制不顺的困难，从地方入手，加强水能管理，几年来已初见成效。

2. 探索和实施水能资源有偿使用和市场化配置　随着市场经济不断完善，一部分人占有和使用属于全民所有的水能资源的矛盾凸现出来，同时也出现了跑马圈河、抢占资源、无序开发和浪费资源的问题突出出来。我们先后在发达地区浙江和贫困地区贵州开展试点，多次召开专题研讨会，探索水能资源有偿使用和市场化配置，在试点的基础上逐步推开，现在已有十几个省、市、区水行政主管部门开始通过招标、拍卖等方式有偿出让水能资源开发使用权，实现水能资源的有偿使用和市场化配置。一些地方开始探讨以国家资源股的形式实现水能资源的有偿使用，变货币形式为资本形式，以国家资源股的形式占有水电站股权，将股权收益用于反哺河流治理和保护，形成促进开发和保护良性循环，维护河流健康生命的长效机制。

3. 加大改革力度，加强水能管理　水能资源有偿使用和市场化配置的改革实践，促进了各地水能资源管理体制的改革。贵州、重庆、安徽等4个省（市）以省（市）人大立法的形式明确了水行政主管部门水能资源管理的职能，福建、广西、河北、浙江、甘肃、陕西、湖北、湖南等十几个省（区）以省（区）政府文件等形式明确了水行政主管部门水能源源管理职能，明确了水行政主管部门对水能开发利用项目合规审查、资源许可、建设方案审查、初步设计审批和竣工验收等职能。随着体制的理顺，职能的明确，各地都加强了自身机构和能力建设，大部分省（市、区）水行政主管部门都加强了水能资源管理和开发利用项目的合规审查、建设方案审查、初步设计审批和竣工验收工作。水能资源管理得到了加强。

4. 整顿水能资源无序开发，加强农村水电市场监管　2003年以来，针对全国水能资源无序开发的情况，水利部连续下发出了《关于清查“四无”水电站确保安全度汛的紧急通知》和《关于加强领导清除“四无”水电站事故隐患的紧急通知》以及《关于进一步加强农村水电工作的通知》等3个文件，对全国无规划、无审查、无监管、无验收的“四无”水电站进行了全面清查和整治。要求各级水利部门切实加强水能资源管理，承担起水能资源开发和保护的两副担子，坚决制止无序开发，防止新的“四无”水电站产生。全国共清查出2872座“四无”水电站，目前2600多座水电站已整改并通过水利部门验收，无序开发的情况得到遏制。

加强了农村水电设计市场、建设市场、设备市场和产品市场的监管。把理顺农村水电电价作为重要工作，加强调研和协商，5年农村水电上网电价平均提高了3.5分钱，每年增加农村水电收入35亿元。

（四）积极促进立法，建设依法管理的环境

1. 积极争取，努力参与，促进《可再生能源法》出台　随着资源短缺、环境破坏问题的日渐突出，国家对人口、资源、环境问题高度重视。2002年全国人大着手制订《可再生能源法》，但在开始很长时间小水电和水能都没有被纳入可再生能源范畴。我们积极做好各方面汇报工作，先后提交了大量的论证材料和报告，最终水能被纳入可再生能源，名列第三，位于风能、太阳能之后。水利部还就可再生能源管理体制、市场份额、强制上网、价格机制以及有关政策提出了许多积极的意见和建议，得到立法部门的重视和采纳。2005年2月，全国人大审议通过了《可再生能源法》，并于2006年1月1日开始实施。

《可再生能源法》确立了水能作为一种独立能源的法律地位。同时明确了分部门分级管理的体制，即“国务院能源主管部门负责可再生能源开发利用的统一管理，国务院有关部门负责相关可再生能源的开发利用管理工作”。确立了各级水行政主管部门水能管理执法主体的地位，使水能管理从无法可依进入了依法管理的历史新阶段。《可再生能源法》是继《水法》、《水土保持法》、《防洪法》、《水污染防治法》之后又一部涉水的重要法律。

2. 依法理顺关系加强职能　在水利部领导的关怀下，在各司局的大力支持和努力下，进一步明确了农村水电及电气化发展局的行政职能，人事部重新将农村水电及电气化发展局纳入公务员管理，财政部将农村水电及电气化发展局工资纳入国家机关统发，使1998年遗留的问题得到了解决，重新理顺了行政管理关系。《可再生能源法》出台后，水利部落实《可再生能源法》，重新制定了农村水电及电气化发展局的三定方案，规定了10项行政职能，新增了全国水能资源开发利用管理的职能，加强了农村水电建设管理的职能，为农村水电及电气化发展局加强水能资源和农村水电管理提供了保障。

（五）创建国际小水电示范基地，建立国际合作的新模式

我国的小水电世界第一，国际小水电组织的总部设在中国，为了发挥这两个优势，广泛开展南南合作与三边合作，5年来，我们与30多个国家开展了多个项目的技术咨询和合作，培训亚非国家小水电技术人员500人次，引进了加拿大政府对我国小水电的援助项目，先后在杭州、郴州以及加拿大、印度、奥地利组织了8次国际会议和国际论坛，扩大了我国的国际合作与交流，扩大了南南合作，扩大了国际组织与发展中国家的合作，得到国际社会的高度赞扬。引进加拿大政府援助1500万加元的水电站自动化项目，进展顺利。

为了进一步发挥优势，促进贫困地区的开放与发展，扩大国际合作与交流，我们先后在郴州、张掖创建了两个国际小水电示范基地，都取得了丰硕的成果。郴州实现了历史上3个零的突破（从来没有外商来过郴州，郴州从来没有到过国外开展合作，也没有一家上市公司）。先后有30多个国家包括欧美发达国家和发展中国家来郴州考察和洽谈合作。与印度、非洲等多个国家开展了合作，还在国外办小水电设备制造厂，郴电国际成功上市，由年产值不足1亿元，发展到年利润2.35亿元。郴州基地成功开展多方面国际合作，对郴州的开放与发展发挥了重要作用，曾得到朱镕基总理的赞扬。张掖基地的基础是一个县级小水电发电企业。建立国际示范基地后，与国外成功开展了多项合作，引进亚行贷款3亿元开发黑河梯级水电站，在全国第一个打开了与发达国家开展减排交易的大门，在全国产生很大影响，获得外汇收益1.2亿元，为全国各行各业推广清洁发展机制，扩大与发达

国家减排交易创造了经验。由于两基地都取得了非常突出的成效，2005年两个基地的主任双双荣获全国劳动模范。联合国工发组织向世界各国推荐中国国际小水电示范基地的做法和经验。国际小水电基地的模式，有效地促进了贫困地区的部分开放和发展，有效扩大了国际合作与交流。

（六）落实科学发展观，全面开展水能资源开发利用和农村水电建设规划

紧紧围绕全面建设小康宏伟目标和中央水利工作方针、水利部新时期治水思路，认真贯彻落实科学发展观，精心组织，开展水能资源开发利用和农村水电规划工作。2002年编制了《全国小水电代燃料生态保护工程规划》。全国有26个省和886个县开展规划工作，有近万名科技人员和水利干部职工参加，深入各地开展调查研究，先后调查了2万多户农村居民，取得了大量第一手资料。全国规划编制组认真听取专家和地方政府的意见和建议，广泛听取了全国不同地方群众和专家的意见，听取有关院士、农业、农村、林业、环境、经济、生态、电力、能源等方面专家的意见，听取国家发展和改革委员会、财政部、中财办、中央政策研究室、国务院研究室、国务院发展研究中心等有关单位领导和专家的意见和建议。国家发展和改革委员会组织中咨公司对《全国小水电代燃料生态保护工程规划》进行评估，受到好评。

积极开展"十一五"规划编制工作。先后编制完成了《"十一五"水能资源开发利用及农村水电管理与改革专项规划》和《农村水电发展"十一五"规划》。规划全面总结了"十五"以来农村水电和水能资源开发管理工作成绩、经验和问题，在分析面临的形势、有利条件和制约因素的基础上，明确了"十一五"期间农村水电和水能资源开发利用管理的指导思想、基本原则和总体思路，明确了"十一五"期间农村水电发展和水能资源开发利用管理的主要任务。同时还编制完成了一系列专项规划，有《水能资源开发利用部分规划》、《十一五及2020年全国水电农村电气化规划》、《"十一五"全国小水电代燃料生态保护工程规划》、《农村水电增收解困工程规划》、《农村水电电网建设与改造工程规划》、《边境无电乡村光明工程规划》、《农村水电技术现代化实施计划》、《中小河流集中连片开发规划》。这些规划编制为"十一五"水能资源开发利用、科学管理和农村水电改革与发展奠定了坚实的基础。

二、存在的主要问题和困难

（一）水能资源管理严重滞后于水电开发的需要

我国常规能源短缺，主要是煤，石油和天然气很少。今后15年风能、太阳能要大发展，但还难以成为替代能源，生物质能、地热能、海洋能等占有的市场份额可能更小。只有水能是除煤炭外具备规模开发条件的第二大能源。因此，今后一段时间满足经济社会发展对能源的需求，一是增加煤的生产和运输能力，增加石油进口，二是大力发展水电。在年初批准的能源规划中，今后15年水电装机要达到2.64亿kW。最近提出的可再生能源规划中，今后15年水电装机要达到2.9亿kW，这就是说，过去55年开发了1亿kW，今后15年要开发1.9亿kW，每年平均投产1300万kW，届时水能开发率将超过72%，除西藏外内地水能资源基本上将被开发完。今后20年是水电发展的黄金时期。

面临水电大发展的需求，既要促进河流水能资源的科学利用，又要保护环境，维护河流的健康生命，作为河流的代言人，面临着重大的历史责任，也面临着严峻的形势，首先人们的思想观念与科学发展观差距很大，与人水和谐、保护环境、维护河流健康生命的理念差距很大。其次，水能开发利用与河流健康生命的规律等重大问题的研究滞后，水能开发利用与生态环境相协调，与河流生态相统一的体制和机制尚未建立。第三，按照科学发展观的要求，水能资源管理的基础工作严重滞后，河流水能资源开发利用规划工作严重滞后。一些河流还存在河段规划代替全河规划，专业规划代替综合规划，企业规划代替政府规划的问题。跑马圈河、无序开发还没有得到完全的制止。第四，市场体制下水能资源的有偿使用和市场化配置的改革刚刚起步，水能资源管理的职能和机构还没有到位。特别是西南一些大江大河，今后15年分别都要建设一批几百万千瓦级的特大型水电站，落实科学发展观，真正实现水能开发利用和环境保护的统一，水能资源开发与河流健康生命相协调，形成开发与保护的良性循环机制，任务更是艰巨。

（二）中央关于农村水电的政策不落实

中央把农村水电列为增加农民收入的重要途径，要求"增加投资规模，充实建设内容，扩大建设范围"。今年中央1号文件要求"扩大小水电代燃料工程建设规模和实施范围"。《国务院2005年工作要点》要求"加快发展小水电代燃料。"和国务院《今明两年能源工作要点》要求"积极实施小水电代燃料工程"。温家宝总理有重要批示，给予高度评价，回良玉副总理有多次明确批示，水利部领导非常重视，有关司局做了大量工作，但中央政策还是没有落实。农村水电是广大山区农民可以开发利用增加收入的宝贵资源，没有国家扶持，农民很难开发利用，中央关于发展农村水电增加农民收入目标得不到实现。没有中央资金引导，私人业主大量投资农村水电，不仅造成

无序开发，破坏生态环境，危及河流健康生命，而且在资源利用上造成严重的社会不公。

（三）农村水电管理难度大

农村水电点多面广，规模小，数量大，千差万别，体制不顺，政出多门，管理难度大。大量水电站小站养大库，防洪、灌溉等公益支出长期得不到补偿，入不敷出，难以为继。一些地方无序开发的情况又有回潮。

“十五”水电农村电气化县建设情况

党中央、国务院几代领导集体都十分重视农村水电及电气化。改革开放初期，邓小平同志指出：“允许小水电自建、自管、自用，中央、国务院给个政策，群众、国家都得利，这就是搞活，这就是解放思想”。在邓小平同志亲自倡导下，国务院决定在农村水电资源丰富的地区，开发农村水电，建设中国特色农村电气化。“七五”至“九五”期间全国共建成了653个农村水电初级电气化县，取得了巨大成就，有力地促进了农村经济发展和社会进步。进入新世纪，党中央、国务院高度重视“三农”问题，将农村水电列为覆盖千家万户，促进农民增收效果更显著的农村中小型基础设施和公共设施，并要求放在更加重要的位置，增加投资规模，充实建设内容，扩大建设范围。温家宝总理指出，发展农村水电、加快农村电气化建设，是实现农业和农村现代化的重要条件，要进一步搞好治水办电，坚持为农业、农村、农民服务的方向，结合经济建设、江河治理、生态保护、扶贫开发，提高农村电气化水平，为促进农村经济社会发展做出更大的贡献。2001年国务院批准在农村初级电气化县建设的基础上，提高标准建设水电农村电气化县，“十五”期间全国建设的400个县涉及25个省、自治区、直辖市，覆盖面积180多万km^2，人口1.6亿。

“十五”水电农村电气化县建设由国家发展和改革委员会和水利部共同组织实施，在财政部等有关部门的大力支持和地方党委、政府的高度重视下，经过5年的建设，到2005年底，全国共建成410个水电农村电气化县。水电农村电气化建设，加快了农村水电资源有序开发，在增强农村基础设施，增加农民收入，改善农村生产生活条件，带动县域和农村经济社会发展，促进农村全面建设小康社会等方面效果十分明显，对缓解电力供应紧张、改善农村能源结构，促进经济与人口、资源、环境协调发展、人与自然和谐发展发挥了不可替代的作用。主要体现在以下几个方面：

（一）促进农村水电快速发展，农村电气化水平大幅提高

水电农村电气化县建设有力地推动了农村水电发展。“十五”水电农村电气化县建设累计完成投资1151亿元，中央补助资金与电气化建设总投资的比例约为1∶77，新增农村水电装机1060万kW，占全国农村水电新增装机的三分之二。电气化县平均每县新增装机2.6万kW。在电气化建设的带动下，2005年全国新增农村水电装机496万kW，超过三峡电厂投产的7台70万kW特大型机组。目前在建规模1773万kW，相当于20世纪70年代初期全国电力建设总规模。2005年底，全国农村水电装机容量达到4309万kW，占全国水电装机的36.98%。全国先后组建了19家以资产为纽带的省级水电集团公司和70多家跨县的地区性水电公司，作为农村水电国有资产出资人代表，加快了水电农村电气化县项目建设，保证了国有资产的保值增值。2005年，农村水电年发电量1357亿kW·h，占全国水电发电量的34.34%。农村水电发电量占我国可再生绿色能源发电量的99%。

农村水电资源的开发，提高了农村用电保证率，有效降低了电价，大大提高了广大山区农村的用电水平。截至2005年底，410个水电农村电气化县人均年用电量由2000年的347kW·h增加到644kW·h，增长了85.6%；户均年生活用电量由2000年的318kW·h增加到547kW·h，增长了72%。

（二）促进中小河流综合治理

电气化建设发展了以农村水电为龙头的山区水利，提高了防洪抗旱能力，实现了水能资源的综合利用和可持续利用。全国电气化建设5年治理上万条中小河流，减少水土流失面积12万km^2。湖北省25个水电农村电气化县经过5年建设，治理中小河流500余条，实现梯级开发增加水库库容3亿m^3，同时带动小流域综合治理，治理水土流失面积2432 km^2。云南省实施流域梯级综合开发的中小河流近100条，已建和在建水电装机达167万kW，实现了上游建库中游发电下游灌溉，保持河流生态用水，维护河流健康生命。

（三）促进农村基础设施建设

各地通过电气化建设，带动了农村中小型基础设施和公共设施建设，改善了农村生产生活条件。5年来，通过水电农村电气化县建设，共带动全国新建和改造乡村公路道路近6万km、110kV及以下高压配电线路18.5万km。新增水电站库容128亿m^3，增加机电排灌面积450万亩，解决了600万人口及800

万头牲畜的饮水困难。广大山区农村用电、饮水、交通、通信、电视、广播、教育、文化、卫生等条件均有明显改善。

（四）促进农民增收

各地在电气化建设中，以农村水电建设为载体，通过开发农村水电资源，繁荣农村经济，增加了农民收入。如支持农民以土地、劳力、材料和“相关补偿”等入股办电；鼓励农民在农村水电建设中打工，优先吸收有文化的农民在电站、电网企业中当工人；支持乡村集体开发农村水电，壮大集体经济；降低农村水电电价，减轻农民电费负担，增加收入；在国有资本的引导下，引入社会资本兴办农村水电，推进县域和农村经济社会发展，增加农民收入等等，均收到显著效果。2005 年，水电农村电气化县农民人均纯收入达到 2647 元，比 2000 年增长了 592 元。

（五）促进农村经济社会协调发展

水电农村电气化县 80％分布在中西部地区，85％属于老少边穷地区，有 134 个国家扶贫开发重点县，有 28 个县位于祖国边陲。这些地区都是需要国家重点支持的农村地区。电气化建设发挥农村水能资源优势，大力发展农村水电，增强农村造血功能，带动了农村工业化、城镇化，促进了县域经济增长，水电农村电气化县国内生产总值达到 11446 亿元，年平均递增 13.1％，是全国年均增速的 1.5 倍，工业增加值占工农业总增加值的比重增长了 29.8 个百分点。县财政收入达到 688 亿元，年均递增 12.1％。5 年中有 1093 万农业劳动力转移到二、三产业。电气化县经济发展速度明显高于全国农村平均水平，电气化县农村水电提供的税收由 2000 年的 21.5 亿元增加到 43.4 亿元，净增 22.1 亿元，平均占县级财政税收的比重由 6.5％增加到 9.5％。

（六）促进区域协调发展和和谐社会建设

水电农村电气化县中有 161 个少数民族县，占 39.3％。电气化建设累计解决了 1000 万无电人口的用电问题，明显改善了农村居民的生产生活条件，少数民族地区、革命老区、边疆地区和贫困地区的人民群众在发展农村水电及电气化事业中直接受惠，提高了生活质量，分享了祖国改革发展成果，切身感受到党和政府的关心和支持，密切了党和群众的血肉关系，巩固了党的执政基础和地位，促进了边疆政治稳定，经济繁荣，民族团结，人民安居乐业。

（七）促进人与自然和谐相处

2005 年，全国 410 个电气化县农村水电发电量相当于 2200 万 t 标准煤，减少排放 3300 万 t 二氧化碳和其他大量有毒有害气体。许多电气化县充分利用项目的区位优势，电站建设与生态、休闲、旅游结合起来，电站建成后成了当地人休闲的好去处和全国生态旅游景点。许多森工企业积极参与水电开发，从吃“木头”，变成吃“水头”，加快了企业转轨。为充分利用季节电能各地积极出台政策降低丰水期电价，鼓励城乡居民开展小水电代柴，大大减少了林木砍伐，有效保护了森林植被。电气化县平均森林覆盖率由 2000 年的 27.9％提高到 2005 年的 33％，约为全国森林覆盖率的 2 倍。辽宁、吉林、黑龙江、浙江、安徽、福建、江西、湖北、湖南、广东等省水电农村电气化县平均森林覆盖率均超过了 60％，远远高于 2005 年全国平均森林覆盖率。电气化县建设保护了生态，美化了环境，促进了人与自然和谐相处。

水电农村电气化建设始终坚持服务“三农”的宗旨，着力改善农村基础设施、保护农民的合法权益、促进农民增收、帮助农民脱贫，利用身边丰富的农村水能资源为农民建立增加收入的长效机制，真正把农村水电站建成富民工程、民心工程。通过电气化建设，开发农村水电资源，形成广大山区农村的发电和供电生产力，增强造血功能，带动其他资源的开发，带动农村产品加工业、山区特色产业的发展，把山区的资源优势变成经济优势，引导农村劳动力的转移，促进农村产业结构优化调整，带动乡村公路、防洪灌溉、人畜用水设施以及广播、电视和信息设施的建设，改善农村基础设施和公共设施，促进改善农村生产生活条件，提高农民的生活质量。通过农村电气化建设，引导农民利用土地入股、投劳入股、投资入股、小额贷款入股、国家补助入股等开发农村水电，增加收入，建立了农民增收的长效机制。水电农村电气化建设满足了贫困山区农民改变自身落后面貌、脱贫致富建设美好家园的迫切愿望，符合广大农民群众的根本利益，得到了农民群众的真诚拥护和广泛参与。

农村水能资源是广大贫困山区、老少边穷地区最宝贵的资源，开发农村水电解决农村贫困问题是一个伟大创举，是社会主义新农村建设的重要举措。进入“十一五”，水电农村电气化建设实行 5 年一个台阶，连续建设，动态管理，滚动发展的新机制，为建设社会主义新农村、促进全面建设小康社会做出更大贡献。

（水利部农村水电及电气化发展局　赵虹）

“十五”小水电代燃料生态保护工程建设情况

及时跟踪、掌握代燃料试点建设情况，研究代燃料试点过程中出现的问题，全面指导各地代燃料试点建设，确保代燃料试点顺利实施。2005 年 4 月在贵州兴义召开了《全国小水电代燃料试点县现场会》，交流总结小水电代燃料试点做法和经验，进一步推进小水电代燃料工作，为全面总结代燃料建设奠定了良好的基础。在各地完成试点建设任务的基础上，全面深入开展全国小水电代燃料试点总结工作，提出《全国小水电代燃料试点总结报告》，并上报国务院，得到了党和国家的充分肯定。温家宝总理对试点给予高度评价，批示“经验宝贵”，印发各地参考。回良玉副总理多次批示“小水电代燃料工程是一件一举多得的事”，“实现了社会效益、生态效益和经济效益的三赢”，“是山区解决‘三农’问题的一个有效途径”。2005 年中央 1 号文件要求“扩大小水电代燃料工程建设规模和实施范围”。《国务院 2005 年工作要点》要求“加快发展小水电代燃料”。

小水电代燃料试点探索了一条“政府扶持、企业运作、农民参与、低价供电、保护生态、改善生活”的路子和有效的管理体制和运行机制，减轻了农民负担，增加了农民收入，改善了农村生产生活条件，得到了项目区群众、当地政府和社会各界的一致赞扬。小水电代燃料试点取得了显著效果，主要有：

(1) 农民放下了砍柴的斧头，森林得到有效保护，促进了人与自然和谐相处。试点项目可以长期稳定地通过小水电代燃料从根本上改善贫困山区农村人口的生活条件，每年减少烧柴消耗 16 万 t，巩固退耕还林面积 30 万亩，保护森林面积近 160 万亩，减少 CO_2 排放 77 万 t，从源头上、根本上控制了砍树烧柴这一消耗森林资源、破坏生态的行为，项目区走上了“以林蓄水，以水发电，以电护林”的良性发展道路。实现了国家投资 77 元长期稳定地保护 1 亩森林的目标，是国家退耕还林平均每亩投资的 1/17，具有很好的投资效果。

(2) 解除了农民砍柴烧柴的辛苦，减轻了农民负担，农民过上了现代、文明、健康的新生活。过去农民为了砍柴翻山越岭，斧砍肩扛，劳动强度很大，有的甚至丧命于悬崖峭壁；妇女烧柴烧煤做饭，三餐饭围着灶台转，要 4、5 个小时，烟熏火燎，苦不堪言。现在小水电代燃料农户家家厨房里电饭锅、电炒锅、电水壶等一应俱全，干干净净，农民下地干活前插上电回来就能吃上香喷喷的饭，方便、快捷、省时、省力。代燃料电价 0.17～0.3 元/(kW·h)，比照明电价低一半甚至更多，户均年代燃料电费 240～400 元，占年纯收入的 3%～5%，“烧电”比烧柴、烧煤平均每户 1 年节省 200 元，农民发自内心的高兴。小水电代燃料使农村妇女获得又一次解放，项目区近 2 万农民消除了火眼病、呼吸道疾病、肺气肿，生活条件大大改善，农民开始享受了现代文明带来的幸福。

(3) 解放了被砍柴烧柴束缚的农民，增加了农民收入，缩小了城乡差距。小水电代燃料不仅解除了农民繁重的砍柴劳动和烧柴的烟熏火燎之苦，而且解放被砍柴烧火束缚的农村劳动力 5 万人，减少砍柴及运煤工日 200 多万个。这些农民腾出时间外出务工、开展手工编织、搞特种种养、从事农副产品加工和开展特色旅游等，平均每户增加收入 300 元。

(4) 带动了农村基础设施建设，大大改善了农民生产生活条件，推动了农村全面小康社会建设。试点项目以代燃料工程为龙头，政府给农民补助一些水泥等材料，充分利用农村丰富的闲散劳动力资源，发动农民投工投劳，改建自己的厨房、厕所、牛栏、猪圈，修路、改水，自己动手改善自己的生产生活条件，共解决无电人口 1509 人和 6500 多农户吃水问题，改厨 38744 个，改厕 7126 个，改圈 7193 个，改路 510km，国家花很少的钱，使农村人居环境和农村面貌发生了巨大变化，有力推动了农村全面小康社会建设。

(5) 传播了现代文明知识和理念，促进了农民思想观念的转变，激发了农民奔小康的热情。小水电代燃料给封闭的山区农民带来了先进生产力和先进文化，改变了农村不讲卫生、人畜混居等陈规陋习，使农村传统生活方式产生了一次革命性变革，改变环境的同时也改变了人，一些愚昧落后的思想观念发生了显著变化，卫生意识、环境保护意识、致富意识明显增强。

(6) 密切了党群、干群关系，增强了基层党组织的凝聚力，巩固了基层政权。代燃料建设改善农民生产生活条件，帮助农民开辟增收致富门路，农民得到了实实在在的实惠。农民把自己做的“建小水电富万家万家欢乐，造生态园惠百姓百姓安康”的对联贴在大门上，表达他们发自内心的对党和政府的感激之情。

（水利部农村水电及电气化发展局　王甲）

农村水电技术现代化“十五”总结

“十五”期间，农村水电行业提出了“以农村水电现代化建设为龙头，切实加强行业管理”的新思路，出台了一批重要的指导性文件，加强了规划、计划工作，有力地推动了农村水电技术现代化建设，行业技术水平和管理水平得到显著提高。

第一阶段——动员部署。2002 年 5 月，水利部在湖南省郴州市组织召开了“全国农村水电现代化建设工作现场会”。这次会议是一次开创性的会议，会议分析了我国农村水电发展现状，研究了实现农村水电现代化的必要性、可行性和紧迫性，讨论了我国农村水电现代化指导思想、目标、任务和措施，对启动农村水电现代化建设有重要的指导意义。会上组织成立了农村水电现代化建设工作委员会，确定了各省（自治区、直辖市）现代化建设工作的负责人和联络员。

第二阶段——加强指导。2003年，水利部水电局花大力气组织编写了《农村水电技术现代化指导意见》（以下简称《指导意见》）。《指导意见》分4部分，阐明了农村水电现代化建设的指导思想、基本原则、总体目标、任务和要求及保障措施。这是农村水电行业第一个综合性的技术指导文件，文件的印发，对农村水电现代化建设起到积极的推动和指导作用。

此外，还编写了《中国农村水电现代化管理示范模式》。《农村水电站计算机监控系统基本技术条件》、《农村水电微机继电保护及安全自动装置通用技术条件》、《农村水电110kV及以下变电站计算机监控系统基本技术条件》、《农村水电电力系统微机调度自动化规范》、《农村水电站及变电站交流采样装置技术条件》等一批新技术标准已编制完成或正在编写之中。

第三阶段——制订计划。2003年，水利部水电局印发了《关于制订农村水电技术现代化实施计划的函》，布置各级农村水电主管部门和农村水电企业制订农村水电技术现代化实施计划。各省（自治区、直辖市）比较重视编制计划工作，将任务层层布置到县级水电管理部门和各水电企业，并安排专人汇总、审查，工作细致，编制的计划切实可行。2004年，在各省计划的基础上，制订了《全国农村水电技术现代化实施计划》。

第四阶段——试点推广。各省（自治区、直辖市）结合本地实际情况，认真做好农村水电现代化建设的试点工作，在总结经验的基础上分步实施，逐步推广。以浙江省为例，水电开发管理中心筛选了3种类型的8个电站进行自动化改造试点。一类是单个电站监控，如诸暨陈蔡水库电站自动化改造。一类是综合型监控，将电站监控和大坝安全监测系统、水情测报系统、办公自动化系统等融为一体，实现水库管理局内的综合自动化，如安吉赋石水库电站。另一类是流域梯级开发水电站群监控，如松阳县谢村源水库梯级电站。“十五”期间，8个改造试点已圆满结束，并取得了很好的经济效益。

针对各地在实际工作中出现的问题，2005年，水利部水电局又组织制订了《农村水电自动化设备（监控保护）应用指导意见》、《农村水电自动化设备（励磁系统）应用指导意见》，对监控保护、励磁系统两大类自动化设备的技术规范作了详细的规定，同时列出了采购原则、指导价格，提出了市场监督与管理的措施，对规范农村水电设备市场发挥了积极的作用。

各地注重总结宣传现代化建设的经验和做法，积极引导农村水电企业应用先进实用技术，逐步落实实施计划，农村水电现代化建设不断走向深入。据统计，到2005年底，农村水电行业拥有35kV以上的无人值班变电站761处，占全部变电站总数的11%；无人值班（少人值守）的水电站556处，容量4055MW，占全部水电站总数的1.2%，占全部小水电装机容量的8.3%；拥有节能型变压器33万台，容量29660MV·A；198个县实现了县级电网调度自动化。尤其是2005年，农村水电行业无人值班水电站数比上年翻了一番，无人值班变电站数突破总量的10%。此外，各地结合农网改造和水电农村电气化县建设，积极推广使用新型高效水轮发电机组、节能变压器、无油化开关设备和微机自动装置、保护装置等，配电自动化、管理信息系统、电力营销管理系统、远程抄表系统等也得到应用，农村水电技术水平和管理水平上了一个新台阶。

（水利部农村水电及电气化发展局　孙亚芹）

“十五”期间水利系统农电“两改一同价”工作总结

“十五”期间，水利系统先后开展了大规模的农电“两改一同价”工作、县城电网建设与改造工作和西部地区农网完善工作，这些工作的开展极大地促进了农村电网基础设施建设，更好地满足了农村社会经济发展对电力的需求，切实减轻了农民负担，为社会主义新农村建设奠定了坚实的基础。

（一）农电“两改一同价”工作

为切实降低农村电价，减轻农民负担，解决长期困扰广大农村用电的瓶颈问题，有效改善农村的生产和生活条件，促进农村经济的繁荣，同时进一步拉动内需，保持国民经济持续健康快速发展，党中央、国务院于1998年做出重大决策，要求在全国范围内改造农村电网，改革农电管理体制，实现城乡用电同网同价。

水利部对全国水利系统农电“两改一同价”工作进行了精心部署，各级水利部门切实加强领导，在工程中严格执行基本建设程序，全面实行项目法人制、招标投标制、工程监理制和合同管理制，建立健全各项规章制度，严格控制工程质量、进度和资金，大力推进科技进步，不断提高现代化水平。

经过建设各方的共同努力，水利系统一、二期农网改造投资计划已全部完成，共完成投资213亿元，累计新建和改造110kV变电站82座/2156MV·A、

35kV 变电站 853 座/3416MV·A、110kV 线路 1595km、35kV 线路 11929km、10kV 线路 146922km，低压线路 453613km，改造配电台区 121367 个，新安装与更换高耗能变压器 111153 台/5704MV·A。其中“十五”期间完成投资 132 亿元，累计新建和改造 110kV 变电站 41 座/984MV·A、35kV 变电站 612 座/2159MV·A、110kV 线路 761km、35kV 线路 7211km、10kV 线路 101998km，低压线路 327325km，新安装与更换高耗能变压器 75464 台/3221MV·A。

在实施农村电力管理体制改革的过程中，水利部门坚决按照中央政策的要求，将撤销乡镇电管站、建立供电营业所作为改革的重点，不断加强农村用电管理。水利系统共撤销乡镇电管站 2439 个，新建供电营业所 1819 个，全面推行了“电量公开、电价公开、电费公开”、“服务到户、管理到户、抄表到户、收费到户”、“统一电价、统一发票、统一抄表、统一核算、统一考核”，减少了供电中间环节，有效减少了“三电”、“三乱”问题的发生。同时，加强了对农村电工的整顿、管理，实行统一培训、统一招聘、统一管理，农村电工素质明显提高。

2004 年，水利系统部署了农网改造“回头看”工作，各地在认真开展了自查自纠工作，发现问题及时整改。在自查自纠和自验收的基础上，各地严格按照国家有关规范规定和要求开展了竣工验收工作，由项目法人聘请了会计师事务所对农网改造工程进行了全面审计，确保投资及资产的真实性，同时，加强了农网改造工程档案管理，做到了规范完整。截至 2005 年底，吉林、湖北、湖南、广西、云南等地所有单项工程验收全部完成，湖北、湖南、广西、云南各县（区、市）农网改造工程全部通过了省（区）发展和改革委员会组织的整体的验收，吉林已通过水利厅组织的自验收，四川省 13 个市（州）共 71 个县（区、市）完成了验收工作，其他县的竣工验收工作正在紧张进行。

水利系统农电“两改一同价”工作的开展，进一步完善了农村电网结构，农村用电管理得到加强，实现了城乡生活用电同网同价，农村电价平均降低 0.15～0.3 元/(kW·h)，每年可直接减轻农民负担 40 亿元。农网改造后，农村用电量大幅上升，农村生产生活条件明显改善，同时有效地拉动了内需，促进了国民经济发展。水利系统农电“两改一同价”工作得到社会各界的充分肯定，进一步密切了党群关系，促进了农村稳定，被广大农民群众称为“德政工程”、“民心工程”。

（二）县城电网改造工程和西部地区农网完善工程

2003 年，水利系统县城电网改造工程启动，总投资规模为 59.35 亿元。截至 2005 年底，水利系统累计完成县城电网建设与改造投资 29.3 亿元，占投资计划的 49.3%，累计新建和改造 110kV 变电站 55 座、容量 1721MV·A，35kV 变电站 48 座、容量 448MV·A，110kV 线路 1487km，35kV 线路 732km，10kV 线路 3819km，低压线路 8034km，新安装与更换高耗能变压器 4062 台、容量 1019MV·A。县城电网改造工程效益已逐步显现。

为提高西部地区农村电网改造覆盖面，更好地满足西部地区用电增长的需要，促进西部地区经济和社会的更快发展，2004 年 8 月，国家又开展了西部地区农村电网完善工作，先后下达水利系统西部农网完善工程投资计划 11.6 亿元，工程目前正在紧张进行之中。

（三）“十一五”农村电网建设与改造实施方案

2005 年 7～9 月，水利部对各地农电“两改一同价”的实际效果、特别是工程遗留问题进行了深入调查。调查发现，农网改造工程在取得巨大效益的同时，仍存在一些遗留问题亟待解决，主要有：偏远山区、贫困地区、革命老区和民族地区农网改造成本高，资金缺口较大；各地农村电网改造实施情况差别较大，未改造地区难以实现同网同价，少数地区仍存在电价较高的问题，造成了新的社会不公平；农村电网网架薄弱，有待进一步完善；国家电力企业“代管”、“上划”水利系统农村电网资产及供区，侵害了地方和群众的合法权益等。

为解决农网改造工程的遗留问题，水利部编制了“十一五”农村电网建设与改造实施方案，并报送国家发展和改革委员会、国家能源领导小组办公室等部门。根据方案，水利系统需要投资农网资金 156.8 亿元，将建设 220kV 变电站 4 座、容量 1500MV·A，220kV 线路 300km，建设和改造 110kV 变电站 125 座、容量 4393MV·A，110kV 线路 5111km，35kV 变电站 468 座、容量 2643.8MV·A，35kV 线路 10241km，10kV 线路 62998km，低压线路 225298km，配电变压器 38767 台、容量 1925.3MV·A。

（水利部农村水电及电气化发展局　边广琦）

农村水电国际合作与交流

一、国际小水电组织的主要活动

国际小水电组织是联合国开发计划署、联合国工业发展组织、中华人民共和国水利部、中华人民共和国商务部共同发起成立的国际组织，是一个由各区域、各政府、各有关公用事业单位及企业按自愿原则建立起来的以社会效益为主的国际小水电建设的促进机构。1994年12月，上述有关组织的代表在杭州签署《杭州宣言》，标志着国际小水电组织的正式成立。其总部设在中国杭州。1999年中国正式称为国际小水电组织的东道国。国际小水电组织现有62个成员国，由一个国际协委会管理。

组织的宗旨在于通过发展中国家、发达国家、国际组织间的三方合作，促进全球小水电的开发，从而为发展中国家广大的农村地区提供清洁、廉价和足量的能源，增加农村就业机会，改善生态环境，扶贫并改善农村的精神和物质生活条件，促进农村经济的发展。2000年4月国际小水电组织建立了湖南郴州小水电基地，2001年8月建立了甘肃张掖小水电基地，2005年3月建立了浙江金华水轮机制造基地，并相继在国外建立了亚洲分中心（印度）、非洲分中心（尼日利亚），拉美分中心（阿根廷）在筹建中。其他还有5省1厂提交了申办文件。

（一）重要国际会议

已组织召开8次国际小水电组织协调委员会年会，分别为：

1994年4月　中国杭州
1995年9月　意大利米兰
1996年8月　加拿大多伦多及美国纽约
1998年3月　中国杭州
1999年4月　加拿大蒙特利尔
2000年5月　奥地利维也纳
2001年6月　印度科瓦兰
2004年12月　中国杭州

此外还举办了97国际三方合作会议，国际98全球小水电会议暨协调委员会年会、第一届欧盟/中国小水电工业大会、发展中国家小水电合作会议、今日水电论坛等。

（二）新一届国际小水电组织协调委员会成员（2004年12月确定）

主席：程回洲，水利部农村水电及电气化发展局局长

副主席：Nyambuya，津巴布韦能源及电力发展部部长；Jean－Paul Rigg，国际能源总署水电委员会主席

成员：

1. 联合国系统　A. Bromley，联合国工发组织技术部主任；Pranesh Saha，联合国亚太经社会环境及自然资源发展司能源处处长；Mourad Ahmia，七十七国集团秘书长

2. 亚太地区　Olivia Castillo；Madan Bahadur Basnyat，尼泊尔可替代能源促进中心执行主任；Shamil Birkadze，格鲁吉亚水电公司总经理

3. 非洲　Nyambuya，津巴布韦能源及电力发展部部长；Mohamed El－Gazzar，埃及电力能源部水电总局主席；A. A. Essan，尼日利亚能源委员会培训司司长；Rashad El Hakeem，苏丹电力部小水电及能源司司长；Fombong Matty Fru，喀麦隆国际农村能源组织主任

4. 欧洲　Bernard Pelikan，欧盟小水电协会主席；Christer Soderberg，瑞典可再生能源协会主席；John Green，英国中间电力公司总经理

5. 北美　Carl Vansant，美国《世界水电评论》杂志主编；Mark Riley，加拿大自然资源矿产与能源技术中心主任

6. 拉美　Raul Pablo Karpowicz，阿根廷科尔瓦多省可替代能源协调员

7. 国际组织　Jean－Paul Rigg，国际能源总署水电委员会主席；Tony P. Tung，国际能源总署小水电专委会成员；Tore Jorgens，国际水电中心主任；Paul Fairbairn，南太应用地理委员学会电力处处长

8. 中国　程回洲，水利部水电及电气化发展局局长；赵永利，南南合作中国网秘书长

9. 国际小水电组织秘书处　童建栋，国际小水电中心主任；曾月华，国际小水电中心副主任；V. K Damodaran，国际小水电中心副主任

（三）国际合作与交流

培训：培训了43个国家近600名工程师

信息交流和出版：出版中英文书籍12册及定期出版杂志发行到117个国家和地区

咨询，设计和研究：23个国家63座电站

会议：举办或合办了14次重大国际会议

示范和捐赠：尼加拉瓜等国在非邦交国家开展小水电民间外交活动

2001年12月国际小水电组织新版网站在 http://www.inshp.org 登录。

二、外资利用、清洁发展机制项目与设备贸易

我国农村水电外资利用已初具规模。大规模的外资利用，扩大了农村水电投资来源，加快了农村水电开发进度，有力地促进了农村水电政策法规建设，提高了行业管理能力和科学技术水平，创造了很多农村水电体制机制改革经验。

引进加拿大政府贷款建成投产的湖南高滩水电站，引进外资250多万美元；利用世界银行贷款进行的湖北省保康县寺坪等10个水利水电枢纽工程，贷款的额度为1.1亿美元；2001年甘肃省小水电项目利用日本政府贷款总额65.43亿日元，2004年甘肃

黑河小孤山梯级水电站利用亚行商业贷款人民币3亿元；2005年世界银行和全球环境基金改造、新建浙江省小水电项目37个，总装机容量达11.6万kW，总投资约1亿美元，其中世界银行贷款将占50%左右；重庆巫溪县申报的小水电贷款项目装机总容量达5.8万kW，总投资4亿元，于2005年底获法国开发署董事会贷款总额3200万欧元，折合人民币约3.1亿元。

2005年湖南省汝城县小水电项目与甘肃省黑河小孤山梯级水电项目获得国家发展和改革委员会签发的东道国批准函，作为全国首批小水电清洁发展机制项目，若获得执行董事会的注册，将分别获得英国益可环境国际公司及国际复兴开发银行的核定减排量购买合同。

我国农村水电设备制造厂家具有年生产300万kW成套设备的能力，同时每年可完成300万kW农村水电的设计与施工，在世界上首屈一指。据不完全统计，我国农村水电设备已出口到40多个国家和地区，其低廉的价格、成熟的技术和稳定的性能受到了国际上的普遍赞誉。

三、加拿大政府向中国转让小水电技术赠款项目

（一）概况

本项目实施期为2年，整个项目预计于2006年6月30日前完成。目的是通过提高中国小水电利用效率，减少温室气体排放，并示范加拿大小水电技术在促进替代高排放能源资源的有效性。

本项目共包含5个分项目，水利部负责分项目一、二、三、五的协调组织，各分项目执行单位负责具体执行。农业部南京微型水电检测研究中心负责分项目四的组织与执行。

（二）项目管理

本项目总投资1014万加元，最高领导机构是联合项目领导委员会（下简称联委会），成员分别来自中国商务部、加拿大国际开发署、中国水利部及加拿大自然资源部能源矿产技术中心，联委会项目办设在水利部水电局，各分项目执行单位设立分项目办，分项目办对项目办负责，各执其事。

（三）分项目简述

1. 分项目一"水电站自动化" 目的是将加拿大小水电站自动化技术引入，降低成本，提高中国水电站设备的自动化水平及运行效率。加拿大为6个小水电站提供14套水电站自动化设备，并对中方技术、管理人员进行安装、调试、运行管理方面的培训。培训地分别在加拿大及中国。

2. 分项目二"流域优化调度" 旨在改进水电站的入库流量监测和预报，提高河流的水能利用率。该项目的实施单位是郴州国际小水电基地。加拿大将开发1套软件，安装水文数据采集系统，为流域所有电站提供水文数据。

3. 分项目三"水轮机优化设计" 目的是帮助陆水电厂改造水轮机组，加拿大公司优化设计并协助安装与调试，提高水轮机的运行效率。本项目提供在加拿大的培训。

4. 分项目五"杭州国际小水电中心能力建设" 目的是示范和提供小水电技术培训，提高接受远程水电教育的能力。该项目的实施单位是杭州国际小水电中心。加拿大将生产2套自动化设备，安装在交通便利的示范电站，并举办2次研讨班。

（四）项目进展

分项目一"水电站自动化"的6台自动控制设备已全部到货，目前已安装了1台，另5台设备待装。

分项目二"郴州东江水文测报与调度优化"所需加拿大设备已于2005年12月运抵郴州，即将进行设备安装与调试，预期全部安装将于2006年2季度完成。

分项目三"水轮机设计改进"的转轮已运抵陆水电厂现场。因为汛期的缘故，预计2006年8月底9月初安装。

分项目四"微型水电示范项目"的设备已生产完毕，待运抵项目现场。具体执行单位为农业部微型水电检测中心。

分项目五"国际中心能力建设"的示范电站（山西省娄烦县汾河电站）所需加拿大设备已于2005年12月运抵现场，目前该电站仍然在联系配套设备厂家，预期将于2006年5月完成安装。

另所有项目规定的赴加拿大培训，除分项目五预计2006年6月完成外，现已全部结束，并取得了预期效果。

（水利部农村水电及电气化发展局 张学进）

浙江"十五"电气化县建设任务超额完成

作为"十五"期间全国400个水电农村电气化建设后备县之一，江山市水电农村电气化县建设近日通过达标验收，这也是浙江省"十五"期间最后一个水电农村电气化县。这标志着浙江省"十五"水电农村电气化县建设全部顺利达标并超额完成了建设任务。

江山市在过去的4年多时间内，共累计投入电源和电网建设资金8.11亿元，完成农村水电新增装机容量4.59万kW，可增加年发电量近1亿kW·h，

完成了一、二期农网和城网改造工程，农村生活用电从2000年的平均每千瓦时0.65元降低到0.53元，电气化各项指标全部满足《水电农村电气化标准》的要求。特别是省重点工程白水坑水库电站的建成投产，为缓解江山市在2003年、2004年的连续干旱和缺电发挥相当大的作用。

“十五”期间，浙江省农村水电建设在完成验收的21个县（市）中，水电农村电气化建设共完成投资近140亿元，农村水电新增装机容量88.8万kW，每年可新增发电量20多亿kW·h，相当于节约标准煤90多万t，减少二氧化碳等有害气体排放量200多万t。农村生活用电电价普遍降低。农村水电建设新增水库库容10亿多m^3，在防洪、灌溉、供水、发电、保护生态与环境以及电网调峰中起到了重要作用。“十五”期间电气化县农民人均纯收入年增长率在10%以上，有个别县超过了20%。特别在前两年的电力紧缺又逢50年一遇的旱情中，水能资源比较丰富、开发较好的浙江西南山区县（市），很少因为缺电而拉闸限电，景宁、庆元等一些县（市）因为农村水电开发力度较大，不但电力充足，还有大量富余电量支援周边地区。水电农村电气化建设取得了明显的生态、经济和社会效益。

（水利部赵学儒　许为平）

贵州省“十五”农村水电建设概况

（一）资源

贵州省农村水电资源经2004年初完成的补充复查资料表明，全省50MW及以下农村水电资源可开发量为6402.7MW，年发电量为2502641.96万kW·h。其中单河理论蕴藏量10MW及以上河流上单站装机0.5～50MW，农村水电资源可开发量为5569.31MW，年发电量2189756.78万kW·h；单站装机0.5MW以下农村水电资源可开发量为97.46MW，年发电量为33143.2万kW·h。单河理论蕴藏量10MW以下河流上单站装机0.5MW以上农村水电资源可开发电量为548.82MW，年发电量216411.38万kW·h；单站装机0.5MW以下农村水电资源可开发量为187.1MW，年发电量63330.6万kW·h。

（二）电源建设

“十五”期间，全省农村水电发展迅速，5年之间全省新建农村水电站97座，新增装机容量304.3MW。其中2005年新增农村水电站36座，新增装机容量126.6MW。至2005年底，全省农村水电站共有1204座，总装机容量达1254.407MW。

“十五”期间，全省农村水电站累计发电量219.48亿kW·h，其中2005年发电量为46.4亿kW·h。

2005年末统计，全省农村水电在建项目127处，总装机容量1273.4MW。

（三）电气化建设

贵州省“十五”期间的水电农村电气化县共有20个县，其中12个县是经水利部水电［2001］486号文批准建设的“十五”水电农村电气化县，另有8个县为水电农村电气化替补县。截至到2005年底，20个“十五”水电农村电气化县共有农村水电站408处，装机容量647.6MW。其中“十五”期间新增装机33处，装机容量185.9MW。目前，20个县共有在建电站42处，装机容量294.3MW。截至2005年底，已有13个县（市）通过了达标验收，超额完成了水利部下达的“十五”期间我省水电农村电气化县建设任务。

（四）小水电代燃料工程

2003年12月29日，贵州省召开首批小水电代燃料试点项目启动大会。经过2004年、2005年两年建设，5个小水电代燃料项目区建设基本完成，共有10085户农村居民，约5万人口用上了电炊，解决了基本生活燃料问题。通过统计测算，5个项目区共保护退耕还林面积3.79万亩，保护森林面积15.25万亩。5个小水电代燃试点项目中，普安县小水电代燃料项目于2004年12月首先通过省级验收，为全国26个小水电代燃料试点项目中第一个通过验收的。该项目完成水利部下达的建设3100kW电源点的任务，实现小水电代燃料3080户，户均年用电量1300kW·h，代燃料到户电价0.19元/（kW·h）。2005年12月，都匀市小水电代燃料项目也通过了省级验收。其余3个项目，由于电源点的建设滞后了一步，尚在紧张建设中。通过5个小水电代燃料项目的建设，项目区生态已得到保护，农民开始受益。2005年4月14日，由水利部主持的全国小水电代燃料现场会在贵州黔西南州普安召开，来自中央财经领导小组办公室、国务院研究室、国务院西部地区开发领导小组办公室、国家发展和改革委员会、财政部、国家林业局、国家民族事务委员会和贵州省政府及全国22个省（区）的领导和代表出席了会议。贵州省政府副省长禄智明在大会上致辞，水利部副部长索丽生作了《坚持科学发展观、全面推进小水电代燃料工程建设》的讲话。大会还进行了交流发言和现场考察，总结了经验，鼓舞了士气。

（五）水电管理

1. 资源管理　贵州省水利厅早在2002年就提出了水能资源开发权这一问题，并于该年7月以黔水电

[2002] 32号文《贵州省中小水电资源开发利用管理暂行规定》下发，规定了水能资源开发应是有偿的。尔后两年多的时间里，又相继续出台了几份文件，对水能资源开发管理进一步提出了具体措施和办法。2005年，贵州省人大常委会审议、通过了《贵州省实施〈中华人民共和国水法〉办法》，《办法》中规定：“水能资源使用权由有管理权限的县级以上人民政府水行政部门通过公开招标、拍卖、挂牌等方式有偿出让”，从法规的角度规范了水能资源开发权的管理部门和开发方式。《办法》同时还规定了水能资源开发管理中的一些注意事项和原则。并且，目前由省人民政府制定的《贵州省水能资源使用权有偿出让办法》即将出台，届时，水能资源的开发将更加规范和有序。

2. 项目管理　2005年，全省农村水电除少数国有资金投入的项目仍实行政府审批外，其余绝大多数项目均已实行了核准制。核准制的实施，虽然简化了报批层次，但在申报核准的同时，必须提交取得水能资源开发权的相关资料以及流域开发规划审批意见、取水许可申请批文、水土保持方案及审批意见、环境影响评价批文、工程技术方案审查意见、水资源论证报告及审批意见书等材料。故实质上加强了政府管理力度，清晰了管理工作职能。

3. 安全管理　贵州省农村水电的安全生产管理，主要是由政府主管部门下发《贵州省中小水电安全生产自查表》，而后由各生产企业根据《自查表》中所列的各项指标自查，如实填写上报或整改。然后由各级主管部门随机抽查。同时，各级管理部门还组织防汛大检查，安全生产大检查，不定期举办安全生产学习班，安全员培训班等。

（六）作用意义

农村水电的建设和发展，促进了扶贫开发以及农村经济、县域经济的发展，特别是水电农村电气化县建设和小水电代燃料工程，直接服务“三农”，农民具体受益。“十五”电气化县其国内生产总值、财政收入，农民人均收入等各项主要指标均超过全省平均增长幅度。农村水电的发展促进了自然生态环境的保护和建设，减少了燃煤、燃油、燃柴的大气污染，许多农村水电工程同时起到涵养水源，美化环境的作用。农村水电的发展为地方经济作出贡献的同时，也为实施“西电东送”后贵州省的电力电量平衡发挥了互补作用，在一定程度上缓解了省内电力的供求矛盾。

（贵州省水利厅　谭剑虹）

全国农村水电“十一五”发展规划

全面开展“十一五”水电农村电气化建设规划

3月21日，全国“十一五”水电农村电气化规划编制会议在广西南宁召开。这标志着农村水电系统认真贯彻全国厅局长会议精神，拉开了“十一五”水电农村电气化建设的序幕，也预示着我国水电市场将迎来新的一轮商机。

我国水电农村电气化在党中央、国务院的高度重视和支持下，取得了显著的成绩。截至目前，全国已有1600多个县开发了小水电，近800个县以小水电供电为主，累计使5亿无电人口用上了电，建成653个初级电气化县，400个水电农村电气化县2005年将通过达标验收，小水电代燃料工程试点效果良好。农村水电近几年每年新增装机250万kW左右，2003年达到300万kW，2004年达到330万kW，创历史新高。小水电总装机达到3300多万kW，占全国水电装机的36%，占全国可再生电能的99%以上。水电农村电气化对解决我国农村无电人口、缺电人口用电问题，促进贫困山区经济社会发展，特别是改善老少边穷地区生活生产条件，农村能源结构，统筹城乡、区域、社会经济、人口与自然和谐发展，实现经济和人口、资源、环境协调发展，发挥了重要作用；同时也促进了我国水电市场的空前繁荣。

水利部水电局局长程回洲介绍说，新时期的水电农村电气化建设，要以邓小平理论和“三个代表”重要思想为指导，贯彻落实以人为本，全面、协调、可持续发展的科学发展观，坚持为农业、农村、农民服务的方向，在构建社会主义和谐社会中发挥重要作用。“十一五”水电农村电气化建设规划，将在水力资源比较丰富的贫困山区发展农村水电，建设水电农村电气化，建立5年一个台阶滚动发展、连续建设的新机制，结合经济建设、江河治理、扶贫开发、生态建设，科学合理开发农村水电资源，不断提高农村用电水平，改善农村基础设施和生产生活条件，增加农民收入，改善农村能源结构，促进经济和人口、能源、环境协调发展。在谈到水电开发与生态保护时，程回洲说，要坚持在开发中保护，在保护中开发的方针，既要合理利用水能资源，又要保护好生态，维护河流的健康生命。

此次规划会议提出的"'十一五'水电农村电气化规划编制大纲"，明确了规划的指导思想和基本原则、规划范围和依据、规划目标、投资估算和效益分析、管理体制和运营机制等，规定"十一五"规划以2005年为基准年，以2010年为近期规划水平年，2020年为远景规划水平年；按照科学发展观的要求，规划编制大纲提出了新的经济社会生态目标。"十一五"规划将以县（市、区、旗）为单位编写，各省在此基础上编制省级规划，水利部对各省规划成果进行审核，编制全国规划。

（水利部　赵学儒）

认真总结"十五"经验
做好新一轮电气化建设规划

水利部农村水电及电气化发展局局长　程回洲

20世纪80年代初，在邓小平同志亲自倡导下，国务院决定在农村水电资源丰富的地区，开发农村水电，建设中国特色农村电气化。"七五"至"九五"期间全国共建成了653个农村水电初级电气化县，取得了巨大的成就，有力地促进了国民经济发展和社会进步。进入新世纪，国务院又批准"十五"期间全国建设400个水电农村电气化县，今年即将全面完成。"十一五"水电农村电气化县建设即将启动，现就新一轮电气化县建设规划问题，讲一点意见。

（一）"十五"水电农村电气化县建设的成就和经验

"十五"水电农村电气化县建设不仅取得促进经济社会发展的巨大成就，同时创造了一些宝贵经验。

1. 不断满足广大山区经济社会发展的需求　截至2004年底，400个电气化县累计完成投资526亿元，新增农村水电装机696万kW，占全国农村水电新增装机总数的70%以上，水电的持续快速发展不断满足广大山区经济社会发展的需求。这些县人均年用电量、户均年生活用电量比2000年分别增长了70%以上和50%以上，分别由2000年的360kW·h和322kW·h增加到2004年的623kW·h和499kW·h。

水电农村电气化极大地推动了农村水电发展。这几年投产装机都在300万kW左右，实现了超常规跨越性发展。2004年全国新增农村水电装机450万kW，相当于三峡电厂6台70万kW特大型机组投产。目前在建规模2000多万kW，是20世纪70年代初期全国电力建设总规模。年完成投资近400亿元，是80年代初全国电力年投资的3倍。截至2004年底，全国农村水电装机容量达到3875万kW，占全国水电装机的37%，年发电量1344亿kW·h，占全国水电发电量的33.7%。农村水电发电占我国可再生能源发电量的99%。

2. 促进中小河流的综合治理　电气化建设发展了以农村水电为龙头的山区水利，提高了防洪抗旱能力。400个电气化县4年治理了上万条中小河流。湖北省24个水电农村电气化县经过4年建设，治理中小河流500余条，实现梯级开发增加水库库容3亿m³，提高防洪、灌溉、城乡供水能力，同时带动了小流域综合治理和水土流失治理。

3. 加强农村基础设施，改善农民生产生活条件　各地通过电气化建设，促进了农村基础设施和公共设施建设，改善了农村生产生活条件。4年来400个县的农村水电开发和电气化建设，共新建和改造乡村公路道路3万多km，110kV及以下高压配电线路19.5万km。新增水库库容66亿m³，增加灌溉面积2300万亩，促进了粮食增产和人畜饮水困难的解决。农村用电、饮水、卫生、文化、教育、广播、电视、通信、交通等条件都随之得到有效改善。四川射洪县在电气化建设中协调各方力量，统筹各方资金，实施"六通三化"工程，实行农村水通、电通、路通、气通、电话通、光纤电视通，以电气化促进农业产业化、农村城镇化、农民生活小康化。贵州普安县在电气化建设与小水电代燃料建设中，广泛开展"五通、五化、五改"（即通电、通路、通水、通广播电视、通电话，美化、绿化、亮化、净化、电气化，改路，改电、改厨、改厕、改厩），改善了农村生产生活条件，农村面貌发生了深刻的变化。吉林临江市，4年间水电开发中筑路178km，受益68个自然屯，从根本上解决了7900余户农民出行难、生产资料调入难、产品运出难的"三难"问题，结束了当地农民肩挑背驮的历史，为农村的土地、矿产、旅游开发、山水林田综合治理和商品流通铺平了道路。

4. 促进农民增收　各地在电气化建设中，以农村水电建设为载体，以增加农民收入，提高农民生活水平为目标，支持农民以土地、劳力、材料和"相关补偿"等入股办电增加收入；鼓励农民在农村水电建设中打工，优先吸收有文化的农民在电站、电网企业中当工人；支持乡村集体办农村水电，壮大集体经济；降低农村水电电价，促进农民减负增收；在国有资本的引导下，引入社会资本兴办农村水电，推进农村经济社会发展，均收到显著效果。2004年400个水电农村电气化县农民人均年纯收入达到2415元，同比增速是全国的1.25倍。江西铜鼓县红苏村全村450多人，已建和在建的农民股份合作制小水电站7座，总装机容量3085kW，年收入220多万元，每年人均小水电收入达4700多元，全村1/3的农民成为水电工人，红苏村由原来靠山吃山的“林业村”，变成了借水发财的“水电村”。湖南桂东县沤菜村以农村水电建设为载体，实行股份制办电，使农民长期稳定地从水电站直接获得分红收入，1999年人均纯收入仅506元，目前农民人均年纯收入达到3108元，比1999年翻了两番多。2003年桂东县水庄村建设了水庄水电站，除保证农民分红外，年满60岁的老人可领到一份“养老补助”，还为全村教育、医疗、社会保障和其他公益事业提供资金。

5. 促进城乡协调发展和区域协调发展　400个水电农村电气化县80%分布在中西部地区，85%属于老少边穷地区，有近200个国家扶贫开发重点县，有162个少数民族县，有103个县位于祖国边陲。这些地区都是需要国家重点支持的农村地区。电气化县建设发挥农村水电资源优势，大力发展农村水电，增强农村造血功能，带动了农村工业化、城镇化，促进了县生产总值增长，400个水电农村电气化县国内生产总值达到1.1万亿元，年均增速是全国的1.78倍，工业增加值占工农业总增加值的比重增长了7.4个百分点。大量农业劳动力转移到第二、三产业。县财政收入达到696亿元，年均增长17%。电气化县经济发展速度明显高于全国农村平均水平，400个电气化县农村水电直接提供的税收平均占全县财政收入的9%，有的县高达70%。水电农村电气化促进了农村产业结构调整和升级，促进了国内生产总值增长、县财政收入的增加，推动了农村经济社会全面发展，加快了西部地区、贫困地区发展速度。

6. 促进和谐社会建设　400个水电农村电气化县中有162个少数民族县，占40.5%。电气化建设促进了民族地区的发展。云南省地处祖国西南边陲，46个边疆民族贫困县经过4年水电农村电气化建设，由于水电工业及其相关产业的发展，工业增加值由40.9亿元增长为88.7亿元，增长117%，是全国增长速度的两倍多；农业增加值由107.7亿元增长为157.8亿元，增长46.5%，也高于44.2%的全国增长速度。

开发农村水电，建设农村电气化有力地促进了老少边穷地区社会事业的发展。400个电气化县电视覆盖率超过95%，学龄儿童入学率普遍在95%以上，X光机、B超机、CT机等医疗设备进入农村卫生院所，电化教学手段进入山乡中小学校，文化、教育、卫生、体育事业有了长足发展。电气化县建设解决了2000万无电人口的用电问题。少数民族地区、革命老区、边疆地区和贫困地区的人民群众在发展农村水电及电气化事业中直接受惠，提高了生活质量，分享了祖国改革开放成果，切身感受到党和政府的关心和支持，密切了党和群众的血肉关系，巩固了党的执政基础和地位，人民群众更加拥护党的领导和改革开放事业。电气化建设促进了边疆政治稳定，经济繁荣，民族团结，人民安居乐业。

7. 促进人与自然和谐相处　2004年，400个水电农村电气化县农村水电发电量相当于2340万t标准煤，减少排放3500万t二氧化碳和其他大量有毒有害气体。这些县平均森林覆盖率增长是全国森林覆盖率增长的2倍多。陕西、湖南、广西、黑龙江、安徽的水电农村电气化县平均森林覆盖率分别达到52.55%、54.96%、57.21%、62.32%、69.32%，远远高于2004年全国平均森林覆盖率。吉林省的水电农村电气化县平均森林覆盖率达到80%。电气化县还利用丰水期电能开展小水电代柴，1年减少薪材用量358万t，保护森林面积3800万亩。九寨沟、海螺沟、张家界、峨眉山、康巴草原、神农架等等著名风景区几乎都是农村水电供电，都是水电农村电气化县。云南景谷傣族彝族自治县，电气化的建设与小水电代燃料的实施，有效地控制了对森林的乱砍滥伐，退耕还林还草面积不断扩大，在林纸工业每年消耗木材90万m^3的情况下，全县森林覆盖率上升到74.9%，既为林纸工业作为省、市、县的重要产业提供了可靠的资源保障，又实现了“不见炊烟起，但闻饭菜香”。许多地方从吃“木头”，变成吃“水头”。用小水电做饭、取暖，不再砍树烧柴，群山叠翠、四野漫绿，山更美了，水更净了，天更蓝了，草更青了。许多电气化县建设项目成了当地和全国的生态旅游景点。电气化县建设保护了生态，美化了环境，促进了人与自然和谐相处。

（二）用科学发展观指导新一轮电气化建设规划

新时期，党和国家确定了以人为本，全面、协调、可持续的科学发展观，新一轮水电农村电气化县建设中，我们要全面贯彻落实。

1. 继续坚持促进协调发展建设和谐社会的方针　新一轮电气化县建设要以科学发展观为指导，认真总结推广“十五”电气化县建设的先进经验和做法，继续在促进城乡协调发展、区域协调发展、经济社会协调发展、人与自然和谐相处上下功夫，求实效，做出更大的贡献。

电气化县建设项目布局和投资力度要进一步向西部地区、老区、民族地区和贫困地区倾斜，要努力争取各级政府增加这方面的投入。农村水电不仅资源丰富，而且单个资源规模不大，广泛分布，特别是其区位分布与贫困山区、老区、民族地区的区位分布吻合。这些老少边穷地区大都是山区，交通不便，信息不灵，由于历史原因，经济社会文化都比较落后。农民增收的门路很少，农民可依靠增收的资源和机遇也很少。丰富的小水电是国家扶助农民增收致富最好的切入点和突破口。小水电是一种稀有资源，政府不投资，社会上有钱人就大量投资，无偿地占用这些宝贵资源，造成资源分配的严重不公，资源分配的不公就会导致社会分配的严重不公，让贫困农民失去希望。

要切实贯彻中央关于向西部地区倾斜，向农村倾斜的方针，研究制订这些地区农民开发小水电在税收、信贷等方面的切实可行的优惠政策，如允许农民用未来电站的股权作质押，获得银行一定额度的贷款，扶贫资金用于农民贴息贷款等等。

要进一步加强西部地区农村水电及电气化工作的管理，水行政主管部门要健全机构，选配得力干部。全面落实水行政主管部门水能开发利用管理和农村水电行政管理职能，尽快解决一些地方职责不明确、机构不健全、权责分离、无序开发、管理混乱、事故频发的局面。特别是要加强农村水电规划和项目前期工作，加强农村水电设计市场、建设市场、设备市场和产品市场的监管。加强国有农村水电资源的监管，防止流失，要坚决制止各种侵占国有农村水电资产的腐败行为。

2. 继续坚持为“三农”服务、增加农民收入的宗旨　要坚持通过开发农村水电资源，形成广大山区农村的发电和供电生产力，增强这些地区的造血功能，带动其他资源的开发，把山区的资源优势变成经济优势。

要通过农村水电的开发带动相关产业的发展，带动农村产品加工业，山区特色产业的发展，进一步把农村水电的开发利用与水利旅游风景区的建设结合起来，与当地的历史文化和风土人情结合起来，带动山区农村观光旅游业和休闲旅游业的发展，引导农村劳动力的转移，促进农村产业结构优化调整。

要通过农村水电的开发和电气化建设，改善农村基础设施和公共设施，特别是以水电站建设为龙头，在提高发电供电能力的同时，带动乡村公路、防洪灌溉设施、人蓄用水设施以及广播、电视和信息设施的建设。

要通过农村水电的开发和电气化建设，促进改善农村生产生活条件。要推广贵州普安的经验，以农村水电站和电气化建设为龙头，统筹农村交通、卫生、扶贫、改水等方面的投资，把改电与改水、改路、改厨、改厕结合起来，提高投资效果，真正为农民办实事，提高农民的生活质量。

要认真研究开发农村水电促进农民增收的机制和政策。要研究农民投资入股、投劳入股、小额贷款入股、国家补助入股等方面的政策和办法、措施，把国家对农民的补助，变成农民开发和利用当地丰富水电资源的资本，使农民依托农村水电资源，以开发农村水电站为载体，把国家对农民的补助量化为水电站的股权（即将国家的货币补助转变为资本补助），从而使农民年复一年从水电站的发电收益中分红。形成农民增收的长效机制。

要认真贯彻《可再生能源法》，依法保护农民利益。特别是要依法解决好小水电全额上网的问题，小水电合理电价的问题，《可再生能源法》在2006年1月1日开始实行，水行政主管部门作为执法主体，要切实执行《可再生能源法》，依法解决好上网难和电价低的问题，依法保护农民利益，促进农村水电的健康发展。

要切实加强农村水电站的生产技术管理和经营管理。克服从上到下普遍忽视农村水电站管理的倾向。农村水电站与大水电站比，规模小，个数多，底子薄，基础差，广泛分散在边远贫困山区，交通不便，信息不灵，技术力量弱，管理力量弱，领导往往也不够重视，大型水电站全国不过百十座，5万kW以下的农村水电却有4万多座。大水电站规模大，技术先进，资金雄厚，技术力量和管理力量也雄厚，各级领导都重视，其生产技术管理和经营管理有章法，反而相对好解决，小水电则千奇百样，外部环境也千奇百样，它的管理不同于大水电，但要将镶嵌在辽阔中华的大地的几万座夜明珠真正管理好，确不是一件容易的事，要比管好大水电困难的多。因此各级领导切不可掉以轻心。今后5年在水电站管理上要抓好两件事，一件是全面贯彻水利部《农村水电技术现代化指导意见》，以全面推广微机技术、通信技术、信息技术，以新材料、新工艺、新设备为基础，按指导意见的要求全面推进无人值班、少人值守目标的实现。从而从整体上提高农村水电的技术含量和装备水平。第二件是对全国农村水电站全面进行一次清理评价和登记，同时建立年检制度，评价主要是对工程及设备、生产经营管理和安全管理3方面的主要问题进行评价，分别确定为A、B、C、D级。A级要求高，基本达到无人值班水平，C级要限期整改，D级则要停产整改。整改仍达不到要求的要报废或拆除。A级在信贷、税收、干部选拔等方面都享有优先权。而D级则要停止各项优惠政策，降低工资待遇。在全面进行一次拉网式清理评价登记基础上，建立定期年检制度，及时调整评价等级，实行动态管理，从而建立起水行政主管部门行业管理的长效机制。

3. 认真实施《可再生能源法》，贯彻“在保护中开发，在开发中保护”的方针　《可再生能源法》规定了水能分部门分级管理的体制，各级水行政主管部门要认真搞好水能资源的开发利用管理工作。要按照水能资源合理开发永续使用，同时维护河流健康生命的原则加强河流综合利用规划和水能开发规划的制订和修编，省管以下河流相当部分没有综合利用规划，即使有规划也存在深度不够，或者没有按时进行修编，还存在着河段规划代替全河规划，专业规划代替综合规划，企业规划代替政府规划的情况。做好规划工作是落实科学发展观，实现“在保护中开发，在开发中保护”方针的前提和基础。也是实现水能永续利用，河流健康生命的前提和基础，必须首先抓好。

要更加高度重视生态问题，把保护和改善生态作为重要任务，维护河流的健康生命，认真对待和科学处理水电对生态的影响。坚持以人为本，按照国家有关政策，妥善解决好移民问题，保障移民合法权益；要深入研究水电工程对生态与环境的影响，规划设计、工程建设、运行管理等各阶段都要重视生态与环境保护工作，提出对策与措施；要认真研究河流健康生命的标准；积极探索水电工程有利于生态的建设方案、调度模式等，实现水电开发与生态环境协调发展。

要继续做好清除“四无”水电站隐患的工作，水行政主管部门要加强水电开发项目的立项审查和初设审批工作，核准项目的水能资源开发许可管理，加强建设过程的管理，严格竣工验收。切实解决当前一些地方管理混乱，无序开发，破坏生态和威胁安全的局面。

要加强水能资源的开发使用权管理，解决好资源利用上的社会不公，解决好水能开发利用中越来越突出的利益纠纷，维护社会公平，维护社会安定。

4. 建立5年一个台阶的连续建设、动态管理的发展机制　新时期水电农村电气化县建设实行5年一个台阶，连续建设，动态管理，滚动发展，不断满足农村全面小康社会建设的需求。

5年一个台阶，连续建设。不像初级电气化建设那样，5年达到初级电气化标准后，就换另一批县，再开始初级电气化县建设，而是选定一批符合条件，严格按照要求积极开发水电，开展电气化建设的县，5年一个目标，连续建设。

动态管理，年度考核。对那些积极性不高，管理无力，不能按照要求开展电气化县建设的，实行淘汰制，补充其他积极性高，具备条件的县参与建设，实行动态管理，有序竞争，更好地发挥国家投资效益，形成以电气化县建设为龙头，带动全国农村水电的开发和利用，整体推进全国水电农村电气化建设一浪一浪向前进。

“十一五”水电农村电气化规划编制的具体要求

“十一五”期间是我国全面建设小康社会，贯彻落实科学发展观，完善社会主义市场经济体制、构建和谐社会的关键时期。根据水利部全国水利发展“十一五”规划思路报告和汪恕诚部长在2005年全国水利厅局长会议上“启动‘十一五’水电农村电气化县建设”的要求，为全面贯彻落实党中央、国务院的方针政策，突出体现科学发展观对“十一五”水电农村电气化规划编制的指导作用，水利部水电局在征求有关省市负责人意见的基础上，提出了“十一五”水电农村电气化规划编制大纲，概要分析了规划编制工作的背景，提出了规划编制的指导思想和原则，明确了规划目标任务，提出了电源、电网规划和管理体制、机制要求。现对“十一五”水电农村电气化规划编制工作提出如下要求。

（一）总体要求

（1）要体现以人为本的原则。坚持立党为公、执政为民、以人为本，着力解决与人民群众切身利益密切相关的问题。要从提高人民群众生活水平和生活质量出发，努力满足人民群众对廉价农村水电的需求。要通过水电农村电气化县建设，增加农民收入，扩大就业，转移农村劳动力，使广大人民群众能够分享我国经济快速增长的成果。要把广大农民的根本利益作为“十一五”水电农村电气化建设的出发点和落脚点。

（2）要贯彻科学发展观，坚持人与自然和谐，促进经济与人口、资源、环境协调发展。开发利用水能资源要遵循自然规律和经济规律，要科学合理有序利用水能资源，实现水能资源的可持续利用。农村水电的开发利用是世界公认的清洁可再生能源，不要由于我们在开发利用中造成河流断流干涸、造成新的生态环境问题，影响农村水电的开发利用。现在的水能资源开发利用中，特别是大型水能资源开发利用中出现了一些生态环境问题，已引起了有关领导和部门的重视。极少数的小型水能资源的开发也存在一些问题，要引起我们的重视。我们要在开发中保护，保护中开发，要适当保留生态用水，不要无止境地索取，要维护河流的健康生命。但也不能像环保部门所说的那样，维持河流原始状态，这样就不要开发了，怎么发展经济。

（3）要围绕农村小康社会建设，服务“三农”。农村小康社会建设是我国全面建设小康社会的重要组成部分，没有农村小康社会就没有全国的小康社会。

据统计，我国农业生产用电占全国用电的比重不足5%，农民人均生活用电量大约是城里居民生活用电的1/4，贫困山区的农民生活用电更低。电是现代文明的象征，农村电气化是农业和农村现代化的重要条件，要以“十一五”水电农村电气化建设为龙头，带动农村经济、社会和环境的全面发展，早日实现农村小康社会。

（4）要坚持水电农村电气化与经济社会协调发展。农村水电及电气化是农村公共设施和基础设施，是农村“六小工程”之一，在大力提高水电农村电气化对农村经济社会的服务能力的同时，要强化政府对水能资源管理的职能，大力发展水电农村电气化。电气化建设与地方经济社会发展要相互促进，共同发展。只有水电农村电气化发展的速度、规模和水平与经济社会发展相适应，才能更好地保障农村经济社会的发展。

（5）要贯彻水电农村电气化建设5年一个台阶，滚动发展的思路。水电农村电气化建设是一个动态的过程，不是一成不变的，是随着经济社会的发展而不断发展、不断提高的。水电农村电气化建设的这一新思路主要有这样几个特征。一是从纵向来看，作为一个整体，电气化建设是连续建设，滚动发展，不断提高的。从20世纪80年代开始的三批初级电气化建设到现在400个水电农村电气化建设，虽然也是标准不断提高的，但它不是连续的，是断断续续的；它不是滚动发展的，是重起炉灶的，每次都要国家重新审批。以后的水电农村电气化建设希望国家一经确定，就滚动发展下去，国家就不再审批。二是从总体来看，电气化建设是5年一个台阶，逐步提高的。也就是说，虽然是连续建设、滚动发展，但是5年一个标准，5年考核一次，每次考核达标验收，不是电气化建设的结束，而是新一轮电气化建设的开始。所以从总体来说，电气化县建设是在一定时期内，一步一个台阶，不断延续下去的。三是从横向来看，电气化建设是随着地方经济社会的发展而发展，是为满足地方经济社会发展需要而发展。不同的时期，地方经济社会有不同的要求，那么，我们的电气化建设内容和服务对象就要适应时代的变化，适应新时期的需要。四是从个体来看，每一个电气化县作为一个一个的个体，是否继续进行电气化建设是不确定的，是动态的。也就是说连续建设、滚动发展的新机制，对某一个电气化县来说，并不意味着是终身制，不是一成不变的。我们将对以后的电气化县实行动态管理的方式，每5年考核一次，不合格的就淘汰，就出局，再选择一批积极性高的符合条件的县开展建设，使电气化建设县的总数基本保持不变，使电气化事业不断向前发展。

（6）要坚持以改革促进水电农村电气化的发展。要通过体制改革和制度创新不断增强水电农村电气化发展的动力。要建立健全机构，落实管理职能和人员，提高管理能力，有效组织实施水电农村电气化建设。要加强水能资源管理，优化配置水能资源，把最好的资源点留做用来搞水电农村电气化建设。如果再不管的话，过几年就可能没有什么农村水电资源来搞电气化建设了。要认真贯彻可再生能源法，使水电农村电气化更多、更好地为当地农民带来实惠。要深化改革，建立健全水电国有资产保值增值的体制和机制，防止水电国有资产流失，促进水电农村电气化建设的快速、持续、稳定发展。

（二）具体要求

1. 规划范围　这里的规划范围是全国“十一五”水电农村电气化规划的范围，是规定那些县做规划。“十一五”水电农村电气化规划不想全面铺开，是在有条件的县（市、区、旗）开展。

首先，是领导重视，认真贯彻可再生能源法，机构健全，水电管理职能到位，有较强的管理能力，能有效组织实施水电农村电气化建设。优先考虑小水电自发自供区、片区和独立供电县等。配套资金足额到位。不具备上述条件的县不列入规划范围。

第二，要有一定的资源和基础条件，这里初步规定县内未开发的农村水电资源（技术可开发量）在3万kW以上。这些县要有一定的基础条件，初步规定，目前人均年用电量和户均年生活用电量都在500kW·h时以上，牧区、少数民族地区、边境地区和偏远山区可适当降低，但不低于400kW·h。这里的目前是指到2004年底。

第三，是有比较好的体制和机制，能保证水电国有资产保值增值。

只有具备了以上3个条件的县，才是“十一五”水电农村电气化规划县，否则做了规划以后，我们也不会纳入到全国规划中去，请各省严格把关，控制规划县的数量。

2. 规划水平年　以2005年为基准年，2010年为近期规划水平年，2020年为远景规划水平年。由于现在还没有2005年的统计数据，可以由2004年的数据推算。2004年的基础数据如果有统计部门的统计数，应采用统计部门的统计数。如果没有可采用的有关部门的统计数，可采用抽样调查推的算数。

这次规划的重点是“十一五”规划，也就是近期规划水平年，即2010年。2010年的规划指标要详细、全面，不仅要有总体规模，还要求落实到具体的电站，落实到具体的电网，落实到具体的受益范围。2020年的远景规划水平年，是规划内容，但不是重点。只要有总体规模、总投资、总效益等总体指标就可以了，不需要细化，不需要填列表格，不需要到具体电站、电网的指标，可用文字加以描述。

3. 规划依据　这里给出了5个方面的依据：

一是地方经济社会发展规划。

二是"十一五"水利发展改革规划思路；各地都有，水利部最后形成了全国水利发展"十一五"规划思路报告，下发到了各省、自治区、直辖市水利厅(局)。

三是流域或河流水资源综合利用规划。

四是河流水力资源开发利用规划。它必须遵守、必须服从于河流水资源综合利用规划。

五是有关水电法律、法规、标准、规定，包括水法、可再生能源法、河道管理条例等和各种标准、规定。

4. 规划目标　首先，把规划目标进行归类，分为4类，分别是经济目标、社会目标、生态目标和管理目标，分别提出规划指标，条理比较清晰，目标明确。

其次，又把具体的规划指标分为2类，一类是定量指标，一类是定性指标。因为有些指标可以定量，有些指标无法定量，至少目前无法定量，只能作些定性要求。

第三，定量指标中，把一些具体的规划指标由原来电气化建设中的绝对指标改为增长指标，如人均用电量指标、户均生活用电量指标等。因为经济发达的东部沿海地区与经济相对落后的西部地区相比，现有电气化指标和电气化水平相差较大，如果按同一个绝对值来衡量就显得不尽合理。基础条件好的地区和基础条件差的地区都要开展电气化建设，都要发展。为了与经济发展相衔接，用发展速度可能更合适。所以这里一些指标用体现发展速度的年增长率来衡量，而不是以前的绝对值指标。

第四，根据新时期水电农村电气化建设的新要求，增加了一些符合时代特色的新指标，如绿色GDP；基本满足生态需水要求，原来不断流的河流无断流干涸；水能资源开发利用规范有序、杜绝四无水电站；农民入股办电等新指标、新要求。

第五，规划目标是规划必须达到的目的和标准。我们这里给出了一些指标的范围，各县具体做规划的时候，要研究确定一个具体的固定的值。如农村水电装机容量或发电量年均增长5%～10%，应具体确定为6%或8%等。人均年用电量年均增长不低于8%，可确定为8%或10%等，但不低于8%。

5. 电源、电网规划　初级电气化县和现在建设的400个电气化县规划，是通过电力电量平衡来确定电源规模。这次是通过确定农村水电装机容量或发电量年均增长率来确定装机规模。这是因为现在的情况和条件与过去有较大变化。一是现在国家的能源政策是优先发展水电，可再生能源法更是积极鼓励农村水电等可再生能源的发展，这是就全国范围内来讲的，而不是某个局部地区，因此就县范围内要求平衡，而限制农村水电的发展，是不符合中央政策和有关法律要求的。二是现在的县电网绝大多数都与地区电网、省电网或区域电网联网运行，县电网自身的平衡既无必要也无实际意义，过去很多县电网是孤立运行，这就要求自身的平衡。三是现在的县电网很多被代管上划，水利部门不掌握电力需求和电网运行资料，很难做电力电量平衡，而过去绝大部分电气化建设县是自发自管县，有开展电力电量平衡的条件。因此这次"十一五"规划中就没有要求做电力电量平衡，而只做适应性分析。

6. 管理　良好的管理体制和机制是"十一五"电气化建设的根本保证。要创新体制、机制充分调动各方面的积极性，包括中央、地方政府、集体、群众、私营企业等的积极性，强化目标管理和项目管理。要建立项目目标管理责任制，层层签订责任书，明确地方政府和有关部门的责任。要改变过去的总量控制、粗放管理的做法，电气化建设直接到具体的电源、电网项目，按项目进行管理，加大管理力度。加强电气化项目建设过程的管理和监督，提高电气化建设质量，确保电气化建设服务"三农"，确保电气化建设经济效益、社会效益和生态效益的充分发挥，同时使农村水电行业管理得到进一步加强。

7. 投资与资金构成　投资可按本省的有关定额、标准计算，如果前期工作深度不够，可根据当地实际情况进行估算，同时计算总投资和各分项投资。

资金构成：

首先，中央投资比例的确定，既不能太高，高了中央财政承受不起，无法落实；也不能太低，低了起不到国有资本的引导作用。我认为按总投资的10%左右的比例比较合适，供大家参考。

其次，要落实地方配套资金，地方配套资金的比例，可参考现在的400个电气化县。与中央的投资比例可按1∶1～1∶2的比例配套。

第三，要鼓励当地农民以各种方式投资入股，直接增加当地农民收入。

第四，吸收其他资本和金融机构资金。

8. 县级规划与省级规划的编制要求　"十一五"电气化规划是以县为单位编制，各县按本大纲的要求，编制规划纲要。规划纲要的编制要求：一是对各章节的编写可适当简化，可少一些论述，多一些论证、计算和说明，捞干货。二是认真填写附表，确定电源和电网建设规模，确定具体的电源工程和电网工程。所以从这个意义上说县级规划是简要的规划，深度达到了规划的深度，比规划纲要的深度要求要高。是做县级规划好，还是做规划纲要好。如果现在叫规划纲要，以后还要做规划，合适不合适，请大家讨论。

省级规划是在各县的规划基础上，进行审核，进行编制，要严格按照大纲和规划章节目录要求编写。要全面贯彻程局长的讲话精神，要高标准、严要求，要有高度、深度，既要有论述，又要有规划成果，还要有全面的预期效益。要提出一个高质量的规划。

水利部在各省规划的基础上，编制全国“十一五”水电农村电气化规划。

9. 规划时间和规划上报要求

（1）规划时间：县级规划和省级规划从现在开始到2005年5月底完成。时间紧，任务重，要求高，希望大家回去后抓紧布置，抓紧组织做好规划。全国规划预计于2005年6月底7月初完成。

（2）规划上报。县级规划要由县政府审核，经地（州、市）上报省水利厅和省发展和改革委员会。

省级规划要经有关部门审核，由省水利厅和省发展和改革委员会联合上报水利部和国家发展和改革委员会。

（水利部农村水电及电气化发展局　李如芳）

水能资源管理和农村水电“十一五”发展与改革思路和打算

“十一五”水能资源管理和农村水电建设的指导思想是：以邓小平理论和“三个代表”重要思想为指导，认真落实以人为本，科学发展观，认真贯彻《可再生能源法》和《水法》，深入贯彻新时期中央水利工作方针和水利部治水新思路，转变观念，创新机制，依法管理水能资源，为经济社会发展服务，科学发展农村水电，为农村全面建设小康社会服务。

“十一五”水能资源管理和农村水电建设目标是：落实职能，加强机构，大力加强水能资源管理的基础工作和规划工作，探索并逐步建立水能资源开发与保护的良性循环机制。当好河流代言人，加快水能开发利用，维护河流健康生命。形成竞争有序的农村水电市场，新增农村水电装机。1600万kW，建成400个小康水平农村电气化县，1000万农民实现小水电代燃料，1000万贫困农民通过发展农村水电实现长效增收，1000万无电人口用电问题得到解决，10000座农村骨干水电站实现无人值班。要实现这些目标，必须做好以下四方面工作。

（一）落实科学发展观，加强水能资源管理

1. 认真贯彻落实《可再生能源法》，依法加强水能资源管理　《可再生能源法》将于2006年1月1日开始施行，水能管理由于长期缺位而欠账很多，国家经济社会发展需要大力开发利用水能资源，当务之急是按照《可再生能源法》和《水法》等法律法规的要求，依法落实水行政主管部门水能资源管理和开发利用管理的职责，建立和健全中央流域机构和地方水行政主管部门水能管理机构，充实和加强管理队伍，尽快开展水能资源管理和有关开发利用管理工作，依法管理，依法行政。实际上，从中央到地方有完整的水行政管理体系和专业队伍。20世纪50年代初期和80年代初期，长江流域规划办公室（长江水利委员会前身）和黄河水利委员会等流域机构以流域为单元，会同流域内地方水行政主管部门对所辖流域主要河流开展过两次较大的水能资源普查工作，取得了大量的基础数据，多年来都是使用这些数据和资料开展规划和建设。因此，解决好水能资源管理缺位的问题是有基础和条件的。

2. 坚持以人为本，认真落实科学发展观　深入贯彻新时期中央水利工作方针和水利部治水新思路，切实转变和纠正只强调充分利用和综合利用，忽视保护的传统水利观念和做法，树立河流健康生命理念，正确处理水能开发利用与环境保护、与河流健康生命的关系，给流域环境和河流生态留出足够的生态水能。河流生态水能不仅要从总量上留足，而且要根据开发利用规划方案，对生态水能的配置进行科学规划。对于一些非季节性河流在传统观念指导下已经出现过度开发，造成河道断流脱水的，要调整电站运行方案，采取有效措施保证生态水能和生态水量。

3. 大力加强水能资源管理的基础工作　加强对河流水能资源的基础调查、信息收集和专题研究。按照科学发展观的要求，研究水能开发与河流健康生命规律，建立水能资源信息系统和水能资源定期评价制度，为实现水能资源开发利用管理提供科学依据。加快河流综合规划和水能开发利用规划的编制或修订，为科学有序开发利用河流水能提供条件。

4. 认真实施建设方案审查同意书制度　认真贯彻落实《中华人民共和国河道管理条例》和水利部、原国家计委《关于河道管理范围内建设项目管理的有关规定》，落实水电建设项目建设方案审查同意书制度。凡在河道修建水电工程，具体建设方案要按照河道管理权限，经水行政主管部门审查同意并出具审查同意书后，方可按照基本建设程序履行审批手续。加强项目建设同意书执行情况的监督和检查，确保建设方案同意书内容的正确实施。同时，落实相应的开工和竣工验收制度，确保河流规划有效执行，资源合理利用，开发有序进行，生态环境有效保护，从源头确保工程质量和公共安全。严格对项目初步设计文件进行审批。

5. 完善水能资源市场，形成反哺机制，促进开发和保护的良性循环　水能资源是国家稀缺的战略资源，属全民所有。随着市场经济体制改革的不断深入和完善，水能开发利用已经全面实现多元化和企业化，要加快完善水能开发利用权有偿制度和市场配置制度，建立竞争有序的水能资源市场，节约和保护水能资源，制止跑马圈河，无序开发，防止部分人无偿占有和使用全民资源，维护社会公平。建立水电站水能资源股制度，股权收益专款用于反哺河流治理、保护和管理，形成维护河流健康生命的反哺机制，促进开发和保护的良性循环。

（二）科学发展农村水电，促进农村经济社会发展

1. 继续开展水电农村电气化县建设，促进协调发展　在农村水电资源比较丰富的贫困山区、少数民族地区和革命老区，选择400个县进行新一轮水电农村电气化建设，建立5年一个台阶、连续建设、动态管理的新机制，坚持为农业、农村、农民服务的方向，结合经济建设、江河治理、扶贫开发、生态建设，科学合理开发农村水电资源，大力提高农村电气化水平，改善农村能源结构，改善农村基础设施和生产生活条件，增加农民收入。到2010年全面建成400个小康水电农村电气化县，人均年用电量达到800kW·h,户均年生活用电量达到600kW·h，乡、村通电率达到100%，户通电率达到99.5%，促进区域协调发展、城乡协调发展和经济社会生态环境协调发展。

2. 扩大小水电代燃料工程建设规模和实施范围，巩固生态建设成果，促进新农村建设　推广试点经验，扩大小水电代燃料工程建设规模和实施范围，实现1000万农村居民小水电代燃料目标，保护森林3500万亩，改善生态环境，解除农民砍柴烧柴的辛苦，减轻农民负担，解放被砍柴烧柴束缚的劳动力，增加农民收入，同时通过农民辛勤劳动和国家扶持，带动改厨、改厕、改电、改水、改路，明显改善农村生产生活条件和村风村貌，促进社会主义新农村建设。

3. 加强农村水电供电网的建设与管理，繁荣农村经济　继续实施农村电网建设与改造，完善农村水电电网结构，在加强110kV主网架的同时，完善低压网络及户表工程，村、户改造面达到95%，全面改善供电网络结构，提高供电能力和供电质量，降低网损消耗。改革和完善农村供电体制。进一步减轻农民负担，繁荣农村经济。

4. 建设农村水电增收解困工程，建立农民增收长效机制　农村水电是除土地、山林之外，适合国家适当扶持农民开发利用增加收入的宝贵资源。在农村水电资源丰富的贫困山区，以建设农村水电站为载体，把国家对贫困农民的扶持资金转化为发电生产力，量化为农民在水电站的股权，同时允许农民以未来电站资产作质押，获得银行小额贷款投入电站建设。实现500万贫困农民直接通过开发农村水电年复一年按股权从电站获取收益，增收解困，形成贫困农民增收的长效机制。

（三）加强市场监管，建立竞争有序的农村水电市场

1. 加快制订《农村水电条例》，建立农村水电发展的良好法制环境　国务院将制定《农村水电条例》纳入2005～2006年两年能源工作要点。抓紧开展农村水电立法方面的专题研究，加快《农村水电条例》制定步伐，促进《农村水电条例》的早日出台，为农村水电发展提供法律保障。

2. 进一步清理整顿无序开发，加强农村水电市场监管　在清查“四无”水电站基础上，重点清理整顿越权审批、以批代审、违规建设、无证从业等行为，明确职责，落实责任。规范农村水电基本建设程序。

建立农村水电设备市场准入制度和产品认证认可制度，依法制止各种设备制假和恶性竞争。制订农村水电建设管理办法，加强农村水电勘测、设计、施工、监理等单位的资质监管，防止无资质、越级承担建设任务。严格执行建设项目法人制、招标投标制、建设监理制和合同管理制。严格执行竣工验收制度。完善行政执法、行业自律、舆论监督、群众参与的市场监管体系。建立农村水电设计、施工、设备企业信用体系。建立竞争有序的农村水电设计市场、建设市场和设备市场。

3. 加强国有农村水电资产监管，促进农村水电资产战略重组　指导农村水电资产战略性重组，引导省级农村水电企业通过兼并、收购和重组，做实做强20个省级农村水电企业，使之成为实力雄厚、竞争力强的大型企业。

贯彻《可再生能源法》，基本解决农村水电上网难和电价低两大难题，使农村水电基本实现全额上网，上网电价基本达到平均水平。两大难题的解决，每年将增加农村水电电费收入120亿元。

（四）建设现代化农村水电，扩大国际合作与交流

1. 加快技术进步，全面推进技术现代化　继续贯彻《水利部关于农村水电技术现代化指导意见》，加大力度落实农村水电现代化实施计划，加快建立农村水电现代化标准体系，引导制造行业创新，大力推广新技术、新产品、新设备、新工艺，推动行业整体

技术水平的提升。加快建设技术先进、管理科学、体制合理、服务优良的现代化农村水电。实现10000座农村骨干水电站达到无人值班水平。

2. 建立分类管理制度和年检制度，全面推进管理现代化　针对农村水电站点多面广、差异大的特点，制订农村水电站星级管理标准，对全国农村水电站进行一次全面清理、登记和评价，建立农村水电站分类管理制度和年检制度，形成有效管理机制。

3. 推广示范基地的经验，扩大国际合作与交流

在中西部贫困地区、革命老区、民族地区再建设10个有一定影响的国际小水电示范基地，促进贫困地区开放和经济发展，进一步扩大国际合作与交流。

（水利部农村水电及电气化发展局）

中国水力发电年鉴（第十卷）

18

人物、机构与学术团体

人　物

中国科学院院士
陈祖煜

陈祖煜，男，1943年2月出生于重庆，浙江镇海人，中共党员；1966年清华大学水利系毕业，1979～1981年赴加拿大Alberta大学土木系进修，1991年获清华大学工学博士学位；中国水利水电科学研究院教授级高级工程师，博士生导师，2005年当选为中国科学院院士。

陈祖煜是水利水电、土木工程专家，是澳大利亚莫纳西（Monash）大学客座教授，清华大学、河海大学兼职教授；现任中国土木工程学会理事，中国土木工程学会土力学与岩土工程学会副理事长，中国科学院力学研究所工程科学技术委员会委员，岩土工程学报副主编，2008年第10届国际滑坡与工程边坡大会组织委员会主席。

陈祖煜长期从事边坡稳定理论和数值分析的研究工作，在理论和分析方法两个方面完善了边坡稳定分析领域中著名的Morgenstern-Price法，提出了建立在斜条分法基础上的极限分析上限解的微分方程以及相应的解析解，以Chen和Morgenstern署名的新方法发表在加拿大岩土工程学报，国际学术界高度关注这一新的完善的方法。他提出了岩质边坡楔体稳定分析的广义解，深化了岩石力学这一领域的认识，并在理论上证明了潘家铮提出的“最大最小原理”。他用数学力学推导，修正了已经在国内外使用了半个世纪的方法，实现了中国学者向传统方法挑战并获得独创性的学术成果。他还提出确定临界滑裂面的数值方法，在使用非直接搜索法即牛顿法进行最优化方法计算时，对海色矩阵负阵的迭代初值采用不同于常规方法的处理，解决了牛顿法在边坡分析中的收敛问题。第一次提出通过随机搜索和最优化方法结合的途径确定最小安全系数，有效地解决了在自由度较多的情况下无法找到整体极值的问题。他提出的基于塑性力学上限定理的边坡稳定分析数值方法摆脱了传统理论的局限，为采用数值分析方法确定承载力开辟了新的途径，随后他又将上述成果从二维推广到三维。

陈祖煜经常深入水电建设工地，在韩城、漫湾、天生桥二级、二滩、天荒坪、大水沟、恶滩等工程面临滑坡险情时，亲赴现场，协助解决难题。他曾任三峡、小浪底、李家峡、东风、宝珠寺、徐村、紫坪铺等大型水利水电工程的大坝安全鉴定专家组成员。1998年以来，作为世界银行长江干堤加固项目督导团成员，先后9次赴现场检查设计和施工质量。

水利部水利水电规划设计总院曾对陈祖煜编制的边坡稳定分析程序进行鉴定，并列为土石坝设计专用程序。经过近20年的推广和应用，该边坡稳定分析程序已成为拥有141个合法用户的重要的行业专用计算机软件。在反复认证的基础上，将陈祖煜和Morgenstern改进后的Morgenstrn-Price法的公式（1）和公式（2）写入水利部制订的中华人民共和国行业标准《碾压式土石坝设计规范》（SL 274—2001）。

陈祖煜先后负责和参加了国家“八五”、“九五”科技攻关项目、国家自然科学基金项目、省部级重点科研项目以及三峡、小浪底、龙滩、李家峡和小湾等十多个国家重点水电工程关键技术问题的科研和技术咨询工作。有关的成果获国家科技进步二等和三等奖各1项，部级科技进步奖一等奖2项、二等奖3项。先后6次在国际和地区性学术会议上应邀作主题报告或总报告。

陈祖煜作为国家“八五”攻关项目“岩质高边坡稳定分析和软件系统”的负责人，以李家峡和龙羊峡工程为重点，主编了四卷八册500余万字的研究报告，研究成果确保了国家重点建设工程的顺利进展，被鉴定达到国际领先水平，获电力部科技进步一等奖。国家计委、国家科委、财政部授予他国家“八五”攻关先进个人称号。他还是人事部突出贡献的中青年专家，茅以升土力学及基础工程大奖获得者。他发表独著1本，合著3本，参加编写专著6本，发表论文120余篇，初步形成了一个具有坚实理论基础和严密数学力学内涵，覆盖边坡稳定、土压力和地基承载力三个领域的二、三维极限分析方法体系。部分研究成果发表于国际最重要的岩土工程学术刊物。截至2005年1月，SCI和EI分别收录12篇和22篇，并记载在SCI的论文中被引用79次（他人引用54次）。美国工程院院士Duncan在1996年发表的关于边坡稳定分析当代水平报告中4次引用了上述有关研究成果。国内《土工原理与计算》、《计算土力学》和《理论土力学》等有影响的专著也以较长的篇幅介绍了他的工作。

陈祖煜工作严谨，在研究边坡稳定的极限平衡方法的过程中，用了几百个算例并一一进行考证，对目前工程界提出的几十种极限平衡方法进行对比分析，研究这些方法在工程应用中的使用条件和存在的问题，从中提出自己的见解和解决方法。他不满足于只提出理论性成果，还要把这些理论性成果拿到工程实践难题中去进行检验，充分体现了敬业精神和奉献精神。

（中国水利水电科学研究院）

中国工程院院士
王浩

王浩，男，1953年生，清华大学系统工程专业博士，中国水利水电科学研究院水资源所所长，教授级高级工程师，博士生导师，2005年当选为中国工程院院士。他是清华大学、武汉大学等高校的兼职教授，兼任水利部科学技术委员会委员、国家林业局专家顾问委员会委员、水资源与水电工程科学国家重点实验室学术委员会委员、中国自然资源学会副理事长、中国水利学会理事兼水资源专业委员会主任等社会职务。曾先后获国家科技进步二等奖3次，国家优秀图书奖1次，省部级科技进步一等奖5次，二、三等奖多次。近年来被全国总工会授予“全国先进工作者”称号，被中央国家机关工委授予中央国家机关“五一”劳动奖章，被水利部授予“南水北调工程规划设计先进个人”，被科技部等四部委联合授予“国家重点攻关计划先进个人”等荣誉称号，获“国家重大科技成果”个人证书。

王浩主持完成国家“八五”、“九五”、“十五”重点攻关课题、国家“973”课题、国家科技攻关西部专项、国家自然科学基金重点项目等多项重大研究，担任国家“九五”攻关西北水资源项目技术协调人。作为技术负责人主持完成国家水中长期发展规划，全程参与南水北调工程论证和总体规划，主持南水北调工程总体规划与全国水资源综合规划的专项研究，参与中国工程院全国、西北和东北水资源战略咨询项目研究。此外作为中方专家组组长或成员参与重大国际合作项目十项，主持流域和省区重要规划和研究项目十余项。

通过主持或参与完成上述研究和规划，提出并发展了流域水资源规划、管理及调水工程规划的四大关键技术方法：①流域水资源合理配置的理论与方法；②流域“天然—人工”二元水循环模拟技术与水资源评价方法；③调水工程合理调水规模的定量技术与规划方法；④水资源管理调控技术与方法。以上成果多项被鉴定为“达到国际领先水平”或“原创性成果”，获得国内外同行的高度评价和普遍认可。在“八五”攻关研究中，首次将水资源系统和宏观经济系统有机结合起来，创建了水资源合理配置理论与方法，提出了水资源优化配置的多层次、多目标群决策方法，以及华北地区水资源合理配置方案，研制了华北地区水资源优化配置决策支持系统，成果被水利部、国土资源部和中国科学院专家鉴定为“达到国际领先水平”，获国家科技进步二等奖。该成果引起国内外关注和认同，联合国开发计划署为此在北京组织召开了有18个国家代表参加的研讨会，由王浩进行详细的专题介绍。随后科技部和水利部又联合召开成果应用推广研讨会，全国近30个省区和各流域机构100多名代表进行了专题研讨。1995年在联合国中东和平会议上，王浩应联合国邀请，针对中东地区水资源分配的技术需求，向44个国家的100多名代表介绍了这一理论、技术与方法。该项研究还在国际社会和有关国际组织中为我国水资源工作者赢得了荣誉，并促成了一批国际合作研究合同的签订。在国家“973”课题“黄河流域水资源演变规律与二元演化模型”研究中，提出的流域“天然—人工”二元水循环模拟技术与水资源评价方法，被国际水文科学协会（IAHS）前主席竹内邦良先生评价为“研究成果整体达到国际领先水平，对于国际水文水资源科学研究作出了重大贡献”；科技部验收意见认为该研究“取得三项原创性成果，具有很高的学术价值，在国内外产生重要影响”；水利部的鉴定意见和四名同行院士专家认为该研究“在理论和方法两方面都取得重大突破，达到国际领先水平，具有广阔的推广应用前景”。该项成果已获2005年度大禹水利科技进步一等奖，目前正在参加国家科技进步奖的评选。

从水资源学科的特色出发，王浩特别强调科学研究必须面向国民经济建设和生态环境保护的主战场，提出解决问题是水资源科学研究的最高境界，因此研究成果往往具有很强的针对性和可操作性，能够迅速广泛应用于生产实践。他提出的流域水资源合理配置的理论与方法，已经成功应用于全国水资源综合规划、全国水中长期供求计划、南水北调工程论证，以及我国北方六个一级流域、十多个省区和多个地级市的水资源综合规划与管理实践当中。他创建的流域“天然—人工”二元水循环技术与水资源评价方法，也已经广泛应用于水利部、国家防汛抗旱总指挥部、全国节约用水办公室等部门的业务工作和管理实践，青海、宁夏、陕西、山西、河南、山东等黄河流域省区和北京、河北、安徽、新疆等邻近省区的水资源评价和管理中，以及水利部水文局、水资源司、农村水利司、规划计划司、水利水电规划设计总院等相关司局的专业规划与日常管理当中。

王浩自身勤于创新，还重视后备人才的培养和研究队伍的建设。目前已培养和正在培养博士后、博士和硕士近50名。他传授专业知识，培养的学生大多数已经成为所在单位的业务骨干，形成了一支专业齐全、结构合理、技术过硬的研究队伍。

由于承担多项科研任务，“九五”攻关三年，王浩在西北现场工作时间就累计超过一年。2002年其父亲病重住院，正值国家“十五”攻关项目研究的关键时期，三个多月的时间王浩始终白天带领课题组攻关，深夜打车到医院陪护照料，长期处于高强度、超负荷状态。王浩严谨自律，从未发生任何违背学术道德的行为，且总是诚恳地用自己的原创性思维去帮助别人实现学术上的创新与突破，因而深受业内同行和单位同事的尊敬。

（中国水利水电科学研究院）

机　　构

水电建设单位情况一览表

单位名称	地址	电话	邮政编码
中国华能集团公司	北京市海淀区学院南路40号	010-62291666	100088
中国大唐集团公司	北京市西城区广宁街1号	010-66586666	100032
中国华电集团公司	北京市西城区西直门内大街273号	010-62270006	100035
中国国电集团公司	北京市西城区阜城门北大街6-8号	010-58682000	100034
中国电力投资集团公司	北京市西城区金融大街28号院3号楼	010-66216666	100032
国家电网公司基建部	北京市西长安街86号	010-66597721	100031
中国南方电网有限责任公司工程部	广州市天河区体育东路160号平安大厦	020-38865670	510620
中国长江三峡工程开发总公司	湖北宜昌市西坝建设路1号	0717-6738068	443002
国家开发投资公司	北京市阜城门外大街7号	010-68095101	100037
四川二滩水电开发有限责任公司	成都市双林路98号	028-82907333	610021
云南大朝山水电开发有限责任公司	昆明市护国路2号广业大厦	0871-5168729	650011
云南华能澜沧江水电有限公司	昆明市拓东路15号澜沧江大厦	0871-3014512	650011
四川华能水电开发有限责任公司	成都市南府街新1号	028-85256252	610016
广西龙滩水电开发有限责任公司	南宁市思贤路38号	0771-5644008	530023
广西桂冠电力股份有限公司	南宁市望仙坡一里3号	0771-5640938	530023
贵州乌江水电开发有限责任公司	贵阳市新华路9号	0851-5784588	550002
贵州黔源电力股份有限公司	贵阳市市南路48号	0851-5592190	550002
国电大渡河流域水电开发有限公司	成都市总府路45号总府大厦25F、26F	028-86896600	610016
四川华电杂谷脑水电开发有限公司	成都市羊西线蜀汉路530号	028-87575412	610036
四川南桠河流域水电开发公司	成都市一环东四段8号江源大厦6楼B座	028-84457992	610066
湖南五凌电力有限公司	长沙市芙蓉中路三段255号	0731-5388557	410007

续表

单位名称	地址	电话	邮政编码
湖北清江水电开发有限责任公司	湖北宜昌市东山大道95号清江大厦	0717-6318830	443000
黄河上游水电开发有限责任公司	西宁市五四西路43号	0971-6322201	810003
国电新疆吉林台梯级水电开发有限公司	新疆尼勒克县	0999-4859956	835716
甘肃小三峡水电有限责任公司	兰州市敦煌路157号	0931-2954701	730050
陕西汉江投资开发有限公司	西安市尚德路48号	029-7453733	710004
福建尤溪流域水电开发公司	福州市火车站沁园路65号	0591-7587174	350013
吉林松江河水力发电有限责任公司	吉林省抚松县抚松镇南新区	0439-6228011	134500
北京华蓄水电开发公司	北京市昌平水关新村5号	010-69741927	102200
华东天荒坪抽水蓄能有限责任公司	浙江省安吉县88号信箱	0572-5041845	313302
浙江桐柏抽水蓄能发电有限责任公司	浙江省天台县桐柏岭脚	0576-3975050	317200
华东宜兴抽水蓄能有限公司	江苏省宜兴市环科园绿园路3号	0510-7967310	214206
山东泰山抽水蓄能电站有限公司	山东省泰安市	0538-8142036	271000
华东琅琊山抽水蓄能有限责任公司	安徽省滁州市光明路200号	0550-3040518	239000
河北张河湾抽水蓄能发电有限责任公司	河北省井陉县测鱼镇	0311-2362288	050300
山西西龙池抽水蓄能发电有限责任公司	山西省五台县东冶镇	0350-6650008	035503
湖北白莲河抽水蓄能有限责任公司	湖北浠水县白莲镇莲花南街6号	0713-4826300	438218
河南国网宝泉抽水蓄能有限公司	河南新乡市开发区五一路东段8号	0373-3362202	453003

（编辑部）

水电设计单位情况一览表

序号	单位名称	主要领导及总工	在职职工人数	地址	邮编	电话	传真	网址
1	中国水电工程顾问集团公司	总经理：李菊根 总工：彭程 周建平	244	北京市西城区六铺炕北小街2号	100011	010-51973399	010-82084665	http：//www.checc.cn/
2	中国水利水电建设工程咨询公司	总经理：李菊根	201	北京市西城区六铺炕北小街2号	100011	010-51973399	010-82084665	http：//www.checc.cn/zx/
3	中国水电顾问集团北京勘测设计研究院	院长：李志谦 总工：吕明治	1060	北京市定福庄	100024	010-51977001	010-65766934	
4	中国水电顾问集团华东勘测设计研究院	院长：张为民 总工：张春生	756	浙江省杭州市上塘路	310014	0571-88076606	0571-56738301	http：//www.ecidi.com/

续表

序号	单位名称	主要领导及总工	在职职工人数	地　址	邮　编	电　话	传　真	网　址
5	中国水电顾问集团西北勘测设计研究院	院长：郑合顺 总工：安盛勋	2083	陕西省西安市丈八东路18号	710065	029-88290000	029-88290006	http：//www. chidi. com. cn/
6	中国水电顾问集团中南勘测设计研究院	院长：李玲龙 总工：冯树荣	1830	湖南省长沙市圭塘	410014	0731-5584080	0731-5075441	http：//www. msdi. cn/
7	中国水电顾问集团成都勘测设计研究院	院长：郑声安 总工：王仁坤	2497	四川省成都市浣花北路1号	610072	028-87329997	028-87399557	http：//www. chidi. com. cn/
8	中国水电顾问集团贵阳勘测设计研究院	院长：兰春杰 总工：范福平	995	贵州省贵阳市解放路85号	550002	0851-5565974	0851-5560914	http：//www. ghidri. com. cn/
9	中国水电顾问集团昆明勘测设计研究院	院长：蔡绍宽 总工：张宗亮	1396	云南省昆明市人民东路115号	650051	0871-3138701	0871-3135723	http：//www. khidi. com/

（中国水电工程顾问集团公司　张　建）

水利设计单位情况一览表

序号	单位名称	主要领导及总工	在职职工人数	地　址	邮　编	电　话	传　真	网　址
1	水利部水利水电规划设计总院	院长：汪　洪 总工：刘志明	186	北京市西城区六铺炕北小街2-1号	100011	010-62033377	010-62070508	www. giwp. org. cn
2	水利部长江水利委员会长江勘测规划设计研究院	院长：钮新强 总工：杨启贵	3130	湖北省武汉市解放大道1863号	430010	027-82829200 027-82829411	027-82828694	www. cjwsjy. com. cn
3	黄河勘测规划设计有限公司（原黄委设计院）	总经理：李文学 总　工：景来红	1853	河南省郑州市金水河路109号	450003	0371-66026449 0371-66023520	0371-65959236	www. yrec. cn
4	中水淮河工程有限责任公司（原淮委设计院）	总经理：唐　涛 总　工：何华松	209	安徽省蚌埠市凤阳西路41号	233001、	0552-3092542 0552-3092539	0552-3066358	www. cwhh. com. cn
5	中水珠江规划勘测设计有限公司（原珠委设计院）	总经理：游赞培 总　工：林少明	550	广东省广州市天河区天寿路沾益直街19号	510611	020-87117779	020-38810724	www. prpsdc. com

续表

序号	单位名称	主要领导及总工	在职职工人数	地址	邮编	电话	传真	网址
6	中水东北勘测设计研究有限责任公司（原东北院）	总经理：金正浩 总　工：苏加林	1600	吉林省长春市朝阳区工农大路10号	130021	0431-5092001 0431-5607262	0431-5092000	www. neidri. com
7	中水北方勘测设计研究有限责任公司（原天津院）	总经理：何志华 总　工：杜雷功	1129	天津市河西区洞庭路60号	300222	022-28702842 022-28702222	022-28343991	www. tidi. ac. cn

（水利部水利水电设计协会）

水利水电施工单位情况一览表

序号	单位名称	主要领导及总工	在职职工人数	地址	邮编	电话	传真	网址
1	中国葛洲坝集团公司	总经理：杨继学 总　工：周厚贵 江小兵	35829	湖北省宜昌市清波路1号	443002	0717-6713010	0717-6713011	www. cggc. cn
2	中国水利水电建设集团公司	总经理：郭建堂		北京市宣武区白广路二条1号	100044		010-58382888	www. sinohydro. com
3	中国水利水电第一工程局			吉林省长春市绿园区正阳街13号	130062	0431-7987316	0431-7991536	www. zsyj. com
4	中国水利水电第二工程局			北京市西城区六铺炕南小街1号	100011	010-62023344	010-62018014	www. sdej. com
5	中国水利水电第三工程局			陕西省西安市龙首北路西段22号	710016	029-86283939	029-86252476	www. cteb. com
6	中国水利水电第四工程局			青海省西宁市互助西路136号	810006	0971-7113425	0971-8149160	www. csds. com. cn
7	中国水利水电第五工程局			四川省成都市一环路东四段8号	610066	028-84461307	028-84422633	www. zswj. com
8	中国水利水电第六工程局			辽宁省丹东市锦山大街324号	118002	0415-6191612	0415-6191600	www. zgsdlj. com
9	中国水利水电第七工程局			四川省成都市郫县成灌东路349号	611730	028-87912035	028-87912515	www. cscb. com. cn
10	中国水利水电第八工程局			湖南省长沙市城南中路2号	410007	0731-5563756	0731-5563353	www. baju. com. cn
11	中国水利水电第九工程局			贵州省贵阳市延安中路5—9号	550001	0851-5873553	0851-5832501	www. sdjj. com. cn
12	中国水利水电第十工程局			四川省都江堰市蒲阳路177号	611830	028-87110361	028-87133995	www. cwet. com. cn

续表

序号	单位名称	主要领导及总工	在职职工人数	地　址	邮　编	电　话	传　真	网　址
13	中国水利水电第十一工程局			河南省三门峡市黄河路 147 号	472000	0398-2813325	0398-2812325	www. cwbll . com
14	中国水利水电第十二工程局			浙江省杭州市环城北路 141 号	310004	0571-28906018	0571-28906008	www. water12. com
15	中国水利水电第十三工程局			山东省德州市东风东路 88 号	253009	0534-2688618	0534-2623461	www. sdssj. com
16	中国水利水电第十四工程局			云南省昆明市环城东路 192 号	650041		0871-3333460	www. fcbmis. com
17	中国水电建设集团十五工程局有限公司			陕西省西安市边家村水文巷 1 号	710068		029-85236849	
18	中国水利水电闽江工程局			福建省福州市湖东路 82 号	350003	0591-87821294	0591-87853663	www. mjgcj. com
19	中国水电基础局有限公司			天津市武清区雍阳西路 86 号	301700	022-29341551	022-29345523	www. chinafec. com
20	夹江水工机械厂			四川省夹江县	614100		0833-5672458	
21	中国人民武装警察部队水电指挥部（中国安能建设总公司）	主任（总经理）：李光强 政委（党委书记）：吴云峰		北京市丰台区莲花池南里 11 号	100055	010-58689999	010-58689951	www. anneng. cn
22	中国人民武装警察部队水电第一总队（江南水利水电工程公司）	总队长（总经理）：刘松林 政委（党委书记）：王　军		广西南宁市金州路 23 号	530028	0771-5751000	0771-5751000	
23	中国人民武装警察部队水电第二总队（江夏水电工程公司）	总队长（总经理）：岳　曦 政委（党委书记）：巫振云		江西省新余市赣新西路 9 号	336525	0790-6443600	0790-6443600	
24	中国人民武装警察部队水电第三总队（安蓉建设总公司）	总队长（总经理）：林友汉 政委（党委书记）：李永胜		四川省成都市金牛区茶店子	610036	028-82863000	028-82863000	
25	中国人民武装警察部队水电三峡工程指挥部（宜昌安联水利水电有限责任公司）	主任（总经理）：孙来成 政委（党委书记）：王富才		湖北省宜昌市三峡坝区	443033	0717-6765814	0717-6765814	

（中国葛洲坝集团公司　中国水利水电建设集团公司　中国人民武装警察部队水电指挥部）

中国电力企业联合会本部机构与主要岗位（处室）设置

一、综合管理部门（3个）

（一）理事会工作部

主　任　陈勇慧

副主任　王利

副主任　崔照胜

处室设置：综合处，秘书处，财务处，信息新闻中心，机关服务中心

合署办公：中电联文艺体育分会

（二）会员与企业工作部

主　任　孙永安

副主任　江宇峰

岗位设置：会员组织管理，行业管理与监督，会费收缴及会员服务，现代化管理，质量管理，职业安全卫生，会员综合管理

合署办公：中国水利电力质量管理协会（电力分会）

业务指导：中国水利电力医学科学技术学会，中电联供电分会，中电联卫生分会

（三）人事部（机关党委）

主任兼机关党委副书记　赵天荣

副主任　李晓霞

岗位设置：干部管理，劳资社保，党务、培训、机构管理、职称，纪检、监察、审计，离退休管理、人事档案，群众工作和综合事务

合署办公：电力系统人力研究会

二、业务部门（10个）

（一）行业发展与环境保护部

主　任　王志轩

副主任　米建华

处室设置：行业发展处，环保综合处，法律事务处。

业务指导：中国电力发展促进会，中电联燃料分会，中电联物流分会

（二）统计信息部

主　任　薛静

岗位设置：综合与信息，综合资讯与培训，分析预测与经济运行，需求侧管理与计算机系统开发，综合统计，发电专业统计，供电专业统计，固定资产投资专业统计，综合文秘

合署办公：中国电力多种经营协会

（三）国际合作部

副主任（主持工作）　李斌

副主任　齐志强

岗位设置：国内国际会展策划与组织设计，国内国际展览事务，国内国际会议策划与组织、文档管理，国内国际会议事务、信息服务、翻译，综合管理、智力引进、接待来访，外事管理、护照、签证，国际组织、翻译

业务指导：中国水利电力翻译学会

（四）标准化中心

主　任　许松林

岗位设置：标准计划、报批管理，企业标准化，标准宣贯与电力设备监理，火电及核电标准，水电及新能源，锅监，电气标准，综合事务与《电力标准化与计量》杂志

业务指导：中国电力规划设计协会，中电联试验研究分会

（五）可靠性管理中心

主　任　胡小正

副主任　赵凯

岗位设置：可靠性趋势分析与综合信息管理，安全生产、可靠性监管与咨询服务，发电主机可靠性管理，发电辅机及新能源可靠性管理，供电可靠性管理，输变电设施可靠性管理，农村供电及直流输电系统可靠性管理

业务指导：中电联电站装备分会、输变电设备分会，中电联农电分会

（六）技能鉴定与教育培训中心

主　任　王文喜

副主任　徐玉华

岗位设置：鉴定组织，鉴定管理，鉴定站管理考核、年检评估，标准、规范、题库建设，管理、专业技术人员培训，生产技能人员培训，仿真培训，教育培训管理及教育协会秘书长，综合协调与协会管理，综合事务与远程教育

合署办公：中国电力教育协会

（七）资产管理中心

主　任　蒋晓华

副主任　王琪

岗位设置：资产运营管理，财务监督，会计核算

（八）电力建设技术经济咨询中心

主　任　沈维春

处室设置：综合处，定额处，造价处

业务指导：中国电力建设企业协会

（九）科技服务中心

主　任　李玉生

处室设置：综合处，技术处，成果处，发展处

业务指导：全国电力技术市场协会，中电联火电分会，中电联水电分会

（十）会刊社

社长兼主任　沙亦强

岗位设置：会刊编辑，《电业政策研究》编辑，发行，广告，经营

（编辑部）

中国水电工程顾问集团公司简介

（一）公司概况

中国水电工程顾问集团公司是在原国家电力公司所属中国水电顾问有限公司及有关企事业单位基础上组建的国有企业，主要成员单位包括8个全资企业和1个事业单位。主要从事水电和新能源等发电项目的勘测设计、咨询、监理、施工、项目管理、总承包及相关技术和中介业务等，以及河流（河段）水电规划；从事水电站、新能源及相关产业的开发、投资、经营和管理等业务。集团公司现有员工10653人，其中中国工程院院士1人，国家级设计大师5人，勘测大师1人，享受政府特殊津贴的专家129人，国家有突出贡献的中青年科学技术管理专家5人，教授级高级工程师553人，高级工程师2040人，工程师1786人，技术力量雄厚，专业配套齐全，具有坚实的综合管理能力和丰富的实践经验，拥有先进的生产设备及专有的技术工艺和覆盖广泛的信息资源。按照GB/T 19000—ISO9000系列标准，建立了质量管理和质量保证体系，能够高质量高效率地完成客户委托的各项任务。

（二）组织机构

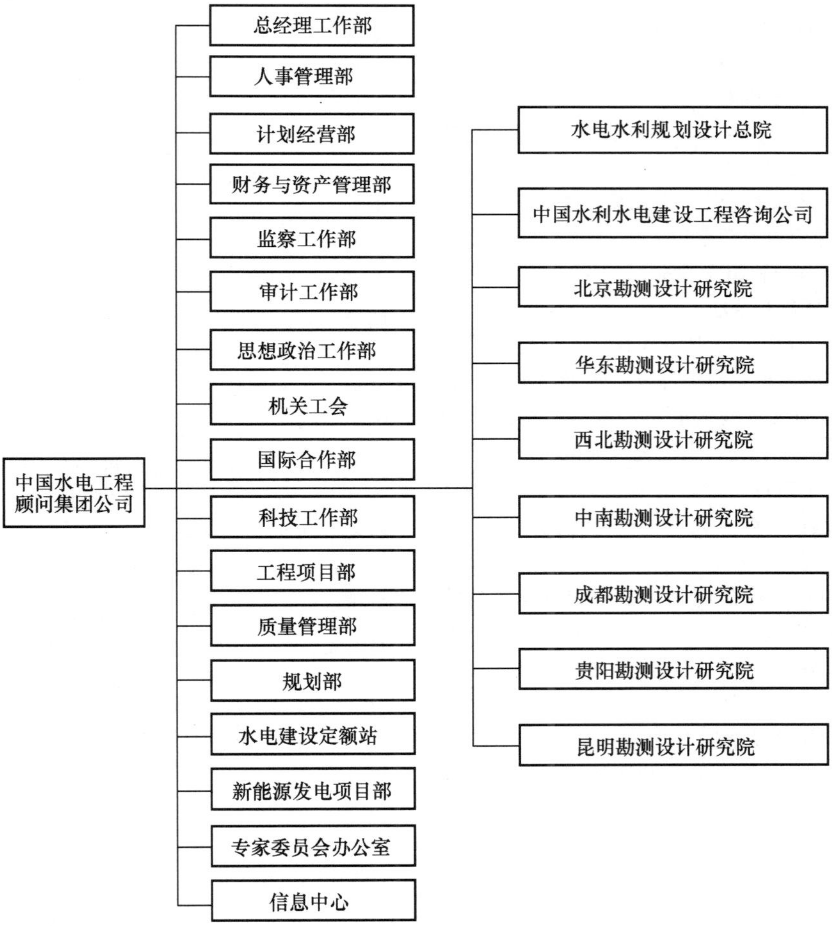

中国水电工程顾问集团公司组织机构图

（三）国际合作

中国水电工程顾问集团公司自20世纪60年代起开始国际交流与合作，主要从事技术服务、工程管理、科学研究等。其工程技术、管理专家活跃在亚洲、非洲、拉丁美洲、东欧等二十多个国家和地区的项目建设现场，与许多国际组织、著名企业建立起良好的合作关系，为中国水电咨询服务业在国际市场树立了良好形象，赢得了赞誉。

（编辑部）

中国水利水电建设集团公司简介

一、公司概况

中国水利水电建设集团公司（Sinohydro Corporation）是中央管理的、跨国经营的综合性大型企业，是中国规模最大、最具实力的水利水电建设企业，注册资本20亿元人民币，截至2003年年末，资产总额207亿元，所有者权益33亿元。中国水利水电建设集团公司在中国各大区域分别设有20个全资企业和4个控股企业，目前在世界一些国家和地区分别设有16个经理部、代表处和分公司，拥有各类科研技术和经营管理人员35000多人。

中国水利水电建设集团公司主要从事国内外水利水电建设工程的总承包和相关的勘测设计、施工、咨询、监理等配套服务，以及机电设备、工程机械的制造、安装、贸易业务，电力、公路、铁路、港口与航道、机场和房屋建设、市政公用、城市轨道、机电安装等工程的设计、施工、咨询和监理业务，投融资业务，进出口贸易业务等。具备年完成土石方开挖15000万m^3、混凝土浇筑1500万m^3、发电机组安装800万kW、钢结构制作安装10万t的综合施工能力。

20世纪50年代以来，中国水利水电建设集团公司一直是中国江河治理、水电开发的骨干力量，先后承担了国内70%的大中型水电站和水利枢纽工程的建设任务，建成包括二滩、小浪底、刘家峡、龙羊峡在内的大中型水电站近百座，总装机容量5100多万kW。在建工程包括三峡、龙滩、小湾等特大型、大型水利水电工程达20余座，总装机容量4000余万kW。中国水利水电建设集团公司为中国常规水电装机容量、水电在建规模跃居世界第一作出了突出贡献，其建设范围遍及长江、黄河、淮河、珠江、松花江、澜沧江等中国各大江河流域。

中国水利水电建设集团公司发挥规模和品牌优势，积极开展投融资业务，正在投资建设火电、水电等一批能源项目。同时，大力实施产业多元化战略，从事交通、市政、工业与民用建筑工程建设，取得了辉煌的业绩，多项工程获得了国家及地方政府颁发的鲁班奖、金质奖、银质奖、优秀工程奖。

工程实践和科学精神，使中国水利水电建设集团公司攻克了一系列世界级的技术难题，创造和掌握了具有国际先进水平的相关建筑领域的施工技术，并广泛地运用新材料、新工艺。如各类水库坝型的成套建造技术和在复杂条件下建造水库大坝的技术，建成了和在建着一批具有世界领先水平的大坝；大容量、超高压成套机电设备的安装和调试技术，已经完成了二滩水电站单机容量55万kW、总装机容量330万kW的水轮机组的安装调试，运行良好，正在进行三峡水电站单机容量70万kW、总装机容量1820万kW的水轮机组的安装调试；高坝地基处理和对复杂地质进行基础处理的先进技术，以及人工砂石料的制备技术、在大江大河上的施工导流的最新技术、各类爆破技术等。伴随着中国水利水电建设事业的发展和企业自身的壮大，整体技术实力已处于世界同行业先进水平。

中国水利水电建设集团公司先后在亚、非、欧、美的50多个国家和地区进行了广泛的工程承包建设和经济技术合作，经营范围包括水电站、水坝、灌溉与供水、疏浚与吹填、港口、路桥、城市供排水、机场等领域。近几年，承揽了许多合同额在1亿美元以上的项目，其规模之大、技术要求之高在世界水电建设史上具有举足轻重的影响，树立了“中国水电建设第一品牌”的良好形象。由于良好的业绩和信誉，中国水利水电建设集团公司自1999年以来连续进入全球最大225家国际工程承包商行列，2002年位列第89位，2003年位列第81位。

目前，中国水利水电建设集团公司按照“组织集团化、管理现代化、经营国际化”的战略思路，正在通过制度创新、科技创新和管理创新，实现跨越式发展，向国际一流的大型企业集团的战略目标迈进。

二、中国水利水电建设集团公司业务发展

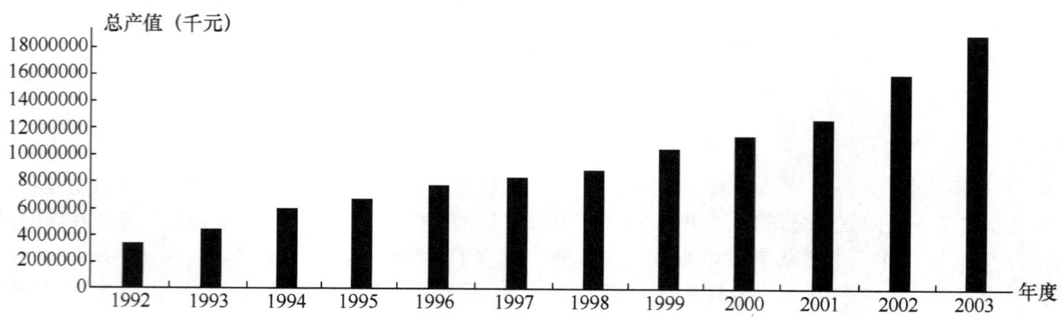

经营业绩成长图示

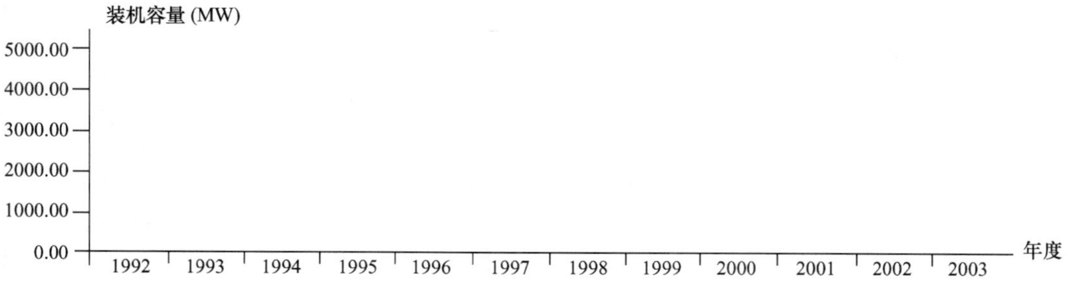

大中型机组安装业绩成长图示

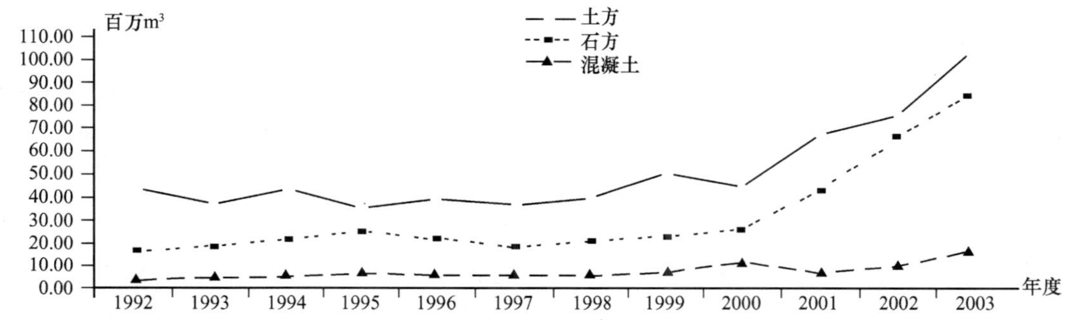

完成实物工作量增长图示

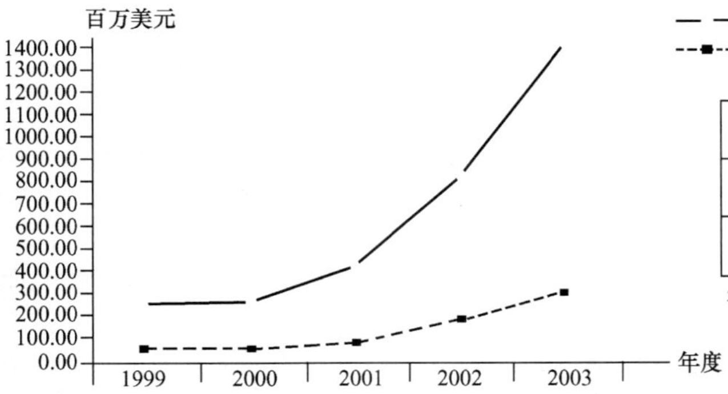

	2000年	2001年	2002年	2003年
国际排名	136	128	89	81
国内排名	25	31	13	11

注 “国际排名”是指世界225家国际承包商排名名次；
“国内排名”是指国内最大50家外经企业排名名次。

国际工程业绩增长图示

三、组织机构

（一）集团公司总部机构

1. 总经理工作部
2. 人力资源部
3. 财务产权部
4. 工程科技部
5. 投资部
6. 市场部
7. 企业发展部
8. 审计部
9. 监察部
10. 党群工作部
11. 资金结算中心
12. 信息中心
13. 史志办公室

（二）所属企业

1. 中国水利水电第一工程局
2. 中国水利水电第二工程局
3. 中国水利水电第三工程局

4. 中国水利水电第四工程局
5. 中国水利水电第五工程局
6. 中国水利水电第六工程局
7. 中国水利水电第七工程局
8. 中国水利水电第八工程局
9. 中国水利水电第九工程局
10. 中国水利水电第十工程局
11. 中国水利水电第十一工程局
12. 中国水利水电第十二工程局
13. 中国水利水电第十三工程局
14. 中国水利水电第十四工程局
15. 中国水利水电闽江工程局
16. 中国水利水电基础工程局
17. 富春江水电设备总厂
18. 夹江水工机械厂
19. 甘肃华亭发电有限责任公司
20. 阿坝水电开发有限责任公司
21. 郑州燃气发电有限责任公司
22. 青海黄河中型水电开发有限责任公司
23. 四川紫兰坝水电开发有限责任公司
24. 北京中环房地产开发有限责任公司
25. 北京华夏水电新技术开发公司
26. 北京流芳宾馆
27. 北京华科软信息技术有限责任公司

（三）海外事业部

1. 国际合作部
2. 国际工程一部
3. 国际工程二部
4. 国际工程三部
5. 国际项目管理部
6. 国际项目保障部
7. 国际财务部
8. 国际投资部

（编辑部）

中国水利水电科学研究院简介

（一）概况

中国水利水电科学研究院建立于1958年，由中国科学院水工研究室、水利部水利科学研究院和电力工业部水电科学研究院三单位合并而成，原名水利水电科学研究院。1969年解散，1978年恢复重建，先属中国科学院和水利电力部双重领导，后改属中国科学院、水利部和电力工业部三重领导。1994年更名为中国水利水电科学研究院（以下简称水科院）。

水科院历史可追溯到1933年，前身为当年中国最早的水利科学研究机构——中国第一水工实验所，建国后并入水利科学研究院。

经过四十年的发展，水科院现已成为中国水利、水电科学研究和技术开发的中心，承担许多国内重要水利水电项目的科学研究任务，国家重点科学技术攻关项目和水利部、国家电力公司的重点科学研究任务。主要研究方向为：水资源开发利用和管理，防洪与减灾，节水灌溉技术及农田建设中的水利工程技术措施，牧区水利、河流及水库泥沙问题，高坝泄水建筑物水力学问题，高坝新结构及建坝新材料，工程基础和岩土工程问题，水利水电等工程抗震技术，新型水轮机和水泵，电站和泵站自动化技术，火、核电站的冷却水工程以及水利水电的环境问题等。此外，还单独或与国内、国外有关机构合作承担国内外工程设计、工程监理、安全监测、安全鉴定以及技术咨询业务。各类科研和技术开发任务的合同资金逐年增加，2001年达2.1亿元。

水科院具有工程咨询资格甲级证书，水文、水资源调查评价甲级，建设项目环境影响评价甲级，编制开发建设项目水土保持方案资格甲级，建设工程地震安全性评价许可甲级，监理队伍资质甲级，设计乙级，施工贰级资质证书。中国水利水电科学研究院工程检测中心通过国家质量监督检验检疫总局的计量认证。

水科院设有15个专业研究所（室或中心），现有员工1383人，其中从事科学研究和技术开发的占54%，包括高级工程师415人，工程师340人。现有中国科学院院士3人，中国工程院院士5人。

水科院分为南北两部分，相距4公里，总占地面积27万平方米。各类专业和综合试验室32座，面积3万平方米。现拥有重要仪器设备120台套，其中水力机械实验室的高精度水力机械模型通用试验台、高速水流试验室的大型减压箱、结构振动实验室中的大型电液伺服式三向六自由度宽频域模拟地震台、岩土力学试验室的450g-t土工离心试验机和刚性岩石试验机以及大型高压三轴试验机等，为开展重大科技难题提供了先进的研究手段。

水科院与国外著名科学研究机构、知名大学以及国际上重要学术团体有广泛的交流与合作。除了联合国教科文组织和中国政府合办的国际泥沙研究培训中心以外，国际大坝委员会中国委员会的秘书处、国际灌排委员会中国委员会的秘书处以及国际水利学研究会中国会员联络小组也设于院内。

从20世纪50年代起水科院就开始研究生的培养，现为国务院学位委员会批准的有关学科的博士、硕士学位授予单位。到2001年已授予硕士学位329名，博士学位35名。

在科研成果的基础上，通过隶属的公司开发出多种实用技术和产品，进入市场，为经济建设和社会服务。

在完成国内各项任务的同时，也积极开拓国际业务，是我国首批具有技术进出口权的科学研究机构之一。

（二）科研机构

水资源研究所
防洪减灾研究所
水环境研究所
水利研究所
工程抗震研究中心
岩土工程研究所
结构材料研究所
泥沙研究所
水力学研究所
遥感中心
牧区水利科学研究所
自动化研究所
水力机电研究所
工程安全监测中心
天津水利电力机电研究所

（三）重点实验室

土工离心模拟试验室
模拟地震振动台试验室
水质分析试验室
结构模型试验室
冷却水试验室
爆破防护试验室
水力机械试验室
高速水流试验室
远动通讯试验室

（编辑部）

国电自动化研究院简介

（一）概况

国电自动化研究院是主要从事电力系统及其自动化和水利水电工程测控领域理论研究、新技术开发和新产品应用的综合性研究开发机构，是国家科技部设立的“国家电力自动化工程技术研究中心”和国家发改委设立的“电力系统自动化—系统控制和经济运行国家工程研究中心”的依托单位。南京南瑞集团公司是国电自动化研究院为促进科研成果产业化而创立的高新技术企业，是“国家火炬计划重点高新技术企业”、“中国软件100强企业”、“国家规划布局内重点软件企业”和“联合国采购供应商”，具有“计算机信息系统集成一级资质”和“涉及国家秘密的计算机信息系统集成资质”，2004年被评为“全国优秀系统集成企业”。国电自动化研究院和南京南瑞集团公司实行一体化运行和管理，简称南瑞。

南瑞拥有15个研究所、12个分公司和12个子公司，在南京、北京、上海、深圳建立了科研和产业基地。

南瑞人才优势突出，拥有中国工程院院士2名，博士、硕士600余名，各类科技人员2000多名；建有博士后科研工作站；具有硕士学位授予权，并与浙江大学、山东大学、东南大学和武汉大学联合培养博士研究生。

南瑞的科研开发和高新技术产业协调发展。南瑞集团公司及其子公司在我国软件企业100强中占有3席，在“国家规划布局内重点软件企业”中占4席，在中国电气工业100强企业中占有2席。2004年签订销售合同超过30亿元，实现销售收入超过25亿元，技术和产业均处于本专业领域领先水平，为国家和地方经济发展作出了贡献。

南瑞塑造了“团结拼搏　求实创新”的企业文化，“两个文明”建设取得累累硕果，先后荣获六届“江苏省文明单位”称号和三届“全国电力系统双文明单位”称号，并被评为“全国精神文明建设工作先进单位”。

面对经济全球化的发展机遇和挑战，南瑞制定了为期十年的战略规划，分产品扩张、产业扩张、事业扩张三个阶段，以“提供一流的技术、高品质的产品和精细化的服务而使用户满意”为宗旨；以“诚信合作，实现用户理想”为已任；以“成为广大用户值得信赖的事业合作者”为目标，向着国际一流的科研开发和高新技术企业迈进，为我国电力工业、水利事业和自动化技术的发展作出更大的贡献。

（二）专业领域

继电保护
电网调度自动化
水电站及梯级调度自动化
城市轨道交通电力系统监控
发电机电气控制和电力电子技术
电力企业管理及运营信息化技术
农电自动化
火电厂控制自动化
电网安全稳定分析与控制
变电站自动化
电力市场技术支持和电量计费
水情水调及环境监测
大坝及工程监测
电力系统通信
配电自动化
市政及环保工程监控

（三）主要业绩

促进电力工业的科技进步是南瑞的神圣使命。20世纪80年代，以中标国际招标项目天广—天贵超高压输电线路继电保护为契机，南瑞开发了系列化集成电路保护装置，并使之产业化，随后又开发了系列化微机保护装置，使技术水平和产业规模都有了空前发展。80年代，南瑞参与了我国四大电网引进国外调度自动化系统的技术支持工作，通过消化吸收和创新提高，在90年代开发了具有自主知识产权和国际先进水平的电网调度自动化系统和多种大型应用软件，并推广应用到电力监控自动化的各个应用领域，如电厂监控、变电站监控、配电网监控和农电监控自动化等。目前，南瑞已形成30余个系列200多个具有自主知识产权的高技术产品，市场覆盖了包括台湾省在内的全国各地，并出口到美国、法国、加拿大、澳大利亚、芬兰、韩国等几十个国家和地区。

近几年南瑞承担的重大工程项目主要有：三峡水利枢纽梯级水库调度自动化系统，三峡右岸电站励磁系统，三峡电力系统（左岸）安全稳定控制工程，川电东送工程、东北—华北联网、川渝—华中联网、华东—福建联网工程稳定控制系统，一大批超高压、高压电力系统保护工程，西北电网、广西省、江苏省、四川省电网调度自动化系统，浙江、吉林、江苏、内蒙电力市场技术支持系统工程，国电公司、西北电网等水调自动化系统，黄河上游梯级水电站水调自动化系统工程，西北电网、福建省、浙江省、广东省电力调度生产管理信息系统，水口、宝珠寺、乌江梯级、龚嘴、铜街子、吉林台等水电站监控系统，扬州第二发电厂660MW、国华绥中发电厂800MW励磁系统，一大批500kV、330kV、220kV变电站保护和监控系统工程，南京、福州、苏州配电网管理系统，江苏省农电通信系统，一大批城乡电网自动化系统，云南漫湾、大朝山水电站大坝安全监测系统，新疆乌鲁瓦提水利枢纽工程监测，伊朗德黑兰地铁、广州地铁2号线、南京地铁、重庆轻轨电力监控系统，山西万家寨引黄入晋工程自动监测和控制系统，上海、重庆城市防汛信息系统，东江—深圳—香港供水改造工程监测自动化系统，广东惠州抽水蓄能电站工程安全监测系统，上海杨树浦水厂自动控制系统，以及南水北调工程泵站自动化系统等。

（四）科研开发成果

科研是南瑞的立足之本。通过科技创新，南瑞取得了大量高水平、具有自主知识产权的科研成果：有309项科研成果通过部、省级技术鉴定；有41项科研成果获得国家级科技奖励，其中国家科技进步一等奖2项，国家技术发明二等奖3项，国家科技进步二等奖8项；有219项科研成果获得省、部级科技奖励，其中一等奖23项，二等奖55项；获得专利授权57项；拥有计算机软件著作权50项。

（编辑部）

长江科学院简介

（一）概况

长江科学院创建于1951年10月，隶属水利部长江水利委员会，是一个以水利水电科学研究为主，并面向全国各行各业开展技术服务、科技产业开发的多学科的综合性科研机构。全院现有在职职工800余人，其中，教授、高工200余人，博士后及博士、硕士百余人。在武汉、宜昌、丹江口、重庆设有科研基地，总占地面积45万平方米，配有现代化的试验大厅和实验室以及国内一流的科研仪器设备和先进的计算机应用软件。目前，主要专业包括：防洪减灾、河流泥沙、水资源和环境科学、工程水力学、土工与渗流、工程岩石和病害防治力学、水工结构、基础处理、工程材料、爆破与抗震、工程安全监测、机电控制设备、自动化与水工仪器、遥测遥感和地理信息系统等，并向材料科学、水资源利用、生态农业、环境工程、信息产业等领域开拓。2000年7月长江科学院作为国内水利水电行业科研单位，首家通过ISO9001质量体系认证。

（二）长江科学院机构沿革

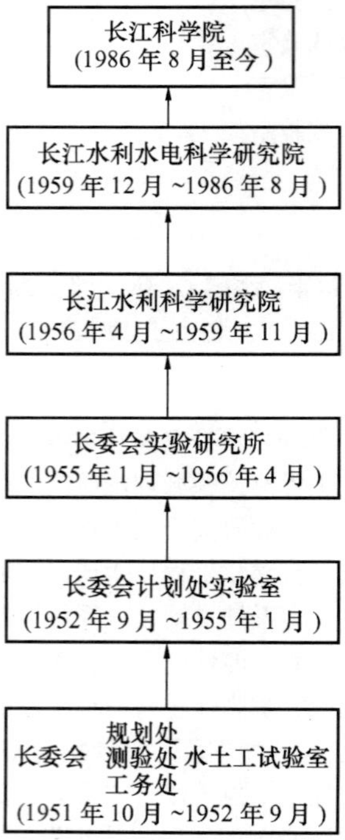

（三）组织机构

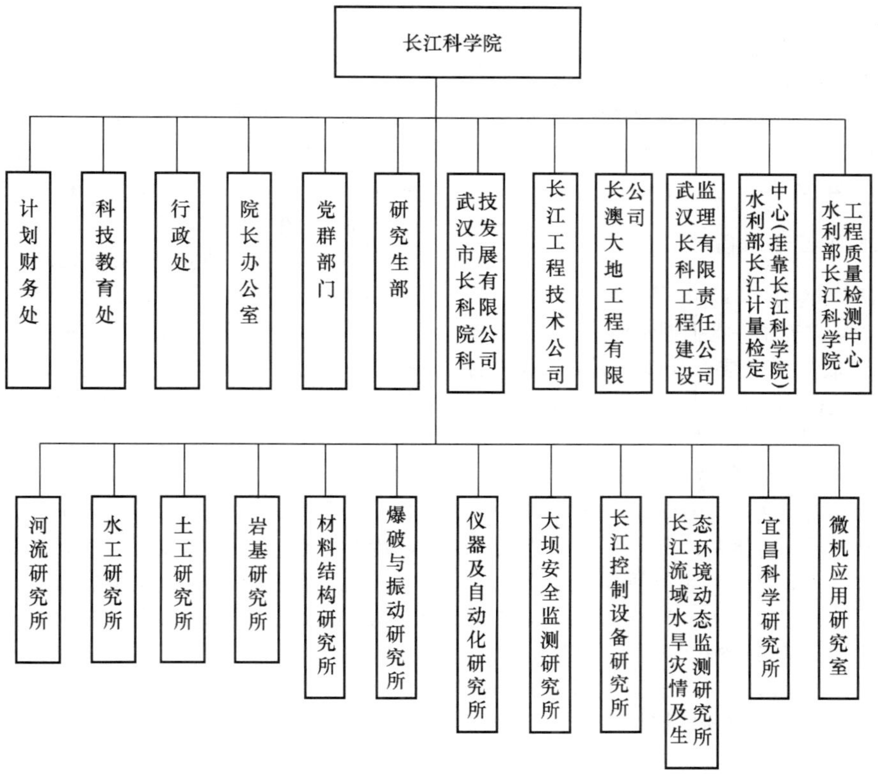

长江科学院组织机构图

（编辑部）

大连理工大学土木水利学院简介

大连理工大学土木水利学院的前身为大连工学院土木工程系，成立于建校伊始，1955年全国院系调整后更名为水利工程系，1985～1996年扩建为土木工程系，1996～2002年为土木建筑学院，2002年6月组建土木水利学院至今。

学院现有土木工程和水利工程2个一级学科博士点，包括了12个二级学科博士点和12个硕士学科点、5个本科专业（水利水电工程，港口航道与海岸工程，土木工程，建筑环境与设备工程，工程管理）；2个一级学科博士后流动站；2个国家重点学科（港口、海岸及近海工程和水工结构工程）；4个省级重点学科（港口、海岸及近海工程，水工结构工程，水文学及水资源和结构工程）；1个国家重点实验室（海岸和近海工程国家重点实验室）和2个省重点实验室。目前在校生规模为本科生1337人，硕士生602人，博士生409人。

一、2005年科学研究的主要成果

共获得国家自然科学基金项目14项，其中重点项目2项，教育部重大项目1项，杰出青年基金B类1项，国家自然科学基金项目11项。获得科技部“973”项目1项，国家自然科学基金委国际合作与交流项目7项，教育部新世纪优秀人才基金1项，以及其他各类基金和纵向课题16项。

继续参与国家重大工程项目建设与科学研究，其中国家自然科学基金委重大项目“海底管线的损伤机理和健康监测诊断研究”、科技部“863”计划“波浪作用下海床液化评判试验与软件开发”等重大项目的相关科研工作进展顺利。积极参与西部大开发建设，2005年度全院承担2项（1项重点、1项重大）西部大开发科研项目。

由林皋院士和许士国教授为主要负责人承担的国家自然科学基金重点项目“高拱坝地震破坏机理和大坝混凝土动态强度研究”和“松嫩平原洪水资源利用与湿地生态环境管理的研究”，通过了国家基金委组织的验收，综合评价均为“A”。由李宏男教授为带头人的“工程结构破坏机理及安全性评价”科研团队获国家教育部创新团队。

获得建设部华夏建设科学技术一等奖1项，教育部提名国家科技进步一等奖和二等奖各1项，辽宁省政府科技进步二等奖和三等奖各1项。

“水利工程”博士后流动站在全国评比中名列第

二，获得全国优秀博士后流动站荣誉称号（大连理工大学唯一）；沈永明教授获得全国优秀博士后荣誉称号，王本德教授获得辽宁省优秀专家荣誉称号。

全年共发表论文495篇，鉴定成果2项，分别达国际先进、国际领先水平，出版专著9部，专利申请和获得授权分别为12项和7项。

二、学术队伍建设情况

通过“十五”期间“211工程”和“985工程”一期的重点建设，培养了一批把握学科前沿的中青年学术带头人，形成了多个结构合理的研究团队。目前，土木水利学院的研究队伍中44位教授，90%以上为中青年学术带头人，其中，除3位两院院士之外，有国务院学科评议组成员1人、长江学者4人、国家杰出基金获得者5人、教育部跨世纪人才3人、国家级有突出贡献的中青年专家5人、入选辽宁省高校学科拔尖人才2人、高校青年教师奖获得者1人、被选为辽宁省百千万层次人才的多人。以滕斌、李宏男教授为带头人的“港口、海岸及近海工程”、“工程结构破坏机理及安全性评价”科研团队于2004年、2005年分别获得了国家教育部创新团队。在学校举行的首次科研团队建设中，有4个A类团队、1个B类团队得到了学校的批准，这将更加有利于学科建设，构筑学科大平台，提升学科在高层次的竞争地位。学院科研梯队结构更加合理，50岁以下教师占82%以上，具有博士学位的占84%左右，其中45岁以下的教师94%以上具有博士学位，具有博士学位的青年教师已成为研究团队的骨干力量。

2001～2005年共培养博士165人，硕士427人，本科毕业生1337人。五年里，引进各类人才45人，其中教授3人，副教授7人，具有博士学位的28人，极大地加强了研究实力。

三、学科建设成就

（一）高坝抗震新技术

针对我国高坝建设中新坝型（高薄拱坝、面板堆石坝和碾压混凝土坝）的广泛应用，以及大多数高坝建于西南、西北等高地震烈度地区的现实需要，重点研究解决高坝的设计新理论和抗震减震机理，承担了国家自然科学基金重点项目“高拱坝抗震破坏机理和大坝混凝土动态强度研究”，“西部强震区高拱坝抗震功能设计的若干基础理论研究”和“城市垃圾填埋场固、液、气相互作用及土力学机理”等课题的研究。

在高拱坝与重力坝方面，取得了一批创新性的研究成果：①全面系统地进行了混凝土动态强度与变形特性及其发生机理的研究；②发展了高拱坝的地震响应的计算模型；③在拱坝地震损伤发展的数值模型研究方面取得了新进展；④改进了DDA三维坝体接触类型的判断方法，开创性地进行了坝肩潜在不稳定楔形块体地震动态稳定分析。

在高土石坝抗震研究方面，取得的富有突出特色的研究成果为：①提出了新的模型相似关系，接近定量地评估了阳江等核电厂海域工程的地震变形及抗震稳定性；②在岩土本构关系的研究方面，在热力学基本定律的基础上，建立了能量协调的新的弹性表达形式，根据土体受力过程中的颗粒耗能进行了屈服面的修正，从而发展了岩土塑性本构模型，并据此建立了松密砂土的统一本构模型；③发展了土工建筑物真非线性分析的量化记忆模型，使计算工作量得到简化；④在土坡稳定分析中，发展了新的智能寻优算法与搜索策略，显著提高了计算效率；⑤自行研制的三轴仪，采用了在压力室内直接测力和测量位移方法，排除传力系统中机械摩擦的影响和土试样两端接触非均匀以及局部应变集中引起的端垫误差，可精确地测得土试样的真实变形，较目前常规三轴仪试验的测量精度提高了一个数量级。

主要获奖成果包括：强震区面板坝大型振动台模型试验及动力分析，获2001年中国电力科学技术三等奖；200m级高面板堆石坝应用基础研究，获2004年中国大禹水利科学技术二等奖；高拱坝地震应力控制标准和抗震结构工程措施研究，获2003年云南省科学技术进步一等奖；复杂条件下高拱坝（300m级）建设中的应用基础研究，获2004年教育部科学技术二等奖；溪洛渡及小湾超大型地下洞室群合理布置及围岩稳定研究，获2001年中国电力科学技术二等奖。

（二）混凝土强度、断裂和损伤理论及工程应用

承担着国家基金项目“碾压混凝土诱导缝断面等效强度研究”和“冻融条件下混凝土的多轴强度和破坏机理研究”，在国家杰出青年基金的研究成果的基础上，获得国家重点基金一项“混凝土结构裂缝的形成与发展机理及控制技术研究”。参加承担科技部“973”项目“灾害环境下重大工程安全性的基础研究”。多项成果通过教育部的科技成果鉴定和科技进步奖。

（三）水工枢纽防洪泄洪的安全性

在水资源利用与防洪减灾的非工程措施研究及其应用方面，正在承担着国家自然科学基金重点项目“松嫩平原洪水资源利用与湿地生态环境管理的研究”、水利部重大科技项目“水库汛限水位动态控制研究”、黑龙江省重大科技项目“黑龙江省防汛决策支持系统工程”、国家水利建设基金项目“水库洪水调度系统”和多项国家自然科学基金等其他项目。

（四）防灾减灾工程和防护工程

重点开展了海底管线、大跨越输电塔系、高层建

筑结构、结构加固与修复等生命线工程的防灾减灾研究。承担了国家自然科学杰出青年基金“高层建筑多维地震反应智能控制”、国家自然科学基金重点项目“海底管线的损伤机理和健康诊断研究”、中国海洋石油总公司重点项目“海底管道泄漏检测技术”、辽宁省重大项目“光纤智能健康监测和预警系统基础理论与实验研究”等重要课题，取得了丰硕成果。

（五）波浪对新型海岸结构物作用的研究

近年来，开展了新型水工结构物（梳式防波堤新结构、单圆筒沉箱和双圆筒沉箱、低反射消波结构、半圆形结构）和上部异型结构的波浪荷载问题研究，开展了护岸浅水水域波浪破碎增水及其对防护工程的冲击研究，开展了大型船舶对码头的撞击荷载及其分布、缆绳合理布置方式研究，取得了多项创新性的研究成果。

（六）近海工程结构系统的非线性荷载和其优化设计研究

近年来在非线性波浪对结构物绕射的实时模拟、波浪与非线性锚泊系统作用的时域耦合分析方面开展了深入的研究。研究成果对我国“十五”期间渤海油田的大规模开发，以及我国远期的深海油气开发技术储备等都具有重要的意义和应用前景。

（七）深水养殖网箱的水动力学问题研究

近年来在国内率先开展了重力式网箱系统优化方面的研究。首先解决了网衣模拟相似律这一难题，提出了一种新的模拟准则，经过验证符合良好。开展了单体重力式网箱和组合式网箱水动力特性试验方面的研究。研究工作对我国目前渔业生产结构的调整，大力发展深水养殖产业有重要的意义和应用前景。

（八）动力作用下近海海域污染物迁移规律研究

近年来，建立了基于 PIV 和 LIF 的速度场、浓度场同步量测系统，对污染物团在波浪作用下扩散的基本特征和扩散系数进行了试验研究，在高精度的对流扩散方程、两相湍流双流体模型、包含多个水质参数波流作用下的污染物扩散输移的数值模型、不同层次的近海水域三维水动力学和水质模型等方面开展了深入的研究。在潮流场的数值模拟中，建立一个考虑复杂海洋动力因素作用的三维环境潮流动力学模型。模型可用于油轮事故性溢油应急计划系统，指导清理人员设置围油栏、清理残油，减少油污染带来的环境灾害，将应用于渤海等海域的溢油预报和监控。

（九）海冰灾害形成机理、冰荷载及其与建筑物的动力相互作用

随着全球气温变化，渤海海冰的类型发生变化，过去的平整冰资料不一定完全符合新时期工业建设技术的要求，自 2002 年以来，参加了中国第 19 次、21 次、22 次南极科学考察的海冰调查任务，第 2 次中国北极科学考察海冰调查任务，并且从第 21 次南极科学考察起，进行了中山站海冰越冬调查。在国内首先倡导开展渤海低水温和结冰条件下溢油防治技术的研究。通过前期的有效工作，与俄罗斯圣彼得堡海运科技大学合作获得了国家自然科学基金委 2004～2005 中俄协议项目“海底管道低温溢油的研究”，已经完成了低温环境实验室，形成 $27m^2$、$-25℃$ 以上的试验环境，为认识溢油清理技术中不同渤海油种的低温性质提供了良好的条件。研究工作对渤海低水温和结冰条件下溢油防治技术具有重要的意义。

（十）海洋环境因素对海底土体的作用机理

开展了复杂应力条件下现代土工试验技术及海洋土的变形与强度特性的试验研究。

四、实验条件建设

“十五”期间，共投入 2750 万元进行试验研究基地建设，均按计划完成。主要建设项目包括：①非线性波浪水槽系统。②海洋污染微环境模拟系统。③冰区溢油环境试验系统。④引进美国 TSI 公司生产的 PIV 流场测试系统。⑤从英国 GDS 仪器有限公司成功引进“膨胀土与非饱和土三轴仪实验系统”。⑥对于过去自日本诚研舍引进与建设的“土工静力-动力液压三轴-扭转多功能剪切仪”进行全面开发与完善，自行开发计算机自动控制与数据采集处理系统。⑦结构实验室的 MTS 疲劳试验系统和供油系统升级改造已基本完成，购置了 30～1000t 微机控制电液伺服万能试验机共 4 台，材料电子万能试验机 1 台。⑧抗震实验室的设备购置：中型动三轴仪研制及配套，光纤信号分析仪及配套，探地雷达系统，动态信号数据采集系统，TDR 遥测数据采集、分析系统。土石料和结构室内试验以及现场安全监测评价的试验能力有很大提高。⑨在防洪和水环境的试验研究方面，以卫星云图接受设备及数据处理工作站、GIS 软件、全球定位系统、服务器和工作站为主干的观测分析网络已成系统，为软科学的发展提供了良好的硬件支持。⑩水利水电中心实验室的改造建设正在按计划进行中，学校筹资建设了综合试验 3 号楼，实验室面积约 $2000m^2$，水力供水循环系统已建成，试验供水能力达到 $1.0m^3/s$，具备进行中型工程泄洪消能、河道演变和治理、水电站水力学、水工水力学等方面的研究条件，相关实验设备已基本建成。

为桥梁工程等科研领域而建设的大型风洞实验室，正式开始启动运行。该风洞实验室在东北地区规模最大。

五、“985 工程”二期学科建设

土木水利学院在“985 工程”一期建设的基础

上，组织申报了“985二期工程”科技一级创新平台“海洋和水利资源利用及灾害防治工程”，已获得批准，并开始启动建设。平台将重点建设以下三个方向，即海岸与近海工程、水利资源利用和防灾减灾、海洋与水工结构新材料和新结构。

“海洋和水利资源利用及灾害防治工程”平台建设项目由大连理工大学的水利工程、土木工程两个一级学科组成。这两个学科是大连理工大学的传统优势学科，在海洋资源的开发利用和防灾、水资源利用和防洪、水工结构的防灾理论与技术、结构可靠性理论等方面，处于国内一流地位，其中某些研究领域处于国内领先地位，在国外也有相当的影响。

通过传统的水利土木工程学科与信息、管理等学科的交叉、渗透与融合，在传统优势学科的基础上，将形成新的学科生长点，对两个一级学科建设的促进作用将非常显著。

（大连理工大学土木水利学院）

学 术 团 体

中国水力发电工程学会 China Society for Hydropower Engineering（CSHE）

地　　址：北京白广路二条1号
邮政编码：100761
电子信箱：b07@cast.org.cn
主页网址：http://www.cshe-aaa.com
http://www.sdxz.org.cn
电　　话：010-63414390
传　　真：010-63547632
理 事 长：周大兵
副理事长：何　璟　石成梁　高季章　郭建堂　贺　恭　曹广晶　李菊根　陈方枢　刘　宏　周小谦　邴凤山　汪易森　程念高
秘 书 长：邴凤山
副秘书长：毛亚杰　李　新

出版物及主编：

《中国水力发电年鉴》(Almanac for China's Hydropower)
主　编：邴凤山
副主编：毛亚杰　黄景湖　王东棣　戴会超

《水电能源科学》(Water Resources and Power)
主　编：邴凤山　张勇传

《水力发电学报》(Journdl for Hydropower)
主　编：邴凤山　谷兆祺
副主编：毛亚杰　李　新

《大坝与安全》(Dam and Safety)
主　编：张秀丽
副主编：许传桂

《岩土工程学报》(Chineee Journdl for Geotechnical Engineering)
主　编：沈珠江

《水电站机电技术》
主　编：杨晓东
副主编：沈紫坪

单位简介

中国水力发电工程学会是由全国水电工程科学技术工作者自愿组成并依法登记的全国非盈利性的学术社会团体，是中国科学院技术协会的组成部分。

中国水力发电工程学会于1980年在浙江新安江水电站举行成立大会。现有会员40000余人，其中全国（直属）个人会员约32000人，团体会员67个，地方水力发电工程学会26个。

学会组织设有：38个专业委员会（水能规划和动能经济、环境保护、水文泥沙、水工及水电站建筑物、电气、自动化、水力机械、水工金属结构、水电站运行管理、电网调峰与抽水蓄能、地质及勘探、水工水力学、高坝通航、碾压混凝土筑坝、混凝土面板堆石坝、施工机械化及施工管理、工程造价、信息化、大坝安全监测、水电建设管理、机械疏浚、水机磨蚀、电站液压控制、电力工程防汛与减灾、建设合同、水电监理、西电东送与电力系统、水电科技出版、水电自动化及计算机控制工程、水电控制设备、水库环境与经济、工程施工系统、灯泡贯流式机组、继电器保护、信息电力、电力系统自动化、抗震防灾、水电厂水库安全运行管理信息化装备），5个工作委员会（科学技术咨询、国际交流、水利电力翻译、青年、科学技术普及），以及中国大坝委员会。

编辑出版主要科技出版物有：《水力发电学报》、《水电能源科学》、《中国水力发电年鉴》、《大坝与安全》、《水电站机电技术》等。参加的国际组织有：国际大坝委员会（ICOLD）、国际水力学研究会（IAHR）、国际水力发电协会（CHA）等，并与美国、加拿大、日本、英国、法国、瑞典、瑞士、俄罗斯、印度、尼泊尔、朝鲜等国家开展国际学术交流，同时参加并协办各类水电国际研讨会。

（中国水力发电工程学会　王　玉）

中国水力发电工程学会 2005年工作总结和 2006年工作要点

党的十六大对加强和改进党的领导方式和执政方式提出了明确要求，十六届四中全会又提出了加强党的执政能力建设的主要任务。

党中央决定，从2005年1月开始，用一年半左右时间，在全党分三批开展以实践“三个代表”重要思想为主要内容的保持共产党员先进性教育活动。这是认真贯彻落实党的十六大和十六届四中全会精神，加强党的执政能力建设的基础工程。

中国水力发电工程学会党支部根据国家电网公司党委的安排，认真开展并完成了这次教育活动。经过保持共产党员先进性教育活动，使学会秘书处全体党员深刻认识到，在新的历史条件下，在全党进行保持共产党员先进性教育活动是十分必要的。开展保持共产党员先进性教育活动，是新时期加强党的基层组织建设，提高党员整体素质，增强党组织的创造力、凝聚力、战斗力的重大战略措施。这对于巩固中国共产党的执政地位、密切党同广大人民群众的血肉联系，全面落实“三个代表”重要思想，加速中国社会主义现代化建设进程具有十分重要的意义。同时，对于进一步增强工作责任心、改进工作作风、提高工作效率、发挥先锋作用，将起到积极的推动作用。

十六届五中全会是在中国改革发展进入关键时期召开的一次重要会议。会议审议并通过了《中共中央关于制定国民经济和社会发展第十一个五年规划的建议》，描绘了中国在新世纪第二个五年经济社会发展的宏伟蓝图。这是一次动员全国各族人民在新的发展起点上继续向全面建设小康社会宏伟目标迈进的会议，将引领中国人民在实现国家富强、民族振兴、人民幸福、社会和谐的新征程上再创辉煌。

当前和今后一个时期学会秘书处要将学习贯彻中共十六届五中全会精神作为首要任务。要按照中央精神，在科学发展上下功夫，在以人为本上下功夫；要努力学习市场经济知识，掌握市场经济规律；通过政治、思想和学术活动等措施实施党和国家赋予学会的任务。

（一）2005年工作总结

1. 学会改革

（1）工作会议。为了贯彻中国科协“全国性学会改革座谈会议”精神，抓住机遇，深化学会改革，中国水力发电工程学会于2005年1月18日在京召开了第五届五次常务理事会（理事长、副理事长，秘书长、副秘书长）和在京常务理事联席会。

会议审议了学会2004年工作总结报告，审议并通过了学会2005年工作重点计划。会议研究、讨论并制定学会的战略方向，对学会的改革、发展和五届四次常务理事会“会议纪要”决议的任务，提出了有力的保障措施。

会议对学会根据《社会力量设立科学技术奖管理办法》、《国家科学技术奖励条例》和有关规定，着手设立中国水力发电科学技术奖；为了正确评价水电行业科学技术成果的质量和水平，促进科技成果的完善和科技水平的提高，发挥中介组织的作用，加速科技成果在水电行业的推广应用，参照有关规定开展对水电科技成果的鉴定工作；根据中国科协的指示与要求，对建立会员（单位）缴纳会费机制等进行了认真讨论，提出了建设性意见。

会议还责成学会秘书处把已决议的事项抓紧落实，对一些尚需完善的工作在积极筹办的同时，向有关部门汇报争取支持。会议要求学会要以科学发展观为指导，与时俱进，开拓服务新领域，工作建立新机制，服务争取新功能，合作寻求新伙伴，提升学会竞争力，使学会在改革大潮中奋勇前进。

2005年11月2～14日召开了中国水力发电工程学会五届六次常务理事会（通信方式），研究中国水力发电工程学会办事机构变更挂靠单位的事宜。会议通过决议同意学会办事机构挂靠单位由国家电网公司变更为中国水电工程顾问集团公司，各常务理事相信，学会办事机构在新的挂靠单位指导下，将更有利于学会的改革发展，使学会更加振奋，为水电事业的发展和科技进步再立新功。

（2）“水力发电和可再生能源”工程师资格认证。随着我国进一步改革开放，开拓国际市场的重要性日益显现，迫切需要解决我国工程技术人员执业资格的国际互认问题，加入工程师资格国际互认体系是我国扩大改革开放，特别是加入WTO后参与国际竞争的迫切需要。

为适应我国加入WTO后经济发展的需要和政府职能的转移，充分发挥中介组织的作用，逐步实现对专业技术人才的评价，重在社会和业内认可，打破专业技术职务终身制，促进人才的合理交流，探索资格考试、考核和同行评议相结合的专业技术人才评价方法。在政府宏观指导下，开展社会化的专业技术人才评价工作，积极推进工程师执业资格国际互认，是一项较为重要的工作。

中国科协选择了一些学会做试点工作。经多次汇报协商，并做了大量准备工作，中国科协已原则同意中国水力发电工程学会开展此项工作。2005 年 7 月编制完成了《中国水力发电和可再生能源工程师资格认证标准（初稿）》。

（3）中国水力发电企业协会。电力体制改革后，全国水力发电企事业单位、团体和热心于企业管理的工作者分散在各个独立的单位，没有一个联合的组织。虽然中国水力发电工程学会是一个全国性的学会，但严格地讲，学会只是一个全国水力发电工程科学技术工作者自愿组成并依法登记的全国性非盈利性的学术团体，是党和政府联系广大水力发电工程科学技术工作者的纽带，是国家发展水力发电工程科学事业的重要社会力量，其主要任务是围绕水力发电工程技术及相关科技领域开展业务活动。

目前在从事水电事业的单位和团体较为分散的情况下，有必要以中国水力发电工程学会为依托，将全国水力发电企事业单位（含民营）、团体和热心于企业管理的工作者在自愿的原则下组织起来，从事探索、研究和传播现代企业管理理论和实践经验，成立一个群众性的社会团体组织。这个组织坚持面向全国水力发电企事业单位并为其服务的宗旨；遵循“服务、研究、交流、提高”的方针；坚持深入实际、调查研究、典型引导、智力服务、业务咨询、教育培训的基本方法；紧紧依靠并密切联系全国水电行业广大职工，为提高企业素质和现代化管理水平、加快水电开发和现代化建设服务。

经过多次向有关部门汇报，与有关单位协商，做了大量准备工作，编制完成了《中国水力发电企业协会章程》初稿。

（4）中国水力发电科学技术奖。为了奖励在水力发电科技进步中作出突出贡献的集体和个人，充分调动广大水力发电科技人员的积极性和创造性，推动水力发电事业发展，根据《社会力量设立科学技术奖管理办法》、《国家科学技术奖励条例》和有关规定，经学会研究并多方征求意见，拟着手设立“中国水力发电科学技术奖”。在学会五届四次常务理事会通过后，编制完成了《中国水力发电科学技术奖励办法（初稿）》，有关奖励事宜已向科学技术部请示汇报。

（5）国家工程建设项目“施工招标文件范本通用合同条件”编制。中国工程咨询协会合同管理工作委员会秘书处依托中国工程咨询协会水力发电专业委员会承担有关工作，负责有关合同条款及 FIDIC 合同条件中国化的编制工作。由于中国工程咨询协会水力发电专业委员会设在中国水力发电工程学会内，所以学会协同中国工程咨询协会组织专家编制国家工程建设项目“施工招标文件范本通用合同条件”。现该“合同条件”已完成送审稿，报国家发展改革委员会审定。

2. 学术交流　2005 年举办学术活动 19 次，参加人员 2020 人（境外人员 45 人），交流论文 763 篇（境外人员论文 24 篇）；与台湾交流团组 1 个，2 人次；举办培训班 6 个，培训人数 757 人次（其中继续教育 647 人次）；主办学术期刊 3 种，共 43500 册；编辑科技图书 1 种，计 4000 册；编辑论文集 17 种，共计 5914 册，发表论文 665 篇。

（1）《中华人民共和国可再生能源法（草案）》征求意见稿发出后，中国水力发电工程学会立即组织中国工程院院士、中国科学院院士及有关专家认真进行研究讨论。

经研究讨论，专家一致认为，我国能源的最大危机有二：一是一次能源以煤为主，燃煤产生的环境污染问题日益恶化，必须尽一切可能予以控制；二是能源资源不足，一定要保证能源安全。制定可再生能源法，目的正是要解决或缓解这两大问题。而到目前为止，在各种可再生能源中，只有大型水电能够大规模开发利用，提供稳定的可再生清洁能源，成为煤、油、气、核以外的重要可靠能源，我国又拥有最丰富的水力资源，应大力鼓励水电开发。风能、太阳能等虽然也应大力鼓励开发，但由于成本高、效率低，电网吸纳这类电能有一定困难，在一定时期内难成气候，希望立法时能实事求是认识到这一现实。所以，在《中华人民共和国可再生能源法（草案）》中排除大中型水电后，可再生能源在能源总量中所占比例将非常有限，对解决我国能源问题难起显著作用，违背了立法原意，也不符合国情。而且《中华人民共和国可再生能源法（草案）》的说明中对排除大中型水电的理由不科学，缺乏根据，与中央的能源政策不符。一些发达国家的水能资源已得到高度开发，或并无丰富水力资源，加上受到一些偏激的社会舆论影响，其可再生能源政策是针对小水电、风能、太阳能的发展制定的，我国国情则完全不同，不能照抄这种“国际经验”，限制我国自己的能源建设。

专家还认为，将大中型水电包括在可再生能源法之内，并无不妥影响，而对缓解我国能源危机可起重要作用。强烈建议可再生能源法中应包括全部水电，这是科学的、合理的、符合国情的。只有这样，才能对可再生能源总量目标与发展规划有一个符合实际的估计，才能对缓解我国能源危机起到作用。如果认为水电开发在技术上比风能、太阳能相对成熟，而《中华人民共和国可再生能源法（草案）》已规定上网电价等问题将由国务院价格主管部门分别测算确定，作为一部反映国家支持可再生能源开发意图的总法案，列入水电并无任何不妥。

学会已将意见汇总并上书国务院、全国人大法制部门和国家最高领导人，希望在立法过程中能够反映合理的意见。

（2）中国水利水电工程首届砂石生产技术交流会于2005年5月20日至24日在贵阳召开。会议由中国水力发电工程学会施工系统专业委员会、贵州省水力发电工程学会和乌江水电开发有限责任公司联合主办，贵州黔源电力股份有限公司、中国水利水电第八工程局和贵阳勘测设计研究院协办，中国水利水电第九工程局承办。中国水利水电业主、科研、设计、施工、大专院校和部分国内外生产厂家等70多个单位近240名代表（其中有3名外籍来宾）出席了会议。会议收到论文84篇，优选了近50篇编入论文集。

会议期间陆佑楣院士、谭靖夷院士等作了重要讲话，有关专家作了技术报告，且有20余篇论文进行了大会交流。大会交流内容从料源选择、系统布置、工艺流程到生产运行等方面作了全方位的论述。论文具有较高的学术水平，而且大多来自生产实践，具有实际指导意义。

与会代表一致认为：中国水利水电目前进入了开发高潮，一大批国内外极具影响的电站开工建设，水电形势的发展，对我们提出了越来越高的要求。我国的水利水电工程无论从建设规模，还是建设难度都已经是名副其实的世界第一，我们在水利水电建设工程中所遇到的和所要解决的技术问题，很多是前所未遇的世界级难题，需要我们自己去探索、解决。当前，越来越重视环境保护，水利水电施工对环境保护的意识也在不断加强，如何尽量减少对植被的破坏、对周围环境的影响，真正做到文明施工，已经摆到了重要的议事日程，代表们也取得了共识。

（3）中国水力发电工程学会水文泥沙专委会第六届学术讨论会于2005年10月11日至13日在四川成都举行。全国水利和电力系统的水文水资源局、水利水电设计院、科研院所、高等院校、水电厂、流域机构和开发公司等38个单位67名水文泥沙工作者参加了会议。会议收到82篇论文，编辑了870千字的论文集。论文以科技应用为主体，理论与实践紧密结合，研究范围广泛，内容丰富。

通过交流讨论，会议在诸多方面达成共识，并将建议提供给有关单位参考。如：“在多沙河流和少沙河流没有确切定义之前，建议有关水利水电规范不要使用该术语”；“当前在水文泥沙科研成果转化为生产力的环节上，存在互相联系不密切的现象，科研人员缺乏水文泥沙基本资料，阻碍了学科的发展。希望有关部门认真研究解决”等。最后会议还初定2007年10月在杭州召开第七届水文泥沙学术讨论会。

（4）中国水力发电工程学会面板坝专业委员会于2005年9月19日至23日在湖北宜昌召开了中国面板坝20周年学术研讨会，参加会议代表共217人，其中境外人员33人。会议收集论文143篇，其中境外论文22篇，已出版论文集。

会议总结了中国混凝土面板堆石坝的特点：一是混凝土面板堆石坝的安全性、经济性和适应性良好的优点已经取得共识，修建面板坝的技术已基本普及全国，并且向高坝及特高坝发展。二是在混凝土面板坝建设中，我国面板坝建设者十分重视科技进步的作用，在实际工程中不断应用新技术、新材料、新工艺，取得了明显的社会和经济效益。三是混凝土面板坝技术从经验和判断为主的设计方法，正向理论分析和试验研究相结合的方向发展。四是中国面板坝技术已逐步走向世界。

（5）中国水力发电工程学会碾压混凝土筑坝专业委员会于2005年11月21日至24日在南京召开，与会代表90人。会议收集论文25篇，已出版论文集。

会议结合近年来碾压混凝土筑坝技术发展的状况、今后碾压混凝土筑坝技术应着重研究和解决的问题、近年研究成果进行了研讨。会议认为，我国碾压混凝土筑坝技术高掺粉煤灰、低水泥用量、中胶凝材料、薄层连续上升的特色，体现了科技进步发展，符合我国“十一五”计划要求，是环保型、节约型的新坝型，应用前景广阔。我国碾压混凝土筑坝技术经过广大科技人员的不懈努力，不仅在材料和质量检测技术领域取得了丰硕成果，而且在碾压混凝土筑坝设计、施工、科研、设备等方面都有创新和发展，使我国碾压混凝土筑坝技术水平始终处于国际领先水平。今后应尽快将新成果纳入拟修编的碾压混凝土设计与施工规范，坝高80m以下的碾压混凝土低坝应充分发挥碾压混凝土坝经济、快速的优势，提出标准设计。

（6）第二届全国水力学与水利信息学学术会议于2005年10月15日至17日在成都举行。会议由中国水利学会水力学专委会、中国水力发电工程学会水工水力学专委会和国际水利工程与研究协会中国分会联合主办。大会收集论文115篇，入选论文109篇，分别刊登在《水利学报》、《水利水电技术》和《水力学与水利信息学进展2005》上。参会代表150人，大会交流论文60篇。会议首次对参加会议交流的青年学者（35岁以下）的论文进行了优秀论文评选和奖励，获奖作者参加下一届大会时免交会议注册费。

会议就水工水力学新进展，水利水电工程安全中的水力学问题、长距离输水中的水力学问题、水利信息学在水利水电工程中的应用和其他水力学问题进行了探讨交流。会议向与会代表提出两点建议：一是开发以水电为主的清洁能源是关系我国经济和社会可持续发展的重大问题。我们要在积极推动我国水能资源的开发、为水电建设服务的同时，抓紧水电建设对生态环境的评价和研究。在河流水力学的研究与实践中需要按照生态水力学的观点加以思考和改进，赋予水力学新的生命力。二是青年学者关于水流数值模拟的研究与应用已成风气。但是模拟技术只是一种工具，在各类专业硬、软件十分发达的今天，我们要学会利用这些工具，避免重复开发。在采用数值模拟的同时，要更多深入现场，了解实际的水力学问题，并把注意力放在解决问题方面上来，着眼于实际工程问题、工程关键技术问题和为国家重大决策提供技术支持。水力学工作者要开阔视野、拓展思路，不断开拓新的研究领域。

（7）中国水力发电工程学会抽水蓄能专委会于11月25日至29日在广蓄温泉度假村召开了2005年学术年会，来自65个单位的130名代表出席了会议。会议收集论文70篇，大会交流20篇。会议回顾了抽水蓄能专委会成立10周年来所开展的活动，以及伴随着我国10年抽水蓄能建设所取得的发展。会议认为国家有关抽水蓄能发展的政策、目标对抽水蓄能专委会的工作提出了很高的要求与开展工作的方向。会议还对今后蓄能建设事业的发展提出了具有指导性、前瞻性的建议。

（8）《中国水力发电年鉴》是我国水电行业的专业性年鉴，是水电类专业的资料性工具书和系列性专业史册。自1949年建国以来，《中国水力发电年鉴》已出版发行了8卷，记载了我国水电事业发展的历程，收集了水电类专业的重要资料，汇集了水电建设事业取得的经验和成果。自《中国水力发电年鉴》第八卷起，已改为每年一卷，记载上年度重要内容。《中国水力发电年鉴》第八卷于2004年11月出版发行。

2005年4月至10月，收集、修改、编辑了第九卷的文献、资料和来稿，共编列19个篇目57个栏目358个条目，照片近40幅，共115万字，2005年底正式出版发行。

中国水力发电工程学会《会讯》除专刊外，已出版了8期。《会讯》对宣传国家水电建设大政方针，交流生产信息，介绍学术研究和科技创新动态起到了积极作用。

（二）2006年工作要点

2006年是实现“十一五”规划纲要的第一年，也是深化改革、扩大开放、促进再发展、全面建设小康社会的关键时期的重要一年。中国水力发电工程学会在中国科协和挂靠单位的领导下，继续深入学习党的十六届“五中”全会精神，按照中国科协的部署，根据学会的实际情况，在新的一年里，主要抓好以下几方面工作：

（1）继续加强学会办事机构的政治学习制度，按照党的十六届“五中”全会精神，加强理论学习。学会工作人员要增强服务意识，勤奋工作，勇于创新，不断提高自身素质和工作能力，努力做好学会的各项工作。

2006年中国科协将召开第七次全国代表大会，学会办事机构要及时学习领会代表大会精神，认真落实中国科协“七大”提出的各项任务。

（2）2006年，中国水力发电工程学会第五届理事会任期届满，学会办事机构要精心筹备理事会换届选举工作。需召开专业委员会、地方水力发电工程学会秘书长工作会议，第五届常务理事会议等，为召开第六届会员代表大会、选举产生新一届理事会和学会新的领导班子、修订学会章程等做充分准备。在做好准备工作的基础上召开第六届会员代表大会。

（3）认真做好统计数据网上申报工作，进一步完善会员管理信息系统；利用信息平台，及时更新和充实学会网页内容，使之成为学会对外宣传以及同会员、相关学术组织联系的窗口。

（4）学术交流活动：2006年国内学术活动初步拟定主办“2006年水电科技发展论坛”和“水力发电厂运行管理研讨会”两个全国会议。除此之外，学会办事机构要指导参与各专业委员会主办的研讨会，并选择重点活动有计划、有目的地参与。在工作中要努力提高学术交流的质量和水平。

2006年国际学术活动，拟定召开“第一届水力发电技术国际会议”。我国水力发电事业已进入大机组、大电厂、大梯级时代，大机组的安全稳定技术至关重要。召开“第一届水力发电技术国际会议”的目的是为了提高水电厂大机组的运行管理水平，构筑水库调度、水电站调度和电网调度的和谐运行机制，最大限度节约自然资源，为经济的可持续发展作贡献。

（5）抓好学会会刊工作，努力提高会刊质量，及时向有关学术刊物推荐会员的优秀论文。

（6）认真完成挂靠单位交办的各项任务，切切实实为水电行业各有关单位以及全体会员服好务。

（中国水力发电工程学会　王　玉）

中国水力发电工程学会分支机构情况表

专业委员会名称	主任委员	秘书长	专业内容	挂靠单位
水能规划及动能经济专业委员会	晏志勇	李世东	水能规划及动能经济	中国水电工程顾问集团公司
水库环境与经济专业委员会	程念高	李明传	水利水电工程水库淹没处理	中国水电工程顾问集团公司
环境保护专业委员会	童显武	顾洪宾	环境影响评价、咨询，环境保护设计，水土保持方案设计	中国水电工程顾问集团公司
水文泥沙专业委员会	何根寿	朱鉴远	水文、泥沙专业的学术交流和技术总结	中国水电工程顾问集团公司
地质及勘探专业委员会	郭义华	张性一	水电水利工程地质、测绘、物探、钻探、岩土试验专业的学术交流	中国水电工程顾问集团公司
水工及水电站建筑物专业委员会	刘文雪	郑新刚	水工	中国水电工程顾问集团公司
水工水力学专业委员会	刘之平	郭　军	水工水力学	中国水利水电科学研究院
高坝通航工程专业委员会	张瑞凯	李　云	通航技术交流、通航科技发展战略及政策咨询、委托项目论证	南京水利科学研究院
碾压混凝土筑坝专业委员会	王圣培	郑桂斌	碾压混凝土筑坝技术（坝工、材料、运行、建设管理等）	武警水电指挥部
混凝土面板堆石坝专业委员会	童显武	卢立生	混凝土面板堆石坝设计、施工、材料、变形观测、运行管理等技术交流、咨询	中国水电工程顾问集团公司
工程造价专业委员会	童显武	周尚洁 刘月琦	工程造价、工程经济技术管理	中国水电工程顾问集团公司
电气专业委员会	李定中	于庆贵	电气一次专业	中国水电工程顾问集团公司
自动化专业委员会	王　冰	叶钟黎	水电电气二次技术及相关内容	中国水电工程顾问集团公司
水力机械专业委员会	余卫国	赵　琨	水力机械设计、试验、安装、运行、改造	中国水电工程顾问集团公司
水工金属结构专业委员会	田泳源	林朝晖	闸门及启闭设备、通航设备的设计、安装、调试	中国水电工程顾问集团公司
水电站运行管理专业委员会	李向荣	裴哲义	水电站运行管理、水库经济运行	国家电网公司
水电建设管理专业委员会	石成梁	毛亚杰	水电建设管理经验与技术交流	中国水力发电工程学会
信息化专业委员会	陈东平	张亚力	计算机及自动化技术在水电工程规划、设计、施工及电站运行中的应用	中国水利水电科学研究院
大坝安全监测专业委员会	弓正华	池胡庆	水库、大坝的安全监测技术与安全管理	国家电力监管委员会大坝安全监察中心
机械疏浚专业委员会	张广旗	王　究	机械疏浚与吹填学术交流，推广先进经验，介绍新的技术、材料、设备、产品	中国水利水电第十三工程局
电网调峰与抽水蓄能专业委员会	曹楚生	韩　立 何琴雯	开展抽水蓄能电站建设必要性、经济合理性及优化布局的研讨，介绍先进技术，组织学术交流，承接站点规划和技术咨询服务	中水北方勘测设计研究有限责任公司 北京国电水利电力工程有限公司

续表

专业委员会名称	主任委员	秘书长	专业内容	挂靠单位
水电监理专业委员会	毛亚杰		水电监理经验与技术交流，监理技术与理论研究	中国水力发电工程学会
水机磨蚀专业委员会	郑贤	闵京声	水轮机泥沙磨损与空蚀试验研究、防护措施	水利部综合事业管理局
水电站液压控制专业委员会	韩大伟	刘宝军	液压控制技术在水电行业的应用、研究	液压控制质量检验测试中心
电力工程防汛与减灾专业委员会	李向荣	于文革	技术交流、研究，技术推广、咨询	国家电网公司
建设合同专业委员会	陈东平	郭占池	编制水电工程涉及的各类合同范本，起草管理文件，组织有关软件课题研究，开展学术交流	中国华能集团公司
西电东送与电力系统专业委员会	周小谦		西电东送电力系统规划基础方案及东西部电力市场研究，输电系统规划及有关政策研究	国家电网公司
水电自动化及计算机控制工程专业委员会	宋振沪	施冲	水电站、泵站自动化及信息系统，调速、励磁、保护、通信、水情水调、大坝监测等技术	国电自动化研究院
水电科技出版专业委员会	郦凤山	杨伟国	科学技术出版	中国水力发电工程学会
水电控制设备专业委员会	孔昭年	田忠禄	水轮机调速、励磁装置，自动化元件，智能仪表	中国水利水电科学研究院
工程施工系统专业委员会	孙洪水	阮光华	大坝浇筑填筑、混凝土生产、砂石料开采加工三大系统及设备	中国水利水电建设集团公司
灯泡贯流式机组专业委员会	黄尧	李水贵	灯泡贯流式机组设计开发、生产制造、安装、运行、检修	广东水力发电工程学会
信息电力专业委员会	梁明	杨惠娜	数字电力系统、能量系统，电力经济和生产管理，计算机软件与网络，通信技术与规程	华北电力大学（北京）
施工机械化及施工管理专业委员会	付元初	宗敦峰	水利水电施工综合技术，建筑施工新技术推广应用，施工管理项目经理培训	中国水利水电建设集团公司
抗震防灾专业委员会	陈厚群	张潦军	大型水利水电工程、大电网的抗震、防灾技术、预案、对策研究	河海大学
水电厂水库安全运行管理信息化装备专业委员会	孙京忠	陈敏	水电厂水库安全运行管理信息化技术学术交流，先进技术装备推广，相关项目论证、成果评估	南京水利水文自动化研究所
电力系统自动化专业委员会	毕亚雄	文伯瑜	水电厂自动化系统，自动调压、调频装置，水电长距离输电稳定装置	中国长江电力股份有限公司
继电保护专业委员会	许可达	文伯瑜	巨型水轮发电机、发电电动机、主变压器主设备保护研究，超高压和特高压继电保护装置的研究及运行情况分析	国务院三峡建设委员会
中国大坝委员会	陆佑楣	贾金生	中国水电建设工程技术国际交流	水利部

（中国水力发电工程学会秘书处）

各省、市、自治区水力发电工程学会组织情况表

地方学会名称	会员总数	会员分类					办事机构设置地点	学术专业设置	会刊学报
		教授级高工	高工	工程师	助理工程师	其他			
天津市水力发电工程学会	1329	111	591	446	59	122	天津市河西区洞庭路60号中水北方勘测设计研究有限责任公司	施工及基础处理专委会 水电成套设备专委会 水工专委会 机电专委会 大坝安全监测与管理专委会 动能经济及抽水蓄能专委会 勘测专委会 青年工作委员会	《水利水电工程设计》
山西省水力发电工程学会	571	53	185	237	75	21	太原市南肖墙12号	电气及自动化专委会 水机及设备专委会 水工建筑专委会 水电站运行专委会 农村电气化专委会 抽水蓄能专委会	季度简报
浙江省水力发电工程学会	1201	131	471	459	128	12	杭州市凤起路53号浙江省水利河口研究院	水能规划及动能经济专委会 水工及水电站建筑专委会 水电站运行管理专委会 中小水电开发与管理专委会 施工专委会 机电设备专委会 地质勘测及技术处理专委会 计算机运行及信息专委会 大坝安全监测专委会	
安徽省水力发电工程学会	764	31	213	321	142	57	合肥市芜湖路411号安徽省电力公司	水工专委会 小水电专委会 水电站运行专委会	
江西省水力发电工程学会	461	29	248	136	26	22	南昌市永外正街266号江西省电力公司	水工专委会 施工专委会 运行专委会 水库专委会 机电专委会	
福建省水力发电工程学会	1930						福州市省府路1号福建省电力公司	水能规划及动能经济专委会 工程勘查专委会 水工及水电站建筑物专委会 水力机械及金属结构专委会 水电站电气及自动化专委会 施工机械及施工管理专委会 水电建设管理专委会 水电站运行管理专委会 农村电气化专委会 水库经济专委会 水电站经济及水库调度专委会	《福建水力发电》

续表

地方学会名称	会员总数	会员分类					办事机构设置地点	学术专业设置	会刊学报
		教授级高工	高工	工程师	助理工程师	其他			
河南省水力发电工程学会	910	63	430	350	45	22	郑州市金水路黄河水利委员会		
湖北省水力发电工程学会	4263						武汉市武汉大学水电学院	水能规划及动能经济专委会 水工及水电站建筑物专委会 水工水力学专委会 水利水电工程施工专委会 水电站运行管理专委会 水力机械专委会 水电站电气及自动化专委会	《湖北水力发电》
湖南省水力发电工程学会	3262	160	1450	1474	92	327	长沙市圭塘中南勘测设计研究院	勘测专委会 环保专委会 施工专委会 水库专委会 水电站设备专委会 水电站运行专委会 农村电气化专委会 计算机运行专委会 水工结构与水电站建筑物专委会 水能规划与动能经济专委会	《中南水力发电》
广东省水力发电工程学会	1489	58	637	572	195	27	广州市五羊新城寺右南二街四巷3号广东省电力公司	水能利用专委会 水工及水电站建筑专委会 水电建设管理及施工专委会 水电站运行与自动化专委会 风电及新能源专委会 评优工作专委会	
四川省水力发电工程学会	2115	187	972	853	81	22	成都市东风路2段17号四川省电力公司	地质勘探专委会 运行专委会 工程造价专委会 施工专委会 水工专委会 规划专委会 水机专委会	《四川水力发电》
贵州省水力发电工程学会	1215	52	469	517	131	46	贵阳市新华路9号乌江水电开发有限责任公司	水资源及水能规划专委会 地质与勘探专委会 水工及水电站建筑物专委会 水电站建设及工程经济专委会 金属结构及水力机械专委会 施工管理专委会 水库经济专委会 水电站运行管理专委会 小水电技术专委会	《贵州水力发电》
云南省水力发电工程学会	1997	142	645	856	278	76	昆明市拓东路49号云南电力公司	水工及水电站建筑物专委会 水能规划及动能经济专委会 水电站电气及自动化专委会 水力机械及金属结构专委会 施工机械及施工管理专委会 水电站运行管理专委会 工程经济定额预算专委会 地质及勘测专委会	《云南水力发电》

续表

地方学会名称	会员总数	会员分类					办事机构设置地点	学术专业设置	会刊学报
		教授级高工	高工	工程师	助理工程师	其他			
陕西省水力发电工程学会	1246	113	593	485	47	8	西安市丈八东路18号西北勘测设计研究院	水工专委会 水能规划及动能经济专委会 工程地质勘测专委会 小水电专委会 机电运行专委会 水电施工专委会 通航专委会 工程经济定额预算专委会 水电站自动化专委会 环评及环境保护专委会	《西北水力发电》[西北五省(区)联合办刊]
甘肃省水力发电工程学会	1207	23	396	430	111	247	兰州市七里河西津东路38号甘肃省电力公司	水能规划与动能经济专委会 地质与勘探专委会 水力机械专委会 水电站运行管理专委会 小水电专委会 水工与施工专委会	《甘肃电力技术》、《西北水力发电》
宁夏水力发电工程学会	438	16	170	211	20	21	银川市长城东路288号宁夏电力公司	水电站运行专委会 水力机械气蚀磨损专委会 电气自动化专委会 水工专委会 水电施工专委会	《西北水力发电》
青海省水力发电工程学会	981	18	287	410	175	91	西宁市五四西路43号黄河上游水电开发公司	水电工程经济定额预算专委会 小水电专委会 水工专委会 水能经济专委会	《青海水力发电》

（中国水力发电工程学会秘书处）

中国水利学会
Chinese Hydraulic Engineering Society

地　　址　北京市白广路二条2号

邮政编码　100053

电子信箱　jqzhao@mwr.gov.cn

主页网址　http://www.ches.org.cn

电　　话　010－63204555/63202163

传　　真　010－63202154

理 事 长　朱尔明

副理事长　郑守仁　陈效国　赵春明　曹右安　曹广晶　高季章　张瑞凯　张长宽

秘 书 长　李赞堂

刊物及主编　《水利学报》　主编　陈炳新

《泥沙研究》　主编　杜国翰

《岩土工程学报》　主编　沈珠江

《水科学进展》　主编　胡四一

《灌溉排水学报》　主编　庞鸿宾

单位简介

中国水利学会的前身是中国水利工程学会，成立于1931年4月，其宗旨为联络水利工程同仁，研究水利学术，促进水利建设。1931～1947年，共举行年会11次，会员发展到1600多人，还在美国成立了分会。学会为当时统一水政、厘定水利法规、裕筹水利经费、培植水利人才做了许多努力。并创办学术刊物《水利》，编印水利丛书，编订水工名词，建立奖学金等。

中华人民共和国成立后，为了广泛地团结水利科技人员，促进水利科技事业的发展，在20世纪50年代初，水利学术界的一些有识之士，就有重建水利学会之意。在张含英、须恺、郝执斋等人的倡议和努力下，1957年4月，中国水利学会召开了第一次全国会员代表大会，并正式更名为中国水利学会。1958年，加入中国科协。1962年10月在北京召开了中国水利学会第二次全国代表大会。“文革”期间，学会被迫停止活动。后于1978年组成了临时常务理事会。1981年2月、1985年10月、1989年12月、1993年12月、1999年3月、2004年4月，先后召开了第三、四、五、六、七、八次全国会员代表大会。张含英任第一、二届理事长，第三、四届名誉理事长；严恺任第三、四届理事长，第五届名誉理事长；钱正英任第五届名誉理事长；杨振怀任第五届理事长，第六届名誉理事长：严克强任第六届理事长；汪恕诚任第七、八届名誉理事长；朱尔明任第七、八届理事长。

70余年来，中国水利学会不断发展壮大。截至2004年底，中国水利学会已拥有9个工作委员会、39个专业委员会、31个省级学会、6个国际学术机构的中国国家组织和58个团体会员，全国会员总数8.7万人。

2004年12月，中国水利学会被民政部授予“全国先进民间组织”的称号。

中国水利学会参加的国际组织有：国际大坝委员会中国大坝委员会（International Commission on Large Dams）、国际水文科学协会中国国家委员会（International Association of Hydrological Sciences）、国际水资源协会中国国家委员会（International Water Resources Association）、国际灌溉排水委员会中国国家委员会（International Commission on lrrigation and Drainage）、国际水利工程与研究协会中国地区分会（International Association of Hydraulic Engineering and Research）、全球水伙伴中国地区技术顾问委员会（Global Water Partnership）。

（中国水利学会　赵洁群）

中国大坝委员会

一、中国大坝委员会管理办法

第一章　总　　则

第一条　国际大坝委员会，英文名称为“INTERNATIONAL COMMISSION ON LARGE DAMS”，缩写为ICOLD。该国际学术组织通过研究技术、经济、财务、环境和社会等方面的问题，促进坝工技术领域及有关的土木工程在规划、设计、施工、运行和维护方面的发展，1928年成立。中国于1974年加入了该组织，是国家会员。

第二条　中国大坝委员会英文名称为“CHINESE NATIONAL COMMITTEE ON LARGE DAMS”，缩写为CHINCOLD，是中国水利学会和中国水力发电工程学会成立的分支机构，是学术性的非盈利性组织，是中国坝工技术领域的国际活动窗口，并代表中国参加国际大坝委员会的各项活动。

第三条　中国大坝委员会（以下简称本会）的宗旨是，在党和政府的领导下，遵守国家宪法、法律法规及方针政策，遵守中国水利学会和中国水力发电工程学会的章程，遵守国际大坝委员会的章程，组织中国专家在国际大坝委员会中进行学术交流与合作，促进坝工及有关土木工程等方面的发展。

第四条　中国大坝委员会的业务主管单位是中国水利学会和中国水力发电工程学会。

第五条　中国大坝委员会的秘书处设在中国水利水电科学研究院，地址为北京市车公庄西路20号，邮政编码为100044。

第六条　中国大坝委员会的会徽是在国际大坝委员会会徽的基础上改进而来的，其中长城是中国的象征，CHINCOLD是中国大坝委员会的英文简称，其他内容等同于国际大坝委员会的会徽。

第二章　工作范围

第七条　中国大坝委员会的工作范围主要有：

1. 积极参加国际大坝委员会的活动，并通过国际大坝委员会下设的技术专业委员会、管理委员会及特别委员会等与各会员国进行交流与合作；

2. 组织中国坝工专家参加国际大坝委员会组织的执行会议、大会和会期中间的其他会议；

3. 组织翻译出版国际大坝委员会有关会议的文件、文集及报告；

4. 根据国际大坝委员会的要求，组织和协调相关研究与试验；

5. 积极组织和协调在中国召开的、由国际大坝委员会支持的有关会议；

6. 开展中国大坝的登记与统计工作；

7. 向中国水利学会和中国水力发电工程学会报告当年的工作总结和下一年度的活动计划；

8. 承办国际大坝委员会委托的其他事项；

9. 承办中国水利学会和中国水力发电工程学会授权或委托的有关事项。

第三章　会　　员

第八条　中国大坝委员会采用会员制。

第九条　凡拥护本办法、愿意参加中国大坝委员会活动的水利水电及相关领域的学术团体、企业、事业和民办单位等，都可以申请，经中国大坝委员会常务机构审核批准即成为单位会员，颁发单位会员证。

第十条 会员的权利和义务：

（一）可以在中国大坝委员会管理办法中规定的业务范围内主动开展或参加各项活动；

（二）可以选派代表参加国际大坝委员会、中国大坝委员会在国内、国外组织的学术活动、技术展览等；

（三）优先取得本会提供的论文集、公报、通讯等学术资料；

（四）优先在中国大坝委员会出版的论文集、公报、通讯等资料上刊登广告；

（五）优先在中国大坝委员会网页上发布有关会议、资料、产品等相关信息；

（六）优先参加本会组织的国际技术考察和技术交流等活动；

（七）执行本会决议，维护本会权益，完成本会委托的工作任务；

（八）按规定缴纳会费。

第十一条 单位会员退会，应向本会提交书面报告，经中国大坝委员会常务机构批准，交回单位会员证，注销其会员资格。退会的单位三年内不得再申请入会。连续两年未按时缴纳会费的单位会员，经提示无效者，视为自动退会。

第十二条 单位会员如有严重违反本会管理办法的行为，经发现，由中国大坝委员会常务机构通过，予以除名。构成犯罪的，依法追究刑事责任。

第三章 组 织 机 构

第十三条 中国大坝委员会设名誉主席一名、主席一名、副主席和指导委员会委员若干名，秘书长一名，副秘书长若干名，主席为中国大坝委员会的全权代表，每届任期五年。

第十四条 中国大坝委员会的常务机构由主席、副主席、指导委员会委员、秘书长、副秘书长组成。中国大坝委员会下设秘书处，并聘用两位专职人员，秘书处负责大坝委员会的日常秘书工作，组织开展有关学术活动和中国大坝委员会职责内的工作以及中国大坝登记和资料收集工作。

第十五条 中国大坝委员会主席、副主席、指导委员会委员、秘书长、副秘书长的人选，应是学术上有成绩，学风正派并热心中国大坝委员会工作的坝工科技工作者或有关企事业的负责人。中国大坝委员会换届时其主席、副主席、指导委员会委员、秘书长、副秘书长的人选由本届常务机构提出换届方案，由业务主管单位商有关部门取得一致后，由业务主管单位批准、聘任，可以连任。

第十六条 中国大坝委员会根据情况派员积极参加国际大坝委员会下设的各种委员会，承担相应的责任和义务，并将选派的单位和专家名单报中国水利学会和中国水力发电工程学会备案。

第十七条 中国大坝委员会选派参加国际大坝委员会设立的各种委员会的承担单位，应尽力提供必要的经费，保证委员按时参加会议和保证完成好所承担的任务。因经济原因或因派不出合适专家参加年会和大会的，在完成工作交接后，可以申请终止其承担的任务。中国大坝委员会将推荐新的单位和专家承担该项工作任务。

第五章 经费管理原则

第十八条 中国大坝委员会的经费来源：

1. 单位会员交纳的会费收入；
2. 政府及有关部门的拨款资助；
3. 企事业单位资助；
4. 承接国际合作项目的收入；
5. 利息；
6. 接受国、内外社会各界的捐赠；
7. 其他合法收入。

第十九条 中国大坝委员会的经费必须用于本办法规定的工作范围和事业的发展，不得在会员中分配。

第二十条 中国大坝委员会暂用中国水利水电科学研究院的财务账号，暂由该院配备具有专业资格的会计和出纳人员兼管中国大坝委员会的财务工作并制订财务管理办法。接受中国水利学会和中国水力发电工程学会及审计部门的监督。

第二十一条 中国大坝委员会的资产，任何单位、个人不得侵占、私分和挪用。

第二十二条 中国大坝委员会的专职工作人员的工资、保险等福利待遇，根据国家有关规定执行。

第六章 终 止 程 序

第二十三条 中国大坝委员会的终止事宜，可按中国水利学会和中国水力发电工程学会的章程的规定办理。

第二十四条 中国大坝委员会终止活动前，须在中国水利学会和中国水力发电工程学会指导下成立清算组织，清理债权债务，处理善后事宜，清算期间，不开展清算以外的活动。

第七章 附 则

第二十五条 本办法由中国水利学会和中国水力发电工程学会批准后实施，办法的修改也应由两个学会批准。

第二十六条 本办法的解释权属中国大坝委员会。

二、第五届中国大坝委员会组织机构

名誉主席:潘家铮　中国工程院、中国科学院院士
主席：陆佑楣　中国工程院院士
副主席（按姓氏笔画排列）：
王柏乐　中国水电工程顾问集团公司原总工程师
田　勇　中国电力投资集团公司总工程师
朱尔明　中国水利学会理事长
沈凤生　水利水电规划设计总院副院长
陈方枢　中国安能建设总公司高级顾问
张廷克　中国华能集团公司副总经理
周大兵　中国水力发电工程学会理事长、中国国电集团公司总经理
林初学　中国长江三峡工程开发总公司副总经理
贺　恭　中国华电集团公司总经理
钟　俊　中国大唐集团公司副总经理
高季章　中国水利水电科学研究院原院长
徐尚阁　长江水利委员会副主任
常务委员（按姓氏笔画排列）：
史立山　国家发展和改革委员会能源局水电与新能源处处长
刘志广　水利部国际合作与科技司处长
陈　飞　中国国电集团公司副总经理
邴凤山　中国水力发电工程学会秘书长
陈洪斌　中国长江三峡工程开发总公司国际合作部主任
李赞堂　中国水利学会秘书长
周厚贵　中国葛洲坝集团公司副总经理
黄新生　二滩水电开发公司原总工程师
秘书长：贾金生　中国水利水电科学研究院副院长

（中国大坝委员会秘书处）

中国电机工程学会
Chinese Society for Electrical Engineering (CSEE)

中国电机工程学会是全国电机工程科学技术工作者自愿组成并依法登记成立的非盈利性的学术性法人社会团体，是我国电机工程科技事业的重要社会力量。中国电机工程学会是中国共产党领导下的全国电机工程科学技术工作者的学术性法人社会团体。它成立于1934年，工作总部设在北京，挂靠国家电网公司，接受中国科学技术协会和中华人民共和国民政部的业务指导和监督管理。国际大电网会议中国国家委员会秘书处设在中国电机工程学会。

理事长：陆延昌

副理事长：陆启洲、王久玲、叶大戟、刘顺达、曹培玺、刘彭龄、田勇、秦定国、郑健超、关志成、张贵行、蔡惟慧

秘书长：吴玉生

常务副秘书长：李若梅

副秘书长：沈江　崔志强

地址　北京市宣武区白广路二条1号
邮政编码　100761
电子信箱　wfcui@sp.com.cn
主页网址　http://www.csee—china.org.cn
电　　话　010—63414320
传　　真　010—63414319

（一）组织机构

全国会员代表大会是中国电机工程学会的最高权力机关，每5年举行一次。

理事会是全国会员代表大会的常设机构，在全国会员代表大会闭会期间领导本会开展工作，对全国会员代表大会负责。理事会每两年至少召开一次会议。

常务理事会是理事会的常设机构，在理事会闭会期间，领导本会开展工作，对理事会负责，常务理事会议每年最少举行一次，由正、副理事长召集。

工作委员会协助理事会工作，其成员由常务理事会聘任。

专业委员会或分会负责组织学术交流、技术咨询和技术培训等活动。

学会的工作机构称为工作总部，负责处理日常工作，对理事会负责，接受挂靠单位领导。

中国电力科学技术奖励办公室设在工作总部。

国际大电网会议中国国家委员会秘书处设在工作总部。

（二）工作委员会

中国电机工程学会下设7个工作委员会：
组织工作委员会
学术工作委员会
科普工作委员会
外事工作委员会
编辑工作委员会
咨询工作委员会
继续教育工作委员会

（三）专业委员会

中国电机工程学会有34个专业委员会，侧重不同的专业领域：
火力发电分会
农村电气化分会
理论电工专业委员会

电工数学专业委员会
能源与信息专业委员会
超导与磁流体发电专业委员会
大电机专业委员会
电力系统专业委员会
高压电专业委员会
城市供电专业委员会
输电线路专业委员会
用电与节电专业委员会
变电专业委员会
可靠性专业委员会
电力环保专业委员会
安全技术专业委员会
带电作业专业委员会
继电保护专业委员会
风力与潮汐发电专业委员会
水电设备专业委员会
电磁干扰专业委员会
动能经济专业委员会
工程经济专业委员会
热电专业委员会
测量技术与仪表专业委员会
电力通讯专业委员会
电站焊接专业委员会
电力土建专业委员会
电力信息化专业委员会
电力建设专业委员会
燃气轮机发电专业委员会
电力统计分会
电力系统自动化专业委员会
核电发电分会

（四）学术活动

中国电机工程学会关注技术热点和实践需求，关注世界科技发展趋势，通过主办形式多样、内容丰富的学术会议，推动电力科技进步与自主创新。

中国电机工程学会组织每年度一次的学术年会，为来自学术界、企业界、制造界的电力科学技术工作者搭建学术交流平台，发表研究成果，讨论关心的课题。

中国电机工程学会组织青年学会论坛，设立青年科技奖，鼓励电力领域的青年科技工作者开拓创新。

坚持学会宗旨，积极开展科技咨询与服务活动。

开展多层面、多种形式、内容充实、主题突出、贴近电机工程实际、围绕电力工业发展的学术会议，展示国际最新的科技发展趋势。

为青年科技工作者及学生组织年度学术会议。

与国际知名学术机构共同举办国际学术会议，如CIGRE、CIRED、IFAC等。

与日本电气工程协会（IEEJ）、韩国电气工程协会（KIEE）和香港电机工程师协会（HKIE）共同举办国际电机工程会议（ICEE）。

（编辑部）

中国能源研究会
China Energy Research Society (CERS)

地　　址　北京市西城区三里河路 54 号
邮政编码　100045
电子信箱　cers@mx. cei. gov. cn
电　　话　010－68511816
传　　真　010－68513097
理 事 长　范维唐
副理事长　邓可蕴　严陆光　何建坤　张玉卓
　　　　　李彦梦　周大地　周小谦　胡见义
　　　　　赵经彻　赵家荣　秦中一　鲍云樵
秘 书 长　鲍云樵
刊物及主编　《能源政策研究》　主编　吴钟瑚
　　　　　《世界能源导报》　主编　鲍云樵
　　　　　《中外石油化工》　主编　鲍云樵

单位简介

中国能源研究会是中国从事能源科学技术的科技工作者自愿结成、依法登记、非盈利性的全国性、学术性社会团体；是中国科学技术协会的组成部分。

中国能源研究会于 1981 年 1 月 5 日在北京成立。1981 年 1 月在北京召开了第一次全国代表大会，林汉雄任第一届理事长。1984 年 10 月在重庆市召开了第二次全国代表大会，朱亚杰任第二届理事长。1990 年 11 月在北京召开了第三次全国代表大会，杨纪珂任第三届理事长。1995 年 8 月在北京召开了第四次全国代表大会，黄毅诚任第四届理事长。2002 年 3 月在北京召开了第五次全国代表大会，范维唐任第五届理事长。28 个省、直辖市、自治区有地方能源研究会组织。

中国能源研究会地热专业委员会是国际地热协会（International Geothermal Association）团体会员。

（编辑部）

中国土木工程学会
China Civil Engineering Society

地　　址　北京市海淀区三里河路 9 号建设

部内
邮政编码 100835
电子信箱 office@cces. net. cn
主页网址 http://www. cces. net. cn
电　　话 010—68311313
传　　真 010—58933953
理 事 长 谭庆琏
副理事长 蔡庆华　胡希捷　徐培福　苑立础　袁　驷
秘 书 长 张　雁
刊物及主编 《土木工程学报》　主编　王　俊

单位简介

中国土木工程学会是依法成立的全国土木工程科学技术工作者的学术性群众团体，是中国科学技术协会的组成部分。

中国土木工程学会成立于1912年，其前身是由我国近代杰出的工程师詹天佑创建的中国工程师学会。著名桥梁及结构工程专家茅以升、李国豪历任理事长。学会拥有一大批从事土木工程建设的著名专家、教授、研究员和科技人员，为发展我国土木工程事业和不断提高科技水平而努力开展各项活动。

中国土木工程学会的主要任务是：开展国内外学术交流；编辑出版科技书刊；开展民间国际科技合作与交流；对国家科技政策和经济建设中的重大问题发挥咨询作用，接受委托开展技术服务；开展继续教育和技术培训工作；普及科学知识，推广先进技术；举荐与表彰奖励优秀科技成果与人才；反映会员的意见和要求；举办为会员服务的事业和活动。

中国土木工程学会现设有个人会员（含普通会员、学生会员、荣誉会员、海外会员）和团体（单位）会员。

中国土木工程学会下属12个专业分会、44个专业委员会。在31个省、自治区、直辖市设有地方学会组织。

中国土木工程学会的综合性学术刊物为《土木工程学报》(月刊)；专业性刊物有《隧道与地下工程》、《城市公共交通》、《煤气与热力》、《防护工程》、《建筑市场与招投标》等。此外，还与其他单位联合出版《岩土工程学报》、《建筑结构》、《施工技术》等刊物。

中国土木工程学会加入了7个国际学术组织：国际桥梁及结构工程协会（IABSE）；国际土力学及岩土工程学会（ISSMCE）；国际隧道协会（ITA）；国际结构混凝土协会（FIP）；国际煤气联盟（IGU）；国际公共交通联合会（UITP）；国际水工业联合会（WEF），为国家会员。与9个国家和地区的学术团体建立了双边合作协议。

中国土木工程学会于1993年设立詹天佑土木工程科技发展基金，得到海内外各界的捐助，用以支持学术和奖励活动。

中国土木工程学会设立的詹天佑土木工程科学技术奖（工程大奖），是经科技部首批核准、建设部认定为全国建设系统工程奖项目，每年评选一次。此外，还设有优秀论文奖和优秀高校毕业生奖。

（编辑部）

中国建筑学会
Architectural Society of China (ASC)

地　　址 北京市三里河路9号
邮政编码 100835
电子信箱 asc@chinaasc. org
b42@cast. org. cn
主页网址 http://www. chinaasc. org
电　　话 010—88082224/88082240/88082239
传　　真 010—88082223/88082222/88082243
理 事 长 宋春华
副理事长 张祖刚　郑时龄　刘松涛　马国馨　崔　恺　张锦秋　许安之　窦以德　叶耀先　沈世钊
秘 书 长 周　畅
刊物及主编
《建筑学报》　主编　周　畅
《建筑结构学报》　主编　王有为
《建筑知识》　主编　窦以德
《工程勘察》　主编　方鸿琪
《建筑经济》　主编　李春敏
《小城镇建设》　主编　高　潮
《工程抗震》　主编　王亚勇
《建筑电气》　主编　张汉武
《暖通空调》　主编　郑远非
《建筑热能通风空调》　主编　陈秉林
《施工技术》　主编　方月映

单位简介

中国建筑学会于1953年10月23日在北京举行成立大会，选举产生了第一届理事会，周荣鑫任理事长。1957年2月19日，在北京召开第二次全国会员代表大会，选举周荣鑫为理事长。1961年12月15日，在湛江召开第三次全国会员代表大会，选举杨春茂为理事长。1966年3月21日，在延安召开第四次全国会员代表大会，选举阎子祥为理事长。1980年10月21日，在北京召开第五次全国会员代表大会，选举杨廷宝为理事长。1983 年 11 月 19 日，在南京召开第六次全国会员代表大会，选举戴念慈为理事长。1987 年 12 月 11 日，在北京召开第七次全国会员代表大会，选举戴念慈为理事长。1992 年 3 月 6 日，在北京召开第八次全国会员代表大会，选举叶如棠为理事长。1996 年 11 月 26 日，在北京召开第九次全国会员代表大会，选举叶如棠为理事长。2000 年 11 月 28 日，召开第十次全国会员代表大会，选举产生了目前的第十届理事会。

中国建筑学会以国家会员的身份，先后于 1955 年、1989 年加入了国际建筑师协会（International Union of Architects，UIA）和亚洲建筑师协会（Architects' Regional Council of Asia），并且积极支持和参加两个国际组织的活动。

中国建筑学会目前拥有个人会员 10 万余人，团体会员单位 300 多个。

中国建筑学会设置有 9 个工作委员会和 20 个分会，在各省、自治区、直辖市部设立有建筑学会或土木建筑学会。

（编辑部）

中国机械工程学会
Chinese Mechanical Engineering Society（CMES）

地　　址　北京市西城区三里河路 46 号
邮政编码　100823
电子信箱　headquarters@cmes. org
主页网址　http://www. cmes. org
　　　　　http://www. cmes. org. cn
电　　话　010－68595316
传　　真　010－68533613/68594829

理 事 长　路甬祥
副理事长　包起帆　朱森第　吴晓华　宋天虎
　　　　　张林俭　李忠海　陈蕴博　林抚生
　　　　　钟群鹏　潘云鹤
秘 书 长　宋天虎（兼）（法人代表）
刊物及主编　《机械工程学报》　主编　宋天虎
　　　　　Chinese Journal of Mechanical Engineering　主编　宋天虎
　　　　　《中国机械工程》　主编　周佑启
　　　　　《特种铸造及有色合金》　主编　袁振国
　　　　　《焊接学报》　主编　成炳煌
　　　　　《材料热处理学报》　主编　侯增寿
　　　　　《无损检测》　主编　王务同
　　　　　《塑性工程学报》　主编　海锦涛

单位简介

中国机械工程学会是由以机械工程师为主体的机械科学技术工作者和在机械工程及其他相关领域从事科研、设计、制造、教学和管理等工作的单位、团体自愿结成并依法登记的社会团体法人，是全国性的非盈利性社会团体，是中国科学技术协会的组成部分。

中国机械工程学会于 1936 年 5 月 21 日在杭州国立浙江大学文理学院召开成立大会，通过了会章，并选举黄伯樵为会长。出版会刊《机械工程》。

中华人民共和国成立之前，韦以黻、程孝刚先后担任中国机械工程学会会长，刘仙洲、石志仁先后担任副会长。

中华人民共和国成立后，由中国机械工程界前辈刘仙洲、石志仁、刘鼎、沈鸿和庄前鼎等发起，重建中国机械工程学会。1951 年 9 月 15～17 日，在北京召开了重建后的第一次中国机械工程学会全国会员代表大会，选举刘仙洲任理事长。1953 年创刊《机械工程学报》。此后，石志仁、刘鼎、汪道涵先后担任理事长。

1981 年 12 月 20 日在北京召开中国机械工程学会第四次全国会员代表大会，沈鸿当选第四届理事长。此后，陶亨咸、陆燕荪、何光远、路甬祥分别当选第五、六、七、八届理事长。

中国机械工程学会现有个人会员 18 万余名，其中高级会员 3000 余名、港澳台会员和海外会员 400 余名，团体会员 4000 余个。下设 32 个专业分会，31 个省、自治区、直辖市设有机械工程学会。

中国机械工程学会代表中国加入了 11 个重要的国际组织，与 22 个国家的 38 个一流学术团体和专业组织签订了双边合作协议，并与 60 余个国家和地区的千余个科研、教学、设计、制造、咨询、中介以及社会公益机构建立了良好的工作关系。

（编辑部）

中国岩石力学与工程学会
Chinese Society for Rock Mechanics and Engineering（CSRME）

地　　址　北京市朝阳区祁家豁子中国科学院地质与地球物理研究所内
邮政编码　100029
电子信箱　csrme@vip. sina. com
主页网址　http://www. csrme. com

电　　话　010—62007351/62008462/62007258
传　　真　010—62007351/62008462
理 事 长　钱七虎
副理事长　白世伟　顾金才　黄鼎成　刘同有
　　　　　唐春安　王梦恕　谢和平　杨林德
　　　　　张超然　冯夏庭
秘 书 长　杨志法
刊物及主编　《岩石力学与工程学报》
　　　　　主编　冯夏庭

单位简介

中国岩石力学与工程学会是全国岩石力学与工程科技工作者的学术性群众团体，是中国科协的组成部分，对外为国际岩石力学学会中国国家小组。

中国岩石力学与工程学会前身是国际岩石力学学会中国小组（NG China，ISRM)，该小组是 1978 年由中国科学院、外交部联合报请国务院批准成立的。在此基础上，1981 年成立了学会筹备组，经过 4 年多的努力，于 1985 年 6 月正式成立了中国岩石力学与工程学会。

第一届（1985～1989 年）理事长兼国家小组组长陈宗基，第二届（1989～1994 年）理事长前为陈宗基、后为潘家铮，第三届（1994～1998 年）理事长兼国家小组组长孙钧，第四届（1999～2003 年）理事长兼国家小组组长王思敬，第五届（2003 年～今）理事长兼国家小组组长钱七虎。钱七虎现任国际岩石力学学会副主席。

（编辑部）

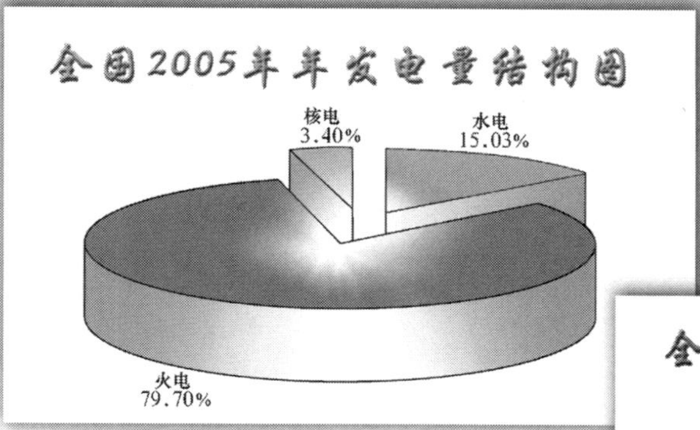
全国2005年年发电量结构图
核电
3.40%
水电
15.03%
火电
79.70%

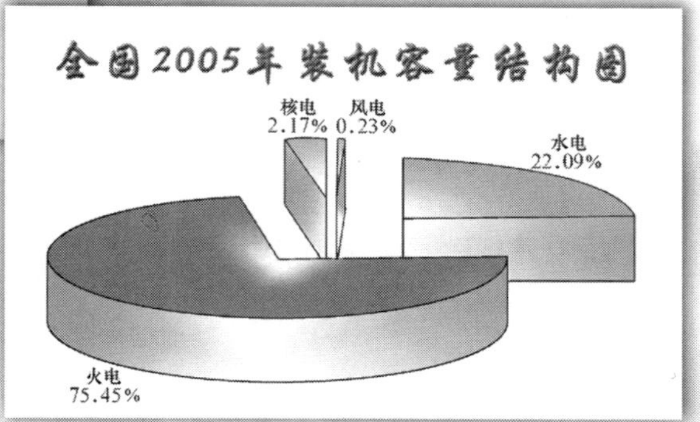
全国2005年装机容量结构图
核电
2.17%
风电
0.23%
水电
22.09%
火电
75.45%

19

统计资料

2005年全国新开工大中型水电站的主要指标表

水电站名称	溪洛渡水电站	锦屏一级水电站
建设地点、所在河流	四川雷波县和云南永善县交界的金沙江干流上	四川省凉山州木里县和盐源县交界处、雅砻江干流上
控制流域面积(km^2)	454400	102600
多年平均流量(m^3/s)	4570	1220
工程及建筑物等级	一等大(1)型	一等大(1)型
坝型	混凝土双曲拱坝	混凝土双曲拱坝
最大坝高/坝顶高程(m)	278.00/610.0	305/1885
正常蓄水位/死水位(m)	600.00/540	1880/1800
总库容/调节库容(亿 m^3)	126.7/64.6	77.6/49.1
水库调节性能	不完全年调节	年调节
设计/校核洪水标准 P(%)	0.1/0.01	0.2/0.02
设计/校核洪水流量(m^3/s)	43700/52300	12800/15400
主要泄洪设施/孔数—宽×高(m×m)	溢流表孔/7—12.5×13.5、泄洪洞/4—6×6.7、竖井泄洪洞/1—14×12	表孔/4—11×12、深孔/5—5×6、泄洪洞/1—待定
隧洞长度/洞径(m)	左岸:313.65～424.19/10、右岸:306.64～377.04/10	
厂房型式	地下厂房	地下厂房
厂房尺寸(长×宽×高)(m×m×m)	381.03×28.40×75.10	284.8×25.5×66.7
水头:最大/设计/最小(m)	226/186/155	240.00/200.00/153.00
主机型号	HL(1535.5)—LJ—750	HU(148.5)—LJ—655
机组台数×单机容量(万 kW)	18×70	6×60
装机容量(万 kW)	1260	360
保证出力(万 kW)	339.5	108.6
年发电量(亿 kW·h)	571.2	166.2
综合利用	发电、拦沙、防洪	主要任务是发电
淹没耕地(亩)/迁移人口(人)	41843.21/39467	14095/4841
开挖土石方(万 m^3)	3543.45	1853.89
填筑土石方(万 m^3)	268.56	111.81
混凝土总量(万 m^3)	1305.36	742.47
静态投资(亿元)	461.25	183.7166
动态投资(亿元)	607.6389	232.3229
单位千瓦投资(元)(静态)	3660	
投资方及投资比例		
开工时间(年.月)	2005.12	2005.11
计划首台/末台机组投产时间(年.月)	2014.10/2018.12	2012/2014
业主单位	中国长江三峡工程开发总公司	二滩水电开发有限责任公司
设计单位	中国水电顾问集团成都勘测设计研究院	中国水电顾问集团成都勘测设计研究院
监理单位	二滩国际工程咨询有限公司、中国水利水电工程建设咨询中南公司、长江三峡技术经济发展有限公司	长江水利委员会监理中心、中国水利水电建设工程咨询西北公司
主要施工单位	水电八局、水电四局、葛洲坝集团公司、水电十四局等	葛洲坝集团公司、水电七局、水电十四局、水电十一局、水电四局等

续表

水电站名称	察汗乌苏	拉西瓦
建设地点、所在河流	新疆静县境内开都河中游河段	青海省贵德县与贵南县交界处，黄河干流上
控制流域面积(km^2)	17735	132160
多年平均流量(m^3/s)	99.2	659
工程及建筑物等级	二等大(2)型工程	一等大(1)型工程
坝型	混凝土面板砂砾石坝	混凝土双曲拱坝
最大坝高/坝顶高程(m)	110/1654.00	250/2460
正常蓄水位/死水位(m)	1649.00/1620.00	2452/2440
总库容/调节库容(亿m^3)	1.25/0.724	10.79/1.5
水库调节性能	不完全年调节	日调节
设计/校核洪水标准P(%)	0.2/0.01	0.1/0.02
设计/校核洪水流量(m^3/s)	2290/3500	4250/6310
主要泄洪设施/孔数—宽×高(m×m)	溢洪洞/1—10×13.0、泄洪洞/1—有压段直径6.5m、无压段7×9	3个表孔、2个深孔
隧洞长度/洞径(m)	3461.17/8.5	
厂房型式	地面厂房	地下厂房
厂房尺寸(长×宽×高)(m×m×m)	78.25×22.6×47.78	309.75×30×73.84
水头:最大/设计/最小(m)	150/130(额定)/110	额定水头205m
主机型号	HL(199)—LJ—320	
机组台数×单机容量(万kW)	3×10	6×70
装机容量(万kW)	30	420
保证出力(万kW)	4.99	99
年发电量(亿kW·h)	11.01	102.23
综合利用	发电、防洪	主要是发电
淹没耕地(亩)/迁移人口(人)	草场803/0	421.8/1650
开挖土石方(万m^3)	294.69	805.66
填筑土石方(万m^3)	409.28	
混凝土总量(万m^3)	35.07	373.4
静态投资(亿元)	16.4752	121
动态投资(亿元)	20.9408	145
单位千瓦投资(元)(静态)		2881
投资方及投资比例		
开工时间(年.月)	2005.3	2005.12
计划首台/末台机组投产时间(年.月)	2007.10/2008.10	2008.12/2010.12
业主单位	国电新疆开都河流域水电开发有限公司	黄河上游水电开发有限公司
设计单位	中国水电顾问集团西北勘测设计研究院	中国水电顾问集团西北勘测设计研究院
监理单位	长江水利委员会工程建设监理中心	北京华源资询公司、东北勘测设计研究院、中国水利水电工程建设咨询北京公司
主要施工单位	安能建设总公司、葛洲坝集团公司、水电十五局等	葛洲坝集团公司、水电四局、水电三局、水电十一局等

续表

水电站名称	白莲河抽水蓄能电站	黑麋峰抽水蓄能电站
建设地点、所在河流	湖北黄冈市罗田县	湖南长沙望城县
控制流域面积(km^2)	上库集雨面积 2.71	上库集雨面积:1.12 下库流域面积 11.2
多年平均流量(m^3/s)		上库 0.026 下库 0.262
工程及建筑物等级	一等大(1)型工程	一等大(1)型工程
坝型	上库主坝为混凝土面板堆石坝	上下库主坝为混凝土面板堆石坝
最大坝高/坝顶高程(m)	上库 59.4/312.2 下库	上库主坝 64.5/404.5 下库主坝 79.50/107.5
正常蓄水位/死水位(m)	上库 308/291 下库 104/91	上库 400/376.50 下库 103.70/65.00
总库容/调节库容(亿 m^3)	上库 0.2496/0.1663 下库 12.32/5.72	上库 0.0996/0.0843 下库 0.0959/0.0843
水库调节性能	下库多年调节	
设计/校核洪水标准 P(%)		上、下库 0.5/0.1
设计/校核洪水流量(m^3/s)		上库 16.4/19.6 下库 93.5/113
主要泄洪设施/孔数—宽×高(m×m)		下库泄洪洞/1—3.8×4.0
隧洞长度/洞径(m)	1045—1064/9.0	941.84/8.5
厂房型式	地下厂房	地下厂房
厂房尺寸(长×宽×高)(m×m×m)	146.40×21.85×50.883	136×27×52.7
水头:最大/设计/最小(m)	212.84/195/177.56,最大扬程 222.58m,最小扬程 190.97	334.4/295(额定)/266.6
主机型号	HLN—LJ—550	HLNTP—LJ—512、SFD300—20/700
机组台数×单机容量(万 kW)	4×30	4×30
装机容量(万 kW)	120	120
保证出力(万 kW)		
年发电量(亿 kW·h)	年发电电量 9.67 年抽水电量 12.89	年发电电量 16.06 年抽水电量 21.41
综合利用	调峰、填谷、调频、调相	调峰、填谷、调频、调相、事故备用
淹没耕地(亩)/迁移人口(人)	上库 835/1019	1568/1157
开挖土石方(万 m^3)	281.68	607
填筑土石方(万 m^3)	102.89	316
混凝土总量(万 m^3)	33.80	33
静态投资(亿元)	27.87	30.24
动态投资(亿元)	30.72	
单位千瓦投资(元)(静态)	2323	
投资方及投资比例		
开工时间(年.月)	2005.3	2005.5
计划首台/末台机组投产时间(年.月)	2008.9/2009.9	2008/2009
业主单位	湖北白莲河抽水蓄能有限责任公司	五凌电力有限公司
设计单位	中国水电顾问集团中南勘测设计研究院	中国水电顾问集团中南勘测设计研究院
监理单位	中国水利水电工程建设咨询西北公司	中国水利水电工程建设咨询中南公司
主要施工单位	安能建设总公司、水电一局、葛洲坝集团公司、水电八局等	水电十二局、葛洲坝集团公司、水电九局等

续表

水电站名称	广东惠州抽水蓄能电站	彭水水电站
建设地点、所在河流	广东省惠州市博罗县罗阳镇	重庆市彭水县乌江干流上
控制流域面积(km^2)		69000
多年平均流量(m^3/s)		1300
工程及建筑物等级	一等大(1)型工程	一等大(1)型工程
坝型	上下水库主坝均为碾压混凝土重力坝	弧形碾压混凝土重力坝
最大坝高/坝顶高程(m)	上水库主坝 56.1/764.36 下水库主坝 61.17/234.69	116.5/301.5
正常蓄水位/死水位(m)	上水库 762/740 下水库 231/205	293.00/278.00
总库容/调节库容(亿 m^3)	上水库 0.3171/0.2739 下水库 0.3190/0.2766	14.65/5.18
水库调节性能	周调节	年调节
设计/校核洪水标准 P(%)		0.2/0.02
设计/校核洪水流量(m^3/s)		33900/42200
主要泄洪设施/孔数—宽×高(m×m)		表孔/9—14×24.5
隧洞长度/洞径(m)	A厂 1701.158/8.5 B厂 1649.097/8.5	467/14—9.89
厂房型式	地下厂房	地下厂房
厂房尺寸(长×宽×高)(m×m×m)	A厂 152×21.5×49.4 B厂 154.5×21.5×49.4	252×28.5×76.5
水头:最大/设计/最小(m)	554.30/501/487.76	81.6(毛水头)/67(额定)/53.60(毛水头)
主机型号	单级可逆式水泵水轮电动发电机组	HLF169AO—LJ—768 SF350—70/15880
机组台数×单机容量(万 kW)	2×4×30	5×35
装机容量(万 kW)	240	175
保证出力(万 kW)		
年发电量(亿 kW·h)	年发电电量 43.08 年抽水电量 56.76	63.51
综合利用		发电、防洪、航运
淹没耕地(亩)/迁移人口(人)	5415.9/	15700/21781
开挖土石方(万 m^3)	403.88	1237.52
填筑土石方(万 m^3)		115.03
混凝土总量(万 m^3)	88.79	289.56
静态投资(亿元)	70.3632	104.5908
动态投资(亿元)	80.5751	118.0338
单位千瓦投资(元)(静态)	2932	5977
投资方及投资比例		
开工时间(年.月)	2005.1	2005.9
计划首台/末台机组投产时间(年.月)	2008.9/2010.12	2007.10/2008.12
业主单位	南方电网调峰调频发电公司	重庆大唐彭水水电开发有限公司
设计单位	广东水利电力勘测设计研究院	长江水利委员会长江勘测规划设计研究院
监理单位	中国水利水电工程咨询中南公司	中国水利水电建设工程咨询西北公司、黄河水利委员会勘测规划设计有限公司
主要施工单位	水电十四局、水电八局、广东水电二局有限公司	水电十四局、水电十一局、水电八局、水电七局

(电力建设工程质量监督总站 朱家鹏)

2005年全国水电增长情况表

全国及各省、自治区、直辖市	装机容量（万kW）			发电量（亿kW·h）		
	总 量	水 电	水电增长率（%）	总 量	水 电	水电增长率（%）
全 国	51718.48	11738.79	11.54	24957.26	3963.96	19.76
北 京	491.09	105.34	−0.24	213.90	4.26	22.53
天 津	617.89	0.50	0.00	372.57	0.08	
河 北	2316.57	78.45	0.09	1338.57	4.61	−12.16
山 西	2307.48	78.30	−0.54	1311.97	20.32	0.00
内蒙古	1995.02	56.79	0.00	1056.59	11.28	38.78
辽 宁	1753.84	140.39	−0.01	904.21	56.73	43.71
吉 林	1016.55	372.07	3.32	433.43	78.30	27.38
黑龙江	1247.48	84.67	0.25	606.67	17.98	34.36
上 海	1336.68			741.62		
江 苏	4270.79	14.26	12.71	2120.00	3.27	0.09
浙 江	3774.34	695.21	8.32	1456.42	135.11	58.12
安 徽	1224.78	73.96	6.76	648.89	12.52	2.05
福 建	1762.23	822.49	14.55	778.14	290.89	88.19
江 西	892.50	301.90	18.40	373.49	67.88	74.49
山 东	3742.65	5.15	1.29	1911.39	1.30	217.51
河 南	2880.77	253.99	4.18	1381.81	70.54	2.47
湖 北	2741.52	1788.89	18.35	1289.80	813.65	17.05
湖 南	1506.03	784.86	5.38	644.41	241.28	−0.45
广 东	4808.18	903.57	5.26	2278.59	207.74	47.19
广 西	1101.66	608.53	20.73	446.04	195.82	13.66
海 南	211.48	57.41	2.10	82.19	10.50	−10.80
重 庆	567.62	191.16	35.78	253.70	67.32	18.74
四 川	2245.56	1495.96	11.78	1018.77	653.35	10.92
贵 州	1686.78	723.30	4.88	797.65	213.35	−8.74
云 南	1275.15	799.90	13.32	605.09	332.28	13.21
西 藏	48.18	41.90	3.84	13.88	12.64	16.11
陕 西	1166.44	197.81	5.42	548.80	50.54	−28.23
甘 肃	985.73	400.59	12.33	505.44	164.37	36.44
青 海	571.18	482.50	19.04	222.35	167.05	50.89
宁 夏	518.35	42.93	17.22	308.73	16.68	69.59
新 疆	654.00	136.00	39.77	310.14	42.33	15.40

（中国电力企业联合会 刘伟涛 吴华旻 薛 静）

2005年水电施工企业完成产值及工程量表

单位名称		企业总产值（千元）	企业建筑业总产值（千元）	实物工程量					
				土方（万m^3）	石方（万m^3）	混凝土（万m^3）	金属结构安装（t）	水电机组投产	
								（台）	（万kW）
中国葛洲坝集团公司		10106681		10310		474	33886	10	43.45
中国水利水电建设集团公司	集团公司总部	472240	472240	—	—	—	—	—	—
	中国水利水电第一工程局	1419650	1399980	493.9	626.3	110.2	8270.3	0	0
	中国水利水电第二工程局	845910	706450	55.8	24.7	26.4	4379.6	0	0
	中国水利水电第三工程局	2142670	2106310	715.2	1327.6	215.5	18932.9	9	21.1
	中国水利水电第四工程局	2224240	2042320	429.5	890.5	185.9	26376.3	8	238.5
	中国水利水电第五工程局	1888000	1370240	699.2	980.9	194.9	18062.1	1	3.0
	中国水利水电第六工程局	1334260	1324290	376.1	670.7	94.5	6223.2	5	47.8
	中国水利水电第七工程局	4090390	2916130	669.9	933.6	306.4	25446.0	14	86.0
	中国水利水电第八工程局	3524650	3371470	794.5	1156.3	399.9	24950.0	7	128.3
	中国水利水电第九工程局	1248020	1181210	300.2	833.7	99.5	4238.7	0	0
	中国水利水电第十工程局	840560	628780	97.6	134.6	44.5	12018.3	21	31.6
	中国水利水电第十一工程局	2360300	1702140	1010.1	435.2	134.2	8771.5	5	22.8
	中国水利水电第十二工程局	934890	913000	382.5	1705.5	83.8	4336.2	6	4.8
	中国水利水电第十三工程局	1745300	821240	2030.8	11.3	40.5	913.0	0	0
	中国水利水电第十四工程局	3034080	2537170	309.8	1020.5	203.5	24656.0	5	3.8
	中国水利水电第十五工程局	1115980	886960	368.0	617.0	80.0	0	0	0
	中国水利水电闽江工程局	1276880	1162770	314.7	513.8	84.5	5780.0	19	40.9
	中国水利水电基础工程局	455750	444980	38.3	0	23.2	0	0	0
中国人民武装警察部队水电指挥部	中国人民武装警察部队水电指挥部（中国安能建设总公司）	3028750	2980958	1219.93	1342.24	253.28	7160.00		
	中国人民武装警察部队水电第一总队（江南水利水电工程公司）	844381	844381	394.44	563.13	143.39	485.00		
	中国人民武装警察部队水电第二总队（江夏水电工程公司）	745530	754440	574.59	445.65	57.93	3142.00	3	40.5
	中国人民武装警察部队水电第三总队（安蓉建设总公司）	653284	605190	166.90	285.46	40.41	1600.00		
	中国人民武装警察部队水电三峡工程指挥部（宜昌安能水利水电有限责任公司）	416129	335414	84.00	48.00	11.55	1933.00		

（中国葛洲坝集团公司　中国水利水电建设集团公司　中国人民武装警察部队水电指挥部）

2005年大型及部分中型水电站机组投产项目表

年份		当年统计		投产项目 [水电站名称 台数×单机容量（万kW）]	累计 （万kW）
		台数	装机容量 （万kW）		
2005	大中型	35	566.3	三峡3×70，公伯峡2×30，索风营2×20，紫坪铺2×19，苏只1×7.5，小天都1×8，冶勒2×12，小峡2×5.75，黄龙滩扩机1×17，回龙蓄能2×6，松树岭4×1.25，周宁2×12，吉林台一级2×11.5，乐滩3×15，平班2×13.5，阿鸠田1×3.5，马鹿圹1×5，沙坡头2×2.9	7860.42

（电力建设工程质量监督总站 朱家鹏）

2005年全国农村水电装机及发电量情况表

行政区划	装机容量		发电量	
	kW	占全国百分比（%）	万kW·h	占全国百分比（%）
全 国	43090145	100.00	13571702	100.00
北 京	42920	0.10	2675	0.02
天 津	5000	0.01	42	0.00
河 北	339262	0.79	35233	0.26
山 西	151730	0.35	27853	0.21
内蒙古	52730	0.12	8826	0.07
辽 宁	350879	0.81	118563	0.87
吉 林	374973	0.87	124821	0.92
黑龙江	230585	0.54	54496	0.40
江 苏	59786	0.14	5605	0.04
浙 江	2803274	6.51	693396	5.11
安 徽	632092	1.47	115149	0.85
福 建	5337924	12.39	1756630	12.94
江 西	1776889	4.12	450785	3.32
山 东	68228	0.16	12129	0.09
河 南	334583	0.78	81962	0.60
湖 北	2286676	5.31	613942	4.52
湖 南	3578768	8.31	1138861	8.39
广 东	5507352	12.78	1516225	11.17
广 西	2817420	6.54	808069	5.95
海 南	252024	0.58	52678	0.39
重 庆	1281367	2.97	510816	3.76
四 川	5933084	13.77	2371494	17.47
贵 州	1254407	2.91	464236	3.42
云 南	4255881	9.88	1563216	11.52
西 藏	422440	0.98		0.00
陕 西	655588	1.52	213501	1.57
甘 肃	922361	2.14	352473	2.60
青 海	337993	0.78	167563	1.23
宁 夏	3200	0.01	800	0.01
新 疆	748944	1.74	199281	1.47
新疆兵团	165185	0.38	63819	0.47
部直属	106600	0.25	46563	0.34

（水利部农村水电及电气化发展局 赵 虹）

2004年大中型水电厂生产运行情况表

水电厂名称		发电运行情况					水库运行情况			
		总装机容量	年发电量	平均耗水率	单位发电成本	等效可用系数	年入库总水量	发电用水量	年末水位	年末库容
		万kW	亿kW·h	m^3/(kW·h)	元/(MW·h)	%	亿m^3	亿m^3	m	亿m^3
1	潘家口蓄能电厂	27.00	0.20	9.57		95.43	6.84	1.68	188.93	5.55
2	广州蓄能水电厂	240.00	30.86	0.79	687.35	90.74	0.27	24.38	814.40	0.31
3	北京十三陵蓄能电厂	80.00	3.07			98.61				
4	响洪甸抽水蓄能电厂	8.00	1.45	7.57	480.00		9.81	11.00	123.34	11.87
5	天荒坪抽水蓄能电厂	180.00	25.05		429.60	91.46				
6	沙河抽水蓄能电站	10.00	2.24	3.80	470.00	92.20		8.50		
7	天桥水电厂	12.80	4.93	22.00	76.83		111.70	110.30	834.00	0.07
8	万家寨水电厂	108.00	20.40	6.12	137.00		121.40	116.00	970.00	5.80
9	白山水电厂	170.00	20.11			92.43				
10	其中：白山	150.00	15.98	4.02		92.31	64.12	64.30	398.65	34.29
11	红石	20.00	4.13	17.28		93.38	75.25	71.32	290.14	1.65
12	松江河（小山）水电厂	16.00	2.96	4.35	426.90	96.03	5.74	12.89	681.80	0.93
13	云峰水电厂	40.00	17.34	4.55	79.41	93.22	91.04	78.99	304.40	24.23
14	太平哨水电厂	16.10	3.57	11.57	245.23	94.41	49.32	44.17	191.20	1.60
15	佛子岭水电厂									
16	其中：佛子岭	4.01	0.69	14.26	343.52	88.56	15.50	9.88	102.92	0.69
17	磨子潭	2.00	0.40	9.05		95.68	4.50	3.61	151.78	0.21
18	梅山水电厂	4.00	1.08	9.20	239.00	97.32	11.47	11.91	121.81	10.06
19	港口湾水电厂	6.00	0.54	9.46	302.00	93.64	5.15	5.37	120.23	1.81
20	富春江水电厂	29.72	4.46	25.62	296.26	75.64	118.00	114.00	22.92	4.40
21	紧水滩水电厂									
22	其中：紧水滩	30.00	2.90	5.80	569.45	96.46	17.11	16.81	169.21	6.07
23	石塘	7.80	1.04	19.78	349.51	95.38	20.53	20.51	101.61	0.68
24	乌溪江水电厂									
25	其中：湖南镇	28.50	2.58	4.40	356.00	98.30	13.18	11.35	201.22	6.70
26	黄坛口	8.20	0.84	14.26	356.00	93.90	12.81	11.98	114.86	0.79
27	水口水电厂	140.00	32.61	7.66	169.00	92.51	254.65	249.82	61.68	20.20
28	沙溪口水电厂	30.00	5.58	20.18	156.23	91.34	120.10	112.65	86.59	1.31
29	万安水电厂	40.00	6.44	20.20	333.30	93.12	150.20	141.64	93.73	9.00
30	东津水电厂	6.00	0.74	7.79	771.84	90.90	6.09	5.79	170.36	2.37
31	小浪底水电厂	180.00	50.15	3.56		91.00	167.00	178.99	251.08	59.23

续表

水电厂名称		发电运行情况					水库运行情况			
		总装机容量	年发电量	平均耗水率	单位发电成本	等效可用系数	年入库总水量	发电用水量	年末水位	年末库容
		万kW	亿kW·h	m^3/(kW·h)	元/(MW·h)	%	亿m^3	亿m^3	m	亿m^3
32	三门峡水电厂	41.00	12.85	12.05		86.75	196.21	154.96	317.40	4.14
33	故县水电厂	6.00	1.37	6.00	298.00	96.10	7.80	8.24	531.07	5.77
34	葛洲坝水电厂	271.50	170.10			92.12	4157.0			
35	丹江口水电厂	90.00	33.43	8.24			289.44	272.45	151.92	139.27
36	隔河岩水电厂	121.20	21.98	4.11		93.56	92.16	90.44	179.47	18.44
37	高坝洲水电厂	27.00	8.16	11.70		92.62	102.26	95.45	78.67	3.67
38	黄龙滩水电厂	15.00	6.81	5.70	77.25	98.47	52.35	43.88	243.67	8.00
39	白莲河水电厂	4.50	0.40	11.04	375.00	96.11	8.02	5.02	90.71	2.21
40	东江水电厂									
41	其中：大东江	51.50	7.56	4.25	196.48	94.32	32.15	32.11	261.87	49.14
42	小东江	5.50	0.60	37.14	196.48	96.76	32.74	32.74	146.83	0.10
43	大源渡水电厂	12.00	5.41	49.00	235.20		377.60	265.00	49.50	4.18
44	马迹塘水电厂	5.55	2.76	67.39	216.76	87.53	193.28	149.00	55.43	0.11
45	新丰江水电厂	31.50	4.19	7.54	189.81	94.08	32.60	31.59	100.36	59.89
46	枫树坝水电厂	16.00	2.57	7.28		96.26	21.35	18.72	151.31	8.97
47	流溪河水电厂	4.80	0.94	4.33	213.42	98.31	4.19	4.08	226.76	2.10
48	长湖水电厂	7.60	1.97	12.88	218.57	91.83	26.23	25.31	60.30	1.16
49	长潭水电厂	6.00	0.51	12.20	425.90	93.30	8.55	6.20	142.09	0.83
50	岩滩水电厂	121.00	49.49	6.92	76.19	86.95	424.26	342.44	218.82	21.64
51	大化水电厂	45.60	20.25	17.00	64.57	95.03	426.05	344.27	153.97	3.36
52	西津水电厂	24.22	7.44	30.32	60.60	94.89	263.00	225.00	61.08	10.63
53	百龙滩水电厂	19.20	9.00	35.20	134.88	93.59	459.06	318.97	123.73	0.60
54	麻石水电厂	10.00	3.83	25.40	82.21	99.19	169.80	97.76	133.70	1.51
55	牛路岭水电厂	8.00	1.12	7.96	221.10	90.35	7.40	8.88	82.84	
56	乌江渡水电厂	117.00	40.59	3.67		96.23	116.15	114.69	734.49	11.66
57	东风水电厂	53.00	20.30	3.61	95.84	91.93	79.47	73.36	949.81	5.40
58	天生桥一级水电厂	120.00	39.04			94.91	147.17	142.42	766.55	62.91
59	天生桥总厂（二级）	132.00	62.72	2.25	144.30	93.13	140.89	140.85	643.76	0.15
60	红枫水电总厂	23.90	6.60	7.14	143.82	96.7				
61	洪家渡水电厂	60.00	5.45	3.68	146.63	91.73	37.26	20.05	1076.93	11.66
62	引子渡水电厂	36.00	8.76	4.94	63.90	82.83	42.74	41.96	1052.34	1.37
63	绿水河水电厂	6.55	3.36	1.37	115.51	92.88	5.60	4.60	476.84	
64	柴石滩水电厂	6.00	1.34	6.62	122.43	95.00	8.07	8.92	1634.90	2.85
65	二滩水电厂	330.00	158.02	2.35	73.84	94.56	547.41	371.07	1199.89	57.82

续表

水电厂名称		发电运行情况					水库运行情况			
		总装机容量	年发电量	平均耗水率	单位发电成本	等效可用系数	年入库总水量	发电用水量	年末水位	年末库容
		万kW	亿kW·h	m³/(kW·h)	元/(MW·h)	%	亿m³	亿m³	m	亿m³
66	映秀湾水力发电总厂	45.45	23.71	3.71	90.87	91.50	158.61	87.86		
67	其中：映秀湾	13.45	7.60	8.12		91.50	122.87	61.69		
68	渔子溪	16.00	8.38	1.59		91.50	18.23	13.34		
69	耿达	16.00	7.73	1.66		91.51	17.51	12.83		
70	南桠河水电厂	12.00	5.28	1.60		86.21	10.55	8.45		
71	安康水电厂	80.00	21.00	5.67	133.35	93.49	131.10	129.31	329.13	24.44
72	石泉水电厂	22.50	5.24	10.37	120.83	95.07	56.97	54.32	406.52	2.22
73	大峡水电厂	30.00	13.86	14.89		94.15	223.33	206.30	1479.51	0.42
74	小峡水电厂	11.50	1.49	24.15		99.55	15.21	14.11	1498.68	0.46
75	碧口水电厂	30.00	7.87	5.60	124.67	97.06	49.84	50.15	701.18	1.29
76	李家峡水电厂	160.00	43.62	3.27	104.22	90.31	142.37	142.36	2178.84	16.12
77	龙羊峡水电厂	128.00	36.97	3.94	111.17	89.59	150.45	145.72	2567.53	138.22
78	公伯峡水电厂	60.00	8.97	4.09	88.23	99.94	61.89	36.56	2000.93	4.69

（各水电厂提供资料）

2005年大中型水电厂生产运行情况表

水电厂名称		发电运行情况					水库运行情况			
		总装机容量	年发电量	平均耗水率	单位发电成本	等效可用系数	年入库总水量	发电用水量	年末水位	年末库容
		万kW	亿kW·h	m³/(kW·h)	元/(MW·h)	%	亿m³	亿m³	m	亿m³
1	潘家口蓄能电厂	27.00	0.60	7.26		96.87	14.67	4.62	215.31	16.64
2	广州蓄能水电厂	240.00	32.70	0.79	684.66	90.92	0.33	25.83	815.82	0.32
3	北京十三陵蓄能电厂	80.00	3.35			93.19				
4	响洪甸抽水蓄能电厂	8.00	1.33	7.58	510.00		15.08	10.00	124.47	11.96
5	天荒坪抽水蓄能电厂	180.00	26.38		564.03	87.65				
6	沙河抽水蓄能电站	10.00	2.14	3.80	450.00	92.30		8.10		
7	天桥水电厂	12.80	5.56	22.35	72.15		135.05	124.35	834.00	0.09
8	万家寨水电厂	108.00	23.73	6.00			144.45	142.30	970.98	4.72
9	白山水电厂	170.00	25.70			89.03				
10	其中：白山	150.00	20.27	3.92		88.98	93.38	79.47	410.64	46.81
11	红石	20.00	5.43	17.43		89.38	94.78	94.72	290.37	1.70

续表

水电厂名称		发电运行情况					水库运行情况			
		总装机容量	年发电量	平均耗水率	单位发电成本	等效可用系数	年入库总水量	发电用水量	年末水位	年末库容
		万kW	亿kW·h	m^3/(kW·h)	元/(MW·h)	%	亿m^3	亿m^3	m	亿m^3
12	松江河（小山）水电厂	16.00	3.74	4.41	356.05	90.82	8.20	16.47	682.44	0.95
13	云峰水电厂	40.00	20.06	4.54	75.37	94.28	93.91	90.95	296.01	18.19
14	太平哨水电厂	16.10	5.19	11.58	181.79	96.18	74.13	63.73	191.44	1.64
15	佛子岭水电厂									
16	其中：佛子岭	4.01	0.76	12.67	435.14	98.14	20.06	9.59	117.26	2.40
17	磨子潭	2.00	0.21	8.78		87.42	6.35	1.79	182.57	1.57
18	梅山水电厂	4.00	0.98	9.80	259.00	96.82	16.36	12.44	123.58	11.03
19	响洪甸水电厂	4.00	0.97	8.50	354.65	98.40	15.08	8.21	124.47	11.96
20	港口湾水电厂	6.00	0.53	9.52	443.00	96.52	5.07	5.09	118.08	1.50
21	富春江水电厂	29.72	6.83	26.93	282.72	77.20	213.00	184.00	23.34	4.60
22	紧水滩水电厂									
23	其中：紧水滩	30.00	4.93	5.80	338.62	95.68	31.40	28.56	170.70	6.43
24	石塘	8.58	1.71	19.91	248.63	97.85	36.99	33.95	101.95	0.74
25	乌溪江水电厂									
26	其中：湖南镇	29.25	5.25	4.26	227.00	87.40	23.13	22.38	204.42	7.46
27	黄坛口	8.20	1.68	14.28	227.00	96.70	25.21	23.99	114.96	0.79
28	水口水电厂	140.00	56.49	7.75	148.00	93.31	593.66	437.60	59.78	18.51
29	沙溪口水电厂	30.00	9.60	20.76	104.06	92.08	303.63	199.33	87.06	1.39
30	万安水电厂	40.00	11.15	19.89	212.23	90.39	293.17	246.02	95.14	10.27
31	东津水电厂	6.00	1.26	7.03	461.68	94.94	11.61	8.86	185.12	4.65
32	小浪底水电厂	180.00	50.48	3.50		95.00	205.32	177.01	257.69	72.80
33	三门峡水电厂	41.00	12.66	12.34		77.59	230.54	156.30	316.90	2.98
34	故县水电厂	6.00	1.67	5.80	298.00	95.00	12.80	7.00	530.06	5.61
35	葛洲坝水电厂	271.50	162.49			90.58	4615.00			
36	丹江口水电厂	90.00	46.89	8.19			466.18	379.58	151.90	139.14
37	隔河岩水电厂	121.20	21.98	4.11		93.56	92.16	90.44	179.47	18.44
38	高坝洲水电厂	27.00	8.16	11.70		92.62	102.26	95.45	78.67	3.67
39	黄龙滩水电厂	49.00	11.43	5.50	70.79	91.30	77.41	66.50	247.13	9.06
40	白莲河水电厂	4.50	0.21	13.08	767.00	96.64	5.06	2.75	89.44	1.96
41	东江水电厂									
42	其中：大东江	51.50	8.67	3.93	200.28	85.88	41.71	34.03	266.84	55.18
43	小东江	5.50	0.69	35.11	200.28	96.89	34.87	34.87	146.56	0.09
44	大源渡水电厂	12.00	5.02	50.00	250.80		391.50	250.78	49.80	4.38
45	马迹塘水电厂	5.55	2.76	67.89	257.80	89.82	234.45	164.09	55.42	0.11

续表

	水电厂名称	发电运行情况					水库运行情况			
		总装机容量	年发电量	平均耗水率	单位发电成本	等效可用系数	年入库总水量	发电用水量	年末水位	年末库容
		万 kW	亿 kW·h	m^3/(kW·h)	元/(MW·h)	%	亿 m^3	亿 m^3	m	亿 m^3
46	新丰江水电厂	31.50	8.00	5.96	123.72	97.13	73.74	47.72	108.82	83.40
47	枫树坝水电厂	18.00	5.65	6.33		92.99	41.77	35.76	155.50	10.55
48	流溪河水电厂	4.80	1.60	4.21	130.60	96.97	7.53	6.75	225.01	1.90
49	长湖水电厂	7.60	2.74	12.66	172.59	90.31	52.73	34.67	59.81	1.12
50	长潭水电厂	6.00	1.49	11.30	158.13	93.4	20.96	16.89	140.7	0.77
51	岩滩水电厂	121.00	51.69	6.83	72.60	89.52	422.19	353.52	222.52	25.61
52	大化水电厂	45.60	19.77	16.93	72.09	92.86	428.51	334.17	154.67	3.49
53	西津水电厂	24.22	8.08	30.30	60.76	95.00	315.00	245.00	61.38	11.08
54	百龙滩水电厂	19.20	8.74	35.50	141.79	92.76	448.76	306.85	124.27	0.62
55	麻石水电厂	10.00	3.32	24.90	90.87	93.63	149.00	84.20	133.70	1.51
56	宜州水电厂									
57	其中：拉浪	5.10	1.52	16.25	119.55	95.18	53.94	24.78	174.92	0.87
58	洛东	5.00	1.75	22.13	119.55	86.27	95.93	38.65	116.50	0.60
59	牛路岭水电厂	8.00	1.64	6.78	170.10	97.33	18.34	11.11	105.71	5.51
60	乌江渡水电厂	125.00	40.59	3.79		96.13	90.62	89.79	737.16	12.49
61	东风水电厂	69.50	18.9	3.57	64.55	98.91	67.06	67.43	942.65	4.52
62	天生桥一级水电厂	120.00	40.91			96.51	151.92	147.16	769.85	67.67
63	天生桥总厂（二级）	132.00	63.97	2.26	147.20	90.57	144.48	144.33	644.24	0.16
64	红枫水电总厂	23.90	3.77	6.88	261.37	96.83				
65	洪家渡水电厂	60.00	7.30	3.55	288.17	94.16	28.19	25.92	1083.86	13.94
66	引子渡水电厂	36.00	7.12	4.60	83.10	92.89	32.82	32.62	1055.58	1.58
67	普定水电厂	7.50	2.80	8.12		97.32	26.77	26.81	1130.00	
68	绿水河水电厂	6.55	3.36	1.37	115.51	92.88	5.60	4.60	476.84	
69	柴石滩水电厂	6.00	1.30	6.55	147.30	95.00	8.23	8.54	1632.15	2.59
70	二滩水电厂	330.00	157.34	2.35	72.43	94.54	587.34	369.85	1200.00	57.93
71	映秀湾水力发电总厂	45.45	23.71	3.71	90.87	91.50	158.61	87.86		
72	其中：映秀湾	13.45	7.60	8.12	90.87	91.50	122.87	61.69	944.50	
73	渔子溪	16.00	8.38	1.59	90.87	91.50	18.23	13.34	1194.80	
74	耿达	16.00	7.73	1.66	90.87	91.50	17.51	12.83	1493.30	
75	南桠河水电厂	12.00	5.69	1.60		93.16	11.17	9.15	1364.80	
76	安康水电厂	80.00	21.00	5.68	109.16	92.57	221.84	164.10	327.28	23.86
77	石泉水电厂	22.50	6.22	10.26	93.77	96.22	102.70	63.81	409.59	2.71
78	大峡水电厂	30.00	16.50	15.28		92.18	271.63	251.98	1479.47	0.41
79	小峡水电厂	11.50	10.94	23.92		95.51	266.89	266.68	1499.40	0.49
80	碧口水电厂	30.00	11.83	5.51	107.29	94.89	76.97	71.41	703.15	1.54
81	李家峡水电厂	160.00	46.50	3.29	103.82	89.91	152.36	152.92	2178.02	15.88
82	龙羊峡水电厂	128.00	44.07	3.55	98.93	91.04	249.57	156.30	2595.87	231.48
83	公伯峡水电厂	120.00	43.55	3.98	66.66	92.96	173.99	173.53	2003.23	5.15

（各水电厂提供资料）

2005年中国及世界大坝统计情况

一、中国大坝统计

中国大坝委员会2005年大坝统计工作是在水利部规划计划司、中国水电工程顾问集团公司各直属设计院、中国水利水电建设集团公司各直属工程局等单位的支持和帮助完成的。

(1) 2005年年底我国已建、在建坝高30m以上大坝4859座。

(2) 坝高30m以上在建大坝168座，见表1；在建大坝中碾压混凝土坝19座，混凝土面板堆石坝48座，拱坝23座；在建坝比较多的省为：云南29座，湖北11座，贵州13座，四川12座，福建9座，广西9座，重庆11座，浙江10座。

(3) 坝高30m以上已建、在建碾压混凝土坝共78座，见表2；最高的碾压混凝土重力坝为广西的龙滩，坝高216.5m。

(4) 坝高30m以上已建、在建混凝土面板堆石坝共171座，见表3；最高的混凝土面板堆石坝为湖北的水布垭，坝高233m。

(5) 坝高30m以上已建、在建沥青混凝土防渗堆石坝有31座，见表4；最高的沥青混凝土面板堆石坝为山西的西龙池抽水蓄能下库，坝高97m，最高的沥青混凝土心墙堆石坝为冶勒，坝高126m。

(6) 坝高30m以上已建、在建拱坝495座。坝高60m以上已建、在建拱坝共169座，见表5；最高的碾压混凝土拱坝为四川的锦屏一级，坝高305m。

(7) 已建、在建坝高100m以上大坝127座，见表6；最高坝为四川的锦屏一级，坝高305m，坝高300m以上有1座，坝高200～300m有8座，坝高150～200m有21座，坝高100～150m有97座。

二、世界大坝统计

按照国际大坝委员会的统计标准（坝高在15m以上或坝高在10～15m、库容大于100万m^3的坝统称为大坝），2005年年底，全世界已建大坝数为47500座（中国30m以下的大坝总数为1998年统计数据，即21420座，目前大坝总数26278座），总库容19万亿m^3。

2005年世界在建60m以上大坝数有393座，分布在47个国家，其中中国98座，伊朗61座，土耳其55座，日本43座，印度17座，这几个国家在建坝数较多。一些发达国家如美国，加拿大、德国等还有在建水电工程，包括抽水蓄能电站。

2005年世界已建、在建15m以上的碾压混凝土坝有318座，已建、在建30m以上面板堆石坝有312座。在建水电装机容量情况：非洲超过4000MW（分布在21个国家），亚洲超过93000MW（分布在31个国家），澳大利亚洲约20MW（增容），欧洲超过2700MW（分布在28个国家），北美中美3590MW（分布在10个国家），南美15406MW（分布在12个国家）。

目前世界已建最高的混凝土重力坝是瑞士的大狄克逊，高285m，在建的是中国的三峡，坝高181m。已建最高的混凝土拱坝为前苏联的英古里双曲拱坝，坝高271.5m，在建的是中国的锦屏一级，坝高305m。最高的土石坝是前苏联的罗贡心墙土石坝，坝高335m。已建最高的混凝土重力拱坝是前苏联的萨扬—舒申斯克坝，坝高245m；已建最高混凝土支墩坝是加拿大的丹尼尔约翰逊，坝高214m；已建最高的面板堆石坝是墨西哥的阿瓜密尔巴坝，坝高187m；在建最高的面板堆石坝是中国的水布垭，坝高233m。已建最高的碾压混凝土拱坝是中国的沙牌，坝高132m；已建最高碾压混凝土重力坝是哥伦比亚的Miel坝，坝高188m；在建最高碾压混凝土重力坝是中国的龙滩，坝高216m。已建、在建碾压混凝土坝最多的国家分别是中国、日本、美国和西班牙。已建最高的沥青混凝土心墙坝是奥地利的芬斯特斗，坝高96m/150m。水电装机容量排在前5名的工程是：中国的三峡（装机容量1820万kW+420万kW），巴西和巴拉圭合建的伊泰普（1260万kW），委内瑞拉的古里（1000万kW），巴西的图库鲁伊（840万kW），俄罗斯的萨扬—舒申斯克（640万kW）。

2005年水电装机容量排在前5名的国家：中国1亿kW，美国约7820万kW（另有抽水蓄能电站装机容量1900万kW），加拿大约6950万kW，巴西6908.7万kW，俄罗斯4500万kW。2004年水电发电量：加拿大3530亿kW·h，巴西3368亿kW·h，中国3310亿kW·h，美国3000亿kW·h，俄罗斯1670亿kW·h。

水库总库容排名：美国135000亿m^3，俄罗斯7930亿m^3，加拿大6500亿m^3，巴西5680亿m^3，中国5658亿m^3。

表 1

2005 年在建 30m 以上大坝统计表

序号	坝名	开工年份	建成投产年份	河流	最近的城市、县	省（区、市）	坝类型	坝高 (m)	坝长 (m)	坝身体积 ($\times 10^3 m^3$)	库容 ($\times 10^3 m^3$)	建库目的	泄洪流量 (m^3/s)	装机容量 (MW)
1	锦屏一级	2005	2014	雅砻江	盐源县	四川	混凝土双曲拱坝	305			15000000	HC		3600
2	小湾	2002	2012	澜沧江	凤庆、南涧	云南	抛物线型混凝土双曲拱坝	292	922.74	7050	15132000	HCIN	20683	4200
3	溪洛渡	2004	2010	金沙江	凉山州	四川	混凝土双曲拱坝	278	698.07	11780	12914000	HCN		12600
4	拉西瓦	2004	2010	黄河	贵南县	青海	对螺旋线混凝土双曲拱坝	250	475.83	3734	10790000	H		4200
5	水布垭	2000	2009	清江	巴东县	湖北	混凝土面板堆石坝	233	660	15260	4580000	HCN	18280	1840
6	构皮滩	2003	2013	乌江	余庆县	贵州	抛物线型混凝土双曲拱坝	232.5	553	2420	5564000	HNCIS	29100	3000
7	江坪河	2005		溇水	鹤峰县	湖北	混凝土面板堆石坝	221	414	7180	1424000	HC		450
8	龙滩	2001	2010	红水河	天峨县	广西	碾压混凝土重力坝	216.5	836.5	7400	27270000	CHN	28190	5400
9	光照	2004	2008	北盘江	关岭、晴隆县	贵州	碾压混凝土重力坝	195.5	412		3245000	H		1040
10	瀑布沟	2003	2009	大渡河	汉源县	四川	砾质土直心墙堆石坝	186	574	14160	5390000	HC	10243	3600
11	三板溪	2001	2006	清水江	锦屏县	贵州	混凝土面板堆石坝	186	423.3	8253	4094000	HNCF	16411	1000
12	三峡	1993	2010	长江	宜昌	湖北	混凝土重力坝	181	2335	27146	39300000	CHNIS	124300	18200
13	洪家渡	2000	2006	六冲河	黔西	贵州	混凝土面板堆石坝	179.5	427.79	9030	4925000	HCSFRN	6996	600
14	滩坑	2003	2008	小溪	青田县	浙江	混凝土面板堆石坝	162	507	9702	4190000	ICHS	16091	600
15	向家坝	2005	2012	金沙江	宜宾市	四川	混凝土重力坝	161	906.26		5163000	HICN		6000

续表

序号	坝名	开工年份	建成投产年份	河流	最近的城市、县	省（区、市）	坝类型	坝高（m）	坝长（m）	坝身体积（$\times10^3m^3$）	库容（$\times10^3m^3$）	建库目的	泄洪流量（m^3/s）	装机容量（MW）
16	金安桥	2005	2009	金沙江	丽江市	云南	混凝土重力坝	160		4430	932000			2500
17	紫坪铺	2000	2006	岷江	都江堰市	四川	混凝土面板堆石坝	158	663.8	11670	1112000	ISHCR	2445	760
18	吉林台	2001	2006	喀什河	尼勒克县	新疆	混凝土面板砂砾石堆石坝	157	445	8362	2440000	HICF	1753	460
19	孔梁	2000	2005	后溪河	巫溪县	重庆	混凝土重力坝（天然山体封堵）	155			60000	ICHS		6.4
20	瓦屋山	2003	2007	周公河	洪雅县	四川	混凝土面板堆石坝	140	295	3500	545000	H		350
21	九甸峡	2003	2008	洮河	临潭、卓尼	甘肃	混凝土面板堆石坝	136.5	217	2800	972000	H		300
22	龙马	2004		李仙江	思茅市	云南	混凝土面板堆石坝	135	315		561300	H		285
23	大花水	2005	2007	清水河	开阳县	贵州	碾压混凝土双曲拱坝	134.5				H		180
24	洞坪	2000	2006	忠建河	宣恩	湖北	拱坝	134	267	403.5	336000	H	3880	102
25	百色	2000	2006	右江	百色市	广西	碾压混凝土重力坝	130	720	2672	5660000	ICHSN	14000	540
26	藤子沟	2002	2006	龙河	石柱县	重庆	双曲拱坝	127	339	333	193000	H	2756	70
27	街面	2003	2006	尤溪	尤溪	福建	混凝土面板堆石坝	126	478	3420	1085000	H		300
28	冶勒	2001	2006	南桠河	冕宁、石棉	四川	沥青混凝土心墙堆石坝	126	411	6700	298000	H	428	240
29	鄂坪	2003	2006	汇湾河	竹溪	湖北	混凝土面板堆石坝	124.3	295.3	2980	296000	H		114
30	武都	2005	2008	涪江	江油	四川	碾压混凝土坝	123	631		601700	ICSFR		165
31	索风营	2002	2006	六广河	贵阳市	贵州	碾压混凝土重力坝	121.81	165	739	201200	HIR	15964	600

续表

序号	坝名	开工年份	建成投产年份	河流	最近的城市、县	省（区、市）	坝类型	坝高（m）	坝长（m）	坝身体积（$\times 10^3 m^3$）	库容（$\times 10^3 m^3$）	建库目的	泄洪流量（m^3/s）	装机容量（MW）
32	彭水	2003	2007	乌江	彭水县	重庆	混凝土重力坝	116.5			518000	HCN		1750
33	泗南江	2003		泗南江	墨江	云南	混凝土面板堆石坝	115	366	2970	263000	HI		200
34	芭蕉河一级	2002	2006	芭蕉河	鹤峰	湖北	混凝土面板堆石坝	115	283.6	1920	99000	H		34
35	金造桥	2004		金造溪	屏南	福建	混凝土面板堆石坝	111.3	368	1750	94500	H		60
36	察尔乌苏	2005		开都河	和静	新疆	混凝土面板堆石坝	110	340	4100	125000	HC		300
37	景洪	2004	2009	澜沧江	景洪市	云南	碾压混凝土重力坝	110	619		1139000	HCN		1500
38	双沟	2002	2008	松江河	抚松县	吉林	混凝土面板堆石坝	109.7	312	2580	390000	H		280
39	那兰	2002	2005	藤条江	金平县	云南	混凝土面板堆石坝	109	332.96	2493	286000	H	2891	150
40	水牛家	2003	2006	火溪河	平武	四川	黏土心墙碎石堆石坝	108	317	5006	140000	H		700
41	牛头山	2003		长溪	寿宁	福建	混凝土双曲拱坝	108	312.7	332	97190	H	3988	100
42	招徕河	2000	2005	堵河	长阳	湖北	碾压混凝土双曲拱坝	107	206	254.7	70330	HIS	1710	36
43	洞巴	2003		西洋江	田林县	广西	混凝土面板堆石坝	105	501	3160	315000	CHI		72
44	恰甫其海	2002		特克斯河	巩留县	新疆	黏土心墙堆石坝	105	365	3164	1770000	IH		320
45	鲤鱼塘	2002	2005	桃溪河	开县	重庆	混凝土面板堆石坝	105	249	1800	104330	ICHS		15
46	白莲崖	2005	2007	淠河	霍山县	安徽	碾压混凝土拱坝	104			453000	HCIS		
47	华光潭一级	2002	2005	仓化江	临安市	浙江	混凝土抛物线双曲变厚拱坝	104				H		60

续表

序号	坝名	开工年份	建成投产年份	河流	最近的城市、县	省（区、市）	坝类型	坝高（m）	坝长（m）	坝身体积（$\times10^3m^3$）	库容（$\times10^3m^3$）	建库目的	泄洪流量（m^3/s）	装机容量（MW）
48	华光潭二级	2002	2005	分水江	临安	浙江	拱坝	104				H		60
49	泰安抽水蓄能上库	2001	2005	樱桃园沟	泰安市	山东	混凝土面板堆石坝	100.5	540.5	3858	10970	H		1000
50	积石峡	2005	2011	黄河	循化、民和县	青海	混凝土面板堆石坝	100			263500	H		1020
51	云鹏	2003	2007	南盘江	泸西	云南	黏土心墙堆石坝	100			374000	H		18
52	双河口	2004		北盘江	罗甸县	贵州	混凝土面板堆石坝	99.5		2500	195000	H		120
53	西龙池抽水蓄能下库	2002	2007	龙池沟	五台县	山西	沥青混凝土面板堆石坝	97	537	4760	4942	H		1200
54	小河	2004		泾水河	咸丰	湖北	混凝土面板堆石坝	96		1100	100000	H		25
55	青莲溪	2000	2006	梅溪河	奉节县	重庆	碾压混凝土拱坝	95.5	177.71	122	20400	ICHS	445	3.2
56	美岱	2004	2007	美岱溪		内蒙古	混凝土面板堆石坝	93.2	117	608.9	20390	SCI		
57	宝泉抽水蓄能上库	2002	2006	峪河	辉县	河南	沥青混凝土面板堆石坝	93	388	5382	8270	H		1200
58	寺坪	2001	2005	粉青河	宝康	湖北	混凝土面板堆石坝	90.5	412	2060	269000	ICHFN		60
59	瑞垟二级	2001	2005	屏南溪	龙泉	浙江	混凝土面板堆石坝	89.4	198	1303	14700	H		
60	南等	2003	2007	南勐河	双江县	云南	心墙土石坝	89	286	217.78	5146	I	116.8	
61	皂市	2003	2007	澧水	常德市石门县	湖南	碾压混凝土重力坝	88	351	1235	1439000	HCIN	12000	120
62	汾河二库	1996		汾河	万柏林区	山西	碾压混凝土重力坝	87	350	448	130000	CSH	3450	9.6

续表

序号	坝名	开工年份	建成投产年份	河流	最近的城市、县	省（区、市）	坝类型	坝高（m）	坝长（m）	坝身体积（$\times 10^3 m^3$）	库容（$\times 10^3 m^3$）	建库目的	泄洪流量（m^3/s）	装机容量（MW）
63	崖平山	2003			普尔	云南	混凝土面板堆石坝	86						
64	响水	2003		响水河	盘县	贵州	混凝土面板堆石坝	85.5	280	1010	33600			
65	丙巷河	2001	2005	丙巷河	元谋县	云南	心墙土石坝	84.7	160.34	99.99	1400.9	I	56.6	
66	雷打滩	2002	2006	南盘江	弥勒县	云南	混凝土重力坝	84	219.5	350	94640	H	7950	108
67	涧峪	2003		涧峪河	渭南市	陕西	混凝土面板沙砾堆石坝	81.8	196	1268.4		SICH		
68	鱼简河	2002	2005		息烽县	贵州	碾压混凝土双曲拱坝	81	167	155	10500	ICS	231	
69	下坂地	2001		塔什库尔	喀什市	新疆	沥青混凝土墙堆石坝	81	410		817000	IH		140
70	银盘水	2005	2012		武隆县	重庆		78.5			320000	H		600
71	云龙	1999	2005	掌鸠河	禄劝县	云南	黏土心墙堆石坝	77.3	242	1780	484000	HS	268	2.5
72	麒麟观	2004		南河		湖北	碾压混凝土双曲拱坝	77	131.8		14305.7			
73	大隆	2004	2006	宁远河	保亭县	海南	土石坝	76.5	535		468000	CSIH	1760	6.9
74	宜兴抽水蓄能上库	2001	2006		宜兴市	江苏	混凝土面板堆石坝	75	516		5300	H		1000
75	刘家箐	1999	2006	头道水河	云县	云南	心墙土石坝	74	468	2849.4	12132	IX	14.9	
76	三江口	2001		普子河	彭水县	重庆	混凝土双曲拱坝	73.5			67700	H		18.9
77	周宁	2002	2006	穆阳溪	周宁	福建	碾压混凝土重力坝	73.4	206	199	47000	H		250
78	舟坝	2004		马边河		四川	碾压混凝土重力坝	72.5				H		102

续表

序号	坝名	开工年份	建成投产年份	河流	最近的城市、县	省（区、市）	坝类型	坝高（m）	坝长（m）	坝身体积（$\times 10^3 m^3$）	库容（$\times 10^3 m^3$）	建库目的	泄洪流量（m^3/s）	装机容量（MW）
79	张峰	2004	2008	沁河	晋城市	山西	黏土斜心墙堆石坝	72.2	637		392000	CSIH		1.89
80	下天吉一期	1997	2005	精河	精河县	新疆	混凝土面板砂砾石堆石坝	71.5	207	890	12900	ICF	364	
81	桐柏抽水蓄能下库	2002	2006	百丈溪	天台县	浙江	混凝土面板堆石坝	71.4	424	129	12900	H	496	1200
82	西溪	2003		大溪	宁海	浙江	碾压混凝土重力坝	71	265	224	85000	CSIH	2046	5
83	山坪	1993	2005	石阡河	石阡县	贵州	拱坝	71	151	41.4	11.8	1	1600	
84	黄连山	2003	2006	茶卡河	绿春县	云南	混凝土面板堆石坝	70.1	143.2	482.9	11250	1	170	
85	常林河	2002	2007	红河	墨江县	云南	心墙土石坝	69.3	199	105	1374	1	74.6	
86	猛柱山	2004				陕西	浆砌石重力坝	69	169					
87	鱼栏咀	2004	2006	綦江河	綦江县	重庆	堆石坝	69	368	1244	26150	I	936	
88	暮底河	2001	2005	盘龙河	文山	云南	心墙堆石坝	68.65	308	148.3	5784.9	I	270.7	6
89	响水	2003		北盘江	水城宣威	贵州	砌石双曲拱坝	68	184	80	8000	H	4550	100
90	隘口	2002		梅江河	秀山县	重庆	混凝土面板堆石坝	68			39120	ICHSF		3.76
91	黄龙	2003		天封坑	天台县	浙江	面板堆石坝	66.3	239	65	1580	H	436	8
92	四楞坝	2002	2006	勐捧河	镇康县	云南	心墙土石坝	66	163	70.97	1965	I	15	
93	丰坪	2001	2005	挂登河	兰坪县	云南	混凝土面板堆石坝	65.1	138	430.8	32300	ICHS	122.9	2.5
94	营盘山	2001	2006	桥头河	江城县	云南	心墙土石坝	65	240	907.9	15225	HIS	63.5	
95	大中河	2000	2005	大中河	思茅县	云南	心墙土石坝	64.8	264	1036	56000	I	268.1	
96	毛拉洞	1995	2005	宁远河	五指山市	海南	砌石拱坝	64.8	198		48950	I	1400	1.7

续表

序号	坝名	开工年份	建成投产年份	河流	最近的城市、县	省（区、市）	坝类型	坝高（m）	坝长（m）	坝身体积（$\times 10^3 m^3$）	库容（$\times 10^3 m^3$）	建库目的	泄洪流量（m^3/s）	装机容量（MW）
97	接龙	2003	2008	印溪沟	武隆县	重庆	混凝土面板堆石坝	64	237	770	11100	I	160	4.4
98	琅琊山抽水蓄能上库	2002	2006	荒山沟	滁洲市	安徽	混凝土面板堆石坝	64	655	126.5	18000	H		600
99	哈拉布拉	2002	2006	哈拉布拉河	裕民县	新疆	面板堆石坝	63.85	170	38	1436	I	66	
100	盘道	2002	2005			青海	浆砌石重力坝	63.8	248					
101	乐滩	2003		红水河	忻城	广西	混凝土重力坝	63		1363	960000			600
102	肥香村	2002	2006	者那河	元阳县	云南	砌石重力坝	62.7	179	148	4300	I	310	
103	桃子沟	2003	2008	浦江河	涪陵区	重庆	堆石坝	62.6	217	500	12800	I	36.2	
104	牛桥	2003		青通河	青阳	安徽	砌石双曲拱坝	62.3	200.6		26410			
105	平班	2002	2005	南盘江	隆林	广西	碾压混凝土重力坝	62.2	395.5	700	278000	H	16100	405
106	老炉下	2003			河源市	广东	重力坝	62	115	61	1160	I	103	0.4
107	喜河	2002	2006	汉江	石泉县	陕西	碾压混凝土重力坝	61.8	346	640	229000	HCN	27300	180
108	宝山二级	2000	2005	石井溪	新竹县	台湾	土石坝	61	345	2220	32180	S	317	
109	南山	2002	2005		龙胜县	广西	混凝土面板堆石坝	60	290	590.4	279400			72
110	清凉山	2001			梅州市	广东	土石坝	58.9	218		36810	S		1.63
111	板背	1999		浏阳河	长沙市	湖南	拱坝	58	1775	450	21660	ICH	486.8	1.2
112	直孔	2003	2007	拉萨河	墨竹工卡县	西藏	混凝土重力坝/碎石土心墙堆石坝	57.6		1284.4	224000			100
113	金河	2001		金河	昌都	西藏	混凝土闸坝	34			4270			60
114	牙塘	1996	2005	牙塘河	和政县	甘肃	沥青混凝土心墙堆石坝	57.2	447	188.61	19200	IS	301.12	1.26

续表

序号	坝名	开工年份	建成投产年份	河流	最近的城市、县	省（区、市）	坝类型	坝高（m）	坝长（m）	坝身体积（$\times10^3m^3$）	库容（$\times10^3m^3$）	建库目的	泄洪流量（m^3/s）	装机容量（MW）
115	张河湾蓄能上库	2002	2006	甘陶河	石家庄	河北	复式沥青混凝土面板堆石坝	57	1937	5130	7850	H		1000
116	旺坑	2001		棠口溪	屏南	福建	碾压混凝土重力坝	55.8	155.33	38	14650	H		36
117	铜湾	2005	2007	沅水	怀化市中方县	湖南		55	460			HINR		180
118	两江口	2000		石东河	永州市	湖南	重力坝	55	189		13100	ICHSF		0.64
119	溪下	2003			宁波市	浙江		54.5	230.5	150	28380	ICHS		0.5
120	回龙抽水蓄能上库	2002			南阳市	河南	碾压混凝土重力坝	54	208	76		H		60
121	南洋河	1998	2005	南洋河	景东县	云南	心墙土石坝	54	191.5	650	16970	I	43.31	2.6
122	阿涡夺	2002		容扎曲河	隆子县	西藏	黏土心墙堆石坝	53.2	161.8	319	25400	I	131	
123	玉溪	2002	2005	平敖河	龙胜县	广西	混凝土面板堆石坝	52	130	419				
124	苏只	2003	2006	黄河	化隆县	青海	混凝土闸坝/均质土坝	51.7	638		45500	HIF		
125	西霞院	2004	2009		郑州市	河南	土石坝/混凝土重力坝	51.5	3122	3685.2	162000	IHS		140
126	登瀛	2003		登瀛河	登瀛河	山东	单曲重力拱坝	50.5	317	16.35	244	S		
127	宜兴抽水蓄能下库	2003	2006		宜兴市	江苏	黏土心墙堆石坝	50.4	485.8	1121	5728	H		
128	小峡	2001	2005	黄河	皋兰县	甘肃	混凝土重力闸坝	50.1	265		48000	H	7110	230
129	老江底	2005	2007	黄泥河	兴义市	贵州		50						100
130	西龙池抽水蓄能上库	2003	2009	滹沱河	五台县	山西	沥青混凝土面板堆石坝	50	401	430	4851	H		1200
131	长洲	2003	2009	浔江	梧州市	广西	混凝土闸坝	49.8	3300		5600000			

续表

序号	坝名	开工年份	建成投产年份	河流	最近的城市、县	省（区、市）	坝类型	坝高（m）	坝长（m）	坝身体积（×10³m³）	库容（×10³m³）	建库目的	泄洪流量（m³/s）	装机容量（MW）
132	下溪	1995		乌江	永丰县	江西	拱坝	49.5	243	860	19300	IH	308	4
133	紫兰坝	2003	2006	白龙江	广元市	四川	混凝土重力坝	48		336.9	35000			102
134	西梁	2002		清水河	固原市	宁夏	土坝	47	415	52.8	873	I	17.8	
135	龙潭河	2002		淮河	桐柏	河南	重力坝	46	180	85	1200	S	585	
136	界竹口	2003		大樟溪	永泰	福建	混凝土重力坝	45.3	234		67900	H	14870	60
137	筱溪	2004	2007	龙口溪	新邵县	湖南	混凝土重力坝	44.3	268		168000			100
138	谭尧	2004		里旺河	独山县	贵州	面板堆石坝	44	205	151	16500	ISF	196	
139	英那河	2001		英那河	庄河市	辽宁	重力坝	43.1	346.6	23	28700	S	6207	
140	八宝	2002	2005	珠江	富宁县	云南	面板堆石坝	42.22	267	6	2306	I	51.6	
141	横山	2002		二十三道沟河	长白县	吉林	心墙土石坝	41.6	569	30.4	31618	IHS	599	4
142	尼尔基	2001	2006	嫩江	莫力达瓦自治旗	内蒙古	碾压沥青混凝土心墙砂砾石坝	41.5	1807.31	6052	8610000	HCISN	20300	250
143	桃园	1993	2006	哈泥河	通化市	吉林	混凝土重力坝	41.47	221	114.3	74000	HSFR	1823	5.6
144	金银台	2002	2005	嘉陵江	阆中	四川	混凝土闸坝	41	437	292.9		H		120
145	寒葱沟	2003		安邦河	双鸭山市	黑龙江	心墙堆石坝	40.84	394.3	83.67	94460	CS	681	
146	云溪	2001		潇水	永州市	湖南	TE	40.7	480		11450	ICS	102.8	0.4
147	眉山	2002	2005	平敖河	龙胜县	广西	混凝土面板堆石坝	40.1	103	126				
148	马鹿塘	2002		盘龙河	麻栗坡县	云南	混凝土重力坝	40	139	80	4150	H	2000	100
149	大沙坝	1999	2006	南腊河	勐腊县	云南	ER	40	184	3910	61515	I	234.9	
150	英腊	2002		澜沧江	西盟县	云南	心墙土石坝	39	160	27	210.35	I	54.7	
151	四寨	1999	2005	石板河	贵定县	贵州	拱坝	39			4560	I		
152	廖坊	2002	2006	抚河	临川	江西	混凝土重力坝	38.95	298.6	183.1	432000	ICHSN	11400	49.5

续表

序号	坝名	开工年份	建成投产年份	河流	最近的城市、县	省（区、市）	坝类型	坝高（m）	坝长（m）	坝身体积（$\times10^3m^3$）	库容（$\times10^3m^3$）	建库目的	泄洪流量（m^3/s）	装机容量（MW）
153	垃圾滩	2004		西水流域	来凤县	湖北	混凝土重力坝	385	108		44200			36
154	沙沟	2003		西河	海原县同心县	宁夏	均质土坝	38	510	93	2300	C	159	
155	沙坡头	2000	2006	黄河	中卫县	宁夏	混凝土重力坝	37.8	368	3800	26000	IH	6550	129
156	乌兰木伦	2003		乌兰木伦河	鄂尔多斯市	内蒙古		37.5			9800	I		
157	双港		2007	托溪	寿宁	福建	重力坝	36			3100	I		
158	英格堡	2002		英格堡河	木垒县	新疆	复合土工膜防渗堆石坝	36	260	26	2900	I	33.4	
159	麻栗坝	2003	2008	南宛河	陇川县	云南	心墙土石坝	35.6	1083	144	10752	I	354	3
160	呼和乌素	2004	2005	黄河	伊旗	内蒙古	心墙土石坝	33.5	120	0.04	62227.4	S	584.85	
161	风洞	2003		杉溪	泰宁	福建	混凝土重力拱坝	33	131.1		13500	FR	2780	
162	红堡	2003		茹河	原州区	宁夏	均质土坝	33	320	38.14	250	I	13.2	
163	韭菜地	2004	2005	星宿江	禄丰县	云南	心墙土石坝	32.2	102.3	100	101.7	I	52.8	
164	库甫	2003		库甫河	托里县	新疆	心墙堆石坝	31.7	188.8	13.87	480	I	25.57	
165	西门	2003		沙溪	永安	福建	混凝土重力坝	31.4	285.6	103	23700	HFR	8247	30
166	箐门口	2003	2007	澜沧江	翠云区	云南	心墙土石坝	31	137	22.8	1169	I	26	
167	佳溪	2000			永嘉县	浙江	拱坝	30.9			988.8	H		
168	上张	2004		淡港	象山县	浙江	黏土心墙砂砾石坝	30	410	804	23620	SIC	815	

注 建库目的（代号）：I灌溉，C防洪，H发电，S供水，N航运，F养鱼，R旅游，X其他。

表 2

2005年坝高30m以上已建、在建碾压混凝土坝

序号	坝名	开工年份	建成投产年份	河流	最近的城市、县	省（区、市）	坝类型	坝高（m）	坝长（m）	坝身体积（$\times 10^3 m^3$）	库容（$\times 10^3 m^3$）	建库目的	泄洪流量（m^3/s）	装机容量（MW）
1	龙滩	2001	2010	红水河	天峨县	广西	碾压混凝土重力坝	216.5	836.5	7400	27270000	CHN	28190	5400
2	光照	2004	2008	北盘江	关岭、晴隆县	贵州	碾压混凝土重力坝	195.5	412		3245000			1040
3	大花水	2005		清水河	开阳县	贵州	碾压混凝土双曲拱坝	134.5						180
4	沙牌	1997	2002	草坡河	汶川	四川	碾压混凝土单拱坝	132	250.25	392	18000	H		36
5	江垭	1995	2000	溇水	慈利县	湖南	碾压混凝土重力坝	131	369.8	1386	1740000	ICHSNR	9251	300
6	百色	2000	2006	右江	百色市	广西	碾压混凝土重力坝	130	720	2672	5660000	ICHSN	14000	540
7	武都	2005	2008	涪江	江油	四川	碾压混凝土坝	123	631		601700	ICSFR		165
8	索风营	2002	2006	六广河	贵阳市	贵州	碾压混凝土重力坝	121.81	165	739	201200	HIR	15964	600
9	棉花滩	1997	2001	汀江	永定	福建	碾压混凝土重力坝	113	302	553	2035000	HCNFS	11890	600
10	大朝山	1997	2002	澜沧江	景东县、云县	云南	碾压混凝土重力坝	111	460.39	1287.5	940000	H	23600	1350
11	景洪	2004	2009			云南	碾压混凝土重力坝	110	619		1139000	HCN		1500
12	岩滩	1984	1995	红水河	大化	广西	碾压混凝土重力坝	110	525	655.2	3380000	HNF	33400	1210
13	石门子	1999	2002	塔西河	玛纳斯县	新疆	碾压混凝土双曲薄拱坝	110	176.5	211	80000	ICH		64
14	招徕河	2000	2005	堵河	长阳	湖北	碾压混凝土双曲拱坝	107	206	254.7	70330	HIS	1710	36

续表

序号	坝名	开工年份	建成投产年份	河流	最近的城市、县	省（区、市）	坝类型	坝高（m）	坝长（m）	坝身体积（$\times 10^3 m^3$）	库容（$\times 10^3 m^3$）	建库目的	泄洪流量（m^3/s）	装机容量（MW）
15	白莲崖	2005	2007	淠河	霍山县	安徽	碾压混凝土拱坝	104			453000	HCIS		
16	蔺河口	1999	2004	岚河	安康市	陕西	碾压混凝土双曲拱坝	100	311	293	147000	HI	3480	72
17	青莲溪	2000	2006	梅溪河	奉节县	重庆	碾压混凝土拱坝	95.5	177.71	122	20400	ICHS	445	3.2
18	枫香峡	1993	1998	回龙河	丰都县	重庆	碾压混凝土拱坝	90	158	770	7500	H	608	12.6
19	皂市	2003	2007	澧水	常德市石门县	湖南	碾压混凝土重力坝	88	351	1235	1439000	HCIN	12000	120
20	汾河二库	1996		汾河	万柏林区	山西	碾压混凝土重力坝	87	350	448	130000	C	3450	
21	涌溪三级	1996	1999	大漳溪	德化	福建	碾压混凝土重力坝	86.5	198	255	68000	CHS	1620	50
22	花滩			荥河	荥经	四川	碾压混凝土重力坝	85	173	290	8240	H		24
23	石板水	1993	1997	龙溪河	丰都县	重庆	碾压混凝土重力坝	84.6	445	564	105400	HFR	7060	115
24	碗窑	1993	1997	达河溪	江山市	浙江	碾压混凝土重力坝	83	390	458	223000	ICHSF	2274	12.6
25	杨溪水一级	2000	2002	杨溪水	乳源县	广东	碾压混凝土重力坝	82	224	340				
26	观音阁	1990	1995	太子河	本溪市	辽宁	碾压混凝土重力坝	82	1040	1815	2168000	CSIHF	10586	20.75
27	鱼简河	2002	2005		息烽县	贵州	碾压混凝土双曲拱坝	81	167	155	10500	ICS	231	
28	龙首一级	1999	2001	黑河	张掖	甘肃	碾压混凝土拱坝/混凝土重力坝	80	258	210	13200	H	3090	52
29	麒麟观	2004	2005	南河		湖北	碾压混凝土双曲拱坝	77	131.8		14305.7			

续表

序号	坝名	开工年份	建成投产年份	河流	最近的城市、县	省（区、市）	坝类型	坝高（m）	坝长（m）	坝身体积（$\times10^3m^3$）	库容（$\times10^3m^3$）	建库目的	泄洪流量（m^3/s）	装机容量（MW）
30	普定	1989	1994	三岔河	普定县	贵州	碾压混凝土双拱坝	75	195.67	145	421000	HSIFR	2510	75
31	桃林口	1992	1998	青龙河	青龙县	河北	碾压混凝土重力坝	74.5	500	1350	859000	ICHSR	23641	20
32	通口	2002	2004	通口河	北川	四川	碾压混凝土重力坝	73.5	198	352	36100	H	9710	45
33	周宁	2002	2006	穆阳溪	周宁	福建	碾压混凝土重力坝	73.4	206	199	47000	H		250
34	舟坝	2004		马边河		四川	碾压混凝土重力坝	72.5						102
35	西溪	2003		大溪	宁海	浙江	碾压混凝土重力坝	71	265	224	85000	CSIH	2046	5
36	流波	2002	2004	西淠河	金寨县	安徽	碾压混凝土单曲拱坝	70.1	257.8	168	51480	HC		
37	长顺	1991	2000	郁江	利川	湖北	碾压混凝土重力坝	69	279	200	68300	HS		36
38	万安	1978	1996	赣江	万安县	江西	碾压混凝土重力坝土坝	68.1	1104	1480	2216000	HCINF	7000	400
30	锦江	1990	1993	锦江河	仁化县	广东	碾压混凝土重力坝	68	229	267	189000	CH	2870	25
40	山仔	1992	1995	敖江	连江	福建	碾压混凝土重力坝	65.6	273.6	271.8	167000	ICHS	7320	45
41	碗米坡	2001	2004	西水	保靖	湖南	碾压混凝土重力坝	64.5	238	375.7	378000	H	20451	240
42	溪柄溪		1995	溪柄溪	南靖	福建	碾压混凝土拱坝	63.5	93	33	9000	HS		2
43	水东	1991	1995	尤溪	尤溪	福建	碾压混凝土重力坝	63	196.62	184.3	107700	H	8323	80
44	平班	2002	2005	南盘江	隆林	广西	碾压混凝土重力坝	62.2	395.5	700	278000	H	16100	405
45	喜河	2002	2006	汉江	石泉县	陕西	碾压混凝土重力坝	61.8	346	640	229000	HCN	27300	180

续表

序号	坝 名	开工年份	建成投产年份	河 流	最近的城市、县	省（区、市）	坝 类 型	坝 高（m）	坝 长（m）	坝身体积（$\times10^3m^3$）	库 容（$\times10^3m^3$）	建库目的	泄洪流量（m^3/s）	装机容量（MW）
46	天生桥二级	1984	1992	南盘江	安龙县	广西	碾压混凝土重力坝	60.7	470.97	284	115690	H	4595	1320
47	龙门滩一级		1989	大漳溪	德化	福建	碾压混凝土重力坝	57.5	150	93	52800	HIS		18
48	山口三级	1999	2001	都安水	始兴县	广东	碾压混凝土拱坝	57.4	179	119	48212	CH	775	6
49	大广坝	1989	1995	昌化江	东方市	海南	碾压混凝土重力坝/土坝	57	5842	859.5	1710000	HIS	35685	242
50	高坝洲	1997	2000	清江	宜都市	湖北	碾压混凝土重力坝	57	439.5	940	536000	HN		252
51	坑口	1985	1986	尤溪	大田	福建	碾压混凝土重力坝	56.8	122.5	62	27000	IH	1156.5	1.5
52	旺坑	2001		棠口溪	屏南	福建	碾压混凝土重力坝	55.8	155.33	38	14650	H		36
53	寺山坪	1992	1995	耒水	郴州市宜章县	湖南	碾压混凝土坝	55.7	147	18	3300	IC	267	1.6
54	红坡	1996	1999	箐沟水	西山区	云南	碾压混凝土拱坝	55.2	244	80	3060	S	13.1	
55	回龙抽水蓄能上库	2002			南阳市	河南	碾压混凝土重力坝	54	208	76		H		60
56	荣地		1991	都浪河	融水	广西	碾压混凝土重力坝	53	136	108	19400	I		3
57	双溪	1995	1997	梅溪河	大博	广东	碾压混凝土重力坝	52	221	172	91000	HFR		36
58	高塘坪	1984	1990	甬河	永州市蓝山县	湖南	碾压混凝土重力坝	51.6	18	2200	9300	H	702	
59	白石	1996	2001	大凌河	北票市	辽宁	碾压混凝土重力坝	50.3	513	575.3	1645000	CSIHF	26626	9.6
60	玉石	1998	2002	碧流河	盖州市	辽宁	碾压混凝土重力坝	50.2	266.5	23.34	88520	SCIF	1681	
61	温泉堡	1991	1995	汤河	秦皇岛市	河北	碾压混凝土单曲拱坝	47.5	188	62.5	6970	C	685	
62	杨溪水三级		2000	杨溪水	乳源县	广东	碾压混凝土重力坝	46	202	139.4	2000			25

续表

序号	坝名	开工年份	建成投产年份	河流	最近的城市、县	省（区、市）	坝类型	坝高(m)	坝长(m)	坝身体积($\times 10^3 m^3$)	库容($\times 10^3 m^3$)	建库目的	泄洪流量(m^3/s)	装机容量(MW)
63	毛江	1992	1995	湘江	永州市蓝山县	湖南	碾压混凝土拱坝	45	150	4.5		I		
64	小洋溪	2001	2002	小洋溪	金沙县	贵州	碾压混凝土重力坝	44.6	118.1	48.68	15000	S	188	
65	广州抽水蓄能下库	1988	1994	流溪河	从化市	广东	碾压混凝土重力坝	43.5	127	57	28320	S	19	2400
66	狼山	1974	1979	顶格牛河	巴彦淖尔盟五原县	内蒙古	碾压混凝土重力拱坝	41	173	36	33000	C	57.4	
67	石漫滩	1993	1996	滚河	舞钢	河南	碾压混凝土重力坝	40.5	650	351	120000	ICS	3927	
68	大干沟	1996	2001	格尔木河	格尔木市	青海	碾压混凝土重力坝	39.8			9780	H		
69	满台城	1991	2002	嘎呀河	汪清县	吉林	碾压混凝土重力坝	37	337	100	9990	HI	8933	24.9
70	大寨电站配套水库		2003		丽水市	浙江	碾压混凝土拱坝	37			370			
71	猫儿岩	1968	1993	石期河	永州市芝山区	湖南	碾压混凝土拱坝	35	38	12	33000	I	56	
72	凉伞平	1980	1981	耒水	郴州市苏仙区	湖南	碾压混凝土拱坝	35	32	3	4060	H	273.3	1
73	阎王鼻子	1996	2002	大凌河	朝阳市	辽宁	碾压混凝土重力坝	34.5	383	224.4	217000	CSIH	15273	1.6
74	百龙滩	1993	1999	红水河	马山县	广西	碾压混凝土重力坝	34	710		340000	HN		192
75	南坑源				丽水市	浙江	碾压混凝土拱坝	34			723			
76	南干口	1969	1972	草水	湘东区	江西	碾压混凝土重力坝	32	85		4340	I	51	0.34
77	松月			海澜河	和龙市	吉林	碾压混凝土重力坝	31	271	77.5	21300	SH		0.375
78	河龙		2002	海澜河	延吉市	吉林	碾压混凝土重力坝	30	244	88.9	30000	SRH		4.5

注 建库目的（代号）：I灌溉，C防洪，H发电，S供水，N航运，F养鱼，R旅游，X其他。

表 3 2005 年坝高 30m 以上已建、在建面板堆石坝

序号	坝 名	开工年份	建成投产年份	河 流	最近的城市、县	省（区、市）	坝 类 型	坝 高（m）	坝 长（m）	坝身体积（$\times10^3m^3$）	库 容（$\times10^3m^3$）	建库目的	泄洪流量（m^3/s）	装机容量（MW）
1	水布垭	2000	2009	清江	巴东县	湖北	混凝土面板堆石坝	233	660	15260	4580000	HCN	18280	1840
2	江坪河	2005				湖北	混凝土面板堆石坝	221	414	7180	1424000	HC		450
3	三板溪	2001	2006	清水江	锦屏县	贵州	混凝土面板堆石坝	186	423.3	8253	4094000	HNCF	16411	1000
4	洪家渡	2000	2006	六冲河	黔西	贵州	混凝土面板堆石坝	179.5	427.79	9030	4925000	HCSFRN	6996	600
5	天生桥一级	1991	2000	南盘江	安龙县	贵州	混凝土面板堆石坝	178	1168	18000	10257000	HCS	21750	1200
6	滩坑	2003	2008	小溪	青田县	浙江	混凝土面板堆石坝	162	507	9702	4190000	ICHS	16091	600
7	紫坪铺	2000	2006	岷江	都江堰市	四川	混凝土面板堆石坝	158	663.8	11670	1112000	ISHCR	2445	760
8	吉林台	2001	2006	喀什河	尼勒克县	新疆	混凝土面板砂砾石堆石坝	157	445	8362	2440000	HICF	1753	460
9	龙首二级（西流水）	2002	2004	黑河	张掖市	甘肃	混凝土面板堆石坝	146.5	188	2530	86200	H	2696	157
10	瓦屋山	2003	2007	周公河	洪雅县	四川	混凝土面板堆石坝	140	295	3500	545000	H		350
11	九甸峡	2003	2008	洮河		甘肃	混凝土面板堆石坝	136.5	217	2800	972000			300
12	龙马	2004		李仙江	思茅市	云南	混凝土面板堆石坝	135	315		561300			285
13	乌鲁瓦提	1995	2001	喀拉喀什河	和田市	新疆	混凝土面板砂砾石堆石坝	133	365	6770	347000	ICHS	2015	60
14	珊溪	1997	2001	飞云江	文成县	浙江	混凝土面板堆石坝	132.5	448	5800	1824000	ICHS	14488	200
15	公伯峡	2001	2004	黄河	循化、化隆	青海	混凝土面板堆石坝	132	429	4763	620000	HISC	6265	1500

续表

序号	坝名	开工年份	建成投产年份	河流	最近的城市、县	省（区、市）	坝类型	坝高（m）	坝长（m）	坝身体积（$\times10^3m^3$）	库容（$\times10^3m^3$）	建库目的	泄洪流量（m^3/s）	装机容量（MW）
16	引子渡	2000	2003	三岔河	平坝、织金	贵州	混凝土面板堆石坝	129.5	276	3100	531000	HIC	8521	360
17	街面	2003	2006	尤溪	尤溪	福建	混凝土面板堆石坝	126	478	3420	1085000	H		300
18	白溪	1996	2001	白溪	宁海	浙江	混凝土面板堆石坝	124.8	398	3680	168400	ICHS	4535	18
19	鄂坪	2003	2006	汇湾河	竹溪	湖北	混凝土面板堆石坝	124.3	295.3	2980	296000	H		114
20	黑泉	1996	2001	宝库河	大通县	青海	混凝土面板砂砾堆石坝	124	438	5500	182000	HISC	389	12
21	芹山	1997	2001	穆阳溪	周宁	福建	混凝土面板堆石坝	120	259.8	2480	265000	HS	3315	70
22	古洞口	1993	1999	古夫河	兴山县	湖北	混凝土面板堆石坝	120	193	1935	148000	IHCSF	4785	45
23	白云	1992	2001	巫水	邵阳市城步县	湖南	混凝土面板堆石坝	120	200	1800	360000	CH	1473	54
24	泗南江	2003		泗南江	墨江	云南	混凝土面板堆石坝	115	366	2970	263000	HI		200
25	芭蕉河一级	2002	2006	芭蕉河	鹤峰	湖北	混凝土面板堆石坝	115	283.6	1920	99000	H		34
26	高塘	1994	2000	白水河	怀集	广东	混凝土面板堆石坝	111.3	288	1950	96000	HIS	3530	36
27	金造桥	2004		金造溪	屏南	福建	混凝土面板堆石坝	111.3	368	1750	94500			60
28	察尔乌苏	2005		开都河	和静	新疆	混凝土面板堆石坝	110	340	4100	125000	HC		300
29	双沟	2002	2008	松江河	抚松县	吉林	混凝土面板堆石坝	109.7	312	2580	390000	H		280
30	那兰	2002	2005	藤条江	金平县	云南	混凝土面板堆石坝	109	332.96	2493	286000	H	2891	150

续表

序号	坝名	开工年份	建成投产年份	河流	最近的城市、县	省（区、市）	坝类型	坝高（m）	坝长（m）	坝身体积（$\times10^3m^3$）	库容（$\times10^3m^3$）	建库目的	泄洪流量（m^3/s）	装机容量（MW）
31	鱼跳	1998	2002	大溪河	南川市	重庆	混凝土面板堆石坝	106	224	1950	95200	H		48
32	茄子山	1995	1999	苏帕河	龙陵县	云南	混凝土面板堆石坝	106	258	1400	121600	ICH	730	16
33	洞巴	2003		西洋江	田林县	广西	混凝土面板堆石坝	105	501	3160	315000	CHI		72
34	鲤鱼塘	2002	2005	桃溪河	开县	重庆	混凝土面板堆石坝	105	249	1800	104330	ICHS		15
35	思安江	2001	2004	思安江	桂林市	广西	混凝土面板堆石坝	103.9	385.91	2200	88690	SRH	1145	12
36	柴石滩	1994	2000	南盘江	宜良县	云南	混凝土面板堆石坝	103	316	2320	437000	ICHSR	3336	60
37	盘石头	2000	2004	淇河	鹤壁市	河南	混凝土面板堆石坝	102.2	606	5400	608300	CIHS	1187	10
38	白水坑	2001	2003	江山港	江山市	浙江	混凝土面板堆石坝	101	236.8	1508	246200	ICH	2791	40
39	泰安抽水蓄能上库	2001	2005	樱桃园沟	泰安市	山东	混凝土面板堆石坝	100.5	540.5	3858	10970	H		1000
40	积石峡	2005	2011	黄河		青海	混凝土面板堆石坝	100			263500	H		
41	双河口	2004		北盘江		贵州	混凝土面板堆石坝	99.5		2500	195000			
42	小河	2004		泾水河	咸丰	湖北	混凝土面板堆石坝	96		1100	100000			25
43	天荒坪蓄能下库	1993	1997	大溪	安吉县	浙江	混凝土面板堆石坝	95	225	1520	8770	H	1280	1800
44	西北口	1987	1990	黄柏河	宜昌县	湖北	混凝土面板堆石坝	95	222	1650	862	IHCSF	6060	18.9
45	万安溪	1991	1995	万安溪	漳平	福建	混凝土面板堆石坝	93.8	212	1229.6	228900	H	3076	45

续表

序号	坝名	开工年份	建成投产年份	河流	最近的城市、县	省（区、市）	坝类型	坝高（m）	坝长（m）	坝身体积（$\times10^3m^3$）	库容（$\times10^3m^3$）	建库目的	泄洪流量（m^3/s）	装机容量（MW）
46	美岱	2004	2007	美岱溪		内蒙古	混凝土面板堆石坝	93.2	117	608.9	20390	SCI		
47	大桥	1993	1997	安宁河	凉山州	四川	混凝土面板堆石坝	93	581.5	1930	658000	SCHFR	261	100
48	寺坪	2001	2005	粉青河	宝康	湖北	混凝土面板堆石坝	90.5	412	2060	269000	ICHEN		60
49	大坳	1996	1999	石溪水	上饶县	江西	混凝土面板堆石坝	90	424	1390	276700	IHCSF	1846	51.4
50	瑞垟二级	2001	2005	屏南溪	龙泉	浙江	混凝土面板堆石坝	89.4	198	1303	14700	H		
51	三插溪	1993	1999	浯溪	泰顺县	浙江	混凝土面板堆石坝	88.8	186	770	47000	H	3832	44
52	陡岭子	1999	2000	夹河	郧西县	湖北	混凝土面板堆石坝	88.5	361	1936	484200	H	8864	70.5
53	东津	1992	1996	修河	永修县	江西	混凝土面板堆石坝	88.5	322	1720	795000	H	3495	60
54	英川	1999	2003	英川溪	景宁	浙江	混凝土面板堆石坝	87	250	1100	37310	HIS		5.2
55	小山	1993	1997	松江河	抚松县	吉林	混凝土面板堆石坝	86.3	302	1250	107000	HC	2445	160
56	崖平山	2003			普尔	云南	混凝土面板堆石坝	86						
57	响水	2003		响水河	盘县	贵州	混凝土面板堆石坝	85.5	280	1010	33600			
58	云荞	1998	2004	井底小河	永善县	云南	混凝土面板堆石坝	82.2	324	1580	10430	ICHS	199	5.2
59	涧峪	2003	2005	涧峪河	渭南市	陕西	混凝土面板砂砾堆石坝	81.8	196	1268.4		SICH		
60	花山	1991	1993	绥江	广宁县	广东	混凝土面板堆石坝	81.2	165.3	711.8	63000	H	2067	25.5

续表

序号	坝名	开工年份	建成投产年份	河流	最近的城市、县	省（区、市）	坝类型	坝高（m）	坝长（m）	坝身体积（$\times10^3m^3$）	库容（$\times10^3m^3$）	建库目的	泄洪流量（m^3/s）	装机容量（MW）
61	马沙沟	1999	2003	羊九溪	习水县	贵州	混凝土面板堆石坝	81	228.1	691	6250	CS	353	
62	松山	1993	2003	松江河	抚松县	吉林	混凝土面板堆石坝	80.8	302.26	1230	133000		2315	
63	泽雅	1996	1997	戍浦江	温州市	浙江	混凝土面板堆石坝	78.8	308	1420	57000	CS	2395	8
64	株树桥	1986	1992	浏阳河	浏阳市	湖南	混凝土面板堆石坝	78	245	830	278300	ICHF	4434	24
65	大岩坑	2001	2004	南阳溪	庆元县	浙江	混凝土面板堆石坝	76.8	156	570	11250	H		36
66	黄石滩	2000	2003	傅家河	安康市	陕西	混凝土面板堆石坝	75.6	210	685	41770	ICF	793.93	
67	大水沟	1998	2003	牛场河	镇雄县	云南	混凝土面板堆石坝	75.6	176.52	750	27400	ICHSRF	351	6.4
68	宜兴抽水蓄能上库	2001	2006		宜兴市	江苏	混凝土面板堆石坝	75	516		5300	H		1000
69	十三陵抽水蓄能上库	1992	1997		昌平县	北京	混凝土面板堆石坝	75	550	2643	4450	H		800
70	成屏一级	1985	1989	松阴溪	遂昌县	浙江	混凝土面板堆石坝	74.6	217.7	760	52000	ICH		13
71	鱼背山	1995	1998	磨刀溪	万州县	四川	混凝土面板堆石坝	73	214	1250	86000	H	3650	17
72	莲花	1992	1998	牡丹江	海林市	黑龙江	混凝土面板堆石坝	71.8	902	3900	4180000	HCI	18570	550
73	下天吉一期	1997	2005	精河	精河县	新疆	混凝土面板砂砾石堆石坝	71.5	207	890	12900	ICF	364	
74	桐柏抽水蓄能下库	2002	2006	百丈溪	天台县	浙江	混凝土面板堆石坝	71.4	424	129	12900	H	496	1200
75	横山	1963	1994	奉化江	奉化市	浙江	混凝土面板堆石坝	70.2	468	1090	111800	ICHSF	3500	5

续表

序号	坝名	开工年份	建成投产年份	河流	最近的城市、县	省（区、市）	坝类型	坝高（m）	坝长（m）	坝身体积（$\times10^3m^3$）	库容（$\times10^3m^3$）	建库目的	泄洪流量（m^3/s）	装机容量（MW）
76	黄连山	2003	2006	茶卡河	绿春县	云南	混凝土面板堆石坝	70.1	143.2	482.9	11250	I	170	
77	沟后	1998	2001	恰卜恰河	共和县	青海	混凝土面板堆石坝	70	260	890	3000	I	209	
78	水泊渡	2001	2003	乐民河	遵义县	贵州	混凝土面板堆石坝	68.8	155	562.7	55100	I	1360	
79	隘口	2002		梅江河	秀山县	重庆	混凝土面板堆石坝	68			39120	ICHSF		3.76
80	港口湾	1998	2001	青戈江	宁国市	安徽	混凝土面板堆石坝	68	257	930	941000	CHI	2752	6
81	大河	1993	1998	西山河	阳春市	广东	混凝土面板堆石坝	68	240	750	332200	ICHS	2300	30
82	广州抽水蓄能上库	1988	1994	流溪河	从化市	广东	混凝土面板堆石坝	68	318.52	863	25750	H	22.6	
83	榆树沟	1998	2000	榆树沟	哈密市	新疆	混凝土面板堆石坝	67.5	306	590	10720	IC		60
84	应村			灵山港	逐昌	浙江	混凝土面板堆石坝	67.5	161	510	23500			
85	小溪口	1996	1999	马水河	建始	湖北	混凝土面板堆石坝	67.3	235	781	66400	H		30
86	白杨河	1998	2001	白杨河	玉门市	甘肃	混凝土面板堆石坝	66.8	180.7	413	9820	IS	243.7	16
87	黄龙													
88	丰坪	2001	2005	挂登河	兰坪县	云南	混凝土面板堆石坝	65.1	138	430.8	32300	ICHS	122.9	2.5
89	小坝二级	1997	2000	小坝河	酉阳县	重庆	混凝土面板堆石坝	65	188	660.3	12480	ICSRX	283	
90	沙铺砻	1997	1999	梧桐坑溪	云和县	浙江	混凝土面板堆石坝	64.7	220	600	8500	H	601	25

续表

序号	坝名	开工年份	建成投产年份	河流	最近的城市、县	省（区、市）	坝类型	坝高（m）	坝长（m）	坝身体积（$\times10^3m^3$）	库容（$\times10^3m^3$）	建库目的	泄洪流量（m^3/s）	装机容量（MW）
91	接龙	2003	2008	印溪沟	武隆县	重庆	混凝土面板堆石坝	64	237	770	11100	I	160	4.4
92	哈拉布拉	2002	2006	哈拉布拉河	裕民县	新疆	混凝土面板堆石坝	63.85	170	38	1436	I	66	
93	琅琊山抽水蓄能上库	2002	2006	荒山沟	滁洲市	安徽	混凝土面板堆石坝	64	655	126.5	18000	H		600
94	锁金山			湾潭河	五峰县	湖北	混凝土面板堆石坝	62	227	600	100000		320	45
95	黄村	1999	2003	严溪	丽水	浙江	混凝土面板堆石坝	61.7	197	544.8	42690	S	2325	
96	喀浪古尔	1999	2003	额敏河	塔城市	新疆	混凝土面板堆石坝	61.5	565.4	1238	39000	ICHR	364.6	5.8
97	三锅桩	1995	2001	金王桥河	鹤庆县	云南	混凝土面板堆石坝	61.3	293.4	885.2	15390	IC	292	0.64
98	磨盘	1970	1977	建江河	桂林市全州县	广西	混凝土面板石坝/土石坝/浆砌石重力坝	61	203		40500	ICHF	2040	2.5
99	弹子台	1997	2001	包鸾河	丰都县	重庆	混凝土面板堆石坝	60.8	212	620	11500	IH	460	0.5
100	南山	2002	2005		龙胜县	广西	混凝土面板堆石坝	60	290	590.4	279400			72
101	南车	1992	1998	六八河	吉安市	江西	混凝土面板堆石坝	60	191.5	459	153000	ICH	1218	12.8
102	关门山	1986	1988	小汤河	本溪市	辽宁	混凝土面板堆石坝	59	184	788	81000	ICHFR	502	1.52
103	龙溪	1987	1993	始丰溪	天台县	浙江	混凝土面板堆石坝	58.9	140.5	280	25580	H	529	16
104	八都	1995	2001	浦阳江	义乌市	浙江	混凝土面板堆石坝	58	324	850	32100	ICHS	440.25	1
105	罗村	1979	1994	胥溪	建德市	浙江	混凝土面板堆石坝	58	208.6	640	21000	ICH	630	2.39

续表

序号	坝名	开工年份	建成投产年份	河流	最近的城市、县	省（区、市）	坝类型	坝高（m）	坝长（m）	坝身体积（$\times10^3m^3$）	库容（$\times10^3m^3$）	建库目的	泄洪流量（m^3/s）	装机容量（MW）
106	汉坪咀	2002	2004	白水江	文县	甘肃	混凝土面板砂砾石堆石坝	57	202	684.5	510000	H	82.3	72
107	两江	1992	1999	二道松花江	安图县	吉林	混凝土面板堆石坝	56.7	273	1100	210500	HICRF	2647	60
108	锅底潭	1999	2002	渌水	芦溪县	江西	混凝土面板堆石坝	56.2	115	260	22070	ICHSN	592	3.2
109	海潮坝	1994	1997	黑河	民乐县	甘肃	混凝土面板堆石坝	56	178	484	7450	I	284	1.6
110	王二河	1999	2002	王二河	镇宁县	贵州	混凝土面板堆石坝	55.4	352.18	698.6	99500	IHR	1030	50
111	小干沟	1988	1991	格尔木河	格尔木市	青海	混凝土面板堆石坝	55	104	213	10320	H		32
112	平潭		1998		宁波市	浙江	混凝土面板堆石坝	55		390	11000			
113	咸池	1992	2003	梅溪河	云阳县	重庆	混凝土面板堆石坝	54	131	180	2030	H	373	12.8
114	景谷河	1983	1988	景谷河	景谷	云南	混凝土面板堆石坝	54	108	342	56700	IH	10.2	21.7
115	炉房	1998	2002	炉房河	巧家县	云南	混凝土面板堆石坝	53.5	169.5	270	18600	ICHS	33.1	4
116	甘宁	1998	2004	让渡河	万州区	重庆	混凝土面板堆石坝	53	220	550	33600	I	103.3	3.3
117	斗晏	1992	1998	寻乌水	寻乌县	江西	混凝土面板堆石坝	53	200.53	550	98200	H	740	37.5
118	卫星			后溪		浙江	混凝土面板堆石坝	52.5	301	41.1	5000	IS	84.9	
119	玉溪	2002	2005	平敖河	龙胜县	广西	混凝土面板堆石坝	52	130	419				
120	红珠河	1998	2000	东龙河	建始	湖北	混凝土面板堆石坝	52	160	220	5880			

续表

序号	坝名	开工年份	建成投产年份	河流	最近的城市、县	省（区、市）	坝类型	坝高（m）	坝长（m）	坝身体积（$\times10^3m^3$）	库容（$\times10^3m^3$）	建库目的	泄洪流量（m^3/s）	装机容量（MW）
121	南山	1959	1970	飞云江	泰顺县	浙江	混凝土面板堆石坝	52	480		1780	H		2.25
122	钟吕	1997	1998	乐安河	婺源县	江西	混凝土面板堆石坝	51	262	330	21452	HICSF	246.09	6.4
123	张公龙	1984	1987	西山河	阳春市	广东	混凝土面板堆石坝	51	174	350	20300	H	5100	12
124	白眉			白眉溪	福州	福建	混凝土面板堆石坝	51	302	500	18000		792	
125	东坞源	1970	1978	松阴溪	遂昌县	浙江	混凝土面板堆石坝	50	180		14000	IHF	1200	1.325
126	蛇洞				攀枝花	四川	混凝土面板堆石坝	50			8000			
127	小梅沙	1994	1995	小梅沙河	深圳市	广东	混凝土面板堆石坝	49.6	188	219	1463	S		
128	天门河	2001	2003	天门河	桐梓县	贵州	混凝土面板堆石坝	49.5	194	380.2	25900	C	814	
129	溪口蓄能上库	1994	1997	横坑溪	宁波市	浙江	混凝土面板堆石坝	48.5	151	140	1030	S	19.7	
130	双溪	1969	1985	长乐水	德兴	江西	混凝土面板堆石坝	47.5	145	174.5	60000	HS	1424	3.75
131	沙河上库	1998	2001	沙河	溧阳市	江苏	混凝土面板堆石坝	47	93	1326	2500	H		100
132	新田	1975	1980	盐井河	万州区	重庆	混凝土面板堆石坝	45.8	124	609.12	15450	ICHF	198	4.285
133	银碗槽	2001	2004	秦溪河	万盛区	重庆	混凝土面板堆石坝	44.5	139	195	1821	S	76	
134	溪口蓄能下库	1994	1997	菟山溪	宁波市	浙江	混凝土面板堆石坝	44.2	274.1	440	861	H	14.4	80
135	谭尧	2004	2005	里旺河	独山县	贵州	混凝土面板堆石坝	44	205	151	16500	ISF	196	

续表

序号	坝 名	开工年份	建成投产年份	河 流	最近的城市、县	省（区、市）	坝 类 型	坝 高（m）	坝 长（m）	坝身体积（$\times10^3m^3$）	库 容（$\times10^3m^3$）	建库目的	泄洪流量（m^3/s）	装机容量（MW）
136	两岔河	1995	1998	舞阳河	黄平县	贵州	混凝土面板堆石坝	43	320	607	63200	ICHSFR	1300	2
137	塔斯特	1988	1996	塔斯特河	吉木乃	新疆	混凝土面板堆石坝	43	180	450	12000	I	570	
138	水堆坑	1972	1983	大溪	武义县	浙江	混凝土面板堆石坝	43	106		897			
139	龙门脚					浙江	混凝土面板堆石坝	42.5			1593.6			
140	三渡溪	1971	1977	武义江	永康市	浙江	混凝土面板干砌块石重力坝	42.42	175		12000	ICHF	565	0.595
141	八宝	2002	2005	珠江	富宁县	云南	混凝土面板堆石坝	42.22	267	6	2306	I	51.6	
142	杨家坡	1972	1973	松溪河	昔阳	山西	混凝土面板堆石坝	42	145	182	3550	IC	533	
143	柯柯亚	1979	1985	柯柯亚河	鄯善县	新疆	混凝土面板堆石坝	41	135	440	10000	IC	790	
144	山口	1992	1996	哈巴河	哈巴河县	新疆	混凝土面板堆石坝	40.5	549.79	690	46000	HI	1635	25.2
145	眉山	2002	2005	平敖河	龙胜县	广西	混凝土面板堆石坝	40.1	103	126				
146	梅溪	1993	1998	梅溪	鄞县	浙江	混凝土面板堆石坝	40	652	1200	26560	ICS	1138	10.8
147	丰宁	1998	2001	滦河	丰宁县	河北	混凝土面板堆石坝	39.8	292	570	72000	H	938	20
148	楚松	1994	1998	嘎雄曲河	白郎县	西藏	混凝土面板（砂砾）堆石坝	39.67	322	842	14600	IH		0.04
149	东敢	1959	1960	清水江	上林县	广西	混凝土面板堆石坝	39.42	94.78	94	41700	ICHF	353	1.2
150	查龙	1993	1996	那曲河	那曲县	西藏	混凝土面板（砂砾）堆石坝	38.4	192	375	138000	H	696	10.8

续表

序号	坝名	开工年份	建成投产年份	河流	最近的城市、县	省（区、市）	坝类型	坝高（m）	坝长（m）	坝身体积（$\times10^3m^3$）	库容（$\times10^3m^3$）	建库目的	泄洪流量（m^3/s）	装机容量（MW）
151	金狮	1976	1979	交溪	泰顺县	浙江	混凝土面板堆石坝	37.5	142		1950	IH		1
152	汤浦西坝	1997	2001	小舜江	上虞市	浙江	混凝土面板堆石坝	37.2	281	451	235000	ICHS		3.2
153	白杨河	1988	1991	白杨河	木垒县	新疆	混凝土面板堆石坝	37	467	370	4500	I		
154	舍网	1990	1995	象山港	奉化市	浙江	混凝土面板堆石坝	36.5	167	150	2500	I		
155	梁辉	1993	1997	大溪	余姚市	浙江	混凝土面板堆石坝	35.4	385	695	30770	ICHSFR	86	0.96
156	中解	1972	1981	中解河	代县	山西	混凝土面板堆石坝	35	180	530	4000	I	382	
157	渡浪沟		1992	黄柏河	建始	湖北	混凝土面板堆石坝	35	135	100	3500			
158	伯衣布谢			伯衣布谢河	裕民县	新疆	混凝土面板堆石坝	35	210	200	4000			20
159	西章	1977	1981	西溪	永嘉县	浙江	混凝土面板堆石坝	33.7	124.2		1120	IH		0.96
160	水源（杨庄截潜）	2002	2003	泃河	蓟县	天津	混凝土面板堆石坝/混凝土重力坝	33.5	550	39.73	27000	S	3647	
161	里岙上	1989	1993	滨海	玉环县	浙江	混凝土面板堆石坝	33	106.7		370.8			
162	白塔岭	1970	1980	毕浦溪	桐庐县	浙江	混凝土面板堆石坝	32.92	93		1690	IH	502	0.32
163	小岭头	1990	1994	大松	鄞县	浙江	混凝土面板堆石坝	32.6	152		1080	I	111.98	
164	磨子	1977	1997	黄金河	忠县	重庆	混凝土面板堆石坝	32.2	172	136.8	3580	I	6.9	
165	灯塔		1980	长江水系	巴中市平昌县	四川	混凝土面板堆石坝	31.5	96	120.96	435	I	6.97	
166	团结	1971	1980	长江水系	巴中市巴州区	四川	混凝土面板堆石坝	31.35	113	141.7	1010	I	36.75	
167	长岭		1979	长江水系	巴中市巴州区	四川	混凝土面板堆石坝	31.2	160	199.7	598	I	55.8	
168	叶家源	1966	1969	新安江	淳安县	浙江	混凝土面板堆石坝	31.15	68.7		820	IH	201.2	0.325
169	青坪	1973	1976	高洞河	务川县	贵州	混凝土面板堆石坝	30	250	240	8420	HI	30	7.2
170	复兴		1979	长江水系	巴中市巴州区	四川	混凝土面板堆石坝	30	80	96	173	I	17.31	
171	潘家湾		1980	长江水系	巴中市巴州区	四川	混凝土面板堆石坝	30	220	264	430	I		

注 建库目的（代号）：I灌溉，C防洪，H发电，S供水，N航运，F养鱼，R旅游，X其他。

表 4　2005 年坝高 30m 以上已建、在建沥青混凝土防渗堆石坝

序号	坝名	开工年份	建成投产年份	河流	最近的城市、县	省（区、市）	坝类型	坝高（m）	坝长（m）	坝身体积（$\times10^3m^3$）	库容（$\times10^3m^3$）	建库目的	泄洪流量（m^3/s）	装机容量（MW）
1	冶勒	2001	2006	南桠河	冕宁、石棉	四川	沥青混凝土心墙堆石坝	126	411	6700	298000	H	428	240
2	万宜水库东坝	1977	1979		香港	香港	沥青心墙堆石坝	107	490	3800	281124	S	396	
3	茅坪溪	1993	2000	茅坪溪	宜昌	湖北	沥青混凝土心墙堆石坝	104	1840	12130				
4	万宜水库西坝	1977	1979		香港	香港	沥青心墙堆石坝	102.5	760	6700	281124	S	369	
5	西龙池抽水蓄能下库	2002	2007	龙池沟	五台县	山西	沥青混凝土面板堆石坝	97	537	4760	4942	H		1200
6	宝泉抽水蓄能上库	2002	2006	峪河	辉县	河南	沥青混凝土面板堆石坝	93	388	5382	8270	H		1200
7	石砭峪	1971/2000	1980/2004	石砭峪河	西安市	陕西	沥青混凝土面板定向爆破堆石坝	85	265	143.7	28700	S		3
8	下坂地	2001		塔什库尔	喀什市	新疆	沥青混凝土心墙堆石坝	81	410		817000	IH		140
9	南谷洞	1958	1980	露水河	林州市	河南	沥青混凝土面板堆石坝	78	205	2238.8	77500	ICHF	4920	1.6
10	天荒坪蓄能上库	1993	1997	大溪	安吉县	浙江	沥青混凝土斜墙堆石坝	70	2321	4260	8850	H		
11	车坝	1977	1985	车坝河	恩施州	湖北	沥青混凝土面板堆石坝	66.2	300		62000	ICHN	2431	20.7
12	党河	1970	1974	党河		甘肃	沥青混凝土心墙砂砾石坝	58	255		46400	IH	417	3.75
13	牙塘	1996	2005	牙塘河	和政县	甘肃	沥青混凝土心墙堆石坝	57.2	447	188.61	19200	IS	301.12	1.26
14	里册峪	1995	1978	里册峪	绛县	山西	沥青混凝土面板定向爆破堆石坝	57	170		6660	IC	1251	
15	张河湾蓄能上库	2002	2006	甘陶河	石家庄	河北	复式沥青混凝土面板堆石坝	57	1937	5130	7850	H		1000

续表

序号	坝名	开工年份	建成投产年份	河流	最近的城市、县	省（区、市）	坝类型	坝高（m）	坝长（m）	坝身体积（$\times10^3m^3$）	库容（$\times10^3m^3$）	建库目的	泄洪流量（m^3/s）	装机容量（MW）
16	碧流河	1975	1986	碧流河	新金县	辽宁	沥青心墙堆石坝、混凝土重力坝、土坝	53.5	708.5		934000	SCIHF	9534	4
17	坎尔其	1998	2001	坎尔其河	鄯善县	新疆	碾压式沥青混凝土心墙砂砾石坝	51.3	320	1590	11800	IC	281	
18	象山	1992	1996	公别拉河	黑河市爱辉区	黑龙江	沥青心墙堆石坝	50.7	285	800	3340	CHRF	1190	18
19	西龙池抽水蓄能上库	2003	2009	滹沱河	五台县	山西	沥青混凝土面板堆石坝	50	401	430	4851	H		1200
20	桥墩	1968	1989	横阳江	仓南县	浙江	沥青混凝土面板堆石坝	50	619		64100	ICH	3353	3.2
21	牛头山	1980	1989	逆溪	临海市	浙江	沥青混凝土面板（砂砾）堆石坝	49.3	435	1750	302500	ICHS	3315	6.4
22	洞塘	1997	2002	洞塘河	黔江区	重庆	碾压式沥青混凝土心墙（石渣）堆石坝	48	146	450	12100	ICSFR	183.6	
23	聚宝	1996	2002	鸭绿江	临江市	吉林	沥青混凝土心墙堆石坝	44.8	433.7	530	57000	R	778	20
24	团结	1992	2002	宽河	呼玛县	黑龙江	沥青心墙土石坝	42	709	700	136000	CH	1011	10.5
25	尼尔基	2001	2006	嫩江	莫力达瓦自治旗	内蒙古	碾压沥青混凝土心墙砂砾石坝	41.5	1807.3	6052	8610000	HCISN	20300	250
26	宝山	1993	1997	库尔滨河	逊克县奇克镇	黑龙江	沥青心墙堆石坝	39.3	577	375	58000	HR	1796	19.5
27	马家沟	2000	2002	大溪河	九龙坡区	重庆	沥青混凝土心墙堆石坝	38.2	264	460	8910	S	175	
28	坑口	1977	1982	瓯江	青田县	浙江	沥青混凝土面板堆石坝	37	95.5		1850	IH	363	0.2
29	山口	1995	2003	讷谟尔河	五大连池市	黑龙江	沥青心墙堆石坝	36.1	763	2020	995000	ICHSFR	2100	26
30	西沟	1987	1991	公别拉河	黑河市爱辉区	黑龙江	沥青心墙堆石坝	36	608	430	125350	CHRF	1667	36
31	峡口	1995	2003	渭源河	渭源县	甘肃	沥青混凝土面板堆石坝	36	242	670	7450	IC		

注 建库目的（代号）：I灌溉，C防洪，H发电，S供水，N航运，F养鱼，R旅游，X其他。

表5

2005年坝高60m以上已建、在建拱坝

序号	坝名	开工年份	建成投产年份	河流	最近的城市、县	省（区、市）	坝类型	坝高（m）	坝长（m）	坝身体积（$\times10^3m^3$）	库容（$\times10^3m^3$）	建库目的	泄洪流量（m^3/s）	装机容量（MW）
1	锦屏一级	2005	2014	雅砻江	盐源县	四川	混凝土双曲拱坝	305			15000000	HC		3600
2	小湾	2002	2012	澜沧江	风庆、南涧	云南	混凝土双曲拱坝	292	922.74	7050	15132000	HCIN	20683	4200
3	溪洛渡	2004	2010	金沙江	凉山州	四川	混凝土双曲拱坝	278	698.07	11780	12914000	HCN		12600
4	拉西瓦	2004	2010	黄河	贵南县	青海	对螺旋线混凝土双曲拱坝	250	475.83	3734	10790000			4200
5	二滩	1991	1999	雅砻江	攀枝花	四川	抛物线型混凝土双曲拱坝	240	774.73	4140	5800000	HCS	22018.6	3300
6	构皮滩	2003	2013	乌江	余庆县	贵州	抛物线型混凝土双曲拱坝	232.5	553	2420	5564000	HNCIS	29100	3000
7	德基	1969	1974	大甲溪	台中县	台湾	混凝土变厚度双曲薄拱坝	180	290	456	232000	HICRS	1400	234
8	龙羊峡	1977	1989	黄河	共和	青海	混凝土重力拱坝	178	1226	1749	27630000	CHSFR	6000	1280
9	乌江渡	1970	1983	乌江	遵义县	贵州	混凝土重力拱坝	165	395	1865	2140000	CH	6693	630
10	东风	1984	1995	乌江	清镇市	贵州	抛物线型混凝土双曲簿拱坝	162	263	425.6	1025000	HCS	12466	510
11	东江	1978	1992	耒水	资兴市	湖南	混凝土双曲薄拱坝	157	438	1516	9148000	ICHFNRS	1420	500
12	李家峡	1988	1997	黄河	化隆	青海	三心圆混凝土双曲拱坝	155	414.39	750	1650000	HC		2000
13	隔河岩	1987	1995	清江	长阳	湖北	混凝土重力拱坝	151	653.5	3060	3400000	HCN	13000	1212
14	白山	1975	1986	第二松花江	桦甸市	吉林	混凝土三心圆重力拱坝	149.5	677	2140	6431000	HC	2260	1500
15	江口	1999	2004	芙蓉江	武隆县	重庆	混凝土椭圆双曲拱坝	140	394.4	667	505000	HC	14580	300
16	大花水	2005		清水河	开阳县	贵州	碾压混凝土双曲拱坝	134.5						180
17	洞坪	2000	2006	忠建河	宣恩	湖北	拱坝	134	267	403.5	336000	H	3880	102

续表

序号	坝名	开工年份	建成投产年份	河流	最近的城市、县	省（区、市）	坝类型	坝高（m）	坝长（m）	坝身体积（$\times10^3m^3$）	库容（$\times10^3m^3$）	建库目的	泄洪流量（m^3/s）	装机容量（MW）
18	沙牌	1997	2002	草坡河	汶川	四川	碾压混凝土三心圆单拱坝	132	250.25	392	18000	H		36
19	藤子沟	2002	2006	龙河	石柱县	重庆	双曲拱坝	127	339	333	193000	H	2756	70
20	翡翠	1981	1987	北势溪	台北县	台湾	混凝土双曲拱坝	122.5	510	710	106000	SH	9870	70
21	雾社	1953	1959	雾社溪	南投县	台湾	混凝土重力拱坝	114.6	205	328.8	146000	H	850	20.7
22	石门子	1999	2002	塔西河	玛纳斯县	新疆	碾压混凝土双曲薄拱坝	110	176.5	211	80000	ICH		64
23	牛头山	2003		长溪	寿宁	福建	混凝土双曲拱坝	108	312.7	332	97190	H	3988	100
24	招徕河	2000	2005	堵河	长阳	湖北	碾压混凝土双曲拱坝	107	206	254.7	70330	HIS	1710	36
25	华光潭一级	2002	2005	仓化江	临安市	浙江	混凝土抛物线双曲变厚拱坝	104						60
26	白莲崖	2005	2007	淠河	霍山县	安徽	碾压混凝土拱坝	104			453000	HCIS		
27	华光潭二级	2002	2005	分水江	临安	浙江	拱坝	104				H		60
28	群英	1966	1971	大砂河	焦作市	河南	砌石重力单曲拱坝	103.5	154.28	252.3	20000	IC	2480	1
29	紧水滩	1981	1988	大溪	云和县	浙江	混凝土三心双曲拱坝	102	350.6	300	1393000	CHN	5805	300
30	下会坑	1996	2002	花厅河	上饶市	江西	砌石双曲拱坝	101	264.6	180.8	35290	HI	1013	16
31	蔺河口	1999	2004	岚河	安康市	陕西	碾压混凝土三心圆双曲拱坝	100	311	293	147000	HI	3480	72
32	盐津桥	1997	1998	盐津河	仁怀市	贵州	对数螺旋线砌石双曲拱坝	99	118	75	33.5	H	800	0.4
33	青莲溪	2000	2006	梅溪河	奉节县	重庆	碾压混凝土拱坝	95.5	177.71	122	20400	ICHS	445	3.2
34	大奕坑	1998	2001	瓯江	青田	浙江	拱坝	92.5	162.8	69.4	4343000	H		12.6
35	井冈冲	1989	1992	左溪	井冈山市	江西	浆砌块石双曲拱坝	92	327.92	197.4	18700	HCIF	406	12.8

续表

序号	坝名	开工年份	建成投产年份	河流	最近的城市、县	省（区、市）	坝类型	坝高（m）	坝长（m）	坝身体积（$\times10^3m^3$）	库容（$\times10^3m^3$）	建库目的	泄洪流量（m^3/s）	装机容量（MW）
36	龙头寨	1993	1998	岩泉河	黎川县	江西	拱坝	90.7	125.65	47	30460	CHR	437	5.1
37	龙潭	1990	1996	上犹江	上犹县	江西	混凝土抛物线双曲拱坝	90	218.36	110	115600	H	713	40
38	枫香峡	1993	1998	回龙河	丰都县	重庆	碾压混凝土拱坝	90	158	770	7500	H	608	12.6
39	梅山	1954	1956	史河	金寨县	安徽	混凝土连拱坝	88.24	443.5	352	2337000	CIHN	6770	40
40	石门	1969	1973	褒河	汉中市	陕西	单心圆混凝土双曲拱坝	88	260	210	110000	ICSHF	5340	40.5
41	长潭岗	1990	1997	沱江	湘西州	湖南	拱坝	87.6	226	130	99700	CH	1139	8
42	响洪甸	1956	1961	西淠河	金寨县	安徽	混凝土单曲重力拱坝	87.5	367.6	300	2632000	CIH	618	40
43	东固	1999	2002	梓溪	永泰	福建	砌石双拱坝	86.5	228	767	47200	H	1111.5	11
44	双口渡	1998	2000		古田	福建	拱坝	86.5			26220	H		
45	雷公口	1997	1999	麻阳溪	建阳	福建	砌石双拱坝	86.3	230		40200	H		125
46	谷关	1957	1961	大甲溪	台中县	台湾	单曲混凝土拱坝	85.1	149	77.77	13200	H	250	180
47	桑园	1992	1996	七都溪	福鼎	福建	三心圆砌石双拱坝	84.2	249.8	145.6	73500	IH	3390	37.5
48	大江口	1974	1992	涟水	涟源市	湖南	砌石双曲拱坝	84	224.4	17.6	45500	ICHFR	1421	1.76
49	仙居	2001	2004	仙居溪	泰顺县	浙江	拱坝	84	220	9.2	3289	H	1784	25
50	观音岩	1987	1990	舞阳河	施秉县	贵州	砌石双曲拱坝	82.1	131.3		123000	H	1697	12.6
51	北溪	1998	2002	大源溪	永嘉	浙江	混凝土双曲拱坝	82	276	1100	28500	H	1680	36
52	荣华	1978	1983	大汉溪	桃园县	台湾	混凝土拱坝	82	160	62	12400	H	7010	40
53	六角宫	1994	2002	仙峰溪	大田	福建	三心圆混凝土双拱坝	81	233	128.8	70900	H	1482	25
54	东石岭	1969	1978	滏阳河	邢台市沙河市	河北	砌石双曲重力拱坝	81	252	361	68400	ICH	2270	0.64
55	索溪峪	1974	1996	澧水	张家界市	湖南	砌石双曲拱坝	81	199	1300	28000	CHSR	500	2.5

续表

序号	坝 名	开工年份	建成投产年份	河 流	最近的城市、县	省（区、市）	坝 类 型	坝 高 (m)	坝 长 (m)	坝身体积 ($\times10^3m^3$)	库 容 ($\times10^3m^3$)	建库目的	泄洪流量 (m^3/s)	装机容量 (MW)
56	鱼简河	2002	2005		息烽县	贵州	碾压混凝土双曲拱坝	81	167	155	10500	ICS	231	
57	金坑	1977	1984	十二都源	青田县	浙江	混凝土面板砌石双曲拱坝	80.6	285.15	1340	24200	IHF	1560	9.6
58	泉水	1972	1976	南水河	乳源县	广东	混凝土双曲薄拱坝	80	209	570	22000	H	444	24
59	龙首一级	1999	2001	黑河	张掖	甘肃	碾压混凝土拱坝/混凝土重力坝	80	258	210	13200	H	3090	52
60	高岭头二级	1995	1998	梧溪	文成县	浙江	拱坝	79.8	153.1			H	1400	25
61	内庵	1987	1996	宣平溪	武义县	浙江	拱坝	78.7	206.9		24000	IH	748	6.4
62	玉舍	1999	2002	舍嘎河	六盘水市	贵州	砌石拱坝	78.4	238.5	111.5	334	S	535	
63	流溪河	1956	1959	流溪河	从化市	广东	混凝土单曲拱坝	78	255	129.1	375800	H	2085	48
64	石城子	1978	1981	故乡河	哈密市	新疆	砌石双曲拱坝	78	71.9		20600			
65	村美		1996	林邦溪	龙岩	福建	砌石双拱坝	78	150			H		25
66	峡沟	1958	1966	滏阳河	邢台市沙河市	河北	砌石单曲拱坝	78	55	65.2	6545	ICS	322	
67	卡房	1998	1999	西河	洋县	陕西	浆砌石重力拱坝	78	311	330	27800	IH	1700	0.4
68	王屋山	1970	1975	铁山河	济源市	河南	混凝土双曲拱坝	77.3	105.45	122	6940	ICHFR	1770	1.26
69	麒麟观	2004	2005	南河		湖北	碾压混凝土双曲拱坝	77	131.8		14305.7			
70	陈村一级	1958	1971	青弋江	泾县	安徽	混凝土定圆心单曲重力拱坝	76.3	419	810	2641000	HCINFR	4670	150
71	方坑	1970	1983	武义江	武义县	浙江	砌石双曲拱坝	76	172	40	5100	IHF		1.68
72	佛子岭	1952	1954	东淠河	霍山县	安徽	混凝土连拱坝/重力坝/平板坝	75.9	510	210	496000	CIH	7764	32
73	肖家沟	1992	1999	渔泉河	南川市	重庆	拱坝	75.8	160	90	24000	HIS	282	1.2
74	大桥		1997	古田溪	古田	福建	拱坝	75.6	189			I		

续表

序号	坝名	开工年份	建成投产年份	河流	最近的城市、县	省（区、市）	坝类型	坝高（m）	坝长（m）	坝身体积（$\times10^3m^3$）	库容（$\times10^3m^3$）	建库目的	泄洪流量（m^3/s）	装机容量（MW）
75	铜头	1991	1996	宝兴河	雅安市芦山县	四川	双曲薄拱坝	75	108.6	146	22500	H	2076.8	80
76	后河	1994	2000	后河	运城市垣曲	山西	拱坝	75	135	150	13750	IC	1700	1.2
77	普定	1989	1994	三岔河	普定县	贵州	碾压混凝土双拱坝	75	195.67	145	421000	HSIFR	2510	75
78	雅溪	1970	1977	小安溪	丽水市	浙江	混凝土双曲拱坝	75	180	130	29000	IHF	2760	7.65
79	红星		1965	涪江	绵阳市三台县	四川	拱坝	75	147	275	6300	I	498	
80	里石门	1973	1979	始丰溪	天台县	浙江	混凝土双曲拱坝	74.3	265.6	120	121800	ICHF	5964	7
81	熊渡	1986	1991	渔洋河	宜都市	湖北	拱坝	74	266.6	213	95080	IHC	4520	27.6
82	长调	1999	2001	凤冈河	怀集	广东	拱坝	73.7	275		31700	H		4
83	三江口	2001		普子河	彭水县	重庆	混凝土双曲拱坝	73.5			67700	H		18.9
84	三郊口	1979	1980	香木河	辉县	河南	砌石重力单曲拱坝	73	456		36500			
85	大山口	1985	1991	开都河	库尔勒	新疆	混凝土重力拱坝	72	220		29800	HI	2520	800
86	铁炉一级水库	1986	1987	铅山河	铅山	江西	细石混凝土砌块石拱坝	71.8	253.3	50.85	3820	IH	775	4.8
87	柿园	1969	1970	淇河	辉县市	河南	砌石重力拱坝	71.8	36		8640	IC	732	0.1
88	大河源	1974	1975	湘江	全州县	广西	砌石双曲拱坝	71.5	170		8900			1
89	洋渡	1991	1998	梅江	道真县	贵州	拱坝	71.4	162.24	215.5	12000	H	3490	1.6
90	七星	1985	1995	十五都港	广丰县	江西	砌石单曲拱坝	71.1	233.97	106	99860	ICH	1668	9.6
91	新愚公	1969	1970	铁山河	济源市	河南	混凝土双曲拱坝	71	83					
92	山坪	1993	2005	石阡河	石阡县	贵州	拱坝	71	151	41.4	11.8	I	1600	
93	单江	1992	1998	单江	永州市	湖南	拱坝	71	195.2		23500	ICH	526	

续表

序号	坝 名	开工年份	建成投产年份	河 流	最近的城市、县	省（区、市）	坝 类 型	坝 高（m）	坝 长（m）	坝身体积（$\times10^3m^3$）	库 容（$\times10^3m^3$）	建库目的	泄洪流量（m^3/s）	装机容量（MW）
94	高坊	1987	1990	南浦溪	浦城县	福建	浆砌条石双曲拱坝	70.4	177	349	29050	IHF	1256.8	3.5
95	流波	2002	2004	西淠河	金寨县	安徽	碾压混凝土单曲拱坝	70.1	257.8	168	51480	HC		
96	古城	1973	1979	妫水河	延庆县	北京	混凝土双曲拱坝	70	90.75	49.5	8520	CIR	493	0.545
97	天堂山	1978	1993	增江	惠州	广东	三心圆混凝土双拱坝	70	287.37	180	243000	ICHF	2500	19.5
98	塘西	1998	2001	九仙溪	仙游	福建	拱坝	70	222		10060	HS		2
99	木浪河	1992	2000	木浪河	兴义市	贵州	拱坝	69.5			47100			2.5
100	均溪二级	2000	2003	均溪	龙泉	浙江	混凝土拱坝	69	192		5730	H		10
101	鲁古河	1999	2001	层坑河	韶关市新丰县	广东	拱坝	69	182	70	12500	H	894	8
102	麻竹坪	1985	1991	沾溪	寿宁	福建	砌石双曲拱坝	68.8	189		21430	H		
103	盘溪	1992	1999	罗溪水	武宁县	江西	细石混凝土砌块石双曲拱坝	68.6	329.94	149.9	96900	H	2343	12
104	军潭	1970	1985	十五都港	广丰县	江西	砌石重力拱坝	68	207.5	74.6	47240	ICH	4618	9
105	香山	1969	1972	田铺河	新县	河南	砌石重力单曲拱坝	68	214	762.4	83850	IC	668	2
106	响水	2003	2005	北盘江	水城宣威	贵州	砌石双曲拱坝	68	184	80	8000	H	4550	100
107	流清河	1972	1981	流清河	崂山	山东	浆砌条石混凝土心墙双曲拱坝	68	204.79	93	2600	S	286	
108	东岭二级			沾溪	寿宁	福建	拱坝	68	169.4			H		
109	青石岩	1996	2001	青石岩河	云龙县	云南	拱坝	67.78	150	98	1080	IC	37.6	
110	苇子水	1974	1980	永定河	门头沟区	北京	砌石双曲拱坝	67.7	135		8000	C	141	
111	洪溪二级	2002	2004	洪溪	泰顺县	浙江	混凝土拱坝	67.3	181	4.2	241	H	1140	8
112	南溪	1974	1983	水北溪	福鼎市	福建	浆砌石双曲拱坝	67.3	247		67000	IHCSF	5910	9

续表

序号	坝名	开工年份	建成投产年份	河流	最近的城市、县	省（区、市）	坝类型	坝高（m）	坝长（m）	坝身体积（$\times10^3m^3$）	库容（$\times10^3m^3$）	建库目的	泄洪流量（m^3/s）	装机容量（MW）
113	小岗岭	1978	1980	广渡溪	江山	浙江	砌石双曲拱坝	67	146.5		1060			
114	卡棚	1976	1982	卡棚河	自治州保靖县	湖南	砌石双曲拱坝	66.7	163	217.5	27000	IC	985	1.46
115	欧阳海	1997	2000	凤溪河	赤水	贵州	拱坝	66.7	225	115	21000	H		
116	上河	1970	1975	梅江河	道真县	贵州	拱坝	66.4	177.5			H	3490	1.6
117	施家峪	1973	1978	娄水	张家界市武陵源区	湖南	砌石单曲拱坝	66.3		5	5280	R	146	0.32
118	双溪口		1985		仙游	福建	砌石双典拱坝	66.2	227.2		27060			
119	洪溪一级	2001	2004		泰顺县	浙江	混凝土拱坝	66	181	3.56	9500	H	561	12.6
120	九仙溪一级	1993	1998	九溪	仙游	福建	三心圆混凝土双拱坝	66	273.3	94	11200	H	569	25
121	芭蕉河二级	2000	2002	芭蕉河	鹤峰	湖北	浆砌石双曲拱坝	66	145.9	450				
122	谢村源	1990	1995	松阴溪	松阳县	浙江	拱坝	66	239.4		13000	IH	649	16
123	所略	1996	1999	灵其河	巴乌	广西	拱坝	65.5	245.05	86.76	36400	H		9.46
124	马鞍石	1966	1982	纸坊河	修武县	河南	砌石重力单曲拱坝	65.1	57.5	182.2	10230	IC	1780	
125	马井		1978		通城	湖北	砌石双曲拱坝	65	280		4115			0.25
126	满天星	1993	1997	耒水	郴州市汝城县	湖南	六心圆双曲薄拱坝	65	189.2	80	14200	H	1405	30
127	溪尾	1997	1999	霍童溪	屏南	福建	拱坝	65	90.5			H		
128	水流坪三级			木溪河	仁怀市	贵州	拱坝	65	47		700			
129	毛拉洞	1995	2005	宁远河	五指山市	海南	砌石拱坝	64.8	198		48950	I	1400	1.7
130	双河	1990	1992	新民河	垫江县	重庆	拱坝	64.6	135	76.26	12573	ISH	262	0.64
131	安村	1993	1997	遂川江	遂川县	江西	浆砌石双曲拱坝	64.4	278	120	19650	ICH	935	12
132	下岸	1999	2004	永安溪	仙居县	浙江	混凝土双曲拱坝	64	278.7		135000	ICHS	2886	1.6

续表

序号	坝 名	开工年份	建成投产年份	河 流	最近的城市、县	省（区、市）	坝 类 型	坝 高（m）	坝 长（m）	坝身体积（×10³m³）	库 容（×10³m³）	建库目的	泄洪流量（m³/s）	装机容量（MW）
133	峡口肚	1975	1976	富群水	昭平	广西	砌石双曲拱坝	64	132.3		11810			0.25
134	车尔溪	1974	1986	西水	张家界市桑植县	湖南	砌石双曲拱坝	64	119		3360	S	120	1.5
135	三重岭	1998	2001		连城	福建	拱坝	64			590	H		
136	方竹	1989	1995	余庆河	余庆县	贵州	拱坝	64	158.48	119.9	50520	CHF	3530	7.5
137	爬爬岩	1996	1998	辉阳河	霍山县	安徽	混凝土砌石双曲拱坝	63.9	179	52				2.5
138	刘家垌	1998	2000	恭城河	恭城	广西	拱坝	63.7	192	68.81	50600	H		6.4
139	大龙潭	1990	1994	潜水	岳西	安徽	砌石双曲拱坝	63.5	185.3	48	10500			10
140	溪柄溪		1995	溪柄溪	南靖	福建	碾压混凝土拱坝	63.5	93	33	9000	HS		2
141	金溪	1994	1997	楠溪江	永嘉县	浙江	拱坝	63.5	192.8			HIS	1830	16
142	天福庙	1974	1980	黄柏河	宜昌县	湖北	砌石双曲重力拱坝	63.3	232	150	64000	IHC	3508	5.64
143	高岭头一级		1975	小溪	文成县	浙江	拱坝	63.2	220			H	684	8
144	观音山	1986	1992	黄水	宜黄县	江西	浆砌石双曲拱坝	63.1	283.3	78	88000	CH	816	5.4
145	双江	1987	1997	双江河	黎平县	贵州	混凝土双曲拱坝	63	217.95		30500	H	1680	5
146	东牙溪	1988	1994	东牙溪	三明	福建	砌石双曲拱坝	63	235.6	54	22800	H		8
147	关口河	1997	2000	关口河	神农架	湖北	拱坝	63	67	15	5200	I		
148	下温洋		1997	霍童溪	政和	福建	拱坝	63	132			H		
149	大沟口	1969	1980	洛河	洛宁县	河南	砌石双曲重力拱坝	62.7	173	346.53	11170	IC	954	0.24
150	红缎	1998	2001	红山河	长汀	福建	拱坝	62.5	194			H		
151	乌拉斯台	1979	1988	乌拉斯台河	塔城市	新疆	混凝土砌石双曲拱坝	62.4	222.8	50	20000	IHF		1.6
152	大坂	1985	1989	新安溪	漳浦	福建	浆砌石双曲拱坝	62.4	142.7	154.9	14620	ICHSF	919	3.2
153	牛桥	2003		青通河	青阳	安徽	砌石双曲拱坝	62.3	200.6		26410			

续表

序号	坝名	开工年份	建成投产年份	河流	最近的城市、县	省（区、市）	坝类型	坝高(m)	坝长(m)	坝身体积（$\times 10^3 m^3$）	库容（$\times 10^3 m^3$）	建库目的	泄洪流量（m^3/s）	装机容量(MW)
154	双河口	1991	1997	长乐水	德兴	江西	砌石溢流双曲拱坝	62.1	188.1	58.74	11500	HC	569	3.75
155	红岩	1971	1974	猫跳河	修文县	贵州	混凝土双曲薄拱坝	62	132.65	40	44600	H	529	30
156	青塔	1970	1977	南名河	涉县	河北	砌石单曲拱坝	61.6	157	142.3	12710	IC	76	
157	铜山	1996	1998	风林港	淳安县	浙江	拱坝	61.5	185			ICH	407.3	6.4
158	黄峰斗	2002	2004		和平县	广东	拱坝	61.5	160		2430	H	2300	0.64
159	爽岛	1988	1991	太平河	苍梧	广西	拱坝	61	151	70	212000	H	1975	12
160	三汇	1970	1992	南河	开县	重庆	砌石拱坝	60.7	135	115	15200	ICHF	553	2.6
161	半垅	1986	1993	耒水	资兴市	湖南	拱坝	60.5	183	66	22600	ICHFS	320	3.02
162	天宝寺	1997	2001	湘江河	涪陵区	重庆	混凝土拱坝	60.4	284	80.1	16300	ICHSF	263.9	0.8
163	板峡	1975	1982	黄元河	桂林市永福县	广西	砌石双曲重力拱坝	60.3	195.8	105.23	87400	ICHSNFR	742	2.4
164	筷子篓	1988	1989	资水	株洲市炎陵县	湖南	砌石双曲拱坝	60.2	130.6	26.1	8260	H	650	3
165	长石岭	1979	1985	清江	乐清市	浙江	砌石双曲拱坝	60	100					
166	良佑	1976	1990	良佑河	昭平	广西	砌石双曲拱坝	60	121.5	60.38	26600	SH	596	1.6
167	神口	1977	1984	虎爪河	崇阳	湖北	砌石单曲拱坝	60	183		24950			2.8
168	天生	1987	1990	赤水河	仁怀市	贵州	连拱坝	60	17	0.3	7100	LH	140	0.2
169	蔡坊	1992	1997	大脑河	安远县	江西	三心圆混凝土砌石双曲拱坝	59.7	215	113	26800	CHF	625	7

注 建库目的（代号）：H发电，S供水，N航运，F养鱼，R旅游，X其他。

表 6

2005年已建、在建坝高100m以上大坝

序号	坝名	开工年份	建成投产年份	河流	最近的城市、县	省（区、市）	坝类型	坝高（m）	坝长（m）	坝身体积（$\times10^3m^3$）	库容（$\times10^3m^3$）	建库目的	泄洪流量（m^3/s）	装机容量（MW）
1	锦屏一级	2005	2014	雅砻江	盐源县	四川	混凝土双曲拱坝	305			15000000	HC		3600
2	小湾	2002	2012	澜沧江	凤庆、南涧	云南	抛物线型混凝土双曲拱坝	292	922.74	7050	15132000	HCIN	20683	4200
3	溪洛渡	2004	2010	金沙江	凉山州	四川	混凝土双曲拱坝	278	698.07	11780	12914000	HCN		12600
4	拉西瓦	2004	2010	黄河	贵南县	青海	对螺旋线混凝土双曲拱坝	250	475.83	3734	10790000			4200
5	二滩	1991	1999	雅砻江	攀枝花	四川	抛物线型混凝土双曲拱坝	240	774.73	4140	5800000	HCS	22018.6	3300
6	水布垭	2000	2009	清江	巴东县	湖北	混凝土面板堆石坝	233	660	15260	4580000	HCN	18280	1840
7	构皮滩	2003	2013	乌江	余庆县	贵州	抛物线型混凝土双曲拱坝	232.5	553	2420	5564000	HNCIS	29100	3000
8	江坪河	2005				湖北	混凝土面板堆石坝	221	414	7180	1424000	HC		450
9	龙滩	2001	2010	红水河	天峨县	广西	碾压混凝土重力坝	216.5	836.5	7400	27270000	CHN	28190	5400
10	光照	2004	2008	北盘江	关岭、晴隆县	贵州	碾压混凝土重力坝	195.5	412		3245000			1040
11	瀑布沟	2003	2009	大渡河	汉源县	四川	砾质土直心墙堆石坝	186	574	14160	5390000	HC	10243	3600
12	三板溪	2001	2006	清水江	锦屏县	贵州	混凝土面板堆石坝	186	423.3	8253	4094000	HNCF	16411	1000
13	三峡	1993	2010	长江	宜昌	湖北	混凝土重力坝	181	2335	27146	39300000	CHNIS	124300	18200
14	德基	1969	1974	大甲溪	台中县	台湾	混凝土变厚度双曲薄拱坝	180	290	456	232000	HICRS	1400	234
15	洪家渡	2000	2006	六冲河	黔西	贵州	混凝土面板堆石坝	179.5	427.79	9030	4925000	HCSFRN	6996	600
16	天生桥一级	1991	2000	南盘江	安龙县	贵州	混凝土面板堆石坝	178	1168	18000	10257000	HCS	21750	1200
17	龙羊峡	1977	1989	黄河	共和	青海	混凝土重力拱坝	178	1226	1749	27630000	CHSFR	6000	1280

续表

序号	坝名	开工年份	建成投产年份	河流	最近的城市、县	省（区、市）	坝类型	坝高（m）	坝长（m）	坝身体积（$\times10^3m^3$）	库容（$\times10^3m^3$）	建库目的	泄洪流量（m^3/s）	装机容量（MW）
18	乌江渡	1970	1983	乌江	遵义县	贵州	混凝土重力拱坝	165	395	1865	2140000	CH	6693	630
19	滩坑	2003	2008	小溪	青田县	浙江	混凝土面板堆石坝	162	507	9702	4190000	ICHS	16091	600
20	东风	1984	1995	乌江	清镇市	贵州	抛物线型混凝土双曲薄拱坝	162	263	425.6	1025000	HCS	12466	510
21	向家坝	2005	2012	金沙江	宜宾县	四川	混凝土重力坝	161	906.26		5163000	HICN		6000
22	金安桥	2005	2009	金沙江	丽江市	云南	混凝土重力坝	160		4430	932000			2500
23	小浪底	1991	2001	黄河	洛阳市	河南	黏土斜心墙堆石坝	160	1667	51850	12650000	CHIS	17000	1800
24	紫坪铺	2000	2006	岷江	都江堰市	四川	混凝土面板堆石坝	158	663.8	11670	1112000	ISHCR	2445	760
25	吉林台	2001	2006	喀什河	尼勒克县	新疆	混凝土面板砂砾石堆石坝	157	445	8362	2440000	HICF	1753	460
26	东江	1978	1992	耒水	资兴市	湖南	混凝土双曲薄拱坝	157	438	1516	9148000	ICHFNRS	1420	500
27	孔梁	2000	2005	后溪河	巫溪县	重庆	混凝土重力坝（天然山体封堵）	155			60000	ICHS		6.4
28	李家峡	1988	1997	黄河	化隆	青海	三心圆混凝土双曲拱坝	155	414.39	750	1650000	HC		2000
29	隔河岩	1987	1995	清江	长阳	湖北	混凝土重力拱坝	151	653.5	3060	3400000	HCN	13000	1212
30	察汗都寺	1962	1966	比塘沟	循化	青海	山体滑坡堆积土石坝	150			7180	I		
31	白山	1975	1986	第二松花江	桦甸市	吉林	混凝土三心圆重力拱坝	149.5	677	2140	6431000	HC	2260	1500
32	刘家峡	1958	1974	黄河	永靖	甘肃	混凝土重力坝	147	204	760	6120000	HICFN	1138	1315
33	龙首二级（西流水）	2002	2004	黑河	张掖市	甘肃	混凝土面板堆石坝	146.5	188	2530	86200	H	2696	157
34	瓦屋山	2003	2007	周公河	洪雅县	四川	混凝土面板堆石坝	140	295	3500	545000	H		350

续表

序号	坝 名	开工年份	建成投产年份	河 流	最近的城市、县	省（区、市）	坝 类 型	坝 高（m）	坝 长（m）	坝身体积（$\times10^3m^3$）	库 容（$\times10^3m^3$）	建库目的	泄洪流量（m^3/s）	装机容量（MW）
35	江口	1999	2004	芙蓉江	武隆县	重庆	混凝土椭圆双曲拱坝	140	394.4	667	505000	HC	14580	300
36	九甸峡	2003	2008	洮河		甘肃	混凝土面板堆石坝	136.5	217	2800	972000			300
37	龙马	2004		李仙江	思茅市	云南	混凝土面板堆石坝	135	315		561300			285
38	大花水	2005		清水河	开阳县	贵州	碾压混凝土双曲拱坝	134.5						180
39	洞坪	2000	2006	忠建河	宣恩	湖北	拱坝	134	267	403.5	336000	H	3880	102
40	乌鲁瓦提	1995	2001	喀拉喀什河	和田市	新疆	混凝土面板砂砾石堆石坝	133	365	6770	347000	ICHS	2015	60
41	曾文	1967	1973	曾文溪	嘉义县	台湾	碾压心墙土石坝	133	400	9300	712700	HISCR	9470	50
42	石门	1956	1964	大汉溪	桃园县	台湾	碾压心墙土石坝	133	360	7060	309120	ISHCR	10000	90
43	珊溪	1997	2001	飞云江	文成县	浙江	混凝土面板堆石坝	132.5	448	5800	1824000	ICHS	14488	200
44	公伯峡	2001	2004	黄河	循化、化隆	青海	混凝土面板堆石坝	132	429	4763	620000	HISC	6265	1500
45	沙牌	1997	2002	草坡河	汶川	四川	碾压混凝土三心圆单拱坝	132	250.25	392	18000	H		36
46	漫湾	1985	1995	澜沧江	云县	云南	混凝土重力坝	132	418	245.5	1060400	CH	21626	1500
47	宝珠寺	1984	2000	白龙江	广元	四川	混凝土重力坝	132	525	2030	2550000	CHIFR	17740	700
48	江垭	1995	2000	溇水	张家界慈利县	湖南	碾压混凝土重力坝	131	369.8	1386	1740000	ICHSNR	9251	300
49	百色	2000	2006	右江	百色市	广西	碾压混凝土重力坝	130	720	2672	5660000	ICHSN	14000	540
50	金盆	1996	2002	黑河	周至县	陕西	黏土心墙砂砾堆石坝	130	440	8150	200000	SIH	4540	20
51	引子渡	2000	2003	三岔河	平坝、织金	贵州	混凝土面板堆石坝	129.5	276	3100	531000	HIC	8521	360

续表

序号	坝名	开工年份	建成投产年份	河流	最近的城市、县	省（区、市）	坝类型	坝高（m）	坝长（m）	坝身体积（$\times10^3m^3$）	库容（$\times10^3m^3$）	建库目的	泄洪流量（m^3/s）	装机容量（MW）
52	湖南镇	1958	1980	乌溪江	衢县	浙江	混凝土梯形支墩重力坝	129	440	230	2060000	HICNSF	10600	170
53	安康	1978	1995	汉江	安康市	陕西	混凝土折线重力坝	128	542	3220	3203000	HCNF	37090	852.5
54	红旗岗	1966	1970	龙饶溪	常山县	浙江	堆石坝	128	360		3780		24.3	
55	藤子沟	2002	2006	龙河	石柱县	重庆	双曲拱坝	127	339	333	193000	H	2756	70
56	街面	2003	2006	尤溪	尤溪	福建	混凝土面板堆石坝	126	478	3420	1085000	H		300
57	冶勒	2001	2006	南桠河	冕宁、石棉	四川	沥青混凝土心墙堆石坝	126	411	6700	298000	H	428	240
58	故县	1978	1995	洛河	洛宁县	河南	宽缝混凝土重力坝	125	315	1723	1175000	CIHS	12418	60
59	白溪	1996	2001	白溪	宁海	浙江	混凝土面板堆石坝	124.8	398	3680	168400	ICHS	4535	18
60	鄂坪	2003	2006	汇湾河	竹溪	湖北	混凝土面板堆石坝	124.3	295.3	2980	296000	H		114
61	黑泉	1996	2001	宝库河	大通县	青海	混凝土面板砂砾堆石坝	124	438	5500	182000	HISC	389	12
62	武都	2005	2008	涪江	江油	四川	碾压混凝土坝	123	631		601700	ICSFR		165
63	翡翠	1981	1987	北势溪	台北县	台湾	混凝土双曲拱坝	122.5	510	710	106000	SH	9870	70
64	芹山	1997	2001	穆阳溪	周宁	福建	混凝土面板堆石坝	122	259.8	2480	265000	HS	3315	70
65	塘湖	1958	1960	黄山溪	衢县	浙江	堆石坝	122	230		4650	IH	403.5	0.075
66	索风营	2002	2006	六广河	贵阳市	贵州	碾压混凝土重力坝	121.81	165	739	201200	HIR	15964	600
67	镜坑源	1957	1978	新安江	淳安县	浙江	堆石坝	120.87	138		465	I		
68	古洞口	1993	1999	古夫河	兴山县	湖北	混凝土面板堆石坝	120	193	1935	148000	IHCSF	4785	45

续表

序号	坝名	开工年份	建成投产年份	河流	最近的城市、县	省（区、市）	坝类型	坝高(m)	坝长(m)	坝身体积($\times 10^3 m^3$)	库容($\times 10^3 m^3$)	建库目的	泄洪流量(m^3/s)	装机容量(MW)
69	白云	1992	2001	巫水	邵阳市城步县	湖南	混凝土面板堆石坝	120	200	1800	360000	CH	1473	54
70	彭水	2003	2007	长溪河	彭水县	重庆	混凝土重力坝	116.5				HCN		1750
71	泗南江	2003		泗南江	墨江	云南	混凝土面板堆石坝	115	366	2970	263000	HI		200
72	芭蕉河一级	2002	2006	芭蕉河	鹤峰	湖北	混凝土面板堆石坝	115	283.6	1920	99000	H		34
73	雾社	1953	1959	雾社溪	南投县	台湾	混凝土重力拱坝	114.6	205	328.8	146000	H	850	20.7
74	文朝	1956	1966	新安江	淳安县	浙江	堆石坝	114.46			100	I		
75	石头河	1972	1982	石头河	眉县	陕西	黏土心墙砂卵石堆石坝	114	590	8550	125000	ICSHF	7150	23.66
76	云峰	1959	1965	鸭绿江	吉安	吉林	混凝土宽缝重力坝	113.75	828	2770	3895000	H	22420	400
77	棉花滩	1997	2001	汀江	永定	福建	碾压混凝土重力坝	113	302	553	2035000	HCNFS	11890	600
78	凤滩	1970	1987	酉水	怀化市沅陵县	湖南	混凝土空腹重力坝	112.5	488	1170	1740000	HCINFR	32600	400
79	金造桥	2004		金造溪	屏南	福建	混凝土面板堆石坝	111.3	368	1750	94500			60
80	高塘	1994	2000	白水河	怀集	广东	混凝土面板堆石坝	111.3	288	1950	96000	HIS	3530	36
81	大朝山	1997	2002	澜沧江	景东县、云县	云南	碾压混凝土重力坝	111	460.39	1287.5	940000	H	23600	1350
82	察尔乌苏	2005		开都河	和静	新疆	混凝土面板堆石坝	110	340	4100	125000	HC		300
83	景洪	2004	2009			云南	碾压混凝土重力坝	110	619		1139000	HCN		1500
84	石门子	1999	2002	塔西河	玛纳斯县	新疆	碾压混凝土双曲薄拱坝	110	176.5	211	80000	ICH		64

续表

序号	坝名	开工年份	建成投产年份	河流	最近的城市、县	省（区、市）	坝类型	坝高（m）	坝长（m）	坝身体积（$\times 10^3 m^3$）	库容（$\times 10^3 m^3$）	建库目的	泄洪流量（m^3/s）	装机容量（MW）
85	岩滩	1984	1995	红水河	大化	广西	碾压混凝土重力坝	110	525	655.2	3380000	HNF	33400	1210
86	上殿畈	1967		灵江	缙云县	浙江	堆石坝	110	65		100	IH		0.075
87	长塘坞	1956	1957	巨江	江山市	浙江	堆石坝	110	93			I		
88	双沟	2002	2008	松江河	抚松县	吉林	混凝土面板堆石坝	109.7	312	2580	390000	H		280
89	那兰	2002	2005	藤条江	金平县	云南	混凝土面板堆石坝	109	332.96	2493	286000	H	2891	150
90	水牛家	2003	2006	火溪河	平武	四川	黏土心墙碎石堆石坝	108	317	5006	140000	H		700
91	牛头山	2003		长溪	寿宁	福建	混凝土双曲拱坝	108	312.7	332	97190	H	3988	100
92	潘家口	1975	1985	滦河	迁西	河北	宽缝混凝土重力坝	107.5	1040	3000	2930000	ICHS	57500	420
93	招徕河	2000	2005	堵河	长阳	湖北	碾压混凝土双曲拱坝	107	206	254.7	70330	HIS	1710	36
94	万宜水库东坝	1977	1979		香港	香港	沥青心墙堆石坝	107	490	3800	281124	S	396	
95	黄龙滩	1969	1978	招涞河	十堰市	湖北	混凝土重力坝	107	371	1165	1162500	HCSNF		170
96	鱼跳	1998	2002	大溪河	南川市	重庆	混凝土面板堆石坝	106	224	1950	95200	H		48
97	茄子山	1995	1999	苏帕河	龙陵县	云南	混凝土面板堆石坝	106	258	1400	121600	ICH	730	16

续表

序号	坝　名	开工年份	建成投产年份	河　流	最近的城市、县	省（区、市）	坝　类　型	坝　高（m）	坝　长（m）	坝身体积（$\times10^3m^3$）	库　容（$\times10^3m^3$）	建库目的	泄洪流量（m^3/s）	装机容量（MW）
98	三门峡	1957	1960	黄河	三门峡市	河南	混凝土重力坝	106	713.2	1630	16200000	ICHS	13400	400
99	水丰	1937	1943	鸭绿江	宽甸县丹东市	辽宁	混凝土重力坝	106	900	1380	14600000	HCN	40000	765
100	碧口	1969	1978	白龙江	文县	甘肃	壤土心墙土石坝	105.3	297	3894	521000	HICNF	1250	300
101	洞巴	2003		西洋江	田林县	广西	混凝土面板堆石坝	105	501	3160	315000	CHI		72
102	恰甫其海	2002	2005	特克斯河	巩留县	新疆	黏土心墙堆石坝	105	365	3164	1770000	IH		320
103	鲤鱼塘	2002	2005	桃溪河	开县	重庆	混凝土面板堆石坝	105	249	1800	104330	ICHS		15
104	万家寨	1993	2000	黄河	偏关	山西	混凝土重力坝	105	443	1640	896000	ICHS		1080
105	新丰江	1958	1977	新丰江	河源	广东	单支墩混凝土大头坝	105	440	999	13896000	HCINSFR	5400	315
106	新安江	1957	1960	新安江	建德市	浙江	混凝土宽缝重力坝	105	466.5	761	22000000	ICHFNR	13200	662.5
107	白莲崖	2005	2007	淠河	霍山县	安徽	碾压混凝土拱坝	104			453000	HCIS		
108	华光潭二级	2002	2005	分水江	临安	浙江	拱坝	104				H		60
109	华光潭一级	2002	2005	仓化江	临安市	浙江	混凝土抛物线双曲变厚拱坝	104						60
110	茅坪溪	1993	2000	茅坪溪	宜昌	湖北	沥青混凝土心墙堆石坝	104	1840	12130				
111	柘溪	1958	1966	资水	益阳市安化县	湖南	混凝土单支墩重力大头坝	104	330	860	3565000	HCNR	15460	447.5

续表

序号	坝名	开工年份	建成投产年份	河流	最近的城市、县	省（区、市）	坝类型	坝高（m）	坝长（m）	坝身体积（$\times10^3m^3$）	库容（$\times10^3m^3$）	建库目的	泄洪流量（m^3/s）	装机容量（MW）
112	思安江	2001	2004	思安江	桂林市	广西	混凝土面板堆石坝	103.9	385.91	2200	88690	SRH	1145	12
113	鲁布革	1982	1990	黄泥河	罗平	云南	黏土心墙堆石坝	103.8	216	2200	122400	IH	1770	600
114	群英	1966	1971	大砂河	焦作市	河南	砌石重力单曲拱坝	103.5	154.28	252.3	20000	IC	2480	1
115	柴石滩	1994	2000	南盘江	宜良县	云南	混凝土面板堆石坝	103	316	2320	437000	ICHSR	3336	60
116	万宜水库西坝	1977	1979		香港	香港	沥青心墙堆石坝	102.5	760	6700	281124	S	369	
117	盘石头	2000	2004	淇河	鹤壁市	河南	混凝土面板堆石坝	102.2	606	5400	608300	CIHS	1187	10
118	紧水滩	1981	1988	大溪	云和县	浙江	混凝土三心双曲拱坝	102	350.6	300	1393000	CHN	5805	300
119	白水坑	2001	2003	江山港	江山市	浙江	混凝土面板堆石坝	101	236.8	1508	246200	ICH	2791	40
120	下会坑	1996	2002	花厅河	上饶市	江西	砌石双曲拱坝	101	264.6	180.8	35290	HI	1013	16
121	水口	1987	1996	闽江	闽清	福建	混凝土重力坝	101	783	1710	2600000	HCNFR	51800	1400
122	泰安抽水蓄能上库	2001	2005	樱桃园沟	泰安市	山东	混凝土面板堆石坝	100.5	540.5	3858	10970	H		1000
123	积石峡	2005	2011	黄河	循化县	青海	混凝土面板堆石坝	100			263500	H		1020
124	云鹏	2003	2007	南盘江	泸西	云南	黏土心墙堆石坝	100			374000	H		18
125	蔺河口	1999	2004	岚河	安康市	陕西	碾压混凝土三心圆双曲拱坝	100	311	293	147000	HI	3480	72
126	塘仙	1996	2003	清水河	南丹	广西	爆破堆石坝	100	108	1619	66500	CH	2459	6
127	玉龙岩	1997		公溪河	洪江市安江镇	湖南	混凝土重力坝	100	400	203	52000	ICH		25

注　建库目的（代号）：I灌溉，C防洪，H发电，S供水，N航运，F养鱼，R旅游，X其他。

中国水力发电年鉴（第十卷）

20

大事记

一　月

1月5日　《中国三峡工程报》报道：三峡电厂研制的“双输入信号加速功率型电力系统稳定器（PSS—1型电力系统稳定器）”和“发电机定子水冷状态监测及故障诊断专家系统”，经中国电机工程学会组织的专家组在三峡现场鉴定，已经达到国际先进水平，其中1项填补了国内空白，达到国际领先水平，可在电力系统推广应用。

1月10日　南方电网惠州抽水蓄能电站正式开工建设。电站位于广东省惠州市博罗县城郊，距广州112km，总装机容量240万kW，安装8台单机30万kW立轴单级可逆混流式机组，设计年抽水用电量60.03亿kW·h，年发电量45.63亿kW·h。工程总投资81.34亿元，预计2008年底首台机组投产发电，2011年全部建成。

1月17日至18日　中国大唐集团公司在北京召开2005年工作会议。会前，中共中央政治局常委、国务院副总理黄菊对大唐集团公司的工作作出了重要批示。公司总经理翟若愚在会上作了工作报告。会议全面总结了大唐集团2004年工作，提出了2005年的工作思路、奋斗目标、重点工作和发展战略目标。会议提出，到2005年底，大唐集团要实现“三个突破”：装机容量突破4000万kW，发电量突破2000亿kW·h，销售收入突破500亿元。

1月20日至21日　中国华能集团公司在北京召开2005年工作会议。中共中央政治局常委、国务院副总理黄菊就华能集团公司工作作重要批示。李小鹏总经理在会上作了工作报告。会议总结了2004年公司的工作，部署了2005年工作，提出以科学发展观统领各项工作，确保安全稳定发电，实现持续、健康、稳定发展，努力建设具有国际竞争力的大企业集团。

1月21日　由中国国电集团公司、中国电力企业联合会、中国水力发电工程学会联合主办的2005年新春联谊会在京隆重举行。在京的水电界新老朋友近200人欢聚一堂，共叙友情，共商水电发展大计。

同日　国家电网公司召开2005年工作会议。中共中央政治局常委、国务院副总理黄菊为会议发了贺信。刘振亚总经理在会上作了工作报告。会议总结了2004年公司的工作，确定了2005年公司的工作目标和任务，发出“努力超越、追求卓越”，建设坚强的国家电网的强烈信息，是国家电网公司建设“一强三优”现代公司的总动员，对公司的发展具有战略指导作用。

1月26日　国家环境保护总局与国家发展和改革委员会联合发出《关于加强水电建设环境保护工作的通知》。通知要求在水电开发规划、建设、运行和管理中严格执行环境影响评价制度，确保水能资源的可持续利用。

1月26日　青海省政府与中国电力投资集团公司就进一步加强合作、促进青海电力工业发展召开了座谈会。青海省副省长苏森、徐福顺，中国电力投资集团公司总经理王炳华，副总经理孟振平、石成梁、张晓鲁，黄河水电公司总经理夏忠、副总经理李铁证参加了座谈。会议由青海省政府秘书长胡先来主持。双方就加快黄河上游水电开发、新能源建设、电力直供、电价疏导、电源点配套工程的建设、“南水北调”西线工程的推动以及促进青海电力工业发展等内容进行了友好的座谈，并就有关事宜达成了一致意见。

1月27日至28日　中国电力投资集团公司在青海西宁召开2005年工作会议。王炳华总经理在会上作了《以提高质量效益为中心，促进集团公司可持续发展》的工作报告。会议总结2004年工作，认清形势，进一步明确发展思路和管理模式，部署了2005年任务。会上王炳华与集团所属二级单位主要负责人签订了2005年度三项责任书。

1月31日至2月1日　中国水利水电建设集团公司在北京召开2005年工作会议。郭建堂总经理在会上作了工作报告。会议围绕切实转变增长方式、努力提高可持续发展能力的主题，统一思想认识，制定重大政策及战略措施，构建行之有效的战略管理体系，坚定不移地推进跨越式发展进程。

1月30日至2月4日　黄河积石峡水电站可行性研究报告审查会在西宁召开。

二　月

2月1日至2日　中国华电集团公司在北京召开2005年工作会议。中共中央政治局常委、国务院副总理黄菊对会议的召开作出批示。贺恭总经理在会上作了工作报告。会议全面总结了华电集团2004年工作，深入分析了公司面临的形势和必须坚持的基本方略，研究部署了2005年工作，强调要励精图治，科学发展。

2月2日　国务院总理温家宝主持召开国务院常务会议，审议并原则通过《电力监管条例（草案）》。会议认为，为了加强电力监管，规范电力监管行为，完善电力监管制度，制定《电力监管条例》是十分必要的。会议决定，《电力监管条例（草案）》经进一步修改后，由国务院公布施行。

2月10日　中共中央总书记、国家主席、中央军委主席胡锦涛专程到贵州考察工作，并同各族干部群众一起欢度春节，这一天驱车200多公里，到索风营水电站建设工地考察。胡锦涛仔细听取了乌江流域水电开发规划的介绍，与节日加班的工人们亲切交谈，勉励广大建设者科学组织、精心施工，让乌江水电更好地造福于人民。

2月15日 国务院总理温家宝签署第432号国务院令，正式颁布了《电力监管条例》。《条例》自2005年5月1日起施行。

2月19日至20日 中国国电集团公司在北京召开2005年工作会议。中共中央政治局常委、国务院副总理黄菊会前对国电集团的工作作了重要批示。周大兵总经理在会上作了工作报告。会议总结了该公司2004年的工作，分析了面临的形势和任务，部署了2005年工作，确定了“抓住一条主线，深化两项活动，推进三方面改革，加强四个保障”的工作思路，努力提高集团公司的可持续发展能力。

2月22日 国务院办公厅发出《关于电站项目清理及近期建设安排有关工作的通知》。要求进一步提高对清理违规电站项目工作的认识；合理安排近期电站建设；继续做好电站项目清理工作，妥善处理违规项目；采取综合措施制止和防范违规电站建设。

2月22日至24日 中国三峡总公司召开2005年工作会议。会前，国务院副总理、国务院三峡工程建设委员会副主任曾培炎，在中国三峡总公司的工作汇报材料上对中国三峡总公司2004年和2005年工作作出重要批示。公司总经理李永安强调说：“最根本的一条就是必须要用科学发展观来指导和统领我们的各项工作。”中国工程院院士陆佑楣，中国工程院院士、三峡枢纽工程质量检查专家组组长潘家铮，中国三峡总公司高级咨询秦中一等出席会议并讲话。

2月24日 三峡总公司科学技术委员会召开会议，决定启动工程技术总结工作，着手编写《长江三峡工程建设实录》(暂定名)，指定专人编写大纲。会议是根据中国工程院院士陆佑楣的建议召开的。三峡工程建设攻克了许多世界水电建设史上的尖端技术，其系统庞大而浩繁，涉及的领域和学科非常复杂，进行三峡工程技术总结意义重大。

同日 中国电力企业联合会召开本部2005年职工大会，总结2004年工作，部署2005年工作。会议提出，要统一思想，高度关注电力行业的重大问题，加强对电力发展如何贯彻落实科学发展观等重大问题的研究，使中国电力企业联合会在构建和谐社会中发挥应有的作用。

2月25日 国家电力监管委员会在北京主持召开2005年全国电力安全生产工作电视电话会议，通报2004年全国电力安全生产情况，总结交流安全生产工作经验，部署2005年电力安全生产工作。中共中央政治局常委、国务院副总理黄菊对会议作出重要批示。国家电监会主席柴松岳、国家安全生产总局副局长王德学出席会议并作重要讲话。会议要求为国民经济和社会发展提供安全可靠的电力保障。

2月26日 《中国电力报》报道：近日，世界上最大的地下厂房——龙滩地下厂房洞挖全部结束，全面铺开混凝土浇筑和机组埋件安装工作，成为龙滩工程第一个问世的“世界之最”。龙滩地下厂房长388.5m、高76.4m、宽28.5m。

2月28日 十届全国人大常委会第十四次会议表决通过了《可再生能源法》。国家主席胡锦涛签署第三十三号主席令，公布了这部法律。《可再生能源法》共8章33条，分为总则、资源调查与发展规划、产业指导与技术支持、推广与应用、价格管理与费用分摊、经济激励与监督措施、法律责任、附则。水电作为可再生能源被列入。这部法律将自2006年1月1日起施行。

同日 “中国电力科学技术奖”第三次工作座谈会在北京召开。会议确定了《中国电力科学技术奖励办法》及其实施细则的相应修订原则，并明确了对新技术集成、先进技术推广应用和重大工程等项目的奖励原则。

三 月

3月1日 广西龙滩水电站1号水轮发电机组座环顺利吊装成功，实现了工程建设的又一个重要里程碑，标志着龙滩水电站发电机组安装正式开始。龙滩水电工程首开我国目前水头最高、且单机容量70万kW地下厂房机电安装工程的先例。其座环最小内径8.01m，最大外径11.92m，高约3.8m，总重达280t，安装技术难度史无前例。

3月2日 国务院总理温家宝主持国务院常务会议，分析当前电力供求形势，研究电力工业发展问题。会议强调，电力工业是关系国民经济全局的重要基础产业，必须统筹规划，科学论证，合理布局，为经济和社会可持续发展及人民生活提供优质、可靠的电力保证。会议要求，各地区、各有关部门和单位要认真清理违规项目，坚决制止电力无序建设现象。

3月8日 全国首家大用户向发电企业直接购电试点正式启动。吉林省电力公司、吉林炭素有限责任公司和吉林龙华热电股份有限公司，就吉林炭素有限责任公司通过吉林省电网向吉林龙华热电股份有限公司直接购电一事，签署了《电量直接购售合同》和《委托输电服务合同》。

同日 三峡导流底孔开始试验性封堵。三峡导流底孔共22孔，是三峡工程三期导、截流及围堰挡水发电期度汛泄洪的重要临时泄水设施。由于三峡工程将提前1年蓄水至156m高程，为避免高水位运行带来的风险，更好地发挥工程效益，需提前封堵导流底孔。导流底孔封堵涉及到施工技术、施工手段、弧门拆除、浇筑手段等多方面困难，为摸索经验，为日后大规模封堵奠定基础，三峡总公司决定先将5号、18号导流底孔拿出来作试验性封堵。

3月14日　国家电网公司在北京召开提高电网输送能力工作会议，全面启动国家电网公司提高输电能力工程，部署落实第一次提高电网输送能力工程各项工作措施。

3月23日　西藏自治区杨海滨副主席到直孔水电站考察，对工程进展速度、工程形象面貌非常满意，对冬季施工取得的成绩给予了高度评价，认为施工单位武警水电部队能吃大苦、耐大劳，冬季施工组织到位，质量达到标准，为电站提前发电打下了基础。

3月24日至25日　国家电网公司在杭州召开了2005年农电工作会。会议以"两会"精神和科学发展观为指导，贯彻国家电网公司"一强三优"发展战略，要求深化改革、强化管理，促进农电可持续发展，努力推动公司农电工作再上新台阶。

3月27至4月1日　受国家发展和改革委员会的委托，中国国际工程咨询公司在西宁市组织召开了拉西瓦水电站工程项目申请报告核准评估会，会议着重对该工程项目的技术方案的合理性和安全性、项目建设的必要性、建设条件（水文、地质、对外交通条件等）、建设规模、工程占地与水库移民、生态环境保护、工程投资估算可行性、资本金筹集等情况进行了评估。

3月30日至31日　国家电力监管委员会在浙江杭州组织召开了水电站大坝安全工作会议。会议总结了近年来电力系统水电站大坝运行安全管理工作，分析当前大坝安全管理面临的形势，部署下一阶段工作。国家电力监管委员会主席柴松岳出席会议并作重要讲话，要求切实做好水电站大坝安全工作。国家电力监管委员会系统以及有关电力企业共52个单位的146名代表出席会议。

3月31日　国家发展和改革委员会以发改能源[2005] 545号文件下发了苏只水电站项目核准的批复，使该项目具备了全面开工的条件。

3月31日　《中国电力报》报道：浙江绿能投资有限公司与舟山市岱山县近日签订了总投资20亿元、总装机容量20万kW的海上风电场建设项目投资协议。该风电场建成后，将成为亚洲最大的海上风电场。

四　月

4月6日　国务院副总理曾培炎视察了正在进行前期工程建设的向家坝水电站工程，听取了三峡总公司对金沙江水电资源开发工作的汇报，对工程进展表示满意，对中国三峡总公司提出的"建一座电站，带动一方经济，改善一片环境，造福一批移民"的水电开发理念表示赞赏，要求中国三峡总公司与地方政府一道，同心同德，立场一致，共同促进向家坝水电站工程的建设。

4月8日　国家电网公司召开"三公"调度暨供电优质服务电视电话会议，向社会公布员工服务"十个不准"、"三公"调度"十项措施"和供电服务"十项承诺"，力求全面提高服务水平，确保安全可靠的电力供应，以实际行动落实党员先进性的要求，为经济社会发展和人民生活水平的提高作出更大贡献。

同日　"九五"国家重大技术装备研制项目，我国首座全平衡钢丝绳卷扬垂直升船机——福建水口水电站2×500t级垂直升船机工程建成并投入试通航。该升船机最大升程59m，承船厢长123.0m、宽18.6m、高7.6m，船厢带水重量5000t，是目前国内已建成运载量最大的升船机，在世界上也仅次于比利时斯特勒比·蒂厄垂直升船机。

4月13日　国务院总理温家宝主持召开国务院常务会议，分析一季度经济形势，讨论《中华人民共和国证券法》实施情况及修改的有关问题，并对当前的能源电力工作提出具体要求。会议强调，要严格控制低水平重复建设和高耗能产业过度扩张；加强煤电油运供求调节，继续加强电力需求侧管理，运用价格杠杆调节供求，调控高耗能工业用电和其他不合理电力需求；抓紧做好电力迎峰度夏的准备工作，优先保证煤炭、化肥等重要物资的运输，大力开展节约能源活动；积极运用税收手段，切实控制高耗能产品出口，适当增加能源、重要原材料和先进技术设备进口。

4月17日　由中国水利水电建设集团公司与日本东芝集团共同投资成立的东芝水电设备（杭州）有限公司，在富春江厂和杭州举行开业庆典。东芝水电设备（杭州）有限公司的前身是富春江富士水电设备有限公司。2005年1月，东芝集团与中国水利水电建设集团公司以股权转让的方式将富春江富士水电设备有限公司变更为东芝水电设备（杭州）有限公司。公司注册资本金为2500万美元。其中东芝集团出资80%，中国水利水电建设集团公司出资20%。公司业务主要致力于水力发电设备的研究、开发、设计、制造、安装和服务。公司总部及市场营业、技术研发部门设在杭州市。

同日　新华社播发《国务院关于2005年深化经济体制改革的意见》。其中，就电力改革问题指出，要"深化垄断行业和公共事业改革，实施电网企业主辅分离，理顺区域电网资产关系，建设区域电力市场，开展大用户直购电试点”；要着力推进资源价格改革，“实施煤电价格联动，完善峰谷、丰枯电价办法”。

4月19日 黑龙江省电力有限公司与牡丹江市委、市政府签订了投资36亿元的荒沟抽水蓄能电站项目。荒沟抽水蓄能电站位于牡丹江市海林三道镇，下水库为已建成的莲花水电站水库，是黑龙江省唯一一个列入国家“十一五”电力发展规划备选项目的抽水蓄能电站。

4月21日 国家电网公司主持召开全国同步电网构建方案研讨会，与会专家和代表研讨并原则同意了全国同步电网构建方案的阶段性论证成果报告。按照这个方案，2020年前后，我国将形成覆盖华北—华中—华东电网送端大型水火电源基地及负荷中心的特高压交流同步电网。届时，四川金沙江等大型水电基地主要通过特高压直流，将巨大电能送至中东部地区。

4月25日 三峡工程右岸电站发变组保护系统及其附属设备、500kVGIS保护系统及其附属设备以及故障录波及其附属设备等3种电气设施采购，在湖北宜昌举行开标仪式。包括南京南瑞公司、上海ABB工程有限公司在内的16家国内外知名公司参与竞标。竞标参与者数量为2005年之最。

4月25日 国家发展和改革委员会以发改价格［2005］671号文件下发《国家发展和改革委员会关于西北电网实施煤电价格联动有关问题的通知》，对宁夏、青海有关电厂上网电价进行调整。青铜峡水电厂上网电价调整为0.155元/（kW·h），龙羊峡水电厂上网电价调整为0.145元/（kW·h）。

同日 三峡左岸电站13号机组结束72小时试运行后，正式并网投产运行。13号机组是三峡左岸电站第12台投产发电的机组，也是三峡工程2005年首台发电机组，于2004年2月27日正式开工安装，历时421天，比合同工期提前了266天。

4月29日 2005年中国大唐集团公司30亿元企业债券发行仪式在人民大会堂举行，债券自即日起正式发行。这是中国大唐集团公司自成立以来首次在债券市场上亮相，也是大唐集团公司拓宽融资渠道、优化债务结构、降低资金成本的重要举措，对提高集团整体竞争力、实现未来战略目标有着重大意义。本期债券所募集的30亿元资金将主要用于广西红水河龙滩水电站工程等电力基本建设项目。

五 月

5月14日至15日 中国电力企业改革与发展论坛在北京举行，来自全国各地的领导和专家紧密围绕“电力市场化与电力监管”这一主题，从多个不同又相互关联的角度和领域进行了广泛交流和研讨。

5月23日 到珠江流域检查防洪度汛工作的国家防汛抗旱总指挥部副总指挥、水利部部长汪恕诚视察龙滩水电工程。他对建设者落实科学发展观，建设“绿色龙滩”的理念非常赞赏，称赞龙滩水电工程是一流工程。

5月25日 《中国电力报》报道，国家能源领导小组成立。国发［2005］14号文件明确，国务院成立国家能源领导小组，作为国家能源工作的高层议事协调机构，其主要任务是：研究国家能源战略和规划，研究能源开发与节约、能源安全与应急、能源对外合作等重大政策，向国务院提出建议。领导小组办公室设在国家发展和改革委员会，承担领导小组日常工作。国家能源领导小组成员为组长：温家宝 国务院总理；副组长：黄菊 国务院副总理，曾培炎 国务院副总理；成员：马凯 发展和改革委员会主任，李肇星 外交部部长，徐冠华 科技部部长，张云川 国防科学技术工业委员会主任，金人庆 财政部部长，孙文盛 国土资源部部长，杜青林 林业部部长，薄熙来 商务部部长，李荣融 国有资产监督管理委员会主任，解振华 国家环境保护总局局长，李毅中 安全监管总局局长，柴松岳 国家电力监管委员会主席，葛振峰 总参谋部副总参谋长。

5月26日 三峡二期工程遗留项目通过“长江三峡水利枢纽二期工程遗留项目验收委员会”验收。验收结论指出，本次验收项目的土建、金属结构与机电设备制造安装的工程质量满足规范和设计要求。长江三峡二期工程遗留项目已全部完成，工程质量合格，予以验收。至此，三峡二期工程划上圆满句号。

5月29日至6月1日 受国家发展和改革委员会的委托，水电水利规划设计总院会同四川、云南两省发展和改革委员会在北京主持召开了《金沙江白鹤滩水电站预可行性研究报告》审查会议。与会代表经过认真审议，通过了《金沙江白鹤滩水电站预可行性研究报告》。国家发展和改革委员会副主任张国宝、四川省人民政府副省长王怀臣、云南省人民政府省长助理邹纲仁、三峡总公司副总经理杨清、水电水利规划设计总院院长李菊根出席会议并讲话。白鹤滩水电站坝址位于四川省宁南县和云南省巧家县交界的金沙江下游界河上，水电站的开发任务是以发电为主，兼顾防洪。白鹤滩水电站是我国继三峡、溪洛渡水电站之后的第三座巨型水电站，是我国西电东送的骨干电源点。

六 月

6月1日 黑麋峰抽水蓄能电站获国家发展和改革委员会核准批复开工建设。该电站是湖南省首座抽水蓄能电站，位于长沙市望城县，距长沙市区30km，安装4台单机30万kW可逆式机组。

6月2日 国务院总理、国家能源领导小组组长温家宝主持召开国家能源领导小组第一次会议。国家能源领导小组全体成员参加了会议，有关部门和企业负责人列席了会议。会议对近期工作作出了部署：一是加强能源战略研究；二是推进能源工业健康有序发展；三是发展新能源和可再生能源；四是全面推进节约能源工作；五是深化能源行业和企业改革；六是加强能源运行调节。

6月6日 国家发展和改革委员会下发《国家发展和改革委员会关于西北电网电价有关问题的补充通知》（发改价格［2005］965号文件），对陕西、甘肃、新疆有关电厂上网电价进行调整。盐锅峡水电站、八盘峡水电站上网电价由原0.079元/（kW·h）和0.096/（kW·h）调整为0.101元/（kW·h）。

6月7日 中朝水力发电公司成立50周年庆典在北京隆重举行。朝鲜电气煤炭工业省朱东一正相率代表团参加了庆典。国家电网公司副总经理郑宝森、朝鲜驻中国大使崔镇洙、中朝水力发电公司理事会成员以及国网公司有关部门代表参加了庆典。经过50年的努力，目前鸭绿江上已建成4座水电站，总装机容量达161万kW，截至2004年底，累计发电量达2366亿kW·h。

6月9日 中共中央政治局委员、国务院副总理、国家防汛抗旱总指挥部总指挥回良玉一行18人，在中共中央政治局委员、湖北省省委书记、省人大常委会主任俞正声等的陪同下，冒雨考察了三峡工程。在三峡工地，回良玉详细听取了关于三峡水库防汛工作准备、三峡工程建设进展及发电情况的汇报，他明确指出：在汛期，三峡总公司在确保安全的基础上，要处理好三峡水库防洪、发电、通航三者之间的关系，发挥三峡水库防洪的最大效益，做到生产、度汛两不误。

6月13日 根据国务院领导指示，国家发展和改革委员会同国家电力监管委员会、国家电网公司、南方电网公司等单位召开了“电力安全和应急措施工作会议”，共同研究电力安全和应急对策。莫斯科大停电事故发生后，国家电力监管委员会向中央作了报告。党中央、国务院对此高度重视。6月4日，黄菊、曾培炎副总理作了批示，6日温家宝总理批示：“由发改委牵头，统筹研究电源建设问题。电监会加强安全监管，落实应急预案，并加快法规建设。各部门各地方要相互配合”。为此，国家发展和改革委员会会同有关各方召开了这次电力安全专题会议。

6月16日 全国电力安全生产委员会第三次扩大会议在北京召开，贯彻落实党中央、国务院领导关于电力安全生产的一系列指示精神和《国家处置电网大面积停电事件应急预案》，要求提高应对电网大面积停电事故处置能力，并进一步安排部署电力迎峰度夏工作。

6月16日 黄河水电公司在西宁主持召开了黄河上游干流多松至尔多河段水电规划及班多一级、班多二级和羊曲水电站预可行性研究第一次设计联络会，会议确定了该河段开发方案；2005年12月完成班多二级水电站预可行性研究报告；2006年6月完成班多一级水电站预可行性研究工作。

6月20日 河南省省长李成玉率政府有关部门负责人到宝泉抽水蓄能电站建设工地进行工作调研。宝泉抽水蓄能电站是河南省第一个大型抽水蓄能电站项目，对河南经济的发展将起到很大的促进作用。他希望宝泉电站工程建设人员不辜负全省人民的期望，把工程保质保量建好。

6月21日 山东省委书记张高丽、省长韩寓群到泰安抽水蓄能电站施工现场考察。张高丽、韩寓群一行认真听取了电站建设情况汇报，并对电站的建设情况和远景规划进行详细询问。张高丽希望电站工程建设者们再接再厉，高标准、严要求，精益求精，将山东省第一座水电站建设成生态型精品工程。

6月27日 中共中央政治局进行第二十二次集体学习，内容是国际能源资源形势和我国能源资源战略。胡锦涛主持了这次集体学习。他指出，既积极做好开源工作，又优先做好节约工作，应该成为解决我国能源资源问题的基本思路。

6月27日 三峡总公司副总经理曹广晶与MWH公司副总裁诺曼·比绍普签署了《三峡工程环境影响评价咨询合作意见书》。双方就公众关心的三峡工程运行后如何更好地保护环境，减小工程对环境带来的负面影响交换了意见。

6月30日 中国华电集团公司20亿元企业债券发行仪式在人民大会堂举行，债券自即日起正式向社会公开发行。这是该集团公司第二期企业债券，所募集的资金将用于乌江构皮滩水电站、安徽宿州电厂等电源项目部建设。

七 月

7月3日 中共中央政治局委员、湖北省委书记俞正声，省委副书记、省长罗清泉率全省旅游工作会议代表考察了三峡工程。

7月4日至5日 大湄公河次区域经济合作第二次领导人会议在昆明召开。会议期间，中国水利水电集团国际工程有限公司与柬埔寨工业矿产能源部举行了双方合作开发柬埔寨甘再水电站项目的签约仪式。中华人民共和国国务院总理温家宝和柬埔寨首相洪森出席签约仪式。甘再水电站将是柬埔寨在建的最大水电工程，装机 18 万 kW。

7 月 5 日 新华社电，国务院发出关于做好建设节约型社会近期重点工作的通知。提出包括“推进大型水电、风电基地建设”，“强化电力需求侧管理”在内的今明两年重点工作。要求各地区、各部门要从战略和全局的高度，充分认识建设节约型社会的重要意义，按照国务院的统一部署和建设节约型社会的各项工作安排，结合本地区、本部门实际，抓紧制订具体实施方案，精心组织，认真抓好落实，切实抓出成效。

7 月 7 日 三峡右岸电站首台机组（22 号机组）座环开始吊装，标志着右岸电站厂房大型重要埋件安装进入一个新阶段。座环总重 405.75t、直径 13.33m、高 4.52m、共分 6 瓣，由阿尔斯通公司生产，三七八联营总公司承担安装。座环的成功吊装将为水轮发电机组的安装创造有利条件。

同日 《中国电力报》报道，自 7 月 1 日起，贵州电网向广东送电由去年的 280 万 kW 增加到 380 万 kW，这是“十五”期间“黔电送粤”的最高输送负荷。

7 月 12 日 国家电网公司召开直流输电工程国产化总结表彰会。从该会议获悉：随着河南灵宝换流站经 6 月 18 日至 7 月 3 日试运行后投入运行，西北电网与华中电网实现联网，我国主要电网实现了全国联网的目标；且已顺利完成的灵宝背靠背换流站工程和葛南直流二次系统改造工程，设备国产化率达到 100%，标志着我国已经具备成套的大容量、超高压直流工程的设计和建设能力，达到了国际同类工程的先进水平。

7 月 14 日 黄河水利委员会、黄河上中游管理局、青海省水利厅联合组成的水土保持执法监督督查组对公伯峡、苏只水电站的水土保持“三同时”制度落实、水土保持方案执行及“规费”征缴情况进行全面督促检查。

7 月 15 日 公伯峡水电站 3 号机组进入商业运营，比原计划提前 49 天投产发电。

7 月 20 日 全国政协副主席李蒙一行在青海省政协副主席寻兴才等领导的陪同下视察了龙羊峡水电站。

7 月 21 日 三峡工程左岸电站 14 号机组结束 72h 带负荷连续试运行后投产发电。这台机组主机部分转子、定子、转轮等大件均实现了国产化，国产化比率达到 71%。

7 月 20 日至 23 日 龙羊峡水电站大坝安全首次定期检查会议在西宁召开。

7 月 25 日 水利部以水保函［2005］283 号文对黄河积石峡水电站工程水土保持方案进行了批复。

八 月

8 月 6 日 中共中央政治局常委、中央书记处书记、国家副主席曾庆红在中央组织部副部长欧阳松、国务院西部开发领导小组办公室副主任王金祥，青海省委书记赵乐际，省委副书记、省长宋秀岩等领导的陪同下到建设中的黄河公伯峡水电站视察。曾庆红视察了公伯峡水电站大坝、厂房和中控室，听取了黄河水电公司总经理夏忠就黄河上游水电开发建设、公司基本情况、公伯峡水电站首台机组投产发电和中国水电装机容量突破 1 亿 kW 的情况。省委书记赵乐际、省长宋秀岩也就黄河上游水电开发建设情况作了汇报。曾庆红指出，黄河上游的水电开发和建设对沿黄各省区的工农业建设做出了贡献，具有显著的生态效益、社会效益和经济效益，要加大宣传报道的力度，青海省委、省政府要支持黄河水电公司加快黄河上游水电开发建设的进程。

8 月 8 日 贵州索风营水电站首台机组投产发电。该电站位于乌江中游六广河段，是乌江流域水电开发的第 3 级，装机 3×20 万 kW，合同发电时间为 2005 年底。

8 月 18 日至 19 日 《黄河水电公司梯级电站集中控制管理技术方案》评审会在西宁召开。会议邀请了国内水电行业的专家进行评审，认为该管理技术方案总体构思和目标准确，内容完整，进一步完善后可付诸实施。与会专家一致通过了该方案。

8 月 23 日 广西平班水电站 3 号机组结束 72 h 带负荷连续试运行，顺利并网发电。平班水电站总装机容量 40.5 万 kW。3 号机安装中，在 8 天内完成转轮、定子、转子吊装调整，仅用 31 天就完成了机组启动试运行前的所有准备，创国内同类机组安装工期最短纪录。

8 月 25 日 黄河小峡水电站工程全面建成投产庆典在小峡工地举行。小峡水电站是黄河龙羊峡—青铜峡段第 13 级电站，位于甘肃兰州臬兰县境内，装机 23 万 kW，首台机组于 2004 年 9 月并网发电，最后 1 台机组于 2005 年 5 月投产。

同日 山西省委书记张宝顺到西龙池抽水蓄能电站工地检查指导工作，他勉励建设者，希望继续努力，确保施工质量和工程进度，早日完成工程建设，按期发电，争夺“鲁班奖”。

8 月 26 日 广西百色水利枢纽顺利下闸蓄水。该枢纽大坝为超百米的碾压混凝土坝，由闽—黄联营体经 3 年多的协同奋战，高质量地基本建成。

8 月 31 日 国家电力监管委员会在上海召开了华东电力市场试点工作领导小组第三次会议，总结华东电力市场月度模拟运行情况，通报领导小组第二次会议以来的工作，审议并通过了《华东电力市场运营规则》，对开展华东电力市场综合模拟工作提出了要求。

九 月

9月1日 湖北省省长罗清泉到水布垭电站地下厂房考察。他强调，一定要对工程施工质量安全严格要求、高度重视。

9月6日 国内在建第二高面板堆石坝——三板溪水电站大坝填筑到顶。三板溪水电站位于贵州省锦屏县境内的清水江上游。拦河大坝为钢筋混凝土面板堆石坝，坝高185.5m，坝体填筑总量864万m^3，由水电第十二工程局承建。

9月11日 尼尔基水利枢纽工程下闸蓄水。这意味着该工程开始发挥防洪、供水、发电、航运及改善下游水环境等综合效益。

9月15日 中共中央政治局委员、国务院副总理曾培炎视察三峡地下厂房，高度赞扬水电第十四工程局在三峡工程中作出的贡献。

同日 中国水电建设集团十五工程局有限公司正式挂牌成立。该公司前身为陕西省水电工程局（集团）有限责任公司，经国务院国有资产监督管理委员会同意，采取整体划转、资产重组的形式，划归中国水利水电建设集团公司，成为其全资子公司。

9月16日 三峡左岸电站最后1台70万kW机组——9号机组正式投入运行。至此，左岸电站14台机组全部并网发电，比计划提前1年。这是三峡工程建设取得的又一重大成果，一举使我国特大型水轮发电机组设计制造跨入了世界先进行列。中共中央政治局常委、全国人大常委会委员长吴邦国作出重要批示，充分肯定了三峡工程在70万kW特大型水轮机组国产化方面所取得的突破性进展。中共中央政治局委员、国务院副总理曾培炎出席投产仪式并致辞，要求认真总结成功经验，积极推进重大装备自主化。

9月24日 湖南沅水铜湾水电站实现大江截流。该电站是湖南沅水干流梯级开发的第五级，总装机18万kW，安装4台单机4.5万kW的灯泡贯流式机组。

9月26日 我国目前最高电压等级的输变电工程——国家电网公司750kV输变电示范工程投入运行。这是我国电网建设新的里程碑。中共中央政治局委员、国务院副总理曾培炎出席国家电网公司在北京举行的750kV输变电示范工程投产仪式，强调要加快电网建设，深化电力体制改革。

同日 备受世人关注的南水北调中线水源工程——丹江口水利枢纽大坝加高工程开工。丹江口大坝1973年初期建成，坝顶高程162m，这次加高至176.6m，库容将增加116亿m^3，达290.5亿m^3。

同日 在经过充分计算分析和论证的基础上，东北电网有限公司成功地进行了第一次“黑启动”试验。试验选择丰满发电厂2号水轮发电机组作为具有自启动能力机组。这是东北电网为抵御事故和对事故作出及时处理的实战演习。

9月28日 彭水水电站正式开工。彭水水电站是国家“十五”规划、重庆市“十五”规划的重点能源项目，位于重庆彭水苗族土家族自治县境内，是乌江干流规划中的第10个梯级电站，装机5×35万kW，总投资121.51亿元，计划首台机组于2007年10月投产发电。

十 月

10月11日 国家电网公司在长沙召开2005年跨区电网迎峰度夏工作总结暨运行工作座谈会。截至9月底，跨区电网共建成投运500kV及以上的输电线路10400km，变电容量3412万kV·A，业已形成1226万kW的跨区送电能力，跨区送电量达553亿kW·h。

10月11日至24日 中国水电水利规划设计总院组成专家组，进西藏对雅鲁藏布江中游河段进行查勘，研究雅鲁藏布江中游水电开发方式。专家组行程3000多公里，自下而上对老虎嘴、卧龙、奔中、江中、江木拉、朗镇、老虎口、藏木、扎雪等电站坝址和雅江中游的水力资源情况进行了现场查勘。

10月14日 中国国电龙源电力集团公司与美国GE公司在北京签署江苏如东二期15万kW风电特许权项目风机采购合同。这是目前国内风电项目装机容量最大的设备采购合同。选用的风机单机容量为1500kW，塔架高度80m，为国内最高风机。

10月18日 中国水力发电工程学会办事机构交接仪式在京举行。交接后，原挂靠在国家电网公司的学会办事机构，转为挂靠中国水电工程顾问集团公司。中国水力发电工程学会是全国性的一级学术性社会团体，1980年成立，1985年国家体制改革办批准登记注册，20多年来，作为水电行业学术交流和技术服务的平台，为中国水电科学技术的发展做出了重要贡献。至2005年，该学会拥有大量团体会员和几万名个人会员，30多个专委会和20多个地方分会。为适应电力体制改革的新形势，经国家电力体制改革领导小组办公室批准，进行了这次学会办事机构挂靠单位的改换。

10月21日 《水利水电工程报》报道：在龙滩水电站工程安装投运的国内水电行业骨料运输系统第一条自动化、科技含量高的4km长距离胶带运输机，经过4000多小时安全运行，日前通过国内专家鉴定。

10月22日 中共中央政治局常委、国务院总理温家宝考察了国家电网公司南京自动化研究院继电保护科研和产业基地（南瑞继电保电气公司）。他参观了生产车间，询问产品研发和企业发展情况，对企业在电力系统主保护等方面具有一定自主创新能力十分高兴。他说，自主创新能力直接决定一个国家、一个地区的经济竞争力和发展后劲，要大力提高原始创新能力、集成创新能力和引进、消化、吸收再创新能力。

10月27日 三峡右岸地下厂房第一层顶拱开挖高质量结束。该地下厂房长311.1m、宽32.6m、高87m，其跨度居中国在建水电站之最。

10月31日 中国南方电网公司与越南国家电力公司签署售电合同和电力合作谅解备忘录。在越南访问的中共中央总书记，国家主席胡锦涛出席了签字仪式，中越电力合作再次迈出实质步伐。此次签订的售电合同明确，中国南方电网在现有的三回110kV线路向越南供电的基础上，将采用220kV线路由云南向越南北部六省供电。双方确定220kV联网项目从中国购电的有效期最少为10年，首期协议年售电量为11亿～13亿kW·h，每年合同销售收入约5000万美元左右。

十一 月

11月1日 南方电力市场开始模拟运行。5家电网公司及14家发电企业作为南方电力市场起步阶段的市场主体，将打破计划经济体制下形成的与市场经济不符的传统观念，以市场为导向，对电量交易实行电量价格竞争。参加此次竞价的发电机组计39台，总容量1354万kW。

同日 我国第一条OPPC光纤复合电力线路在深圳建成并正式投入运营。OPPC——光纤复合相线（Optical Phase Conductor简称OPPC）是电力通信系统的一种新型特种光缆，是将光纤单元复合在导线中的光缆，可以充分利用电力系统自身的线路资源，特别是电力配电系统。OPPC可以长期带电作业，施工简单，费用较低，解决了电力系统近几年存在的大量光缆接头盒被盗问题。

11月4日 西藏自治区人民政府与中国水电工程顾问集团公司签订战略合作协议。根据协议，中国水电工程顾问集团公司将做好西藏主要河流河段的水电规划工作，及时提出各梯级项目的开发建设时序，推荐优选开发项目，为自治区政府决策提供依据等；西藏自治区政府将提供和创造良好的工作条件，积极协调有关部门和地方政府支持配合中国水电工程顾问集团公司及所属单位开展水电规划和勘测设计科研工作。西藏水力资源理论蕴藏量达2亿kW，居全国首位，技术可开发量1亿kW，居全国第二。此协议的签订标志西藏水电开发前期工作加速。

11月7日 “2005北京国际可再生能源大会”在人民大会堂召开。国家主席胡锦涛向大会发了书面致词。国务院副总理曾培炎出席会议并致辞。联合国秘书长安南的代表出席会议并致辞。来自世界各国政府、国际组织，可再生能源专家、科学家和非政府组织的1200多名代表出席会议。加速可再生能源开发利用，是应对日益严重的能源和环境问题的必由之路，也是人类社会实现可持续发展的必由之路。会议将通过旨在促进全球可再生能源发展的“北京宣言”。

11月8日 青海省副省长苏森到龙羊峡水电站就水电站大坝和机电设备在高水位下的安全运行情况进行专题调研。

11月10日 国家发展和改革委员会在北京召开金沙江溪洛渡水电站工作会议。会议期间，中国三峡总公司与四川省人民政府大型水电工程移民办公室、云南省移民开发局分别签订了《金沙江溪洛渡水电站建设征地移民安置任务及补偿投资包干协议》。国家发展和改革委员会副主任张国宝指出：“溪洛渡水电站工程基本具备开工建设条件”。

11月12日 锦屏一级水电站正式开工，标志雅砻江梯级滚动开发取得突破。该电站位于四川省凉山彝族自治州木理县和盐源县境内，是雅砻江干流下游卡拉至江口河段规划的5个梯级电站的龙头电站，其下游已建有二滩水电站。电站总装机容量360万kW，大坝为混凝土双曲拱坝，坝高305m，为世界第一高拱坝。工程总投资约246亿元，总工期111个月，计划2006年底截流，2012年首台机组发电，2014年竣工。

11月13日 紫坪铺水电站4号机和3号机分别于11月5日和9日通过72h试运行并网发电，13日正式投入商业运行。电站共安装4台单机19万kW机组。紫坪铺水利枢纽工程是我国实施西部大开发战略首批开工建设的十大标志性工程之一，具有灌溉、供水、防洪、发电、环境保护等综合效益，是多功能开发、综合利用岷江水资源的大型水利工程。该工程的蓄水、发电，标志着其效益开始发挥。

11月15日 中国大唐集团公司白龙江麒麟寺水电站工程开工建设。电站位于甘肃省文县境内白龙江干流上，设计装机容量11.1万kW，年发电量4.47亿kW·h，具有发电、反调节等综合效益。工程总投资9.254亿元，由大唐甘肃发电有限公司、甘肃龙江电力有限责任公司、西北勘测设计研究院按70%、25%、5%的出资比例共同投资建设。

11月19日 龙羊峡水库水位达到2597.62m，

这是1986年下闸蓄水以来的历史最高水位。20日至23日，龙羊峡水电站高水位安全运行评估专家组对龙羊峡高水位安全运行情况进行了第三次评估。工作组对存在的20项问题进行了协调和具体安排，要求重点加强大坝监测，分析监测资料，确保大坝安全运行。

11月22日　四川南桠河上的冶勒水电站沥青混凝土心墙大坝竣工。该坝高达120m，为此类坝型亚洲第一，其垂直总深度达200多米的地下防渗墙也为世所罕见。坝址地处高寒缺氧地区，施工条件恶劣。中国葛洲坝集团公司克服困难，科学施工，经5年努力，提前完成大坝工程，交出了一份勇攀世界筑坝技术高峰的完美答卷。

11月25日　由国家发展和改革委员会主办、中国水电工程顾问集团公司承办的全国水力资源复查成果发布会在北京举行。从2000年开始，国家启动了全国水力资源复查工作。经过有关部门和单位的千余名水电水利技术人员4年多的辛勤努力，全国水力资源复查工作圆满完成。此次发布会向社会发布了有关具体成果，并表彰了先进单位和个人。通过这次复查，基本摸清了我国可开发水力资源及其分布、经济可开发量和开发情况，是规划水电发展的重要基础资料，对国家制定好能源和电力发展规划以及相关政策具有重要意义。

11月26日　贵州乌江思林水电站工程顺利实现大江截流。该电站位于贵州省东北部，装机容量为100万kW。

11月29日　白山抽水蓄能电站1号机组并网发电。该电站是东北地区第一座抽水蓄能电站，安装2台单机16.75万kW的可逆式机组，由国内设计制造，对提升我国设备制造业水平有着积极意义。

十二　月

12月2日　公伯峡水电站4号机组比计划提前29天并网发电，胜利实现1年两台机组投产的目标。

12月5日至8日　国务院三峡工程建设委员会三峡工程质量检查专家组第十四次来三峡工地检查质量。通过4天的听取汇报、察看三期工程建设现场、与建设者座谈和查阅工程建设资料，专家组对三峡三期工程总体质量做出了高度评价。专家组组长潘家铮指出，三峡三期工程建设在2005年取得了满堂红。全面超额完成计划任务，形象面貌全部达到或超过要求，工程质量更上了一层台阶。三峡工程质量管理经验极其可贵，值得总结推广，有些将来可以载入史册。专家组同时告诫全体三峡建设者，要戒骄戒躁，善始善终，为实现“一流工程”目标继续努力。

12月9日　三峡左岸电站计算机监控系统通过国内外专家验收。来自水电水利规划设计总院、ALSTOM公司等单位的有关技术人员和专家，一致认为：该计算机监控系统充分发挥了分布式结构的负荷分担、风险分散的优点；系统结构合理、可扩性强、实时性好、运行稳定、安全可靠，系统硬件配置、软件功能、性能指标及图纸资料等均满足合同要求。

12月12日　国家发展和改革委员会以发改能源［2005］2619号文印发了关于青海黄河拉西瓦水电站项目核准的批复。

12月12日　云南澜沧江小湾水电站大坝首仓混凝土开盘浇筑，从而拉开了世界第二高双曲拱坝建设的序幕。

12月12日至14日　中国水力发电工程学会电力系统自动化专委会梯级水电厂调度控制分会在北京成立。这是全国首家关于流域梯级调度的学会，共吸纳全国梯级流域发电企业、科研院所25家，成员覆盖全国十二大水电基地。

12月15日　黄河乌金峡水电站工程正式开工。该电站是黄河龙羊峡至青铜峡河段15级梯级规划中的第12级电站，位于甘肃白银市境内，计划安装4台单机3.5万kW的灯泡贯流式机组，年发电量6.83亿kW·h。乌金峡水电站项目由甘肃小三峡水电开发公司负责开发建设和运营管理，是该公司继大峡、小峡之后在黄河上游开发建设的第三座水电站。工程总投资13.88亿元，计划2008年首台机组发电，2009年工程完工。

12月16日　云南金沙江中游水电开发有限公司在昆明成立。由此，规划“一库八级”、总装机2115万kW的金沙江中游水电开发正式启动。该公司由中国华电集团公司、中国华能集团公司、中国大唐集团公司、华睿投资集团有限公司和云南省开发投资有限公司按照33%：23%：23%：11%：10%的股比组建，负责全资建设龙盘、两家人、梨园和阿海水电站，参股建设金安桥、龙开口、鲁地拉和观音岩水电站。

12月19日　中国电力投资集团公司与新疆金风科技股份有限公司在北京签署了国内最大的风力发电项目。签约内容包括江苏盐城东台20万kW和甘肃酒泉安西10万kW风电项目，投资总额约30亿人民币，2006年开始建设，预计2008年投入运营。江苏东台风电场是目前国内最大、世界单期建设规模最大的风力发电项目，年供电量可达5亿kW·h。中国电力投资集团公司在国家发展和改革委员会组织的第三批国家风电特许权项目竞标中一举获得这两个项目的开发权。新疆金风科技股份有限公司是国内最大的风力发电设备制造公司，占有国内三分之一市场。中国电力投资集团公司为进一步推进风电设备国产化，决定该项目的机组设备全都由金风科技股份有限公司提供，采用750kW和1200kW机组。

12月26日 由中国三峡总公司投资的我国第二大水电站溪洛渡水电站正式开工。溪洛渡水电站是金沙江干流规划开发的重要工程，是我国实施西电东送的骨干工程。电站总装机容量1260万kW，是目前我国第二大水电站，位列世界第三。电站位于云南省永善县与四川省雷波县接壤的溪洛渡峡谷，是金沙江下游河段梯级开发4座大型水电站中的第三级。水库总库容126.7亿m^3，调节库容64.6亿m^3。左右两岸布置地下厂房，各安装9台单机70万kW机组，多年平均年发电量571亿～640亿kW·h。工程静态投资约503亿元。计划2007年11月截流，2013年首批机组发电，2015年竣工。

12月29日 “中国电力装机突破5亿kW”庆祝大会在人民大会堂举行。其标志性机组为12月27日投产的浙江国华宁海电厂2号机组。我国2005年全年新增装机容量超过6000万kW，创电力建设历史最高水平。这次从4亿kW到5亿kW仅用19个月，创造了世界罕见的电力建设速度。

（编辑部）

21

附　　录

附 录 A

21世纪中国水电发展综述（摘要）

彭 程
（水电水利规划设计总院）

一、中国水力资源概况

（一）水力资源总量

中国幅员辽阔，国土面积达960万km^2，蕴藏着丰富的水力资源。根据最新水力资源复查结果，我国大陆水力资源理论蕴藏量在10MW及以上的河流共3886条，水力资源理论蕴藏量年电量为60829亿kW·h，平均功率为69400万kW；理论蕴藏量10MW及以上河流上单站装机容量0.5MW及以上水电站技术可开发装机容量5.42亿kW，年发电量2.47万kW·h，其中经济可开发水电站装机容量401795MW，年发电量17534亿kW·h，分别占技术可开发装机容量和年发电量的74.2%和70.9%。

（二）水力资源在能源结构中的地位

常规能源资源包括煤炭、水能、石油和天然气，我国能源资源探明（技术可开发）总储量约8450亿t标准煤（其中水能为可再生能源，按使用100年计算），探明剩余可采（经济可开发）总储量为1590亿t标准煤，分别约占世界总量的2.6%和11.5%。我国能源探明总储量的构成为原煤85.1%、水能11.9%、原油2.7%、天然气0.3%，能源剩余可采总储量的构成为原煤51.4%、水能44.6%、原油2.9%、天然气1.1%。我国常规能源资源以煤炭和水能为主，水能资源仅次于煤炭，居十分重要的地位。如果按照世界有些国家水力资源使用200年计算其资源储量，我国水能剩余可开采总量在常规能源构成中则超过60%。由此可见水能在我国能源资源中的地位和作用。

能源节约与资源综合利用是我国经济和社会发展的一项长远战略方针。“十一五”期间和今后更长远时期，国家把实施可持续发展战略放在更加突出的位置，可持续发展战略要求节约资源、保护环境，保持社会经济与资源、环境的协调发展。优先发展水电，能够有效地减少对煤炭、石油、天然气等资源的消耗，不仅节约了宝贵的化石能源资源，还减少了环境污染。

（三）水力资源分布

由于我国幅员辽阔，地形与雨量差异较大，因而形成水力资源在地域分布上的不平衡，水力资源分布是西部多、东部少。按照技术可开发装机容量统计，我国西部云、贵、川、渝、陕、甘、宁、青、新、藏、桂、内蒙古等12个省（自治区、直辖市）水力资源约占全国总量的81.46%，特别是西南地区云、贵、川、渝、藏就占66.70%；其次是中部的黑、吉、晋、豫、鄂、湘、皖、赣等8个省占13.66%；而经济发达、用电负荷集中的东部辽、京、津、冀、鲁、苏、浙、沪、粤、闽、琼11个省（直辖市）仅占4.88%。我国的经济东部相对发达、西部相对落后，因此，西部水力资源开发除了西部电力市场自身需求以外，还要考虑东部市场，实行水电的“西电东送”。

水力资源较集中地分布在大江大河干流上，便于建立水电基地实行战略性集中开发。我国水力资源富集于金沙江、雅砻江、大渡河、澜沧江、乌江、长江上游、南盘江红水河、黄河上游、湘西、闽浙赣、东北、黄河北干流以及怒江等13大水电基地，其总装机容量约占全国技术可开发量的50.9%。特别是地处西部的金沙江中下游干流总装机规模58580MW，长江上游干流33197MW，长江上游的支流雅砻江、大渡河以及黄河上游、澜沧江、怒江的规模都超过20000MW，乌江、南盘江红水河的规模也超过10000MW。这些河流水力资源集中，有利于实现流域、梯级、滚动开发，有利于建成大型的水电基地，有利于充分发挥水力资源的规模效益，实施“西电东送”。

二、水电开发现状及规划

（一）开发现状

新中国成立以来，我国十分重视水电建设。虽然由于历史、资金及体制等因素，水电建设曾出现起伏，呈现波浪式前进的态势，但50多年来水电也获得了可观的发展，为国民经济发展和人民生活提高做出了巨大贡献。

新中国成立初期，水电建设主要集中于经济发达及用电增长较快的东部地区，大型水电站不多。20世纪50年代末，开始在黄河干流兴建刘家峡等大型水电站，但仍以东部地区的开发建设为主，西南地区丰富的水力资源尚未得到大规模开发。水电在电力工业中的比重逐步下降。改革开放以来，国家把开发西部地区水力资源提到重要位置，尤其是提出“西电东送”战略以后，西南地区丰富的水力资源逐步得到开发利用。除长江干流上三峡水电站外，在长江重要支流雅砻江、大渡河、乌江上均已建成或正在建设巨型水电站，黄河上游龙羊峡至青铜峡河段、澜沧江、南盘江、红水河均已建成或正在建成一批百万千瓦以上的骨干水电站。这些河流或河段水力资源的开发，为西部地区大开发和“西电东送”拉开了序幕。

2004年底全国常规水电已开发装机容量10256万kW（水电总装机容量10826万kW，其中抽水蓄能电站570万kW），年发电量3280亿kW·h，占全国技术可开发装机容量的18.9%，占全国总装机容量的23.3%。其中，东北地区的辽吉、华北地区的京津冀、华东地区的闽浙皖鲁赣、中南地区的豫湘粤海等省（直辖市）常规水电开发程度均超过技术可开发量的50%，最大达88.7%，水力资源富集的西南地区川、滇、藏开发程度分别为11.7%、7.5%和0.3%，西北地区陕、甘、青、新开发程度分别为23.8%、36.5%、18.4%和2.7%。

根据目前电源建设进展情况，预计2005年全国常规水电将新增投产容量1170万kW。2005年底全国常规水电开发总装机容量将达到11430万kW。

2004年底全国已建成投产的抽水蓄能电站10座，装机容量达到570万kW。其中包括河北岗南常规水电站上安装的1.1万kW抽水蓄能机组、河北潘家口（其中抽水蓄能机组27万kW）、北京十三陵（80万kW）、广州一期、二期工程（共240万kW，其中60万kW供香港）、浙江溪口（8万kW）、浙江天荒坪（180万kW）、安徽响洪甸（8万kW）、江苏沙河（10万kW）、湖北天堂（7万kW）、西藏羊卓雍湖（9万kW）。

2005年新增投产抽水蓄能电站有吉林白山30万kW、河南回龙12万kW和浙江桐柏一台30万kW，2005年底全国建成投产的抽水蓄能电站装机容量达到642.1万kW（其中60万kW供香港）。我国已经建成投产的抽水蓄能电站装机容量占全国总发电装机容量的比例约1.2%，属于较低水平。

2005年底在建抽水蓄能电站有9座，装机规模为960万kW。分别是山东泰安（100万kW）、河北张河湾（100万kW）、山西西龙池（120万kW）、浙江桐柏（装机容量120万kW，已投产30万kW）、安徽琅琊山（60万kW）、江苏宜兴（100万kW）、河南宝泉（120万kW）、湖北白莲河（120万kW）、湖南黑麇峰（120万kW，一期60万kW）。

（二）2020年水电发展目标

按照电力发展规划、“西电东送”的需要、大型河流开发进程、大中型水电项目规划和前期工作深度以及小型水电站合理建设规模等，制定水电的中长期发展目标。

到2010年常规水电装机容量达到19400万kW，占电力总装机容量的26.0%，开发程度达35%；到2015年常规水电装机容量达到27100万kW，占电力总装机容量的28.6%，开发程度达50%；到2020年常规水电装机容量达到32800万kW，占电力总装机容量的28.5%，开发程度达60%。

按规模划分，大中型常规水电在2005年底装机容量7636万kW的基础上，“十一五”、“十二五”和“十三五”分别需要投产6764万kW、6450万kW和4450万kW，到2010年、2015年和2020年末，全国大中型常规水电站总规模将分别达到14400万kW、20850万kW和25300万kW；小型水电站（装机容量50MW以下电站）2005年底装机容量3794万kW，以后按每年250万kW左右投产，到2010年、2015年和2020年末，全国小型水电站总规模将分别达到5000万kW、6250万kW和7500万kW。

按区域划分，到2010年，在全国水电发展到19400万kW规模时，东部地区开发总规模达到2700万kW，占全国的13.8%，其开发程度达90%以上；中部地区总规模为5800万kW，占全国的29.8%，其开发程度达到78.4%；西部地区总规模为10900万kW，占全国的56.4%，其开发程度达到24.9%，其中四川、云南、贵州的水电开发总规模分别为3190万kW、2090万kW和1530万kW，开发程度分别为26.6%、20.5%和78.6%。

到2020年，在全国水电发展到32800万kW规模时，东部地区开发总规模达到2900万kW，占全国的9%，水力资源基本开发完毕；中部地区总规模为7200万kW，占全国的22%，其开发程度达到90%以上；西部地区总规模为22700万kW，占全国的69%，其开发程度达到60.7%，其中四川、云南、贵州的水电开发总规模分别为7600万kW、6280万kW和1830万kW，开发程度分别为63.3%、61.6%和94%。

按十三大水电基地划分，在2010年、2015年和2020年十三大水电基地的总体开发程度分别达到35%、55%和70%。其中，至2010年末，金沙江中下游、雅砻江、大渡河、澜沧江、怒江和长江上游水电基地开发程度分别达到3.1%、13.4%、25.6%、21.5%、0.8%和78.7%；至2015年末，金沙江中下游、雅砻江、大渡河、澜沧江和怒江水电基地开发程度分别达到29.1%、57.0%、68.5%、57.4%和14.0%；2020年末金沙江中下游、雅砻江、大渡河、澜沧江和怒江水电基地开发程度达到54.9%、72.9%、86.9%、76.4%和33.7%。

根据全国水电电源规划及"西电东送"规划研究成果分析，至2005年、2010年、2015年和2020年，初步安排全国水电"西电东送"总容量分别为1980万kW、4440万kW、8750万kW和10650万kW，其中，南部通道"西电东送"总容量分别为880万kW、1440万kW、2430万kW和3260万kW，中部通道"西电东送"总容量分别为1100万kW、2850万kW、6020万kW、7090万kW，北部通道"西电东送"总容量分别为0万kW、150万kW、300万kW、300万kW。扣去2004年前已有的水电"西电东送"容量约1470万kW（天生桥一级、天生桥二级，云电外送，川电外送和三峡、葛洲坝等)，上述各水平年全国水电"西电东送"累计增加外送容量分别为510万kW、2970万kW、7280万kW和9180万kW。

（三）2020～2050年水电发展展望与藏电外送

至2020年，13大水电基地规划水电工程绝大部分已开工建设，结转2020～2030年投产容量约4000万kW。从2020年开始，水电开发的主战场逐渐向金沙江、澜沧江和怒江上游转移，从而启动具有战略意义的藏电外送工程。

西藏自治区河流众多，水力资源丰富。根据全国水力资源复查成果，西藏自治区水力资源理论蕴藏量平均功率20136万kW、年电量17640亿kW·h，技术可开发装机容量11000万kW、年发电量5760亿kW·h。全区水力资源理论蕴藏量占全国的29%，居全国首位，技术可开发量占全国的20.3%，仅次于四川省，居全国第二位。受工作深度的限制，在全国水力资源复查成果经济可开发总量401795MW中，西藏仅计列了8350MW，随着西藏水电前期工作的加深和形势的发展、科技的进步，西藏水电开发潜力巨大，完全有可能成为2020年后中国水电建设的主战场。

西藏自治区内水力资源分布较为集中，按区域划分，绝大部分分布在藏南的雅鲁藏布江干流曲松至米林河段（约500万kW)、干流大拐弯（约4800万kW)、支流帕隆藏布（约700万kW）和藏东的怒江干流上游河段（1422万kW)，澜沧江干流上游河段(636万kW)，金沙江干流上游河段（1666万kW，其中川藏界河段948万kW，属西藏的按界河的1/2计为474万kW)。藏东三江顺河而下至云南和四川省，距离较近，高程不高。随着三江水电开发向上游推进，藏东水力资源接续开发较为现实。藏南雅鲁藏布江的开发，难度要相对大一些，要依靠水电工程和输电工程的技术创新；同时还可以根据科技发展水平，科学地做好规划，如墨脱水电站（3800万kW，水头达2000多米）采取分级开发；通过国际合作拓展输电市场或走廊（顺江而下距印度、缅甸平原非常近)。

（四）抽水蓄能电站规划发展目标

根据各电网的负荷特性、电源规划、"西电东送"及联网规划和抽水蓄能规划设计成果，抽水蓄能电站项目前期工作深度等，分析测算抽水蓄能电站合理建设规模，全国在2010年、2015年和2020年三个水平年的抽水蓄能装机规模分别达到1800万kW（扣除供香港60万kW后，下同)、3400万kW和5000万kW。国家电网在2010年、2015年和2020年三个水平年的抽水蓄能装机规模分别达到1440万kW、2800万kW和4000万kW。其中，华东电网分别达到576万kW、1116万kW和1516万kW；华北电网分别达到428万kW、718万kW和1008万kW；东北电网分别达到90万kW、270万kW和380万kW；华中电网分别达到319万kW、579万kW和829万kW。中国南方电网在2010年、2015年和2020年三个水平年的抽水蓄能装机规模分别达到360万kW、600万kW和1010万kW。

2020年前全国抽水蓄能电站发展以华东最多，华北、广东次之，华中、东北又次之。预计到2010年、2015年和2020年，全国抽水蓄能电站装机容量占全国总装机容量的比重分别达到2.4%、3.7%和4.4%。

三 峡 工 程

（一）工程概况

三峡工程位于长江三峡中的西陵峡中段的湖北省宜昌县三斗坪镇，距下游长江葛洲坝水利枢纽和宜昌市约40km，是一座以防洪、发电和改善航运并具有巨大的养殖、旅游等综合利用的特大型骨干工程。坝址以上控制流域面积约100万km^2，多年平均年径流量4510亿m^3，多年平均流量14300m^3/s。三峡水库正常蓄水位175m。大坝为混凝土重力坝，坝顶高程185m，全长2309.5m，最大坝高181m。

工程分三期施工，总工期17年，其中一期包括施工准备工程在内5年，二期6年，三期6年。于1993年开始施工准备，1994年12月正式施工，1997

年11月8日大江截流，2002年11月6日右岸导流明渠截流，2003年6月水库蓄水至135m、双线五级船闸通航，2003年7月左岸电站首批机组发电，2009年全部工程竣工。

三峡工程从20世纪50年代开始勘测、规划和设计与研究，1984年水利部长江水利委员会完成三峡水利枢纽150m方案的可行性研究报告并经国务院批准，后由于社会各方面及有些专家对兴建三峡工程提出一些不同意见和建议。党中央、国务院于1986年决定组织重新论证，“以求更加细致、精确和稳妥”。经过近3年的补充论证工作，先后完成并经论证领导小组审议通过了14个专题论证报告，长江水利委员会据此重新编制《长江三峡水利枢纽可行性研究报告》。1990年，国务院成立以邹家华副总理为首的审查委员会，经组织专家预审和审委会审议，1991年8月审委会审查通过《长江三峡水利枢纽可行性研究报告》，1992年4月3日全国人大七届五次会议审议并通过兴建长江三峡工程的议案。随后，长江水利委员会全面开展三峡工程的初步设计工作。鉴于三峡工程规模特大，根据论证领导小组的决定，初步设计报告分为枢纽工程、水库淹没处理和移民安置、输变电工程三大部分，1992年底，长江水利委员会完成了《长江三峡水利枢纽初步设计报告》(枢纽工程)。1993年1月，国务院成立三峡工程建设委员会，5月由国务院三峡工程建设委员会组织专家对《长江三峡水利枢纽初步设计报告》（枢纽工程）进行审查并通过。根据审查意见，长江水利委员会立即开展了大坝、电站建筑物、双线五级船闸、垂直升船机、机电（含首端换流站）、二期上游横向围堰、建筑物安全监测、变动回水区航道及港口整治等八个单项工程技术设计，并由国务院三峡工程建设委员会授权中国长江三峡工程开发总公司进行审查。

国务院三峡工程建设委员会是三峡工程的最高决策机构，下设办公室，中国长江三峡工程开发总公司具体负责三峡工程的建设；水利部长江水利委员会(由长江水利委员会长江勘测规划设计研究院具体负责）为设计总成单位；长江水利委员会三峡工程建设监理部、西北勘测设计研究院三峡工程建设监理中心、华东勘测设计研究院三峡工程建设监理中心、中南勘测设计研究院三峡工程建设监理中心、长江三峡技术经济发展有限公司、水利部东北勘测设计研究院三峡工程建设监理中心为枢纽主体工程的建设监理单位；中国葛洲坝集团有限公司三峡工程指挥部、宜昌青云水利水电联营公司、宜昌三峡工程建设“三七八”联营总公司、中国人民武装警察部队水电三峡工程指挥部为枢纽主体工程的施工单位；左岸电站14台700MW大型水轮发电机组由ALSTOM、VGS负责制造，中国葛洲坝集团有限公司机电工程安装部、中国水利水电第八工程局、中国水利水电第四工程局负责安装；右岸12台700MW机组由ALSTOM、哈尔滨电机厂和东方电机厂各制造4台，安装单位尚未确定。

（二）工程任务和规模

三峡工程的任务主要是防洪、发电和改善航运。

工程地理位置优越，建成后可对上游大洪水进行调节，减轻荆江河段和洞庭湖区的防洪负担，减少使用荆江分洪区的机会，提高荆江河段的防洪标准；对发生在上游的特大洪水进行控制和调节，配合运用荆江分洪区，避免荆江河段发生毁灭性灾害；对全流域和中下游大洪水进行补偿调节，减少中游平原湖区的分蓄洪量。

工程是长江流域丰富的西部水能资源中最靠近中下游地区经济中心的巨型能源与电力供应基地，强大的电力输送至华中、华东和广东地区，部分还将供应川东地区，可减少从北方调入发电用煤，减轻运输压力，缓和煤炭供需矛盾，同时还可促进全国电网的大联网。

工程建成后，渠化了重庆以下川江航道，淹没了险滩，改善水流条件，航道通过能力大大提高，运输成本大幅度降低，航运条件得到了根本改善，万吨级船队可直达重庆九龙坡港，同时经三峡水库调节，增加了宜昌下游的枯水流量，结合河势控制，可改善中游浅滩河段航道条件。

工程正常蓄水位175m，汛期防洪限制水位145m，枯季消落最低水位155m，相应的总库容、防洪库容和兴利库容分别为393亿m^3、221.5亿m^3和165亿m^3。防洪方面，可将荆江河段的防洪标准由目前的约10年一遇提高到100年一遇，遭遇大于100年一遇特大洪水时，辅以分洪措施可防止发生毁灭性灾害。发电方面，水电站总装机容量18200MW，装有26台单机容量700MW的水轮发电机组，年发电量846.7亿kW·h，向华东、华中、广东和重庆等地区送电，并促进区域电网的联网，有利于全国统一电网的形成；电站在枯水期、汛期均具有一定的调峰能力；右岸还预留6台单机容量700MW的地下电站。航运方面，可改善长江，特别是川江重庆—宜昌的航道条件，提高长江的通航能力，可一次通过万吨级船队，单向通过能力由约1000万t提高至5000万t，可大大促进西南与华中、华东地区的物资交流和发展长江航运事业。

平面布置示意见图1，泄洪坝段剖面见图2，厂房坝段剖面见图3，工程特性见表1。

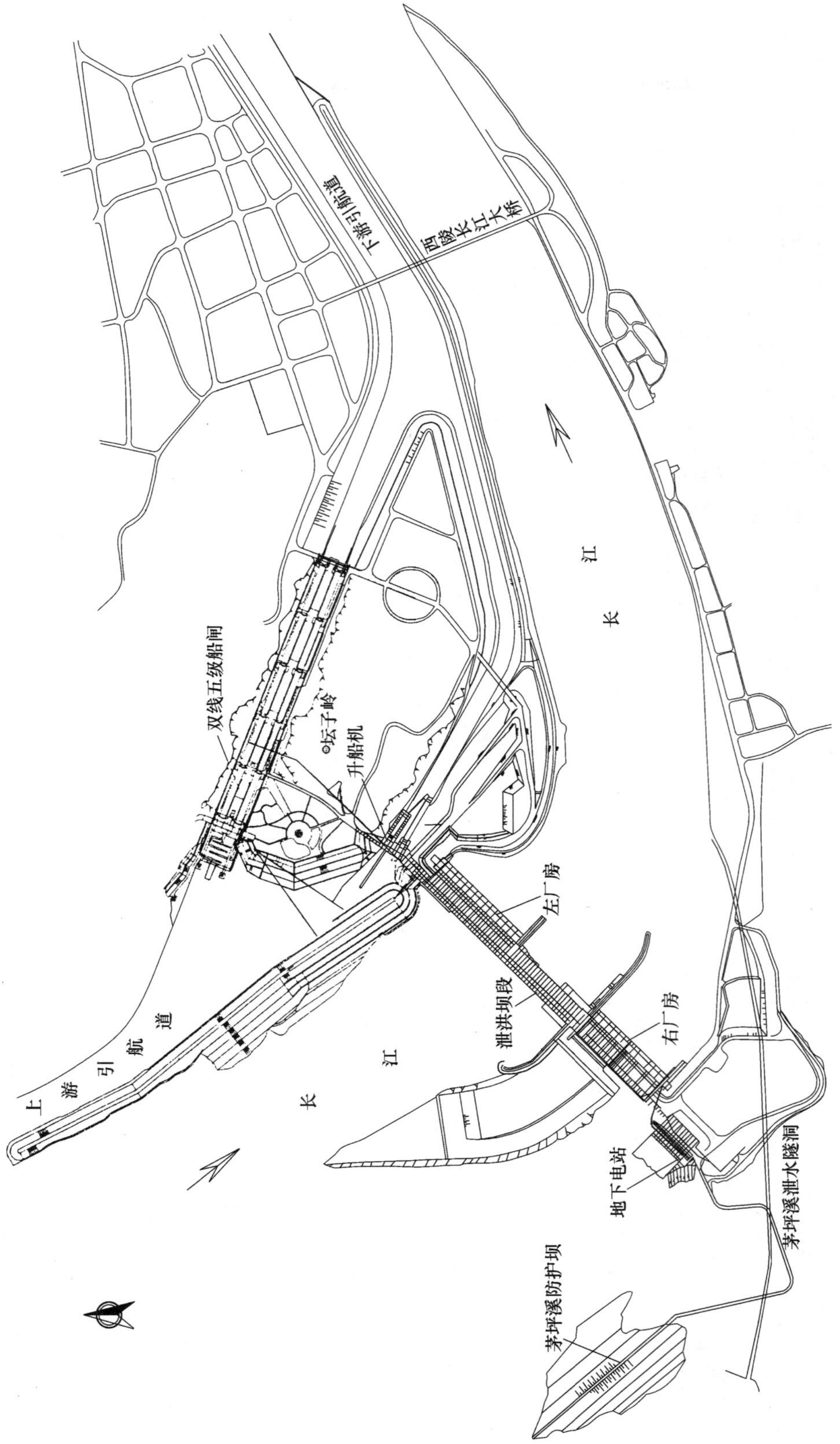

图1　三峡水利枢纽平面布置示意图

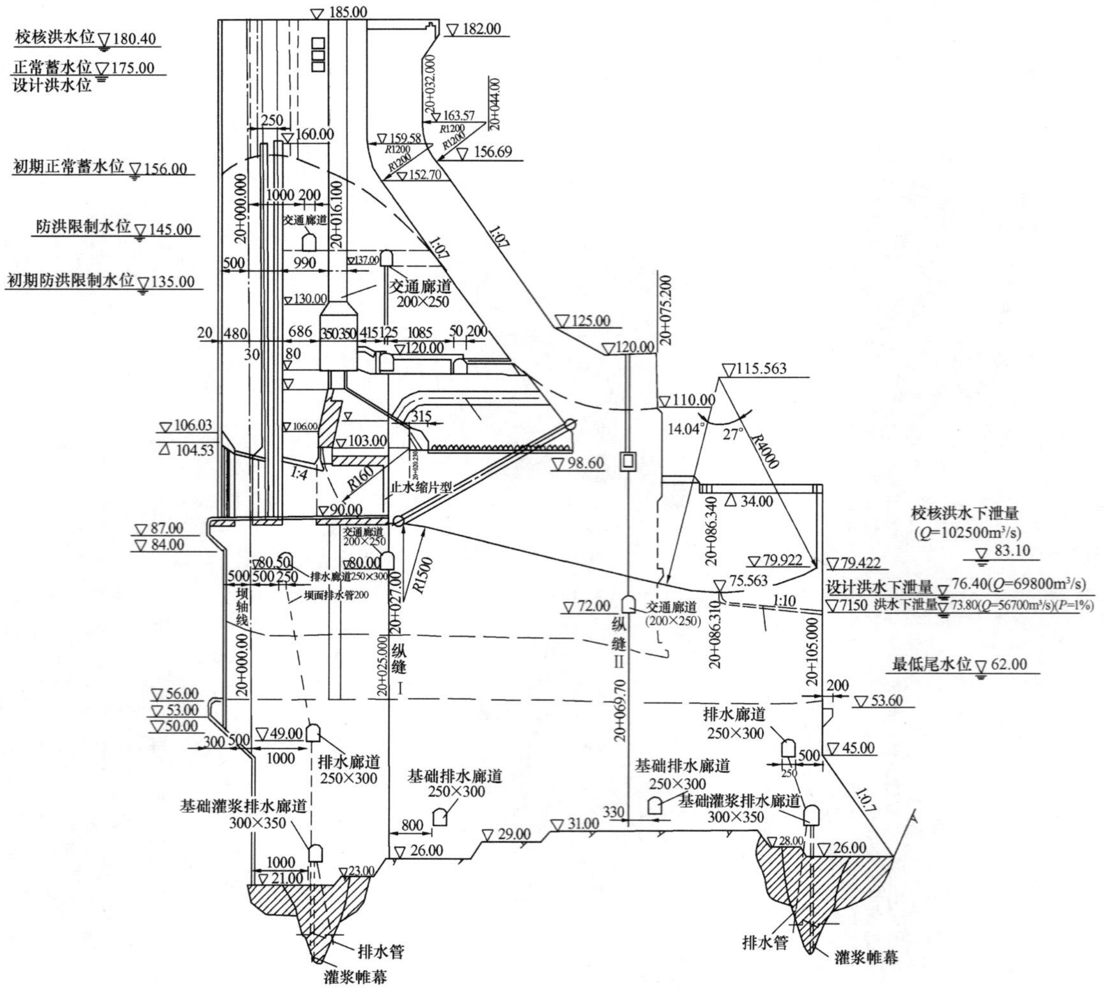

图 2 三峡水利枢纽泄洪坝段剖面图

表 1 三峡水利枢纽工程特性表

名 称	指 标	备 注
一、水文		
1. 流域面积		
全流域（km^2）	180 万	
工程坝址以上（km^2）	100 万	
2. 利用的水文系列（年）	114	
3. 多年平均年径流量（亿 m^3）	4510	
4. 代表流量		
多年平均流量（m^3/s）	14300	
实测最大日平均流量（m^3/s）	71100	
实测最小流量（m^3/s）	2770	
调查历史最大流量（m^3/s）	105000	
设计洪水流量（m^3/s）	98800	$P=0.1\%$

续表

名 称	指 标	备 注
设计洪水流量（m^3/s）	124300	$P=0.01\%$ 加大 10%
5. 洪水		
实测最大洪量（亿 m^3）	785	15 天
设计最大洪量（亿 m^3）	911.8	15 天
校核最大洪量（亿 m^3）	1112	15 天
6. 泥沙		
多年平均悬移质年输沙量（亿 t）	5.3	
多年平均含沙量（kg/m^3）	1.2	
实测最大含沙量（kg/m^3）	10.5	

续表

名 称	指 标	备 注
二、水库		
1. 水库水位		
校核洪水位（m）	180.4	
设计洪水位（m）	175	
正常蓄水位（m）	175	
汛期防洪限制水位（m）	145	
汛期排沙水位（m）	145	
枯季消落水位（m）	155	
2. 正常蓄水位水库面积（km^2）	1084	
3. 回水长度（km）	650	
4. 水库容积		
总库容（亿 m^3）	393	正常蓄水位以下
防洪库容（亿 m^3）	221.5	
调节库容（亿 m^3）	165	
死库容（亿 m^3）	171.5	
5. 库容系数（%）	3.7	
6. 调节性能	季调节	
三、下泄流量及相应下游水位		
1. 设计洪水位时最大泄量（m^3/s）	69800	
相应下游水位（m）	76.4	
2. 校核洪水位时最大泄量（m^3/s）	102500	
相应下游水位（m）	83.1	
四、工程效益指标		
1. 发电效益		
装机容量（MW）	18200	
保证出力（MW）	4990	
多年平均年发电量（亿 kW·h）	846.8	
年利用小时数（h）	4650	
2. 防洪效益		
100 年一遇及以下洪水		
沙市最高水位（m）	≤44.5	荆江分洪不启用

续表

名 称	指 标	备 注
相应枝城下泄流量（m^3/s）	≤56700	
1000 年一遇洪水		
沙市最高水位（m）	≤45	荆江分洪运用
相应枝城下泄流量（m^3/s）	70200	
3. 航运效益		
改善航道里程（km）	570～650	
下闸单向通过能力（万 t）	5000	
五、建设用地和移民安置		
1. 受淹人口（万人）	84.41	
2. 房屋（万 m^2）	3459.58	
六、淹没损失和工程永久占地		
1. 耕地（万亩）	35.94	
2. 迁移人口（万人）	113	
3. 房屋（万 m^2）	3479.47	
七、主要建筑物及设备		
工程等别、主要建筑物等级		一等 1 级
1. 挡水建筑物		
型式		混凝土重力坝
地基特性		花岗岩
地震基本烈度/设防烈度（度）	Ⅵ/Ⅶ	
坝顶高程（m）	185	
最大坝高（m）	181	
坝顶长度（m）	2309.47	
2. 泄水建筑物		
（1）型式		深孔结合表孔
（2）前缘总长（m）	483	
（3）设计泄洪能力（175m）（m^3/s）	72200	
（4）单宽流量[$m^3/(s·m)$]	150	
（5）消能方式		鼻坎挑流
（6）深孔		
1）孔口尺寸（m×m）	7×9	宽×高
2）进口底板高程（m）	90	

续表

名　　称	指　标	备　　注
3）个数（个）	23	
4）最大流速（m/s）	39.5	
（7）表孔		
1）堰顶高程（m）	158	
2）每孔净宽（m）	8	
3）孔数（个）	22	
4）最大流速（m/s）	37.9	
（8）导流底孔		
1）孔口尺寸(宽×高)(m×m)	6×8.5	中间16孔/两边各3孔
2）进口底坎高程（m）	56/57	
3）孔数（个）	22	
4）最大流速（m/s）	37.9	
（9）闸门及启闭机型式		
1）深孔工作门		弧门、液压启闭机
2）表孔工作门		平板门、坝顶门机
3）底孔工作门		弧门、液压启闭机
4）深孔、表孔、底孔事故检修门		平板门、坝顶门机
5）深孔、底孔上游坝面检修门		叠梁反钩门、坝顶门机
6）底孔下游坝面封堵门		叠梁反钩门、施工门机
3. 水电站		
（1）型式		坝后式
（2）水头		
1）最大水头（m）	113	
2）最小水头（m）	71	
3）额定水头（m）	80.6	
4）平均水头（m）	90	
（3）进水口		
1）型式		坝式单进口、小喇叭口

续表

名　　称	指　标	备　　注
2）进口尺寸（m×m）	11.2×19.5/9.2×13.2	宽×高
3）底部高程（m）	108	
4）工作闸门及启闭机型式		平板门，液压启闭机
（4）压力管道		钢衬钢筋混凝土管
1）型式		
2）内径（m）	12.4	
3）条数（条）	26	
4）最大流速（m/s）	8.45	
（5）主厂房尺寸		
1）左岸厂房（装机14台）(m×m×m)	644.7×68×93.8	长×水下宽×高
2）右岸厂房（装机12台）(m×m×m)	575.8×68×93.8	长×水下宽×高
3）机组中心距（m）	38.3	
4）机组安装高程（m）	57	
（6）左岸交流500kV开关站		
1）型式		户内GIS全封闭式
2）面积（m^2）	9886	
（7）右岸交流站		
1）型式（m^2）		GIS全封闭式
2）面积（m^2）	8315	
（8）主要机电设备		
1）水轮机		
型式		混流式
台数（台）	26	
额定出力（MW）	710	
额定转速（r/min）	75	
转轮直径（m）	9.85	
吸出高度（m）	−5	
额定工况机组过流量(m^3/s)	966.4	
2）发电机		
型式		半伞式

续表

名　称	指　标	备　注
台数（台）	26	
单机额定容量(MW/MVA)	700/777.8	
功率因数	0.9	
额定电压（kV）	20	
3）主变压器		
型号		三相双卷强油循环水冷
额定容量（MVA）	840	
电压比（kV）	550（525）/20	
台数（台）	26	
（9）输电线电压等级(kV)	500	
交流（回路数）	15 回	
4. 通航建筑物		
（1）双线连续五级船闸		
闸室有效尺寸（m×m×m）	280×34×5	长×宽×水深
过闸船队吨位（t）	10000	
年单向通过能力（万 t）	5000	
（2）垂直升船机		单线单级
承船厢有效尺寸（m×m×m）	120×18×3.5	长×宽×水深
最大过船吨位（t）	3000	
单向年通过能力（万 t）	350	
（3）临时船闸		一线一级
闸室有效尺寸（m×m×m）	240×24×4	长×宽×水深
八、工程施工		
1. 主体工程主要工程量		
（1）土石方开挖（万 m^3）	10400	
（2）土石方填筑（万 m^3）	4860	
（3）混凝土浇筑（万 m^3）	2820	
（4）钢筋（万 t）	46.23	
（5）金属结构安装（万 t）	25.65	

续表

名　称	指　标	备　注
2. 对外交通		
（1）基本方案		公路为主，水运为辅
（2）专用公路		
等级		山岭重丘准Ⅰ级
长度（km）	26.94	
3. 施工导流方式		分期导流
4. 施工期通航		导流明渠结合
		临时船闸
5. 施工总工期（年）	17	
第一批机组发电工期（年）	11	
九、经济指标		
静态总投资（不含输变电工程）（亿元）	900.9	1993 年 5 月末价格水平
（1）枢纽工程（亿元）	500.9	
1）建筑工程（亿元）	194.16	
2）机电工程（亿元）	108.28	
3）金属结构设备及安装工程（亿元）	29.06	
4）临时工程（亿元）	73.90	
5）其他费用（亿元）	45.09	
6）基本预备费（亿元）	44.51	
7）茅坪溪防护工程（亿元）	5.90	
（2）移民工程	400.0	
十、其他		
开工时间/竣工时间	1993 年 1 月/2009 年 12 月	
建设单位	中国长江三峡工程开发总公司	
设计单位	长江水利委员会勘测设计研究院	

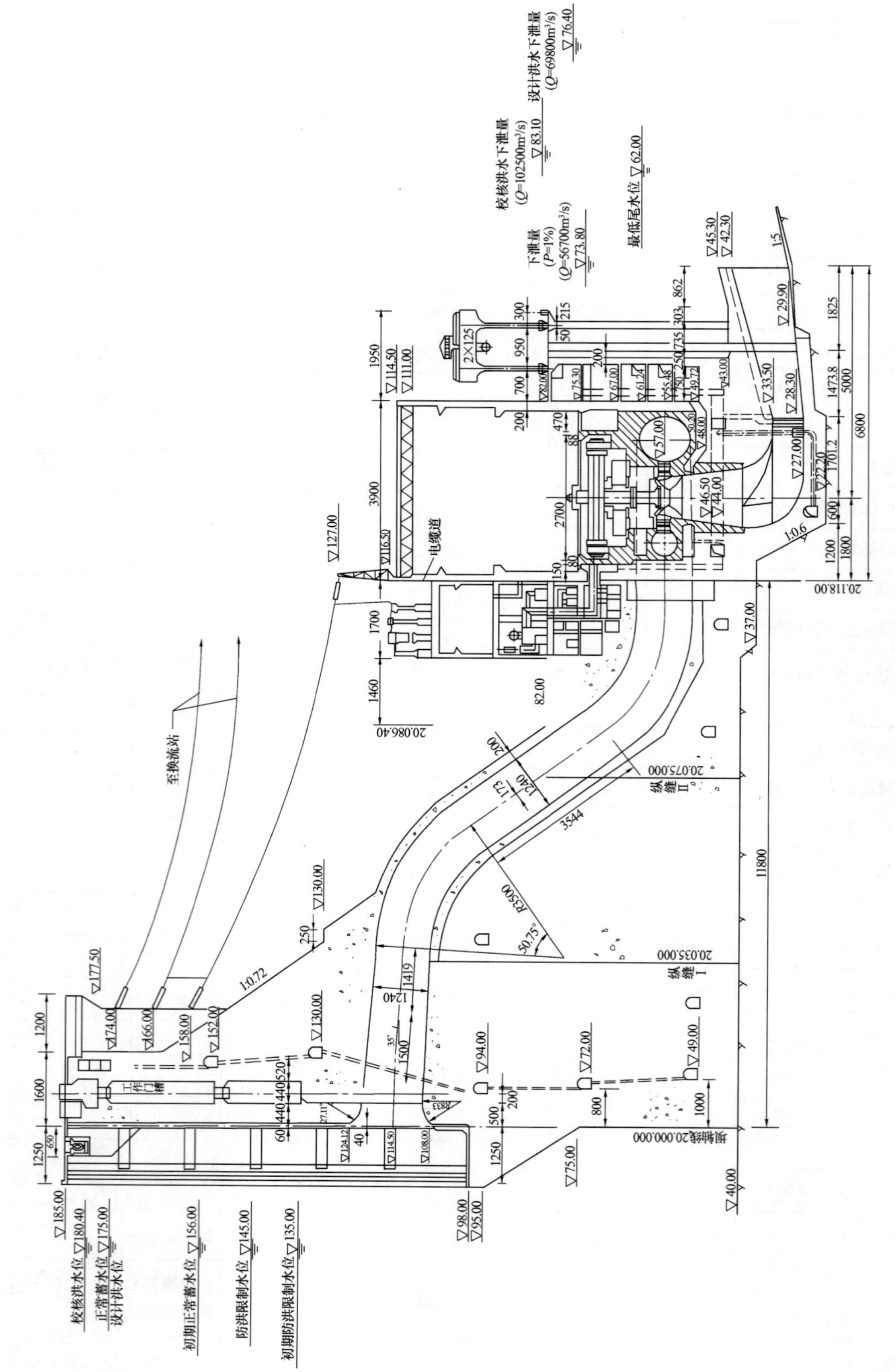

图3 三峡水利枢纽厂房坝段剖面图

溪洛渡水电站工程

（一）工程概况

溪洛渡水电站位于四川省雷波县和云南省永善县境内金沙江干流上。金沙江系长江的上游河段，主源沱沱河发源于青藏高原唐古拉山脉。沱沱河与当曲汇合后称通天河，通天河流至玉树附近与巴塘河汇合后始称金沙江。金沙江流经青、藏、川、滇四省（区），至宜宾纳岷江后称为长江，宜宾至宜昌河段又称川江。金沙江流域面积47.32万km^2，占长江流域面积的26%。多年平均流量4920m^3/s，多年平均年径流量1550亿m^3，占长江宜昌站来水量的1/3。

金沙江全长3479km，天然落差5100m，水能资源丰富，是全国最大的水电能源基地，水能资源蕴藏量达1.124亿kW，约占全国的16.7%。

金沙江下游河段（雅砻江河口至宜宾）水能资源的富集程度最高，河段长782km，落差729m。规划分四级开发，从上至下依次为乌东德、白鹤滩、溪洛渡和向家坝四座梯级水电站，其中溪洛渡和白鹤滩水电站规模均超过1000万kW。四个梯级总装机容量可达3070万～4310万kW，年发电量1569亿～1844亿kW·h。金沙江中下游梯级电站作为“西电东送”的骨干电源点，其中溪洛渡和向家坝水电站已开展前期筹建工作。溪洛渡梯级上接白鹤滩电站尾水，下与向家坝水库相连。坝址距宜宾市河道里程184km，与三峡、武汉、上海直线距离分别为770km、1065km、1780km。溪洛渡水电站控制流域面积45.44万km^2。

溪洛渡水电站以发电为主，兼有防洪、拦沙和改善下游航运条件等巨大的综合效益。开发目标主要是“西电东送”，满足华东、华中经济发展的用电需求；配合三峡工程提高长江中下游的防洪能力，充分发挥三峡工程的综合效益；促进西部大开发，实现国民经济的可持续发展。

溪洛渡水电工程规模巨大，在国内仅次于三峡工程，系我国第二大水电工程。拦河大坝为混凝土双曲拱坝，最大坝高278m，正常蓄水位600m，大坝壅高水位约230m，电站总装机容量12600MW，多年平均年发电量571.2亿～640.6亿kW·h（近期—远期）。

溪洛渡水电站前期工作自1985年至今，已近20年。1994年4月，坝址选择报告通过审查。1996年5月，原电力工业部会同四川、云南两省人民政府和中国长江三峡工程开发总公司在北京共同主持审查通过了金沙江溪洛渡水电站的预可行性研究报告。1999年6月，三峡总公司与成都勘测设计研究院正式签订可行性研究阶段勘测设计科研委托合同，成都勘测设计研究院于2001年底提交可行性研究报告，2003年通过了国家发展和改革委员会组织的审查。

2002年6月，溪洛渡工程项目建议书通过评审，2002年9月国务院批复立项。2002年底由中国长江三峡工程开发总公司作为业主开始组织施工筹建，按设计进度安排，将于2008年截流，2014年首批机组投产发电，2018年竣工。

（二）工程任务和规模

溪洛渡水电站防洪、拦沙及对下游梯级补偿效益大，是长江上游开发治理的控制性工程，对实现长江流域经济可持续发展战略具有重要意义。

金沙江洪水主要来自石鼓以下区间，金沙江产沙区主要在攀枝花至屏山区间。溪洛渡水库控制金沙江流域面积的96%，控制了金沙江的主要暴雨区和产沙区。优越的地理位置和巨大的库容条件，决定了溪洛渡水库在长江上游综合治理中有着重要的作用。

(1) 防洪。在金沙江上修建一座高278m的混凝土双曲拱坝，抬高水位约230m，形成一座长约200km、总容积129.14亿m^3的大水库。其中用于调洪的库容可达46.5亿m^3。通过水库调洪，可将下游宜宾市的防洪标准从20年一遇提高到50年一遇。溪洛渡与三峡水库联合调度，充分发挥溪洛渡水库的蓄洪和滞洪作用，有利于减轻长江中下游的洪水威胁。

(2) 拦沙。金沙江是一条多泥沙河流，多年平均含沙量1.7kg/m^3，悬移质年输沙量2.47亿t，推移质年输沙量180万t，通过重庆市寸滩水文站的输沙量有一半来自金沙江。溪洛渡水电站位于金沙江产沙区的末端，大坝壅高水位达230m，对河道天然输沙条件的改变较大，可以利用巨大的死库容拦截泥沙，减少三峡水库的入库泥沙。根据计算，溪洛渡水电站单独运用30年，共减少下游的输沙量58.84亿t，占同期来沙量的80%；运用60年共减少向下游输沙量108.3亿t，占同期来沙量的73.6%，而且使三峡水库入库泥沙颗粒变细，这样可以有效地减少三峡水库库尾的泥沙淤积，减少库尾边滩的淤积对重庆港的影响。

(3) 发电补偿效益。长江水系汛期水量丰沛，各电站汛期电量比重均较大，特别需要调节水库将汛期水量调配到枯水期发电。

溪洛渡水库具有64.6亿m^3的调节库容，能使三峡、葛洲坝电站的供水期增加1个月，共增保证出力379.2MW，增加枯水期电量18.86亿kW·h，相当于一个百万千瓦级电站的效益。

(4) 航运。电站枢纽位于不通航河段。电站距下游通航河段约76.5km。经水库调节，在枯水期增加下泄流量约500m^3/s，能较大地改善下游川江航道的枯水期航运条件。

电站建成后，由于它的防洪、拦沙和发电补偿效益，使三峡工程的综合效益得到更充分的发挥。

水库正常蓄水位 600m，水库总库容 126.7 亿 m^3，正常蓄水位以下库容 115.7 亿 m^3，调节库容 64.6 亿 m^3，防洪库容 46.5 亿 m^3，装机容量 12600MW（近期—远景），保证出力 3395～6657MW（近期—远景），多年平均年发电量 571.2 亿～640.6 亿 kW·h（近期—远景），年利用小时数 4530～5080h（近期—远景）。

平面布置见图 1，拱坝上游立视和剖面见图 2，引水发电系统剖面见图 3，工程特性见表 1。

（三）工程特点和新技术的应用

溪洛渡水电站工程规模大，技术难度高，电站的设计和建设达到了世界水平。多年来在总结国内外高坝建设经验的基础上，开展了多项专题研究工作，尤其是结合国家“八五”、“九五”重点科技攻关，组织国内享有盛誉的科研机构、大专院校和著名学者联合攻关，针对高拱坝结构设计、高拱坝抗震、大跨度地下洞室、泄洪消能和大型施工机械等重大技术问题作了深入的理论研究和试验论证。目前这些关键技术问题已基本落实并得到解决。

（1）高拱坝的结构与抗震问题。溪洛渡拱坝名列世界高拱坝之列，坝高 278m。作用于坝体的总水压力约 1500 万 t，坝身最大泄量约 30000m^3/s，是世界上高拱坝泄洪功率最大的。工程所在地区为高烈度地震区，基本地震烈度Ⅷ度，设防地震水平峰值加速度 0.321g。大坝的安全问题非常重要，因此在可行性研究阶段，将高拱坝的结构与抗震列为需要解决的关键技术问题。

1）拱坝的结构安全性。坝址处河道顺直，两岸无深大冲沟断裂切割，河谷呈 U 形，宽高比约为 2，坝基岩体为单一玄武岩，呈似层状岩层，岩体坚硬完整裂隙不发育，层间与层内错动带是主要的控制性结构面。地形地质条件是修建高拱坝的优良坝址。在选坝（坝址）和预可行性研究阶段审查均肯定了适宜修建混凝土拱坝。

为使拱坝安全可靠，并留有适当安全余地，在体型设计时，按拱梁分载法计算，以基本荷载组合作为控制工况进行基本体型调整与比较，特殊荷载组合进行校核。基本组合上、下游面允许主拉应力分别为 1.2MPa 及 1.5MPa，允许主压应力 9MPa，混凝土抗压安全系数为 4。由于坝址地形条件优良，岩体力学参数适中，经多种不同拱圈线型分析均有较好的适应性，设计推荐采用抛物线双曲拱坝。

2）拱坝的抗震安全性。溪洛渡拱坝高 278m，设计地震烈度达到Ⅸ度，抗震安全成为工程设计中的关键技术问题。为解决大坝的抗震安全问题，按现行规范进行了必要的计算分析，表明溪洛渡拱坝的自震特性与小湾十分接近，大坝第一阶震型均为反对称，二、三阶震型均为正对称，正常蓄水位时基频为 1.18～1.25Hz，基本周期 0.8～0.85s。运行低水位时为 1.35～1.39Hz 与 0.72～0.74s。拱梁法与有限元法反应谱分析结果基本一致，坝体压应力满足要求，拉应力局部超标，但面积仅占大坝面积的 0.4% 以下。为真实反应地震作用下拱坝的动力效应，充分利用了“八五”、“九五”国家科技攻关的成果。首先，从地震输入机制这一基础性问题开始，考虑地震动的非均匀输入和地基辐射阻尼的影响，并把拱坝地震应力反应考虑了横缝在地震时开合的客观影响。其次，拱坝—地基—库水作为一个统一的系统进行试验与计算，使之更能符合实际、更能全面地分析评价高拱坝的抗震安全性。第三，根据拱坝的动力响应，抗震超载能力以及振动损伤情况提出抗震措施。研究结果表明：考虑了地震能量向地基远域散逸的辐射阻尼的效应对削减拱坝的地震反应具有显著的作用；考虑坝体地基—库水动力相互作用的大比尺动力模型试验，在设计地震时坝体最大应力不超过材料强度控制标准；在超载 3.9 倍设计地震时坝体发生损伤、基频减少；在超载 5.2 倍设计地震时有显著的开裂现象，但震后承载能力未见异常。

（2）经济合理地解决大流量高水头窄河谷的泄洪消能问题。采用坝身孔口泄流、水垫塘消能的新型泄洪消能技术，是我国高拱坝设计中较多采用的技术方案。在二滩首创之后，继之小湾、拉西瓦、构皮滩、溪洛渡，均以坝身孔口泄流水垫塘消能为主要的泄洪消能途径。通过二滩工程的初步运行检验，更进一步证实了它的技术可行性与经济合理性。溪洛渡枢纽总泄量超过 50000m^3/s，坝身孔口单宽流量超过 200$m^3/(s \cdot m)$，如何解决泄洪消能中高速水流带来的冲击，脉动振动、空化空蚀、掺气雾化、磨蚀磨损等问题成为难度较高的关键技术。为此，成都勘测设计研究院依托国家“九五”科技攻关，结合溪洛渡工程特殊情况，进行了深入的试验研究，取得了突破性的进展。在保证拱坝安全可靠的前提下，通过坝身孔口体型的优化、表孔与中孔适宜的分流比和水舌入水位置调整、水舌空中的合理碰撞程度等方面的研究，充分发挥溪洛渡河道顺直、水垫深度大的优势，使水垫塘底板上的最大时均冲击动力压强和单位水体消能率控制在二滩经受验证的水平上，使溪洛渡坝身最大泄量达到 30000m^3/s，几乎超过二滩坝身孔口泄量的一倍，消能功率近 57000MW，这是技术上的一个重大突破。如果坝身泄量仍维持在二滩的 16000m^3/s 的水平上，需增加 4 条 2km 多长的泄洪洞，无论在布置上和经济上都是不合理的。在泄洪消能研究中，

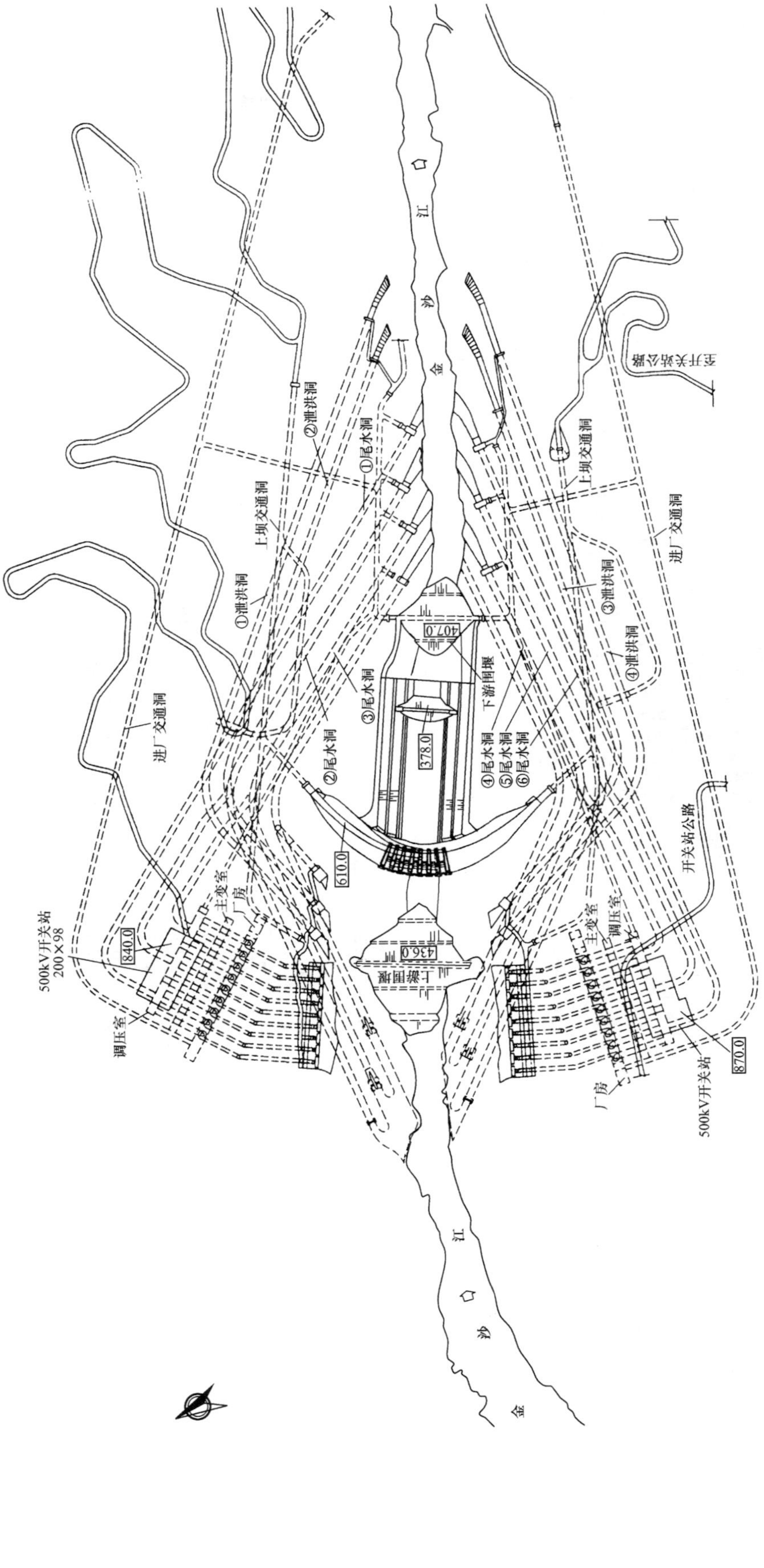

图 1　溪洛渡水电站平面布置图

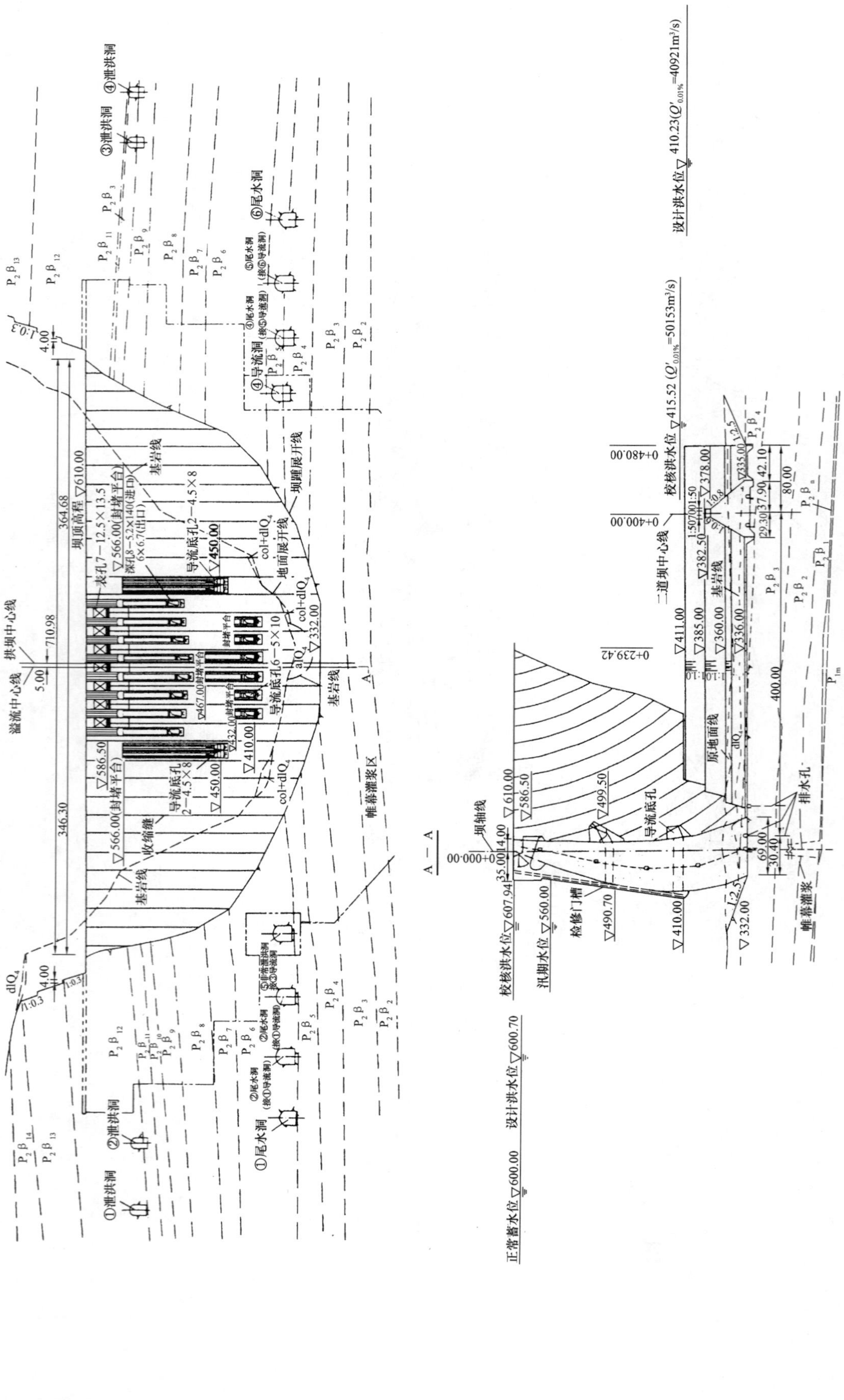

图 2　溪洛渡水电站拱坝上游立视和剖面图

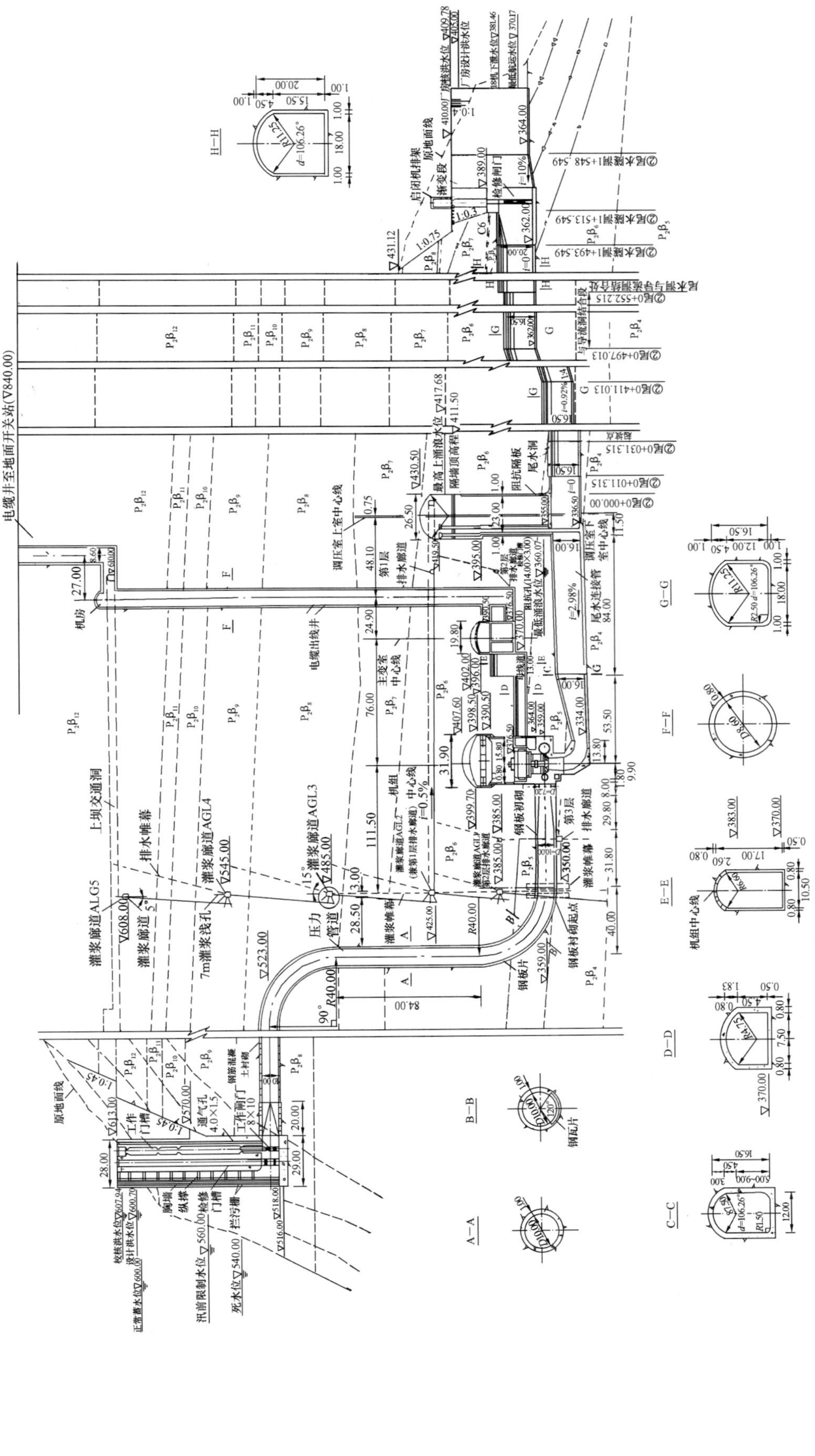

图3　溪洛渡水电站引水发电系统剖面图

表 1 溪洛渡水电站工程特性表

名 称	指 标	备 注
一、水文		
1. 流域面积		
金沙江流域（km^2）	473200	
工程坝址以上（km^2）	454400	占全流域面积的 96%
2. 利用的水文系列年限（年）	60	
3. 坝址多年平均年径流量（亿 m^3）	1440	
4. 代表性流量		
多年平均流量（m^3/s）	4570	坝址
实测最大流量（m^3/s）	29000	
实测最小流量（m^3/s）	1060	
调查历史最大流量(m^3/s)	36900	
校核洪水洪峰流量(m^3/s)	52300	$P=0.01\%$
设计洪水洪峰流量(m^3/s)	43700	$P=0.1\%$
施工导流设计洪水洪峰流量（m^3/s）	32000	$P=2\%$
5. 洪量		
实测最大洪量（亿 m^3）	307	15 天
设计洪水洪量（亿 m^3）	443	15 天
校核洪水洪量（亿 m^3）	526	15 天
6. 泥沙		
多年平均悬移质年输沙量（亿 t）	2.47	
多年平均含沙量（kg/m^3）	1.72	
实测最大含沙量（kg/m^3）	24.2	
多年平均推移质年输沙量（万 t）	182	
二、水库		
1. 水库水位		
校核洪水位（m）	607.94	$P=0.01\%$
设计洪水位（m）	600.70	$P=0.1\%$
正常蓄水位（m）	600.00	
汛期限制水位（m）	560	
死水位（m）	540	
2. 正常蓄水位时水库面积（km^2）	133.65	

续表

名 称	指 标	备 注
3. 水库回水长度（km）	199	
4. 水库容积		
总库容（亿 m^3）	126.7	校核洪水位以下库容
正常蓄水位下的库容（亿 m^3）	115.7	
调节库容（亿 m^3）	64.6	正常蓄水位至死水位
发电及防洪共用库容（亿 m^3）	46.5	正常蓄水位至汛期限制水位
死库容（亿 m^3）	51.1	死水位以下
5. 库容系数（%）	4.5	
6. 调节特性		不完全年调节
7. 水量利用系数（%）	88.9～97.5	
三、下泄流量及相应下游水位		
1. 设计洪水位时最大泄量（m^3/s）	40921	$P=0.1\%$
相应下游水位（m）	409.90	坝后
2. 校核洪水位时最大泄量（m^3/s）	50153	$P=0.01\%$
相应下游水位（m）	414.66	坝后
3. 发电引用流量（m^3/s）	7628.4	水电站为满载发电流量
单机引用流量（m^3/s）	423.8	
相应下游水位（m）	381.74	尾水出口
四、工程效益指标		
1. 发电效益		
装机容量（MW）	12600	
保证出力（枯期平均出力）(MW)	3395～6657	
多年平均发电量(亿 kW·h)	571.2～640.6	近期—远景
年利用小时数（h）	4530～5080	近期—远景
2. 拦沙率（%）	73.6～62.7	水库运行 41～50 年

续表

名　　称	指　标	备　　注
3. 防洪效益		可使宜宾防洪标准由20年一遇提高到50年一遇
五、水库淹没及工程占地		
（一）水库淹没		
1. 人口（人）	39467	
2. 房屋（万 m^2）	132.39	
3. 耕地（亩）	41843.21	
4. 园地（亩）	16236.25	
5. 等级公路（km）	275	
6. 通信线路（km）	311.9	
7. 输电线路（km）	156.4	
8. 小水电站（座）	3	6350kW
9. 小型工矿企业（个）	8	
（二）施工占地		
1. 人口（人）	7585	
2. 房屋（万 m^2）	28.60	
3. 耕地（亩）	8775.54	
4. 园地（亩）	3785.54	
5. 小水电站（座）	1	12kW
六、主要建筑物和设备		
1. 挡水建筑物		
型式		混凝土双曲拱坝
地基特性		峨眉山玄武岩
地震基本烈度（度）	Ⅷ	
坝顶高程（m）	610.00	
最大坝高（m）	278.00	
坝顶长度（m）	698.07	
2. 泄水建筑物		
（1）坝顶溢流表孔		
溢流前缘长度（m）	153.3	
表孔孔数（孔）	7	
表孔堰顶高程（m）	586.50	
表孔闸门尺寸（m×m）	12.5×13.5	弧形闸门，挑流消能（宽×高）

续表

名　　称	指　标	备　　注
单孔最大泄量（m^3/s）	2583	
表孔最大单宽流量［$m^3/(s\cdot m)$］	206.6	
（2）坝身泄流深孔		
深孔孔数（孔）	8	
深孔坎底高程（m）	499.50	
深孔闸门尺寸（m×m）	6×6.7	弧形闸门，挑流消能
单孔最大泄量（m^3/s）	1602.5	
深孔最大单宽流量［$m^3/(s\cdot m)$］	267.1	水库校核洪水位
（3）①～④泄洪洞		
泄洪洞型式		有压段接无压段洞内龙落尾，出口挑流消能
条数（条）	4	
进口高程（m）	545.00	
工作闸门尺寸（m×m）	14×12	弧形闸门
单洞泄量（m^3/s）	3860～4127	设计～校核
（4）导流洞改建的竖井泄洪洞		
进口高程（m）	570.00	
进口尺寸（m×m）	14×12	
泄量（m^3/s）	2740	
3. 引水建筑物		
（1）进水口		
型式		岸塔式
底板高程（m）	518.00	
闸门尺寸（m）	8×10	平板闸门（宽×高）
（2）引水隧洞		
隧洞直径（m）	10.00	
长度（m）	313.65～424.19	左岸
	306.64～377.04	右岸
4. 地下厂房		左右岸相同

续表

名　　称	指　标	备　　注
围岩特性		峨眉山玄武岩
主厂房尺寸（m×m×m）	381.03×28.40×75.10	长×宽×高
机组安装高程（m）	359.00	
5. 尾水调压室		左右岸相同
型式	阻抗式	
调压室尺寸（m×m×m）	300×23×94	长×宽×高
6. 尾水洞		
型式		城门洞形
尾水洞尺寸（m×m）	15×20	①⑥尾水洞（宽×高）
	18×20	②～⑤尾水洞
7. 主变压器室		
型式		地下式
主变压器室尺寸（m×m）	325.52×19.8×25.5	左右岸相同（长×宽×高）
8. 电缆竖井（直径/高）	ϕ8.6/479.50	（左岸，2条）
	ϕ8.6/499.50	（右岸，2条）
9. 开关站		
型式		开敞式
平面尺寸（m×m）	350×267	左右岸相同（长×宽）
10. 主要机电设备		
（1）水轮机		
台数（台）	18	
型号		HL(153.3)—LJ—740
额定出力（MW）	710	
最大出力（MW）	782	
额定转速（r/min）	125	
吸出高度（m）	−11.0	
最大水头（净水头）（m）	226	

续表

名　　称	指　标	备　　注
最小水头（净水头）（m）	155	
额定水头（m）	186	
单机额定流量（m^3/s）	423.8	
（2）发电机		
台数（台）	18	
型号		SFS700—48/1500
额定容量（MW）	700	
最大容量（MVA）	855	
发电机功率因数	0.9	
发电机额定电压（kV）	20	
11. 送出工程		
送电方向		华东、华中、四川、云南
输电距离（km）	1800、1050	
电站出线电压（kV）	交流500	
直流换流站出线电压（kV）	DC±600、DC±500	
直流换流站出线回路数（回）	2、2	
电站出线回路数（回）	12	
七、施工		
1. 主体工程数量		
土石方明挖（万m^3）	1967.88	
土石填筑（万m^3）	268.56	
洞挖石方（万m^3）	1575.57	
混凝土和钢筋混凝土（万m^3）	1305.46	
钢筋、钢材（万t）	35.77	
金属结构安装（万t）	7.62	
帷幕灌浆（万m）	76.68	
固结灌浆（万m）	71.30	
2. 主要建筑材料		
木材（万m^3）	9.28	
水泥（万t）	328.01	
钢筋（万t）	36.83	
钢材（万t）	13.60	

续表

名　　称	指　标	备　　注
3. 所需劳动力（人）	20955	
总工日（万工日）	4266.28	
施工高峰人数（人）	20955	
4. 施工临时房屋（万 m^2）	26.45	
5. 施工用电（kW）	48100	
6. 对外交通		
距离（km）	132	
运量（万 t）	554.86	
7. 施工导流		
方式		断流围堰、隧洞导流
堰高	79m	土石围堰
导流洞（条—m×m）	6—18×20	
8. 施工占地（hm^2）	887.54	
9. 施工期限		
筹建期（月）	42	
准备工程工期（月）	44	
发电工期（年）	9	自导流工程开工至第一批机组发电
总工期（年）	12 年 2 个月	
八、经济指标		
1. 静态总投资（亿元）	445.7	
2. 总投资（亿元）	603.3	
施工辅助工程（亿元）	55.3	
建筑工程（亿元）	165.9	
机电设备及安装工程（亿元）	98.7	
金属结构设备及安装工程（亿元）	9.9	
其他费用（亿元）	52.1	
水库淹没处理补偿费（亿元）	25.6	
基本预备费（亿元）	40.4	
价差预备费（亿元）		
建设期贷款利息（亿元）	157.6	

续表

名　　称	指　标	备　　注
3. 综合利用经济指标		
水电站单位千瓦投资（元/kW）	3538	
水电站单位电能投资［元/（kW·h）］	0.78	近期
经济内部收益率（%）	14.88	
财务内部收益率（%）	13.97	
上网电价［元/（kW·h）］	0.204	
贷款偿还年限（年）	23.65	

还进行了水流激振对拱坝安全可靠性的影响研究，水垫塘底板型式的研究，利用导流洞改建竖井旋流式泄洪洞的研究，泄洪雾化问题的研究，这些研究都具有创新性。邀请国内有权威的资深专家对这些科研成果进行了鉴定，得到了肯定和高度评价，一致认为在溪洛渡工程上应用这些世界先进的甚至是国际领先的新技术有充分的基础，是可行的。

（3）超大型地下洞室群围岩稳定与支护。本电站地下洞室总开挖量近 1500 万 m^3，超过已建的二滩、拉格朗德二级以及丘吉尔电站地下厂房。厂区洞室多、尺寸大、布置密集、立体交叉，在世界上是没有先例的。在地下工程的设计中，工程布置、围岩稳定评价以及加固处理措施等都属关键技术问题，对工程建设的安全性和经济性影响甚大。

两岸地下厂房洞室群的水平和垂直埋深均大于300m。围岩新鲜坚硬、完整性好，呈块状结构，断层不发育，以Ⅰ、Ⅱ类围岩为主，围岩成洞条件好。初始地应力场以构造应力为主，最大主应力为 15～20MPa，属中等地应力水平。岩层近水平展布，垂直裂隙不发育，主要构造形迹为近水平的岩流层层间层内构造错动带。岩体内地下水活动弱，透水性低，水文地质条件相对较简单。两岸均具备修建大型地下洞室群的良好工程地质条件。

缓倾角层间、层内错动带对大跨度顶拱、高边墙及洞室交叉部位围岩的稳定不利。影响围岩稳定的因素很多，结构面的组合、地下水的运移规律、施工程序、开挖方法、围岩力学参数等都有一定的不确定性，这些不确定因素给超大型地下洞室群的设计、施工及围岩临时与永久支护带来极大的困难。在研究设计中，结合“九五”国家科技攻关和特殊专题研究，开展了前所未有的分析、试验研究工作，建立了地下洞室群的动力分析系统和施工动态仿真分析模拟系统。利用这些先进方法和手段，充分考虑优化开挖顺序、加锚支护、施工爆破等因素，研究对围岩稳定的影响，选取了合理的支护参数和开挖顺序，使地下厂房的设计有较大的提升和突破。

(4) 大功率高水头水轮发电机组的技术参数选择与运行稳定性。本电站水头运用范围155～230m，单机容量巨大，水头变幅大，为保证水轮机在高水头段有较宽的稳定运行范围，需要设置的发电机最大容量约960MVA，超过世界上正在生产的最大容量的三峡水轮发电机（840MVA），发电机的制造难度大。同时，与之配套的电气设备的制造难度亦较大，给设备选择布置带来较大难度。因此，如何合理选择机组的单机容量和主要参数，提高运行稳定性，降低机组的制造难度，成为必须解决的关键技术问题。在工程可研阶段，主要从适当提高额定水头和减少机组额定容量来降低机组的制造难度，提高机组运行稳定性；适当降低配套电气设备选型和制造的难度，并研究设置机组最大容量。

目前，在我国大型水电工程实践中，机组（特别是水轮机）稳定运行问题突出，近期投运的转轮直径在6m以上的大型混流式机组，绝大多数都发生了压力脉动等振动值超过设计要求，其转轮出现裂纹的现象，不同程度地影响了电站的运行、效益和安全。溪洛渡电站的单机容量大、水头变幅大，影响机组稳定运行的不利因素较多，为此，认真总结和分析了国内外大型机组的运行经验和教训，与五家国内外著名水轮发电机组制造厂家进行了技术交流，委托国内哈尔滨厂和东方厂进行了仿真计算分析，并委托哈尔滨厂进行了模型试验，借鉴已有工程经验，提出在水轮机结构设计时对各部件的刚度强度要求等一系列有利于机组运行稳定性的措施。

(5) 混凝土人工骨料料源选择。电站主体工程及临建工程混凝土和喷混凝土总量约1315.3万m^3，共需成品砂石骨料约3200万t，计及开采、运输、加工过程中的损耗，需要毛料约4000万t。料源选择的技术经济合理性与可行性至关重要，为此，勘测设计围绕混凝土人工骨料的料源选择做了大量工作。

经地质详查，工程所在河段天然砂石料贫乏，储量少。各料场细骨料含泥量高，细度模数偏大；粗骨料以5～20mm粒径为主，40mm以上较少，且分布零散，不便于开采、加工。无论质量还是数量，均不满足主体工程混凝土的要求，只能用于施工初期临建工程设施。主体及导流工程混凝土，需采用人工骨料。

根据料场地质勘察和试验成果，特别是通过骨料生产性试验及其有关混凝土试验研究，表明大戏厂灰岩料和工程开挖玄武岩料，其质量和数量满足规范要求。

在技术方面，根据大量混凝土试验及其特性研究表明：玄武岩作混凝土粗骨料，灰岩作混凝土细骨料，其强度高于全灰岩混凝土，混凝土抗压强度比全灰岩混凝土高出7.7%～9.0%。玄武岩粗骨料、灰岩细骨料混凝土与全玄武岩混凝土相比，弹性模量降低3%左右，极限拉伸值提高5%左右，混凝土干缩变形可减少30%左右，导热系数提高15.9%，导温系数提高13.6%，线膨胀系数降低20%，混凝土抗渗性能及徐变也均优于全玄武岩混凝土。

设计推荐大坝混凝土采用工程开挖玄武岩渣料加工粗骨料，大戏厂Ⅱ区灰岩料加工细骨料，其余工程项目混凝土粗细骨料均利用工程开挖玄武岩渣料的组合料源。

(6) 解决珍稀鱼类国家级自然保护区与金沙江梯级第一期工程开发的矛盾。长江合江——雷波段为长江上游和金沙江的下游江段，该江段于1997年由四川省人民政府以川府［1997］405号文批准为自然保护区。2000年4月，国务院办公厅以国办［2000］30号《国务院办公厅关于发布新建国家级自然保护区的通知》将长江合江至雷波江段划定为珍稀鱼类国家级自然保护区。

工程建设对自然保护区和鱼类的影响主要体现在：鱼类的生态环境明显缩小，且大坝阻隔了鱼类的回游通道；水库淹没使得圆口铜鱼等特有经济鱼类的主要产卵场被淹，将危及其生存；下游水温明显变化，造成白鲟等鱼类的产卵期推迟，生长缓慢；下泄水质发生变化，电站下游水体中的营养物质较少，不利于鱼类的生长和发育；大坝泄洪水体掺气造成水中氮气过饱和，对幼鱼的伤害较大；下泄泥沙的减少造成对下游河道的冲刷，引起产卵场和其他水环境的变化，影响鱼类的生长和繁殖。上述影响评价是客观的和实事求是的，得到了国家环境保护总局、农业部等有关主管部门和咨询专家的充分肯定。

为此，三峡总公司正式委托水利水电规划设计总院根据国家环境保护总局的要求，组织开展工程或保护区调整的替代方案研究工作。水利水电规划设计总院组织中科院武汉水生生物研究所、四川省水产局、农业部长江水产研究所、国家环境保护局南京环保研究所、中南勘测设计研究院和成都勘测设计研究院共同组成课题组。

研究报告提出的保护区替代方案是：调整保护区的下界为木洞江段，上界为向家坝坝址，并增加赤水河。增加的补偿措施有：开展白鲟的人工繁殖研究及实施人工繁殖措施；实施达氏鲟人工增殖及放流措施；实施胭脂鱼人工增殖及放流措施；开展圆口铜鱼等特有鱼类的人工繁殖研究及实施增殖措施；加强监测和管理措施。

该问题的技术研究工作已经完成，研究报告的结论为保护区的替代方案技术上可行，但是不能完全替代现保护区，而金沙江一期工程是难以替代的。研究报告通过了专家组评审。最终需由国务院决策协调工程建设和自然保护区的关系，使矛盾得以解决。

向家坝水电站工程

（一）工程概况

向家坝水电站是金沙江干流梯级开发的最下游一个梯级电站，坝址左岸位于四川省宜宾县，右岸位于云南省水富县。距宜昌、武汉、上海的直线距离分别为700km、980km和1660km。向家坝电站控制流域面积45.88万km^2，占金沙江流域面积的97%。

金沙江是长江上游河段，流域跨青、藏、云、贵、川5省区，总流域面积47.32万km^2，占长江流域总面积的26%，是我国水能资源的“富矿”，位居十二大水电基地之首。金沙江下游河段（雅砻江河口至宜宾）水能资源的富集程度极高，河段长782km，落差729m。规划分4级开发。4个梯级电站总装机量38500MW，年发电量1569亿～1844亿kW·h。

枢纽工程由河床混凝土重力坝、右岸地下厂房、左岸坝后厂房和一级垂直升船机等组成。混凝土重力坝坝高161m，坝顶长909.26m。总库容51.63亿m^3，调节库容9.03亿m^3，为不完全季调节水库。电站装机8台，总装机容量6000MW，保证出力2009MW，年发电量307.47亿kW·h。

向家坝水电站前期筹建工作已经开始，计划2005年底正式开工，2008年截流，2012年底第一批机组发电，2015年6月完工。向家坝水电站业主单位是中国长江三峡工程开发总公司，由中南勘测设计研究院承担设计工作。

（二）工程任务和规模

电站的开发任务以发电为主，同时改善通航条件，结合防洪和拦沙，兼顾灌溉，并且具有对上游溪洛渡水电站进行反调节的作用。电站装机8台，单机容量750MW，装机年利用小时数5125h。

(1) 航运。金沙江属山区型河流，因河道狭窄，滩多流急，给航运事业的发展造成较大的困难。目前金沙江营运通航河段仅宜宾至新市镇105km航道。向家坝通航建筑物按4级航道标准设计，可通行2×500t级船队，水库形成后，将淹没需要整治的84处碍航险滩，库区将成为行船安全的深水航区，航运条件得以根本改善。同时与溪洛渡水库联合调度运行，可改善下游枯水期的航运条件。

(2) 防洪。电站汛期（6月中旬～9月上旬）预留防洪库容9.03亿m^3，其下游紧邻川江，距离防洪对象近。目前川江沿岸的宜宾、泸州、重庆等城市的防洪标准仅达到5～20年一遇，洪灾频繁。兴建向家坝水电站与溪洛渡联合运用是解决川江防洪问题的主要工程措施之一，配合其他措施，可使宜宾、泸州、重庆等城市的防洪能力逐步达到国家规定的标准。同时，配合三峡水库进一步提高荆江河段的防洪能力，减少长江中下游地区的分洪损失。

根据长江水利委员会编制的《金沙江向家坝水电站防洪专题研究报告》，电站对川江防洪效果明显，配合溪洛渡预留防洪库容46.5亿m^3（其中后备库容10亿m^3）联合运用，可使川江1%频率的洪水降为3%、2%降为6.7%、3.33%降为8.3%。并可削减长江中下游1%、2%、3.33%频率洪水的洪量分别为5.6亿m^3、3.3亿m^3和1.7亿m^3。多年平均防洪效益1.356亿元。

(3) 拦沙。金沙江为多泥沙河流，是长江的主要产沙区之一，向家坝坝址处多年平均含沙量1.72kg/m^3，悬移质年输沙量2.47亿t，约占三峡水库寸滩站入库沙量的1/2。向家坝水电站是金沙江最下游一个梯级，控制了金沙江主要产沙区，水库死库容40.74亿m^3，与溪洛渡水库联合运用，水库冲淤平衡年限长达120年左右，可在相当长的年限内减少进入三峡水库的泥沙量，同时入库泥沙颗粒也随之细化。因此将有效地减轻三峡水库泥沙淤积，延缓其淤积进程，有利于三峡水库的长期使用和工程综合效益的正常发挥。

计算分析表明，向家坝与溪洛渡联合运用30年，两库共减少向下游输沙56.6亿t，占同期来沙量的84.6%，联合运用60年两库共减少向下游输沙110.8亿t，占同期来沙量的82.8%。考虑下游河道冲淤因素后，向家坝与溪洛渡水库同时运用60年内，三峡朱沱站入库泥沙较天然情况平均减少61%（悬沙）。

(4) 灌溉。电站是金沙江最末一个梯级，紧靠坝址下游的长江两岸是川南重要的丘陵农业区。该地区田多土少，土壤肥沃，气候适宜，但旱灾频繁发生，是四川省著名的伏旱区，水源成为该地区农业发展的制约因素之一。电站在左、右岸坝体内设有取水口，可为下游375.48万亩农田提供灌溉，为灌区内城镇居民提供可靠的水源。

根据初步规划，向家坝引水灌区涉及四川省宜宾、泸州、自贡等市14个县（市、区），规划灌溉面积375.48万亩，并可解决灌渠沿线部分城镇工业和生活用水问题。此外，采用引水和提水相结合，可控灌云南省绥江、水富县3.3万亩农田。

(5) 梯级反调节，释放溪洛渡水电站航运基荷。

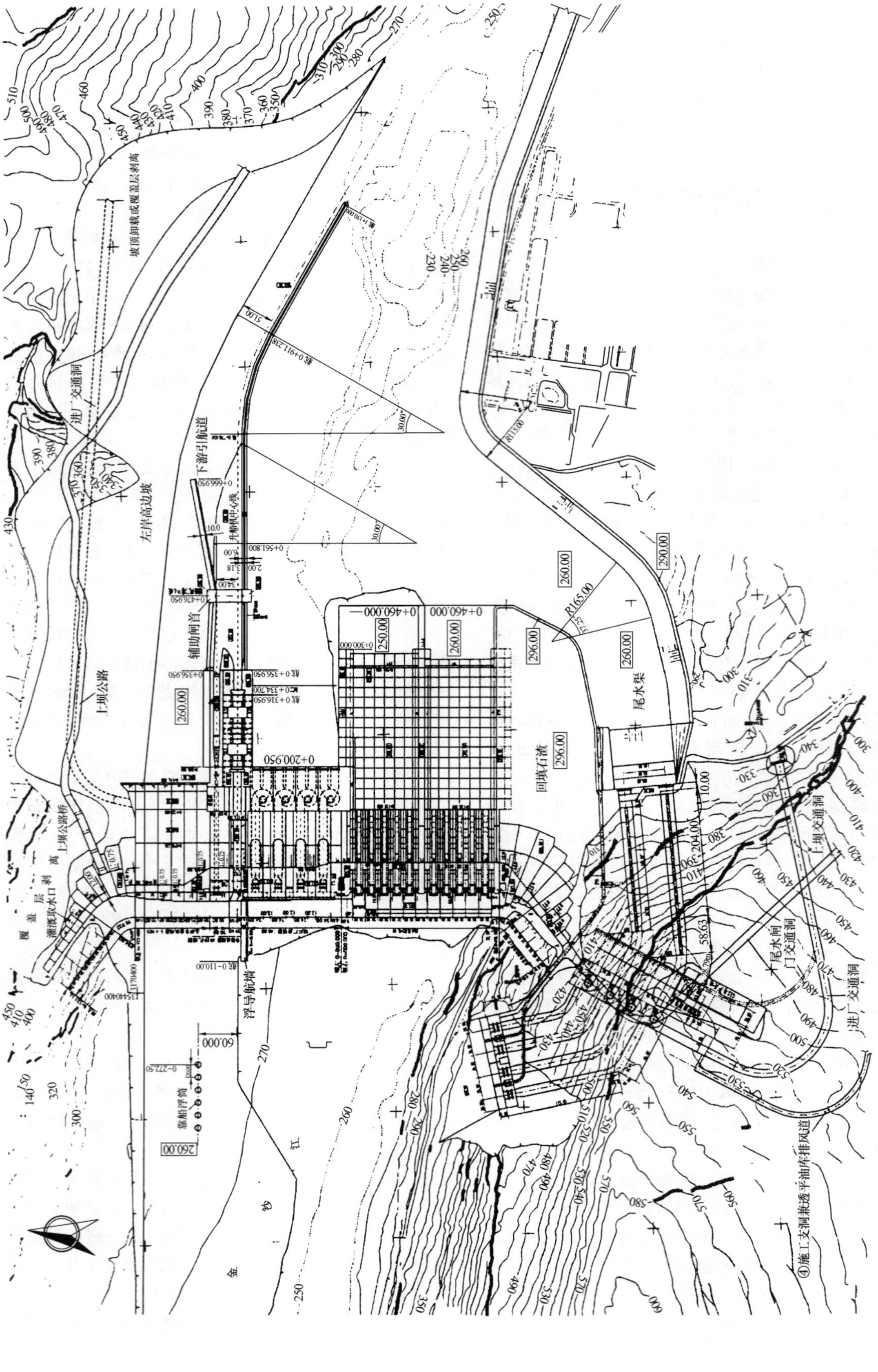

图 1 向家坝水电站枢纽平面布置图

溪洛渡水电站距下游新市镇以下通航河段约 80km，单独运行时需泄放 $1200m^3/s$ 的基荷流量，枯水期承担的强迫基荷出力达 1800～2300MW，占溪洛渡初期保证出力 3395MW 的 53%～67.7%，不利于枯水期电站容量充分利用。另一方面，溪洛渡装机规模巨大，枯水期调峰运行时，日内出力变化幅度在 8000MW 以上，下泄流量变化剧烈，由于下游天然河道槽蓄能力有限，沿程水位波动将对部分通航河段的水流条件产生影响，因此电站调峰运行方式将受到一定的制约。

向家坝是溪洛渡的下游衔接梯级，反调节库容充裕，可以减轻溪洛渡电站运行时引起的水位波动，解放其承担的航运基荷，使溪洛渡水电站在电力系统中的容量得到充分利用，发挥其巨大、灵活的调峰作用。

平面布置见图 1，工程特性见表 1。

表 1　向家坝水电站工程特性表

名　称	指　标	备　注
一、水文		
1. 流域面积		
金沙江流域（km^2）	473200	
工程坝址以上（km^2）	458800	占全流域面积的 97%
2. 利用的水文系列年限（年）	59	
3. 多年平均年径流量（亿 m^3）	1440	
4. 代表性流量		
多年平均流量（m^3/s）	4570	
实测最大流量（m^3/s）	29000	
实测最小流量（m^3/s）	1060	
调查历史最大流量（m^3/s）	36900	
洪水洪峰流量（m^3/s）	49800	$P=0.02\%$
洪水洪峰流量（m^3/s）	43700	$P=0.1\%$
洪水洪峰流量（m^3/s）	41200	$P=0.2\%$
洪水洪峰流量（m^3/s）	37600	$P=0.5\%$
洪水洪峰流量（m^3/s）	34800	$P=1\%$
洪水洪峰流量（m^3/s）	32000	$P=2\%$
洪水洪峰流量（m^3/s）	28200	$P=5\%$
5. 洪量		
实测最大洪量（亿 m^3）	163	7 天
设计洪水洪量（亿 m^3）	223	7 天，$P=0.2\%$

续表

名　称	指　标	备　注
校核洪水洪量（亿 m^3）	270	7 天，$P=0.02\%$
6. 泥沙		
多年平均悬移质年输沙量（亿 t）	2.47	天然情况
多年平均含沙量（kg/m^3）	1.72	天然情况
实测最大含沙量（kg/m^3）	24.2	
多年平均推移质年输沙量（万 t）	182.0	试验推算
前 10 年平均出库含沙量（kg/m^3）	0.22	有溪洛渡情况
第 21～30 年平均出库含沙量（kg/m^3）	0.25	有溪洛渡情况
7. 天然水位		
坝址多年平均水位（m）	270.66	相应流量 $4570m^3/s$
屏山站实测最低水位（m）	278.19	
屏山站实测最高洪水位（m）	303.14	
屏山站调查最低水位（m）	278.19	
屏山站调查最高水位（m）	307.30	
二、水库		
1. 水库水位		
校核洪水位（m）	381.86	$P=0.02\%$
设计洪水位（m）	380.00	$P=0.2\%$
正常蓄水位（m）	380.00	
汛期限制水位（m）	370.00	
死水位（m）	370.00	供水期末发电消落水位
2. 正常蓄水位水库面积（km^2）	95.6	算至溪洛渡坝址
3. 回水长度（km）	156.6	至溪洛渡坝址
4. 水库容积		算至溪洛渡坝址
总库容（亿 m^3）	51.63	
正常蓄水位以下库容（亿 m^3）	49.77	

续表

名 称	指 标	备 注
调节库容（亿 m^3）	9.03	
死库容（亿 m^3）	40.74	
5. 库容系数（%）	63	季调节
6. 水量利用系数（%）	89.7	考虑锦屏一级、二滩、溪洛渡调
三、下泄流量及相应水位		
1. 设计洪水位时最大泄量（m^3/s）	41200	$P=0.2\%$
相应下游水位（m）	293.39	$P=0.2\%$
2. 校核洪水位时最大泄量（m^3/s）	48660	$P=0.02\%$
相应下游水位（m）	296.57	$P=0.02\%$
3. 调节流量（m^3/s）	7144	电站满载发电流量
相应下游水位（m）	273.14	
4. 最小通航流量（m^3/s）	1200	
相应下游水位（m）	265.80	
5. 最大通航流量（m^3/s）	12000	
相应下游水位（m）	277.25	
四、工程效益指标		
1. 发电效益		
装机容量（MW）	6000	
保证出力（MW）	2009	与锦屏一级、二滩、溪洛渡联合
多年平均年发电量(亿 kW·h)	307.47	与锦屏一级、二滩、溪洛渡联合
年利用小时数（h）	5125	与锦屏一级、二滩、溪洛渡联合
2. 灌溉效益		
灌溉面积（万亩）	375.48	
最大引用流量（m^3/s）	136.0	北干渠 $98m^3/s$，南干渠 $38m^3/s$
年用水总量（亿 m^3）	16.07	
3. 航运效益		航道由Ⅴ级提高到Ⅳ级
航道等级	Ⅳ	
改善航道里程（km）	156.6	
设计年货运量（万 t/年）	112.0	

续表

名 称	指 标	备 注
设计年客运量（万人/年）	40.0	
4. 拦沙效益		
溪洛渡、向家坝联合运用30年平均拦沙率（%）	84.6	溪洛渡、向家坝同期开工建设，考虑向家坝初期运行泥沙淤积影响
溪洛渡、向家坝联合运用31～60年平均拦沙率（%）	81.1	
溪洛渡、向家坝联合运用61～90年平均拦沙率（%）	60.4	
五、建设用地和移民安置		
1. 迁移人口（万人）	0.6	截至2003年
2. 房屋（万 m^2）	25.0	
六、淹没损失和工程永久占地		2002年水平
1. 淹没耕地（万亩）	3.15	$P=20\%$
2. 迁移人口（万人）	8.98	$P=5\%$
3. 淹没区房屋（万 m^2）	439.8	
4. 等级公路（km）	224.6	
七、主要建筑物和设备		
1. 挡水建筑物		
坝型		重力坝
坝顶高程（m）	383.00	
最大坝高（m）	161.00	
坝顶长度（m）	909.26	
2. 泄水建筑物		
泄水坝段长度（m）	248.00	
表孔堰顶高程（m）	354.00	
表孔控制断面尺寸（m×m）	8×26	宽×高，12孔弧形闸门，底流消能
表孔单孔最大泄流量(m^3/s)	2399	
中孔进口坎底高程（m）	305.00	
中孔控制断面尺寸（m×m）	6×9.6	10孔弧形闸门，底流消能
中孔单孔最大泄量(m^3/s)	1987	
消力池最大单宽流量[$m^3/(s·m)$]	225.28	
消力池长度（m）	228.00	
消力池底板高程（m）	245.00	
3. 冲沙孔		
进口坎底高程（m）	298.00	
设计泄量（m^3/s）	800	

续表

名　　称	指　标	备　　注
控制断面尺寸（m×m）	3.5×6.5	平面闸门，底流消能
4. 排沙洞		
设计泄量（m^3/s）	400	
洞径（支洞/主洞）（m）	3.6/5	
进口闸门孔口尺寸（m×m）	3×4	平面闸门
出口闸门孔口尺寸（m×m）	4×4	弧形闸门
5. 引水建筑物		
坝后厂房进口型式		坝式
坝后厂房压力钢管内径（m）	12.20	坝后背管
坝后厂房进水口孔口尺寸（m×m）	10×13.5	平面事故闸门
地下厂房进口型式		岸塔式
地下厂房进水口孔口尺寸（m×m）	11×15.5	平面事故闸门
地下厂房引水隧洞内径（m×m）	14.4/13.4	1号、2号机/3号、4号机
地下厂房尾水管检修门孔口尺寸（m×m）	16×21	叠梁门
地下厂房尾水隧洞检修门孔口尺寸（m×m）	10×34	叠梁门，两扇
6. 厂房尺寸		
左岸坝后厂房（m×m×m）	226.94×39.5×79.15	长×宽×高
右岸地下厂房（m×m×m）	245.0×31.0×85.5	长×宽×高
7. 开关站和出线平台		
坝后厂房出线平台（m×m）	90×24.5	
地下厂房开关站及副厂房（m×m）	140×42	
8. 通航建筑物		一级垂直升船机
航道等级（级）	Ⅳ	
承船厢有效尺寸（m×m×m）	114×12×2.50	长×宽×水深
过坝最大船队吨位（t）	2×500	一顶二驳
设计年货运量（万t/年）	112	
最大通航流量（m^3/s）	12000	
最小通航流量（m^3/s）	1200	
9. 主要机电设备		
（1）水轮机（8台）		
水轮机型号		HL220.5—LJ—935
额定出力（MW）	762	

续表

名　　称	指　标	备　　注
最大水头（毛/净）（m）	114.2/113.6	
最小水头（毛/净）（m）	86.1/83.6	下游为5年一遇洪水位
额定水头（m）	95.00	
额定流量（m^3/s）	893	
转轮直径（m）	9.35	转轮重400t
安装高程（m）	261.00/255.00	坝后厂房/地下厂房
吸出高度（m）	−7/−13	
额定转速（r/min）	75	
比转速（m·kW）	220.5	
比速系数 K 值	2150	
（2）调速器（8台）		WTZ—250—6.4,PID电液调速器
油压装置		YZ—30/2—6.4
（3）桥式起重机（4台）	1200/200/20	跨度35.5/31.0
（4）发电机（8台）		
型号		SF750—40
额定容量（MW）	750	
功率因数	0.9	
额定电压（kV）	20	
额定转速（r/min）	75	
额定频率（Hz）	50	
（5）主变压器（8台）		
型式		三相水冷
额定容量（MVA）	840	
额定变比（kV）	525/20	
额定频率（Hz）	50	
（6）500kV配电装置		
型式		GIS
额定电压（kV）	500	
额定频率（Hz）	50	
额定电流（A）	4000	
开断电流（kA）	50	
10. 输电线		
电压（kV）	500	
回路数（回路）	6	左、右岸各3回
八、施工		
1. 主体工程量		
土石方明挖（万m^3）	1932.29	
土石填筑（万m^3）	81.02	
洞挖石方（万m^3）	205.10	
混凝土和钢筋混凝土(万m^3)	1221.01	

续表

名 称	指 标	备 注
钢筋、钢材（万 t）	23.87	
闸门及启闭机安装（万 t）	5.97	
帷幕灌浆（万 m）	36.22	
固结灌浆（万 m）	63.30	
2. 导流工程量		
土石方开挖（万 m^3）	911.81	
土石方填筑（万 m^3）	380.40	
混凝土（万 m^3）	148.05	
高喷灌浆（万 m）	11.66	
混凝土防渗墙（万 m^2）	6.78	
钢筋、钢材（万 t）	2.24	不含锚杆
3. 主要建筑材料		
木材（万 m^3）	14.38	
水泥（万 t）	253.67	
粉煤灰（万 t）	108.72	
钢筋、钢材（万 t）	48.32	
4. 施工高峰工人数（人）	12650	
5. 施工临时房屋（万 m^2）	25.04	
6. 施工用电高峰负荷(MW)	67.1	
7. 施工占地（hm^2）	925.80	
施工主要设施占地（hm^2）	156.44	
8. 施工期限		
筹建期（年）	1.5	
准备工期（月）	11	
发电工期（年）	7.0	从开工至第1批机组发电
总工期（年）	9.5	
九、经济指标		
1. 静态总投资（亿元）	344.94	2004 年 2 季度
开工至第 1 批机组发电（亿元）	295.45	2004 年 2 季度
2. 总投资（亿元）	418.71	计入编制期还贷利息
开工至第 1 批机组发电（亿元）	347.40	计入编制期还贷利息
建筑工程（亿元）	134.63	
机电设备及安装工程（亿元）	51.09	
金属结构设备及安装工程（亿元）	11.98	
水库淹没处理补偿及环保费（亿元）	78.78	
独立费（亿元）	41.23	

续表

名 称	指 标	备 注
基本预备费（亿元）	27.23	
价差预备费（亿元）	0	
建设期利息（亿元）	73.76	
3. 综合利用经济指标		
单位千瓦静态投资(元/kW)	5749	
单位电能静态投资［元/(kW·h)］	1.12	
单位千瓦总投资（元/kW）	6978	
单位电能总投资［元/(kW·h)］	1.36	
经济内部收益率（%）	13.07	
全部财务内部收益率（%）	10	
资本金财务内部收益率（%）	14.69	
投资回收期（年）	16.3	机组投产后第 8 年收回全部投资
还贷期上网电价［元/(kW·h)］	0.246	
贷款偿还年限（年）	21.7	
十、其他		
开工时间/竣工时间	2005 年 12 月/2015 年 6 月（计划时间）	
建设单位	中国长江三峡开发总公司	
设计单位	中南勘测设计研究院	

（三）工程特点和新技术应用

向家坝水电站是三峡总公司继三峡工程后，开发金沙江，实现水电工程滚动开发的首批工程之一。由于地理环境位置，决定了工程自身的特点。在工程设计方面，设计院积极采用新技术，达到各项技术措施落实、缩短工期和节省投资的目的。

1. 工程特点

(1) 交通方便，送电条件好。

向家坝水电站是金沙江梯极开发最下游一个梯级电站，电站距水富县城 1.5km，离万里长江第一城宜宾市 33km。特殊的地理位置条件，使得向家坝水电站交通条件十分方便，不仅节省了投资，更缩短了准备期工期；向家坝供电华东、华中，不仅距离相对最短、地形最好，降低输电难度，还可作为上游梯级电站西电东送的中转站。

(2)“三高一深”问题不突出。

在西南地区开发水电站，一般存在“三高一深”问题，即高地震、高地应力、高边坡和深覆盖层。向家坝水电站，地震基本烈度Ⅶ度；地下厂房部位地应力 8～12MPa，属中低量级；最大边坡高度 230m；主体工程覆盖深度一般 20～40m。

(3) 河床地质条件较复杂。

由于坝址位于糖房湾短轴背斜东倾伏端，发育立煤湾膝状挠曲。在挠曲核部岩层陡倾带上游窄、下游宽，坝踵部位宽约 80m，坝趾部位宽约 150m。陡倾带内层间错动，破碎夹层和节理裂隙发育，岩体完整性差。

(4) 离城市近，环保要求高。

由于电站离水富县城 1.5km，离云南天然气化工厂 1km，对施工期和运行期环保要求高。

2. 新技术应用

(1) 采用新型底流消能型式。

受周围环境条件限制，电站泄洪消能只宜采用低雾化的底流消能型式。但工程最大水头 114.2m，最大单宽流量达 $225m^3/s$，最大下泄总功率约 40000MW，采用常规底流消能型式难以解决问题。经与国内科研单位多年潜心研究，提出了在溢流面反弧末端设跌坎的新型底流消能工，将高速水流脱离消力池底板，使消力池底板临底流速小，脉动压力低，水力学指标在现有工程范围之内。

(2) 采用不设调压室特殊尾水系统。

受地形地质条件限制，右岸地下厂房部位若开挖大规模调压室，对调压室自身乃至整个地下厂房洞室群的围岩稳定将带来不利影响，且工程投资大，施工困难。通过带真机的模型试验和大量的数值分析研究，推荐采用不设调压室方案。这种规模机组不设调压室方案在国际上尚没有先例。

(3) 一级垂直升船机。

向家坝水电站一级垂直升船机最大提升高度为 114.2m，比三峡高 1m，为国内之最。选择全平衡齿轮爬升螺母柱保安式垂直升船机作为推荐方案。这种型式的升船机国内还没有建成的工程实例。

锦屏一级水电站工程

(一) 工程概况

锦屏一级水电站位于四川省凉山彝族自治州盐源县和木里县境内，是雅砻江干流下游河段的控制性水库梯级电站，其下游梯级为锦屏二级、官地、二滩和桐子林水电站。

据近期进行的全国水力资源普查成果，雅砻江流域干支流技术可开发电站共有 308 座。其中干流呷依寺至江口河段共拟定了 21 级开发，装机容量 28560MW，年发电量 1516.36 亿 kW·h，占整个水系的 80%以上。

雅砻江干流卡拉至江口下游河段长 412km，天然落差 930m，水能资源富集，开发条件良好，是四川省水电重点开发河段。

锦屏一级水电站规模巨大，开发河段内河谷深切、滩多流急、不通航，沿江人烟稀少、耕地分散，无重要城镇和工矿企业，工程的开发任务主要是发电，结合汛期蓄水兼有减轻长江中下游防洪负担的作用。电站装机容量 3600MW，保证出力 1086MW，多年平均年发电量 166.2 亿 kW·h，年利用小时数 4616h。水库正常蓄水位 1880m，死水位 1800m，正常蓄水位以下库容 77.6 亿 m^3，调节库容 49.1 亿 m^3，属年调节水库，对下游梯级电站的补偿效益显著。

电站枢纽由挡水、泄水及消能、引水发电等永久性建筑物组成。电站地处深山峡谷地区，地质条件较复杂，工程规模巨大，技术难度高，尤其是大坝最大坝高达 305m，其技术水平处于世界前列，其主要技术难题是复杂地质条件的勘探评价、300 多米高拱坝的结构设计及基础处理设计，以及高山峡谷复杂地形条件的施工组织。

锦屏一级水电站前期勘测设计工作始于 20 世纪 50 年代，分为规划、预可行性研究和可行性研究三个阶段，可行性研究阶段又分为选坝设计研究和可行性设计研究两个阶段开展工作。2003 年 7 月，项目建议书评估通过，2003 年 11 月，可行性研究报告通过国家发展和改革委员会审查，12 月，国务院正式批准立项，至此，前期勘测设计研究工作顺利完成。目前已经进入招标设计和施工设计阶段，计划 2005 年主体工程开工，2006 年截流，2012 年发电，2014 年全部建成。

锦屏一级水电站建设业主为二滩水电开发有限责任公司，成都勘测设计研究院承担主体工程设计，筹建期参与建设的有中国水利水电第七工程局、第八工程局、第十一工程局、第十四工程局和中铁第十四局、第十八局、第十九局等单位。

(二) 工程任务和规模

锦屏一级水电站的开发任务主要是发电，并结合汛期蓄水兼有减轻长江中下游防洪负担的作用。

从各装机容量方案水能资源利用程度、电站静态投资及动能经济指标、在各受电地区电力系统锦屏一级水电站的容量和电量发挥作用的情况、直流输变电工程投资、电价市场竞争力等方面综合分析，选择锦屏一级水电站装机容量为 3600MW，机组台数 6 台，相应单机容量采用 600MW。电站最大水头 240m，最小水头 153m，加权平均水头 209.5m。多年平均年发电量为 166.2 亿 kW·h，长系列中，最丰年发电量 197.3 亿 kW·h，最枯年发电量 124.7 亿 kW·h。

平面布置见图 1，厂房横剖面见图 2，工程特性见表 1。

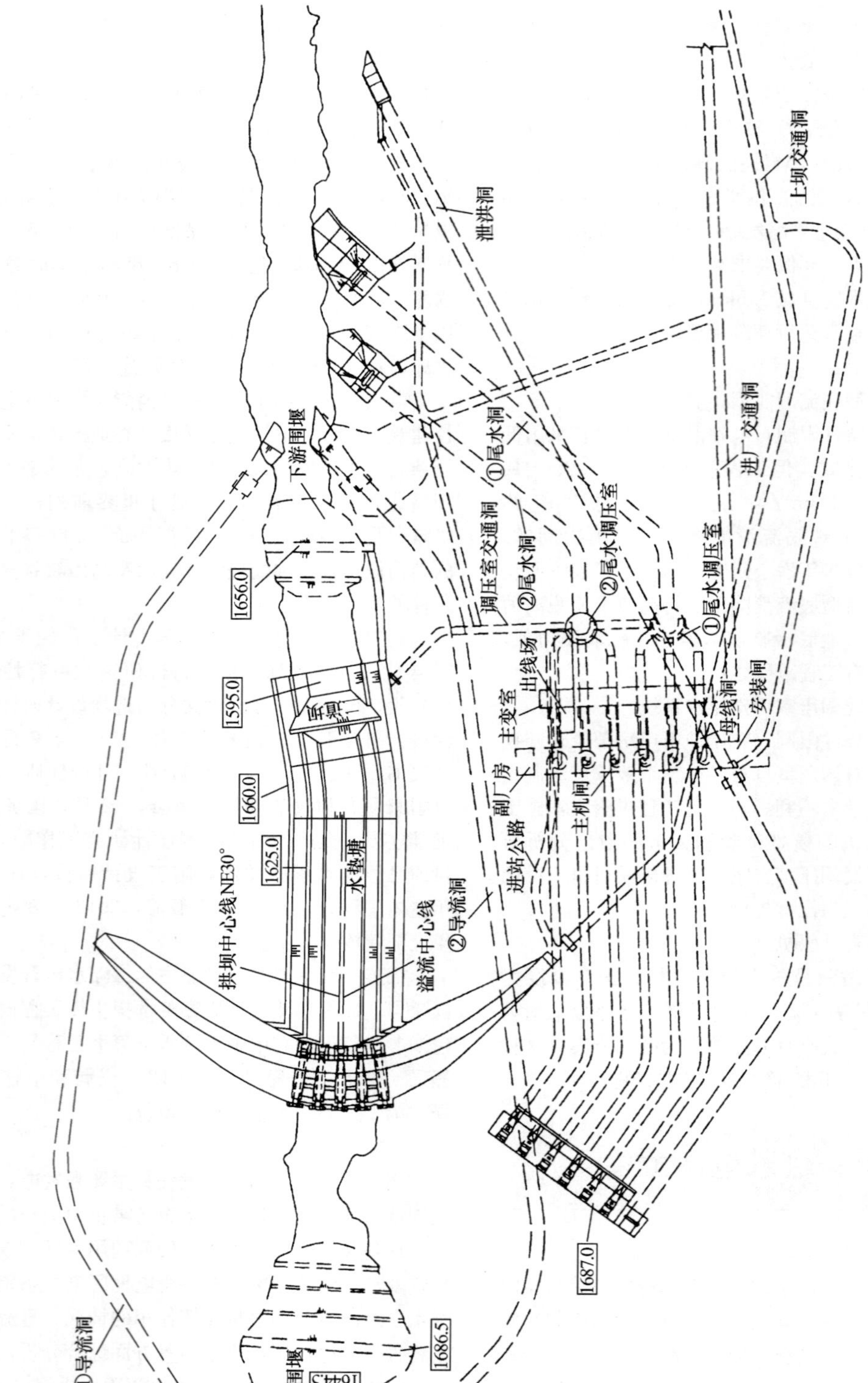

图 1 锦屏一级水电站枢纽平面布置图

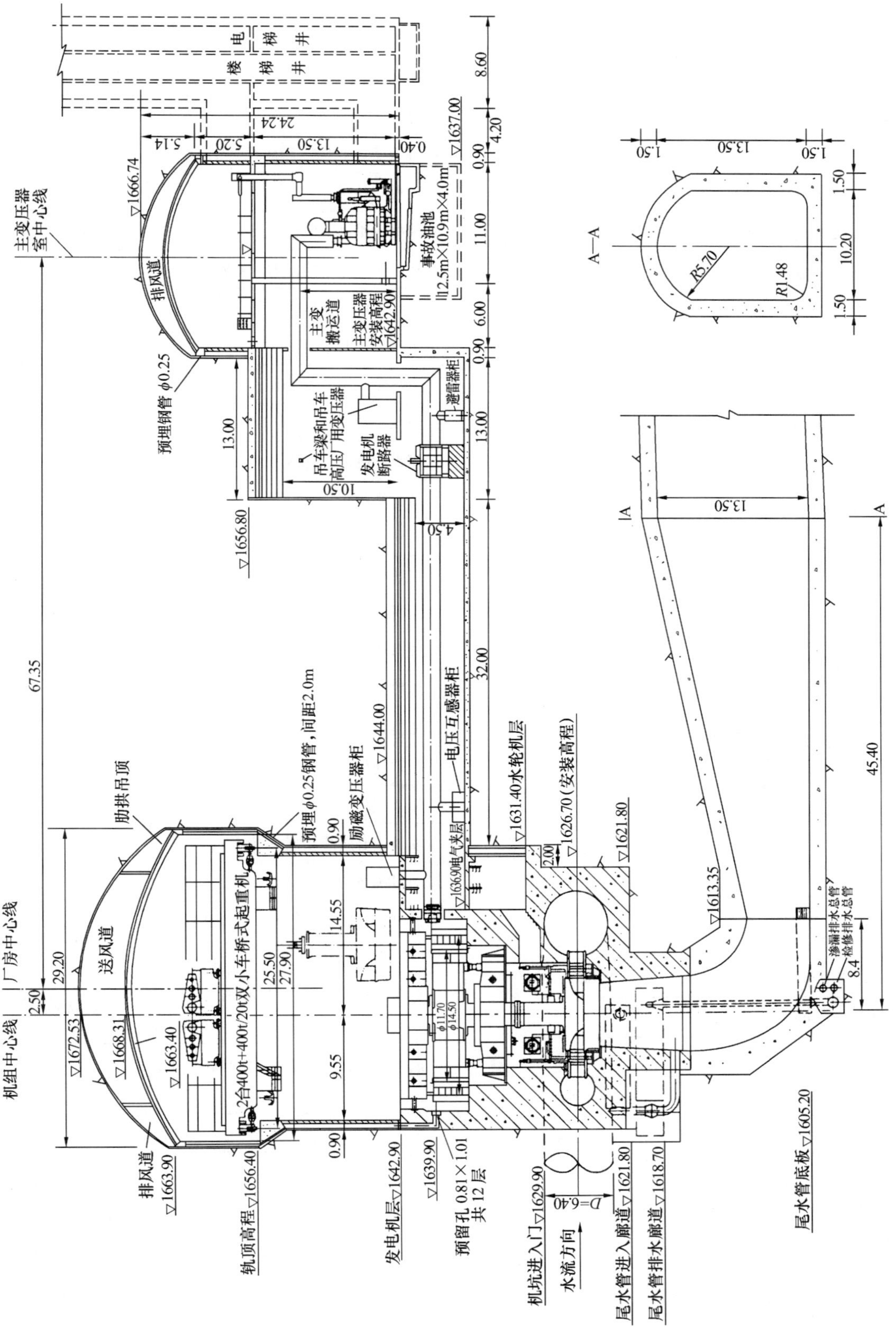

图 2 锦屏一级水电站厂房横剖面图

表1 锦屏一级水电站工程特性表

名 称	指 标
一、水文	
1. 流域面积	
全流域（万 km²）	13.6
坝址以上（万 km²）	10.26
2. 利用的水文系列年限（年）	48
3. 多年平均年径流量（亿 m³）	385
4. 代表性流量	
多年平均流量（m³/s）	1220
实测最大流量（m³/s）	8020
实测最小流量（m³/s）	236
调查历史最大流量（m³/s）	11300
正常运用（设计）洪水标准/流量（m³/s）	0.2%/12800
非常运用（校核）设计标准/流量（m³/s）	0.2%/15400
施工导流标准/流量（m³/s）	3.33%/9370
5. 泥沙	
多年平均悬移质年输沙量（万 t）	2120
多年平均含沙量（kg/m³）	0.555
实测最大含沙量（kg/m³）	12
多年平均推移质年输沙量（万 t）	74.7
二、水库	
1. 水库水位	
校核洪水位（m）	1883.62
设计洪水位（m）	1880.37
正常蓄水位（m）	1880
死水位（m）	1800
2. 回水长度（km）	干流 59.2 支流 89.6
3. 水库容积	
常蓄水位以下库容（亿 m³）	77.6
调节库容（亿 m³）	49.1
死库容（亿 m³）	28.5
4. 库容系数（%）	12.8

续表

名 称	指 标
5. 调节性能	年调节
6. 水量利用系数（%）	87.9
7. 正常蓄水位时水库面积（km²）	82.55
三、工程效益指标	
装机容量（MW）	3600
枯水年枯期平均出力（MW）	1086
多年平均年发电量（亿 kW·h）	166.2
年利用小时数（h）	4616
四、淹没影响损失及工程永久占地	
淹没影响耕地（hm²）	944.2
淹没影响人口（人）	4841
淹没影响房屋（m²）	240614
工程占地（hm²）	442.3
五、主要建筑物及设备	
1. 挡水建筑物型式	混凝土双曲拱坝
地基特性	大理岩
地震基本烈度（度）	Ⅶ
地震设防烈度（度）	Ⅷ
坝顶高程（m）	1885
最大坝高（m）	305
坝顶中心线弧长（m）	568.6
2. 泄水建筑物	
泄洪表孔孔数/尺寸（宽×高）（m×m）	4/11.5×10
泄洪表孔泄量（设计/校核）（m³/s）	2993/4508
泄洪深孔孔数/尺寸（宽×高）（m×m）	5/5×6
泄洪深孔泄量(设计/校核)(m³/s)	5465/5566
泄洪洞数量/尺寸（宽×高）（m×m）	1/14×12
泄洪洞泄量（设计/校核）（m³/s）	3651/3780
3. 引水建筑物	
设计引用流量（m³/s）	6×337.4

续表

名　　称	指　　标
进水口型式	岸塔式
4. 厂房	
型式	地下式
地基特性	大理岩
主厂房尺寸（长×宽×高）（m×m×m）	276.99×25.9×68.83
水轮机安装高程（m）	1626.7
5. 主要机电设备	
水轮机台数（台）	6
型号	HL（148.5）—LJ—655（重 1506t）
额定出力（MW）	611
额定转速（r/min）	142.9
额定水头（m）	200
额定流量（m^3/s）	337.4
发电机（电动机）台数（台）	6
型号	SF600—42/1280
单机容量（MW）	600
发电机功率因数	0.925
额定电压（kV）	18
主变压器台数（台）	6
型号	SSP—X—700000/500
容量（MV・A）	700
六、施工	
1. 主体工程数量	
明挖土石方（万 m^3）	1424.53
洞挖石方（万 m^3）	429.36
混凝土和钢筋混凝土（万 m^3）	742.47
土石填筑（万 m^3）	111.81
金属结构安装（t）	20767
帷幕灌浆（万 m）	71.31

续表

名　　称	指　　标
固结灌浆（万 m）	77.39
2. 主要建筑材料	
木材（万 m^3）	5.9
水泥（万 t）	142.37
粉煤灰（万 t）	33.48
钢筋（万 t）	11.64
钢材（万 t）	7.01
火工材料（万 t）	1.56
油料（万 t）	6.92
3. 所需劳动力	
总工日（万工日）	1865
高峰工人数（人）	11066
4. 对外交通（公路、铁路、水路）	
距离（km）	108
运量（万 t）	248.06
5. 施工导流方式	两条隧洞（初期）
6. 施工占地（hm^2）	387.28
7. 施工期限	
准备工程（月）	38
投产工期（月）	91
总工期（月）	111
七、经济指标	
1. 静态总投资（亿元）	183.72
2. 总投资（亿元）	232.32
枢纽建筑物（亿元）	139.07
建设征地和移民安置——水库淹没处理（亿元）	4.47
建设征地和移民安置——建设场地（亿元）	0.14
独立费用（亿元）	25.64
基本预备费（亿元）	14.39
开发项目前期费（亿元）	0.96
建设期贷款利息（亿元）	47.65
3. 综合利用经济指标	
水库单位调节库容投资（元/m^3）	3.74
电站单位千瓦投资（元/kW）	5103

续表

名 称	指 标
电站单位电能投资［元/（kW·h）］	1.11
投资利润率（%）	9.7
全部投资财务内部收益率（%）	8.95
平均出厂电价［元/（kW·h）］	0.202
借款偿还年限（年）	25

（三）工程特点和新技术应用

1. 工程特点 从工程的战略地位、经济指标、工程技术方面来看，锦屏一级水电站具有以下特点：

（1）锦屏一级水电站是“西部大开发”和“西电东送”的重要工程。

（2）电站经济指标优越。

（3）水库淹没损失小、动迁人口少，在全国同类电站中是罕见的，其单位千瓦淹没实物指标不到全国平均水平的1/10。

（4）具有显著的社会效益。锦屏一级水电站正常运行后，可替代火电装机容量363.3万kW，替代火电电量231亿kW·h，每年可节约原煤1100万t，可获得巨大的环境效益。

（5）锦屏一级水电站对优化和调整四川电网电源结构的作用是其他电站所无法替代的。

（6）较大程度拉动地方经济发展。

（7）锦屏一级水电站在雅砻江流域开发中处于承上启下的战略地位。

（8）锦屏一级水电站地质条件复杂，挡水大坝采用双曲拱坝，由于坝高超过300m，设计技术难度位于世界前列。

2. 新技术应用 在勘测设计阶段，针对锦屏一级的复杂地质条件和设计技术的高难度，采用了当今世界水电工程最先进的理论、方法和技术手段，对关键技术问题进行了全面的分析论证，在设计可视化和仿真设计等方面开展了一些科研工作，取得一定效果。在施工阶段，新技术、新材料的应用将不断加深。

锦屏二级水电站工程

（一）工程概况

锦屏二级水电站位于四川省凉山彝族自治州雅砻江干流的锦屏大河湾上。雅砻江发源于青海省玉树县境内的巴颜喀拉山南麓，自西北向东南流，在呷依寺附近流入四川省。雅砻江干流水力资源理论蕴藏量22005MW，规划电站21座。其中，下游卡拉至江口段长412km，天然落差930m，规划分五级开发，从上至下依次为锦屏一级、锦屏二级、官地、二滩和桐子林水电站，是四川省水电重点开发河段。

锦屏二级水电站是雅砻江干流规划建设的21座梯级电站中装机规模最大的水电站。枢纽工程采用拦河闸、引水隧洞和地下厂房布置方案。拦河闸最大闸高37m。推荐猫猫滩为初选闸址、大水沟为初选厂址，景峰桥至大水沟为初选发电引水洞线。初拟水库正常蓄水位1646m，死水位1640m；总库容1428万m^3，调节库容502万m^3，为日调节水库。安装8台单机容量550MW的水轮发电机组，电站总装机容量4400MW。多年平均年发电量为249.9亿kW·h，保证出力2051MW，年利用小时为5680h。

2003年6月编制完成《四川省雅砻江锦屏二级水电站预可行性研究报告》，并于2003年9月通过了由水电水利规划设计总院会同四川省发展和改革委员会组织的审查。目前正在开展可行性研究勘测设计工作，将于2005年底完成。计划2007年正式开工建设，2013年第一台机组投产发电，2015年竣工。

锦屏二级水电站工程的建设单位是二滩水电开发有限责任公司，设计单位是华东勘测设计研究院。

（二）工程任务和规模

锦屏二级水电站自身调节库容很小，开发河段内河谷深切、滩多流急、不通航，沿江人烟稀少、耕地分散，无重要城镇和工矿企业，工程开发任务为发电。电站装机容量4400MW，机组台数8台，单机容量550MW。

两河口水库电站建成前，锦屏一级、二级水电站联合运行，电站多年平均年发电量为238.5亿kW·h。电站建成后，锦屏二级水电站与锦屏一级水库电站及两河口水库电站联合运行，电站多年平均年发电量为259.5亿kW·h，考虑南水北调西线一期工程投入运行（在雅砻江上游支流引水15亿m^3）的影响后，则本电站多年平均年发电量为249.9亿kW·h。

根据调查，工程建设共计占用各类土地面积5178亩，其中水库淹没影响土地面积1335亩（不涉及人口和房屋，只淹没灌木林地和通往锦屏一级坝址的少量勘测公路），建设场地影响土地面积3843亩，占地范围内有人口685人，房屋17125m^2。

水库淹没、建设征地及移民安置投资估算合计为4495万元。其中：水库淹没补偿投资为156万元，枢纽工程建设区补偿投资为2626万元，独立费用为964万元，基本预备费为749万元。

厂区枢纽纵剖面见图1，工程特性见表1。

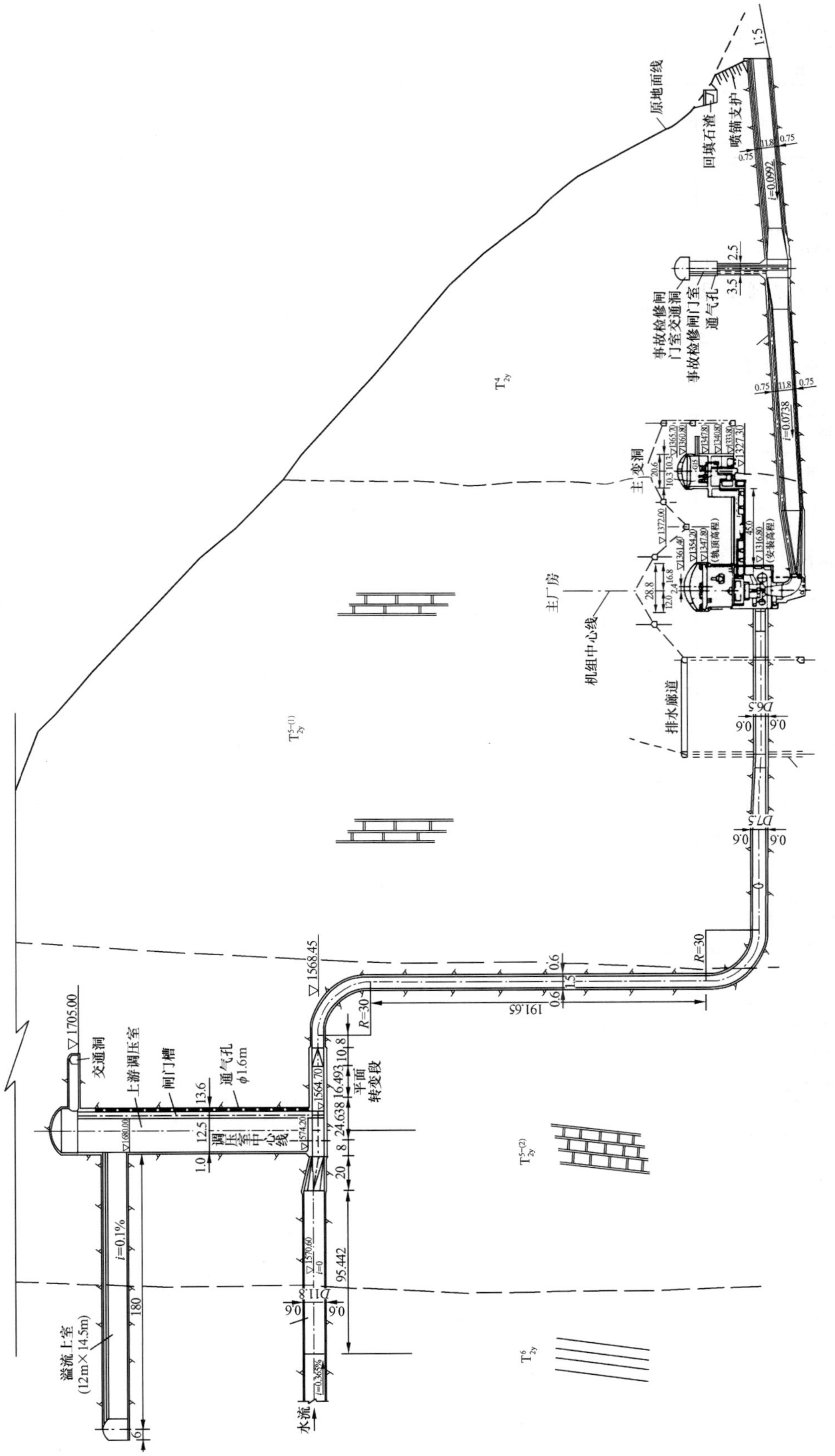

图1 锦屏二级水电站厂区枢纽纵剖面图

表 1 锦屏二级水电站工程特性表

名 称	指 标	备 注
一、水文		
1. 流域面积		
全流域（km^2）	136121	
闸址以上（km^2）	102663	猫猫滩闸址
厂址以上（km^2）	108908	大水沟厂址
2. 利用的水文系列年限（年）	48	1953～2000 年
3. 多年平均年径流量（亿 m^3）	384.7	
4. 代表性流量		
多年平均流量（m^3/s）	1220	
实测最大流量		
洼里站（m^3/s）	8020	1980 年 8 月 18 日
泸宁站（m^3/s）	8680	1954 年 8 月 2 日
调查历史最大流量		
洼里河段（m^3/s）	11300	1863 年
泸宁河段（m^3/s）	11700	1863 年
猫猫滩闸址设计洪水标准及流量（天然、未考虑锦屏一级调节）（m^3/s）	12800	$P=0.2\%$
猫猫滩闸址校核洪水标准及流量（天然、未考虑锦屏一级调节）（m^3/s）	13600	$P=0.1\%$
首部猫猫滩拦河闸施工导流标准及流量（m^3/s）	1450	11～4 月 $P=10\%$
首部景峰桥进水口施工导流标准及流量（m^3/s）	883	12～4 月 $P=20\%$
厂址尾水隧洞出口施工导流标准及流量（m^3/s）	915	12～4 月 $P=20\%$
5. 泥沙		
实测最大含沙量（三滩站）（kg/m^3）	26.1	
多年平均含沙量（kg/m^3）	0.555	
多年平均悬移质年输沙量（万 t）	2120/10.3	一级坝址/区间
多年平均推移质年输沙量（万 t）	74.7/2.06	一级坝址/区间

续表

名 称	指 标	备 注
二、水库		
1. 水库水位		
闸前校核洪水位（m）	1650.14	$P=0.1\%$
闸前设计洪水位（m）	1649.62	$P=0.2\%$
发电进水口前校核洪水位（m）	1654.99	$P=0.1\%$
发电进水口前设计洪水位（m）	1654.52	$P=0.2\%$
正常蓄水位（m）	1646	
死水位（m）	1640	
2. 水库容积		
总库容（万 m^3）	1800	
正常蓄水位以下库容（万 m^3）	1428	
日调节库容（万 m^3）	502	
死库容（万 m^3）	926	
3. 调节性能		日调节
三、下泄流量及相应下游水位		
1. 闸址校核洪水位时最大下泄流量（m^3/s）	11928	$P=0.1\%$
相应闸址下游水位（m）	1644.6	
2. 闸址设计洪水位时最大下泄流量（m^3/s）	11543	$P=0.2\%$
相应闸址下游水位（m）	1644.2	
3. 厂址校核洪水标准及流量（m^3/s）	14138	$P=0.1\%$
相应厂址下游水位（m）	1352.5	考虑下游官地回水影响
4. 厂址设计洪水标准及流量（m^3/s）	12300	$P=0.5\%$
相应厂址下游水位（m）	1349.9	
5. 装机满发流量发电尾水位（m）	1331.3	
6. 厂址最低发电尾水位（m）	1325.2	一台机组发电
四、工程效益指标		
1. 装机容量（MW）	4400	
2. 机组台数（台）	8	

续表

名　　称	指　标	备　　注
3. 枯水年枯期平均出力(MW)	2051	
4. 多年平均年发电量（亿kW·h）	249.9	
5. 装机年利用小时数（h）	5680	
五、水库淹没、建设征地和移民安置		
1. 水库淹没影响土地面积（亩）	1335	其中陆地面积为570亩
2. 水库淹没搬迁人口（人）	0	
3. 建设场地（占地）（亩）	3843	
4. 建设场地搬迁人口（人）	727	
六、主要建筑物		
1. 拦河闸		猫猫滩闸址
型式		平底开敞式
地基特性		砂砾石覆盖层，厚35～48m
地震基本烈度/设防烈度（度）	Ⅶ/Ⅷ	
闸顶高程（m）	1653	
最大闸高（m）	37	
闸顶长度（m）	162	
2. 泄水建筑物		
型式		宽顶堰
堰顶高程（m）	1626	
泄洪闸孔数/宽度（孔/m）	5/12	
护坦末端最大单宽流量[m^3/（s·m）]	135.55	校核洪水时
工作闸门：型式		弧形钢闸门
孔口尺寸（m×m）	12.0×20.5	宽×高
数量（扇）	5	
检修闸门：型式		平面滑动闸门
孔口尺寸（m×m）	12.0×20.5	宽×高
数量（扇）	1	
3. 导流泄放洞		
型式		实用堰
堰顶高程	1635	
工作闸门：型式		弧形钢闸门
孔口尺寸（m×m）	6×5	宽×高
数量（扇）	2	
检修闸门：型式		平面滑动闸门

续表

名　　称	指　标	备　　注
孔口尺寸（m×m）	6.0×9.5	宽×高
数量（扇）	1	
4. 引水发电进水口		位于景峰桥
型式		开敞式联合进水
拦污栅孔数/尺寸（宽×高）（孔/m×m）	4×3/12×10	每条隧洞进口设置三个拦污栅孔口，共12孔
拦污栅底槛高程（m）	1630	
拦沙坎顶高程（m）	1633.5～1633	
检修闸门：型式		洞内式布置
孔口尺寸（m×m）	8.5×11	宽×高
数量（扇）	4	
隧洞进口底板高程（m）	1618	
5. 引水隧洞		
围岩特性		大理岩、砂板岩
条数（条）	4	
长度（进水口至上游调压室中心线）（km）	16.593	四条引水洞平均长度
开挖洞径/衬砌后直径（m）	12/11	
单洞最大引用流量(m^3/s)	423	
6. 上游调压室		
型式		阻抗＋溢流上室
数量（座）	4	
大井内径（m）	24	
大井高度（m）	150.3	
溢流上室断面尺寸（m×m）	15×12.5	城门洞形、两两连通（宽×高）
阻抗孔面积（m^2）	2×19.8	两个闸门槽兼作阻抗孔
7. 高压管道		在调压室底部分岔
型式		竖井为钢筋混凝土衬砌/下平洞段为钢衬
支管数量（条）	8	
支管内径（m）	7/6	竖井/下平洞钢衬段
高压管道总长度（m）	433.5	其中钢衬长度为80m

续表

名 称	指 标	备 注
8. 高压管道检修闸门		设在上游调压室内
型式		平面滑动闸门
孔口尺寸（m×m）	6×7	宽×高
设计水头（m）	124	考虑涌浪的影响
9. 尾水调压室		
型式	阻抗长廊式调压室，两台机组共用一个，上部为全连通式布置	
数量（座）	1	
开挖尺寸（m×m×m）	222.1×12×88	长×宽×高
10. 尾水事故闸门		设在尾水调压室内
型式		平面滑动闸门
孔口尺寸（m×m）	8.5×10.5	宽×高
数量（扇）	4	8台机设4扇门
11. 尾水隧洞		
条数（条）	4	
长度（m）	314.42	四条尾水洞平均长度
开挖洞径/衬砌后直径（m）	12/11	
尾水出口检修闸门		
型式		洞内式布置
孔口尺寸（m×m）	8.5×11	宽×高
数量（扇）	4	
12. 厂房		大水沟厂址
围岩特性		围岩为中厚层大理岩
型式		地下式
主厂房开挖尺寸（m×m×m）	335.2×25.2×75.1	长×宽×高
机组安装高程（m）	1309	
发电机层高程（m）	1328.5	
13. 主变压器洞室		
型式		地下式

续表

名 称	指 标	备 注
开挖尺寸（m×m×m）	266.05×18.4×37.0	长×宽×高
14. 出线场		
型式		地面开敞式
面积（m×m）	135×28	长×宽
地面高程（m）	1353	
七、主要机电设备		
1. 水轮机		
型式		竖轴混流式
台数（台）	8	
单机额定出力（MW）	560	
额定转速（r/min）	187.5	
最大工作水头（m）	313.8	一台机组发电
最小工作水头（m）	279.2	设计洪水位（$P=0.5\%$）
加权平均水头（m）	296.0	
额定水头（m）	288.0	
单机额定流量（m^3/s）	211.5	
转轮进口直径（m）	5.8	
2. 发电机		
型式		竖轴半伞式
台数（台）	8	
单机功率（MW）	550	
额定电压（kV）	18	
额定电流（A）	19601	
额定功率因数	0.9	
额定转速（r/min）	187.5	
3. 主变压器		
型式		组合三相变压器
台数（台）	8	
容量（MVA）	612	
电压比（kV）	525±（2×2.5%）/18	
4. 主阀		布置于高压管道上平段
型式		快速闸门
数量（套）	8	
尺寸（m×m）	6×7	
设计水头（m）	124	
5. 主厂房起重机		

续表

名　　称	指　标	备　　注
型式		双小车桥式起重机
起重量（t）	300+300/50+50	
跨度（m）	24	
数量（台）	2	
6. 输电线		
电压（kV）	500	
回路数（回路）	4	
输电目的地	川渝电网/华东电网（西电东送）	
输电距离（km）	334/2100	
八、施工		
1. 主体工程和临时工程主要工程量		
明挖土石方（万 m^3）	207.95	
洞挖石方（万 m^3）	1171.5	
混凝土和钢筋混凝土（万 m^3）	238.93	
喷混凝土（万 m^3）	24.57	
钢筋（万 t）	10.64	
钢板（万 t）	0.5	
金属结构安装（万 t）	0.8	
帷幕灌浆（m）	17989	
回填灌浆（万 m^2）	117.74	
固结灌浆（万 m）	151.0	
混凝土防渗墙（m^2）	9550	
围堰填筑（万 m^3）	22.66	
2. 对外交通		按泸沽转运站起计
距离：首部（km）	117	经辅助洞至猫猫滩闸址
厂区（km）	87	至大水沟厂址
运量：首部（万 t）	80	
厂区（万 t）	110	
年最大运输量（万 t）	58	
3. 首部拦河闸施工导流方式		围堰断流，隧洞导流（枯水期施工、汛期过水）

续表

名　　称	指　标	备　　注
4. 施工期限		
第一台机组发电投产工期（年）	6	
总工期（年）		8年3个月
九、经济指标		
1. 静态总投资（亿元）	183.77	不含输变电投资
2. 工程总投资（亿元）	219.50	不含输变电投资
施工辅助工程（亿元）	23.58	
建筑工程（亿元）	79.85	
环境保护工程（亿元）	1.9	
机电设备及安装工程（亿元）	31.30	
金属结构及设备安装工程（亿元）	1.79	
水库淹没处理及建设征地补偿费（亿元）	0.31	
独立费用（亿元）	24.07	
基本预备费（亿元）	18.94	
雅砻江流域水电滚动开发后续项目前期经费（亿元）	2.01	
建设期贷款利息（亿元）	35.74	
3. 水电站综合利用经济指标		
单位千瓦投资（元/kW）	4177	静态（不含输变电投资）
单位电度投资[元/(kW·h)]	0.735	静态（不含输变电投资）
经济内部收益率（%）	14.21	
财务内部收益率（%）	8.42	
经营期平均上网电价（含税）[元/（kW·h）]	0.175	
到川渝落地电价（含税）[元/（kW·h）]	0.215	平均过网费0.04元/(kW·h)
到华东落地电价（含税）[元/（kW·h）]	0.295	平均过网费0.12元/(kW·h)
贷款偿还年限（年）	25	
十、其他		
开工时间/竣工时间	2007年/2015年	
建设单位	二滩水电开发有限责任公司	
设计单位	华东勘测设计研究院	

（三）工程特点和新技术应用

（1）水工隧洞施工关键技术问题。

工程区岩溶裂隙水丰富，长探洞曾产生多次大的涌水，且各大涌水点具有水头高、流量大的特点，地下岩溶水处理将是水工隧洞施工中面临的关键技术问题。由于受运行条件的限制，水工隧洞无法布置成“人”字形排水底坡，西端进口段只能反坡施工，可能的地下涌水带来的施工安全问题比较突出。借鉴国内外深埋长隧洞施工经验，将采取“前期地勘工作→5km长探洞施工→“人”字坡超前辅助导洞（锦屏辅助洞）施工→水工隧洞施工”的总体设计思路，将地下水问题分步、分阶段处理解决，简化水工隧洞地下水的处理难度，通过长、中、短相结合的综合地质预报，摸清掌子面前方的工程地质、岩溶水文地质条件，采用掌子面超前预注浆或超前迂回导洞预注浆等措施，封堵较大地下涌水，确保施工的顺利进行。

对于可能遭遇的超前地质预报未探明的较大突发性出水点，采用分流降压措施，然后快速封堵涌突水点，将突发性出水问题转化为受控状态、静水条件下的超前预注浆性质的问题来处理，突发性涌水也是可以得到解决的。

锦屏二级水工隧洞埋深大，地应力高，预计水工隧洞施工中将产生中等—中等偏弱为主的岩爆。采用预报、治理、防护等综合措施，水工隧洞施工中的岩爆问题是可以解决的。

（2）水工隧洞围岩稳定性及衬砌支护结构设计。

工程区地应力高、地下水压力大，对高地应力条件下的隧洞围岩稳定性和高外水压力下的隧洞衬砌结构进行了初步分析研究。

地下工程施工，改变了岩体的初始地应力和初始渗流场状态下，使围岩应力重新调整和分布。研究围岩在这种重新调整后的应力状态下的稳定性，结果表明隧洞开挖后围岩具有足够的自稳能力，从围岩稳定的角度分析，满足成洞要求。对于断层等局部较差地段，只要采用适当的及时支护措施，也同样具备成洞条件。

由于地下水位较高，水工隧洞不存在内水外渗的问题，因此，与一般的水工隧洞不同，衬砌的主要目的是为了保护围岩、减小糙率，而不是用来防渗。在按“以堵为主，堵排结合”的原则处理后，允许衬砌结构有一定的渗透性以便释放外水压力，高外水压的问题可以得到解决。

（3）水工隧洞施工对周围水文地质环境影响。

水工隧洞施工中地下水处理采用“先探后掘”和“以堵为主，堵排结合”的原则，在采取工程措施将涌水量大于20L/s的涌水点封堵后，东、西施工端的地下水排放流量仅为0.545m^3/s和0.155m^3/s，按照5km长探洞施工期间对磨房沟泉和老庄子泉的跟踪观测成果，可以认为，在采取相应工程措施后，水工隧洞施工基本不会减少磨房沟泉和老庄子泉天然状态下的流量，对隧洞周围的水文地质环境基本不会产生影响。

锦屏二级水工隧洞作为世界上规模最大的水工隧洞，其工程难度对我国的隧洞工程建设是一个极大的考验。它的建成，将极大地促进我国地下工程技术的发展，建设过程中的经验和成果，如水电站岩溶水文地质研究、长大隧洞的设计、施工方案研究、超前预测预报、超前灌浆等科研成果，对我国西南地区的越岭隧洞建设具有切实的实用性、针对性和推广指导价值。

通过几十年不间断的勘测试验和科研工作，隧洞的地质问题基本明朗，重大技术问题基本解决或已有解决预案。通过科学设计和精心施工，此洞的建成是可以预期的。

瀑布沟水电站工程

（一）工程概况

瀑布沟水电站是大渡河干流梯级规划22个电站中的第17个梯级，是大渡河流域中游控制性水库工程。坝址位于大渡河与尼日河汇合口的上游觉托附近，地跨四川省汉源县和甘洛县，下距乌斯河镇7km，上距汉源县城29km，控制流域面积68512km^2，占全流域面积的88.5%。

大渡河发源于青海省境内的果洛山东南麓，分东、西两源，东源为足木足河，西源为绰斯甲河，东西两源于双江口汇合后，自北向南流经金川、泸定至石棉县境折向东流，再流经汉源、峨边、沙湾，在乐山市城南注入岷江，属岷江水系。河道全长1062km，天然落差4177m，流域面积77400km^2，水能资源理论蕴藏量31320MW，可开发容量23000MW。

瀑布沟电站采用堤坝式开发，是一座以发电为主，兼有防洪、拦沙等综合利用效益的大型水电工程。水库正常蓄水位850m，汛期运行限制水位841m，死水位790m，消落深度60m，总库容53.9亿m^3，其中调洪库容10.56亿m^3，调节库容38.82亿m^3，为季调节水库。拦河大坝采用砾石土直心墙堆石坝，最大坝高186m，坝前最大壅水高度173m，干流回水至石棉县城过河大桥处，回水长72km；支流流沙河回水至汉源县河西乡，长12km。水库面积84.14km^2，平均宽度1.1km，最大宽度2.8km。

发电厂房为地下式厂房，电站装机6台，单机容量550MW，总装机容量3300MW，保证出力

926MW，多年平均年发电量145.8亿kW·h。

电站自身的动能效益巨大，还具有梯级补偿、防洪、拦沙等综合利用效益。

1993年12月成都勘测设计研究院提交了《瀑布沟水电站初步设计报告》，2001年12月完成了《大渡河瀑布沟水电站项目建议书》的评估配合工作，同时开展工程建设施工筹建期的配合工作。2003年4月完成了《四川大渡河瀑布沟水电站可行性研究补充报告》，2003年5月完成了《四川省大渡河瀑布沟水电站可行性研究报告》，6月完成报告的评估配合工作。瀑布沟水电站现已进入技施设计阶段。

主体工程于2004年3月30日正式开工，拟于2005年12月截流，2009年6月首台机组投产发电，2011年完建。

（二）工程任务与规模

瀑布沟水电站工程任务为发电，同时具有梯级补偿、防洪、拦沙等综合利用效益。

电站是大渡河水资源开发利用的控制性工程，水库正常蓄水位850m，总库容53.9亿m^3，为季调节水库。电站装机6台，单机容量550MW，总装机容量3300MW，保证出力926MW，多年平均年发电量145.8亿kW·h。

平面布置见图1，工程特性见表1。

表1 瀑布沟水电站工程特性表

名称	指标	备注
一、水文		
1. 流域面积		
全流域(km^2)	77400	不含青衣江
工程坝(闸)址以上(km^2)	68512	占全流域面积的88.5%
2. 利用的水文系列(年)	1937～1999	共62年
3. 多年平均年径流量(亿m^3)	388	
4. 代表性流量		
多年平均流量(m^3/s)	1230	
调查历史最大流量(m^3/s)	8520	
设计洪水流量(m^3/s)	9460	$P=0.2\%$
校核洪水流量(m^3/s)	15250	PMF
初期施工导流流量(m^3/s)	7320	重现期30年
后期施工导流流量(m^3/s)	8230～8770	重现期100～200年
5. 洪水		
实测最大洪量(亿m^3)		7天
设计最大洪量(亿m^3)	39.6	7天
校核最大洪量(亿m^3)	52.4	7天
6. 泥沙		
多年平均悬移质年输沙量(万t)	3150	
多年平均含沙量(kg/m^3)	0.832	同期年均流量为1200m^3/s
实测最大含沙量(kg/m^3)	31.4	
多年平均推移质年输沙量(万t)	53	
二、水库		
1. 水库水位		
校核洪水位(m)	853.78	
设计洪水位(m)	848.31	
正常蓄水位(m)	850	
汛期限制水位(m)	841	
死水位(m)	790	
2. 正常蓄水位水库面积(km^2)	84.14	
3. 回水长度(km)	72	
4. 水库容积		
总库容(亿m^3)	53.9	
正常蓄水位以下库容(亿m^3)	50.64	
调洪库容(亿m^3)	10.56	
调节库容(亿m^3)	38.82	
其中共用库容(亿m^3)	7.3	
死库容(亿m^3)	11.82	
5. 库容系数(%)	9.7	
6. 调节特性		季调节
三、下泄流量		
1. 设计洪水时最大下泄流量(m^3/s)	7471	
2. 校核洪水时最大下泄流量(m^3/s)	10243	
四、工程效益指标		
1. 发电效益		
装机容量(MW)	3300	
保证出力(MW)	926	$P=95\%$
多年平均发电量(亿kW·h)	145.8	

续表

名 称	指 标	备 注
年利用小时数(h)	4420	
增加下游龚嘴、铜街子电站保证出力(MW)	215	
增加下游龚嘴、铜街子电站年发电量(亿 kW·h)	7.8	枯期电量
2. 防洪效益		可提高下游防洪标准
3. 拦沙		可大为改善下游水电站泥沙问题
五、建设征地及移民安置		
1. 人口		
水库淹没影响区(人)	86803	其中农业人口 70399 人
居民搬迁洪水标准(%)	5	
枢纽工程建设区(人)	933	永久工程占地
2. 房屋		
水库淹没影响区(万 m^2)	456.51	
枢纽工程建设区(万 m^2)	4.63	永久工程占地
3. 耕地		
水库淹没影响区(亩)	51340.2	
土地征用洪水标准(%)	20	
枢纽工程建设区(亩)	3376	其中永久工程占地 1379 亩
4. 林地		
水库淹没影响区(亩)	5016.8	
枢纽工程建设区(亩)	5101	其中永久工程占地 4650 亩
5. 城集镇		
城镇(座)	1	汉源县城
集镇(座)	12	
六、主要建筑物及设备		
1. 坝		
型式		砾质土心墙堆石坝
地基特性		75m 深覆盖层
地震基本烈度/设防烈度(度)	Ⅶ/Ⅷ	
坝顶高程(m)	856.00	
最大坝高(m)	186	

续表

名 称	指 标	备 注
坝顶长度(m)	573	
2. 岸边溢洪道		
型式		实用堰
堰顶高程(m)	833.00	
溢流段长度(m×m)	3×12	
最大单宽流量[m^3/(s·m)]	201	
消能方式		挑流消能
设计泄洪流量(m^3/s)	4127	
校核泄洪流量(m^3/s)	6831	
3. 泄洪隧洞		无压洞
条数—断面尺寸(m×m)	1—12×15	宽×高
泄洪洞最大流速(m/s)	37	
进口底板高程(m)	795.00	
最大泄量(m^3/s)	3412	
4. 放空洞		
进口底板高程(m)	730.00	
条数—断面尺寸(m)	1—ϕ9.0	
启门水位(m)	805.00	
最大泄放流量(m^3/s)	1431	
5. 进水口		
型式		岸塔式
底板高程(m)	765.00	
孔数—孔口尺寸(m×m)	6—7.5×9.5	宽×高
6. 压力管道		
型式		单机单管引水
长度(m)	414.24～550.33	
条数—内径(m)	6—ϕ9.5	
最大计算水头(m)	217	
7. 厂房		
型式		地下厂房
厂房尺寸(m×m×m)	294.1×26.8×70.1	开挖尺寸(长×宽×高)
水轮机安装高程(m)	661.00	
8. 尾水洞		
型式		无压
条数—断面尺寸(m×m)	2—20×24.2	宽×高
9. 开关站		
型式		地面式
平面尺寸(m×m)	160×40	长×宽
10. 主要机电设备		

续表

名　　称	指　标	备　　注
(1)水轮机		
台数(台)	6	
型号		HL(X)—LJ—680
单机容量(MW)	550	
转轮直径(m)	6.8	
转速(r/min)	125	
最大水头(m)	181.7	
最小水头(m)	114.3	
额定水头(m)	148	
额定流量(m^3/s)	417	
(2)发电机		
台数	6	
定额容量(kVA/MW)	612000/550	功率因数为0.9
最大容量(kVA/MW)	666000/600	
电压(kV)		
(3)厂房内起重机		
起吊重量(t)	420+420	双小车两台
跨度(m)	27	
11. 接入系统		
电压(kV)	500	
回数(回)	4	其中1回备用
七、施工		
1. 枢纽区工程总量		
覆盖层开挖(万m^3)	584.21	
石方明挖(万m^3)	575.13	
石方洞挖(万m^3)	370.26	
土石料填筑(万m^3)	2372.50	
混凝土和钢筋混凝土(万m^3)	206.56	
混凝土防渗墙(万m^3)	6.5	
帷幕灌浆(万m)	9.1	
固结灌浆(万m)	19.26	
回填灌浆(万m^2)	17.84	
钢筋(万t)	5.27	
钢板(材)(万t)	0.09	
金属结构(万t)	1.36	
2. 主要建筑材料		

续表

名　　称	指　标	备　　注
木材(万m^3)	1.68	
钢材(万t)	1.76	
水泥(万t)	70.07	
炸药(万t)	2.02	
柴油(万t)	6.49	
3. 所需劳动力		
总工日(万工日)		
高峰人数(人)	8190	
4. 物资运输		
对外运输总量(万t)	99.89	
年最大运输量(万t)	24.32	2007年
5. 用电最大负荷(MW)	20.95	
6. 施工总工期(月)	98	不含筹建期
第一台机组发电工期(月)	78	
八、经济指标		
1. 编制年静态总投资(亿元)	166.5	
2. 水电站经济指标		
单位千瓦投资(元/kW)	5046	
单位电能投资[元/(kW·h)]	1.14	
3. 财务评价指标		
投资利润率(%)	6.1	
投资利税率(%)	8.6	
投资回收期(年)	17.2	所得税后
九、其他		
开工时间	2004年3月30日	
建设单位	国电大渡河流域水电开发有限公司	
设计单位	成都勘测设计研究院	
监理单位	长江水利委员会工程建设监理中心(湖北) 四川二滩国际工程咨询有限责任公司等	
施工单位	“葛江津”联营体 水电七局、水电十四局联营体等	

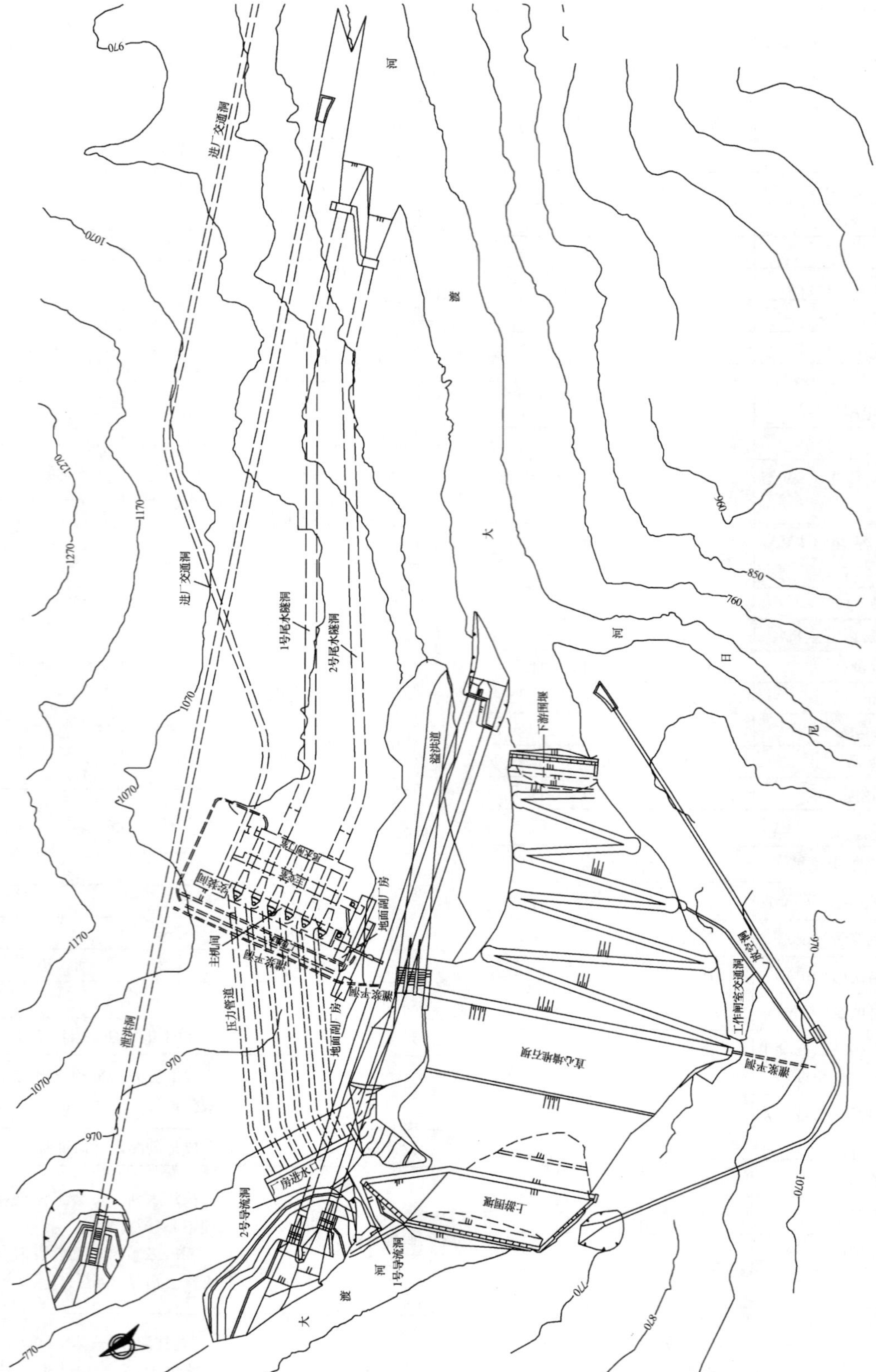

图1 瀑布沟水电站枢纽平面布置图

（三）工程特点与新技术应用

瀑布沟水电站最大坝高 186m，坝基覆盖层深达 75m 以上，覆盖层内既有架空还夹有砂层透镜体，其坝基覆盖层的防渗型式、防渗墙与心墙的连接方式、防渗土料的试验及选用为当今高土石坝关键技术问题。

（1）深厚覆盖层上的高土石坝坝基混凝土防渗墙墙体材料的关键技术。

常规混凝土防渗墙因其混凝土弹模高，在荷载作用下，墙与周围坝基的变形差异大，导致防渗墙内的应力集中，产生有害裂缝至压碎。坝越高覆盖层越深该问题越突出。本工程通过攻关和大量的试验研究，取得了以下成果。

1）开发研制成功复合混凝土、微风化骨料混凝土和轻骨料混凝土三种新型高强度低弹模的混凝土墙体材料，其技术满足并超过了攻关技术指标要求，新型墙体材料不仅属国内首创，经国际联机检索国外尚未有类似成果。

2）开发研制成功新型塑性混凝土防渗墙材料。成功地解决了大型土石坝深厚覆盖层上塑性混凝土防渗墙抗压强度、渗透性和耐久性等关键技术问题。

经充分论证，该工程采用两道 1.2m 厚、78m 深的混凝土防渗墙。

（2）深厚覆盖层上的高土石坝防渗墙墙体与坝体防渗体接头型式关键技术。

本工程系统地开展了土石坝混凝土防渗墙与坝体连接型式的离心模型试验研究，推进了我国土工离心模型模拟技术的发展；对混凝土防渗墙和坝体防渗体连接型式进行了大比尺模型试验，研究了止水材料的防渗性能及各种接头的差异和实用性，最终采用了防渗墙插入心墙内部的插入式连接型式。

（3）高土石坝心墙防渗砾石土关键技术。

高土石坝防渗土料的选用，是瀑布沟工程的关键技术之一。根据工程的地质条件和土料情况，经大量现场碾压试验和室内试验，经过调整级配并加大击实功能后，采用砾石土料作为高土石坝防渗心墙土料，完全满足规范和设计要求。

（4）长距离砾石土运输。

本工程采用 4km 长的皮带机进行砾石土运输，其皮带机的长度及坡度在国内尚无先例。

龙滩水电站工程

（一）工程概况

龙滩水电站位于红水河上游，下距广西天峨县城 15km。坝址以上流域面积为 98500km²，占红水河流域面积的 71%。电站拟分两期开发，即正常蓄水位远景按 400m 设计，初期按 375m 建设。

大坝为碾压混凝土重力坝。初期正常蓄水位 375m 时，最大坝高 192m，总库容 162.1 亿 m³，有效库容 111.5 亿 m³，为年调节水库，装机容量 4200MW，多年平均年发电量 156.7 亿 kW·h，电站保证出力 1234MW。后期正常蓄水位 400m 时，最大坝高 216.5m，总库容 272.7 亿 m³，有效库容 205.3 亿 m³，为多年调节水库，装机容量 5400MW，多年平均年发电量 187.1 亿 kW·h，电站保证出力 1680MW。水轮发电机组单机容量为 600MW，相应前、后期的机组台数分别为 7 台和 9 台。年利用小时前、后期分别为 3740h、3470h。

龙滩水电站的勘测设计工作始于 20 世纪 50 年代中期，2001 年原国家计委批复了《龙滩水电站可行性研究补充报告》，2001 年 7 月 1 日工程正式开工建设（375 方案）。工程已于 2003 年 11 月按期实现了河床截流，计划 2007 年 7 月第一台机组发电，2009 年底完工。

工程建设单位为中国大唐龙滩水电开发有限公司，设计单位为中南勘测设计研究院。工程施工单位：左岸岸坡与左岸导流洞工程为葛洲坝集团公司、二滩国际，右岸岸坡与右岸导流洞工程为“江桂”联营体、二滩建设，大坝工程为“七八葛”联营体、成华国际，地下引水发电系统工程为“一四七八”联营体。工程监理单位：中南勘测设计研究院监理公司。

（二）工程任务和规模

工程开发任务以发电为主、同时兼有防洪和航运效益。龙滩水电站按正常蓄水位 400m 设计、375m 建设。

经过龙滩水库调节后，正常蓄水位 375m 时，龙滩以下岩滩、大化、百龙滩、乐滩、桥巩、大藤峡 6 个梯级水电站的总保证出力由 1387.9MW 提高到 2219.7MW，增幅为 59.9%，总电量由 213.58 亿 kW·h 提高到 237.92 亿 kW·h，增幅为 11.4%，龙滩以下梯级的总枯水期电量由 33.87%提高到 43.0%。

正常蓄水位提高至 400m，下游梯级电站保证出力、年发电量比 375m 方案分别增加 242MW 和 16.1 亿 kW·h，其中已建和在建梯级岩滩、大化、百龙滩、乐滩水电站的保证出力约增加 190MW、年发电量约增加 11 亿 kW·h。

龙滩水电站承担西江中下游地区防洪任务，总防护人口达 1200 万人，保护耕地近 700 万亩。375m 方案设计预留防洪库容 50 亿 m³，400m 方案增至 70 亿 m³，可使西江和西、北江三角洲防洪标准由约 20 年一遇提高到约 40 年一遇（400m 时提高到约 50 年一遇），与大藤峡水库联合防洪，可使下游的防洪标准由20年一遇提高到100年一遇；无论是从防洪效益还是替代防洪工程投资来说，其防洪作用均非常显著。

水库回水至南盘江平班坝址，将淹没坝址以上200多处险滩，使库区干流以上250km范围内形成深水航道，北盘江回水约110km，更加改善了库区的通航条件；经龙滩水库调节，下游河道的枯水期平均流量由757m³/s提高为1530m³/s，将更好地改善中下游枯季通航条件。

平面布置见图1，工程特性见表1。

表1 龙滩水电站工程特性表

名　称	指　标	备　注
一、水文		
1. 流域面积		
全流域(km²)	138340	
工程坝址以上(km²)	98500	
2. 利用的水文系列(年)	65	1936～2000
3. 多年平均年径流量(亿m³)	514	
4. 代表流量		
多年平均流量(m³/s)	1630	
实测最大流量(m³/s)	16900	
实测最小流量(m³/s)	174	
调查历史最大流量(m³/s)	21500	
设计洪水流量(m³/s)	27600	$P=0.2\%$
校核洪水流量(m³/s)	35500	$P=0.01\%$
施工导流流量(m³/s)	14700	$P=10\%$
5. 洪水		
实测最大洪量(亿m³)	126	15天
设计最大洪量(亿m³)	225	15天
校核最大洪量(亿m³)	285	15天
6. 泥沙		
多年平均悬移质年输沙量(万t)	5230	
多年平均含沙量(kg/m³)	1.04	
实测最大含沙量(kg/m³)	25	
多年平均推移质年输沙量(万t)		
7. 天然水位		

续表

名　称	指　标	备　注
多年平均水位(相应流量m³/s)(m)	219.7 (1630)	
实测最低水位(相应流量m³/s)(m)		
实测最高水位(相应流量m³/s)(m)	240.8 (16900)	
二、水库		"/"上为初期375m建设指标，下为后期400m设计指标，下同
1. 水库水位		
校核洪水位(m)	380.69/404.74	
设计洪水位(m)	376.56/400.93	
正常蓄水位(m)	375/400	
防洪高水位(m)	375/400	
汛期限制水位(m)	359.3/385.4	
汛期排沙水位		
死水位(m)	330/340	
2. 正常蓄水位水库面积(km²)		
3. 回水长度(km)		
4. 水库容积		
总库容(亿m³)	183.5/298.3	
正常蓄水位库容(亿m³)	162.1/272.7	
调洪库容(亿m³)	268.2/202.0	
防洪库容(亿m³)	50/70	
调节库容(亿m³)	111.5/205.3	
死库容(亿m³)	50.60/67.40	
5. 库容系数	0.217/0.399	
6. 调节性能	年/多年	
三、下泄流量及相应下游水位		
1. 设计洪水位时最大泄量(m³/s)	25894/26916	

续表

名　　称	指　标	备　　注
相应下游水位(m)	255.83/255.85	
2. 校核洪水位时最大泄量(m^3/s)	27692/26085	
相应下游水位(m)	259.71/258.30	
四、工程效益指标		
1. 发电效益		
装机容量(MW)	4200/5400	
保证出力(MW)	1234/1680	
多年平均年发电量(亿kW·h)	156.7/187.1	
年利用小时(h)	3740/3470	
2. 防洪效益		
保护面积(万亩)	700	
标准 *P*	2.5%～2%	
3. 航运效益		
改善航运里程(km)	250	
过船吨位(t)	500	
五、建设用地和移民安置		
1. 征地(亩)	11713	
2. 迁移人口(人)	394	
3. 房屋(万 m^2)	1.22	
六、淹没损失和工程永久占地		
1. 耕地(亩)	8.43	
2. 迁移人口(人)	7.51	测算至2008年
3. 房屋(万 m^2)	221.89	
七、主要建筑物及设备		
1. 挡水建筑物		
型式		碾压混凝土实体重力坝
地基特性		砂岩、泥板岩
地震基本烈度/设防烈度(度)	Ⅶ/Ⅷ	
顶部高程(m)	192/216.5	
最大坝高(m)	382/406.5	
顶部长度(m)	761.26/849.44	

续表

名　　称	指　标	备　　注
2. 泄水建筑物型式		表孔
地基特性		砂岩、泥板岩
堰顶高程(m)	355/380	
溢流段长度(m)	143	
闸门尺寸、数量	15×20、7	弧门
设计泄洪流量(m^3/s)	23394/23416	
校核泄洪流量(m^3/s)	27692/26085	
单宽流量[$m^3/(s\cdot m)$]	263.7	
消能方式		挑流
3. 引水建筑物		
设计引用流量(m^3/s)	536	
最大引用流量(m^3/s)		
引水道长度(m)	256.7～354.9	
压力管道条数(条)	9	
每条管道长度(m)	256.7～354.9	
4. 厂房		
型式		地下厂房
主厂房尺寸(m×m×m)	388.5×28.5×74.4	长×宽×高
水轮机安装高程(m)	215.00	
5. 开关站面积/层数(m×m/层数)	217×17.5/3	长×宽
6. 主要机电设备		
水轮机台数(台)	7/9	
型号		HL210—LJ—790
额定出力(MW)	714	
额定转速(r/min)	107.1	
安装高程(m)	215	
转轮直径(m)	7.9	
最大水头(m)	154/179	
最小水头(m)	97/107	
额定水头(m)	140	
额定流量(m^3/s)	536	
发电机型号		SF700—56/16090

续表

名　称	指　标	备　注
单机容量(MW)	700	
发电机功率因数	0.9	
主变压器规格、数量		78000/500、7/9
厂房起重机规格、数量	500t+500t、2	
7. 输电电压(kV)	500	
回路数(回)	4/5	
8. 通航建筑物		
型式		单线二级垂直升船机
主要尺寸(m×m)	70×12×2.2	承船厢尺寸(宽×高×吃水深)
船只吨位(t)	500	
年运输能力(万 t/年)	460	
上游通航水位(m)	335～375/340～400	
下游通航水位(m)	219～232.5	
八、施工		
1. 主体工程数量		
土石方明挖(万 m^3)	1452	
石方洞挖(主体+临时)(万 m^3)	387	
填筑土石方(万 m^3)		
干砌土石方(万 m^3)		
混凝土(主体+临时)(万 m^3)	749	
钢筋、钢材(万 t)	16.38	
金属结构安装(万 t)	3.0	
帷幕灌浆(万 m)	13.35	
固结灌浆(万 m)	39.28	
2. 对外交通		
距离(km)	81	至南丹转运站
运量(万 t)	371.86	
3. 施工导流		

续表

名　称	指　标	备　注
方式		隧洞导流
型式		2条，城门洞形
规模(m)	16×21	宽×高
4. 施工工期		
准备工期(年)	0.5	
第一台机组投产工期(年)	6.5	
总工期(年)	9	
九、经济指标		
1. 静态总投资(亿元)	208.08	
2. 总投资(亿元)	246.97	
其中：建筑工程(亿元)	58.90	
机电设备及安装工程(亿元)	38.52	
金属结构设备及安装工程(亿元)	8.03	
临时工程(亿元)	18.11	
水库淹没处理(亿元)	46.16	
其他费用(亿元)	23.64	
建设期利息(亿元)	38.89	
3. 经济指标		
单位千瓦投资(元/kW)	5880	
单位电能投资[元/(kW·h)]	1.576	
经济内部收益率(%)	23.62	
财务内部收益率(%)	10.25	
经营期上网电价[元/(kW·h)]	0.196	
贷款偿还年限(年)	25	
十、其他		
开工时间/竣工时间	2001年7月/2009年12月	
建设单位	中国大唐龙滩水电开发有限公司	
设计单位	中南勘测设计研究院	

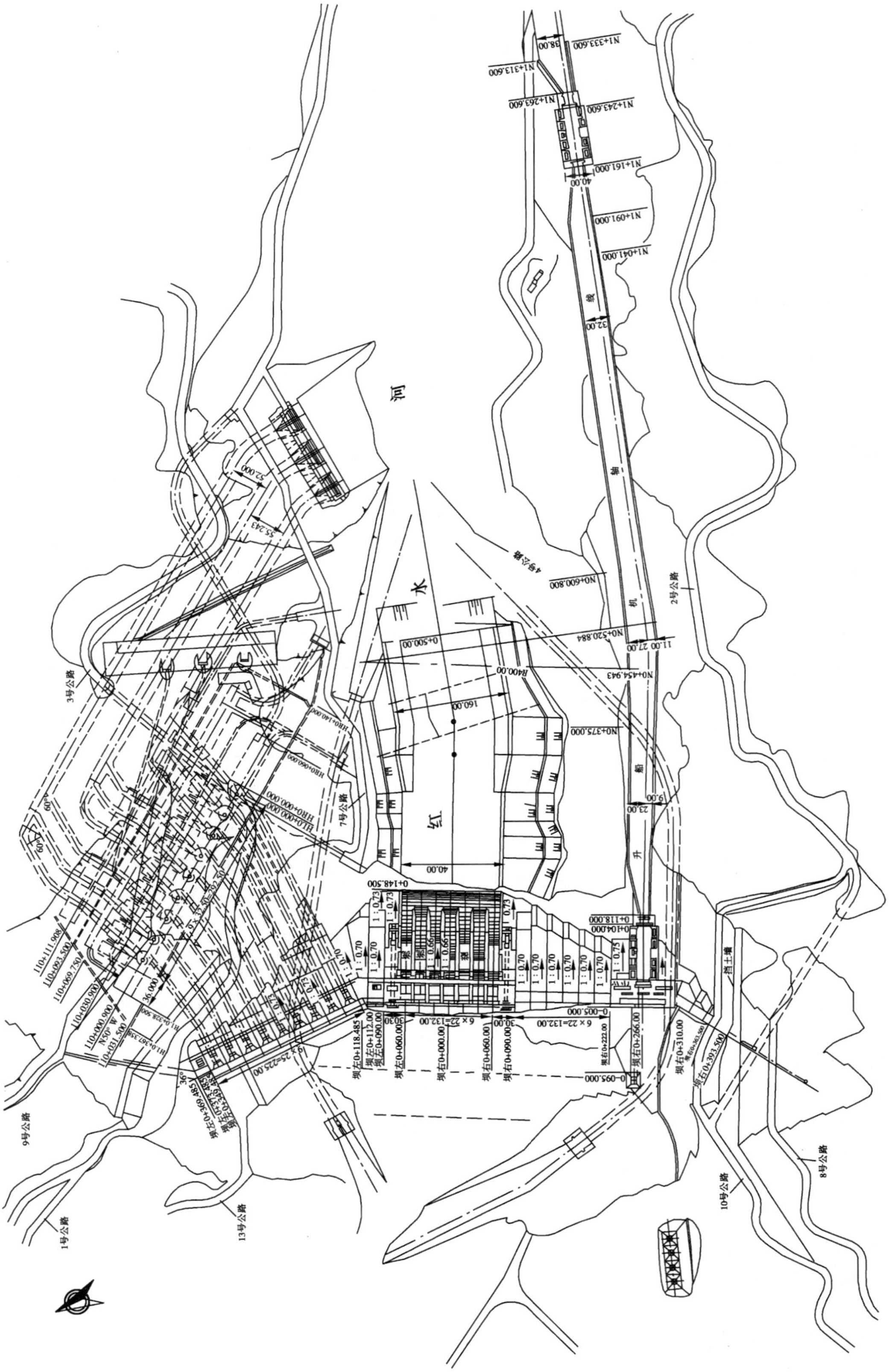

图1　龙滩水电站枢纽平面布置图

（三）工程特点和新技术应用

龙滩水电站是举世瞩目的巨型工程，左岸蠕变体高边坡、高碾压混凝土大坝、巨型地下厂房、高升程垂直升船机都是世界之最，其工程特点主要体现在以下几方面。

（1）采用RCC筑坝技术在高地震烈度区修建200m级高碾压混凝土坝。

碾压混凝土坝最大坝高216.5m，是世界上最高的碾压混凝土重力坝，突破了现行规范的适用范围和已有的建设经验。设计从枢纽布置、混凝土材料及配合比、碾压混凝土坝的防渗排水设计、筑坝工艺、碾压混凝土坝的渗控分析和碾压混凝土坝的稳定及结构动、静力分析等方面进行科技创新，解决了在高地震烈度区建200m级高碾压混凝土重力坝的一系列技术难题，缩短了工程工期，从而可创造出巨大的经济效益和社会效益。

（2）用优化设计方法优选坝体断面。

经多方论证，坝体断面采用优化设计后的断面体型，节省了坝体混凝土方量。

（3）采用高升程垂直升船机，解决枢纽通航问题。

工程采用高升程垂直升船机，解决枢纽通航问题，具有过坝时间短、通过能力大且无通航与发电争水的矛盾等优点。龙滩垂直升船机总升程（181m）和上游水位变幅（60m）均居世界首位，需采用综合创新技术，解决高升程垂直升船机的安全稳定运行、受双向水荷载作用（顺河流向100m水头，顺坝轴线向70m水头）的上闸首结构设计、薄壁高耸结构（高110m塔柱）的静力和抗风抗震设计、大跨度中间渠道建筑物设计等一系列目前仍无成熟经验可循的设计难题。

（4）综合采用传统方法和现代最新研究手段，进行400m级左岸进水口高边坡设计。

左岸地下厂房进水口，紧靠一已发生弯曲倾倒变形的自然边坡，进水口开挖后，形成组合坡高约400m、坡面面积约18万m^2的边坡。设计综合采用多种数学、物理模型分析方法，对边坡动静力稳定变形问题，边坡时效稳定变形及坝、坡、洞相互作用问题等进行了研究，选取了合理的开挖坡形和综合加固处理措施、并采用将进水口坝段与坡脚紧靠的方式（与坡脚紧靠的坝段最大坝高达111m），依靠边坡岩体维持坝体稳定，节省了开挖量和混凝土方量。

（5）大型地下洞室设计。

龙滩地下厂房洞室群洞室密集、规模宏大，洞室最大跨度、洞室最小间距及巨型机组的水力过渡过程等均已超出现行规范的范围，综合利用各种方法和手段进行了设计研究，合理确定洞室支护方式和支护参数以及洞室的合理开挖施工程序，可使电站在龙滩工程特定布置条件下获得最优的水力特性和电能质量。

（6）高水头差巨型机组机电技术和机组稳定性等的设计研究。

电站水轮机运行水头变幅范围大（变幅82m），为在高运行水头差条件下使机组有较好的特性和机组稳定性，在水轮发电机组机电参数选择、机组稳定性和机电技术设计研究、设备配套选型、机组制造和安装工艺等方面有所创新。

（7）环境保护和水土保持设计。

为建设绿色龙滩，在库区、施工区各方面充分考虑了对环境的保护，如在混凝土系统和砂石加工系统的设计中均采用了较为先进的生产工艺进行废水处理，对垃圾填埋场进行了规划设计等。

（8）龙滩水电站GIS综合决策支持系统。

利用地理信息系统、遥感技术和网络技术，开发出龙滩水电站GIS综合决策支持系统，这在全国水库移民工作方面属于首例。

该系统可充分发挥遥感、空间定位、地理信息系统和计算机等方面的技术优势，实现空间数据的精确采集高效性、空间数据库的建立完整性、数据和应用模型的分析专业性等诸多方面明显的技术优势，并利用网络技术增强部门之间的信息共享，进一步提高专业分析的效率和精度，使决策者能够更加有效地定量分析实际情况，特别是在水库安置规划、移民安置实施、环境保护和水土保持等工作的动态管理和决策中，可提高决策制定的科学性和效率。

构皮滩水电站工程

（一）工程概况

构皮滩水电站位于贵州省余庆县境内，是乌江干流规划的第七个梯级，距上游乌江渡水电站137km，距下游河口涪陵455km。坝址控制流域面积43250km^2，占全流域的49.2%，坝址多年平均流量716m^3/s，多年平均年径流量226亿m^3。电站开发任务以发电为主，兼顾航运、防洪等综合利用。电站总装机容量为3000MW。

电站正常蓄水位630m，相应库容55.64亿m^3，单独运用具有年调节能力，与上游已建和在建梯级电站联合运行具有多年调节能力。枢纽由混凝土双曲拱坝、泄洪消能建筑物、引水发电系统、通航建筑物（缓建）和地面开关站等组成。电站建成后拟以500kV一级电压接入系统，主要向广东送电。

电站已于2003年11月8日正式开工，目前正在进行施工详图阶段的设计，计划2004年11月截流，

2009 年第一台机组发电，2011 年竣工。

电站建设单位为贵州乌江水电开发有限公司，设计单位为长江水利委员会长江勘测规划设计研究院，监理单位为二滩国际和中南监理，主要施工单位有中国水利水电第八工程局、第九工程局、第十一工程局、第十四工程局，以及葛洲坝集团公司和江南公司等。

（二）工程任务和规模

电站位于乌江干流中游，地处“西电东送”前沿的贵州省中部，工程规模大，调节性能好，地理位置适宜，技术经济指标优越，是乌江干流开发的控制性工程，也是“黔电送粤”的标志性工程和“西电东送”南部通道的骨干支撑电源。该工程发电效益巨大，是渠化乌江航道的重要环节，可提高乌江中下游抗洪能力并配合长江中下游防洪。

根据地区社会经济发展要求和工程开发条件，构皮滩水电站主要任务是发电，兼顾航运和防洪等综合利用。

特征水位：考虑与上游已建梯级乌江渡电站尾水基本衔接，通过对梯级总体发电效益、改善乌江航运条件、水库淹没损失和工程投资及经济性的综合比较，并以不降低位于库尾乌江铁路桥的抗洪能力作为控制条件，选择正常蓄水位 630m。

死水位选择主要考虑了发电和乌江航运要求及经济性等因素，并按淹没库区 4 个特别碍航的险滩控制，选择死水位 585m。

按泄洪建筑物的泄流能力，在进行各典型洪水调节计算的基础上，选择设计洪水位为 632.89m，校核洪水位为 638.36m。

装机规模：构皮滩水电站采用右岸地下式厂房，装设 5 台单机容量为 600MW 的混流式水轮发电机组。电站保证出力 751.8MW，多年平均年发电量 96.67 亿 kW·h，水量利用率 97%，装机年利用小时数为 3222h，装保比（装机容量与保证出力的比值）3.99。

平面布置见图 1，地下厂房剖面见图 2，工程特性见表 1。

表 1　构皮滩水电站工程特性表

名　称	指　标	备　注
一、水文		
1. 流域面积		
全流域(km^2)	87920	
工程坝址以上(km^2)	43250	
2. 利用的水文系列(年)	61	
3. 多年平均年径流量(亿 m^3)	226	
4. 代表流量(m^3/s)		
多年平均流量(m^3/s)	716	
实测最大流量(m^3/s)	14500	
实测最小流量(m^3/s)	86	
调查历史最大流量(m^3/s)	20600	
设计洪水流量(m^3/s)	27900 26100	$P=0.2\%$
校核洪水流量(m^3/s)	35600 33200	$P=0.02\%$
施工导流流量(m^3/s)	13500	$P=10\%$
5. 洪水		
实测最大洪量(亿 m^3)	29.4	3 天
设计最大洪量 0.2%(亿 m^3)	49.9	3 天
校核最大洪量 0.02%(亿 m^3)	65.4	3 天
6. 泥沙		
多年平均悬移质年输沙量(万 t)	1370 278	
多年平均含沙量(kg/m^3)	0.61 0.127	
实测最大年含沙量(kg/m^3)	0.277	
7. 天然水位		
实测最低水位(m) (相应流量)(m^3/s)	429.04 (83)	
实测最高水位(m) (相应流量)(m^3/s)	471.44 (15498)	
二、水库		
1. 水库水位		
校核洪水位(m)	638.36	$P=0.02\%$
设计洪水位(m)	632.89	$P=0.2\%$
正常蓄水位(m)	630	
防洪高水位(m)	630	
汛期防洪限制水位(m)	626.24 628.12	6 月、7 月 8 月

续表

名 称	指 标	备 注
死水位(m)	585	
2. 正常蓄水位水库面积(km^2)	96.46	
3. 回水长度(km)	137	
4. 水库容积		
总库容(亿 m^3)	64.55	
正常蓄水位库容(亿 m^3)	55.64	
调洪库容(亿 m^3)	8.91	
防洪库容(亿 m^3)	2～4	
调节库容(亿 m^3)	31.54	
死库容(亿 m^3)	24.1	
5. 库容系数(%)	14	
6. 调节性能	单独运用具有年调节能力；梯级联合运行具有多年调节能力	
三、下泄流量及相应下游水位		
1. 设计洪水下泄流量(m^3/s)	23600	$P=0.2\%$
相应下游水位(m)	483.59	
2. 校核洪水下泄流量(m^3/s)	28900	$P=0.02\%$
相应下游水位(m)	490.23	
四、工程效益指标		
1. 发电效益		
装机容量(MW)	3000	
保证出力(MW)	751.8	
多年平均年发电量(亿 kW·h)	96.67	
年利用小时数(h)	3222	
2. 航运效益		
改善航道里程(km)	137	
过船吨位(t)	300	
五、建设用地和移民安置		
1. 迁移人口(人)	11624	
2. 房屋(万 m^2)	43.35	

续表

名 称	指 标	备 注
六、淹没损失和工程永久占地		
1. 耕地(亩)	3881	
2. 迁移人口(人)	1148	
3. 房屋(万 m^2)	4.81	
七、主要建筑物及设备		
工程等别、主要建筑物级别	工程等别为一等，主要建筑物为1级	
1. 挡水建筑物		
型式		抛物线型双曲拱坝
地基特性		灰岩
地震基本烈度(度)	Ⅵ	大坝设防基岩峰值加速度为0.1g
坝顶高程(m)	640.5	
最大坝高(m)	232.5	
坝顶弧长(m)	552.55	弧高比2.38
2. 泄水建筑物		
(1)泄洪表孔		
数量(孔)	6	
表孔溢流堰顶高程(m)	617	
孔口尺寸(m×m)	12×13	宽×高
工作闸门型式及数量(扇)	6	弧形门
工作门启闭机械型式及数量(台)	6	液压启闭机
工作门启闭机械容量(kN)	2×2250	
事故检修门数量及型式(扇)	2	平面滑动门
设计泄洪流量(m^3/s)	9266	
单宽流量[$m^3/(s·m)$]	86	出口处
校核泄洪流量(m^3/s)	15040	
单宽流量[$m^3/(s·m)$]	139	出口处
消能方式	跌流、水垫塘	

续表

名　称	指　标	备　注
(2)泄洪中孔		
数量(孔)	7	
孔口尺寸(m×m)	6×8 7×6	进口 出口(宽×高)
工作闸门数量(扇)	7	弧形门
工作门启闭机数量(台)	7	液压启闭机
工作门启闭机械容量(kN)	3500/500	
事故检修门数量(扇)	2	平面定轮门
启闭机房检修桥机(台)	1	400kN
设计泄洪流量(m^3/s)	10393	
单宽流量[$m^3/(s \cdot m)$]	212	出口处
校核泄洪流量(m^3/s)	10756	
单宽流量[$m^3/(s \cdot m)$]	220	出口处
消能方式	挑流、水垫塘	
(3)放空底孔		
数量(孔)	2	
进口底槛高程(m)	490	
孔口尺寸(m×m)	4×6	宽×高
工作闸门数量(扇)	2	平面定轮门
工作门启闭机数量(台)	2	1600kN/500kN 液压启闭机
挡水门数量(扇)	2	平面滑动轮，共用坝顶门机启闭
(4)泄洪洞		
数量(条)	1	
进口底高程(m)	590	
控制断面孔口尺寸(m)	11×12	宽×高
洞长(m)	570	水平投影长度
工作闸门数量(扇)	1	弧形门

续表

名　称	指　标	备　注
工作门启闭机数量(台)	1	液压启闭机
工作门启闭机容量(kN)	2×2500/500	
平板检修门启闭机数量(台)	1	固定卷扬机
平板检修门启闭机容量(kN)	2×2000	
设计泄洪流量(m^3/s)	2793	
单宽流量[$m^3/(s \cdot m)$]	254	
校核泄洪流量(m^3/s)	3030	
单宽流量[$m^3/(s \cdot m)$]	275	
消能方式	挑流、预挖冲坑	
3. 水电站建筑物		
额定流量(m^3/s)	382	
引水道最大长度(m)	367.86	1号机组
压力管道条数(条)	5	
4. 电站厂房		
型式	地下厂房	
主厂房尺寸(m×m×m)	230.45×27×73.32	长×宽×高
水轮机安装高程(m)	416.80	
5. 开关站(座)	1	
平面尺寸(m×m)	187×27	长×宽
6. 主要机电设备		
水轮机台数(台)	5	
型号		HL153—LJ—660
额定出力(MW)	612	
额定转速(r/min)	136.4	
吸出高度(m)	−13.90	
转轮直径(m)	6.6	
最大水头(m)	200.00	
最小水头(m)	144.00	

续表

名称	指标	备注
额定水头(m)	175.5	
额定流量(m^3/s)	385.5	
发电机型号		SF600—44/13200
单机容量(MW)	600	
发电机功率因数	0.9	
主变压器数量(组)	5	500kV 升压变压器,每组 3 台单相变压器,另设 1 台备用
厂房起重机容量(kN)	3500/500+3500/500	双小车桥机
7. 输电电压(kV)	500	
回路数(回)	4	
8. 通航建筑物		
型式		三级垂直升船机(缓建)
乘船箱有效尺寸(m×m×m)	42×10.6×1.7	
船只吨位(t)	300	
年运输能力(万 t/年)	293	双向
八、施工		
1. 主体工程数量		
明挖土、石方(万 m^3)	1308.53	
洞挖石方(万 m^3)	300.5	
填筑石方(万 m^3)	62.11	
混凝土(万 m^3)	547.85	
钢筋(万 t)	11.85	
金属结构安装(万 t)	2.93	
帷幕灌浆(万 m)	34.08	
固结灌浆(万 m)	47.92	
2. 对外交通		铁路转公路
公路距离(km)	140	遵义至工地
总运量(万 t)	304	
3. 施工导流		
方式	围堰全年挡水:隧洞导流,围堰挡水,主体建筑物全年施工	

续表

名称	指标	备注
4. 施工工期		
准备工期		2 年 3 个月
第一台机组投产工期		7 年 6 个月
总工期		9 年 2 个月
九、经济指标		
1. 静态总投资(亿元)	115.69	
2. 总投资(亿元)	138.67	
建筑工程(亿元)	39.53	
机电设备及安装工程(亿元)	18.56	
金属结构设备及安装工程(亿元)	3.58	
临时工程(亿元)	17.95	
库区淹没处理(亿元)	12.70	
其他费用(亿元)	12.66	
建设期利息(亿元)	23.62	
3. 经济指标		
单位千瓦投资(静态)(元/kW)	3856	
单位电能投资(静态)[元/(kW·h)]	1.19	
经济内部收益率(%)	13.43	
资本金内部收益率(%)	11.1	计算期 42 年
全部投资内部收益率(%)	8	计算期 42 年
上网电价(含税)[元/(kW·h)]	0.22	
贷款偿还年限(年)	25	
十、其他		
开工时间/竣工时间	2003 年 11 月/2011 年 8 月	
建设单位	贵州乌江水电开发有限责任公司	
设计单位	长江水利委员会长江勘测规划设计研究院	
施工单位	中国水利水电第八工程局、第九工程局、第十四工程局,江南公司等	

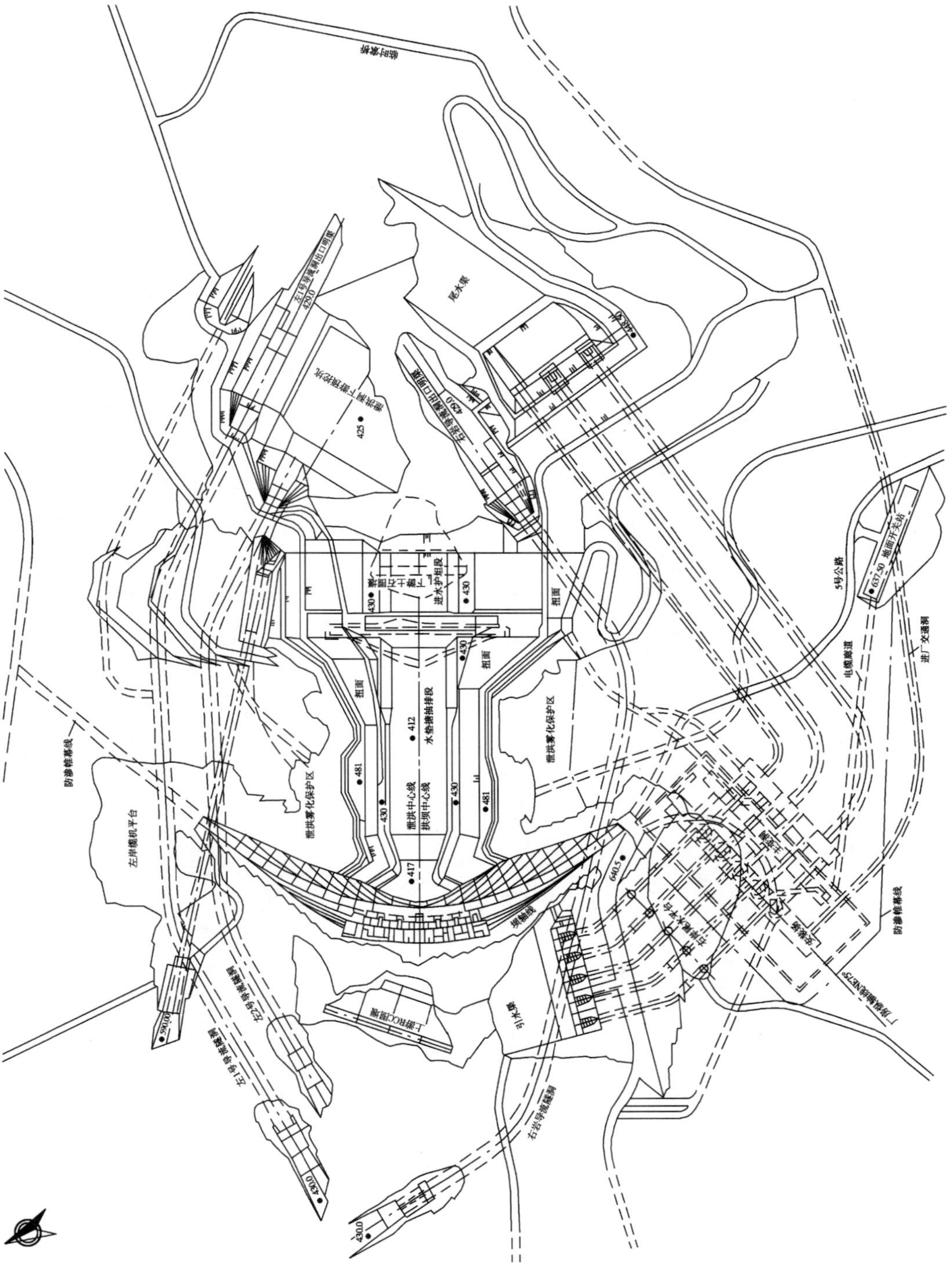

图 1 构皮滩水电站枢纽总平面布置图

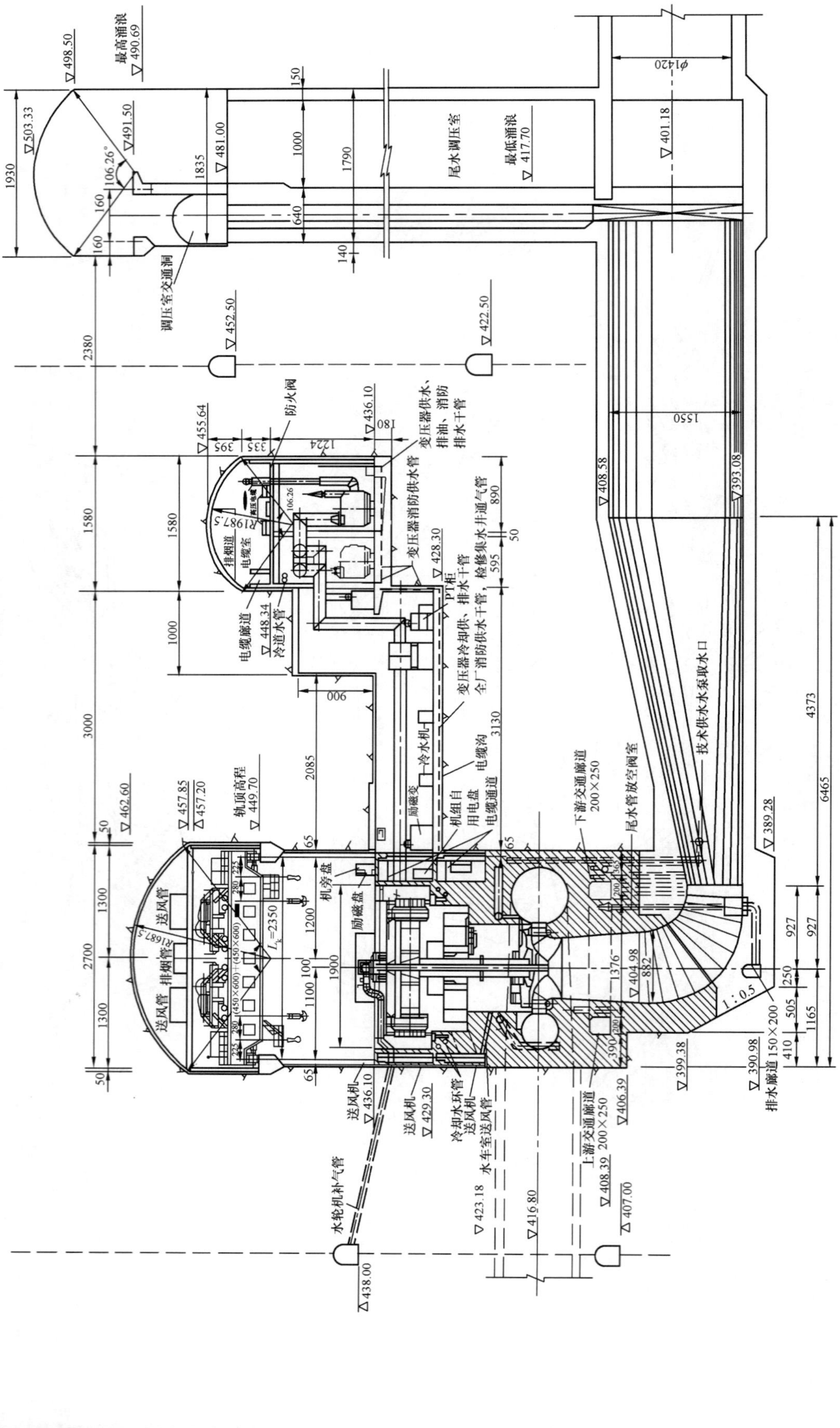

图2 构皮滩水电站地下厂房横剖面图

（三）工程特点

（1）复杂地质条件下高拱坝设计。

坝址距峡谷出口约250m左右，大坝所处河段为“V”形对称河谷。岩层走向一般为北东30°～35°，倾向上游。坝基（肩）位于P_{1m}^{1}层，其中河床坝段在P_{1m}^{1-1}层，向上逐渐坐落于P_{1m}^{1-2}、P_{1m}^{1-3}上。两岸拱座岩体中NW、NWW向陡倾角断裂发育，且溶蚀强烈，其发育方向与拱端推力方向夹角较小，起着侧向切割拱座岩体作用。坝基中存在产状与层面一致的规模较大的层间错动软弱结构面、顺层发育的风化溶滤带及溶蚀洞穴构成拱座岩体横向切割面。

根据坝址区地形地质条件，借鉴国内外高拱坝设计经验和最新研究成果，经对抛物线拱、对数螺旋拱、椭圆线拱、三心圆拱和混合线型拱五种拱型分别进行体形优化比选，最终推荐构皮滩拱坝采用抛物线型双曲拱坝方案。

针对拱坝坝身孔口数量较多、尺寸大、布置较为集中的特点，采用三维线弹性有限元法对泄洪建筑物的布置及不同的孔口大小对坝体及孔口应力、变形的影响进行分析，结果表明各孔口布置方案对拱坝整体刚度的影响基本相当，对坝体应力的重新分配并无本质的影响，应力水平相当，控制性应力与不开孔口坝体应力均满足规范要求；施工过程应力仿真分析成果表明，应力数值均在控制标准之内；针对坝身泄洪流量大的特点，采用水弹性模型试验和数值反演分析方法，对拱坝泄洪水激振动进行了研究分析，表明构皮滩拱坝泄洪振动为有感振动，振动产生的动应力量级很小，对结构不会产生破坏性危害；对于拱坝的超载能力，采用三维非线性有限元法、工程类比法和地质力学模型试验进行的整体安全度分析，表明构皮滩拱坝具有较高的整体安全度。上述研究工作使构皮滩拱坝设计最终达到安全可靠、技术可行、经济合理的目的，解决了复杂地质条件下高拱坝设计难题。

（2）泄洪消能设计。

坝高232.5m，上下游水头差近150m，校核洪峰流量35600m^3/s，经调蓄削峰后仍有28900m^3/s通过泄洪设施下泄，枢纽最大泄洪功率42000MW，消能区单位水体消能率13.5kW/m^3，高拱坝泄洪流量和泄洪功率均位于国内外已建和在建工程的前沿。加之坝址河谷狭窄，地形地质条件复杂，消能区尾部及下游两岸与河床为黏土岩等软岩，泄洪与消能防冲设计难度很大。

通过对坝址区地形地质特点、设计洪水、枢纽下泄流量和水库调蓄比例研究，坝身泄洪和岸边分流的必要性，分流比例研究以及坝身不同孔口布置方案及其结构研究，经多方案比选，最终推荐枢纽采用坝身集中泄洪为主、岸边增设一条明流泄洪洞为辅的布置方案。该方案很好地适应了地形地质特点，减轻了坝身泄洪消能负担，延长了水垫塘检修时段，增加了工程运行的安全性和可靠性，解决了在复杂地质条件下200m级高双曲拱坝大泄量、高水头、大泄洪功率的泄洪消能的技术难题。

（3）岩溶地区超大型洞室稳定。

电站地下洞室群错落分布，其中主厂房最大开挖尺寸为230.45m×27m×73.32m，地下洞室群规模大，属超大型洞室。主厂房局部地段岩溶较发育，其中规模较大的有W24岩溶系统，对地下洞室群稳定存在不利影响。根据围岩分析成果和本电站特点，影响洞室稳定性主要因素有主厂房高边墙、不利结构面、洞室交叉、W24岩溶系统等。针对上述问题，主要采取选用合理的布置和支护措施，使主厂房避开主要岩溶的影响，并用回填、锚固、排水等措施保证主厂房顶拱安全；对于调压井采取上部连通，下部独立的井式结构以改善成洞条件。

（4）尾水系统设计。

电站尾水变幅大，尾水洞穿过软岩地段，地质条件很差，开挖洞径达17m，成洞条件非常困难。采用阻抗式调压井以满足尾水调保要求；采取圆洞形结构，并辅以超前支护、预灌浆等施工措施，改善成洞条件。

（5）高边坡稳定。

水垫塘边坡：水垫塘边坡上游段以灰岩为主，岩性为中厚层或厚块状生物碎屑岩，高达240m，两侧边坡陡峭，部分近于直立；下游段为粉砂质岩黏土岩，山体相对平缓，岸坡一般25°～35°。

两岸岩层与河谷大角度相交，倾向上游，倾角40°～50°。地质构造主要有断层、层间错动、裂隙等，边坡中存在由反倾角裂隙、层间错动、断层、NW～NWW向断裂组合成小型不稳定块体。在卸荷影响带内，两岸可见多处危岩体及小规模崩塌，峡谷出口段边坡岩体上硬下软，硬岩两面卸荷，稳定条件较差。

水垫塘开挖将影响边坡上部岩体的稳定，水库蓄水后地下水抬升及泄洪降雨作用使边坡运行环境恶化，增加了边坡失稳的可能性。据边坡的地质构造和节理统计结果，建立岩体网络模型，并结合地下水渗流场模拟分析，采用离散元法、弹塑性有限元法及刚体极限平衡法对水垫塘边坡在自然条件下和不同泄水工况的稳定性进行了分析。结果表明，若不进行处理，水垫塘边坡在开挖和泄洪雾化降雨的影响下，整体和局部稳定性与天然状态相比均明显下降，临空面附近的岩块失稳脱落是边坡主要的破坏形式。

对水垫塘边坡采用了开挖、喷锚支护、预应力锚索及地表、地下排水综合处理方案。多种分析方法成果表明，采用综合处理后，可保证边坡稳定。

尾水边坡：尾水出口洞脸边坡最大开挖坡高达140m，其中下部尾水隧洞出口部位存在约20m的直立坡。边坡具上硬下软的结构，受中上部强、弱风化层和下部软岩的开挖变形影响，边坡稳定条件较差。根据边坡岩体地质条件，综合极限平衡分析和平面有限元计算成果，采取排水、喷锚支护、混凝土坡面保护、预应力锚索、锚桩与施工前部分边坡预灌浆及灌注桩等相结合的加固措施和选择合理的施工方法，保证边坡施工期和运行期安全。

(6) 高水头岩溶地区防渗帷幕设计。

工程位于岩溶地区，地基中岩溶发育（特别是充砂溶洞），在P_{1q}^3层存在涌水（承压水），在复杂地质条件下高拱坝的灌浆方法和快速施工工艺，为渗控工程主要技术问题。

1）双曲拱坝坝高达232.5m，运行水头高，根据规范要求，接触段最大灌浆压力需达3.3MPa，远大于常规帷幕灌浆接触段压力1～1.5MPa，为保证帷幕灌浆效果，防止灌浆时发生抬动事故，灌浆压力及控制措施为防渗帷幕的关键问题。

2）地基岩体存在断层和层间错动带，顺其发育了多个规模不等的岩溶系统，防渗线路不可避免的要穿过这些部位，溶洞的充填情况和充填物质各不相同，有黏土、细砂、碎石土等，特别是对充填有细砂、粉细砂的溶洞，目前还没有成熟有效的灌浆处理方法。通过灌浆处理提高溶洞抗渗性能的具体灌浆工艺、材料和灌浆的有效性，是渗控工程面临的技术难题之一。

3）P_{1q}^3层中存在裂隙承压水（涌水），承压水水位高出乌江枯水面0.55～31m，高于基础廊道50～60m，如何有效保证该部位的灌浆质量和施工进度，也是防渗帷幕灌浆需解决的问题。

针对以上问题，可对灌浆压力的升压标准采取适当控制措施，必要时采用防抬动加固措施防止坝基抬动，根据岩溶发育情况采取不同的灌浆工艺，如：开挖置换、高压密实、旋喷等，针对涌水（承压水）灌浆可采用井点降水，改善灌浆浆液性能，在灌浆时采取闭浆、屏浆等处理措施。初步处理方案应进行关键问题专项研究，并做灌浆试验验证后确定。同时，在施工过程中，还应根据具体情况进行调整。

小湾水电站工程

（一）工程概况

小湾水电站工程位于云南省西部大理白族自治州的南涧县和临沧地区凤庆县交界，澜沧江中下游及其左岸主要支流黑惠江交汇后下游1.5km处。澜沧江全长4500km，总落差5500m，流域面积74.4万km^2；其中在云南省境内河长1240km，落差1780m，流域面积9.1万km^2。小湾坝址以上流域面积11.33万km^2，坝址多年平均流量1210m^3/s。

小湾水电站为《云南省澜沧江中下游河段规划报告（功果桥——南阿河口）》两库八级水电规划的第二级，也是中、下游河段的龙头水库和巨型电站。电站所处地理位置距昆明公路长456km，铁路转运站设在广（通）大（理）铁路祥云站。小湾至祥云公路长144km，距广州1500km。

枢纽工程由混凝土双曲拱坝、坝后水垫塘和二道坝、左岸泄洪洞与右岸引水发电系统及500kV地面GIS开关站等建筑物组成。

电站以发电为主，兼有防洪、灌溉、库区水运、拦沙及旅游等综合效益。电站正常蓄水位1240m，总库容150.43亿m^3，总装机容量4200MW，保证出力1778MW，多年平均年发电量189.9亿kW·h，年利用小时数4520h。小湾水库系澜沧江中下游主要调节水库，运行后除本电站可为系统提供大量优质电能、改善系统运行状况外，并可使下游先期建成的漫湾、大朝山两水电站增加保证出力782MW，增加年发电量22.1亿kW·h，将使全省水电站群的保证出力显著提高，明显改善系统的运行条件。

1992年4月《小湾水电站可行性研究报告》经原能源部会同云南省人民政府进行审查。1995年完成《小湾水电站可行性研究报告（初步设计）》，并通过审查。之后继续对一些重大技术问题进行专题研究，并通过审查，为项目开工建设提供了可靠的技术保证。2001年9月中国国际工程咨询公司对《小湾水电站项目可行性研究报告》进行了评估。

1999年9月～2001年12月为工程筹建期，建设枢纽区的场内道路、桥梁、供水、供电系统及渣场挡排等工程。

主体工程于2002年1月20日开工，2004年10月25日截流，预计2009年底发电，2011年底工程竣工。

（二）工程任务和规模

电站以发电为主要目标，不仅其自身可向系统每年提供发电量189.9亿kW·h，还对云南省水电站群有显著的补偿调节作用，并具有向广东等送电的能力和区位优势。

水库回水长约178km，形成约189km^2的库区水面，可开展库内航运；同时，水库的调蓄作用将使下游河道流量的年内分配趋于均匀，利用库区发展渔业、旅游业等，促进库区及周边地区社会经济的发展。

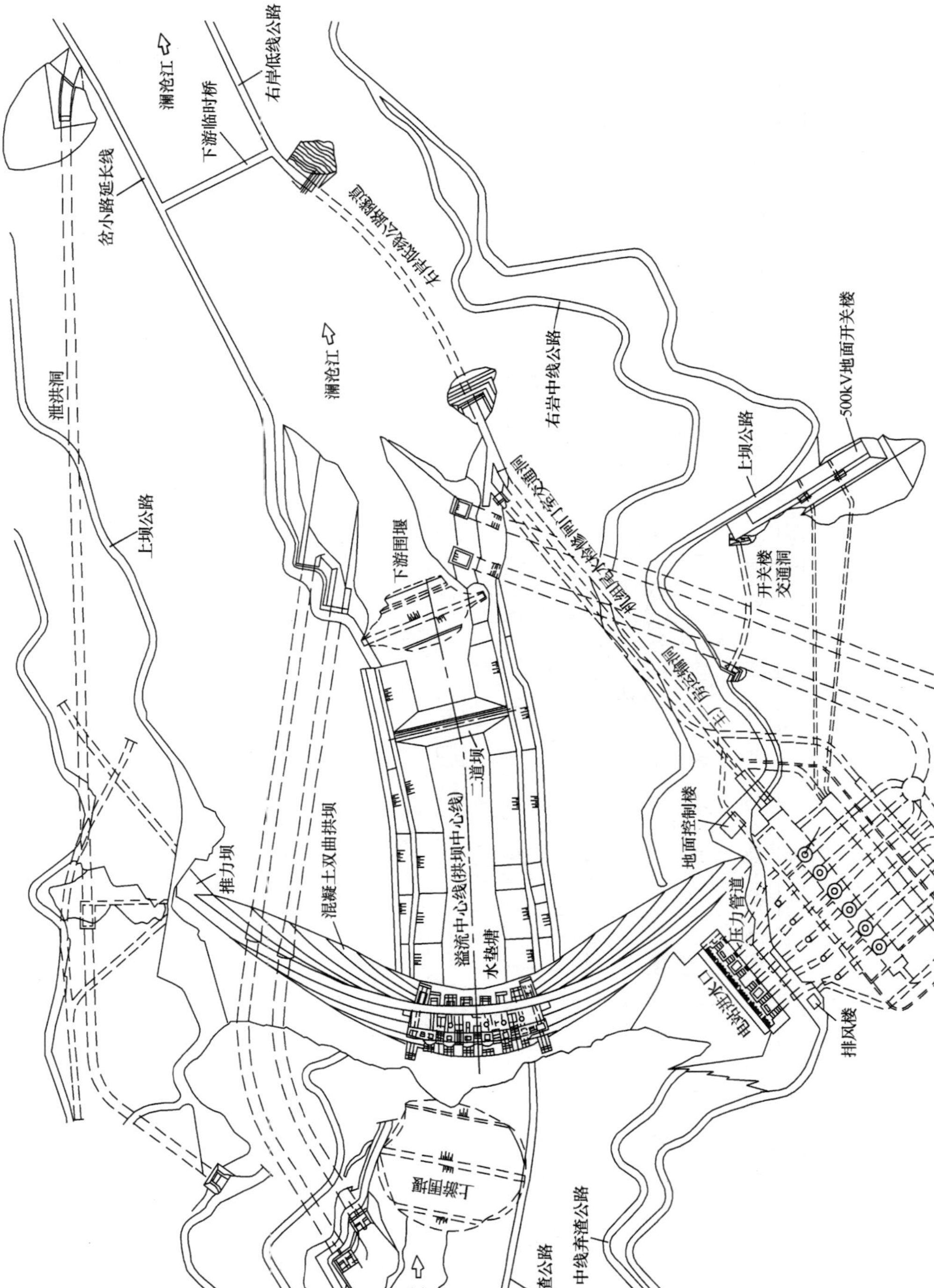

图1 小湾水电站枢纽平面布置图

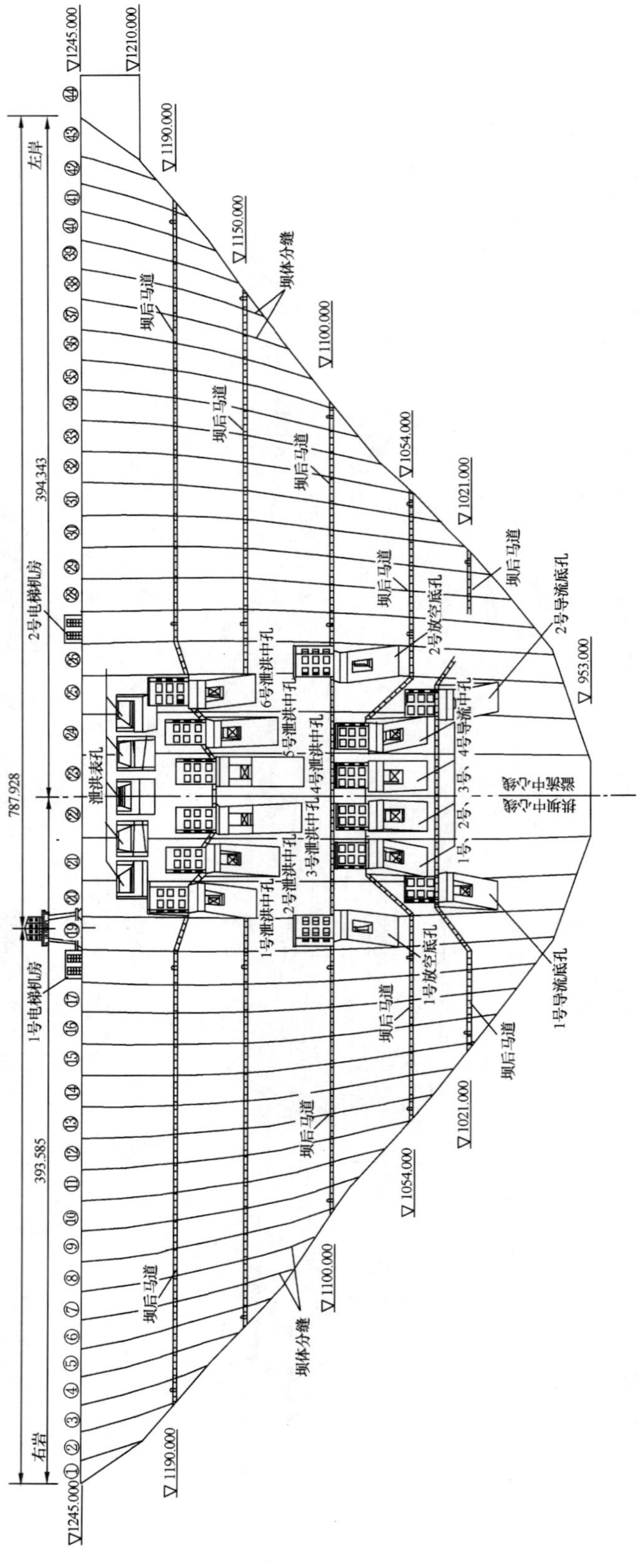

图 2 小湾水电站拱坝下游立视图

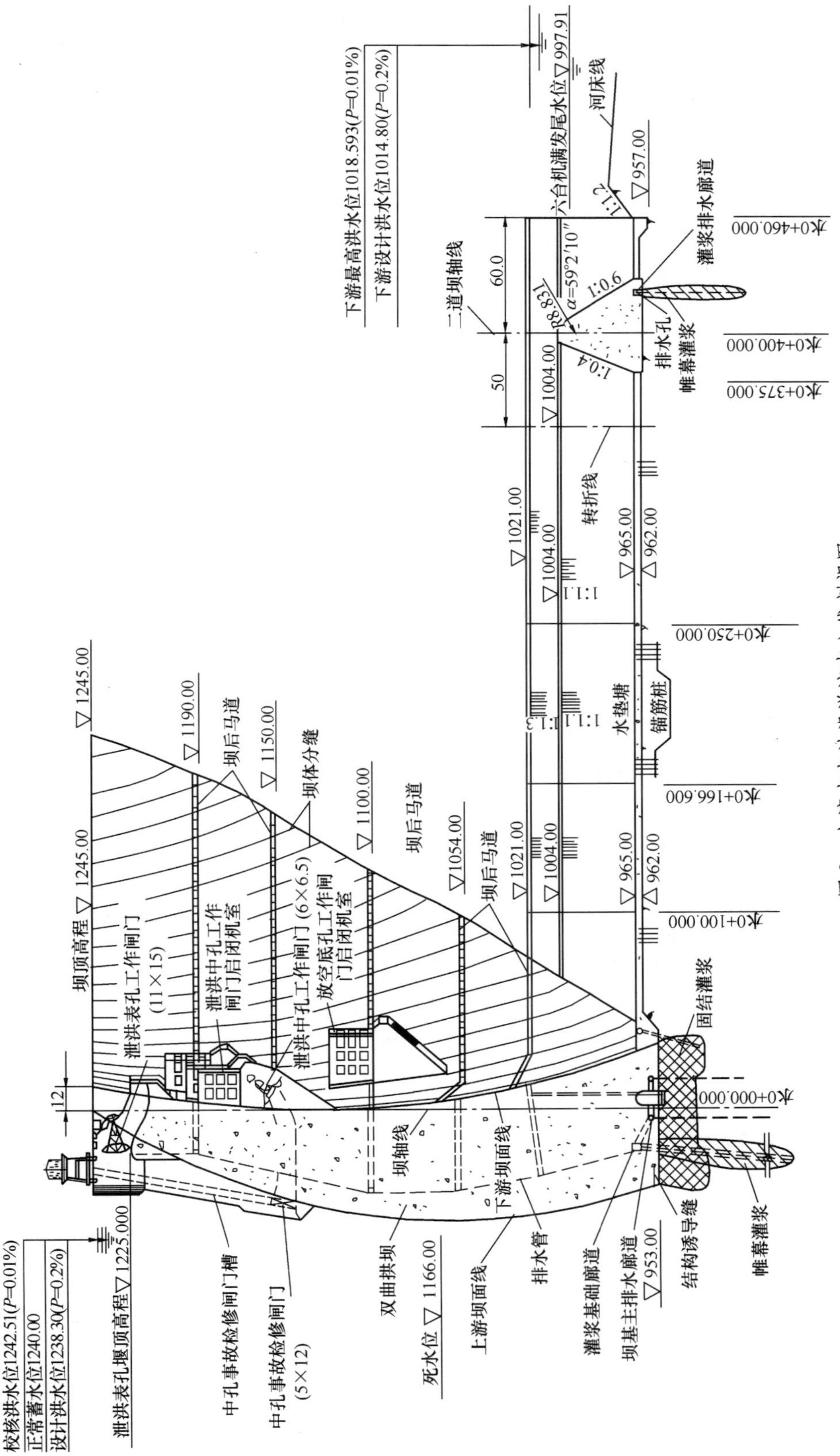

图 3 小湾水电站沿溢流中心线剖视图

电站装机容量 4200MW（6×700MW）。水库总库容为 150.43 亿 m^3，调节库容 98.96 亿 m^3，水库具有不完全多年调节性能。电站保证出力 1778MW，多年平均年发电量 189.9 亿 kW·h，其中枯期（11 月至翌年 5 月）电量 95.7 亿 kW·h（占年电量的 50.4%），年利用小时数为 4520h。

平面布置见图 1，拱坝下游立视图见图 2，沿溢流中心线剖视见图 3，厂房横剖面见图 4，工程特性见表 1。

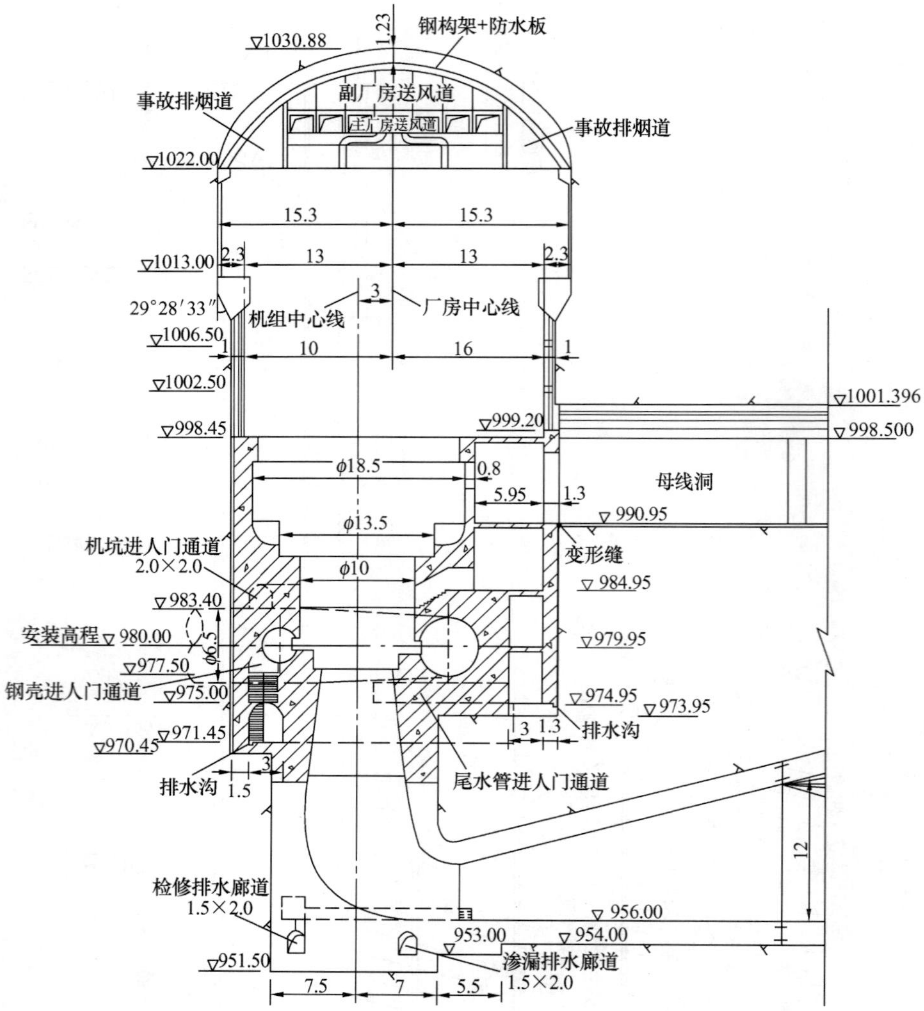

图 4 小湾水电站厂房横剖面图

表 1 小湾水电站工程特性表

名 称	指 标	备 注
一、水文		
1. 流域面积		
全流域（万 km^2）	74.4	中国境内 17.4
工程坝址以上（万 km^2）	11.33	
2. 利用的水文系列（年）	46	

续表

名 称	指 标	备 注
3. 多年平均年径流量（亿 m^3）	382	
4. 代表流量		
多年平均流量（m^3/s）	1210	
实测最大流量（m^3/s）	9150	
实测最小流量（m^3/s）	273	
调查历史最大流量（m^3/s）	11700	1905 戛旧站

续表

名　　称	指　标	备　　注
设计洪水流量(m^3/s)	16700	$P=0.2\%$
校核洪水流量(m^3/s)	23600	$P=0.01\%$
施工导流流量(m^3/s)	10300/12500/14600	初期/中期/后期 $P=3.33\%/1.33\%/0.5\%$
5. 洪水		
实测最大洪量(亿m^3)	92.4	15天
设计最大洪量(亿m^3)	163	15天
校核最大洪量(亿m^3)	230	15天
6. 泥沙		
多年平均悬移质年输沙量(万t)	4799	
多年平均含沙量(kg/m^3)	1.26	
实测最大含沙量(kg/m^3)	33.9	戛旧站
多年平均推移质年输沙量(万t)	150	
二、水库		
1. 水库水位		
校核洪水位(m)	1242.51	
设计洪水位(m)	1238.30	
正常蓄水位(m)	1240	
汛期防洪限制水位(m)	1236	糯扎渡投入前为1232
死水位(m)	1166	
2. 正常蓄水位水库面积(km^2)	189.1	
3. 干流回水长度(km)	178	支流回水长度123.7km
4. 水库容积		
总库容(亿m^3)	150.43	
正常蓄水位库容(亿m^3)	145.57	
调洪库容(亿m^3)	13.18	
调节库容(亿m^3)	98.96	
死库容(亿m^3)	46.61	

续表

名　　称	指　标	备　　注
5. 库容系数(%)	0.26	
6. 调节性能		不完全多年调节
三、下泄流量及相应下游水位		
1. 设计洪水位时最大泄量(m^3/s)	15691	
相应下游水位(m)	1012.71	
2. 校核洪水位时最大泄量(m^3/s)	20709	
相应下游水位(m)	1016.64	
四、工程效益指标		
发电效益		
装机容量(MW)	4200	
保证出力(MW)	1778	
多年平均发电量(亿kW·h)	189.9	
年利用小时数(h)	4520	
五、水库淹没及施工占地		
1. 水库淹没(含库岸稳定)		
淹没影响耕地(亩)	67348.25	
淹没影响人口(人)	11070	
安置人口		
农业生产安置人口(人)	41646	
动迁人口(人)	37814/1335	农业/非农业
2. 施工占地		
占用耕地(亩)	1994.86	
占地人口(人)	347	
六、主要建筑物及设备		
工程等别、主要建筑物等级		一等、1级
1. 挡水建筑物型式		混凝土双曲拱坝
地基岩性		黑云花岗片麻岩和角闪斜长片麻岩
地震基本烈度/设防烈度(度)	Ⅷ/Ⅸ	

续表

名　称	指　标	备　注
顶部高程(m)	1245	
最大坝高(m)	292	
顶部长度(m)	892.40/798.50	中心线弧长/中心线弦长
2. 泄水建筑物		
(1)泄洪洞		
型式		有压(圆形)+无压(方圆形)
围岩岩性		黑云花岗片麻岩和角闪斜长片麻岩
进口底板高程(m)	1200	
条数(条)	1	
有压段尺寸(m)	ϕ16.5	内径
无压段尺寸(m×m)	13×(18～14.5)	宽×高
进口事故检修门		
型式		潜孔平面定轮门
数量(扇)	1	
尺寸(m)	15×16.5	宽×高
启门机型式		固定卷扬机
启门机台数(台)	1	
启门机容量(kN)	2×2500	
工作门		
型式		潜孔平面定轮门
数量(扇)	1	
尺寸(m×m)	13×13.5	宽×高
启门机型式		固定卷扬机
启门机台数(台)	1	
启门机容量(kN)	2×2500	
设计泄洪流量(m^3/s)	3565	
校核泄洪流量(m^3/s)	3799	
最大流速	47	
消能方式		挑流消能
(2)坝身表孔		
型式		开敞式
孔数(个)	5	

续表

名　称	指　标	备　注
孔口尺寸(m×m)	11×15	宽×高
堰顶高程(m)	1225	
溢流段长度(m)	9.5	
工作门		
型式		露天式弧形闸门
数量(扇)	5	
尺寸(m×m)	11×15	宽×高
启门机型式		油压
启门机台数(台)	5	
启门机容量(kN)	2×2000	
设计泄洪流量(m^3/s)	5530	
校核泄洪流量(m^3/s)	8625	
单宽流量[$m^3/(s\cdot m)$]	146	
消能方式		挑流消能
(3)坝身中孔		
型式		深孔、有压式
孔数(个)	6	
孔口尺寸(m×m)	6×6.5	宽×高
事故检修门		
型式		潜孔平面定轮门
数量(扇)	6	6孔6门
尺寸(m×m)	5×12	宽×高
启门机型式		双向门机
启门机台数(台)	1	
启门机容量(kN)	600	
工作门		
型式		潜水弧形闸门
数量(扇)	6	
尺寸(m×m)	6×6.5	宽×高
启门机型式		摇摆油机
启门机台数(台)	6	
启门机容量(kN)	5000/1500	
设计泄洪流量(m^3/s)	8038	
校核泄洪流量(m^3/s)	8264	
最大流速(m/s)	40	
消能方式		挑流消能
(4)坝身底孔		

续表

名　　称	指　标	备　　注
型式		深孔、有压式
孔数(个)	2	
孔口尺寸(m×m)	5×7	宽×高
进口底槛高程(m)	1080	
消能方式		挑流消能
事故检修门		
型式		潜孔平面链轮门
数量(扇)	2	
尺寸(m×m)	5×12	宽×高
启门机型式		双向门机
启门机台数(台)	1	
启门机容量(kN)	6000	
工作门		
型式		潜孔弧形门
数量(扇)	2	
尺寸(m)	5×7	宽×高
启门机型式		摇摆油机
启门机台数(台)	2	
启门机容量(kN)	7500/3000	
3. 引水建筑物		
设计引用流量(m^3/s)	365	
压力管道长度(m)	298.7	平均
压力管道条数(条)	6	
4. 厂房		
型式		地下
主厂房尺寸(m×m×m)	298.1×30.6×79.18	长×宽×高
水轮机安装高程(m)	980	
5. 开关站面积/层数(m/层)	205×22/2	长×宽
6. 主要机电设备		
水轮机台数(台)	6	
型号		HL153—LJ—660
额定出力(入力)(MW)	714	
额定转速(r/min)	150	
吸出高度(m)	−11.9	
转轮直径(m)	6.6	

续表

名　　称	指　标	备　　注
最大水头(m)	251	
最小水头(m)	164	
额定水头(m)	216	
额定流量(m^3/s)	360.3	
发电机型号		SF700—40/12770
单机容量(MVA)	777.8	
发电机功率因数	0.9	
主变压器规格、数量		DSP—260000/500
厂房起重机数量(台)	2、1	800/160t、100/32t
7. 输电电压(kV)	500	
回路数(回)	6	
七、施工		
1. 主体工程数量		
明挖土、石方(万 m^3)	2708	
洞挖石方(万 m^3)	390	
填筑土、石方(万 m^3)	160	
干、浆砌石方(万 m^3)	18	
混凝土(万 m^3)	1121	含喷混凝土
钢筋、钢材(t)	239900	
金属结构安装(t)	28846.6	
帷幕灌浆(m)	176400	
固结灌浆(m)	1016200	
2. 对外交通(公路)		
距离(km)	456	
运量(万 t)	130	
3. 施工导流		
(1)导流隧洞		
条数(条)	2	
断面尺寸(m×m)	16×19	宽×高
长度(m)	861.6、980.9	
(2)围堰		
上游围堰型式		土工膜心墙堆石围堰
上游围堰最大高度(m)	60.6	
下游围堰型式		土工膜心墙堆石围堰

续表

名　　称	指　标	备　　注
下游围堰最大高度(m)	38	
4. 施工工期		
准备工期(年)	2.75	
第一台机组投产工期(年)	7.75	
总工期(月)	119	不含筹建期
八、经济指标		
1. 静态总投资(亿元)	223.31	
2. 总投资(亿元)	277.31	
其中：建筑工程(亿元)	105.05	
机电设备及安装工程(亿元)	30.58	
金属结构设备及安装工程(亿元)	3.68	
临时工程(亿元)	26.7	
水库淹没处理补偿费(亿元)	23.1	
3. 经济指标		
单位千瓦投资(元/kW)	5317	静态
单位电能投资[元/(kW·h)]	1.17	静态
经济内部收益率(%)	14.37	
财务内部收益率(%)	8.50	
经营期上网电价[元/(kW·h)]	0.2228	
贷款偿还年限(年)	21.46	
九、其他		
开工时间/竣工时间	2002年/2011年	
建设单位	云南华能澜沧江水电有限公司	
设计单位	昆明勘测设计研究院	
监理单位	西北监理、华咨监理、金杉监理	
施工单位	水电四局、水电八局、水电十四局、水电三局、水电七局、水电一局、葛洲坝集团	

（三）工程特点和新技术应用

1. 工程特点　混凝土拱坝为抛物线型变厚度双曲拱坝，具有以下主要特点：

1）坝体承受的总水压力大。拱坝最大坝高292m，是世界上已建和在建工程中最高的混凝土双曲拱坝。坝体承受的最大总水推力达1666×9.8万kN。

2）地震地质环境复杂。小湾枢纽区地震基本烈度为Ⅷ度，按600年超越概率10%确定地震动参数，基岩峰值水平加速度为0.308g。地震设防烈度Ⅵ度居世界同类坝型前列。

3）施工技术难度具有世界水平。拱坝坝基（含缆机基础）边坡最大开挖高度近700m，开挖及锚固工程量巨大。由于沟谷深切，地形陡峻，施工出渣道路布置困难。两岸边坡岩体卸荷强烈，卸荷裂隙分布的深度达100～160m。坝基和抗力体部位分布有F_{11}、F_{10}断层和E_4、E_5、E_1、E_8高岭土蚀变带。蚀变带等软弱岩带的强度和变形模量低。坝肩和抗力体岩体加固采取了混凝土洞、井塞等置换传力结构和高压固结灌浆及预应力锚索等综合措施，工程量大，施工困难，干扰突出。拱坝混凝土总量838万m^3，施工具有浇筑仓面大（最大1825m^2）、强度高（月最高20万m^2，高峰年179万m^2）、高峰期持续时间长（连续3年以上）和施工干扰大（坝身孔洞、廊道多，金属结构和抗震钢筋量大）等特点。小湾拱坝高边坡开挖与支护、高强度混凝土浇筑技术和抗震措施均具有世界水平。

泄洪消能工程的特点为：

1）泄洪功率居世界同类坝型前列。坝址山高谷窄，最大泄洪落差226.26m，最大泄洪流量20709m^3/s（校核洪水），相应下泄功率46060MW，其“大泄量、高水头、窄河谷”的泄洪消能问题突出。

2）泄洪雾化严重，防护措施要求高。由于表、中孔联合泄洪，空中碰撞，水舌在水垫塘内的溅水引起的雾化十分严重，将在坝后较大范围内形成强烈的泄洪雾化区，两岸坝肩抗力体均位于强暴雨区，须设置有效的坡面保护和地表、地下排水措施，确保边坡稳定。

引水发电系统布置在右岸，压力管道为地下结构，单机单管供水，管道内径9～6.5mm。地下厂房洞室群位于右岸坝端上游，垂直埋深300～500m。地下厂房洞室围岩坚硬，结构面挤压紧密，断裂不发育，透水性微弱，多属Ⅰ、Ⅱ类围岩。主厂房尺寸298.1m×30.6m×79.18m（长×宽×高）。主变压器室尺寸230.6m×19m×23.05m（长×宽×高）。尾水调压室为两个阻抗式圆筒形调压井，内径32m，高

87m。两条尾水洞内径 18m，长度分别为 932.5m 和 718.3m。小湾电站地下洞室群的规模居世界前列。

水轮发电机设计和制造的特点为：

1）机组单机容量大，运行水头高，水头变幅大，是世界上该水头段单机容量最大的水轮发电机组。水轮机转轮水力设计和制造，发电机推力轴承、发电机冷却方式等设计和制造的难度均居世界前列。

2）电站机组容量巨大，在未来电网中将担任调峰、调频和事故备用等重要任务，要求机组能长期安全、稳定、可靠地运行，并适应负荷多变的工况。

3）机组运行条件苛刻。水轮机运行水头变幅达 87m，最大水头与最小水头比值为 1.53，要求水轮机具有宽幅度的水头适应性和高效性。

2. 关键技术问题

（1）拱坝布置及体形优化。

小湾拱坝坝址位于高地震烈度区，国内外尚缺乏在河谷宽高比大、高地震烈度区修建 300m 级高拱坝的设计经验。为了确保小湾拱坝安全可靠和经济合理，结合国家“九五”科技攻关，采用多拱梁法、厚壳单元法和有限元法等多种方法，从水平向曲率、纵向曲率和坝体厚度 3 个方面，调整体形参数，推荐了Ⅰ—9 体形。该体形的厚高比 0.25，柔度系数 12.7。

在招标设计阶段，根据专题研究审查意见和项目可研评估意见，结合坝肩岩体稳定及加固措施的研究，为进一步增强坝体抗震性能和降低坝踵区拉应力，对拱坝布置及体形又作了优化调整，增加了高程 1170m 以上拱端厚度，并在左拱端 1210m 拱圈以上设置了推力墩，形成 ZBTX 体形。

ZBTX 体形与Ⅰ—9 体形相比，左坝头略向上游方向移动，推力方向略有改善，应力水平略有降低。工程开工后，结合坝基实际地质及大坝受力情况，由 ZBTX 体形调整为 JSTX3 体形，对大坝的建基面进行了进一步调整，提高了大坝的承载能力。

（2）拱坝抗震风险分析和抗震措施。

经审定的大坝地震设防标准按 600 年超越概率 10%的基岩峰值水平加速度 0.308g 计算，该标准对应的地震重现期为 5695 年，比现行水工抗震规范 100 年超越概率 2%的重现期 4950 年的标准略高。

拱坝抗震强度分析以静、动力拱梁分载法为基本方法，同时补充进行有限元分析、动力模型试验。研究开发了能综合考虑各种因素的坝体—地基—库水三维动力分析方法和专用程序。该方法以三维人工透射边界理论模拟辐射阻尼效应，以动接触理论模拟横缝开合情况，由地基底部输入三分向地震动时间历程，为迄今国内外最为全面的反映强震时高拱坝实际情况的动力分析方法。

研究成果表明，由于小湾工程坝高、库大、河面宽、地形单薄、位于高烈度地震区和工程的极端重要性，以及当前对地震动预测的不确定性和分析试验的复杂性，对小湾拱坝设置合适的工程抗震措施十分必要，而且宜考虑可能的误差及超越设计概率的情况。

根据分析研究成果并参考国外实际拱坝震害情况，小湾拱坝在强烈地震下特别是遇到超设计概率的地震时，可能出现的破坏情况有：坝体及地基产生剧烈的动力响应，导致中上部坝体剪断、压碎，甚至产生巨大贯穿性裂缝丧失整体性，特别是坝体高部最危险；坝肩的岩体特别是其构造面在强震下可能开裂、滑移，产生不可恢复的永久变形，进一步恶化拱坝工作状态或局部失稳；横缝在强震中可能产生较大的张开和剪切位移，破坏止水和键槽，产生大量漏水，横缝结构也被破坏。工程抗震措施应有针对性布设。

为防止坝体在强震中局部破坏甚至较大范围丧失整体性，需在动应力较大部位采取抗震措施。坝肩部位的地质缺陷必须稳妥处理。

为防止坝横缝在强震中产生过大张开或错动，拟采取跨缝设置阻尼器或跨缝钢筋，并妥善设计键槽，保证键槽在地震中不被破坏，阻尼器或跨缝钢筋在技术上均可行。

横缝的止水设计，要求能适应较大的拉开和错动而不破坏。在动力响应强烈的部位适当提高混凝土标号并改善其性能。

（3）泄洪消能雾化问题。

鉴于泄洪流量和泄洪功率大的特点，坝身泄流水舌纵向分层拉开，横向单体扩散，表孔、中孔对撞消能，总体入水归槽，并充分利用双层水舌剪切，多股射流形成动水垫，岸边泄洪隧洞分流的联合泄洪方式。在泄量分配上，力求使每套泄洪设施单独运行，加上电站机组过流量均能宣泄常年洪水，即三套泄洪设施能互为备用，分散泄洪流量和泄洪功率，提高安全度。

对于泄洪雾化的研究，直接从多座水电站泄洪雾化原型观测资料入手，分析泄洪雾化纵向范围与水舌平均入水流速、入水角以及泄流量之间的关系，考虑水舌碰撞因素对泄洪雾化的影响，基于量纲分析方法建立了估算泄洪雾化纵向范围的经验关系式。根据二滩水电站泄洪雾化原型观测得到的雾化降雨量等值线图，绘制了小湾电站坝身表孔单独泄洪、中孔单独泄洪、中表孔联合泄洪以及泄洪洞泄洪各典型工况下泄洪雾化降雨的等值线图。采用人工神经网络方法，考虑水力学因素与地形因素对泄洪雾化的影响，建立泄洪雾化的人工神经网络预测模型。

（4）枢纽区高陡边坡稳定问题。

小湾水电站枢纽区河谷深切，谷坡陡峻，天然岸坡高达 1000 余米，最大开挖边坡高约 700m。由于枢纽区物理地质作用强烈，风化、卸荷作用不仅使岸坡浅表部位普遍分布有强卸荷松动岩体，而且一些部位的卸荷深度已超过 100m。此外，在坝前左、右岸坡各分布有一个规模较大的堆积体。基本地形、地质条件和工程规模决定了高边坡稳定问题成为小湾工程建设的重大复杂技术问题之一。

枢纽区边坡稳定问题的复杂性，不仅表现在边坡浅表部位的局部稳定问题和具有一定规模的深层滑动问题的共存，而且由于各部位基本地质结构的差异，存在倾倒变形、平面滑动、阶梯状滑动、楔体滑动和松散堆积体滑动等多种失稳形式。

针对边坡存在不同的失稳形式，分别采取不同的支护方法，锁口锚固、系统喷锚、预应力锚索、抗滑桩及网格梁，辅以排水；对于堆积体，采用开挖控制坡比、抗滑桩、网格梁、网格梁预应力锚索、排水等措施。

预应力锚索在边坡加固中大量采用，施工过程中遇到了很多困难。岩质边坡部位，由于浅表部风化、卸荷强烈，深部也有较发育的卸荷裂隙，锚索造孔时常遇到漏气、不返渣、卡钻、塌孔、孔内固壁灌浆量大等困难；在堆积体边坡部位，由于堆积体组成复杂，土中夹有大量孤石，且堆积体较厚（最深达 70余米），锚索造孔时常塌孔卡钻，采用跟管工艺造孔，目前国内的跟管钻机较难满足深度要求。针对这些困难，及时调整了设计方案，开展锚索施工生产性试验，引进先进的锚索钻孔施工设备，摸索出一整套预应力锚索施工工艺：在强风化、强卸荷部位用组合螺旋钻施钻、堆积体跟管造孔、用土工布包裹堵漏。对岩质边坡和堆积体边坡，尽量采用放缓开挖边坡，以减少锚固工程量。

（5）混凝土原材料研究。

针对小湾拱坝混凝土承载力大、抗裂要求高等特点，对混凝土性能提出了“高强、高抗拉、中弹、低热、不收缩”的要求。作为混凝土质量保证的基础，开展了混凝土骨料检测、优选混凝土原材料及外加剂的专题研究。

鉴于小湾工程的重要性，混凝土骨料碱活性和云母含量检测多家对比试验，经采用岩相法、化学法、砂浆长度法和快速压蒸法检测，判定所选用的人工骨料为非活性骨料。经多种方法分离和测定，人工砂中云母含量满足规范要求。

开展了中热水泥开发、骨料特性试验、掺和料及外加剂品质鉴定和优选试验等工作。取得的研究成果表明，滇西水泥厂生产的 42.5 号中热硅酸盐水泥及宣威电厂、曲靖电厂Ⅰ级粉煤灰能基本满足小湾拱坝混凝土的性能要求，另经广泛比选，已优选出减水效果较优的高效复合外加剂。

针对选定的混凝土原材料，做了系统、深入的混凝土配合比优化及性能试验工作。

（6）拱坝温控措施优化及横缝开度仿真研究。

可行性研究完成后，结合国家“九五”科技攻关，进行了拱坝温控措施优化及横缝开度仿真研究，采用全过程仿真粘弹性空间有限元法，对小湾混凝土拱坝施工过程中的各种因素进行了敏感分析，得出多维数值空间的敏感分析凝聚方程，联合敏感分析凝聚方程和约束方程，经系统分析得出坝体浇筑温度的优化函数，提出拱坝混凝土浇筑的温控方案。

混凝土拱坝横缝开度计算是一个非线性接触问题，在全过程仿真计算的基础上，研究全过程仿真接触问题的计算方法，引入系统分析方法和接缝接触问题，使全过程仿真计算技术进一步拓宽与发展，为解决与小湾拱坝封拱灌浆有关的接缝开度问题，提出了有价值的数据和实施方案。

（7）厂区地下洞室群布置、围岩支护及施工研究。

经综合考虑厂区的地形、地质条件以及枢纽布置的要求，地下厂房主要洞室集中布置在拱坝右端山体中，位于断层 F_7 与 F_5 之间的约 400m×500m 范围内，洞室的围岩覆盖层厚度 300～500m，水平埋深 350～550m。

为使引水和尾水系统水流相对顺畅，洞线尽可能短；尽可能避开较大断层（如 F_7、F_5）的影响；使厂房纵轴线与主要结构面的夹角尽可能大，与地应力第一主应力夹角尽可能小。结合地质条件、水力过渡过程计算及围岩稳定，采用带上室的阻抗式圆筒（直径 32m）尾水调压井。

为利于机电设备的布置和电站的运行、维护，并综合考虑了三大洞室的布置空间和围岩稳定及应力条件，三大洞室采用“一”字形布置，间距分别为 50m 和 45m。

通过对小湾地下洞室群进行三维非线性弹塑性和脆塑性有限元围岩稳定分析，并借鉴国内外已建、在建地下工程的支护经验，根据各部位的地质情况和运行条件，采用系统支护与重点支护相结合的支护方案。采取的加固措施和渗控措施主要有：①对高边墙关键部位使用预应力锚索，其余部位以锚杆支护为主，辅以随机锚索；②在所有不过水的地下洞室内进行喷混凝土与系统锚杆支护，视开挖情况局部挂钢丝网喷混凝土；③由于断层 F_5 在调压室之间穿过，故上室段布置一定数量的预应力锚索；④在厂房压力管道下平段始端布置帷幕灌浆环，与右岸坝肩各高程的帷幕灌浆连为一体，组成上游侧的帷幕防渗墙，墙后布置排水幕，以阻排库水渗流，确保钢衬管和厂房的安全；⑤在洞室群周围布置封闭的排水幕，在其顶部布置有倾角为30°的搭接排水幕，形成将厂区地下洞室群笼罩在内的排水幕罩，主要用于排除山体地下渗水和部分渗漏的库水；⑥在重要的地下洞室内布置排水防潮层，以改善室内机电设备运行环境。

在上述布置方案确定的基础上，开展了小湾超大型地下厂房洞室群合理施工顺序研究，基于对地下洞室群施工程序相互关联的因素进行归类，应用随机生产线平衡原理，针对不同单项工程的不同施工方法、不同随机约束因素，重在从客观实践出发，对施工作业工艺、工序循环流程进行划分，提出了地下厂房洞室群合理的施工顺序和关键工艺。

3. 新技术应用

(1) 结构诱导缝的设置。

小湾拱坝大量分析计算结果表明，在高水位运行情况下坝踵存有一定范围的拉应力区，存在开裂的可能。为了改善坝踵应力分布，确保大坝安全，在坝踵人为设置结构缝以释放坝踵梁向的高拉应力，进而实现对开裂的控制，是解决高拱坝坝踵开裂问题的一种途径。为此，联合高校及科研单位对坝踵设置结构诱导缝的有效性，开展了深入的分析研究工作。

研究成果表明在坝体高程956～990m设置结构诱导缝能有效地改善坝踵区的拉应力分布，降低总体拉应力水平，而坝趾区压应力基本没有变化；坝底高程、设缝高程的平面剪应力分布亦没有因设缝而恶化，剪应力水平设缝前后基本保持一致；缝面铅垂向变形表现为张开趋势；设缝削弱了坝体的局部刚度，但影响范围仅限于缝面周边10m以内，对拱坝整体影响甚微。

因此，为降低坝面开裂风险，解决基础开裂带来的渗透问题，确保大坝安全，拟在高程956～990m处设置结构诱导缝，缝深10m，缝端设检查廊道。同时，在坝前20m高的范围内填筑自愈性堵缝材料，两岸延伸至高程1020m。

(2) 监测新技术的应用。

小湾工程安全监测除采用常规监测手段外，在大量调研的基础上审慎地使用了部分监测新技术。

采用激光三维测量系统测量坝体的三维变形，精度满足规范要求，以实现自动化观测，部分替代常规变形监测手段；采用的一机多天线GPS位移监测系统，实现自动监测坝体、边坡变形，取代部分表面变形监测点，且费用远远低于常规GPS监测系统；温度监测部分采用测温光纤，做到相对连续测温，可以兼顾施工期温控监测和运行期坝体混凝土温度场的监测需要，埋入部分仪器直接费用低廉；地震工况下的横缝开度和跨缝钢筋的实时监测，克服了常规静态监测的缺陷，可以实时测量大坝在地震作用下的地震动态反应。

(3) 拱坝抗震风险分析考虑坝基两岸河谷及山体实际。

由于常规拱坝动力分析方法对300m级拱坝地震反应分析存在许多局限性，为反映300m级拱坝地震安全评估有重要影响的因素，研究开发能综合考虑各种因素的坝体—地基—库水三维动力分析方法和专用程序。该方法以三维人工透射边界理论模拟辐射阻尼效应，以动接触理论模拟横缝开合情况，由地基底部输入三分向地震动时间历程，为迄今国内外最为全面的反映强震时高拱坝实际情况的动力分析方法。

(4) 水轮机稳定性研究。

1) 优化转轮设计，注重稳定性试验。根据特定的水头条件和运行方式，用先进的CFD和模型试验等设计手段，合理选择和搭配水轮机模型的水力参数，合理设计转轮和其他通流部件的形状，使运行区内不产生有害的叶道涡和卡门涡，可将尾水管涡带和压力脉动幅值控制在较小的范围，并用模型试验予以验证，一直达到预期的要求。

2) 适当提高额定水头 H_r。经综合分析比较，水轮机额定水头由原可研和初步设计阶段的204m提高至216m。以提高水轮机高水头工况运行的稳定性。

3) 合理选择水轮机的设计水头 H_d。

4) 合理确定水轮机吸出高度和安装高程。适当增大装置空化系数 σ_y，增加水轮机的淹没深度，可减少尾水管的压力脉动，对改善水轮机的运行稳定性有利，并结合地下厂房的优势，确定水轮机装置空蚀系统为0.095，相应的水轮机吸出高度为－11.90m，机组安装高程为980m。

5) 增加机组整体刚度和强度，避免机组与水工建筑产生共振。设置合理的补气系统，适当加高尾水管高度等改善水轮机运行稳定性措施。

(5) 其他。

缆机基础采用新型大跨度拱桥（75m）和底拱（40m）结构。

采用人工神经网络方法，考虑水力学因素与地形因素对泄洪雾化的影响，建立泄洪雾化的人工神经网络预测模型。

在堆积体、强风化、强卸荷部位用组合螺旋钻施钻、堆积体跟管造孔、用土工布包裹堵漏，大规模使用网格梁预应力锚索。

糯扎渡水电站工程

（一）工程概况

糯扎渡水电站为澜沧江中下游河段两库八级水电规划的第五级，枢纽工程位于云南省思茅市和澜沧县境内，左岸是思茅市，右岸是澜沧县，思茅——澜沧公路通过坝址区。水库回水与上游已建大朝山水电站衔接，下游与景洪水库相连。电站所处地理位置距昆明直线距离350km，距广州1500km，距泰国边境直线距离约400km。

澜沧江发源于青藏高原唐古拉山，由北向南经青海、西藏进入云南，从云南省西双版纳州流出中国国境，出境后称湄公河。澜沧江全长4500km，总落差5500m，流域面积74.4万km^2；澜沧江在中国境内河长约2100km，落差约5000m，流域面积17.4万km^2，其中在云南省境内河长1240km，落差1780m，流域面积9.1万km^2。糯扎渡坝址以上流域面积14.47万km^2，河道长度1886km，坝址多年平均流量1730m^3/s。

枢纽工程由砾质土心墙堆石坝，左岸开敞式溢洪道，左、右岸泄洪隧洞，左岸地下引水发电系统及地面500kV开关站等建筑物组成。

挡水建筑物为砾质土心墙堆石坝，最大坝高261.5m，正常蓄水位为812m，水库总库容237亿m^3；电站装机容量为5850MW，保证出力2406MW，多年平均年发电量239亿kW·h，年利用小时数4088h。水库加入云南省水电站群联合补偿调节后，将使全省水电站群的保证出力显著提高，明显改善系统的运行条件。水库设置20亿m^3防洪库容，可提高下游景洪市的城市和农田防洪标准，工程防洪效益十分显著。另外，工程还有改善航运、发展旅游业、拦沙等综合利用效益。

1999年10月原国家电力公司批复了本工程预可行性研究报告，2003年10月可行性研究报告通过了水电水利规划设计总院主持的审查。2004年2月开始筹建期的招标及技施设计工作，开工建设枢纽区的场内道路、桥梁、供水、供电系统及渣场挡排等工程。

预计主体工程将于2005年底开工，2008年11月截流，2014年8月第一台机组发电，2017年6月工程竣工。

糯扎渡水电站工程项目法人单位为由中国华能集团公司、云南省开发投资有限公司和云南红塔集团有限公司共同出资组建的云南华能澜沧江水电有限公司。设计单位为昆明勘测设计研究院。

（二）工程任务和规模

电站以发电为主要目标，不仅其自身可向系统每年提供发电量239亿kW·h，还对云南省水电站群有显著的补偿调节作用，并具有向广东、东南亚地区送电的能力和区位优势。

电站建成后水库将设置防洪库容20亿m^3，使下游景洪市远景（2030年）防洪标准在堤防按50年一遇洪水标准设防的基础上提高到100年一遇的水平；农田远景（2030年）防洪标准在堤防按5年一遇洪水标准设防的基础上提高到10年。水库回水长约215km，形成约320km^2的库区水面，可开展库内航运；同时，水库的调蓄作用将使下游河道流量的年内分配趋于均匀，对下游河段通航条件有较大的改善作用，有利于促进澜沧江——湄公河国际航运的发展；还可利用库区发展渔业、旅游业等，促进库区及周边地区社会经济的发展。

水库正常蓄水位812m，死水位765m，电站装机容量5850MW（9×650MW）。正常蓄水位以下库容为217亿m^3，调节库容113亿m^3，水库具有多年调节性能。经云南全省水电站群联合补偿调节计算，电站保证出力2406MW，多年平均年发电量239亿kW·h，其中汛期电量125亿kW·h（占年电量的52.35%），枯期电量113亿kW·h（占年电量的47.65%），年利用小时数4088h。

平面布置见图1，最大横剖面见图2，工程特性见表1。

表1 糯扎渡水电站工程特性表

名称	指标	备注
一、水文		
1. 全流域面积（万km^2）	74.4	
2. 坝址以上流域面积（万km^2）	14.47	
3. 利用水文系列年限（年）	47	日历年
4. 多年平均年径流量（亿m^3）	546	水文年
5. 代表性流量		
多年平均流量(m^3/s)	1730	水文年
实测最大流量(m^3/s)	13900	允景洪
实测最小流量(m^3/s)	388	允景洪
设计洪水标准及流量(m^3/s)	27500	$P=0.1\%$
校核洪水标准及流量(m^3/s)	39500	
6. 洪量		
实测最大洪量（亿m^3）	220	30天
设计洪水洪量（亿m^3）	463	30天

续表

名　称	指　标	备　注
校核洪水洪量（亿 m^3）	596	30天
校核洪水洪量（亿 m^3）	405	15天
7. 泥沙		
多年平均悬移质年输沙量（万 t）	9868.4	天然情况
多年平均含沙量（kg/m^3）	1.797	天然情况
实测最大含沙量（kg/m^3）	19.4	
多年平均推移质年输沙量（万 t）	296	天然情况
二、水库		
1. 水库水位		
校核洪水位（m）	817.99	
设计洪水位（m）	810.92	
正常蓄水位（m）	812.00	
防洪高水位（m）	810.69	$P=1\%$
汛期限制水位（m）	804.00	
死水位（m）	765.00	
2. 正常蓄水位时水库面积（km^2）	320	
3. 回水长度（km）	215	
4. 水库容积		
总库容（亿 m^3）	237.03	
正常蓄水位以下库容（亿 m^3）	217.49	
防洪库容（亿 m^3）	20.02	
调节库容（亿 m^3）	113.35	
死库容（亿 m^3）	104.14	
5. 库容系数（%）	0.21	
6. 调节特性		多年调节
7. 水量利用系数（%）	97.5	
三、下泄流量及相应下游水位		
1. 设计洪水位最大下泄流量（m^3/s）	27418	尾水出口
相应下游水位（m）	630.75	50年淤积水平
2. 校核洪水位最大下泄流量（m^3/s）	37532	溢洪道出口

续表

名　称	指　标	备　注
相应下游水位（m）	635.79	天然水位
四、工程效益指标		
1. 防洪效益		景洪市，从50年一遇提高到100年一遇
2. 发电效益		
装机容量（MW）	5850	
保证出力（MW）	2406	
多年平均年发电量（亿 kW·h）	239.12	
年利用小时数（h）	4088	
五、淹没损失和工程永久占地		
1. 淹没总面积（km^2）	329.97	
陆地（km^2）	297.37	
水域（km^2）	32.6	
2. 淹没农用地（亩）	416163	
3. 淹没建设用地（亩）	2738	
4. 淹没未利用土地（亩）	76049	
5. 淹没村庄（个）	81	
6. 淹没集镇（街场）（个）	3	
7. 淹没人口（人）	14364	
农业人口（人）	12460	
非农业人口（人）	1904	
8. 淹没房屋（m^2）	495402	
9. 淹没零星果木树（棵）	1912992	
10. 淹没村办企业（个）	67	
11. 淹没专项设施		
（1）交通设施		
三级公路（km）	49.43	
四级公路（km）	11.8	
林区公路（km）	24.5	
大型桥梁（m/座）	572.5/5	
码头（处）	14	
（2）长话杆线（km）	149.9	

续表

名　称	指　标	备　注
(3)110kV 线路塔基(座)	5	
(4)水利水电设施		
水电站(kW/座)	585/3	
水库、坝塘(万 m^3/座)	12.2/3	
六、主要建筑物		
1. 挡水建筑物		
型式		心墙堆石坝
地基特性		花岗岩
地震基本烈度/设防烈度(度)	Ⅶ/Ⅷ	
坝顶高程(m)	821.50	
最大坝高(m)	261.50	
坝顶长度(m)	608.16/626.60	直心墙/斜心墙
2. 泄水建筑物		
(1)溢洪道		
型式		开敞式
地基特性		花岗岩、T_{2m}沉积岩
堰顶高程(m)	792.00	
泄流孔口尺寸(m×m)	8—15×20	孔数—宽×高
溢洪道长度(m)	1445	
最大流速(m/s)	52	
消能方式		挑流消能
设计泄洪流量(m^3/s)	19398	
校核泄洪流量(m^3/s)	31318	
(2)左岸泄洪隧洞		
围岩特性		花岗岩
进口底板高程(m)	710.00	
泄流孔口尺寸(m×m)	2—5×8.5	孔数—宽×高
数量(条)	1	
有压段洞长(m)	173.965	
有压段洞身尺寸(m)	12	圆形直径
无压段洞长(m)	497.8	
无压段洞身尺寸(m)	12×16	宽×高

续表

名　称	指　标	备　注
后接明渠段长度(m)	138	
泄洪隧洞全长(m)	872	
最大流速(m/s)	37.5	
消能方式		挑流消能
工作闸门型式		弧形闸门
设计泄洪流量(m^3/s)	3086	
校核泄洪流量(m^3/s)	3191	
(3)右岸泄洪隧洞		
围岩特性		花岗岩
进口底板高程(m)	695	
泄流孔口尺寸(m×m)	2—5×8.5	孔数—宽×高
数量(条)	1	
有压段洞长(m)	548.489	
有压段洞身尺寸(m)	12	圆形直径
无压段洞长(m)	382.664	
无压段洞身尺寸(m×m)	12×16.5	宽×高
后接明渠段长度(m)	83.336	
泄洪隧洞全长(m)	1077	
最大流速(m/s)	41	
消能方式		挑流消能
工作闸门型式		弧形闸门
设计泄洪流量(m^3/s)	2934	
校核泄洪流量(m^3/s)	3023	
3. 引水建筑物		
设计引用流量(m^3/s)	3537	
(1)电站进水口		
型式		岸塔式
岩石特性		花岗岩、T_{2m}沉积岩
进口底板高程(m)	736	
孔口尺寸(m×m)	9—7×11	孔数—宽×高
进水塔尺寸(m×m×m)	225×31.45×88.5	长×宽×高
事故闸门型式		平板快速闸门
(2)引水隧洞		
型式		地下平洞,竖井

续表

名　称	指　标	备　注
围岩特性		花岗岩
数量(条)	9	
每条隧洞长度(m)	269.748	平均长度
内径(m)	9.2	
最大水头(m)	253	包括水锤压力
(3)压力钢管道		
型式		地下平洞
围岩特性		花岗岩
数量(条)	9	
每条管长度(m)	55.50	
内径(m)	9.2	
最大水头(m)	258	包括水锤压力
4. 厂房		
型式		地下式
围岩特性		花岗岩
主厂房尺寸(长×宽×高)(m×m×m)	418×29×77.7	包括副厂房
水轮机安装高程(m)	587.90	
5. 主变压器室		
型式		地下式
围岩特性		花岗岩
尺寸(m×m×m)	348×19×22.6	长×宽×高
6. 500kV 开关站		
(1)开关站		
型式		开敞式
尺寸(m×m)	180×175	长×宽
(2)GIS 大楼		
尺寸(m×m×m)	88.6×40×21	长×宽×高
7. 尾水闸门室		
型式		地下式
围岩特性		花岗岩
尺寸(m×m×m)	314×11×34.5	长×宽×高
闸门型式		平板闸门
8. 尾水调压室		
型式		地下圆筒阻抗式

续表

名　称	指　标	备　注
围岩特性		花岗岩
数量(个)	3	
尺寸(m)	ϕ33×90.97	直径×高
9. 尾水隧洞		
围岩特性		花岗岩
数量(条)	3	
长度(m)	479.083；467.971；464.355	
内径(m)	18(20)	
闸门型式		平板闸门
10. 运输洞		城门洞形
(1)主厂房运输洞		
围岩特性		花岗岩
长度(m)	1491.166	
尺寸(m×m)	10.8×13.45	宽×高
(2)尾水闸门输水洞		城门洞形
围岩特性		花岗岩
长度(m)	1428.699	
尺寸(m×m)	8.3×9.15	宽×高
11. 主要机电设备		
(1)水轮机		
台数(台)	9	
型号		HL(147.2)—LJ—720
额定出力(MW)	663.3	
额定转速(r/min)	125	
吸出高度(m)	−11	
最大工作水头(m)	215	
最小工作水头(m)	152	
额定水头(m)	187	
额定流量(m^3/s)	391～393	
(2)发电机		
台数(台)	9	
型号		SF650—48/14500
单机容量(MW)	650	
功率因数	0.9	

续表

名 称	指 标	备 注
额定电压(kV)	18	
(3)主变压器		
台数(台)	9	500kV,723MVA
(4)桥式起重机		
台数(台)	2台	800/160t 单小车
	1台	100/32t 单小车
七、施工		
1. 主体工程量(含导流工程)		
土石方明挖(万 m^3)	5224.61	
石方洞挖(万 m^3)	627.72	
土石方填筑(万 m^3)	3591.66	
混凝土及钢筋混凝土(万 m^3)	432.79	
金属结构及机电设备安装(万 t)	13.05	
帷幕灌浆(万 m)	18.02	
固结灌浆(万 m)	31.01	
2. 主要建筑材料		
木材(万 m^3)	4.07	
水泥(万 t)	124.68	
钢筋(万 t)	34.52	
3. 施工高峰人数(人)	7080	
4. 施工临时房屋		
占地面积(万 m^2)	82.37	
建筑面积(万 m^2)	20.02	
5. 对外交通		
距离(距昆明)(km)	521	
运量(万 t)	324.08	
6. 施工导流		
导流方式		隧洞
导流隧洞型式		圆形或方圆形
洞身尺寸(m)	2—ϕ20; 1—ϕ19; 1—ϕ14.5	条数—直径
洞身尺寸(m×m)	1—9×12	条数—宽×高
导流围堰型式		土石围堰
堰高(m)	74/36	上游堰/下游堰

续表

名 称	指 标	备 注
7. 施工占地		
永久占地(亩)	12404	
临时占地(亩)	3807	
8. 施工工期		
工程筹建期(月)	24	
准备工程(月)	34	
主体工程(月)	69	
完建期(月)	35	
总工期(月)	138	
八、经济指标		
1. 静态总投资(亿元)	282.34	
2. 总投资(亿元)	350.1	含流动资金
建设期还贷利息(亿元)	67.17	
3. 综合经济指标		
单位千瓦投资(元/kW)	4826	静态
单位电量投资[元/(kW·h)]	1.18	静态
经济内部收益率(%)	13.57	
财务内部收益率(%)	8.24	
借款偿还期(年)	24.38	
上网电价[元/(kW·h)]	0.2219	
送广东落地电价[元/(kW·h)]	0.3245	
送云南落地电价[元/(kW·h)]	0.2535	
送泰国落地电价[元/(kW·h)]	0.2979	

(三)工程特点和新技术应用

1. 工程特点

(1)本工程坝址区河谷呈“V”形,河谷两岸山体雄厚,右岸高程1000m以下平均坡度约为40°,以上平均坡度约为9°;左岸高程850m以下平均坡度约45°,左岸高程850m左右为一宽大的侵蚀平台地形,侵蚀平台在平面上呈“梯形”,临河侧长约700m,山里侧长约250m,宽约700m。平台上游为勘界河,下游为糯扎支沟,为心墙堆石坝布置溢洪道提供了较好的地形地质条件。

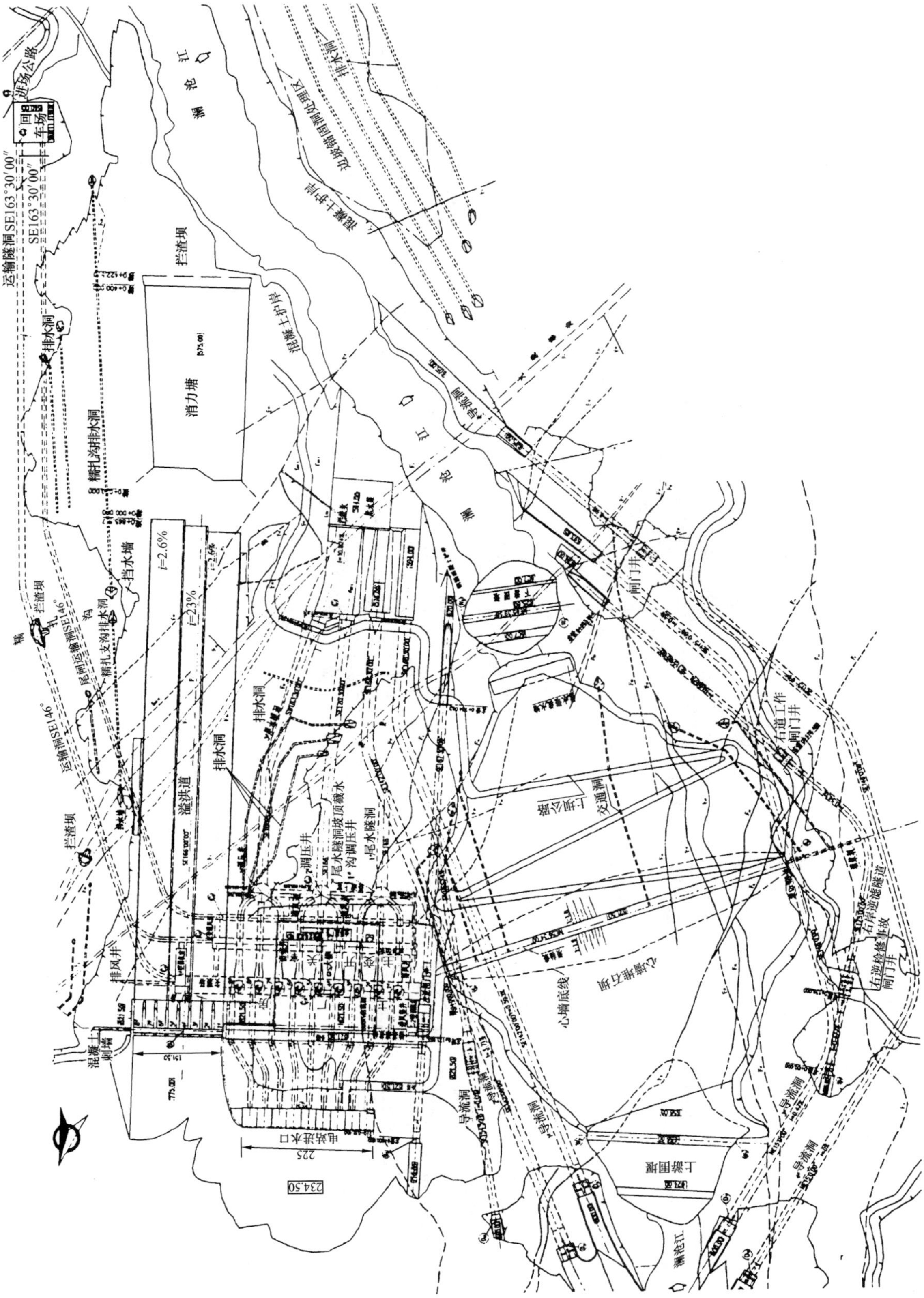

图1 糯扎渡水电站枢纽平面布置图

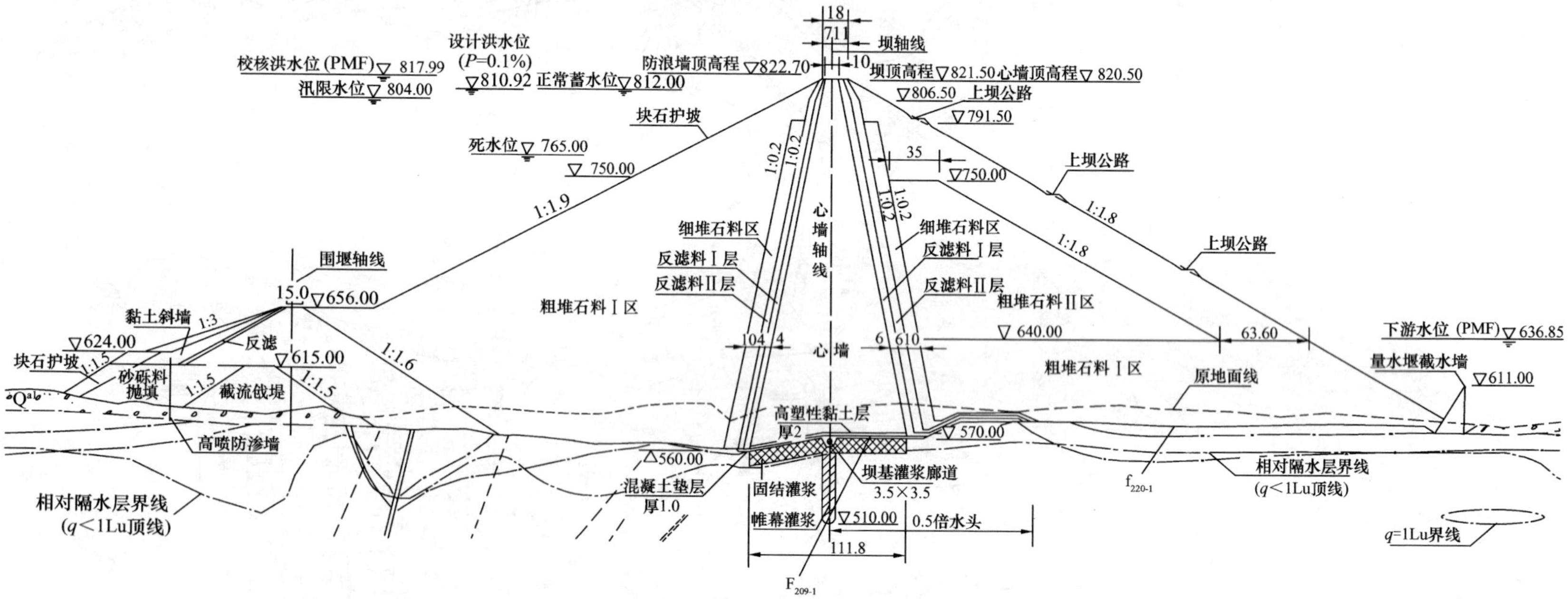

图2 糯扎渡水电站直心墙堆石坝最大横剖面图

(2) 坝址区分布的岩层主要为花岗岩体和T_{2m}^{1}砂泥岩地层（主要分布于左岸坝顶以上平台部位），坝基部位主要为花岗岩，岩性单一。坝址河床及左岸岩体风化浅，断层规模小而且少，岩体完整性较好。坝址右岸断层发育，对工程影响较大的断层有NNW向的F_{11}、F_{12}、F_{13}和NNE向的F_5、F_{14}等。NNW向断层间距小，影响带宽，断层带及其两侧岩体风化、蚀变强烈，并沿F_{12}、F_{13}断层形成了规模较大的构造软弱岩带，坝基地质条件较为复杂，经综合比较，选择对坝基工程地质条件适应性相对较好、基础处理工程相对较为简单的心墙堆石坝坝型。

(3) 糯扎渡心墙堆石坝高261.5m，仅次于前苏联的罗贡（Rogun）坝高335m（设计未完建）、努列克（Nurek）坝高300m和哥斯达黎加的博鲁卡（Boruca）267m，名列世界第四，国内第一。比国内已建成最高的小浪底心墙堆石坝（坝高154m）高出100余米，而且国内已建工程中没有超过200m的高心墙堆石坝，工程规模大，技术难度高。

(4) 本工程校核洪水标准（PMF）时总泄洪流量37532m^3/s，泄洪功率66940MW。泄洪流量及功率均名列世界前茅，特别是岸边溢洪道的泄流量（PMF时）为31318m^3/s，泄流量仅次于巴西、巴拉圭的伊泰普水电站；岸边溢洪道泄洪功率（PMF时）为55860MW，超过伊泰普电站51228MW，而列为岸边溢洪道世界第一，最大流速52m/s。

(5) 主厂房、主变压器室及调压室等三大洞室最小覆盖层厚度180m，距坝基最小距离约150m，距坝址区规模最大的断层F_1最小距离约200m。同时，地下洞室布置还需尽量远离F_3断层，避开其影响。地下洞室群不仅规模巨大，而且工程地质条件比较复杂，设计难度较大。

(6) 水库总库容237亿m^3，正常蓄水位以下库容217亿m^3，死水位以下库容104亿m^3，调节库容113亿m^3，防洪库容20亿m^3，库容系数0.21，水库具有多年调节特性。水库加入全省水电站群联合补偿调节后，使全省十一级电站的保证出力由5533MW提高到6123MW，增加590MW；多年平均年发电量由627.45亿kW·h提高到628.11亿kW·h，增加0.66亿kW·h（均为枯期电量），极大地改善系统的电能质量。同时还具有防洪、拦沙、改善航道等综合效益。

(7) 坝高261.5m，对防渗土料的要求除满足防渗性外，还必须有较好的力学性能。农场土料场的天然土料明显偏细，难于满足高心墙坝的筑坝要求。根据试验研究，农场土料在1470kJ/m^{3}击实功能下，掺35%的人工碎石料与料场混合土相比，掺砾料较混合料最大干密度增加0.15g/cm^3，击后大于5mm含量达33.85%，变形指标及抗剪强度指标均较混合料有较大提高，分层总和法计算的竣工期及最终心墙沉降量混合料较掺砾料大20%以上，而土料的渗透系数并未因土料的砾石含量增大而发生本质改变，掺砾石土料的物理力学指标明显优于混合土料。因此，采用砾石土作为防渗料。

(8) 水轮机转轮名义直径约7.2m，最大外径约7.5m，因此转轮采用现场加工整体铸焊结构。转轮采用摩擦传动能互换，叶片用VOD精炼的整体铸件或模压成型、数控加工，上冠不开泄水孔并设有泵板系统，以保证水轮机顶盖取水作为机组技术供水的可靠水源。

(9) 为保护水轮机导水机构，延长机组大修周期，提高机组运行可靠性和灵活性，设置水轮机圆筒阀。水轮机圆筒阀外径约ϕ9800mm，筒体高度约1360mm，厚度约200mm，其尺寸将是国内最大的圆筒阀。

(10) 心墙堆石坝最大坝高261.5m，总填筑量3360万m^3，其中心墙防渗料468万m^3，反滤料202万m^3，堆石料2689万m^3。工程填筑量大，施工强度高，坝料填筑种类多，心墙防渗土料还需用农场开采的土料按35%重量比进行混掺砾石料，施工工艺复杂。坝体填筑最高月平均强度为72万m^3，高峰月强度为94万m^3，由于枢纽区河谷狭窄，上坝道路的布置采用岸坡与坝坡相结合的布置方式，保证上坝强度及满足各料源上坝运输要求。

2. 关键技术问题

(1) 右岸软弱岩带的工程地质特性及处理措施。

坝址区右岸在F_{12}与F_{13}断层之间，由于岩体受构造、风化、蚀变等因素的综合影响，形成了大致顺河方向延伸并包括断层在内的构造软弱岩带，带内岩体破碎，风化及蚀变作用强烈，岩体均一性、完整性差，特别是其中的断层破碎带多为糜棱岩、碎裂岩、角砾岩夹断层泥，断层带一般潮湿或有渗水现象，仅局部部位风化较浅，岩体蚀变以硅化为主，岩块强度较高，并呈透镜状分布。岩带内的花岗岩体节理裂隙发育，且结构面间普遍有可塑—软塑状的高岭土或高岭土膜充填。岩体质量属Ⅴ类岩体。

由于右岸构造软弱岩带岩体强度及变形模量低、抗变形性能差，渗透性较大，易产生不均匀变形，难以满足大坝对地基强度、抗变形性能及防渗方面的要求，虽然通过岩体高压固结灌浆试验后，满足高心墙堆石坝建基面要求，但还需对其工程地质特性及加固处理措施进行深入研究。

(2) 高心墙堆石坝设计。

糯扎渡心墙堆石坝最大坝高261.5m，为国内最高的心墙堆石坝，且国内没有超过200m的高心墙堆石坝建设经验，需要研究的关键技术难题主要有：

1）通过大量的室内击实、压缩、剪切、渗透试验及对试验资料的系统整理分析，研究心墙堆石坝的各种坝料，特别是掺砾土作心墙防渗料的特性研究。

2）高心墙堆石坝的静、动力应力应变分析、坝坡稳定分析、心墙的拱效应作用及心墙发生水力劈裂的可能性研究。

3）根据枢纽建筑物各种开挖料的数量、岩石特性及料物平衡规划，进行坝料分区及坝体结构优化研究，特别是对坝体变形的影响、引起心墙开裂的可能性以及其对坝料分区的要求，特别要分析不均匀基础变形对坝体变形的影响。

4）枢纽区地震烈度较高，需进行高坝动力反应特性抗震研究，提出有效提高坝体抗震性能的坝体设计及抗震措施。

5）研究坝体及坝基岩体的渗流特性，分析坝体及坝基内的渗流场分布，研究针对保护细颗粒稳定的反滤料合理级配和结构设计；研究坝基主要断层及右岸风化蚀变软弱带坝基的渗透稳定性和需采取的渗控措施。

（3）泄洪消能及防冲设计研究。

本工程校核洪水标准（可能最大洪水）时总泄洪流量37532m^3/s，此时溢洪道下泄流量为31318m^3/s，占整个总泄流量的82%，最大水位差182m，泄洪能量大、最高流速为52m/s，槽身还要通过宽大的F_1断层。因此，需重点研究溢洪道泄流能力、超高速水流掺气减蚀、下游消能防冲等问题。同时，还需研究泄洪时消力塘的支护型式和消能效果以及泄洪雾化对建筑物边坡和环境的影响，并研究需采取的防护措施。

右岸泄洪洞校核水位时泄洪流量3310m^3/s，最大工作水头126m，闸门操作水头较高，需研究泄洪隧洞有压流和无压流的水力过渡、闸门振动等问题。

（4）地下厂房洞室群。

电站地下洞室群包括主、副厂房、主变洞、尾调压室、尾水洞、母线洞及交通洞等。主厂房、主变室及调压室等三大洞室最小覆盖层厚度180m，距坝基最小距离约150m，距坝址区规模最大的断层F_1最小距离约200m。三大洞室开挖尺寸为：主、副厂房418m×29m×79.6m；主变室418m×19m×21.1m；尾水调压室ϕ37m×94m；三条尾水隧洞洞径为18m；尾水隧洞长分别为462m、451m和447m，其中1号尾水隧洞与2号导流隧洞相结合，结合段洞径为20m，结合段长286m。

电站地下洞室规模大，地质条件复杂，受F_1、F_3两条Ⅱ级结构面及其他断层影响较大。需通过有限元分析地应力、渗流、岩体力学特性及断层等结构面对围岩稳定的影响，根据计算的围岩应力、位移等数值，提出相应的支护措施。

（5）枢纽区边坡稳定分析及支护措施研究。

枢纽区建筑物边坡主要有坝基边坡、溢洪道边坡、尾水洞出口等建筑物开挖边坡，其中最高的溢洪道开挖边坡达235m，边坡高度大，且处于全、强风化花岗岩岩层，地质条件较差，支护难度大。高边坡的设计需根据现场岩石力学试验成果，结合枢纽区所有水工建筑物各部位开挖边坡工程的基本地质条件、主要断层、节理等结构面的情况和地质参数建议值，对边坡进行二维、三维极限平衡及楔形体稳定分析，同时采用平面及三维有限元应力变形分析，提出经济、合理的边坡加固方案。

（6）安全监测设计研究。

根据高心墙坝的应力、变形特点，结合国内外土工观测仪器的特点，重点研究高堆石坝位移、变形及应力的监测技术，高堆石坝对仪器性能指标的影响，高堆石坝仪器埋设及安装技术，高堆石坝资料分析处理系统等。提出适于高心墙坝的安全监测设计方案，以有效避免仪器埋设时的施工干扰、提高仪器埋设成活率，又能获取反映高心墙坝各阶段实际工作性态的可靠观测资料为目标，并提供能及时对观测资料进行整理分析的手段，以便验证设计、指导施工，为糯扎渡大坝的施工质量及安全运行提供技术支持和保证，为高心墙坝的设计、施工及管理运行积累经验。

（7）高心墙堆石坝施工系统仿真与快速施工措施。

结合高心墙堆石坝施工特点，分析和模拟高心墙堆石坝施工的动态过程，运用系统递阶分解协调技术，研究高心墙堆石坝从坝基开挖、坝体填筑等各个施工环节之间的相互影响和作用机制，确定高心墙堆石坝施工模拟模型的耦合机制，为施工全过程动态仿真模型建立和方案优化奠定理论基础；根据系统递阶分解协调结构，研究有关高心墙堆石坝施工道路布置、料物平衡、料物流向、土石方开挖、土石方运输、施工机械合理配套、坝体填筑方案的综合优化模型，提出高心墙堆石坝快速施工的有效措施。

（8）施工导流及河道水流控制措施研究。

工程导流建筑物级别确定为3级。初期导流标准为50年一遇洪水，相应的设计流量为17400m^3/s；中期导流标准为200年一遇，相应的设计流量为22000m^3/s；后期导流标准为500年一遇洪水，相应的流量为25100m^3/s，校核标准为1000年一遇洪水，相应的流量为27500m^3/s。

工程施工期洪水流量大，而河谷比较狭窄，设计布置了5条导流隧洞结合永久泄洪建筑物进行导流，导流洞洞径大（D=20m），导流程序复杂，闸门下闸水头高，出口消能防冲问题解决难度大。

3. 新技术运用

(1) 心墙采用人工掺砾土料。

糯扎渡心墙堆石坝最大坝高 261.5m，对心墙防渗土料的性能要求很高，不仅要求有较好的防渗性能和抗渗稳定性，还要有比一般高坝要求更高的力学性能。试验表明，农场土料场土料总体偏细，黏粒含量偏高，力学性能难以满足要求，故决定掺加 35%的人工碎石。经大量试验研究及充分论证后表明，掺加人工碎石后，土料力学性能得到改善，坝体变形大幅度减小，同时防渗及抗渗稳定性能仍满足要求。

(2) 多种方法进行坝坡稳定分析论证。

坝坡稳定分析除采用规范规定的线性指标刚体极限平衡法外，还探索采用非线性指标刚体极限平衡法、强度折减有限元法及可靠度方法等进行了计算分析，对坝坡稳定进行充分论证。为获得可靠的资料参数指标，超常规地开展了大量的试验研究，为可靠度分析提供了丰富的基础数据。

(3) 坝剖面优化。

目前国外 200m 以上高坝的坝坡坡度一般为 1∶2.0 左右。经大量的坝坡稳定分析及从多方面的分析论证，糯扎渡心墙堆石坝上游坝坡坡度采用 1∶1.9，下游坝坡坡度采用 1∶1.8，此属国内、外先进水平。此外，对坝剖面进行了合理分区，好料用在关键部位，差料用在次要部位，从而尽量利用了建筑物开挖渣料，节省了工程投资。

(4) 水力劈裂研究。

对于 260m 级的高坝，心墙抗水力劈裂是众人所关心的问题。水力劈裂的发生机理及判断标准，目前在国内、外还处于探索阶段，尚无统一的定论。国内对此进行了探索，从有效应力法、总有效应力法等多种途径进行了计算分析，论证了糯扎渡心墙堆石坝抗水力劈裂的安全性。

拉西瓦水电站工程

(一) 工程概况

拉西瓦水电站位于青海省贵德县与贵南县交界的黄河干流上，是黄河上游龙羊峡至青铜峡河段规划的大中型水电站中紧接龙羊峡水电站的第二个梯级电站。电站距上游龙羊峡水电站 32.8km，距下游李家峡水电站 73km，距西宁市 134km。

水电站工程坝址控制流域面积 132160km^2；采用对数螺旋线型双曲拱坝，坝高 250m。水库正常蓄水位 2452m，总库容 10.79 亿 m^3，具有日调节性能。电站装机容量 4200MW (6×700MW)，保证出力 990MW，多年平均年发电量 102.23 亿 kW·h。

水电站于 1978 年开始进行现场勘测工作；1986 年完成原可行性研究报告，1992 年完成原初步设计报告。2000 年重新启动该项目可行性研究（相当于重编初步设计）工作，2002 年 4 月可行性研究报告通过审查。2003 年 6 月编制完成的项目建议书于 2004 年 5 月得到国家发展和改革委员会批准。工程于 2004 年 1 月截流。工程施工总工期 9 年，首台机发电工期 6.5 年。

工程建设单位为黄河上游水电开发有限责任公司，设计单位为西北勘测设计研究院。

(二) 工程任务和规模

电站的主要任务是发电。电站装机容量 4200MW (6×700MW)。

水库正常蓄水位为 2452m，设计及校核洪水位分别为 2452m 及 2457m，汛期限制水位 2452m，死水位 2440m。总库容 10.79 亿 m^3，调节库容 1.5 亿 m^3，具有日调节能力。电站保证出力 99 万 kW，年利用小时 2430h，多年平均年发电量 102.23 亿 kW·h，电站最大工作水头 220m，最小工作水头 192m，额定水头 205.0m。

平面布置见图 1，地下厂房横剖面见图 2，工程特性见表 1。

表 1 拉西瓦水电站工程特性表

名 称	指标	备 注
一、水文		
1. 流域面积		
全流域(km^2)	752443	黄河流域
拉西瓦坝址以上(km^2)	132160	占全流域面积的 18%
2. 利用的水文系列年限(年)	82	
3. 多年平均年径流量(亿 m^3)	208	占全流域水量的 45%
4. 代表性流量		
多年平均流量(m^3/s)	659	
实测最大流量(m^3/s)	4900	
实测最小流量(m^3/s)	92	
调查历史最大流量(m^3/s)	5900～6300	
设计洪水标准(年)	1000	$P=0.1\%$
设计洪峰流量(m^3/s)	4250	经龙羊峡、刘家峡两库联合调洪后($P=0.1\%$)

续表

名 称	指标	备 注
校核洪水标准(年)	5000	P=0.02%
校核洪峰流量(m^3/s)	6310	经龙羊峡、刘家峡两库联合调洪后(P=0.02%)
施工导流标准(年)	20～200	P = 5% ～ 0.5%
导流设计流量(m^3/s)	2000	经龙羊峡控泄(P=5%)
导流洞度汛流量(m^3/s)	2500	经龙羊峡控泄(P=2%)
首台机发电次年度汛标准及流量(m^3/s)	3000	经龙羊峡控泄(P=1%)
第二台机发电次年度汛流量(m^3/s)	4200	P=0.5%
5. 洪水		
实测最大洪量(亿 m^3)	58.9 121	15 天/45 天
设计洪水洪量(亿 m^3)	71/164	P = 0.1%,天然,15 天/45 天
校核洪水洪量(亿 m^3)	82/188	P=0.02%,天然,15 天/45 天
6. 泥沙		
多年平均悬移质年输沙量(万 t)	102	
多年平均含沙量(kg/m^3)	0.05	
实测最大含沙量(kg/m^3)	117	
7. 气象		
(1)多年平均气温(℃)	8	
(2)多年绝对最低气温(℃)	-23.8	
(3)多年绝对最高气温(℃)	34	
(4)多年平均年降雨量(mm)	259	
(5)多年平均年蒸发量(mm)	2004	
(6)多年平均最大风速(m/s)	15.2	

续表

名 称	指标	备 注
二、水库		
1. 水库水位		
校核洪水位(m)	2457	
设计洪水位(m)	2452	
正常蓄水位(m)	2452	
汛期限制水位(m)	2452	汛限水位即正常蓄水位
死水位(m)	2440	
首台机组提前发电水位(m)	2370	
2. 正常蓄水位时水库面积(km^2)	13	
3. 回水长度(km)	32.8	
4. 水库容积		
总库容(亿 m^3)	10.79	
正常蓄水位以下库容(亿 m^3)	10.06	
调洪库容(亿 m^3)	0.73	
调节库容(亿 m^3)	1.5	
死库容	8.56	
5. 库容系数(%)	0.72	
6. 调节特性		日调节,最大消落深度 2.2m
7. 水量利用系数(%)	99.86	
三、下泄流量及相应下游水位		
1. 设计洪水位时最大下泄量(m^3/s)	4250	P=0.1%
相应下游水位(m)	2243.94	
2. 校核洪水位时最大下泄量(m^3/s)	6310	P=0.02%
相应下游水位(m)	2247.25	
3.6 台机满载发电流量(m^3/s)	2280	
相应下游水位(m)	2240.25	尼那坝前水位:2235.5m
4. 最小流量(机组过流)(m^3/s)	380	
相应下游最低水位(m)	2233.4	尼那坝前水位:2231.5m

续表

名　　称	指标	备　注
四、工程效益指标		
发电效益		
装机容量(MW)	4200	
保证出力(MW)	990	$P=90\%$
多年平均发电量(亿 kW·h)	102.23	
年利用小时数(h)	2430	
提前发电期间总发电量(亿 kW·h)	101	历时 2 年，2430m 水位
五、淹没损失及工程占地		
1. 淹没影响耕地、牧草地(亩)	412 13236.2 13430.2	淹没耕地 淹没牧草地 影响牧草地
2. 迁移人口(人)	1650	至 2008 年
3. 淹没区影响房屋(m^2)	12700	
4. 工程永久占地(亩)	6696.4	
5. 工程临时占地(亩)	1877.1	
六、主要建筑物及设备		
1. 挡水建筑物		
型式		对数螺旋线双曲拱坝
地基特性		中生代印支期中粒块状花岗岩
地震基本烈度/设防烈度(度)	Ⅶ/Ⅷ	
坝顶高程(m)	2460	
最大坝高(m)	250	
坝顶中心线长度(m)	459.6	
坝顶宽度(m)	10	
拱冠梁底厚度(m)	49	
拱端最大厚度(m)	55	
河床基岩开挖深度(m)	9	
左岸坝肩插入基岩最大深度(m)	50	下游拱端水平深度
右岸坝肩插入基岩最大深度(m)	34	下游拱端水平深度
2. 泄洪消能建筑物		校核洪水时电站不过流
(1)表孔		
型式		开敞式溢流堰
孔数(孔)	3	

续表

名　　称	指标	备　注
堰顶高程(m)	2442.5	
孔口尺寸(m×m)	13×9.5	宽×高
消能方式		挑(跌)流
设计泄洪流量(m^3/s)	2051	$P=0.1\%$
校核泄洪流量(m^3/s)	4143	$P=0.02\%$
最大单宽流量[$m^3/(s\cdot m)$]	106.2	$Q=4143m^3/s$
弧形工作门数量—尺寸(个—m×m)	3—13×10.1	宽×高
平板检修门数量—尺寸(个—m×m)	1—13×9.5	宽×高
弧形工作门启闭设备(kN)	2×1000	液压启闭机
平板检修门启闭设备(kN)	2500	坝顶门机
(2)深孔		
型式		深式有压泄水孔
孔数(孔)	2	
进口高程(m)	2371.80	
出口门底高程(m)	2362.0	工作门处
孔口尺寸(m×m)	5.5×6	工作门处(宽×高)
消能方式		挑(跌)流
设计泄洪流量(m^3/s)	2285	$P=0.1\%$(2 孔)
校核泄洪流量(m^3/s)	2356	$P=0.02\%$
提前发电泄洪流量(m^3/s)	1997	$P=0.5\%$
最大单宽流量[$m^3/(s\cdot m)$]	214.2	对应 $Q=2356m^3/s$
弧形工作门数量—尺寸(个—m×m)	2—5.5×6	宽×高
平板事故检修门数量—尺寸(个—m×m)	1—5.5×8.5	宽×高
弧形工作门启闭设备(kN)	4000/1000	
平板检修门启闭设备(kN)	2500	坝顶门机
(3)底孔(临时底孔)		

续表

名　　称	指标	备　注
型式		深式有压泄水孔
孔数(孔)	2	底孔、临时底孔各 1
进口高程(m)	2320.00	
出口门底高程(m)	2320.00	工作门处
孔口尺寸(宽×高)(m×m)	4×6	工作门处
消能方式		挑(跌)流
提前发电泄洪流量(P=0.5%)(m^3/s)	1896	库水位 2430m
提前发电泄洪流量(P=1%)(m^3/s)	1482	库水位 2390m
最大单宽流量[$m^3/(s \cdot m)$]	237.0	$Q=1896m^3/s$
弧形工作门数量—尺寸(m×m)	2—4×6	宽×高
平板事故检修门数量—尺寸(m×m)	1—4×9	宽×高
弧形工作门启闭设备(kN)	3600 3000	操作弧形门 操作偏心铰
平板检修门启闭设备(kN)	2500(临时底孔) 2500(底孔)	固定式卷扬机 坝顶门机
(4)水垫塘		
型式		反拱水垫塘
地基特性		中生代印支期花岗岩
底板高程(m)	2215	
边墙顶高程(m)	2265	
水垫塘长(m)	218.27	
底板混凝土衬砌厚度(m)	3～4	
边墙混凝土衬砌厚度(m)	2.0～3.0	高程 2255m 以下
水垫塘设计洪水流量(m^3/s)	4180	P=1%
水垫塘校核洪水流量(m^3/s)	6280	P=0.05%
3. 引水建筑物		
(1)电站进水口建筑物		
进水口型式		岸塔式
孔数(孔)	6	

续表

名　　称	指标	备　注
地基特性		花岗岩
底槛高程(m)	2350、2370、2410	1 号 2 号、3 号 4 号、5 号 6 号
拦污栅数量—尺寸(m×m)	6×4—3.5×26	主、副拦污栅各一道(高×长)
平板检修闸门孔口尺寸(m×m)	8×10.5	宽×高
快速事故闸门孔口尺寸(m×m)	8×9.5	宽×高
门式启闭机(kN)	1—4000/500	拦污栅及检修门
液压启闭机(kN)	2—4000/9000	1 号、2 号快速事故闸门
液压启闭机(kN)	2—3600/7500	3 号、4 号快速事故闸门
液压启闭机(kN)	2—3200/6300	5 号、6 号快速事故闸门
(2)高压管道		
型式		埋藏式压力引水道
地基特征		花岗岩
数量(条)	6	
洞径尺寸(m)	9.5	
长度(m)	1850.93(总长)	其中：1 号 237.23、2 号 258.42、3 号 294.58、4 号 310.72、5 号 366.87、6 号 383.02
最大引用流量(m^3/s)	380	
最大静水头(m)	221	
衬砌型式		钢筋混凝土衬砌，帷幕后的下弯段及下水平段增设钢板衬护
4. 尾水建筑物		
(1)尾水调压室		
型式		底部设叉槽的圆桶形阻抗式调压室

续表

名　　称	指标	备　注
位置		在主变开关室下游
数量(个)	2	
尺寸(m×m)	28×53	直径×高
顶高程(m)	2268.5	
最高涌浪(m)	2257.9	最高涌浪发生在2号尾调室
最低涌浪(m)	2218.75	最低涌浪发生在2号尾调室
尾水管数量(条)	6	
尾水管平板检修闸门孔口尺寸(m×m)	9.5×14.6	宽×高
尾水管平板检修闸门底槛高程(m)	2198	
尾水管平板检修闸门启闭设备(kN)	1—2500	台车
(2)尾水洞		
型式		有压圆形
地基特性		花岗岩
数量(条)	2	
洞径尺寸(m)	17.5	
最大流量(m^3/s)	1140	
长度(m)	519.09、712.3	
衬砌型式		钢筋混凝土衬砌
尾水洞平板检修闸门孔口尺寸(m×m)	14×17.5	宽×高
尾水洞出口底槛高程(m)	2213	
尾水洞平板检修闸门启闭设备(kN)	2—2×1250	固定式启闭机
5. 厂房		
型式		地下厂房
位置		中部坝肩，右岸岸里150m以内
地基特性		花岗岩
主厂房尺寸(m×m×m)	204×27.8×72.84	长×宽×高
轴线走向	NE25°	
机组安装高程(m)	2220	

续表

名　　称	指标	备　注
发电机层楼板高程(m)	2238.5	
6. 主变压器开关室		
型式		地下式
位置		主厂房下游
围岩特性		花岗岩
尺寸(m×m×m)	239×29×51	长×宽×高
主变压器开关室底板高程(m)	2238.5	
7. 出线竖井		
型式		地下竖井式
地基特性		花岗岩
内径(m)	12	
高度(m)	207	
8. 出线站		
型式		地面开敞式
地基特性		花岗岩
尺寸(m×m×m)	44×152.9×46	
9. 输电线路		
电压(kV)	750	
回路线(回路)	2	其中一回备用
10. 永久房屋(m^2)	116250	
11. 主要机电设备		
水轮机台数(台)	6	
水轮机型号		HL(155)-LJ-690
额定出力(MW)	711	
额定转速(r/min)	142.8	
吸出高度 H_s(m)	−13.4	
最大工作水头(m)	220	
最小工作水头(m)	192	
额定水头(m)	205	
额定流量(m^3/s)	378	
发电机台数(台)	6	
发电机型号		SFS700-42/12800
单机容量(MW)	700	

续表

名 称	指标	备 注
发电机功率因数	0.925	
额定电压(kV)	18	
单相主变压器台数(台)	19	三台一组，另一台备用
型式		单相水冷
容量(MVA)	280	
七、施工		
1. 主体工程数量		
覆盖层开挖(万 m^3)	27.29	
石方明挖(万 m^3)	541.07	
石方洞挖(万 m^3)	227.35	
混凝土和钢筋混凝土(万 m^3)	368.18	
钢筋制作安装(万 t)	10.57	
钢材制作安装(万 t)	0.71	
金属结构安装(万 t)	1.044	
接缝灌浆(万 m^2)	12.49	
回填灌浆(万 m^2)	8.37	
帷幕灌浆(万 m)	21.02	
固结灌浆(万 m)	51.97	
2. 主要建筑材料		
木材(m^3)	64000	
水泥(万 t)	145.5	
粉煤灰(万 t)	14.7	
钢材(万 t)	23.3	
油料(万 t)	14.1	
炸药(万 t)	1.6	
3. 所需劳动力		
总工日(万工日)	1836	
平均高峰人数(人)	7500	
高峰工人数(人)	9750	
4. 施工临时生产生活建筑面积(万 m^2)	21.3	包括湟源转运站
5. 施工动力及来源		
施工用电最大负荷(kW)	61080	利用红(弯)共(和)110kV 线路“T”接，另一回接自下游尼那电站

续表

名 称	指标	备 注
6. 对外交通公路		
距离(km)	104.1	新修 41.1km，利用 63km
运量(万 t)	271.2	
7. 场内外交通		
总长(km)	58.47	其中明线 47.15km，隧洞 11.32km
8. 特种施工机械		30t 中速缆机 3 台
9. 施工导流方式		左岸隧洞导流、基坑全年施工
10. 施工期限		
筹建期(月)	8	
准备工期(月)	18	第一年 7 月导流洞开工
首台机组投产工期(月)	78	第 7 年 12 月下旬导流洞下闸，年底第一台机(1 号机)发电
总工期(月)	108	
八、经济指标		
1. 静态投资(亿元)	122.69	
2. 总投资(亿元)	147.82	
(1)枢纽建筑物(亿元)	100.39	
(2)水库淹没处理补偿费(亿元)	1.00	
3. 电站经济指标		
单位千瓦投资(元/kW)	2921/3519	静态/动态
单位电度投资[元/(kW·h)]	1.20/1.45	静态/动态
全部财务内部收益率(%)	9.97	税前
全部财务内部收益率(%)	8.59	税后
资本金财务内部收益率(%)	11.33	
上网电价[元/(kW·h)]	0.197/0.23	税前/税后
经济内部收益率(%)	13.40	

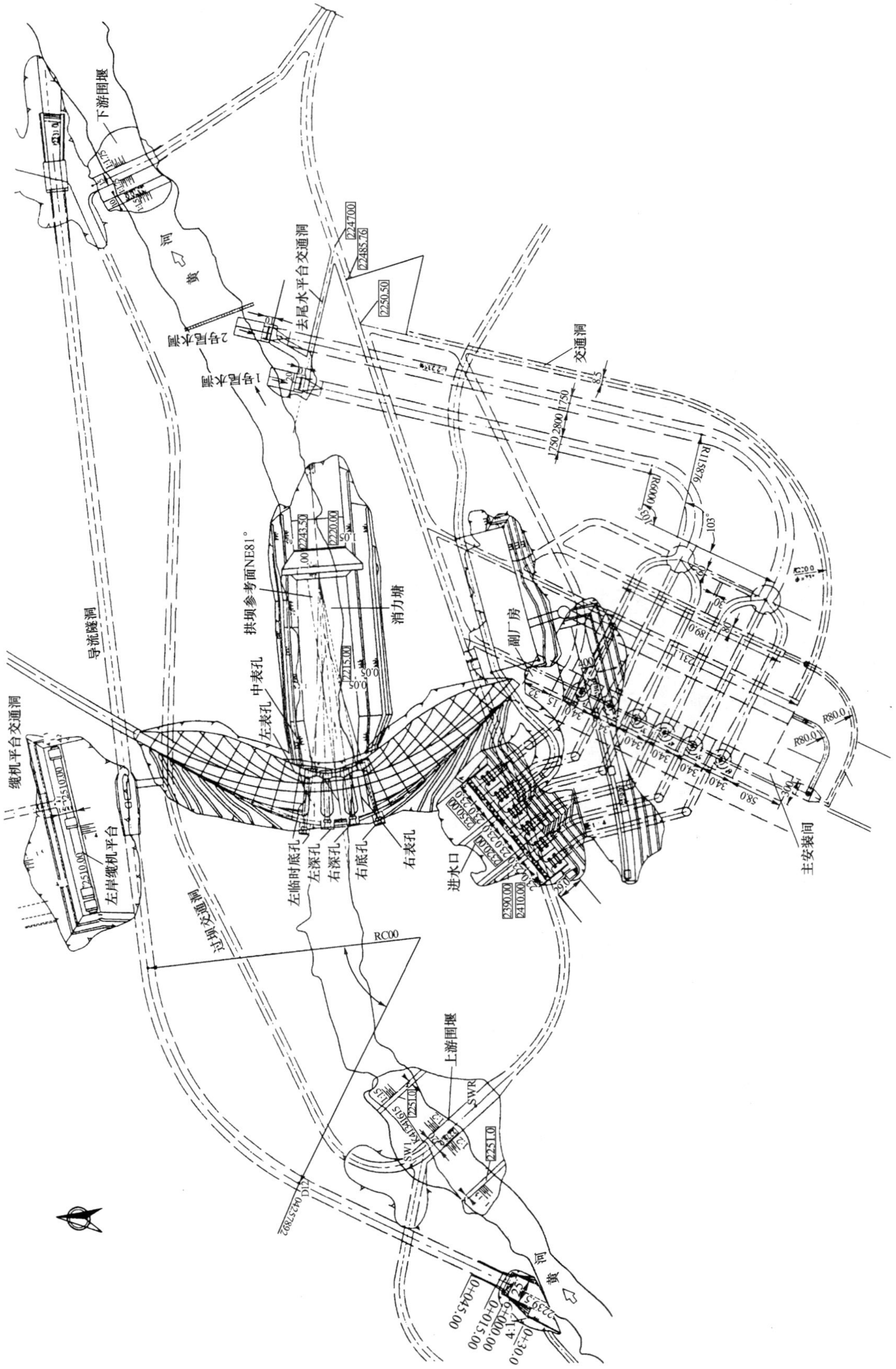

图1 拉西瓦水电站枢纽组平面布置图

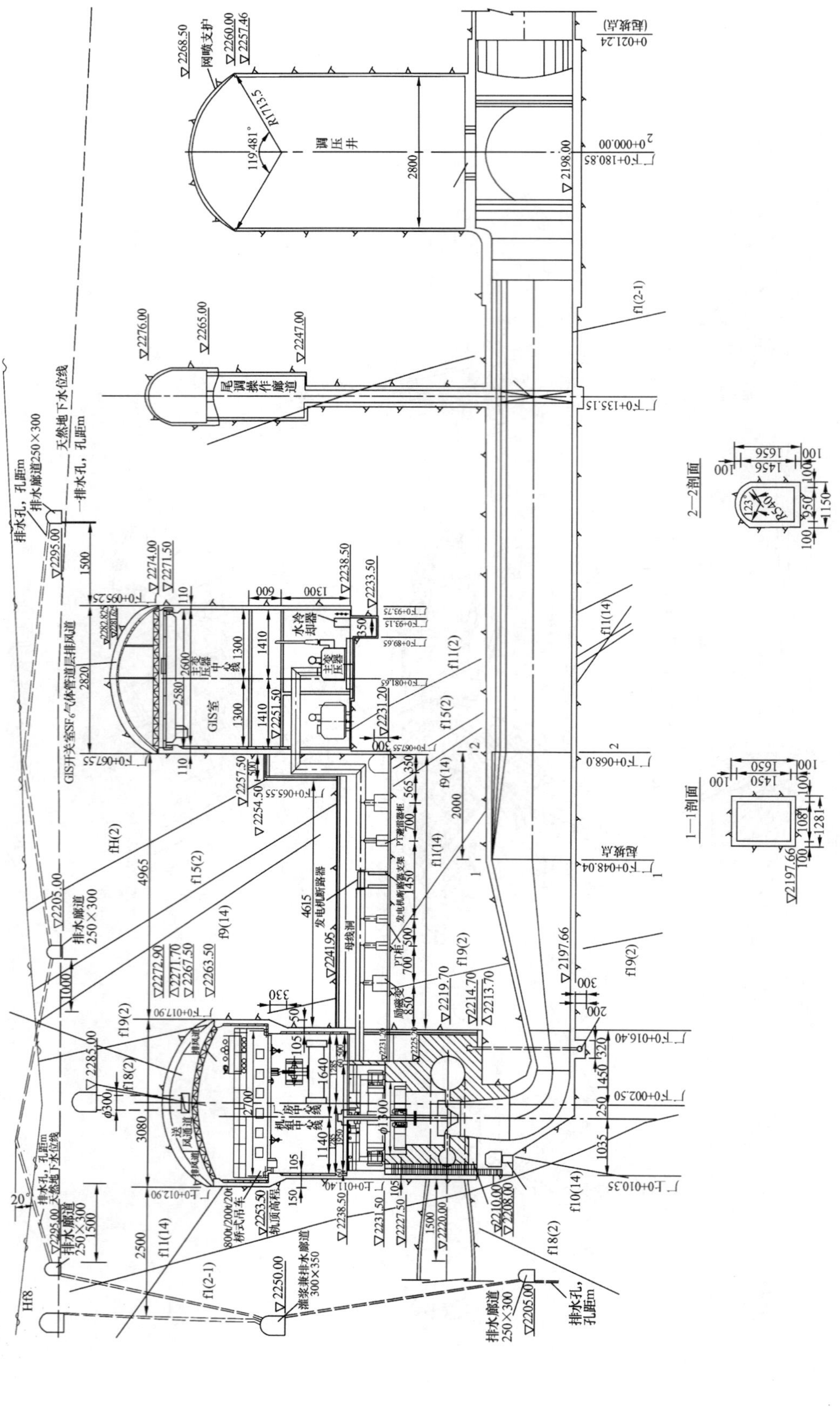

图2 拉西瓦水电站地下厂房横剖面图

（三）工程特点和新技术应用

1. 工程的开发优势与资源条件特点

（1）建设拉西瓦水电站是西北地区电力发展、促进“西电东送”、优化资源配置、带动地区经济、实现持续发展的需要。

1）开发建设拉西瓦水电站是西北地区电力发展的需要。黄河上游水电梯级是西北电网水电的最主要电源基地。按照西北电网负荷发展水平，一般每相隔5～10年，就需要投产一个大型水电站。拉西瓦水电站开工建设是西北地区电力需求不断发展的需要。

2）促进“西电东送”进程，优化资源配置，支撑西北750kV网架的实施。拉西瓦水电站具有电量保证程度高，丰、枯水年和丰、枯水期出力稳定、入库泥沙极少，同时由于发电消落深度小、水头高、无出力受阻、调峰运行方式灵活等优越性能，是“西电东送”北通道的骨干电源和实现西北水火电“打捆”东送的战略性工程，在支撑即将实施的西北电网750kV网架中起着其他电站不可替代的作用。

3）为电网提供可靠的事故备用电源。拉西瓦水库回水紧接龙羊峡水电站尾水，以龙羊峡水库的巨大库容为依托，加上拉西瓦水库本身设置的1.2亿m^3事故备用库容，使其成为可靠的不可多得的事故备用电源。

（2）拉西瓦水电站建设条件优越。

1）河段水能资源丰富，径流丰沛稳定，入库泥沙量甚微，地形地质条件良好。

从龙羊峡水电站尾水到拉西瓦水电站坝址，全部位于深山峡谷之中，在32.8km长的河段集中了高达220m的天然落差，约占龙羊峡至青铜峡河段25个梯级电站天然落差总和的17%，是黄河干流上水力资源最为富集的河段。拉西瓦水电站坝址以上流域面积为黄河全流域的18%，而水量占全流域的45%。得天独厚的天然落差和相对丰沛稳定的水量使得拉西瓦坝址具备了开发建设巨型水电站的优越资源条件。

坝址以上是全流域侵蚀模数最小的地区之一，是全流域少有的清水河段，加上龙羊峡水库的拦蓄作用，年入库沙量仅为102万t，多年平均含沙量仅为0.05kg/m^3。与黄河中下游的三门峡水库相比，仅为三门峡入库含沙量的2‰。

坝址峡谷狭窄、岸坡对称，地形条件好，山体雄厚，块状花岗岩坚硬完整，构造相对不发育，库区无永久渗漏问题，库岸岸坡稳定性好，是一个优良的高拱坝坝址，地形地质条件满足修建250m高拱坝和大型地下厂房的要求。

2）水库淹没损失极小。拉西瓦库区无工矿企业、城镇、文物，不淹没交通线路及电信设施。移民仅1650人，如此少的淹没损失和移民人数在国内大型水利水电工程中独一无二。水库淹没补偿费仅占工程总投资的4.2‰，水库淹没损失极小。

3）梯级水库调节优势明显。由于有了龙羊峡水库，客观上将拉西瓦水电站调节性能由日、周调节扩展为多年调节，丰、枯水年及丰、枯水期的电站出力变得较为均衡。电站保证出力提高了1.64倍，保证电能占多年平均发电量的85%左右。保证电能程度之高，在国内水电站中名列前茅。

电站设计和校核洪水经过龙羊峡水库调节拦蓄后，比天然洪水流量降幅分别为40%和23%。施工期导流流量降幅为52%。洪水流量的减少使导流泄洪消能工程设施得以简化，节省了工程投资。

通过龙羊峡水库和刘家峡水库联合补偿调节，拉西瓦水电站的发电运行基本不会受到灌溉、防凌等综合利用要求的制约。

2. 工程主要技术难点

（1）窄陡峡谷中的工程施工问题。

1）坝顶以上高边坡的处理问题。坝址两岸岸坡相对高差达600～700m，坝顶以上坡高400～450m，天然河床平水期水面宽约50m，高程2400m以下岸坡坡度65°～70°。岸坡岩体经历长期的风化剥蚀及应力释放卸荷作用，表层变形破坏现象比较普遍，主要表现为松动体、变形体、拉裂缝、崩塌堆积体和危石等类型。这些不稳定体总计100万m^3，分布的重点地段是：①左岸坝前高程2500m以上至扎卡滑坡下游侧小滑体表部危石；②Ⅱ号变形体上部高程2650m以上山脊表层松动岩体；③分布于右岸石门沟、青草沟两侧山脊和沟梁部位的2号、4号松动岩体（坝前进水口上部）；④石门沟内高程2500m以上崩塌堆积体；⑤右岸坝顶上部地表的松动体及危石；⑥Ⅱ号变形体表层处理。

处理不稳定体和危石的难点：一是人员设备难以到达工作面，工作效率低；二是清坡处理后的石渣部分堆在岸坡支沟内没有条件运走，日后可能形成泥石流，影响工程和电站安全。

采取的主要措施：左岸从峡谷出口地形相对平缓地区修筑临时施工便道至坝区岸坡坡顶；右岸要绕道75km后再修便道能到达山顶。坝顶以上岸坡全面进行危石清理，以人工作业为主；范围较大的松动体采用机械施工和人工相结合的办法进行削坡处理。处理后的边坡采用锚固、拦护和局部挂钢丝网等办法进行综合防护。

对堆积在坝区右岸青草沟、石门沟内的石渣，采用在坝顶以上开挖出渣兼排洪洞的方法，彻底清理沟内积渣。

高边坡处理原计划半年完成，由于施工条件限制和气候寒冷，实际用了近一年的工期。鉴此，对狭窄河谷的高边坡处理的难度要予以充分重视并在工期上留有余地。

2）提前截流解决缆机平台坝肩开挖出渣难题。在缆机平台和两坝肩开挖过程中都不具备岸边出渣的条件。为此，采用提前截流，在上下游围堰的挡护下，将高边坡处理、缆机平台开挖及坝肩上部开挖的石渣临时堆积在基坑内，随后陆续进行了高强度基坑出渣。

3）采用以隧洞为主的左右岸高低线布置方案，解决场内交通问题。针对明挖易引起高陡岸坡失稳的问题，场内采用以隧洞为主左右岸各布置高低交通线的设计方案，左右岸低线上游端用上下围堰进行沟通；高线通向左右坝头。混凝土运输线、通往缆机平台的交通均采用隧洞型式。实践证明这种场内交通布置，安全可靠、工期短、投资省。

（2）主体工程及电气设备主要技术问题。

1）高寒地区双曲拱坝的设计问题。拉西瓦水电站地处西北高原寒冷地区，年平均气温低，气温年变幅大，寒潮出现频繁，降温幅度大，年冻融循环117次，高于上游已建的龙羊峡工程，冬季长达5个月，气候干燥。在这样的气候条件下，龙羊峡大坝下游面和李家峡背管出现了大量的表层温度裂缝。对此，在拉西瓦坝体设计时，针对温度荷载已成为坝体的主要荷载之一的特点，采用适当提高混凝土耐久性指标、基础约束区冬季浇筑的混凝土亦进行通水冷却和坝表面保温等综合措施，提高坝体的抗裂能力，尽量减少坝体裂缝的出现。

2）优化泄水建筑物布置及其消能工，解决下泄水流入塘问题。拉西瓦工程水垫塘长度在国内同规模装机的电站中为最短，单位水体消能率属国内最高，达$20.3kW/m^3$。水工模型试验成果表明，通过优化泄水建筑物布置及其消能工，可以做到水垫塘底板在设计和校核洪水作用下冲击动水压力不超过10m和15m水柱高压力。针对拉西瓦正常运行情况下洪峰流量相对较小、泄水频率低的特点，采用国内同规模装机电站中最短水垫塘，在技术上是可行的。

3）中等偏高地应力区坝基及地下洞室开挖过程中，卸荷破坏和岩爆的处理问题。针对坝基开挖中可能出现的卸荷破坏，采用三维非线性仿真计算，预测出现破坏的范围、部位和深度；通过改变开挖体形、提前预锚等综合措施，控制卸荷破坏的范围和深度。

地下洞室的岩爆和卸荷破坏易在洞室拐弯和交叉处出现。除刚开挖的掌子面附近出现爆岩外，在围岩较好、未及时支护且放置一段时间的洞顶及洞顶和侧壁交界处，也易出现一定范围的薄层剥落破坏。对此，主要采用及时进行系统锚杆和喷钢纤维混凝土进行支护。

4）提前发电问题。拉西瓦水电站若能在死水位以下提前1.5年发电，施工期将可获得售电收益15亿元。为了解决工程提前发电问题，将电站进水口在右岸石门沟下游分三个台阶布置，满足首台机在库水位2360m时发电的要求；在坝身设临时底孔并与深孔联合运行解决导流洞下闸后表孔形成前的导流及度汛问题。

5）750kV电气设备。拉西瓦是国内首次采用750kV超高压的电站。在世界范围，这一电压等级的电气设备制造厂家较少，缺乏成熟的系统标准或规程。

针对以上情况，开展了过电压保护与绝缘配合、电气主接线可靠性和750kV主要电气设备参数选择等专题研究。目前这些主要设备的招标设计已经完成。

3. 反拱水垫塘和垫层蜗壳结构的采用

（1）反拱水垫塘。

拉西瓦水电站工程河谷狭窄陡峻，谷底地应力较高，洪水流量相对较小，泄洪频率较低。设计拟采用反拱型水垫塘，以减少对消能区岸坡的影响。

（2）垫层蜗壳结构。

经与水轮机制造厂商定，主厂房蜗壳采用传力垫层蜗壳结构，这样拉西瓦成为世界上水头最高、单机容量最大，而不进行蜗壳保压浇混凝土或钢板与混凝土不完全联合作用的电站。

附 录 B

我国抽水蓄能电站规划发展目标及重点工程简介

国家电网在2010年、2015年和2020年三个水平年的抽水蓄能装机规模分别达到1440万kW、2800万kW和4000万kW。预计到2010年、2015年和2020年，全国抽水蓄能电站装机容量占全国总装机容量的比重分别达到2.4%、3.7%和4.4%。表1为全国已、在建抽水蓄能电站项目。

表1 全国已、在建抽水蓄能电站项目（大型项目） MW

序号	电 网	省 份	电站名称	装机容量
一	已建项目			5703
1	华北电网	河北省	岗南	11
		河北省	潘家口	270
		北京市	密云	22
		北京市	十三陵	800
2	华东电网	浙江省	天荒坪	1800
		浙江省	溪口	80
		江苏省	沙河	100
		安徽省	响洪甸	80
3	华中电网	湖北省	天堂	70
		四川省	寸塘口	2
4	南方电网	广东省	广州	2400
5	西藏		羊卓雍湖	90
二	在建项目			12420
1	东北电网	吉林省	白山	300
		辽宁省	蒲石河	1200
2	华北电网	河北省	张河湾	1000
		山东省	泰安	1000
		山西省	西龙池	1200
3	华东电网	浙江省	桐柏	1200
		安徽省	琅琊山	600
		江苏省	宜兴	1000
4	华中电网	河南省	回龙	120
		湖北省	白莲河	1200
		河南省	宝泉	1200
5	南方电网	广东省	惠州	2400

惠州抽水蓄能电站工程

（一）工程概况

惠州抽水蓄能电站位于珠江三角洲东北向的惠州市博罗县城郊，距广州市112km，距惠州市20km，距深圳市77km，属东江水系，距东江边18km。

电站总装机容量为2400MW,装机8台。枢纽工程包括上水库、下水库、地下厂房和输水系统。上、下水库的主坝均为全断面碾压混凝土重力坝。最大坝高分别为56.1m和61.17m,坝顶长度分别为156m和420m。

上、下水库都有天然库盆，水源充足，两库之间自然落差531m，水平距离4200m。上水库范家田是现有七级电站的龙头水库。

站址外围附近有东江货运码头，惠州机场，广梅汕铁路，205、324国道公路，广惠高速公路等，组成了发达的交通网络。上、下水库已有简易公路连通，稍加改造即可作为施工道路。

站址位于罗浮山脉象头山,罗浮山旅游风景区离工程站址40km,站址上水库的环山最高940m,库底高程730m。

电站建设单位为广东蓄能发电有限公司，由广东省水利电力勘测设计研究院设计，中南勘测设计研究院监理，水电十四局施工。

（二）工程任务和规模

（1）广东电力系统具有负荷峰谷差大的特点，必须拥有一定容量的调峰电源。虽然抽水蓄能电站不是唯一的调峰手段，但惠州蓄能电站优越的建设条件，使之成为最经济的调峰电源。经研究表明，广东电力系统有惠州抽水蓄能电站，系统总费用现值可节省20.6亿元。无论是优化广东电源结构，降低电力系统总费用，还是保证电网安全和提高供电质量，建设惠州抽水蓄能电站都是十分必要的。

（2）利用广东优越的自然资源发展抽水蓄能电站，可以增加西电东送电量，提高西电东送综合效益。因此，建设惠州抽水蓄能电站，是广东支持西电东送的重要举措。

（3）惠州抽水蓄能电站服务于广东电网，电站开发任务为调峰、填谷、调频、调相以及事故备用，提高广东电网及西电东送运行的稳定性。

根据广东电力需求情况，“十五”末西电向广东送电容量加大到10880MW后，优化的电源构成中，2015年有6600MW的抽水蓄能电站，要求惠州抽水蓄能电站在2007年投产第一台机组，并于2010年前建成2400MW。

平面布置见图1，厂房横剖面见图2，工程特性见表1。

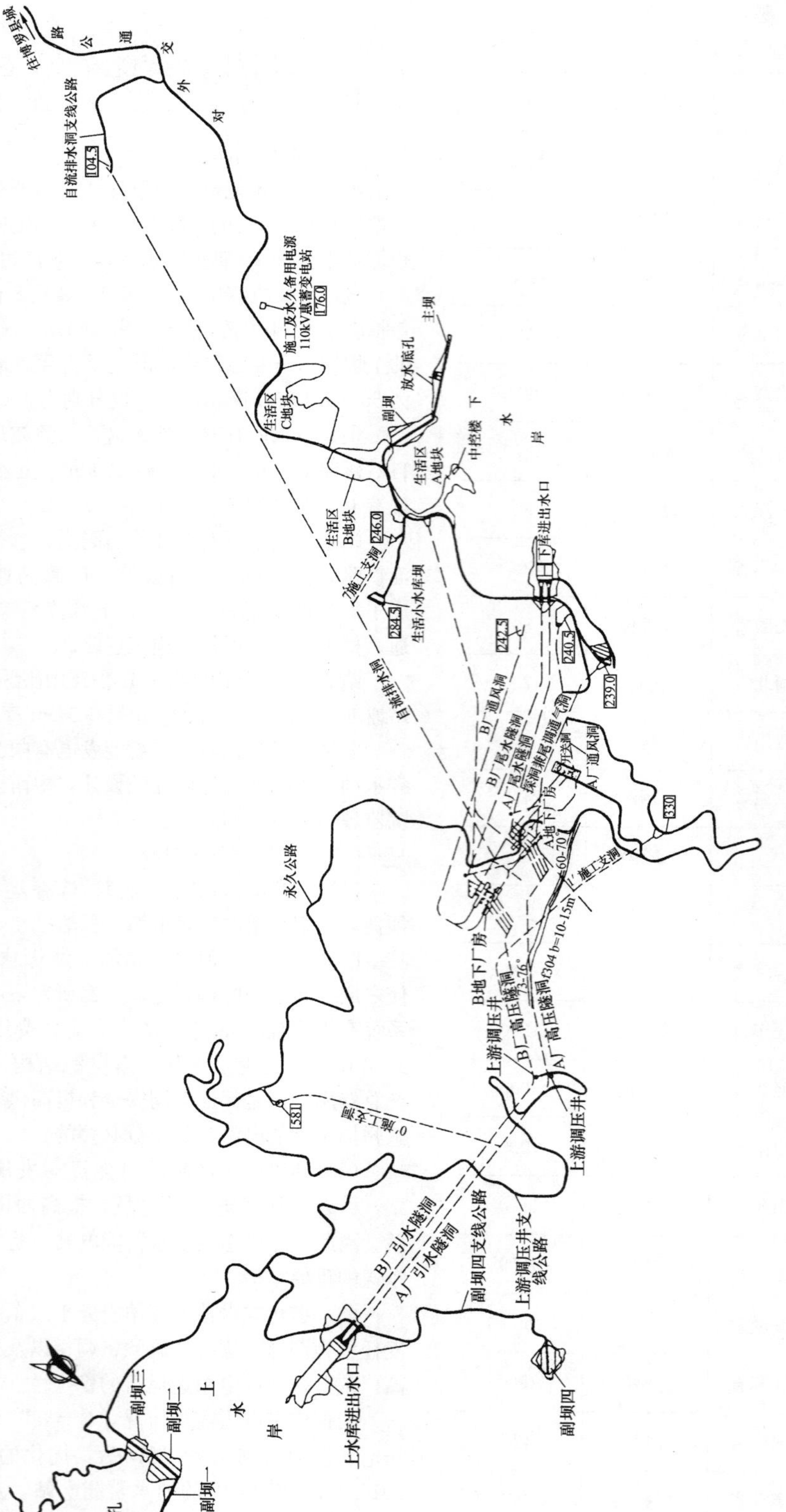

图1 惠州抽水蓄能电站枢纽总平面布置图

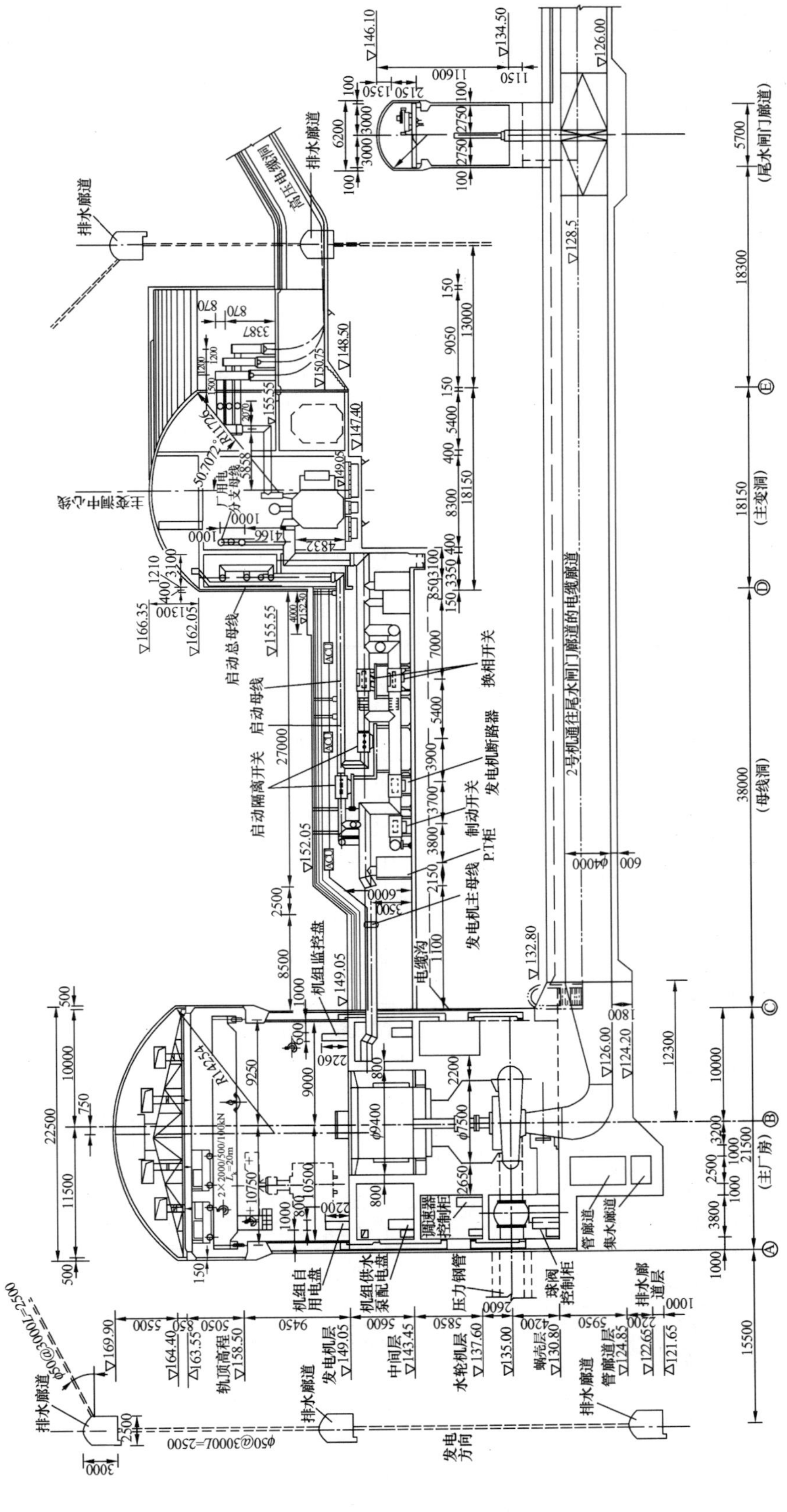

图 2　惠州抽水蓄能电站厂房横剖面图

表1 惠州抽水蓄能电站工程特性表

名 称	指 标	备 注
一、水文（上/下水库）		
1. 流域面积		
全流域（km^2）		
工程坝（闸）址以上（km^2）	5.22/11.29	
2. 利用的水文系列（年）	21/39	
3. 多年平均年径流量（万 m^3）	977.5/1736.63	
4. 代表流量		
多年平均流量（m^3/s）	0.31/0.55	
实测最大流量（m^3/s）		
实测最小流量（m^3/s）		
调查历史最大流量（m^3/s）		
设计洪水流量（m^3/s）	174/388	$P=0.2\%$
校核洪水流量（m^3/s）	211/463	$P=0.02\%$
施工导流流量（m^3/s）	5.6/105.9	$P=10\%$
5. 洪水		
设计最大洪量（万 m^3）	428.8/615.6	
校核最大洪量（万 m^3）	579.2/804.2	
6. 泥沙		
多年平均悬移质年输沙量（t）	909/1615	
多年平均含沙量（kg/m^3）	0.093	
多年平均推移质年输沙量（万 t）	0.07/0.15	
二、水库（上/下水库）		
1. 水库水位		
校核洪水位（m）	764.09/234.67	
设计洪水位（m）	763.64/234.05	
正常蓄水位（m）	762/231	
防洪高水位（m）		
汛期防洪限制水位（m）	754.87/222.79	

续表

名 称	指 标	备 注
汛期排沙水位（m）		
死水位（m）	740/205	
2. 正常蓄水位水库面积（km^2）	1.8733/1.6499	
3. 回水长度（km）		
4. 水库容积		
总库容（万 m^3）	3573.8/3827.1	
正常蓄水位库容（万 m^3）	3171.0/3190.5	
调洪库容（万 m^3）	1601.13/1833.48	
防洪库容（万 m^3）		
调节库容（万 m^3）	2739.7/2776.6	
死库容（万 m^3）	431.4/423.9	
5. 库容系数	2.8/1.6	
6. 调节性能	周	
三、下泄流量及相应下游水位（上/下水库）		
1. 设计洪水位时最大泄量（m^3/s）	129.61/329.83	
相应下游水位（m）	717.45/191.65	
2. 校核洪水位量最大泄量（m^3/s）	186.69/435.45	
相应下游水位（m）	718.14/191.99	
四、工程发电效益指标		
装机容量（MW）	2400	
多年平均发电量（亿 kW·h）	45.62	
装机年利用小时数（h）	1901	
最大日发电量（万 kW·h）	18290	
最大日抽水电量（万 kW·h）	23450	

续表

名　称	指　标	备　注
五、建设用地和移民安置（人）		
1. 迁移人口（人）	1117	
2. 房屋（m^2）		
六、淹没损失和工程永久占地		
1. 耕地（亩）	1375.1	
2. 迁移人口（人）	1117	
3. 房屋（m^2）	61537	
七、主要建筑物及设备（上/下水库）		
工程等别、主要建筑物等级		一等工程，主要建筑物1级
1. 挡水建筑物		
型式		碾压混凝土重力坝/碾压混凝土重力坝
地基特性		花岗岩
地震基本烈度/设防烈度（度）	Ⅵ/Ⅵ	
顶部高程（坝）（m）	765.6/236.17	
最大坝高（m）	56.1/61.17	
顶部长度（m）	156/420	
库盆防渗型式		
2. 泄水建筑物型式		溢洪道
地基特性		花岗岩/花岗岩
顶高程（m）	762/231	
溢流段长度（m）	3孔—10m	
闸门型式		不设闸门
设计泄洪流量（m^3/s）	129.61/329.83	
校核泄洪流量（m^3/s）	186.69/435.45	
单宽流量［$m^3/(s\cdot m)$］	6.2/14.5	
消能方式		挑流
3. 输水建筑物		
设计流量（m^3/s）	67.4	（单机）

续表

名　称	指　标	备　注
压力管道条数（条）	1/1	A厂/B厂
每条管长度（m）	4472/4436	
内径（m）	8.5	
4. 厂房		
型式		地下
主厂房尺寸(m×m×m)	152×21.5×49.4 154.5×21.5×49.4	2座（长×宽×高）
水轮机安装高程（m）	135	
5. 开关站面积（m×m）	130×52	长×宽
6. 主要机电设备		
水泵水轮机台数（台）	4×2	
型号		单级可逆混流
额定出力（入力）（MW）	306（310）	
额定转速（r/min）	500	
吸出高度（m）	−70	
转轮直径（m）	3.85	
最大水头（m）	554.3	
最小水头（m）	487.76	
额定水头（m）	517.4	
额定流量（抽水流量）（m^3/s）	66.2	
水泵扬程（最大/最小）（m）	566.12/516.19	
发电机型号		
单机容量（MW）	300	
发电机功率因数	0.9	
主变压器规格/数量（MVA/台）	360/8	
厂房起重机规格/数量		
7. 输电电压（kV）	500	
回路数（回）	3	
八、施工		
1. 主体工程数量		不含永久公路
明挖土/石方（万m^3）	166.43/59.15	

续表

名　称	指　标	备　注
洞挖石方（万 m^3）	202.92	
填筑石渣（万 m^3）	24.16	
干、浆砌石方（万 m^3）	23.33	
混凝土（万 m^3）	82.38	
钢筋/钢材（t）	35000/7154	
金属结构安装（t）	2012.6	
帷幕灌浆（m）	12957	
固结灌浆（m）	13945	
2. 对外交通（km）		
距离（km）	12	
运量（万 t）	18.92	
3. 施工导流		
方式		上游围堰挡水导流
型式		土石不过水围堰
规模（m^3/s）	5.6/105.9	上/下水库
4. 施工工期		
准备工期（年）	2.5	
第一台机期投产工期（年）	5.5	
总工期（年）	8 年 3 个月	
九、经济指标		
1. 静态总投资（亿元）	70.56	
2. 总投资（亿元）	81.34	
其中：建筑（亿元）	18.68	
设备安装工程（亿元）	2.33	
永久设备（亿元）	33.64	
建设征地补偿费（亿元）	3.15	
基本预备费（亿元）	4.99	
建设期利息（亿元）	10.78	
3. 经济指标		
单位千瓦投资（静态）（元/kW）	2940.03	
单位电能投资（静态）[元/（kW·h）]		
发电成本 [元/（kW·h）]		

续表

名　称	指　标	备　注
经济内部收益率（%）	14.04	
财务内部收益率（%）	8.87	
贷款偿还年限（年）	25	租赁价 502 元/（kW·年）
十、其他		
开工时间/竣工时间	2003 年 8 月/2011 年 3 月	
建设单位	广东蓄能发电有限公司	
设计单位	广东省水利电力勘测设计研究院	
监理单位	中南勘测设计研究院	
施工单位	中国水利水电第十四工程局等	

（三）工程特点和新技术应用

工程自然条件及开发方式与广州抽水蓄能电站基本相同，装机规模同样为 8×300MW。广州抽水蓄能电站许多经验可以借鉴和引用，如岩壁吊车梁、厂房洞室群采用轻型锚喷支护、钢蜗壳与外围混凝土联合作用、地下厂房组合结构整体刚度和动力分析及抗振减振措施、高压隧洞按透水理论衬砌、高压岔管采用平底钢筋混凝土衬砌等。这些都是当代的先进技术。除此之外，在枢纽布置和建筑物设计上进行了深入的优化，不但大大地节约了工程投资，更主要的简化和方便了运行管理。

（1）大坝溢洪道不设闸门控制。

电站上、下水库大坝下游有多级小型水库，防洪能力都较低。为了不增加下游防洪负担，本工程大坝溢洪道采用自由溢流方式，堰顶高程与正常蓄水位持平，不设闸门控制下泄流量，从而避免了制造人工洪水的机会。溢洪道净宽 30m，控制下泄量不大于天然入库流量，设计洪水 500 年一遇的下泄量上水库为 129.61m^3/s（小于入库流量 174.00m^3/s），下水库为 329.83m^3/s（小于入库流量 388.00m^3/s），只有在校核洪水 5000 年一遇的下泄量才等于天然来水量。另外，上、下水库大坝均设有放水底孔，预泄大于调节库容的多余水量，这一工程措施进一步保证了一般情况下不制造人工洪水，避免与下游小型水库调度上的矛盾。

（2）八台机组进出水口并列布置。

八台机组分两座厂房，设两条输水隧洞，即一洞四机，两条引水隧洞在上、下水库库岸并列布置侧式进出水口，这样使进水口布置紧凑，运行管理也方便，减少了土石开挖和混凝土等工程量。通过水工模型试验，各种工况流态分布合理，发电时平均流速为0.718m/s，抽水时平均流速为0.58m/s。

(3) 取消拦污栅启闭机设施。

工程上、下水库均选择在山峪盆地，非大江河流，水流基本不挟带漂浮物，通过总结分析类似工程运行经验后，认为拦污栅的清污和维修机会很少，可以取消拦污栅的起闭设施，仅考虑必要时在水库死水位时采用汽车吊进行检修。取消拦污栅起闭设施不但简化了进出水口的结构，减少工程投资，也避免运行期间对启闭设备仅维护不使用的浪费。

(4) 地下厂房设自流排水洞。

地下厂房系统深埋于山体之中，厂房区域的渗漏水、检修排水、事故排水等，需通过排水措施，将水排至地表。厂房排水方式可采用水泵排水方式或利用自流排水洞自流排水方式。电站充分利用了地形条件，采用了自流排水洞自流排水的方式。洞长41200m，断面2.5m×2.8m（宽×高），比采用水泵排水节省投资，节约运行费用。可在不用电的情况下自流排放事故漏水8.78m^3/s，彻底排除了水淹厂房的后顾之忧，这是机械抽排所不能代替的。

(5) 八台机组分设两座厂房，共用一个开关站。

A、B厂房八台机组共用一个开关站，比分设两个开关站节约了土建工程量，少占地，少开公路等；部分电器设备可互为共用，如可少设一套直流设备及通信设备，A、B厂无需架设联络线路，采用GIS设备即可过渡等。这样，不但节约了投资，还方便了管理和集中监控。

(6) A、B两厂共用一条交通洞。

在厂房通风洞室的布置上，A、B两厂分别布置各自的通风洞，利用施工期的出渣洞同时担负永久进风和排风的双重功能，克服了采用交通洞进风带来的新风污染问题，同时又减少了后施工的B厂对先期投产的A厂运行的干扰影响。两厂共一条交通洞，仅担负交通运输功能。

(7) 合理安排工期，取消尾水隧洞的施工支洞。

由于B厂工期滞后，其尾水隧洞长1511m，需要设1100m施工支洞作为尾水隧洞开挖及混凝土衬砌等的施工通道。通过对电力市场需求分析，认为A、B厂可以连续施工，尾水隧洞可以在水库蓄水前完工。虽然前期年度投资有所增加，但取消该施工支洞所减少的资金投入更为显著，并通过合理安排开挖与衬砌的工序，使输水系统不至于成为关键线路。

(8) 充分利用库盆地形条件多蓄水，使电站达到周调节。

用电负荷在周内有明显变化，每逢周末网内负荷明显比周一至周五低，从周六开始下降，周日达到最低，但最低负荷（谷底）一般出现在周一的凌晨。周日高峰平均低9%，低谷平均低6%，平均负荷平均低7%左右。

抽水蓄能电站的抽水、发电用水量每日均不相同，有时相差还很大，且日内抽水、发电用水量不平衡。一般周末抽水量多而发电用水量少，周一、周五则反之，周二至周四基本平衡。周日抽水量比平均情况平均多7%，发电用水量比平均情况平均少17%。

周调节与日调节比较，益本比为1.13，差额内部收益率为13.3%；抽水电价按低谷电价计算，益本比为4.87，差额内部收益率为35.1%。上述两种情况益本比均大于1，差额内部收益率均大于12%，电站进行周调节运行是经济可行的。

桐柏抽水蓄能电站工程

(一) 工程概况

桐柏抽水蓄能电站位于浙江省天台县栖霞乡百丈村，距天台县城7km，与杭州、宁波直线距离分别为150km、94km。电站装机容量为1200MW，装设4套单机容量为300MW的立轴混流可逆式单级水泵水轮机和发电电动机组。本电站供电范围为华东电网，在电网中承担调峰、填谷、调频、调相以及事故备用等任务。电站建成后，以2回500kV出线接入华东电网，按每日满出力运行5h，发电量600万kW·h，年发电量21.18亿kW·h，并相应要求日抽水用电量797万kW·h，年抽水用电量28.13亿kW·h。综合效率0.75。

电站枢纽为跨流域开发，由上水库、下水库、输水系统、地下厂房、地下主变洞、地面开关站等部分组成。

上水库利用已建的桐柏电站水库，经局部加固处理后改建为桐柏抽水蓄能电站上水库。现有主副坝为均质土坝，主副坝相连，最大坝高37.15m，水库正常蓄水位396.21m，死水位376.00m，总库容1231.63m^3。

下水库位于三茅溪支流百丈溪中游。主坝采用钢筋混凝土面板堆石坝，坝高68.25m；溢洪道为坝身开敞式自由溢流；下水库右岸布置导流泄放洞。水库正常蓄水位141.17m，死水位110m，总库容1289.73m^3。

输水系统和厂房位于上、下水库之间的山体内，采用一洞二机斜井尾部方案。上水库进出水口选用岸坡竖井式进水口，底板高程360m。

工程从土建主体工程承包商进点至第1台机组发电工期4年6个月，总工期5年9个月。

工程于2001年12月底开工，下水库于2002年

10月截流。上水库于2002年10月底水位降至死水位。工程计划于2005年底第一台机组发电投产，2007年6月底竣工。

工程建设单位桐柏抽水蓄能发电有限责任公司，现场管理单位浙江省电力建设总公司，设计单位华东勘测设计研究院，监理单位华东水电咨询公司，施工单位中国水利水电第十二工程局、中国水利水电第一工程局、中国水利水电第五工程局、中国安能水电建设总公司。

（二）工程任务和规模

华东电网水能资源不足，建设条件较好的大中型水电站大多数已经开发，根据电源规划，至2010年常规调峰水电站合计容量为2739.7MW。抽水蓄能电站合计容量为4760MW，水电站总装机容量可达7499.7MW，可提供调峰容量12259.7MW（包括抽水蓄能电站填谷容量）。此外，为尽快解决电网调峰容量缺乏问题，近几年电网已兴建一批燃气轮机电站。根据上述调峰电源组成，经2010年电网调峰容量平衡，电网中如无桐柏抽水蓄能电站，各火电机组调峰幅度夏季约为36.19%，冬季为37.94%；如有桐柏电站则各火电机组的调峰幅度夏季约为32.58%，冬季为33.97%。桐柏电站投入后可使电网火电综合调峰幅度降低3.61%～3.97%。由此可见，它的投入可明显减少火电的调峰幅度，改善电网的运行条件。

在经济性方面，按照与桐柏抽水蓄能电站同等程度满足电力系统需要而增加中间负荷火电机组或燃气轮机机组，对这三个方案作经济比较，结果桐柏抽水蓄能方案总费用现值最小，因此在经济上也是合理的。另外桐柏抽水蓄能电站又是已勘测设计的同等规模的抽水蓄能电站中工程投资最低，效益较显著的一座，因此建设本电站是必要、合理及经济的。

工程装机规模为1200MW（4×300MW），功能为：

（1）调峰。提供电网高峰工作容量1200MW，日发电量600万kW·h，年发电量21.18亿kW·h。

（2）填谷。电网低谷时抽水容量1200MW，日抽水用电量797万kW·h，年抽水用电量28.13亿kW·h。

（3）调频、调相。

（4）紧急事故备用。

上水库为已建的桐柏水电站水库，已对396.21m以下范围进行过淹没影响处理，并已安全运行多年。因此上库不涉及征地拆迁。下水库正常蓄水位为141.17m，水库淹没影响共征用各类土地609亩，其中耕地258亩，园地33亩，林地280亩，宅基地38亩。水库淹没影响范围以外的工程永久建筑物和公路的占地共征用各类土地675.7亩，其中耕地314.2亩，园地58.2亩，林地253.2亩，宅基地50.1亩。施工临时用地805.9亩。根据1995年的调查，到设计水平年2005年，工程共需生产安置的总人口为861人，动迁人口为631人（其中外迁人口584人，就地后靠安置47人）。工程共需拆迁房屋面积31102m²。水库淹没处理设计概算为3717.84万元。

平面布置见图1，主厂房横剖面见图2，工程特性见表1。

表1　桐柏抽水蓄能电站工程特性表

名　称	指　标	备　注
一、水文		
（一）上水库		
流域面积（km²）	6.7	不含跨流域引水面积15.5km²
多年平均年径流量（万m³）	1663	上库及其引水区（$F=22.2km^2$）
多年平均流量（m³/s）	0.53	上库及其引水区（$F=22.2km^2$）
设计洪水流量（m³/s）	150	$P=0.5\%$
多年平均输沙量（t）	3920	
（二）下水库		
流域面积（km²）	21.4	
多年平均年径流量（万m³）	442	除截入上水库15.5km²径流量
多年平均流量（m³/s）	0.14	除截入上水库15.5km²径流量
调查历史最大流量（m³/s）	210	1959年
设计洪水流量（m³/s）	361	$P=0.5\%$
多年平均年输沙量（t）	13700	
二、动能特性		
装机容量（MW）	1200	4×300MW
正常发电有效库容（万m³）	967.86	
事故备用库容（万m³）	94.87	
事故备用日电量（万kW·h）	53	
平均年发电量（亿kW·h）	21.18	

续表

名　　称	指　标	备　注
平均年抽水耗电量（亿kW·h）	28.13	
年发电利用小时（h）	1764	
年抽水利用小时（h）	2344	
综合效率（%）	75.3	
三、主要建筑物		
（一）上水库		
坝型		土石坝
坝顶高程（m）	400.345	
最大坝高/坝顶长度	37.49/467.6	
正常蓄水位（m）	396.21	
死水位（m）	376	
总库容（万 m^3）	1231.63	
发电有效库容（万 m^3）	1062.73	含备用库容94.87万 m^3
死库容（万 m^3）	168.9	
溢洪道型式		闸门控制式溢流
溢洪道堰顶高程（m）	394	
溢流道堰宽（孔×m）	2×6	每孔设一平板闸门（工作）
（二）输水系统		
1. 上水库进/出水口		
型式		岸坡竖井式（设拦污栅）
闸门型式		平面滑动事故闸门
2. 引水隧洞		
型式		一洞二机斜井式
主管直径（m）	9	
支管直径（m）	5.5～3.4	
3. 尾水隧洞直径（m）	7	
4. 下水库进/出水口型式	岸坡竖井式（设拦污栅）	
（三）地下厂房、开关站		
1. 主、副厂房洞尺寸（长×宽×高）（m×m×m）	82.7×24.5×56	

续表

名　　称	指　标	备　注
2. 主变洞尺寸（长×宽×高）（m×m×m）	162.3×18×19.8～26.0	
3. 母线洞（4条）（m×m×m）	38×8.2×9	
4. 进厂交通洞(m×m×m)	570.5×8.5×8.5（长×宽×高）	
5. 排风交通电缆洞长（m）	295	利用施工支洞改建
6. 500kV出线洞尺寸（长×宽×高）（m×m×m）	337.2×4×5.7	坡度30%
7. 500kV地面开关站尺寸（长×宽）（m×m）	153.5×37	
8. 水泵水轮机安装高程（m）	52	
9. 开关站高程（m）	154	
（四）下水库		
坝型	钢筋混凝土面板堆石坝	
坝顶高程（m）	148.25	
最大坝高（m）	71.4	
坝顶长度（m）	434	
设计最高蓄水位（m）	141.17	
死水位（m）	110	
总库容（万 m^3）	1289.73	最高蓄水位以下
发电库容（万 m^3）	967.86	
备用库容（万 m^3）	94.87	
死库容（万 m^3）	227	
溢洪道型式		坝身自由溢流
溢流堰顶高程（m）	141.9	
设计洪水泄量（m^3/s）	361	
校核洪水泄量（m^3/s）	496	
导流泄放隧洞设计泄洪流量（m^3/s）	177.7	
副坝坝型		黏土心墙堆石坝
副坝坝顶高程（m）	149.35	

续表

名 称	指 标	备 注
四、主要机电设备		
（一）水泵水轮机		
型式		立轴单级混流可逆式
水轮机额定出力（MW）	306	
水泵最大入力（MW）	334.8	
转轮直径（m）	5	
转速（r/min）	300	
吸出高度（m）	−58	
水轮机工况净水头（m）	285.7/229.6	最大/最小
水泵工况扬程（m）	288.71/237.0	最大/最小
水轮机额定水头（m）	239	
水轮机工况额定流量（m^3/s）	143.5	
（二）发电电动机		
型式	三相，立轴，半伞式，空冷，可逆式同步电机	
额定容量（发电机/电动机）（MW）	300/336	
功率因数（$\cos\phi$）	0.9/0.975	
额定电压（kV）	18	
电动机起动方式	SFC，“背靠背”起动备用	
（三）主变压器		
型式	户内，三相，油浸，铜线双线圈，带有载分接开关	
台数（台）	4	
额定容量（MVA）	360	
额定电压（kV）	520±8×1.25%/18	
（四）输电线路		
电压（kV）	500	
回路数	2	
输电距离（km）	100	

续表

名 称	指 标	备 注
五、施工		
1. 主体工程量		
明挖土方（万 m^3）	66.57	
明挖石方（万 m^3）	133.4	
洞挖石方（万 m^3）	65.36	
坝体堆石料（万 m^3）	173.71	
混凝土及钢筋混凝土（万 m^3）	28.45	
金属结构及钢管安装（t）	4974.6	
2. 主要建筑材料		
水泥（万 t）	11.08	
钢材（万 t）	1.968	
3. 施工工期		
第一台机组发电期限（月）	54	自厂房顶拱开挖起算
总工期（月）	70	
六、经济指标		
静态总投资（亿元）	34.33	
动态总投资（亿元）	42.60	
上网容量价格（元/kW）	1165	
上网电量价格［元/（kW·h）］	0.221	
国内贷款偿还年限（年）	15	
世行贷款偿还年限（年）	20	
七、其他		
开工时间/竣工时间	2001年12月30日～2007年6月30日	
建设单位	桐柏抽水蓄能发电有限责任公司	
现场管理单位	浙江省电力建设总公司	
设计单位	华东勘测设计研究院	
监理单位	华东水电咨询公司	
施工单位	中国水利水电第十二工程局 中国水利水电第一工程局 中国水利水电第五工程局 中国安能建设总公司	

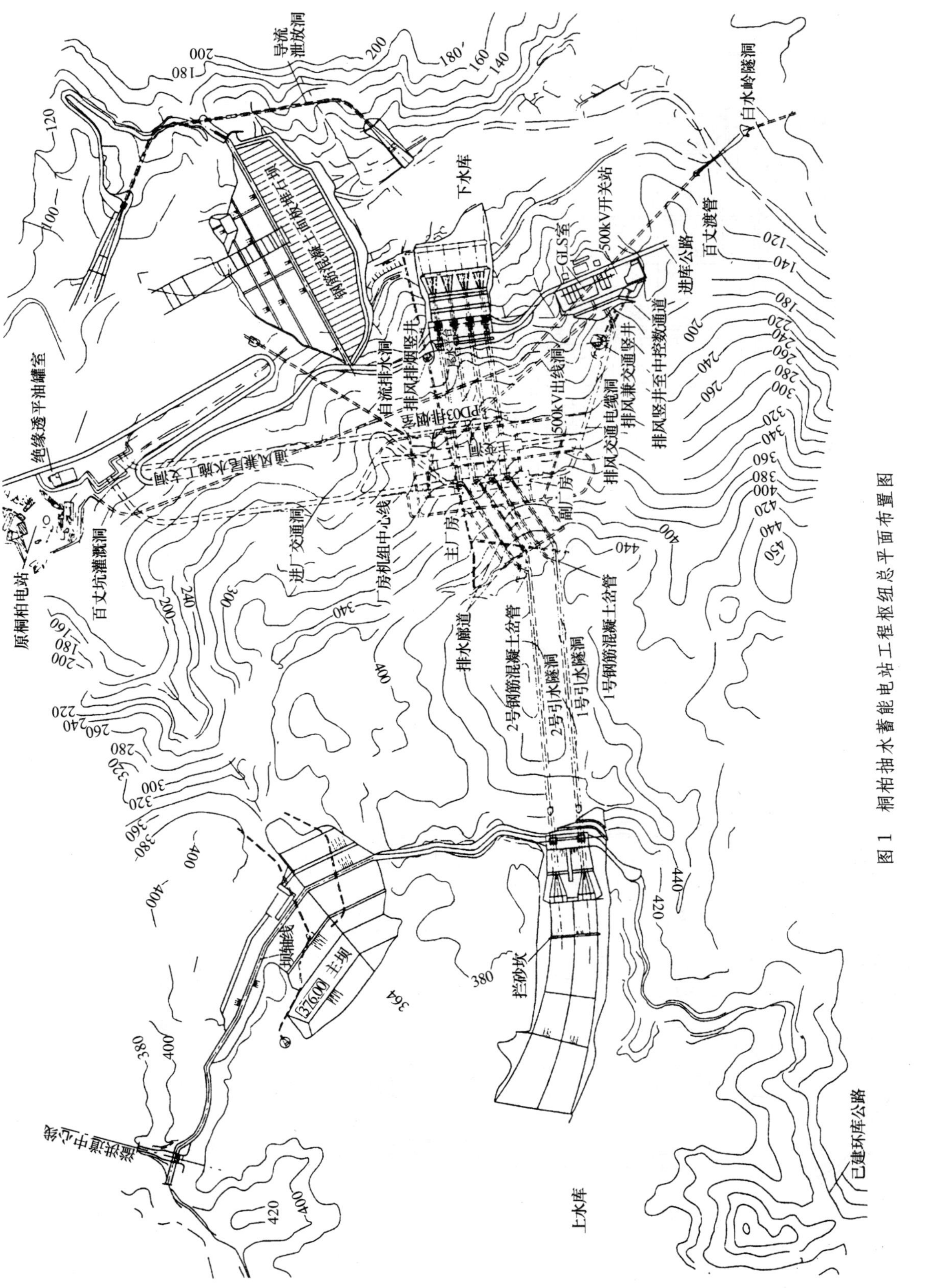

图1　桐柏抽水蓄能电站工程枢纽总平面布置图

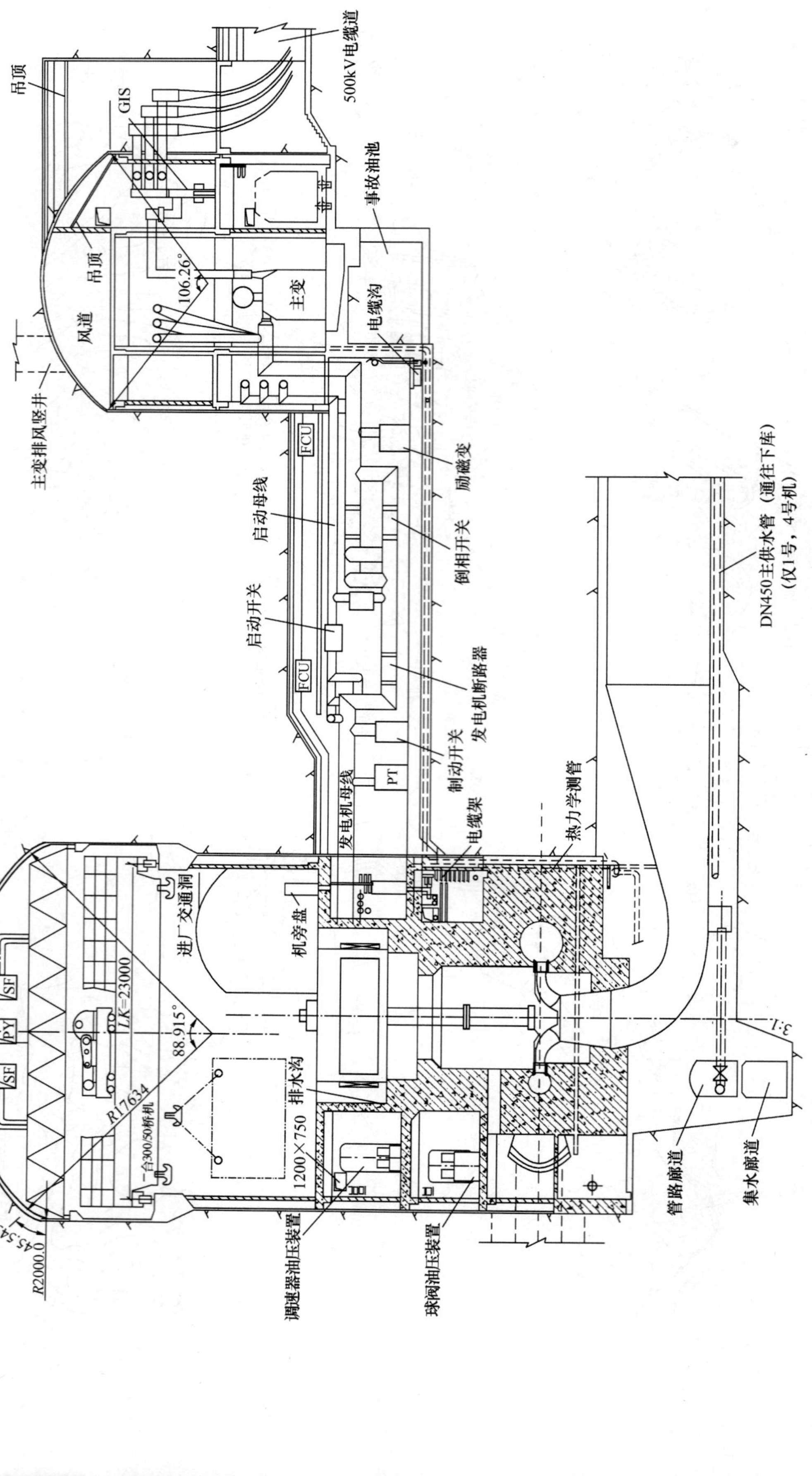

图 2 桐柏抽水蓄能电站主厂房横剖面图

（三）工程特点和新技术应用

电站可行性设计审查之后，重大设计变更和设计优化为下水库右岸岸坡溢洪道方案变更为面板堆石坝坝身溢洪道方案，已按程序经原审查单位（水利水电规划设计研究总院）批准。

设计单位提出混凝土面板堆石坝坝身溢洪道设计方案报告，世界银行特别咨询团在2001年12月10～14日的桐柏工程的第二次咨询活动中，针对右岸溢洪道的地质情况及当今混凝土面板堆石坝的施工技术水平，在比较岸边溢洪道和坝身溢洪道后，倾向于采用坝身溢洪道方案。2001年12月28日，浙江省电力公司基建部召集了下水库溢洪道方案讨论会。与会人员对特别咨询团的意见进行了充分地讨论，同意其意见，建议尽快启动溢洪道优化设计程序，作为重大设计变更按程序报批。

中国水电顾问有限公司于2002年3月22～24日在浙江省天台县主持召开了浙江桐柏抽水蓄能电站下水库溢洪道设计变更审查会。审议认为，原审定的右岸岸边溢洪道加右岸导流泄洪洞布置方案，在技术上是安全可靠的。现华东勘测设计研究院对下水库泄洪方案进行优化，推荐将右岸岸边溢洪道改为坝身溢洪道。经方案比较证明，坝身溢洪道比岸边溢洪道可节约投资，但具有一定的风险度。考虑到坝身溢洪道泄流的机会较少，过流量和单宽流量均较少，经过初步技术论证，技术上也是可行的。华东勘测设计研究院提出的设计变更报告基本达到了可行性研究阶段的设计深度，同意采用坝身溢洪道加右岸导流泄洪洞的泄放布置方案。

由于在堆石体上设置溢洪道，必须考虑溢洪道与堆石体的连接形式，通过坝身溢洪道水工模型试验以及现场锚筋锚固力试验，确定端头采用外包混凝土，直段用3英寸钢管外包，管内注浆的锚筋形式，施工比较方便，且注浆后无需等强，可以提高施工进度。同时对溢洪道结构细部构造进行详细研究，使得溢洪道结构能适应坝体的变形。

西龙池抽水蓄能电站工程

（一）工程概况

西龙池抽水蓄能电站位于山西省忻州地区五台县滹沱河与清水河交汇点上游约3km处，距忻州市、太原市直线距离分别为50km和100km。电站总装机容量1200MW，安装4台300MW竖轴单级混流可逆式水泵水轮机组。枢纽建筑物主要由上水库、输水系统、地下厂房系统、下水库、地面开关站及副厂房、补水建筑物等组成。上、下水库大坝均为沥青混凝土面板堆石坝，同时库盆也全部采取防渗措施。上库主坝最大坝高50m，坝顶长401m。下库最大坝高97m，坝顶长537m。上、下水库均由水泵站提水补给。

电站由山西省电力公司和山西省地方电力公司合资建设，北京勘测设计研究院设计，华东水电咨询公司、中水北方勘测设计研究有限责任公司等监理，施工单位主要有中国水利水电第四工程局、中国安能建设总公司、中国葛洲坝集团公司和中国水利水电第三工程局。电站筹建期工程于2002年6月18日开始，主体工程已于2003年9月30日开工，计划2008年8月第一台机组发电，2009年8月竣工。

（二）工程任务及规模

作为全国能源重化工基地的山西省，电力工业发展迅速。省内自用装机容量由1990年的4567MW（未包括送陕西64MW），增加到1999年的9929MW；省内自用发电最高负荷也由1990年的3949MW增加到1999年的6938MW；最大峰谷差由1990年的1100MW增加到1999年的2269MW。1999年省内用电最大峰谷差率已达到36.2%。峰谷差增长速度明显高于负荷增长速度，从而使电网调峰问题更加突出。山西电网是一个以火电为主的电网，电源结构单一，调峰手段缺乏。目前网内可用于调峰的水电容量仅有540MW。因此，山西电网的调峰任务主要靠火电机组的开停或压负荷来调整。但是，无论从现状还是从以后的发展来看，山西电网仅依靠火电机组压负荷或开停调峰，不能从根本上解决电网的调峰问题，必须兴建一定容量的调节性能好、运行灵活的调峰电源。

电站总装机容量为1200MW，安装4台300MW竖轴单级混流可逆式水泵水轮机组，额定水头640m，年发电利用小时数为1504h，年抽水利用小时数为2006h，年发电量18.05亿kW·h，年抽水电量24.07亿kW·h，电站综合效率约为0.75。电站建成后，以500kV电压并入山西电网，承担调峰、填谷、调频、调相及事故备用的任务。

水库淹没与工程永久占地面积合计335.94hm^2，工程施工临时占用土地220hm^2。水库淹没与工程永久占用耕地55.78hm^2，设计规划水平年（2002年），因水库淹没与工程永久占地影响共需安置人口575人。

平面布置见图1，厂房横剖面见图2，工程特性见表1。

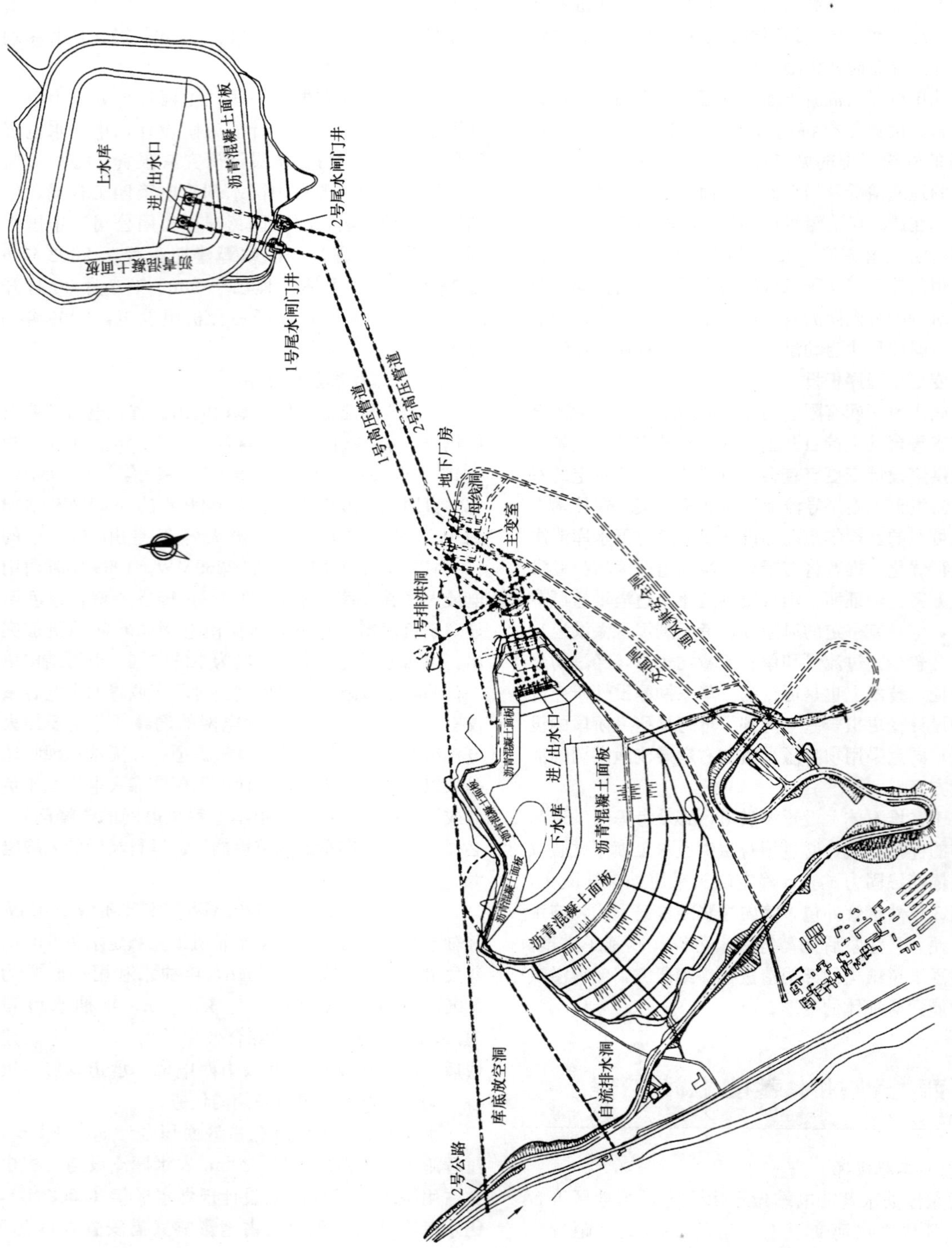

图1 西龙池抽水蓄能电站枢纽总平面布置图

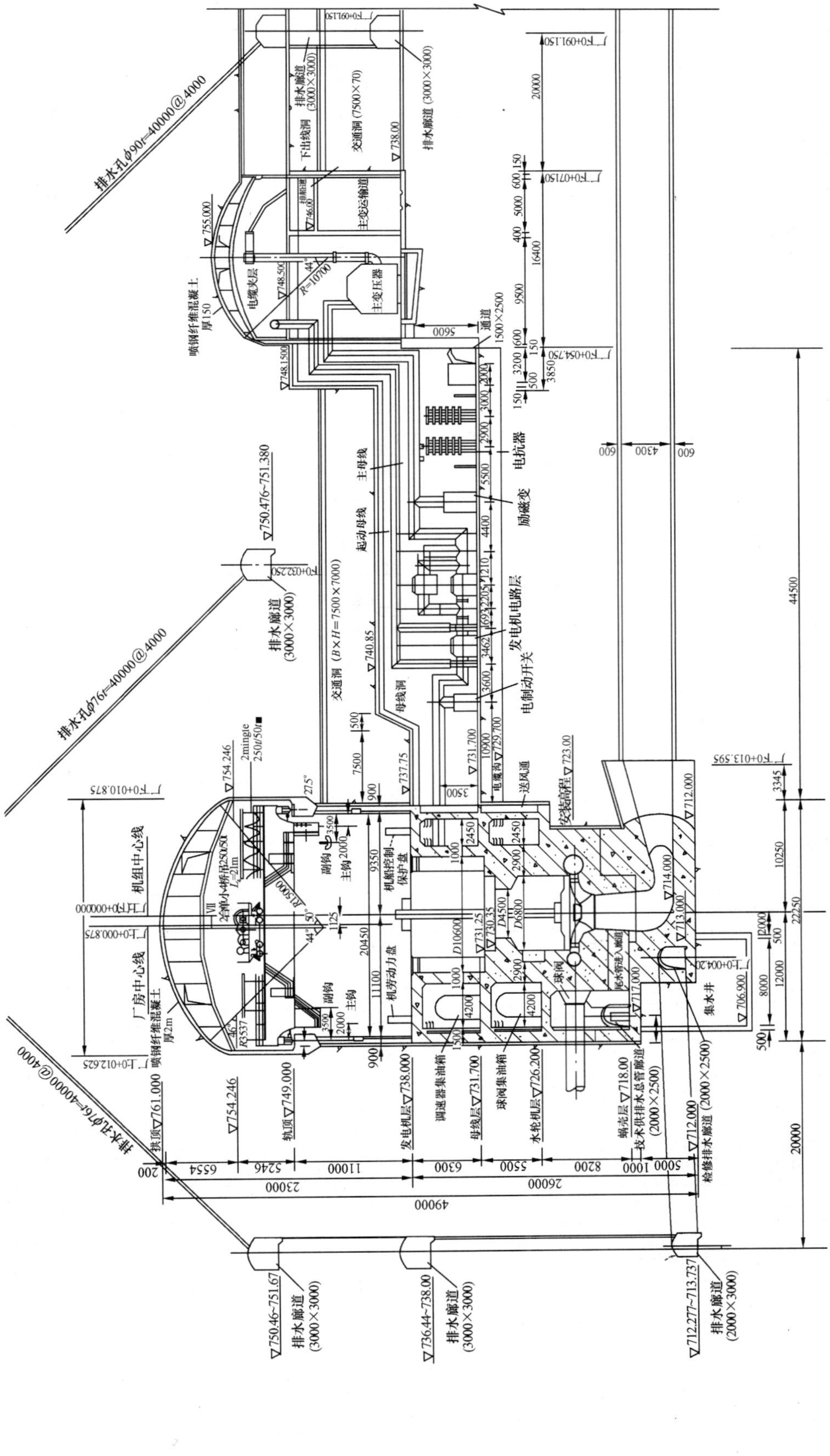

图 2 西龙池抽水蓄能电站厂房横剖面图

表1 西龙池抽水蓄能电站工程特性表

名　称	指　标
一、水文	
1. 流域面积	
坝址以上流域面积（上水库/下水库）（km^2）	0.23/1.27
2. 多年平均年降雨量（上水库/下水库）（mm）	459.2/459.2
二、水库	
1. 水库水位（上水库/下水库）	
正常蓄水位（m）	1492.5/838
死水位（m）	1467/798
2. 水库容积（上水库/下水库）	
正常蓄水位库容（万 m^3）	469/494.2
调节库容（万 m^3）	413.15/421.5
死库容（万 m^3）	61/72.7
三、工程效益指标	
装机容量（MW）	1200
多年平均年发电量（亿 kW·h）	18.05
年利用小时数（h）	1504
多年平均年抽水电量（亿 kW·h）	24.07
四、建设用地和移民安置	
1. 迁移人口（人）	575
2. 房屋（m^2）	21732
3. 耕地（亩）	837
五、主要建筑物及设备	
工程等别	一等，大（1）型
主要建筑物等级	主要建筑物1级
1. 上水库挡水建筑物	
型式	沥青混凝土面板堆石坝
地基特征	灰岩、泥质白云岩
地震基本烈度/设防烈度（度）	Ⅶ/Ⅶ
坝顶高程（m）	1494.5
最大坝高（m）	50
坝顶长度（m）	401

续表

名　称	指　标
库顶长度（m）	1694
库盆防渗型式	全库沥青混凝土防渗
2. 下水库挡水建筑物	
型式	沥青混凝土面板堆石坝
地基特征	碎石土
地震基本烈度/设防烈度	Ⅶ
坝顶高程（m）	840
最大坝高（m）	97
坝顶长度（m）	537
库顶长度（m）	1722
库盆防渗型式（m）	全库沥青混凝土防渗
3. 发电引水建筑物	
高压管道数量（条）	2
输水系统总长（m）	1819.17、1870.98
设计引用流量（m^3/s）	4×55.88
最大抽水流量（m^3/s）	4×46.51
高压管道长度（m）	1448.95、1424.23
高压支管条数（条）	2
4. 厂房	
型式	地下厂房
主厂房尺寸（长×宽×高）（m×m×m）	149.3×22.25×49
水轮机安装高程（m）	723
5. 开关站面积（长×宽）/层数（m×m/层）	70.6×18/5
6. 主要机电设备（台）	4
水轮机（水泵水轮机）台数（台）	4
型号	竖轴单级混流可逆式
额定出力/最大入力（MW）	306.12/316.87
额定转速（r/min）	500
吸出高度（m）	−75
转轮直径（m）	4.33
最大工作水头/扬程（m）	687.75/703.93
最小工作水头/扬程（m）	609.48/635.41
额定水头（m）	640
额定发电流量（m^3/s）	55.88
最大/最小扬程时抽水引用流量（m）	36.84/46.51

续表

名　称	指　标
发动机型号	三相立轴可逆式空冷同步电机
单机容量（MW）	300
发动机功率因数	0.9
主变压器规格、数量	三相式有载调压4台
厂房起重机规格、数量	单小车桥式起重机2台
7. 输电电压（kV）	500
回路数（回）	2
六、施工	
1. 主体工程数量	
明挖土、石方（万 m^3）	1137.35
洞挖石方（万 m^3）	61.24
填筑土、石方（万 m^3）	872.02
混凝土（万 m^3）	52.06
钢筋（t）	44000
钢衬（t）	13184
金属结构安装（t）	1586
帷幕灌浆（m）	2800
固结灌浆（m）	82994
2. 对外交通（公路）	
距离（km）	22.6
运量（万 t）	37.74
3. 施工工期	
准备工期（年）	1
第一台机组投产工期（年）	5
总工期（年）	6
七、经济指标	
1. 静态总投资（亿元）	43.84
2. 总投资（亿元）	50.13
其中：建筑工程（亿元）	16.79
机电设备及安装工程（亿元）	14.36
金属结构设备及安装工程（亿元）	2.06
施工辅助工程（亿元）	3.93
其他费用（亿元）	4.14
建设期利息（亿元）	5.26
3. 经济指标	
单位千瓦投资（静态）（元/kW）	3654
经济内部收益率（%）	29.33

续表

名　称	指　标
财务内部收益率（%）	11.68
贷款偿还年限（内资/外资）（年）	15/20
八、其他	
开工时间/竣工时间	2003年9月/2009年8月
建设单位	山西西龙池抽水蓄能电站有限责任公司
设计单位	北京勘测设计研究院
监理单位	华东水电咨询公司 中水北方勘测设计研究有限责任公司
施工单位	中国水利水电第四工程局 中国安能建设总公司 中国葛洲坝集团公司 中国水利水电第三工程局

（三）工程特点和新技术应用

（1）严寒环境下沥青混凝土面板防渗技术研究。

西龙池上、下水库库址区气温较低，上水库月平均最低气温为－18.3℃，极端最低气温－34.5℃。下水库月平均最低气温－15.9℃，极端最低气温－30.4℃，属寒冷地区。沥青混凝土属粘弹性材料，在低温状态下表现出较强的脆性，适应变形能力大大降低。由于上、下库均存在不均匀变形问题，在低温环境下，因水位变化、温度骤降等因素容易导致沥青混凝土面板产生裂缝。因此对沥青混凝土的要求不仅要有较强的适应变形能力，而且还要具有较好的低温抗裂性能。沥青混凝土是一种感温性材料，从国外的一些研究和道路规范资料分析，一般的非改性道路沥青针入度指数在－1.0～1.0之间，所能承受的温度范围最高约为90℃，而对更为残酷的气候条件的道路，则必须使用改性沥青。本工程运行期的沥青混凝土工作温度范围较大，极端温度范围约在90℃左右。因此，需考虑是否采用改性沥青的问题。此外，由于上、下水库极端最高气温分别为36.2℃、39.1℃，沥青混凝土面板的热稳定性也是值得关注的问题。

（2）大 *PD* 值高压管道结构研究。

电站压力管道长约1240m，最大设计压力约10.2MPa，主管直径为5.2～3.5m，全部采用钢板衬护。管壁厚度为22～57mm。根据设计内水压力选用500MPa、600MPa、800MPa 3个强度级别的钢材，钢材总量为13184t，其中600MPa级钢材958t，

800MPa 级钢材 6178t。钢材用量对输水系统造价有举足轻重的影响，如何结合工程地质条件充分发挥围岩抗力是高压钢管设计的关键，不仅可减少钢衬厚度、降低工程造价，更能降低制造、安装难度。

西龙池电站高压管道采用的 800MPa 级高强钢厚度及数量，是国内最大的。800MPa 级高强调质钢对焊接工艺的要求比较严格，采用何种工艺参数来保证制作安装质量是非常重要的。合理工艺不仅是制作安装质量的保证，而且能降低制作安装费用。

(3) 高压岔管围岩分担内水压力技术研究。

电站引水岔管为对称 Y 形内加强月牙肋岔管，PD 值为 3552m^2，主管直径 3.5m，支管直径为 2.5m，按明管设计主管壁厚 68mm，肋板厚度 150mm，其规模在国内居首位。

内加强月牙肋岔管在国内外大中型常规和抽水蓄能电站地下埋管中得到广泛的应用，但岔管规模都不大。目前已建工程此种类型最大规模岔管为日本的葛野川抽水蓄能电站岔管，最大 PD 值为 4720m^2。我国已完建最大规模岔管为十三陵抽水蓄能电站岔管，最大 PD 值达 2599m^2。

国内外埋藏式岔管皆按明管设计，通过对十三陵抽水蓄能电站内加强月牙肋岔管等原型观测资料分析发现岔管应力并不高，比明岔管水压试验低得多，证明围岩分担内水压力的作用是明显的。

从目前国内外岔管设计、制作安装水平来看，西龙池抽水蓄能电站岔管考虑围岩分担内水压力设计，以减少岔管管壳及肋板厚度，降低施工难度。

(4) 缓倾角薄层灰岩中大跨度地下厂房开挖与支护研究。

地下厂房位于上寒武系崮山组和中寒武系张夏组的岩层中，依岩性的不同可分为若干小层，其岩性为泥质条带状灰岩、钙质石英粉砂岩、薄层灰岩、鲕状灰岩和柱状灰岩，呈互层状结构，层理发育。在厂房顶拱以上 10m 左右发育有两层厚 0.84m 的灰绿色页岩。岩体结构类型也以互层状结构为主，鲕状灰岩、泥质柱状灰岩为块层状结构。薄层灰岩层厚仅有几厘米，层理发育。

厂区规模较大的断层为 F_{112}、F_{118} 等。平面上厂房位于 F_{112}、F_{118} 之间相对完整的岩块内，F_{112} 斜切副厂房左端墙；F_{118} 位于厂房右侧，距厂房右端墙 20～35m，受上述两断裂的影响，厂区次一级的断层较为发育，均表现为张扭性，张性断层带 P_5 规模较大，距厂房左端墙约 25m。在立面，顶拱位于 $\in_{2Z}^{2-2}$ 岩层，避开了石英粉砂岩和极薄层灰岩。

厂区地下水以基岩裂隙水为主，呈层状分布，在张夏组岩层中地下水位埋藏较深，水位为 716～719m，位于厂房底板左右。崮山组岩层地下水位较张夏组岩层中高，为 768～769m，位于厂房顶拱以上。

厂房以Ⅲ类围岩为主，岩体主要力学指标为：水平弹性模量 11000～14000MPa，垂直弹性模量 6000～8000MPa，饱和抗压强度 40～60MPa，软化系数 0.4～0.6。

在缓倾角薄层岩层中开挖大跨度地下厂房在国内尚无先例，其主要问题是顶拱稳定问题，通过三维有限元分析，在推荐的锚杆、预应力锚索、喷钢纤维混凝土支护措施下，围岩是稳定的。但三维有限元难以准确模拟只有几厘米厚的薄层层面，顶拱稳定性难得到较准确的反应。为加强顶拱的稳定性，进行了顶拱拱形优化，采用合理的三心拱，且在距顶拱 30m 左右开挖锚洞，布置三排对穿预应力锚索，在顶拱中导洞开挖过程中实施，起到超前支护的作用。目前，已完成厂房顶拱的施工，支护效果良好。

厂区最大地应力为 12MPa，应力值虽不大，但是地应力与围岩饱和抗压强度比值比较高，最大可达 0.3，地下厂房高度为 49m，所以厂房边墙及端墙稳定问题也应引起重视。

(5) 高水头地下厂房振动措施研究。

由于单级混流可逆式水泵水轮机组的特点，厂房振动与常规电站相比较大。西龙池电站机组单机容量 300MW，额定水头 640m，最大扬程 703.0m，额定转速 500r/min。目前已建工程超过该扬程仅有日本的葛野川电站（728m）。我国近年来相继建成广州、十三陵、天荒坪抽水蓄能电站，在电站设计过程中各设计单位根据机组和厂房的特点，对厂房的动力特性进行了一些分析研究，采取了一些防振抗振措施。但电站建成后，由于种种原因电站厂房振感较强、噪声较大，对此类电站的振动问题国内经验不多而且缺乏深入的研究，尤其是对高水头、高转速、大容量的抽水蓄能机组更是缺乏经验。目前国内外对厂房振动还没有一个明确的判别标准；振动的理论计算及边界选取还处在探索阶段；振动的传播、周围岩体的约束等因素还不是很明确，但通过综合分析已经达到能够减小厂房结构振动的目的。影响厂房振动因素较多，正确认识各种工况下振源规律、机组和厂房结构的自振特性，合理的选择结构形式，对减少厂房振动是非常重要的。

(6) 高水头单级混流可逆式机组特性研究。

西龙池电站的最高扬程超过 700m，显著高于国内已建或在建的其他单级混流可逆式抽水蓄能电站的运行水头。在国际上已投运的最高扬程超过 700m 单级混流可逆式水泵水轮机组，也仅有日本的葛野川（728m）和保加利亚的茶拉电站（701m）。当机组运行水头超过 600m 尤其是 700m 以后，其制造难度将大大提高。随着水头的提高，水泵水轮机组效率、空蚀特性有所下降，水压脉动及应力增大。因此，机组参数合理选择，对机组稳定运行是非常重要的。

(7) 深厚覆盖层上兴建沥青混凝土面板堆石坝的技术研究。

下水库覆盖层地层物质分布规律性差，不仅存在岩基和覆盖层间的不均匀变形问题，而且存在覆盖层内自身不均匀变形问题。因此，必须掌握地基变形规律，做好基础处理研究和设计，以满足沥青混凝土防渗面板对基础的要求。

蒲石河抽水蓄能电站工程

（一）工程概况

蒲石河抽水蓄能电站位于辽宁省宽甸县境内，距丹东市约60km，该电站是我国东北拟建中的第一座大型纯抽水蓄能电站，总装机容量为1200MW，装4台机，单机容量为300MW。

枢纽建筑物主要由上、下水库、上（下）水库进/出水口、地下厂房洞室系统、地下输水系统及地面开关站等建筑物组成。上水库混凝土面板堆石坝最大坝高76.5m，坝顶长691m，下水库为混凝土重力坝，最大坝高34.1m，坝顶长336m。

电站下水库位于中朝界河鸭绿江右岸支流，蒲石河干流下游，坝址在鼓楼子乡王家街附近。上水库位于长甸镇东洋河村泉眼沟沟首，在泉眼沟沟口筑坝成库。上、下水库间的直线平面距离约为2.5km，上、下水库坝址处库底高差约280m，距高比约为8.9。

电站年平均发电量为18.6亿kW·h，年发电小时数1550h，年平均抽水电量为24.09亿kW·h，年抽水小时数为2008h，综合效益为77.2%。

目前工程正处于招标设计阶段，工程施工征地正在进行，对外交通道路已开始施工。

工程的建设单位是国电东北电网公司，设计单位是中水东北勘测设计研究有限责任公司。

（二）工程任务和规模

蒲石河抽水蓄能电站建成后，并入东北电网，主要是担任系统的调峰、填谷、调频及事故备用等任务。

电站装机容量1200MW，安装4台机组，单机容量为300MW。上、下水库正常蓄水位分别为392m和66m，死水位分别为360m和62m，调节库容分别为1029万m^3和1284万m^3，发电库容为864万m^3。上、下水库的总库容分别为1351万m^3和2904万m^3。额定水头为308m。

上水库设计洪水位为393.6m，校核洪水位为394m。

下水库有泥沙淤积问题，为保证抽水蓄能电站所需库容，汛期需降低水位运行，以利于排沙。各频率洪水坝前最高洪水位均为66m。

平面布置见图1，厂房横剖面见图2，工程特性见表1。

（三）工程特点

(1) 输水系统和厂房布置。抽水蓄能电站与常规水电站相比，机组运行工况转换多而频繁，水道系统内的水流经常处于不稳定状态，对机组的运行稳定性影响较大。通过竖井改斜井、适当降低进水口底板高程、加大上底板底坡、调整厂房位置和缩短高压侧引水洞长度的措施，取消了上游调压井，减少了工程投资、工程占地和对环境的不利影响。

(2) 充分利用围岩的承载能力，采用钢筋混凝土岔管。对地下厂房和高压岔管部位的地应力采用两种方法做了大量的试验研究工作。其一，用钻探孔（孔深280余米）分段作水力劈裂试验的方法；其二，在探洞为厂房、岔管原位用应力解除法（套钻岩芯法）测试地应力。在充分了解地应力场的量级、方向的基础上，为设计取消钢衬，大胆采用钢筋混凝土的岔管结构提供了科学依据，简化了施工，节约了投资。

(3) 地下厂房、主变洞、尾闸室、厂房交通洞、厂房通风洞、高压电缆斜井、母线洞（共4条，每条30m×8.8m×11.5m）等大型地下洞室，采用喷锚支护，厂房采用岩台吊车梁。

(4) 为确保在发电与抽水两种工况下，进/出水口进出水时各孔流量和纵横向流速分配均匀，以减小水头损失、防止拦污栅产生振动和进/出水口前缘不产生有害的立轴旋涡，进/出水口的布置、线型在广泛吸收国内外已建抽水蓄能电站进/出水口运行经验的基础上，拟定进/出水口的布置，并经两阶段整体水工模型试验验证—修改—再试验，最终确定设计方案。

(5) 本电站下水库是在蒲石河上筑坝形成的，蒲石河汛期洪水时泥沙含量较大，因此解决泥沙对水库淤积和机组磨蚀是本电站设计的重点和难点。针对下水库泥沙对工程的影响，在充分分析蒲石河泥沙特性的基础上，运用数学模型和物理模型两种手段进行计算分析和模拟试验，找出下水库汛期不同运行方式的过机含沙量及水库的淤积形态、淤积量与时间的动态变化规律，为下水库的汛期运用方式的确定，奠定了科学可靠的基础。

为保证50年有效使用期上、下水库的有效库容，每一洪水过程必须降低到死水位运行，洪水退后再蓄至正常蓄水位。

根据蒲石河水沙特性，沙峰历时非常短的特点，为减少机组磨蚀延长大修周期，采取沙峰时暂时停止从下水库抽水的运用方式。

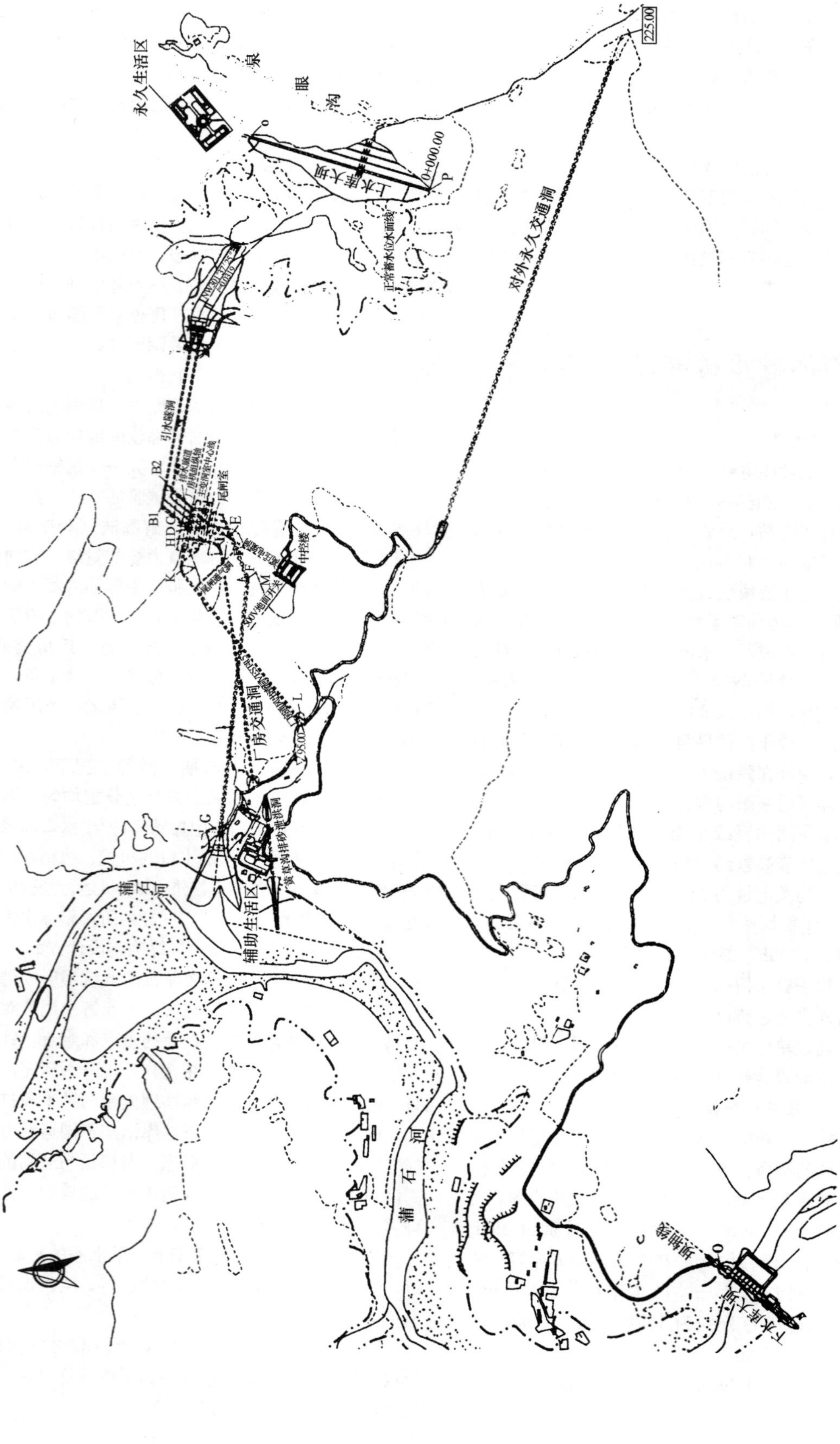

图 1 蒲石河抽水蓄能电站枢纽总平面布置图

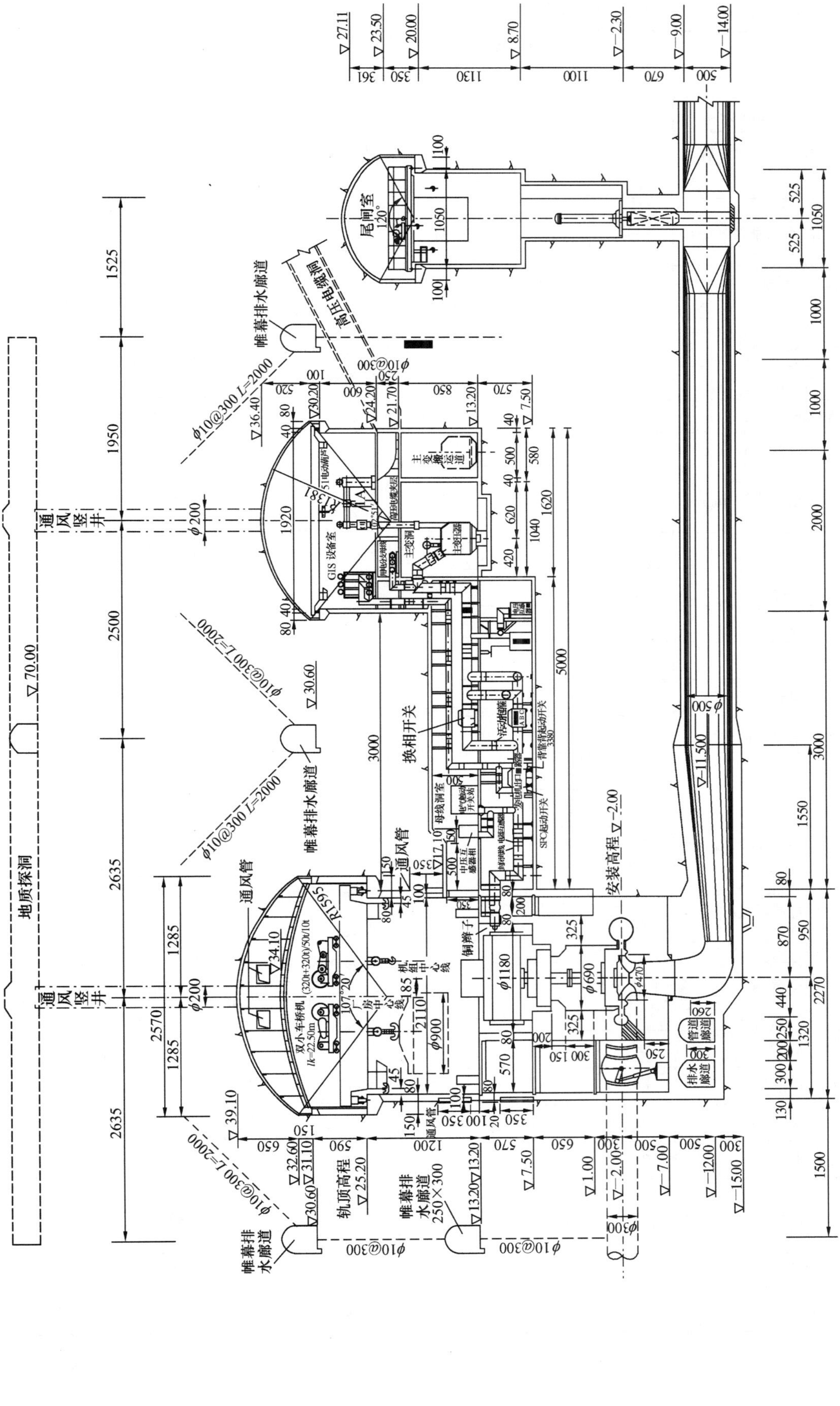

图 2 蒲石河厂房横剖面图

表1 蒲石河抽水蓄能电站工程特性表

名称	指标	备注
一、水文		
1. 流域面积（km^2）	1212	全流域
工程坝（闸）址以上（km^2）	1141	
2. 利用的水文系列（年）	45	1958～2002年
3. 多年平均年径流量（亿 m^3）	7.22	
4. 代表流量		
多年平均流量（m^3/s）	22.9	
实测最大流量（m^3/s）	6090	
实测最小流量（m^3/s）		
调查历史最大流量（m^3/s）	6630	
设计洪水流量（m^3/s）	9490	
校核洪水流量（m^3/s）	12400	
施工导流流量（m^3/s）	550	
5. 洪水		
实测最大洪量（亿 m^3）	4.01	
设计最大洪量（亿 m^3）	5.81	
校核最大洪量（亿 m^3）	7.24	
6. 泥沙		
多年平均悬移质年输沙量（万 t）	43.9	
多年平均含沙量（kg/m^3）	0.587	
实测最大含沙量（kg/m^3）	19.0	
多年平均推移质年输沙量（万 t）	13.3	
7. 天然水位		
多年平均水位（m）	66.26	
实测最低水位（m）	65.86	
实测最高水位（m）	73.93	
二、水库		
（一）上水库		
1. 水库水位		
校核洪水位（m）	394	

续表

名称	指标	备注
设计洪水位（m）	393.6	
正常蓄水位（m）	392	
死水位（m）	360	
2. 正常蓄水位水库面积（km^2）	0.442	
3. 回水长度（km）		
4. 水库容积		
总库容（万 m^3）	1351	
正常蓄水位库容（万 m^3）	1256	
调节库容（万 m^3）	1029	
死库容（万 m^3）	227	
（二）下水库		
1. 水库水位		
校核洪水位（m）	66	
设计洪水位（m）	66	
正常蓄水位（m）	66	
死水位（m）	62	
2. 正常蓄水位水库面积（km^2）	3.819	
3. 水库容积		
总库容（万 m^3）	2905	
正常蓄水位库容（万 m^3）	1256	
调节库容（万 m^3）	1284	
死库容（万 m^3）	1621	
三、工程效益指标		
发电效益		
装机容量（MW）	1200	
多年平均年发电量（亿 kW·h）	18.6	
年抽水用电量（亿 kW·h）	24.09	
四、建设用地和移民安置		
1. 迁移人口（人）		
2. 房屋（m^2）		
五、淹没损失和工程永久占地		
1. 耕地（亩）	2191.7	
2. 迁移人口（人）	897	

续表

名　称	指　标	备　注
六、主要建筑物及设备		
（一）上水库坝		
工程等别、主要建筑物等级	一等、1级	
挡水建筑物型式		混凝土面板堆石坝
地基特性		混合花岗石
地震基本烈度/设防烈度（度）	Ⅵ/Ⅶ	
坝顶高程（m）	395.50	
最大坝高（m）	76.50	
顶部长度（m）	691	
库盆防渗型式		帷幕灌浆
（二）下水库坝		
工程等别、主要建筑物等级	一等、1级	
1. 挡水建筑物型式		混凝土重力坝
地基特性		混合花岗石
地震基本烈度/设防烈度（度）	Ⅵ/Ⅶ	
坝顶高程（m）	70.10	
最大坝高（m）	34.10	
顶部长度（m）	336	
2. 泄水建筑物型式		泄洪排沙闸
地基特性		混合花岗岩
堰顶高程（m）	48	
溢流段长度（m）	130	
闸门型式		弧形钢闸门
闸门孔口尺寸—孔数（m×m）	14×18—7	宽×高
工作闸门启闭机容量、数量	2500kN×2	液压启闭机
检修闸门型式		平板检修门
检修闸门启闭机容量、数量	1250kN×2	单向门机
设计洪水位时最大泄量（m^3/s）	9950	

续表

名　称	指　标	备　注
校核洪水位时最大泄量（m^3/s）	12590	
单宽流量［$m^3/(s\cdot m)$］	128.50	
消能方式		底流消能
3. 输水建筑物		
最大发电引用流量（m^3/s）	445.32	
最大抽水引用流量（m^3/s）	394.20	
输水道长度（m）	2138	沿1号机
压力管道条数（条）	4	
每条管长度（m）	120	
4. 厂房		
型式		地下厂房
主厂房尺寸（m×m×m）	161.8×22.7×54.1	开挖尺寸（长×宽×高）
水轮机安装高程（m）	−2.00	
5. 地面开关站平面尺寸（m×m）	87×86	长×宽
6. 主要机电设备		
水泵水轮机台数（台）	4	
额定转速（r/min）	333.3	
吸出高度（m）	−64	
转轮直径（m）	4.7	
最大水头（扬程）（m）	327.5	
最小水头（扬程）（m）	287.7	
额定水头（m）	308	
7. 输电电压（kV）	500	
回路数（回）	1	
七、施工		
1. 主体工程数量		
明挖土、石方（万 m^3）	304.53	
洞挖石方（万 m^3）	88.86	
填筑土、石方（万 m^3）	226.50	
干、浆砌石方（万 m^3）	0.96	
混凝土（万 m^3）	50.09	
钢筋、钢材（t）	17517.00	

续表

名　称	指　标	备　注
金属结构安装（t）	5270.00	
帷幕灌浆（m）	30400	
固结灌浆（m）	56800	
2. 对外交通		
距离（km）	27.8（64）	长甸至厂房交通洞（丹东至厂房交通洞）
运量（万 t）	38.64	
3. 施工导流		
方式	分期导流	下水库坝施工
型式		土石过水围堰、导流底孔
4. 施工工期		
第一台机组投产工期（月）	59	
总工期（月）	70	
八、经济指标		
1. 静态总投资（亿元）	40.54	
2. 总投资（亿元）	45.16	
其中：建筑工程（亿元）	11.67	
机电设备及安装工程（亿元）	14.63	
金属结构设备及安装工程（亿元）	1.56	
临时工程（亿元）	2.26	
建设征地补偿费（亿元）	1.66	
其他费用（亿元）	5.67	
建设期利息（亿元）	4.62	
3. 经济指标		
单位千瓦投资（静态）（元/kW）	3378	不包括送出工程
单位电能投资（静态）[元/（kW·h）]	2.18	不包括送出工程
发电成本 [元/（kW·h）]		
经济内部收益率（%）	20.56	
财务内部收益率（%）	11.82/8	
经营期上网电价 [元/（kW·h）]	0.1545/0.1125	
贷款偿还年限（年）	20	

张河湾抽水蓄能电站工程

（一）工程概况

张河湾抽水蓄能电站位于河北省石家庄市井陉县测鱼镇附近的甘陶河干流上，距井陉县城公路里程45km，距石家庄市公路里程77km。该电站总装机容量1000MW，安装4台单机容量250MW的单级混流可逆式水泵水轮机组。电站枢纽主要由上水库、水道系统、地下厂房系统和地面出线场、下水库拦河坝及拦排沙工程等组成。上水库为沥青混凝土面板堆石坝，最大坝高57m，正常蓄水位810.0m。下水库拦河坝为浆砌石重力坝，最大坝高77.35m，正常蓄水位488.0m。电站建成后接入冀南电网，在系统中承担调峰、填谷、调频、调相及事故备用任务。

工程于2003年12月6日开工建设，上水库开挖填筑工程于2003年7月1日开工，计划于2008年6月底第一台机组发电，2009年6月全部工程完工。

工程建设单位河北张河湾蓄能发电有限责任公司，设计单位北京勘测设计研究院，上水库工程的监理单位中国水电工程咨询公司北京公司，地下系统和下水库拦河坝工程的监理单位是中国水电工程咨询公司西北公司，葛洲坝集团公司负责上水库开挖填筑工程的施工，水电四局负责地下厂房和尾水系统的施工，水电一局承担引水系统的施工，水电十一局负责下水库拦河坝的施工。

（二）工程任务和规模

张河湾抽水蓄能电站地处冀南电力系统，本系统基本是以200MW及其以上的火电机组为主力发电机组，水电机组仅占系统装机容量的1.5%。随着本地区产业结构调整和人民生活水平提高，高峰用电需求保持了较高的增长速度，峰谷差逐年加大，由1990年的1180MW增加到2001年的3251MW。根据河北省的发展规划，预测“十五”和“十一五”期间电量年均增长5%左右，最大峰谷差将达到5500MW左右。

根据冀南电网电力市场现状和预测，特别是针对本系统电力市场出现的峰谷差逐年增大，季节性负荷高峰日益突出等新变化，建设张河湾抽水蓄能电站更能适应电网负荷特性的变化，同时对保证电网的安全运行和提高火电机组的经济性也十分有利。

电站的建设使得下水库的灌溉面积增加，从而改善下游地区生产生活条件，将带动地区经济发展。

电站总装机容量为1000MW，安装4台单机容量250MW的单级混流可逆式水泵水轮机组。电站额定水头305m，年发电量16.75亿kW·h，年抽水电量22.04亿kW·h，年发电利用小时数为1675h，年抽水利用小时数为2204h，电站综合效率系数为0.76。

电站建成后接入冀南电网，在系统中承担调峰、填谷、调频、调相及事故备用任务，同时具有灌溉、防洪、为下游生产生活供水、养殖和旅游等综合效益。

平面布置见图1，厂房横剖面见图2，工程特性见表1。

（三）工程特点和新技术应用

工程在布置上考虑到下水库所在的甘陶河为多沙河流，来水量少，而沙量大的特点。为减少泥沙对机组的磨损，以及下水库进/出水口的泥沙淤积，利用下水库地形特点，在下水库进/出水口上游布置拦沙坝，并在拦沙坝上游的垭口处开挖排沙明渠，将洪水期的水沙导入拦河坝前，利用拦河坝上的冲沙底孔、泄水底孔、中孔和表孔排至坝下游。

由于上水库基础存在多层缓倾角软弱夹层，夹层的饱和抗剪强度较低，是上水库坝基础稳定的控制条件，为避免渗水进入夹层，造成夹层饱和，上水库采用沥青混凝土复式断面进行全库盆防渗。

为了提高电站的送电可靠性，便于检修和有利于消防，本电站从地下主变开关室的GIS至地面出线场间采用SF_6管道母线输送1000MW的容量。

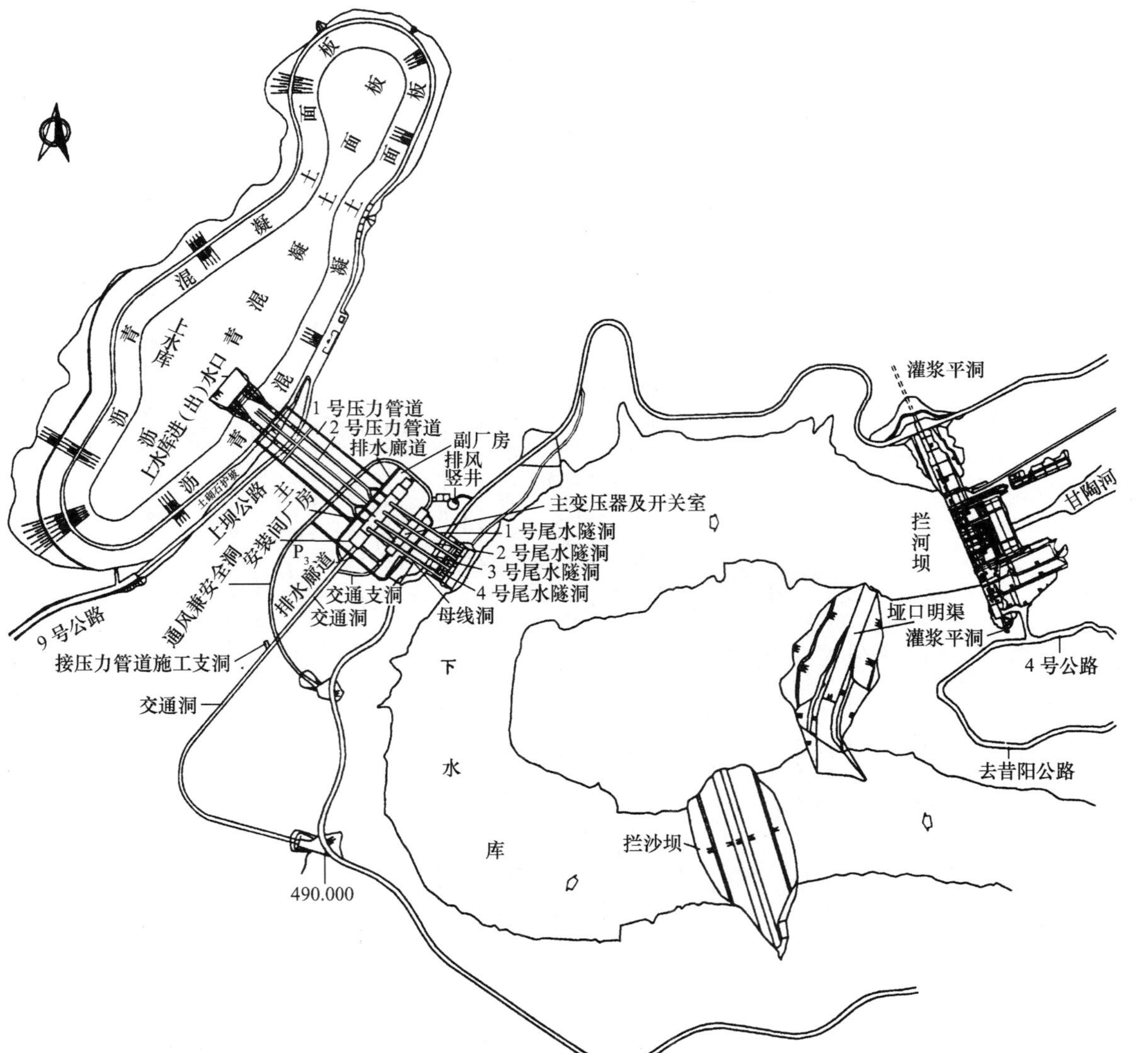

图1　张河湾抽水蓄能电站枢纽总平面布置图

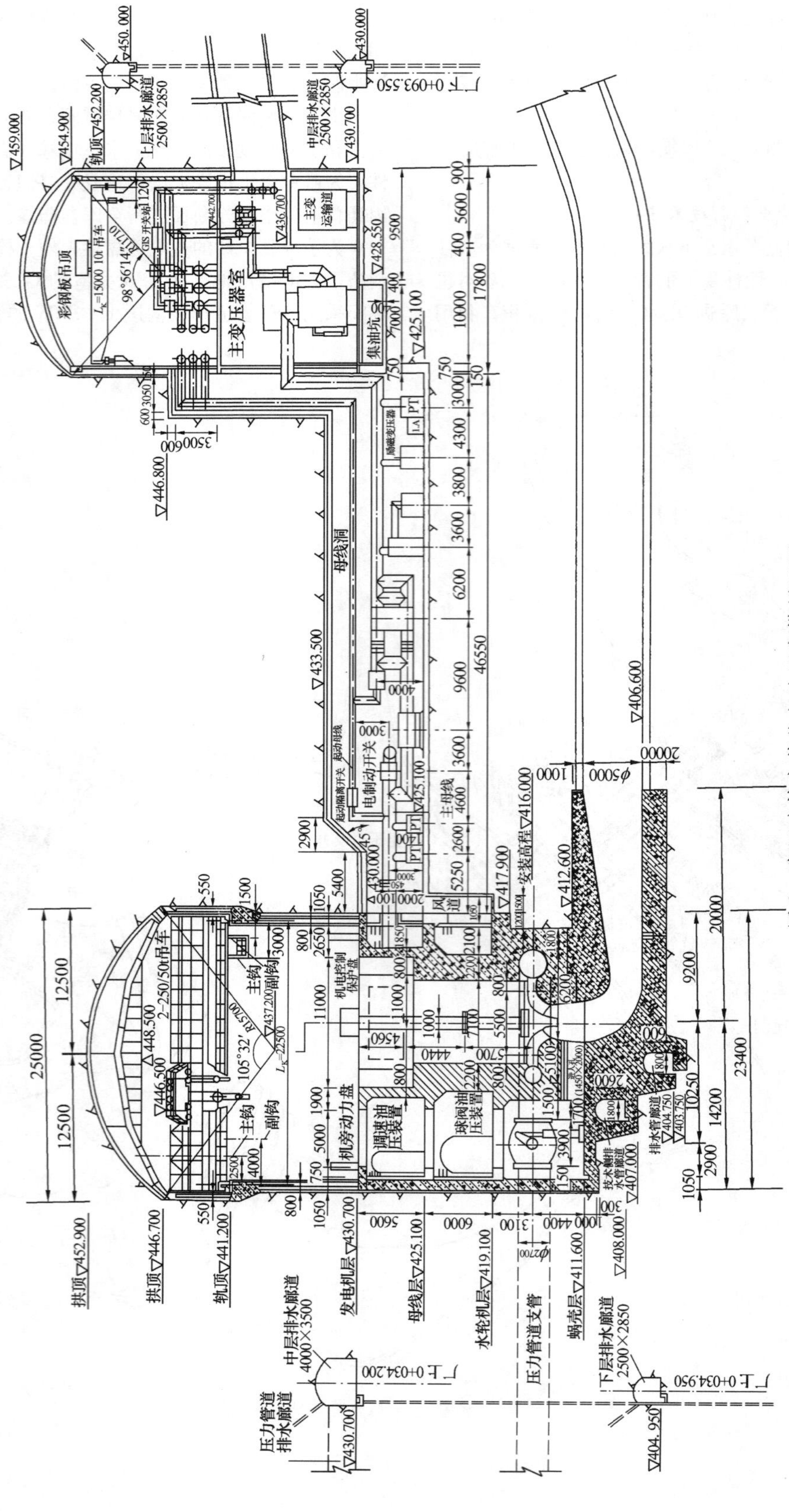

图 2 张河湾抽水蓄能电站厂房横剖面图

表 1 张河湾抽水蓄能电站工程特性表

名称		指标	备注
下水库	一、水文		
	1. 所在河流	甘陶河	
	2. 控制流域面积（km^2）	1834	
	3. 利用的水文系列年限（年）	45	1956～2000年
	4. 多年平均年径流量（亿 m^3）	1.40	
	5. 代表性流量		
	多年平均流量（m^3/s）	4.44	
	实测最大洪峰流量（m^3/s）	4100	
	实测最小洪峰流量（m^3/s）	14.4	
	调查历史最大洪峰流量（m^3/s）	3280	
	设计洪水流量（m^3/s）	4570	$P=1\%$
	校核洪水流量（m^3/s）	8750	$P=0.1\%$
	施工导流流量（m^3/s）	111	$P=10\%$枯水期
	6. 洪量		
	实测最大洪量(亿 m^3)	1.90	1天
	设计洪量（亿 m^3）	2.15	1天
	校核洪量（亿 m^3）	4.11	1天
	实测最大洪量(亿 m^3)	2.67	3天
	设计洪量（亿 m^3）	3.45	3天
	校核洪量（亿 m^3）	6.61	3天
	7. 泥沙		
	多年平均悬移质年输沙量（万 t）	103.0	
	多年平均推移质年输沙量（万 t）	22.7	
	多年平均含沙量（kg/m^3）	11.1	
	实测最大含沙量（kg/m^3）	338.0	
	二、水库		
	1. 水库水位		
	校核洪水位（m）	488.10	$P=0.1\%$
	设计洪水位（m）	480.50	$P=1\%$
	正常蓄水位（m）	488.00	
	汛期限制水位（m）	480.50	
	保证蓄能电站发电水位（m）	471.00	上水库死水位时
	死水位（m）	464.00	上水库满库时
	2. 正常蓄水位时水库面积（万 m^2）	3.57	
	3. 回水长度（km）	12.63	

续表

名称		指标	备注
下水库	4. 水库容积		
	总库容（万 m^3）	8330	
	汛后灌溉兴利库容（471～488m）（万 m^3）	3769	淤积30年后
	抽水蓄能电站调节库容(464～471m)(万 m^3)	934	淤积30年后
	死库容（万 m^3）	2033	淤积30年后
	5. 库容系数（%）	26.9	
	6. 调节特性		年调节
	三、下泄流量及相应下游水位		
	1. 设计洪水时下泄流量（m^3/s）	4570	
	相应下游水位（m）	428.90	
	2. 校核洪水时最大下泄流量（m^3/s）	7605	
	相应下游水位（m）	432.03	
	四、主要建筑物及设备		
	1. 拦河坝		
	型式	浆砌石重力坝	
	坝顶长度（m）	430	
	地基岩性	变质安山岩	
	坝顶高程（m）	490.00	
	最大坝高（m）	77.35	
	2. 泄洪表孔		
	堰顶高程（m）	480.50	
	孔数及尺寸（孔—m×m）	4—10.5×8.5	左右各2孔
	工作闸门	平板闸门	
	启闭机型式	坝顶双向移动门机	
	消能方式	挑流消能	
	校核洪水时最大下泄流量（m^3/s）	1741	
	3. 泄洪中孔		
	进口底高程（m）	460.50	
	孔数及尺寸（孔—m×m）	4—7.5×8.5	
	工作闸门型式	弧形闸门	
	启闭机型式	固定卷扬式	
	消能方式	窄缝挑流消能	
	设计洪水时最大下泄流量（m^3/s）	3810	

续表

名 称		指 标	备 注
下水库	校核洪水时最大下泄流量（m^3/s）	4730	
	4. 泄水底孔		
	进口底高程（m）	436.15	
	孔数及尺寸（孔—m×m）	2—4.5×4.5	左右各1孔
	工作闸门型式	弧形闸门	
	启闭机型式	电动螺杆式	
	消能方式	扭鼻坎挑流消能	
	设计洪水时最大下泄流量（m^3/s）	1041	
	校核洪水时最大下泄流量（m^3/s）	1134	
	5. 冲沙底孔		
	进口底高程（m）	431.65	
	孔数及尺寸（孔—m×m）	1—1.6×1.6	
	工作闸门型式	弧形闸门	
	启闭机型式	电动螺杆式	
	消能方式	扭鼻坎挑流消能	
	6. 灌溉发电取水口		
	进口底高程（m）	446.65	
	孔数及尺寸（孔—m×m）	1—1.8×1.6	电动蝶阀
	7. 东跃渠取水口		
	进口底高程（m）	458.15	
	孔数及尺寸（孔—m）	1—ϕ1.0	电动蝶阀
	8. 跃进渠取水口		
	进口底高程（m）	471.25	
	孔数及尺寸（孔—m）	1—ϕ0.5	电动蝶阀
	9. 拦沙坝及垭口明渠		
	拦沙坝坝型	堆石坝	
	坝顶高程（m）	481	
	最大坝高（m）	38.65	
	坝顶长度（m）	332.87	
	垭口明渠进口底高程（m）	450	
	明渠底宽（m）	30	
上水库	五、水库		
	正常蓄水位（m）	810	
	死水位（m）	779	

续表

名 称		指 标	备 注
上水库	工作水深（m）	31	
	六、水库容积		
	总库容（万 m^3）	770	
	调节库容（万 m^3）	715	
	死库容（万 m^3）	55	
	七、主要建筑物及设备		
	坝型	沥青混凝土面板堆石坝	
	坝顶高程（m）	812	
	库顶长度（m）	2842.91	
	最大坝高（m）	57	坝轴线处
	库盆防渗型式	全库盆沥青混凝土面板防渗	
	防渗面积（万 m^2）	33.7	
输水系统	八、主要建筑物及设备		
	1. 上水库进/出水口		
	型式	岸边侧式	
	个数及尺寸（个—m×m）	2—27.2×10	前沿尺寸
	长度（m）	68.6	至闸门井
	事故门孔口尺寸（孔—m×m）	2—5.5×6.5	
	进口底板高程（m）	759.0	
	最小淹没深度（m）	13.5	
	最大发电流量/最大抽水流量（m^3/s）	190.24/168.6	一洞两机
	启闭机型式（台）	2	固定卷扬
	2. 压力管道		
	主管直径（m）	6.4～5.2	
	主管条数及长度（条—m）	2—570.48	每条长度
	支管直径（m）	3.6～2.7	
	支管条数及长度（条—m）	2—40.0	
	衬砌型式	钢板衬砌	
	钢板厚度（mm）	16～48	
	3. 尾水隧洞		
	直径（m）	5.0	
	条数及长度（条—m）	4—(115.691～123.981)	
	衬砌型式	钢板/混凝土	

续表

名　称		指　标	备　注
输水系统	钢板厚度（mm）	16～22	
	4. 下水库进/出水口		
	型式	岸边侧式	
	个数及尺寸（个—m×m）	4—17.4×7.5	
	长度（m）	55.6	至闸门井
	拦沙坎顶高程（m）	453.0	
	事故门门槽个数及孔口尺寸（个—m×m）	4—4.5×5.288	
	事故门启闭机数量及型式（台）	4	固定卷扬
	检修门门槽个数及孔口尺寸（个—m×m）	4—4.5×5.288	
	拦污栅个数及孔口尺寸（个—m×m）	12—4.2×7.5	
	检修门及拦污栅启闭机数量及型式（台）	1	单向门机
地下厂房及主变压器室	九、主要建筑物及设备		
	1. 主副厂房和安装间		
	型式	地下厂房	
	开挖尺寸（m×m×m）	23.8×50.0×151.55	
	安装高程（m）	416.0	
	机组间距（m）	22.0	
	发电机层高程（m）	430.7	
	水轮机层高程（m）	419.1	
	2. 主变压器室及开关站		
	型式	地下式、下部为主变压器室，上部为GIS开关站	
	开挖尺寸(m×m×m)	17.8×28.8×117.39	
	3. 主要机电设备		
	机组型式	单级混流可逆式水泵水轮机	
	水泵水轮机组台数（台）	4	
	（1）水轮机工况		
	额定出力（MW）	255	
	额定水头（m）	305	
	额定流量（m^3）	94.1	
	最大水头/最小水头（m）	342.1/283.4	
	最大/最小水头发电流量（m^3/s）	82.51/	
	转轮直径（m）	4.61	
	转速（r/min）	333.3	

续表

名　称		指　标	备　注
地下厂房及主变压器室	（2）水泵工况		
	最大/最小扬程（m）	349.85/295.4	
	最大/最小扬程时抽水流量（m^3）	61.5/80.5	
	最大/最小扬程入力（MW）	228.7/268	
	吸出高度（m）	−48	
	（3）发电电动机		
	发电机额定容量（MVA）	278	
	电动机额定容量（MW）	278	
	额定电压（kV）	15.75	
	（4）主变压器		
	容量（kVA）	280000	
	电压等级（kV）	515/15.75	
	有载调压变压器台数（台）	4	
	十、电站效益		
	年抽水电量（亿kW·h）	22.04	
	年发电电量（亿kW·h）	16.75	
	年利用小时（h）	3879	
工程施工	十一、施工		
	1. 主体工程量		
	土方明挖（万m^3）	9.05	
	石方明挖（万m^3）	23.7	
	浆砌石拆除（万m^3）	3.90	
	浆砌石砌筑（万m^3）	9.2	
	混凝土（万m^3）	18.45	
	钢筋、钢材（t）	8379	
	金属结构安装（t）	1522	
	固结灌浆（m）	8190	
	帷幕灌浆（m）	333501	
	2. 施工年限		
	准备期（年）	0.5	
	第一台机组投产工期（年）	5	
	总工期（年）	6	

续表

名　称		指　标	备　注
经济指标	十二、经济指标		
	1. 静态总投资(亿元)	37.09	
	2. 总投资（亿元）	41.20	
	建筑工程（亿元）	15.17	
	机电设备及安装工程（亿元）	10.83	
	金属结构设备及安装工程（亿元）	1.43	
	临时工程（亿元）	2.42	
	建设征地及移民安置补偿费（亿元）	1.32	
	其他费用（亿元）	6.74	
	建设期利息（亿元）	3.28	
	3. 经济指标		
	单位千瓦投资（静态）（元/kW）	3709	
	单位电能投资（静态）[元/（kW·h）]	2.21	
	全部投资经济内部收益率（%）	16.25	
	财务内部收益率（%）	11.56	
	贷款偿还年限（年）	25/26	

宜兴抽水蓄能电站工程

（一）工程概况

宜兴抽水蓄能电站位于江苏宜兴市西南郊的铜官山区，距宜兴市区约7km，是一座日调节纯抽水蓄能电站。电站处于苏南经济发展区，距南京、上海、杭州分别为160km、190km和160km，对外交通十分便利。电站总装机容量1000MW，安装4台单机容量250MW的立轴单级混流可逆式水泵水轮机和发电电动机组，额定发电水头363.0m。电站年发电量14.9亿kW·h，年抽水耗电量19.6亿kW·h，综合效率为76.1%。电站以两回500kV输电线路接入500kV宜兴变电站，直接进入华东、江苏主网架，在电网中担任调峰、填谷、调频、调相及事故备用等任务。

电站枢纽由上水库、下水库、输水系统、地下厂房、开关站等组成。上水库主坝为混凝土面板堆石坝，最大坝高75m，正常蓄水位471.5m，总库容530.7万m^3。下水库大坝采用黏土心墙堆石坝，最大坝高50.4m，正常蓄水位78.9m，总库容572.8万m^3。输水系统设置在上、下水库之间的山体内。

电站总投资47.77亿元人民币，工程静态投资41.93亿元人民币，项目融资贷款部分利用世界银行贷款和国内银行贷款解决。

电站主体工程2003年8月开工，计划2008年9月1号机组建成发电，2009年6月4台机组全部建成投入商业运行。

（二）工程任务和规模

江苏省电网为华东电网的一部分，供电范围按地理位置划分为苏南、苏北两大片。截至1998年底，江苏省电网总装机容量为16130MW，其全部装机容量（6000kW及以上）均为火电机组，电源结构单一，为一纯火电电网，网内常规水电资源匮乏，电网旋转备用和调峰任务均由火电厂承担。1998年江苏电网机组最大发电调差达4889MW，最大发电调差率达49.95%，全省或统调每月的平均发电调差率超过32%，远远超过现有机组的正常调峰能力。在现有机组的调峰能力未有实质性提高的情况下，为满足高峰用电需求和低谷压荷需要，参加调停运行的火电机组台次明显增加，并向更大的单机容量机组发展。随着国民经济的快速发展和人民生活水平的不断提高，电网负荷将越来越高，峰谷差将越来越大，对电网的调峰要求也将越来越高。预测江苏省电网2005年、2010年最大峰谷差分别为9369MW和12495MW。预测2005年、2010年全网煤电机组综合调峰幅度分别为37.8%和39.6%，即使考虑燃气轮机、新安江和富春江水电、天荒坪和沙河抽水蓄能电站以及山西阳城煤电、三峡水电等电源的调峰能力，2005年、2010年江苏电网调峰容量将存在2445MW和3215MW的缺口。从整个华东电网远景调峰容量平衡成果看，华东电网2005年和2010年也将存在1826MW和4765MW的调峰容量缺口。在同等程度满足设计水平年电力电量和调峰需求的条件下，通过调峰电源方案比较，得出宜兴抽水蓄能电站是最优的调峰电源方案，认为宜兴抽水蓄能电站经济上是可行的，效益十分显著。为满足江苏省电网调峰需求，提高电网的供电可靠性，使电网安全可靠经济运行，建设宜兴抽水蓄能电站是十分必要的。

电站总装机容量1000MW，安装4台单机容量250MW的立轴单级混流可逆式水泵水轮机和发电电动机组，额定发电水头363.0m，电站年发电量14.9亿kW·h，年抽水耗电量19.6亿kW·h，综合效率为76.1%，年发电利用小时1491h，相当于日满出力发电4.08h，年抽水利用小时1820h。

平面布置见图1，输水系统纵剖面见图2，厂区洞群剖面见图3，工程特性见表1。

（三）工程特点

（1）地下厂房布置优化。

工程地下厂房受其南北侧规模较大断层 F_{220} 和 F_{204} 的制约，地下厂房洞室（包括主变压器洞、尾水闸门洞）只能布置在两断层之间约 180～190m 范围内。据 PD6－3 支洞揭露，南侧 F_{220} 断层下盘与 F_{88} 断层上盘之间存在宽 30m 的节理密集带，厂房顶拱受此节理密集带影响范围约 8～25m，主变压器洞达 45～60m；而北侧副厂房端墙距性状差的 F_{204} 断层仅 10～15m。经仔细分析，副厂房端部围岩受缓倾角 N50°～60°E，NE∠20°～30°层面节理和其余组节理的切割，因此，从工程地质角度分析，在合理布置范围内尽量缩小地下厂房洞室长度是非常必要的。

（2）地下洞室群的支护。

工程地下厂房围岩为茅山组中段地层，岩体较破碎，大多呈微风化，断裂构造发育，规模较大的 F_{220}、F_{204} 断层，分别在厂房南、北两侧斜切通过，厂房南端墙附近及顶拱岩体破碎，以Ⅳ类围为主。参照已有工程经验和巴顿 Q 系统支护设计方法，结合数值分析手段，对地下厂房的支护进行了研究，在充分注重排水设计和采取适当工程措施的前提下，采用以柔性支护的支护设计原则。根据地质资料，将主副厂房洞及主变洞按 Q 值进行分区支护设计，共分为 3 个区，采用系统锚杆、喷钢纤维混凝土肋拱的柔性支护型式，系统锚杆直径 ϕ32，长度 6～10m，间距 1.2～1.5m 布置，喷钢纤维混凝土厚 15～20cm，局部较差部位增设预应力锚索。为及时掌握围岩的稳定状态，了解围岩变形、锚杆及锚索应力状况，对地下厂房洞室从施工期开始即进行连续观测，主厂房第一层开挖完成后，主厂房围岩位移观测值为 0.80～14.95mm。

表 1　宜兴抽水蓄能电站工程特性表

名　称	指　标
一、水文	
1. 上水库	
集水面积（km²）	0.21
多年平均年径流量（万 m³）	28.30
设计洪水洪量（万 m³）	10.08（P=0.5%）
校核洪水洪量（万 m³）	12.73（P=0.1%）
2. 下水库	
集水面积（km²）	1.87
利用年（年）	1954～1997
多年平均年径流量（万 m³）	104.50
设计洪水洪量（万 m³）	66.40（P=0.5%）
校核洪水洪量（万 m³）	84.50（P=0.1%）

续表

名　称	指　标
二、上水库	
1. 水库水位	
正常蓄水位（m）	471.50
死水位（m）	428.60
2. 水库容积	
总库容（万 m³）	530.70
有效库容（万 m³）	507.30
死库容（万 m³）	23.40
三、下水库	
1. 水库水位	
正常蓄水位（m）	78.90
死水位（m）	57.00
2. 水库容积	
总库容（万 m³）	572.80
有效库容（万 m³）	522.30
死库容（万 m³）	50.50
四、动能特性	
总装机容量（MW）	1000.00
最大日抽水用电量(万 kW·h)	540.20
最大日发电量（亿 kW·h）	409.90
年抽水用电量（亿 kW·h）	19.60
年发电量（亿 kW·h）	13.38
年抽水利用小时数（h）	1820
年发电利用小时数（h）	1491
五、淹没损失	
1. 水库淹没及工程永久占地面积（亩）	3753.80
2. 迁移及影响人口（人）	79.00
3. 淹没房屋（m²）	4081.50
六、主要建筑物及设备	
工程等别	一等
主要建筑物等级	1 级
1. 上水库	
主坝型式	钢筋混凝土面板混合坝
主坝坝顶高程（m）	474.20
主坝最大坝高（m）	75.00
主坝坝顶长度（m）	494.90
副坝型式	碾压混凝土重力坝
副坝最大坝高（m）	34.90
副坝坝顶长度（m）	216.00
2. 下水库	
型式	粘土心墙堆石坝
坝顶高程（m）	83.40

续表

名 称	指 标
最大坝高（m）	50.40
坝顶长度（m）	485.80
3. 输水系统	
上水库进/出水口型式	岸边侧式竖井式
输水道总长度（m）	3082.33～3061.0
其中：引水隧洞长度（m）	1242.12～1153.47
尾水隧洞长度（m）	1840.21～1907.68
引水主管/支管管径（m）	ϕ6.0～4.8/ϕ3.4
尾水主管/支管管径（m）	*D*7.2/ϕ5.0
上水库闸门井兼调压室（m）	85.5/*D*9.0（高度/直径）
尾水调压室大井（m）	72.0/*D*10.0（高度/直径）
尾水调压室上室（m）	76.0/10.0×12.0（长度/断面）
下水库进/出水口型式	岸边塔式
4. 厂房	
型式	地下式
安装高程（m）	－3.00
主厂房开挖尺寸（m×m×m）	155.3×22×52.4（长×宽×高）
主变压器洞开挖尺寸（m×m×m）	134.65×17.5×20.7（27.5）（长×宽×高）
尾闸洞开挖尺寸（长×宽×高）（m×m×m）	111.0×8.0×19.05
5. 开关站	
型式	地面户内式
平面尺寸（m×m）	130.0×37.0
6. 主要机电设备	
水轮机（水泵水轮机）台数（台）	4
水泵水轮机型式	立轴单级混流可逆式水泵水轮机
额定出力（入力）（kW）	255.00
额定转速（r/min）	375.00
吸出高度（m）	－60.00
最大水头（m）	410.70
最小水头（m）	344.00
额定水头（m）	363.00
额定流量（m^3/s）	78.50
水泵扬程（最大/最小）（m）	420.5/352.1
发电机型式	立轴三相空冷可逆式同步发电电动机

续表

名 称	指 标
7. 输电电压（kV）	500.00
回路数（回）	二
七、施工	
1. 主体工程数量	
明挖土、石方（万 m^3）	1094.62
洞挖石方（万 m^3）	97.91
填筑土、石方（万 m^3）	614.48
干、浆砌石方（万 m^3）	10.27
混凝土和钢筋混凝土（万 m^3）	45.64
金属结构安装（t）	15153.08
帷幕灌浆（万 m）	2.25
固结灌浆（万 m）	15.56
回填灌浆（万 m）	10.27
2. 主要建筑材料	
木材（万 m^3）	0.68
水泥（万 t）	21.91
钢筋（万 t）	2.08
钢材（万 t）	1.72
3. 施工工期	
第一台机组投产工期（月）	53
四台机组全部投产工期（月）	63
八、经济指标	
1. 静态总投资（亿元）	41.93
2. 经济指标	
单位千瓦投资（静态）（元/kW）	4193
经济内部收益率（%）	12.83
财务内部收益率（%）	11.01
经营期上网电价［元/（kW·h)］	0.29
贷款偿还年限（年）	15
九、其他	
开工时间/竣工时间	2003年8月/2009年6月
建设单位	江苏抽水蓄能发电有限责任公司
设计单位	华东勘测设计研究院、上海勘测设计研究院
监理单位	中国水利水电建设工程咨询北京公司、华东水电工程咨询公司
施工单位	葛洲坝集团公司、水电六局、水电五局

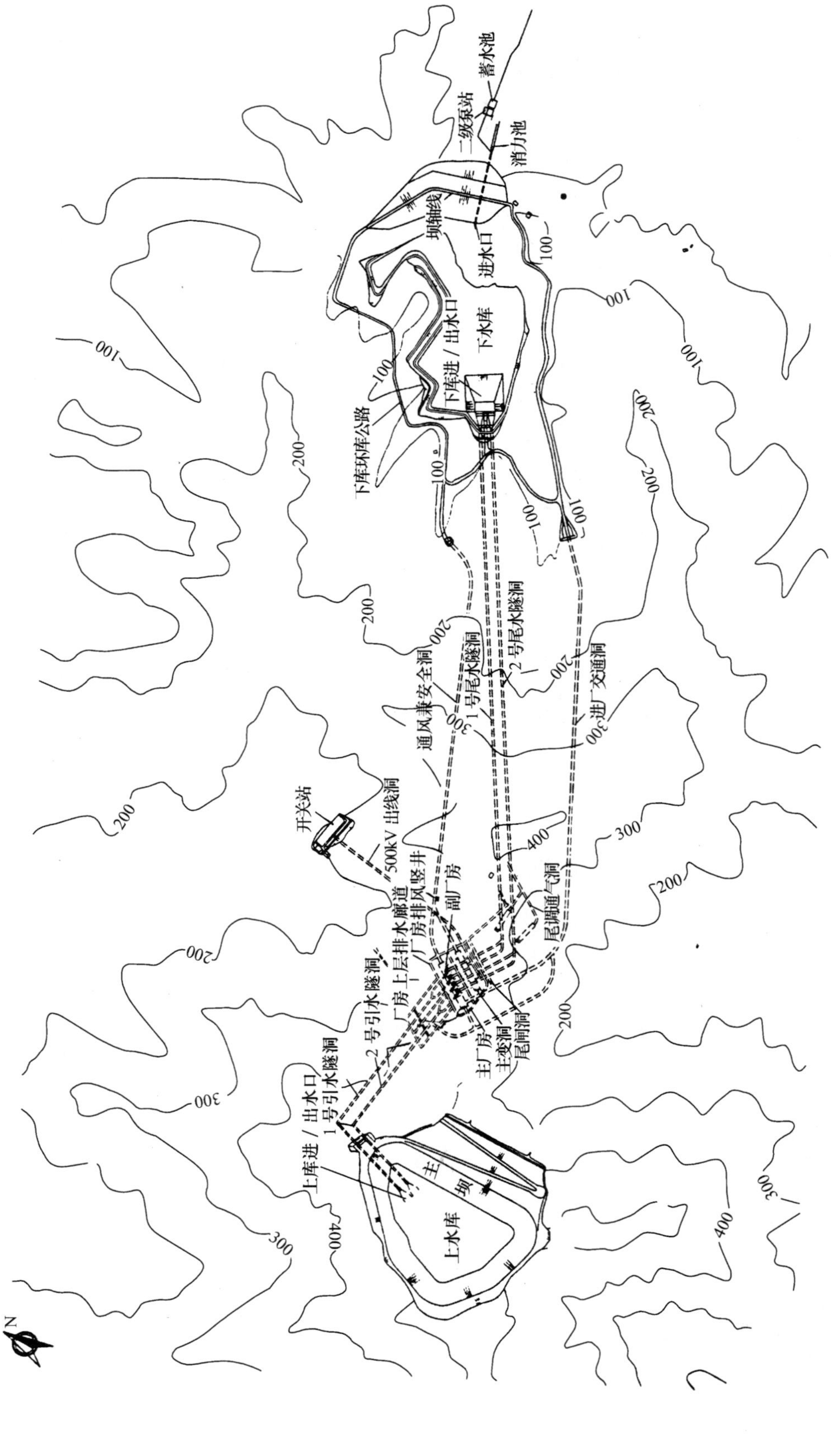

图1 宜兴抽水蓄能电站枢纽总平面布置图

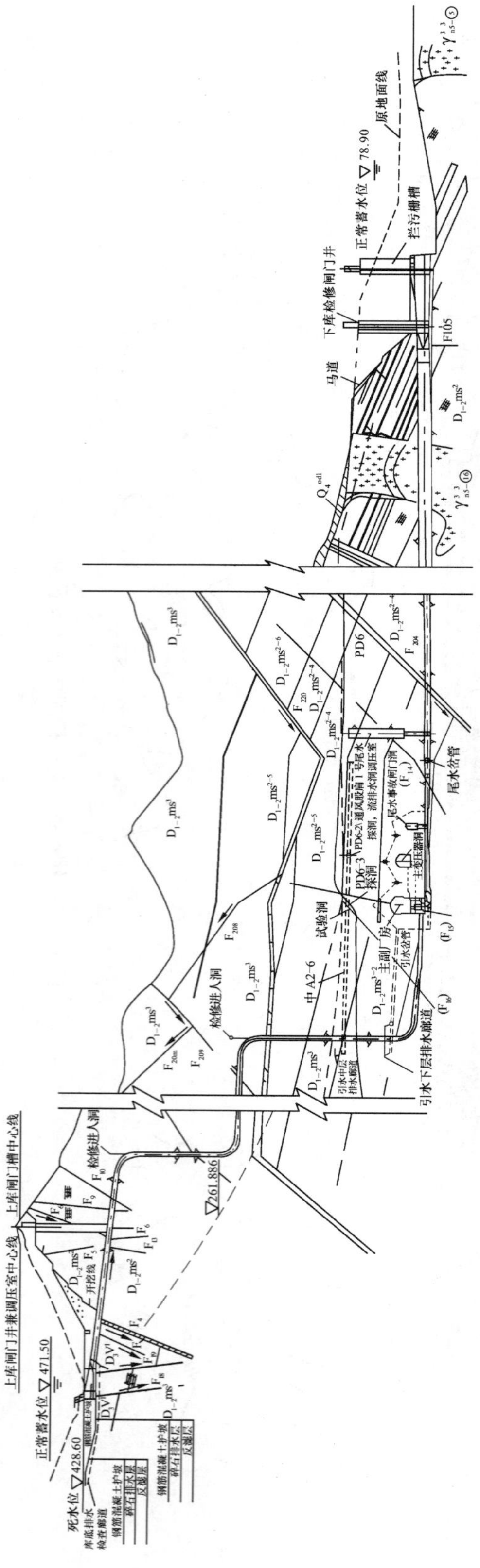

图 2 宜兴抽水蓄能电站输水系统纵剖面图

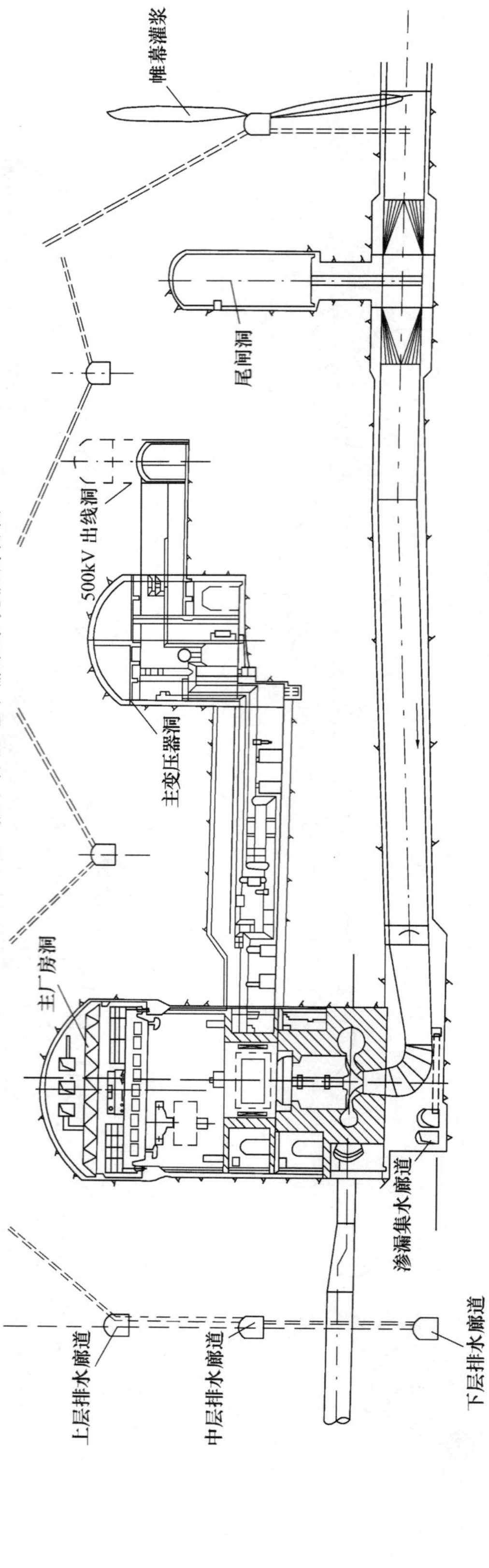

图 3 宜兴抽水蓄能电站厂区洞群剖面布置图

白莲河抽水蓄能电站工程

（一）工程概况

白莲河抽水蓄能电站位于湖北省黄冈市罗田县境内，距黄冈 500kV 变电站 57km。电站总装机容量 1200MW。枢纽工程由上、下水库及输水发电系统等组成，地下厂房采用尾部式布置，厂房内布置 4 台单机容量为 300MW 单级单转速可逆混流式水泵水轮发电电动机组。输水系统为一洞两机联合供水方式。上、下水库之间的最小水平距离为 1.5km。电站距武汉市、黄石市、浠水县城、罗田县城的公路里程分别为 143km、63km、31km 和 24km。在白莲河水库大坝下游的白莲河镇有县级公路分别通往浠水、罗田、英山县城。自浠水县城有高等级公路至黄石市接武黄高速公路至武汉市，京九铁路从浠水县城经过，长江流经与之邻近的黄石、黄冈两市，电站上、下水库之间已有简易公路连接。工程地理位置优越，对外交通十分便利。

该工程利用 20 世纪 60 年代初建成的白莲河大型水库作为下水库，水库兴利库容为 5.72 亿 m^3，具有多年调节能力。新建上水库，主坝为混凝土面板堆石坝，最大坝高 59.4m，坝顶长度 300.18m。正常蓄水位为 308m，相应库容为 2496 万 m^3，其中蓄能调节库容 1663 万 m^3。电站额定水头 195m，设计年发峰荷电量 9.67 亿 kW·h，年抽水耗用低谷电量 12.89 亿 kW·h。白莲河蓄能电站建成后，以 500kV 电压等级接入系统，主要服务于华中电网，承担系统紧急事故备用、填谷、调峰、调频、调相等任务。

目前，白莲河抽水蓄能电站前期准备工程即将完工，主机设备合同已经签订，主体工程的招标工作已经完成并将于 2004 年 9 月开工，2006 年 8 月下闸蓄水，计划 2008 年 7 月第 1 台机组投入运行，2009 年 7 月竣工。工程总工期 4 年 10 个月，其中首台机发电工期 46 个月。

白莲河抽水蓄能电站由华中电网有限公司与湖北省电力公司合资兴建，其中华中电网有限公司控股出资 80%，湖北省电力公司出资 20%；项目法人单位为湖北白莲河抽水蓄能电站有限责任公司；中南勘测设计研究院承担该工程的勘测设计科研工作；西北勘测设计研究院西北监理公司负责该工程的监理；主体工程分别由葛洲坝工程公司、中国水利水电第八工程局、中国水利水电第一工程局、水电武警支队承建。

（二）工程任务和规模

华中电网电力需求发展趋势为最大负荷增长速度高于用电量增长速度，负荷峰谷差增长速度高于最大负荷增长速度，系统对调峰容量的需求日益扩大。根据系统需求特点和本抽水蓄能电站的功能特性，确定本工程开发的主要任务是为华中电力系统提供调峰容量，同时承担系统的调频、调相、调压、负荷跟踪和紧急事故备用以及周调节任务，以有效缓解系统调峰矛盾，减少系统水电弃水，提高系统中火电机组的利用小时，节省系统燃煤，并提高系统的供电质量和运行安全稳定性。

电站装有 4 台单机容量为 300MW 可逆式水泵水轮发电电动机组，年抽水利用小时数 1260h，年发电利用小时数 1040h。

平面布置见图 1，厂房横剖面见图 2，工程特性见表 1。

（三）技术难点和新技术应用

（1）技术难点。

工程技术难点主要有上水库防渗处理，输水系统的斜洞、岔洞、调压井开挖与支护，地下厂房及电缆竖井开挖与支护，厂内通风与照明等。

（2）“四新”技术的采用。

工程输水发电系统采用地下布置，设计有岩锚吊车梁，运用新奥法进行开挖与锚喷支护。为缩短主厂房施工工期，专设球阀室。中控室地面布置，以改善运行环境与减少地下开挖工程量。输水系统采用混凝土卜形与 Y 形岔管，可减少工程投资并缩短施工工期。

表 1　白莲河抽水蓄能电站工程特性表

名　称	指　标	备　注
一、水文		
1. 上水库		
集水面积（km^2）	2.71	
多年平均年径流量（万 m^3）	182	
设计洪水流量（m^3/s）	105	$P=0.1\%$
校核洪水流量（m^3/s）	132	$P=0.01\%$
2. 下水库		下水库为已建具有多年调节性能的白莲河水库，水文及其他工程参数均为原设计值（下同）
流域面积（km^2）	1800	
多年平均年径流量（亿 m^3）	11.69	
多年平均流量（m^3/s）	37.1	
设计洪水（$P=0.1\%$）流量（m^3/s）	13800	
校核洪水（$P=0.01\%$）流量（m^3/s）	18300	
二、水库		
1. 上水库		

续表

名　称	指　标	备　注
校核洪水位（m）	309	P=0.01%
设计洪水位（m）	308.8	P=0.1%
正常蓄水位（m）	308	
死水位（m）	291	
淤沙高程（m）	261.16/263.28	50年/100年
校核洪水位时总库容（万 m^3）	2624.31	
设计洪水位时库容（万 m^3）	2598.61	
正常蓄水位时库容（万 m^3）	2496	
死库容（万 m^3）	833	
水库最大消落深度（m）	17	
蓄能发电库容（万 m^3）	1663	
2. 下水库		
校核洪水位（m）	110.19	P=0.01%
设计洪水位（m）	108.06	P=0.1%
正常蓄水位（m）	104	
防洪限制水位（m）	103.3	
死水位（m）	96	
极限死水位（m）	91	
淤沙高程（m）	62.5/64	50年/100年
校核洪水位时总库容(亿 m^3)	12.32	
正常蓄水位时库容（亿 m^3）	8.52	
极限死库容（亿 m^3）	2.28	
调节库容（亿 m^3）	5.72	
主要建筑物		
主坝（座）	1	黏土心墙土石坝
最大坝高/坝顶长（m）	69/259	
副坝（座）	1	黏土心墙土石坝
最大坝高/坝顶长（m）	26.5/92	
电站厂房（MW/台）	45/3	岸边地面式
三、上水库淹没损失		
淹没耕地（亩）	822 (598/224)	水田/旱地
淹没人口（人）	962	
园地（亩）	61	
林地（亩）	385	

续表

名　称	指　标	备　注
安置人口（人）	982	
水库淹没补偿静态总投资（万元）	4470.91	
四、动能指标		
装机容量（MW）	1200	
单机容量（MW）	300	
机组台数（台）	4	
年发峰荷电量（亿 kW·h）	9.67	
年抽水耗用低谷电量（亿 kW·h）	12.89	
年发电利用小时数（h）	806	
年抽水利用小时数（h）	992	
五、主要建筑物		
1. 上水库主坝（座）	1	
坝型		钢筋混凝土面板堆石坝
地基特性		中细粒二长花岗岩
地震基本烈度/设防烈度（度）	Ⅵ/Ⅶ	
坝顶高程（m）	312.2	
防浪墙顶高程（m）	313.4	
最大坝高（m）	59.4	
坝顶长度（m）	300.18	
2. 上水库副坝		
数量	3	
坝型		心墙土石坝
坝顶高程（m）	312.2	
防浪墙顶高程（m）	313.4	
最大坝高（m）	10、3.2、8.2	①、②、③坝
坝顶长度（m）	155.09、43.59、74.72	①、②、③坝
3. 上水库进/出水口		
型式		岸塔式
检修闸门（套）	2	
事故闸门（套）	2	

续表

名　　称	指　标	备　注
拦污栅数量—尺寸（m×m）	10—5×15	宽×高
启闭机数量（台）	1	单向门机
底板高程（m）	271	
4. 引水隧洞		
型式		圆形
条数（条）	2	
长度（m）	1045.192 /1064.944	
洞径（m）	9	
初砌型式		钢筋混凝土
5. 上游调压室		
型式		阻抗式
直径（m）	22	
高度（m）	65	
6. 高压管道		
型式		圆形隧洞
条数（条）	2/4	主/支
管径（m）	9.0/5.6	主/支
长度（m）	206.345 /228.412、 218.886	主/①、 ②支
岔管型式		钢筋混凝土 卜形
7. 球阀室		地下式
开挖尺寸（m×m×m）	106.4×10.9 ×28.2	长×宽×高
8. 厂房		
型式		地下式
开挖尺寸（m×m×m）	146.7 ×21.85 ×50.883	长×宽×高
拱顶高程（m）	77.183	
吊车轨顶高程（m）	67.7	
电动发电机层高程（m）	56.5	
水泵水轮机安装高程（m）	41	
机组间距（m）	23	
9. 主变压器洞		
型式	地下式	

续表

名　　称	指　标	备　注
开挖尺寸（m×m×m）	134.40 ×19.7 ×19.425	长×宽×高
拱顶高程（m）	75.925	
主变压器层高程（m）	56.5	
10. 尾水闸门室		地下式
开挖尺寸（m×m×m）	93.8×10.6 ×18.206	长×宽×高
11. 尾水洞		
条数（条）	2/4	主/支
长度（m）	226.522 (203.522) /129.614 (129.614)	主/支
断面直径（m）	10.0/7.4	主/支
12. 下水库进/出水口		
型式	竖井式	
检修闸门（扇）	2	
拦污栅数量—尺寸（m×m×m）	10—5×15	宽×高
启闭机型式、数量		
底板高程（m）	69	
13. 辅属建筑物		
进厂交通洞（m×m×m）	751×8.4 ×7.5	长×宽×高
中控楼副厂房（m×m/层）	23×15/4	长×宽/层
户内 GIS（m×m/层）	48×15/2	长×宽/层
出线平台（m×m）	69×24.5	长×宽
六、主要机电设备		
1. 水泵水轮机		
台数（台）	4	
型式		HLN—LJ —550
额定出力/最大入力（MW）	306.1/325	
额定转速（r/min）	250	
吸出高度（m）	−50	
最大净水头/扬程（m）	212.84/ 222.58	
最小净水头/扬程（m）	177.56/ 190.97	
额定水头（m）	195	

续表

名 称	指 标	备 注
额定发电流量（m^3/s）	176.1	
最大/最小扬程时抽水引用流量（m^3/s）	150/125	
额定工况比转速水轮机/水泵（m，kW 制）	190/60	
转轮直径（m）	5.5	
水泵最大/最小扬程入力（MW）	325	
水轮机最大/最小水头出力（MW）	306	
2. 电动发电机		
台数（台）	4	
型式		
单机容量（MW）	300	
发电机功率因数	0.9	
额定电压（kV）	15.75	
发电机额定容量（MW）	300	
电动机额定容量（MW）	325	
额定转速（r/min）	250	
3. 主变压器		
台数（台）	4	
型号		SSP10—360000/500
额定容量（kVA）	360000	
电压（kV）	525/15.75	
4. 主厂房桥式起重机		
台数（台）	1	
容量	2×300/50/10t	双小车桥式
跨度（m）	20	
七、施工		
1. 主体工程量		
土石方明挖（万 m^3）	190.53	
洞挖石方（万 m^3）	91.15	
填筑土方（万 m^3）	3.15	
填筑石方（万 m^3）	99.74	
砌石方（万 m^3）	4.41	

续表

名 称	指 标	备 注
混凝土和钢筋混凝土（万 m^3）	33.8	
金属结构（t）	32.8	
帷幕灌浆（m）	27055	
固结灌浆（m）	86828	
回填灌浆（m^2）	52509	
2. 主要建筑材料		
材料（m^3）	21000	
水泥（t）	101310	
钢筋钢材（t）	33760	含钢筋、锚杆
锚杆（根）	87988	
3. 所需劳动力及其他		
高峰人数（人）	1800	
施工高峰用电负荷（kW）	5000	
施工临时房屋（m^2）	31672	
施工占地（万 m^2）	65.45	含砂料场
4. 施工工期		
准备工期（年）	1	
第 1 台机发电工期（年）	3 年 10 个月	
总工期（年）	5	
八、经济指标		
工程静态总投资（亿元）	35.35	
工程总投资（亿元）	38.80	
单位千瓦静态投资（元/kW）	2323	
单位千瓦动态投资（元/kW）	2560	
全部投资财务内部收益率（%）	18.78	
资本金财务内部收益率（%）	41.79	
容量价格（可避免法/个别成本法）[元/（kW·h）]	927.3/360	
电量价格（可避免法/个别成本法）[元/（kW·h）]	0.237/0.216	
折算上网度电电价（可避免法/个别成本法）[元/（kW·h）]	1.292/0.626	
货款偿还年限（年）	20	
投资回收年限可避免法/个别成本法（年）	8.73/10.76	

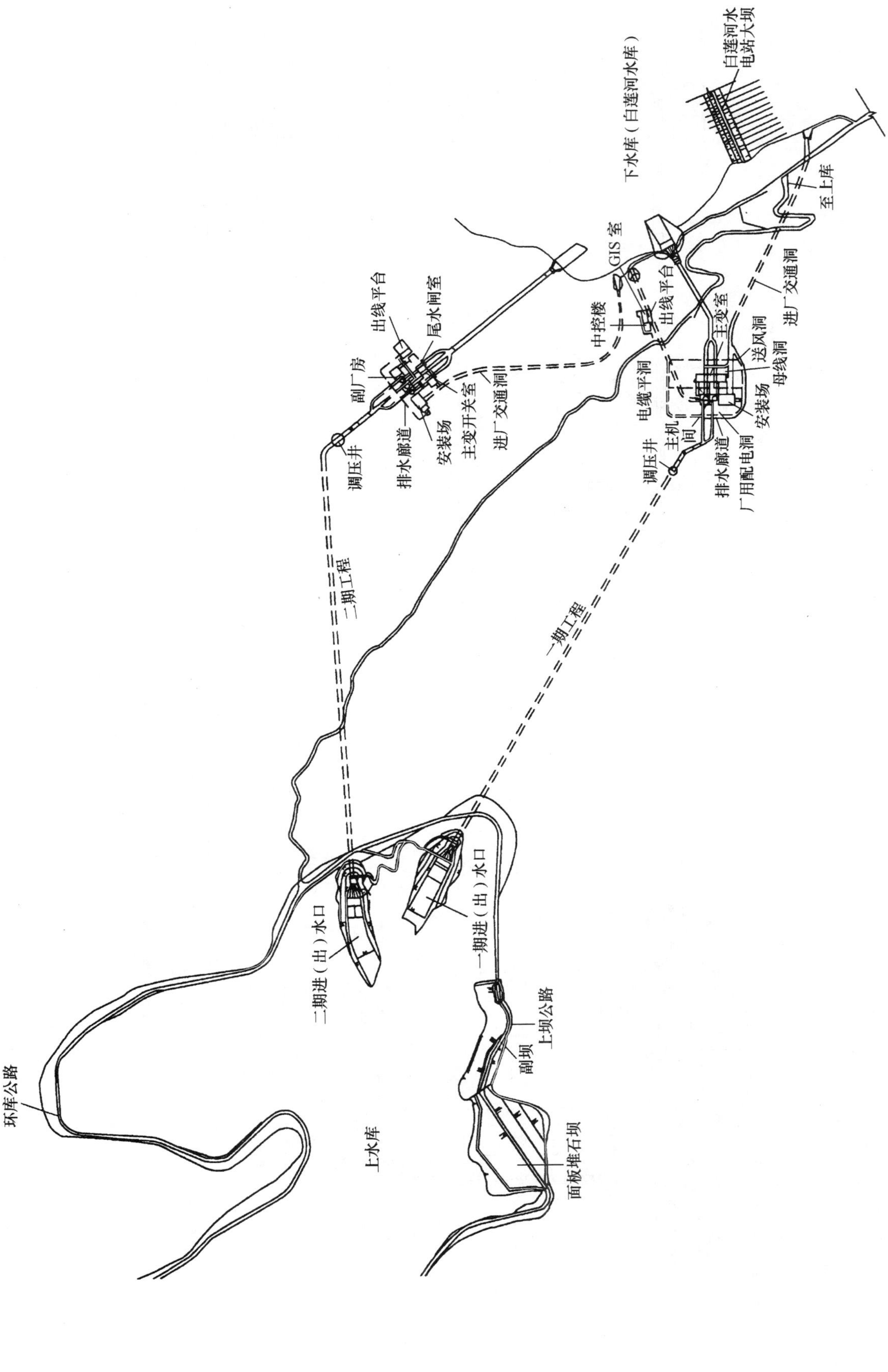

图 1 白莲河抽水蓄能电站枢纽总平面布置图

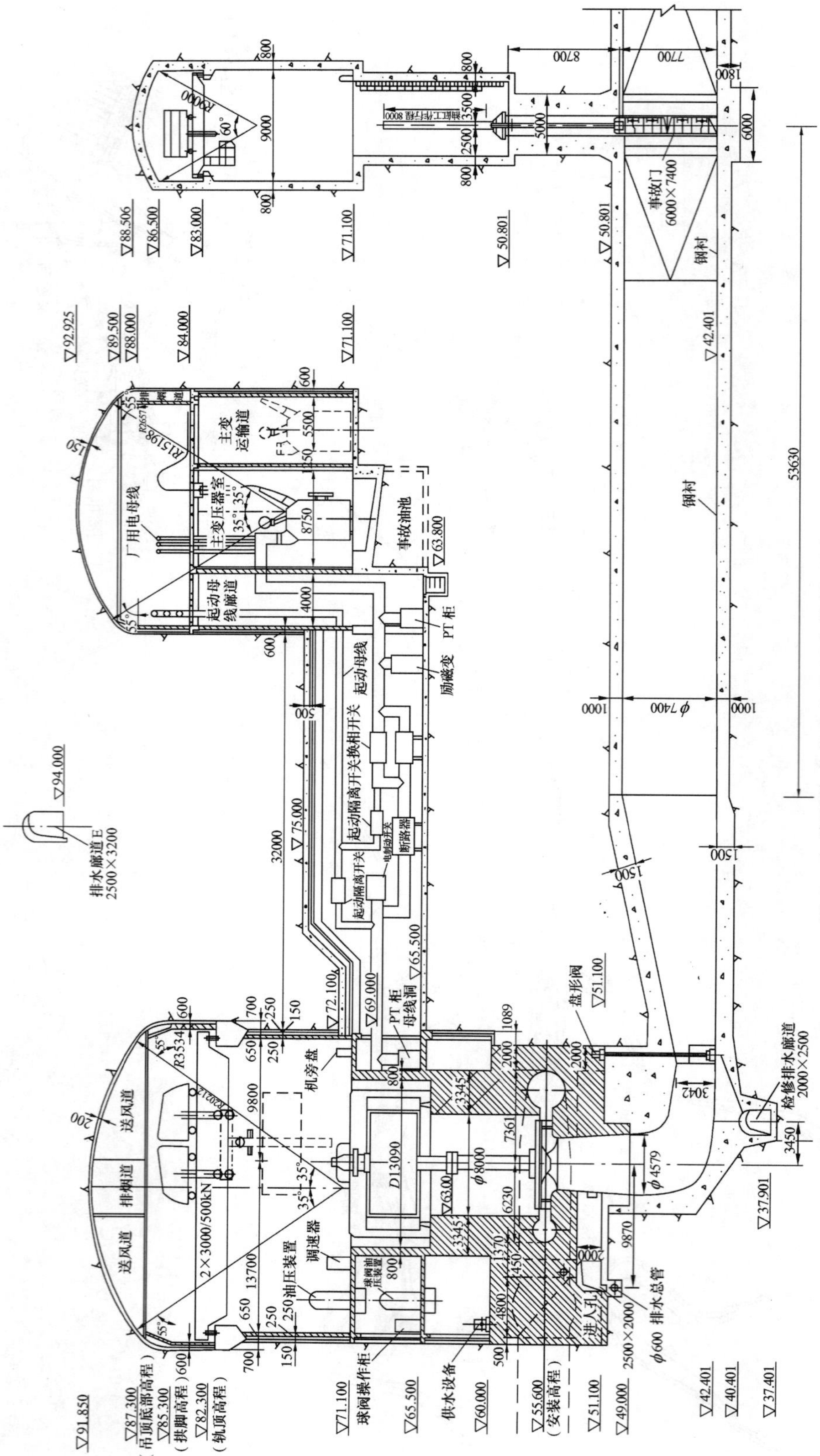

图 2 白莲河抽水蓄能电站厂房横剖面图

宝泉抽水蓄能电站工程

（一）工程概况

宝泉抽水蓄能电站位于河南省辉县市薄壁镇大王庙以上2.4km的峪河上，距新乡市45km，距焦作市约30km，距郑州市直线距离约80km。该电站设计安装4台单机容量为300MW的可逆式水泵水轮机组，总装机容量1200MW，日满出力发电4.7h，年发电量20.10亿kW·h，年抽水耗电量26.42亿kW·h，属日调节纯抽水蓄能电站。电站建成后，以500kV一级电压2回出线接入新乡500kV变电站，承担河南电力系统削峰填谷、事故备用、调频、调相等任务。电站位于负荷中心，周围有焦作、鹤壁、新乡等煤电基地，地理位置优越，交通条件较好。

宝泉抽水蓄能电站工程枢纽建筑物包括上水库、下水库、输水系统、地下洞群和开关站等。上水库主坝为沥青混凝土面板堆石坝，最大坝高92.5m。下水库大坝采用浆砌石重力坝，最大坝高107m。

电站前期工程于2003年3月28日正式开工。主体工程建设于2004年6月1日正式开工。第一台机组将于2008年12月31日投产发电，整个工程于2010年3月31日竣工。

工程前期勘测设计工作由黄河水利委员会勘测规划设计研究院承担。设计招标由华东勘测设计研究院承担工程总体设计，包括可研补充、招标与施工图设计。在可行性研究报告的基础上，可研补充阶段进行了勘测、试验和现场调查等补充工作，并在原设计方案的基础上进行了优化。2002年7月通过了中国水电顾问公司对可研补充报告进行的审查。招标与施工图阶段上、水库招标、技施设计工作由黄河水利委员会勘测规划设计研究院承担，其成果对华东勘测设计研究院负责。

工程建设单位为河南国家电网宝泉抽水蓄能有限责任公司；设计单位为华东勘测设计研究院、黄河水利委员会规划勘测设计研究院；监理单位为中国水利水电工程咨询公司、中国水利水电工程咨询北京公司；工程施工单位包括：中国安能建设总公司承建上水库C1标、中国水利水电第一工程局承建引水系统C3标、中国水利水电第七工程局承建地下厂房与尾水系统C4标、河南省水利第二工程局承建下水库改建工程C5标、设备制造单位主机设备由法国阿尔斯通公司承制。

（二）工程任务和规模

河南电网位于华中电网北部，是以火电为主的电网。2001年全省用电最高负荷13500MW，电网统调口径最高负荷为10220MW，最大峰谷差4100MW，比2000年增长15.8%。

预测河南省2010年最高负荷为22000MW，年需电量1300亿kW·h。近几年，河南省电力供应已基本走出短缺的困境，全省从大面积缺少电力电量转变为主要缺少调峰电力。宝泉抽水蓄能电站位于河南电网负荷中心，电网调度方便，且由于抽水蓄能机组启停和升降负荷快速、方便、灵活，在为电网提供调频、调相、旋转备用以及事故备用等方面有着特别的优势。

电站设计安装4台单机容量300MW的可逆式水泵水轮机，总装机容量1200MW，年发电量20.10亿kW·h，年抽水量26.42亿kW·h，属日调节电站。投产后可承担河南电网高峰负荷1200MW，使河南电网低谷负荷提高1200MW，其承担的调峰容量是同规模启、停调峰火电机组的2倍。

平面布置见图1，厂房横剖面见图2，工程特性见表1。

（三）工程特点和新技术应用

（1）取消尾水调压室。

工程尾水隧洞长831m，可研阶段设计方案设置了尾水调压室。在工程施工前，经过水力过渡过程计算研究，并结合类似工程经验，设计提出了取消尾水调压室设计变更报告。原审查单位水电水利规划设计研究总院在2004年3月对设计变更报告进行审查并批准了设计变更方案。

（2）浇筑钢纤维混凝土。

工程引水系统穿越二层古风化壳，每层古风化壳厚度约10～20m，为强风化上限岩石，引水上平洞地质条件复杂，为强—弱风化岩石；古风化壳部位原设计采用钢板衬砌，设计优化采用钢纤维混凝土取代钢板衬砌。

表1　宝泉抽水蓄能电站主要工程特性表

名　称	指　标	备　注
一、水文		
1. 流域面积		
全流域（km^2）	672	
坝址以上　上水库/下水库（km^2）	6.0/538.4	上库东沟
2. 利用的水文系列年限（年）	径流37/洪水24	1956～1993年/1955～1978年
3. 多年平均年径流量　上水库/下水库（亿m^3）	0.0113/1.011	
4. 多年平均流量　上水库/下水库（m^3/s）	0.036/3.2	
5. 代表性流量		

续表

名　称	指　标	备　注
设计洪水流量　上水库/下水库（m^3/s）	246/4160	$P=1\%$
校核洪水流量　上水库/下水库（m^3/s）	366/7960	$P=0.1\%$
上水库施工导流流量（m^3/s）	129	$P=10\%$，下水库无导流问题
施工临时度汛流量　上水库/下水库（m^3/s）	164/1870	$P=5\%$
6. 洪量		
设计洪水洪量　上水库（6h）/下水库（万m^3）	128.2/9200	$P=1\%$
校核洪水洪量　上水库（6h）/下水库（万m^3）	200.8/16358	$P=0.1\%$
7. 泥沙		
多年平均含沙量　上水库/下水库（kg/m^3）	/0.98	上水库天然来水全部拦截，不入库
多年平均入库沙量　上水库/下水库（万 t）	/16.54	
推移质　上水库/下水库（万 t）	/4.96	
悬移质　上水库/下水库（万 t）	/11.58	
二、水库		
1. 水位		
正常蓄水位　上水库/下水库（m）	789.6/260	
死水位　上水库/下水库（m）	758/220	
下水库泥沙淤积高程（m）	199.6	
2. 正常蓄水位时水库面积　上水库/下水库（km^2）	24.9/153.9	
3. 回水长度　下水库（m）	6100	
4. 水库容积		
总库容（校核洪水位）上水库/下水库（万m^3）	795.2/6750	

续表

名　称	指　标	备　注
正常蓄水位以下水库容　上水库/下水库（万m^3）	773.8/5509	
发电库容　上水库/下水库（万m^3）	634.8/620	
死库容　上水库/下水库（万m^3）	139/1314	
三、下水库下泄流量及相应水位		
1. 设计洪水下泄流量（m^3/s）	3530	
相应下游水位（m）	172.73	
2. 校核洪水下泄流量（m^3/s）	6760	
相应下游水位（m）	175.3	
四、动能特性		
装机容量（MW）	1200(4×300)	
年发电量（亿 kW·h）	20.1	
年抽水耗电量（亿 kW·h）	26.42	
年利用小时　发电/抽水（h）	1675/2202	
增加灌溉面积（万亩）	2.34	
五、淹没损失及工程永久占地		
1. 淹没耕地（亩）	111.3	水库区
2. 迁移人口（人）	33	至设计水平年
3. 淹没区房屋（m^2）	1601.7	水库区
4. 工程占地（亩）	7115	含水库淹没、工程永久及临时占地
六、主要建筑物		
（一）上水库		
主坝	沥青混凝土面板堆石坝	
地震基本烈度/设防烈度（度）	Ⅶ/Ⅷ	（地面建筑物同）
坝顶高程（副坝相同）（m）	791.9	

续表

名　　称	指　标	备　注
最大坝高（m）	92.5	
坝顶长度（m）	388	
库盆防渗形式	库底黏土铺盖防渗、库岸沥青混凝土面板防渗	
副坝	浆砌石重力坝	
最大坝高（m）	36.9	
坝顶长度（m）	168	
（二）泄水建筑物		
（1）上水库溢洪道		
形式	副坝中部开敞式溢洪道	
堰顶高程（m）	789.6	
堰顶净宽（m）	81	
（2）上水库排水洞		
形式	无压洞（设计洪水）	
排水洞条数/洞长（条/m）	1/719.7	
排水洞截面尺寸（宽×高）（m×m）	5.0×5.9	城门洞形
（三）输水系统		
1. 上水库进/出水口	东沟左岸	
型式	侧　式	
个数（个）	2	
进口尺寸（宽×高）（m×m）	18×8.5	净宽，不含分流墩厚度
底槛高程（m）	745	
闸门型式	平面滑动式	
闸门数量/孔口尺寸（扇/m×m）	2/5×6.5	$b\times h$
2. 引水隧洞		
型式	一洞两机斜井式	
主管条数（条）	2	
主管直径（m）	6.5	
输水系统总长度（平均）（m）	2270.8	

续表

名　　称	指　标	备　注
引水隧洞长度（m）	1425.4	
引水岔管型式	卜形钢筋混凝土岔管	
支管条数（条）	4	
支管直径（m）	3.5～2.2	
支管长度（m）	115	
钢衬长度（m）	90	
3. 尾水隧洞		
尾水支管（条）	4	
尾水支管直径/长度（m）	4.5/117	
尾水岔管型式	Y形钢筋混凝土岔管	
尾水隧洞（条）	2	
尾水隧洞直径/长度（m）	6.5/724	
4. 尾水调压井直径/高度（m）	大井 14/90 小井 5/31	
5. 下水库进/出水口		
型式	侧　式	
个数（个）	2	
出口尺寸（m×m）	18×8	宽×高
底槛高程（m×m）	207	
闸门型式	平面滑动检修闸门	
闸门数量/孔口尺寸（扇/m×m）	2/5×6.5	$b\times h$
（四）地下厂房、开关站		
1. 主、副厂房洞（m×m×m）	143.5×22×47.3	长×宽×高
2. 主变压器洞（m×m×m）	134×18×19.8	长×宽×高
3. 尾水闸门洞（m×m×m）	111×7.2×15.03	长×宽×高
4. 母线洞（4条）（m×m×m）	7.5×6.5×6.4（小洞） 24.5×8.5×9.6（大洞）	长×宽×高
5. 进厂交通洞（m×m×m）	1970.5×8.7×8.2	长×宽×高

续表

名　称	指　标	备　注
6. 通风兼安全洞（m×m×m）	1215×7.5×6.9	长×宽×高
7. 500kV 电缆出线洞（m×m×m）	686.7×4×6.2	长×宽×高
8. 500kV 地面开关站尺寸（m×m）	65.5×33	长×宽
9. 水泵水轮机安装高程（m）	150	
10. 开关站高程（m）	292.5	
11. 自流排水洞（m×m×m）	2295×3×2.8	
12. 排水廊道（m×m×m）	1390×3×3.25	
13. 主变排风洞（m×m×m）	170×7.2×6.5	
14. 主变运输洞（m×m×m）	35×6×7.5	
15. 尾水闸门运输洞（m×m×m）	181.5×7.2×6.95	
16. 排风竖井（高×直径）（m）	70×ϕ7	
（五）下水库		
1. 大坝		
坝型	浆砌石重力坝	
坝顶高程（m）	268	
最大坝高（m）	107	
坝顶长度（m）	508.1	
2. 溢洪道		
型式	坝顶开敞式	
溢流堰顶高程（m）	257.5	
溢流段长度（m）	109	
橡胶坝袋（m×m）	109×2.5	长×高
七、主要机电设备		
（一）水泵水轮机		
型式		立轴单级可逆混流式
台数（台）	4	
水轮机额定出力（MW）	306	
水泵最大入力（MW）	314	

续表

名　称	指　标	备　注
转轮直径（m）	3.935	暂定
转速（r/min）	500	
吸出高度（m）	−70	暂定
水轮机工况净水头（最大/最小）（m）	562.48/485.79	暂定
水泵工况扬程（最大/最小）（m）	572.46/501.87	暂定
水轮机额定水头（m）	500	
水轮机工况额定流量（m^3/s）	70.25	暂定
（二）发电电动机		
型式	三相，同步可逆式，立轴	
台数（台）	4	
额定容量（电动机/发电机）（MW/MVA）	300/333.3	暂定
功率因数（cosϕ）	0.9（滞后）/0.975（超前）	暂定
额定电压（kV）	18	
电动机起动方式	变频起动，同步起动	
（三）其他主要设备		
1. 主变压器		
型式	三相双绕组	
台数（台）	4	
额定容量（MVA）	360	
额定电压（kV）	525±2×2.5%/18	暂定
2. 主阀		
型式	球　阀	
台数/直径（台/m）	4/2.25	
最高静水头（m）	638.6	
3. 桥机		
型式	双小车（暂定）	
台数（台）	1	
起重量（t）	2×250	
跨度（m）	20	

续表

名　称	指　标	备　注
4. 晶闸管静态变频装置		
数量（套）	1	
容量（MW）	24	暂定
额定电压（kV）	18	
频率（Hz）	52.5	
（四）输电线路		
电压（kV）	500	
回路数（回）	2	
输电目的地	500kV 新乡变电站	
输电距离（km）	35	
八、主要工程量		
明挖土方（万 m^3）	226.31	
明挖石方（万 m^3）	229.25	包括槽挖
洞挖石方（万 m^3）	97.49	
坝体堆石填筑(万 m^3)	333.23	
沥青混凝土（万 m^3）	3.74	
黏土铺盖（万 m^3）	65.72	
浆砌石（万 m^3）	43.24	其中下水库 33.76 万 m^3
帷幕灌浆（万 m）	2.32	
固结灌浆（万 m）	9.49	
回填灌浆（万 m^2）	2.63	
锚杆（根）	115151	
混凝土（万 m^3）	35.4	
钢筋（t）	12152.05	
九、经济指标		
1. 工程静态总投资（亿元）	37.1	
单位千瓦静态总投资（元/kW）	3090	
2. 总投资（亿元）	42.1	
单位千瓦总投资（元/kW）	3511	
施工辅助工程（亿元）	2.3	
建筑工程（亿元）	11.1	

续表

名　称	指　标	备　注
机电设备及安装工程（亿元）	14.5	
金属结构设备及安装工程（亿元）	0.6	
其他费用（亿元）	4.4	
水库淹没处理补偿费（亿元）	1.5	
基本预备费（亿元）	2.7	
建设期还贷利息（亿元）	5.3	
3. 全部投资财务内部收益率（%）	15.9	
4. 资本金财务内部收益率（%）	33.68	
5. 投资回收期（年）	10.42	
6. 上网电价		
上网容量价格［元/(kW·a)］	1084	
上网电量价格［元/(kW·h)］	0.168	
综合电价[元/(kW·h)]	0.747	
7. 经济内部收益率（%）	28.56	
十、其他		
1. 首台机发电时间	2008 年 12 月	
2. 竣工时间	2010 年 3 月	
3. 建设单位	河南国网宝泉抽水蓄能有限责任公司	
4. 设计单位	华东勘测设计研究院、黄河规划勘测设计研究公司	
5. 监理单位	中国水利水电工程咨询公司、中国水利水电工程咨询北京公司	
6. 施工单位	中国安能建设总公司、中国水利水电第一工程局、中国水利水电第七工程局、河南省水利第二工程局	
7. 设备制造单位	主机设备由法国阿尔斯通公司承制	

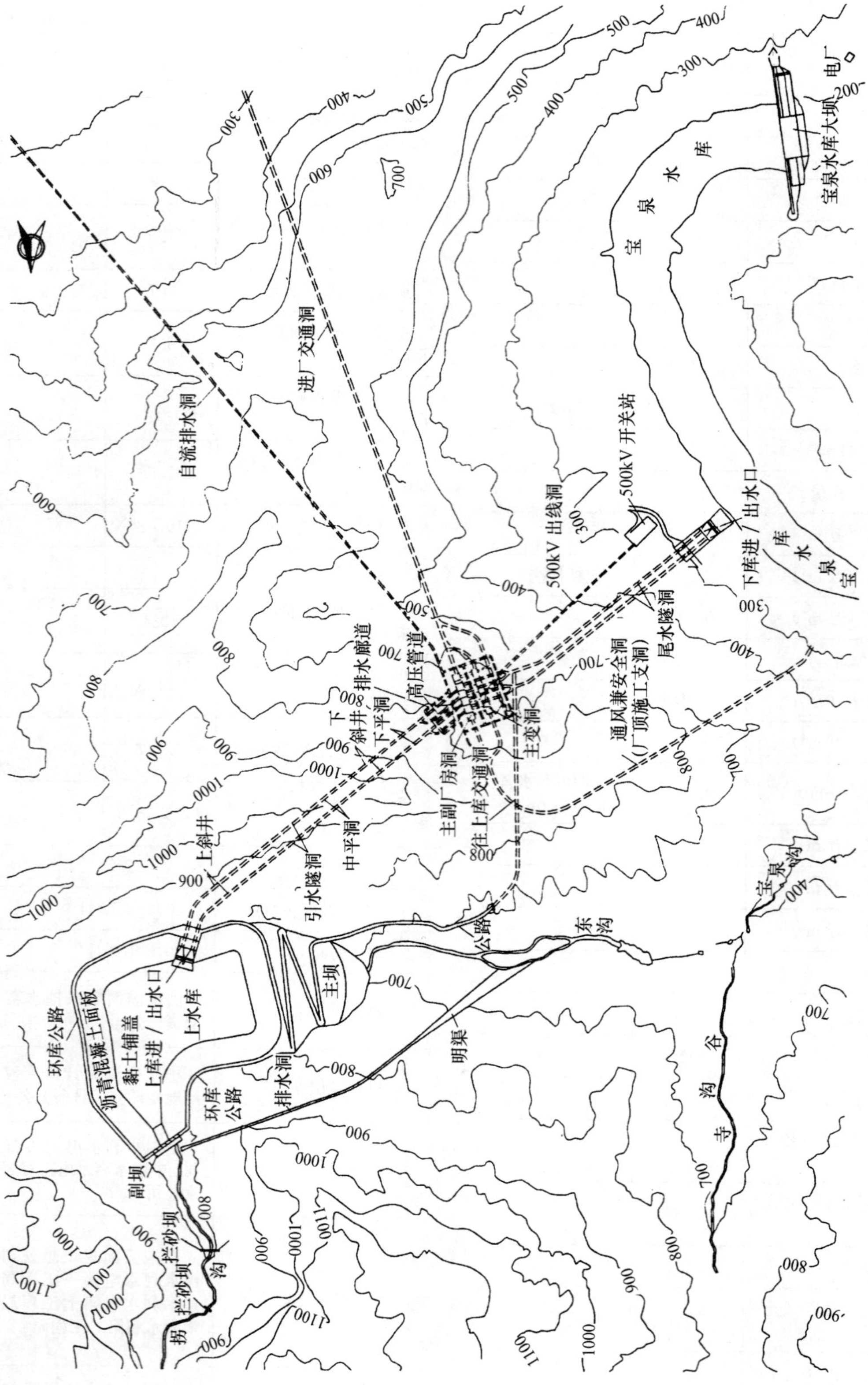

图 1　宝泉抽水蓄能电站枢纽总平面布置图

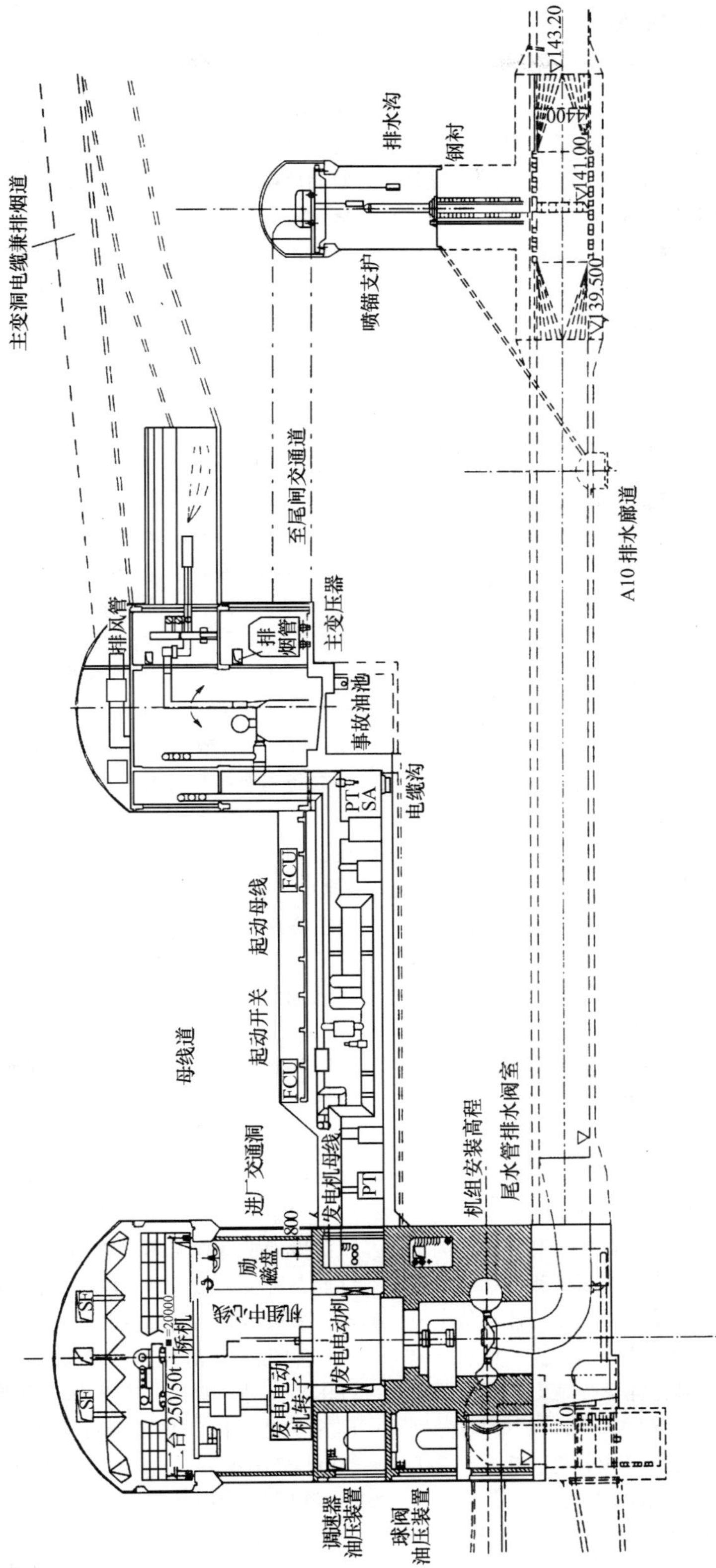

图 2　宝泉抽水蓄能电站厂房横剖面图

泰安抽水蓄能电站工程

（一）工程概况

泰安抽水蓄能电站位于山东省泰安市西郊的泰山西南麓，黄河下游支流大汶河水系的泮汶河上，电站距泰安市5km，距济南市约70km。

电站枢纽建筑物由上水库、输水系统、地下厂房、下水库、地面开关站等组成。上水库位于樱桃园沟内，利用库盆开挖料筑坝形成。挡水坝采用混凝土面板堆石坝，最大坝高99.8m，坝址以上流域面积1.43km^2，水库正常蓄水位410m，死水位386m，正常蓄水位以下库容1127万m^3，有效库容890万m^3，死库容237.25万m^3。下水库利用1960年建成的大河水库加固改建，坝址控制流域面积84.53km^2，水库正常蓄水位165m，死水位154m，总库容2997万m^3，正常蓄水位以下库容2234.7万m^3，死库容204.72万m^3。

电站为日调节纯抽水蓄能电站，靠近山东省用电负荷中心，在山东电网中主要起调峰、填谷作用，并兼有调频、调相和紧急事故备用等功能。电站总装机容量为1000MW，年抽水用电量17.843亿kW·h，年发电量13.382亿kW·h。电站以2回220kV出线接入山东省电网。

电站于2000年2月23日前期准备工程开工，2001年4月举行土建主体工程招标，同年7月主体工程承包商进点施工。2003年1月签订主机设备采购合同，2003年10月土建工程完成地下厂房开挖支护，11月机电安装标工程开始。电站第一台机组拟于2005年12月投运，2006年12月全部4台机组投产发电。

山东泰山抽水蓄能电站有限责任公司为本项目建设单位，投资方由山东电力集团公司、山东电力发电公司、泰安市基金投资担保经营有限公司三方按60%、35%、5%比例出资组成。工程主要机电设备利用日本国际协力银行贷款国际招标采购。

电站前期阶段设计工作（可行性研究）由中国水电水利建设工程咨询公司完成。华东勘测设计研究院中标承担本工程招标和施工图阶段勘测设计，其中上水库土建工程设计由以上两单位合作承担，华东勘测设计研究院为责任方。电站主体工程施工监理由北京勘测设计研究院承担。工程建设共分为6个标，分别由中国水利水电第四工程局、中国水利水电第十二工程局和武警水电联营承体、中国水利水电第一工程局、中国铁路第十四工程局中标承建；下水库大坝、溢洪道等加固改造施工由隶属当地水利部门的大河水库管理处总承包承担。

（二）工程任务和规模

山东电网目前是一个纯火电电网，2003年底全省发电装机容量达30553.2MW，全社会用电量1412.7亿kW·h，最大峰谷差为6669MW，同比增长11.9%，约为最高负荷的38%。电源结构单一，电网99.8%以上为火电机组，几乎无水电，缺乏高效的调峰电源。由于缺少调峰手段，电网调峰只能依靠全部高温高压大火电机组压负荷运行和所有中小型火电机组开、停运行解决，且常不能解决电网的调峰，还经常动用200～300MW主力机组进行开、停机运行，使整个电网处在极不经济的运行状态中，甚至影响电网的安全、稳定运行。

本电站兴建将发挥出快速、高效的调峰、填谷双倍作用，提高电网供电质量和可靠性，改善系统火电机组的运行条件，并为系统提供紧急事故备用，承担调频、调相等任务，对山东电网2006～2010年间的经济、安全、稳定运行起着重要作用。

电站总装机容量1000MW，装机4台，单机容量250MW。正常运行日抽水历时5h、日抽水电量533.3万kW·h，年抽水利用1784h，年抽水用电量17.843亿kW·h；日发电4h，日发电量400万kW·h，年发电利用1338h，年发电量13.382亿kW·h。综合效率75%。电站上水库设有178万m^{3}事故备用库容，可供4台机组事故备用发电0.8h。

电站上水库淹没主要为泰山林场风景林，下水库淹没利用大河水库改建后抬高水库正常蓄水位1m（原水库正常蓄水位为164m）而产生。于1997年进行水库淹没影响调查，上、下水库直接淹没调查年人口54人，淹没耕地面积共638.23亩。根据相关的政策和标准计算，水库淹没静态总投资为1887.31万元，总投资为2420.56万元。

平面布置见图1，厂房横剖面见图2，工程特性见表1。

（三）工程特点和新技术应用

(1) 上水库防渗体系和新材料的应用。

电站上水库的防渗系统型式，结合工程条件比较了沿库周垂直深帷幕（帷幕深160m）防渗、全库盆钢筋混凝土面板防渗和综合防渗方案。综合防渗方案，采取右岸钢筋混凝土防渗面板和大坝面板相接、上水库开挖弃渣填筑于库底其上设高密度聚乙烯(HDPE)水平防渗、左半库盆与库底设垂直截渗帷幕的方式。水库正常运行土工膜承受的最大水头37m，最小水头11m，水头变幅24m，土工膜防渗区面积约15.8万m^2，在国内大型水电工程永久性防渗方案中尚属先例。本工程对土工膜防渗材料的选择、土工膜与土工织物的组合形式及其抗拉、抗压、极限拉伸性能、抗刺破强度和渗透性能，土工膜防渗结构

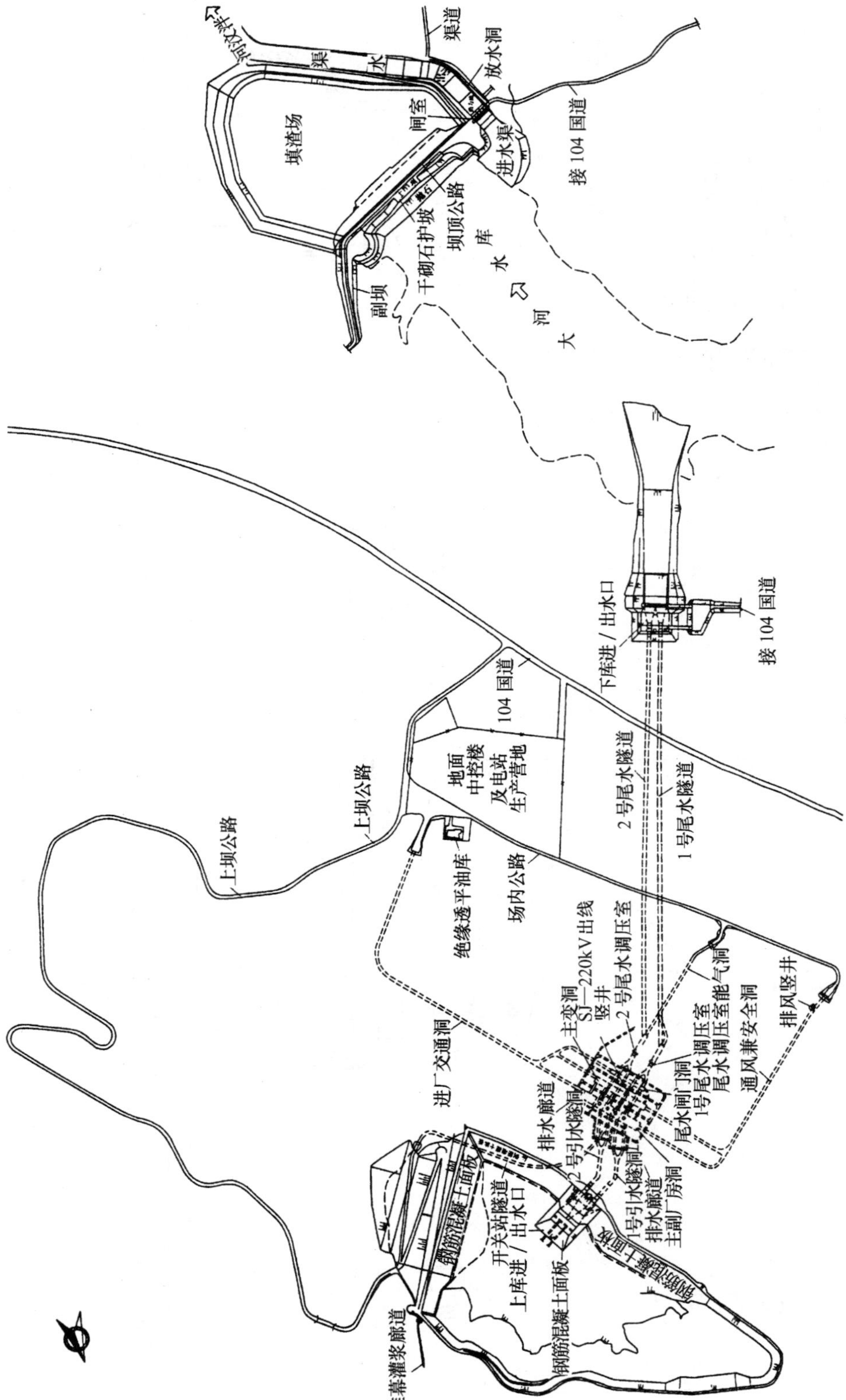

图1 泰安抽水蓄能电站枢纽总平面布置图

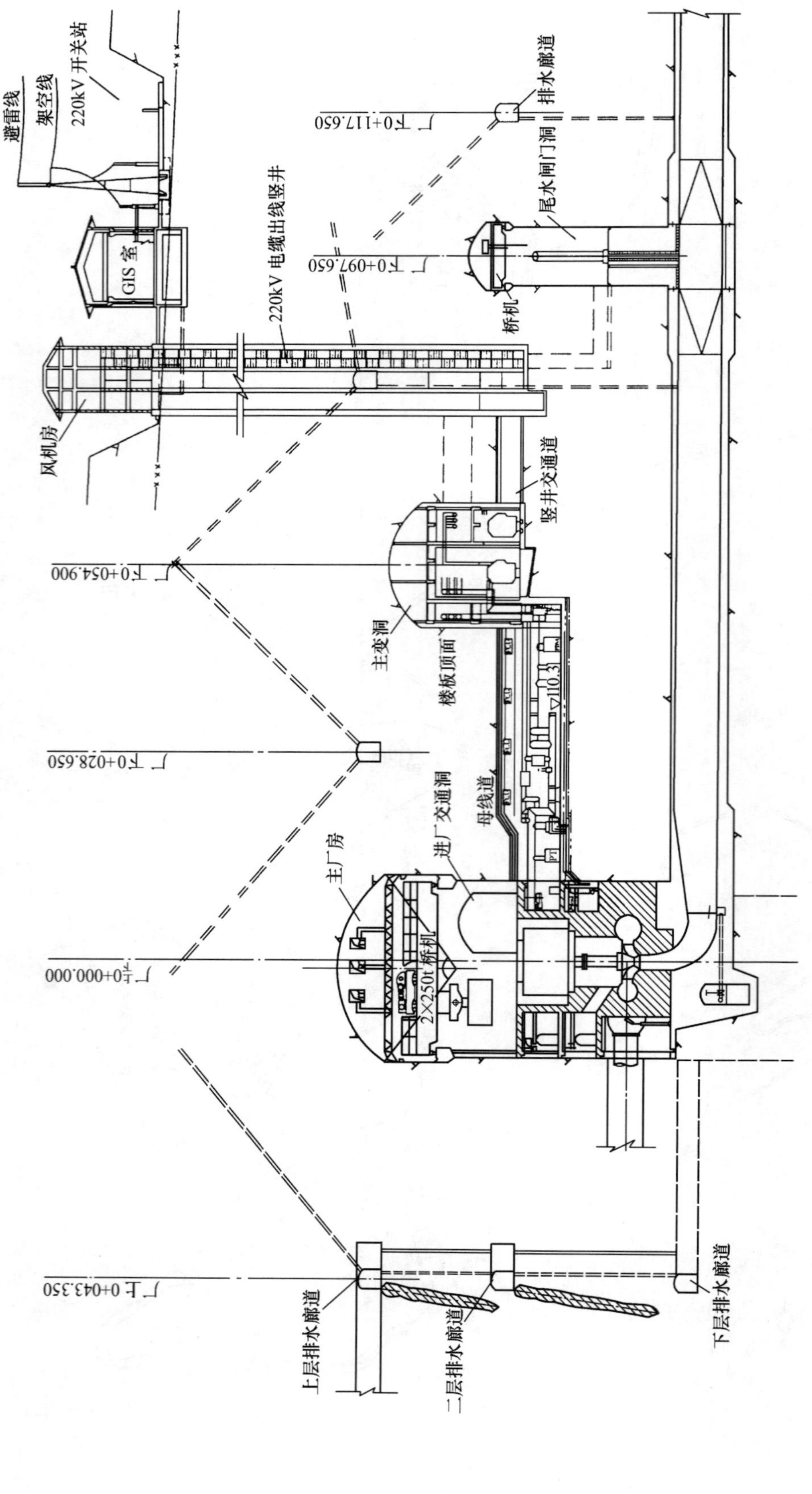

图 2 泰安抽水蓄能电站厂房横剖面图

层和下支持层的设计要求和可靠性，土工膜水平防渗层与周边结构的机械连接形式，厚土工膜（国内水利工程中常用厚度 0.5～0.8mm）的铺设、焊接、修补、质量检测工艺和方法，进行了较系统的专题研究。

土工膜防渗层结构自下至上包括：库底填渣、120cm 支持过渡层；60cm 厚下支持垫层（上部 20cm 厚粒径小于 2cm，下部 40cm 厚粒径小于 4cm）；6mm 厚土工席垫；土工布（500g/m^2）、1.5mm 厚 HDPE 土工膜、土工布（500g/m^2）、土工砂袋井字型覆压保护。膜下垫层中设有纵、横双向的土工排水盲管，以利局部破损的排水和施工期排气。土工膜与周边混凝土结构的机械连接方式采用∠75mm×75mm×7.5mm 镀锌或不锈钢角钢压覆、不锈钢螺栓紧固，螺栓直径 16mm、间距 45cm、紧固力 120N·m。膜与混凝土、膜与角钢之间分别设置找平防渗垫层。

根据本工程所进行的技术经济比较，采用土工膜的水平防渗层单位造价不超过 100～120 元/m^2，而同比采用 30cm 厚钢筋混凝土面板的水平防渗层单位造价超过 300～350 元/m^2，并且采用土工膜防渗对于下垫层的技术要求要比采用混凝土面板低，土工膜防渗层适应地基变形能力也要比混凝土面板防渗层强。与沥青混凝土水平防渗层相比，土工膜的水平防渗层经济性更可观。土工膜防渗层还具有施工设备投入少、施工速度快（15 万 m^2 约需 3 个月）的优点。HDPE 土工膜具有强度高、抗老化性能强的特点，本工程库底水平防渗土工膜正常工作上覆水深均大于 11m，深水能有效地消减土工膜受紫外线照射引起的老化问题。

（2）工程建设和环境景观恢复相结合的尝试。

泰山是国家级风景名胜区、世界自然与文化双遗产。泰安工程上水库位于泰山风景名胜区的二级保护区——樱桃园景区内，距泰山风景名胜主景区约 3～5km，二级保护区为风景区内尚未开发的景观。上水库需在樱桃园沟沟尾开挖、筑坝形成，堆石面板坝体量大，景观视角冲击影响也大，上水库地面建筑物的实施、库盆土石方开挖与大坝的填筑、施工期人员活动、施工区机械设备的布设等，对原地貌与植被在一定范围内会造成侵损。尽可能缩小工程用地，减少植被损坏和水土流失，恢复植被景观并依托工程形象面貌恢复和创造与泰山人文环境相协调的新景观，是本工程一个突出的特点。另外，随着泰安市城市建设向外围扩展，本工程下水库及上、下水库之间的工程区已成为市区的一部分。把下水库区建为泰安城市生态中水环境与生态绿地系统相协调的风景旅游亮点，是本工程所面对的另一特色。目前上水库下游坝坡已结合工程建设进行了有效的景观恢复和绿化尝试，下水库大坝改造及坝后弃渣工程结合城市景观公园的设计施工已基本完成，做到了工程建设与景观恢复和创意较完美的结合。

表 1 泰安抽水蓄能电站工程特性表

名　称	指　标	备　注
一、水文与气象		
1. 流域面积		
上水库坝址控制流域面积（km^2）	1.432	
下水库坝址控制流域面积（km^2）	84.53	
2. 多年平均年径流量		
上水库坝址（万 m^3）	33.1	
下水库坝址（万 m^3）	1913	
3. 代表性流量		
（1）上水库坝址		
多年平均流量（m^3/s）	0.0105	
设计流量（m^3/s）	76	$P=0.5\%$
校核流量（m^3/s）	97.3	$P=0.1\%$
施工导流流量（m^3/s）	46.5	$P=5\%$
（2）下水库坝址		
多年平均流量（m^3/s）	0.607	
设计流量（m^3/s）	1490	$P=1\%$
校核流量（m^3/s）	2200	$P=0.1\%$
施工导流流量（m^3/s）	1030	$P=5\%$
4. 洪量		
（1）上水库坝址		
设计洪水洪量（1 天）（万 m^3）	44.9	
校核洪水洪量（1 天）（万 m^3）	60.5	
（2）下水库坝址		
设计洪水洪量（1 天）（万 m^3）	2320	
校核洪水洪量（1 天）（万 m^3）	3540	
5. 泥沙		
（1）上水库		
多年平均悬移质年输沙量（万 t）	0.026	
多年平均含沙量（kg/m^3）	0.925	
多年平均推移质年输沙量（万 t）	0.015	
（2）下水库		

续表

名 称	指 标	备 注
多年平均悬移质年输沙量（万 t）	1.7	
多年平均含沙量（kg/m^3）	0.925	
多年平均推移质年输沙量（万 t）	0.68	
6. 降水与蒸发		
多年平均年降水量（mm）	708.0	
最大年降水量（mm）	1475.4（1964年）	
最小年降水量（mm）	340.5（1989年）	
多年平均水面年蒸发量（mm）	1067.8	
最大年蒸发量（mm）	1312.0	1960年
最小年蒸发量（mm）	880.4	1980年
7. 气温		
多年平均气温（℃）	12.8	
极端最高气温（℃）	40.7	
极端最低气温（℃）	−22.4	
二、水库		
1. 水位		
（1）上水库		
校核洪水位（m）	411.48	$P=0.1\%$
设计洪水位（m）	411.1	$P=0.5\%$
正常蓄水位（m）	410	
死水位（m）	386	
消落深度（m）	24	
（2）下水库		
校核洪水位（m）	167.19	$P=0.1\%$
设计洪水位（m）	166.47	$P=1\%$
防洪高水位（m）	166.7	$P=2\%$
正常蓄水位（m）	165	
死水位（m）	154	
消落深度（m）	11	
2. 库容		
（1）上水库		
总库容（万 m^3）	1187	校核洪水位以下库容
正常蓄水位以下库容（万 m^3）	1127	

续表

名 称	指 标	备 注
调节库容（万 m^3）	890	发电库容
死库容（万 m^3）	237	
调节特性	日调节	
（2）下水库		
总库容（万 m^3）	2997.1	校核洪水位以下库容
正常蓄水位以下库容（万 m^3）	2234.7	
发电库容（万 m^3）	890	
死库容（万 m^3）	204.72	
调节特性		不完全多年调节
三、工程效益		
1. 发电效益		
装机容量（MW）	4×250	
日抽水用电量（万 kW·h）	533.3	
日发电量(亿 kW·h)	400	
年抽水用电量（亿 kW·h）	17.843	
年发电量(亿 kW·h)	13.382	
年利用小时数（抽水）(h)	1784	
年利用小时数（发电）(h)	1338	
综合效率（%）	75	
2. 灌溉		
面积（耕地）（万亩）	1.52	
保证率（%）	50	
最大引用流量（m^3/s）	6	
年用水总量（万 m^3）	643	
3. 工业供水		
保证率（%）	97	
最大引用流量（m^3/s）	0.05	
年用水总量（万 m^3）	60	
四、淹没影响及工程永久占地		
耕地（亩）	688.6	$P=20\%$
迁移人口（人）	54	$P=5\%$
房屋（m^2）	5092.59	

续表

名　　称	指　标	备　注
五、主要建筑物		
1. 上水库		
（1）挡水坝		
坝型		混凝土面板堆石坝
地基岩性		混合花岗岩
地震基本烈度/设防烈度（度）	Ⅵ/Ⅶ	
坝顶高程（m）	413.8	
最大坝高（m）	99.8	
坝顶宽度（m）	10	
坝顶长度（m）	548	
（2）库盆		
防渗型式		混凝土面板＋土工膜＋帷幕灌浆
2. 下水库		
（1）挡水坝		
坝型		均质土坝
地基岩性		黑云母斜长片麻岩
坝顶高程（m）	168.4	
坝顶宽度（m）	10	
最大坝高（m）	22/7.3	主坝/副坝
坝顶长度（m）	460/313	主坝/副坝
（2）溢洪道		
地基岩性		黑云母斜长片麻岩
型式		正槽式
孔数及尺寸（孔—m×m）	5—7.5×9.3	宽×高
堰顶高程（m）	157.5	
堰净宽（m）	47.5	
消能方式		底流消能
（3）放水洞		
型式		有压埋管
尺寸（直径）（m）	1.2	
设计流量（m^3/s）	6	
3. 水道系统		
设计引用流量（m^3/s）	264.4	
总长（m）	2048.2/2030.1	1号输水道/2号输水道

续表

名　　称	指　标	备　注
（1）上水库进/出水口型式		岸边侧向竖井式
（2）引水隧洞		
布置形式		两洞四机
引水竖井高度/直径（m）	258/8.0	
引水岔管衬砌型式（m）		钢筋混凝土Y形
引水岔管长度（m）	43.6	
高压支管段（钢衬段）长度（m）	73.6；85	
高压支管直径（m）	4.8～3.15	
钢衬厚度（mm）	30～42	
（3）尾水隧洞		
布置形式		四机两洞
总长（1号/2号）（m）	1493.0/1466.1	
尾水支洞长/直径（m）	106/6.0	
尾水岔管衬砌型式		钢筋混凝土Y形
尾水岔管长度（m）	46.942	
尾水钢衬段长度（m）	60	
（4）尾水调压室		
型式		阻抗上室式
数量	2	
调压室阻抗孔高度/直径（m）	19.6/5	
调压室大井高度/直径（m）	67.65/17	
调压室上室长度/断面（m/m×m）	50/12×12	
（5）下水库进/出水口		
型式		岸边侧向塔式
4. 厂房系统		
厂房型式	地下式	
机组安装高程（m）	101	
地下厂房尺寸（m×m×m）	180×24.5×52.275	长×宽×高
主变压器洞尺寸（m×m×m）	164×17.5×18.175	长×宽×高

续表

名　称	指　标	备　注
进厂交通洞（m×m×m）	1019×8.2×8.2，i=7.8%	长×宽×高
通风兼安全洞（m×m×m）	831×7.5×7，i=8.1%	长×宽×高
电缆出线竖井（m×m×m）	10.1×10.4×230.6	开挖尺寸：长×宽×高
5. 开关站		
型式		地面户内式
开关站高程（m）	346.40	
开关站面积（m×m）	48×67	
六、主要机电设备		
1. 水泵水轮机		
台数	4	立轴单级混流可逆式
额定出力（MW）	255.1	
额定转速（r/min）	300	
最大发电水头/最小发电水头（m）	253.0/212.5	
额定水头（m）	225	
最大发电流量/最小发电流量（m^3/s）	137/61	
额定水头发电流量（m^3/s）	131.9	
最大扬程入力/最小扬程入力（MW）	250/266	
最大扬程/最小扬程（m）	260.6/224.22	
最大/最小扬程抽水流量（m^3/s）	91.6/113.3	
最大输入功率比转速（m-m^3/s 制）	55.1	
吸出高度（m）	−53	
进水阀型式及台数		球阀 4 台
进水阀直径（mm）		DN3200
2. 发电电动机	4 台	
发电机额定容量（MVA）	277.8	
电动机额定容量（MW）	266	
发电工况最大容量（MV·A）	290	

续表

名　称	指　标	备　注
发电机/电动机功率因数（cosϕ）	0.9/0.975	
额定转速（r/min）	300	
额定电压（kV）	15.75	
发电机层高程（m）	116	
3. 主变压器型号及台数		
型式/台数		三相油浸双绕组水冷/4
额定容量（MVA）	290	
额定电压（kV）	230/15.75	高压绕组/低压绕组
额定频率（Hz）	50	
4. 220kV 开关设备（GIS）		
型式		SF_6 气体绝缘金属封闭式
数量（套）		2（地下）/1（地面）
额定电压（kV）	220	
额定电流（A）		1600（地下）/4000（地面）
5. 220kV 电缆		
型式		干式
额定电压（U_0/U）（kV）	127/220	
额定电流（A）	1600	
6. 输电线		
出线电压（kV）	220	
出线回路数（回）	2	
7. 金属结构		
（1）下水库溢洪道闸门		
工作闸门	5 套	露顶式平面定轮闸门
工作闸门启闭机	5 台	固定式卷扬机
检修闸门	1 套	露顶式平面滑动闸门

续表

名　　称	指　标	备　注
检修闸门启闭机	1套	移动式电动葫芦
(2) 下水库放水洞		
拦污栅、工作闸门及事故闸门	1套	
(3) 上水库进出水口		
拦污栅	8套	潜孔式
事故闸门	2套	潜孔式平面定轮闸门
启闭机	2台	固定卷扬式
(4) 尾水事故闸门		
型式及数量	4套	闸阀式平面滑动闸门
启闭机	4台	液压启闭机
尾闸室桥机	1台	
(5) 下水库进出水口		
拦污栅	8套	潜孔式
检修闸门	2套	潜孔式平面滑动闸门
启闭机	2台	固定式卷扬机
七、施工		
1. 主要工程量		
土方明挖（万 m^3）	86.34	
石方明挖（万 m^3）	623.81	
石方洞挖（万 m^3）	84.44	
石方填筑（万 m^3）	640.14	
混凝土（万 m^3）	38.12	
钢筋（t）	18173.5	
钢材（t）	2879.1	
土工膜（万 m^2）	15.8	
固结灌浆（万 m）	12.4	
回填灌浆（万 m^2）	4.3	
帷幕灌浆（万 m）	5	
2. 工期		

续表

名　　称	指　标	备　注
准备工期（年）	1	
第一台机投产工期（年）	5.5	含准备期1年
总工期（年）	6年3个月	
八、经济指标		
1. 静态投资（亿元）	35.4	
2. 总投资（亿元）	43.3	
其中：建筑工程（亿元）	12.7	
机电设备及安装工程（亿元）	12.8	
金属结构设备及安装工程（亿元）	1.1	
施工辅助工程（亿元）	2.6	
其他费用（亿元）	3.4	
基本预备费（亿元）	2.3	
建设期利息（亿元）	4.1	
3. 经济指标		
单位千瓦投资（动态）（元/kW）	4326	
单位电能投资（动态）[元/（kW·h）]	3.26	
经济内部收益率（%）	16.5	
财务内部收益率（%）	8%	
经营期上网电价 [元/（kW·h）]	0.82	按抽水电价0.25元计
贷款偿还年限（年）	19/30	内资/外资
九、其他		
开工时间/竣工时间	2001年7月/2007年2月	
建设单位	山东泰山抽水蓄能有限责任公司	
设计单位	华东勘测设计研究院	
监理单位	北京勘测设计研究院	
施工单位	中国水利水电第十二、第一、第四工程局、武警水电支队等	

黑麋峰抽水蓄能电站工程

（一）工程概况

黑麋峰抽水蓄能电站位于湖南省长沙市望城县桥驿镇境内，电站总装机为容量1200MW，主要承担湖南省电网的调峰、填谷、调频、调相和紧急事故备用等任务。工程总投资35亿元。

电站地处长沙市北郊的黑麋峰风景区，紧邻湖南电网用电负荷中心长沙、株洲、湘潭地区，南距长沙市区仅25km，距湘潭、株洲也不足60km，地理位置优越。枢纽工程主要包括上水库、下水库、引水发电系统等建筑物。

上水库位于黑麋峰西侧坡麓的森林公园内，集雨面积1.12km^2，设计正常蓄水位400m，相应库容1146.5万m^3，死水位376.5m，相应库容152.6万m^3，有效库容843.87万m^3，库水消落差23.50m。上水库建筑物包括2座主坝和2座副坝，两座主坝均为混凝土面板堆石坝，最大坝高分别为59.5m和69.5m。两座副坝中，一座亦为混凝土面板堆石坝，最大坝高为39.5m，另一座为埋石混凝土重力坝，最大坝高为19.5m。

下水库位于黑麋峰风景区西北部的湖溪冲冲沟内，集雨面积11.2km^2，设计正常蓄水位103.7m，相应库容959.32万m^3，死水位65m，相应库容115.6万m^3，有效库容843.7万m^3。下水库主要由大坝和泄洪洞组成，大坝坝型为混凝土面板堆石坝，最大坝高79.5m。泄洪洞布置在坝址左岸，总长度374.62m，最大泄流能力130m^3/s。

引水发电系统主要布置在地下，主要洞室包括主厂房、主变室、引水洞、尾水洞等。

首台机组投产发电工期48个月，总工期66个月。

工程业主单位为湖南五凌水电开发有限责任公司，设计单位为中南勘测设计研究院。

（二）工程任务和规模

根据湖南省电力系统需求特点和本抽水蓄能电站的功能特性，确定本工程开发的主要任务是为湖南省电力系统提供调峰容量，同时可根据系统需要，承担系统的调频、调相和紧急事故备用任务，以有效缓解系统严重的调峰矛盾，减少系统水电弃水，提高系统火电机组的利用小时，节省系统燃煤，并提高系统的供电质量和运行安全稳定性。

电站总装机规模1200MW，机组台数为4台，单机容量300MW，额定水头295m。设计年发峰荷电量为16.06亿kW·h，设计年抽水耗用低谷电量为21.41亿kW·h，设计年发电利用小时数为1338h，设计年抽水利用小时数为1732h。

平面布置见图1，厂房横剖面见图2，工程特性见表1。

（三）工程主要特点和新技术应用

（1）黑麋峰抽水蓄能电站是水电比重较大的湖南省首座抽水蓄能电站。

黑麋峰抽水蓄能电站是湖南省首座抽水蓄能电站，也是首批在我国水电比重较大的省份建设的大型抽水蓄能电站之一。本电站建成后，供电范围为华中电网，并主供湖南省。华中电网是未来全国大电网的中心，它既是“西电东送”电力送出地区，也是“西电东送”的电力消纳地区。湖南省电网处于华中的中心，作为西电东送的中部通道，在华中电力系统、三峡电力系统乃至全国大联网中的作用与地位十分重要。在黑麋峰抽水蓄能电站的建设必要性论证中，对华中、湖南省电网的用电需求特点及发展趋势、电源结构特性及其与用电需求的矛盾，电网在调峰运行、安全稳定以及运行经济性等方面存在的问题等，均进行了深入细致的调查和分析。结果表明，本电站的建成对缓解华中、湖南省电网较为突出的汛期调峰矛盾，解决湖南省电网电源地域结构分布不合理、负荷中心支撑电源缺乏、电网安全运行稳定隐患大等多个问题都有重要的作用。同时，电站的建设可较大程度地改善华中、湖南省电网的水、火电运行工况，提高整个电网的运行经济性和可靠性，对提高能源资源的利用率、降低发电燃煤所造成的环境污染也作用较大，从而十分有利于湖南省的经济可持续发展。

（2）黑麋峰抽水蓄能是在厂网分开后，作为发电企业来建设的首座抽水蓄能电站。

黑麋峰抽水蓄能电站是在厂网分开后，发电企业来建设的首座抽水蓄能电站。在工程建设必要性论证中，对项目业主五凌水电开发有限责任公司的性质、电源结构特点、运行特性、在电力市场竞争中的优势和劣势，进行了深入细致的调研分析；结合五凌公司的发展规划，深入分析了建设黑麋峰抽水蓄能电站在优化公司电源结构，改善公司产品形象、提高公司整体市场竞争力等方面的作用和效益；并根据国家电力体制改革的方向和发展趋势，结合抽水蓄能电站的运行特性，对蓄能电站未来在不同电价政策下的不同财务运作模式及相应的财务盈利能力进行了全面的模拟计算分析。

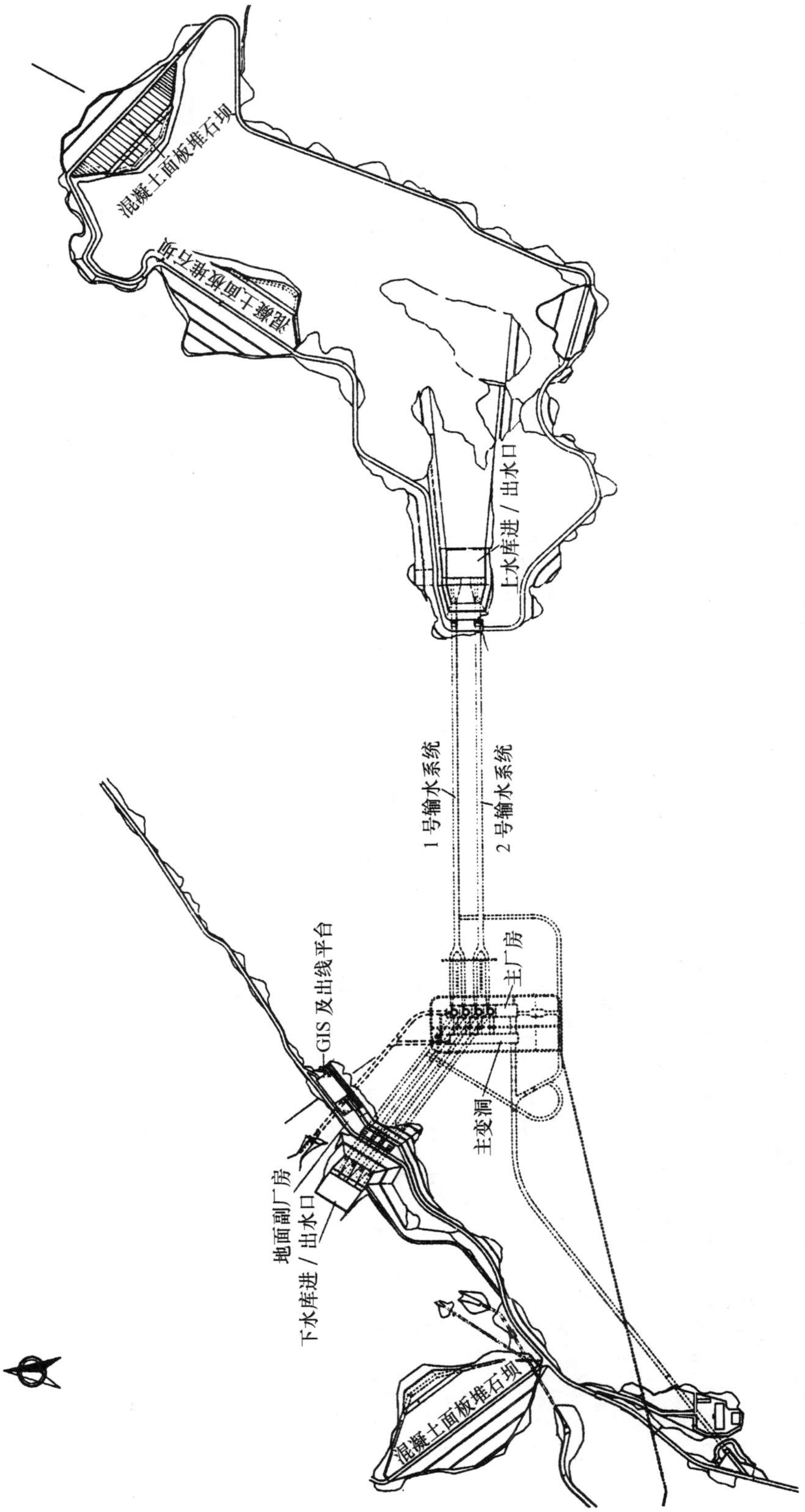

图1 黑麋峰抽水蓄能电站总平面布置图

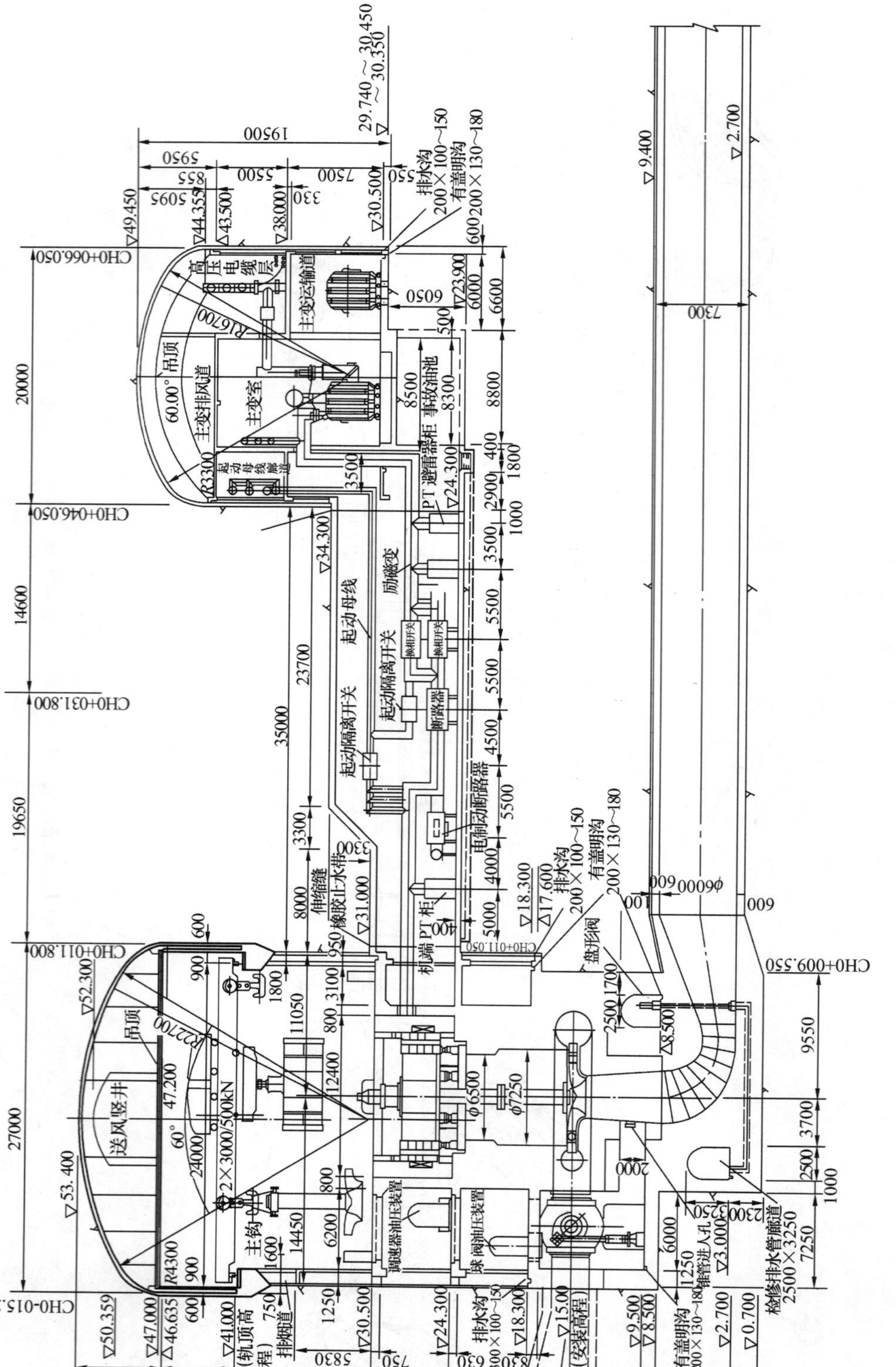

图2　黑麋峰抽水蓄能电站厂房横剖面图

表 1　黑麋峰抽水蓄能电站工程特性表

名　　称	指　标	备　注
一、水文		
1. 流域面积		
全流域集雨面积（km^2）	13.0	
上水库集雨面积（km^2）	1.12	
上水库流域面积（km^2）	11.20	
2. 利用的水文系列（年）	41	
3. 多年平均年径流量		
上水库（万 m^3）	82.68	
下水库（万 m^3）	826.8	
4. 代表性流量		
上水库多年平均流量（m^3/s）	0.026	
上水库设计洪水流量（m^3/s）	16.4	$P=0.5\%$
上水库校核洪水流量（m^3/s）	19.6	$P=0.1\%$
下水库多年平均流量（m^3/s）	0.262	
下水库设计洪水流量（m^3/s）	93.5	$P=0.5\%$
下水库校核洪水流量（m^3/s）	113	$P=0.1\%$
5. 洪水		
上水库设计洪水洪量（万 m^3）	27.82	$P=0.5\%$
上水库校核洪水洪量（万 m^3）	34.61	$P=0.1\%$
下水库设计洪水洪量（万 m^3）	274.5	$P=0.5\%$
下水库校核洪水洪量（万 m^3）	342.5	$P=0.1\%$
6. 泥沙		
多年平均含沙量（kg/m^3）	0.134	
上水库多年平均年输沙量（t）	119	
下水库多年平均年输沙量（t）	1190	
二、水库		
1. 上水库		
校核洪水位（m）	400.95	$P=0.1\%$
设计洪水位（m）	400.67	$P=0.5\%$
正常蓄水位（m）	400.00	
死水位（m）	376.50	
设计洪水位时总库容（万 m^3）	1024.45	
正常蓄水位时总库容（万 m^3）	996.5	
死库容（万 m^3）	152.63	
蓄能发电有效库容（万 m^3）	843.87	
2. 下水库		
校核洪水位（m）	104.92	$P=0.1\%$
设计洪水位（m）	104.92	$P=0.5\%$
正常蓄水位（m）	103.7	
死水位（m）	65.00	
设计洪水位时总库容（万 m^3）	998.94	
正常蓄水位时总库容（万 m^3）	959.32	
死库容（万 m^3）	115.56	
蓄能发电有效库容（万 m^3）	843.76	
三、工程效益指标		
装机容量(MW)	1200	
单机容量(MW)	300	
机组台数(台)	4	
年发电量(亿 kW·h)	16.06	
年抽水耗用电量(亿 kW·h)	21.41	
年发电利用小时数(h)	1338	
年抽水利用小时数(h)	1732	
四、建设用地和移民安置		
1. 迁移人口（人）	1093	
2. 房屋（m^2）	60115	
五、淹没损失和工程永久占地		
1. 淹没耕地（亩）	1568	
2. 迁移及安置人口（人）	1093	
3. 房屋（m^2）	56390	
六、主要建筑物及设备		
1. 挡水建筑物		
（1）上水库主坝（座）	2	均为钢筋混凝土面板堆石坝
最大坝高（m）	69.5/59.5	主坝 1/主坝 2
坝顶长度（m）	318/306	主坝 1/主坝 2
（2）上水库副坝(座)	2	

续表

名　称	指　标	备　注
最大坝高（m）	17.5/39.5	副坝1/副坝2
坝顶长度（m）	352.35/187.27	副坝1/副坝2
（3）下水库主坝（座）	1	钢筋混凝土面板堆石坝
最大坝高（m）	79.5	
坝顶长度（m）	378	
2. 下水库泄水建筑物		
型式	泄洪洞	
闸门孔口尺寸(m×m)	3.8×4.0	高×宽
总长度（m）	374.62	
设计允许最大泄量（m^3/s）	130	
3. 上水库进/出水口		
型式		竖井式
上库事故检修闸门（扇）	2	7×9.209（宽×高）
拦污栅（m×m）	5.75×13.0	共4孔（宽×高）
4. 引水隧洞		
型式		圆形隧洞
条数（条）	2	
长度（m）	941.814	
洞径（m）	8.50	内径
隧洞结构型式		钢筋混凝土衬砌
5. 高压岔管		
型式		Y形
管径（主/支）(m)	8.50/5.30	
长度（m）	18.31	
岔管结构型式		钢筋混凝土高压岔管
6. 引水高压支管		
型式		圆形
条数（条）	4	
管径（m）	5.3～2.78	
长度（m）	108.73	
结构型式		钢管＋混凝土联合衬砌
7. 厂房		
型式		地下式
最大开挖尺寸（m）	136.00×27.00×52.7	长×宽×高
水泵水轮机安装高程（m）	15	

续表

名　称	指　标	备　注
机组间距（m）	23.00	
8. 主变压器洞		
型式		地下式
开挖尺寸（m）	131×20×19.5	长×宽×高
9. 尾水洞		
条数（条）	4	
长度（①/②/③/④）（m）	412.96/426.15/439.35/452.54	
断面直径（m）	6.0	内径
隧洞结构型式		钢筋混凝土衬砌
10. 下水库出/进水口		
型式		竖井式
检修门（套）	1	5.0×7.0（宽×高）
事故门（套）	4	5.0×7.0（宽×高）
拦污栅（m×m）	4.68×10.0	共4孔（宽×高）
底板高程（m）	51.5	
11. 主要辅属建筑物		
进厂交通洞（m×m×m）	996.47×7.5×7.50	长×宽×高
母线洞（m×m×m）	35×7.5×9.5	长×宽×高
副厂房及开关站（m×m）	91.8×32	长×宽
12. 主要机电设备		
（1）水泵水轮机		
台数（台）	4	
型号		HLNTP-LJ-512
转轮直径（m）	5.12	
额定转速（r/min）	300	
吸出高度（m）	−50	
发电最大/最小水头（m）	334.4/266.6	
发电额定水头（m）	295	
发电额定流量（m^3/s）	118	
水轮机工况额定效率 η_{tr}（%）	89.8	
水轮机比转速 n_{st}（m-kW制）	135.8	额定水头
抽水最大/最小扬程（m）	339.2/275.3	

续表

名　称	指　标	备　注
抽水流量（m^3/s）	76.4/106.3	最大/最小扬程
水泵工况最大入力（MW）	312	
水泵工况效率 η_{rp}（%）	92.5/92	最大/最小扬程
水泵比转速 η_{sp}（m，m^3/s 制）	45.8	最低扬程
（2）电动发电机		
台数（台）	4	
型号		SFD 300-20/700
发电/抽水额定功率（MW）	300/320	
发电/抽水功率因数	0.9/0.975	
额定电压（kV）	18	
额定转速（r/min）	300	
额定频率（Hz）	50	
（3）主变压器		
台数（台）	2	
型号		SSP 10-360000/500
额定容量（MVA）	360	
电压（kV）	500	
（4）主厂房桥式起重机		
台数（台）	1	桥式双小车
起重量（t）	2×300/50	
跨度（m）	24	
（5）输电电压（kV）	550	两回
七、施工		
1. 主体工程量		
土石方明挖（万 m^3）	533	
石方洞挖（万 m^3）	74	
土方石方填筑(万 m^3)	316	
喷混凝土（万 m^3）	3.27	
混凝土和钢筋混凝土（万 m^3）	33	
金属结构（t）	6394	
帷幕灌浆（万 m）	5.9	
固结灌浆（万 m）	11.2	
回填灌浆（万 m^2）	4.6	
锚杆（万根）	9	

续表

名　称	指　标	备　注
2. 对外交通		
距离（km）	30	公路
运量（万 t）	30.98	
3. 施工导流		
方式		全年导流
型式（上水库/下水库）		抽水导流/隧洞导流
4. 施工工期		
准备工期（年）	1	
第一台机组投产工期（年）	4	
总工期（年）	5.5	
八、经济指标		
1. 静态总投资(亿元)	31.21	
2. 总投资（亿元）	35.0	（不含流动资金）
其中：建筑工程（亿元）	8.17	
机电设备及安装工程（亿元）	13.20	
金属结构设备及安装工程（亿元）	0.79	
建设征地和移民安置（亿元）	1.57	
独立费用（亿元）	3.59	
建设期利息（亿元）	3.79	
3. 经济指标		
单位 kW 投资（元/kW）	2601	静态
全部投资财务内部收益率（%）	15.75	所得税后
资本金财务内部收益率（%）	29.06	所得税后
容量价格［元/（kW·年)］	600.1～916.1	
电量价格［元/（kW·h)］	0.292～0.393	
贷款偿还年限（年）	20	
投资回收年限（年）	11.23	所得税后
九、其他		
业主单位	湖南五凌水电开发有限责任公司	
设计单位	中南勘测设计研究院	

中国国电
CHINA GUODIAN

以电兴业　强企报国

国电大渡河流域水电开发有限公司

董事长　周大兵

公司临时办公楼
位于成都市中心的总府大厦

国电大渡河流域水电开发有限公司于2000年11月16日在成都注册成立，注册资金25.5亿元，现有员工1500多人。公司的使命是以大渡河上已建成的龚嘴、铜街子电站为“母体”，对大渡河流域水电资源实施全面开发，为四川经济发展和西电东送提供保障。公司股东分别为中国国电集团公司、国电电力发展股份有限公司和四川川投能源股份有限公司。公司目前下辖龚嘴水力发电总厂(1320MW)、瀑布沟水电站（3300MW）建设分公司、深溪沟水电站（660MW）建设管理局、大岗山(2600MW)水电开发有限公司、流域检修安装分公司、大金源实业有限公司、龚电实业总公司和猴子岩(1760MW)、金川(840MW)、巴底（1140MW)、双江口(1800MW)、丹巴（1300MW)、枕头坝(460MW)、沙坪(860MW)等水电站建设分公司筹备处，形成了以流域开发为中心，电力生产、流域开发、综合发展”三线并进“的发展格局。在国家有关部委、省委省政府的关怀下，在中国国电集团公司和董事会的正确领导下，在股东方的大力支持下，公司营业收入和经济效益连年增长，企业形象和社会地位显著提高，成为四川省工业企业最大规模50强企业和最佳经济效益10强企业。公司党委2004年被国务院国资委党委表彰为“中央企业先进基层党组织”，2005年获得“国电特级奖状”，2006年获得全国企业文化“特等奖”。

建设中的瀑布沟水电站

建设中的大渡河深溪沟水电站

电话：（028）86896600　邮编：610016　网址：www.spddr.com　传真：（028）86626010

四川华电杂谷脑水电开发有限责任公司

董事长　王宁

党委书记、总经理　朱荣华

四川华电杂谷脑水电开发有限责任公司原名四川杂谷脑水电开发有限责任公司，是原国家电力公司直属的“五大一小”水电流域开发公司之一，由原国家电力公司、四川岷江电力公司（后变更为阿坝州国有资产经营公司）、四川省电力公司、安蓉建设总公司、中国水利水电建设咨询公司、国电公司成都勘测设计研究院等六家单位分别以34%、30%、15%、10%、6%、5%的比例出资，于2000年6月28日组建成立。

2002年12月，随着国家电力体制改革的实施，公司股东变更为中国华电集团公司、阿坝州国有资产经营公司、国电公司成都勘测设计研究院、安蓉建设总公司，持股比例相应调整为49%、30%、11%、10%。公司名称变更为四川华电杂谷脑水电开发有限责任公司。

公司主要开发位于四川省阿坝州境内的杂谷脑河流域，并适时开发其他河流。目前已经建成了红叶二级电厂（90MW），在建的有狮子坪电站（195MW）、薛城电站（138MW）、古城电站（180MW）。

公司实行董事会领导下的总经理负责制。现任董事长王宁（法人代表）；总经理、党委书记朱荣华；副总经理徐祝山、陈清文、牟遗忠；纪委书记、工会主席吴昌辉；总经理助理田光华、林云；副总会计师韦熙。

公司经过六年的发展，特别是进入中国华电集团公司后，逐步发展壮大，取得了辉煌的成绩。

2004年，红叶二级电厂被评为中国华电集团公司优秀发电企业，是中国华电集团公司在四川企业中率先获得此项殊荣的电厂。同时，公司被集团公司评为“文明单位”、“安全生产先进单位”，“党风廉政建设优秀单位”，“中国华电集团公司特殊贡献奖”等；荣获阿坝州“文明单位”、“质量信得过单位”光荣称号。

2005年，公司继续保持了中国华电集团公司“文明单位”、“优秀发电企业”、“安全生产先进集体”、“党风廉政建设优秀单位”和阿坝州“文明单位”等荣誉称号，公司经营班子获得“中国华电集团公司特殊贡献奖”，薛城电站、古城电站两个项目核准工作获得“中国华电集团公司专项奖励”。

目前，狮子坪电站、古城电站、薛城电站三个电站建设进展顺利，预计在2007年实现三个电站首台机组投产发电的目标。

在以曹培玺为首的中国华电集团公司党组的正确领导下，在华电四川公司党组的关心下，公司结合学习贯彻党的十六届六中全会精神，按照“以人为本、团结勤奋、能动思维、发展创新”的基本管理思路，坚持用“以和为贵、以事为先”的企业精神塑造员工，全面推进企业文化建设，“融合、共创、同享”的企业核心价值正在逐步形成。以创建“学习型企业”为重点，加强员工素质教育工作，着力培养“四有”员工队伍，“人本文化”有力地支撑着企业的发展创新。随着杂谷脑河及其他河流的不断开发，四川华电杂谷脑公司将按照中国华电集团公司、华电四川公司的要求，从坚持科学发展、坚持深化改革、坚持企业安全、坚持和谐文化建设、坚持提高领导干部构建和谐社会的能力、坚持与公司中心工作紧密结合六个方面，大力建设“和谐电力企业”，为建设“和谐华电”新境界，为实现中国华电集团公司“358”战略计划、为四川推进工业强省战略作出新的更大的贡献。

公司成立大会

领导现场调研

组织先进性教育活动

领导视察工作

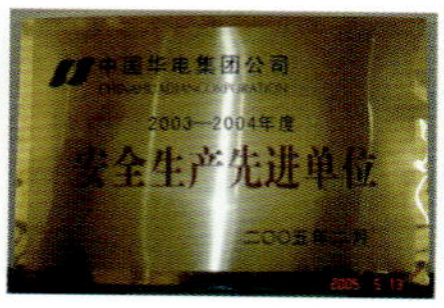

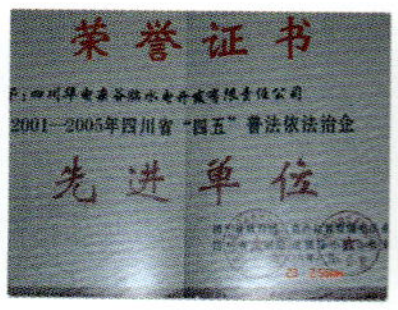

地址：四川省成都市西线蜀汉路530号　邮编：610036
电话：(028)82876531　传真：(028)87575430

中国水电顾问集团

西北勘测设计研究院办公大楼

地址：陕西省西安市丈八东路18号
邮编：710065
电话：029-88290001
传真：029-88290000
网址：www.nwh.cn

中国水电顾问集团西北勘测设计研究院（简称西北院）成立于1950年，是面向国内外市场，为水电资源及新能源开发提供全方位综合性技术服务的国家甲级勘测设计研究院。服务内容包括项目决策咨询、项目评估、规划、勘测、设计、咨询、监理、项目管理及工程总承包、科研、试验、招投标代理、项目后评估、大坝安全监察等方面。拥有电力全行业甲级、水利全行业甲级、水利水电施工一级资质、工程监理、工程总承包等30余项甲级资质，经国家批准享有对外经营权、对外工程承包权。自1992年起至今各年度均居 “中国勘察设计综合实力百强单位”前列。被世界银行列为具有承担世界银行贷款的工程项目设计咨询资格的单位。

西北院专业设置齐全，技术力量雄厚，结合工程实际，设有水工、施工、机电、规划、水库环保、建筑及智能化、工程咨询监理、工程勘察、科研、岩土工程等专业。目前全院共有各类专业技术人员1395人，国家设计大师1人。具有高级职称的506人（其中教授级高级工程师124人）、中级职称464人。

建院五十多年来，西北院在水电水利规划、勘测、设计、咨询、监理和工程总承包领域创造了辉煌的业绩。先后完成黄河上游青铜峡以上河段、汉江上游、白龙江流域以及新疆、西藏等地区20多条河流的查勘、流域规划和勘测设计工作。已建成的水电站总装机容量9522MW。其中刘家峡水电站是我国第

工 程 业 绩 展 示

龙羊峡水电站

李家峡水电站

公伯峡水电站

团西北勘测设计研究院

一座坝高百米以上、百万千瓦以上电站；碧口水电站是我国第一座坝高超过百米的土石坝；龙羊峡水电站地质复杂，被称为“挑战性工程”，建成时库容为全国最大；李家峡水电站采用了多项新技术，国内第一座双排机厂房布置，其单机容量世界最大。各工程风格多样，规模巨大，技术复杂，成为我国水电建设在不同历史阶段的里程碑。目前在建的有黄河拉西瓦、积石峡等国家重点工程。在建工程总装机容量9218MW。先后承担了叙利亚迪什林水电站、马来西亚巴贡水电站、伊朗塔里干水利枢纽等项目，国际工程业绩在同行业中居于领先地位。大力开拓工程咨询监理业务，继长江三峡、黄河小浪底之后，又承担了小湾、向家坝、糯扎渡、锦屏等大型工程的监理，在水电建设领域享有较高的信誉。风力发电设计已投产装机容量达到130MW，各项预可研、可研设计装机容量超过500MW，具备了较为丰富的设计经验和较强的技术实力。

西北院在大江大河复杂地质条件高坝大规模电站的勘测、枢纽布置、水工建筑设计，复杂工程地质问题处理、岩土工程技术等方面积累了丰富的经验，形成了鲜明的技术特色。自1978年来，共有215项科研成果荣获国家级、省部级以上优秀设计和科技进步奖。其中国家勘测设计金奖4项、银奖5项、铜奖4项，龙羊峡、李家峡、刘家峡等水电站获国家金奖，宝珠寺、大峡、石泉等水电站的勘测、设计分别获国家银奖，韩城电厂边坡蠕滑应急治理等获国家铜奖。

西北院坚持创新理念，企业内部管理追求精细化，初步形成了以项目管理为核心的生产管理机制；以预算管理为核心的财务管理体系不断完善；质量管理体系覆盖全面，对产品质量、技术水平、项目进度具有严格而规范的保障机制。在各类项目的履约过程中，重合同，守信用，赢得了政府、开发商和有关合作方的肯定。

西北院重视以科技促进生产力的发展，营造一种尊重人才、尊重科学的良好氛围。建立了专业技术带头人制度和“高、精、尖”人才储备库，为专业技术人才的培养、选拔和成长奠定了良好基础。重视信息化建设，不断加大计算机硬件和软件的投入力度，生产流程、管理系统均已实现网络化，大量采用先进的专业技术软件和技术手段辅助工作，拥有浓厚的人才资源和技术资源。

五十余年的工程实践，几代人的青春智慧，铸造了西北院的优良品牌和技术实力，形成了为水电水利与新能源工程建设提供全过程技术与管理服务的核心业务能力。面对21世纪蓬勃发展的水电建设市场，西北院将秉承“真诚、精心、规范、守信”的职业道德规范，全面履行“让业主满意、让政府放心、让社会称赞”的服务承诺，努力打造技术领先、质量优良、管理先进的现代化工程咨询企业。

刘家峡水电站

马来西亚巴贡水电站

宝珠寺水电站

碧口水电站

贵阳勘测设计研究院

洪家渡水电站2000年11月开工，2004年投产发电。电站大坝为混凝土面板堆石坝，最大坝高179.5m，是世界上高面板坝之一，装机容量60万kW。工程采用了二十余项新材料、新工艺。通过十余项技术方案的创新优化，缩短工期2年零3个月，减少直接工程投资近4.6亿元，取得了显著的社会经济效益。

▲ 洪家渡水电站

引子渡水电站2000年11月开工，2003年投产发电。电站大坝为混凝土面板堆石坝，装机容量36万kW，成功地解决了峡谷地区高混凝土面板堆石坝快速施工、大型月牙肋岔管钢质材质选择及焊接工艺研究、趾板顺层高边坡稳定与处理等各种难题，以火电的投资、火电的进度创造了从截流到发电仅用了18个月的国内同类工程的领先水平。

▲ 引子渡水电站

索风营水电站2002年7月开工，2005年投产发电。电站大坝为碾压混凝土重力坝，装机容量60万kW。电站采用微膨剂碾压混凝土、X形宽尾墩设计、台阶坝面泄流、倒张拱桥设计等多项新技术、新材料、设计优化，保证了工程质量，缩短了工期，节省投资4亿多元。电站建设的绿色环保理念，创造了水电工程和环保同步建设的成功模式，为工程争创“鲁班奖”奠定了良好的基础。

▲ 索风营水电站

中国水利水电

局长　吴新琪

党委书记　张治源

中国水利水电第三工程局组建于20世纪50年代，是建筑企业中集科研、设计、开发、采购、施工、监理、咨询为一体的水电工程总承包特级企业。其公路工程施工总承包二级，房屋建筑工程施工总承包二级，市政公用工程施工总承包二级，土石方专业承包一级，钢结构工程专业承包一级，试验室一级，测绘甲级，工程监理乙级，工程设计乙级。年施工能力为：土石方开挖2500万m^3，混凝土浇筑250万m^3，钻孔及灌浆20万m，金属结构制作安装3.0万t，机电安装1000MW，工业民用建筑10万m^2，高等级公路50km。

企业注册资金3.0126亿元，企业拥有总资产15.37亿元。2000年以来被中国建设银行连续评定为AAA级信用等级企业。2006年3月被陕西省企业信用协会3A联盟授予"质量信誉服务AAA级"单位。在现有13000余名职工中，各类专业技术和管理人员近4000名，具有高级工程师、高级经济师、高级会计师及其以上职称的650余名，一、二级建造师110名，中级职称1350余名，各类高级技师、技师590名，项目经理220名，监理工程师210名，工程局现拥有各类主要施工机械设备近5000台套（包括各类大型主导设备），可确保企业年施工能力30亿元工程施工的正常进行。

中国水利水电第三工程局自成立以来，先后在国内外承建了百余座大、中型水利水电工程及其他建筑工程，参加了举世瞩目的长江三峡水利枢纽工程、黄河小浪底水利枢纽工程和南水北调工程的施工建设。在各类施工项目中，各自创出一批优秀的代表性工程和标志性工程。尤其在高边坡及厂坝基础开挖、混凝土重力坝及碾压混凝土坝、地下厂房及大坡度超长斜井施工、草土及土石围堰、

湖北襄樊一荆门高速公路（14合同段）

黄河小峡水电站

北京石油大学

第三工程局

高强度压力钢管制作安装、PCCP管安装、高寒地带混凝土抗冻抗渗方面创出了自己的品牌工程。云南大朝山水电站大坝工程获中国建筑工程鲁班奖，汉江石泉水电站获国家优质工程银质奖，黄河小峡水电站获中国电力优质工程奖；汉江安康水电站、重庆石板水水电站、黄河大峡水电站等十几个工程，获省、部级优良工程奖；长江三峡水利枢纽左岸厂坝基础及钢管槽墩群开挖、云南景洪电站左岸坝肩及坝基开挖工程及小浪底水利枢纽导流洞工程被树为“开挖样板工程”；长江三峡左岸电站厂房工程及黄河拉西瓦水电站引水发电系统被树为“混凝土施工样板工程”。

中国水利水电第三工程局1991年以来连续15年被陕西省人民政府评为“省级先进企业”和“重合同守信用企业”，2001年评为全国首批“重合同守信用企业”。2005年被评为陕西省重点工程建设立功竞赛“先进集体”，“陕西省经济领跑企业”；2006年5月获“全国五一劳动奖状”，“三峡工程建设最佳诚信单位”。

中国水利水电第三工程局将以科学发展观为指导，积极开拓非水电市场，坚持体制创新、科技创新和管理创新方针，与时俱进，再创辉煌。

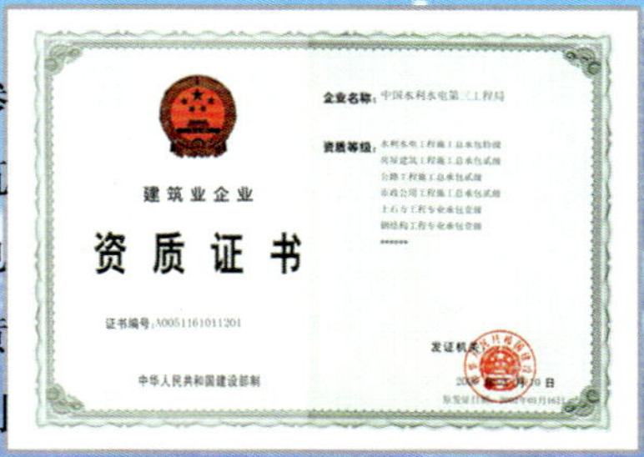

工程施工总承包特级资质证书

全国五一劳动奖状

陕西经济领跑企业

中国建筑工程鲁班奖

地址：陕西省西安市龙首北路西段22号

邮编：710016

电话：(029) 86283939（总机）

网址：www.cteb.com

合建筑群

山西西龙池抽水蓄能电站

丹江口大坝加高工程

中国水利水电第五工程局
机电安装分局

局长　黄卫东

党委书记　李开银

中国水电五局机电安装分局，隶属于水电施工特级企业中国水利水电第五工程局，可承揽国内外大型水轮发电机组、抽水蓄能机组安装、调试、检修和送变电工程施工、工程咨询及技术培训业务，具有年装机4台（单机容量300 MW）以上的施工能力。安装分局同时承揽大型、特大型金属结构的设计、制作和安装业务，具有年完成金属结构制作安装30000t的施工能力，其产品广泛应用于各类工业、水利水电、交通、城市建设工程中。

四川紫坪铺水利枢纽工程是国家西部大开发的标志性工程、四川省重点建设项目，电站装机4台，总装机容量760MW。分局先后顺利完成了电站四台机组的投产发电目标，至第四台机组发电，紫坪铺电站机电安装工程比原定计划工期提前6个月投产发电，创造了大型水轮机组半年内4台机组全部投产发电的安装施工纪录。

金康水电站工程，额定水头458 m，额定出力75 MW，额定转数600r/min，是我国目前水头最高、转速最高、同等转速功率最大的混流式水轮发电机组。分局承揽了该电站2×75 MW机组设备安装和金属结构制作、安装2000t等工程任务，2台机组先后于5月初进入72小时试运行阶段，并圆满完成试运行，顺利交付电厂。

四川省田湾河流域梯级水电站——金窝水电站机电设备安装工程，机组为冲击式机组，单机容量143.6 MW，目前为亚洲单机容量最大的冲击式机组。目前，安装分局正全力以赴为实现发电目标而努力。

安装分局的在建工程目前主要有四川金窝电站、金岩电站、栗子坪电站、瓦屋山电站、色尔古电站、沙坪电站、大发电站，云南云鹏电站、龙马电站、雷打滩电站，北京南水北调工程等十多个国内工程以及苏丹麦洛维电站3D标金属结构制造及安装工程、苏丹新阿姆瑞农业灌溉项目金属结构制作安装及泵站机电安装工程等数个国外工程。

中国水电五局机电安装分局将站在时代发展的潮头，迎接各种考验，以自身的实力，秉承诚信的精神，与业界共同携手，在水电建设领域贡献自己的力量！

四川省委副书记甘道明（左一）亲自按下紫坪铺电站最后一台机组启动键，右一为四川省副省长王怀臣

浙江桐柏抽水蓄能电站首台机组并网发电

北京南水北调工程压力钢管压头

云南云鹏电站首台机组转子吊装

四川瓦屋山电站钢管安装

苏丹麦洛维电站施工

通信地址：中国·河北省·三河市　　邮编：065200
电话：(0316) 3138992　3120559　　传真：(0316) 3114924
网址：www.zswj.com　　邮箱：azfj@zswj.com

潘家口蓄能电厂

潘家口蓄能电厂系华北电网有限公司直属单位，坐落在河北省迁西县境内滦河干流的中上游，位于唐山北部约100km，担负着华北电网的调峰、调频、事故备用任务，全部机电设备引进自意大利ABB公司，是全国首座全套引进国外机电设备的中型抽水蓄能电厂。

潘家口蓄能电厂系潘家口水利枢纽的二期工程，是在已建成的坝后式厂房内安装了3台单机容量为9万kW的抽水蓄能机组，配套建设有下池河床式小水电站，位于主坝下游6km，主要由拦河坝、混凝土重力坝和左岸坝后厂房组成。厂房内安装了2台单机容量为0.5万kW的贯流式灯泡机组。

该工程于1984年5月正式开工，1993年底全部竣工。工程由水利电力部天津勘测设计院设计，由中国武装警察部队水电第一总队（原中国人民解放军00619部队）施工，全部机电设备安装由水利电力部第五工程局安装分局承担。

三台抽水蓄能机组分别于1991年和1992年投产运行，抽水蓄能机组的投产，使潘家口水电站成为全国第一座大型混合式水力发电站，为华北电网的安全稳定、经济运行、调峰调频和紧急事故备用作出了巨大贡献，发挥了混合式水力发电站的优势。

为满足系统安全稳定运行和水电厂"无人值班，少人值守"现代管理模式的要求，2000年11月，该厂对监控系统、远动控制系统、振动摆度监测系统、工业电视监控系统进行国产化改造，这在中国大中型抽水蓄能电厂尚属首次。

该系统改造过程中，首次采用了国产化计算机监控系统。该系统的改造完成，不仅完全替代了原进口设备功能，还实现了原系统无法实现的多项复杂功能和计算机自动监控。该系统已达到抽水蓄能电站计算机监控系统国际先进水平，表明我国已完全具备开发大中型抽水蓄能电站计算机监控系统的能力，该系统具有大力推广价值。潘家口蓄能电厂计算机监控系统等四项工程的改造成功，对于其他抽水蓄能电厂监控改造和新的抽水蓄能电厂计算机监控系统的应用具有非常宝贵的参考和借鉴价值。

潘家口蓄能电厂自建厂以来，先后荣获唐山市"文明建设先进集体"，电力工业部"安全文明达标单位"，河北省公安厅"安全防范先进单位"，河北省"园林式单位"，国家档案局"企业档案目标管理国家二级"和"干部人事档案目标管理国家二级"单位，华北电力集团公司"直属系统双文明单位"、"二星级水力发电厂"、"三星级水力发电厂"，唐山市"先进基层党组织"，唐山市总工会"思想政治工作优秀企事业单位"和"先进职工之家"，华北电网有限公司党组"文明单位"等荣誉称号。

潘家口蓄能电厂自投产运行至2005年底，蓄能机组累计发电324353.35万kW·h，抽水耗电329371.4万kW·h，对华北电网的安全稳定运行发挥了巨大作用。

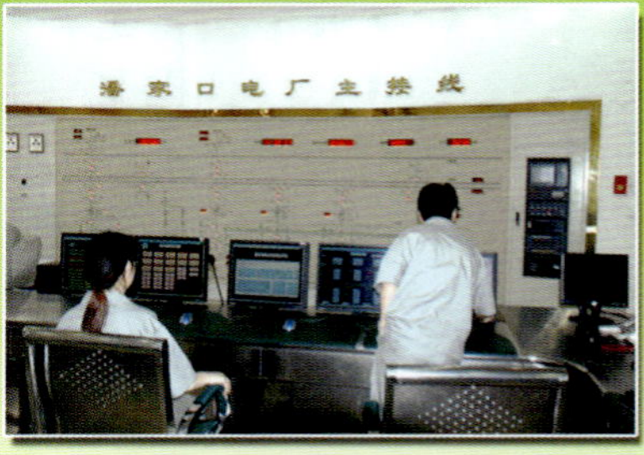

中控室

三台抽水蓄能机组

主变压器

下池拦河坝

地址：河北省迁西县洒河桥镇桃园　　邮编：064309
联系人：朱克杰　　电话：0315-5895111　5895119　　E-MAIL：pjkxnzkj@sina.com

CHINA
WULONG
立足国内
走向世界
合成大楼

CHINA WULONG

中國五龍 CHINA WULONG

客户的满意是我们最大的心愿

企业荣誉

公司以一流的专业技术人才为基础，以省级研发中心先进试验条件为依托，为客户提供全方位的专业技术服务，在提供公司产品的同时，免费派专业技术人员赴现场进行技术指导，以满足工程质量达到最佳效果。

- ★ 拥有省级企业技术中心
- ★ 产品荣获省级名牌产品
- ★ 产品荣获省级星火项目
- ★ 产品荣获省级火炬项目
- ★ 浙江省高新技术产业化项目
- ★ 浙江省高新技术企业
- ★ 中国建筑工程新技术新产品推荐项目
- ★ 国家建设部科技成果重点推广项目
- ★ 产品荣获国家级星火项目
- ★ 产品荣获国家级火炬项目
- ★ 中国水泥制品工业协会定点生产企业
- ★ 国家建设部混凝土外加剂新技术新产品产业化基地
- ★ 国家火炬计划重点高新技术企业

CHINA WULONG

工程实例

○四川二滩水电站

○开潭水电站

○滩坑水电站

○申苏浙皖高速公路

○大庆至广州高速公路江西武吉段

○长江三峡水利枢纽工程

○秦山核电站

○甬台温高速公路

○杭州湾跨海大桥

○温福铁路平阳段

○宜兴抽水蓄能电站

○华能玉环电厂

○浙赣铁路电气化提速改建工程浙江段

○申嘉湖高速公路

○甬台温铁路奉化段

中国电力出版社水电编辑室

中国电力出版社是成立于1951年的中央级科技出版社，历史悠久，在电力出版领域享有极高的声誉。作为以图书出版为主体，音像、电子出版物、期刊、网络出版共同发展的大型出版企业，中国电力出版社在电气工程、能源动力工程（包括水电、火电、核电、风电及新能源）、建筑工程、电工电子技术等专业领域，每年出版2000多种科技著作、技术标准、大中专教材、音像读物、电子出版物和科技期刊，为中国电力工业发展和科学技术进步做出了积极贡献。1993年首批被中宣部和新闻出版署授予“全国优秀出版社”称号，多年保持中央国家机关“文明单位”“首都文明单位”荣誉。

中国电力出版社水电编辑室以出版水电类科技图书为主，立足水电专业，服务整个电力行业。多年来共出版水电类规程规范、科技著作、培训教材、科普读物数百种，为中国的水电科技进步和推广普及，做出了重大的贡献。其中，大型丛书《中国水力发电工程》（共8卷），荣获了中国图书的最高荣誉“国家图书奖”；《中国水力发电年鉴》是水电科技工作者的权威工具书；国家发改委重大课题《中华人民共和国水力资源复查成果（2003）》（共42卷），得到了有关领导高度评价，等等。中国电力出版社水电科技图书是我国水电科技出版领域的至高品牌。

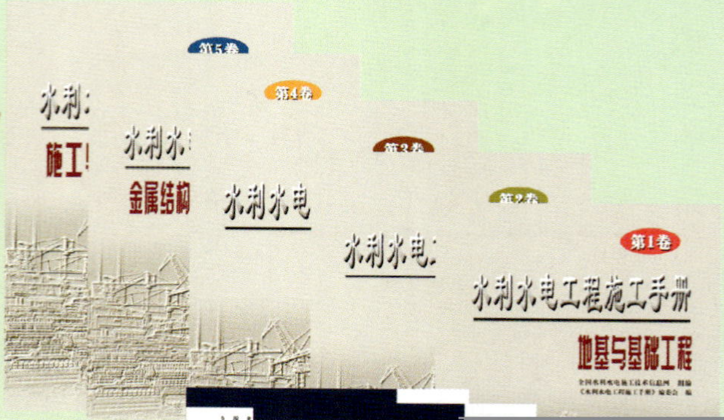

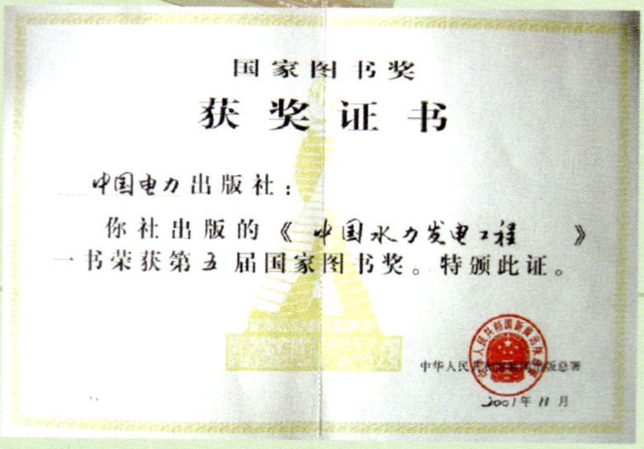